von Koppenfels-Spies/Leopold
Kommentar zum Sozialgesetzbuch X

von Koppenfels-Spies/Leopold

SGB X

Zehntes Buch Sozialgesetzbuch – Sozialverwaltungsverfahren und Sozialdatenschutz – Kommentar

Herausgegeben von

Prof. Dr. Katharina von Koppenfels-Spies
Universität Freiburg
Dr. Anders Leopold
Richter am Landessozialgericht Hamburg / Lehrbeauftragter an der Universität Kassel

4. Auflage

Luchterhand Verlag 2025

Zitiervorschlag: v. Koppenfels-Spies/Leopold/SGB X 4. A./*Bearbeiter*

Bibliographische Information der Deutschen Nationalbibliothek
Die Deutsche Nationalbibliothek verzeichnet diese Publikation in der Deutschen Nationalbibliographie; detaillierte bibliographische Daten sind im Internet über http://dnb.d-nb.de abrufbar.

ISBN 978-3-472-09822-5

www.wolterskluwer.com

Umschlag: Martina Busch, Grafikdesign, Homburg Kirrberg
Satz: Datagroup-Int SRL, Timisoara, Romania
Druck und Verarbeitung: Wydawnictwo Diecezjalne i Drukarnia w Sandomierzu, Sandomierz, Polen

Gedruckt auf säurefreiem, alterungsbeständigem und chlorfreiem Papier.

Vorwort

Die Herausforderungen, vor die das SGB X Praxis und Wissenschaft stellt, sind im Vergleich zur letzten Auflage nicht geringer geworden: Nach wie vor sind etliche Vorschriften zum sozialrechtlichen Verwaltungsverfahren in den mehr als 20 Jahren seit der Neufassung des Gesetzes 2001 noch nie Gegenstand gerichtlicher Entscheidungen gewesen, wohingegen andere Regelungen, wie beispielsweise die §§ 44 ff. über die Korrektur von Verwaltungsakten, eine unübersehbare Fülle von Urteilen des BSG sowie der Sozial- und Landessozialgerichte hervorgerufen haben. Die Regelungen zum öffentlich-rechtlichen Vertrag in den §§ 53 ff. erfahren angesichts der zunehmenden Implementierung von Vertragsstrukturen, etwa im SGB II, eine besondere Aktualität und werden daher die Sozialgerichte in besonderer Weise beschäftigen.

Seit der letzten Auflage erfolgten Änderungen des SGB X durch etwa 20 Änderungsgesetze. Hervorzuheben sind die Einfügung von Abs. 2a und 2b in § 37 sowie Änderungen der §§ 29 und 33 im Zuge der fortschreitenden Annäherung von Verwaltungsverfahren an die Digitalisierung (siehe Gesetz v. 03.12.2020, BGBl. I, S. 2668 und v. 22.12.2023, BGBl. I Nr. 408) sowie die äußerst praxisrelevante Verlängerung der Bekanntgabefiktion um einen Tag in § 37 Abs. 2 und § 14 im Rahmen der Postrechtsmodernisierung (Gesetz v. 15.07.2024, BGBl. I Nr. 236). Durch mehrere Gesetze geändert wurden einzelne Vorschriften des Zweiten Kapitels über den Sozialdatenschutz, unter ihnen insbesondere §§ 67c, 67d und 75, u.a. zwecks Anpassung an Vorschriften der Informationssicherheit. Zahlreiche Erweiterungen erfuhr die Norm des § 71 (u.a. Gesetz Digitale Rentenübersicht v. 11.02.2021, BGBl. I, S. 154; RegMoG v. 28.03.2021, BGBl. 2021 I, S. 591; Gesetz zur Reform des Vormundschafts- und Betreuungsrechts v. 04.05.2021, BGBl. I, S. 882, Kinder- und Jugendstärkungsgesetz – KJSG v. 03.06.2021, BGBl. I, S. 1444; Registerzensusgesetz v. 09.06.2021, BGBl. I, S. 1649; Weiterentwicklung des Ausländerzentralregisters v. 09.07.2021, BGBl. I, S. 2467). Umfangreich und mehrfach geändert wurde darüber hinaus § 74a (Gesetz v. 07.05.2021, BGBl. I, S. 850). Das Gesetz zur Reform des Vormundschafts- und Bereuungsrechts v. 04.05.2021 (BGBl. I, S. 882) erforderte Änderungen redaktioneller Natur in §§ 11 und 15. § 60 wurde – ebenso wie die §§ 22, 23 und 72 – an die Modernisierung des Berufsrechts der Notare (Gesetz v. 25.06.2021, BGBl. I, S. 2154) und darüber hinaus an das modernisierte Personengesellschaftsrecht (MoPeG v. 10.08.2021, BGBl. I, S. 3436) angepasst. Weitere Änderungen des SGB X in §§ 64, 69, 103, 105 und 120 brachte die Neuordnung des Soldatenversorgungsrechts mit sich (Gesetz v. 20.08.2021, BGBl. I, S. 3932). Redaktionelle Anpassungen in § 116 zog die Umsetzung einer EU-Richtlinie betreffend die Kfz-Haftpflichtversicherung nach sich (Gesetz v. 11.04.2024, BGBl. I Nr. 119). Zuletzt wurde der normative Bestand des SGB X durch Einfügung der §§ 67f und 77a erweitert (Gesetz zur Änderung des Onlinezugangsgesetzes sowie weiterer Vorschiften zur Digitalisierung der Verwaltung [OZG-Änderungsgesetz – OZG-ÄndG] v. 19.07.2024, BGBl. 2024 I Nr. 245). Selbstverständlich wurden sämtliche – einschließlich der zum 01.01.2025 in Kraft getretenen – Änderungen in die Kommentierungen aufgenommen.

Von Kommentaren, respektive ihren Autorinnen und Autoren, wird keine Klage über die immer komplizierter werdende Rechtswelt erwartet, sondern verlässliche Orientierung zum aktuellen Rechtszustand und dessen Entwicklung. Dringend nachgefragt werden Nachweis und Analyse der maßgeblichen Rechtsprechung sowie die Aufbereitung der Auffassungen in der Wissenschaft und Hinweise zur Lösung von Streitfragen, die bislang noch keiner aufwerfen konnte. Diesen Anforderungen stellt sich die Neuauflage des Kommentars, die - wie bisher - von Fachleuten aus Wissenschaft und Praxis bearbeitet worden ist.

Im Autorenteam hat es einige Wechsel gegeben: Prof. Dr. Reimund Schmidt-De Caluwe ist im Herbst 2023 verstorben. Prof. Dr. Dr. h.c. Eberhardt Eichenhofer hat seine Mitarbeit an diesem Kommentar leider beendet. Neu hinzugekommen sind Herr RA Dr. Marco König, Frau RAin Dr. Christine Mattes, Herr RA Dr. Sebastian Rombey und Prof. Dr. Timo Schwarzwälder (Hochschule Niederrhein).

Änderungen gab es auch beim Herausgebertandem. Prof. Dr. Ulrich Wenner hat nach seinem altersbedingten Ausscheiden aus dem Richterdienst inzwischen auch seine Tätigkeit für den (früheren) „Wannagat“ beendet. Seine Funktion übernimmt Herr Dr. Anders Leopold, Richter am LSG Hamburg. Mit ihm wird die Tradition weitergeführt, die Gesamtverantwortung für die Kommentare zum Sozialversicherungsrecht in die Hände eines Rechtspraktikers aus der Sozialgerichtsbarkeit und einer Hochschullehrerin zu legen.

Freiburg und Hamburg im Januar 2025

Katharina von Koppenfels-Spies und *Anders Leopold*

Bearbeiterverzeichnis

Herausgeberin/Herausgeber:

Prof. Dr. Katharina von Koppenfels-Spies
Universität Freiburg

Dr. Anders Leopold
Richter am Landessozialgericht Hamburg / Lehrbeauftragter an der Universität Kassel

Autorinnen und Autoren:

Dr. Marco König
Rechtsanwalt, Stuttgart

Prof. Dr. Jens Löcher
Hessische Hochschule für öffentliches Management und Sicherheit (HöMS), Wiesbaden

Dr. Christine Mattes
Rechtsanwältin, Stuttgart

Prof. Dr. Sven Müller-Grune
Hochschule Schmalkalden

Prof. Dr. Heike Pohl
Hochschule für Polizei und öffentliche Verwaltung NRW, Köln

Dr. Sebastian Rombey
Rechtsanwalt, Düsseldorf

Prof. Dr. Andreas Schmidt-Rögnitz
Hochschule für Technik und Wirtschaft Berlin

Prof. Dr. Timo Schwarzwälder
Hochschule Niederrhein, Mönchengladbach

Maureen Wobbe, Ass. jur.
Betriebliche Datenschutzbeauftragte (udis-zert) bei der DAK-Gesundheit, Hamburg

Inhaltsverzeichnis

Abkürzungsverzeichnis

aA	anderer Ansicht
aaO	am angegebenen Ort
AbK	Abkommen
ABlEG	Amtsblatt der Europäischen Gemeinschaften
abl.	ablehnend
ABl.	Amtsblatt
ABM	Arbeitsbeschaffungsmaßnahme
Abs.	Absatz
abw.	abweichend
AcP	Archiv für civilistische Praxis (Zeitschrift)
aE	am Ende
a.F.	alte Fassung
AfA	Agentur für Arbeit
AFG	Arbeitsförderungsgesetz
AFG-ÄndG	Arbeitsförderungsgesetz-Änderungsgesetz
AG	Die Aktiengesellschaft (Zeitschrift)
AG	Amtsgericht
AGB	Allgemeine Geschäftsbedingungen
AGB-DDR	Arbeitsgesetzbuch der Deutschen Demokratischen Republik
AGG	Allgemeines Gleichbehandlungsgesetz
AktG	Aktiengesetz
Alhi	Arbeitslosenhilfe
Alg	Arbeitslosengeld
allg.	allgemein(e)
Alt.	Alternative
aM	anderer Meinung
AMBl.	Amtsblatt des Bayerischen Staatsministeriums für Arbeit und Sozialordnung
amtl.	amtlich
Amtl. Begr.	Amtliche Begründung
Ändabk.	Änderungsabkommen
ÄnderungsVO	Änderungsverordnung
Änderungs-TV	Änderungstarifvertrag
ÄndG	Änderungsgesetz
ÄndVO	Änderungsverordnung
Anh.	Anhang
Anl.	Anlage
Anm.	Anmerkung
AnwBl	Anwaltsblatt (Zeitschrift)
AO	Abgabenordnung
AP	Arbeitsrechtliche Praxis (Entscheidungssammlung)
AR-Blattei	Arbeitsrecht-Blattei (Loseblattausgabe)
Arbeitgeber	Der Arbeitgeber (Zeitschrift)
ArbG	Arbeitsgericht
ArbGG	Arbeitsgerichtsgesetz

Abkürzungsverzeichnis

ArbSichG	Arbeitssicherstellungsgesetz
arg.	argumentum
ARS	Arbeitsrechtssammlung, Entscheidungen des Reichsarbeitsgerichts, der Landesarbeitsgerichte und Arbeitsgerichte (früher Bensheimer Sammlung)
Art.	Artikel
ASiG	Arbeitssicherheitsgesetz
AT	Allgemeiner Teil
AT-Angestellte	außertarifliche Angestellte
Aufl.	Auflage
AÜG	Arbeitnehmerüberlassungsgesetz
AuslG	Ausländergesetz
AVAVG	Gesetz über Arbeitsvermittlung und Arbeitslosenversicherung
AVG	Angestelltenversicherungsgesetz
AVO	Ausführungsverordnung
AVV	Allgemeine Verwaltungsvorschriften
ArbZG, AZG	Arbeitszeitgesetz
AZO	Arbeitszeitordnung
BA	Bundesagentur für Arbeit
BABl.	Bundesarbeitsblatt (Zeitschrift)
BAG	Bundesarbeitsgericht
BAGE	Amtliche Sammlung der Entscheidungen des Bundesarbeitsgerichts
BAnz	Bundesanzeiger
BAT	Bundes-Angestelltentarifvertrag
Bay.	Bayern
BayAmbl.	Bayerische Amtsblätter
BayBS	Bereinigte Sammlung des bayerischen Landesrechts
BayerArbMin	Bayerisches Staatsministerium für Arbeit und Sozialordnung, früher: Bayerisches Ministerium für Arbeit und soziale Fürsorge
Bayer. Verf.	Bayerische Verfassung
BayGBl.	Bayerisches Gesetzblatt
BayVerwBl.	Bayerische Verwaltungsblätter
BayVGH	Bayerischer Verwaltungsgerichtshof
BB	Der Betriebsberater (Zeitschrift)
BBG	Bundesbeamtengesetz
BBiG	Berufsbildungsgesetz
Bd.	Band
BDA	Bundesverband Deutscher Arbeitgeberverbände
BDI	Bundesverband der Deutschen Industrie
BDO	Bundesdisziplinarordnung
BDSG	Bundesdatenschutzgesetz
bea.	Beachte
bearb.	Bearbeitet
Bearb.	Bearbeiter(in)
BEEG	Bundeselterngeld- und -elternteilzeitgesetz
Begr.	Begründung
BehindR	Behindertenrecht (Zeitschrift)
Beil.	Beilage

Bek.	Bekanntmachung
Bem.	Bemerkung
Ber.	Bericht
ber.	berichtigt
BErzGG	Bundeserziehungsgeldgesetz
bes.	besonders
BeschFG 1985	Beschäftigungsförderungsgesetz 1985
BeschFG 1996	Beschäftigungsförderungsgesetz 1996
Beschl.	Beschluss
betr.	betrifft
BetrAVG	Gesetz zur Verbesserung der betrieblichen Altersversorgung
BetrVerf	Die Betriebsverfassung (Zeitschrift)
BetrVG	Betriebsverfassungsgesetz
BFinMm, BMinFin	Bundesfinanzminister(ium)
BFH	Bundesfinanzhof
BFHE	Amtliche Sammlung der Entscheidungen des Bundesfinanzhofs
BGB	Bürgerliches Gesetzbuch
BGBl.	Bundesgesetzblatt
BGH	Bundesgerichtshof
BGHZ	Amtliche Sammlung der Entscheidungen des Bundesgerichtshofs in Zivilsachen
BGSG	Bundesgrenzschutzgesetz
BlmSchG	Bundesimmissionsschutzgesetz
BKK	Die Betriebskrankenkasse (Zeitschrift)
Bl.	Blatt
BlStSozArbR	Blätter für Steuerrecht, Sozialversicherung und Arbeitsrecht (Zeitschrift)
BMA	Bundesminister(ium) für Arbeit und Soziales
BMI	Bundesminister(ium) des Innern
BMF	Bundesminister(ium) der Finanzen
BMMS	Braun/Mühlhausen/Munk/Stück, Berufsbildungsgesetz, Kommentar
BMT	Bundes-Manteltarif
BMT-G	Bundesmanteltarifvertrag für Arbeiter der Gemeinden
BMTV	Bundesmanteltarifvertrag
BMVg	Bundesminister(ium) für Verteidigung
BPersVG	Bundespersonalvertretungsgesetz
br	Behindertenrecht (Zeitschrift)
BR	Der Betriebsrat (Zeitschrift)
BR	Bundesrepublik
BRAGO	Bundesgebührenordnung für Rechtsanwälte
BRAK-Mitt.	»BRAK-Mitteilungen« (früher Mitteilungen der Bundesrechtsanwaltskammer)
BR-Drucks.	Bundesrats-Drucksache
BReg.	Bundesregierung
Breith.	Breithaupt
Breithaupt	Breithaupt (Hrsg.), Sozialgerichtliche Urteilssammlung
BR-Prot.	Bundesratsprotokolle
BRRG	Beamtenrechtsrahmengesetz
BRT	Bundesrahmentarif

BRTV	Bundesrahmentarifvertrag
BSG	Bundessozialgericht
BSGE	Amtliche Sammlung der Entscheidungen des Bundessozialgerichts
BSHG	Bundessozialhilfegesetz
Bsp.	Beispiel
BStBl	Bundessteuerblatt
BSVG	Bergmannsversorgungsscheingesetz
BT	Bundestag
BT-AbgG	Bundestag-Abgeordnetengesetz
BT-Drucks.	Drucksache des Deutschen Bundestages
BT-Prot.	Bundestagsprotokolle
Buchst.	Buchstabe
BundesbeamtenG	Bundesbeamtengesetz
BundesPersVG	Personalvertretungsgesetz des Bundes
BUrlG	Bundesurlaubsgesetz
BVB	Besondere Vertragsbedingungen
BVerfG	Bundesverfassungsgericht
BVerfGE	Amtliche Sammlung der Entscheidungen des Bundesarbeitsgerichts
BVersG	Bundesversorgungsgesetz
BVerwG	Bundesverwaltungsgericht
BVwVfG	Verwaltungsverfahrensgesetz des Bundes
BWG	Bundeswahlgesetz
bzgl.	bezüglich
BZRG	Bundeszentralregistergesetz
bzw.	beziehungsweise
DAG	Deutsche Angestelltengewerkschaft
DAV	Deutscher Anwaltsverein
DB	Der Betrieb (Zeitschrift)
DBl.BA-R	Dienstblatt der Bundesanstalt für Arbeit – Rechtsprechung
DBlR	Dienstblatt der Bundesanstalt für Arbeit, Ausgabe C – Rechtsprechung –
DDB	Das Deutsche Bundesrecht (Loseblattausgabe)
DDR	Deutsche Demokratische Republik
ders.	derselbe
DEVO	Datenerfassungs-Verordnung
DFB	Deutscher Fußballbund
DGB	Deutscher Gewerkschaftsbund
dgl.	desgleichen
d.h.	das heißt
dies.	dieselben
Diss.	Dissertation
DJT	Deutscher Juristentag
DJZ	Deutsche Juristenzeitung (1896–1936)
DM	Deutsche Mark
DOK	Die Ortskrankenkasse (Zeitschrift)
Dok.	Dokument
DÖV	Die Öffentliche Verwaltung (Zeitschrift)

DR	Deutsches Recht
DRdA	Das Recht der Arbeit (Österr. Zeitschrift)
DRiA	Das Recht im Amt (Zeitschrift)
DRiG	Deutsches Richtergesetz
Drs.	Drucksache
Drucks.	Drucksache
DRV	Zeitschrift Deutsche Rentenversicherung
DSB	Datenschutzbeauftragter (Zeitschrift)
DSGVO	Datenschutz-Grundverordnung
DStZ	Deutsche Steuer-Zeitung
DtZ	Deutsch-Deutsche Rechtszeitschrift
DuD	Datenschutz und Datensicherung (Zeitschrift)
DuR	Demokratie und Recht (Zeitschrift)
DÜVO	Datenübermittlungs-Verordnung
DUZ	Deutsche Universitätszeitung
DVBl	Deutsches Verwaltungsblatt (Zeitschrift)
DVO	Durchführungsverordnung
EEK	Entscheidungssammlung zur Entgeltfortzahlung im Krankheitsfalle
EFZG	Entgeltfortzahlungsgesetz
EG	Europäische Gemeinschaft
EGBGB	Einführungsgesetz zum Bürgerlichen Gesetzbuch
EGInsO	Einführungsgesetz zur Insolvenzordnung
EGKO	Einführungsgesetz zur Konkursordnung
eGmbH	eingetragene Gesellschaft mit beschränkter Haftung
EG-EStRG	Einführungsgesetz zur Einkommensteuerreform
EGMR	Europäischer Gerichtshof für Menschenrechte
EGovG	Gesetz zur Förderung der elektronischen Verwaltung (E-Government-Gesetz)
EGV	Vertrag zur Gründung der Europäischen Gemeinschaft
EheG	Ehegesetz
Einf.	Einführung
EinfG	Einführungsgesetz
EinigungsV	Einigungsvertrag
Einl.	Einlage
einschl.	einschließlich
EKD	Evangelische Kirche Deutschlands
Entsch.	Entscheidung
Entw.	Entwurf
Erg.	Ergänzung
Erl.	Erlass, Erläuterungen
Erläut.	Erläuterungen
Ersk.	Die Ersatzkasse (Zeitschrift)
ESt	Einigungsstelle, Einkommensteuer
EStG	Einkommensteuergesetz
etc.	et cetera
EU	Europäische Union
EuAbgG	Europaabgeordnetengesetz

EuG	Europäische Gemeinschaft
EuGH	Europäischer Gerichtshof
EuGRZ	Europäische Grundrechte-Zeitschrift
EuGVÜ	(Europ.) Übereinkommen v. 27.09.1968 über die Vollstreckung gerichtlicher Entscheidungen in Zivil- und Handelssachen
EuGVVO	EG-Verordnung Nr. 44/2001 über die gerichtliche Zuständigkeit und die Anerkennung und Vollstreckung von Entscheidungen in Zivil- und Handelssachen
EU-OOTS	EU Once-Only Technical System
EuR	Europarecht
EuroAS	Informationsdienst zum Europäischen Arbeits- und Sozialrecht
EV	Einigungsvertrag
e.V.	eingetragener Verein
evtl.	eventuell
EVÜ	Römisches EWG-Übereinkommen über das auf vertragliche Schuldverhältnisse anzuwendende Recht
EWG	Europäische Wirtschaftsgemeinschaft
EWGV	Vertrag zur Gründung der Europäischen Wirtschaftsgemeinschaft
EWG-VO	Europäische Wirtschaftsgemeinschaft-Verordnung
EWiR	Entscheidungen zum Wirtschaftsrecht (Zeitschrift)
EWS	Europäisches Währungssystem
EzA	Entscheidungssammlung zum Arbeitsrecht (Loseblattausgabe)
EzASD, EzA-SD	EzA Schnelldienst (Zeitschrift)
EzBAT	Entscheidungssammlung zum Bundesangestelltentarifvertrag (Loseblattausgabe)
f.	folgende
Fachreg.	Fachregister
FamRB	Familienrechtsberater (Zeitschrift)
FamRZ	Familienrechts-Zeitschrift
FAZ	Frankfurter Allgemeine Zeitung
FEVS	Fürsorgerechtliche Entscheidungen der Verwaltungs- und Sozialgerichte
ff.	fortfolgende
FFVG	Gesetz über befristete Arbeitsverträge mit wissenschaftlichem Personal an Forschungseinrichtungen
FG	Finanzgericht
FGG	Gesetz über die freiwillige Gerichtsbarkeit
FN, Fn	Fußnote
FinMin	Finanzminister(ium)
FS	Festschrift
GBl.	Gesetzblatt
GbR	Gesellschaft bürgerlichen Rechts
GdB	Grad der Behinderung
GedS	Gedächtnisschrift
GefStoffV	Gefahrstoffverordnung
gem.	gemäß
GemeindeO	Gemeindeordnung

GenG	Gesetz betreffend die Erwerbs- und Wirtschaftsgenossenschaften
GesamtvollstreckungsO, GesO	Gesamtvollstreckungsordnung
GewO	Gewerbeordnung
GG	Grundgesetz
ggf.	gegebenenfalls
GK-ArbGG	*Bader/Dörner/Mikosch/Schütz/Vossen* Gemeinschaftskommentar zum Arbeitsgerichtsgesetz
GK-BetrVG	*Kraft/Wiese/Kreutz/Oetker/Raab/Weber/Franzen* Gemeinschaftskommentar zum Betriebsverfassungsgesetz
GK-BUrlG	*Stahlhacke/Bachmann/Bleistein/Berscheid* Gemeinschaftskommentar zum Bundesurlaubsgesetz
GKG	Gerichtskostengesetz
GK-SGB III	*Ambs/Feckler/Götze/Hess/Holst/Knickrehm/Lampe/Marschner/Masuch/Müller/Müller-Kohlenberg/Rademacher/Schweitzer/Wagner* Gemeinschaftskommentar zum Arbeitsförderungsrecht
GK-SGB IX	*Großmann/Schimanski* u.a. (Hrsg.) Gemeinschaftskommentar zum Sozialgesetzbuch IX
GK-TzA	*Becker/Danne/Lang/Lipke/Mikosch/Steinwedel* Gemeinschaftskommentar zum Teilzeitarbeitsrecht
GleiBG	Gleichberechtigungsgesetz
GmbH	Gesellschaft mit beschränkter Haftung
GmbHG	Gesetz betreffend die Gesellschaft mit beschränkter Haftung
GmBl.	Gemeinsames Ministerialblatt
GoA	Geschäftsführung ohne Auftrag
grds.	grundsätzlich
Grunds.	Grundsatz, Grundsätze
GS, GrS, Gr. Sen.	Großer Senat
GS	Gesetzessammlung
GSG	Gesundheitsstrukturgesetz
GuG	Gesamtvollstreckungsunterbrechungsgesetz
GVBl.	Gesetz- und Verordnungsblatt
GVG	Gerichtsverfassungsgesetz
GW	Der gute Wille. Eingliederung Schwerbehinderter in Arbeit, Beruf und Gesellschaft (Zeitschrift)
GwG	Geldwäschegesetz
HAÄndG	Heimarbeitsänderungsgesetz
HAG	Heimarbeitsgesetz
HaKo-AGG	*Däubler/Bertzbach* (Hrsg.) Allgemeines Gleichbehandlungsgesetz, Handkommentar
HaKo-MuSchG	*Rancke* Mutterschutz – Elterngeld – Elternzeit, Handkommentar
HandwO	Handwerksordnung
HAS	*Weiss/Gagel* (Hrsg.), Handbuch des Arbeits- und Sozialrecht
Hess. LAG	Hessisches Landesarbeitsgericht
HessLV	Landesverfassung Hessen
HessVGH	Hessischer Verwaltungsgerichtshof
Hg.	Herausgeber
HGB	Handelsgesetzbuch

HGB-RGRK	Reichsgerichtsräte-Kommentar zum Handelsgesetzbuch
HGO	Hessische Gemeindeordnung
HK	*Dorndorf/Weller/Hauck/Höland/Kriebel/Neef* Heidelberger Kommentar zum Kündigungsschutzgesetz
hL	herrschende Lehre
hM	herrschende Meinung
HRR	Höchstrichterliche Rechtsprechung
Hrsg.	Herausgeber
Hs.	Halbsatz
HzA	Handbuch zum Arbeitsrecht (Loseblattausgabe)
HzA-aktuell	Aktuelle arbeitsrechtliche Informationen (Beilage zu HzA)
IAA	Internationales Arbeitsamt
IAO	Internationale Arbeitsorganisation
IAR	Internationales Arbeitsrecht
i.d.F.	in der Fassung
i.d.R.	in der Regel
i.E.	im Einzelnen
i.e.S.	im engeren Sinne
IG	Industriegewerkschaft
IHK	Industrie- und Handelskammer
ILO	International Labour Organization
info also	Information zum Arbeitslosengeld und zur Sozialhilfe (Zeitschrift)
insb.	insbesondere
InsO	Insolvenzordnung
IRP	Internationales Privatrecht
IPrax, IPRax	Praxis des Internationalen Privat- und Verfahrensrechts (Zeitschrift)
IPR-Grunds.	Grundsätze des Internationalen Privatrechts
IPRspr.	Die deutsche Rechtsprechung auf dem Gebiete des internationalen Privatrechts
i.S.	im Sinne
i.S.d.	im Sinne des/der
i.S.v.	im Sinne von
i.Ü.	im Übrigen
i.V.m.	in Verbindung mit
IZPR	Internationales Zivilprozessrecht
JA	Juristische Arbeitsblätter
JArbSchG	Jugendarbeitsschutzgesetz
JAV	Jugend- und Auszubildendenvertretung
JR	Juristische Rundschau (Zeitschrift)
Jura	Juristische Ausbildung (Zeitschrift)
JurA	Juristische Analysen
juris	Juristisches Informationssystem
jurisPR-ArbR	jurisPraxisReport Arbeitsrecht
jurisPR-SozR	jurisPraxisReport Sozialrecht
JuS, Jus	Juristische Schulung (Zeitschrift)
JW	Juristische Wochenschrift (Zeitschrift)

JZ	Juristenzeitung (Zeitschrift)
Kap.	Kapitel
Kaug	Konkursausfallgeld
KBR	Konzernbetriebsrat
KG	Kammergericht, Kommanditgesellschaft
KG a.A.	Kommanditgesellschaft auf Aktien
KHG	Krankenhausgesetz
KirchE	Entscheidungen in Kirchensachen
KJ	Kritische Justiz (Zeitschrift)
KO	Konkursordnung
KOM	Kommissionsdokumente
krit.	kritisch
KrV	Die Krankenversicherung (Zeitschrift)
KSchG	Kündigungsschutzgesetz
KVLG	Gesetz über die Krankenversicherung der Landwirte
kw-Vermerk	künftig wegfallender Vermerk
LAA	Landesagentur für Arbeit
LadenschlußG	Ladenschlussgesetz
LAG	Landesarbeitsgericht
LAGE	Entscheidungssammlung (Landesarbeitsgerichte)
LAGReport	Zeitschrift
LG	Landgericht
lit.	Litera, Buchstabe(n)
Loseblattslg.	Loseblattsammlung
LS	Leitsatz
LSG	Landessozialgericht
LV	Landesverfassung
LVwVfG	Landesverwaltungsverfahrensgesetz
maW	mit anderen Worten
max.	maximal
MBG	Mitbestimmungsgesetz
MdE	Minderung der Erwerbsfähigkeit
MDR	Monatsschrift für Deutsches Recht (Zeitschrift)
MedR	Medizinrecht (Zeitschrift)
mE	meines Erachtens
MfS	Ministerium für Staatssicherheit
Min.Bl.	Ministerialblatt
Min.Bl.Fin.	Ministerialblatt des Bundesministers der Finanzen
mind.	mindestens
Mio.	Million(en)
MitbestG	Mitbestimmungsgesetz
MK	Münchener Kommentar, Bürgerliches Gesetzbuch
mN	mit Nachweisen
Mot.	Motive

Mrd.	Milliarde(n)
MRK	Menschenrechtskonvention
MTV	Manteltarifvertrag
MünchKomm	Münchener Kommentar
MuSchG	Mutterschutzgesetz
MuSchV, MuSchVO	Mutterschutz-Verordnung
m.w.N.	mit weiteren Nachweisen
mzN	mit zahlreichen Nachweisen
Nachw.	Nachweise
n.F.	neue Fassung
NF	Neue Folge
NJ	Neue Justiz (Zeitschrift)
NJW	Neue Juristische Wochenschrift (Zeitschrift)
NJW-RR	NJW Rechtsprechungs-Report
Not.	Notar
Nr.	Nummer
n.v.	nicht veröffentlicht
NVwZ	Neue Zeitschrift für Verwaltungsrecht
NZA	Neue Zeitschrift für Arbeits- und Sozialrecht (Zeitschrift)
NZS	Neue Zeitschrift für Sozialrecht (Zeitschrift)
o.Ä.	oder Ähnliches
o.g.	oben genannte(n)
OGH	Oberster Gerichtshof
oHG	offene Handelsgesellschaft
OLG	Oberlandesgericht
OOP	Once-Only-Prinzip
OOTS	Once-Only Technical System
ÖTV	Gewerkschaft Öffentliche Dienste, Transport und Verkehr
OVG	Oberverwaltungsgericht
OWiG	Gesetz über Ordnungswidrigkeiten
OZG	Onlinezugangsgesetz
pFV	positive Forderungsverletzung
Prot.	Protokoll
PSV	Pensionssicherungsverein
R	Rückseite
RAG	Reichsarbeitsgericht
rd.	rund
Rdn.	Randnummer(n)
RdErl.	Runderlass
rechtskr.	rechtskräftig
RegBl.	Regierungsblatt
RegE, RegEntw.	Regierungsentwurf
RG	Reichsgericht

RGBl.	Reichsgesetzblatt
RGZ	Amtliche Sammlung der Entscheidungen des Reichsgerichts in Zivilsachen
Richtl.	Richtlinien
Rn.	Randnummer(n)
Rpfleger	Rechtspfleger (Zeitschrift)
RRG	Rentenreformgesetz
Rspr.	Rechtsprechung
RVG	Rechtsanwaltsvergütungsgesetz
Rz	Randziffer
s.	siehe
S.	Seite
s.a.	siehe auch
SachbezugsVo	Sachbezugs-Verordnung
Sächs. LAG	Sächsisches Landesarbeitsgericht
Sb.	Sonderband
SchwBeschG	Schwerbeschädigtengesetz
SchwbG	Schwerbehindertengesetz
SchwbWV	Dritte Verordnung zur Durchführung des Schwerbehindertengesetzes (Werkstättenverordnung Schwerbehindertengesetz)
SDG-VO	Single Digital Gateway Verordnung
SED	Sozialistische Einheitspartei Deutschlands
SF	Sozialer Fortschritt (Zeitschrift)
SG, SozG	Sozialgericht
SGb	Die Sozialgerichtsbarkeit (Zeitschrift)
SGB I	Sozialgesetzbuch, I. Buch: Allgemeiner Teil
SGB III	Sozialgesetzbuch, III. Buch: Arbeitsförderung
SGB IV	Sozialgesetzbuch, IV. Buch: Gemeinsame Vorschriften für die Sozialversicherung
SGB V	Sozialgesetzbuch, V. Buch: Gesetzliche Krankenversicherung
SGB VI	Sozialgesetzbuch, VI. Buch: Gesetzliche Rentenversicherung
SGB VII	Sozialgesetzbuch, VII. Buch: Gesetzliche Unfallversicherung
SGB VIII	Sozialgesetzbuch, VIII. Buch: Kinder- und Jugendhilfe
SGB IX	Sozialgesetzbuch, IX. Buch: Rehabilitation und Teilhabe behinderter Menschen
SGB X	Sozialgesetzbuch, X. Buch: Verwaltungsverfahren
SGB XI	Sozialgesetzbuch, XI. Buch: Soziale Pflegeversicherung
SGB XII	Sozialgesetzbuch, XII. Buch: Sozialhilfe
SGG	Sozialgerichtsgesetz
Slg.	Sammlung der Rechtsprechung des Gerichtshofes der Europäischen Gemeinschaft
s.o.	siehe oben
sog.	so genannt(-e, -er, -es)
SozFort	Sozialer Fortschritt (Zeitschrift)
SozPlKonkG	Gesetz über den Sozialplan im Konkurs- und Vergleichsverfahren
SozR	Sozialrecht (Entscheidungssammlung), bearbeitet von Richtern des Bundessozialgerichts
SozSich	Soziale Sicherheit (Zeitschrift)

SozVers	Die Sozialversicherung (Zeitschrift)
Sp.	Spalte
SR	Sonderregelung
Ständ.	ständige
StGB	Strafgesetzbuch
StPO	Strafprozessordnung
str.	streitig
st.Rspr.	ständige Rechtsprechung
s.u.	siehe unten
TBC	Tuberkulose
teilw.	teilweise
ThürVBl.	Thüringer Verwaltungsblätter
TV	Tarifvertrag
TVG	Tarifvertragsgesetz
TVöD	Tarifvertrag für den öffentlichen Dienst
Tz	Textzahl
TzBfG	Gesetz über Teilzeitarbeit und befristete Arbeitsverträge (Teilzeit- und Befristungsgesetz)
u.	und
u.a.	und andere, unter anderem
u.ä.	und ähnliches
UmwBerG	Umwandlungsbereinigungsgesetz
UmwG	Umwandlungsgesetz
UmwRBerG	Umwandlungsrecht-Bereinigungsgesetz
UN	Unternehmen
unstr.	Unstreitig
Unterabs.	Unterabsatz
unveröff., uv.	unveröffentlicht
UP	Unterzeichnungsprotokoll
Urt.	Urteil
USK	Urteilssammlung für die gesetzliche Krankenversicherung
usw.	und so weiter
uU	unter Umständen
UWG	Gesetz gegen den unlauteren Wettbewerb
v.	von, vom
VA	Verwaltungsakt
VBG	Unfallverhütungsvorschrift der Berufsgenossenschaft
VBL	Versorgungsanstalt des Bundes und der Länder
VEB	Volkseigener Betrieb
Verf.	Verfassung
Veröff.	Veröffentlichung
VersR	Versicherungsrecht (Zeitschrift)
VG	Verwaltungsgericht
VGH	Verwaltungsgerichtshof
vgl.	vergleiche

vH	von Hundert
Vhdl.	Verhandlung
VO	Verordnung
VOBl.	Verordnungsblatt
Vorafl.	Vorauflage
Vorb., Vorbem.	Vorbemerkung
VSSAR/VSSR	Vierteljahresschrift für Sozialrecht und Arbeitsrecht (ab 2019, vorher Vierteljahresschrift für Sozialrecht)
VwGO	Verwaltungsgerichtsordnung
VwVfG	Verwaltungsverfahrensgesetz
VwZG	Verwaltungszustellungsgesetz
WM, WPM	Wertpapier-Mitteilungen (Zeitschrift)
w.N.	weitere Nachweise
WRV	Weimarer Reichsverfassung
WSI	Wirtschafts- und Sozialwissenschaftliches Institut des DGB
WSI-Mitteilung	Mitteilungen des WSI (Zeitschrift)
WzS	Wege zur Sozialversicherung (Zeitschrift)
ZA, ZusAbk.	Zusatzabkommen
ZAP	Zeitschrift für die Anwaltspraxis
ZAS	Zeitschrift für Arbeitsrecht und Sozialrecht (österr. Zeitschrift)
z.B.	zum Beispiel
ZBR	Zeitschrift für Beamtenrecht
ZESAR	Zeitschrift für europäisches Sozial- und Arbeitsrecht
ZfS	Zentralblatt für Sozialversicherung, Sozialhilfe und Versorgung (Zeitschrift)
ZfSH	Zeitschrift für Sozialhilfe
ZfSH/SGB	Zeitschrift für Sozialhilfe/Sozialgesetzbuch
ZfSH/SGb	Zeitschrift für Sozialhilfe/Sozialgerichtsbarkeit
ZGR	Zeitschrift für Unternehmens- und Gesellschaftsrecht
ZIAS	Zeitschrift für ausländisches und internationales Arbeits- und Sozialrecht
Ziff.	Ziffer
ZIP	Zeitschrift für Wirtschaftsrecht und Insolvenzpraxis
zit.	zitiert
ZPO	Zivilprozessordnung
ZRP	Zeitschrift für Rechtspolitik
ZSchG	Zivilschutzgesetz
ZSR	Zeitschrift für Sozialreform; Zeitschrift für Schweizerisches Recht
z.T.	zum Teil
zust.	zustimmend
zutr.	zutreffend
ZVG	Zwangsversteigerungsgesetz
z.Z.	zurzeit

Literaturverzeichnis

Achinger, Hans	Sozialpolitik als Gesellschaftspolitik, 3. Aufl. 1979
Achterberg, Norbert/ Püttner, Günter	Besonderes Verwaltungsrecht, Band II, 2. Aufl. 2000
Arbeitsgemeinschaft für Jugendhilfe/Deutsches Jugendinstitut (Hg.)	Der Jugend eine Zukunft sichern, 1991
Aristoteles	Nikomachische Ethik
Arnauld, Andreas von/ Musil, Andreas	Strukturfragen des Verfassungsrechts, 2009
Axer, Peter	Normsetzungen der Exekutive in der Sozialversicherung, 2000
Barak-Erez, Daphne/Gross, Aeyal	Exploring Social Rights, 2007
Barta, Heinz	Analyse und Fortentwicklung im Arbeits-, Sozial- und Zivilrecht, Festschrift für Martin Binder, 2010
Bartholomäi, Reinhart/ Bodenbender, Wolfgang/ Henkel, Hardo/Hüttel, Renate	Sozialpolitik nach 1945, FS Schellenberg, 1977
BeckOGK	Körner, Anne/Krasney, Martin/Mutschler, Bernd/Rolfs, Christian (Hg.), BeckOGK zum Sozialversicherungsrecht, Loseblattkommentar
Becker, Joachim	Transfergerechtigkeit und Verfassung, 2001
Becker, Ulrich	Das »Menschenbild des Grundgesetzes« in der Rechtsprechung des Bundesverfassungsgerichts, 1996
Benöhr, Hans-Peter	Arbeitsvermittlung und Arbeitslosenversorgung in der neueren deutschen Rechtsgeschichte, 1991
Berchtold, Josef	Sozialgerichtsgesetz, 6. Aufl. 2021
Berchtold, Josef/Richter, Ronald	Prozesse in Sozialsachen, 3. Aufl. 2024
Bereiter-Hahn, Werner/ Mehrtens, Gerhard	Gesetzliche Unfallversicherung, Siebtes Buch Sozialgesetzbuch, Handkommentar, Loseblattkommentar
Bieritz-Harder, Renate	Menschenwürdig leben, 2001
Bieritz-Harder, Renate/ Conradis, Wolfgang/ Thie, Stephan	SGB XII, Sozialhilfe, Lehr- und Praxiskommentar (LPK SGB XII), 13. Aufl. 2024
Binder, Martin	Das Zusammenspiel arbeits- und sozialrechtlicher Leistungsansprüche, Wiener Beiträge zum Arbeits- und Sozialrecht, 1980
Bley, Helmar	SGB Sozialversicherung: Kommentar zum gesamten Recht der Sozialversicherung einschließlich zwischenstaatlicher Abkommen und internationaler Übereinkommen (SGB SozVersGesKomm), Loseblattkommentar
Bley, Helmar/ Kreikebohm, Ralf/ Marschner, Andreas	Sozialrecht, 9. Aufl. 2007
Böckenförde, Ernst-Wolfgang	Elternrecht – Recht des Kindes – Recht des Staates, Essener Gespräche, Band 14, 1980
Bogs, Walter	Grundfragen des Rechts der sozialen Sicherheit und seiner Reform, 1955

Bork, Reinhard/Repgen, Tilman	Das Kind im Recht, 2009
Brede, Uwe	Der Verwaltungsakt mit Dauerwirkung, 1997
Breuer, Joachim	Der Regreß des Sozialhilfeträgers nach § 116 SGB X, 1986
Brückner, Klaus/Dalichau, Gerhard	Beiträge zum Sozialrecht, Festgabe für Hans Grüner, 1982
Bundesministerium für Arbeit und Soziales (Hg.)	Lebenslagen in Deutschland. Der erste Armuts- und Reichtumsbericht in Deutschland, 2001
Burca de, Grainne/Witt de, Bruno	Social Rights in Europe, 2005
Butzer, Hermann	Organisation und Verfahren im sozialen Rechtsstaat, Festschrift für Friedrich E. Schnapp, 2008
Butzer, Hermann	Fremdlasten in der Sozialversicherung, 2001
Cremer, Wolfgang/Huster, Stefan	Die Rentenauszahlung durch die Deutsche Post AG, 2009
Dalichau, Gerhard	SGB XI – Sozialgesetzbuch XI, Soziale Pflegeversicherung (gebunden), 2. Aufl. 2019
Danwitz, Thomas von	Europäisches Verwaltungsrecht, 2008
Deinert, Olaf	Privatrechtsgestaltung durch Sozialrecht, 2007
Deutsche Rentenversicherung Bund (Hg.)	SGB IV – Gemeinsame Vorschriften für die Sozialversicherung, Text und Erläuterungen, 19. Aufl. 1/2011
Deutscher Sozialrechtsverband (Hg.)	Das Sozialrechtsverhältnis, Schriftenreihe des Deutschen Sozialgerichtsverbandes, Bd. 18, 1980
Deutscher Sozialrechtsverband (Hg.)	Die Behinderten in der sozialen Sicherung, 2002
Deutscher Sozialrechtsverband (Hg.)	Soziale Sicherheit durch öffentliches und Privatrecht, 2003
Deutscher Sozialgerichtsverband (Hg.)	Sozialrechtsprechung, Bd. 1, 1979
Devetzi, Stamatia	Die Kollisionsnormen des europäischen Sozialrechts, 2000
Diering, Björn/Timme, Hinnerk/Stähler, Thomas	SGB X, Sozialverwaltungsverfahren und Sozialdatenschutz, Lehr- und Praxiskommentar (LPK), 6. Aufl. 2022
Dreier, Horst	GG, Bd. 1, 4. Auflage 2023
Düwell, Franz-Josef/Göhle-Sander, Kristina/Kothe, Wolfhard	juris PraxisKommentar Vereinbarkeit von Familie und Beruf, 1. Aufl. 2009
Ehlers, Dirk/Pünder, Hermann	Allgemeines Verwaltungsrecht, 16. Aufl. 2022
Ehmann, Frank/Karmanski, Carsten/Kuhn-Zuber, Gabriele	Gesamtkommentar Sozialrechtsberatung, 3. Aufl. 2022
Ehmann, Eugen/Selmayr, Martin	DS-GVO, 3. Aufl. 2024
Eichenhofer, Eberhard	50 Jahre nach ihrem Beginn – neue Regeln für die Koordinierung sozialer Sicherheit, 2009
Eichenhofer, Eberhard	Gutachten 64. DJT, 2002
Eichenhofer, Eberhard	Internationales Sozialrecht und Internationales Privatrecht, Baden-Baden, 1987
Eichenhofer, Eberhard	Sozialrecht der Europäischen Union, 8. Aufl. 2022
Eichenhofer, Eberhard	Sozialrecht, 13. Aufl. 2024

Eichenhofer, Eberhard/ Rische, Herbert/Schmähl, Winfried	Handbuch der gesetzlichen Rentenversicherung, 2. Aufl. 2012
Eichenhofer, Eberhard/ Wenner, Ulrich	SGB V, Kommentar, 3. Aufl. 2018
Eicher, Heinz/Haase, Winfrid/Rauschenbach, Fritz	Die Rentenversicherung im SGB – Kommentar für die Praxis, Loseblattkommentar
Eicher, Wolfgang/Harich, Björn	SGB II, 6. Aufl. 2024
Einem, Hans-Jörg von	Der Beitragsregreß des Sozialversicherungsträgers, 1987
Enders, Christoph	Die Menschenwürde in der Verfassungsordnung, 1997
Engelen-Kefer, Ursula	Beschäftigungspolitik, 3. Aufl. 1995
ErfK	Müller-Glöge, Rudi /Preis, Ulrich/Gallner, Inken/Schmidt, Ingrid (Hg.), Erfurter Kommentar zum Arbeitsrecht, 24. Aufl. 2024
Erichsen, Hans-Uwe	Elternrecht – Kindeswohl – Staatsgewalt, 1985
Estelmann, Martin	SGB II Kommentar, Loseblattkommentar
Europäische Kommission	Soziale Sicherheit für entsandte Arbeitnehmer aus der Europäischen Union, Norwegen, Island und Lichtenstein, 1998
Fichte, Wolfgang/ Plagemann, Hermann	Sozialverwaltungsverfahrensrecht, Handbuch, 2. Aufl., 2016
Fichtner, Otto/Wenzel, Gerd	SGB XII – Sozialhilfe mit AsylbLG, 4. Aufl. 2009
Fischer, Thomas	Strafgesetzbuch: StGB mit Nebengesetzen, 71. Aufl. 2024
Fischer, Wolfram	Armut in der Geschichte, 1982
Fuchs, Maximilian/Janda, Constanze	Nomos-Kommentar Europäisches Sozialrecht, 8. Aufl. 2022 (vormals Fuchs)
Fuchs, Maximilian	Zivilrecht und Sozialrecht, 1992
Gamillscheg, Franz	25 Jahre Bundesarbeitsgericht, 1979
Geigel, Reinhart	Der Haftpflichtprozess, 29. Aufl. 2024
Gelhausen, Reinhard	Soziales Entschädigungsrecht – eine Einführung, 2. Aufl. 1998
Geremek, Bronislaw	Geschichte der Armut, 1988
Gernhuber, Joachim/ Coester-Waltjen, Dagmar	Familienrecht, 7. Aufl. 2020
Giddens, Anthony	Beyond Left and Right, 1994
Gitter, Wolfgang	Im Dienst des Sozialrechts, Festschrift für Georg Wannagat, 1981
Gitter, Wolfgang/Schulin, Betram/Zacher, Hans F.	Festschrift für Otto Ernst Krasney zum 65. Geburtstag
Gottwald, Peter	Festschrift für Henrich, 2000
Gröschner, Rolf/Lembcke, Oliver	Das Dogma der Unantastbarkeit, 2009
Grube, Christian/ Wahrendorf, Volker	SGB XII, 6. Aufl. 2018
Grüneberg, Christian	Bürgerliches Gesetzbuch – BGB u.a, 83. Aufl. 2024
Haller, Heinz	Besteuerung der Familieneinkommen und Familienlastenausgleich, 1981
Hase, Friedhelm	Versicherungsprinzip und sozialer Ausgleich, 2000
Hauck, Karl/Noftz, Wolfgang	Sozialgesetzbuch, SGB I, Loseblattkommentar
Hauck, Karl/Noftz, Wolfgang	Sozialgesetzbuch, SGB IV, Loseblattkommentar
Hauck, Karl/Noftz, Wolfgang	Sozialgesetzbuch, SGB X, Loseblattkommentar

Hauck, Karl/Noftz, Wolfgang/Eichenhofer, Eberhard	EU-Sozialrecht, Loseblattkommentar
Haverkate, Görg/Huster, Stefan	Europäisches Sozialrecht, 1999
Hauptverband der gewerblichen Berufsgenossenschaften (Hg.)	HVBG-Info, Rundschreiben
Heclo, Hugh	Modern Social Politics in Britain and Sweden, 1974
Hoch, Hans/Lüscher, Kurt	Familie im Recht, 2002
Igl, Gerhard/Welti, Felix	Die Verantwortung des sozialen Rechtsstaats für Personen mit Behinderung und für die Rehabilitation, 2001
Igl, Gerhard/Welti, Felix	Sozialrecht, 8. Aufl. 2007
Iliopoulos-Strangas, Julia	Soziale Grundrechte in Europa nach Lissabon, 2010
Isensee, Josef/Kirchhof, Paul	Handbuch des Staatsrechts, Band 7, Freiheitsrechte, 3. Aufl. 2009
Isensee, Josef/Kirchhof, Paul	Handbuch des Staatsrechts, Band 2, 3. Aufl. 2004
Jans, Bernhard	Familienwissenschaftliche und familienpolitische Signale, Festschrift für Max Wingen, 2000
Jarass, Hans D.	Charta der Grundrechte der Europäischen Union: GRCh (unter Einbeziehung der sonstigen Grundrechtsregelungen des Primärrechts und der EMRK), 4. Aufl. 2021
Jarass, Hans D./Pieroth, Bodo	Grundgesetz für die Bundesrepublik Deutschland: GG, Kommentar, 18. Aufl. 2024
Jellinek, Georg	System der subjektiven öffentlichen Rechte, 1963
Jordan, Bill	The New Politics of Welfare, 1988
Jorens, Yves	European Social Security Law and third country nationals, 1998
jurisPK-BGB	Vieweg, Klaus (Hg.), juris PraxisKommentar BGB, Band 1 – Allgemeiner Teil
jurisPK-SGB I	Voelzke, Thomas (Hg.), juris PraxisKommentar SGB, Sozialgesetzbuch Erstes Buch (SGB I), Allgemeiner Teil/mit VO (EG) 883/2004
jurisPK-SGB II	Bittner, Claudia (Hg.), juris PraxisKommentar SGB, Sozialgesetzbuch Zweites Buch (SGB II), Grundsicherung für Arbeitsuchende
jurisPK-SGB III	Schubert, Jens M. (Hg.), juris PraxisKommentar SGB, Sozialgesetzbuch Drittes Buch (SGB III), Arbeitsförderung
jurisPK-SGB IV	Schlegel, Rainer (Hg.), juris PraxisKommentar SGB, Sozialgesetzbuch Viertes Buch (SGB IV), Gemeinsame Vorschriften für die Sozialversicherung
jurisPK-SGB V	Engelmann, Klaus/Schlegel, Rainer (Hg.), juris PraxisKommentar SGB, Sozialgesetzbuch Fünftes Buch (SGB V), Gesetzliche Krankenversicherung
jurisPK-SGB VI	Matlok, Dana/Winkler, Jürgen (Hg.), juris PraxisKommentar SGB, Sozialgesetzbuch Sechstes Buch (SGB VI), Gesetzliche Rentenversicherung
jurisPK-SGB VII	Brandenburg, Stephan (Hg.), juris PraxisKommentar SGB, Sozialgesetzbuch Siebtes Buch (SGB VII), Gesetzliche Unfallversicherung
jurisPK-SGB VIII	Luthe, Ernst-Wilhelm/Nellissen, Gabriele (Hg.), juris PraxisKommentar SGB, Sozialgesetzbuch Achtes Buch (SGB VIII), Kinder- und Jugendhilfe

jurisPK-SGB IX	Kreitner, Jochen/Luthe, Ernst-Wilhelm (Hg.), juris PraxisKommentar SGB, Sozialgesetzbuch Neuntes Buch (SGB IX), Rehabilitation und Teilhabe behinderter Menschen
jurisPK-SGB X	Mutschler, Bernd/Palsherm, Ingo (Hg.), juris PraxisKommentar SGB, Sozialgesetzbuch Zehntes Buch (SGB X), Sozialverwaltungsverfahren und Sozialdatenschutz
jurisPK-SGB XI	Kauck, Ernst (Hg.), juris PraxisKommentar SGB, Sozialgesetzbuch Elftes Buch (SGB XI), Soziale Pflegeversicherung
jurisPK-SGB XII	Coseriu, Pablo/Siefert, Jutta/Filges, Sven (Hg.), juris PraxisKommentar SGB, Sozialgesetzbuch Zwölftes Buch (SGB XII), Sozialhilfe/mit AsylbLG
jurisPK-SGG	Schlegel, Rainer/Voelzke, Thomas (Hg.), juris PraxisKommentar SGG (jurisPK-SGG), Sozialgerichtsgesetz
Kant, Immanuel	Grundlegung zur Metaphysik der Sitten, 2. Abschnitt, Übergang von der populären sittlichen Weltweisheit zur Metaphysik der Sitten
KassKomm	Körner, Anne/Leitherer, Stephan/Mutschler, Bernd/Rolfs, Christian (Hg.), Kasseler Kommentar Sozialversicherungsrecht, Loseblattkommentar
Kirchhof, Paul	EStG, 23. Aufl. 2024
Knickrehm, Sabine/ Roßbach, Gundula/ Waltermann, Raimund	Kommentar zum Sozialrecht, 8. Aufl. 2023
Knigge, Arnold, u.a.	AFG, 2. Aufl. 1988
Köbl, Ursula	Sozialeinkommen für Arbeitsfähige ohne Arbeitswillen?, Recht der Wirtschaft und der Arbeit in Europa, 2004
Köhler, Peter/ Zacher, Hans F.	Ein Jahrhundert Sozialversicherung in der Bundesrepublik Deutschland, 1981
KomGRV	Kommentar zum Recht der gesetzlichen Rentenversicherung – Sozialgesetzbuch Viertes Buch – Gemeinsame Vorschriften für die Sozialversicherung,
Knoke, Ulrich	Rechtsfragen der Rücknahme von Verwaltungsakten: Zur Dogmatik und Kritik der Rücknahmebestimmungen der Verwaltungsverfahrensgesetze, 1989
Kopp, Ferdinand/Ramsauer, Ulrich	Verwaltungsverfahrensgesetz: VwVfG, Kommentar, 24. Aufl. 2023
Koppenfels-Spies, Katharina von/Wenner, Ulrich	SGB I, 3. Aufl. 2023
Krahmer, Utz	Sozialdatenschutzrecht, Persönlichkeitsschutz nach SGB I – SGB X – DS-GVO, 5. Aufl. 2023
Krauskopf, Dieter	Soziale Krankenversicherung, Pflegeversicherung, Loseblattkommentar
Kreikebohm, Ralf/Dünn, Sylvia	SGB IV, 4. Aufl. 2022
Kretschmer, Hans-Jürgen/ Maydell, Bernd von/ Schellhorn, Walter	GK-SGB I, 3. Aufl. 1996
Küppersbusch, Gerhard	Ersatzansprüche bei Personenschaden, 14. Aufl. 2024
Lachwitz, Klaus/Schellhorn, Helmut/Welti, Felix	HK-SGB IX, 3. Aufl. 2009
Langford, Malcolm	Social Rights Jurisprudence, Cambridge, 2008
Lehner, Moris	Einkommensteuerrecht und Sozialhilferecht, 1993
Leisner, Walter-Georg	Existenzsicherung im öffentlichen Recht, 2007

Linnebacher, Bernd	Die Arbeitsgemeinschaft nach § 94 SGB X – Tatbestand und Organisationsformen, 1994
Löcher, Jens	Die Anhörung im Sozialverwaltungsverfahren, 2015
Martiny, Dieter	Unterhaltsrang und -rückgriff, Bd. 2, 2000
Maurer, Hartmut/Waldhoff, Christian	Allgemeines Verwaltungsrecht, 219. Aufl. 2024
Maydell, Bernd von/ Schellhorn, Walter	Gemeinschaftskommentar zum Sozialgesetzbuch Teil: Zusammenarbeit der Leistungsträger und ihre Beziehungen zu Dritten (GK-SGB X/3), 1984
Pickel/Marschner	SGB X – Kommentar zum Sozialgesetzbuch Zehntes Buch, Loseblattkommentar
Ruland, Franz/Becker, Ulrich/Axer, Peter	Sozialrechtshandbuch, 7. Aufl. 2022
Mittmann, Patrick	Die Rechtsfortbildung durch den Gerichtshof der Europäischen Gemeinschaften und die Rechtsstellung der Mitgliedstaaten der Europäischen Union, 2000
Moderegger, Martin	Der verfassungsrechtliche Familienschutz und das System des Einkommensteuerrechts, 1991
Mrozynski, Peter	SGB I, 7. Aufl. 2024
Müller, Andreas	Die Entsendung von Arbeitnehmern in der Europäischen Union, 1997
Müller-Grune, Sven	Bescheidtechnik, 5. Aufl. 2023
Münder, Johannes	Familienrecht 5. Aufl. 2005
Münder, Johannes/Ernst, Rüdiger/Behlert, Wolfgang/ Tammen, Britta	Familienrecht für die Soziale Arbeit, 8. Aufl. 2021
Münder, Johannes	SGB II, 8. Aufl. 2024
Münder, Johannes/Armborst, Christian	KJHG/SGB VIII, 3. Aufl. 2002
Münder, Johannes/Trenczek, Thomas/Tammen, Britta	Kinder- und Jugendhilferecht, 9. Aufl. 2020)
Neumann, Volker u.a.	SGB IX – Rehabilitation und Teilhabe behinderter Menschen, 15. Aufl. 2024
Neumann, Volker	Freiheitsgefährdung im kooperativen Sozialstaat, 1992
OECD	Transforming Disability into Ability, 2003
Pennings, Frans	Introduction to European social security law, 2 ed. 1998
Peters, Horst/Hommel, Hubertus	SGB I, Loseblattkommentar
Pickel, Harald/Marschner, Andreas	SGB X, Loseblattkommentar
Pohl, Heike	Rechtsprechungsänderung und Rückanknüpfung, 2005
Ramsauer, Ulrich/Jorens, Yves	Mein Recht auf BAföG, 4. Aufl. 2003
Regenmortel, Anne von/ Jorens, Yves	Le détachement international, 1995
Reinhardt, Michael	Konsistente Jurisdiktion, 1997
Renn, Heribert/Schoch, Dietrich	Grundsicherungsgesetz, 2003
Renner, Yvonne	Familienlasten- oder Familienleistungsausgleich?, 2000
Rolfs, Christian	Das Versicherungsprinzip in der Sozialversicherung, 2000

Rolfs, Christian/Giesen, Richard/Kreikebohm, Ralf/ Udsching, Peter	BeckOK Arbeitsrecht, 2019
Rolfs, Christian/Giesen, Richard/Kreikebohm, Ralf/ Udsching, Peter/Rothkegel, Ralf	BeckOK Sozialrecht, Sozialhilferecht, SGG und SGB I-XII, 2020
Rothkegel, Ralf	Die Strukturprinzipien des Sozialhilferechts, 2000
Rüfner, Wolfgang	Gutachten zum 49. DJT, 1972
Ruland, Franz	Verfassung, Theorie und Praxis des Sozialstaats, Festschrift für Zacher, 1998
Ruland, Franz/Becker, Ulrich/Axer, Peter	Sozialrechtshandbuch, 6. Aufl. 2018
Rust, Ursula	Familienlastenausgleich in der gesetzlichen Kranken-, Unfall-, und Rentenversicherung, 1990
Rust, Ursula/Falke, Josef	AGG, 2008
Säcker, Franz-Jürgen/ Rixecker, Roland/Oetker, Hartmut/Limperg, Bettina	Münchener Kommentar zum Bürgerlichen Gesetzbuch, 9. Aufl. 2021 ff.
Sammet, Rolf	Leistungsstörungen im Sozialversicherungsverhältnis – Zur Begründung, Unterbrechung, Beendigung und Störung des Sozialversicherungsverhältnisses, 1990
Scharpff, Rudolf	Handbuch des Armenrechts, 1896
Schellhorn, Helmut/Hohm, Karl-Heinz/Scheider, Peter/ Busse, Angela	SGB XII Sozialgesetzbuch Zwölftes Buch – Sozialhilfe – Kommentar, 21. Aufl. 2023
Schiek, Dagmar	Allgemeines Gleichbehandlungsgesetz (AGG), 2008
Schmitt, Jochen	Die Handlungsfähigkeit im Sozialrecht, 1982
Schoch, Dietrich	Sozialhilfe, 3. Aufl. 2001
Schoukens, Paul	Prospects of social security co-ordination, 1997
Schulin, Bertram	Soziale Entschädigung als Teilsystem kollektiven Schadensausgleichs, 1981
Schütze, Bernd	SGB X, 9. Aufl. 2020
Ssenyonjo, Manisuli	Economic, Social and Cultural Rights in International Law,Oxford/ Portland, 2009
Stelkens, Paul/Bonk, H. J./ Sachs, Michael	Verwaltungsverfahrensgesetz, 10. Aufl. 2023
Stolleis, Michael	Quellen zur Geschichte des Sozialrechts, 1976
Trenk-Hinterberger, Peter	Die Rechte behinderter Menschen und ihrer Angehörigen, 35. Aufl. 2007
Wallrabenstein, Astrid	Versicherung im Sozialstaat, 2009
Waltermann, Raimund/ Schmidt, Benjamin/ Chandna-Hoppe, Katja	Sozialrecht, 15. Aufl. 2022
Welti, Felix	Behinderung und Rehabilitation im sozialen Rechtsstaat, 2005
Wertenbruch, Wilhelm	Bochumer Kommentar zum Sozialgesetzbuch, Allgemeiner Teil, 1979
Wiesner, Reinhard	Das neue Kinder- und Jugendhilferecht, 1991
Will, Judith	Familienförderung im Sozialrecht, 2009
Wissenschaftlicher Beirat für Familienfragen	Gerechtigkeit für Familien, 2001
Wolff, Martin	Das internationale Privatrecht Deutschlands, 2. Aufl. 1949

Wolff, Hans/Bachof, Otto/ Stober, Rolf/Kluth, Winfried	Verwaltungsrecht, Bd. 1, 13. Aufl. 2017
Wollschläger, Christian	Geschäftsführung ohne Auftrag im öffentlichen Recht und Erstattungsanspruch, 1977
Wulffen, Matthias von/ Krasney, Otto Ernst	Festschrift 50 Jahre Bundessozialgericht, 2004

Sozialgesetzbuch Zehntes Buch (SGB X), Sozialverwaltungsverfahren und Sozialdatenschutz

In der Fassung der Bekanntmachung vom 18. Januar 2001 (BGBl. I, S. 130), zuletzt geändert durch Artikel 8d des Gesetzes vom 19. Juli 2024 (BGBl. I, Nr. 245), Stand 01. Januar 2025 aufgrund des Gesetzes vom 15. Juli 2024 (BGBl. I, Nr. 236)

Erstes Kapitel Verwaltungsverfahren

Erster Abschnitt Anwendungsbereich, Zuständigkeit, Amtshilfe

§ 1 Anwendungsbereich

(1) [1]Die Vorschriften dieses Kapitels gelten für die öffentlich-rechtliche Verwaltungstätigkeit der Behörden, die nach diesem Gesetzbuch ausgeübt wird. [2]Für die öffentlich-rechtliche Verwaltungstätigkeit der Behörden der Länder, der Gemeinden und Gemeindeverbände, der sonstigen der Aufsicht des Landes unterstehenden juristischen Personen des öffentlichen Rechts zur Ausführung von besonderen Teilen dieses Gesetzbuches, die nach In-Kraft-Treten der Vorschriften dieses Kapitels Bestandteil des Sozialgesetzbuches werden, gilt dies nur, soweit diese besonderen Teile mit Zustimmung des Bundesrates die Vorschriften dieses Kapitels für anwendbar erklären. [3]Die Vorschriften gelten nicht für die Verfolgung und Ahndung von Ordnungswidrigkeiten.

(2) Behörde im Sinne dieses Gesetzbuches ist jede Stelle, die Aufgaben der öffentlichen Verwaltung wahrnimmt.

Übersicht Rdn.

A. Inhalt

1 § 1 Abs. 1 bestimmt den Anwendungsbereich des Ersten Kapitels des SGB X, d.h. derjenigen Vorschriften des SGB X, die das Verwaltungsverfahren regeln (§§ 1 bis 66 SGB X[1,2]). Der Anwendungsbereich ist mehrfach begrenzt. Zunächst gelten die Verwaltungsverfahrensvorschriften des SGB X nur für die Verwaltungstätigkeit von Behörden, die nach »diesem Gesetzbuch« – worunter nicht allein das SGB X, sondern das gesamte Sozialgesetzbuch SGB I bis SGB XIV einschließlich der in § 68 SGB I aufgeführten Gesetze zu verstehen ist[3] – ausgeübt wird. Des Weiteren unterfällt allein die öffentlich-rechtliche Verwaltungstätigkeit den §§ 1 bis 66 SGB X, so dass andere Handlungsformen, insbesondere privatwirtschaftliche, nicht unter die Verwaltungsverfahrensnormen des SGB X fallen. Eine weitere Begrenzung ergibt sich aus dem Zusammenspiel mit Satz 2. Dieser fußt auf der Grundlage, dass das Verwaltungsverfahrensrecht des SGB X nur für diejenigen Gesetze gilt, die bei Inkrafttreten des Ersten Kapitels des SGB X bereits zum SGB zählten. Werden nach dessen Inkrafttreten Gesetze in das SGB aufgenommen, die durch Behörden der Länder, der Gemeinden und

1 Knickrehm/Kreikebohm/Waltermann/*Fichte*, § 1 SGB X Rn. 1.
2 Paragrafen ohne Gesetzesbezeichnung sind in diesem Werk solche des SGB X.
3 H.M., so z.B. Schütze/*Roos/Blüggel*, SGB X § 1 Rn. 5; BeckOGK/*Mutschler*, § 1 SGB X Rn. 24, Stand 03/2022.

Gemeindeverbände oder durch sonstige der Aufsicht des Landes unterstehende juristische Personen des öffentlichen Rechts auszuführen sind, so muss die Anwendbarkeit des Ersten Kapitels deshalb gesetzlich ausdrücklich bestimmt werden. Zuletzt ist das Erste Kapitel des SGB X nicht für die Verfolgung und Ahnung von Ordnungswidrigkeiten anwendbar.

Da Satz 1 für die benannten Rechtsgebiete die Anwendbarkeit des Verwaltungsverfahrensrechts des SGB X bestimmt, ist eine ergänzende Anwendung des VwVfG ausgeschlossen. Dem entsprechend hat der 1. Senat des BSG in einer Entscheidung aus dem Jahr 2017 ausgeführt. »Eine pauschale Lückenfüllung des SGB X durch Regelungen des VwVfG ist ausgeschlossen, erst recht eine Änderung der ausdrücklichen Regelungen des Ersten Kapitels des SGB X durch abweichende Rechtsgedanken des VwVfG.«[4] Dem Vorschlag, zur Wahrung der Rechtseinheit bei Streitfragen zum SGB X auch auf Rechtsprechung und Literatur zum VwVfG zurückzugreifen[5], ist mit Skepsis zu begegnen. Auch wenn das SGB X aufgrund seiner Gesetzesgeschichte in Aufbau und Systematik dem VwVfG folgt, ist es doch weitaus stärker von sozialen Schutzgedanken und dem Auftrag, die (sozialen) materiellen Rechte des Beteiligten möglichst weitgehend zur Entfaltung zu bringen, geprägt als das VwVfG. Dies zeigt sich beispielsweise in § 44 Abs. 1 und 2 SGB X, die die behördliche Pflicht zur Rücknahme rechtswidriger belastender Verwaltungsakte in aller Regel auch dann anordnen, wenn die Verwaltungsakte bereits bestandskräftig geworden sind (siehe die Kommentierung zu § 44) und in § 45 SGB X, der eine Rücknahme rechtswidriger begünstigender Verwaltungsakte unter enge Voraussetzungen stellt und insbesondere eine rückwirkende Rücknahme nur erlaubt, wenn Vertrauensausschlussgründe oder Restitutionsgründe entsprechend § 580 ZPO erfüllt sind (§ 45 Abs. 4 Satz 1 SGB X). Vorschriften, die bei der Aufhebung von Verwaltungsakten den Schutz des Adressaten und die Verwirklichung der materiellen Rechtsansprüche derart in den Vordergrund heben, fehlen im VwVfG. Auch ist der Stellenwert der Anhörung im VwVfG geringer als im SGB X, was sich an dem im Gegensatz zu § 28 Abs. 2 VwVfG abgeschlossenen Ausnahmekatalog (§ 24 Abs. 2 SGB X) und der Aufhebungspflicht eines ohne oder nach nicht ordnungsgemäßer Anhörung erlassenen Verwaltungsaktes ungeachtet der Frage, ob der Anhörungsfehler die Entscheidung in der Sache beeinflusst hat (§ 42 HS. 2 SGB X), zeigt. Auch eine Heranziehung von Literatur und Rechtsprechung zum verfahrensrechtlichen Regelungswerk Abgabenordnung (AO) wird sich in aller Regel verbieten.

§ 1 enthält neben der Bestimmung des Anwendungsbereichs der §§ 1 bis 66 in Abs. 2 eine Legaldefinition des Begriffs »Behörde«.

B. Einzelerläuterungen

I. Behörde

2 § 1 Abs. 1 Satz 1 begrenzt den Anwendungsbereich des Ersten Kapitels auf die öffentlich-rechtliche Verwaltungstätigkeit von Behörden. Der Begriff Behörde wird im Bundesrecht nicht einheitlich definiert. Das BVerfG versteht unter einer Behörde ganz allgemein »eine in den Organismus der Staatsverwaltung eingeordnete, organisatorische Einheit von Personen und sächlichen Mitteln, die mit einer gewissen Selbständigkeit ausgestattet dazu berufen ist, unter öffentlicher Autorität für die Erreichung der Zwecke des Staates oder von ihm geförderter Zwecke tätig zu sein«.[6]

3 § 1 Abs. 2 definiert den Begriff für das gesamte Sozialgesetzbuch[7] als jede Stelle, die Aufgaben der öffentlichen Verwaltung wahrnimmt. Diese Legaldefinition folgt der inhaltsgleichen Bestimmung des Begriffs durch § 1 Abs. 4 VwVfG.[8]

---

4 BSG, Urt. v. 07.11.2017, B 1 KR 24/17 R, Rn. 41.
5 BeckOGK/*Mutschler*, § 1 SGB X Rn. 4, Stand 03/2022.
6 BVerfGE 10, 20, 48.
7 BeckOGK/*Mutschler*, § 1 SGB X Rn. 11, Stand 03/2022.
8 BT-Drucks. 8/2034, S. 30.

Entgegen dem Wortlaut dieser Legaldefinition ist eine Stelle nicht allein wegen der faktischen Wahrnehmung von Aufgaben der öffentlichen Verwaltung Behörde. Vielmehr muss sie hierzu auch befugt sein[9], so dass eine Stelle, die sich eine öffentliche Aufgabenwahrnehmung anmaßt, hierdurch nicht zur Behörde im Sinne des § 1 Abs. 2 wird. Behörde ist damit jede Stelle, die für die Wahrnehmung öffentlich-rechtlicher Verwaltungstätigkeit zuständig ist. Darauf, ob die Stelle organisationsrechtlich als Behörde bezeichnet wird oder im Rechtsverkehr unter dieser Bezeichnung auftritt, kann es nicht ankommen. Ebenso wenig ist von Bedeutung, ob die Stelle einen weiten Aufgabenbereich zu erfüllen hat oder nur für eng begrenzte Zwecke errichtet wurde. Eine dauerhafte Übertragung von Aufgaben ist für die Behördeneigenschaft ebenso wenig erforderlich wie eine Regelung darüber, welche Stelle die Aufsicht ausübt.[10] 4

Diese Auslegung entspricht dem **weiten funktionalen Behördenbegriff**, den das BSG verwendet. Demnach sind Behörden – ohne Rücksicht auf ihre konkrete Bezeichnung als Behörde, Dienststelle, Amt oder Ähnliches – alle vom Wechsel der in ihnen tätigen Personen unabhängigen und mit hinreichender organisatorischer Selbständigkeit ausgestatteten Einrichtungen, denen Aufgaben der öffentlichen Verwaltung und entsprechende Zuständigkeiten zur eigenverantwortlichen Wahrnehmung zugewiesen sind, die also aufgrund von Vorschriften des öffentlichen Rechts mit der Befugnis zu öffentlich-rechtlichem Handeln mit Außenwirkung ausgestattet sind.[11] Behörden »sind somit außer den Verwaltungsbehörden im organisatorischen Sinn auch alle sonstigen Einrichtungen, Organe und Stellen, die aufgrund von Vorschriften des öffentlichen Rechts mit der Befugnis zum Erlass von Verwaltungsakten, zum Abschluss öffentlich-rechtlicher Verträge im eigenen Namen, d.h. nicht nur als Vertreter und mit Wirkung für und gegen eine andere Stelle, oder auch zu sonstigen, nach öffentlichem Recht zu beurteilenden Handeln ausgestattet sind (BSGE 60, 239 = SozR 1300 § 45 Nr. 26; BSGE 63, 224 = SozR 1300 § 48 Nr. 47; BSGE 77, 295 = SozR 3–1300 § 45 Nr. 27; BVerwGE 17, 41 und 30, 20).«[12] Schiedsstellen nach § 18a KVG sind Behörden im funktionalen Sinne, da sie nach § 120 Abs. 4 SGB V befugt sind, Verwaltungsakte über die Festsetzung der Vergütung zu erlassen.[13] Nichts anderes gilt für die durch den Spitzenverband Bund der Krankenkassen und die für die Wahrnehmung der wirtschaftlichen Interessen gebildeten maßgeblichen Spitzenorganisationen der pharmazeutischen Unternehmer auf Bundesebene gebildete gemeinsame Schiedsstelle (§ 130b Abs. 5 SGB V).[14] Kassenärztliche Vereinigungen sowie Zulassungs- und Berufungsausschüsse nach §§ 96, 97 SGB V sind ebenso Behörden[15] wie die im Zusammenhang mit der Wirtschaftlichkeitsprüfung errichteten Prüfungsstellen und Beschwerdeausschüsse nach § 106c SGB V. Auch die Agenturen für Arbeit stellen Behörden dar.[16] 5

Der Wortlaut des § 31 Abs. 3 Satz 1 SGB IV »Die vertretungsberechtigten Organe des Versicherungsträgers haben die Eigenschaft einer Behörde« spricht dagegen, dass neben den vertretungsberechtigten Organen auch die Sozialversicherungsträger selbst Behörde sind.[17] Im Übrigen ist nicht der Träger öffentlicher Verwaltung, sondern die jeweilige »Stelle« – beispielsweise ein Amt oder eine Dienststelle – als Behörde anzusehen, denn die Behörde handelt für den Träger. Die Behörde selbst ist rechtlich unselbstständig.[18] 6

9 So auch LPK-SGB X/*Breitkreuz*, SGB X, § 1 Rn. 7.
10 BeckOGK/*Mutschler*, § 1 SGB X Rn. 24, Stand 03/2022.
11 BSG, Urt. v. 25.11.2010 – B 3 KR 1/10 R, Rn. 14.
12 BSG, ebenda; so zuletzt auch BSG, Urt. v. 25.03.2015 – B 6 KA 9/14 R, Rn. 26.
13 BSG, Urt. v. 10.05.2017 – B 6 KA 10/16 R, Rn. 15.
14 LSG Berlin-Brandenburg, Urt. v. 28.06.2017 – L 9 KR 72/16 KL, Rn. 105.
15 So zu Recht *Bergmann/Krekeler*, Die Haftung der Kassenärztlichen Vereinigung – ein bisher nur wenig beleuchtetes Gebiet, GesR 2021, 692, 696.
16 Hierzu BGH, Beschl. v. 21.05.2019 –, 2 ARs 282/18, Rn. 7.
17 v. Koppenfels-Spies/Wenner/*Löcher*, SGB IV, § 29 Rn. 7.
18 Schütze/*Roos/Blüggel*, SGB X, § 1 Rn. 10.

Auch die einzelnen örtlichen Dienststellen der Bundeagentur für Arbeit sind Behörden im Sinne von § 1 Abs. 2 SGB X.[19] Allerdings haben gem. § 31 Abs. 3 Satz 1 SGB IV auch die vertretungsberechtigten Organe der Versicherungsträger – also Vorstände und Geschäftsführer – Behördeneigenschaft. Das beruht jedoch auf einer ausdrücklichen gesetzlichen Regelung und kann nicht dahingehend verallgemeinert werden, dass allen vertretungsberechtigten Personen Behördeneigenschaft zukommt. Vielmehr besteht bei Sozialversicherungsträgern die Besonderheit, dass die Eigenschaft als Behörde nicht den Versicherungsträgern, sondern den vertretungsberechtigten Organen zuerkannt wird.

7 Einzelpersonen können (nur dann) Behörden im Sinne von § 1 Abs. 2 SGB X sein, wenn sie als »beliehene Unternehmer« oder als Beauftragte mit eigener Entscheidungsbefugnis tätig werden.[20] Voraussetzung hierfür ist, dass ihnen die Wahrnehmung öffentlicher Aufgaben durch Gesetz oder aufgrund eines Gesetzes durch einen Beleihungsakt (Verwaltungsakt, öffentlich-rechtlicher Vertrag oder Rechtsnorm) übertragen worden ist.[21] Sie werden als beliehene Unternehmer oder Beliehene bezeichnet. Bei den nach §§ 80, 81 SGB XII in den Ländern zu errichtenden Schiedsstellen handelt es sich um Beliehene und daher um Behörden[22], ebenso bei Schiedsämtern nach dem SGB V[23], dem Verband der privaten Krankenversicherung e.V. hinsichtlich der Festlegung brancheneinheitlicher Vertragsmuster für die förderfähigen Pflege-Zusatzversicherungen (§ 127 Abs. 2 Satz 1 SGB XI) und Krankenhäusern in Bezug auf die Einziehung der Zuzahlungen für die vollstationäre Krankenhausbehandlung (§ 50b Abs. 3 Satz 4 SGB V).[24] Nicht beliehen ist der Vorsitzende des Berufungsausschusses im vertragsärztlichen Zulassungsverfahren. Er ist, anders als der Berufungsausschuss selbst, keine Behörde.[25] Auch das Deutsche Mesotheliomregister stellt keine Behörde dar, da ihm nicht durch Beleihungsakt hoheitliche Aufgaben übertragen wurden.[26]

Schiedspersonen werden im gesetzlichen Krankenversicherungsrecht in verschiedenen Angelegenheiten eingesetzt (§§ 39a Abs. 1 Satz 7 bis 9 SGB V, § 65c Abs. 6 Satz 8 bis 12 SGB V, § 73b Abs. 4a SGB V, § 110 Abs. 1 Satz 5 SGB V, § 125 Abs. 2 Satz 4 bis 6 SGB V, § 127 Abs. 1a Satz 2 bis 4 SGB V, 132a Abs. 2 Satz 6 bis 9 SGB V, § 132e Abs. 1 Satz 3 bis 5 SGB V, § 211 Abs. 4 Satz 4 SGB V), wobei deren Kompetenz zum Erlass von Verwaltungsakten und somit Behördeneigenschaft umstritten war. Jedenfalls für die Schiedspersonen nach 132a Abs. 2 Satz 6 bis 9 SGB V[27] und jüngst für die nach § 73b Abs. 4a SGB V[28] hat das BSG dies abgelehnt, ebenso das LSG Baden-Württemberg für Schiedspersonen nach § 110 Abs. 1 Satz 5 SGB V[29], nichts anderes dürfte für die übrigen Schiedspersonen gelten.

8 Einrichtungen und Organisationen der freien Wohlfahrtsverbände und der freien Jugendhilfe wollte der Gesetzgeber auch dann nicht als Behörde verstanden wissen, wenn diese an der Durchführung von Aufgaben beteiligt werden oder ihnen die Durchführung von Aufgaben des SGB VIII oder SGB XII mit deren Zustimmung übertragen worden sind (§ 3 Abs. 3 SGB VIII, § 5 Abs. 5 SGB XII).[30]

19 LSG Sachsen, Urt. v. 12.03.2015 – L 3 AL 125/13, Rn. 27.
20 Hierzu insb. Hauck/Noftz/*Neumann*, § 1 SGB X Rn. 40 f.
21 BSG, Urt. v. 25.11.2010 – B 3 KR 1/10 R, Rn. 15.
22 LSG Hessen, Urt. v. 25.02.2011 – L 7 SO 237/10 KL, Rn. 45.
23 BSG, Urt. v. 25.03.2015 – B 6 KA 9/14 R, Rn. 27 unter Hinweis auf die frühere Rechtsprechung.
24 Hauck/Noftz/*Neumann*, § 1 SGB X Rn. 41.
25 BSG, Urt. v. 06.05.2009 – B 6 KA 7/08 R, Rn. 20.
26 BSG, Urt. v. 23.06.2020 – B 2 U 5/19 R, Rn. 13.
27 BSG, Urt. v. 25.11.2010 – B 3 KR 1/10 R, Rn. 24: Keine Behörde, sondern öffentlich-rechtlicher Schlichter und Vertragshelfer entsprechend § 317 BGB.
28 BSG, Urt. v. 25.03.2015 – B 6 KA 9/14 R, Rn. 31 ff.
29 LSG Baden-Württemberg, Urt. v. 25.11.2020 – L 5 KR 3211/17, Rn. 29.
30 BT-Drucks. 8/2034, S. 30.

II. Öffentlich-rechtliche Verwaltungstätigkeit nach SGB

Zur öffentlich-rechtlichen Verwaltungstätigkeit im Sinne des § 1 gehört jede hoheitliche Tätigkeit mit Außenwirkung zur Erfüllung von Aufgaben auf der Grundlage des öffentlichen Rechtes, sofern sie durch einen Träger hoheitlicher Gewalt vorgenommen wird.[31] Ebenso, wie die »wahre Natur des anspruchsbegründenden Rechtsverhältnisses« die Frage der öffentlich-rechtlichen Streitigkeit entscheidet, entscheidet die »wahre Natur der Verwaltungstätigkeit«, ob es sich um eine privat- oder öffentlich-rechtliche Tätigkeit handelt.[32] Hierbei sind der Standort der zum Handeln ermächtigenden oder verpflichtenden Vorschrift, die Sachnähe der Sozialgerichtsbarkeit zu einem möglichen Streitgegenstand und die Erfüllung öffentlicher Aufgaben ebenso zu berücksichtigen wie die zur Abgrenzung des öffentlichen vom privaten Recht entwickelten Theorien – d.h. insbesondere die Subordinationstheorie und die modifizierte Subjekttheorie. 9

Eine Verwaltungstätigkeit ist öffentlich-rechtlich, wenn sie auf den Abschluss eines Verwaltungsverfahrens abzielt oder das Verwaltungsverfahren durch Erlass eines Verwaltungsaktes bzw. Vereinbarung eines öffentlich-rechtlichen Vertrages abschließt. § 1 setzt zudem voraus, dass die öffentlich-rechtliche Verwaltungstätigkeit auf dem Gebiet des Sozialgesetzbuchs ausgeübt wird. Somit gehören auch Beratungs-, Informations- und Aufklärungstätigkeiten, die auf der Grundlage der §§ 13 bis 15 SGB I oder anderer Vorschriften nach dem Sozialgesetzbuch geschehen (z.B. §§ 109, 109a, 138 Abs. 1 Satz 2 Nr. 2 SGB VI, §§ 11, 32 Abs. 2 Satz 4 SGB XII), hierzu. Ob auch die Ausübung des Hausrechts, konkret die Erteilung von Hausverbot durch Verwaltungsakt nach dem SGB erfolgt, so dass sich – was die weitere Folge wäre – das Widerspruchsverfahren nach § 62 Hs. 1 SGB X i.V.m. §§ 78 ff. SGG richtet und der Rechtsweg zu den Sozialgerichten (§ 51 SGG) und nicht zu den Verwaltungsgerichten eröffnet wäre, ist umstritten.[33] Das BSG bejaht die Rechtswegeröffnung zu den Sozialgerichten, wenn ein enger Sachzusammenhang zwischen der Erteilung des Hausverbots und den vom Sozialleistungsträger wahrzunehmenden Sachaufgaben besteht. Zwar fehle es im Sozialgesetzbuch an einer ausdrücklichen geschriebenen Ermächtigungsgrundlage für die Erteilung von Ordnungsmaßnahmen, erfolge diese aber im Zusammenhang mit der Durchführung eines sozialrechtlichen Verwaltungsverfahrens, so bestehe hierzu eine die Annexkompetenz.[34] Im Fall eines Hausverbots, das ein Jobcenter gegenüber einem Leistungsberechtigten nach dem SGB II erteilt hatte, weil dieser gegenüber Mitarbeitern des Jobcenters wiederholt aggressiv und beleidigend aufgetreten war, wurde eine öffentlich-rechtliche Streitigkeit auf dem Gebiet des SGB II und infolgedessen der Rechtsweg zu den Sozialgerichten bejaht. 10

Fiskalisches Handeln fällt ebenso wenig hierunter wie Handlungen im Bereich des Verwaltungsprivatrechts[35], erwerbswirtschaftliche Betätigung der öffentlichen Hand[36] oder der Erlass von Satzungen.[37] Auch Angelegenheiten der privaten Pflegeversicherung, die aufgrund der in § 110 SGB XI geregelten Verpflichtung errichtet wurde, sind keine öffentlich-rechtlichen Angelegenheiten, so dass das SGB X nicht anwendbar ist[38]; dass die Gerichte der Sozialgerichtsbarkeit über diese Streitigkeiten entscheiden (§ 51 Abs. 1 Nr. 2 SGG), ist hierbei unbeachtlich. 11

31 Knickrehm/Kreikebohm/Waltermann/*Fichte*, § 1 SGB X Rn. 2.
32 BeckOGK/*Mutschler*, § 1 SGB X Rn. 13, Stand 03/2022.
33 Für die Rechtswegeröffnung zur Verwaltungsgerichtsbarkeit BeckOGK/*Mutschler*, § 1 SGB X Rn. 44, Stand 03/2022 mit dem Argument, eine Ermächtigung zur Erteilung von Hausverbot sei im SGB nicht geregelt.
34 BSG, Beschl. v. 01.04.2009 – B 14 SF 1/08 R, Rn. 16.
35 Schütze/*Roos/Blüggel*, SGB X, § 1 Rn. 4.
36 Hauck/Noftz/*Neumann*, § 1 SGB X Rn. 11.
37 BeckOGK/*Mutschler*, § 1 SGB X Rn. 18, Stand 03/2022.
38 LPK-SGB X/*Breitkreuz*, SGB X, § 1 Rn. 2.

III. Anwendungsbereich des Ersten Kapitels des SGB X

12 Die Vorschriften des Ersten Kapitels des SGB X – d.h. §§ 1 bis 66 SGB X – gelten für die öffentlich-rechtliche Verwaltungstätigkeit der Behörden, die nach diesem Sozialgesetzbuch ausgeübt wird. Zum Sozialgesetzbuch gehören nicht nur die zwölf Teile des Sozialgesetzbuchs (SGB I bis SGB XII), sondern auch diejenigen Gesetze, die durch Aufnahme in den Katalog des § 68 SGB I (bis zum 31.12.2000 Art. II § 1 SGB I) als besondere Teile des Sozialgesetzbuchs fingiert werden (z.B. BAföG, BKGG, UVG, WoGG). Das AsylbLG gehört nicht hierzu, § 9 Abs. 4 AsylbLG ordnet jedoch die entsprechende Anwendung einzelner Vorschriften des SGB X an.

13 Neben diesen Verwaltungstätigkeiten, die unmittelbar nach dem Sozialgesetzbuch ausgeführt werden, eröffnen auch Verwaltungstätigkeiten, die nur mittelbar nach dem Sozialgesetzbuch ausgeführt werden, den Anwendungsbereich des Ersten Kapitels des SGB X. Eine Verwaltungstätigkeit erfolgt mittelbar nach dem Sozialgesetzbuch, wenn das einer bestimmten Aufgabe zugrunde liegende Gesetz auf die Anwendung von Vorschriften verweist, die zum Leistungsbereich des SGB zählen.[39]

14 Für die Ausführung von formellem Sozialrecht, das erst nach dem 01.01.1981 Bestandteil des Sozialgesetzbuchs geworden ist, sind die Vorschriften des 1. Kapitels des SGB X nur dann anwendbar, wenn der Bundesrat sie für anwendbar erklärt hat. So bestimmte beispielsweise § 46 Abs. 2 Satz 6 SGB XI (inzwischen § 46 Abs. 2 Satz 8 SGB XI) für das am 01.01.1995 in Kraft getretene soziale Pflegeversicherungsrecht SGB XI die Anwendbarkeit des Ersten Kapitels des SGB X.

15 Fehlt in einem nach dem 30.12.1980 in Kraft getretenen Sozialgesetz eine Erklärung der Anwendbarkeit des 1. Kapitels des SGB X, so ist das Gesetz nach den Vorschriften des Verwaltungsverfahrensgesetzes des Bundes oder des jeweiligen Landes auszuführen.[40]

16 Handelt es sich um Sozialgesetze, deren Regelungsinhalt am 01.01.1981 bereits durch §§ 3 ff. SGB I (Bildungs- und Arbeitsförderung, Sozialversicherung, soziales Entschädigungsrecht, Kinder- und Wohngeldrecht, Jugendhilfe, Sozialhilfe, Eingliederung Behinderter) umschrieben war oder um Rechtsgebiete, die zu diesem Zeitpunkt inhaltlich bereits in Art. II § 1 SGB I (heute § 68 SGB I) aufgeführt waren, so liegt die Zustimmung des Bundesrates bereits vor.[41] Die Ausführung der jeweiligen Sozialgesetze erfolgt deshalb nach den Vorschriften des Ersten Kapitels des SGB X.

17 Wird ein bereits am 01.01.1981 im SGB I geregelter materieller Sozialrechtsbereich später geändert oder neu geregelt, so muss die Anwendung des Ersten Kapitels des SGB X nicht mehr mit Zustimmung des Bundesrates angeordnet werden (Grundsatz der Kontinuität der Regelungsmaterie[42]). Als der Gesetzgeber mit Wirkung zum 01.01.2003 Leistungen für ältere und erwerbsgeminderte Menschen aus dem bereits vor dem Inkrafttreten des SGB I in Kraft getretenen BSHG herausnahm und mit dem Ziel der Vermeidung von Altersarmut einer neu geschaffenen Behörde als Grundsicherungsleistungen nach dem GSiG zuwies[43], waren die Vorschriften des Ersten Kapitels des SGB X anwendbar, obwohl dies im GSiG nicht ausdrücklich geregelt war, da diese Materie materiell dem Leistungsbereich Sozialhilfe im Sinne des § 9 des SGB I zuzuordnen war.[44] Nichts anderes gilt für das SGB II und das SGB XII, die in ihren wesentlichen Teilen mit Wirkung ab 01.01.2005 in Kraft getreten sind, da sie materiell Bildungs- und Arbeitsförderung im Sinne des § 3 SGB I sowie Sozialhilfeleistungen im Sinne des § 9 SGB I in der zum 01.01.1981 geltenden Fassung regeln. § 40 Abs. 1 Satz 1 SGB II, nach dem für das Verfahren nach dem SGB II das SGB X gilt, hat daher – jedenfalls in Hinblick auf die Anwendbarkeit des Ersten Kapitels des SGB X – lediglich deklaratorische Wirkung. Nach der Rechtsauffassung des 7. Senats des BSG zählt das AsylbLG nicht zum Sozialrecht,

39 OVG Hamburg, Beschl. v. 30.04.2013 – 4 Bf 144/12.Z, Rn. 11.
40 Hierzu BSG, Urt. v. 26.08.2008 – B 8 SO 26/07 R, Rn. 14.
41 BR-Drucks. 170/1/78 vom 12.05.1978; BR-Drucks. 288/80.
42 Hauck/Noftz/*Neumann,* § 1 SGB X Rn. 30.
43 Art. 35 AVmG v. 26.06.2001, BGBl. I, S. 1310, 1342.
44 BSG, Urt. v. 26.08.2008 – B 8 SO 26/07 R, Rn. 16 f.

da es weder in das Sozialgesetzbuch eingefügt noch in § 68 SGB I aufgeführt sei. Das SGB X sei daher – bis auf die in § 9 AsylbLG ausdrücklich für anwendbar erklärten und teilweise modifizierten §§ 44 bis 50, 99 und §§ 102 bis 114 – nicht anwendbar.[45] Diese auf den formellen Sozialrechtsbegriff und dem gesetzgeberischen Willen basierende Rechtsauffassung nimmt an, das AsylbLG stelle trotz der umfangreichen Regelungen über die Gewährung menschenwürdiges Leben sichernder Leistungen »im Kern ein ausländerrechtliches Regelungswerk«[46] dar.[47]

IV. Ordnungswidrigkeiten

Die Vorschriften des Ersten Kapitels des SGB X gelten nicht für die Verfolgung und Ahndung von Ordnungswidrigkeiten (§ 1 Abs. 1 Satz 3). Stattdessen regeln 111 ff. SGB IV sowie verschiedene besondere Teile des SGB (z.B. § 63 SGB II) Einzelheiten, die durch die Regelungen des OWiG ergänzt werden. 18

§ 2 Örtliche Zuständigkeit

(1) [1]Sind mehrere Behörden örtlich zuständig, entscheidet die Behörde, die zuerst mit der Sache befasst worden ist, es sei denn, die gemeinsame Aufsichtsbehörde bestimmt, dass eine andere örtlich zuständige Behörde zu entscheiden hat. [2]Diese Aufsichtsbehörde entscheidet ferner über die örtliche Zuständigkeit, wenn sich mehrere Behörden für zuständig oder für unzuständig halten oder wenn die Zuständigkeit aus anderen Gründen zweifelhaft ist. [3]Fehlt eine gemeinsame Aufsichtsbehörde, treffen die Aufsichtsbehörden die Entscheidung gemeinsam.

(2) Ändern sich im Lauf des Verwaltungsverfahrens die die Zuständigkeit begründenden Umstände, kann die bisher zuständige Behörde das Verwaltungsverfahren fortführen, wenn dies unter Wahrung der Interessen der Beteiligten der einfachen und zweckmäßigen Durchführung des Verfahrens dient und die nunmehr zuständige Behörde zustimmt.

(3) [1]Hat die örtliche Zuständigkeit gewechselt, muss die bisher zuständige Behörde die Leistungen noch solange erbringen, bis sie von der nunmehr zuständigen Behörde fortgesetzt werden. [2]Diese hat der bisher zuständigen Behörde die nach dem Zuständigkeitswechsel noch erbrachten Leistungen auf Anforderung zu erstatten. [3]§ 102 Abs. 2 gilt entsprechend.

(4) [1]Bei Gefahr im Verzug ist für unaufschiebbare Maßnahmen jede Behörde örtlich zuständig, in deren Bezirk der Anlass für die Amtshandlung hervortritt. [2]Die nach den besonderen Teilen dieses Gesetzbuches örtlich zuständige Behörde ist unverzüglich zu unterrichten.

Übersicht

A. Inhalt

Die örtliche Zuständigkeit der sachlich zuständigen Sozialleistungsträger – also der räumliche Wirkungskreis, in dem diese ihre gesetzlich zugewiesenen Aufgaben wahrzunehmen haben[1] – wird grundsätzlich nicht durch § 2, sondern durch die besonderen Teile des SGB bestimmt (z.B. § 36 SGB II, § 327 Abs. 1 SGB III, § 98 SGB XII). Dies setzen Abs. 1 bis 3 voraus und lösen die Kon- 1

45 BSG, Urt. v. 16.01.2019 – B 7 AY 2/17 R, Rn. 7.
46 BSG, Urt. v. 25.10.2018 – B 7 AY 2/18 R, Rn. 17.
47 Hierzu eingehend BSG, Urt. v. 25.10.2018 – B 7 AY 2/18 R, Rn. 16 ff.
1 Schütze/*Roller*, SGB X, § 2 Rn. 3.

kurrenz mehrerer nach den besonderen Teilen des SGB örtlich zuständiger Träger (Abs. 1) bzw. regeln die Folgen eines Wechsels der örtlichen Zuständigkeit in einem laufenden Verwaltungsverfahren (Abs. 2 und 3).

Allein Absatz 4 enthält eine Zuständigkeitsregelung. Diese ist gegenüber anderen Vorschriften des SGB nachrangig (§ 37 Satz 1 Halbs. 1 SGB I) und zudem nur anwendbar, wenn es sich um unaufschiebbare Maßnahmen bei Gefahr in Verzug handelt. Die praktische Bedeutung dieser Vorschrift ist deshalb gering.

B. Einzelerläuterungen

I. Kollision

2 § 2 Abs. 1 löst die Kollision mehrerer, d.h. zumindest zweier örtlich zuständiger Träger, indem die Norm denjenigen Träger für zuständig erklärt, der zuerst mit der Sache befasst worden ist.

3 »Befasst worden« hat infolge der passivischen Form eine andere Bedeutung als »sich befassen«. Dieser grammatikalische Unterschied lässt es als richtig erscheinen, eine Behörde bereits als mit der Angelegenheit befasst worden anzusehen, sobald bei ihr ein Antrag auf eine Entscheidung eingegangen ist. Ist eine Verwaltungstätigkeit – bzw. ein Verwaltungsverfahren – hingegen von Amts wegen einzuleiten, ist die Behörde mit der Angelegenheit befasst worden, sobald sie von einem Sachverhalt Kenntnis erlangt, aufgrund dessen sie möglicherweise zur Leistung verpflichtet ist.[2] Das Ziel der Zuständigkeitszuweisung ist es, diejenige Behörde, die bereits durch einen in der Vergangenheit eingetretenen Zusammenhang zum konkreten Verwaltungsverfahren eine gewisse Sachnähe für dessen Beginn und Durchführung besitzt, zur zuständigen Behörde zu erklären. Hierzu ist kein eigenes aktives Tun der Behörde erforderlich. Weder aus der Gesetzesbegründung noch aus Sinn und Zweck des § 2 Abs. 1 lassen sich Gründe ableiten, die dafür sprechen, ein Befasstwerden erst zu einem späteren Zeitpunkt – mit einer ersten entscheidungsvorbereitenden Maßnahme, dem ersten inhaltlichen Beschäftigen mit der Sache[3], einer ersten zielgerichteten Verfahrenshandlung mit Außenwirkung – zu bejahen. Nur so wird zudem gewährleistet, dass sich der mehrfach im SGB (z.B. § 16 Abs. 2 Satz 3 SGB I, § 14 SGB IX, § 28 SGB X) verankerte Grundsatz, dass sich die Komplexität des Sozialrechts und die gegliederte Sozialverwaltung nicht zum Nachteil des Sozialleistungsberechtigten auswirken (soll), entfaltet. Diejenige von mehreren Behörden, die zuerst eine Information über einen Sachverhalt oder eine Willenserklärung erlangt, die dazu verpflichtet, eine Prüfung oder andere zielgerichtete Verfahrenshandlung mit dem Ziel einer Entscheidung vorzunehmen, ist mit der Angelegenheit befasst worden und bei einer Zuständigkeitskollision mit einem weiteren örtlich zuständigen Träger nach dem in § 2 Abs. 1 Alt. 1 verankerten **Grundsatz der Priorität** verpflichtet, die Entscheidung zu treffen. Ein reines Auskunfts- oder Beratungsbegehren eines Bürgers reicht nicht, um die Zuständigkeit im Sinne des § 2 Abs. 1 zu begründen, da dieses Begehren nicht auf eine Entscheidung gerichtet ist. Anders ist dies dann, wenn die Beratung unmittelbar in eine Antragstellung oder aus anderen Gründen in die Einleitung des Verwaltungsverfahrens mündet.[4]

4 Eine abweichende Entscheidung einer im Einzelfall für sämtliche involvierten, örtlich zuständigen Behörden gebildeten **gemeinsamen fachlichen Aufsichtsbehörde** hat Vorrang gegenüber dem Prioritätsgrundsatz. Die gemeinsame fachliche Aufsichtsbehörde entscheidet ebenso, wenn sich mehrere

---

2 Hauck/Noftz/*Neumann*, § 2 SGB X Rn. 11.

3 So aber JurisPK-SGB X/*I. Palsherm* § 2 Rn. 14 »befasst, wenn eine inhaltliche Auseinandersetzung zumindest begonnen wurde«.

4 Soweit jurisPK-SGB X/*I. Palsherm*, § 2 Rn. 14, Stand 11/2023, ein Befassen der Behörde mit der Sache auch bereits dann bejaht, wenn die Behörde bei einer Beratung Kenntnis von relevanten Tatsachen erlangt hat, die von Amts wegen zur Einleitung eines Verwaltungsverfahren führen müssten, ohne dass ein entsprechendes Verwaltungsverfahren eröffnet wird, fehlt jedoch eine Sachnähe, die ihre Zuständigkeit begründen könnte.

Träger für örtlich zuständig oder für nicht örtlich zuständig halten oder die Zuständigkeit aus anderen Gründen zweifelhaft ist (§ 1 Abs. 2 Satz 2). Zweifelhaft ist die Zuständigkeit in diesem Sinne auch, wenn sich ein Träger verfehlt für nicht örtlich zuständig hält, während ein anderer Träger die Angelegenheit bearbeitet, weil er sich fälschlich für örtlich zuständig hält. In der Praxis wird die Aufsichtsbehörde hiervon jedoch in aller Regel keine Kenntnis erlangen und daher keine klärende Einzelfallentscheidung treffen. Hat die örtlich unzuständige Behörde in der Sache bereits einen Verwaltungsakt erlassen, so dass das Verwaltungsverfahren abgeschlossen ist, ist eine Entscheidung über die örtliche Zuständigkeit durch die Aufsichtsbehörde nicht mehr zulässig.[5]

Die Aufsichtsbehörde trifft eine Ermessensentscheidung, die unter anderem nach verfahrensökonomischen Gesichtspunkten, dem fachlichen Schwerpunkt der Angelegenheit und den Interessen der beteiligten Behörden und der Beteiligten ausgerichtet sein sollte.[6] 5

Welche Behörde die fachliche Aufsicht über einen Sozialversicherungsträger hat, bestimmt § 90 SGB IV. Demnach führt das Bundesversicherungsamt die Aufsicht über die bundesunmittelbaren Versicherungsträger, d.h. über diejenigen Versicherungsträger, deren Zuständigkeitsbereich sich über das Gebiet eines Landes hinaus erstreckt (z.B. Deutsche Rentenversicherung Knappschaft-Bahn-See, bundesunmittelbare Krankenkassen, Pflegekassen, Unfallversicherungsträger). Die Aufsicht über das Gebiet Prävention in der gesetzlichen Unfallversicherung führt das Bundesministerium für Arbeit und Soziales, soweit es nicht die Unfallversicherung Bund und Bahn betrifft; dort ist das Bundesministerium des Innern für die Aufsicht zuständig (§ 90 Abs. 1 Satz 2 SGB IV). Die Aufsicht über landesunmittelbare Versicherungsträger – deren Zuständigkeitsbereich erstreckt sich nicht über das Gebiet eines Landes hinaus – führen die für die Sozialversicherung zuständigen obersten Verwaltungsbehörden der Länder, sofern sie durch Verordnung der Landesregierung nicht auf eine andere Stelle übertragen wurde.[7] Die Aufsicht über die DRV Bund führt ebenfalls das Bundesversicherungsamt. Soweit die DRV Bund allerdings Grundsatz- oder Querschnittsaufgaben ausführt (§ 138 SGB VI), ist das Bundesministerium für Arbeit und Soziales Aufsichtsbehörde (§ 90 Abs. 2a SGB IV), das allerdings die Aufsicht teilweise dem Bundesversicherungsamt übertragen kann. Die Aufsicht über die Bundesagentur für Arbeit führt nach § 393 Abs. 1 SGB III das Bundesministerium für Arbeit und Soziales. 6

§ 2 Abs. 1 setzt nicht voraus, dass die Zuständigkeitskonkurrenz bereits zu Beginn des Verwaltungshandelns – häufig eines Verwaltungsverfahrens – bestand. Denkbar ist ebenso, dass sie erst im Laufe des Verwaltungshandelns entsteht.[8] 7

Gegenüber den Trägern handelt es sich bei der aufsichtsrechtlichen Entscheidung um einen Verwaltungsakt. Gegenüber dem betroffenen Bürger fehlt es an einer Regelung[9], da ihm gegenüber durch die Bestimmung des örtlich zuständigen Trägers keine Rechte begründet, geändert, aufgehoben oder verbindlich festgestellt oder in anderer Weise gestaltet werden. Anders wäre dies nur, wenn ein Leistungsberechtigter einen Anspruch auf einen bestimmten bzw. »seinen« örtlich zuständigen Träger hätte. Ein derartiger Anspruch besteht jedoch nicht. 8

Sind mehrere Aufsichtsbehörden für die von der Frage der örtlichen Zuständigkeit betroffenen Träger zuständig, so treffen diese die Entscheidung über die örtliche Zuständigkeit gemeinsam. Solange 9

5 BeckOGK/*Mutschler*, § 2 SGB X Rn. 11, Stand 03/2022.
6 Hauck/Noftz/*Neumann*, § 2 SGB X Rn. 18.
7 In Hessen ist beispielsweise das Hessische Ministerium für Soziales und Integration Aufsichtsbehörde, das Regierungspräsidium Darmstadt aber über die landesunmittelbaren Krankenversicherungsträger mit Ausnahme der AOK – Die Gesundheitskasse in Hessen; § 1 Verordnung über Zuständigkeiten nach dem Sozialgesetzbuch v. 06.07.2012, GVBl. S. 243 in der Fassung der 2. Veränderungsverordnung vom 27.06.2018, GVBl. S. 338.
8 Hauck/Noftz/*Neumann*, § 2 SGB X Rn. 7.
9 BeckOGK/*Mutschler*, § 2 SGB X Rn. 12, Stand 03/2022.

keine Entscheidung getroffen wurde, bleibt es bei der Zuständigkeitsbestimmung des Abs. 1 Satz 1, so dass der zuerst mit der Sache befasste Träger örtlich zuständig ist.

10 Existiert keine Aufsichtsbehörde, so haben die Behörden analog § 2 Abs. 1 Satz 3 gemeinsam eine Einigung über die örtliche Zuständigkeit zu erzielen.

11 Hat sich ein Sozialleistungsträger zu Unrecht für örtlich zuständig gehalten und deshalb unter Berücksichtigung des § 2 Abs. 1 Satz 1 Leistungen erbracht, so richtet sich sein Erstattungsanspruch gegen den tatsächlich zuständigen Träger nicht nach § 102 SGB X, sondern nach § 105 SGB X. Er war nicht »aufgrund gesetzlicher Vorschriften« verpflichtet, vorläufig Sozialleistungen zu erbringen, sondern hat als unzuständiger Träger gehandelt. Eine Rücknahme des die Leistung bewilligenden Verwaltungsaktes wird in aller Regel ausgeschlossen sein, da der Adressat schutzwürdiges Vertrauen in den Bestand des Verwaltungsaktes haben wird (§ 45 Abs. 2 Satz 1 SGB X). Handelte es sich um einen belastenden Verwaltungsakt, so kann der Adressat eine Aufhebung nicht verlangen, wenn offensichtlich ist, dass die Verletzung der Vorschriften über die örtliche Zuständigkeit die belastende Entscheidung in der Sache nicht beeinflusst hat (§ 42 Satz 1 SGB X). Ein Aufhebungsanspruch ist daher in erster Linie bei belastenden Entscheidungen, die im Ermessen des jeweiligen Trägers stehen, denkbar.

II. Änderung der örtlichen Zuständigkeit im laufenden Verwaltungsverfahren

12 Ändern sich im Laufe eines Verwaltungsverfahrens die die örtliche Zuständigkeit begründenden Umstände, so dass eine andere als die das Verwaltungsverfahren bisher führende Behörde örtlich zuständig wird, so steht es im Ermessen[10] der unzuständig gewordenen Behörde (»kann«), das Verwaltungsverfahren fortzuführen, sofern dies unter Wahrung der Interessen der Beteiligten (zum Begriff des Beteiligten § 12 SGB X) einer einfachen und zweckmäßigen Durchführung des Verfahrens dient (§ 2 Abs. 2). Bei den Begriffen »einfache Durchführung des Verfahrens« und »zweckmäßige Durchführung des Verfahrens« handelt es sich um unbestimmte Rechtsbegriffe, die der gerichtlichen Überprüfung zugänglich sind (vgl. hierzu die Kommentierung zu § 9). Die interne Entscheidung, das Verfahren fortzuführen, stellt gegenüber dem Beteiligten keinen Verwaltungsakt dar, da keine rechtsgestaltende Wirkung erkennbar ist.[11]

13 Änderungen in den die Zuständigkeit begründenden Umständen können Tatsachenänderungen – beispielsweise ein Umzug des Beteiligten – oder Gesetzesänderungen sein. Ändert sich nicht die örtliche, sondern die sachliche Zuständigkeit, so ist § 2 Abs. 2 weder unmittelbar noch analog anwendbar.[12]

14 Abs. 2 setzt nach seinem Wortlaut (»im Laufe eines Verwaltungsverfahrens«) voraus, dass das Verwaltungsverfahren noch nicht abgeschlossen ist. Ist es bereits abgeschlossen, so wird die ursprüngliche örtliche Zuständigkeit durch die Änderung der tatsächlichen oder rechtlichen Umstände nicht berührt.[13] Führt ein Wohnortwechsel zu einer Veränderung der örtlichen Zuständigkeit eines Rentenversicherungsträgers, so bleibt er für die Einziehung und Vollstreckung von Beitragsforderungen, die er bereits durch bestandskräftigen Verwaltungsakt festgesetzt hatte, weiterhin zuständig.[14] Für ein neues Verwaltungsverfahren ist der nunmehr örtlich zuständige Träger zuständig.

15 Aus Abs. 2 folgt, dass das Sozialverwaltungsverfahren grundsätzlich – anders als im sozialgerichtlichen Prozessrecht – nicht vom Grundsatz der fortwährenden örtlichen Zuständigkeit (sog. perpe-

---

10 So auch BeckOGK/*Mutschler*, § 2 SGB X Rn. 19, Stand 03/2022; a.A. Hauck/Noftz/*Neumann*, § 2 SGB X Rn. 30: Kompetenz-Kann.

11 Umstr.; so im Ergebnis auch BeckOGK/*Mutschler*, § 2 SGB X Rn. 19, Stand 03/2022.

12 Knickrehm/Kreikebohm/Waltermann/*Fichte*, § 2 SGB X Rn. 9.

13 KassKomm/*Mutschler*, § 2 SGB X Rn. 11a, Stand 08/2019.

14 BSG, Urt. v. 14.03.2013 – B 13 R 5/11 R, Rn. 32.

tuatio fori) geprägt ist.[15] Es steht zwar im Ermessen der bisher zuständigen Behörde, das Verwaltungsverfahren fortzuführen, sie ist hierzu aber i.d.R. nicht verpflichtet.

III. Nahtlosigkeitsprinzip

Abs. 3 Satz 1 bezweckt Leistungsbezieher bei einer Änderung der örtlichen Zuständigkeit vor der 16
Gefahr der Unterbrechung des Leistungsbezugs zu schützen.[16] Diese Gefahr besteht insbesondere bei Dauerverwaltungsakten, die den Rechtsgrund für eine wiederkehrende Leistung begründet haben. Bei fortbestehendem Leistungsanspruch führte die Unterbrechung zwar nur zu einem temporären Ausfall von Leistungen – der zudem durch die nunmehr örtlich zuständige Behörde nach erfolgter Feststellung ihrer Zuständigkeit mit Wirkung für die Vergangenheit auszugleichen wäre –, gerade bei Sozialleistungen, die Lohnersatzfunktion haben oder ein menschenwürdiges Leben sicherstellen sollen, führte aber auch dieser zeitweise Ausfall der Lebensgrundlage zu für die hiervon Betroffenen unerträglichen Lebenssituationen. Um die Gefahr der Unterbrechung des Leistungsbezugs abzuwenden, verpflichtet § 2 Abs. 3 Satz 1 den bisher für die Sozialleistung örtlich zuständigen Träger dazu, die Sozialleistung solange fortzuführen, bis sie der nunmehr örtlich zuständige Träger aufnimmt. Dieser Verpflichtung korrespondiert ein Rechtsanspruch des Sozialleistungsberechtigten gegenüber der örtlich unzuständigen Behörde, die Sozialleistung durch diese so lange zu erhalten, bis die nunmehr örtlich zuständige Behörde sie aufnimmt.[17] Da es sich bei diesem Anspruch um ein subjektiv-öffentliches Recht handelt – der indes keinen materiellen Leistungsanspruch begründet[18] –, kann eine behauptete Verletzung von § 2 Abs. 3 eine Widerspruchs- oder Klagebefugnis begründen. Die nach dem Nahtlosigkeitsprinzip fortgeführte Leistung stellt gegenüber dem Leistungsempfänger keine vorläufige Leistung, sondern eine endgültige Leistung dar.[19]

Die Leistungspflicht der vormals örtlich zuständigen Behörde endet spätestens mit dem Erlass eines 17
die Sozialleistung betreffenden Verwaltungsaktes durch die örtlich zuständig gewordene Behörde bzw. mit der tatsächlichen Aufnahme der Leistung durch diese. Dies gilt auch dann, wenn es sich um einen Verwaltungsakt nach § 45 SGB X handelt, der den ursprünglichen Leistungsverwaltungsakt zurücknimmt[20]; ebenso endet die Leistungspflicht, wenn die nunmehr örtlich zuständige Behörde einen Verwaltungsakt über die Versagung oder Entziehung von Leistungen nach § 66 SGB I erlässt. Die entgegenstehende Rechtsauffassung[21] verkennt, dass der Zweck des § 2 Abs. 3 allein darin liegt, einen durch den Zuständigkeitswechsel bedingten temporären Ausfall von Sozialleistungen zu verhindern, nicht jedoch darin, den Leistungsempfänger vor den Folgen einer Verletzung seiner gesetzlichen Obliegenheiten zu schützen.

§ 2 Abs. 3 verpflichtet zur Fortsetzung der Leistung, die aus einem Verwaltungsakt zu erbringen ist, 18
ohne die Zuständigkeit für die Korrektur des Verwaltungsaktes ebenfalls aufrechtzuerhalten. Insoweit bleibt es bei dem Grundsatz, dass über eine Fehlerkorrektur die zum Rücknahmezeitpunkt zuständige Behörde berechtigt und verpflichtet ist.[22] Nach dem LSG Sachsen-Anhalt führt dies aber nicht dazu, dass die zur Fortsetzung der Leistung verpflichtete Behörde diese Leistungen auch dann

---

15 LSG Sachsen, Urt. v. 12.03.2015 – L 3 AL 125/13, Rn. 27.

16 Gesetzentwurf der Bundesregierung zum Sozialgesetzbuch (SGB) – Verwaltungsverfahren – BT-Drucks. 8/2034, S. 30.

17 LSG Sachsen-Anhalt, Urt. v. 27.01.2015 – L 4 AS 969/13 NZB, Rn. 23.

18 LSG Berlin-Brandenburg, Beschl. v. 23.07.2021 – L 3 AS 785/21 B ER, Rn. 31.

19 BVerwG, Urt. v. 20.05.2014 – 5 C 33/13, Rn. 22.

20 LSG Berlin-Brandenburg, Beschl. v. 31.07.2019 – L 15 SO 133/19 B ER, Rn. 5.

21 A.A. LSG Berlin-Brandenburg, Beschl. v. 23.07.2021 – L 3 AS 785/21 B ER, Rn. 31; der Entscheidung folgend jurisPK-SGB X/*I. Palsherm*, § 2 Rn. 29, Stand 11/2023.

22 So beispielsweise zu § 44 SGB X Schütze/*Schütze*, SGB X, § 44 Rn. 38 m.V.a. BSG, Urt. v. 17.07.1985 – 1 RA 35/84, SozR 1500 § 77 Nr. 61 = BeckRS 1985, 05664; BSG, 09.06.1999 – B 6 KA 70/98 R, SozR 3–2500 § 95 Nr. 20 = BeckRS 1999, 30061992; BSG, 23.05.2012 – B 14 AS 133/11 R, SozR 4–1300 § 44.

weiterhin zu erbringen hat, wenn sie erkennt, dass deren Anspruchsvoraussetzungen entfallen sind. Zur Erläuterung wurde der Beispielsfall eines blinden Menschen gebildet, der von einem Bundesland, in dem er einen Anspruch auf Landesblindengeld hatte, in ein anderes umzieht, das diese Sozialleistung nicht kennt. Durch den Umzug falle eine für die Gewährung des Landesblindengeldes maßgebliche Tatbestandsvoraussetzung – der gewöhnliche Aufenthalt im jeweiligen Bundesland – weg, so dass der Betroffene den Anspruch auf Landesblindengeld verliere und somit auch keinen Anspruch auf Fortsetzung der Erbringung von Landesblindengeld in einem Bundesland haben könne, in dem diese Leistung nicht existiere.[23] Nichts anderes gelte hinsichtlich der Unterkunftskosten eines SGB II-Leistungsberechtigten, der diese Unterkunft aufgebe, indem er umziehe.[24] Die Weiterleistungspflicht des § 2 Abs. 3 erstreckt sich demzufolge nicht auf die Kosten der Unterkunft und Heizung nach dem SGB II.[25] Diese Rechtsauffassung überzeugt, da infolge des Umzugs die Voraussetzungen für die Berücksichtigung der bisherigen Bedarfe für Unterkunft und Heizung weggefallen sind und die Frage, ob und ggf. in welchem Umfang diese nach Maßgabe des § 22 SGB II in der neuen Unterkunft berücksichtigt werden, durch den neuen Träger erst festgestellt werden müssen. Dies ist bei der Berücksichtigung des Regelbedarfs anders, da dieser dem Grunde nach durch den Umzug unberührt bleibt, so dass die zu dessen Sicherstellung dienenden Geldleistungen fortzusetzen sind. Sollten sich jedoch die Lebensumstände des Leistungsberechtigten im Zuge des Umzugs zugleich insoweit ändern, als sie auch den Regelbedarf betreffen – zieht beispielsweise ein bislang vom Ehepartner getrenntlebender Leistungsberechtigter wieder mit dem anderen Ehepartner zusammen –, so kann es dem Leistungsträger nicht verwehrt sein, anstelle des Regelbedarfs der Regelbedarfsstufe 1 nur den der Regelbedarfsstufe 2 zu erbringen. Andernfalls wäre er verpflichtet, sehenden Auges rechtswidrige Sozialleistungen zu erbringen. Erfordert die Überprüfung der Regelbedarfsstufe jedoch eine aufwändigere Prüfung – so beispielsweise, wenn eine Einstandsgemeinschaft im Sinne des § 7 Abs. 3 Nr. 3 lit. b i.V.m. Abs. 3a SGB II zu prüfen ist –, so fehlt eine derart weitreichende Prüfungskompetenz. Dem Zweck des § 2 Abs. 3 entspricht es dann, die Leistungen auf der Grundlage des höheren Regelbedarfs fortzusetzen. Erhöhen sich im Zuge des Umzugs Bedarfe – z.B. aufgrund nun vorliegender Alleinerziehung und/oder Alleinlebens –, so ist die örtlich unzuständige Behörde nicht verpflichtet, höhere Leistungen als bisher zu erbringen. § 2 Abs. 3 verpflichtet allein zur Fortsetzung (höchstens) der bisherigen, nicht jedoch zu einer Erhöhung der bisherigen Leistung. Die Korrektur erfolgt dann durch die nunmehr zuständige Behörde nachträglich nach Maßgabe des § 48 SGB X.

19 Fraglich ist, ob der nach § 2 Abs. 3 für die Weiterleistung verpflichtete Leistungsträger berechtigt ist, den ursprünglichen Verwaltungsakt über die Gewährung von Leistungen nach Maßgabe der §§ 44 ff. abzuändern oder aufzuheben. Da der Leistungsträger örtlich unzuständig ist und § 2 Abs. 3 ihn zum Schutz des Leistungsempfängers allein zur Weiterleistung verpflichtet, ohne ihm darüber hinausgehende Ermächtigungen einzuräumen, ist er nicht zur Abänderung oder Aufhebung des ursprünglichen Verwaltungsaktes berechtigt.[26] Erfolgt diese gleichwohl, richten sich die Rechtsfolgen des Verstoßes gegen Vorschriften der örtlichen Zuständigkeit nach § 42 Halbsatz 1.

Hat eine Behörde nach einer Antragstellung ihre Zuständigkeit verneint und den Antrag an die zuständige Behörde weitergeleitet, so findet § 2 Abs. 3 keine Anwendung.[27] Für ein Bedürfnis, eine Leistung im Sinne des Nahtlosigkeitsprinzips zum Schutz des Leistungsempfängers weiterhin zu erbringen, ist hier nichts ersichtlich.

---

23 LSG Sachsen-Anhalt, Urt. v. 27.01.2015 – L 4 AS 969/13 NZB, Rn. 24.

24 LSG Sachsen-Anhalt, Urt. v. 27.01.2015 – L 4 AS 969/13 NZB, Rn. 24; a.A. offenbar LSG Nordrhein-Westfalen, Beschl. v. 17.01.2013 – L 7 AS 1224/12 B ER, Rn. 4.

25 LSG Berlin-Brandenburg, Urt. v. 18.11.2021 – L 19 AS 1806/18, Rn. 31 m.w.N.

26 So auch LSG Sachsen, Urt. v. 22.05.2024 – L 7 AS 142/24 B ER, Rn. 28 für den Fall einer auf den Zuständigkeitswechsel gestützten Aufhebung der Leistungsbewilligung.

27 Ebenso LSG Berlin-Brandenburg, Urt. v. 18.11.2021 – L 19 AS 1806/18, Rn. 26.

Fraglich ist, ob § 2 Abs. 3 voraussetzt, dass der bisher örtlich zuständige Träger zum Zeitpunkt des Zuständigkeitswechsels über die Bewilligung einer Leistung bereits entschieden hatte. Der Wortlaut der Norm »noch solange erbringen, bis sie (...) fortgesetzt werden« legt nahe, dass die Leistung bereits erbracht worden sein muss, was wiederum eine begünstigende Entscheidung des bisherigen Leistungsträgers voraussetzt.[28] Dieses Ergebnis entspricht dem Zweck der Regelung, einen Leistungsempfänger vor einem allein durch einen Zuständigkeitswechsel bedingten temporären Wegfall von Leistungen zu schützen.[29]

Das LSG Berlin-Brandenburg hält § 2 Abs. 3 nur für anwendbar, wenn der bisher örtlich zuständige Träger das der Leistung zugrunde liegende Verwaltungsverfahren durch Bescheid abgeschlossen hat.[30] Dem ist insoweit zuzustimmen, als es nur dann ein Bedürfnis für eine Nahtlosigkeitsregelung gibt, soweit ein ursprünglicher, den Leistungsanspruch begründender (Dauer-)Verwaltungsakt Rechtwirkungen entfaltet und Anspruchsgrundlage für fortzusetzende Leistungen ist. Ein allgemeines Erfordernis eines abgeschlossenen Verwaltungsverfahrens besteht allerdings nicht.[31]

Die zuständig gewordene Behörde hat der bisher zuständigen Behörde die nach dem Zuständig- 20
keitswechsel erbrachten Sozialleistungen zu erstatten. Aus § 102 Abs. 2, dessen entsprechende Anwendung § 2 Abs. 3 Satz 3 anordnet, ergibt sich, dass die tatsächlich erbrachten, rechtmäßigen Leistungen zu erstatten sind und nicht die Leistungen, die nach dem Recht des zuständig gewordenen Trägers zu erbringen gewesen wären. §§ 102, 105 werden im Übrigen durch den insoweit vorrangigen Erstattungsanspruch nach § 2 Abs. 3 verdrängt.[32]

§ 2 Abs. 3 enthält keine zeitliche Begrenzung zur Geltendmachung des Erstattungsanspruchs. Eine 21
zeitlich unbegrenzte Möglichkeit zur Geltendmachung von Ansprüchen würde den Prinzipien von Rechtsfrieden und Rechtssicherheit jedoch widersprechen, die in sämtlichen Rechtsbereichen insbesondere durch Ausschluss- und Verjährungsfristen niedergelegt sind. Naheliegend erscheint hier eine analoge Anwendung von § 113 SGB X, so dass Erstattungsansprüche in vier Jahren nach Ablauf des Kalenderjahres, in dem der erstattungsberechtigte Träger Kenntnis von der Erstattungspflicht des anderen Trägers erlangt hat, verjähren.

Auch § 111, der eine Ausschlussfrist von zwölf Monaten nach Ablauf des letzten Tages, für den die 22
Leistung erbracht wurde, bestimmt, wird für anwendbar erachtet[33], so dass der zur Erstattung berechtigte Träger innerhalb dieses Zeitraums eine erkennbar auf Rechtssicherung zielende Mitteilung an den erstattungsverpflichteten Träger zu richten hat, dass und für welchen Hilfeempfänger welche Sozialleistungen gewährt werden bzw. wurden, und dass und für welche Leistungen er Erstattung begehrt.[34]

§ 2 Abs. 3 wird durch speziellere Vorschriften verdrängt, so z.B. durch § 98 Abs. 1 SGB XII[35], nicht 23
aber durch § 36 SGB II[36].

---

28 LSG Baden-Württemberg, Beschl. v. 26.01.2016 – L 7 AS 41/16 ER-B, Rn. 11; im Ergebnis auch LSG Berlin-Brandenburg, Urt. v. 18.11.2021 – L 19 AS 1806/18 Rn. 18 ff.; BeckOK SozR/*Westphal*, § 2 SGB X Rn. 7, Stand 09/2023.

29 Im Ergebnis ebenso jurisPK-SGB X/*I. Palsherm*, § 2 SGB X Rn. 22, Stand 11/2023.

30 LSG Berlin-Brandenburg, Urt. v. 18.11.2021 – L 19 AS 1806/18, Rn. 26.

31 In diesem Sinne auch Schütze/*Roller*, SGB X, § 2 Rn. 15.

32 LSG Schleswig-Holstein, Urt. v. 12.04.2011 – L 6 AS 45/10, Rn. 43.

33 LSG Schleswig-Holstein, Urt. v. 12.04.2011 – L 6 AS 45/10, Rn. 45.

34 OVG Berlin-Brandenburg, Urt. v. 26.11.2014 – OVG 9 B 59.11, Rn. 23.

35 § 98 Abs. 1 SGB XII über die Zuständigkeit bei Weitererbringung der Leistung außerhalb des eigenen Zuständigkeitsbereichs sind nach Auffassung des 8. Senats des BSG spezieller als § 2 Abs. 3 SGB X, BSG, Urt. v. 25.04.2013 – B 8 SO 16/11 R, Rn. 17, juris.

36 jurisPK-SGB X/*I. Palsherm*, § 2 SGB X Rn. 24, Stand 11/2023.

IV. Gefahr in Verzug

24 Bei Gefahr im Verzug ist für unaufschiebbare Maßnahmen jede Behörde örtlich zuständig, in deren Bezirk der Anlass für die Amtshandlung hervortritt (§ 2 Abs. 4). »Gefahr im Verzug« ist ein unbestimmter Rechtsbegriff, dessen Ausfüllung in vollem Umfang durch die Sozialgerichte überprüfbar ist. Dasselbe gilt für »unaufschiebbare Maßnahmen«. Die Verwaltung hat keinen Beurteilungsspielraum; ihr steht auch keine Einschätzungsprärogative zu.[37] Es ist unter Beachtung der Vorstellungen des Gesetzgebers, des systematischen Zusammenhangs und von Sinn und Zweck des § 2 Abs. 4 zu ermitteln, ob eine Behörde zur Leistung verpflichtet sein soll, obwohl Zweifel an ihrer örtlichen Zuständigkeit bestehen. Ziel des § 2 Abs. 4 ist es zu gewährleisten, dass in besonders dringenden Fällen die Leistungsgewährung nicht daran scheitert, dass Zweifel über die örtliche Zuständigkeit bestehen. Gefahr in Verzug kann daher angenommen werden, wenn eine Verzögerung der Leistung aller Voraussicht nach die konkrete Gefahr des Eintritts einer Rechtsgutverletzung auf Seiten eines Sozialleistungsberechtigten nach sich ziehen wird.[38] So kann § 2 Abs. 4 die örtliche Zuständigkeit eines Jugendamtes zur Inobhutnahme eines aus dem Zuständigkeitsbereich eines anderen Jugendamts entwichenen unbegleiteten minderjährigen Ausländers begründen.[39] Unaufschiebbar ist jede Maßnahme, ohne die die Rechtsgutverletzung aller Voraussicht nach eintreten wird.

V. Rechtsfolgen örtlicher Unzuständigkeit

25 Hat eine örtlich nicht zuständige Behörde einen Verwaltungsakt erlassen, so ist dieser rechtswidrig, nicht aber nichtig (§ 40 Abs. 3 Nr. 1). Trotz der Rechtswidrigkeit des Verwaltungsaktes kann der Adressat des Verwaltungsaktes die Aufhebung des Verwaltungsaktes wegen der fehlenden örtlichen Zuständigkeit dann nicht verlangen, wenn offensichtlich ist, dass diese Rechtsverletzung die Entscheidung in der Sache nicht beeinflusst hat (§ 42 Halbs. 1). Bei einer Entscheidung, die in der Pflicht der Behörde steht, ist regelmäßig ausgeschlossen, dass die örtlich zuständige Behörde eine andere (rechtmäßige) Entscheidung als die örtlich unzuständige Behörde getroffen hätte, so dass der Verwaltungsakt nicht wegen der örtlichen Unzuständigkeit aufgehoben wird. Anders ist dies jedoch bei Ermessensentscheidungen, da bei ihnen nicht ausgeschlossen ist, dass die örtlich zuständige Behörde eine andere rechtmäßige Entscheidung getroffen hätte. Ermächtigt der Gesetzgeber die Verwaltung zur Ausübung von Ermessen, so sind – sofern nicht ausnahmsweise eine Ermessensreduzierung auf Null vorliegt – in aller Regel verschiedene Entscheidungen der Behörde denkbar, von denen jede einzelne dem Gesetzeszweck entspräche und deshalb rechtmäßig wäre. Es ist deshalb nicht ausgeschlossen, dass die örtlich zuständige Behörde eine andere Entscheidung getroffen hätte als die örtlich unzuständige Behörde. Aus diesem Grund kann der Adressat eines belastenden Ermessensverwaltungsaktes die Aufhebung der Entscheidung allein deshalb verlangen, weil sie durch eine örtlich nicht zuständige Behörde getroffen wurde.

26 Die örtliche Zuständigkeit ist Sachentscheidungsvoraussetzung und in jedem Stadium des Verwaltungshandelns von Amts wegen – und nicht etwa erst auf Antrag eines Beteiligten – durch die Behörde zu prüfen.[40]

§ 3 Amtshilfepflicht

(1) Jede Behörde leistet anderen Behörden auf Ersuchen ergänzende Hilfe (Amtshilfe).

(2) Amtshilfe liegt nicht vor, wenn
1. Behörden einander innerhalb eines bestehenden Weisungsverhältnisses Hilfe leisten,

37 So zum unbestimmten Rechtsbegriff BSG, Urt. v. 09.11.2010 – B 4 AS 7/10 R, Rn. 23.
38 Ähnlich BeckOGK/*Mutschler*, § 2 SGB X Rn. 26, Stand 03/2022.
39 VG Karlsruhe, Urt. v. 19.07.2022 – 8 K 4700/21, Leitsatz 1.
40 Hauck/Noftz/*Neumann*, § 2 SGB X Rn. 8.

2. die Hilfeleistung in Handlungen besteht, die der ersuchten Behörde als eigene Aufgabe obliegen.

Die Kommentierung zu diesem Paragrafen befindet sich unter: 1
Zusammengefasste Kommentierung zu §§ 3–7 Rdn. 1 ff.

§ 4 Voraussetzungen und Grenzen der Amtshilfe

(1) Eine Behörde kann um Amtshilfe insbesondere dann ersuchen, wenn sie
1. aus rechtlichen Gründen die Amtshandlung nicht selbst vornehmen kann,
2. aus tatsächlichen Gründen, besonders weil die zur Vornahme der Amtshandlung erforderlichen Dienstkräfte oder Einrichtungen fehlen, die Amtshandlung nicht selbst vornehmen kann,
3. zur Durchführung ihrer Aufgaben auf die Kenntnis von Tatsachen angewiesen ist, die ihr unbekannt sind und die sie selbst nicht ermitteln kann,
4. zur Durchführung ihrer Aufgaben Urkunden oder sonstige Beweismittel benötigt, die sich im Besitz der ersuchten Behörde befinden,
5. die Amtshandlung nur mit wesentlich größerem Aufwand vornehmen könnte als die ersuchte Behörde.

(2) [1]Die ersuchte Behörde darf Hilfe nicht leisten, wenn
1. sie hierzu aus rechtlichen Gründen nicht in der Lage ist,
2. durch die Hilfeleistung dem Wohl des Bundes oder eines Landes erhebliche Nachteile bereitet würden.

[2]Die ersuchte Behörde ist insbesondere zur Vorlage von Urkunden oder Akten sowie zur Erteilung von Auskünften nicht verpflichtet, wenn die Vorgänge nach einem Gesetz oder ihrem Wesen nach geheim gehalten werden müssen.

(3) Die ersuchte Behörde braucht Hilfe nicht zu leisten, wenn
1. eine andere Behörde die Hilfe wesentlich einfacher oder mit wesentlich geringerem Aufwand leisten kann,
2. sie die Hilfe nur mit unverhältnismäßig großem Aufwand leisten könnte,
3. sie unter Berücksichtigung der Aufgaben der ersuchenden Behörde durch die Hilfeleistung die Erfüllung ihrer eigenen Aufgaben ernstlich gefährden würde.

(4) Die ersuchte Behörde darf die Hilfe nicht deshalb verweigern, weil sie das Ersuchen aus anderen als den in Absatz 3 genannten Gründen oder weil sie die mit der Amtshilfe zu verwirklichende Maßnahme für unzweckmäßig hält.

(5) [1]Hält die ersuchte Behörde sich zur Hilfe nicht für verpflichtet, teilt sie der ersuchenden Behörde ihre Auffassung mit. [2]Besteht diese auf der Amtshilfe, entscheidet über die Verpflichtung zur Amtshilfe die gemeinsame Aufsichtsbehörde oder, sofern eine solche nicht besteht, die für die ersuchte Behörde zuständige Aufsichtsbehörde.

Die Kommentierung zu diesem Paragrafen befindet sich unter: 1
Zusammengefasste Kommentierung zu §§ 3–7 Rdn. 14 ff.

§ 5 Auswahl der Behörde

Kommen für die Amtshilfe mehrere Behörden in Betracht, soll nach Möglichkeit eine Behörde der untersten Verwaltungsstufe des Verwaltungszweiges ersucht werden, dem die ersuchende Behörde angehört.

Die Kommentierung zu diesem Paragrafen befindet sich unter: 1
Zusammengefasste Kommentierung zu §§ 3–7 Rdn. 33 ff.

§ 6 Durchführung der Amtshilfe

(1) Die Zulässigkeit der Maßnahme, die durch die Amtshilfe verwirklicht werden soll, richtet sich nach dem für die ersuchende Behörde, die Durchführung der Amtshilfe nach dem für die ersuchte Behörde geltenden Recht.

(2) [1]Die ersuchende Behörde trägt gegenüber der ersuchten Behörde die Verantwortung für die Rechtmäßigkeit der zu treffenden Maßnahme. [2]Die ersuchte Behörde ist für die Durchführung der Amtshilfe verantwortlich.

1 Die Kommentierung zu diesem Paragrafen befindet sich unter:
Zusammengefasste Kommentierung zu §§ 3–7 Rdn. 37 ff.

§ 7 Kosten der Amtshilfe

(1) [1]Die ersuchende Behörde hat der ersuchten Behörde für die Amtshilfe keine Verwaltungsgebühr zu entrichten. [2]Auslagen hat sie der ersuchten Behörde auf Anforderung zu erstatten, wenn sie im Einzelfall 35 Euro, bei Amtshilfe zwischen Versicherungsträgern 100 Euro übersteigen. [3]Abweichende Vereinbarungen werden dadurch nicht berührt. [4]Leisten Behörden desselben Rechtsträgers einander Amtshilfe, werden die Auslagen nicht erstattet.

(2) Nimmt die ersuchte Behörde zur Durchführung der Amtshilfe eine kostenpflichtige Amtshandlung vor, stehen ihr die von einem Dritten hierfür geschuldeten Kosten (Verwaltungsgebühren, Benutzungsgebühren und Auslagen) zu.

1 Die Kommentierung zu diesem Paragrafen befindet sich unter:
Zusammengefasste Kommentierung zu §§ 3–7 Rdn. 40 ff.

Zusammengefasste Kommentierung zu §§ 3–7

Übersicht

A. Inhalt

1 Art. 35 Abs. 1 GG ordnet als Rahmenvorschrift[1] eine Pflicht der Behörden des Bundes und der Länder zur gegenseitigen Rechts- und Amtshilfe an. §§ 3 bis 7 füllen diese Pflicht in Bezug auf die Amtshilfe zwischen Behörden im Sinne des § 1 Abs. 2 aus und regeln deren Voraussetzungen und Durchführung. §§ 3 bis 7 werden für die Weitergabe von Informationen – diese sog. Informationshilfe stellt ebenfalls eine Form der Amtshilfe dar, die insbesondere durch § 21 Abs. 4 konkretisiert wird[2] – durch Vorschriften über den Datenschutz (DSGVO[3], § 35 SGB I, §§ 67 ff. SGB X sowie Vorschriften des besonderen Teils des Sozialgesetzbuchs, z.B. §§ 61 ff. SGB VIII) ergänzt und modifiziert.[4] Hierbei ist insbesondere zu beachten, dass sich ein Datenaustausch durch die einander kor-

1 Seifert/Hömig/*Antoni*, Art. 35 GG Rn. 4.
2 Schütze/*Roller*, SGB X, § 3 Rn. 2.
3 Verordnung (EU) 2016/679 (Datenschutzgrundverordnung).
4 Hierzu *Bieresborn*, jurisPR-SozR 13/2021; *Wendtland*, Datenübermittlung zwischen Sozialleistungsträgern und Polizeibehörden im Lichte des europäischen Datenschutzrechts, ZESAR 2020, S. 72 ff.

respondierenden Eingriffe von Abfrage und Übermittlung vollzieht, die nach der Rechtsprechung des BVerfG jeweils einer eigenen Rechtsgrundlage bedürfen. »Der Gesetzgeber muss, bildlich gesprochen, nicht nur die Tür zur Übermittlung von Daten öffnen, sondern auch die Tür zu deren Abfrage. Erst beide Rechtsgrundlagen gemeinsam, die wie eine Doppeltür zusammenwirken müssen, berechtigen zu einem Austausch personenbezogener Daten.«[5]

Amtshilfe dient nach allgemeiner Auffassung insbesondere der Überwindung der organisatorischen 2
und rechtlichen Trennung der Behörden und ihrer Aufgaben innerhalb der grundsätzlich einheitlichen Staatsgewalt, damit dem Bürger eine einheitliche Verwaltung gegenübersteht.[6] Zugleich bezweckt sie die Erleichterung der (wirtschaftlichen) Aufgabenerfüllung trotz organisatorischer Trennung und Ausdifferenzierung von Behörden, gerade im Bereich der stark gegliederten Sozialverwaltung.[7]

Ihr Gegenstand kann beispielsweise die Erteilung von Auskünften, Übersendung von Akten, Erstellung von Gutachten, Vernehmung von Zeugen oder eine andere Art der Beweiserhebung sein. Die Regelungen über die Amtshilfe erweitern weder die Befugnisse der um Amtshilfe ersuchenden noch die Befugnisse der um Amtshilfe ersuchten Behörde.

Das BVerfG beschreibt Amtshilfe schlagwortartig als Aushilfe im Einzelfall, punktuelles Zusammen- 3
wirken mit Ausnahmecharakter sowie ergänzenden Beistand, um einer anderen Behörde die Durchführung ihrer öffentlichen Aufgaben zu ermöglichen oder zu erleichtern.[8] Eine vollständige Übernahme von Verwaltungsaufgaben kommt im Rahmen der Amtshilfe nicht in Betracht.

B. Einzelerläuterungen

I. Amtshilfe

Amtshilfe ist die ergänzende Hilfeleistung einer Behörde gegenüber einer anderen Behörde auf deren 4
Ersuchen hin (§ 3 Abs. 1). Das Ersuchen stellt eine öffentlich-rechtliche Willenserklärung – keinen Verwaltungsakt – dar[9] und ist an keine formellen Anforderungen gebunden, da auch insoweit der Grundsatz der Formfreiheit (§ 9 Satz 1) gilt. Das Ersuchen muss allerdings insoweit bestimmt und begründet sein, dass die ersuchte Behörde die Möglichkeit hat zu prüfen, ob sie zur Amtshilfe verpflichtet ist.

Neben der Amtshilfe gibt es weitere Formen behördenübergreifender unterstützender oder ersetzender Aufgabenerfüllung. Im Falle einer Mandatierung werden Aufgaben im Namen einer anderen Behörde wahrgenommen, wobei die mandatierende Behörde sachlich zuständig bleibt, so dass beispielsweise Widersprüche und Klagen gegen sie zu richten sind. Von einer Delegation spricht man, wenn die Zuständigkeit durch ein Gesetz von einer Behörde zu einer anderen übertragen wird. Bei einer Organleihe wird, anders als bei der Amtshilfe, keine Hilfe im Einzelfall geleistet, sondern allgemein ein Aufgabenbereich einer Behörde aufgrund allgemeiner Regelung auf eine andere übertragen. Durch Auftrag kann ein Leistungsträger (Auftraggeber) ihm obliegende Aufgaben durch einen anderen Leistungsträger oder seinen Verband (Beauftragter) mit dessen Zustimmung wahrnehmen lassen, wenn dies nach Maßgabe der weiteren Voraussetzungen des § 88 zweckmäßig ist. Eine gemeinsame Aufgabenwahrnehmung kann durch eine Arbeitsgemeinschaft bezweckt werden. Im SGB finden sich eine ganze Reihe von Normen, die die genannten Formen des behördlichen Zusammenwirkens oder Mischformen regeln (z.B. § 44a SGB II, § 46 SGB XII, § 109a SGB VI, § 52 SGB I).[10]

---

5 BVerfG, Beschl. v. 14.01.2012, 1 BvR 1299/05, Rn. 123 (sog. »Doppeltürenmodell«).
6 Knickrehm/Kreikebohm/Waltermann/*Fichte*, §§ 3 bis 7 SGB X Rn. 2.
7 Schütze/*Roller*, SGB X, § 3 Rn. 2.
8 BVerfG, Beschl. v. 13.07.2011 – 2 BvR 742/10, Rn. 23 ff.
9 BeckOGK/*Mutschler*, § 3 SGB X Rn. 20, Stand 08/2023.
10 Schütze/*Roller*, SGB X, § 3 Rn. 4.

5 »Spontane Hilfe«, die ohne Ersuchen erbracht wird, stellt keine Amtshilfe dar.[11]

6 Der Begriff der Amtshilfe kann in Hinblick auf Art. 35 GG nicht abschließend definiert werden. Amtshilfe setzt voraus, dass eine Hilfeleistung der einen gegenüber der anderen Behörde auf deren Ersuchen hin außerhalb eines bestehenden Weisungsverhältnisses erfolgt (§ 3 Abs. 2 Nr. 1). Obliegt der ersuchten Behörde die erbetene Hilfeleistung als eigene Aufgabe, so handelt es sich um die Erfüllung einer eigenen Aufgabe und nicht um Amtshilfe (§ 3 Abs. 2 Nr. 2). Amtshilfe im Sinne der §§ 3 ff. kann nur zwischen deutschen Behörden stattfinden. Ob und unter welchen Voraussetzungen zwischen einer deutschen und einer ausländischen Behörde Amtshilfe stattfindet, richtet sich nach zwischenstaatlichen Vereinbarungen.

7 Amtshilfe ist insbesondere von Rechtshilfe abzugrenzen, die dadurch gekennzeichnet ist, dass ein Gericht um eine richterliche Handlung ersucht wird. §§ 3 ff. sind nicht auf Rechtshilfe anwendbar. Soweit Gerichte allerdings eine Verwaltungstätigkeit ausüben, sind §§ 3 bis 7 nach der Gesetzesbegründung anzuwenden.[12]

8 Amtshilfe ist nach § 3 Abs. 1 »ergänzende« Hilfe. Der Begriff ›ergänzend‹ und Sinn und Zweck der Amtshilfe verbieten, dass Verwaltungsaufgaben vollständig übernommen werden. Amtshilfe ist zwingend auf bestimmte Teilakte eines Verwaltungsverfahrens begrenzt. Darüber hinaus stellt sie Aushilfe im Einzelfall dar.[13]

II. Anzuwendende Vorschriften

9 Handelt es sich sowohl bei der ersuchenden als auch bei der ersuchten Behörde um Behörden im Sinne des § 1 Abs. 2, so richtet sich das Amtshilfeersuchen ebenso wie die Amtshilfedurchführung nach §§ 3 ff. SGB X.

10 Ist jedoch nur eine der Behörden eine Behörde im Sinne des § 1 Abs. 2, die andere jedoch im Sinne des § 1 Abs. 4 VwVfG oder einer vergleichbaren landesrechtlichen Regelung, so wendet die herrschende Meinung die Amtshilfevorschriften des SGB X zu Recht nicht auf das gesamte Amtshilfeverfahren an. Vielmehr richtet sich das Amtshilfeersuchen dann nach den Vorschriften der ersuchenden Behörde, die Amtshilfedurchführung nach den Vorschriften der ersuchten Behörde. Dies ergibt sich aus § 6 Abs. 1, wonach sich die Zulässigkeit der Amtshilfemaßnahme nach dem für die ersuchende Behörde geltenden Recht richtet, die Durchführung der Maßnahme jedoch nach dem für die ersuchte Behörde geltenden Recht. Wäre es anders, wäre Amtshilfe infolge des im Sozialrecht geltenden engen Behördenbegriffs (siehe die Kommentierung oben zu § 1 Abs. 2) faktisch nicht zwischen allen Behörden möglich. Diese Einschränkung wäre mit Art. 35 GG nicht vereinbar und entspräche zudem weder dem Willen des Gesetzgebers noch dem Zweck der Amtshilfe.[14]

III. Pflicht zur Amtshilfe

11 Der Wortlaut des § 3 Abs. 1 (»Jede Behörde leistet …«) deutet darauf hin, dass die um Amtshilfe ersuchende Behörde einen Anspruch auf Amtshilfe gegenüber der ersuchten Behörde hat, sofern die Voraussetzungen der §§ 3 ff. erfüllt sind.[15]

---

11 So auch BeckOGK/*Mutschler*, § 3 SGB X Rn. 20, Stand 08/2023; Schütze/*Roller*, SGB X, § 3 Rn. 8.

12 BT-Drucks. 8/2034, S. 30; für *I. Palsherm* handelt es sich um Amtshilfe, wenn ein Gericht eine Behörde um eine Hilfeleistung ersucht (in: jurisPK-SGB X/*I. Palsherm*, § 3 Rn. 14, Stand 11/2023).

13 BVerfG, Beschl. v. 13.07.2011 – 2 BvR 742/10, Rn. 23.

14 A.A jurisPK-SGB X/*I. Palsherm*, § 6 SGB X Rn. 13, Stand 11/2023, der § 6 SGB X wegen § 1 Abs. 1 Satz 1 SGB X als unmittelbar nicht anwendbar erachtet.

15 Schütze/*Roller*, SGB X, § 3 Rn. 12; BeckOGK/*Mutschler*, § 3 SGB X Rn. 20, Stand 08/2023; a.A. BSGE 18, 273, 277.

Die nachsuchende Behörde selbst ist grundsätzlich nicht verpflichtet, um Amtshilfe zu ersuchen. Unterlässt sie ein Amtshilfeersuchen, obwohl sie den Sachverhalt nicht anders aufklären kann, so handelt sie verfahrensfehlerhaft (vgl. hierzu die Kommentierung zu § 20). 12

IV. Öffentlich-rechtliche Verwaltungstätigkeit

Amtshilfe kann nur für eine öffentlich-rechtliche Verwaltungstätigkeit in Anspruch genommen werden, nicht für eine fiskalische Tätigkeit.[16] Die Unterstützung bei einer fiskalischen Tätigkeit lässt sich schwerlich als erforderlich ansehen, um den Zweck der Amtshilfe – die Überwindung der organisatorischen und rechtlichen Trennung der Behörden und ihrer Aufgaben zur Sicherstellung einer einheitlichen Staatsgewalt – zu erfüllen. 13

V. Voraussetzungen der Amtshilfe

§ 4 Abs. 1 enthält einen nicht abgeschlossenen (»insbesondere«) Katalog von Ersuchensgründen, die eine Pflicht zur Amtshilfe auslösen, wenn eine Behörde hierum ersucht wird. 14

Hierzu zählt nach § 4 Abs. 1 Ziffer 1, dass die um Amtshilfe nachsuchende Behörde die ersuchte Amtshandlung aus rechtlichen Gründen nicht selbst vornehmen darf. § 4 Abs. 1 Ziffer 1 ermächtigt die Behörde nicht, im Rahmen der Amtshilfe Maßnahmen vornehmen zu lassen, für die sie nicht zuständig ist. § 4 Abs. 1 Ziffer 1 schließt vielmehr eine Lücke für den Fall, dass eine Behörde zwar für eine bestimmte Aufgabe zuständig ist, ihr jedoch im Rahmen der Aufgabenerfüllung eine Ermächtigung für bestimmte Handlungen – zum Beispiel für eine Zwangsvollstreckung oder Beglaubigung[17] – fehlt. 15

Nach § 4 Abs. 1 Ziffer 2 kann eine Behörde um Amtshilfe ersuchen, wenn sie die ersuchte Amtshandlung aus tatsächlichen Gründen nicht selbst ausführen kann. Als tatsächliche Gründe kommen nach dem Gesetzeswortlaut das Fehlen von erforderlichen Dienstkräften oder Einrichtungen in Betracht. Zu Recht wird ein Rückgriff auf § 4 Abs. 1 Ziffer 2 abgelehnt, wenn das Defizit von Dienstkräften oder Einrichtungen auf einer ungenügenden personellen oder sachlichen Ausstattung beruht.[18] Die Amtshilfe dient dazu, die organisatorische und rechtliche Trennung der Behörden und ihrer Aufgaben zur Sicherstellung einer einheitlichen Staatsgewalt aufzuheben, nicht jedoch zur Kompensation personeller oder sachlicher Einsparungen oder zur Behebung struktureller Fehlentscheidungen. 16

Eine in der Praxis herausragende Bedeutung hat die in § 4 Abs. 1 Ziffer 3 vorgesehene Informationshilfe, wonach eine Behörde dann um Amtshilfe ersuchen kann, wenn sie zur Durchführung ihrer Aufgaben auf die Kenntnis von Tatsachen angewiesen ist, die ihr unbekannt sind und die sie selbst nicht ermitteln kann. 17

Eine geringere praktische Bedeutung kommt § 4 Abs. 1 Ziffer 4 zu. Hier ist erforderlich, dass die ersuchte Behörde über Urkunden oder sonstige Beweismittel verfügt, die die nachsuchende Behörde zur Durchführung ihrer Aufgaben benötigt. Es kann sich hierbei beispielsweise um Akten oder Gutachten handeln, die sich im Besitz der ersuchten Behörde befinden. 18

Nach § 4 Abs. 1 Ziffer 5 kann eine Behörde um Amtshilfe nachsuchen, wenn sie die ersuchte Amtshandlung nur mit wesentlich größerem Aufwand vornehmen könnte als die ersuchte Behörde. Bei der Ausfüllung des unbestimmten Rechtsbegriffs des wesentlich größeren Aufwands tritt der allgemeine Sinn und Zweck der Amtshilfe gegenüber dem Grundsatz der Sparsamkeit und Effizienz in den Hintergrund. Ein Amtshilfeersuchen ist zulässig, wenn die ersuchte Behörde die Amtshandlung 19

16 Schütze/*Roller*, SGB X,§ 3 Rn. 7.

17 Schütze/*Roller*, SGB X, § 4 Rn. 7.

18 Knickrehm/Kreikebohm/Waltermann/*Fichte*, §§ 3 bis 7 SGB X Rn. 4; Schütze/*Roller*, SGB X, § 4 Rn. 11.

wesentlich einfacher, schneller oder Kosten sparender erledigen kann.[19] Auch der Aufwand, der einem Beteiligten oder Zeugen entsteht, ist zu berücksichtigen.[20]

20 § 74a regelt einen Sonderfall der Amtshilfe: Die Übermittlung bestimmter personenbezogener Daten zur Durchsetzung öffentlich-rechtlicher Ansprüche und im Vollstreckungsverfahren. Demnach dürfen zur Durchsetzung von öffentlich-rechtlichen Ansprüchen in Höhe von mindestens 500 € im Einzelfall auf Ersuchen Name, Vorname, Geburtsdatum und -ort, derzeitige Anschrift des Betroffenen, sein derzeitiger oder zukünftiger Aufenthaltsort sowie Namen, Vornamen oder Firma und Anschriften seiner derzeitigen Arbeitgeber übermittelt werden, soweit kein Grund zu der Annahme besteht, dass dadurch schutzwürdige Interessen des Betroffenen beeinträchtigt werden und das Ersuchen nicht länger als sechs Monate zurückliegt (vgl. im Einzelnen die Kommentierung zu § 74a Rdn. 1 ff.).

VI. Weigerungsgründe

21 Die ersuchte Behörde ist verpflichtet, die Amtshilfemaßnahme zu verweigern, wenn einer der in § 4 Abs. 2 Satz 1 aufgeführten Tatbestände erfüllt ist. Auch wenn § 4 Abs. 2 Satz 2 von seinem Wortlaut her (»ist (...) nicht verpflichtet«) eine andere Auslegung zuließe, handelt es sich um ein Amtshilfeverbot, nicht etwa nur um einen in das Ermessen der ersuchten Behörde gestellten Weigerungsgrund. Dies zeigt insbesondere ein Vergleich mit dem Wortlaut des § 4 Abs. 3 »braucht nicht«, der die Amtshilfe fakultativ zulässt, die ersuchte Behörde aber ebenso ermächtigt, in pflichtgemäßer Ausübung ihres Ermessens die Amtshilfe zu verweigern.

22 In der Literatur wird überwiegend vertreten, § 4 Abs. 2 und 3 regelten die Weigerungsgründe abschließend, so dass sich eine ersuchte Behörde aus anderen als den dort geregelten Gründen nicht weigern dürfe, eine ersuchte Amtshilfemaßnahme durchzuführen.[21] Über § 4 Abs. 2 und 3 hinaus hat der Gesetzgeber jedoch in § 74a Abs. 1 Satz 2 sowie in § 68 Abs. 1 Satz 2 Weigerungsgründe geregelt. Darüber hinaus muss sich eine Behörde auch dann weigern können, eine Amtshilfemaßnahme durchzuführen, wenn das dem Amtshilfeersuchen zugrundeliegende Vorhaben **offensichtlich rechtswidrig** ist. In der Literatur wird formuliert, die »schlichte Rechtswidrigkeit der geforderten Maßnahmen« rechtfertige eine Weigerung der ersuchten Behörde nicht, weil dieser insoweit eine Prüfungskompetenz fehle.[22] Auch wenn § 6 Abs. 2 Satz 1 vorsieht, dass die ersuchende Behörde gegenüber der ersuchten Behörde die Verantwortung für die Rechtmäßigkeit der zu treffenden Maßnahme trägt, kann der ersuchten Behörde aus rechtsstaatlichen Gründe nicht zugemutet werden, sehenden Auges ein offensichtlich rechtswidriges Vorhaben zu unterstützen oder erst möglich zu machen.[23]

Auch wenn das Amtshilfeersuchen rechtsmissbräuchlich ist, besteht ein Weigerungsgrund für die ersuchte Behörde.[24]

23 Ein absolutes Amtshilfeverbot regelt § 4 Abs. 2 Satz 1 Ziffer 1, nach dem die Behörde Hilfe nicht leisten darf, wenn sie hierzu aus rechtlichen Gründen nicht in der Lage ist. Die ersuchte Behörde darf Amtshilfe nur im Rahmen ihres eigenen Zuständigkeitsbereichs leisten.[25] Ebenso wenig darf Amtshilfe geleistet werden, wenn hierdurch dem Wohl des Bundes oder eines Landes erhebliche Nachteile bereitet würden (§ 4 Abs. 2 Satz 1 Ziffer 2).

19 Schütze/*Roller*, SGB X, § 4 Rn. 4.

20 Schütze/*Roller*, SGB X, § 4 Rn. 11.

21 Schütze/*Roller*, SGB X, § 4 Rn. 13; Knickrehm/Kreikebohm/Waltermann/*Fichte*, §§ 3 bis 7 SGB X Rn. 7.

22 Knickrehm/Kreikebohm/Waltermann/*Fichte*, § 7 SGB X Rn. 7.

23 VGH Baden-Württemberg ließ es in einem Urt. v. 15.03.1990 – 1 S 282/90, NVwZ-RR 1990, 337, 338 offen, ob eine ersuchte Behörde berechtigt sei, eine Amtshilfemaßnahme zu verweigern, wenn dem Vorhaben der Rechtsmangel gleichsam »auf die Stirn geschrieben« sei.

24 Schütze/*Roller*, SGB X, § 4 Rn. 13.

25 Schütze/*Roller*, SGB X, § 4 Rn. 14.

Sind Vorgänge nach gesetzlicher Vorschrift oder ihrem Wesen nach geheim zu halten, so ist die ersuchte Behörde zur Vorlage der diese Vorgänge betreffenden Urkunden oder Akten nicht berechtigt (§ 4 Abs. 2 Satz 2). Ihrem Wesen nach geheim zu halten können Umstände sein, die der Persönlichkeits- und Intimsphäre des Einzelnen zuzuordnen sind und somit dem Sozialdatenschutz (§ 35 SGB I, §§ 67 ff.) unterfallen (Zeugnisse, ärztliche Unterlagen, sonstige vertrauliche Daten).[26] 24

Fakultative Weigerungsgründe regelt der insbesondere das Verhältnismäßigkeitsprinzip und das Gebot der Einfachheit und Sparsamkeit des Verwaltungshandelns konkretisierende § 4 Abs. 3. Er führt Sachverhalte auf, bei deren Vorliegen der ersuchten Behörde Ermessen eingeräumt ist, dem Amtshilfeersuchen nachzukommen oder die Amtshilfe zu verweigern. 25

Demnach darf Amtshilfe verweigert werden, wenn eine andere Behörde die Hilfe wesentlich einfacher oder mit wesentlich geringerem Aufwand leisten kann (§ 4 Abs. 3 Ziffer 1). Verweigert die ersuchte Behörde die Amtshilfe, so darf dies nicht auf der Grundlage einer vagen Vermutung geschehen; vielmehr muss sie gegenüber der ersuchenden Behörde konkret eine dritte Behörde benennen, die die Hilfe wesentlich einfacher oder mit wesentlich geringerem Aufwand leisten kann. 26

Einen weiteren fakultativen Weigerungsgrund regelt § 4 Abs. 3 Ziffer 2, wonach Amtshilfe verweigert werden kann, wenn sie nur mit unverhältnismäßig hohem Aufwand geleistet werden könnte (§ 4 Abs. 3 Ziffer 2). Da jede Amtshilfe mit Aufwand verbunden ist, muss die zeitliche oder personelle Inanspruchnahme weit über das übliche Maß einer Amtshilfeleistung hinausgehen, um die Einschätzung eines »hohen« Aufwands zu rechtfertigen. Dies allein genügt jedoch nicht, um die Amtshilfe zu verweigern. Hinzukommen muss, dass dieser Aufwand »unverhältnismäßig« ist. Hierzu sind der personelle und finanzielle Aufwand der ersuchten Behörde gegenüber dem Nutzen für die ersuchende Behörde abzuwägen. Der Nutzen für die ersuchende Behörde darf nicht allein nach finanziellen Maßstäben beurteilt werden; auch andere Gesichtspunkte – wie die Bedeutung der Angelegenheit für die ersuchende Behörde, den Beteiligten des dem Ersuchen zugrunde liegenden Verwaltungsverfahrens oder der Allgemeinheit – sind zu berücksichtigen. 27

Nach § 4 Abs. 3 Ziffer 3 kann die ersuchte Behörde die Amtshilfe verweigern, wenn diese ihre eigenen Aufgaben unter Berücksichtigung der Aufgaben der ersuchenden Behörde ernstlich gefährden würde. Eine nur kurzzeitige Verzögerung der eigenen Aufgabenerledigung rechtfertigt nicht, eine Amtshilfemaßnahme zu verweigern. 28

Ein weiterer fakultativer Weigerungsgrund ist in § 68 Abs. 1 Satz 2 geregelt. Demnach kann die Offenlegung personenbezogener Daten verweigert werden, wenn sich die ersuchende Stelle die entsprechenden Angaben auf andere Weise beschaffen könnte. Unter diesen Voraussetzungen ist ein Sozialleistungsträger auch nicht zur Übermittlung der in § 74a Abs. 1 in der ab 01.01.2013 geltenden Fassung aufgezählten Daten verpflichtet, es sei denn, es handelt sich um ein Amtshilfeersuchen zur Durchführung einer Vollstreckung nach § 66 (§ 74a Abs. 1 Satz 2 und 3). Ein Rentenversicherungsträger, der von einem Gerichtsvollzieher nach Maßgabe des § 74a Abs. 2 Satz 1 um Amtshilfe ersucht wird, ist hierzu unter den Voraussetzungen des § 74a Abs. 2 Satz 2 und 3 nicht verpflichtet. 29

Die ersuchte Behörde darf die Hilfe nicht deshalb verweigern, weil sie die mit der Amtshilfe zu verwirklichende Maßnahme für nicht zweckmäßig hält (§ 4 Abs. 4). 30

VII. Verfahren bei Ablehnung der Amtshilfe

§ 4 Abs. 5 beschreibt das Verfahren für den Fall, dass sich die ersuchte Behörde weigert, die Amtshilfe zu leisten. Verweigert die ersuchte Behörde die Amtshilfemaßnahme, so hat sie die ersuchende Behörde hierüber zu informieren (§ 4 Abs. 5 Satz 1). Bei dieser Mitteilung handelt es sich nicht um einen Verwaltungsakt. Hält die nachsuchende Behörde an ihrer Rechtsauffassung fest, so entscheidet 31

---

26 Schütze/*Roller*, SGB X, § 4 Rn. 14.

die für die ersuchte Behörde zuständige Aufsichtsbehörde. Besteht für beide Behörden eine gemeinsame Aufsichtsbehörde, so entscheidet jene. § 4 Abs. 5 enthält keine Regelung für den Fall, dass eine Aufsichtsbehörde für die nachgesuchte Behörde fehlt. Insoweit wird vertreten, die nachgesuchte Behörde habe die Entscheidung selbst zu treffen.[27]

32 Die Aufsichtsentscheidung stellt gegenüber der der Aufsicht nicht unterworfenen Behörde einen Verwaltungsakt dar. Gegenüber der der Aufsicht unterworfenen Behörde handelt es sich um eine innerdienstliche Weisung.[28]

VIII. Auswahl der Behörde

33 Der ersuchenden Behörde ist nach § 4 grundsätzlich Ermessen eröffnet, ob und gegenüber welcher anderen Behörde sie um Amtshilfe ersucht. § 5 konkretisiert dieses Ermessen in Hinblick auf die auszuwählende Behörde. Kommen mehrere für die Amtshilfe in Betracht, so soll nach Möglichkeit eine Behörde der untersten Verwaltungsstufe des Verwaltungszweiges ersucht werden, dem die ersuchende Behörde angehört.

34 Der Begriff Verwaltungszweig meint den Behördenapparat des Hoheitsträgers, dem die ersuchende Behörde zugeordnet ist. Es soll »nach Möglichkeit« zum einen eine Behörde desselben Verwaltungszweigs ausgewählt werden, dem die nachsuchende Behörde angehört, zum anderen diejenige Behörde dieses Verwaltungszweigs, die in der Verwaltungshierarchie an unterster Stelle steht. Obere und oberste Verwaltungsbehörde sollen hierdurch von Amtshilfeleistungen entlastet werden.[29]

35 Betrachtet man die Weigerungsgründe der ersuchten Behörde als durch § 4 Abs. 2 und 3 abschließend geregelt, so liegt die Schlussfolgerung nahe, die ersuchte Behörde sei auch dann zur Amtshilfe verpflichtet, wenn die nachsuchende Behörde sich nicht an die in der Verwaltungshierarchie an unterster Stelle stehende Behörde gewendet hat.[30] Diese Rechtsauffassung kann sich auch auf die Gesetzesbegründung zu § 6 VwVfG[31] stützen, nach der die Regelungen über die Auswahl der um Amtshilfe nachzusuchenden Behörde lediglich »Leitsätze« darstellten. Es ist anzunehmen, dass der Gesetzgeber § 5 in der Tat zunächst dieselbe Bedeutung zugemessen hatte, verweist doch die Gesetzesbegründung zu den Amtshilfevorschriften im Großen und Ganzen allgemein auf die Vorschriften des VwVfG (»Die Vorschriften entsprechen den §§ 4 bis 8 VwVfG«[32]). Somit ist es auch ausgeschlossen, ein Amtshilfeersuchen an eine nach Auffassung der ersuchten Behörde zuständige andere Behörde weiterzuleiten.[33]

36 In der Zwischenzeit hat jedoch insbesondere der datenschutzrechtliche Aspekt, der zur Zeit des Inkrafttretens des SGB X keine Rolle spielte, eine überragende Bedeutung erlangt. Soweit im Rahmen der Amtshilfe datenschutzrechtliche Belange berührt werden, kann eine Vorschrift, die die Frage der für eine Amtshilfemaßnahme auszuwählenden Behörde regelt, nicht mehr nur die Bedeutung eines »Leitsatzes« haben. Vielmehr ist davon auszugehen, dass die ersuchende Behörde in diesen Fällen grundsätzlich verpflichtet ist, die zur Verrichtung der Amtshilfemaßnahme vorzunehmende Behörde nach Maßgabe des § 5 auszuwählen. »Soll nach Möglichkeit« verdichtet sich unter dieser Annahme zum Regelfall, von dem nur ganz ausnahmsweise abgewichen werden darf. Der Bedeutung des § 5 wird man nur gerecht, wenn man der ersuchten Behörde, die nicht der untersten Verwaltungsstufe angehört, ein über § 4 Abs. 2 hinausgehendes Verweigerungsrecht zuerkennt.

---

27 Schütze/*Roller*, SGB X, § 4 Rn. 22.
28 Umstr.; so wie hier Schütze/*Roller*, SGB X, § 4 Rn. 24.
29 Schütze/*Roller*, SGB X, § 5 Rn. 3.
30 So Schütze/*Roller*, SGB X, § 5 Rn. 4.
31 BT-Drucks. 7/910, S. 40.
32 BT-Drucks. 8/2034.
33 BeckOGK/*Mutschler*, § 5 SGB X Rn. 4, Stand 08/2023.

IX. Durchführung der Amtshilfe

Zu den wesentlichen Grundsätzen der Amtshilfe zählt, dass sie weder die Befugnisse der um Amtshilfe ersuchenden, noch die Befugnisse der um Amtshilfe ersuchten Behörde erweitert. Dem entsprechend richtet sich die Zulässigkeit – treffender erscheint hier der auch in § 6 Abs. 2 Satz 1 verwendete Begriff der Rechtmäßigkeit – der Amtshilfemaßnahme nach dem für die nachsuchende Behörde geltenden Recht, die Durchführung der Amtshilfemaßnahme nach dem für die ersuchte Behörde geltenden Recht (§ 6 Abs. 1). Die ersuchte Behörde darf die Maßnahme nur durchführen, wenn sie für derartige Verwaltungshandlungen zuständig und befugt ist.[34] Eingriffe in Rechte von Bürgern darf sie nur dann vornehmen, wenn sie sich hierfür auf eine Ermächtigungsgrundlage stützen kann; die Vorschriften über die Amtshilfe stellen hierbei keine geeignete Rechtsgrundlage dar, die Eingriffe rechtfertigen könnte. Insbesondere hebeln §§ 3 ff. nicht das informationelle Selbstbestimmungsrecht aus, so dass eine Übermittlung von Daten an die um Amtshilfe ersuchende Behörde nur unter den Voraussetzungen der § 35 SGB I, §§ 67 ff. erlaubt ist.[35] 37

Die ersuchende Behörde trägt die Verantwortung für die Rechtmäßigkeit der zu treffenden Maßnahme, die ersuchte Behörde die Verantwortung für die Art und Weise der Durchführung der Maßnahme (§ 6 Abs. 2). Wird die ersuchte Behörde aufgrund eines der ersuchenden Behörde zuzurechnenden Verhaltens durch einen Dritten in Anspruch genommen, so hat die ersuchende Behörde dies auszugleichen. 38

Ebenfalls aus § 6 Abs. 2 lässt sich ableiten, dass die ersuchende Behörde der ersuchten Behörde in Bezug auf die Durchführung der Amtshilfe keine Weisungen erteilen darf. 39

Ein von einer Amtshilfemaßnahme betroffener Beteiligter eines Verwaltungsverfahrens hat sich gegen die konkret handelnde Behörde zu wenden.[36]

X. Kosten der Amtshilfe

Hinsichtlich der Kosten der Amtshilfe sind Gebühren und Auslagen zu unterscheiden. Gebühren sind Geldleistungen, die als Gegenleistung für eine besondere individuell zurechenbare Inanspruchnahme oder Leistung des Staates von denjenigen erhoben werden, auf deren Veranlassung oder in deren Interesse die Inanspruchnahme oder Leistung erfolgt.[37] Auslagen sind finanzielle oder sächliche Aufwendungen, die zur Erreichung eines bestimmten Ziels vorgenommen werden. § 7 Abs. 1 bestimmt, dass Verwaltungsgebühren für eine Amtshilfemaßnahme geltend gemacht werden können. Andere Gebühren (Benutzungsgebühren) hat die ersuchende Behörde jedoch zu tragen. § 7 Abs. 2 regelt, dass Auslagen der ersuchten Behörde durch die ersuchende Behörde zu erstatten sind, sofern diese eine Bagatellgrenze übersteigen. 40

Für die Amtshilfe hat die ersuchende Behörde grundsätzlich keine Verwaltungsgebühr zu entrichten (§ 7 Abs. 1). Hierbei macht es keinen Unterschied, ob die ersuchte Behörde ihre Tätigkeit nach dem SGB X ausübt oder nicht.[38] Somit ist auch die im Rahmen der Amtshilfe erfolgte Übermittlung von Daten aus dem Melde- oder Kfz-Register an einen Sozialleistungsträger gebührenfrei.[39] Auch

---

34 Schütze/*Roller*, SGB X, § 5 Rn. 3.

35 Ebenso jurisPK-SGB X/*I. Palsherm*, § 3 Rn. 11, Stand 11/2023.

36 Diering/Timme/*Breitkreuz*, 4. Aufl. 2016, § 6 Rn. 5; a.A. jurisPK-SGB X/*I. Palsherm*, § 6 Rn. 20, Stand 11/2023, nach dem sich der Betroffene zur Geltendmachung eines Schadens an die ersuchende Behörde wenden muss.

37 BeckOGK/*Mutschler*, § 7 SGB X Rn. 3, Stand 08/2023.

38 BeckOGK/*Mutschler*, § 7 SGB X Rn. 2, Stand 08/2023.

39 So im Fall einer Gemeinde, die gegenüber einem Träger der gesetzlichen Rentenversicherung Verwaltungsgebühren für die Erteilung einer Auskunft aus dem Melderegister beanspruchte, BVerwG, Urt. v 26.06.1987 – 8 C 70/85, BVerwGE 77, 364, 366 ff., ebenso für die Gebühr für eine Auskunft aus dem Fahrzeugregister BVerwG, Urt. v. 18.12.1987 – 7 C 95/86, BVerwGE 78, 363, 366 ff.

Kosten, die durch Beratung und Unterstützung von Leistungsberechtigten entstehen, stellen nicht erstattungsfähige Verwaltungskosten dar.[40]

Diese Regelung ist dispositiv (§ 7 Abs. 1 Satz 3), so dass durch Verwaltungsvereinbarungen oder andere Vorschriften etwas Anderes geregelt werden kann.

41 Auslagen für Porto, Zustellung, Abschriften usw. sind nur zu erstatten, wenn sie im Einzelfall 35 € übersteigen. Diese Bagatellgrenze verhindert, dass Kosten auslösende Erstattungsverfahren wegen geringfügiger Beträge in Gang gesetzt werden. Die Bagatellgrenze wurde zwischen Versicherungsträgern auf 100 € festgelegt. Dem liegt die Vermutung zugrunde, dass über längere Zeiträume betrachtet wechselseitig Amtshilfe geleistet werden wird, so dass sich die jeweiligen Auslagen im Laufe der Zeit ausgleichen werden. Zu den Versicherungsträgern zählt nicht die Bundesagentur für Arbeit. Der Begriff Versicherungsträger kann nur als Sozialversicherungsträger verstanden werden. Die Bundesagentur für Arbeit ist jedoch kein Sozialversicherungsträger im engeren Sinne[41], was darin begründet ist, dass sie in Art. 74 Abs. 1 Nr. 12 GG *neben* der Sozialversicherung und in § 4 Abs. 2 SGB I nicht aufgeführt wird. Auch § 1 Abs. 1 Satz 3 SGB IV zählt sie nicht zu den Sozialversicherungsträgern, sondern fingiert ihre Eigenschaft als Sozialversicherungsträger im Rahmen des Geltungsbereichs des SGB IV.

42 Dem Zweck der Regelung zufolge handelt es sich bei den in § 7 Abs. 1 Satz 2 aufgezählten Beträgen um Freigrenzen. Werden sie überschritten, hat dies zur Folge, dass der gesamte Betrag – und nicht nur der die jeweilige Grenze übersteigende Betrag – zu erstatten ist. Maßgebend ist der Gesamtbetrag des jeweiligen Amtshilfeersuchens. Die Auslagen unterschiedlicher Amtshilfeersuchen – auch wenn sie dieselbe Angelegenheit betreffen – sind nicht zusammenzurechnen.[42] Liegen sie jeweils unter der maßgeblichen Freigrenze, so findet keine Erstattung statt, selbst wenn die Summe der Aufwendungen die Freigrenze deutlich übersteigt. Anders ist dies, wenn die ersuchte Behörde aufgrund desselben Amtshilfeersuchens unterschiedliche Aufwendungen vornimmt, die die Bagatellgrenze insgesamt überschreiten.[43]

43 Zu erstatten sind sämtliche im Sinne einer wirtschaftlichen und sparsamen Haushaltsführung (§ 69 Abs. 2 SGB IV) erforderlichen Auslagen, die im inneren Zusammenhang mit der Amtshilfemaßnahme angefallen sind, d.h. mit dem Ziel erbracht worden sind, die Amtshilfemaßnahme durchzuführen. Nimmt die ersuchte Behörde nicht erforderliche Aufwendungen vor, so verstößt sie damit zugleich gegen den Grundsatz der wirtschaftlichen und sparsamen Haushaltsführung. Die ersuchende Behörde musste mit diesen Aufwendungen nicht rechnen und hat sie nicht zu erstatten.[44]

44 Ausnahmsweise werden Auslagen nicht erstattet, wenn die ersuchte Behörde zu demselben Rechtsträger wie die ersuchende Behörde gehört (§ 7 Abs. 1 Satz 4).

45 Ist ein Dritter – d.h. weder die ersuchende noch die ersuchte Behörde – infolge der Amtshilfemaßnahme aufgrund einer öffentlich-rechtlichen Vorschrift verpflichtet Verwaltungsgebühren, Benutzungsgebühren oder Auslagen zu leisten, so stehen diese der ersuchten Behörde und nicht der ersuchenden Behörde zu (§ 7 Abs. 2). Da für das Sozialverwaltungsverfahren nach § 64 Abs. 1 Satz 1 SGB X grundsätzlich keine Gebühren und Auslagen erhoben werden, ist der Anwendungsbereich des § 7 Abs. 2 gering. Eine Gebühr in Höhe von 10,20 € erhalten allerdings aufgrund ausdrücklicher gesetzlicher Regelung die Träger der gesetzlichen Rentenversicherung für jede auf Grundlage des § 74a Abs. 2 Satz 1 erteilte Auskunft (§ 64 Abs. 1 Satz 2).

---

40 OVG Schleswig-Holstein, Urt. v. 15.02.2018 – 3 LB 19/15, Rn. 27, juris.

41 A.A. jurisPK-SGB X/*I. Palsherm*, § 7 Rn. 19, Stand 11/2023; Dürig/Herzog/Scholz/Uhle, GG Art. 74 Rn. 297, Stand 05/2023.

42 Schütze/*Roller*, SGB X, § 7 Rn. 8.

43 BeckOGK/*Mutschler*, § 7 SGB X Rn. 5b, Sand 08/2023.

44 Im Ergebnis ebenso Schütze/*Roller*, SGB X, § 7 Rn. 7; umstr.; gegen eine Beschränkung des Erstattungsanspruchs auf das Erforderliche jurisPK-SGB X/*Palsherm*, § 7 Rn. 20.

Ist ein Amtshilfeersuchen auf die Übersendung von Gerichtsakten gerichtet, so darf das Gericht für die Übersendung keine Aktenversendungspauschale erheben. In dem der Entscheidung zugrunde liegenden Fall hatte ein Träger der gesetzlichen Krankenkasse im Rahmen eines Amtshilfeersuchens zur Prüfung von nach § 116 SGB X übergegangenen Schadensersatzansprüchen um Übersendung von Gerichtsakten gebeten. Das OLG Düsseldorf fand weder im GKG noch im SGB X eine gesetzliche Grundlage für die durch das Gericht geltend gemachte Aktenversendungspauschale.[45] Erfolgt die Aktenübersendung jedoch auf Antrag, ohne dass erkennbar ist, dass es sich um ein Amtshilfeersuchen handelt, darf das Gericht eine Auslagenpauschale erheben.[46] Eine Behörde ist nicht berechtigt, von einem Gericht Auslagenersatz für die Übersendung einer Verwaltungsakte an das Gericht zu verlangen.[47] 46

Auch für ein im Rahmen der Amtshilfe von einem städtischen Gutachterausschuss eingeholtes Verkehrswertgutachten zur Feststellung, in welcher Höhe ein Alg II- (heute Bürgergeld-)Antragsteller über verwertbares Vermögen i.S.d. § 12 SGB II verfügt, dürfen Kosten, Gebühren oder Auslagen nicht erhoben werden.[48] 47

Ein Kostenerstattungsanspruch ist nicht zu verzinsen. Für einen Verzinsungsanspruch fehlt eine gesetzliche Grundlage. Kostenerstattungsansprüche verjähren analog § 113 in vier Jahren nach Ablauf des Kalenderjahrs, in dem sie entstanden sind.[49] 48

Zweiter Abschnitt Allgemeine Vorschriften über das Verwaltungsverfahren

Erster Titel Verfahrensgrundsätze

§ 8 Begriff des Verwaltungsverfahrens

Das Verwaltungsverfahren im Sinne dieses Gesetzbuches ist die nach außen wirkende Tätigkeit der Behörden, die auf die Prüfung der Voraussetzungen, die Vorbereitung und den Erlass eines Verwaltungsaktes oder auf den Abschluss eines öffentlich-rechtlichen Vertrages gerichtet ist; es schließt den Erlass des Verwaltungsaktes oder den Abschluss des öffentlich-rechtlichen Vertrages ein.

Übersicht

A. Inhalt

Die amtliche Überschrift des Ersten Kapitels des SGB X (§§ 1 bis 66) lautet »Verwaltungsverfahren«. 1
Dieser Begriff, der auch in einzelnen Vorschriften des SGB X verwendet wird (z.B. in § 25 SGB X), wird in § 8 für das Sozialverwaltungsverfahren legaldefiniert. Ob eine Verfahrenshandlung ein Verwaltungsverfahren ausgelöst hat, ist für den Beteiligten von besonderer Bedeutung, da hiervon das

45 OLG Düsseldorf, Beschl. v. 24.05.2012 – I-10 W 6/12, 10 W 6/12, Rn. 4.
46 OLG Thüringen, Beschl. v. 18.02.2008 – 1 Ws 333/07, Rn. 16.
47 Zu den Gründen eingehend FG Hamburg, Beschl. v. 26.05.2014 – 3 K 198/13, Rn. 4 ff.
48 LSG Thüringen, Beschl. v. 29.09.2009 – L 9 AS 613/09 ER.
49 BeckOGK/*Mutschler*, § 7 SGB X Rn. 9, Stand 08/2023.

Entstehen von im Sozialverwaltungsverfahrensrecht geregelter Ansprüche – zum Beispiel auf Akteneinsicht (§ 25 SGB X) – abhängt. Ein eingeleitetes Verwaltungsverfahren entfaltet Sperrwirkung in Hinblick auf die Einleitung weiterer Verwaltungsverfahren zu demselben Verfahrensgegenstand (vgl. hierzu die Kommentierung zu § 18 Rdn. 3).[1]

2 Unter Einbeziehung des § 18 zeigt sich, dass ein Verwaltungsverfahren ein nach außen wirkender Prozess ist, der nach pflichtgemäßer Ermessensausübung oder, falls gesetzlich geregelt, von Amts wegen oder auf Antrag eines Beteiligten beginnt und darauf gerichtet ist, gegenüber einem Beteiligten einen Verwaltungsakt (§ 31) zu erlassen oder mit ihm einen öffentlich-rechtlichen Vertrag (§§ 53 ff.) abzuschließen. Das Verwaltungsverfahren umfasst sämtliche auf diese Ziele ausgerichteten, nach außen wirkenden Tätigkeiten, die von der Prüfung der Voraussetzungen über die Vorbereitung bis zum Erlass des Verwaltungsaktes oder den Abschluss des öffentlich-rechtlichen Vertrages reichen. Das Verwaltungsverfahren ist Informations- und Entscheidungsprozess.

3 Dem sozialen Verwaltungsverfahrensrecht kommt in erster Linie eine gegenüber dem materiellen Recht dienende Funktion zu.[2] Es soll dazu beitragen, das materielle Recht auf den einzelnen Bürger zu übertragen, so dass ihm bei der Verwirklichung des parlamentarischen Willens eine besondere Bedeutung zukommt, soweit es die Beziehung zwischen dem Bürger und den Sozialleistungsträgern betrifft. Insbesondere in Hinblick auf das Grundrecht auf Gewährleistung eines menschenwürdigen Existenzminimums[3] (Art. 1 Abs. 1 GG in Verbindung mit dem Sozialstaatsprinzip) hat es zudem eine grundrechtliche Gewährfunktion. Auch in Hinblick auf Art. 2 Abs. 2 GG wurde die grundrechtliche Bedeutung des Verfahrensrechts frühzeitig anerkannt.[4] Das soziale Verfahrensrecht hat insbesondere die Aufgabe, dem Bürger zu Sozialleistungen, auf die dieser einen Anspruch hat, zu verhelfen und nicht, die Verwirklichung von Ansprüchen zu verhindern. Nur unter Einhaltung dieser Prämisse wird eine Behörde dem gesetzgeberischen Auftrag, die sozialen Rechte so weit wie möglich zu verwirklichen (§ 2 Abs. 2 SGB I), gerecht. Auch in Hinblick auf das im Rechtsstaatsprinzip wurzelnden Fairnessprinzip kommt dem Verwaltungsverfahrensrecht prägende Bedeutung zu.

4 Die ausschließliche Bezugnahme auf Verwaltungsakt und öffentlich-rechtlichen Vertrag macht deutlich, dass behördliche Rechtsetzung – zum Beispiel der Erlass einer Satzung oder Verwaltungsvorschrift – ebenso wenig ein Verwaltungsverfahren auslöst oder darstellt wie schlichtes Verwaltungshandeln.[5] Dasselbe gilt für Verfahren zur Ahndung und Verfolgung von Ordnungswidrigkeiten (§ 1 Satz 3) und das Vollstreckungsverfahren, das als besonderes Verwaltungsverfahren durch besondere Vollstreckungsvorschriften geregelt wird (§ 66 SGB X i.V.m VwVG oder ZPO). Die Vorschriften des SGB X über Anhörung und Begründung werden hier allerdings für subsidiär anwendbar gehalten.[6] Der Sicherstellungszuschlag, der Hebammen durch den GKV-Spitzenverband erbracht wird, wird nicht innerhalb eines Über-/Unterordnungsverhältnisses geleistet; er wird ohne Verwaltungsakt außerhalb eines Verwaltungsverfahrens erbracht.[7] Das Widerspruchsverfahren nach § 62 i.V.m. §§ 78 ff. SGG ist ein eigenes, vom angefochtenen Verwaltungsverfahren isoliertes Verwaltungsverfahren, das durch die Erhebung des Widerspruchs ausgelöst wird. Der Vollzug eines Verwaltungsaktes stellt ebenso wie die Ausführung eines öffentlich-rechtlichen Vertrages als Erfüllungshandlung kein Verwaltungsverfahren dar.[8]

1 OVG Sachsen, Urt. v. 07.04.2009 – 4 A 415/08, Rn. 51.
2 Hierzu Fichte/Plagemann/*Fichte*, Sozialverwaltungsverfahrensrecht, § 1 Rn. 12 ff.
3 BVerfG, Urt. v. 09.02.2010 – 1 BvL 1/09, 3/09 sowie 4/09, insb. Abs. 133 ff.
4 Vgl. hierzu auch BVerfG, Beschl. v. 20.10.1979 – 1 BvR 385/77, Rn. 67.
5 BSG, Urt. v. 30.11.1994 – 11 RAr 89/94, Rn. 9.
6 BeckOK-SozR/*Weber*, § 8 SGB X Rn. 16, Stand 09/2019.
7 BSG, Urt. v. 22.02.2023 – B 3 KR 13/21 R, Rn. 15.
8 jurisPK-SGB X/*K. Palsherm*, § 8 Rn. 57, Stand 11/2023.

Für das Verwaltungsverfahren i.S.d. § 8 dürfen durch die das Verfahren führende Behörde weder Gebühren noch Kosten erhoben werden (§ 64 Abs. 1 Satz 1). Dies ist nur dann ausnahmsweise anders, wenn es gesetzlich normiert ist; § 64 Abs. 1 Satz 2 ordnet eine Gebühr i.H.v. 10,20 Euro für die Erteilung einer Auskunft durch einen Träger der gesetzlichen Rentenversicherung nach § 74a Abs. 2 oder 3 an. Der Grundsatz der Gebühren- und Kostenfreiheit wurde auch auf Verfahrenshandlungen anderer Behörden übertragen, die im Zusammenhang mit der Geltendmachung sozialrechtlicher Ansprüche stehen. So sind Urkunden von Beurkundungs- und Beglaubigungsgebühren befreit, wenn sie durch den jeweiligen Leistungsträger aus Anlass der Beantragung von Leistungen nach dem SGB II oder SGB XII vom Antragsteller verlangt werden (§ 64 Abs. 2 Satz 3 Nr. 2). 5

Aufwendungen eines Antragstellers oder Leistungsberechtigten, die dieser im Rahmen des Verwaltungsverfahrens tätigt, werden durch die Behörde nur dann erstattet, wenn es hierfür eine gesetzliche Grundlage gibt (vgl. § 65a SGB I, § 63).

B. Einzelerläuterungen

I. Bedeutung der Vorschriften über das Verwaltungsverfahren

Die Vorschriften über das Verwaltungsverfahren zeigen die Art und Weise auf, wie Behörden das materielle Sozialrecht auf den Bürger zu übertragen haben. Sie sind damit zugleich ein Spiegelbild des jeweiligen gesetzgeberischen Wertemaßstabs, wie das Beispiel der Erweiterung der Heilungsmöglichkeiten bestimmter Verfahrensfehler durch das 4. Euro-Einführungsgesetz vom 21.12.2000 mit Wirkung vom 01.01.2001 anschaulich gezeigt hat, als zentrale, die Beteiligten schützende Verfahrensgarantien wie die Begründungspflicht von Verwaltungsakten und die Anhörungspflicht vor dem Erlass belastender Verwaltungsakte mit den Argumenten der Verfahrenserleichterung und Kostenersparnis faktisch weitgehend ausgehöhlt wurden, indem die Heilungsmöglichkeiten bis zum Abschluss der zweiten Tatsacheninstanz erweitert wurden. 6

Betrachtet man die Rechtsfolgen von Verfahrensfehlern, so zeigt sich, dass der Gesetzgeber der Einhaltung von Verfahrensvorschriften nur noch eine geringe Bedeutung beimisst. In der Regel sind Verfahrensverstöße nach Maßgabe der §§ 38 und 42 unbeachtlich oder können geheilt werden (§ 41 Abs. 2). Relevant werden Verfahrensfehler allein dann, wenn der Adressat des Verwaltungsaktes ganz ausnahmsweise nach Maßgabe des § 42 dessen Aufhebung verlangen kann, weil nicht offensichtlich ist, dass die Verletzung einer Vorschrift über Form, Verfahren oder örtliche Zuständigkeit die Entscheidung in der Sache nicht beeinflusst hat, oder wenn ein grundsätzlich heilbarer Fehler bis zum Abschluss der zweiten Tatsacheninstanz nicht geheilt worden ist. Dass ein Verwaltungsakt wegen eines Verfahrensfehlers nach § 40 SGB X nichtig ist, kommt ohnehin nur ganz ausnahmsweise vor. 7

Inhalt und Ablauf des Verwaltungsverfahrens dürfen durch die Behörde nur dann abweichend von den Vorgaben des SGB X durchgeführt werden, wenn und soweit es hierfür eine gesetzliche Ermächtigung gibt. Aus diesem Grund sind die Vertragspartner in Hinblick auf die Wirtschaftlichkeitsprüfung (§§ 106 ff. SGB V) allein dazu berechtigt, in Prüfvereinbarungen Festlegungen zu den Beweismethoden zur Feststellung der Unwirtschaftlichkeit vertragsärztlichen Handelns zu treffen, nicht aber dazu, das Verwaltungsverfahren abweichend von den Vorschriften des SGB X zu regeln.[9] 8

II. Außenwirkung

Ein Verwaltungsverfahren wird nicht bereits durch interne Verwaltungsvorgänge, wie z.B. eine Vorprüfung, ob ein Sachverhalt vorliegt, der in den Erlass eines Verwaltungsaktes oder in den Abschluss eines öffentlich-rechtlichen Vertrags münden könnte, begründet. Ebenso wenig beginnt ein Verwaltungsverfahren durch andere interne Vorbereitungshandlungen oder Tätigkeiten, die im 9

9 BSG, Urt. v. 30.09.2020 – B 6 KA 7/20 B, Rn. 13; ebenso BSG, Urt. v. 26.05.2021 – B 6 KA 7/20 R, Rn. 32.

Zusammenhang mit der inneren Willensbildung der Behörde[10] stehen. Erst wenn Maßnahmen Außenwirkung entfalten, indem die Behörde unmittelbar nach außen hin tätig wird[11], beispielsweise Beteiligte oder Dritte anschreibt, anruft oder auf andere Art und Weise mit ihnen in Kontakt tritt, wird die Schwelle zwischen Vorbereitungshandlung und Verwaltungsverfahren überschritten. Das Einholen von Sozialdaten von einer anderen Behörde im Wege der Amtshilfe entfaltet keine Außenwirkung in diesem Sinne.[12] Bei einer Betriebsprüfung beginnt die nach außen wirkende Tätigkeit in der Prüfankündigung nach § 7 Abs. 1 Beitragsverfahrensverordnung (BVV).[13] Nur ganz ausnahmsweise wird das Verwaltungsverfahren durch eine Anhörung (§ 24 SGB X) beginnen[14], da die Behörde in der Regel vorher bereits im Rahmen der Amtsermittlungspflicht bei der Sachverhaltsermittlung mit Außenwirkung tätig geworden sein wird.

10 Es ist nicht zwingende Voraussetzung für eine Außenwirkung, dass die Verwaltungstätigkeit eine Regelung im Sinne des § 31 darstellt oder eine rechtlich geschützte Position eines Verfahrensbeteiligten oder sonstiger Personen unmittelbar berührt. Andererseits ist stets von einer Außenwirkung auszugehen, wenn eine Tätigkeit der Behörde erfolgt, die unmittelbar aus dem Bereich der Verwaltung heraus in die Sphäre des Bürgers hineinwirkt.[15]

III. Finalität und Zukunftsbezogenheit

11 Eine nach außen gerichtete Tätigkeit begründet nur dann ein Verwaltungsverfahren, wenn sie auf die Prüfung der Voraussetzungen, die Vorbereitung und den Erlass eines Verwaltungsaktes im Sinne des § 31 oder auf den Abschluss eines öffentlich-rechtlichen Vertrages im Sinne der §§ 53 ff. gerichtet ist. Die Tätigkeit muss zukunftsbezogen auf eine noch zu treffende Entscheidung und auf eines dieser Ziele ausgerichtet sein.[16]

Stehen Tätigkeiten im finalen Zusammenhang mit anderen Zielen (z.B. dem Erlass oder der Änderung von Rechtsvorschriften, z.B. Satzungen, Verwaltungsvorschriften), so setzen sie kein Verwaltungsverfahren in Gang. Dies gilt auch für fiskalische und verwaltungsprivatrechtliche Tätigkeiten sowie schlichthoheitliche Maßnahmen wie Beratung, Auskunft und Aufklärung (z.B. §§ 13 bis 15 SGB I, § 109a SGB VI) oder die Erteilung unterstützender Hinweise (z.B. nach § 11 Abs. 3 SGB XII).

Ob das Verfahrensziel tatsächlich erreicht wird, ist für die Frage, ob es sich um ein Verwaltungsverfahren handelt, unerheblich.[17]

Wurde ein Verwaltungsverfahren durch Erlass eines Verwaltungsaktes abgeschlossen, so lösen nach außen gerichtete Tätigkeiten der Behörde, die auf eine Aufhebung dieses Verwaltungsaktes nach Maßgabe der §§ 44 ff. gerichtet sind, ein neues Verwaltungsverfahren aus.

IV. Behörde

12 Nur die nach außen wirkende Tätigkeit von Behörden kann ein Verwaltungsverfahren auslösen. Behörde ist jede Stelle, die Aufgaben öffentlicher Verwaltung wahrnimmt. Behörden sind – ohne Rücksicht auf ihre konkrete Bezeichnung als Behörde, Dienststelle, Amt oder Ähnliches – alle vom Wechsel der in ihnen tätigen Personen unabhängigen und mit hinreichender organisatorischer Selbständigkeit ausgestatteten Einrichtungen, denen Aufgaben der öffentlichen Verwaltung und entsprechende Zuständigkeiten zur eigenverantwortlichen Wahrnehmung zugewiesen sind, die also

10 Hierzu insb. BSG, Urt. v. 27.07.2011 – B 12 R 19/09 R, Rn. 15.
11 JurisPK-SGB X/*K. Palsherm*, § 8 Rn. 21.
12 BeckOK-SozR/*Weber*, § 8 SGB X Rn. 12, Stand 09/2019.
13 LSG Baden-Württemberg, Urt. v. 02.03.2022 – L 9 BA 32/19, Rn. 51.
14 BeckOK-SozR/*Weber*, § 8 SGB X Rn. 5, Stand 09/2019.
15 BSG, Urt. v. 27.07.2011 – B 12 R 19/09 R, Rn. 15.
16 BSG, Urt. v. 04.09.2018 – B 12 KR 11/17 R, BSGE 126, 235–244, SozR 4–2400 § 7a Nr. 10, Rn. 14.
17 BSG, Urt. v. 04.09.2018 – B 12 KR 11/17 R, BSGE 126, 235–244, SozR 4–2400 § 7a Nr. 10, Rn. 14.

aufgrund von Vorschriften des öffentlichen Rechts mit der Befugnis zu öffentlich-rechtlichem Handeln mit Außenwirkung ausgestattet sind[18] (vgl. hierzu die Kommentierung zu § 1 Abs. 2).

V. Vorverfahren, Vollstreckungsverfahren und Aufsichtsverfahren

Es ist umstritten, ob das Vorverfahren (Widerspruchsverfahren) Bestandteil des den angefochtenen Verwaltungsakt betreffenden Verwaltungsverfahrens darstellt oder ob es sich um ein eigenes Verwaltungsverfahren handelt.[19] Die Antwort hierauf steht in engem Zusammenhang mit der Frage, ob das Verwaltungsverfahren, das auf den Erlass eines Verwaltungsaktes gerichtet ist, mit dessen Erlass abgeschlossen ist oder erst dann endet, wenn der Verwaltungsakt unanfechtbar geworden ist. Es erscheint überzeugend, dem Widerspruchsverfahren die Qualität eines separaten Verwaltungsverfahrens zuzubilligen.[20] Zunächst spricht der Wortlaut des § 8 dafür, dass das ursprüngliche Verwaltungsverfahren mit dem Erlass des Verwaltungsaktes – mit dem gemeinhin dessen Bekanntgabe gemeint ist – endet und das Widerspruchsverfahren, das auf Erlass eines weiteren Verwaltungsaktes (Abhilfe- oder Widerspruchsbescheid) gerichtet ist, ein neues Verwaltungsverfahren darstellt. Dass die Möglichkeit besteht, dass der Verwaltungsakt im Laufe des Widerspruchsverfahrens aufgehoben wird, ändert hieran nichts, da diese Gefahr einem Verwaltungsakt stets anhaftet. Jeder Verwaltungsakt ist nach Maßgabe der §§ 44 ff. SGB X aufhebbar und es ist unbestritten, dass auf Aufhebung gerichtete Maßnahmen ein neues Verwaltungsverfahren auslösen und nicht das frühere Verwaltungsverfahren wiedereröffnen. Ähnliches gilt für das Widerspruchsverfahren. 13

Dafür, dass das Widerspruchsverfahren ein eigenständiges Verwaltungsverfahren darstellt, spricht zudem § 62 Halbs. 2 SGB X, der das SGB X für das Widerspruchsverfahren nur insoweit für anwendbar erklärt, als §§ 78 bis 86a SGG sowie § 84 Abs. 2 Satz 3 i.V.m. §§ 66, 67 SGG keine Regelungen enthalten. Der Gesetzgeber hat dem Vorverfahren durch die systematische Einbindung in das SGG eine besondere Stellung zugewiesen und diese durch die Bestimmung einer teilweisen Anwendbarkeit der §§ 1 bis 66 verstärkt. Bestätigt wird dies durch § 84a SGG, der eine weitere Vorschrift des SGB X teilweise (§ 25 Abs. 4) für das Vorverfahren ausschließt. Dieser besonderen Stellung entspricht es, das Widerspruchsverfahren als eigenes Verwaltungsverfahren anzusehen. Dieses Ergebnis erscheint zudem stimmig in Hinblick auf den Wortlaut des § 83 SGG, der den Zeitpunkt des Beginns des Widerspruchsverfahrens bestimmt.

Das Vollstreckungsverfahren ist ein besonderes Verwaltungsverfahren, das sich an das allgemeine Verwaltungsverfahren nach § 8 anschließt. Es ist ebenso wenig ein Verwaltungsverfahren im Sinne des § 8 wie das aufsichtsrechtliche Verfahren.[21] 14

VI. Beginn und Ende des Verwaltungsverfahrens

Das Verwaltungsverfahren beginnt, sobald die Behörde nach außen mit dem Ziel tätig wird, einen Verwaltungsakt zu prüfen, vorzubereiten oder zu erlassen oder einen öffentlich-rechtlichen Vertrag abzuschließen. § 18 oder Vorschriften der Besonderen Teile des Sozialgesetzbuchs bestimmen, ob und wann die Behörde das Verwaltungsverfahren durchführt (vgl. hierzu die Kommentierung zu § 18). Ein Antrag auf eine Sozialleistung oder andere behördliche Maßnahme ist kein Bestandteil des Verwaltungsverfahrens, ist jedoch geeignet, ein Verwaltungsverfahren auszulösen.[22] Dabei ist ein dem Widerspruchsinteresse bzw. der Widerspruchsbefugnis entsprechendes »Antragsinteresse«, das der Antragsteller aufweisen müsste, dem Verwaltungsverfahren fremd.[23] So beginnt beispielsweise 15

---

18 BSG, Urt. v. 25.11.2010 – B 3 KR 1/10 R, Rn. 14.

19 Dafür, dass das Verwaltungsverfahren das Widerspruchsverfahren einschließt BeckOK-SozR/*Weber*, § 8 SGB X vor Rn. 1, Stand 09/2019.

20 Vgl. Auch BeckOGK-SGB X/*Mutschler*, § 8 SGB X Rn. 21, Stand 05/2022.

21 BeckOK-SozR/*Weber*, § 8 SGB X Rn. 16 f., Stand 09/2019.

22 BeckOGK/*Mutschler*, § 8 SGB X Rn. 5, Stand 08/2019.

23 So zu Recht SG Braunschweig, 11.01.2022 – S 36 R 298/21, Rn. 35.

ein Verwaltungsverfahren über einen Anspruch auf Regelaltersrente oder Altersruhegeld mit dem hierauf gerichteten Antrag (§ 18 Satz 2 SGB X, § 19 Satz 1 SGB IV i.V.m. § 115 Abs. 1 Satz 1 SGB VI). Löst ein Antrag aufgrund gesetzlicher Regelung Rechtsfolgen mit Wirkung für die Vergangenheit aus, so wird der Beginn des Verwaltungsverfahrens von der Rückwirkungsfiktion nicht erfasst.[24] Ist ein Antrag nicht auf den Erlass eines Verwaltungsaktes oder den Abschluss eines öffentlich-rechtlichen Vertrags gerichtet, sondern auf Realakte – wie beispielsweise auf Unterstützung bei der Umsetzung des Umgangsrechts gemäß § 18 Abs. 3 Satz 3 SGB VIII – so löst es kein Verwaltungsverfahren aus.[25]

16 Wenn § 8 Halbsatz 2 den Erlass des Verwaltungsaktes mit in das Verwaltungsverfahren einbezieht, zeigt das, dass der Gesetzgeber Zweifel darüber ausräumen wollte, ob das Verwaltungsverfahren mit der letzten Verfahrenshandlung vor dem Erlass des Verwaltungsaktes beendet ist oder ob der Erlass den Schlusspunkt des Verwaltungsverfahrens darstellt; einen anderen Sinn kann die Formulierung nicht haben. Somit endet das Verwaltungsverfahren mit dem Erlass des Verwaltungsaktes, also mit dessen Bekanntgabe und nicht etwa mit dessen formeller Bestandskraft[26] bzw. Rechtskraft einer gerichtlichen Entscheidung[27]. Das sich ggf. anschließende Widerspruchsverfahren stellt ein eigenes Verwaltungsverfahren dar.[28] Das Verwaltungsverfahren endet ebenfalls mit dem wirksamen Abschluss eines entsprechenden öffentlich-rechtlichen Vertrages, durch Antragrücknahme, sofern der Verfahrensbeginn bzw. eine Sozialleistung oder andere behördliche Maßnahme von einem Antrag abhängig gewesen ist[29], oder durch Erledigung im Sinne des § 39 Abs. 2. Das Verwaltungsverfahren endet nicht in jedem Fall mit dem Tod des Beteiligten.[30] Tritt nach Maßgabe des § 59 SGB I ein Rechtsnachfolger oder Sonderrechtsnachfolger an seine Stelle, so endet das Verwaltungsverfahren nicht. Das Verwaltungsverfahren kann auch durch eine interne Verfügung beendet werden, sofern es von Amts wegen begonnen wurde und sich auf den Erlass eines belastenden Verwaltungsaktes bezogen hat; stellt sich im Rahmen der Amtsermittlung heraus, dass die Voraussetzungen für dessen Erlass nicht erfüllt sind, so ergeht hierüber kein Verwaltungsakt, da keine Regelung zu treffen ist. Das Verwaltungsverfahren endet hier durch eine interne Abschlussverfügung. Wurde ein Verwaltungsverfahren jedoch infolge eines Antrags des Beteiligten (z.B. auf Feststellung eines Rechtsverhältnisses oder auf eine Sozialleistung) ausgelöst, so genügt eine interne Verfügung nicht, um es abzuschließen. Der Beteiligte hat grundsätzlich einen Anspruch auf Erlass eines Verwaltungsaktes, sofern sich der Antrag nicht ganz ausnahmsweise – wie im Fall von »Kettenanträgen« auf Erlass von Zugunstenbescheiden nach § 44 – als rechtsmissbräuchlich darstellt.

17 § 8 wird das **Verbot des vorzeitigen Verfahrensabschlusses** entnommen.[31] Das Verbot des vorzeitigen Verfahrensabschlusses ist verletzt, wenn ein Sozialleistungsträger das Verwaltungsverfahren durch Verwaltungsakt abschließt, ohne zuvor den Amtsermittlungsgrundsatz ausgeschöpft und sämtliche erheblichen Tatsachen ermittelt zu haben.[32]

18 Beendet der Verwaltungsakt, wie hier vertreten wird (siehe Rdn. 16), das Verwaltungsverfahren, so hat dies notwendigerweise zur Folge, dass das Verwaltungsverfahren durch eine Aufhebung dieses

24 BSG, Urt. v. 16.05.2019 – B 13 R 37/17 R, SozR 4–1200 § 59 Nr. 2, Rn. 15.

25 OVG Nordrhein-Westfalen, Beschl. v. 17.01.2019 – 12 A 396/18, Rn. 19, juris.

26 So zu Recht LPK-SGB X/*K.Palsherm*, § 8 SGB X Rn. 45, Stand 11/2023; a.A. BSG, Urt. v. 27.08.1998 – B 10 KR 5/97 R, juris Rn. 19; Schütze/*Roller*, SGB X, § 8 Rn. 10; Knickrehm/Kreikebohm/Waltermann/*Fichte*, § 8 SGB X Rn. 6; BeckOK-SozR/*Weber*, § 8 SGB X Rn. 7, Stand 12/2023.

27 So auch zu § 9 VwVfG Schoch/Schneider/*Rixen*, § 9 VwVfG Rn. 34, Stand 11/2023.

28 BeckOGK/*Mutschler*, § 8 SGB X Rn. 9; a.A. Schütze/*Roller*, SGB X, § 8 Rn. 10; für das Verwaltungsverfahren nach dem VwVfG BeckOK-VwVfG/*Gerstner-Heck*, § 9 Rn. 15 m.V.a. BVerwG, NVwZ 1987, S. 224.

29 LSG Nordrhein-Westfalen, Urt. v. 14.11.2018 – L 11 KA 91/16, Rn. 26.

30 Hierzu im Einzelnen *Felix*, Sozialleistungen und der Tod des Berechtigten, VSSAR 2022, S. 353 ff.

31 JurisPK-SGB X/*K. Palsherm*, § 8 Rn. 43.

32 BSG, Urt. v. 09.10.2012 – B 5 R 8/12 R, Rn. 20.

Verwaltungsaktes in Anwendung der §§ 44 ff. SGB X erneut eröffnet ist und zum Abschluss gebracht werden muss. Erschöpft sich die Regelung des nach § 44 erlassenen Verwaltungsaktes in der Rücknahme der belastenden Regelung, zum Beispiel in der Rücknahme einer Beitragspflicht, so liegt hierin zugleich der Abschluss des ursprünglichen Verwaltungsverfahrens. Wurde ein einen Antrag ablehnender Verwaltungsakt zurückgenommen, so bedarf es noch einer Entscheidung über den Antrag, da erst diese das Verwaltungsverfahren (erneut) abschließt. In einer Entscheidung nach § 45 wird, soweit der frühere begünstigende Verwaltungsakt zurückgenommen wird, zugleich der Abschluss des auf die Begünstigung gerichteten Verwaltungsverfahrens liegen. Wird ein Verwaltungsakt mit Dauerwirkung nach Maßgabe des § 48 SGB X aufgehoben, so wird in aller Regel neben der aufhebenden Regelung auch die unter Berücksichtigung der eingetretenen Änderung neue Verfügung getroffen werden. Für §§ 46 und 47 gilt das zu §§ 44 und 45 Dargelegte entsprechend. Hatte eine Behörde einen Antrag abgelehnt und wird sie im darauffolgenden Klageverfahren aber zum Erlass des Verwaltungsaktes verpflichtet, so liegt in der damit verbundenen Aufhebung der ablehnenden Entscheidung eine Wiedereröffnung des Verwaltungsverfahrens.[33]

Es steht im pflichtgemäßen Verfahrensermessen der Behörde, das Verwaltungsverfahren **ruhend zu** 19
stellen, so dass es einstweilen nicht weiterbetrieben wird.[34] Der Beteiligte ist, wenn er Kenntnis vom Verfahren hat, bereits aus Gründen der Fairness hierüber zu informieren. Eine Ruhendstellung kommt beispielsweise in Betracht, um eine Gerichtsentscheidung in einer Parallelsache desselben Beteiligten oder eine anstehende höchstgerichtliche Entscheidung, die eine für die Verwaltungsentscheidung relevante Rechtsfrage behandelt, abzuwarten. Bei der Entscheidung über das Ruhen des Verfahrens ist neben Gründen der Rechtssicherheit, Effizienz und Vorbeugung sich andernfalls evtl. anschließender Rechtsbehelfs- oder Korrekturverfahren insbesondere die Dringlichkeit einer Sachentscheidung bzw. das Interesse des Beteiligten zu berücksichtigen. So wird dann, wenn es sich um Leistungen zur Gewährleistung eines menschenwürdigen Lebens nach SGB II oder SGB XII dreht, in aller Regel der rasche, das Verfahren abschließende Erlass eines – ggf. vorläufigen (vgl. § 40a SGB II) – Verwaltungsaktes Priorität vor einer Ruhendstellung haben; gleiches gilt für Entscheidungen über Rehabilitationsleistungen.

Ein Verfahren darf auch dann ruhend gestellt werden, wenn der Beteiligte damit nicht einverstanden ist oder nicht sämtliche Beteiligte damit einverstanden sind. Handelt es sich beispielsweise um eine Angelegenheit, die für den Beteiligten von ganz untergeordneter Bedeutung ist, so können Gründe der Verfahrenseffizienz dafür sprechen, das Verfahren ruhend zu stellen, bis eine in kürzerer Zeit zu erwartende Gerichtsentscheidung getroffen wurde, anstatt einen Verwaltungsakt zu erlassen, der je nach Ergebnis der Gerichtsentscheidung ein weiteres Verwaltungsverfahren zur Prüfung auslösen wird, ob und ggf. in welchem Umfang der Verwaltungsakt nach Maßgabe der §§ 44 oder 45 zurückgenommen wird. Es bedarf allerdings dann, wenn der Beteiligte einer Ruhendstellung nicht zustimmt, einer sorgfältigen Abwägung der Interessen der Behörde an der Ruhendstellung und den Interessen des Beteiligten an der Fortführung des Verwaltungsaktes, in die auch einfließen muss, dass durch die Ruhendstellung nicht nur der Erlass des Verwaltungsaktes verzögert wird, sondern auch eine etwaige anschließende gerichtliche Prüfung und somit Art. 19 Abs. 4 GG berührt ist. Auch wenn diese Abwägung häufig zu dem Ergebnis führen wird, dass es verfahrensermessensfehlerhaft wäre, das Verwaltungsverfahren ohne Einverständnis des Beteiligten ruhend zu stellen, so ist die Ruhendstellung ohne Einverständnis des Beteiligten nicht gänzlich ausgeschlossen.[35]

---

33 Schütze/*Roller*, SGB X, § 8 Rn. 10 m.V.a. BVerwG, Urt. v. 24.05.1995, 1 C 7/94, juris Rn. 15, das allerdings davon ausgeht, dass das Verwaltungsverfahren erst mit der Bestandskraft des Verwaltungsaktes abgeschlossen ist; gleichwohl formulierte es, es bedürfte keines neuen Verwaltungsverfahrens, vielmehr werde das alte fortgesetzt.

34 Schoch/Schneider/*Rixen*, § 9 VwVfG Rn. 35, Stand 11/2023.

35 A.A. Schütze/*Roller*, SGB X, Vorbemerkung zu §§ 8 bis 30 Rn. 5, der zur Begründung seiner Rechtsansicht (wohl) § 202 SGG i.V.m. § 251 ZPO entsprechend anwendet, zugleich aber eine ohne Zustimmung des Beteiligten mögliche Aussetzung des Verfahrens analog §§ 114 f. SGG für möglich hält.

20 Auch eine **Trennung oder Verbindung von Verwaltungsverfahren** ist nach pflichtgemäßem Verfahrensermessen möglich, wenn es hierfür sachliche Gründe gibt.[36] Das Fairnessprinzip gebietet jedenfalls dann, wenn der Beteiligte Kenntnis von dem bzw. den Verwaltungsverfahren hat, den Beteiligten über die Trennung oder Verbindung zu informieren. Eine Trennung darf allerdings nicht aus unlauteren Motiven, z.B. zur teilweisen Verhinderung einer Akteneinsicht, vorgenommen werden. Werden unterschiedliche Angelegenheiten – beispielsweise eine Renten- und eine Rehabilitationsangelegenheit – in »einer Akte« geführt, so handelt es sich gleichwohl nicht um *ein* Verwaltungsverfahren, sondern um mehrere; dies ergibt sich bereits daraus, dass die jeweiligen Verfahren in zwei unterschiedliche Regelungen münden, zwischen denen es keinen sachlichen Zusammenhang gibt. Eine Verbindung von Angelegenheiten setzt voraus, dass dieselbe Behörde für die zu verbindenden Angelegenheiten zuständig ist.

§ 9 Nichtförmlichkeit des Verwaltungsverfahrens

[1]Das Verwaltungsverfahren ist an bestimmte Formen nicht gebunden, soweit keine besonderen Rechtsvorschriften für die Form des Verfahrens bestehen. [2]Es ist einfach, zweckmäßig und zügig durchzuführen.

Übersicht

A. Inhalt

1 Die Nichtförmlichkeit des Verwaltungsverfahrens (§ 9 Satz 1) – das heißt das Fehlen vom Zwang, bei verfahrensrelevanten Handlungen eine bestimmte Form wie die Schriftform einhalten zu müssen – ist ein zentrales sozialverfahrensrechtliches Prinzip, das das Verwaltungsverfahren von seinem Beginn bis zu seinem Abschluss prägt. Sowohl die Anforderungen an Handlungen der Behörden – Erlass von Verwaltungsakten, Vornahme von Anhörungen, Amtsermittlung usw. – als auch die Anforderungen an das Handeln der Beteiligten – Antragstellung, Akteneinsichtsbegehren usw. – sind an bestimmte Formen nicht gebunden. Bestimmte formale Anforderungen sind nur dann einzuhalten, wenn das Gesetz es ausdrücklich bestimmt. Somit können Anträge grundsätzlich mündlich, schriftlich oder in anderer Art und Weise – z.B. durch konkludentes Handeln, E-Mails, Short Message Service (SMS) – gestellt werden, wobei an ihren Inhalt keine überspannten Anforderungen zu stellen sind.[1] Der Antragsteller trägt die Beweislast für den Zugang der Willenserklärung, was insbesondere bei E-Mails und SMS in der Praxis Schwierigkeiten bereiten kann. Auch Verwaltungsakte dürfen mündlich, schriftlich oder in anderer Weise (zum Beispiel konkludent) erlassen werden, sofern nicht eine Vorschrift des SGB X (z.B. § 50 Abs. 3) oder eines der besonderen Teile des Sozialgesetzbuchs (z.B. § 117 SGB VI) ein bestimmtes Formerfordernis regelt. Der Erlass eines Verwaltungsaktes im Rahmen elektronischer Kommunikationsmittel ist nur unter den Voraussetzungen des § 36a SGB I wirksam.

2 Der Grundsatz der Nichtförmlichkeit dient einerseits dazu, dem Bürger den Zugang zu den Sozialleistungen zu vereinfachen und möglichst niedrigschwellig zu gestalten, und ergänzt damit insbesondere § 2 Abs. 2 SGB I und § 17 SGB I. Andererseits führt er zur Verwaltungsvereinfachung und rechtsstaatlich erwünschten Beschleunigung der Entscheidungsfindung. Dieselben Ziele verfolgt auch der Grundsatz des § 9 Satz 2, nach dem das Verwaltungsverfahren einfach, zweckmäßig und

36 Schütze/*Roller*, SGB X, Vorbemerkung zu §§ 8 bis 30 Rn. 5; zu § 9 ebenso VwVfG Stelkens/Bonk/Sachs/*Schmitz*, § 9 VwVfG Rn. 201; Schoch/Schneider/*Rixen*, § 9 VwVfG Rn. 36, Stand 11/2023.

1 BSG, Urt. v. 30.10.2014 – B 5 R 8/14 R, Rn. 32.

zügig durchzuführen ist. Aus Satz 2 wird auch der Grundsatz der Praktikabilität der Leistungsgewährung abgeleitet.[2]

B. Einzelerläuterungen

I. Nichtförmlichkeit

Weder für das Handeln der Behörde noch für das Handeln der Beteiligten bestehen förmliche Anforderungen, zum Beispiel ein Schriftformerfordernis. Dies ist nur dann anders, wenn ein Gesetz dies bestimmt. 3

Der Grundsatz der Nichtförmlichkeit befreit die Behörde nicht von formellen oder materiellen Anforderungen anderer Vorschriften. So ist zwar eine Anhörung, die nach § 24 SGB X erfolgt, auch (fern-)mündlich möglich[3], hierbei muss dem Beteiligten jedoch ebenso wie bei einer mündlichen Anhörung ein angemessener Zeitraum zur Stellungnahme eingeräumt werden (i.d.R. zwei Wochen zzgl. Postlaufzeit). 4

II. Gesetzliche Ausnahmen

Nur wenige Vorschriften des SGB X und der besonderen Teile des Sozialgesetzbuchs stellen besondere förmliche Anforderungen an ein Verwaltungshandeln oder eine Handlung eines Beteiligten. Hierzu zählt § 117 SGB VI, nach dem die Entscheidung über einen Anspruch nach dem SGB VI der Schriftform bedarf und § 9 Abs. 1 BKGG, § 7 Abs. 1 BEEG sowie § 9 UnterhVG, nach denen Anträge auf Sozialleistungen schriftlich zu stellen sind. Ein Widerspruch ist schriftlich oder zur Niederschrift einzulegen (§ 84 Abs. 1 Satz 1 SGG), öffentlich-rechtliche Verträge schriftlich zu schließen, sofern nicht durch Rechtsvorschrift eine andere Form vorgeschrieben ist (§ 56). § 56 stellt insoweit lex specialis gegenüber § 9 dar.[4] Mündliche oder elektronische Verwaltungsakte sind schriftlich zu bestätigen, sofern hieran ein berechtigtes Interesse besteht und der Betroffene dies unverzüglich verlangt (§ 33 Abs. 2 Satz 2 und 3]\). Eine Zusicherung bedarf nach § 34 Abs. 1 Satz 1 der Schriftform, ebenso die Festsetzung einer zu erstattenden Leistung nach § 50 Abs. 3 Satz 1. Formvorschriften enthalten auch § 13 Abs. 1 Satz 2, § 19 und § 23. Das Schriftformerfordernis wird angeordnet, um den oder die Beteiligten vor der entsprechenden Verfahrenshandlung zur Vorsicht zu mahnen (Warnfunktion. z.B. vor einem übereilten Vertragsabschluss), um Unklarheiten und Meinungsverschiedenheiten bei der Interpretation vorzubeugen und kann der Klarheit dienen, so z.B. damit bloße Vertragsverhandlungen vom Vertragsschluss abgegrenzt werden können (Abschlussklarheit).[5] 5

Dessen ungeachtet sollen nach § 60 Abs. 1 Satz 2 SGB I für die Angabe leistungserheblicher und anderer Tatsachen sowie Änderungen in den Verhältnissen Vordrucke benutzt werden, soweit diese durch die Behörde vorgesehen sind. Diese Nutzungsobliegenheit durchbricht den Grundsatz der Nichtförmlichkeit jedoch nicht. Auch dann, wenn durch einen Sozialleistungsträger Vordrucke für einen Antrag vorgehalten werden, ist ein mündlich gestellter Antrag mit seinem Zugang bei der Behörde wirksam gestellt. Die Verletzung der Mitwirkungsobliegenheit bleibt dann ohne Rechtsfolgen – in Betracht käme nach Maßgabe des § 66 Abs. 1 SGB I eine Versagung oder Entziehung von Leistungen –, wenn der entscheidungserhebliche Sachverhalt in anderer Form übermittelt wurde. 6

III. Einfach, zweckmäßig und zügig

Durch § 9 Satz 2 konkretisiert der Gesetzgeber das rechtsstaatliche Prinzip der Effizienz und guten Ordnung staatlichen Handelns und ordnet an, dass das Verwaltungsverfahren einfach, zweckmäßig 7

2 BSG, Urt. v. 24.03.2022 – B 10 EG 1/20 R, SozR 4–7837 § 2 Nr 34, SozR 4–7410 § 19 Nr 1, Rn. 40.
3 So BSG, Urt. v. 31.03.1982 – 4 RJ 21/81, juris Rn. 10.
4 BSG, Urt. v. 26.05.2021 – B 6 KA 7/20 R, SozR 4–1300 § 56 Nr 2, Rn. 21.
5 So zu § 56 BSG, Urt. v. 26.05.2021 – B 6 KA 7/20 R, SozR 4–1300 § 56 Nr 2, Rn. 21.

und zügig durchzuführen ist. Als unbestimmte Rechtsbegriffe sind diese Begriffe inhaltlich auszufüllen. Wie jeder unbestimmte Rechtsbegriff unterliegt die Ausfüllung in vollem Umfang der rechtlichen Überprüfung durch ein Gericht; der Leistungsträger hat insoweit weder einen Beurteilungsspielraum noch steht ihm eine Einschätzungsprärogative zu.[6] Es ist unter Beachtung der Vorstellungen des Gesetzgebers, des systematischen Zusammenhangs und von Sinn und Zweck des § 9 Satz 2 zu ermitteln, ob ein Verwaltungsverfahren den Anforderungen der Vorschrift entspricht. Dass der Behörde hinsichtlich der Durchführung und Gestaltung des Verwaltungsverfahrens grundsätzlich ein pflichtgemäß auszuübendes Ermessen eröffnet ist[7], steht dem nicht entgegen. So entscheidet die Behörde beispielsweise über die Art und Weise einer Beratung nach eigenem Ermessen.[8] Gleichwohl ist zu bedenken, dass dieses »Verfahrensermessen« insbesondere durch die Grundsätze des § 9 Satz 2 und andere Vorschriften insbesondere des SGB X sowie durch Verfahrensgrundsätze wie den aus dem Rechtsstaatsprinzip erwachsenen Grundsätze der Verhältnismäßigkeit, Gleichbehandlung, Fairness, Waffengleichheit, Funktionsfähigkeit der öffentlichen Verwaltung sowie Wirtschaftlichkeit und Sparsamkeit der öffentlichen Verwaltung begrenzt und geprägt ist.[9]

Sinn und Zweck des § 9 Satz 2 bestehen einerseits darin, dem Bürger den Zugang zu den Sozialleistungen zu vereinfachen, andererseits in der Verwaltungsvereinfachung und rechtsstaatlich erwünschten Beschleunigung der Entscheidungsfindung. Der allgemeine Zweck des Verfahrensrechts, das materielle Recht umzusetzen ist ebenso zu beachten wie dessen vielfältige Bezüge zum Grundgesetz.

8 Hieraus ergibt sich beispielsweise für ein Verwaltungsverfahren, das auf den Erlass eines begünstigenden Verwaltungsaktes gerichtet ist, dass die Behörde das Verfahren frei von Hindernissen zu halten hat, die eine zügige Bearbeitung des Antrags des Beteiligten verhindern. Die Sachverhaltsermittlung ist so zu betreiben, dass zeitnah über den Anspruch entschieden werden kann. Jede Maßnahme, die nicht im Zusammenhang mit der Prüfung der Anspruchsvoraussetzungen steht und für die es auch sonst keinen sachlichen Grund gibt, hat zu unterbleiben. Geht es um die Prüfung von Ansprüchen auf Sozialleistungen, so ist insbesondere zu beachten, dass das Verfahrensrecht auch dazu dient, Grundrechte – hier insbesondere in Hinblick auf das Eigentumsrecht des Art. 14 Abs. 1 GG sowie auf das Grundrecht auf Gewährleistung eines menschenwürdigen Existenzminimums[10] aus Art. 1 Abs. 1 GG in Verbindung mit dem Sozialstaatsprinzip des Art. 20 Abs. 1 GG – zur Entfaltung zu bringen und soziale Wirklichkeit werden zu lassen.[11] Gerade wenn es um Ansprüche nach dem SGB II oder SGB XII geht, die der Gewährleistung eines menschenwürdigen Lebens dienen, können Verzögerungen nicht geduldet werden. Vielmehr muss das Verwaltungsverfahren so schnell wie möglich zum Abschluss gebracht werden. Dass das Verfahren gerade in sozialrechtlichen Angelegenheiten, die die Voraussetzungen für ein menschenwürdiges Leben (SGB II, SGB XII) oder dessen Absicherung (z.B. Renten, Lohnersatzleistungen) betreffen, schnellstmöglich zum Abschluss zu bringen ist, ist – nicht nur im Bereich (sozial-)gerichtlicher Verfahren[12] – verfassungsrechtlich geboten.

9 Nach welcher Dauer ein Verwaltungsverfahren nicht mehr zügig durchgeführt wird, lässt sich nicht pauschal beantworten, sondern hängt vom Einzelfall ab. Je bedeutender die Entscheidung zur Verwirklichung von Grundrechten des Antragstellers bzw. der nachfragenden Person i.S.d. SGB XII, desto kürzer ist der dem Leistungsträger für das Verwaltungsverfahren zuzubilligende Zeitraum. Eine sechsmonatige Verfahrensdauer wird sich nur ganz ausnahmsweise rechtfertigen lassen. Aus

6 So im Allgemeinen zum unbestimmten Rechtsbegriff BSG, Urt. v. 09.11.2010 – B 4 AS 7/10 R, Rn. 23 unter Verweis auf BSGE 89, 44; a.A. JurisPK-SGB X/*K. Palsherm,* § 9 Rn. 20, 25 f.

7 BeckOGK/*Mutschler*, § 9 SGB X Rn. 12, Stand 05/2022.

8 Bayerisches LSG, Beschl. v. 09.08.2013 – L 7 AS 472/13 B ER, juris Rn. 16.

9 Schütze/*Schütze*, SGB X, § 9 Rn. 2.

10 BVerfG, Urt. v. 09.02.2010 – 1 BvL 1/09, 3/09 sowie 4/09, insb. Abs. 133 ff.

11 So bereits BVerfG, Beschl. v. 20.12.1979 – 1 BvR 385/77, BVerfGE 53, 30, 65; BVerfG, Beschl. v. 13.11.1979 – 1 BvR 1022/78, BVerfGE 52, 380, 390.

12 Hierzu BSG, Urt. v. 26.04.2007 – B 4 R 89/06 R, Rn. 42.

§ 88 Abs. 1 Satz 1 SGG kann keinesfalls[13] ein Indiz dafür entnommen werden, eine bis zu sechs Monate reichende Verfahrensdauer sei im Zweifel akzeptabel.[14]

Sollte ein Verwaltungsverfahren im Einzelfall nicht zeitnah beendet werden können, so hat der Leistungsträger stets § 42 SGB I zu beachten und zu prüfen, ob die Zahlung von Vorschüssen in Betracht kommt bzw. geboten ist. Soweit ausnahmsweise der Erlass eines vorläufigen Verwaltungsaktes zulässig ist (§ 41a SGB II, § 328 SGB III), hat dieser Vorrang. 10

Der Gesetzgeber hat erkannt, dass Verzögerungen eines zügigen Abschlusses von Verwaltungsverfahren nicht selten durch Leistungsträger zu verantworten sind und hierauf insbesondere durch Handlungsfristen reagiert. So hat eine Krankenkasse nach § 13 Abs. 3a SGB V über einen Antrag auf Leistungen zügig, spätestens bis zum Ablauf von drei Wochen nach Antragseingang zu entscheiden, in Fällen, in denen eine gutachtliche Stellungnahme eingeholt wird, innerhalb von fünf Wochen nach Antragseingang. Werden diese Fristen versäumt und wird dem Antragsteller nicht rechtzeitig und schriftlich ein hinreichender Grund hierfür genannt, so gilt die beantragte Leistung als genehmigt. § 14 SGB IX soll zu einer Verfahrensbeschleunigung bei Anträgen auf Leistungen zur Teilhabe führen. Innerhalb von zwei Wochen nach Antragseingang hat der Rehabilitationsträger festzustellen, ob er zuständig ist. Leitet er den Antrag während dieser Zeit nicht an einen anderen Rehabilitationsträger weiter, stellt er den Rehabilitationsbedarf unverzüglich, d.h. ohne schuldhaftes Zögern, fest (§ 14 Abs. 2 Satz 1 SGB IX). Muss kein Gutachten eingeholt werden, ist über den Antrag spätestens drei Wochen nach dessen Eingang zu entscheiden. §§ 42, 43 SGB I beschleunigen zwar nicht das Verwaltungsverfahren, tragen aber dazu bei, dass Leistungsberechtigte zumindest einen Teil der ihnen zustehenden Sozialleistung vor dem endgültigen Abschluss des Verfahrens erhalten. 11

IV. Rechtsfolgen von Verstößen

§ 9 beinhaltet nicht lediglich einen mehr oder weniger verbindlichen Programmsatz[15], dessen Verletzung schlechthin unbeachtlich wäre.[16] Ob ein Verstoß gegen die Norm die Rechtswidrigkeit des das Verwaltungsverfahren abschließenden Verwaltungsaktes zur Folge hat, wird unterschiedlich beantwortet.[17] Jeder Verstoß gegen Vorschriften, die das Verwaltungsverfahren regeln, stellt einen Verfahrensmangel dar und führt deshalb grundsätzlich zur formellen Rechtswidrigkeit des Verwaltungsaktes.[18] Der Verwaltungsakt stellt den Abschluss des zuvor durchgeführten Verwaltungsverfahrens dar, ist zugleich dessen Bestandteil und untrennbar mit diesem verbunden. Daher kann es bei der Beurteilung der Rechtswidrigkeit nicht darauf ankommen, ob der Verfahrensfehler im Verwaltungsakt erkennbar ist oder ob dessen Verfügungen kausal durch den Verfahrensmangel beeinflusst wurden. Auch bei einer fehlenden Anhörung ist der Verwaltungsakt rechtswidrig, ohne dass danach unterschieden würde, ob der Adressat des Verwaltungsaktes überhaupt Stellung genommen hätte oder sich dessen Stellungnahme auf die getroffenen Regelungen ausgewirkt hätte. Es ist kein Grund erkennbar, der bei einem Verstoß gegen § 9 zu einer anderen Sichtweise veranlasste und einen Verstoß gegen die Grundsätze der Einfachheit, Zügigkeit und Formfreiheit zu relativieren rechtfertigte. Dass dies auch der verfassungsrechtlichen Bedeutung des Verwaltungsverfahrensrechts – nicht nur in Hinblick auf Art. 20 Abs. 3 GG – nicht gerecht würde, wenn zwischen »leichteren« 12

---

13 Ähnlich Diering/Timme/Stähler/*Prehn*, § 9 Rn. 15: Empfehlung, die Sechsmonatsfrist sei »mit Vorsicht zu genießen«.

14 So aber im Ergebnis JurisPK-SGB X/*K. Palsherm*, § 9 Rn. 26.

15 So aber BeckOK-SozR/*Weber*, § 9 SGB X Rn. 8, Stand 12/2023; kritisch hierzu Knickrehm/Kreikebohm/Waltermann/*Fichte*, § 9 SGB X Rn. 2.

16 So aber BeckOK-SozR/*Weber*, § 9 SGB X Rn. 8, Stand 12/2011.

17 Vgl. z.B. JurisPK-SGB X/*K. Palsherm*, § 9 Rn. 23, die »nicht jede kleine Unzweckmäßigkeit« als rechtswidrig ansieht, anders § 9 Rn. 22: »führt (...) zur formellen Rechtswidrigkeit«; BeckOGK/*Mutschler*, § 9 SGB X Rn. 16, Stand 05/2022: »Die Rechtswidrigkeit ist (...) die Ausnahme«.

18 Vgl. für einen Verstoß gegen § 17 SGB X BSG, Urt. v. 26.10.1989 – 6 RKa 25/88 Rn. 17.

und »schwerwiegenderen« Verstößen unterschieden würde, zeigt das Beispiel einer verzögerten Bearbeitung eines Antrags auf existenzsichernde Leistungen. Dass hier auch das Grundrecht auf Gewährleistung eines Lebens, das der Würde des Menschen entspricht, beeinträchtigt würde, steht außer Zweifel. Ein Verstoß gegen die durch § 9 geregelten Grundsätze führt somit in jedem Fall zur formellen Rechtswidrigkeit des das Verfahren abschließenden Verwaltungsaktes. Leistungsträgern kann nicht zugestanden werden, auf die Einhaltung parlamentarisch gesetzten Rechts nach Gutdünken zu verzichten.

13 Gleichwohl ist zuzugestehen, dass eine Verletzung des § 9 im Verwaltungsverfahren in aller Regel ohne Rechtsfolgen bleibt. Nach § 42 Satz 1 kann der Adressat die Aufhebung eines verfahrensfehlerhaften Verwaltungsaktes nicht verlangen, wenn offensichtlich ist, dass die Verletzung die Entscheidung in der Sache nicht beeinflusst hat. Auch wenn ein Verwaltungsverfahren alles andere als einfach, zweckmäßig und zügig durchgeführt wurde oder wenn gegen den Grundsatz der Nichtförmlichkeit verstoßen wurde, so wird dieser Fehler allein die getroffene Entscheidung in aller Regel sachlich nicht beeinflusst haben. Ist die Verletzung des § 9 jedoch mit weiteren Fehlern verknüpft – wurde beispielsweise der Sachverhalt fehlerhaft ermittelt – so kann bzw. wird sich dies auf die getroffene materielle Entscheidung ausgewirkt haben, die dann ggf. aufgrund ihrer materiellen Rechtswidrigkeit aufzuheben ist.

14 Verzögert die Behörde den Abschluss eines Verwaltungsverfahrens, so kann der Beteiligte nach Maßgabe des § 88 SGG eine sog. Untätigkeitsklage erheben und/oder nach Maßgabe des § 86b SGG einen Antrag auf Erlass einer einstweiligen Anordnung stellen.

Hat die schuldhaft verzögerte Bearbeitung beim Leistungsberechtigten zu einem finanziellen Schaden geführt, so kommt ein Schadensersatzanspruch wegen Amtspflichtverletzung (Art. 34 GG, § 839 BGB) in Betracht.[19] Eine zusammen mit dem gerichtlichen Verfahren unverhältnismäßig lange Verfahrensdauer eröffnet die Möglichkeit zur Verfassungsbeschwerde.[20] Ebenfalls ist eine Individualbeschwerde nach Art 34 EMRK möglich.[21]

§ 10 Beteiligungsfähigkeit

Fähig, am Verfahren beteiligt zu sein, sind
1. natürliche und juristische Personen,
2. Vereinigungen, soweit ihnen ein Recht zustehen kann,
3. Behörden.

Übersicht

A. Inhalt

1 § 10 regelt die Beteiligungsfähigkeit, d.h. die Fähigkeit, aktiv oder passiv an einem Verwaltungsverfahren beteiligt zu sein. Die Vorschrift steht in engem Zusammenhang mit §§ 11 und 12, die die Fähigkeit zur Vornahme von Verfahrenshandlungen konkretisieren und die »Art« der Beteiligung bzw. Stellung im Verfahren – als Antragsteller, Antragsgegner, Hinzugezogener usw. – und die Voraus-

19 Schütze/*Roller*, SGB X, § 9 Rn. 8.
20 Dies setzt auch BVerfG, Beschl. v. 15.02.2006 – 1 BvR 2597/05, Rn. 7 voraus.
21 Schütze/*Roller*, SGB X, § 9 Rn. 8.

setzungen, unter denen eine Hinzuziehung erfolgen darf oder muss, näher bestimmen. Die Beteiligungsfähigkeit ist Verfahrensvoraussetzung.[1]

Der Begriff Beteiligung bzw. Beteiligter ist zugleich Spiegelbild der Stellung im Verwaltungsverfahren. Beteiligter sein bedeutet weder staatlicher Gewalt ausgeliefertes Objekt noch »Untertan« zu sein, sondern in einem – vor allem gegen die eigene Person gerichteten – Verwaltungsverfahren als Subjekt wahrgenommen zu werden, das auf den Verfahrensgang – in gesetzlich bestimmten Grenzen – Einfluss nehmen kann. Somit gewährleistet das Verwaltungsverfahren durch die Einräumung der Beteiligtenstellung auch einen Beitrag zur Entfaltung und Gewährleistung einer der Würde des Menschen im Sinne des Art. 1 Abs. 1 GG entsprechenden rechtlichen Stellung. Konkretisiert und ausgefüllt wird diese Position insbesondere durch das Recht 2
- auf Akteneinsicht,
- Anträge stellen und Rechtsbehelfe einlegen zu dürfen,
- vor einer belastenden Entscheidung angehört zu werden,
- sich durch einen Bevollmächtigten vertreten zu lassen[2].

B. Einzelerläuterungen

I. Beteiligungsfähigkeit

Beteiligungsfähigkeit ist die Fähigkeit, als Träger von Rechten und Pflichten Subjekt eines auf eine Sachentscheidung gerichteten Verwaltungsverfahrens zu sein. Die Beteiligungsfähigkeit ist von der Handlungsfähigkeit abzugrenzen, die in § 11 SGB X i.V.m. § 36 SGB I geregelt ist und die Fähigkeit umschreibt, Verfahrenshandlungen rechtswirksam selbst oder durch seine Organe oder durch einen selbst bestimmten Vertreter vornehmen zu lassen und gegen sich durchführen zu lassen. 3

II. Natürliche Personen

Natürliche Personen sind beteiligungsfähig. Die Beteiligungsfähigkeit beginnt mit der Vollendung der Geburt und endet mit dem Tod. Verstirbt der Beteiligte, so tritt dessen Rechtsnachfolger in die Beteiligtenrolle ein.[3] Nichts anderes gilt für einen Sonderrechtsnachfolger im Sinne des § 56 SGB I. Alter, Geschäftsfähigkeit oder die Bestellung eines Betreuers haben keinen Einfluss auf die Beteiligungsfähigkeit. Soweit einer Leibesfrucht (nasciturus), d.h. dem noch ungeborenen Leben, Rechte eingeräumt sind (z.B. § 12 SGB VII, § 1923 Abs. 2 BGB), ist sie beteiligungsfähig.[4] 4

III. Juristische Personen

Juristische Personen, d.h. mit eigener Rechtsfähigkeit ausgestattete Organisationen, deren Bestand unabhängig von konkreten Personen ist, die ihnen angehören, sie nutzen oder Vorteile aus ihnen ziehen[5], sind beteiligungsfähig. 5

Beteiligungsfähig sind juristische Personen des öffentlichen Rechts (Anstalten, Körperschaften, Stiftungen des öffentlichen Rechts, Bund, Länder, Gemeinden und Gemeindeverbände, Sozialversicherungsträger, Gemeinsame Einrichtungen nach § 44b SGB II usw.) ebenso wie juristische Personen des privaten Rechts (rechtsfähige Vereine, Gesellschaften mit beschränkter Haftung, Stiftungen des privaten Rechts, Aktiengesellschaften, Gesellschaft bürgerlichen Rechts[6] usw.).[7] Eine 6

1 Umstr.; so wie hier BeckOGK/*Mutschler*, § 10 SGB X Rn. 5, Stand 05/2022; jurisPK-SGB X/*Sonnhoff*, § 10 SGB X, Stand 11/2023), Rn. 16; a.A. Sachentscheidungsvoraussetzung Schütze/*Roller*, SGB X, § 10 Rn. 10.
2 Hierzu im Einzelnen BSG, Urt. v. 14.11.2013 – B 9 SB 5/12 R, Rn. 28 ff.
3 LSG Niedersachsen-Bremen, Urt. v. 08.11.2017 – L 3 KA 80/14, Rn. 23, juris.
4 JurisPK-SGB X/*Leopold*, § 10 Rn. 22; Schütze/*Roller*, SGB X § 10 Rn. 4: Analoge Anwendung.
5 Diering/Timme/Stähler/*Prehn*, § 10 Rn. 4.
6 Kreikebohm/Spellbrink/Waltermann/*Fichte*, § 12 SGB X Rn. 4.
7 Ausführlich jurisPK-SGB X/*Sonnhoff*, § 10 f., Stand 11/2023.

GmbH, die aus dem Handelsregister gelöscht wurde, bleibt im Widerspruchs- und Klageverfahren gegen einen Verwaltungsakt jedenfalls dann beteiligtenfähig, wenn ihr der Verwaltungsakt vor der Löschung bekanntgegeben wurde.[8] Die Beteiligungsfähigkeit ausländischer juristischer Personen hängt von ihrer Rechtsstellung nach dem jeweiligen Heimatrecht ab.[9]

IV. Vereinigungen, soweit ihnen ein Recht zustehen kann

7 Die Formulierung »Vereinigungen, soweit ihnen ein Recht zustehen kann«, ist nicht gleichbedeutend mit »rechtsfähigen Vereinigungen«, da jene bereits als juristische Personen beteiligungsfähig sind. Die Vereinigung muss nicht auf längere Zeit ausgerichtet sein, jedoch über ein Mindestmaß an Organisation verfügen.[10] Die wohl überwiegende Rechtsauffassung im Schrifttum verlangt für die Beteiligungsfähigkeit ein subjektives, auf das konkrete Verwaltungsverfahren bezogenes Recht der Vereinigung.[11] Es soll, anders als in der Gesetzesbegründung zu § 11 VwVfG formuliert, nicht »irgendein Recht, auch wenn es nicht auf das konkrete Verwaltungsverfahren bezogen ist«[12], genügen. Diese Rechtsauffassung führt im Ergebnis zu einer »allgemeinen Antragsbefugnis«, die jedoch ähnlich der Klagebefugnis ausdrücklich gesetzlich geregelt sein müsste, da es sich gerade nicht um einen Fall eines »Popularantrags« handelt, der dem Verfahrensrecht fremd[13] ist.

8 Die Beteiligungsfähigkeit setzt nicht voraus, dass die Rechtsinhaberschaft bereits endgültig geklärt ist bzw. feststeht. Es genügt, dass die Vereinigung behauptet, dass ihr das geltend gemachte Recht zusteht.[14] Andernfalls bestünde für sie nicht die Möglichkeit, das Bestehen dieses Rechtes – durch die Behörde und ggf. später durch ein Gericht – überprüfen zu lassen.

9 Beteiligungsfähig sind nichtrechtsfähige Vereine, Erbengemeinschaften[15], Gewerkschaften und politische Parteien, nicht aber Betriebs- oder Personalrat.[16] Eine Bedarfsgemeinschaft im Sinne des § 7 Abs. 3 SGB II ist nicht beteiligungsfähig, da ihr selbst keine Rechte zustehen, sondern nur den einzelnen Mitgliedern der Bedarfsgemeinschaft. Eine Eigentümergemeinschaft ist eine Gemeinschaft nach Bruchteilen (§ 741 BGB) und als solche nicht rechtsfähig[17] und ebenso wenig beteiligungsfähig. Ein Medizinisches Versorgungszentrum, das weder Personengesellschaft noch eingetragene Genossenschaft oder Gesellschaft mit beschränkter Haftung ist, stellt lediglich eine besondere Organisations- und Kooperationsform im Rahmen der vertragsärztlichen Tätigkeit dar und ist nicht beteiligungsfähig.[18] Der Rechtsträger eines Medizinischen Versorgungsträgers, z.B. eine GmbH, ist hingegen beteiligungsfähig.[19]

V. Behörden

10 Behörden sind beteiligungsfähig. Behörde ist nach § 1 Abs. 2 jede Stelle, die Aufgaben öffentlicher Verwaltung wahrnimmt (vgl. hierzu die Kommentierung zu § 1 Abs. 2), so z.B. die vertretungsberechtigten Organe eines Sozialversicherungsträgers (§ 31 Abs. 3 Satz 1 SGB IV). In einem Ver-

---

8 BSG, Beschl. v. 13.12.2022 – B 12 BA 23/22 B, juris, Leitsatz.
9 Vgl. BGH, Urt. v. 17.10.1968 – VII ZR 23/68, juris Rn. 10 in Bezug auf das internationale Privat- und Prozessrecht.
10 BeckOGK/*Mutschler*, § 10 SGB X Rn. 6, Stand 08/2019.
11 So z.B. jurisPK-SGB X/*Sonnhoff*, § 10 Rn. 32 m.w.N., Stand 11/2023; Schütze/*Roller*, SGB X, § 10 Rn. 8; BeckOGK/*Mutschler*, § 10 SGB X Rn. 12, Stand 05/2022.
12 BT-Drs. 7/910, S. 42 (zu § 11 Beteiligungsfähigkeit).
13 Vgl. BeckOGK/*Mutschler*, § 12 SGB X Rn. 8, Stand 08/2022.
14 jurisPK-SGB X/*Sonnhoff*, § 10 Rn. 34, Stand 11/2023.
15 BSG, Beschl. v. 01.08.1958 – 1 S 3/58, NJW 1958, 1560, beck-online.
16 BeckOK-SozR/*Weber*, § 10 SGB X Rn. 11, Stand 12/2011.
17 Hierzu SG Itzehoe, Urt. v. 27.05.2013 – S 30 U 102/11, Rn. 56.
18 BSG v. 21.09.2016 – B 6 KA 77/15 B, Rn. 6 f.
19 BSG v. 04.05.2016 – B 6 KA 28/15 R, Rn. 11.

waltungsverfahren, das eine Behörde betreibt, ist sie nicht Beteiligte im Sinne des § 12 Abs. 1, sondern Trägerin bzw. »Herrin des Verfahrens«.[20]

Eine Behörde ist in einem *sozialgerichtlichen Verfahren* nur dann fähig, an dem Verfahren beteiligt zu sein, wenn das Landesrecht dies bestimmt (§ 70 Nr. 3 SGG; sog. Rechtsträgerprinzip[21]). In Ermangelung einer entsprechenden Regelung ist nicht die Behörde, sondern ihr Rechtsträger – also die juristische Person, deren Behörde handelt[22] – beteiligungsfähig. Für das soziale *Verwaltungsverfahren* setzt § 10 Nr. 3 keine entsprechende landesrechtliche Regelung voraus, die Behörde ist selbst beteiligungsfähig (sog. Behördenprinzip[23]). Die Behörde handelt als Organ für den Rechtsträger, dem sie angehört, mit Wirkung für und gegen diesen.[24] 11

VI. Rechtsfolgen fehlender Beteiligungsfähigkeit

Bei der Beteiligungsfähigkeit handelt es sich um eine Verfahrensvoraussetzung, die während des gesamten Verwaltungsverfahrens vorliegen muss. Die das Verfahren betreibende Behörde hat sie von Amts wegen zu prüfen. Fehlt sie, so kann sie bis zum Abschluss des Verwaltungsverfahrens nachgeholt werden.[25] Fehlt die Beteiligungsfähigkeit zu diesem Zeitpunkt weiterhin, lag sie also während des gesamten Verwaltungsverfahrens nicht vor, so sind die vorgenommenen Verfahrenshandlungen unwirksam, der vereinbarte öffentlich-rechtliche Vertrag unwirksam bzw der erlassene Verwaltungsakt nichtig.[26] 12

Fällt die Beteiligungsfähigkeit im Laufe des Verwaltungsverfahrens weg, weil der Beteiligte verstirbt, so ist das Verfahren zu unterbrechen und abzuwarten, ob es durch den Rechtsnachfolger fortgeführt wird.[27] Anders ist dies, wenn der Beteiligte einen Bevollmächtigten bestellt hatte und die Bevollmächtigung nicht durch Tod endet. In diesem Fall ist das Verfahren entsprechend § 246 ZPO fortzusetzen.[28] 13

Erlässt eine Behörde einen Verwaltungsakt gegenüber einer nicht beteiligungsfähigen Person, Vereinigung usw., so ist dieser Verwaltungsakt zwar rechtswidrig, nicht jedoch nichtig. Anders ist dies dann, wenn die Beteiligungsfähigkeit während des gesamten Verwaltungsverfahrens gefehlt hat. Dieser besonders schwerwiegende und offensichtliche Fehler führt zur Nichtigkeit des Verwaltungsaktes (§ 40 Abs. 1).[29] 14

§ 11 Vornahme von Verfahrenshandlungen

(1) Fähig zur Vornahme von Verfahrenshandlungen sind

1. **natürliche Personen, die nach bürgerlichem Recht geschäftsfähig sind,**
2. **natürliche Personen, die nach bürgerlichem Recht in der Geschäftsfähigkeit beschränkt sind, soweit sie für den Gegenstand des Verfahrens durch Vorschriften des bürgerlichen Rechts als geschäftsfähig oder durch Vorschriften des öffentlichen Rechts als handlungsfähig anerkannt sind,**
3. **juristische Personen und Vereinigungen (§ 10 Nr. 2) durch ihre gesetzlichen Vertreter oder durch besonders Beauftragte,**
4. **Behörden durch ihre Leiter, deren Vertreter oder Beauftragte.**

---

20 H.M., so z.B. Knickrehm/Kreikebohm/Waltermann/*Fichte*, § 12 SGB X Rn. 2.
21 Lüdtke/Berchtold/*Littmann*, SGG, § 70 Rn. 4.
22 Berchtold/Richter/*Berchtold*, Prozesse in Sozialsachen, § 5 Rn. 301.
23 jurisPK-SGB X/*Sonnhoff*, § 10 Rn. 38, Stand 11/2023.
24 Hauck/Noftz/*Vogelgesang*, § 10 SGB X Rn. 15.
25 Schütze/*Roller*, SGB X, § 10 Rn. 10.
26 Schütze/*Roller*, SGB X, § 10 Rn. 10.
27 jurisPK-SGB X/*Sonnhoff*, § 10 SGB X Rn. 47, Stand 11/2023.
28 jurisPK-SGB X/*Sonnhoff*, § 10 SGB X Rn. 47, Stand 11/2023.
29 Knickrehm/Kreikebohm/Waltermann/*Fichte*, § 10 SGB X Rn. 6.

(2) Betrifft ein Einwilligungsvorbehalt nach § 1825 des Bürgerlichen Gesetzbuches den Gegenstand des Verfahrens, so ist ein geschäftsfähiger Betreuter nur insoweit zur Vornahme von Verfahrenshandlungen fähig, als er nach den Vorschriften des bürgerlichen Rechts ohne Einwilligung des Betreuers handeln kann oder durch Vorschriften des öffentlichen Rechts als handlungsfähig anerkannt ist.

(3) Die §§ 53 und 55 der Zivilprozessordnung gelten entsprechend.

Übersicht

A. Inhalt

1 § 11 bestimmt, wer in einem Verwaltungsverfahren handlungsfähig ist. Handlungsfähigkeit ist die Fähigkeit, Verfahrenshandlungen selbst rechtswirksam vornehmen zu können oder durch seine Organe oder durch einen selbst bestimmten Vertreter vornehmen zu lassen und gegen sich durchführen zu lassen.[1]

2 Die Handlungsfähigkeit ist eine Verfahrensvoraussetzung, die während des gesamten Verwaltungsverfahrens vorliegen muss und durch die das Verfahren betreibende Behörde von Amts wegen zu prüfen ist.

B. Einzelerläuterungen

I. Verfahrenshandlungen

3 Die Gesetzesbegründung hatte als Verfahrenshandlungen »nicht nur die Abgabe, sondern auch die Entgegennahme von Erklärungen«[2], also eine passive Handlungsfähigkeit verstanden. Darüber hinaus ist als Verfahrenshandlung »jedes für das Verwaltungsverfahren relevante Verhalten im Kontakt zwischen Sozialverwaltung und Bürger«[3] zu verstehen. Hierzu zählen sowohl aktive Handlungen wie die Abgabe öffentlich-rechtlicher Willenserklärungen (Antrag, Widerspruch, Verzicht, Annahme eines öffentlich-rechtlichen Vertrags, Abschluss einer Eingliederungsvereinbarung nach § 15 SGB II, Erfüllung von Mitwirkungsobliegenheiten) als auch die (passive) Entgegennahme öffentlich-rechtlicher Willenserklärungen, anderer materiell- oder verfahrensrechtlich relevanter Handlungen (zum Beispiel einer Rechtsfolgenbelehrung nach § 31 SGB II) oder Sozialleistungen. Somit kann beispielsweise eine Anhörung oder die Bekanntgabe oder Zustellung eines Verwaltungsaktes wirksam nur an einen Handlungsfähigen erfolgen.[4]

II. Geschäftsfähige

4 Handlungsfähig sind natürliche Personen, die nach bürgerlichem Recht (§§ 104 ff., 2 BGB) geschäftsfähig sind (§ 11 Abs. 1 Ziffer 1), also das 18. Lebensjahr vollendet haben. Hat eine Behörde begründete Zweifel an der Geschäftsfähigkeit eines Beteiligten, hat sie unverzüglich ein Ersuchen an das Betreuungsgericht zu stellen, einen geeigneten Vertreter zu bestellen (vgl. § 15 Abs 1 Nr. 4 SGB X), sofern dies im wohlverstandenen Interesse des Beteiligten liegt.[5] Im wohlverstandenen

1 jurisPK-SGB X/*Sonnhoff,* § 11 Rn. 26, Stand 11/2023.
2 BT-Drucks. 8/2034, zu § 11.
3 Diering/Timme/Stähler/*Prehn,* § 11 Rn. 1.
4 Hessisches LSG, Urt. v. 05.02.2020 – L 6 AS 562/18, Rn. 46, 60.
5 BSG, Beschl. v. 27.07.2021 – B 8 SO 10/19 R, juris Rn. 11.

Interesse liegt die Bestellung beispielsweise dann, wenn es sich um ein Verwaltungsverfahren über Sozialleistungen handelt, deren Zweck die Sicherstellung der Würde des Menschen ist.

III. Personen, die in der Geschäftsfähigkeit beschränkt sind

Natürliche Personen, die in ihrer Geschäftsfähigkeit beschränkt sind – d.h. die das siebente Lebensjahr, aber noch nicht das 18. Lebensjahr vollendet haben (§§ 2, 106 BGB) –, sind handlungsfähig, soweit sie für den Gegenstand des Verfahrens durch Vorschriften des bürgerlichen Rechts als geschäftsfähig oder durch Vorschriften des öffentlichen Rechts als handlungsfähig anerkannt sind. 5

Die wichtigsten Vorschriften, die die Handlungsfähigkeit beschränkt Geschäftsfähiger begründen können, sind §§ 107 bis 113 BGB sowie § 36 SGB I, der die sozialrechtliche Handlungsfähigkeit grundsätzlich – d.h. soweit die Handlungsfähigkeit nicht durch den gesetzlichen Vertreter beschränkt wurde – ab der Vollendung des 15. Lebensjahres bestimmt, so dass beispielsweise Waisenrentenanträge, Anträge auf Abzweigung (§ 48 SGB I) von Kindergeld nach dem BKGG oder anderen Sozialleistungen, Anträge auf Arbeitslosengeld II oder Sozialhilfe und Anträge auf andere Sozialleistungen wirksam gestellt werden können. 6

Ist ein Minderjähriger nicht ausnahmsweise nach den genannten Vorschriften handlungsfähig, so sind Verfahrenshandlungen durch seine gesetzlichen Vertreter (§§ 1626 ff. BGB Eltern, §§ 1793 ff. BGB Vormund, §§ 1909 ff. BGB Pfleger) vorzunehmen bzw. Verfahrenshandlungen der Behörde an diese zu adressieren.[6] Es genügt, wenn der Verwaltungsakt einem von zwei gesetzlichen Vertretern bekannt gegeben wird. Dasselbe gilt für die Übermittlung eines Anhörungsschreibens.[7] 7

Bei Zweifeln über das die Handlungsfähigkeit begründende Alter des Beteiligten ist § 33a SGB I anzuwenden.[8] Macht der Beteiligte geltend, er sei minderjährig und ist dies aufgrund der vorliegenden Beweismittel i.S.d § 21 SGB X nicht ausgeschlossen, fehlen jedoch Anhaltspunkte im Sinne des § 33a Abs. 1 SGB I (keine erste Angabe des Geburtsdatums gegenüber einem Sozialleistungsträger oder Arbeitgeber), so ist zu seinem Schutze davon auszugehen, dass er minderjährig ist. 8

Denkbar ist auch eine partielle Handlungsunfähigkeit, insbesondere im Falle krankhaften Querulantentums. Diese kann sich nicht allein auf einzelne Handlungen, sondern nur auf einen bestimmten Handlungsbereich oder Kreis von Geschäften beziehen.[9] Ohne eine psychiatrische Feststellung kann eine partielle Handlungsunfähigkeit nur ausnahmsweise angenommen werden, so beispielsweise »wenn die aggressive Intensität, die ungezügelte Art und der riesige Umfang der Prozessführungstätigkeit die krankhafte Störung der Geistestätigkeit offenbar werden lassen«.[10] Auch eine sehr hohe Anzahl von Widersprüchen, die der Beteiligte erhebt, ohne dass eine rechtliche Beschwer erkennbar ist oder durch den Beteiligten auch nur sinnhaft formuliert wird, ist Indiz für eine zumindest partielle Handlungsunfähigkeit. Das Vorgehen der Behörde richtet sich in einem solchen Fall nach § 15, sie hat das zuständige Sozialgericht zu ersuchen, einen geeigneten Vertreter zu bestellen (siehe die Kommentierung zu § 15).

Sozialrechtlich relevante Handlungen, wie beispielsweise Widersprüche, sind unwirksam, wenn sie im Zustand der partiellen Handlungsunfähigkeit erfolgen und sich die Handlungsunfähigkeit gerade auf sozialrechtlich relevante Handlungen, wie z.B. die Erhebung von Rechtsbehelfen bezieht.

---

6 Vgl. insoweit LSG Thüringen, Urt. v. 26.04.2012 – L 9 AS 169/09, Rn. 27.

7 BSG, Urt. v. 07.07.2011 – B 14 AS 153/10 R, Rn. 25.

8 jurisPK-SGB X/*Sonnhoff*, § 11 Rn. 41, Stand 11/2023.

9 So zur partiellen Prozessfähigkeit BSG, Beschl. v. 15.11.2000 – B 13 RJ 53/00 B NJOZ 2001, 130, beck-online; ebenso BSG, Beschl. v. 03.07.2003 – B 7 AL 216/02 B.

10 Schütze/*Roller*, SGB X, § 11 Rn. 6.

IV. Juristische Personen und Vereinigungen

9 Juristische Personen und Vereinigungen (§ 10 Nr. 2) sind durch ihre gesetzlichen Vertreter oder durch besonders Beauftragte handlungsfähig (§ 11 Abs. 1 Ziffer 3). Das jeweilige materielle Recht bestimmt, wer gesetzlicher Vertreter einer juristischen Person oder Vereinigung ist.

10 Besonders Beauftragte sind Angehörige oder Bedienstete der juristischen Person, nicht jedoch deren gewillkürte Vertreter, zum Beispiel Rechtsanwälte.[11]

V. Behörden

11 Behörden selbst sind nicht handlungsfähig. Handlungsfähig sind ihre Leiter bzw. deren Vertreter (sog. geborene Vertreter[12]) oder in der Regel durch Geschäftsordnung oder Geschäftsverteilungsplan[13] Beauftragte. Der Begriff Beauftragte meint nicht gewillkürte Vertreter – zum Beispiel beauftragte Rechtsanwälte – sondern Angehörige bzw. Bedienstete der Behörde, die hierzu bestimmt wurden.

VI. Betreute

12 Die Anordnung einer Betreuung berührt die Geschäftsfähigkeit der unter Betreuung stehenden Person nicht, d.h. Volljährige verlieren durch die Einrichtung einer Betreuung ihre Geschäftsfähigkeit grundsätzlich nicht. Ein geschäftsfähiger Betreuter ist nach Maßgabe des § 11 Abs. 1 Ziffer 1 oder 2 sozialrechtlich handlungsfähig, seine Verfahrenshandlung wirksam.[14] Anders ist dies allein, wenn der Betreute geschäftsunfähig ist.[15]

13 Zeigt der Betreuer der Behörde die Betreuung des Betroffenen an und erstreckt sich sein Aufgabenkreis auch auf Behördenangelegenheiten und somit auf das jeweilige Verwaltungsverfahren, so entfalten behördliche Maßnahmen ab diesem Zeitpunkt nur dann gegenüber dem Betreuten rechtliche Wirkungen, wenn sie gegenüber dem Betreuer vorgenommen werden. Ein Verwaltungsakt wird also nur noch durch eine Bekanntgabe gegenüber dem Betreuer wirksam.[16] Verfahrenshandlungen des Betreuten, die dieser vor der Anzeige der Betreuung vorgenommen hatte, bleiben wirksam, sofern sie nicht zurückgenommen werden können (z.B. Rücknahme des Antrags oder Widerspruchs) und der Betreuer sie zurücknimmt. Hat der Betreuer eine wirksame Verfahrenshandlung vorgenommen, so kann sie der Betreute nicht zurücknehmen. Der Betreute kann nicht wirksam neben dem Betreuer handeln (§ 53 ZPO).[17]

14 Wurde ein Einwilligungsvorbehalt nach § 1825 BGB angeordnet, der den Gegenstand eines sozialrechtlichen Verfahrens betrifft, so ist der Betreute insoweit nur dann handlungsfähig, soweit ihm die Verfahrenshandlung einen rechtlichen Vorteil bringt. Für Verfahrenshandlungen, für die kein Einwilligungsvorbehalt angeordnet wurde, ist er ebenfalls (partiell) handlungsfähig.[18] Der Betreuer muss in die Verfahrenshandlungen des Betreuten, die für ihn rechtlich nachteilig sind, einwilligen, damit diese wirksam werden. Anders ist dies nur dann, wenn der Betreute nach den Vorschriften des bürgerlichen Rechts ohne Einwilligung des Betreuers handeln kann oder durch Vorschriften des öffentlichen Rechts für den Gegenstand des sozialrechtlichen Verfahrens als handlungsfähig anerkannt ist (§ 11 Abs. 2).

---

11 Diering/Timme/Stähler/*Prehn*, § 11 Rn. 22.
12 JurisPK-SGB X/*Leopold*, § 11 Rn. 54.
13 Knickrehm/Kreikebohm/Waltermann/*Fichte*, § 12 Rn. 9.
14 Hierzu im Einzelnen GK-SGB VI/*Kuklok*, § 99 Rn. 70 ff., 289. Lfg.
15 LSG Baden-Württemberg, Urt. v. 23.03.2021 – L 9 AS 3091/19, Rn. 27.
16 Hierzu LSG Berlin-Brandenburg, Beschl. v. 24.07.2014 – L 25 AS 2260/12 B PKH, Rn. 4.
17 Schütze/*Roller*, SGB X, § 11 Rn. 11.
18 BeckOK-SozR/*Weber*, § 11 SGB X Rn. 15; jurisPK-SGB X/*Sonnhoff*, § 11 Rn. 47, Stand 11/2023.

Ein Einwilligungsvorbehalt für einen Aufgabenkreis, der das sozialrechtliche Verwaltungsverfahren nicht betrifft, berührt die sozialrechtliche Handlungsfähigkeit des Betreuten nicht. 15

Handlungsfähig ist der Betreute ebenso, soweit auch ein Minderjähriger nach Maßgabe der §§ 108 bis 113 BGB handlungsfähig wäre (§ 1825 Abs. 1 Satz 3 BGB). Auch für Willenserklärungen, die ihm lediglich einen rechtlichen Vorteil bringen, ist er handlungsfähig (§ 1825 Abs. 3 Satz 1 BGB), so dass er wirksam Anträge auf Sozialleistungen stellen kann. Dies gilt auch dann, wenn ein Hinauszögern der Antragstellung auf einen späteren Zeitpunkt zukünftig zu höheren Leistungen führte. Daher ist die Wirksamkeit eines Antrags auf Altersrente nicht dadurch berührt, dass eine spätere Antragstellung nach Maßgabe des § 77 Abs. 2 Ziffer 2b SGB VI zu einer Erhöhung des Zugangsfaktors führte. Auch ein Antrag, der eine Verringerung des Zugangsfaktors infolge einer vorzeitigen Inanspruchnahme der Altersrente (§ 77 Abs. 2 Ziffer 2a SGB VI) zufolge hat, ist wirksam. 16

§ 11 Abs. 3 erklärt § 53 ZPO und § 55 ZPO für entsprechend anwendbar. Nach § 53 ZPO verliert der Betreute in dem Augenblick die Fähigkeit, einen Prozess in eigener Person fortzuführen, in dem der Betreuer im Rahmen seines Aufgabenkreises an seiner Stelle in den Prozess eintritt.[19] Überträgt man diese Regelung auf das soziale Verwaltungsverfahren, so verliert der Beteiligte in dem Moment seine Handlungsfähigkeit, in dem der Betreuer für ihn im Rahmen seines Aufgabenkreises im Verwaltungsverfahren auftritt.[20] 17

Entsprechend § 55 ZPO gilt (gesetzliche Fiktion) ein Ausländer, der nach dem Recht seines Heimatlandes nicht handlungsfähig ist, für das Verwaltungsverfahren nach § 8 als handlungsfähig, wenn die Voraussetzungen des § 11 Abs. 1 Ziffer 1 oder Ziffer 2 erfüllt sind.[21] 18

VII. Rechtsfolgen fehlender Handlungsfähigkeit

Obwohl die Handlungsfähigkeit eine Verfahrensvoraussetzung ist, die während des gesamten Verwaltungsverfahrens vorliegen muss, führt ihr Fehlen nur zur schwebenden Unwirksamkeit[22] der jeweiligen Verfahrenshandlungen. Das Verwaltungsverfahren ist auszusetzen und auf die Heilung des Fehlers hinzuwirken.[23] Dies ist bereits aus Gründen der Fairness zu verlangen.[24] Der aus dem Rechtsstaatsprinzip folgende Grundsatz der Fairness des Verfahrens begründet einen Anspruch des Einzelnen auf die Gewährleistung eines Mindeststandards an ordentlicher und fairer Gestaltung eines Verwaltungsverfahrens.[25] Hierzu gehört, keine »Vorteile« aus der fehlenden Handlungsfähigkeit zu ziehen, solange es die Möglichkeit gibt, auf die Heilung des Fehlers hinzuwirken und damit zugleich eine inhaltliche Prüfung der Angelegenheit zu ermöglichen. Ein Verwaltungsakt, der einem Handlungsunfähigen gegenüber zugeht, ist mangels Bekanntgabe (§ 37 SGB X) unwirksam.[26] 19

Die zur Heilung erforderliche Genehmigung kann der gesetzliche Vertreter erteilen oder, wenn inzwischen die Handlungsfähigkeit eingetreten ist, der Betroffene selbst.[27] Ist kein gesetzlicher Vertreter vorhanden, hat die Behörde nach Maßgabe der näheren Voraussetzungen des § 15 Abs. 1 darauf hinzuwirken, dass ein Vertreter bestellt wird. Erfolgt keine Heilung, so ist die durch den Handlungsunfähigen vorgenommene Handlung unwirksam.[28] 20

Bestehen Zweifel an der Handlungsfähigkeit, ist das Verfahren bis zur Klärung auszusetzen. Bleibt die Ungewissheit trotz Ausschöpfung aller Beweismittel bestehen, so darf nicht von einer Hand-

19 Wieczorek/Schütze/*Hausmann*, ZPO, § 53 Rn. 12; Zöller, ZPO, § 53 Rn. 5.
20 LSG Baden-Württemberg, Urt. v. 20.01.2022 – L 7 SO 1393/21, juris Rn. 21.
21 jurisPK-SGB X/*Sonnhoff*, § 11 Rn. 36, Stand 11/2023.
22 Schütze/*Roller*, SGB X, § 11 Rn. 13.
23 Schütze/*Roller*, SGB X, § 11 Rn. 13.
24 jurisPK-SGB X/*Sonnhoff*, § 11 Rn. 68, Stand 11/2023.
25 BVerfG, Beschl. v. 15.12.1976, BVerfGE 43, 154, 166.
26 LSG Nordrhein-Westfalen, Urt. v. 20.03.2018 – L 20 SO 541/17, Rn. 28, juris.
27 Schütze/*Roller*, SGB X, § 11 Rn. 13.
28 Knickrehm/Kreikebohm/Waltermann/*Fichte*, § 12 SGB X Rn. 10.

lungsunfähigkeit ausgegangen werden, da dies die Rechte des Beteiligten ohne Rechtsgrund einschränkte und den Boden für einen denkbaren Rechtsmissbrauch durch einen Leistungsträger bereitete. Die Handlungsfähigkeit des Beteiligten ist so lange anzunehmen, bis der Beweis für eine Handlungsunfähigkeit erbracht ist. Ein nach § 11 Abs. 1 Nr. 1 handlungsfähiger Beteiligter hat seine Handlungsfähigkeit nicht zu beweisen, sondern der das Verfahren führende Leistungsträger dessen Handlungsunfähigkeit. Anders ist dies nach der Rechtsauffassung des BSG in Hinblick auf die Prozessfähigkeit dann, wenn »gewichtige Bedenken« für eine Prozessunfähigkeit sprechen.[29] Diese Ansicht ist auch auf das Sozialverwaltungsverfahren übertragbar.

§ 12 Beteiligte

(1) Beteiligte sind

1. **Antragsteller und Antragsgegner,**
2. **diejenigen, an die die Behörde den Verwaltungsakt richten will oder gerichtet hat,**
3. **diejenigen, mit denen die Behörde einen öffentlich-rechtlichen Vertrag schließen will oder geschlossen hat,**
4. **diejenigen, die nach Absatz 2 von der Behörde zu dem Verfahren hinzugezogen worden sind.**

(2) [1]Die Behörde kann von Amts wegen oder auf Antrag diejenigen, deren rechtliche Interessen durch den Ausgang des Verfahrens berührt werden können, als Beteiligte hinzuziehen. [2]Hat der Ausgang des Verfahrens rechtsgestaltende Wirkung für einen Dritten, ist dieser auf Antrag als Beteiligter zu dem Verfahren hinzuzuziehen; soweit er der Behörde bekannt ist, hat diese ihn von der Einleitung des Verfahrens zu benachrichtigen.

(3) Wer anzuhören ist, ohne dass die Voraussetzungen des Absatzes 1 vorliegen, wird dadurch nicht Beteiligter.

Übersicht

A. Inhalt

1 Der Begriff Beteiligter wird in verschiedenen Vorschriften des SGB X vorausgesetzt (z.B. § 13, § 20, § 24, § 25). § 12 bestimmt, wer Beteiligter eines konkreten Verwaltungsverfahrens ist. Während § 10 regelt, wer fähig ist Beteiligter zu sein, schafft § 12 Klarheit darüber, wer tatsächlich Beteiligter eines bestimmten Verwaltungsverfahrens ist.[1]

2 Bereits der Begriff Beteiligter deutet auf die Subjektqualität eines von einem Verwaltungsverfahren Betroffenen hin. Diese Subjektqualität wird durch unterschiedliche Vorschriften des SGB X mit Leben gefüllt, so dass der Bürger dem Verwaltungsverfahren tatsächlich nicht unterworfen, sondern an ihm kraft Gesetzes beteiligt ist. Der Beteiligte kann in den gesetzlichen Grenzen auf den Beginn eines ihn betreffenden Verwaltungsverfahrens ebenso Einfluss nehmen (Antrag, Kenntnisvermittlung i.S.d. § 18 SGB XII) wie auf dessen Ende (Rücknahme eines Antrags, Abschluss eines öffentlich-rechtlichen Vertrages). Auch der Inhalt der Entscheidung steht, jedenfalls wenn es um die Verwirklichung von Antragsrechten geht, innerhalb der gesetzlichen Grenzen in der Dispositionsfreiheit des Beteiligten. Im Laufe des Verwaltungsverfahrens hat der Beteiligte das Recht, sich durch Akteneinsicht über den Informationsstand der Behörde Klarheit zu verschaffen, diesen durch Sachvortrag

29 BSG, Beschl. v. 03.07.2003 – B 7 AL 216/02 B.
1 Hierzu insb. JurisPK-SGB X/*Pitz*, § 12 Rn. 3, 5 f.

oder weitere, dem Leistungsträger bislang nicht bekannte Beweismittel zu ergänzen oder zu korrigieren und im Falle einer beabsichtigten belastenden Entscheidung seine Rechtsverteidigung oder Rechtsverfolgung vorzubereiten (beispielsweise durch Einholung juristischen Ratschlags oder medizinischer Gutachten).

Die Subjektstellung kommt ganz besonders durch die Pflicht des Leistungsträgers zum Ausdruck, 3
einen Beteiligten vor dem Erlass eines belastenden Verwaltungsaktes anzuhören (§ 24). Wer keine Kenntnis davon hat, dass ein Leistungsträger den Erlass eines belastenden Verwaltungsaktes beabsichtigt, hat keinen Anlass, sich durch Akteneinsicht über den Kenntnisstand des Leistungsträgers zu informieren oder tatsächliche oder rechtliche Ausführungen zu machen. Wird er erst durch den Verwaltungsakt überraschend hiervon informiert, kann er nur noch im Rechtsbehelfsverfahren versuchen Einfluss zu nehmen, um eine zumindest teilweise Änderung der bereits getroffenen Regelungen des Verwaltungsaktes zu erreichen. Gerade bei Ermessensentscheidungen und bei Entscheidungen, die eine Wertung voraussetzen, ist nicht von der Hand zu weisen, dass die Einflussmöglichkeiten *vor* dem Erlass des Verwaltungsaktes – solange die Überzeugung des verantwortlichen Sachbearbeiters von der zu treffenden Regelung noch nicht verfestigt ist – größer sind als *nach* dem Erlass des Verwaltungsaktes – wenn die Überzeugung bereits gefestigt ist und aus unterschiedlichsten Gründen die Neigung vorherrschen kann, den erlassenen Verwaltungsakt zu rechtfertigen anstatt ihn auf der Grundlage des Vortrags des Betroffenen zu verändern oder aufzuheben. Häufig verschafft dem Beteiligten erst die Anhörung die Kenntnis von der Existenz des Verwaltungsverfahrens und ist somit der »Türöffner« für die Geltendmachung weiterer Beteiligtenrechte, insbesondere für das Recht auf Akteneinsicht und das Recht, durch eigenen Rechts- und Tatsachenvortrag zu versuchen, auf das Ob und den Inhalt eines Verwaltungsaktes Einfluss zu nehmen. Die Anhörung stärkt somit nicht nur das Vertrauensverhältnis zwischen dem Beteiligten und dem Leistungsträger und trägt zur inhaltlichen Richtigkeit der zu treffenden Entscheidung bei, sondern gewährleistet auch in ganz besonderem Maße ein faires Verwaltungsverfahren.

Durch die Einbeziehung in den Prozess der Entscheidungsfindung, die Anregung zur Kommunikation mit der Behörde, die Information über den bevorstehenden Abschluss eines »gegen den Beteiligten gerichteten« Verwaltungsverfahrens und die durch die Behörde als maßgeblich erachteten Tatsachen, die durch sie hieraus gezogenen rechtlichen Schlüsse und die konkret beabsichtigte Rechtsfolge entsteht in einem gewissen Maße Waffengleichheit zwischen Behörde und Beteiligtem, zumal dieser nun Gelegenheit erhält, sich – zum Beispiel durch einen versierten Rechtsanwalt – kompetent vertreten zu lassen und rechtlich Stellung zum geplanten Verwaltungsakt zu nehmen.[2] Die Anhörung gewährleistet damit die Grundbedingungen eines fairen Verfahrens, ist rechtsstaatlich geboten und verdeutlicht in besonderem Maße, dass der Beteiligte nicht Unterworfener des Verwaltungsverfahrens, sondern dessen Beteiligter ist.

§ 77 SGG nimmt Bezug auf den Beteiligtenbegriff des § 12. Ein – durch Bekanntgabe wirksam 4
gewordener – Verwaltungsakt ist demnach für die Beteiligten in der Sache bindend, wenn gegen ihn ein Rechtsbehelf nicht oder erfolglos eingelegt wird, soweit durch Gesetz nichts anderes bestimmt ist. Die Beteiligtenstellung erweitert somit nicht nur die rechtliche Stellung des Betroffenen, sondern führt zugleich dazu, dass er an die Regelungen des Verwaltungsaktes gebunden ist.[3]

B. Einzelerläuterungen

I. Antragsteller und Antragsgegner

Antragsteller und Antragsgegner sind kraft Gesetzes Beteiligte (§ 12 Abs. 1 Ziffer 1) des Verwaltungs- 5
verfahrens. Ein **Antrag** ist eine empfangsbedürftige, öffentlich-rechtliche Willenserklärung, die auf

2 Hierzu im Einzelnen *Löcher*, Die Anhörung im Sozialverwaltungsverfahren, 2005, S. 49 ff., 65, 225.

3 BeckOGK/*Mutschler*, § 12 SGB X Rn. 6, Stand 08/2022; vgl. auch *Bullwan*, Widerstreitende Entscheidungen zweier Unfallversicherungsträger – rechtliche Möglichkeiten der Vermeidung bzw. Korrektur, ZfSH/SGB 2022, 443.

Gewährung einer Leistung[4] oder auf Geltendmachung anderer Rechte gerichtet ist. Durch den Zugang des Antrags entsteht gleichermaßen die Beteiligtenstellung wie ein Sozialrechts- bzw Sozialleistungsverhältnis zwischen Antragsteller und Leistungsträger. Ob der Antrag zulässig oder begründet ist, spielt für die Entstehung der Beteiligtenstellung keine Rolle. Ohne Relevanz ist auch, ob der Antrag formelle oder (auch) materiell-rechtliche Bedeutung hat.[5] Somit ist ebenso derjenige Beteiligter, dessen Antrag sich in seiner Wirkung darauf beschränkt, ein Verwaltungsverfahren auszulösen, wie derjenige, dessen Antrag den Beginn der Leistung bestimmt (z.B. § 37 Abs. 2 Satz 2 SGB II) oder materielle Anspruchsvoraussetzung ist (z.B. § 210 Abs. 1, Abs. 1a SGB VI).

6 Ob ein Antrag vorliegt und worauf er ggf. gerichtet ist, ist durch Auslegung analog §§ 133, 157 BGB zu ermitteln. Bei der Auslegung einer Willenserklärung darf nicht an ihrem Wortlaut gehaftet werden, vielmehr ist der wirkliche Wille des Erklärenden festzustellen, soweit er nach außen zutage tritt. Es ist das Günstigkeitsprinzip heranzuziehen, so dass im Zweifel anzunehmen ist, dass der Erklärende sämtliche ihm zustehenden Rechte geltend machen möchte.[6] Als empfangsbedürftige Willenserklärung entfaltet der Antrag seine Wirkungen mit dem Zugang beim zuständigen Leistungsträger oder einer anderen in § 16 Abs. 1 Satz 2 SGB I aufgeführten Stelle.

7 Die das Verwaltungsverfahren führende Behörde ist Trägerin[7] bzw. »Herrin des Verfahrens«, nicht aber Antragsgegnerin. **Antragsgegner** ist derjenige, dessen Rechte vom Ausgang des Verfahrens des Antragstellers betroffen sind. Dies können bei Anträgen auf Leistungen nach dem SGB II die weiteren Mitglieder der Bedarfsgemeinschaft sein, da die Höhe von Bedarf, Einkommen und Vermögen des Antragstellers nach § 9 Abs. 2 Satz 3 SGB II Einfluss auf die Höhe der Ansprüche der anderen Mitglieder der Bedarfsgemeinschaft haben. Antragsgegner ist auch die Witwe oder der Witwer bzw. der geschiedene Ehegatte eines Verstorbenen im Verfahren des jeweiligen anderen über eine Witwenrente aus der gesetzlichen Rentenversicherung, sofern eine sog. Geschiedenenrente (§ 91 SGB VI) in Betracht kommt, sowie der Unterhaltsschuldner, der von einer Abzweigung (§ 48 SGB I) betroffen ist.

8 Die Eigenschaft als Antragsgegner ist gesetzlich bestimmt und hängt nicht von einer Entscheidung der Behörde oder davon ab, dass der Betroffene über das Verwaltungsverfahren informiert ist oder wird. Hiervon zu unterscheiden ist die Frage, zu welchem Zeitpunkt ein Verwaltungsakt mit Dritt- oder Doppelwirkung gegenüber einem Dritten wirksam wird (vgl. hierzu die Kommentierung zu § 39).

9 Ein Antrag begründet die Beteiligtenstellung allein in dem Verwaltungsverfahren, das den Antragsteller betrifft. Die durch die Beteiligtenstellung begründeten Verfahrensrechte (z.B. Recht auf Akteneinsicht, § 25) stehen ihm also bereits aus diesem Grund nicht in Verwaltungsverfahren zu, die sich auf Dritte beziehen.

II. Adressat eines Verwaltungsaktes

10 Der Adressat oder der intendierte Adressat eines Verwaltungsaktes, also derjenige, an den die Behörde einen Verwaltungsakt richten will, ist ebenfalls Beteiligter des Verwaltungsverfahrens (§ 12 Abs. 1 Ziffer 2).

11 § 12 Abs. 1 Ziffer 2 erlangt insbesondere dann Bedeutung, wenn das Verfahren von Amts wegen eröffnet wurde. Lag der Eröffnung des Verfahrens ein Antrag zugrunde, so ist der Antragsteller bereits nach § 12 Abs. 1 Ziffer 1 Beteiligter. Leistungen werden ohne Antrag im Sozialhilferecht (§ 18 SGB XII; Ausnahmen zB: Leistungen der Grundsicherung im Alter und bei Erwerbsminderung [§ 41 Abs. 1 SGB XII] sowie Leistungen für Bildung und Teilhabe nach Maßgabe des § 34a SGB XII) sowie im Recht der gesetzlichen Unfallversicherung (§ 19 Satz 2 SGB IV) erbracht.

---

4 BSG, Urt. v. 26.01.2000 – B 13 RJ 37/98 R.
5 BeckOGK/*Mutschler*, § 12 SGB X Rn. 8, Stand 08/2022.
6 So bereits BSGE 49, 114.
7 BeckOGK/*Mutschler*, § 12 SGB X Rn. 10, Stand 08/2022.

Es stellt sich die Frage, zu welchem konkreten Zeitpunkt der potenziell von einem Verwaltungsakt Betroffene zum Beteiligten wird. Der Wortlaut des § 12 Abs. 1 Ziffer 2 »richten will« lässt hinsichtlich des konkreten Zeitpunktes unterschiedliche Deutungen zu, die von dem Zeitpunkt reichen, in dem der Betroffene erstmals derart in den Blickpunkt der Betrachtung der Behörde gerät, dass der Erlass eines Verwaltungsaktes – ggf. nach weiterer Sachverhaltsermittlung – überhaupt denkbar ist bis hin zu dem Zeitpunkt, in dem sich die Entscheidungsfindung bereits derart verdichtet hat, dass – sofern in Rechte des Betroffenen eingegriffen werden soll – nur noch die Anhörung (§ 24) vor dem Erlass des Verwaltungsaktes steht. Bezieht man Sinn und Zweck der Vorschrift und den Umstand ein, dass wichtige Verfahrensrechte wie das Recht auf Akteneinsicht nach § 25 SGB X alleine Beteiligten zustehen, so zeigt sich, dass die Beteiligtenstellung zur Verwirklichung des Farnessprinzips, des Grundsatzes der Waffengleichheit und weiterer Rechte möglichst frühzeitig im Laufe des Verwaltungsverfahrens entstehen muss.[8] Man denke nur an ein Denunziationsschreiben, dessen gegen den Betroffenen gerichtete Vorwürfe sich infolge nach außen gerichteter Ermittlungen der Behörde als unwahr herausstellen. Ohne Beteiligtenstellung würde das Recht auf Akteneinsicht nicht entstehen, so dass sich der von der ungerechtfertigten Denunziation Betroffene faktisch nicht gegen den Denunzianten rechtlich zur Wehr setzen könnte, um zukünftige Eingriffe in sein Persönlichkeitsrecht zu unterbinden. Somit muss die Beteiligtenstellung bereits beginnen, sobald aus Sicht der Behörde objektiv die nicht nur vage Möglichkeit des Erlasses eines die Rechtsposition verändernden Verwaltungsaktes besteht. Dieser Zeitpunkt wird häufig mit dem Beginn des Verwaltungsverfahrens im Sinne des § 8 übereinstimmen, der bereits in der nach außen wirkenden Tätigkeit der Behörde liegt, die auf die Prüfung der Voraussetzungen eines Verwaltungsaktes gerichtet ist. Die entgegenstehende Rechtsauffassung, die eine Beteiligtenstellung erst zu dem Zeitpunkt anerkennt, zu dem der Erlass des Verwaltungsaktes ernsthaft erwogen wird, so dass die Behörde mit den Vorbereitungen hierzu beginnt[9] bzw. auf den Zeitpunkt abstellt, in dem die Absicht zum Erlass des Verwaltungsaktes aus den Akten erkennbar und somit objektiv erkennbar ist[10], schützt die Rechtsposition des Betroffenen nicht hinreichend. 12

Daher muss die Beteiligtenstellung bereits dann entstehen, wenn einer Behörde ein Sachverhalt bekannt wird, der aller Voraussicht nach zum Erlass eines Verwaltungsaktes gegen den Betroffenen führen wird. Es genügt nicht, auf den Zeitpunkt abzustellen, in dem die Behörde den Erlass des Verwaltungsaktes ernsthaft erwägt. 13

Derjenige, an den die Behörde einen Verwaltungsakt gerichtet hat, verliert durch den Erlass des Verwaltungsaktes nicht seine Beteiligtenstellung (§ 12 Abs. 1 Ziffer 2). Daher ist es ihm beispielsweise möglich, zur Prüfung der Erfolgsaussichten eines Rechtsbehelfs Akteneinsicht nach Maßgabe des § 25 SGB X zu nehmen. 14

III. Öffentlich-rechtlicher Vertrag

Derjenige, mit dem die Behörde einen öffentlich-rechtlichen Vertrag im Sinne der §§ 53 ff. SGB X schließen will oder geschlossen hat, ist Beteiligter des Verwaltungsverfahrens (§ 12 Abs. 1 Ziffer 3). 15

Die Beteiligtenstellung entsteht, sobald aus Sicht der Behörde der Abschluss eines öffentlich-rechtlichen Vertrages objektiv nicht nur als vage Möglichkeit im Raume steht. Die Beteiligtenstellung erst dann beginnen zu lassen, sobald der Abschluss des Vertrags bewusst vorbereitet wird[11] bzw. an 16

8 A.A. JurisPK-SGB X/*Pitz*, § 12 Rn. 12, der die Beteiligteneigenschaft erst bei derartiger Konkretisierung entstehen lassen will, dass sich die Absicht zum Erlass des Verwaltungsaktes aus den Akten entnehmen lässt und damit objektiv erkennbar ist.

9 BeckOK-SozR/*Weber*, § 12 SGB X Rn. 12 Stand 12/2023.

10 JurisPK-SGB X/*Pitz*, § 12 Rn. 12.

11 BeckOGK/*Mutschler*, § 12 SGB X Rn. 12, Stand 08/2022.

die Aufnahme von Vertragsverhandlungen anknüpft[12], eröffnet die aus der Beteiligtenstellung resultierenden Rechte des Betroffenen zu spät.

Anders als in einem Verwaltungsverfahren, das auf den Erlass eines Verwaltungsaktes gerichtet ist, bedarf es hier keiner frühzeitigen Beteiligung des Betroffenen, um ihm ein faires Verfahren zu gewährleisten.

IV. Hinzuziehung

17 § 12 Abs. 2 unterscheidet die einfache von der notwendigen Hinzuziehung. Sind die Voraussetzungen für eine einfache Hinzuziehung erfüllt, steht die Hinzuziehung im Ermessen der Behörde. Die Hinzuziehung des Betroffenen ist hingegen Pflicht, wenn ein Fall der notwendigen Hinzuziehung vorliegt. Die Beteiligteneigenschaft und mit dieser verbunden die Beteiligtenrechte entstehen jeweils erst mit der Hinzuziehung (§ 12 Abs. 1 Ziffer 4), d.h. mit der Wirksamkeit des Verwaltungsaktes über die Hinzuziehung. Handelt es sich bei dem Dritten um einen Antragsgegner im Sinne des § 12 Abs. 1 Ziffer 1, so erfolgt keine Hinzuziehung, da er bereits als Antragsgegner Beteiligter ist.[13]

18 Ein Fall der **einfachen Hinzuziehung** liegt vor, wenn durch den Ausgang eines Verwaltungsverfahrens rechtliche Interessen nicht nur des Adressaten, sondern auch eines Dritten berührt werden oder berührt werden können. Es reicht hierzu aus, dass die Möglichkeit einer Veränderung der Rechtslage des Hinzuzuziehenden besteht.[14]

19 Rechtliche Interessen sind sämtliche durch eine privat- oder öffentlich-rechtliche Vorschrift geschützte Interessen wirtschaftlicher, persönlicher, ideeller oder sonstiger Art, die durch den Ausgang des Verwaltungsverfahrens erweitert, reduziert, gestaltet, verändert oder auf andere Weise betroffen werden können. Ideelle oder finanzielle Interessen, die nicht durch eine Vorschrift geschützt sind, sind jedoch keine rechtlichen Interessen und können eine Beteiligtenstellung nicht begründen.

20 Sind die Voraussetzungen des § 12 Abs. 2 Satz 1 erfüllt, so steht die Hinzuziehung im Ermessen der Behörde. Das Ermessen ist nach § 39 SGB I pflichtgemäß auszuüben, so dass der Zweck des § 12 Abs. 2 zu beachten ist, der insbesondere darin liegt, demjenigen, dessen Rechte verändert werden können, die Möglichkeit zu verschaffen, hierauf durch eigenen Tatsachenvortrag oder Stellungnahmen Einfluss zu nehmen. Eine Behörde kann in Hinblick auf den Zweck der Vorschrift nur dann von einer Hinzuziehung absehen, wenn ausgeschlossen erscheint, dass ein Sachvortrag, eine Stellungnahme oder eine andere Verfahrenshandlung des Dritten die zu treffende Entscheidung inhaltlich zu verändern vermag. Dies wird bei beabsichtigten Pflichtentscheidungen eher der Fall sein als bei Ermessensentscheidungen, bei denen niemals von vornherein ausgeschlossen ist, dass ein Sachvortrag oder eine andere Verfahrenshandlung Einfluss auf die zu treffende Entscheidung nehmen kann. Von der Hinzuziehung wird auch dann abzusehen sein, wenn der Dritte bereits im Vorfeld deutlich gemacht hat, dass er kein Interesse an einer Hinzuziehung hat.

21 Die Behörde hat die Hinzuziehung von Amts wegen zu prüfen. Wurde die Hinzuziehung beantragt, so spricht dies für ein besonderes Interesse des Betroffenen, an der Entscheidung mitzuwirken. Dies ist im Rahmen der Ermessensentscheidung zu berücksichtigen. In jedem Fall ist über die Hinzuziehung ein Verwaltungsakt zu erlassen.[15]

22 Die Voraussetzungen für eine **notwendige Hinzuziehung** sind erfüllt, wenn der Ausgang des Verfahrens rechtsgestaltende Wirkung für den Dritten hat und er einen Antrag auf Hinzuziehung stellt.

---

12 Undeutlich LPK-SGB X/*Prehn*, § 12 Rn. 9: »in aller Regel (spätestens) mit der Aufnahme von Vertragsverhandlungen«.

13 LPK-SGB X/*Prehn*, § 12 Rn. 10.

14 LPK-SGB X/*Prehn*, § 12 Rn. 10.

15 Schütze/*Roller*, SGB X, § 12 Rn. 13.

Der Ausgang des Verfahrens hat rechtsgestaltende Wirkung, wenn er unmittelbar in die Rechtssphäre des Dritten eingreift[16], indem Rechte aufgehoben, verändert, begründet oder festgestellt werden. Es genügt die konkrete Möglichkeit der Rechtsgestaltung.[17] Die Behörde hat die Pflicht, den Betroffenen hinzuzuziehen. So ist in einem Prüfverfahren, das sich auf die Versicherungspflicht einer ausgeübten Tätigkeit bezieht, die hiervon betroffene Person notwendig hinzuzuziehen. Notwendig hinzuzuziehen ist auch ein Elternteil im Verfahren des anderen Elternteils über die Vormerkung von Kinderberücksichtigungszeiten.[18] 23

Die Behörde hat denjenigen, der auf seinen Antrag hin notwendig hinzuzuziehen wäre, über die Einleitung des Verwaltungsverfahrens mündlich, schriftlich oder auf andere Art und Weise zu informieren (§ 12 Abs. 2 Satz 2 Halbs. 2, § 9), damit er von seinem Antragsrecht Gebrauch machen kann. Hierbei ist er auf die Möglichkeit der Antragstellung hinzuweisen. »Eine ordnungsgemäße Benachrichtigung ist nur dann erfolgt, wenn diese den Hinweis enthält, dass ein Antrag auf Beteiligung an dem Verfahren gestellt werden kann. Nur dann nämlich ist der Dritte in der Lage, seine Rechte wahrzunehmen.«[19] 24

Die Hinzuziehung darf auch dann – allerdings nach Absatz 2 Satz 1 – erfolgen, wenn der Dritte keinen Antrag auf Hinzuziehung gestellt hat.[20] Der Gesetzgeber stellt die Hinzuziehung bereits hinsichtlich derjenigen ins Ermessen der Behörde, deren rechtliche Interessen durch den Ausgang des Verfahrens berührt werden *können*. Dies muss erst recht für diejenigen gelten, bei denen *feststeht*, dass der Ausgang des Verfahrens ihre Rechte nicht nur berühren kann, sondern sogar *gestalten wird*. Dass der Gesetzgeber für eine notwendige Hinzuziehung einen Antrag fordert, bezweckt nicht, die Hinzuziehung der im Vergleich mit den in Absatz 2 Satz 1 genannten Personen schutzwürdigeren Betroffenen zu erschweren. Es wäre reiner Formalismus, eine von Seiten der Behörde den Gesetzeszweck erfüllende Hinzuziehung mit der Begründung abzulehnen, der Betroffene habe diese nicht beantragt. Auch Absatz 2 Halbs. 2, der die Behörde verpflichtet, den Betroffenen von der Einleitung des Verfahrens zu informieren, führt nicht zu einer anderen Einschätzung, zumal der Wortlaut des Gesetzes nicht einmal voraussetzt, dass der Betroffene auf die durch die Hinzuziehung entstehenden Beteiligungsrechte hinzuweisen ist. Somit steht die Hinzuziehung in diesem Fall im pflichtgemäß auszuübenden Ermessen der Behörde. 25

Lehnt der Betroffene jedoch ausdrücklich eine Hinzuziehung bzw. einen darauf gerichteten Antrag ab, so darf ihm die Hinzuziehung nicht aufgedrängt werden.[21] Allein aus einem Nichtstun kann nicht geschlossen werden, der Betroffene lehne eine Hinzuziehung ab. 26

Dritte, die nicht notwendig hinzuzuziehen sind, sind nicht über die Einleitung des Verfahrens zu informieren. Die Informationspflicht ist in § 12 Abs. 2 Satz 2 und nicht in § 12 Abs. 2 Satz 1, der sich mit der einfachen Hinzuziehung beschäftigt, geregelt. Es ist davon auszugehen, dass der Gesetzgeber, falls er auch die einfache Hinzuziehung hätte erfassen wollen, die Informationspflicht in einem dritten Satz in § 12 Abs. 2 oder in einem eigenen Absatz geregelt hätte. 27

Die Hinzuziehung erfolgt durch Verwaltungsakt (§ 31 SGB X). Der Hinzugezogene erlangt alle Beteiligtenrechte. Schließt das Verwaltungsverfahren, zu dem er hinzugezogen wurde, durch Verwaltungsakt ab, so erstreckt sich dessen Bindungswirkung auch auf ihn. Er hat das Recht, den Verwaltungsakt durch einen statthaften Rechtsbehelf anzufechten.[22] 28

---

16 Knickrehm/Roßbach/Waltermann/*Fichte*, § 12 SGB X Rn. 12.
17 Schütze/*Roller*, SGB X, § 12 Rn. 11.
18 Hierzu BSG, Urt. v. 11.05.2011 – B 5 R 22/10 R.
19 BSG, Urt. v. 12.06.2001 – B 4 RA 37/00 R, Rn. 14.
20 Schütze/*Roller*, SGB X, § 12 Rn. 12: Die Behörde kann den Dritten nach Abs. 2 Satz 1 hinzuziehen.
21 Vgl. BSG, Urt. v. 12.06.2001 – B 4 RA 37/00 R, Rn. 18.
22 BeckOGK/*Mutschler*, § 12 SGB X Rn. 30, Stand 08/2022.

V. Keine Beteiligtenstellung infolge Anhörung

29 § 12 Abs. 3 SGB X bestimmt, dass derjenige, der anzuhören ist, ohne nach § 12 Abs. 1 Beteiligter des Verwaltungsverfahrens zu sein, allein durch dieses »angehört werden« nicht zum Beteiligten wird. Da der nach § 24 Abs. 1 anzuhörende Adressat eines beabsichtigten belastenden Verwaltungsaktes bereits nach § 12 Abs. 1 Ziffer 1 oder 2 Beteiligter des Verwaltungsverfahrens ist, muss § 12 Abs. 3 auf einen anderen Personenkreis abzielen. Der Gesetzgeber kann nur diejenigen im Blick gehabt haben, die als Behörden, Sachverständige oder Zeugen im Rahmen der Amtsermittlung zu einer Frage oder zu einem Sachverhalt Stellung nehmen oder ihre Wahrnehmungen schildern und damit im Sinne des § 21 Abs. 1 Ziffer 2 »angehört werden«.[23] Allein dadurch, dass sie zu Wort kommen, erhalten sie nicht die Stellung eines Beteiligten. Dasselbe gilt für Personen, Behörden und andere, die aufgrund von Rechtsvorschriften im Verwaltungsverfahren zu »hören« sind[24], so dass beispielsweise ein Jugendhilfeträger, der in den Katalogfällen des § 49 Abs. 1 FGG gehört wird, hierdurch nicht zum Beteiligten des Verwaltungsverfahrens wird.

VI. Folgen unterbliebener Hinzuziehung

30 Unterbleibt die Hinzuziehung, so leidet der Verwaltungsakt an einem Verfahrensfehler und ist deshalb formell rechtswidrig.[25] Der Verfahrensfehler kann allerdings bis zum Abschluss eines zweitinstanzlichen Gerichtsverfahrens durch Nachholung geheilt werden (§ 41 Abs. 1 Ziffer 6, Abs. 2). Nachholung bedeutet in diesem Zusammenhang, dass das Verwaltungsverfahren ab dem Zeitpunkt, zu dem die Hinzuziehung hätte erfolgen müssen, unter Beteiligung des rechtswidrig nicht Hinzugezogenen nachzuholen ist.[26] Geschieht dies nicht, wird der Verwaltungsakt gegenüber dem nicht Hinzugezogenen nicht bindend.[27] Nichts anderes gilt, wenn eine nach § 12 Abs. 2 Halbs. 2 gebotene Benachrichtigung über die Einleitung des Verfahrens oder Information über die Möglichkeit, eine Hinzuziehung zu beantragen, versäumt wurde.[28] Eine Beiladung des Gerichts zu einem anschließenden gerichtlichen Verfahren stellt bereits deshalb keine Heilung des Verfahrensfehlers[29] dar, weil sie nicht durch die Behörde vorgenommen wird.

Der Adressat eines Verwaltungsaktes kann grundsätzlich dessen Aufhebung wegen eines nicht geheilten Hinzuziehungsfehlers verlangen. Keine Aufhebung erfolgt jedoch, wenn der Hinzuzuziehende erklärt hat, dass er auf die Wiederholung des Verwaltungsverfahrens unter seiner Beteiligung verzichte. Vor einer erst- oder zweitinstanzlichen Entscheidung hat das Gericht den Hinzuzuziehenden darüber zu befragen, ob dieser eine Wiederholung des Verfahrens unter seiner Beteiligung wünscht. Verlangt er die Wiederholung, so ist der Verwaltungsakt aufzuheben.[30] Eine gerichtliche Anfrage erachtet der 12. Senat allerdings dann für überflüssig, wenn der beigeladene Dritte im Revisionsverfahren keinen Antrag gestellt und somit »von der Möglichkeit, selbständig Angriffs- und Verteidigungsmittel geltend zu machen, keinen Gebrauch gemacht und damit nicht zu erkennen ergeben habe, ob und ggf. inwieweit er an der Aufhebung oder Aufrechterhaltung des Verwaltungsaktes Interesse«[31] habe oder wenn er deutlich gemacht habe, dass er gerade nicht an der Aufhebung, sondern an der Aufrechterhaltung des Verwaltungsaktes interessiert sei.

---

23 *Löcher*, Die Anhörung im Sozialverwaltungsverfahren, 2005, S. 15; BeckOK-SozR/*Weber*, § 12 SGB X Rn. 24, Stand 09/2019.

24 Hauck/Noftz/*Hauck*, § 12 SGB X Rn. 13.

25 Hierzu BSG, Urt. v. 05.03.2014 – B 12 KR 1/12 R, Rn. 17 mit weiteren Nachweisen.

26 Diering/Timme/Stähler/*Prehn*, § 12 Rn. 18.

27 Diering/Timme/Stähler/*Prehn*, § 12 Rn. 18.

28 Hauck/Noftz/*Vogelgesang*, § 12 SGB X Rn. 41.

29 BeckOGK/*Mutschler*, § 12 SGB X Rn. 13.

30 BSG, Urt. v. 22.06.1983 – 12 RK 73/82, BSGE 55, 160, 162 f; BSG, Urt. v. 29.01.1998 – B 12 KR 35/95 R, BSGE 81, 276, 287 f.

31 BSG, Urt. v. 09.08.2006, B 12 KR 3/06 R, Rn. 14.

Wendet sich der Adressat eines Verwaltungsaktes, bei dem unter Verstoß gegen § 12 ein Dritter nicht zum Verfahren hinzugezogen worden ist, im Wege des einstweiligen Rechtsschutzes gegen den Verwaltungsakt, so hat der Antrag allein wegen dieses Verstoßes keine Aussicht auf Erfolg.[32]

VII. Folgen rechtswidriger Hinzuziehung

Wurde ein Betroffener rechtswidrig zum Verfahren hinzugezogen, ist der Hinzuziehungsverwaltungs- 31
akt zurückzunehmen bzw. aufzuheben.[33]

§ 13 Bevollmächtigte und Beistände

(1) [1]Ein Beteiligter kann sich durch einen Bevollmächtigten vertreten lassen. [2]Die Vollmacht ermächtigt zu allen das Verwaltungsverfahren betreffenden Verfahrenshandlungen, sofern sich aus ihrem Inhalt nicht etwas anderes ergibt. [3]Der Bevollmächtigte hat auf Verlangen seine Vollmacht schriftlich nachzuweisen. [4]Ein Widerruf der Vollmacht wird der Behörde gegenüber erst wirksam, wenn er ihr zugeht.

(2) Die Vollmacht wird weder durch den Tod des Vollmachtgebers noch durch eine Veränderung in seiner Handlungsfähigkeit oder seiner gesetzlichen Vertretung aufgehoben; der Bevollmächtigte hat jedoch, wenn er für den Rechtsnachfolger im Verwaltungsverfahren auftritt, dessen Vollmacht auf Verlangen schriftlich beizubringen.

(3) [1]Ist für das Verfahren ein Bevollmächtigter bestellt, muss sich die Behörde an ihn wenden. [2]Sie kann sich an den Beteiligten selbst wenden, soweit er zur Mitwirkung verpflichtet ist. [3]Wendet sich die Behörde an den Beteiligten, muss der Bevollmächtigte verständigt werden. [4]Vorschriften über die Zustellung an Bevollmächtigte bleiben unberührt.

(4) [1]Ein Beteiligter kann zu Verhandlungen und Besprechungen mit einem Beistand erscheinen. [2]Das von dem Beistand Vorgetragene gilt als von dem Beteiligten vorgebracht, soweit dieser nicht unverzüglich widerspricht.

(5) Bevollmächtigte und Beistände sind zurückzuweisen, wenn sie entgegen § 3 des Rechtsdienstleistungsgesetzes Rechtsdienstleistungen erbringen.

(6) [1]Bevollmächtigte und Beistände können vom Vortrag zurückgewiesen werden, wenn sie hierzu ungeeignet sind; vom mündlichen Vortrag können sie nur zurückgewiesen werden, wenn sie zum sachgemäßen Vortrag nicht fähig sind. [2]Nicht zurückgewiesen werden können Personen, die nach § 73 Abs. 2 Satz 1 und 2 Nr. 3 bis 9 des Sozialgerichtsgesetzes zur Vertretung im sozialgerichtlichen Verfahren befugt sind.

(7) [1]Die Zurückweisung nach den Absätzen 5 und 6 ist auch dem Beteiligten, dessen Bevollmächtigter oder Beistand zurückgewiesen wird, schriftlich mitzuteilen. [2]Verfahrenshandlungen des zurückgewiesenen Bevollmächtigten oder Beistandes, die dieser nach der Zurückweisung vornimmt, sind unwirksam.

Die Kommentierung zu diesem Paragrafen befindet sich unter: 1
Zusammengefasste Kommentierung zu §§ 13–15 Rdn. 1 ff.

§ 14 Bestellung eines Empfangsbevollmächtigten

[1]Ein Beteiligter ohne Wohnsitz oder gewöhnlichen Aufenthalt, Sitz oder Geschäftsleitung im Inland hat der Behörde auf Verlangen innerhalb einer angemessenen Frist einen Empfangsbevoll-

32 Bayerisches LSG, 12.01.2022 – L 7 BA 90/21 B ER, juris Rn. 19 In Hinblick auf eine beantragte Anordnung der aufschiebenden Wirkung eines Widerspruchs.

33 Hauck/Noftz/*Vogelgesang*, § 12 SGB X Rn. 42.

mächtigten im Inland zu benennen. [2]Unterlässt er dies, gilt ein an ihn gerichtetes Schriftstück am siebenten Tage nach der Aufgabe zur Post und ein elektronisch übermitteltes Dokument am vierten Tage nach der Absendung als zugegangen. [3]Dies gilt nicht, wenn feststeht, dass das Dokument den Empfänger nicht oder zu einem späteren Zeitpunkt erreicht hat. [4]Auf die Rechtsfolgen der Unterlassung ist der Beteiligte hinzuweisen.

1 Die Kommentierung zu diesem Paragrafen befindet sich unter:
Zusammengefasste Kommentierung zu §§ 13–15 Rdn. 38 ff.

§ 15 Bestellung eines Vertreters von Amts wegen

(1) Ist ein Vertreter nicht vorhanden, hat das Gericht auf Ersuchen der Behörde einen geeigneten Vertreter zu bestellen
1. **für einen Beteiligten, dessen Person unbekannt ist,**
2. **für einen abwesenden Beteiligten, dessen Aufenthalt unbekannt ist oder der an der Besorgung seiner Angelegenheiten verhindert ist,**
3. **für einen Beteiligten ohne Aufenthalt im Inland, wenn er der Aufforderung der Behörde, einen Vertreter zu bestellen, innerhalb der ihm gesetzten Frist nicht nachgekommen ist,**
4. **für einen Beteiligten, der infolge einer psychischen Krankheit oder körperlichen, geistigen oder seelischen Behinderung nicht in der Lage ist, in dem Verwaltungsverfahren selbst tätig zu werden.**

(2) [1]Für die Bestellung des Vertreters ist in den Fällen des Absatzes 1 Nr. 4 das Betreuungsgericht zuständig, in dessen Bezirk der Beteiligte seinen gewöhnlichen Aufenthalt hat; im Übrigen ist das Betreuungsgericht zuständig, in dessen Bezirk die ersuchende Behörde ihren Sitz hat. [2]Ist der Beteiligte minderjährig, tritt an die Stelle des Betreuungsgerichts das Familiengericht.

(3) [1]Der Vertreter hat gegen den Rechtsträger der Behörde, die um seine Bestellung ersucht hat, Anspruch auf eine angemessene Vergütung und auf die Erstattung seiner baren Auslagen. [2]Die Behörde kann von dem Vertretenen Ersatz ihrer Aufwendungen verlangen. [3]Sie bestimmt die Vergütung und stellt die Auslagen und Aufwendungen fest.

(4) Im Übrigen gelten für die Bestellung und für das Amt des Vertreters in den Fällen des Absatzes 1 Nr. 4 die Vorschriften über die Betreuung, in den übrigen Fällen die Vorschriften über die sonstige Pflegschaft entsprechend.

1 Die Kommentierung zu diesem Paragrafen befindet sich unter:
Zusammengefasste Kommentierung zu §§ 13–15 Rdn. 49 ff.

Zusammengefasste Kommentierung zu §§ 13–15

Übersicht

A. Inhalt

1 §§ 13 bis 15 regeln Einzelheiten in Bezug auf die Stellvertretung im Sozialverwaltungsverfahren. Die Vorschriften behandeln die gewillkürte Stellvertretung, die Bestellung eines Empfangsbevollmächtigten, die Bestellung eines Vertreters von Amts wegen und die Beistandschaft, nicht jedoch

die gesetzliche Stellvertretung durch Eltern, Betreuer oder Vormünder[1], die im BGB (§§ 1629 BGB, § 1896 BGB, § 1773 BGB) geregelt ist. Daneben wird die Unterstützung des Beteiligten durch einen Beistand geregelt.

2 Das Recht, sich durch einen Bevollmächtigten vertreten zu lassen, zählt zu den elementaren, die Subjektstellung des Beteiligten ausmachenden Rechte. Es ist nicht zuletzt ein Ausdruck rechtsstaatlich geforderter Waffengleichheit[2] (Chancengleichheit) und somit eines fairen Verwaltungsverfahrens, dass sich ein Beteiligter durch einen Bevollmächtigten vertreten lassen kann, der der Behörde hinsichtlich des Sachverstandes gleichwertig ist.[3] Der Bevollmächtigte kann, gerade wenn er juristisch ausgebildet ist, zudem eine die zügige Durchführung des Verwaltungsverfahrens fördernde »Filterfunktion« wahrnehmen, indem er allein für das konkrete Verwaltungsverfahren wesentliche Tatsachen vorträgt und rechtliche Ausführungen auf das Wesentliche beschränkt.

3 Ein handlungsfähiger Beteiligter kann sämtliche Verfahrenshandlungen im Sozialverwaltungsverfahren selbst vornehmen, so dass grundsätzlich keine Verpflichtung besteht, einen Bevollmächtigten zu bestellen. Allein unter den engen Voraussetzungen des § 15 werden auf Veranlassung der Behörde Bevollmächtigte durch das Vormundschafts- oder Familiengericht bestellt. § 14 enthält die Obliegenheit Beteiligter ohne Wohnsitz oder gewöhnlichen Aufenthalt, Sitz oder Geschäftsleitung im Inland, auf Verlangen der Behörde einen Empfangsbevollmächtigten im Inland zu benennen; wird diese Obliegenheit verletzt, tritt eine Sieben-Tage-Zugangsfiktion ein (vgl hierzu Rdn. 42). In § 38 SGB II ist eine Vermutung der Bevollmächtigung des erwerbsfähigen Mitglieds einer Bedarfsgemeinschaft zur Beantragung und Entgegennahme von Leistungen nach dem SGB II durch ihre übrigen Mitglieder geregelt.

4 Der Vertretene muss sich die Verfahrenshandlungen des Vertreters wie eigene Verfahrenshandlungen zurechnen lassen. Somit hat er auch ein Verschulden des Bevollmächtigten analog § 166 Abs. 1 BGB gegen sich gelten zu lassen, ebenso dessen Wissen und Nichtwissen, so dass der Vertrauensausschlussgrund des § 45 Abs. 2 Satz 3 Nr. 3 – Kennen oder grob fahrlässiges Nichterkennen der Rechtswidrigkeit des Verwaltungsaktes – erfüllt sein kann, wenn der rechtswidrige Verwaltungsakt in Anwendung des § 37 Abs. 1 Satz 2 gegenüber dem Bevollmächtigten bekanntgegeben wurde.[4] Ein Verschulden einer durch den Bevollmächtigten eingesetzten Hilfsperson – z.B. der Angestellten eines Rechtsanwalts – ist ihm jedoch nur zuzurechnen, wenn diese durch den Bevollmächtigten nicht mit der erforderlichen Sorgfalt ausgewählt, belehrt und überwacht wurde.[5]

B. Einzelerläuterungen

I. Gewillkürte Stellvertretung

5 Beteiligte dürfen sich im Verwaltungsverfahren durch einen Bevollmächtigten vertreten lassen. *Fichte* legt den Begriff »einen« als zahlenmäßige Begrenzung aus, so dass allein ein einziger Bevollmächtigter zur selben Zeit für den Beteiligten auftreten dürfe. Die Begrenzung diene insbesondere der Übersichtlichkeit des Verfahrens und den in § 9 Satz 2 niedergelegten Verfahrensgrundsätzen.[6] Diese Interpretation erscheint jedoch zu eng, da sie die schutzwürdigen Belange des Beteiligten nicht ausreichend berücksichtigt. Zum einen kann es die Angelegenheit aus objektiv nachvollziehbarer Sicht des Beteiligten ausnahmsweise erfordern, die Fachkunde mehrerer zu Hilfe zu ziehen – beispielsweise eines sozialrechtlich versierten Rechtsanwaltes und eines Steuerberaters in Angelegenheiten des § 28h oder § 28p SGB IV – und diese als Vertreter zu bevollmächtigen, zum anderen ist kein Grund ersichtlich, den Beteiligten im Sozialrecht schlechter zu stellen als in anderen Rechtsbereichen, wie

1 Knickrehm/Kreikebohm/Waltermann/*Fichte*, § 15 SGB X Rn. 7.
2 Schütze/*Roller*, SGB X, § 13 Rn. 2.
3 *Löcher*, Die Anhörung im Sozialverwaltungsverfahren, S. 158 ff.
4 LSG Schleswig-Holstein, Urt. v. 16.02.2023 – L 1 R 34/22, juris Rn. 56.
5 Hierzu im Einzelnen BeckOGK/*Mutschler*, § 27 SGB X Rn. 12, Stand 03/2020.
6 Knickrehm/Kreikebohm/Waltermann/*Fichte*, § 15 SGB X Rn. 5.

z.B. in zivilrechtlichen Angelegenheiten. Das Verwaltungsverfahren wird durch die Bevollmächtigung weiterer Vertreter für die Behörde nicht unverhältnismäßig beeinträchtigt. Eine Bevollmächtigung mehrerer Personen ist daher nicht ausgeschlossen.[7] Widersprechen sich Verfahrenshandlungen der Bevollmächtigten oder schließen sich diese sogar gegenseitig aus, so ist ebenso zu verfahren, wie in einem Fall, in dem Verfahrenshandlungen des Beteiligten mit denen des Vertreters kollidieren.[8] Widersprechen sich öffentlich-rechtliche Willenserklärungen, so ist nach dem Prioritätsprinzip vorzugehen. Die der Behörde zunächst zugegangene Willenserklärung entfaltet zuerst ihre Wirkung. Von der nunmehr gestalteten Rechtslage hängt ab, ob die nachfolgend eingegangene Willenserklärung noch Wirkung entfalten kann. Stimmt ein Bevollmächtigter beispielsweise einem öffentlich-rechtlichen Vertrag zu, so ist dieser auch dann wirksam zustande gekommen, wenn der Behörde am darauffolgenden Tag eine Mitteilung eines weiteren Bevollmächtigten zugeht, nach der dem Vertrag nicht zugestimmt wird. Der Beteiligte hat die Risiken zu tragen, die sich aus der Bevollmächtigung mehrerer Personen ergeben.

6 § 13 Abs. 1 Satz 2 geht grundsätzlich von einer umfassenden Vollmacht aus, die zu sämtlichen das Verfahren betreffenden Verfahrenshandlungen – zum Beispiel zur Abgabe und Entgegennahme von Willenserklärungen – ermächtigt, so dass die durch oder gegenüber dem Vertreter vorgenommenen Verfahrenshandlungen gegen den Vertretenen wirken. Anders ist dies nur dann, wenn sich aus der Vollmacht etwas anderes ergibt, es sich um die Abgabe höchstpersönlicher Willenserklärungen oder um andere höchstpersönliche Verfahrenshandlungen (zum Beispiel höchstpersönliche Mitwirkungsobliegenheiten nach §§ 61 bis 64 SGB I, Arbeitslosmeldung) handelt oder wenn eine Vorschrift dies regelt (vgl. § 13 Abs. 3 Satz 1). Eine für ein Verwaltungsverfahren erteilte Vollmacht bleibt bis zum Abschluss des Verwaltungsverfahrens – d.h. längstens bis zur Rechtskraft des Urteils über einen angefochtenen Verwaltungsakt[9] – wirksam. Ob sie allerdings über das Verwaltungsverfahren hinaus auch das Widerspruchs- oder sozialgerichtliche Klageverfahren umfasst, hängt von ihrem Inhalt ab.

7 Betrifft die Vollmacht nur ein bestimmtes *Verwaltungsverfahren*, so ermächtigt sie den Bevollmächtigten weder zu Verfahrenshandlungen in einem *Klageverfahren* noch in einem *anderen* Verwaltungsverfahren. Damit kann die Behörde das Wirksamwerden von Verwaltungsakten gegenüber dem Beteiligten in einem anderen Verwaltungsverfahren nur durch Bekanntgabe an ihn selbst – oder an einen für dieses andere Verwaltungsverfahren bevollmächtigten Vertreter – herbeiführen. Sofern sich aus den konkreten Umständen nichts anderes ergibt, ist eine für ein Verwaltungsverfahren erteilte Vollmacht so auszulegen, dass sie auch für das Widerspruchsverfahren gelten soll. Die Vertretung im Klageverfahren ist von einer für das Verwaltungsverfahren erteilten Vollmacht jedoch nicht erfasst.

8 Jede im Sinne des § 11 Abs. 1 Nr. 1 SGB X handlungsfähige Person kann wirksam bevollmächtigt werden.[10] Eine besondere Rechtskunde ist sinnvoll, wird aber durch das Gesetz nicht vorausgesetzt. Hat ein geschäftsunfähiger Vertreter Widerspruch erhoben, so kann dieser Mangel nur bis zum Abschluss des Widerspruchsverfahrens durch Genehmigung des Vertretenen geheilt werden.[11]

9 Ein beschränkt Geschäftsfähiger kann nicht wirksam bevollmächtigt werden.[12] Die Vollmacht ermächtigt nach § 13 Abs. 1 Satz 2 SGB X grundsätzlich zu sämtlichen das Verwaltungsverfahren betreffenden Verfahrenshandlungen. Ein beschränkt Geschäftsfähiger ist jedoch im Sozialrecht selbst in eigenen Angelegenheiten nur soweit handlungsfähig, wie ihn Vorschriften des bürgerlichen Rechts oder des öffentlichen Rechts – und hier insbesondere § 36 SGB I – für handlungsfähig erklären. Eine umfassende, sich auf sämtliche aktiven und passiven Verfahrenshandlungen erstreckende Bevoll-

7 So im Ergebnis auch JurisPK-SGB X/*Pitz*, § 13 Rn. 5; ebenso v. Schütze/*Roller*, SGB X, § 13 Rn. 5.
8 Hierzu Diering/Timme/Stähler/*Prehn*, § 13 SGB X Rn. 10 ff.
9 Knickrehm/Kreikebohm/Waltermann/*Fichte*, § 15 SGB X Rn. 9.
10 LSG Baden-Württemberg, Urt. v. 23.03.2021 – L 9 AS 3091/19, Rn. 25.
11 LSG Baden-Württemberg, Urt. v. 23.03.2021 – L 9 AS 3091/19, Rn. 30.
12 JurisPK-SGB X/*Pitz*, § 13 Rn. 5.

mächtigung eines Minderjährigen würde dessen durch den Gesetzgeber nur in eigenen Angelegenheiten ausnahmsweise vorgesehene sozialrechtliche Handlungsfähigkeit erweitern und ist bereits aus diesem Grund abzulehnen. Auch eine Bevollmächtigung, die sich auf Angelegenheiten beschränkte, die von § 36 SGB I umfasst sind – wie z.B. die Stellung eines Antrags auf Sozialleistungen –, wäre unwirksam. § 36 Abs. 1 Satz 2 und Abs. 2 SGB I verdeutlichen, dass die partielle Handlungsfähigkeit des Minderjährigen auf eigene Angelegenheiten beschränkt und zudem nicht ohne Schutz durch den gesetzlichen Vertreter bestehen soll, der die Handlungsfähigkeit einschränken und zu bestimmten Verfahrenshandlungen die Zustimmung verweigern kann. Eine Erweiterung der partiellen Handlungsfähigkeit des Minderjährigen auf Angelegenheiten eines Dritten kommt aus diesen Gründen nicht in Betracht.

Widerruft der Beteiligte die Vollmacht, so wird der Widerruf der Behörde gegenüber erst wirksam, 10
sobald er dieser zugeht (§ 13 Abs. 1 Satz 4). Wird der Widerruf gegenüber dem Bevollmächtigten erklärt, ohne dass die Behörde hiervon in Kenntnis gesetzt wird, so kann der Bevollmächtigte weiterhin im Namen des Vertretenen wirksam Verfahrenshandlungen vornehmen (Grundsatz der Abstraktheit der Bevollmächtigung vom Innen- bzw. Grundverhältnis), Verwaltungsakte werden durch eine ihm gegenüber erfolgte Bekanntgabe wirksam (§ 37 Abs. 1 Satz 2, § 39 Abs. 1). Dasselbe gilt, wenn im Innenverhältnis zwischen Vertretenem und Vertreter eine Beschränkung der Vertretungsmacht vereinbart wurde, die der Behörde nicht bekannt ist. Auch wenn der Beteiligte den Anschein erweckt, er werde durch einen Dritten vertreten oder wenn er Verfahrenshandlungen eines Dritten, zu denen dieser nicht berechtigt ist, duldet, muss er sich die durch diesen oder gegenüber diesem vorgenommenen Verfahrenshandlungen zurechnen lassen (Anscheins- bzw. Duldungsvollmacht).[13] Eine Anscheinsvollmacht kommt beispielsweise in Betracht, wenn ein Beteiligter über mehrere Jahre hinweg in sämtlichen Rechtsangelegenheiten gegenüber einer Behörde durch einen Bevollmächtigten vertreten und die Vollmacht dieser gegenüber nicht widerrufen wird.[14]

Die Erteilung der Vollmacht bleibt über den Eintritt der Handlungsunfähigkeit des Beteiligten und 11
sogar über dessen Tod hinaus wirksam (§ 13 Abs. 2). Auch eine nachträgliche Veränderung seiner gesetzlichen Vertretung ändert nichts an der Wirksamkeit der Vollmacht und der Befugnis des Bevollmächtigten, für den Beteiligten Verfahrenshandlungen vorzunehmen. Im Falle des Todes des Beteiligten wirkt die Vollmacht weiter, so dass der Bevollmächtigte den Rechtsnachfolger, der sich nach §§ 56 ff. SGB I bestimmt, vertritt.[15] Stirbt allerdings der Bevollmächtigte, so endet damit auch die Wirksamkeit der Vollmacht. Die Bevollmächtigung ist höchstpersönlicher Natur und kann nicht im Wege der Rechtsnachfolge nach Maßgabe der §§ 1922 ff. BGB auf einen Rechtsnachfolger übergehen.

Handelt ein Vertreter ohne Vertretungsmacht, so kann dieser Mangel nur im laufenden Verwaltungs- 12
verfahren, nicht aber im Klageverfahren geheilt werden. Vorgenommene Verfahrenshandlungen sind, soweit sie nicht genehmigt wurden, unwirksam.[16]

Ein Beteiligter darf sich auch dann, wenn er einen Vertreter bevollmächtigt hat, selbst an die Behörde 13
wenden.[17] Die Behörde hat nicht das Recht, einen Vortrag oder eine öffentlich-rechtliche Willenserklärung mit der Begründung zurückweisen, der Beteiligte habe sich über seinen Bevollmächtigten an die Behörde zu wenden.

Soweit ein Widerspruch erfolgreich ist – oder nur deshalb nicht erfolgreich ist, weil ein Verfahrens- 14
fehler nach § 41 geheilt wurde –, hat der Rechtsträger, dessen Behörde den angefochtenen Verwaltungsakt erlassen hat, dem Beteiligten die zur zweckentsprechenden Rechtsverfolgung oder Rechtsverteidigung notwendigen Aufwendungen zu erstatten. Zu den erstattungsfähigen Aufwendungen

13 Knickrehm/Kreikebohm/Waltermann/*Fichte*, § 15 SGB X Rn. 6 und 12.
14 Vgl. LSG Niedersachsen-Bremen, Urt. v. 27.02.2024 – L 11 AS 330/22, Rn. 53 ff.
15 Schütze/*Roller*, SGB X, § 13 Rn. 17.
16 Knickrehm/Kreikebohm/Waltermann/*Fichte*, § 15 SGB X Rn. 12.
17 BeckOK-SozR/*Weber*, § 13 SGB X Rn. 20, Stand 12/2023.

zählen nach Maßgabe des § 63 auch die Kosten eines Bevollmächtigten (vgl. hierzu die Kommentierung zu § 63).

II. Pflicht zum schriftlichen Nachweis

15 Auch hinsichtlich der Bevollmächtigung gilt der Grundsatz der Formfreiheit (§ 9), so dass die Vollmacht schriftlich, mündlich, durch konkludentes Handeln[18] oder auf andere Art wirksam erteilt werden kann. Die Bevollmächtigung ist allerdings gegenüber der Behörde schriftlich nachzuweisen, wenn diese es verlangt (§ 13 Abs. 1 Satz 3). Zweck des § 13 Abs. 1 Satz 3 ist es, der Behörde ein Mittel an die Hand zu geben, Zweifel über eine tatsächliche Bevollmächtigung auszuräumen. Dass der Gesetzgeber hierbei einen schriftlichen Nachweis verlangt, ist unzweckmäßig, da in aller Regel z.B. auch ein Telefongespräch mit dem Beteiligten Zweifel über die Bevollmächtigung beseitigen würde. Zudem führt das Erfordernis eines schriftlichen Nachweises zu einer in der Regel nicht sachgerechten Verzögerung des Verwaltungsverfahrens, da die weitere Bearbeitung der Verfahrenshandlung des (vermeintlich) Bevollmächtigten aufgeschoben wird, bis der schriftliche Nachweis der Bevollmächtigung eingegangen ist. Dieses Spannungsverhältnis zum Gebot der einfachen, zweckmäßigen und zügigen Durchführung des Verfahrens (§ 9 Satz 2) kann die Behörde nur dadurch auflösen, dass sie dem Zweck des § 13 Abs. 1 Satz 3 entsprechend nur bei sachlich gerechtfertigten Zweifeln an einer Bevollmächtigung einen schriftlichen Nachweis verlangt. Steht das Auftreten des Bevollmächtigten im zeitlichen und sachlichen Zusammenhang mit der Bekanntgabe eines schriftlichen Verwaltungsaktes oder eines anderen Schreibens, das die Behörde an den Beteiligten gerichtet hat, so werden in aller Regel keine Zweifel daran bestehen, dass der Bevollmächtigte auf Veranlassung des Beteiligten tätig geworden ist und auf das behördliche Handeln geantwortet hat.

16 Für das in der Praxis häufig vorzufindende, geradezu reflexartige Verlangen eines schriftlichen Nachweises – der Nachweis ist vom Beteiligten, nicht von demjenigen, der als Vertreter auftritt, zu verlangen[19] – gibt es jedenfalls keinen nachvollziehbaren sachlichen oder rechtlichen Grund. Vor allem dann, wenn von einem Rechtsanwalt ein schriftlicher Nachweis verlangt wird, wird in aller Regel gegen das Gebot des § 9 Satz 2, das Verwaltungsverfahren einfach, zweckmäßig und zügig durchzuführen, verstoßen. Es ist völlig unrealistisch anzunehmen, ein Rechtsanwalt geriere sich ohne entsprechendes Mandat als Bevollmächtigter. Daher kann, sofern die Umstände des Einzelfalles nicht ganz ausnahmsweise etwas anderes nahelegen, bei Rechtsanwälten von deren Bevollmächtigung ausgegangen werden, so dass ein schriftlicher Nachweis nicht erforderlich sein wird.[20] Auch bei Ehegatten, Lebenspartnern i.S.d. LPartG und in gerader Linie Verwandten kann in aller Regel unterstellt werden, dass sie zur Antragstellung, zur Erhebung eines Widerspruchs oder zu anderen verfahrensrechtlich relevanten Handlungen bevollmächtigt sind. Auch wenn dies in der Literatur überwiegend abgelehnt wird[21] – der 9. Senat des BSG hat diese Frage offengelassen –, sprechen gewichtige Gründe dafür. Wenn schon für das wesentlich förmlichere gerichtliche Verfahren zu unterstellen ist, dass dieser Personenkreis bevollmächtigt ist (§ 73 Abs. 6 Satz 3 SGG), so muss dies erst recht für das grundsätzlich formfreie Verwaltungsverfahren (§ 9) gelten. Dass der Gesetzgeber dies zwar im SGG, nicht aber im SGB X ausdrücklich geregelt hat, lässt keinen anderen Schluss zu, da nach der Gesetzesbegründung zum SGB X »bei Ehegatten und Verwandten in gerader Linie in der Regel zu vermuten [ist], dass sie bevollmächtigt sind«.[22] Bestehen aufgrund besonderer Umstände im Einzelfall gleichwohl Zweifel an der Bevollmächtigung, so ist die Behörde verpflichtet diesen nachzugehen und einen schriftlichen Nachweis zu verlangen.

17 Das soziale Datenschutzrecht (§ 35 SGB I i.V.m. §§ 67 ff.) gebietet keine engere Auslegung des § 13 Abs. 1 Satz 3 derart, dass in aller Regel ein schriftlicher Nachweis der Bevollmächtigung zu

18 Dies setzt auch BSG, Urt. v. 13.09.2011 – B 1 KR 25/10 R, Rn. 13 voraus.
19 Schütze/*Roller*, SGB X, § 13 Rn. 6a.
20 So auch Schütze/*Roller*, SGB X, § 13 Rn. 6.
21 Vgl. beispielhaft JurisPK-SGB X/*Pitz*, § 13 Rn. 8; Schütze/*Roller*, SGB X, § 13 Rn. 6.
22 BT-Drucks. 8/2034 (zu § 13: Bevollmächtigte und Beistände).

verlangen sei, weil andernfalls die Gefahr bestehe, dass Sozialdaten ohne Rechtsgrund an Dritte übermittelt würden. Die Bevollmächtigung schafft gerade den Rechtsgrund für die Übermittlung der Sozialdaten nach § 13 Abs. 3.

Verlangt die Behörde in pflichtgemäßer Ermessensbetätigung einen schriftlichen Nachweis der Bevollmächtigung, sind die bis zum Eingang des schriftlichen Nachweises vorgenommenen Verfahrenshandlungen schwebend unwirksam.[23] Wird auf berechtigte Nachfrage bis zum Ablauf einer angemessenen Frist – eine Frist von weniger als zwei Wochen ist grundsätzlich unangemessen kurz[24] – kein schriftlicher Nachweis über die Bevollmächtigung beigebracht, so wirken die Verfahrenshandlungen des vermeintlich Bevollmächtigten von Beginn an weder für noch gegen den vermeintlich Vertretenen. § 13 Abs. 7 ist weder unmittelbar noch analog anwendbar. Hat ein Dritter beispielsweise Widerspruch erhoben und wird für ihn trotz des berechtigten Verlangens des Sozialleistungsträgers kein schriftlicher Nachweis über die Bevollmächtigung erbracht, ist der Widerspruch unzulässig.[25] Über diese Rechtsfolge hat die Behörde den Beteiligten mit dem Verlangen eines schriftlichen Nachweises zu informieren. 18

Verlangt die Behörde in pflichtwidriger Ermessensausübung einen schriftlichen Nachweis der Bevollmächtigung, so berührt dies die Wirksamkeit der Verfahrenshandlungen des Bevollmächtigten grundsätzlich nicht. Fordert die Behörde allerdings einen schriftlichen Nachweis, weil Zweifel an der Bevollmächtigung bestehen und wird dieser Nachweis nicht erbracht, so lösen die Verfahrenshandlungen des vermeintlich Bevollmächtigten keine Rechtswirkungen für und gegen den Beteiligten aus. Der Sozialleistungsträger ist somit auf einen Antrag eines vermeintlich Bevollmächtigten hin, für den trotz Aufforderung kein schriftlicher Nachweis der Bevollmächtigung erbracht wurde, nicht befugt, das Verwaltungsverfahren über die beantragte Leistung einzuleiten.[26] Hat die Behörde aufgrund von Zweifeln an der Authentizität der Unterschrift des vermeintlichen Vollmachtgebers auf einem übermittelten Fax, durch das Widerspruch erhoben werden soll, die Übermittlung einer eigenhändig unterzeichneten Vollmacht im Original verlangt, so ist der Widerspruch unzulässig, wenn diese Vollmacht nicht innerhalb einer angemessenen Frist übermittelt wird. Auf diese Rechtsfolge ist der Beteiligte zuvor hinzuweisen; der Hinweis kann zusammen mit der Anforderung erfolgen.[27] 19

III. Zurückweisung

Bevollmächtigte können nur ganz ausnahmsweise nach Maßgabe des § 13 Abs. 5 oder 6 zurückgewiesen werden. Nicht zurückgewiesen werden können gesetzliche Vertreter oder diejenigen, die aufgrund einer gesetzlichen Vermutungswirkung (z.B. § 38 SGB II) als Vertreter anzusehen sind. 20

Die Zurückweisung berührt die Wirksamkeit der *vor* der Zurückweisung vorgenommenen Verfahrenshandlungen nicht. Verfahrenshandlungen, die der zurückgewiesene Bevollmächtigte nach dem Zugang der Zurückweisung vornimmt, sind unwirksam (§ 13 Abs. 7 Satz 2 SGB X). 21

Zurückzuweisen sind nach § 13 Abs. 5 Bevollmächtigte, die Rechtsdienstleistungen unter Verstoß gegen § 3 Rechtsdienstleistungsgesetz (RDG) erbringen. Als Rechtsdienstleistung ist jede Tätigkeit in konkreten fremden Angelegenheiten anzusehen, sobald sie eine rechtliche Prüfung des Einzelfalls erfordert (§ 2 Abs. 1 RDG).[28] An einer dementsprechenden substanziellen inhaltlichen Prüfung fehlt es bei einer Beantragung der Neufeststellung eines Grads der Behinderung und der Zuerkennung 22

23 Knickrehm/Kreikebohm/Waltermann/*Fichte*, § 15 SGB X Rn. 8.
24 So zu Recht SG Ulm, Urt. v. 24.06.2024 – S 10 AS 1996/23, Leitsatz 1.
25 Vgl. LSG Baden-Württemberg, Urt. v. 23.03.2021 – L 9 AS 3091/19, Rn. 24.
26 BSG, Urt. v. 28.09.2018 – B 9 V 22/18 B, Rn. 9.
27 Vgl. hierzu LSG Hessen, Urt. v. 28.02.2024 – L 6 AS 8/24, Rn. 32 ff.
28 Diesen Begriffsinhalt setzt auch der 12. Senat des BSG voraus, vgl. Urt. v. 05.03.2014 – B 12 R 7/12 R Rn. 11.

von Merkzeichen nach dem Schwerbehindertenrecht[29], so dass insoweit keine Zurückweisung erfolgen darf. Dies gilt erst recht, wenn die Antragstellung formularmäßig erfolgt; hierbei macht es keinen Unterschied, ob es sich um einen Antrag auf Erstfeststellung oder um einen Neufeststellungsantrag handelt.[30] Anders ist dies, wenn in diesen oder anderen Angelegenheiten ein Rechtsbehelf erhoben und begründet wird. § 3 RDG bestimmt, dass die selbständige Erbringung außergerichtlicher Dienstleistungen nur in dem Umfang zulässig ist, in dem sie durch das RDG oder durch oder aufgrund anderer Gesetze erlaubt ist. Rechtsdienstleistungen dürfen in jedem Fall durch Rechtsanwälte und analog § 73 Abs. 2 Satz 1 SGG durch Hochschullehrer mit Befähigung zum Richteramt vorgenommen werden. Die Gesetzesbegründung zum RDG hebt in Bezug auf die Hochschullehrer hervor: »So kann etwa ein Hochschullehrer, der nach den Vorschriften der Verwaltungsgerichts-, Sozialgerichts- oder Strafprozessordnung gesetzlich befugt ist, als Verfahrensbevollmächtigter oder Verteidiger aufzutreten, aufgrund dieser ihm gesetzlich zugewiesenen Befugnis auch außergerichtlich alle Rechtsdienstleistungen erbringen, die im Zusammenhang mit der gerichtlichen Vertretung stehen oder ihrer Vorbereitung dienen. Er ist also in diesem Umfang, weil dies zu seinem gesetzlich umschriebenen Tätigkeitsbild gehört, zur vorgerichtlichen Beratung und Vertretung befugt, ohne dass es hierzu einer besonderen gesetzlichen Regelung bedarf.«[31]

Erlaubt sind unentgeltliche Rechtsdienstleistungen innerhalb familiärer, nachbarschaftlicher oder ähnlich enger persönlicher Beziehungen. Werden unentgeltliche Rechtsdienstleistungen an Personen außerhalb solcher engen persönlichen Beziehungen erbracht, so sind sie nach § 7 RDG nur zulässig, wenn sie durch eine Person erbracht werden,

- der auch eine entgeltliche Erbringung dieser Dienstleistung erlaubt wäre, oder
- die die Befähigung zum Richteramt besitzt (»Volljurist«), oder
- die durch eine Person mit Befähigung zum Richteramt angeleitet wird. Liegen diese Voraussetzungen vor, so dürfen Personen, die Mitglieder von Berufs- und Interessenvereinigungen (Gewerkschaften, Sozialverbände, Vereine – z.B. VdK) im Rahmen deren satzungsgemäßen Aufgaben oder in Verbraucherzentralen und Verbänden der freien Wohlfahrtspflege vertreten, nicht zurückgewiesen werden.[32]

23 Nicht zurückgewiesen werden dürfen zudem sog. »registrierte Personen«, denen Rechtsdienstleistungen aufgrund besonderer Fachkunde erlaubt sind. Im Bereich des Sozialrechts sind dies die Rentenberater (§ 10 Abs. 1 Ziffer 2 RDG), die jedoch nur im Bereich ihrer Zulassung – gesetzliche Renten- und Unfallversicherung, soziales Entschädigungsrecht, übriges Sozialversicherungs- und Entschädigungsrecht mit Bezug zu einer gesetzlichen Rente und/oder betriebliche und berufsständische Versorgung –, nicht jedoch in anderen Bereichen des Sozialrechts (Arbeitsförderung[33], Sozialhilfe, Grundsicherung, Versorgungsrecht, GdB usw.) tätig sein dürfen. Rechtsdienstleistungen sind zudem Verbraucherzentralen sowie Verbänden der freien Wohlfahrtspflege im Sinne des § 5 SGB XII, anerkannten freien Jugendhilfeträgern im Sinne des § 75 SGB VIII und anerkannten Verbänden zur Förderung der Belange behinderter Menschen im Sine des § 13 Abs. 3 des Behindertengleichstellungsgesetzes erlaubt (§§ 10, 11 Abs. 2 RDG). Rechtsanwälte sind in jedem Fall berechtigt, Rechtsdienstleistungen zu erbringen, auch wenn sie nicht über eine Zulassung als Fachanwalt für Sozialrecht verfügen.

Wird nur eine schwerpunktmäßig eher im außerrechtlichen Bereich liegende, technische Leistung erbracht, die sich nicht als Ergebnis einer juristischen Prüfung darstellt, sondern als schematische Umsetzung von Rechtsvorschriften, so verstößt diese nicht gegen § 3 RDG[34], da es sich nicht um eine Rechtsdienstleistung im Sinne des § 2 Abs. 1 RDG handelt. Bereits die Antragstellung einer

---

29 BSG, Urt. v. 25.08.2022 – B 9 SB 5/20 R, Leitsatz, jurisPR-SozR 15/2023 mit Anmerkung *Y. Wagner*.

30 LSG Baden-Württemberg, Urt. v. 23.03.2023 – L 3 SB 2832/21, juris Rn. 44.

31 Vgl. BT-Drucks. 16/3655, S. 53.

32 BeckOK-SozR/*Weber*, § 13 SGB X Rn. 29, Stand 12/2023.

33 LSG Bayern, Urt. v. 27.07.2011 – L 10 AL 193/08, Rn. 16.

34 BSG, Urt. v. 05.03.2014 – B 12 R 7/12 R Rn. 14.

Sozialleistung setzt jedoch in der Regel eine komplexere juristische Prüfung voraus, da innerhalb des stark verzweigten Sozialrechts häufig mehrere Leistungsträger für die begehrte Sozialleistung (z.B. für eine Rehabilitationsmaßnahme) zuständig sein können, so dass in der Praxis kaum Raum für diese Ausnahme sein wird. Wenn der 9. Senat die Stellvertretung in einem Verwaltungsverfahren über die erstmalige Feststellung eines Grad der Behinderung einschließlich Nachteilsausgleichen (§ 152 Abs. 1 SGB IX) von der Antragstellung bis zur Bescheidung des Antrags nicht als Rechtsdienstleistung iS des § 2 Abs. 1 RDG, sondern als bloße Rechtsanwendung erachtet, kann dem nicht gefolgt werden. Das Verwaltungsverfahren auf das Ausfüllen eines von der Behörde vorgefertigten Formulars, das Beifügen von Belegen über ärztliche Behandlungen, die Angabe der behandelnden Ärzte und die Entbindung von der ärztlichen Schweigepflicht zu beschränken, verkennt die weitreichenden Gestaltungs- und Einflussmöglichkeiten, die die komplizierten Regelungen insbesondere der Anlage zu § 2 VersMedV ermöglichen. Der Grad der Behinderung beruht gerade nicht auf medizinischen Diagnosen, sondern auf den körperlichen, geistigen, seelischen und sozialen Auswirkungen von Funktionsbeeinträchtigungen in allen Lebensbereichen (Teil A Ziffer 2 Buchst. a) der Anlage zu § 2 VersMedV), zu denen substantielle Ausführungen gemacht und Beweismittel im Sinne des § 21 beigebracht werden sollten. Die Rechtsauffassung des 9. Senats unterläuft den Zweck des RDG, die Rechtsuchenden, den Rechtsverkehr und die Rechtsordnung vor unqualifizierten Rechtsdienstleistungen zu schützen (§ 2 Abs. 1 RDG), wenn sie voraussetzt, das Verwaltungsverfahren – von der Antragstellung bis zum Erlass des Verwaltungsaktes – erfordere allein tatsächliche Mitwirkung ohne ein gewisses Maß an substantieller (»relevanter«) rechtlicher Prüfung, die über die bloße Rechtsanwendung hinausgehe.[35]

Aus der Zulassung als Steuerberater ergibt sich keine Berechtigung, auf dem Gebiet des Sozialrechts Rechtsdienstleistungen zu erbringen. Dies ist ausnahmsweise nur anders in Angelegenheiten nach §§ 28h und 28p SGB IV (vgl. § 73 Abs. 2 Satz 2 Ziffer 4 SGG). Steuerberater sind daher zum Beispiel in Statusfeststellungsverfahren[36] zwingend nach § 13 Abs. 5 zurückzuweisen, sofern sie nicht zugleich als Rechtsanwalt zugelassen sind oder ihnen aus einem anderen Rechtsgrund eine sozialrechtliche Rechtsdienstleistung erlaubt ist. Dasselbe gilt für Kindergeldangelegenheiten nach dem BKGG. Anders als bei Kindergeld nach dem EStG handelt es sich bei Kindergeld nach dem BKGG um eine Leistung, die zum Sozialrecht im formellen Sinne gehört, so dass Steuerberatern oder Lohnsteuerhilfevereinen insoweit keine Berechtigung zur Erbringung von Rechtsdienstleistungen nach dem RDG zusteht. Der 10. Senat des BSG hat in einer Entscheidung aus dem Jahr 2019 insbesondere klargestellt, dass es sich bereits beim Betreiben des Verwaltungsverfahrens zur Gewährung von Kindergeld nach dem BKGG nicht lediglich um eine »für das Rechtsdienstleistungsrecht irrelevante bloße – schwerpunktmäßig eher im außerrechtlichen Bereich liegende – technische Leistung im Rahmen der schematischen Umsetzung von Rechtsvorschriften«[37] handele, da eine komplexe rechtliche Prüfung des Einzelfalls i.S.d. § 2 Abs. 1 RDG erforderlich sei. Nichts anderes gilt für einen Antrag auf Feststellung eines GdB (siehe oben Rdn. 23) und für die Erhebung von Widersprüchen. Auch eine Tätigkeit als Pflegeberater im Sinne des § 7a Abs. 1 Satz 1 SGB XI ermächtigt nicht zu Rechtsdienstleistungen wie z.B. der Erhebung eines Widerspruchs in einem Verfahren zur Feststellung der Schwerbehinderung eines Beteiligten. Derartige Verfahrenshandlungen stellen insbesondere keine erlaubte Nebenleistung des Berufsbildes oder der Tätigkeit eines Pflegeberaters im Sinne des § 5 RDG dar.[38] 24

§ 13 Abs. 6 Satz 1 Halbs. 1 erlaubt die Zurückweisung von Bevollmächtigten und Beiständen, wenn sie zum schriftlichen Vortrag ungeeignet sind. Vom mündlichen Vortrag können sie zurückgewiesen 25

35 So BSG, Urt. v. 14.11.2013 – B 9 SB 5/12 R, Rn. 31.

36 So zu Recht LSG Nordrhein-Westfalen, Urt. v. 23.02.2011 – L 8 R 319/10; BSG, Urt. vom 05.03.2014 – B 12 R 7/12 R – BSGE 115, 171; vgl. *Köhler*, Die Vertretungsbefugnis von Steuerberatern im sozialverwaltungsrechtlichen Statusfeststellungsverfahren gem. § 7a SGB IV, ZfSH/SGB 2017, 73 ff.

37 BSG, Urt. v. 28.03.2019 – B 10 KG 1/18 R, Rn. 22.

38 BSG, Urt. v. 13.07.2018 – B 9 SB 89/17 B, Rn. 11.

werden, wenn sie zum sachgemäßen Vortrag nicht geeignet sind (§ 13 Abs. 6 Satz 1 Halbs. 2). Hierzu müssen sie sich über einen nicht unwesentlichen Zeitraum unfähig gezeigt haben, den Beteiligten durch den Verfahrensgegenstand betreffende Äußerungen zu unterstützen. Für eine Zurückweisung genügt es keinesfalls, dass sich ein Beistand an einem Gespräch oder an einer Verhandlung nicht aktiv beteiligt. Zeigt er jedoch beispielsweise alkoholbedingte Ausfallerscheinungen und ist er infolgedessen nicht in der Lage, dem Gespräch zu folgen, kann er zurückgewiesen werden. Der Bayerische VGH hat die Ungeeignetheit in einem jugendhilferechtlichen Verfahren angenommen, wenn das Vorbringen des Beistands den Zweck der streitgegenständlichen jugendhilferechtlichen Maßnahme beeinträchtigen könne.[39]

26 Die Zurückweisung steht im pflichtgemäßen Ermessen der Behörde (»können (…) zurückgewiesen werden«). Nicht zurückgewiesen werden dürfen Personen, die nach § 73 Abs. 2 Satz 1 und 2 Nr. 3 bis 9 SGG zur Vertretung im sozialgerichtlichen Verfahren befugt sind (z.B. Rechtsanwälte, Rechtslehrer an einer staatlichen oder staatlich anerkannten Hochschule eines Mitgliedstaates der Europäischen Union mit Befähigung zum Richteramt [»Volljurist«]).

27 Vor der Zurückweisung ist der Bevollmächtigte und ebenso der Beteiligte nach § 24 SGB X anzuhören. Der Beteiligte kann die Zurückweisung, anders als der Beteiligte, nicht selbst anfechten (§ 56a SGG).[40]

IV. Pflichten der Behörde

28 Die Behörde hat sich nach § 13 Abs. 3 Satz 1 bei einer Verfahrenshandlung grundsätzlich an den Bevollmächtigten zu wenden. Umgeht sie den Bevollmächtigten jedoch und adressiert sie eine Verfahrenshandlung unmittelbar an den Beteiligten, obwohl die Voraussetzungen einer Ausnahmevorschrift nicht erfüllt sind, so ist die Verfahrenshandlung unwirksam.[41] So ist beispielsweise eine (zur Heilung nachgeholte) Anhörung nicht wirksam erfolgt, wenn sie entgegen § 13 Abs. 1 Satz 3 nicht an den Vertreter, sondern an den Beteiligten selbst gerichtet war. Der Beteiligte konnte darauf vertrauen, dass von ihm infolge der Erteilung der Vollmacht weder verfahrensrelevante Erklärungen noch eine Kenntnis vom oder eine Reaktion auf das Anhörungsschreiben zu erfolgen habe.[42] Handelt es sich um die Bekanntgabe eines Verwaltungsaktes, so steht es im pflichtgemäßen Ermessen der Behörde, die Bekanntgabe dem Beteiligten oder dem Vertreter gegenüber vorzunehmen (§ 37 Abs. 1 Satz 2). Das Ermessen ist jedoch auf Null reduziert, wenn es sich um einen Verwaltungsakt handelt, der während eines anhängigen Rechtsstreits ergeht und den Klagegegenstand betrifft; in diesem Fall ist der Verwaltungsakt dem Prozessbevollmächtigten bekanntzugeben.[43] Nichts anderes gilt, wenn der Beteiligte gegenüber der Behörde ausdrücklich eine Bekanntgabe an den Bevollmächtigten verlangt hat, sei es auch in der ihm durch den Bevollmächtigten vorgelegten formularmäßigen Vollmachtsurkunde, die er unterzeichnet hat. Erfolgt die Bekanntgabe ermessensfehlerhaft gleichwohl gegenüber dem Beteiligten, so entfalten sich die Rechtswirkungen des Verwaltungsaktes hierdurch nicht.[44]. Wendet sich die Behörde bei einer förmlichen Zustellung im Sinne des VwZG des Bundes (oder vergleichbarer Vorschriften der Länder) entgegen § 7 Abs. 1 Satz 2 VwZG nicht an den Bevollmächtigten, ist die Bekanntgabe ebenfalls nicht wirksam erfolgt. Nach § 8 VwZG gilt der Verwaltungsakt jedoch als in dem Zeitpunkt zugestellt, in dem er dem Empfangsberechtigten tatsächlich zugeht, z.B. durch den Beteiligten dem Bevollmächtigten übermittelt wird.

29 Es steht im Ermessen der Behörde, sich an den Beteiligten zu wenden, soweit dieser zur Mitwirkung verpflichtet ist (§ 21 Abs. 2 Satz 1, §§ 61 bis 64 SGB I). Wendet sich die Behörde an ihn, so muss

---

39 VGH Bayern, Beschl. v. 25.01.2023 – 12 CE 22.2526, juris Rn. 18.
40 Schütze/*Roller*, SGB X, § 13 Rn. 17.
41 Diering/Timme/Stähler/*Prehn*, § 13 SGB X Rn. 18.
42 BSG, Urt. v. 26.07.2016 – B 4 AS 47/15 R, Rn. 21 f.
43 BSG, Urt. v. 26.07.2016 – B 4 AS 47/15 R, Rn. 22.
44 jurisPK SGB X/*Pattar*, § 37 Rn. 88, Stand 12/2020.

der Bevollmächtigte hierüber informiert werden (§ 13 Abs. 3 Satz 3). Die Benachrichtigungspflicht dient dem Interesse und Schutz des Beteiligten und begründet kein eigenes Recht des Bevollmächtigten darauf, verständigt zu werden.[45] Der Gesetzgeber hat es versäumt, eine Benachrichtigungspflicht des Bevollmächtigten für den Fall zu regeln, dass die Behörde einen Verwaltungsakt nicht dem Bevollmächtigten, sondern dem Beteiligten bekannt gibt. Hier ist die Gefahr eines Rechtsverlustes jedoch weitaus höher als bei sonstigen Verfahrenshandlungen der Behörde, von denen der Bevollmächtigte nicht in Kenntnis gesetzt wird und die dadurch eintreten, dass der Beteiligte irrtümlich davon ausgeht, die Behörde habe den Bevollmächtigten informiert, so dass dieser die erforderlichen Maßnahmen ergreife. § 13 Abs. 1 Satz 3 ist auf die Bekanntgabe von Verwaltungsakten analog anzuwenden, so dass die Behörde den Bevollmächtigten darüber zu verständigen hat, wenn sie dem Beteiligten einen Verwaltungsakt bekannt gegeben hat. Informiert sie den Bevollmächtigten nicht, und wird aus diesem Grund eine Widerspruchs- oder Klagefrist versäumt, so ist dem Beteiligten auf Antrag Wiedereinsetzung in den vorigen Stand zu gewähren.[46]

Umstritten ist, ob eine Anhörung – oder ihre Nachholung innerhalb einer Heilungshandlung im 30
Sinne des § 41 – an den Beteiligten oder den Bevollmächtigten zu adressieren ist, oder ob der Behörde insoweit ein Auswahlermessen zukommt.[47] Da die Sonderregelung des § 37 Abs. 1 Satz 2 nur die Bekanntgabe von Verwaltungsakten, nicht jedoch andere Verfahrenshandlungen erfasst, und die Stellungnahme des Beteiligten im Rahmen der Anhörung zudem keine höchstpersönliche Verfahrenshandlung ist[48], und zuletzt durch die Anhörung für den Beteiligten keine Pflicht zur Stellungnahme ausgelöst wird – was der Behörde das Ermessen eingeräumt hätte, sich statt an den Bevollmächtigten an den Beteiligten zu wenden (§ 13 Abs. 3 Satz 2) –, ist sie nach § 13 Abs. 3 Satz 1 verpflichtet, die Anhörung an den Bevollmächtigten zu adressieren.[49] Diese Rechtsauffassung vertritt nun auch das BSG.[50]

Die Behörde hat besonderes Augenmerk darauf zu legen, ob eine Person als Beteiligte oder als Stell- 31
vertreterin eines Dritten angehört wird. In einem Fall, in dem ein Verwaltungsakt über die Gewährung von Leistungen nach dem SGB II nach § 45 zurückgenommen werden sollte, weil bei der Antragstellung Einkommen verschwiegen worden war, hatte die Behörde eine beteiligte Leistungsempfängerin angehört, ohne sie auch als Stellvertreterin ihres Kindes, das ebenfalls Mitglied der Bedarfsgemeinschaft war und von einer Rücknahme betroffen werden sollte, anzuhören. Das BSG hob den anschließend gegenüber dem Kind erlassenen Verwaltungsakt über die Rücknahme des Bewilligungsbescheides auf, da es zuvor weder selbst noch über seine Mutter als dessen gesetzliche Vertreterin angehört worden war.[51]

V. Beistand

Nicht selten werden Beteiligte zu Verhandlungen und Besprechungen in einer Behörde durch Dritte 32
begleitet. Die Gründe hierfür sind vielfältig und reichen von der Notwendigkeit, eigene Kinder aufgrund fehlender Kinderbetreuungsmöglichkeiten mitzunehmen bis zum Wunsch, im persönlichen Kontakt mit der Behörde durch einen Dritten seelisch oder fachlich unterstützt zu werden.

§ 13 Abs. 4 Satz 1 begründet das Recht, sich bei Verhandlungen und Besprechungen eines Beistands 33
zu bedienen. § 13 Abs. 4 Satz 1 und § 13 Abs. 6 Satz 1 machen deutlich, dass die Funktion eines Beistands aus Sicht des Gesetzgebers in der sachlichen bzw. fachlichen Unterstützung des Beteiligten liegt. Ob eine Person als Beistand oder sonstiger Begleiter anzusehen ist, hängt daher von dessen

45 BeckOGK/*Mutschler*, § 13 SGB X Rn. 21, Stand 08/2022.
46 JurisPK-SGB X/*Pitz*, § 13 Rn. 13.
47 Vgl. hierzu im Einzelnen *Löcher*, Die Anhörung im Sozialverwaltungsverfahren, S. 158.
48 So auch Knickrehm/Kreikebohm/Waltermann/*Fichte*, § 15 SGB X Rn. 11.
49 *Löcher*, Die Anhörung im Sozialverwaltungsverfahren, S. 159.
50 BSG, Urt. v. 26.07.2016 – B 4 AS 47/15 R, Rn. 21.
51 BSG, Urt. v. 07.07.2011 – B 14 AS 144/10 R, Rn. 11 ff.

Fähigkeit ab, den Beteiligten sachlich oder fachlich zu unterstützen. Nach der Gesetzesbegründung soll diese Fähigkeit nur bei Volljährigkeit des Begleiters vorliegen. Die mit der Vollendung des 15. Lebensjahres vorliegende sozialverfahrensrechtliche Handlungsfähigkeit sei kein Maßstab für die Fähigkeit Beistand zu sein, da sie höchstpersönlichen Charakter habe.[52] In dieser Konsequenz sind minderjährige Kinder, die einen Elternteil zu einer Vorsprache bei einem Leistungsträger begleiten, nicht als Beistände anzusehen, auf deren Anwesenheit der Beteiligte nach Maßgabe des § 13 Abs. 4 einen Anspruch hätte. Solange die Kinder die Verhandlung oder Besprechung durch ihr Verhalten jedoch nicht unverhältnismäßig erschweren oder unmöglich machen, dürfen sie ihre Eltern jedoch begleiten. Das Ermessen, das Hausrecht auszuüben und Kindern die Begleitung ihrer Eltern zu verbieten, wurde andernfalls pflichtwidrig ausgeübt. Kindtypisches Verhalten (Weinen, geräuschvolles Spielen etc.) ist zu tolerieren.

34 Der Beteiligte hat kein Recht darauf, dass Begleiter, die nicht die Voraussetzungen eines Beistands erfüllen oder die nach Maßgabe des § 13 Abs. 5 oder 6 zurückgewiesen wurden, an einer Verhandlung oder Besprechung teilnehmen. Im Rahmen ihres Hausrechts dürfen – nicht müssen – diese darauf verwiesen werden, sich während des mit dem Beteiligten geführten Gesprächs im Wartebereich der Behörde aufzuhalten. Dasselbe gilt für den Fall, dass der Beteiligte durch eine größere Anzahl von Personen begleitet wird. Zwar wird man »mit einem Beistand erscheinen« nicht als zahlenmäßige Begrenzung auf *eine* Person verstehen können. Gleichwohl müssen nicht mehr Personen während der Besprechung geduldet werden als für ein zielführendes, sachgerechtes Gespräch dienlich oder erträglich sind. In der Regel wird eine Begrenzung auf eine einzige Person dem Zweck der Beistandschaft, den Beteiligten fachlich zu unterstützen, allerdings gerecht werden. Ausnahmen sind aber auch hier denkbar.

35 Das von einem Beistand Vorgetragene gilt als von dem Beteiligten vorgebracht. Damit kommt dem Vortrag des Beistands dieselbe Beweisfunktion zu wie dem Vortrag des Beteiligten (§ 21 Abs. 1 Satz 2 Nr. 2). Anders ist dies nur dann, wenn und soweit der Beteiligte dem Beistand unverzüglich – d.h. ohne schuldhaftes Zögern – widerspricht.

36 § 13 Abs. 4 bezieht sich allein auf eine Unterstützung bei der mündlichen Vorsprache[53], verschafft dem Beistand aber nicht die Rechte eines Bevollmächtigten, so dass er aufgrund einer Teilnahme an einer Besprechung oder Verhandlung nicht – gleichsam automatisch – auch das Recht hat, im Anschluss daran den Beteiligten wirksam bei Verfahrenshandlungen zu vertreten. Hierzu bedarf es einer Bevollmächtigung. Dasselbe gilt für die Abgabe öffentlich-rechtlicher Willenserklärungen im Namen der Beteiligten. Der Beistand tritt nicht *für*, sondern *neben* dem Beteiligten auf.[54]

37 Vereinzelt wird ein Beistand als verpflichtet angesehen, sich auf Verlangen der Behörde auszuweisen.[55] Diese Rechtsauffassung überzeugt nur, soweit ernstliche Zweifel an der Volljährigkeit des Beistands oder Anhaltspunkte für einen Verstoß gegen § 3 RDG bestehen. Bei einer Weigerung des als Beistand Hinzugezogenen sich auszuweisen, ist er dann als Beistand zurückzuweisen. Gibt es jedoch keinen objektiv nachvollziehbaren Grund dafür, die Personalien des Beistands festzustellen, so stellt die Erhebung dieser Sozialdaten einen Verstoß gegen § 35 SGB I i.V.m. § 67a dar.

VI. Empfangsbevollmächtigter

38 Beteiligte, die weder über einen Wohnsitz noch über einen gewöhnlichen Aufenthalt, Sitz oder eine Geschäftsleitung im Inland verfügen, haben der Behörde auf Verlangen innerhalb einer angemessenen Frist einen Empfangsbevollmächtigten im Inland zu benennen (§ 14 Satz 1). Durch die Benennung eines Empfangsbevollmächtigten wird die Behörde in die Lage versetzt, schriftlich mit dem Beteiligten in Kontakt zu treten und insbesondere ihm gegenüber Verwaltungsakte bekannt zu geben und damit

52 BT-Drucks. 8/2034 (zu § 13: Bevollmächtigte und Beistände).

53 Schütze/*Roller*, SGB X, § 13 Rn. 13.

54 Diering/Timme/Stähler/*Prehn*, § 13 SGB X Rn. 22.

55 SG Stuttgart, Beschl. v. 28.11.2014 – S 4 AS 6236/14 ER.

wirksam werden zu lassen (§ 39 Abs. 1), ohne unter vergleichsweise hohem Aufwand und einer nicht vorhersehbaren Dauer – und ggf. einem nicht absehbaren Erfolg – einen Zugang im Ausland bewirken zu müssen.

§ 14 setzt voraus, dass der Beteiligte seinen gewöhnlichen Aufenthalt, Sitz oder die Geschäftsleitung im Ausland hat. Die Vorschrift ist nicht anwendbar, wenn der Behörde bekannt ist, dass der gewöhnliche Aufenthalt des Beteiligten im Inland ist, der genaue Aufenthaltsort jedoch unbekannt ist (Bsp. Wohnungslose).[56] In diesem Fall ist zu prüfen, ob um Bestellung eines Vertreters von Amts wegen nachgesucht wird (§ 15). 39

Die Begriffe Wohnsitz und gewöhnlicher Aufenthalt werden durch § 30 Abs. 3 SGB I definiert (vgl. die Kommentierung zu § 30 SGB I). Juristische Personen haben weder Wohnsitz noch gewöhnlichen Aufenthalt. Bei ihnen stellt § 14 Satz 1 auf Sitz oder Geschäftsleitung im Inland ab. 40

Benennt der Beteiligte einen Empfangsbevollmächtigten, so vertritt dieser ihn nur beim Empfang von Schriftstücken und anderen Mitteilungen.[57] Um auch aktiv für den Beteiligten Verfahrenshandlungen vornehmen zu dürfen, muss sich die Bevollmächtigung auch hierauf erstrecken. 41

Unterlässt der Beteiligte die Benennung eines Empfangsbevollmächtigten innerhalb der ihm gesetzten angemessenen Frist, so ordnet § 14 Satz 2 die gesetzliche Fiktion an, nach der ein an den Beteiligten gerichtetes Schriftstück am siebenten – und nicht am vierten (vgl. § 37 Abs. 2 Satz 1, § 4 Abs. 2 VwZG; mit Wirkung seit 01.01.2025 regelt § 37 Abs. 2 Satz 1 nicht mehr eine Drei-Tages-, sondern eine Vie-Tages-Zugangsfiktion) – Tag nach seiner Aufgabe zur Post als bekannt gegeben gilt. Ein elektronisch übermitteltes Schriftstück gilt ebenfalls als am vierten Tag nach seiner Absendung zugegangen. Auf diese Rechtsfolge ist der Beteiligte hinzuweisen. 42

Die Fiktionswirkung greift jedoch nicht, wenn feststeht, dass das Dokument den Beteiligten nicht oder erst zu einem späteren Zeitpunkt erreicht hat. Hat also beispielsweise ein Verwaltungsakt den Beteiligten nicht erreicht, so ist er nicht bekannt gegeben und damit nicht wirksam geworden. Ist ein Verwaltungsakt später als am siebten Tag bekannt gegeben worden, so ist er zum Zeitpunkt seiner Bekanntgabe wirksam geworden. 43

Welcher Zeitraum als angemessen für die Benennung eines Empfangsbevollmächtigten anzusehen ist, hängt von den Umständen des Einzelfalls ab. Es ist zu beachten, dass der Beteiligte Zeit benötigt, um eine vertrauenswürdige Person auszuwählen. Hierzu wird man ihm in aller Regel einen mehrwöchigen Zeitraum zubilligen müssen. In der Literatur werden insoweit Zeiträume von vier Wochen[58] bzw. mindestens einem Monat[59] vorgeschlagen, sofern nicht aufgrund besonderer Umstände eine längere Frist angemessen erscheint. Da es sich um eine behördliche Frist handelt, kann sie verlängert werden (§ 26 Abs. 7). 44

Der Rechtsfolgenhinweis ist Voraussetzung für den Eintritt der Zugangsvermutung. Die Behörde trägt die Beweislast dafür, dass dem Beteiligten die Aufforderung zur Benennung eines Empfangsbevollmächtigten und der Rechtsfolgenhinweis zugegangen sind. 45

Verschiedene europäische Staaten sind dem Europäischen Übereinkommen über die Zustellung von Schriftstücken in Verwaltungssachen im Ausland vom 24.11.1977 beigetreten. Im Einzelnen handelt es sich um Belgien, die Bundesrepublik Deutschland, Estland, Frankreich, Italien, Luxemburg, Österreich und Spanien. Diese Vertragsstaaten haben sich nach § 1 des Übereinkommens dazu verpflichtet, einander bei der Zustellung von Schriftstücken in Verwaltungssachen – grundsätzlich mit Ausnahme von Steuer- und Strafsachen – Amtshilfe zu leisten. Jeder Vertragsstaat bestimmt hierzu eine zentrale Behörde oder mehrere Behörden, die die Aufgaben der zentralen Behörden übernehmen 46

56 Schütze/*Roller*, SGB X, § 14 Rn. 8.
57 BeckOK-SozR/*Weber*, § 14 SGB X Rn. 3, Stand 12/2023.
58 BeckOGK/*Mutschler*, § 14 SGB X Rn. 11.
59 BeckOK-SozR/*Weber*, § 14 SGB X Rn. 13, Stand 12/2023.

und insbesondere als Stelle fungieren, an die Zustellungsersuchen aus anderen Vertragsstaaten zu richten sind. In der Bundesrepublik hat jedes Bundesland eine entsprechende Stelle eingerichtet.[60] Die Vertragsstaaten können außerdem eine Absendebehörde bestimmen, welche die Zustellungsersuchen zusammenzufassen und an die zuständige zentrale Behörde im Ausland weiterzuleiten hat (§ 2 des Übereinkommens). Zustellungsersuche werden an die zentrale Behörde des ersuchten Staates nach einem Mustervordruck gerichtet, dem das zuzustellende Schriftstück beizufügen ist. Sowohl das Ersuchen als auch das zuzustellende Schriftstück sind in zwei Exemplaren zu übermitteln. Die zentrale Behörde stellt nach der Zustellung oder nach einem erfolglosen Zustellungsversuch ein Zustellungszeugnis aus, das dem Übereinkommen ebenso wie das Zustellungsersuchen als Muster angefügt ist. Ob dem zuzustellenden Schriftstück eine Übersetzung beizufügen ist, bestimmt sich nach § 7 des Übereinkommens.

47 Den Vertragsstaaten ist es unbenommen, Zustellungen statt über die zentrale Behörde auf postalischem, diplomatischem oder konsularischem Weg vorzunehmen.

48 Ob eine inländische Behörde einen Beteiligten – ggf. auf einem der in dem Abkommen geregelten Wege – auffordert, einen Empfangsbevollmächtigten zu bestellen oder Zustellungen über die jeweilige zentrale Behörde eines Mitgliedstaats des Übereinkommens vornimmt, entscheidet die Behörde unter Berücksichtigung von Verwaltungsvereinfachung und -kosten und einer möglichen Beeinträchtigung der Rechte des Beteiligten nach pflichtgemäßem Ermessen.

VII. Vertreter von Amts wegen

49 In den in § 15 Abs. 1 aufgezählten Sachverhalten hat das Betreuungs- oder Familiengericht auf Ersuchen der das Verfahren führenden Behörde von Amts wegen für den Beteiligten einen Vertreter zu bestimmen. Das Gericht wählt einen für das Verfahren geeigneten Vertreter aus.

50 Die Bestellung eines Vertreters dient einerseits dem Interesse des Beteiligten, da der Vertreter dessen Rechte wahrt, und ebenso der Gewährleistung eines fairen Verfahrens[61], andererseits stellt sie für ihn einen nicht unerheblichen Eingriff in das allgemeine Persönlichkeitsrecht und die Handlungsfreiheit dar. § 15 Abs. 1 ist die für diesen Eingriff erforderliche Ermächtigungsgrundlage. Die Heranziehung dieser Vorschrift ist auf Fälle beschränkt, in denen ein Vertreter zur Wahrung der rechtlichen Interessen des Beteiligten erforderlich ist, ein solcher aber durch ihn selbst nicht bestellt wurde und ein gesetzlicher Vertreter, Betreuer oder Pfleger mit dem erforderlichen Wirkungskreis nicht vorhanden ist. Zu Recht wird – nicht zuletzt aus verfassungsrechtlichen Gründen – davon ausgegangen, die Bestellung eines Vertreters von Amts wegen sei ultima ratio[62], so dass sie ausgeschlossen ist, wenn bereits ein gesetzlicher oder gewillkürter Vertreter vorhanden ist.[63] Anders ist es jedoch, wenn durch den Beteiligten lediglich ein Empfangsbevollmächtigter bestimmt wurde.

51 Ein Vertreter ist zu bestellen, wenn die Person des Beteiligten nicht bekannt ist (§ 15 Abs. 1 Ziffer 1). Hier geht es nicht darum, dass der Aufenthaltsort des Beteiligten nicht bekannt ist, da dieser Fall in Ziffer 2 geregelt ist. Es kann sich nur um Fälle handeln, in denen nach insoweit erfolgloser Amtsermittlung nicht sicher ist, welcher Person ein bestimmtes Recht zusteht.[64] Als Beispiel dient eine Erbengemeinschaft, deren Zusammensetzung innerhalb angemessener Zeit nicht ermittelt werden konnte.[65]

---

60 § 1 Gesetz zur Ausführung des Europäischen Übereinkommens vom 24.11.1977 über die Zustellung von Schriftstücken in Verwaltungssachen im Ausland und des Europäischen Übereinkommens vom 15.03.1978 über die Erlangung von Auskünften und Beweisen in Verwaltungssachen im Ausland vom 20.07.1981 (BGBl. I, S. 665).

61 JurisPK-SGB X/*Pitz*, § 15 Rn. 5.

62 Diering/Timme/Stähler/*Prehn*, § 15 SGB X Rn. 1.

63 BeckOK-SozR/*Weber*, § 15 SGB X Rn. 2, Stand 12/2023; JurisPK-SGB X/*Pitz*, § 15 Rn. 6.

64 Schütze/*Roller*, SGB X, § 15 Rn. 6.

65 BeckOK-SozR/*Weber*, § 15 SGB X Rn. 5, Stand 12/2023.

52 Ist der Beteiligte abwesend, d.h. an seinem Wohnsitz oder gewöhnlichen Aufenthaltsort auf nicht absehbare Zeit nicht zu erreichen, oder ist er an der Besorgung seiner Angelegenheiten verhindert, so ist ein Vertreter zu bestellen (§ 15 Abs. 1 Ziffer 2). Die erste Alternative bezieht sich auf Fälle, in denen die Abwesenheit nach den Umständen des Einzelfalles voraussichtlich nicht nur vorübergehend – zum Beispiel im Rahmen einer Urlaubsdauer von bis zu sechs Wochen – ist und zusätzlich die Bestellung eines Vertreters erforderlich ist, weil die Angelegenheit unter Abwägung der gefährdeten öffentlich-rechtlichen Interessen oder privaten Interessen eines Dritten und dem durch die Bestellung eines Vertreters verbundenen Eingriff in die grundrechtlich geschützte Position des Beteiligten keinen Aufschub duldet.

53 Die zweite Alternative betrifft Fallgestaltungen, in denen der Beteiligte an der Besorgung seiner Angelegenheiten verhindert ist. § 15 Abs. 1 Ziffer 2 Alt. 2 setzt voraus, dass der Aufenthalt des Beteiligten bekannt ist. Dass ein Beteiligter, der sich im Inland an einem Ort aufhält, der einer Behörde bekannt ist, aber objektiv daran »gehindert« ist, seine Angelegenheiten zu besorgen, ist – abgesehen von einer gesundheitlichen Einschränkung, die aber in aller Regel nach § 15 Abs. 1 Ziffer 4 zu beurteilen ist – kaum denkbar. Bei einem im Ausland inhaftierten Beteiligten ist eine solche Situation aber durchaus vorstellbar.

54 § 15 Abs. 1 Ziffer 3 erlaubt die Bestellung eines Vertreters, wenn der Beteiligte keinen Aufenthalt im Inland hat und der Aufforderung nach § 14 Satz 1, im Inland einen Empfangsbevollmächtigten zu benennen, trotz angemessener Fristsetzung und unmissverständlicher Rechtsfolgenbelehrung nicht nachgekommen ist.

55 Ein Vertreter ist auch dann zu bestellen, wenn ein Beteiligter infolge einer Behinderung oder psychischen Krankheit nicht in der Lage ist, im Verwaltungsverfahren selbst tätig zu werden. Auf die Ursache der Krankheit oder Behinderung kommt es nach Wortlaut und Sinn und Zweck des § 15 Abs. 1 Ziffer 4 nicht an. Nicht jede Behinderung oder psychische Krankheit löst die Notwendigkeit der Bestellung eines Vertreters aus. Nur dann, wenn feststeht, dass der Beteiligte infolge der Behinderung oder psychischen Erkrankung nicht in der Lage ist, im Verwaltungsverfahren sachgerecht für sich selbst tätig zu werden – zum Beispiel weil er nicht mehr in der Lage ist, die Bedeutung der Angelegenheit oder der von ihm erforderlichen Verfahrenshandlungen zu erkennen und sachgerecht zu agieren –, darf ein Vertreter bestellt werden. Ursache hierfür können beispielsweise Psychosen, Neurosen, Abhängigkeitserkrankungen oder Persönlichkeitsstörungen sein.[66] Ist der Beteiligte partiell handlungsunfähig (hierzu die Kommentierung zu § 10) und betrifft die Angelegenheit einen Bereich, in dem die Handlungsfähigkeit fehlt, so ist ihm insoweit ein Vertreter zu bestellen. Ist eine Behörde davon überzeugt, dass ein Beteiligter handlungsunfähig ist, so hat sie sich unverzüglich mit dem Ersuchen an das Betreuungsgericht zu wenden, einen geeigneten Vertreter zu bestellen, sofern dies im wohlverstandenen Interesse des Beteiligten liegt.[67]

56 Zuständig für die Bestellung eines Vertreters ist in der Regel das Betreuungsgericht, bei minderjährigen Beteiligten das Familiengericht. Örtlich zuständig ist in den Fällen des § 15 Abs. 1 Ziffer 4 das Betreuungs- oder Familiengericht, in dessen Bezirk der Beteiligte seinen gewöhnlichen Aufenthalt (vgl. hierzu die Kommentierung zu § 30 Abs. 3 Satz 2 SGB I) hat, in den übrigen Fällen des § 15 Abs. 1 das Betreuungs- oder Familiengericht, in dessen Bezirk die ersuchende Behörde ihren Sitz hat (§ 15 Abs. 2).

57 Der Vertreter hat gegenüber dem Rechtsträger der Behörde, die um seine Bestellung ersucht hat, einen Anspruch auf eine angemessene Vergütung und Ersatz seiner baren Auslagen. Angemessen erscheint diejenige Vergütung, die Berufsvormündern nach dem BVormVG oder anwaltlichen Vertretern nach § 3 RVG für sozialrechtliche Angelegenheiten zu leisten wäre.[68] Als Barauslagen sind alle aus Sicht eines verständigen Dritten erforderlichen Auslagen für Porto, Reisen usw. zu erstatten.

---

66 JurisPK-SGB X/*Pitz*, § 15 Rn. 13.

67 BSG, Beschl. v. 27.07.2021 – B 8 SO 10/19 R, Rn. 11.

68 BeckOK-SozR/*Weber*, § 15 SGB X Rn. 24, Stand 12/2023.

Der Behörde wurde pflichtgemäßes Ermessen eingeräumt, ob und ggf. in welcher Höhe sie von dem Vertretenen Ersatz ihrer Aufwendungen verlangt (§ 15 Abs. 3).

§ 16 Ausgeschlossene Personen

(1) [1]In einem Verwaltungsverfahren darf für eine Behörde nicht tätig werden,

1. wer selbst Beteiligter ist,

2. wer Angehöriger eines Beteiligten ist,

3. wer einen Beteiligten kraft Gesetzes oder Vollmacht allgemein oder in diesem Verwaltungsverfahren vertritt oder als Beistand zugezogen ist,

4. wer Angehöriger einer Person ist, die einen Beteiligten in diesem Verfahren vertritt,

5. wer bei einem Beteiligten gegen Entgelt beschäftigt ist oder bei ihm als Mitglied des Vorstandes, des Aufsichtsrates oder eines gleichartigen Organs tätig ist; dies gilt nicht für den, dessen Anstellungskörperschaft Beteiligte ist, und nicht für Beschäftigte bei Betriebskrankenkassen,

6. wer außerhalb seiner amtlichen Eigenschaft in der Angelegenheit ein Gutachten abgegeben hat oder sonst tätig geworden ist.

[2]Dem Beteiligten steht gleich, wer durch die Tätigkeit oder durch die Entscheidung einen unmittelbaren Vorteil oder Nachteil erlangen kann. [3]Dies gilt nicht, wenn der Vor- oder Nachteil nur darauf beruht, dass jemand einer Berufs- oder Bevölkerungsgruppe angehört, deren gemeinsame Interessen durch die Angelegenheit berührt werden.

(2) [1]Absatz 1 gilt nicht für Wahlen zu einer ehrenamtlichen Tätigkeit und für die Abberufung von ehrenamtlich Tätigen. [2]Absatz 1 Nr. 3 und 5 gilt auch nicht für das Verwaltungsverfahren auf Grund der Beziehungen zwischen Ärzten, Zahnärzten und Krankenkassen.

(3) Wer nach Absatz 1 ausgeschlossen ist, darf bei Gefahr im Verzug unaufschiebbare Maßnahmen treffen.

(4) [1]Hält sich ein Mitglied eines Ausschusses oder Beirats für ausgeschlossen oder bestehen Zweifel, ob die Voraussetzungen des Absatzes 1 gegeben sind, ist dies dem Ausschuss oder Beirat mitzuteilen. [2]Der Ausschuss oder Beirat entscheidet über den Ausschluss. [3]Der Betroffene darf an dieser Entscheidung nicht mitwirken. [4]Das ausgeschlossene Mitglied darf bei der weiteren Beratung und Beschlussfassung nicht zugegen sein.

(5) [1]Angehörige im Sinne des Absatzes 1 Nr. 2 und 4 sind

1. der Verlobte,

2. der Ehegatte oder Lebenspartner,

3. Verwandte und Verschwägerte gerader Linie,

4. Geschwister,

5. Kinder der Geschwister,

6. Ehegatten oder Lebenspartner der Geschwister und Geschwister der Ehegatten oder Lebenspartner,

7. Geschwister der Eltern,

8. Personen, die durch ein auf längere Dauer angelegtes Pflegeverhältnis mit häuslicher Gemeinschaft wie Eltern und Kind miteinander verbunden sind (Pflegeeltern und Pflegekinder).

[2]Angehörige sind die in Satz 1 aufgeführten Personen auch dann, wenn

1. in den Fällen der Nummern 2, 3 und 6 die die Beziehung begründende Ehe oder Lebenspartnerschaft nicht mehr besteht,

2. in den Fällen der Nummern 3 bis 7 die Verwandtschaft oder Schwägerschaft durch Annahme als Kind erloschen ist,

3. im Fall der Nummer 8 die häusliche Gemeinschaft nicht mehr besteht, sofern die Personen weiterhin wie Eltern und Kind miteinander verbunden sind.

Übersicht

A. Inhalt

Das Vertrauen des Bürgers in die Rechtmäßigkeit und Objektivität staatlichen Handelns ist Grundlage für die Stabilität eines gesellschaftlichen Systems[1], ja sogar für den langfristigen Bestand eines Staates, insbesondere einer Demokratie.[2] Verliert der Bürger das Vertrauen in die Rechtmäßigkeit staatlicher Handlungen, so endet ein entscheidendes Merkmal der Repräsentation. 1

Dieses Vertrauen würde empfindlich erschüttert, wenn Verwaltungsentscheidungen der »Geruch der Befangenheit oder Vetternwirtschaft« anhaftete. Um das Vertrauen der Beteiligten – aber auch der Öffentlichkeit – in die Objektivität, Fairness, Angemessenheit, Rechtmäßigkeit und Rechtsstaatlichkeit behördlicher Verfahrenshandlungen nicht aufs Spiel zu setzen, schließt § 16 Personen, die selbst Beteiligte oder nahe Angehörige eines Beteiligten sind, und ebenso solche, denen infolge des Ausgangs des Verwaltungsverfahrens Vorteile oder Nachteile erwachsen könnten oder bei denen aus anderen Gründen keine hinreichende Distanz[3] zum Verfahrensgegenstand oder den Verfahrensbeteiligten besteht, als Amtswalter aus dem jeweiligen Verwaltungsverfahren aus. Darauf, ob die hiervon Betroffenen im Einzelfall unparteiisch und objektiv handeln oder gehandelt hätten, kommt es nicht an. Für einen Ausschluss genügt es, dass die Voraussetzungen des § 16 erfüllt sind und somit der Anschein von Befangenheit besteht. Zugleich dient § 16 dem Schutz des jeweiligen Amtsträgers vor Interessens- und Gewissenskonflikten.[4] 2

Anders als bei den in § 17 aufgezählten Tatbeständen führt nicht erst eine einzelfallbezogene Entscheidung zum Verfahrensausschluss. Sind die Voraussetzungen des § 16 erfüllt, erfolgt ein Ausschluss aus dem Verfahren kraft Gesetzes.[5] 3

§ 16 benennt die gesetzlichen Ausschlussgründe abschließend. Daneben regelt § 17 weitere Tatbestände, die einen Ausschluss aus dem Verfahren kraft interner Anordnung zur Folge haben. 4

§ 16 bezieht sich allein auf Verwaltungsverfahren im Sinne des § 8, Handlungs- und Mitwirkungsverbote bestehen daher weder vor Beginn des Verwaltungsverfahrens noch nach dessen Abschluss (vgl. hierzu die Kommentierung zu § 8 SGB X). Fiskalische Tätigkeiten fallen daher ebenso wenig unter das Handlungs- und Mitwirkungsverbot wie schlichtes Verwaltungshandeln. 5

Die Rechtsfolgen eines Verstoßes gegen § 16 stehen in einem deutlichen Kontrast und Missverhältnis zur rechtsstaatlichen Bedeutung der Norm und sollten dieser angepasst werden. Ein Verstoß gegen § 16 führt nicht zur Nichtigkeit eines Verwaltungsaktes (§ 40 Abs. 3 Ziffer 2), außer der Beteiligte hat das ihn selbst betreffende Verwaltungsverfahren für die Behörde in eigener Person geführt.[6] In den übrigen Fällen ist ein erlassener Verwaltungsakt zwar formell rechtswidrig, jedoch 6

1 Hierzu auch *Martens*, Einführung in die Praxis des Verwaltungsverfahrens, JuS 1978, S. 331 m.w.N.
2 So auch BVerfG, Beschl. v. 28.10.1975 – 2 BvR 883/73, 2 BvR 379/74, 2 BvR 497/74, 2 BvR 526/74 – in Hinblick auf das Recht des Bürgers auf »seinen« Richter und ein faires gerichtliches Verfahren.
3 Hierauf stellt zu Recht Diering/Timme/Stähler/*Lang*, § 16 Rn. 1 f. ab.
4 JurisPK-SGB X/*Hissnauer*, § 16 Rn. 7, Stand 11/2023.
5 JurisPK-SGB X/*Hissnauer*, § 16 Rn. 3, Stand 11/2023.
6 Dies begründet BeckOK-SozR/*Weber*, § 16 SGB X Rn. 8, Stand 12/2023 zu Recht mit einem Umkehrschluss zu § 40 Abs. 3 Ziffer 2; vgl. hierzu auch Diering/Timme/Stähler/*Lang*, § 16 SGB X Rn. 5.

kann dessen Aufhebung in aller Regel nicht allein wegen des Verstoßes gegen § 16 verlangt werden. Gemäß § 42 Satz 1 kann die Aufhebung eines Verwaltungsaktes nicht allein deshalb beansprucht werden, weil er unter Verletzung von Vorschriften über das Verfahren, die Form oder die örtliche Zuständigkeit zustande gekommen ist, wenn offensichtlich ist, dass die Verletzung die Entscheidung in der Sache nicht beeinflusst hat. Bei Pflichtentscheidungen wird man in der Regel ausschließen können, dass die persönliche Nähe des Amtswalters zum Beteiligten oder ein anderer Ausschlussgrund die konkrete Entscheidung beeinflusst haben kann. Bei Ermessensentscheidungen ist dies anders, so dass nur diese aufgrund einer Verletzung des § 16 regelmäßig aufzuheben sind.

7 Ein Verstoß gegen § 16 kann nur im Rahmen einer Anfechtung der Hauptsacheentscheidung geltend gemacht werden (§ 56a SGG). Die dem Behördenleiter obliegende Entscheidung darüber, ob sich ein bestimmter Bediensteter der Behörde der Mitwirkung am Verwaltungsverfahren zu enthalten hat, stellt ein reines Behördeninternum dar, so dass sie nicht losgelöst von der Sachentscheidung angefochten werden kann.[7] Es besteht kein subjektives, förmliches Ablehnungsrecht des Beteiligten.[8] Der Beteiligte kann daher lediglich auf eine mögliche Befangenheit hinweisen und anregen, dass ein anderer Bediensteter der Behörde das Verwaltungsverfahren durchführen möge.[9]

8 Erkennt eine Behörde, dass der Amtswalter, der das Verwaltungsverfahren bislang geführt hat, befangen ist, so hat sie unter Beachtung des Zwecks des § 16 zu prüfen, ob die bislang vorgenommenen Verfahrenshandlungen bestehen bleiben können – weil sie keinen Einfluss auf die zu treffende Entscheidung haben – oder ersetzt oder wiederholt werden müssen, weil ansonsten aus Sicht des Betroffenen oder eines objektiven Dritten die Grundsätze der Objektivität, Angemessenheit und Rechtmäßigkeit der behördlichen Entscheidung auf dem Spiel stehen. Eine Heilung einer Verletzung von § 16 analog § 41 SGB X ist ausgeschlossen.

9 Regelt das Gesetz die Besetzung von Ausschüssen, Schiedsstellen oder Kammern ausdrücklich mit Interessenvertretern, so sind §§ 16 und 17 ausgeschlossen. Dies wurde durch das BSG für die Besetzung einer Schiedsstelle nach § 76 Abs. 2 SGB XI in Hinblick auf die Vertreter der Pflegekassen und Pflegeeinrichtungen festgestellt[10], gilt aber gleichermaßen für andere Entscheidungsgremien wie den Widerspruchsausschuss nach § 106c SGB V. Damit die rechtsstaatlich begründeten Ziele der Regelungen über die Befangenheit nicht unterlaufen werden, sind in den jeweiligen Gremien unparteiische Mitglieder gesetzlich bestimmt, für die §§ 16 f. SGB X anwendbar sind.

B. Einzelerläuterungen

I. Verwaltungsverfahren

10 § 16 schließt bestimmte Personen bei Handlungen aus, die sich auf ein Verwaltungsverfahren beziehen, so dass andere Handlungen (fiskalische Tätigkeiten, schlichtes Verwaltungshandeln, Tätigkeiten vor dem Beginn und nach dem Abschluss des Verwaltungsverfahrens) erlaubt sind.

11 Nach Sinn und Zweck der Vorschrift sind nicht sämtliche, ein Verwaltungsverfahren betreffende Tätigkeiten ausgeschlossen. Tätigkeiten, die weder auf den Verlauf des Verwaltungsverfahrens noch auf dessen konkreten Abschluss gerichtet sind und damit keinen Einfluss auf Zeitpunkt, Art oder Inhalt des Abschlusses des Verwaltungsverfahrens haben, sind nicht ausgeschlossen. Nicht ausgeschlossen sind daher Tätigkeiten in der Poststelle, der Registratur, im Schreibdienst[11] oder andere Hilfsverrichtungen.[12] Auch die Anweisung eines Geldbetrags an den Beteiligten kann objektiv betrach-

7 VGH Bayern, 17.06.2015 – 12 C 15.979, Rn. 2.
8 BSG, Urt. v. 19.03.1997 – 6 RKa 35/95, Rn. 14; Schütze/*Roller*, SGB X, § 16 Rn. 15; krit. hierzu Diering/Timme/Stähler/*Lang*, § 16 SGB X Rn. 5.
9 BeckOK-SozR/*Weber* Sozialrecht, § 16 SGB X Rn. 7, Stand 12/2023.
10 BSG, Urt. v. 25.01.2017 – B 3 P 3/15 R, Rn. 21.
11 BeckOK-SozR/*Weber*, § 16 SGB X Rn. 3, Stand 12/2023.
12 BeckOGK/*Mutschler*, § 16 SGB X Rn. 4, Stand 12/2018.

tet das Vertrauen des Bürgers in die Rechtmäßigkeit und Objektivität des Verwaltungshandelns nicht erschüttern. Anders ist dies aber bei Tätigkeiten, die gestaltenden Einfluss auf das Verfahren haben können. Zu Recht zählt daher *Hissnauer* auch die Beratung nach § 14 SGB I, die Einvernahme von Zeugen (§ 21 SGB X) und die Entscheidung über die Gewährung von Akteneinsicht (§ 25 SGB X) ebenso hierzu wie die Festlegung von Terminen oder behördlichen Fristen.[13] Dass eine Anhörung oder der Erlass eines Verwaltungsaktes nicht durch vom Verfahren ausgeschlossene Personen erfolgen dürfen, versteht sich von selbst. Vom Verwaltungsverfahren ausgeschlossene Personen sind nicht nur von den das Verwaltungsverfahren abschließenden Entscheidungen ausgeschlossen, sondern von sämtlichen Handlungen, die die Entscheidung betreffen, vorbereiten oder mit ihr in sachlich unmittelbarem Zusammenhang stehen und einen Einfluss auf die Entscheidung haben können. Nach dem Wortlaut dieser Vorschrift umfasst das Mitwirkungsverbot jede Tätigkeit in einem Verwaltungsverfahren. Hierzu zählen sämtliche Mitwirkungshandlungen, die aufgrund einschlägiger Verfahrensnormen und Verfahrensgrundsätze dem Verwaltungsverfahren im Sinne von § 8 SGB X zuzurechnen sind.[14] Da jedes Tätigwerden, das Einfluss auf die Entscheidungsfindung haben könnte, ausgeschlossen ist, darf ein Mitglied einer Widerspruchs- oder Beschwerdekammer zwar während der Beratung, Entscheidungsfindung und Beschlussfassung anwesend sein, er darf sich allerdings darin nicht – z.B. argumentativ – einbringen. Auch unaufschiebbare Maßnahmen dürfen getroffen werden (§ 16 Abs. 3; hierzu unten).

War ein Verwaltungsmitarbeiter im Widerspruchsverfahren mit einem Widerspruch befasst, so ist er weder nach § 16 noch nach § 17 von einer Mitwirkung im anschließenden Widerspruchsausschuss ausgeschlossen.[15] 12

II. Beteiligte

Beteiligte sind vom Verwaltungsverfahren ausgeschlossen (§ 16 Abs. 1 Ziffer 1). Wer Beteiligter ist, ergibt sich aus § 12 (vgl. hierzu die Kommentierung zu § 12). 13

III. Angehörige

Auch Angehörige eines Beteiligten sind vom Verwaltungsverfahren ausgeschlossen (§ 16 Abs. 1 Ziffer 2). § 16 Abs. 5 Satz 1 enthält eine Legaldefinition des Begriffs des Angehörigen und bestimmt Verlobte – d.h. diejenigen, die sich gegenseitig die Ehe versprochen haben (vgl. § 1297 BGB) –, Ehegatten, Lebenspartner nach dem LPartG, Verwandte und Verschwägerte in gerader Linie, Geschwister, Kinder der Geschwister, Ehegatten der Geschwister, Geschwister der Ehegatten, Geschwister der Eltern sowie in häuslicher Gemeinschaft lebende Pflegeeltern und Pflegekinder zu Angehörigen. Lösen Verlobte das Verlöbnis, so handelt es sich bei ihnen nicht mehr um Angehörige im Sinne des § 16. Zu prüfen ist jedoch ein Ausschluss nach Maßgabe des § 17. 14

Partner einer eheähnlichen Gemeinschaft sind nicht in § 16 Abs. 1 i.V.m. Abs. 5 aufgeführt. Eine analoge Anwendung der Norm ist ausgeschlossen.[16] Die sozialrechtliche Problematik der eheähnlichen Gemeinschaft war zum Zeitpunkt des Inkrafttretens des SGB X bereits bekannt. Gleichwohl hat der Gesetzgeber deren Partner nicht in den abgeschlossenen Katalog der ausgeschlossenen Personen aufgenommen und dies auch nicht in den Folgejahren geändert, als in besonderen Teilen des SGB Sonderregelungen für Partner einer eheähnlichen Gemeinschaft geschaffen wurden (vgl. nur § 122 BSHG a.F., § 20 SGB XII). Partner einer eheähnlichen Gemeinschaft sind daher nicht kraft 15

13 JurisPK-SGB X/*Hissnauer*, § 16 Rn. 10, Stand 11/2023.
14 OVG Nordrhein-Westfalen, Beschl. v. 09.03.2021 – 1 A 1008/18, Rn. 11 m.V.a. BVerwG, Urt. v. 05.12.1986 – 4 C 13.85, Rn. 67.
15 LSG Baden-Württemberg, Urt. v. 18.01.2017 – L 2 R 3941/16, Rn. 30.
16 Ebenso Schütze/*Roller*, SGB X, § 16 Rn. 7.

Gesetzes vom Verwaltungsverfahren des jeweils anderen Partners ausgeschlossen. Ein Ausschluss kommt allerdings nach § 17 in Betracht.[17]

16 § 16 Abs. 5 Satz 2 konkretisiert die Legaldefinition des § 16 Abs. 5 Satz 1. Demnach bleibt die Angehörigeneigenschaft und in der Folge der Ausschluss aus dem Verwaltungsverfahren bestehen, wenn bestimmte, den Ausschluss in der Vergangenheit begründende Umstände weggefallen sind. Wurde die Ehe oder Lebenspartnerschaft des Beteiligten geschieden, so bleibt der Geschiedene von Verfahren ausgeschlossen, die seinen früheren Ehe- oder Lebenspartner, dessen Geschwister, Verwandte und Verschwägerte in gerader Linie betreffen (§ 16 Abs. 5 Satz 2 Ziffer 1).

17 Er bleibt ebenfalls ausgeschlossen, wenn die den Ausschluss nach § 16 Abs. 1 Satz 1 Ziffer 2 i.V.m. § 16 Abs. 5 Satz 1 Nr. 3 bis 7 begründende Verwandtschaft oder Schwägerschaft durch Annahme als Kind erloschen ist (§ 16 Abs. 5 Satz 2 Ziffer 2).

18 Nach § 16 Abs. 5 Satz 2 Ziffer 3 wird der Ausschluss schließlich nicht dadurch berührt, dass die häusliche Gemeinschaft von Pflegeeltern und –kindern nicht mehr besteht, sofern sie weiterhin wie Eltern und Kind miteinander verbunden sind.

IV. Vertreter, Beistände und deren Angehörige

19 Wer den Beteiligten kraft Gesetzes oder aufgrund einer Vollmacht allgemein vertritt, ist vom Verwaltungsverfahren ausgeschlossen. Ausgeschlossen sind daher zum Beispiel Eltern in Verwaltungsverfahren, die ihre minderjährigen Kinder betreffen (§§ 1626 ff. BGB), der Vormund (§ 1793 BGB), Betreuer (§ 1902 BGB) in Angelegenheiten des Rechtskreises, für den die Betreuung bestellt wurde, der Pfleger (§§ 1909 ff. BGB) sowie der nach § 15 bestellte Vertreter. Wer juristische Personen und Vereinigungen gesetzlich vertritt, regelt das jeweilige materielle Recht (z.B. § 26 BGB, § 125 HGB, § 86 BGB i.V.m. § 26 BGB).

20 Auch diejenigen, die Beteiligte aufgrund einer allgemeinen oder auf das konkrete Verfahren bezogenen Vollmacht vertreten, sind im jeweiligen Verwaltungsverfahren ausgeschlossen. Handelt es sich nicht um eine allgemeine Vollmacht und bezieht sie sich auf einen anderen Gegenstand als das Verwaltungsverfahren, so ist der Vertreter in dem Verwaltungsverfahren nicht ausgeschlossen.

21 Auch Angehörige (im Sinne des § 16 Abs. 5) eines vom Verwaltungsverfahren ausgeschlossenen Vertreters sind vom Verfahren ausgeschlossen (§ 16 Abs. 1 Ziffer 4).

Zieht ein Beteiligter einen Beistand zu einer Verhandlung oder Besprechung hinzu (§ 13 Abs. 4), so ist dieser in diesem Verwaltungsverfahren als Amtswalter ausgeschlossen. Angehörige des Beistands sind jedoch nicht ausgeschlossen.

22 Der 8. Senat des BSG hat sich für eine teleologische Reduktion des § 16 Abs. 1 Satz 1 Nr. 3 und Nr. 5 SGB X für Schiedsstellenverfahren nach § 80 SGB XII ausgesprochen.[18] Schiedsstellen bestehen nach § 80 Abs. 2 SGB XII aus Vertretern der Einrichtungsträger und Vertretern der örtlichen und überörtlichen Träger der Sozialhilfe sowie einem unparteiischen Vorsitzenden, die ihr Amt als Ehrenamt führen und an Weisungen nicht gebunden sind (§ 80 Abs. 3 Satz 1 und 2 SGB XII). Die Ausschlussgründe des § 16 Abs. 1 Satz 1 Nr. 3 und Nr. 5 SGB X führten bei uneingeschränkter Anwendung dazu, dass Entscheidungen der Schiedsstelle stets der Makel der Rechtswidrigkeit anhaftete, da ihnen zwingend Vertreter der Sozialhilfeträger angehorten. Zu demselben Ergebnis kam der 3. Senat des BSG hinsichtlich der Mitwirkung von Mitgliedern der durch die Landesverbände der Pflegekassen und die Vereinigungen der Träger der Pflegeeinrichtungen im Land gemeinsam für jedes Land gebildeten Schiedsstelle (§ 76 SGB XI). §§ 16 und 17 würden nicht ehrenamtlich tätige Schiedsstellenmitglieder, die bereits an den Rahmenvertragsverhandlungen als Verhandlungs-

17 So auch BeckOK-SozR/*Weber*, § 16 SGB X Rn. 40, Stand 12/2023.

18 BSG, 07.10.2015 – B 8 SO 1/14 R, Rn. 14.

partner für die von ihnen vertretenen Verbände teilgenommen haben, nicht vom Schiedsstellenverfahren ausschließen.[19]

V. Tätigkeit bei einem Beteiligten

Ebenfalls ausgeschlossen sind diejenigen, die bei einem Beteiligten im Sinne des § 12 gegen Entgelt 23
beschäftigt sind oder in einem anderen in § 16 Abs. 1 Ziffer 6 aufgeführten Rechtsverhältnis stehen. Hinsichtlich des Beschäftigungsbegriffs kann auf die Kommentierung zu § 7 SGB IV Bezug genommen werden. Sie setzt eine nichtselbständige Arbeit voraus, für die eine Weisungsabhängigkeit hinsichtlich Art, Ort, Zeit und Umfang der Tätigkeit sowie eine Eingliederung in die Arbeitsorganisation des Weisungsgebers Anhaltspunkte sind. Die Beschäftigung muss gegen Entgelt vorgenommen werden.

Einer Tätigkeit bei dem Beteiligten gleichgestellt – und damit ebenfalls vom Verwaltungsverfahren 24
ausgeschlossen – ist derjenige, der als Mitglied des Vorstandes, des Aufsichtsrates oder eines gleichartigen Organs des Beteiligten tätig ist. Nicht ausgeschlossen ist derjenige, dessen Anstellungskörperschaft Beteiligte ist, und Beschäftigte bei Betriebskrankenkassen.

VI. Gutachter

Wer außerhalb seiner amtlichen Eigenschaft in Bezug auf einen Gegenstand des konkreten Ver- 25
waltungsverfahrens ein Gutachten abgegeben hat oder »sonst tätig« geworden ist, ist ebenfalls vom Verwaltungsverfahren ausgeschlossen. Die Formulierung »sonst tätig« muss insbesondere nach Sinn und Zweck der Vorschrift, das Vertrauen der Beteiligten und der Öffentlichkeit in die Objektivität, Angemessenheit und Rechtmäßigkeit behördlicher Verfahrenshandlungen zu bewahren und keinesfalls den »Geruch der Befangenheit« zu erwecken, ausgelegt werden. Dasselbe gilt für die Beantwortung der Frage, ob derjenige vom Verfahren ausgeschlossen ist, der ein Gutachten nicht im konkreten Verwaltungsverfahren, sondern in der »gleichen Angelegenheit«, die auch das Verwaltungsverfahren betrifft, erstellt hat.[20]

Weder eine Person, die als Zeuge in diesem Verfahren im Sinne des § 21 Abs. 1 Satz 2 Ziffer 2 26
angehört wurde noch ein Amtswalter in einem Widerspruchsverfahren, der bereits im Ausgangsverfahren tätig war, sind aus Sicht eines objektiven Dritten befangen, so dass sie vom Verwaltungsverfahren nicht ausgeschlossen sind.[21]

Auch derjenige, der über eine Rechtsfrage, die ein konkretes Verwaltungsverfahren betrifft, einen 27
wissenschaftlichen Beitrag verfasst und veröffentlicht hat, ist nicht kraft Gesetzes ausgeschlossen. Gutachter, die für die Behörde bereits im Verwaltungsverfahren befragt wurden, sind im Widerspruchsverfahren nicht ausgeschlossen und dürfen daher auch dort zu derselben Angelegenheit befragt werden.[22]

»Sonstige Tätigkeiten« im Sinne § 16 Abs. 1 Ziffer 6 erfasst insbesondere Tätigkeiten von Personen, 28
die bereits zu einem früheren Zeitpunkt – allerdings in nicht amtlicher Eigenschaft – mit der Angelegenheit befasst waren.[23]

VII. Sonstige Vorteile

Vom Verwaltungsverfahren sind auch diejenigen, die einen unmittelbaren Vorteil oder Nachteil 29
durch die Tätigkeit oder durch die Entscheidung erlangen können, ausgeschlossen. Da der Gesetz-

19 BSG, 25.01.2017 – B 3 P 3/15 R, Rn. 21.

20 Für einen Ausschluss z.B. BeckOGK/*Mutschler*, § 16 SGB X Rn. 10, Stand 12/2018.

21 Hauck/Noftz/*Hauck*, § 16 SGB X Rn. 17; Schütze/*Roller*, § 16 SGB X Rn. 12.

22 BSG, Beschl. v. 23.12.2004 – B 1 KR 84/04 B – unter Hinweis auf BSGE 90, 289 = SozR 4–2500 § 137c Nr. 1.

23 BeckOK-SozR/*Weber*, § 16 SGB X Rn. 26, Stand 12/2023.

geber die Vor- oder Nachteile nicht näher bestimmt, kann es sich um rechtliche, finanzielle, ideelle oder andere Vor- oder Nachteile handeln. Allein diese weite Auslegung verwirklicht den Zweck der Vorschrift, das Vertrauen der Beteiligten und der Öffentlichkeit in die Objektivität, Angemessenheit und Rechtmäßigkeit behördlicher Verfahrenshandlungen zu bewahren. Hätte der Gesetzgeber § 16 Abs. 1 Satz 2 auf rechtliche Vor- oder Nachteile beschränken wollen, so hätte er es – wie beispielsweise bei § 12 Abs. 2 in Bezug auf das rechtliche Interesse – ausdrücklich geregelt und regeln können.

30 Der Betroffene muss Vorteile »erlangen können«. Dies wird angenommen, wenn die ernsthafte Möglichkeit besteht, dass diese eintreten können.[24] Aber auch, wenn aus Sicht eines objektiven Beobachters aufgrund der Gesamtumstände anzunehmen ist, dass der Beteiligte oder die Öffentlichkeit Anlass hätte, eine Befangenheit zu besorgen, ist der Amtswalter vom Verwaltungsverfahren ausgeschlossen.

31 Nicht ausgeschlossen ist er jedoch dann, wenn der Vor- oder Nachteil nur darauf beruht, dass er einer Berufs- oder Bevölkerungsgruppe angehört, deren gemeinsame Interessen durch die Angelegenheit berührt werden. Es muss sich also um einen individuellen, nicht gruppenbezogenen Vorteil handeln.

32 Unmittelbarkeit im Sinne des § 16 Abs. 1 Satz 2 SGB X liegt nur dann vor, wenn die Tätigkeit oder Entscheidung einerseits und der Vor- oder Nachteil andererseits die beiden einzigen Glieder der möglichen Kausalkette sind.[25]

VIII. Ehrenamt

33 Die Ausschlussgründe des Abs. 1 gelten nicht für Wahlen zu einer ehrenamtlichen Tätigkeit und für die Abberufung von ehrenamtlich Tätigen (§ 16 Abs. 2 Satz 1).

34 Die erste Ausnahme ermöglicht insbesondere die Teilnahme an der eigenen Wahl zu einem Ehrenamt. Da der Gesetzgeber nichts anderes geregelt hat, ist der Betroffene weder von der Wahlhandlung noch von der Wahlvorbereitung oder der Ermittlung des Wahlergebnisses ausgeschlossen.[26] Auch bei der Abberufung von einem Ehrenamt ist eine Teilnahme des ehrenamtlich Tätigen nicht ausgeschlossen.

IX. Beziehungen zwischen Ärzten, Zahnärzten und Krankenkassen

35 Die Ausschlussgründe des Abs. 1 Nr. 3 und 5 gelten nicht für das Verwaltungsverfahren aufgrund der Beziehungen zwischen Ärzten, Zahnärzten und Krankenkassen (§ 16 Abs. 2 Satz 2).

Diese Ausnahme dient dazu, die Funktionsfähigkeit der Zulassungs- und Berufsausschüsse für Vertragsärzte sowie der Prüfungs- und Beschwerdeausschüsse zur Überwachung der Wirtschaftlichkeit der vertragsärztlichen Versorgung sicherzustellen. Dass diese Ausschüsse teilweise mit Mitarbeitern von Krankenkassen, Kassen(zahn)ärztlichen Vereinigungen oder Verbänden besetzt sind, hält das Bundessozialgericht für »rechtsstaatlich unbedenklich und in der Praxis vielfach unverzichtbar, weil die Gremien der gemeinsamen Selbstverwaltung von Ärzten und Krankenkassen nicht über eigenes Personal verfügen.«[27]

X. Gefahr in Verzug

36 Ausnahmsweise sind auch vom Verfahren ausgeschlossene Personen berechtigt, im Verwaltungsverfahren tätig zu sein, wenn Gefahr in Verzug besteht. Dieser unbestimmte Rechtsbegriff ist ins-

---

24 Hauck/Noftz/*Hauck*, § 16 SGB X Rn. 18a.

25 LSG Niedersachsen-Bremen, Urt. v. 27.04.2005 – L 3 KA 373/03, Rn. 78.

26 Hauck/Noftz/*Hauck*, § 16 SGB X Rn. 20.

27 BSG, Urt. v 15.11.1995 – 6 RKa 58/94, SozR 3–1300 § 16 Nr. 1.

besondere nach Sinn und Zweck der Vorschrift auszulegen. Immer dann, wenn der Eintritt eines gravierenden Nachteils droht, dem nur durch unverzügliches Handeln begegnet werden kann, so dass objektiv betrachtet auch aus Sicht des Beteiligten oder der Allgemeinheit die Sorge der Befangenheit zurücktreten muss, kann eine Gefahr in Verzug ausnahmsweise angenommen werden.

XI. Verfahren

Sind die Voraussetzungen für einen Ausschluss erfüllt, so ist der Betroffene von Amts wegen vom 37
Verwaltungsverfahren ausgeschlossen. Es bedarf hierüber insbesondere keiner Entscheidung eines Vorgesetzten oder einer Aufsichtsbehörde. Der Ausschluss tritt kraft Gesetzes ein und ist nicht anfechtbar. Eine Anhörung des Betroffenen hat vor dem Ausschluss nicht zu erfolgen.[28]

Hält sich ein Mitglied eines Ausschusses oder Beirats für ausgeschlossen oder bestehen Zweifel 38
darüber, ob die Voraussetzungen des Abs. 1 gegeben sind, ist der Ausschuss oder Beirat nach § 16 Abs. 4 Satz 1 hierüber zu informieren. Der Ausschuss oder Beirat hat eine Entscheidung über den Ausschluss zu treffen, an der der hiervon Betroffene nicht mitwirken darf.

Der Betroffene ist vom Verwaltungsverfahren erst mit der entsprechenden Entscheidung aus- 39
geschlossen. Das ausgeschlossene Mitglied darf bei der weiteren Beratung und Beschlussfassung nicht zugegen sein (§ 16 Abs. 4 Satz 4). Kommen Ausschuss oder Beirat zu dem Ergebnis, dass die Voraussetzungen für eine Befangenheit nicht erfüllt sind, so wird der Betroffene vom Verfahren nicht ausgeschlossen.

§ 17 Besorgnis der Befangenheit

(1) [1]Liegt ein Grund vor, der geeignet ist, Misstrauen gegen eine unparteiische Amtsausübung zu rechtfertigen, oder wird von einem Beteiligten das Vorliegen eines solchen Grundes behauptet, hat, wer in einem Verwaltungsverfahren für eine Behörde tätig werden soll, den Leiter der Behörde oder den von diesem Beauftragten zu unterrichten und sich auf dessen Anordnung der Mitwirkung zu enthalten. [2]Betrifft die Besorgnis der Befangenheit den Leiter der Behörde, trifft diese Anordnung die Aufsichtsbehörde, sofern sich der Behördenleiter nicht selbst einer Mitwirkung enthält. [3]Bei den Geschäftsführern der Versicherungsträger tritt an die Stelle der Aufsichtsbehörde der Vorstand.

(2) Für Mitglieder eines Ausschusses oder Beirats gilt § 16 Abs. 4 entsprechend.

Übersicht

A. Inhalt

§ 17 fungiert als Auffangtatbestand für Sachverhalte, in denen eine Besorgnis der Befangenheit auf- 1
grund von Umständen besteht, die durch den abgeschlossenen Katalog des § 16 nicht erfasst sind, und gewährleistet dadurch das Unbefangenheitsprinzip. Die Norm dient, ebenso wie § 16, der Stärkung des Vertrauens des Bürgers in die Rechtmäßigkeit und Objektivität staatlichen Handelns (hierzu die Kommentierung zu § 16, dort Rdn. 1).

§ 17 setzt tatbestandlich einen Grund voraus, der geeignet ist, Misstrauen gegen eine unparteiische 2
Amtsführung zu rechtfertigen. Ob ein Sachverhalt hierzu geeignet ist, ist wertend zu entscheiden, so dass der Gesetzgeber – anders als bei den Tatbeständen des § 16 – den Ausschluss eines Sach-

28 Schütze/*Roller*, SGB X, § 16 Rn. 15.

walters vom Verwaltungsverfahren nicht von Amts wegen anordnen konnte, sondern eine Individualentscheidung eines Dritten regeln musste. Diese Entscheidung trifft der Leiter der Behörde oder sein Beauftragter. Über eine mögliche Befangenheit des Behördenleiters entscheidet grundsätzlich die Aufsichtsbehörde bzw. der Vorstand des jeweiligen Sozialversicherungsträgers. Der betroffene Sachwalter wird erst durch Anordnung vom Verwaltungsverfahren ausgeschlossen.

3 Da der Ausschluss eine rein verwaltungsinterne Entscheidung ohne Außenwirkung darstellt, handelt es sich nicht um einen Verwaltungsakt.[1] Bis zur Entscheidung hat der betroffene Amtswalter seine Mitwirkung im Verwaltungsverfahren – außer, soweit und solange Gefahr im Verzug vorliegt – einzustellen.[2] Das jeweilige Verwaltungsverfahren ist durch einen anderen Bediensteten fortzuführen. Die Prüfung nach § 17 ist kein sachlicher Grund, der es rechtfertigte, das Verwaltungsverfahren bis zu einer Entscheidung über den Ausschluss ruhen zu lassen.

4 Der Beteiligte hat kein subjektives, förmliches Ablehnungsrecht und damit auch keinen Anspruch auf Auswechselung eines Fallmanagers und Zuweisung eines anderen Sachbearbeiters.[3]

B. Einzelerläuterungen

I. Misstrauen gegen eine unparteiische Amtsausübung

5 § 17 setzt voraus, dass ein Grund vorliegt oder durch den Beteiligten behauptet wird, der geeignet ist, Misstrauen gegen eine unparteiische Amtsausübung zu rechtfertigen. Hierzu ist jeder Umstand geeignet, der aus objektiver Sicht geeignet ist, Zweifel an der Unparteilichkeit und Fairness des Amtswalters zu wecken. Dies setzt voraus, dass ein besonnen abwägender Beteiligter bei vernünftiger Würdigung aller Umstände Anlass hat, an der Unvoreingenommenheit und objektiven Einstellung einer für die Behörde handelnden Person zu zweifeln.[4]

Häufig ist ein abschätziges, diskriminierendes oder vorurteilsbehaftetes Verhalten eines Amtswalters bei persönlichen Vorsprachen eines Beteiligten Anlass für ein Verfahren nach § 17.

6 Gründe für ein berechtigtes Misstrauen können sich auch aus einer Freundschaft, Nachbarschaft, wirtschaftlichen Beziehung, derselben Vereinszugehörigkeit oder aufgrund privater Rechtsstreitigkeiten zwischen dem Amtswalter und dem Beteiligten ergeben. Derselben politischen Partei zuzugehören, ist kein sachlicher Grund für ein berechtigtes Misstrauen[5]; anders kann dies sein, wenn Amtswalter und Beteiligter Mitglieder desselben Ortsvereins einer politischen Partei sind. Verwandtschaftliche Beziehungen, die nicht bereits nach § 16 zu einem Ausschluss führen, können ebenso ein berechtigtes Misstrauen in eine objektive Verfahrensführung begründen wie eine eheähnliche Lebensgemeinschaft.[6] Auch eine durch den Beteiligten in einem anderen Verwaltungsverfahren wegen des persönlichen Verhaltens des Bediensteten erfolgreich geführte Dienstaufsichtsbeschwerde begründet die objektiv nachvollziehbare Sorge des Beteiligten, das gegenwärtige Verfahren werde nicht unparteiisch geführt werden. Anders jedoch, wenn der Beteiligte eine frühere Sachentscheidung erfolgreich durch Rechtsbehelf angefochten hat.

7 Die objektive Besorgnis eines nicht rechtsstaatlichen Handelns eines Amtswalters kann auch dadurch begründet werden, dass dieser einen Antragsteller unangemessen dazu drängt, den Antrag zurück-

---

1 Hierzu auch LSG Berlin, Beschl. v. 25.02.2004 – L 8 B 74/03 AL ER, Rn. 6.

2 BeckOGK/*Mutschler*, § 17 SGB X Rn. 10, Stand 12/2018.

3 LSG Nordrhein-Westfalen, Beschl. v. 23.04.2010 – L 6 B 93/09 AS, Rn. 12; ebenso LSG Baden-Württemberg, Urt. v. 17.04.2024 – K 3 AS 455/24, Rn. 37 in Hinblick auf den persönlichen Ansprechpartner nach § 14 Abs. 3 SGB II.

4 BeckOGK/*Mutschler*, § 17 SGB X Rn. 4c, Stand 12/2018.

5 BeckOK-SozR/*Weber*, § 17 SGB X Rn. 8, Stand 12/2023.

6 BeckOK-SozR/*Weber*, § 17 SGB X Rn. 6, Stand 12/2023; BeckOGK/*Mutschler*, § 17 SGB X Rn. 4c, Stand 12/2018.

zunehmen.[7] Auch die zunehmende Praxis, Widerspruchsführer »im Gewand der Bürgerfreundlichkeit« zu einem Gespräch in die Behörde einzuladen, um sie durch Sach- und Rechtsargumente zu drängen, den Widerspruch zurückzunehmen, ist rechtsstaatlich überaus bedenklich und geeignet, Misstrauen gegen eine sachgerechte, an rechtsstaatlichen Grundsätzen orientierte und den Zweck des Widerspruchsverfahrens respektierende, unparteiische Amtsausübung zu begründen. Wer den Rechtsstaat repräsentiert, hat es zu ertragen, dass Entscheidungen angefochten werden. Schafft ein Sachwalter zeitlich nach der Erhebung eines Widerspruchs durch eine Einladung eine Gesprächssituation, innerhalb derer bereits durch die Amtsautorität und die in der Regel vorhandene argumentative Überlegenheit des Sachwalters ein Ungleichgewicht zwischen Behörde und Bürger besteht, provoziert er in aller Regel – sofern nicht beispielsweise die Voraussetzungen des § 61 SGB I erfüllt sind – bereits hierdurch den Verdacht, das Gespräch solle dazu ausgenutzt werden, den Bürger manipulativ dazu zu verleiten, durch die Rücknahme des Widerspruchs zugleich auf das durch Art. 19 Abs. 4 GG garantierte Recht auf eine gerichtliche Entscheidung zu verzichten. Ein solches Vorgehen kann die Grenzen der Fairness überschreiten und Misstrauen in eine objektive Amtsführung und somit die Besorgnis der Befangenheit begründen.

Für einen Ausschluss aus dem Verfahren genügt es nicht, wenn der Beteiligte den Amtswalter als 8
befangen bezeichnet oder ihn subjektiv als befangen empfindet. Ebenso wenig sind nicht objektivierbare Empfindungen, Gefühle und Ahnungen des Beteiligten ausschlaggebend.[8] Entscheidend ist vielmehr, ob es auch für einen objektiven Dritten aufgrund von Tatsachen nachvollziehbar ist, dass der Betroffene aufgrund der Gesamtumstände Zweifel an der Unparteilichkeit des Amtswalters und damit an einem fairen Verfahren hat. Hat ein Amtswalter, der mit dem Verwaltungsverfahren befasst war, das durch Erlass eines belastenden Verwaltungsaktes abgeschlossen wurde, auch im Widerspruchsverfahren oder beim Erlass des Widerspruchsbescheids mitgewirkt, so begründet dies allein keine Besorgnis der Befangenheit, da weder ein Grund erkennbar ist, der Zweifel an seiner Objektivität wecken könnte noch eine unvoreingenommene Beurteilung der Sach- und Rechtslage in Frage gestellt ist.[9]

Die Anordnung, sich der Mitwirkung an dem Verfahren zu enthalten, hat zu erfolgen, sobald erkenn- 9
bar ist, dass ein objektiver Dritter Zweifel an der unparteiischen Amtsführung haben würde. Es kommt nicht darauf an, ob sich der Amtswalter im laufenden Verfahren parteiisch verhalten hat oder in der Zukunft eventuell parteiisch verhalten würde. Die Anordnung setzt allein rechtsstaatliche Anforderungen um, die es verbieten, dass ein Amtswalter auf ein Verwaltungsverfahren prägend Einfluss nehmen könnte, obwohl die nachvollziehbare Sorge fehlender Objektivität, Neutralität und Fairness besteht. In die Entscheidung, dem Sachwalter das Verwaltungsverfahren »aus den Händen zu nehmen«, darf keinesfalls einfließen, der Beteiligte könnte die Anordnung zu Unrecht so verstehen, als ob der Amtswalter im bisherigen Verwaltungsverfahren tatsächlich parteiisch gehandelt hätte; würde diese Sorge in die Entscheidung mit einbezogen, so begründete dies gegenüber demjenigen, der die Entscheidung über die Anordnung zu treffen hat, ebenfalls objektiv nachvollziehbar die Besorgnis einer nicht unparteiischen Amtsausübung. § 17 verfolgt nicht den Zweck, den Amtswalter davor zu schützen, dass Dritte einen falschen Eindruck von seiner Amtsführung haben könnten, sondern das Verwaltungsverfahren vor dem Eindruck zu schützen, es werde nicht nach rechtsstaatlichen Gesichtspunkten geführt.

II. Pflicht des Amtswalters bei Besorgnis der Befangenheit

Der Amtswalter ist verpflichtet, den Behördenleiter oder dessen Beauftragten zu informieren, sobald 10
er erkennt, dass ein Dritter aufgrund besonderer Umstände Zweifel an seiner unparteiischen, vor-

7 JurisPK-SGB X/*Hissnauer*, § 17 Rn. 13; BeckOGK/Mutschler, 01.12.2018, § 17 SGB X Rn. 4a mVa LSG Sachsen v. 22.02.2011 – L 7 SF 56/10 AB.

8 JurisPK-SGB X/*Hissnauer*, § 17 Rn. 8.

9 LSG Baden-Württemberg, Urt. v. 18.01.2017 – L 2 R 3941/16, Rn. 30; BeckOGK-SGB X/*Mutschler*, § 17 SGB X Rn. 4a, Stand 08/2019.

behaltlosen und objektiven Amtsführung haben könnte. Äußert der Beteiligte entsprechende Zweifel, so hat der Amtswalter diese auch dann dem Behördenleiter oder dessen Beauftragten weiterzuleiten, wenn er selbst davon überzeugt ist, dass das Misstrauen unberechtigt ist.

11 Auf Anordnung des Behördenleiters oder dessen Beauftragten hat sich der Amtswalter der Mitwirkung am Verfahren zu enthalten. Bei dieser Anordnung handelt es sich nicht um einen Verwaltungsakt, da sie keine Außenwirkung entfaltet.

12 Richtet sich das Misstrauen gegen den Behördenleiter, so entscheidet die Aufsichtsbehörde darüber, ob er sich am Verfahren zu enthalten hat. Anstatt die Aufsichtsbehörde zu informieren, kann der Behördenleiter selbst entscheiden, sich der Mitwirkung zu enthalten (§ 17 Abs. 1 Satz 2).

13 § 17 Abs. 1 Satz 3 nimmt auf die besondere Organisation der Sozialversicherungsträger Bezug. Richtet sich das Misstrauen in eine objektive Verfahrensführung gegen den Geschäftsführer eines Sozialversicherungsträgers, so entscheidet – falls der Geschäftsführer sich nicht selbst aus dem Verfahren herausnimmt – der Vorstand.

14 Wird an der Objektivität eines Mitglieds eines Ausschusses oder Beirates gezweifelt, so regelt § 17 Abs. 2 die entsprechende Anwendung des § 16 Abs. 4. Über die Frage, ob sich das jeweilige Mitglied der Mitwirkung am Verwaltungsverfahren zu enthalten hat, entscheidet daher der Ausschuss oder Beirat, ohne dass der Betroffene an dieser Entscheidung mitwirken darf.

III. Rechtsfolgen bei Verletzung des § 17

15 Wirkt ein Amtswalter an einem Verwaltungsverfahren mit, obwohl berechtigte Zweifel an seiner Objektivität bestehen, so ist der das Verfahren abschließende Verwaltungsakt rechtswidrig.[10] Hierbei macht es keinen Unterschied, ob der Verfahrensfehler erst nach Erlass des Verwaltungsaktes erkannt worden ist oder der Behördenleiter, dessen Beauftragter oder die Aufsichtsbehörde den Ausschluss verfehlt nicht vorgenommen hat, obwohl eine Befangenheit gerügt oder aus anderen Gründen erkennbar war. Der Beteiligte hat nach § 42 Satz 1 jedoch dann keinen Anspruch auf Aufhebung des Verwaltungsaktes wegen dieses Verfahrensfehlers, wenn offensichtlich ist, dass die Verletzung die Entscheidung in der Sache nicht beeinflusst hat. Bei Pflichtentscheidungen wird daher – anders bei Ermessensentscheidungen – in aller Regel keine Aufhebung allein wegen des Verstoßes gegen § 17 erfolgen. Ein öffentlich-rechtlicher Vertrag, der an einem entsprechenden Fehler leidet, ist nicht nichtig (§ 58 SGB X).

16 Die Frage, ob ein Verstoß gegen § 17 ausnahmsweise auch die Nichtigkeit des Verwaltungsaktes zur Folge haben kann, ist ebenfalls zu verneinen.[11] Dass ein Verstoß ähnlich schwer wiegen könnte wie ein Verstoß gegen § 16 Abs. S. 1 Ziffer 1 – und nur dies könnte eine Nichtigkeit rechtfertigen –, ist nicht vorstellbar. Auch diejenigen, die sich aus grundsätzlichen Erwägungen für eine Nichtigkeit in besonders eklatanten Fällen aussprechen[12], benennen keinen konkreten Anwendungsfall.

Ein Verstoß gegen § 17 kann nicht isoliert, sondern nur in einem Rechtsbehelf gegen die Sachentscheidung angefochten werden (§ 56a SGG).[13] Eine Aufhebung des Verwaltungsaktes, die infolge des § 42 Satz 1 ohnehin nur ausnahmsweise in Betracht kommt, setzt nach der Rechtsprechung des BSG zudem voraus, dass der Beteiligte die Verletzung gerügt hat, bevor das Verwaltungsverfahren abgeschlossen war; auch im gerichtlichen Verfahren könne ein Ablehnungsgesuch keinen Erfolg mehr haben, wenn es erst nach der Beendigung der Instanz gestellt werde.[14] Es ist zweifelhaft, ob diese Begründung trägt. Sie lässt sich auch nicht für jeden denkbaren Fall auf § 17 Abs. 2 i.V.m. § 16 Abs. 4 stützen.

---

10 BSG, Urt. v. 26.10.1989 – 6 RKa 25/88 Rn. 17.
11 BSG, Urt. v. 28.09.1993 – 1 RR 3/92, Rn. 23 ff.
12 So Diering/Timme/Stähler/*Lang*, § 17 Rn. 12; BeckOK-SozR/*Weber*, § 17 SGB X Rn. 18, Stand 12/2023.
13 LSG Nordrhein-Westfalen, Beschl. v. 23.04.2010 – L 6 B 93/09 AS, Rn. 12.
14 BSG, Urt. v. 26.10.1989 – 6 RKa 25/88 Rn. 17.

§ 18 Beginn des Verfahrens

[1]Die Behörde entscheidet nach pflichtgemäßem Ermessen, ob und wann sie ein Verwaltungsverfahren durchführt. [2]Dies gilt nicht, wenn die Behörde auf Grund von Rechtsvorschriften

1. **von Amts wegen oder auf Antrag tätig werden muss,**
2. **nur auf Antrag tätig werden darf und ein Antrag nicht vorliegt.**

Übersicht

A. Inhalt

1 Ein Verwaltungsverfahren ist ein nach außen wirkender Prozess, der auf die Prüfung der Voraussetzungen, die Vorbereitung und den Erlass eines Verwaltungsaktes oder auf den Abschluss eines öffentlich-rechtlichen Vertrages gerichtet ist und deren Erlass oder Abschluss einschließt (vgl. die Kommentierung zu § 8). § 18 behandelt nicht die Frage, wann ein Verwaltungsverfahren beginnt, da sich dies bereits aus § 8 ergibt.[1] Die Norm bestimmt vielmehr, *ob und wann* ein Verwaltungsverfahren beginnen darf oder zu beginnen hat.[2] Da der Bürger einen Anspruch darauf hat, dass ein bereits begonnenes Verwaltungsverfahren zügig abgeschlossen wird, kann sich das »Ob« und »Wann« der Durchführung nur auf den Beginn des Verwaltungsverfahrens beziehen. Hierbei unterscheidet die Vorschrift in Satz 2 diejenigen Fallgestaltungen, in denen der Beginn des Verwaltungsverfahrens gesetzlich geregelt ist, von denen des Satz 1, in denen die Behörde weder von Amts wegen oder auf Antrag tätig werden *muss*, noch nur auf Antrag tätig werden *darf*. Im ersten Fall ist der Beginn des Verwaltungsverfahrens bereits an anderer Stelle gesetzlich bestimmt, im zweiten Fall steht der Verfahrensbeginn im Ermessen der Behörde. Nur, soweit § 18 den Beginn des Verwaltungsverfahrens in das Ermessen der Behörde stellt, hat die Vorschrift nicht nur deklaratorischen Charakter.

2 Betrachtet man das Regel-/Ausnahmeverhältnis zwischen Satz 1 und Satz 2, so zeigt sich, dass der Gesetzgeber grundsätzlich unterstellt, dass das »Ob« und »Wann« der Durchführung eines Verwaltungsverfahrens gesetzlich nicht bestimmt sei, sondern im pflichtgemäßen Ermessen der Behörde stehe. Dass eine Behörde ein Verwaltungsverfahren »aus eigener Initiative« nach Ausübung pflichtgemäßen Ermessens beginnt, entspricht jedoch nicht der Wirklichkeit des Sozialrechts, sondern ist die Ausnahme.[3] Da insbesondere das Leistungsrecht antragsdominiert ist – nur wenige Sozialleistungen, vor allem aus den Bereichen SGB VII und SGB XII, werden ohne Antrag erbracht – spielt die antragsunabhängige Verfahrenseröffnung nach pflichtgemäßem Ermessen in erster Linie bei Verwaltungsverfahren eine Rolle, die auf den Erlass belastender Verwaltungsakte zielen. Die Frage, ob ein Verwaltungsverfahren bereits begonnen hat, ist für die Geltendmachung von Verfahrensrechten relevant – beispielsweise hängt das Akteneinsichtsrecht nach § 25 Abs. 1 davon ab, dass ein Verwaltungsverfahren begonnen wurde –, aber auch z.B. für die Sonderrechtsnachfolge (§ 59 SGB I[4]).

3 Ein in Gang gesetztes Verwaltungsverfahren entfaltet eine Sperrwirkung für die Einleitung weiterer Verwaltungsverfahren zu demselben Verfahrensgegenstand.[5] Die angemessene Reaktion einer Behörde auf einen gleichwohl gestellten Zweitantrag wird dessen Nichtbehandlung bei gleichzeitigem Hin-

1 BeckOGK/*Mutschler*, § 18 SGB X Rn. 2, Stand 12/2018.
2 Schütze/*Roller*, SGB X, § 18 Rn. 2.
3 Zu Recht BeckOK-SozR/*Weber*, § 18 SGB X Rn. 4, Stand 12/2023.
4 Hierzu im Einzelnen *Felix*, Sozialleistungen und der Tod des Berechtigten, VSSAR 2022, 353 ff.
5 Sächsisches OVG, Urt. v. 07.04.2009 – 4 A 415/08, Rn. 51.

weis auf das bereits anhängige Verwaltungsverfahren sein.[6] Der Verfahrensgegenstand wird in Antragsverfahren durch den Antrag – wobei jedenfalls bei einem nicht sachkundig vertretenen Antragsteller im Zweifel davon auszugehen ist, dass der Antragsteller sämtliche Leistungen, auf die er aufgrund des Sachverhaltes einen Anspruch haben kann, beantragt haben wird[7] – und den Lebenssachverhalt bestimmt.[8] Eröffnet die Behörde das Verwaltungsverfahren aus einem anderen Grund, so bestimmt sich der Verfahrensgegenstand nach dem Ziel des Verwaltungsverfahrens, also nach dem Inhalt des infolge des Lebenssachverhaltes beabsichtigten Verwaltungsaktes oder öffentlich-rechtlichen Vertrags.

Ein Antrag unterliegt, sofern dies gesetzlich nicht ausgeschlossen ist, dem Grundsatz der Formfreiheit (vgl. die Kommentierung zu § 9), so dass auch ein mündlicher oder ein anderer, ohne vorgesehenes Antragsformular eingelegter Antrag entgegenzunehmen und zu bearbeiten ist.[9] Ein Beteiligter kann durch einen erneuten Antrag in derselben Angelegenheit kein zweites Verwaltungsverfahren auslösen, solange das erste Verwaltungsverfahren nicht – durch Erlass eines öffentlichrechtlichen Vertrags, Erlass eines Verwaltungsaktes, Rücknahme des das Verfahren auslösenden Antrags oder auf andere Weise – abgeschlossen ist. Dieses Recht steht auch der Behörde in einem laufenden Verwaltungsverfahren nicht zu. Ist ein Verwaltungsverfahren jedoch bereits durch Verwaltungsakt abgeschlossen worden, so ist die Behörde nicht gehindert, auf Antrag des Adressaten auf Erlass eines Zugunstenbescheids (§ 44) oder von Amts wegen nach §§ 45 bis 48 SGB X ein neues Verwaltungsverfahren, das auf Aufhebung des früheren Verwaltungsaktes gerichtet ist, durchzuführen. Das frühere Verwaltungsverfahren kann insoweit keine Sperrwirkung entfalten, da es abgeschlossen ist und sich das neue Verwaltungsverfahren auf den Erlass eines weiteren Verwaltungsaktes richtet, dessen Gegenstand die Aufhebung des früheren Verwaltungsaktes ist. Wurde ein Verwaltungsverfahren durch die Rücknahme eines Antrags beendet, steht einem erneuten Antrag die Sperrwirkung des früheren Verwaltungsverfahrens nicht (mehr) entgegen. Erachtet man das Widerspruchsverfahren nicht als eigenes Verwaltungsverfahren, sondern als Fortsetzung desjenigen Verwaltungsverfahrens, dessen Verwaltungsakt angefochten wurde[10], so entfaltet das fortgesetzte Verwaltungsverfahren ebenfalls Sperrwirkung für ein weiteres Verwaltungsverfahren über denselben Verfahrensgegenstand, solange über den Widerspruch nicht entschieden wurde. Zu demselben Ergebnis kommt man, wenn man das Widerspruchsverfahren als vom ursprünglichen Verwaltungsverfahren losgelöstes, eigenes Verwaltungsverfahren ansieht (hierzu die Kommentierung zu § 8 Rdn. 13).

B. Einzelerläuterungen

I. Verwaltungsverfahren von Amts wegen

4 Im sozialen Leistungsrecht beginnen Verwaltungsverfahren in aller Regel infolge eines Antrags.[11] Anders ist dies im Sozialhilferecht. Nach § 18 Abs. 1 SGB XII setzt die Sozialhilfe ein, sobald dem Träger der Sozialhilfe, den von ihm beauftragten Stellen oder einer in § 18 Abs. 2 SGB XII oder § 16 SGB I aufgeführten Stelle bekannt wird, dass die Voraussetzungen für die Leistung vorliegen (§ 18 Abs. 1 SGB XII). § 18 SGB XII wird eine Türöffnerfunktion zugeschrieben, infolge der Kennt-

6 Vgl. LSG Mecklenburg-Vorpommern, Urt. v. 30.03.2021 – L 6 P 8/17, juris Rn. 37 für den Fall eines Zweitantrags während eines Gerichtsverfahrens, das über den aufgrund des Erstantrags ergangenen Verwaltungsakt geführt wird.

7 BSG, Urt. v. 11.11.1987 – 9a RV 22/85.

8 Knickrehm/Kreikebohm/Waltermann/*Fichte*, § 18 SGB X Rn. 7.

9 Vgl. hierzu LSG Baden-Württemberg, 18.06.2020 – L 9 R 1686/20 ER-B, juris Rn. 6.

10 OVG Sachsen, Urt. v. 07.04.2009 – 4 A 415/08, Rn. 51 mit Verweis auf BVerwG, Urt. v. 27.09.1989, BVerwGE 82, 336, 338.

11 Vgl. zu Wesen, Funktion und Inhalt des Antrags auch Ruland/Becker/Axer/*Butzer/Hollo*, Sozialrechtshandbuch (SRH), § 12 Rn. 63 ff.

nis entsteht das Sozialhilferechtsverhältnis[12] – eine besondere Form des Sozialrechtsverhältnisses –, die Norm bestimmt den Beginn der Leistungen und gleichzeitig den Zeitpunkt, zu dem der Sozialhilfeträger von Amts wegen verpflichtet ist, das Verwaltungsverfahren zu beginnen.

Das Sozialhilferecht kennt allerdings auch antragsabhängige Leistungen. Leistungen der Grundsicherung im Alter und bei Erwerbsminderung (§ 41 Abs. 1 SGB XII) werden ebenso wie Leistungen der Bildung und Teilhabe nach § 34 Abs. 2 und 4 bis 7 SGB XII (§ 34a Abs. 1 SGB XII) sowie Sozialhilfeleistungen an Deutsche im Ausland (§ 24 Abs. 4 SGB XII) nur auf Antrag erbracht. 5

Von Amts wegen werden Leistungen hingegen im Recht der gesetzlichen Unfallversicherung (§ 19 Satz 2 SGB IV) erbracht. Auch hier gibt es indes Ausnahmen (z.B. §§ 76 bis 78 SGB VII). Ist der Unfallversicherungsträger von Amts wegen zu Leistung verpflichtet, »wandelt sich nach der Rechtsprechung des 2. Senats des BSG seine Befugnis, nach pflichtgemäßem Ermessen zu entscheiden, ob und wann er ein Verwaltungsverfahren durchführt (§ 18 Satz 1 SGB X), mit dem Eingang möglicherweise entscheidungserheblicher Informationen in die Rechtspflicht, aufgrund des damit bereits anhängigen Verwaltungsverfahrens tätig zu werden (§ 18 Satz 2 Nr. 1 SGB X).«[13] 6

II. Verwaltungsverfahren infolge Antragstellung

Ein Antrag kann unterschiedliche Funktionen haben. Er kann Tatbestandsvoraussetzung sein (Bsp. § 31a Abs. 3 Satz 1 SGB II, § 210 SGB VI), den Leistungsbeginn (Bsp. § 99 SGB VI) oder den Beginn des Verwaltungsverfahrens bestimmen. In manchen Rechtsbereichen haben Anträge mehrere Funktionen gleichzeitig, wie im Fall des Antrags auf Leistungen nach dem SGB II, der nach § 37 SGB II den Beginn des Verwaltungsverfahrens bestimmt und zudem Anknüpfungspunkt für den Leistungsbeginn ist. 7

Hat der Antrag aufgrund gesetzlicher Regelung verfahrenseinleitende Wirkung, so bedeutet dies einerseits, dass die zuständige Behörde nicht von Amts wegen tätig zu werden braucht, andererseits ihr Tätigwerden im Falle einer Antragstellung nicht in ihrem Ermessen steht.[14] Wird ein Antrag auf behördliches Handeln, z.B. auf eine Sozialleistung, gestellt, so darf die Behörde die Entgegennahme des Antrags auch dann nicht verweigern, wenn sie ihn für unzulässig oder unbegründet hält (§ 20 Abs. 3; vgl. die Kommentierung zu § 20 Abs. 3). Die Behörde hat vielmehr auch in diesen Fällen die Pflicht, ein Verwaltungsverfahren einzuleiten[15], das mit Erlass eines Verwaltungsaktes oder Abschluss eines öffentlich-rechtlichen Vertrags zu beenden ist, wenn es sich nicht auf andere Weise (z.B. durch Antragsrücknahme) erledigt. Dem Antragsteller muss die Möglichkeit eröffnet werden, sich gegen die Entscheidung der Behörde durch Widerspruch und/oder Klage zur Wehr zu setzen. Dies ist nur dann ganz ausnahmsweise anders, wenn sich der Antrag – wie z.B. bei »Kettenanträgen« auf Erlass von Zugunstenbescheiden – als rechtsmissbräuchlich darstellt. 8

Die Behörde kann verpflichtet sein, auf eine Antragstellung hinzuwirken.[16] Dies kommt insbesondere dann in Betracht, wenn sie aufgrund Gesetzes (Bsp. § 115 Abs. 6 SGB VI) oder aufgrund einer Nebenpflicht aus einem Sozialrechtsverhältnis verpflichtet ist, den Betroffenen über die Möglichkeit einer Antragstellung zu informieren. Allerdings setzt diese Information kein Verwaltungsverfahren in Gang, da sie nicht auf den Erlass eines Verwaltungsaktes oder den Abschluss eines öffentlich-rechtlichen Vertrages gerichtet ist. Auch im Rahmen einer Beratung (§ 14 SGB I) kann die Behörde verpflichtet sein, den Betroffenen auf die Möglichkeit einer Antragstellung hinzuweisen. 9

12 Knickrehm/Kreikebohm/Waltermann/*Coseriu*, § 18 SGB XII Rn. 1.

13 BSG, 23.06.2020 – B 2 U 5/19 R, juris Rn. 11.

14 BSG, Urt. v. 28.08.2013 – B 6 KA 36/12 R, Rn. 30.

15 So zu Recht BeckOGK/*Mutschler*, § 18 SGB X Rn. 2, Stand 12/2018; LSG Baden-Württemberg, 18.06.2020 – L 9 R 1686/20 ER-B, juris Rn. 6.

16 Hauck/Noftz/*Hauck*, § 18 SGB X Rn. 7.

III. Verwaltungsverfahren nach pflichtgemäßem Ermessen

10 Dass ein Verwaltungsverfahren nach pflichtgemäßem Ermessen durchgeführt wird, hat vor allem bei Verwaltungsverfahren Bedeutung, die auf den Erlass eines belastenden Verwaltungsaktes gerichtet sind (Bsp. § 45). Im Übrigen hat § 18 Satz 1 keine besondere Bedeutung.[17] Das Verwaltungsverfahren im Sinne des § 8 beginnt, sobald die Behörde nach außen hin tätig wird und sich diese Tätigkeit auf den Erlass eines Verwaltungsaktes oder den Abschluss eines öffentlich-rechtlichen Vertrags richtet (vgl. hierzu die Kommentierung zu § 8). Stellt der Beteiligte einen Antrag auf eine Ermessensleistung, so beginnt das Verfahren mit der Antragstellung.[18]

11 Pflichtgemäße Ermessensausübung bedeutet in erster Linie, dass der Ermessensbetätigung der Zweck der zur Ermessensausübung ermächtigenden Vorschrift zugrunde gelegt wird und die gesetzlichen Grenzen eingehalten werden (§ 39 SGB I).

§ 19 Amtssprache

(1) [1]Die Amtssprache ist deutsch. [2]Menschen mit Hörbehinderungen und Menschen mit Sprachbehinderungen haben das Recht, in Deutscher Gebärdensprache, mit lautsprachbegleitenden Gebärden oder über andere geeignete Kommunikationshilfen zu kommunizieren; Kosten für Kommunikationshilfen sind von der Behörde oder dem für die Sozialleistung zuständigen Leistungsträger zu tragen. [3]§ 5 der Kommunikationshilfenverordnung in der jeweils geltenden Fassung gilt entsprechend.

(1a) § 11 des Behindertengleichstellungsgesetzes gilt in seiner jeweils geltenden Fassung für das Sozialverwaltungsverfahren entsprechend.

(2) [1]Werden bei einer Behörde in einer fremden Sprache Anträge gestellt oder Eingaben, Belege, Urkunden oder sonstige Dokumente vorgelegt, soll die Behörde unverzüglich die Vorlage einer Übersetzung innerhalb einer von ihr zu setzenden angemessenen Frist verlangen, sofern sie nicht in der Lage ist, die Anträge oder Dokumente zu verstehen. [2]In begründeten Fällen kann die Vorlage einer beglaubigten oder von einem öffentlich bestellten oder beeidigten Dolmetscher oder Übersetzer angefertigten Übersetzung verlangt werden. [3]Wird die verlangte Übersetzung nicht innerhalb der gesetzten Frist vorgelegt, kann die Behörde eine Übersetzung beschaffen und hierfür Ersatz ihrer Aufwendungen in angemessenem Umfang verlangen. [4]Falls die Behörde Dolmetscher oder Übersetzer herangezogen hat, die nicht Kommunikationshilfe im Sinne von Absatz 1 Satz 2 sind, erhalten sie auf Antrag in entsprechender Anwendung des Justizvergütungs- und -entschädigungsgesetzes eine Vergütung; mit Dolmetschern oder Übersetzern kann die Behörde eine Vergütung vereinbaren.

(3) Soll durch eine Anzeige, einen Antrag oder die Abgabe einer Willenserklärung eine Frist in Lauf gesetzt werden, innerhalb deren die Behörde in einer bestimmten Weise tätig werden muss, und gehen diese in einer fremden Sprache ein, beginnt der Lauf der Frist erst mit dem Zeitpunkt, in dem der Behörde eine Übersetzung vorliegt.

(4) [1]Soll durch eine Anzeige, einen Antrag oder eine Willenserklärung, die in fremder Sprache eingehen, zugunsten eines Beteiligten eine Frist gegenüber der Behörde gewahrt, ein öffentlich-rechtlicher Anspruch geltend gemacht oder eine Sozialleistung begehrt werden, gelten die Anzeige, der Antrag oder die Willenserklärung als zum Zeitpunkt des Eingangs bei der Behörde abgegeben, wenn die Behörde in der Lage ist, die Anzeige, den Antrag oder die Willenserklärung zu verstehen, oder wenn innerhalb der gesetzten Frist eine Übersetzung vorgelegt wird. [2]Anderenfalls ist der Zeitpunkt des Eingangs der Übersetzung maßgebend. [3]Auf diese Rechtsfolge ist bei der Fristsetzung hinzuweisen.

---

17 So auch Knickrehm/Kreikebohm/Waltermann/*Fichte*, § 18 SGB X Rn. 2 f.

18 Hierzu auch Schütze/*Roller*, SGB X, § 18 Rn. 6.

Übersicht

A. Inhalt

1 § 19 legt die deutsche Sprache als Amtssprache fest, d.h. als diejenige Sprache, in der das Verwaltungsverfahren und somit grundsätzlich sämtliche Verfahrenshandlungen der Behörde und der Beteiligten (§ 12) – gleich, ob diese mündlich, schriftlich oder auf andere Weise erfolgen –vorzunehmen sind. Durch § 17 Abs. 2 Satz 1 SGB I wird die Gebärdensprache der gesprochenen deutschen Sprache gleichgestellt.[1] Werden Verfahrenshandlungen durch Beteiligte in einer anderen als der deutschen Sprache vorgenommen, so bestimmt § 19, unter welchen Voraussetzungen und ab welchem Zeitpunkt diesen Verfahrenshandlungen rechtliche Bedeutung zukommt. Eine Unterschrift, die in fremdsprachlichen Schriftzeichen verfasst ist, wird durch § 19 nicht erfasst, da die Unterschrift keinen über die Identifikation des Erklärenden hinausgehenden sachbezogenen Inhalt hat.[2] Das supranationale Recht und zwischenstaatliche Vereinbarungen können bestimmen, dass in der jeweiligen Landessprache vorgenommene Verfahrenshandlungen unter anderen Voraussetzungen oder zu einem anderen Zeitpunkt Rechtswirkungen entfalten.

§ 19 Abs. 1 Satz 2 enthält besondere Regelungen für hör- und sprachbehinderte Menschen, die das Ziel verfolgen, ihnen eine möglichst barrierefreie Kommunikation mit Behörden zu ermöglichen. Der mit Wirkung ab 01.01.2017 eingefügte § 19 Abs. 1a ordnet die entsprechende Geltung des § 11 Behindertengleichstellungsgesetz an, so dass die Sozialleistungsträger Informationen – insbesondere in Bezug auf Antragstellung, Bewilligung von Renten, Leistungen zur medizinischen und beruflichen Rehabilitation sowie Hilfsmitteln (Br-Drucks 18/16, S 46) – vermehrt in Leichter Sprache zur Verfügung stellen sollen.

§ 19 betrifft nicht das Verhältnis zwischen Beteiligten und Leistungserbringern.[3]

B. Einzelerläuterungen

I. Deutsch als Amtssprache

2 Verfahrenshandlungen sind in deutscher Sprache vorzunehmen. Deutsch bedeutet nicht »hochdeutsch«, so dass auch in einem deutschen Dialekt kommuniziert werden darf. Auch – z.B. juristische oder medizinische – Fachsprache erfüllt grundsätzlich die Voraussetzungen der deutschen Sprache.[4]

3 In der *mündlichen* Kommunikation ist nichts gegen die Verwendung eines Dialektes einzuwenden, solange der Beteiligte in der Lage ist, den Dialekt zu verstehen.[5]

4 Nichts anderes gilt in Hinblick auf die Verwendung einer anderen als der deutschen Sprache[6], solange die Kommunikation mündlich erfolgt und die Gesprächspartner die jeweilige Sprache sicher beherrschen. Gerade wenn Beteiligte nicht über hinreichende deutsche Sprachkenntnisse verfügen, wird das Ziel des Sozialgesetzbuchs, die sozialen Rechte weitgehend zur Entfaltung zu bringen (§ 2

1 BSG, Urt. v. 29.07.2014 – B 3 SF 1/14 Rn. 9.
2 Schütze/*Roller*, § 19 Rn. 5.
3 BeckOGK/*Mutschler*, § 19 SGB X Rn. 3, Stand 06/2019.
4 Schütze/*Roller*, SGB X, § 19 Rn. 5.
5 BeckOK-SozR/*Weber*, § 19 SGB X Rn. 6, Stand 12/2023.
6 So auch Hauck/Noftz/*Vogelgesang*, § 19 SGB X Rn. 5 und Rn. 9.

Abs. 2 SGB I), durch Verwendung der jeweiligen Muttersprache besser verwirklicht werden als durch eine Kommunikation in der deutschen Sprache. Beherrscht der Amtswalter die jeweilige Sprache sicher, so spricht nichts gegen eine Kommunikation in dieser Sprache.

5 Jedenfalls beim Erlass eines schriftlichen Verwaltungsaktes oder anderer schriftlicher Kommunikation ist jedoch ausschließlich die deutsche Sprache zu verwenden. Die Notwendigkeit hierzu ergibt sich nicht zuletzt daraus, dass Verfahrenshandlungen durch andere Behördenmitarbeiter (Widerspruchsstelle, Ausgangsbehörde im Zugunstenverfahren nach § 44, Aufsichtsbehörde) oder ein Gericht zur rechtlichen Beurteilung ohne Weiteres nachvollziehbar sein müssen und die Rechtmäßigkeit und sogar Wirksamkeit dieser Verfahrenshandlungen von der richtigen Formulierung abhängig sein können. Daher hat das LSG Nordrhein-Westfalen zu Recht keinen Anspruch eines Beteiligten erkannt, dass ein an ihn gerichteter Verwaltungsakt in Nieder- bzw. Plattdeutsch verfasst sein müsse.[7] Dass im Verwaltungsverfahren nach dem SGB X ausschließlich die deutsche Sprache zu verwenden ist, kann durch landesrechtliche Regelungen – zum Beispiel zum Schutz von Minderheiten – nicht abgeändert werden, da dem jeweiligen Bundesland hierzu die Kompetenz fehlt.[8]

Die deutsche Sprache sollte auch bei einer schriftlichen Rechtsfolgenbelehrung (z.B. nach § 31 Abs. 1 SGB II) verwendet werden. Ein Beteiligter, der die deutsche Sprache nicht beherrscht, hat keinen Anspruch darauf, dass ein Verwaltungsakt, eine Rechtsbehelfsbelehrung oder eine Anhörung in seiner Muttersprache verfasst wird. Er hat sich ggf. mithilfe eines Übersetzers bzw. Dolmetschers Klarheit über den Inhalt zu verschaffen.[9] § 185 Abs. 1 Satz 1 GVG ist nicht – auch nicht analog – anwendbar.[10] Werden Beteiligten, die über keine oder nur unzureichende deutsche Sprachkenntnisse verfügen, Merkblätter, Informationsbroschüren oder Ähnliches in einer anderen Sprache überlassen (worauf sie keinen Anspruch haben[11]), so trägt die Behörde das Risiko eventueller Übersetzungsfehler oder -ungenauigkeiten.[12] Unterlässt der Beteiligte infolge eines Übersetzungsfehlers der Behörde eine erfolgversprechende Antragstellung, so finden die Grundsätze des sozialrechtlichen Herstellungsanspruchs Anwendung, unterlässt er es, einen gebotenen Rechtsbehelf rechtzeitig zu erheben, so ist ihm nach Maßgabe von § 67 SGG Wiedereinsetzung in den vorigen Stand zu gewähren, versäumt er andere gesetzliche Fristen hat eine Wiedereinsetzung nach Maßgabe des § 27 SGB X zu erfolgen. Eine mündliche Anhörung – ggf. in der Muttersprache des Beteiligten – ist aus Sicht des Sozialleistungsträgers mit besonderen Risiken behaftet. Dafür, dass die Anhörung ordnungsgemäß gewesen ist, wozu insbesondere gehört, dass die der beabsichtigten Entscheidung zugrundeliegenden Tatsachen vollständig übermittelt werden, trägt die Behörde die objektive Beweislast. Eine ausführliche Niederschrift über den Inhalt der Anhörung, die insoweit als Beweismittel für eine insoweit ordnungsgemäße Anhörung in Betracht kommt, und der Umstand, dass auch nach einer mündlichen Anhörung unter Einräumung eines angemessenen Zeitraums zur Stellungnahme Gelegenheit zur Stellungnahme gegeben werden muss (vgl. die Kommentierung zu § 24), wird Behörden meist davon abhalten, diesen Weg zu verfolgen. Zudem stehen diese Verzögerungen in einem Spannungsverhältnis zu dem verfahrensrechtlichen Grundsatz des § 9 Satz 1, nach dem das Verfahren einfach, zweckmäßig und zügig durchzuführen ist.

II. Hörbehinderte und sprachbehinderte Menschen

6 Hörbehinderte Menschen und sprachbehinderte Menschen haben das Recht, bei mündlicher Vorsprache oder einer mündlichen Anhörung im Sinne des § 21 oder § 24 mit lautsprachbegleitenden Gebärden der deutschen Gebärdensprache oder über andere geeignete Kommunikationshilfen zu kommunizieren. Dies ergibt sich zudem aus § 17 Abs 2 S 1 SGB I, wonach hörbehinderte Men-

7 LSG Nordrhein-Westfalen, Urt. v. 08.09.2022 – L 7 AS 1360/21, juris Rn. 32.

8 Dies offenlassend LSG Nordrhein-Westfalen, Urt. v. 08.09.2022 – L 7 AS 1360/21, juris Rn. 34.

9 BSG, Urt. v. 24.04.1997 – 11 RAr 89/96, Rn. 23.

10 Schütze/*Roller*, SGB X, § 19 Rn. 6.

11 So zu Recht LSG Sachsen-Anhalt, 26.11.2020 – L 4 AS 173/18 ZVW, Rn. 74.

12 BeckOGK/*Mutschler*, § 19 SGB X Rn. 3b, Stand 06/2019.

schen das Recht haben, bei der Ausführung von Sozialleistungen, insbesondere auch bei ärztlichen Untersuchungen und Behandlungen, die Gebärdensprache zu verwenden, wodurch die Gebärdensprache der gesprochenen deutschen Sprache sozialleistungsrechtlich völlig gleichgestellt ist.[13] Die Aufwendungen für den Dolmetscher, der die Gebärdensprache in die deutsche Sprache übersetzt und ggf. auch umgekehrt, sind von der Behörde oder dem für die Sozialleistung zuständigen Träger ebenso zu tragen wie die Kosten für andere geeignete Kommunikationshilfen (§ 19 Abs. 1 Satz 2, § 17 Abs. 2 Satz 2 SGB I).[14] Ein Anspruch auf Übernahme entsprechender Aufwendungen kann sich im Einzelfall auch aus den sozialhilferechtlichen Vorschriften zur Eingliederung behinderter Menschen (§ 19 Abs. 3 SGB XII i.V.m. §§ 53 ff. SGB XII, §§ 57, 57 SGB IX) ergeben. So hat das LSG Hamburg einen Sozialhilfeträger dazu verpflichtet, Kosten eines Gebärdensprachdolmetschers zu übernehmen, weil die Übersetzung zur Teilnahme einer Hilfebedürftigen an einem psychotherapeutischen Workshop erforderlich waren.[15] Der Umstand, dass ein Beteiligter Deutsch nicht als Muttersprache beherrscht, stellt keine Behinderung im Sinne des § 19 Abs. 1 Satz 2 dar.[16] Ist neben dem Gebärdendolmetscher ein Übersetzer erforderlich, der die deutsche Sprache in die Sprache des Beteiligten übersetzt, hat der Beteiligte dessen Kosten selbst zu tragen.[17] Bis zum 31.12.2016 war § 19 Abs. 1 Satz 2 auf hörbehinderte Menschen beschränkt; die einzige für sie zur Erleichterung der Kommunikation mit der Behörde vorgesehene Kommunikationshilfe stellte eine Gebärdensprachdolmetscherin bzw. ein Gebärdensprachdolmetscher dar. Mit Wirkung ab 01.01.2017 wurde sowohl der Kreis der behinderten Menschen als auch der der zugelassenen Kommunikationshilfen erweitert. Nunmehr sind auch Menschen mit Sprachbehinderungen – beispielsweise Aphasie oder Mutismus – von § 19 Abs. 1 Satz 2 erfasst; hör- und sprachbehinderte Menschen sind seitdem berechtigt, jede zur Überwindung behinderungsbedingter Kommunikationsbarrieren geeignete Kommunikationshilfe zu verwenden. Aus dem Gesetzgebungsverfahren wird ersichtlich, dass als Kommunikationshilfen neben Gebärdensprachdolmetscher/innen auch Schriftdolmetscher/innen, Oraldolmetscher/innen, Kommunikationsassistenten und -assistentinnen sowie sonstige Personen des Vertrauens der Berechtigten (Br-Drucks 18/16) ins Auge gefasst wurden, und damit nicht nur technische, sondern ebenso persönliche Hilfen umfasst sind. Die Kosten für geeignete Kommunikationsmittel sind von der Behörde oder dem für die Sozialleistung zuständigen Sozialleistungsträger zu tragen. Die Vergütung von Kommunikationshilfen richtet sich nach § 5 KHV (§ 19 Abs. 1 Satz 3).

III. Dolmetscher

Der Beteiligte darf sich für die Übersetzung von Schriftstücken, die in einer anderen als der deut- 7
schen Sprache verfasst sind, oder bei der mündlichen Kommunikation mit der Behörde eines Dolmetschers bedienen. Die Kosten hierfür hat er selbst zu tragen. Es ist nicht Aufgabe der Behörde, Sprachhindernisse auszugleichen.

IV. Fremdsprachige Schriftstücke

Gehen bei einer Behörde fremdsprachige Anträge, Eingaben, Belege, Urkunden oder sonstige Doku- 8
mente oder Schriftstücke (auch elektronische Schriftstücke) ein, so soll sie unverzüglich – also ohne schuldhaftes Zögern (vgl. § 121 BGB) – die Vorlage einer Übersetzung innerhalb einer von ihr zu setzenden angemessenen Frist verlangen, sofern sie nicht in der Lage ist, die Anträge oder Dokumente zu verstehen (§ 19 Abs. 2). Geht daraufhin eine fehlerhafte Übersetzung ein, so liegt dies in der Risikosphäre des Beteiligten.

Das Verlangen nach einer Übersetzung steht im gebundenen Ermessen der Behörde (»soll«), so dass 9
sie im Regelfall verpflichtet ist, die Übersetzung einzufordern. Nur in atypischen Fällen ist ihr inso-

13 BSG, Urt. v. 29.07.2014 – B 3 SF 1/14 Rn. 9.
14 Hierzu im Einzelnen Diering/Timme/Stähler/*Böttiger*, § 19 SGB X Rn. 25 ff.
15 LSG Hamburg, Urt. v. 20.11.2014 – L 4 SO 15/13.
16 BSG, Urt. v. 06.02.2008 – B 6 KA 40/06 R, Rn. 19.
17 Diering, Timme/Stähler/*Böttiger*, § 19 SGB X Rn. 23.

weit Ermessen eingeräumt. Ist ein Bediensteter der Behörde in der Lage, den Inhalt des Dokumentes ohne Zweifel zu verstehen, so unterbleibt die Nachfrage nach einer Übersetzung. Ist jedoch ein Bediensteter, der in der Lage ist, das Schriftstück zu verstehen, nicht am konkreten Verwaltungsverfahren beteiligt, so trifft die Behörde nicht die Pflicht, ihn zur Übersetzung heranzuziehen.[18] Ebenso wenig besteht eine Verpflichtung, Personal vorzuhalten, um Übersetzungsdienste vorzunehmen.[19]

10 In begründeten Fällen ist der Behörde Ermessen eröffnet, die Vorlage einer beglaubigten oder von einem öffentlich bestellten oder beeidigten Dolmetscher oder Übersetzer angefertigten Übersetzung zu verlangen. Handelt es sich um Dokumente, die das Vorliegen von Tatbestandsmerkmalen beweisen bzw. Auswirkungen auf das Bestehen oder die Höhe von Ansprüchen auf Sozialleistungen haben und ist die Behörde nicht in der Lage, den Inhalt der Dokumente zweifelsfrei selbst zu ermitteln, so darf sie die Vorlage einer beglaubigten Übersetzung verlangen.

11 Die Behörde hat dem Beteiligten eine angemessene Frist zur Beschaffung der (beglaubigten) Übersetzung einzuräumen. Die Länge der Frist hängt davon ab, in welcher Zeit der Beteiligte voraussichtlich einen geeigneten Übersetzer finden wird. Hierbei spielt die Seltenheit der Sprache ebenso eine Rolle wie der Umfang und Inhalt des Textes und der in ihm verwendeten Fachsprache. Handelt es sich um Anträge, Sachverhaltsdarstellungen oder andere, inhaltlich nicht anspruchsvolle Darstellungen, die nicht durch einen Dolmetscher oder Übersetzer übersetzt werden müssen, sondern bei denen zu erwarten ist, dass der Beteiligte die Übersetzung ohne Weiteres durch Verwandte, Freunde oder Bekannte vornehmen lassen kann, so werden in aller Regel 14 Tage zuzüglich der Postlaufzeiten ausreichend sein. Bei fehlender sozialer Anbindung, seltenem Dialekt usw. kann aber auch eine längere Dauer erforderlich sein. Verlangt die Behörde eine Übersetzung durch einen öffentlich bestellten oder beeidigten Dolmetscher oder Übersetzer, so werden vier Wochen zur Suche und Erstellung der Übersetzung angemessen sein.

12 Wird die verlangte Übersetzung nicht rechtzeitig beigebracht, so steht es im Ermessen der Behörde, eine Übersetzung durch einen Dolmetscher oder Übersetzer vornehmen zu lassen. Ebenso steht es in ihrem Ermessen, vom Beteiligten Ersatz ihrer Aufwendungen für die Vergütung des Dolmetschers oder Übersetzers zu verlangen. Da es sich hierbei um einen seltenen Ausnahmefall handelt, in dem das Verwaltungsverfahren entgegen § 64 für den Beteiligten nicht kostenfrei ist, hat die Behörde den Beteiligten zunächst hierüber zu informieren und ihm nach Maßgabe des § 26 Abs. 7 eine angemessene Nachfrist zu setzen.

13 Die Vergütung der Dolmetscher und Übersetzer richtet sich nach dem JVEG; die Behörde kann stattdessen eine angemessene Vergütung vertraglich vereinbaren (§ 19 Abs. 2 Satz 4).

14 Werden ein Antrag oder andere Schriftstücke trotz Aufforderung nicht übersetzt, so ist die Behörde nicht berechtigt, das Verfahren ruhen zu lassen. Ebenso wenig darf sie einen das Verwaltungsverfahren auslösenden Antrag mit der Begründung der fehlenden Übersetzung als unzulässig abweisen.[20] Handelt es sich um verfahrenserhebliche Dokumente, so wird die Behörde häufig im Rahmen ihrer pflichtgemäßen Ermessensausübung eine Übersetzung durch einen Dolmetscher oder Übersetzer vornehmen lassen müssen. In Anbetracht ihrer Verpflichtung bei der Ermessensausübung sicherzustellen, dass die sozialen Rechte möglichst weitgehend verwirklicht werden (§ 2 Abs. 2 Halbs. 2 SGB I) und unter Berücksichtigung des Zwecks des § 19 (vgl. § 39 SGB I), bei Festlegung der deutschen Amtssprache gleichwohl die Beachtlichkeit von Dokumenten, die in fremder Sprache abgefasst sind, zu regeln, wird das Ermessen, fremdsprachige Dokumente durch einen Dolmetscher oder Übersetzer in die deutsche Sprache übersetzen zu lassen, häufig auf Null reduziert und eine Übersetzung zu veranlassen sein. Inwieweit die Behörde vom Beteiligten Ersatz der hierdurch entstehenden Kosten verlangt, hängt von den Gründen, aus denen er selbst keine Übersetzung vorgelegt hat, ebenso ab wie von dessen wirtschaftlicher Situation. War ihm beispielsweise aufgrund seiner

18 So auch BeckOGK/*Mutschler*, § 19 SGB X Rn. 20, Stand 02/2024.

19 BeckOGK/*Mutschler*, § 19 SGB X Rn. 20, Stand 02/2024.

20 So zu Recht BeckOGK/*Mutschler*, § 19 SGB X Rn. 8b, Stand 06/2019.

wirtschaftlichen Lage eine Beauftragung eines Dolmetschers nicht möglich, so wird auch die Behörde im Rahmen ihres pflichtgemäßen Ermessens vom Kostenersatz ganz oder teilweise abzusehen haben. Hierbei hat sie insbesondere die Absicht des Gesetzgebers zu beachten, der durch § 19 verhindern wollte, dass Beteiligte »wegen der Kostenfrage möglicherweise von der Stellung von Anträgen usw.« abgehalten werden.[21]

Handelt es sich um nicht übersetzte Dokumente, die für die Entscheidung nicht wesentlich sind, so darf sie die Dokumente außer Acht lassen. 15

Keinesfalls darf die Behörde fremdsprachige Schriftstücke allein deshalb zurückweisen, weil sie nicht in deutscher Sprache verfasst sind. In Bezug auf Schriftstücke, die in einer der Amtssprachen der Europäischen Union verfasst sind, regelt dies Art. 76 Abs. 7 VO (EG) Nr. 883/2004.[22] Demnach dürfen die »Behörden, Träger und Gerichte eines Mitgliedstaats (…) die bei ihnen eingereichten Anträge oder sonstigen Schriftstücke nicht deshalb zurückweisen, weil sie in einer Amtssprache eines anderen Mitgliedstaats abgefasst sind, die gem. Art. 290 des Vertrags als Amtssprache der Organe der Gemeinschaft anerkannt ist.« Die 24 Amtssprachen der Europäischen Union sind Bulgarisch, Dänisch, Deutsch, Englisch, Estnisch, Finnisch, Französisch, Griechisch, Irisch, Italienisch, Kroatisch, Lettisch, Litauisch, Maltesisch, Niederländisch, Polnisch, Portugiesisch, Rumänisch, Schwedisch, Slowakisch, Slowenisch, Spanisch, Tschechisch und Ungarisch.[23] Auch Sozialversicherungsabkommen beinhalten regelmäßig, dass Schriftstücke nicht zurückgewiesen werden dürfen, wenn sie in der Amtssprache des jeweiligen Vertragspartners verfasst sind. 16

V. Ingangsetzen von Fristen gegenüber der Behörde

Ausnahmsweise kann durch eine Anzeige, einen Antrag oder die Abgabe einer Willenserklärung eine Frist in Lauf gesetzt werden, innerhalb der die Behörde in einer bestimmten Weise tätig werden muss. Geht ein entsprechendes Schriftstück in einer fremden Sprache ein, beginnt der Lauf der Frist erst mit dem Zeitpunkt, in dem der Behörde eine Übersetzung vorliegt (§ 19 Abs. 3). 17

Der Anwendungsbereich des § 19 Abs. 3 ist gering. Ein Antrag auf Leistungen zur Teilhabe setzt die zweiwöchige Frist zur Feststellung der Zuständigkeit nach § 14 Abs. 1 Satz 1 SGB IX in Gang. Wird er in einer fremden Sprache gestellt, beginnt die Frist erst mit dem Zeitpunkt des Zugangs der Übersetzung. Auch die Frist zur sachlichen Bescheidung eines Antrags auf Vornahme eines Verwaltungsaktes oder zur Entscheidung über einen Widerspruch (§ 88 SGG) sowie der Beginn der Verzinsung nach § 44 Abs. 2 SGB I hängen vom Zeitpunkt des Zugangs der Übersetzung des Antrags oder Widerspruchs ab. Dasselbe gilt für die drei- bzw. fünfwöchige Frist der Krankenkasse, über einen Antrag auf Leistungen zu entscheiden (§ 13 Abs. 3a SGB V), bei deren Ablauf die Leistung nach Maßgabe des § 13 Abs. 3a S. 6 SGB V als genehmigt gilt. 18

§ 19 Abs. 3 setzt voraus, dass der jeweilige Amtswalter nicht selbst in der Lage war, das Schriftstück zu verstehen[24] und vom Beteiligten eine Übersetzung verlangt hat oder selbst veranlasst hat. 19

VI. Zeitpunkt des Zugangs von (Willens-) Erklärungen

Anzeigen, Anträge oder andere Willenserklärungen gelten nur dann mit dem Zeitpunkt des Zugangs bei der Behörde als abgegeben, wenn diese in der Lage ist, sie zu verstehen. Der Zugang bei der 20

21 BT-Drucks. 8/2034 (zu § 19).

22 Verordnung (EG) Nr. 883/2004 des Europäischen Parlaments und des Rates vom 29.04.2004 zur Koordinierung der Systeme der sozialen Sicherheit, ABl. Nr. L 166 S. 1, ber. ABl. Nr. L 2004 S. 1 und ABl. 2007 Nr. L 204 S. 30, zuletzt geändert durch Art. 1 ÄndVO (EU) 1372/2013 vom 19.12.2013 (ABl. Nr. L 346 S. 27, geänd. m.W.v. 01.01.2014 durch VO v. 19.12.2013, ABl. L Nr. 346 S. 27 und ber. ABl. 2015 Nr. L 213 S. 65).

23 Verordnung Nr. 1 zur Regelung der Sprachenfrage für die Europäische Wirtschaftsgemeinschaft, ABl. Nr. 17/1958.

24 BeckOGK/*Mutschler*, § 19 SGB X Rn. 21 f, Stand 02/2024.

Behörde ist auch dann maßgeblich, wenn sie den Beteiligten mit Erfolg aufgefordert hat, innerhalb einer angemessenen Frist eine Übersetzung vorzulegen (§ 19 Abs. 4 Satz 1).

21 Ist sie jedoch nicht in der Lage, die (Willens-) Erklärung zu verstehen und geht auch innerhalb einer angemessenen Frist die verlangte Übersetzung nicht ein, so gilt der Zeitpunkt des Eingangs der nach Ablauf der Frist an die Behörde übermittelten oder der durch die Behörde in Auftrag gegebenen Übersetzung als Zugangszeitpunkt der (Willens-) Erklärung (§ 19 Abs. 4 Satz 2). Weitere Voraussetzung hierfür ist jedoch, dass die Behörde den Beteiligten über die Rechtsfolge bei der Fristsetzung hingewiesen hat (§ 19 Abs. 4 Satz 3). § 19 Abs. 4 Satz 2 betrifft Fälle, in denen eine verlangte Übersetzung erst nach Ablauf der angemessenen Frist eingeht oder wenn die Behörde nach pflichtgemäßem Ermessen selbst eine Übersetzung in Auftrag gegeben hat.

22 Eine abweichende Sonderregelung stellt Art. 81 VO(EG) 883/2004 dar. Demnach können »Anträge, Erklärungen oder Rechtsbehelfe, die gemäß den Rechtsvorschriften eines Mitgliedstaats innerhalb einer bestimmten Frist bei einer Behörde, einem Träger oder einem Gericht dieses Mitgliedstaats einzureichen sind, (…) innerhalb der gleichen Frist bei einer entsprechenden Behörde, einem entsprechenden Träger oder einem entsprechenden Gericht eines anderen Mitgliedstaats eingereicht werden. In diesem Fall übermitteln die in Anspruch genommenen Behörden, Träger oder Gerichte diese Anträge, Erklärungen oder Rechtsbehelfe entweder unmittelbar oder durch Einschaltung der zuständigen Behörden der beteiligten Mitgliedstaaten unverzüglich der zuständigen Behörde, dem zuständigen Träger oder dem zuständigen Gericht des ersten Mitgliedstaats. Der Tag, an dem diese Anträge, Erklärungen oder Rechtsbehelfe bei einer Behörde, einem Träger oder einem Gericht des zweiten Mitgliedstaats eingegangen sind, gilt als Tag des Eingangs bei der zuständigen Behörde, dem zuständigen Träger oder dem zuständigen Gericht.« Ein Antrag, der bei einer Behörde, einem Träger oder einem Gericht eines anderen Mitgliedstaates der EU eingereicht wird, gilt also als an dem Tag des Eingangs bei einer dieser Stellen als bei dem zuständigen deutschen Sozialleistungsträger eingegangen. Hierbei macht es keinen Unterschied, ob der Antrag in deutscher Sprache aufgesetzt wurde oder in der Amtssprache des jeweiligen Mitgliedstaats der EU.[25]

VII. Einfache und Leichte Sprache

23 In der Erkenntnis, dass Sprache gerade für Menschen mit geistigen Behinderungen oftmals eine Barriere darstellt[26], die den Umgang mit Behörden erschwert oder unmöglich macht und ihnen rechtserhebliche Informationen vorenthält, wurden Träger öffentlicher Gewalt durch § 11 Abs. 1 Behindertengleichstellungsgesetz (BGG) verpflichtet, mit Menschen mit geistigen – oder seelischen – Behinderungen im Regelfall in **einfacher und verständlicher Sprache** zu kommunizieren. Nur in ungewöhnlichen, atypischen Fällen steht die Verwendung einfacher und verständlicher Sprache im Ermessen der Behörde (»soll«). Da Sinn und Zweck des § 11 Abs. 1 BGG ermessensleitend sind, darf nur dann darauf verzichtet werden, wenn die Kommunikationsbarriere auf anderem Weg überwunden wird oder wenn eine Kommunikation auch auf diesem Wege nicht möglich ist. Der Gesetzgeber bezweckte durch § 11 BGG zugleich, Art. 9 UN-BRK, Art. 21 UN-BRK i.V.m. Art. 2 UN-BRK umzusetzen. Art. 9 UN-BRK fordert den barrierefreien Zugang zu Kommunikation und Information als Grundlage einer selbständigen und selbstbestimmten Lebensgestaltung behinderter Menschen, Art. 21 UN-BRK verpflichtet die Vertragsstaaten, im Umgang mit Behörden die Verwendung alternativer Kommunikationsformen – zu denen nach Art. 2 UN-BRK auch die einfache Sprache zählt – zu erleichtern.

§ 19 Abs. 1a erklärt § 11 BGG für das soziale Verwaltungsverfahren für entsprechend anwendbar.

Kommunikation in einfacher und leichter Sprache bedeutet nicht, dass Verwaltungsakte auf niedrigem Sprach- und Inhaltsniveau verfasst sein müssten oder dürften. Damit die Regelungen eines

25 Schütze/*Roller*, SGB X, § 19 Rn 4.
26 BT-Drucks. 18/7824, 38.

Verwaltungsaktes wirksam werden und Bindungswirkung entfalten können, müssen sie inhaltlich hinreichend bestimmt sein (§ 33 Abs. 1). Ob ein Verwaltungsakt hinreichend bestimmt ist, richtet sich nicht nach den Erkenntnismöglichkeiten des Adressaten, sondern nach denen eines »verständigen Empfängers.« Aus dessen Sicht muss der Verfügungssatz eines Verwaltungsaktes nach seinem Regelungsgehalt in sich widerspruchsfrei sein und den Adressaten in die Lage versetzen, sein Verhalten daran auszurichten. Mithin muss aus dem Verfügungssatz vollständig, klar und unzweideutig erkennbar sein, was die Behörde will.[27] Den Widerspruch zwischen dem Bestimmtheitserfordernis und den individuellen Erkenntnismöglichkeiten eines geistig oder seelisch behinderten Menschen löst § 11 Abs. 1 Satz 2 BGG, indem er die Behörde – wiederum im Wege des gebundenen Ermessens (»soll«) – verpflichtet, den Adressaten auf dessen Verlangen insbesondere Bescheide, Allgemeinverfügungen, öffentlich-rechtliche Verträge und Vordrucke in einfacher und verständlicher Weise zu erläutern und, sofern dies nicht ausreichend ist, in **Leichter Sprache** zu erläutern. Leichte Sprache stellt eine noch einfachere Kommunikationsform dar, die auf besonders leichte Verständlichkeit ausgerichtet ist. Es werden besondere Regeln zu Rechtschreibung und Grammatik verwendet – so werden beispielsweise zusammengesetzte Nomen durch Bindestrich zur einfacheren Lesbarkeit und Verständlichkeit getrennt (»Binde-Strich«) – es wird möglichst auf Fachsprache verzichtet und stattdessen gebräuchliche Worte benutzt, Sätze werden kurz und einfach gehalten und Textinhalte durch zusätzliche Bilder und Illustrationen verständlicher gemacht.

Die Kosten für die Erläuterungen in einfacher und verständlicher oder in Leichter Sprache hat der Träger öffentlicher Gewalt zu tragen (§ 11 Abs. 3 BGG). Dies gilt auch in Hinblick auf Informationen (Broschüren, Informationsblätter u.s.w., die z.B. im Rahmen der nach § 13 SGB I geforderten Aufklärung der Bevölkerung über die Rechte und Pflichten nach dem Sozialgesetzbuch zur Verfügung gestellt werden), die vermehrt in Leichter Sprache bereitgestellt werden sollen.

§ 20 Untersuchungsgrundsatz

(1) [1]Die Behörde ermittelt den Sachverhalt von Amts wegen. [2]Sie bestimmt Art und Umfang der Ermittlungen; an das Vorbringen und an die Beweisanträge der Beteiligten ist sie nicht gebunden.

(2) Die Behörde hat alle für den Einzelfall bedeutsamen, auch die für die Beteiligten günstigen Umstände zu berücksichtigen.

(3) Die Behörde darf die Entgegennahme von Erklärungen oder Anträgen, die in ihren Zuständigkeitsbereich fallen, nicht deshalb verweigern, weil sie die Erklärung oder den Antrag in der Sache für unzulässig oder unbegründet hält.

Übersicht

A. Inhalt

Die Vorschrift entspricht § 24 VwVfG, in den Abs. 1 und 2 im Wesentlichen § 88 Abs. 1 und 2 1
AO und Abs. 1 korrespondiert strukturell mit den prozessualen Bestimmungen des § 86 Abs. 1 VwGO und § 103 SGG. Der Untersuchungs- oder auch Amtsermittlungsgrundsatz ist ein zentraler Grundsatz des deutschen Verwaltungsverfahrensrechts. § 20 Abs. 1 Satz 1 statuiert ihn für die Sozialverwaltung. Abs. 1 Satz 2 und Abs. 2 bestimmen Einzelheiten dazu, indem ausgehend von

27 BSG, Urt. v. 17.12.2009 – B 4 AS 20/09 R, NDV-RD 2010, 100.

der Verfahrensherrschaft der Behörde Zielrichtung und Umfang der Ermittlungen konkretisiert werden. Die in Abs. 3 festgelegte Entgegennahmepflicht für Anträge und Erklärungen steht in einem eher losen Zusammenhang mit dem Untersuchungsgrundsatz (vgl. Rdn. 3 u. Rdn. 23). Die Vorschrift gilt für alle Verfahren i.S.d. § 8, Der Untersuchungsgrundsatz findet zudem auch für Schiedsstellen (etwa §§ 89, 111b, 114, 132 SGB V, § 76 SGB XI, § 80 SGB XII) und das Verfahren der Wirtschaftlichkeitsprüfung nach §§ 106 ff. SGB V[1] grundsätzlich Anwendung,[2] nicht jedoch für die als Vertragshelfer und Schlichter, nicht als Behörde tätige Schiedsperson.[3]

2 § 20 Abs. 1 und 2 verpflichtet die Behörde, grundsätzlich alle für die anstehende Entscheidung bzw. den öffentlich-rechtlichen Vertrag relevanten Umstände von Amts wegen zu ermitteln[4], auch wenn sie nicht von den Beteiligten vorgetragen worden sind; ihr obliegt damit die Aufklärung des einschlägigen Sachverhalts. Insoweit steht der **Untersuchungsgrundsatz** im Gegensatz zur Verhandlungs- oder Beibringungsmaxime des streitigen Zivilprozesses (§§ 138, 282, 288 ZPO), in dem die Parteien darüber entscheiden, welche Tatsachen der Entscheidung zugrunde zu legen sind. Die behördliche Pflicht zur Sachverhaltsaufklärung findet ihre **Grenzen** dort, wo verfassungsrechtliche Freiheitsgarantien der Informationsermittlung entgegenstehen, wo der weitere Ermittlungsaufwand außer Verhältnis zu dem möglichen Erkenntniswert der noch offenen Sachverhaltsfragen steht oder wo Beteiligte ihren **Mitwirkungsobliegenheiten** (§ 21 Abs. 2 SGB X, §§ 60 ff. SGB I etc.) nicht nachkommen. Amtsermittlungspflicht und Mitwirkungsobliegenheiten sind beide auf die Aufklärung des Sachverhaltes ausgerichtet. Dabei besteht zwischen ihnen eine Wechselwirkung und zugleich ein Spannungsverhältnis. Je schwächer die Mitwirkungsobliegenheiten je nach den Besonderheiten des jeweiligen Rechtsgebiets ausgeprägt sind, desto mehr obliegt es allein der Behörde, den Sachverhalt aufzuklären. Je stärker Gesetzgeber – wie bei §§ 60 ff. SGB I – oder Rechtsprechung – wie im Fall der Wirtschaftlichkeitsprüfung nach §§ 106 ff. SGB V[5] – die gesetzliche Obliegenheit des Beteiligten, zur Sachverhaltsermittlung beizutragen, ausgestaltet hat, desto weiter kann sich die Behörde hierbei zurückziehen. Dies kann so weit gehen, dass die Amtsermittlungspflicht dort endet, wo die Mitwirkungsobliegenheiten beginnen.[6] Zugleich darf sich die Behörde aber selbst bei stark ausgeprägten Mitwirkungsobliegenheiten dann nicht aus der Sachverhaltsermittlung zurückziehen, wenn die jeweilige Tatsache offenkundig oder anhand vorliegender Unterlagen oder Aussagen des Beteiligten erkennbar ist.[7] In diesem Fall hat sie diese aufzugreifen und ggf. zum Gegenstand weiterer Ermittlungen zu machen. Ist sie hierbei wiederum auf die Mitwirkung des Beteiligten angewiesen, kann ein »Wechselspiel« entstehen aus einem »Nachhaken« beim Betroffenen, dessen Mitwirkung, weiteren Nachfragen etc.[8] Sind allerdings die Voraussetzungen für eine Versagung oder Entziehung von Sozialleistungen nach § 66 Abs. 1 oder 2 i.V.m. Abs. 3 SGB I erfüllt, so besteht keine weitere Pflicht der Behörde zur Amtsermittlung.[9]

§ 20 sagt nichts dazu aus, ob ein Verfahren zu eröffnen ist; dies ist Regelungsgegenstand von § 18. Der Untersuchungsgrundsatz greift vielmehr erst mit Verfahrenseröffnung.[10] Obwohl der Grundsatz

1 BSG 14.05.1997 – 6 RKa 10/96, juris Rn. 16, 21.
2 LSG Hessen, Urt. v. 25.02.2011 – L 7 SO 237/10 KL (juris); LSG Nordrhein-Westfalen, Urt. v. 29.09.2008 – L 20 SO 92/06 (juris); Diering/Timme/Stähler/*Böttiger*, § 20 SGB X Rn. 4. Zur Lockerung der Ermittlungspflichten der ohne administrativen Apparat agierenden Schiedsstellen vgl. aber BSGE 102, 227 und BSG, Urt. v. 25.04.2018 – B 8 SO 26/16 R = SozR 4–3500 § 75 Nr 11 Rn. 22; zu Einzelheiten und mit zahlreichen Nw. vgl. auch LSG Bayern, Urt. v. 24.04.2013 – L 8 SO 18/12 KL –, juris Rn. 55.
3 BSG, Urt. v. 23.06.2016 – B 3 KR 26/15 R – BSGE 121, 243–261 = SozR 4–2500 § 132a Nr. 10 Rn. 50.
4 BSG SozR 4–4200 § 60 Nr. 3.
5 st.Rspr., z.B. BSG, Urt. v. 05.06.2013 – B 6 KA 40/12 R, Rn. 18 m.w.N.
6 So auch jurisPK-SGB X/*Luthe,* § 20 Rn. 8, Stand 11/2023.
7 BSG Urt. v. 21.03.2012 – B 6 KA 17/11 R, Rn. 43.
8 Hierzu auch jurisPK-SGB X/*Luthe,* § 20 Rn. 22 ff., Stand 11/2023.
9 So zu Recht jurisPK-SGB X/*Luthe,* § 20 Rn. 24, Stand 11/2023.
10 BSG, Urt. v. 08.10.1998 – B 8 KN 1/97 U R – BSGE 83, 30 = SozR 3–5670 § 5 Nr. 1.

der freien Beweiswürdigung für das Verwaltungsverfahren, anders als für das gerichtliche Verfahren (§ 128 Abs. 1 Satz 1 SGG), nicht ausdrücklich niedergelegt ist, wird er allgemein als notwendig mit dem Untersuchungsgrundsatz verbunden betrachtet und daher implizit in § 20 verortet.[11]

Seinem **Zweck** nach verfolgt der Untersuchungsgrundsatz zweierlei. Einmal dient er dem aus dem Gebot der Gesetzmäßigkeit der Verwaltung (Art. 20 Abs. 3 GG) herzuleitenden öffentlichen Interesse an der Feststellung des wahren Sachverhalts als Grundlage einer rechtmäßigen Entscheidung.[12] Insofern entzieht das Gesetz den Beteiligten die Disposition über den Sachverhalt. Die Aufklärung des zutreffenden Sachverhalts hat Vorrang vor individuellen Interessen oder einer behördlichen Intention zur Leistungsabwehr.[13] Die aus dem Rechtsstaatsprinzip folgende Pflicht zur Objektivität verlangt in diesem Zusammenhang eine vollständige Aktenführung unabhängig von der inhaltlichen Beurteilung der erlangten Informationen.[14] Zum anderen hat die Amtsermittlung (vgl. Abs. 2 Halbs. 2) auch bereits im Verwaltungsverfahren einem fairen Verfahren zu dienen[15], indem die oftmals gegenüber der Behörde schwächere Position des Betroffenen ausgeglichen werden soll;[16] hier zeigt sich durchaus auch ein Zusammenhang mit der Pflicht aus Abs. 3. Die Rechtsschutzgarantie des Art. 19 Abs. 4 GG, die für die Untersuchungsmaxime im verwaltungs- und sozialgerichtlichen Verfahren eine besondere Bedeutung besitzt[17], kann im Verwaltungsverfahren nur im Sinne einer Vorwirkung eine Rolle spielen.[18] Allerdings ist die behördliche Amtsermittlung grundrechtlich determiniert (Art. 1 Abs. 3 GG). Die Ermittlungsführung muss nicht nur Freiheitsgewährleistungen, sondern auch einschlägige Aspekte des Grundrechtsschutzes durch Verfahren beachten.[19] 3

B. Einzelerläuterungen

I. Ermittlung von Amts wegen

Die Behörde hat alle Tatsachen, die als Voraussetzungen für den Erlass eines VA oder für den Abschluss eines öffentlich-rechtlichen Vertrages (§ 8) »bedeutsam« (Abs. 2) sind, festzustellen. Besonders betont wird, dass auch die für die Beteiligten günstigen Umstände zu berücksichtigen sind.[20] Der Begriff »berücksichtigen« verweist zwar auf die Beweis*würdigung*, gleichwohl dient die Aufnahme in den Kontext der Amtsermittlungspflicht des Absatzes 1 auch zur Verdeutlichung, dass die Behörde zur unvoreingenommenen und ergebnisoffenen Ermittlung des Sachverhaltes verpflichtet ist. Da sich dies ohnehin bereits aus dem Rechtsstaatsprinzip ergibt, hat die wiederholte Betonung rein deklaratorische Bedeutung. 4

Die Ermittlungspflicht beginnt mit **Verfahrenseröffnung**, die – in behördlichem Ermessen oder gesetzlich gebunden – von Amts wegen oder auf Antrag erfolgen kann (§ 18). Allerdings setzt die Verfahrenseröffnung keine formale Entscheidung der Behörde voraus. Vielmehr gilt, dass das Verwaltungsverfahren gemäß § 8 mit der ersten nach außen wirkenden Maßnahme der Behörde beginnt, die potentiell auf den Erlass eines Verwaltungsaktes oder den Abschluss eines öffentlich-rechtlichen Vertrags gerichtet ist (vgl. Kommentierung zu § 8). In diesem Sinne kann die Verfahrenseröffnung

---

11 Vgl. Hauck/Noftz/*Vogelsang*, § 20 SGB X Rn. 18, Stand 12/2010; Diering/Timme/Stähler/*Böttiger*, § 20 SGB X Rn. 16. Stelkens/Bonk/Sachs/*Kallerhoff*, VwVfG, § 24 Rn. 14; jew. m.w.H.

12 Stelkens/Bonk/Sachs/*Kallerhoff*, VwVfG, § 24 Rn. 1 m.w.N.

13 Knickrehm/Roßbach/Waltermann/*Fichte*, § 20 SGB X Rn. 2.

14 BVerfG, Urt. v. 06.06.1983 – 2 BvR 244/83, 2 BvR 310/83, NJW 1983, 2135.

15 BVerfGE 110, 94 (zu § 88 AO).

16 Vgl. BeckOGK/*Mutschler*, § 20 SGB X Rn. 2, Stand 06/2019.

17 *Stelkens*, NVwZ 1982, 81, 83.

18 *Hill*, Das fehlerhafte Verfahren und seine Folgen im Verwaltungsrecht, 1986, S. 205; Maunz/Dürig/*Schmidt/Aßmann*, GG, Art. 19 Abs. 4 Rn. 24 f., Stand 02/2003.

19 BVerfG, Beschl. v. 07.12.1977 – 1 BvR 734/77 –, BVerfGE 46, 325; Beschl. v. 13.11.1979 – 1 BvR 1022/78 –, BVerfGE 52, 380; Beschl. v. 20.12.1979 – 1 BvR 385/77 –, BVerfGE 53, 30; ausführlich Isensee/Kirchhof/*Denninger*, Handbuch des Staatsrechts, Bd. V, § 13, insb. Rn. 27 ff.

20 Vgl. dazu etwa LSG Hamburg, Urt. v. 24.06.2014 – L 3 SB 9/12.

mit der ersten Ermittlungshandlung zusammenfallen. Dies kann etwa im Rahmen der Sozialhilfe bei faktischer Kenntniserlangung einer Bedarfslage (§ 18 SGB XII) der Fall sein, die der Leistungsträger zum Anlass nehmen muss, den Sachverhalt zu ermitteln, um über die Hilfegewährung zu entscheiden.[21]

5 Relevant sind all diejenigen Umstände, die für die materiell-rechtliche Entscheidung maßgeblich sind, aber ebenso die Voraussetzungen für die Zulässigkeit notwendiger Verfahrenshandlungen oder auch die Verfahrensfähigkeit eines Beteiligten. Die Amtsermittlungspflicht bezieht sich grundsätzlich auf den für den Tatbestand der anzuwendenden Normen einschlägigen **Sachverhalt**, nicht auch auf deren **Auslegung**.[22] Im sozialrechtlichen Verfahren kommt es nicht selten vor, dass es für die Auslegung einer Norm auf fachliche, häufig medizinische Expertise ankommt, um zu klären, was überhaupt vom Tatbestand erfasst wird. Auch wenn es zur Entscheidung, also z.B. zum Erlass des Verwaltungsaktes, dieser fachlichen Expertise bedarf, handelt es sich um eine rein juristische Entscheidung. Ist eine Behörde beispielsweise von der Einschätzung eines Gutachters hinsichtlich der Arbeitsfähigkeit, des GdB oder MdE, oder der Erwerbsfähigkeit nicht überzeugt, so ist es ihr nicht erlaubt, dieser zu folgen; vielmehr hat sie aufgrund der vorliegenden Tatsachen die juristisch ggf. abweichenden Schlussfolgerungen in eine Regelung des Verwaltungsaktes umzusetzen.

6 Die **Pflicht** zur Ermittlung ist **anlassbezogen** und setzt an bestehenden Unklarheiten an. Sind beispielsweise die Angaben des Antragstellers oder Beteiligten unvollständig oder unklar, ist die Behörde grundsätzlich zur weiteren Sachaufklärung verpflichtet.[23] Nichts anderes gilt, wenn die Angaben zweifelhaft sind.[24] Die Amtsermittlungspflicht ist darauf gerichtet und auch beschränkt, Zweifel der Behörde zu beheben. Eine Tatsache, die von niemandem bestritten wird und hinsichtlich deren Vorliegen sich keine Anhaltspunkte für Zweifel ergeben, muss daher nicht beweiskräftig ermittelt werden.[25] Jedoch darf eine Tatsache nicht allein deshalb als wahr unterstellt werden, weil sie unstreitig ist; die Dispositionsmaxime gilt gerade nicht. Gewisse Ausnahmen gelten etwa für Feststellungen anderer Behörden oder Gerichte, die die Beteiligten auch im konkreten Verfahren nicht anzweifeln oder für nichtmedizinische Tatsachen in Sachverständigengutachten.[26] Allerdings dürfen Tatsachen, die in einem schriftlichen ärztlichen Gutachten erwähnt sind, die sich aber weder bei der ärztlichen Untersuchung noch bei der Auswertung medizinischer Unterlagen ergeben haben (»nichtmedizinische Tatsachen«), ohne Weiteres als festgestellt unterstellt werden, obwohl der Beteiligte diese Tatsachen bestreitet und Beweismittel zur Verfügung stehen oder erreichbar sind, die zur Aufklärung des Sachverhalts geeignet sind.[27]

Allerdings können gerade Erkenntnisse aus zivil- oder arbeitsgerichtlichen Verfahren nicht unbesehen übernommen werden, weil deren Ergebnisse auf der Grundlage des den Zivil- und Arbeitsgerichtsprozess prägenden Beibringungs- und Verfügungsgrundsatzes zustande kommen und damit in hohem Maße von der Bereitschaft und der Fähigkeit der Parteien zum Tatsachenvortrag abhängen.[28] Der Untersuchungsgrundsatz verpflichtet die Behörde, von sich aus auf die Beteiligten einzuwirken, damit diese die für ihre Entscheidung wesentlichen Umstände vortragen. Fehlen etwa notwendige

---

21 Zu den Voraussetzungen der Kenntniserlangung: BSG, Urt. v. 10.11.2011 – B 8 SO 18/10 R, SozR 4–3500 § 44 Nr. 2 Rn. 21; BSG, Urt. v. 02.02.2012 – B 8 SO 5/10 R, SozR 4–3500 § 62 Nr. 1 Rn. 18; BSG, Urt. v. 28.08.2018 – B 8 SO 9/17 Rn. 18.

22 Diring/Timme/Stähler/*Böttiger*, § 20 SGB X Rn. 5 m.V.a. BSG, 13.12.1962 – 8 RV 1165/60; dies soll jedoch nicht für die Ermittlung ausländischer Rechtsnormen gelten (BSGE 21, 151, 154; 24, 251, 255).

23 BSG, Urt. v. 02.10.1997 – 14 Reg 10/96, juris Rn. 16.

24 OVG Sachsen, Urt. v. 16.03.2023 – 3 A 206/21, juris Rn. 41.

25 Vgl. BT-Drucks. 8/2034, S. 32 zum Entwurf des § 20 SGB X. Eine Ermittlung »ins Blaue hinein« ist nicht verlangt (BSGE 71, 256, 259 ff.; 78, 207, 213; BSG SozR 3–2200 § 43 Nr. 13; SozR 3–4100 § 119 Nr. 16; BSGE 91, 68; 94, 50; 95, 219).

26 BSG SozR Nr. 59 zu § 128 SGG.

27 Vgl. BSG, Urt. v. 18.10.1960 – 11 RV 1280/59, SozR Nr 59 zu § 128 SGG, SozR Nr 39 zu § 103 SGG, SozR Nr 2 zu § 117 SGG, Leitsatz, zum sozialgerichtlichen Verfahren.

28 LAG Rheinland-Pfalz, Urt. v. 27.03.2008 – 10 Sa 692/07, juris Rn. 32.

Angaben in einem Formularantrag, hat sie auf Ergänzung zu drängen.[29] Auch kann im Einzelfall ergänzende Beratung notwendig sein (§ 14 SGB I), weil die Beteiligten wegen der Kompliziertheit des Sozialrechts oft nicht erkennen können, welche Tatsachen für die Begründung ihrer Ansprüche wichtig sind.

II. Art, Umfang und Intensität der Ermittlungen

Die Entscheidung darüber, in welcher Art und Weise sowie in welchem Umfang der Sachverhalt aufgeklärt wird, obliegt der Behörde. Sie ist Herrin des Verfahrens und hat nach pflichtgemäßem **Ermessen** darüber zu befinden, welche Ermittlungsmittel sie vernünftigerweise einsetzt, welche Tatsachen aufklärungsbedürftig sind und mit welcher Intensität die Aufklärung betrieben wird. Abs. 1 Satz 2 Halbs. 2 unterstreicht mit der Klarstellung, an Vorbringen und Beweisanträge der Beteiligten nicht gebunden zu sein, die Verfahrensherrschaft der Behörde (vgl. aber zur Mitwirkung der Beteiligten Rdn. 13 ff.). 7

So betont auch § 21 Abs. 1 Satz 1 nochmals, dass sich die Behörde derjenigen Beweismittel bedient, die sie nach pflichtgemäßem Ermessen zur Ermittlung des Sachverhalts für erforderlich hält. Dabei bestimmen neben den Vorschriften über die Beweismittel (§§ 21, 22) spezialgesetzliche und verfassungsrechtliche Vorgaben die Grenzen des Ermessens. Innerhalb dieser Grenzen ist die Behörde aufgrund der Nichtförmlichkeit des Verfahrens (§ 9) frei, unter den zulässigen Beweismitteln diejenige auszuwählen, die sie für geeignet hält. So ist sie u.U. ihrer Ermittlungspflicht schon nachgekommen, wenn sie sich bei dem Arbeitgeber des Antragstellers telefonisch erkundigt.[30] Andererseits dürfen geeignete Ermittlungsmethoden nicht ohne Bezug zu den Verfahrenserfordernissen, etwa durch untergesetzliche Vereinbarungen, eingeschränkt werden. So verstößt etwa eine zwischen den Gesamtvertragsparteien des SGB V vereinbarte Regelung des Vorrangs der repräsentativen Einzelfallprüfung vor einer im konkreten Fall durchführbaren Prüfung nach Durchschnittswerten im Verfahren zur Wirtschaftlichkeitsprüfung beim Vertragsarzthonorar gegen die Pflicht zur umfassenden Sachverhaltsaufklärung gem. § 20 Abs. 1 und 2.[31] Auch Prüfvereinbarungen (§ 106b Abs. 2 SGB V) dürfen infolge fehlender gesetzlicher Ermächtigung nicht von den Regelungen des SGB X abweichen[32] und beispielsweise die Amtsermittlungspflicht einschränken. 8

Eröffnet der Untersuchungsgrundsatz der Behörde auch einen prinzipiell weiten Ermessensspielraum, so ist dies stets mit der Vorgabe verbunden, Art und Umfang ihrer Ermittlungen pflichtgemäß zu bestimmen.[33] Sie darf insoweit schon unter der Vorgabe der **Verfahrensförderungspflicht** aus § 9 Satz 2 nur solche Umstände in ihre Ermittlungen einbeziehen, die für die Entscheidung absehbar tatsächlich relevant werden können. Dies setzt eine vorgehende Prüfung der rechtlichen Erforderlichkeit der zu ermittelnden Informationen voraus. Eine darüberhinausgehende oder auch ungeprüfte Ermittlung in privaten Angelegenheiten der Beteiligten von aus ex-ante-Sicht für die Entscheidung nicht unbedingt notwendigen Angaben zeigt sich u.U. als Verletzung des Persönlichkeitsrechts (informationelles Selbstbestimmungsrecht; vgl. auch DSGV); soweit also Grundrechte betroffen sind, begrenzt auch der Grundsatz der **Verhältnismäßigkeit** die Ermittlungstätigkeit. Zu beachten ist im Weiteren stets, dass der Umfang der Ermittlungen bei antragsabhängigen Leistungsentscheidungen durch die Anträge der Beteiligten[34] und ansonsten durch das Entscheidungsziel der Behörde begrenzt wird. Diese bestimmen den konkreten **Entscheidungsgegenstand** und damit den 9

29 BSG, Urt. v. 12.02.2004 – B 13 RJ 58/03 R, BSGE 92, 159.

30 BSG, Urt. v. 03.03.1993 – 11 RAr 49/92, BSGE 72, 111, 118 (dort zur Ermittlung des Zeitpunktes der Abfindungszahlung im Zusammenhang eines Erstattungsanspruchs der BA bei »Gleichwohlgewährung« von ALG).

31 BSG, Urt. v. 15.11.1995 – 6 RKa 43/94, BSGE 77, 53, 60; BSG, Urt. v. 02.06.1987 – 6 RKa 19/86, BSGE 62, 18, 23.

32 BSG, Beschl. v. 30.09.2020 – B 6 KA 7/20 B, juris Rn. 12.

33 BSG, Urt. v. 13.10.1993 – 2 RU 5/93, BSGE 73, 175.

34 BSG, Urt. v. 26.02.1986 – 9a RVs 4/83, BSGE 60, 11, 14.

»Sachverhalt« i.S.d. Abs. 1 Satz 1. So darf die Versorgungsbehörde eine bestimmte Behinderung nicht feststellen, wenn der Behinderte erklärt, er beantrage die Feststellung nicht; diese Behinderung hat dann bei der Festsetzung der MdE außer Betracht zu bleiben.[35] Soziale Rechte dürfen nicht aufgedrängt werden. Allerdings kann sich der Verfahrensgegenstand im Laufe des Verfahrens durchaus ändern und dann zu weiteren Ermittlungen Anlass geben. Erkennt der Sozialleistungsträger, dass der konkrete Antrag unterhalb dessen bleibt, was der Antragsteller materiell-rechtlich erreichen könnte, so ist der Antrag dem Meistbegünstigungsprinzip im Zweifel so auszulegen, dass alles beantragt wurde, worauf ein Anspruch bestehen kann. Ist unklar, ob hierdurch soziale Rechte aufgedrängt würden, hat die Behörde den Sachverhalt entsprechend aufzuklären.

10 Was **notwendig** zu ermitteln ist, bestimmt der Tatbestand der jeweils entscheidungserheblichen Normen und hängt auf dieser Grundlage stets vom Einzelfall ab. Notwendig sind Ermittlungen, wenn sie nicht nur sinnvoll, sondern unverzichtbar sind. Die Notwendigkeit muss aus Sicht der Behörde erkennbar sein – was nicht nur im Zusammenhang mit § 192 Abs. 4 SGG gilt -, wobei sich die Notwendigkeit aus den maßgeblichen gesetzlichen Vorschriften und deren höchstrichterlicher Rechtsprechung erschließt; fehlt diese, so ist von einem im Sinne rechtswissenschaftlicher Auslegung vertretbaren Standpunkt auszugehen.[36] Bei einem Antrag auf existenzsichernde Leistungen nach dem SGB II (Bürgergeld) sind insbesondere diejenigen Tatsachen notwendig, die sich auf die tatbestandlichen Voraussetzungen der Anspruchsnorm einschließlich der Ausnahmevorschriften sowie die Umstände, die Leistungsbeginn und ggf. -ende bestimmen, beziehen. Somit ist der Sachverhalt zwingend nicht nur in Hinblick auf etwaige Ausschlusstatbestände (z.B. Altersrentenbezug, fehlende Erwerbsfähigkeit), Einkommen (§§ 11 ff. SGB II) und Vermögen (§ 12 SGB II) aufzuklären, sondern ebenso in Bezug auf mögliche Lebensunterhaltsbedarfe (Regelbedarf, Unterkunftsbedarf). Bei nicht regelhaft vorkommenden Bedarfssituationen wie Schwangerschaft, die zu höheren Leistungen führen können, besteht keine Ermittlungspflicht, solange die Antragstellerin nicht von sich aus auf die Schwangerschaft hinweist oder diese für den jeweiligen Sachwalter – zum Beispiel anlässlich eines behördlichen Termins der Schwangeren oder dem Akteninhalt – erkannt wird oder hätte erkannt werden müssen.

Die Behörde kann zunächst grundsätzlich von einem der Lebenserfahrung entsprechenden Wahrscheinlichkeitskalkül ausgehen, an dem sie den Umfang der Sachverhaltsermittlung orientiert; zu Ermittlungen »ins Blaue hinein« besteht keine Verpflichtung.[37] Davon abweichenden besonderen Tatsachen ist jedoch stets nachzugehen, sobald dafür Anhaltspunkte vorgetragen werden oder sie sich im Verfahrensverlauf zeigen. So sind etwa Lohn- und Gehaltsbescheinigungen des Arbeitgebers nach § 2 Abs. 7 Satz 4 BEEG für die Elterngeldstellen nur Grundlage der Einkommensermittlung. Ihre Angaben können im zwar Regelfall übernommen werden, an den Inhalt ist die Verwaltung aber nicht gebunden. Hinweisen auf Fehler und erhobenen Einwendungen gegen die Richtigkeit ist daher gem. § 20 nachzugehen.[38] Entsprechende Grundsätze gelten beispielsweise ebenso für die Arbeitsbescheinigung nach dem SGB III.[39] Im Bereich des Rechts schwerbehinderter Arbeitnehmer ist eine Aufklärung aller Umstände erforderlich, die für die Abwägung der gegensätzlichen Interessen des Arbeitgebers und des schwerbehinderten Arbeitnehmers erheblich sein können. Nicht ausreichend ist es, den Vortrag des Arbeitgebers allein auf seine Schlüssigkeit hin zu überprüfen und als wahr zu unterstellen, ohne den Arbeitnehmer anzuhören.[40] Auch die Empfehlungen des Deutschen Vereins zur Gewährung von Krankenkostzulagen in der Sozialhilfe können zwar im Regelfall als Orientierungs-

35 BSG, Urt. v. 26.02.1986 – 9a RVs 4/83, BSGE 60, 11, 14.

36 Vgl. hierzu LSG Baden-Württemberg, Beschl. v. 03.12.2020 – L 3 SB 2455/20 B, juris Rn. 24.

37 BSG, Urt. v. 03.04.2003 – B 13 RJ 39/02 R, BSGE 91, 68; BSG, Urt. v. 09.12.2004 – B 6 KA 44/03 R, BSGE 94, 50.

38 LSG Berlin-Potsdam, Urt. v. 20.01.2009 – L 12 EG 7/08 (und Anmerkung *Dau*, in: jurisPR-SozR 21/2009 Anm. 5).

39 BSG SozR 3–4100 § 133 Nr. 1; LSG Berlin-Brandenburg, Beschl. v. 14.01.2008 – L 16 B 426/07.

40 VG Saarland, Urt. v. 16.11.2018 – 3 K 1144/17, juris Rn. 28 m.w.H.

hilfe zur Bemessung des Mehrbedarfs dienen. Sie entbinden aber nicht von der Ermittlungspflicht im Einzelfall, sobald Besonderheiten, etwa von den Empfehlungen abweichende Bedarfe, geltend gemacht werden[41] oder sich bei vernünftigen Überlegungen aufdrängen müssen.[42]

In entsprechender Anwendung des **§ 244 Abs. 3 StPO** (dazu auch § 21 Rdn. 9) darf von Sachverhaltsermittlungen abgesehen werden, »wenn eine Beweiserhebung wegen Offenkundigkeit überflüssig ist, wenn die Tatsache, die bewiesen werden soll, für die Entscheidung ohne Bedeutung […] ist, wenn das Beweismittel […] unerreichbar ist.«[43] Unzulässig, weil eine **vorweggenommene Beweiswürdigung**, ist es demgegenüber, von der Ermittlung mit der Begründung abzusehen, das Ergebnis könne an der Überzeugung der Behörde nichts ändern.[44] Dies gilt insbesondere dann, wenn die Würdigung des jeweiligen Beweismittels für die Überzeugungsbildung im Allgemeinen naheliegend ist. Gegen das Verbot vorweggenommener Beweiswürdigung wird auch dann verstoßen, wenn hinreichend konkreten Einwänden oder Beweisanregungen eines Beteiligten mit der Begründung nicht nachgegangen wird, die in Betracht kommenden Beweismittel würden voraussichtlich nicht den durch den Beteiligten gewünschten Aufschluss erbringen[45]; dies setzt indes voraus, dass das in Rede stehende Mittel der Sachverhaltsaufklärung dem Grunde nach überhaupt geeignet ist, die in Betracht kommende Rechtsfolge zu beeinflussen. Insoweit ins Leere gehenden Beweismitteln muss die Behörde nicht nachgehen. 11

Schließlich hat die Behörde nach pflichtgemäßem Ermessen zu entscheiden, mit welcher **Intensität** die Aufklärung betrieben wird. Leitend ist auch insoweit die objektive Notwendigkeit zur Aufklärung, weil durch abschließenden Verwaltungsakt erst entschieden werden darf, wenn die Sach- und Rechtslage vollständig geklärt ist.[46] Ein »Deal« mit den Beteiligten zwecks Vermeidung weiterer Sachverhaltsaufklärung zu bestimmten Fragen, ist ebenso wenig zulässig[47] wie, auch bei schwieriger Sachverhaltslage, ein Unterstellen unsubstantiierter Behauptungen. So hat etwa der SGB II-Grundsicherungsträger im Rahmen seiner Aufklärungspflicht umfassend zu prüfen, ob berechtigte Zweifel an der Hilfebedürftigkeit bestehen und gegebenenfalls aufzufordern, bestimmte Beweismittel vorzulegen, die für eine positive Entscheidung für erforderlich gehalten werden. Er kann sich nicht allein auf den Standpunkt zurückziehen, die Vermögensverhältnisse seien ungeklärt[48] oder sich für eine Leistungsablehnung auf Zweifel an der Hilfebedürftigkeit berufen, die damit begründet werden, dass der Hilfesuchende nach Verweigerung der Gewährung von Hilfe zum Lebensunterhalt überlebt habe.[49] Auch liegt ein Verstoß gegen § 20 vor, wenn die Behörde die sozialgerichtliche Amtsermittlungspflicht zum Anlass nimmt, kosten- oder zeitintensive Ermittlungsmöglichkeiten nicht selbst auszuschöpfen;[50] in solchen Fällen kann gemäß § 131 Abs. 5 SGG zurückverwiesen werden. 12

Bisweilen wird die Frage nach der Verhältnismäßigkeit des **Ermittlungsaufwandes** aufgeworfen, weil die Pflicht zur vollständigen Sachverhaltsaufklärung bis zur hinreichenden Überzeugung der Behörde mit der Begrenztheit staatlicher Ressourcen und auch den Interessen an einer zügigen Verfahrensführung (§ 9 Abs. 2) und Leistungsgewährung (§ 17 Abs. 1 Nr. 1 SGB I) in Konflikt geraten kann. Werden Ermittlungsbegrenzungen aufgrund einer Abwägung öffentlicher und privater Interessen 13

---

41 BSG SozR 4–4200 § 21 Nr. 2.

42 SG Freiburg, Beschl. v. 18.10.2018 – S 16 AS 5378/15.

43 Zutreffend sieht BFH, Urt. v. 29.05.1974 – I R 167/71, BFHE 112, 455, den § 244 Abs. 3 StPO als »einen allgemeinen, sich aus der Natur der Sache ergebenden Rechtsgedanken« an. Hierauf stellt auch BSG, Urt. v. 25.06.2015 – B 14 AS 30/14 R ab. Vgl. auch jurisPK-SGB X/*Luthe*, § 20 Rn. 13.

44 Zutreffend Schütze/*Siefert*, SGB X, § 20 Rn. 9.

45 Vgl. insoweit zur gerichtlichen Aufklärungspflicht BVerwG, Beschl. v. 13.12.2023 – 6 B 13.23, Rn. 8.

46 BSG, Urt. v. 11.06.1987 – 7 RAr 105/85, BSGE 62, 32; BSG, Urt. v. 28.06.1990 – 4 RA 57/89, BSGE 67, 104; BSG SozR 3–1300 § 32 Nr. 4.

47 Str.; wie hier Hk-VerwR/VwVfG/*Schwarz*, 2006, § 24 Rn. 15 m.w.N. auch zu Gegenansicht.

48 LSG Hessen, ASR 2006, 78.

49 LSG Hessen, Beschl. v. 18.09.2006 – L 7 SO 49/06, juris Rn. 35.

50 SG Dortmund, Gerichtsbescheid v. 25.07.2014 – S 18 U 269/14; SG Karlsruhe, Urt. v. 29.07.2019 – S 12 SB 877/19.

unter dem Aspekt unverhältnismäßigen Aufwandes im allgemeinen Verwaltungsverfahrensrecht überwiegend für zulässig erachtet,[51] so stößt die Inkaufnahme von Aufklärungslücken wegen behördlicher Kapazitätsgrenzen jedenfalls auf größte Bedenken, wenn es um die Entscheidung zu grundlegenden Bedarfen im Sozialleistungsbereich geht.[52] Insoweit geht es schon nicht um eine Verhältnismäßigkeitsprüfung im eigentlichen Sinne[53], sondern behördliche und individuelle Interessen werden der Sache nach anhand von Kosten-Nutzen-Überlegungen abgewogen. Soweit noch tatsächliche Aufklärungsmöglichkeiten bestehen, ist ein solches Herangehen allenfalls bei evidenter Unzumutbarkeit zulässig. Soweit das BSG in der Entscheidung vom 27.04.2021[54] ausführt, es bedürfe »einer Abwägung zwischen dem im Einzelfall aufgrund der Amtsermittlungspflicht des prüfenden Trägers (§ 20 SGB X) zu erwartenden Verwaltungsaufwand und den Interessen des Versicherten sowie des Arbeitgebers«, kann dies nicht verallgemeinert werden, da die Frage des unverhältnismäßigen Aufwands in dem zur Entscheidung stehenden Fall aufgrund ausdrücklicher gesetzlicher Anordnung (§ 28f Abs. 2 SGB IV) entscheidungserheblich war. Daher ist dem 3. Senat des BSG Baden-Württemberg zuzustimmen, der es als nicht mit der Bindung der Verwaltung an Recht und Gesetz (Art. 20 Abs. 3 GG) vereinbar ansieht, wenn verwaltungsseitig bewusst in Kauf genommen wird, dass aus Gründen der Arbeitsersparnis möglicherweise rechtswidrig ein zu hoher GdB festgestellt wird.[55]

Zumindest eine Antragsablehnung muss grundsätzlich auf einem ausermittelten Sachverhalt beruhen, soweit nicht wegen Mitwirkungsversäumnissen des Leistungsberechtigten nach Beweislastregeln entschieden werden darf. Argumente der Verfahrenskosten und der Verfahrensdauer können hier ansonsten keine entscheidende Rolle spielen und sich nicht gegen die in aller Regel grundrechtlich determinieren Sozialleistungsansprüche durchsetzen; bei Eilbedürftigkeit ist u.U. eine vorläufige Leistungsgewährung (etwa nach §§ 42, 43 SGB I, § 328 SGB III etc.) angezeigt und in der Hauptsache weiter zu ermitteln. Insbesondere bei der GdB-Feststellung im Recht schwerbehinderter Menschen darf die Behörde nicht unter Berufung auf ungenügende personelle und sachliche Ausstattung auf eine sozialmedizinische Begutachtung verzichten und sich mit Auskünften der Fachärzte begnügen.[56] Dies widerspräche im Übrigen dem in § 2 Abs. 2 SGB I niedergelegten Grundsatz, nach dem die sozialen Rechte bei der Auslegung der Vorschriften des SGB zu beachten sind und dabei sicherzustellen ist, dass die sozialen Rechte möglichst weitgehend verwirklicht werden.

Wird eine Tatsache aber nicht bestritten und drängen sich der Behörden auch im Übrigen keine Bedenken gegen die Richtigkeit einer durch den Beteiligten oder Dritte vorgebrachten Angaben auf, so verlangt der Untersuchungsgrundsatz nicht, diesen Vortrag als wahr anzunehmen und insoweit die bereits als wahr angenommenen Tatsachen (erneut) im Rahmen der Amtsermittlungspflicht zu erforschen. Das BSG stellte klar, dass Angaben Beteiligter oder Dritter nicht stets als wahr unterstellt werden dürfen, der Untersuchungsgrundsatz andererseits nicht so weit gehe, dass jede Behauptung bezweifelt werden müsse und erst dann zugrunde gelegt werden dürfe, wenn sie bewiesen sei. »Sofern eine Tatsache nicht bestritten wird und sich einer Behörde auch im Übrigen keine Bedenken aufdrängen, braucht sie grundsätzlich keine Ermittlungen »ins Blaue hinein« aufzunehmen«.[57]

Die Notwendigkeit von Tatsachenermittlungen hängt zudem von der jeweiligen im juristischen Sinne vertretbaren Rechtsauffassung der Behörde ab.[58] Geht die Behörde davon aus, dass es auf eine Norm aufgrund einer ihr gegenüber bestehenden lex specialis nicht ankommt, so erstreckt sich die Amtsermittlungspflicht zunächst nicht auf diejenigen Tatsachen, die die Tatbestandsmerkale dieser

51 Vgl. nur Stelkens/Bonk/Sachs/*Kallerhoff*, VwVfG, 8. Aufl., § 24 Rn. 36 m.w.N.
52 Vgl. Diering/Timme/Stähler/*Böttiger*, § 20 Rn. 6 ff.
53 Vgl. dazu jurisPK-SGB X/*Luthe*, § 20 Rn. 11; a.A. Hauck/Noftz/*Vogelsang*, § 20 SGB X Rn. 12.
54 BSG, Urt. v. 27.04.2021 – B 12 R 18/19 R, juris Rn. 37.
55 LSG Baden-Württemberg, Beschl. v. 03.12.2020 – L 3 SB 2455/20 B, juris Rn. 27.
56 SG Karlsruhe, Urt. v. 29.07.2019 – S 12 SB 877/19, juris Rn. 132 ff.
57 BSG, Urt. v. 27.04.2021 – B 12 R 18/19 R, juris Rn. 38.
58 LSG Baden-Württemberg, Beschl. v. 03.12.2020 – L 3 SB 2455/20 B, juris Rn. 24.

Norm betreffen. Erst wenn feststeht, dass die Voraussetzungen der lex specialis nicht erfüllt sind, sind die Tatbestandsmerkmale der nachrangigen Norm zu prüfen und sie betreffende Tatsachen zu ermitteln.

III. Mitwirkung von Beteiligten

Die Verfahrensherrschaft der Behörde steht in Relation zur Mitwirkung der Beteiligten. Dass die Behörde, wie Abs. 1 Satz 2 Halbs. 2 formuliert, an Vorbringen und Beweisanträge der Beteiligten nicht gebunden ist, darf nicht als Befugnis missverstanden werden, Anträge, Anregungen und Erklärungen zu ignorieren. Eine solche Sicht wäre nicht nur verfahrensrechtswidrig, weil die Beteiligten nach § 21 Abs. 2 bei der Ermittlung des Sachverhalts gerade mitwirken und die ihnen bekannte Tatsachen und Beweismittel angeben sollen sowie bei absehbar belastenden Entscheidungen i.d.R. zwingend anzuhören sind (§ 24); hiernach ist der Sachverhalt also grundsätzlich unter Einbeziehung der Einlassungen des Beteiligten zu ermitteln.[59] Sie wäre zudem schon grundsätzlich mit der Verfassung (Art. 1 Abs. 1 GG) unvereinbar, weil sie den Beteiligten zum bloßen Objekt des Verfahrens machte.[60] So kann z.B. eine trotz Antrags unterlassene Einholung von Auskünften der behandelnden Ärzte einen Mangel der Sachaufklärungspflicht darstellen.[61] Die Behörde hat das Vorbringen der Beteiligten und ihre Anträge zur Kenntnis zu nehmen und zu würdigen. Über Beweisanträge muss entschieden werden; dies muss nicht notwendig durch formelle Verfahrensentscheidung geschehen, sondern kann auch in der Begründung der abschließenden Entscheidung zum Ausdruck kommen (§ 21 Rdn. 6). Andererseits handelt eine Behörde aber auch ermessenswidrig, die sich nur auf die von den Beteiligten vorgebrachten Umstände stützt und nicht selbst Überlegungen anstellt, welche Tatsachen für die Entscheidung relevant und wie diese ermittelt werden könnten. 14

Die Behörde kann in Beachtung des Untersuchungsgrundsatzes die Beteiligten auffordern, bestimmte Tatsachen zu benennen und zu belegen und ist dazu gegebenenfalls sogar verpflichtet. Geht die Behörde von der Annahme eines Sachverhaltes aus, der von dem Antragsteller bestritten wird, muss sie den Beweis des Gegenteils ermöglichen und ihn zu entsprechenden Darlegungen und Nachweisen auffordern.[62] Kommt ein Beteiligter seiner allgemeinen **Mitwirkungsobliegenheit** i.S.d. § 21 Abs. 2 nicht nach, darf die Behörde grundsätzlich nicht allein deshalb von der weiteren Ermittlung des Sachverhaltes absehen. Allerdings kann dieser Umstand bei der Beweiswürdigung zu seinem Nachteil Berücksichtigung finden[63] und es kann die Anforderungen an die Amtsermittlung verringern, wenn die mangelnde Mitwirkung zu einer erheblichen Erschwerung der Sachverhaltsaufklärung führt oder die Sachlage ohne Informationen aus dem Bereich des Beteiligten nicht weiter aufzuklären ist.[64] Soweit der 4. Senat des BSG den Umfang der Amtsermittlungspflicht auch davon abhängig macht, ob der Antragsteller mit juristischem Sachverstand vertreten wird oder unvertreten ist[65], kann dieses Kriterium nicht verallgemeinert werden. Die Pflicht der Behörde, den Sachverhalt von Amts wegen zu ermitteln, wird durch das Wissen oder Nichtwissen des Beteiligten über die aus Rechtsgründen vorzutragenden Tatsachen nicht begrenzt. Allein dann, wenn, wie z.B. bei § 45 Abs. 2 Satz 3 Nr. 2 oder 3 SGB X, das Gesetz an dieses Wissen Rechtsfolgen knüpft, ist dies relevant. In dem zur Entscheidung stehenden Fall hatten – trotz Aufforderung – weder Antragsteller noch dessen anwaltlicher Vertreter einen Antrag auf Überprüfung erlassener Verwaltungsakte und 15

59 BVerwG, Beschl. v. 05.12.2006 – 5 B 171/06; VGH Bayern, Urt. v. 22.10.2008 – 12 BV 07.2256.

60 Vgl. BVerfG, Beschl. v. 16.07.1969 – 1 BvL 19/63, BVerfGE 27, 1, 6; BVerfG, Beschl. v. 19.07.1972 – 2 BvL 7/71, BVerfGE 33, 367, 376 ff.; BVerfG, Beschl. v. 13.11.1979 – 1 BvR 1022/78, BVerfGE 52, 380, 389; BVerfG, Beschl. v. 17.01.1990 – 2 BvR 1592/88, NJW 1990, 2309.

61 LSG Baden-Württemberg, Breithaupt 1996, 645.

62 Vgl. LSG Nordrhein-Westfalen, Urt. v. 29.09.2008 – L 20 SO 92/06, juris.

63 LSG Hessen, Beschl. v. 18.09.2006 – L 7 SO 49/06, juris Rn. 35 m.w.N.; Stelkens/Bonk/Sachs/*Kallerhoff*, VwVfG, 8. Aufl., § 24 Rn. 24 m.w.N.

64 Hauck/Noftz/*Vogelsang*, § 20 SGB X Rn. 12 m.w.N, Stand 12/2010.

65 BSG 13.02.2014 – B 4 AS 22/13 R, juris Rn. 15.

Erlass von Zugunstenbescheiden nach § 44 SGB X konkretisiert, sondern pauschal auf die Überprüfung »sämtlicher Bescheide« verwiesen, so dass aus Sicht des BSG der Sozialleistungsträger objektiv nicht in der Lage gewesen war, seinen Prüfauftrag danach zu bestimmen, welcher Verwaltungsakt zu überprüfen war.

16 Die Mitwirkung der Beteiligten ist außerhalb des SGB X für einzelne Leistungsbereiche ergänzend in zum Teil stringentere **sondergesetzliche Pflichten** gegossen (vgl. etwa §§ 18e Abs. 2, 28o Abs. 2 SGB IV; § 206 SGB V; § 196 Abs. 1 SGB VI) und hat für das Leistungsverfahren (und das Leistungserstattungsverfahren) insbesondere durch die Aufklärungsförderungspflichten der §§ 60 ff. SGB I eine besondere Ausgestaltung erfahren. Die Pflichten zur Angabe von Tatsachen und Beweismitteln (§ 60 SGB I), zum persönlichen Erscheinen (§ 61 SGB I) sowie zur Mitwirkung an Untersuchungen (§ 62 SGB I) sind zwar im Rechtssinne ebenfalls Obliegenheit, da nicht eigenständig durchsetzbar. Führt jedoch eine Nichtmitwirkung des Antragstellers dazu, dass die Aufklärung des Sachverhalts erheblich erschwert wird, so kann die verfahrensführende Behörde nach § 66 Abs. 1 u. 3 SGB I das noch nicht entscheidungsreife Verfahren ohne weitere Ermittlungen einstellen und die Leistung vorläufig (vgl. § 67 SGB I), bis zur Nachholung der Mitwirkung, ganz oder teilweise versagen.[66]

17 Allerdings ist **Art und Umfang der Mitwirkungsobliegenheit** des Antragstellers in allen Fällen stets in Wechselwirkung mit den die Behörde treffenden Pflichten zur Amtsermittlung zu bestimmen. So kann etwa für den Rentenbewerber die Vollständigkeit des Leistungsantrags nur bedeuten, die Amtsermittlung des Versicherungsträgers in dem im Rahmen seiner Mitwirkungsmöglichkeiten zumutbaren Umfang vorzubereiten und zu ermöglichen. Es genügt daher, wenn der Berechtigte alle Angaben macht, die er machen konnte, um die zügige Bearbeitung des Antrages zu ermöglichen. Die Anforderungen dürfen dabei nicht das Maß dessen überschreiten, was nach dem Grundsatz von Treu und Glauben billigerweise von ihm verlangt werden kann.[67] Da nach alledem und wegen des Verfahrensermessens der Behörde nicht stets klar absehbar ist, wie weit die »Beibringungspflicht« der Beteiligten reicht, ist zu raten, von sich aus möglichst viel Tatsachenmaterial in das Verfahren einführen und alle bekannten Beweismittel zu benennen. Die Behörde wiederum kann – und muss im Rahmen des § 66 SGB I – unter Beschleunigungsaspekten (§ 9 Satz 2) eine verfahrensrechtliche Frist zur Mitwirkung setzen; dabei geht es jedoch nicht um eine Ausschlussfrist.[68]

Eine ganz besondere Problematik stellt sich für Beteiligte in einem Verfahren der Wirtschaftlichkeitsprüfung nach §§ 106 ff. SGB V. Hier hat der Vertragsarzt besondere Mitwirkungsobliegenheiten, die über die in § 21 Abs. 2 geregelten hinausgehen und aufgrund derer er z.B. zum Nachweis seines Vergütungsanspruchs die zu dessen Begründung dienenden Tatsachen – insbesondere wenn es sich um für ihn günstige Tatsachen handelt, die allein ihm bekannt sind oder die nur durch seine Mithilfe aufgeklärt werden können – so genau wie möglich anzugeben und zu belegen hat.[69] Kommt der Vertragsarzt seiner Obliegenheit zum konkreten Tatsachenvortrag nach, so haben die Prüfgremien darauf aufbauend, soweit durch den Tatsachenvortrag veranlasst, weitere Ermittlungen von Amts wegen vornehmen und – im Wechselspiel zwischen Amtsermittlung und gesteigerter Mitwirkungsobliegenheit, zwischen denen ein gewisses Spannungsfeld besteht[70], auf ggf. notwendige Konkretisierungen hinwirken.[71] Trägt er diese jedoch nicht bis zum Abschluss des Widerspruchsverfahrens vor, ist er mit dem Tatsachenvortrag im sozialgerichtlichen Verfahren präkludiert.[72] Auch Tatsachen,

---

66 Vgl. *Dörr/Francke*, Sozialverfahrensrecht, 2. Aufl. 2006, Kap. 11 Rn. 96 f.; *Winkler*, Sozialverwaltungsverfahren und Sozialdatenschutz, 2004, Kap. 3 Rn. 109 ff.

67 BSG, SozR 1200 § 44 Nr. 16.

68 Zur Frist des § 66 Abs. 3 vgl. JurisPK SGB I/*Voelzke*, § 66 Rn. 54 f.; allgemein BSG SozR 3–5750 Art. 2 § 51a Nr. 4 m.w.N.; vgl. auch LSG Niedersachsen-Bremen, Beschl. v. 11.08.2009 – L 4 KR 108/09 B.

69 BSG, 21.03.2012 – B 6 KA 17/11 R, juris Rn. 42.

70 BSG 05.06.2013 – B 6 KA 40/12 R, juris Rn. 18.

71 Vgl. LSG Berlin-Brandenburg, Urt. v. 17.06.2020 – L 7 KA 20/16, juris Rn. 50; LSG Baden-Württemberg, 26.10.2016 – L 5 KA 3599/13, juris Rn. 55.

72 BSG, 21.03.2012 – B 6 KA 17/11 R, juris Rn. 42.

die eine Atypik der Praxis und somit eine Praxisbesonderheit oder die kompensatorische Einsparungen belegen sollen und den Prüfgremien nicht ohne Weiteres aufgrund der Verordnungsdaten und der Honorarabrechnung bekannt sind oder bekannt sein müssen, sind bereits während des Verwaltungs- oder Widerspruchsverfahrens mitzuteilen.[73]

IV. Grenzen der Ermittlung

18 Grenzen der **Ermittlungspflicht** sind, wie bereits angesprochen, gesteckt durch den Verfahrensgegenstand (Rdn. 9), Aspekte der entsprechenden Anwendung des § 244 Abs. 3 StPO (Rdn. 10), die Verhältnismäßigkeit grundrechtsbelastender Maßnahmen und des unzumutbaren Ermittlungsaufwands (Rdn. 12) sowie die Mitwirkungsverweigerung der Beteiligten (Rdn. 14 f.). Entscheidend ist in diesem Rahmen stets der Einzelfall. Danach hat die Behörde in jedem Fall diejenigen Tatsachen zu ermitteln, deren Notwendigkeit sich ihr, »ausgehend von den gesetzlichen Bestimmungen und ihrer höchstrichterlichen Auslegung bzw. – mangels einer solchen – von einem vertretbaren Rechtsstandpunkt aus erschließen musste.«[74] Keinesfalls wird die Amtsermittlungspflicht der Behörde durch eine nicht ausreichende personelle oder sachliche Ausstattung begrenzt.[75] Der Träger der Behörde hat für diese zu sorgen; gelingt dies nicht, so rechtfertigt dies Fehler oder Unterlassungen in der Sachverhaltsaufklärung nicht.

19 Die Grenzen der Ermittlungspflicht, aber auch die Möglichkeiten eventueller überobligationsmäßiger Aufklärungsbemühungen der Behörde werden durch die **Begrenzungen der Ermittlungsbefugnis** bestimmt. Soweit Maßnahmen belastenden Charakter haben, dürfen sie nicht gegen den Verhältnismäßigkeitsgrundsatz verstoßen (Rdn. 9); Ermittlungen zu nicht beweiserheblichen Tatsachen sind insofern bereits mangels Geeignetheit unzulässig. Amtsermittlung ist sodann unzulässig, wenn sie sich rechtswidriger Ermittlungsmethoden bedient (z.B. Täuschung, Zwang – die Grundsätze des § 136a StPO gelten auch hier; Verstoß gegen § 21 Abs. 2 Satz 3; etc.). Die in Art. 2 Abs. 1 i.V.m. dem Rechtsstaatsgebot verankerte Gewährleistung der Freiheit vor einem Zwang vor Selbstbezichtigung ist im Sozialverwaltungsverfahren gesetzlich zwar z.T. erheblich eingeschränkt (Rdn. 15), gilt aber strikt, wenn die Gefahr einer Verfolgung wegen einer Straftat oder Ordnungswidrigkeit besteht (vgl. etwa § 65 Abs. 2 SGB I, § 19 Abs. 3 SGB VII; §§ 98 Abs. 2, 99 Satz 3) und ist im Hinblick auf eine Verpflichtung, sozialrechtlich selbstbelastende Tatsachen mitzuteilen, jedenfalls im Sinne einer verfassungskonform abwägenden Normauslegung (etwa im Rahmen des § 65 Abs. 1 Nr. 2 SGB I) zu berücksichtigen; Unterlagen, durch die sich der Beteiligten in dem Sinne »selbst belastete«, dass die Entstehung von Ansprüchen verhindert werden, sind hiervon jedoch nicht erfasst.[76] Insoweit wird häufig § 60 SGB I anwendbar sein, dessen Verletzung zu den in § 66 SGB I aufgeführten Rechtsfolgen führen kann (Versagung oder Entziehung von Sozialleistungen).

20 Ein wichtiger Bereich der Grenzziehung für behördliche Ermittlungen ergibt sich aus dem **Datenschutzrecht**. Soweit die Sachverhaltsaufklärung (auch) Sozialdaten (§ 67) betrifft, gelten für die Amtsermittlung zwingend (§ 84a) die Vorgaben des Zweiten Kapitels dieses Gesetzes, soweit keine besonderen Datenschutzbestimmungen zum Zuge kommen. § 37 Satz 2 SGB I ordnet den Vorrang der allgemeinen Sozialdatenschutzbestimmungen vor dem Verfahrensrecht und damit auch vor § 20 an.[77] Insoweit sind die Daten in der Regel beim Betroffenen zu erheben, es bestehen diesem gegenüber besondere Informationspflichten der Behörde (§ 67a) und die datenschutzrechtlichen Zweckbindungen und Übermittlungsbeschränkungen sind zu beachten. Das Amtsermittlungsprinzip wird durch die Regelungen des Sozialdatenschutzes nicht aufgehoben, es darf aber bei der Erhebung von

73 BSG, 05.06.2013 – B 6 KA 40/12 R, juris Rn. 18 f.
74 LSG Nordrhein-Westfalen, Beschl. v. 16.04.2010 – L 18 (8) R 199/05.
75 LSG Baden-Württemberg, Beschl. v. 03.12.2020 – L 3 SB 2455/20 B, juris Rn. 24.
76 Vgl. Diering/Timme/Stähler/*Böttiger*, § 20 Rn. 19; grundlegend *Hufen*, Fehler im Verwaltungsverfahren, 2. Aufl. 2002, Rn. 126 ff.
77 BSG SozR 4–2700 § 63 Nr. 2.

Sozialdaten nur innerhalb des Entscheidungsspielraumes, den § 67a SGB X zulässt, ausgeübt werden.[78]

21 Zur Grundlage der verfahrensabschließenden Entscheidung dürfen nur rechtmäßig erlangte Ermittlungsergebnisse gemacht werden; andernfalls ist die Entscheidung (der VA) rechtswidrig, bei schwerwiegenden Grundrechtseingriffen im Zusammenhang mit der Informationsgewinnung u.U. auch nichtig. Die zum Prozessrecht vertretene Ansicht, die zwischen der rechtswidrigen Erhebung (Beweiserhebungsverbot) und einer u.U. rechtmäßigen Verwertung (kein striktes **Beweisverwertungsverbot**) differenziert, lässt sich auf die Amtsermittlung im Verwaltungsverfahren nicht unbesehen übertragen. Denn, wie zutreffend hervorgehoben wird,[79] im Unterschied zum Gericht hat die verfahrensführende Behörde ein eigenes Interesse an der Erlangung und Verwertung der Beweismittel, so dass rechtsstaatliche Garantien in einem zudem formlosen Verfahren (§ 9 Satz 1) von besonderer Bedeutung sind. Eine Zulassung der rechtwidrig erhobenen Beweise für den Fall eines Vorranges des Allgemeininteresses an der Verwendung vor den Interessen des Einzelnen kann nicht überzeugen. Eine solche Abwägung übersieht, dass es ein Allgemeininteresse an einem rechtsstaatswidrig gewonnenen Verfahrensergebnis nicht geben kann; § 20 gäbe ansonsten eine faktische Befugnis für rechtswidrige Ermittlungsmaßnahmen. Ausnahmen kann es nur in eng zu bestimmenden Sonderfällen geben, etwa wenn aufgrund von rechtswidrig ermittelten Kenntnissen besondere Gefahrenlagen für Dritte offenbar werden, die grundrechtliche Schutzpflichten auslösen können.[80]

22 Nicht unproblematisch erscheint deshalb die Rechtsprechung des BSG. Zwar führt das Gericht aus, es könne nicht zutreffen, dass eine Urkunde im Verwaltungsverfahren als Beweismittel auf jeden Fall verwandt werden kann, unabhängig davon, wie sie entstanden sei. Dies zeige schon die Überlegung, dass anderenfalls auch eine Urkunde, die durch eine Straftat, Folter o.ä. zu Stande gekommen wäre, von der Behörde ohne Einschränkung als Beweismittel zu berücksichtigen wäre. Ein Beweisverwertungsverbot bestünde aber dennoch nur »zumindest unter bestimmten Voraussetzungen«.[81] Begründet wird dies mit der Überlegung, aus §§ 41, 42 SGB X ergebe sich schon allgemein, dass Verfahrensfehler eine Entscheidung nicht automatisch rechtswidrig und aufhebbar machten oder für spätere, weitere Verfahrensabschnitte ein Beweisverwertungsverbot nach sich zögen.[82] Die Argumentation überzeugt deshalb nicht, weil die Heilungstatbestände des § 41 Abs. 1 die unzulässige Beweiserhebung gerade nicht erfassen und nach § 42 zwar der Aufhebungsanspruch, nicht aber die Rechtswidrigkeit entfallen kann. Das BSG will im Ergebnis zur Entscheidung über ein Beweisverwertungsverbot im Einzelfall auf den Schutzzweck der verletzten Norm abstellen. Bei Verfahrens- und Formverstöße sei nicht unbedingt ein Beweisverwertungsverbot gegeben, bei Grundrechtsverletzungen in der Regel schon.[83]

V. Pflicht zur Entgegennahme von Anträgen und Erklärungen

23 Abs. 3 verpflichtet die Behörde dazu, Anträge und Erklärungen ohne Prüfung deren Zulässigkeit oder Begründetheit in Bezug auf ein Verfahren entgegenzunehmen. Der behördliche Ermessensspielraum nach Abs. 1 Satz 2 geht mithin nicht so weit, für unerheblich erachtetes Vorbringen erst gar nicht näher zur Kenntnis zu nehmen. Insofern besitzt Abs. 3 durchaus einen systematischen Bezug zu Abs. 1 und 2[84] und sichert den Verfahrensgegenstand bzw. die Vollständigkeit der Sachverhaltserfassung. Gleichzeitig wird die ordnungsgemäße Aktenführung gewährleistet, was wichtige

78 *Bieresborn*, Der »neue« Datenschutz und Grundsicherungsträger, ZfSH SGB 2020, 436, 439.

79 Stelkens/Bonk/Sachs/*Kallerhoff*, VwVfG, § 24 Rn. 32 m.w.N. auch zur Gegenansicht.

80 Vgl. *Hufen*, Fehler im Verwaltungsverfahren, 2. Aufl. 2002, Rn. 152 mit Beispielen.

81 BSG SozR 4–2700 § 63 Nr. 2 (hier zitiert nach juris Rn. 32).

82 BSG SozR 4–2700 § 63 Nr. 2 (hier zitiert nach juris Rn. 47).

83 BSG SozR 4–2700 § 63 Nr. 2 (hier zitiert nach juris Rn. 49) mit Nachw. zu Ansichten im allgemeinen Verwaltungsverfahrensrecht und -prozessrecht.

84 A.A. etwa Schütze/*Siefert*, SGB X, § 20 Rn. 26.

Voraussetzung für einen effektiven Rechtsschutz ist.[85] Die Behörde hat hinreichende Voraussetzungen zu schaffen, dass bei ihr Anträge gestellt bzw. Erklärungen abgegeben werden können. Dazu gehört die Einrichtung eines Nachtbriefkastens[86] und einer Stelle, die mündliche Erklärungen entgegennimmt.

Die Pflicht zur Entgegennahme bedeutet, dass die Behörde den Antrag oder die Erklärungen zur Kenntnis nehmen muss und darüber zu entscheiden hat, welche Folgerungen sie daraus ziehen will. Sie muss sich nicht in jedem Fall sachlich näher mit der Eingabe befassen.[87] Soweit, was nicht selten der Fall sein wird, eine Erklärung oder ein Antrag als Petition (Bitte oder Beschwerde) i.S.d. Art. 17 GG zu werten ist, muss die Behörde darüber in jedem Fall einen »informatorischen Bescheid« erlassen.[88] Auch wenn ein Leistungsantrag bereits vor Erfüllung der Anspruchsvoraussetzungen gestellt wird, ist die Behörde grundsätzlich zur Annahme (und sachlichen Bearbeitung) verpflichtet und darf den Antrag nicht unbearbeitet zurücksenden mit der Begründung, die Leistung könne erst zeitnah zum Leistungszeitraum gestellt werden.[89] 24

Die Pflicht aus Abs. 3 trifft die Behörde in ihrem sachlichen und örtlichen **Zuständigkeitsbereich.** Soweit es um Anträge auf Sozialleistungen geht, enthält § 16 SGB I allerdings die ausdrückliche Regelung, dass diese von allen, also auch unzuständigen Leistungsträgern entgegenzunehmen (Abs. 1) und gegebenenfalls – unverzüglich und fristwahrend – an den zuständigen Leistungsträger weiterzuleiten sind (Abs. 2). Geht es nicht um Leistungsanträge ist umstritten, ob die Behörde Eingaben mit der Begründung ihrer Unzuständigkeit zurückweisen darf oder auch in diesen Fällen eine Pflicht zur Weiterleitung an die zuständige Stelle besteht. Vor dem Hintergrund des Art. 17 GG[90], aber auch aus der Überlegung heraus, dass sich die Sozialverwaltung dem Bürger gegenüber als Einheit behandeln lassen muss und dies sonach in § 16 Abs. 1 und 2 SGB I nur besonders hervorgehoben wird[91], ist davon auszugehen, dass eine allgemeine Pflicht besteht, Anträge, Erklärungen, Anregungen etc. grundsätzlich an die zuständigen Stellen weiterzuleiten, wenn nicht klar erkennbar ist, dass allein die angegangene, unzuständige Stelle befasst werden soll. 25

C. Beweislast und freie Beweiswürdigung

Aus dem Amtsermittlungsgrundsatz ergibt sich, dass es im Verwaltungsverfahren keine formelle Beweislast (subjektive Beweisführungslast) gibt. Kein Beteiligter ist verpflichtet, Beweismittel zu benennen oder beweiserhebliche Tatsachen vorzubringen. Den Antragsteller trifft allerdings eine Mitwirkungslast, insbesondere zur Angabe der Tatsachen aus seiner Sphäre, die für die Leistung erheblich sind (vgl. Rdn. 14 ff.). Für den Fall, dass sich ein Sachverhalt trotz aller nach Abs. 1 und 2 gebotenen Ermittlungsbemühungen nicht (hinreichend) aufklären lässt, ist auf die Grundsätze der **materiellen Beweislast** zurückzugreifen.[92] Hiernach gilt grundsätzlich: Ungewissheiten eines Sachverhalts gehen zu Lasten dessen, der aus ihm eine günstige Rechtsfolge herleiten will (Normbegünstigungsprinzip).[93] So liegt die materielle Beweislast bei einer Ungewissheit über anspruchs- 26

85 Kopp/Ramsauer, VwVfG, 16. Aufl., § 24 Rn. 57.

86 Vgl. für die Gerichte BVerfG, Beschl. v. 14.05.1985 – 1 BvR 370/84, BVerfGE 69, 381; die gleichen Überlegungen gelten auch für Behörden.

87 Vgl. nur Kopp/Ramsauer, VwVfG, 16. Aufl., § 24 Rn. 61.

88 BVerfG, Beschl. v. 22.04.1953 – 1 BvR 162/51 –, BVerfGE 2, 225, 230; BVerwG, Urt. v. 28.11.1975 – VII C 53.73 – NJW 1976, 637, 638.

89 LSG Nordrhein-Westfalen, Beschl. v. 18.09.2008 – L 9 B 39/08 AS.

90 Vgl. dazu nur Epping/Hillgruber/*Broker*, BeckOK GG, Art. 17 Rn. 23 ff. m.w.N., Stand 10/2011.

91 In Bezug auf das allgemeine Verwaltungsverfahrensgesetz vgl. Kopp/Ramsauer, VwVfG, 16. Aufl., § 24 Rn. 62 und grds. zur Einheit der Verwaltung *Bryde*, VVDStRL 46 (1988), 182 ff., hier insb. 198. A.A. etwa Hauck/Noftz/*Vogelsang*, SGB X, § 20 Rn. 21, Stand 12/2010, m.w.H., allerdings mit Einschränkungen unter Fürsorgegesichtspunkten.

92 Die Regeln über die materielle Beweislast dürfen erst angewendet werden, wenn alle verfügbaren Erkenntnisquellen ausgeschöpft sind (BSGE 27, 40, 42; 30, 121, 123; BSG SozR 3–2200 § 182 Nr. 12).

93 Allgemeine Ansicht; vgl. nur BSGE 19, 52; 24, 25, 27; 30, 121, 123; BSG SozR 1500 3 § 12 Nr. 18.

begründende Tatsachen beim Antragsteller einer Sozialleistung; dies gilt allerdings nicht für sog. negative Tatbestandsmerkmale (Nichtvorliegen von Ausschlussgründen).[94] Bei belastenden Maßnahmen (etwa Beitragszahlung, Leistungskürzung, Rückerstattung etc.) liegt die materielle Beweislast bei der Behörde; allerdings gilt auch hier für das Vorliegen belastungsausschließender Voraussetzungen aus dem Bereich des Betroffenen der Beibringungsgrundsatz.[95]

27 Bisweilen bestehen von diesen Grundsätzen abweichende gesetzliche Regelungen, wie etwa die Nachweispflicht für den Sozialhilfeanspruch im Ausland in § 24 Abs. 1 SGB XII. Auch aus dem materiellen Recht zu entnehmenden Risikozuweisungen kann eine Nachweisobliegenheit folgen; etwa zu Bemühungen der Wohnungssuche im Rahmen des § 22 SGB II. Eine non-liquet-Situation im Rahmen der materiellen Beweislast wirkt sich hier deshalb zu Lasten des Hilfebedürftigen aus. Denn ob und inwieweit sich Hilfesuchende um angemessenen Wohnraum bemüht haben, liegt allein in deren Sphäre und kann ohne Nachweise von deren Seite nicht aufgeklärt werden.[96] Eine **Beweislastumkehr** wird allgemein in Fällen angenommen, in denen Tatsachen nicht aufklärbar sind, zu denen eine besondere Beweisnähe besteht (persönliche Sphäre, Verantwortungsbereich).[97] Hierbei ist jedoch zu beachten, dass die Behörde nicht nur zunächst alle ihr vom Antragsteller zugänglich gemachten Angaben auswertet, sondern auch, dass sie im Rahmen ihrer nach § 14 SGB I im Verfahren geltenden Beratungspflicht den unkundigen Antragsteller in verständlicher Weise dazu auffordert, als fehlend erscheinende Angaben beizubringen.[98] Auch gesetzliche Vermutungsregelungen, wie etwa § 7 Abs. 3a Nr. 1 SGB II, führen zu einer Beweislastumkehr; sie kommen jedoch erst zum Zuge, wenn die Tatsachen der Vermutungstatbestände nachgewiesen sind, auf denen die Beweislastumkehr beruht.[99]

28 Das SGB X enthält keine besondere Regelung hinsichtlich der Beweiswürdigung durch die Behörde. Nach allgemeiner Ansicht entscheidet die Behörde über die Sachverhaltsfeststellung nach den auch für das gerichtliche Verfahren geltenden Grundsätzen **freier Beweiswürdigung**. Die Entscheidung hat danach auf einer gewonnenen Überzeugung zu erfolgen, die angenommen werden kann, wenn nach Beurteilung der Beweismittel und des Beteiligtenvortrags unter Abwägung aller Zweifelsgründe die maßgebenden Tatsachen mit an Gewissheit grenzender Wahrscheinlichkeit feststehen.[100] Eine absolute Gewissheit hinsichtlich der Richtigkeit der Entscheidungsgrundlagen ist nicht verlangt.[101] Andererseits kann ein geringerer Wahrscheinlichkeitsmaßstab anzulegen sein, wenn es um existenziell wichtige Sozialleistungen geht, insbesondere grundrechtliche Schutzpflichten aus Art. 1 Abs. 1 GG i.V.m dem Sozialstaatsprinzip (Grundsicherung Existenzminimum) oder aus Art. 2 Abs. 2 GG (Gesundheit) in Rede stehen; hier ist von einer materiellen Einstrahlung im Sinne des Grundrechtsschutzes durch Verfahren auszugehen, so dass eine überwiegende Wahrscheinlichkeit hinreichend sein kann. Auch nach besonderen Bestimmungen kann ein geringeres Beweismaß genügen (etwa Glaubhaftmachung i.S.d. § 23 Abs. 1). Anwendbar sind auch die Grundsätze des Anscheinsbeweises, die auf den Erfahrungen eines typischen Verlaufes eines Lebenssachverhalts beruhen. Der Anscheins-

94 Hauck/Noftz/*Vogelsang*, § 20 SGB X Rn. 16, Stand 12/2010.

95 So etwa für die Darlegung und den Nachweis, die Erstattung von Arbeitslosengeld durch den Arbeitgeber i.S.d. § 147a SGB III gefährde verbleibende Arbeitsplätze; vgl. BSG, Urt. v. 21.09.2000 – B 11 AL 7/00 R, BSGE 87, 132, 140; BSG, Beschl. v. 17.11.2009 – B 11 AL 87/09 B.

96 LSG Bayern, Urt. v. 25.01.2008 – L 7 AS 93/07, juris Rn. 41 unter Bezugnahme auf BVerwGE 101, 194.

97 Vgl. z.B. BSGE 71, 256 (nicht rechtzeitige Angabe krankheitsbedingter Unzumutbarkeit i.R.d. Sperrzeitrechts, die später nicht mehr feststellbar ist); BSGE 96, 238 (Erschwerung der Feststellung der Inhaberschaft an einem Sparbuch eines Arbeitslosen); BSGE 95, 176 (Nichtbefolgung einer hinreichend konkretisierten Aufforderung an den Arbeitslosen, Eigenbemühungen zumutbar nachzuweisen).

98 VGH Bayern, Beschl. v. 15.05.2007 – 12 C 05.1898, juris Rn. 3.

99 LSG Niedersachsen-Bremen, Beschl. v. 16.01.2007 – L 13 AS 15/06 ER, juris Rn. 17.

100 Vgl. nur v. Schütze/*Siefert*, SGB X, 8. Aufl., § 20 Rn. 29; Hauck/Noftz/*Vogelsang*, § 20 SGB X Rn. 18, Stand 12/2010.

101 BeckOK-SozR/*Weber*, § 20 SGB X Rn. 9.

beweis ist erschüttert, wenn (bewiesene oder unstreitige) Tatsachen einen anderen Geschehensverlauf möglich erscheinen lassen.

Grenzen freier Beweiswürdigung ergeben sich aus dem Willkürverbot, insbesondere dem Verbot vorweggenommener Beweiswürdigung, der Beachtung allgemeiner Denkgesetze und Erfahrungssätze sowie unumstrittener Geschichtsdaten. Die grundsätzlichen Aussagen des BVerwG[102] zur gerichtlichen Beweiswürdigung gelten auch hier: Das Gebot der freien Beweiswürdigung verlangt, dass der Überzeugungsbildung das Gesamtergebnis des Verfahrens zugrunde liegt. Es darf also nicht in der Weise verfahren werden, dass einzelne erhebliche Tatsachen oder Beweisergebnisse nicht zur Kenntnis genommen oder nicht in Erwägung gezogen werden. In solchen Fällen fehlt es an einer tragfähigen Grundlage für die innere Überzeugungsbildung und zugleich für die Überprüfung der Entscheidung daraufhin, ob die Grenze einer objektiv willkürfreien, die Natur- und Denkgesetze sowie allgemeine Erfahrungssätze beachtenden Würdigung überschritten ist. 29

D. Rechtsfolgen von Verstößen

Die Pflicht zur Amtsermittlung und die Pflicht zur Begründung von Verwaltungsakten (§ 35 Abs. 1 SGB X) sind »zwei Seiten ein und derselben Medaille.«, denn die Begründung hat die tatsächlichen und rechtlichen Gründe mitzuteilen, die die Behörde ermittelt hat und die sie zu ihrer Entscheidung bewogen haben.[103] Eine Begründung ohne ermessensfehlerhafte Sachverhaltsermittlung ist deshalb in der Regel bereits formell rechtswidrig.[104] 30

Eine Verletzung des Amtsermittlungsgrundsatzes, ein Verstoß gegen das Verwertungsverbot oder gegen die Grundsätze der freien Beweiswürdigung führen – falls die Schwere und Offensichtlichkeit nicht ausnahmsweise eine Nichtigkeit (§ 40) nach sich zieht[105] – zur Rechtswidrigkeit des Verwaltungsaktes; eine Heilung nach § 41 dürfte nur in den seltensten Fällen in Betracht kommen; schon die Zuordnung zu einer der Fallgruppen des § 41 Abs. 1 wird zumeist zweifelhaft sein. Dennoch führt eine Verletzung der Pflichten aus § 20 gem. § 42 Satz 1 nur dann zu einem Aufhebungsanspruch, wenn in der Sache eine andere Entscheidung hätte getroffen werden können (näher dazu bei § 42). Dies führt dazu, dass ein auf nicht ausreichender Sachverhaltsermittlung beruhender gebundener Bescheid nur dann aufzuheben ist, wenn er auch materiell-rechtlich falsch ist.[106] Das Gericht hat die erforderlichen Ermittlungen grundsätzlich selbst vorzunehmen (§ 103 SGG) und damit eine unzureichende Sachverhaltsaufklärung i.d.R. auch selbst zu ergänzen. § 131 Abs. 5 Satz 1 und 4 SGG eröffnet dem Gericht aber die Möglichkeit (dazu bereits Rdn. 12) binnen sechs Monaten nach Akteneingang Verwaltungsakt und Widerspruchsbescheid ohne Entscheidung in der Sache aufzuheben und die Sache an die Behörde zurückzuverweisen, »soweit nach Art oder Umfang die noch erforderlichen Ermittlungen erheblich sind und die Aufhebung auch unter Berücksichtigung der Belange der Beteiligten sachdienlich ist.« Handelt es sich um einen Ermessensbescheid, so wird hingegen eine Verletzung der Pflichten aus § 20 typischerweise zur Aufhebung nach §§ 44 ff. führen, weil bei geändertem, also zutreffend ermittelten oder gewürdigten Sachverhalt in der Regel eine andere Sachentscheidung möglich erscheint und es dem Gericht versagt ist, sein Ermessen an die Stellen des Ermessens der Behörde zu setzen. Insoweit kommt es zur Aufhebung und die Behörde hat die Sache ermittlungsfehlerfrei neu zu bescheiden.

Hinzuweisen ist auf mögliche **kostenrechtliche Folgen**. Kommt die Behörde ihrer Amtsermittlungspflicht nicht in hinreichendem Maße nach und werden im sozialgerichtlichen Verfahren Tatsachen ermittelt, die, wenn sie bereits von dem Leistungsträger ordnungsgemäß geprüft worden wären, zu 31

---

102 BVerwG, Urt. v. 05.07.1994 – 9 C 158/94, BVerwGE 96, 200, 213 f. m.w.N.
103 LSG Berlin-Brandenburg, Urt. v. 17.06.2020 – L 7 KA 20/16, juris Rn. 58.
104 LSG Berlin-Brandenburg, Urt. v. 17.06.2020 – L 7 KA 20/16, juris Rn. 58.
105 Vgl. dazu etwa LSG Bayern, Beschl. v. 31.07.2015 – L 7 R 506/15 B ER.
106 BSG, Urt. v. 03.12.1998 – B 7 AL 110/97 R, NZA-RR 1999, 330, 331; BSG, Urt. v. 27.04.2021 – B 12 R 18/19 R, juris Rn. 41.

einer anderen als der angefochtenen Entscheidung geführt hätten, sind dem Leistungsträger grundsätzlich aufgrund des Veranlassungsprinzips die Kosten der Beteiligten unabhängig von dem Umfang des Obsiegens des Leistungsberechtigten aufzuerlegen[107]; auch die Kosten nach § 192 Abs. 4 SGG können ihm auferlegt werden.[108] Gleiches gilt im umgekehrten Fall, wenn der Leistungsberechtigte seinen Mitwirkungspflichten im Verwaltungsverfahren nicht in hinreichendem Maße nachgekommen ist.[109]

32 Schließlich kann es unter Umständen zu **Amtshaftungsansprüchen** führen, wenn schuldhaft gegen Grundsätze der Amtsermittlung verstoßen und dadurch ein Schaden verursacht wird. Die Pflicht, den Sachverhalt im Rahmen des Zumutbaren so umfassend zu erforschen, dass die Beurteilungs- und Entscheidungsgrundlage nicht in wesentlichen Punkten zum Nachteil des Betroffenen unvollständig bleibt, ist eine drittbezogene Amtspflicht i.S.d. des § 839 BGB i.V.m. Art. 34 GG.[110]

§ 21 Beweismittel

(1) [1]Die Behörde bedient sich der Beweismittel, die sie nach pflichtgemäßem Ermessen zur Ermittlung des Sachverhalts für erforderlich hält. [2]Sie kann insbesondere

1. Auskünfte jeder Art, auch elektronisch und als elektronisches Dokument, einholen,
2. Beteiligte anhören, Zeugen und Sachverständige vernehmen oder die schriftliche oder elektronische Äußerung von Beteiligten, Sachverständigen und Zeugen einholen,
3. Urkunden und Akten beiziehen,
4. den Augenschein einnehmen.

[3]Urkunden und Akten können auch in elektronischer Form beigezogen werden, es sei denn, durch Rechtsvorschrift ist etwas anderes bestimmt.

(2) [1]Die Beteiligten sollen bei der Ermittlung des Sachverhalts mitwirken. [2]Sie sollen insbesondere ihnen bekannte Tatsachen und Beweismittel angeben. [3]Eine weitergehende Pflicht, bei der Ermittlung des Sachverhalts mitzuwirken, insbesondere eine Pflicht zum persönlichen Erscheinen oder zur Aussage, besteht nur, soweit sie durch Rechtsvorschrift besonders vorgesehen ist.

(3) [1]Für Zeugen und Sachverständige besteht eine Pflicht zur Aussage oder zur Erstattung von Gutachten, wenn sie durch Rechtsvorschrift vorgesehen ist. [2]Eine solche Pflicht besteht auch dann, wenn die Aussage oder die Erstattung von Gutachten im Rahmen von § 407 der Zivilprozessordnung zur Entscheidung über die Entstehung, Erbringung, Fortsetzung, das Ruhen, die Entziehung oder den Wegfall einer Sozialleistung sowie deren Höhe unabweisbar ist. [3]Die Vorschriften der Zivilprozessordnung über das Recht, ein Zeugnis oder ein Gutachten zu verweigern, über die Ablehnung von Sachverständigen sowie über die Vernehmung von Angehörigen des öffentlichen Dienstes als Zeugen oder Sachverständige gelten entsprechend. [4]Falls die Behörde Zeugen, Sachverständige und Dritte herangezogen hat, erhalten sie auf Antrag in entsprechender Anwendung des Justizvergütungs- und -entschädigungsgesetzes eine Entschädigung oder Vergütung; mit Sachverständigen kann die Behörde eine Vergütung vereinbaren.

(4) Die Finanzbehörden haben, soweit es im Verfahren nach diesem Gesetzbuch erforderlich ist, Auskunft über die ihnen bekannten Einkommens- oder Vermögensverhältnisse des Antragstellers, Leistungsempfängers, Erstattungspflichtigen, Unterhaltsverpflichteten, Unterhaltsberechtigten oder der zum Haushalt rechnenden Familienmitglieder zu erteilen.

107 LSG Nordrhein-Westfalen, Beschl. v. 29.09.1986 –, BB 1987, 64; SG Berlin, Breithaupt 2002, 635; LSG Niedersachsen-Bremen, Urt. v. 11.03.2015 – L 13 AS 342/12.

108 BeckOGK/*Mutscher*, § 20 SGB X Rn. 13 m.w.N.

109 LSG Nordrhein-Westfalen, ZfS 2006, 118 f.

110 Vgl. BGH, Urt. v. 19.05.1988 – III ZR 32/87, NJW 1989, 99 f. m.w.N.

A. Inhalt

§ 21 enthält ergänzend zu § 20 die für die Behörde im Sozialverwaltungsverfahren maßgeblichen Regelungen der Beweisaufnahme. Die Vorschrift hat seit ihrem Inkrafttreten nur kleinere Änderungen erfahren.[1] Abs. 1 und 2 sowie Abs. 3 Satz 1 und 4 entsprechen wörtlich § 26 Abs. 1 und 2 sowie Abs. 3 Satz 1 und 2 VwVfG, Abs. 3 Satz 2 und 3 finden eine Parallele in § 65 Abs. 1 VwVfG. Die ausdifferenzierten steuerverfahrensrechtlichen Beweisregeln in den § 92 ff. AO weisen demgegenüber Besonderheiten auf. Bei der nicht abschließenden (»insbesondere«) Aufzählung der Beweismittel lehnt sich Abs. 1 Satz 2 an die auch in § 106 Abs. 3 SGG genannten klassischen Beweismittel an. Zuvor statuiert Abs. 1 Satz 1 den Grundsatz des Freibeweises und räumt der Behörde die Befugnis ein, sich nach pflichtgemäßem Ermessen aller Beweismittel zu bedienen, die sie zur Ermittlung für erforderlich hält. Abs. 2, dessen Regelung systematisch stimmiger § 20 zuzuordnen wäre,[2] legt den Beteiligten Mitwirkungsobliegenheiten auf. Abs. 3 enthält nähere Bestimmungen dazu, unter welchen Voraussetzungen Zeugen und Sachverständige zur Mitwirkung verpflichtet sind, diese verweigern können und zu entschädigen sind. Abs. 4 regelt zusammenfassend die Auskunftspflicht der Finanzbehörden, die zuvor bereits in verschiedenen Einzelgesetzen niedergelegt war. 1

Mit Abs. 1 Satz 1 knüpft § 21 unmittelbar an den Untersuchungsgrundsatz im vorangehenden § 20 an und macht damit deutlich, dass es um die Sachverhaltsermittlung in diesem Rahmen geht.[3] Die Norm zeigt sich als Konkretisierung der bereits in § 20 Abs. 1 Satz 2 grundgelegten Befugnis und Verpflichtung der Behörde, Art und Umfang der Ermittlungen zu bestimmen. Sie hat nach Amtsermittlungsgrundsätzen die entscheidungserheblichen, aufklärungsbedürftigen Tatsachen festzustellen und diesen sodann unter Einsatz der Beweismittel nachzugehen. Systematisch ist Abs. 2 die notwendige Ergänzung der in § 20 statuierten Verfahrensherrschaft der Behörde und hebt die Stellung der Beteiligten im Verfahren hervor, indem auch ihnen eine Mitverantwortung für die Aufklärung des Sachverhaltes zugeordnet wird. Insofern bilden die **§§ 20 und 21** insgesamt eine **sachliche Einheit.** Zu Normzweck, Anwendungsbereich und verfassungsrechtlicher Einbindung kann daher auf die Ausführungen zu § 20 verwiesen werden (vgl. § 20 Rdn. 1–3). 2

1 Abs. 1 Satz 2 Nr. 2 ist m.W.v. 01.02.2003 durch Art. 3 Nr. 5 des G. v. 21.08.2002 (BGBl. I, S. 3322) um die Möglichkeit erweitert worden, auch »elektronische« Äußerungen einzuholen. Abs. 3 Satz 4 wurde durch Art. 4 Abs. 72 Nr. 2 des G. v. 05.05.2004 (BGBl. I, S. 718) m.W.v. 01.07.2004 derart ergänzt, dass auch im Verfahren herangezogene »Dritte« eine Vergütung bzw. Entschädigung erhalten. Außerdem wurde die Vorschrift redaktionell an die aktuelle Gesetzeslage angepasst (»Justizvergütungs- und -entschädigungsgesetz« statt des früher geltenden ZuSEG). Durch Art. 6 d. Gesetzes zur Förderung der elektronischen Verwaltung (EVerwFG) v. 25.07.2013 (BGBl. I, S. 2749) wurde m.W.v. 01.08.2013 in Abs. 1 Satz 2 Nr. 1 eingefügt, dass Auskünfte auch elektronisch und als elektronisches Dokument eingeholt werden können und es wurde Abs. 1 Satz 3 eingefügt.

2 So auch Schütze/*Siefert*, SGB X, § 21 Rn. 3; BeckOGK/*Mutschler* § 21 SGB X Rn. 2, Stand 11/2022.

3 So auch Kopp/Ramsauer/*Ramsauer*, VwVfG, 16. Aufl., § 26 Rn. 1a, zu den entsprechenden Vorschriften der §§ 24 und 26 VwVfG.

B. Einzelerläuterungen

I. Beweiserhebung

3 Ein besonderes **Beweisverfahren** ist für das gem. § 9 als solches nichtförmliche Sozialverwaltungsverfahren nicht vorgesehen. Form und Verfahren der Beweisaufnahme werden als Teil der Sachverhaltsermittlung vom Einzelfall und nach Gesichtspunkten der **Zweckmäßigkeit** und der **Verhältnismäßigkeit** bestimmt. Daher ergibt sich eine im Vergleich zu den prozessrechtlichen Regeln über die Beweisaufnahme (vgl. §§ 116 ff. SGG sowie die Vorschriften der ZPO, auf die in § 118 Abs. 1 SGG verwiesen wird) abweichende Rechtslage. Insbesondere gilt der Grundsatz der Unmittelbarkeit der Beweisaufnahme nicht, die Beteiligten haben keinen positivierten Anspruch darauf, dass sie über eine Beweisaufnahme benachrichtigt werden, an ihr teilnehmen oder eigene Fragen stellen können; eine Versicherung an Eides statt darf nur in vom Gesetz zugelassenen Fällen verlangt werden (§ 23); der Beteiligte darf sie als Beweismittel aber einbringen. Da der Anspruch auf rechtliches Gehör gem. Art. 103 Abs. 1 GG unmittelbar nur für das gerichtliche Verfahren gilt[4], fehlen auch etwaige, dem Prozessrecht (vgl. etwa §§ 127, 107, 104, 108 SGG) entsprechende Bestimmungen zur Information der Beteiligten über behördliche Verfahrenshandlungen.[5]

4 Allerdings ist insbesondere durch die Gewährung des Anhörungsrechts (§ 24) und der Akteneinsicht (§ 25) den rechtsstaatlichen Anforderungen an ein faires Verfahren und an den Grundrechtsschutz durch Verfahren Rechnung zu tragen, denen die Pflicht zur vollständigen Aufklärung des Sachverhaltes nach § 20 insgesamt verpflichtet ist (vgl. § 20 Rdn. 3). Die genannten **verfassungsrechtlichen Anforderungen** erlangen durchaus Einfluss auf die Gestaltung der behördlichen Beweisaufnahme. Sie können ermessenseinschränkend wirken und dazu anhalten, Beteiligten die Anwesenheit bei der Beweisaufnahme zu gestatten, wenn es etwa auf unmittelbare Sinneseindrücke ankommt (Augenscheinbeweis) und Gründe verfahrensrechtlicher Chancengleichheit die Möglichkeit eigener Wahrnehmung verlangen oder wenn es ansonsten zur effektiven Vertretung eigener Grundrechtsinteressen notwendig erscheint.[6] Auch wird im Blick auf eine gesetzesentsprechende Anhörung und Akteneinsicht regelmäßig zu verlangen sein, die Beweisaufnahme hinreichend zu protokollieren. Dies entspricht zudem den Erfordernissen der (vorwirkenden) Rechtsschutzgarantie aus Art. 19 Abs. 4 GG, weil ansonsten entscheidungserhebliche Vorgänge in einem gerichtlichen Verfahren u.U. nicht mehr aufgeklärt werden können.[7] Zu beachten ist außerdem, dass der verfassungsrechtliche Persönlichkeitsschutz (auch) mit Relevanz für die Beweiserhebung z.T. besonders gesetzlich geregelt ist. So bedarf es etwa nach § 200 Abs. 2 SGB VII vor Einholung eines ärztlichen Gutachtens der Mitwirkung des Betroffenen oder dieser hat ein Widerspruchsrecht bezüglich der Übermittlung schutzwürdiger Sozialdaten, über das er zu belehren ist (§ 76 Abs. 2 Nr. 1); ein Verstoß gegen diese Bestimmungen führt zu einem Beweisverwertungsverbot.[8]

5 Im Rahmen der Grenzen der Ermittlung (siehe bereits § 20 Rdn. 16 ff.) geht es um eine, die Besonderheiten des Einzelfalls hinreichend berücksichtigende, **pflichtgemäße Ermessensentscheidung** der verfahrensleitenden Behörde zur Auswahl und zum Einsatz des für erforderlich gehaltenen Beweismittels. Zur Auswahl stehen die in Abs. 1 Satz 2 Nr. 1–4 angeführten klassischen Beweismittel, die in Anlehnung an das Prozessrecht als Regeltypen genannt werden. Da die **Aufzählung nicht abschließend** ist, kann sich die Behörde aber auch aller weiteren, rechtlich zulässigen Erkenntnismöglichkeiten bedienen. Als Beweismittel kann insofern jedes Erkenntnismittel angesehen wer-

---

4 BSG Urt. v. 30.09.2020 – B 6 KA 7/20 B, Rn. 10.

5 Vgl. zu den Unterschieden zum gerichtlichen Beweisverfahren etwa Schütze/*Siefert*, SGB X, § 21 Rn. 4; Stelkens/Bonk/Sachs/*Kallerhoff*, VwVfG, 8. Aufl., § 26 Rn. 3 ff., 11 ff.

6 Zur Diskussion um die Pflicht zu Zuziehung von Beteiligten zur Beweisaufnahme vgl. etwa Kopp/Ramsauer, VwVfG, 16. Aufl., § 26 Rn. 8 f. m.w.H.

7 Vgl. BVerfGE 61, 82, juris, Rn. 78.

8 BSGE 100, 25; BSG, Urt. v. 05.02.2008 – B 2 U 10/07 R.

den, das die Überzeugung von der Existenz oder Nichtexistenz von Tatsachen begründen kann.[9] Dies können Informationen aus Fachliteratur, Presse oder Internet sein, es kann auf Aktenmaterial früherer Verfahren zurückgegriffen werden etc.[10] Auch Indizienbeweise sind zulässig, also die Ermittlung von Hilfstatsachen, die auf das Vorhandensein von Haupttatsachen aufgrund allgemeiner Erfahrungssätze schließen lassen.[11] Bestimmte Einschränkungen bei der Wahl der Beweismittel ergeben sich allerdings durch besondere gesetzliche Bestimmungen. So gelten etwa nach § 23 für den Einsatz der Versicherung an Eides statt besondere Voraussetzungen, so gibt § 65 Abs. 3 SGB I dem Leistungsberechtigten und ihm nahestehenden Personen ein Aussageverweigerungsrecht, so legt § 35 Abs. 1 SGB I den Behörden Beschränkungen im Hinblick auf die Wahrung des Sozialgeheimnisses auf, so dass Ermittlungen und Übermittlungen von Sozialdaten nur in den nach §§ 67 ff. gesetzten Schranken zulässig sind.

Die Entscheidungen der Behörde darüber, welche Beweise erhoben werden sollen, bedürfen **keines** 6
besonderen **Beweisbeschlusses**. Ihrer Rechtsnatur nach handelt es sich dabei i.d.R. um vorbereitende Verfahrenshandlungen, die keinen Verwaltungsaktcharakter besitzen. Eine Regelungswirkung und damit Verwaltungsaktqualität erhalten sie aber dann, wenn sie eine über die Bedeutung für die Sachverhaltsaufklärung hinausreichende eigenständige rechtsgestaltende Bedeutung erlangen, insbesondere wenn sie vollstreckbar in Rechte der Beteiligten oder Dritter eingreifen. Dazu ist nach dem Grundsatz des Gesetzesvorbehalts (§ 31 SGB I) eine besondere gesetzliche Befugnis notwendig, weil sich aus § 21 keine Eingriffsermächtigung ergibt;[12] dies wird auch in Abs. 2 Satz 2 und Abs. 3 Satz 1 und 2 deutlich.

Die Ermessensentscheidung über den Einsatz und die Wahl der Beweismittel ist am **Zweck des** 7
Untersuchungsgrundsatzes des § 20 auszurichten und darf die gesetzlichen Grenzen nicht überschreiten.[13] Wenn Abs. 1 der Behörde das Ermessen einräumt, sich aller Beweismittel zu bedienen, die sie zur Ermittlung des Sachverhalts für erforderlich hält, dann hat sie orientiert an den zur Sachentscheidung bestehenden Zweifeln (Beweiserheblichkeit), alle ihr verfügbaren, rechtmäßigen und geeignet erscheinenden Mittel unter Beachtung des Grundsatzes der Verhältnismäßigkeit einzusetzen, um diese Zweifel zu beseitigen. Einen Beurteilungsspielraum zur Frage, welche Ermittlungen sich als notwendig aufdrängen und worauf diese zu erstrecken sind, besitzt die Behörde nicht.[14] Der Umfang ihrer Ermittlungen ist durch Abs. 1 Satz 1 i.V.m. § 20 Abs. 1 und 2 vorgegeben (§ 20 Rdn. 8 ff.). Das nach pflichtgemäßem Ermessen erforderliche Maß ist erst ausgeschöpft, wenn sich weitere Ermittlungen nicht mehr als erforderlich, also bei vernünftiger Überlegung nicht mehr als bedeutsam für die Entscheidung aufdrängen.[15] Ohne konkreten Anhaltspunkt für die Notwendigkeit weiterer Ermittlungen besteht keine Verpflichtung zur Amtsermittlung, da diese »ins Blaue hinein« erfolgte.[16] Erhebt die Behörde hingegen einen Beweis nicht, der sich ihr bei vernünftiger Überlegung als für die Entscheidung bedeutsam hätte aufdrängen müssen, überschreitet sie ihr Ermessen bei der Wahl der Beweismittel pflichtwidrig. Insoweit notwendige Ermittlungen sind für sie erkennbar, wenn sich diese ausgehend von den gesetzlichen Bestimmungen und deren höchstrichterlichen Auslegung z.B. aufgrund des Vortrags des Beteiligten oder dem Akteninhalt aufdrängten.[17]

---

9 BVerwG NJW 1990, 199, 200.

10 Vgl. Kopp/Ramsauer/*Ramsauer*, VwVfG, 16. Aufl., § 26 Rn. 11 mit weiteren Beispielen.

11 Vgl. nur jurisPK-SGB X/*Luthe*, § 21 Rn. 15 m.w.N.

12 LSG Sachsen-Anhalt, Beschl. v. 14.12.2009 – L 5 AS 396/09 B ER.

13 § 39 Abs. 1 SGB I, dessen allgemeine Grundsätze (vgl. § 40 VwVfG) auch über den Bereich der Leistungsansprüche hinaus gelten; *Mrozynski*, SGB I, § 39 Rn. 1; Ruland/Becker/Axer/*Waltermann*, Sozialrechtshandbuch (SRH), 7. Aufl. 2022, § 7 Rn. 8–15.

14 BSG, Urt. v. 29.06.2022 – B 6 KA 3/21 R, juris Rn. 23; LSG Berlin-Brandenburg, Urt. v. 18.05.2022 – L 7 KA 12/20 juris Rn. 62.

15 BSGE 104, 116 (zitiert nach juris, Rn. 16); BVerwGE 26, 30.

16 Vgl. BSG, Urt. v. 29.06.2022 – B 6 KA 3/21 R, juris Rn. 23.

17 Hessisches LSG, Beschl. v. 14.10.2022 – L 3 U 143/22 B, juris Rn. 19 f.

8 Die Ermittlungsbemühungen dürfen nicht vorzeitig beendet werden. **Ermessensfehlerhaft** ist deshalb etwa der Verzicht auf ein Beweismittel mit der Begründung mangelnder finanzieller oder personeller Ressourcen,[18] ebenso der Einsatz eines Beweismittels, das nicht geeignet ist, aussagekräftige Ergebnisse zu liefern oder auch die unzutreffende Annahme hinreichender eigener Sachkunde statt einen Sachverständigen beizuziehen. Wenn die Beurteilung eines Sachverhaltes Sachkunde erfordert, die kein Angehöriger der Behörde besitzt, ist ein Sachverständiger hinzuzuziehen.[19] Pflichtwidrig ist auch die vorschnelle Einstellung der Ermittlungen, wenn ein Beteiligter die Nutzung einer von mehreren Beweismöglichkeiten verwehrt. Hat etwa ein Antragsteller im Rahmen des Verfahrens auf Gleichstellung nach § 2 Abs. 3 SGB IX die Befragung des Arbeitgebers ausgeschlossen, darf die Behörde den Antrag nicht ohne weitere Ermittlungen wegen einer fehlenden Mitwirkung ablehnen, wenn auch die Befragung des Betriebsrates und der Schwerbehindertenvertretung zur Sachaufklärung geeignet erscheint.[20] Obwohl keine Bindung an Beweisanträge der Beteiligten besteht (§ 20 Abs. 1 Halbs. 2), ist es ermessensfehlerhaft, wenn die Behörde diesen ohne hinreichende Würdigung nicht nachgeht (vgl. § 20 Rdn. 14).

II. Erforderlichkeit der Beweiserhebung

9 Voraussetzung für den Einsatz von Beweismitteln ist nach Abs. 1 Satz 1 deren Erforderlichkeit zur Sachverhaltsaufklärung aus Sicht der Behörde. In entsprechender Anwendung des § 244 Abs. 3 StPO (§ 20 Rdn. 11) liegt eine solche Erforderlichkeit bei offenkundigen Tatsachen und bei für die Entscheidung unbedeutenden Tatsachen, die als wahr unterstellt werden können, prinzipiell nicht vor. Offenkundig sind einmal solche Tatsachen, die allgemeinkundig sind, also in der Öffentlichkeit als feststehend angesehen werden und über die sich jeder ohne besondere Fachkunde aus allgemein zugänglichen Quellen unterrichten kann.[21] Zum anderen fallen, § 291 ZPO entsprechend, auch amtskundige Tatsachen hierunter, solche also, die die Behörde selbst amtlich wahrgenommen hat.[22] Allerdings können offenkundige Tatsachen hinsichtlich ihres Bestehens im (atypischen) Einzelfall widerlegt werden. Will die Behörde solche von ihr als offenkundig bewertete Tatsachen der Entscheidung zugrunde legen, muss sie die Beteiligten darüber informieren und die Quelle oder den angenommenen Erfahrungssatz mitteilen.[23] Die Durchführung eines **Hausbesuches** (vgl. hierzu auch Rdn. 17) zwecks Augenscheinnahme bedarf der vorherigen behördlichen Beurteilung in Abhängigkeit von den Umständen des Einzelfalls, ob der Hausbesuch ein taugliches Mittel zur Feststellung des begehrten Anspruchs ist. Der Hausbesuch muss bereits aufgrund der grundrechtlichen Relevanz (Art. 13 GG, Verhältnismäßigkeitsprinzip) ultimo ratio zur Aufklärung des entscheidungserheblichen Sachverhaltes sein. Es genügt nicht, wenn die Behörde mitteilt, sie wolle durch den Hausbesuch sicherstellen, dass mit Steuergeldern sparsam umzugehen sei und man Betrugsfälle verhindern würden.[24] Zudem ist zu verlangen, dass die Behörde berechtigte Zweifel an den Angaben des Beteiligten im Einzelfall dem Betroffenen darlegt.[25] Anlasslose, regelhafte oder auch nur stichprobenartig vorgenommene Hausbesuche sind ebenfalls unzulässig.

Allgemein gilt, dass hinsichtlich der Auswahl der Beweismittel eine Orientierung an Effizienz und Effektivität i.S.d § 9 Satz 2 SGB X zu erfolgen hat und darauf zu achten ist, ob für betroffene Beteiligte schonenderer Alternativen zur Verfügung stehen.

---

18 Dazu bereits § 20 Rdn. 10 m.w.N.

19 Vgl. LSG Baden-Württemberg, Beschl. v. 03.12.2020- L 3 SB 2455/20 B, juris Rn. 35.

20 LSG Rheinland-Pfalz, Urt. v. 24.09.2009 – L 1 AL 59/08 (juris Rn. 25).

21 BVerfG, NVwZ 1992, 561.

22 Diering/Timme/Stähler/*Lang*, SGB X, 6. Aufl. 2022, § 21 Rn. 7 in einer Parallelsicht zur Gerichtskundigkeit (dazu BVerfG, NJW-RR 1996, 183).

23 Zutreffend – im Ergebnis, nicht aber in den angegebenen Quellen – Kopp/Ramsauer/*Ramsauer*, VwVfG, 16. Aufl., § 26 Rn. 13a.

24 So zu Recht LSG Hessen Beschl. v. 30.01.2006 – L 7 AS 1–06, 13/06, BeckRS 2006, 40652, beck-online.

25 BVerwG, Beschl. v. 30.07.1991 – 5 ER 657/91.

III. Rechtsfolgen

Zu den verfahrensrechtlichen und prozessualen Folgen einer ermessensfehlerhaften Auswahl oder 10
des rechtwidrigen Einsatzes eines Beweismittels kann auf die Ausführungen unter § 20 Rdn. 30 verwiesen werden. U.U. kommt daneben auch bei einem verschuldeten Rechtsverstoß, der einen Schaden verursacht, ein **Amtshaftungsanspruch** (§ 839 BGB i.V.m. Art. 34 GG) in Betracht. So ist etwa die Pflicht, sich zur Sachverhaltsermittlung sachverständiger Hilfe zu bedienen, falls keine hinreichende behördliche Sachkunde vorliegt und soweit subjektive Rechte in Rede stehen, als drittbezogene Amtspflicht anzusehen.[26]

IV. Die benannten Beweismittel

1. Auskünfte

Nach Abs. 1 Satz 2 Nr. 1 kann die Behörde Auskünfte jeder Art einholen. Allgemeiner und zutreffender 11
Ansicht nach kann dies sowohl bei Privatpersonen, privaten Unternehmen oder Organisationen als auch anderen Behörden geschehen. Auskunftsbegehren und -erteilung sind an **keine bestimmte Form** gebunden, können also schriftlich, mündlich, telefonisch oder, wie seit 01.08.2016 ergänzend klargestellt wurde, auch elektronisch erfolgen. Im hier gegebenen Zusammenhang meint Auskunft die Mitteilung beweiserheblicher Tatsachen von nicht am Verfahren beteiligten Personen oder Stellen an die verfahrensführende Behörde. Für die Mitwirkung der Beteiligten enthalten Abs. 1 Satz 2 Nr. 2 und Abs. 2 die spezielleren Regelungen; schriftliche oder mündliche Auskünfte von Zeugen und Sachverständigen sind Abs. 1 Satz 2 Nr. 2 zuzuordnen. Eine Auskunft unterscheidet sich von der Zeugenaussage dadurch, dass sie erst Kenntnis über bestimmte Tatsachen verschaffen soll; Zeugenaussagen haben demgegenüber die Funktion, vermutete Tatsachen zu bestätigen.[27]

Allein für sich genommen ergibt sich aus Nr. 1 keine **Verpflichtung** der mit einem Auskunftsbegehren 12
angegangenen Personen oder Stellen. § 21 ist, wie auch § 20, insoweit keine Befugnisnorm, sondern reine Aufgabenregelung[28], weshalb es hier auch keiner Bestimmung zum Recht der Auskunftsverweigerung bedarf. Nur für Behörden ergibt sich aus den Bestimmungen zur Amtshilfe (§§ 3, 4; Art. 35 Abs. 1 GG) regelmäßig eine Auskunftspflicht; Finanzbehörden haben nach Abs. 4 Auskunft zu erteilen. Privaten obliegt eine solche Pflicht nur, wenn sie durch eine spezielle Vorschrift angeordnet ist (vgl. z.B. die Auskunftspflichten von Arbeitgebern, Angehörigen und Ärzten in §§ 98 ff.; Auskunftspflicht der Arbeitgeber nach §§ 57, 58 SGB II; Auskunftspflichten Dritter nach § 117 SGB XII; Auskunftspflichten von Unternehmern nach § 192 SGB VII). Für gegenüber SGB II-Antragstellern Unterhaltspflichtigen kann sich aus § 60 Abs. 2 SGB II eine Auskunftspflicht ergeben. Ein entsprechendes Auskunftsverlangen kann jedoch erst in Verbindung mit § 21 Abs. 1 S. 1 und S. 2 Nr. 1 geltend gemacht werden. Denn die Berechtigung zur Einholung von Auskünften setzt eine pflichtgemäße Ermessensentscheidung der Behörde voraus, dass das Beweismittel der Auskunft zur Ermittlung des Sachverhalts erforderlich ist; erst dann eröffnet § 60 Abs. 2 SGB II einen Eingriff in deren Recht auf informationelle Selbstbestimmung.[29] Diese Grundsätze gelten grundsätzlich für die sonstigen speziellen Auskunftspflichten ebenso.

2. Anhören von Beteiligten, Vernehmung von Zeugen und Sachverständigen

Nach Abs. 1 Satz 2 Nr. 2 kann die Behörde Beteiligte anhören, Zeugen und Sachverständige ver- 13
nehmen oder schriftliche oder elektronische Äußerungen von ihnen einholen. Beteiligte (vgl. § 12 und die Ausführungen dort) dürfen in dem sie betreffenden Verfahren nicht als Zeugen behandelt

26 BGH, NVwZ 1988, 283 (juris Rn. 11).

27 Kopp/Ramsauer/*Ramsauer*, VwVfG, 16. Aufl., § 26 Rn. 16.

28 Deutlich Kopp/Ramsauer/*Ramsauer*, VwVfG, 16. Aufl., § 24 Rn. 4; zweifelnd und nach »leichten« und »schweren« Eingriffen differenzierend Bayer. LSG v. 25.01.2008 – L 7 AS 72/07.

29 BSG, Urt. v. 23.06.2016 – B 14 AS 4/15 R = SozR 4–4200 § 60 Nr. 4 Rn. 13 = NJW 2017, 590 ff.; LSG Sachsen, Urt. v. 12.07.2018 – L 3 AS 1166/15 – juris Rn 34.

werden oder als Sachverständige auftreten; ihre Kenntnisse sind durch Anhörung zu erheben. »**Anhören**« im Rahmen des § 21 ist als Mitwirkung zur Sachverhaltsaufklärung zu begreifen und als Beweismittel von der **Anhörung** i.S.d. § 24 rechtlich zu unterscheiden, die speziell der Wahrnehmung eigener Interessen des Beteiligten gegenüber belastenden Verwaltungsakten dient. Beides kann sich jedoch überschneiden und organisatorisch zusammengefasst erfolgen. **Zeuge** ist eine nicht am Verwaltungsverfahren beteiligte natürliche Person, die ihre eigene Wahrnehmung zu Tatsachen bekunden soll. Wie Nr. 2 im Unterschied zum Prozessrecht deutlich macht, muss die Vernehmung nicht mündlich erfolgen. Der **Sachverständige** vermittelt der Behörde Fachwissen zur Feststellung oder Bewertung von Tatsachen und ist im Gegensatz zum Zeugen durch eine andere Person mit entsprechendem Fachwissen ersetzbar.[30] Orientiert an § 36 GewO[31] geht es bei ihm um eine Person, die eine Prüfung, Beurteilung und Bewertung von Gegenständen, Vorgängen oder Verhaltensweisen vornimmt, die ihm im Einzelfall wegen des besonderen Schwierigkeitsgrades, mit Rücksicht auf seine Fachkenntnisse und im Vertrauen auf seine Unabhängigkeit von der Behörde übertragen wird. Die Grenzziehung zwischen einem Zeugen und einem Sachverständigen kann u.U. (vgl. § 414 ZPO zum sachverständigen Zeugen) schwierig sein.[32] Gutachten von Sachverständigen im Rahmen des Verwaltungsverfahrens können in einem späteren sozialgerichtlichen Verfahren als Urkunden verwertet werden[33] und haben dort grundsätzlich keinen geringeren Beweiswert als gerichtlich eingeholte Gutachten[34], wenn sie weitgehend den Vorgaben der ZPO an Sachverständigengutachten (Abs. 3 Satz 3) entsprechen. Auch die Heranziehung von antizipierten Sachverständigengutachten (z.B. MdE- oder GdS-Sätze) ist zulässig.[35]

14 Das Anhören der Beteiligten kann mündlich, telefonisch, schriftlich oder auch elektronisch erfolgen, wobei das Gesetz die letzteren beiden Formen als Einholen einer **Äußerung** bezeichnet. Das Einholen einer Äußerung wird dann ausreichen, wenn es auf den persönlichen Eindruck über den Beteiligten nicht entscheidend ankommt. Eine Pflicht zur Aussage oder zum persönlichen Erscheinen besteht gem. Abs. 2 Satz 2 nur, wenn dies durch eine besondere Vorschrift bestimmt wird. Auch Zeugen und Sachverständige können mündlich vernommen oder schriftlich oder elektronisch um eine Äußerung ersucht werden. Wie eine Zeugenaussage von der Behörde hinsichtlich ihrer Glaubwürdigkeit zu beurteilen ist, entbindet auch die Vermittlung der Sachkunde durch einen Sachverständigen die Behörde nicht davon, eine eigene Bewertung vorzunehmen. Diese betrifft zum einen die Schlüssigkeit und Richtigkeit der Feststellungen des Sachverständigen und zum anderen das Ziehen juristischer Schlussfolgerungen aus festgestellten Tatsachen.[36] Soweit ihr Zweifel an der Überzeugungskraft der gutachtlichen Stellungnahme kommen, hat sie gegebenenfalls ein weiteres Gutachten einzuholen; bei aufdrängenden Zweifeln hat dies stets zu erfolgen.[37] Die Frage, ob und in welchem Umfang Zeugen und Sachverständige zur Mitwirkung verpflichtet sind, regelt Abs. 3 Satz 1 und 2.

3. Beiziehung von Urkunden und Akten

15 Nach Abs. 1 Satz 2 Nr. 3 kann die Behörde Urkunden und Akten beiziehen. **Urkunden** sind verschriftlichte Äußerungen von Personen, die einen bestimmten Gedankeninhalt verkörpern und geeignet sind, im Rechtsverkehr Beweis zu erbringen[38]; sie können amtlicher oder privater Natur sein. **Akten** sind Urkunden, die unter bestimmten Ordnungsgesichtspunkten zusammengestellt

30 Hauck/Noftz/*Vogelsang*, § 21 SGB X Rn. 11, Stand 12/2010.
31 Vgl. dazu Diering/Timme/Stähler/*Lang*, SGB X, 66. Aufl. 2022, § 21 Rn. 17.
32 Vgl. zur Abgrenzung etwa BVerwG NJW 1986, 2268; s.a. bei Rdn. 24.
33 BSG SozR 4–1500 § 118 Nr. 3.
34 BSG SozR 4–1500 § 118 Nr. 3 Rn. 6.
35 BeckOGK/*Mutschler* § 21 SGB X Rn. 16 m.w.N, Stand 11/2022.
36 Hierzu auch jurisPK-SGB X/*Luthe*, § 21 Rn. 22.
37 SG Karlsruhe, Urt. v. 29.07.2019 – S 12 SB 877/19, juris Rn 132 ff.
38 BSGE 88, 89 m.w.N.

sind.[39] Akten und Urkunden werden mittlerweile häufig in elektronischer Form geführt und ausgestellt. Nach Abs. 1 Satz 3 können sie deshalb sinnvollerweise auch in elektronischer Form beigezogen werden, soweit nicht etwas anderes angeordnet ist. Der sozialverfahrensrechtliche Urkundenbegriff ist im Vergleich zu demjenigen des Strafrechts teils weiter, teils enger; so kommt es einerseits nicht darauf an, ob das Schriftstück einen Aussteller erkennen lässt oder sonst im Rechtsverkehr von Bedeutung ist, andererseits fallen so genannte Beweiszeichen nicht darunter.[40] Grundvoraussetzung für die Beweiskraft der Urkunde ist jedoch deren Echtheit, d.h., sie muss nach Ihrem Erscheinungsbild und Inhalt von demjenigen herrühren, der aus ihr als Aussteller hervorgeht.[41] Art und Weise der Ausstellung sind unerheblich; selbst Fotokopien stellen Urkunden dar.[42] Hinsichtlich der Beurteilung der Beweiskraft von Urkunden können die dazu einschlägigen Regeln der §§ 415 ff. ZPO entsprechend herangezogen werden.[43] U.U. kann die Beweiskraft **ausländischer** öffentlicher Urkunden insbesondere zum Geburtsdatum (im Rahmen des § 33a SGB I) nicht diejenige inländischer Urkunden erreichen.[44] Zu beachten ist jedoch, dass die im Verhältnis der Mitgliedstaaten der EU prinzipiell geltende europarechtliche Verpflichtung, von der Behörde eines anderen Mitgliedstaates ausgestellte Urkunden zu beachten, sofern deren Richtigkeit nicht durch konkrete Anhaltspunkte ernstlich in Frage gestellt ist, als orientierende Beweisregel auch im Sozialrecht anzusehen ist.[45] Eine **Verpflichtung** zur Vorlage von Urkunden wird durch Abs. 1 Satz 2 Nr. 3 nicht geschaffen. Auch hier gilt, dass eine entsprechende Pflicht nur auf einer speziellen gesetzlichen Vorschrift beruhen kann[46] (vgl. etwa die Pflicht des Arbeitgebers zur Vorlage von Geschäftsbüchern, Listen oder anderer Unterlagen, aus denen die Angaben über die Beschäftigung hervorgehen, nach § 98 Abs. 1 Satz 2; Amtshilfeverpflichtung nach §§ 3, 4).

4. Augenscheinnahme

Nach Abs. 1 Satz 2 Nr. 4 kann sich die Behörde als Beweismittel des Augenscheins bedienen. **Augenscheinnahme** meint, ohne Begrenzung auf den optischen Sinn, jede unmittelbare Sinneswahrnehmung (sehen, hören, fühlen, riechen, schmecken) einer für der Behörde tätigen natürlichen Person zur Erhebung eines Beweises.[47] 16

Eine **Pflicht**, der Behörde eine bestimmte Augenscheinnahme zu gestatten, bedarf wiederum einer speziellen gesetzlichen Grundlage. So lässt sich aus Nr. 4 keine Befugnis zu einem **Hausbesuch gegen den Willen** des Wohnungsinhabers herleiten (zum Hausbesuch auch Rdn. 9); auch etwa das SGB II (vgl. dort § 6 Abs. 1 Satz 2 Halbs. 2) sieht hierfür keine Grundlage vor.[48] Gerade vor dem Hintergrund des Art. 13 GG darf ein behördlicher Ermittler nur mit Einwilligung die Wohnung betreten.[49] Kritisch zu bewerten ist die Ansicht des Bayerischen LSG, wonach es nur bei eingriffsintensiven Aufklärungsmaßnahmen einer besonderen Rechtsgrundlage bedürfe, für leichtere Eingriffe hingegen 17

---

39 Hauck/Noftz/*Vogelsang*, § 21 SGB X Rn. 14, Stand 12/2010.

40 Ausführlich Kopp/Ramsauer/*Ramsauer*, VwVfG, 16. Aufl., § 26 Rn. 33a ff.; Diering/Timme/Stähler/*Lang*, SGB X, 6. Aufl. 2022, § 21 Rn. 22.

41 Diering/Timme/Stähler/*Lang*, SGB X, 6. Aufl. 2022, § 21 Rn. 23.

42 Vgl. BSGE 88, 89, 93; BVerwG Buchholz 310 § 98 VwGO Nr. 29.

43 Schütze/*Siefert*, SGB X, § 21 Rn. 14; Diering/Timme/Stähler/*Lang*, SGB X, 6. Aufl. 2022, § 21 Rn. 21; Kopp/Ramsauer/*Ramsauer*, VwVfG, 16. Aufl., § 26 Rn. 34. Vgl. auch Stelkens/Bonk/Sachs/*Kallerhoff*, VwVfG, 8. Aufl., § 26 Rn. 88 zur Würdigung elektronischer Dokumente.

44 Vgl. BSGE 88, 89 (juris Rn. 29) zu einem türkischen Zeugnis; BSG SGb 2004, 697 zu einem türkischen Schulregisterauszug.

45 LSG Bayern, Urt. v. 12.03.2009 – L 18 R 346/05.

46 Vgl. nur Hauck/Noftz/*Vogelsang*, § 21 SGB X Rn. 14, Stand 12/2010.

47 Vgl. nur Kopp/Ramsauer/*Ramsauer*, VwVfG, 16. Aufl., § 26 Rn. 37 m.w.N.

48 Dazu LSG Bayern, Beschl. v. 11.03.2011 – L 7 AS 83/11 B ER.

49 Hess. LSG NJW 2006, 1548. Zur Fraglichkeit der rechtfertigenden Wirkungen einer Einwilligung vgl. LSG Baden-Württemberg, Beschl. v. 16.01.2007 – L 13 AS 3747/06 ER-B.

auch aus § 21 Abs. 1 Satz 2 Nr. 4 eine Befugnis abgeleitet werden könne.[50] § 21 fehlt das Wesen einer Ermächtigungsnorm, so dass die Regelung auch keine leichteren Eingriffe rechtfertigen kann. Immerhin wird in der Entscheidung des LSG doch klargestellt, dass Nr. 4 jedenfalls für eine behördliche **Observation** keine hinreichende Grundlage bildet, weil der Augenschein in diesem Sinn nicht geheim ist, was aber gerade das Spezifikum der Observation ist. Eine Observation, so wird weiter zutreffend festgestellt, könne ebenso wenig als milderer Eingriff gegenüber Zeugeneinvernahmen verstanden werden, so dass sich auch insoweit eine Rechtfertigung im Sinne einer a maiore ad minus-Argumentation zu § 21 Abs. 1 Satz 2 Nr. 2 verbietet. Denn das Bild, das sich die Behörde durch eigene Beobachtungen macht, ist ein anderes als das aus zweiter Hand mittels Zeugenaussagen entwickelte. Auch zeichne sich die Observation durch bewusstes Ausnutzen der Arglosigkeit des Beobachteten aus, was bei der Zeugeneinvernahme so nicht der Fall sei.[51] Zu widersprechen ist dem Gericht jedoch insoweit, als nach dessen Ansicht der durch die heimliche Überwachung des ALG II-Antragstellers erfolgte Eingriff in das Grundrecht der informationellen Selbstbestimmung (Art. 2 Abs. 1 i.V.m. Art. 1 Abs. 1 GG), für den weder § 50 Abs. 1 SGB II i.V.m. § 67d Abs. 1 noch § 67a Abs. 1 und 2 eine hinreichende Befugnis geben kann, für eine Übergangszeit auch ohne gesetzliche Grundlage zu akzeptieren sei.[52] Die verfassungsrechtlichen Vorgaben zur Rechtfertigung von Eingriffen in das informationelle Selbstbestimmungsrecht sind dem Gesetzgeber seit langem aufgrund der Rechtsprechung des BVerfG deutlich vor Augen. Einen »Übergangsbonus«, den das Gericht in einer Parallelsicht zu der verfassungsgerichtlichen Forderung nach gesetzlichen Eingriffsbefugnissen für »besondere Gewaltverhältnisse« aus den 1960er Jahren herleiten will, kann deshalb nicht überzeugen. Zutreffend ist vielmehr eine bestimmte Befugnisnorm zu verlangen, ohne die eine heimliche Überwachung rechtswidrig ist und die damit ermittelten Erkenntnisse einem Verwertungsverbot unterfallen.[53]

V. Mitwirkung der Beteiligten

18 Im Sinne einer der Verfahrensförderung dienenden **Mitwirkungslast** legt Abs. 2 Satz 1 den Beteiligten auf, bei der Ermittlung des Sachverhaltes mitzuwirken. Abs. 2 Satz 2 konkretisiert dies beispielhaft dahin, dass sie ihnen bekannte Tatsachen und Beweismittel angeben sollen. Obwohl in Abs. 2 Satz 3 so missverständlich genannt (»weitergehende Pflicht«), statuiert das Gesetz mit diesem an den Bürger gerichteten »Sollen« keine Rechtspflicht im eigentlichen Sinne, die behördlich durchsetzbar wäre. Es geht vielmehr um eine Obliegenheit, deren Erfüllung in der Hand des Beteiligten liegt. Eine Erzwingbarkeit verbietet sich nach Ansicht des Gesetzgebers deshalb, weil der Beteiligte nicht gezwungen werden dürfe, an der Aufklärung solcher Umstände mitzuwirken, die ihn belasten oder seine Verfahrensstellung beeinträchtigen.[54] Andernfalls, also soweit es um den Nachweis solcher Umstände geht, die dem Beteiligten zur Anspruchsbegründung bzw. zur Eingriffsabwehr dienlich sein können, ist i.d.R. davon auszugehen, dass er freiwillig bei der Sachverhaltsaufklärung mitwirkt. Hat etwa ein Antragsteller alle für die Leistung erheblichen Tatsachen angegeben (wozu er über § 21 Abs. 2 hinaus etwa nach § 60 Abs. 1 Nr. 1 SGB I verpflichtet ist), so hat die Behörde den Sachverhalt von Amts wegen grundsätzlich nur dann weiter auszuermitteln, wenn die Angaben unvollständig, unklar oder zweifelhaft sind.[55]

19 Verschließt sich der Beteiligte indes im Rahmen des Abs. 2 der Mitwirkung und lässt sich der tatbestandsrelevante Sachverhalt gerade deshalb für die Behörde nicht oder nur mit erheblichen Erschwernissen aufklären, was insbesondere bei Tatsachen mit Bezug zu den persönlichen Lebens-

50 LSG Bayern, Urt. v. 25.01.2008 – L 7 AS 72/07, juris Rn. 42.

51 LSG Bayern ebenda.

52 LSG Bayern ebenda., Rn. 44 ff.; zu weitgehend auch LSG NRW, Beschl. v. 08.06.2011 – L 12 AS 201/11 B ER, juris Rn. 5 ff.

53 OVG Thüringen, Urt. v. 25.11.2010 – 3 KO 527/08, juris Rn. 38 ff. = NZS 2011, 358.

54 Vgl. BT-Drucks. 7/910, S. 50 zu § 22 Abs. 2 RegE VwVfG, dem späteren § 26 VwVfG, dem § 21 SGB X nachgebildet ist (BT-Drucks. 8/2034, S. 32).

55 BSG SozR 3–7833 § 6 Nr. 15.

umständen des Beteiligten möglich ist, so kann dies – mittelbar – **nachteilige Folgen** zeitigen. Zunächst gilt allerdings verfahrensprägend, dass es die Aufgabe der Behörde ist, den Sachverhalt umfassend und vollständig in eigener Verantwortung zu ermitteln, und sich hieran dadurch nichts ändert, dass der Beteiligte durch § 60 SGB I sowie durch § 21 Abs. 2 zur Mitwirkung verpflichtet ist. Das LSG Mecklenburg-Vorpommern hat in einer Entscheidung aus dem Jahr 2023[56] zu Recht darauf hingewiesen, dass die vorrangige Verpflichtung der Behörde zur Sachverhaltsermittlung insbesondere durch § 45 Abs. 2 Satz 3 Nr. 2 SGB X flankiert wird, der einen Vertrauensausschlussgrund für den Fall vorsieht, dass der Begünstige selbst vorsätzlich oder grob fahrlässig in wesentlicher Beziehung unrichtige oder unvollständige Angaben zum Sachverhalt gemacht hat; die Folge des Vorliegens eines Vertrauensausschlussgrundes ist, dass kein schutzwürdiges Vertrauen in den Bestand des daraufhin erlassenen begünstigenden Verwaltungsaktes vorliegt und sich das durch § 45 Abs. 2 Satz 1 SGB X für diesen Fall vorgesehene Verbot einer Rücknahme des begünstigenden Verwaltungsaktes gerade nicht entfaltet. Die Ermittlungspflicht der Behörde kann sich reduzieren, sie darf u.U. nach Aktenlage entscheiden, die Mitwirkungsverweigerung kann im Rahmen der Beweiswürdigung berücksichtigt werden, die materielle Beweislast kann sich zu Ungunsten des Beteiligten auswirken (vgl. dazu bereits Rdn. 13 ff. zu § 20). Allerdings darf nicht vorschnell in dieser Weise agiert werden, weil es zunächst und grundsätzlich bei der Amtsermittlungspflicht der Behörde bleibt.[57] Zutreffend wird betont, dass die Mitwirkungspflicht die Amtsermittlung nicht ersetzt, sondern ergänzt.[58] Allein die Mitwirkungsverweigerung erlaubt es der Behörde nicht per se, weitere Ermittlungen zu unterlassen.[59] So kann etwa nur aus der Weigerung der Betroffenen, bei der Sachverhaltsaufklärung mitzuwirken, noch nicht auf ein Fehlen der im Rahmen des § 119 Abs. 3 Nr. 1 SGB III maßgeblichen Verfügbarkeit geschlossen werden. Zunächst sind ungeachtet der Weigerung von Amts wegen alle zumutbaren Ermittlungsmöglichkeiten auszuschöpfen. Erst auf der Grundlage des dadurch gewonnenen Ergebnisses kann im Rahmen der Beweiswürdigung unter Berücksichtigung der Weigerung, an ärztlichen Begutachtungen teilzunehmen, die Überzeugung vom Bestehen oder Nichtbestehen einer gesundheitlichen Leistungsminderung gewonnen werden. Steht eine solche zur Überzeugung der Behörde nicht fest, ist danach eine Beweislastentscheidung zu treffen.[60] Als weitere mögliche Folgen einer Mitwirkungsverweigerung werden angesprochen: die Qualifizierung als ein Mitverschulden, das bei einem etwaigen Amtshaftungsanspruch entsprechend § 254 BGB anspruchsmindernd oder -ausschließend wirkt; die Minderung oder der Ausschluss der Schutzwürdigkeit des Vertrauens im Rahmen von § 45 Abs. 2 oder 3.[61]

Im Rahmen der vertragsarztrechtlichen Wirtschaftlichkeitsprüfung nach §§ 106 ff. SGB V geht die Darlegungslast des Vertragsarztes für einen höheren Behandlungsaufwand rechtfertigende atypische Umstände – zum Beispiel Praxisbesonderheiten oder kompensierende Einsparungen – über die allgemeinen Mitwirkungsobliegenheiten nach § 21 Abs. 2 hinaus. Der Vertragsarzt hat entsprechende, für ihn günstige Tatsachen insbesondere dann, wenn sie allein ihm bekannt sind oder nur durch seine Mithilfe aufgeklärt werden können und für die Prüfgremien anhand der ihnen vorliegenden Unterlagen nicht erkennbar sind, spätestens im Widerspruchsverfahren so genau wie möglich substantiiert anzugeben und nachzuweisen; im sozialgerichtlichen Verfahren ist er in aller Regel von neuem Tatsachenvortrag ausgeschlossen, sofern es sich nicht um Konkretisierung bereits vorgetragenem handelt.[62]

56 LSG Mecklenburg-Vorpommern, Urt. v. 09.02.2023 – L 4 R 79/17, juris Rn. 37.
57 LSG Rheinland-Pfalz, Urt. v. 24.09.2009 – L 1 AL 59/08 (juris Rn. 25), vgl. dazu bereits bei Rdn. 8.
58 Sächsisches OVG, Urt. v. 16.03.2023 – 3 A 206/21, juris Rn. 41 m.w.N.
59 BeckOGK/*Mutschler*, § 21 SGB X Rn. 21, Stand 11/2022.
60 Vgl. BSG SozR 4–1500 § 103 Nr. 5; SozR 4–4300 § 125 Nr. 2 (juris Rn. 19).
61 Hauck/Noftz/*Vogelsang*, § 21 SGB X Rn. 18, Stand 12/2010; Diering/Timme/Stähler/*Lang*, SGB X, 6. Aufl. 2022, § 21 Rn. 28.
62 st.Rspr., vgl. BSG, 05.06.2013 – B 6 KA 40/12, juris Rn. 18; zuletzt LSG Baden-Württemberg, 15.11.2023 – L 5 KA 3043/21, juris Rn. 42.

20 Nach Abs. 2 Satz 3 bedürfen weitergehende Mitwirkungspflichten, insbesondere das persönliche Erscheinen und die Aussage betreffend, einer besonderen gesetzlichen Grundlage. Zur strikteren Ausgestaltung der Mitwirkungspflichten von Beteiligten und vor allem zu den Aufklärungsförderungspflichten von Antragstellern nach dem SGB I vgl. § 20 Rdn. 15 f. und die Kommentierung zu den §§ 60 ff. SGB I. Eine in diesem Sinne verstärkte Mitwirkungspflicht sieht die Rechtsprechung in Bezug auf den Nachweis der Hilfebedürftigkeit, die eine Aufrechnung von laufenden Sozialleistungen mit Ansprüchen auf Erstattung zu Unrecht erbrachter Sozialleistungen und mit sozialrechtlichen Beitragsansprüchen nach § 51 Abs, 2 SGB I ausschließt bzw. begrenzt.[63] Eine besondere Mitwirkungsobliegenheit des Beteiligten soll auch in Hinblick auf Tatsachen bestehen, die eine gesetzliche Vermutung widerlegen sollen, wenn der Beteiligte insoweit einen Erkenntnisvorsprung hat.[64] Wegen der besonderen Bedeutung der Amtsermittlungspflicht zur Erzeugung materiell rechtmäßiger Verwaltungsakte und zur Verhinderung vorschneller Verfahrensbeendigungen ist zu verlangen, dass die Behörde den Beteiligten auf dessen besondere Mitwirkungsobliegenheit und die Rechtsfolgen einer Verletzung konkret hinweist.

VI. Regelungen zu Zeugen und Sachverständigen

21 Abs. 3 Satz 1 weist zunächst auf die bereits aus dem **Gesetzesvorbehalt** folgende Selbstverständlichkeit hin, dass für Zeugen und Sachverständige eine Pflicht zur Mitwirkung bei der Sachverhaltsermittlung nur auf Grundlage einer Rechtsvorschrift besteht. Aus dem »auch« in S. 2 lässt sich schließen, dass damit entsprechende spezielle Verpflichtungsnormen gemeint sind. Eine wichtige Pflicht in diesem Sinne enthält § 100. Vor allem im Schwerbehindertenrecht sind Ärzte zur Feststellung des GdB verpflichtet, die Untersuchungsunterlagen zu übermitteln.[65] Aber Abs. 3 Satz 2 enthält sodann selbst einen für das Sozialverwaltungsverfahren geltenden allgemeinen Verpflichtungstatbestand. Nach dieser **Generalklausel** besteht eine Pflicht zur Zeugenaussage bzw. zur Erstattung eines Gutachtens, wenn die Einholung dieser Beweismittel »zur Entscheidung über die Entstehung, Erbringung, Fortsetzung, das Ruhen, die Entziehung oder den Wegfall einer Sozialleistung sowie deren Höhe unabweisbar ist«. **Unabweisbarkeit** in diesem Sinne liegt vor, wenn andere Beweismittel als die Zeugenaussage oder das Sachverständigengutachten für den Beweis der für die Entscheidung erheblichen Tatsachen nicht zur Verfügung stehen, weil sie untauglich sind, nicht erreichbar sind oder ihre Erhebung mit einem unverhältnismäßigen Aufwand verbunden wäre.[66] Für den Sachverständigen ist die Pflicht allerdings zusätzlich an die Voraussetzungen des § 407 ZPO[67] gebunden.

22 Satz 3 des Abs. 3 verweist zum **Zeugnisverweigerungsrecht**, zum Recht ein Gutachten zu verweigern, zur Ablehnung von Sachverständigen sowie zur Vernehmung von Angehörigen des öffentlichen Dienstes als Zeugen oder Sachverständige auf die entsprechende Anwendung der einschlägigen Vorschriften der ZPO. Insoweit gelten für das Zeugnisverweigerungsrecht aus persönlichen oder sachlichen Gründen die §§ 383 bis 385 ZPO, für das **Gutachtenverweigerungsrecht** § 408 Abs. 1 ZPO, für die Mitwirkung von Angehörigen des öffentlichen Dienstes als Zeugen bzw. Sachverständige §§ 376, 408 Abs. 2 ZPO, die wiederum auf die beamtenrechtlichen Regelungen zur **Amtsverschwiegenheit** und deren Ausnahmen verweisen. Die Ablehnung eines Sachverständigen ist entsprechend der §§ 406 i.V.m. 42 ZPO wegen Besorgnis der Befangenheit möglich. Ein besonderes Zeugnisverweigerungsrecht für Parlamentsabgeordnete ergibt sich aus Art. 47 GG und entsprechenden

---

63 LSG Berlin-Brandenburg, Beschl. v. 22.09.2023 – L 22 R 428/23 B ER, juris Rn. 22.

64 LSG Berlin-Brandenburg, Urt. v. 21.06.2023 – L 18 AL 72/20, juris Rn. 18 m.w.N.

65 LSG Hessen, Beschl. v. 13.07.2004 – L 4 B 61/04; LSG Thüringen, Beschl. v. 12.04.1999 – L 6 B 27/98.

66 Vgl. nur Hauck/Noftz/*Vogelsang*, § 21 SGB X Rn. 12, Stand 12/2010.

67 § 407 ZPO: »Pflicht zur Erstattung des Gutachtens (1) Der zum Sachverständigen Ernannte hat der Ernennung Folge zu leisten, wenn er zur Erstattung von Gutachten der erforderten Art öffentlich bestellt ist oder wenn er die Wissenschaft, die Kunst oder das Gewerbe, deren Kenntnis Voraussetzung der Begutachtung ist, öffentlich zum Erwerb ausübt oder wenn er zur Ausübung derselben öffentlich bestellt oder ermächtigt ist. (2) Zur Erstattung des Gutachtens ist auch derjenige verpflichtet, der sich hierzu vor Gericht bereit erklärt hat.«.

Bestimmungen in den Landesverfassungen. Schließlich ist zu beachten, dass das Zeugnisverweigerungsrecht zum Schutz vor Selbstbelastung im Menschenwürdesatz der Verfassung grundgelegt ist[68] und für das Zeugnisverweigerungsrecht auch ansonsten weitere Grundrechte streiten können (etwa Art. 4 Abs. 1 GG [Religions- und Glaubensfreiheit], Art. 5 Abs. 1 Satz 2 GG [Pressefreiheit], Art. 6 Abs. 1 GG [Schutz der Familie]). Für ärztliche Gutachten im Zusammenhang mit Leistungsanträgen existiert zum Teil ein **Widerspruchsrecht** des Antragsstellers nach § 76 Abs. 2 (vgl. auch § 200 SGB VII) hinsichtlich der Gutachterauswahl. Ein nachträglich genehmigtes und im Verwaltungsverfahren veranlasstes Gutachten eines nicht beauftragten Arztes kann unter bestimmten Voraussetzungen dennoch als Beweismittel verwertet werden.[69]

Eine Aussage- oder Begutachtungspflicht nach Abs. 3 Satz 2 kann, falls eine **Weigerung** ohne recht- 23
fertigenden Grund vorliegt, nicht durch die verfahrensführende Behörde selbst durchgesetzt werden. Die Behörde muss vielmehr den **Weg über § 22** einschlagen und das im Einzelfall zuständige Sozial- oder Verwaltungsgericht um die Durchsetzbarkeit der Pflicht ersuchen; dem vernehmenden Gericht stehen sodann ggf. die prozessualen Zwangsmittel zur Verfügung. Auch wenn die Behörde Zweifel am Vorliegen eines Verweigerungsrechtes hat, sind diese durch das zu ersuchende Gericht aufzuklären (Einzelheiten bei § 22).

Nach Abs. 3 Satz 4 erhalten Zeugen, Sachverständige und Dritte in entsprechender Anwendung des 24
JVEG eine **Entschädigung oder Vergütung**, falls sie im Rahmen eines Verwaltungsverfahrens herangezogen werden. Das JVEG unterscheidet zwischen der Vergütung der Sachverständigen und der Entschädigung der Zeugen und Dritter (vgl. § 1 Abs. 1 Nr. 1 bzw. Nr. 3 i.V.m. §§ 8 ff. bzw. 19 ff. JEVG). Weil nur Sachverständige Honorare erhalten, kann die Abgrenzung zum Zeugen relevant werden. So ist die Ausstellung eines Befundberichts ohne nähere gutachtliche Erläuterungen des behandelnden Arztes wohl i.d.R. kein Sachverständigengutachten; der Arzt ist hier vielmehr sachverständiger Zeuge.[70] Die Behörde entscheidet über die Feststellung des Entschädigungs- oder Vergütungsanspruchs durch Verwaltungsakt[71], es sei denn, mit einem Sachverständigen ist eine besondere Vergütungsvereinbarung getroffen worden. Über Streitigkeiten entscheiden i.d.R. die Sozialgerichte; es geht um Kostenentscheidungen als Nebenentscheidungen in einem Verwaltungsverfahren in einer sozialrechtlichen Angelegenheit.[72]

VII. Auskünfte durch Finanzbehörden

Abs. 4 enthält eine besondere Bestimmung zur Auskunftspflicht der Finanzbehörden gegenüber der 25
Sozialverwaltung. Eine solche besondere gesetzliche Regelung ist gem. § 30 Abs. 4 Nr. 2 AO zur Offenbarung solcher Daten nötig, die dem **Steuergeheimnis** unterliegen. Insbesondere die Finanzämter haben Auskünfte über die Einkommens- und Vermögensverhältnisse der in Abs. 4 umschriebenen Personen zu erteilen, wenn und soweit dies zur Entscheidung in einem Sozialverwaltungsverfahren erforderlich ist. Angesichts der Bedeutung des Steuergeheimnisses ist zu verlangen, dass die **Erforderlichkeit** durch die Sozialbehörde konkret darzulegen ist; sie ist i.d.R. erst dann anzunehmen, wenn die Beteiligten ihrer Mitwirkung bei der Feststellung entscheidungserheblicher Vermögens- oder Einkommensverhältnisse nicht nachkommen oder an ihren Angaben berechtigte Zweifel bestehen. Die Verpflichtung zur Auskunft bezieht sich auf bei der Finanzverwaltung vorhandene Daten und umfasst nicht die Pflicht der Finanzbehörden, neue, ergänzende Ermittlungen anzustellen[73]; aller-

68 Vgl. BVerfGE 38, 105, 113; 56, 37,49; BVerfG, Beschl. v. 21.08.2000 – 2 BvR 1372/00; BVerfG, NJW 2002, 1411, 1412.
69 LSG Baden-Württemberg, Urt. v. 30.06.2017 – L 8 U 729/16, juris Rn. 68 ff.
70 BSGE 101, 301, juris Rn. 17 m.w.N.; BSG SozR 3–1925 § 5 Nr. 1 S. 4 f.
71 BSG SozR 1300 § 21 Nr. 2.
72 BSG SozR 1300 § 21 Nr. 2 Rn. 10.
73 Schütze/*Siefert*, SGB X, § 21 Rn. 32.

dings müssen vorhandene Daten u.U. fachlich ausgewertet werden, wenn dies zur Handhabung für die Sozialbehörde notwendig ist (vgl. auch § 4 Abs. 1 Nr. 3).[74]

26 Ergänzt wird Abs. 4 durch die Verpflichtung der Finanzbehörden nach § 31 Abs. 2 AO, die dem Steuergeheimnis unterfallenden Daten den Trägern der gesetzlichen Sozialversicherung, der Bundesagentur für Arbeit und der Künstlersozialkasse mitzuteilen, soweit die Kenntnis dieser Daten für die Feststellung der Versicherungspflicht, die Festsetzung von Beiträgen bzw. der Künstlersozialabgabe erforderlich ist. Schließlich ist noch § 31a AO zu nennen, der die Offenbarung des Steuergeheimnisses zur Bekämpfung des Leistungsmissbrauchs zulässt.

§ 22 Vernehmung durch das Sozial- oder Verwaltungsgericht

(1) [1]Verweigern Zeugen oder Sachverständige in den Fällen des § 21 Abs. 3 ohne Vorliegen eines der in den §§ 376, 383 bis 385 und 408 der Zivilprozessordnung bezeichneten Gründe die Aussage oder die Erstattung des Gutachtens, kann die Behörde je nach dem gegebenen Rechtsweg das für den Wohnsitz oder den Aufenthaltsort des Zeugen oder des Sachverständigen zuständige Sozial- oder Verwaltungsgericht um die Vernehmung ersuchen. [2]Befindet sich der Wohnsitz oder der Aufenthaltsort des Zeugen oder des Sachverständigen nicht am Sitz eines Sozial- oder Verwaltungsgerichts oder einer Zweigstelle eines Sozialgerichts oder einer besonders errichteten Kammer eines Verwaltungsgerichts, kann auch das zuständige Amtsgericht um die Vernehmung ersucht werden. [3]In dem Ersuchen hat die Behörde den Gegenstand der Vernehmung darzulegen sowie die Namen und Anschriften der Beteiligten anzugeben. [4]Das Gericht hat die Beteiligten von den Beweisterminen zu benachrichtigen.

(2) Hält die Behörde mit Rücksicht auf die Bedeutung der Aussage eines Zeugen oder des Gutachtens eines Sachverständigen oder zur Herbeiführung einer wahrheitsgemäßen Aussage die Beeidigung für geboten, kann sie das nach Absatz 1 zuständige Gericht um die eidliche Vernehmung ersuchen.

(3) Das Gericht entscheidet über die Rechtmäßigkeit einer Verweigerung des Zeugnisses, des Gutachtens oder der Eidesleistung.

(4) Ein Ersuchen nach Absatz 1 oder 2 an das Gericht darf nur von dem Behördenleiter, seinem allgemeinen Vertreter oder einem Angehörigen des öffentlichen Dienstes gestellt werden, der die Befähigung zum Richteramt hat.

Übersicht

A. Inhalt

1 § 22 knüpft an die in § 21 Abs. 3 angesprochene Pflicht zur Aussage und sachverständigen Gutachtenerstattung an und regelt den Weg zur Durchsetzung dieser Beweismittel für den Fall, dass Zeugen oder Sachverständige die Mitwirkung unberechtigt verweigern. Die Vorschrift legt, wie § 65 Abs. 2–5 VwVfG für das förmliche Verfahren im allgemeinen Verwaltungsverfahrensrecht[1], die zwangsweise Durchsetzung in die Hände eines Gerichts und garantiert so einen höheren rechtsstaatlichen Standard. Dies dient dem Schutz der Zeugen und Sachverständigen im Hinblick auf die ihnen zustehenden Verweigerungsrechte, weshalb die Befugnis zur Erzwingung einer Aussage bzw. eines Sachverständigengutachtens grundsätzlich den Gerichten vorbehalten ist.[2] Die Behörde hat

---

74 Hauck/Noftz/*Vogelsang*, § 21 SGB X Rn. 8, Stand 12/2010.
1 Zur Bezugnahme auf § 65 VwVfG vgl. BT-Drucks. 8/2034, S. 32.
2 Kopp/Ramsauer/*Ramsauer*, VwVfG, 16. Aufl., § 65 Rn. 6.

keine eigene Möglichkeit, eine Zeugenaussage oder ein Sachverständigengutachten durchzusetzen. Dies gilt auch, wenn Auskunftspflichten sondergesetzlich statuiert sind, wie etwa in § 60 SGB II. Soweit diese besonderen Auskunftspflichten keine eigenen Befugnisse zur Durchsetzung enthalten, verbleibt es bei der Anwendung des § 22; es handelt sich dann um einen Fall des § 21 Abs. 3 Satz 1, auf den § 22 Bezug nimmt und insoweit eine abschließende Regelung trifft. Mit anderen Worten ist der Träger der Grundsicherung auch gegenüber denjenigen, die durch § 60 SGB II erfasst sind, berechtigt, das Sozialgericht nach Maßgabe des § 22 SGB X um eine Vernehmung zu ersuchen.[3]

Abs. 1 eröffnet der Behörde als besondere Ausgestaltung der Rechtshilfe die Möglichkeit, die Vernehmung durch ein Sozial- oder Verwaltungsgericht mit den einschlägigen prozessualen Zwangsmitteln vornehmen zu lassen; notfalls kann auch ein Amtsgericht ersucht werden (Abs. 1 Satz 2). Abs. 1 Satz 3 und 4 enthalten Regeln zum behördlichen Ersuchen und zur gerichtlichen Vernehmung. Nach Abs. 2 kann das Ersuchen auch auf eine eidliche Vernehmung gerichtet sein, wenn dies zur Herbeiführung einer wahrheitsgemäßen Aussage erforderlich ist. Der Gesetzgeber hielt es für notwendig, in Abs. 4 einen juristischen Qualifikationsvorbehalt für die Beauftragung des Gerichts festzuschreiben, um einer missbräuchlichen Einbindung der Judikative entgegenzuwirken[4]. Abs. 3 stellt aus Gründen der verfassungsrechtlichen Gewaltenteilung[5] klar, dass allein das ersuchte Gericht über die Rechtmäßigkeit der Mitwirkungsverweigerung von Zeugen und Sachverständigen sowie der Eidesleistung entscheidet. 2

B. Einzelerläuterungen

I. Behördliches Ersuchen an das Gericht

Bei einer nach Ansicht der Behörde nicht gerechtfertigten Aussage- oder Gutachtenerstellungsverweigerung eines nach § 21 Abs. 3 Satz 1 oder 2 mitwirkungspflichtigen Zeugen oder Sachverständigen liegt es Abs. 1 in das Ermessen der Behörde, das zuständige Sozial- oder Verwaltungsgericht um die Vernehmung zu ersuchen. Wie sich aus Abs. 3 ergibt, ist dafür nicht Voraussetzung, dass ein Verweigerungsrecht objektiv nicht gegeben ist; die verbindliche Entscheidung darüber obliegt allein dem ersuchten Gericht. Die Behörde muss jedoch, soweit bei einer Verweigerung mögliche Anhaltspunkte für ein Verweigerungsrecht erkennbar werden, der begründeten Annahme sein, dass ein solches nicht besteht. Abgesehen davon trägt die Behörde die rechtliche Verantwortung dafür, dass die Voraussetzungen einer Mitwirkungspflicht nach § 21 Abs. 3 Satz 1 und 2 vorliegen und die gerichtliche Zeugenvernehmung bzw. die Anforderung eines Sachverständigengutachtens zur Sachverhaltsermittlung erforderlich und verhältnismäßig ist. Liegt eine »Unabweisbarkeit« i.S.d. des § 21 Abs. 3 Satz 2 vor (vgl. § 21 Rdn. 21), wird das Ermessen allerdings i.d.R. auf Null reduziert sein.[6] 3

Das zuständige Gericht ist grundsätzlich an das behördliche Vernehmungsersuchen gebunden.[7] Dies kann jedoch nicht für ein offensichtlich rechtswidriges Beweisersuchen gelten, etwa wenn erkennbar ist, dass die Erforderlichkeit der Vernehmung gar nicht geprüft wurde.[8] Auch entfällt entsprechend § 158 Abs. 2 GVG die Bindung an ein Rechtshilfegesuch, »wenn die vorzunehmende Handlung nach dem Recht des ersuchten Gerichts verboten ist«. Die **Bindungswirkung für das Gericht** setzt zudem voraus, dass die Behörde zuvor die ihr möglichen und zumutbaren Ermittlungsmöglichkeiten 4

3 jurisPK-SGB/*G. Becker*, § 60 Rn. 43; Luik/Harich/*Blüggel*, SGB II, 6. Aufl. 2024, § 60 Rn. 57.
4 Vgl. BT-Drucks. 7/910, S. 84 zu § 61 RegEVwVfG, dem späteren § 65 VwVfG, unter Hinweis auf BVerfGE 7, 183, 188.
5 Vgl. ebenda, S. 85.
6 So wohl auch Schütze/*Siefert*, SGB X, § 22 Rn. 4.
7 Hauck/Noftz/*Vogelsang*, § 22 SGB X Rn. 1, Stand 01/1999.
8 BeckOK SozR/*Weber*, SGB X, § 22 Rn. 10, Stand 12/2023.

ausgeschöpft hat.[9] Ein Vorgehen nach § 22 Abs. 1 ist als ultima ratio zu verstehen[10] und darf nicht der unnötigen Verlagerung von Verwaltungsarbeit und von Kosten auf die Gerichte dienen.

5 Vor diesem Hintergrund ist auch das Tatbestandsmerkmal der **Aussageverweigerung** in Abs. 1 Satz 1 zu interpretieren. Ein Zeuge oder Sachverständiger verweigert in diesem Sinne die Aussage erst dann, wenn er einer an ihn gerichteten ordnungsgemäßen Ladung zur mündlichen Vernehmung nicht Folge leistet oder, obwohl er ihr nachkommt, bei einer Vernehmung keine Aussage macht. Dem steht derjenige gleich, der die für die Sachverhaltsaufklärung wesentlichen Antworten schuldig bleibt, indem er trotz Nachhakens ausweichend antwortet oder nicht glaubwürdige »Ausreden« vorgibt, um inhaltlich nicht zu antworten.

Umstritten ist, ob auch derjenige die Aussage in diesem Sinne verweigert, der auf eine schriftliche Anfrage der Behörde zur schriftlichen Beantwortung von Fragen nicht reagiert. Dies wird von Teilen der Literatur und Rechtsprechung auf Grundlage systematischer Gesichtspunkte bejaht. § 22 knüpfe an § 21 Abs. 3 an, der wiederum in Zusammenhang mit § 21 Abs. 1 stehe, nach dessen Nr. 2 die Vernehmung und die Einholung von Äußerungen einheitlich zu betrachten seien. Somit verweigere auch derjenige die Aussage, der der Aufforderung zur schriftlichen Bekundung einer Aussage nachhaltig nicht nachkomme, und dieses Verhalten als Verweigerung verstanden werden könne, sofern zuvor ein Hinweis auf die Verpflichtung zur Aussage erfolgt und der Grund für die Verpflichtung angegeben worden sei.[11] Diese Rechtsauffassung überzeugt jedoch nicht.[12] Zunächst setzt eine Aussage bereits nach grammatikalischer Betrachtung – der Begriff beinhaltet den Wortbestandteil »sagen«, was nur als »aussprechen, mündlich äußern«[13] verstanden werden kann, zumal § 21 Abs. 1 Satz 1 Nr. 2, an den § 22 Abs. 1 anknüpft, die mündlich stattfindende Vernehmung von der schriftlichen Äußerung unterscheidet – voraus, dass es sich um eine mündliche Äußerung handeln muss. Erachtet man die – ggf. beeidete – gerichtliche Vernehmung zudem als ultimo ratio, was bereits aus Gründen der Verhältnismäßigkeit geboten erscheint, so steht zwischen der schriftlichen Aufforderung zur schriftlichen Aussage und der gerichtlichen Vernehmung eine mündliche behördliche Vernehmung als mildere Maßnahme. Die Aussage in der Behörde und die vor Gericht ist bereits deshalb milder, weil die Behörde nicht die Befugnis hätte, die Aussage des Zeugen oder Sachverständigen zu beeiden. Eine Nichtbeachtung der behördlichen Aufforderung zur schriftlichen Stellungnahme berechtigt die Behörde deshalb nicht, das zuständige Gericht um eine Vernehmung zu ersuchen.[14] Eine andere Auffassung lässt sich entgegen LSG Baden-Württemberg[15] auch nicht mit dem in § 9 geregelten Grundsatz der Zügigkeit des Verfahrens (siehe § 9) ableiten. Das Verfahrensermessen der Behörde zur Auswahl des Beweismittels kann den auch aufgrund des Verhältnismäßigkeitsprinzips bestehenden Vorrang der behördlichen Vernehmung nicht aushebeln. Dass die Einladung eines Zeugen oder Sachverständigen in eine Behörde nicht ausdrücklich geregelt ist, ändert hieran nichts[16]; diese wäre nur dann erforderlich, wenn die Nichtbeachtung der Einladung einen Rechtseingriff auslösen würde, was allerdings nicht der Fall ist.

Hat ein Zeuge oder Sachverständiger bereits auf die schriftliche Aufforderung hin deutlich gemacht, dass er sich gegenüber der Behörde weder schriftlich noch mündlich äußern wird, so muss die

9 LSG Baden-Württemberg, Beschl. v. 08.04.2003 – L 6 SB 552/03 B, juris Rn. 11; vgl. auch zur Amtshilfe allgemein § 4 Abs. 3 Nr. 1, wenn es hier i.e.S. auch nicht um eine Amtshilfe geht (vgl. Rdn. 10).

10 So auch LSG Thüringen, Urt. v. 27.10.2022 – L 1 SV 754/22 B, juris Rn. 7.

11 So noch die Vorauflage, § 22 SGB X Rn. 5 unter Hinweis auf LSG Hessen, Beschl. v. 13.07.2004 – L 4 B 61/04 SB, juris Rn. 7.

12 Schütze/*Siefert*, SGB X, § 22 Rn. 3, 9. Aufl. 2020; BeckOK SozR/*Weber*, SGB X, § 22 Rn. 8, Stand 12/2023; LPK-SGB X/*H. Lang*, § 22 Rn. 3.

13 Vgl. »sagen«, bereitgestellt durch das Digitale Wörterbuch der deutschen Sprache, https://www.dwds.de/wb/sagen, abgerufen am 25.01.2024.

14 So im Ergebnis ebenso LSG Thüringen, 27.10.2022 – L 1 SV 754/22 B, juris Rn. 7.

15 LSG Baden-Württemberg, Beschl. v. 20.11.2020 – L 1 SF 3593/20 RH, Rn. 10.

16 A.A. LSG Baden-Württemberg Beschl. v. 20.11.2020 – L 1 SF 3593/20 RH, Rn. 12.

Behörde keinen von vornherein aussichtslosen Versuch unternehmen, ihn zur mündlichen Vernehmung einzuladen. Kommt es, z.B. weil es sich um den den Beteiligten behandelnden Hausarzt handelt, auf die Aussage dieses Sachverständigen an, so ist die Behörde vor dem Ersuchen einer gerichtlichen Vernehmung nicht vorrangig verpflichtet, zur Sachverhaltsermittlung einen anderen Arzt mit der Untersuchung des Beteiligten zu beauftragen und diesen anschließend zur Äußerung aufzufordern.

Das zu ersuchende **Gericht** bestimmt sich sachlich nach dem Rechtsweg, der bei einer möglichen gerichtlichen Kontrolle der im jeweiligen Verfahren angestrebten Entscheidung einzuschlagen wäre. Das Sozialgericht ist für die Vernehmung in einer von § 51 SGG erfassten öffentlich-rechtlichen Verfahrensangelegenheit zuständig, das Verwaltungsgericht für eine Vernehmung in den übrigen sozialrechtlichen Angelegenheiten, deren Rechtsweg sich nach § 40 VwGO richtet. Zuständig ist stets das jeweilige Gericht der ersten Instanz. 6

Örtlich richtet sich die Vernehmungszuständigkeit des Sozial- oder Verwaltungsgerichts nach dem Wohnsitz bzw. dem Aufenthaltsort des Zeugen oder Sachverständigen. Zum Wohnsitz vgl. § 30 Abs. 3 Satz 1 SGB I sowie §§ 7 ff. BGB, zum Aufenthaltsort vgl. § 30 Abs. 3 Satz 2 SGB I; im Zusammenhang des § 22 kommt es allerdings nicht auf einen ständigen Aufenthaltsort an, sondern maßgeblich ist auch ein vorübergehender Aufenthaltsort zum Zeitpunkt der notwendigen Vernehmung.[17] Existiert am Wohnsitz oder Aufenthaltsort des Zeugen oder Sachverständigen kein Sozialgericht und keine Zweigstelle oder kein Verwaltungsgericht und auch keine besonders errichtete Kammer eines Verwaltungsgerichts, so eröffnet Abs. 1 Satz 2 der Behörde ein Ermessen, auch ein Amtsgericht um Vernehmung zu ersuchen. Diese Möglichkeit ist vornehmlich aus Gründen der Kosteneinsparung eingeführt worden.[18] In die Ermessenserwägung einzubeziehen sind daher die mit der Vernehmung durch ein entfernter liegendes Gericht für den Zeugen oder Sachverständigen entstehenden und zu erstattenden Kosten. Andererseits ist aber stets die besondere Sachnähe der Sozial- bzw. Verwaltungsgerichte zur Materie der Vernehmung zu berücksichtigen. 7

Abs. 1 Satz 3 hebt hervor, dass die Behörde dem Gericht den Gegenstand der Vernehmung darzulegen und die Namen und Anschriften der Beteiligten anzugeben hat. »Beteiligte« in diesem Sinne sind die zu vernehmenden Zeugen bzw. Sachverständigen und die **Verfahrensbeteiligten** i.S.d. § 12. Letztere hat das Gericht von dem Beweistermin zu benachrichtigen (Abs. 1 Satz 4). Dies bedarf keiner förmlichen Ladung, aber einer hinreichenden und so rechtzeitigen Information über Ort und Zeit der Beweiserhebung sowie das Beweisthema, dass die Beteiligten zumutbar an dem Termin teilnehmen können. Aus Abs. 1 Satz 4 ergibt sich immanent zugleich, dass die Verfahrensbeteiligten, anders als bei der behördlichen Beweiserhebung (vgl. § 21 Rdn. 3 f.), dem prozessrechtlichen Unmittelbarkeitsgrundsatz entsprechend, ein Recht auf **Teilnahme** an der Vernehmung besitzen. Außerdem steht ihnen nach § 397 ZPO i.V.m. § 118 SGG bzw. nach § 97 VwGO ein eigenes **Fragerecht** zu. 8

Die Darlegung des **Gegenstandes der Vernehmung** erfordert von der Behörde, das Gericht vollständig über den aktuellen Verfahrensstand und den aktuellen Stand der Sachverhaltsaufklärung zu informieren.[19] Nur so kann das Gericht den Zeugen oder Sachverständigen diejenigen Fragen stellen, auf deren Beantwortung es zur Ermittlung des noch unvollständigen oder umstrittenen Sachverhalts ankommt. In der Regel ist dies durch Übersendung der Verfahrensakten zu gewährleisten.[20] 9

Bei der Vernehmung von Zeugen oder Sachverständigen nach § 22 leistet das ersuchte Gericht **Rechtshilfe**. Es geht nicht um eine Form der Amtshilfe, weil die gewährte Hilfeleistung in einer 10

17 Hauck/Noftz/*Vogelsang*, § 22 SGB X Rn. 6, Stand 01/1999.

18 Vgl. BT-Drucks. 7/910, S. 84 zu § 61 RegEVwVfG, dem späteren § 65 VwVfG, an dem sich § 22 orientiert (BT-Drucks. 8/2034, S. 32).

19 BeckOK SozR/*Weber*, SGB X, § 22 Rn. 11, Stand 12/2023.

20 Diering/Timme/Stähler/*Lang*, SGB X, 4. Aufl., § 22 Rn. 6; Kopp/Ramsauer/*Ramsauer*, VwVfG, 16. Aufl., § 65 Rn. 10.

dem Richter vorbehaltenen Handlung besteht. Daher besteht keine rechtliche Grundlage für die Erhebung von Kosten für die Vernehmung.[21] Die Rechtshilfe wird der ersuchenden Behörde gegenüber also kostenfrei geleistet, auch wenn diese dem Bund oder einem anderen Lande angehört als das ersuchte Gericht; § 164 GVG ist entsprechend heranzuziehen.

II. Ersuchen um eidliche Vernehmung

11 Abs. 2 stellt es in das Ermessen der Behörde das nach Abs. 1 zuständige Gericht um die eidliche Vernehmung eines Zeugen oder Sachverständigen zu ersuchen. Dies kann als Annex zu einem Ersuchen nach Abs. 1 oder auch als isoliertes Ersuchen erfolgen.[22] Ohne ein solches behördliches Ersuchen darf das Gericht im Rahmen der Rechtshilfe nach § 22 keine eidliche Vernehmung durchführen. **Voraussetzung** für das Ersuchen ist, dass die Behörde eine eidliche Vernehmung mit Rücksicht auf die Bedeutung der Aussage eines Zeugen oder des Gutachtens oder zur Herbeiführung einer wahrheitsgemäßen Aussage für geboten hält. Hierbei ist ein strenger Maßstab anzulegen[23], der sich an den Anforderungen für das Verlangen einer eidesstattlichen Versicherung nach § 23 Abs. 2 Satz 2 orientieren kann. Dennoch ist nicht stets die vorausgehende (erfolglose) behördliche Vernehmung erforderlich.[24] Zu verlangen ist aber, dass der Zeuge oder Sachverständige durch sein Verhalten Anlass dafür bietet, an seiner Glaubwürdigkeit auch ohne vorherige behördliche Vernehmung ernsthaft zu zweifeln.

12 An dieses Gesuch ist das **Gericht** grundsätzlich **gebunden.**[25] Das BVerfG sieht eine solche Bindung als mit dem Grundsatz der Gewaltenteilung vereinbar an, wenn das ersuchte Gericht zumindest prüfen darf, ob die rechtlichen Voraussetzungen für die Beeidigung vorliegen.[26] Insofern ist unstreitig, dass die formellen Voraussetzungen des Ersuchens (schriftliches Ersuchen um eidliche Vernehmung, Darlegung des Gegenstands der Vernehmung, Angaben von Namen und Anschriften der Beteiligten, Unterschrift des Behördenleiters oder gleichgestellter Personen, zutreffend bestimmtes Gericht) einer gerichtlichen Prüfung unterliegen.[27] Gleichfalls gibt Abs. 3 vor, dass nur das Gericht über die Rechtmäßigkeit der Zeugnis- bzw. Gutachtensverweigerung und auch einer Eidesverweigerung entscheidet. Ebenso dürfte kaum zweifelhaft sein, dass das ersuchte Gericht die prozessrechtliche Zulässigkeit einer Beeidigung nach § 393 ZPO (i.V.m. § 118 SGG bzw. § 98 VwGO) zu prüfen hat. Nach ganz überwiegender Ansicht soll hingegen insbesondere das Gebotensein einer eidlichen Vernehmung i.S.d. Abs. 2 keiner gerichtlichen Nachprüfung unterliegen.[28] Dem ist weitgehend zu folgen. Bereits der Gesetzeswortlaut (»Hält die Behörde …«) stellt deutlich auf die Beurteilungsperspektive der Behörde und nicht auf diejenige des Gerichts ab; insoweit geht es um eine administrative Verfahrensentscheidung. Dennoch wird man auch hier wie bei dem uneidlichen Vernehmungsersuchen (vgl. Rdn. 4) eine **Ausnahme** von der Bindungswirkung jedenfalls bei einem offensichtlich rechtswidrigem, weil nicht gebotenen Ersuchen um eidliche Vernehmung ablehnen müssen. Zumindest eine solche gerichtliche Plausibilitätsprüfung ist vor dem Hintergrund der möglichen strafrechtlichen Konsequenzen einer eidlichen Falschaussage (vgl. §§ 154, 163 StGB) notwendig.

---

21 LSG Thüringen, Breithaupt 1999, 657; LSG Bayern, Beschl. v. 09.03.2010 – L 2 SF 395/09 B, juris Rn. 11; BeckOGK/*Mutschler*, § 22 SGB X Rn. 11, Stand 06/2019; a.A. offenbar LSG Baden-Württemberg, Beschl. v. 08.04.2003 – L 6 SB 552/03 B; auch LSG Bayern NZS 1999, 574, spricht von Amtshilfe.

22 BeckOGK/*Mutschler*, § 22 SGB X Rn. 10, Stand 06/2019.

23 BeckOGK/*Mutschler*, § 22 SGB X Rn. 10, Stand 06/2019.

24 So aber LSG Baden-Württemberg, Beschl. v. 11.03.1996 – L 2 U 298/96; a.A. LSG Bayern, Beschl. v. 19.03.1999 – L 12 B 202/98 KA.

25 Schütze/*Siefert*, SGB X, § 22 Rn. 11.

26 BVerfGE 7, 183, juris Rn. 20.

27 LSG Bayern NZS 1999, 574, 575 m.w.N.

28 LSG Bayern ebenda m.w.N.; BeckOGK/*Mutschler*, § 22 SGB X Rn. 10 m.w.N., Stand 06/2019; a.A. aber LSG Stuttgart, Beschl. v. 11.03.1996 – L 2 U 298/96.

III. Entscheidungskompetenz des Gerichts

13 Ungeachtet der beschriebenen Bindung des Gerichts an das behördliche Vernehmungsersuchen (Rdn. 4, 12) entscheidet allein das Gericht nach Abs. 3 verbindlich über die **Rechtmäßigkeit einer Verweigerung** des Zeugnisses, des Gutachtens oder der Eidesleistung. Maßstäbe der Prüfung sind die in Abs. 1 genannten Regelungen der ZPO zu den Verweigerungsrechten unter Beachtung deren verfassungsrechtlichen Implikationen sowie die besonderen Verweigerungsrechte von Parlamentsabgeordneten (vgl. bereits § 21 Rdn. 22).

14 Nähere Regelungen zur Vernehmung durch das Gericht finden sich je nach Zuständigkeit in § 205 SGG, § 180 VwGO und §§ 373 ff. ZPO (i.V.m. § 118 SGG bzw. 98 VwGO). Die Vernehmung oder Vereidigung erfolgt beim Sozialgericht durch die nach dem Geschäftsverteilungsplan bestimmte Kammer außerhalb der mündlichen Verhandlung ohne Beteiligung der ehrenamtlichen Richter (§§ 12 Abs. 2 Satz 2, 205 S. 1 SGG); gegen die Entscheidung ist daher keine Erinnerung, sondern nur Beschwerde (§ 172 SGG) statthaft.[29] Vernehmung oder Vereidigung beim Verwaltungsgericht erfolgt durch den dafür im Geschäftsverteilungsplan bestimmten einzelnen Richter der Kammer; gegen dessen Entscheidungen ist die Erinnerung statthaft (§ 151 VwGO), über die das Gericht entscheidet. Über die Rechtmäßigkeit einer Verweigerung einer Aussage, der Erstellung eines Gutachtens oder der Eidesleistung entscheidet das Gericht durch Beschluss. Die Entscheidungen des Gerichts unterliegen der Beschwerde (§ 172 SGG, § 146 VwGO). Ist endgültig entschieden, dass kein Verweigerungsgrund vorliegt, stehen dem Gericht die **Zwangsmittel** aus den §§ 380 ff., 390, 403 ZPO zur Verfügung.[30]

IV. Funktionelle Zuständigkeit

15 Gem. Abs. 4 darf ein Ersuchen i.S.d. Abs. 1 und 2 nur von dem Behördenleiter, seinem allgemeinen Vertreter oder einem Angehörigen des öffentlichen Dienstes, der die Befähigung zum Richteramt hat (§§ 5, 7 DRiG), gestellt werden. Soweit Abs. 4 zudem diejenigen erfasst hatte, die die Voraussetzungen des § 110 Satz 1 des Deutschen Richtergesetzes (DRiG) erfüllt hatten, wurde diese Erweiterung mit Wirkung ab 01.08.2021 als Folgeänderung der Aufhebung des § 110 DRiG gestrichen.[31] Dieser Funktions- bzw. Qualifikationsvorbehalt gehört zu den formellen Voraussetzungen des Vernehmungsersuchens, die das Gericht nachprüft; entsprechende Nachweise sollten dem Ersuchen deshalb beigefügt werden.

§ 23 Glaubhaftmachung, Versicherung an Eides statt

(1) [1]Sieht eine Rechtsvorschrift vor, dass für die Feststellung der erheblichen Tatsachen deren Glaubhaftmachung genügt, kann auch die Versicherung an Eides statt zugelassen werden. [2]Eine Tatsache ist dann als glaubhaft anzusehen, wenn ihr Vorliegen nach dem Ergebnis der Ermittlungen, die sich auf sämtliche erreichbaren Beweismittel erstrecken sollen, überwiegend wahrscheinlich ist.

(2) [1]Die Behörde darf bei der Ermittlung des Sachverhalts eine Versicherung an Eides statt nur verlangen und abnehmen, wenn die Abnahme der Versicherung über den betreffenden Gegenstand und in dem betreffenden Verfahren durch Gesetz oder Rechtsverordnung vorgesehen und die Behörde durch Rechtsvorschrift für zuständig erklärt worden ist. [2]Eine Versicherung an Eides statt soll nur gefordert werden, wenn andere Mittel zur Erforschung der Wahrheit nicht vorhanden sind, zu keinem Ergebnis geführt haben oder einen unverhältnismäßigen Aufwand erfordern. [3]Von eidesunfähigen Personen im Sinne des § 393 der Zivilprozessordnung darf eine eidesstattliche Versicherung nicht verlangt werden.

---

29 Schütze/*Siefert*, SGB X, § 22 Rn. 17.
30 LSG Bayern, Beschl. v. 14.02.2012 – L 2 SF 295/11 B.
31 BGBl. I 2021, S. 2.154, 2.195.

(3) [1]Wird die Versicherung an Eides statt von einer Behörde zur Niederschrift aufgenommen, sind zur Aufnahme nur der Behördenleiter, sein allgemeiner Vertreter sowie Angehörige des öffentlichen Dienstes befugt, welche die Befähigung zum Richteramt haben. [2]Andere Angehörige des öffentlichen Dienstes kann der Behördenleiter oder sein allgemeiner Vertreter hierzu allgemein oder im Einzelfall schriftlich ermächtigen.

(4) [1]Die Versicherung besteht darin, dass der Versichernde die Richtigkeit seiner Erklärung über den betreffenden Gegenstand bestätigt und erklärt: »Ich versichere an Eides statt, dass ich nach bestem Wissen die reine Wahrheit gesagt und nichts verschwiegen habe.« [2]Bevollmächtigte und Beistände sind berechtigt, an der Aufnahme der Versicherung an Eides statt teilzunehmen.

(5) [1]Vor der Aufnahme der Versicherung an Eides statt ist der Versichernde über die Bedeutung der eidesstattlichen Versicherung und die strafrechtlichen Folgen einer unrichtigen oder unvollständigen eidesstattlichen Versicherung zu belehren. [2]Die Belehrung ist in der Niederschrift zu vermerken.

(6) [1]Die Niederschrift hat ferner die Namen der anwesenden Personen sowie den Ort und den Tag der Niederschrift zu enthalten. [2]Die Niederschrift ist demjenigen, der die eidesstattliche Versicherung abgibt, zur Genehmigung vorzulesen oder auf Verlangen zur Durchsicht vorzulegen. [3]Die erteilte Genehmigung ist zu vermerken und von dem Versichernden zu unterschreiben. [4]Die Niederschrift ist sodann von demjenigen, der die Versicherung an Eides statt aufgenommen hat, sowie von dem Schriftführer zu unterschreiben.

Übersicht

A. Inhalt

1 Der mit Wirkung vom 01.01.1992[1] eingefügte Abs. 1 weist die Versicherung an Eides statt ausdrücklich als ein Mittel der Glaubhaftmachung aus, die geringere Anforderungen an den Nachweis einer Tatsache stellt (»überwiegende Wahrscheinlichkeit«) als der volle Beweis (»an Gewissheit grenzende Wahrscheinlichkeit«; § 20 Rdn. 28). Deshalb kommt, wie klargestellt wird, ein solcher Beweis nur ausnahmsweise in Betracht, wenn er durch Rechtsvorschrift zugelassen ist.[2] § 23 stellt keine Ermächtigungsnorm für das Verlangen oder die Abnahme einer eidesstattlichen Versicherung dar, sondern setzt diese voraus[3] (vgl. zu möglichen Ermächtigungsgrundlagen Rdn. 7). Diese Ermächtigung ist auch Voraussetzung für eine Strafbarkeit der Abgabe einer falschen eidesstattlichen Versicherung.[4]

2 Die Abs. 2 bis 6 entsprechen dem § 27 VwVfG; § 95 AO enthält eine ähnliche, jedoch strengere Bestimmung. Mit § 23 sollte auf die behördliche Praxis reagiert werden, die vielfach Versicherungen an Eides statt ohne entsprechende gesetzliche Befugnis abgenommen hatte. Weil es einer ausdrücklich geregelten Befugnis und Zuständigkeit bedarf, um bei einer falschen Versicherung strafrechtliche Konsequenzen (§§ 156, 161 Abs. 1 StGB) auszulösen, hatten diese Versicherungen an Eides statt rechtlich keinen größeren Beweiswert als sonstige schriftliche Erklärungen.[5] Dieser Rechtslage begegnet Abs. 2 Satz 1. § 23 verleiht jedoch selbst **keine Befugnis** zur Abnahme eidesstattlicher Versicherungen. Abs. 2 Satz 2 und 3 statuieren weitere allgemeine Anforderungen und Grenzen der

1 Vgl. Art. 5 Abs. 1 Nr. 1 Rentenreformgesetz 1992 v. 18.12.1989 (BGBl. I, S. 2261).
2 BSG, Urt. v. 15.12.2016 – B 5 RS 4/16 R = BSGE 122, 197 ff. = SozR 4–8570 § 6 Nr. 7 Rn. 14 m.w.N.
3 jurisPK-SGB X/*Luthe*, § 23 Rn. 6, Stand 11/2023.
4 jurisPK-SGB X/*Luthe*, § 23 Rn. 6, Stand 11/2023.
5 Vgl. BT-Drucks. 7/910, S. 50 zu § 27 RegE-VwVfG.

behördlichen Befugnis. Grundsätzlich differenziert § 23 zwischen der Abnahme der Versicherung an Eides statt durch die Behörde und deren Aufnahme. Für die Aufnahme der Versicherung an Eides statt durch die Behörde selbst enthalten Abs. 3 bis 6 besondere Anforderungen. Diese betreffen vor allem die funktionelle Zuständigkeitsbestimmung für die Aufnahme der Niederschrift (Abs. 3), Vorgaben für die zu verwendende Formel der Versicherung (Abs. 4) und die erforderliche Rechtsbelehrung (Abs. 5) sowie speziellen Form- und Verfahrensregelungen (Abs. 6).

Die in § 23 enthaltenen Regelungen gelten für Sozialverwaltungsverfahren i.S.d. §§ 8 ff., auch 3
Widerspruchsverfahren (§ 62 Halbs. 2) in Angelegenheiten nach dem Sozialgesetzbuch (§ 37 Satz 1 Hs. 1 SGB I), und nur für eidesstattliche Versicherungen zur Ermittlung des Sachverhalts nach §§ 20, 21. Hieraus ergibt sich zudem, dass für Abnahme und Aufnahme der eidesstattlichen Versicherung weder Gebühren noch Kosten anfallen (§ 64 SGB X).[6] Es dürfen auch keine Beurkundungskosten im Sinne des § 64 Abs. 2 Satz 3 geltend gemacht werden (vgl. Kommentierung zu § 64 SGB X).

In der Praxis reichen Beteiligte gelegentlich schriftliche eidesstattliche Versicherungen als Beweismittel für eine Tatsache ein, für die der Vollbeweis erforderlich ist. Diese eidesstattlichen Versicherungen sind, wie sonstige Erklärungen der Beteiligten ebenso, als Beweismittel anzusehen[7]; ihnen kann ein etwas höherer Beweiswert zukommen als die sonstige Angabe von Tatsachen und Beweismitteln im Sinne des § 21 Abs. 2 oder § 60 SGB I, insbesondere, wenn erkennbar ist, dass der Abgebende von einer Strafbarkeit einer falschen eidesstattlichen Versicherung ausgegangen ist.

B. Einzelerläuterungen

I. Glaubhaftmachung durch Versicherung an Eides statt

In Abs. 1 Satz 1 wird, entsprechend § 294 Abs. 1 ZPO, klargestellt, dass die Versicherung an Eides 4
statt der Glaubhaftmachung einer Tatsache dienen kann. Sie kommt nur in den Fällen in Betracht, in denen eine spezielle Bestimmung eine Glaubhaftmachung zur Feststellung der entscheidungserheblichen Tatsachen genügen lässt. S. 2 definiert, wann eine Tatsache als glaubhaft anzusehen ist. Im Gegensatz zu der im Rahmen der Amtsermittlung geltenden Regel des vollen Beweises bedarf es zur Glaubhaftmachung nur der **überwiegenden Wahrscheinlichkeit** für die Richtigkeit der Tatsachenbehauptung.[8] Der eidesstattlichen Versicherung wird ein solcher Beweiswert wegen der Strafbewehrung in § 156 StGB zugestanden. Auch wenn nicht der Vollbeweis erforderlich ist, sondern lediglich die Glaubhaftmachung genügt, bedeutet das nicht, dass die Behörde von der Verpflichtung zur Amtsermittlung entbunden wäre. Die Ermittlungen haben sich, wie sonst auch, auf sämtliche erreichbare Beweismittel zu erstrecken.[9] Der Sachverhalt ist so weit wie möglich aufzuklären, alle verfügbaren Beweismittel und Informationen für die Feststellung der wesentlichen Tatsachen zu verwerten.[10]

Nach Ansicht des BSG bedeutet **Glaubhaftmachung** das Dartun überwiegender Wahrscheinlich- 5
keit, das heißt der guten Möglichkeit, dass der Vorgang sich so zugetragen hat, wobei durchaus gewisse Zweifel bestehen bleiben können.[11] Dieser Beweismaßstab ist durch seine Relativität gekennzeichnet und es muss nicht unbedingt absolut mehr für als gegen die glaubhaft zu machende Tatsache sprechen. Vielmehr reicht »die gute Möglichkeit aus, d.h. es genügt, wenn bei mehreren ernstlich in Betracht zu ziehenden Möglichkeiten das Vorliegen einer davon relativ am wahrscheinlichsten

---

6 BeckOGK/*Mutschler*, § 23 SGB X Rn. 12, Stand 03/2022.

7 In diesem Sinne wohl auch Diering/Timme/Stähler/*Lang*, § 23 SGB X Rn. 11.

8 BSG, Urt. v. 15.12.2016 – B 5 RS 4/16 R, juris Rn. 15.

9 LSG Sachsen, Urt. v. 14.12.2023 – L 7 R 555/22 ZV, juris Rn. 71.

10 BSG, Beschl. v. 07.09.2023 – B 5 RS 5/23 B, Rn. 15.

11 Vgl. BSGE 45, 9 ff.; BSG SozR 5070 § 3 Nr. 1; BSG, Beschl. v. 10.08.1989 – 4 BA 94/89; BSG, Beschl. v. 08.08.2001 – B 9 V 23/01 B = SozR 3–3900 § 15 Nr. 4 Rn. 5; LSG Sachsen, Urt. v. 21.05.2019 – L 5 R 196/18 ZV, juris Rn. 39.

ist, weil nach Gesamtwürdigung aller Umstände besonders viel für diese Möglichkeit spricht«.[12] Von mehreren ernstlich in Betracht kommenden Sachverhaltsvarianten muss der einen gegenüber den übrigen ein gewisses Übergewicht zukommen. Die bloße Möglichkeit einer Tatsache genügt nicht, um die Anforderungen an eine Glaubhaftmachung zu erfüllen[13]; zugleich muss keine an Gewissheit grenzende Wahrscheinlichkeit vorliegen, da dies der Maßstab für den Vollbeweis ist[14].

6 In der Gesetzesbegründung zur Einfügung des Abs. 1 ist klargestellt, dass eine Glaubhaftmachung durch eidesstattliche Versicherung nur unter Beachtung der Voraussetzungen der Abs. 2 bis 6 in Frage kommt. Insofern wird eine **doppelte Subsidiarität** hervorgehoben. Die Glaubhaftmachung ist subsidiär zur vollen Beweisführung und im Rahmen der Glaubhaftmachung ist eine Versicherung an Eides statt ebenfalls nur nachrangig zuzulassen. Sowohl die Glaubhaftmachung als auch der Einsatz der eidesstattlichen Versicherung müssen »in den besonderen Teilen des Sozialgesetzbuches vorgesehen« sein[15], die neben den Sozialgesetzbüchern I bis XII sowie XIII auch die in § 69 SGB I aufgeführten Gesetzbücher wie z.B. BAföG oder RVO umfasst. Dabei wird die Zulassung der Glaubhaftmachung jeweils in speziellen Normen geregelt und in Abs. 2 wird bestimmt, wann in den zugelassenen Fällen der Glaubhaftmachung auf das Mittel der eidesstattlichen Erklärung zugegriffen werden darf.

7 Die **spezialgesetzliche Zulassung** der Glaubhaftmachung findet sich in verfahrensrechtlichen Vorschriften (vgl. etwa § 27 Abs. 2 Satz 2 zur Begründung des Antrags auf Wiedereinsetzung; siehe auch § 15 KOVVfG i.d. bis zum 31.12.2023 geltenden Fassung) oder im materiellen Recht vor allem dort, wo typischerweise Beweisschwierigkeiten auftreten können (vgl. etwa § 4 Abs. 1 FRG[16] für die maßgeblichen Tatsachen im Fremdrentenrecht; §§ 286a, 286b SGB VI[17] für den Nachweis von Beitragszahlungen die länger zurückliegen oder im Beitrittsgebiet erfolgt sind; siehe weiter z.B. § 6 Abs. 6 AAÜG; §§ 18 Abs. 3, 68 Abs. 1, 99 Abs. 1 und 3, 100 Abs. 2, 312 Abs. 2 SGB III; §§ 24 Abs. 2, 28a Abs. 6a, 28f Abs. 3, 41 Abs. 2, 48c Abs. 1 SGB IV; §§ 131 Abs. 5 Satz 6, 197 Abs. 2, § 240 Abs. 5 Satz 4, § 271a Abs. 1 bis 3 SGB V; §§ 203, 231 Abs. 6 Satz 1 Nr. 1, 244 Abs. 3 Sätze 2 und 3 sowie Abs. 5, 249 Abs. 5[18], 256a Abs. 3 Sätze 3 und 4 sowie Abs. 3a Satz 5, 256b Abs. 1 Satz 2 sowie Abs. 2 bis 4, 256c Abs. 3 Satz 1 und 2 sowie Abs. 4, 258 Abs. 4, 259, 259a Abs. 1 Satz 6, 263 Abs. 7, 286 Abs. 5,286a, 286b, 298 Abs. 1, Abs. 2 Satz 2 und 3, 307c Abs. 2 Satz 1 sowie Anlagen 15 und 16 SGB VI; § 10 Abs. 3 GAL; § 1 Versicherungsunterlagen-Verordnung[19]; §§ 151 Abs. 1 Satz 2 sowie Abs. 2 Satz 1, 152 Abs. 1 Satz 2, Abs. 2 Satz 1 SGB IX,; § 150 Abs. 5d Satz 1 Nr. 1 XI).

8 Die **Versicherung an Eides statt**[20] besteht nach der Definition des Abs. 4 Satz 1 darin, dass der Versichernde die Richtigkeit seiner Erklärung über den betreffenden Gegenstand durch eine Bekräftigungsformel bestätigt; diese Definition ist bei Abgabe außerbehördlich aufgenommener Versicherungen entsprechend anwendbar[21]. Sie ist wegen der an die besondere Beteuerungsformel anknüpfende strafrechtliche Sanktionierung (§§ 156, 161 Abs. 2 StGB) eine qualifizierte Form der Glaubhaftmachung »zur Erforschung der Wahrheit« (Abs. 2 Satz 2), der i.d.R. (dazu Rdn. 10) ein höherer Beweiswert als einer formlosen Erklärung zukommt. Die Form der Versicherung an Eides statt ist im Gesetz für außerbehördlich aufgenommene Versicherungen nicht exakt geregelt. Aus dem Normzusammenhang und der Eingangsformulierung des Abs. 3 ist jedoch zu erkennen, dass sie **schriftlich**

12 BSG, Beschl. v. 08.08.2001 – B 9 V 23/01 B = SozR 3–3900 § 15 Nr. 4 Rn. 5.
13 LSG Sachsen, Urt. v. 14.12.2023 – L 7 R 555/22 ZV, juris Rn. 71.
14 Hierzu BSG, Beschl. v. 07.09.2023 – B 5 RS 5/23 B, Rn. 12.
15 BT-Drucks. 11/4124, S. 212 zu Art. 5 Abs. 1 Nr. 1.
16 Vgl. dazu etwa LSG Berlin-Brandenburg, Urt. v. 26.03.2010 – L 3 R 515/06.
17 Vgl. etwa LSG, Berlin-Brandenburg, Beschl. v. 10.11.2010 – L 3 R 150/07, juris Rn. 30.
18 Vgl. dazu etwa LSG Berlin-Brandenburg, Urt. v. 27.05.2009 – L 4 R 1454/07.
19 LSG Sachsen, UV-Recht Aktuell 2006, 279.
20 Vgl. ausführlich hierzu Stelkens/Bonk/Sachs/*Bonk/Kallerhoff*, VwVfG, 7. Aufl., § 27 Rn. 1 f.
21 jurisPK-SGB X/*Luthe*, § 23 SGB X Rn. 14, Stand 11/2023.

oder in einer der Schriftform gleichgestellten elektronischen Form (§ 36a SGB I) zu erfolgen hat. Die Versicherung kann durch Übergabe oder Übersendung der schriftlichen Erklärung, durch Übermittlung eines elektronischen Dokuments mit qualifizierter Signatur i.S.d. § 36a Abs. 2 SGB I oder durch mündliche Erklärung zur Niederschrift abgegeben werden. Somit ist nicht zwingend erforderlich, dass sie vor einem Mitarbeiter der Behörde zur Niederschrift erfolgt. Sie kann beispielsweise auch in Schriftform eingereicht werden[22], solange kein Zweifel besteht, dass sie durch die als Verfasser angegebene Person tatsächlich verfasst wurde.

Nach Abs. 4 Satz 1 ist die bei der Versicherung an Eides statt vorzunehmende Bestätigung über die Richtigkeit der Erklärung und der **Wortlaut der Beteuerungsformel** vorgegeben. Der Gebrauch des genauen Wortlauts ist nicht Wirksamkeitsvoraussetzung.[23] Entscheidend ist jedoch, dass die verwendete Formulierung neben der Tatsache, über die die Versicherung abgegeben wird, die besondere Bedeutung der eidesstattlichen Versicherung betont.[24] Die Gegenauffassung, die aufgrund der in § 23 Abs. 4 in Anführungsstriche gesetzten Erklärung verlangt, dass der Wortlaut »Ich versichere an Eides statt, dass ich nach bestem Wissen die reine Wahrheit gesagt und nichts verschwiegen habe.« eingehalten wurde und höchstens ganz geringfügige Abweichungen enthält, damit die Erklärung wirksam ist[25], erscheint sehr formalistisch. Wenn die konkret abgegebene Erklärung verdeutlicht, dass sie im Wissen um deren besondere Bedeutung und ggf. sogar von der Strafbarkeit einer falschen eidesstattlichen Versicherung abgegeben wurde, erfüllt sie den Zweck der Norm, durch die besonderen Anforderungen an die eidesstattliche Versicherung die niedrigeren Beweisanforderungen, die im Falle einer gesetzlich erlaubten Glaubhaftmachung zum Nachweis einer Tatsache geregelt sind, auszugleichen. Fehlt in der Erklärung ein Hinweis darauf, dass dem Abgebenden die Strafbarkeit einer falschen eidesstattlichen Versicherung bewusst ist, hat die Behörde ihn auf dieses Erfordernis und die rechtliche Folge, dass die Erklärung bis zum Eingang einer entsprechenden Erklärung nur als einfaches Beweismittel gewürdigt werden kann, hinzuweisen. 9

Es spricht vieles dafür, dass die Wirksamkeit einer eidesstattlichen Versicherung auch davon abhängt, dass sich der Abgebende bei der Abgabe der besonderen Bedeutung der eidesstattlichen Versicherung bewusst sein musste.[26] Ein auf der Grundlage einer falschen Tatsache erlassener Verwaltungsakt ist materiell rechtswidrig und wird nach Maßgabe der §§ 44 ff. zurückgenommen, gleich, ob die Behörde aufgrund einer wirksamen oder unwirksamen eidesstattlichen Versicherung verfehlt vom Vorliegen oder Nichtvorliegen der Tatsache ausgegangen ist. Daher hat die Antwort auf diese Frage in erster Linie wohl allein akademische Bedeutung.

Kommt diese besondere Bedeutung der eidesstattlichen Versicherung in dieser nicht zum Ausdruck, liegt keine Versicherung i.S.d. Abs. 1 vor und die Erklärung kann im Rahmen der Beweiswürdigung nur als einfache Aussage – ggf. mit etwas höherem Beweiswert – gewertet werden.[27]

Auch eine eidesstattliche Versicherung unterliegt der freien **Beweiswürdigung** durch die zuständige Behörde. Eine gesetzliche Vermutung für die inhaltliche Richtigkeit der durch die eidesstattliche Versicherung bezeugten Tatsachen existiert nicht. Im Rahmen der freien Beweiswürdigung wird der Versicherung allerdings wegen der strafrechtlichen Bewehrung regelmäßig eine besondere Bedeutung als Beweismittel beizumessen sein, wenn keine entgegenstehenden Anhaltspunkte (etwa 10

22 So auch BeckOKSozR/*Weber*, § 23 SGB X Rn. 14; jurisPK-SGB X/*Luthe*, § 23 SGB X Rn. 15, Stand 11/2023.

23 So auch jurisPK-SGB X/*Luthe*, § 23 SGB X Rn. 14, Stand 11/2023.

24 Diering/Timme/Stähler/*Lang*, SGB X, 6. Aufl., § 23 Rn. 14 mit der Abweichung, dass dem Betroffenen die besondere Tragweite vermittelt worden sein müsse.

25 Schütze/*Siefert*, § 23 SGB X Rn. 14; BeckOGK/*Mutschler*, § 23 SGB X Rn. 15, Stand 03/2022, der versehentliche Abweichungen analog § 133 BGB als unbeachtlich ansieht.

26 So wohl auch die Vorauflage, § 23 Rn. 9.

27 Schütze/*Siefert*, § 23 SGB X Rn. 14: »als einfache Erklärung zu würdigen«.

Unglaubwürdigkeit wegen unplausiblem, unwahrscheinlichem, widersprüchlichem oder unsubstantiiertem Inhalt der Erklärung; sich widersprechende Erklärungen etc.) erkennbar sind.[28]

II. Abnahme und Aufnahme einer eidesstattlichen Versicherung

11 § 23 unterscheidet zwischen der Abnahme einer eidesstattlichen Versicherung (Abs. 2) und deren Aufnahme durch die Behörde (Abs. 3 bis 6). Unter **Abnahme** ist wie in § 156 StGB die Entgegennahme einer eidesstattlichen Versicherung durch die Behörde zu verstehen.[29] Die Aufforderung, sich eine eidesstattliche Versicherung abnehmen zu lassen, stellt keinen Verwaltungsakt dar.[30] Unter den Begriff der **Aufnahme** sind diejenigen Handlungen zu fassen, die notwendig sind, um die Versicherung schriftlich niederzulegen.[31] Nach der Gesetzesbegründung ist zur Aufnahme der eidesstattlichen Versicherung grundsätzlich jedermann befugt[32]; sie kann also etwa durch einen Notar (vgl. § 22 Abs. 2 BNotO), einen Anwalt, eine im Verfahren nicht zuständige Behörde[33], aber auch durch einen nicht juristisch qualifizierten Dritten vorgenommen werden. Insbesondere kann auch derjenige, der eine Versicherung abgeben will, diese selbst schriftlich fixieren und damit aufnehmen.

12 Die Abs. 3 bis 6 regeln also nur eine besondere Art der **Aufnahme**, nämlich diejenige **durch die zuständige Behörde**. In diesem Fall fällt die Aufnahme mit der Abnahme zusammen, so dass auch die Voraussetzungen des Abs. 2 gelten. Andererseits beziehen sich die besonderen Form- und Verfahrensbestimmungen, insbesondere die Belehrungspflicht des Abs. 5, nach dem eindeutigen Gesetzeswortlaut nur auf die Fälle der behördlichen Aufnahme einer eidesstattlichen Versicherung.[34] Dies ist rechtspolitisch verfehlt,[35] weil nicht auszuschließen ist, dass derjenige, der eine Versicherung abgibt, sich über die strafrechtlichen Folgen einer unzutreffenden Aussage nicht im Klaren ist und nur bei Klarheit über die strafrechtlichen Folgen überhaupt von einem besonderen Beweiswert des eidesstattlichen Versicherung ausgegangen werden kann.

13 Weil die Behörde nach § 23 keine Möglichkeit besitzt, eine behördliche Aufnahme zu verlangen oder nur eine solche als eidesstattliche Versicherung anzuerkennen[36], kann es unter Gesichtspunkten der Beweiswürdigung auch ohne entsprechende Verpflichtung sinnvoll sein, den Betreffenden vor, bei oder auch nach der Abgabe einer außerbehördlich verfassten eidesstattlichen Versicherung entsprechend Abs. 5 zu belehren;[37] insoweit sollte auf die strafrechtlichen Milderungsgründe der Berichtigung einer falschen Angabe i.S.d. § 158 StGB hingewiesen werden. So sollte jedenfalls verfahren werden, wenn der Betreffende erkennbar juristisch uninformiert ist.

III. Abnahme der Versicherung an Eides statt

14 Abs. 2 Satz 1 betont nochmals ausdrücklich in differenzierter Art und Weise das Erfordernis einer **speziellen Ermächtigung** zur Abnahme einer eidesstattlichen Versicherung. Die Abnahme muss zunächst für den betreffenden Verfahrensgegenstand und in den durchgeführten Verfahren »durch

28 BeckOGK/*Mutschler*, § 23 SGB X Rn. 21, Stand 03/2022; Schütze/*Siefert*, § 23 SGB X Rn. 19.

29 Lackner/Kühl/*Kühl*, StGB, 27. Aufl., § 156 Rn. 2.

30 BeckOGK/*Mutschler*, § 23 SGB X Rn. 11, Stand 03/2022.

31 jurisPK-SGB X/*Luthe*, § 23 Rn. 9, Stand 11/2023.

32 BT-Drucks. 7/910, S. 50 zu § 27 RegE-VwVfG.

33 Schütze/*Siefert*, § 23 SGB X Rn. 11.

34 Kopp/Ramsauer, VwVfG, 11. Aufl., § 27 Rn. 11 m.w.N.; Diering/Timme/Stähler/*Lang*, 6. Aufl. 2022, § 23 Rn. 15; Stelkens/Bonk/Sachs/*Bonk/Kallerhoff*, VwVfG, 7. Aufl., § 27 Rn. 24; vgl. auch OLG Düsseldorf, NVwZ-RR 1991, 281.

35 Kritisch auch Diering/Timme/Stähler/*Lang*, SGB X, 6. Aufl. 2022, § 23 Rn. 15; zur Problematik mit Blick auf § 27 VwVfG vgl. etwa die Kritik bei *Kutsch*, NZV 2006, 237, 239; vgl. auch die insgesamt klarere Regelung in § 95 AO und dort insb. Abs. 3.

36 Diering/Timme/Stähler/*Lang*, SGB X, 6. Aufl. 2022, § 23 Rn. 11 m.w.N.

37 Ähnlich BeckOK-SozR/*Weber*, § 23 SGB X Rn. 14, Stand 12/2023; vgl. dazu auch Kopp/*Ramsauer*, VwVfG, 11. Aufl., § 27 Rn. 18.

Gesetz oder Rechtsverordnung« vorgesehen sein; Satzungen oder Verwaltungsvorschriften scheiden damit als Grundlage aus.[38] Sodann muss die handelnde Behörde »durch Rechtsvorschrift« zur Abnahme für zuständig erklärt worden sein; trotz des abweichenden Wortlautes ist auch insoweit nur eine Zuständigkeitszuweisung durch Gesetz oder Rechtsverordnung hinreichend, nicht aber durch autonomes Recht.[39] Fehlt es an einer in diesem Sinne hinreichenden Befugnisgrundlage, so kommt auch ein Ersuchen um Abnahme einer eidesstattlichen Versicherung an ein Gericht nicht in Betracht[40]; dies wird von § 22 nicht gedeckt und wäre eine Umgehung der durch § 23 gezogenen Grenzen.

15 Nach dem in Satz 2 des Abs. 2 normierten **Subsidiaritätsgrundsatz**, der kumulativ zu den Voraussetzungen des Satzes 1 zu beachten ist, zeigt sich die Forderung nach einer eidesstattlichen Versicherung grundsätzlich als ultima ratio zur Glaubhaftmachung.[41] Hierdurch wird dem Verhältnismäßigkeitsprinzip zur Geltung verholfen.[42] Die eidesstattliche Versicherung »soll nur gefordert werden«, wenn andere Beweismittel fehlen, unergiebig waren oder aber mit unverhältnismäßigem Aufwand verbunden sind. Da es sich um eine »Soll-Vorschrift« handelt, kann die Behörde bei rechtfertigender atypischer Sachlage vom Subsidiaritätsgrundsatz abweichen.[43] Sie ist aber bei Vorliegen der Voraussetzungen nicht regelmäßig verpflichtet, stets eine eidesstattliche Versicherung zu fordern,[44] denn es heißt nicht »soll«, sondern »soll nur«. Diese Formulierung eröffnet – systematisch korrespondierend mit dem »darf nur« in Satz 1 – bei Vorliegen der Voraussetzungen ein Ermessen, das unter dem Aspekt der Amtsermittlung pflichtgemäß auszuüben ist. Liegen die Voraussetzungen des Abs. 2 Satz 2 nicht vor, so liegt es dennoch im Ermessen der Behörde, ein freiwilliges Angebot zur eidesstattlichen Versicherung anzunehmen.

16 Fordert sie hingegen in Fällen, in denen andere verhältnismäßige und geeignete Mittel zur Wahrheitsfindung zur Verfügung stehen, dennoch eine Versicherung, so hat dies deren Unwirksamkeit zur Folge.[45] Sie taugt damit nicht als Mittel zur Glaubhaftmachung, hat aber gleichwohl Beweiswert im Sinne des § 21 Abs. 1. Ob der zum Abschluss des Verwaltungsverfahrens erlassene Verwaltungsakt rechtswidrig ist, hängt zunächst davon ab, ob die Behörde die rechtswidrige eidesstattliche Versicherung überhaupt zur Grundlage der getroffenen Entscheidung gemacht hat, da sich der Fehler andernfalls nicht auf die materiell-rechtliche Regelung des daraufhin erlassenen Verwaltungsaktes ausgewirkt haben kann. Ist die unwirksame eidesstattliche Versicherung Grundlage für eine der Regelungen i.S.d. § 31 Satz 1, so hat der Beteiligte nach Maßgabe des § 42 Satz 1 Anspruch auf Aufhebung wegen des Verfahrensfehlers. Eine Rücknahme des Verwaltungsaktes nach § 44 oder 45 kommt nur in Betracht, wenn der Verwaltungsakt materiell-rechtlich nicht in Einklang mit der Rechtsordnung steht. Allein wegen eines Verfahrensfehlers erfolgt keine Rücknahme. d

17 Verlangen und abnehmen kann die Behörde eine eidesstattliche Versicherung im Rahmen der Amtsermittlung von **Beteiligten** und von **Zeugen**; § 23 trifft insoweit keine Differenzierung. Abs. 2 Satz 3 verbietet allerdings ein Verlangen gegenüber eidesunfähigen Personen i.S.d. § 393 ZPO (Personen unter 16 Jahren und solche, die »wegen mangelnder Verstandesreife oder wegen Verstandesschwäche von dem Wesen und der Bedeutung des Eides keine genügende Vorstellung haben«). Kommt der zur Versicherung Aufgeforderte dem Verlangen der Behörde nicht nach, besitzt diese **keine Durchsetzungsmöglichkeiten**, um die eidesstattliche Versicherung zu erzwingen.[46] Eine gleichwohl durch

---

38 Vgl. auch Schütze/*Siefert*, § 23 SGB X Rn. 4 m.w.N.
39 Zutreffend BeckOK-SozR/*Weber*, § 23 SGB X Rn. 7, Stand 12/2023.
40 jurisPK-SGB X/*Luthe*, § 23 Rn. 8, Stand 11/2023; Schütze/*Siefert*, § 23 SGB X Rn. 7.
41 jurisPK-SGB X/*Luthe* § 23 Rn. 5,; BeckOGK/*Mutschler*, § 23 SGB X Rn. 10 sowie 19, Stand 03/2022: »letztes Mittel der Amtsermittlung«.
42 Diering/Timme/Stähler/*Lang*, 6. Aufl. 2022, § 23 SGB X Rn. 6.
43 Kopp/Ramsauer, VwVfG, 11. Aufl., § 27 Rn. 8.
44 So aber verfehlt Dörr/Francke, Sozialverwaltungsrecht, 2002, S. 65, Rn. 71.
45 So auch BeckOGK/*Mutschler*, § 23 SGB X Rn. 12, Stand 03/2022.
46 Diering/Timme/Stähler/*Lang*, 6. Aufl. 2022, § 23 SGB X Rn. 7.

eine eidesunfähige Person abgegebene eidesstattliche Versicherung ist zwar nicht im Sinne des § 23 wirksam, kann aber unter besonderer Berücksichtigung der Gründe der Eidesunfähigkeit grundsätzlich als einfache Aussage verwertet werden.[47]

IV. Aufnahme der Versicherung an Eides statt durch die Behörde

18 Die Aufnahme eidesstattlicher Versicherungen durch die zuständige Behörde ist wegen ihrer besonderen Bedeutung in den Abs. 3 bis 6 speziellen Wirksamkeitsvoraussetzungen unterworfen. Abs. 3 grenzt den **Personenkreis** ein, der behördlicherseits zur Aufnahme befugt ist. Funktional zuständig sind nach Abs. 3 Satz 1 stets, unabhängig von einer besonderen juristischen Qualifikation, der Behördenleiter und sein allgemeiner Vertreter und neben diesen stets alle bei der Behörde tätigen Angehörigen des öffentlichen Dienstes, die entweder die Befähigung zum Richteramt (§§ 5, 7 DRiG) besitzen oder gem. § 110 Satz 1 DRiG die Befähigung zum höheren Verwaltungsdienst erworben haben. Mit Rücksicht auf mögliche praktische Schwierigkeiten bei kleineren Behörden und zur Entlastung leitender Bediensteter[48] ist zudem die Möglichkeit eröffnet, auch andere Behördenangehörige zur Aufnahme von eidesstattlichen Versicherungen allgemein oder im Einzelfall schriftlich zu ermächtigen (Abs. 3 Satz 2). Erfolgt die Aufnahme durch einen Bediensteten, der nicht zum befugten Personenkreis gehört, ist die eidesstattliche Versicherung unwirksam.

19 Nach Abs. 4 Satz 1 besteht die **Versicherung** darin, dass der Versichernde die Richtigkeit einer Erklärung bestätigt und mit dem Risiko einer strafrechtlichen Sanktion (§§ 156, 161 Abs. 2 StGB) »**an Eides statt**« versichert, dass er »nach bestem Wissen und Gewissen die reine Wahrheit gesagt und nichts verschwiegen hat«. Erklärungsinhalt können nur Angaben über Tatsachen sein, nicht aber Werturteile, Willenserklärungen oder Schlussfolgerungen.[49] Zu den Anforderungen an eine eidesstattliche Versicherung vgl. bereits Rdn. 8.

20 **Bevollmächtigte und Beistände** desjenigen, der die eidesstattliche Versicherung abzugeben hat, sind nach Abs. 4 Satz 2 berechtigt, an der Aufnahme der Versicherung an Eides statt teilzunehmen. Die Regelung erfasst nicht Bevollmächtigte und Beistände der sonstigen Verfahrensbeteiligten.[50] Deren eventuelles Teilnahmerecht folgt den Regeln für ein Teilnahmerecht der Beteiligten an der Beweisaufnahme (vgl. dazu § 21 Rdn. 3 f.).

21 Vor Aufnahme der eidesstattlichen Versicherung ist der Betreffende gem. Abs. 5 Satz 1 über deren Bedeutung und die Folgen einer unrichtigen oder unvollständigen eidesstattlichen Versicherung zu **belehren**, um diesen auf den Stellenwert zur Wahrheitsfindung und mögliche strafrechtliche Konsequenzen des zu Erklärenden aufmerksam zu machen und ihn so vor einer leichtfertig abgegebenen Erklärung zu warnen. Die Belehrung hat vor Beginn der Aufnahme zu erfolgen. Es genügt etwa nicht, wenn die Behörde ihrer Pflicht erst nach Aufnahme der Erklärung, aber noch vor der Unterschriftsleistung nachkommt. Auf die §§ 156, 161 Abs. 2 StGB ist ausdrücklich und unter Angabe des vollständigen Norminhalts und dessen Bedeutung hinzuweisen. Eine korrekte Belehrung ist Voraussetzung für die Wirksamkeit der eidesstattlichen Versicherung und eine eventuelle Strafbarkeit bei unrichtiger Aussage. Fehlt eine den Anforderungen des Absatz 5 genügende Belehrung, so ist die Versicherung an Eides statt unwirksam.[51] Auch die strafrechtlichen Folgen können dann nicht eintreten.[52] Aus Gründen der Beweissicherung sieht Abs. 5 Satz 1 vor, dass die Belehrung in die **Niederschrift** aufzunehmen ist. Abs. 6 enthält weitere Vorgaben bezüglich der in die Niederschrift aufzunehmen Angaben und deren Unterzeichnung. Wie sich aus dem Normtext ergibt, haben nach

47 Für eine Verwertbarkeit Diering/Timme/Stähler/*Lang*, 6. Aufl. 2022, § 23 SGB X Rn. 9.

48 BT-Drucks. 7/910, S. 50 zu § 27 RegE-VwVfG.

49 Stelkens/Bonk/Sachs/*Bonk/Kallerhoff*, VwVfG, 8. Aufl., § 27 Rn. 21.

50 So auch Diering/Timme/Stähler/*Lang*, 6. Aufl. 2022, § 23 SGB X Rn. 14; Kopp/Ramsauer, VwVfG, 16. Aufl., § 27 Rn. 14; a.A. etwa Stelkens/Bonk/Sachs/*Bonk/Kallerhoff*, VwVfG, 8. Aufl., § 27 Rn. 21.

51 Diering/Timme/Stähler/*Lang*, 6. Aufl. 2022, § 23 SGB X Rn. 15.

52 BeckOGK/*Mutschler*, § 23 SGB X Rn. 19, Stand 03/2022.

erteilter Genehmigung zunächst der Versichernde und danach der Aufnehmende und der Schriftführer zu unterzeichnen; ein besonderer Schriftführer ist jedoch nicht zwingend. Wird gegen die Pflicht zur Niederschrift verstoßen, ist die eidesstattliche Versicherung nicht unwirksam.[53]

§ 24 Anhörung Beteiligter

(1) Bevor ein Verwaltungsakt erlassen wird, der in Rechte eines Beteiligten eingreift, ist diesem Gelegenheit zu geben, sich zu den für die Entscheidung erheblichen Tatsachen zu äußern.

(2) Von der Anhörung kann abgesehen werden, wenn
1. **eine sofortige Entscheidung wegen Gefahr im Verzug oder im öffentlichen Interesse notwendig erscheint,**
2. **durch die Anhörung die Einhaltung einer für die Entscheidung maßgeblichen Frist in Frage gestellt würde,**
3. **von den tatsächlichen Angaben eines Beteiligten, die dieser in einem Antrag oder einer Erklärung gemacht hat, nicht zu seinen Ungunsten abgewichen werden soll,**
4. **Allgemeinverfügungen oder gleichartige Verwaltungsakte in größerer Zahl erlassen werden sollen,**
5. **einkommensabhängige Leistungen den geänderten Verhältnissen angepasst werden sollen,**
6. **Maßnahmen in der Verwaltungsvollstreckung getroffen werden sollen oder**
7. **gegen Ansprüche oder mit Ansprüchen von weniger als 70 Euro aufgerechnet oder verrechnet werden soll; Nummer 5 bleibt unberührt.**

Übersicht

A. Inhalt

§ 24 Abs. 1 verpflichtet die Behörde grundsätzlich dazu, dem Betroffenen vor Erlass eines ein- 1
greifenden Verwaltungsaktes eine Anhörungsmöglichkeit zu gewährleisten. Dies korrespondiert mit einem entsprechenden Anspruch des Betroffenen. Abs. 2 listet enumerativ 7 Fallgruppen auf, bei deren Vorliegen die Behörde ausnahmsweise von einer Anhörung absehen kann, die Durchführung also in deren Ermessen liegt. Die Vorschrift regelt einerseits das wohl **wichtigste Verfahrensrecht** des Beteiligten, andererseits kommt der Anhörung zugleich eine bedeutende Aufgabe zur **Ermittlung des Sachverhalts** zu.[1] Vor allem bei Entscheidungen, die eine genauere Kenntnis der Verhältnisse aus der Sphäre des Betroffenen voraussetzen, ist dessen Anhörung für die Behörde i.d.R. unerlässlich, um zu einer hinreichend zuverlässigen Entscheidungsgrundlage zu gelangen.[2] Hierbei ist allerdings zu berücksichtigen, dass es nicht das Ziel einer Anhörung ist, im Wege der Amtsermittlung

53 BeckOGK/*Mutschler*, § 23 SGB X Rn. 20, Stand 03/2022.
1 BSG, SozR 3–1300 § 24 Nr. 15.
2 Kopp/Ramsauer/*Ramsauer*, VwVfG, 16. Aufl., § 28 Rn. 2.

Sachverhalt zu erforschen; hierzu dient § 21 Abs. 1 Satz 2 Nr. 2 Var. 1 (»Beteiligte anhören«). Die »Anhörung« im Sinne des § 24 ist also von dem »Anhören« im Sinne des § 21 zu unterscheiden. Eine Behörde verletzte die ihr nach § 20 Abs. 1 auferlegte Amtsermittlungspflicht, wenn sie den Sachverhalt nicht vollständig aufklärte, weil sie darauf vertraute, der Beteiligte werde im Rahmen der Anhörung den fehlenden Sachverhalt von sich aus beitragen. Das Anhören, das im Rahmen der Sachverhaltsermittlung geschieht, berührt den Anspruch nach § 24 pflichtgemäß angehört zu werden, nicht[3], so dass der Beteiligte vor dem Erlass eines belastenden Verwaltungsaktes auch dann anzuhören ist, wenn er zuvor im Wege des § 21 Abs. 1 Satz 2 Var. 1 aufgefordert worden war, den Sachverhalt aufzuklären oder zu vervollständigen.[4]

2 Die Vorschrift zur Anhörung, die zunächst im SGB I verankert war[5], ist seit seinem Inkrafttreten systematisch zutreffend[6] in das SGB X integriert worden[7] und hat bisher mit der Einfügung der Nr. 7 in Abs. 2 nur eine einzige sachliche **Änderung** erfahren.[8] Die Parallelvorschrift des § 28 VwVfG ist in Abs. 1 identisch, weicht jedoch mit seinen Abs. 2 und 3 hinsichtlich der Ausnahmen von der Anhörungspflicht (Generalklausel mit Regelbeispielen; zwingender Anhörungsausschluss im öffentlichen Interesse) nicht unerheblich von § 24 Abs. 2 ab. § 91 AO orientiert sich im Wesentlichen an § 28 VwVfG, gestaltet die Anhörung jedoch von vornherein in Abs. 1 Satz 1 nur als Soll-Verpflichtung aus.

3 In der Gesetzesbegründung wird der **Zweck der Vorschrift** dahingehend umschrieben, dass Überraschungsentscheidungen vermieden werden sollen, die erfahrungsgemäß das Vertrauensverhältnis zwischen Bürger und Verwaltung beeinträchtigten.[9] Die Rechtsprechung hat an den ursprünglichen, durch den Gesetzgeber formulierten Zweck der Anhörung im Laufe der Zeit konkretisiert. Der Schutz vor einer Überraschungsentscheidung ist dem Schutz davor gewichen, von einer Entscheidung überrascht zu werden, die auf Tatsachen oder Beweisergebnissen beruht, zu denen sich der Beteiligte nicht äußern konnte.[10] Den Verzicht auf eine dem § 28 Abs. 2 VwVfG entsprechende Generalklausel (»Von der Anhörung kann abgesehen werden, wenn sie nach den Umständen des Einzelfalls nicht geboten ist, insbesondere wenn …«) begründete der BT-Ausschuss für Arbeit und Sozialordnung damit, dass diese den Anspruch auf rechtliches Gehör stark einschränke. »Das besondere Abhängigkeitsverhältnis im Sozialrecht macht aber eine Anhörung des Betroffenen grundsätzlich in seinem Interesse erforderlich.«[11] Abgesehen von diesen verwaltungspolitischen Überlegungen findet das **Anhörungsrecht** eine **verfassungsrechtliche Verankerung**. Zwar lässt sich dazu nicht auf Art. 103 Abs. 1 GG rekurrieren, der allein auf das gerichtliche Verfahren zielt.[12] Das Anhörungsgebot gilt im Verwaltungsverfahren dessen ungeachtet als Ausdruck eines allgemeinen Rechtsgedankens, der insofern von § 24 konkretisiert wird. Als Grundlage dieses mittlerweile weitgehend anerkannten Rechtsgedankens wird etwa verwiesen auf den Grundsatz des fairen Verfahrens als wesentlicher Bestandteil

3 BSG, SozR 3–1300 § 24 Nr. 18; BSG, SozR 3–8850 Nr. 5.
4 Vgl. BSG, Urt. v. 24.07.2001 – B 4 RA 2/01 R, juris Leitsatz 1.
5 Die bis zum 01.01.1981 geltende Fassung des § 34 SGB I entsprach bis auf die nachfolgend angezeigten Änderungen wörtlich dem jetzigen § 24.
6 Siehe zur Begründung BT-Drucks. 8/4022, S. 95 f. zu § 23a RegE SGB X.
7 Art. 1 d. G. v. 18.08.1980 (BGBl. I, S. 1469, 1487).
8 Abs. 2 Nr. 7 SGB X wurde durch Art. 6 Nr. 1 d. G. v. 13.06.1994 (BGBl. I, S. 1229) eingefügt. In diesem Zusammenhang wurde Nr. 5 und Nr. 6 nur redaktionell angepasst. Der in Nr. 7 SGB X zuvor angesetzte DM-Betrag (100 DM) ist mit dem 4. Euro-Einführungsgesetz v 21.12.2000 (BGBl. I, S. 1983) zum 01.01.2002 auf den aktuellen Euro-Betrag umgestellt worden. Die Vorschrift gilt in der Neufassung des SGB X v. 18.01.2001 (BGBl. I, S. 130) ab dem 01.01.2001.
9 Vgl. BT-Drucks. 7/868, S. 28 zu § 34 RegE-SGB I.
10 Vgl. hierzu LSG Bayern, Beschl. v. 06.11.2023 – L 7 AS 297/23 NZB, Rn. 27.
11 BT-Drucks. 7/3786, S. 5.
12 BVerfGE 9, 89, 95; 27, 88, juris Rn. 44; 36, 321, 330; 101, 397, juris Rn. 26.

das Rechtsstaatsgebots[13] – hierauf hat auch das BVerfG abgestellt[14] -, den Grundrechtsschutz durch Verfahren[15] sowie auf den Schutz der Menschenwürde[16]. Hier kommt es auf die dogmatische Konturierung im Einzelnen nicht an. Im Ergebnis steht jedenfalls fest, dass der Einzelne von Verfassungs wegen auch in außergerichtlichen Verfahren nicht zum bloßen Objekt staatlicher Entscheidungen gemacht werden darf, ihm insbesondere die Möglichkeit gegeben werden muss, vor einer Entscheidung, die seine Rechte betrifft, zu Wort zu kommen, um Einfluss auf das Verfahren und dessen Ergebnis nehmen zu können.[17] Das Anhörungsrecht im behördlichen Verfahren gehört, wie Art. 41 Abs. 2 GRCh darüber hinaus deutlich macht, zu den rechtsstaatlichen Essentials des Verfassungsrechts der EU. Da eine unterbliebene Anhörung jedoch (inzwischen) nicht mehr nur bis zum Abschluss des Widerspruchsverfahrens, sondern bis zum Abschluss des zweitinstanzlichen Gerichtsverfahrens mit heilender Wirkung nachgeholt werden kann, zudem auf Antrag eine gerichtliche Verhandlung zur Nachholung der Anhörung ausgesetzt werden kann (§ 114 Abs. 2 SGG), ist die Stellung der Anhörung als Verfahrensgrundrecht wesentlich geschwächt.[18]

B. Einzelerläuterungen

I. Anwendungsbereich

Unmittelbare Anwendung findet § 24 auf alle Verfahren i.S.d. § 8, die auf Erlass eines Verwaltungsaktes gerichtet sind, der in Rechte eines **Verfahrensbeteiligten** eingreift; gem. § 62 Halbs. 2 gilt dies auch für das Widerspruchsverfahren nach §§ 77 ff. SGG, da im SGG eine eigene, dem § 71 VwGO entsprechende Bestimmung zur Anhörung fehlt.[19] Hat der beabsichtigte Verwaltungsakt nachteilige rechtsgestaltende Wirkung für einen am Verfahren bisher nicht beteiligten Dritten, so muss dieser zunächst seine Beteiligtenstellung durchsetzen (§ 12 Abs. 2 Satz 2), um sich auf § 24 berufen zu können; die behördliche Entscheidung nach § 12 Abs. 1 Nr. 4, Abs. 2 hat konstitutive Bedeutung. Im Falle gesetzlicher **Vertretung** (insb. § 1629 BGB) ist die Anhörung gegenüber dem gesetzlichen Vertreter vorzunehmen,[20] im Falle einer Bevollmächtigung gegenüber dem Bevollmächtigten.[21] Die nach § 38 Abs. 1 SGB II vermutete Bevollmächtigung der Vertretung einer Bedarfsgemeinschaft führt allerdings nicht dazu, dass die Anhörung des Vertreters für eine Leistungskürzung bei einem Mitglied der Bedarfsgemeinschaft genügt, denn das SGB II geht jeweils von Einzelansprüchen aus.[22] 4

Für Verwaltungsverfahren, die auf den Abschluss eines öffentlich-rechtlichen Vertrages gerichtet sind, gilt § 24 nicht. Seine Schutzfunktion erscheint insofern auch nicht notwendig, weil die Beteiligten entweder in der Position des Verhandlungspartners sind oder als Drittbetroffene ein 5

13 BVerfGE 38, 105, 111; *Steiner*, NZS 2002, 113, 118.

14 BVerfG, Beschl. v. 18.01.2000 – 1 BvR 321/96, Leitsatz 1.

15 Vgl. grundlegend BVerfGE 46, 325; 52, 380; 53, 30; ausführlich Isensee/Kirchhof/*Denninger*, Handbuch des Staatsrechts, Bd. V, § 13, insb. Rn. 27 ff.; im hier spezifischen Zusammenhang etwa OVG Oldenburg, NVwZ-RR 1993, 585, 586; VGH München, BayVBl 1985, 399 f.

16 Vgl. etwa Schütze/*Siefert*, SGB X, § 24 Rn. 3; Stelkens/Bonk/Sachs/*Bonk*/*Kallerhoff*, VwVfG, 8. Aufl., § 28 Rn. 2 m.w.N.; Kopp/Ramsauer, VwVfG, 16. Aufl., § 28 Rn. 3 m.w.N.; eher skeptisch BeckOGK/*Mutschler*, § 24 SGB X Rn. 2, Stand 6/2019.

17 BVerfGE 9, 89, 95; 65, 171, 174 f.; 101, 397, juris Rn. 29; vgl. insgesamt m.w.N. Hauck/Noftz/*Vogelsang*, § 24 SGB X Rn. 1.

18 Knickrehm/Roßbach/Waltermann/*Fichte*, 8. Aufl. 2023, § 25 SGB X Rn. 2.

19 Eine erneute Anhörung ist dann geboten, wenn sich die Widerspruchsbehörde auf einen nicht nur unwesentlich anderen Sachverhalt stützen will und wenn der Widerspruchsbescheid erstmals bzw. in weiterem Umfang im Vergleich zum Ausgangsbescheid eine Belastung enthält; vgl. BSG, SozR 3–1300 § 24 Nr. 21.

20 BeckOGK/*Mutschler*, SGB X, § 24 Rn. 10; vgl. auch BSG, Urt. v. 07.07.2011 – B 14 AS 144/10 R, juris Rn. 14 ff.; Die Anhörung gegenüber einem von regelmäßig zwei gesetzlichen Vertretern reicht aus; BSG, Urt. v. 04.06.2014 – B 14 AS 2/13 R = SozR 4–4200 § 38 Nr. 3 Rn. 14.

21 BeckOGK/*Mutschler*, SGB X, § 24 Rn. 10; es gilt § 13 Abs. 3 Satz 1, die Alternative des Satzes 2 besteht regelmäßig mangels Mitwirkungspflicht des Beteiligten nicht.

22 BSG, Urt. v. 07.07.2011 – B 14 AS 144/10 R, juris Rn. 14 ff.

Vetorecht gem. § 57 Abs. 1 besitzen. Wenn der Eingriff nicht (erst) durch Verwaltungsakt, sondern bereits unmittelbar durch eine gesetzliche Regelung erfolgt, findet § 24 ebenso wenig Anwendung[23]; z.B. bei Aufhebung einer Bewilligung unmittelbar durch Gesetzesänderung.[24] Vergleichbar ist die Veranlagung von Unternehmen nach § 160 SGB VII aufgrund eines neuen Gefahrtarifs.[25] Gleichfalls soll ein Anhörungsrecht zugunsten der Krankenkassen im Verfahren des Risikostrukturausgleichs in der GKV nicht bestehen.[26]

6 Nach einer Entscheidung des BSG aus dem Jahr 1995 soll § 66 Abs. 3 SGB I die in § 24 Abs. 1 geregelte Anhörungspflicht verdrängen. Die Rechtsfolgenbelehrung, die nach § 66 Abs. 3 SGB I vor der Versagung oder Entziehung von Sozialleistungen wegen der Verletzung von Mitwirkungsobliegenheiten nach §§ 60 ff. SGB I zu erfolgen habe, erfülle denselben Zweck wie eine Anhörung, da sie den Beteiligten auf die in Betracht kommenden Rechtsfolgen der fehlenden Mitwirkung d.h. eine vollständige oder teilweise Versagung (wobei streitig ist, ob es sich bei der Versagung überhaupt um einen eine Anhörungspflicht auslösenden Rechtseingriff handelt[27]) oder Entziehung der Sozialleistung – konkret hinweise und ihm eine angemessene Frist zur Nachholung der Mitwirkungshandlung setze. Somit bestehe für den Betroffenen die hinreichende Gelegenheit, sich zu den relevanten Tatsachen- und Rechtsfragen zu äußern, so dass ein dem § 24 Abs. 1 vergleichbarer Schutz vor Überraschungsentscheidungen und für die Mitwirkungsrechte gewährleistet sei.[28] Ob diese Begründung auch noch nach annähernd 30jähriger Fortentwicklung des Rechts trägt, ist zweifelhaft. Auch wenn inzwischen der Inhalt der Rechtsfolgenbelehrung durch die Rechtsprechung zum Schutz des Beteiligten konkretisiert und so konturiert wurde, dass ihm die zu erwartende Rechtsfolge klar vor Augen gebracht werden muss, falls er innerhalb der gesetzten Frist seiner Mitwirkungsobliegenheit nicht nachkommen sollte[29], so kann nicht übersehen werden, dass es sich bei der nach § 66 Abs. 1 oder 2 SGB I zu treffenden Entscheidung um eine Ermessensentscheidung handelt. Somit wird zwar die zu dem Zeitpunkt, in dem in Erfüllung des § 66 Abs. 3 für den Fall der erneuten Verletzung der Mitwirkungsobliegenheit »gedroht« wird, beabsichtigte Rechtsfolge konkret benannt und dem Beteiligten angedroht werden können. Bei dieser Androhung handelt es sich aber keineswegs um eine Vorwegnahme der späteren Ermessensentscheidung[30], so dass die spätere Entscheidung anders ausfallen kann. Dies zeigt sich insbesondere dann, wenn der Beteiligte auf die Rechtsfolgenbelehrung hin neue Tatsachen vorträgt, die aus seiner Sicht der Erfüllung der Mitwirkungsobliegenheit entgegenstehen. Die nach § 66 Abs. 1 und 2 SGB I zu treffende Ermessensentscheidung hat sich mit diesen neuen Tatsachen zu befassen, es ist auch nicht ausgeschlossen, dass aufgrund dieser Tatsachen eine andere – auch eine einschneidendere – als die zum Zeitpunkt der Rechtsfolgenbelehrung beabsichtigte Entscheidung getroffen wird. Somit kann es trotz vorheriger Rechtsfolgenbelehrung im Einzelfall erforderlich sein, den Beteiligten vor dem Erlass des Versagungs- oder Entziehungsbescheids anzuhören.

Die Hinweispflicht und Aufforderung im Rahmen des rentenrechtlichen Statusfeststellungsverfahrens nach § 7a Abs. 4 und 4 SGB VI geht der allgemeinen Anhörungspflicht vor. Spezialgesetzliche Ausnahmen über § 24 Abs. 2 hinaus enthalten etwa § 18e Abs. 6 SGB IV und § 149 Abs. 5 Satz 2 SGB VI.

7 Als Ausdruck eines im Rechtsstaatsprinzip und den Grundrechten wurzelnden Rechtsgedankens – insbesondere des Fairnessprinzips – (Rdn. 3) kann ein Anhörungsrecht **entsprechend** § 24 aber auch in Fällen zur Anwendung kommen, in denen eine Verwaltungsentscheidung oder auch ein tatsäch-

23 BSGE 58, 72, 73; 61, 192 f.; BSG, SozR 3870 § 58 Nr. 1; BSG, Breithaupt 1986, 62.
24 LSG Rheinland-Pfalz, Breithaupt 1997, 835.
25 BSG, SozR 4–2700 § 162 Nr. 1.
26 BSGE 90, 231, juris Rn. 46 f.; dem folgend BeckOGK/*Mutschler*, § 24 SGB X Rn. 6, Stand 06/2019.
27 Dies ablehnend jurisPK-SGB X/*Apel*, 3. Aufl. § 24 SGB X Rn. 18.
28 BSG, Urt. v. 22.02.1995 – 4 RA 44/94, BSGE 76, 16, 20.
29 st.Rspr. z.B. BSG, Urt. v. 25.05.2005 – B 11a/11 AL 81/04 R, juris Rn. 25.
30 BSG, Urt. v. 12.10.2018 – B 9 SB 1/17 R, Leitsatz.

liches Verwaltungshandeln unmittelbar in Rechte des Bürgers eingreift und es an einer Anhörungsvorschrift fehlt.[31] Die Aufforderung zur Kostensenkung nach § 22 Abs. 1 Satz 2 SGB II soll in diesem Sinne keinen Eingriff darstellen, da nur zukünftige Leistungsansprüche hiervon betroffen seien.[32] In diesem Zusammenhang umstritten ist insbesondere eine dem § 24 entsprechende Anhörungspflicht vor dem Erlass einer **Vollziehungsanordnung nach § 86a Abs. 2 Nr. 5 SGG**. Die h.M. erkennt in ihr keinen Verwaltungsakt und lehnt deshalb auch eine Anhörungspflicht ab.[33] Die gesetzliche Ausgestaltung des Anordnungsverfahrens, so die Begründung, sei abschließend und sehe keine Anhörung vor. Außerdem stehe einer entsprechenden Heranziehung des § 24 entgegen, dass es bei der Vollziehungsanordnung auf eine Vorwarnfunktion nicht ankomme, diese sei bereits mit dem erlassenen VA gegeben, weshalb es einer Zweitanhörung nicht bedürfe. Die h.M. überzeugt in ihrer pauschalen Ausschaltung des rechtlichen Gehörs nicht.[34] Das Verfahren der Vollziehungsanordnung im SGG lässt sich angesichts seines fragmentarischen Charakters kaum als abschließend geregelt ansehen. Insofern kann nicht davon ausgegangen werden, dass der Gesetzgeber das verfassungsrechtlich verankerte Anhörungsrecht bewusst in jedem Fall ausschließen wollte; in den Gesetzesmotiven finden sich keine entsprechenden Aussagen. Das Anhörungsrecht ist demnach verfassungsunmittelbar in solchen Fällen zu beachten, in denen der Betroffene ein entsprechend schutzwürdiges Interesse an der Beteiligung vor einer Entscheidung hat wie im Regelfall des § 24. Dies wird zumeist zu verneinen sein, wenn die Vollzugsanordnung gleichzeitig oder in engem zeitlichem Zusammenhang mit dem zu vollziehenden Verwaltungsakt ergeht. Dann genügt es, wenn der Betroffene Gelegenheit hatte, sich zu dem Verwaltungsakt selbst zu äußern. Ist nach Erlass des Verwaltungsaktes, gegen den ein Rechtsbehelf eingelegt wurde, jedoch bereits ein längerer Zeitraum verstrichen und muss nicht mit der Vollziehung des Beschlusses gerechnet werden, ist dem Betroffenen grundsätzlich ein Anhörungsrecht einzuräumen, denn in solchem Fall geht es um eine zu vermeidende Überraschungsentscheidung[35]. Rechtliches Gehör ist dem Betroffenen auch vor einer **Anordnung der sofortigen Vollziehung** zu gewähren.[36] Dies ist nicht allein dann der Fall, wenn die Gefahr besteht, dass durch die Anordnung und deren Umsetzung vollendete Tatsachen geschaffen werden, also Rechtsbeeinträchtigungen in Rede stehen, die nachträglich auch bei erfolgreichem Rechtsbehelf nicht mehr korrigiert werden können oder wenn schwerwiegende Grundrechtseingriffe drohen[37].[38] Eine Ausnahme kommt gemäß § 24 Abs. 2 Nr. 1 dann in Betracht, wenn die Anhörung den Vollzug des Verwaltungsaktes gefährden würde.[39] Die herrschende Rechtsauffassung in der Literatur, die der Anordnung der sofortigen Vollziehung einen sachlichen Regelungsgehalt abspricht[40] und sie nur als Annex einer Regelung betrachtet[41], verkennt, dass die Anordnung die für den Adressaten günstige Rechtsposition, dass der belastende Verwaltungsakt auf seinen Widerspruch hin zunächst nicht voll-

31 Kopp/Ramsauer, VwVfG, 16. Aufl., § 28 Rn. 5 m.w.N.; Stelkens/Bonk/Sachs/*Bonk/Kallerhoff*, VwVfG, 8. Aufl., § 28 Rn. 12 m.w.N.

32 BSG, Urt. v. 19.02.2009 – B 4 AS 30/08 R; BSG, Urt. v. 07.11.2006 – B 7b AS 10/06 R.

33 So Berchtold/*Binder*, SGG, 6. Aufl. 2021, § 86a Rn. 20; Meyer-Ladewig/Keller/Schmidt, SGG, 14. Aufl. 2023, § 86a Rn. 22.

34 Krasney/Udsching, Groth/Messling/*Groth*, Handbuch des sozialgerichtlichen Verfahrens, 8. Aufl. 2022, Kapitel V Rn. 25; Redeker/von Oertzen, VwGO, 15. Aufl., § 80 Rn. 27.

35 OVG Lüneburg, NVwZ-RR 1993, 585–587; BayVGH, BayVBl 1985, 399, 401; *Hufen*, Fehler im Verwaltungsverfahren, 4. Aufl., Rn. 182.

36 LSG Schleswig-Holstein, Beschl. v. 10.03.2000 – L 1 B 16/00 KR ER, S. 7 f.

37 Vgl. etwa BVerfG, NJW 1990, 2309 (einstweilige Entscheidung zur Unterbringung in psychiatrischer Anstalt).

38 So noch die Vorauflage.

39 Vgl. ausführlich *Schenke*, VerwArch Bd. 91 (2000), 587 ff., insb. 594.

40 Berchthold/*Binder*, SGG, 6. Aufl. 2021, § 86a Rn. 19 f.; jurisPK-SGG/*Richter*, § 86a SGG Rn. 56; jurisPK-ERV/*Schnitzer*, §§ 86a, 86b Rn. 25; *Horn*, Vorläufiger Rechtsschutz vor den Sozialgerichten, ZfSH/SGB 2023, S. 259, 263.

41 Meyer-Ladewig/Keller/Schmidt/*Keller*, 14. Aufl. 2023, § 86a SGG Rn. 17a.

zogen werden darf, vernichtet, so dass ihn die belastende Regelung früher trifft. Hierin liegt eine Verringerung des rechtlichen Status quo und eine eigenständige Regelung.

II. Grundsatz der Anhörungspflicht

1. Eingreifender Verwaltungsakt

8 Jeder Beteiligte (vgl. § 12) ist nach Abs. 1 vor Erlass eines solchen Verwaltungsaktes anzuhören, der in seine Rechte »eingreift«. In die Rechte eines Beteiligten wird dann eingegriffen, wenn die beabsichtigte Verwaltungsentscheidung den **Rechtskreis des Betroffenen beeinträchtigt**.[42] Überwiegend wird dabei die bisherige, beim Beteiligten bereits vorhandene, schon konkretisierte Rechtsstellung in den Blick genommen und für das Anhörungsrecht vorausgesetzt, dass der status quo in einen status quo minus verwandelt werden soll.[43] Diese Konstellation ist unstreitig der Fall, wenn gewährte Sozialleistungen entzogen, geschmälert oder zurückgefordert werden sollen[44], wenn ein für Leistungen maßgeblicher Status entzogen werden soll[45], wenn Verhaltens-[46] oder Beitragspflichten[47] auferlegt werden oder auch etwa wenn es um die Kürzung des Honorars eines Vertragsarztes[48] geht.

9 Eine Anhörungspflicht besteht auch dann, wenn ein **vorläufiger Verwaltungsakt** durch eine weniger günstige endgültige Regelung **ersetzt** wird.[49] Der Annahme eines Eingriffs in die Rechte des Betroffenen soll nicht entgegenstehen, dass sich der vorläufige Verwaltungsakt durch Erlass des ersetzenden Endbescheides erledigt.[50] Vorläufige Verwaltungsakte verschafften zwar nur für einen begrenzten Zeitraum Rechtswirkungen und der Berechtigte kann auf ihre Regelung nur bis zum abschließenden Bescheid vertrauen. Gleichwohl sieht das BSG die vorläufig geschaffene Rechtsposition als »eingriffsfähiges« Recht an und verweist darauf, dass i.S.v. § 24 selbst »vorläufige, noch nicht voll verfestigte Positionen, die z.B. auf einem noch nicht unanfechtbar gewordenen Bescheid beruhen, eingriffsfähige Rechte« seien.[51] Gleiches gelte für Bescheide, die eine vorläufige Rente entziehen und zugleich die Gewährung einer Dauerrente ablehnen oder niedriger festsetzen.[52] Für den Eingriff in den Rechtskreis des Betroffenen ist nach der Rechtsprechung nicht entscheidend, auf welche Weise die gewährte Rechtsposition untergeht, sondern allein, dass durch einen neuen Bescheid die gleiche Rechtsfolge eintritt, wie wenn der Betroffene gewährte Rechte durch Entziehungsbescheid

---

42 So die Gesetzesbegründung in BT-Drucks. 7/868, S. 28 zur wortgleichen Vorgängervorschrift des § 34 SGB I; vgl. auch BSGE 87, 122, 123.

43 BSG, SozR 3–4100 § 139a AFG Nr. 1; BeckOK-SozR/*Weber*, SGB X § 24 Rn. 8, Stand 12/2023; Stelkens/Bonk/Sachs/*Bonk/Kallerhoff*, VwVfG, 8. Aufl., § 28 Rn. 26 ff. m.w.N.; vgl. auch BR-Drucks. 227/73, S. 51.

44 Etwa Entzug oder Kürzung von Renten (BSGE 47, 249, 253; 106, 43; BSG, SozR 1300 § 24 Nr. 6, 9, 11; SozR 3–1300 § 32 Nr. 1); Entziehung des Merkzeichens »aG« (BSGE 87, 122, 123); Rücknahme, Aufhebung und Rückforderung von Geldleistungen (BSG, SozR 1300 § 45 Nr. 12; SozR 1200 § 48 Nr. 12); Abzweigung von Geldleistungen an andere (BSGE 64, 17, 23), Überleitung von Ansprüchen eines Hilfeempfängers auf den Sozialhilfeträger (BSG, Urt. v. 02.02.2010 – B 8 SO 17/08 R, juris Rn. 4, 13).

45 Z.B. niedrigere Neufeststellung des Grades der MdE (BSG, SozR 1300 § 24 Nr. 7) oder des GdB (BSG, SozR 3–1300 § 24 Nr. 15); Herabsetzung der Pflegestufe (SG Hannover, RdLH 2001, 75).

46 Etwa Auskunftsverpflichtung nach § 117 SGB XII (VGH Bayern, Beschl. v. 10.03.2003 – 12 ZB 02.2679 – noch zu § 116 BSHG).

47 BSG, SozR 1200 § 34 Nr. 7; BSGE 69, 247, 249.

48 BSG, Urt. v. 12.12.2001 – B 6 KA 3/01 R, BSGE 89, 90, 93.

49 BSG, Urt. v. 10.09.2000 – B 9 SB 1/00 R, BSGE 87, 122, juris Rn. 13 zu einem Vorbehaltsbescheid nach § 22 Abs. 4 KOVVfG.

50 Dazu etwa BSGE 67, 104, 109 f.

51 BSG, SozR 1200 § 34 Nr. 8 S. 38.

52 BSG, SozR 1200 § 34 Nrn. 3, 4, 6, 9 und 12.

aberkannt bekomme.[53] So gilt auch bei Rückforderung überzahlter Vorschüsse i.S.d. § 42 Abs. 1 SGB I grundsätzlich eine Anhörungspflicht.[54]

Kontrovers wird beurteilt, ob eine Anhörungspflicht auch dann besteht, wenn eine erstmals **beantragte Leistung** ganz oder teilweise **abgelehnt** werden soll. Die Rechtsprechung[55] und die wohl überwiegende Meinung im sozialverfahrensrechtlichen Schrifttum[56] lehnt dies ab. Dabei wird zentral darauf verwiesen, dass § 24 Abs. 1 nicht auf einen belastenden, sondern auf einem »eingreifenden« Verwaltungsakt abstelle. Die Ablehnung einer Sozialleistung sei zwar ein nicht begünstigender Verwaltungsakt, wirke als solcher belastend und sei im Rahmen der §§ 44 ff. auch als belastender Verwaltungsakt zu interpretieren. Dennoch handele es sich nicht um einen eingreifenden Verwaltungsakt, weil keine bereits vorhandene Rechtsposition entzogen werde. Bei einer abgelehnten Sozialleistung bleibe die vorhandene Rechtsstellung des Beteiligten nur erhalten, sie verschlechtere sich aber nicht. 10

Diese Ansicht erscheint begriffsjuristisch verkürzt und erfährt von der wohl überwiegenden Ansicht in der Literatur zu § 28 VwVfG[57] zutreffend **Kritik**. Bereits eine normsystematische Betrachtung spricht für ein Anhörungsrecht auch für den Fall der bescheidmäßigen vollständigen oder teilweisen Ablehnung beantragter Leistungen. Denn andernfalls machte die Ausnahmeregelung des Abs. 2 Nr. 3 kaum einen Sinn. Die Vorschrift macht hinreichend deutlich, dass auch die Ablehnung geltend gemachter Ansprüche grundsätzlich als Eingriff i.S.d. des § 24 Abs. 1 zu werten ist. Auch der gesetzessystematische Blick auf den eng verbundenen § 25 kommt zu diesem Ergebnis. Das Akteneinsichtsrecht ist nicht auf Verwaltungsverfahren begrenzt, die auf einen nur im engeren Sinne eingreifenden Verwaltungsakt gerichtet sind, sondern ist abhängig von der Erforderlichkeit zur eigenen Rechtsverteidigung, erfasst also auch Fälle der Leistungsablehnung.[58] Schließlich sprechen für eine solche Sicht aber teleologische Gesichtspunkte. Nach § 40 Abs. 1 SGB I entstehen Ansprüche auf Sozialleistungen, sobald ihre im Gesetz bestimmten Voraussetzungen erfüllt sind. In den damit entstandenen Anspruch auf einen begünstigenden Verwaltungsakt greift eine ablehnende Entscheidung ein. Ist der entsprechende Anspruch, wie nicht selten, grundrechtlich unterfangen (etwa Art. 14 Abs. 1 GG im Hinblick sozialversicherungsrechtliche Ansprüche; Art. 1 Abs. 1 i.V.m. mit dem Sozialstaatprinzip für Ansprüche der Grundsicherung oder Sozialhilfe; Art. 2 Abs. 2 bzw. Art. 2 Abs. 1 i.V.m. dem Sozialstaatprinzip für Behandlungsansprüche in der GKV), so geht es ersichtlich auch um Eingriffe in die grundrechtlich geschützte Rechtspositionen. Von ihrer Bedeutung her ist gerade im Sozialrecht die Vorenthaltung einer Leistung für den Betroffenen i.d.R. mit ebenso gravierenderen Auswirkungen verbunden wie etwa eine nachträgliche Leistungskürzung. Zudem geht es im Sozialrecht schon an sich überwiegend um Entscheidungen über Leistungsansprüche. Eine gespaltene Zuerkennung des Anhörungsrechts ist deshalb von der Sache her nicht angezeigt, verkürzt außerdem Aspekte des Grundrechtsschutzes durch Verfahren in Antragsverfahren und degradiert den Einzelnen in verfassungsrechtlich problematischer Weise tendenziell vom Subjekt zum Objekt des Verfahrens. Schließlich ist darauf zu verweisen worden, dass auch das Gemeinschaftsrecht ein 11

53 BSG, Urt. v. 10.09.2000 – B 9 SB 1/00 R, BSGE 87, 122, juris Rn. 13.

54 Erfolgt die Rückforderung nach Maßgabe der Einkommensangaben des Beteiligten, muss gem. § 24 Abs. 2 Nr. 3 keine Anhörung vorausgehen; BSG, SozR 3–1300 § 24 Nr. 12. Wenn das BSG allerdings weitergehend argumentiert, die Pflicht zur Erstattung überzahlter Vorschüsse ergebe sich schon aus dem Gesetz, so dass Rückforderungen nicht in Rechtspositionen des Betroffenen, auf deren Bestand er vertrauen konnte, eingriffen, überzeugt dies nicht.

55 Vgl. etwa BSG, Urt. v. 09.12.2004 – B 6 KA 44/03 R = BSGE 94, 50 ff. = SozR 4–2500 § 72 Nr. 2 Rn. 36 m.w.H.; BSG, Urt. v. 29.11.1990 – 7 RAr 6/90, BSGE 68, 42, 44; BSG, SozR 3–1200 § 34 Nr. 8; BVerwGE 66, 184, 186; LSG Nordrhein-Westfalen, Urt. v. 21.07.2004 – L 10 KA 5/02, juris Rn. 67 m.w.N.

56 BeckOGK/*Mutschler*, § 24 SGB X Rn. 8, Stand 06/2019; Hauck/Noftz/*Vogelsang*, SGB X § 24 Rn. 5b; Diering/Timme/Stähler/*Lang*, SGB X, 6. Aufl. 2022, § 24 Rn. 10; jurisPK-SGB X/*Apel*, § 24 Rn. 18.

57 Vgl. Kopp/Ramsauer, VwVfG, 16. Aufl., § 28 Rn. 26 ff. mit umfassenden Hinweisen in Fn. 59.

58 Schütze/*Siefert*, SGB X, § 25 Rn. 3.

Anhörungsrecht nicht allein bei Verwaltungsentscheidungen fordert, die einen bereits anerkannten rechtlichen Besitzstand verkürzen, sondern bei allen »nachteiligen« Maßnahmen.[59]

Insgesamt sprechen daher die besseren Argumente dafür, den Tatbestand des **Abs. 1 auch bei Ablehnung beantragter Begünstigungen** als erfüllt anzusehen[60], wenn der geltend gemachte Anspruch nach den Kriterien der Klagebefugnis (§ 54 Abs. 1 Satz 2 SGG) möglich erscheint.[61] Entsprechendes muss gelten, wenn eine von Amts wegen festzustellende Leistung (z.B. § 18 SGB XII) abgelehnt werden soll oder bei beabsichtigter Ablehnung oder niedrigerer Festsetzung der Wiederbewilligung von Bürgergeld oder Sozialhilfe nach Ablauf eines Bewilligungsabschnitts.[62] Kritikwürdig ist insofern auch die Ansicht des BSG, im Falle eines Überprüfungsantrags nach § 44 SGB X eine Anhörungspflicht abzulehnen, weil dieser darauf gerichtet sei, einen nicht begünstigenden Verwaltungsakt zurückzunehmen.[63] Bei Auswechslung der Rechtsgrundlage (z.B. statt § 48 SGB X nun § 45 SGB X) wird eine Eingriffsqualität immerhin dann angenommen, wenn damit weitere Änderungen verbunden sind, etwa Ermessensentscheidung statt gebundener Entscheidung oder Prüfung von Vertrauenstatbeständen.[64]

2. Gelegenheit zur Äußerung

12 Dem Beteiligten, dem ein Rechtseingriff droht, ist rechtzeitig **vor Erlass** des belastenden Verwaltungsakts Gelegenheit zu geben, sich zu den für die beabsichtigte Entscheidung erheblichen Tatsachen zu äußern. Die Gewährung rechtlichen Gehörs soll eine Einflussnahme auf die Entscheidung ermöglichen[65], weshalb die Behörde grundsätzlich erst nach Anhörung abschließend entscheiden darf. »Erlassen« i.S.d. § 24 Abs. 1 ist der Verwaltungsakt deshalb, wenn der berufene Amtsträger die Entscheidung abgesetzt bzw. das entscheidende Gremium den Beschluss gefasst hat, also die Willensbildung erkennbar abgeschlossen ist. Da nur eine Verpflichtung besteht »**Gelegenheit** zu geben«, ist es nicht erforderlich, dass die Stellungnahme tatsächlich erfolgt. Macht der Beteiligte von der Möglichkeit der Anhörung keinen Gebrauch, so darf ohne seine Äußerung entschieden werden.[66]

13 Dem betroffenen Beteiligten ist eine angemessene **Frist zur Anhörung** zu gewähren. Er muss Zeit haben, die mögliche Entscheidung zu bedenken, eventuelle Beweismittel zu beschaffen und sich juristisch und ggf. medizinisch kundig beraten zu lassen.[67] Über die Angemessenheit einer Anhörungsfrist ist nach den Umständen des Einzelfalls unter Berücksichtigung des Zwecks der Anhörung zu entscheiden.[68] Die Einräumung einer bloß formellen Möglichkeit zur Stellungnahme zu den von der Behörde berücksichtigten Tatsachen und Beweisergebnissen genügt nicht. Der Beteiligte muss unter Berücksichtigung seiner individuellen Fähigkeiten in die Lage versetzt werden, die Tatsachen und Beweisergebnisse zu erfassen und sich über die beabsichtigten Folgerungen der Behörde klar zu werden. Insofern können der Umfang der für die Entscheidung erheblichen Tatsachen und der Schwierigkeitsgrad zu deren Verständnis, die vorhandene oder nicht vorhandene Sachkunde des

---

59 Art. 41 Abs. 2 lit. a) GRCH; zu der bereits seit langem entsprechenden Rechtsprechung des EuGH vgl. die Nachweise bei Kopp/Ramsauer/*Ramsauer*, VwVfG, 16. Aufl., § 28 Rn. 12.

60 So auch *Weber*, DVP 2011, 497, 498; OVG Nordrhein-Westfalen, Urt. v. 01.07.1983 – 4 A 248/82.

61 Kopp/Ramsauer, VwVfG, 16. Aufl., § 28 Rn. 27.

62 A.A. BSGE 68, 42, 46. Wenn dort überlegt wird, dass im Hinblick auf § 24 Abs. 2 Nr. 3 ein Anhörungsrecht gelten könne, wenn von den tatsächlichen Angaben oder Erklärungen des Antragstellers zu seinen Ungunsten abgewichen werden solle, dann ist dies inkonsequent. Denn der Zugriff auf die Ausnahme nach Abs. 2 setzt eine grundsätzliche Anhörungspflicht nach Abs. 1 voraus.

63 BSG, Beschl. v. 10.08.2010 – B 13 R 140/10 B.

64 BSG, Urt. v. 21.06.2011 – B 4 AS 21/10 R = BSGE 108, 258–267 = SozR 4–4200 § 11 Nr. 39 Rn. 35.

65 BSGE 44, 207, 211; 57, 192, 194.

66 So etwa auch zu Art. 103 Abs. 1 GG: BVerfGE 5, 9, 11; BSGE 7, 209, 211.

67 Vgl. allgemein zu den Anforderungen an die Gewährung rechtlichen Gehörs BSG, SozR 1500 § 117 Nr. 2.

68 Vgl. BSGE 73, 175, 180 m.w.N.

Beteiligten sowie seine Informations- und Beratungsmöglichkeiten von Bedeutung sein.[69] Das BSG geht davon aus, dass bei einem Sachverhalt mit medizinischen Fragen eine Regelanhörungsfrist von mindestens zwei Wochen unter zusätzlicher Berücksichtigung der Postlauffristen angemessen ist.[70] Je nach Komplexität der Sach- und Rechtslage sowie den besonderen Umständen des Einzelfalls ist eine Anhörungsfrist nur dann angemessen, wenn sie diesen zweiwöchigen Zeitraum deutlich überschreitet. Bei der Anhörungsfrist handelt es sich um eine behördliche Frist (§ 26 Abs. 2), die das Ende des Zeitraums markiert, den die Behörde als angemessen für eine Äußerung hält.[71] Die Behörde kann (§ 26 Abs. 7; ggf. auch nach deren Ablauf, sofern der Verwaltungsakt noch nicht erlassen wurde) und muss deshalb die Frist verlängern, wenn besondere Umstände vorliegen;[72] insbesondere haben die Beteiligten grundsätzlich einen Anspruch auf Fristverlängerung, wenn sie ohne ihr Verschulden nicht in der Lage waren, die Frist einzuhalten (§ 26 Rdn. 14). Hat es die Behörde versäumt, eine konkrete Frist zu setzen, so ist gleichwohl von einer ordnungsgemäßen Anhörung auszugehen, wenn dem Beteiligten verdeutlicht wurde, dass ihm Gelegenheit zur Stellungnahme zur konkret beabsichtigten Entscheidung eröffnet wird, und vor dem Erlass des Verwaltungsaktes ein angemessener Zeitraum abgewartet wird.

Die Behörde **verletzt die Anhörungspflicht**, wenn sie vor Ablauf der Frist entscheidet[73] oder ohne 14
Fristsetzung nicht angemessen abwartet. Auch wenn sich der Beteiligte nach Ablauf der Anhörungsfrist – aber vor Erlass des Verwaltungsaktes – äußert, ist seine Stellungnahme zu berücksichtigen.[74] Eine zu kurz gesetzte Frist wird nicht dadurch geheilt, dass die Behörde nachträglich nach Ablauf der Frist mit ihrer Entscheidung so lange wartet, dass sich eine angemessene Frist ergibt.[75] Da der Beteiligte aufgrund der Fristsetzung nicht davon ausgehen kann, dass eine später abgegebene Stellungnahme noch berücksichtigt wird, ist die Zeit des über den Fristablauf dauernden Abwartens der Behörde nicht als Gelegenheit zur Stellungnahme anzusehen. Setzt die Behörde eine Frist, so hat sie auch dann bis zu deren Ablauf den Eingang einer Stellungnahme abzuwarten, wenn die Frist länger als angemessen ist.[76] Ist die Frist zu kurz bemessen, so liegt ein Anhörungsfehler und damit eine Verfahrensrechtsverletzung unabhängig davon vor, ob der Betroffene sich tatsächlich geäußert hätte oder hätte äußern wollen[77] bzw. ob er in der Lage gewesen wäre, die betreffenden Tatsachen zu entkräften.[78] Die Verletzung der Anhörungspflicht führt – falls eine Heilung i.S.d. § 41 Abs. 1 Nr. 3 nicht (mehr) in Betracht kommt (Rdn. 33) – zur Rechtswidrigkeit des Verwaltungsaktes und ist gerichtlich stets von Amts wegen zu berücksichtigen, auch wenn sich der Betroffene nicht darauf berufen hat.[79] Insbesondere stellt eine im Klageverfahren nicht erhobene Rüge mangelnder Anhörung keinen Verzicht dar. Anders als bei sonstigen Verfahrensfehlern hängt die Aufhebung des ohne Anhörung erlassenen Verwaltungsaktes nicht davon ab, ob sich der Fehler auf die materiell-rechtliche Entscheidung ausgewirkt haben kann (§ 42 Satz 2). Die Aufhebung erfolgt allerdings nur dann, wenn sie nicht bis zum Ablauf des letzten tatsacheninstanzlichen Gerichtsverfahrens geheilt wurde (§ 41 Abs. 1 und 2). Ein prozessual beachtlicher Verzicht auf die Geltendmachung eines Verfahrensmangels bedarf regelmäßig einer ausdrücklichen Erklärung des Verzichtenden.[80] Allerdings soll es auch als Verzicht zu werten sein, wenn das Gericht einen fachkundig durch einen Rechtsanwalt

69 BSG, SozR 1200 § 34 Nr. 12, juris Rn. 15 ff.
70 BSGE 71, 104, 106; BSG, SozR 1200 § 34 Nr. 12; BSG, SozR 1300, § 24 Nr. 4. Die Zweiwochenfrist ist jedoch für die Anhörung über eine Unfallrente eines in der Türkei wohnhaften Versicherten zu kurz (LSG Nordrhein-Westfalen, SGb 1987, 250).
71 BSG, SozR 1300 § 24 Nr. 4; BeckOGK/*Mutschler*, § 24 SGB X Rn. 18, Stand 06/2019.
72 BSG, Urt. v. 06.08.1992 – 8/5a RKnU 1/87, BSGE 71, 104, 105.
73 BSGE 70, 133 ff.; BSG, SozR 1200 § 34 Nr. 12.
74 BSG, SozR 1500 § 67 Nr. 12.
75 BSG, Urt. v. 06.08.1992 – 8/5a RKnU 1/87 –, BSGE 71, 104, 105.
76 BSG, SozR 1200 § 34 Nr. 11; BeckOGK/*Mutschler*, § 24 SGB X Rn. 20 m.w.N., Stand 06/2019.
77 BSG, Urt. v. 06.08.1992 – 8/5a RKnU 1/87, BSGE 71, 104, 107.
78 BSG, SozR 3–1300 § 24 Nr. 11, juris Rn. 26.
79 BSG Großer Senat, Beschl. v. 19.02.1992 – GS 1/89, BSGE 70, 133 ff.
80 BSG, VersorgB 1983, 95.

vertretenen Kläger ausdrücklich auf die Verletzung seines Anhörungsrechts hingewiesen hat und er sich trotz dieses ausdrücklichen Hinweises in keiner Weise auf die Verletzung des Anhörungsrechtes beruft.[81] Diese Rechtsauffassung begründete das LSG Niedersachsen-Bremen damit, das Gericht habe es hinzunehmen, wenn der Anzuhörende eine neue Überprüfung durch die Behörde nicht (ausdrücklich oder sinngemäß) verlange. Aus einem solchen Verhalten sei die Schlussfolgerung zu ziehen, der Beteiligte mache von einer »nachgeholten Anhörung (…) keinen Gebrauch«.[82] Diese Rechtsauffassung verkehrt die Pflicht der Behörde zur Anhörung zu einer Pflicht des Beteiligten, die Anhörungsverletzung zu rügen und die Anhörung einzufordern, die jedoch im SGB X nicht geregelt sind. Zwar setzt die Verwirklichung des Anspruchs auf rechtliches Gehör eine aktive Beteiligung des Bürgers im eigenen Interesse – also eine Stellungnahme – voraus[83], dies gilt aber nicht gleichermaßen für die Entstehung der Anhörungspflicht, die allein die Absicht, einen belastenden Verwaltungsakt zu erlassen und das Fehlen von gesetzlichen Ausnahmetatbeständen voraussetzt und ebenso wenig für die kraft Gesetzes eintretenden Rechtsfolgen der Verletzung des § 24. Auch wenn durch den Adressaten des Verwaltungsaktes eine fehlende Anhörung weder im Widerspruchs- noch im Klageverfahren gerügt wurde, bleibt der Anhörungsfehler beachtlich.[84] Da keine Pflicht zur Stellungnahme geregelt ist, ist das Schweigen im Anhörungsverfahren weder als widersprüchlich oder rechtsmissbräuchlich anzusehen, noch kann es mit einer unzureichenden Mitwirkung im Antragsverfahren gleichgesetzt werden.[85]

15 Eine bestimmte **Form** ist für die Anhörung ebenso wenig vorgeschrieben wie für das Verfahren selbst (§ 9). Sie kann daher schriftlich, mündlich, u.U. auch fernmündlich[86] oder auch elektronisch erfolgen, wenn der Beteiligte einen Zugang eröffnet hat; auch eine Kombination der Formen (etwa telefonische Nachfrage) ist möglich. Regelmäßig wird in der Praxis die Schriftform gewählt, was auch aus Gründen der Beweisbarkeit des Ob und des Inhalts der Anhörung zu empfehlen ist. Ein Anspruch auf mündliche Anhörung besteht grundsätzlich nicht[87]; etwas anderes wird man annehmen müssen, wenn der Anzuhörende etwa des Lesens und Schreibens nicht hinreichend mächtig ist. Die Anhörungspflicht kann nicht durch Hinweis auf die Möglichkeit der Akteneinsicht erfüllt werden.[88] Die Gelegenheit zur Äußerung muss gegenüber der Behörde bestehen, die über den Verwaltungsakt entscheidet; die Möglichkeit zur Äußerung gegenüber einem Gutachter genügt daher nicht.[89]

3. Effektive Anhörung zu entscheidungserheblichen Tatsachen

16 Um dem Zweck des Anhörungsrechts gerecht zu werden, muss die Behörde dem Beteiligten mitteilen, dass sie beabsichtigt, eine ihn belastende Entscheidung zu treffen. Dabei hat sie die nach ihrer Ansicht einschlägige gesetzliche Grundlage[90] und die »für die Entscheidung erheblichen Tatsachen« zu benennen sowie den ins Auge gefassten Entscheidungsinhalt[91] und ggf. zudem wichtige Folgewirkungen der Entscheidung[92] mitzuteilen. Nur bei einer in dieser Art **hinreichenden Information** ist der Beteiligte in der Lage, sachgerecht seine Sicht der Dinge darzustellen und sich gegen den beabsichtigten Eingriff zu wehren und hat somit Gelegenheit zur Stellungnahme. Inwieweit zu

81 LSG Niedersachsen-Bremen, Urt. v. 26.04.2006 – L 4 KR 57/02, juris Rn. 75.
82 LSG Niedersachsen-Bremen, ebenda.
83 So bereits BSG, 30.03.1982 – 2 RU 73/81 juris Rn. 19.
84 Vgl. BSG, 07.07.2021 – B 14 AS 144/10 R; in dieser Entscheidung hatte erst das BSG erkannt, dass ein minderjähriger Adressat eines Verwaltungsaktes nicht angehört worden war.
85 So zu Recht LSG Sachsen-Anhalt, Urt. v. 04.05.2021 – L 4 AS 82/20, juris Rn. 32.
86 BSG, SozSich 1982, 361; LSG Nordrhein-Westfalen, NVwZ 1989, 2.
87 Hauck/Noftz/*Vogelsang*, SGB X, § 24 Rn. 8 m.w.N., Stand 8/2003.
88 BSG, SozR 1300 § 24 Nr. 9 S. 19; BSG, SozR 3–1300 § 24 Nr. 15.
89 BSGE 44, 207, 208; BeckOGK/*Mutschler*, § 24 SGB X Rn. 17 m.w.N., Stand 06/2019.
90 Vgl. dazu etwa LSG Brandenburg-Berlin, Urt. v. 17.04.2003 – L 16 RA 9/02; v. 29.11.2005 – L 22 KN 25/03.
91 So auch Diering/Timme/Stähler/*Lang*, 6. Aufl. 2022, § 24 SGB X Rn. 12.
92 A.A. BeckOGK/*Mutschler*, § 24 SGB X Rn. 11a, Stand 06/2019.

informieren ist, hängt von den Umständen des Einzelfalles ab, insbesondere auch davon, über welche Informationen der Beteiligte verfügt[93] und zum Gegenstand der Entscheidung machen will. Die entscheidungserheblichen Tatsachen und Beweisergebnisse sind soweit zu vermitteln, dass dem Beteiligten ersichtlich wird, ob er weitere Tatsachenkenntnisse vorbringen oder sich solche verschaffen sollte.[94]

Entscheidungserheblich sind diejenigen Tatsachen, auf die die Behörde ihre Entscheidung zu stützen gedenkt.[95] Insofern kommt es auf die Art und den Inhalt der beabsichtigten Entscheidung[96], auf die herangezogene Rechtsgrundlage[97] und die Rechtsauffassung der Behörde an. Ob diese Rechtsauffassung zutreffend ist, ist dabei unerheblich.[98] Auch dann, wenn die Behörde falsche Tatsachen oder eine gesetzlich nicht gestützte Rechtsfolge angibt, ist die Anhörung ordnungsgemäß erfolgt, wenn der anschließende Verwaltungsakt sich auf eben diese Tatsachen stützt bzw. diese Rechtsfolge regelt. Ergeben sich nach einer Anhörung im Zuge der – ggf. durch die Stellungnahme des Angehörten ausgelösten, weiteren – Sachverhaltsermittlung neue wesentliche Gesichtspunkte, die beim Erlass des geplanten Verwaltungsaktes berücksichtigt werden sollen, so muss der Beteiligte dazu erneut angehört werden. Dies gilt auch, wenn die Behörde die Rechtsgrundlage wechseln will und insofern neue Tatsachen relevant werden können[99] oder wenn der Verwaltungsakt im Wege der Umdeutung (§ 43 Abs. 1) eine wesentliche inhaltliche Änderung erfährt.[100] Zur nötigen Information gehört es zudem, darauf hinzuweisen, ob es sich bei der anstehenden Entscheidung um eine Ermessensentscheidung handelt und welche Ermessenserwägungen aus Sicht der Behörde maßgeblich erscheinen.[101] Nur so kann der Beteiligte auch seine in die Ermessensentscheidung einzustellenden Interessen darlegen. 17

In vielen sozialrechtlichen Verfahren ist die Kenntnis der den Beteiligten betreffenden **medizinischen Gutachten**, ärztlichen Stellungnahmen und Befundberichte von erheblicher Bedeutung. Der Beteiligte hat daher Anspruch darauf, dass die Behörde ihm ihn betreffenden medizinischen Unterlagen in Abschrift zur Verfügung stellt.[102] Eine Verpflichtung, diese von vornherein und ohne entsprechende Anforderung zu übersenden, begründet § 24 allerdings nicht. Die Behörde kann zunächst allein das Ergebnis des Gutachtens oder Befundberichts übermitteln. Ist erkennbar, dass der Betroffene die Übermittlung der vollständigen Unterlagen wünscht, sind diese ihm zu übermitteln.[103] Auch hier darf der Betroffene nicht schlicht auf das Recht, Akteneinsicht zu beantragen, verwiesen werden; denn die Möglichkeit zur Akteneinsicht ersetzt nicht das Recht auf ordnungsgemäße Anhörung.[104] 18

Die Frage, ob sich die Anhörungspflicht auch auf **Rechtsfragen** erstreckt, wird zum Teil unter Hinweis auf den Normwortlaut grundsätzlich verneint[105], bisweilen jedenfalls in rechtlich komplexen Angelegenheiten angenommen[106] und zum Teil prinzipiell bejaht mit dem Hinweis, dass Rechts- 19

93 BSG, SozR 1300 § 24 Nr. 4.
94 BSG, SGb 1983, 25; MDR 1985, 525.
95 BSG, SozR 1300 § 24 Nr. 2, 4; SozR 3–1300 § 24 Nr. 2, 4; SozR 4–1300 § 41 Nr. 2.
96 BSG, NZS 2003, 500.
97 BSG, NZS 2004, 209.
98 BSG 69, 247; 83, 82, 88.
99 BSG, SozR 4–1300 § 41 Nr. 2.
100 BSG, SozR 4–1300 § 24 Nr. 1.
101 BeckOGK/*Mutschler*, § 24 SGB X Rn. 11a, Stand 06/2019.
102 BSG, SozR 1300 § 24 Nr. 2.
103 BSG, SozR 1300 § 24 Nr. 5; SozR 1300 § 24 Nr. 15, juris Rn. 15 f. m.w.N.
104 BSG, SozR 1300 § 24 Nr. 9 S. 19; SozR 1300 § 24 Nr. 15.
105 Hauck/Noftz/*Vogelsang*, SGB X, § 24 Rn. 7, Stand 08/2003; Diering/Timme/Stähler/*Lang*, SGB X, 6. Aufl., § 24 Rn. 17; BeckOGK/*Mutschler*, § 24 SGB X Rn. 11a verneint sogar eine Pflicht, die beabsichtigte Entscheidung mitzuteilen.
106 Vgl. etwa LSG Schleswig-Holstein, Urt. v. 12.11.2002 – L 1 KR 16/02.

fragen von den für die Entscheidung erheblichen Tatsachen nicht zu trennen seien.[107] Der letztgenannten Ansicht ist zu folgen. Zunächst steht der Wortlaut des § 24 Abs. 1 dem nicht entgegen. »Sich zu den für die Entscheidung erheblichen Tatsachen zu äußern« heißt nicht, sich auf Ausführungen tatsächlicher Art zu beschränken. Umfasst wird damit auch, sich dazu zu äußern, welche Tatsachen erheblich sein können. Dies aber ist abhängig sowohl von der für den beabsichtigten Verwaltungsakt heranzuziehenden Rechtsgrundlage als auch von deren Rechtsauslegung. Die Rechtserheblichkeit von Tatsachen kann sich stets nur in Bezug auf eine konkret angenommene Rechtslage ergeben.[108] Umgekehrt sind Rechtsausführungen in aller Regel schon zum Verständnis des tatsächlichen Vorbringens erforderlich und insofern insgesamt notwendiger Bestandteil der Anhörung.[109] Die durch die Behörde veranlasste Kenntnis von den entscheidungserheblichen Tatsachen würde den Beteiligten nicht in die Lage versetzen, sachgerecht zu ihnen Stellung zu nehmen, wenn er nicht wüsste, inwieweit diese aus juristischen Gründen entscheidungsrelevant sind. Die durch den Verwaltungsakt getroffenen Regelungen könnten für ihn – gerade bei Ermessensentscheidungen – überraschend sein, da er zuvor keine Möglichkeit gehabt hätte, diese infrage zu stellen. Es ist gerade Zweck des § 24, eine solche Stellungnahme zu ermöglichen, da andernfalls keine Einflussnahme auf die beabsichtigte Entscheidung der Behörde genommen werden könnte. Eine Anhörung erfüllt daher nur dann die Voraussetzungen des § 24, wenn sie der durch § 35 verlangten Begründung eines Verwaltungsaktes entspricht.

Allerdings eröffnet § 24 nach allgemeiner und zutreffender Ansicht keinen Anspruch auf ein **Rechtsgespräch** mit der Behörde[110], wenn dieser ein solches auch nicht verwehrt ist.

20 Die Rechtsprechung sieht eine Behörde – jedenfalls in besonderen rechtlichen Konstellationen – als von sich aus verpflichtet an, dem Beteiligten die Ergänzung oder Konkretisierung seiner Stellungnahme zu ermöglichen, bevor sie den das Verwaltungsverfahren abschließenden Verwaltungsakt erlässt. So hat das BSG eine Anhörung vor einem Bescheid nach § 136b Abs. 5 Satz 6 SGB V – Widerlegung der Mindestmengenprognose eines Krankenhauses wegen begründeter erheblicher Zweifel an deren Richtigkeit – als fehlerhaft angesehen, da die Krankenkassenverbände einen Krankenhausträger nicht darauf hingewiesen hatten, dass dessen in der Stellungnahme gemachten Angaben zum Teil ergänzungsbedürftig waren. Diese **»Pflicht zum Nachhaken«** wurde darauf gestützt, dass in den genannten Verfahren ein Vorverfahren gesetzlich ausgeschlossen sei und Klagen keine aufschiebende Bedeutung hätten, so dass der Anhörung eine besondere Bedeutung zukomme. Das Recht auf ein faires Verfahren gebiete in einem solchen Fall, die möglichen und zumutbaren Anstrengungen zu unternehmen, um – ggf. unter Setzung einer kurzen Frist – eine Ergänzung oder Konkretisierung erkennbar unvollständiger oder unplausibler Angaben zu ermöglichen.[111]

III. Ausnahmen von der Anhörungspflicht

21 Die Aufzählung der in Abs. 2 genannten Fallgruppen, die eine Ausnahme von der zwingenden Pflicht zur Anhörung zulassen, ist, wie sich aus dem Normwortlaut und auch aus der Entstehungsgeschichte ergibt (vgl. Rdn. 3), strikt **abschließend**[112] und weder einer erweiternden Auslegung noch einer Analogie zugänglich. Genannt werden insgesamt neun Alternativen, da Nr. 1 und Nr. 4 jeweils zwei selbständige Fallgruppen enthalten.

107 Siehe v.a. Kopp/Ramsauer, VwVfG, 16. Aufl., § 28 Rn. 30 ff. mit zahlreichen Nachweisen; vgl. auch *Pitschas*, FS 50 Jahre BSG, 765.

108 Insoweit auch BeckOGK/*Mutschler*, § 24 SGB X Rn. 11, Stand 06/2019.

109 So zutreffend Kopp/Ramsauer/*Ramsauer*, VwVfG, 16. Aufl., § 28 Rn. 30.

110 Vgl. jurisPK-SGB X/*Apel*, § 24 Rn. 41.

111 BSG, Urt. v. 25.03.2021 – B 1 KR 16/20 Rn, juris Rn. 29; ebenso LSG Schleswig-Holstein, L 10 KR 125/22 B ER, juris Rn. 23.

112 BSG, Urt. v. 28.07.1977 – 2 RU 31/77 –, BSGE 44, 207, 211 f.

Liegen die Voraussetzungen einer der Ausnahmefälle vor, hat die Behörde nach pflichtgemäßem **Ermessen** zu entscheiden (»kann abgesehen werden«), ob, wie es das BSG formuliert[113], »Belange der Verwaltungspraktikabilität das Anhörungsinteresse des Bürgers derart überwiegen, dass es deswegen sachlich vertretbar ist, die Anhörung nicht durchzuführen.« Die Behörde hat bei der dabei vorzunehmenden Abwägung in jedem Fall zu beachten, dass das Gesetz eine großzügige Anhörungspraxis gebietet.[114] Unterbleibt eine solche Prüfung und Abwägung, liegt ein Verfahrensfehler vor. Hinsichtlich der Tatbestände des Abs. 2 unterliegen auch die dort enthaltenen unbestimmten Rechtsbegriffe der vollen gerichtlichen Nachprüfung[115], die Ermessensausübung ist in den Grenzen des § 54 Abs. 2 Satz 2 SGG überprüfbar. Streitig ist, ob die Ermessensgründe für ein Absehen von der Anhörung in der Begründung zu dem eingreifenden Verwaltungsakt zu dokumentieren sind;[116] jedenfalls soll die Behörde ihre Ermessensentscheidung im gerichtlichen Verfahren darzulegen haben.[117] Zutreffend ist von einer Begründungspflicht im Rahmen der Bescheidbegründung auszugehen, aus der sich ergeben muss, dass die Behörde überhaupt eine entsprechende Ermessensentscheidung getroffen und aus welchen Gründen sie von Anhörung abgesehen hat.[118] 22

1. Gefahr im Verzug

Die in Abs. 2 Nr. 1 1. Alt. genannte Fallgruppe meint den Eilfall. Der Begriff »Gefahr im Verzug« wird ansonsten vor allem im Gefahrenabwehr- und im Strafprozessrecht (vgl. etwa §§ 81a ff., § 81c StPO, aber auch Art. 13 Abs. 2 GG) verwendet, um eine Sachlage zu kennzeichnen, bei der ein Schaden eintreten würde, wenn nicht statt der eigentlich zuständigen Stelle eine andere, sofort handlungsbereite Stelle handelt. Vorliegend geht es aber nicht darum, weshalb der Begriff hier eigentlich verfehlt ist. Es geht vielmehr allein um die Sicherung des Zwecks des beabsichtigten Verwaltungsaktes, der durch Zeitverzögerung gefährdet werden kann. Gefahr im Verzug setzt voraus, dass aus ex-ante-Sicht der Behörde (»notwendig erscheint«) durch eine Anhörung, auch bei Gewährung kürzester Anhörungsfrist, ein Zeitverlust einträte, der mit hoher Wahrscheinlichkeit den Zweck der Regelung vereiteln würde.[119] Dies wird im Bereich des Sozialrechts eher selten vorkommen.[120] Die Entbindung von der Pflicht zur Anhörung betrifft nur die konkreten Maßnahmen, die keinerlei Verzögerung dulden. 23

2. Notwendigkeit im öffentlichen Interesse

Das in Abs. 2 Nr. 1 2. Alt. angesprochene öffentliche Interesse, dessen Vorliegen eine Anhörung entbehrlich machen kann, muss über das allgemeine öffentliche Interesse hinausgehen, das i.d.R. bereits mit der Sicherung der Gesetzmäßigkeit der Verwaltung und dem dazu erforderlichen Erlass des Verwaltungsaktes gewährleistet wird.[121] Andernfalls würde Abs. 1 leerlaufen. Es muss also ein besonderes, den konkreten Fall betreffendes und herausgehobenes öffentliches Interesse vorliegen, etwa ein Interesse an Geheimhaltung sensibler Daten, die mit der Anhörung offenbart würden. Letztlich geht es bei der 2. Alt. der Nr. 2 um einen Auffangtatbestand für Fälle, in denen die Anhörung selbst und nicht die durch Alt. 1 bereits erfasste mit ihr verbundene Zeitverzögerung die Zweckverwirklichung des Verwaltungsaktes ausnahmsweise gefährden kann. Die hierauf gestützte Notwendig- 24

---

113 BSG, Urt. v. 26.09.1991 – 4 RK 4/91 –, BSGE 69, 247, 251.

114 BSG ebenda; vgl. bereits BSG, SGb 1979, 345.

115 BSGE 69, 247, 251 unter Hinweis auf BVerwGE 68, 267, 271 f. und m.w.N.

116 Zum Meinungsstand vgl. LSG Sachsen, Urt. v. 04.05.2017 – L 3 AL 39/14, juris Rn. 35 ff. (offen lassend).

117 LSG Sachsen ebenda; BVerwG, Urt. v. 29.04.1983 – 1 C 5/83 = NVwZ 1983, 742 f.

118 So zu § 28 VwVfG VGH Hessen, NVwZ-RR 2012, 163, 164; Kopp/Ramsauer, VwVfG, 18. Aufl., § 28 Rn. 45.

119 Vgl. nur BeckOGK/*Mutschler*, § 24 SGB X Rn. 25 m.w.N., Stand 06/2019.

120 Hauck/Noftz/*Vogelsang*, SGB X, § 24 Rn. 11, Stand 6/2012 mit dem Beispiel der Anordnung zur Beseitigung einer Unfallgefahr nach § 19 Abs. 2 SGB VII.

121 BSGE 46, 57, 59; BeckOGK/*Mutschler*, § 24 SGB X Rn. 25 m.w.N., Stand 06/2019.

keit der Entscheidung ohne vorherige Anhörung ist sorgfältig zu prüfen und mit dem ebenfalls im öffentlichen Interesse liegenden Anhörungsrecht des Betroffenen abzuwägen.

3. Gefährdung einer Fristeinhaltung

25 Da die Entscheidungen der Behörden zumeist nicht fristgebunden sind, bleibt für die Regelung des Abs. 2 Nr. 2 nur ein schmaler Anwendungsbereich. Relevant werden kann der Tatbestand der Gefährdung einer für die Entscheidung maßgebenden Frist etwa für den Fall des drohenden Ablaufs der Verjährung (§ 45 SGB I) oder einer materiellen Ausschlussfrist (z.B. § 44 Abs. 4, § 45 Abs. 3 Satz 3, Abs. 4 Satz 2, § 47 Abs. 2 Satz 5); ob auch die Dreijahresfrist des § 62 Abs. 2 SGB VII hierunter fällt, ist umstritten[122], aber wohl zu bejahen.[123] Hat die Behörde aufgrund eines Verstoßes gegen den Grundsatz der Verfahrensbeschleunigung oder aus anderen Gründen verschuldet, dass die Frist notleidend wird, ist dieser Umstand in die Ermessensentscheidung einzubeziehen.[124] Allerdings verliert die Fallgruppe durch die Erweiterung der Heilungsmöglichkeit nach § 41 Abs. 2 Nr. 3 und vor allem durch die – kritikwürdige – dazu ergangene neuere Rechtsprechung des 2. Senats des BSG[125], der eine Heilung auch bei vorsätzlicher Nichtbeachtung der Anhörungspflicht für zulässig hält, in der Praxis an Bedeutung.

4. Nichtabweichen von tatsächlichen Angaben

26 Abs. 2 Nr. 3 stellt klar, dass eine Anhörung nicht zwingend notwendig wird, wenn die Behörde von den tatsächlichen Angaben des betroffenen Beteiligten nicht zu dessen Ungunsten abweichen will. Rechtliches Gehör ist dann hinreichend bereits durch die Angaben im Antrag oder der Erklärung des Beteiligten gewährt.[126] Dies gilt für begünstigende wie für belastende Verwaltungsakte. Die Angaben müssen grundsätzlich durch den Betroffenen selbst gegenüber der Behörde gemacht werden.[127] Zu den Angaben des Beteiligten zählen allerdings auch Angaben Dritter, die dem Beteiligten wie eigene zuzurechnen sind (z.B. Einkommensbescheinigung des ArbGeb nach § 313 SGB III für Bezieher von Alg[128]). Voraussetzung der Fallgruppe ist, dass die Behörde ausschließlich die vom Beteiligten eingebrachten Tatsachen zur Entscheidung heranzieht.[129] Vor dem Hintergrund des Amtsermittlungsgrundsatzes (vgl. zu § 20) ist dies nur möglich, wenn danach insgesamt keine Ungewissheiten zum entscheidungsrelevanten Sachverhalt mehr bestehen. Insofern greift Nr. 3 und es ist auch dann anzuhören, wenn die Behörde auf einer anderen Rechtsgrundlage entscheiden will als derjenigen, zu der der Beteiligte seine Tatsachen vorgebracht hat, falls die Möglichkeit weiteren Tatsachenvorbringens nicht ausgeschlossen werden kann. Auch wenn die Verwaltung weitere Tatsachen einbeziehen will, muss Gelegenheit zur Stellungnahme gegeben werden.[130] Sind mehrere Beteiligte vorhanden, so kommt es nur auf die tatsächlichen Angaben dessen an, der jeweils von dem möglichen Eingriff betroffen ist.

5. Allgemeinverfügungen

27 Bei einer Allgemeinverfügung i.S.d. § 31 Satz 2 geht es i.d.R. um einen Verwaltungsakt, der sich an einen größeren, u.U. nur nach allgemeinen Merkmalen bestimmbaren Personenkreis richtet. Abs. 2 Nr. 4 1. Alt. schließt die zwingende Notwendigkeit der Anhörung hier vorwiegend aus ver-

---

122 Ablehnend BSG, SozR 1200 § 34 Nr. 9; offen gelassen in BSG, SozR 4–1300 § 41 Nr. 1 Rn. 12.

123 Vgl. BeckOGK/*Mutschler*, § 24 SGB X Rn. 26, Stand 06/2019.

124 Schütze/*Siefert*, SGB X, § 24 Rn. 29.

125 BSG, SozR 4–1300 § 41 Nr. 1.

126 Diering/Timme/Stähler/*Lang*, SGB X, 6. Aufl. 2023, § 24 Rn. 21.

127 BSG, Urt. v. 04.06.2014 – B 14 AS 2/13 R = SozR 4–4200 § 38 Nr. 3 Rn. 17; zu Ausnahmen hiervon bei Bedarfsgemeinschaften nach § 7 Abs. 3 SGB II aufgrund § 38 SGB II vgl. BSG ebenda Rn. 18.

128 BSG, SozR 4–4300 § 128 Nr. 1.

129 Hauck/Noftz/*Vogelsang*, SGB X, Stand 6/2012, § 24 Rn. 14.

130 LSG Bayern, Urt. v. 22.04.2015 – L 8 AS 764/13.

waltungspraktischen Gründen aus. Einmal ist es oft schon nicht möglich, jeden einzelnen Adressaten zu bestimmen. Zum anderen kann eine Anhörung des betroffenen Personenkreises zu einer erheblichen Verfahrensverzögerung führen. Liegen diese Gesichtspunkte allerdings nicht vor, geht es etwa um eine Allgemeinverfügung an einen kleineren, genau bestimmbaren Personenkreis, der ohne größere Schwierigkeiten angehört werden kann, wird die zu treffende pflichtgemäße Ermessensentscheidung (Rdn. 22) regelmäßig auf eine Anhörungsnotwendigkeit hinauslaufen.

6. Gleichartige Verwaltungsakte in größerer Zahl

28 Abs. 2 Nr. 4 2. Alt. trifft eine Ausnahmeregelung für so genannte Massenverwaltungsakte, die sich dadurch auszeichnen, dass sie auf derselben Rechtsgrundlage zur selben Zeit erlassen werden, nach Art, Form und Inhalt im Wesentlichen gleich sind, weil sie etwa nur in der individuellen Höhe festgestellter Beträge variieren;[131] z.B. erhöhte Beitragsbescheide nach gesetzlich oder satzungsmäßig prozentual erhöhten Beitragssätzen. Das BSG[132] geht von gleichartigen Verwaltungsakten in diesem Sinne aus, wenn ein Verwaltungsträger »zu einem bestimmten Zeitpunkt schematische Regelungen gegenüber einer Vielzahl von Adressaten treffen muss, die deren Rechte ausschließlich nach einer für alle identischen Rechtsänderungsformel berühren.« Diese Formel zeigt, dass Abs. 2 Nr. 4 2. Alt. sehr restriktiv auszulegen ist. Wird eine nicht unwesentliche individuelle Sachverhaltsermittlung notwendig, ist die Fallgruppe nicht anzuwenden. Bescheide über die Erhebung von Aufschlagszahlungen nach § 275c Abs. 3 SGB V hängen beispielsweise nicht von der Anwendung einer festen im Gesetz verankerten Berechnungsgröße ab, sondern setzen eine individuelle Prüfung voraus, so dass die Voraussetzungen des § 24 Abs. 2 Nr. 4 2. Alt. nicht erfüllt sind und eine Anhörung vorzunehmen ist.[133]

7. Anpassung einkommensabhängiger Leistungen

29 Erfasst werden von Abs. 2 Nr. 5 bescheidmäßige Anpassungen von Leistungen, deren Anspruchshöhe davon abhängig sind, ob und in welcher Höhe der Leistungsempfänger oder bestimmte Dritte (z.B. Eltern, Ehegatte, Lebenspartner etc.) ein Einkommen beziehen. Zum Anwendungsbereich zählen vor allem Sozialleistungsansprüche, die eine Bedürftigkeit voraussetzen, z.B. Bürgergeld (§§ 19 ff. SGB II), Hilfe zum Lebensunterhalt (§§ 27 ff. SGB XII), Grundsicherung im Alter (§§ 41 ff.), aber ebenso Sozialhilfeleistungen zur Bewältigung besonderer Hilfebedarfe im Sinne des § 19 Abs. 3 SGB XII, Ausbildungsförderung (§ 11 BAföG), Wohngeld (§ 3 WoGG). Erfasst werden jedoch nicht nur Leistungen, bei der der Anspruch dem Grunde nach von der Einkommenserzielung abhängt, sondern auch solche, die nur der Höhe nach einkommensabhängig sind;[134] insofern existieren noch eine Reihe weiterer Anwendungsfälle (z.B. § 141 SGB III, § 50 Abs. 2 SGB V, § 93 SGB VI, § 52 SGB IX). Steigt in diesen Fällen das Einkommen und ist deshalb die Leistung herabzusetzen, so bedarf es grundsätzlich keiner vorherigen Anhörung. Das gilt aber nur dann, wenn die Leistungsanpassung ausschließlich auf der Änderung der Einkommenshöhe beruht.[135] Nr. 5 spricht ausdrücklich davon, dass »Leistungen … angepasst werden sollen«. Dies setzt voraus, dass zuvor eine Leistung gewährt wird oder jedenfalls festgesetzt ist. Weiter ergibt sich aus dieser Formulierung, dass der vollständige Entzug nicht mehr von der Fallgruppe erfasst wird; die Aufhebung einer Leistung ist keine »Anpassung« mehr.[136] Fraglich ist, ob auch dann von einer Anhörung abgesehen werden darf, wenn es sich um eine einkommensabhängige Leistung handelt, deren Anrechnungshöhe erst unter Anwendung komplexer spezialgesetzlicher Regelungen ermittelt werden kann, so dass sich für den Beteiligten selbst deren konkrete Berücksichtigungshöhe nicht erschließen kann. Dies wird beispielsweise für die der Horizontalberechnung des § 9 Abs. 2 Satz 3 SGB II folgenden Einkommens-

131 Hauck/Noftz/*Vogelsang*, SGB X, Stand 6/2012, § 24 Rn. 16.
132 BSGE 69, 247; 70, 13.
133 BSG, B 1 KR 8/23 R, Rn. 16.
134 BSG, SozR 4–4300 § 128 Nr. 1, juris Rn. 15.
135 BSG, SozR 1200 § 34 Nr. 14, S. 63.
136 Zutreffend BeckOK SozR/*Weber*, SGB X § 24 Rn. 23, Stand 12/2015.

berücksichtigung nach dem SGB II oder die Anrechnung von Einkommen Selbständiger im SGB II oder SGB XII angenommen, so dass in diesen Fällen eine Anhörung für erforderlich gehalten wird.[137] Da allerdings das Ob und die Höhe einkommensabhängiger Leistungen oder die Auswirkungen auf die Rechtsposition des Beteiligten in nahezu sämtlichen Leistungsgesetzen aufgrund komplizierter Regelungen ermittelt wird, bliebe § 24 Abs. 2 Nr. 5 unter Beachtung dieser Rechtsauffassung nahezu wirkungslos[138], was dem Zweck der Ausnahmevorschrift zuwiderliefe.

8. Vollstreckungsmaßnahmen

30 Nach Abs. 2 Nr. 6 kann auf eine Anhörung verzichtet werden vor »Maßnahmen in der Verwaltungsvollstreckung«. Einerseits ist i.d.R. eine Anhörung bereits im Rahmen des Erlasses des zu vollstreckenden Verwaltungsaktes durchgeführt worden. Andererseits würde die mit einer Anhörung verbundene Information über eine bevorstehende Vollstreckungsmaßnahme nicht selten deren Zweckverwirklichung gefährden; insofern ist Nr. 6 ein spezieller Unterfall von Nr. 1 Alt. 2. Erfasst werden nur die Vollstreckungsmaßnahmen selbst, also etwa der Pfändungs- und Überweisungsbeschluss (vgl. § 5 VwVG i.V.m. mit den entsprechenden Vollstreckungsbestimmungen der AO; bei Pfändung von Sozialleistungen vgl. § 54 SGB I).

9. Auf- und Verrechnung in Bagatellfällen

31 Eine Anhörung ist gem. Abs. 2 Nr. 7 nicht zwingend erforderlich, wenn die Behörde gegen oder mit Ansprüchen aufrechnet oder verrechnet, falls diese Ansprüche weniger als 70 € betragen. Die Regelung soll »unverhältnismäßige Verwaltungskosten« durch das ansonsten notwendige Anhörungsverfahren ersparen.[139] Die Regelung ist auf die Fälle der §§ 51 und 52 SGB I gemünzt (zu beachten sind jedoch die speziellen Bestimmungen zur Aufrechnung mit Leistungsansprüchen in § 43 SGB II und § 26 Abs. 2–4 SGB XII). Ob es sich bei der behördlich erklärten Auf- oder Verrechnung überhaupt um Verwaltungsakte oder um öffentlich-rechtliche Willenserklärungen handelt bzw. ob für derartige Verwaltungsakte eine hinreichende allgemeine Ermächtigungsgrundlage existiert, ist bei schwankender höchstrichterlicher Rechtsprechung bis heute nicht abschließend geklärt[140]; jedenfalls wenn die Behörde – etwa durch das Anfügen einer Rechtsbehelfsbelehrung – den Eindruck einer Regelung erweckt, handelt es sich bei der Auf- oder Verrechnung um einen Verwaltungsakt. Der Gesetzgeber ging bei Schaffung der Nr. 7 offenbar davon aus, hat diese Auffassung auch in § 43 Abs. 4 SGB II bestätigt und jedenfalls dort eine besondere Ermächtigung für ein Verwaltungsakthandeln geschaffen. Liegt ein Fall vor, in dem eine Leistungsanpassung im i.S.d. Nr. 5 durch Auf- oder Verrechnung geltend gemacht werden soll, so führt schließlich die Regelung in Nr. 7, der zufolge Nr. 5 unberührt bleibt, dazu, dass bei Leistungsanpassung auf eine Anhörung auch dann verzichtet werden kann, wenn der Betrag von 70 € überschritten wird. Eine monatliche Auf- oder Verrechnung, deren Einzelbeträge unter der Grenze von 70 Euro bleiben, die über den Gesamtzeitraum, für den die Aufrechnung wirkt, diese Grenze jedoch überschreitet, führt zur Anhörungspflicht, da hier das Ziel, unverhältnismäßige Verwaltungskosten einzusparen, angesichts der Gesamthöhe der Forderung und der damit verbundenen Schwere des Rechtseingriffes nicht mehr trägt.

---

137 Schütze/*Siefert*, SGB X, § 24 Rn. 38; so auch *Schmidt-De Caluwe* in der Vorauflage, 3. Aufl. 2020, § 24 Rn. 7 mit Verweis auf LSG Sachsen, Urt. v. 28.08.2003 – L 3 AL 164/02, juris Rn. 49.

138 BeckOK-SozR/*Weber*, § 24 SGB X Rn. 23.1: »Funktionslos«.

139 BT-Drucks. 12/5187, S. 35.

140 Vgl. dazu ausführlich BSG, Beschl. v. 05.02.2009 – B 13 R 31/08 R (Anfrage des 13. Senats, der von einer Verwaltungsaktqualität ausgehen will an den 4. Senat, der dies in einer Entscheidung aus 2003 anders sieht; vgl. SozR 4–1200 § 52 Nr. 1).

C. Rechtsfolgen bei Verletzung der Anhörungspflicht

Die Verletzung des § 24 ist ein Verfahrensfehler, der zur formellen Rechtswidrigkeit des Verwaltungsaktes führt. Dies zieht zwar nicht die Nichtigkeit des Verwaltungsakts nach sich,[141] aber, falls die Anhörung nicht gem. § 41 Abs. 1 Nr. 3 wirksam nachgeholt wird, bei Anfechtung zur **Aufhebung der Entscheidung**. Auf die Frage, ob die fehlende oder unzulängliche Anhörung die Entscheidung in der Sache beeinflusst hat, kommt es gem. § 42 Satz 2 im Sozialverfahrensrecht im Gegensatz zum allgemeinen Verwaltungsverfahrensrecht (vgl. dort § 46 VwVfG) nicht an. Der Anhörungsfehler ist stets, also auch bei gebundenen Entscheidungen, ohne Rücksicht auf die materielle Rechtswidrigkeit oder Rechtmäßigkeit der Entscheidung beachtlich[142] und gerichtlich von Amts wegen zu berücksichtigen (dazu Rdn. 14). Die hier zum Ausdruck kommende hohe Bedeutung des Anhörungsrechts wird auch durch die Regelung des § 41 Abs. 3 unterstrichen, wonach die Versäumung einer Rechtsbehelfsfrist als nicht verschuldet gilt, wenn sie auf einer unterbliebenen Anhörung beruht (vgl. dazu näher bei § 41), was eine Wiedereinsetzung in den vorigen Stand (§ 27) erleichtert. 32

In einem gewissen Spannungsverhältnis[143] dazu steht allerdings die durch § 41 Abs. 1 Nr. 3, Abs. 2 eröffnete Möglichkeit, die erforderliche Anhörung bis zur letzten Tatsacheninstanz eines sozial- oder verwaltungsgerichtlichen Verfahrens, also bis zur letzten mündlichen Verhandlung vor dem LSG oder OVG, nachholen. Innerhalb des BSG besteht Uneinigkeit darüber, ob die Möglichkeit der Nachholung der Anhörung – wieder – besteht, wenn das Verfahren von der Revisionsinstanz gem. § 170 Abs. 2 Satz 2 SGG zurückverwiesen wird. Der 14. Senat des BSG hat dies im Jahr 2011 verneint; eine Nachholung sei nicht mehr möglich, wenn die letzte Tatsacheninstanz erstmals abgeschlossen worden sei. Verwiesen wurde dazu auf § 114 Abs. 2 Satz 2 SGG als der dem § 41 Abs. 2 SGB X korrespondierenden Vorschrift und darauf, dass andernfalls die Nachholung einer Anhörung von einem Verfahrensmangel des LSG abhinge.[144] Der 10. Senat des BSG hat – ohne von der Notwendigkeit der Anrufung des Großen Senats auszugehen – demgegenüber 2017 die gegenteilige Auffassung vertreten.[145] Wortlaut, Systematik, Sinn und Zweck des § 41 Abs. 2 sprächen dafür, die maßgeblichen verfahrensökonomischen Gesichtspunkte auch in einer solchen prozessualen Konstellation anzuerkennen; die verfassungskonforme verhältnismäßige Abwägung zwischen der Funktionsfähigkeit der Verwaltung und dem individuellem Anhörungsrecht aus Rechtsschutzgründen gelte gleichermaßen im wiedereröffneten Verfahren, zumal die Verfahrenskosten von der Behörde zu tragen seien. Auf der Prämisse, dass bei einer Zurückverweisung wegen mangelnder Sachverhaltsaufklärung das Verfahren vor dem LSG als eben noch nicht endgültig abgeschlossen betrachtet werden kann, sprechen durchaus gute Gründe für die Ansicht des 10. Senats.[146] 33

Folge einer wirksamen **Nachholung** ist die Unbeachtlichkeit des Fehlers, der Verwaltungsakt »gilt als seit dem Zeitpunkt seines Erlasses mangelfrei«.[147] Es geht dabei um eine gesetzliche Fiktion. Denn im eigentlichen, rechtlichen Sinne ist eine in der Überschrift des § 41, wie der 4. Senat des BSG[148] treffend hervorhebt, »in irreführender Bildersprache Heilung genannte« vollwertige Nachholung der nach § 24 Abs. 1 gebotenen Anhörung unmöglich. Der Verwaltungsträger hat deren Zweck bereits durch den anhörungslosen Eingriff gesetzwidrig vereitelt.

141 BSG, SozR 1200 § 34 Nr. 2 S. 8; SozR 3–1300 § 24 Nr. 6.
142 BSG, SozR 3–1300 § 24 Nr. 22.
143 BSG, SozR 3–1300 § 24 Nr. 22, juris Rn. 47 spricht gar von einem »offenkundigen Wertungswiderspruch«.
144 BSG, Urt. v. 07.07.2011 – B 14 AS 144/10 R, juris Rn. 23 f.
145 BSG, Urt. v. 16.03.2017 – B 10 LW 1/15 R = BSGE 122, 302–312 = SozR 4–1300 § 41 Nr. 3 Rn. 24 ff.
146 *Nielsson*, NZS 2017, 585, 589 f.
147 BSG GrS, SozR 3–1300 § 41, juris Nr. 7 Rn. 12.
148 BSG, SozR 3–1300 § 24 Nr. 22, juris Rn. 40.

34 Gelegentlich findet sich die Formulierung, eine Heilung könne auch »durch das Widerspruchsverfahren« eintreten.[149] Zunächst ist festzustellen, dass der Katalog der Heilungsmöglichkeiten durch § 24 Abs. 2 abschließend geregelt ist und eine derartige Heilungsmöglichkeit nicht vorsieht. Das Widerspruchsverfahren heilt ebenso wenig wie die Erhebung des Widerspruchs oder die Erhebung einer Klage eine unterbliebene oder fehlerhafte Anhörung. Andernfalls verlöre § 42 Satz 2 jeden Anwendungsbereich. Der Verwaltungsakt wird dann, wenn der Adressat des Verwaltungsaktes keinen Widerspruch erhebt, bestandskräftig; eine spätere – auf § 44 basierende – Rücknahme scheidet aus, da der ohne ordnungsgemäße Anhörung ergangene Verwaltungsakt lediglich formell rechtswidrig ist. Würde der Adressat jedoch Widerspruch oder Klage erheben, würde dies den Anhörungsfehler heilen, so dass § 42 Satz 2 ebenso bedeutungslos bliebe. In der Erhebung des Widerspruchs kann ebenso wenig wie »durch das Widerspruchsverfahren« eine Heilung eintreten.[150]

Von einer Unbeachtlichkeit des Anhörungsfehlers kann aber dann ausgegangen werden, wenn dem Beteiligten in einer Gesamtbetrachtung des Geschehens derart Gelegenheit zur Stellungnahme gegeben wurde, dass dieser grundsätzlich die Möglichkeit der Einflussnahme auf die Regelung des Verwaltungsaktes nehmen konnte. Voraussetzung hierfür ist aber zunächst, dass der ohne Anhörung ergangene Ausgangsbescheid den Anforderungen des § 35 SGB X entspricht und sämtliche, die Entscheidung tragenden Tatsachen so deutlich vor Augen führt, dass der Adressat sie als entscheidungserheblich erkennen und somit durch die Begründung des Widerspruchs zu ihnen sachgerecht Stellung nehmen kann. Hinzukommen muss, dass ihm für diese Stellungnahme – konkret also für den Widerspruch – ausreichend Zeit zur Verfügung stand, was beispielsweise in einem Fall abgelehnt wurde, in dem zwischen dem Absenden des Ausgangs- und dem Erlass des Widerspruchsbescheids lediglich vier Tage lagen.[151] Der Zweck einer Anhörung ist zuletzt aber nur dann erfüllt, wenn sich der Widerspruchsbescheid inhaltlich mit der Begründung des Widerspruchs auseinandersetzt. Sind diese Voraussetzungen erfüllt, so ist der ursprüngliche Anhörungsmangel unbeachtlich, es bedarf auch keines gesonderten Hinweises auf eine zusätzliche Äußerungsmöglichkeit.[152] Wenn sich der 4. Senat zur Begründung der Unbeachtlichkeit eines Anhörungsfehlers damit begnügt zu formulieren, die Klägerin habe »im Widerspruchsverfahren ausreichend Gelegenheit, ihre Einwände und besondere Einzelfallgesichtspunkte vorzutragen, wodurch eine Heilung des Anhörungsmangels eingetreten«[153] sei, so ist dies symptomatisch für eine über das erträgliche Maß hinausgehende Verkürzung, die der besonderen Bedeutung der Anhörung nicht gerecht wird. Zuzustimmen ist dem LSG Thüringen, das eine Anhörung nicht bereits dann als nachgeholt betrachtet, wenn sich die Behörde in einem Eilverfahren darauf beschränkt, unter Verweis auf die Begründung des Verwaltungsaktes die Ablehnung des Antrags bzw. die Zurückweisung der Beschwerde zu beantragen, ohne das Vorbringen des Widerspruchsführers in dessen Widerspruchsbegründung zur Kenntnis zu nehmen und ernsthaft in Erwägung zu ziehen.[154]

35 Ungeachtet dessen muss die **Widerspruchsbehörde** eine – ggf. weitere – Anhörung vornehmen, falls sie ihre Entscheidung auf neue Tatsachen stützen will, auf die sich der Ausgangsverwaltungsakt nicht gestützt hatte oder der Beteiligte aus anderen Gründen ohne erneute Anhörung an einer sachgerechten Rechtsverteidigung verhindert wäre, weil die Entscheidung auf Tatsachen oder Beweisergebnissen beruhen würde bzw. beruht, zu denen er sich nicht äußern konnte.[155] Dies ist insbesondere dann der Fall, wenn die Behörde im Rahmen des Widerspruchsverfahrens weitere Ermittlungen durchführt und diese zur Grundlage ihrer Entscheidung machen möchte.[156]

149 So z.B. BSG, Urt. v. 07.07.2011 – B 14 AS 144/10 Rn. 20.
150 Vgl. hierzu im Einzelnen *Löcher*, Die Anhörung im Sozialverwaltungsverfahren, 2005, S. 201 ff.
151 BSG, Urt. v. 07.07.2011, B 14 AS 144/10 R, Rn. 20.
152 OVG Sachsen, Beschl. v. 04.07.2018 – 5 D 72/17, juris Rn. 7.
153 BSG, Urt. v. 22.09.2022 – B 4 AS 60/21 R, juris Rn. 15.
154 LSG Thüringen, Beschl. v. 17.03.2021 – L 9 AS 852/20 B ER, juris Rn. 30.
155 LSG Bayern, Beschl. v. 06.11.2023 – L 7 AS 297/23 NZB, juris Rn. 27 m.w.N.
156 LSG Hessen, Urt. v. 25.10.2023 – L 6 AS 376/22 Leitsatz 1.

Im Hinblick auf eine heilende Nachholung einer unterbliebenen oder fehlerhaften Anhörung durch eine nachgeholte Anhörung geht das BSG zutreffender Weise davon aus, dass diese zwar bis zum Abschluss des zweitinstanzlichen Verfahrens erfolgen kann, jedoch **nicht innerhalb des Gerichtsverfahrens.**[157] Somit stellt beispielsweise die Klageerwiderung der beklagten Behörde keine Nachholung der Anhörung statt. Zu verlangen ist vielmehr ein Vollzug in einem »mehr oder minder« förmlichen, besonderen Verwaltungsverfahren (gegebenenfalls unter Aussetzung des Gerichtsverfahrens nach § 114 Abs. 2 Satz 2 SGG).[158] Dies setzt voraus, dass zur Durchführung der Anhörung ein Verfahren zu eröffnen ist, in dem die Behörde dem Beteiligten/Kläger i.d.R. in einem »Anhörungsschreiben« – denkbar ist dies grundsätzlich auch in anderer Weise, z.B. mündlich – alle Haupttatsachen mitzuteilen hat, auf die sie ihre belastende Entscheidung gestützt hat und ihm eine angemessene Frist zur Äußerung gewährt.[159] Anschließend hat die Behörde das Vorbringen des Betroffenen zur Kenntnis zu nehmen und sich zum Ergebnis der Überprüfung zu äußern, d.h. inhaltlich Stellung zu nehmen. Dabei geht es nicht, wie bisweilen von Instanzgerichten[160] angenommen wird, um eine »inhaltsleere Formalität«. Denn zum einen verlöre die gesetzlich vorgeschriebene Anhörungspflicht vollständig ihren steuernden Gehalt, wenn ein Verstoß im gerichtlichen Verfahren ohne jegliches formalisierte Verfahren geheilt werden könnte. Zum anderen kann nur durch ein behördlich durchgeführtes Verfahren gewährleistet werden, dass die mit der Anhörung verfolgten Zwecke jedenfalls noch ansatzweise verwirklicht werden. Soll der Betroffene mit der Anhörung Gelegenheit erhalten, durch sein Vorbringen eine noch bevorstehende Verwaltungsentscheidung zu beeinflussen, kann auch eine heilende Wirkung nur durch die Verwaltung, nicht aber durch das Gericht erfolgen.[161] Der Sache nach muss zudem noch eine für das Vorbringen des Beteiligten offene Entscheidungssituation bestehen, die in einer auf Verteidigung der behördlichen Position gerichteten Prozesssituation kaum möglich ist. 36

Voraussetzung für eine solcherart mögliche Nachholung bis zur letzten Tatsacheninstanz ist jedoch, dass der Verwaltungsträger die Anhörung nicht vorsätzlich, rechtsmissbräuchlich oder aufgrund Organisationsverschuldens im Sinne eines gewollten Rechtsbruchs unterlassen hat.[162] Denn die verfassungsrechtliche Bindung (Art. 20 Abs. 3 GG) an das Gesetz schließt eine »Heilung« bei **gewolltem Rechtsbruch** aus.[163] Ein solcher liegt etwa vor, wenn die Behördenspitze in einer Geschäftsanweisung zur Arbeitsvereinfachung empfiehlt, von der Anhörung bis zu einem etwaigen Widerspruchsverfahren abzusehen.[164] Die Möglichkeit der Nachholung in § 41 ist als Ausnahme zu sehen, um aus Gründen der Verfahrensökonomie unterlaufene Verfahrensfehler ausgleichen zu können, ohne das gesamte Verfahren wieder aufrollen zu müssen. Würde sie als Ermächtigung begriffen, nachholbare Verfahrensrechte der Beteiligten von vorneherein zu ignorieren, würden diese und insbesondere § 24 ihren Sinn verlieren. In eine solche kritikwürdige Richtung tendiert indes der 2. Senat des BSG, wenn davon ausgegangen wird, mit der Formulierung in § 41, der Verfahrensfehler sei unbeachtlich, »wenn die erforderliche Anhörung eines Beteiligten nachgeholt wird«, gehe das Gesetz von 37

157 Ausführlich zur Heilung behördlicher Anhörungsfehler im sozialgerichtlichen Verfahren *Köhler*, WzS 2010, 296 ff.

158 BSG, Urt. v. 09.11.2010 – B 4 AS 37/09 R = SozR 4–1300 § 41 Nr. 2 Rn. 14 ff., in Fortführung von BSG, SozR 3–1300 § 24 Nr. 22 S. 74; BSG, Urt. v. 06.04.2006 – B 7a AL 64/05 R; BSG, SozR 4–5868 § 3 Nr. 3 Rn. 17; vgl. dazu auch *Vogelsang*, SGB 2011, 483 f.

159 Vgl. BSG, Urt. v. 20.12.2012 – B 10 LW 2/11 R, juris Rn. 39.

160 Mit diesem Argument die Zulässigkeit einer Heilung i.R.d. Gerichtsverfahrens bejahend LSG Schleswig-Holstein, NZS 2010, 170; LSG Nordrhein-Westfalen, Urt. v. 20.08.2007 – L 20 AS 99/06.

161 Vgl. auch jurisPK-SGB X/*Apel*, § 24 Rn. 84.

162 BSG, SozR 3–1300 § 24 Nr. 22, juris Rn. 48; SozR 4–2600 § 313 Nr. 4, juris Rn. 27; a.A. jurisPK-SGB X/*Apel*, § 24 Rn. 89, eine Heilung des Anhörungsmangels mit dem Argument des Rechtsmissbrauchs auszuschließen, sei weder durch Wortlaut, Sinn und Zweck der Norm noch deren Systematik gedeckt.

163 So auch BeckOK-SozR/*Weber*, SGB X § 24 Rn. 30.

164 Vgl. den Fall in SG Mannheim, Urt. v. 04.02.2004 – S 9 AL 21130/03.

einer im Grundsatz uneingeschränkten Heilungsmöglichkeit aus, so dass auch ein bewusster und gewollter Verstoß gegen § 24 ohne weiteres »heilbar« sei.[165]

§ 25 Akteneinsicht durch Beteiligte

(1) [1]Die Behörde hat den Beteiligten Einsicht in die das Verfahren betreffenden Akten zu gestatten, soweit deren Kenntnis zur Geltendmachung oder Verteidigung ihrer rechtlichen Interessen erforderlich ist. [2]Satz 1 gilt bis zum Abschluss des Verwaltungsverfahrens nicht für Entwürfe zu Entscheidungen sowie die Arbeiten zu ihrer unmittelbaren Vorbereitung.

(2) [1]Soweit die Akten Angaben über gesundheitliche Verhältnisse eines Beteiligten enthalten, kann die Behörde stattdessen den Inhalt der Akten dem Beteiligten durch einen Arzt vermitteln lassen. [2]Sie soll den Inhalt der Akten durch einen Arzt vermitteln lassen, soweit zu befürchten ist, dass die Akteneinsicht dem Beteiligten einen unverhältnismäßigen Nachteil, insbesondere an der Gesundheit, zufügen würde. [3]Soweit die Akten Angaben enthalten, die die Entwicklung und Entfaltung der Persönlichkeit des Beteiligten beeinträchtigen können, gelten die Sätze 1 und 2 mit der Maßgabe entsprechend, dass der Inhalt der Akten auch durch einen Bediensteten der Behörde vermittelt werden kann, der durch Vorbildung sowie Lebens- und Berufserfahrung dazu geeignet und befähigt ist. [4]Das Recht nach Absatz 1 wird nicht beschränkt.

(3) Die Behörde ist zur Gestattung der Akteneinsicht nicht verpflichtet, soweit die Vorgänge wegen der berechtigten Interessen der Beteiligten oder dritter Personen geheim gehalten werden müssen.

(4) [1]Die Akteneinsicht erfolgt bei der Behörde, die die Akten führt. [2]Im Einzelfall kann die Einsicht auch bei einer anderen Behörde oder bei einer diplomatischen oder berufskonsularischen Vertretung der Bundesrepublik Deutschland im Ausland erfolgen; weitere Ausnahmen kann die Behörde, die die Akten führt, gestatten.

(5) [1]Soweit die Akteneinsicht zu gestatten ist, können die Beteiligten Auszüge oder Abschriften selbst fertigen oder sich Ablichtungen durch die Behörde erteilen lassen. [2]Soweit die Akteneinsicht in eine elektronische Akte zu gestatten ist, kann die Behörde Akteneinsicht gewähren, indem sie Unterlagen ganz oder teilweise ausdruckt, elektronische Dokumente auf einem Bildschirm wiedergibt, elektronische Dokumente zur Verfügung stellt oder den elektronischen Zugriff auf den Inhalt der Akte gestattet. [3]Die Behörde kann Ersatz ihrer Aufwendungen in angemessenem Umfang verlangen.

Übersicht

A. Inhalt

1 § 25 SGB X begründet den Grundsatz der Aktenöffentlichkeit im Sozialverwaltungsverfahren.[1] Das dort geregelte Akteneinsichtsrecht ist eine wesentliche Ergänzung zum in § 24 niedergelegten Anhörungsrecht.[2] Keinesfalls ersetzt es das Recht auf Anhörung, zumal in aller Regel erst die

165 BSG, SozR 4–1300 § 41 Nr. 1, juris Rn. 15 f.

1 BSG, Beschl. v. 30.11.1994 – 11 RAr 89/94.

2 Schütze/*Siefert*, SGB X, § 25 Rn. 3; Diering/Timme/Stähler/*Lang*, SGB X, 6. Aufl., § 25 Rn. 1; Berchthold/Karmanski/Richter/*Richter*, Prozesse in Sozialsachen, 3. Aufl. 2024, § 3 Rn. 7.

Anhörung die für die Geltendmachung des Akteneinsichtsrechts notwendigerweise vorausgehende Kenntnis vom Verwaltungsverfahren verschafft.[3] Erst durch die Akteneinsicht ist dem Beteiligten die Möglichkeit eröffnet, sich umfassend über die im Verfahren gesammelten Tatsachen zu informieren und so selbst zu prüfen, welche Tatsachen seines Erachtens entscheidungserheblich sind. Insofern bildet das Akteneinsichtsrecht eine wichtige Grundlage für sein Vorbringen im Rahmen der Anhörung. Es ist deshalb Bestandteil des verfassungsrechtlich basierten (§ 24 Rdn. 3) Anspruchs auf rechtliches Gehör. Macht der Beteiligte von seinem Recht auf Akteneinsicht Gebrauch, so nimmt dies weder eine nach § 24 geschuldete Anhörung voraus noch heilt die Akteneinsicht eine unterlassene oder unvollständige Anhörung.

Grundlagen und Zweck des Akteneinsichtsrecht werden vom VGH München prägnant und treffend wie folgt zusammengefasst: »Das Recht auf Akteneinsicht ist ein wesentlicher Teil der im Rechtsstaat grundsätzlich unverzichtbaren Parteiöffentlichkeit des Verfahrens; es ist insoweit Ausfluss des Rechtsstaatsprinzips und, wenn in der Sache Grundrechte berührt werden, auch dieser Grundrechte. Es dient vor allem der Selbstbestimmung des Bürgers im Sinne von Art. 2 Abs. 1 GG in Verbindung mit Art. 1 Abs. 1 GG im Verwaltungsverfahren und stellt zur Wahrung wegen seiner personalen Würde sicher, nicht lediglich Objekt, sondern Subjekt des Verwaltungsverfahrens zu sein. Die Akteneinsicht dient insbesondere auch der Verwirklichung des rechtlichen Gehörs und der »Waffengleichheit«[4] der Beteiligten. Darüber hinaus ist die Akteneinsicht in der Demokratie ein notwendiger Bestandteil der öffentlichen Kontrolle der Verwaltung und wesentliche Voraussetzung eines sinnvollen Vertrauensverhältnisses zwischen Bürger und Behörde.«[5] Die Inbezugnahme von Rechtsstaatsprinzip und Waffengleichheit macht deutlich, dass die Akteneinsicht auch dazu dient, die Fairness des Verfahrens sicherzustellen.[6] Dies zeigt sich insbesondere dann, wenn im Rahmen der Amtsermittlung für den Beteiligten günstige Tatsachen ermittelt wurden, die bei der (beabsichtigten) Entscheidung aber nicht berücksichtigt werden (sollen). Ohne das die Anhörungspflicht komplementierende Recht auf Akteneinsicht wäre nicht gewährleistet, dass der Beteiligte Kenntnis von diesen Tatsachen erhalten könnte. Darüber hinaus kann Akteneinsicht den Entscheidungsprozess transparenter erscheinen lassen[7], was Beteiligte im Einzelfall von der Rechtmäßigkeit eines (beabsichtigten) Verwaltungsaktes überzeugen und (ggf. aussichtslose) Rechtsbehelfe verhindern kann. Da die Behörde jederzeit mit einer Akteneinsicht und damit mit einer Offenlegung ihrer Verfahrensweise rechnen muss, trägt das gesetzlich verankerte Akteneinsichtsrecht nicht nur zur Einhaltung des Gesetzes, sondern auch dazu bei, dass sämtliche entscheidungserhebliche Vorgänge vollständig dokumentiert, mit anderen Worten die Akten ordnungsgemäß geführt werden.[8] Die Pflicht zur ordnungsgemäßen Aktenführung stellt eine insbesondere aus der Rechtsschutzgarantie wurzelnde Verpflichtung der Behörde dar, sie wird durch § 25 nicht begründet[9] sondern allein unterstützt. Bestandteile der Akte, auf die sich der Anspruch auf Akteneinsicht erkennbar bezieht, dürfen dem Beteiligten nicht vorsätzlich vorenthalten werden, indem sie gelöscht, unterdrückt, manipuliert oder unbrauchbar gemacht werden[10]; strafbares Handeln ist denkbar (z.B. unter den Voraussetzungen der § 274 StGB[11]).

Abs. 1 Satz 1 statuiert den grundsätzlich umfassenden Anspruch auf Akteneinsicht für die Beteiligten. 2
Wie dabei mit gesundheitlich sensiblen Sozialdaten zu verfahren ist, regelt Abs. 2. Begrenzungen

3 So zuletzt zu Recht *Brosi/Hedermann*, VSSAR – Vierteljahresschrift für Sozial- und Arbeitsrecht 2023, S. 6 m.V.a. Schütze/*Siefert*, SGB X, § 24 Rn. 3.
4 So zu Recht jurisPK-ERV/*Engin*, Rn. 10, Stand 12/2022.
5 VGH München, NVwZ 1999, 889, 890.
6 Berchthold/Karmanski/Richter/*Richter*, Prozesse in Sozialsachen, 3. Aufl. 2024, § 3 Rn. 7.
7 Ruland/Becker/Axer/*Butzer/Hollo*, SRH, 7. Aufl. 2022, § 12 Rn. 116.
8 Auf das Letztere abstellend Ruland/Becker/Axer/*Butzer/Hollo*, SRH, 7. Aufl. 2022, § 12 Rn. 116.
9 A.A. Schütze/*Siefert*, SGB X, § 25 Rn. 2, der aus § 25 die Pflicht der Behörde zur Aktenführung ableitet; ähnlich jurisPK-SGB X/*Apel*, § 25 Rn. 31, Stand 11/2023.
10 So zu Recht jurisPK-SGB X/*Apel*, § 25 Rn. 31, Stand 11/2023.
11 Vgl. Bayerischer VGH, Urt. v. 26.10.2022 – 16a D 21.1836, juris Rn. 19.

des Anspruchs im Interesse der Verwaltungsfunktionalität und zum Schutz geheimhaltungsbedürftiger Vorgänge enthalten Abs. 1 Satz 2 bzw. Abs. 3. Den Ort der Akteneinsicht bestimmt Abs. 4, und Abs. 5 normiert den Anspruch auf Anfertigung von Abschriften oder auf behördliche Erstellung von Kopien gegen Aufwandentschädigung. In diesem Absatz hat die Norm ihre bisher einzige Änderung erfahren; zur Akteneinsicht in elektronische Akten wurde ein neuer S. 2 in Abs. 5 eingefügt[12], der die möglichen Formen der Gewährung der Akteneinsicht regelt. § 25 lehnt sich zwar teilweise an § 29 VwVfG an, geht jedoch im Anspruchsumfang über diesen hinaus und weist sozialrechtliche Besonderheiten auf. So entspricht Abs. 1 noch den Sätzen 1 und 2 des § 29 VwVfG und Abs. 4 ist wortgleich dem Abs. 3 des § 29 VwVfG. Doch Abs. 3 unterscheidet sich bereits deutlich von der entsprechenden Bestimmung in § 29 Abs. 2, nach der sowohl die Beeinträchtigung der ordnungsgemäßen Erfüllung der Aufgaben der Behörde als auch Nachteile für das Wohl des Bundes oder eines Landes aus dem Bekanntwerden des Akteninhalts gegen den Einsichtsanspruch in Stellung gebracht werden können; dies ist nach Abs. 3 nicht möglich.[13] Die Abs. 2 und 5 haben in § 29 VwVfG schließlich kein Pendant. Die Abgabenordnung kennt kein ausdrückliches Recht auf Akteneinsicht im Steuerverfahren, so dass die Einsichtsgewährung in der Vergangenheit im Ermessen der Behörde lag. Mittlerweile besteht jedoch nach Art. 15 Abs. 1 Halbs. 2, Abs. 2 DS-GVO (Verordnung EU 2016/679) ein Auskunftsanspruch über sämtliche verarbeiteten personenbezogenen Daten, der auch die Akteneinsicht umfasst;[14] Ausnahmen sind in § 32c AO weitergehend geregelt als in § 25 Abs. 1 Satz 2, Abs. 3 und auch in § 83.

B. Einzelerläuterungen

I. Anwendungsbereich und Konkurrenzen

3 § 25 gilt für alle Sozialverwaltungsverfahren i.S.d. § 8 und auch für das Widerspruchsverfahren (§ 62 Halbs. 2). Dort allerdings mit Ausnahme des durch § 84a SGG ausgeschlossenen Abs. 4. Damit ist im Widerspruchsverfahren wie im Gerichtsverfahren die Übersendung der Akten möglich.[15] Der Anspruch gilt grundsätzlich während eines schwebenden Verfahrens.[16] Begriff und Dauer des Verwaltungsverfahrens sind dabei gemäß § 8 durch die nach außen wirkende Verfahrenstätigkeit der Behörde bestimmt, die den Erlass des Verwaltungsaktes bzw. der Vertragsabschluss einschließt. Aus Gründen der Gewährleistung effektiven Rechtsschutzes i.S.d. Art. 19 Abs. 4 GG ist ein Anspruch auf Akteneinsicht nach § 25 über den Zeitpunkt des Erlasses des Bescheids hinaus noch **während der Widerspruchsfrist** (§ 84 SGG) gegeben, um dem Betroffenen die hinreichende Möglichkeit zu geben, seine Rechtsschutzaussichten auf Grundlage der Akten zu bewerten.[17] Das Akteneinsichtsrecht endet also grundsätzlich mit der Bestandskraft des Verwaltungsaktes. Mit Beginn des Vorverfahrens (§ 83 SGG) erlangt § 25 erneut Geltung (vgl. § 84a SGG). Sein Anwendungsbereich endet jedoch spätestens, wenn der Streitgegenstand gerichtlich anhängig wird, weil ab dann § 120 SGG einschlägig ist.[18] Verwaltungsverfahren meint daher nur eine Behördentätigkeit, die auf die Prüfung der Voraussetzungen, die Vorbereitung und den Erlass eines Verwaltungsaktes oder auf den Abschluss

---

12 Art. 6 des Gesetzes zur Förderung der elektronischen Verwaltung (EVerwFG) v. 25.07.2013 (BGBl. I, S. 2749) m.W.v. 01.08.2013.

13 Die im RegE SGB X (BT-Drucks. 8/2034, S. 11) noch enthaltene identische Formulierung ist im Gesetzgebungsverfahren bewusst gestrichen worden (BT-Drucks. 8/4022, S. 96); Schütze/*Siefert*, SGB X, § 25 Rn. 5.

14 FG Saarland, Beschl. v. 03.04.2019 – 2 K 1002/16.

15 Meyer-Ladewig/Keller/Schmidt/*Schmidt*, SGG, 14. Aufl., § 84a Rn. 1 unter Hinweis auf BT-Drucks. 11/7817, S. 143.

16 BSG, SozR 3–1300 § 25 Nr. 3.

17 Zutreffend *Roller*, NZS 2013, 761, 763.

18 jurisPK-SGB X/*Apel*, § 25 Rn. 28; a.A. LSG Bayern, Urt. v. 29.11.2017 – L 11 AS 544/16, juris Rn. 54, das – verfehlt – das Ende des Verwaltungsverfahrens am Maßstab des § 77 SGG bestimmen will und die Anwendbarkeit des § 25 auch während eines gerichtlichen Verfahrens, das sich an ein Verwaltungsverfahren anschließt, fortbestehen lässt.

eines öffentlich-rechtlichen Vertrages gerichtet ist. Vor Beginn und nach Abschluss des Verfahrens kommen jedoch die im Anschluss erörterten Rechte in Betracht (Rdn. 4). Ansonsten hat die Behörde nach pflichtgemäßem Ermessen zu entscheiden[19] und dabei ggf. grundrechtliche Implikationen (informationelle Selbstbestimmung gem. Art. 2 Abs. 1 i.V.m. Art. 1 Abs. 1; Art. 19 Abs. 4 GG) zu berücksichtigen.[20] Gleiches gilt, wenn kein Verwaltungsverfahren vorliegt, weil es um schlichtes Verwaltungshandeln der Sozialbehörde (z.B. die Vermittlungstätigkeit der Arbeitsverwaltung)[21] geht; auch hier steht die Gewährung der Akteneinsicht im behördlichen Ermessen.[22]

Neben § 25 existieren **weitere Informationsrechte** gegenüber der Sozialbehörde. Nach § 1 **IFG**[23] 4
hat nach Maßgabe des Gesetzes jeder gegenüber den Behörden des Bundes einen Anspruch auf Zugang zu amtlichen Informationen. Entsprechende Regelungen finden sich in den Informationsfreiheitsgesetzen der Länder, so z.B. in § 80 Abs. 1 HDSIG[24]. Der hier statuierte Informationszugangsanspruch geht mithin über den Anspruch nach § 25 in mehrfacher Hinsicht hinaus. Er bezieht sich nicht nur auf Verfahren, die auf den Erlass eines Verwaltungsaktes zielen, ist nicht auf das eigene Verfahren beschränkt, setzt nicht voraus, dass ein Verwaltungsverfahren noch nicht abgeschlossen ist und ist auch nicht davon abhängig, dass die Information der Verteidigung der eigenen rechtlichen Interessen dienen müssen. Da ein Vorrang des § 25 ausdrücklich ausgeschlossen ist (vgl. § 1 Abs. 3 IFG), besteht Anspruchskonkurrenz, so dass sich die Verfahrensbeteiligten auf beide Anspruchsgrundlagen berufen können.[25] Dies kann u.U. durchaus von Vorteil sein. Denn der Zugang zu amtlichen Informationen, die in § 2 Nr. 1 IFG definiert sind als »jede amtlichen Zwecken dienende Aufzeichnung, unabhängig von der Art ihrer Speicherung«, ist weiter als die Einsicht in zur Rechtsverteidigung notwendige Informationen aus den das konkrete Verfahren betreffenden Akten. So kann der Beteiligte nach § 1 IFG etwa Zugang zu Verwaltungsvorschriften, Geschäftsanweisungen, Statistiken, Berichten u.a. verlangen,[26] die nicht Bestandteil der Verfahrensakten sind, aber durchaus wichtige Hintergrundinformationen enthalten können. Dass sich das Recht auf Information nach dem IFG regelmäßig nur auf abgeschlossene Vorgänge bezieht und damit keinen Zugang zu laufenden Verfahren eröffnet,[27] lässt sich weder § 4 Abs. 1 IFG[28] noch dem Sinngehalt des Gesetzes entnehmen. Bei § 1 IFG handelt es sich um ein materielles, verfahrensunabhängiges Recht, das der Beteiligte, anders als den Anspruch nach § 25,[29] auch während des Verfahrens eigenständig vor den Verwaltungsgerichten gerichtlich durchsetzen kann (§ 9 Abs. 4 IFG).[30] Zu beachten sind jedoch die in den §§ 3 ff. IFG normierten Grenzen des Anspruchs, die sensible Informationen der Sozialverwaltung berechtigterweise schützen. So unterliegen insbesondere Sozialdaten gem. § 3 Nr. 4 IFG i.V.m. § 35 SGB I, §§ 67 ff. SGB X auch im Anwendungsbereich des IFG dem Geheimnisschutz oder der Anspruch auf Informationszugang ist etwa dann nach § 3 Nr. 6 IFG ausgeschlossen,

---

19 Vgl. BVerwGE 67, 300; 69, 278.
20 BVerfG, SozR 3–1300 § 25 Nr. 3.
21 BSG, Beschl. v. 30.11.1994 – 11 RAr 89/94 = SozR 3–1300 § 25 Nr. 3; BSG, Beschl. v. 04.04.2012 – B 12 SF 1/10 R = SozR 4–1720 § 17a Nr. 9.
22 BeckOGK/*Mutschler*, § 25 SGB X, Rn. 6a, 6b, Stand 06/2019; Diering/Timme/Stähler/*Lang*, SGB X, 6. Aufl., § 25 Rn. 9; jurisPK-SGB X/*Apel*, § 25 Rn. 25, Stand 11/2023.
23 Informationsfreiheitsgesetz v. 05.09.2005 (BGBl. I, S. 2005).
24 Hessisches Datenschutz- und Informationsfreiheitsgesetz (HDSIG) v. 03.05.2018 (GVBl. S. 82).
25 Umfassend zu den Auswirkungen des IFG im Bereich der Sozialverwaltung bereits *Steinbach/Hochheim*, NZS 2006, 517 ff.
26 BeckOK-SozR/*Weber*, SGB X, § 25 Rn. 12.
27 So BeckOGK/*Mutschler*, § 25 SGB X, Rn. 4a, Stand 06/2019.
28 Die Vorschrift lautet: »Der Antrag auf Informationszugang soll abgelehnt werden für Entwürfe zu Entscheidungen sowie Arbeiten und Beschlüsse zu ihrer unmittelbaren Vorbereitung, soweit und solange durch die vorzeitige Bekanntgabe der Informationen der Erfolg der Entscheidung oder bevorstehender behördlicher Maßnahmen vereitelt würde. Nicht der unmittelbaren Entscheidungsvorbereitung nach Satz 1 dienen regelmäßig Ergebnisse der Beweiserhebung und Gutachten oder Stellungnahmen Dritter.«
29 Vgl. BSG, BB 1993, 1443 f. m.w.N.
30 Ausführlich zur Rechtswegfrage BSG v. 04.04.2012 – B 12 SF 1/10 R, SozR 4–1720 § 17a Nr 9 Rn 9 ff.

wenn das Bekanntwerden der Information wirtschaftliche Interessen der Sozialversicherungen beeinträchtigen kann.[31]

5 Anspruchskonkurrenz besteht zudem zwischen § 25 und dem Anspruch auf **Auskunft an den Betroffenen** zur Information über die gespeicherten eigenen Sozialdaten aus Art. 15 Abs. 1 Halbs. 2, Abs. 2 DS-GVO. Auf ihn nimmt § 83 Bezug und regelt spezifische Einschränkungen. Auch dieser Anspruch kann von Beteiligten während des Verfahrens und unabhängig von Rechtsverteidigungsinteressen geltend gemacht werden.[32] Zu beachten ist § 305 SGB V, der bestimmte Angaben von der Auskunftspflicht ausnimmt. Das Akteneinsichtsrecht nach § 25 wird durch § 110a Abs. 3 SGB IV ergänzt. Demnach ist ein Sozialversicherungsträger, bei dem aufzubewahrende Unterlagen nur in der Form einer Wiedergabe auf einem Bildträger oder als Daten auf anderen dauerhaften Datenträgern vorgelegt werden kann, verpflichtet, bei ihm auf eigene Kosten diejenigen Hilfsmittel zur Verfügung zu stellen, die erforderlich sind, die Unterlagen im Rahmen der Akteneinsicht lesbar zu machen. Die Behörde ist zudem verpflichtet, die Unterlagen ganz oder teilweise auszudrucken oder ohne Hilfsmittel lesbare Reproduktionen beizubringen, soweit dies erforderlich ist; die Behörde kann Ersatz ihrer Aufwendungen in angemessenem Umfang verlangen.[33]

II. Anspruch auf Akteneinsicht

6 Abs. 1 Satz 1 normiert den grundsätzlichen Anspruch[34] auf Einsicht in die Verfahrensakten, dieser besteht allerdings nur für **Verfahrensbeteiligte** (§ 12) und – i.V.m. § 13 Abs. 1 Satz 2 – für deren **Bevollmächtigte** (gleich, ob es sich um eine gewillkürte – hierzu § 13 Abs. 1 – oder gesetzliche Vertretung handelt); Beistände (§ 13 Abs. 4) können das Recht nicht beanspruchen. Im Fall der Bevollmächtigung steht das Einsichtsrecht dennoch auch dem Beteiligten selbst zu; auf eine dem § 29 Abs. 1 Satz 3 VwVfG entsprechende Bestimmung, die dies ausschließt, ist bewusst verzichtet worden.[35] Der Anspruch auf Akteneinsicht ist entgegen der h.M. rechtlich durchsetzbar (hierzu unten C).

7 Der Einsichtsanspruch bezieht sich nur auf die das Verfahren betreffenden Akten. Dabei ist der **Aktenbegriff** weit zu verstehen und umfasst neben der in Papierform geführten Akte alle sonstigen schriftlichen Aufzeichnungen und Unterlagen (Gutachten, Zeugnisse, Berichte, Stellungnahmen, Zeichnungen, Fotos etc.) unabhängig von der Art des Datenträgers oder der Speicherform. Insbesondere ist durch den seit August 2013 geltenden Abs. 5 Satz 2 klargestellt, dass auch elektronische Akten in den Anwendungsbereich gehören. Als elektronische Akte ist die »logische Zusammenfassung sachlich zusammengehöriger oder verfahrensgleicher Vorgänge und Dokumente«, einschließlich E-Mails und sonstiger elektronischer Unterlagen wie etwa Scans zu verstehen, die eine vollständige Information über den Sachverhalt ermöglichen. Eine elektronische Akte muss so exportierbar sein, dass sie den Beteiligten oder Gerichten vollständig zur Verfügung gestellt werden kann; auch die »Meta-Daten« mit Notizen, Anmerkungen und Dokumentenattributen gehören zur »Akte«.[36] Das Recht erstreckt sich insbesondere auch auf alle beigezogenen Akten, die für die Sachentscheidung verwendet werden. Weil der Beteiligte bei gewährter Akteneinsicht davon ausgehen darf, dass ihm alle vorhandenen das Verfahren betreffenden Unterlagen vorgelegt werden,[37] muss die Behörde auch getrennt voneinander aufbewahrte Aktenteile für die Einsicht zusammenführen.

31 Dazu und zu weiteren Ausschlussgründen vgl. *Steinbach/Hochheim*, NZS 2006, 517, 519 ff.

32 Hauck/Noftz/*Rombach*, SGB X, § 25 Rn. 23b, Stand 7/2010.

33 Hierzu im Einzelnen v.Koppenfels-Spies/Wenner/*Löcher*, 3. Aufl. 2022, § 110a SGB IV Rn. 1 ff.

34 So auch jurisPK-SGB X/*Apel*, § 25 Rn. 21, Stand 11/2023; jurisPK-ERV/*Engin*, Rn. 8, Stand 12/2022.

35 Giese/Krahmer/*Bertram*, SGB X, § 25 Rn. 6.1, Stand 11/2000.

36 Vgl. BT-Drucks. 17/11473, S. 38. Zu den Anforderungen der elektronischen Aktenführung der Sozialverwaltung im Einzelnen vgl. *Müller*, NZS 2014, 929, 930; *Köhler*, VSSR 2014, 315, 327 f.

37 BSG, Urt. v. 20.11.2003 – B 13 RJ 41/03 R, BSGE 91, 283, 285.

Ob es sich um Bestandteile der den Beteiligten betreffenden Akte handelt, ist aus objektiver Sicht, nicht aus Sicht der Behörde zu beurteilen.[38]

Der **Anspruch** auf Akteneinsicht umfasst die Durchsicht und das Lesen der Akten und, wie Abs. 5 klarstellt, das Anfertigen von Abschriften, Notizen und das Erstellenlassen von Kopien durch die Behörde. Ein Fotografieren der Aktenbestandteile, die dem Akteneinsichtsrecht unterfallen, ist grundsätzlich ebenfalls möglich; dasselbe gilt für ein Einscannen mithilfe selbst mitgebrachter mobiler Scanner, sofern dies den behördlichen Aufwand nicht unverhältnismäßig erhöht. Die Möglichkeit, die Erstellung von Kopien verlangen zu können, ergänzt den unmittelbaren Anspruch auf Akteneinsicht, um dem Verfahrensbeteiligten die Möglichkeit zu geben, das Ergebnis seines Aktenstudiums zur weiteren Verwendung zu fixieren. Diese Zwecksetzung, aber auch der Schutz der Behörde vor unangemessener Belastung, verlangen, dass die zu kopierenden Aktenteile hinreichend genau bezeichnet werden. Ein Begehren auf Ablichtungen von Aktenteilen, die ohne vorherige Einsicht nur nach abstrakt generell genannten Merkmalen bestimmt werden, ist von § 25 nicht gedeckt. Denn dies führte dazu, dass die Akteneinsicht nicht vom Beteiligten vorgenommen wird, sondern der Behörde die Aktendurchsicht und die Prüfung nach vorgegebenen Merkmalen zugemutet würde.[39] 8

Von vorneherein ist der Anspruch begrenzt auf diejenigen Inhalte der Verfahrensakte, deren Kenntnis für den Beteiligten zur Geltendmachung oder Verteidigung seiner rechtlichen Interessen erforderlich sind. Ein **rechtliches Interesse** in diesem Sinne ist nach der Gesetzesbegründung gegeben, wenn die Akteneinsicht darauf gerichtet ist, tatsächliche Unsicherheiten über ein Rechtsverhältnis zu klären, ein rechtlich relevantes Verhalten nach dem Ergebnis der Einsichtnahme zu regeln oder eine gesicherte Grundlage für die Verfolgung eines Anspruchs zu erhalten.[40] Insoweit reicht ein nur »berechtigtes Interesse«, wie es das Gesetz bisweilen an anderer Stelle fordert (vgl. neben Abs. 3 etwa §§ 33 Abs. 1, 40 Abs. 5) und das jedes öffentliche oder private schutzwürdige Interesse rechtlicher, wirtschaftlicher oder ideeller Art umfasst, nicht aus.[41] Für die Beurteilung der Erforderlichkeit der Aktenkenntnis kommt es nicht auf die Ansicht der Behörde über die von ihr für entscheidungserheblich erachteten Tatsachen an. Ausreichend ist vielmehr bereits die Möglichkeit, dass Aktenteile für die Rechtsstellung des Beteiligten von Bedeutung sein könnten.[42] Insofern ergibt sich ein rechtliches Interesse i.d.R. bereits aus der Beteiligtenstellung[43] und Akteneinsicht ist zu gewähren. Nur eine solch weite Auslegung entspricht dem Zweck des § 25 zur grundsätzlichen Verwirklichung der Aktenöffentlichkeit.[44] Allerdings besteht kein Anspruch darauf, im Weg der Akteneinsicht den Namen eines Informanten der Sozialbehörde zu erfahren, solange seine Informationen nicht als Beweismittel in das Verfahren eingeführt werden.[45] 9

Nach Abs. 1 Satz 2 erstreckt sich der Anspruch auf Akteneinsicht nicht auf **Entwürfe zu Entscheidungen** und Arbeiten zu deren unmittelbaren Vorbereitung. Entscheidung meint in diesem Zusammenhang nur einen Verwaltungsakt oder eine Willenserklärung zu einem öffentlich-rechtlichen Vertrag. Die Beschränkung soll dazu dienen, nicht abschließend durchgearbeitete Entwürfe als Interna zu behandeln, um letztlich unergiebige Streitigkeiten zu vermeiden[46] und die Unbefangenheit in der Aktenführung und deren inhaltliche Vollständigkeit zu gewährleisten.[47] Allerdings bezieht 10

38 jurisPK-SGB X/*Apel*, § 25 Rn. 30, Stand 11/2023.
39 BSG, SozR 3–1300 § 25 Nr. 3, juris Rn. 7.
40 BT-Drucks. 7/910, S. 53.
41 Schütze/*Siefert*, SGB X, 9. Aufl. 2020, § 25 Rn. 22; Diering/Timme/Stähler/*Lang*, SGB X, 6. Aufl., § 25 Rn. 5; jurisPK-SGB X/*Apel*, § 25 Rn. 34, Stand 11/2023.
42 Hauck/Noftz/*Rombach*, SGB X, § 25 Rn. 8 m.w.N, Stand 7/2010.
43 BeckOGK/*Mutschler*, § 25 SGB X, Rn. 5, Stand 06/2019.
44 BSG, SozR 3–1300 § 25 Nr. 3, juris Rn. 9.
45 BeckOGK/*Mutschler*, § 25 SGB X, Rn. 13, Stand 06/2019.
46 BSG, SozR 3–1300 § 25 Nr. 3 (juris Rn. 11).
47 Schütze/*Siefert*, 9. Aufl. 2020,§ 25 SGB X Rn. 12.

sich Satz 2 nur auf Entscheidungen im konkret laufenden Verfahren. In einem Verfahren nach den §§ 44 ff. können indes die im ursprünglichen Verfahren nach Satz 2 gesperrten Informationen eingesehen werden.[48] Gerade im Hinblick auf § 44 eröffnet sich hierdurch für den Beteiligten eine Gestaltungsmöglichkeit, die ihm mittelbar ein Akteneinsichtsrecht in bereits abgeschlossene sozialrechtliche Verwaltungsverfahren ermöglicht. Sobald die Behörde auf den Antrag auf Erlass eines Zugunstenbescheids ein Verwaltungsverfahren im Sinne des § 8 eröffnet – was spätestens durch den Erlass des auf § 44 gerichteten Verwaltungsaktes geschieht – entsteht das Akteneinsichtsrecht in das laufende und das abgeschlossene Verwaltungsverfahren.

11 Fraglich ist, ob die Behörde von sich aus verpflichtet ist, Beteiligte jedenfalls dann auf ihr Akteneinsichtsrecht hinzuweisen[49], wenn erkennbar ist, dass sich diese über ihre Verfahrensrechte offenkundig in keiner Weise im Klaren sind. Dagegen spricht das Interesse der Behörde an einem zügigen und rationellen Verfahrensablauf.[50] Für eine Aufklärungspflicht wird hingegen vorgetragen, dass sie sicherstelle, dass der Beteiligte im Falle eines bevorstehenden Rechtseingriffs von seinem Anhörungsrecht sinnvoll Gebrauch machen könne; ein rechtsstaatliches Verfahrensverständnis gebiete diese Information, da andernfalls eine Objektstellung des Beteiligten in Kauf genommen werde.[51] Weder der Hinweis auf das nicht zuletzt aus § 9 resultierende Gebot, das Verfahren zügig durchzuführen, noch eine drohende, Art. 1 Abs. GG widersprechende Objektstellung des Beteiligten überzeugen gänzlich.

Eine Pflicht zur Information über das Akteneinsichtsrecht ist gesetzlich nicht vorgesehen. Sie kann aber dann aus dem Sozialrechtsverhältnis bzw. aus dem rechtsstaatlichen Gebot der Fairness erwachsen, wenn erkennbar ist, dass ohne sie das Anhörungsrecht leerliefe, weil der Beteiligte ohne Kenntnis des Akteninhalts kaum sachgerecht Stellung nehmen könnte. Da die Behörde aber von sich aus nach § 24 Abs. 1 im Rahmen der Anhörung verpflichtet ist, den Beteiligten über die für die Entscheidung wesentlichen Tatsachen zu informieren, benötigt er in aller Regel keine zusätzliche Akteneinsicht, um sachgerecht Stellung nehmen zu können, so dass – von fehlerhaften Anhörungen abgesehen – es in aller Regel keinen Bedarf für einen Hinweis auf die Akteneinsichtsmöglichkeit geben wird.

12 Auf das Recht auf Akteneinsicht kann verzichtet werden. Ein Verzicht liegt bereits darin, dass der Beteiligte es nicht wahrnimmt.[52]

III. Gesundheitliche und persönlichkeitsgefährdende Akteninhalte

13 Abs. 2 Satz 1 gibt der Behörde die Möglichkeit, den nach Abs. 1 zu gewährende Akteneinsicht durch einen Arzt vermitteln zu lassen, soweit die Akten Angaben über gesundheitliche Verhältnisse des Beteiligten enthalten. Die Einschaltung des Arztes ist dann sinnvoll sein, wenn es im Verfahren auf das Verständnis medizinischer Gutachten oder Untersuchungsergebnisse ankommt, die der Laie ohne fachkundige Vermittlung nicht ohne weiteres zu durchschauen vermag. Diese in Satz 1 noch in das Ermessen der Behörde (»kann«) gestellte Art der Vermittlung des Akteninhalts wird gemäß Satz 2 zur Regelverpflichtung (»soll«), wenn durch die Akteneinsicht ein unverhältnismäßiger Nachteil insbesondere für die Gesundheit des Beteiligten zu befürchten ist. Die verfahrensmäßige **Zwischenschaltung eines Arztes** dient hier dem Schutz des Beteiligten. Der Gesetzgeber, der insoweit seiner Pflicht aus Art. 2 Abs. 2 GG nachkommt, hat hier Fälle vor Augen, in denen der Betroffene erst durch Einblick in die Akten davon erfährt, dass er eine schwere, u.U. unheilbare Krankheit hat[53], so dass eine schonende und fachkundige Erläuterung angezeigt ist, die zugleich Hilfen im

48 Schütze/*Siefert*, 9. Aufl. 2020, § 25 SGB X Rn. 19, 27; jurisPK-ERV, § 25 SGB X Rn. 19, Stand 12/2022.
49 Dies ablehnend Schütze/*Siefert*, SGB X, § 25 Rn. 10.
50 So noch *v. Wulffen*, SGB X, 7. Aufl., § 25 Rn. 7; modifiziert nun Schütze/*Siefert*, SGB X, 9. Aufl. 2020, § 25 Rn. 23.
51 Vgl. die Vorauflage, § 25 SGB X Rn. 12.
52 von Koppenfels-Spies/Wenner/*Bigge*, SGB I § 46 Rn. 13 m.w.N.
53 BT-Drucks. 8/2034, S. 32.

Umgang mit der Situation anbieten kann. Soweit die Akten Angaben enthalten, die die Entwicklung und Entfaltung der Persönlichkeit des Beteiligten beeinträchtigen können, gelten gem. Abs. 2 Satz 3 die vorstehend erläuterten Pflichten mit der Maßgabe entsprechend, dass statt des Arztes auch ein durch Vorbildung, Lebens- und Berufserfahrung geeignet und befähigter Bediensteter der Sozialbehörde für die Vermittlung des Akteninhalts eingesetzt werden kann. Im Bereich der gesetzlichen Rentenversicherung kann es hier etwa um negative Angaben über den Beteiligten in psychologischen Eignungsgutachten gehen, die im Zusammenhang mit Leistungen zur Teilhabe am Arbeitsleben (§ 16 SGB VI) erstellt worden sind.[54]

Die Gestaltung des Verfahrens liegt grundsätzlich im **Ermessen der Behörde**. Um ihren Ermessenpflichten nachzukommen, muss sie jedoch bei Akteneinsichtsersuchen stets prüfen, ob die Akten Angaben über gesundheitliche und psychische Verhältnisse des Beteiligten enthalten, deren Inhalte bewerten und sich ggf. Kenntnis darüber verschaffen, ob der Betroffene über seine gesundheitlichen Verhältnisse Bescheid weiß. Nur dann kann sie abzuwägen, ob dieser durch die Kenntnisnahme Schäden erleiden kann. Regelmäßig wird zu Beurteilung dieser Frage ein Arzt einzuschalten sein, so dass die Stellungnahme des Ärztlichen Dienstes einzuholen ist. Die Einschaltung eines nicht dem Verwaltungsträger angehörenden Arztes bedarf wegen der notwendigen Offenbarung personenbezogener Daten der schriftlichen Einwilligung des Betroffenen (§ 67b Abs. 1 u. 2).[55] 14

Wie Abs. 2 Satz 4 klarstellt, wird durch die Regelung über die besondere Vermittlung das **eigene Akteneinsichtsrecht** des Beteiligten **nicht geschmälert**. Die Behörde ist auch in Fällen der Gesundheitsgefährdung nicht berechtigt, ihm selbst die Akteneinsicht zu verweigern, wenn dieser darum ersucht. Für den Beteiligten besteht keine Pflicht, sich auf die Vermittlung durch einen Arzt oder qualifizierten Bediensteten einzulassen.[56] Dass, wie etwa noch *Krasney* annahm[57], bei Suizidgefahr oder Gefahr einer Psychose der Fall eines übergesetzlichem Notstand vorliege, der die Verweigerung der Einsicht in die betreffenden Aktenteile rechtfertige, ist wegen der verfassungsrechtlich zweifelhaften Figur des übergesetzlichen Notstands und der grundrechtlichen Garantie des Selbstbestimmungsrechts abzulehnen.[58] 15

IV. Begrenzung der Akteneinsicht durch Geheimhaltungsinteressen

Nach Abs. 3 ist die Behörde »nicht verpflichtet« Akteneinsicht zu gewähren, »soweit« Inhalte der Akten wegen berechtigter Interessen anderer Personen geheim gehalten werden müssen. Es geht hier um Geheimhaltungsgründe zugunsten aller Personen (Beteiligte und Dritte) außer dem einsichtsbegehrenden Beteiligten. Unter den hier statuierten Geheimhaltungsschutz fallen jedenfalls alle **Sozialdaten** sowie **Betriebs- und Geschäftsgeheimnisse** (§ 35 Abs. 1, Abs. 4 SGB I i.V.m. § 67), soweit ihre Übermittlung gesetzlich verboten ist. Dazu stellt § 67d Abs. 1 den Grundsatz auf, dass eine Übermittlung nur zulässig ist, soweit eine Befugnis nach den §§ 68 bis 77 oder nach einer anderen Rechtsvorschrift des SGB vorliegt. Vorliegend ist § 69 Abs. 1 Nr. 1 relevant, der eine Übermittlung u.a. zulässt, soweit sie zur Erfüllung einer gesetzlichen Aufgabe der übermittelnden Stelle erforderlich ist. Auch die Gewährung von Akteneinsicht nach § 25 stellt sich in diesem Sinne als gesetzliche Aufgabe dar. Allerdings schränken verschiedene Bestimmungen die hiernach bestehende Übermittlungsbefugnis ein. Namentlich ist auf § 76 für die dort genannten besonders schutzwürdige Daten einschlägig. So unterliegt bei Sozialdaten, die die Behörde von einem Arzt oder einem 16

54 Vgl. etwa Deutsche Rentenversicherung, Gemeinsame Rechtliche Anweisungen zum SGB X, § 25 Nr. 4.1 u. 4.2, Stand 14.09.2016.

55 Vgl. auch hierzu Deutsche Rentenversicherung, ebenda; BeckOGK/*Mutschler*, § 25 SGB X Rn. 14, Stand 06/2019.

56 Hauck/Noftz/*Rombach*, SGB X, § 25 Rn. 12, Stand 7/2010.

57 KassKomm/*Krasney*, § 25 SGB X Rn. 10, Stand 12/2003.

58 Vgl. aber ausführlich zur Frage einer möglichen Beschränkung des Akteneinsichtsrechts aus fürsorgerischen Aspekten *Maeck*, SozVers 1989, 312 ff.; grundlegend auch BVerwG, Urt. v. 27.04.1989 – 3 C 4/86, BVerwGE 82, 45 ff.

Angehörigen der in § 203 Abs. 1 und 3 StGB[59] genannten, zur besonderen Verschwiegenheit verpflichteten Berufsgruppen erhalten hat, auch die Behörde diesen besonderen, für die Berufsgruppen geltenden Geheimhaltungspflichten. Für Sozialdaten, der öffentlichen Jugendhilfe im Rahmen persönlicher und erzieherischer Hilfe sind die Grenzen des § 65 SGB VIII zu beachten.

17 Allerdings ist der Geheimnisschutz Dritter nach § 25 Abs. 3 damit nicht durch die Regelungen zum Sozialgeheimnis abschließend bestimmt.[60] Schon der Wortlaut der Norm, der eben nicht das Sozialgeheimnis i.S.d. von § 35 SGB I i.V.m. § 67 in Bezug nimmt, sondern von »**berechtigten Interessen**« der Beteiligten und Dritten spricht, ist erkennbar offener. Zudem würde eine Begrenzung des Geheimnisschutzes allein auf den in Rdn. 16 umschriebenen Rahmen grundrechtlichen Anforderungen aus dem Recht auf **informationelle Selbstbestimmung** (Art. 2 Abs. 1 i.V.m. Art. 1 Abs. 1 GG) sowie aus der Eigentums- und Berufsfreiheit (Art. 14 Abs. 1, Art. 12 Abs. 1 GG) nicht gerecht. Denn wie gesehen besteht danach über § 76 eine Übermittlungsbeschränkung hinsichtlich sensibler persönlicher Daten oder auch Betriebs- und Geschäftsgeheimnissen nur, wenn die Behörde diese nicht selbst ermittelt hat, sondern durch Ärzte und sonst zu Verschwiegenheit verpflichtete Personen (Rechtsanwälte, Steuerberater etc.) vermittelt bekommt. Die ist nicht ausreichend; vgl. auch §§ 5, 6 IFG. Insofern gilt: Soweit das Sozialgeheimnis greift, ist klargestellt, dass entsprechende Aktenteile nicht zur Einsicht freigegeben werden dürfen. Darüber hinaus ist eine Abwägung vorzunehmen zwischen den berechtigten, d.h. schutzwürdigen Geheimhaltungsinteressen eines Dritten bzw. anderen Beteiligten und dem Informationsinteresse des einsichtsbegehrenden Beteiligten, dass hier allein im Zweck der Rechtsverteidigung i.S.d. des Abs. 1 liegen kann. Bei besonders sensiblen Daten i.S.d. § 3 Abs. 9 BDSchG (Angaben über rassische und ethnische Herkunft, politische Meinungen, religiöse oder philosophische Überzeugungen, Gewerkschaftszugehörigkeit, Gesundheit oder Sexualleben) wird regelmäßig der Geheimnisschutz überwiegen. Zur Abwägung bei einem Akteneinsichtsbegehren, dass auf die personenbezogenen Daten eines behördlichen Informanten zielt, vgl. das Urteil des BVerwG v. 04.09.2003.[61]

18 Entgegen dem insoweit unklaren Gesetzeswortlaut des Abs. 3 (»nicht verpflichtet«) ist der Behörde bei Vorliegen eines schutzwürdigen Geheimnisses kein Ermessen eröffnet, dennoch Akteneinsicht zuzugestehen. Es ist ihr dann vielmehr **zwingend untersagt**, Einsicht zu gewähren.[62] Dies ergibt sich aus Sinn und Zweck der Bestimmung sowie dem rechtlichen Charakter eines schutzwürdigen Geheimnisses, das nach seiner Feststellung – aufgrund einer gesetzgeberischen oder behördlichen Abwägung – kein Raum mehr für eine Einschränkung unter administrativen Zweckmäßigkeitsgesichtspunkten lässt. Diese Beschränkung des Akteneinsichtsrechts besteht allerdings nur, »soweit« sie zum Geheimnisschutz erforderlich ist. Hat derjenige, dessen berechtigte Interessen der Akteneinsicht objektiv betrachtet entgegenstünden, in die Offenbarung seiner Sozialdaten wirksam eingewilligt, so erstreckt sich das Akteneinsichtsrecht auch auf diese Bestandteile der Akte.[63] Das LSG Baden-Württemberg hat die Einwilligung eines Beschäftigten in die Offenlegung seiner Sozialdaten gegenüber seinem Arbeitgeber generalisierend als rechtlich unbeachtlich angesehen, weil im Verhältnis zwischen Arbeitnehmer und Arbeitgeber eine faktische Zwangssituation zu unterstellen sei, die eine freiwillige Einwilligung ausschließe. Zudem sei dem Sozialdatenschutz die Vermeidung eines Loyalitätskonfliktes

---

59 Von § 203 Abs. 1 StGB, der die Verletzung von persönlichen sowie Betriebs- und Geschäftsgeheimnissen bestraft, werden insb. erfasst: Ärzte, Apotheker, Angehörige anderen Heilberufe, Psychologen, Rechtsanwälte, Notare, Wirtschaftsprüfer, Steuerberater, Ehe-, Familien-, Erziehungs- oder Jugendberater, Mitarbeiter von Suchtberatungsstellen und Schwangerschaftskonflikts-Beratungsstellen, Sozialarbeiter, Mitarbeiter privater Kranken-, Unfall- oder Lebensversicherungen oder auch privatärztlicher Verrechnungsstelle. Abs. 3 stellt diesen Personen insb. deren Gehilfen gleich.

60 Diering/Timme/Stähler/*Lang*, SGB X, 6. Aufl., § 25 Rn. 13.

61 BVerwGE 119, 11; die dagegen erhobene Verfassungsbeschwerde hat das BVerfG nicht zur Entscheidung angenommen (Beschl. v. 01.08.2006 – 1 BvR 2691/03).

62 Hauck/Noftz/*Rombach*, SGB X, § 25 Rn. 19, Stand 7/2010; a.A. Diering/Timme/Stähler/*Lang*, SGB X, 6. Aufl., § 25 Rn. 14.

63 BeckOGK/*Mutschler*, § 25 SGB X Rn. 16, Stand 06/2019.

des Beschäftigten im Verhältnis zu dessen Arbeitgeber inhärent, so dass auch aus generalpräventiven Gründen von der Unbeachtlichkeit der Einwilligung auszugehen sei.[64] Eine derart weitreichende Begrenzung des Akteneinsichtsrechts, die dem Beteiligten geradezu paternalistisch das Recht aberkennt, eigenverantwortlich über seine Sozialdaten zu verfügen, geht zu weit und wird auch nicht durch eine besondere, allgemeine Schutzbedürftigkeit von Arbeitnehmern gegenüber Arbeitgebern gerechtfertigt. Solange keine konkreten Anhaltspunkte für eine aus einer Zwangssituation heraus erteilte Einwilligung vorliegen, hat die Behörde nicht die Befugnis, eine Einwilligung als rechtlich unbeachtlich zu werten.

Geheim zu haltende Vorgänge sind von den sonstigen Aktenteilen zu trennen oder Informationen zu schwärzen und das Einsichtsrecht hinsichtlich der übrigen Aktenteile zu gewähren.

V. Ort und Art der Akteneinsicht

19 Nach Abs. 4, der nicht im Widerspruchsverfahren gilt (§ 84a SGG), soll die Akteneinsicht grundsätzlich bei der durch Abs. 1 verpflichteten, aktenführenden Behörde erfolgen (Satz 1), die die rechtliche Verfügungsgewalt über die ihr im Rahmen ihrer behördlichen Tätigkeit zugegangenen Informationen besitzt. Dies gilt auch dann, wenn die die Akten oder Teile davon anderen Behörden oder Gerichten überlassen wurden.[65] Hat die aktenführende Behörde keine Kopien der Akte vor Weiterreichung angefertigt oder diese elektronisch gespeichert, muss sie dies gegebenenfalls bei einem Akteneinsichtsgesuch nachholen. Es müssen zeitliche und örtliche Rahmenbedingungen gewährleistet werden, die dem Einsichtsberechtigten ein gründliches Studium des Akteninhalts ermöglichen.[66] Auf eine Erläuterung des Akteninhalts besteht kein Anspruch.[67]

20 Als Ausnahme von dem Grundsatz des S. 1 kann nach Abs. 4 Satz 2 Halbs. 1 die Einsichtnahme bei einer anderen Behörde oder in einer Auslandsvertretung der Bundesrepublik erfolgen. Dies ist insbesondere angezeigt, wenn die Anreise des Beteiligten zur Einsichtnahme einen unverhältnismäßigen Zeitaufwand und zumutbare Kosten verursachen würde. Abs. 4 Satz 2 Halbs. 2 eröffnet der Behörde zudem einen Ermessensspielraum, indem als »weitere Ausnahme« auch andere Formen der Einsichtnahme gestattet werden können. Hier stellt sich vor allem die Frage nach einer **Aktenübersendung** an die Kanzlei eines Rechtsanwalts, wie dies im gerichtlichen Verfahren die Regel ist. Obwohl dies rechtspolitisch wahrscheinlich wünschenswert wäre[68], zeigt sich die Rechtslage im Verwaltungsverfahren restriktiver. Es geht einmal ausdrücklich um eine Ausnahme[69] und zum zweiten hat der Gesetzgeber durch § 84a SGG deutlich gemacht, dass er eine solche Praxis für das Erlassverfahren im Gegensatz zum Widerspruchsverfahren gerade nicht favorisiert. Insofern ist es in aller Regel nicht ermessensfehlerhaft, wenn die Behörde eine Aktenübersendung ablehnt. Etwas anderes wird dann gelten, wenn es um sehr umfangreiche Akten geht, die ein bevollmächtigter Anwalt zumutbar nur in seinen Kanzleiräumen durcharbeiten kann, wenn er dazu auch Zeit außerhalb der behördlichen Dienstzeiten nutzt.[70] Entscheidet sich die Behörde im Rahmen des ihr eingeräumten Ermessen für eine großzügigere Praxis, so kann daraus eine Selbstbindung erwachsen (Art. 3 Abs. 1), die zu entsprechenden Ansprüchen auf Aktenübersendung führt. Es wird in der Literatur ebenso vertreten, die Versendung solle gewährt werden, wenn sie nicht im Einzelfall untunlich sei.[71]

64 LSG Baden-Württemberg, Urt. v. 01.07.2011 – L 8 U 3577/10, Leitsatz 2 sowie juris Rn. 28.

65 Vgl. insgesamt OVG Münster, NVwZ-RR 2004, 169 f. zum Anspruch aus dem UIG, für den jedoch insoweit die gleichen Grundsätze gelten wie für § 29 Abs. 3 VwVfG, dem § 25 Abs. 4 entspricht.

66 Kopp/Ramsauer, VwVfG, 16. Aufl., § 29 Rn. 40.

67 BeckOK-SozR/*Weber*, SGB X § 25 Rn. 22, Stand 12/2023.

68 BeckOGK/*Mutschler*, § 25 SGB X Rn. Rn. 18, Stand 06/2019 spricht sich für eine Akteneinsicht durch Rechtsanwälte »in der Regel in deren Büro« aus.

69 BSG, *Breithaupt* 1981, 460, 462.

70 Vgl. zur umgekehrten Situation im Blick auf Prozessakten BSG, *Breithaupt* 1978, 607 f.

71 Berchthold/Karmanski/Richter/*Richter*, Prozesse in Sozialsachen, 3. Aufl. 2024, § 3 Rn. 7; für eine regelmäßige Übersendung in die Kanzlei BeckOGK/*Mutschler*, § 25 SGB X Rn. 16, Stand 06/2019.

VI. Abschriften und Kopien

21 Nach Abs. 5 Satz 1 hat der Beteiligte das Recht, Auszüge oder Abschriften der Akte selbst anzufertigen oder sich Kopien durch die Behörde erstellen zu lassen (dazu bereits unter Rdn. 8). »Abschriften« verlangt nicht handschriftliche Aufzeichnung; es können vielmehr auch moderne Techniken (Notebook, Notepad etc.) verwendet werden.

22 Als Ausnahme zu der nach § 64 Abs. 1 grundsätzlich geltenden Kostenfreiheit des Sozialverwaltungsverfahrens eröffnet Abs. 5 Satz 2 der Behörde die Möglichkeit, Ersatz ihrer Aufwendungen für die Erstellung von Kopien (u. ggf. die Portokosten für die Versendung) in angemessenem Umfang zu verlangen. Als angemessen wird man einen Kostensatz in Anlehnung an denjenigen nach dem ansonsten geltenden Bundes- oder Landeskostenrecht ansehen können. Ob aber überhaupt Kosten erhoben werden, ist nach pflichtgemäßem Ermessen zu entscheiden. Die Abwägung hat von der prinzipiellen Wertung des § 64 Abs. 1 und daher vom Ausnahmecharakter von Verfahrenskosten auszugehen und sodann den Streitwert ebenso zu berücksichtigen wie die wirtschaftlichen Verhältnisse des Beteiligten. Insofern wird es etwa in aller Regel ermessensfehlerhaft sein, von Leistungsberechtigten nach dem SGB II oder SGB XII einen Aufwendungsersatz zu verlangen, wenn es nicht darum gehen soll, missbräuchlichem, extensivem Kopierverlangen entgegenzuwirken.[72]

C. Rechtsfolgen rechtswidrig verwehrter Akteneinsicht

23 Bei der entgegen § 25 erfolgten Ablehnung eines Akteneinsichtsbegehrens handelt es sich um eine Verfahrensrechtsverletzung, der Form nach um einen rechtswidrigen Verwaltungsakt[73]. Nach höchstrichterlicher Rechtsprechung[74] und wohl h.M.[75] sollte dieser Verfahrensverwaltungsakt schon seither nicht selbstständig, sondern nur gleichzeitig mit dem gegen die abschließende Sachentscheidung zulässigen Rechtsbehelf angegriffen werden können; § 44a VwGO gelte als »allgemeiner Rechtsgrundsatz« auch im sozialgerichtlichen Verfahren. Die von dieser Ansicht zumeist für sich in Anspruch genommene Entscheidung des BVerfG v. 24.10.1990[76] sagte zur Frage der Anwendbarkeit des § 44a VwGO aber gar nichts aus.

24 Seit dem 25.10.2013 ist jedoch die dem § 44a VwGO identische Bestimmung des **§ 56a SGG** in Kraft[77], womit der gesetzgeberische Wille, auch im sozialgerichtlichen Verfahren den Verfahrensrechtsschutz an den Sachrechtsschutz zu koppeln, ausdrücklich normiert ist. Ein Widerspruch oder eine Klage oder ein anderer Rechtsbehelf, der sich allein auf eine Verletzung des Verwaltungsverfahrensrechts stützt, ist also unzulässig.[78] Die h.M. in Literatur und Rechtsprechung geht davon aus, dass somit auch ein Rechtsbehelf, der sich gegen die Verweigerung der Akteneinsicht wendet, unzulässig sei.[79] Aufgrund der hervorgehobenen, auch verfassungsrechtlich relevanten Funktion des Akteneinsichtsrechts erschiene es allerdings unerträglich, § 56a SGG auf einen Rechtsbehelf anzuwenden, der auf Herstellung des Grundsatzes der Aktenöffentlichkeit gerichtet ist. § 56a SGG ist vielmehr dann nicht anwendbar, wenn sonst ein unzumutbarer Nachteil entsteht, der in einem

72 Vgl. auch BeckOK-SozR/*Weber*, SGB X § 25 Rn. 22, Stand 12/2023.

73 BSG, Urt. v. 08.07.1980 – 9 RV 42/79 = SozR 3900 § 35 Nr. 1; LSG Baden-Württemberg, Urt. v. 01.07.2011 – L 8 U 3577/10, juris Rn. 23.

74 BSG, SozR 1500 § 144 SGG Nr. 39; SozR 3–1500 § 144 Nr. 3; BSG, BB 1993, 1442 f.; BSG, SozR 4–2500 § 36 Nr. 1 Rn. 19.

75 Jeweils m.w.N. vgl. BeckOGK/*Mutschler*, § 25 SGB X Rn. 22, Stand 06/2019; Diering/Timme/Stähler/*Lang*, SGB X, 6. Aufl. 2022, § 25 Rn. 19; BeckOK-SozR/*Weber*, SGB X § 25 Rn. 29, Stand 12/2023; BeckOGK/*Mutschler*, § 25 SGB X Rn. 22, Stand 06/2019; Ruland/Becker/Axer/*Butzer/Hollo*, SRH, 7. Aufl. 2022, § 12 Rn. 123; a.A. Schütze/*Siefert*, SGB X, 9. Aufl. 2020, § 25 Rn. 9.

76 Beschl. v. 24.10.1990 – 1 BvR 1028/90, SozR 3–1300 § 25 Nr. 1.

77 Art. 7 Nr. 4 des BUK-NOG v. 19.10.2013 (BGBl. I, S. 3836).

78 Vgl. Mayer-Ladewig/Keller/Schmidt/*Keller*, SGG, 14. Auf. 2023, § 56 Rn. 2.

79 Berchthold/*Groß*, SGG, 6. Aufl. 2021, § 56a Rn. 6 m.w.V.; Mayer-Ladewig/Keller/Schmidt/*Keller*, SGG, 14. Auf. 2023, § 56 Rn. 8.

späteren Prozess nicht mehr vollständig beseitigt werden kann[80] bzw. eine nicht rückgängig zu machende Rechtsverletzung droht.[81] Diese droht im Falle einer abgelehnten Akteneinsicht stets. Indem dem Beteiligten das Teilhaben an der in der Akte verkörperten vollständigen Kenntnisse der Behörde verweigert wird, wird ihm unter Verletzung des Grundsatzes der Fairness bzw. Waffengleichheit die Chance vereitelt, dieses Wissen für sich nutzbar zu machen und beispielsweise durch Beweisanregungen oder das Ergänzen von Tatsachen und Informationen gestalterisch auf das Verfahren einzuwirken. Gerade bei Ermessensentscheidungen kann nicht darüber hinweggesehen werden, dass es aus Sicht der Behörde einen Unterschied machen kann, ob eine bestimmte Tatsache *vor* oder *nach* der Entscheidung zu ihrer Kenntnis gelangt. Erlangt sie erst nach der Entscheidung von ihr Kenntnis, wird häufig – nicht zuletzt wegen der Kostenfolge eines erfolgreichen Widerspruchs (§ 63 SGB X) – eher eine Tendenz zum Verteidigen der getroffenen Entscheidung als zur unvoreingenommenen Einbeziehung in das Ob und Wie der Entscheidung bestehen. Zudem würde dem Beteiligten faktisch verwehrt, eventuelle wiederkehrende Rechtsverletzungen (beispielsweise in Bezug auf das Sozialdatenschutzrecht) frühzeitig zu erkennen und ggf. mithilfe der Rechtsaufsicht abzustellen. § 56a SGG soll Verzögerungen des Verwaltungsverfahrens und eine Zersplitterung des Rechtsschutzes verhindern und dient somit der Verfahrens- bzw. Prozessökonomie.[82] Dem gegenüber überwiegen die Interessen des Beteiligten: Das Verfahren erschiene unfair, der Grundsatz der Waffengleichheit verletzt, zugleich erschiene der Beteiligte eher als Objekt denn als Subjekt des Verfahrens, denn ihm würde faktisch die Möglichkeit genommen, auf der Grundlage der Kenntnis der Tatsachen, die der Behörde bekannt sind, frühzeitig auf das seine eigene Rechtsposition betreffende Verwaltungsverfahren durch Beweisanregungen, den Vortrag von als relevant erkannten Tatsachen, die Berichtigung fehlerhaft ermittelter Tatsachen oder das Verhindern zukünftiger Rechtsverstöße einzuwirken. Es ist daher *Siefert* zuzustimmen, der von einer selbständigen Anfechtbarkeit einer die Akteneinsicht ablehnenden oder einschränkenden Entscheidung ausgeht.[83] Diese Rechtsauffassung wird auch dadurch unterstützt, dass die Anwendung des § 56a SGG dazu führte, dass eine Verletzung des Akteneinsichtsrechts aufgrund des § 42 Satz 1 oftmals unbeachtlich bliebe. Das Akteneinsichtsrecht ist, anders als verfahrensrechtlich begründete Rechtspositionen, aber gerade kein Verfahrensrecht von nur geringer Relevanz, bei dem die in §§ 38, 41 und 42 SGB X durch den Gesetzgeber vorgesehene weitestgehende Unbeachtlichkeit von Verletzungen aus verfahrensökonomischen Gründen hingenommen werden könnte. Somit ist ein Rechtsbehelf auch dann zulässig, wenn er sich während eines laufenden Verwaltungsverfahrens auf die Verpflichtung zur Ermöglichung von Akteneinsicht richtet.

Außerhalb des laufenden Verfahrens bildet § 56a SGG ohnehin kein Hindernis, so dass die Ablehnung des Akteneinsichtsrecht stets angefochten werden kann.[84] Nichts anderes kann in Verfahren gelten, in denen zwar eine Sachentscheidung ergeht, die jedoch den Kläger nicht beschwert und die von ihm daher gerichtlich nicht angegriffen wird.[85] Zu beachten ist zudem, dass unter Geltung des IFG und entsprechender Informationsfreiheitsgesetze der Länder ein verfahrensbegleitender, unmittelbarer Rechtsschutz ohnehin nicht mehr vermieden werden kann. Der Beteiligte muss sich nur ausdrücklich (auch) auf den Anspruch nach § 1 IFG berufen, um eine Rechtsschutzmöglichkeit gegenüber ablehnenden Behördenentscheidungen zu erlangen (vgl. dazu bereits bei Rdn. 4).

80 BVerfG, Beschl. v. 24.10.1990 – 1 BvR 1028/90, SozR 3–1300 § 25 Nr. 1 zu § 44a VwGO.

81 Diering/Timme/Stähler/*Lang*, 6. Aufl. 2022, § 25 SGB X Rn. 22, Fn. 57; ebenso zu § 44a VwGO im Zusammenhang mit § 29 VwVfG Stelkens/Bonk/Sachs/Kallerhoff/*Mayen*, VwVfG 10. Auf. 2022, § 29 Rn. 87.

82 Mayer-Ladewig/Keller/Schmidt/*Keller*, SGG, 14. Auf. 2023, § 56a Rn. 2.

83 Schütze/*Siefert*, SGB X, 9. Aufl. 2020, § 25 Rn. 49; ebenso LSG Baden-Württemberg, Urt. v. 01.07.2011 – L 8 U 3577/10.

84 BSG, Urt. v. 28.06.1991 – 2 RU 24/90 = SozR 3–1500 § 144 Nr. 3; BSG, Beschl. v. 04.04.2012 – B 12 SF 1/10 R = SozR 4–1720 § 17a Nr. 9.

85 SG Berlin, Urt. v. 01.12.2016 – S 9 R 1113/12 WA, juris Rn. 38 = ZFSH/SGB 2017, 175 ff.

25 Wird vom Beteiligten eine Akteneinsicht zugleich nach § 25 und § 1 IFG verlangt, so kann dies Fragen zum Rechtsweg aufwerfen, weil Streitigkeiten zum IFG dem Verwaltungsgerichtsweg zuzuordnen sind (Rdn. 4). Nach § 17a Abs. 2 Satz 1 GVG hat das Gericht, falls der beschrittene Rechtsweg unzulässig ist, dies von Amts wegen auszusprechen und zugleich den Rechtsstreit an das zuständige Gericht zu verweisen. Eine solche Verweisung ist aber nur statthaft, wenn der beschrittene Rechtsweg für den Klageanspruch mit allen in Betracht kommenden Klagegründen ausgeschlossen ist. Ansonsten erfolgt eine umfassende rechtliche Würdigung des Klagebegehrens durch das angerufene Gericht, die sich nach § 17 Abs. 2 Satz 1 GVG auch auf »rechtswegfremde« Anspruchsgrundlagen erstreckt.[86]

26 Die rechtswidrige Verweigerung der Akteneinsicht nach § 25 – nicht eine solche nach dem IFG – führt, falls keine wirksame Nachholung erfolgt, zwingend zur formellen Rechtswidrigkeit des in dem betroffenen Verfahren ergangenen VA. Der Verfahrensfehler ist nicht[87] heilbar[88], da er im grundsätzlich abgeschlossenen Katalog des § 41 Abs. 1 nicht aufgeführt ist. Er wird auch nicht dadurch »geheilt«, dass dem Beteiligten in einem anschließenden Widerspruchs- oder Gerichtsverfahren die Möglichkeit offensteht, Akteneinsicht zu erlangen. Auch § 42 Satz 2 ist, obwohl die Akteneinsicht die nach § 24 zu eröffnende Akteneinsicht ergänzt, nicht anwendbar, da der Anwendungsbereich der Norm allein auf eine fehlerhafte oder unterbliebene Anhörung beschränkt ist. Also ist in dem Fall, in dem die Verletzung des Akteneinsichtsrechts erst im Zusammenhang mit der Sachentscheidung erkannt wird, allein § 42 Satz 1 anwendbar[89], so dass keine Aufhebung des angefochtenen, formell rechtswidrigen Verwaltungsaktes erfolgt, wenn offensichtlich ist, dass die Verletzung des Akteneinsichtsrechts die durch Verwaltungsakt getroffene Entscheidung nicht beeinflusst hat.

Zweiter Titel Fristen, Termine, Wiedereinsetzung

§ 26 Fristen und Termine

(1) Für die Berechnung von Fristen und für die Bestimmung von Terminen gelten die §§ 187 bis 193 des Bürgerlichen Gesetzbuches entsprechend, soweit nicht durch die Absätze 2 bis 5 etwas anderes bestimmt ist.

(2) Der Lauf einer Frist, die von einer Behörde gesetzt wird, beginnt mit dem Tag, der auf die Bekanntgabe der Frist folgt, außer wenn dem Betroffenen etwas anderes mitgeteilt wird.

(3) [1]Fällt das Ende einer Frist auf einen Sonntag, einen gesetzlichen Feiertag oder einen Sonnabend, endet die Frist mit dem Ablauf des nächstfolgenden Werktages. [2]Dies gilt nicht, wenn dem Betroffenen unter Hinweis auf diese Vorschrift ein bestimmter Tag als Ende der Frist mitgeteilt worden ist.

(4) Hat eine Behörde Leistungen nur für einen bestimmten Zeitraum zu erbringen, endet dieser Zeitraum auch dann mit dem Ablauf seines letzten Tages, wenn dieser auf einen Sonntag, einen gesetzlichen Feiertag oder einen Sonnabend fällt.

---

86 LSG Nordrhein-Westfalen, Beschl. v. 26.04.2010 – L 16 B 9/09 SV, juris Rn. 11.

87 Die dem entgegenstehende, in der Vorauflage vertretene Rechtsauffassung wird aufgegeben.

88 SG Gelsenkirchen, Urt. v. 23.10.2014 – S 16 KA 1/12, juris Rn. 37; LSG Nordrhein-Westfalen, Urt. v. 30.11.2005 – L 10 KA 29/05, juris Rn. 47; BeckOGK/*Mutschler*, SGB X, § 25 Rn. 24, Stand 06/2019; jurisPK-SGB X/*Franz*, § 25 Rn. 45; a.A. BeckOK-SozR/*Weber*, SGB X § 25 Rn. 28, Stand 12/2023; LSG Nordrhein-Westfalen, Beschl. v. 21.09.2015 – L 7 AS 430/14, juris Rn. 25; SG Dresden, Urt. v. 09.09.2015 – S 25 KR 1163/13; Schütze/*Siefert*, SGB X, 9. Aufl. 2020, § 25 Rn. 46; ebenso zur Akteneinsicht nach § 29 VwVfG Stelkens/Bonk/Sachs/Kallerhoff/Mayen, VwVfG 10. Auf. 2022, § 29 Rn. 88b.

89 Ebenso BeckOGK/*Mutschler*, § 25 SGB X Rn. 24, Stand 06/2019.

(5) Der von einer Behörde gesetzte Termin ist auch dann einzuhalten, wenn er auf einen Sonntag, gesetzlichen Feiertag oder Sonnabend fällt.

(6) Ist eine Frist nach Stunden bestimmt, werden Sonntage, gesetzliche Feiertage oder Sonnabende mitgerechnet.

(7) [1]Fristen, die von einer Behörde gesetzt sind, können verlängert werden. [2]Sind solche Fristen bereits abgelaufen, können sie rückwirkend verlängert werden, insbesondere wenn es unbillig wäre, die durch den Fristablauf eingetretenen Rechtsfolgen bestehen zu lassen. [3]Die Behörde kann die Verlängerung der Frist nach § 32 mit einer Nebenbestimmung verbinden.

Übersicht

A. Inhalt und Anwendungsbereich

Die Vorschrift entspricht § 31 VwVfG (vgl. auch die weitgehend entsprechenden §§ 107, 108 AO) 1 und ist seit dem Inkrafttreten des SGB X unverändert geblieben. Die prozessrechtlichen Fristenregelungen finden sich in den §§ 64 bis 66 SGG. § 26 soll die klare und einheitliche Handhabung zur Berechnung von Fristen und Terminen gewährleisten. Er gilt zunächst unmittelbar im Verwaltungs- (§ 8) und im Widerspruchsverfahren, denn er steht im Zweiten Abschnitt unter dem Titel »Allgemeine Vorschriften über das Verwaltungsverfahren«. Auch für die Widerspruchsfrist selbst ist die Geltung des § 26 anzunehmen, obwohl insofern streitig ist, ob es sich um eine verwaltungsverfahrensrechtliche oder eine prozessrechtliche Frist handelt. § 84 Abs. 2 Satz 3 SGG verweist nur auf §§ 66 und 67 SGG, nicht hingegen auf die prozessuale Fristenregelung des § 64 SGG, sodass über § 62 Halbs. 2 der § 26 zum Zuge kommt. In der Sache dürfte es auf das gleiche hinauslaufen, weil auch § 64 SGG den allgemein üblichen Regelungen folgt, die im BGB ihren Niederschlag gefunden haben.[1] Allgemein anerkannt ist darüber hinaus, dass die Norm auch– jedenfalls entsprechend – heranzuziehen ist (etwa wenn es für behördliches Realhandeln auf Fristen ankommt; wenn es um vertraglich vereinbarte Fristen geht etc.).[2] Insofern gilt § 26, stets vorbehaltlich besondere Bestimmungen, **umfassend** sowohl für verfahrensrechtliche als auch für materiellrechtliche Fristen **im Bereich des SGB.**

Abs. 1 bestimmt, in Anerkennung der allgemein geübten Rechtspraxis, dass die einschlägigen 2 Bestimmungen des BGB (§§ 187 bis 193 BGB) prinzipiell auch im Sozialrecht entsprechend gelten. In den Folgeabsätzen werden sodann nur die für notwendig erachteten abweichenden Besonderheiten (Abs. 2–6) bzw. Ergänzungen (Abs. 7) geregelt. § 26 bezieht sich nur auf die Berechnung von Terminen und Fristen. Zur Befugnis, Fristen zu setzen oder Termine zu bestimmen, wird nichts ausgesagt (vgl. Rdn. 5).

B. Einzelerläuterungen

I. Begriffe

§ 26 ist zwar mit »**Fristen und Termine**« überschrieben, definiert diese Begriffe aber nicht, sondern 3 setzt sie voraus. Frist ist nach gängiger Ansicht in Anlehnung an § 191 BGB jede bestimmt oder bestimmbar umrissene Zeitspanne zwischen zwei oder mehreren Zeitpunkten, die häufig zusammen-

1 BeckOK-SozR/*Mink*, § 64 SGG, vor Rn. 1, Stand 12/2023.
2 Hauck/Noftz/*Vogelgesang*, SGB X, § 26 Rn. 7, Stand 6/2012.

hängend verläuft, dies aber nicht notwendig braucht.[3] Termin ist ein im Voraus bestimmter Zeitpunkt, an dem etwas geschehen soll oder eine bestimmte Wirkung eintritt.[4]

4 **Gesetzliche Fristen** sind in einem Gesetz, einer Rechtsverordnung oder Satzung bestimmt, ohne dass die Behörde über sie disponieren[5], z.B. von ihnen abweichen dürfte[6]; nur bei ihnen kommt die Wiedereinsetzung in den vorigen Stand (§ 27 bzw. – für das Widerspruchsverfahren § 84 Abs. 2 Satz 3 SGG i.V.m. § 67 SGG) in Betracht. **Behördliche Fristen** sind durch die Behörde gesetzte Fristen, die entweder gesetzlich überhaupt nicht bestimmt sind oder für die das Gesetz einen Rahmen vorgibt, der behördlich konkretisiert werden kann.[7] Es geht etwa um Fristsetzungen zur Vorlage einer Übersetzung (§ 19 Abs. 2, 4), zur Vornahme einer Mitwirkung (§ 21 Abs. 2), zur Begründung eines Widerspruchs oder um eine Anhörungsfrist im Rahmen des § 24[8]. Bisweilen bedarf die Zuordnung der Auslegung. So etwa hinsichtlich der Aufforderung nach § 51 Abs. 1 oder 2 SGB V, innerhalb von zehn Wochen einen Antrag auf Leistungen zur medizinischen Rehabilitation oder Teilhabe am Arbeitsleben bzw. einen Antrag auf Regelaltersrente zu stellen. Einerseits steht die fristauslösende Aufforderung im Ermessen der Behörde, andererseits ist die Frist selbst gesetzlich strikt bemessen. Mehr spricht hier für die Charakterisierung als gesetzliche Frist, der Erlass des Verwaltungsaktes mit Aufforderung zur Rentenantragsstellung ist allein das Ereignis, das den Fristbeginn auslöst. Bei behördlichen Fristen setzt die Behörde dagegen nicht nur deren Gang in Lauf, sondern bestimmt zudem selbst deren Dauer bzw. Ablauf, so dass die Frist in Anwendung des Absatz 7 durch die Behörde auch verlängert werden kann.[9] Insofern dienen behördliche Fristen i.d.R. allein der zügigen Verfahrensführung. Die Fristsetzung ist vorbereitende Maßnahme im Blick auf die zu treffende Entscheidung und deshalb nicht selbst Verwaltungsakt;[10] auch die Möglichkeit, die Fristsetzung gemäß Abs. 7 Satz 3 mit einer Nebenbestimmung zu verbinden, ist für sich genommen kein zwingendes Argument für einen Verwaltungsaktcharakter.[11] Die Frage ist letztlich aber nicht besonders relevant, denn auch wenn von einer Verwaltungsaktqualität ausgegangen wird, kommt eigenständiger Rechtsschutz etwa gegen eine unangemessen kurze oder unbestimmte Frist wegen § 56a SGG nicht in Betracht. Demgegenüber enthält das behördliche Ingangsetzen gesetzlich vorgegebener Fristen (wie etwa im Fall des § 51 Abs. 1 und 2 SGB VI oder etwa auch bei § 145 Abs. 2 SGB III), mit dem zugleich eine Handlungspflicht des Adressaten verbunden wird, eine Regelung und besitzt Verwaltungsaktcharakter.[12] Auch wenn es sich bei einer Fristsetzung nicht um einen Verwaltungsakt handelt, ist es für eine transparente Verfahrensgestaltung erforderlich, dass der Adressat Fristablauf sowie Rechtfolgen der Fristversäumnis eindeutig bestimmen kann.[13] Geschieht dies nicht, hat die Behörde die Folgen der Unbestimmtheit zu tragen. Wurde beispielsweise eine Anhörungsfrist in diesem Sinne zu unbestimmt gesetzt, so kann dies zur Folge haben, dass die Anhörung nicht ordnungsgemäß erfolgt ist. **Vereinbarte Fristen** werden im Rahmen eines öffentlich-rechtlichen Vertrags bestimmt und setzen eine entsprechende Gestaltungsbefugnis der Vertragspartner voraus. Unterscheidet man Fristen nach anderen Kategorien, so kann man zwischen Verfahrensfristen, materiellrechtlichen Fristen – zu denen auch Präklusionsfristen und Ausschlussfristen gehören – sowie Prozessfristen unterscheiden.[14]

---

3 BSGE 14, 273, 279 = SozR Nr. 5 zu § 182 RVO.
4 Vgl. nur BeckOGK/*Mutschler*, § 26 SGB X Rn. 5, Stand 03/2020.
5 BSG, Urt. v. 07.09.2022 – B 6 KA 11/21 R, GesR 2023, S. 248, 250.
6 LSG Hessen, Urt. v. 13.12.2023 – L 6 AS 305/23, juris Rn. 57.
7 BSG, Urt. v. 19.10.2011 – B 6 KA 20/11 R = SozR 4–2500 § 103 Nr. 10 Rn. 25.
8 Dazu etwa BSG, SozR 1300 § 24 Nr. 4.
9 So zutreffend Schütze/*Siefert*, SGB X, § 26 Rn. 5.
10 A.A. Hauck/Noftz/*Vogelgesang*, SGB X, § 26 Rn. 41.
11 Kopp/Ramsauer/*Ramsauer*, VwVfG, § 31 VwVfG Rn. 42.
12 So zutreffend BeckOGK/*Mutschler*, § 26 SGB X, Rn. 13, Stand 03/2020 Rn. 6.
13 BSG, Urt. v. 07.09.2022 – B 6 KA 11/21 R, GesR 2023, S. 248, 250.
14 Eingehend hierzu jurisPK-SGB X/*Apel*, § 26 Rn. 21 ff., Stand 11/2023.

§ 26 erfasst grundsätzlich sowohl **verfahrensrechtliche** als auch **materiellrechtliche Fristen.** Verfahrensrechtliche Fristen beziehen sich allein auf das Verwaltungsverfahren, ohne jedoch die materiellrechtliche Position des Beteiligten zu berühren.[15] Materiellrechtliche Fristen betreffen hingegen den Inhalt des Rechtsverhältnisses, haben materiellrechtliche Wirkung.[16] Die Nichteinhaltung der materiellrechtlichen Frist führt, im Gegensatz zum Verstreichenlassen einer verfahrensrechtlichen Frist, zu einer Veränderung – z.B., aber nicht notwendigerweise, zum Verlust eines Anspruchs. Materiellrechtliche Fristen bedürfen wegen des Vorbehalts des Gesetzes (vgl. § 31 SGB I) einer gesetzlichen Ermächtigungsgrundlage.[17] Als Beispiele kann etwa verwiesen werden auf § 8 Abs. 2 sowie § 9 Abs. 2 SGB V; § 28a Abs. 3 Satz 1 SGB III; §§ 205 ff. SGB VI; § 44 Abs. 4 Satz 1 SGB X. Verfahrensrechtlich sind demgegenüber solche Fristen, die Bedeutung nur für das konkrete Verwaltungsverfahren besitzen, die materiellrechtlichen Positionen der Beteiligten unmittelbar aber nicht berühren.[18] Eine allein verfahrensrechtliche Frist ist z.B. die als Anhörungsfrist bezeichnete Gelegenheit zur Stellungnahme zum beabsichtigten Verwaltungsakt (§ 24 Abs. 1) sowie die Mitwirkungsfrist (§ 66 Abs. 3 SGB I). Die Befugnis zur Setzung dieser Fristen ergibt sich aus der allgemeinen Verfahrensführungsbefugnis der Behörde aus § 8.[19] Zu den Besonderheiten von sog. Ausschlussfristen vgl. § 27 Rdn. 5 f. 5

II. Einschlägige Regelungen des BGB

Die Verweisung auf die §§ 187 bis 193 BGB positiviert eine zuvor bereits anerkannte Rechtspraxis. Neben den genannten Bestimmungen soll zudem auch auf § 206[20] BGB für eine Fristhemmung in Fällen entsprechend zurückgegriffen werden können, in denen der Betroffene geschäftsunfähig und ohne gesetzlichen Vertreter ist.[21] Mit der Verweisung gilt auch für § 26 das Prinzip der Zivilkomputation, gezählt wird nur nach ganzen Kalendertagen. 6

Für den **Fristbeginn** gilt gem. Abs. 1 grundsätzlich § 187 BGB[22], der zwischen zwei Fallgruppen unterscheidet. § 187 Abs. 1 BGB regelt die Sachverhalte, in denen der Beginn der Frist von einem **Ereignis** oder einem Zeitpunkt im Laufe eines Tages abhängig ist. Dann wird dieser Tag bei der Fristberechnung nicht mitzählt. Demzufolge rechnet also beispielsweise der Tag der Bekanntgabe eines Verwaltungsaktes bei der Berechnung der Widerspruchsfrist nicht mit. Auch bei der gesetzlichen Fiktion der Bekanntgabe nach § 37 Abs. 2 beginnt der Fristlauf erst mit dem auf den dritten Tag folgenden Tag.[23] Diese Regelung gilt entsprechend auch für eine von einem Ereignis abhängige Frist, die zurückgerechnet wird (z.B. § 183 Abs. 1 SGB III). Bei der Berechnung des Lebensalters zählt allerdings der Tag der Geburt mit (§ 187 Abs. 2 Satz 2 BGB). Ob der Ereignistag ein Samstag, Sonn- oder Feiertag ist, ist unerheblich. Demzufolge löst der dritte Tag nach der Aufgabe des Verwaltungsaktes im Inland die Dreitagesfrist auch dann aus, wenn es sich bei diesem Tag um einen Samstag, Sonntag oder Feiertag handelt. Ist hingegen für den Fristbeginn der **Beginn eines Tages** 7

15 jurisPK-SGB X/*Apel*, § 26 Rn. 24, Stand 11/2023.

16 jurisPK-SGB X/*Apel*, § 26 Rn. 21, Stand 11/2023.

17 BVerwG, Urt. v. 22.10.1993 – 6 C 10.92, NVwZ 1994, 575; Kopp/Ramsauer, VwVfG, 16. Aufl., § 31 Rn. 1; BeckOGK/*Mutschler*, § 26 SGB X, Rn. 4a m.w.N, Stand 03/2020.

18 jurisPK-SGB X/*Apel*, § 26 Rn. 24, Stand 11/2023.

19 LSG Bayern, Urt. v. 23.04.2008 – L 12 KA 443/07, juris Rn. 53.

20 § 206 BGB: »Die Verjährung ist gehemmt, solange der Gläubiger innerhalb der letzten sechs Monate der Verjährungsfrist durch höhere Gewalt an der Rechtsverfolgung gehindert ist.«.

21 BeckOGK/*Mutschler*, § 26 SGB X, Rn. 7, Stand 03/2020, unter Hinweis auf BSG, Urt. v. 28.11.1973 – 4 RJ 159/72, BSGE 36, 267.

22 § 187 BGB: »(1) Ist für den Anfang einer Frist ein Ereignis oder ein in den Lauf eines Tages fallender Zeitpunkt maßgebend, so wird bei der Berechnung der Frist der Tag nicht mitgerechnet, in welchen das Ereignis oder der Zeitpunkt fällt. (2) Ist der Beginn eines Tages der für den Anfang einer Frist maßgebende Zeitpunkt, so wird dieser Tag bei der Berechnung der Frist mitgerechnet. Das Gleiche gilt von dem Tage der Geburt bei der Berechnung des Lebensalters.«.

23 LSG Bayern, Urt. v. 11.05.2022 – L 2 U 140/13, juris Rn. 64.

maßgeblich, so wird dieser Tag gem. § 187 Abs. 2 Satz 1 BGB bei der Berechnung der Frist mitgerechnet. Beispielsweise beginnt das Arbeitsverhältnis, und damit zugleich die Pflichtmitgliedschaft in der Sozialversicherung, mit dem Beginn des ersten Arbeitstages.[24]

8 Für die Feststellung des **Fristendes** ist grundsätzlich § 188 BGB[25] der Ausgangspunkt. Dessen Abs. 1 bestimmt zunächst, dass eine nach Tagen bestimmte Frist mit dem **Ablauf ihres letzten Tages**, also um 24 Uhr, endet. Dies gilt unabhängig von der Dienstzeit der Behörde. Welcher Tag der letzte Tag der Frist ist, ist abhängig davon, ob es sich um eine **Ereignis- oder** eine **Ablauffrist** handelt. Bestimmt sich der Fristbeginn nach § 187 Abs. 1 BGB, ist der letzte Tag der Frist derjenige, der durch seine Bezeichnung oder seine Zahl dem Ereignistag entspricht (§ 188 Abs. 2 1. Alt. BGB). Wird also ein Verwaltungsakt am 1. März bekanntgegeben, beginnt die Monatsfrist des § 84 Abs. 1 SGG am 2. März und endet am 1. April desselben Jahres um 24:00 Uhr. Bestimmt sich der Fristbeginn hingegen nach § 187 Abs. 2 BGB, ist der letzte Tag der Frist der dem Tag des Fristbeginns durch seine Bezeichnung oder Zahl vorangehende Tag (§ 188 Abs. 2 2. Alt. BGB). Zur Behandlung der unterschiedlichen Dauer der Monate vgl. § 188 Abs. 3 BGB.

9 **Ergänzend** enthält § 189 BGB[26] Regelungen zur Berechnung von nach Bruchteilen eines Jahres oder Monats bestimmten Fristen. § 190 BGB[27] regelt die Berechnung von Fristverlängerungen. § 191 BGB[28] legt die Berechnung von Zeiträumen fest, die nicht zusammenhängend verlaufen (z.B. die Anwartschaftszeit nach § 142 SGB III). § 192 BGB[29] verhält sich zur Bestimmung der Begriffe »Beginn«, »Mitte« und »Ende eines Monats«. Entsprechende Regelungen für die Woche fehlen. Angenommen wird, dass die Woche mit dem Montag beginnt. Sie endet, wenn es um Arbeitstage geht, am Freitag, wenn es um Werktage geht, am Samstag und ansonsten am Sonntag.[30] Zum Schutz der Wochenend- und Feiertagsruhe verschiebt § 193[31] BGB das Fristende bei abzugebenden Willenserklärungen und zu erbringenden Leistungen auf den nachfolgenden Werktag, wenn der letzte Tag der Frist auf einen Samstag, Sonntag oder staatlich anerkannten Feiertag fällt. Der Eintritt der sog. Dreitagesfiktion (§ 37 Abs. 2 Satz 1) der Bekanntgabe stellt einen Termin, nicht aber das Ende einer Frist dar, so dass der Verwaltungsakt auch dann mit dem dritten Tag nach seiner Aufgabe mit der

---

24 Vgl. zu allem ausführlich Hauck/Noftz/*Vogelgesang*, SGB X, § 26 Rn. 6 ff. m.w.N., Stand 6/2012.

25 § 188 BGB: »(1) Eine nach Tagen bestimmte Frist endigt mit dem Ablauf des letzten Tages der Frist. (2) Eine Frist, die nach Wochen, nach Monaten oder nach einem mehrere Monate umfassenden Zeitraum – Jahr, halbes Jahr, Vierteljahr – bestimmt ist, endigt im Falle des § 187 Abs. 1 mit dem Ablauf desjenigen Tages der letzten Woche oder des letzten Monats, welcher durch seine Benennung oder seine Zahl dem Tage entspricht, in den das Ereignis oder Zeitpunkt fällt, im Falle des § 187 Abs. 2 mit dem Ablaufe desjenigen Tages der letzten Woche oder des letzten Monats, welcher dem Tage vorhergeht, der durch seine Benennung oder seine Zahl dem Anfangstage der Frist entspricht. (3) Fehlt bei einer nach Monaten bestimmten Frist in dem letzten Monat der für ihren Ablauf maßgebende Tag, so endigt die Frist mit dem Ablaufe des letzten Tages dieses Monats.«.

26 § 189 BGB: »(1) Unter einem halben Jahr wird eine Frist von 6 Monaten, unter einem Vierteljahr eine Frist von 3 Monaten, unter einem halben Monat eine Frist von 15 Tagen verstanden. (2) Ist eine Frist auf einen oder mehrere ganze Monate und einen halben Monat gestellt, so sind die 15 Tage zuletzt zu zählen.«.

27 § 190 BGB: »Im Falle der Verlängerung einer Frist wird die neue Frist von dem Ablaufe der vorigen Frist an berechnet.«.

28 § 191 BGB: »Ist ein Zeitraum nach Monaten oder nach Jahren in dem Sinne bestimmt, dass er nicht zusammenhängend zu verlaufen braucht, so wird der Monat zu 30, das Jahr zu 365 Tagen gerechnet.«.

29 § 192 BGB: »Unter Anfang des Monats wird der Erste, unter Mitte des Monats der 15., unter Ende des Monats der letzte Tag des Monats verstanden.«.

30 Hauck/Noftz/*Vogelgesang*, SGB X, § 26 (Stand 6/2012) Rn. 13 m.w.N.

31 § 193 BGB: »Ist an einem bestimmten Tag oder innerhalb einer Frist eine Willenserklärung abzugeben oder eine Leistung zu bewirken und fällt der bestimmte Tag oder der letzte Tag der Frist auf einen Sonntag, einen am Erklärungs- oder Leistungsort staatlich anerkannten allgemeinen Feiertag oder einen Sonnabend, so tritt an die Stelle eines solchen Tages der nächste Werktag.«.

Post im Inland als bekanntgegeben gilt, wenn der dritte Tag ein Samstag, Sonntag oder Feiertag ist. Weder für eine unmittelbare noch für eine analoge Anwendung des § 26 Abs. 3 ist hier Raum.[32]

III. Behördliche Fristen

Abs. 2 übernimmt für eine von der Behörde gesetzte Frist zunächst die Regel des § 187 Abs. 1 BGB, 10
wonach diese mit dem Tag beginnt, der auf die Bekanntgabe folgt. Klargestellt wird sodann aber, dass die Behörde durchaus auch einen anderen Fristbeginn bestimmen kann. Dies kann, etwa aus Gründen der Rechtssicherheit, ein früherer Termin sein (etwa das Absendedatum laut Poststempel) oder auch ein späteres Datum. Der Lauf der Frist setzt in jedem Fall eine wirksame Bekanntgabe entsprechend §§ 39, 37 voraus. Für eine transparente Verfahrensgestaltung ist weiter erforderlich, dass der Fristablauf von den Betroffenen eindeutig bestimmt werden kann und damit für sie vorhersehbar ist. Das ist grundsätzlich nur dann gewährleistet, wenn Fristbeginn und/oder Fristende mit einem konkreten Datum benannt sind.[33]

IV. Feiertage, Wochenende

Gemäß § 26 Abs. 3 Satz 1 verschiebt sich das Fristende auf den nachfolgenden Werktag, wenn es 11
andernfalls auf einen gesetzlichen Feiertag, Sonnabend oder Sonntag fallen würde. Der Wortlaut lässt offen, ob es sich behördliche und/oder gesetzliche Fristen gemeint sind, so dass in der Literatur vertreten wird, dass die Norm auf beide anzuwenden sei.[34] Gegen eine Anwendung auf gesetzliche Fristen spricht jedoch, dass § 26 Abs. 3 Satz 2 die Verschiebung des Fristendes dann ausschließt, wenn dem Beteiligten unter Hinweis auf Satz 1 ein bestimmter Tag als Ende der Frist mitgeteilt worden ist, was eine Befugnis impliziert, Fristen nach pflichtgemäßem Ermessen zu verändern; dies ist wiederum allein bei behördlichen Fristen oder bei gesetzlichen Fristen, die eine entsprechende Befugnis einräumen, der Fall, niemals bei sonstigen gesetzlichen Fristen.[35] Bei gesetzlichen Fristen wie der Widerspruchsfrist ist daher § 193 BGB i.V.m. § 26 Abs. 1 anzuwenden, wenn die Frist an einem Feiertag, Sonnabend oder Sonntag enden würde.[36]

Da die für die am dritten Tag nach Aufgabe zur Post **fingierte Bekanntgabe** eines Verwaltungsakts (§ 37 Abs. 2) oder **Zustellung** eines Schriftstückes (§ 4 Abs. 1 VwZG) zu einem bestimmbaren Zeitpunkt eintritt, jedoch keinen Zeitraum bestimmt, handelt es sich hierbei nicht um eine Frist.[37] Nach Abs. 3 Satz 2 gilt das Hinausschieben des Fristendes nicht, wenn die Behörde dem Betroffenen einen **bestimmten Tag** als Fristende mitteilt. Diese Abweichung setzt zu ihrer Wirksamkeit neben der genauen Datumsbestimmung einen ausdrücklichen Hinweis auf § 26 Abs. 3 voraus. S. 2 spielt in der Praxis des SGB allenfalls eine marginale Rolle.

Gesetzliche **Feiertage** sind auf bundesgesetzlicher Ebene der Tag der deutschen Einheit (3. Oktober) 12
und im Übrigen die nach den Feiertagsgesetzen der Länder z.T. bundeseinheitlich[38], z.T. länder-

32 LSG Bayern, Urt. v. 11.05.2022 – L 2 U 140/13, juris Rn. 65 f. m.w.N.

33 BSG, Urt. v. 19.10.2011 – B 6 KA 20/11 R = SozR 4–2500 § 103 Nr. 10 Rn. 26 mit Verweis auf BVerfG, NVwZ 2011, 113.

34 Schütze/*Siefert*, § 26 SGB X Rn. 21; Diering/Timme/Stähler/*Timme*, § 26 SGB X Rn. 15; Ehmann/Karmanski/Kuhn-Zuber/*Herbe*, Gesamtkommentar Sozialrechtsberatung, 3. Aufl. 2023, § 26 SGB X Rn. 24; nur für behördliche Fristen wohl BeckOGK/*Mutschler*, § 26 SGB X Rn. 9, Stand 03/2020.

35 So zu Recht LSG Hessen, Urt. v. 13.12.2023 – L 6 AS 305/23, juris Rn. 59 f.

36 Ehmann/Karmanski/Kuhn-Zuber/*Löcher*, Gesamtkommentar Sozialrechtsberatung, 3. Aufl. 2023, Schwerpunktbeitrag 1: Das Widerspruchsverfahren nach § 62 SGB X, §§ 78 ff. SGG, Rn. 63.

37 BSG, Urt. v. 19.03.1957 – 10 RV 609/56, BSGE 5, 53 ff.; BSG, SozR 3–1500 § 151 Nr. 3; SozR 4–1300 § 37 Nr. 1; a.A. BFH, Urt. v. 14.10.2003 – IX R 68/98, NJW 2004, 94 f.

38 Bundeseinheitlich geregelte Feiertage: »Neujahr«, »Karfreitag«, »Ostermontag«, »1. Mai«, »Christi Himmelfahrt«, »Pfingstmontag«, 1. und 2. Weihnachtstag.

unterschiedlich[39] festgelegten Tage. Kirchliche Feiertage fallen nur bei gesetzlicher Anerkennung unter Abs. 2. Aus Gesichtspunkten des Brauchtums arbeitsfreie Tage werden nicht erfasst. Da es in den Bundesländern unterschiedliche Feiertage gibt, muss klar sein, welcher Ort i.S.d. Abs. 3 der maßgebliche ist. Dies ist je nach dem, auf was sich die Frist gegenständlich bezieht, der Erklärungsort oder der Leistungsort. Bei Willenserklärungen, also etwa bei Leistungsanträgen, ist die Feiertagsregelung am Ort des Adressaten der Willenserklärung, also der Sitz des Leistungsträgers, entscheidend. Ist eine Leistung zu erbringen oder eine Handlung auszuüben, kommt es, wenn nichts anderes bestimmt ist, auf den (Wohn-) Sitz des »Schuldners« an; so ist bei Geldleistungsansprüchen der Sitz des Leistungsträgers bestimmend.[40]

13 Gemäß **Abs. 4** gilt die Sonderregelung des Abs. 3 zum Hinausschieben des Fristablaufs nicht für die Dauer von befristet gewährten Sozialleistungen, so dass z.B. ein befristeter Krankengeldanspruch grundsätzlich auch dann mit dem Ende der Arbeitsunfähigkeit endet, wenn es sich bei diesem Tag um einen gesetzlichen Feiertag handelt.[41] Ebenso wenig kommt es zu einer Verschiebung, wenn der von einer Behörde gesetzte Termin auf einen Feiertag oder ein Wochenende fällt (**Abs. 5**). I.d.R. wird jedoch eine entsprechende Terminsetzung im Bereich des Sozialrechts ermessensfehlerhaft sein.[42] Schließlich stellt **Abs. 6** klar, dass Feiertage, Sonnabende und Sonntage bei einer nach Stunden bemessenen Frist mitzurechnen sind.

V. Verlängerung behördlicher Fristen

14 Nach Abs. 7 Satz 1 können behördliche Fristen (Rdn. 3) verlängert werden. Dies gilt auch für behördliche Ausschlussfristen; hier wird jedoch i.d.R. nur ein eingeschränkter Ermessensspielraum für eine Verlängerung gegeben sein.[43] Die Verlängerung einer an mehrere gerichteten Frist (z.B. Bewerbungsfrist zur Zulassung zur vertragsärztlichen Versorgung) ist ebenso zu veröffentlichen wie die ursprüngliche Fristbestimmung.[44] S. 2 lässt dies auch nach Fristablauf **rückwirkend** zu. Die in das Ermessen der Behörde gestellte Verlängerungsmöglichkeit zeigt sich u.a. als ein Funktionsäquivalent für die nur für gesetzliche Fristen geltende Wiedereinsetzung in den vorigen Stand (§ 27), ist jedoch offener in ihren Voraussetzungen. Liegt ein Fall unverschuldeter Fristversäumung vor, in dem auch die weiteren Voraussetzungen des § 27 (entsprechend) erfüllt sind, ist eine Ermessensreduzierung auf Null anzunehmen und es besteht ein Anspruch auf Fristverlängerung.[45] Im Übrigen geht es um eine pflichtgemäße Ermessensausübung, die indes durch Abs. 7 Satz 2 a.E. insoweit gesteuert wird, als insbesondere unbillige Rechtsfolgen einer Fristversäumung vermieden werden sollen. Unbilligkeit wird man jedenfalls annehmen können, wenn die Fristversäumung des Betroffenen durch behördliches Verhalten (mit)verursacht worden ist (z.B. durch ein unklares Antragsformular[46]); dann verstößt die Berufung auf eine Fristversäumung gegen den auch im Sozialrecht geltenden Grundsatz von Treu und Glauben.[47] Abs. 7 gilt umfassend für alle behördlichen Fristen, auch für behördlich

39 Landesunterschiedliche Feiertage: »Heilige drei Könige« (6. Januar in BW, BY, ST); »Fronleichnam« (zweite Donnerstag nach Pfingsten in BW, BY, HE, NRW, RP, SL, z.T. in SN, TH); »Friedensfest« (8. August in Augsburg); »Mariä Himmelfahrt« (15. August im SL, z.T. in BY); »Reformationstag« (31. Oktober in BB, MV, SN, ST, TH); »Allerheiligen« (1. November in BW, BY, NRW, RP, SL); »Buß- und Bettag« (Mittwoch vor dem 23.11. bzw. 11 Tage vor dem 1. Advent in SN); »Weltfrauentag« (8. März in B, MV); »Weltkindertag« (20. September in TH).

40 Hauck/Noftz/*Vogelgesang*, SGB X, § 26 Rn. 15a, Stand 6/2012.

41 LSG Schleswig-Holstein, Urt. v. 29.11.2022 – L 10 KR 18/19 Rn. 30.

42 Diering/Timme/Stähler, SGB X, § 26 Rn. 21.

43 BSG, Urt. v. 19.10.2011 – B 6 KA 20/11 R = SozR 4–2500 § 103 Nr. 10 Rn. 25.

44 BSG ebenda; LSG Bayern, Urt. v. 23.04.2008 – L 12 KA 443/07, juris Rn. 58.

45 Hauck/Noftz/*Vogelgesang*, SGB X, § 26 Rn. 19, Stand 6/2012; Kopp/Ramsauer/*Ramsauer*, VwVfG, § 31 Rn. 39a m.w.N.; vgl. auch BSG, SozR 5750 Art. 2 § 51a Nr. 66.

46 Vgl. etwa BVerwG, Urt. v. 22.10.1993 – 6 C 10.92, NVwZ 1994, 575.

47 BSG, Urt. v. 06.04.2000 – B 11 AL 81/99 R, NZA-RR 2001, 609, 610.

gesetzte Ausschlussfristen.[48] Ein entsprechender Antrag ist nicht Voraussetzung[49], wird aber i.d.R. die Praxis sein. Abs. 7 Satz 3 hat letztlich nur deklaratorische Wirkung, auch ohne diese Regelung kann die Behörde ihrem Ermessensverwaltungsakt Nebenbestimmungen beifügen (§ 32 Abs. 2). Welche das hier sein können, ist von der konkreten, während der Frist zu erfüllenden Pflicht abhängig.

Eine behördliche Verlängerung einer **gesetzlichen Frist** ist in § 26 nicht geregelt[50] und kommt nur 15
dann in Betracht, wenn eine entsprechende spezielle gesetzliche Befugnis besteht. Ist dies der Fall, wie etwa bei § 13 Abs. 3a Satz 4 SGB V zur Abwendung der Genehmigungsfiktion, muss auch eine solche Fristverlängerung tagegenau erfolgen.[51] Ist nicht ausdrücklich geregelt, dass die Behörde befugt ist, eine gesetzliche Frist zu verlängern, ist die Behörde hierzu auch nicht berechtigt. Eine behördliche Verlängerung der Widerspruchsfrist von einem Monat nach der Bekanntgabe des Verwaltungsaktes (§ 84 Abs. 1 SGG) kommt daher nicht in Betracht.

§ 27 Wiedereinsetzung in den vorigen Stand

(1) [1]War jemand ohne Verschulden verhindert, eine gesetzliche Frist einzuhalten, ist ihm auf Antrag Wiedereinsetzung in den vorigen Stand zu gewähren. [2]Das Verschulden eines Vertreters ist dem Vertretenen zuzurechnen.

(2) [1]Der Antrag ist innerhalb von zwei Wochen nach Wegfall des Hindernisses zu stellen. [2]Die Tatsachen zur Begründung des Antrages sind bei der Antragstellung oder im Verfahren über den Antrag glaubhaft zu machen. [3]Innerhalb der Antragsfrist ist die versäumte Handlung nachzuholen. [4]Ist dies geschehen, kann Wiedereinsetzung auch ohne Antrag gewährt werden.

(3) Nach einem Jahr seit dem Ende der versäumten Frist kann die Wiedereinsetzung nicht mehr beantragt oder die versäumte Handlung nicht mehr nachgeholt werden, außer wenn dies vor Ablauf der Jahresfrist infolge höherer Gewalt unmöglich war.

(4) Über den Antrag auf Wiedereinsetzung entscheidet die Behörde, die über die versäumte Handlung zu befinden hat.

(5) Die Wiedereinsetzung ist unzulässig, wenn sich aus einer Rechtsvorschrift ergibt, dass sie ausgeschlossen ist.

Übersicht

A. Inhalt

Gesetzliche Fristen verfolgen unterschiedliche Zwecke: Sie können, je nach gesetzlichem Kontext, 1
z.B. zur Herstellung von Rechtssicherheit und Rechtsfrieden geschaffen worden sein, eine Ordnungsfunktion haben, die Effektivität staatlichen Handelns befördern oder der Gleichbehandlung oder Fairness dienen. Versäumt ein Beteiligter eine solche Frist und nimmt er die ihm erlaubte Verfahrenshandlung nicht rechtzeitig vor, so kann dies zu einer weitreichenden Schmälerung seiner Rechts-

48 BSG, Urt. v. 15.08.1991 – 12 RK 42/90, BSGE 69, 198, 200; BSG, SozR 5070 § 10a Nr. 19; Schütze/*Siefert*, SGB X, § 26 Rn. 70; BeckOGK/*Mutschler*, § 26 SGB X, Rn. 13, Stand 03/2020.

49 BeckOGK/*Mutschler*, § 26 SGB X, Rn. 13, Stand 03/2020; offen gelassen in BSG, SozR 5750 Art. 2 § 51a Nr. 66.

50 BSG, Urt. v. 07.11.1996 – 12 RK 10/96, juris Rn. 27 m.w.N.

51 BSG, Urt. v. 26.09.2017 – B 1 KR 8/17 R, juris Rn. 30 m.w.N.

position oder zum endgültigen Verlust materieller Rechte führen. Wird beispielsweise die durch § 9 Abs. 2 SGB V geregelte dreimonatige Ausschlussfrist zum Anzeigen des Beitritts in die gesetzliche Krankenversicherung versäumt, ist eine freiwillige Versicherung, die auf einem der Tatbestände des § 9 Abs. 1 SGB V beruht, auf Dauer ausgeschlossen.[1] Ein allein durch die Versäumnis einer Frist drohender Rechtsverlust muss jedoch abgewehrt werden, wenn dies zur Gewährleistung anderer verfassungsrechtlicher Positionen, insbesondere eines rechtsstaatlichen und fairen Verfahrens, des rechtlichen Gehörs sowie eines effektiven Rechtschutzes (Art. 19 Abs. 4 GG) geboten ist.[2] Die Regelung des § 27 erfüllt dieses Erfordernis, indem sie die Behörde verpflichtet, demjenigen Wiedereinsetzung in den vorigen Stand zu gewähren, der die Frist unverschuldet versäumt hat und weitere verfahrensrechtliche Voraussetzungen erfüllt. Bei der Auslegung des § 27 ist dieser **verfassungsrechtliche Hintergrund** zu beachten; die Anforderungen zur Erlangung der Wiedereinsetzung dürfen nicht »überspannt« werden;[3], es verbietet sich eine zu restriktive Interpretation des § 27[4].

2 Der seit Inkrafttreten des SGB X nicht geänderte § 27 bestimmt, unter welchen materiellen und verfahrensrechtlichen Voraussetzungen (Abs. 2) die Behörde verpflichtet ist, Wiedereinsetzung zu gewähren. Der **Anspruch** ist daran geknüpft, dass innerhalb von zwei Wochen nach Wegfall des Hindernisses ein Antrag gestellt und die versäumte Handlung nachgeholt wird. Dabei sind die Tatsachen zur Antragsbegründung glaubhaft zu machen. Abs. 2 Satz 4 eröffnet bei fristgemäßer Nachholung der versäumten Handlung auch eine Wiedereinsetzung von Amts wegen. Abs. 3 enthält für den Wiedereinsetzungsantrag und die Nachholung versäumter Handlungen, abgesehen von Fällen höherer Gewalt, eine absolute zeitliche Grenze von einem Jahr nach Fristablauf. Die zuständige Behörde ist gem. Abs. 4 zu bestimmen. Abs. 5 enthält schließlich einen Vorbehalt zugunsten spezieller Regelungen, die ausdrücklich oder jedenfalls ihrem Sinn und Zweck nach einer Fristverlängerung auch bei schuldloser Fristversäumung entgegenstehen (sog. absolute Ausschlussfristen; vgl. Rdn. 5).

3 Die Möglichkeit der Wiedereinsetzung ist grundlegendes **Erfordernis jedes rechtsstaatlichen Verfahrens.**[5] § 27 entspricht § 32 VwVfG und weitgehend auch § 110 AO (dort allerdings Monatsfrist zur Antragsstellung und keine Ausnahme i.S.d. Abs. 5). Die einschlägigen prozessrechtlichen Bestimmungen in § 67 SGG – der über § 84 Abs. 2 Satz 3 SGG auch für das Widerspruchsverfahren Geltung beansprucht – bzw. § 60 VwGO enthalten in einigen Punkten Abweichungen. So gilt § 67 SGG nur bei »gesetzlichen Verfahrensfristen«, die Antragsfrist nach Wegfall des Hindernisses beträgt nicht zwei Wochen, sondern ein Monat, die antragsbegründenden Tatsachen *»sollen«* nur glaubhaft gemacht werden und eine dem § 27 Abs. 5 entsprechende Regelung fehlt ebenfalls. Die Unterschiede sind insbesondere auch für die Wiedereinsetzung in die für das **Widerspruchsverfahren** geltenden Fristen zu beachten, denn § 67 SGG gilt nach § 84 Abs. 2 Satz 3 SGG insoweit entsprechend (vgl. auch § 70 Abs. 2 VwGO).

B. Einzelerläuterungen

I. Anwendungsbereich/gesetzliche Frist

4 § 27 gilt allein für **gesetzliche Fristen** (dazu § 26 Rdn. 3 f.), wie z.B. die Frist zur Anzeige des Beitritts zur freiwilligen Mitgliedschaft nach § 9 Abs. 2 SGB V. Die Widerspruchsfrist nach § 84 Abs. 1 SGG stellt zwar eine gesetzliche Frist dar, die Wiedereinsetzung richtet sich allerdings nicht nach § 27, da diese Norm durch § 84 Abs. 2 Satz 3 SGG i.V.m. § 67 SGG verdrängt wird. Bei **behördlichen** Fristen ist § 27 nicht anwendbar, stattdessen kommt eine Verlängerung nach § 26 Abs. 7 in

1 LPK-SGB V/*Moritz-Ritter*, 6. Aufl. 2022, § 9 SGB V Rn. 20; BeckOGK/*Peters*, § 9 SGB V Rn. 64, Stand 08/2019.
2 Ausführlich zu den Aspekten der Rechtssicherheit einerseits und der Rechtsschutzgarantie andererseits BVerfGE 60, 253 ff.
3 St. Rspr. zum Recht der Wiedereinsetzung in verschiedenen Zusammenhängen; vgl. BVerfGE 25, 158, 166; 26, 315, 318; 31, 388, 390; 34, 154, 156; 35, 296, 298; 38, 35, 39.
4 Schütze/*Siefert*, SGB X, § 27 Rn. 2 unter Hinweis auf BVerfG, NJW 2002, 3692, 3693.
5 Kopp/Ramsauer, VwVfG, 16. Aufl. § 32 Rn. 2.

Betracht (vgl. § 26 Rdn. 14). Um eine behördliche Frist handelt es sich etwa bei der Bewerbungsfrist zur Besetzung eines Vertragsarztsitzes.[6] **Vertragliche Fristen** sind ebenfalls nicht durch § 27 erfasst, sie können nur durch vertragliche Vereinbarung verlängert werden. Erfasst wird jedoch sowohl die Versäumung von Verfahrensfristen als auch die Versäumung von materiellen Fristen.[7] Betroffen sind mithin alle Fristen des sozialrechtlichen Verwaltungsverfahrens, ausgenommen der Widerspruchsfristen (Rdn. 3). Bei der Fiktion der Bekanntgabe eines Verwaltungsaktes am dritten Tag nach Aufgabe bei der Post gem. § 37 Abs. 2 handelt es sich allerdings nicht um eine gesetzliche Frist (dazu § 26 Rdn. 11), die einer Wiedereinsetzung zugänglich wäre. § 27 kommt ebenfalls nicht zur Anwendung, wenn es um gesetzliche Fristen geht, die sich an die verfahrensführende Behörde richten (z.B. Rücknahme- oder Handlungsfrist nach § 45 Abs. 3 oder 4).[8] Schließlich ist § 27 nach allgemeinen Grundsätzen dann nicht einschlägig, wenn er durch eine speziellere Norm verdrängt wird; dies ist etwa mit Blick auf § 324 Abs. 3 Satz 2 und 3 SGB III (InsG-Antrag) anzunehmen. § 27 wird in Hinblick auf dessen gesetzgeberische Ziele durch § 28 ergänzt.[9].

Ausgeschlossen wird die Wiedereinsetzung nach **Abs. 5**, wenn sich aus einer speziellen Fristvorschrift ergibt, dass § 27 nicht gelten soll. Solche **absoluten Ausschlussfristen** sind jedoch als Ausnahme nur anzunehmen, wenn in der einschlägigen Fristbestimmung der Ausschluss der Wiedereinsetzung ausdrücklich normiert ist[10] (vgl. etwa § 197 Abs. 4 SGB VI) oder sich ihr die Unzulässigkeit der Wiedereinsetzung durch Auslegung eindeutig und ohne Zweifel entnehmen lässt.[11] Dazu muss sich aus dem Wesen der jeweiligen Frist nach ihrem Ziel und Zweck und den ihr zugrunde liegenden öffentlichen Interessen in Abwägung mit dem Interesse des Einzelnen an einer nachträglichen Wiedereröffnung des Verfahrens bei unverschuldeter Säumnis ergeben, dass es auf die Einhaltung der Frist unabdingbar ankommen soll.[12] Die gesetzliche Regelung muss also »mit der Frist stehen und fallen«.[13] Grundsätzlich ist bei einer Versäumung einer Frist des materiellen Sozialrechts eine Wiedereinsetzung möglich, außer die Unzulässigkeit ist gesetzlich ausdrücklich geregelt oder sie ergibt sich durch Auslegung der jeweiligen Fristbestimmung, wobei insbesondere der Zweck der jeweiligen Fristbestimmung und der der Fristbestimmung zugrunde liegenden Interessenabwägung. Im Zweifel ist wegen der oben aufgeführten verfassungsrechtlichen Bezüge (Rdn. 1) von der Zulässigkeit der Wiedereinsetzungsmöglichkeit auszugehen.[14][15] Allerdings kann in der ausdrücklichen gesetzlichen Bezeichnung einer Frist als »Ausschlussfrist«, wie dies etwa in § 325 Abs. 3 und 5 SGB III der Fall ist, ein Indiz dafür zu sehen sein, dass eine Wiedereinsetzung ausgeschlossen sein soll.[16] Das BSG nimmt eine solche Auslegungsvermutung jedenfalls dann an, wenn der Begriff vom Gesetzgeber nach Inkrafttreten des § 27 verwendet wird und die Fristversäumnis damit – vom Gesetzgeber einkalkuliert – zum Verlust des Anspruchs führen kann.[17] Nach den genannten Grundsätzen ist eine 5

---

6 BSG, Urt. v. 19.10.2011 – B 6 KA 20/11 R; a.A. noch LSG Nordrhein-Westfalen, Urt. v. 12.05.2010 – L 11 KA 64/09.

7 BSG SozR 3–4100 § 81 Nr. 1 m.w.N.; SozR 4–4300 § 325 Nr. 1; SozR 1300 § 27 Nr. 4.

8 Kopp/Ramsauer/*Ramsauer*, VwVfG, 12. Aufl. § 32 Rn. 11; Stelkens/Bonk/Sachs/*Kallerhoff*, VwVfG, 8. Aufl., § 32 Rn. 9.

9 BeckOGK/*Mutschler*, § 28 SGB X Rn. 4, Stand 03/2020.

10 Hierauf will *Plagemann*, NJW 1983, 2172, 2175, die Anwendung des Abs. 5 beschränken.

11 BSG, Urt. v. 25.10.1988 – 12 RK 22/87, BSGE 64, 153 = SozR 1300 § 27 Nr. 4.

12 BSG, Urt. v. 16.12.1999 – B 14 EG 3/98 R, BSGE 85, 231, 239.

13 BSG SozR 4–7833 § 4 Nr. 1, juris Rn. 13.

14 LSG Berlin-Brandenburg, Urt. v. 28.11.2014 – L 1 KR 138/13, juris Rn. 30; LSG Hamburg, Urt. v. 03.09.2012 – L 1 KR 69/10, juris Rn. 18; LSG Baden-Württemberg, Urt. v. 26.06.2012 – L 11 KR 572/11, juris Rn. 20; zu § 4 KVLG 1989 vgl. auch BSG, Urt. v. 09.11.2011 – B 12 KR 21/09 R, juris Rn. 25.

15 BSG SozR 1300 § 27 Nr. 4, Leitsatz 1.

16 So zu § 325 Abs. 3 SGB III LSG Hamburg, Urt. v. 18.01.2023 – L 2 AL 17/22, juris Rn. 27; LSG Hessen, Urt. v. 16.09.2022 – L 7 AL 193/21, juris Rn. 33.

17 Vgl. dazu ausführlich BSG SozR 4–4300 § 325 Nr. 1 zu § 325 Abs. 4 a.F. SGB III; die frühere Regelung zum Wintergeld ist in Bezug auf die Ausschlussfrist identisch mit den jetzt noch geltenden Bestimmungen in § 325 Abs. 2 und 5 SGB III zum Kurzarbeitergeld u.a. bzw. zu Transferleistungen.

absolute Ausschlussfrist i.S.d. Abs. 5 angenommen worden etwa für § 27 Abs. 2 (mit Ausnahme des Falles höherer Gewalt)[18] und § 111, für § 4 Abs. 2[19] und § 285 Satz 4 SGB VI, für § 325 Abs. 3 und 5 SGB III; umstritten ist eine entsprechende Einordnung des § 99 Abs. 1 Satz 1 SGB VI[20]. Auch die Frist von einer Woche, innerhalb derer die Arbeitsunfähigkeit gemeldet werden muss, damit ein Krankengeldanspruch besteht, stellt eine absolute Ausschlussfrist dar[21], da sie gewährleisten soll, dass die Krankenkasse bzw. der MDK zeitnah die Arbeitsunfähigkeit überprüfen können, um Leistungsmissbräuchen entgegenzutreten und Maßnahmen zur Wiederherstellung der Arbeitsfähigkeit einleiten zu können. Ist hier allerdings eine Pflichtwidrigkeit der Krankenkasse kausal für die Fristversäumung, so kommt ein Herstellungsanspruch (Rdn. 34) in Betracht.[22] Angenommen wird der Ausschluss einer Wiedereinsetzung aufgrund Abs. 5 etwa noch für die Fristen aus § 326 SGB III (Frist für Gesamtabrechnung),[23] § 95d Abs. 3 Satz 3 SGB V (Frist zur Nachholung der Fortbildung Vertragsarzt),[24] § 6 Abs. 4 Satz 1 SGB VI (Frist Befreiung Versicherungspflicht)[25] oder auch die Vierjahresfrist des § 44 Abs. 4. Zur Ausschlussfrist zur Erklärung des Beitritts zur freiwilligen Versicherung nach § 9 Abs. 2 SGB V ist eine Wiedereinsetzung hingegen möglich.[26]

6 Zum Teil werden materiell-rechtliche Ausschlussfristen, die an eine – selbst nicht fristgebundene – Antragstellung anknüpfen, bei denen aber ein Anspruch abschnittsweise gleitend mit jedem Tag oder Monat, den der Antrag später gestellt wird, rückwirkend verfällt, nicht als gesetzlich Fristen i.S.d. Abs. 1 angesehen. Es handele sich vielmehr um eine materiell-rechtliche Anspruchsbegrenzung, die nur wie eine Frist wirke.[27] Dem tritt das BSG zutreffend entgegen. Von ihrer Funktion her geht es auch hier um gesetzliche Fristen und es ist kein Grund ersichtlich, diese sog. **gleitenden Fristen** des materiellen Sozialrechts (vgl. etwa § 4 Abs. 2 Satz 2 BErZGG; § 7 Abs. 1 Satz 2 BEEG) von der Möglichkeit einer Wiedereinsetzung pauschal auszunehmen.[28]

7 Allerdings soll dies nicht gelten, wenn gesetzlich bestimmt wird, dass **Leistungen ab dem Tag der Antragstellung** zu gewähren sind. Dann seien die selbst nicht an eine Frist gebundene Antragstellung und der Ausschluss der Leistungsgewährung vor dem Tag der Antragstellung keine materiell-rechtliche Ausschlussfrist.[29] Dies führt insbesondere bei § 37 Abs. 2 Satz 1 SGB II, nach dem Leistungen nach dem SGB II nicht für Zeiten vor der Antragstellung erbracht werden, dazu, dass eine Wieder-

---

18 LSG Berlin-Brandenburg, Urt. v. 19.12.2007 – L 9 KR 167/02.

19 BSG SozR 4–2600 § 4 Nr. 2 m.w.N. auch zur Gegenansicht.

20 Dafür LSG Hessen, NZS 2009, 224; BSGE 21, 129, 132 (zu § 1286 RVO a.F.); dagegen BeckOGK/*Kater*, § 99 SGB VI Rn. 15; Kreikebohm/Roßbach/*Westphal*, 6. Aufl. 2021, § 99 SGB VI Rn. 16, der aber bei einem Verstoß gegen die Verpflichtung des Rentenversicherungsträgers, auf günstige Gestaltungsmöglichkeiten hinzuweisen, einen sozialrechtlichen Herstellungsanspruch bejaht; offen gelassen in BSG, SozR 3–2600 § 115 Nr. 9, juris Rn. 12.

21 BSG, Urt. v. 08.02.2000 – B 1 KR 11/99 R, NZS 2000, 611, 613; LSG Hessen, Urt. v. 08.02.2018 – L 1 KR 333/17, juris Rn. 21; ebenso BeckOGK/*Schifferdecker*, § 49 SGB V Rn. 67, Stand 11/2023; Berchtold/Hister/Rehborn, Gesundheitsrecht, 2. Aufl. 2018, Rn. 25; Knickrehm/Roßbach/Waltermann/*Waltermann*, Kommentar zum Sozialrecht, 8. Aufl. 2023, § 49 SGB V Rn. 10; a.A. Becker/Kingreen/*Joussen*, 8. Aufl. 2022, § 49 SGB V Rn. 7; BeckOK/*Tischler*, § 49 SGB V Rn. 29, Stand 12/2023.

22 Auch dazu BSG ebenda.

23 LSG Sachsen, Urt. v. 11.09.2014 – L 3 AS 799/12, juris Rn. 39.

24 SG Marburg, Urt. v. 07.12.2011 – S 12 KA 854/10.

25 LSG Hessen, Urt. v. 28.04.2016 – L 1 KR 347/15, juris Rn. 115.

26 BSG, Urt. v. 14.05.2002, B 12 KR 14/01 R, juris Rn. 19; Becker/Kingreen/Just, 8. Aufl. 2022, § 9 SGB V Rn. 27.

27 LSG Sachsen, Urt. v. 01.03.2007 – L 3 EG 4/05, juris Rn. 31 f. m.w.N.

28 BSGE 85, 231, 239; BSG SozR 4–1300 § 27 Nr. 2 Rn. 13; SozR 4–7833 § 4 Nr. 1 Rn. 12.

29 BSG SozR 4–4200 § 37 Nr. 5 Rn. 23; LSG Baden-Württemberg, Urt. v. 26.11.2008 – L 2 AS 6052/07; LSG Nordrhein-Westfalen, Urt. v. 17.04.2008 – L 9 AS 69/07; LSG Hessen, Urt. v. 18.12.2009 – L 7 AS 413/09.

einsetzung in den vorigen Stand selbst dann nicht erfolgt, wenn der Hilfebedürftige eine zeitlich frühere Antragstellung unverschuldet versäumt hat.[30]

II. Verhinderung der Fristeinhaltung

Eine **Fristversäumung** liegt vor, wenn die fristgebundene Handlung nicht bis zum Ende einer wirksam in Gang gesetzten Frist (dazu § 26 Rdn. 8 f.) in der vorgeschriebenen Form rechtswirksam erfolgt ist. Wird ein fristgebundener Leistungsantrag bei der unzuständigen Stelle eingereicht, ist indes § 16 Abs. 2 Satz 2 SGB I zu beachten, wonach dies als fristwahrend anzusehen ist, wenn die Behörde, bei der der Antrag eingegangen ist, diesen an die zuständige Behörde weiterleitet. Unterlässt die Behörde eine Weiterleitung, obwohl sie hierzu verpflichtet gewesen wäre, so kommt ein Amtshaftungsanspruch oder ein sozialrechtlicher Herstellungsanspruch zu Gunsten des Betroffenen in Betracht. 8

Nach Abs. 1 muss der Säumige ohne Verschulden an der Fristeinhaltung gehindert gewesen sein. 9 Der als unverschuldet geltend gemachte **Hinderungsgrund** muss also **ursächlich** oder zumindest mitursächlich für die Fristversäumung sein. Dies ist er nicht, wenn er zwar während des Laufs der Frist eingetreten, aber noch vor Ablauf der Frist wieder weggefallen ist und danach noch eine hinreichende Zeit verbleibt, die geforderte Handlung vorzunehmen; ob in Anlehnung an Abs. 2 Satz 1 in jedem Fall noch ein Zeitraum von zwei Wochen bis zum Fristende verbleiben muss[31], ist umstritten.[32] Zu verlangen ist eine adäquate Kausalität, deren Anforderungen aber nicht überspannt werden dürfen (vgl. Rdn. 1). Dies gilt insbesondere, wenn (auch) die verfahrensführende oder eine andere Behörde eine Mitverantwortung für die Fristversäumung trägt (z.B. durch Wecken eines Rechtsirrtums[33], nicht rechtzeitige Weiterleitung eines falsch adressierten Schriftstücks[34] etc.). Wenn das behördliche Fehlverhalten das Gesamtgeschehen derart prägt, dass sich ein (auch) dem Betroffenen vorzuwerfendes Verhalten nicht mehr entscheidend ausgewirkt hat, ist eine für die Wiedereinsetzung notwendige Kausalität anzunehmen; dies folgt bereits aus dem Gebot eines fairen Verfahrens.[35]

III. Unverschuldete Verhinderung

Unverschuldet ist die Verhinderung der Fristwahrung, wenn der Beteiligte – und ggf. sein Vertreter 10 (Abs. 1 Satz 2) – diejenige **Sorgfalt** beachtet hat, die im Hinblick auf die fristgerecht vorzunehmende Handlung einem **gewissenhaft Agierenden** nach den Umständen des jeweiligen Falles zuzumuten ist.[36] Auch insoweit gilt, dass keine überzogenen Anforderungen an die zu verlangende Sorgfalt zu stellen sind (vgl. Rdn. 1). Der bei einem rechtsunkundigen Beteiligten anzulegende Maßstab ist niedriger als derjenige, der für einen rechtskundigen, beruflich mit der Materie befassten Vertreter gilt. Bei ersterem kann eine unverschuldete Verhinderung u.U. selbst dann vorliegen, wenn die Ursache der Fristversäumung in seinem Verantwortungsbereich liegt.[37] Grundsätzlich gilt, im Gegensatz zu dem objektivierten Fahrlässigkeitsmaßstab, der im Zivilrecht bei § 276 BGB angelegt wird, im Rahmen des § 27 ein **subjektiver Maßstab**. Zu berücksichtigen sind sowohl die konkreten persönlichen Umstände als auch die Kenntnisse des Betroffenen, insbesondere etwa sein Geistes-

---

30 BSG, Urt. v, 18.01.2011 – B 4 AS 29/10 R, juris Rn. 11; Luik/Harich/*Silbermann*, 6. Aufl. 2024, § 37 SGB II Rn. 55; BeckOK/*König*, § 37 SGB II Rn. 16, Stand 12/2023; Ehmann/Karmanski/Kuhn-Zuber/*Ehmann*, Gesamtkommentar Sozialrechtsberatung, § 37 SGB II Rn. 11.

31 So etwa Kopp/Ramsauer/*Ramsauer*, VwVfG, 16. Aufl., § 32 Rn. 17.

32 Dagegen die wohl h.M.; vgl. nur Stelkens/Bonk/Sachs/*Kallerhoff*, VwVfG, 8. Aufl., § 32 Rn. 14 m.w.N.; zum Streitstand s.a. BVerwG Buchholz 310 § 60 VwGO Nr. 143 S. 41 f. m.w.N.

33 Vgl. BVerfGE 110, 339 ff. für den Fall eines durch das Gericht verursachten Rechtsirrtums.

34 BVerfG, NJW 2002, 3692; vgl. auch BSGE 38, 248 zu § 67 SGG.

35 Stelkens/Bonk/Sachs/*Kallerhoff*, VwVfG, 8. Aufl., § 32 Rn. 13 m.w.N.

36 BSG, Urt. v. 02.02.2006 – B 10 EG 9/05 R, BSGE 96, 44, 48.

37 BeckOGK/*Mutschler*, § 27 SGB X Rn. 7, Stand 03/2020.

zustand, Alter, Bildungsgrad und seine Geschäftsgewandtheit.[38] Es kommt zur Beurteilung also stets entscheidend auf die Umstände des Einzelfalls an, so dass die nachfolgend beispielhaft angesprochenen Entscheidungen nur der groben Orientierung dienen können.

11 **Unverschuldet** ist es, wenn ein Antrag deshalb erst nach Fristablauf gestellt wird, weil die Behörde entsprechend der deutschen Rechtsgrundlage, aber gemeinschaftsrechtswidrig, Leistungen an Ausländer in ständiger Praxis ablehnt und eine in Deutschland lebende türkische Staatsangehörige auf deren Anfrage hin entsprechend **falsch informiert**. Es kann von einer rechtsunkundigen Ausländerin nach dem einschlägigen Sorgfaltsmaßstab nicht verlangt werden, sich umfassend über einen möglichen Verstoß gegen europäisches Assoziationsrechts zu informieren und zur Rechtswahrung einen Antrag zu stellen.[39] Ein Verschulden ist regelmäßig auch dann nicht anzunehmen, wenn ein miss- oder schwerverständlicher Text eines Bescheides, eines von der Behörde verwendeten Merkblattes oder einer Broschüre (mit)ursächlich für die Fristversäumung ist.[40] Resultiert eine Säumnis daraus, dass ein Sozialleistungsträger seine Hinweispflicht verletzt, indem er den Ratsuchenden nicht an den zuständigen Leistungsträger verweist, obwohl ein entsprechender Beratungsbedarf erkennbar ist, hat der Betroffene dies i.d.R. nicht zu vertreten.[41]

12 Der Absender eines fristgebunden Schreibens darf darauf vertrauen, dass die Post diejenigen **Postlaufzeiten** einhält, die öffentlich bekannt gemacht sind oder die ihm auf Nachfrage mitgeteilt werden.[42] Auch ansonsten ist eine Fristversäumung regelmäßig unverschuldet, wenn er von der üblichen Laufzeit von einem Werktag ausgeht[43] und nicht aufgrund konkreter und erkennbarer Anhaltspunkte (etwa Streik, Bekanntmachung der Post; hierzu zählt nicht die normale zeitweise besonders starke Beanspruchung, etwa vor Feiertagen[44]) mit einer längeren Laufzeit rechnen muss.[45]

13 Wird ein fristgebundenes Schreiben (zulässigerweise) **elektronisch oder per Fax** übermittelt,[46] hat sich der Verwender in zumutbarem Umfang von der Funktionstauglichkeit des benutzten Gerätes zu überzeugen und den Übermittlungserfolg zu kontrollieren. Kommt es zu Übertragungsfehlern, die aus dem Sendeprotokoll nicht ersichtlich sind, können sie ihm nicht vorgeworfen werden.[47] In zumutbarem Umfang hat indes auch der Versender Risiken der elektronischen Übertragungstechnik zu tragen. Wird etwa mit der Übermittlung eines fristgebundene Schreibens durch Telefax erst wenige Minuten vor Fristablauf begonnen und erfolgt eine Übertragung wegen Belegung der Leitung nicht zeitgerecht, so ist grundsätzlich von einer verschuldeten Fristversäumung auszugehen, weil mit kurzfristigen Übermittlungsschwierigkeiten gerechnet werden muss.[48] Andererseits dürfen die aus der elektronischen Kommunikation herrührenden Risiken aber auch nicht übermäßig auf den Nutzer dieses Mediums abgewälzt werden. Dieser hat bei ordnungsgemäßer Verwendung eines funktionsfähigen Sendegeräts und der korrekten Eingabe der Empfängernummer das seinerseits zunächst Erforderliche zur Fristwahrung getan, wenn die Übermittlung im vorgenannten Sinne so rechtzeitig beginnt, dass von ihrem Abschluss bis 24:00 Uhr ausgegangen werden darf. Scheitert die Übermittlung infolge eines Defekts des Empfangsgeräts der Behörde oder wegen nicht einzu-

38 BSG, Urt. v. 02.02.2006 – B 10 EG 9/05 R, BSGE 96, 44, 48; BSG SozR 3–3100 § 60 Nr. 3 m.w.N.
39 BSG, Urt. v. 02.02.2006 – B 10 EG 9/05 R, BSGE 96, 44, 49 f.
40 BSG SozR 3–2200 § 176b Nr. 1; SozR 4–1300 § 27 Nr. 2.
41 Vgl. den Fall in BSG SozR 4–2600 § 4 Nr. 2, juris Rn. 20.
42 BVerfG, NJW 95, 1210.
43 H.M., vgl. nur LSG Niedersachsen-Bremen, Urt. v. 10.03.2017 – L 11 AS 143/16, juris Rn. 23 m.w.N. Nach § 2 Nr. 3 S. 1 PUDLV müssen die Postunternehmen sicherstellen, dass sie an Werktagen aufgegebene Inlandssendungen im ganzen Bundesgebiet im Jahresdurchschnitt mindestens zu 80 % am ersten Tag nach der Einlieferung ausliefern.
44 BVerfG SozR 3–1100 Art. 103 Nr. 8.
45 BVerfG, NJW 95, 1210, 1211; BVerwG, Beschl. v. 20.02.1997 – 9 B 776/96; BGH, NJW 93, 1333; BGH, BB 2004, 1594.
46 Hierzu umfassend Stelkens/Bonk/Sachs/*Kallerhoff*, VwVfG, 8. Aufl., § 32 Rn. 21.
47 BGH, NJW 2006, 1518.
48 BVerfG, Beschl. v. 14.08.2007 – 1 BvR 1820/07.

kalkulierender technischer Störungen, trifft ihn kein Verschulden, wenn keine rechtzeitige Übersendung auf eine andere zumutbare Art mehr möglich ist.[49]

Die Wiedereinsetzung darf dem Betroffenen i.d.R. nicht nur deshalb versagt werden, weil er bei 14
vorübergehender **Abwesenheit** von seiner ständigen Wohnung (Urlaubsreise, sonstige Zwecke) keine besonderen Vorkehrungen wegen der möglichen Zustellung eines Bescheides getroffen hat; dies gilt für einen Zeitraum bis zu 6 Wochen und auch außerhalb der Urlaubszeit.[50] Ein Verschulden ist jedoch anzunehmen, wenn der Säumige mit der Zusendung oder Zustellung eines fristrelevanten Schreibens gerade in der Zeit seiner Abwesenheit rechnen muss;[51] für diesen Fall sind ebenso Vorkehrungen zu treffen wie bei häufigen längeren Abwesenheiten.

Eine **Krankheit** führt nicht ohne weiteres zur Schuldlosigkeit einer Fristversäumung. Anzunehmen 15
ist dies regelmäßig nur, wenn es sich um eine schwere oder plötzliche Erkrankung handelt, die den Betroffenen hindert, seine rechtlichen Angelegenheiten noch innerhalb der Frist selbst vorzunehmen oder einen Vertreter damit zu beauftragen.[52] Zu denken ist hier auch an einen Unfall mit entsprechenden Auswirkungen. Selbst wenn dieser am letzten Tag der Frist geschieht, scheidet ein Verschulden aus, weil Fristen grundsätzlich bis zuletzt genutzt werden dürfen.[53] Nach angemessener Besserung seines Zustandes muss der Betroffene prüfen, ob relevante Fristen zu wahren sind.

Als **verschuldet** wird eine Fristsäumnis regelmäßig angesehen, wenn sich der Säumige auf eine 16
Unkenntnis über die nach ausdrücklicher gesetzlicher Regelung nur befristete Möglichkeit der Rechtsausübung beruft.[54] Nach dem Grundsatz der **formellen Publizität von Gesetzen** gelten diese mit ihrer Verkündung im Bundesgesetzblatt allen Normadressaten als bekannt, ohne Rücksicht darauf, ob und wann diese davon tatsächlich Kenntnis erlangt haben;[55] u.U. kann jedoch § 28 Satz 2 greifen (vgl. § 28 Rdn. 13 f.). Der Grundsatz der formellen Publizität von Gesetzen wird allerdings bei einer konkreten Kontaktaufnahme mit der Behörde durch die Beratungs- und Hinweispflichten insbesondere nach §§ 14, 15 SGB I überlagert und bei einem Fehlverhalten der Behörde aufgehoben.[56] Der Betroffene, der sich über den Inhalt sozialrechtlicher Bestimmungen irrt und deshalb wegen einer scheinbar aussichtslosen Rechtslage nicht rechtzeitig tätig wird, handelt jedenfalls dann vorwerfbar, wenn seine Rechtsansicht nicht seitens der Behörde verursacht wurde oder er sich nicht rechtzeitig hat sachkundig beraten lassen.[57] Allerdings ist ein Verschulden zu verneinen, wenn der Betroffene auf eine höchstrichterliche anspruchsfeindliche Rechtsprechung vertraut hat.[58] Gleiches gilt, wenn das Fristende auch bei zumutbarer Sorgfalt nicht zureichend berechnet werden kann, weil die Angaben im Bescheid ungenau sind.[59] Bei mangelnden Deutschkenntnissen ist der Betroffene verpflichtet, zeitnah für eine Übersetzung zu sorgen.[60]

---

49 BVerfG, NJW 1996, 2857, 2858.

50 BVerfGE 40, 182; 41, 332, juris Rn. 11; BSG SozR 1500 § 67 Nr. 6.

51 BVerfG, NJW 2007, 3486; BVerwG, NVwZ-RR 1995, 613.

52 BSG, Beschl. v. 25.02.1992 – 9a BVg 10/91; vgl. auch BVerfG, NJW-RR 2007, 1717.

53 BVerfG, NJW 2005, 3629 f.

54 BSG SozR 4–1200 § 14 Nr. 13; SozR 3–3100 § 60 Nr. 3; SozR 3–5070 § 21 Nr. 3.

55 BSG SozR 3–2600 § 115 Nr. 1 m.w.N.; SozR 3–2600 § 115 Nr. 9, juris Rn. 28. Zu den Grenzen des Grundsatzes der formellen Publizität bei komplexer, z.T. auch untergesetzlicher Rechtslage vgl. BSG, Urt. v. 11.05.1993 – 12 RK 36/90 = SozR 3–2200 § 176b Nr. 1, SozR 3–1300 § 27 Nr. 4 Rn. 15; SG Aachen, Urt. v. 10.07.2018 – S 14 KR 501/17.

56 BSG SozR 4–1200 § 14 Nr. 5 S. 7; SozR 4–4300 § 324 Nr. 3 Rn. 22.

57 BVerwG, NVwZ-RR 1999, 538; VGH Baden-Württemberg, Urt. v. 14.03.2001 – 8 S 1989/00, NVwZ-RR 2002, 6.

58 BVerfGE 79, 372; BVerfG, NJW 1998, 1853; BVerwG, NVwZ 2000, 66.

59 BSG SozR 3–1500 § 67 Nr. 1.

60 BSG SozR 1500 § 67 Nr. 21.

17 Ist ein zur Fristwahrung aufgegebenes **Schreiben falsch adressiert** und verlängert sich dadurch die Postlaufzeit, so ist i.d.R von einem Verschulden auszugehen;[61] dies gilt auch dann, wenn unzureichend frankiert wird.[62] Ist hingegen das Schreiben so rechtzeitig bei einer unzuständigen Behörde eingegangen, das es von dieser noch innerhalb der Frist hätte weitergeleitet werden können und war die Behörde zur Weiterleitung verpflichtet, kommt eine Wiedereinsetzung in Betracht, weil zwar ein Verschulden des Betroffenen anzunehmen ist, dies jedoch für die Fristversäumung nicht ursächlich ist.[63] Andererseits verlangt die erforderliche Sorgfalt, dass der Betroffene über eine reguläre Einrichtung zum Empfang der Post (tauglicher **Briefkasten**, regelmäßig kontrolliertes Postfach) verfügt;[64] auch muss er dafür Sorge tragen, dass in den Hausbriefkasten eingeworfene Schriftstücke nicht unbesehen mit Reklamesendungen vernichtet werden.[65]

18 Eine **arbeitsmäßige Belastung** kann im Einzelfall nur dann als unverschuldetes Hindernis zur Fristwahrung anzuerkennen, wenn es sich um eine unvorhersehbare und unabwendbare Arbeitsüberlastung handelt.[66] Der Umstand, dass die Frist nur um einen oder wenige Tage überschritten ist, hat für die Frage, ob die Versäumnis entschuldbar ist, für sich genommen keine Bedeutung.

19 Die Fiktion unverschuldeter Fristversäumung gem. § 41 Abs. 3 gilt im Rahmen des § 27 nicht, da sie sich nur auf die Versäumung von Rechtsbehelfsfristen bezieht, die außerhalb des Anwendungsbereichs des § 27 liegen; für sie gilt, auch soweit es um das Widerspruchsverfahren geht, § 67 SGG (§ 84 Abs. 2 Satz 3 SGG).

IV. Verschulden des Vertreters

20 Abs. 1 Satz 2 rechnet das Verschulden eines Vertreters dem Vertretenen zu. **Vertreter** i.S.d. der Vorschrift sind zunächst alle nach dem Zivilrecht gesetzlich, rechtsgeschäftlich oder von Amts wegen zur Vertretung bestellten Personen (insb. Eltern, Bevollmächtigte, Betreuer) und sodann die Bevollmächtigten i.S.d. § 13 und die von Amts wegen bestellten Vertreter nach § 15. Als Vertreter i.S.d. des Wiedereinsetzungsrechts können u.U. auch solche Personen angesehen werden, die der Betroffene nicht beauftragt oder bevollmächtigt hat, bestimmte Erklärungen abzugeben, sondern denen insoweit lediglich Vorbereitungshandlungen oblagen. Das BSG[67] begründet dies mit dem allgemeinen Rechtsgedanken, dass sich niemand einer Verantwortung, die ihm im Außenverhältnis obliegt, dadurch entledigen kann, dass er eigene Aufgaben einem anderen zur Erledigung überträgt. Entscheidend komme es aber darauf an, ob der Dritte noch im Rahmen des ihm erteilten Auftrags tätig werde. Nicht jede Person, an die sich der Betroffene rechtsuchend wendet, ist deshalb in diesem Sinne ihr Vertreter. Deshalb kann auch i.d.R. Wiedereinsetzung verlangt werden, wenn der Betroffene von einer Person eine falsche Auskunft erhalten hat, auf deren Sachkunde er zwar vertrauen darf, die er jedoch nicht mit der Wahrnehmung seiner Interessen betraut hat.[68] Andererseits ist einer Antragstellerin ein Verschulden ihres – sach- und rechtskundigen – Ehemannes zuzurechnen, wenn sie von ihm der Sache nach vertreten worden ist, weil sie es – bis auf ihre eigenhändige Unterschrift – ihm überlassen hat, die Erziehungsgeldangelegenheiten der Familie zu erledigen.[69]

21 Bei dem Vertreter kann im Regelfall ein **strengerer Sorgfaltsmaßstab** als bei dem Beteiligten angelegt werden, wenn er rechtskundig ist und insbesondere die Rechtsvertretung beruflich ausübt. So ist bei Anwälten oder juristisch tätigen Verbandsvertretern die Kenntnis auch einer komplexen Rechts-

61 BGH, NJW 2000, 82; BGH, FamRZ 2006, 544; OLG Düsseldorf, NJW 1994, 2841.

62 Meyer-Ladewig/Keller/Schmidt/*Keller*, SGG, 14. Aufl., § 67 Rn. 6 auch zu weiteren Fällen im Zusammenhang mit der Postversendung.

63 BVerfG SozR 3–1100 Art. 103 Nr. 8; BVerwG, NJW 1990, 2639; BGH, NJW 2007, 1751.

64 Meyer-Ladewig/Keller/Schmidt/*Keller*, SGG, 14. Aufl., § 67 Rn. 8.

65 LSG Schleswig-Holstein, Urt. v. 10.10.2002 – L 5 KG 1/02.

66 BFH, BStBl. 1971 II S. 110, 112.

67 BSGE 71, 213, 214 f. m.w.N. zur höchstrichterlichen Rspr. der anderen Gerichtszweige.

68 BVerwG, Beschl. v. 20.03.1972 – II WDB 3.72, BVerwGE 43, 332, 335.

69 BSG SozR 4–7833 § 4 Nr. 1, juris Rn. 16; vgl. auch BFH/NF 1991, 502 f.

lage vorauszusetzen. In der Praxis liegen die im Rahmen der Wiedereinsetzung relevanten Fälle vornehmlich in Bereichen des **Organisationsverschuldens**. So obliegt dem Anwalt die sorgfältige Auswahl, Belehrung und Überwachung seines mit Fristangelegenheiten befassten Personals;[70] so ist eine sorgfältige Führung eines Fristenkalenders[71] wie auch die Ausgangskontrolle fristwahrender Schreiben zu verlangen; so muss der Betriebsablauf im Hinblick auf die Fristenwahrung besonders sorgfältig organisiert sein. Insgesamt muss die Büro- und Arbeitsorganisation dem allgemeinen Berufsstandard entsprechen.[72]

Das Verschulden von **Hilfspersonen**, derer sich der Betroffene zur Unterstützung fristwahrender Angelegenheiten bedient, ohne sie zur Vertretung bevollmächtigt zu haben (etwa Boten, Schreibkraft etc.), ist ihm indessen nur zuzurechnen, wenn er keine hinreichend zuverlässigen Personen auswählt oder diese nur unzureichend oder falsch im Hinblick auf das zur Fristwahrung Notwendige informiert.[73] 22

V. Verfahrensvoraussetzungen und Anspruchsgrenzen

Der nach Abs. 1 Satz 1 grundsätzlich notwendige **Antrag** auf Wiedereinsetzung ist binnen zwei Wochen nach Wegfall des Hindernisses zu stellen (Abs. 2 Satz 1); innerhalb dieser Frist ist auch die versäumte Handlung nachzuholen (Abs. 2 Satz 3). Der Antrag ist zu begründen, die dazu geltend gemachten Tatsachen können jedoch auch noch jenseits der Zweiwochenfrist glaubhaft gemacht werden (Abs. 2 Satz 2). 23

Die Berechnung der **Frist**, bei deren schuldloser Versäumung ebenfalls Wiedereinsetzung möglich ist, richtet sich nach § 26 Abs. 1 i.V.m. §§ 187 Abs. 1, 188 Abs. 2 1. Alt. BGB. Sie beginnt am Tag nach dem Wegfall des Hindernisses und endet an dem Tag der übernächsten Woche, der in seiner Bezeichnung dem Tag entspricht, an dem das Hindernis weggefallen ist (vgl. § 26 Rdn. 7 f. und Rdn. 11, wenn das Fristende auf einen Feier-, Sams- oder Sonntag fällt). Auch nach Ablauf der Frist dürfen Tatsachen zur Begründung ergänzt bzw. nachgeschoben werden.[74] 24

Die den Antrag stützenden **Tatsachen** sind **glaubhaft** zu machen; zum Begriff vgl. § 23 Rdn. 5. Soweit die Möglichkeiten der Amtsermittlung (§ 20) und die nach § 21 zur Verfügung stehenden Beweismittel dazu nicht ausreichen, ist eine Glaubhaftmachung durch eidesstattliche Versicherung gem. § 23 statthaft (dazu § 23 Rdn. 6 ff.). 25

Die **Nachholung** der versäumten Handlung muss nicht mit dem Antrag verbunden werden. Sie kann – innerhalb der Zweiwochenfrist – auch nach Antragstellung erfolgen oder bereits vor Antragstellung erfolgt sein. Letzteres wird die Regel sein, wenn sich der Betroffene der Fristversäumung nicht bewusst ist und erst nach Mitteilung der Behörde über die Fristversäumung den Antrag auf Wiedereinsetzung stellt.[75] 26

Wurde die versäumte Rechtshandlung innerhalb der zweiwöchigen Frist nachgeholt, jedoch kein Antrag auf Wiedereinsetzung gestellt, so eröffnet § 27 Abs. 2 Satz 4 ein behördliches Ermessen, auch ohne Antrag eine Wiedereinsetzung zu gewähren.[76] Da insbesondere dann, wenn der Beteiligte die Rechtshandlung nachholt und zugleich darlegt, aus welchen Gründen ihm dies früher nicht mög- 27

70 BGH, NJW 2006, 1520; NJW-RR, 2003, 935, 936; VGH München, BayVBl 2007, 475; OVG Saarland, NVwZ-RR 2005, 448.

71 Vgl. OVG Münster, NVwZ 2007, 115; zur Notwendigkeit der Eintragung von Vorfristen BGH, NJW 2007, 1455, 1456.

72 Vgl. ausführlich zu weiteren Konstellationen unter Hinweis auf die umfangreiche Kasuistik Stelkens/Bonk/Sachs/*Kallerhoff*, VwVfG, 8. Aufl., § 32 Rn. 23 ff.

73 Kopp/Rammsauer/*Ramsauer*, VwVfG, 16. Aufl., § 32 Rn. 37 m.w.H.

74 BeckOGK/*Mutschler*, § 27 SGB X Rn. 10 m.w.N, Stand 03/2020.

75 BeckOGK/*Mutschler*, § 27 SGB X Rn. 16, Stand 03/2020.

76 BeckOGK/*Mutschler*, § 27 SGB X Rn. 17, Stand 03/2020; Diering/Timme/Stähler/*Timme*, SGB X, 6. Aufl. 2022, § 27 Rn. 13.

lich gewesen ist, erkennbar ist, dass er eine Wiedereinsetzung begehrt und infolgedessen im Wege der Auslegung von einem entsprechenden Antrag auszugehen ist, kann es sich bei § 27 Abs. 2 Satz 4 allein um Fälle handeln, in denen weder ausdrücklich noch unter Zugrundelegung des Meistbegünstigungsprinzips erkennbar ein Antrag gestellt wurde. Da es nicht das Ziel der Norm ist, der Behörde zu erlauben, sich ohne sachlichen Grund über jedwede Verletzung gesetzlicher Fristen hinwegzusetzen, sondern dies nur dann geschehen darf, wenn die Frist unverschuldet versäumt wurde, ist ihr Anwendungsbereich auf Fälle beschränkt, in denen der Behörde die Ursache für die Fristversäumnis, ohne dass sie der Beteiligte benennt, bekannt sind. *Mutschler* bildet insoweit das Beispiel eines allgemeinen Poststreiks.[77]

Nimmt der Beteiligte allein die bisher unterlassene Rechtshandlung nach, so ist hierin nicht zugleich ein Antrag auf Wiedereinsetzung in den vorigen Stand zu sehen, da dies andernfalls der Regelung des § 27 Abs. 2 ihre Bedeutung nehmen würde.[78] In diesem Fall ist die Behörde auch nicht verpflichtet, ein Verwaltungsverfahren, das auf Erlass eines Verwaltungsaktes über die Gewährung/Nichtgewährung einer Wiedereinsetzung gerichtet ist, zu eröffnen. Die Eröffnung liegt gemäß § 18 Satz 1 in ihrem Ermessen, das jedoch umso mehr in Richtung Verfahrenseröffnung tendiert, je handgreiflicher ernsthafte Anhaltspunkte für das Vorliegen der Wiedereinsetzungsvoraussetzungen erkennbar werden. Sind der Behörde die Gründe für die Fristversäumnis bekannt, ist das Ermessen, ob das Verwaltungsverfahren eröffnet wird, in aller Regel auf null reduziert.[79] Entscheidet sie sich für eine Verfahrenseröffnung, so ist von Amts wegen zu erforschen, ob die Frist unverschuldet versäumt wurde.

28 Der Antrag auf Wiedereinsetzung kann nach Abs. 3 unabhängig vom Zeitpunkt des Wegfalls des Hindernisses – abgesehen von Fällen höherer Gewalt – erfolgreich nur innerhalb einer **absoluten Ausschlussfrist** (Rdn. 5) von **einem Jahr** seit dem Ende der versäumten Frist gestellt werden.

29 **Höhere Gewalt** i.S.d. Abs. 3, bei der eine Wiedereinsetzung auch noch nach der Jahresfrist möglich ist, bedeutet nach der Definition des BSG ein objektives, unverschuldetes Hindernis und ist bei außergewöhnlichen Ereignissen anzunehmen, die nach den Umständen des Einzelfalls auch bei größter, vernünftigerweise zumutbarer Sorgfalt nicht abgewendet werden können.[80] Der Begriff der höheren Gewalt ist mithin enger als der Begriff »ohne Verschulden«. Es muss jedoch nicht unbedingt um ein von außen kommendes Ereignis gehen, sondern es lässt sich wohl eher ein Vergleich mit den in § 233 ZPO a.F. vorausgesetzten »unabwendbaren Zufällen« ziehen.[81] Aus verfassungsrechtlichen Gründen ist dem Begriff auch ein Umstand zuzuordnen, der dem Betroffenen die rechtzeitige Vornahme einer fristgebundenen Handlung schlicht unzumutbar macht.[82] Eine absolute Unmöglichkeit setzt »höhere Gewalt« also nicht voraus. Sie verlangt lediglich, dass der Betroffene die größte von ihm unter Berücksichtigung objektiver Maßstäbe vernünftigerweise zu erwartende und ihm zumutbare Sorgfalt walten lässt.[83]

30 Angenommen wurde das Vorliegen höherer Gewalt etwa bei dem **Verlust** einer **Briefsendung** auf dem Postweg.[84] Ebenso bei einer Fristversäumung durch eine gut ausgebildete und bisher stets **zuverlässige Angestellte** eines Anwalts, die regelmäßig über die Bedeutung der Fristeinhaltung aufgeklärt wurde, wenn die Frist auf der Akte deutlich kenntlich gemacht wurde.[85] Das Vertrauen des Beteiligten

77 BeckOGK/*Mutschler*, § 27 SGB X Rn. 17, Stand 03/2020.
78 LSG Hessen, Urt. v. 11.10.2010 – L 9 AL 165/09, juris Rn. 45 = info also 2011, 23.
79 jurisPK-ERV/*Freiling*, § 27 SGB X Rn. 48, Stand 12/2022; jurisPK-SGB X/*Apel*, § 27 SGB X Rn. 56.
80 BSGE 86, 153, 161; BSGE 92, 34; BSG SozR 4–2600 § 4 Nr. 2 Rn. 20; vergleichbar BVerwGE 58, 100.
81 BVerwG, NJW 1986, 207, 208; a.A. aber wohl BFH/NV 1998, 497.
82 BVerfGE 71, 305, 347.
83 BVerwG, Urt. v. 30.10.1997 – 3 C 35/96, BVerwGE 105, 288–302; BVerwG, Urt. v. 23.04.1985 – 9 C 7.85, NJW 1986, 207, 208.
84 BVerwG, NVwZ 2004, 995, 998.
85 BVerwG, NJW 1986, 207, 208; BGHZ 43, 148.

auf die richtige Sachbehandlung durch die Behörde und der darauf beruhende Verzicht auf die Einlegung eines Rechtsbehelfs, begründet die Annahme von höherer Gewalt in aller Regel nicht. Allerdings kann dies bei Hinzukommen besonderer Umstände der Fall sein. Angenommen wurde dies vom BFH etwa, wenn der Betroffene durch die fehlerhafte Bescheidpraxis der Behörde davon ausgehen konnte, eine ursprüngliche Entscheidung entfalte keine negative Rechtswirkungen mehr und er deshalb keinen Rechtsbehelf einlegte.[86] Auch das BSG erwog die Annahme von höherer Gewalt in besonders gelagerten Fällen der **Falschberatung** durch die Behörde. Es ging um eine in Deutschland lebende türkische Staatsbürgerin, die von der Behörde dem Landesrecht entsprechend informiert wurde, dass kein Anspruch bestehe. Sie verzichtete daraufhin auf eine Antragstellung. Die landesrechtliche Bestimmung war jedoch gemeinschaftsrechtswidrig. Sei es der rechtsunkundigen Ausländerin auch bei der von ihr unter Berücksichtigung ihrer Lage, Bildung und Erfahrung vernünftigerweise zu erwartenden und zumutbaren größtmöglichen Sorgfalt nicht möglich, aus ihr zugänglichen Quellen oder aus ihrem Umfeld Informationen über die Rechtsprechung des EuGH zu diskriminierenden Wirkung ähnlicher nationaler Sozialleistungsbestimmungen zu erlangen, könne von höherer Gewalt ausgegangen werden.[87]

Das Vorliegen höherer Gewalt überwindet allein die Ausschlussfrist des Abs. 3 und impliziert notwendig ein fehlendes Verschulden. Die Zweiwochenfrist des Abs. 2, in der der Wiedereinsetzungsantrag zu stellen und die versäumte Handlung nachzuholen ist, gilt ungeschmälert und beginnt mit dem Wegfall des die höhere Gewalt ausmachenden Hindernisses. 31

VI. Behördliche Entscheidung

Es geht bei der Wiedereinsetzung um eine **gebundene Entscheidung**. Wenn die Voraussetzungen des § 27 vorliegen, hat der Antragsteller einen Anspruch (Abs. 1 Satz 1: »ist«). Zuständig für die Entscheidung über die Wiedereinsetzung ist nach Abs. 4 die Behörde, die über die versäumte Handlung zu befinden hat; in aller Regel also diejenige, bei der das Verfahren zur Hauptsache läuft. Die gewährende oder ablehnende Entscheidung selbst ergeht in der Form eines Verwaltungsakts.[88] Dieser kann isoliert erlassen oder aber, wie meist in der Praxis, mit der Entscheidung in der Hauptsache verbunden werden.[89] Versagt die zuständige Behörde in einer eigenständigen Entscheidung die Wiedereinsetzung, kann dieser Verwaltungsakt bestandskräftig werden und bindet dann auch die Gerichte in einem Streitverfahren über die Entscheidung in der Sache selbst.[90] Ein Verwaltungsakt, der auf der Grundlage der Fristversäumnis erlassen wurde, wird durch eine spätere Wiedereinsetzung in den vorigen Stand als »gegenstandslos«[91] angesehen, soll sich also von selbst erledigen. In diesem Fall ist eine Aufhebung des die Wiedereinsetzung ablehnenden Verwaltungsaktes, die indes nur deklaratorische Wirkung hätte, aus Gründen der Rechtssicherheit zu begrüßen. Für zulässig gehalten wird auch eine mit der Sachentscheidung konkludent einhergehende Wiedereinsetzung.[92] Von dieser ist auszugehen, wenn der Entscheidung die – eigentlich verfristet eingegangene – Rechtshandlung zugrunde gelegt wird, ohne dass die Wiedereinsetzung ausdrücklich gewährt wird. Da über die Wiedereinsetzung durch Verwaltungsakt entschieden wird, stellt sich die Frage, ob eine abgelehnte Wiedereinsetzung isoliert oder nur gemeinsam mit der Sachentscheidung angefochten werden kann. Das BSG ist in einem Fall, in dem zuvor durch die Behörde über einen Wiedereinsetzungsantrag 32

86 BFH, NVwZ 2001, 1454, 1456.

87 BSG SozR 4–1300 § 27 Nr. 2 Rn. 16 ff.; im Ergebnis war der Sachverhalt dahingehend jedoch nicht hinreichend ermittelt und das Gericht entschied zugunsten der Klägerin auf Grundlage des Herstellungsanspruchs.

88 BSG, Urt. v. 28.01.2009 – B 6 KA 11/08 R, juris Rn. 22; Schütze/*Siefert*, SGB X, § 27 Rn. 44; Diering/Timme/Schütze/*Timme*, SGB X, 6. Aufl. 2022, § 27 Rn. 17; Stelkens/Bonk/Sachs/*Kallerhoff*, VwVfG, 8. Aufl., § 32 Rn. 45.

89 Schütze/*Siefert*, SGB X, § 27 Rn. 44; BeckOGK/*Mutschler*, § 27 SGB X Rn. 20, Stand 03/2020.

90 BSG SozR 4–1500 § 77 Nr. 2.

91 BeckOGK/*Mutschler*, § 27 SGB X Rn. 20, Stand 03/2020.

92 BVerwGE 59, 302, 308; BeckOGK/*Mutschler*, § 27 SGB X Rn. 20, Stand 03/2020.

isoliert entschieden wurde, von der Wirksamkeit der isolierten Anfechtung ausgegangen.[93] Zulässige Klageart ist in diesem Fall die kombinierte Anfechtungs- und Verpflichtungsklage (§ 54 Abs. 1 Satz 1 SGG).[94] Hat die Behörde die Wiedereinsetzung jedoch im Zusammenhang mit der Sachentscheidung abgelehnt, so wird in aller Regel kein Rechtsschutzbedürfnis für eine isolierte Anfechtung erkennbar sein.

C. Konkurrenzen mit zweckverwandten Instrumenten

33 Neben der Wiedereinsetzung hält das Sozialrecht weitere Instrumente bereit, die einem Säumigen je nach Fallgestaltung zur Seite stehen können. So ist die in § 28 geregelte **wiederholte Antragstellung** neben § 27 anwendbar. In Betracht kommen insbesondere auch der richterrechtlich entwickelte sozialrechtliche Herstellungsanspruch und zudem die ebenfalls dem Richterrecht entspringende Rechtsfigur der Nachsichtgewährung, die allerdings infolge der Einführung des § 27 SGB X ihre eigenständige Bedeutung weitestgehend verloren hat[95] (vgl. § 27 Rdn. 35). **Härtefallregelungen** zur Überwindung von Fristversäumungen spielen indes mittlerweile keine bedeutende Rolle mehr. Im Rahmen des SGB findet sich etwa § 197 Abs. 3 SGB VI, der die Möglichkeit zur Einzahlung freiwilliger Beiträge zur Rentenversicherung noch nach Ablauf der in Abs. 2 der Bestimmung festgelegten Frist in Fällen besonderer Härte eröffnet, insbesondere bei drohendem Verlust der Rentenanwartschaft, wenn der Versicherten an der rechtzeitigen Beitragszahlung ohne Verschulden gehindert war. § 197 Abs. 4 SGB VI schließt dabei ausdrücklich die Wiedereinsetzung nach § 27 aus. Daneben könnte noch an § 324 Abs. 1 Satz 2 SGB III gedacht werden, wonach die Bundesagentur zur Vermeidung von Härtefällen einen verspäteten Antrag auf Leistungen der Arbeitsförderung, der nach S. 1 der Vorschrift an sich vor Eintritt des leistungsbegründenden Ereignisses liegen muss, zulassen kann. Auch ohne ausdrückliche Regelung verdrängt diese Härtefallregelung aus Gründen der Spezialität eine Wiedereinsetzung nach § 27.[96] § 324 Abs. 1 Satz 2 ist jedoch auf die Ausschlussfristen für die erst nachträglich zu beantragende Leistungen des Kurzarbeitergeldes und der Transfermaßnahmen (§ 325 Abs. 3 und 5 SGB III; dazu bereits Rdn. 5) nicht anzuwenden.

34 Ein **sozialrechtlicher Herstellungsanspruch** kann zur Leistungsgewährung führen, wenn die Fristversäumung des Betroffenen durch ein pflichtwidriges Verhalten der Behörde (insb. fehlerhafte Information oder Beratung) veranlasst wurde. Er erfordert einen durch dies Pflichtverletzung beim Betroffenen hervorgerufenen sozialrechtlichen Nachteil; als Rechtsfolge ist der Zustand wiederherzustellen, der ohne die Pflichtverletzung bestehen würde, soweit dies durch eine zulässige Amtshandlung möglich ist.[97] Da dieses richterrechtliche Institut nur zur Anwendung gelangen kann, soweit eine Regelungslücke besteht,[98] ist streitig, ob eine Anwendung neben der Wiedereinsetzung in Betracht kommt. Entgegen dem BVerwG[99] nimmt das BSG dies zutreffend an,[100] weil in der Wiedereinsetzungsregelung keine abschließende Entscheidung des Gesetzgebers über die in einer verspäteten Antragstellung liegenden Folgen von Pflichtverletzungen der Verwaltung gesehen werden kann.[101] Dem folgend hat das LSG Baden-Württemberg eine Klägerin im Rahmen des sozialrechtlichen Herstellungsanspruchs so gestellt, als ob sie die dreimonatige Beitrittsfrist zur freiwilligen

93 BSG, Urt. v. 28.01.2009 – B 6 KA 11/08 R, juris Rn. 22.

94 LSG Niedersachsen-Bremen, Urt. v. 10.03.2017 – L 11 AS 143/16, juris Rn. 18.

95 BSG, Urt. v. 05.12.2019 – B 3 KR 5/19 R, www.bundessozialgericht.de, Rn. 25 m.V.a. BSG, Urt. v. 08.08.2019 – B 3 KR 6/18 R, juris Rn. 37 sowie BSG SozR 5750 Art 2 § 51a Nr. 49.

96 BSG, Urt. v. 08.02.2007 – B 7a AL 22/06 R, BSGE 98, 108, 113.

97 Vgl zum Herstellungsanspruch etwa BSG SozR 4–2600 § 58 Nr. 3 Rn. 19 m.w.N.; SozR 4–2600 § 236 Nr. 1 Rn. 25.

98 BSGE 56, 266, 270; 60, 158, 164; 73, 56, 59.

99 BVerwG, NJW 1997, 2966 f.

100 BSG SozR 4–1300 § 27 Nr. 2; SozR 4–1200 § 14 Nr. 13; a.A. LSG Berlin-Brandenburg, Urt. v. 19.12.2007 – L 9 KR 167/02.

101 Zur ausführlichen und überzeugenden Begründung mit umfangreichen Nachweisen siehe BSG SozR 4–1300 § 27 Nr. 2, Rn. 20 ff.

Versicherung nach § 9 Abs. 2 SGB V nicht versäumt hätte; zuvor hatte es die Krankenkasse unterlassen, die Klägerin auf die fristgebundene Möglichkeit zum freiwilligen Beitritt hinzuweisen, obwohl hierzu Anlass bestanden hatte.[102] Hinter eventuell einschlägige Härtefallregelungen tritt der Herstellungsanspruch jedoch i.d.R. zurück.[103]

Bereits vor Geltung des § 27 hat das BSG unter Rückgriff auf den auch im Sozialrecht geltenden 35
Grundsatz von Treu und Glauben in bestimmten Fällen eine Berufung der Verwaltung auf eine Fristversäumung als rechtsmissbräuchlich angesehen.[104] Diese Rechtsprechung zur sog. **Nachsichtgewährung** entwickelte sich insbesondere zum Wiedergutmachungsrecht, weil hier ein besonderes öffentliches Interesse bestand, dass alle materiell Berechtigten, die ihnen zugedachten Vergünstigungen auch tatsächlich erhielten.[105] Die Nachsichtgewährung war aber nicht darauf beschränkt; ihr Hauptanwendungsbereich lag im Bereich der Fristen zur Beitragsnachzahlung im Rentenrecht. Obwohl man annehmen könnte, dass für das richterrechtliche Institut der Nachsichtgewährung nach Inkrafttreten des § 27 SGB X kein Anwendungsbereich mehr besteht, wird es in der Rechtsprechung weiterhin benannt. So fasste der 4. Senat in einer Entscheidung aus dem Jahr 2012 zusammen, eine Nachsichtgewährung basiere auf dem Grundsatz von Treu und Glauben und verbiete es der Behörde, sich in bestimmten Fällen auf die Überschreitung gesetzlicher Antragsfristen zu berufen.[106] Als rechtsmissbräuchlich wurde die Berufung auf eine Fristversäumung insbesondere dann angesehen, wenn an einen geringfügigen Verstoß weittragende und offensichtlich unangemessene, also grob unverhältnismäßige Rechtsfolgen geknüpft waren oder der Berufung auf die Frist kein schutzwürdiges Eigeninteresse zugrunde lag, weil sie für die Behörde nur von geringer Bedeutung war. Für die vorzunehmende Interessenabwägung relevant war neben der Frage des Verschuldens des Betroffenen vor allem, wie erheblich das Interesse des einzelnen an der Zulassung seines Antrags einerseits und wie hoch das Verwaltungsinteresse an einer klaren und einfach zu handhabenden Fristenregelung zu bewerten war; in Orientierung am Wiedereinsetzungsrecht wird bei einer Fristüberschreitung von mehr als einem Jahr eine Nachsichtgewährung nur ausnahmsweise in Betracht kommen, wenn die Versäumung auf höherer Gewalt beruhte.[107] Voraussetzung für eine Nachsichtgewährung ist nach der Rechtsprechung des BSG, dass das Interesse der Verwaltung an der Einhaltung der Frist gering ist und andererseits ganz erhebliche, langfristig wirksame Interessen des Bürgers auf dem Spiel stehen.[108] Dies wird beispielsweise angenommen, wenn eine versäumte Antragsfrist zum umfassenden Verlust einer Rentenanwartschaft geführt hat.[109] Auch die verwaltungsgerichtliche Rechtsprechung unterstellt, das Prinzip der Nachsichtgewährung finde seine Grundlage im Grundsatz von Treu und Glauben und führe dazu, dass bei geringfügiger Fristüberschreitung oder in Fällen höherer Gewalt bei außergewöhnlichen Ereignissen, die nach den Umständen des Einzelfalls auch durch die äußerste, dem Betroffenen zumutbare Sorgfalt weder abgewehrt noch in ihren schädlichen Folgen verhindert werden könnten, Nachsicht zu gewähren bzw. eine Fristversäumnis unschädlich sei.[110] Es ist jedoch grundsätzlich Aufgabe des Gesetzgebers, eine Unbeachtlichkeit einer Fristversäumnis oder die Ermächtigung einer Behörde, nach Fristablauf eingehende Erklärungen oder Rechtshandlungen als zulässig anzusehen und zu beachten. So ist dies einerseits durch § 27 SGB X, andererseits außerhalb des Sozialrechts z.B. durch § 134 Abs. 2 FlurbG geschehen. Gerade im Sozialrecht, in dem neben § 27 SGB X der sozialrechtliche Herstellungsanspruch die Folgen behördlicher Fehler, die Ursache für eine Fristversäumnis sind, auffangen, ist es kaum denkbar, dass es einen Anwendungsfall für das Rechtsinstitut der Nachsichtgewährung geben kann.

102 LSG Hessen, Urt. v. 22.07.2022 – L 4 KR 1405/20, juris Rn. 61.
103 BSG SozR 4–4300 § 324 Nr. 3; vgl. auch BSG SozR 3–1200 § 45 Nr. 6; BSG, NZS 2014, 196.
104 BSGE 48, 12, 17; BSG SozR 4100 § 72 Nr. 2 S. 4; SozR 5486 Art. 4 § 2 Nr. 1.
105 BSG SozR 5070 § 10 Nr. 22, juris Rn. 11; vgl. auch SozR 5070 § 10 Nr. 19.
106 BSG, Urt. v. 16.05.2012 – B 4 AS 166/11 R, juris Rn. 33.
107 BSG SozR 5070 § 10 Nr. 19; SozR 5070 § 10 Nr. 22, juris Rn. 11.
108 BSG, Urt. v. 21.02.1991 – 7 RAr 74/89, juris Rn. 36.
109 Diering/Timme/Stähler/*Timme*, SGB X, 6. Aufl. 2022, § 27 Rn. 22 m.w.N.
110 BayVGH, Urt. v. 10.01.2007 – 24 BV 03.722, juris Rn. 43.

§ 28 Wiederholte Antragstellung

(1) [1]Hat ein Leistungsberechtigter von der Stellung eines Antrages auf eine Sozialleistung abgesehen, weil ein Anspruch auf eine andere Sozialleistung geltend gemacht worden ist, und wird diese Leistung versagt oder ist sie zu erstatten, wirkt der nunmehr nachgeholte Antrag bis zu einem Jahr zurück, wenn er innerhalb von sechs Monaten nach Ablauf des Monats gestellt ist, in dem die Ablehnung oder Erstattung der anderen Leistung bindend geworden ist. [2]Satz 1 gilt auch dann, wenn der Antrag auf die zunächst geltend gemachte Sozialleistung zurückgenommen wird.

(2) Satz 1 gilt auch dann, wenn der rechtzeitige Antrag auf eine andere Leistung aus Unkenntnis über deren Anspruchsvoraussetzung unterlassen wurde und die zweite Leistung gegenüber der ersten Leistung, wenn diese erbracht worden wäre, nachrangig gewesen wäre.

Übersicht

A. Inhalt

1 Nur wenige Sozialleistungen werden von Amts wegen – vgl. § 19 Abs. 1 Satz 2 SGB IV in Bezug auf Leistungen der gesetzlichen Unfallversicherung, soweit diese nicht ausnahmsweise antragsabhängig sind – bzw. aus Anlass der Kenntniserlangung eines sozialrechtlich relevanten Bedarfs durch den zuständigen Leistungsträger – vgl. § 18 SGB XII in Hinblick auf diejenigen sozialhilferechtlichen Leistungen, die nicht, wie die Leistungen der Grundsicherung im Alter und bei Erwerbsminderung (§ 44 Abs. 1 SGB XII), ausnahmsweise antragsabhängig sind – erbracht. Die überwiegende Mehrzahl von Sozialleistungen ist hingegen antragsabhängig, gleich ob der Antrag Anspruchsvoraussetzung ist oder den Leistungsbeginn (vgl. § 37 SGB II) bestimmt. Verlangt der Gesetzgeber zur Geltendmachung von Sozialleistungen aber einen Antrag, so entscheidet er sich damit zugleich dafür, dem möglichen Anspruchsinhaber die Verantwortung für seine eigenen Interessen aufzuerlegen bzw. ihm diese Verantwortung nicht abzunehmen. Angesichts der Vielzahl von Leistungen sowie der Vielschichtigkeit und Komplexität des materiellen Sozialrechts ist der Bürger aber häufig nicht in der Lage, diese Verantwortung ohne Unterstützung sachgerecht zu tragen. Um dies auszugleichen, wurden u.a. Beratungspflichten der Sozialleistungsträger (z.B. § 14 SGB I) und Hinweispflichten der Träger der gesetzlichen Rentenversicherung zur Möglichkeit einer Antragstellung (§ 115 Abs. 6 Satz 1 SGB VI) normiert, § 16 SGB I verpflichtet Sozialleistungsträger, aber auch Gemeinden und amtliche Vertretungen der Bundesrepublik im Ausland dazu, Anträge auf Sozialleistungen auch dann entgegenzunehmen und weiterzuleiten, wenn sie sich für deren Bearbeitung nicht zuständig halten, Absatz 3 Satz 1 der Norm verpflichtet Leistungsträger, darauf hinzuwirken, dass unverzüglich klare und sachdienliche Anträge gestellt werden. Darüber hinaus gebietet das Meistbegünstigungsprinzip, bei der Auslegung von Anträgen davon auszugehen, dass der Antragsteller die nach der Lage des Falls ernsthaft in Betracht kommenden Leistungen begehrt, unabhängig davon, welchen Antragsvordruck er hierfür benutzt oder welchen Ausdruck er gewählt hat.[1] § 28 erweitert den Katalog von die sozialrechtliche Überforderung des Bürgers ausgleichenden Vorschriften, indem er einem Antrag auf eine Sozialleistung dann ausnahmsweise eine Rückwirkung bis zu einem Jahr zubilligt, wenn sich der Antragsteller im Dickicht der sozialrechtlichen Ansprüche verfangen und zunächst einen Antrag auf eine andere Sozialleistung gestellt hatte, deren Anspruchsvoraussetzungen er aber nicht erfüllte; § 28 normiert vier unterschiedliche Fallgestaltungen, in denen daraufhin korrigierte Anträge Rückwirkung für einen Zeitraum bis zu einem Jahr entfalten.

1 BSG 30.10.2014 – B 5 R 8/14 R, Rn. 36; BSG, Urt. v. 06.06.2023 – B 4 AS 86/21 R, Rn. 23.

Eine § 28 entsprechende Vorschrift existiert im VwVfG nicht und auch der Regierungsentwurf zum SGB X enthielt sie noch nicht. Sie wurde erst auf Anregung des Bundesrats auf Antrag des Bundestags-Ausschusses für Arbeit und Sozialordnung in das Gesetz aufgenommen. In der Ausschussbegründung wird der **Zweck** der Norm, die auf das vorherrschenden Antragsprinzip im gegliederten Sozialleistungssystem reagiert, deutlich: »Aufgrund der Einfügung dieser Vorschrift sollen in Zukunft dann Rechtsnachteile vermieden werden, wenn ein Berechtigter in Erwartung eines positiven Bescheides einen Antrag auf andere Sozialleistungen nicht gestellt hat.«[2] In der Stellungnahme des Bundesrates hieß es weiter erläuternd: »Wird der Antrag auf die vorrangige Leistung – möglicherweise nach einem längeren Verwaltungsverfahren – abgelehnt und die bereits gewährten Leistungen nachträglich entzogen, so sind häufig Antragsfristen versäumt, oder der Antragsteller wird auf eine zeitlich begrenzte Rückwirkung verwiesen.«[3] Dies soll vermieden werden und zugleich soll die Vorschrift der Entlastung der Sozialverwaltung dienen. Denn ohne sie müssten zur Rechtswahrung vorsorglich stets auch nachrangige Leistungen beantragt werden; dies »würde die Behörden auf unvertretbare Weise belasten«.[4] Es ist gerade das Ziel des § 28 zu verhindern, dass ein Betroffener zeitgleich mehrere Anträge auf unterschiedliche Sozialleistungen stellen muss, um möglichen Rechtsnachteilen vorzubeugen. Zugleich wird die Sozialverwaltung von der Prüfung unnötiger Doppelanträge verschont.[5]

§ 28 bestand ursprünglich allein aus zwei Sätzen; mit Wirkung zum 01.07.2020 wurde Satz 1 der früheren Fassung zu Absatz 1 Satz 1, an den ein neuer zweiter Satz angefügt wurde. Satz 2 der früheren Fassung wurde zu Absatz 2.[6] Laut Gesetzesbegründung wurde ein neuer Satz zur Klarstellung eingefügt, um die Fälle einer Rücknahme des zuerst gestellten Antrags, die zuvor nicht ausdrücklich von der Norm erfasst waren, nun ausdrücklich als ebenfalls erfasst zu betonen. Es dürfe keinen Unterschied machen, ob »vor Beantragung der einschlägigen Sozialleistung eine negative Verwaltungsentscheidung ergeht, oder die antragstellende Person den Antrag vor Erlass einer negativen Entscheidung zurücknimmt«[7], zumal dem zunächst angegangenen Sozialleistungsträger durch die Rücknahme des Antrags der Aufwand einer ablehnenden Entscheidung erspart und dadurch Zeitverzögerungen vermieden würden.

Nach dem **Regelungsinhalt** des Satz 1 soll derjenige Leistungsberechtigte, der zunächst eine andere 2
als die ihm zustehende Leistung beantragt, unabhängig von etwaigen Fristabläufen so gestellt werden, als hätte er sogleich die richtige Leistung beantragt. Ihm wird die Möglichkeit eröffnet, den Antrag, dem zugleich eine (befristete) Rückwirkung zugemessen wird, für die ihm zustehende Leistung nachzuholen. Da es um die Nachholung eines an sich verfristeten Antrags geht und nicht um eine Wiederholung der Antragstellung, ist die Normüberschrift unkorrekt. Tatbestandlich werden mindestens zwei Leistungsansprüche in den Blick genommen, der vermeintliche »Anspruch auf eine andere Sozialleistung«, der zunächst geltend gemacht wurde, und der Anspruch, der mit dem nachgeholten Antrag verfolgt wird.[8] Absatz 2 erweitert die für den Leistungsberechtigten günstige Rechtsfolge auf die Fälle, in denen der Antrag auf die zustehende Leistung wegen Unkenntnis deren Voraussetzungen nicht rechtzeitig gestellt wurde und diese Leistung bei Gewährung der beantragten, aber abgelehnten Leistung nachrangig gewesen wäre. Insofern ergänzt § 28 insgesamt in gewisser Weise § 16 Abs. 2 Satz 1 SGB I[9] und trägt dazu bei, dass »die sozialen Rechte möglichst weitgehend verwirklicht werden« (§ 2 Abs. 2 SGB I).

2 BT-Drucks. 8/4022, S. 81.
3 BT-Drucks. 8/2034, S. 48.
4 BT-Drucks. 8/2034, S. 48.
5 BSG, Urt. v. 06.06.2023 – B 4 AS 86/21 R, Rn. 28.
6 BGBl. I 2020, S. 1248.
7 BT-Drucks. 19/17586, S. 112.
8 Vgl. Eicher/Spellbrink/*Eicher/Greiser*, SGB II, 3. Aufl., § 40 Rn. 107.
9 Giese/Krahmer/*Bertram*, SGB X § 28 Rn. 2, Stand 11/2000.

3 Da die Vorschrift auch Sachverhalte erfasst, in denen die Beantragung der von vorneherein einschlägigen Sozialleistung wegen eines Beratungs- oder Auskunftsfehlers der Behörde unterblieben ist, dient § 28 insoweit auch dazu, dass der Berechtigte nicht auf den »mit teilweise unüberwindlichen Hindernissen versehenen Weg eines Amtshaftungsprozesses« oder auf den häufig ebenfalls mit schwierigen Beweislagen verbundenen sozialrechtlichen **Herstellungsanspruch** (§ 27 Rdn. 34) verwiesen werden muss.[10] Für das Konkurrenzverhältnis von § 28 zum Herstellungsanspruch gilt das zu § 27 Gesagte entsprechend (vgl. § 27 Rdn. 34). Denn seiner Funktion nach lässt sich die »wiederholte Antragstellung« als besondere Art einer Wiedereinsetzung in den vorigen Stand betrachten;[11] beide Anspruchsgrundlagen können grundsätzlich nebeneinanderstehen und § 28 verdrängt den Herstellungsanspruch nur insoweit, als seine Rechtsfolgen im konkreten Fall reichen.[12] Das Absehen von der rechtzeitigen Antragstellung für die zutreffende Sozialleistung muss aber nicht auf Gründen beruhen, die im Verantwortungsbereich der Behörde liegen.

B. Einzelerläuterungen

I. Anwendungsbereich

4 § 28 ist grundsätzlich nur anwendbar, wenn jemand davon abgesehen hat, die von einer **anderen** als der zunächst angegangenen Behörde zu gewährende Leistung zu beantragen. Fallgestaltungen, in denen ein Anspruch auf dieselbe Sozialleistung gegen denselben Leistungsträger geltend gemacht wird, werden in aller Regel nicht erfasst.[13] Denn nach dem sog. **Meistbegünstigungsgrundsatz** ist in der Regel davon auszugehen, dass ein Leistungsberechtigter umfassend die Sozialleistungen begehrt, die nach Lage des Falles ernsthaft in Betracht kommen, er also mit dem ersten Antrag zugleich diejenige Leistung beantragt hat, auf die er einen Anspruch haben kann. Sollte der Leistungsträger den Antrag zunächst verfehlt allein auf eine Leistung beziehen, deren Voraussetzungen nicht erfüllt sind und ihn deshalb ablehnen, so wäre auf Widerspruch, Klage oder Antrag nach § 44 hin die eigentlich gemeinte Leistung zu gewähren. Eine »wiederholte Antragstellung« kommt ebenso wenig in Betracht, wenn auf einen Antrag hin infolge falscher behördlicher Auslegung ein unzuständiger Träger eine Leistung bewilligt hat, statt den Antrag an den zuständigen Träger weiterzuleiten. Ist der Antrag, der nach § 16 SGB I wirksam auch bei einer unzuständigen Behörde angebracht werden kann, aber gestellt und nur fehlinterpretiert, ist daher der Bereich des § 28 nicht eröffnet.[14] Zutreffend wird dafür plädiert, § 28 als Ergebnis einer teleologischen Reduktion auch dann nicht anzuwenden, wenn der Antragsteller die erste Sozialleistung bösgläubig (Fallgestaltungen des § 45 Abs. 2 Satz 3 entsprechend) erwirken will oder zunächst erwirkt hat; eine Privilegierung der Bösgläubigkeit ist mit dem Zweck der Norm nicht vereinbar.[15] Anders ist es jedoch, wenn der Antragsteller zunächst eine Sozialleistung beantragte, deren Anspruchsvoraussetzungen er nicht erfüllte, und eine Auslegung des Antrags auf eine andere Sozialleistung desselben Leistungsträgers nicht in Betracht kommt. In einem dem BSG zur Entscheidung vorliegenden Fall hatte ein dem Grunde nach BAföG-berechtigter Schüler, der wegen des Schulbesuchs grundsätzlich keinen Anspruch auf Alg II (heute Bürgergeld) hatte (§ 7 Abs. 5 SGB II a.F.), zunächst BAföG erhalten; daneben hatte das Jobcenter Unterkunftskostenzuschuss für Auszubildende nach § 27 SGB II a.F. befristet gewährt; der Auszubildende stellte zwei Mal erfolgreich Anträge auf Weitergewährung des Unterkunftskostenzuschusses. Während einer der Bewilligungszeiträume erkrankte er für länger als drei Monate, was zum rückwirkenden Wegfall

10 Vgl. Schütze/*Siefert*, SGB X, 9. Aufl., § 28 Rn. 4.

11 LSG Baden-Württemberg, Urt. v. 22.02.2017 – L 2 SO 5175/15, juris Rn. 34; jurisPK-SGB X/*Apel*, 3. Aufl. 2023, § 28 Rn. 10; BeckOGK/*Mutschler*, § 28 SGB X Rn. 4, Stand 15.8.2024; Diering/Timme/Stähler/*Timme*, SGB X, 6. Aufl., § 28 Rn. 3.

12 BSG SozR 4–4200 § 37 Nr. 3 Rn. 30.

13 LSG Saarland, Urt. v. 10.06.1999 – L 6 Kg 12/97, juris Rn. 71.

14 BSG SozR 3100 § 48 Nr. 7, juris Rn. 19 unter Hinweis auf die Gesetzgebungsmaterialien (BT-Drucks. 8/2034, S. 48; BT-Drucks. 8/4022, S. 20, 81 f.; vgl. auch Eicher/Spellbrink/*Eicher/Greiser*, SGB II, 3. Aufl., § 40 Rn. 107.

15 Eicher/Spellbrink/*Eicher/Greiser*, SGB II, 3. Aufl., § 40 Rn. 107.

des BAföG-Anspruchs führte. Die Klage auf rückwirkende Gewährung von Alg II seit dem Zeitpunkt des Wegfalls der BAföG-Berechtigung hatte Erfolg. Das BSG bejahte die Anspruchsvoraussetzungen der §§ 7 ff., 19 ff. SGB II für den streitigen Zeitraum und verneinte dabei das Vorliegen einer nach dem BAföG förderungsfähigen Schulausbildung, die Ausschlussgrund für die Gewährung von Alg II gewesen wäre, seit dem Zeitpunkt der Aufhebung des BAföG-Bewilligungsbescheids. Zwar sei zunächst ein im Sinne des § 37 SGB II rechtzeitiger Antrag auf Alg II nicht gestellt worden, sondern allein ein Antrag auf gegenüber dem Alg II eigenständige Unterkunftskostenzuschüsse; der einige Monate nach dem Ende der BAföG-Berechtigung gestellte Antrag auf Alg II wirke jedoch nach § 28 zurück bis zum krankheitsbedingten Ende der Ausbildung.[16] Zu Recht hat das BSG den Anwendungsbereich des § 28 auch auf Fallgestaltungen erstreckt, bei denen ein und dieselbe Behörde sowohl für die zunächst als auch für die anschließend beantragte Leistung zuständig war. Hätte man diese Fälle von § 28 ausgeschlossen, so wäre eine mit dem Zweck der Norm nicht vereinbare Lücke im Schutz des sozialrechtlich überforderten Bürgers entstanden, die nicht durch eine am Meistbegünstigungsprinzip orientierte Auslegung hätte geschlossen werden können.

Die Vorschrift bezieht sich dem Wortlaut nach zudem mit ihrer als Rechtsfolge eröffneten Rück- 5
wirkung unmittelbar **nur** auf eine **Antragstellung.** Die Erfüllung sonstiger Anspruchsvoraussetzungen wie die persönliche Arbeitslosmeldung[17] soll rückwirkend nicht bewirkt werden können.[18] In Literatur und Rechtsprechung wird vertreten, § 28 sei in dem vom Kenntnisprinzip des § 18 Abs. 1 SGB XII gekennzeichneten Sozialhilferecht nicht anwendbar, so dass beispielsweise derjenige, der Hilfe zum Lebensunterhalt nach § 19 Abs. 1 SGB XII i.V.m. §§ 27 ff. SGB XII begehre, nachdem er zunächst erfolglos Alg oder Alg II (heute Bürgergeld) beantragt habe, von der bis auf einen Zeitraum von einem Jahr reichenden Rückwirkung des § 28 nicht erfasst sei.[19] Neben dem Kenntnisprinzip verbiete die mit einer Rückwirkung verbundene, in die Vergangenheit reichende Leistungsgewährung eine Anwendung im Sozialhilferecht, da Sozialleistung dazu dienten, einen gegenwärtigen und keinen in der Vergangenheit liegenden Bedarf sicherzustellen.[20] Abgesehen davon, dass der Grundsatz »keine Hilfe für die Vergangenheit« keineswegs ausnahmslos gilt[21] und dass die Kenntnis vom Bedarf auch über einen Antrag und ggf. auch über § 16 Abs. 1 SGB I vermittelt werden kann,[22] verkehrte diese Rechtsauffassung den Zweck des § 18 SGB XII in sein Gegenteil. Anstatt dem Hilfebedürftigen durch eine Abkehr vom Antragsprinzip einen erleichterten Zugang zu Sozialhilfeleistungen zu ermöglichen, erschwerte das Kenntnisprinzip im Zusammenwirken mit § 28 dessen Zugang. Allein dem Gesetzgeber stünde die Kompetenz zu, das Sozialhilferecht vom Anwendungsbereich des § 28 auszuschließen (Gesetzesvorbehalt). Dies zeigt sich auch daran, dass das Kenntnisprinzip das Sozialhilferecht nicht vollständig beherrscht, sondern einige Sozialhilfeleistungen Antragsleistungen sind (z.B. Grundsicherung im Alter und bei Erwerbsminderung, § 44 Abs. 1 SGB XII), so dass das Argument, eine Kenntniserlangung sei mit einem Antrag nicht gleichzusetzen, nicht verfängt. Zuletzt wäre es sachlich nicht zu erklären, warum derjenige, der die Kenntnis vom Hilfebedarf durch einen entsprechenden Antrag vermittelte, über § 28 rückwirkend Leistungen erhalten könnte, derjenige, bei dem der Sozialhilfeträger die Kenntnis ohne Antrag erlangte, hiervon ausgeschlossen wäre.

§ 28 gilt grundsätzlich für den gesamten Bereich des SGB, soweit keine abweichenden Bestimmungen 6
für spezielle Leistungsbereiche existieren (§ 37 Satz 1 SGB I). So verkürzen etwa **§ 40 Abs. 7 SGB II**

16 BSG, Urt. v. 06.06.2023 – B 4 AS 86/21 R.
17 BSG SozR 1300 § 28 Nr. 1.
18 BSG SozR 4–4200 § 37 Nr. 3 Rn. 29.
19 LSG Baden-Württemberg, Urt. v. 22.02.2017 – L 2 SO 5175/15, juris Rn. 34 f.; offengelassen in BSG, Urt. v. 30.06.2016 – B 5 RE 1/15 R, SozR 4–1300 § 48 Nr. 33 Rn. 34; ablehnend jurisPK-SGB X/*Apel*, § 18 Rn. 14 m.w.N, Stand 11/2023.
20 Gegen eine Anwendbarkeit z.B. BeckOGK/*Mutschler*, § 28 SGB X Rn. 2a m.w.N., Stand 01.12.2020; Grube/Wahrendorf/Flint/*Deckers*, 8. Aufl. 2024, § 18 SGB XII Rn. 9.
21 Vgl. dazu etwa Grube/Wahrendorf/Flint/*Deckers*, 8. Aufl. 2024, SGB XII § 18 Rn. 29 f.
22 Vgl. BSG, Urt. v. 26.08.2008 – B 8/9b SO 18/07 R, SozR 4–3500 § 18 Nr. 1.

und **§ 6a Abs. 2 Satz 2 BKGG** die in S. 1 statuierte Sechsmonatsfrist für die nachholende Antragstellung erheblich (»unverzüglich nach Ablauf des Monats, in dem die Ablehnung oder Erstattung der anderen Leistung bindend geworden ist«).[23] Auch § 25 Abs. 3 WoGG enthält eine abweichende Spezialregelung, die § 28 verdrängt.[24] Auf Rehabilitationsleistungen nach dem SGB IX fehlt § 28 wegen der Regelung des § 14 SGB IX ein Anwendungsbereich.[25]

II. Nachholung eines bewusst unterlassenen Antrags

7 Nach Absatz 1 S. 1 kann ein Antrag auf eine Sozialleistung (§ 11 SGB I) trotz Verfristung mit Wirkung für die Vergangenheit nachgeholt werden, wenn der Leistungsberechtigte von der rechtzeitigen Antragstellung abgesehen hat, weil er einen vermeintlich bestehenden Anspruch auf eine andere Sozialleistung geltend gemacht hatte, die jedoch versagt wurde oder zu erstatten ist. Beide Sozialleistungen müssen ihrer Art nach nicht ähnlich sein (»Artverwandtschaft«). Ein solches Erfordernis lässt sich weder aus dem Wortlaut der Norm ablesen noch aus deren Sinn und Zweck[26], sondern versperrte Antragstellern, die sich im Regelungsdickicht des Sozialrechts nicht zurechtgefunden und den »falschen« Antrag gestellt haben, den durch § 28 beabsichtigten Schutz. Nicht erforderlich soll nach Ansicht des BSG zudem eine Personenidentität der Antragsteller beider Sozialleistungen sein.[27]

8 Mit »**geltend machen**« eines »Anspruchs auf eine **andere Sozialleistung**« ist i.d.R. eine Antragstellung gemeint. Vom Sinn und Zweck der Vorschrift her und weil die Norm eben nicht von »beantragt« spricht, muss es indes nicht in jedem Fall notwendig um einen formell gestellten Antrag gehen. Entscheidend ist allein, dass ein Verfahren auf eine Sozialleistung läuft, das den Grund dafür liefern kann, den Betroffene von der Beantragung einer anderen, ansonsten ins Auge zu fassenden Leistung abzuhalten. § 28 ist deshalb auch anzuwenden, wenn das erste Verfahren von Amts wegen betrieben wurde, der Betroffene dies weiß, damit einverstanden ist und mit einer positiven Entscheidung rechnet und deshalb von einer eigenen Antragstellung absieht. Nichts anderes kann gelten, wenn er weiß, dass ein Sozialhilfeträger Kenntnis von einem Bedarf hat und er davon ausgeht, dass insoweit ein Verwaltungsverfahren über die Gewährung einer Sozialhilfeleistung begonnen hat. Hat er die Kenntnis durch einen entsprechenden Antrag vermittelt, so greift § 28 ohnehin unmittelbar. § 28 Satz 1 greift seinem Sinn und Zweck nach auch dann ein, wenn ein Arbeitsloser von einer längeren Laufzeit des Alg-Anspruchs ausgegangen ist, dies vergeblich im Rahmen eines **Überprüfungsantrags nach § 44 SGB X** geltend gemacht hat und es nun um die Beantragung von Bürgergeld geht.[28]

9 Ein »**Absehen**« von der Beantragung einer anderen Leistung, setzt voraus, dass der Berechtigte Kenntnis von dieser Leistungsmöglichkeit besitzt und den Antrag bewusst und willentlich unterlässt. Nach dem Wortlaut der Vorschrift kommt es nicht darauf an, dass der Antragsteller des ersten Leistungsanspruchs mit demjenigen des nachgeholten Antrags identisch ist.[29] Die Motive des Gesetzgebers[30] sprechen gegen eine engere Auslegung, die auch mit dem Normzweck nicht im Einklang stünde.

10 Die zunächst beantragte Sozialleistung muss nach dem Wortlaut der Norm »versagt« werden oder sie muss »zu erstatten« sein. Unter **Versagung** ist – abweichend von § 66 SGB I, der den Begriff in völlig anderen Zusammenhang gebraucht – die endgültige Leistungsablehnung zu verstehen (Absatz 1

---

23 Zu Recht kritisch zu dieser Verschärfung Gagel/*Kallert*, SGB II/SGB III, § 40 SGB II Rn. 34, Stand 6/2011.

24 VG Lüneburg, Urt. v. 26.03.2018 – 4 A 395/17, juris Rn. 21.

25 Schütze/*Siefert*, § 28 SGB X Rn. 4.

26 jurisPK-SGB X/*Apel*, § 28 Rn. 24 m.w.N., Stand 11/2023.

27 BSG, Urt. v. 19.10.2010 – B 14 AS 16/09 R, SozR 4–4200 § 37 Nr. 3 Rn. 24; Diering/Timme/Stähler/Timme, 6. Aufl. 2022, § 28 SGB X Rn. 5.

28 Ausführlich zur Gewährung von Alg II BSG SozR 4–4200 § 37 Nr. 3 Rn. 23 ff.

29 BSG, Urt. v. 19.10.2010 – B 14 AS 16/09 R, SozR 4–4200 § 37 Nr. 3 Rn. 24; Diering/Timme/Stähler/Timme, 6. Aufl. 2022, § 28 SGB X Rn. 5.

30 BT-Drucks. 8/2034, S. 48.

S. 1 a.E.: »bindend werden«). Die Anwendung des S. 1 ist nach dem Normzweck aber auch nicht dadurch ausgeschlossen, dass der Berechtigte seinen zunächst gestellten Antrag noch vor einer Entscheidung des Leistungsträgers zurücknimmt, weil die Behörde ihn von der Aussichtslosigkeit des Begehrens überzeugt hat. Weil § 28 denjenigen schützen will, der durch die erfolglose Beantragung einer anderen Leistung von der rechtzeitigen Antragstellung für die ihm zustehende Leistung abgehalten wird, ist auch dieser Fall noch vom Begriff »Versagung einer Leistung« erfasst.[31] Diese bisher in der Literatur bereits zutreffend vertretene Auslegung ist nunmehr ausdrücklich zur Klarstellung ins Gesetz aufgenommen worden (§ 28 Abs. 1 Satz 2). Kein Fall des § 28 Satz 1 ist es jedoch, wenn die vorrangig beantragte Leistung bewilligt wurde, eine andere, nicht beantragte Leistung aber noch weitergehende Ansprüche bieten kann (Alg und »aufstockendes« Bürgergeld).[32] Beantragt der Betroffene beispielsweise Arbeitslosengeld und wird ihm dieses infolgedessen auch zu Recht gewährt, genügt dies aber nicht für den Lebensunterhalt, so beinhaltet der Antrag auf Arbeitslosengeld daher weder einen Antrag auf Existenzsicherungsleistungen nach dem SGB II oder SGB X noch liegt ein Fall des § 28[33] vor.

Der Ablehnung eines Leistungsantrags wird die **Verpflichtung zur Erstattung von Sozialleistungen** 11
gleichgestellt. Gemeint sind hier i.d.R. die Fälle, in denen zunächst ein Leistungsbescheid ergeht und Leistungen geflossen sind, dann aber der Bescheid rückwirkend mit Erstattungsfolge (i.d.R. nach § 50 Abs. 1) aufgehoben wurde; letztlich sind aber alle Fälle der behördlichen Geltendmachung von Rückzahlungen zu Unrecht erbrachter Sozialleistungen erfasst. § 28 Absatz 1 Satz 1 gilt auch in den vom Normwortlaut nicht ausdrücklich angesprochenen Fällen, in denen ein Leistungsbescheid bereits vor Auszahlung wieder aufgehoben wird, eine Erstattung also nicht in Rede steht.[34] Da Absatz 1 S. 1 nur Fälle regeln will, in denen die ursprünglich beantragte Leistung dem Betroffenen endgültig nicht zusteht, ist die Vorschrift nicht anzuwenden bei Erstattungen zwischen Leistungsträgern (§§ 102 ff.) oder wegen Erfüllungsfiktion (§ 107) oder auch bei einem Erlass der Erstattungsforderung.[35]

Zwischen der Geltendmachung der »anderen Sozialleistung« und dem Absehen von der Beantragung 12
der Sozialleistung muss ein ursächlicher Zusammenhang, also Kausalität bestehen. Der Betroffene muss also bewusst von der einen Antragstellung abgesehen haben und ein Kausalzusammenhang zwischen der Nichtbeantragung dieser Sozialleistung und der Geltendmachung der anderen Sozialleistung bestehen.[36] Eine solche **Kausalität** kann nicht nur bei Artverwandtschaft der beiden Leistungen vorliegen;[37] dies ergibt sich schon bei einem Blick auf Absatz 2, der insoweit mit dem Verweis auf die Nachrangigkeit bewusst von Absatz 1 S. 1 abweicht. Allerdings ist erforderlich, dass der Berechtigte sich zumindest über die Möglichkeit eines Anspruchs auch auf eine zunächst nicht beantragte alternative Leistung bewusst ist. Ein bloßes Vergessen der Antragstellung oder gar die Unkenntnis von einer alternativen Anspruchsmöglichkeit überhaupt erfüllt den Tatbestand nicht.[38] Denn in solchen Lagen hat der Berechtigte eben nicht wegen des Antrags auf die »andere Sozialleistung« von einem Leistungsantrag abgesehen (… »abgesehen, weil …«).[39]

---

31 So beispielsweise vor der Neuregelung BeckOGK/*Mutschler*, § 28 SGB X Rn. 5a, Stand 06/2016.

32 BSG, Urt. v. 02.04.2014 – B 4 AS 29/13 R, BSGE 115, 225 = SozR 4–4200 § 37 Nr. 6, wo auch eine analoge Heranziehung ausgeschlossen wird.

33 LSG Baden-Württemberg, Urt. v. 21.04.2021 – L 18 AS 131/21, Rn. 25.

34 Giese/Krahmer/*Bertram*, SGB X § 28 Rn. 5, Stand 11/2000.

35 Hauck/Noftz/*Hengelhaupt*, SGB II, § 40 Rn 71, Stand 10/2006.

36 BSG, Urt. v. 06.06.2023 – B 4 AS 86/21 R, Rn. 27 m.w.N.

37 So aber Hauck/Noftz/*Vogelgesang*, SGB X, § 28 Rn. 5, Stand 6/2012; dagegen zutreffend Diering/Timme/Stähler/*Timme*, SGB X, 6. Aufl. 2022, § 28 Rn. 8.

38 A.A. LSG Baden-Württemberg, Urt. v. 26.06.2008 – 12 AS 407/08, juris Rn. 33.

39 BeckOGK/*Mutschler*, § 28 SGB X Rn. 3a, Stand 12/2020; Diering/Timme/Stähler/*Timme*, SGB X, 6. Aufl. 2022, § 28 Rn. 8.

III. Antragsnachholung bei Unkenntnis über andere Leistungsansprüche

13 Durch **Absatz 2** wird – recht missverständlich formuliert – die Möglichkeit der Antragsnachholung auch dann gewährt, wenn ein rechtzeitiger Antrag auf eine Sozialleistung aus **Unkenntnis** über deren Anspruchsvoraussetzungen nicht gestellt wird. Es geht hier also nicht um ein bewusstes Unterlassen der Antragstellung (Rdn. 9) und das Kausalitätserfordernis des Absatz 1 S. 1 (Rdn. 12) kann keine Rolle spielen. Die Bestimmung schließt eine Schutzlücke für Sozialleistungsberechtigte. Denn wenn der Antrag auf die zustehende Leistung nur deshalb erst verspätet gestellt, weil der Betroffene diese Leistung und deren Voraussetzungen nicht kennt, so kann weder mit § 16 Abs. 2 SGB I noch mit der Wiedereinsetzung nach § 27 (vgl. § 27 Rdn. 16) oder mangels behördlicher Pflichtverletzung – einem sozialrechtlichen Herstellungsanspruchs geholfen werden.[40] An die Unkenntnis sind keine strengen Anforderungen zu stellen, da ein Betroffener bei Kenntnis des Vorrangs einer bestimmten Sozialleistung (auch) diese beantragt hätte; auch Fahrlässigkeit in Bezug auf die Unkenntnis ist unschädlich.[41]

14 Verlangt wird zur Eingrenzung der Antragsnachholung jedoch anders als in Absatz 1 S. 1, dass die »zweite Leistung« (= »Sozialleistung« i.S.d. Absatz 1 = »andere Leistung« i.S.d. Abs. 2 Satz 2 am Anfang) gegenüber der »ersten Leistung« (= »andere Sozialleistung« i.S.d. Absatz 1), wenn diese erbracht worden wäre, **nachrangig** gewesen wäre. An den Nachweis der Unkenntnis sind keine hohen Anforderungen zu stellen, weil regelmäßig unterstellt werden kann, dass ein Leistungsberechtigter die ihm zustehenden Leistungen beantragen will.[42] Die Nachrangigkeit von Sozialleistungen ist allgemein in § 104 Abs. 1 Satz 2 definiert (vgl. die Ausführungen dort) und richtet sich in der Sache nach den jeweils einschlägigen Vorschriften des SGB, welche das Verhältnis der Leistungen untereinander bestimmen (vgl. etwa § 5 SGB II, § 22 SGB III, § 2 SGB XII). So sind etwa SGB II-Leistungen nicht nachrangig gegenüber dem Kinderzuschlag nach dem BKGG.[43] Absatz 2 setzt in Zusammenschau mit Absatz 1 Satz 1 also voraus, dass zunächst eine – lägen ihre Voraussetzungen vor – vorrangige Leistung beantragt wird. Wird diese versagt oder sind erbrachte Leistungen zu erstatten, kann eine nachrangige Sozialleistung beantragt werden, auch soweit die Antragsfrist für diese Leistung bereits verstrichen ist. Den umgekehrten Fall, also eine Beantragung einer nachrangigen Leistung in Unkenntnis der vorrangigen Leistung, erfasst Absatz 2 allerdings nicht.[44]

IV. Frist zur Nachholung

15 Für Absatz 1 und Absatz 2 gilt gleichermaßen: Die Nachholung des Antrags muss innerhalb einer Frist von **6 Monaten** nach Ablauf des Monats geschehen, in dem der Ablehnungs- oder Erstattungsbescheid bezüglich der »anderen Sozialleistung« bindend geworden ist; dies ist anzunehmen bei Unanfechtbarkeit des Bescheides i.S.d. § 77 SGG. Der nachgeholte Antrag kann aber auch bereits vor Eintritt der Unanfechtbarkeit gestellt werden.[45] Zu spezialgesetzlichen Verkürzung dieser Frist im Grundsicherungs- und Kindergeldrecht vgl. § 40 Abs. 5 SGB II, § 6a Abs. 2 Satz 2 BKGG (Rdn. 6). Für den Fall der Rücknahme des zunächst gestellten Antrags (Rdn. 7) beginnt der Lauf der Frist für die Nachholung mit der Antragsrücknahme.[46] Bei Versäumung dieser Frist ist Wiedereinsetzung nach § 27 möglich.[47] Erfolgen Ablehnung und Erstattung zeitlich getrennt voneinander, ist für die Fristberechnung auf den Erstattungsbescheid abzustellen.[48]

---

40 LSG Baden-Württemberg, Breithaupt 1993, 785 f.

41 Hauck/Noftz/*Vogelgesang*, SGB X, § 28 Rn. 12.

42 Schütze/*Siefert*, SGB X, § 28 Rn. 18; BeckOGK/*Mutschler*, § 28 SGB X Rn. 13, Stand 12/2020.

43 LSG Sachsen, Beschl. v. 17.07.2012 – L 3 BK 1/09 NZB, juris Rn. 16 ff.; SG Karlsruhe, Urt. v. 21.11.2018 – S 4 AS 2297/18, juris Rn. 49.

44 Diering/Timme/Stähler/*Timme*, SGB X, 6. Aufl. 2022, § 28 Rn. 10.

45 BSG, Urt. v. 19.10.2010 – B 14 AS 16/09 R, juris Rn. 26.

46 Diering/Timme/Stähler/*Timme*, SGB X, 6. Aufl. 2022, § 28 Rn. 10.

47 Hauck/Noftz/*Hengelhaupt*, SGB II, § 40 Rn. 78, Stand 11/2006.

48 LSG Berlin-Brandenburg, Urt. v. 14.11.2014 – L 34 AS 950/14, juris Rn. 25.

V. Rechtsfolge

Der nach § 28 zulässig nachgeholte Antrag wirkt grundsätzlich bis zu dem Zeitpunkt zurück, an dem der erste Leistungsantrag gestellt wurde;[49] der Leistungsberechtigte wird also in Bezug auf den Antrag so gestellt, als hätte er sogleich die richtige Leistung beantragt. Allerdings ist der Rückwirkungszeitraum auf höchstens ein Jahr begrenzt. Da es dadurch zu Leistungseinschränkungen kommt, wenn der erste Leistungsantrag länger als ein Jahr vor der nachgeholten Antragstellung liegt, ist anzunehmen, dass der nachgeholte Antrag (vorsorglich) auch schon vor dem bindenden Ablehnungs- oder Erstattungsbescheid gestellt werden kann (verfrühte Nachholung). 16

Dritter Titel Amtliche Beglaubigung

§ 29 Beglaubigung von Dokumenten

(1) [1]Jede Behörde ist befugt, Abschriften von Urkunden, die sie selbst ausgestellt hat, zu beglaubigen. [2]Darüber hinaus sind die von der Bundesregierung durch Rechtsverordnung bestimmten Behörden des Bundes, der bundesunmittelbaren Körperschaften, Anstalten und Stiftungen des öffentlichen Rechts und die nach Landesrecht zuständigen Behörden befugt, Abschriften zu beglaubigen, wenn die Urschrift von einer Behörde ausgestellt ist oder die Abschrift zur Vorlage bei einer Behörde benötigt wird, sofern nicht durch Rechtsvorschrift die Erteilung beglaubigter Abschriften aus amtlichen Registern und Archiven anderen Behörden ausschließlich vorbehalten ist; die Rechtsverordnung bedarf nicht der Zustimmung des Bundesrates.

(2) Abschriften dürfen nicht beglaubigt werden, wenn Umstände zu der Annahme berechtigen, dass der ursprüngliche Inhalt des Schriftstückes, dessen Abschrift beglaubigt werden soll, geändert worden ist, insbesondere wenn dieses Schriftstück Lücken, Durchstreichungen, Einschaltungen, Änderungen, unleserliche Wörter, Zahlen oder Zeichen, Spuren der Beseitigung von Wörtern, Zahlen und Zeichen enthält oder wenn der Zusammenhang eines aus mehreren Blättern bestehenden Schriftstückes aufgehoben ist.

(3) [1]Eine Abschrift wird beglaubigt durch einen Beglaubigungsvermerk, der unter die Abschrift zu setzen ist. [2]Der Vermerk muss enthalten
1. **die genaue Bezeichnung des Schriftstückes, dessen Abschrift beglaubigt wird,**
2. **die Feststellung, dass die beglaubigte Abschrift mit dem vorgelegten Schriftstück übereinstimmt,**
3. **den Hinweis, dass die beglaubigte Abschrift nur zur Vorlage bei der angegebenen Behörde erteilt wird, wenn die Urschrift nicht von einer Behörde ausgestellt worden ist,**
4. **den Ort und den Tag der Beglaubigung, die Unterschrift des für die Beglaubigung zuständigen Bediensteten und das Dienstsiegel.**

(4) Die Absätze 1 bis 3 gelten entsprechend für die Beglaubigung von
1. **Ablichtungen, Lichtdrucken und ähnlichen in technischen Verfahren hergestellten Vervielfältigungen,**
2. **auf fototechnischem Wege von Schriftstücken hergestellten Negativen, die bei einer Behörde aufbewahrt werden,**
3. **Ausdrucken elektronischer Dokumente,**
4. **elektronischen Dokumenten,**
   a) die zur Abbildung eines Schriftstücks hergestellt wurden,

---
49 Eine Rückwirkung über diesen Zeitraum hinaus ist ausgeschlossen; LSG Sachsen, Beschl. v. 17.07.2012 – L 3 BK 1/09 NZB, juris Rn. 21.

b) die ein anderes technisches Format als das Ausgangsdokument, das verbunden ist mit einer qualifizierten elektronischen Signatur oder einem qualifizierten elektronischen Siegel einer Behörde erhalten haben.

(5) [1]Der Beglaubigungsvermerk muss zusätzlich zu den Angaben nach Absatz 3 Satz 2 bei der Beglaubigung

1. des Ausdrucks eines elektronischen Dokuments, das mit einer qualifizierten elektronischen Signatur oder einem qualifizierten elektronischen Siegel einer Behörde verbunden ist, die Feststellungen enthalten,
   a) wen die Signaturprüfung als Inhaber der Signatur oder welche Behörde die Signaturprüfung als Inhaber des Siegels ausweist,
   b) welchen Zeitpunkt die Signaturprüfung für die Anbringung der Signatur oder des Siegels ausweist und
   c) welche Zertifikate mit welchen Daten dieser Signatur oder diesem Siegel zugrunde lagen;
2. eines elektronischen Dokuments den Namen des für die Beglaubigung zuständigen Bediensteten und die Bezeichnung der Behörde, die die Beglaubigung vornimmt, enthalten; die Unterschrift des für die Beglaubigung zuständigen Bediensteten und das Dienstsiegel nach Absatz 3 Satz 2 Nummer 4 werden durch eine dauerhaft überprüfbare qualifizierte elektronische Signatur oder ein dauerhaft überprüfbares qualifiziertes elektronisches Siegel der Behörde ersetzt.

[2]Wird ein elektronisches Dokument, das ein anderes technisches Format erhalten hat als das Ausgangsdokument, das mit einer qualifizierten elektronischen Signatur oder einem qualifizierten elektronischen Siegel einer Behörde verbunden ist, nach Satz 1 Nummer 2 beglaubigt, so muss der Beglaubigungsvermerk zusätzlich die Feststellungen nach Satz 1 Nummer 1 für das Ausgangsdokument enthalten.

(6) Die nach Absatz 4 hergestellten Dokumente stehen, sofern sie beglaubigt sind, beglaubigten Abschriften gleich.

(7) Soweit eine Behörde über die technischen Möglichkeiten verfügt, kann sie von Urkunden, die sie selbst ausgestellt hat, auf Verlangen ein elektronisches Dokument nach Absatz 4 Nummer 4 Buchstabe a oder eine elektronische Abschrift fertigen und beglaubigen.

Übersicht

A. Inhalt

1 § 29 entspricht in den Absätzen 1–6, nachdem es zuvor einige Abweichungen gab, seit dem Dritten Gesetz zur Änderung verwaltungsverfahrensrechtlicher Vorschriften v. 21.08.2002[1] dem § 33 VwVfG. Der durch Art. 6 des Gesetzes zur Förderung der elektronischen Verwaltung sowie zur Änderung weiterer Vorschriften (EVerwFG) v. 25.07.2013[2] mit Wirkung ab 01.08.2013 eingefügte Abs. 7 weicht nun jedoch wieder von der Bestimmung in § 33 Abs. 7 VwVfG ab, die erheblich strikter gefasst ist.[3] Mit Wirkung ab 01.01.2024[4] wurde § 29 auf Beschlussempfehlung und Bericht des Ausschusses für Arbeit und Soziales (11. Ausschuss) um Regelungen erweitert, die das qualifizierte elektronische Siegel einer Behörde betreffen; dabei handelte es sich um Folgeänderungen zur Ände-

1 BGBl. I, S. 3322; vgl. Art. 1 Nr. 9 und Art. 3 Nr. 6.
2 BGBl. I, S. 2749.
3 »Jede Behörde soll von Urkunden, die sie selbst ausgestellt hat, auf Verlangen ein elektronisches Dokument nach Absatz 4 Nummer 4 Buchstabe a oder eine elektronische Abschrift fertigen und beglaubigen.«.
4 BGBl. I 2023, S. 1, 8 f.

rung des § 36a SGB I[5], durch die – im Gleichlauf zu § 3a VwVfG[6] – als weitere Möglichkeit des elektronischen Schriftformersatzes das qualifizierte elektronische Behördensiegel eingeführt wurde. Das qualifizierte elektronische Siegel ist, anders als die qualifizierte elektronische Signatur, nicht personen-, sondern behördenbezogen, so dass dessen Nutzung voraussichtlich mit einem geringeren technischen und finanziellen Aufwand verbunden sein wird, da insbesondere nicht für jede zur Nutzung berechtigte Person ein eigenes Zertifikat benötigt wird.[7]

Die Vorschrift positiviert, gemeinsam mit § 30, in Anlehnung an die entsprechenden Bestimmungen im VwVfG erstmals die **Befugnis** der Behörden zur Beglaubigung; zuvor geschah dies auf gewohnheitsrechtlicher Grundlage. §§ 29 und 30 dienen der amtlichen Bezeugung der Richtigkeit einer Abschrift von Urkunden (Abs. 1), von Urkunden erstellten Kopien, Negativen, von elektronischen Dokumenten und deren Ausdrucken (Abs. 4) und der Echtheit einer Unterschrift (§ 30). Abs. 2 verbietet die Beglaubigung bei erkennbaren Manipulationen, Abs. 3 legt die zwingenden formellen Voraussetzungen der Beglaubigung fest. Abs. 4 und 5 erweitern die Beglaubigungsbefugnis über Abschriften hinaus auf Vervielfältigungen unterschiedlichster Art und insbesondere auch auf elektronische Dokumente, für die spezielle Bedingungen geregelt werden. All diese Dokumente stellt schließlich Abs. 6 im Falle ihrer Beglaubigung den beglaubigten Abschriften i.S.d. Abs. 1 gleich. Abs. 7 stellt es in das Ermessen der Behörde, von selbst hergestellten Urkunden auf Verlangen auch eine Beglaubigung in elektronischer Form oder eine elektronische Abschrift fertigen, wenn sie über entsprechende technische Möglichkeiten verfügt.

Die hier allein geregelte amtliche Beglaubigung unterscheidet sich von der öffentlichen Beglaubigung 2
i.S.d. § 129 BGB; vgl. dazu § 65 BUrkG. Ob die Behörde eine Beglaubigung vornimmt, ist in ihr Ermessen gestellt, § 29 und auch § 30 statuieren lediglich ihre Befugnis. Diese ist nicht an ein laufendes Verwaltungsverfahren gebunden, sondern »**Service-Leistung** der Verwaltung für den Bürger, die lediglich in einem allgemeinen Zusammenhang mit der Erfüllung der öffentlichen Aufgaben stehen muss.«[8] Ein Verwaltungsträger wird sich dennoch dieser Aufgabe nicht völlig entziehen können, sondern hat nach **pflichtgemäßem Ermessen** die Behörden zu bestimmen, die in einem festgelegten Umfang Beglaubigungen vorzunehmen hat; aus einer insoweit geübten Praxis kann sich nach Art. 3 Abs. 1 GG eine anspruchsbegründende Selbstbindung ergeben. Abgesehen davon kann es im Einzelfall je nach Bedeutung und Eiligkeit der Sache sowie bei Berücksichtigung der persönlichen Verhältnisse ermessensfehlerhaft sein, eine Beglaubigung abzulehnen und den Betroffenen dafür an einen Notar oder an ein Gericht zu verweisen. In diesen Fällen wird das Ermessen i.d.R. ebenso auf Null reduziert sein wie im Hinblick eine Beglaubigung von verfahrensrelevanten Urkunden im Rahmen eines laufenden Verwaltungsverfahrens durch die dafür zuständige Behörde.[9] Da ein Anspruch auf pflichtgemäße Ermessensausübung hinsichtlich der Erstellung einer Beglaubigung auch i.V.m. einer zugleich geltend gemachten Akteneinsicht (§ 25) besteht, ist ein entsprechendes Vorgehen angezeigt und bei Ablehnung Rechtsschutz mittels einer Anfechtungs- und Verpflichtungsklage zu suchen; einer unmittelbaren Leistungsklage fehlt insoweit das Rechtsschutzbedürfnis.[10]

B. Einzelerläuterungen

I. Beglaubigung von Urkundenabschriften

Abs. 1 handelt von der Befugnis zur Beglaubigung von Urkundenabschriften. **Urkunden** sind – 3
regelmäßig durch übliche Schrift- oder Druckzeichen auf Papier – verkörperte Gedankenerklärungen;

5 BT-Drucks. 20/9195, S. 48.
6 BT-Drucks. 20/9195, S. 43.
7 BT-Drucks. 20/9195, S. 44.
8 BT-Drucks. 8/2034, S. 44, 48.
9 Stelkens/Bonk/Sachs/*Kallerhoff/Stamm*, VwVfG, 10. Aufl., § 33 Rn. 19.
10 LSG Berlin-Brandenburg, Beschl. v. 03.11.2011 – L 9 KR 272/11 B PKH, juris Rn. 5.

eine Unterschrift ist nicht erforderlich und auch auf ihre Rechtsqualität kommt es nicht an.[11] Bescheide, Verträge, medizinische Gutachten, Krankenunterlagen, schriftliche Rentenauskünfte etc. stellen Urkunden dar. **Abschriften** sind Vervielfältigung einer Urkunde, wobei es unerheblich ist, auf welche Weise und zu welchem Zweck sie hergestellt worden sind (Zweitschriften, Durchschriften, Ablichtungen etc.; Abs. 4 regelt dies klarstellend nochmals ausdrücklich).[12]

4 Die **amtliche Beglaubigung** i.S.d. der §§ 29, 30 ist wie die öffentliche Beglaubigung ein Zeugnis über die Übereinstimmung eines schriftlichen oder elektronischen Dokuments mit einer Urschrift bzw. über die Echtheit einer Unterschrift. Sie bezeugt allein die Übereinstimmung der Abschrift mit der Hauptschrift (§ 29 Abs. 3 Nr. 2) bzw. die Echtheit einer Unterschrift (§ 30). Eine inhaltliche Richtigkeit wird hingegen ebenso wenig bezeugt wie ihr wirksames Zustandekommen oder die Umstände ihrer Abgabe. Zusätzlich ist die Beweiskraft der amtlichen Beglaubigung bei nichtbehördlichen Urkunden auf den im Beglaubigungsvermerk (Abs. 3 Nr. 3) genannten Verwendungszweck beschränkt (vgl. auch § 65 Satz 2 u. 3 BeurkG). Der Beglaubigungsvermerk ist als Wissensbekundung ohne Regelungsgehalt tatsächliches Verwaltungshandeln und kein Verwaltungsakt. Der Ablehnung einer Beglaubigung auf entsprechenden Antrag hin kommt als behördliche Entscheidung mit Regelungsgehalt hingegen Verwaltungsaktqualität zu[13]; wegen des bestehenden Ermessens der Behörde kann sie mit der Anfechtungs- und Verpflichtungsklage angegriffen werden.[14]

5 Nach Abs. 1 Satz 1 ist jede Behörde schon unmittelbar durch Gesetz befugt, Abschriften der von ihr **selbst ausgestellten Urkunden** zu beglaubigen. Zur Beglaubigung **fremder Urkunden** bedürfen die Behörden gem. Abs. 1 Satz 2 jedoch einer besonderen Ermächtigung durch Rechtsverordnung und es dürfen nur Urkunden beglaubigt werden, die entweder von einer Behörde ausgestellt wurden oder (bei Privaturkunden) deren Abschrift zur Vorlage bei einer Behörde benötigt wird. Nach § 1 SGBBeglV[15] sind alle Behörden des Bundes und der bundesunmittelbaren Körperschaften, Anstalten und Stiftungen des öffentlichen Rechts zur Erstellung von Beglaubigungen nach den §§ 29 und 30 befugt. Bei behördlichen Urkunden kommt es nicht darauf an, welchem Träger (Bund, Land, Kommune etc.) die Behörde angehört und welcher Zweck mit der Abschrift verfolgt werden soll. Bei der Beglaubigung von Privaturkunden lässt sich jedoch dem Begriff »benötigt« entnehmen, dass ein berechtigtes Interesse an der Vorlage bei einer anderen Behörde bestehen muss.[16]

6 Eine weitere Einschränkung für die Beglaubigung von Fremdurkunden enthält Abs. 1 Satz 2 Halbs. 2 für Urkunden aus amtlichen **Registern und Archiven**, wenn für diese die Beglaubigung seitens anderer Behörden gesetzlich vorbehalten ist (z.B. bei den Katasterämtern oder Standesämtern). Nach der Gesetzesbegründung ist dies angezeigt, »weil die Verwaltungspraxis immer wieder bestätigt, dass ein mit Datum versehener Beglaubigungsvermerk auf einer Abschrift den Eindruck hervorzurufen geeignet ist, der Inhalt der Urkunde entspreche dem Sachstand am Tage der Beglaubigung.«[17]

II. Beglaubigungsverbot

7 Zur **Vermeidung von Fälschungen** verbietet Abs. 2 die Beglaubigung von Urkunden, bei denen Verdachtsgründe dafür sprechen, dass ihr ursprünglicher Inhalt in Nachhinein geändert worden ist. Die ausführliche Aufzählung von Verdachtsgründen benennt zwar typische Fälle, ist jedoch nur beispielhaft und nicht abschließend (»insbesondere«). Benannt werden ausdrücklich: Lücken, Durchstreichungen, Einschaltungen, Änderungen, unleserliche Wörter, Zahlen und Zeichen oder Spuren

---

11 Vgl. Hauck/Noftz/*Vogelgesang*, SGB X, § 29 Rn. 11 m.w.N.

12 Stelkens/Bonk/Sachs/*Kallerhoff/Stamm*, VwVfG, 10. Aufl., § 33 Rn. 14.

13 Diering/Timme/Stähler/*Timme*, SGB X, 6. Aufl. 2022, § 30 Rn. 12.

14 BeckOGK/*Mutschler*, § 29 SGB X Rn. 20, Stand 11/2022; Diering/Timme/Stähler/*Timme*, SGB X, 6. Aufl. 2022, § 30 Rn. 12.

15 Verordnung über die zu Beglaubigungen befugten Behörden nach dem Sozialgesetzbuch v. 11.04.2003 (BGBl. I, S. 528).

16 Hauck/Noftz/*Vogelgesang*, SGB X, § 29 Rn. 15 m.w.N., Stand 2/2003.

17 BT-Drucks. 7/910, S. 101 f. zu § 25 RegE-VwVfG, dem späteren § 33 VwVfG.

der Beseitigung von Wörtern, Zahlen und Zeichen. Verdachtsgrund ist zudem, wenn bei einem aus mehreren Blättern bestehenden Original der Zusammenhang aufgehoben ist. Das ist etwa der Fall, wenn das ursprünglich mit Hilfe eines Bandes, einer Kordel, einem Klebestreifen oder einer vergleichbaren Verbindung hergestellte Schriftstück diesen Zusammenhang nicht mehr aufweist.[18] Schon wenn die konkreten Umstände auf die Möglichkeit einer Manipulation schließen lassen, muss die Behörde eine Beglaubigung ablehnen.[19] Nur wenn ohne die amtliche Beglaubigung eine Rechtsverfolgung für den Antragsteller unmöglich oder unzumutbar erschwert wäre, wird man die Behörde für verpflichtet halten müssen, Ermittlungen (Nachfrage bei der Behörde, die die Urschrift ausgestellt hat) darüber anzustellen, ob sich die Verdachtsgründe entkräften lassen.[20] Eine entgegen dem Verbot des Abs. 2 erstellte Beglaubigung ist unwirksam mit der Folge, dass ihr die besonderen Beweiskraftregelungen (Rdn. 4) nicht zukommen; eine solchermaßen fehlbeglaubigte Abschrift unterliegt der freien Beweiswürdigung.[21] Außerdem ist von einer Verpflichtung der Behörde auszugehen, die unter Verletzung von Abs. 2 erstellte beglaubigte Urkunde zurückzufordern, weil die Unwirksamkeit im Rechtsverkehr in aller Regel nicht erkennbar ist.[22]

III. Form und Inhalt der Beglaubigung

Zur Sicherung des Beweiswertes enthält Abs. 3 streng formalisierte und zwingende Anforderungen an den Beglaubigungsvermerk. Die in S. 1 enthaltene Vorgabe, dass der Vermerk **unter die Abschrift** zu setzen ist, dient dazu, spätere Ergänzungen auszuschließen. Ist dieser Zweck gewährleistet, kann der Vermerk auch auf der Rückseite angebracht werden. Aus dem gleichen Grund müssen bei mehrseitigen Urkundenabschriften die Blätter einer Abschrift so fest und in einer solchen Art (Siegel) miteinander verbunden werden, dass eine spätere Trennung ohne erkennbare Beschädigung nicht möglich ist.[23] 8

Abs. 3 Satz 2 Nr. 1–4 befassen sich dezidiert mit den **inhaltlichen Anforderungen.**[24] Nr. 1 verlangt zunächst die genaue Bezeichnung der beglaubigten Urkunde. Zentral ist Nr. 2, wonach die Übereinstimmung der Abschrift mit der Urkunde festzustellen ist. Dies verlangt von dem ausführenden Bediensteten eine eigene Übereinstimmungsprüfung durch wörtlichen Vergleich. Nach Nr. 3 ist, wenn es um eine Privaturkunde geht, die Behörde hinreichend bestimmt anzugeben, bei der die Beglaubigung vorzulegen ist. Schließlich verlangt Nr. 4 neben den Angaben zu Tag und Ort der Beglaubigung die Unterschrift des beglaubigenden Bediensteten sowie die Anbringung des Dienstsiegels (Prägesiegel oder Behördenstempel). 9

Bei einem **Verstoß** gegen diese zwingenden Formvorschriften ist die Beglaubigung allgemeiner Ansicht nach unwirksam und die Abschrift entbehrt der besonderen Beweiskraft (Rdn. 4). Mängel können von der Behörde korrigiert werden, allerdings nur mit Wirkung ex nunc. 10

IV. Beglaubigung von Vervielfältigungen

Abs. 4 Nr. 1 und 2 erklärt die für Abschriften von Urkunden nach Abs. 1–3 geltenden Bestimmungen für entsprechend anwendbar zunächst bei Beglaubigungen der in Nr. 1 genannten Vervielfältigungen und auch bei von Dokumenten hergestellten Negativen, die bei einer Behörde aufbewahrt werden. Ersteres ist eigentlich eine Selbstverständlichkeit und solche Vervielfältigungen wären ohne die Nr. 1 wohl bereits unter einen zeitangemessenen Begriff der Abschrift zu subsumieren. Die Beglaubigungs- 11

18 jurisPK-SGB X/*Feddern*, § 29 Rn. 29, Stand 01/2024.
19 BGH, NJW 1966, 1657 zu § 419 ZPO.
20 Stelkens/Bonk/Sachs/*Kallerhoff/Stamm*, VwVfG, 10. Aufl., § 33 Rn. 26.
21 BVerwG, Buchholz 310 § 98 VwGO Nr. 29; Schütze/*Siefert*, SGB X, § 29 Rn. 16; Stelkens/Bonk/Sachs/*Kallerhoff/Stamm*, VwVfG, 10. Aufl., § 33 Rn. 27.
22 Schütze/*Siefert*, SGB X, § 29 Rn. 16.
23 jurisPK-SGB X/*Feddern*, § 29 Rn. 35; Stelkens/Bonk/Sachs/*Kallerhoff*, VwVfG, 10. Aufl., § 33 Rn. 28 ff. m.w.N.
24 Hierzu im Einzelnen jurisPK-SGB X/*Feddern*, § 29 Rn. 38 ff., Stand 01/2024.

fähigkeit von Dokumentennegativen (Mikrofilm, Mikrofiche) nach Nr. 2, die der Platzersparnis bei der Aktenarchivierung dient, verliert aufgrund technischer Weiterentwicklungen immer mehr an Bedeutung.

V. Beglaubigung elektronischer Dokumente

12 Bei den Abs. 4 Nr. 3 – Abs. 6 geht es im Wesentlichen um die Anpassung der Beglaubigungsregeln an die Weiterentwicklung der elektronischen Verarbeitung und Nutzung von Dokumenten. Im Entwurf zum Dritten Gesetz zur Änderung verfahrensrechtlicher Vorschriften v. 21.08.2002[25] wird zur Begründung der umfassend ergänzten bzw. neu eingefügten Bestimmungen ausgeführt: »Schriftdokumente werden etwa zum Zwecke der elektronischen Weiterverarbeitung zunehmend in elektronische Dokumente, umgekehrt aber auch noch signierte elektronische Dokumente in schriftliche umgewandelt werden. In beiden Fällen kann eine Beglaubigung erforderlich sein. Daneben besteht ein Bedarf, mit einer qualifizierten elektronischen Signatur versehene elektronische Dokumente bei einer notwendigen Umformatierung in ihrem rechtlichen Wert zu erhalten. Anders als bei der Übersignierung nach § 17 Signaturverordnung, bei der das Original des elektronischen Dokuments erhalten bleibt, wird dies bei der Umformatierung zerstört. Die neuen Nummern 3 und 4 des Abs. 4 sowie Abs. 5 treffen die notwendigen Regelungen für eine Beglaubigung in diesen Fällen.«[26]

13 Abs. 4 Nr. 3 regelt die Beglaubigungsfähigkeit entsprechend Abs. 1–3 des **Ausdrucks eines elektronischen Dokuments**. Geht es dabei nicht um eine formgebundene Erklärung, so gelten keine weiteren Vorgaben als für die Vervielfältigungen nach Nr. 1. Geht es jedoch um ein Dokument, bei dem die elektronische Form die Schriftform ersetzt (§ 36a Abs. 2 SGB I), so ist Voraussetzung für seine Beglaubigung, dass neben den formellen Vorgaben nach Abs. 3 Satz 2 Nr. 1–4 zusätzlich noch die in Abs. 5 Nr. 1 geregelten Bedingungen erfüllt werden; denn dann handelt es sich um ein mit einer qualifizierten Signatur verbundenes elektronisches Dokument. Die hiernach im Beglaubigungsvermerk besonders festzuhaltenden Angaben haben den Zweck, dass durch ihre Verbindung mit den anderen Angaben die Geltung des Signaturschlüssels überprüft werden kann.[27] Der Ausdruck eines formgebundenen elektronischen VA erhält sonach erst durch die Beglaubigung nach § 33 Abs. 5 Satz 1 Nr. 1 wieder einen entsprechenden rechtlichen Wert.[28]

14 Abs. 4 Nr. 4 regelt schließlich die Beglaubigungsfähigkeit **elektronischer Dokumente** entsprechend Abs. 1–3. Auch hierzu bedarf es neben den Vorgaben nach Abs. 3 Satz 2 zusätzlicher Feststellungen, nämlich des Namens des für die Beglaubigung zuständigen Bediensteten und die Bezeichnung der beglaubigenden Behörde. Unterschrift und Dienstsiegel müssen zudem durch die Signatur des beglaubigenden Bediensteten ersetzt werden. Die Beglaubigung erfolgt schließlich durch Verbindung des elektronischen Dokuments und des Beglaubigungsvermerks mit der dauerhaft überprüfbaren qualifizierten elektronischen Signatur des zuständigen Bediensteten.[29] Abs. 5 Satz 2 legt abschließend die besonderen Voraussetzungen einer Beglaubigung eines elektronischen Dokumentes im Falle einer notwendig werdenden Umformatierung fest.

15 Nach Abs. 6 stehen die nach Abs. 4 erstellten Dokumente den beglaubigten Abschriften i.S.d. Abs. 1 in ihrer rechtlichen Bedeutung gleich, wenn ihre Beglaubigung den vorgegebenen Anforderungen entspricht.

16 Mit Abs. 7 verfolgt der Gesetzgeber die Förderung einer möglichst vollständigen elektronischen Verfahrensabwicklung. Zwar wird angesichts des Geltungsbereichs der Norm für die Sozialleistungsträger in Bund, Ländern und Kommunen keine Verpflichtung eingeführt (vgl. demgegenüber § 33 Abs. 7 VwVfG: »sollen«); dasselbe gilt für die Einführung des qualifizierten elektronischen Behörden-

25 BGBl. I, S. 3322.
26 BT-Drucks. 14/9000, S. 32.
27 Rundschreiben des BMI v. 01.10.2004, GMBl. 2005, S. 4.
28 Stelkens/Bonk/Sachs/*Kallerhoff/Stamm*, VwVfG, 10. Aufl. 2023, § 33 Rn. 33.
29 Rundschreiben des BMI v. 01.10.2004, GMBl. 2005, S. 4.

siegels[30]. »Wenn aber die Behörde über die technischen Voraussetzungen verfügt, kann die Behörde von der Urkunde, die sie ausgestellt hat, entsprechende elektronische Dokumente erstellen und beglaubigen, wenn der Bürger das verlangt.«[31] So können insbesondere einmal erstellte und beglaubigte elektronische Dokumente mehrfach verwendet werden, ohne dass eine Vielzahl von Abschriften oder Kopien zu fertigen und zu beglaubigen wären.

VI. Sonstiges

Werden für die Beantragung, Erbringung oder Erstattung von Sozialleistungen Beglaubigungen 17
benötigt, dürfen dafür keine Kosten erhoben werden; vgl. § 64 Abs. 2.

§ 30 Beglaubigung von Unterschriften

(1) [1]Die von der Bundesregierung durch Rechtsverordnung bestimmten Behörden des Bundes, der bundesunmittelbaren Körperschaften, Anstalten und Stiftungen des öffentlichen Rechts und die nach Landesrecht zuständigen Behörden sind befugt, Unterschriften zu beglaubigen, wenn das unterzeichnete Schriftstück zur Vorlage bei einer Behörde oder bei einer sonstigen Stelle, der auf Grund einer Rechtsvorschrift das unterzeichnete Schriftstück vorzulegen ist, benötigt wird. [2]Dies gilt nicht für

1. **Unterschriften ohne zugehörigen Text,**
2. **Unterschriften, die der öffentlichen Beglaubigung (§ 129 des Bürgerlichen Gesetzbuches) bedürfen.**

(2) Eine Unterschrift soll nur beglaubigt werden, wenn sie in Gegenwart des beglaubigenden Bediensteten vollzogen oder anerkannt wird.

(3) [1]Der Beglaubigungsvermerk ist unmittelbar bei der Unterschrift, die beglaubigt werden soll, anzubringen. [2]Er muss enthalten

1. **die Bestätigung, dass die Unterschrift echt ist,**
2. **die genaue Bezeichnung desjenigen, dessen Unterschrift beglaubigt wird, sowie die Angabe, ob sich der für die Beglaubigung zuständige Bedienstete Gewissheit über diese Person verschafft hat und ob die Unterschrift in seiner Gegenwart vollzogen oder anerkannt worden ist,**
3. **den Hinweis, dass die Beglaubigung nur zur Vorlage bei der angegebenen Behörde oder Stelle bestimmt ist,**
4. **den Ort und den Tag der Beglaubigung, die Unterschrift des für die Beglaubigung zuständigen Bediensteten und das Dienstsiegel.**

(4) Die Absätze 1 bis 3 gelten für die Beglaubigung von Handzeichen entsprechend.

(5) Die Rechtsverordnungen nach den Absätzen 1 und 4 bedürfen nicht der Zustimmung des Bundesrates.

Einzelerläuterungen

Die Vorschrift regelt die Befugnis (dazu § 29 Rdn. 1) zur Beglaubigung von Unterschriften (Abs. 1) 1
und Handzeichen (Abs. 4). Eine **Unterschrift** ist ein individueller, sich als Namensunterschrift darstellender Schriftzug.[1] In Abgrenzung zum Handzeichen ist die Lesbarkeit des Schriftzuges zwar nicht erforderlich, jedoch muss der Schriftzug noch als solcher angesehen werden können; es müssen zumindest Buchstaben als solche zu deuten sein und das Schriftbild muss ein individuelles charakteristisches Merkmal aufweisen.[2] Als **Handzeichen** i.S.d. Abs. 4 können auch einzelne Buchstaben,

30 BT-Drucks. 20/9195, S. 44.
31 BT-Drucks. 17/11473, S. 50. Hier auch insgesamt zu den Gesetzesmotiven.
1 BGH, Beschl. v. 21.03.1974 – VII ZB 2/74, NJW 1974, 1090.
2 BSG, SozR Nr. 12 zu § 151 SGG.

etwa Initialen oder Zeichen (Kreuze, Striche) ausreichen. Technisch vervielfältigte Unterschriften (Faksimile, Stempel etc.) reichen indes nicht aus.

2 Mit der **Beglaubigung** einer Unterschrift wird die Echtheit der Unterschrift unter einer schriftlich fixierte Gedankenerklärung bezeugt (Abs. 3 Satz 2 Nr. 1). Der Inhalt des Schriftstücks muss im Rechtsverkehr erheblich sein können; dies ergibt sich daraus, dass das Schriftstück im Sinne des Abs. 1 Satz 1 »benötigt« werden muss. Zum Anwendungsbereich der Norm vgl. § 29 Rdn. 2, zum Begriff der amtlichen Beglaubigung vgl. § 29 Rdn. 4 und zu den befugten Behörden siehe § 29 Rdn. 5.

3 Abs. 1 Satz 1 gestattet die Beglaubigung nur für bestimmte Verwendungszwecke. Sie ist zulässig, wenn das unterzeichnete Schriftstück **zur Vorlage bei einer Behörde** benötigt wird (vgl. § 29 Rdn. 5) oder seine Vorlage bei einer sonstigen Stelle die Rechtsverfolgung erleichtern kann. »Sonstige Stelle« meint jede privatrechtlich tätige Stelle des öffentlichen oder privaten Rechts, die keine Behördeneigenschaft i.S.d. § 1 Abs. 2 besitzt.[3] Unberührt von dieser Zweckbeschränkung bleibt das Recht der Behörde zur amtlichen Beglaubigung von Unterschriften für eigene Zwecke.[4]

4 Abs. 1 Satz 2 enthält **Beglaubigungsverbote**. Nr. 1 untersagt die Beglaubigung für Blankounterschriften, um der Gefahr des Missbrauchs entgegenzuwirken. Grundvoraussetzung zur Beglaubigung ist deshalb die Zusammengehörigkeit eines Schriftstückinhalts mit der Unterschrift.[5] Nr. 2 verbietet die amtliche Beglaubigung von Unterschriften, die einer öffentlichen Beglaubigung i.S.d. § 129 BGB bedürfen. Zu den Rechtswirkungen bei einem Verstoß vgl. § 29 Rdn. 10.

5 Abs. 2 statuiert als **Regelvoraussetzung** (»soll«), dass die Beglaubigung der Unterschrift entweder dadurch vollzogen werden kann, dass der Aussteller vor dem Bediensteten die Unterschrift leistet oder aber eine von ihm bereits geleistete Unterschrift vor dem Bediensteten als seine anerkennt. Eine Beglaubigung ohne einen solchen **persönlichen Kontakt** soll grundsätzlich ausscheiden. Nur ausnahmsweise kann in besonders gelagerten, atypischen Fällen vom Anwesenheitsgebot abgesehen werden, wenn zugleich ein Missbrauch sicher auszuschließen ist. Dies ist wohl nur anzunehmen, wenn dem Erscheinen des Betreffenden nicht überwindbare Hindernisse im Wege stehen und der Bedienstete – z.B. bei Wiederholungsfällen – keinen Zweifel an der Identität der Unterschrift hat.[6]

6 Als **Form** der Beglaubigung, die in ihrem Vermerk nach Abs. 3 Satz 2 Nr. 1 insbesondere die Echtheit der Unterschrift bezeugt, verlangt Abs. 3 Satz 1, dass der Beglaubigungsvermerk (zum Rechtscharakter vgl. § 29 Rdn. 4 a.E.) unmittelbar bei der zu beglaubigenden Unterschrift anzubringen ist. Besteht das unterzeichnete Schriftstück aus mehreren Blättern, gilt auch hier das zu mehrseitigen Urkunden Ausgeführte (§ 29 Rdn. 8). Die Nr. 2–4 des Abs. 3 Satz 2 legen die weiteren zwingend notwendigen Inhalte des Beglaubigungsvermerks fest. Zu den Rechtsfolgen bei einem Verstoß hiergegen vgl. § 29 Rdn. 10.Dritter Abschnitt Verwaltungsakt

Erster Titel Zustandekommen des Verwaltungsaktes

§ 31 Begriff des Verwaltungsaktes

[1]Verwaltungsakt ist jede Verfügung, Entscheidung oder andere hoheitliche Maßnahme, die eine Behörde zur Regelung eines Einzelfalles auf dem Gebiet des öffentlichen Rechts trifft und die auf unmittelbare Rechtswirkung nach außen gerichtet ist. [2]Allgemeinverfügung ist ein Verwaltungsakt, der sich an einen nach allgemeinen Merkmalen bestimmten oder bestimmbaren Personenkreis

3 Stelkens/Bonk/Sachs/*Kallerhoff/Stamm*, 10. Aufl. 2023, § 34 VwVfG Rn. 10.
4 Kopp/Ramsauer, VwVfG, 16. Aufl., § 34 Rn. 5.
5 jurisPK-SGB X/*Feddern*, § 30 Rn. 14, Stand 11/2023.
6 Stelkens/Bonk/Sachs/*Bonk/Kallerhoff*, 10. Aufl., § 34 VwVfG Rn. 15.

richtet oder die öffentlich-rechtliche Eigenschaft einer Sache oder ihre Benutzung durch die Allgemeinheit betrifft.

Übersicht Rdn.

A. Inhalt

1 Die mit § 35 VwVfG und § 118 AO wörtlich übereinstimmende Vorschrift enthält die Legaldefinition des Verwaltungsaktes für das sozialrechtliche Verwaltungsverfahren. In Satz 1 werden die Merkmale aufgeführt, nach denen sich die materiell-rechtliche Einordnung einer behördlichen Handlung als Verwaltungsakt bestimmt. In Satz 2 wird für den Sonderfall der Allgemeinverfügung das Tatbestandsmerkmal »Einzelfall« legal definiert.[1] Die Vorschrift beschränkt sich auf diesen beschreibenden Gehalt. Ihr ist weder die Befugnis zum behördlichen Handeln durch Verwaltungsakt zu entnehmen, noch stellt sie eine materiell-rechtliche Ermächtigungsgrundlage zum behördlichen Handeln überhaupt dar. Auch kann aus dem Vorliegen der Merkmale des § 31 weder eine Aussage über die Wirksamkeit (§ 39) noch über die Rechtmäßigkeit des Verwaltungsaktes getroffen werden.

B. Einzelerläuterungen

I. Der Verwaltungsakt als Handlungsinstrument

1. Allgemeines

2 Der Verwaltungsakt ist nur eines der den Behörden vom Gesetz zur Verfügung gestellten Handlungsinstrumente. Wird ein Verwaltungsverfahren im Sinne des § 8 durchgeführt, so endet dieses im Regelfall mit einer Sachentscheidung, die in Form eines Verwaltungsaktes (§ 31) oder eines

1 So für die wortlautidentische Vorschrift des § 35 Satz 1 VwVfG Stelkens/Bonk/Sachs-*Stelkens*, VwVfG § 35 Rn. 267.

öffentlich-rechtlichen Vertrags i.S.d. §§ 53 ff. ergehen kann. Es ist allerdings auch möglich, dass durch den Verwaltungsakt nur eine Zwischenentscheidung oder eine verbindliche Teilentscheidung getroffen wird. Es ist also nicht zwingende Voraussetzung, dass ein Verwaltungsakt ein Verwaltungsverfahren beendet.

3 Der Regelungsgehalt macht den Verwaltungsakt zur Rechtsquelle. Sofern er nicht nichtig ist (§ 40), ist die in ihm enthaltene Regelung unabhängig von seiner Rechtmäßigkeit zu beachten. Er ist materiell-rechtlich wirksam (§ 39) und entfaltet gegenüber den Beteiligten (§ 12) Bindungswirkung (§ 77 SGG). Das stellt die Effizienz des Verwaltungshandelns sicher und gewährleistet Rechtssicherheit. Die Wirksamkeit endet durch Aufhebung oder Erledigung (§ 39 Abs. 2). Die Aufhebung kann im Verwaltungsverfahren (§§ 44 bis 49) oder im Rechtsbehelfsverfahren (§§ 85 Abs. 1, 131 SGG, §§ 68, 113 VwGO) erfolgen.

4 Der Verwaltungsakt hat Titelfunktion und ist damit Grundlage für nach Maßgabe des § 66 durchführbare Vollstreckungsmaßnahmen im Bereich des Eingriffsrechts.

2. Befugnis

5 Die Behörde ist in der Wahl des Handelns durch Verwaltungsakt nur frei, soweit im konkreten Fall auch die Befugnis zum Erlass eines Verwaltungsaktes besteht.[2] Ein ohne Befugnis erlassener Verwaltungsakt ist wegen Verstoßes gegen den Gesetzesvorbehalt (Art. 20 Abs. 3 GG) rechtswidrig, jedoch nicht nichtig (§ 40), weshalb auch ein ohne Befugnis erlassener Verwaltungsakt bei unterbliebener Anfechtung bestandskräftig und damit für alle Beteiligten bindend (§ 77 SGG) werden kann. Die Befugnis zum Erlass eines Verwaltungsaktes ergibt sich ausschließlich aus dem materiellen Recht. Sie kann ausdrücklich gesetzlich vorgesehen sein (vgl. z.B. § 50 Abs. 3 Satz 1), wobei das Gesetz nicht zwingend auf den Begriff des Verwaltungsaktes, sondern z.B. auf dessen Gestalt (»Bescheid«) abstellen kann (vgl. für Leistungen der Rentenversicherung § 117 SGB VI). Fehlt ein ausdrücklicher Hinweis, ist die Befugnis durch Auslegung dem materiellen Recht zu entnehmen. So ist etwa die Aufrechnung nach § 51 SGB I oder die Verrechnung nach § 52 SGB I durch Verwaltungsakt möglich.[3] § 108 SGB VII enthält hingegen keine Ermächtigung zum Erlass eines Verwaltungsaktes zugunsten des Trägers einer gesetzlichen Unfallversicherung.[4]

6 Besteht bei Vollzug der materiellen Norm zwischen der Behörde und dem Adressaten ein Über-Unterordnungsverhältnis, so wird im Regelfall auch bei Fehlen einer ausdrücklichen Ermächtigung eine Befugnis zum Erlass eines Verwaltungsaktes bejaht.[5] Auch grundsätzlich gleichgeordnete juristische Personen des öffentlichen Rechts können im konkreten Anwendungsfall des materiellen Rechts in einem Über-Unterordnungsverhältnis zueinander stehen[6], weshalb auch innerhalb eines solchen Verhältnisses die Befugnis zum Handeln vermittels Verwaltungsakt möglich ist. Umgekehrt lässt sich allein aus dem Handeln innerhalb eines Über-Unterordnungsverhältnisses nicht ableiten, dass diese Handlung einen Verwaltungsakt darstellt[7], die Merkmale des Verwaltungsaktes legt § 31 abschließend fest. Liegt aber kein Über-Unterordnungsverhältnis wie etwa zwischen den Leistungs-

---

2 Dazu umfassend *Schoch*, Die behördliche Befugnis zum Handeln durch Verwaltungsakt, JURA 2010, 670 ff.

3 BSG, Beschl. v. 31.08.2011 – GS 2/10, BSGE 109, 81 – 86; dem folgend u.a. BSG, Urt. v. 07.02.2012 – B 13 R 85/09 R sowie B 13 R 109/11 R.

4 BSG, Urt. v. 31.01.2012 – B 2 U 12/11 R, Rn. 24; vgl. dazu auch die Anmerkung von *Spellbrink*, NZS 2013, 441.

5 Hiervon geht das BSG in st. Rechtsprechung aus, vgl. z.B. Urt. v. 21.04.1993 – 14a RKa 6/92 Rn. 34, SozR 3–5555 § 15 Nr. 1; kritisch zu diesen pauschalen Ansätzen *Schoch*, Die behördliche Befugnis zum Handeln durch Verwaltungsakt, JURA 2010, 670 (673).

6 BSG, Urt. v. 17.02.2010 – B 1 KR 15/09 R, BSGE 105, 257, 259 Rn. 18; für das Verhältnis von Kassenärztlichen Vereinigungen zu Krankenkassen BSG, Urt. v. 11.02.2015 – B 6 KA 15/14 R, Rn. 16 f. (juris).

7 Insoweit missverständlich BSG Urt. v. 17.02.2010 – B 1 KR 15/09 R, BSGE 105, 257, 259.

erbringern im Sinne des SGB V und den Versicherten vor, so besteht jedenfalls keine Befugnis zum Erlass von Verwaltungsakten.[8]

Von der Befugnis zum Handeln in Form eines Verwaltungsaktes zu unterscheiden ist die Ermächtigung 7
zum Erlass der im Verwaltungsakt enthaltenen Regelung. Diese Ermächtigung ist materiell-rechtliche Grundlage für den Inhalt des Verwaltungsaktes und bedarf daher (ebenfalls) einer gesetzlichen Grundlage.[9] Auch dieses Erfordernis ergibt sich grundsätzlich bereits aus dem verfassungsrechtlich verankerten Gesetzesvorbehalt in Art. 20 Abs. 3 GG. Für das Sozialleistungsrecht wird er einfachgesetzlich in § 31 SGB I explizit determiniert. Fehlt eine solche Ermächtigungsgrundlage oder liegen deren Voraussetzungen nicht vor, so macht auch das den Verwaltungsakt rechtswidrig, nicht jedoch nichtig (§ 40). In der Regel stellt die gesetzliche Ermächtigung gleichzeitig die Handlungsermächtigung (Befugnis) zum Handeln durch Verwaltungsakt (vgl. Rdn. 5) dar.

II. Merkmale des Verwaltungsaktes

1. Maßnahme

Ausweislich des Wortlauts der Vorschrift muss eine Maßnahme getroffen werden. Als nicht 8
abschließende Beispiele solcher Maßnahmen werden Verfügungen und Entscheidungen benannt. Maßnahmen sind Willenserklärungen, die konkret auf das Setzen einer Rechtsfolge gerichtet sind (beachte jetzt aber auch § 31a). Diese Rechtsfolge stellt bei einem Verwaltungsakt die durch ihn herbeigeführte Regelung dar.[10] Unter Maßnahme ist eine auf die Herbeiführung einer Regelung gerichtete Handlung (»Tun«) zu verstehen. Speziell für das Sozialleistungsrecht ist dieses Verständnis in der Vorschrift zum Gesetzesvorbehalt (§ 31 SGB I) formuliert worden. Eine durch Verwaltungsakt herbeigeführte Regelung lässt sich somit als Begründung, Feststellung, Änderung oder Aufhebung von Rechten und Pflichten durch die behördliche Willenserklärung definieren.

Dem Unterlassen fehlt hingegen die Zielgerichtetheit auf Setzung einer solchen Rechtsfolge, durch Unterlassen wird mithin keine Maßnahme im Sinne dieser Vorschrift getroffen.[11] Schweigt die Behörde erkennbar zu Vorgängen, kommt es deshalb für die rechtliche Beurteilung des Schweigens darauf an, ob besondere Umstände den Rückschluss auf ein konkludentes, zielgerichtetes und regelungsorientiertes Verhalten zulassen und somit als Willenserklärung gewertet werden können.[12] Anderenfalls ist das Schweigen mangels eigenen Erklärungscharakters nicht als Maßnahme anzusehen. Davon ist jedoch das nicht ausdrückliche Handeln abzugrenzen, auch Verwaltungsakte können durch konkludentes bzw. schlüssiges Handeln erlassen werden.[13] Das ergibt sich bereits aus der Vorschrift des § 33 Abs. 2 Satz 1 (»in anderer Weise«).

2. Hoheitlich

Hoheitlich ist die Maßnahme dann, wenn sie einseitig getroffen wird[14], auf den öffentlich-rechtli- 9
chen Charakter kommt es für die Zuordnung einer Maßnahme als hoheitlich hingegen nicht an. Das Merkmal »hoheitlich« grenzt die beiden Handlungsinstrumente Verwaltungsakt (einseitig) und öffentlich-rechtlicher Vertrag (mehrseitig) voneinander ab. Die Einseitigkeit bezieht sich lediglich auf den Regelungscharakter, nicht etwa auf den Ausschluss der vom Verfahrensrecht vorgesehenen Beteiligung des Betroffenen (z.B. Anhörung § 24). Auch die Einleitung des Verfahrens durch den Antrag (§ 18 Nr. 2) schließt die Einseitigkeit nicht aus. Hoheitlich ist diese einseitige Maßnahme

---

8 So ist die Verweigerung der Einsicht in die eigene Patientenakte kein Verwaltungsakt, BSG, Urt. v. 08.09.2015 – B 1 KR 36/14 R, Rn. 10 (juris).

9 *Schoch*, Die behördliche Befugnis zum Handeln durch Verwaltungsakt, JURA 2010, 670 (673).

10 Stelkens/Bonk/Sachs/*U.Stelkens*, VwVfG, § 35 Rn. 69.

11 Schütze/*Engelmann*, SGB X, § 31 Rn. 16.

12 BSG, Urt. v. 17.10.2006 – B 5 RJ 66/04 R, NVwZ-RR 2007, 441.

13 Vgl. z.B. BSG, Urt. v. 16.09.1986 – 3 RK 37/85, SozR 2200 § 182 Nr. 103.

14 Schütze/*Engelmann*, SGB X, § 31 Rn. 17.

aber nur dann, wenn sie auf Befugnisse zurückzuführen ist, die dem Adressaten innerhalb des Rechtsverhältnisses nicht in gleichem Maße zustehen.[15] Das BSG hat diesen Gedanken in seiner Rechtsprechung zur Zulässigkeit einer Aufrechnung (§ 51 SGB I) durch Verwaltungsakt mehrfach zur Anwendung gebracht.[16]

3. Behörde

10 Die hoheitliche Maßnahme muss von einer Behörde getroffen werden. Dieser in § 31 Satz 1 vorausgesetzte funktionale Begriff der Behörde wird in § 1 Abs. 2 legal definiert. Danach ist Behörde jede Stelle, die Aufgaben der öffentlichen Verwaltung wahrnimmt. Das können neben den Teilen von juristischen Personen des öffentlichen Rechts auch Personen des Privatrechts sein. Voraussetzung ist dafür, dass sie durch Gesetz oder Verwaltungsakt beliehen wurden.[17] So konnte nach der vom Bundesverfassungsgericht als verfassungswidrig[18] beurteilten früheren Fassung (bis 31.10.2010) des § 44b Abs. 1 Satz 1 SGB II eine von der Agentur für Arbeit und den kommunalen Trägern (§ 6 Abs. 1 SGB II) errichtete Gemeinsame Stelle in der privatrechtlichen Form einer GmbH organisiert und ihr die Aufgaben der vorbenannten Träger übertragen werden.[19] Die Befugnis zum Erlass von Verwaltungsakten war und ist in § 44b Abs. 1 Satz 3 SGB II explizit aufgeführt, woraus sich der Rückschluss auf eine Behördeneigenschaft im Sinne des § 31 Satz 1 rechtfertigt. Nach der seit 01.04.2011 geltenden Neufassung kann die nunmehr vorgegebene gemeinsame Einrichtung nur noch öffentlich-rechtlich organisiert sein, gem. §§ 44b Abs. 4 i.V.m. § 44c Abs. 2 Nr. 4 SGB II können einzelne Aufgaben auch den Trägern überlassen werden.[20] Die gemeinsame Einrichtung ist Behörde. Auch Schiedsämter (§ 89 SGB V) und Schiedsstellen (z.B. § 114 SGB V; § 129 Abs. 8 SGB V) sind regelmäßig als Behörden im Sinne des § 31 anzusehen,[21] nicht jedoch die lediglich als öffentlich-rechtliche Schlichter und Vertragshelfer anzusehenden Schiedspersonen im Sinne des § 132a SGB V[22] oder des § 73b Abs. 4 SGB V.[23]

11 Rührt eine Handlung von jemandem her, der unter keinen denkbaren Gesichtspunkten zum Erlass von Verwaltungsakten befugt ist, so handelt es sich um einen sogenannten Nichtakt.[24] Die missbräuchliche Ausnutzung einer grundsätzlich bestehenden Vertretungsmacht durch einen Behördenmitarbeiter reicht wegen des gesetzten Rechtsscheins zur Annahme eines solchen Nichtakts jedoch nicht aus.[25]

4. Auf dem Gebiet des öffentlichen Rechts

12 Soweit die Vorschrift fordert, dass die Maßnahme auf dem Gebiet des öffentlichen Rechts (zur Regelung eines Einzelfalls) erfolgen muss, ergibt sich das bereits aus dem in § 1 Abs. 1 vorgegebenen

---

15 Stelkens/Bonk/Sachs/*U.Stelkens*, VwVfG, § 35 Rn. 104, der als Beispiel für nichthoheitliche, einseitige Willenserklärungen die Kündigung oder die Aufrechnung aufführt. In dieser Konstellation steht die Befugnis grds. beiden Parteien zu. Diese Argumentation griff auch der Große Senat auf, vgl. BSG, Beschl. 31.08.2011 – GS 2/10 Rn. 15, BSGE 109, 81.

16 St. Rspr., vgl. BSGE 45, 271; 52, 98, 101; 53,208, 209; 64, 17, 22; 78, 132, 134.

17 BSG, Urt. v. 25.11.2010 – B 3 KR 1/10 R, Rn. 15, juris.

18 BVerfG, Urt. v. 20.12.2007 – 2 BvR 2433/04, 2 BvR 2434/04, BVerfGE 119, 331–394.

19 BSG, Urt. v. 01.04.2009 – B 14 SF 1/08, SozR 4–1500 § 51 Nr. 6.

20 Vgl. dazu im Einzelnen *Luthe*, Die gemeinsame Einrichtung nach § 44b SGB II, SGb 2011, 131–139.

21 St. Rechtsprechung, vgl. BSG, Urt. v. 17.12.2009 – B 3 P 3/08 R, BSGE 105, 126, 129.

22 BSG, Urt. v. 25.11.2010 – B 3 KR 1/10 R, Rn. 24 (juris); anders noch *Schnapp*, Einmal Behörde – immer Behörde?, NZS 2010, 241 (245); vgl. auch BSG, Urt. v. 08.10.2014 – B 3 KR 7/14 R, Rn. 37 f, BSGE 117, 65; BSG, Urt. v. 23.06.2015 – B 1 KR 26/14 R, SozR 4–5560 § 17c Nr. 3, SozR 4–2500 § 275 Nr. 27.

23 BSG, Urt. v. 25.03.2015 – B 6 KA 9/14 R, SozR 4–2500 § 73b Nr. 1.

24 BSG, Urt. v. 04.09.2013 – B 10 EG 7/12 R, Rn. 23, BSGE 114, 180.

25 BSG, Urt. v. 04.09.2013 – B 10 EG 7/12 R, Rn. 23, BSGE 114, 180; kritisch zu Evidenzfällen *Schneider-Danwitz*, SGb 2014, 271.

sachlichen Anwendungsbereich des Gesetzes. Das Merkmal »auf dem Gebiet des öffentlichen Rechts« knüpft an die Regelung des Einzelfalls, also das Ziel der behördlichen Willenserklärung an, nicht jedoch an die Maßnahme selbst.[26] Abgegrenzt werden soll dadurch vor allem die privatrechtliche Tätigkeit. Ob die Regelung auf dem Gebiet des öffentlichen Rechts getroffen wird, muss also insbesondere bei solchen Tätigkeiten abgegrenzt werden, für die auch eine Zuordnung zum Privatrecht denkbar ist. Nach der Rechtsprechung des Bundessozialgerichts bestimmt sich die Zuordnung einer Streitigkeit zum öffentlichen Recht oder zum Privatrecht nach der Natur des Rechtsverhältnisses, aus dem der Anspruch hergeleitet wird.[27]

5. Regelung

Eine Regelung liegt vor, wenn Ziel der behördlichen Willenserklärung die Gestaltung oder Bestätigung 13
eines rechtlichen Zustandes ist. Sollen durch diese Willenserklärung mit unmittelbarer Rechtswirkung subjektive Rechte oder Pflichten begründet, festgestellt, verändert, aufgehoben oder abgelehnt[28] werden, so liegt eine Regelung vor. Werden Anordnungen getroffen, so konkretisiert und individualisiert die Regelung die jeweilige gesetzlich formulierte Verpflichtung.

Auch die Entscheidung über eine Wiedereinsetzung in den vorigen Stand (§ 27) trifft eine Regelung, 14
weshalb sie als Verwaltungsakt zu qualifizieren ist.[29] Maßgeblich für die Auslegung ist der von der Willenserklärung beabsichtigte materielle Zustand, wie er sich (entsprechend §§ 133, 157 BGB) bei objektiver Würdigung aus Sicht des Empfängers darstellt.[30] Danach soll bereits in der unmissverständlichen Weigerung über die Erfüllung eines Leistungsbegehrens ein Verwaltungsakt zu sehen sein, selbst wenn diese Weigerung in einem innerbehördlichen Schriftverkehr erklärt wird, welche dem eigentlichen Adressaten der Regelung nur zur Kenntnis übermittelt wird.[31] Das kann allerdings nur dann anzunehmen sein, wenn die Übersendung zur Kenntnisnahme von der erklärenden Behörde für den Empfänger erkennbar mit dem Ziel verbunden ist, gleichzeitig eine Regelung treffen zu wollen. Andernfalls dürfte es an der erforderlichen inhaltlichen Bestimmtheit (§ 33 Abs. 1) fehlen. Auch die Aufforderung zur Beantragung einer Altersrente setzt eine allgemeine gesetzliche Verpflichtung (hier aus § 12a Satz 1 SGB II) in eine konkrete Regelung um und erfüllt damit die Voraussetzungen des Verwaltungsaktes.[32]

Auf die Vorstellung der Behörde kommt es dagegen für die Annahme einer Regelung nicht an. Indi- 15
zien für das (jedenfalls so beabsichtigte) Vorliegen einer Regelung können auch die äußeren Merkmale einer behördlichen Maßnahme sein. So legt die Bezeichnung als »Bescheid« die Verwaltungsaktqualität ebenso nahe wie das Beifügen einer Rechtsbehelfsbelehrung[33]. Konsequenz des alleinigen Abstellens auf den Empfängerhorizont ist es, dass allein der durch äußere Merkmale verliehene Anschein einer Regelung ausreichend ist, um die vorgesehenen Rechtsbehelfe Widerspruch (§ 78 SGG bzw. § 68 VwGO) und Anfechtungsklage (§ 54 SGG bzw. § 42 VwGO) statthaft zu erheben.[34] Auf das Vorliegen der weiteren Voraussetzungen des § 31 kommt es für die prozessuale Wirkung eines solchen formellen Verwaltungsaktes[35] nicht an. Unerheblich für den Regelungscharakter ist

26 Stelkens/Bonk/Sachs/*U.Stelkens*, VwVfG, § 35 Rn. 209.

27 St. Rspr., vgl. z.B. BSG, Urt. v. 30.01.1990 – 11 Rar 87/88, BSGE 66, 176, 188 = SozR 3-4100 § 155 Nr. 1; vgl. im Einzelnen Schütze/*Engelmann*, SGB X, § 31 Rn. 22 f.

28 BSG, Urt. v. 25.01.2011 – B 5 R 14/10 R, Rn. 13, juris.

29 BSG, Urt. v. 28.01.2009 – B 6 KA 11/08 R, SozR 4–1500 § 77 Nr. 2.

30 St. Rspr., vgl. z.B. BSG, Urt. v. 17.01.1996 – 3 RK 2/95, BSGE 77, 219, 223.

31 BSG, Urt. v. 26.05.2014 – B 2 U 17/13 R, SozR 4–2700 § 54 Nr. 1, Rn. 16.

32 BSG, Urt. v. 19.08.2015 – B 14 AS 1/15 R, SozR 4–4200 § 12a Nr 1; BSG, Beschl. v. 16.12.2011 – B 14 AS 138/11 B, Rn. 12 (juris).

33 SG Gießen, Urt. v. 19.02.2024 – S 20 AL 72/23, Rn. 17 unter Bezugnahme auf BSG, Urt. v. 03.04.2003 – B 13 RJ 39/02 R.

34 St. Rspr., vgl. z.B. BSG, Urt. v. 03.04.2003 – B 13 RJ 39/02 R, SozR 4–1300 § 31 Nr 1, BSGE 91, 68 Rn. 24.

35 Ausführlich dazu Stelkens/Bonk/Sachs/*U.Stelkens*, VwVfG, § 35 Rn. 16.

weiterhin, an welcher Stelle des Verwaltungsaktes die Regelung zu finden ist. Sie kann im verfügenden Teil (Tenor) eines Bescheides ebenso enthalten sein wie an anderer Stelle, maßgeblich ist allein der nach objektiven Kriterien maßgebliche Wille der Behörde, eine Regelung treffen zu wollen.[36]

16 Ein Verwaltungsakt kann mehrere Regelungen zum Inhalt haben. Auch kann ein Verwaltungsakt eine Regelung enthalten, die gegenüber mehreren Personen gleichzeitig ergehen soll (Verwaltungsakt mit Drittwirkung). Ausreichend für die Einbeziehung Dritter in den Regelungsgehalt ist es, wenn ein nur an den Adressaten gerichteter Verwaltungsakt zugleich in Form einer Kopie einem davon Betroffenen in der Absicht zugeleitet wird, dass auch dieser davon Kenntnis nimmt.[37]

17 Mangels Regelungswirkung sind vorbereitende Handlungen (wie z.B. die Anhörung nach § 24) nicht als Verwaltungsakt zu qualifizieren. Gleiches gilt für bloße Hinweise, Anregungen oder Empfehlungen.[38]

18 Anders liegt es beim sogenannten vorläufigen Verwaltungsakt,[39] der im Sozialleistungsrecht allgemein in den drei Fällen der »Vorschüsse« (§ 42 Abs. 1 SGB I), der »vorläufigen Leistung« (§ 43 SGB I) und den »Vorwegzahlungen« (§ 17 Abs. 1 Nr. 1 SGB I) zur Anwendung gelangt.[40] Seine Regelungswirkung ist zwar vorläufig und damit beschränkt, aber dennoch vorhanden. Allein darauf kommt es an. Auch Vorabentscheidungen sind somit Verwaltungsakte. Sie regeln verbindlich einen (insoweit abtrennbaren) Teilkomplex einer Materie in Form eines feststellenden Verwaltungsaktes.[41] Vorläufige Verwaltungsakte sind von vornherein auf Ersetzung durch einen endgültigen Verwaltungsakt angelegt und erledigen sich (§ 39 Abs. 2) im Regelfall durch Erlass des jeweils endgültigen Verwaltungsaktes.[42]

19 Begehrt der Adressat die Aufhebung eines bereits bestandskräftigen Verwaltungsaktes, so ist nach der jeweiligen Entscheidung der Behörde zu differenzieren. Lehnt sie eine neue Sachprüfung ab, so trifft sie mit dieser Ablehnung keine eigenständige Regelung (wiederholende Verfügung). Tritt sie hingegen in die sachliche Prüfung ein und bestätigt den Verwaltungsakt, so liegt in dieser Bestätigung eine neue, eigenständige Regelung (sog. Zweitbescheid), gegen den wieder Rechtsbehelfe statthaft sind.

6. Einzelfall

20 Ein Einzelfall liegt dann vor, wenn die jeweilige Regelung für einen konkreten Sachverhalt gegenüber einer oder mehreren Personen ergeht. Sie ist dann konkret-individuell. Über dieses Merkmal wird eine wesentliche Abgrenzung des Verwaltungsaktes zu denjenigen Rechtsquellen vorgenommen, die abstrakte Regelungen für eine unbestimmte Zahl von Fällen enthalten (abstrakt-generelle Regelungen wie Gesetze, Verordnungen, Satzungen[43]). Davon wiederum zu unterscheiden sind Regelungen, die zwar einen konkreten Inhalt haben, jedoch für einen nach allgemeinen Merkmalen bestimmten oder bestimmbaren Personenkreis gelten sollen (konkret-generell). Ein solcher Verwaltungsakt mit konkret-generellem Regelungscharakter ergeht in Form einer Allgemeinverfügung nach § 31 Satz 2 VwVfG.

36 BSG, Urt. v. 08.12.1993 – 10 RKg 19/92, NVwZ 1994, 830.

37 BSG, Urt. v. 17.09.2008 – B 6 KA 28/07 R, BSGE 101, 235, 236.

38 BSG, Urt. v. 10.03.2015 – B 1 A 10/13 R, SozR 4–2400 § 90 Nr. 1, Rn. 14.

39 Vgl. dazu *Schmidt-De Caluwe*, Vorläufige Verwaltungsakte im Arbeitsforderungsrecht NZS 2001, 240 ff.

40 BSG, Urt. v. 28.06.1990 – 4 RA 57/89, BSGE 67, 104 (Rn. 46).

41 Weiterführend zur Regelungswirkung bei Teilentscheidungen im Sozialrecht Diering/Timme/Stähler/*Siewert*, SGB X, § 31 Rn. 54 ff.

42 BSG, Urt. v. 07.07.2020 – B 12 KR 21/18 R, Rn. 19, BSGE 130, 277–282, SozR 4–2500 § 5 Nr 29; BSG, Urt. v. 28.03.2019 – B 10 LW 1/17 R, BSGE 128, 1–9, SozR 4–5868 § 3 Nr 4; BSG, Urt. v. 20.05.2014 – B 1 KR 5/14 R, Rn. 11, juris.

43 Schütze/*Engelmann*, SGB X, § 31 Rn. 60.

7. Außenwirkung

Unmittelbar auf Rechtswirkung nach außen gerichtet ist die Maßnahme, wenn die behördliche Handlung tatsächliche Auswirkungen im Hinblick auf die beabsichtigte Regelungswirkung zeigt und dies nach dem objektiven Empfängerhorizont auch als von der Behörde beabsichtigte Folge ihres Handelns erkennbar ist.[44] Daran fehlt es bei Mitwirkungshandlungen von Behörden (vgl. dazu auch § 40 Abs. 3 Nr. 4), die der Vorbereitung einer abschließenden Entscheidung einer anderen Behörde dienen. Das materielle Recht sieht diese Mitwirkungshandlungen als Zustimmung, als Einvernehmen oder Benehmen vor. Allen diesen Entscheidungen fehlt die unmittelbare Rechtswirkung nach außen, es handelt sich um ein sogenanntes Verwaltungsinternum. Für den Rechtsschutz hat das zur Konsequenz, dass eine solche Mitwirkungshandlung nicht isoliert angreifbar ist. Wird der Erlass eines beantragten Verwaltungsaktes aufgrund fehlender oder negativer Mitwirkung einer anderen Behörde versagt, so muss der Antragsteller im Wege der Verpflichtungsklage auf Erlass des Verwaltungsaktes klagen (§ 54 Abs. 1 Satz 1 SGG). Davon zu unterscheiden sind Verwaltungsakte in gestuften Verfahren, bei denen das Gesetz eine Bindungswirkung für eine Teil- oder Vorentscheidung vorsieht. So sieht etwa § 136 Abs. 1 Satz 1 SGB VII eine Feststellung seiner Zuständigkeit gegenüber dem Unternehmen durch Verwaltungsakt vor. 21

III. Allgemeinverfügung

Eine Allgemeinverfügung ist ein Verwaltungsakt im Sinne des § 31 Satz 1, bei dem das Merkmal des »Einzelfalls« konkret für die in § 31 Satz 2 enthaltenen Alternativen definiert wird.[45] Sie unterscheiden sich vom Verwaltungsakt im Sinne des Satzes 1 allein durch den Adressatenkreis.[46] Allgemeinverfügungen können als konkret-generelle Regelungen gegenüber einem nach allgemeinen Merkmalen bestimmten oder bestimmbaren Personenkreis (Alt. 1) oder aber in Bezug auf die öffentlich-rechtliche Eigenschaft einer Sache (Alt. 2) oder deren Benutzung durch die Allgemeinheit (Alt. 3) ergehen. Massenverwaltungsakte haben immer konkret-individuelle Regelungen zum Inhalt und sind deshalb keine Allgemeinverfügungen.[47] Voraussetzung für die gesetzliche Ermächtigung zum Erlass von Allgemeinverfügungen ist es, dass die Maßstäbe und das Verfahren der Entscheidungsfindung mit einer dem Sachbereich angemessenen Genauigkeit geregelt werden.[48] Sachbezogene Allgemeinverfügungen können sich auch auf Sachgesamtheiten wie etwa unselbständige Anstalten oder ein verwaltetes Sondervermögen beziehen. Der Gesundheitsfond im Sinne des § 271 SGB V stellt ein solches Sondervermögen dar, weshalb Zuweisungen des Bundesversicherungsamts in Form der sachbezogenen Allgemeinverfügung nach Maßgabe der RSAV erfolgen dürfen.[49] 22

Anders als im allgemeinen Verwaltungsrecht haben Allgemeinverfügungen im Sozialrecht kaum praktische Bedeutung. Ein Beispiel für eine personenbezogene Allgemeinverfügung ist die Festbetragsfestsetzung nach § 35 SGB V.[50] 23

IV. Arten und Erscheinungsformen von Verwaltungsakten

Es bestehen verschiedene, praktisch äußerst relevante Unterscheidungsmöglichkeiten von Verwaltungsakten. 24

44 Zur Frage der Finalität der Maßnahme vgl. Stelkens/Bonk/Sachs/*U.Stelkens*, VwVfG, § 35 Rn. 147 m.w.N. aus der Rechtsprechung der Verwaltungsgerichtsbarkeit.
45 Ausführlich dazu Stelkens/Bonk/Sachs/*U.Stelkens*, VwVfG, § 35 Rn. 267.
46 BSG, Urt. v. 04.10.1994 – 7 RAr 1/93, NZA 1995, 320.
47 BSG, Urt. v. 26.09.1991 – 4 RK 4/91, SozR 3–1300 § 24 Nr. 4.
48 BSG, Urt. v. 20.05.2014 – B 1 KR 16/14 R, Rn. 27, BSGE 116, 42–54.
49 BSG, Urt. v. 20.05.2014 – B 1 KR 16/14 R, Rn. 27, BSGE 116, 42–54.
50 BSG, Urt. v. 24.11.2004 – B 3 KR 23/04 R, SozR 4–2500 § 35 Nr. 3; zur st. Rspr. etwa BSG, Urt. v. 17.11.2015 – B 1 KR 15/15 R–, SozR 4–2500 § 137 Nr. 6; vgl. zur Verfassungsmäßigkeit BVerfG, Urt. v. 17.12.2002 – 1 BvL 28/95, 1 BvL 29/95, 1 BvL 30./95, BVerfGE 106, 275.

1. Unterscheidung nach der Wirkung

25 Begründen oder bestätigen Verwaltungsakte ein Recht oder einen rechtlich erheblichen Vorteil, so handelt es sich um begünstigende Verwaltungsakte (vgl. auch § 45 Abs. 1 Satz 1). Das betrifft im Regelfall die Bewilligung von Leistungen sowie die Erteilung von Erlaubnissen oder Genehmigungen. Nicht begünstigende Verwaltungsakte (auch: belastende Verwaltungsakte) begründen oder bestätigen keine Rechte, sondern verneinen, verkürzen oder entziehen solche Rechte oder rechtlich erheblichen Vorteile. Da Verwaltungsakte mehrere Regelungen zum Inhalt haben können, sind gleichzeitig begünstigende und belastende Teile eines Verwaltungsaktes denkbar.

26 Verwaltungsakte können auch unterschiedliche Wirkung gegenüber verschiedenen Personen entfalten. So kann neben dem Adressaten auch ein Dritter unmittelbar von der Regelungswirkung des Verwaltungsaktes betroffen sein (Verwaltungsakt mit Drittwirkung). Regelmäßig stellen sich solche Verwaltungsakte für die verschiedenen Betroffenen unterschiedlich als begünstigend oder belastend dar. Hat ein Verwaltungsakt Drittwirkung, so eröffnet das gem. Art. 19 Abs. 4 Satz 1 GG dem betroffenen Dritten eine eigene Befugnis zur Einlegung eines Rechtsbehelfs.

2. Unterscheidung nach der Bindung der Behörde

27 Gibt eine Rechtsnorm den Erlass eines Verwaltungsaktes bei Erfüllung aller Tatbestandsmerkmale vor, so muss die Behörde einen Verwaltungsakt erlassen, sie ist insoweit gebunden (gebundener Verwaltungsakt). Im Gesetz kommt das durch Formulierungen wie »ist«, »muss« oder »hat« zum Ausdruck. Gebundene Entscheidungen sind gerichtlich voll überprüfbar. Sofern eine Rechtsnorm einer Behörde die Möglichkeit überlässt, zwischen mehreren Rechtsfolgen zu wählen, stellt sie diese in das Ermessen der Behörde (Ermessensverwaltungsakt). Ein solches Ermessen bringt der Gesetzgeber durch Formulierungen wie »kann« oder »darf« zum Ausdruck. Ermessensverwaltungsakte sind vom Gericht kraft Gesetzes nur daraufhin überprüfbar, ob bei der Ermessensausübung Fehler gemacht wurden (vgl. § 54 Abs. 2 Satz 2 SGG). Ein eigenes Ermessen darf das Gericht hingegen nicht an die Stelle des Ermessens der Behörde setzen.

Einen anderen Fall der Bindungswirkung stellt die Drittbindung dar. Davon ist auszugehen, wenn die Tatbestandswirkung eines materiell bestandskräftigen Verwaltungsakts (zum Begriff § 39 Rdn. 5) Gerichte und andere Behörden bindet. Beispiele hierfür sind Entscheidungen des Zulassungsausschusses für Vertragsärzte[51] oder der Arztregistereintrag[52].

3. Unterscheidung nach dem Inhalt

28 Nach ihrem Inhalt lassen sich Verwaltungsakte in befehlende, gestaltende und feststellende Verwaltungsakte einteilen. Während der im Bereich der Eingriffsverwaltung zur Anwendung gelangende befehlende Verwaltungsakt vom Adressaten ein Tun und Unterlassen verlangt, ist der gestaltende Verwaltungsakt auf die Begründung, Änderung oder Aufhebung eines Rechtsverhältnisses gerichtet. Das ist zum Beispiel bei der Erteilung von Genehmigungen der Fall. Der gestaltende Verwaltungsakt wirkt insoweit konstitutiv, erst durch seinen Erlass wird das jeweilige Recht begründet. Vermittels eines gestaltenden Verwaltungsaktes lassen sich auch Privatrechtsverhältnisse regeln. So setzt die wirksame Verpfändung oder Abtretung von Geldleistungen voraus, dass durch die zuständige Behörde gem. § 53 Abs. 2 Nr. 2 SGB I das wohlverstandene Interesse des Betroffenen an der Verpfändung oder Abtretung festgestellt wird. Trotz des Wortlauts (»feststellt«) handelt es sich um einen gestaltenden Verwaltungsakt, bis zur Feststellung ist die (privatrechtliche) Abtretung unwirksam.[53]

---

51 BSG, Beschl. v. 13.05.2020 – B 6 KA 27/19 B.

52 BSG, Urt. v. 13.12.2000 – B 6 KA 26/00 R, SozR 3–2500 § 95a Nr 2, SozR 3–5520 § 7 Nr 1, SozR 3–2500 § 95 Nr 27.

53 BSG, Urt. v. 06.04.2000 – B 11 AL 47/99 R, SozR 3–1200 § 53 Nr. 9.

Feststellende Verwaltungsakte haben die Bestätigung eines bestehenden Rechtsverhältnisses zum Inhalt. Sie können sich deshalb in zulässiger Weise in der deklaratorischen Feststellung der rechtlichen Situation erschöpfen[54], was insbesondere bei Meinungsverschiedenheiten sinnvoll ist. Dennoch wirkt der feststellende Verwaltungsakt auch konstitutiv, wenn er gesetzlich begründete Leistungsansprüche für den konkreten Einzelfall bestätigt. Erst daraus entstehen für den Anspruchsinhaber konkrete und unmittelbare Leistungen. 29

4. Unterscheidung nach der Wirkungsdauer

Der Regelungsgehalt eines Verwaltungsaktes kann sich in einem einzelnen Gebot oder Verbot oder in einer einmaligen Gestaltung der Rechtslage erschöpfen. Zeigt der Verwaltungsakt aber über den Zeitpunkt seiner ursprünglichen Bindung hinaus Wirkung, so wird er als Dauerverwaltungsakt bzw. Verwaltungsakt mit Dauerwirkung bezeichnet.[55] Verwaltungsakte mit Dauerwirkung finden ausdrückliche Erwähnung in § 45 Abs. 3 Satz 1 sowie § 48, da Besonderheiten für deren Aufhebung bestehen. Davon zu unterscheiden sind vorläufige Verwaltungsakte. Hier ist die Regelung von vornherein nicht auf Dauer angelegt, sondern überbrückt nur den zu regelnden Zustand bis zum Erlass der endgültigen Regelung.[56] Das zeitliche Begrenzungsmoment wohnt zwar auch dem befristeten Verwaltungsakt (vgl. § 32 Abs. 2 Nr. 1) inne. Diese Befristung soll aber gerade keinen lediglich vorläufigen Zustand bis zum Erlass eines endgültigen Verwaltungsaktes regeln. 30

V. Rechtmäßigkeitsvoraussetzungen – systematischer Überblick

Die Rechtmäßigkeit von Verwaltungsakten bestimmt sich nach formellen und materiellen Kriterien. Beide Kriterien sind grundsätzlich dem jeweiligen Fachrecht zu entnehmen, welches auch die Befugnis zum Handeln durch Verwaltungsakt und die Ermächtigung für die zu treffende Regelung enthält. Die Vorschriften des SGB X sowie des SGB I enthalten dazu ergänzende Vorgaben, die jedoch nachrangig anzuwenden sind (vgl. § 37 Satz 1 SGB I). 31

1. Ermächtigungsgrundlage – Gesetzesvorbehalt

Verwaltungstätigkeit unterliegt nach Art. 20 Abs. 3 GG einem Gesetzesvorbehalt. Das ist für die Leistungsverwaltung überdies einfachgesetzlich in § 31 SGB I angeordnet, da die staatliche Gewährleistung nicht immer mit Grundrechtseingriffen verbunden ist und deshalb Ausnahmen vom Gesetzesvorbehalt anerkannt wurden.[57] Solche Ausnahmen sind durch § 31 SGB I nunmehr im Bereich des Sozialleistungsrechts unzulässig. 32

Die Ermächtigungsgrundlage gibt gleichsam den »Fahrplan« für die Rechtmäßigkeitsprüfung des Verwaltungsaktes vor. Für die formelle Rechtmäßigkeit betrifft das regelmäßig die Fragestellung der sachlichen Zuständigkeit (dazu aber grundsätzlich §§ 12, 18 bis 29 SGB I). Jedoch können auch Vorgaben zum Verfahren, insbesondere aber zur Form (meist die Anordnung der Schriftform) in dem die Ermächtigungsgrundlage enthaltenden Gesetz geregelt sein. Das SGB X gilt dann lediglich ergänzend. In materieller Hinsicht muss der Tatbestand der Norm erfüllt sein und im Verwaltungsakt muss die von der Norm vorgegebene oder – im Falle des Ermessens – ermöglichte Rechtsfolge angeordnet werden. 33

54 BSG, Urt. v. 10.03.2015 – B 1 A 10/13 R, Rn. 11 f., juris.

55 Dazu auch die Kommentierung zu § 45 Rdn. 40; s.a. Schütze/*Schütze*, SGB X, § 45 Rn. 75 m.w.N. aus der Rechtsprechung sowie Beispielen (Rn. 65).

56 BSG, Urt. v. 07.07.2020 – B 12 KR 21/18 R, BSGE 130, 277–282, SozR 4–2500 § 5 Nr 29.

57 Das betrifft insb. die Gewährung von Subventionen; vgl. dazu die Ausführungen bei Stelkens/Bonk/Sachs/*Sachs*, VwVfG, § 44 Rn. 70 bis 72.

2. Formelle Rechtmäßigkeitsvoraussetzungen

34 Bei der formalen Rechtmäßigkeitsprüfung von Verwaltungsakten wird gewöhnlich zwischen den Prüfungsabschnitten Zuständigkeit, Verfahren und Form unterschieden.

Die Zuständigkeit bestimmt sich nach sachlichen, instanziellen und örtlichen Kriterien. Die sachliche Zuständigkeit beschreibt, welcher Behörde eine Aufgabe zugewiesen ist. Grundsätzliche Regelungen zur sachlichen Zuständigkeit für die Gewährung von Leistungen nach den Sozialgesetzbüchern enthalten die §§ 12, 18 bis 29 SGB I. Die instanzielle Zuständigkeit nimmt als Unterfall dieser sachlichen Zuständigkeit Bezug auf den mehrstufigen Behördenaufbau und weist die jeweilige Aufgabe einer konkreten Behördenebene zu. Den formell rechtlichen Regelungen im SGB X sind grundsätzlich keinerlei Regelungen zur sachlichen Zuständigkeit zu entnehmen. Nach umstrittener Ansicht[58] enthalten jedoch die materiell rechtlichen Vorschriften der §§ 44 und 45 SGB X Vorschriften auch über die sachliche Zuständigkeit.

35 Die örtliche Zuständigkeit legt den räumlichen Tätigkeitsbereich der sachlich zuständigen Behörde fest[59]. Regelungen zur örtlichen Zuständigkeit werden ebenfalls in den Gesetzbüchern getroffen, welche die einzelnen Leistungsarten konkretisieren. Teilweise enthalten aber auch diese Gesetzbücher nur Ermächtigungsgrundlagen etwa für Landesgesetzgeber, vermittels derer die sachliche und örtliche Zuständigkeit durch die Landesgesetzgeber geregelt wird (vgl. etwa § 12 Abs. 1 BEEG). Im SGB X werden nur ergänzende Regelungen in § 2 getroffen. Ergibt sich etwa eine Konkurrenz von mehreren örtlich zuständigen Behörden, so bestimmt sich die örtliche Zuständigkeit nach § 2 Abs. 1 SGB X. In § 2 Abs. 2 und 3 SGB X sind weiter die Folgen über den Wechsel eines örtlich zuständigen Trägers enthalten. Letztlich enthält § 2 Abs. 4 SGB X eine Sonderzuständigkeit für unaufschiebbare Maßnahmen bei Gefahr im Verzug.

36 Formale Vorgaben zum Verwaltungsverfahren sind im SGB X allgemein in den §§ 8 bis 30 SGB X enthalten. Weitere Verfahrensvorschriften von allgemeiner Geltung sind im Ersten Sozialgesetzbuch aufgeführt. Namentlich betrifft das etwa § 16 SGB I, der die Zuständigkeit für die Entgegennahme von Anträgen regelt und damit die Vorschrift des § 18 SGB X über den Beginn des Verfahrens durch Antragstellung flankiert. Nach § 36 SGB I wird für den Antrag auf Sozialleistungen die Handlungsfähigkeit über den Inhalt des § 11 SGB X hinaus auf Personen erstreckt, die das fünfzehnte Lebensjahr vollendet haben. Die §§ 60 ff. SGB I enthalten Vorschriften über die Mitwirkung von Leistungsberechtigten, die deutlich über die Mitwirkungsobliegenheit sonstiger Beteiligter nach § 21 Abs. 2 SGB X hinausgehen. Konsequent regelt § 66 SGB I die Folgen von Verstößen gegen diese nach den §§ 60 ff. SGB I bestehenden Mitwirkungspflichten. Zusätzlich finden sich in den anderen, das jeweilige Leistungsrecht regelnden Gesetzbüchern ergänzende Verfahrensvorschriften, die je nach Inhalt gem. § 37 Satz 1 SGB I den Verfahrensvorschriften des Ersten und des Zehnten Sozialgesetzbuchs vorgehen.

37 Vorgaben zur erforderlichen Form des Verwaltungsaktes enthalten zuallererst die das jeweilige Leistungsrecht regelnden Gesetzbücher. In § 33 Abs. 2 Satz 1 SGB X wird das vorausgesetzt, wenn dort die grundsätzliche Formfreiheit von Verwaltungsakten konstituiert wird. Schreibt ein Gesetz allerdings Schriftform vor oder wird diese fakultativ gewählt, so sind für die schriftliche Form ebenso wie für die elektronische Form die weiteren Vorgaben des § 33 Abs. 3 bis 5 SGB X sowie des § 35 SGB X (Begründungspflicht) zu beachten. Eine besondere Begründungspflicht enthält § 86a Abs. 2 Nr. 5 SGG (ebenso wie § 80 Abs. 3 VwGO) darüber hinaus für Verwaltungsakte, die eine sofortige Vollziehung anordnen. Ergänzende Regelungen enthält § 36a SGB I, der sowohl die Übermittlung von elektronischen Dokumenten als auch die Ersetzung der Schriftform durch elektronische Form regelt.

---

58 Vgl. § 44 Rdn. 25, § 45 Rdn. 48.

59 Stelkens/Bonk/Sachs/*Schmitz*, VwVfG, § 3 Rn. 7.

Weitere zu berücksichtigende Verfahrensvorschriften enthalten die von Bund und Ländern erlassenen Gesetze zur Förderung der elektronischen Verwaltung (E-Government-Gesetze) sowie die Behindertengleichstellungsgesetze bzw. die auf deren Grundlage ergangenen Durchführungsverordnungen (vgl. z.B. § 10 BGG i.V.m. Verordnung über barrierefreie Dokumente in der Bundesverwaltung). 38

Die dem schriftlichen Verwaltungsakt nach § 36 SGB X beizufügende Rechtsbehelfsbelehrung ist keine Rechtmäßigkeitsvoraussetzung. Rechtsfolge eines Verstoßes ist die Verlängerung der Frist für die Einlegung eines Rechtsbehelfs auf ein Jahr (§ 66 Abs. 2 SGG; § 80 Abs. 2 VwGO). 39

Allein die Verletzung von Vorschriften zur örtlichen Zuständigkeit, zum Verfahren und zur Form kann nach Maßgabe des § 42 SGB X unbeachtlich sein. Darüber hinaus kommt eine Heilung von Verstößen gegen formale Vorgaben nach Maßgabe des § 41 SGB X in Betracht. Somit verbleibt der Verstoß gegen die sachliche Zuständigkeit als derjenige, der zwingend beachtlich ist und regelmäßig zur Aufhebbarkeit des Verwaltungsaktes führt[60]. 40

3. Materielle Rechtmäßigkeitsvoraussetzungen

Die materielle Rechtmäßigkeit eines Verwaltungsaktes setzt zunächst voraus, dass er inhaltlich hinreichend bestimmt ist, § 33 Abs. 1 SGB X. 41

Die materielle Rechtmäßigkeit setzt weiter voraus, dass die Voraussetzungen des Tatbestands der Ermächtigungsgrundlage erfüllt sind und die zutreffende Rechtsfolge durch die Behörde gewählt wurde. Das ist jedenfalls bei gebundenen Verwaltungsakten (Rdn. 27) unproblematisch. Bei Ermessensverwaltungsakten müssen hingegen nach § 39 Abs. 1 SGB I die gesetzlichen Grenzen des Ermessens eingehalten werden. 42

VI. Wirksamkeit

Die Wirksamkeit des Verwaltungsaktes wird in § 39 SGB X definiert. Danach beginnt die Wirksamkeit mit der Bekanntgabe des Verwaltungsaktes (§ 39 Abs. 1 SGB X). Fehlt es an einer wie auch immer gearteten Bekanntgabe, kann die Wirksamkeit somit nicht eintreten. Das Ende der Wirksamkeit ist in § 39 Abs. 2 SGB X definiert, wonach die Wirksamkeit entweder durch Aufhebung oder aber durch Erledigung endet. 43

▶ **Hinweis:**

Die Rechtswidrigkeit hat keinen Einfluss auf die Wirksamkeit, auch ein rechtswidriger Verwaltungsakt wird somit wirksam und kann vollstreckt werden. Auch rechtswidrige Verwaltungsakte entfalten somit eine Tatbestandswirkung für weitere Verwaltungsentscheidungen. Lediglich nichtige Verwaltungsakte (§ 40 SGB X) gelangen nicht zur Wirksamkeit, was § 39 Abs. 3 SGB X klarstellt. 44

VII. Rechtsschutz

Handelt die Behörde durch Verwaltungsakt, so hat das insbesondere auch prozessuale Folgen. Wegen des in Art. 19 Abs. 4 Satz 1 GG enthaltenen Grundrechts auf effizienten Rechtsschutz gegen Akte der öffentlichen Gewalt muss ein solcher Rechtsschutz auch gegen das Handeln der vollziehenden Gewalt ermöglicht werden. Das geschieht durch die Einrichtung der Verwaltungsgerichtsbarkeit[61] 45

---

60 BSG, Urt. v. 26.05.2011 – B 14 AS 54/10 R, SozR 4–4200 § 44b Nr. 3, BSGE 108, 229–235, SozR 4–1300 § 31 Nr. 6, SozR 4–1300 § 88 Nr. 3, Rn. 25; BSG, Urt. v. 02.11.2012 – B 4 AS 97/11 R, Rn. 17, juris.

61 Nach der sogenannten Generalklausel des § 40 Abs. 1 VwGO entscheiden die Verwaltungsgerichte über alle Streitigkeiten des öffentlichen Rechts nichtverfassungsrechtlicher Art. Sozialrechtliche Streitigkeiten sind mithin grds. davon umfasst. Das gilt allerdings nur, »soweit die Streitigkeiten nicht durch Bundesgesetz einem anderen Gericht ausdrücklich zugewiesen sind« (§ 40 Abs. 1 Satz 1 VwGO). Derartige

bzw. der Sozialgerichtsbarkeit und wird über die jeweiligen Prozessordnungen (VwGO, SGG) sichergestellt. Statthafte Klageart gegen einen belastenden Verwaltungsakt ist die Anfechtungsklage (§ 54 Abs. 1 Satz 1 SGG bzw. § 42 Abs. 1 VwGO), diese ist fristgebunden (ein Monat, vgl. § 87 SGG bzw. § 70 Abs. 1 VwGO); in der Regel muss außerdem ein Vorverfahren (vgl. § 62 SGB X i.V.m. § 78 Abs. 1 SGG bzw. § 68 Abs. 1 VwGO) durchgeführt werden. Wird dagegen der Erlass eines Verwaltungsaktes verweigert, so kann im Wege der Verpflichtungsklage (§ 54 Abs. 1 Satz 1 SGG bzw. § 42 Abs. 1 VwGO) um Rechtsschutz ersucht werden; auch hier ist regelmäßig ein Vorverfahren durchzuführen (vgl. § 62 SGB X i.V.m. § 78 Abs. 3 SGG bzw. § 68 Abs. 2 VwGO).

46 Ausreichend für die Statthaftigkeit der Einlegung des prozessualen Rechtsbehelfs ist der von der Behörde gesetzte Anschein eines Verwaltungsaktes[62] (rein formeller Verwaltungsakt), auf das Vorliegen der Merkmale des § 31 (materieller Verwaltungsakt) kommt es dafür nicht an. Der Anschein kann durch die Verwendung von typischen Bezeichnungen wie »Bescheid«, »Verfügung« oder »Verwaltungsakt« ebenso gesetzt werden wie durch den Anschein des Setzens einer Regelung oder durch eine für den Verwaltungsakt typische Unterteilung in Verfügungssatz und Begründung[63] oder die Beifügung der nach § 36 obligatorischen Rechtsbehelfsbelehrung.[64]

▶ **Hinweis:**

Der vom Prozessrecht vorausgesetzte Verwaltungsaktbegriff ist also nicht mit dem in § 31 vorausgesetzten Verwaltungsakt identisch.

VIII. Der fingierte Verwaltungsakt

47 Eine besondere Form des Verwaltungsakts stellt der fingierte (auch: fiktive) Verwaltungsakt dar. Bei ihm tritt eine vom Gesetz vorgesehene Einzelfallregelung selbst bei Untätigkeit der Behörde ein.

48 Das VwVfG enthält in § 42a VwVfG Regelungen zur Genehmigungsfiktion. Im SGB X fehlt eine vergleichbare Vorschrift. Dennoch hat der Sozialgesetzgeber dieses Instrument in § 13 Abs. 3a Satz 6 SGB V sowie in § 18 Abs. 3 Satz 1 SGB IX aufgegriffen.

Nach § 13 Abs. 3a Satz 6 SGB V gilt die bei einer Krankenkasse beantragte Leistung als genehmigt, wenn die in der Vorschrift des § 13 Abs. 3a SGB V aufgeführten Fristen abgelaufen sind. Einer gesonderten Entscheidung und Mitteilung darüber bedarf es dann nicht mehr, die Genehmigung tritt kraft gesetzlicher Fiktion ein.

49 Hieraus ergeben sich die beiden Unterschiede des fingierten Verwaltungsakts zum ausdrücklich erklärten Verwaltungsakt:
- Die Behörde trifft keine »Maßnahme« und somit keine Einzelfallentscheidung im Sinne des § 31 Satz 1 SGB X.
- Die für seine Wirksamkeit nach § 39 Abs. 1 SGB X zwingend erforderliche Bekanntgabe wird durch den mit Fristablauf einhergehenden Fiktionseintritt ersetzt.

---

bundesrechtliche Sonderzuweisungen enthält § 51 SGG. Die Sozialgerichte sind mithin nur für die dort aufgeführten Streitigkeiten zuständig, was auch Auswirkungen für die Anwendbarkeit der jeweiligen Prozessordnung hat. Danach differenziert auch § 62 SGB X für die Anwendbarkeit der jeweiligen Prozessordnungen im Vorverfahren.

62 BSG, Urt. v. 05.09.2006 – B 4 R 71/06 R, SozR 4–2500 § 255 Nr. 1 (Rn. 16) unter Bezugnahme auf die ständige Rechtsprechung des BVerwG (z.B. BVerwGE 18, 1, 5).

63 Grds. zum Bescheidaufbau *Müller-Grune*, Bescheidtechnik – Erlass, Änderung und Aufhebung von Bescheiden durch die Ausgangsbehörde, 5. Aufl. 2023.

64 Vgl. z.B. BSG, Urt. v. 25.01.2011 – B 5 R 14/10 R, Rn. 20, juris.

Die Genehmigungsfiktion sollte nach früher vertretener Ansicht somit einen voll wirksamen Verwaltungsakt bewirken[65], einer Bekanntgabe bedurfte es für die Wirksamkeit des fingierten Verwaltungsakts schon deshalb nicht[66].

Nach inzwischen herrschender Ansicht in der Rechtsprechung[67] habe aber die fingierte Genehmigung nach § 13 Abs. 3a SGB V keine Verwaltungsaktsqualität, weshalb ein durch Antrag in Gang gesetztes Verwaltungsverfahren hierdurch auch nicht ende. Konsequenz ist, dass eine Entscheidung durch die Krankenkasse ohne Rückgriff auf die Vorschriften der §§ 44 ff. möglich bleibt. 50

Gleiches gilt auch für die Auslegung von § 18 Abs. 3 Satz 1 SGB IX[68].

IX. Bescheid und Verwaltungsakt

1. Begriff

Der Begriff »Verwaltungsakt« ist technischer Art. In der Praxis und im allgemeinen Verständnis hat sich der Begriff »Bescheid« verfestigt. Dieser Begriff findet jedoch im Sozialverwaltungsverfahrensrecht ebenso wenig wie in den meisten anderen Verwaltungsverfahrensgesetzen (VwVfG) von Bund und Ländern Verwendung. Erst recht ist er somit legal nicht definiert. Lediglich die Abgabenordnung (AO) enthält spezifisch für den speziellen Fall des Steuerbescheids in § 155 Abs. 1 Satz 2 AO einen Definitionsansatz: 51

»Steuerbescheid ist der nach § 122 Abs. 1 bekannt gegebene Verwaltungsakt.«

Im Sozialrecht findet sich das ähnlich etwa in § 50 Abs. 1 Satz 1 BAföG:

»Die Entscheidung ist dem Antragsteller schriftlich oder elektronisch mitzuteilen (Bescheid).«

Daraus lässt sich zunächst ableiten, dass der Begriff »Bescheid« kein Synonym für »Verwaltungsakt« ist. Verwaltungsakte können auch mündlich oder in anderer Weise erlassen werden (§ 33 Abs. 2 Satz 1 SGB X). Eine Verkörperung des Verwaltungsakts wird beim Bescheid aber vorausgesetzt. Außerdem wird der Verwaltungsakt erst dann zum Bescheid, wenn er bekannt gegeben und damit wirksam wird (§ 37 Abs. 1 SGB X). Entscheidender Unterschied des Bescheids zum Verwaltungsakt ist außerdem, dass in einem Bescheid mehrere Anordnungen getroffen werden können und somit mehrere Verwaltungsakte in einem Bescheid zusammengefasst werden. 52

Das Sozialrecht ist typischerweise auf die Gewährung sozialer Rechte gerichtet und somit Leistungsverwaltungsrecht (vgl. § 2 Abs. 1 Satz 1 SGB I). Typischer (verkörperter) Verwaltungsakt ist somit der Leistungsbescheid.[69] Dennoch existieren zahlreiche weitere Bezeichnungen, die Gesetzgeber und Rechtsprechung zumindest teilweise aufgegriffen haben. Sie verwenden den Begriff vielfältig in Kompositionen gemeinsam mit einem Bestimmungswort. Letztlich wird darüber ein Hinweis auf den möglichen Regelungsgehalt des im Bescheid verkörperten Verwaltungsakts gegeben. 53

---

65 BSG, Urt. v. 26.09.2017 – B 1 KR 8/17 R, Rn. 16; BSG, Urt. v. 11.07.2017 – B 1 KR 26/16 R, Rn. 17; BSG, Urt. v. 08.03.2016 – B 1 KR 25/15 R, Rn. 23.

66 BSG, Urt. v. 26.09.2017 – B 1 KR 8/17 R, Rn. 16; BSG, Urt. v. 11.07.2017 – B 1 KR 26/16 R, Rn. 17; BSG, Urt. v. 08.03.2016 – B 1 KR 25/15 R, Rn. 23.

67 BSG, Urt. v. 25.03.2021 – B 1 KR 22/20 R; BSG, Urt. v. 26.05.2020 – B 1 KR 9/18 R, Rn. 10; dem folgend die obergerichtliche Rechtsprechung wie etwa LSG Berlin-Brandenburg, Urt. v. 01.03.2022 – L 26 KR 208/20, Rn. 16.

68 BSG, Urt. v. 18.06.2020 – B 3 KR 14/18 R, Rn. 13.

69 *Schnitzler*, Die Besonderheiten des Sozialverfahrensrechts – Warum – und inwiefern – sind SGG, SGB I und SGB X anders als VwGO und VwVfG?, NJW 2019, 9 (10).

Hinweis:

Nicht abschließende Beispiele für solche Bescheide sind:
- Änderungsbescheid[70]
- Aufnahmebescheid[71]
- Befreiungsbescheid[72]
- Beitragsbescheid[73]
- Bewilligungsbescheid[74]
- Erstattungsbescheid[75]
- Feststellungsbescheid[76]
- Grundbescheid[77]
- Förderbescheid[78]
- Formularbescheid[79]
- Gebührenbescheid[80]
- Haftungsbescheid[81]
- Herabsetzungsbescheid[82]
- Honorarbescheid[83]
- Korrekturbescheid[84]
- Leistungsbescheid[85]
- Nachzahlungsbescheid[86]
- Rentenbescheid[87]
- Richtigstellungsbescheid[88]
- Schließungsbescheid[89]
- Veranlagungsbescheid[90]
- Widerspruchsbescheid[91]
- Wohngeldbescheid[92]
- Zulagebescheid[93]

70 § 160 Abs. 3 SGB VII.
71 RVO Anhang EV Auszug. Sachgebiet I Abschnitt III Nr. 1, c) (6).
72 BSG, Urt. v. 13.12.2018 – B 5 RE 1/18 – Rn. 24.
73 § 23 Abs. 3 SGB IV.
74 Z.B. § 20 Abs. 1 BAföG.
75 BSG, Urt. v. 28.11.2018 – B 14 AS 34/17 R, Rn. 10.
76 § 149 Abs. 5 SGB VI.
77 BSG, Urt. v. 20.05.2014 – B 1 KR 5/14 R, Rn. 11.
78 § 92b Abs. 4 SGB V.
79 BSG, Urt. v. 13.12.2018 – B 5 RE 1/18, Rn. 39; definiert als aus vorformulierten Texten bestehenden Bescheid, der in einer Vielzahl von Fällen im Wesentlichen wortgleich verwendet wird.
80 § 137g Abs. 1 SGB V.
81 § 28h Abs. 1 Satz 3 i.V.m. § 28h Abs. 2 Satz 1 SGB IV; vgl. BSG, Urt. v. 28.06.2022 – B 12 KR 5/20 R, Rn. 23, BSGE 134, 215–225, SozR 4–2400 § 28h Nr 8, SozR 4–2400 § 28e Nr 7.
82 BSG, Urt. v. 15.06.2023 – B 9 SB 2/22 R, Rn. 19.
83 BSG, Urt. v. 15.05.2019 – B 6 KA 65/17 R, Rn. 12.
84 BSG, Urt. v. 15.05.2019 – B 6 KA 65/17 R, Rn. 12.
85 § 92 Abs. 2 SGB VIII.
86 Z.B. § 285 Abs. 4 SGB VI.
87 §§ 46 Abs. 2, 101 Abs. 3 bis 5, 149 Abs. 5, 307a, 307b, 319c SGB VI.
88 BSG, Urt. v. 26.06.2019 – B 6 KA/68/17 R, Rn. 16.
89 § 146a S. 2 SGB V.
90 § 160 Abs. 1 SGB VII.
91 § 6 Abs. 2 SGB II.
92 Auch Wohngeldbewilligungsbescheid; §§ 24, 25, 31 42 WoGG.
93 § 128 Abs. 2 Satz 7 SGB XI.

- Zulassungsbescheid[94]
- Zuweisungsbescheid[95]

Ergänzen ließe sich das noch um die konkreten Anwendungsfälle der Aufhebung von Verwaltungsakten. Solche einen Bescheid aufhebenden Bescheide sind der Abhilfebescheid (§ 85 Abs. 1 SGG), der Rücknahmebescheid (z.B. §§ 44, 45 SGB X), der Widerrufsbescheid (z.B. §§ 46, 47 SGB X) sowie der Aufhebungsbescheid im Sinne des § 48 SGB X. Es handelt sich hierbei um die Anwendungsfälle der Beendigung der Wirksamkeit des Verwaltungsakts im Sinne der ersten Fallgruppe des § 39 Abs. 2 SGB X (»aufgehoben«). 54

▶ **Hinweis:**

Da die Aufhebung nicht immer vollständig, sondern auch nur teilweise erfolgen kann, kann synonym der Begriff des Änderungsbescheids für den Aufhebungsbescheid verwendet werden (vgl. dazu auch die Ausführungen unten Rdn. 67 f.).

2. Formale Mindestvoraussetzungen des Bescheids

Aus der vorgenannten Gleichsetzung des Bescheids mit dem verkörperten und bekannt gegebenen Verwaltungsakt ergeben sich die nachfolgend beschriebenen, formalen Mindestvoraussetzungen für einen Bescheid. 55

a) Identifikationserfordernisse

Nach § 33 Abs. 3 Satz 1 SGB X muss der Bescheid die erlassende Behörde erkennen lassen und die Unterschrift oder die Namenswiedergabe des Behördenleiters, seines Vertreters oder seines Beauftragten erkennen lassen[96]. Wird eine gesetzlich angeordnete Schriftform durch elektronische Form ersetzt (vgl. § 36a Abs. 2 SGB I), muss nach § 33 Abs. 3 Satz 2 SGB X auch das der Signatur zugrunde liegende qualifizierte Zertifikat oder ein zugehöriges qualifiziertes Attributzertifikat die erlassende Behörde erkennen lassen. Im Fall des Erlasses als De-Mail-Nachricht nach § 5 Abs. 5 De-Mail-Gesetz muss die Bestätigung nach eben dieser Vorschrift die erlassende Behörde als Nutzer des De-Mail-Kontos erkennen lassen (§ 33 Abs. 3 Satz 3 SGB X). 56

b) Verfügungssatz – Tenor

Der in § 31 Satz 1 SGB X für den Verwaltungsakt vorausgesetzte Regelungsgehalt der hoheitlichen Maßnahme stellt im Bescheid den sogenannten, von der Begründung des Bescheids zu trennenden Verfügungssatz dar. Dabei kann ein Bescheid durchaus mehrere Regelungen treffen und somit mehrere Verfügungssätze enthalten. 57

Der Begriff »Verfügungssatz« selbst ist im SGB X nicht enthalten. In § 37 Abs. 4 Satz 1 SGB X ist jedoch für die öffentliche Bekanntgabe bestimmt, dass der verfügende Teil des Verwaltungsakts bekannt gemacht wird. Letztlich geht es dort somit darum, dass der Regelungsgehalt des Verwaltungsakts ohne Begründung öffentlich bekannt gemacht wird. 58

In einem Bescheid wird der Verfügungssatz oft, aber nicht zwingend in einem gesonderten Tenor formuliert. Den Behörden ist die Formulierung eines solchen Tenors nicht vorgegeben. Deshalb sind die Erklärungen auch im Hinblick auf den Regelungsgehalt bis hin zu der Frage, ob überhaupt etwa geregelt werden soll nach dem »Empfängerhorizont« eines verständigen Beteiligten auszulegen. Der berücksichtigt dafür die von der Behörde nach ihrem wirklichen Willen erkennbar in ihre Ent- 59

94 § 119a Abs. 3 SGB VI.
95 BSG, Urt. v. 15.05.2019 – B 6 KA 65/17 R, Rn. 12.
96 Dazu im Einzelnen die Kommentierung zu § 33 Rdn. 17.

scheidung einbezogenen Zusammenhänge, wobei Unklarheiten zulasten der Behörde gehen[97]. Die Darstellung der Regelung im Tenor ist deshalb zu empfehlen.

Dieser somit im Tenor enthaltene Verfügungssatz muss sich vor allem am Bestimmtheitsgrundsatz gem. § 33 Abs. 1 SGB X messen lassen. Für den Adressaten eines Bescheids muss erkennbar sein, was konkret geregelt wird.[98]

c) Inhaltsadressat

60 Der in § 33 Abs. 1 SGB X enthaltene Bestimmtheitsgrundsatz erfordert auch, dass aus dem Bescheid klar wird, wem gegenüber die Regelung ergehen soll. Der Inhaltsadressat[99] muss sich aus dem Bescheid mit hinreichender Klarheit ermitteln lassen.

Dem kann nachgekommen werden, indem etwa ein gesonderter Betreff in den Bescheid aufgenommen wird, in dem der jeweilige Inhaltsadressat namentlich aufgeführt wird.

d) Begründung

61 Bescheide bedürfen aufgrund ihres Charakters als schriftlich oder elektronisch verkörperter Verwaltungsakt im Regelfall einer Begründung (§ 34 Abs. 1 Satz 1 SGB X).

Den Aufbau der Begründung in einen Teil für Tatsachen und einen Teil für Rechtsgründe gibt § 33 Abs. 1 Satz 2 SGB X mit dem Verlangen nach diesen Mindestinhalten vor.

Bei Ermessensverwaltungsakten müssen außerdem die Gesichtspunkte erkennbar werden, von denen sich die Behörde bei der Ermessenausübung leiten ließ.

62 Enthält der Bescheid eine Anordnung der sofortigen Vollziehung im Sinne des § 86a Abs. 2 Nr. 5 SGG, so muss diese ebenfalls gesondert begründet werden.

Diese Begründung kann in die Begründung des Bescheids integriert werden, sollte aber im Falle der Gliederung aus Gründen der Übersichtlichkeit einen eigenen Gliederungspunkt darstellen.

e) Rechtsbehelfsbelehrung

63 Letztlich ist dem Bescheid nach Maßgabe des § 36 SGB X eine Rechtsbehelfsbelehrung beizufügen. Ein Verstoß gegen diese Vorschrift macht den Bescheid jedoch nicht rechtswidrig, sondern führt lediglich nach § 66 Abs. 2 SGG zu einer Verlängerung der Rechtsbehelfsfrist auf ein Jahr.[100]

3. Sonderformen des Bescheids

a) Vorläufiger Bescheid

64 Regelungen im **Bescheid** können lediglich vorläufigen Charakter haben. Ihre Wirkungsdauer ist dann von vornherein begrenzt.[101] Vorläufige Bescheide enthalten Zwischenentscheidungen.

▶ **Beispiele:**

Typische Beispiele sind etwa die Bewilligung eines Vorschusses auf Grundlage des § 42 Abs. 1 SGB I oder die vorläufige Entscheidung über die Erbringung von Geld- und Sachleistungen auf Grundlage des § 41a SGB II.

97 St. Rspr.; vgl. etwa BSG, Urt. v. 29.02.2024 – B 8 SO 2/23 R, juris, Rn. 14.
98 Dazu die Kommentierung zu § 33 Rdn. 3 bis 6.
99 Dazu die Kommentierung zu § 33 Rdn. 7.
100 Dazu die Kommentierung zu § 36 Rdn. 11 ff.
101 Vgl. bereits Rdn. 30.

Vorläufige Bescheide erledigen sich durch Erlass eines endgültigen Bescheides, ohne dass es einer gesonderten Aufhebung bedarf. Es handelt sich dann um eine Erledigung auf andere Weise im Sinne des § 39 Abs. 2 Halbs. 2 SGB X.[102]

b) Zweitbescheid

Ein sogenannter Zweitbescheid liegt vor, wenn eine Behörde in einem auf Antrag oder von Amts wegen erlassenen Bescheid eine bereits bestandskräftige Regelung eines Verwaltungsakts wiederholt. Maßgeblich für das Kriterium des Vorliegens eine Zweitbescheids dürfte die diesem Bescheid zugrundeliegende neue Sachentscheidung der Behörde sein. Typischerweise wäre das bei einem Verfahren auf Aufhebung nach §§ 44 ff. SGB X der Fall, welches dann aber nicht mit der Aufhebung, sondern mit der Bestätigung des ursprünglichen Verwaltungsakts endete.[103] Der Zweitbescheid eröffnet wegen des eigenständigen Regelungscharakters den Klageweg neu; die Bindungswirkung des § 77 SGG wird insoweit durchbrochen. 65

Vom Zweitbescheid zu unterscheiden ist die sogenannte »wiederholende Verfügung«. Diese liegt nach Ansicht der Rechtsprechung dann vor, wenn lediglich der Verfügungssatz eines Bescheides in einem neuen Bescheid wiederholt wird. Dann fehlt der eigene Regelungscharakter und es liegt kein eigener Verwaltungsakt vor[104]; Möglichkeiten des Rechtsschutzes werden hierdurch also nicht eröffnet. 66

c) Aufhebungs- und Änderungsbescheid

Gemäß § 39 Abs. 2 Alt. 1 SGB X endet die Wirksamkeit eines Verwaltungsakts mit seiner Aufhebung. Neben der anderweitigen Aufhebung[105] betrifft das die Aufhebung durch Rücknahme und Widerruf.[106] Die Entscheidung über Rücknahme oder Widerruf wird in einem Bescheid verkörpert, was ihn zu einem Aufhebungsbescheid, Rücknahmebescheid oder Widerrufsbescheid macht. Der Begriff des Aufhebungsbescheides dient hier als Oberbegriff. Die Verwendung dieser Bezeichnung ist nicht erforderlich, in jedem Fall aber ausreichend. 67

Eine Aufhebung im Sinne des § 39 Abs. 2 SGB X liegt aber auch dann vor, wenn der jeweilige Verwaltungsakt nur geändert werden soll. 68

▶ **Hinweis:**

Dogmatisch handelt es sich bei jeder Änderung um eine teilweise Aufhebung der ursprünglichen Regelung (Regelung 1) und ggf. Ersetzung oder Hinzufügung einer neuen Regelung (Regelung 2). Jeder Änderungsbescheid ist daher ein auf eine Aufhebungsvorschrift (Rücknahme oder Widerruf) zu stützender Aufhebungsbescheid.

d) Ausführungsbescheid

Entspricht eine Behörde einer in einem Urteil auferlegten Verpflichtung in einem Bescheid, so wird das als Ausführungsbescheid bezeichnet. Gewöhnlich trifft die Behörde dann keine eigene Regelung[107]. Es handelt sich dann bei einem solchen Ausführungsbescheid nicht um einen Verwaltungsakt im Sinne des § 31 Satz 1. Etwas anderes gilt aber dann, wenn das Urteil für den Leistungsausspruch noch zu unbestimmt war und zur Feststellung der Leistungsdauer und -höhe noch eine Konkretisierung durch eine eigene 69

---

102 Vgl. dazu § 39 Rdn. 22.

103 Grundsätzlich BSG, Urt. v. 07.04.2016 – B 5 R 26/15 R, Rn. 18 ff.; in diesem Sinne kritisch zur Terminologie »Zweitbescheid« BeckOGK/*Sandbiller*, SGB X, § 44 Rn. 26.

104 BSG, Urt. v. 11.03.2009 – B 6 KA 15/08, Rn. 19 m.w.N.

105 Dazu § 39 Rdn. 17.

106 §§ 44 ff.; vgl. die Ausführungen bei § 39 Rdn. 15 f.

107 BSG, Beschl. v. 18.09.2003 – B 9 V 82/02 B.

behördliche Regelung erforderlich ist[108]. Es empfiehlt sich daher stets eine Einzelfallbetrachtung vor dem Hintergrund der notwendigen Gewährung von Rechtsschutz.

§ 31a Vollständig automatisierter Erlass eines Verwaltungsaktes

[1]Ein Verwaltungsakt kann vollständig durch automatische Einrichtungen erlassen werden, sofern kein Anlass besteht, den Einzelfall durch Amtsträger zu bearbeiten. [2]Setzt die Behörde automatische Einrichtungen zum Erlass von Verwaltungsakten ein, muss sie für den Einzelfall bedeutsame tatsächliche Angaben des Beteiligten berücksichtigen, die im automatischen Verfahren nicht ermittelt würden.

Übersicht

A. Inhalt

1 Die Vorschrift modifiziert § 31 dahingehend, dass die dort für die Definition des Verwaltungsaktes vorausgesetzte behördliche Entscheidung auch über die Programmierung von automatischen Einrichtungen erfolgen kann. Gleichzeitig setzt die Vorschrift aber auch deutliche Grenzen für den Erlass von vollständig durch automatische Einrichtungen erlassene Verwaltungsakte. Ein solches Verfahren kommt danach im Ergebnis nur dann in Betracht, wenn auf Tatbestandsseite eindeutige Angaben vollständig vorliegen, diese keiner Beurteilung bzw. Wertung zugänglich sind und auf Rechtsfolgenseite eine gebundene Entscheidung vom Gesetz vorgesehen ist. Die Vorschrift ist in Zusammenhang mit § 36a SGB I zur elektronischen Kommunikation sowie § 37 Abs. 2a (siehe die dortige Kommentierung) zu lesen.

B. Einzelerläuterungen

I. Gesetzgebungshistorie

2 Die mit Wirkung zum 01.01.2017 in Kraft tretende Vorschrift wurde durch Art. 19 Nr. 2 des »Gesetz es zur Modernisierung des Besteuerungsverfahrens« vom 18.07.2016[1] eingeführt. Eigentlicher Anlass für das Gesetz war die Einführung von Maßnahmen zur technischen, organisatorischen und rechtlichen Modernisierung des Besteuerungsverfahrens.[2] Demgemäß sah der Gesetzentwurf zunächst nur zahlreiche Änderungen der Abgabenordnung vor. Allerdings sollte der bisher bestehende, weitestgehende Gleichklang der drei Verwaltungsverfahrensgesetze (VwVfG, SGB X und AO) möglichst aufrechterhalten werden. Unter anderem deshalb wurden im Finanzausschuss Änderungsvorschläge zur Aufnahme maßgeblicher Regelungen in das SGB X und das VwVfG diskutiert und als entsprechende Beschlussempfehlungen aufgenommen. Diese wurden letztlich umgesetzt.[3]

II. Zweck

3 Die Vorschrift hat überwiegend Klarstellungsfunktion. Es soll sichergestellt werden, dass der Einsatz automatischer Einrichtungen beim Erlass von Verwaltungsakten rechtssicher gehandhabt wird.[4] Das

---

108 BSG, Beschl. v. 18.09.2003 – B 9 V 82/02 B, Rn. 6.

1 BGBl. I, S. 1679.

2 BT-Drucks. 18/7457, S. 1.

3 Näheres zum Gesetzgebungsverfahren bei *Schmitz/Prell*, Neues zum E-Government – rechtsstaatliche Standards für E-Verwaltungsakt und E-Bekanntgabe im VwVfG, NVwZ 2016, 1273 (1274).

4 Kritisch *Luthe*, Der vollständig automatisierte Erlass eines Verwaltungsakts, SGb 2017, 250 ff.

dient der Verfahrensbeschleunigung und der Kostenreduzierung, da einfach strukturierte Verfahren mit geringerem Aufwand hierdurch schnell erledigt werden können.[5]

Nach dem klassischen Verständnis der Begrifflichkeiten des § 31 setzt das Handeln durch Verwaltungsakt allerdings eine menschliche Willensbetätigung voraus. Richtigerweise ist die in § 31 wörtlich aufgeführte »Maßnahme« eine Willenserklärung (vgl. § 31 Rdn. 8). Der vollständig automatisierte Erlass von Verwaltungsakten ist technisch möglich und – nach Ansicht des Gesetzgebers – auch vertretbar. Der maßgebliche und erforderliche Wille wird bei der Programmierung vorweggenommen,[6] es erfolgt also eine zeitliche Regelung zwischen der Willensbetätigung und dem eigentlichen Entäußerungsakt. Diese zeitliche Trennung ist auch bei der Einzelfallbearbeitung nicht selten. Auch setzt die Verwaltung schon bisher in vielfältiger Weise automatische Einrichtungen als Hilfsmittel beim Erlass von Verwaltungsakten stetig zunehmend ein. Die hierbei verwendeten Systeme werden auch immer leistungsfähiger, so dass die Inanspruchnahme automatisierter Prozesse naheliegt. Die Vorschrift dient deshalb in erster Linie der Klarstellung in zweierlei Hinsicht. Einmal wird die Vorwegnahme der Willensbetätigung bei der Programmierung des Systems vom Gesetzgeber ausdrücklich anerkannt. Darüber hinaus wird dargestellt, dass in Folge dessen der Erlass eines Verwaltungsaktes vollständig durch automatische Einrichtungen als zulässig angesehen wird.[7] Schon nach bisheriger Dogmatik wäre das wohl auch nach dem Verständnis des § 31 möglich gewesen, die Klarstellung dient der Rechtssicherheit. Das ergibt sich insbesondere auch aus den in der Vorschrift enthaltenen Einschränkungen, wonach die individuelle Bearbeitung etwa zwingend wird, wenn das anzuwendende materielle Recht eine solche erfordert (siehe dazu die nachfolgenden Ausführungen). 4

III. Erlass durch automatische Einrichtungen

1. Automatische Einrichtungen

Bei einem automatisiert erlassenen Verwaltungsakt erfolgt keine individualisierte Entscheidung. Vielmehr ist die verwendete Software so programmiert, dass nach Maßgabe der vorliegenden Algorithmen, die durch die entsprechende Eingabe von Daten des Beteiligten ausgelöst werden, ein entsprechendes Ergebnis erzielt wird. Zutreffend wird daher darauf hingewiesen, dass eine Unterscheidung zum elektronischen Verwaltungsakt im Sinne des § 33 Abs. 2 Satz 1 SGB X und erst recht zum elektronisch übermittelten Verwaltungsakt (§ 37 Abs. 2 Satz 2, Abs. 2a SGB X sowie § 36a Abs. 1 SGB I) besteht.[8] Anders als bei vorgenannten Verwaltungsakten ist beim vollautomatisierten Verwaltungsakt die Art und Weise der Entscheidungs- bzw. Regelungsbildung maßgeblich. 5

Der Begriff der automatischen Einrichtungen ist nicht neu. So enthält § 33 Abs. 5 formelle Vorgaben für Verwaltungsakte, die mit Hilfe automatischer Einrichtungen erlassen werden (siehe § 33 Rdn. 18). § 31a unterscheidet sich von dieser Vorschrift insoweit, als Verwaltungsakte nicht nur mit Hilfe automatischer Einrichtungen durch einen Sachbearbeiter, sondern vollständig durch automatische Einrichtungen ohne Sachbearbeiter erlassen werden. Die Entscheidung wird vereinfacht ausgedrückt im Zuge der Programmierung angelegt, was den Anforderungen an das Rechtsstaatsgebot und konkret an die Gesetzesbindung der Verwaltung gerade noch genügt[9]. 6

2. Verwaltungsverfahren

Generell sind für das Verfahren die speziellen Vorgaben des § 36a SGB I zu elektronischen Verwaltungsakten zu beachten. Das gilt insbesondere für die notwendige Identifikationsprüfung nach 7

5 BT-Drucks. 18/8434, S. 121; weiterführend *Guggenberger*, Einsatz künstlicher Intelligenz in der Verwaltung, NVwZ 2019, 844.
6 BT-Drucks. 18/8434, S. 120.
7 BT-Drucks. 18/8434, S. 120.
8 *Müller*, Modernisierter elektronischer Rechtsverkehr im Sozialverwaltungsverfahren, NZS 2024, 161 (167).
9 *Herold*, Demokratische Legitimation automatisiert erlassener Verwaltungsakte, 2020; Besprechung *Müller-Grune*, ThürVBl. 2022, 224.

den nunmehr in § 36a Abs. 2a SGB I vorgesehenen Möglichkeiten (z.B. § 18 Personalausweisgesetz, § 12 eID-Karte-Gesetz, § 78 Abs. 5 Aufenthaltsgesetz usw.).

Die vollständige Automatisierung des Verfahrens kann auf vielerlei Weise erfolgen. Bereits die ständige Fortentwicklung der Technik macht eine konkrete Darstellung unmöglich. Allgemein wird es aber vor allem darauf ankommen, dass der eigentliche Be- und Verarbeitungsprozess auf behördlicher Seite ohne Zutun eines qualifizierten Sachbearbeiters auskommt. Dabei kann offenbleiben, wie die für den automatisiert ablaufenden Entscheidungsprozess erforderlichen Informationen in das System gelangen. Das kann ebenso durch manuelle Eingabe von Daten in eine Maske in einem Internetportal[10] (siehe auch die besonderen Formvorgaben zur Verwendung von elektronischen Formularen § 36a Abs. 2a Nr. 1 SGB I) durch den Beteiligten erfolgen wie etwa über eine Applikation an mobilen Endgeräten (z.B. Smartphones). Besondere Bedeutung kommt insoweit dem elektronischen Angebot über die Verwaltungsportale von Bund und Ländern in § 1a Abs. 1 Satz 1 OZG zu. Im Übrigen ist auch das eigenständige und automatisierte Herauslesen aus eingescannten Dokumenten denkbar. Letztlich können die Daten sogar schon im System vorliegen, was insbesondere im Zuge der Registermodernisierung umgesetzt wird (vgl. dazu etwa das Identifikationsnummerngesetz – IDNrG). Es entspricht der in der Gesetzesbegründung aufgeführten Intention, sogar etwaige Änderungsbescheide vollautomatisch zu erlassen.[11] Werden zu einem Stichtag die gesetzlichen Renten oder andere Leistungen prozentual erhöht, kann dies denkbar automatisiert anhand der bereits vollständig im System vorhandenen Daten erfolgen.

8 Vor Beginn eines Verwaltungsverfahrens stehen oftmals besondere Auskunfts- und Beratungsbedürfnisse durch die späteren Beteiligten. Diese allgemein in den §§ 13 bis 15 SGB I und dann zumindest teilweise speziell in den einzelnen Sozialgesetzbüchern (vgl. etwa § 11 SGB XII) normierten Pflichten lassen sich grob sicherlich auch durch standardisierte Maßnahmen wie Textbausteine (auch in einfacher Sprache) oder technisch durch sogenannte Chatbots[12] unterstützen. Mit zunehmendem technischem Fortschritt und der weiteren Verbreitung von KI-basierten Systemen wird auch der Individualisierungsgrad dieser Form der Beratung und Auskunft steigen. Dennoch muss sichergestellt bleiben, dass die späteren Beteiligten auch bereits im Vorfeld bei komplexeren Fragestellungen mit natürlichen Personen bei der Behörde in Kontakt treten können. Die technischen Möglichkeiten dürfen somit allenfalls unterstützend wirken.

9 Anwendungsprobleme könnten sich im Hinblick auf das Verwaltungsverfahren bzw. im Hinblick auf den Zeitpunkt des Beginns dieses Verfahrens ergeben. Nach § 8 handelt es sich bei einem Verwaltungsverfahren um die nach außen wirkende Tätigkeit der Behörden, soweit sie auf die Prüfung der Voraussetzungen, die Vorbereitung und den Erlass eines Verwaltungsaktes gerichtet ist. Nach § 18 beginnt das Verfahren entweder mit Antragstellung oder aufgrund einer nach pflichtgemäßem Ermessen getroffenen Entscheidung der Behörde. Hier kommt es nun darauf an, wer die Initiative zur Inanspruchnahme der automatisierten Einrichtung ergreift. In Antragsverfahren wird das der Beteiligte selbst sein. In diesen Fällen kommt es also auf die technischen Voraussetzungen an, welche die Antragstellung als abgeschlossen erscheinen lassen.[13] Werden hingegen Leistungsbescheide automatisiert aufgrund einer Gesetzesänderung angepasst, so beginnt das Verfahren mit dem Auslösen des Vorgangs, der zu einer automatisierten Neuberechnung und Bekanntgabe der Bescheide führt.

10 Auch der Untersuchungsgrundsatz im Sinne des § 20 gilt uneingeschränkt. Allerdings fehlt der Vorschrift der in § 24 Abs. 1 Satz 2 VwVfG enthaltene Zusatz, dass die Behörde »für den Einzelfall

---

10 *Schmitz/Prell*, Neues zum E-Government – rechtsstaatliche Standards für E-Verwaltungsakt und E-Bekanntgabe im VwVfG, NVwZ 2016, 1273 (1275).

11 Als Beispiel wird die maschinelle Anpassung laufender Sozialleistungen der Höhe nach in einer Vielzahl von gleich gelagerten Einzelfällen aufgeführt (BT-Drucks. 18/8434, S. 121).

12 dazu *Eichenhofer*, Der vollautomatisierte Verwaltungsakt zwischen Effizienz- und Rechtsschutzgebot, DÖV 2023, 93 (98).

13 Im Falle eines Zugriffs auf ein Internetportal kann das etwa durch eine verbindliche »Bestätigung« der Antragstellung sichergestellt werden (so etwa *Schmitz/Prell*, Neues zum E-Government – rechtsstaatliche Standards für E-Verwaltungsakt und E-Bekanntgabe im VwVfG, NVwZ 2016, 1273 [1274]).

bedeutsame tatsächliche Angaben des Beteiligten« berücksichtigen müsse, die im automatischen Verfahren nicht ermittelt würden. Diese verfahrensrechtliche Komponente ist aber wörtlich in § 31a Satz 2 aufgegriffen. Systematisch wäre sie sicher besser in § 20 zu verorten, was ihren Regelungsgehalt allerdings nicht schmälert.

Vor Erlass eines belastenden Verwaltungsaktes ist auch bei einem beabsichtigten vollautomatisierten Erlass überdies nach § 24 Abs. 1 zwingend eine Anhörung durchzuführen, sofern nicht ein Ausnahmegrund im Sinne des § 24 Abs. 2 greift. In der Praxis dürfte dies vor allem die Gründe nach § 24 Abs. 2 Nr. 3, 4 und 5 betreffen, da bei vollautomatisiert erlassenen Verwaltungsakten zumeist die vom Beteiligten selbst gemachten Angaben verarbeitet werden (§ 24 Abs. 2 Nr. 3) bzw. gleichartige Verwaltungsakte in größerer Zahl erlassen werden (§ 24 Abs. 2 Nr. 4) und auch Leistungen angepasst werden sollen (§ 24 Abs. 2 Nr. 5). Es stellt sich dann die Frage, ob bei zu bejahender Notwendigkeit der Durchführung eines Anhörungsverfahrens überhaupt noch ein vollautomatischer Verwaltungsakt in Betracht kommen wird. Das hängt von der technischen Entwicklung ab.

3. Form und Begründung

Schon bisher enthielt hielt § 33 Abs. 5 Formerleichterungen für Verwaltungsakte, die mithilfe auto- 11
matischer Einrichtungen erlassen werden. Diese Vorschrift ist auch auf Verwaltungsakte im Sinne des § 31a anwendbar. Es kann für die dort vorgesehene Formerleichterung keine Rolle spielen, ob der Verwaltungsakt nur mit Hilfe oder unter vollständiger Einbeziehung automatischer Einrichtungen erlassen wurde. Maßgeblich ist nach dem Sinn der gesetzlichen Vorschrift darauf abzustellen, dass jedenfalls die erlassende Behörde für den Beteiligten erkennbar sein muss. Das ergibt sich aus § 33 Abs. 3 Satz 1, der durch § 33 Abs. 5 lediglich soweit modifiziert wird, als Unterschrift und Namenswiedergabe des Behördenleiters, des Vertreters oder des Beauftragten fehlen können. Wenn dies aber bereits für einen nur teilweise unter Zuhilfenahme von automatischen Einrichtungen erlassenen Verwaltungsakt als entbehrlich angesehen wird, muss dies erst recht gelten, wenn der Verwaltungsakt überhaupt nicht mehr unter Beteiligung einer natürlichen Person zu Stande kommt. Es ist daher konsequent, dass der Gesetzgeber bei Einführung des § 31a keine flankierenden Änderungen zu den Vorgaben vorgenommen hat.

Auch die Frage nach der Verkörperung des automatisiert erlassenen Verwaltungsaktes lässt sich einfach 12
beantworten, da die Vorschrift des § 33 vollständig anwendbar ist. Diese Verkörperung kann auf Papier oder durch Speicherung auf elektronischen Medien erfolgen, auf die rechtliche Bewertung des Erlasses als solche hat das keinen Einfluss.[14] Vorgaben dazu enthält das jeweils materielle Recht, in dem auch die Ermächtigungsgrundlage zum Verwaltungsakt enthalten ist (vgl. dazu § 31 Rdn. 32 f.).

Auch die nach § 35 Abs. 1 notwendige Begründung kann zunächst entfallen. § 35 Abs. 2 Nr. 3 13
enthält eine Ausnahme von der Begründungspflicht für Verwaltungsakte, die »mit Hilfe automatischer Einrichtungen« erlassen wurden. Das betrifft den Anwendungsbereich des § 31a unmittelbar. Der Beteiligte hat dann aber die Möglichkeit bzw. den insoweit vorbehaltlosen Anspruch, innerhalb eines Jahres seit Bekanntgabe eine schriftliche oder elektronische Begründung zu verlangen. Dieser Anspruch ist in § 35 Abs. 3 geregelt.

4. Bekanntgabe

Bescheide bzw. Verwaltungsakte, die im vollautomatisierten Verfahren erlassen wurden, unterliegen 14
zunächst keinen gesonderten Bekanntgabevorschriften. Es gilt deshalb § 37, was den in § 37 Abs. 5 enthaltenen Verweis auf die Zustellungsvorschriften des Bundes und der Länder einschließt. Der Gesetzgeber hat im Zuge der Einführung des § 31a allerdings mit § 37 Abs. 2a und 2b sowie mit § 9 OZG konsequent zusätzliche und damit alternative Möglichkeiten zur Bekanntgabe von elektronischen Verwaltungsakten geschaffen. Ähnliche Vorschriften enthalten Landesgesetze zur Ver-

14 *Schmitz/Prell*, Neues zum E-Government – rechtsstaatliche Standards für E-Verwaltungsakt und E-Bekanntgabe im VwVfG, NVwZ 2016, 1273 (1274).

waltungsdigitalisierung. Die Bescheide können unter den dort aufgeführten Voraussetzungen über öffentlich zugängliche Netze abgerufen werden. Das flankiert den mit Einführung des § 31a verfolgten Gesetzeszweck der Verfahrensbeschleunigung und Kostenreduzierung. Werden voll automatisiert erlassene Verwaltungsakte mithin elektronisch verkörpert, so besteht für diese nunmehr eine weitere Bekanntgabemöglichkeit. Im Fall der Zustellung bestehen die Möglichkeiten der elektronischen Zustellung nach § 5 Abs. 5 bis 7 VwZG bzw. im Fall der Verwendung von De-Mail derzeit noch des § 5a VwZG (sowie der entsprechenden Zustellungsvorschriften der Länder).

5. Vorbehalt der Einzelfallbearbeitung (Satz 1)

15 Nach Satz 1 der Vorschrift ist eine voll automatisierte Bearbeitung allerdings nur dann zulässig, wenn der Einzelfall nicht durch einen Amtsträger zu bearbeiten ist. Mit dieser Formulierung setzt sich die Vorschrift des § 31a Satz 1 vom Wortlaut der Parallelvorschrift des § 35a VwVfG ab. Dort wird nämlich zunächst zur Voraussetzung gemacht, dass eine Rechtsvorschrift den vollständigen Erlass durch automatische Einrichtungen zulassen muss. Darüber hinaus darf weder ein Ermessen noch ein Beurteilungsspielraum bestehen.[15] § 31a geht mit der in Satz 1 aufgeführten Einschränkung darüber hinaus.

Zunächst umfasst die Einschränkung der anlassbezogenen Einzelverarbeitung ebenfalls Verwaltungsakte, bei denen die Ermächtigungsnorm auf Rechtsfolgenseite ein Ermessen einräumt oder der Verwaltung auf Tatbestandsseite einen Beurteilungsspielraum zugesteht. Das setzt nämlich bereits aus verfassungsrechtlichen Gründen stets eine individualisierte Bearbeitung voraus, die naturgemäß zwingend durch einen Amtsträger vorgenommen werden muss. Dass muss auch Fälle umfassen, bei denen letztlich ein intendiertes Ermessen oder eine Reduktion auf Null (etwa durch Selbstbindung) anzunehmen sind. Allein die Annahme einer dieser Fälle setzt eine individuelle Prüfung des Einzelfalls voraus, was den automatischen Erlass ausschließt. Anderenfalls würden die Grenzen des Ermessens (§ 39 Abs. 1 SGB I) mangels Prüfung nicht eingehalten werden.

16 Inzwischen wird auch diskutiert, ob die durch § 31a eröffneten Möglichkeiten zur vollständigen Automatisierung gleichsam ermessensreduzierend im Anwendungsbereich des § 9 Satz 2 wirken[16]. Danach ist das nichtförmliche Verwaltungsverfahren »einfach, zweckmäßig und zügig« durchzuführen. Mit guter Argumentation lässt sich aus Gründen der Verfahrenseffizienz eine Verpflichtung der Behörden ableiten[17]. Diese dürfte allerdings allenfalls objektiv-rechtlich wirken. Einen subjektiven, ggf. durchsetzbaren Anspruch auf vollautomatisierte Durchführung vermittelt die Vorschrift nicht. Zu diskutieren ist eher umgekehrt, ob nicht die im GG aufgeführte Menschenwürde und das Recht auf informationelle Selbstbestimmung einen Anspruch auf individuelle Entscheidung begründen könnten. Dies kommt jedenfalls auch in Art. 22 Abs. 1 DSGVO zum Ausdruck, der eine vollautomatische Datenverarbeitung im Regelfall untersagt (zur Anwendung im Bereich des § 31a vgl. unten Rdn. 18).

6. Berücksichtigung tatsächlicher Angaben des Beteiligten (Satz 2)

17 Zutreffend wird in der Begründung bei Einführung der Vorschrift darauf hingewiesen, dass der mit automatischen Verfahren einhergehende hohe Grad an Schematisierung die Gefahr birgt, dass bei unvorhergesehenen Fallgestaltungen falsche Ergebnis erzielt werden. Daher muss sichergestellt sein, dass tatsächliche Angaben eines Beteiligten berücksichtigt werden, sofern sie für den Einzelfall

---

15 § 35a VwVfG lautet vollständig: »Ein Verwaltungsakt kann vollständig durch automatische Einrichtungen erlassen werden, sofern dies durch Rechtsvorschrift zugelassen ist und weder ein Ermessen noch ein Beurteilungsspielraum besteht.« (BGBl. I, S. 1679, 1708).

16 *Machert*, Der vollautomatisierte Erlass eines Verwaltungsaktes – ein alternativloses Gestaltungsgebot beim Erlass eines Bescheides nach dem SGB II?, NZS 2023, 681ff.

17 Konkret wird das jedenfalls für das Bürgergeld-Gesetz aus dessen »Prämisse des vereinfachten Zugangs, der besseren Transparenz, Beschleunigung und der Verwaltungsvereinfachung« abgeleitet; vgl. *Machert*, Der vollautomatisierte Erlass eines Verwaltungsaktes – ein alternativloses Gestaltungsgebot beim Erlass eines Bescheides nach dem SGB II?, NZS 2023, 681 (685).

bedeutsam sind und gerade nicht im automatischen Verfahren ermittelt werden konnten. Das kann etwa der Fall sein, wenn die maßgebliche Eingabemaske bestimmte Fallgestaltungen nicht berücksichtigt. Dann muss durch einen Amtsträger geprüft werden, ob diese vom Beteiligten gemachte Angabe zu einer veränderten Handhabung (mangels Antizipation bei der Einrichtung bzw. Programmierung des jeweiligen Systems[18]) führen muss oder nicht. Nur dann, wenn keine Änderung veranlasst ist, kann noch von einem vollautomatisierten Erlass ausgegangen werden. Für die rechtliche Bewertung des Verwaltungsaktes ist das allerdings im Ergebnis unbeachtlich. Wird aber umgekehrt eine berücksichtigungsfähige Tatsache nicht einbezogen, so kann dies zu einem materiellen Fehler des Verwaltungsaktes führen. Obwohl Satz 2 eine formelle Vorgabe für das Verwaltungsverfahren enthält (siehe oben Rdn. 11), dürfte sich ein Verstoß vor allem im Hinblick auf die materielle Rechtmäßigkeit des Verwaltungsaktes auswirken.

IV. § 31a und sekundäres Unionsrecht

Zu Recht wird in Kommentierungen zu § 35a VwVfG darauf hingewiesen, dass der vollständigen automatisierten Verarbeitung personenbezogener Daten konkrete Grenzen im sekundären Unionsrecht, dort insbesondere in der DSGVO, gesetzt sind.[19] 18

So setzt Art. 9 Abs. 1 DSGVO dem sogenannten Profiling (zum Begriff Art. 4 Nr. 4 DSGVO) enge Grenzen (siehe auch Art. 22 Abs. 4 DSGVO). Vollautomatisierte Verfahren können damit beispielsweise ohne Einwilligung der Betroffenen nicht Zuständigkeitswechsel durch Wohnortwechsel automatisiert nachvollziehen. Allerdings fehlt es hierzu noch an Rechtsprechung, so dass die Entwicklung weiter beobachtet und nachvollzogen werden muss.

Auch Art. 22 Abs. 1 DSGVO steht einer vollautomatischen Entscheidung zunächst grundsätzlich entgegen. Die Vorschrift lässt in Absatz 2 zwar Ausnahmen zu. Eine ausdrückliche Einwilligung (Art. 22 Abs. 2 lit. c DSGVO) erscheint aber effizienzwidrig – der mit § 31a begründete Vorteil der Verwaltungsvereinfachung schwindet zumindest in einigen Fällen, wenn zunächst eine Einwilligung einzuholen ist. Anders aber Art. 22 Abs. 2 lit.b DSGVO, der eine Ausnahme durch »Rechtsvorschriften« der Union oder der Mitgliedsaaten zulässt. Zu beachten ist für die Auslegung und Anwendbarkeit von Art. 22 Abs. 1 DSGVO, dass auch schon die vollautomatisierte Entscheidungsvorbereitung dem Anwendungsbereich unterliegt[20].

Es wird für die Anwendbarkeit des § 31a somit zukünftig darauf ankommen, im jeweiligen materiellen Recht einen gesetzlichen Rahmen für die vollautomatische Datenverarbeitung zu setzen. Diesen Rahmen bietet § 31a selbst nicht.

§ 32 Nebenbestimmungen zum Verwaltungsakt

(1) Ein Verwaltungsakt, auf den ein Anspruch besteht, darf mit einer Nebenbestimmung nur versehen werden, wenn sie durch Rechtsvorschrift zugelassen ist oder wenn sie sicherstellen soll, dass die gesetzlichen Voraussetzungen des Verwaltungsaktes erfüllt werden.

(2) Unbeschadet des Absatzes 1 darf ein Verwaltungsakt nach pflichtgemäßem Ermessen erlassen werden mit

1. **einer Bestimmung, nach der eine Vergünstigung oder Belastung zu einem bestimmten Zeitpunkt beginnt, endet oder für einen bestimmten Zeitraum gilt (Befristung),**
2. **einer Bestimmung, nach der der Eintritt oder der Wegfall einer Vergünstigung oder einer Belastung von dem ungewissen Eintritt eines zukünftigen Ereignisses abhängt (Bedingung),**

18 BT-Drucks. 18/8434, S. 121.

19 Ausführlich und mit weiteren Nachweisen jeweils Stelkens/Bonk/Sachs/*U. Stelkens*, VwVfG, § 35a Rn. 58–63; Schoch/Schneider/*Hornung*, VwVfG, § 35a Rn. 16–24; dagegen ohne nähere Begründung-BeckOGK/*Mutschler*, SGB X, § 31a Rn. 2.

20 EuGH, Urt. v. 07.12.2023 – C-634/21 (Schufa).

3. einem Vorbehalt des Widerrufs
oder verbunden werden mit
4. einer Bestimmung, durch die dem Begünstigten ein Tun, Dulden oder Unterlassen vorgeschrieben wird (Auflage),
5. einem Vorbehalt der nachträglichen Aufnahme, Änderung oder Ergänzung einer Auflage.

(3) Eine Nebenbestimmung darf dem Zweck des Verwaltungsaktes nicht zuwiderlaufen.

Übersicht

A. Inhalt

1 Die mit § 36 VwVfG und § 120 AO wörtlich übereinstimmende Vorschrift hat die Zulässigkeit von Nebenbestimmungen zum Inhalt. Eine materielle Ermächtigungsgrundlage zum Erlass von Nebenbestimmungen stellt sie hingegen nicht dar, diese ist stets den Vorschriften zu entnehmen, welche die Ermächtigung zum Erlass des Hauptverwaltungsaktes enthalten. Nebenbestimmungen dienen der Flexibilität des Verwaltungshandelns. § 32 schafft den Rahmen für deren zulässige Verwendung und unterscheidet zwischen der Verwendung bei gebundenen Verwaltungsakten und bei Ermessensverwaltungsakten. Für gebundene Verwaltungsakte bestimmt Abs. 1 ausdrücklich, dass sich eine Zulässigkeit aus dem materiellen Recht ergeben muss. Etwas anderes gilt nur für diejenigen Fälle, in denen der Verwaltungsakt ohne die Nebenbestimmungen nicht erlassen werden könnte. Bei Ermessensverwaltungsakten ist der Behörde eine größere Bandbreite an Entscheidungsmöglichkeiten eingeräumt. Für diese Fälle enthält Abs. 2 konkrete Beispiele. Abs. 3 stellt die absolute Grenze für die Zulässigkeit von Nebenbestimmungen dar.

B. Einzelerläuterung

I. Begriff und Arten der Nebenbestimmungen

1. Nebenbestimmung und Inhaltsbestimmung

2 Der Begriff der Nebenbestimmungen wird in § 32 weder definiert noch abschließend mit Beispielen belegt. Auch die in Abs. 2 Nr. 1 bis 5 aufgeführten Arten von Nebenbestimmungen sind nicht abschließend,[1] stellen jedoch die Hauptanwendungsfälle dar und finden begrifflich auch anderweitig Verwendung im Gesetz (vgl. z.B. § 45 Abs. 3 Satz 3 Nr. 2 für den Widerrufsvorbehalt nach Abs. 2 Nr. 3). Nebenbestimmungen stellen Ergänzungen des Hauptverwaltungsaktes dar. Sie können nur mit diesem zusammen Bestand haben und sind zu ihm stets akzessorisch.[2]

1 *Brenner*, Verwaltungsakt mit Nebenbestimmungen, JuS 1996, 281.
2 Vgl. Stelkens/Bonk/Sachs/*U.Stelkens*, VwVfG, § 36 Rn. 20.

Negativ abzugrenzen sind Nebenbestimmungen von Inhaltsbestimmungen. Durch solche Inhaltsbestimmungen werden Inhalt und Reichweite der Regelung des Verwaltungsaktes näher beschrieben. Sie sind insoweit erläuternder Bestandteil der Regelung, ergänzen diese jedoch nicht. Eine Inhaltsbestimmung liegt etwa in einer befristeten Gewährung einer Leistung. Auch eine Vorläufigkeitsbestimmung ist unmittelbarer Bestandteil der Hauptregelung und stellt damit keine Nebenbestimmung dar[3].

Abs. 2 enthält einen nicht abschließenden Beispielskatalog für Nebenbestimmungen. Dort wird zwischen mit dem Verwaltungsakt zu erlassenden Nebenbestimmungen nach den Nr. 1 bis 3 (Befristung, Bedingung, Widerrufsvorbehalt) und den mit ihm zu verbindenden Nebenbestimmungen nach Nr. 4 und 5 (Auflage und Auflagenvorbehalt) differenziert. Die erstgenannte Gruppe hat unmittelbaren Einfluss auf den Eintritt oder die Beendigung der Regelungswirkung des Verwaltungsaktes (vgl. dazu § 39). Dagegen enthalten die Nebenbestimmungen nach den Nr. 4 und 5 eine eigenständige Regelung i.S.d. § 31 Satz 1 zusätzlich zu der im Hauptverwaltungsakt getroffenen Regelung. Wegen dieser unterschiedlichen Stellung zum Hauptverwaltungsakt werden die Bestimmungen nach Nr. 1 bis 3 als unselbständige Nebenbestimmung und die Auflage (sowie der Auflagenvorbehalt) nach Nr. 4 als selbstständige Nebenbestimmung bezeichnet.[4] Diese Differenzierung beruht insbesondere auf früheren Unterscheidungskriterien beim Rechtsschutz gegen solche Nebenbestimmungen und hat aufgrund der nunmehr weitestgehenden Vereinheitlichung dieses Rechtsschutzes für alle Nebenbestimmungen (vgl. dazu Rdn. 28) zum Teil ihre Daseinsberechtigung verloren. Die nicht immer einfache und eindeutige Abgrenzung der jeweiligen Arten von Nebenbestimmungen bleibt dennoch praxisrelevant, da sie auf das Schicksal des Verwaltungsaktes Einfluss nimmt. 3

Ein Beispiel für eine nicht im Katalog des § 32 Abs. 2 aufgeführte Nebenbestimmung enthält § 45 Abs. 4 Satz 2 SGB III, wonach der Aktivierungs- und Vermittlungsgutschein nicht nur zeitlich (Befristung, siehe Rdn. 5), sondern auch regional beschränkt werden kann. 4

2. Befristung (Abs. 2 Nr. 1)

Die Befristung beschränkt die zeitliche Wirkung und bezieht sich auf den Eintritt der Rechtsfolge des Verwaltungsaktes.[5] Sie hängt von einem bestimmten oder bestimmbaren Ereignis temporärer Art ab. Wie die Bedingung (vgl. Abs. 2 Nr. 2) kann sie als aufschiebende oder auflösende Befristung erlassen werden. Das ist jedoch nicht zwingend. Die aufschiebende Befristung lässt die Regelungswirkung des Verwaltungsaktes erst zu einem in der Zukunft liegenden Zeitpunkt eintreten, während die auflösende Befristung die Regelungswirkung zu einem in der Zukunft liegenden Zeitpunkt beendet. Da das Gesetz auch »einen bestimmten Zeitraum« vorsieht, kann die Befristung auch Beginn und Ende der Regelungswirkung bestimmen. 5

Der Unterschied zwischen einer Befristung und einer Bedingung nach Abs. 2 Nr. 2 besteht darin, dass die Befristung an ein zukünftiges, gewisses Ereignis anknüpft,[6] welches kalendermäßig bestimmt oder bestimmbar ist. Bei der Bedingung ist ein solches zukünftiges Ereignis dagegen ungewiss, weshalb eine kalendermäßige Bestimmbarkeit ausgeschlossen ist. 6

3. Bedingung (Abs. 2 Nr. 2)

Hängt der Eintritt oder der Wegfall einer Rechtsfolge von einem ungewissen Eintritt eines zukünftigen Ereignisses ab, so handelt es sich um eine Bedingung. Die Bedingung im Rechtssinne kann aufschiebende oder auflösende Wirkung haben (vgl. § 158 BGB). Eine aufschiebende Bedingung liegt vor, wenn die Regelungswirkung des Verwaltungsaktes aufgrund des in der Nebenbestimmung 7

3 BSG, Urt. v. 06.062023 – B 11 AL 38/21 R, Rn. 16.
4 Im Einzelnen Stelkens/Bonk/Sachs/*U.Stelkens*, VwVfG, § 36 Rn. 19.
5 Schütze/*Engelmann*, SGB X, § 32 Rn. 19.
6 Schütze/*Engelmann*, SGB X, § 32 Rn. 19.

genannten, ungewissen Ereignisses eintritt. Auflösend bedingt ist ein Verwaltungsakt, wenn seine Regelungswirkung mit Eintritt dieses Ereignisses endet. Für die Ungewissheit des Ereignisses ist nicht von Belang, ob sein Eintritt vom Willen des Betroffenen abhängt. Das ungewisse Ereignis setzt nämlich nach Ansicht des Bundesverwaltungsgerichts[7] von der Außenwelt wahrnehmbare Handlungen, Erklärungen oder Geschehnisse voraus. Innere Entscheidungsvorgänge der Aufhebungsbehörde erfüllen den Ereignischarakter damit nicht.

8 Wie auch im Zivilrecht kann eine öffentlich-rechtliche Willenserklärung nur dann mit einer Bedingung versehen werden, wenn sie nicht als solche bedingungsfeindlich ist. Das betrifft auch Verwaltungsakte, weshalb es für die Rechtmäßigkeit der Bedingung nach § 32 Abs. 2 Nr. 2 darauf ankommt, ob das materielle Recht Bedingungen zulässt oder nicht.[8]

9 Abzugrenzen sind Bedingungen im Rechtssinne von sogenannten Rechtsbedingungen. Ergeht beispielsweise ein Anerkennungsbescheid nach § 173 Abs. 3 SGB III aufgrund von »vorgetragenen und glaubhaft gemachten Tatsachen«, so liegt keine Bezugnahme auf ein zukünftiges ungewisses Ereignis im Sinne einer Bedingung vor.[9]

10 Die Rechtmäßigkeit der Bedingung hat keinen Einfluss auf den Wirksamkeitsgehalt oder den Wirksamkeitsumfang der von ihr in Bezug genommenen Regelung des Verwaltungsaktes.[10] Sie unterliegt insoweit selbständig dem Anwendungsbereich des § 39, wonach nur die nichtige Regelung keine Wirkung entfaltet. Soll also die rechtswidrige Bedingung nicht zur Anwendung gelangen, muss sie, ggf. innerhalb eines Anfechtungsverfahrens, aufgehoben werden (§ 39 Abs. 2).

4. Widerrufsvorbehalt (Abs. 2 Nr. 3)

11 Die Behörde kann einen Verwaltungsakt mit der Erklärung versehen, dass der Verwaltungsakt widerrufen werden kann. Hierdurch schafft sie die notwendige Voraussetzung für den Widerruf eines rechtmäßigen, begünstigenden Verwaltungsaktes (vgl. § 47 Abs. 1 Nr. 1), der jedoch unabhängig vom behördlichen Willen nach dem eindeutigen Gesetzeswortlaut nur für die Zukunft widerrufen werden darf.[11] Bei begünstigenden Bescheiden besteht deshalb kein praktischer Anwendungsbedarf für die Verwendung einer solchen Nebenbestimmung, soweit es sich nicht um einen Verwaltungsakt mit Dauerwirkung handelt.[12] Ohne Hinzutreten von im Fachrecht enthalten Vorschriften (z.B. § 8 Abs. 2 BEEG, s.a. § 42 Abs. 2 Satz 2 SGB I für Vorschussleistungen) kann allein die Hinzufügung des Widerrufsvorbehalts wegen dieser Zukunftswirkung nicht die Möglichkeit der Rückforderung einer bereits erbrachten Leistung sicherstellen. Die Aufnahme eines Widerrufsvorbehaltes wirkt insoweit lediglich einschränkend für den Vertrauensschutz. So verlängert die Aufnahme eines Widerrufsvorbehalts in einen begünstigenden Dauerverwaltungsakt die Rücknahmefrist von zwei Jahren (§ 45 Abs. 3 Satz 1) auf zehn Jahre (§ 45 Abs. 3 Satz 3 Nr. 2).

5. Auflage (Abs. 2 Nr. 4)

12 Durch die Auflage wird dem Begünstigten ein bestimmtes Tun, Dulden oder Unterlassen vorgegeben. Ausweislich des Wortlauts der Vorschrift kommt die Auflage damit nur im Falle begünstigender Verwaltungsakte in Betracht. Die Auflage ist rechtlich mit dem Verwaltungsakt verbunden. Bereits das spricht in Abgrenzung zu den vorgenannten Nebenbestimmungen für ihre Eigenständigkeit. Die Auf-

7 BVerwG, Urt. v. 16.06.2015 – 10 C 15/14, Rn. 11; dazu *Müller-Grune*, Rückforderung staatlicher Zuwendungen – Bedingung, Rücknahme und Ermessen, ThürVBl. 2016, 157.

8 BSG, Urt. v. 19.12.2012 – B 12 KR 29/10 R, Rn. 42, juris.

9 BSG, Urt. v. 14.09.2010 – B 7 AL 21/09 R, NZA-RR 2011, 319 Rn. 19; ebenso Schütze/-*Engelmann*, SGB X, § 32 Rn. 24.

10 BSG, Urt. v. 20.03.2013 – B 6 KA 26/12 R, Rn. 22, juris.

11 BSG, Urt. v. 28.06.1990 – 4 RA 57/89, BSGE 67, 104, 117.

12 BSG, Urt. v. 31.10.2001 – B 6 KA 76/00.

lage wird deshalb auch zu den selbständigen Nebenbestimmungen gerechnet.[13] Sie verpflichtet den Adressaten und kann bei Nichtbefolgung mit Mitteln des Verwaltungszwangs durchgesetzt werden. Tatsächlich hat die Auflage eigenständigen Regelungscharakter und erfüllt damit sämtliche Merkmale eines Verwaltungsaktes i.S.d. § 31. Zur Nebenbestimmung wird die Auflage erst durch die Abhängigkeit ihres Regelungsgehalts von der Wirksamkeit des Hauptverwaltungsaktes. Während die Regelung des Hauptverwaltungsakts auch ohne Auflage bestehen bleibt, entfällt die Regelungswirkung der Auflage mit Wegfall des Hauptverwaltungsaktes. Die Akzessorietät ist damit wesentliches Abgrenzungskriterium zwischen Hauptverwaltungsakt und Nebenbestimmung in Form der Auflage.

Eine scheinbare Ausnahme zu diesem Akzessorietätsprinzip enthalten die Sozialgesetzbücher an den 13
Stellen, an denen eine sogenannte »Nichtbeanstandung« mit einer Auflage verbunden werden kann (vgl. z.B. §§ 17a, 113b SGB XI, §§ 87 SGB VI, 94 I SGB V). Sieht man in einer solchen Nichtbeanstandung keinen Verwaltungsakt[14], dann ordnet der Gesetzgeber eine solche »isolierte« Auflage an. Allerdings spricht mehr dafür, dogmatisch in der unterbliebenen Beanstandung eine Genehmigungsfiktion zu sehen. Zwar fehlt im SGB X eine § 42a VwVfG vergleichbare Vorschrift, jedoch ändert das an der angeordneten Rechtsfolge nichts. Die Beanstandung selbst stellt einen Verwaltungsakt dar. Die Nichtbeanstandung mit Auflage trägt als Regelungsgehalt in sich, dass letztlich eine Beanstandung zu treffen ist, von der durch die Auflagenanordnung abgesehen wird.

Eine vom Leistungstatbestand bereits unmittelbar vorgesehene wesentliche Pflicht kann nicht Gegen- 14
stand einer Auflage sein.[15] Sie ist insbesondere im Falle des § 32 Abs. 1 (wie alle anderen Nebenbestimmungen auch – vgl. Rdn. 23) darauf beschränkt, die Erfüllung geringfügiger tatbestandlicher Voraussetzungen eines Verwaltungsaktes sicherzustellen.[16]

Das Nichtbefolgen von Auflagen kann verschiedene Rechtsfolgen bewirken. Einmal kann eine Auflage 15
selbständig vollstreckt werden, sofern sie auf einen vollstreckungsfähigen Inhalt gerichtet ist. Darüber hinaus führt ein Auflagenverstoß dazu, dass im Übrigen rechtmäßige und begünstigende Verwaltungsakte für die Zukunft widerrufen werden können (§§ 47 Abs. 1 Nr. 2, Abs. 2 Satz 1 Nr. 2).

6. **Auflagenvorbehalt** (Abs. 2 Nr. 5)

Verwaltungsakte können auch mit dem Vorbehalt einer nachträglichen Auflage versehen werden. 16
Es ist bereits strittig, ob es sich dabei um eine Nebenbestimmung handelt oder nicht.[17] Ebenso wenig ist geklärt, ob dem Vorbehalt – wie der Auflage selbst – eigener Regelungscharakter innewohnt. Wird der Auflagenvorbehalt lediglich als Vorbereitung oder Ankündigung einer Auflage angesehen[18], so stellen sich diese Probleme in der Praxis nicht. Wird nämlich eine Auflage einem ggf. bereits bestandskräftigen Verwaltungsakt hinzugefügt, so handelt es sich dann jedenfalls um einen Verwaltungsakt, der selbständig mit Rechtsmitteln angegriffen werden kann. Damit ist die Bedeutung des Auflagenvorbehalts vor allem im Hinblick auf den Vertrauensschutz zu sehen. Wurde ein (rechtmäßiger) Auflagenvorbehalt erklärt, so kann sich der Adressat später nicht in gleichem Maße auf den Schutz der dadurch bedingten Veränderung des Hauptverwaltungsaktes berufen wie im Falle der späteren Auflage ohne Vorbehalt. Die mit einer nachträglich erklärten Auflage einhergehende Veränderung des vorbehaltlosen, begünstigenden Verwaltungsaktes muss sich anhand des Vertrauensschutzes messen lassen, der über die §§ 45 und 47 vermittelt wird. Etwas anderes gilt nur dann,

---

13 Stelkens/Bonk/Sachs/*U.Stelkens*, VwVfG, § 36 Rn. 19.

14 Becker/Kingreen/*Hollo*, SGB V, § 94 Rn. 5.

15 BSG, Urt. v. 13.05.2015 – B 6 KA 23/14 R, Rn. 34, juris.

16 BSG, Urt. v. 13.05.2015 – B 6 KA 23/14 R, Rn. 34. juris.

17 Schütze/*Engelmann*, SGB X, § 32 Rn. 42 m.w.N.; jedenfalls gegen das Erfordernis einer gesonderten Nennung Kopp/Ramsauer/*Ramsauer*, VwVfG, § 36 Rn. 77; insoweit offen gelassen Stelkens/Bonk/Sachs/*U.Stelkens*, VwVfG, § 36 Rn. 89.

18 Vgl. *Brenner*, Verwaltungsakt mit Nebenbestimmungen, JuS 1996, 285.

sofern sich der nachträgliche Auflagenvorbehalt nicht bereits aus dem Gesetz ergibt.[19] Eine solche Bestimmung findet sich etwa in § 45 Abs. 4 Satz 2 SGB VIII.

7. Modifizierende Auflage

17 Wenn eine Auflage einen Verwaltungsakt abweichend vom gestellten Antrag in seinem Inhalt qualitativ verändert, so wird eine solche Abweichung als modifizierende Auflage bezeichnet. Eine modifizierende Auflage ist rechtlich keine Nebenbestimmung, sondern ein Unterfall einer Inhaltsbestimmung. Durch diese wird Reichweite und Umfang des Regelungsgehalts des Verwaltungsaktes festgelegt. Die genaue Zuordnung ist für den Rechtsschutz von Bedeutung. Liegt eine modifizierende Auflage vor, so kann nur der beantragte Verwaltungsakt selbst zum Gegenstand des Rechtsbehelfs gemacht werden. Allerdings besteht im Sozialrecht keine praktische Relevanz der modifizierenden Auflage.

8. Vorbehalt endgültiger Regelung

18 Ein Verwaltungsakt kann auch als vorläufiger Verwaltungsakt erlassen werden. Anders als im Steuerrecht (§§ 164, 165 AO) ist das jedoch weder im Sozialverwaltungsverfahren (SGB X) noch im Verfahren nach dem VwVfG ausdrücklich vorgesehen. Dennoch kann es bei noch nicht abschließend möglicher Klärung der Sach- und Rechtslage geboten sein, Leistungen einstweilen zu gewähren. Das Bundessozialgericht[20] erkennt aufgrund materiell-rechtlicher Vorschriften (§§ 17 Abs. 1 Nr. 1, 42 Abs. 1, 43 SGB I) solche vorläufigen Regelungen ausdrücklich an. Wird ein Vorbehalt endgültiger Regelung ausdrücklich erklärt, so handelt es sich hierbei um eine (grundsätzlich zulässige[21]) unselbständige Nebenbestimmung, da sie wie die Bedingung, Befristung oder der Widerrufsvorbehalt Bestandteil der Hauptregelung ist. Maßstab für die Beurteilung der Rechtmäßigkeit einer solchen Nebenbestimmung eigener Art bleibt § 32.

II. Formelle Anforderungen – Bestimmtheit und Form

19 Nebenbestimmungen müssen die gleichen formellen Voraussetzungen wie der Hauptverwaltungsakt erfüllen. Soweit die Auflage (Abs. 2 Nr. 4) als eigenständiger Verwaltungsakt anzusehen ist, ergibt sich das bereits aus den allgemeinen Grundsätzen. Für die anderen Nebenbestimmungen ist das im Rahmen der formellen Rechtmäßigkeitsvoraussetzungen für den Hauptverwaltungsakt zu berücksichtigen. Demgemäß sind im Hinblick auf die Nebenbestimmungen die gleichen Zuständigkeits-, Form- und Verfahrensvoraussetzungen zu erfüllen wie für den Verwaltungsakt an sich. Die Nebenbestimmungen müssen auch dem Bestimmtheitsgebot (§ 33) genügen. Der Entscheidungsgehalt der jeweiligen Nebenbestimmung muss für den Adressaten wie für jeden Dritten nach Art und Umfang aus sich heraus erkennbar und verständlich sein.[22] Maßstab ist die Vollstreckbarkeit des Verwaltungsaktes. Nur wenn eine für die Vollziehung ausreichende Eindeutigkeit besteht, ist die Nebenbestimmung hinreichend bestimmt.[23]

III. Materielle Anforderungen bei gebundenen Verwaltungsakten – Abs. 1

1. Zulassung durch Rechtsvorschrift

20 In der ersten Alternative von Abs. 1 wird die Zulässigkeit der Verwendung von Nebenbestimmungen von deren Zulassung durch Rechtsvorschrift abhängig gemacht. Zu den Rechtsvorschriften zählen neben den Gesetzen auch untergesetzliche Normen (Gesetze, Verordnungen, Satzungen oder sons-

19 So auch Stelkens/Bonk/Sachs/*U.Stelkens*, VwVfG, § 36 Rn. 90.

20 BSG, Urt. v. 28.06.1990 – 4 RA 57/89, BSGE 67, 104, 117.

21 BSG, Urt. v. 11.06.1987 – 7 RAr 105/85, BSGE 62, 32,37 = NZA 1988, 292; BSG, Urt. v. 25.06.1998 – B 7 AL 126/95 R, BSGE 82, 183, 188 = NZS 1999, 43, 45.

22 Stelkens/Bonk/Sachs/*U.Stelkens*, VwVfG, § 36 Rn. 27, Schütze/*Engelmann*, SGB X, § 32 Rn. 47.

23 BSG, Urt. v. 19.03.1992 – 7 RAr 34/91, SozR 3–7815 Art. 1 § 2 Nr. 1 = NZA 1993, 95; BSG, Urt. v. 06.04.2000 – B 11/7 AL 10/99, SozR 3 7815 Art. 1 § 2 Nr. 2 = NZA-RR 2000, 453.

tiges autonomes Recht). Verwaltungsvorschriften zählen nicht dazu. Soweit der Gesetzgeber aber Vorschriften Rechtsnormqualität verliehen hat, erfüllen sie die qualitativen Voraussetzungen einer Rechtsnorm im Sinne des Abs. 1. Zu solchen Rechtsnormen zählt das Bundessozialgericht auch Verträge mit Normsetzungscharakter (z.B. auf Grundlage von § 34 Abs. 3 Satz 1 SGB VII[24]) oder Richtlinien (z.B. des Gemeinsamen Bundesausschusses gem. §§ 27a; 92;135 SGB V[25]).

Ausdrückliche Regelungen zur Zulässigkeit von Nebenbestimmungen bei gebundenen Entscheidungen finden sich beispielsweise in in §§ 43 Abs. 3 Satz 5, 45 Abs. 4 Satz 1 SGB VIII. 21

Nicht erforderlich ist die ausdrückliche Zulassung von Nebenbestimmungen durch die Rechtsnorm. 22 Maßgeblich ist vielmehr, ob der Norm im Wege der Auslegung eine Zulässigkeit von Nebenbestimmungen zu entnehmen ist. So kann aus der Verwendung des Wortes »solange« (wie z.B. bei § 116 Satz 2 SGB V) eine Befugnis für eine Befristung abgeleitet werden[26]. Richtigerweise ist aber wegen des anspruchseinschränkenden Charakters von Nebenbestimmungen im Sinne des Abs. 1 die Auslegung streng am Maßstab des Gesetzesvorbehalts (Art. 20 Abs. 3 GG, konkretisiert in § 31 SGB I) durchzuführen.[27]

2. Sicherstellung gesetzlicher Voraussetzungen

Fehlen anspruchsbegründende Voraussetzungen für den Erlass des begünstigenden Verwaltungsaktes, 23 so darf er nicht erlassen werden. Handelt es sich dabei nur um geringfügige Voraussetzungen[28], so erlaubt die 2. Alternative des Abs. 1 den Erlass von Nebenbestimmungen zur Sicherstellung der Voraussetzungen und verschafft damit der Behörde die Möglichkeit (begründet aber keine Pflicht[29]), den begünstigenden Verwaltungsakt bereits zu erlassen. Es muss sich aber um solche Voraussetzungen handeln, die zum Zeitpunkt des Erlasses eine abschließende Entscheidung noch nicht zulassen. Ausgeschlossen ist eine solche Nebenbestimmung insbesondere wegen der Vorschrift des § 48 SGB X dann, wenn sie die Erfüllung der gesetzlichen Voraussetzungen nicht für den Zeitpunkt des Erlasses des Verwaltungsaktes, sondern für die Zukunft sichern soll.[30] Etwas anderes soll auch dann nicht gelten, wenn es sich um einen Dauerverwaltungsakt handelt, bei dem von seiner Eigenart her typischerweise damit zu rechnen ist, dass diese Voraussetzungen wieder entfallen können, oder wenn im Einzelfall greifbare Anhaltspunkte befürchten lassen, die Voraussetzungen könnten wieder entfallen.[31] Fehlen wesentliche Voraussetzungen für den Erlass des Verwaltungsaktes, so können diese nicht über den Erlass von Nebenbestimmungen hergestellt werden.[32] Richtigerweise ist ein Antrag auf Erlass eines Verwaltungsaktes dann abzulehnen. Dem Betroffenen ist es unbenommen, nach Eintritt der Voraussetzungen einen neuen Antrag zu stellen, da die materielle Bestandskraft im Sinne des § 77 SGG sich nur auf den Entscheidungssatz und die Sachlage zum Zeitpunkt der Entscheidung erstreckt.

---

24 Vgl. zum Normsetzungscharakter eines Vertrags BSG, Urt. v. 05.09.2006 – B 2 U 8/05 R, SozR 4–2700 § 34 Nr. 1, BSGE 97, 47.
25 BSG, Urt. v. 28.09.2005 – B 6 KA 60/03 R (Rn. 32), SozR 4–1300 § 32 Nr. 1.
26 BSG, Urt. v. 27.02.1992 – 6 RKa 15/91, NJW 1992, 2981.
27 Schütze/*Engelmann*, SGB X, § 32 Rn. 13.
28 BSG, Urt. v. 13.05.2015 – B 6 KA 23/14 R, Rn. 34, juris m.w.N. aus der Rechtsprechung.
29 Stelkens/Bonk/Sachs/*U.Stelkens*, VwVfG, § 36 Rn. 120.
30 BSG, Urt. v. 11.06.1987 – 7 RAr 105/85, BSGE 62, 32, 38 = NZA 1988, 292 für die Gewährung von Leistungen unter Rückzahlungsvorbehalt, wenn sich später herausstellen sollte, dass die Voraussetzungen für die Gewährung nicht vorgelegen hätten oder entfallen wären; Stelkens/Bonk/Sachs/*U.Stelkens*, VwVfG, § 36 Rn. 122; einschränkend Schütze/*Engelmann*, SGB X, § 32 Rn. 14.
31 BSG, Urt. v. 02.04.2014 – B 6 KA 15/13 R, Rn. 19 bis 21, juris; anders noch BSG, Urt. v. 28.09.2005 – B 6 KA 60/03 R, SozR 4–1300 § 32 Nr. 1 Rn. 22 (für den Fall der Befristung einer Genehmigung).
32 BSG, Urt. v. 13.05.2015 – B 6 KA 23/14 R, Rn. 34, juris.

IV. Materielle Anforderungen bei Ermessensentscheidungen (Abs. 2)

24 Steht der Erlass eines Verwaltungsaktes im pflichtgemäßen Ermessen (§ 39 SGB I) einer Behörde, so können Nebenbestimmungen ohne die besonderen Voraussetzungen nach Abs. 1 erlassen werden. Abs. 2 führt damit nicht etwa zu einer Ausdehnung des Ermessensrahmens. Vielmehr soll wie bei Abs. 1 2. Alt. vermittels der Nebenbestimmungen sichergestellt werden, dass die gesetzlichen Voraussetzungen des Verwaltungsaktes vorliegen. Der wesentliche Unterschied zwischen Abs. 1 und Abs. 2 ist darin zu sehen, dass Nebenbestimmungen bei Ermessensverwaltungsakten sowohl bei begünstigenden als auch belastenden Verwaltungsakten ergehen können und dass die Nebenbestimmungen über Abs. 2 hinaus nicht auf eine Rechtsvorschrift zurückzuführen sein müssen.

V. Verbot zweckwidriger Nebenbestimmungen (Abs. 3)

25 Abs. 3 stellt eine absolute Grenze für die Zulässigkeit der Beifügung von Nebenbestimmungen dar. Das darin enthaltene Verbot der Zweckwidrigkeit bezieht sich auf die Nebenbestimmungen im Sinne der Abs. 1 und 2. Als zweckwidrig gelten Nebenbestimmungen, die dem Regelungsziel des Hauptverwaltungsaktes widersprechen bzw. dessen Erreichen unmöglich machen. Zweckwidrig sind jedoch auch Nebenbestimmungen, welche keinen inneren Zusammenhang zum Hauptverwaltungsakt haben (Koppelungsgeschäfte).[33]

VI. Nachträgliche Nebenbestimmungen

26 Die Fragestellung der nachträglichen Beifügung von Nebenbestimmungen ist mit dem Vertrauensschutz eng verbunden. Da eine Nebenbestimmung Einfluss auf Inhalt und Reichweite des Regelungsgehaltes eines Verwaltungsaktes hat, stellt die nachträgliche Beifügung die Änderung eines Verwaltungsaktes dar und kann demgemäß nur nach den Vorschriften der §§ 44 ff. rechtmäßig erfolgen. Etwas anderes kann dann gelten, wenn ein Fachgesetz die Möglichkeit nachträglicher Nebenbestimmungen einräumt, da in diesen Fällen das Vertrauen auf den Bestand der Regelung von vornherein durch den Gesetzgeber eingeschränkt ist. Beispiel für eine solche gesetzliche Ermächtigung ist § 2 Abs. 2 Satz 2 AÜG. Die nachträgliche Beifügung verändert den Verwaltungsakt und kann deshalb selbständig mit den üblichen Rechtsbehelfen angegriffen werden.[34]

VII. Rechtsschutz

1. Akzessorietät der Nebenbestimmung

27 Aus der Akzessorietät der Nebenbestimmung folgt, dass im Falle der Anfechtung des Hauptverwaltungsaktes die Nebenbestimmung dessen Schicksal teilt. Insoweit kann nicht mit dem Ziel der Beseitigung des Hauptverwaltungsaktes bei gleichzeitiger Aufrechterhaltung der Nebenbestimmung geklagt werden. Eine erfolgreiche Anfechtungsklage gegen den Hauptverwaltungsakt würde die Nebenbestimmung mit untergehen lassen.

2. Isolierter Rechtsschutz gegen Nebenbestimmungen

28 Da es sich bei selbständigen Nebenbestimmungen um einen Verwaltungsakt handelt, sind sie stets isoliert anfechtbar.[35] Auch unselbständige Nebenbestimmungen sind nach Ansicht des Bundessozialgerichts jedenfalls bei gebundenen Verwaltungsakten (§ 32 Abs. 1) isoliert anfechtbar.[36] Das Bundesverwaltungsgericht[37] nimmt in seiner jüngeren Rechtsprechung eine Differenzierung zwischen selb-

33 Schütze/*Engelmann*, SGB X, § 32 Rn. 44 mit weiteren Beispielen.

34 BSG, Urt. v. 19.03.1992 – 7 RAr 34/91, NZA 1993, 95, 96 = SozR 3–7815 Art. 1 § 2 Nr. 1.

35 St. Rspr., vgl. etwa BSG, Urt. v. 13.10.2010 – B 6 KA 40/09 R, Rn. 13 unter Bezugnahme auf BSG, Urt. v. 30.01.2002 – B 6 KA 20/01 R, BSGE 89, 134, 135 ff.

36 St. Rspr., vgl. z.B. BSG, Urt. v. 30.01.2002 – B 6 KA 20/01 R, BSGE 89, 134, 135 ff.

37 BVerwG, Urt. v. 22.11.2000 – 11 C 2/00, BVerwGE 112, 221, 224 = NVwZ 2001, 429; BVerwG, Urt. v. 13.12.2000 – 6 C 5/00, BVerwGE 112, 263,265 = NVwZ 2001, 919, 920.

ständigen und unselbständigen Nebenbestimmungen überhaupt nicht mehr vor und lässt generell isolierten Rechtsschutz gegen (echte) Nebenbestimmungen zu, was auch auf den Rechtsschutz im Sozialrecht übertragbar ist. Notwendige Voraussetzung ist damit nur noch, dass die Nebenbestimmung vom Hauptverwaltungsakt abtrennbar ist.[38]

§ 33 Bestimmtheit und Form des Verwaltungsaktes

(1) Ein Verwaltungsakt muss inhaltlich hinreichend bestimmt sein.

(2) [1]Ein Verwaltungsakt kann schriftlich, elektronisch, mündlich oder in anderer Weise erlassen werden. [2]Ein mündlicher Verwaltungsakt ist schriftlich oder elektronisch zu bestätigen, wenn hieran ein berechtigtes Interesse besteht und der Betroffene dies unverzüglich verlangt. [3]Ein elektronischer Verwaltungsakt ist unter denselben Voraussetzungen schriftlich zu bestätigen; § 36a Absatz 2 und 2a des Ersten Buches findet insoweit keine Anwendung.

(3) [1]Ein schriftlicher oder elektronischer Verwaltungsakt muss die erlassende Behörde erkennen lassen und die Unterschrift oder die Namenswiedergabe des Behördenleiters, seines Vertreters oder seines Beauftragten enthalten. [2]Wird für einen Verwaltungsakt, für den durch Rechtsvorschrift die Schriftform angeordnet ist, die elektronische Form verwendet, muss auch das der Signatur zu Grunde liegende qualifizierte Zertifikat oder ein zugehöriges qualifiziertes Attributzertifikat die erlassende Behörde erkennen lassen. [3]Im Fall des § 36a Absatz 2a Nummer 3 Buchstabe b des Ersten Buches muss die Bestätigung nach § 5 Absatz 5 des De-Mail-Gesetzes die erlassende Behörde als Nutzer des De-Mail-Kontos erkennen lassen.

(4) Für einen Verwaltungsakt kann für die nach § 36a Absatz 2 des Ersten Buches erforderliche Signatur oder für das nach § 36a Absatz 2a Nummer 3 Buchstabe a des Ersten Buches erforderliche Siegel durch Rechtsvorschrift die dauerhafte Überprüfbarkeit vorgeschrieben werden.

(5) [1]Bei einem Verwaltungsakt, der mit Hilfe automatischer Einrichtungen erlassen wird, können abweichend von Absatz 3 Satz 1 Unterschrift und Namenswiedergabe fehlen; bei einem elektronischen Verwaltungsakt muss auch das der Signatur zu Grunde liegende Zertifikat nur die erlassende Behörde erkennen lassen. [2]Zur Inhaltsangabe können Schlüsselzeichen verwendet werden, wenn derjenige, für den der Verwaltungsakt bestimmt ist oder der von ihm betroffen wird, auf Grund der dazu gegebenen Erläuterungen den Inhalt des Verwaltungsaktes eindeutig erkennen kann.

Übersicht Rdn.

38 Diering/Timme/Stähler/*Siewert*, § 32 Rn. 31.

A. Inhalt

1 Die mit § 37 VwVfG und § 119 AO wortidentische Vorschrift normiert in Abs. 1 den aus dem Rechtsstaatsprinzip resultierenden Bestimmtheitsgrundsatz. Die Einhaltung der Vorschrift ist materielle Rechtmäßigkeitsvoraussetzung des Verwaltungsaktes. Dagegen enthalten die Abs. 2 bis 5 Vorgaben zu formellen Voraussetzungen insbesondere im Hinblick auf die Form eines Verwaltungsaktes.

2 § 33 gilt für alle Arten von Verwaltungsakten im Sinne des § 31, also auch für selbständige Nebenbestimmungen (§ 32 Abs. 2 Nr. 4) und Zusicherungen (§ 34). Darüber hinaus gilt die Vorschrift auch für sonstige Nebenbestimmungen, da sie Bestandteil eines Verwaltungsaktes sind.[1]

B. Einzelerläuterungen

I. Bestimmtheitsgrundsatz (Abs. 1)

1. Bestimmtheit des Verfügungssatzes

3 Sofern in Abs. 1 die inhaltliche Bestimmtheit eines Verwaltungsaktes vorgegeben ist, muss dieser im *Verfügungssatz*[2] für den jeweiligen Beteiligten vollständig, klar, unzweideutig[3] und damit in seiner Regelungswirkung in sich widerspruchsfrei sein. Unbestimmt ist ein Verwaltungsakt mithin, wenn der Verfügungssatz nach seinem Regelungsgehalt in sich nicht widerspruchsfrei ist und der Betroffene bei Zugrundelegung aller Erkenntnismöglichkeiten eines verständigen Empfängers nicht in der Lage ist, sein Verhalten danach auszurichten.[4] Die Anforderungen an die Bestimmtheit ergeben sich notwendig aus den Vorgaben des die Ermächtigung zum Erlass des Verwaltungsaktes beinhaltenden Fachrechts.[5]

4 Fingierte Verwaltungsakte (vgl. § 31 Rdn. 47 ff.) enthalten mangels Verkörperung und mangels behördlicher Willenserklärung keinen (ausdrücklichen) Verfügungssatz. Dennoch muss die ihm innewohnende Regelung ebenfalls hinreichend bestimmt im Sinne des § 33 Abs. 1 SGB X sein.

Die Fiktion kann nur dann greifen, wenn der für den fingierten Verwaltungsakt maßgebliche Antrag selbst so hinreichend bestimmt ist, dass die auf dessen Grundlage fingierte Genehmigung ihrerseits hinreichend bestimmt sein kann.[6]

2. Auslegungsmaßstab

5 Soweit der Betroffene bei Zugrundelegung eines verständigen, objektiven Empfängers in der Lage sein muss, sein Verhalten an der getroffenen Regelung auszurichten, steht ein unklarer Wortlaut im Verfügungssatz nicht entgegen. Es ist dann zunächst eine Ermittlung des Regelungsgehaltes durch Auslegung nach allgemeinen Grundsätzen (entsprechend §§ 133, 157 BGB) vorzunehmen, sofern es sich nicht um ausfüllungsbedürftige (und der Bestimmtheit damit entgegenstehende) unbestimmte Rechtsbegriffe handelt. Es kommt dabei nicht auf die wörtliche Formulierung, sondern auf den wirklichen Willen der Behörde bzw. des Verwaltungsträgers an, soweit er im Bescheid selbst greifbar seinen Niederschlag gefunden hat.[7] Demgemäß ist es für die Bestimmtheit auch ausreichend, wenn in einem Erstattungsbescheid die Gesamterstattungsforderung beziffert wird, sofern die Angabe und Auflistung der zugrundeliegenden Einzelbeträge in der nach § 35 Abs. 1 erforderlichen Begründung

1 Grundlegend dazu BSG, Urt. v. 28.06.1990 – 4 RA 57./89, BSGE 67, 104, 111.
2 BSG, Urt. v. 23.02.1989 – 11/7 RAr 103/87, SozR 1500 § 55 Nr. 35 S. 39; zum Verfügungssatz allgemein § 31 Rdn. 57.
3 BSG, Urt. v. 17.12.2009 – B 4 AS 20/09, BSGE 105, 194, 196 = NJW 2010, 3115.
4 BSG, Urt. v. 15.12.2010 – B 14 AS 92/09, juris.
5 BVerwG, Urt. v. 20.04.2005 – 4 C 18/03, BVerwGE 123, 261, 283.
6 BSG, Urt. v. 26.09.2017 – B 1 KR 8/17 R, Rn. 16; BSG, Urt. v. 11.07.2017 – B 1 KR 26/16 R, Rn. 17; BSG, Urt. v. 08.03.2016 – B 1 KR 25/15 R, Rn. 23.
7 BSG, Urt. v. 20.03.2013 – B 5 R 16/12 R m. Anm. *Müller-Grune*, SGb 2014, 558.

enthalten sind.[8] Kurz gefasst muss einem Empfänger klar sein, welchen konkreten Leistungsanspruch der Verwaltungsakt vermittelt oder welche konkrete Handlungsanweisung er enthält.

Der Begründung des Verwaltungsaktes (§ 35) kommt somit auch Auslegungsfunktion zu, weshalb ein Rückgriff auf die Begründung für die Beurteilung der Bestimmtheit nicht nur zulässig, sondern unter Umständen sogar geboten ist. Ebenso ist im Zuge der Auslegung ein Rückgriff auf den Inhalt früherer Verwaltungsakte sowie allgemein zugänglicher Unterlagen zulässig[9], während das für lediglich dem Akt beiliegende oder den Akteninhalt darstellende Unterlagen zumindest unter rechtsstaatlichen Gesichtspunkten fragwürdig ist. Zumindest bei einem Antrag stattgebenden Verwaltungsakten kommt diesen im Verwaltungsakt befindlichen Antragsunterlagen jedoch eine wesentliche Funktion zu. Das gilt erst recht für fingierte Verwaltungsakte (zum Begriff § 31 Rdn. 47 ff.). Die Fiktion kann nur greifen, wenn der Antrag selbst so gestellt ist, dass die auf Grundlage des Antrags fingierte Genehmigung ihrerseits im Sinne von § 33 Abs. 1 SGB X hinreichend bestimmt ist.[10] Für die Bestimmtheit von Nebenbestimmungen ist es ausreichend, wenn im Verwaltungsakt auf diese ausdrücklich Bezug genommen wird und sie dem Verwaltungsakt als Anlage beigefügt wurden.[11] Auslegungsgegenstand der Bestimmtheit ist neben dem Regelungsinhalt auch der Sachverhalt, auf den sich die im Verwaltungsakt verkörperte Rechtsfolge stützt bzw. der geregelt werden soll.[12] Zur Bestimmtheit des Verwaltungsaktes gehört letztlich auch die Erkennbarkeit, dass die Behörde durch einen solchen gehandelt hat, wobei eine Bezeichnung als Verfügung, Bescheid, Anordnung oder Maßnahme nicht erforderlich ist. 6

3. Bestimmtheit des Adressaten (Inhaltsadressat)

Ebenfalls muss der Adressat des Verwaltungsaktes nach den vorgenannten Grundsätzen erkennbar sein. Die Bestimmtheitsanforderung bezieht sich dabei auf den Inhaltsadressaten, also die Person, welche von der Wirksamkeit des Verwaltungsaktes (§ 39 Abs. 1) betroffen ist. Davon zu unterscheiden ist der (für das Kriterium der Bestimmtheit nicht maßgebliche) Bekanntgabeadressat. Das ist die Person, welcher der Verwaltungsakt mit Wirkung für den Inhaltsadressaten bekanntzugeben ist. In der Mehrzahl der Fälle besteht Identität. Sobald aber eine gesetzliche oder gewillkürte Vertretung maßgeblich ist, fallen Inhalts- und Bekanntgabeadressat auseinander. 7

▶ **Beispiel:**

In einem Betreuungsverhältnis ist regelmäßig der Betreute der Inhaltsadressat. Der Betreuer ist als gesetzlicher Vertreter (§ 1902 BGB) Bekanntgabeadressat.

Die Angabe des Inhaltsadressaten muss sich jedenfalls so klar aus einem Bescheid (als Verkörperung des Verwaltungsaktes) ergeben, dass hinsichtlich der Wirkungsrichtung keine Zweifel verbleiben. Auch hier ist nach den üblichen Auslegungsmaßstäben vorzugehen (vgl. oben Rdn. 5 f.).

Es kann zur Vermeidung von Missverständnissen sinnvoll sein, den Inhaltsadressaten in einer gesonderten Betreffzeile aufzuführen.

4. Rechtsfolge bei Unbestimmtheit

Ist der Regelungsinhalt unklar, so geht diese Unklarheit stets zu Lasten der Behörde. Ein Verstoß gegen Abs. 1 macht den Verwaltungsakt rechtswidrig, ist immer im Sinne des § 42 beachtlich und kann mangels Vorliegens der Voraussetzungen des § 41 Abs. 2 nicht geheilt werden. Jedoch ist eine »Heilung« durch den Erlass einer klarstellenden Regelung auch noch im Widerspruchsbescheid mit 8

8 St. Rspr., z.B. BSG, Beschl. v. 04.02.2016 – B 11 AL 84/15 B, Rn. 8, juris.
9 BSG, Urt. v. 06.02.2007 – B 8 KN 3/06 R, SozR 4–2600 § 96a Rn. 3.
10 BSG, Urt. v. 26.09.2017 – B 1 KR 8/17 R – Rn. 16.
11 BVerwG, Urt. v. 06.06.2002 – 8 C 30/01, BVerwGE 116, 332, 334 = NVwZ 2003, 221, 222.
12 Schütze/*Engelmann*, SGB X, § 33 Rn. 8.

Wirkung ex tunc möglich.[13] Aufgrund der bloßen Rechtswidrigkeit kann der unbestimmte Verwaltungsakt dennoch bestandskräftig werden, was aber im Regelfall zu Problemen im Hinblick auf die Vollziehbarkeit und Vollstreckbarkeit der unbestimmten Regelungen führen dürfte.[14] Tritt zur Unbestimmtheit deren Offenkundigkeit hinzu, so ist der Verwaltungsakt nichtig (§ 40). Eine Heilung kann dann nur durch vollständigen Neuerlass mit Wirkung ex nunc erfolgen.

II. Formerfordernisse (Abs. 2 Satz 1 und 2, Abs. 3 Satz 1, Abs. 5)

1. Grundsatz der Formfreiheit

9 Das Verwaltungsverfahren ist grundsätzlich formfrei, soweit nicht spezialgesetzlich etwas anderes vorgesehen ist. Diese in § 9 Satz 1 festgehaltene Grundregel greift die Formvorschrift des Abs. 2 Satz 1 auf, indem dort in nicht abschließender Weise Beispiele für die danach denkbare Form eines Verwaltungsaktes aufgeführt werden. Welche Form zu wählen ist, bleibt den Fachgesetzen vorbehalten. Fachgesetz meint das Gesetz, in dem die Ermächtigungsgrundlage bzw. die Befugnisnorm für den jeweiligen Verwaltungsakt enthalten ist. Teilweise sind aber auch im SGB X Befugnisnormen aufgeführt, die wiederum formale Vorgaben für den Verwaltungsakt enthalten. Eine solche materiell rechtliche Befugnisnorm ist etwa § 50 Abs. 3 SGB X, wonach zu erstattende Leistungen »durch schriftlichen Verwaltungsakt« festzusetzen sind. Ist im jeweiligen Fachgesetz hingegen nichts geregelt, bleibt es vorbehaltlich des Satzes 2 bei der von Satz 1 vorausgesetzten Formfreiheit. Im Sozialrecht entspricht die Vorgabe der Schriftform jedoch dem Regelfall, was auch durch die Formulierung »Bescheid« (vgl. Rdn. 11 sowie § 31 Rdn. 51 ff.) zum Ausdruck kommen kann. Soweit überdies eine Vorschrift eine Bekanntgabe des Verwaltungsaktes durch Zustellung vorsieht, beinhaltet das bereits denknotwendig das Schriftformerfordernis, da nur über diese Verkörperung der Zustellvorgang erfolgen kann.

Die durch Rechtsvorschrift begründete Verwendung eines Formulars, in welchem ein Unterschriftsfeld vorgesehen ist, bewirkt keine vom materiellen Recht abweichende Anordnung der Schriftform. Das stellt § 13 Satz 1 EGovG vorsorglich und ausdrücklich klar.

Die Rechtssicherheit erfordert darüber hinaus, dass bei Vollstreckungshandlungen[15] oder vollstreckungsähnlichen Handlungen (vgl. z.B. § 104 Abs. 1 Satz 4[16]) der ursprünglich leistungsgewährende Verwaltungsakt schriftlich vorliegt.

2. Schriftform

10 Schriftlich im Sinne des Satzes 1 bedeutet die Verkörperung des Gedankeninhalts durch Schriftzeichen in ohne weiteres lesbarer Form. Diese Form der Verkörperung setzt also eine Sache im Sinne des § 90 BGB voraus, die ohne weitere Hilfsmittel deren Inhalt erkennen lässt. In der Regel handelt es sich in der Praxis bei dieser Sache um das für die Kommunikation verwendete, mit Schriftzeichen und Zahlen bedruckte Papier.

Die Verkörperung auf Datenträgern (z.B. Festplatten, Disketten, CD-ROM, Sticks) erfüllt die Voraussetzungen nicht. Andererseits muss sich die Schriftform nicht an den strengen Vorgaben der Vorschrift des § 126 Abs. 1 BGB orientieren. Dort wird für die Einhaltung der Schriftform die eigenhändige Unterschrift des Ausstellers verlangt. Nach § 33 Abs. 3 Satz 1 ist nämlich für die Einhaltung der Schriftform alternativ zur Unterschrift auch die Namenswiedergabe des Behördenleiters, des Vertreters oder dessen Beauftragten ausreichend. Schon daraus ergibt sich also, dass eine Unterschrift nicht zwingend für die Einhaltung der Schriftform ist. Schriftform bedeutet somit, dass der

13 Stelkens/Bonk/Sachs/*Stelkens*, VwVfG, § 37 Rn. 41; in diesem Sinne Schütze/*Engelmann*, SGB X § 33 Rn. 16.

14 Stelkens/Bonk/Sachs/*Stelkens*, VwVfG, § 37 Rn. 40.

15 BSG, Urt. v. 10.12.2002 – B 0 VG 6/01 R, juris.

16 BSG, Urt. v. 22.01.1998 – B 14/10 KG 24/96 R, SozR 3–1300 § 104 Nr. 13.

Empfänger erkennen kann, von wem die verkörperte Erklärung stammt und dass die Erklärung mit Rechtsbindungswillen abgegeben wurde.

Die Verkörperung eines Verwaltungsaktes (oder auch mehrerer Verwaltungsakte) erfolgt regelmäßig in Form des Bescheides. Das kann sowohl in Schriftform als auch etwa in elektronischer Form geschehen. Enthält das Gesetz also einen wie auch immer gearteten Hinweis darauf, dass ein »Bescheid« zu erlassen ist,[17] so muss das als Formvorgabe im Sinne des § 33 Abs. 2 verstanden werden. Nur selten wird das noch durch das Adjektiv »schriftlich« oder durch die Formulierung »schriftlich mitzuteilen« vorgegeben (z.B. § 18 Abs. 3 SGB XI), so dass ohne diesen Zusatz auch ein elektronischer Verwaltungsakt ein Bescheid sein kann[18]. Anderenfalls kann der elektronische »Bescheid« nur bei Vorliegen der Voraussetzungen des § 36a Abs. 2 oder Abs. 2a Nr. 3 SGB I den schriftlichen Bescheid ersetzen (siehe Rdn. 26). 11

Grundsätzlich spricht auch die Übersendung per Telefax, als Anhang einer E-Mail, als E-Mail selbst oder durch anderweitige elektronische Übermittlung nicht gegen die Einhaltung der Schriftform. Jedoch ist das Kriterium der Verkörperung dabei zwingend zu beachten. Erfolgt ein automatischer Ausdruck des derart übermittelten Schriftstücks, wird die Voraussetzung der Schriftform erfüllt. Hängt der Ausdruck (wie etwa bei einem sogenannten Bildschirm- oder Computerfax oder einer E-Mail) dagegen vom Willen des Empfängers ab, so ist jedenfalls bis zum dann durchgeführten Ausdruck nicht von der Erfüllung des Schriftformerfordernisses auszugehen. 12

Aus der gewählten oder vorgegebenen Schriftform ergeben sich als unmittelbare Folge die Begründungspflicht nach § 35 sowie die Pflicht zur Beifügung einer Rechtsbehelfsbelehrung nach § 36. 13

3. Elektronische Form

Elektronisch erlassen ist ein Verwaltungsakt, wenn er zwar textlich perpetuiert, jedoch als elektronischer Speicherzustand oder anderweitig auf elektronischen Medien gespeichert ist.[19] Auch hier wird die Gedankenerklärung lesbar dargestellt, ohne dass sie jedoch in Papierform oder anderer verkörperter Form existieren muss. Gesetzliche Voraussetzung für die Möglichkeit der für dessen Wirksamkeit notwendigen Bekanntgabe (§ 42 Abs. 1) eines elektronischen Verwaltungsaktes ist es, dass der Empfänger hierfür einen Zugang eröffnet hat. Regelmäßig dürfte das durch die Einrichtung eines E-Mail-Accounts erfüllt sein. Allerdings muss für den Absender erkennbar sein, dass ein solcher Account auch tatsächlich für den Zugang vorgesehen ist. 14

▶ **Hinweis:**

> Der Empfänger muss seine Bereitschaft zur Entgegennahme elektronischer Mitteilungen hinreichend deutlich zum Ausdruck bringen, was bei der Bitte um Korrespondenz per E-Mail der Fall ist.[20]

Aus der elektronischen Form ergibt sich unmittelbar die Begründungspflicht nach § 35. Nach § 37 Abs. 2a und 2b sowie nach § 9 OZG können elektronische Verwaltungsakte unter den dort aufgeführten Voraussetzungen so bekannt gegeben werden, dass sie über öffentlich zugängliche Netze abgerufen werden können. Für die Zustellung ergeben sich Besonderheiten etwa in § 5 Abs. 5 bis 7 sowie § 5a VwZG. 15

17 Beispiele bei § 31 Rdn. 53.
18 Näher *Müller-Grune*, Bescheidtechnik, 5. Aufl. 2023, S. 2.
19 Stelkens/Bonk/Sachs/*Stelkens*, VwVfG, § 37 Rn. 65 m.w.N.
20 LSG Baden-Württemberg, Urt. v. 22.03.2019 – L 4 KR 2182/18 – Rn. 30.

4. Erkennbarkeit der erlassenden Behörde

16 Schriftlichen und elektronisch erlassenen Verwaltungsakten ist gemeinsam, dass sie gem. Abs. 3 Satz 1 bestimmten Formerfordernissen unterliegen. Zunächst müssen sie danach die erlassende Behörde erkennen lassen. Dieses Erfordernis konkretisiert das Bestimmtheitsgebot des Abs. 1. Ein Verstoß führt also zur Unbestimmtheit des Verwaltungsaktes und hat die Nichtigkeit des Verwaltungsaktes zur Folge (§ 40 Abs. 2 Nr. 1). Behörde ist nach § 1 Abs. 2 jede Stelle, die Aufgaben der öffentlichen Verwaltung wahrnimmt. Das ist damit im Regelfall nicht die jeweilige Körperschaft, sondern innerhalb dieser Körperschaft die Stelle, der die Wahrnehmung der Aufgabe durch Gesetz oder auf Grund eines Gesetzes zugewiesen ist. Diese Stelle muss der schriftlich oder elektronisch verkörperte Verwaltungsakt (Bescheid) erkennen lassen.

5. Erkennbarkeit der Person

17 Weiter muss der schriftliche bzw. der elektronische Verwaltungsakt eine Identifikation einer verantwortlichen natürlichen Person ermöglichen. Das Gesetz grenzt das auf den Behördenleiter, seinen Vertreter oder des Beauftragten ein. Eine dieser drei Personen muss entweder durch seine Unterschrift oder über seine Namenswiedergabe auf dem Bescheid identifizierbar sein. Die Regelung macht somit eine eigenhändige Unterzeichnung von an der Entscheidung beteiligten Personen entbehrlich, solange die namentliche Nennung der verantwortlichen Person erfolgt,[21] was sich bereits aus dem eindeutigen Wortlaut der Vorschrift ergibt. Für die behördliche Praxis hat sich die Namenswiedergabe ohne Unterschrift als praktikabelste Form zur Nutzung effizienter Arbeitsabläufe erwiesen. Die Unterschrift auf einem Bescheid stellt die Ausnahme dar.

Anders als ein Verstoß gegen das Erfordernis der Erkennbarkeit der Behörde führt ein Verstoß gegen die Unterzeichnungspflicht lediglich zur formellen Rechtswidrigkeit des Verwaltungsaktes, da es sich hierbei nicht um einen besonders schwerwiegenden Fehler im Sinne des § 40 Abs. 1 handelt.[22]

6. Mit Hilfe automatischer Einrichtungen erlassene Verwaltungsakte

18 Die Vorschrift des Abs. 5 gilt sowohl für teilweise mit Hilfe automatischer Einrichtungen als auch für vollständig durch automatische Einrichtungen erlassene Verwaltungsakte im Sinne des § 31a (siehe auch 1). Die Besonderheit der Regelung liegt darin, dass für automatisch hergestellte Verwaltungsakte die in Abs. 3 Satz 1 geforderte Namenswiedergabe oder Unterschrift fehlen darf. Das soll der Verwaltungsvereinfachung dienen, wobei es keine technische Herausforderung (mehr) darstellt, die für die Regelung verantwortliche Person auf dem Bescheid zumindest durch deren Namenszusatz auch darzustellen. Tatsächlich entspricht es auch behördlicher Praxis, stets einen Namen der verantwortlichen Person anzugeben. Der oftmals verwendete Hinweis, wonach der Bescheid automatisiert erstellt und daher »ohne Unterschrift« gültig sei, ist dann jedoch überflüssig. Er erfüllt ja ohnehin über die Anforderungen des Abs. 5 hinaus die Anforderung des Abs. 3 Satz 1.

Sinnvoll erscheint die Vorschrift weiterhin im Anwendungsbereich von vollautomatisierten Verwaltungsakten im Sinne des § 31a, da in diesen Fällen ein Rechtssubjekt an der jeweiligen Entscheidung im Einzelfall nicht mehr beteiligt ist.

In der verwaltungsrechtlichen Kommentarliteratur wird zum Teil darauf hingewiesen, dass die Vorschrift überholt sei; die identische Regelung in § 37 Abs. 5 VwVfG wird sogar als »totes Recht«[23] bezeichnet. Zur Begründung wird auf die Entstehungsgeschichte verwiesen. Die Vorschrift spiegele die begrenzte Speicherkapazität von Anlagen aus der Anfangszeit der Automatisierung bzw. Digitalisierung wieder. Durch die Speicherung selbst des Namens wären erhebliche Mehrkosten entstanden,

---

21 LSG Baden-Württemberg, Beschl. v. 06.03.2015 – L 4 R 2666/13, Rn. 30.

22 BSG, Urt. v. 04.10.1994 – 7 KlAR 1/93, BSGE 75, 97, 111 = NZA 1995, 320 = SozR 3–4100 § 116 Nr. 2.

23 Stelkens/Bonk/Sachs/*U. Stelkens*, VwVfG, § 37 Rn. 131.

die so eingespart werden sollten[24]. Das ist heute tatsächlich nicht mehr erforderlich. Allerdings würde diese Lesart den vollautomatischen Verwaltungsakt (§ 31a) vollständig unberücksichtigt lassen. Entfiele sie, fehlte eine spezielle Regelung und auch der vollautomatisierte Verwaltungsakt müsste eine individualisierte Zuordnung ermöglichen. Das wäre aber gar nicht möglich. Die Aufrechterhaltung von Abs. 5 ist daher sinnvoll und notwendig.

Die im Übrigen nach Abs. 5 Satz 2 zulässige Verwendung von Schlüsselzeichen wie etwa von Abkürzungen stellt im Hinblick auf das in Absatz 1 enthaltene Bestimmtheitsgebot klar, dass eine solche Verwendung unschädlich ist. Dem Adressaten muss allerdings, etwa durch Beifügung eines Verzeichnisses, die Bedeutung der Schlüsselzeichen erkennbar sein.

7. Mündlicher Verwaltungsakt

Mündlich erlassen ist der Verwaltungsakt, wenn er einem Anwesenden gegenüber durch Gebrauch 19
der menschlichen Stimme[25] ausgesprochen wird. Als gegenüber einem Anwesenden ausgesprochen gilt auch die Bekanntgabe durch das Telefon, wenn hierdurch eine unmittelbare und gleichzeitige Kommunikation gewährleistet ist. Das Hinterlassen einer Nachricht auf dem Anrufbeantworter kann damit keine Bekanntgabe eines mündlichen Verwaltungsaktes darstellen.

Für mündliche Verwaltungsakte besteht die weitere Besonderheit, dass sie bei berechtigtem Interesse 20
des Betroffenen auf dessen unverzügliches Verlangen hin schriftlich oder elektronisch zu bestätigen sind (Abs. 2 Satz 2). Unverzüglich im Sinne der Vorschrift bedeutet ein Verlangen ohne schuldhaftes Zögern. Die Schwelle für ein berechtigtes Interesse eines Betroffenen ist aus rechtsstaatlichen Gründen niedrig anzusetzen. Ein solches Interesse liegt bereits dann vor, wenn der Betroffene zunächst überlegen möchte, einen Rechtsbehelf einzulegen.[26] Das Gleiche gilt, wenn er den Inhalt des Verwaltungsaktes gegenüber anderen nachweisen möchte.

Bei schriftlicher oder elektronischer Bestätigung des mündlichen Verwaltungsaktes müssen die For- 21
malien des Abs. 3 Satz 1 ebenfalls eingehalten werden, auch wenn die Bestätigung selbst naturgemäß nicht als Verwaltungsakt zu qualifizieren ist. Die Bestätigung muss mithin die erlassende Behörde erkennen lassen und die Unterschrift oder die Namenswiedergabe des Behördenleiters, seines Vertreters oder seines Beauftragten enthalten. Auch führt die Bestätigung nach Abs. 2 Satz 2 dazu, dass der Verwaltungsakt nunmehr zu begründen ist (vgl. § 35 Abs. 1 Satz 1). Weicht die Bestätigung vom Inhalt des mündlichen Verwaltungsaktes ab, so kommt es für die Bewertung als neuer Verwaltungsakt darauf an, inwieweit der Änderung ein eigenständiger Regelungscharakter innewohnt.

Eine weitere Besonderheit des mündlich erlassenen Verwaltungsaktes besteht darin, dass ihm natur- 22
gemäß keine Rechtsbehelfsbelehrung (§ 36) beigefügt wird und damit die Einlegung des Rechtsbehelfs innerhalb eines Jahres möglich ist (§ 66 Satz 2 SGG). Lässt sich der Betroffene den mündlichen Verwaltungsakt nach Abs. 2 Satz 3 schriftlich oder elektronisch bestätigen, so kann die dieser Bestätigung beigefügte Rechtsbehelfsbelehrung den Lauf der Monatsfristen (§§ 84 Abs. 1, 87 Abs. 1 SGG) jedoch auslösen.

8. In anderer Weise

In anderer Weise ergeht ein Verwaltungsakt, wenn eine behördlich gewollte, erkennbare Regelung 23
keiner der drei vorgenannten Arten zuzuordnen ist, gleichwohl aber Anhaltspunkte für ein ausdrückliches oder konkludentes Handeln vorliegen. Regelmäßig wird insbesondere in der Auszahlung von Geldbeträgen auf Grundlage eines Antrags ein diesem Antrag stattgebender Verwaltungsakt zu sehen sein.[27] Maßstab für die Qualifikation als Verwaltungsakt bleibt aber der anhand von Tatsachen zu

24 Stelkens/Bonk/Sachs/*U. Stelkens*, VwVfG, § 37 Rn. 130–134.
25 Stelkens/Bonk/Sachs/U. *Stelkens*, VwVfG, § 37 Rn. 75.
26 Schütze/*Engelmann*, SGB X, § 33 Rn. 45.
27 BSG, Urt. v. 29.10.1992 – 10 RKg 4/92, SozR 3–1300 § 50 Nr. 13 (Rn. 20).

ermittelnde Regelungswille der Behörde. Wegen des Fehlens im Wortlaut des Abs. 2 Satz 2 kann ein Betroffener die schriftliche Bestätigung eines solchen, in anderer Weise ergangenen Verwaltungsaktes nicht verlangen.

III. Besonderheiten elektronischer Verwaltungsakte (Abs. 2 Satz 3, Abs. 3 Satz 2, Abs. 4)

1. Schriftliche Bestätigung

24 Für elektronische Verwaltungsakte (Rdn. 14) gilt zunächst die Besonderheit, dass der Betroffene gem. Abs. 2 Satz 3 dessen schriftliche Bestätigung unter den gleichen Voraussetzungen verlangen kann, wie die elektronische oder schriftliche Bestätigung eines mündlichen Verwaltungsaktes nach Maßgabe des Abs. 2 Satz 2 verlangt werden kann. Es muss also ein berechtigtes Interesse vorliegen und das Verlangen muss unverzüglich erfolgen. Insoweit gelten keine Besonderheiten gegenüber Satz 2. In Satz 3 wird die verlangte, schriftliche Bestätigung des elektronischen Verwaltungsaktes ausdrücklich vom Anwendungsbereich des § 36a Abs. 2 sowie Abs. 2a SGB I ausgenommen. Eine Ersetzung der Schriftform kommt in diesem Fall somit nicht in Betracht.

Satz 3 hat insoweit eine klarstellende Funktion. Da § 36a Abs. 2 sowie Abs. 2a SGB I generell auf Dokumente abstellen, wäre sicherlich auch eine schriftliche Bestätigung eines Verwaltungsaktes durch elektronische Form unter Hinzufügen einer Signatur oder eines Siegels ersetzbar. Das würde aber dem besonderen Zweck der schriftlichen Bestätigung des Verwaltungsakts widersprechen. Dieser stellt erkennbar darauf ab, bei Vorliegen eines berechtigten Interesses dem Betroffenen ein Dokument in verkörperter Form zur Verfügung zu stellen. Denkbar liegt das Interesse an einer schriftlichen Bestätigung des elektronischen Verwaltungsakts darin, dass er anderen Behörden vorgelegt werden muss und diese ggf. einen anderen Standard der elektronischen Übermittlung (sofern überhaupt) eröffnet haben.

25 Erfolgt eine schriftliche Bestätigung, so führt das zu einer Begründungspflicht nach § 35.

2. Anforderungen bei Schriftformersetzung

26 Sieht das jeweilige Fachgesetz zwingend eine Schriftform des Verwaltungsaktes vor, so kann die Schriftform durch elektronische Form unter Hinzufügung einer qualifizierten elektronischen Signatur (§ 36a Abs. 2 Satz 2 SGB I) bei gleichzeitiger Erkennbarkeit der den Verwaltungsakt erlassenden Behörde aus dem der Signatur zugrundeliegenden qualifizierten Zertifikat (Art. 28 Abs. 1 VO [EU] 910/2014) oder einem zugehörigen Attributzertifikat (§ 12 Abs. 1 VDG) ersetzt werden, vgl. § 33 Abs. 3 Satz 2. Ist die Behörde entgegen der Vorschrift nicht erkennbar, so macht das den Verwaltungsakt nichtig nach § 40 Abs. 2 Nr. 1.

Da sich die Signatur in der Praxis kaum durchgesetzt hat, wurde die Ersetzung der Schriftform durch elektronische Verwaltungsakte nach Maßgabe des § 36a Abs. 2a Nr. 3 SGB I um die Möglichkeiten ergänzt, den Verwaltungsakt mit einem qualifizierten elektronischen Siegel zu versehen (§ 36a Abs. 2a Nr. 3a SGB I) oder ihn durch eine De-Mail-Nachricht nach § 5 Abs. 5 des De-Mail-Gesetzes zu versenden (§ 36a Abs. 2a Nr. 3b SGB I).

Wird der elektronische Verwaltungsakt mit einer qualifizierten elektronischen Signatur im Sinne des § 36a Abs. 2 SGB I oder mit dem qualifizierten elektronischen Siegel im Sinne des § 36a Abs. 2a Nr. 3a SGB I versehen, so kann nach Abs. 4 deren dauerhafte Überprüfbarkeit durch Rechtsvorschrift vorgesehen werden.

Wählt die Behörde die elektronische Ersetzung durch De-Mail-Nachricht, so verlangt § 33 Abs. 3 Satz 3, dass die Bestätigung nach § 5 Abs. 5 des De-Mail-Gesetzes die erlassende Behörde (und nicht die jeweilige Körperschaft[28]) als Nutzer des De-Mail-Kontos erkennen lässt. Durch diese Regelung

---

28 BT-Drucks. 17/11473 zu Art. 6 Nr. 4 (S. 51) unter Verweis auf die Begründung zu Art. 3 Nr. 5 (§ 37 VwVfG S. 50).

wird somit sichergestellt, dass für den Betroffenen gleichermaßen wie beim schriftlichen Verwaltungsakt nach Abs. 3 Satz 1 zumindest die Behördeneigenschaft nachgewiesen ist. Ein Verstoß führt deshalb auch hier zur Nichtigkeit (§ 40 Abs. 2 Nr. 1).

Durch das »Gesetz zur Förderung der elektronischen Verwaltung (E-Government-Gesetz – EGovG)«[29] 27
werden Bundesrecht ausführende Behörden dazu verpflichtet, den in § 36a SGB I lediglich als Möglichkeit vorausgesetzten Zugang für die Übermittlung elektronischer Dokumente auch tatsächlich zu eröffnen (§ 2 Abs. 1 EGovG). Die konkrete Einrichtung und Nutzung einer De-Mail-Adresse ist hingegen nicht (mehr) verpflichtend vorgesehen. Die dafür in § 3 Abs. 1 OZG vorgesehenen Nutzerkonten (§ 2 Abs. 5 OZG) sowie die von Bund und Ländern nach § 1a Abs. 1 Satz 1 OZG im Digitalverbund eingerichteten Verwaltungsportale werden die elektronische Kommunikation zwischen Behörde und Adressat absehbar erleichtern.

▶ **Hinweis:**

Die Anforderungen des § 33 Abs. 3 Satz 3 gelten nur für elektronische Verwaltungsakte, durch 28
die eine vorgegebene Schriftform ersetzt werden soll. Für sonstige elektronische Verwaltungsakte gilt die Vorschrift hingegen nicht.[30] Für die Anwendung von Abs. 3 Satz 3 müssen die Voraussetzungen des Abs. 3 Satz 2 tatbestandlich erfüllt sein, was sich aus der Systematik ergibt.

IV. Vermeidung der Benachteiligung behinderter Menschen

Nach § 10 Abs. 1 des Behindertengleichstellungsgesetzes (BGG)[31] haben Bundesbehörden bei der 29
Gestaltung von schriftlichen Bescheiden eine Behinderung von Menschen zu berücksichtigen. Blinde und sehbehinderte Menschen können daher verlangen, dass ihnen Bescheide auch in einer für sie wahrnehmbaren Form zugänglich gemacht werden. In § 3 Abs. 2 der auf Grundlage des § 10 Abs. 2 BGG erlassenen Verordnung über barrierefreie Dokumente in der Bundesverwaltung – (VBD)[32] wird dieser Anspruch für schriftliche Dokumente zu einem Anspruch auf Zugänglichmachung in Blindenschrift oder in Großdruck konkretisiert. § 3 Abs. 3 VBD verweist für elektronische Dokumente hingegen auf die einzuhaltenden Standards der Barrierefreien Informationstechnik-Verordnung (BITV 2.0)[33]. Ähnliche Vorschriften haben die Bundesländer für die Tätigkeit der Landesbehörden erlassen. Das führt dazu, dass unter Umständen ein Anspruch auf Übersendung von Bescheiden als eingescannter Anhang mit einfacher Email besteht[34].

Die aus den Vorschriften resultierende Pflicht zur Vermeidung der Benachteiligung behinderter 30
Menschen lässt die Formvorschriften des § 33 grundsätzlich unberührt.[35] Das bedeutet insbesondere, dass ein unter Beachtung der Formvorschriften des § 33 erlassener Verwaltungsakt mit Bekanntgabe (§§ 37 Abs. 1, 39 Abs. 1) jedenfalls wirksam wird. Allerdings dürfte ein Verstoß gegen die Gestaltungsvorschriften des Gleichstellungsrechts zur formellen Rechtswidrigkeit des Verwaltungsaktes führen, sofern er nicht im Einzelfall nach Maßgabe des § 42 Satz 1 unbeachtlich ist.

29 Vom 25.07.2013, BGBl. I, S. 2749.
30 LSG Baden-Württemberg, Urt. v. 22.03.2019 – L 4 KR 2182/18 Rn. 29.
31 Gesetz zur Gleichstellung behinderter Menschen (Behindertengleichstellungsgesetz – BGG) vom 27.04.2002 (BGBl. I, S. 1467).
32 Vom 17.07.2002, BGBl. I, S. 2652.
33 Vom 12.09.2011, BGBl. I, S. 1843.
34 SG Hamburg, Urt. v. 30.06.2023 – S 39 AS 517/23.
35 LSG Berlin-Brandenburg, Beschl. v. 01.10.2012 – L 18 AS 2413/12 B ER, Rn. 4, juris; OVG Rheinland-Pfalz, Urt. v. 25.06.2012 – 7 A 10286/12, Rn. 30 juris.

§ 34 Zusicherung

(1) [1]Eine von der zuständigen Behörde erteilte Zusage, einen bestimmten Verwaltungsakt später zu erlassen oder zu unterlassen (Zusicherung), bedarf zu ihrer Wirksamkeit der schriftlichen Form. [2]Ist vor dem Erlass des zugesicherten Verwaltungsaktes die Anhörung Beteiligter oder die Mitwirkung einer anderen Behörde oder eines Ausschusses auf Grund einer Rechtsvorschrift erforderlich, darf die Zusicherung erst nach Anhörung der Beteiligten oder nach Mitwirkung dieser Behörde oder des Ausschusses gegeben werden.

(2) Auf die Unwirksamkeit der Zusicherung finden, unbeschadet des Absatzes 1 Satz 1, § 40, auf die Heilung von Mängeln bei der Anhörung Beteiligter und der Mitwirkung anderer Behörden oder Ausschüsse § 41 Abs. 1 Nr. 3 bis 6 sowie Abs. 2, auf die Rücknahme §§ 44 und 45, auf den Widerruf, unbeschadet des Absatzes 3, §§ 46 und 47 entsprechende Anwendung.

(3) Ändert sich nach Abgabe der Zusicherung die Sach- oder Rechtslage derart, dass die Behörde bei Kenntnis der nachträglich eingetretenen Änderung die Zusicherung nicht gegeben hätte oder aus rechtlichen Gründen nicht hätte geben dürfen, ist die Behörde an die Zusicherung nicht mehr gebunden.

Übersicht Rdn.

A. Inhalt

1 Die mit § 38 VwVfG weitestgehend identische Vorschrift trägt besonderen Vertrauensschutzgesichtspunkten Rechnung und stellt Regelungen für die Rechtmäßigkeit, Verbindlichkeit und Abänderbarkeit der Zusicherung als Unterfall der behördlichen Zusage auf.

B. Einzelerläuterungen

I. Zusicherung als Verwaltungsakt

2 Die behördliche Zusicherung ist nach ständiger Rechtsprechung Verwaltungsakt.[1] Das hat Folgen für die Rechtmäßigkeit, die Bindungswirkung und den Rechtsschutz. Es kommt daher darauf an, die Zusicherung von anderen behördlichen Äußerungen abzugrenzen. Ausweislich des eindeutigen Wortlauts des Abs. 1 handelt es sich bei der Zusicherung um eine Zusage, die auf den Erlass oder die Unterlassung eines Verwaltungsaktes gerichtet ist. Das beinhaltet einmal, dass sich diese Zusage auf einen bestimmten Sachverhalt beziehen muss. Lediglich allgemeine Erklärungen oder gar Hinweise in Prospekten schließen die Verbindlichkeit einer solchen Zusage bereits aus. Der Zusage muss sich nach objektiven Auslegungskriterien der Wille der Behörde entnehmen lassen, dass sie sich zu einem bestimmten Tun oder Unterlassen verpflichtet. Im Falle der Zusicherung muss also erkennbar sein, dass sich die Behörde zum Erlass oder der Unterlassung eines Verwaltungsaktes verpflichten will.

▶ **Beispiele:**

So unterscheidet sich die Auskunft (§ 15 SGB I) von der Zusicherung bereits dadurch, dass die Behörde im Falle einer solchen Auskunft nur eine Wissenserklärung abgibt und ohne Regelungswillen handelt[2].

---

1 St. Rspr., etwa für die Zusicherung nach § 22 Abs. 2 Satz 1 SGB II BSG, Urt. v. 06.04.2011 – B 4 AS 5/10 R, Rn. 13, juris; BSG, Urt. v. 06.08.2014 – B 4 AS 37/13 R, Rn. 11, juris.

2 VG Münster, Urt. v. 31.05.2022 – 6 K 2337/21 –.

Bei einer Beratung (§ 14 SGB I) fehlt ebenfalls der erforderliche Rechtsbindungswille[3] zum Erlass einer Regelung.

Auch die Ablehnung eines Antrags auf Erteilung einer Zusicherung ist Verwaltungsakt.[4]

Ist ein Leistungsverfahren zweistufig ausgestaltet, so liegt im Abschluss der ersten Stufe durch feststellenden Verwaltungsakt nicht gleichzeitig eine Zusicherung auf Erlass des leistungsgewährenden Verwaltungsakts auf der zweiten Stufe[5].

Teilt die Behörde eine Rechtsauffassung mit, so kann sich aus den Gesamtumständen des Verfahrens dennoch eine umfassende und abschließende Prüfung der Voraussetzungen eines Anspruchs durch die Behörde ergeben. Dann kann darin eine Zusicherung liegen[6].

In einem vom Leistungsträger außergerichtlich abgegebenen Angebot auf Abschluss eines Vergleichs soll gleichzeitig eine Zusicherung liegen[7]. Das lässt sich sicherlich nicht auf alle Fälle übertragen. Grundsätzlich decken sich aber viele Elemente eines Antrags auf Abschluss eines Vertrages mit denen des Verwaltungsakts. Das betrifft insbesondere den Regelungsgehalt der Willenserklärung. Im Einzelfall ist aber zu beachten, worin die typische Handlung des Nachgebens auf Seite des Leistungsempfängers bei Vertragsschluss liegen würde. Betrifft das die Beseitigung von Hindernissen für die Entscheidung, kann eine (rechtmäßige) Zusicherung ohne diese Vorbehalte nicht erteilt werden.

3 Zugesichert werden kann der Erlass sämtlicher Arten von Verwaltungsakten, allerdings liegt die praktische Bedeutung im Leistungsrecht vor allem bei der Zusicherung von begünstigenden Ermessensverwaltungsakten oder der Ausfüllung von in der Ermächtigungsnorm eingeräumten Beurteilungsspielräumen. Insbesondere kann ein Betroffener für diese Verwaltungsakte eine Situation herbeiführen, an der er sein künftiges Verhalten ausrichtet.

II. Formelle Voraussetzungen

4 Für die Zusicherung gelten zunächst die für Verwaltungsakte allgemein heranzuziehenden formellen Anforderungen, im Übrigen sind in § 34 Abs. 1 geringfügige Spezifikationen enthalten.

5 Zuständig ist im Sinne des § 34 Abs. 1 Satz 1 die Behörde, welche für den zugesicherten Verwaltungsakt sachlich, örtlich und funktionell zuständig ist. An dieser Stelle muss also eine erste Vorverlagerung einer formellen Rechtmäßigkeitsprüfung des zugesicherten Verwaltungsaktes durchgeführt werden. Der Gesetzgeber hat das formelle Prüfmerkmal der Zuständigkeit zur Wirksamkeitsvoraussetzung einer Zusage im Sinne des § 39 Abs. 1 Satz 1 gemacht. Ein Verstoß macht die Zusage damit nicht nur rechtswidrig, sondern lässt deren Wirksamkeit erst gar nicht eintreten. Das gilt deshalb unabhängig von § 40 Abs. 3 Nr. 1 auch für Verstöße gegen die örtliche Zuständigkeit.

6 § 34 Abs. 1 Satz 1 schreibt weiterhin vor, dass eine Zusicherung zu ihrer Wirksamkeit der Schriftform bedarf. Ein Verstoß dagegen lässt die Wirksamkeit (§ 39) mithin ebenfalls von vornherein nicht eintreten. Auch hier bedarf es keines Rückgriffs auf die Nichtigkeitsvorschrift des § 40, was im Wortlaut des § 34 Abs. 2 durch die Formulierung »unbeschadet des Abs. 1 Satz 1« zum Ausdruck kommt. Das bedeutet allerdings nicht, dass eine nur mündlich erteilte Zusage bedeutungslos wird. Eine solche mündliche Zusage bindet die Behörde im Rahmen der Ermessensausübung soweit, wie die Zusage

3 Schütze/*Engelmann*, SGB X, § 34 Rn. 19.

4 BSG, Urt. v. 29.01.2004 – B 4 RA 29/03 R, BSGE 92, 113 (Rn. 16).

5 So für den Anerkennungsbescheid beim Kurzarbeitergeld nach § 99 Abs. 3 SGB III BSG, Urt. v. 05.06.2024 – B 11 AL 1/23 R –, juris, Rn. 19ff.

6 VG Münster, Urt. v. 31.05.2022 – 6 K 2337/21.

7 LSG Hessen, Urt. v. 07.02.2022 – L 5 R 127/17, Rn. 37.

reicht. Die schriftliche Zusicherung erzeugt darüber hinaus Bindungswirkung auch im Hinblick auf die Anspruchsvoraussetzungen der Ermächtigungsgrundlage des zugesagten Verwaltungsaktes.[8]

7 Nach § 34 Abs. 1 Satz 2 muss vor Erlass der Zusicherung eine besondere Anhörungs- und Mitwirkungspflicht erfüllt werden, sofern auch für den zugesicherten Verwaltungsakt (oder dessen Unterlassen) eine Anhörungspflicht (§ 24) der Beteiligten (§ 12) sowie eine Mitwirkungspflicht von Behörden vorgesehen ist. Im Hinblick auf diese Pflichten wird also eine Akzessorietät hergestellt, es muss im Rahmen der Prüfung der Anwendbarkeit des § 34 Abs. 1 Satz 2 eine insoweit vorgelagerte formelle Prüfung des zugesicherten Verwaltungsaktes durchgeführt werden.

8 Ein Verstoß gegen sonstige formelle Rechtmäßigkeitsvorgaben führt zur bloßen Rechtswidrigkeit der Zusicherung. Damit ist eine an formellen Mängeln leidende Zusicherung wirksam und kann bestandskräftig werden. Formelle Verstöße sind nach den allgemein für Verwaltungsakte anzuwendenden Vorschriften heilbar, dem Verweis in § 34 Abs. 2 auf § 41 Abs. 1 Nr. 1 bis 3 und Abs. 2 kommt insoweit keine eigenständige Bedeutung zu. Das gleiche gilt für den Verweis auf die Nichtigkeitsvorschrift des § 40, auch hier ist der (insoweit einschränkende) Verweis eher irreführend. Da es sich bei einer Zusicherung um einen Verwaltungsakt handelt, ist § 40 vollumfänglich bei Verstößen gegen formelle Anforderungen anwendbar.

III. Materielle Voraussetzungen

9 Die Behörde darf nur zusichern, was sie auch erfüllen darf. Auch insoweit muss deshalb eine Vorabprüfung des zugesicherten Verwaltungsaktes erfolgen[9], die materielle Rechtmäßigkeit der Zusicherung orientiert sich an der Ermächtigungsgrundlage für den zugesicherten Verwaltungsakt. Die Voraussetzungen der Ermächtigungsgrundlage müssen vorliegen. Jedenfalls müssen der Gegenstand des zuzusichernden Verwaltungsaktes und der zugrundeliegende Sachverhalt bereits im Zeitpunkt der behördlichen Zusicherungserklärung vorliegen.[10] Damit geht die Frage einher, inwieweit ein Anspruch auf eine Zusicherung bestehen kann. Ein solcher Anspruch kann nicht aus dem Anspruch auf den Erlass des zuzusichernden Verwaltungsaktes hergeleitet werden, vielmehr stellt die Rechtsprechung die Zusicherung grundsätzlich in das Ermessen der Behörde.[11] Das schließt einen Anspruch bei einer Ermessensreduzierung auf Null nicht aus. Eine solche Ermessensreduzierung dürfte immer dann anzunehmen sein, wenn der Betroffene von der Zusicherung weitere Entscheidungen abhängig machen möchte, die unter Umständen mit erheblichen Aufwendungen verbunden sind.

10 Im Übrigen gelten für die Zusicherung die allgemeinen Rechtmäßigkeitsvoraussetzungen, insbesondere muss auch die Zusicherung bestimmt im Sinne des § 33 Abs. 1 sein und sie muss nach den Vorgaben des § 35 begründet werden. Eintritt und Umfang der Bindungswirkung richten sich ebenfalls nach den allgemeinen Vorschriften, insbesondere kommt es für die Bindung gegenüber Dritten auf die Bekanntgabe (§§ 39 Abs. 1, 37) an.

IV. Bindungswirkung und Aufhebbarkeit (Abs. 3)

11 Wegen des Verwaltungsaktcharakters der Zusicherung gelten für deren Bestandskraft und Aufhebbarkeit die allgemeinen Regeln. Sie bleibt damit wirksam, bis sie aufgehoben wurde oder sie sich erledigt hat.

12 Damit gelten die §§ 44 und 45 für die Rücknahme einer rechtswidrigen Zusicherung gleichermaßen wie die §§ 46 und 47 für den Widerruf der rechtmäßigen Zusicherung. Bis zur Aufhebung nach einer dieser Vorschriften entfaltet die Zusicherung ihre volle Bindungswirkung.

13 Der Vertrauensschutz wird durch ausdrückliche Aufnahme der clausula rebus sic stantibus in Abs. 3 über die Aufhebbarkeit nach den §§ 44 ff. hinaus eingeschränkt. Danach ist eine Bindung an die

8 BSG, Urt. v. 06.04.2006 – B 7a AL 20/05 R, SozR 4–4300 § 324 Nr. 2 (Rn. 25).
9 Stelkens/Bonk/Sachs/*Stelkens*, VwVfG § 38 Rn. 85.
10 BSG, Urt. v. 17.12.2014 – B 8 SO 15/13 R, Rn. 10 (juris).
11 BSG, Urt. v. 12.01.1984 – 1 RA 27/83, BSGE 56, 249, 251.

Zusicherung ohne Durchführung eines gesonderten Verfahrens aufgehoben, sobald sich die Sach- oder Rechtslage nach Abgabe der Zusicherung dergestalt geändert hat, dass die Behörde bei Kenntnis derselben die Zusicherung nicht abgegeben hätte oder nicht hätte geben dürfen. Als Änderung der Sachlage werden alle tatsächlichen Vorgänge angesehen, die eine Änderung des entscheidungserheblichen Sachverhalts zur Folge haben,[12] maßgeblich ist jeder Zeitpunkt nach Erlass der Zusicherung und vor Erlass des zugesicherten Verwaltungsaktes. Als Rechtsänderung wird hierbei sowohl eine Änderung der Gesetzeslage als auch, entgegen der für das VwVfG vorherrschenden Ansicht,[13] deren Interpretation durch die Rechtsprechung anzusehen sein. Allerdings muss es sich um maßgebliche, die Entscheidungsträger in ihrer Rechtsauslegung bindende Entscheidungen der obersten Bundesgerichte und des Bundesverfassungsgerichts handeln (arg. § 48 Abs. 2). Maßgeblich ist auch hier der jeweilige Zeitpunkt der Rechtsänderung, sie ist nur von Relevanz, soweit sie in den Entscheidungszeitraum des zu erlassenden Zeitraums hineinreicht.[14]

Für die Erledigung der Zusicherung im Sinne des § 39 Abs. 2 SGB X gelten keine Besonderheiten. 14
So erledigt sich die Zusicherung zur Übernahme von Aufwendungen für einen Umzug nicht bereits mit dem Umzug[15].

§ 35 Begründung des Verwaltungsaktes

(1) [1]Ein schriftlicher oder elektronischer sowie ein schriftlich oder elektronisch bestätigter Verwaltungsakt ist mit einer Begründung zu versehen. [2]In der Begründung sind die wesentlichen tatsächlichen und rechtlichen Gründe mitzuteilen, die die Behörde zu ihrer Entscheidung bewogen haben. [3]Die Begründung von Ermessensentscheidungen muss auch die Gesichtspunkte erkennen lassen, von denen die Behörde bei der Ausübung ihres Ermessens ausgegangen ist.

(2) Einer Begründung bedarf es nicht,
1. **soweit die Behörde einem Antrag entspricht oder einer Erklärung folgt und der Verwaltungsakt nicht in Rechte eines anderen eingreift,**
2. **soweit demjenigen, für den der Verwaltungsakt bestimmt ist oder der von ihm betroffen wird, die Auffassung der Behörde über die Sach- und Rechtslage bereits bekannt oder auch ohne Begründung für ihn ohne weiteres erkennbar ist,**
3. **wenn die Behörde gleichartige Verwaltungsakte in größerer Zahl oder Verwaltungsakte mit Hilfe automatischer Einrichtungen erlässt und die Begründung nach den Umständen des Einzelfalles nicht geboten ist,**
4. **wenn sich dies aus einer Rechtsvorschrift ergibt,**
5. **wenn eine Allgemeinverfügung öffentlich bekannt gegeben wird.**

(3) In den Fällen des Absatzes 2 Nr. 1 bis 3 ist der Verwaltungsakt schriftlich oder elektronisch zu begründen, wenn der Beteiligte, dem der Verwaltungsakt bekannt gegeben ist, es innerhalb eines Jahres seit Bekanntgabe verlangt.

Übersicht Rdn.

12 Stelkens/Bonk/Sachs/*Sachs*, VwVfG § 51 Rn. 94.
13 Stelkens/Bonk/Sachs/*Sachs*, VwVfG § 51 Rn. 104 ff.
14 BSG, Urt. v. 08.12.1993 – 10 RKg 19/92, SozR 3–1300 § 39 Nr. 2 = NVwZ 1994, 830.
15 LSG Sachsen-Anhalt, Urt. v. 15.09.2022 – L 5 AS 294/18 –.

A. Inhalt

1 Die Vorschrift ordnet in Abs. 1 Satz 1 eine zwingende Begründungspflicht für schriftliche oder elektronische Verwaltungsakte an und regelt in Abs. 1 Satz 2 und 3 die Mindestanforderungen für deren Inhalt. In Abs. 2 werden verschiedene Ausnahmetatbestände für die Begründungspflicht genannt. Abs. 3 enthält dazu in den Fällen des Abs. 2 Nr. 1 bis 3 eine Rückausnahme, sofern der Beteiligte dennoch eine Begründung verlangt.

2 Die Pflicht, Entscheidungen nachvollziehbar zu begründen, resultiert unter anderem aus dem Rechtsstaatsgebot. Jeder Bürger, in dessen Rechte eingegriffen wird, hat Anspruch darauf, die Gründe dafür zu erfahren.[1] Die maßgeblichen Entscheidungsprozesse sind transparent zu machen. Auch gebietet der Anspruch auf effektiven Rechtsschutz (Art. 19 Abs. 4 Satz 1 GG), dass dem Adressaten eines Verwaltungsaktes die Entscheidung zumindest nachvollziehbar dargelegt wird. Namentlich konkretisiert dieses Recht auf Begründung der Verwaltungsentscheidung auch das unionsrechtlich normierte Grundrecht auf eine »gute Verwaltung« (vgl. Art. 41 Abs. 2c Charta der Grundrechte der Europäischen Union). Dieses letztgenannte Recht erweitert die Begründungspflicht über die Begründung belastender Verwaltungsentscheidungen hinaus. Auch in § 35 Abs. 1 wird die Begründungspflicht nicht auf belastende Verwaltungsakte begrenzt.

3 Wesentlicher Aspekt der Begründungspflicht ist aber gleichermaßen, der Behörde ein verpflichtendes Instrument der Selbstkontrolle in die Hand zu geben. Eine getroffene Entscheidung mit einer Begründung zu versehen führt entweder zur Verfestigung der Ansicht oder aber zu Zweifeln, die zur Korrektur führen. Das entspricht dem Zweck der Begründungspflicht etwa bei der Anordnung der sofortigen Vollziehung nach § 86a Abs. 2 Nr. 5 SGG; auch hier muss die Entscheidung mit einer (immer noch) schriftlichen Begründung versehen werden, damit sich die Behörde den Ausnahmecharakter der Vorschrift nochmals vor Augen führt.

B. Einzelerläuterungen

I. Grundsatz der Begründungspflicht

4 Nach Abs. 1 Satz 1 sind schriftliche oder elektronische Verwaltungsakte zu begründen. Das Gleiche gilt ausweislich des Wortlauts für mündliche Verwaltungsakte, sobald sie schriftlich oder elektronisch bestätigt wurden (§ 33 Abs. 2 Satz 2).

1. Begründung gebundener Entscheidungen

5 Sowohl für gebundene als auch für Ermessensentscheidungen gilt der Begründungsmaßstab des Abs. 1 Satz 2, wonach die für die Entscheidung kausalen wesentlichen tatsächlichen und rechtlichen Gründe mitzuteilen sind. Diese Vorschrift bezieht sich auf die Tatbestandsebene der Ermächtigung und ist deshalb allein maßgeblich auch bei Normen, die Beurteilungsspielräume enthalten. Die Begründung kann Auslegungshilfe für den Regelungsinhalt des Verwaltungsaktes sein. Eine weitere Funktion des Begründungserfordernisses besteht darin, dem Betroffenen die Möglichkeit zur sachgemäßen Wahrnehmung und Verteidigung seiner Rechte einzuräumen. Werden also bestimmte Tatsachen als Grundlage für die Entscheidung herangezogen, muss sich dies zur Wahrung der Verteidigungsmöglichkeiten aus der Begründung ergeben[2]. Die Begründung darf sich einerseits nicht in formelhaften Floskeln oder der Wiederholung des gesetzlichen Tatbestands erschöpfen, andererseits müssen dem Betroffenen aber nachweislich bekannte oder für diesen auf der Hand liegende Umstände nicht ausführlich dargelegt werden.[3] Maßstab muss die Nachvollziehbarkeit der Entscheidung ohne Überspannung der

---

1 BVerfGE 6, 32 (44f), BVerfGE 40, 276 (286).

2 BSG, Urt. v. 13.05.2020 – B 6 KA 25/19 R, SozR 4–2500 § 106 Nr 63.

3 BSG, Urt. v. 06.07.2022 – B 5 R 21/21 R, BSGE 134, 237–247, SozR 4–1300 § 63 Nr 32, SozR 4–1300 § 35 Nr 1; so bereits BSG, Urt. v. 09.03.1994 – 6 RKa 18/92, BSGE 74, 70, 75 = NJW 1994, 2435, 2437.

Anforderungen an die Begründung sein. Inhalt und Umfang der notwendigen Begründung sind an dem jeweiligen Rechtsgebiet und den Umständen des Einzelfalls auszurichten[4].

Hinweis:

So müssen etwa bei Schiedssprüchen mit Kompromisscharakter, welche durch die Mehrheit von Mitgliedern eines hierzu berufenen pluralistischen Gremiums getroffen werden, die Gründe für das Entscheidungsergebnis wenigstens andeutungsweise erkennbar sein.[5]

Begründungen von Prüfgremien einer Wirtschaftlichkeitsbescheinigung nach § 106 SGB V müssen erkennen lassen, wie das Behandlungsverhalten des Arztes bewertet wurde und auf welchen Erwägungen die getroffene Kürzungsmaßnahme beruht.[6]

Übersteigen Abschlagsforderungen den endgültig festgesetzten Honoraranspruch, so ist die Auflistung der Endabrechnungen und die Zuordnung der Überzahlungen als Begründung für den Rückforderungsanspruch ausreichend[7].

Bei Rentenbescheiden muss der Berechtigte die Rentenwertfestsetzung verstehen können, so dass die normativen Berechnungsgrößen (wie die ermittelten persönlichen Entgeltpunkte, der Rentenartfaktor und der aktuelle Rentenwert) einschließlich derer Zusammensetzung und der ihrer Ermittlung zugrundeliegenden Bewertung unverzichtbarer Inhalt der Begründung sein müssen[8].

2. Begründung von Ermessensentscheidungen

Räumt eine Norm auf Rechtsfolgenseite Ermessen ein, so tritt neben den für die Tatbestandsebene 6
geltenden Begründungsmaßstab des Abs. 1 Satz 2 eine besondere Pflicht zur Darlegung der Gesichtspunkte, von denen die Behörde bei der Ausübung des Ermessens ausgegangen ist. Abweichend von der insoweit zumindest Ausnahmen zulassenden Formulierung in § 39 VwVfG (»soll«) ist das im Sozialverwaltungsrecht zwingend (»muss«). Damit wird der besonderen Bedeutung des Sozialrechts Rechnung getragen. Durch die Begründung wird die gerichtliche Überprüfbarkeit einer Ermessensentscheidung (vgl. § 54 Abs. 2 Satz 2 SGG) erst ermöglicht. Ermessensentscheidungen werden gerichtlich daraufhin überprüft, ob von dem Ermessen in einer dem Zweck der Ermächtigung entsprechenden Weise Gebrauch gemacht wurde und ob die gesetzlichen Grenzen des Ermessens eingehalten wurden. Das entspricht den Anforderungen an den Ermessensgebrauch nach § 39 Abs. 1 SGB I.

Die Möglichkeit gerichtlicher Überprüfung setzt ebenso wie die Möglichkeit der Überprüfung durch 7
den Adressaten der Regelung voraus, dass die Begründung des Verwaltungsaktes Anhaltspunkte einer Ermessensausübung enthält. Diese Anhaltspunkte müssen zunächst erkennen lassen, ob und inwieweit die Behörde überhaupt einen ihr zustehenden Ermessensspielraum erkannt hat. Weiterhin müssen die bei Ausübung des Ermessens berücksichtigten und gewichteten Gesichtspunkte erkennbar sein. Lassen Bescheide also einen Ermessensgebrauch nicht erkennen, so führt dieser formale Mangel auch zur materiellen Rechtswidrigkeit und der Bescheid ist aufzuheben.[9] Der Begründung kommt insoweit Indizwirkung für den Ermessensgebrauch zu. Fehlt sie, ist der Rückschluss auf einen Ermessensnichtgebrauch zulässig. Allerdings besteht jedenfalls für eine ebenfalls

4 BSG, Urt. v. 06.07.2022 – B 5 R 21/21 R, Rn. 16, BSGE 134, 237–247, SozR 4–1300 § 63 Nr 32, SozR 4–1300 § 35 Nr 1.
5 BSG, Urt. v. 04.07.2018 – B 3 KR 20/20/17 R, Rn. 55.
6 BSG, Urt. v. 10.05.2017 – B 6 KA 1/17 B, Rn. 6.
7 BSG, Urt. v. 11.09.2019 – B 6 KA 13/18 R, SozR 4–7610 § 812 Nr 9, SozR 4–1200 § 42 Nr 4, SozR 4–1300 § 50 Nr 6.
8 BSG, Urt. v. 06.07.2022 – B 5 R 21/21 R, Rn. 18, BSGE 134, 237–247, SozR 4–1300 § 63 Nr 32, SozR 4–1300 § 35 Nr 1.
9 BSG, Urt. v. 06.08.2014 – B 4 AS 37/13 R, Rn. 29, juris.

der Begründungspflicht unterworfene Widerspruchsbehörde (vgl. § 85 Abs. 3 Satz 1 SGG, §§ 62, 35 Abs. 1 SGB X) kein Zwang, die Ermessensgründe in einer bestimmten Art und Weise darzutun. Es kann ausreichend sein, die Entscheidung der Ausgangsbehörde zu bestätigen und sich damit deren Ermessenserwägungen zu eigen zu machen.[10]

8 Ermessensgründe müssen zunächst erkennen lassen, dass sich die Behörde überhaupt bewusst ist, eine Ermessensentscheidung zu treffen. Weiter muss die Behörde darlegen, dass sie jedenfalls nicht von einer besonderen Härte beim Betroffenen aufgrund ihrer Entscheidung ausgeht. Letztlich muss sie zu erkennen geben, dass nach ihrer Ansicht entweder keine weiteren ermessensrelevanten Umstände vorliegen oder aber die vorliegenden Umstände eine andere Entscheidung nicht bedingen.[11]

3. Rechtsfolge bei Verstößen gegen die Begründungspflicht

9 Die Begründungspflicht nach § 35 ist formeller Natur. Das bedeutet insbesondere, dass die Begründung weder erschöpfend noch materiell richtig sein muss, es muss überhaupt eine Begründung beigefügt sein. Hält die Begründung einer materiellen Überprüfung nicht stand, hat das auf die formelle Rechtmäßigkeit keinen Einfluss[12]. Dagegen kann die materielle Rechtmäßigkeit des Verwaltungsaktes betroffen sein, soweit die Begründung unrichtig oder nicht tragfähig ist.[13]

10 Verstöße gegen die Begründungspflicht machen die Verwaltungsakte grundsätzlich rechtswidrig, nicht jedoch nichtig. Dieser Verstoß ist durch Nachholung der Begründung (§ 41 Abs. 1 Nr. 2) bis zur letzten Tatsacheninstanz eines sozial- oder verwaltungsgerichtlichen Verfahrens (§ 41 Abs. 2) heilbar, was auch für Ermessensentscheidungen gilt (vgl. aber Rdn. 7, wonach die Begründung ohne jeden Ermessensbezug nicht nachholbar ist). Insoweit ist aber zu berücksichtigen, dass die Vorschriften des SGB X lediglich formelle Vorgaben betreffen. Bei gebundenen Entscheidungen kann es deshalb nicht auf die Begründung ankommen; das Gericht prüft umfassend Sachverhalt und Rechtsfolge unabhängig davon, ob die Verwaltung die Entscheidung auf die gleichen Gesichtspunkte stützt. Anders ist das jedoch bei Ermessensentscheidungen im Anfechtungsprozess. Hier darf zwar formal eine fehlende Begründung nachgeholt werden (§ 41 Abs. 2), jedoch müssen die hierdurch erklärten Gründe bei der Ermessensentscheidung der Behörde bereits nachweislich vorgelegen haben. Anderenfalls ist das Nachschieben einer Begründung zumindest in Verfahren vor dem Sozialgericht[14] unzulässig.[15] Erst recht gilt das, wenn ein Ermessen überhaupt nicht ausgeübt wurde.[16] Führt die fehlende Begründung zur Versäumung einer Rechtsbehelfsfrist, so gilt diese Säumnis als nicht verschuldet (§ 41 Abs. 3) und es kann unter den sonstigen Voraussetzungen des § 67 Abs. 1 SGG (§ 60 Abs. 1 VwGO) Wiedereinsetzung in den vorigen Stand gewährt werden.

II. Ausnahmen von der Begründungspflicht (Abs. 2 und 3)

11 Abs. 2 enthält einen Katalog von Ausnahmen von der Begründungspflicht. Dieser Katalog ist abschließend, eine Erstreckung beispielsweise auf einen Verzicht ist grundsätzlich nicht vom Gesetz vorgesehen. Liegt einer der im Gesetz genannten Fälle vor, so bedarf es mithin der Begründung nach dem klaren Gesetzeswortlaut nicht.

12 Die Ausnahmen nach Ziffern 1 und 2 erklären sich aus dem Zweck des Begründungserfordernisses, Entscheidungsprozesse für die Beteiligten transparent zu machen. In beiden Fällen werden die Prozesse als bekannt vorausgesetzt. Ist das entgegen der gesetzlichen Annahme nicht der Fall, verbleibt

10 BSG, Urt. v. 11.02.2015 – B 13 R 15/13 R, Rn. 17, juris.
11 BSG, Urt. v. 11.02.2015 – B 13 R 15/13 R, Rn., juris.
12 BSG, Urt. v. 28.01.2021 – B 8 SO 6/19 R –, Rn. 15, BSGE 131, 240–246, SozR 4–3500 § 77 Nr 4, SozR 4–3500 § 75 Nr 14.
13 Diering/Timme/*Siewert/Waschull*, SGB X, § 35 Rn. 6 m.w.N. aus der Rechtsprechung.
14 Anders vor dem Verwaltungsgericht aufgrund der Vorschrift des § 114 Satz 2 VwGO.
15 BSG, Urt. v. 24.04.2002 – B 7/9 A 4/00 R, BSGE 89, 227, 235.
16 BSG, Urt. v. 01.03.2011 – B 7 AL 2/10 R, Rn. 14, juris.

dem Beteiligten die Möglichkeit, den Anspruch nach Abs. 3 auszuüben und eine schriftliche oder elektronische Begründung zu verlangen.

Die Ausnahmen nach Ziffer 3 betreffen Massenverfahren und automatisierte Verfahren einschließlich des vollständig automatisierten Verwaltungsakts nach § 31a. Beiden Verfahren wohnt ein Effizienzgedanke inne. Dieser Effizienzgewinn würde durch eine individuell zu gestaltende Begründung vollständig aufgezehrt. Im Hinblick auf das Gebot effizienten Rechtsschutzes (Art. 19 Abs. 4 GG) wird aber zutreffend gefordert, vollautomatisierten Verwaltungsakten zumindest eine standardisierte Begründung beizufügen[17]. Auch im Anwendungsbereich dieser Ausnahmeregelung haben die Beteiligten aber die Möglichkeit, die individualisierte Begründung nachträglich binnen Jahresfrist nach Abs. 3 zu verlangen.

In den Fällen der Ziffern 4 und 5 hat der Gesetzgeber dagegen die Notwendigkeit der Begründungspflicht vollständig verneint. Für diese Fälle besteht auch kein Anspruch auf nachträgliche Begründung. Es kann allerdings sinnvoll und ratsam sein, bei Fragen oder Meinungsverschiedenheiten bereits in außergerichtlicher Korrespondenz die Gründe für die getroffene Entscheidung darzulegen und so ggf. Verständnis und Akzeptanz dafür herzustellen.

In den Fällen des Abs. 2 Nr. 1 bis 3 kann der Betroffene durch ein innerhalb eines Jahres seit Bekanntgabe (§ 37 Abs. 2) erklärtes Verlangen die Begründungspflicht im Sinne des Abs. 1 auferstehen lassen. Anders als etwa bei § 33 Abs. 2 Satz 2 bedarf es hierfür keines darzulegenden berechtigten Interesses, dieses hat der Gesetzgeber wegen der besonderen Bedeutung der Begründung bereits vorausgesetzt. Die fristgerechte und zugangsbedürftige Äußerung des Verlangens ist somit vollkommen ausreichend und konstitutiv für den Anspruch. 13

III. Begründungspflicht außerhalb des SGB X

Für einen Widerspruchsbescheid sieht § 85 Abs. 3 Satz 1 SGG (ebenso § 73 Abs. 3 Satz 3 VwGO) eine zwingende Begründung vor. § 35 wirkt insoweit lediglich ergänzend zu dieser Vorschrift. So gelten die Ausnahmen des Abs. 2 für den Widerspruchsbescheid nicht, im Übrigen bestimmt sich die Rechtsfolge für die fehlende oder fehlerhafte Begründung nach den Vorschriften des SGB X. Das gilt insbesondere für die Heilungsvorschriften des SGB X. 14

Eine weitere, gesonderte Begründungspflicht ergibt sich nach § 86a Abs. 2 Nr. 5 SGG für den Fall, dass die Behörde im Bescheid die sofortige Vollziehung einer oder mehrerer Regelungen anordnet. Diese Begründung darf sich nicht darin erschöpfen, die Begründung für diejenige Regelung zu wiederholen, deren Vollziehbarkeit angeordnet wird. Das würde dem Zweck widersprechen, wonach sowohl dem Betroffenen als auch der Behörde selbst der Ausnahmecharakter einer solchen Anordnung nochmals vor Augen geführt werden soll (Schutzfunktion, Warnfunktion).[18] Die Begründung muss daher neben den Erwägungen für die Anordnung selbst erkennen lassen, warum im konkreten Fall das öffentliche Interesse an der sofortigen Vollziehung überwiegt. 15

Es ist hilfreich, wenn die Behörde bei der Begründung einleitend auf den Grundsatz der aufschiebenden Wirkung im Sinne des § 86a Abs. 1 SGG Bezug nimmt, um dann in einem nächsten Schritt darzulegen, warum im konkreten Fall ein Abwarten der mit der Bestandskraft einhergehenden Vollziehbarkeit für das öffentliche Interesse unzumutbar wäre. Eine derart vorgenommene Individualisierung und Konkretisierung beugt einer unzulässigen Formelhaftigkeit vor.

17 *Eichenhofer*, Der vollautomatisierte Verwaltungsakt zwischen Effizienz- und Rechtsschutzgebot, DÖV 2023, 93 (98).
18 Vgl. im Einzelnen etwa Meyer-Ladewig/Keller/Schmidt/*Keller*, SGG § 86a Rn. 21b.

§ 36 Rechtsbehelfsbelehrung

[1]Erlässt die Behörde einen schriftlichen Verwaltungsakt oder bestätigt sie schriftlich einen Verwaltungsakt, ist der durch ihn beschwerte Beteiligte über den Rechtsbehelf und die Behörde oder das Gericht, bei denen der Rechtsbehelf anzubringen ist, deren Sitz, die einzuhaltende Frist und die Form schriftlich zu belehren. [2]Erlässt die Behörde einen elektronischen Verwaltungsakt oder bestätigt sie elektronisch einen Verwaltungsakt, hat die Rechtsbehelfsbelehrung nach Satz 1 elektronisch zu erfolgen.

Übersicht

A. Inhalt

1 Die Norm schreibt für den Verwaltungsakt (wie nunmehr auch § 37 Abs. 6 VwVfG) verbindlich die Beifügung einer Rechtsbehelfsbelehrung vor. Eine vergleichbare Regelung enthält § 356 AO, der über die verschiedenen auf die AO verweisenden Kommunalabgabengesetze teilweise auch im Verwaltungsrecht zur Anwendung gelangt. Für Widerspruchsbescheide ist die Beifügung einer Rechtsbehelfsbelehrung speziell in § 85 Abs. 3 Satz 3 SGG und in § 73 Abs. 3 Satz 1 VwGO (dort »Rechtsmittelbelehrung«) angeordnet.

B. Einzelerläuterungen

I. Anwendungsbereich

2 Die Beifügung der Rechtsbehelfsbelehrung ist für schriftlich erlassene oder durch einen die spezialgesetzlich vorgegebene Schriftform ersetzenden elektronischen Verwaltungsakt (§ 36a Abs. 2 Satz 1 SGB I) Pflicht. Elektronisch oder mündlich erlassene Verwaltungsakte bedürfen der Beifügung einer Rechtsbehelfsbelehrung hingegen nur dann, wenn sie schriftlich bestätigt (§ 33 Abs. 2 Satz 2 und 3) werden. Auch fingierten Verwaltungsakten (§ 31 Rdn. 47) kann naturgemäß eine Rechtsbehelfsbelehrung nicht beiliegen.

3 Die Verpflichtung zur Beifügung einer Rechtsbehelfsbelehrung besteht gegenüber jedem Beteiligten (§ 12 Abs. 1), der durch den ihm gegenüber bekanntgegebenen Verwaltungsakt (§ 37 Abs. 1 Satz 1) beschwert ist. Durch die Anknüpfung an die Beschwer wird der einer Rechtsbehelfsbelehrung innewohnende Bezug zum Prozessrecht (vgl. § 54 Abs. 1 Satz 2 SGG) unterstrichen, wobei der dort gesetzlich definierte Begriff der Beschwer (§ 54 Abs. 2 Satz 1) bereits an die materielle Rechtswidrigkeit anknüpft und deshalb nicht mit der Beschwer im Sinne des § 36 gleichgesetzt werden kann. Vielmehr schließt der in § 36 aufgeführte Begriff der Beschwer an die Definition der Rechtsbehelfsbefugnis an und verlangt der Behörde also bereits bei Erlass des Verwaltungsaktes eine Prüfung ab, ob der Verwaltungsakt Rechte eines Beteiligten verkürzt und eine Rechtsverletzung zumindest als möglich erscheint.[1] Es kommt also nicht auf eine tatsächliche Rechtsverletzung an, in diesem Fall dürfte die Behörde den Verwaltungsakt gar nicht erst erlassen (Art. 20 Abs. 3 GG). Eine Beschwer im Sinne der Vorschrift liegt demnach zunächst vor, wenn einem Antrag des Antragstellers (Beteiligter gem. § 12 Abs. 1 Nr. 1) nicht oder nicht in vollem Umfang entsprochen wurde. Darüber hinaus liegt beim Adressaten eines belastenden Verwaltungsaktes (Beteiligter gem. § 12 Abs. 1 Nr. 2) immer eine Beschwer vor, da eine Belastung immer mit einer Rechtsverkürzung einhergeht und deshalb eine Rechtsverletzung dort stets zumindest als möglich erscheint. Sind durch den Verwaltungsakt die rechtlichen Interessen eines Dritten betroffen, so ist er gem. § 12 Abs. 2 Satz 1 zum Verfahren hinzuzuziehen und wird dadurch zum Beteiligten gem. § 12 Abs. 1 Nr. 4. Geht diese Rechtsbetroffenheit mit einer Rechtsverkürzung einher, so ist ihm gegenüber die Rechtsbehelfsbelehrung zu erteilen.

1 Zur Beschwer als Synonym der Klagebefugnis MKS/*Keller*, SGG, § 54 Rn. 9 ff.

Da die Grenze zwischen der bloßen rechtlichen Betroffenheit im Sinne des § 12 Abs. 2 Satz 1 und einer tatsächlichen Rechtsverkürzung im Einzelfall immer schwierig sein wird, ist vorsorglich die Beifügung einer Rechtsbehelfsbelehrung bei Übersendung eines Verwaltungsaktes an Drittbeteiligte immer zu empfehlen.[2]

II. Notwendiger Inhalt

§ 36 gibt in knapper Form den notwendigen Inhalt für eine Rechtsbehelfsbelehrung vor. Diese muss 4
richtig und vollständig sein und darf durch Zusätze[3] und Hinweise nicht dazu führen, dass der Betroffene hierdurch verwirrt[4] oder gar von der Einlegung abgehalten wird. Sie muss hinsichtlich aller Merkmale einen Rechtsunkundigen in die Lage versetzen, ihr unzweifelhaft zu entnehmen, was er in welcher Zeit zur Einlegung des Rechtsbehelfs tun muss.[5]

Zunächst ist der Beteiligte in der Belehrung über die Art des möglichen Rechtsbehelfs selbst aufzu- 5
klären. Dass muss durch konkrete Benennung des statthaften Rechtsbehelfs erfolgen; ein allgemeiner Hinweis erfüllt nicht die Voraussetzungen des § 36. Statthafter Rechtsbehelf gegen einen Verwaltungsakt oder dessen Versagung ist grundsätzlich der Widerspruch (§ 83 SGG bzw. § 69 VwGO) im Rahmen eines notwendigen Vorverfahrens (§§ 78 Abs. 1 Satz 1, Abs. 2 SGG bzw. § 68 VwGO) oder im Ausnahmefall die Klage (§ 54 Abs. 1 SGG bzw. § 42 Abs. 1 VwGO), wenn die Ausnahmevoraussetzungen des § 78 Abs. 1 Satz 2 SGG[6] bzw. § 68 Abs. 1 Satz 2 VwGO vorliegen. Anderweitige Rechtsbehelfe gegen Verwaltungsakte sind Spezialvorschriften zu entnehmen, wobei das vor allem im Verwaltungsrecht (dort im Prüfungsrecht) von Bedeutung sein kann.

Soweit § 36 weiter die Angabe der Behörde oder des Gerichts einschließlich des jeweiligen Sitzes 6
vorschreibt, führt das zur Notwendigkeit der genauen Bezeichnung der jeweiligen Behörde oder des Gerichts unter Angabe der vollständigen Adresse (PLZ, Ort, Straße, Hausnummer). Bei unmittelbar zulässiger Klageerhebung kann die Angabe der genauen Postanschrift des Gerichts entbehrlich sein, sofern zumindest das Gericht selbst sowie der Ort des Sitzes bezeichnet wurden. Sind mehrere Stellen zur wirksamen Rechtsbehelfseinlegung möglich (»Auch-Stellen«, vgl. z.B. § 84 Abs. 2 SGG), so können sie, müssen aber nicht angegeben werden. Maßstab muss immer sein, ob die Angaben in der Rechtsbehelfsbelehrung die Einlegung des Rechtsbehelfs erschweren oder nicht. Deshalb muss der wahlweise aufgenommene Zusatz jedenfalls richtig sein.

Auch die für den Rechtsbehelf maßgebliche Frist ist anzugeben. Diese beträgt für Widerspruch und 7
Klage jeweils einen Monat; für den Widerspruch ergibt sich das aus § 84 Abs. 1 SGG (§ 70 Abs. 1 VwGO), für die unmittelbare Klageerhebung aus § 87 Abs. 1 Satz 1 SGG (§ 74 Abs. 1 Satz 2 VwGO). Der Beginn der Frist ist in die Rechtsbehelfsbelehrung aufzunehmen. Der Wortlaut der maßgeblichen Vorschriften knüpft grundsätzlich an die Bekanntgabe des Verwaltungsaktes an. Wird in der Rechtsbehelfsbelehrung für den Beginn der Frist auf die Zustellung des Verwaltungsaktes abgestellt, obwohl lediglich eine Bekanntgabe vorgeschrieben ist, so soll das unschädlich sein. Die Frist beginnt dann allerdings erst ab der Zustellung zu laufen.[7] Umgekehrt sollte bei einer tatsächlich erfolgten Zustellung und einem Hinweis auf den Fristbeginn durch Bekanntgabe die Rechtsbehelfsbelehrung unrichtig sein.[8] Das widerspricht allerdings dem Begriff der Bekanntgabe, der sowohl die einfache Bekanntgabe im Sinne des § 37 als auch den der Zustellung im Sinne des § 2

2 Schütze/*Engelmann*, SGB X, § 36 Rn. 6.
3 Allerdings soll der Zusatz »Der Widerspruch sollte begründet werden« eine Rechtsbehelfsbelehrung nicht unrichtig machen (LSG Baden-Württemberg, Beschl. v. 29.05.2017 – L 11 KR 1417/17 ER-B, Rn. 14).
4 BSG, Urt. v. 31.08.2000 – B 3 P 18/99 R, juris.
5 Schütze/*Engelmann*, SGB X, § 36 Rn. 8.
6 Beispiele bei MKLS/*B. Schmidt*, SGG § 78 Rn. 5 bis 8a.
7 BSG, Urt. v. 26.10.1989 – 12 RK 21/89, SozR 1500 § 84 Nr. 6 = NVwZ 1990, 1108.
8 Str., so früher BSG, Urt. v. 06.12.1996 – 13 RJ 19/96, BSGE 79, 293, 296 = NVwZ 1998, 109; differenzierend für die Zustellung durch PZU und durch persönliche Übergabe gegen Empfangsbekenntnis BVerwG, Urt. v. 27.04.1990 – 8 C 70/88, NJW 1991, 508 sowie BVerwG, Beschl. v. 31.05.2006 –

Abs. 1 VwZG umfasst. Ein Hinweis nur auf die Bekanntgabe kann also auch nach Ansicht einiger Senate des BSG[9] nicht unzutreffend sein. Maßstab muss stets sein, ob Bekanntgabe und Zustellung zeitlich auseinanderfallen können und ob durch die Formulierung der Zugang für den Betroffenen zeitlich erschwert werden kann.

8 Letztlich verlangt § 36 auch einen Hinweis auf die Form des einzulegenden Rechtsbehelfs. Hierin liegt ein wichtiger Unterschied zu § 37 Abs. 6 VwVfG. Fehlt der Hinweis, wird die Rechtsbehelfsbelehrung unrichtig[10]. Auch hier muss der Maßstab für den richtigen Hinweis sein, inwieweit durch die Belehrung eine Erschwernis der Einlegung eines Rechtsbehelfs verursacht wird. Da Widerspruch und Klage schriftlich, elektronisch nach § 36a Abs. 2 SGB I, schriftformersetzend nach § 36a Abs. 2a SGB I sowie nach § 9a Abs. 5 OZG oder zur Niederschrift einzureichen sind (§§ 84 Abs. 1 Satz 1, 90 SGG), muss die Rechtsbehelfsbelehrung einen Hinweis auf alle bei der Behörde tatsächlich vorhandenen Möglichkeiten mit den Angaben zu den die Niederschrift aufnehmenden Stellen enthalten. Verwendet eine Behörde im Briefkopf eines Bescheids ihre E-Mail-Adresse, muss eine vollständige Rechtsbehelfsbelehrung zwingend auch einen Hinweis auf die Möglichkeit der Einlegung des Widerspruchs in elektronischer Form beinhalten[11]. Die elektronische Form ist auch kein Unterfall der Schriftform, sondern eine eigenständige Form neben der Schriftform.[12]

9 Weitere Voraussetzungen führt § 36 nicht auf. Wenn die Behörde zusätzliche Hinweise zum Rechtsschutz erteilen möchte, so empfiehlt sich wegen der Fehleranfälligkeit der Rechtsbehelfsbelehrung eine deutliche Absetzung von der eigentlichen Rechtbehelfsbelehrung, ggf. unter Aufnahme einer weiteren Teilüberschrift »Hinweise«.

III. Form

10 Die Rechtsbehelfsbelehrung muss ausweislich des Wortlauts des § 36 sowie des insoweit die Rechtsfolgen bestimmenden § 66 Abs. 1 SGG schriftlich erfolgen. Bisher nicht problematisiert wurde, inwieweit bei einem die Schriftform ersetzenden Verwaltungsakt (§ 36a Abs. 2 bzw. Abs. 2a Nr. 3 SGB I) die Rechtsbehelfsbelehrung als eigenständiges Dokument anzusehen und etwa mit einer weiteren qualifizierten elektronischen Signatur bzw. einem qualifizierten elektronischen Siegel[13] zu versehen ist. Der Wortlaut des § 36 sieht die Rechtsbehelfsbelehrung nicht als zwingenden Bestandteil des Verwaltungsaktes vor. Wird sie dennoch einheitlich mit dem Verwaltungsakt übermittelt, so wird sie nicht zum Bestandteil der Regelung, wohl aber des Bescheids. Verwaltungsakt und Rechtsbehelfsbelehrung sind dann als ein Dokument im Sinne des § 36a Abs. 2 Satz 1 bzw. Abs. 2a Nr. 3 SGB I anzusehen, es genügt eine qualifizierte elektronische Signatur bzw. ein qualifiziertes elektronisches Siegel. Wird sie jedoch gesondert oder nachträglich erteilt, so muss sie eine eigene qualifizierte elektronische Signatur oder ein eigenes qualifiziertes elektronisches Siegel erhalten, um der Schriftform bzw. der sie ersetzenden elektronischen Form zu genügen.

IV. Rechtsfolge

11 Die Rechtsbehelfsbelehrung ist keine formelle Rechtmäßigkeitsvoraussetzung für den im Sozialverwaltungsverfahren erlassenen Verwaltungsakt, was der Wortlaut des § 36 bereits nahelegt. Dieser stellt auf eine isolierte Belehrung ab, sie muss damit nicht zwingend Bestandteil des Verwaltungs-

---

6 B 65/05, NVwZ 2006, 943 ff.; da in diesen beiden Fällen (anders als bei einer Zustellung durch Einschreiben) Bekanntgabe und Zustellung zeitlich nicht auseinanderfallen können.

9 In diesem Sinne BSG, Urt. v. 09.04.2014 – B 14 AS 46/13 R, Rn. 21; BSG, Beschl. v. 15.06.2023 – B 9 V 37/22 B, Rn. 17.

10 St. Rspr.; z.B. BSG, Urt. v. 27.09.2023 – B 7 AS 10/22 R.

11 BSG, Urt. v. 27.09.2023 – B 7 AS 10/22 R; SG Darmstadt, Urt. v. 07.10. 2024 – S 8 AL 131/21, Rn. 255.

12 BSG, Urt. v. 27.09.2023 – B 7 AS 10/22 R, Rn. 19.

13 Dazu *Müller*, Modernisierter elektronischer Rechtsverkehr im Sozialverwaltungsverfahren, NZW 2024, 161 (166).

aktes sein. Ein Verstoß führt nicht zur formellen Rechtswidrigkeit des Verwaltungsaktes, da § 66 SGG (ebenso § 58 VwGO) andere Rechtsfolgen vorsieht.

Erfüllt die Rechtsbehelfsbelehrung die in § 66 Abs. 1 SGG (§ 58 Abs. 1 VwGO) enthaltenen (und 12
insoweit mit § 36 identischen) Voraussetzungen nicht, so beginnt die Monatsfrist (§ 84 Abs. 1, 87 Abs. 1 Satz 1 SGG bzw. §§ 70, 74 VwGO) für den jeweiligen Rechtsbehelf nicht zu laufen. Stattdessen ist die Einlegung des Rechtsbehelfs innerhalb eines Jahres zulässig. Das gilt auch für den Fall, dass die Rechtsbehelfsbelehrung vollkommen unterblieben ist. Will die Behörde die mit der Jahresfrist einhergehende Rechtsunsicherheit vermeiden, kann sie jederzeit (jedoch vor Ablauf der Jahresfrist) eine richtige Belehrung nachholen, die Monatsfrist beginnt dann mit Zugang der Belehrung.

§ 37 Bekanntgabe des Verwaltungsaktes

(1) [1]Ein Verwaltungsakt ist demjenigen Beteiligten bekannt zu geben, für den er bestimmt ist oder der von ihm betroffen wird. [2]Ist ein Bevollmächtigter bestellt, kann die Bekanntgabe ihm gegenüber vorgenommen werden.

(2) [1]Ein schriftlicher Verwaltungsakt, der im Inland durch die Post übermittelt wird, gilt am vierten Tag nach der Aufgabe zur Post als bekannt gegeben. [2]Ein Verwaltungsakt, der im Inland oder Ausland elektronisch übermittelt wird, gilt am vierten Tag nach der Absendung als bekannt gegeben. [3]Dies gilt nicht, wenn der Verwaltungsakt nicht oder zu einem späteren Zeitpunkt zugegangen ist; im Zweifel hat die Behörde den Zugang des Verwaltungsaktes und den Zeitpunkt des Zugangs nachzuweisen.

(2a) [1]Mit Einwilligung des Beteiligten können elektronische Verwaltungsakte bekannt gegeben werden, indem sie dem Beteiligten zum Abruf über öffentlich zugängliche Netze bereitgestellt werden. [2]Die Einwilligung kann jederzeit mit Wirkung für die Zukunft widerrufen werden. [3]Die Behörde hat zu gewährleisten, dass der Abruf nur nach Authentifizierung der berechtigten Person möglich ist und der elektronische Verwaltungsakt von ihr gespeichert werden kann. [4]Ein zum Abruf bereitgestellter Verwaltungsakt gilt am vierten Tag nach Absendung der elektronischen Benachrichtigung über die Bereitstellung des Verwaltungsaktes an die abrufberechtigte Person als bekannt gegeben. [5]Im Zweifel hat die Behörde den Zugang der Benachrichtigung nachzuweisen. [6]Kann die Behörde den von der abrufberechtigten Person bestrittenen Zugang der Benachrichtigung nicht nachweisen, gilt der Verwaltungsakt an dem Tag als bekannt gegeben, an dem die abrufberechtigte Person den Verwaltungsakt abgerufen hat. [7]Das Gleiche gilt, wenn die abrufberechtigte Person unwiderlegbar vorträgt, die Benachrichtigung nicht innerhalb von drei Tagen nach der Absendung erhalten zu haben. [8]Die Möglichkeit einer erneuten Bereitstellung zum Abruf oder der Bekanntgabe auf andere Weise bleibt unberührt..

(2b) In Angelegenheiten nach dem Abschnitt 1 des Bundeselterngeld- und Elternzeitgesetzes gilt abweichend von Absatz 2a für die Bekanntgabe von elektronischen Verwaltungsakten § 9 des Onlinezugangsgesetzes.

(3) [1]Ein Verwaltungsakt darf öffentlich bekannt gegeben werden, wenn dies durch Rechtsvorschrift zugelassen ist. [2]Eine Allgemeinverfügung darf auch dann öffentlich bekannt gegeben werden, wenn eine Bekanntgabe an die Beteiligten untunlich ist.

(4) [1]Die öffentliche Bekanntgabe eines schriftlichen oder elektronischen Verwaltungsaktes wird dadurch bewirkt, dass sein verfügender Teil in der jeweils vorgeschriebenen Weise entweder ortsüblich oder in der sonst für amtliche Veröffentlichungen vorgeschriebenen Art bekannt gemacht wird. [2]In der Bekanntmachung ist anzugeben, wo der Verwaltungsakt und seine Begründung eingesehen werden können. [3]Der Verwaltungsakt gilt zwei Wochen nach der Bekanntmachung als bekannt gegeben. [4]In einer Allgemeinverfügung kann ein hiervon abweichender Tag, jedoch frühestens der auf die Bekanntmachung folgende Tag bestimmt werden.

(5) Vorschriften über die Bekanntgabe eines Verwaltungsaktes mittels Zustellung bleiben unberührt.

Übersicht

A. Inhalt

1 Die weitestgehend mit § 41 VwVfG und § 122 AO übereinstimmende Vorschrift beinhaltet formelle Regelungen über die individuelle (Abs. 1 und 2) und die öffentliche Bekanntgabe des Verwaltungsaktes (Abs. 3 und 4). In Abs. 5 wird darauf verwiesen, dass § 37 für den Sonderfall der individuellen Bekanntgabe im Wege der Zustellung nicht anzuwenden ist. In Abs. 2a ist die Bekanntgabe von elektronischen Verwaltungsakten durch Abruf über öffentliche Netze geregelt. Abweichend davon enthält Abs. 2b eine speziellere Bekanntgabe elektronischer Verwaltungsakte in Angelegenheiten des Bundeselterngeld- und Erziehungsgesetzes, diese werden nach § 9 des Onlinezugangsgesetzes bekanntgegeben.

B. Einzelerläuterungen

I. Bedeutung und Begriff

2 Mit der Bekanntgabe eines Verwaltungsaktes gehen mehrere Rechtsfolgen einher. So ist die Bekanntgabe materielle Wirksamkeitsvoraussetzung des Verwaltungsaktes (§ 39 Abs. 1 Satz 1), er wird auch nur mit dem Inhalt wirksam, mit dem er bekanntgegeben wurde (§ 39 Abs. 1 Satz 2). Darüber hinaus knüpft der Beginn der Rechtsbehelfsfristen (§§ 84 Abs. 1 Satz 1, 87 Abs. 1 und 2 SGG; §§ 70, 74 Abs. 1 Satz 2 VwGO) an die Bekanntgabe des Verwaltungsaktes.

3 Die Bekanntgabe knüpft begrifflich an die Qualifikation des Verwaltungsaktes als behördliche Willensäußerung an. Eine solche setzt für ihre Wirksamkeit das willentliche Inverkehrbringen und den Zugang beim Empfänger voraus. Die Bekanntgabe erfüllt diese Voraussetzungen, die Behörde verschafft dem Beteiligten auf diesem Wege zielgerichtet und willentlich Kenntnis vom Inhalt des Verwaltungsaktes[1]. Der an einen konkreten Beteiligten adressierte Verwaltungsakt kann ihm so durch bloße, willensgetragene Zusendung durch die Behörde bekanntgegeben werden. § 130 BGB ist insoweit entsprechend anwendbar.[2] Die Bekanntgabe ist somit entsprechend § 130 BGB vollzogen, sobald die Erklärung der Behörde in den Machtbereich des jeweiligen Empfängers gelangt und bei gewöhnlichem Lauf der Dinge von einer Kenntnisnahme ausgegangen werden kann[3]. Es kommt nicht darauf an, ob der Adressat diesen Verwaltungsakt (willentlich oder unwillentlich) zur Kenntnis nimmt oder nicht.[4] Deshalb kann auch die Verweigerung der Annahme nicht den Wirksam-

1 BSG, Urt. v. 15.06.2023 – B 9 SB 2/22 R, Rn. 16.
2 BSG, Beschl. v. 28.09.2012 – B 14 AS 34/11 BH, Rn. 7,juris.
3 BSG, Urt. v. 15.06.2023 – B 9 SB 2/22 R, Rn. 16.
4 BSG, Urt. v. 04.09.2013 – B 10 EG 7/12 R, Rn. 26, juris.

keitseintritt (§ 39 Abs. 1) hindern. Bei nicht in Trennung oder in Scheidung lebenden Ehegatten erfüllt eine Übergabe an den Ehegatten die Zugangs- und damit die Bekanntgabekriterien.[5]

II. Individualbekanntgabe (Abs. 1 und 2)

1. Bekanntgabeadressat und Inhaltsadressat

Die Vorschrift des § 37 Abs. 1 nimmt den sogenannten Inhaltsadressaten (siehe § 31 Rdn. 60, § 33 Rdn. 7) in Bezug. Das ist derjenige, der von der Regelung des Verwaltungsaktes materiell betroffen ist.[6] Wer das richtigerweise sein soll, wird durch die Vorschrift allerdings nicht geregelt. Das ist dem jeweiligen Fachrecht zu entnehmen. Der Bekanntgabeadressat ist hingegen derjenige, dem der Verwaltungsakt tatsächlich bekanntzugeben ist, damit er dem Inhaltsadressaten gegenüber Wirksamkeit entfalten kann. Grundsätzlich können beide Adressaten in einer Person vereinigt sein. Es sind jedoch zahlreiche Konstellationen denkbar, in denen Inhalts- und Bekanntgabeadressat auseinanderfallen. Das ist etwa denkbar bei gesetzlicher (z.B. § 1902 BGB für den Betreuer, § 35 GmbHG für den Geschäftsführer einer GmbH, § 26 Abs. 1 BGB für den Verein) oder gewillkürter Vertretung. Die besondere Adressierung zur Bekanntgabe kann sich aber auch aus der Bevollmächtigung (vgl. etwa § 13), der Empfangsbevollmächtigung (§ 14) oder einem benannten Empfangsboten ergeben. Ist der Beteiligte (§ 12) auch beteiligungsfähig, dann kann er Inhaltsadressat sein. Die Bekanntgabe erfolgt dann aber an die zur Vornahme von Verfahrenshandlungen befähigte Person (§ 11). 4

2. Beteiligter, für den der Verwaltungsakt bestimmt ist

Die Bekanntgabe muss gegenüber demjenigen Beteiligten (§ 12) erfolgen, für den der Verwaltungsakt bestimmt ist oder der von ihm betroffen ist. Bestimmt ist er für denjenigen, an den ihn die Behörde richtet, dieser ist (Inhalts-) Adressat des Verwaltungsaktes. Das können auch mehrere Personen sein. In diesem Fall setzt die ordnungsgemäße Bekanntgabe voraus, dass jedem Adressaten die Möglichkeit der Kenntnisnahme verschafft wird. Insbesondere bei der Inanspruchnahme einer Person als Gesamtschuldner ist die Bekanntgabe gegenüber jedem dieser Gesamtschuldner nicht erforderlich, was bereits aus dem materiellen Recht abzuleiten ist (vgl. §§ 421 ff. BGB). Die Bekanntgabe gegenüber nur einem der Gesamtschuldner hat lediglich zur Folge, dass auch nur diesem gegenüber der Verwaltungsakt wirksam wird. Es besteht aber gerade keine Pflicht, alle Gesamtschuldner gleichermaßen in Anspruch zu nehmen. 5

3. Bekanntgabe an Betroffene

Nach der zweiten Alternative des Abs. 1 Satz 1 ist der Verwaltungsakte demjenigen bekanntzugeben, der von ihm betroffen ist. Die Betroffenheit im Sinne der Vorschrift knüpft, anders als etwa für die Hinzuziehung im Falle des § 12 Abs. 2 Satz 1, an den Eingriff in die Rechte oder rechtlichen Interessen eines Dritten an. Das Bekanntgabeerfordernis auch diesem Drittbeteiligten gegenüber erfüllt mehrere Zwecke. Für diesen Betroffenen führt das zur Einbeziehung in die Regelungswirkung des Verwaltungsaktes; mit Bekanntgabe beginnen auch für ihn Rechtsbehelfsfristen. Gleichzeitig dient die Bekanntgabe der Herbeiführung von Rechtssicherheit für den Adressaten, gerade weil sie Voraussetzung für den Lauf der Rechtsbehelfsfristen und nach deren Ablauf für den Eintritt der Bestandskraft des Verwaltungsaktes ist. 6

4. Bekanntgabe an Bevollmächtigte

Eine ordnungsgemäße Bekanntgabe kann nur gegenüber handlungsfähigen Personen im Sinne des § 11 erfolgen. Ist der Adressat oder der Drittbeteiligte handlungsunfähig, so ist der Verwaltungsakt seinem gesetzlichen Vertreter bekanntzugeben. Fehlt ein solcher, muss das Vormundschaftsgericht auf Ersuchen der Behörde einen geeigneten Vertreter bestimmen (§ 15). Im Falle gewillkürter Ver- 7

5 Schütze/*Engelmann*, SGB X, § 37 Rn. 10.
6 Stelkens/Bonk/Sachs/*U.Stelkens*, VwVfG, § 41 Rn. 10.

tretung, genauer im Falle der Bevollmächtigung (§ 13), kann die Bekanntgabe gem. Abs. 1 Satz 2 auch gegenüber dem Bevollmächtigten erfolgen. Das Gesetz räumt der Behörde hierüber Ermessen ein, § 13 Abs. 3 Satz 1 wird insoweit durch diese Vorschrift verdrängt.[7] Erfolgt die Bekanntgabe in zulässiger Weise beiden gegenüber, so hat das Konsequenzen für den Lauf der Rechtsmittelfrist. Diese beginnt mit der zeitlich ersten Bekanntgabe.[8] Soll die Bekanntgabe im Wege der Zustellung erfolgen, so ist die Zustellung zwingend dem Bevollmächtigten gegenüber vorzunehmen, wenn eine schriftliche Vollmacht vorgelegt wurde (§ 7 Abs. 1 Satz 2 VwZG).

8 Es bestehen auch Fälle gesetzlich vermuteter Bevollmächtigung. Eine solche Anordnung enthält § 38 Abs. 1 SGB II. Danach ist der Leistungsberechtigte bevollmächtigt, Leistungen auch für die mit ihm in Bedarfsgemeinschaft lebenden Personen zu beantragen und entgegenzunehmen. Der die Leistungen bewilligende Verwaltungsakt ist ihm dann bekanntzugeben, inhaltlich wirkt er aber auch zugunsten der anderen Personen. Diese Vermutungsregelungen sind eng am Wortlaut auszulegen. § 38 Abs. 1 SGB II geht von einer Vermutung bei begünstigenden Verwaltungsakten aus. Eine solche Begünstigung stellt auch die abschließende Entscheidung dar, wenn sie eine vorläufige Entscheidung mit geringeren Leistungen aufhebt.[9] Ein Aufhebungs- und Erstattungsbescheid ist als belastender Verwaltungsakt davon nicht umfasst und somit jedem einzelnen Mitglied der Bedarfsgemeinschaft bekanntzugeben[10], sofern keine gesonderte Bevollmächtigung vorliegt.

5. Bekanntgabefiktion

9 Abs. 2 dient mit Blick auf die beiden Rechtsfolgen Wirksamkeit (§ 39 Abs. 1) sowie Lauf der Rechtsbehelfsfristen (siehe oben Rdn. 2) der Rechtssicherheit und der Verwaltungsvereinfachung. Der Behörde sollen Ermittlungen über den Zeitpunkt der Bekanntgabe erspart bleiben.[11] Deshalb wird der Zeitpunkt des Zugangs und damit der Bekanntgabe für den mit einfachem Brief versandten oder elektronisch verfassten und verschickten Verwaltungsakt[12] fingiert. Danach gilt die Bekanntgabe am dritten Tag – mit Wirkung ab 01.01.2025 am vierten Tag – nach der Absendung unabhängig von einem etwa früheren Zugang als bewirkt. Der dreitägigen Fiktionsdauer lag die gesetzliche Verpflichtung der Postdienstleister zugrunde, verbindliche Postlaufzeiten von ein bis zwei Tagen für Briefsendungen einzuhalten[13]. Inzwischen wurden die Laufzeiten auf drei bis vier Tage verlängert (§ 18 Abs. 1 PostG), wobei anders als in § 37 vorgesehen der »Werktag« maßgeblich für die Berechnung ist. Nach Artikel 33 des Gesetzes zur Modernisierung des Postrechts vom 15.07.2024[14] wurden die Wörter »am dritten Tag« durch die Wörter »am vierten Tag« ersetzt. Im Entwurf sollte der Ablauf noch am vierten »Werktag« erfolgen[15], davon wurde aber schließlich abgesehen.

10 Für die Berechnung der Fiktionsfrist gilt § 26 Abs. 1. Dieser verweist auf die maßgeblichen Vorschriften des BGB. In dem Sinne handelt es sich im eine Ereignisfrist im Sinne des § 187 Abs. 1 BGB. Ereignis ist die Aufgabe zur Post, dieser Tag wird nicht mitgerechnet. Fristende ist dann der dritte Tag nach der im Übrigen zu dokumentierenden Aufgabe zur Post[16]. Es handelt sich bei der Drei-Tages-Fiktion jedoch nicht um eine eigentliche Fristbestimmung, weshalb § 26 Abs. 3 Satz 1

7 Schütze/*Engelmann*, SGB X § 37 Rn. 23.
8 Schütze/*Engelmann*, SGB X § 37 Rn. 25.
9 BSG, Urt. v. 28.11.2018 – B 14 AS 34/17 R – Rn. 15.
10 BSG, Urt. v. 04.06.2014 – B 14 AS 2/13 R, Rn. 26 (juris).
11 BSG, Urt. v. 10.03.2022 – B 1 KR 6/21 R, Rn. 23, SozR 4–2500 § 13 Nr 56, SozR 4–2500 § 2 Nr 19.
12 Dagegen gilt für ein bloßes Hinweisschreiben, in dem über eine notwendige Antragstellung informiert wird, weder eine Zugangsvermutung noch ein Anscheinsbeweis, BSG, Urt. v. 26.07.2007 – B 13 R 4/06 R = Die Sozialgerichtsbarkeit 2008, 559–563 m. Anm. *Pohl*.
13 § 2 Post-Universaldienstleistungsverordnung vom 15.12.1999 (BGBl. I S. 2418) in der Fassung der Änderung vom 07.05.2005 (BGBl. I S. 1970).
14 PostModG, BGBl. 2024, I, Nr. 236; zum Entwurf BR-Drs. 677/23.
15 BR-Drs. 677/23.
16 BSG, Urt. v. 15.06.2023 – B 9 SB 2/22 R, Rn. 18.

nicht einschlägig ist.[17] Damit ist es für den Eintritt der Bekanntgabefiktion unbeachtlich, ob es sich beim dritten Tag um einen Samstag, Sonntag oder Feiertag handelt.

Geht der Verwaltungsakt nachweislich erst nach Ablauf der Fiktionsfrist zu, so ist nach Abs. 2 Satz 3 der tatsächliche Zugang der Bekanntgabezeitpunkt.

Bei einem per Telefax übermittelten Verwaltungsakt handelt es sich grundsätzlich um einen schrift- 11
lichen Verwaltungsakt, der elektronisch übertragen wird[18]. Das gilt jedoch nur dann, wenn ein Ausdruck automatisch erfolgt, anderenfalls ist die Schriftform nicht gewahrt. Auch für das Telefax gilt mithin die Fiktion des Abs. 2.

Die Behörde ist nach Abs. 2 Satz 2 Halbs. 2 verpflichtet, bei Zweifeln sowohl den Zugang selbst als 12
auch den Zeitpunkt nachzuweisen. Zweifel bestehen im Regelfall dann, wenn der Bekanntgabeadressat im Sinne des Abs. 1 Satz 1 Zugang und Zeitpunkt in Frage stellt. Die Zweifel erschüttern damit die Vermutung des Abs. 2 Satz 1. Im Hinblick auf den Zugang reicht einfaches Bestreiten aus, da niemand negative Tatsachen beweisen kann.[19] Im Falle von Zweifeln am Zeitpunkt des im Übrigen unstreitigen Zugangs trifft den Bekanntgabeadressaten aufgrund der auch insoweit eindeutigen Regelung in § 37 Abs. 2 Satz 2 Halbs. 2 zwar nicht die Beweislast, jedoch muss er eine gesteigerte Darlegungslast aufwenden, um die gesetzliche Vermutung zu erschüttern. Darlegungsbedürftig ist insbesondere, wann genau und unter welchen Umständen er den Verwaltungsakt erhalten hat, erst dann ist die Behörde zum Beweis des Zugangszeitpunkts verpflichtet.

Voraussetzung für den Eintritt dieser Darlegungslast ist allerdings, dass der Behörde der Nachweis 13
der Aufgabe zur Post im Sinne des § 37 Abs. 2 Satz 1 SGB X gelingt.

Es ist daher sinnvoll, entweder ein Postausgangsbuch zu führen oder die Aufgabe zur Post in der Akte selbst zu dokumentieren.

Wegen dieser teilweise schwierigen Beweissituation ist außerdem zu empfehlen, bei Verwaltungsakten mit besonderer praktischer Relevanz des Zugangs die Bekanntgabe in Form der Zustellung zu wählen. Das bleibt nach Abs. 5 unbenommen möglich. Die in § 4 Abs. 1 VwZG enthaltene Vermutung gilt (anders als die des § 37 Abs. 2 Satz 1) als gesetzlich normierter Anscheinsbeweis.[20]

Gelingen der Behörde die Nachweise einer ordnungsgemäßen Aufgabe zur Post, so muss der Betroffene durch schlüssigen Vortrag einen abweichenden Geschehensablauf darlegen und damit substantiiert den Zugang so bestreiten, dass Zweifel am Zugang verbleiben.[21] Andererseits dürfen die Anforderungen an die Substantiierungspflicht nicht überspannt werden, weshalb im Hinblick auf den Zugang ein ausdrückliches Bestreiten ausreichen kann.[22]

III. Bekanntgabe elektronischer Verwaltungsakte (Abs. 2a)

1. Abruf über öffentlich zugängliche Netze

Die mit Art. 19 des »Gesetz zur Modernisierung des Besteuerungsverfahrens« vom 18.07.2016[23] 14
mit Wirkung zum 01.01.2017 zunächst eingeführte Vorschrift eröffnete eine Möglichkeit der Bekanntgabe von elektronischen Verwaltungsakten. Im Jahr 2020 wurde ein Absatz 2b durch das

17 BSG, Urt. v. 06.05.2010 – B 14 AS 12/09 R, NJW 2011, 1099, 1100 in Abgrenzung zur gegenteiligen Auslegung durch BFHE 203, 26.

18 A.A. SG Berlin, Urt. v. 28.01.2016 – S 26 AS 26429/14, juris Rn. 23; siehe zur AO Ziffer 1.8.2. des Anwendungserlasses (AEAO) zu § 122, Stand 22.07.2015, BStBl. I 2015, 571; zum VwVfG Stelkens/Bonk/Sachs/*U. Stelkens*, VwVfG, § 41 Rn. 82.

19 BSG, Urt. v. 26.07.2007 – B 13 R 4/06, juris.

20 BSG, Urt. v. 23.05.2000 – B 1 KR 27/99 R, SozR 3-1960 § 4 Nr. 4 S. 12.

21 BSG, Urt. v. 09.12.2008 – B 8/96 SO 13/07 R.

22 BSG, Urt. v. 09.12.2008 – B 8/96 SO 13/07 R.

23 BGBl. I, S. 1679.

7. SGB-IV ÄndG[24] mit Wirkung zum 01.07.2020 eingeführt, der in leicht geänderter Fassung bereits mit Wirkung vom 10.12.2020[25] zu Abs. 2a in der hier kommentierten Fassung wurde. Die Vorschrift begründet keine Verpflichtung der Behörde zur Bekanntgabe über öffentlich zugängliche Netze. Im Übrigen gilt § 36a SGB I, der besondere und auch im Anwendungsbereich des § 37 Abs. 2a zu berücksichtigende Vorschriften zur elektronischen Kommunikation enthält.

15 Öffentlich zugängliche Netze können einerseits das Internet, aber auch regionale oder interne Netze sein. Die vorausgesetzte Verwendung ist insoweit identisch mit der Begrifflichkeit in § 36a Abs. 2a Nr. 1 SGB I. Maßgeblich ist das Kriterium der Öffentlichkeit. Wird beispielsweise ein Abruf über ein behördeninternes Netzwerk ermöglicht, so muss der Zugang durch die Öffentlichkeit gleichwohl gewährleistet sein. Denkbar ist das etwa durch verschiedene Zugangsplätze in öffentlichen bzw. öffentlich zugänglichen Gebäuden. Der Vorteil der Beschränkung auf ein lokales oder internes Netzwerk wird insbesondere darin zu sehen sein, dass ein Datenangriff von außen hierdurch erschwert wird.

16 Die Bereitstellung kann vielfältig erfolgen. Der Gesetzgeber hat als Beispiel die Bereitstellung auf einer Internetplattform im Sinn gehabt[26]. Dem Beteiligten oder dessen Bevollmächtigten ist dann eine Benachrichtigung über die Bereitstellung zu übermitteln. Das Erfordernis des Versendens einer solchen Benachrichtigung setzt der Gesetzgeber in Abs. 2a Satz 4 voraus. Eine Benachrichtigung über die Bereitstellung zum Abruf hat grundsätzlich verschlüsselt oder auf dem besonders sicheren Weg einer De-Mail-Nachricht nach § 5 des De-Mail-Gesetzes zu erfolgen, da anderenfalls der besonders sensible Sozialdatenschutz nicht gewährleistet ist. Etwas anderes kann allenfalls dann gelten, wenn der Beteiligte sein Einverständnis zur Übersendung der Benachrichtigung durch einfache E-Mail, SMS oder ähnlichem erteilt[27]. Gerade im Falle der Erstellung einer Applikation für ein mobiles Endgerät ließe sich dies auch mit einer Push-Up-Nachricht realisieren.

2. Voraussetzungen für den Abruf

17 Der Gesetzgeber hat drei Voraussetzungen für den Abruf elektronischer Verwaltungsakte über öffentlich zugängliche Netze vorgesehen:

18 Zunächst ist nach Absatz 2a Satz 1 die Einwilligung des jeweiligen Beteiligten erforderlich. Sie kann gleich bei Eingabe der Daten, Erfassung des Vorgangs und ähnlichem mit abgerufen werden. Die Einwilligung ist jederzeit mit Wirkung für die Zukunft widerruflich (Abs. 2a Satz 2). Abs. 2a unterscheidet im weiteren Verlauf zwischen dem Beteiligten (§ 12) und der »abrufberechtigten Person«. Nicht geregelt ist allerdings, ob dieses Recht zum Abruf gegenüber der Behörde kommuniziert werden muss. Mit Blick auf die Formulierungen in § 41 Abs. 2a VwVfG und des § 9 Abs. 1 OZG wird aber wohl auf den Bevollmächtigten im Sinne des § 13 Abs. 1 als zum Abruf berechtigte Person abzustellen sein.

19 Nach Absatz 2a Satz 3 hat die Behörde weiterhin zu gewährleisten, dass der Abruf nur nach Authentifizierung der abrufberechtigten Person möglich ist. Die Authentifizierung kann durch elektronische Identitätsnachweise nach § 18 des Personalausweisgesetzes, nach § 12 des eID-Karte-Gesetzes oder nach § 78 Abs. 5 des Aufenthaltsgesetzes erfolgen. Diese in § 36a Abs. 2a Nr. 1a SGB I aufgeführten Nachweise erfüllen das Sicherheitsniveau »hoch« im Sinne von Art. 8 Abs. 2c der eIDAS-Verordnung[28]. Es ist anzuraten, dieses Vertrauensniveau im Sozialrecht wegen der besonderen Sensibilität der Daten stets zugrunde zu legen. Im Übrigen ergeben sich für die verschiedenen Stellen Identifikationsvorgaben nach Maßgabe der Bestimmungen in § 36a Abs. 2a SGB I.

24 Vom 12.06.2020, BGBl. I, S. 1248; zur Begründung BT-Drs. 19/17586 S. 37.

25 Art. 9 des Gesetzes zur Digitalisierung von Verwaltungsverfahren bei der Gewährung von Familienleistungen v. 03.12.2020, BGBl. I 2686; zur Begründung BT-Drs. 19/23774, S. 25f.

26 BT-Drucks. 18/8434, S. 121.

27 So jedenfalls im Anwendungsbereich der Vorschriften zur Behindertengleichstellung und Barrierefreiheit SG Hamburg, Urt. v. 30.06.2023 – S 39 AS 517/23.

28 Verordnung (EU) 910/2014.

Letztlich wird nach Absatz 2a Satz 3 vorausgesetzt, dass der elektronische Verwaltungsakt für die abrufberechtigte Person nicht nur abrufbar, sondern auch speicherbar sein muss. Anderenfalls erfüllt er nicht die für die Verwendbarkeit im Rechtsverkehr notwendige Körperlichkeit. Schon deshalb reicht ein System mit reiner Lesefunktion nicht aus. Denkbar ist also, dass die Erscheinung des Abrufs als speicherbare Datei (etwa PDF) erfolgen sollte. Den Beteiligten muss ermöglicht werden, dass sie den Verwaltungsakt nach Aufruf reproduzierbar abspeichern können. Die technische Einrichtung einer Möglichkeit zum Ausdruck trägt dem auch Genüge. 20

3. Bekanntgabefiktion

Nach dem eindeutigen Wortlaut des Absatz 2a Satz 4 gilt der Verwaltungsakt am dritten Tag nach Absendung der elektronischen Benachrichtigung (siehe oben Rdn. 15) an die abrufberechtigte Person als bekannt gegeben, so dass er mit diesem Tag wirksam wird (§ 39 Abs. 1). Insofern ähnelt die Vorschrift wegen der Verwendung einer Fiktion Abs. 2. 21

Bestreitet die abrufberechtigte Person den Zugang der Benachrichtigung überhaupt oder jedenfalls innerhalb der Frist von drei Tagen, so trifft die Behörde nach Abs. 2a Satz 5 und 7 die Beweislast. Im Falle des späteren Zugangs als nach drei Tagen reicht allerdings bloßes Bestreiten der abrufberechtigten Person nicht aus. 22

Es besteht keine Verpflichtung des Beteiligten, den Verwaltungsakt tatsächlich über das öffentlich zugängliche Netz abzurufen. Auch die Erteilung der erforderlichen Einwilligung kann diese Verpflichtung nicht begründen. Das ergibt sich aus Absatz 2a Satz 4 und 5. Danach ist die Bereitstellung des Verwaltungsaktes zur Abrufung im öffentlich zugänglichen Netz zu beenden, wenn der Abruf nicht innerhalb von zehn Tagen ab Absendung der Benachrichtigung erfolgt. Auch aus diesem Grund muss sichergestellt werden, dass eine Protokollierung des erstmaligen Abrufs erfolgt.

Der Gesetzgeber stellt für den Beginn der Zehntagesfrist nicht auf den schwer nachweisbaren Zugang der Benachrichtigung, sondern auf die Absendung der Benachrichtigung ab. 23

Rechtsfolge des nicht erfolgten Abrufs ist es, dass die Bekanntgabe nicht bewirkt und damit der Verwaltungsakt nicht wirksam geworden ist. Das stellt Absatz 2a Satz 5 Halbs. 1 klar. Die Behörde kann anschließend erneut versuchen, eine Bekanntgabe durch Bereitstellung zum Abruf durchzuführen. Es ist ihr nach Absatz 2a Satz 5 Halbs. 2 aber auch weiterhin freigestellt, jede andere Bekanntgabeform zu wählen. Dadurch soll einerseits verhindert werden, dass der Empfänger eine Bekanntgabe durch Unterlassen des Abrufs vereiteln kann. Andererseits sollen Streitigkeiten über den Zeitpunkt der wirksamen Bekanntgabe vermieden werden.[29] 24

IV. Experimentierklausel (Abs. 2b)

Die Vorschrift des Abs. 2b wurde ebenso wie Abs. 2a zeitgleich mit § 9 OZG eingeführt[30]. Ihm liegt das Ansinnen zugrunde, die für die Durchführung des Ersten Abschnitts des BEEG zuständigen Verwaltungsträger in die Lage zu versetzen, die Möglichkeit des § 9 OZG zur Bekanntgabe von Verwaltungsakten über das Postfach des Nutzerkontos (§ 3 Abs. 1 OZG; zu den Begriffen § 2 Absatz 5 und 7 OZG) zu nutzen. Die tatsächliche Inanspruchnahme dieser Möglichkeit muss bis 10.12.2025 evaluiert werden. 25

Abs. 2b steht in einem Spezialitätsverhältnis zu Abs. 2a. Durch den Rechtsgrundverweis auf § 9 OZG bedeutet das vor allem, dass für eine Bekanntgabe elektronischer Verwaltungsakte in Angelegenheiten nach dem Abschnitt 1 des BEEG ausschließlich das Postfach im Sinne des § 2 Abs. 7 OZG zur Verfügung steht. Im Übrigen ähneln sich die Voraussetzungen in Abs. 2a und § 9 Abs. 1 OZG stark:

- die Bekanntgabe über das Postfach setzt eine Einwilligung des Nutzers (§ 2 Abs. 4 OZG) voraus (§ 9 Abs. 1 Satz 1 OZG),

29 BT-Drucks. 18/8434, S. 121.

30 Gesetz zur Digitalisierung von Verwaltungsverfahren bei der Gewährung von Familienleistungen v. 03.12.2020, BGBl. I 2020, S. 2668; zur Begründung BT-Drucks. 19/23774, S. 13.

- die Behörde darf den Abruf nur nach vorheriger Authentifizierung ermöglichen, wobei auch hier die in § 36a Abs. 2a Nr. 1a SGB I vorgesehenen elektronischen Identifikationsmöglichkeiten (nach § 18 Personalausweisgesetz, § 12 eID-Karte-Gesetz, § 78 Abs. 5 AufenthG) einschlägig sind (dazu bereits oben Rdn. 19),
- drei nach Tage nach Bereitstellung zum Abruf gilt der Verwaltungsakt als bekannt gegeben (§ 9 Abs. 1 Satz 3 OZG), wobei die Fiktionswirkung im Unterschied zu Abs. 2a unabhängig vom Zeitpunkt des Zugangs der nach § 9 Abs. 1 Satz 5 OZG am gleichen Tag abzusendenden Benachrichtigung eintritt,
- die Behörde hat die Beweislast für den Eintritt der Fiktionswirkung (§ 9 Abs. 1 Satz 4 OZG).

Eine Pflicht zur Durchführung des elektronischen Verfahrens wird durch Abs. 2b nicht begründet. Die digitalen Möglichkeiten werden in den Bundesländern unterschiedlich angeboten. Während 10 Bundesländer[31] ein einheitliches Web-Portal gemeinsam betreiben, haben die Bundesländer Bayern, Baden-Württemberg, Hessen, Saarland und Nordrhein-Westfalen jeweils ein eigenes Angebot zur Durchführung des Elterngeldverfahrens eingerichtet.

V. Öffentliche Bekanntgabe (Abs. 3 und 4)

26 Vorbehaltlich der in Abs. 3 Satz 2 aufgeführten Bekanntgabe von Allgemeinverfügungen ist die öffentliche Bekanntgabe von Verwaltungsakten nur zulässig, wenn dies spezialgesetzlich vorgesehen ist, Abs. 3 Satz 1. Die Bekanntgabe beschränkt sich dann auf den in der vorgeschriebenen Weise zu erlassenden verfügenden Teil (Abs. 4 Satz 1) des Verwaltungsaktes, auf die erlassende Behörde, den Adressatenkreis sowie den Hinweis, wo der Verwaltungsakt und seine Begründung eingesehen werden können (Abs. 4 Satz 2).

27 Die öffentliche Bekanntgabe erfolgt durch ortsübliche Bekanntmachung oder in einer sonst für amtliche Veröffentlichungen vorgeschriebenen Art. Die Ortsüblichkeit richtet sich nach den am Sitz der Behörde üblichen Gepflogenheiten und kann als Mitteilung im Amtsblatt, Aushang oder Veröffentlichung in einer Tageszeitung erfolgen. Die Beurteilung der Ortsüblichkeit erstreckt sich im Zweifel auf den räumlichen Bereich des örtlichen Zuständigkeitsbereichs der bekanntmachenden Behörde.[32] Auch für die öffentliche Bekanntgabe gilt eine Fiktion; diese beträgt gem. Abs. 4 Satz 3 zwei Wochen, beginnend mit der Bekanntmachung im Sinne des Satzes 1.

28 Die im Sozialrecht bedeutungsarme Allgemeinverfügung (§ 31 Satz 2) darf auch ohne besondere Ermächtigung öffentlich bekanntgemacht werden. Voraussetzung ist lediglich, dass die Bekanntgabe im Sinne des Abs. 1 untunlich ist (Abs. 3 Satz 2). Das ist insbesondere bei einem erheblichen Aufwand oder gar Unmöglichkeit anzunehmen. Für die Allgemeinverfügung besteht im Übrigen die Besonderheit, dass bereits der auf die Bekanntmachung unmittelbar folgende Tag als Tag der Bekanntgabe bestimmt werden kann (Abs. 4 Satz 4).

VI. Zustellung (Abs. 5)

29 In Abs. 5 wird klargestellt, dass eine Bekanntgabe in Form der Zustellung nach den maßgeblichen Vorschriften des Bundes (VwZG) und der Länder die Vorschrift des § 37 dahinter zurücktreten lässt. Zugestellt wird nach § 1 Abs. 2 VwZG entweder dann, wenn ein Gesetz die Zustellung ausdrücklich vorschreibt oder aber, wenn die Behörde dies selbst anordnet. In beiden Fällen ist die Zustellung in der Akte (etwa durch Vermerk auf der Kopie des Verwaltungsaktes) zu vermerken, da der Zustellungswille Voraussetzung für eine etwaige Heilung von Zustellungsmängeln nach § 8 VwZG ist.

---

31 Berlin, Brandenburg, Bremen, Hamburg, Mecklenburg-Vorpommern, Niedersachsen, Rheinland-Pfalz, Sachsen-Anhalt, Schleswig-Holstein und Thüringen; erreichbar unter www.elterngeld-digital.de.

32 Schütze/*Engelmann*, SGB X, § 37 Rn. 52.

Die Anwendbarkeit der Zustellungsvorschriften des Bundes oder der Länder ergibt sich nach Maßgabe des § 65 Abs. 1 und 2 SGB X.

VII. Folgen von Mängeln der Bekanntgabe

Da die Bekanntgabe Voraussetzung der Wirksamkeit des Verwaltungsaktes ist (§ 39 Abs. 1 Satz 1), ergibt sich daraus auch die Rechtsfolge von Bekanntgabemängeln. Liegt eine fehlerhafte oder gar keine Bekanntgabe vor, gilt der Verwaltungsakt gegenüber dem jeweiligen Beteiligten bis zu einer ggf. nachgeholten Bekanntgabe als unwirksam und damit als nicht existent. Eine rückwirkende Bekanntgabe ist nicht möglich. Bei teilweiser Bekanntgabe bestimmt sich die Wirksamkeit nach § 39 Abs. 1 Satz 2, sofern der Verwaltungsakt dadurch nicht nach § 40 Abs. 4 nichtig wird. **30**

§ 38 Offenbare Unrichtigkeiten im Verwaltungsakt

[1]Die Behörde kann Schreibfehler, Rechenfehler und ähnliche offenbare Unrichtigkeiten in einem Verwaltungsakt jederzeit berichtigen. [2]Bei berechtigtem Interesse des Beteiligten ist zu berichtigen. [3]Die Behörde ist berechtigt, die Vorlage des Dokumentes zu verlangen, das berichtigt werden soll.

Übersicht

A. Inhalt

1 Die mit § 42 VwVfG wortgleiche Vorschrift versetzt die Behörde in die Lage, bestandskräftige Verwaltungsakte unabhängig von den Vorschriften der §§ 44 ff. abzuändern, sofern es sich, ähnlich wie in § 138 SGG, bei den festgestellten Fehlern um offenbare Unrichtigkeiten handelt. Die Norm berechtigt nur in solchen Fällen zur Änderung, in denen eine offensichtliche Divergenz zwischen dem Gewollten und dem tatsächlich zum Ausdruck Gebrachten besteht. Dann besteht kein Vertrauensschutz wie im Anwendungsbereich der §§ 44 ff. Einen ähnlichen Inhalt hat die Norm des § 129 AO.

B. Einzelerläuterungen

I. Anwendungsbereich

2 Der Anwendungsbereich der Vorschrift ergibt sich aus Satz 1. Die im Wortlaut vorausgesetzte Unrichtigkeit muss erkennbar sein und setzt daher einen verkörperten Verwaltungsakt in schriftlicher oder elektronischer Form voraus. Mündliche Verwaltungsakte sind nicht erfasst. Etwas anderes gilt jedoch im Falle ihrer schriftlichen Bestätigung, diese eröffnet durch die damit verbundene Verkörperung des Verwaltungsaktes ebenfalls den Anwendungsbereich der Norm des § 38. Die Vorschrift findet für alle Arten von Verwaltungsakten Anwendung, also auch für Zusicherungen (§ 34) und Nebenbestimmungen (§ 32).

II. Offenbare Unrichtigkeiten

3 Der Wortlaut geht zunächst von Unrichtigkeiten aus. Eine Unrichtigkeit liegt vor, wenn die Behörde etwas aussagen wollte und dies so nicht zum Ausdruck gebracht hat, wenn also Erklärungswille und tatsächliche Erklärung voneinander abweichen. Es darf sich also nicht um einen Fehler in der Willensbildung handeln, sondern der bereits bei Erlass des Verwaltungsaktes tatsächlich vorhandene Wille kommt fehlerhaft zum Ausdruck.[1] Die Unrichtigkeit kann gleichermaßen im Verfügungssatz wie auch in den Gründen des Verwaltungsaktes auftreten. Als Unrichtigkeiten führt das Gesetz Schreib-

1 BSG, Urt. 31.05.1990 – 8 RKn 22/88, BSGE 67, 70, 71.

und Rechenfehler auf, es handelt sich hierbei jedoch lediglich um eine nicht abschließende Benennung von Beispielen. Schreibfehler ist jeder Orthographie-, Grammatik- und Interpunktionsfehler.[2] Bei Rechenfehlern im Sinne der Vorschrift wurde über die maßgebliche Rechenart ein falsches Ergebnis erzielt (z.B. Additions- oder Multiplikationsfehler); auch die fehlerhafte Wiedergabe eines Prozentsatzes stellt einen solchen Rechenfehler dar.[3]

4 Die Unrichtigkeit (wie der Schreib- und Rechenfehler)[4] muss ausweislich des Wortlauts der Vorschrift offenbar sein. Offenbar ist sie dann, wenn sie für den verständigen objektiven Betrachter unschwer ersichtlich ist, und zwar aus erkennbaren Vorgängen beim Erlass des Verwaltungsaktes, aus ihm selbst oder aus sonstigen Umständen.[5] Nur eine solche Unrichtigkeit rechtfertigt den Ausschluss von Vertrauensschutz. Das Bundessozialgericht stellt insoweit das Tatbestandsmerkmal »offenbar« mit der Offensichtlichkeit gleich, die Voraussetzung der Nichtigkeit nach § 40 Abs. 1 ist. So kann eine Datumsangabe eine solche »offensichtliche« bzw. offenbare Unrichtigkeit[6] ebenso darstellen wie ein begrenzter Aufhebungszeitraum. Es fehlt dann aber an der Offensichtlichkeit, wenn der im Bescheid aufgeführte Zeitraum ebenso gut denkbar erscheint.[7] Der Fehler muss damit ohne Hinzuziehung des Verwaltungsvorgangs erkennbar sein, auch wenn er sich nicht zwingend allein beim bloßen Durchlesen des Bescheids ergeben muss.[8] Von einem verständigen Betrachter ist allerdings zu erwarten, dass er einen (ggf. mehrseitigen Bescheid) Seite für Seite liest, er trägt hierfür das Risiko.[9]

III. Rechtsfolge Berichtigung

5 Berichtigung ist die Klarstellung des wirklich Gewollten. Eine Berichtigung liegt damit vor, wenn die offenbaren Unrichtigkeiten (z.B. Schreib- und Rechenfehler) abgestellt werden. Die Berichtigung enthält keine eigene Regelung, weshalb es sich weder bei der Berichtigung selbst noch bei dem berichtigten Verwaltungsakt um einen neuen Verwaltungsakt handelt[10] und damit weder besondere Verfahrensvorschriften zu beachten sind noch eine neue Rechtsbehelfsbelehrung beizufügen ist. Etwas anderes gilt nur dann, wenn die Berichtigung zu einer erstmals erkennbaren Beschwer führt,[11] insbesondere bei Veränderung des Verfügungssatzes. Dann wurde der Verwaltungsakt qualitativ verändert und es handelt sich um einen neuen Bescheid, der eigene Rechtsbehelfsfristen in Gang setzt.[12]

6 Die Berichtigung erfolgt nach Satz 1 grundsätzlich von Amts wegen, wobei das Gesetz der Behörde Ermessen einräumt. Im Rahmen der Ermessensausübung sind die öffentlichen und privaten Interessen gegeneinander abzuwägen, die Entscheidung ist unabhängig von der rechtlichen Einordnung der Berichtigung als Verwaltungsakt zu begründen.[13] Wurde kein Ermessen ausgeübt, so liegt eine Berichtigung im Sinne des § 38 nicht vor,[14] zum Verwaltungsakt wird die Berichtigung über das eingeräumte Ermessen in Satz 1 mangels Regelungswirkung (§ 31) jedoch nicht.[15] Der Ablehnung einer Berichtigung wird hin-

---

2 Schütze/*Engelmann*, SGB X, § 38 Rn. 4; Diering/Timme/Stähler/*Siewert*, SGB X, § 38 Rn. 3.
3 BSG, Urt. 31.05.1990 – 8 RKn 22/88, BSGE 67, 70, 71.
4 BSG, Urt. 31.05.1990 – 8 RKn 22/88, BSGE 67, 70, 71.
5 BSG, Urt. 31.05.1990 – 8 RKn 22/88, BSGE 67, 70, 71.
6 BSG, Urt. v. 29.11.2012 – B 14 AS 196/11 R, Rn. 18, juris.
7 BSG, Urt. v. 15.06.2016 – B 4 AS41/15 R, Rn. 13.
8 BSG, Urt. v. 27.03.1984 – 5a RKn 2/83, SozR 1200 § 34 Nr. 18.
9 BSG, Urt. v. 27.03.1984 – 5a RKn 2/83, BSGE 67, 70, 71.
10 Diering/Timme/Stähler/*Siewert*, SGB X, § 38 Rn. 8; Stelkens/Bonk/Sachs/*Sachs*, VwVfG § 42 Rn. 32; BeckOGK/*Mutschler*, SGB X, § 38 Rn. 20.
11 BSG, Urt. v. 19.10.2000 – B 8 KN 8/99 R, SozR 3–2600 § 228a Nr. 1.
12 So auch Schütze/*Engelmann*, SGB X, § 38 Rn. 15.
13 BSG, Urt. v. 27.03.1984 – 5a RKn 2/83, BSGE 67, 70, 73, wobei das Gericht wohl von der Berichtigung als Verwaltungsakt ausgeht.
14 BSG, Urt. v. 29.10.1992 – 10 RKg 4/92, SozR 3–1300 § 50 Nr. 13 (Rn. 24).
15 Wie hier Schütze/*Engelmann*, SGB X, § 38 Rn. 14; Stelkens/Bonk/Sachs/*Sachs*, VwVfG, § 42 Rn. 32; BeckOGK/*Mutschler*, SGB X, § 38 Rn. 20.

gegen überwiegend[16] eine eigene Regelung über den Berichtigungsanspruch zugesprochen und der VA-Charakter damit bejaht, was inkonsequent erscheint, wenn die (stattgebende) Berichtigung im Hinblick auf den zu berichtigenden Verwaltungsakt nur als unselbständige Verfahrenshandlung anzusehen sein wird. Streitgegenstand muss in einem gerichtlichen Verfahren der an der Unrichtigkeit leidende Verwaltungsakt selbst sein. § 38 enthält einen Anspruch auf ermessensfehlerfreie Entscheidung über die Berichtigung dieses Verwaltungsaktes. Da die Anfechtungsklage auf Aufhebung und die Verpflichtungsklage auf Erlass eines Verwaltungsaktes gerichtet ist, kann ein solcher Anspruch nur im Wege der allgemeinen Leistungsklage[17] durchsetzbar sein. Ein Rechtsschutzdefizit entsteht dadurch nicht.

Bei Vorliegen eines berechtigten Interesses des Betroffenen hat dieser einen Anspruch auf Berichtigung. 7
Ein solches berechtigtes Interesse kann in der Notwendigkeit der Vorlage des Verwaltungsaktes an Dritte gesehen werden. Das Gleiche gilt, wenn der Verwaltungsakt Grundlage für weitere Verwaltungsentscheidungen ist. Das berechtigte Interesse unterscheidet sich insoweit nicht von demjenigen des § 33 Abs. 2 Satz 2.

Notwendiger Bestandteil des Berichtigungsverfahrens ist es, dass der Behörde das zu berichtigende 8
Dokument auch vorliegt. Satz 3 ermächtigt sie daher, die Vorlage zu verlangen und erforderlichenfalls die Vorlage mit Verwaltungszwang durchzusetzen.[18]

IV. Sonderfall Leistungserstattung nach Berichtigung

§ 50 enthält in den Abs. 1 bis 4 Regelungen über die Erstattungspflicht von Leistungen, wenn ein 9
Verwaltungsakt aufgehoben wurde. Ergibt sich nach einer Berichtigung im Wege des § 38, dass Leistungen zu Unrecht erbracht wurden, so erklärt § 50 Abs. 5 die Regelungen des § 50 Abs. 1 bis 4 für entsprechend anwendbar.

Zweiter Titel Bestandskraft des Verwaltungsaktes

§ 39 Wirksamkeit des Verwaltungsaktes

(1) [1]**Ein Verwaltungsakt wird gegenüber demjenigen, für den er bestimmt ist oder der von ihm betroffen wird, in dem Zeitpunkt wirksam, in dem er ihm bekannt gegeben wird.** [2]**Der Verwaltungsakt wird mit dem Inhalt wirksam, mit dem er bekannt gegeben wird.**

(2) **Ein Verwaltungsakt bleibt wirksam, solange und soweit er nicht zurückgenommen, widerrufen, anderweitig aufgehoben oder durch Zeitablauf oder auf andere Weise erledigt ist.**

(3) **Ein nichtiger Verwaltungsakt ist unwirksam.**

Übersicht Rdn.

16 Schütze/*Engelmann*, SGB X, § 38 Rn. 14; Diering/Timme/Stähler/*Siewert*, SGB X, § 38 Rn. 8; Stelkens/Bonk/Sachs/*Sachs*, VwVfG, § 42 Rn. 43; a.A. Kopp/Ramsauer/*Ramsauer*, VwVfG, § 42 Rn. 14.

17 So auch Kopp/Ramsauer/*Ramsauer*, VwVfG, § 42 Rn. 19.

18 Schütze/*Engelmann*, SGB X, § 38 Rn. 20.

A. Inhalt

1 Die Vorschrift entspricht im Wortlaut § 43 VwVfG sowie § 124 AO und regelt Umfang und Dauer der rechtlichen Existenz des Verwaltungsaktes.

B. Einzelerläuterungen

I. Abgrenzung Wirksamkeit und Bestandskraft von Verwaltungsakten

2 § 39 leitet den zweiten Titel des zweiten Abschnitts des SGB X ein. Ausweislich der Überschrift beinhaltet dieser zweite Titel Vorschriften über die Bestandskraft von Verwaltungsakten. Die Bestandskraft setzt die Wirksamkeit eines Verwaltungsaktes voraus, ist mit dieser aber nicht gleichzusetzen. Vielmehr kennzeichnet die Bestandskraft eine der Lebensphasen des Verwaltungsaktes.

3 Formell tritt die Bestandskraft mit Ablauf der gesetzlichen Rechtsbehelfsfrist ein. Bestandskraft bedeutet in diesem Sinne also Unangreifbarkeit. Bei ordnungsgemäßer Rechtsbehelfsbelehrung (§ 36) beträgt die Rechtsbehelfsfrist sowohl für den Widerspruch (§ 84 Abs. 1 SGG) als auch für die Klage (§ 87 Abs. 1 SGG) einen Monat, anderenfalls tritt die formelle Bestandskraft mit Ablauf eines Jahres ein (§ 66 SGG). Die Fristen beginnen jeweils mit Bekanntgabe (§ 37) des anzugreifenden Bescheides. Wesentliches Merkmal der formellen Bestandskraft eines Verwaltungsaktes ist es, dass er nur noch unter besonderen Bedingungen geändert oder ganz aufgehoben werden kann (vgl. dazu die §§ 44 bis 47).

4 Die vorbeschriebene Wirkung der formellen Bestandskraft ist systemwidrig in § 77 SGG festgeschrieben. Danach ist der Verwaltungsakt für alle Beteiligten in der Sache bindend, wenn ein Rechtsbehelf nicht oder erfolglos eingelegt wurde. Etwas anderes gilt nach der Vorschrift nur dann, wenn ein Gesetz anderes bestimmt. Das nimmt Bezug auf die §§ 44 ff. SGB X, welche eine Rechtskraftdurchbrechung ermöglichen oder präziser ausgedrückt einer solchen dienen. Damit korrespondiert auch der Wortlaut der Vorschriften, wenn dort von einer Aufhebung *»auch nachdem er unanfechtbar geworden ist«* (§ 44 Abs. 1 Satz 1, Abs. 2 Satz 1; § 45 Abs. 1; § 46 Abs. 1; § 47 Abs. 1, Abs. 2 Satz 1) ausgegangen wird.

5 Die materielle Bestandskraft bezieht sich dagegen auf den Regelungsgehalt des (formell) bestandskräftigen Verwaltungsaktes. Der Umfang der materiellen Bestandskraft knüpft an sachliche, zeitliche und persönliche Kriterien an. Es ist maßgeblich für die Fragestellung, ob ein Sachverhalt bereits eine Regelung erfahren hat oder nicht. Hat ein Sachverhalt bereits eine Regelung erfahren, so muss wegen der entgegenstehenden materiellen Bestandskraft vor Erlass einer Neuregelung der Verwaltungsakt geändert werden. Das gilt insbesondere für Verwaltungsakte mit Drittbindungswirkung. Durch die materielle Bestandskraft sind andere Gerichte und Behörden ohne Rücksicht auf den Inhalt an die Entscheidung gebunden.[1] Fehlt es hingegen an einer solchen bestandskräftigen Regelung, besteht eine solche Grenze nicht.

6 Ein Zusammenhang zwischen Wirksamkeit und Bestandskraft besteht insoweit, als jeder wirksame Verwaltungsakt unabhängig von seiner Rechtmäßigkeit bestandskräftig werden kann. Versäumt der Betroffene also die fristgerechte Anfechtung des Verwaltungsaktes, tritt die formelle Bestandskraft ein, sofern der Verwaltungsakt nicht nichtig ist (Abs. 3).

II. Begriff der Wirksamkeit

7 Die Wirksamkeit knüpft an die rechtliche Existenz[2] des Verwaltungsaktes an, seine Rechtmäßigkeit ist hierfür ohne Bedeutung. Wirksam ist der Verwaltungsakt, wenn er Rechtswirkungen entfaltet. Davon zu unterscheiden sind die Vollziehbarkeit und die Bestandskraft (siehe oben Rdn 2 ff.), die

---

1 BSG, Beschl. v. 13.05.2020 – B 6 KA 27/19 B (Zulassung eines Vertragsarztes).

2 Vgl. Kopp/*Ramsauer*, VwVfG, § 43 Rn. 4; ausführlich auch *Herrmann*, Aus dem Leben eines Verwaltungsakts, ZJS 1/2011, S. 25 f.

beide den wirksamen Verwaltungsakt voraussetzen. Allgemein ist zwischen der inneren und der äußeren Wirksamkeit zu unterscheiden.

Die äußere Wirksamkeit[3] beginnt mit der Bekanntgabe des Verwaltungsaktes an den Betroffenen. 8
Der Erlass des Verwaltungsaktes führt zu dessen Existenz, die Bekanntgabe zur Wirksamkeit. Gleichwohl ist die äußere Wirksamkeit nicht alleinige Voraussetzung für die Regelungswirkung des Verwaltungsaktes, hierzu bedarf es zusätzlich der inneren Wirksamkeit.

Erst die innere Wirksamkeit[4] löst die dem Verwaltungsakt innewohnenden Rechtswirkungen aus. 9
Gewöhnlich fallen äußere und innere Wirksamkeit zusammen, zwingend ist das jedoch nicht. Enthält ein Verwaltungsakt zum Beispiel eine Zeitbestimmung, so kann die äußere Wirksamkeit (Bekanntgabe) zeitlich vor der inneren Wirksamkeit (Datum des Inkrafttretens) liegen. Hieraus ergibt sich auch die Bedeutung der Differenzierung: Die äußere Wirksamkeit entfaltet Rechtswirkung mit Bekanntgabe und löst damit Rechtsbehelfsfristen aus. Sie ist damit maßgeblich für den Eintritt der formellen Bestandskraft. Damit ist denkbar, dass äußere Wirksamkeit und formelle Bestandskraft vor der inneren Wirksamkeit eintreten können. Dennoch wird der Verwaltungsakt bereits mit der Bekanntgabe sowohl für den Adressaten als auch für die erlassende Behörde bindend.[5]

III. Umfang der Wirksamkeit

Klarstellend enthält Abs. 1 Satz 2 den Hinweis, dass allein der objektiv erkennbare, erklärte Wille 10
der Behörde maßgeblich für den Umfang der Wirksamkeit ist. Es kommt also nur darauf an, was die Behörde tatsächlich erklärt hat, nicht jedoch, was sie erklären wollte. Diese Vorschrift steht in engem Zusammenhang mit dem Bestimmtheitsgebot im Sinne des § 33 Abs. 1. Verlangt dieses eine hinreichende zweifelsfreie Erkennbarkeit der Regelungen, so erklärt Abs. 1 Satz 2 die hieraus erwachsende Wirksamkeit im Umfang des bekanntgegebenen (und damit bestimmbaren) Inhalts. Der nicht erkennbare Wille nimmt an der Wirksamkeit nicht teil und kann insoweit nicht in materielle Bestandskraft erwachsen.

Mit der Verwendung des Wortes »soweit« stellt die Vorschrift klar, dass auch eine nur teilweise Auf- 11
hebung oder Erledigung zu einer teilweisen Wirksamkeit bzw. Unwirksamkeit des Verwaltungsaktes führen kann.

IV. Dauer der Wirksamkeit

1. Beginn und Ende der Wirksamkeit

Nach Abs. 1 beginnt die Wirksamkeit mit Bekanntgabe des Verwaltungsaktes (§ 37). Der Zeitpunkt 12
der Bekanntgabe ist damit der Anknüpfungszeitpunkt für den Beginn der Wirksamkeit des Verwaltungsaktes. Das gilt allerdings nicht für fingierte Verwaltungsakte (zum Begriff § 31 Rdn. 47 ff.). Ihrem Wesen nach tritt die vom Gesetz angeordnete Einzelfallregelung ein, ohne dass es eines besonderen behördlichen Willensaktes bedarf. Erfolgt ein solcher Willensakt nicht, so gibt es auch nichts bekanntzugeben.

Der Begriff der Bekanntgabe ist gesetzlich nicht definiert. Es handelt sich um die zielgerichtete Mitteilung des Inhalts eines Verwaltungsakts durch die erlassende Behörde an den Adressaten (vgl. dazu die Ausführungen in § 41 Rdn. 2 f.). Das sowohl für die Wirksamkeit im Sinne des § 39 Abs. 1 als auch für den Fristbeginn bei Rechtsbehelfsfristen (§§ 84 Abs. 1 Satz 1, 87 Abs. 1 und 2 SGG, §§ 70

3 Zur äußeren Wirksamkeit Diering/Timme/Stähler/*Siewert*, SGB X, § 39 Rn. 10; Kopp/*Ramsauer*, VwVfG, § 43 Rn. 5.

4 Zur inneren Wirksamkeit Diering/Timme/Stähler/*Siewert*, SGB X, § 39 Rn. 11; Kopp/*Ramsauer*, VwVfG, § 43 Rn. 6.

5 BSG, Urt. v. 15.06.2023 – B 9 SB 2/22 R, Rn. 14.

Abs. 1 Satz 1, 74 Abs. 1 Satz 2 VwGO) maßgebliche Tatbestandsmerkmal der Bekanntgabe ist damit ein feststehender Rechtsbegriff.[6]

13 In Abs. 2 wird klargestellt, dass ein Verwaltungsakt grundsätzlich auf unbestimmte Zeit Wirksamkeit entfaltet, sofern nicht eine der dort aufgeführten Beendigungsgründe vorliegt. Die Vorschrift findet auch bei fingierten Verwaltungsakten (§ 31 Rdn. 47 ff.) Anwendung.[7] Die unbestimmte Dauer der Wirksamkeit kann nur unter den Voraussetzungen des § 39 Abs. 2 SGB X begrenzt werden. Das Tatbestandsmerkmal »solange und soweit« knüpft daran an und bezieht sich auf die in der Vorschrift genannten Möglichkeiten, diesen (unbestimmten) Zeitraum doch zu bestimmen. Deshalb wirkt etwa die Ausstellung eines Vermittlungsgutscheins durch die Bundesagentur für Arbeit zugunsten eines Anspruchs eines privaten Vermittlers bei erfolgreicher Vermittlung solange fort, bis dieser Verwaltungsakt aufgehoben wird.[8]

14 Die Vorschrift des Abs. 2 unterscheidet zwischen zwei Alternativen zur Beendigung der Wirksamkeit. Nach der ersten Alternative endet die Wirksamkeit durch Aufhebung des Verwaltungsaktes, während sie nach der zweiten Alternative durch Erledigung endet.

2. Ende durch Aufhebung

15 Die Vorschrift des Abs. 2 knüpft in der ersten Alternative an das Ende der Wirksamkeit durch Aufhebung des Verwaltungsaktes an. Diese Aufhebung kann durch einen weiteren Verwaltungsakt mit dem Regelungsziel der Beendigung der Wirksamkeit (Rücknahme und Widerruf) oder anderweitig erfolgen.

16 Soweit das Gesetz Rücknahme und Widerruf als Beendigungsmöglichkeiten aufführt, stellt das auf die Kompetenz der Behörde ab, erlassene Verwaltungsakte in ihrem Regelungsbereich auch nach Eintritt der Bestandskraft durch Erlass eines auf die Änderung gerichteten Verwaltungsaktes abzuändern. Diese Änderung der ursprünglichen Regelung hebt diese auf, weshalb Aufhebung und Änderung in diesem Sinne gleichzusetzen sind. Gleiches gilt für die teilweise Aufhebung bzw. Änderung eines Verwaltungsaktes. Die Behörde ist nicht gezwungen, die Entscheidung im Ganzen aufzuheben. Der Wortlaut des § 39 Abs. 2 lässt durch die Formulierung »solange und soweit« einen Teilerhalt der ursprünglichen behördlichen Entscheidung ausdrücklich zu.[9] Das Sozialverwaltungsrecht geht somit grundsätzlich von einer Teilbarkeit von Verwaltungsakten aus (vgl. dazu auch die Erläuterungen zur Teilnichtigkeit nach § 40 Abs. 4 in der Kommentierung zu § 40 Rdn. 15).[10]

Die Differenzierung zwischen Rücknahme und Widerruf stellt auf den Unterschied bei den Ermächtigungsgrundlagen für diesen Aufhebungs- bzw. Änderungsverwaltungsakt ab, der seinerseits an den unterschiedlichen Grad an Vertrauen des Adressaten am Bestand des Verwaltungsaktes anknüpft. Die Rücknahme ermöglicht die Aufhebung ursprünglich rechtswidriger Verwaltungsakte, während der Widerruf auf die Aufhebung ursprünglich rechtmäßiger Verwaltungsakte abstellt. Im SGB X finden sich die materiellen Ermächtigungsgrundlagen für die Aufhebung durch Rücknahme und Widerruf in den §§ 44 bis 48. Diese Vorschriften werden spezialgesetzlich teilweise ergänzt, teilweise verdrängt (vgl. die Kommentierung zu den §§ 44 bis 48).

---

6 BSG, Urt. v. 15.06.2023 – B 9 SB 2/22 R, Rn. 14.

7 BSG, Urt. v. 26.02.2019 – B 1 KR 20/18 R, Rn. 29; BSG, Urt. v. 06.11.2018 – B 1 KR 13/17 R, Rn. 28; BSG, Urt. v. 11.07.2017 – B 1 KR 26/16 R, Rn. 35; BSG, Urt. v. 08.03.2016 – B 1 KR 25/15 R, Rn. 31.

8 BSG, Urt. v. 11.03.2014 – B 11 AL 19/12 R, (Leitsatz); vgl. jetzt aber § 45 Abs. 4 Satz 2 SGB III, wonach der Aktivierungs- und Vermittlungsgutschein zeitlich befristet werden kann.

9 BSG, Urt. v. 18.05.2022 – B 7/14 AS 1/21 R, Rn. 26, SozR 4–4200 § 41a Nr 4, SozR 4–1500 § 96 Nr 14.

10 BSG, Urt. v. 16.12.2021 – B 9 SB 6/19 R, Rn. 24, SozR 4–1300 § 48 Nr 40, SozR 4–3250 § 152 Nr 3.

»Anderweitig« als durch Rücknahme und Widerruf erfolgt die Aufhebung eines Verwaltungsaktes zunächst im Rechtsbehelfsverfahren. Sie erfolgt durch Abhilfeentscheidung (§ 85 Abs. 1 SGG bzw. § 72 VwGO) im Widerspruchsverfahren oder durch Urteil (§ 131 SGG bzw. § 113 Abs. 1 VwGO) im Anfechtungsprozess. § 39 Abs. 2 steht dabei nach Ansicht des Bundessozialgerichts dem Recht der Behörde entgegen, im Rechtsbehelfsverfahren Änderungen zuungunsten des Betroffenen herbeizuführen.[11] Da Änderung und Aufhebung gleichzusetzen sind (oben Rdn. 16), kommen auch spezialgesetzliche Vorschriften zur Änderung des Verwaltungsaktes wie etwa nach § 53 BAföG als Ermächtigungsgrundlage für die »anderweitige« Aufhebung in Betracht. 17

3. Ende durch Erledigung

In der zweiten Alternative des Abs. 2 wird von einer Beendigung der Wirksamkeit durch Erledigung ausgegangen. Auch hier wird nochmals unterschieden zwischen der Erledigung »durch Zeitablauf« oder »auf andere Weise«. Beiden gemeinsam ist, dass der Verwaltungsakt seine Wirksamkeit aufgrund eintretender Umstände ohne unmittelbar hinzutretende behördliche oder gerichtliche Handlungen verliert. 18

a) Erledigung durch Zeitablauf

Die Erledigung durch Zeitablauf knüpft an ein temporäres Element an. Das kann im Gesetz selbst begründet sein, wenn die Dauer der Wirksamkeit des Verwaltungsaktes dort festgelegt ist. Ein solcher Zeitablauf betrifft Leistungsbescheide, die für einen Bewilligungszeitraum erlassen werden. Endet der Bewilligungszeitraum, hat sich der Verwaltungsakt unter Umständen durch Zeitablauf erledigt. Die zeitliche Befristung kann auch durch eine Nebenbestimmung wie die Befristung (§ 32 Abs. 2 Nr. 1) oder die Bedingung (§ 32 Abs. 2 Nr. 2) erfolgen. 19

b) Erledigung auf andere Weise

Das Gesetz geht an dieser Stelle aber auch von Erledigung »auf andere Weise« aus. Das kann im Falle höchstpersönlicher Regelungsinhalte mit dem Versterben der Person eintreten. Erledigt ist der Verwaltungsakt, wenn von ihm keine Rechtswirkungen mehr ausgehen oder die Ausführung seines Hauptverfügungssatzes rechtlich oder tatsächlich unmöglich geworden ist.[12] Das gilt auch, wenn die einem Verwaltungsakt innewohnende Steuerungsfunktion nachträglich entfallen ist.[13] Nach der obergerichtlichen Rechtsprechung tritt Erledigung nicht bereits mit Vollzug bzw. Vollstreckung des Verwaltungsaktes ein, da Rechtswirkungen im Vollstreckungsverfahren darüber hinaus bestehen können.[14] Allgemein erledigt sich ein Verwaltungsakt, wenn die in ihm genannte Bedingung eintritt, wenn das in ihm angeordnete Gebot erfüllt wird oder sein Zweck anderweitig bereits erreicht wurde. Auch im (ggf. durch Auslegung zu ermittelnden) Verzicht auf eine Genehmigung liegt eine Erledigung.[15] 20

Für Ablehnungsbescheide ergeben sich folgende Besonderheiten: 21

– Ergehen während eines Gerichtsverfahrens auf Grundlage eines Vergleichs sogenannte Ausführungsbescheide, so erledigen sie den ursprünglichen Ablehnungsbescheid nicht, sie verlieren nämlich mit Abschluss des gerichtlichen Verfahrens durch Urteil ihre Wirkung.[16] Dagegen erledigt sich der Ablehnungsbescheid, wenn während des gerichtlichen Verfahrens (oder auch außer-

11 BSG, Urt. v. 18.06.2008 – B 14/11bAS 67/06 R, BSGE 53, 284, 288.

12 BSG, Urt. v. 27.01.1993 – 4 RA 40/92, BSGE 72, 50, 56; BSG, Urt. v. 13.05.2015 – B 6 KA 14/14 R, Rn. 15, juris.

13 BSG, Urt. v. 14.12.2021 – B 14 AS 77/20 R, Rn. 13.

14 BVerwG, Urt. v. 25.09.2008 – 7 C 5/08, NVwZ 2009, 122; BSG, Urt. v. 08.10.2019 – B 1 A 1/19 R, Rn. 16.

15 BSG, Urt. v. 04.11.2021 – B 6 KA 14/20 R, Rn. 28, SozR 4–5540 Anl 9.1 Nr 16.

16 BSG, Urt. v. 11.12.2007 – B 8/9b SO 20/06 R, SozR 3500 § 90 Nr. 1.

halb eines gerichtlichen Verfahrens[17]) neue Bescheide über den Anspruch ergehen.[18] In beiden Fällen erfolgt auch keine Einbeziehung in das gerichtliche Verfahren nach § 96 SGG.

– Wurde eine Sozialleistung rechtswidrig abgelehnt, so erledigt sich dieser Ablehnungsbescheid, wenn der jeweilige prognostische Bedarf nicht mehr besteht.[19]

▶ **Beispiel:**

Das kann etwa der Fall sein, wenn der Schüler aufgrund der rechtswidrigen Leistungsablehnung nicht an der Klassenfahrt teilgenommen hat.[20]

Auch ein bewilligender Bescheid würde bei einem Entfall des Bedarfs seine Wirkung aufgrund Erledigung verlieren. Der eine Leistung ablehnende Verwaltungsakt stellt sich als actus contrarius dar und erledigt sich somit nach den gleichen Voraussetzungen.

22 Ein Fall der Erledigung liegt auch vor, wenn eine vorläufige Entscheidung[21] durch eine endgültige Entscheidung ersetzt wird[22]. Allein die Beseitigung des Vorläufigkeitsvermerks reicht dafür jedoch nicht aus, die endgültige Entscheidung muss auch eine Regelung zur Leistungshöhe enthalten.[23] Ähnliches gilt, wenn ein Zweitbescheid die ursprünglichen Verwaltungsakte vollständig ersetzt.[24] Wird von der Rentenversicherungspflicht im Sinne des § 6 Abs. 1 SGB VI befreit, so erledigt sich diese Befreiung bei einer Änderung des zugrundeliegenden Tätigkeitsbereiches unabhängig von einem Wechsel des konkreten Arbeitsverhältnisses.[25] Dagegen erledigt sich eine aufsichtsrechtliche Anordnung nicht durch Änderung des Geschäftsbereichs oder Änderungen in der Anteilsstruktur einer ARGE, solange der Anordnung nicht nachgekommen wurde.[26]

V. Nichtigkeit

23 In Abs. 3 wird klargestellt, dass ein nichtiger Verwaltungsakt (§ 40) unwirksam ist. Dagegen ist ein lediglich rechtswidriger Verwaltungsakt in vollem Umfang ebenso wirksam wie ein rechtmäßiger Verwaltungsakt, insoweit trifft das Gesetz keine Differenzierung. Maßgeblich ist nach Abs. 1 ausschließlich die Bekanntgabe des rechtmäßigen oder rechtswidrigen Verwaltungsakts.

§ 40 Nichtigkeit des Verwaltungsaktes

(1) Ein Verwaltungsakt ist nichtig, soweit er an einem besonders schwer wiegenden Fehler leidet und dies bei verständiger Würdigung aller in Betracht kommenden Umstände offensichtlich ist.

(2) Ohne Rücksicht auf das Vorliegen der Voraussetzungen des Absatzes 1 ist ein Verwaltungsakt nichtig,

1. **der schriftlich oder elektronisch erlassen worden ist, die erlassende Behörde aber nicht erkennen lässt,**
2. **der nach einer Rechtsvorschrift nur durch die Aushändigung einer Urkunde erlassen werden kann, aber dieser Form nicht genügt,**

---

17 LSG Baden-Württemberg, Urt. v. 27.11.2024 – L 3 AS 2341/23, Rn. 30.
18 BSG, Urt. v. 02.02.2010 – B 8 SO 21/08, Rn. 9, juris.
19 BSG, Urt. v. 29.09.2009 – B 8 SO 16/08 R, Rn. 17.
20 Beispiel nach BSG, Urt. v. 29.09.2009 – B 8 SO 16/08 R, Rn. 17.
21 Zum vorläufigen Bescheid § 31 Rdn. 64.
22 BSG, Urt. v. 29.11.2017 – B 6 KA 34/16 R (Ankündigung der Streichung aus einer Übersicht); BSG, Urt. v. 05.07.2017 – B 14 AS 36/16 R (vorläufige Entscheidung zur Sicherung des Lebensunterhalts).
23 BSG, Urt. v. 30.06.2021 – B 4 AS 76/20 R, Rn. 11, SozR 4–4200 § 22 Nr 116.
24 BSG, Urt. v. 25.05.2018 – B 13 R 3/17 R, Rn. 10.
25 BSG, Urt. v. 16.06.2021 – B 5 RE 4/20 R, Rn. 26, SozR 4–2600 § 6 Nr 22, SozR 4–1300 § 39 Nr 4; BSG, Urt. v. 23.09.2020 – B 5 RE 6/19 R, SozR 4–2600 § 231 Nr 9.
26 BSG, Urt. v. 08.10.2019 – B 1 A 1/19 R, Rn. 16ff, BSGE 129, 135–149, SozR 4–2400 § 89 Nr 9, SozR 4–1300 § 94 Nr 1.

3. **den aus tatsächlichen Gründen niemand ausführen kann,**
4. **der die Begehung einer rechtswidrigen Tat verlangt, die einen Straf- oder Bußgeldtatbestand verwirklicht,**
5. **der gegen die guten Sitten verstößt.**

(3) Ein Verwaltungsakt ist nicht schon deshalb nichtig, weil
1. **Vorschriften über die örtliche Zuständigkeit nicht eingehalten worden sind,**
2. **eine nach § 16 Abs. 1 Satz 1 Nr. 2 bis 6 ausgeschlossene Person mitgewirkt hat,**
3. **ein durch Rechtsvorschrift zur Mitwirkung berufener Ausschuss den für den Erlass des Verwaltungsaktes vorgeschriebenen Beschluss nicht gefasst hat oder nicht beschlussfähig war,**
4. **die nach einer Rechtsvorschrift erforderliche Mitwirkung einer anderen Behörde unterblieben ist.**

(4) Betrifft die Nichtigkeit nur einen Teil des Verwaltungsaktes, ist er im Ganzen nichtig, wenn der nichtige Teil so wesentlich ist, dass die Behörde den Verwaltungsakt ohne den nichtigen Teil nicht erlassen hätte.

(5) Die Behörde kann die Nichtigkeit jederzeit von Amts wegen feststellen; auf Antrag ist sie festzustellen, wenn der Antragsteller hieran ein berechtigtes Interesse hat.

Übersicht

A. Inhalt

Die Vorschrift entspricht nahezu vollständig im Wortlaut § 44 VwVfG und § 125 AO und beinhaltet den Maßstab für die Beurteilung von besonders gravierenden Fehlern eines Verwaltungsaktes sowie deren Rechtsfolgen (Abs. 1, 3), wobei es für bestimmte Arten von Fehlern auf die Intensität nicht ankommt, allein deren Vorliegen macht den Verwaltungsakt nichtig (Abs. 2). Die Nichtigkeit nach § 40 ist Ausschlusskriterium für die Heilung von Fehlern (§ 41) oder deren mögliche Unbeachtlichkeit (§ 42). 1

B. Einzelerläuterungen

I. Nichtigkeit und deren Folgen

Liegen die gesetzlichen Voraussetzungen eines Verwaltungsaktes nicht vor, so ist er fehlerhaft. Ein solcher fehlerhafter Verwaltungsakt steht im Widerspruch zur Rechtsordnung und ist damit rechtswidrig. Auch ein rechtswidriger Verwaltungsakt ist jedoch wirksam (§ 39 Abs. 1) und kann in Bestandskraft erwachsen. Besonders schwerwiegende und offensichtliche Fehler führen jedoch zur Nichtigkeit des Verwaltungsaktes mit der Folge, dass er unwirksam (§ 39 Abs. 3) ist. Aus ihm können keine Rechtsfolgen abgeleitet werden, er ist inexistent. Die Rechtswidrigkeit und die Nichtigkeit stellen sich damit als graduelle Abstufungen der Fehlerfolgen eines Verwaltungsaktes dar. 2

II. Generalklausel (Abs. 1)

Abs. 1 beinhaltet in Form einer Generalklausel den Maßstab für die Annahme der Nichtigkeit eines Verwaltungsaktes. Dieser Fehlermaßstab beschränkt sich anders als in Abs. 2 nicht auf bestimmte Arten von Fehlern, sondern gilt mit Ausnahme der in Abs. 3 enthaltenen Fehler für jeden Rechtsverstoß. Maßstab für die Nichtigkeit sind danach Bedeutung und Gewicht des Fehlers. Nach der in dieser Norm verwirklichten Evidenztheorie[1] führt nur ein besonders schwerer Form- oder Inhalts- 3

1 Vgl. dazu auch Diering/Timme/Stähler/*Siewert*, SGB X, § 40 Rn. 16.

fehler, der mit der Rechtsordnung unter keinen Umständen vereinbar und für einen urteilsfähigen Bürger offensichtlich ist, zur Nichtigkeit des Verwaltungsaktes.[2]

4 Der Gesetzgeber hat diese Evidenztheorie im Wortlaut des Abs. 1 dergestalt umgesetzt, dass ein Fehler dann zur Nichtigkeit führt, wenn er besonders schwerwiegend und offenkundig ist. Schwerwiegend und für einen urteilsfähigen Bürger offenkundig ist der Fehler, wenn der Verwaltungsakt den Fehler gewissermaßen auf der Stirn trägt. Maßstab für die Offenkundigkeit bzw. Offensichtlichkeit eines Fehlers ist der Durchschnittsbürger, der ohne besondere Sachkenntnis den Fehler erkennen können muss.[3]

Besonders schwerwiegend ist der Fehler aber nur dann, wenn er den Verwaltungsakt als schlechterdings unerträglich erscheinen, d.h. mit tragenden Verfassungsprinzipien oder der Rechtsordnung immanenten wesentlichen Wertvorstellungen unvereinbar sein lässt. Insoweit muss der Verwaltungsakt die an eine ordnungsgemäße Verwaltung zu stellenden Anforderungen in einem so hohen Maße verletzen, dass von niemandem erwartet werden kann, den Verwaltungsakt als verbindlich anzusehen.[4] Der Verstoß gegen europäische Vorschriften führt deshalb nicht zwangsläufig zur Nichtigkeit.[5] Auch das Fehlen der sachlichen Zuständigkeit allein führt noch nicht zur Nichtigkeit, sondern nur zur Rechtswidrigkeit. Erst dann, wenn die handelnde Behörde unter keinen denkbaren Umständen mit der Sache befasst sein kann (absolute sachliche Unzuständigkeit), ist Nichtigkeit anzunehmen.[6] Auch die Unbestimmtheit (§ 33) an sich führt noch nicht zur Annahme eines besonders schwerwiegenden Fehlers und damit zur Nichtigkeit. Es müssen besondere Umstände hinzutreten, die auch unter Berücksichtigung von Auslegungsmöglichkeiten den Verwaltungsakt unanwendbar machen, teilweise wird hierfür als Maßstab die absolute rechtliche Unmöglichkeit angegeben.[7] Wird in einem Antragsverfahren (§ 18 Satz 2 Nr. 2) ein Verwaltungsakt erlassen, ohne dass ein das Verfahren einleitender Antrag des Betroffenen vorliegt, so ist das ein schwerwiegender und offensichtlicher Fehler und führt zur Nichtigkeit nach Abs. 1, sofern der Verwaltungsakt sich als belastend darstellt und damit ein Wille zur Heilung (§ 41 Abs. 1 Nr. 1) durch Nachholung des Antrags nicht anzunehmen ist.[8]

5 Obwohl Abs. 1 als Generalklausel ausgestaltet ist, stehen die Vorschriften der Abs. 2 und 3 wegen des teilweise abweichenden Anwendungsbereichs nicht in einem ausschließlichen Spezialitätsverhältnis zu Abs. 1. Dennoch sind im Rahmen einer Prüfung für die einzelnen festgestellten Verstöße bzw. Fehler zunächst die Abs. 2 und 3 zu prüfen. Sind sie nicht einschlägig, so schließt sich die Prüfung des Abs. 1 an.

III. Absolute Nichtigkeitsgründe (Abs. 2)

6 Im Katalog des Abs. 2 sind Gründe aufgeführt, deren Vorliegen der Gesetzgeber als besonders schwerwiegende Fehler bestimmt; auf die Offensichtlichkeit im Sinne des Abs. 1 kommt es nicht an. Die Aufzählung gilt als abschließend,[9] jedoch rechnet das Bundessozialgericht auch den Fall mangelnder, jedoch nicht offensichtlicher Bestimmtheit zu den Nichtigkeitsgründen im Sinne des Abs. 2.[10]

---

2 BSG, Urt. v. 16.05.1995 – 9 RV 16/94, NJW 1995, 3141 unter Bezugnahme auf die auch vor dem Inkrafttreten des SGB X geltenden Grundsätze des allgemeinen Verwaltungsrechts (zur Nichtigkeit bereits BSG, Urt. v. 14.12.1965 – 2 RU 113/63, BSGE 24, 162, 165).

3 BSG, Urt. v. 03.04.2014 – B 2 U 25/12 R, Rn. 25, juris.

4 BVerwG, Urt. v. 07.10.1964 – VI C 59.63, BVerwGE 19, 284, 287; BVerwG, Urt. v. 22.02.1985 – 8 C 107/83, NJW 1985, 2658.

5 BSG, Urt. v. 03.04.2014 – B 2 U 25/12 R, Rn. 25, juris.

6 St. Rspr., z.B. BSG, Urt. v. 27.02.1959 – 6 RKa 1/56, BSGE 9, 171, 178.

7 Schütze/*Roos/Blüggel*, SGB X, § 40 Rn. 10.

8 Schütze/*Roos/Blüggel*, SGB X, § 40 Rn. 10.

9 Schütze/*Roos/Blüggel*, SGB X, § 40 Rn. 12.

10 BSG, Urt. v. 23.02.1989 – 11/7 RAr 103/87, SozR 1500 § 55 Nr. 35.

Nach Nr. 1 führt die fehlende Erkennbarkeit der den Verwaltungsakt erlassenden Behörde (§ 33 Abs. 3) stets zur Nichtigkeit. Da der Wortlaut die ebenfalls von § 33 Abs. 3 vorgegebene Unterschrifts- bzw. Namenspflicht nicht wiederholt, führt der Verstoß gegen diese Pflicht allenfalls unter den Voraussetzungen des Abs. 1 zur Nichtigkeit. Die hierfür vorausgesetzte Schwere und Offensichtlichkeit dürfte im Falle einer fehlenden Unterschrift oder Namenswiedergabe allerdings wohl nur dann zur Nichtigkeit führen, wenn sich für den Adressaten deutliche Zweifel darüber ergeben, ob der Verwaltungsakt bereits mit Erklärungswillen in den Rechtsverkehr gebracht wurde und damit die verbindliche Behördenentscheidung (und nicht lediglich einen Entwurf) darstellt. Das entspricht dem vom Gesetzgeber mit der Vorschrift des § 33 Abs. 3 verfolgten der Zweck des Unterschriftserfordernisses. 7

Nr. 2 ordnet die Nichtigkeit eines Verwaltungsaktes an, der die Aushändigung einer Urkunde als konstitutiv ansieht, wie das für die Ernennung eines Beamten (vgl. § 8 Abs. 2 Satz 1 BeamtStG) gilt. Im Sozialrecht ist der Anwendungsbereich bisher nicht eröffnet, da vergleichbare Vorschriften nicht vorliegen. Lediglich deklaratorisch wirkende Urkunden (Bescheinigungen etc.) oder deren Abschriften sind vom Anwendungsbereich dieser Norm nicht erfasst. 8

Gemäß Nr. 3 ist ein auf Unmöglichkeit gerichteter Verwaltungsakt nichtig. Der Wortlaut stellt klar auf die objektive Unmöglichkeit (»niemand«) ab, allein in der Person des Betroffenen liegende Hinderungsgründe machen den Verwaltungsakt ebenso wenig nichtig wie eine etwaige rechtliche Unmöglichkeit[11] (dann aber u.U. Abs. 1). 9

Nr. 4 erklärt solche Verwaltungsakte für nichtig, die einen Betroffenen zu einer rechtswidrigen, mit straf- bzw. bußgeldrechtlich relevanten Konsequenzen einhergehenden Handlung verpflichten. Das stellt unter rechtsstaatlichen Gesichtspunkten eine Selbstverständlichkeit dar. Allerdings ist nicht immer eindeutig, wann eine solche Strafbarkeit aufgrund einer behördlichen Regelung eintreten könnte. Das BSG hat insoweit klargestellt, dass jedenfalls die in Leistungs- oder Ablehnungsbescheiden enthaltenen Regelungen eine solche Strafbarkeit nicht begründen können.[12] 10

In Nr. 5 wird schließlich ein weiterer, im bürgerlichen Recht in § 138 BGB normierter, allgemeiner Rechtsgrundsatz aufgeführt. Danach sind gegen die guten Sitten verstoßende Verwaltungsakte nichtig. Wann ein solcher Verstoß vorliegt, beurteilt sich nach dem Empfinden aller billig und gerecht Denkenden unter Berücksichtigung der jeweils geltenden Rechts- und Sozialmoral. Der Wortlaut lässt die Vermutung zu, dass der Verwaltungsakt selbst, nicht jedoch die in ihm getroffene Regelung sittenwidrig ist. Das würde allerdings der Systematik des Abs. 2 widersprechen. Auch liegt in jeder Anordnung oder Erlaubnis einer sittenwidrigen Handlung bereits die Sittenwidrigkeit des Verwaltungsaktes selbst. Deshalb kommt es auf die Unterscheidung nicht an,[13] wenngleich der Anwendungsbereich der Vorschrift ohnehin im Sozialrecht bisher jedenfalls kaum von Bedeutung war und ist. 11

IV. Ausnahmekatalog (Abs. 3)

Die in Abs. 3 aufgeführten Verstöße führen selbst dann nicht zur Nichtigkeit, wenn sie besonders schwerwiegend und offensichtlich im Sinne des Abs. 1 sind. 12

Gemäß Nr. 1 führt allein der Verstoß gegen die örtliche Zuständigkeit nicht zur Nichtigkeit. Verstöße gegen die sachliche Zuständigkeit können hingegen nach Maßgabe des Abs. 1 durchaus zur Nichtigkeit führen (bei absoluter sachlicher Unzuständigkeit). Verstöße gegen die funktionelle Zuständigkeit stellen hingegen keinen besonders schwerwiegenden Fehler dar und führen daher nicht zur Nichtigkeit. 13

11 Diering/Timme/Stähler/*Siewert*, SGB X, § 40 Rn. 8.
12 BSG, Urt. v. 12.10.2016 – B 4 AS 37/15 R, Rn. 28; BSG, Urt. v. 04.09.2013 – B 10 EG 7/12 R, Rn. 30.
13 I.E. BVerwG, Urt. v. 30.01.1990 – 1 C 26/87, BVerwGE 84, 314, 316.

14 Ausweislich von Nr. 2 führt die Mitwirkung von nach § 16 Abs. 1 Satz 1 Nr. 2 bis 6 ausgeschlossenen Personen nicht zur Nichtigkeit, während die Mitwirkung von in eigener Sache handelnden Personen (§ 16 Abs. 1 Satz 1 Nr. 1) dem Anwendungsbereich des Abs. 1 zuzurechnen ist. Nr. 2 ist für Verwaltungsakte unter der Beteiligung von Personen, die wegen der Besorgnis von Befangenheit gem. § 17 hätten abgelehnt werden müssen, entsprechend anwendbar. Auch deren Beteiligung führt also nicht zur Nichtigkeit.[14]

V. Teilnichtigkeit (Abs. 4)

15 Abs. 4 beinhaltet die Regel, dass ein Verwaltungsakt grundsätzlich wirksam bleibt, sofern sich die Nichtigkeit nur auf einen oder mehrere Teile erstreckt. Sie unterscheidet sich damit grundlegend von der Vorschrift des § 139 BGB sowie (für den öffentlich-rechtlichen Vertrag) des § 58 Abs. 3. Bei beiden Vorschriften führt die Teilnichtigkeit im Regelfall zur Nichtigkeit des gesamten Rechtsgeschäfts. Die Aufrechterhaltung der Wirksamkeit des Verwaltungsaktes setzt zweierlei voraus. Einmal muss der Verwaltungsakt teilbar sein. Das bestimmt sich zunächst nach dem zugrundeliegenden materiellen Recht und der Auslegung des Bescheids.[15] Teilbar im Sinne der Vorschrift ist er weiter dann, wenn er auch ohne den nichtigen Teil Bestand haben kann. Teilbarkeit wird bei Leistungsbescheiden anzunehmen sein, da die gewährte Leistung stets nach Menge, Zahl, Größe oder Zeitdauer bemessen ist. Auch die Zusammenfassung mehrerer Regelungen im Sinne des § 31 in der äußeren Form nur eines Verwaltungsaktes (in einem Bescheid) führt zur denkbaren Teilbarkeit dieses Verwaltungsaktes. In einem solchen Fall kann sich die Teilnichtigkeit auf eine Regelung oder sogar nur auf einen Teil einer solchen Regelung beziehen, es ist also eine gestufte Prüfung zunächst in Bezug auf den gesamten Bescheid und anschließend auf die getroffene Einzelregelung vorzunehmen, da die Vorschrift des Abs. 4 generell auf den Verwaltungsakt im Sinne des § 31 und damit auf jede Regelung abstellt. Da auch Nebenbestimmungen (§ 32) eigenen Regelungscharakter haben, gilt Abs. 4 auch für mit diesen versehene Verwaltungsakte. Weitere Voraussetzung für die Aufrechterhaltung der Wirksamkeit des Verwaltungsaktes ist der mutmaßliche Wille der Behörde, den Verwaltungsakt auch ohne den nichtigen Teil zu erlassen. Bei der Ermittlung des mutmaßlichen Willens ist auf objektive Gesichtspunkte abzustellen[16]. Diese objektiven Gesichtspunkte müssen bei vernünftiger Betrachtungsweise den Erlass des Verwaltungsaktes auch ohne den nichtigen Teil gebieten.

VI. Feststellung (Abs. 5)

16 Obgleich mit dem nichtigen Verwaltungsakt keine Rechtsfolgen verbunden sind, ruft er dennoch zumindest einen Rechtsschein eines existierenden Verwaltungsaktes hervor. Es liegt auf der Hand, dass an der Beseitigung dieses Rechtsscheins unter Umständen ein Interesse bestehen kann.

17 Abs. 5 verleiht zunächst der erlassenden Behörde die Befugnis, die Nichtigkeit des von ihr erlassenen Verwaltungsaktes von Amts wegen festzustellen. Andere Möglichkeiten als die Feststellung bieten sich kaum, da beispielsweise die Aufhebungsvorschriften (§§ 44 ff.) an die rechtliche Existenz eines Verwaltungsaktes anknüpfen. Nachdem ein nichtiger Verwaltungsakt jedoch nicht wirksam und damit inexistent ist (§ 39 Abs. 3), ist eine Aufhebung nicht möglich. Die Feststellung von Amts wegen steht im Ermessen der Behörde. Hat der Betroffene ein berechtigtes Interesse, so ist auf dessen Antrag hin die Nichtigkeit festzustellen. Ein solches berechtigtes Interesse liegt darin begründet, dass der mit dem Verwaltungsakt verbundene Rechtsschein sich gleichzeitig für den Betroffenen belastend darstellt. Das kann sowohl durch Dritte als auch durch die den Verwaltungsakt selbst erlassende Behörde geschehen, insbesondere wenn sie die Nichtigkeit verkennt und daran festhält. In einem solchen Fall wird sie aber kaum einem Antrag auf Feststellung der Nichtigkeit nachkommen, diese Möglichkeit ist für den Betroffenen daher nur bedingt praxistauglich.

---

14 BSG, Urt. v. 28.09.1993 – 1 RR 3/92, BSGE 73, 112–121.

15 BSG, Urt. v. 16.12.2021 – B 9 SB 6/19 R, Rn. 25.

16 BVerwG, Urt. v. 03.05.1074 – IV C 42.72, DÖV 1974, 563.

Die durch Abs. 5 eingeräumte Befugnis der Behörde zur Feststellung schließt es nicht aus, dass der Betroffene die Feststellung durch das Gericht herbeiführen kann, der Betroffene hat insofern ein Wahlrecht. Insbesondere lässt die Antragsmöglichkeit nach Abs. 5 das Feststellungsinteresse nicht entfallen.[17] Eine solche Nichtigkeitsfeststellungsklage hat der Gesetzgeber ausdrücklich in § 55 Abs. 1 Nr. 4 SGG vorgesehen. Sie kommt insbesondere in Betracht, wenn dem nichtigen Verwaltungsakt aufgrund des durch ihn hervorgerufenen Rechtsscheins Wirkungen zugeschrieben werden. Das kann durch die erlassende Behörde selbst, aber auch durch Dritte der Fall sein. 18

§ 41 Heilung von Verfahrens- und Formfehlern

(1) Eine Verletzung von Verfahrens- oder Formvorschriften, die nicht den Verwaltungsakt nach § 40 nichtig macht, ist unbeachtlich, wenn
1. **der für den Erlass des Verwaltungsaktes erforderliche Antrag nachträglich gestellt wird,**
2. **die erforderliche Begründung nachträglich gegeben wird,**
3. **die erforderliche Anhörung eines Beteiligten nachgeholt wird,**
4. **der Beschluss eines Ausschusses, dessen Mitwirkung für den Erlass des Verwaltungsaktes erforderlich ist, nachträglich gefasst wird,**
5. **die erforderliche Mitwirkung einer anderen Behörde nachgeholt wird,**
6. **die erforderliche Hinzuziehung eines Beteiligten nachgeholt wird.**

(2) Handlungen nach Absatz 1 Nr. 2 bis 6 können bis zur letzten Tatsacheninstanz eines sozial- oder verwaltungsgerichtlichen Verfahrens nachgeholt werden.

(3) [1]Fehlt einem Verwaltungsakt die erforderliche Begründung oder ist die erforderliche Anhörung eines Beteiligten vor Erlass des Verwaltungsaktes unterblieben und ist dadurch die rechtzeitige Anfechtung des Verwaltungsaktes versäumt worden, gilt die Versäumung der Rechtsbehelfsfrist als nicht verschuldet. [2]Das für die Wiedereinsetzungsfrist maßgebende Ereignis tritt im Zeitpunkt der Nachholung der unterlassenen Verfahrenshandlung ein.

Übersicht

A. Inhalt

Die Vorschrift gestattet die grundsätzliche Heilung der in Abs. 1 abschließend aufgeführten Verfahrens- oder Formfehler eines Verwaltungsaktes bis zu dem in Abs. 2 aufgeführten Zeitpunkt. In Abs. 3 wird für die fehlende Begründung (Abs. 1 Nr. 2) und die fehlende Anhörung (Abs. 1 Nr. 3) ein besonderer Wiedereinsetzungsgrund (§ 67 Abs. 1 SGG, § 60 Abs. 1 VwGO) bei versäumter Anfechtungsfrist gewährt. Vergleichbare Regelungen enthalten § 45 VwVfG sowie § 126 AO. 1

B. Einzelerläuterungen

I. Allgemeines

Der Anwendungsbereich der Vorschrift betrifft ausschließlich Verfahrens- und Formfehler, die nicht bereits nach § 40 zur Nichtigkeit des Verwaltungsaktes führen. Durch Nachholung der bis dahin versäumten Handlungen werden diese Fehler unbeachtlich (Heilung), ein bis zur Nachholung formell rechtswidriger Verwaltungsakt wird durch die Nachholung rechtmäßig. Nicht abschließend ist 2

17 BSG, Urt. v. 23.02.1989 – 11/7 RAr 103/87, SozR 1500 Nr. 35.

geklärt, ob die Rechtmäßigkeit nach Abschluss der Handlung für die Zukunft (ex nunc) oder sogar rückwirkend (ex tunc) eintritt. Da die Rechtswidrigkeit sich aber gerade nicht auf die jedenfalls bestehende Wirksamkeit des Verwaltungsaktes (§ 39), sondern nur auf dessen Anfechtbarkeit und Aufhebbarkeit auswirkt, bleibt die praktische Bedeutung dieses Problems gering. Die Vorschrift relativiert für formelle Verfahrensfehler den Rechtsschutzstandard des Bürgers. Dennoch bleibt für eine Behörde bzw. deren Rechtsträger ein Verfahrensverstoß auch bei erfolgter Heilung nicht folgenlos. Erfolgt sie in einem Rechtsbehelfsverfahren, so treffen die Behörde nach der Heilung die Verfahrenskosten, sofern der Widerspruch »nur deshalb«[1] keinen Erfolg hatte und der Betroffene richtigerweise anschließend das Verfahren für erledigt erklärt. Für das Widerspruchsverfahren ergibt sich das aus § 63 Abs. 1 Satz 2 (der § 80 Abs. 1 Satz 1 VwVfG entspricht), für das Klageverfahren aus § 193 SGG. Soweit der Anwendungsbereich der VwGO eröffnet ist (z.B. § 51 Abs. 1 Nr. 6 SGG), ergibt sich die Kostenerstattungspflicht im Klageverfahren entweder aus § 155 Abs. 4 VwGO oder, nach Erledigung des Rechtsstreits, aus § 161 Abs. 2 Satz 1 VwGO.[2] Diese dem zwingenden Recht zuzurechnende Kostentragungsregeln sollen dazu beitragen, dass die erweiterte Möglichkeit einer nachträglichen Heilung von Fehlern im Verwaltungsverfahren die Behörden nicht dazu verleitet, mit gewissem Aufwand verbundene Verfahrensvorschriften wie z.B. die Anhörung eines Betroffenen nicht mehr ernst zu nehmen.[3] Entsteht dem Betroffenen aufgrund der formalen, durch die Nachholung behobenen Mängel ein Schaden, kann das unabhängig von der etwaigen Heilung nach § 41 Ansprüche aus Amtshaftung nach § 839 BGB begründen.

3 Die Vorschrift ist unmittelbar anwendbar für Verwaltungsakte. Nach § 34 Abs. 2 finden Abs. 1 Nr. 3 bis 6 sowie Abs. 2 entsprechende Anwendung auf die Zusicherung.

II. Nachholbare Verfahrenshandlungen (Abs. 1)

4 Abs. 1 enthält einen abschließenden Katalog von nachholbaren Verfahrenshandlungen. Die in den Nummern 1, 2, 3 und 6 aufgeführten Handlungen sind zunächst daraufhin zu überprüfen, ob deren Unterlassung nicht bereits zur Nichtigkeit nach § 40 Abs. 1 geführt hat. Für die in den Nummern 4 und 5 aufgeführten Handlungen gilt das nicht, da eine Verletzung dieser Pflichten nach dem gesetzgeberischen Willen nicht zur Nichtigkeit führen kann (vgl. § 40 Abs. 3 Nr. 3 und 4).

1. Antrag

5 Nach Nr. 1 soll ein für den Erlass des Verwaltungsaktes erforderlicher Antrag nachholbar sein. Die Vorschrift stellt erkennbar auf § 18 Satz 2 Nr. 2 ab. Die fehlende Antragstellung führt in jedem Fall zur Rechtswidrigkeit und damit zur Anfechtbarkeit, unter Umständen aber auch zur Nichtigkeit im Sinne des § 40 Abs. 1. Es ist allerdings umstritten,[4] unter welchen Voraussetzungen die fehlende Antragstellung so schwerwiegend im Sinne dieser Vorschrift sein kann, dass eine Nachholung ausgeschlossen scheint. Grundsätzlich wird wohl anzunehmen sein, dass ein fehlender Antrag wegen der in Abs. 1 Nr. 1 vorgesehenen Möglichkeit der Nachholung keine Nichtigkeit zur Folge hat.[5] Von Nr. 1 sind zunächst alle Anträge mit rein verfahrensrechtlicher Bedeutung umfasst. Dagegen ist strittig, ob Anträge mit materiell rechtlicher Bedeutung nachholbar sind oder nicht[6] oder ob sich derartige Beschränkungen der Nachholbarkeit nur aus dem materiellen Recht ergeben.[7] Von Relevanz dürfte das vor allem bei Verwaltungsakten mit Drittbeteiligung sein. Einigkeit besteht in

1 Die Erstattung von Kosten ist ausgeschlossen, wenn der Begründungsfehler die Entscheidung in der Sache im Sinne des § 42 Satz 1 nicht beeinflusst hat; vgl. BSG, Urt. v. 06.07.2022 – B 5 R 21/21 R, Rn. 14.
2 BVerwG, Beschl. v. 30.04.2010 – 9 B 42/10, NVwZ-RR 2010, 550, 551.
3 BSG, Urt. v. 13.02.2019 – B 6 KA 56/17 R, Rn. 39.
4 Vgl. zum Meinungsstand Schütze/*Schütze*, SGB X, § 41 Rn. 7f.
5 BSG, Urt. v. 21.06.1995 – 6 RKa 54/94, BSGE 76, 149 = SozR 3–2500 § 106 Nr. 28; LSG Berlin-Brandenburg, Urt. v. 16.03.2011 – L 16 R 400/08, juris.
6 Diering/Timme/Stähler/*Siewert*, SGB X, § 41 Rn. 7; Kopp/*Ramsauer*, VwVfG, § 45 Rn. 17.
7 Stelkens/Bonk/Sachs/*Sachs*, VwVfG, § 45 Rn. 29; Schütze/*Schütze*, SGB X, § 41 Rn. 8.

Übereinstimmung mit der gesetzgeberischen Intention[8] jedenfalls insoweit, dass materiell rechtliche Antragsfristen mit Ausschlusswirkung (wie z.B. § 99 SGB VI) durch Nr. 1 nicht überwunden werden können, eine Nachholung dieser Säumnis kann nur im Rahmen einer Wiedereinsetzung (§ 27) gewährt werden. In allen anderen Fällen hat der Betroffene ein Wahlrecht zwischen der Anfechtung oder der Nachholung des Antrags. Im Falle der Anfechtung ist § 42 zu berücksichtigen, im Falle der Nachholung stellt sich die Frage der Zeitgrenze des Abs. 2 nicht.

2. Begründung

Nach Nr. 2 kann eine fehlende Begründung (§ 35 Abs. 1) nachgeholt werden. Fehlen im Sinne der 6
Vorschrift bedeutet für alle Arten von Verwaltungsakten, dass die nach § 35 Abs. 1 Satz 1 erforderliche Begründung überhaupt nicht vorhanden ist. Ist sie hingegen teilweise vorhanden, so fehlt sie nicht im Sinne der Vorschrift. Derartige Begründungsdefizite sind nicht formeller Natur und können deshalb nicht nach § 41 behoben werden. Sie betreffen vielmehr materielle, vom Gericht im Falle gebundener Entscheidungen im vollen Umfang zu überprüfende Grundlagen der Verwaltungsentscheidung.

Soweit der Verfügungssatz des Verwaltungsaktes hierdurch keine Veränderungen erfährt, können 7
Begründungserwägungen nicht nur ergänzt, sondern sogar auf Grundlage neuer Tatsachen selbst im gerichtlichen Verfahren in zulässiger Weise ausgewechselt werden (Nachschieben von Gründen[9]), solange der Wesensgehalt des Verwaltungsaktes hierdurch nicht verändert wird. Bei belastenden, im Wege der Anfechtungsklage angefochtenen Verwaltungsakten darf dieses Nachschieben von Gründen nicht zu einer solchen Wesensveränderung des Verwaltungsaktes führen, dass der Betroffene in seiner Rechtsverteidigung beeinträchtigt werden kann. Ein solcher Austausch führt dann zu einem neuen Verwaltungsakt, der wegen des Grundsatzes der Gewaltentrennung nur behördlich und nicht etwa über das Gericht herbeigeführt werden darf.[10] Erfordert das Nachschieben des Grundes umfassende Ermittlungen des Gerichts, hat die Behörde selbst diese Ermittlungen nicht angestellt und erhielte der Verwaltungsakt einen neuen Wesenskern, so ist das regelmäßig unzulässig.[11]

Die Veränderung des Verfügungssatzes ist wegen der damit verbundenen Änderung der Regelung 8
dagegen ein Fall der Aufhebung des ursprünglichen, verbunden mit dem Erlass eines neuen Verwaltungsaktes und ist deshalb verfahrensrechtlich nach den Vorschriften der §§ 44 ff. und prozessual nach § 96 SGG zu behandeln.

Bei Ermessensverwaltungsakten fehlt die Begründung im Sinne des Abs. 1 Nr. 2 auch, wenn aus 9
der zwar vorhandenen Begründung die Gesichtspunkte nicht erkennbar sind, von denen die Behörde bei Erlass des Verwaltungsaktes ausgegangen ist (§ 35 Abs. 1 Satz 3). Diese nicht erkennbaren Gesichtspunkte können ebenfalls nachträglich erklärt werden. Liegt hingegen ein Mangel in der Ermessensausübung nach § 39 SGB I selbst vor, so ist ein solches Defizit nicht nach Abs. 1 Nr. 2 behebbar, da es sich hierbei um materielle Mängel des Verwaltungsaktes handelt.

Hat die fehlende Begründung zur Versäumung einer Rechtsbehelfsfrist geführt, so gilt die Säumnis 10
nach Abs. 3 Satz 1 als nicht verschuldet.

3. Anhörung

Nach Nr. 3 ist auch eine erforderliche Anhörung nachholbar. Das betrifft nicht nur die nach § 24 11
Abs. 1 erforderliche Anhörung, sondern gilt entsprechend für jede Art von gebotenem aber nicht

---

8 BT-Drucks. 7/910 S. 65.
9 Zum Meinungsstand ausführlich *Kopp/Ramsauer*, VwVfG, § 45 Rn. 18.
10 BSG, Urt. v. 25.06.2015 – B 14 AS 30/14 R, Rn. 23, juris.
11 BSG, Urt. v. 25.06.2015 – B 14 AS 30/14 R, Rn. 24, juris.

gewährtem rechtlichem Gehör.[12] Das kann auch Fälle betreffen, in denen eine Anhörung vor Erlass des Bescheides zwar stattgefunden hat, sich aber im späteren Verfahrensverlauf (selbst im Widerspruchsverfahren) maßgebliche und entscheidungstragende Änderungen tatsächlicher Art ergeben. So ist die erstmals im Widerspruchsverfahren relevante Bezugnahme auf die innere Tatsache der fehlenden Kenntnis der Rechtswidrigkeit infolge grober Fahrlässigkeit dann ausschlaggebend für das Erfordernis einer erneuten Anhörung, wenn dies für den Ausgangsbescheid wegen Stützung auf die Grundlage des § 48 SGB X noch irrelevant war.[13]

12 Die Nachholung kann zunächst im Widerspruchsverfahren erfolgen, sofern der Betroffene bzw. der jeweilige Beteiligte hierdurch Gelegenheit erhält, sich sachgerecht zu äußern.[14] Dazu muss ihm die Behörde alle entscheidungsrelevanten Tatsachen bekannt gemacht haben, auf die es nach ihrer Ansicht für den Verfügungssatz objektiv ankommt.[15] Dies setzt eine ausführliche, den Verfügungssatz tragende Begründung des Verwaltungsaktes voraus. Nur dann hat der Betroffene im Widerspruchsverfahren hinreichend Gelegenheit, sich zu den für die Entscheidung erheblichen Tatsachen zu äußern.[16] Eines gesonderten behördlichen Verwaltungsverfahrens bedarf es somit im Widerspruchsverfahren nicht. Wirksam nachgeholt im Sinne der Nr. 3 ist die Anhörung aber erst dann, wenn die Behörde in der Entscheidung über den Widerspruch zu erkennen gibt, dass sie sich mit den Argumenten des Widerspruchsführers erkennbar auseinandergesetzt hat.

13 Die fehlende Anhörung kann (zeitlich betrachtet) wegen Abs. 2 auch noch während eines Gerichtsverfahrens bis zum Schluss der letzten Tatsacheninstanz nachgeholt werden. Das gilt auch, wenn die Behörde den Fehler rechtsmissbräuchlich, vorsätzlich oder durch Organisationsverschulden begangen hat,[17] diese Kriterien können sich allenfalls auf die Kostentragungspflicht auswirken. Übersehen wird dabei oftmals, dass die Vorschrift des Abs. 2 nur den zeitlichen Verlauf des Verfahrens im Sinne des § 8 ausdehnt, eine Übertragung der Nachholung auf den Sozialgerichts- oder Verwaltungsprozess selbst erfolgt dadurch jedoch nicht. Eine Anhörung durch das Gericht ersetzt deshalb die erforderliche Anhörung durch die Behörde nicht. Diese selbst muss die Anhörung in einem besonderen Verwaltungsverfahren nachholen. Auch während des Gerichtsverfahrens ist deshalb Voraussetzung, dass die beklagte Behörde dem Kläger in angemessener Weise Gelegenheit zur Äußerung einräumt und danach zu erkennen gibt, ob sie nach Prüfung dieser Tatsachen am bisher erlassenen Verwaltungsakt festhält.[18] Formal erfordert das ein gesondertes Anhörungsschreiben, eine angemessene Äußerungsfrist, die (dokumentierte) Kenntnisnahme des Vorbringens durch die Behörde und deren abschließende Äußerung zum Ergebnis der Überprüfung.[19]

14 Die Behörde ist aber auch nicht gehindert, den wegen fehlender Anhörung rechtswidrigen Verwaltungsakt während des Verfahrens nach § 96 SGG durch einen neuen, rechtmäßigen Verwaltungsakt zu ersetzen.[20] Der entscheidende Unterschied zwischen der Heilung durch Nachholung und Neuerlass besteht im Zeitpunkt des Wirksamwerdens des Verwaltungsaktes. Im Falle der Heilung durch Nachholung besteht ein aufhebbarer, aber bereits seit (früherem) Erlass wirksamer Verwaltungs-

12 Für eine analoge Anwendung von Nr. 3 auf diese Fälle, insb. die Akteneinsicht (§ 25) BeckOGK/*Sandbiller*, SGB X, § 41 Rn. 3; Schütze/*Schütze*, SGB X, § 41 Rn. 14.

13 BSG, Urt. v. 26.07.2019 – B 4 AS 47/15 R, Rn. 13.

14 BSG, Urt. v. 04.06.2014 – B 14 AS 2/13 R, Rn. 20, juris.

15 Schütze/*Schütze*, SGB X, § 41 Rn. 15 m.w.N. aus der Rechtsprechung.

16 BSG, Urt. v. 19.10.2023 – B 1 KR 8/23 R, Rn. 17.

17 Str., BSG, Urt. v. 05.02.2008 – B 2 U 6/07 R, SGb 2009, 156, 157 m. Anm. *Dörr*; a.A. BSG, Urt. v. 09.11.2010 – B 4 AS 37/09 R, NJW 2011, 1996 f. (Bestätigung von BSG, Urt. v. 31.10.2002 – B 4 RA 15/01 R, SozR 3–1300 § 24 Nr. 22; BSG, Urt. v. 06.04.2006 – B 7a AL 64/05 R).

18 BSG, Urt. v. 09.11.2010 – B 4 AS 37/09 R, NJW 2011, 1996–1997 (Bestätigung von BSG, Urt. v. 31.10.2002 – B 4 RA 15/01 R, SozR 3–1300 § 24 Nr. 22; BSG, Urt. v. 06.04.2006 – B 7a AL 64/05 R).

19 BSG, Urt. v. 10.12.2019 – B 11 AL 16/18 R, Rn. 14; BSG, Urt. v. 26.09.2016 – B 4 AS 47/15 R Rn. 19; BSG, Urt. v. 09.11.2010 – B 4 AS 37/09 R.

20 BSG (GrS), Beschl. v. 06.10.1994 – GS 1/91, NZS 1995, 285, 287 f.

akt, im Falle des Austauschs nach § 96 SGG tritt die Wirksamkeit hingegen erst mit dem Zeitpunkt der Bekanntgabe (§§ 37, 38 Abs. 1) des neuen Verwaltungsaktes in Kraft.

Im Übrigen kann die unterlassene Anhörung nach Abs. 3 Satz 1 dazu führen, dass eine hierdurch bedingte Versäumung einer Rechtsbehelfsfrist als nicht verschuldet gilt. 15

Ein Verstoß gegen die Anhörungspflicht ist auch immer beachtlich. § 42 Satz 2 stellt das klar, indem die Fälle unterbliebener Anhörung ausdrücklich vom Anwendungsbereich des § 42 Satz 1 ausgenommen werden. 16

4. Beschlüsse

Der Anwendungsbereich von Nr. 4 erfasst Beschlüsse von Ausschüssen im Sinne von § 40 Abs. 3 Nr. 3. Der Fehler führt also nicht zur Nichtigkeit. Nachholbar sind sowohl fehlende als auch fehlerhafte Beschlüsse. Auch Nr. 5 bezieht sich auf die für den Erlass des Verwaltungsaktes erforderliche Mitwirkung einer Behörde im Sinne des § 40 Abs. 3 Nr. 4. Diese verwaltungsinterne Maßnahme kann damit bis zur zeitlichen Grenze des Abs. 2 nachgeholt werden. Nach Nr. 6 kann die notwendige Hinzuziehung (§ 12 Abs. 2 Satz 2) eines Beteiligten nachgeholt werden, wobei die Beiladung im Prozess (§ 75 SGG) eine solche Nachholung gerade nicht darstellt. 17

III. Zeitpunkt der Heilung (Abs. 2)

Abs. 2 lässt die Nachholung im Verwaltungsverfahren bis zur letzten Tatsacheninstanz zu. Sofern also eine Berufungsmöglichkeit eröffnet ist, betrifft das die Berufungsinstanz. Im Revisionsverfahren ist die Heilung dagegen nicht möglich.[21] Zeitlich ist das auf den Schluss der letzten mündlichen Verhandlung zu beziehen, da diese Grundlage für das jeweilige Urteil ist (§ 125 SGG, § 108 VwGO). Im sozialgerichtlichen Verfahren ist aufgrund der Berufungsmöglichkeiten letzte Tatsacheninstanz grundsätzlich das Landessozialgericht. Im verwaltungsgerichtlichen Verfahren ist letzte Tatsacheninstanz das Verwaltungsgericht, lediglich bei zugelassener Berufung (vgl. § 124 Abs. 1 VwGO) das OVG. Zur Verbesserung der praktischen Anwendbarkeit des Abs. 2 enthält der zeitgleich eingeführte § 114 Abs. 2 SGG die Möglichkeit, auf Antrag die Verhandlung vor dem Sozialgericht zur Heilung von Verfahrens- und Formfehlern auszusetzen. Eine vergleichbare Vorschrift enthält die VwGO nicht. 18

Das Gericht kann bei Bedarf nach weiterer Sachaufklärung auch an die Behörde nach § 131 Abs. 5 SGG zurückverweisen und der Behörde wegen unterlassener und vom Gericht nachgeholter Ermittlung die Kosten nach § 192 Abs. 4 SGG auferlegen. Das soll die Heilungs- und Nachbesserungsmöglichkeiten der Behörde in formeller Hinsicht einerseits erweitern und andererseits ihre Ermittlungsarbeit nicht auf das Gericht verlagern.[22] 19

IV. Besondere Folgen bei fehlender Begründung und Anhörung (Abs. 3)

Soweit die fehlende Begründung oder Anhörung kausal für die Versäumung einer Rechtsbehelfsfrist ist, gilt diese Säumnis als nicht verschuldet im Sinne des § 67 Abs. 1 SGG bzw. § 60 Abs. 1 VwGO. Die Kausalität muss vom Betroffenen glaubhaft gemacht werden, wobei ausreichen muss, dass sich bei ordnungsgemäßer Begründung oder Anhörung die Bedenken des Betroffenen gegen die Rechtmäßigkeit erhöht hätten[23]. Die Wiedereinsetzungsfrist (§ 67 Abs. 2 SGG, § 60 Abs. 2 VwGO) beginnt mit Nachholung der Handlung. Im Falle der fehlenden Begründung wird auf den Zugang der nachgeholten Begründung, im Falle der Anhörung auf den Zeitpunkt des Abschlusses der 20

21 BSG, Urt. v. 13.05.2020 – B 6 KA 25/19 R, Rn. 28.

22 BSG v. 25.06.2015 – B 14 AS 30/14 R, Rn. 24, juris.

23 Zutreffend Schütze/*Schütze*, SGB X, § 41 Rn. 25; so jetzt auch BSG, Urt. v. 03.05.2018 – B 11 AL 3/17 R, Rn. 21.

Anhörung, mithin den Zugang der abschließenden Stellungnahme und damit den Zeitpunkt der abschließenden Stellungnahme der Behörde[24] abzustellen sein.

§ 42 Folgen von Verfahrens- und Formfehlern

[1]Die Aufhebung eines Verwaltungsaktes, der nicht nach § 40 nichtig ist, kann nicht allein deshalb beansprucht werden, weil er unter Verletzung von Vorschriften über das Verfahren, die Form oder die örtliche Zuständigkeit zustande gekommen ist, wenn offensichtlich ist, dass die Verletzung die Entscheidung in der Sache nicht beeinflusst hat. [2]Satz 1 gilt nicht, wenn die erforderliche Anhörung unterblieben oder nicht wirksam nachgeholt ist.

Übersicht

A. Inhalt

1 Die jedenfalls zum Teil ihre Entsprechung in § 46 VwVfG und § 127 AO findende Vorschrift regelt, dass der Adressat eines rechtswidrigen Verwaltungsaktes keinen Anspruch auf Aufhebung hat, wenn die formellen Fehler auf die materielle Wirksamkeit des Verwaltungsaktes keinen Einfluss haben. Das gilt allerdings nur für die in Satz 1 aufgeführten formalen Mängel, andere Mängel stehen einem Anspruch auf Aufhebung jedenfalls nach § 42 nicht entgegen. In Satz 2 wird das insbesondere für den Verstoß gegen die Anhörungspflicht klargestellt.

B. Einzelerläuterungen

I. Unbeachtlichkeit von Verfahrensmängeln

2 Die Vorschrift schließt die Aufhebung eines lediglich an bestimmten formellen Mängeln leidenden Verwaltungsaktes aus, soweit der Mangel offensichtlich keinen Einfluss auf die materielle Wirksamkeit des Verwaltungsaktes hat. Das gilt sowohl für gebundene Entscheidungen als auch für Ermessenentscheidungen. Ist der Anwendungsbereich der Vorschrift eröffnet, so schließt sie jeden Anspruch eines Betroffenen auf Aufhebung aus, auch der Behörde ist eine Aufhebung im Wege der Rücknahme verschlossen.[1] Nicht ausgeschlossen ist hingegen die Nachholung und damit verbundene Heilung, soweit § 41 anwendbar ist. §§ 41 und 42 sind insoweit nebeneinander anwendbar. Die Vorschrift des § 42 gilt für Verstöße gegen Verfahrens- und Formvorschriften (§§ 2, 9 bis 23, 25, 33 und 35[2]) sowie für Verstöße gegen die örtliche Zuständigkeit (§ 2). Grenze für die Anwendbarkeit des § 42 bleibt aber eine Nichtigkeit nach § 40 Abs. 1 und 2, diese ist mithin vorab zu prüfen.

3 Die ausweislich des Wortlauts notwendig fehlende Kausalität des formellen Mangels für die materielle Rechtmäßigkeit des Verwaltungsaktes muss offensichtlich sein, was eine hypothetische Betrachtung in tatsächlicher und rechtlicher Hinsicht erfordert. Gedacht ist hierbei an Fallgestaltungen, in denen die Verwaltung bei gleicher Sachlage ohne den Verfahrens- oder Formfehler offensichtlich zu keiner anderen Entscheidung kommen konnte.[3] Bei gebundenen Entscheidungen ist das im Regelfall unproblematisch[4] und nachvollziehbar. Bei Entscheidungen mit Wertungsmöglichkeit fehlt es zumeist an der Offensichtlichkeit. Auf Tatbestandsebene betrifft das Vorschriften, die Beurteilungsspielräume einräumen[5]. Die Behörde trifft dann die Nachweispflicht, dass auch bei

---

24 BVerfG, Beschl. v. 31.07.2001 – 1 BvR 1061/00, NVwZ 2001, 1392.

1 Schütze/*Schütze*, SGB X, § 42 Rn. 6; a.A. Stelkens/Bonk/Sachs/*Sachs*, VwVfG, § 46 Rn. 12.

2 St. Rspr.; etwa BSG, Urt. v. 06.07.2022 – B 5 R 21/21 R, Rn. 35, BSGE 134, 237–247, SozR 4–1300 § 63 Nr 32, SozR 4–1300 § 35 Nr 1.

3 BSG, Urt. v. 11.02.2015 – B 6 KA 19/14 R, Rn. 34, juris.

4 LSG Baden-Württemberg, Urt. v. 22.03.2019 – L 4 KR 2182/18.

5 BSG, Urt. v. 13.05.2020 – B 6 KA 25/19 R, Rn. 28, SozR 4–2500 § 106 Nr 63.

Einhaltung der formellen Vorschriften nur diese eine Entscheidung in Betracht gekommen wäre. Auch bei Ermessensentscheidungen muss durch die Behörde nachgewiesen werden, dass der formelle Mangel die Entscheidung nicht beeinflusst hat.[6] Das dürfte im Hinblick auf § 39 Abs. 1 SGB I dann schwierig sein, sofern der formale Mangel zumindest denkbar einen Ermessensfehler hervorruft, da ein solcher materieller Ermessensfehler die Anwendung des § 42 ausschließt.[7]

II. Beachtliche Verfahrensmängel

4 Ein Verstoß gegen die erforderliche Anhörung (§ 24) bleibt nach der klaren Formulierung in Satz 2 stets beachtlich. Erforderlich im Sinne des § 42 Satz 1 ist die Anhörung jedoch nur, wenn die Voraussetzungen der maßgeblichen, die Anhörung anordnenden Vorschrift wie etwa der des § 24 SGB X vorliegen. § 24 Abs. 1 Satz 1 SGB X setzt die Anhörung eines Beteiligten voraus. Wird ein Dritter entgegen § 12 Abs. 2 SGB X nicht zum Verfahren hinzugezogen und deshalb nicht angehört, so begründet das keinen beachtlichen Verfahrensfehler.[8] Auch hindert die Beachtlichkeit der fehlenden Anhörung im Sinne des § 42 Satz 1 die Behörde nicht daran, den Verwaltungsakt aufzuheben und durch einen neuen Verwaltungsakt zu ersetzen. Einen dahingehenden Vertrauensschutz begründet die Vorschrift nicht.[9]

5 Durch die Begrenzung der Unbeachtlichkeit auf die örtliche Zuständigkeit (§ 2) in Satz 1 ist außerdem jeder Verstoß gegen die sachliche sowie die instanzielle Zuständigkeit beachtlich. Das Gleiche gilt für die Verbandszuständigkeit. So ist ein Verstoß gegen die in § 63 Abs. 3 Satz 1 enthaltene Zuständigkeit zur Kostenfestsetzung nicht unbeachtlich.[10] Entscheidet eine Widerspruchsbehörde (z.B. ein Rentenausschuss nach § 36a Abs. 1 Satz 1 SGB IV) über ein erstmals im Widerspruchsverfahren geltend gemachtes Recht, so liegt hierin ein Verstoß gegen die funktionale und sachliche Zuständigkeit, was über § 62 Halbs. 2 zur Beachtlichkeit des Fehlers und damit zur Unanwendbarkeit des § 42 Satz 1 führt.[11]

§ 43 Umdeutung eines fehlerhaften Verwaltungsaktes

(1) Ein fehlerhafter Verwaltungsakt kann in einen anderen Verwaltungsakt umgedeutet werden, wenn er auf das gleiche Ziel gerichtet ist, von der erlassenden Behörde in der geschehenen Verfahrensweise und Form rechtmäßig hätte erlassen werden können und wenn die Voraussetzungen für dessen Erlass erfüllt sind.

(2) [1]Absatz 1 gilt nicht, wenn der Verwaltungsakt, in den der fehlerhafte Verwaltungsakt umzudeuten wäre, der erkennbaren Absicht der erlassenden Behörde widerspräche oder seine Rechtsfolgen für den Betroffenen ungünstiger wären als die des fehlerhaften Verwaltungsaktes. [2]Eine Umdeutung ist ferner unzulässig, wenn der fehlerhafte Verwaltungsakt nicht zurückgenommen werden dürfte.

(3) Eine Entscheidung, die nur als gesetzlich gebundene Entscheidung ergehen kann, kann nicht in eine Ermessensentscheidung umgedeutet werden.

(4) § 24 ist entsprechend anzuwenden.

Übersicht

6 Schütze/*Schütze*, SGB X, § 42 Rn. 12; Diering/Timme/Stähler/*Siewert*, SGB X, § 42 Rn. 10.
7 BSG, Urt. v. 01.03.2011 – B 7 AL 2/10 R, Rn. 14, juris.
8 BSG, Urt. v. 15.03.2017 – B 6 KA 30/16 R, Rn. 34.
9 BSG, Urt. v. 03.05.2018 – B 11 AL 3/17 R, Rn. 20, 37.
10 BSG, Urt. v. 06.05.2009 – B 6 KA 7/08 R, SozR 4–1300 § 63 Nr. 9, Rn. 28.
11 St. Rechtsprechung, zuletzt BSG, Urt. v. 20.07.2010 – B 2 U 19/09 R, Rn. 15, juris.

A. Inhalt

1 Die mit § 47 VwVfG und § 128 AO vergleichbare Vorschrift überträgt den im Zivilrecht in § 140 BGB enthaltenen Rechtsgedanken, wonach ein nichtiges Rechtsgeschäft dann in ein wirksames umgedeutet werden kann, wenn anzunehmen ist, dass dessen Geltung bei Kenntnis der Nichtigkeit gewollt sein würde. Nach § 43 soll ein fehlerhafter Verwaltungsakt nicht aufgehoben, sondern in einen anderen, dann rechtmäßigen umgedeutet werden, wenn der Behörde bei Erlass des Verwaltungsaktes der Fehler bekannt gewesen wäre und sie in dieser Kenntnis den anderen, rechtmäßigen Verwaltungsakt erlassen hätte. Dieser der Verfahrensökonomie dienenden Möglichkeit werden in den Abs. 2 und 3 gesetzliche Grenzen gesetzt, Abs. 4 ordnet für den Fall der Umdeutung in einen belastenden Verwaltungsakt die Anhorung unter den Voraussetzungen des § 24 an.

B. Einzelerläuterungen

I. Anwendungsbereich (Abs. 1, 4)

2 Umdeutung bedeutet, dass eine tatsächlich nicht vorliegende Erklärung mit Hilfe einer Fiktion nachträglich geschaffen und dadurch die zunächst geschaffene Rechtsfolge durch eine andere Rechtsfolge ersetzt wird.[1] Maßstab ist also der Austausch einer Rechtsfolge, der Verwaltungsakt bleibt jedoch existent. Zu Recht vorherrschend ist deshalb die Ansicht, bei der Umdeutung handle es sich nicht um einen Verwaltungsakt.[2] § 43 dient damit nicht der generellen Fehlerheilung durch Umdeutung, sondern nur der Korrektur des eventuell fehlerhaften Entscheidungssatzes, hierdurch wird die behördliche Willenserklärung verändert. Davon zu unterscheiden sind die Auslegung (§§ 133, 157 BGB analog), die Berichtigung (§ 38), die Heilung von Fehlern nach § 41 oder die Aufhebung nach §§ 44 ff. Die Umdeutung eines fehlerhaften Verwaltungsaktes in einen anderen Verwaltungsakt setzt voraus, dass der Verwaltungsakt, in den umgedeutet wird, auf das gleiche Ziel wie der umzudeutende Verwaltungsakt gerichtet ist (Zielgleichheit), von der erlassenden Behörde in der geschehenen Verfahrensweise und Form rechtmäßig erlassen werden könnte und die Voraussetzungen für den Erlass dieses Verwaltungsaktes erfüllt sind. Damit stellt die Vorschrift mithin neben der gleichgerichteten Zielsetzung auf wesentliche formelle und materielle Voraussetzungen ab, die für den umgedeuteten Verwaltungsakt kumulativ vorliegen müssen. Deshalb kann eine Aufrechnung nach § 51 SGB I nicht in eine Verrechnung nach § 52 SGB I umgedeutet werden, wenn die danach erforderliche Ermächtigung des anderen Leistungsträgers nicht vorliegt.[3] Diese Grundsätze des § 43 sind auch im gerichtlichen Verfahren anwendbar.[4]

3 Umgedeutet werden können fehlerhafte rechtswidrige Verwaltungsakte, wobei der Fehler auch materiell-rechtlicher Natur sein kann.

> **Beispiel:**
>
> So können fehlerhaft auf § 49 VwVfG gestützte ermessensabhängige Entscheidungen in (gebundene) Entscheidungen nach § 48 SGB X umgedeutet werden.[5]

Selbst nichtige Verwaltungsakte können in rechtmäßige Verwaltungsakte umgedeutet werden,[6] da nichtige Verwaltungsakte lediglich unwirksam (§ 39 Abs. 3), im Übrigen aber existent sind. Das ergibt sich darüber hinaus aus dem klaren Maßstab des Abs. 1, wonach ausschließlich der umgedeutete Verwaltungsakt in der geschehenen Verfahrensweise und Form rechtmäßig hätte erlassen werden

1 Stelkens/Bonk/Sachs/*Sachs*, VwVfG, § 47 Rn. 4.
2 Stelkens/Bonk/Sachs/*Sachs*, VwVfG, § 47 Rn. 5; Kopp/*Ramsauer*, VwVfG, § 47 Rn. 8; Diering/Timme/Stähler/*Siewert*, SGB X, § 43 Rn. 4 (Realakt).
3 BSG, Urt. v. 14.03.2013 – B 13 R 5/11 R, Rn. 43, juris.
4 BSG, Urt. v. 25.05.2018 – B 13 R 33/15 R, Rn. 16; BSG, Urt. v. 14.09.2010 – B 7 AL 21/09 R, NZA-RR 2011, 319 (Rn. 20); BSG, Urt. v. 28.10.2008 – B 8 SO 33/07 R, SozR 4–1500 § 77 Nr. 1.
5 LSG Berlin, Urt. v. 28.02.2018 – L 7 KA 30/17.
6 So auch Schütze/*Schütze*, SGB X, § 43 Rn. 6.

können. Nur dieser muss also sämtliche Rechtmäßigkeitsvoraussetzungen erfüllen. Für den ursprünglichen Verwaltungsakt ist es dagegen vollkommen unbeachtlich, an welcher Art von Fehler er leidet.

Die Umdeutung kann auch dergestalt erfolgen, dass etwa im Sinne eines argumentum a maiore a minus eine Reduktion einer unzulässigen Anordnung auf das rechtlich zulässige Maß erfolgt. 4

Hinweis:

Wird etwa fehlerhaft eine vollständige Sanktion im Sinne des § 31a Abs. 2 Satz 2 SGB II verfügt, obwohl es sich nicht um eine wiederholte Pflichtverletzung handelt, so kann die Regelung im Sanktionsbescheid durch Umdeutung auf das rechtlich zulässige Maß reduziert werden.[7]

II. Grenzen der Umdeutung (Abs. 2, 3)

Erste Grenzen der Umdeutung setzt zunächst der Wortlaut des Abs. 1 selbst. Demgemäß scheidet eine Umdeutung aus, wenn der Verwaltungsakt als Ergebnis der Umdeutung von der Behörde in der jeweils vorliegenden Form nicht rechtmäßig hätte erlassen werden können. Eine Umdeutung kann auch nicht vorgenommen werden, wenn der Verwaltungsakt, in den umgedeutet wird, fehlerhaft bleibt. In diesem Fall kommt nur die Aufhebung in Betracht.[8] Auch muss Übereinstimmung der Ziele des Verwaltungsaktes bestehen. Das wird für die Umdeutung eines Ablehnungsbescheides in einen Aufhebungsbescheid abzulehnen sein.[9] 5

Nach Abs. 2 Satz 1 darf der umgedeutete Verwaltungsakt der ursprünglichen Absicht der Behörde nicht zuwiderlaufen, sie darf also nicht geändert werden. Maßstab hierfür ist die aus dem ursprünglichen Verwaltungsakt oder anderweitig (z.B. aus der Akte) sichtbar gewordene Absicht. Darüber hinaus enthält Abs. 2 Satz 1 ein Verschlechterungsverbot, der umgedeutete Verwaltungsakt darf keine ungünstigeren Rechtsfolgen haben als der ursprüngliche Verwaltungsakt. 6

Abs. 2 Satz 2 enthält das ausdrückliche Verbot der Umdeutung, wenn eine Rücknahme (vgl. §§ 44 ff.) ausgeschlossen ist. Dieses Verbot setzt einen rechtswidrigen Verwaltungsakt und damit die grundsätzliche Eröffnung des Anwendungsbereichs der Rücknahmevorschriften voraus. Ergibt sich daraus ein der Rücknahme entgegenstehender Vertrauensschutzaspekt, so ist auch die Umdeutung ausgeschlossen. Für nichtige Verwaltungsakte gilt Abs. 2 Satz 2 damit nicht, da diese dem Anwendungsbereich der §§ 44 ff. nicht unterliegen. Darüber hinausgehend soll die Möglichkeit einer Berichtigung (§ 38) der Umdeutung vorgehen.[10] 7

Abs. 3 enthält schließlich das Verbot, eine ursprünglich gebundene Entscheidung in eine Ermessensentscheidung umzudeuten. Das ergibt sich im Grunde bereits bei konsequenter Anwendung des § 37 SGB I, da die fehlerhafte behördliche Annahme, zum Erlass einer gebundenen Entscheidung berechtigt zu sein, in der Ermessensfehlerlehre dem Ermessensnichtgebrauch gleichzustellen ist.[11] Deshalb wäre auch der derart umgedeutete Verwaltungsakt fehlerhaft. Das ist insbesondere für Fallgruppen relevant, in denen eine Aufhebung zunächst auf die (gebundene) Entscheidung nach § 48 gestützt wird und dieser Verwaltungsakt richtig auf § 45 zu stützen wäre. § 45 setzt aber, anders als § 48, die Ausübung von Ermessen voraus. Ist das Ermessen jedoch auf Null reduziert, kann eine Umdeutung vorgenommen werden, Abs. 3 ist in diesem Fall nicht anwendbar.[12] Eine solche Ermessenreduktion setzt aber voraus, dass der Rechtsbehelfsführer keine ermessensrelevanten Gesichts- 8

7 SG München, S 40 1142/17 ER Rn. 45; SG Duisburg, Urt. v. 12.02.2016 – S 5 AS 1356/14.
8 BSG, Urt. v. 24.02.2011 – B 14 AS 87/09 R, Rn. 20, 21, juris.
9 BSG, Urt. v. 14.09.2010 – B 7 AL 21/09 R, NZA-RR 2011, 319, Rn. 22; BSG, Urt. v. 28.10.2008 – B 8 SO 33/07 R, SozR 4–1500 § 77 Nr. 1.
10 Diering/Timme/Stähler/*Siewert*, SGB X, § 43 Rn. 2.
11 Kopp/*Ramsauer*, VwVfG, § 40 Rn. 86.
12 BSG, Urt. v. 20.05.2016 – B 10 EG 2/14 R, Rn. 29, juris.

punkte geltend gemacht hat und diese auch sonst nicht ersichtlich sind.[13] Umgekehrt kann aber ein Widerruf nach § 47 (Ermessensentscheidung) in eine Aufhebung nach § 48 (gebundene Entscheidung) umgedeutet werden.[14]

§ 44 Rücknahme eines rechtswidrigen nicht begünstigenden Verwaltungsaktes

(1) [1]Soweit sich im Einzelfall ergibt, dass bei Erlass eines Verwaltungsaktes das Recht unrichtig angewandt oder von einem Sachverhalt ausgegangen worden ist, der sich als unrichtig erweist, und soweit deshalb Sozialleistungen zu Unrecht nicht erbracht oder Beiträge zu Unrecht erhoben worden sind, ist der Verwaltungsakt, auch nachdem er unanfechtbar geworden ist, mit Wirkung für die Vergangenheit zurückzunehmen. [2]Dies gilt nicht, wenn der Verwaltungsakt auf Angaben beruht, die der Betroffene vorsätzlich in wesentlicher Beziehung unrichtig oder unvollständig gemacht hat.

(2) [1]Im Übrigen ist ein rechtswidriger nicht begünstigender Verwaltungsakt, auch nachdem er unanfechtbar geworden ist, ganz oder teilweise mit Wirkung für die Zukunft zurückzunehmen. [2]Er kann auch für die Vergangenheit zurückgenommen werden.

(3) Über die Rücknahme entscheidet nach Unanfechtbarkeit des Verwaltungsaktes die zuständige Behörde; dies gilt auch dann, wenn der zurückzunehmende Verwaltungsakt von einer anderen Behörde erlassen worden ist.

(4) [1]Ist ein Verwaltungsakt mit Wirkung für die Vergangenheit zurückgenommen worden, werden Sozialleistungen nach den Vorschriften der besonderen Teile dieses Gesetzbuches längstens für einen Zeitraum bis zu vier Jahren vor der Rücknahme erbracht. [2]Dabei wird der Zeitpunkt der Rücknahme von Beginn des Jahres an gerechnet, in dem der Verwaltungsakt zurückgenommen wird. [3]Erfolgt die Rücknahme auf Antrag, tritt bei der Berechnung des Zeitraumes, für den rückwirkend Leistungen zu erbringen sind, an Stelle der Rücknahme der Antrag.

Übersicht

A. Inhalt

1 § 44 sucht in dem Regelungskomplex der §§ 44 bis 48 den Ausgleich zwischen den rechtsstaatlichen Elementen der Rechtssicherheit und der materiellen Richtigkeit (Art. 20 Abs. 3 GG) am weitesten zugunsten der Richtigkeit. Im Verhältnis zur Aufhebung rechtmäßiger Verwaltungsakte (§§ 46, 47) streitet die Norm zugunsten der materiellen Richtigkeit, weil ein rechtswidriger Verwaltungsakt die Grundlage bildet und im Verhältnis zu § 45 deshalb, weil der Verwaltungsakt eine Belastung enthält. Dabei privilegiert § 44 Abs. 1 die Aufhebung eines rechtswidrigen Verwaltungsaktes, der eine Leistungsversagung oder Beitragserhebung zur Folge hat: Hier ist die Verwaltung regelmäßig verpflichtet, die Rechtswidrigkeit auch mit Wirkung in die Vergangenheit zu beseitigen. Sonstige rechtswidrige Verwaltungsakte sind nach § 44 Abs. 2 verpflichtend nur mit Wirkung für die Zukunft

13 BSG, Urt. v. 20.05.2016 – B 10 EG 2/14 R, Rn. 29, juris.
14 BSG, Urt. v. 02.04.2014 – B 6 KA 15/13 R, Rn. 30, juris.

aufzuheben, wobei die Aufhebung mit Wirkung in die Vergangenheit ermessensgeleitet möglich bleibt. Die Abs. 1 und 2 bilden zwei eigenständige Rücknahmeregelungen, wobei Abs. 1 eine Sonderregelung im Verhältnis zu Abs. 2 enthält. § 44 Abs. 3 trifft eine Zuständigkeitsregelung für den Fall, dass zwischen dem Erlass des rechtswidrigen Verwaltungsaktes und der beabsichtigten Rücknahme ein Zuständigkeitswechsel für diese Angelegenheit eingetreten ist. § 44 Abs. 4 begrenzt den Zeitraum, für den Sozialleistungen nachzuzahlen sind.

Die Vorschrift enthält im System der Beendigung der Wirksamkeit von Verwaltungsakten (vgl. § 39 Abs. 2) eine Ermächtigungsgrundlage für die Aufhebung von Verwaltungsakten. Der Begriff »Rücknahme« wird einheitlich für die Aufhebung rechtswidriger Verwaltungsakte gebraucht. Die Rücknahme selbst ist ebenfalls ein Verwaltungsakt. Deshalb sind für die Aufhebungsverfügungen auch sämtliche formellen Voraussetzungen des Verwaltungsaktes zu beachten, sofern sich aus der Vorschrift selbst keine Besonderheiten ergeben. Mitunter bereitet die Bestimmung Schwierigkeiten, ob ein aufzuhebender **Bescheid mehrere Monats-Verwaltungsakte enthält oder die Monate zu einer Regelung zusammengefasst worden sind.** Handelt es sich um monatliche Verwaltungsakte, dann ist die maßgebliche Rechtsgrundlage ebenfalls monatsweise zu bestimmen.[1] Das BSG[2] konkretisiert die Auslegung: Sie erfolge am Maßstab des Empfängerhorizontes, zu der auch das Gericht befugt sei. Werden die zuerkannten Leistungen ausdrücklich für jeden einzelnen Monat und – bei mehreren Leistungsempfängern – für jede Person individuell aufgeführt, so spreche dies für monatliche Verwaltungsakte, insbesondere wenn personen- oder zeitraumübergreifende Regelungen nicht existieren. Ein in einer Summe ausgewiesener Nachzahlungsbetrag am Ende des Bescheides stehe einer solchen Auslegung nicht entgegen, denn dabei handele es sich allein um die Mitteilung eines Rechenergebnisses verbunden mit dem Hinweis auf die beabsichtigte Überweisung dieses Betrages auf ein Bankkonto. Die Bestimmung der maßgeblichen Rechtsgrundlage für die Aufhebung sei sodann ebenfalls monatsweise zu beantworten. 2

B. Einzelerläuterungen

§ 44 enthält zwei eigenständige Rücknahmeregelungen: Sein Abs. 2 trifft die allgemeinere Regelung für rechtswidrige, nicht begünstigende Verwaltungsakte; während sein Abs. 1 eine Spezifizierung der Belastung vornimmt und eine Spezialregelung bereit hält für die rechtswidrige Leistungsversagung oder Beitragserhebung. 3

I. Rechtswidrige Leistungsversagung oder Beitragserhebung (Abs. 1)

Die Rücknahmeregelung des Abs. 1 hat zur Voraussetzung, dass ein rechtswidriger Verwaltungsakt kausal Sozialleistungen versagt oder Beiträge erhoben hat. Für die Grundregelung des Satzes 1 ist weiterhin eine Gutgläubigkeit des Betroffenen Voraussetzung, die sich aus der Umkehrung des Satzes 2 ergibt. Fehlt es an dieser Gutgläubigkeit, ist zu klären, inwieweit Abs. 1 überhaupt noch anzuwenden ist oder ob die allgemeinere Regelung des Abs. 2 greift (siehe Rdn. 15). Auf der Rechtsfolgenseite sieht Abs. 1 eine gebundene Entscheidung mit Wirkung in die Vergangenheit vor. 4

1. Rechtswidrigkeit des Verwaltungsaktes bei Erlass

Ein Verwaltungsakt (zum Begriff vgl. die Kommentierung zu § 31) ist rechtswidrig, wenn er gegen **höherrangiges Recht** verstößt (Art. 20 Abs. 3 GG)[3], also gegen jegliche Rechtsvorschriften, welche der verwaltungsmäßigen Rechtskonkretisierung durch Verwaltungsakt übergeordnet sind. Der Ver- 5

1 BSG, Urt. v. 20.09.2023 – B 4 AS 6/22 R, juris.
2 BSG, Urt. v. 20.09.2023 – B 4 AS 6/22 R, juris.
3 Art. 20 Abs. 3 GG fordert mit dem Grundsatz des Gesetzesvorbehaltes auch eine entsprechende Ermächtigungsgrundlage für das Handeln der Behörde – die Rechtswidrigkeit kann sich auch aus dem Mangel einer solchen Ermächtigungsgrundlage ergeben – z.B. BSG, Urt. v. 07.09.2006, SozR 4–2600 § 118 Nr. 4.

stoß kann sich daraus ergeben, dass das Recht als solches unrichtig angewandt worden ist oder dass von einem **Sachverhalt ausgegangen worden ist, der sich als unrichtig erweist** und deshalb zu einer falschen rechtlichen Bewertung geführt hat.[4] Beide Aspekte sind in § 44 Abs. 1 als Rechtswidrigkeitsgründe ausdrücklich benannt. Der ursprüngliche Verwaltungsakt hätte aus damaliger Sicht so nicht ergehen dürfen.[5] Welches Recht höherrangig, also der verwaltungsmäßigen Rechtskonkretisierung durch Verwaltungsakt übergeordnet ist, ergibt sich aus der einem Rechtssystem immanenten Normenhierarchie. Art. 20 Abs. 3 GG zeigt die Gesetzes- und Rechtsgebundenheit der Verwaltung an, wobei sich hier viele Interpretationsvarianten auftun.[6] Hinzugezählt werden neben der Verfassung und dem förmlichen Gesetz: die Rechtsverordnung im Sinne von Art. 80 GG und die autonome Satzung,[7] das Gewohnheitsrecht,[8] das unmittelbar anwendbare EU-Recht[9] und das innerstaatlich geltende Völkerrecht.[10]

6 Diskutiert wird ferner die Zuordnung des Richterrechts[11] und der – normkonkretisierenden – Verwaltungsvorschriften[12] zum höherrangigen Recht – wobei sich die Zurückhaltung daraus erklären lässt, dass man den Rechtsquellen, die man Art. 20 Abs. 3 GG zuordnet, eine allgemeinverbindliche Wirkung zuerkennt, dem Richterrecht und den normkonkretisierenden Verwaltungsvorschriften eine solche jedoch abspricht. **Verwaltungsvorschriften** können jedoch über Art. 3 Abs. 1 GG für die Allgemeinheit relevant werden und stellen in dieser Kombination höherrangiges Recht dar.[13] Im Kontext des § 29 Abs. 3 SGB IV ist ihre Einbeziehung auch anerkannt.[14] Auch das **höchstrichterliche Richterrecht**[15] sollte zum – für die Exekutive – höherrangigen Recht hinzugerechnet werden[16], was bedeuten würde, dass die Sozialleistungsträger etwa an die Rechtsprechung des Bundessozialgerichts über den Einzelfall hinaus rechtlich gebunden wären.[17] Ein Verstoß gegen eine bestehende höchstrichterliche Rechtsprechung würde danach den Verwaltungsakt (von Anfang an) rechtswidrig machen. Grundsätzlich wäre der Verwaltungsakt bei einer Übereinstimmung des Verwaltungsaktes mit einer bestehenden höchstrichterlichen Rechtsprechung demzufolge rechtmäßig. Sollte dies nach

---

4 BSG, Urt. v. 20.03.2007, SozR 4–1300 § 45 Nr. 5 – Differenzierung zwischen der juristischen Subsumtion und der Feststellung der Tatsachen.

5 BSG, Urt. v. 20.03.2007, SozR 4–1300 § 45 Nr. 5.

6 Vgl. *Starck*, Der Gesetzesbegriff des Grundgesetzes, S. 21 ff.; *Schneider*, Gesetzgebung, S. 11.

7 Vgl. BVerfGE 78, 214.

8 Vgl. BVerfGE 122, 248 {BVerfG 15.01.2009 – 2 BvR 2044/07} – es sei durch eine längere tatsächliche Übung gekennzeichnet, die dauernd und gleichmäßig sei sowie von den Beteiligten als Rechtsnorm anerkannt werde; BVerfGE 78, 214; kritisch: *Meyer-Cording*, Die Rechtsnormen, S. 70; *Reinhardt*, Konsistente Jurisdiktion, S. 142.

9 Jarass/Pieroth/*Jarass*, GG-Kommentar, Art. 20 Rn. 53; *Pernice*, VVDStRL 60 (2001), 148.

10 BVerfGE 112, 1 {BVerfG 26.10.2004 – 2 BvR 955/00 u.a.}; *Reinhardt*, Konsistente Jurisdiktion, 135; *Haratsch*, ZG 1999, 346.

11 Zuordnung zum »Recht«: BVerfGE 34, 269; ablehnend: BVerfGE 84, 212 {BVerfG 26.06.1991 – 1 BvR 779/85}.

12 Jarass/Pieroth/*Jarass*, GG-Kommentar, Art. 20 Rn. 53.

13 *Knoke*, Rechtsfragen der Rücknahme von Verwaltungsakten, 45–48: Über Art. 3 Abs. 1 GG erlangten die Verwaltungsvorschriften eine zumindest mittelbare Außenwirkung, sodass eine Verneinung ihrer Außenrechtssatzqualität inkonsequent erschiene.

14 BT-Drucks. 7/4122, S. 38; BSGE 89, 235: »Für das Verhältnis von Aufsicht und Versicherungsträger ist das Fehlen der Außenwirkung dieser Vorschriften ebenso wenig von Bedeutung wie der Umstand, dass die Rechtsprechung nicht an ihren Inhalt gebunden ist und der Versicherte grundsätzlich aus derartigen Vorschriften keine eigenen Rechte herleiten kann.«; a.A. *Bonvie*, die BG 1986,. 741.

15 Eine einzige höchstrichterliche Entscheidung genügt, vgl. *Pohl*, VSSR 2011, 383.

16 *Pohl*, Rechtsprechungsänderung und Rückanknüpfung, S. 71 ff. – zur Herleitung einer rechtlichen Allgemeinverbindlichkeit höchstrichterlicher Rechtsprechung sowie *Pohl*, VSSR 2011, 383 – zur Höherrangigkeit im Verhältnis zur Exekutive.

17 Dies ist so zu verstehen, dass ein Berücksichtigungsgebot und bei Höherrangigkeit (also nicht im Verhältnis zum Gesetzgeber) ein Abweichungsverbot besteht, siehe *Pohl*, Rechtsprechungsänderung und Rückanknüpfung, 81 f.

Erlass des Verwaltungsaktes (zum Zeitpunkt der Aufhebungsentscheidung) anders eingeschätzt werden, weil die Rechtsprechung für rechtswidrig gehalten wird – etwa bei einer Rechtsprechungsänderung (siehe Rdn. 6) –, dann wäre grundsätzlich § 48 (Änderung der rechtlichen Verhältnisse) anwendbar. Eine rückwirkende Rechtswidrigkeitserklärung der höchstrichterlichen Rechtsprechung und des Verwaltungsaktes zum Zeitpunkt des Erlasses des Verwaltungsaktes entfaltete Rückwirkung. Weil die rechtsstaatlichen Rückwirkungsgrenzen nur bei Belastungen aktiviert werden,[18] ist eine nachträgliche Umentscheidung bei § 44 weniger problematisch. Jedoch wäre es im Sinne der Rechtssicherheit wünschenswert, klare Regeln zu entwickeln. Die Rechtsprechung des BSG ist zu dieser Frage – in der Gesamtschau über mehrere Jahrzehnte – nicht recht klar: In einer Entscheidung hat es die Unrichtigkeit der Rechtsanwendung nach § 44 mit einem Widerspruch zwischen der Rechtsauffassung eines Verwaltungsaktes zur höchstrichterlichen Rechtsprechung begründet[19]; in einer anderen Entscheidung hat es »Richterrecht« sogar ausdrücklich als Recht angesehen, das i.S.d. § 44 Abs. 1 Satz 1 unrichtig angewandt werden könne.[20] Ein anderes Mal hält es für unerheblich, ob ein Verwaltungsakt zum Zeitpunkt seines Erlasses der damaligen Rechtsprechung des BSG entsprach, wenn sich der Verwaltungsakt nur zum Zeitpunkt der Entscheidung über die Anwendung des § 44 als von Anfang an rechtswidrig erweise.[21] In jüngerer Zeit wiederholt es, dass es für die Frage, ob ein Verwaltungsakt wegen anfänglicher Rechtswidrigkeit zurückzunehmen ist, allein auf den Überprüfungszeitpunkt ankomme, sodass der rechtlichen Beurteilung eine eventuell geläuterte Rechtsauffassung zugrunde zu legen sei, die von der Rechtsansicht abweichen könne, die bei Erlass des zu überprüfenden Verwaltungsaktes herrschend gewesen sei.[22]

Ein **Verstoß gegen formelles Recht** führt nicht ohne Weiteres zur Aufhebung, denn Verfahrens- und 7
Formfehler sind nach § 41 heilbar und nach erfolgter Heilung »unbeachtlich« und die Verwaltungsakte damit kraft gesetzlicher Fiktion als fehlerfrei anzusehen.[23] So führt eine fehlende Anhörung erst dann zur Rechtswidrigkeit des Verwaltungsaktes, wenn diese nicht mehr nachholbar ist, denn dann ist dieser Verfahrensfehler nicht unbeachtlich im Sinne des § 42 (siehe zum weiteren Erfordernis eines Kausalzusammenhangs zwischen der Rechtswidrigkeit des ursprünglichen Verwaltungsaktes und dem Nichterbringen der an sich zustehenden Sozialleistung: Rdn. 14).[24] Entsprechendes gilt

---

18 Dazu *Pohl*, Rechtsprechungsänderung und Rückanknüpfung, 197 ff., 218 f.

19 BSG, Urt. v. 30.01.1985, SozR 1300 § 44 Nr. 16: »Der Widerspruch der einem Verwaltungsakt zugrunde gelegten Rechtsauffassung zu einer höchstrichterlichen Rechtsprechung begründet im Sinne des § 44 Abs. 1 Satz 1 SGB X eine Unrichtigkeit der Rechtsanwendung.«.

20 BSG, Urt. v. 11.04.1985, SozR 1300 § 44 Nr. 17 – für das Institut des sozialrechtlichen Herstellungsanspruchs als Bestandteil von »Gesetz und Recht« im Sinne des Art. 20 Abs. 3 GG.

21 BSG, Urt. v. 13.09.1994 – 5 RJ 30/93: »Der vorgenannte Bescheid war … rechtswidrig … Zwar entsprach er der damaligen Rechtsprechung des BSG. Gleichwohl war er aber objektiv rechtswidrig, auch wenn sich dies erst durch die spätere Rechtsprechungsänderung herausgestellt hat.«; BSG, Urt. v. 25.10.1984, SozR 1300 § 44 Nr. 13; BSG, Urt. v. 15.05.1985 – 5b RJ 60/84.

22 BSG, Urt. v. 30.01.2020 – B 2 U 2/18 R, juris; BSG, Urt. v. 04.06.2014 – B 14 AS 30/13 R, juris.

23 Die Gesetzesbegründung zum VwVfG – BT-Drucks. 7/910, S. 68 – erörtert die Auswirkungen von Verfahrens- und Formfehlern wie folgt: »Handelt es sich um einen Fehler der in § 41 (Heilung von Verfahrens- und Formfehlern) genannten Art und ist dieser Fehler geheilt, so soll der Verstoß ›unbeachtlich‹ sein. Der Verwaltungsakt ist also … kraft gesetzlicher Fiktion als fehlerfrei anzusehen, so daß seine Rücknahme … mangels Rechtswidrigkeit ausscheidet. Ist ein Fehler der in § 41 genannten Art dagegen nicht durch Nachholung der versäumten Handlung geheilt worden oder handelt es sich um nicht nach § 41 heilbare Verletzungen von Verfahrens- und Formvorschriften oder von Regelungen über die örtliche Zuständigkeit, so kann der Verwaltungsakt … grds. zurückgenommen werden …«.

24 BSG 17.07.1985, SozR 1500 § 77 Nr. 61 (noch vor Einfügung des § 41 Abs. 2, sodass die Anhörung bis zum Abschluss des Widerspruchsverfahrens erfolgt sein musste). Einschränkend zu den Auswirkungen formeller Rechtsverstöße: BSG, Urt. v. 03.05.2018 – B 11 AL 3/17 R, juris; BSG, Urt. v. 28.05.1997, SozR 3-1300 § 44 Nr. 21; allerdings: BT-Drucks. 7/910, S. 68: »Die unrichtige Anwendung des geltenden Rechts kann sowohl auf der fehlerhaften Anwendung des materiellen wie des formellen Rechts beruhen.«.

für nach § 43 umgedeutete Verwaltungsakte; ferner für solche, deren Fehlerhaftigkeit nach § 42 unbeachtlich ist und denen eine offenbare Unrichtigkeit im Sinne von § 38 innewohnt.[25]

8 Maßgeblicher **Zeitpunkt** für die Beurteilung der Rechtswidrigkeit des Verwaltungsaktes ist sein Erlass.[26] Erlassen ist ein Verwaltungsakt – bei einem Widerspruchsverfahren der Widerspruchsbescheid[27] – in dem Zeitpunkt, in dem er dem Adressaten bekanntgegeben und damit wirksam wurde.[28] Der Erlasszeitpunkt grenzt grundsätzlich den Anwendungsbereich des § 44 von dem des § 48 ab.[29] Für die Beurteilung des Vorliegens einer Rechtswidrigkeit zum Zeitpunkt des Erlasses des Verwaltungsaktes kommt es auf einen Vergleich der Sachlage an, wie sie dem Verwaltungsakt bei seinem Erlass zugrunde gelegt worden ist, mit der Sachlage, wie sie bei nachträglicher Betrachtung im Zeitpunkt der Prüfung dem Verwaltungsakt hätte zugrunde gelegt werden müssen.[30] Maßgeblich ist nach der Rechtsprechung des BSG der tatsächliche und rechtliche Zustand im Zeitpunkt seines Erlasses.[31] Welches der tatsächliche und rechtliche Zustand zum Erlasszeitpunkt ist, zeigt sich nicht immer klar: So stellt sich die Frage, ob eine (höchstrichterliche) **Rechtsprechungsänderung** nach dem Erlass des Verwaltungsaktes den rechtlichen Zustand rückwirkend zum Erlasszeitpunkt beeinflusst. Die gleiche Frage ließe sich stellen, wenn eine höchstrichterliche Entscheidung erstmalig nach dem Erlass eines Verwaltungsaktes getroffen wird, die das Recht anders auslegt als die Behörde und den Verwaltungsakt aus heutiger Sicht als rechtswidrig bezeichnen würde. Das BSG hat sich zu diesen Fragen wie folgt geäußert: In einer älteren Entscheidung[32] differenziert es nicht zwischen einer Rechtsprechungsänderung und einer erstmaligen Rechtsprechung nach Erlass des Verwaltungsaktes und beurteilt die Rechtmäßigkeit/Rechtswidrigkeit zum Erlasszeitpunkt anhand der neuen Rechtsprechung. Selbst wenn der Verwaltungsakt zum Zeitpunkt seines Erlasses einer höchstrichterlichen Rechtsprechung entsprach, soll der Verwaltungsakt durch die neue Rechtsprechung als rechtswidrig eingestuft werden. Im Grunde schaltet es auf diese Weise den Maßstab der bestehenden höchstrichterlichen Rechtsprechung wegen Rechtswidrigkeit aus und misst den Verwaltungsakt am übergeordneten Recht (wegen dessen der Verwaltungsakt nachträglich als rechtswidrig angesehen wird). Später hat es diese rückwirkende Beurteilung ausdifferenziert: Von Anfang an rechtswidrig soll ein Verwaltungsakt dann sein, wenn ohne eine zwischenzeitliche Änderung der maßgeblichen Rechtsgrundlagen und der ihnen zugrunde liegenden rechtlichen und sozialen Erwägungen eine andere Auslegung der einschlägigen Vorschriften auf der Erkenntnis beruhe, eine bisherige Rechtsprechung sei unzutreffend gewesen; beruhe hingegen die nachträgliche Änderung der höchstrichterlichen Rechtsprechung auf einer Änderung ihrer rechtlichen Grundlagen oder der bei ihrer Schaffung geltenden sozialen, soziologischen und wirtschaftlichen Gegebenheiten und Anschauungen, so könne ihr Wirkung nur für die Zukunft beigemessen werden.[33] Die Begründung einer Entscheidung sei daraufhin zu analysieren, ob die Änderung der Rechtsprechung auch die zurückliegende Zeit erfasse

25 Dazu: *Knoke*, Rechtsfragen der Rücknahme von Verwaltungsakten, S. 33–44.

26 Zum sog. fingierten Verwaltungsakt siehe § 31 Rdn. 47; BSG, Urt. v. 26.02.2019 – B 1 KR 18/18 R, juris; BSG, Urt. v. 11.05.2017 – B 3 KR 30/15 R, juris.

27 BSG, Urt. v. 27.02.1996, SozR 3–1300 § 48 Nr. 47; BSG, Urt. v. 15.08.1996, SozR 3–3870 § 4 Nr. 13.

28 BSG, info also 2009, 134; BSG, Urt. v. 01.06.2006, SozR 4–4300 § 122 Nr. 4; *Knoke*, Rechtsfragen der Rücknahme von Verwaltungsakten, S. 28 f.

29 BSG SGb 2010, 477. Allerdings kann trotz Rechtswidrigkeit zum Erlasszeitpunkt eine nachträglich hinzutretende (wesentliche) Änderung auch den Anwendungsbereich von § 48 eröffnen, vgl. § 48 Rdn. 12.

30 BSG, Urt. v. 02.11.1999, SozR 3–1300 § 48 Nr. 67.

31 BSG, Urt. v. 02.11.1999, SozR 3–1300 § 48 Nr. 67.

32 BSG, Urt. v. 25.10.1984, SozR 1300 § 44 Nr. 13.

33 BSG SGb 1999, 517. Sehr prägnant nimmt *Knoke*, Rechtsfragen der Rücknahme von Verwaltungsakten, S. 32 f.: eine ähnliche Differenzierung vor: »Richtigerweise umfaßt (die geläuterte Rechtsauffassung) nur die Aufdeckung von Irrtümern, logischen Fehlschlüssen und sonstigen Fehlern bei der Auslegung der maßgeblichen Rechtsnormen, nicht hingegen einen Änderungsprozess der Rechtsauffassungen, der etwa mit einer Änderung sozialer oder ethischer Wertvorstellungen einhergeht. … Bei einem nachträglichen Wandel der Rechtsanschauung ist der Verwaltungsakt dagegen rechtmäßig, d.h. im Einklang mit der zu diesem Zeitpunkt geltenden Rechtsordnung erlassen worden.«.

oder Wirkung lediglich ab einem bestimmten Zeitpunkt oder nur für die Zukunft entfalte.[34] Soweit eine **höchstrichterliche Rechtsprechung nach Erlass des Verwaltungsaktes erstmalig** entsteht, stellen sich die Fragen einer zukunftsgerichteten oder rückwirkenden Rechtswidrigkeit für das BSG in ähnlicher Weise; das BSG tendiert dazu, die neue höchstrichterliche Rechtsprechung durchweg rückwirken zu lassen.[35] Sonderregelungen (z.B. § 330 Abs. 1 SGB III, § 40 Abs. 2 Nr. 2 SGB II, § 100 Abs. 4 SGB VI) können jedoch dazu zwingen, eine neue (ständige[36]) Rechtsprechung erst zukunftsgerichtet zu berücksichtigen. Weil es sich hier – wie bei § 48 Abs. 2 – gerade um begünstigende Neuregelungen handelt, wirken die gesetzlichen Wertungen konfus: Wirkt sich die neue Rechtsprechung (die den Verwaltungsakt als anfänglich rechtswidrig charakterisieren können soll) zugunsten des Empfängers aus, dann soll ihm dies nach den Sonderregelungen erst zukunftsgerichtet zugutekommen; wirkt sie sich nicht zugunsten des Empfängers des Verwaltungsaktes aus, dann verbliebe es bei der Möglichkeit der rückwirkenden Aufhebung des Verwaltungsaktes (§ 45) und damit der Möglichkeit einer rückwirkenden Belastung[37], die rechtsstaatlich gerade nach einer Rechtfertigung verlangt (vgl. § 44 Rdn. 6).

Fraglich ist in diesem Kontext auch, ob ein **Gesetz**, welches nach Erlass des Verwaltungsaktes durch 9
das BVerfG für **verfassungswidrig** erklärt wird, zu einer unrichtigen Rechtsanwendung zum Erlasszeitpunkt führt. Dabei wird danach differenziert, ob das BVerfG das Gesetz sofort für nichtig erklärt oder ob es (zumeist im Gefüge mit Art. 3 Abs. 1 GG) nur die Unvereinbarkeit mit dem Grundgesetz feststellt und für eine Übergangszeit gelten lässt: Bei sofortiger Nichtigerklärung soll der Verwaltungsakt nach der Rechtsprechung des BSG rückwirkend rechtswidrig werden.[38] Bei bloßer Unvereinbarkeitserklärung bleibe das Recht anwendbar und der Verwaltungsakt rechtmäßig[39]; der Entscheidung des BVerfG komme unmittelbar keine Rückwirkung zu, sondern der Gesetzgeber habe hier zu entscheiden, inwieweit der verfassungswidrige Zustand rückwirkend beseitigt werden soll.[40],[41] Gegen diese Differenzierung ließe sich einwenden, dass die Verwaltung zum Zeitpunkt des Erlasses des Verwaltungsaktes nicht anders handeln konnte: Der Grundsatz der Gesetzmäßigkeit der Verwaltung verpflichtet sie, das – noch nicht für verfassungswidrig erklärte – Gesetz anzuwenden. Bis zur Entscheidung des BVerfG war der Verwaltungsakt – mangels Verstoßes gegen höherrangiges Recht – rechtmäßig. Weil (belastende) Rückwirkungen im Recht rechtfertigungsbedürftig sind und neues Recht grundsätzlich erst mit seinem Wirksamwerden gilt, sollte es der Entscheidung des BVerfG überlassen bleiben, ob die Verfassungswidrigkeitserklärung Rückwirkung entfalten soll und

34 BSG, Urt. v. 21.03.1996, SozR 3–1300 § 48 Nr. 48.

35 BSG, Urt. v. 30.01.1985, SozR 1300 § 44 Nr. 16: »Aber auch eine erst nach Erlaß des Verwaltungsaktes erstmals gebildete … höchstrichterliche Rechtsprechung kann zur Unrichtigkeit des vorher erlassenen … Verwaltungsaktes führen.«; BSG, Urt. v. 25.10.1984, SozR 1300 § 44 Nr. 13: »§ 44 Abs. 1 Satz 1 SGB X verpflichtet jedoch … zur Rücknahme für die Vergangenheit dann, wenn der Verwaltungsakt rechtswidrig Leistungen versagt hat, gleichgültig woraus die Erkenntnis der Rechtswidrigkeit gewonnen wird; er greift deshalb auch ein, wenn eine – erstmalige oder geänderte – sozialgerichtliche Rechtsprechung die Basis dieser Erkenntnis ist.«; BSG, Urt. v. 01.03.2005 – L 1 AL 77/03, juris: »Unzweifelhaft liegen die Voraussetzungen des § 44 Abs. 1 Satz 1 SGB X vor, da sich (durch die neue Rechtsprechung) erwiesen hat, dass die Beklagte das Recht bei Erlass der … Bescheide unrichtig angewandt hat.«.

36 Unklar ist auch, ab wann von einer »ständigen« Rechtsprechung gesprochen werden kann, dazu *Pohl*, VSSR 2011, 383 ff.

37 § 48 Abs. 2 korrigiert dieses Ergebnis für seinen Anwendungsbereich für die begünstigende Änderung, indem er weiterhin § 44 für anwendbar erklärt.

38 BSG, Urt. v. 08.09.1988, SozR 4100 § 152 Nr. 18 – § 79 Abs. 2 BVerfGG schränke die Rücknahme nicht ein.

39 BVerfGE 107, 133; BSG, Urt. v. 09.04.2003, SozR 4–2600 § 307d Nr. 1; BSG, Urt. v. 10.04.2003, SozR 4–1300 § 44 Nr. 3.

40 BSG, Urt. v. 09.04.2003, SozR 4–2600 § 307d Nr. 1.

41 Dazu auch: BSG, Urt. v. 20.12.2001, SozR 3–8570 § 8 Nr. 7 – Das BVerfG hatte hier selbst eine Entscheidung zum Umgang mit bereits bestandskräftigen Bescheiden getroffen, eine Anwendung des § 44 ausgeschlossen und des § 48 SGB X zugelassen.

der Entscheidung des Gesetzgebers, ob das geänderte Gesetz rückwirken soll. Ohne Rückwirkungsanordnung handelte es sich dann um eine wesentliche Änderung der rechtlichen Verhältnisse nach Erlass des Verwaltungsaktes und § 48 wäre anwendbar. Bei § 44 wäre eine Rückwirkung freilich weniger problematisch, weil sie sich nicht belastend auswirkt.

10 Zur Beurteilung, welches der tatsächliche und rechtliche Zustand zum Erlasszeitpunkt ist, hat das BSG folgende weitere Entscheidungen getroffen: Einer **erneuten Zusammenhangsbeurteilung** seien die ursprünglich vorhandenen allgemeinen medizinischen Erkenntnisse zugrunde zu legen, neuere Erkenntnisse, etwa über die Folgen bestimmter Unfallmechanismen oder Berufskrankheiten, dürften für die erneute Kausalbeurteilung nicht herangezogen werden.[42] Dies sei auch dann der Fall, wenn sich erst auf der Grundlage später zu Tage tretender Erkenntnisse ergebe, dass der Verwaltungsakt aus damaliger Sicht rechtswidrig war.[43] **Änderungen der Anhaltspunkte für die ärztliche Gutachtertätigkeit** wirkten wie Änderungen der rechtlichen Verhältnisse im Sinne des § 48.[44] Rechtsänderungen, die nach Erlass des Ausgangsbescheides eintreten, aber auf diesen Zeitpunkt zurück wirken, seien für die Beurteilung der Rechtswidrigkeit zu beachten.[45] Hat ein **Änderungsgesetz** keine materielle Rechtsänderung, sondern nur eine Klarstellung der bereits bestehenden Rechtslage gebracht, liege gleichwohl eine wesentliche Änderung der rechtlichen Verhältnisse im Sinne von § 48 vor, § 45 sei nicht anwendbar.[46] Eine wesentliche Änderung der tatsächlichen Verhältnisse könne auch dann vorliegen, wenn sich Tatsachen ändern, die erst aufgrund einer nach Erlass des Dauerbescheides eingetretenen Rechtsänderung bedeutsam geworden sind.[47]

11 Die **Rechtswidrigkeit** der Entscheidung **muss feststehen**; bloße Zweifel am Vorliegen der Leistungsvoraussetzungen genügen nicht.[48] Ferner ist für eine Rücknahme kein Raum, wenn dem ursprünglichen Verwaltungsakt zwar ein unrichtiger Sachverhalt zugrunde lag, aber nicht feststeht, dass der Bescheid auf der Grundlage der neu bekannt gewordenen Tatsachen rechtswidrig war.[49] Die Rechtswidrigkeit setzt vielmehr voraus, dass objektiv und im Sinne des Vollbeweises feststeht, dass unter Berücksichtigung der neuen Erkenntnisse die Voraussetzungen für den Erlass des Verwaltungsaktes nicht vorgelegen haben.[50] Ein »non liquet«, bei dem alternativ mögliche Geschehensabläufe sowohl für die Rechtswidrigkeit als auch gegen eine solche sprechen, genügt für den Nachweis der Rechtswidrigkeit nicht.[51] Das jeweils einschlägige materielle Recht kann der Beweisführung dabei unterschiedliche Gewissheitsgrade abverlangen. Das BSG differenziert bei der Feststellung der einzelnen Tatsachen zwischen dem für ihre Feststellung erforderlichen Beweismaßstab und der im Falle ihrer Nichterweislichkeit entscheidenden sog. objektiven Beweislast und betont, dass für die Beurteilung der Rechtswidrigkeit eines Verwaltungsaktes neben den verwaltungsverfahrensrechtlichen Vorschriften das jeweils einschlägige materielle Recht maßgeblich sei.[52] So können für prognostische Einschätzungen oder Beurteilungen eines medizinischen Kausalzusammenhangs materiell-rechtlich erleichterte Anforderungen gelten – so für die Beurteilung des Ursachenzusammenhangs in der gesetzlichen Unfallversicherung die hinreichende Wahrscheinlichkeit[53], oder die Wahrscheinlichkeit

---

42 BSG, Urt. v. 02.11.1999, SozR 3–1300 § 48 Nr. 67.
43 BSG, Urt. v. 02.04.2009, SozR 4–1300 § 45 Nr. 8.
44 BSG, Urt. v. 11.10.1994, SozR 3–3870 § 3 Nr. 5.
45 BSG, Urt. v. 21.06.2005, SozR 4–1300 § 44 Nr. 5.
46 BSG, Urt. v. 17.05.2000, SozR 3–3300 § 37 Nr. 2.
47 BSG, Urt. v. 12.11.1996, SozR 3–1300 § 45 Nr. 31.
48 BSG, Urt. v. 02.04.2009, SozR 4–1300 § 45 Nr. 8 – für einen begünstigenden Verwaltungsakt; BSG, Urt. v. 27.10.1989, SozR 1300 § 45 Nr. 49.
49 BSG, Urt. v. 02.04.2009, SozR 4–1300 § 45 Nr. 8.
50 BSG, Urt. v. 02.04.2009, SozR 4–1300 § 45 Nr. 8 – für einen begünstigenden Verwaltungsakt.
51 BSG, Urt. v. 02.04.2009, SozR 4–1300 § 45 Nr. 8.
52 BSG, Urt. v. 20.03.2007, SozR 4–1300 § 45 Nr. 5.
53 BSG, Urt. v. 09.05.2006, SozR 4–2700 § 8 Nr. 17; BSG, Urt. v. 20.03.2007, SozR 4–1300 § 45 Nr. 5; BSG, Urt. v. 02.11.1999, SozR 3–1300 § 48 Nr. 67.

der Verursachung einer Gesundheitsstörung durch dienst- oder kriegsbedingte Einwirkung[54]. Das BSG betont, dass der Beweismaßstab der (hinreichenden) Wahrscheinlichkeit für Versicherte zwar wie eine Beweiserleichterung wirken kann, dies sei aber nicht der Grund für diese gegenüber der üblicherweise im Recht erforderlichen an Gewissheit grenzenden Wahrscheinlichkeit, sondern die bei der Beurteilung von medizinischen und anderen naturwissenschaftlichen Ursachenzusammenhängen bestehenden tatsächlichen Schwierigkeiten.[55] Für die hinreichende Wahrscheinlichkeit muss dann mehr für als gegen die Annahme des Ursachenzusammenhangs sprechen und ernste Zweifel hinsichtlich einer anderen Verursachung müssen ausscheiden.[56] Werden die nachteiligen Auswirkungen eines regelwidrigen körperlichen, geistigen oder seelischen Zustandes nach Erlass eines Verwaltungsaktes wesentlich geringer bewertet, besteht die Vermutung, dass sie geringer geworden sind und nicht ursprünglich unrichtig bewertet worden sind.[57]

2. Sozialleistungen deshalb nicht erbracht oder Beiträge erhoben

Der Anwendungsbereich der Vorschrift erfasst Leistungs- und Beitragsbescheide sowie alle Verwaltungsakte, soweit die vollständige oder teilweise Verwehrung der Sozialleistung oder die Erhebung eines Beitrags auf ihm beruht; maßgeblich ist die regelnde Wirkung des Verwaltungsaktes für die fragliche Leistungs- bzw. Beitragsposition.[58] 12

Was unter einer **Sozialleistung** zu verstehen ist, richtet sich nach den besonderen Teilen des Sozialgesetzbuchs (allgemein §§ 11 Satz 1, 3 ff., 18 ff. SGB I). Es geht zunächst um Verwaltungsakte, die unmittelbar über Leistungen befinden.[59] Auf Rücknahme- und Erstattungsbescheide möchte das BSG § 44 Abs. 1 (und nicht § 44 Abs. 2) zumindest entsprechend anwenden.[60] Beinhalte der zur Überprüfung gestellte Verwaltungsakt eine Aufhebung, dann habe die Behörde das Recht bei Erlass des Aufhebungsbescheides auch dann i.S.d. § 44 Abs. 1 S. 1 SGB X unrichtig angewandt, wenn sie den in den §§ 45, 48 SGB X normierten Vertrauensschutz nicht beachtet hat.[61] 13

Beiträge (nach den §§ 20 ff. SGB IV) können insgesamt oder in ihrer Höhe zu Unrecht erhoben sein. Hier sind Sonderregelungen zu beachten (z.B. § 26 Abs. 1 SGB IV, der für nicht beanstandete Pflichtbeiträge auf § 45 Abs. 2 SGB X verweist; § 160 Abs. 2 SGB VII). § 44 Abs. 1 soll auch anwendbar sein auf Bescheide über die Ablehnung einer Beitragserstattung oder die rechtswidrige Rücknahme eines Erstattungsbescheides;[62] ferner auch auf die Beitragserstattung selbst – dann als Sozialleistung verstanden, dies ist aber umstritten[63].

Das Wort »**deshalb**« signalisiert, dass ein **Kausalzusammenhang** zwischen der Rechtswidrigkeit des ursprünglichen Verwaltungsaktes und dem Nichterbringen der an sich zustehenden Sozialleistung besteht (»und soweit deshalb«).[64] Dies lässt sich nur anhand der materiellen Rechtslage beurteilen, sodass § 44 Abs. 1 Satz 1 dahingehend zu verstehen ist, dass die vorenthaltenen Sozialleistungen materiell zu Unrecht nicht erbracht worden sind.[65] Weil sich dies bereits aus dem Merkmal der 14

54 BSG, Urt. v. 27.10.1989, SozR 1300 § 45 Nr. 49.
55 BSG, Urt. v. 20.03.2007, SozR 4–1300 § 45 Nr. 5.
56 BSG, Urt. v. 02.11.1999, SozR 3–1300 § 48 Nr. 67.
57 BSG, Urt. v. 10.02.1993, SozR 3–1300 § 45 Nr. 12.
58 BSG, Urt. v. 08.10.2014 – B 3 KS 6/13 R, juris.
59 BSG, Urt. v. 29.05.1991, SozR 3–1300 § 44 Nr. 3.
60 BSG, Urt. v. 03.02.2022 – B 5 R 26/21 R, juris; BSG, Urt. v. 08.12.2020 – B 4 AS 46/20 R, juris.
61 BSG, Urt. v. 03.02.2022 – B 5 R 26/21 R, juris.
62 Diering/Timme/Stähler/*Siewert*, SGB X, § 44 Rn. 17.
63 Gegen Sozialleistung: Schütze/*Schütze*, SGB X, § 44 Rn. 15; Diering/Timme/Stähler/*Siewert*, SGB X, § 44 Rn. 14; BSG, Urt. v. 24.03.1983, SozR 2100 § 27 Nr. 2; für Sozialleistung: BSG, Urt. v. 13.10.1983, SozR 1200 § 44 Nr. 9; dazu: *Zeihe*, SGb 1984, 583.
64 BSG, Urt. v. 22.03.1989, SozR 1300 § 44 Nr. 38.
65 BSG, Urt. v. 03.05.2018 – B 11 AL 3/17 R, juris; BSG, Urt. v. 28.05.1997 – 14/10 RKg 25/95, juris; BSG, Urt. v. 22.03.1989, SozR 1300 § 44 Nr. 38; *Schmeiduch*, AmtlMitt LVA Rheinprovinz 1981, 283.

»Rechtswidrigkeit« des Verwaltungsaktes ergibt, bedarf es des Merkmals »zu Unrecht« im Grunde nicht.

3. Keine Bösgläubigkeit (Abs. 1 Satz 2)

15 Gem. § 44 Abs. 1 Satz 2 gilt die Pflicht zur Rücknahme dann nicht, wenn der Betroffene – um dessen (Rechts-) Schutz es bei dieser Aufhebung geht – vorsätzlich in wesentlicher Hinsicht unrichtige oder unvollständige Angaben gemacht hat, auf denen der Verwaltungsakt beruht; wenn er also in diesem Sinn bösgläubig ist. Dabei antwortet das Gesetz nicht eindeutig auf die Frage nach den **Rechtsfolgen bei Bösgläubigkeit**. Klar ist, dass eine Rücknahme des Verwaltungsaktes für die Vergangenheit dann nicht nach Abs. 1 Satz 1 verpflichtend für die Behörde ist. Unklar bleibt, ob überhaupt nicht oder ermessensgeleitet aufgehoben werden kann und ob dann mit Wirkung auch in die Vergangenheit. Insoweit entsteht Klarheit, wenn man § 44 Abs. 1 so interpretiert, dass seine Anwendung bei einer Bösgläubigkeit ausgeschlossen ist. Dann verbleibt es bei der Anwendung des § 44 Abs. 2.[66] In den Fällen, in denen Sozialleistungen nicht erbracht oder Beiträge erhoben worden sind und der Betroffene bösgläubig im Sinne des § 44 Abs. 1 Satz 2 war, muss freilich die Hürde überwunden werden, dass § 44 Abs. 2 gerade die anderen Belastungen normiert, die nicht dadurch entstehen, dass Sozialleistungen nicht erbracht oder Beiträge erhoben worden sind. Die Überwindung wird möglich, wenn man das Nichtvorliegen von Bösgläubigkeit als negative Voraussetzung des – den § 44 Abs. 2 ausschließenden – Anwendungsbereichs des § 44 Abs. 1 interpretiert.

16 Die Vorschrift definiert die relevante **Bösgläubigkeit** dahingehend, dass der Verwaltungsakt auf Angaben beruhen muss, die der Betroffene vorsätzlich in wesentlicher Beziehung unrichtig oder unvollständig gemacht hat. **Unrichtig sind Angaben**, wenn Tatsachen, die im Rahmen des Verwaltungsverfahrens kundgetan werden, nicht mit der Wirklichkeit übereinstimmen.[67] Die **Unvollständigkeit** wird als Unterfall der unrichtigen Angaben betrachtet und im Kontext der insoweit vergleichbaren Regelung des § 45 Abs. 2 Satz 3 Nr. 2 ein Weglassen einer Angabe i.S. eines **beredten Schweigens** verlangt, d.h. dass danach das Unterlassen wie eine positive Angabe verstanden wird[68] – beispielsweise, wenn bei einem Antrag auf eine einkommensabhängige Leistung Nebeneinkommen nicht angegeben wird und dies den Schluss zulässt, es sei kein Nebeneinkommen vorhanden oder wenn das Unterlassen einer Mitteilung dazu führt, dass frühere Angaben in einem Wiederbewilligungsantrag unrichtig oder unvollständig werden[69]. Das bloße Unterlassen oder die Verweigerung von Angaben soll nicht genügen, vielmehr würden hier die §§ 60 ff. SGB I gelten.[70] Für die Abgrenzung des relevanten Schweigens vom bloßen Unterlassen wird die Gestaltung der Formulare und Merkblätter durch die Leistungsträger wichtige Anhaltspunkte geben können. Das BSG hat bei § 44 Abs. 1 Satz 2 stärker als bei § 45 Abs. 2 Satz 3 betont, dass ein positives Tun verlangt ist; ein schuldhaftes Unterlassen – im Fall hatte der Betroffene trotz wiederholter Aufforderung keine Lohnnachweise zum Zweck der Berechnung einer Umlage eingereicht – hat es nicht genügen lassen.[71] Es hat auch entschieden, dass es nicht genügt, wenn der Betroffene überhaupt keine Angaben zu seinen Einnahmen macht und danach auch nicht gefragt worden ist; es betont dabei, dass ihn keine Rechtspflicht zum Tätigwerden treffe.[72] Bei der Interpretation ist zu berücksichtigen, dass die Vorschrift im Gesetzgebungsverfahren eine Einengung erfahren hat und von den zunächst angedachten Grün-

66 BSG, Urt. v. 07.09.2006, SozR 4–2600 § 118 Nr. 4.

67 Diering/Timme/Stähler/*K. Lang*, SGB X, § 45 Rn. 32 – im Kontext der insoweit vergleichbaren Regelung des § 45 Abs. 2 Satz 3 Nr. 2.

68 Diering/Timme/Stähler/*K. Lang*, SGB X, § 45 Rn. 32.

69 BSG, Urt. v. 01.06.2006, SozR 4–4300 § 122 Nr. 4.

70 Schütze/*Schütze*, SGB X, § 44 Rn. 20 – der Ausnahmetatbestand des § 44 Abs. 1 S. 2 könne nicht als Sanktionsgrundlage für die unzureichende Mitwirkung angesehen werden.

71 BSG, Urt. v. 31.05.1988, SozR 1300 § 44 Nr. 34.

72 BSG, Urt. v. 25.04.1991, SozR 3–1300 § 44 Nr. 2.

den für eine Bösgläubigkeit (ähnlich § 45 Abs. 2 Satz 3)[73] der Vereinfachung wegen lediglich dieser prägnanteste Fall Gesetz geworden ist.[74] Durch die **Begrenzung auf vorsätzliches Handeln** in § 44 Abs. 1 Satz 2 liegt die Hürde ohnehin höher als bei § 45 Abs. 2 Satz 3 Nr. 2.

Die Wendung »in wesentlicher Beziehung« auf den Angaben »**beruhen**« meint Kausalität, die Angaben des Betroffenen müssen den Fehler verursacht haben;[75] wobei eine mittelbare Verursachung genügt.[76] Dieses Erfordernis ist nicht erfüllt, wenn bei richtigen oder vollständigen Angaben dieselbe Entscheidung getroffen worden wäre, die Behörde auf die entsprechende Information keinen Wert gelegt hat oder dem Bürger zu diesen Angaben geraten hat.[77] Der Vorsatz muss sich auf die Unrichtigkeit oder Unvollständigkeit der Angaben beziehen und nicht auch die daraus resultierende Rechtswidrigkeit einschließen.[78] **Angaben Dritter** können dem Betroffenen zuzurechnen sein, wenn er bei Antragstellung von ihnen ausdrücklich Kenntnis genommen und sie zur Grundlage der Bearbeitung seines Antrags gemacht hat.[79] 17

4. Rücknahmezeitraum und -umfang

§ 44 Abs. 1 Satz 1 sieht in seiner Rechtsfolge die verpflichtende Rücknahme des Verwaltungsaktes mit Wirkung für die **Vergangenheit** vor; der Behörde verbleibt kein Ermessensspielraum.[80] Spezialregelungen können die Rücknahme auf die Zukunft beschränken (z.B. § 330 Abs. 1 SGB III, § 40 Abs. 2 Nr. 2 SGB II, § 100 Abs. 4 SGB VI). Aus dem Wort »**soweit**« ergibt sich, dass die Rücknahme zeitlich und inhaltlich beschränkt sein kann: Wenn der Verwaltungsakt nur teilweise rechtswidrig ist, ist er auch nur teilweise zurückzunehmen.[81] Gegen die praktische Handhabung, den Bescheid bei teilweiser Rechtswidrigkeit – anstelle der teilweisen Modifizierung – insgesamt durch einen neuen Verwaltungsakt zu ersetzen, spricht, dass es keine gesetzliche Grundlage für die Aufhebung des rechtmäßigen Teils gibt, der seinerseits Bindungswirkung erzeugt (§ 77 SGG). 18

II. Rechtswidriger, nicht begünstigender Verwaltungsakt im Übrigen (Abs. 2)

1. Rechtswidrigkeit des Verwaltungsaktes

Die Tatbestandsvoraussetzung der Rechtswidrigkeit des Verwaltungsaktes ist in gleicher Weise zu verstehen wie in § 44 Abs. 1 Satz 1, auch wenn dieses Merkmal in § 44 Abs. 2 – anders als in Abs. 1 – ausdrücklich genannt ist. Die andere Formulierung in § 44 Abs. 1 Satz 1 stellt die Legaldefinition des Merkmals der Rechtswidrigkeit dar. Dies hätte der Gesetzestext klarer zum Ausdruck bringen können, indem er das Merkmal der Rechtswidrigkeit auch in § 44 Abs. 1 Satz 1 genannt und die Definition in Klammern gesetzt hätte. 19

73 Vorgesehen waren das Erwirken des Verwaltungsaktes durch arglistige Täuschung, Drohung oder Bestechung; die Kenntnis oder grob fahrlässige Unkenntnis der Rechtswidrigkeit sowie das Erwirken des Verwaltungsaktes durch Angaben, deren Unrichtigkeit oder Unvollständigkeit der Betroffene erkannt hat oder hätte erkennen müssen, BT-Drucks. 8/2034, S. 14 f.

74 BT-Drucks. 8/4022, S. 82.

75 BSG SozSich 1985, 158 – im Kontext der insoweit vergleichbaren Regelung des § 45 Abs. 2 Satz 3 Nr. 2.

76 Bayerisches LSG v. 16.02.2011 – L 13 R 52/09 – im Kontext des § 45 Abs. 2 Satz 3 Nr. 2 für einen Verwaltungsakt, der auf einem vorherigen Verwaltungsakt aufbaut, welcher durch unrichtige Angaben erwirkt worden ist.

77 Diering/Timme/Stähler/*K. Lang*, SGB X, § 45 Rn. 36 – im Kontext des § 45 Abs. 2 Satz 3 Nr. 2.

78 Dies kann man aus dem Verhältnis der Regelungen § 45 Abs. 2 Satz 3 Nr. 2 und 3 herleiten, weil ansonsten der Anwendungsbereich der Nr. 2 fraglich wäre. Und die Wendung »in wesentlicher Beziehung« auf den Angaben »beruhen« aus § 45 Abs. 2 Satz 3 Nr. 2 entspricht derjenigen in § 44 Abs. 1 Satz 2.

79 BVerwGE 71, 220.

80 BSG, Urt. v. 21.06.1983, SozR 2200 § 1251 Nr. 102.

81 BSG, Urt. v. 22.03.1989, SozR 1300 § 44 Nr. 38.

2. Sonstige Belastung

20 Die Differenzierung zu § 44 Abs. 1 erfolgt an dem Merkmal der Belastung oder – wie es das Gesetz formuliert – der Nicht-Begünstigung.[82] Das Gesetz definiert die Begünstigung in § 45 Abs. 1, sodass aus deren Umkehrung die Belastung beschrieben werden kann: Der Verwaltungsakt begründet oder bestätigt kein Recht und keinen rechtlich erheblichen Vorteil. Die ergänzende Formulierung »rechtlich erheblicher Vorteil« soll dabei eine zu enge Auslegung des Begriffs »Recht« vermeiden[83] und erfasst jedes von der Rechtsordnung als schutzwürdig anerkannte Individualinteresse; ein lediglich tatsächlicher Vorteil genügt nicht.[84] Zur Konkretisierung der Frage, wann eine Regelung rechtlich vorteilhaft oder nicht vorteilhaft für den Bürger ist, wird in der Literatur teilweise objektivierend auf die Verkehrsauffassung oder allgemeine Wertentscheidungen des Verfassungsrechts sowie der Rechtsordnung im Übrigen abgestellt und erst im Zweifel auf subjektive Vorstellungen des Betroffenen.[85] Dies hält die Begrifflichkeit sehr vage. Klarer erscheint die Konkretisierung durch das BSG, wonach sich die Beurteilung, ob ein Verwaltungsakt begünstigend oder nicht begünstigend ist, nach der gegenwärtigen **subjektiven Sicht des Betroffenen** richtet, denn aufgrund der gestellten Anträge und der Äußerungen des Betroffenen dürfte sein subjektives Interesse unschwer feststellbar sein[86]; hierbei sind neben den im Verwaltungsakt getroffenen Regelungen auch deren unmittelbare gesetzliche Folgen zu berücksichtigen, nicht aber lediglich mittelbare Folgen der Entscheidung.[87]

21 § 44 Abs. 2 erfasst dabei grundsätzlich die Belastungen, die nicht darin bestehen, dass eine Sozialleistung versagt oder Beiträge erhoben worden sind, weil diese speziell in § 44 Abs. 1 aufgegriffen werden. Es handelt sich somit um eine Auffangvorschrift für solche Verwaltungsakte, die nicht in den Anwendungsbereich des § 44 Abs. 1 fallen.[88] **Ausnahmen** ergeben sich lediglich dadurch, dass § 44 Abs. 1 Satz 2 die Rechtsfolgen des Satzes 1 bei **Bösgläubigkeit** im dortigen Sinn ausnimmt und an deren Stelle diejenigen des Abs. 2 setzt; ferner bei fehlender Kausalität i.S.v. § 44 Abs. 1 Satz 1 für Grund oder Höhe der Nichterbringung einer Sozialleistung oder der Erhebung von Beiträgen. Ausweislich der Gesetzesbegründung betrifft § 44 Abs. 2 vor allem Fälle, in denen von einem unrichtigen Sachverhalt ausgegangen worden ist, der Betroffene aber die falsche Tatsachengrundlage zu vertreten hat; ferner feststellende Verwaltungsakte[89] – z.B. Bescheide über die (Nicht-) Anerkennung rentenrechtlicher Zeiten in der Rentenversicherung. Der Rechtsprechung des BSG lassen sich folgende weitere **Beispiele für Belastungen i.S.d. § 44 Abs. 2** entnehmen: ein Bescheid über die Befreiung von der Rentenversicherungspflicht[90]; ein Bescheid über den Ausschluss aus einer Ersatzkasse wegen Beitragsrückständen, wenn die ursprüngliche Beitragsforderung zu hoch war[91]; die Ablehnung eines Antrags auf Beitragsnachentrichtung[92]; einen Statusfeststellungsbescheid betreffend das Bestehen von Versicherungspflicht in den Zweigen der Sozialversicherung aufgrund einer

82 Zur Frage neutraler Verwaltungsakte und deren Zuordnung zu § 44: Schütze/*Schütze*, SGB X, § 44 Rn. 23.

83 BT-Drucks. 7/910, S. 68 (zu § 48 VwVfG); *Knoke*, Rechtsfragen der Rücknahme von Verwaltungsakten, S. 50.

84 Diering/Timme/Stähler/*K. Lang*, SGB X, § 45 Rn. 11.

85 Diering/Timme/Stähler/*K. Lang*, SGB X, § 45 Rn. 11.

86 So auch *Siebert*, SGb 1990, 245; *Jung*, SGb 2002, 1.

87 BSG, Urt. v. 28.09.1999, SozR 3–2200 § 605 Nr. 1; so auch: *Siebert*, SGb 1990, 245; BSG, Urt. v. 29.03.2022 – B 12 R 2/20 R, juris – auch zur Zuordnung bei Drittwirkung eines Statusfeststellungsbescheides.

88 BSG, Urt. v. 08.10.2014 – B 3 KS 6/13 R, juris.

89 BT-Drucks. 8/2034, S. 34.

90 BSG, SGb 1985, 336 – das Gericht wendet § 44 (und nicht § 45) an, weil die Befreiung von der Rentenversicherungspflicht nach Art. 2 § 1 AnVNG grds. das gesamte Berufsleben erfasste und deshalb später keine Pflichtbeiträge mehr entrichtet werden durften und folglich keine Leistungen aufgrund der Beiträge mehr in Betracht kamen; dazu: *Eichenhofer*, SGb 1985, 338.

91 BSG, Urt. v. 04.06.1991, SozR 3–2200 § 511 Nr. 1.

92 BSG, Urt. v. 28.10.1993, SozR 3–5750 Art. 2 § 51a Nr. 7; BSG, Urt. v. 17.07.1990, SozR 3–1200 § 16 Nr. 2; BSG, Urt. v. 10.09.1987, SozR 5750 Art. 2 § 28. Nr. 5.

abhängigen Beschäftigung[93]; die Feststellung der Schwerbehinderteneigenschaft und des Grades der Behinderung[94], Bescheide über vertragsärztliche Honorare[95]; ein Bescheid über die Heranziehung zum Ersatz der Kosten der Sozialhilfe[96]; die Abfindung einer UV-Rente[97]; hinsichtlich der Beitragserstattung ist dies umstritten[98]. Das BSG hat § 44 Abs. 2 auch in einem Fall angewandt, in dem eine Spezialregelung die Anwendung des § 44 Abs. 1 (nicht aber des Abs. 2) ausschloss.[99]

Die **Belastung** kann auch **in einem an sich begünstigenden Verwaltungsakt** enthalten sein. Beispielsweise kann eine an sich bewilligte Rente zu niedrig berechnet worden sein oder ein unbefristet begehrter Rentenanspruch befristet (§ 102 SGB VI) sein. Dann ist der Verwaltungsakt teilweise belastend und die Fragen um die Aufhebung – hinsichtlich ihrer Voraussetzungen und der Rechtsfolgen – beziehen sich auf diesen belastenden Teil. Ein Verwaltungsakt kann also für denselben Betroffenen begünstigende und belastende Elemente enthalten.[100] Für die Abgrenzung der Anwendungsbereiche der §§ 44 und 45 ist dann entscheidend, um die Aufhebung welchen Teils es geht und ob der Verfügungssatz teilbar ist: Ist der Verfügungssatz teilbar, richtet sich die Aufhebung des belastenden Teils nach § 44, die Aufhebung des begünstigenden Teils nach § 45; lässt sich ein einheitlicher Verfügungssatz nicht trennen, ist zu prüfen, ob (nach der Interessenlage des Adressaten) insgesamt die Begünstigung oder die Belastung überwiegt.[101] Wurde einem Antrag des Adressaten entsprochen, richtet sich die Prüfung der Aufhebung regelmäßig nach § 45.[102] Bei verbleibenden Zweifeln hat die Rücknahme nach den strengeren Anforderungen über die Rücknahme begünstigender Verwaltungsakte nach § 45 zu erfolgen.[103] 22

3. Rücknahmezeitraum und -umfang

§ 44 Abs. 2 Satz 1 normiert die Rücknahme für die Zukunft verpflichtend als gebundene Entscheidung. Die Formulierung »ganz oder teilweise« zeigt an, dass sich die Rücknahme auf den rechtswidrigen Teil beschränkt. Der Umfang der Aufhebung des Verwaltungsaktes richtet sich nach dem Umfang seiner Rechtswidrigkeit. Maßgeblich ist das zugrunde liegende materielle Recht; eine teilweise Aufhebung ist möglich. Das materielle Recht und die Auslegung des aufzuhebenden Bescheides bestimmen, ob ein Verwaltungsakt teilbar ist und damit teilweise angefochten und aufgehoben werden kann.[104] Das BSG[105] hat dazu präzise Konkretisierungen vorgenommen: Betragsmäßig, zahlenmäßig, zeitlich, örtlich, gegenständlich oder personell abgrenzbare Teile einer Entscheidung seien in der Regel (ab-)teilbar. Jedenfalls dann enthalte ein Verwaltungsakt solche abgrenzbaren oder abtrennbaren Teile, wenn er aus mehreren, inhaltlich voneinander unabhängigen, nur äußerlich zusammengefassten Regelungen (i.S.d. § 31 S. 1 SGB X), bestehe. Neben solchen selbständigen, voneinander unabhängigen Regelungen, die nur äußerlich in einem Bescheid zusammengefasst seien, könnten aber auch abgrenzbare Teile einer einheitlichen Regelung (i.S.d. § 31 S. 1 SGB X) angefochten 23

93 BSG, Urt. v. 29.03.2022 – B 12 R 2/20 R, juris.
94 BSG, Urt. v. 29.05.1991, SozR 3–1300 § 44 Nr. 3; ebenso: *Straßfeld*, SGb 2003, 88.
95 BSG, Urt. v. 18.03.1998, SozR 3–1300 § 44 Nr. 23; BSG, Urt. v. 22.06.2005, SozR 4–1300 § 44 Nr. 6; BSG, Urt. v. 17.09.2008, SozR 4–1300 § 44 Nr. 17.
96 BVerwG, NVwZ-RR 2000, 136.
97 BSG, SGb 2000, 378; zweifelnd: *Ebsen*, JbSozRdG 2000, 368.
98 Für § 44 Abs. 2: Schütze/*Schütze*, SGB X, § 44 Rn. 15 und 22; BSG, Urt. v. 24.03.1983, SozR 2100 § 27 Nr. 2; für § 44 Abs. 1: BSG, Urt. v. 13.10.1983, SozR 1200 § 44 Nr. 9; dazu: *Zeihe*, SGb 1984, 583.
99 BSG, Urt. v. 24.02.1987, SozR 1300 § 44 Nr. 26 – für § 152 Abs. 1 AFG, heute § 330 Abs. 1 SGB III.
100 Zur Mischwirkung eines Verwaltungsaktes: *Heilemann*, SGb 1997, 255.
101 *Siebert*, SGb 1990, 245.
102 BSG, Urt. v. 28.09.1999, SozR 3–2200 § 605 Nr. 1; *Siebert*, SGb 1990, 245.
103 *Siebert*, SGb 1990, 245; *Jung*, SGb 2002, 1 differenziert danach, ob der Bürger an der Rücknahme interessiert ist oder nicht.
104 BSG, Urt. v. 21.12.2022 – B 9 SB 3/20 R, juris.
105 BSG, Urt. v. 21.12.2022 – B 9 SB 3/20 R, juris.

und aufgehoben werden. Voraussetzung dafür sei, dass der rechtlich unbedenkliche Teil in keinem untrennbaren oder unauflösbaren inneren Zusammenhang mit dem rechtswidrigen Teil stehe, sondern rechtmäßig als selbständiger Rest- oder Teilverwaltungsakt fortbestehen könne, ohne seinen ursprünglichen Bedeutungsgehalt zu verändern. Ein Verwaltungsakt könne deshalb dann teilweise aufgehoben werden, wenn ein (aufzuhebender) Teil der durch ihn getroffenen (Gesamt-)Regelung in einer Weise tatsächlich und rechtlich abgetrennt werden könne, welche die verbleibende(n) (Teil-)Regelung(en) für sich allein genommen logisch sinnvoll und rechtmäßig fortbestehen ließe(n). So liege es jedenfalls dann, wenn die erlassende Behörde den verbleibenden Verwaltungsakt von Anfang an ohne den gesondert aufzuhebenden Teil rechtmäßig hätte erlassen dürfen.[106] Schließlich dürfe eine Teilaufhebung bei Vornahme durch ein Gericht keine rechtlich geschützte Dispositionsbefugnis der erlassenden Behörde einschränken, indem sie ihr eine wesentlich geänderte Regelung aufzwinge, zu deren Erlass die Behörde nicht ohnehin verpflichtet gewesen sei und die sie nicht ohne den aufzuhebenden Teil erlassen hätte.[107] Wird ein Verwaltungsakt nur teilweise zurückgenommen, dann muss sich der Rücknahmeverfügung entnehmen lassen, für welche Monate die Leistungsbewilligung in welcher Höhe aufgehoben werden soll.[108]

24 Bei der Entscheidung über die Rücknahme für die Vergangenheit nach § 44 Abs. 2 Satz 2 steht der Behörde Ermessen zu, was die Pflicht mit sich bringt, dieses auch ermessensfehlerfrei auszuüben. Bei der Ermessensausübung dienen die sozialen Rechte der §§ 2, 3–10 SGB I als Leitlinien.[109] Als Rechte können sie zwar keine Rechtfertigung für Leistungsbeschränkungen sein.[110] Aber sie dienen der Optimierung sozialer Rechte auch im Rahmen des § 44.[111] Das BSG hat zu § 44 Abs. 2 Satz 2 ausgesprochen, dass weder allein die Rechtswidrigkeit des früheren Bescheides zu dessen Rücknahme verpflichten noch die eingetretene Bindungswirkung ein entscheidender Grund für die Ablehnung der Rücknahme sein könnten.[112] Es sei zu fragen, ob Billigkeitsgründe des Einzelfalls die Rücknahme des Verwaltungsaktes nahelegten.[113] Eine Bösgläubigkeit schließt zwar – anders als bei Abs. 1 – die Anwendung des Abs. 2 nicht aus, sie kann aber bei der Ermessensausübung zu berücksichtigen sein. Zu § 44 Abs. 2 Satz 2 hat das BSG beispielsweise auch entschieden, dass eine Kassenärztliche Vereinigung eine erneute inhaltliche Überprüfung für zurückliegende Zeiträume ermessensfehlerfrei mit der Begründung ablehnen könne, bei Gewährung von Nachzahlungen wären wegen der Vielzahl ähnlich liegender Fälle erhebliche Einbußen für aktuelle Honoraransprüche zu befürchten.[114] Erfolgt eine Zusicherung auf Überprüfung eines bestandskräftigen Bescheids, so soll diese Zusicherung das Ermessen auf Rücknahme auf Null reduzieren.[115]

III. Zuständigkeit (Abs. 3)

25 § 44 Abs. 3 trifft eine Regelung für solche Fälle, in denen sich die **örtliche oder sachliche**[116] **Zuständigkeit** der Behörde nach Erlass des zu überprüfenden Bescheides ändert und bestimmt, dass für die

---

106 Beispielsweise sei dies der Fall bei einem Verwaltungsakt, der rechtswidrig einen GdB für die Vergangenheit herabsetze, wenn er zugleich eine hiervon abtrennbare, rechtmäßige Herabsetzung des GdB für die Zukunft beinhalte – so BSG, Urt. v. 21.12.2022 – B 9 SB 3/20 R, juris, im Anschluss an BSG, Urt. v. 16.12.2021 – B 9 SB 6/19 R, juris.

107 BSG, Urt. v. 16.12.2021 – B 9 SB 6/19 R, juris.

108 BSG, Urt. v. 05.04.2023 – B 5 R 4/22 R, juris.

109 *Eichenhofer*, SGB 2011, 301.

110 LSG Bremen, Urt. v. 16.12.1998 – L 3 V 3/98.

111 BSGE 63, 214.

112 BSG, Urt. v. 24.02.1987, SozR 1300 § 44 Nr. 28.

113 BSG, Urt. v. 24.02.1987, SozR 1300 § 44 Nr. 28.

114 BSG, Urt. v. 17.09.2008, SozR 4–1300 § 44 Nr. 17; BSG, Urt. v. 18.03.1998, SozR 3–1300 § 44 Nr. 23.

115 BSG, Urt. v. 27.05.2014 – B 8 SO 1/13 R, juris.

116 Es ist umstritten, ob die Regelung nur auf die örtliche Zuständigkeit zu beziehen ist: Für eine Begrenzung: *Knoke*, Rechtsfragen der Rücknahme von Verwaltungsakten, 104; differenzierend: *Tannen*, DRV

Rücknahme des Verwaltungsaktes diejenige Behörde zuständig ist, die nach dem im Zeitpunkt der Aufhebungsentscheidung maßgeblichen Recht zuständig ist. Insoweit schränkt die Regelung den allgemein anerkannten Rechtsgrundsatz ein, wonach die Zuständigkeit für die Aufhebung eines Verwaltungsaktes vorbehaltlich einer besonderen gesetzlichen Regelung bei der Behörde liegt, die den Verwaltungsakt erlassen hat, um dessen Aufhebung es geht.[117] Die Behörde, die den Ausgangsverwaltungsakt erlassen hat, ist für seine Aufhebung nicht mehr zuständig, wenn sie entweder zu keinem Zeitpunkt zuständig war oder ihre Zuständigkeit nach Erlass des Verwaltungsaktes, um dessen Korrektur es geht, entfallen ist.[118] Auf diese Weise wird verhindert, dass eine andere Behörde über die Korrektur zu entscheiden hat als diejenige, die nunmehr zuständig ist, den maßgeblichen Sachverhalt zu regeln.[119] Nach § 44 Abs. 3 hat also über die Rücknahme **nach Unanfechtbarkeit** des Verwaltungsaktes nicht die Behörde zu entscheiden, die im Zeitpunkt des Erlasses zuständig war, sondern die im Zeitpunkt der Rücknahme zuständige Behörde. Umgekehrt bedeutet dies, dass bis zur Unanfechtbarkeit die erlassende Behörde (oder Widerspruchsbehörde) für die Rücknahme zuständig bleibt; es sei denn, diese war bereits im Erlasszeitpunkt unzuständig – dann tritt (nach dem Grundsatz der Gesetzmäßigkeit der Verwaltung, Art. 20 Abs. 3 GG) die eigentlich zuständige Behörde an deren Stelle. § 44 Abs. 3 trifft keine eigene Zuständigkeitsregelung[120], sondern knüpft an unterschiedliche Zuständigkeitsregelungen (vor und nach Unanfechtbarkeit des Verwaltungsaktes) an und regelt deren Verhältnis zueinander.

IV. Nachzahlung (Abs. 4)

Die Rücknahme beseitigt nur den bisherigen Verwaltungsakt, soweit er rechtswidrig ist. Welche 26
Konsequenzen daraus zu ziehen sind, lässt § 44 weitgehend offen. In manchen Fällen bedarf es nach der Rücknahme keiner weiteren Regelung mehr und es muss lediglich eine Belastung des Bürgers beseitigt werden. Mitunter finden sich Sonderregelungen für die Rückabwicklung, beispielsweise die §§ 26, 27 SGB IV für einen Beitragsbescheid.[121] Wenn (zusätzliche) Leistungen begehrt werden, ist eine Neuregelung nach der Rücknahme das eigentliche Ziel des Bürgers. Für Sozialleistungen begrenzt § 44 Abs. 4 dann den Nachzahlungszeitraum.[122] § 44 Abs. 4 gilt auch für Nebenforderungen, etwa Zinsen.[123] Auf ein Verschulden der Behörde hinsichtlich des rechtswidrigen, aufgehobenen Verwaltungsaktes soll es nicht ankommen.[124]

1988, 498; **gegen** eine Begrenzung Schütze/*Schütze*, SGB X, § 44 Rn. 38. Die Gesetzesmaterialien zu § 44 Abs. 3 SGB X verweisen uneingeschränkt auf § 48 Abs. 5 VwVfG, der sich seinerseits nur auf die örtliche Zuständigkeit (§ 3 VwVfG) bezieht, BT-Drucks. 8/2034, S. 34. Aber der Wortlaut des § 44 Abs. 3 spricht gegen eine solche Einschränkung. Das BSG hat § 44 Abs. 3 ausdrücklich auch auf die sachliche Zuständigkeit bezogen, BSG, Urt. v. 21.12.2023 – B 5 R 3/22 R, juris; BSG, Urt. v. 09.06.1999, SozR 3–2500 § 95 Nr. 20; BSG, Urt. v. 17.07.1985, SozR 1500 § 77 Nr. 61 – Soweit es im Fall herausarbeitet, dass die erlassende Behörde eines Leistungsrückforderungs- oder Beitragserstattungsbescheides zuständig bleibt, auch wenn zwischenzeitlich Beiträge an einen anderen Versicherungsträger geleistet worden sind, konkretisiert es lediglich die Zuständigkeitsregelung und bildet keine Ausnahme zur Anwendbarkeit des § 44 Abs. 3 auch auf die sachliche Zuständigkeit.

117 BSG, Urt. v. 09.06.1999, SozR 3–2500 § 95 Nr. 20.

118 BSG, Urt. v. 09.06.1999, SozR 3–2500 § 95 Nr. 20.

119 BSG, Urt. v. 09.06.1999, SozR 3–2500 § 95 Nr. 20.

120 BSG, Urt. v. 17.07.1985, SozR 1500 § 77 Nr. 61.

121 Zum Verhältnis § 44 Abs. 4 und §§ 26, 27 SGB IV: BSG, Urt. v. 12.12.2007, SozR 4–2400 § 27 Nr. 3.

122 BSG, Urt. v. 12.12.1996, SozR 3–1300 § 44 Nr. 19; gegen eine Anwendung des § 44 Abs. 4 auf ausbleibende Begünstigungen des § 44 Abs. 2: BVerwG, NVwZ-RR 2000, 136.

123 BSG, Urt. v. 03.07.2020 – B 8 SO 15/19 R, juris; BSG, Urt. v. 17.11.1981, SozR 1200 § 44 Nr. 4.

124 BSG, Urt. v. 04.02.1987, SozR 1300 § 48 Nr. 32; BSG, Urt. v. 11.04.1985, SozR 1300 § 44 Nr. 17.

27 Die Frist des § 44 Abs. 4 berechnet sich nach dem Zeitpunkt des Rücknahmebescheides oder des hierzu führenden Antrags.[125] Die Sätze 2 und 3 des Abs. 4 pauschalieren die Berechnung des Vier-Jahres-Zeitraums. Konkret wird der Zeitpunkt bei der Rücknahme von Amts wegen von Beginn des Jahres an gerechnet, in dem der Verwaltungsakt zurückgenommen wird. Erfolgt also die Rücknahme am 15.11.2024, dann fingiert das Gesetz anstelle dessen den 01.01.2024 und der Rücknahmezeitraum reicht bis zum 01.01.2020 (§ 26 Abs. 1 i.V.m. §§ 187 Abs. 1, § 188 Abs. 2 BGB). Im Fall einer Antragstellung des Betroffenen tritt an die Stelle der Rücknahme der Antrag. Der Betroffene hat hier alles getan, was seiner Disposition unterliegt. Das Gesetz schützt ihn in diesem Fall insofern, als die Bearbeitungszeit der Behörde nicht zu seinen Lasten gehen, seine Nachzahlungsberechtigung also nicht schmälern soll.[126] Das BSG sieht einen sozialrechtlichen Herstellungsanspruch allerdings nicht zur Anwendung kommen, wenn es um Leistungen geht, die länger als vier Jahre zurück liegen; selbst wenn die Versäumung der Frist des § 44 Abs. 4 auf einem Fehlverhalten der Behörde beruht.[127] Es begründet dies damit, dass die Verletzung einer Nebenpflicht nicht weiterreichende Folgen haben könne als die Verletzung einer Hauptpflicht.[128]

28 Sozialleistungen werden gem. § 44 Abs. 4 »**nach den Vorschriften der besonderen Teile dieses Gesetzbuchs**« (längstens für einen Zeitraum von vier Jahren vor der Rücknahme erbracht). Den Besonderheiten des jeweiligen Leistungsrechts muss Rechnung getragen werden.[129] Im Bereich des Existenzsicherungsrechts führt dies zur Frage, inwieweit der sog. Aktualitätsgrundsatz[130] oder das sog. Gegenwärtigkeitsprinzip die rückwirkende Erbringung von Leistungen ausschließt[131]: Die Gesetzesmaterialien zu dieser Vorschrift weisen darauf hin, dass »Sozialhilfe grundsätzlich nur zur Beseitigung einer gegenwärtigen Notlage und nicht für die Vergangenheit gewährt wird«.[132] Jedoch sei die Deckung eines sozialhilferechtlichen Bedarfs insbesondere dann auch für die Vergangenheit möglich, wenn der Hilfesuchende gegen die Ablehnung der Sozialhilfe mit Erfolg das vorgesehene Rechtsmittel eingelegt habe oder die rechtzeitige Bedarfsdeckung an dem säumigen Verhalten der Behörde gescheitert sei; in solchen Ausnahmefällen sei Sozialhilfe rückwirkend grundsätzlich für die Zeit zu gewähren, in der die Voraussetzungen für ihre Gewährung vorlagen – begrenzt durch die Regelung des § 44 Abs. 4.[133] Das BSG hatte dazu zunächst ausgesprochen, dass das Gebot der materiellen Gerechtigkeit vor dem Hintergrund dieser sozialhilferechtlichen Aspekte gerade nicht verlange, dem (früher einmal) Hilfebedürftigen eine Leistung zu gewähren, der er nicht (mehr) bedarf; wobei Ausnahmen dort denkbar seien, wo es schlechthin unbillig wäre, wenn der Sozialhilfeträger wegen (zwischenzeitlichen) Bedarfswegfalls die Rücknahme der rechtswidrigen Ablehnung bzw. die Zahlung zu Unrecht vorenthaltener Sozialhilfeleistungen verweigern dürfte.[134] Das Gericht hatte danach die nachträgliche Leistungserbringung zugelassen, wenn die Bedürftigkeit ununterbrochen fortbestehe und der Hilfebedürftige den Bedarf in der Folgezeit im Wege der Selbsthilfe (etwa unter

125 BSG, Urt. v. 15.12.1992, SozR 3–1300 § 44 Nr. 6 (irrelevant für die Frist deshalb frühere erledigte Zugunstenverfahren, hier: Anerkennung als Asylberechtigter und rückwirkender Anspruch auf Kindergeld).

126 BSG, Urt. v. 25.06.1985, SozR 1300 § 44 Nr. 19.

127 BSG, Urt. v. 04.07.2017 – B 10 EG 20/16 B, juris.

128 BSG, Urt. v. 04.07.2017 – B 10 EG 20/16 B, juris; BSG, Urt. v. 24.04.2014 – B 13 R 23/13 R, juris.

129 BSG, Urt. v. 17.12.2015 – B 8 SO 24/14 R, juris; BSG, Urt. v. 29.09.2009 SozR 4–1300 § 44 Nr. 20; Butzer/Kaltenborn/Meyer/*Wahrendorf*, Organisation und Verfahren im sozialen Rechtsstaat, FS für Friedrich E. Schnapp 2008, S. 577; BSG, Urt. v. 01.06.2010, SozR 4–4200 § 22 Nr. 36 – keine Besonderheiten des SGB II für die Nachzahlung von Unterkunftskosten; BSG, Urt. v. 16.10.2007, SozR 4–1300 § 44 Nr. 11 – keine Besonderheiten für die Nachzahlung der Grundsicherung im Alter und bei Erwerbsminderung.

130 So die Wortwahl des Gesetzgebers in seinen Begründungen: BT-Drucks. 17/3404, S. 114 und S. 129.

131 Dazu: *Bogun*, info also 2010, 108; *Hochheim*, NZS 2010, 302; *Pattar*, NZS 2010, 7; jurisPK-SGB X/*Baumeister*, § 44 SGB X Rn. 28 ff.

132 BT-Drucks. 8/2034, S. 33.

133 BT-Drucks. 8/2034, S. 33 f.

134 BSG, Urt. v. 29.09.2009, SozR 4–1300 § 44 Nr. 20.

Rückgriff auf Schonvermögen oder durch Aufnahme von Schulden) oder der Hilfe Dritter gedeckt habe.[135] Dann könne die Sozialhilfe ihren Zweck noch erfüllen, weil an die Stelle des ursprünglichen Bedarfs eine vergleichbare Belastung als Surrogat getreten sei.[136] Sei demgegenüber die Bedürftigkeit inzwischen temporär oder auf Dauer entfallen (etwa weil der Antragsteller ein entsprechendes Einkommen erzielt), soll die Nachzahlung regelmäßig abzulehnen sein; als den maßgebenden Zeitpunkt für das Entfallen der Bedürftigkeit kennzeichnete das Gericht die letzte Tatsacheninstanz.[137] In gleicher Weise hatte das BSG die Nachzahlung abgelehnt, wenn es sich um prognostische Bedarfe handele, die wegen der Ablehnung nicht angefallen seien (z.B. Klassenfahrt nach § 34 Abs. 2 SGB XII, kostenaufwändige Ernährung nach § 30 Abs. 5 SGB XII).[138]

Der Gesetzgeber hat auf diese Problematik reagiert und in den §§ 40 Abs. 1 Satz 2 SGB II, 116a 30
SGB XII anstelle des Zeitraums von vier Jahren einen Zeitraum von einem Jahr gesetzt.[139] Zur Begründung führen die Materialien an, dass die Vierjahresfrist des § 44 Abs. 4 für die Leistungen dieser Bücher, die als steuerfinanzierte Leistungen der Sicherung des Lebensunterhalts dienen und dabei im besonderen Maße die Deckung gegenwärtiger Bedarfe bewirken sollen (so genannter Aktualitätsgrundsatz), zu lang sei.[140] Infolge der kürzeren Jahresfrist könnten Leistungen längstens bis zum Beginn des Jahres rückwirkend erbracht werden, das dem Jahr der Rücknahme des rechtswidrigen Verwaltungsaktes oder der darauf gerichteten Antragstellung vorausgegangen ist; dies trage auch zur Entlastung der Träger der Leistungen und der Sozialgerichte bei.[141] Nach dieser Gesetzesänderung sprechen gegen eine Anführung des Gegenwärtigkeitsprinzips, um den auf ein Jahr verkürzten Nachzahlungszeitraum weiterhin einzuschränken, folgende Überlegungen: Der Grundsatz der Gesetzmäßigkeit der Verwaltung (der dem Rechtsstaatsprinzip entstammt, Art. 20 Abs. 3 GG) führt zur Verpflichtung der Behörde, nach Aufhebung einer rechtswidrigen Entscheidung eine neue, rechtmäßige Entscheidung zu treffen. Bei einer Aufhebung mit Wirkung für die Vergangenheit bedeutet dies, dass grundsätzlich für diese Zeit neu über den Leistungsanspruch zu entscheiden ist und Leistungen, die für diesen Zeitraum ausblieben, entsprechend nachzuzahlen sind. Zu dieser grundsätzlichen, in die Vergangenheit gerichteten Nachzahlung enthält § 44 Abs. 4 SGB X bereits eine Ausnahme und schränkt den Nachzahlungszeitraum auf vier Jahre ein. Für den Bereich des SGB II und SGB XII erfolgt mit den §§ 40 Abs. 1 S. 2 Nr. 2 SGB II, 116a Nr. 2 SGB XII eine weitere Einschränkung auf einen Nachzahlungszeitraum von einem Jahr und die Gesetzesbegründung beruft sich dafür bereits auf den Aktualitätsgrundsatz[142]. Er hat damit eine Entscheidung getroffen, die bereichsspezifisch den Grundsatz der Gesetzmäßigkeit der Verwaltung sowie den Aktualitätsgrundsatz berücksichtigt. Ein Vergleich mit dem Widerspruchs-/Klageverfahren verdeutlicht: Auch hier sind aus Gründen des effektiven Rechtsschutzes Leistungen für die Vergangenheit zu gewähren, ohne dass es auf das Fortbestehen einer Notlage ankäme.[143] Für den Bereich des SGB II gibt es eine jüngere Tendenz in der Rechtsprechung des BSG, die von der zusätzlichen Einschränkung der Nachzahlung (innerhalb des Jahreszeitraums) absieht.[144] Dem folgt das BSG jüngst auch für den Bereich des SGB XII und das AsylbLG: Mit den gesetzlichen Änderungen in § 40 Abs. 1 SGB II, § 116a

135 BSG, Urt. v. 29.09.2009, SozR 4–1300 § 44 Nr. 20; kritisch: Berlit/Conradis/Pattar/*Conradis*, Existenzsicherungsrecht, S. 1237 f.
136 BSG, Urt. v. 29.09.2009, SozR 4–1300 § 44 Nr. 20.
137 BSG, Urt. v. 29.09.2009, SozR 4–1300 § 44 Nr. 20.
138 BSG, Urt. v. 29.09.2009, SozR 4–1300 § 44 Nr. 20.
139 Durch das Gesetz zur Ermittlung von Regelbedarfen und zur Änderung des Zweiten und Zwölften Buches Sozialgesetzbuch v. 24.03.2011, BGBl. I 2011, S. 453. Nach § 77 Abs. 13 SGB II ist § 40 Abs. 1 SGB II und nach § 136 SGB XII ist § 116a SGB XII nicht für Anträge anwendbar, die vor dem 01.04.2011 gestellt wurden.
140 BT-Drucks. 17/3404, S. 114 und S. 129.
141 BT-Drucks. 17/3404, S. 114 f. und S. 129.
142 BT-Drucks. 17/3404, S. 129 (zu Nr. 35, § 116a).
143 BVerwG, Urt. v. 02.09.1993 – 5 C 50/91, juris; BVerwG, Urt. v. 05.05.1994 – 5 C 43.91, juris.
144 BSG, Urt. v. 04.04.2017 – B 4 AS 6/16 R, juris.

SGB XII und nachfolgend auch § 9 Abs. 4 AsylbLG habe der Gesetzgeber eine abschließende Regelung getroffen.[145]

30 Die Begrenzung der nachträglichen Leistungserbringung nach einer Rücknahmeentscheidung auf einen Zeitraum von etwa vier Jahren entspricht der Verjährungsfrist von Sozialleistungen nach § 45 Abs. 1 SGB I und ist im Gesetz festgelegt worden, um sicherzustellen, dass nicht über diesen Zeitraum hinaus rückwirkend Leistungen zu erbringen sind, denn bei rückwirkender Aufhebung eines Verwaltungsaktes entfällt auch eine schon eingetretene Verjährung.[146] Die Regelung stellt eine **materiell-rechtliche Anspruchsbeschränkung** dar, die einer Ausschlussfrist entspricht.[147] Es geht um die Aktualität von Sozialleistungen, die im Wesentlichen dem Unterhalt des Berechtigten dienen sollen, und um die Überschaubarkeit von Leistungsverpflichtungen im Interesse der Leistungsträger.[148] Das BSG hält die Regelung für verfassungsrechtlich unbedenklich und sieht in dem Ausschluss von Ansprüchen (die außerhalb der Nachzahlungsfrist liegen) auch bei vorangegangener Beitragszahlung keinen Verstoß gegen Art. 14 GG.[149] Die Ausschlussfrist des § 44 Abs. 4 gelte selbst dann, wenn im Rahmen eines sozialrechtlichen Herstellungsanspruchs eine Leistung rückwirkend verlangt werden kann.[150] § 44 Abs. 4 gelte uneingeschränkt auch für Verwaltungsakte, die eine Rente nach dem ZRBG[151] zu Unrecht abgelehnt haben; die Vorschrift sei verfassungskonform.[152]

31 Wegen dieser vorgenannten Besonderheiten ist der Anwendungsbereich des § 44 Abs. 4 nicht entsprechend auf andere Aufhebungs- und Erstattungsbescheide zu erstrecken.[153] Anderenfalls würde ein rechtstreuer Leistungsberechtigter, der eine von der Behörde zu Unrecht geforderte Erstattung beglichen hat, schlechter als derjenige gestellt, der sie nicht begleicht. Die Interessenlage einer solchen Rückabwicklung ist nicht mit derjenigen bei der Beanspruchung von Unterhaltscharakter beinhaltenden Sozialleistungen vergleichbar.

32 **Sonstige belastende Folgen** durch den aufgehobenen Verwaltungsakt können einen sozialrechtlichen Herstellungsanspruch, einen Folgenbeseitigungsanspruch oder einen Amtshaftungsanspruch auslösen, dürfen dann aber nicht dazu führen, dass der Sinn und Zweck des § 44 ausgehebelt wird. Deshalb bleibt § 44 in seinem Anwendungsbereich Spezialregelung und wird § 44 Abs. 4 bei Anwendung des sozialrechtlichen Herstellungsanspruchs oder des Folgenbeseitigungsanspruchs mitunter[154] entsprechend angewandt.[155] Die Nichtanwendung des § 44 Abs. 4 bei einem Amtshaftungs-

145 BSG, Urt. v. 24.06.2021 – B 7 AY 2/20 R, juris.

146 BT-Drucks. 8/2034, S. 34 – unter Berufung auf BSG 21.04.1974, SozR 2200 § 29 Nr. 2, wonach bei rückwirkender Aufhebung eines Verwaltungsaktes auch eine schon eingetretene Verjährung wieder entfällt.

147 BSG, Urt. v. 23.07.1986, SozR 1300 § 44 Nr. 23; *Hofe* SGb 1986, 11.

148 BSG, Urt. v. 31.01.2002, SozR 3–1300 § 44 Nr. 34 – § 119 SGB X sieht das Gericht hier als Sonderregelung an, die vom Anwendungsbereich des § 44 Abs. 4 SGB X ausgenommen ist.

149 BSG, Urt. v. 23.07.1986, SozR 1300 § 44 Nr. 23.

150 LSG, Urt. v. 26.01.2022 – L 4 VJ 2/20, juris, zur rückwirkenden Anerkennung eines Impfschadens; BSG, Urt. v. 24.4.2014 – B 13 R 23/13 R, juris.

151 Gesetz zur Zahlbarmachung von Renten aus Beschäftigungen in einem Ghetto v. 20.06.2002, BGBl. I S. 2074.

152 BSG, Urt. v. 07.02.2012 – B 13 R 40/11 R, juris; BSG, Urt. v. 08.02.2012 – B 5 R 38/11 R, juris; BSG, Urt. v. 10.12.2013 – B 13 R 53/11 R, juris.

153 BSG, Urt. v. 13.02.2014 – B 4 AS 19/13 R, juris, Fortführung von BSG, Urt. v. 12.12.1996 – 11 Rar 31/96, juris.

154 BSG, Urt. v. 06.03.2003, SozR 4–2600 § 115 Nr. 1 – In dieser Entscheidung verneint das BSG eine Übertragbarkeit des § 44 Abs. 4 im Kontext des Herstellungsanspruchs für den Bereich des Rentenversicherungsrechts; sehr umfassend und grds.: BSG, Urt. v. 26.06.2007, SozR 4–1300 § 44 Nr. 12 – gegen eine grundsätzliche Übertragung des § 44 Abs. 4 auf den Herstellungsanspruch.

155 BSG, Urt. v. 23.07.1986, SozR 1300 § 44 Nr. 23 (sozialrechtlicher Herstellungsanspruch sowie Folgenbeseitigungsanspruch); BSG, Urt. v. 11.04.1985, SozR 1300 § 44 Nr. 17 (zum sozialrechtlichen Herstellungsanspruch); BSG, Urt. v. 28.01.1999, SozR 3–1300 § 44 Nr. 25 sowie BSG, Urt. v. 24.04.2014 – B 13 R 23/13 R, juris, – beide zum sozialrechtlichen Herstellungsanspruch; dazu: *Gagel*, SGb 2000,

anspruch lässt sich mit seiner anderen Rechtsnatur begründen, er ist nicht auf Naturalrestitution, sondern auf Geldersatz gerichtet.[156] Keine Anwendung soll § 44 Abs. 4 finden, wenn die Behörde eine laufende Zahlung – etwa von Krankengeld – ohne Erlass eines entsprechenden Verwaltungsaktes tatsächlich einstellt und sodann über die Nachzahlung für einen Zeitraum von mehr als vier Jahren gestritten wird.[157]

V. Rücknahmeverfahren und Überprüfungspflicht

Das Rücknahmeverfahren ist ein eigenständiges Verwaltungsverfahren i.S.d. § 8 und die Rücknahmeentscheidung ein Verwaltungsakt, welcher mit der Bekanntgabe an den Beteiligten wirksam wird (§§ 37, 39). Die Rücknahmeentscheidung bezieht sich zwar auf den aufgehobenen Verwaltungsakt, ist aber rechtlich selbständig. Auf die Rücknahme des rechtswidrigen Verwaltungsaktes hat der von ihm belastete Bürger nach Maßgabe des § 44 Abs. 1 oder Abs. 2 Satz 1 grundsätzlich einen Anspruch, den er durch einen **Antrag** auf Rücknahme geltend machen kann.[158] Im Fall des § 44 Abs. 2 Satz 2 besteht ein Anspruch auf ermessensfehlerfreie Entscheidung. Die Rücknahmepflicht erstreckt sich zur Beseitigung des Rechtsscheins sogar auf nichtige Verwaltungsakte, wenn der Bürger die Rücknahme beantragt.[159] Ein verspäteter und damit unzulässiger Widerspruch kann als Rücknahmeantrag aufzufassen sein. In jedem Fall muss ein die Prüfpflicht auslösender Antrag aber so konkret (oder durch Auslegung konkretisierbar) sein, dass der Umfang der Prüfpflicht für die Verwaltung spätestens bis zum Abschluss des Widerspruchsverfahrens erkennbar ist.[160] Dem genügt der Antrag auf »Überprüfung sämtlicher Bescheide« nicht.[161] Zur Frage, ob ein aufzuhebender **Bescheid mehrere Monats-Verwaltungsakte enthält oder die Monate zu einer Regelung zusammengefasst worden sind, vgl.** § 44 Rdn. 2. 33

Der Überprüfungsanspruch aufgrund eines Antrags findet dort seine Grenze, wo die Rücknahme des rechtswidrigen Verwaltungsakts **keine Auswirkungen** mehr haben kann: Das BSG hat dies entschieden für rechtsverbindliche, grundsätzlich zurückzunehmende Verwaltungsentscheidungen, welche ausschließlich Zeiten betreffen, die außerhalb der durch einen Rücknahmeantrag bestimmten Verfallfrist (§ 44 Abs. 4 mit seinen Sonderregelungen) liegen.[162] Dies gilt nicht bei Verjährung.[163]. Das Gericht hat auch entschieden, dass ein Rücknahmeanspruch wegen unzulässiger Rechtsausübung untergehen kann, wenn die Behörde im Zeitpunkt der begehrten Rücknahme den Verwaltungsakt inhaltsgleich neu erlassen müsste.[164] 34

Ist ein entsprechender Antrag bereits abschlägig beschieden worden, darf ein erneuter Antrag selbst dann nicht unbeachtet bleiben, wenn dies durch rechtskräftiges Urteil bestätigt worden ist,[165] entsprechend dem Umfang des Vorbringens des Versicherten muss die Behörde in eine erneute Prüfung eintreten und den Antragsteller bescheiden[166]. Einer **querulatorischen** Wiederholung von Über- 35

517; Schütze/*Schütze*, SGB X, § 44 Rn. 34 (sozialrechtlicher Herstellungsanspruch), Rn. 35 (Folgenbeseitigungsanspruch).
156 BGH NJW-RR 1989, 1252; *v. Einem*, SozVers 1989, 261.
157 BSG, Urt. v. 22.06.1994, SozR 3–1200 § 45 Nr. 4.
158 BSG, Urt. v. 07.09.2006, SozR 4–2600 § 118 Nr. 4.
159 BSG, Urt. v. 23.02.1989, SozR 1500 § 55 Nr. 35.
160 BSG, Urt. v. 13.02.2014 – B 4 AS 22/13 R, juris.
161 BSG, Urt. v. 28.10.2014 – B 14 AS 39/13 R, juris.
162 BSG, Urt. v. 18.05.2022 – B 7/14 AS 27/21 R, juris; BSG, Urt. v. 12.10.2016 – B 4 AS 37/15 R, juris; BSG, Urt. v. 20.10.2010 – B 13 R 90/09 R, juris; BSG, Urt. v. 06.03.1991, SozR 3–1300 § 44 Nr. 1; BSG, Urt. v. 26.10.1994, SozR 3–6610 Art. 5 Nr. 1; *Eichenhofer*, NdsVBl 1995, 10.
163 BSG, Urt. v. 26.01.1988, SozR 1300 § 44 Nr. 31; kritisch: *Wallerath*, SGb 1991, 500.
164 BSG, Urt. v. 07.09.2006, SozR 4–2600 § 118 Nr. 4.
165 BSG, Urt. v. 28.01.1981, SozR 3900 § 40 Nr. 15.
166 BSG, Urt. v. 05.09.2006, SozR 4–2700 § 8 Nr. 18.

prüfungsanträgen wird die Behörde unter Berufung auf die Figur des Rechtsmissbrauchs begegnen und eine Überprüfung im Einzelfall ablehnen können.[167]

36 Die Überprüfungspflicht ist nicht zwangsläufig von einem Antrag abhängig (vgl. § 44 Abs. 4 Satz 3), sodass sich die Frage stellt, inwieweit die Behörde **von Amts wegen** zur Überprüfung erlassener Verwaltungsakte verpflichtet ist. Eine Pflicht, Akten von sich aus auf Rücknahmemöglichkeiten durchzuarbeiten, wird – auch bei einer neuen Rechtslage – mit dem Argument verneint, die Massenverwaltung der Sozialversicherungsträger und der Versorgungsverwaltung würde es rechtfertigen, sich auf die jeweils zu bearbeitende Einzelentscheidung zu beschränken.[168] Die Formulierung in § 44 Abs. 1 Satz 1 »im Einzelfall« zeige auf, dass sich bei der Bearbeitung eines konkreten Falls Anhaltspunkte für eine Aufhebung ergeben müssten.[169] Es bestehe keine Verpflichtung, regelmäßig oder aus besonderem Anlass den gesamten Aktenbestand daraufhin zu überprüfen, ob sich ein Anlass zu einem Vorgehen nach § 44 SGB X ergibt.[170] Dabei darf jedoch nicht in den Hintergrund geraten, dass die Behörde zu rechtmäßigem Verwaltungshandeln verpflichtet ist (Art. 20 Abs. 3 GG). Man wird deshalb zu differenzieren haben: Rechtsänderungen nach dem Erlass des danach rechtswidrigen Verwaltungsaktes lösen dann eine Überprüfungspflicht aus, wenn die Neuregelung ihre rückwirkende Anwendung anordnet. Im Übrigen, also insbesondere, wenn der Prüfungsanlass nicht von außen an die Behörde herangetragen wird, kann es dabei verbleiben, dass die Behörde erst dann verpflichtet ist, von Amts wegen das Rücknahmeverfahren einzuleiten, wenn sich konkret Anhaltspunkte für eine Rechtswidrigkeit ergeben.

§ 45 Rücknahme eines rechtswidrigen begünstigenden Verwaltungsaktes

(1) Soweit ein Verwaltungsakt, der ein Recht oder einen rechtlich erheblichen Vorteil begründet oder bestätigt hat (begünstigender Verwaltungsakt), rechtswidrig ist, darf er, auch nachdem er unanfechtbar geworden ist, nur unter den Einschränkungen der Absätze 2 bis 4 ganz oder teilweise mit Wirkung für die Zukunft oder für die Vergangenheit zurückgenommen werden.

(2) [1]Ein rechtswidriger begünstigender Verwaltungsakt darf nicht zurückgenommen werden, soweit der Begünstigte auf den Bestand des Verwaltungsaktes vertraut hat und sein Vertrauen unter Abwägung mit dem öffentlichen Interesse an einer Rücknahme schutzwürdig ist. [2]Das Vertrauen ist in der Regel schutzwürdig, wenn der Begünstigte erbrachte Leistungen verbraucht oder eine Vermögensdisposition getroffen hat, die er nicht mehr oder nur unter unzumutbaren Nachteilen rückgängig machen kann. [3]Auf Vertrauen kann sich der Begünstigte nicht berufen, soweit
1. **er den Verwaltungsakt durch arglistige Täuschung, Drohung oder Bestechung erwirkt hat,**
2. **der Verwaltungsakt auf Angaben beruht, die der Begünstigte vorsätzlich oder grob fahrlässig in wesentlicher Beziehung unrichtig oder unvollständig gemacht hat, oder**
3. **er die Rechtswidrigkeit des Verwaltungsaktes kannte oder infolge grober Fahrlässigkeit nicht kannte; grobe Fahrlässigkeit liegt vor, wenn der Begünstigte die erforderliche Sorgfalt in besonders schwerem Maße verletzt hat.**

(3) [1]Ein rechtswidriger begünstigender Verwaltungsakt mit Dauerwirkung kann nach Absatz 2 nur bis zum Ablauf von zwei Jahren nach seiner Bekanntgabe zurückgenommen werden. [2]Satz 1 gilt nicht, wenn Wiederaufnahmegründe entsprechend § 580 der Zivilprozessordnung vorliegen.

---

167 Zur Belastung der Verwaltung durch wiederholte Überprüfungsanträge: *Felix,* NZS 2016, 401; *Mey,* SGb 2012, 198; *Voelzke/Hahn,* SGb 2012, 685.

168 Schütze/*Schütze*, SGB X, § 44 Rn. 45; BSG, Urt. v. 19.03.1981, SozR 2200 § 1301 Nr. 14; *Jung*, SGb 2002, 1; Diering/Timme/Stähler/*Siewert*, SGB X, § 44 Rn. 44. Dazu grundsätzlich: *Felix*, NzS 2016, 401.

169 Schütze/*Schütze*, SGB X, § 44 Rn. 39.

170 BSG, Urt. v. 04.07.2017 – B 10 EG 20/16 B, juris.

[3]Bis zum Ablauf von zehn Jahren nach seiner Bekanntgabe kann ein rechtswidriger begünstigender Verwaltungsakt mit Dauerwirkung nach Absatz 2 zurückgenommen werden, wenn
1. die Voraussetzungen des Absatzes 2 Satz 3 Nr. 2 oder 3 gegeben sind oder
2. der Verwaltungsakt mit einem zulässigen Vorbehalt des Widerrufs erlassen wurde.

[4]In den Fällen des Satzes 3 kann ein Verwaltungsakt über eine laufende Geldleistung auch nach Ablauf der Frist von zehn Jahren zurückgenommen werden, wenn diese Geldleistung mindestens bis zum Beginn des Verwaltungsverfahrens über die Rücknahme gezahlt wurde. [5]War die Frist von zehn Jahren am 15. April 1998 bereits abgelaufen, gilt Satz 4 mit der Maßgabe, dass der Verwaltungsakt nur mit Wirkung für die Zukunft aufgehoben wird.

(4) [1]Nur in den Fällen von Absatz 2 Satz 3 und Absatz 3 Satz 2 wird der Verwaltungsakt mit Wirkung für die Vergangenheit zurückgenommen. [2]Die Behörde muss dies innerhalb eines Jahres seit Kenntnis der Tatsachen tun, welche die Rücknahme eines rechtswidrigen begünstigenden Verwaltungsaktes für die Vergangenheit rechtfertigen.

(5) § 44 Abs. 3 gilt entsprechend.

Übersicht

A. Inhalt

§ 45 nimmt einen Interessenausgleich zwischen den Polen der Rechtssicherheit und der materiellen 1
Richtigkeit zugunsten der Sicherheit vor. Das hat seinen Grund darin, dass die rechtswidrige Begünstigung, für deren Aufhebung § 45 die Voraussetzungen normiert, im Interesse des Verwaltungsaktadressaten liegt und die Aufhebung des Verwaltungsaktes nicht. Korrekturen müssen dieses Interesse berücksichtigen, weil der rechtswidrige Verwaltungsakt einen Vertrauenstatbestand gesetzt hat. Zwar eröffnet § 45 in seinem Abs. 1 die Möglichkeit einer nachträglichen Korrektur sowohl zukunftsbezogen als auch rückwirkend. Die rückwirkende Abänderung des einmal erlassenen Verwaltungsaktes hat aber besondere (Bösgläubigkeits-) Gründe (Abs. 4 Satz 1) zur Voraussetzung, welche die Schutzwürdigkeit von Vertrauen herabsetzen und deshalb der materiellen Richtigkeit Vorrang geben. Ohne diese besonderen Voraussetzungen lässt § 45 die Vergangenheit unangetastet. Dann entscheiden auf der Tatbestandsseite grundsätzlich die Vertrauensschutzprüfung des Abs. 2 Satz 1 und 2, ob der Verwaltungsakt zukunftsbezogen aufgehoben werden darf, sowie auf der Rechtsfolgenseite feinjustierend die Ermessensausübung, ob und in welcher Weise die Aufhebung für die Zukunft erfolgt. Mit den Fristenregelungen in Abs. 3 und Abs. 4 Satz 2 entscheidet das Gesetz, dass die Dauer des rechtswidrigen Zustandes bei einem Verwaltungsakt mit Dauerwirkung weitergehend zugunsten der Rechtssicherheit streitet. Danach wird die Aufhebung des Verwaltungsaktes auch zukunftsbezogen ausgeschlossen, wenn die Fristen des Abs. 3 abgelaufen sind. Der Ablauf der Frist

des Abs. 4 Satz 2 schließt die Möglichkeit aus, den rechtswidrigen Verwaltungsakt rückwirkend zu korrigieren.

2 Die Vorschrift enthält im System der Beendigung der Wirksamkeit von Verwaltungsakten (vgl. § 39 Abs. 2) eine Ermächtigungsgrundlage für die Aufhebung von Verwaltungsakten. Der Begriff »Rücknahme« wird einheitlich für die Aufhebung rechtswidriger Verwaltungsakte gebraucht. Die Rücknahme selbst ist ebenfalls ein Verwaltungsakt. Deshalb sind für die Aufhebungsverfügungen auch sämtliche formellen Voraussetzungen des Verwaltungsaktes zu beachten, sofern sich aus der Vorschrift selbst keine Besonderheiten ergeben. Mitunter bereitet die Bestimmung Schwierigkeiten, ob ein aufzuhebender Bescheid mehrere Monats-Verwaltungsakte enthält oder die Monate zu einer Regelung zusammengefasst worden sind. Handelt es sich um monatliche Verwaltungsakte, dann ist die maßgebliche Rechtsgrundlage ebenfalls monatsweise zu bestimmen.[1] Das BSG[2] konkretisiert die Auslegung: Sie erfolge am Maßstab des Empfängerhorizontes, zu der auch das Gericht befugt ist. Werden die zuerkannten Leistungen ausdrücklich für jeden einzelnen Monat und – bei mehreren Leistungsempfängern – für jede Person individuell aufgeführt, so spreche dies für monatliche Verwaltungsakte, insbesondere, wenn personen- oder zeitraumübergreifende Regelungen nicht existieren. Ein in einer Summe ausgewiesener Nachzahlungsbetrag am Ende des Bescheides stehe einer solchen Auslegung nicht entgegen, denn dabei handele es sich allein um die Mitteilung eines Rechenergebnisses verbunden mit dem Hinweis auf die beabsichtigte Überweisung dieses Betrages auf ein Bankkonto. Die Bestimmung der maßgeblichen Rechtsgrundlage für die Aufhebung sei sodann ebenfalls monatsweise zu beantworten.

B. Einzelerläuterungen

I. Rechtswidriger begünstigender Verwaltungsakt (Abs. 1)

3 Ein Verwaltungsakt (zum Begriff vgl. die Kommentierung zu § 31) ist rechtswidrig, wenn er gegen **höherrangiges Recht** verstößt (Art. 20 Abs. 3 GG)[3], also gegen jegliche Rechtsvorschriften, welche der verwaltungsmäßigen Rechtskonkretisierung durch Verwaltungsakt übergeordnet sind. Der Verstoß kann sich daraus ergeben, dass das Recht als solches unrichtig angewandt worden ist oder dass von einem **Sachverhalt ausgegangen worden ist, der sich als unrichtig erweist** und deshalb zu einer falschen rechtlichen Bewertung geführt hat.[4] Beide Aspekte sind in § 44 Abs. 1 als Rechtswidrigkeitsgründe ausdrücklich benannt. Der ursprüngliche Verwaltungsakt hätte aus damaliger Sicht so nicht ergehen dürfen.[5] Welches Recht höherrangig, also der verwaltungsmäßigen Rechtskonkretisierung durch Verwaltungsakt übergeordnet ist, ergibt sich aus der einem Rechtssystem immanenten Normenhierarchie. Art. 20 Abs. 3 GG zeigt die Gesetzes- und Rechtsgebundenheit der Verwaltung an, wobei sich hier viele Interpretationsvarianten auftun.[6] Hinzugezählt werden neben der Verfassung und dem förmlichen Gesetz: die Rechtsverordnung im Sinne von Art. 80 GG und die autonome Sat-

1 BSG, Urt. v. 20.09.2023 – B 4 AS 6/22 R, juris.
2 BSG, Urt. v. 20.09.2023 – B 4 AS 6/22 R, juris.
3 Art. 20 Abs. 3 GG fordert mit dem Grundsatz vom Gesetzesvorbehalt auch eine entsprechende Ermächtigungsgrundlage für das Handeln der Behörde – die Rechtswidrigkeit kann sich auch aus dem Mangel einer solchen Ermächtigungsgrundlage ergeben – z.B. BSG, Urt. v. 07.09.2006, SozR 4–2600 § 118 Nr. 4.
4 BSG, Urt. v. 20.03.2007, SozR 4–1300 § 45 Nr. 5 – Differenzierung zwischen der juristischen Subsumtion und der Feststellung der Tatsachen.
5 BSG, Urt. v. 20.03.2007, SozR 4–1300 § 45 Nr. 5.
6 Vgl. *Starck*, Der Gesetzesbegriff des Grundgesetzes, S. 21 ff.; *Schneider*, Gesetzgebung, S. 11.

zung,[7] das Gewohnheitsrecht,[8] das unmittelbar anwendbare EU-Recht[9] und das innerstaatlich geltende Völkerrecht.[10]

Diskutiert wird ferner die Zuordnung des Richterrechts[11] und der – normkonkretisierenden – Verwaltungsvorschriften[12] zum höherrangigen Recht – wobei sich die Zurückhaltung daraus erklären lässt, dass man den Rechtsquellen, die man Art. 20 Abs. 3 GG zuordnet, eine allgemeinverbindliche Wirkung zuerkennt, dem Richterrecht und den normkonkretisierenden Verwaltungsvorschriften eine solche jedoch abspricht. **Verwaltungsvorschriften** können jedoch über Art. 3 Abs. 1 GG für die Allgemeinheit relevant werden und stellen in dieser Kombination höherrangiges Recht dar.[13] Im Kontext des § 29 Abs. 3 SGB IV ist ihre Einbeziehung auch anerkannt.[14] Auch das **höchstrichterliche Richterrecht**[15] sollte zum – für die Exekutive – höherrangigen Recht hinzugerechnet werden[16], was bedeuten würde, dass die Sozialleistungsträger etwa an die Rechtsprechung des Bundessozialgerichts über den Einzelfall hinaus rechtlich gebunden wären.[17] Ein Verstoß gegen eine bestehende höchstrichterliche Rechtsprechung würde danach den Verwaltungsakt (von Anfang an) rechtswidrig machen. Grundsätzlich wäre der Verwaltungsakt bei einer Übereinstimmung des Verwaltungsaktes mit einer bestehenden höchstrichterlichen Rechtsprechung demzufolge rechtmäßig. Sollte dies nach Erlass des Verwaltungsaktes (zum Zeitpunkt der Aufhebungsentscheidung) anders eingeschätzt werden, weil die Rechtsprechung für rechtswidrig gehalten wird – etwa bei einer Rechtsprechungsänderung (siehe Rdn. 6) –, dann wäre grundsätzlich § 48 (Änderung der rechtlichen Verhältnisse) anwendbar. Eine rückwirkende Rechtswidrigkeitserklärung der höchstrichterlichen Rechtsprechung und des Verwaltungsaktes zum Zeitpunkt des Erlasses des Verwaltungsaktes entfaltete Rückwirkung, die – bei belastender Wirkung für den Bürger – rechtsstaatlich rechtfertigungsbedürftig wäre.[18] Bei § 45 stellt sich die rückwirkende Umentscheidung problematischer dar als bei § 44, weil lediglich rückwirkende Belastungen die rechtsstaatlichen Rückwirkungsgrenzen aktivieren. Die Rechtsprechung des BSG zu dieser Frage ist – in der Gesamtschau über mehrere Jahrzehnte – nicht recht klar und zumeist auf § 44 bezogen: In einer Entscheidung hat es die Unrichtigkeit der Rechtsanwendung mit einem Widerspruch zwischen der Rechtsauffassung eines Verwaltungsaktes zur 4

---

7 Vgl. BVerfGE 78, 214.

8 Vgl. BVerfGE 122, 248 {BVerfG 15.01.2009 – 2 BvR 2044/07} – es sei durch eine längere tatsächliche Übung gekennzeichnet, die dauernd und gleichmäßig sei sowie von den Beteiligten als Rechtsnorm anerkannt werde; BVerfGE 78, 214; kritisch: *Meyer-Cording*, Die Rechtsnormen, S. 70; *Reinhardt*, Konsistente Jurisdiktion, S. 142.

9 Jarass/Pieroth/*Jarass*, GG-Kommentar, Art. 20 Rn. 53; *Pernice*, VVDStRL 60 (2001), 148.

10 BVerfGE 112, 1 {BVerfG 26.10.2004 – 2 BvR 955/00 u.a.}; *Reinhardt*, Konsistente Jurisdiktion, S. 135; *Haratsch*, ZG 1999, 346.

11 Zuordnung zum »Recht«: BVerfGE 34, 269; ablehnend: BVerfGE 84, 212 {BVerfG 26.06.1991 – 1 BvR 779/85}.

12 Jarass/Pieroth/*Jarass*, GG-Kommentar, Art. 20 Rn. 53.

13 *Knoke*, Rechtsfragen der Rücknahme von Verwaltungsakten, 45–48: Über Art. 3 Abs. 1 GG erlangten die Verwaltungsvorschriften eine zumindest mittelbare Außenwirkung, sodass eine Verneinung ihrer Außenrechtssatzqualität inkonsequent erschiene.

14 BT-Drucks. 7/4122, S. 38; BSGE 89, 235: »Für das Verhältnis von Aufsicht und Versicherungsträger ist das Fehlen der Außenwirkung dieser Vorschriften ebenso wenig von Bedeutung wie der Umstand, dass die Rechtsprechung nicht an ihren Inhalt gebunden ist und der Versicherte grundsätzlich aus derartigen Vorschriften keine eigenen Rechte herleiten kann.«; a.A. *Bonvie*, die BG 1986, 741.

15 Eine einzige höchstrichterliche Entscheidung genügt, vgl. *Pohl*, VSSR 2011, 383 ff.

16 *Pohl*, Rechtsprechungsänderung und Rückanknüpfung, 71 ff. – zur Herleitung einer rechtlichen Allgemeinverbindlichkeit höchstrichterlicher Rechtsprechung sowie *Pohl*, VSSR 2011, 383 ff. zur Höherrangigkeit im Verhältnis zur Exekutive.

17 Dies ist so zu verstehen, dass ein Berücksichtigungsgebot und bei Höherrangigkeit (also nicht im Verhältnis zum Gesetzgeber) ein Abweichungsverbot besteht, siehe *Pohl*, Rechtsprechungsänderung und Rückanknüpfung, 81 f.

18 Dazu: *Pohl*, Rechtsprechungsänderung und Rückanknüpfung, S. 197 ff., 218 f.

höchstrichterlichen Rechtsprechung begründet[19]; in einer anderen Entscheidung hat es »Richterrecht« sogar ausdrücklich als Recht angesehen, das i.S.d. § 44 Abs. 1 Satz 1 unrichtig angewandt werden könne.[20] Ein anderes Mal hält es für unerheblich, ob ein Verwaltungsakt zum Zeitpunkt seines Erlasses der damaligen Rechtsprechung des BSG entsprach, wenn sich der Verwaltungsakt nur zum Zeitpunkt der Aufhebungsentscheidung als von Anfang an rechtswidrig erweise.[21] In jüngerer Zeit wiederholt es, dass es für die Frage, ob ein Verwaltungsakt wegen anfänglicher Rechtswidrigkeit zurückzunehmen ist, allein auf den Überprüfungszeitpunkt ankomme, sodass der rechtlichen Beurteilung eine eventuell geläuterte Rechtsauffassung zugrunde zu legen sei, die von der Rechtsansicht abweichen könne, die bei Erlass des überprüfenden Verwaltungsaktes herrschend gewesen sei.[22]

5 Ein **Verstoß gegen formelles Recht** führt nicht ohne Weiteres zur Aufhebung, denn Verfahrens- und Formfehler sind nach § 41 heilbar und nach erfolgter Heilung »unbeachtlich« und die Verwaltungsakte damit kraft gesetzlicher Fiktion als fehlerfrei anzusehen.[23] So führt eine fehlende Anhörung erst dann zur Rechtswidrigkeit des Verwaltungsaktes, wenn diese nicht mehr nachholbar ist, denn dann ist dieser Verfahrensfehler nicht unbeachtlich im Sinne des § 42.[24] Hat der Fehler in formeller Hinsicht zur Rechtswidrigkeit geführt, »so ist seine grundsätzlich zulässige Rücknahme nach den Absätzen 2 bis 4 (des § 45) eingeschränkt …«.[25] Entsprechendes gilt für nach § 43 umgedeutete Verwaltungsakte; ferner für solche, deren Fehlerhaftigkeit nach § 42 unbeachtlich ist und denen eine offenbare Unrichtigkeit im Sinne von § 38 innewohnt.[26]

6 Maßgeblicher **Zeitpunkt** für die Beurteilung der Rechtswidrigkeit des Verwaltungsaktes ist sein Erlass.[27] Erlassen ist ein Verwaltungsakt – bei einem Widerspruchsverfahren der Widerspruchsbescheid[28] – in dem Zeitpunkt, in dem er dem Adressaten bekanntgegeben und damit wirksam wurde.[29] Der Erlasszeitpunkt grenzt grundsätzlich den Anwendungsbereich des § 45 von dem des

---

19 BSG, Urt. v. 30.01.1985, SozR 1300 § 44 Nr. 16: »Der Widerspruch der einem Verwaltungsakt zugrunde gelegten Rechtsauffassung zu einer höchstrichterlichen Rechtsprechung begründet im Sinne des § 44 Abs. 1 Satz 1 SGB X eine Unrichtigkeit der Rechtsanwendung.«.

20 BSG, Urt. v. 11.04.1985, SozR 1300 § 44 Nr. 17 – für das Institut des sozialrechtlichen Herstellungsanspruch als Bestandteil von »Gesetz und Recht« im Sinne des Art. 20 Abs. 3 GG.

21 BSG, Urt. v. 13.09.1994 – 5 RJ 30/93: »Der vorgenannte Bescheid war … rechtswidrig … Zwar entsprach er der damaligen Rechtsprechung des BSG. Gleichwohl war er aber objektiv rechtswidrig, auch wenn sich dies erst durch die spätere Rechtsprechungsänderung herausgestellt hat.«; BSG, Urt. v. 25.10.1984, SozR 1300 § 44 Nr. 13; BSG, Urt. v. 15.05.1985 – 5b RJ 60/84, juris.

22 BSG, Urt. v. 30.01.2020 – B 2 U 2/18 R, juris; BSG, Urt. v. 04.06.2014 – B 14 AS 30/13 R, juris.

23 Die Gesetzesbegründung zum VwVfG – BT-Drucks. 7/910, S. 68 – begründet die Auswirkungen von Verfahrens- und Formfehlern wie folgt: »Handelt es sich um einen Fehler der in § 41 (Heilung von Verfahrens- und Formfehlern) genannten Art und ist dieser Fehler geheilt, so soll der Verstoß ›unbeachtlich‹ sein. Der Verwaltungsakt ist also … kraft gesetzlicher Fiktion als fehlerfrei anzusehen, so dass seine Rücknahme … mangels Rechtswidrigkeit ausscheidet. Ist ein Fehler der in § 41 genannten Art dagegen nicht durch Nachholung der versäumten Handlung geheilt worden oder handelt es sich um nicht nach § 41 heilbare Verletzungen von Verfahrens- und Formvorschriften oder von Regelungen über die örtliche Zuständigkeit, so kann der Verwaltungsakt … grds. zurückgenommen werden …«.

24 BSG, Urt. v. 17.07.1985, SozR 1500 § 77 Nr. 61 (noch vor Einfügung des § 41 Abs. 2, sodass die Anhörung bis zum Abschluss des Widerspruchsverfahrens erfolgt sein musste). Zu den Auswirkungen formeller Rechtsverstöße: BSG, Urt. v. 28.05.1997, SozR 3–1300 § 44 Nr. 21; grundsätzlich: BT-Drucks. 7/910, S. 68: »Die unrichtige Anwendung des geltenden Rechts kann sowohl auf der fehlerhaften Anwendung des materiellen wie des formellen Rechts beruhen.«.

25 BT-Drucks. 7/910, S. 68.

26 Dazu *Knoke*, Rechtsfragen der Rücknahme von Verwaltungsakten, S. 33–44.

27 Zum sog. fingierten Verwaltungsakt siehe § 31 Rdn. 50; BSG, Urt. v. 26.02.2019 – B 1 KR 18/18 R, juris; BSG, Urt. v. 11.05.2017 – B 3 KR 30/15 R, juris.

28 BSG, Urt. v. 27.02.1996, SozR 3–1300 § 48 Nr. 47; BSG, Urt. v. 15.08.1996, SozR 3–3870 § 4 Nr. 13.

29 BSG, info also 2009, 134; BSG, Urt. v. 01.06.2006, SozR 4–4300 § 122 Nr. 4; *Knoke*, Rechtsfragen der Rücknahme von Verwaltungsakten, S. 28 f.

§ 48 ab.[30] Der Anwendungsbereich beider Vorschriften grenzt sich nach den objektiven Verhältnissen im Zeitpunkt des Erlasses des aufzuhebenden Verwaltungsaktes voneinander ab.[31] Das BSG sieht die Verwaltung dabei grundsätzlich verpflichtet, vor Erlass eines Bescheides die Sachlage vollständig aufzuklären, um die objektiven Verhältnisse festzustellen.[32] Erlasse die Verwaltung einen endgültigen Bescheid auf der Grundlage eines nicht endgültig aufgeklärten Sachverhaltes und stelle sich später heraus, dass der Bescheid bereits im Zeitpunkt des Erlasses objektiv rechtswidrig war, dann sei ein Fall des § 45 SGB X gegeben; dies gelte unabhängig davon, zu welchen Ermittlungen sich die Verwaltung aufgrund der Angaben des Antragstellers vor Erlass des Ausgangsverwaltungsaktes gedrängt sehen musste.[33] Für die Beurteilung des Vorliegens einer Rechtswidrigkeit zum Zeitpunkt des Erlasses des Verwaltungsaktes kommt es auf einen Vergleich der Sachlage an, wie sie dem Verwaltungsakt bei seinem Erlass zugrunde gelegt worden ist, mit der Sachlage, wie sie bei nachträglicher Betrachtung im Zeitpunkt der Prüfung dem Verwaltungsakt hätte zugrunde gelegt werden müssen.[34] Maßgeblich ist nach der Rechtsprechung des BSG der tatsächliche und rechtliche Zustand im Zeitpunkt seines Erlasses.[35] Welches der tatsächliche und rechtliche Zustand zum Erlasszeitpunkt ist, zeigt sich nicht immer klar: So stellt sich die Frage, ob eine (höchstrichterliche) **Rechtsprechungsänderung** nach dem Erlass des Verwaltungsaktes den rechtlichen Zustand rückwirkend zum Erlasszeitpunkt beeinflusst. Die gleiche Frage ließe sich stellen, wenn eine höchstrichterliche Entscheidung erstmalig nach dem Erlass eines Verwaltungsaktes getroffen wird, die das Recht anders auslegt als die Behörde und den Verwaltungsakt aus heutiger Sicht als rechtswidrig bezeichnen würde. Das BSG hat sich zu diesen Fragen zumeist im Kontext einer Aufhebung nach § 44 oder § 48 geäußert (dazu § 44 Rdn. 6). Es macht rechtlich einen Unterschied, ob die Rechtswidrigkeit des Verwaltungsaktes rückwirkend angenommen wird, wenn es sich um einen begünstigenden Verwaltungsakt handelt. Denn die belastende Rückwirkung ist rechtsstaatlich rechtfertigungsbedürftig. Aber zukunftsbezogen blieben Änderungen verfassungsrechtlich möglich – systematisch läge man im Anwendungsbereich von § 48.[36]

Fraglich ist in diesem Kontext auch, ob ein **Gesetz**, welches nach Erlass des Verwaltungsaktes durch das BVerfG für **verfassungswidrig** erklärt wird, zu einer unrichtigen Rechtsanwendung zum Erlasszeitpunkt führt. Dabei wird danach differenziert, ob das BVerfG das Gesetz sofort für nichtig erklärt oder ob es (zumeist im Gefüge mit Art. 3 Abs. 1 GG) nur die Unvereinbarkeit mit dem Grundgesetz feststellt und für eine Übergangszeit gelten lässt: Bei sofortiger Nichtigerklärung soll der Verwaltungsakt nach der Rechtsprechung des BSG rückwirkend rechtswidrig werden.[37] Bei bloßer Unvereinbarkeitserklärung bleibe das Recht anwendbar und der Verwaltungsakt rechtmäßig[38]; der Entscheidung des BVerfG komme unmittelbar keine Rückwirkung zu, sondern der Gesetzgeber habe hier zu entscheiden, inwieweit der verfassungswidrige Zustand rückwirkend beseitigt werden soll[39]. Gegen diese Differenzierung ließe sich einwenden, dass die Verwaltung zum Zeitpunkt des Erlasses des Verwaltungsaktes nicht anders handeln konnte: Der Grundsatz der Gesetzmäßigkeit der Verwaltung verpflichtet sie, das – noch nicht für verfassungswidrig erklärte – Gesetz anzuwenden. Bis 7

30 BSG, Urt. v. 14.12.2021 – B 14 AS 73/20 R, juris; BSG, Urt. v. 01.06.2006 SozR 4–4300 § 122 Nr. 4. Allerdings kann trotz Rechtswidrigkeit zum Erlasszeitpunkt eine nachträglich hinzutretende (wesentliche) Änderung auch den Anwendungsbereich von § 48 eröffnen, vgl. § 48 Rdn. 12.

31 BSG, Urt. v. 14.12.2021 – B 14 AS 73/20 R, juris; BSG, Urt. v. 29.11.2012 – B 14 AS 6/12 R, juris.

32 BSG, Urt. v. 14.12.2021 – B 14 AS 73/20 R, juris; BSG, Urt. v. 02.06.2004 – B 7 AL 58/03 R, juris.

33 BSG, Urt. v. 14.12.2021 – B 14 AS 73/20 R, juris; BSG, Urt. v. 21.06.2011 – B 4 AS 21/10 R, juris.

34 BSG, Urt. v. 02.11.1999, SozR 3–1300 § 48 Nr. 67.

35 BSG, Urt. v. 02.11.1999, SozR 3–1300 § 48 Nr. 67.

36 Hier ist allerdings umstritten, ob die Rechtsprechungsänderung eine »Änderung der rechtlichen Verhältnisse« darstellt; die Regelung des § 48 Abs. 2 betrifft nur die begünstigende Änderung.

37 BSG, Urt. v. 08.09.1988, SozR 4100 § 152 Nr. 18 – § 79 Abs. 2 BVerfGG schränke die Rücknahme nicht ein.

38 BVerfGE 107, 133; BSG, 09.04.2003, SozR 4–2600 § 307d Nr. 1; BSG, Urt. v. 10.04.2003, SozR 4–1300 § 44 Nr. 3.

39 BSG, Urt. v. 09.04.2003, SozR 4–2600 § 307d Nr. 1.

zur Entscheidung des BVerfG war der Verwaltungsakt – mangels Verstoßes gegen höherrangiges Recht – rechtmäßig. Weil belastende Rückwirkungen im Recht rechtfertigungsbedürftig sind und neues Recht grundsätzlich erst mit seinem Wirksamwerden gilt, sollte es der Entscheidung des BVerfG überlassen bleiben, ob die Verfassungswidrigkeitserklärung Rückwirkung entfalten soll und der Entscheidung des Gesetzgebers, ob das geänderte Gesetz rückwirken soll. Ohne Rückwirkungsanordnung handelte es sich dann um eine wesentliche Änderung der rechtlichen Verhältnisse nach Erlass des Verwaltungsaktes und § 48 wäre anwendbar.

8 Zur Beurteilung, welches der tatsächliche und rechtliche Zustand zum Erlasszeitpunkt ist, hat das BSG folgende weitere Entscheidungen getroffen: Einer **erneuten Zusammenhangsbeurteilung** seien die ursprünglich vorhandenen allgemeinen medizinischen Erkenntnisse zugrunde zu legen, neuere Erkenntnisse, etwa über die Folgen bestimmter Unfallmechanismen oder Berufskrankheiten, dürften für die erneute Kausalbeurteilung nicht herangezogen werden.[40] Dies sei auch dann der Fall, wenn sich erst auf der Grundlage später zu Tage tretender Erkenntnisse ergebe, dass der Verwaltungsakt aus damaliger Sicht rechtswidrig war.[41] Hat ein **Änderungsgesetz** keine materielle Rechtsänderung, sondern nur eine Klarstellung der bereits bestehenden Rechtslage gebracht, liege gleichwohl eine wesentliche Änderung der rechtlichen Verhältnisse im Sinne von § 48 vor, § 45 sei nicht anwendbar.[42] Eine wesentliche Änderung der tatsächlichen Verhältnisse könne auch dann vorliegen, wenn sich Tatsachen ändern, die erst aufgrund einer nach Erlass des Dauerbescheides eingetretenen Rechtsänderung bedeutsam geworden sind.[43] **Änderungen der Anhaltspunkte für die ärztliche Gutachtertätigkeit** wirkten wie Änderungen der rechtlichen Verhältnisse im Sinne des § 48.[44] Bei **Einkünften** ist entscheidend, ob diese vor (dann § 45) oder nach (dann § 48) der Bekanntgabe des Verwaltungsaktes zugeflossen sind[45]; erfolgten die Bekanntgabe und der Zufluss gleichzeitig, ist dies eine Konstellation, die ebenfalls § 45 unterfällt, denn dann liegen die – durch den Zufluss herbeigeführten – (tatsächlichen) Verhältnisse bereits im Zeitpunkt des Erlasses des Verwaltungsaktes vor; § 48 verlangt hingegen eine spätere Änderung.[46] Bei einer Anrechnung anderer Sozialleistungen ist entscheidend, ob der anzurechnende Anspruch materiell-rechtlich zum Erlasszeitpunkt entstanden war.[47] Die Berücksichtigung von Einkommen nach Bescheiderteilung für eine Zeit zwischen Antrag und Bescheiderteilung (z.B. Nachzahlung, rückwirkende Lohnerhöhung) richtet sich nach § 48.[48]

9 Die **Rechtswidrigkeit** der Entscheidung **muss feststehen**; bloße Zweifel am Vorliegen der Leistungsvoraussetzungen genügen nicht.[49] Ferner ist für eine Rücknahme kein Raum, wenn dem ursprünglichen Verwaltungsakt zwar ein unrichtiger Sachverhalt zugrunde lag, aber nicht feststeht, dass der Bescheid auf der Grundlage der neu bekannt gewordenen Tatsachen rechtswidrig war.[50] Die Rechtswidrigkeit setzt vielmehr voraus, dass objektiv und im Sinne des Vollbeweises feststeht, dass unter Berücksichtigung der neuen Erkenntnisse die Voraussetzungen für den Erlass des Verwaltungsaktes nicht vorgelegen haben.[51] Ein »non liquet«, bei dem alternativ mögliche Geschehensabläufe sowohl für die Rechtswidrigkeit als auch gegen eine solche sprechen, genügt für den Nachweis der Rechtswidrigkeit nicht.[52] Das jeweils einschlägige materielle Recht kann der Beweisführung dabei unter-

40 BSG, Urt. v. 02.11.1999, SozR 3–1300 § 48 Nr. 67.
41 BSG, Urt. v. 02.04.2009, SozR 4–1300 § 45 Nr. 8.
42 BSG, Urt. v. 17.05.2000, SozR 3–3300 § 37 Nr. 2.
43 BSG, Urt. v. 12.11.1996, SozR 3–1300 § 45 Nr. 31.
44 BSG, Urt. v. 11.10.1994, SozR 3–3870 § 3 Nr. 5.
45 BSG, info also 2009, 134.
46 BSG, info also 2009, 134.
47 BSG, Urt. v. 09.04.1987, SozR 1300 § 45 Nr. 29.
48 BSG, Urt. v. 13.12.1984, SozR 1300 § 48 Nr. 11.
49 BSG, Urt. v. 02.04.2009, SozR 4–1300 § 45 Nr. 8 – für einen begünstigenden Verwaltungsakt; BSG, Urt. v. 27.10.1989, SozR 1300 § 45 Nr. 49.
50 BSG, Urt. v. 02.04.2009, SozR 4–1300 § 45 Nr. 8.
51 BSG, Urt. v. 02.04.2009, SozR 4–1300 § 45 Nr. 8 – für einen begünstigenden Verwaltungsakt.
52 BSG, Urt. v. 02.04.2009, SozR 4–1300 § 45 Nr. 8.

schiedliche Gewissheitsgrade abverlangen. Das BSG differenziert bei der Feststellung der einzelnen Tatsachen zwischen dem für ihre Feststellung erforderlichen Beweismaßstab und der im Falle ihrer Nichterweislichkeit entscheidenden sog. objektiven Beweislast und betont, dass für die Beurteilung der Rechtswidrigkeit eines Verwaltungsaktes neben den verwaltungsverfahrensrechtlichen Vorschriften das jeweils einschlägige materielle Recht maßgeblich sei.[53] So können für prognostische Einschätzungen oder Beurteilungen eines medizinischen Kausalzusammenhangs materiell-rechtlich erleichterte Anforderungen gelten – so für die Beurteilung des Ursachenzusammenhangs in der gesetzlichen Unfallversicherung die hinreichende Wahrscheinlichkeit[54], oder die Wahrscheinlichkeit der Verursachung einer Gesundheitsstörung durch dienst- oder kriegsbedingte Einwirkung[55]. Das BSG betont, dass der Beweismaßstab der (hinreichenden) Wahrscheinlichkeit für Versicherte zwar wie eine Beweiserleichterung wirken kann, dies sei aber nicht der Grund für diese gegenüber der üblicherweise im Recht erforderlichen an Gewissheit grenzenden Wahrscheinlichkeit, sondern die bei der Beurteilung von medizinischen und anderen naturwissenschaftlichen Ursachenzusammenhängen bestehenden tatsächlichen Schwierigkeiten.[56] Für die hinreichende Wahrscheinlichkeit muss dann mehr für als gegen die Annahme des Ursachenzusammenhangs sprechen und ernste Zweifel hinsichtlich einer anderen Verursachung müssen ausscheiden.[57] Werden die nachteiligen Auswirkungen eines regelwidrigen körperlichen, geistigen oder seelischen Zustandes nach Erlass eines Verwaltungsaktes wesentlich geringer bewertet, besteht die Vermutung, dass sie geringer geworden sind und nicht ursprünglich unrichtig bewertet worden sind.[58] Macht der Begünstigte im Rahmen einer Bedürftigkeitsprüfung geltend, ein auf seinen Namen lautendes Sparguthaben sei nicht als sein Vermögen zu berücksichtigen, da es an einen Dritten abgetreten sei, kann sich die Behörde nicht auf einen Rechtsschein der Kontoinhaberschaft berufen, sondern muss aufklären, ob und mit welchem Inhalt eine behauptete Abtretung vorgenommen worden ist.[59]

Hinsichtlich der **Erstfeststellung und deren Überprüfung** soll **der gleiche Beweismaßstab** gelten.[60] 10
Von dieser Frage trennt das BSG sodann die Fragen nach den Voraussetzungen, unter denen die dieser Beurteilung zugrunde liegenden tatsächlichen Feststellungen bewiesen sind und wer für sie ggf. die. objektive Beweislast trägt.[61] Die **Beweislast** für das Vorliegen der Rechtswidrigkeit des Verwaltungsaktes trägt – nach dem allgemeinen Grundsatz, dass jeder Beteiligte die für ihn günstigen Tatsachen zu beweisen hat – die aufhebungsgewillte Behörde.[62] Allerdings kann eine Umkehr der Beweislast dann gerechtfertigt sein, wenn in der Sphäre des Begünstigten wurzelnde oder zuzuordnende

53 BSG, Urt. v. 20.03.2007, SozR 4–1300 § 45 Nr. 5.
54 BSG, Urt. v. 09.05.2006, SozR 4–2700 § 8 Nr. 17; BSG, Urt. v. 20.03.2007, SozR 4–1300 § 45 Nr. 5; BSG, Urt. v. 02.11.1999, SozR 3–1300 § 48 Nr. 67.
55 BSG, Urt. v. 27.10.1989, SozR 1300 § 45 Nr. 49.
56 BSG, Urt. v. 20.03.2007, SozR 4–1300 § 45 Nr. 5.
57 BSG, Urt. v. 02.11.1999, SozR 3–1300 § 48 Nr. 67.
58 BSG, Urt. v. 10.02.1993, SozR 3–1300 § 45 Nr. 12.
59 BSG SGb 2006, 667.
60 BSG, Urt. v. 20.03.2007, SozR 4–1300 § 45 Nr. 5; bei BSG, Urt. v. 27.10.1989, SozR 1300 § 45 Nr. 49 noch ein wenig missverständlich: »§ 45 SGB X lässt die Rücknahme eines Verwaltungsakts nicht schon dann zu, wenn die Verwaltung unter sonst gleichen Voraussetzungen eine (erstmalige) Leistungsbewilligung ablehnen durfte. Sie darf einen Verwaltungsakt insb. dann nicht zurücknehmen, wenn im Nachhinein die Leistungsvoraussetzungen nicht mehr als erwiesen, sondern nur noch als möglich erscheinen – was zur Ablehnung der (erstmaligen) Leistung berechtigt hätte … Insbesondere trifft es nicht zu, dass Beweiserleichterungen auf der einen Seite (bei der Leistungsbewilligung) auch solchen auf der anderen Seite (bei der Leistungsentziehung) entsprechen mußten … hat zu gelten, dass eine Rücknahme nicht schon dann zulässig ist, wenn die Beweislage anders zu beurteilen ist, sondern wenn feststeht, dass tatsächliche Leistungsvoraussetzungen gefehlt haben.«; kritisch: *Olk*, ZfS 1990, 181.
61 BSG, Urt. v. 20.03.2007, SozR 4–1300 § 45 Nr. 5.
62 BSG, Urt. v. 20.03.2007, SozR 4–1300 § 45 Nr. 5; BSG SGb 2007, S. 610; BSG, info also 2007, 166; BSG Breithaupt 2007, 259.

Vorgänge nicht aufklärbar sind.[63] So kann die Nichtbefolgung einer rechtzeitigen und ausreichend konkretisierten Aufforderung an einen Arbeitslosen, Eigenbemühungen nachzuweisen, zu einer Umkehr der Beweislast bei der Aufhebung der Leistungsbewilligung führen.[64] Die Frage der **Beweislast** stellt sich allerdings nur hinsichtlich der möglicherweise unrichtigen Tatsachen. Dabei gelten die allgemeinen Beweislastregeln der Erstfeststellung.[65]

11 **Begünstigend** ist ein Verwaltungsakt nach der Legaldefinition des § 45 Abs. 1, wenn er ein Recht oder einen rechtlich erheblichen Vorteil begründet oder bestätigt hat. Die ergänzende Formulierung »rechtlich erheblicher Vorteil« soll dabei eine zu enge Auslegung des Begriffs »Recht« vermeiden[66] und erfasst jedes von der Rechtsordnung als schutzwürdig anerkannte Individualinteresse; ein lediglich tatsächlicher Vorteil genügt nicht.[67] Zur Konkretisierung der Frage, wann eine Regelung rechtlich vorteilhaft für den Bürger ist, wird mitunter objektivierend auf die Verkehrsauffassung oder allgemeine Wertentscheidungen des Verfassungsrechts sowie der Rechtsordnung im Übrigen abgestellt und erst im Zweifel auf subjektive Vorstellungen des Betroffenen.[68] Dies hält die Begrifflichkeit sehr vage. Klarer erscheint die Konkretisierung durch das BSG, wonach sich die Beurteilung, ob ein Verwaltungsakt begünstigend oder nicht begünstigend ist, nach der gegenwärtigen **subjektiven Sicht des Betroffenen** richtet, denn aufgrund der gestellten Anträge und der Äußerungen des Betroffenen dürfte sein subjektives Interesse gut feststellbar sein[69]; hierbei sind neben den im Verwaltungsakt getroffenen Regelungen auch deren unmittelbare gesetzliche Folgen zu berücksichtigen, nicht aber lediglich mittelbare Folgen der Entscheidung.[70] Ein Verwaltungsakt kann für denselben Betroffenen begünstigende und belastende Elemente enthalten. Für die Abgrenzung der Anwendungsbereiche der §§ 44 und 45 ist dann entscheidend, um die Aufhebung welchen Teils es geht und ob der Verfügungssatz teilbar ist: Ist der Verfügungssatz teilbar, richtet sich die Aufhebung des belastenden Teils nach § 44, die Aufhebung des begünstigenden Teils nach § 45; lässt sich ein einheitlicher Verfügungssatz nicht trennen, ist zu prüfen, ob (nach der Interessenlage des Adressaten) insgesamt die Begünstigung oder die Belastung überwiegt.[71] Wurde einem Antrag des Adressaten entsprochen, richtet sich die Prüfung der Aufhebung regelmäßig nach § 45.[72] Bei verbleibenden Zweifeln hat die Rücknahme nach den strengeren Anforderungen über die Rücknahme begünstigender Verwaltungsakte nach § 45 zu erfolgen.[73]

▶ **Beispiele:**

12 Eine Begünstigung kann darin liegen, dass eine Belastung nur in einem gewissen Umfang festgelegt worden ist.[74] Begünstigend ist ein Abfindungsbescheid (auch wenn dadurch auf künftige Rentenleistungen, insbesondere auf deren Anpassung verzichtet wird), jedenfalls soweit damit ein Unfallversicherungsträger das Recht auf Abfindung anerkannt und dem dar-

63 BSG SGb 2007, 610; BSG, info also 2007, 166; BSG SGb 2006, 667; BSG, Urt. v. 24.05.2006, SozR 4–4220 § 6 Nr. 4.
64 BSG, Urt. v. 20.10.2005, SozR 4–4300 § 119 Nr. 3.
65 BSG, Urt. v. 10.12.1985, SozR 5870 § 2 Nr. 44; BSG, Urt. v. 10.12.1985, SozR 5870 § 2 Nr. 44.
66 BT-Drucks. 7/910, S. 68 (zu § 48 VwVfG); *Knoke*, Rechtsfragen der Rücknahme von Verwaltungsakten, S. 50.
67 Diering/Timme/Stähler/*K.Lang*, SGB X, § 45 Rn. 11.
68 Diering/Timme/Stähler/*K.Lang*, SGB X, § 45 Rn. 11.
69 So auch: *Siebert*, SGb 1990, 245; *Jung*, SGb 2002, 1.
70 BSG, Urt. v. 28.09.1999, SozR 3–2200 § 605 Nr. 1; so auch: *Siebert*, SGb 1990, 245; BSG, Urt. v. 29.03.2022 – B 12 R 2/20 R, juris – auch zur Zuordnung bei Drittwirkung eines Statusfeststellungsbescheides.
71 *Siebert*, SGb 1990, 245.
72 BSG, Urt. v. 28.09.1999, SozR 3–2200 § 605 Nr. 1; *Siebert*, SGb 1990, 245.
73 *Siebert*, SGb 1990, 245; *Jung*, SGb 2002, 1, differenziert danach, ob der Bürger an der Rücknahme interessiert ist oder nicht.
74 BSG, Urt. v. 02.12.1992, SozR 3–1500 § 85 Nr. 1.

auf gerichteten Antrag in vollem Umfang entsprochen hat.[75] Bei Bescheiden, in welchen eine zu geringe Umlageverpflichtung zur produktiven Winterbauförderung abschließend festgesetzt ist, handelt es sich insoweit um eine belastende Regelung, als überhaupt eine Abgabepflicht festgelegt wird; sie enthalten darüber hinaus aber insoweit eine Begünstigung, als eine Minderbelastung, gemessen an den gesetzlichen Erfordernissen und Vorgaben, festgelegt wird; soweit später die Begünstigung nach zutreffender Feststellung der Umlageforderung revidiert werden soll, gehe es darum, den rechtlichen Vorteil der ursprünglichen Bescheide zu beseitigen und also um einen begünstigenden Verwaltungsakt.[76] Eine begünstigende Regelung ist auch gegeben, wenn einem Bürger auf seinen Antrag hin Versicherungsfreiheit[77] oder Versicherungspflicht[78] bestätigt oder eine Beitragserstattung[79] gewährt wird.

II. Vertrauensschutz (Abs. 2)

Der rechtswidrige begünstigende Verwaltungsakt darf nicht zurückgenommen werden, wenn der Betroffene Vertrauensschutz genießt (§ 45 Abs. 2 Satz 1). Dabei schließt ein zu schützendes Vertrauen nicht nur die rückwirkende Aufhebung aus, sondern auch die Rücknahme des rechtswidrigen Verwaltungsaktes für die Zukunft. Hier entscheidet sich, ob der rechtswidrige Verwaltungsakt überhaupt aufgehoben werden darf, denn die Vertrauensschutzprüfung ist Tatbestandsmerkmal[80]. Der Betroffene genießt Vertrauensschutz, wenn er auf den Bestand des Verwaltungsaktes vertraut hat und sein Vertrauen unter Abwägung mit dem öffentlichen Interesse an einer Rücknahme schutzwürdig ist (§ 45 Abs. 2 Satz 1). In den Sätzen 2 und 3 dieses Absatzes konkretisiert das Gesetz die Abwägung: Die normierten Fälle des Satzes 3 sollen ein schutzwürdiges Vertrauen gänzlich ausschließen. Liegt einer der Fälle Nr. 1 bis 3 vor, kann ein Vertrauen auch nicht durch weitere Gründe, die für den Begünstigten sprechen, wiederhergestellt werden. Die Fälle des Satzes 2 sollen ein schutzwürdiges Vertrauen in der Regel begründen. Auch bei Vorliegen eines dieser Fälle kann ein Vertrauen aber noch widerlegt werden. Ist weder Satz 3 noch Satz 2 betroffen, ist eine Abwägung nach Satz 1 erforderlich. Dabei wirft die Frage, welche Gesichtspunkte in die Abwägung Eingang nehmen dürfen, Probleme auf (Rdn. 29, 30). Unklar ist auch, ob sich die Gesichtspunkte, die in der Abwägung relevant sind, zugleich als Ermessenserwägung wiederfinden dürfen (Rdn. 31). 13

1. Ausschlusstatbestände des § 45 Abs. 2 Satz 3

Satz 3 des Abs. 2 versagt die Berufung auf das Vertrauen, nimmt also an, dass überhaupt kein schutzwürdiges Vertrauen besteht, wenn einer der dort genannten Tatbestände vorliegt. 14

a) Nr. 1: Arglistige Täuschung, Drohung, Bestechung

In der Regel wird ein Tatbestand der Nr. 1 mit der Nr. 3 zusammenfallen und wegen des leichteren Nachweises grober Fahrlässigkeit dann nicht zur Anwendung kommen. Wegen der unterschiedlichen Rücknahmefristen für beide Ziffern (vgl. Rdn. 42) kann aber dennoch das Vorliegen der Nr. 1 relevant werden. Die Begriffe der arglistigen Täuschung und Drohung entsprechen denjenigen in § 123 BGB, zum Begriff der Bestechung gehören die aktive Bestechung seitens des Begünstigten sowie die passive Bestechlichkeit seitens der Behörde, ferner die Vorteilsgewährung (§§ 332 bis 334 StGB); es genügen Anstiftung und Beihilfe (§§ 26, 27 StGB).[81] Für die Nr. 1 kommt es nur auf das **Handeln des Begünstigten** (allerdings auch auf Anstiftung oder Beihilfe) an. Der Betroffene muss sich also das Handeln seines Vertreters – anders als bei den anderen Ziffern – nicht zurechnen lassen. 15

75 BSG, Urt. v. 28.09.1999, SozR 3–2200 § 605 Nr. 1.
76 BSG, Urt. v. 12.02.1992, SozR 3–1300 § 45 Nr. 11.
77 BSG, Urt. v. 10.12.1998, SozR 3–2500 § 6 Nr. 16.
78 LSG Berlin SGb 1999, 468.
79 BSG, Urt. v. 22.03.1984, SozR 1300 § 45 Nr. 7.
80 BSG, Urt. v. 05.11.1997, SozR 3–1300 § 45 Nr. 37.
81 Definitionen bei Diering/Timme/Stähler/*K. Lang*, SGB X, § 45 Rn. 30 f.

Die **Behörde trifft die Beweislast** für die Motivation des Begünstigten.[82] So genügt etwa der Nachweis »nur« vorsätzlicher Falschangaben nicht für eine arglistige Täuschung, sondern es muss mit der erforderlichen Sicherheit festgestellt sein, dass der Begünstigte in der Absicht der Erlangung eines rechtswidrigen Vorteils in Form eines Verwaltungsakts falsche Angaben gemacht hat.[83] Es sind insoweit vor allem Feststellungen zur inneren Tatseite zu treffen; wobei der Täuschungswille mit der Absicht, einen für den Erlass des Verwaltungsaktes ausschlaggebenden Irrtum zu erzeugen, festgestellt werden muss.[84]

16 Der Verwaltungsakt muss infolge einer der verwerflichen Handlungen »**erwirkt**« worden sein. Die Gesetzesbegründung stellt klar, dass damit lediglich auf einen ursächlichen Zusammenhang abgestellt werden soll und kein final ausgerichtetes Handeln vorausgesetzt ist.[85] Der Ursachenzusammenhang muss zwischen der verwerflichen Handlung und der Rechtswidrigkeit des Verwaltungsaktes bestehen, wobei die Behörde auch die Beweislast für die Kausalität trägt.[86] An der Kausalität fehlt es, wenn – im Fall der arglistigen Täuschung – bei richtigen Angaben dieselbe Entscheidung getroffen worden wäre.

b) Nr. 2: Unrichtige oder unvollständige Angaben

17 Der Nr. 2 liegt der Gedanke zugrunde, dass der Bürger, der selbst schuldhaft eine wesentliche Ursache für die Fehlerhaftigkeit des Verwaltungsaktes gesetzt hat, keinen Vertrauensschutz beanspruchen kann. **Unrichtig sind Angaben** i.S.v. § 45 Abs. 2 Satz 3 Nr. 2 wenn Tatsachen, die im Rahmen des Verwaltungsverfahrens kundgetan werden, nicht mit der Wirklichkeit übereinstimmen.[87] Die **Unvollständigkeit** wird als Unterfall der unrichtigen Angaben betrachtet und infolge dessen ein Weglassen einer Angabe i.S. eines **beredten Schweigens** verlangt,[88] d.h. dass danach das Unterlassen wie eine positive Angabe verstanden wird – beispielsweise, wenn bei einem Antrag auf eine einkommensabhängige Sozialleistung Nebeneinkommen nicht angegeben wird und dies den Schluss zulässt, es sei kein Nebeneinkommen vorhanden oder wenn das Unterlassen einer Mitteilung dazu führt, dass frühere Angaben in einem Wiederbewilligungsantrag unrichtig oder unvollständig werden[89]. Das bloße Unterlassen oder die Verweigerung von Angaben soll nicht genügen, vielmehr würden hier die §§ 60 ff. SGB I gelten.[90] Für die Abgrenzung des relevanten Schweigens vom bloßen Unterlassen wird die Gestaltung der Formulare und Merkblätter durch die Leistungsträger wichtige Anhaltspunkte geben können.

18 Die Rechtswidrigkeit des Verwaltungsaktes muss auf den »in wesentlicher Beziehung« unrichtigen oder fehlenden Angaben »**beruhen**«, diese müssen also kausal für die Rechtswidrigkeit sein[91]; wobei eine mittelbare Verursachung genügt[92]. Dieses Erfordernis ist nicht erfüllt, wenn bei richtigen oder vollständigen Angaben dieselbe begünstigende Entscheidung getroffen worden wäre, die Behörde auf die entsprechende Information erkennbar keinen Wert gelegt hat oder dem Bürger zu diesen Angaben geraten hat.[93] Der **Vorsatz** oder die **grobe Fahrlässigkeit** müssen sich auf die Unrichtigkeit oder Unvollständigkeit der Angaben beziehen, in Abgrenzung zur Ziffer 3 jedoch nicht die daraus

---

82 BSG, Urt. v. 24.03.1993, SozR 3–1300 § 45 Nr. 16.
83 BSG, Urt. v. 24.03.1993, SozR 3–1300 § 45 Nr. 16.
84 BSG, Urt. v. 24.03.1993, SozR 3–1300 § 45 Nr. 16.
85 BT-Drucks. 8/2034, S. 34.
86 BSG, Urt. v. 24.03.1993, SozR 3–1300 § 45 Nr. 16.
87 Diering/Timme/Stähler/*K.Lang*, SGB X, § 45 Rn. 32.
88 Diering/Timme/Stähler/*K.Lang*, SGB X, § 45 Rn. 32.
89 BSG, Urt. v. 01.06.2006, SozR 4–4300 § 122 Nr. 4.
90 Schütze/*Schütze*, SGB X, § 45 Rn. 20 – der Ausnahmetatbestand des § 44 Abs. 1 S. 2 könne nicht als Sanktionsgrundlage für die unzureichende Mitwirkung angesehen werden.
91 BSG SozSich 1985, 158.
92 Bayer. LSG v. 16.02.2011 – L 13 R 52/09, juris, für einen Verwaltungsakt, der auf einem vorherigen Verwaltungsakt aufbaut, welcher durch unrichtige Angaben erwirkt worden ist.
93 Diering/Timme/Stähler/*K.Lang*, SGB X, § 45 Rn. 36.

resultierende Rechtswidrigkeit einschließen. Den Vorsatz oder die grob fahrlässige Unkenntnis seines **Vertreters** muss sich der Begünstigte zurechnen lassen (soweit dieser sich im Rahmen seiner Bevollmächtigung bewegt)[94]; die eigene Gutgläubigkeit kann allerdings im Rahmen der Ermessenentscheidung zu seinen Gunsten Berücksichtigung finden.

c) Nr. 3: Kenntnis der Rechtswidrigkeit oder grob fahrlässige Unkenntnis

Bei der Nr. 3 kommt es – in Abgrenzung zur Nr. 2 – nicht auf die Kenntnis der Tatsachen an, welche die Rechtswidrigkeit des Verwaltungsaktes begründen, sondern auf die **Kenntnis oder grob fahrlässige Unkenntnis der Rechtswidrigkeit**. Ein einmal eingetretenes Vertrauen auf den Bestand kann nicht durch spätere Kenntniserlangung beseitigt werden. So hat das BSG entschieden, dass der Vorwurf der grob fahrlässigen Unkenntnis nicht auf den Umstand gestützt werden darf, dass die Rechtswidrigkeit der zur Überzahlung führenden Bewilligungsentscheidung beim Blick auf die Kontoauszüge habe auffallen müssen, sofern die Überweisung der Leistung nicht vor der Bekanntgabe des Bewilligungsbescheides erfolgt und von der Überweisung nicht vor der Bekanntgabe des Bescheides Kenntnis erlangt wurde, weil die Bekanntgabe des Verwaltungsaktes der maßgebende Zeitpunkt für die Kenntnis und für das Kennenmüssen seiner Rechtswidrigkeit i.S.d. § 45 Abs. 2 Satz 3 Nr. 3 ist.[95] Allerdings bleibt eine solche nachträglich eingetretene Bösgläubigkeit im Rahmen von § 45 Abs. 2 Satz 2 und 1 relevant.[96] 19

d) Definition der groben Fahrlässigkeit

Die Definition der groben Fahrlässigkeit, die der Nr. 3 angefügt ist, und die auch für Nr. 2 gelten muss[97], entspricht der allgemein anerkannten Standarddefinition des Bundesgerichtshofs[98]. Nach dieser Definition muss der Begünstigte die erforderliche Sorgfalt in besonders schwerem Maße verletzt haben. Das bedeutet, dass er schon einfachste, naheliegende Überlegungen nicht angestellt und das nicht beachten haben muss, was im gegebenen Fall jedem hätte einleuchten müssen.[99] Dabei genügt es nach der Rechtsprechung des BSG nicht, dass der Begünstigte mit der Rechtswidrigkeit rechnen musste, weil damit noch nichts darüber ausgesagt sei, ob und inwieweit der Begünstigte bei der Unkenntnis von der Rechtswidrigkeit die erforderliche Sorgfalt verletzt hat.[100] Der Vorwurf, der Begünstigte habe die erforderlich Sorgfalt in besonders schwerem Maße verletzt, kann jedenfalls im Sozialrecht nicht ohne Berücksichtigung der individuellen Fähigkeiten erhoben werden; es ist kein objektiver Maßstab anzulegen, sondern auf die persönliche Urteils- und Kritikfähigkeit, das Einsichtsvermögen und Verhalten des Begünstigten (subjektiver Fahrlässigkeitsbegriff) sowie die besonderen Umstände des Falles abzustellen[101]. Dies hat zur Folge, dass die Behörde nicht allein auf den Akteninhalt abstellen darf; sie muss vielmehr vor der Rücknahmeentscheidung dem Begünstigten Gelegenheit zur Stellungnahme zu den entscheidungserheblichen Tatsachen geben (weshalb die Jahresfrist des § 45 Abs. 4 regelmäßig erst nach erfolgter Anhörung des Begünstigten, also mit dem Eingang der Rückäußerung beginnen kann).[102] Revisionsrechtlich stellt die Frage des Vorliegens grober Fahrlässigkeit eine der revisionsrechtlichen Prüfung weitgehend entzogene tatrichterliche 20

94 BSGE 28, 258.
95 BSG NZA 2009, 662.
96 BSG NZA 2009, 662.
97 BT-Drucks. 8/4022, S. 83 – im Folgeabsatz der Erläuterung zur Legaldefinition werden beide Ziffern gemeinsam genannt und auf die Formulare der Leistungsträger hingewiesen.
98 BT-Drucks. 8/4022, S. 83.
99 BSG, Urt. v. 19.02.1986, SozR 1300 § 48 Nr. 22; BSG, Urt. v. 27.07.2000, SozR 3–1300 § 45 Nr. 42.
100 BSG, Urt. v. 26.08.1987, SozR 1300 § 48 Nr. 39.
101 BSG, Urt. v. 27.07.2000, SozR 3–1300 § 45 Nr. 42; BSG, Beschl. v. 13.03.2019 – B 8 SO 85/18 B, juris; BSG, Urt. v. 15.05.2019 – B 6 KA 65/17 R, juris.
102 BSG, Urt. v. 27.07.2000, SozR 3–1300 § 45 Nr. 42.

Würdigung dar; das Revisionsgericht prüft nur, ob das LSG den revisionsrechtlich nicht überprüfbaren Entscheidungsspielraum bei der groben Fahrlässigkeit als solchen verkannt hat.[103]

▶ **Beispiele für grob fahrlässige Unkenntnis:**

21 Das Bemessungsentgelt für bewilligtes Arbeitslosengeld war viel höher als das Bruttoarbeitsentgelt, das der Leistungsempfänger zuletzt tatsächlich erzielt hat – hier könne der Begünstigte (bei entsprechender Einsichtsfähigkeit) nicht von der Rechtmäßigkeit der Höhe des ihm bewilligten Arbeitslosengeldes ausgehen.[104] Einer mit den Grundlagen der vertragsärztlichen Honorierung vertrauten Ärztin müsse sich der Schluss aufdrängen, dass die gleichzeitige Berücksichtigung von Dr. Da. mit einem Anrechnungsfaktor von 0,75 und die Berücksichtigung von Dr. D. weiterhin mit einem Anrechnungsfaktor von 1,0 nur auf einem Versehen beruhen könne; es bedürfe keiner vertieften Kenntnisse im Vertragsarztrecht um zu erkennen, dass die RLV-Zuweisung falsch gewesen sei.[105] Grobe Fahrlässigkeit kann z.B. ausgeschlossen sein, wenn der Versicherte die Ausfüllung eines Fragebogens oder eines Antrags einem Gemeindebediensteten anvertraut und sich darauf verlässt, dieser werde alle Einzelheiten erfragen. Offensichtliche Unvollständigkeiten und Widersprüchlichkeit in den Angaben des Betroffenen, die von der Behörde weiter aufzuklären gewesen wären (§ 16 Abs. 3 SGB I) reichen nicht aus; ein offenkundiger Fehler kann dem Bürger nicht zum Nachteil gereichen. Die Behauptung, ein Merkblatt nicht gelesen zu haben, exkulpiert nicht. Hat der Bürger die Tatsachen richtig angegeben, sie aber wie der Sozialleistungsträger falsch gewürdigt, ist ihm keine grobe Fahrlässigkeit vorzuwerfen.

22 Soll ein Verwaltungsakt dabei nur teilweise zurückgenommen werden, muss sich die Bösgläubigkeit des Leistungsempfängers auf den Teil des Verwaltungsaktes erstrecken, der zurückgenommen werden soll (»**soweit**«).[106] Bei der Aufhebung von Folgebescheiden, die auf einem rechtswidrigen Ausgangsbescheid aufbauen, ist der Vorwurf der groben Fahrlässigkeit auf die ich dem Ausgangsbescheid getroffene Regelung zu beziehen.[107]

e) Sonstige Ausschlussgründe

23 Der Katalog der Nr. 1–3 ist nicht abschließend, es kann auch andere Gründe geben, die einen Vertrauensschutz ausschließen. Für einen Verwaltungsakt unter dem Vorbehalt des Widerrufs etwa hat die Gesetzesbegründung ausgeführt, dass eine solche Nebenbestimmung ein Vertrauen auf den Fortbestand des Verwaltungsaktes von vornherein ausschließt; der Betroffene dürfe in diesem Fall nicht besser stehen als bei einem rechtmäßigen Verwaltungsakt.[108]

2. Regelschutzwürdigkeit nach § 45 Abs. 2 Satz 2

24 Liegt kein Fall des § 45 Abs. 2 Satz 3 SGB X vor, ist zu prüfen, ob § 45 Abs. 2 Satz 2 die grundsätzliche Interessengegenüberstellung des § 45 Abs. 2 Satz 1 zugunsten des Begünstigten verschiebt; die Vorschrift begründet eine Vermutungswirkung. Danach ist ein Vertrauen ist in der Regel schutzwürdig, wenn der Begünstigte erbrachte Leistungen verbraucht oder eine Vermögensdisposition getroffen hat, die er nicht mehr oder nur unter unzumutbaren Nachteilen rückgängig machen kann; die Vermutung ist widerlegbar.

---

103 BSG, Urt. v. 08.12.2022 – B 7/14 AS 11/21 R, juris; BSG, Urt. v. 13.07.2006 – B 7a AL 16/05, juris; BSG, Urt. v. 27.07.2000, SozR 3–1300 § 45 Nr. 42.

104 BSG, Urt. v. 27.07.2000, SozR 3–1300 § 45 Nr. 42.

105 BSG, Urt. v. 15.05.2019 – B 6 KA 65/17 R, juris.

106 BSG, Urt. v. 27.07.2000, SozR 3–1300 § 45 Nr. 42.

107 BSG, Urt. v. 27.07.2000, SozR 3–1300 § 45 Nr. 30 und 42.

108 BT-Drucks. 8/2034, S. 34.

a) Fehlender Anwendungsbereich für den Verbrauch der Leistung

Die **erste Alternative** ist von Relevanz für die Frage, ob der Begünstigte die – verbrauchten – Leistungen zu erstatten hat, mithin für die Frage einer Rücknahme des Verwaltungsaktes mit Wirkung in die Vergangenheit. Eine vergangenheitsbezogene Rücknahme setzt aber nach § 45 Abs. 4 Satz 1 voraus, dass besondere Bösgläubigkeits- oder Wiederaufnahme- gründe entsprechend § 580 ZPO vorliegen. Umgekehrt gilt die Regelschutzwürdigkeit des § 45 Abs. 2 Satz 2 nicht, wenn eine Bösgläubigkeit gem. § 45 Abs. 2 Satz 3 gegeben ist. Das bedeutet, dass es für diese Alternative im Grunde keinen Anwendungsbereich gibt. Fraglich ist, ob der Verbrauch einer Leistung bei Dauerverwaltungsakten dazu führt, dass der Verwaltungsakt auch für die Zukunft nicht aufgehoben werden kann. Einerseits sind die Regelfälle des § 45 Abs. 2 Satz 2 alternativ genannt, das Vorliegen der ersten Alternative führt regelmäßig zum Vertrauensschutz und dies wiederum schließt nach dem Wortlaut sowohl die Rücknahme mit Wirkung in die Vergangenheit als auch die zukunftsbezogene Rücknahme aus. Andererseits muss in dem Verbrauch einer Leistung keine Disposition enthalten sein, die sich zukunftsbezogen auswirkt. Wer aber aus dem Verbrauch einer Leistung als solches schließen wollte, dass ein Dauerverwaltungsakt deshalb auch nicht mit Wirkung für die Zukunft aufgehoben werden darf, der würde die Struktur des Vertrauensschutzprinzips verkennen: Das Rechtsstaatsprinzip schützt in dieser Ausprägung die Dispositionsfreiheit des Einzelnen, nicht aber seine Hoffnungen und Erwartungen an die Zukunft. Das bestehende Recht, hier der erlassene Verwaltungsakt, konstituiert eine Freiheitssphäre für den Rechtsunterworfenen, in deren Rahmen seine Dispositionen rechtlichen Rückhalt finden. Entzieht eine Rechtsänderung der Disposition nachträglich die rechtliche Grundlage, dann beeinträchtigt dies die entsprechende Freiheitsausübung.[109] Vertrauen ist demnach nur dann zu schützen, wenn die Rechtsänderung einen Vergangenheitsbezug aufweist und nur soweit zu schützen, wie die Disposition Auswirkungen für die Zukunft hat – oder im Sprachgebrauch des § 45 Abs. 2 Satz 2 soweit, wie der Begünstigte die Vermögensdisposition nicht mehr oder nur unter unzumutbaren Nachteilen rückgängig machen kann. Nach der Disposition über die Leistung, die zu einem Verbrauch führt, kann der gutgläubige Begünstigte zwar darauf vertrauen, dass er deswegen nicht zur Rechenschaft gezogen und also zur Rückerstattung verpflichtet wird. Soweit sich seine Disposition im Vertrauen auf den Verwaltungsakt aber in dem Verbrauch erschöpft, wirkt sie lediglich vergangenheitsbezogen. Und seine Hoffnung oder Erwartung, dass er künftig weitere Leistungen erhält, die er erneut verbrauchen kann, ist vom Vertrauensschutzprinzip nicht erfasst. Verfassungskonform wäre die Vorschrift demnach so zu lesen, dass der Verbrauch einer Leistung nur ausschließen kann, dass der Begünstigte diese ersetzen muss, nicht aber, dass ihm künftig weitere rechtswidrige Begünstigungen auf der Grundlage eines Dauerverwaltungsaktes zukommen müssen. Zu diesem Ergebnis kommt § 45 aber schon dadurch, dass er die Rücknahme für die Vergangenheit für den gutgläubigen Begünstigten gar nicht zulässt (§ 45 Abs. 4 Satz 1). Diese Regelalternative mag in § 45 Eingang gefunden haben, weil auch dessen Vorbild,[110] § 48 VwVfG, diese Alternative enthält. Allerdings beschränkt § 48 VwVfG die Rücknahme mit Wirkung für die Vergangenheit nicht auf die Fälle, die § 45 in seinem Abs. 4 Satz 1 vorsieht. Die Gesetzesbegründung zu § 45 verweist denn auch lediglich auf § 48 VwVfG und erörtert die Regelung des § 45 Abs. 2 Satz 2 nicht weiter.[111] Diese erste Alternative könnte und sollte der Gesetzgeber streichen. 25

b) Vermögensdisposition mit Zukunftsfolge

Die **zweite Alternative** des § 45 Abs. 2 Satz 2 hält das Vertrauen des Begünstigten in der Regel für schutzwürdig, wenn dieser eine Vermögensdisposition getroffen hat, die er nicht mehr oder nur unter unzumutbaren Nachteilen rückgängig machen kann. Das Gesetz nennt als Beispiel[112] die Ver- 26

109 *Pohl*, Rechtsprechungsänderung und Rückanknüpfung, S. 179–182 und 198–201.
110 BT-Drucks. 8/2034, S. 34.
111 BT-Drucks. 8/2034, S. 34.
112 BSG, Urt. v. 14.06.1984, SozR 1300 § 45 Nr. 9 – bei Nichtvorliegen des Beispiels können andere Umstände das öffentliche gegenüber dem Vertrauen des Begünstigten zurücktreten lassen.

mögensdisposition, bei der jedoch auch nur ›in der Regel‹ die Entziehung ausgeschlossen ist.[113] Und auch wenn eine Vermögensdisposition im Sinne des § 45 Abs. 2 Satz 2 SGB X erfolgt ist, können die gesamten wirtschaftlichen Verhältnisse des Begünstigten dafür streiten, dass ihm die künftige Entbehrung dieser Leistung zuzumuten ist.[114] Die **Vermögensdisposition** kann sowohl vor als auch nach dem Erhalt der Leistung, darf aber ausschließlich nach dem Erlass des Verwaltungsaktes getroffen worden sein;[115] eine Disposition im ›Vorgriff‹ auf einen Bescheid ist nicht geschützt, weil die Freiheitssphäre, die das Vertrauensschutzprinzip schützen möchte, erst mit der Existenz des Verwaltungsaktes entsteht (siehe Rdn. 25). Der Begünstigte muss die Disposition darlegen und auf Verlangen Auskünfte darüber geben. Kommt der Begünstigte entsprechenden Anfragen der Behörde nicht nach und kann die Behörde infolgedessen nicht nachprüfen, ob und ggf. welche Vermögensdispositionen er im Vertrauen auf den Verwaltungsakt getroffen hat, die er nur unter unzumutbaren Nachteilen rückgängig machen kann, dann geht dies im Sinne von § 66 SGB I zu seinen Lasten.[116]

27 Neben der Vermögensdisposition ist es erforderlich, dass der Begünstigte die Vermögensdisposition **nicht mehr oder nur unter unzumutbaren Nachteilen rückgängig machen kann**. Weil die Anwendung des § 45 Abs. 2 Satz 2 die Gutgläubigkeit des Begünstigten voraussetzt und die Rücknahme des Verwaltungsaktes mit Wirkung für die Vergangenheit wegen § 45 Abs. 4 Satz 1 in den Fällen des § 45 Abs. 2 Satz 2 ohnehin nicht vorgesehen ist, geht es hier um die Frage, ob die Vermögensdisposition die Rücknahme des Verwaltungsaktes für die Zukunft ausschließt. Grundsätzlich muss sich jeder Rechtsunterworfene auf eine neue Rechtslage einstellen. Das Vertrauensschutzprinzip möchte Freiheitsbeeinträchtigungen verhindern, nicht aber die bloße Hoffnung oder Erwartung an die Zukunft schützen, dass alles so bleibt, wie es ist (siehe Rdn. 24). Es geht also darum, dass die Disposition (= Freiheitsbetätigung) in der Vergangenheit die Anpassung an die neue Rechtslage behindert; also darum, dass der Begünstigte aufgrund der Existenz des rechtswidrigen Verwaltungsaktes disponiert hat und die Folgen der Disposition nun das Einstellen auf die neue Rechtslage erschweren. Diese Freiheitsbetätigung schützt die Vertrauensschutzregelung. Kann der Begünstigte die Disposition nicht mehr rückgängig machen oder nur unter unzumutbaren Nachteilen, streitet dies gegen die Rechtsänderung. Vor diesem Hintergrund ist die »Unzumutbarkeit« zu interpretieren. Es genügt demnach nicht, dass die Disposition als solche nicht mehr ungeschehen gemacht werden kann. Eine Anpassung an die neue Rechtssituation muss mit unzumutbaren Nachteilen verbunden sein. Diese Hürde wird mitunter zu früh genommen: So soll ein Einstellen auf die neue Rechtssituation unzumutbar sein können, wenn der Begünstigte durch die zukunftsbezogene Rücknahme **sozialhilfebedürftig** würde.[117] Dabei wird jedoch übersehen, dass er dies auch sein könnte, wenn der rechtswidrige Verwaltungsakt nicht erlassen worden wäre. Er hat also in der Vergangenheit mehr erhalten, als ihm eigentlich zustand, und darf dies auch behalten. Dies stellt aber als solches keinen Grund dar, ihm diese Begünstigung auch in Zukunft zuzugestehen. Die Sozialhilfebedürftigkeit als solche ist für die zukunftsbezogene Rücknahme irrelevant. Es bedarf einer Vermögensdisposition, einer Freiheitsbetätigung unter der alten Rechtssituation. Gleiches gilt auch für das bloße **Einrichten der Lebensführung** auf die rechtswidrige Begünstigung.[118] Ist mit dieser keine Vermögensdisposition verbunden, die zukunftsbezogen nur unter unzumutbaren Nachteilen rückgängig gemacht werden kann, dann unterfällt diese Situation nicht der Regelschutzwürdigkeit des § 45 Abs. 2 Satz 2. Eine andere Frage ist es, inwieweit im Rahmen der Ermessensausübung darauf Rücksicht genommen werden kann.

113 BSG, Urt. v. 14.06.1984, SozR 1300 § 45 Nr. 9.

114 BSG, Urt. v. 14.06.1984, SozR 1300 § 45 Nr. 9.

115 BSG, Urt. v. 28.11.1985, SozR 1300 § 45 Nr. 20.

116 BVerwG Buchholz 427.3 § 335a LAG Nr. 70 – im Kontext ausbleibender Auskünfte zu Einkommens- und Vermögensverhältnissen.

117 Differenzierend: BSG, Urt. v. 14.06.1984, SozR 1300 § 45 Nr. 9.

118 Zur Relevanz der (Bedeutung des Verwaltungsaktes für die) persönlichen Lebensverhältnisse: BSG, Urt. v. 14.11.1985, SozR 1300 § 45 Nr. 19.

Es muss beachtet werden, dass das Vertrauen nur zu schützen ist, »**soweit**« die Anpassung an die neue Rechtslage mit unzumutbaren Nachteilen verbunden ist – es muss also nicht jeder Verwaltungsakt in vollem Umfang und für immer fortbestehen. Ferner kann eine Anpassung an die neue Rechtssituation durch eine entsprechende Ermessensausübung erleichtert werden – etwa dadurch, dass die Begünstigung nicht in vollem Umfang oder nicht sofort mit der Bekanntgabe des Aufhebungsbescheides (sondern einige Zeit danach) aufgehoben wird. 28

3. Interessenabwägung nach § 45 Abs. 2 Satz 1

Wenn weder § 45 Abs. 2 Satz 3 noch Satz 2 SGB X einschlägig sind, ist die – ungewichtete – 29 **Interessenabwägung nach Satz 1** vorzunehmen. Diese Abwägung ist nicht rational oder gar verifizierbar, sondern enthält umfangreich wertende Elemente. Dabei können die von der Rechtsprechung des BSG erarbeiteten Kriterien nur bedingt weiterhelfen.[119] Zu beachten ist auch hier, dass der Schutz eines Vertrauens grundsätzlich eine Disposition voraussetzt, deren rechtlich relevante Wirkungen in die Zukunft ausstrahlen, weil die Schutzwürdigkeit eine Aufhebung immer auch für die Zukunft ausschließt (Folge des § 45 Abs. 2 als Tatbestandsmerkmal). Die Abwägung darf also nicht im »luftleeren« Raum einfach durch eine Gegenüberstellung beliebiger Gesichtspunkte des Einzelfalls erfolgen. Das Vertrauensschutzprinzip bezieht sich darauf, dass der Begünstigte auf geltendes Recht vertrauen und im Vertrauen auf den Bestand entsprechend disponieren darf – solange es gilt. Es schützt – auch im Rahmen des Satz 1 – vor einer Entwertung der Disposition (Satz 2 speziell die Vermögensdisposition) durch eine Rechtsänderung, nicht aber davor, dass sich das Recht jemals ändert, schützt also nicht bloße Hoffnungen, Erwartungen an die Zukunft ohne entsprechende Disposition. Für den Zeitraum der Geltung lässt sich eine Abwehr- und Ausschlussregel bilden, die – rückwirkende (auf den Zeitraum der Geltung des Verwaltungsaktes bezogene) – Änderungen rechtfertigungsbedürftig macht. Der Schutz von Vertrauen hat also auch im Rahmen des § 45 Abs. 2 Satz 1 einen Rückwirkungsbezug zur Voraussetzung. Und weil § 45 Abs. 2 die Aufhebung für die Zukunft ausschließt, geht es um eine Rückwirkung auf Dispositionen, die während der Geltung des rechtswidrigen Verwaltungsaktes getroffen worden sind und deren Folgen in die Zukunft reichen. Vor diesem Hintergrund muss die Interessenabwägung erfolgen.

Das BSG berücksichtigt die Unterschiedlichkeit der Strukturen der Vertrauensschutzprüfung und 30 Ermessensentscheidung nicht konsequent. **Für das öffentliche Interesse** können nach der Rechtsprechung des BSG etwa folgende Kriterien sprechen: Das Vorliegen eines **Dauerverwaltungsaktes**, weil eine Dauerleistung die Allgemeinheit in der Regel mehr belaste als eine einmalige Leistung[120]; im Einzelfall könne die Interessenlage aber dennoch anders sein: Wie das öffentliche Interesse bei Geldleistungen vor allem ein fiskalisches ist, d.h. die Allgemeinheit vor ungesetzlichen Zahlungen zu ihren Lasten zu schützen, können solche Umstände auch auf der Seite des Begünstigten nicht unberücksichtigt bleiben; es könne deshalb im Einzelfall gerechtfertigt sein, einem Begünstigten eine Dauerleistung auch für die Zukunft nicht zu entziehen, wenn das für ihn unzumutbar wäre[121]. Weiterhin werden die **anerkannten Grundsätze einer sparsamen Verwendung von Haushaltsmitteln** in die Abwägung eingestellt.[122] **Für das Interesse des Begünstigten** hat das BSG beispielsweise folgende Gesichtspunkte für relevant erachtet: Die Unrichtigkeit des Bescheides fällt allein in den **Verantwortungsbereich** der Behörde[123] (z.B. durch missverständliche Vordrucke[124]) oder die Behörde hat eine wesentliche Ursache für die Überzahlung gesetzt (z.B. dadurch, dass ein Rentenversicherungsträger einen marokkanischen Antragsteller auf eine Witwenrente nicht nach dem Bestehen einer

119 *Siebert*, SGb 1990, 245.

120 BSG, Urt. v. 05.11.1997, SozR 3–1300 § 45 Nr. 37; BSG, Urt. v. 14.06.1984, SozR 1300 § 45 Nr. 9; kritisch: *Siebert*, SGb 1990, S. 245.

121 BSG, Urt. v. 14.06.1984, SozR 1300 § 45 Nr. 9.

122 BSG, Urt. v. 05.11.1997, SozR 3–1300 § 45 Nr. 37.

123 BSG, Urt. v. 05.11.1997, SozR 3–1300 § 45 Nr. 37; BSG, Urt. v. 25.06.1986, SozR 1300 § 45 Nr. 24; BSG, Urt. v. 14.11.1985, SozR 1300 § 45 Nr. 19.

124 BSG, Urt. v. 28.11.1985, SozR 1300 § 45 Nr. 20.

weiteren Ehe befragt)[125], eine Stärkung des Vertrauens durch **grobe Fehler** der Verwaltung[126], die allgemeinen **wirtschaftlichen Verhältnisse** am Wohnsitz des Begünstigten und dessen wirtschaftliche Lage[127], **Schmälerung der Existenzgrundlage** (in einer Weise, dass der Begünstigte unter Berücksichtigung der Lebensverhältnisse an seinem Wohnsitz in Armut oder gar in menschenunwürdigen Verhältnissen leben müsste)[128]; eine **nachhaltige Änderung seiner Lebensverhältnisse**[129]; eine mehrfache Wiederholung der rechtswidrigen Leistung[130] (z.B. durch Anpassungsbescheide); das Vergehen eines langen Zeitraumes nach einer Leistungsbewilligung[131]; umgekehrt soll ein kurzer Zeitablauf von weniger als einem Jahr nicht in die Vertrauensschutzprüfung einzubeziehen sein[132].

III Ermessensausübung – Rücknahmezeitraum und -umfang

31 Mit der Verneinung von Vertrauensschutz nach § 45 Abs. 2 ist die Entscheidung getroffen, dass es dem Begünstigten zuzumuten ist, sich auf eine ändernde Rechtssituation einzustellen. In welcher Weise ihm dies möglich und zuzumuten ist, ist die Leitfrage der Ermessensentscheidung. Dabei können (und müssen bei Relevanz) auch die Gesichtspunkte Berücksichtigung finden, die im Rahmen des § 45 Abs. 2 herangezogen worden sind (innerhalb des BSG ist die Rechtsprechung zu dieser Frage uneinheitlich[133]). Bei § 45 Abs. 2 musste die grundsätzliche Hürde (Fokus: Disposition, deren Rückgängigmachung unzumutbar ist) überwunden werden, die eine Ermessensausübung und insoweit Feinsteuerung erst ermöglicht. Die Ermessensentscheidung hat nun sämtliche relevante Gesichtspunkte für eine zweckmäßige Einzelfallentscheidung zu bündeln.

32 § 45 Abs. 1 regelt grundsätzlich, dass ein Verwaltungsakt ermessensgeleitet[134] für die **Vergangenheit oder die Zukunft** zurückgenommen werden kann. Dieser Ermessensspielraum wird beschränkt durch § 45 Abs. 4 S. 1. Danach wird ein Verwaltungsakt im Sinne des § 45 nur dann mit Wirkung für die Vergangenheit zurückgenommen, wenn der Begünstigte bösgläubig im Sinne des § 45 Abs. 2 Satz 3 ist oder ein Wiederaufnahmegrund entsprechend § 580 ZPO vorliegt, § 45 Abs. 3 S. 2. Die Problematik um die Auslegung des § 45 Abs. 3 Satz 2, welche Wiederaufnahmegründe die Bestandskraft des Verwaltungsaktes sollen zurückdrängen können, wirkt sich auch hier aus (Rdn. 42). Allerdings stellt die Gesetzesbegründung klar, dass § 45 Abs. 4 verhindern soll, dass ein nicht mehr anfechtbarer rechtswidriger begünstigender Verwaltungsakt bei schuldlos falschen Angaben oder bei einfacher Fahrlässigkeit für die Vergangenheit zurückgenommen werden kann[135], sodass sich die Frage stellt, ob überhaupt noch ein Anwendungsbereich über die Fälle des § 45 Abs. 2 Satz 3 hinaus

125 BSG, Urt. v. 07.07.1998, SozR 3–1300 § 45 Nr. 38.
126 BSG, Urt. v. 05.11.1997, SozR 3–1300 § 45 Nr. 37; BSG, Urt. v. 14.11.1985, SozR 1300 § 45 Nr. 19.
127 BSG, Urt. v. 05.11.1997, SozR 3–1300 § 45 Nr. 37; BSG 28.11.1985, SozR 1300 § 45 Nr. 20.
128 BSG, Urt. v. 05.11.1997, SozR 3–1300 § 45 Nr. 37; BSG, Urt. v. 14.11.1985, SozR 1300 § 45 Nr. 19 – hier allerdings Zuordnung zur Ermessensentscheidung.
129 BSG, Urt. v. 14.11.1985, SozR 1300 § 45 Nr. 19.
130 BSG, Urt. v. 14.06.1984, SozR 1300 § 45 Nr. 9; BSG, Urt. v. 21.06.2001 – B 7 AL 6/00 R, juris.
131 BSG, Urt. v. 14.06.1984, SozR 1300 § 45 Nr. 9.
132 BSG, Urt. v. 16.06.1999, SozR 3–1300 § 85 Nr. 1.
133 Ein Senat – BSG, Urt. v. 25.06.1986, SozR 1300 § 45 Nr. 24 – hat angenommen, dass ein Spielraum für eine Ermessensentscheidung zum Vorteil des Begünstigten allgemein ausgeschlossen ist, wenn das Ergebnis der Interessenabwägung nach § 45 Abs. 2 einer Rücknahme nicht entgegensteht; bei der Interessenabwägung müssten nämlich praktisch alle Gesichtspunkte erörtert werden, die die Verwaltung auch bei einer Ermessensausübung nach § 45 Abs. 1 zu berücksichtigen hätte. Ein anderer Senat – BSG, Urt. v. 05.11.1997, SozR 3–1300 § 45 Nr. 37 – hält Ausnahmen für denkbar, beispielsweise das zurechenbare Verschulden eines Dritten bei § 45 Abs. 2, welches i.R.d. Ermessenentscheidung jedoch bei einem Fehlen eigenen Verschuldens des Begünstigten zu seinen Gunsten wirken kann – BSG, Urt. v. 10.08.1993, SozR 3–1300 § 45 Nr. 18 –, stelle sich heraus, dass für eine Ermessensausübung keine Gesichtspunkte übrig geblieben sind, sei das Ermessen auf Null reduziert – BSG, Urt. v. 05.11.1997, SozR 3–1300 § 45 Nr. 37.
134 BSG, Urt. v. 17.10.1990, SozR 3–1300 § 45 Nr. 5; BSG, Urt. v. 14.11.1985, SozR 1300 § 45 Nr. 19.
135 BT-Drucks. 8/4022, S. 82 f.

verbleibt.[136] Die Rücknahme mit Wirkung für die Vergangenheit erfolgt unabhängig davon, ob die Leistung bereits geflossen ist,[137] weil der Verwaltungsakt – unabhängig von der Leistung – einen Rechtsgrund darstellt. In allen übrigen Fällen kann der Verwaltungsakt ausschließlich zukunftsbezogen zurückgenommen werden. Und selbst die Fälle des § 45 Abs. 4 Satz 1 SGB X verpflichten die Behörde nicht zu einer vergangenheitsbezogenen Aufhebung, denn die Vorschrift beschränkt lediglich den Ermessensspielraum des § 45 Abs. 1 SGB X auf die wenigen Fälle, in denen eine vergangenheitsbezogene Aufhebung möglich, aber nicht zwingend ist.[138] Das BSG hat aber entschieden, dass gegenüber einem Betrüger nur in Ausnahmefällen von einer rückwirkenden Aufhebung abgesehen werden kann.[139]

Bei der Ermessensausübung dienen die sozialen Rechte der §§ 2, 3–10 SGB I als Leitlinien.[140] Als 33
Rechte können sie zwar keine Rechtfertigung für Leistungsbeschränkungen sein, aber sie dienen der Optimierung sozialer Rechte auch im Rahmen des § 45.[141] Die **Gesichtspunkte für die Ermessensausübung** sind von Amts wegen zu ermitteln, zumeist im Rahmen der Anhörung.[142] Als Ermessensgesichtspunkte können relevant sein: die **wirtschaftlichen Folgen** (existenzvernichtender Eingriff) für den Begünstigten[143]; das **Ausmaß der Unredlichkeit** des Betroffenen oder die Redlichkeit des Begünstigten, dem die Bösgläubigkeit eines Dritten zuzurechnen ist[144]; das Ausmaß eines **Verschuldens auf Seiten der Behörde**[145], allerdings soll die Behörde bei Bösgläubigkeit verpflichtet sein, rechtswidrige Bewilligungen zurückzunehmen, auch wenn der Erlass des rechtswidrigen Verwaltungsaktes allein darauf zurückzuführen ist, dass sie Angaben des Begünstigten nicht berücksichtigt hat[146]; **unverhältnismäßiger Verwaltungsaufwand**[147]; der **Verlust weiterer Sozialleistungen** infolge der Aufhebung. Bei der Berücksichtigung der Dauer des Fortbestands der rechtswidrigen Begünstigung bei Dauerverwaltungsakten gilt es zu beachten, dass der Gesetzgeber mit den Fristen des § 45 Abs. 3 bereits eigene Wertentscheidungen hinsichtlich des Zeitablaufs getroffenen hat. Mit Blick auf die Verwirklichung der sozialen Rechte dürfte der **Gesundheitszustand** des Begünstigten (wegen möglicher erhöhter krankheitsbedingter Aufwendungen) oder ein Pflegeaufwand für Dritte relevant sein. Eine **Ermessensreduzierung auf Null** hat das Bundessozialgericht in einem Fall angenommen, in welchem ein Begünstigter bösgläubig doppelte Rentenzahlungen in Anspruch genommen hatte und hinsichtlich der Umstände geschwiegen hatte, die im Rahmen des § 76 Abs. 2 SGB IV hätten zu berücksichtigen sein können.[148] Fehlt es an geeigneten Tatsachen für eine Ermessensbetätigung, kann die Behörde kein Ermessen ausüben.[149] Sobald die Behörde Differenzierungen vornimmt – etwa teilweise auf einen Rückforderung der Leistung verzichtet oder bei der Option für die Vergangen-

136 Gitter/Schulin/Zacher/*Meyer*, FS für Otto Ernst Krasney, 1997, S. 319, spricht davon, dass die Rücknahme für die Vergangenheit »praktisch« nur gegenüber einem Bösgläubigen zugelassen sei.
137 BSG, Urt. v. 24.04.1997, SozR 3–1300 § 45 Nr. 32.
138 *Bieback*, SGb 1995, 141.
139 BSG, Urt. v. 26.09.1990, SozR 3–4100 § 155 Nr. 2.
140 *Eichenhofer*, SGB 2011, 301.
141 BSG, Urt. v. 31.05.1988, SozR 1300 § 44 Nr. 34.
142 BSG, Urt. v. 30.10.1997 – 4 RA 71/96, juris.
143 BSG, Urt. v. 25.01.1994, SozR 3–1300 § 50 Nr. 16; BSG, Urt. v. 24.01.1995, SozR 3–1300 § 50 Nr. 17.
144 BSG, Urt. v. 04.02.1988, SozR 1300 § 45 Nr. 34.
145 BSG, Urt. v. 05.11.1997, SozR 3–1300 § 45 Nr. 37; BSG, Urt. v. 13.12.1994, SozSich 1996, 197 (zum Verhältnis zu § 45 Abs. 2); BSG, Urt. v. 07.07.1998, SozR 3–1300 § 45 Nr. 38 (Verortung bei § 45 Abs. 2).
146 BSG, Urt. v. 29.06.2000 – B 11 AL 253/99 B, juris.
147 BSG, Urt. v. 10.08.1988, SozR 1300 § 45 Nr. 38.
148 BSG, Urt. v. 25.01.1994, SozR 3–1300 § 50 Nr. 16; BSG, Urt. v. 11.04.2002 – B 3 P 8/01 R, juris.
149 BSG, Urt. v. 26.09.1990, SozR 3–4100 § 155 Nr. 2; BSG, Urt. v. 25.01.1994, SozR 3–1300 § 50 Nr. 16.

heit oder Zukunft aufzuheben, eine Entscheidung lediglich für die Zukunft vornimmt, sieht das BSG darin relativ zügig eine hinreichende Ermessensausübung.[150]

34 Die Frage, ob überhaupt eine Ermessensentscheidung ergangen ist, und ob diese rechtmäßig war, beurteilt sich nach dem Inhalt des Rücknahmebescheides, insbesondere nach seiner **Begründung.**[151] Diese muss die Ermessensentscheidung erkennen lassen; sie muss darüber hinaus grundsätzlich auch diejenigen Gesichtspunkte aufzeigen, von denen der Verwaltungsträger bei Ausübung des Ermessens ausgegangen ist.[152] Dabei ist zu beachten, dass die Ermessensentscheidung nicht mit der Rechtswidrigkeit des Verwaltungsaktes oder einem Fehlen von Vertrauensschutz begründet werden darf, weil es sich dabei um Voraussetzungen handelt, die zunächst vorliegen müssen, um überhaupt (auf der Rechtsfolgenseite) zu einer Ermessensentscheidung zu gelangen.[153] Alle wesentlichen Gesichtspunkte, die Grundlage der Ermessensentscheidung sind, müssen in die Begründung des Verwaltungsaktes aufgenommen werden; fehlen diese, wird vermutet, dass die Behörde diese Gesichtspunkte auch nicht in ihre Ermessenausübung eingestellt hat.[154] Die Begründung kann gem. § 41 Abs. 1 Nr. 2 i.V.m. § 41 Abs. 2 bis zum Abschluss der letzten Tatsacheninstanz des gerichtlichen Verfahrens **nachgeholt** werden.[155] Die Kosten des Rechtsstreits werden dann bei einer Erledigungserklärung der Hauptsache durch den Betroffenen der Behörde aufzuerlegen sein.[156]

35 Das BSG hat sich häufiger der Frage gewidmet, welche Folgen es hat, wenn der Behörde **für die Ermessensausübung geeignete Tatsachen fehlen**: Ob tatsächlich Ermessen ausgeübt werden kann, sei im Wesentlichen das Ergebnis der Würdigung aller Umstände des Einzelfalls.[157] Verblieben im Anschluss an die durch § 45 Abs. 2 gebotene Abwägung des öffentlichen Interesses an einer Rücknahme und des Interesses des Begünstigten am Bestand des Verwaltungsaktes aus den tatsächlichen Feststellungen keine Gesichtspunkte, die für das Ermessen Bedeutung haben könnten, sei eine Ermessensausübung nicht leistbar und das Verwaltungsermessen somit auf Null reduziert.[158] Rügt ein Betroffener die unterlassene Ermessensabwägung, müsse dieser auf berücksichtigungsfähige Tatsachen hinweisen, soweit diese nicht aktenkundig seien.[159] Ein Gericht dürfe den Verwaltungsakt nicht allein wegen fehlender Ermessensausübung aufheben, wenn es selbst keine Ermessensgesichtspunkte feststelle.[160] In der Tat überschneiden sich die Kriterien, die das BSG in die Abwägung nach § 45 Abs. 2 einstellt, mit den Gesichtspunkten, die für die Ermessensentscheidung als relevant angesehen werden – obwohl das Gericht mitunter ausgesprochen hat, dass Gesichtspunkte, die die gerichtlich voll überprüfbare Interessenabwägung bestimmten, nicht zugleich Ermessensgesichtspunkte sein könnten[161]; innerhalb des BSG besteht zu dieser Frage keine Einigkeit (vgl. Rn. 30). Die Problematik ließe sich dadurch reduzieren, dass man zum einen die Strukturverschiedenheit der Vertrauensschutzprüfung (Dispositionsschutz) und der Ermessensentscheidung (Berücksichtigung sämtlicher relevanter Gesichtspunkte des Einzelfalls) stärker berücksichtigt und darin nicht zwei gleich geartete Abwägungsentscheidungen sieht; zum anderen die Anforderungen an die einzu-

150 BSG, Urt. v. 17.04.1996, SozR 3–1300 § 45 Nr. 29.
151 BSG, Urt. v. 30.10.1997 – 4 RA 71/96, juris.
152 BSG, Urt. v. 30.10.1997 – 4 RA 71/96, juris; BSG, Urt. v. 17.10.1990, SozR 3–1300 § 45 Nr. 5; BSG, Urt. v. 14.11.1985, SozR 1300 § 45 Nr. 19.
153 BSG, Urt. v. 14.11.1985, SozR 1300 § 45 Nr. 19.
154 BSG, Urt. v. 30.10.1997 – 4 RA 71/96, juris.
155 Diese verlängerte Heilungsmöglichkeit über das Widerspruchsverfahren hinaus ist mit dem 4. Euro-Einführungsgesetz v. 21.12.2000, BGBl. I S. 1977, eingeführt worden. Zur Abgrenzung zum sog. Nachschieben von Gründen: Diering/Timme/Stähler/*Siewert*, SGB X, § 41 Rn. 10 ff.; zur Diskussion um die Verfassungsmäßigkeit der Regelung: *Felix,* NZS 2001, 341; *Steiner,* NZS 2002, 113.
156 BR-Drucks. 531/00, S. 147.
157 BSG, Urt. v. 26.09.1990, SozR 3–4100 § 155 Nr. 2.
158 BSG, Urt. v. 26.09.1990, SozR 3–4100 § 155 Nr. 2; BSG SozSich 1996, S. 197.
159 BSG, Urt. v. 26.09.1990, SozR 3–4100 § 155 Nr. 2.
160 BSG, Urt. v. 06.09.1989, SozR 1300 § 45 Nr. 46.
161 BSG, Urt. v. 06.09.1989, SozR 1300 § 45 Nr. 46.

stellenden Gesichtspunkte nicht überspannt und akzeptiert, wenn die Behörde trotz hinreichender Ermittlung keine weiteren Kriterien heranziehen konnte.

Die Verwendung des Wortes »**soweit**« in § 45 Abs. 1 Satz 1 soll sicherstellen, dass die Rücknahme 36
nur in bestimmtem Umfang erfolgt, wenn er im Übrigen noch Bestand haben kann.[162] Kommt beispielsweise ein Arbeitsloser der Obliegenheit, sich selbst um die Beendigung seiner Beschäftigungslosigkeit zu bemühen, nicht nach, ist eine Aufhebung der Leistungsbewilligung mit Wirkung ab Beginn des Zeitraumes möglich, in dem er die Eigenbemühungen unternehmen sollte.[163] Bei der teilweisen Rücknahme von Verwaltungsakten mit Wirkung für die Vergangenheit muss sich die Bösgläubigkeit des Leistungsempfängers auf den Teil des Verwaltungsaktes erstrecken, der zurückgenommen wird. Der Umfang der Aufhebung des Verwaltungsaktes richtet sich nach dem Umfang seiner Rechtswidrigkeit. Maßgeblich ist das zugrunde liegende materielle Recht; eine teilweise Aufhebung ist möglich. Das materielle Recht und die Auslegung des aufzuhebenden Bescheides bestimmen, ob ein Verwaltungsakt teilbar ist und damit teilweise angefochten und aufgehoben werden kann.[164] Das BSG[165] hat dazu präzise Konkretisierungen vorgenommen: Betragsmäßig, zahlenmäßig, zeitlich, örtlich, gegenständlich oder personell abgrenzbare Teile einer Entscheidung seien in der Regel (ab-)teilbar. Jedenfalls dann enthalte ein Verwaltungsakt solche abgrenzbaren oder abtrennbaren Teile, wenn er aus mehreren, inhaltlich voneinander unabhängigen, nur äußerlich zusammengefassten Regelungen (i.S.d. § 31 S. 1 SGB X), bestehe. Neben solchen selbständigen, voneinander unabhängigen Regelungen, die nur äußerlich in einem Bescheid zusammengefasst seien, könnten aber auch abgrenzbare Teile einer einheitlichen Regelung (i.S.d. § 31 S. 1 SGB X) angefochten und aufgehoben werden. Voraussetzung dafür sei, dass der rechtlich unbedenkliche Teil in keinem untrennbaren oder unauflösbaren inneren Zusammenhang mit dem rechtswidrigen Teil stehe, sondern rechtmäßig als selbständiger Rest- oder Teilverwaltungsakt fortbestehen könne, ohne seinen ursprünglichen Bedeutungsgehalt zu verändern. Ein Verwaltungsakt könne deshalb dann teilweise aufgehoben werden, wenn ein (aufzuhebender) Teil der durch ihn getroffenen (Gesamt-)Regelung in einer Weise tatsächlich und rechtlich abgetrennt werden könne, welche die verbleibende(n) (Teil-) Regelung(en) für sich allein genommen logisch sinnvoll und rechtmäßig fortbestehen ließe(n). So liege es jedenfalls dann, wenn die erlassende Behörde den verbleibenden Verwaltungsakt von Anfang an ohne den gesondert aufzuhebenden Teil rechtmäßig hätte erlassen dürfen.[166] Schließlich dürfe eine Teilaufhebung bei Vornahme durch ein Gericht keine rechtlich geschützte Dispositionsbefugnis der erlassenden Behörde einschränken, indem sie ihr eine wesentlich geänderte Regelung aufzwinge, zu deren Erlass die Behörde nicht ohnehin verpflichtet gewesen sei und die sie nicht ohne den aufzuhebenden Teil erlassen hätte.[167] Wird ein Verwaltungsakt nur teilweise zurückgenommen, dann muss sich der Rücknahmeverfügung entnehmen lassen, für welche Monate die Leistungsbewilligung in welcher Höhe aufgehoben werden soll.[168]

Eine **sog. Verböserung (reformatio in peius) im Widerspruchsverfahren** ist nach der Rechtsprechung 37
des BSG nicht unzulässig, sondern richtet sich ebenfalls nach den Aufhebungsvorschriften:[169] Die Verwaltung sei bereits mit dem Erlass des Verwaltungsaktes, also mit seiner Bekanntgabe gegenüber dem Betroffenen (§ 37), an ihn gebunden; von Fällen der Anfechtung durch Drittbetroffene

162 BT-Drucks. 8/2034, S. 33.
163 BSG, Urt. v. 20.10.2005, SozR 4–4300 § 119 Nr. 3.
164 BSG, Urt. v. 21.12.2022 – B 9 SB 3/20 R, juris.
165 BSG, Urt. v. 21.12.2022 – B 9 SB 3/20 R, juris.
166 Beispielsweise sei dies der Fall bei einem Verwaltungsakt, der rechtswidrig einen GdB für die Vergangenheit herabsetze, wenn er zugleich eine hiervon abtrennbare, rechtmäßige Herabsetzung des GdB für die Zukunft beinhalte – so BSG, Urt. v. 21.12.2022 – B 9 SB 3/20 R, juris, im Anschluss an BSG, Urt. v. 16.12.2021 – B 9 SB 6/19 R, juris.
167 BSG, Urt. v. 16.12.2021 – B 9 SB 6/19 R, juris.
168 BSG, Urt. v. 05.04.2023 – B 5 R 4/22 R, juris.
169 Grundlegend: BSG, Urt. v. 02.12.1992 SozR 3–1500 § 85 Nr. 1; a.A.: *Frohn,* NZS 1994, 450 – Zulässigkeit der Verböserung sei bereichsspezifisch zu klären.

abgesehen, die – da sie keinen Fall der reformatio in peius beträfen – außer Betracht bleiben könnten. Dabei müsse der Verwaltungsakt, damit eine Verböserung begrifflich überhaupt möglich ist, auch eine den Widerspruchsführer begünstigende Entscheidung enthalten. Die Anfechtung des Verwaltungsaktes durch den Betroffenen mit dem Rechtsbehelf des Widerspruchs durchbreche die Bindung der erlassenden Behörde an den Verwaltungsakt nur insoweit, als der Widerspruchsführer die belastende Regelung angreift. Die in dem Verwaltungsakt getroffene begünstigende Entscheidung wird mit dem Widerspruch dagegen nicht – erneut – zur Disposition der Verwaltung gestellt. Insoweit bleibt die Verwaltung an die begünstigende Regelung gebunden. Demgegenüber könne eine Änderungsbefugnis der Widerspruchsbehörde nicht mit dem Argument begründet werden, der Widerspruchsbehörde stehe die gleiche Entscheidungskompetenz wie der Erstbehörde zu. Eine solche Durchbrechung sei jedoch aufgrund gesetzlicher Ermächtigung, so beispielsweise unter den Voraussetzungen der §§ 44 ff., zulässig. Von der Frage, ob eine gesetzliche Ermächtigung der Verwaltung zur Durchbrechung der Bindungswirkung eines mit dem Widerspruch angefochtenen Verwaltungsaktes besteht, sei die weitere Frage zu unterscheiden, ob die Widerspruchsbehörde berechtigt ist, das Aufhebungsverfahren durchzuführen, oder ob hierfür allein die Zuständigkeit der Erstbehörde gegeben ist. Die mit dem Widerspruchsverfahren bezweckte Selbstkontrolle der Verwaltung sei nicht darauf begrenzt, ob eine Regelung den Widerspruchsführer rechtswidrig belastet. Sie umfasse weiterhin die Prüfung, ob die getroffene Regelung zweckmäßig und auch, ob sie insgesamt rechtmäßig ist. Daraus ergebe sich, dass die Entscheidungsfreiheit der Widerspruchsstelle im Regelfall nicht geringer als die der Erstbehörde sein könne und diese also auch einen rechtswidrig begünstigenden Verwaltungsakt zurücknehmen dürfe.

IV. Fristen (Abs. 3, 4)

38 Bei den Fristen der Abs. 3 und 4 handelt es sich um Ausschlussfristen[170], auf die die Regelungen des BGB über die Hemmung und Unterbrechung der Verjährung nicht entsprechend angewandt werden[171]. Der Rücknahmebescheid muss vor dem Ablauf der jeweiligen Frist bekannt gegeben worden sein.[172] Die Ausschlussfristen werden bezüglich der Fehler im Ausgangsbescheid nicht durch Anpassungs- oder Folgebescheide neu in Gang gesetzt[173]; dies gelte nach der Rechtsprechung des BSG jedenfalls dann, wenn ein Folgebescheid auf einen Erstbescheid Bezug nimmt und keine Neuberechnung unabhängig von der Erstbescheidung vorgeschrieben ist[174], wenn dem Folgebescheid nicht aufgrund einer erneuten sachlichen Prüfung ein eigenständiger Regelungsgehalt zukommt[175] oder wenn mit der Anpassung nicht zugleich neue Regelungen über die Leistungshöhe getroffen werden.[176] Der Rücknahmebescheid muss vor dem Ablauf der Frist bekannt gegeben worden sein.[177] Durch die Bekanntgabe an einen Handlungsunfähigen wird die Frist nicht gewahrt.[178]

1. Ausschluss der Aufhebung für die Zukunft (Abs. 3)

39 Die Fristen des § 45 Abs. 3 nehmen von Gesetzes wegen eine Interessenabwägung vor, die auf die Dauer der Geltung des Verwaltungsaktes zielt – der Gesetzgeber entscheidet mit ihnen, ab wann dem Interesse Begünstigten auf Aufrechterhaltung der ihm eingeräumten günstigen Rechtsposition Vorrang einzuräumen ist und bis wann dem Interesse der Allgemeinheit an einer Durchsetzung des geltenden Rechts und einer zweckentsprechenden Mittelverwendung Rechnung zu tragen ist.[179] Sie

170 BSG, Urt. v. 27.07.1989, SozR 1300 § 45 Nr. 45; BSG, Urt. v. 07.11.1995, SozR 3–2600 § 282 Nr. 2.
171 BSG, Urt. v. 02.07.1997, SozR 3–1300 § 50 Nr. 19; BSG SozSich 1995, 355.
172 BSG, Urt. v. 27.07.1989, SozR 1300 § 45 Nr. 44 – zu § 45 Abs. 4.
173 BSG, Urt. v. 03.02.2022 – B 12 KR 24/21 B, juris; BSG, Urt. v. 24.01.1995 – 8 RKn 11/93, juris.
174 BSG, Urt. V. 03.02.2022 – B 12 KR 24/21 B, juris; BSG, Urt. v. 13.07.1988 – 9/9a RV 34/86, juris.
175 BSG, Urt. v. 03.02.2022 – B 12 KR 24/21 B, juris; BSG, Urt. v. 10.02.1993 – 9/9a RVs 5/91, juris.
176 BSG, Urt. v. 09.10.1986, SozR 1300 § 45 Nr. 25; BSG, Urt. v. 13.07.1988, SozR 1300 § 45 Nr. 37.
177 BSG, Urt. v. 27.07.1989, SozR 1300 § 45 Nr. 44.
178 BSG, Urt. v. 02.70.1997, SozR 3–1300 § 50 Nr. 19.
179 BT-Drucks. 8/2034, S. 34; *Brede*, Der Verwaltungsakt mit Dauerwirkung, 1997.

gelten nur für Dauerverwaltungsakte, sodass die Aufhebung einmaliger Leistungen nicht den Fristen des Abs. 3 unterliegt.[180]

Ein **Verwaltungsakt mit Dauerwirkung** liegt vor, wenn sich der Verwaltungsakt nicht in einem einmaligen Ge- oder Verbot oder in einer einmaligen Gestaltung der Rechtslage erschöpft, sondern ein auf Dauer berechnetes oder in seinem Bestand vom Verwaltungsakt abhängiges Rechtsverhältnis begründet oder inhaltlich verändert.[181] Die Gesetzesbegründung nennt als Beispiel einen Verwaltungsakt, der den dauernden regelmäßigen Bezug von Sozialleistungen zum Gegenstand oder zur Folge hat und hebt hervor, dass der Verwaltungsakt mit Dauerwirkung in der Sozialhilfe keine Rolle spielt, weil Sozialhilfe immer nur im Rahmen des jeweiligen Bedarfs zu leisten ist.[182] Grundsätzlich kann Dauerwirkung nicht nur Verwaltungsakten zukommen, die eine laufende Geldleistung zum Gegenstand haben, sondern allgemein allen Leistungs- und Feststellungsbescheiden.[183] Dabei kommt es auf die rechtlichen Wirkungen des Verwaltungsaktes an und nicht darauf, ob tatsächliche Wirkungen für eine gewisse Dauer gegeben sind.[184] Der Verwaltungsakt muss in rechtlicher Hinsicht über den Zeitpunkt seiner Bekanntgabe oder Bindungswirkung hinaus Wirkung entfalten.[185] Unschädlich ist eine zeitliche Begrenzung der laufenden Leistung (z.B. Renten auf Zeit). **Zu den Verwaltungsakten mit Dauerwirkung gehören:** Krankengeld für die laufende Bezugszeit[186]; der Beitragszuschuss zur freiwilligen Krankenversicherung[187]; die Bewilligung von Pflegegeld[188]; die Feststellung des Grades einer Behinderung[189]; die Feststellung eines versicherten Arbeitsunfalls; die Bewilligung einer monatlich zu zahlenden Lehrgangsgebühr[190]; die Zulassung zu oder die Befreiung von der freiwilligen oder der Pflichtversicherung[191]; die Feststellung der Höhe laufender Beitragszahlungen[192]; die Anerkennung oder Vormerkung von rentenrechtlichen Zeiten[193]; die Zusage der Versorgung mit Zahnersatz[194]; die Versagung einer Arbeitserlaubnis[195]; die Bewilligung einer Rehabilitationsmaßnahme[196]; die Entziehung einer Sozialleistung wegen fehlender Mitwirkung[197]. **Nicht zu den Verwaltungsakten mit Dauerwirkung gehören:** die Leistungsablehnung[198] oder ein Bescheid mit versagenden Verfügungssätzen, auch wenn er eine Dauerleistung betrifft[199]; die Aufhebung eines Verwaltungsaktes mit Dauerwirkung[200]; die Gewährung einer Nachzahlung für die Vergangenheit, die Witwenrentenabfindung sowie die Entscheidung über die Nachentrichtung von Beiträgen oder über die Nachversicherung[201]. 40

180 Kritisch: *Barnewitz*, VSSR 9 (1981), 33.
181 BT-Drucks. 8/2034, S. 34.
182 BT-Drucks. 8/2034, S. 34.
183 BSG, Urt. v. 19.09.2000, SozR 3–1300 § 45 Nr. 43.
184 BSG, Urt. v. 14.06.1984, SozR 1300 § 45 Nr. 9; BSG, Urt. v. 16.02.1984, SozR 1300 § 45 Nr. 6.
185 BSG, Urt. v. 21.03.1996, SozR 3–1300 § 48 Nr. 48.
186 BSG ErsK 1984, 222.
187 BSG, Urt. v. 09.06.1988, SozR 1300 § 48 Nr. 47.
188 BSG, Urt. v. 07.07.2005, SozR 4–1300 § 48 Nr. 6.
189 BSG, Urt. v. 22.10.1986, SozR 1300 § 48 Nr. 29; BSG, Urt. v. 19.09.2000, SozR 3–1300 § 45 Nr. 43.
190 BSG, Urt. v. 11.07.1985, SozR 1500 § 146 Nr. 19.
191 BSG, Urt. v. 30.04.1997, SozR 3–2940 § 7 Nr. 4.
192 BSG, Urt. v. 26.09.1991, SozR 3–1300 § 48 Nr. 13.
193 BSG, Urt. v. 16.02.1984, SozR 1300 § 45 Nr. 6; BSG, Urt. v. 21.02.1985, SozR 1300 § 45 Nr. 15; a.A. *Dörr*, DAngVers 1982, 332.
194 BSG BKK 1992, 317.
195 BSG, Urt. v. 22.09.1976, SozR 1500 § 131 Nr. 3.
196 BSG, Urt. v. 22.09.1981, SozR 1300 § 48 Nr. 1.
197 BSG, Urt. v. 22.02.1995, SozR 3–1200 § 66 Nr. 3.
198 BSGE 58, 27; BSG, Urt. v. 22.10.1986 – 9a RVs 55/85, juris.
199 BSG, Urt. v. 30.01.1985, SozR 1300 § 44 Nr. 16.
200 BSG, Urt. v. 07.12.1983 – 9a RV 26/82, juris; BSG VersorgB 1982, 131; a.A. *Pickel*, SGb 1992, 294.
201 Zu den aufgezählten Beispielen: *Thelen,* DAngVers 1984, 385.

41 Voraussetzung für das Eingreifen der zweijährigen Frist des § 45 Abs. 3 Satz 1 ist eine Gutgläubigkeit des Begünstigten, d.h. dass auf ihn die Ausnahmeregelungen des § 45 Abs. 3 Satz 2 und 3 nicht zutreffen dürfen. Die **Gutgläubigkeit** muss (lediglich) **zum Zeitpunkt der Bekanntgabe** des Verwaltungsaktes vorgelegen haben; es ist irrelevant für den Lauf der Frist, wenn der Begünstigte nach der Bekanntgabe Kenntnis von der Rechtswidrigkeit erhält (etwa durch ein Anhörungsschreiben).[202]

42 Von der zweijährigen Rücknahmefrist ausgenommen werden gem. **§ 45 Abs. 3 Satz 2** Fälle, bei denen **Wiederaufnahmegründe entsprechend § 580 ZPO** vorliegen. Offen bleibt, welche Frist für diese Fälle gelten soll. Zum einen erfasst das Gesetz die Gründe nur »entsprechend« (was eine Interpretation im Wertungsgefüge des § 45 ermöglicht) und zum anderen ist nicht ausdrücklich gesagt, dass in diesen Fällen überhaupt keine Frist gelten soll. Ein solcher Umkehrschluss könnte auch zu Wertungswidersprüchen führen, weil die dort genannten Wiederaufnahmegründe ganz unterschiedliches Gewicht haben können. Der Gesetzentwurf hatte ursprünglich einen anderen Regelungskontext für Satz 2: § 45 Abs. 3 Satz 1 des Entwurfs sah die grundsätzliche Rücknahmefrist (im Entwurf drei Jahre) vor und ein Satz 2 formulierte vier Ziffern, für die die grundsätzliche Regelung des Satzes 1 nicht gelten sollte – dessen Nr. 1 beinhaltete die Regelung der Wiederaufnahmegründe entsprechend § 580 ZPO und befand sich also in einer Aufzählung neben einer Nr. 2, welche neben der heutigen Nr. 3 des § 45 Abs. 2 Satz 3 u.a. auch den § 45 Abs. 2 Satz 3 Nr. 1 enthielt, ferner in einer Nr. 3 auch den Fall des heutigen § 45 Abs. 2 Satz 3 Nr. 2.[203] In der Beschlussempfehlung zum Gesetzentwurf heißt es zwar einerseits, dass es für § 45 Abs. 3 Satz 2 bei der im Gesetzentwurf vorgesehenen »zeitlich unbeschränkten« Rücknahmemöglichkeit für die Wideraufnahmegründe verbleiben soll, andererseits wird als Begründung hinzugefügt, dass, was im Rahmen des Gerichtsverfahrens möglich ist, auch im Verwaltungsverfahren zulässig sein müsse.[204] In diesem Sinn hat das BSG[205] eine grundsätzliche Konkretisierung der Regelung vorgenommen: Es differenziert zunächst bei den Wiederaufnahmegründe zwischen solchen Gründen, die zugleich Tatbestände des § 45 Abs. 2 Satz 3 erfüllen – § 580 Nr. 1 und 4) – und den übrigen Wiederaufnahmegründen, die weder Straftaten noch ein Fehlverhalten des Begünstigten umschreiben. Für erstere gelte wegen § 45 Abs. 3 Satz 3 die zehnjährige Frist, für die anderen müssten die Regelungen der ZPO wie gegen Urteile gelten und das bedeute, dass diese Wiederaufnahmegründe im Verhältnis zu einem gutgläubigen Begünstigten äußerstenfalls für fünf Jahre ab Erlass die Bestandskraft des begünstigenden Bescheides verdrängen könnten.[206] Für die Fälle von arglistiger Täuschung, Drohung oder Bestechung (§ 45 Abs. 2 Satz 3 Nr. 1) zeichnet es einen dritten Weg: Für einen solchen erheblichen Verstoß gegen die Rechtsordnung gelte zwar die zehnjährige Rücknahmefrist des § 45 Abs. 3 Satz 3 Nr. 1 nicht, zugleich sei das Verwaltungsverfahrensrecht aber eingebettet in übergreifende Gesichtspunkte und dazu gehöre die Verjährungsfrist von 30 Jahren, die auch für rechtskräftig festgestellte Ansprüche gelte (heute § 197 Abs. 1 Nr. 3 BGB) und die ebenso für Verwaltungsakte dieser Fallgruppe – jedenfalls für die Rücknahme mit Wirkung für die Vergangenheit – gelten müsse; Leistungen für die Zukunft seien beim Nachweis von Betrug, Erpressung oder Bestechung jedoch nicht mehr zu erbringen (analog § 853 BGB).[207] Die Einbeziehung der Fälle des § 45 Abs. 2 Satz 3 Nr. 1 in den Regelungsbereich des § 45 Abs. 3 Satz 2 findet eine Stütze in der zitierten Beschlussempfehlung des Gesetzentwurfs, die ausdrücklich erklärt, dass von § 45 Abs. 3 Satz 2 auch diese Fälle erfasst sein sollen.[208] Inwieweit diese Rechtsprechung auch nach der Einfügung der Sätze 4 und 5 des § 45 Abs. 3

202 BSG, Urt. v. 04.02.1998, SozR 3–1300 § 45 Nr. 39.
203 BT-Drucks. 8/2034, S. 15 und 34.
204 BT-Drucks. 8/4022, S. 83.
205 BSG, Urt. v. 24.03.1993, SozR 3–1300 § 45 Nr. 16.
206 BSG, Urt. v. 24.03.1993, SozR 3–1300 § 45 Nr. 16; BSG, Urt. v. 21.10.2020 – B 13 R 19/19 R, juris – für Geltung der Zehn-Jahres-Frist in Fällen von § 45 Abs. 3 S. 2 SGB X i.V.m. § 580 Nr. 7 Buchst. b) ZPO, die nicht zugleich den Vertrauensausschlussgrund des § 45 Abs. 2 S. 3 Nr. 1 SGB X erfüllen, sofern nicht die Rückausnahmen nach § 45 Abs. 3 S. 4 und 5 eingriffen.
207 BSG, Urt. v. 24.03.1993, SozR 3–1300 § 45 Nr. 16 – »Fristen verlören weitgehend ihren Sinn, wenn man ihnen mit dem Gedanken des Rechtsmissbrauchs begegnen könnte«.
208 BT-Drucks. 8/4022, S. 83.

Geltung hat, ist nicht geklärt. Der Satz 4 ist jedoch so gestaltet, dass die entsprechenden Verwaltungsakte über eine laufende Geldleistung von der zehnjährigen Rücknahmefrist ausgenommen werden, ohne dass der Gesetzgeber ausdrücklich festlegt, dass dies unbegrenzt geschehen können müsse. Die Rechtsprechung lässt sich also auch nach dieser Neuregelung aufrechterhalten und die Frist des Satzes 4 könnte auf 30 Jahre begrenzt werden.

Die Zehnjahresfrist in **§ 45 Abs. 3 Satz 3** für die Rücknahme eines Verwaltungsakts mit Dauerwirkung 43
ist als Ausnahmeregelung ausgestaltet.[209] Sie dient der Sanktion für ein vom Gesetzgeber missbilligtes Verhalten des Leistungsempfängers.[210] Das missbilligte Verhalten führt zum Verlust der in § 45 Abs. 3 Satz 1 festgelegten günstigeren Regelung, nach der der Verwaltungsakt bereits nach Ablauf von zwei Jahren nach seiner Bekanntgabe nicht mehr zu Lasten des Begünstigten zurückgenommen werden kann; vielmehr tritt die Rücknahmesperre in solchen Fällen gem. § 45 Abs. 3 Satz 3 erst zehn Jahre nach Bescheiderteilung ein, es sei denn, es liegen die Voraussetzungen des seit dem 15.04.1998 geltenden weiteren Ausnahmetatbestandes des § 45 Abs. 3 Satz 4 vor: Handelt es sich um einen Verwaltungsakt über eine laufende Geldleistung (also eine Leistung, die regelmäßig wiederkehrend für bestimmte Zeitabschnitte gezahlt wird), und wird diese Geldleistung bis zum Beginn des Verwaltungsverfahrens (§§ 8, 18 SGB X) über die Rücknahme gezahlt, dann kann dieser Verwaltungsakt auch nach Ablauf der Frist von zehn Jahren seit seinem Erlass zurückgenommen werden.[211] Dabei ist keine tatsächliche Geldleistung erforderlich, solange nur noch keine ablehnende bestandskräftige Entscheidung über das Ende der Zahlung der laufenden Geldleistung vorliegt.[212] Endete die Zahlung jedoch bereits vor Beginn des auf Aufhebung gerichteten Verwaltungsverfahrens aufgrund eines bestandskräftigen Verwaltungsaktes, so handelt es sich nicht um eine »laufende Geldleistung« im Sinne des Satzes 4.[213] Ohne einen Zahlungsanspruch kann ein Rentenstammrecht ebenfalls nicht als »laufende Geldleistung« qualifiziert werden.[214] Die **Sätze 4 und 5 des § 45 Abs. 3** sind infolge einer Kritik des Bundesrechnungshofs an den Auswirkungen der Regelungen in der Praxis insbesondere bei den Trägern der Rentenversicherung eingefügt worden, die gezeigt hatte, dass rechtswidrige begünstigende Verwaltungsakte mit Dauerwirkung nach Überschreitung der zehnjährigen Rücknahmefrist nicht mehr zurückgenommen werden konnten, auch wenn sich ein Rentner der Rechtswidrigkeit (z.B. doppelter Rentenzahlungen) bewusst war.[215] Abgeschlossene Fälle werden nicht erfasst.[216] Eine Rücknahme für die Zeit ab Inkrafttreten der Neuregelung (§ 45 Abs. 3 Satz 4) ist auch in den Fällen zulässig, in denen die Frist von zehn Jahren am Tage des Inkrafttretens der Neuregelung bereits abgelaufen war; in diesen Fällen soll jedoch aus Gründen des Vertrauensschutzes die Aufhebung des Verwaltungsaktes mit Wirkung für die Vergangenheit ausgeschlossen sein.[217]

2. Ausschluss der Aufhebung für die Vergangenheit (Abs. 4 Satz 2)

Die Rücknahme mit Wirkung für die Vergangenheit ist gem. § 45 Abs. 4 Satz 2 ausgeschlossen, 44
wenn die Behörde innerhalb eines Jahres seit dem Zeitpunkt der Kenntnis von den Tatsachen, welche die Rücknahme für die Vergangenheit rechtfertigen, nicht tätig geworden ist. Die Rücknahme mit Wirkung für die Zukunft soll im Interesse einer sachgerechten Verwendung der Mittel der Leistungsträger zulässig bleiben.[218] Die Frist des Abs. 4 Satz 2 gilt – anders als die Fristen des § 45 Abs. 3 – auch für andere als Verwaltungsakte mit Dauerwirkung.

209 BSG, Urt. v. 01.07.2010, SozR 4–1300 § 48 Nr. 18; BSG, Urt. v. 11.12.1992, SozR 3–1300 § 48 Nr. 22.
210 BSG, Urt. v. 01.07.2010, SozR 4–1300 § 48 Nr. 18.
211 BSG, Urt. v. 01.07.2010, SozR 4–1300 § 48 Nr. 18.
212 BSG, Urt. v. 01.07.2010, SozR 4–1300 § 48 Nr. 18.
213 BSG, Urt. v. 02.11.2015 – B 13 R 27/14 R, juris.
214 BSG, Urt. v. 02.11.2015 – B 13 R 27/14 R, juris.
215 BT-Drucks. 13/10033, S. 20; dazu: BSG, Urt. v. 01.07.2010 – B 13 R 77/09 R, juris; *Jung*, SGb 2002, 1.
216 BT-Drucks. 13/10033, S. 20.
217 BT-Drucks. 13/10033, S. 20.
218 BT-Drucks. 8/2034, S. 35.

45 **Behörde** i.S.d. § 45 Abs. 4 Satz 2 ist der für die Rücknahme zuständige Sachbearbeiter; er ist i.S.v. § 1 Abs. 2 innerhalb der Organisation der Behörde die Stelle, welche die hier relevanten Aufgaben der öffentlichen Verwaltung wahrnimmt.[219] Dazu gehört aber auch schon der mit der Vorbereitung einer entsprechenden Entscheidung betraute Sachbearbeiter und nicht erst der für die Feststellung von Erstattungsansprüchen zuständige Referent.[220] Nicht abzustellen ist dagegen auf die Kenntnis eines Außendienstmitarbeiters.[221]

46 **Kenntnis** hat die Behörde dann, wenn sie weiß, dass sich die Verhältnisse anders darstellen; bestehen noch berechtigte Zweifel, beginnt die Jahresfrist noch nicht zu laufen.[222] Dabei ist der Anwendungsbereich des § 45 Abs. 4 Satz 2 nicht auf die Fälle beschränkt, in denen die Behörde bei Erlass des begünstigenden Verwaltungsaktes von einem falschen Sachverhalt ausgegangen ist und dies nachträglich aufgrund neuer Tatsachen erkennt; das BSG wendet die Vorschrift vielmehr auch auf Sachverhalte an, bei denen eine fehlerhafte Rechtsanwendung bei richtig und vollständig ermitteltem Sachverhalt vorliegt; es bezieht auch solche Fälle ein, in denen die Behörde ihr bekannte Tatsachen falsch interpretiert und deshalb noch im tatsächlichen Bereich falsche Schlüsse zieht.[223] Das Gericht sieht, dass der Behörde durch diese Auslegung gewisse zeitliche Freiräume bei der Vorbereitung von Rücknahmebescheiden verbleiben und begründet dies mit der gesetzlichen Regelung, die nicht als reine Bearbeitungsfrist konzipiert sei und nicht auf ein bloßes Kennenmüssen abstelle, sondern auf eine positive Kenntnis der maßgeblichen Tatsachen.[224] Die Frage, wann die Behörde die Tatsachen, die eine abschließende Prüfung der Rücknahmevoraussetzung erlauben, kennt, ist nach der Rechtsprechung des BSG weder ausschließlich anhand objektiver Kriterien noch allein aufgrund der subjektiven Einschätzung der Behörde zu beantworten.[225] Die zeitliche Begrenzung der Rücknahmebefugnis für die Vergangenheit diene der Rechtssicherheit.[226] Unter Berücksichtigung dieses Grundsatzes sei die den Beginn der Jahresfrist bestimmende Kenntnis dann anzunehmen, wenn mangels vernünftiger, objektiv gerechtfertigter Zweifel eine hinreichend sichere Informationsgrundlage bezüglich sämtlicher für die Rücknahmeentscheidung notwendiger Tatsachen bestehe.[227] Hierbei sei hinsichtlich der erforderlichen Gewissheit über Art und Umfang der entscheidungserheblichen Tatsachen in erster Linie auf den Standpunkt der Behörde, und zwar des für die Rücknahmeentscheidung zuständigen Sachbearbeiters, abzustellen, es sei denn, deren sichere Kenntnis liege bei objektiver Betrachtung bereits zu einem früheren Zeitpunkt vor.[228] Der Behörde ist nach der Rechtsprechung des BSG die Kenntnis allerdings nicht zu unterstellen, wenn sich die relevanten Gesichtspunkte in einer Akte befunden haben, die ihr zu einem bestimmten anderen Zweck – etwa einer medizinischen Überprüfung – übersandt worden ist; die Massenverwaltung rechtfertige eine Konzentration auf die jeweils zu treffende Einzelentscheidung und die dafür rechtserheblichen besonderen Umstände.[229] Die Frist soll in jedem Fall dann zu laufen beginnen, wenn die

219 BSG, Urt. v. 17.11.2008 – B 11 AL 87/08 B, juris; BSG, Urt. v. 08.02.1996, SozR 3–1300 § 45 Nr. 27.
220 BSG, Urt. v. 08.02.1996, SozR 3–1300 § 45 Nr. 27.
221 BSG, Urt. v. 17.11.2008 – B 11 AL 87/08 B, juris.
222 BT-Drucks. 8/2034, S. 35.
223 BSG, Urt. v. 08.02.1996, SozR 3–1300 § 45 Nr. 27; BSG, Urt. v. 27.07.1989, SozR 1300 § 45 Nr. 45.
224 BSG, Urt. v. 08.02.1996, SozR 3–1300 § 45 Nr. 27.
225 BSG, Urt. v. 27.07.2000, SozR 3–1300 § 45 Nr. 42.
226 BSG, Urt. v. 27.07.2000, SozR 3–1300 § 45 Nr. 42; BSG, Urt. v. 25.01.1994, SozR 3–1300 § 48 Nr. 32; kritisch unter besonderer Hervorhebung des Vertrauensschutzes für den Betroffenen: *Bieback*, SGb 1995, 141.
227 BSG, Urt. v. 27.07.2000, SozR 3–1300 § 45 Nr. 42; BSG, Urt. v. 25.01.1994, SozR 3–1300 § 48 Nr. 32.
228 BSG, Urt. v. 27.07.2000, SozR 3–1300 § 45 Nr. 42; BSG, Urt. v. 08.02.1996, SozR 3–1300 § 45 Nr. 27; *Bieback*, SGb 1995, 141, möchte es ausreichen lassen, wenn die Behörde von dem Sachverhalt in seinen wesentlichen Zügen Kenntnis erlangt, bei widersprüchlichem Sachverhalt die wesentlichen, möglichen Alternativen kennt.
229 BSG, Urt. v. 19.03.1981, SozR 2200 § 1301 Nr. 14.

Behörde der Ansicht ist, dass die ihr vorliegenden Tatsachen für eine Rücknahme genügen.[230] Dies sei spätestens zu dem Zeitpunkt der Fall, an dem die Bewilligung einer Leistung erstmals aufgehoben worden ist; dies soll auch gelten, wenn sich dieser Aufhebungsbescheid durch Erlass eines neuen Rücknahmebescheides später erledigt.[231] Für den neuen Rücknahmebescheid verbleibt es demnach bei der einmal in Lauf gesetzten Frist.

Das BSG räumt ein, dass der Wortlaut des § 45 Abs. 4 Satz 2 Art und Umfang der von der rücknehmenden Behörde zu fordernden Kenntnis nicht hinreichend deutlich macht und hat Fallvarianten gebildet, die die Fragen aufwerfen, ob nur der Kenntnis der Tatsachen oder auch die Kenntnis ihrer rechtlichen Bedeutung gefordert ist, und ob zwischen den Tatsachen der Tatbestandsmerkmale und denen der Rechtsfolgenseite – hier stellt sich die Frage, ob sämtliche Tatsachen, die für die Ermessensausübung relevant sein können, eingeschlossen sind – zu differenzieren ist.[232] Geradlinig erscheint die Interpretation, welche lediglich die **Kenntnis der Tatsachen verlangt und nicht die Kenntnis der rechtlichen Bedeutung**, weil das Gesetz nur die Kenntnis der Tatsachen benennt. Und weil das Gesetz sich auf Tatsachen bezieht, welche die Rücknahme rechtfertigen und nicht die Rechtswidrigkeit begründen, wäre der **Einschluss sämtlicher Tatsachen** konsequent, welche auf der Tatbestands- und der Rechtsfolgenseite des § 45 relevant sind, also **auch diejenigen für die Ermessensausübung**.[233] Dies ist nach der Rechtsprechung des BSG regelmäßig erst nach der gem. § 24 durchgeführten Anhörung der Fall.[234] Ausnahmen von diesem Grundsatz sieht das BSG dann gegeben, wenn nach dem Grundsatz von Treu und Glauben ein anderer Zeitpunkt des Beginns der Jahresfrist gerechtfertigt ist, etwa, weil die Behörde bewusst davon abgesehen hätte, sich die erforderlichen Kenntnisse zu verschaffen.[235] Die Kenntnis muss sich also auf alle Umstände beziehen, deren Kenntnis es der Behörde objektiv ermöglicht, ohne weitere Sachaufklärung unter sachgerechter Ausübung ihres Ermessens über die Rücknahme zu entscheiden.[236] Bei einer Rücknahmeentscheidung etwa, die sich auf den Vorwurf der groben Fahrlässigkeit oder der Kenntnis der Rechtswidrigkeit stützt, beginnt danach die Jahresfrist dann zu laufen, wenn die Behörde Kenntnis davon hatte, dass der Begünstigte die (teilweise) Rechtswidrigkeit der Leistungsbewilligung kannte oder infolge grober Fahrlässigkeit nicht kannte; maßgeblich sei dabei der Zeitpunkt, zu dem die Behörde aufgrund des ermittelten Sachverhalts Kenntnis von der Bösgläubigkeit des Begünstigten hatte.[237] Und bei einer Rücknahmeentscheidung wegen der Anrechnung eines Erwerbseinkommens kommt es auf die Kenntnis von der Höhe des jeweiligen Erwerbseinkommens an; dabei ist die genaue Höhe nach der Rechtsprechung des BSG für den Erlass bereits des Rücknahmebescheides und nicht erst für den Erstattungsbescheid erforderlich.[238] Danach genügt die Kenntnis von der bloßen Tatsache einer Beschäftigung nicht, vielmehr kommt es auch auf die Höhe der Einkünfte, deren Art und zeitliche Verteilung an.[239] 47

V. Zuständigkeitsregelung (Abs. 5)

§ 45 Abs. 3 i.V.m. § 44 Abs. 3 trifft eine Regelung für solche Fälle, in denen sich die **örtliche oder sachliche**[240] **Zuständigkeit** der Behörde nach Erlass des zu überprüfenden Bescheides ändert und 48

230 BSG SGb 2006, 351; BSG, Urt. v. 08.02.1996, SozR 3–1300 § 45 Nr. 27; BSG, Urt. v. 25.01.1994, SozR 3–1300 § 48 Nr. 32 – für § 48 Abs. 4 i.V.m. § 45 Abs. 4.

231 BSG SGb 2006, 351; BSG, Urt. v. 27.07.1989, SozR 1300 § 45 Nr. 45; *Siebert*, SGb 1990, 245.

232 BSG, Urt. v. 27.07.1989, SozR 1300 § 45 Nr. 45.

233 In dieser Richtung: BSG, Urt. v. 15.02.1990, SozR 3–1300 § 45 Rn. 1 und 27.

234 BSG, Urt. v. 17.12.2021 – B 14 AS 240/21 B, juris; BSG, Urt. v. 08.02.1996, SozR 3–1300 § 45 Nr. 27.

235 BSG, Urt. v. 27.07.2000, SozR 3–1300 § 45 Nr. 42.

236 BSG SGb 2008, S. 173; BSG, Urt. v. 02.07.1997, SozR 3–1300 § 50 Nr. 19.

237 BSG, Urt. v. 27.07.2000, SozR 3–1300 § 45 Nr. 42.

238 BSG, Urt. v. 11.06.2003, SozR 4–1300 § 24 Nr. 1.

239 BSG, Urt. v. 11.06.2003, SozR 4–1300 § 24 Nr. 1.

240 Es ist umstritten, ob die Regelung nur auf die örtliche Zuständigkeit zu beziehen ist: Für eine Begrenzung: *Knoke*, Rechtsfragen der Rücknahme von Verwaltungsakten, S. 104; differenzierend: *Tannen*,

bestimmt, dass für die Rücknahme des Verwaltungsaktes diejenige Behörde zuständig ist, die nach dem im Zeitpunkt der Aufhebungsentscheidung maßgeblichen Recht zuständig ist. Insoweit schränkt die Regelung den allgemein anerkannten Rechtsgrundsatz ein, wonach die Zuständigkeit für die Aufhebung eines Verwaltungsaktes vorbehaltlich einer besonderen gesetzlichen Regelung bei der Behörde liegt, die den Verwaltungsakt erlassen hat, um dessen Aufhebung es geht.[241] Die Behörde, die den Ausgangsverwaltungsakt erlassen hat, ist für seine Aufhebung nicht mehr zuständig, wenn sie entweder zu keinem Zeitpunkt zuständig war oder ihre Zuständigkeit nach Erlass des Verwaltungsaktes, um dessen Korrektur es geht, entfallen ist.[242] Auf diese Weise wird verhindert, dass eine andere Behörde über die Korrektur zu entscheiden hat als diejenige, die nunmehr zuständig ist, den maßgeblichen Sachverhalt zu regeln.[243] Nach § 45 Abs. 3 i.V.m. § 44 Abs. 3 hat also über die Rücknahme **nach Unanfechtbarkeit** des Verwaltungsaktes nicht die Behörde zu entscheiden, die im Zeitpunkt des Erlasses zuständig war, sondern die im Zeitpunkt der Rücknahme zuständige Behörde. Umgekehrt bedeutet dies, dass bis zur Unanfechtbarkeit die erlassende Behörde (oder Widerspruchsbehörde) für die Rücknahme zuständig bleibt; es sei denn, diese war bereits im Erlasszeitpunkt unzuständig – dann tritt (nach dem Grundsatz der Gesetzmäßigkeit der Verwaltung, Art. 20 Abs. 3 GG) die eigentlich zuständige Behörde an deren Stelle. Mit der Verweisung auf § 44 Abs. 3 wird keine eigene Zuständigkeitsregelung[244] getroffen, sondern an unterschiedliche Zuständigkeitsregelungen (vor und nach Unanfechtbarkeit des Verwaltungsaktes) angeknüpft und deren Verhältnis zueinander geregelt.

§ 46 Widerruf eines rechtmäßigen nicht begünstigenden Verwaltungsaktes

(1) Ein rechtmäßiger nicht begünstigender Verwaltungsakt kann, auch nachdem er unanfechtbar geworden ist, ganz oder teilweise mit Wirkung für die Zukunft widerrufen werden, außer wenn ein Verwaltungsakt gleichen Inhalts erneut erlassen werden müsste oder aus anderen Gründen ein Widerruf unzulässig ist.

(2) § 44 Abs. 3 gilt entsprechend.

Übersicht

A. Inhalt

1 Im Regelungskontext der §§ 44 bis 48 nimmt § 46 die gegensätzliche Interessenlage zu § 45 wahr: Das Interesse des Betroffenen ist auf die Aufhebung der belastenden Regelung gerichtet, während für die Behörde, welche gesetzmäßig zu handeln hat (Art. 20 Abs. 3 GG), zunächst kein Interesse streitet, eine

---

DRV 1988, 498; **gegen** eine Begrenzung: Schütze/*Schütze*, SGB X, § 44 Rn. 38. Die Gesetzesmaterialien zu § 44 Abs. 3 SGB X verweisen uneingeschränkt auf § 48 Abs. 5 VwVfG, der sich seinerseits nur auf die örtliche Zuständigkeit (§ 3 VwVfG) bezieht, BT-Drucks. 8/2034, S. 34. Aber der Wortlaut des § 44 Abs. 3 spricht gegen eine solche Einschränkung. Das BSG hat § 44 Abs. 3 ausdrücklich auch auf die sachliche Zuständigkeit bezogen, BSG, Urt. v. 21.12.2023 – B 5 R 3/22 R, juris; BSG, Urt. v. 09.06.1999, SozR 3–2500 § 95 Nr. 20; BSG, Urt. v. 17.07.1985, SozR 1500 § 77 Nr. 61 – Soweit es im Fall herausarbeitet, dass die erlassende Behörde eines Leistungsrückforderungs- oder Beitragserstattungsbescheides zuständig bleibt, auch wenn zwischenzeitlich Beiträge an einen anderen Versicherungsträger geleistet worden sind, konkretisiert es lediglich die Zuständigkeitsregelung und bildet keine Ausnahme zur Anwendbarkeit des § 44 Abs. 3 auch auf die sachliche Zuständigkeit.

241 BSG, Urt. v. 09.06.1999, SozR 3–2500 § 95 Nr. 20.

242 BSG, Urt. v. 09.06.1999, SozR 3–2500 § 95 Nr. 20.

243 BSG, Urt. v. 09.06.1999, SozR 3–2500 § 95 Nr. 20.

244 BSG, Urt. v. 17.07.1985, SozR 1500 § 77 Nr. 61.

rechtmäßige Entscheidung zu beseitigen. Dennoch erhält die Behörde mit § 46 Abs. 1 die Befugnis, eine einmal getroffene, rechtmäßige (belastende) Entscheidung innerhalb ihres Entscheidungsspielraums nach ihrem Ermessen abzuändern. § 46 Abs. 2 enthält einen Verweis auf eine Zuständigkeitsregelung.

Die Vorschrift enthält im System der Beendigung der Wirksamkeit von Verwaltungsakten (vgl. § 39 2
Abs. 2) eine Ermächtigungsgrundlage für die Aufhebung von Verwaltungsakten. Der Begriff »Widerruf« wird einheitlich für die Aufhebung rechtmäßiger Verwaltungsakte gebraucht. Der Widerruf selbst ist ein Verwaltungsakt, deshalb sind auch sämtliche formellen Voraussetzungen des Verwaltungsaktes zu beachten, sofern sich aus der Vorschrift selbst keine Besonderheiten ergeben.

B. Einzelerläuterungen

I. Anwendungsbereich

Bei § 46 geht es nicht um die Wiederherstellung eines rechtmäßigen Zustandes, sondern um Zweck- 3
mäßigkeit. Innerhalb der rechtlichen Grenzen ihres Entscheidungsspielraums darf die Behörde ihre einmal getroffene, rechtmäßige Entscheidung abändern. Der praktische Bedarf dafür ist gering. Eine Pflicht zum Widerruf (wegen einer Ermessensreduzierung auf Null) nach § 46 hat das BSG[1] selbst dann nicht angenommen, wenn ein Versicherter 5 % seiner gesundheitlichen Verschlechterung geltend machen konnte; § 73 Abs. 3 SGB VII sei insoweit die speziellere Norm gegenüber der Regelung des § 46 und danach sei die Minderung der Erwerbsfähigkeit nicht wesentlich. Eine Beseitigung der früheren Bewilligung und Erhöhung der Rente nach einer Änderung der Minderung der Erwerbsfähigkeit von lediglich bis zu 5 % würde die spezifisch unfallversicherungsrechtliche Regelung unterlaufen.

II. Rechtmäßiger nicht begünstigender Verwaltungsakt

Voraussetzung ist zunächst ein Verwaltungsakt, der rechtmäßig ist, also nicht gegen höherrangiges 4
Recht verstößt. Dazu zählt auch ein solcher, dessen Fehlerhaftigkeit nach § 41 geheilt ist, sowie nach § 43 umgedeutete Verwaltungsakte; ferner solche, deren Fehlerhaftigkeit nach § 42 unbeachtlich ist und denen eine offenbare Unrichtigkeit im Sinne von § 38 innewohnt.[2] Die Regelung bezieht sich auf Verwaltungsakte mit und ohne Dauerwirkung. Die Anwendung für Verwaltungsakte mit Dauerwirkung ist dadurch begrenzt, dass Änderungen der Verhältnisse, die nach dem Erlass zu einer Rechtswidrigkeit des Verwaltungsaktes führen, von § 48 erfasst sind.[3] § 46 bezieht sich also nur auf solche Verwaltungsakte, die nicht nur bei Erlass[4], sondern auch noch bei Widerruf rechtmäßig sind.[5] Hauptanwendungsfall des § 46 ist der unzweckmäßige Verwaltungsakt.

III. Keine Unzulässigkeit des Widerrufs

Die Unzulässigkeit des Widerrufs kann sich ergeben aus ausdrücklichen gesetzlichen Bestimmungen, 5
aus dem Sinn und Zweck gesetzlicher Regelungen oder aus allgemeinen Rechtsgrundsätzen.[6] Müsste nach dem Widerruf ein Verwaltungsakt **gleichen Inhalts** wiederum erlassen werden (§ 46 Abs. 1),

---

1 BSG, Urt. v. 19.12.2013 – B 2 U 17/12 R, juris.

2 Die Gesetzesbegründung zum VwVfG – BT-Drucks. 7/910, S. 68 – erörtert die Auswirkungen von Verfahrens- und Formfehlern wie folgt: »Handelt es sich um einen Fehler der in § 41 (Heilung von Verfahrens- und Formfehlern) genannten Art und ist dieser Fehler geheilt, so soll der Verstoß ›unbeachtlich‹ sein. Der Verwaltungsakt ist also … kraft gesetzlicher Fiktion als fehlerfrei anzusehen, so daß seine Rücknahme … mangels Rechtswidrigkeit ausscheidet. Ist ein Fehler der in § 41 genannten Art dagegen nicht durch Nachholung der versäumten Handlung geheilt worden oder handelt es sich um nicht nach § 41 heilbare Verletzungen von Verfahrens- und Formvorschriften oder von Regelungen über die örtliche Zuständigkeit, so kann der Verwaltungsakt … grds. zurückgenommen werden …«. Dazu: *Knoke*, Rechtsfragen der Rücknahme von Verwaltungsakten, S. 33–44.

3 *Pickel,* SozVers 1986, 169.

4 Zum sog. fingierten Verwaltungsakt siehe § 31 Rdn. 50.

5 *Pickel,l* SozVers 1986, 169.

6 BT-Drucks. 7/910, S. 72 i.V.m. BT-Drucks. 8/2034, S. 35 (Verweis auf VwVfG).

so muss der Widerruf nach der Gesetzesbegründung[7] insbesondere deswegen ausgeschlossen sein, weil sich die Behörde anderenfalls widersprüchlich verhalten würde. Die Notwendigkeit zum Erlass eines Verwaltungsaktes gleichen Inhalts ergibt sich insbesondere bei gebundenen Entscheidungen oder bei einer Ermessensreduzierung auf Null. Für die Unzulässigkeit **aus anderen Gründen** nennt die Gesetzesbegründung Beispiel: Weisungen oberster Bundesbehörden im Rahmen der Bundesauftragsverwaltung (Art. 85 Abs. 3 GG) oder allgemeine Verwaltungsvorschriften, wenn Länder Bundesgesetze als eigene Angelegenheiten ausführen (Art. 84 Abs. 2 GG).[8]

IV. Ermessensentscheidung: Überprüfung auf Antrag oder von Amts wegen, Widerrufszeitraum und umfang

6 Über den Widerruf hat die Behörde nach pflichtgemäßem Ermessen zu entscheiden; ein Widerruf nach § 46 ist nur für die Zukunft möglich.[9] Die Interessenlage bei § 46 liegt so, dass der Widerruf der belastenden Entscheidung dem Betroffenen entgegen kommt, die Behörde aber bei einer erneuten Entscheidung über einen bereits rechtmäßigen Verwaltungsakt zusätzlichen Verwaltungsaufwand zu bewältigen hat, ohne dass der Grundsatz der Gesetzmäßigkeit des Verwaltungshandelns (Art. 20 Abs. 3GG) sie dazu zwingt. Wohl verleiht § 46 der Behörde die Aufhebungsbefugnis auch mit der Begleiterscheinung, dass sie verpflichtet ist, ermessensfehlerfrei über einen Widerruf des rechtmäßigen Verwaltungsaktes zu entscheiden. Aber innerhalb der Ermessensgrenzen ist sie frei. Art. 3 Abs. 1 GG gewinnt hier besondere Bedeutung: Die Behörde muss den allgemeinen Gleichheitssatz beachten bei der Ermessensausübung zur Frage, wann sie rechtmäßige Verwaltungsakte überprüft und inwieweit sie diese trotz Rechtmäßigkeit abändert. Einen Antrag eines Betroffenen auf Überprüfung des rechtmäßigen Verwaltungsaktes muss sie – wie bei rechtswidrigen Verwaltungsakten – ohnehin bescheiden.[10]

V. Zuständigkeit

7 Gem. § 46 Abs. 2 gilt § 44 Abs. 3 entsprechend, wonach die Behörde über den Widerruf zu entscheiden hat, die zum Zeitpunkt der Aufhebungsentscheidung zuständig ist – auch wenn es sich nicht um die erlassende Behörde handelt. § 44 Abs. 3 trifft eine Regelung für solche Fälle, in denen sich die **örtliche oder sachliche**[11] **Zuständigkeit** der Behörde nach Erlass des zu überprüfenden Bescheides ändert und bestimmt, dass für den Widerruf des Verwaltungsaktes diejenige Behörde zuständig ist, die nach dem im Zeitpunkt der Aufhebungsentscheidung maßgeblichen Recht zuständig ist. Insoweit schränkt die Regelung den allgemein anerkannten Rechtsgrundsatz ein, wonach die Zuständigkeit für die Aufhebung eines Verwaltungsaktes vorbehaltlich einer besonderen gesetzlichen Regelung bei der Behörde liegt, die den Verwaltungsakt erlassen hat, um dessen Aufhebung es geht.[12] Die Behörde, die den Ausgangsverwaltungsakt erlassen hat, ist für seine Aufhebung nicht mehr

---

7 BT-Drucks. 7/910, S. 72 i.V.m. BT-Drucks. 8/2034, S. 35 (Verweis auf VwVfG).

8 BT-Drucks. 7/910, S. 72 i.V.m. BT-Drucks. 8/2034, S. 35 (Verweis auf VwVfG).

9 SG Marburg, Urt. v. 22.08.2007 – S 12 KA 1012/06, juris.

10 Dazu: § 44 Rdn. 33.

11 Es ist umstritten, ob die Regelung nur auf die örtliche Zuständigkeit zu beziehen ist: **Für** eine Begrenzung: *Knoke*, Rechtsfragen der Rücknahme von Verwaltungsakten, S. 104; differenzierend: *Tannen*, DRV 1988, 498, 501 f.; **gegen** eine Begrenzung Schütze/*Schütze*, SGB X, § 44 Rn. 38; Die Gesetzesmaterialien zu § 44 Abs. 3 SGB X verweisen uneingeschränkt auf § 48 Abs. 5 VwVfG, der sich seinerseits nur auf die örtliche Zuständigkeit (§ 3 VwVfG) bezieht, BT-Drucks. 8/2034, S. 34. Aber der Wortlaut des § 44 Abs. 3 spricht gegen eine solche Einschränkung. Das BSG hat § 44 Abs. 3 ausdrücklich auch auf die sachliche Zuständigkeit bezogen, BSG, Urt. v. 21.12.2023 – B 5 R 3/22 R, juris; BSG, Urt. v. 09.06.1999, SozR 3–2500 § 95 Nr. 20; BSG, Urt. v. 17.07.1985, SozR 1500 § 77 Nr. 61 – Soweit es im Fall herausarbeitet, dass die erlassende Behörde eines Leistungsrückforderungs- oder Beitragserstattungsbescheides zuständig bleibt, auch wenn zwischenzeitlich Beiträge an einen anderen Versicherungsträger geleistet worden sind, konkretisiert es lediglich die Zuständigkeitsregelung und bildet keine Ausnahme zur Anwendbarkeit des § 44 Abs. 3 auch auf die sachliche Zuständigkeit.

12 BSG, Urt. v. 09.06.1999, SozR 3–2500 § 95 Nr. 20.

zuständig, wenn sie entweder zu keinem Zeitpunkt zuständig war oder ihre Zuständigkeit nach Erlass des Verwaltungsaktes, um dessen Korrektur es geht, entfallen ist.[13] Auf diese Weise wird verhindert, dass eine andere Behörde über die Korrektur zu entscheiden hat als diejenige, die nunmehr zuständig ist, den maßgeblichen Sachverhalt zu regeln.[14] Nach § 44 Abs. 3 hat also über die Rücknahme **nach Unanfechtbarkeit** des Verwaltungsaktes nicht die Behörde zu entscheiden, die im Zeitpunkt des Erlasses zuständig war, sondern die im Zeitpunkt der Rücknahme zuständige Behörde. Umgekehrt bedeutet dies, dass bis zur Unanfechtbarkeit die erlassende Behörde (oder Widerspruchsbehörde) für die Rücknahme zuständig bleibt; es sei denn, diese war bereits im Erlasszeitpunkt unzuständig – dann tritt (nach dem Grundsatz der Gesetzmäßigkeit der Verwaltung, Art. 20 Abs. 3 GG) die eigentlich zuständige Behörde an deren Stelle. § 44 Abs. 3 trifft keine eigene Zuständigkeitsregelung[15], sondern knüpft an unterschiedliche Zuständigkeitsregelungen (vor und nach Unanfechtbarkeit des Verwaltungsaktes) an und regelt deren Verhältnis zueinander.

§ 47 Widerruf eines rechtmäßigen begünstigenden Verwaltungsaktes

(1) Ein rechtmäßiger begünstigender Verwaltungsakt darf, auch nachdem er unanfechtbar geworden ist, ganz oder teilweise mit Wirkung für die Zukunft nur widerrufen werden, soweit

1. **der Widerruf durch Rechtsvorschrift zugelassen oder im Verwaltungsakt vorbehalten ist,**
2. **mit dem Verwaltungsakt eine Auflage verbunden ist und der Begünstigte diese nicht oder nicht innerhalb einer ihm gesetzten Frist erfüllt hat.**

(2) [1]Ein rechtmäßiger begünstigender Verwaltungsakt, der eine Geld- oder Sachleistung zur Erfüllung eines bestimmten Zweckes zuerkennt oder hierfür Voraussetzung ist, kann, auch nachdem er unanfechtbar geworden ist, ganz oder teilweise auch mit Wirkung für die Vergangenheit widerrufen werden, wenn

1. **die Leistung nicht, nicht alsbald nach der Erbringung oder nicht mehr für den in dem Verwaltungsakt bestimmten Zweck verwendet wird,**
2. **mit dem Verwaltungsakt eine Auflage verbunden ist und der Begünstigte diese nicht oder nicht innerhalb einer ihm gesetzten Frist erfüllt hat.**

[2]Der Verwaltungsakt darf mit Wirkung für die Vergangenheit nicht widerrufen werden, soweit der Begünstigte auf den Bestand des Verwaltungsaktes vertraut hat und sein Vertrauen unter Abwägung mit dem öffentlichen Interesse an einem Widerruf schutzwürdig ist. [3]Das Vertrauen ist in der Regel schutzwürdig, wenn der Begünstigte erbrachte Leistungen verbraucht oder eine Vermögensdisposition getroffen hat, die er nicht mehr oder nur unter unzumutbaren Nachteilen rückgängig machen kann. [4]Auf Vertrauen kann sich der Begünstigte nicht berufen, soweit er die Umstände kannte oder infolge grober Fahrlässigkeit nicht kannte, die zum Widerruf des Verwaltungsaktes geführt haben. [5]§ 45 Abs. 4 Satz 2 gilt entsprechend.

(3) § 44 Abs. 3 gilt entsprechend.

Übersicht

13 BSG, Urt. v. 09.06.1999, SozR 3–2500 § 95 Nr. 20.
14 BSG, Urt. v. 09.06.1999, SozR 3–2500 § 95 Nr. 20.
15 BSG, Urt. v. 17.07.1985, SozR 1500 § 77 Nr. 61.

A. Inhalt

1 Im Gefüge der §§ 44 bis 48 hat § 47 seine Nähe bei § 45: Das Interesse des Betroffenen ist auf den Bestand des begünstigenden Verwaltungsaktes gerichtet. Für die Aufhebung des Verwaltungsaktes streitet hier – anders als bei § 45 – nicht der Grundsatz gesetzmäßigen Verwaltungshandelns (Art. 20 Abs. 3 GG), weil der Verwaltungsakt rechtmäßig ist. Grund für den Widerruf ist vielmehr – abgesehen von dem Widerrufsvorbehalt – eine bestimmte Art unrechtmäßigen Verhaltens des Bürgers. § 47 Abs. 1 erfasst dabei den ermessensgetragenen Widerruf mit Wirkung für die Zukunft, § 47 Abs. 2 unter Berücksichtigung einer (dem § 45 ähnlichen) Vertrauensschutzprüfung auch den Widerruf mit Wirkung für die Vergangenheit. § 47 Abs. 2 Satz 5 verweist auf die Jahresfrist bei einer Aufhebung mit Wirkung für die Vergangenheit. § 47 Abs. 3 enthält mit der Verweisung auf § 44 Abs. 3 eine Zuständigkeitsregelung.

2 Die Vorschrift enthält im System der Beendigung der Wirksamkeit von Verwaltungsakten (vgl. § 39 Abs. 2) eine Ermächtigungsgrundlage für die Aufhebung von Verwaltungsakten. Der Begriff »Widerruf« wird einheitlich für die Aufhebung rechtmäßiger Verwaltungsakten gebraucht. Der Widerruf selbst ist ein Verwaltungsakt, deshalb sind auch sämtliche formellen Voraussetzungen des Verwaltungsaktes zu beachten, sofern sich aus der Vorschrift selbst keine Besonderheiten ergeben.

B. Einzelerläuterungen

I. Rechtmäßiger begünstigender Verwaltungsakt

3 Voraussetzung ist zunächst ein Verwaltungsakt, der rechtmäßig ist, also nicht gegen höherrangiges Recht verstößt. Dazu zählt ein solcher, dessen Fehlerhaftigkeit nach § 41 geheilt ist, sowie nach § 43 umgedeutete Verwaltungsakte; ferner solche, deren Fehlerhaftigkeit nach § 42 unbeachtlich ist und denen eine offenbare Unrichtigkeit im Sinne von § 38 innewohnt.[1] Die Regelung bezieht sich auf Verwaltungsakte mit und ohne Dauerwirkung. § 47 wird auch für anwendbar gehalten, wenn der Verwaltungsakt eventuell von Anfang an rechtswidrig war, wegen Fristablaufs aber nicht aufgehoben werden kann (§ 45) oder nicht bewiesen werden kann, dass sich die Verhältnisse wesentlich geändert haben (§ 48).[2]

II. Widerrufsvorbehalt oder Nichterfüllung einer Auflage (Abs. 1)

4 Ist ein Widerruf gesetzlich zugelassen oder im Verwaltungsakt vorbehalten (vgl. § 32 Abs. 2 Nr. 3), dann kann der Verwaltungsakt grundsätzlich auch widerrufen werden.[3] Allerdings – so das BSG[4] – dürfe nur ein **rechtmäßiger** Widerrufsvorbehalt Grundlage der Widerrufsentscheidung werden. Soweit die Bestandskraft einem rechtswidrigen Widerrufsvorbehalt Wirksamkeit verleihe (§ 39 Abs. 1), müsse eine Rechtswidrigkeit des Widerrufsvorbehaltes jedenfalls im Rahmen des Ermessens

---

1 Die Gesetzesbegründung zum VwVfG – BT-Drucks. 7/910, S. 68 – erörtert die Auswirkungen von Verfahrens- und Formfehlern wie folgt: »Handelt es sich um einen Fehler der in § 41 (Heilung von Verfahrens- und Formfehlern) genannten Art und ist dieser Fehler geheilt, so soll der Verstoß ›unbeachtlich‹ sein. Der Verwaltungsakt ist also … kraft gesetzlicher Fiktion als fehlerfrei anzusehen, so daß seine Rücknahme … mangels Rechtswidrigkeit ausscheidet. Ist ein Fehler der in § 41 genannten Art dagegen nicht durch Nachholung der versäumten Handlung geheilt worden oder handelt es sich um nicht nach § 41 heilbare Verletzungen von Verfahrens- und Formvorschriften oder von Regelungen über die örtliche Zuständigkeit, so kann der Verwaltungsakt … grds. zurückgenommen werden …«. Dazu: *Knoke*, Rechtsfragen der Rücknahme von Verwaltungsakten, S. 33–44.

2 BSG, Urt. v. 23.03.1988, SozR 1300 § 47 Nr. 2 – in einem Fall des Widerrufs aufgrund gesetzlicher Zulassung; Diering/Timme/Stähler/*Lang*, SGB X, § 47 Rn. 4.

3 BT-Drucks. 7/910, S. 72 i.V.m. BT-Drucks. 8/2034, S. 35 (Verweis auf VwVfG).

4 BSG, Urt. v. 25.06.1998, SozR 3–4100 § 71 Nr. 2.

nachvollziehbar Berücksichtigung finden.[5] In der Regel führe die Rechtswidrigkeit einer Nebenbestimmung zur Rechtswidrigkeit eines darauf gestützten Widerrufs.[6]

Auf die meisten Sozialleistungen besteht ein Anspruch, sodass diese Verwaltungsakte allerdings neben- 5
bestimmungsfeindlich sind (§ 32 Abs. 1).[7] In einer älteren Entscheidung konkretisiert das BSG[8], dass die Zulassung durch Gesetz keine ausdrückliche Bestimmung voraussetze und sich auch aus der jeweiligen gesetzlichen Gesamtregelung ergeben könne.[9] Dies kann jedoch zu erheblicher Rechtsunsicherheit führen. In der Entscheidung argumentiert das Gericht, dass die Bewilligung eines Anspruchs auf Krankenhauspflege unter dem Vorbehalt der Anpassung an die jeweiligen Gegebenheiten stehe. Möglicherweise steht diese Konstellation der Anpassung an geänderte Verhältnisse im Sinne von § 48 jedoch näher. Im Rehabilitationsrecht der Rentenversicherung behalten sich Behörden mitunter den Widerruf für den Fall vor, dass der Begünstigte durch sein Verhalten den Erfolg einer Maßnahme in Frage stellt.[10] Ein solcher Widerrufsvorbehalt ist bei Ermessensleistungen und im Übrigen nach § 32 Abs. 1 zulässig. Das Ziel der Verhaltenssteuerung ließe sich zwar auch auf der Grundlage des § 66 Abs. 2 SGB I erreichen. Der Widerrufsvorbehalt mag aber leichter zu handhaben sein und ist möglicherweise von vornherein psychologisch wirksamer. Mit der Zulässigkeit von Nebenbestimmungen zur Sicherstellung der Erfüllung der gesetzlichen Voraussetzungen nach § 32 Abs. 1 ist der Verwaltung auch die Befugnis eingeräumt, Verwaltungsakte mit Widerrufsvorbehalt dann zu erlassen, wenn noch nicht sämtliche Tatbestandsmerkmale zu ihrer Überzeugung erfüllt sind. Im Bereich der gebundenen Entscheidungen hat das BSG der Vorschrift in seiner älteren Rechtsprechung[11] deshalb die generelle Befugnis zu Vorwegzahlungen entnommen (§ 42 SGB I ist nur bei Unklarheit über die Höhe des Leistungsanspruchs anzuwenden, nicht bei Unklarheiten dem Grunde nach). Die jüngere Rechtsprechung[12] äußert sich einschränkend: Endgültige Bescheide (und als solche qualifiziert es die Verwaltungsakte in dieser Konstellation), die erlassen würden, bevor die Sach- und Rechtslage vollständig geklärt ist, seien – von Sonderfällen und speziellen gesetzlichen Regelungen abgesehen – unzulässig. Jedenfalls müssten Vorbehalte so eng gefasst sein, dass sie das notwendige, der tatsächlichen Unsicherheit entsprechende Maß nicht überschreiten.[13]

Die Nichterfüllung einer **Auflage** wird als Widerrufsgrund in § 47 Abs. 1 Nr. 2 besonders genannt. 6
Die Gesetzesbegründung sieht bei Nichterfüllung einer Auflage ein berechtigtes Interesse an einem Widerruf des Verwaltungsaktes, weil in der Regel ein Interesse anderer Personen oder auch der Allgemeinheit an der Erfüllung der Auflage bestehe.[14] Dabei komme es nicht darauf an, ob der

5 BSG, Urt. v. 02.04.2014 – B 6 KA 15/13 R, juris.
6 BSG, Urt. v. 02.04.2014 – B 6 KA 15/13 R, juris.
7 *Kranig*, Die BG 1990, 464; BSG, Urt. v. 31.08.1976, SozR 4100 § 152 Nr. 3.
8 BSG, Urt. v. 23.03.1988, SozR 1300 § 47 Nr. 2.
9 BSG, Urt. v. 23.03.1988, SozR 1300 § 47 Nr. 2: Das BSG stellt an eine dahingehende Auslegung allerdings strenge Anforderungen. Es genügt danach nicht, dass das Gesetz genau bestimmt, unter welchen Voraussetzungen eine Leistung zu gewähren ist (und für den Widerruf das Nichtvorliegen dieser Voraussetzungen), denn dann würden die Regelungen zur Aufhebung von Verwaltungsakten unterlaufen. Es müsse sich vielmehr aus dem Gesetz ergeben, dass die Verwaltung jederzeit die Möglichkeit haben soll, eine den jeweiligen Gegebenheiten entsprechende Regelung zu treffen und dem Betroffenen insoweit keinen Vertrauensschutz zuzugestehen. für die Bewilligung von Krankenhauspflege hat das Gericht dies angenommen: Die gesetzliche Ausgestaltung des Leistungsrecht der Krankenversicherung werde im Bereich der ambulanten und stationären Behandlung der Versicherten von dem Grundsatz geprägt, dass die Behandlungsmaßnahmen den jeweiligen Bedürfnissen anzupassen sind. Daraus ergebe sich die Berechtigung der Krankenkassen zum Widerruf der Bewilligung von Krankenhauspflege, wenn sich herausstellt, dass die Krankheit einer stationären Behandlung nicht mehr zugänglich ist oder nicht mehr bedarf.
10 *Benz*, Die BG 1991, 271; *Kranig*, Die BG 1990, 464.
11 BSG, Urt. v. 11.06.1987, SozR 4100 § 71 Nr. 2.
12 BSG, Urt. v. 25.06.1998, SozR 3–4100 § 71 Nr. 2; dazu kritisch: *Bieback*, SGb 1999, 393; BSG, Urt. v. 13.05.2015 – B 6 KA 23/14 R, juris, m.w.N. aus der Rechtsprechung.
13 BSG, Urt. v. 25.06.1998, SozR 3–4100 § 71 Nr. 2.
14 BT-Drucks. 7/910, S. 72 i.V.m. BT-Drucks. 8/2034, S. 35 (Verweis auf VwVfG).

Begünstigte die Auflage schuldhaft nicht erfüllt hat.[15] Dass nur die rechtmäßige Auflage den Widerruf begründen kann, ergibt sich aus denselben Erwägungen, die zum Widerrufsvorbehalt angestellt worden sind (vgl. Rdn. 4).

7 Die Widerrufsgründe des § 47 Abs. 1 berechtigten nur zur (ganz oder teilweisen) **Aufhebung mit Wirkung für die Zukunft.** Bei einer Auflage hat die Behörde die Wahl, ob sie ihre Vollziehung verlangt oder den Verwaltungsakt widerruft. Allerdings muss dem Betroffenen, der ohnehin vor dem Widerruf anzuhören ist, Gelegenheit gegeben werden, die Auflage zu erfüllen. Im Übrigen ist im Rahmen der Ermessenserwägungen insbesondere die Verhältnismäßigkeit zu beachten; ist die Durchsetzung der Auflage das mildere Mittel, muss diese gewählt werden.

8 Ein rechtswidriger Widerruf nach § 47 kann in eine Aufhebung nach § 48 Abs. 1 umgedeutet werden (§ 43 Abs. 1), sofern beide Verwaltungsakte auf das gleiche Ziel gerichtet sind und die Voraussetzungen für den Erlass erfüllt sind; § 43 Abs. 3 steht dem nicht entgegen, da dieser Ausschluss nur die Umdeutung einer gebundenen Entscheidung in eine Ermessensentscheidung ausschließt, nicht jedoch den umgekehrten Fall.[16]

III. Verstoß gegen zweckgebundenen Geld- oder Sachleistungsverwaltungsakt (Abs. 2)

9 Nach § 47 Abs. 2 Satz 1 **Nr. 1** kann ein rechtmäßiger begünstigender Verwaltungsakt, der eine Geld- oder Sachleistung zur Erfüllung eines bestimmten Zweckes zuerkennt oder hierfür Voraussetzung ist, widerrufen werden, wenn die Leistung nicht, nicht alsbald nach der Erbringung oder nicht mehr für den in dem Verwaltungsakt bestimmten Zweck verwendet wird. Das Bedürfnis zum Widerruf begründen die Gesetzesmaterialien damit, dass es der konkreten Zweckbestimmung entspreche, dass die Verwendung der öffentlichen Mittel vom Empfänger nachgewiesen werden müsse und dass sie widerrufen (und zurückgefordert) werden könnten, wenn und soweit der Zweck nicht erreicht werde.[17] Dies unterscheide die Leistungen von dem großen Bereich derjenigen Zahlungen aus öffentlichen Kassen, durch die der gesetzliche Zweck bereits unmittelbar verwirklicht werde, wie z.B. ein Großteil der Sozialleistungen oder Bezüge aus einem öffentlich-rechtlichen Amts- oder Dienstverhältnis.[18] § 47 Abs. 2 Satz 1 Nr. 1 knüpfe demnach an die **im Verwaltungsakt selbst getroffene Zweckbestimmung** zur Verwendung der bewilligten Geld- oder Sachleistung an[19] und sei nicht anwendbar auf Verwaltungsakte, die im Rahmen einer allgemeinen Zwecksetzung von Sozialleistungen ergehen.[20] Weder genüge ein allgemeiner Hinweis auf die Rechtsgrundlage, aus der die Sozialleistung erbracht wird, noch sei es ausreichend, wenn der Verwaltungsakt die allgemeine Zweckbestimmung von Gesetzen wiederholt, präzisiert oder – unter Umständen auch durch eine Nebenbestimmung – ergänzt.[21] Ein Widerruf nach dieser Vorschrift komme nur in Betracht, wenn der Empfänger der Leistung den im Verwaltungsakt festgelegten Leistungsverwendungszweck nicht erfüllt; nicht der abstrakt-generelle Zweck des Gesetzes, sondern die verhaltenssteuernde Zweckbestimmung im Verwaltungsakt eröffne die Widerrufsmöglichkeit.[22]

10 Die Bestimmungen des § 47 Abs. 2 Satz 2 bis 5 gelten für die **Aufhebung mit Wirkung für die Vergangenheit** nach § 47 Abs. 2 und sind den Regelungen über den **Vertrauensschutz** bei § 45 nach-

15 BT-Drucks. 7/910, S. 72 i.V.m. BT-Drucks. 8/2034, S. 35 (Verweis auf VwVfG) – Die Frage des Verschuldens werde jedoch i.R.d. Ermessenserwägungen bedeutsam sein.

16 BSG, Urt. v. 02.04.2014 – B 6 KA 15/13 R, juris.

17 BT-Drucks. 13/1534, S. 5.

18 BT-Drucks. 13/1534, S. 5.

19 BSG, Urt. v. 14.12.2000, SozR 3–1300 § 47 Nr. 1 – betreffend Leistungen zur Förderung der Einstellung und Beschäftigung schwerbehinderter Menschen für die Dauer von fünf Jahren in Gestalt eines Zuschusses zum Arbeitsentgelt für die Beschäftigung eines als schwerbehinderter Mensch anerkannten Arbeitnehmers.

20 BT-Drucks. 13/1534, S. 8.

21 BT-Drucks. 13/1534, S. 8.

22 BSG, Urt. v. 14.12.2000, SozR 3–1300 § 47 Nr. 1; BSG, Urt. v. 11.08.2022 – B 8 SO 3/21 R, juris.

gezeichnet: Die Sätze 2 und 3 wiederholen für den Widerruf den Wortlaut von § 45 Abs. 2 Satz 1 und 2. § 47 Abs. 2 Satz 4 lehnt sich an § 45 Abs. 2 Satz 3 Nr. 3 an und stellt auf die Kenntnis oder grob fahrlässige Unkenntnis der Umstände ab, die den Widerruf rechtfertigen, also auf die Kenntnis oder grob fahrlässige Unkenntnis der Zweckverfehlung oder der Nichterfüllung der Auflage. Diese Vertrauensausschlussregelung dürfte (wegen der konkretisierten Regelung im Verwaltungsakt) praktisch regelmäßig greifen. Nach § 47 Abs. 2 Satz 5 gilt § 45 Abs. 4 Satz 2 entsprechend, d.h. ein Widerruf mit Wirkung für die Vergangenheit ist nur **innerhalb eines Jahres seit Kenntnis** der Tatsachen zulässig, welche den Widerruf rechtfertigen. Die Auslegungsfragen, die sich bei § 45 Abs. 4 Satz 2 ergeben haben, werden danach auch beim Widerruf mit Wirkung für die Vergangenheit relevant (vgl. § 45 Rdn. 44–47).

IV. Zuständigkeit (Abs. 3)

Gem. § 47 Abs. 3 gilt § 44 Abs. 3 entsprechend, wonach die Behörde über den Widerruf zu entscheiden hat, die zum Zeitpunkt der Aufhebungsentscheidung zuständig ist – auch wenn es sich nicht um die erlassende Behörde handelt. § 47 Abs. 3 i.V.m. § 44 Abs. 3 trifft eine Regelung für solche Fälle, in denen sich die **örtliche oder sachliche**[23] **Zuständigkeit** der Behörde nach Erlass des zu überprüfenden Bescheides ändert und bestimmt, dass für den Widerruf des Verwaltungsaktes diejenige Behörde zuständig ist, die nach dem im Zeitpunkt der Aufhebungsentscheidung maßgeblichen Recht örtlich und sachlich zuständig ist.[24] Insoweit schränkt die Regelung den allgemein anerkannten Rechtsgrundsatz ein, wonach die Zuständigkeit für die Aufhebung eines Verwaltungsaktes vorbehaltlich einer besonderen gesetzlichen Regelung bei der Behörde liegt, die den Verwaltungsakt erlassen hat, um dessen Aufhebung es geht.[25] Die Behörde, die den Ausgangsverwaltungsakt erlassen hat, ist für seine Aufhebung nicht mehr zuständig, wenn sie entweder zu keinem Zeitpunkt zuständig war oder ihre Zuständigkeit nach Erlass des Verwaltungsaktes, um dessen Korrektur es geht, entfallen ist.[26] Auf diese Weise wird verhindert, dass eine andere Behörde über die Korrektur zu entscheiden hat als diejenige, die nunmehr zuständig ist, den maßgeblichen Sachverhalt zu regeln.[27] Nach § 44 Abs. 3 hat also über den Widerruf **nach Unanfechtbarkeit** des Verwaltungsaktes nicht die Behörde zu entscheiden, die im Zeitpunkt des Erlasses zuständig war, sondern die im Zeitpunkt der Rücknahme zuständige Behörde. Umgekehrt bedeutet dies, dass bis zur Unanfechtbarkeit die erlassende Behörde (oder Widerspruchsbehörde) für den Widerruf zuständig bleibt, es sei denn diese war bereits im Erlasszeitpunkt unzuständig – dann tritt an deren Stelle die zuständige Behörde. Dabei gelten die allgemeinen Zuständigkeitsregelungen für die jeweilige Materie, denn eine spezielle Zuständigkeit für Widerrufsentscheidungen gibt es nicht, obwohl das Widerrufsverfahren ein eigenständiges Verwaltungsverfahren darstellt.[28] 11

23 Es ist umstritten, ob die Regelung nur auf die örtliche Zuständigkeit zu beziehen ist: **Für** eine Begrenzung: *Knoke*, Rechtsfragen der Rücknahme von Verwaltungsakten, S. 104; differenzierend: *Tannen*, DRV 1988, 498; **gegen** eine Begrenzung Schütze/*Schütze*, SGB X-, § 44 Rn. 38. Die Gesetzesmaterialien zu § 44 Abs. 3 SGB X verweisen uneingeschränkt auf § 48 Abs. 5 VwVfG, der sich seinerseits nur auf die örtliche Zuständigkeit (§ 3 VwVfG) bezieht, BT-Drucks. 8/2034, S. 34. Aber der Wortlaut des § 44 Abs. 3 spricht gegen eine solche Einschränkung. Das BSG hat § 44 Abs. 3 ausdrücklich auch auf die sachliche Zuständigkeit bezogen, BSG, Urt. v. 21.12.2023 – B 5 R 3/22 R, juris; BSG, Urt. v. 09.06.1999, SozR 3–2500 § 95 Nr. 20; BSG, Urt. v. 17.07.1985, SozR 1500 § 77 Nr. 61 – Soweit es im Fall herausarbeitet, dass die erlassende Behörde eines Leistungsrückforderungs- oder Beitragserstattungsbescheides zuständig bleibt, auch wenn zwischenzeitlich Beiträge an einen anderen Versicherungsträger geleistet worden sind, konkretisiert es lediglich die Zuständigkeitsregelung und bildet keine Ausnahme zur Anwendbarkeit des § 44 Abs. 3 auch auf die sachliche Zuständigkeit.

24 BSG, Urt. v. 09.06.1999, SozR 3–2500 § 95 Nr. 20. Zur Frage einer Begrenzung auf die örtliche Zuständigkeit: *Tannen,* DRV 1988, 498.

25 BSG, Urt. v. 09.06.1999, SozR 3–2500 § 95 Nr. 20.

26 BSG, Urt. v. 09.06.1999, SozR 3–2500 § 95 Nr. 20.

27 BSG, Urt. v. 09.06.1999, SozR 3–2500 § 95 Nr. 20.

28 BSG, Urt. v. 17.07.1985, SozR 1500 § 77 Nr. 61.

V. Ermessen

12 Bei den beiden Ermächtigungen nach Abs. 1 und 2 handelt es sich um Ermessensnormen, was sich aus der negativen Formulierung »darf nur« in Abs. 1, »darf nicht« in Abs. 2 Satz 2 bzw. der Positivformulierung »kann« in Abs. 2 Satz 1 ergibt. Die Behörde muss mithin die Grenzen des Ermessens berücksichtigen und die Ermessensentscheidung entsprechend begründen (§ 35 Abs. 1 Satz 2). Einer grundsätzlich denkbaren Heilung einer fehlenden Begründung (§ 41 Abs. 1 Nr. 2) bzw. einer anderweitigen Korrektur der fehlerhaften Ermessensausübung kann die Jahresfrist nach § 47 Abs. 2 Satz 5 i.V.m. § 45 Abs. 4 Satz 2 entgegenstehen.[29]

§ 48 Aufhebung eines Verwaltungsaktes mit Dauerwirkung bei Änderung der Verhältnisse

(1) [1]Soweit in den tatsächlichen oder rechtlichen Verhältnissen, die beim Erlass eines Verwaltungsaktes mit Dauerwirkung vorgelegen haben, eine wesentliche Änderung eintritt, ist der Verwaltungsakt mit Wirkung für die Zukunft aufzuheben. [2]Der Verwaltungsakt soll mit Wirkung vom Zeitpunkt der Änderung der Verhältnisse aufgehoben werden, soweit

1. die Änderung zu Gunsten des Betroffenen erfolgt,
2. der Betroffene einer durch Rechtsvorschrift vorgeschriebenen Pflicht zur Mitteilung wesentlicher für ihn nachteiliger Änderungen der Verhältnisse vorsätzlich oder grob fahrlässig nicht nachgekommen ist,
3. nach Antragstellung oder Erlass des Verwaltungsaktes Einkommen oder Vermögen erzielt worden ist, das zum Wegfall oder zur Minderung des Anspruchs geführt haben würde, oder
4. der Betroffene wusste oder nicht wusste, weil er die erforderliche Sorgfalt in besonders schwerem Maße verletzt hat, dass der sich aus dem Verwaltungsakt ergebende Anspruch kraft Gesetzes zum Ruhen gekommen oder ganz oder teilweise weggefallen ist.

[3]Als Zeitpunkt der Änderung der Verhältnisse gilt in Fällen, in denen Einkommen oder Vermögen auf einen zurückliegenden Zeitraum auf Grund der besonderen Teile dieses Gesetzbuches anzurechnen ist, der Beginn des Anrechnungszeitraumes.

(2) Der Verwaltungsakt ist im Einzelfall mit Wirkung für die Zukunft auch dann aufzuheben, wenn der zuständige oberste Gerichtshof des Bundes in ständiger Rechtsprechung nachträglich das Recht anders auslegt als die Behörde bei Erlass des Verwaltungsaktes und sich dieses zu Gunsten des Berechtigten auswirkt; § 44 bleibt unberührt.

(3) [1]Kann ein rechtswidriger begünstigender Verwaltungsakt nach § 45 nicht zurückgenommen werden und ist eine Änderung nach Absatz 1 oder 2 zu Gunsten des Betroffenen eingetreten, darf die neu festzustellende Leistung nicht über den Betrag hinausgehen, wie er sich der Höhe nach ohne Berücksichtigung der Bestandskraft ergibt. [2]Satz 1 gilt entsprechend, soweit einem rechtmäßigen begünstigenden Verwaltungsakt ein rechtswidriger begünstigender Verwaltungsakt zu Grunde liegt, der nach § 45 nicht zurückgenommen werden kann.

(4) [1]§ 44 Abs. 3 und 4, § 45 Abs. 3 Satz 3 bis 5 und Abs. 4 Satz 2 gelten entsprechend. [2]§ 45 Abs. 4 Satz 2 gilt nicht im Fall des Absatzes 1 Satz 2 Nr. 1.

Übersicht

29 BSG, Urt. v. 17.03.2016 – B 4 AS 18/15 R, juris.

A. Inhalt

Die Vorschrift ist Ausdruck des Gedankens, dass das Recht (bloße) Hoffnungen und Erwartungen 1
an die Zukunft, dass alles so bleibt, wie es ist, nicht schützt.[1] Erlassene Dauerverwaltungsakte können an rechtliche oder tatsächliche Änderungen angepasst werden. Der Vertrauensschutz wird erst relevant, wenn die Anpassung Rückwirkung entfalten soll – die besonderen Gründe, die eine Rückwirkung zulassen, normiert § 48 Abs. 1 Satz 2. § 48 Abs. 1 Satz 1 trifft die Grundregelung der Vorschrift und sieht bei einer Änderung der tatsächlichen oder rechtlichen Verhältnisse grundsätzlich eine Aufhebung für die Zukunft vor. Nur in den besonderen Fällen des § 48 Abs. 1 Satz 2 ist die Aufhebung mit Wirkung vom Zeitpunkt der Änderung der Verhältnisse zulässig. In § 48 Abs. 1 Satz 3 ist dieser Zeitpunkt für die Anrechnung von Einkommen oder Vermögen legaldefiniert. § 48 Abs. 2 stellt der Grundregelung der Änderung der Verhältnisse die Situation gleich, dass der zuständige oberste Gerichtshof des Bundes nachträglich das Recht anders auslegt als die Behörde bei Erlass des Verwaltungsaktes und dies zugunsten des Berechtigten wirkt. § 48 Abs. 3 bezieht die möglichen Änderungen der Absätze 1 und 2 auf den rechtswidrig begünstigenden Verwaltungsakt, der nicht nach § 45 zurückgenommen werden kann, und sieht eine »Einfrierung« des begünstigenden Unrechts vor. § 48 Abs. 4 enthält Verweise auf Fristen in § 45 für die Aufhebung des Verwaltungsaktes sowie auf Zuständigkeits- (§ 44 Abs. 3) und Nachzahlungsregeln (§ 44 Abs. 4).

B. Einzelerläuterungen

I. Verwaltungsakt mit Dauerwirkung

§ 48 gilt nur für Verwaltungsakte mit Dauerwirkung, unabhängig von den anderen Differenzierun- 2
gen der §§ 44 ff. hinsichtlich einer Begünstigung oder Belastung, der Rechtmäßigkeit oder Rechtswidrigkeit.[2] Dies wird deutlich in dem Oberbegriff »Aufhebung« der Ermächtigungsgrundlage für die Aufhebung von Verwaltungsakten. Verwaltungsakte mit Dauerwirkung können zwar auch nach den §§ 44 ff. aufhebbar sein, § 48 beschränkt sich aber auf diese Verwaltungsakte. Es geht bei § 48 um **Änderungen nach Erlass des Verwaltungsaktes mit Dauerwirkung.** Ein **Verwaltungsakt mit Dauerwirkung** liegt vor, wenn sich der Verwaltungsakt nicht in einem einmaligen Ge- oder Verbot oder in einer einmaligen Gestaltung der Rechtslage erschöpft, sondern ein auf Dauer berechnetes oder in seinem Bestand vom Verwaltungsakt abhängiges Rechtsverhältnis begründet oder inhaltlich verändert.[3] Grundsätzlich kann Dauerwirkung nicht nur Verwaltungsakten zukommen, die eine laufende Geldleistung zum Gegenstand haben, sondern allgemein allen Leistungs- und Feststellungsbescheiden (z.B. die Feststellung des Gesamt-GdB im Schwerbehindertenrecht).[4] Dabei kommt es auf die rechtlichen Wirkungen des Verwaltungsaktes an und nicht darauf, ob tatsächliche Wirkungen für eine gewisse Dauer gegeben sind.[5] Der Verwaltungsakt muss in rechtlicher Hinsicht über den Zeitpunkt seiner Bekanntgabe hinaus Bindungswirkung entfalten; unschädlich ist eine zeitliche

---

1 *Pohl*, Rechtsprechungsänderung und Rückanknüpfung, S. 179–182 und 198–201. Anders ist dies, wenn die Änderung Rückwirkung entfaltet.
2 BT-Drucks. 8/2034, S. 35.
3 BT-Drucks. 8/2034, S. 34.
4 BSG, Urt. v. 19.09.2000 SozR 3–1300 § 45 Nr. 43.
5 BSG, Urt. v. 14.06.1984 SozR 1300 § 45 Nr. 9; BSG, Urt. v. 16.02.1984 SozR 1300 § 45 Nr. 6.

Begrenzung der laufenden Leistung (z.B. Renten auf Zeit).[6] **Zu den Verwaltungsakten mit Dauerwirkung gehören:** Krankengeld für die laufende Bezugszeit[7]; der Beitragszuschuss zur freiwilligen Krankenversicherung[8]; die Bewilligung von Pflegegeld[9]; die Feststellung des Grades einer Behinderung[10]; die Zulassung zu oder die Befreiung von der freiwilligen oder der Pflichtversicherung[11]; die Feststellung der Höhe laufender Beitragszahlungen[12]; die Anerkennung oder Vormerkung von rentenrechtlichen Zeiten[13]; die Zusage der Versorgung mit Zahnersatz[14]; die Versagung einer Arbeitserlaubnis[15]; die Bewilligung einer Rehabilitationsmaßnahme[16]; die Entziehung einer Sozialleistung wegen fehlender Mitwirkung[17]; die Bewilligung von Elterngeld[18]; die Feststellung der Versicherungsfreiheit wegen Geringfügigkeit der selbständigen Tätigkeit[19]. **Nicht zu den Verwaltungsakten mit Dauerwirkung gehören:** die Leistungsablehnung[20] oder ein Bescheid mit versagenden Verfügungssätzen, auch wenn er eine Dauerleistung betrifft,[21] eine Aufhebungsentscheidung für die Zukunft, denn ihre Regelungswirkung erschöpft sich in der Aufhebung der zuvor erfolgten Bewilligung[22].

3 Die **Abgrenzung eines Verwaltungsaktes ohne Dauerwirkung von einem Verwaltungsakt mit Dauerwirkung** kann sich als schwierig erweisen[23]: So nennt die Gesetzesbegründung als Beispiel für die Dauerwirkung einen Verwaltungsakt, der den dauernden regelmäßigen Bezug von Sozialleistungen zum Gegenstand oder zur Folge hat und hebt hervor, dass der Verwaltungsakt mit Dauerwirkung in der Sozialhilfe keine Rolle spiele, weil Sozialhilfe immer nur im Rahmen des jeweiligen Bedarfs zu leisten sei.[24] Das Bundessozialgericht hat § 48 SGB X bei Änderungen des sozialhilferechtlichen Bedarfs für anwendbar gehalten.[25] Die Begriffsbestimmung ist bedeutsam bei der Abgrenzung des § 48 SGB X von § 45 SGB X – mit erheblichen Konsequenzen: § 45 SGB X verfügt über eine große Reichweite des Vertrauensschutzes – die rückwirkende Aufhebung setzt mit § 45 Abs. 4 Satz 1 eine Art »Bösgläubigkeit« des Leistungsempfängers voraus, während § 48 die rückwirkende Aufhebung ohne jede »Bösgläubigkeit« kennt (§ 48 Abs. 1 Satz 2 Nr. 3; die Fristenregelungen (z.B. § 45 Abs. 3 Satz 1) reichen weiter als in § 48 und die Aufhebungsentscheidung ist bei § 45 auch zukunftsgerichtet grundsätzlich ermessensgeleitet, wohingegen sie bei § 48 ohne Fristen und als gebundene Entscheidung ausgestaltet ist.[26]

---

6 BSG, Urt. v. 21.03.1996 SozR 3–1300 § 48 Nr. 48.
7 BSG ErsK 1984, S. 222.
8 BSG, Urt. v. 09.06.1988 SozR 1300 § 48 Nr. 47.
9 BSG, Urt. v. 07.07.2005 SozR 4–1300 § 48 Nr. 6.
10 BSG, Urt. v. 22.10.1986 SozR 1300 § 48 Nr. 29; BSG, Urt. v. 19.09.2000 SozR 3–1300 § 45 Nr. 43; BSG, Urt. v. 15.06.2023 – B 9 SB 3/22 R; zur Herabsetzung des Grades der Behinderung: BSG, Urt. v. 21.12.2022 – B 9 SB 3/20 R.
11 BSG, Urt. v. 30.04.1997 SozR 3–2940 § 7 Nr. 4.
12 BSG, Urt. v. 26.09.1991 SozR 3–1300 § 48 Nr. 13.
13 BSG, Urt. v. 16.02.1984 SozR 1300 § 45 Nr. 6; BSG, Urt. v. 21.02.1985 SozR 1300 § 45 Nr. 15; a.A. *Dörr*, DAngVers 1982, 332.
14 BSG BKK 1992, 317.
15 BSG, Urt. v. 22.09.1976 SozR 1500 § 131 Nr. 3.
16 BSG, Urt. v. 22.09.1981 SozR 1300 § 48 Nr. 1.
17 BSG, Urt. v. 22.02.1995 SozR 3–1200 § 66 Nr. 3.
18 BSG, Urt. v. 04.09.2013 – B 10 EG 6/12 R, Rn. 21 (juris).
19 BSG, Urt. v. 23.04.2015 – B 5 RE 19/14 R, juris; abweichende Auffassung zur Versicherungsfreiheit im Bereich des KSVG: BSG, Urt. v. 02.04.2014 – B 3 KS 4/13 R.
20 BSG, Urt. v. 22.10.1986 SozR 1300 § 48 Nr. 29; BSG, Urt. v. 30.01.1985 SozR 1300 § 44 Nr. 16.
21 BSG, Urt. v. 30.01.1985 SozR 1300 § 44 Nr. 16; BSG, Urt. v. 10.05.1994 – 9 BV 140/93, juris.
22 BSG, Urt. v. 29.04.2015 – B 14 AS 10/14 R, juris.
23 Grundsätzliche Kritik an der Kategorie des Verwaltungsaktes mit Dauerwirkung übt: *Felix*, NVwZ 2003, 385.
24 BT-Drucks. 8/2034, S. 34.
25 BSG, Urt. v. 02.02.2012 – B 8 SO 5/10 R.
26 Dazu und zur Frage der Stimmigkeit der gesetzlichen Regelungen der §§ 45 und 48 zueinander: § 48 Rdn. 15.

Mitunter bereitet die Bestimmung Schwierigkeiten, ob ein aufzuhebender **Bescheid mehrere Monats-Verwaltungsakte enthält oder die Monate zu einer Regelung zusammengefasst worden sind.** Handelt es sich um monatliche Verwaltungsakte, dann ist die maßgebliche Rechtsgrundlage ebenfalls monatsweise zu bestimmen.[27] Das BSG[28] konkretisiert die Auslegung: Sie erfolge am Maßstab des Empfängerhorizontes, zu der auch das Gericht befugt sei. Werden die zuerkannten Leistungen ausdrücklich für jeden einzelnen Monat und – bei mehreren Leistungsempfängern – für jede Person individuell aufgeführt, so spreche dies für monatliche Verwaltungsakte, insbesondere, wenn personen- oder zeitraumübergreifende Regelungen nicht existieren. Ein in einer Summe ausgewiesener Nachzahlungsbetrag am Ende des Bescheides stehe einer solchen Auslegung nicht entgegen, denn dabei handele es sich allein um die Mitteilung eines Rechenergebnisses verbunden mit dem Hinweis auf die beabsichtigte Überweisung dieses Betrages auf ein Bankkonto. Die Bestimmung der maßgeblichen Rechtsgrundlage für die Aufhebung sei sodann ebenfalls monatsweise zu beantworten.

In der Verwaltungspraxis finden sich sozialhilferechtliche Bescheide, die eine monatliche Leistung errechnen und diesen Betrag **»ab« einem bestimmten Zeitpunkt oder »bis auf Weiteres«** gewähren. Auch Jahre später werden anschließend Korrekturen nach § 48 SGB X vorgenommen – selbst wenn der Leistungsempfänger seinen Meldepflichten nach Erlass des Verwaltungsaktes nachgekommen ist und der Behörde die nachträglichen Änderungen also bekannt waren; sogar dann, wenn der Behörde bereits bei Erlass des Verwaltungsaktes bekannt war, dass in den folgenden Monaten Änderungen (z.B. Rentenanpassung) anstehen. So stellt sich die Frage, inwieweit die Behörde nach Erlass des Verwaltungsaktes zur Überprüfung ihrer Entscheidung verpflichtet ist; insbesondere wenn er für unbestimmte Zeit erlassen ist. Ist – wie im Sozialhilferecht – gesetzlich grundsätzlich eine monatliche Bewilligung vorgesehen, dann spricht dies dafür, dass die Behörde vor einer erneuten Überweisung (und Bewilligung) im Folgemonat das Fortbestehen der Verhältnisse prüfen muss. Dies spricht gegen die Annahme eines Verwaltungsaktes mit Dauerwirkung. Eine Verwaltungspraxis, die lediglich für einen Monat eine grundlegende Entscheidung trifft und sodann fortlaufend weitere Überweisungen vornimmt, wirft dann das Problem einer Zahlung ohne Rechtsgrundlage auf. Dieses lässt sich lösen, wenn man in den folgenden Überweisungen einen konkludenten Verwaltungsakt für den Folgemonat erkennt (§ 33 Abs. 2 Satz 1: Erlass »in anderer Weise«). Aber es bleibt dabei, dass es sich jeweils um monatliche Entscheidungen handelt. Dagegen, diese als Verwaltungsakt mit Dauerwirkung zu qualifizieren[29], spricht das Monatsprinzip[30], das den Berechnungen im Sozialhilferecht zugrunde liegt. Die Behörde bleibt verpflichtet, monatlich zu prüfen, ob sich Änderungen ergeben haben. Die Verwaltungspraxis, im Folgemonat ohne ausdrücklichen Erlass eines Verwaltungsaktes einfach weiterhin den gleichen Betrag wie im Vormonat zu überweisen, schafft Rechtsunsicherheit; sie riskiert Überzahlungen und rechtswidrige (konkludente) Verwaltungsakte.

Stellt man also auf eine jeweils monatliche Leistung ab, dann ergibt sich eine anfängliche Rechtswidrigkeit für jeden Überweisungsmonat, dessen Betrag nicht der objektiven Rechtslage entspricht; die Prüfung bewegt sich im Rahmen des § 45 SGB X. In den Bereich des § 48 SGB X gelangt man, wenn Vorschriften mehrmonatige Bewilligungszeiträume vorsehen (z.B. §§ 41 Abs. 3 SGB II und § 44 Abs. 3 SGB XII). Die Bewilligungszeiträume nehmen der Behörde sozusagen die monatliche Überprüfungsverpflichtung – wenn sie auch bei Kenntniserlangung von einer Änderung dennoch tätig werden müsste. Diese Verwaltungsvereinfachung ist zeitlich begrenzt und durch den Gesetzgeber normiert. Die Behörde würde ihre Überprüfungsverpflichtung unterlaufen können durch

27 BSG, Urt. v. 20.09.2023 – B 4 AS 6/22 R, juris.

28 BSG, Urt. v. 20.09.2023 – B 4 AS 6/22 R, juris.

29 So aber: BSG, Urt. v. 02.02.2012 – B 8 SO 5/10 R: Die Bewilligung der Hilfe zur Pflege für einen Monat März sei ein Verwaltungsakt mit Dauerwirkung, denn er erschöpfe sich nicht in einem einmaligen Ge- oder Verbot oder einer einmaligen Gestaltung der Rechtslage, sondern begründe (oder verändere) dadurch, dass der Bewilligungszeitraum in die Zukunft reiche, ein auf Dauer – für den gesamten Monat März – berechnetes Rechtsverhältnis.

30 BSG, Urt. v. 16.02.2022 – B 8 SO 17/20 R, juris – unter Bezugnahme auf § 85 SGB XII: »monatliches Einkommen«.

Bescheide, die zeitlich unbegrenzt »ab« einem bestimmten Zeitpunkt oder »bis auf Weiteres« Leistungen bewilligen und Jahre später nach § 48 (Abs. 1 S. 2 Nr. 3) SGB X aufgehoben würden. Sie würde das Risiko unrichtiger Verwaltungsakte – entgegen der gesetzlichen Regel monatlicher Verwaltungsakte im Sozialhilferecht – auf den Bürger abwälzen.

Für die Frage des Vorliegens eines Verwaltungsaktes mit Dauerwirkung kommt es somit wesentlich auf den Zeitraum an, für den der Verwaltungsakt eine Regelung trifft: Bezieht sich die Leistungsbewilligung auf einen **bestimmten Monat**, »ab« dem Leistungen gezahlt werden sollen, dann bleibt die Behörde in den Folgemonaten zur Überprüfung verpflichtet. Es handelt sich dann um monatliche Bewilligungen, die bei Rechtswidrigkeit über § 45 SGB X zu korrigieren sind. Bezieht sich die Leistungsbewilligung auf einen **bestimmten Bewilligungszeitraum**, der mehr als einen Berechnungsmonat umfasst, dann handelt es sich um einen Verwaltungsakt mit Dauerwirkung, der bei nachträglichen Änderungen über § 48 SGB X zu korrigieren ist. Praktisch mag die Bewilligung der (sozialhilferechtlichen) monatlichen Leistungsansprüche auch ohne gesetzliche Normierung für mehrere Monate zusammengefasst werden können, sodass sich der Bescheid dann ebenfalls als Verwaltungsakt mit Dauerwirkung qualifizieren ließe. Dies setzt aber als Ausnahme von der monatlichen Überprüfungsverpflichtung eine Begrenzung des Bewilligungszeitraums voraus und sollte im Beispiel des Sozialhilferechts als behördliche Entscheidung die Dauer der gesetzlichen Ausnahmenormierungen der §§ 41 Abs. 3 SGB II, 44 Abs. 3 SGB XII nicht überschreiten dürfen.

II. Wesentliche Änderung der Verhältnisse nach Erlass des Verwaltungsaktes

1. Wesentliche tatsächliche oder rechtliche Änderung

4 **Wesentlich** sind alle Änderungen, die dazu führen, dass die Behörde unter den nunmehr objektiv vorliegenden Verhältnissen den Verwaltungsakt nicht hätte erlassen dürfen,[31] er sich nunmehr also als rechtswidrig erweist. Für die Beurteilung des Vorliegens einer Rechtswidrigkeit kommt es auf einen Vergleich der Sachlage an, wie sie dem Verwaltungsakt zugrunde gelegt worden ist, mit der Sachlage, wie sie bei nachträglicher Betrachtung dem Verwaltungsakt hätte zugrunde gelegt werden müssen.[32] Mit der Änderung wird der Verwaltungsakt rechtswidrig. Das bedeutet nicht, dass der Verwaltungsakt zuvor zwangsläufig rechtmäßig gewesen sein muss. Auch ein bei Erlass rechtswidriger Verwaltungsakt mit Dauerwirkung kann durch eine nachfolgende wesentliche Änderung in Bezug auf diese Änderung zusätzlich rechtswidrig werden. Die §§ 44 ff. entfalten keine Sperrwirkung hinsichtlich einer nachträglichen, wesentlichen Änderung in solchen tatsächlichen oder rechtlichen Verhältnissen, auf denen die anfängliche Rechtswidrigkeit nicht beruht.[33] Die §§ 44 ff. sind dann anzuwenden hinsichtlich der Aspekte, die für die anfängliche Rechtswidrigkeit maßgeblich sind; § 48 ist daneben anwendbar bezogen auf die nachträgliche, wesentliche Änderung. Ein Beispiel für eine solche Konstellation bildet § 48 Abs. 3: Eine anfängliche Rechtswidrigkeit im Anwendungsbereich des § 45 lässt sich hier nicht mehr über § 45 korrigieren; nachträgliche, wesentliche Änderungen finden dennoch über § 48 Berücksichtigung.

---

31 BSG, Urt. v. 17.03.2016 – B 4 AS 18/15 R, Rn. 29, juris; BSG, Urt. v. 02.04.2014 – B 3 KS 4/13 R, Rn. 16, juris; BSG, Urt. v. 07.07.2005 SozR 4–1300 § 48 Nr. 6; BSG, Urt. v. 21.03.1996 – 11 RAr 101/94 – juris; BSG, Urt. v. 11.12.1992 SozR 3–1300 § 48 Nr. 22; BSG, Urt. v. 19.02.1986 – 7 RAr 55/84 – juris.

32 BSG, Urt. v. 02.11.1999 SozR 3–1300 § 48 Nr. 67.

33 BT-Drucks. 8/2034, S. 35; BSG, Urt. v. 17.05.2000 SozR 3–3300 § 37 Nr. 2: Von Anfang an rechtswidrige Verwaltungsakte können wegen Änderung der tatsächlichen oder rechtlichen Verhältnisse nach § 48 zurückgenommen werden, wenn es sich nicht um die Korrektur des ursprünglichen Fehlers – die nur unter den Voraussetzungen des § 45 zulässig wäre –, sondern um die Anpassung an eine veränderte Rechtslage handelt, die ein schutzwürdiges Vertrauen auf den Bestand eines fehlerhaften begünstigenden Bescheides für die Zukunft entfallen lässt; vgl. dazu und zur fehlenden Sperrwirkung des § 45 BSG, Urt. v. 28.03.2013 – B 4 AS 59/12 R, juris.

Ob eine Änderung tatsächlicher oder rechtlicher Natur ist, spielt für das Merkmal der Wesentlichkeit keine Rolle; jeweils kommt es nur darauf an, ob die – tatsächliche oder rechtliche Änderung – zur Rechtswidrigkeit des Verwaltungsaktes führt. Welche Änderungen wesentlich sind und den Verwaltungsakt rechtswidrig werden lassen, ist nach dem jeweils einschlägigen **materiellen Recht** zu beurteilen.[34] Diese Beurteilung erfolgt anhand der **objektiven Rechtslage** und ist unabhängig davon, über welche Kenntnisse die Behörde zu diesem Zeitpunkt verfügt und ob der Bescheidempfänger eventuellen Mitwirkungsverpflichtungen nachgekommen ist oder seinerseits über bestimmte Kenntnisse verfügte. Für die Prüfung einer wesentlichen Änderung kommt es weder auf die im aufzuhebenden Bescheid genannten noch auf die damals von der Behörde zugrunde gelegten Verhältnisse an, sondern auf die in Wirklichkeit vorliegenden Verhältnisse und deren objektive Änderung.[35] Am Merkmal der »Wesentlichkeit« ist also – wie am Merkmal der (anfänglichen) Rechtswidrigkeit bei den §§ 44 ff. – zu fragen, ob eine Entscheidung nach der gegenwärtigen Sach- und Rechtslage gegen höherrangiges Recht verstoßen würde. Es gelten dann die Maßstäbe, die bei den §§ 44, 45 zur Beurteilung der Rechtswidrigkeit eines Verwaltungsaktes dargelegt worden sind (vgl. § 44 Rdn. 5–7, 10–11, § 45 Rdn. 3–5, 8–10). Mitunter konkretisiert das materielle Recht die Wesentlichkeit bereichsspezifisch: Beispielsweise ist im Bereich des Rechts der gesetzlichen Unfallversicherung eine Änderung hinsichtlich der Höhe der MdE nach § 73 Abs. 3 SGB VII nur dann wesentlich, wenn sie mehr als fünf v.H. beträgt.[36] 5

Bei **Folge- oder Anpassungsbescheiden** bereitet mitunter die Unterscheidung Schwierigkeiten, inwieweit es sich um einen bloßen Folge-/Anpassungsbescheid mit der Mitteilung der Änderung handelt oder um einen neuen (Gesamt-) Verwaltungsakt, der den alten »Grundbescheid« ablöst. Maßgebend ist der Regelungsinhalt des jeweiligen Verwaltungsaktes. Die Auslegung des Regelungsinhaltes erfolgt anhand des objektiven Empfängerhorizonts.[37] 6

Werden die Anspruchsvoraussetzungen im nachfolgenden Bescheid vollständig neu geprüft und beispielsweise aufgrund eines Gutachtens, das auf einer Wiederholungsuntersuchung basiert, erneut und unabhängig von der ersten Leistungsbewilligung bejaht, dann ersetzt der Folgebescheid den ursprünglichen Leistungsbescheid – dieser hat sich dann durch den Folgebescheid »auf sonstige Weise erledigt« (§ 39 Abs. 2); auch ohne formelle Feststellung der Ersetzung wird der erste Bescheid gegenstandslos.[38] Anders wäre es, wenn im Folgebescheid beispielsweise lediglich erklärt worden wäre, dass die Nachuntersuchung keinen Anlass gegeben hätte, den ursprünglichen Leistungsbescheid zu ändern.[39] Die auf einem rechtswidrigen Ausgangsbescheid aufbauenden Folgebescheide sind rechtmäßig, solange der Ausgangsbescheid nicht aufgehoben worden ist.[40] Dies gilt nach der Rechtsprechung des BSG auch dann, wenn die Rechtswidrigkeit des Ausgangsbescheides darauf beruht, dass die Anrechnung einer bestimmten Einkunftsart auf eine einkommensabhängige Sozialleistung unterblieben ist.[41] Wird mit der Rücknahme eines Verwaltungsaktes wegen von Anfang an fehlender Bedürftigkeit dem Anspruch für einen nachfolgenden Zeitraum die Grundlage des Vorbezugs entzogen, so ist der ursprüngliche Verwaltungsakt auch hinsichtlich des späteren Zeitraums von Anfang an rechtswidrig.[42] 7

34 BSG, Urt. v. 21.03.1996 – 11 RAr 101/94, juris; BSG, Urt. v. 19.02.1986 – 7 Rar 55/84, juris.
35 BSG, Urt. v. 07.04.2016 – B 5 R 26/15 R, juris; BSG, Beschl. v. 25.10.2012 – B 9 V 17/12 B, juris.
36 Zur Vereinbarkeit mit Art. 3 Abs. 1 GG: BSG, Urt. v. 19.12.2013 – B 2 U 17/12 R, juris.
37 BSG, Urt. v. 15.02.2023 – B 4 AS 2/22 R, juris. Den maßgeblichen Inhalt zu ermitteln, ist im Streitfall nicht (mehr) Sache der den Verwaltungsakt erlassenden Behörde, sondern allein der Gerichte, in letzter Instanz also des BSG, das seinerseits nicht an die Auslegung des Bescheids durch das LSG gebunden ist, BSG, Urt. v. 07.04.2016 – B 5 R 26/15 R, juris.
38 BSG, Urt. v. 07.07.2005 SozR 4–1300 § 48 Nr. 6.
39 BSG, Urt. v. 07.07.2005 SozR 4–1300 § 48 Nr. 6.
40 BSG, Urt. v. 15.08.1996 SozR 3–1300 § 45 Nr. 30.
41 BSG, Urt. v. 15.08.1996 SozR 3–1300 § 45 Nr. 30.
42 BSG, Urt. v. 29.05.2008 SozR 4–1300 § 45 Nr. 7; BSG, Urt. v. 26.08.1992 – 9b RAr 2/92, juris.

2. Erlass des Verwaltungsaktes – Verhältnis zu den §§ 44 ff.

8 **Erlassen** ist ein Verwaltungsakt in dem Zeitpunkt, in dem er dem Adressaten bekanntgegeben und damit wirksam wurde.[43] Der Erlasszeitpunkt grenzt den Anwendungsbereich des § 48 von dem der §§ 44 ff. ab.[44] Maßgebend sind die objektiven Verhältnisse im Zeitpunkt des Erlasses des Verwaltungsaktes, der aufgehoben werden soll.[45]

9 Welches der tatsächliche und rechtliche Zustand zum Erlasszeitpunkt ist, zeigt sich nicht immer klar: So stellt sich die Frage, ob eine (höchstrichterliche) **Rechtsprechungsänderung** nach dem Erlass des Verwaltungsaktes den rechtlichen Zustand rückwirkend zum Erlasszeitpunkt beeinflusst. Die gleiche Frage ließe sich stellen, wenn eine höchstrichterliche Entscheidung erstmalig nach dem Erlass eines Verwaltungsaktes getroffen wird, die das Recht anders auslegt als die Behörde und den Verwaltungsakt aus heutiger Sicht als rechtswidrig bezeichnen würde. Dabei ist rechtlich bedeutsam, ob sich die Änderung für den Betroffenen begünstigend oder belastend auswirkt. Eine belastende Rückwirkung ist rechtsstaatlich rechtfertigungsbedürftig. Zukunftsbezogen blieben Änderungen verfassungsrechtlich ohne Weiteres möglich. Die Regelung des § 48 Abs. 2 erfasst einen Teilbereich dieser Problematik und muss im Kontext dieses Problemkreises interpretiert werden.

10 Wenn man der Auffassung folgt, dass ein Verstoß gegen eine bestehende höchstrichterliche Rechtsprechung zu einer Rechtswidrigkeit des Verwaltungsaktes führt (vgl. § 44 Rdn. 5), dann ist die Abgrenzung für den Fall einer **Rechtsprechungsänderung** klar: Stimmte die Rechtsauslegung durch die Behörde zum Zeitpunkt des Erlasses des Verwaltungsaktes mit der höchstrichterlichen Rechtsprechung überein, dann war der Verwaltungsakt rechtmäßig und § 48 ist hinsichtlich der Änderung anwendbar; hat zum Erlasszeitpunkt ein Verstoß gegen die höchstrichterliche Rechtsprechung vorgelegen, dann ist § 44 für den rechtswidrigen Verwaltungsakt einschlägig.[46] Die Rechtsprechungsänderung stellt nach diesem Verständnis eine Änderung der rechtlichen Verhältnisse i.S.d. § 48 Abs. 1 Satz 1 dar, § 48 Abs. 2 hätte insoweit nur eine Klarstellungsfunktion. Handelt es sich demgegenüber gar nicht um eine Rechtsprechungsänderung, sondern um eine **erstmalige höchstrichterliche Rechtsprechung**, die das Recht anders auslegt als die Behörde bei Erlass des Verwaltungsaktes, dann haben sich nach dem hier entwickelten Verständnis die rechtlichen Verhältnisse geändert und § 48 Abs. 2 i.V.m. § 48 Abs. 1 wäre einschlägig. Denn zum Zeitpunkt des Erlasses des Verwaltungsaktes hat eine widersprechende höchstrichterliche Rechtsprechung, die zu einer Rechtswidrigkeit des Verwaltungsaktes führt, nicht existiert. Die Anwendung des § 48 Abs. 2 i.V.m. § 48 Abs. 1 in dieser Konstellation wird dadurch problematisch, dass die Rechtsprechung – bei abweichender Rechtsauslegung – nachträglich in der Auslegung der Behörde einen Verstoß gegen das höherrangige Gesetzesrecht sehen kann (und häufig sieht) und damit eine Rechtswidrigkeit zum Erlasszeitpunkt vorliegen würde – dann wäre nämlich § 44 anwendbar. Nur dann, wenn die Auslegung der Behörde nach der Auffassung des Gerichts zum Erlasszeitpunkt dem Gesetz entsprach und die Rechtsprechung dennoch zum Zeitpunkt ihrer Entscheidung – etwa wegen Änderung der gesellschaftlichen Verhältnisse – die Rechtsauslegung ändert, käme § 48 Abs. 2 i.V.m. § 48 Abs. 1 Satz 1 zur Anwendung. Der Überlegung, § 48 Abs. 2 erfasse doch gerade den Fall der abweichenden Rechtsprechungsauslegung, sodass man darin eine Spezialregelung ggü. § 44 sehen könnte, wird durch den letzten Halbsatz von § 48 Abs. 2 die Grundlage genommen, der § 44 unberührt lassen möchte. Im Ergebnis

43 BSG, info also 2009, S. 134; BSG, Urt. v. 01.06.2006 SozR 4–4300 § 122 Nr. 4; *Knoke*, Rechtsfragen der Rücknahme von Verwaltungsakten, S. 28 f.

44 BSG FamRZ 2011, S. 1055; BSG, Urt. v. 01.06.2006 SozR 4–4300 § 122 Nr. 4; BSG, Urt. v. 19.02.2009 SozR 4–5870 § 1 Nr. 2.

45 BSG, Urt. v. 20.01.2021 – B 13 R 13/19 R, juris; BSG, Urt. v. 02.11.1999 SozR 3–1300 § 48 Nr. 67. Zum sog. fingierten Verwaltungsakt siehe § 31 Rdn. 50 und BSG, Urt. v. 26.02.2019 – B 1 KR 18/18 R, juris sowie BSG, Urt. v. 11.05.2017 – B 3 KR 30/15 R, juris – jeweils mit unterschiedlichen Sichtweisen.

46 Das BSG unterscheidet zwischen einer Auslegung kraft besserer Rechtserkenntnis und der Rechtsfortbildung aufgrund sozialen Wandels, BSG, Urt. v. 30.01.1985 SozR 1300 § 44 Nr. 16.

dürfte § 48 Abs. 2 unter dieser Gesetzeslage bei einer erstmaligen Rechtsprechung kaum zur Anwendung kommen und bei einer Rechtsprechungsänderung nur dann, wenn man der Auffassung folgen kann, dass die alte Rechtsprechung auch rechtmäßig gewesen sein kann, wenn die Gerichte sie zu einem späteren Zeitpunkt ändern. Dann nämlich verstößt die alte Rechtsprechung nicht gegen höherrangiges Gesetz und ein Verwaltungsakt, der mit dieser in Einklang steht, wäre zum Erlasszeitpunkt rechtmäßig (keine Anwendung § 44 und wegen nachträglicher Änderung der rechtlichen Verhältnisse Anwendung von § 48).

Die Rechtsprechung hat sich zu diesen Fragen verschieden geäußert: In einer älteren Entscheidung[47] 11
differenziert das **BSG** nicht zwischen einer Rechtsprechungsänderung und einer erstmaligen Rechtsprechung nach Erlass des Verwaltungsaktes und beurteilt die Rechtmäßigkeit/Rechtswidrigkeit zum Erlasszeitpunkt anhand der neuen Rechtsprechung. Selbst wenn der Verwaltungsakt zum Zeitpunkt seines Erlasses einer höchstrichterlichen Rechtsprechung entsprach, soll der Verwaltungsakt durch die neue Rechtsprechung als rechtswidrig eingestuft werden. Im Grunde schaltet es auf diese Weise den Maßstab der bestehenden höchstrichterlichen Rechtsprechung wegen Rechtswidrigkeit aus und misst den Verwaltungsakt am übergeordneten Recht (wegen dessen der Verwaltungsakt nachträglich als rechtswidrig angesehen wird). Später hat es diese rückwirkende Beurteilung ausdifferenziert: Von Anfang an rechtswidrig soll ein Verwaltungsakt dann sein, wenn ohne eine zwischenzeitliche Änderung der maßgeblichen Rechtsgrundlagen und der ihnen zugrunde liegenden rechtlichen und sozialen Erwägungen eine andere Auslegung der einschlägigen Vorschriften auf der Erkenntnis beruhe, eine bisherige Rechtsprechung sei unzutreffend gewesen; beruhe hingegen die nachträgliche Änderung der höchstrichterlichen Rechtsprechung auf einer Änderung ihrer rechtlichen Grundlagen oder der bei ihrer Schaffung geltenden sozialen, soziologischen und wirtschaftlichen Gegebenheiten und Anschauungen, so könne ihr Wirkung nur für die Zukunft beigemessen werden.[48] Die Begründung einer Entscheidung sei daraufhin zu analysieren, ob die Änderung der Rechtsprechung auch die zurückliegende Zeit erfasse oder Wirkung lediglich ab einem bestimmten Zeitpunkt oder nur für die Zukunft entfalte.[49] Soweit eine höchstrichterliche Rechtsprechung nach Erlass des Verwaltungsaktes erstmalig entsteht, stellen sich die Fragen einer zukunftsgerichteten oder rückwirkenden Rechtswidrigkeit für das BSG in ähnlicher Weise; das BSG tendiert dazu, die neue höchstrichterliche Rechtsprechung durchweg rückwirken zu lassen.[50] Sonderregelungen (z.B. § 330 Abs. 1 SGB III, § 40 Abs. 2 Nr. 2 SGB II, § 100 Abs. 4 SGB VI) können jedoch dazu zwingen, eine neue (ständige[51]) Rechtsprechung erst zukunftsgerichtet zu berücksichtigen. Weil es sich hier – wie bei § 48 Abs. 2 – gerade um begünstigende Neuregelungen handelt, wirken die gesetzlichen Wertungen

---

47 BSG, Urt. v. 25.10.1984 SozR 1300 § 44 Nr. 13.

48 BSG SGb 1999, S. 517. Sehr prägnant nimmt *Knoke*, Rechtsfragen der Rücknahme von Verwaltungsakten, S. 32 f.: eine ähnliche Differenzierung vor: »Richtigerweise umfaßt (die geläuterte Rechtsauffassung) nur die Aufdeckung von Irrtümern, logischen Fehlschlüssen und sonstigen Fehlern bei der Auslegung der maßgeblichen Rechtsnormen, nicht hingegen einen Änderungsprozess der Rechtsauffassungen, der etwa mit einer Änderung sozialer oder ethischer Wertvorstellungen einhergeht. … Bei einem nachträglichen Wandel der Rechtsanschauung ist der Verwaltungsakt dagegen rechtmäßig, d.h. im Einklang mit der zu diesem Zeitpunkt geltenden Rechtsordnung erlassen worden.«.

49 BSG, Urt. v. 21.03.1996 SozR 3–1300 § 48 Nr. 48.

50 BSG, Urt. v. 30.01.1985 SozR 1300 § 44 Nr. 16: »Aber auch eine erst nach Erlass des Verwaltungsaktes erstmals gebildete … höchstrichterliche Rechtsprechung kann zur Unrichtigkeit des vorher erlassenen … Verwaltungsaktes führen.«; BSG, Urt. v. 25.10.1984 SozR 1300 § 44 Nr. 13: »§ 44 Abs. 1 Satz 1 SGB X verpflichtet jedoch … zur Rücknahme für die Vergangenheit dann, wenn der Verwaltungsakt rechtswidrig Leistungen versagt hat, gleichgültig woraus die Erkenntnis der Rechtswidrigkeit gewonnen wird; er greift deshalb auch ein, wenn eine – erstmalige oder geänderte – sozialgerichtliche Rechtsprechung die Basis dieser Erkenntnis ist.«; BSG, Urt. v. 01.03.2005 – L 1 AL 77/03, juris: »Unzweifelhaft liegen die Voraussetzungen des § 44 Abs. 1 Satz 1 SGB X vor, da sich (durch die neue Rechtsprechung) erwiesen hat, dass die Beklagte das Recht bei Erlass der … Bescheide unrichtig angewandt hat.«.

51 Unklar ist auch, ab wann von einer »ständigen« Rechtsprechung gesprochen werden kann, dazu: *Pohl*, VSSR 2011, S. 383 ff.

konfus: Wirkt sich die neue Rechtsprechung (die den Verwaltungsakt als anfänglich rechtswidrig charakterisieren können soll) zugunsten des Empfängers aus, dann soll ihm dies nach den Sonderregelungen erst zukunftsgerichtet zugutekommen, wirkt sie sich nicht zugunsten des Empfängers des Verwaltungsaktes aus, dann verbliebe es bei der Möglichkeit der rückwirkenden Aufhebung des Verwaltungsaktes (§ 45) und damit der Möglichkeit einer rückwirkenden Belastung.[52] Dadurch, dass das BSG annimmt, § 48 Abs. 2 stehe der Anwendung des § 48 Abs. 1 nicht entgegen und sei nicht als Sonderregelung zu verstehen, löst es diese Konfusion; der eigenständige Anwendungsbereich des § 48 Abs. 2 bleibt dann aber umso mehr fraglich.

12 Fraglich ist bei der Abgrenzung des § 48 von den §§ 44 ff. auch, ob ein Gesetz, welches nach Erlass des Verwaltungsaktes durch das BVerfG für verfassungswidrig erklärt wird, zu einer unrichtigen Rechtsanwendung zum Erlasszeitpunkt führt. Dabei wird danach differenziert, ob das BVerfG das Gesetz sofort für nichtig erklärt oder ob es (zumeist im Gefüge mit Art. 3 Abs. 1 GG) nur die Unvereinbarkeit mit dem Grundgesetz feststellt und für eine Übergangszeit gelten lässt: Bei sofortiger Nichtigerklärung soll der Verwaltungsakt nach der Rechtsprechung des BSG rückwirkend rechtswidrig werden.[53] Bei bloßer Unvereinbarkeitserklärung bleibe das Recht anwendbar und der Verwaltungsakt rechtmäßig[54]; der Entscheidung des BVerfG komme unmittelbar keine Rückwirkung zu, sondern der Gesetzgeber habe hier zu entscheiden, inwieweit der verfassungswidrige Zustand rückwirkend beseitigt werden soll.[55] Gegen diese Differenzierung ließe sich einwenden, dass die Verwaltung zum Zeitpunkt des Erlasses des Verwaltungsaktes nicht anders handeln konnte: Der Grundsatz der Gesetzmäßigkeit der Verwaltung verpflichtet sie, das – noch nicht für verfassungswidrig erklärte – Gesetz anzuwenden. Bis zur Entscheidung des BVerfG war der Verwaltungsakt – mangels Verstoßes gegen höherrangiges Recht – rechtmäßig. Weil belastende Rückwirkungen im Recht rechtfertigungsbedürftig sind und neues Recht grundsätzlich erst mit seinem Wirksamwerden gilt, sollte es der Entscheidung des BVerfG überlassen bleiben, ob die Verfassungswidrigkeitserklärung Rückwirkung entfalten soll und der Entscheidung des Gesetzgebers, ob das geänderte Gesetz rückwirken soll. Ohne Rückwirkungsanordnung handelte es sich dann um eine wesentliche Änderung der rechtlichen Verhältnisse nach Erlass des Verwaltungsaktes und § 48 wäre anwendbar.

13 Zur Beurteilung, welches der tatsächliche und rechtliche Zustand zum Erlasszeitpunkt ist, hat das BSG folgende weitere Entscheidungen getroffen: Einer **erneuten Zusammenhangsbeurteilung** seien die ursprünglich vorhandenen allgemeinen medizinischen Erkenntnisse zugrunde zu legen, neuere Erkenntnisse, etwa über die Folgen bestimmter Unfallmechanismen oder Berufskrankheiten, dürften für die erneute Kausalbeurteilung nicht herangezogen werden.[56] Dies sei auch dann der Fall, wenn sich erst auf der Grundlage später zu Tage tretender Erkenntnisse ergebe, dass der Verwaltungsakt aus damaliger Sicht rechtswidrig war.[57] Hat ein **Änderungsgesetz** keine materielle Rechtsänderung, sondern nur eine Klarstellung der bereits bestehenden Rechtslage gebracht, liege gleichwohl eine wesentliche Änderung der rechtlichen Verhältnisse im Sinne von § 48 vor, § 45 sei nicht anwendbar.[58] Im Übrigen solle es darauf ankommen, ob die Auslegung des Änderungsgesetzes zu einer Anwendung auch auf laufende Fälle führt.[59] Eine wesentliche Änderung der tatsächlichen Verhältnisse könne auch dann vorliegen, wenn sich Tatsachen ändern, die erst aufgrund einer nach Erlass

---

52 § 48 Abs. 2 korrigiert dieses Ergebnis für seinen Anwendungsbereich (also für die begünstigende Änderung), indem er weiterhin § 44 für anwendbar erklärt.

53 BSG, Urt. v. 08.09.1988 SozR 4100 § 152 Nr. 18 – § 79 Abs. 2 BVerfGG schränke die Rücknahme nicht ein.

54 BVerfGE 107, 133; BSG, Urt. v. 09.04.2003 SozR 4–2600 § 307d Nr. 1; BSG, Urt. v. 10.04.2003 SozR 4–1300 § 44 Nr. 3.

55 BSG, Urt. v. 09.04.2003 SozR 4–2600 § 307d Nr. 1.

56 BSG, Urt. v. 02.11.1999 SozR 3–1300 § 48 Nr. 67.

57 BSG, Urt. v. 02.04.2009 SozR 4–1300 § 45 Nr. 8.

58 BSG, Urt. v. 17.05.2000 SozR 3–3300 § 37 Nr. 2.

59 BSG, Urt. v. 04.09.2013 – B 10 EG 6/12 R, juris.

des Dauerbescheides eingetretenen Rechtsänderung bedeutsam geworden sind.[60] **Änderungen der Anhaltspunkte für die ärztliche Gutachtertätigkeit** wirkten wie Änderungen der rechtlichen Verhältnisse im Sinne des § 48.[61] Bei **Einkünften** sei entscheidend, ob diese vor (dann § 45) oder nach (dann § 48) der Bekanntgabe des Verwaltungsaktes zugeflossen sind[62]; erfolgten die Bekanntgabe und der Zufluss gleichzeitig, sei dies eine Konstellation, die ebenfalls § 45 unterfällt, denn dann liegen die – durch den Zufluss herbeigeführten – (tatsächlichen) Verhältnisse bereits im Zeitpunkt des Erlasses des Verwaltungsaktes vor; § 48 verlange hingegen eine spätere Änderung.[63] Bei einer Anrechnung anderer Sozialleistungen sei entscheidend, ob der anzurechnende Anspruch materiellrechtlich zum Erlasszeitpunkt entstanden war.[64] Die Berücksichtigung von Einkommen nach Bescheiderteilung für eine Zeit zwischen Antrag und Bescheiderteilung (z.B. Nachzahlung, rückwirkende Lohnerhöhung) richte sich nach § 48.[65]

14 Ist unrichtigerweise § 45 angewandt worden, obwohl § 48 einschlägig gewesen wäre, oder umgekehrt, dann hält das BSG ein **Auswechseln der genannten Rechtsgrundlagen** grundsätzlich für zulässig, weil beide Vorschriften dasselbe Ziel verfolgen, nämlich die Änderung oder Aufhebung eines Verwaltungsakts.[66] Voraussetzung sei jedoch, dass Vertrauensschutzgesichtspunkte einer Aufhebung nicht entgegenstehen.[67] Der Verfügungssatz eines Bescheides könne nicht auf eine andere Begründung gestützt werden, wenn dadurch die Rechtsverteidigung des Betroffenen in unzulässiger Weise beeinträchtigt oder erschwert würde.[68] Für eine Umdeutung eines Bescheides nach § 48 in einen solchen nach § 45 scheitere es in aller Regel an der nicht vorgenommenen, nach § 45 jedoch erforderlichen Ermessensprüfung; es sei denn, für den Rücknahmebescheid läge eine Ermessensschrumpfung auf Null vor.[69]

15 Im **Verhältnis zu § 45** mögen einige Unterschiede der Regelungsstruktur in § 48 Unstimmigkeit signalisieren: Bei einem anfänglich rechtswidrigen Verwaltungsakt ist eine Vertrauensschutzprüfung vorzunehmen, welche ausnahmsweise dazu führen kann, dass ein Verwaltungsakt überhaupt nicht mehr aufgehoben werden darf (§ 45 Abs. 2 Satz 1: »darf nicht zurückgenommen werden«). § 48 verzichtet gänzlich auf eine solche Prüfung und zieht ein Absehen von einer Aufhebung nicht einmal im Einzelfall über eine Ermessensentscheidung in Betracht; die zukunftsbezogene Aufhebung ist als gebundene Entscheidung gestaltet (§ 48 Abs. 1 Satz 1: »ist … mit Wirkung für die Zukunft aufzuheben«). Auch die Zweijahresfrist des § 45 Abs. 3 Satz 1 für die Aufhebung des Verwaltungsaktes mit Dauerwirkung, die in zeitlicher Hinsicht eine Art Vertrauensschutz gewährt, kennt § 48 nicht. Weiterhin verhindert ein Ablauf der Zehnjahresfrist nach § 45 Abs. 3 die Aufhebung auch mit Wirkung für die Zukunft, während ihr Ablauf nach entsprechender Anwendung in § 48 Abs. 4 i.V.m. § 45 Abs. 3 Satz 3 lediglich eine rückwirkende Änderung des Leistungsbescheides verbietet[70]. Und während die rückwirkende Aufhebung einer Leistungsbewilligung bei § 45 eine Art Bösgläubigkeit oder Verschulden des Leistungsempfängers voraussetzt (§ 45 Abs. 4 Satz 1, insbesondere § 45 Abs. 2 Satz 3), lässt § 48 eine rückwirkende Korrektur nach § 48 Abs. 1 Satz 2 Nr. 3 ohne ein Verschulden zu. In der Tat bleiben die Gründe für derart weitreichende Unterschiede zu suchen. Zwar ergibt sich bei § 48 der Anlass für die korrigierende Entscheidung erst im Nachhinein – ab der wesentlichen Änderung, während dieser bei § 45 bereits zur Zeit des Erlasses tatsächlich existiert

60 BSG, Urt. v. 12.11.1996 SozR 3–1300 § 45 Nr. 31.
61 BSG, Urt. v. 11.10.1994 SozR 3–3870 § 3 Nr. 5; BSG, Beschl. v. 15.08.2019 – B 9 SB 23/19 B, juris.
62 BSG, info also 2009, S. 134.
63 BSG, info also 2009, S. 134.
64 BSG, Urt. v. 09.04.1987 SozR 1300 § 45 Nr. 29.
65 BSG, Urt. v. 13.12.1984 SozR 1300 § 48 Nr. 11.
66 BSG, info also 2002, S. 228; BSG, info also 2009, S. 134.
67 BSG, Urt. v. 15.02.2023 – B 4 AS 2/22 R, juris.
68 BSG, info also 2002, S. 228; BSG, info also 2009, S. 134.
69 BSG, Urt. v. 20.05.2014 – B 10 EG 2/14 R, juris; BSG, info also 2009, S. 134; BSG, Urt. v. 27.02.1996 SozR 3–1300 § 48 Nr. 47.
70 BSG, Urt. v. 11.12.1992 – 9a RV 20/90, juris.

oder rechtlich als existent betrachtet wird. Bei § 45 werde – so das BSG[71] – eine bereits vorhandene Sach- und Rechtslage verwaltungsmäßig behandelt und einem Verwaltungsakt zugrunde gelegt. Dabei habe die Verwaltung durch aktives Handeln einen Vertrauenstatbestand geschaffen. Der Leistungsempfänger könne sich darauf verlassen, dass die Verwaltung ein Verwaltungsverfahren durchgeführt und abgeschlossen hat, ohne weitere Ermittlungen für notwendig zu halten, ferner, dass sie die ihr bekannt gewordenen Verhältnisse zutreffend beurteilt hat. Ein Leistungsträger habe bei § 45 vor Erlass des Bescheides die Möglichkeit, die maßgebliche Sach- und Rechtslage zutreffend zu beurteilen; denn dabei habe er Gelegenheit, Zweifel an den anspruchsbegründenden Tatsachen durch Maßnahmen der Amtsermittlung (§ 20) zu beseitigen und den Sachverhalt zutreffend zu beurteilen.[72] Im Fall der nachträglichen Änderung der Verhältnisse fehle es dagegen hinsichtlich der nunmehr maßgebenden Sach- und Rechtslage an einer Verwaltungsentscheidung, die dem Betroffenen Anlass geben könnte, sich auf die Unerheblichkeit einer eingetretenen Änderung zu verlassen. Die Bestandskraft des einzigen Verwaltungsaktes, der im Fall des § 48 erlassen worden ist, nämlich des Ausgangsbescheides, stehe unter dem ständigen Vorbehalt der Aufhebung wegen wesentlicher Änderung der Verhältnisse. Zu beachten ist, dass das Gericht seine Ausführungen auf die Aufhebung mit Wirkung für die Zukunft bezieht: Dem Leistungsempfänger verbleibe immerhin die ihm vom Gesetzgeber nach der materiellen Rechtslage nicht zugedachte Dauerleistung für den Zeitraum zwischen der wesentlichen Änderung der Verhältnisse und dem Ende des Kalendermonats, in dem ihm der Aufhebungsbescheid zugegangen ist.[73] Geht es demgegenüber um Aufhebungen mit Wirkung für die Vergangenheit, dann können insbesondere im Rahmen der Regelung des § 48 Abs. 1 Satz 2 Nr. 3 Entscheidungen die systematische Stimmigkeit verlassen, wenn den Leistungsempfänger kein Verschulden trifft und ein Ausbleiben zeitnaher Korrektur durch die Behörde später zu Aufhebungen führt, die längere Zeiträume in der Vergangenheit betreffen und über § 50 Abs. 1 umfangreiche Erstattungspflichten des Leistungsempfängers zur Folge haben. Der atypische Fall bleibt ein Notanker für solche Fälle. Auch das BSG hat ausgesprochen, dass nach dem Sinn und Zweck des § 48 die Anwendung auf rechtswidrig begünstigende Verwaltungsakte mit Dauerwirkung ausgeschlossen sei, soweit dadurch der Vertrauensschutz eines Betroffenen, wie er sich aus der Regelung des § 45 ergibt, unterlaufen würde.[74]

III. Aufhebungszeitraum und -umfang

1. Aufhebung mit Zukunftswirkung

a) Gebundene Entscheidung

16 Nach § 48 Abs. 1 Satz 1 ist der Verwaltungsakt mit Wirkung für die Zukunft aufzuheben. **Zukunft** bedeutet, für die Zeit ab dem Wirksamwerden, also der Bekanntgabe des aufhebenden Verwaltungsaktes[75], nicht erst mit der Bestandskraft des Verwaltungsaktes, denn spätestens ab diesem Zeitpunkt hat der Betroffene Kenntnis von der Sachlage, sodass ein Vertrauen auf anderes nicht schutzbedürftig ist.[76] Die Entscheidung der Verwaltung ist gebunden, es besteht kein Ermessensspielraum. Die Gesetzesmaterialien begründen diese Bindung damit, dass es insbesondere für laufende Geldleistungen nicht in das Ermessen des Leistungsträgers gestellt werden könne, ob z.B. bei Wegfall von Erwerbsminderung die Rente zu entziehen oder bei einer wesentlichen Verschlimmerung von Unfallfolgen der bisherige Bescheid aufrecht zu erhalten oder ein neuer günstigerer Bescheid zu erteilen sei; Entsprechendes müsse auch gelten, wenn sich z.B. die Grundlagen für die Beitragsberechnungen ändern.[77]

71 BSG, Urt. v. 11.12.1992 – 9a RV 20/90, juris.
72 BSG, Urt. v. 11.12.1992 – 9a RV 20/90, juris.
73 BSG, Urt. v. 11.12.1992 – 9a RV 20/90, juris.
74 BSG, Urt. v. 07.07.2005 SozR 4–1300 § 48 Nr. 6.
75 BSG, Urt. v. 04.07.1989 SozR 1300 § 48 Nr. 57.
76 BSG, Urt. v. 11.08.2015 – B 9 SB 2/15 R, juris.
77 BT-Drucks. 8/2034, S. 35.

b) Keine Fristen

§ 48 Abs. 4 hält eine Reihe von Verweisungen bereit, die Fristenregelungen zum Gegenstand haben. 17
Für die Aufhebung mit Wirkung für die Zukunft ist die Verweisung auf die entsprechende Geltung des § 45 Abs. 3 Satz 3 bis 5 relevant. Nach § 45 Abs. 3 Satz 3 kann ein rechtswidriger begünstigender Verwaltungsakt auch bei schuldhaftem Verhalten des Begünstigten grundsätzlich nur bis zum Ablauf von zehn Jahren nach seiner Bekanntgabe zurückgenommen werden. Ist dem Begünstigten keiner der in § 45 Abs. 2 Satz 3 aufgeführten Tatbestände vorzuwerfen, so ist die Rücknahme sogar schon nach zwei Jahren - § 45 Abs. 3 Satz 1 – ausgeschlossen. Die entsprechende Anwendung dieser Vorschrift bewirkt, dass die Zehnjahresfrist nicht mit dem Erlass des Dauerverwaltungsaktes beginnt, sondern erst mit dem Eintritt der Änderung der Verhältnisse.[78] Sachlicher Grund für die Abänderbarkeit des Dauerverwaltungsaktes sei – so das BSG[79], dass dieser Bescheid nachträglich aufgrund von Tatsachen oder Rechtsänderungen unrichtig geworden ist, welche der Leistungsträger diesem Bescheid nicht zugrunde gelegt hat und auch nicht zugrunde legen konnte. Sei nun seit der wesentlichen Änderung der Verhältnisse ein Zeitraum von mehr als zehn Jahren verstrichen, so ändere dies grundsätzlich an der dargestellten Lage nichts. Eine gänzliche Unabänderlichkeit des Dauerverwaltungsaktes zehn Jahre nach der wesentlichen Änderung, über welche der Leistungsträger niemals auch nur Gelegenheit hatte, eine Entscheidung zu treffen, würde dem System der §§ 45, 48 und dem Sinn der Bestandskraft widersprechen, die nur bereits ergangenen Verwaltungsakten zukommt. Der Sinn der entsprechenden Anwendung der Zehnjahresfrist liege nicht darin, einer wesentlichen Änderung nach zehn Jahren jegliche Bedeutung abzusprechen, sondern darin, nach zehn Jahren die rückwirkende Änderung des Leistungsbescheides zu verbieten. Allenfalls komme eine Verwirkung des Aufhebungsrechtes durch die Verwaltung in Betracht, wenn sie weiter geleistet hat, obwohl sie die wesentliche Änderung kannte oder kennen musste und dadurch bei dem Leistungsempfänger den Eindruck erweckt hat, die Änderung sei nicht wesentlich.

2. Aufhebung mit Vergangenheitswirkung

a) Besondere Voraussetzungen für eine Aufhebung mit Vergangenheitswirkung

In § 48 Abs. 1 Satz 2 ist für bestimmte Fälle die Aufhebung mit Wirkung für die Vergangenheit, 18
hier ab dem Zeitpunkt der wesentlichen Änderung, vorgesehen. Nach **Nr. 1** ist dies der Fall, wenn die Änderung zugunsten des Betroffenen erfolgt. Ob die Änderung zugunsten des Betroffenen erfolgt, richtet sich danach, ob ihn der Neubescheid sozialrechtlich besserstellt, ob es sich also um einen begünstigenden Verwaltungsakt handelt; dies richtet sich nach der gegenwärtigen subjektiven Sicht des Betroffenen (vgl. § 45 Rdn. 11). Heben sich allerdings eine Änderung zugunsten und eine Änderung zuungunsten des Betroffenen auf – beispielsweise wenn sich insgesamt keine Erhöhung des Grades einer Behinderung ergibt, weil sich eine Erkrankung verschlechtert und ein anderer Krankheitsverlauf verbessert hat –, dann ist die Behörde berechtigt, eine Neuregelung nach § 48 insgesamt abzulehnen und muss sich nicht auf den begünstigenden Teil beschränken.[80]

Die Regelung in **Nr. 2** soll verhindern, dass ein Verwaltungsakt für die Vergangenheit weiterhin als 19
Rechtsgrund, auf dem die Leistung beruht, bestehen bleibt, obwohl der Einzelne seiner Anzeigepflicht hinsichtlich der geänderten Verhältnisse vorsätzlich oder grob fahrlässig nicht nachgekommen ist (§ 60 Abs. 1 Satz 1 Nr. 2 SGB I).[81] Die Anwendung der Ziffer 2 verlangt allerdings nicht, dass die Verletzung der Mitteilungspflicht ursächlich für die Überzahlung war; die gesetzliche Regelung verlangt nach ihrem Sinn und Zweck vielmehr lediglich, dass der Verstoß gegen eine Mitteilungspflicht in einem »Pflichtwidrigkeitszusammenhang« mit der Leistungsgewährung steht; es genügt

78 BSG, Urt. v. 11.12.1992 – 9a RV 20/90, juris.
79 BSG, Urt. v. 11.12.1992 – 9a RV 20/90, juris; nachfolgend: BSG, Urt. v. 01.07.2010, SozR 4–1300 § 48 Nr. 18.
80 BSG, Urt. v. 11.10.1994 SozR 3–3870 § 3 Nr. 5.
81 BT-Drucks. 8/2034, S. 35.

also nicht jeder Verstoß gegen Mitwirkungspflichten, sondern nur der gegen eine Mitteilungspflicht, die die Leistungserbringung gerade im konkreten Kontext verhindern soll.[82] So dient die Mitteilungspflicht des § 60 Abs. 1 SGB I dazu, der Behörde die Überprüfung des Leistungsfalls zu ermöglichen.[83] Ist die Behörde über die mitzuteilenden Umstände anderweitig informiert, entfällt dadurch zwar die Mitteilungspflicht nicht, die Kenntnis kann aber einen sog. atypischen Fall begründen.[84] Der Sorgfaltsmaßstab ist – wie bei § 45 Abs. 2 Satz 3 Nr. 3 – subjektiv zu bestimmen.[85] Ob der Betroffene grob fahrlässig die Anzeige unterlassen hat, richtet sich nach seiner persönlichen Urteils- und Kritikfähigkeit, seinem Einsichtsvermögen und Verhalten sowie den besonderen Umständen.[86] Grobe Fahrlässigkeit setzt eine Sorgfaltspflichtverletzung ungewöhnlich hohen Ausmaßes voraus, d.h. eine besonders grobe und auch subjektiv schlechthin unentschuldbare Pflichtverletzung, die das gewöhnliche Maß der Fahrlässigkeit erheblich übersteigt.[87] Das BSG hält ein Verhalten subjektiv schlechthin für unentschuldbar, wenn schon einfachste, ganz naheliegende Überlegungen nicht angestellt werden, wenn nicht beachtet wird, was im gegebenen Fall jedem einleuchten muss.[88] Pflichtwidrigkeit und Schuldhaftigkeit einer unterlassenen Anzeige können nur bejaht werden, wenn der Verpflichtete die erforderliche Einsicht in die Erheblichkeit der betreffenden Tatsachen hatte oder haben konnte.[89] Das BSG nimmt grobe Fahrlässigkeit regelmäßig an, wenn der Betroffene über seine Mitteilungspflicht (etwa in Hinweisblättern) aufgeklärt worden ist.[90] Ein schriftlicher Hinweis nach § 66 Abs. 3 SGB I muss die Mitteilung an den Berechtigten enthalten, welche konkrete (rechtlich mögliche) Entscheidung nach dem der Behörde im Zeitpunkt der Belehrung bekannten Sachstand voraussichtlich in seinem Einzelfall getroffen werden wird, sofern von ihm keine weiteren Angaben innerhalb der gesetzten Frist erfolgen.[91] Die Anwendung des Begriffs der groben Fahrlässigkeit im Einzelfall durch das Tatsachengericht ist nach der Rechtsprechung des BSG revisionsrechtlich nur eingeschränkt überprüfbar.[92]

20 Die **Nr. 3** bringt zum Ausdruck, dass der Verbleib der Leistung dann nicht als gerechtfertigt anzusehen ist, wenn nachträglich Einkommen oder Vermögen erzielt worden ist, das zum Wegfall oder zur Minderung der Anspruchsberechtigung geführt haben würde.[93] Das »**Erzielen**« setzt dabei keinen bewussten und gewollten Akt des Anspruchsberechtigten voraus; vielmehr wird etwa auch der Fall einer Erbschaft erfasst.[94] Die Regelung beruht auf der Erwägung, dass die bewilligte Leistung dem Betroffenen nicht belassen werden soll, soweit Einkommen oder Vermögen erzielt worden ist, das an die Stelle der Leistung treten kann.[95] Deshalb hat das BSG entschieden, dass eine rückwirkende Aufhebung der Bewilligung nicht nur wegen anspruchsvernichtender Einkünfte zuzulassen sei, sondern auch (und unabhängig von den besonderen Voraussetzungen der Ziffern 2 oder 4), wenn der Anspruch infolge der nachträglich erzielten Einkünfte lediglich zum Ruhen gekommen ist.[96] Es genügt danach auch, wenn die Überweisung noch nicht stattgefunden hat und eine Sozial-

82 BSG SGb 2006, S. 307.
83 BSG SGb 2006, S. 307.
84 BSG, Urt. v. 12.02.1980 SozR 4100 § 152 Nr. 10.
85 BSG SGb 2006, S. 307; BSG SozSich 1991, S. 221.
86 BSG, Urt. v. 12.02.1980 SozR 4100 § 152 Nr. 10.
87 BSG, Urt. v. 12.02.1980 SozR 4100 § 152 Nr. 10.
88 BSG, Urt. v. 12.02.1980 SozR 4100 § 152 Nr. 10.
89 BSG, Urt. v. 12.02.1980 SozR 4100 § 152 Nr. 10.
90 BSG SozSich 1991, S. 221.
91 BSG, Urt. v. 12.10.2018 – B 9 SB 1/17 R, juris.
92 BSG, Urt. v. 03.03.1993 – 11 RAr 43/91 – juris. Das BSG prüft im konkreten Fall, ob das LSG den Rechtsbegriff der groben Fahrlässigkeit verkannt und ob es gegen allgemein gültige Bewertungsmaßstäbe oder Denkgesetze verstoßen hat.
93 BT-Drucks. 8/2034, S. 35.
94 BT-Drucks. 8/2034, S. 35.
95 BSG, Urt. v. 13.08.1986 SozR 1300 § 48 Nr. 26.
96 BSG, Urt. v. 13.08.1986 SozR 1300 § 48 Nr. 26; BSG, Urt. v. 17.01.1996 SozR 3–2500 § 56 Nr. 2; BSG, Urt. v. 28.11.1996 SozR 3–4100 § 117 Nr. 13.

leistung zunächst nur durch Bescheid zuerkannt ist.[97] Im Bereich der Sozialhilfe ist die Ziffer 3 dagegen nicht anwendbar, wenn im Bedarfszeitraum Mittel tatsächlich nicht verfügbar waren, nachträglich aber als vorrangige Sozialleistung bewilligt werden.[98] Dagegen ist nach Ansicht des BSG im Falle der Ziffer 3 unbeachtlich, ob die erzielten Einkünfte noch während des Verteilzeitraums verbraucht wurden.[99]

§ 48 Abs. 1 Satz 3 definiert als Zeitpunkt der Änderung der Verhältnisse für die Fälle, in denen Ein- 21
kommen oder Vermögen auf einen zurückliegenden Zeitraum aufgrund der besonderen Teile des SGB anzurechnen ist, den Beginn des Anrechnungszeitraums. Der Anrechnungszeitraum berechnet sich nach der Zeit, für welche das Einkommen nachträglich angefallen ist, insbesondere eine Sozialleistung nachträglich bewilligt worden ist.[100] Im Falle eines Rentenbescheides ist dies beispielsweise weder die Bekanntgabe des Rentenbescheides noch die tatsächliche Rentenzahlung, sondern der Rentenbeginn, auch wenn erst die effektive Rentenzahlung eine Unterhaltsbedürftigkeit des Kindes beseitigt hat.[101]

Das Gesetz stellt für das »Erzielen« in der Ziffer 2 insbesondere auf den Zeitpunkt der Antragstellung, 22
nicht nur auf den des Erlasses des Verwaltungsaktes ab. Dies kann die Frage einer Abgrenzung zu § 45 aufwerfen, weil der Verwaltungsakt bei seinem Erlass dann bereits rechtswidrig gewesen sein kann. So hat das BSG § 45 und nicht § 48 in einem Fall angewandt, in dem der Behörde die Einkünfte nach Antragstellung und vor Erlass des Verwaltungsaktes mitgeteilt worden waren, diese aber versäumt hat, die Mitteilung zu berücksichtigen.[102] Andererseits soll bei einer Nichtanwendbarkeit des § 45 SGB X wegen Vertrauensschutzes die Rücknahmeentscheidung auf § 48 Abs. 1 Satz 2 Nr. 3 SGB X gestützt werden können. § 45 SGB X entfalte nämlich insoweit keine Sperrwirkung, als sich auch bei einem ursprünglich rechtswidrigen Verwaltungsakt die nicht mit dieser Rechtswidrigkeit zusammenhängenden Verhältnisse nachträglich ändern.[103]

Die Regelung in **Nr.** 4 schließlich ermöglicht eine Aufhebung für die Vergangenheit auch dann, 23
wenn die Änderung der Verhältnisse ein Ruhen oder einen Wegfall des Anspruchs **kraft Gesetzes** bewirkt.[104] Dabei ist zu beachten, dass die Aufhebung durch Verwaltungsakt notwendig ist, auch wenn der Anspruch kraft Gesetzes ruht oder wegfällt, denn der aufzuhebende Verwaltungsakt stellt eine Rechtsgrundlage dar, auf die der Bürger vertrauen darf – solange sie gilt.[105] **Beispiele** für ein Ruhen oder den Wegfall eines sozialrechtlichen Anspruchs sind: § 142 Abs. 1 Satz 1 SGB III; §§ 16 Abs. 1–3a, 49 Nr. 1–5, 50 SGB V; § 34 Abs. 2, § 270 Abs. 2, §§ 46, 47 (bei Wiederheirat), § 48 Abs. 4 und 5, §§ 89 ff., § 101 Abs. 3 SGB VI; § 34 SGB XI. Vorausgesetzt wird in Nr. 4 ferner, dass der Betroffene **wusste oder infolge grober Fahrlässigkeit nicht wusste**, dass der Anspruch kraft Gesetzes zum Ruhen gekommen oder weggefallen ist. Die erforderliche Sorgfaltspflichtverletzung ist im Gesetzgebungsverfahren eingeführt worden, um die Regelung an § 45 Abs. 2 Satz 3 Nr. 3 anzupassen.[106] Die Rechtsprechung zur groben Fahrlässigkeit bei § 45 und bei § 48 Abs. 1 Satz 2 Nr. 2 kann auch hier herangezogen werden (vgl. § 45 Rdn. 20, § 48 Rdn. 19). So geht das BSG auch für § 48 Abs. 1 Satz 2 Nr. 4 beispielsweise davon aus, dass die Unkenntnis über den Wegfall des Anspruchs nur dann als grob fahrlässig einzuordnen ist, wenn der Betroffene aufgrund einfachster

97 BSG, Urt. v. 28.01.1992 SozR 3–4100 § 115 Nr. 3.
98 BVerwGE 99, 114.
99 BSG, Urt. v. 10.09.2013 – B 4 AS 89/12 R, juris; BSG, Urt. v. 01.04.2016 – B 14 AS 286/15 B, juris.
100 BSG, Urt. v. 06.11.1985 SozR 1300 § 48 Nr. 19. Wer das Einkommen erzielt hat, ist dabei ohne Bedeutung, wenn es nur zum Wegfall/Minderung/Ruhen des Anspruchs geführt hat, vgl. BSG, Urt. v. 24.03.1983 SozR 5870 § 2 Nr. 30.
101 BSG, Urt. v. 06.11.1985 SozR 1300 § 48 Nr. 19.
102 BSG, Urt. v. 13.12.1984 SozR 1300 § 48 Nr. 11.
103 BSG, Urt. v. 11.04.2002 – B 3 P 8/01 R, juris; BSG, Urt. v. 28.03.2013 – B 4 AS 59/12 R, juris.
104 BT-Drucks. 8/2034, S. 35.
105 BSG, Urt. v. 30.01.1996 SozR 3–8570 § 13 Nr. 1; BSG, Urt. v. 08.11.1995 SozR 3–8755 § 6 Nr. 1.
106 BT-Drucks. 8/4022, S. 31.

und naheliegender Überlegungen sicher hätte erkennen (wissen) können, dass der Anspruch entfallen war; ein damit »Rechnenmüssen« genüge nicht, denn damit sei noch nichts darüber ausgesagt, ob und inwieweit der Betroffene bei der Unkenntnis vom Anspruchswegfall die erforderliche Sorgfalt verletzt hat.[107] Die Sorgfaltspflichtverletzung muss sich auf das Ruhen oder den Wegfall des Anspruchs beziehen, nicht lediglich auf den Wegfall eines Anspruchsgrundes.[108] Das BSG hat auch entschieden, dass der Betroffene, dessen Rechtsposition sich nicht unmittelbar aus dem Gesetz, sondern aus dem Verwaltungsakt ergebe, nicht gehalten sei, zur Vermeidung grober Fahrlässigkeit die Rechtsentwicklung zu verfolgen; der Verwaltungsakt schaffe Klarheit und sei Grundlage eines schutzwürdigen Vertrauens, so werde der Betroffene von eigener Rechtskenntnis entbunden und entlastet.[109] Die Grenze zur groben Fahrlässigkeit könne allenfalls dann erreicht werden, wenn einschneidende Gesetzesänderungen vorbereitend öffentlich bekannt gemacht werden.[110] Hinweise auf Ruhens- oder Wegfallvorschriften, die die Behörde dem Betroffenen auf Antragsformularen, im Verwaltungsakt selbst oder sonst im Verwaltungsverfahren in verständlicher Art und Weise zukommen lässt, senken die Grenze zur groben Fahrlässigkeit.[111]

b) Verweisung auf Fristen und Nachzahlungszeitraum (Abs. 4)

24 § 48 Abs. 4 verweist auf einige Fristenregelungen und den Zeitraum für nachzuzahlende Sozialleistungen: § 48 Abs. 4 Satz 1 i.V.m. § 45 Abs. 3 Satz 3 bis 5 sowie § 48 Abs. 4 i.V.m. § 45 Abs. 4 Satz 2 gelten für aufzuhebende Verwaltungsakte, die – im Vergleich zur geänderten Sach- und Rechtslage – begünstigend für den Betroffenen waren. Die Aufhebung nach § 48 stellt sich also nachteilig für ihn dar. § 44 Abs. 4 gilt im umgekehrten Fall für aufzuhebende Verwaltungsakte, die – im Vergleich zur geänderten Sach- und Rechtslage – belastend für den Betroffenen waren. Die Aufhebung nach § 48 stellt sich hier also günstig für ihn dar. Der Umfang der Verweisungsregelungen geht zulasten der Übersicht der Vorschrift. Aufgrund der lediglich entsprechenden Anwendbarkeit, die eine Anpassung an die Interessenlage des § 48 erfordert, ergeben sich umfangreich Auslegungsprobleme. Wünschenswert wäre eine klare gesetzliche Regelung in § 48 selbst.

25 Die Fristen des § 48 Abs. 4 Satz 1 i.V.m. § 45 Abs. 3 Satz 3 bis 5 nehmen von Gesetzes wegen eine Interessenabwägung vor, die auf die Dauer der Geltung des Verwaltungsaktes zielt – der Gesetzgeber entscheidet mit ihnen, ab wann dem Interesse des Begünstigten an der Aufrechterhaltung der ihm eingeräumten günstigen Rechtsposition Vorrang einzuräumen ist und bis wann dem Interesse der Allgemeinheit an einer Durchsetzung des geltenden Rechts und einer zweckentsprechenden Mittelverwendung Rechnung zu tragen ist.[112] In § 45 ist bereits die Zehnjahresfrist des § 45 Abs. 3 Satz 3 für die Rücknahme eines Verwaltungsakts mit Dauerwirkung als Ausnahmeregelung ausgestaltet.[113] Sie dient der Sanktion für ein vom Gesetzgeber missbilligtes Verhalten des Leistungsempfängers.[114] Das missbilligte Verhalten führt im Rahmen des § 45 zum Verlust der in § 45 Abs. 3 Satz 1 festgelegten günstigeren Regelung, nach der der Verwaltungsakt bereits nach Ablauf von zwei Jahren nach seiner Bekanntgabe nicht mehr zu Lasten des Begünstigten zurückgenommen werden kann; vielmehr tritt die Rücknahmesperre in solchen Fällen gem. § 45 Abs. 3 Satz 3 erst zehn Jahre nach Bescheiderteilung ein, es sei denn, es liegen die Voraussetzungen des seit dem 15.04.1998 geltenden weiteren Ausnahmetatbestandes des § 45 Abs. 3 Satz 4 vor: Handelt es sich um einen Verwaltungsakt über eine laufende Geldleistung (also eine Leistung, die regelmäßig wiederkehrend für bestimmte Zeitabschnitte gezahlt wird) und wird diese Geldleistung bis zum Beginn des Verwaltungsverfahrens (§§ 8, 18 SGB X) über die Rücknahme gezahlt, dann kann dieser Verwaltungsakt auch nach Ablauf

107 BSG, Urt. v. 26.08.1987 SozR 1300 § 48 Nr. 39.
108 BSG, Urt. v. 26.08.1987 SozR 1300 § 48 Nr. 39.
109 BSG, Urt. v. 04.07.1989 SozR 1300 § 48 Nr. 57.
110 BSG, Urt. v. 04.07.1989 SozR 1300 § 48 Nr. 57.
111 BSG, Urt. v. 09.06.1988 SozR 1300 § 48 Nr. 47.
112 BT-Drucks. 8/2034, S. 34; *Brede*, Der Verwaltungsakt mit Dauerwirkung, 1997.
113 BSG, Urt. v. 01.07.2010 SozR 4–1300 § 48 Nr. 18; BSG, Urt. v. 11.12.1992 SozR 3–1300 § 48 Nr. 22.
114 BSG, Urt. v. 01.07.2010 SozR 4–1300 § 48 Nr. 18.

der Frist von zehn Jahren seit seinem Erlass zurückgenommen werden.[115] Vor diesem Hintergrund ist die Aufhebung eines Verwaltungsaktes mit Dauerwirkung gem. **§ 48 Abs. 4 Satz 1 i.V.m. § 45 Abs. 3 Satz 3** innerhalb von 10 Jahren nach der wesentlichen Änderung der Verhältnisse[116] zulässig. Es handelt sich nach der Rechtsprechung des BSG um eine **Rechtsfolgenverweisung**, die für die Aufhebung vom Zeitpunkt der Änderung der Verhältnisse (§ 48 Abs. 1 Satz 2), nicht aber für die Aufhebung mit Wirkung für die Zukunft gilt.[117] Dabei ist die Frage, ob nach Ablauf der Zehnjahresfrist (ohne ein Eingreifen der Sätze 4 und 5) eine Aufhebung überhaupt nicht mehr möglich ist oder aber nur eine Aufhebung mit Wirkung für die Vergangenheit ausgeschlossen ist, umstritten.[118] Man könnte in der Interpretation des BSG, die Zehnjahresfrist gelte bei § 48 nicht für die Aufhebung mit Wirkung für die Zukunft, eine Unstimmigkeit zu § 45 sehen, weil dort die Aufhebung für die Zukunft nach § 45 Abs. 3 Satz 3 (ohne ein Eingreifen der Sätze 4 und 5) ausgeschlossen wäre. Darin, dass bei § 45 die zehn Jahre seit der Bekanntgabe des Verwaltungsaktes vergangen sind, während dies bei § 48 zehn Jahre nach der wesentlichen Änderung der Verhältnisse geschieht, muss man keinen Grund für eine Ungleichbehandlung sehen.[119] Die Argumentation des BSG[120], der Sinn der entsprechenden Anwendung der Zehnjahresfrist liege nicht darin, nach zehn Jahren einer wesentlichen Änderung jegliche Bedeutung abzusprechen und damit die zukunftsbezogene Aufhebung weiterhin zuzulassen, könnte aber auch dazu Anlass geben, kritisch auf die Regelung in § 45 zu blicken.

Die **Sätze 4 und 5** sind infolge einer Kritik des Bundesrechnungshofs an den Auswirkungen der Regelungen in der Praxis insbesondere bei den Trägern der Rentenversicherung eingefügt worden, die gezeigt hatte, dass Verwaltungsakte mit Dauerwirkung nach Überschreitung der zehnjährigen Rücknahmefrist nicht mehr zurückgenommen werden konnten, auch wenn sich ein Rentner der Rechtswidrigkeit (z.B. doppelter Rentenzahlungen) bewusst war.[121] § 48 Abs. 4 Satz 1 i.V.m. § 45 Abs. 3 Satz 4 ist nach der Rechtsprechung des BSG als **Rechtsgrundverweisung** zu verstehen, wobei allerdings die systematischen und teleologischen »Entsprechungen« des § 48 gegenüber § 45 zu beachten seien.[122] Die folgerichtige Übertragung der Regelung des § 45 Abs. 3 Satz 4 auf diejenige des § 48 bedeute, dass bei Vorliegen der Tatbestandsvoraussetzungen des § 48 Abs. 1 Satz 2 Nr. 2 oder Nr. 4 die Aufhebung eines rechtswidrig begünstigenden Verwaltungsaktes mit Dauerwirkung mit Wirkung vom Zeitpunkt der Änderung der Verhältnisse auch nach Ablauf der von diesem Zeitpunkt an laufenden Zahnjahresfrist in Betracht kommt, wenn ein Verwaltungsakt über eine laufende Geldleistung vorliegt und diese Geldleistung mindestens bis zum Beginn des Verwaltungsverfahrens über die Aufhebung gezahlt worden ist.[123] Dabei sieht das Gericht die Ziffern 2 und 4 den Bösgläubigkeitsfällen zu Lasten des Betroffenen im Sinne von § 45 Abs. 3 Satz 3 in Entsprechung, sodass die Frist für § 48 Abs. 1 Satz 2 Nr. 1 zugunsten des Betroffenen nicht gilt und ebenso wenig (mangels »Bösgläubigkeit«) nicht den Fall des § 48 Abs. 1 Satz 2 Nr. 3 erfasst.[124] Es ist keine tatsächliche Geldleistung erforderlich, solange nur noch keine ablehnende bestandskräftige Entscheidung über das Ende der Zahlung der laufenden Geldleistung vorliegt.[125]

---

115 BSG, Urt. v. 01.07.2010 SozR 4–1300 § 48 Nr. 18.

116 BSG, Urt. v. 01.07.2010 SozR 4–1300 § 48 Nr. 18.

117 BSG, Urt. v. 11.12.1992 SozR 3–1300 § 48 Nr. 22; BSG, Urt. v. 01.07.2010 SozR 4–1300 § 48 Nr. 18.

118 Dazu: BSG, Urt. v. 11.12.1992 SozR 3–1300 § 48 Nr. 22 m.w.N.

119 So aber im Ergebnis: BSG, Urt. v. 11.12.1992 SozR 3–1300§ 48 Nr. 22 – unter Berufung auf die Gelegenheit, Zweifel an den anspruchsbegründenden Tatsachen durch Maßnahmen der Amtsermittlung zu beseitigen und den Sachverhalt rechtlich zutreffend zu beurteilen.

120 BSG, Urt. v. 11.12.1992 SozR 3–1300§ 48 Nr. 22.

121 BT-Drucks. 13/10033, S. 20; dazu: BSG, Urt. v. 01.07.2010 – B 13 R 77/09 R, juris; *Jung* SGb 2002, S. 1.

122 BSG, Urt. v. 01.07.2010 SozR 4–1300 § 48 Nr. 18.

123 BSG, Urt. v. 01.07.2010 SozR 4–1300 § 48 Nr. 18.

124 BSG, Urt. v. 01.07.2010 SozR 4–1300 § 48 Nr. 18.

125 BSG, Urt. v. 01.07.2010 SozR 4–1300 § 48 Nr. 18.

Inwieweit die Rechtsprechung des BSG, die die Verjährungsfrist von 30 Jahren als maximale Grenze für die Aufhebbarkeit von Verwaltungsakten im Rahmen des § 45 Abs. 3 Satz 2 anwendet[126], auch nach der Einfügung der Sätze 4 und 5 des § 45 Abs. 3 Geltung hat, ist nicht geklärt. Der Satz 4 ist jedoch so gestaltet, dass die entsprechenden Verwaltungsakte über eine laufende Geldleistung von der zehnjährigen Rücknahmefrist ausgenommen werden, ohne dass der Gesetzgeber ausdrücklich festlegt, dass dies unbegrenzt geschehen können müsse. Die Rechtsprechung lässt sich also auch nach dieser Neuregelung aufrechterhalten und die Frist des Satzes 4 könnte auf 30 Jahre begrenzt werden.

26 Die Aufhebung mit Wirkung für die Vergangenheit ist gem. **§ 48 Abs. 4 i.V.m. § 45 Abs. 4 Satz 2** ausgeschlossen, wenn die Behörde innerhalb eines Jahres seit dem Zeitpunkt der Kenntnis von den Tatsachen, welche die Aufhebung für die Vergangenheit rechtfertigen, nicht tätig geworden ist. Die Aufhebung mit Wirkung für die Zukunft soll im Interesse einer sachgerechten Verwendung der Mittel der Leistungsträger zulässig bleiben.[127] Bei der »entsprechenden« Anwendung der Jahresfristregelung auf die Aufhebungsvorschrift des § 48 Abs. 1 Satz 2 muss das maßgebende Wissen der Behörde sämtliche Tatsachen und Umstände betreffen, welche die wesentliche Änderung der tatsächlichen oder rechtlichen Verhältnisse bei Erlass des aufzuhebenden Verwaltungsakts darstellen.[128]

27 **Behörde** i.S.d. § 48 Abs. 4 i.V.m. § 45 Abs. 4 Satz 2 ist der für die Aufhebung zuständige Sachbearbeiter; er ist i.S.v. § 1 Abs. 2 innerhalb der Organisation der Behörde die Stelle, welche die hier relevanten Aufgaben der öffentlichen Verwaltung wahrnimmt.[129] Dazu gehört aber auch schon der mit der Vorbereitung einer entsprechenden Entscheidung betraute Sachbearbeiter und nicht erst der für die Feststellung von Erstattungsansprüchen zuständige Referent.[130] Nicht abzustellen ist dagegen auf die Kenntnis eines Außendienstmitarbeiters.[131]

28 **Kenntnis** hat die Behörde dann, wenn sie weiß, dass sich die Verhältnisse wesentlich geändert haben; bestehen noch berechtigte Zweifel, beginnt die Jahresfrist noch nicht zu laufen.[132] Das BSG sieht, dass der Behörde durch diese Auslegung gewisse zeitliche Freiräume bei der Vorbereitung von Aufhebungsbescheiden verbleiben und begründet dies mit der gesetzlichen Regelung, die nicht als reine Bearbeitungsfrist konzipiert sei und nicht auf ein bloßes Kennenmüssen abstelle, sondern auf eine positive Kenntnis der maßgeblichen Tatsachen.[133] Die Frage, wann die Behörde die Tatsachen, die eine abschließende Prüfung der Aufhebungsvoraussetzungen erlauben, kennt, ist nach der Rechtsprechung des BSG weder ausschließlich anhand objektiver Kriterien noch allein aufgrund der subjektiven Einschätzung der Behörde zu beantworten.[134] Die zeitliche Begrenzung der Aufhebungsbefugnis für die Vergangenheit diene der Rechtssicherheit.[135] Unter Berücksichtigung dieses Grundsatzes sei die den Beginn der Jahresfrist bestimmende Kenntnis dann anzunehmen, wenn mangels vernünftiger, objektiv gerechtfertigter Zweifel eine hinreichend sichere Informationsgrundlage bezüglich sämtlicher für die Aufhebungsentscheidung notwendiger Tatsachen bestehe.[136] Hierbei sei hinsichtlich der erforderlichen Gewissheit über Art und Umfang der entscheidungserheblichen Tatsachen in erster Linie auf den Standpunkt der Behörde, und zwar des für die Aufhebungsent-

126 BSG, Urt. v. 24.03.1993 SozR 3–1300 § 45 Nr. 16.
127 BT-Drucks. 8/2034, S. 35.
128 BSG, Urt. v. 25.10.1995 SozR 3–1300 § 45 Nr. 26.
129 BSG, Urt. v. 17.11.2008 – B 11 AL 87/08 B, juris; BSG, Urt. v. 08.02.1996 SozR 3–1300 § 45 Nr. 27.
130 BSG, Urt. v. 08.02.1996 SozR 3–1300 § 45 Nr. 27.
131 BSG, Urt. v. 17.11.2008 – B 11 AL 87/08 B, juris.
132 BT-Drucks. 8/2034, S. 35.
133 BSG, Urt. v. 08.02.1996 SozR 3–1300 § 45 Nr. 27.
134 BSG, Urt. v. 27.07.2000 SozR 3–1300 § 45 Nr. 42.
135 BSG, Urt. v. 27.07.2000 SozR 3–1300 § 45 Nr. 42; BSG, Urt. v. 25.01.1994 SozR 3–1300 § 48 Nr. 32; kritisch unter besonderer Hervorhebung des Vertrauensschutzes für den Betroffenen: *Bieback* SGb 1995, S. 141.
136 BSG, Urt. v. 27.07.2000 SozR 3–1300 § 45 Nr. 42; BSG, Urt. v. 25.01.1994 SozR 3–1300 § 48 Nr. 32.

scheidung zuständigen Sachbearbeiters, abzustellen, es sei denn, deren sichere Kenntnis liege bei objektiver Betrachtung bereits zu einem früheren Zeitpunkt vor.[137] Der Behörde ist nach der Rechtsprechung des BSG die Kenntnis allerdings nicht zu unterstellen, wenn sich die relevanten Gesichtspunkte in einer Akte befunden haben, die ihr zu einem bestimmten anderen Zweck – etwa einer medizinischen Überprüfung – übersandt worden ist; die Massenverwaltung rechtfertige eine Konzentration auf die jeweils zu treffende Einzelentscheidung und die dafür rechtserheblichen besonderen Umstände.[138] Die Frist soll in jedem Fall dann zu laufen beginnen, wenn die Behörde der Ansicht ist, dass die ihr vorliegenden Tatsachen für eine Aufhebung genügen.[139] Dies sei spätestens zu dem Zeitpunkt der Fall, an dem die Bewilligung einer Leistung erstmals aufgehoben worden ist; dies soll auch gelten, wenn sich dieser Aufhebungsbescheid durch Erlass eines neuen Aufhebungsbescheides später erledigt.[140] Für den neuen Aufhebungsbescheid verbleibt es demnach bei der einmal in Lauf gesetzten Frist.

Das BSG räumt ein, dass der Wortlaut des § 48 Abs. 4 i.V.m. § 45 Abs. 4 Satz 2 Art und Umfang der von der aufhebenden Behörde zu fordernden Kenntnis nicht hinreichend deutlich macht und hat Fallvarianten gebildet, die die Fragen aufwerfen, ob nur die Kenntnis der Tatsachen oder auch die Kenntnis ihrer rechtlichen Bedeutung gefordert ist, und ob zwischen den Tatsachen der Tatbestandsmerkmale und denen der Rechtsfolgenseite – hier stellt sich die Frage, ob sämtliche Tatsachen, die für die Ermessensausübung relevant sein können, eingeschlossen sind – zu differenzieren ist.[141] Geradlinig erscheint die Interpretation, welche lediglich die **Kenntnis der Tatsachen verlangt und nicht die Kenntnis der rechtlichen Bedeutung**, weil das Gesetz nur die Kenntnis der Tatsachen benennt. Und weil das Gesetz sich auf Tatsachen bezieht, welche die Aufhebung rechtfertigen und nicht die Rechtswidrigkeit begründen, wäre der **Einschluss sämtlicher Tatsachen** konsequent, welche auf der Tatbestands- und der Rechtsfolgenseite des § 48 relevant sind, also **auch diejenigen für die Ermessensausübung.**[142] Dies ist nach der Rechtsprechung des BSG regelmäßig erst nach der gem. § 24 durchgeführten Anhörung der Fall.[143] Ausnahmen von diesem Grundsatz sieht das BSG dann gegeben, wenn nach dem Grundsatz von Treu und Glauben ein anderer Zeitpunkt des Beginns der Jahresfrist gerechtfertigt ist, etwa, weil die Behörde bewusst davon abgesehen hätte, sich die erforderlichen Kenntnisse zu verschaffen.[144] Die Kenntnis muss sich danach also auf alle Umstände beziehen, deren Kenntnis es der Behörde objektiv ermöglicht, ohne weitere Sachaufklärung unter sachgerechter Ausübung ihres Ermessens über die Aufhebung zu entscheiden.[145] Bei einer Aufhebungsentscheidung etwa, die sich auf den Vorwurf der groben Fahrlässigkeit oder der Kenntnis der Rechtswidrigkeit stützt, würde die Jahresfrist dann zu laufen beginnen, wenn die Behörde Kenntnis davon hatte, dass der Begünstigte die (teilweise) Rechtswidrigkeit der Leistungsbewilligung kannte oder infolge grober Fahrlässigkeit nicht kannte; maßgeblich wäre dabei der Zeitpunkt, zu dem die Behörde aufgrund des ermittelten Sachverhalts Kenntnis von der Bösgläubigkeit des Begünstigten hatte.[146] Und bei einer Aufhebungsentscheidung wegen der Anrechnung eines Erwerbseinkommens käme es auf die Kenntnis von der Höhe des jeweiligen Erwerbseinkommens an; dabei ist die genaue Höhe nach der Rechtsprechung des BSG für den Erlass bereits des Aufhebungs- 29

137 BSG, Urt. v. 27.07.2000 SozR 3–1300 § 45 Nr. 42; BSG, Urt. v. 08.02.1996 SozR 3–1300 § 45 Nr. 27; *Bieback*, SGb 1995, S. 141, möchte es ausreichen lassen, wenn die Behörde von dem Sachverhalt in seinen wesentlichen Zügen Kenntnis erlangt, bei widersprüchlichem Sachverhalt die wesentlichen, möglichen Alternativen kennt.

138 BSG, Urt. v. 19.03.1981 SozR 2200 § 1301 Nr. 14.

139 BSG SGb 2006, S. 351; BSG, Urt. v. 08.02.1996 SozR 3–1300 § 45 Nr. 27; BSG, Urt. v. 25.01.1994 SozR 3–1300 § 48 Nr. 32 – für § 48 Abs. 4 i.V.m. § 45 Abs. 4.

140 BSG SGb 2006, S. 351; BSG, Urt. v. 27.07.1989 SozR 1300 § 45 Nr. 45; *Siebert*, SGb 1990, S. 245.

141 BSG, Urt. v. 27.07.1989 SozR 1300 § 45 Nr. 45.

142 In dieser Richtung BSG, Urt. v. 15.02.1990 SozR 3–1300 § 45 Rn. 1 und 27.

143 BSG, Urt. v. 08.02.1996 SozR 3–1300 § 45 Nr. 27.

144 BSG, Urt. v. 27.07.2000 SozR 3–1300 § 45 Nr. 42.

145 BSG SGb 2008, S. 173; BSG, Urt. v. 02.07.1997 SozR 3–1300 § 50 Nr. 19.

146 BSG, Urt. v. 27.07.2000 SozR 3–1300 § 45 Nr. 42.

bescheides und nicht erst für den Erstattungsbescheid erforderlich.[147] Danach genügt die Kenntnis von der bloßen Tatsache einer Beschäftigung nicht, vielmehr kommt es auch auf die Höhe der Einkünfte, deren Art und zeitliche Verteilung an.[148]

30 Die Verweisung auf **§ 44 Abs. 4 in § 48 Abs. 4 Satz 1** ist 1994 eingefügt[149] worden und stellt einen Gleichklang zu § 44 her: Die rückwirkende Leistungsgewährung wegen nachträglicher Änderungen soll ebenso auf vier Jahre beschränkt sein wie die rückwirkende Nachzahlung, die infolge eines von Anfang an rechtswidrigen, nicht begünstigenden Verwaltungsaktes notwendig wird. Die Frist des § 48 Abs. 4 Satz 1 i.V.m. § 44 Abs. 4 **berechnet** sich nach dem Zeitpunkt des Aufhebungsbescheides oder des hierzu führenden Antrags.[150] Die Sätze 2 und 3 des Abs. 4 pauschalieren die Berechnung des Vier-Jahres-Zeitraums. Konkret wird der Zeitpunkt bei der Aufhebung von Amts wegen von Beginn des Jahres an gerechnet, in dem der Verwaltungsakt aufgehoben wird. Erfolgt also die Aufhebung am 15.11.2024, dann fingiert das Gesetz anstelle dessen den 01.01.2024 als Aufhebungszeitpunkt und der Rücknahmezeitraum reicht bis zum 01.01.2020 (§ 26 Abs. 1 SGB X i.V.m. §§ 187 Abs. 1, § 188 Abs. 2 BGB). Im Fall einer Antragstellung des Betroffenen tritt an die Stelle der Aufhebung der Antrag. Der Betroffene hat hier alles getan, was seiner Disposition unterliegt. Das Gesetz schützt ihn in diesem Fall insofern, als die Bearbeitungszeit der Behörde nicht zu seinen Lasten gehen, seine Nachzahlungsberechtigung also nicht schmälern soll.[151] Deshalb kann die grundlose Verzögerung eines von Amts wegen durchzuführenden Aufhebungsverfahrens zu einem sozialrechtlichen Herstellungsanspruch mit einer längeren Nachzahlung führen; im Übrigen geht § 48 als Sonderregelung dem sozialrechtlichen Herstellungsanspruch allerdings vor[152]; der Herstellungsanspruch kommt danach grundsätzlich auch dann nicht zur Anwendung, wenn es um Leistungen geht, die länger als vier Jahre zurück liegen (vgl. im Einzelnen § 44 Rdn. 29 zu sonstigen belastenden Folgen der Aufhebung). Sozialleistungen werden gem. § 48 Abs. 4 Satz 1 i.V.m. § 44 Abs. 4 »**nach den Vorschriften der besonderen Teile dieses Gesetzbuchs**« (längstens für einen Zeitraum von vier Jahren vor der Rücknahme erbracht). Den Besonderheiten des jeweiligen Leistungsrechts muss Rechnung getragen werden.[153] Im Bereich der Sozialhilfe führt dies zur Problematik, inwieweit der sog. Aktualitätsgrundsatz[154] oder das sog. Gegenwärtigkeitsprinzip die rückwirkende Erbringung von Leistungen ausschließt[155] oder nach der gesetzlichen Neuregelung auf ein Jahr begrenzt (§ 40 Abs. 1 S. 2 Nr. 2 SGB II, § 116a Nr. 2 SGB XII), dazu § 44 Rdn. 28 f. Im Rahmen des § 48 gilt dies allerdings nur für Verwaltungsakte mit Dauerwirkung. Die Begrenzung der nachträglichen Leistungserbringung nach einer Aufhebungsentscheidung auf einen Zeitraum von etwa vier Jahren entspricht der Verjährungsfrist von Sozialleistungen nach § 45 Abs. 1 SGB I und ist im Gesetz festgelegt worden, um sicherzustellen, dass nicht über diesen Zeitraum hinaus rückwirkend Leistungen zu erbringen sind, denn bei rückwirkender Aufhebung eines Verwaltungsaktes entfällt auch eine

---

147 BSG, Urt. v. 11.06.2003 SozR 4–1300 § 24 Nr. 1.

148 BSG, Urt. v. 11.06.2003 SozR 4–1300 § 24 Nr. 1.

149 Zweites Gesetz zur Änderung des Sozialgesetzbuchs v. 13.06.1994, BGBl. I 1994, S. 1229.

150 BSG, Urt. v. 15.12.1992 SozR 3–1300 § 44 Nr. 6 (irrelevant für die Frist deshalb frühere erledigte Zugunstenverfahren, hier: Anerkennung als Asylberechtigter und rückwirkender Anspruch auf Kindergeld).

151 BSG, Urt. v. 25.06.1985 SozR 1300 § 44 Nr. 19.

152 BSG, Urt. v. 02.10.2008 SozR 4–3100 § 60 Nr. 4; BSG, Urt. v. 14.05.1985 SozR 1300 § 44 Nr. 18; BSG, Urt. v. 21.01.1987 SozR 1300 § 44 Nr. 25.

153 BSG, Urt. v. 29.09.2009 SozR 4–1300 § 44 Nr. 20; Butzer/Kaltenborn/Meyer/*Wahrendorf*, Organisation und Verfahren im sozialen Rechtsstaat, FS für Friedrich E. Schnapp, 2008, S. 577; BSG, Urt. v. 01.06.2010 SozR 4–4200 § 22 Nr. 36 – keine Besonderheiten des SGB II für die Nachzahlung von Unterkunftskosten; BSG, Urt. v. 16.10.2007 SozR 4–1300 § 44 Nr. 11 – keine Besonderheiten für die Nachzahlung der Grundsicherung im Alter und bei Erwerbsminderung.

154 So die Wortwahl des Gesetzgebers in seinen Begründungen: BT-Drucks. 17/3404, S. 114 und S. 129.

155 Dazu: *Bogun*, info also 2010, S. 108; *Hochheim*, NZS 2010, S. 302; *Pattar*, NZS 2010, S. 7.

schon eingetretene Verjährung.[156] Durch die Verweisung auf § 44 Abs. 4 entfällt die Möglichkeit einer analogen Anwendung des § 45 SGB I[157] und es werden bei Aufhebungen nach den §§ 44, 48 insoweit gleiche Ergebnisse erzielt. Die Regelung stellt eine **materiell-rechtliche Anspruchsbeschränkung** dar, die einer Ausschlussfrist entspricht.[158] Es geht um die Aktualität von Sozialleistungen, die im Wesentlichen dem Unterhalt des Berechtigten dienen, und um die Überschaubarkeit von Leistungsverpflichtungen im Interesse der Leistungsträger.[159] Das BSG hält die Regelung für verfassungsrechtlich unbedenklich und sieht in dem Ausschluss von Ansprüchen (die außerhalb der Nachzahlungsfrist liegen) auch bei vorangegangener Beitragszahlung keinen Verstoß gegen Art. 14 GG.[160]

c) **Intendiertes Ermessen (»soll«)**

Abweichend von der gebundenen Aufhebungsregelung des § 48 Abs. 1 Satz 1 für die Zukunft, normiert § 48 Abs. 1 Satz 2 eine Regelaufhebung mit Wirkung in die **Vergangenheit** für bestimmte, in den Ziffern 1 bis 4 geregelte Fälle. Die Vergangenheit reicht hier bis zum Zeitpunkt der Änderung der Verhältnisse.[161] Anders als in den §§ 44 ff. geht es nicht um den Zeitpunkt des Erlasses des Verwaltungsaktes, weil die hier maßgebliche Rechtswidrigkeit (die nachträgliche wesentliche Änderung) zu jenem Zeitpunkt noch nicht vorgelegen hat. Die Regelaufhebung zeigt das Gesetz mit dem Wort »soll« an; das Ermessen wird gesetzlich geleitet. Weil danach die Aufhebung regelmäßig und nur bei Vorliegen eines sog. atypischen Falls nicht erfolgen muss, spricht das BSG davon, dass der Behörde regelmäßig kein Ermessen zustehe, vielmehr erst dann ein Ermessen auszuüben sei, wenn ein **atypischer Fall** gegeben ist.[162] Das Vorliegen eines solchen Ausnahmefalls ist seitens der Behörde zu prüfen. Diese Prüfung ist nach der Rechtsprechung des BSG jedoch nicht Teil der Ermessensentscheidung und kann als Rechtsvoraussetzung von den Gerichten überprüft und entschieden werden.[163] Das Ermessen erstreckt sich auf das, was im gegebenen atypischen Fall geschehen soll, nicht aber darauf, wann ein atypischer Fall vorliegt.[164] Ob ein atypischer Fall vorliege, hänge dabei maßgeblich von den Umständen des Einzelfalls ab.[165] Es komme darauf an, ob der Einzelfall aufgrund seiner besonderen Umstände von dem Regelfall der Tatbestände nach § 48 Abs. 1 Satz 2, die die Aufhebung des Verwaltungsakts für die Vergangenheit gerade rechtfertigen, signifikant abweiche und die vorgesehene Rechtsfolge für den Betroffenen eine unverhältnismäßige Härte darstellen wür- 31

156 BT-Drucks. 8/2034, S. 34 – unter Berufung auf BSG; Urt. v. 21.04.1974 SozR 2200 § 29 Nr. 2, wonach bei rückwirkender Aufhebung eines Verwaltungsaktes auch eine schon eingetretene Verjährung wieder entfällt.

157 So zuvor: BSG, Urt. v. 04.02.1987 SozR 1300 § 48 Nr. 32.

158 BSG, Urt. v. 23.07.1986 SozR 1300 § 44 Nr. 23; *Hofe* SGb 1986, S. 11.

159 BSG, Urt. v. 31.01.2002 SozR 3–1300 § 44 Nr. 34 – § 119 SGB X sieht das Gericht hier als Sonderregelung an, die vom Anwendungsbereich des § 44 Abs. 4 SGB X ausgenommen ist.

160 BSG, Urt. v. 23.07.1986 SozR 1300 § 44 Nr. 23; BSG, Urt. v. 07.02.2012 – B 13 R 40/11 R, juris; BSG, Urt. v. 08.02.2012 – B 5 R 38/11 R, juris; BSG, Urt. v. 10.12.2013 – B 13 R 53/11 R, juris.

161 BSG, Urt. v. 25.01.1994 SozR 3–1300 § 48 Nr. 32.

162 BSG, Urt. v. 27.10.2020 – S 14 R 269/17 – juris; BSG, Urt. v. 01.07.2010 SozR 4–1300 § 48 Nr. 18; BSG, Urt. v. 25.01.1994 SozR 3–1300 § 48 Nr. 32; BSG SGb 2008, S. 173: »Das Wort »soll« in Abs. 1 Satz 2 des § 48 SGB X bedeutet, dass der Leistungsträger i.d.R. den Verwaltungsakt rückwirkend aufheben muss, er jedoch in atypischen Fällen nach seinem Ermessen hiervon abweichen kann«, ferner: »Die Frage, ob ein atypischer Fall vorliegt, ist als Rechtsvoraussetzung im Rechtsstreit von den Gerichten zu überprüfen und zu entscheiden.«; vgl. auch BSG, Urt. v. 07.05.2013 – B 1 KR 5/12, juris.

163 BSG, Urt. v. 14.11.2013 – B 9 V 5/12 R, juris; BSG, Urt. v. 05.04.2012 – B 10 EG 10/11 R, juris; BSG SGb 2008, S. 173; BSG, Urt. v. 12.12.1995 SozR 3–1300 § 48 Nr. 42; BSG, Urt. v. 23.03.1995 SozR 3–1300 § 48 Nr. 37; BSG, Urt. v. 18.09.1991 SozR 3–5870 § 20 Nr. 3; BSG, Urt. v. 11.01.1989 SozR 1300 § 48 Nr. 53; BSG, Urt. v. 11.02.1988 SozR 1300 § 48 Nr. 44.

164 BSG, Urt. v. 19.02.1986 – 7 RAr 55/84, juris.

165 BSG SGb 2008, S. 173.

de.[166] Dabei sei die Frage, ob ein atypischer Fall vorliegt oder nicht, nicht losgelöst davon zu beurteilen, welcher der in den Ziffern 1 bis 4 vorausgesetzten Tatbestände erfüllt ist.[167] Ein atypischer Fall liege stets vor, soweit der Betroffene hierdurch im Nachhinein vermehrt sozialhilfebedürftig würde; im Rahmen von § 48 Abs. 1 Satz 2 Nr. 3 sei insoweit von einer Aufhebung abzusehen.[168] Zu berücksichtigen sei auch die Frage, ob die Rückerstattung nach Lage des Falls eine Härte bedeute, die den Leistungsbezieher in untypischer Weise stärker belaste als den hierdurch im Normalfall Betroffenen.[169] Bei der Prüfung, ob ein atypischer Fall vorliegt, sei außerdem das Verhalten des Leistungsträgers im Geschehensablauf in die Betrachtung einzubeziehen; ein mitwirkendes Fehlverhalten auf seiner Seite, das als atypische Behandlung im Sinne einer Abweichung von der grundsätzlich zu erwartenden ordnungsgemäßen Sachbearbeitung zu werten ist, könne im Einzelfall die Atypik des verwirklichten Tatbestandes nach § 48 Abs. 1 ergeben.[170] Ein atypischer Fall könne auch vorliegen, wenn bei nachträglicher Bewilligung einer Rente wegen voller Erwerbsminderung die Rückforderung wegen der zuvor bewilligten Rente wegen teilweiser Erwerbsminderung die (nach Befriedigung der Erstattungsansprüche anderer Leistungsträger) verbleibende Nachzahlung übersteige.[171]

Die Grenzen des voll gerichtlich nachprüfbaren unbestimmten Rechtsbegriffs des atypischen Falls und der gerichtlich eingeschränkt überprüfbaren Ermessensentscheidung verschwimmen hier. Deshalb wird mitunter die Auffassung vertreten, die auf § 48 Abs. 1 Satz 2 gestützte Verwaltungsentscheidung sei nur einheitlich nach den für die Kontrolle behördlicher Ermessensentscheidungen maßgebenden Grundsätzen zu überprüfen.[172] Der Gemeinsame Senat der obersten Gerichtshöfe des Bundes Selbst hat sich bei einem Zusammentreffen von unbestimmtem Rechtsbegriff und Ermessensentscheidung für eine einheitliche Betrachtung als einheitliche Ermessensentscheidung ausgesprochen – obwohl unbestimmte Rechtsbegriffe für sich betrachtet unbeschränkt gerichtlich überprüfbar sind.[173] Gerade dort, wo nicht logische Subsumtion, sondern das an den Umständen des Einzelfalls orientierte Billigkeitsempfinden für die Entscheidung maßgeblich sei, zeige das Ermessen, das nicht stets nur vom Zerrbild seines Missbrauchs her gesehen werden dürfe, seine ›großartige‹ Seite, indem es den Einzug der Einzelfallgerechtigkeit in das zwingende Recht ermögliche.[174] Die Verlagerung des unbestimmten Rechtsbegriffs in den Tatbestand der Norm würde einer Ermessensbetätigung praktisch keinen Spielraum mehr lassen. Es müsse nach dem Sinn und Zweck der jeweiligen Vorschrift entschieden werden, ob sie in den Bereich der Ermessensbetätigung oder der Rechtsanwendung führe.

32 Der Umfang der Aufhebung des Verwaltungsaktes richtet sich nach dem Umfang seiner Rechtswidrigkeit aufgrund der wesentlichen Änderung (§ 48 Abs. 1 S. 1: »soweit«). Eine Aufhebung wegen nachträglicher Änderung der Verhältnisse ist auf das Ausmaß dieser Änderung beschränkt.[175] Maß-

---

166 BSG, Urt. v. 01.07.2010 SozR 4–1300 § 48 Nr. 18; BSG SGb 2008, S. 173.

167 BSG SGb 2008, S. 173; BSG, Urt. v. 11.01.1989 SozR 1300 § 48 Nr. 53.

168 BSG, Urt. v. 12.12.1995 SozR 3–1300 § 48 Nr. 42; BSG, Urt. v. 30.06.2016 – B 5 RE 1/15 R, juris.

169 BSG, Urt. v. 01.07.2010 SozR 4–1300 § 48 Nr. 18; BSG SGb 2008, S. 173; BSG, Urt. v. 29.06.1994 SozR 3–1300 § 48 Nr. 33.

170 BSG, Urt. v. 01.07.2010 SozR 4–1300 § 48 Nr. 18; BSG VersorgVerw 1999, S. 46 – hier Doppelleistung an die Klägerin, bei ordnungsgemäßer Sachbearbeitung hätte der übergegangene Anspruch auf Arbeitsentgelt (§ 115 SGB X) alsbald bei dem Arbeitgeber des Versicherten geltend gemacht werden müssen, es wäre dann nicht zur Auszahlung des Betrages an den Versicherten gekommen (hier Geltendmachung nach drei Jahren).

171 BSG, Urt. v. 25.05.2018 – B 13 R 3/17 R, juris.

172 LSG NRW Breithaupt 1986, S. 696.

173 Gemeinsamer Senat der obersten Gerichtshöfe des Bundes BVerwGE 39, 399 – Die Verlagerung des unbestimmten Rechtsbegriffs in den Tatbestand der Norm würde einer Ermessensbetätigung praktisch keinen Spielraum mehr lassen. Es müsse nach dem Sinn und Zweck der jeweiligen Vorschrift entschieden werden, ob sie in den Bereich der Ermessensbetätigung oder der Rechtsanwendung führe.

174 Gemeinsamer Senat der obersten Gerichtshöfe des Bundes BVerwGE 39, 399.

175 BSG, Urt. v. 20.01.2021 – B 13 R13/19 R, juris.

geblich ist das zugrunde liegende materielle Recht; eine teilweise Aufhebung ist möglich. Das materielle Recht und die Auslegung des aufzuhebenden Bescheides bestimmen, ob ein Verwaltungsakt teilbar ist und damit teilweise angefochten und aufgehoben werden kann.[176] Das BSG[177] hat dazu Konkretisierungen vorgenommen: Betragsmäßig, zahlenmäßig, zeitlich, örtlich, gegenständlich oder personell abgrenzbare Teile einer Entscheidung seien in der Regel (ab-) teilbar. Jedenfalls dann enthalte ein Verwaltungsakt solche abgrenzbaren oder abtrennbaren Teile, wenn er aus mehreren, inhaltlich voneinander unabhängigen, nur äußerlich zusammengefassten Regelungen (i.S.d. § 31 Satz 1 SGB X), bestehe. Neben solchen selbständigen, voneinander unabhängigen Regelungen, die nur äußerlich in einem Bescheid zusammengefasst seien, könnten aber auch abgrenzbare Teile einer einheitlichen Regelung (i.S.d. § 31 Satz 1 SGB X) angefochten und aufgehoben werden. Voraussetzung dafür sei, dass der rechtlich unbedenkliche Teil in keinem untrennbaren oder unauflösbaren inneren Zusammenhang mit dem rechtswidrigen Teil stehe, sondern rechtmäßig als selbständiger Rest- oder Teilverwaltungsakt fortbestehen könne, ohne seinen ursprünglichen Bedeutungsgehalt zu verändern. Ein Verwaltungsakt könne deshalb dann teilweise aufgehoben werden, wenn ein (aufzuhebender) Teil der durch ihn getroffenen (Gesamt-) Regelung in einer Weise tatsächlich und rechtlich abgetrennt werden könne, welche die verbleibende(n) (Teil-) Regelung(en) für sich allein genommen logisch sinnvoll und rechtmäßig fortbestehen ließe(n). So liege es jedenfalls dann, wenn die erlassende Behörde den verbleibenden Verwaltungsakt von Anfang an ohne den gesondert aufzuhebenden Teil rechtmäßig hätte erlassen dürfen.[178] Schließlich dürfe eine Teilaufhebung bei Vornahme durch ein Gericht keine rechtlich geschützte Dispositionsbefugnis der erlassenden Behörde einschränken, indem sie ihr eine wesentlich geänderte Regelung aufzwinge, zu deren Erlass die Behörde nicht ohnehin verpflichtet gewesen sei und die sie nicht ohne den aufzuhebenden Teil erlassen hätte.[179]

IV. Neue Auslegung durch höchstrichterliche Rechtsprechung (Abs. 2)

§ 48 Abs. 2 sieht eine zukunftsbezogene Aufhebung vor, wenn der zuständige oberste Gerichtshof 33
des Bundes in ständiger Rechtsprechung nachträglich das Recht anders auslegt als die Behörde bei Erlass des Verwaltungsaktes und sich dieses zugunsten des Berechtigten auswirkt. Die Regelung beschränkt sich also auf begünstigende Änderungen und die Aufhebung mit Wirkung für die Zukunft. Dies bedeutet nicht, dass eine Aufhebung des Verwaltungsaktes mit Wirkung für die Vergangenheit dadurch ausgeschlossen wäre.[180] Das BSG hat mehrfach entschieden, dass **§ 48 Abs. 2 den Anwendungsbereich des § 48 Abs. 1 nicht einschränkt**, sondern lediglich klarstellt, dass ein Verwaltungsakt jedenfalls mit Wirkung für die Zukunft einer geänderten höchstrichterlichen Rechtsprechung anzupassen ist, wenn sich dies zugunsten des Berechtigten auswirkt.[181] Wirkt sich eine Rechtsprechungsänderung nach dem Erlass des Verwaltungsaktes jedoch nachteilig für den Betroffenen aus, dann soll sie nach Auffassung des BSG nicht berücksichtigt werden dürfen.[182]

Es besteht Einigkeit darüber, dass die Rechtsprechung der Instanzgerichte für die Begrifflichkeit 34
»**ständige Rechtsprechung**« in den genannten Vorschriften nicht genügt; aufgrund der Vielzahl der Instanzgerichte ließe sich die Feststellung, von welchem Zeitpunkt an eine »ständige« Rechtsprechung

176 BSG, Urt. v. 21.12.2022 – B 9 SB 3/20 R, juris.
177 BSG, Urt. v. 21.12.2022 – B 9 SB 3/20 R, juris.
178 Beispielsweise sei dies der Fall bei einem Verwaltungsakt, der rechtswidrig einen GdB für die Vergangenheit herabsetze, wenn er zugleich eine hiervon abtrennbare, rechtmäßige Herabsetzung des GdB für die Zukunft beinhalte – so BSG, Urt. v. 21.12.2022 – B 9 SB 3/20 R, juris, im Anschluss an BSG, Urt. v. 16.12.2021 – B 9 SB 6/19 R, juris.
179 BSG, Urt. v. 16.12.2021 – B 9 SB 6/19 R, juris.
180 BSG, Urt. v. 27.07.2004 SozR 4–4300 § 330 Nr. 2.
181 BSG, Urt. v. 21.03.1996 SozR 3–1300 § 48 Nr. 48; BSG, Urt. v. 27.07.2004 SozR 4–4300 § 330 Nr. 2. Auch die Gesetzesbegründung formuliert, dass die Regelung »klar stell(e)«, dass eine Aufhebung für die Zukunft bei Vorliegen der ständigen Rechtsprechung zu erfolgen habe und geht damit scheinbar davon aus, dass ohnehin hätte geschehen müssen, vgl. BT-Drucks. 8/2034, S. 35.
182 BSG, Urt. v. 30.3.2023 – B 2 U 5/21 R, juris.

bestehe, kaum zuverlässig treffen und sei mit erheblichen praktischen Schwierigkeiten verbunden.[183] Es muss sich um »**höchstrichterliche**« Rechtsprechung handeln. Dazu gehören zunächst die Judikate der **obersten Gerichtshöfe des Bundes**, der **Großen Senate** oder des **Gemeinsamen Senats der obersten Gerichtshöfe des Bundes.**[184] Höchstrichterlich entschieden ist auch, dass nicht nur die Rechtsprechung des Bundessozialgerichtes gemeint ist, sondern auch die Rechtsprechung der anderen obersten Gerichtshöfe des Bundes, soweit diese für entscheidungserhebliche Vorfragen zuständig sind; entscheidend sei, dass eine Rechtsprechung nach der Entscheidung der Behörde entstanden ist, die von der Auslegung einer einschlägigen Rechtsnorm durch die Behörde abweicht.[185] Das Schrifttum folgt dieser Auffassung.[186] Dass auch Entscheidungen des **Bundesverfassungsgerichtes** erfasst sind, ergibt sich zwar nicht aus dem Wortlaut des § 48 Abs. 2, Entscheidungen des Bundesverfassungsgerichts sind aber jedenfalls von § 48 Abs. 1 – mit der wesentlichen Änderung in den rechtlichen Verhältnissen – erfasst,[187] da diese Entscheidungen gem. § 31 BVerfGG rechtlich verbindlich sind. Umstritten ist die Einbeziehung des **Europäischen Gerichtshofs.**[188] Das Gemeinschaftsrecht ist, soweit seine Kompetenz reicht, vorrangig vor dem nationalen Recht anzuwenden, ihm kommt ein Anwendungsvorrang zu.[189] Es überformt die nationale Rechtsordnung, wenn auch nur partiell. Der Europäische Gerichtshof hat entschieden, dass und unter welchen Voraussetzungen die mitgliedstaatliche Verwaltung zur Überprüfung und Rücknahme einer bestandskräftigen Verwaltungsentscheidung verpflichtet ist, deren Rechtswidrigkeit sich aus einer späteren Entscheidung des Europäischen Gerichtshofs ergibt.[190] Dies spricht dafür, den Europäischen Gerichtshof in den Anwendungsbereich des § 48 Abs. 2 einzubeziehen und nicht erst auf die allgemeinen Grundsätze zum Verhältnis von europäischem und nationalem Recht zu rekurrieren.

35 Der Begriff »**ständig**« hat das Zeitmoment im Blick und an ihm wird die Zahl der erforderlichen Entscheidungen maßgeblich. Die Gesetzesmaterialien leisten für seine Interpretation keinen erheblichen Beitrag.[191] Die Rechtsprechung des Bundessozialgerichts ist zurückhaltend, was eine positive Definition der »ständigen Rechtsprechung« betrifft, beschränkt sich in den Entscheidungen auf die konkret relevanten Aspekte und lässt die entscheidende Frage, ob eine einzelne Entscheidung »ständige Rechtsprechung« sein kann, häufig offen.[192] Entschieden worden ist in einem älteren Urteil[193], dass eine ständige Rechtsprechung dadurch begründet werde, dass der für die Rechtsfrage **einzig zuständige Senat** eines obersten Gerichtshofs des Bundes **wiederholt** im selben Sinne entschieden

---

183 BSG, Urt. v. 16.10.2003 SozR 4–4300 § 330 Nr. 1; BSG, Urt. v. 29.06.2000 SozR 3–4100 § 152 Nr. 10; BSG, Urt. v. 23.03.1995 SozR 3–4100 § 152 Nr. 5; Fichte, NZS 1998, S. 1 (4); Eicher/Schlegel/*Eicher*, SGB III-Kommentar, § 330 Rn. 18; *Wagner*, in: Gemeinschaftskommentar zum SGB III, § 330 Rn. 16; Gagel-*Pilz*, SGB II/SGB III-Kommentar, § 330 Rn. 18.

184 Ruland/*Brähler*, Gemeinschaftskommentar zum SGB VI, § 100 Rn. 51; *Göhde*, SozSich 2007, S. 310.

185 BSG, Urt. v. 16.10.2003 SozR 4–4300 § 330 Nr. 1.

186 Gagel/*Pilz*, SGB II/III-Kommentar, § 330 Rn. 18; *Göhde*, SozSich 2007, S. 310; v. Wulffen/*Schütze*, SGB X-Kommentar, § 48 Rn. 14.

187 Das BSG hat entschieden, dass § 48 Abs. 2 SGB X nur klarstellende Funktion habe und keine Sonderregelung ggü. § 48 Abs. 1 SGB X darstelle: BSG, Urt. v. 27.07.2004 SozR 4–4300 § 330 Nr. 2; BSG, Urt. v. 21.03.1996 SozR 3–1300 § 48 Nr. 48; BSG, Urt. v. 30.01.1985 SozR 1300 § 44 Nr. 16; BSG, Urt. v. 22.04.1986 SozR 2200 § 1268 Nr. 29.

188 Dagegen: *Göhde*, SozSich 2007, S. 310; dafür: Ruland/*Brähler*, Gemeinschaftskommentar zum SGB VI, § 100 Rn. 51a.

189 EuGH, Slg. 1964, 1251; Slg. 1970, 1125; BVerfGE 37, 271; 73, 339; *Mittmann*, Die Rechtsfortbildung durch den Gerichtshof der Europäischen Gemeinschaften und die Rechtsstellung der Mitgliedstaaten der Europäischen Union, S. 91 ff.

190 Dazu: *v. Danwitz*, Europäisches Verwaltungsrecht, S. 504 f.

191 Dazu im Einzelnen: *Pohl*, VSSR 2011, S. 383 ff.

192 BSG, Urt. v. 08.02.2007 SozR 4–4300 § 330 Nr. 4; BSG, Urt. v. 20.10.2005 SozR 4–4300 § 71 Nr. 2; BSG, Urt. v. 27.07.2004 SozR 4–4300 § 330 Nr. 2; BSG, Urt. v. 21.03.1996 SozR 3–1300 § 48 Nr. 48; BSG, Urt. v. 23.03.1995 SozR 3–4100 § 152 Nr. 5.

193 BSG ErsK 1978, S. 492 – zur Frage, wann eine »gesicherte« Rechtsprechung vorliegt.

hat oder mindestens **zwei verschiedene Senate** eines obersten Gerichtshofs des Bundes die Rechtsfrage übereinstimmend entschieden haben. In jüngerer Zeit hat das Bundessozialgericht aber auch **eine einzige Entscheidung eines obersten Gerichtshofs** ausreichen lassen, wenn die zu beurteilende Rechtsfrage damit hinreichend geklärt sei.[194] Weitere Entscheidungen seien dann entbehrlich, zumal es zu ihnen ggf. nicht mehr kommen kann.[195] Hinreichend geklärt sei eine Rechtsfrage, wenn die vom Revisionsgericht getroffene Entscheidung nicht mit gewichtigen Gründen in Frage gestellt wird, wenn also die Rechtslage danach nicht mehr umstritten sei.[196] Insbesondere sei dann von »ständiger« Rechtsprechung im Sinne der hinreichenden Klärung einer bislang zweifelhaften Rechtsfrage auszugehen, wenn die betroffenen Verwaltungen eine höchstrichterliche Entscheidung als auch für andere gleichgelagerte Fälle verbindlich akzeptieren und nicht etwa annehmen, es handele sich um eine Einzelfallentscheidung, der in anderen Fällen zunächst nicht zu folgen sei.[197] Das Gericht stellt diese Interpretation in die Tradition des Begriffsverständnisses zur »festen«, »gefestigten« oder »gesicherten« Rechtsprechung und sieht seine Auffassung auch durch den Revisionszulassungsgrund der »grundsätzlichen Bedeutung« der Rechtssache (§ 160 Abs. 2 Nr. 1 SGG) geboten, der die Klärungsbedürftigkeit einer Rechtsfrage voraussetze.[198] Dafür sei die Zahl vorliegender Entscheidungen ebenfalls unerheblich, denn eine Rechtsfrage sei – auch bei Vorliegen nur einer einzigen Entscheidung – nicht mehr klärungsbedürftig, wenn ihr nicht in erheblichem Umfang widersprochen werde.[199] Eine über Jahre akzeptierte höchstrichterliche Entscheidung habe in der Regel mehr allgemeine Anerkennung gefunden als eine in wiederholten Entscheidungen »gefestigte« Rechtsprechung, da letztere häufig nur deshalb zustande komme, weil immer wieder Versuche unternommen worden sind, sie zu ändern.[200] Der Sinn und Zweck der Vorschrift[201], die besondere Belastung der (Arbeits-) Verwaltung zu berücksichtigen und deren Verwaltungsaufwand mit einer obligatorischen Aufhebung eines Verwaltungsaktes zu mindern, würden dadurch, dass bei Existenz einer einzigen höchstrichterlichen Entscheidung von einer »ständigen« Rechtsprechung ausgegangen würde,[202] nicht in Frage gestellt. Demgegenüber würde in den Fällen, in denen einem Urteil aufgrund allgemeiner Anerkennung keine weitere Entscheidung folgt, die einschlägige Regelung ins Leere laufen. Versuche der Behörde, durch eine Leistungsablehnung in einem gleichgelagerten Fall eine höchstrichterliche Entscheidung herbeizuführen, um dann die Regelung anwenden zu können (weil dann eine »ständige« Rechtsprechung vorläge), hätten kaum Aussicht auf Erfolg, weil das mit der Sache befasste Instanzgericht keinen Anlass zu einer abweichenden Entscheidung oder zur Revisionszulassung hätte.

Verwaltung und rechtswissenschaftliches Schrifttum folgen dieser Konkretisierung des Begriffs »ständig« durch die Rechtsprechung im Wesentlichen. Lediglich an der Frage, ob ein einziges oberstes Bundesgericht eine ständige Rechtsprechung soll begründen können, entfacht die Diskussion. Eine »ständige« Rechtsprechung wird dann angenommen, wenn eine Entscheidung des **Großen Senats** eines obersten Gerichtshofs des Bundes oder des **Gemeinsamen Senats der obersten Gerichtshöfe** 36

194 BSG, Urt. v. 29.06.2000 SozR 3–4100 § 152 Nr. 10; offen gelassen in: BSG, Urt. v. 08.02.2007 SozR 4–4300 § 330 Nr. 4; BSG, Urt. v. 21.03.1996 SozR 3–1300 § 48 Nr. 48; BSG, Urt. v. 23.03.1995 SozR 3–4100 § 152 Nr. 5; BSG, Urt. v. 27.07.2004 SozR 4–4300 § 330 Nr. 2 – in die Urteilsbegründung ist aber aufgenommen worden, dass eine ständige Rechtsprechung schon deshalb nicht existiert haben könne, weil die Behörde (die BA) ihre Auffassung nicht auf das Urteil gestützt habe und sie dieses somit noch nicht akzeptiert habe. In BSG 20.10.2005 SozR 4–4300 § 71 Nr. 2 hat es diese Frage mit der Begründung offengelassen, in der betreffenden Entscheidung seien die entscheidenden Rechtsfragen noch nicht zweifelsfrei abschließend geklärt gewesen.

195 BSG, Urt. v. 29.06.2000 SozR 3–4100 § 152 Nr. 10.

196 BSG, Urt. v. 29.06.2000 SozR 3–4100 § 152 Nr. 10.

197 BSG, Urt. v. 29.06.2000 SozR 3–4100 § 152 Nr. 10.

198 BSG, Urt. v. 29.06.2000 SozR 3–4100 § 152 Nr. 10.

199 BSG, Urt. v. 29.06.2000 SozR 3–4100 § 152 Nr. 10.

200 BSG, Urt. v. 29.06.2000 SozR 3–4100 § 152 Nr. 10.

201 Hier zu § 152 AFG.

202 BT-Drucks. 12/5502, S. 37 (zu § 152 AFG).

des Bundes vorliegt[203]; ferner – entsprechend der älteren Entscheidung des Bundessozialgerichts aus dem Jahre 1977[204] –, wenn der für die Rechtsfrage **einzig zuständige Senat** eines obersten Gerichtshofs des Bundes **wiederholt** im selben Sinne entschieden hat oder mindestens **zwei verschiedene Senate** eines obersten Gerichtshofs des Bundes die Rechtsfrage übereinstimmend entschieden haben.[205] Diese Definition macht die erforderliche Zahl an Gerichtsentscheidungen abhängig von der Art des entscheidenden Gerichts: Handelt es sich um eine Entscheidung eines Großen Senats oder des Gemeinsamen Senats der obersten Gerichtshöfe des Bundes, dann soll eine Entscheidung genügen; existiert »nur« eine Entscheidung eines obersten Gerichtshofs des Bundes, so soll das nicht genügen. Ob auch eine **einzige Entscheidung eines obersten Bundesgerichtes** eine »ständige« Rechtsprechung begründen kann, ist umstritten: Dabei wird angenommen, dass dies grundsätzlich nicht der Fall sei und nur ausnahmsweise dann eine einzelne Entscheidung genuge, wenn diese seitens der Verwaltung akzeptiert und in entsprechenden Dienstanweisungen allgemein umgesetzt werde sowie die Instanzgerichte und das Schrifttum der Rechtsauffassung folgten.[206] Die Verwaltung behielte sich damit vor, selbst zu bestimmen, wann sie durch das Gesetz gebunden ist. Es gibt aber auch die Meinung, dass eine einzige Entscheidung ausreichend sei: Mit dieser sei eine Zweifelsfrage als hinreichend geklärt anzusehen.[207] Diese Auffassung ist systemimmanent und auch unter Zugrundelegung einer Präjudizientheorie, die eine Rechtsverbindlichkeit von höchstrichterlichen Entscheidungen ausgehen sieht,[208] stimmig.

V. Aussparung (Abs. 3)

37 § 48 Abs. 3 legt fest, dass bei einer Veränderung der Verhältnisse zugunsten des Betroffenen nicht von der durch Bestandskraft gedeckten Höhe der Leistung auszugehen ist; vielmehr ist die Erhöhung darauf aufzubauen, was sich bei richtiger Anwendung des Rechts ergeben würde.[209] Eine Erhöhung der Leistung ist erst vorzunehmen, wenn sich diese aus den veränderten Verhältnissen bei Anwendung des geltenden Rechts ergibt; allerdings verbleibt dem Betroffenen im Rahmen des Bestandsschutzes die Leistung in der bisherigen Höhe.[210] Der Bürger erhält also entweder die bisherige rechtswidrige Leistung weiter oder er erhält die neu und richtig berechnete Leistung, je nachdem, welche die höhere ist. Danach ist nur der **Zahlbetrag**, nicht der Status **geschützt**.[211] Fehler werden also im Laufe der Zeit korrigiert. An Leistungserhöhungen nimmt der Betroffene erst wieder teil, wenn die rechtmäßig zu gewährende Leistung höher wird als der früher rechtswidrig zugestandene Betrag. § 48 Abs. 3 findet auch bei solchen Fehlern des Ursprungsbescheides Anwendung, welche den Grund einer Leistung (z.B. eine zu Unrecht als Folge einer Berufskrankheit anerkannte Gesundheitsstörung) erfassen; allerdings ist einfachgesetzlich zu prüfen, ob Sonderregelungen die Anwendung des § 48 Abs. 3 ausnahmsweise ausschließen.[212] Nach Sinn und Zweck des § 48 Abs. 3 soll verhindert werden, dass die zu hohe Leistung, die durch irgendeinen Fehler entstanden ist, durch irgendeine Veränderung zugunsten des Begünstigten immer noch höher wird, das bestehende Unrecht also weiter

203 *Göhde*, SozSich 2007, S. 310; Ruland/Försterling/*Brähler*, Gemeinschaftskommentar zum SGB VI, § 100 Rn. 52; *Fichte*, NZS 1998, S. 1; Gagel/*Pilz*, SGB II/III-Kommentar, § 330 Rn. 18.

204 BSG ErsK 1978, S. 492.

205 *Fichte*, NZS 1998, S. 1; *Göhde*, SozSich 2007, S. 310; Ruland/Försterling/*Brähler*, Gemeinschaftskommentar zum SGB VI, § 100 Rn. 52.

206 Ruland/Försterling/*Brähler*, Gemeinschaftskommentar zum SGB VI, § 100 Rn. 53; *Göhde*, SozSich 2007, S. 310.

207 *Fichte*, NZS 1998, S. 1, 4 f.

208 Dazu im Einzelnen *Pohl*, VSSR 2011, S. 383 ff.

209 BT-Drucks. 8/2034, S. 36.

210 BT-Drucks. 8/2034, S. 36.

211 BSG, Urt. v. 02.12.2010 SozR 4–3100 § 62 Nr. 2; BSG, Urt. v. 11.09.1991 SozR 3–1300 § 48 Nr. 11; BSG, Urt. v. 22.06.1988 SozR 1300 § 48 Nr. 49.

212 BSG, Urt. v. 02.12.2010 SozR 4–3100 § 62 Nr. 2; BSG, Urt. v. 20.03.2007 SozR 4–1300 § 48 Nr. 10; BSG, Urt. v. 20.03.1997 SozR 4–1300 § 48 Nr. 10; BSG, Urt. v. 31.01.1989 SozR 1300 § 48 Nr. 54; *Gagel*, SGb 1990, S. 254; a.A. *Pickel*, SGb 1992, S. 298.

wächst, unabhängig davon, ob dies durch einen rechtswidrig festgestellten Faktor oder eine rechtswidrig festgestellte Grundlage der Leistungsbewilligung geschehen würde.[213] Es kommt somit nicht darauf an, ob sich die rechtlichen oder die tatsächlichen Verhältnisse wesentlich ändern.[214]

Der 1993 eingefügte[215] **Satz 2 des § 48 Abs. 3** stellt klar, dass eine Aussparung auch geboten ist, 38
wenn der frühere Bescheid zwar selbst rechtmäßig war, aber seinerseits auf einem rechtswidrigen Bescheid beruhte. Damit soll sichergestellt werden, dass eine zu Unrecht zu hohe Leistung auch dann abgeschmolzen werden kann, wenn der Leistungsbescheid nur deshalb rechtmäßig ist, weil ihm ein rechtswidriger begünstigender Feststellungsbescheid – etwa ein festgestellter Versicherungsverlauf oder ein Vormerkungsbescheid in der Rentenversicherung – zugrunde liegt, der seinerseits nicht mehr nach § 45 zurückgenommen werden kann.[216] Die Gesetzesbegründung wertet, dass ein Rentner, dem eine rentenrechtliche Zeit zu Unrecht anerkannt worden ist, nicht besser stehen solle, wenn die Anerkennung in einem Vormerkungsbescheid erfolgte, statt im Rentenbescheid selbst.[217]

Die Aussparung muss durch Verwaltungsakt klargestellt werden; dieser **stellt – konstitutiv für die** 39
Entscheidung nach § 48 Abs. 3[218] **– die Rechtswidrigkeit** (des nicht mehr aufhebbaren Verwaltungsaktes) **fest** und **ordnet die Abschmelzung des rechtswidrigen Vorteils für die Zukunft an.**[219] Beide Regelungen können auch getrennt voneinander erfolgen. So kann es Sinn machen, die Feststellung der Rechtswidrigkeit eigenständig zur vorzeitigen Klärung des Sozialrechtsverhältnisses vor dem Ausspruch der Aussparung (oder des Einfrierens oder Abschmelzens) vorzunehmen und dies erforderlichenfalls gerichtlich prüfen zu lassen.[220]

§ 48 Abs. 3 erlaubt eine gegenüber der Rücknahme nach § 45 weniger weitgehende, aber doch ein- 40
schneidende Beseitigung der Bestandskraft; in diesem Umfang ist die Feststellung der Rechtswidrigkeit nach § 48 Abs. 3 ebenso rechtsgestaltend wie die Rücknahme nach § 45.[221] Deshalb gelten für die Feststellung der Rechtswidrigkeit die allgemeinen Beweislastregeln, die auch für die Rücknahme gelten – die Behörde, die sich auf die Rechtswidrigkeit beruft, muss dies darlegen und die relevanten Tatsachen beweisen.[222] Unterlässt die Behörde die Abschmelzung entgegen § 48 Abs. 3 und erlässt einen uneingeschränkten Anpassungsbescheid, dann ist dieser kein rechtswidriger Verwaltungsakt, der nach § 45 zurückgenommen werden dürfte. Der Grund dafür sei, dass die Feststellung der Rechtswidrigkeit nicht erfolgt ist und solange diese Feststellung nicht getroffen ist, blieben der Ursprungsbescheid und die darauf aufbauenden Anpassungsbescheide rechtmäßig.[223] Das BSG hat auch entschieden, dass Leistungen, die durch gerichtlichen Vergleich unrichtig festgelegt worden sind, einer Aussparung nicht zugänglich seien.[224]

---

213 BSG, Urt. v. 20.03.1997 SozR 4–1300 § 48 Nr. 10; BSG, Urt. v. 02.12.2010 SozR 4–3100 § 62 Nr. 2; a.A. noch BSG, Urt. v. 24.03.1987 SozR 1300 § 48 Nr. 33.

214 BSG, Urt. v. 17.04.2013 – B 9 SB 6/12 R, juris.

215 Rentenüberleitungs-Ergänzungsgesetz v. 24.06.1993, BGBl. I 1993, S. 1038.

216 BT-Drucks. 12/4810, S. 36.

217 BT-Drucks. 12/4810, S. 36.

218 BSG, Urt. v. 17.04.2013 – B 9 SB 6/12 R, juris – für die Abschmelzung einer erhöht festgestellten GdB.

219 BSG, Urt. v. 22.06.1988 SozR 3642 § 9 Nr. 3 – beide Feststellungen können, müssen aber nicht verbunden werden; sie sind selbständig anfechtbar; BSG, Urt. v. 30.03.2023 – B 2 U 5/21 R, juris; BSG, Urt. v. 08.12.2021 – B 2 U 10/20 R, juris; BSG, Urt. v. 17.04.2013 – B 9 SB 6/12 R, juris.

220 BSG, Urt. v. 30.03.2023 – B 2 U 5/21 R, juris; BSG, Urt. v. 07.05.2013 – B 1 KR 5/12 R, juris.

221 BSG, Urt. v. 22.06.1988 SozR 3642 § 9 Nr. 3.

222 BSG, Urt. v. 24.11.1988 SozR 1300 § 45 Nr. 41.

223 BSG, Urt. v. 22.06.1988 SozR 3642 § 9 Nr. 3 – wegen der konstitutiven Wirkung der Feststellung komme eine Rückwirkung nicht in Betracht; sie gelte vielmehr nur für die Zukunft und nur zum Zwecke einer Abschmelzung; BSG, Urt. v. 15.08.1996 SozR 3–1300 § 45 Nr. 30.

224 BSG, Urt. v. 24.03.1987 SozR 1300 § 48 Nr. 33.

VI. Verweisung auf Zuständigkeitsregelung (Abs. 4)

41 Durch die Verweisung auf § 44 Abs. 3 stellt § 48 Abs. 4 Satz 1 klar, dass für die Aufhebung des alten Verwaltungsaktes die Behörde zuständig ist, die jetzt auch für den Erlass eines neuen Verwaltungsaktes mit entsprechendem Inhalt zuständig wäre; die Aufhebung des alten und der eventuelle Erlass eines neuen Verwaltungsaktes liegen also in einer Hand. Insoweit schränkt die Regelung den allgemein anerkannten Rechtsgrundsatz ein, wonach die Zuständigkeit für die Aufhebung eines Verwaltungsaktes vorbehaltlich einer besonderen gesetzlichen Regelung bei der Behörde liegt, die den Verwaltungsakt erlassen hat, um dessen Aufhebung es geht.[225] Die Regelung differenziert nicht zwischen der sachlichen und örtlichen Zuständigkeit.[226] Die Behörde, die den Ausgangsverwaltungsakt erlassen hat, ist für seine Aufhebung nicht mehr zuständig, wenn sie entweder zu keinem Zeitpunkt zuständig war oder ihre Zuständigkeit nach Erlass des Verwaltungsaktes, um dessen Korrektur es geht, entfallen ist.[227] Auf diese Weise wird verhindert, dass eine andere Behörde über die Korrektur zu entscheiden hat als diejenige, die nunmehr zuständig ist, den maßgeblichen Sachverhalt zu regeln.[228] Nach § 44 Abs. 3 hat also über die Rücknahme **nach Unanfechtbarkeit** des Verwaltungsaktes nicht die Behörde zu entscheiden, die im Zeitpunkt des Erlasses zuständig war, sondern die im Zeitpunkt der Rücknahme zuständige Behörde. Umgekehrt bedeutet dies, dass bis zur Unanfechtbarkeit die erlassende Behörde (oder Widerspruchsbehörde) für die Rücknahme zuständig bleibt; es sei denn, diese war bereits im Erlasszeitpunkt unzuständig – dann tritt (nach dem Grundsatz der Gesetzmäßigkeit der Verwaltung, Art. 20 Abs. 3 GG) die eigentlich zuständige Behörde an deren Stelle. § 44 Abs. 3 trifft keine eigene Zuständigkeitsregelung[229], sondern knüpft an unterschiedliche Zuständigkeitsregelungen (vor und nach Unanfechtbarkeit des Verwaltungsaktes) an und regelt deren Verhältnis zueinander.

§ 49 Rücknahme und Widerruf im Rechtsbehelfsverfahren

§ 45 Abs. 1 bis 4, §§ 47 und 48 gelten nicht, wenn ein begünstigender Verwaltungsakt, der von einem Dritten angefochten worden ist, während des Vorverfahrens oder während des sozial- oder verwaltungsgerichtlichen Verfahrens aufgehoben wird, soweit dadurch dem Widerspruch abgeholfen oder der Klage stattgegeben wird.

Übersicht

225 BSG, Urt. v. 09.06.1999 SozR 3–2500 § 95 Nr. 20.

226 Es ist umstritten, ob die Regelung nur auf die örtliche Zuständigkeit zu beziehen ist: **Für** eine Begrenzung: *Knoke*, Rechtsfragen der Rücknahme von Verwaltungsakten, S. 104; differenzierend: *Tannen* DRV 1988, S. 498; **gegen** eine Begrenzung: Schütze/*Schütze*, SGB X-Kommentar, 2020, § 44 Rn. 38. Die Gesetzesmaterialien zu § 44 Abs. 3 SGB X verweisen uneingeschränkt auf § 48 Abs. 5 VwVfG, der sich seinerseits nur auf die örtliche Zuständigkeit (§ 3 VwVfG) bezieht, BT-Drucks. 8/2034, S. 34. Aber der Wortlaut des § 44 Abs. 3 spricht gegen eine solche Einschränkung. Das BSG hat § 44 Abs. 3 ausdrücklich auch auf die sachliche Zuständigkeit bezogen, BSG, Urt. v. 21.12.2023 – B 5 R 3/22 R, juris; BSG, Urt. v. 09.06.1999 SozR 3–2500 § 95 Nr. 20; BSG, Urt. v. 17.07.1985 SozR 1500 § 77 Nr. 61 – Soweit es im Fall herausarbeitet, dass die erlassende Behörde eines Leistungsrückforderungs- oder Beitragserstattungsbescheides zuständig bleibt, auch wenn zwischenzeitlich Beiträge an einen anderen Versicherungsträger geleistet worden sind, konkretisiert es lediglich die Zuständigkeitsregelung und bildet keine Ausnahme zur Anwendbarkeit des § 44 Abs. 3 auch auf die sachliche Zuständigkeit.

227 BSG, Urt. v. 09.06.1999 SozR 3–2500 § 95 Nr. 20.

228 BSG, Urt. v. 09.06.1999 SozR 3–2500 § 95 Nr. 20.

229 BSG, Urt. v. 17.07.1985 SozR 1500 § 77 Nr. 61.

A. Inhalt

§ 49 nimmt sich der Situation an, in der die Grundsätze der §§ 45, 47, 48 bei Verwaltungsakten mit Doppelwirkung nicht zu befriedigenden Ergebnissen führen.[1] Dies nimmt das Gesetz hin, solange sich die Beteiligten mit der Entscheidung zufrieden geben.[2] Wird jedoch ein Rechtsbehelf eingelegt, dann hält es die Einschränkung der Aufhebungsmöglichkeit nach den §§ 45, 47, 48 nicht für gerechtfertigt; es kommt dann – trotz der Bekanntgabe – nicht zur Selbstbindung der Behörde.[3] Der Bestandsschutz für den Begünstigten soll sich nicht als Verminderung des Rechtsschutzes anderer auswirken[4]; die Regelung dient insoweit der Wahrung der Rechte des Drittbetroffenen.[5] 1

B. Einzelerläuterungen

I. Drittanfechtung eines begünstigenden Verwaltungsaktes

Beispiele für Verwaltungsakte, die eine Person begünstigen und eine andere belasten (sog. Verwaltungsakte mit Doppelwirkung[6]) sind: der Bescheid über die Bewilligung einer Rente an die geschiedene Ehefrau (§ 243 SGB VI), der zur Aufteilung einer Witwenrente (§ 91 SGB VI) führt[7]; die Vormerkung einer Kindererziehungszeit bei gemeinsamer Erziehung mit der Wirkung, dass der andere nicht berücksichtigt wird (§ 56 Abs. 2 Satz 2 SGB VI)[8]; die Feststellung der Versicherungsfreiheit eines Arbeitnehmers durch die Krankenkasse mit den entsprechenden Auswirkungen bei einem Rentenversicherungsträger oder der Bundesagentur für Arbeit[9]. Zur Beurteilung, wann ein Verwaltungsakt begünstigend oder belastend wirkt, vgl. § 44 Rdn. 20–22 sowie § 45 Rdn. 11–12.[10] 2

Der Dritte muss den Verwaltungsakt tatsächlich angefochten haben; die potentielle Möglichkeit dazu genügt nicht.[11] § 49 bezieht sich ferner nur auf **zulässige Rechtsbehelfe Dritter.**[12] Die den Rechtsbehelf einlegenden Personen müssen etwa hierzu befugt sein, weil der Verwaltungsakt sie unmittelbar in ihren Rechten und geschützten Interessen betrifft[13]. Auch muss der Verwaltungsakt rechtzeitig innerhalb der maßgeblichen Frist angefochten werden.[14] So hat das BSG für das Beispiel der Feststellung der Versicherungsfreiheit entschieden, der Rentenversicherungsträger könne auch nach Inkrafttreten des § 28h SGB IV am 01.01.1989 einen dem Arbeitgeber erteilten Bescheid der Einzugsstelle über das Bestehen von Versicherungsfreiheit in der Rentenversicherung anfechten; in einem solchen Fall sei der Rentenversicherungsträger »Dritter« i.S.d. § 49 und schließe mit einer erfolgreichen Anfechtungsklage einen Vertrauensschutz des Arbeitgebers auf den Bestand des Bescheides aus.[15] Verneint hat das BSG das Anfechtungsrecht eines als Kassenarzt zugelassenen 3

1 BT-Drucks. 7/910, S. 73 i.V.m. BT-Drucks. 8/2034, S. 36 (Verweis auf VwVfG).
2 BT-Drucks. 7/910, S. 73 f. i.V.m. BT-Drucks. 8/2034, S. 36 (Verweis auf VwVfG).
3 Die Gesetzesmaterialien zu § 50 VwVfG (§ 46 VwVfG im Entwurf), auf den die Begründung zu § 49 SGB X (§ 47 im Entwurf) verweist – BT-Drucks. 8/2034, S. 36 –, legen sich nicht fest, ob auch die Widerspruchsbehörde mit der Bekanntgabe an den Verwaltungsakt gebunden ist, beziehen aber mit Rücksicht darauf die Vorschrift auch auf das Vorverfahren, BT-Drucks. 7/910, S. 74.
4 BT-Drucks. 7/910, S. 74.
5 BSG, Urt. v. 01.07.1999, SozR 3–2400 § 28h Nr. 9.
6 BT-Drucks. 7/910, S. 73.
7 BSG, Urt. v. 25.02.2010, SozR 4–2600 § 243 Nr. 3; BSG, Urt. v. 26.10.1989, SozR 2200 § 1268 Nr. 32.
8 BSG, Urt. v. 28.02.1991, SozR 3–2200 § 1227a Nr. 7.
9 BSG, Urt. v. 18.04.1991, SozR 2200 § 172 Nr. 2.
10 Felix, SGb 2023, 337.
11 BT-Drucks. 7/910, S. 74 i.V.m. BT-Drucks. 8/2034, S. 36 (Verweis auf VwVfG); BSG, Urt. v. 13.08.2014 – B 6 KA 38/13 R, juris.
12 BSG, Urt. v. 03.07.2013 – B 12 KR 8/11, juris.
13 BSG, Urt. v. 19.12.2001, SozR 3–3870 § 2 Nr. 2; dazu *Felix*, SGb 2023, 337; *Heilemann*, SGb 1993, 165.
14 BSG, Urt. v. 09.06.1999, SozR 3–5520 § 44 Nr. 1; BSG, Urt. v. 03.07.2013 – B 12 KR 8/11, juris.
15 BSG, Urt. v. 01.07.1999, SozR 3–2400 § 28h Nr. 9.

niedergelassenen Facharztes gegen die Ermächtigung eines am gleichen Ort tätigen Krankenhausarztes desselben Fachgebietes zur Teilnahme an der kassenärztlichen Versorgung durch die kassenärztliche Vereinigung; der Konkurrent habe kein Recht auf Nichtzulassung eines Mitbewerbers und sei deshalb nicht klagebefugt.[16] Abgelehnt hat das BSG[17] eine drittschützende Wirkung und insoweit eine Beeinträchtigung subjektiver Rechte bei Reduzierung von Versorgungsaufträgen für die BlutreinigungsV; diese habe lediglich Fragen der Qualitätssicherung zum Gegenstand.

4 § 49 soll nach der Rechtsprechung des BSG entsprechend gelten, wenn bei der Rücknahme eines Verwaltungsaktes mit Doppelwirkung der durch den Verwaltungsakt belastete Dritte zwar nicht diesen Verwaltungsakt, aber einen **inhaltlich gleichen (denselben Gegenstand betreffenden) Verwaltungsakt derselben Behörde** angefochten und diese den Begünstigten davon unterrichtet hat.[18]

II. Aufhebung im Widerspruchs- oder Klageverfahren

5 § 49 bezieht sich auf das Vorverfahren und das sozial- oder verwaltungsgerichtliche Verfahren. Diskutiert wird (zumeist im Kontext der Parallelregelung[19] des § 50 VwVfG), ob § 49 nur während des laufenden Widerspruchs- oder Klageverfahrens Anwendung findet oder auch zwischen den Instanzen oder nach bestandskräftigem Abschluss der Verfahren.[20] Weil sich der Begünstigte nach § 49 solange nicht auf einen Vertrauensschutz berufen kann, wie dem Dritten die Anfechtungsmöglichkeit verbleibt, erscheint es zunächst zweckmäßig, die **Grenze dort zu ziehen, wo der Verwaltungsakt bestandskräftig** wird.[21] Während laufender Rechtsbehelfsfristen zwischen dem Widerspruchs- und dem Klageverfahren oder zwischen den Instanzen des Klageverfahrens ist die die Rechtssicherheit stärkende Bestandskraft noch nicht eingetreten und bis zum Eintritt der Bestandskraft des Verwaltungsaktes verhindert § 49 gerade eine Selbstbindung der Behörde an den eigens erlassenen Verwaltungsakt. Die Problematik, dass die Behörde die Situation nutzen könnte, den begünstigenden Verwaltungsakt ohne die einschränkenden Voraussetzungen der §§ 45, 47, 48 und unabhängig von einer Anfechtung und den Interessen des Dritten aufzuheben, lässt sich dadurch lösen, dass die Aufhebung unter den erleichterten Voraussetzungen nur bei einem **Tätigwerden des Dritten** zugelassen ist. Fehlt es daran, fallen das Rechtsbehelfsverfahren des Dritten und die Korrektur der begünstigenden Entscheidung nicht zusammen, sodass der Anwendungsbereich des § 49 nicht eröffnet ist.

6 § 49 greift im Falle der Anfechtung eines Verwaltungsakts durch einen Dritten nur dann ein, wenn und soweit dieser während des laufenden Vor- oder Gerichtsverfahrens **aufgehoben** wird. Dies ist bei einem Anerkenntnis oder Vergleich i.S.d. § 101 SGG, die die Erledigung des Rechtsstreits mit dem Dritten zur Folge haben, nicht gegeben.[22] Erfordert der Rechtsschutz des Dritten nicht die Aufhebung des gesamten Verwaltungsaktes, so ist auch die Entscheidungsfreiheit der Behörde entsprechend eingeschränkt.[23]

---

16 BSG, Urt. v. 15.05.1991, SozR 3–1500 § 54 Nr. 7.

17 BSG, Urt. v. 04.11.2021 – B 6 KA 13/20 R, juris.

18 BSG, Urt. v. 26.10.1989, SozR 1300 § 49 Nr. 3.

19 Die Gesetzesbegründung zu § 49 verweist ausdrücklich und ausschließlich auf § 50 VwVfG, BT-Drucks. 8/2034, S. 36.

20 Für eine Ausweitung: *Mey*, DAngVers 1993, 367; für eine Geltung nur für die Dauer des Anfechtungsverfahrens: Schütze/*Schütze*, SGB X, § 49 Rn. 6; offen gelassen von: BSG, Urt. v. 25.02.2010 SozR 4–2600 § 243 Nr. 4.

21 Dies kann bei fehlender Kenntnis der Behörde von der Drittwirkung oder der Person des Dritten zu erheblicher Rechtsunsicherheit führen, weil die Rechtsbehelfsfristen frühestens mit der Bekanntgabe des Verwaltungsaktes zu laufen beginnen – *Heilemann*, SGb 1993, 165, verweist auf die Grenze der Verwirkung des Anfechtungsrechts.

22 LSG Schleswig, NZS 2011, 278.

23 BT-Drucks. 7/910, S. 74 i.V.m. BT-Drucks. 8/2034, S. 36 (Verweis auf VwVfG).

III. Keine Geltung der §§ 45 Abs. 1 bis 4, 47 und 48

Die Behörde ist unter den Voraussetzungen des § 49 trotz der Bekanntgabe des Verwaltungsaktes 7 selbst nicht an diesen gebunden und kann im Rechtsbehelfsverfahren so über die Sache entscheiden, als hätte sie den Verwaltungsakt noch nicht erlassen. Selbstverständlich darf sie dabei nicht gegen höherrangiges Recht verstoßen oder Ermessensgrenzen überschreiten. Ob – wie das BSG[24] betont – § 45 Abs. 1 in diesem Sinn und entgegen dem Wortlaut des § 49 anwendbar bleibt, weil der Verwaltungsakt ja gerade aufgehoben werden darf, und eigentlich nur die Abs. 2 bis 4 nicht gelten sollen oder ob man die Abänderung des Verwaltungsaktes gänzlich unabhängig von § 45 einordnet, dürfte sich im Ergebnis nicht unterschiedlich auswirken. Klarheit scheint es eher zu bringen, die Abänderung im Rechtsbehelfsverfahren entsprechend dem Wortlaut des § 49 von den §§ 45 (und also auch Abs. 1), 47, 48 zu trennen. Die verbleibende Anwendbarkeit des § 45 Abs. 5 mit seinem Verweis auf die Zuständigkeitsregelung des § 44 Abs. 3 bereitet dabei keine Probleme, denn in der Sache wird mehrfach entschieden (im Ausgangsverwaltungsverfahren und im Rechtsbehelfsverfahren), sodass Zuständigkeitswechsel relevant werden können – die Regelung stellt klar, dass dann die zuletzt zuständige Behörde für die Aufhebung zuständig ist.

§ 50 Erstattung zu Unrecht erbrachter Leistungen

(1) [1]Soweit ein Verwaltungsakt aufgehoben worden ist, sind bereits erbrachte Leistungen zu erstatten. [2]Sach- und Dienstleistungen sind in Geld zu erstatten.

(2) [1]Soweit Leistungen ohne Verwaltungsakt zu Unrecht erbracht worden sind, sind sie zu erstatten. [2]§§ 45 und 48 gelten entsprechend.

(2a) [1]Der zu erstattende Betrag ist vom Eintritt der Unwirksamkeit eines Verwaltungsaktes, auf Grund dessen Leistungen zur Förderung von Einrichtungen oder ähnliche Leistungen erbracht worden sind, mit fünf Prozentpunkten über dem Basiszinssatz jährlich zu verzinsen. [2]Von der Geltendmachung des Zinsanspruchs kann insbesondere dann abgesehen werden, wenn der Begünstigte die Umstände, die zur Rücknahme, zum Widerruf oder zur Unwirksamkeit des Verwaltungsaktes geführt haben, nicht zu vertreten hat und den zu erstattenden Betrag innerhalb der von der Behörde festgesetzten Frist leistet. [3]Wird eine Leistung nicht alsbald nach der Auszahlung für den bestimmten Zweck verwendet, können für die Zeit bis zur zweckentsprechenden Verwendung Zinsen nach Satz 1 verlangt werden; Entsprechendes gilt, soweit eine Leistung in Anspruch genommen wird, obwohl andere Mittel anteilig oder vorrangig einzusetzen sind; § 47 Abs. 2 Satz 1 Nr. 1 bleibt unberührt.

(3) [1]Die zu erstattende Leistung ist durch schriftlichen Verwaltungsakt festzusetzen. [2]Die Festsetzung soll, sofern die Leistung auf Grund eines Verwaltungsaktes erbracht worden ist, mit der Aufhebung des Verwaltungsaktes verbunden werden.

(4) [1]Der Erstattungsanspruch verjährt in vier Jahren nach Ablauf des Kalenderjahres, in dem der Verwaltungsakt nach Absatz 3 unanfechtbar geworden ist. [2]Für die Hemmung, die Ablaufhemmung, den Neubeginn und die Wirkung der Verjährung gelten die Vorschriften des Bürgerlichen Gesetzbuchs sinngemäß. [3]§ 52 bleibt unberührt.

(5) Die Absätze 1 bis 4 gelten bei Berichtigungen nach § 38 entsprechend.

Übersicht

24 BSG, Urt. v. 25.02.2010, SozR 4–2600 § 243 Nr. 4.

A. Inhalt

1 § 50 betrifft die Erstattung von Leistungen durch den Bürger an die Verwaltung, nicht aber den umgekehrten Fall.[1] Die Vorschrift differenziert zwischen zwei Fallgruppen: Abs. 1 Satz 1 regelt die Erstattungspflicht nach Aufhebung eines Verwaltungsaktes, Abs. 2 eine solche bei rechtswidriger Leistungserbringung ohne Verwaltungsakt. Dem Vertrauensschutz wird bei Abs. 1 durch die Bestimmungen über die Aufhebung des Verwaltungsaktes und bei Abs. 2 durch die Anordnung einer entsprechenden Anwendung der §§ 45 und 48 Rechnung getragen. Abs. 2a schreibt für Leistungen zur Förderung von Einrichtungen und ähnliche Leistungen eine Verzinsung vor. Aus Gründen der Rechtssicherheit[2] ist die zu erstattende Leistung gem. Abs. 3 durch schriftlichen Verwaltungsakt festzusetzen. Der Erstattungsanspruch verjährt gem. Abs. 4 in vier Jahren. Für Berichtigungen nach § 38 gelten die Regelungen des § 50 gem. Abs. 5 entsprechend.

B. Einzelerläuterungen

I. Anwendbarkeit im Rahmen eines Sozialleistungsverhältnisses

2 § 50 normiert einen öffentlich-rechtlichen Erstattungsanspruch, weshalb die Leistung, die zurückgefordert werden soll, innerhalb eines öffentlich-rechtlichen Leistungsverhältnisses erbracht sein muss; besteht ein solches nicht, muss die Rückabwicklung nach allgemeinen Grundsätzen (z.B. § 812 BGB) erfolgen.[3] Dies gilt für § 50 Abs. 1 und § 50 Abs. 2. Bei § 50 Abs. 1 ist dies schon deshalb der Fall, weil die Leistungen aufgrund eines Verwaltungsaktes erbracht werden.[4] Auch § 50 Abs. 2 erfasst nur die Fälle, in denen die Leistung – ohne Verwaltungsakt – aufgrund eines Sozialleistungsverhältnisses zwischen dem Sozialleistungsträger und -empfänger erfolgt.[5] Die Abgrenzung zu Leistungen außerhalb eines Sozialleistungsverhältnisses kann Schwierigkeiten bereiten, insbesondere bei Beteiligung Dritter: Steht ein Dritter weder zu dem leistenden Träger noch zum Leistungsberechtigten in einer Rechtsbeziehung, dann befindet er sich als **»unbeteiligter« Dritter** außerhalb des Sozialleistungsverhältnisses; in diesem Sinn **»beteiligte« Dritte** befinden sich innerhalb des Sozialleistungsverhältnisses.[6] Das BSG hat in diesem Kontext entschieden, dass versehentlich überwiesene Zahlungen an einen **falschen Empfänger** nicht zur Rückforderung nach § 50 Abs. 2 berechtigten.[7] Die Abwicklung erfolgt dann regelmäßig nach bereicherungsrechtlichen Vorschriften des Zivilrechts (§§ 812 ff. BGB) vorbehaltlich spezialgesetzlicher öffentlich-rechtlicher Regelungen.[8] Eine Einbeziehung in das Sozialleistungsverhältnis nimmt das BSG aber bereits dann an, wenn der Leistungsträger eine Rechtsbeziehung des Dritten zum Leistungsberechtigten versehentlich annimmt (z.B. bei einem Vertreter ohne Vertretungsmacht oder beim eigenmächtigen Boten)[9], in diesem Sinn bewusst und zweckgerichtet an einen **vermeintlich Empfangszuständigen** leistet[10]. In diesem Fall

1 BT-Drucks. 8/2034, S. 36; *Hofe*, SGb 1990, 527.
2 BT-Drucks. 8/2034, S. 36.
3 BSG, Urt. v. 29.10.1986 SozR 1300 § 50 Nr. 13.
4 BSG, Urt. v. 29.10.1986 SozR 1300 § 50 Nr. 13.
5 *Eichenhofer*, NdsVBl. 1995, 10.
6 BSG, Urt. v. 28.06.1991, SozR 3-1300 § 50 Nr. 10.
7 BSG, Urt. v. 29.10.1986, SozR 1300 § 50 Nr. 13; BSG, Urt. v. 24.07.2001, SozR 3-1300 § 50 Nr. 24.
8 BSG, Urt. v. 24.07.2001, SozR 3-1300 § 50 Nr. 24.
9 BSG, Urt. v. 28.06.1991, SozR 3-1300 § 50 Nr. 10.
10 BSG, Urt. v. 24.07.2001, SozR 3-1300 § 50 Nr. 24.

bleibt zu klären, ob der Leistungsberechtigte oder der tatsächliche Empfänger oder beide nach § 50 erstattungspflichtig sind.[11] Muss sich der Leistungsberechtigte die Leistungserbringung (an den Dritten) zurechnen lassen, dann muss er auch die Beträge erstatten, die an Dritte ausbezahlt worden sind.[12] Dies hat das BSG etwa für einen Ersatzempfänger (als beteiligten Dritten) entschieden, wenn der Leistungsberechtigte eine insoweit fehlende Zustimmung nicht zum Ausdruck gebracht hat.[13] Wenn aber der Dritte objektiv erkennen musste, dass der Sozialleistungsträger die Sozialleistung zu Unrecht an den (vermeintlich) empfangszuständigen Dritten erbracht hat, um seine (vermeintliche) Pflicht aus einem sozialen Recht zu erfüllen, dann kommt § 50 Abs. 2 ggü. dem »beteiligten« Dritten zur Anwendung.[14] In einem solchen Fall der bewussten und zweckgerichteten Leistung an einen (für diesen erkennbar) vermeintlich Empfangszuständigen aufgrund eines **Pfändungs- und Überweisungsbeschlusses** hat das BSG sodann im Verhältnis zu dem Dritten die Anwendung des Satzes 2 ausgeschlossen.[15] Als »beteiligten« Dritten erkennt das BSG auch einen Abzweigungsberechtigten, wobei es für die Rückforderung der abgezweigten Leistungen an den Dritten (§ 48 SGB I) – den eigentlich Leistungsberechtigten in Anspruch nimmt – trotz der **Abzweigung** bleibe dieser Anspruchsinhaber und der Leistungsträger verfüge lediglich anstelle des Leistungsberechtigten über die Leistung.[16] Ähnlich behandelt es den Fall einer **Abtretung** (§ 53 SGB I) – der ursprünglich Leistungsberechtigte bleibe grundsätzlich erstattungspflichtig und nicht der Abtretungsgläubiger.[17] Denn im Sozialrecht sei – anders als im Zivilrecht – eine Neubestimmung der Gläubigerstellung oder der vollständige Eintritt in ein Vertragsverhältnis unter Einschluss des neuen Gläubigers in das Pflichtengefüge nicht vorgesehen: Der Dritte erhalte durch die Abtretung nur ein begrenztes, ihm übertragenes Recht aus dem Gesamtkomplex der Rechtsbeziehungen, ohne dass sich dessen Inhalt verändere; der Zessionar trete nicht in die Rechtsstellung des Zedenten aus dem Sozialrechtsverhältnis ein.[18] Für Leistungen nach dem Tod des Berechtigten trifft § 118 Abs. 4 SGB VI[19] eine Sonderregelung, die ausdrücklich einen Anspruch nach § 50 gegen die **Erben** unberührt lässt.[20]

II. Erstattungspflicht wegen Aufhebung eines Verwaltungsaktes nach Leistungserbringung (Abs. 1)

Ob es sich um Leistungen handelt, die aufgrund eines aufgehobenen Verwaltungsaktes erbracht worden sind, sodass § 50 Abs. 1 in Abgrenzung zu § 50 Abs. 2 Anwendung findet, kann auslegungsbedürftig sein. Sowohl der Erlass als auch die Aufhebung können **konkludent** erfolgt sein. So liegt beispielsweise in einer Zahlung regelmäßig zugleich die Bewilligung der Leistung, wenn damit einem Antrag entsprochen worden ist.[21] Werden Leistungen zunächst ohne Verwaltungsakt erbracht, folgen danach aber Anpassungsbescheide, dann erkennt das BSG für besondere Ausnahmefälle an, dass sie als Zuerkennung von Rentenrechten verstanden werden können.[22] Die Leistungen, die während eines Widerspruchsverfahrens gegen einen leistungsentziehenden Verwaltungsakt weiter gezahlt 3

11 BSG, Urt. v. 28.06.1991, SozR 3–1300 § 50 Nr. 10.
12 BSG, Urt. v. 28.06.1991, SozR 3–1300 § 50 Nr. 10.
13 BSG, Urt. v. 28.06.1991, SozR 3–1300 § 50 Nr. 10.
14 BSG, Urt. v. 24.07.2001, SozR 3–1300 § 50 Nr. 24.
15 BSG, Urt. v. 24.07.2001, SozR 3–1300 § 50 Nr. 24.
16 BSG, Urt. v. 28.06.1991, SozR 3–1300 § 50 Nr. 10.
17 BSG, Urt. v. 30.01.2002, SozR 3–1300 § 50 Nr. 25.
18 BSG, Urt. v. 30.01.2002, SozR 3–1300 § 50 Nr. 25.
19 Eingefügt durch Gesetz zur Änderung des Sechsten Buches Sozialgesetzbuch und anderer Gesetze v. 15.12.1995, BGBl. I 1995, S. 1824.
20 Dazu: *Ruland*, NZS 2022, 201; *Jährling-Rahnefeld*, DAngVers 1996, 276; BSG, Urt. v. 08.02.2023 – B 5 R 2/22 R, juris: In einem Verwaltungsakt konkretisierte und titulierte Verpflichtungen gehen mit dem Tod des Verpflichteten als Nachlassverbindlichkeit (§ 1967 Abs. 1 BGB) auf die Rechtsnachfolger über.
21 BSG, Urt. v. 29.10.1992, SozR 3–1300 § 50 Nr. 13.
22 BSG, Urt. v. 23.03.1999, SozR 3–1300 § 50 Nr. 22 in Abgrenzung zu BSG, Urt. v. 24.01.1995, SozR 3–1300 § 50 Nr. 17.

werden, unterfallen ebenfalls Abs. 1.[23] Die Aufhebung des Verwaltungsaktes sollte nach der älteren Rechtsprechung des BSG konkludent mit der Rückforderung der Leistung erfolgen können, allerdings müsste der Gesamtzusammenhang der Darstellung den Willen zum Ausdruck bringen, nicht mehr am Bescheid festhalten zu wollen und die Voraussetzungen der aufhebenden Vorschriften erfüllen.[24] Dies sollte nicht gelten, wenn eine Behörde die Rückforderung ausdrücklich auf Abs. 2 stützt.[25] Die jüngere Rechtsprechung des BSG wendet sich gegen die Ansicht, in der Geltendmachung eines Erstattungsanspruchs zugleich die Aufhebung des Bewilligungsbescheides zu sehen.[26] Soweit sozialrechtliche **Spezialregelungen** zwar die Aufhebung zum Gegenstand haben, nicht aber die Rückforderung einer Leistung, bleibt § 50 Abs. 1 auch hier anwendbar.

4 Die **Aufhebung** muss in **rechtmäßiger Weise** erfolgt sein.[27] Hier erfolgt die Abwägung, ob einer Leistungsgewährung der Rechtsgrund genommen werden soll, § 50 Abs. 1 regelt dann nur noch die Folge der Erstattungspflicht. Der Behörde steht dabei **kein Ermessen** zu. Allerdings bleiben – nach der Gesetzesbegründung[28] – die haushaltsrechtlichen Regelungen des Bundes oder der Länder hinsichtlich **Stundung, Niederschlagung und Erlass** anwendbar (z.B. § 76 SGB IV, § 59 BHO). Eine Verzinsung bei Stundung des Erstattungsanspruchs (außerhalb des § 50 Abs. 2a) hält das BSG nur unter bestimmten Voraussetzungen, insbesondere mit Zustimmung des Erstattungspflichtigen, für zulässig.[29] Die Rückforderung ist begrenzt durch den Umfang der Aufhebung (»soweit«). Sie richtet sich auf die Herausgabe des Erlangten; eine Berufung auf den Wegfall der Bereicherung ist nicht möglich.[30]

III. Erstattungspflicht wegen zu Unrecht erbrachter Leistungen ohne Verwaltungsakt (Abs. 2)

5 **Anwendungsfälle** des § 50 Abs. 2 sind insbesondere: die Leistungserbringung aufgrund eines Urteils mit oder ohne Ausführungsbescheid[31]; die Gesetzesbegründung[32] nennt als Beispiel Leistungen, die ohne Verwaltungsakt aufgrund eines vorläufig vollstreckbaren, später aufgehobenen Urteils erbracht worden sind[33]; Leistungen aufgrund eines Anerkenntnisses, welches später angefochten wird[34]; Leistungen aufgrund eines Verwaltungsaktes, der sich »auf andere Weise« erledigt hat (§ 39 Abs. 2)[35] oder bereits aufgehoben wurde[36].

6 Ein Konkurrenzverhältnis besteht zum Erstattungsanspruch nach § 42 Abs. 2 Satz 2 SGB I (Erstattung überzahlter Vorschüsse), § 42 Abs. 2 Satz 2 SGB I ist spezieller. Nach Ansicht des BSG muss bei der Bewilligung des Vorschusses aber auf die an keine weiteren Voraussetzungen geknüpfte Erstattungspflicht hingewiesen werden, anderenfalls ist § 42 Abs. 2 Satz 2 SGB I nicht einschlägig und die Erstattung kann lediglich auf § 50 Abs. 2 Satz 2 gestützt werden.[37]

7 Bei der **entsprechenden Anwendung der §§ 45, 48** (§ 50 Abs. 2 Satz 2) ist zu prüfen, inwieweit die Voraussetzungen der Verweisungsvorschriften bei einer Leistung ohne Verwaltungsakt überhaupt,

23 BSG, Urt. v. 23.09.1997, SozR 3–1300 § 50 Nr. 20.
24 BSG, Urt. v. 10.03.1987, SozR 1300 § 50 Nr. 15; BSG, Urt. v. 13.06.1984 SozR 1500 § 144 Nr. 25.
25 BSG, Urt. v. 10.03.1987, SozR 1300 § 50 Nr. 15.
26 BSG, Urt. v. 25.06.1998, SozR 3–4100 § 71 Nr. 2.
27 BSG, Urt. v. 29.06.1994, SozR 3–1300 § 48 Nr. 33; BSG, VersorgVerw 1999, 46.
28 BT-Drucks. 8/2034, S. 36.
29 BSG, Urt. v. 30.01.1991, SozR 3–1300 § 50 Nr. 8.
30 Schütze/*Schütze*, SGB X, § 50 Rn. 29.
31 BSG, Urt. v. 31.10.1991 SozR 3–1300 § 45 Nr. 10; BSG, Urt. v. 02.07.1997, SozR 3–1300 § 50 Nr. 19.
32 BT-Drucks. 8/2034, S. 36.
33 BT-Drucks. 8/2034, S. 36.
34 BSG, Urt. v. 02.07.1997, SozR 3–1300 § 50 Nr. 19.
35 BSG, Urt. v. 18.03.1999, SozR 3–1300 § 50 Nr. 21.
36 BSG, Urt. v. 22.08.2012 – B 14 AS 165/11 R, juris.
37 BSG, Urt. v. 26.03.2014 – B 10 EG 13/13 R, juris.

wenn auch »entsprechend«, erfüllt sein können.[38] Ihrem Sinn nach überträgt die Verweisung die Schranken auf Leistungen ohne Verwaltungsakt, welche die §§ 45, 48 für die Aufhebung eines Verwaltungsaktes mit Wirkung für die Vergangenheit aufstellen, weil die Erstattungspflicht stets voraussetzt, dass Leistungen erbracht worden sind.[39] So finden die Fristen des § 45 Abs. 3 (i.V.m. § 48 Abs. 4 Satz 1) keine Anwendung, weil die reine Zahlung einer Leistung ohne zugrunde liegenden Verwaltungsakt keine ähnliche Bedeutung aufweist wie ein Verwaltungsakt mit Dauerwirkung, insbesondere keine in die Zukunft weisende Aussage trifft.[40] Anwendbar ist demgegenüber die **Frist** für die vergangenheitsbezogene Aufhebung, also **§ 45 Abs. 4 Satz 2 (i.V.m. § 48 Abs. 4)**.[41] Über diese Vorschrift finden auch die Regelungen des § 45 Abs. 2 Satz 3, Abs. 3 Satz 2 Eingang in die Prüfung.[42] Für den Beginn dieser Jahresfrist stellt das Gesetz auf die Kenntnis der Behörde von den Tatsachen ab, die die Aufhebung des Verwaltungsaktes für die Vergangenheit rechtfertigen. Das BSG hat im Rahmen des § 50 Abs. 2 die notwendige Kenntnis auch auf diejenigen Tatsachen erstreckt, welche die Rückforderung der Leistung rechtfertigen – etwa die Kenntnis oder das Kennenmüssen der Rechtsgrundlosigkeit der Zahlung.[43] Anwendung finden sollen grundsätzlich auch die Regelungen zum Vertrauensschutz, insbesondere § 45 Abs. 2.[44] Allerdings ist zu beachten, dass die (belastende) Aufhebung mit Wirkung für die Vergangenheit bei den §§ 45, 48 eine Art von Bösgläubigkeit voraussetzt (§ 45 Abs. 4 Satz 1 i.V.m. § 45 Abs. 2 Satz 3, Abs. 3 Satz 2; § 48 Abs. 1 Satz 2 Nr. 2 bis 4). Diese schließt ein zu schützendes Vertrauen nach § 45 Abs. 2 Satz 1 jedoch gerade aus. Im Rahmen des § 50 Abs. 2 ist also – tatbestandlich – zu prüfen, ob eine Aufhebung des fiktiven Verwaltungsaktes (läge ein solcher der Leistungserbringung zugrunde) mit Wirkung für die Vergangenheit zulässig wäre – ob also der Leistungsempfänger bösgläubig war. Ist diese Frage zu verneinen, dann bleibt für die Prüfung von Vertrauensschutz (etwa nach § 45 Abs. 2 Satz 1) kein Raum, denn ohne vergangenheitsbezogene Aufhebung stellt sich die Frage der Rückforderung nicht (weil zukunftsgerichtet noch keine Leistungen erbracht sein können). Wird eine Bösgläubigkeit in diesem Sinn bejaht, dann können zu berücksichtigende Gesichtspunkte des Einzelfalls bei der **Ermessensausübung** (**§ 45 Abs. 1 i.V.m. Abs. 4 Satz 1; § 48 Abs. 1 Satz 2**) einfließen.

Weil § 50 Abs. 2 Satz 2 die entsprechende Anwendung der §§ 45, 48 normiert und diese Normen 8
ihrerseits Ermessensentscheidungen beinhalten, soll – entgegen dem Wortlaut – die Rückforderung einer Sozialleistung nach § 50 Abs. 2 im Ermessen der Behörde liegen.[45] Zwar liegt der Rückforderung nach § 50 Abs. 2 keine (ermessensgeleitete) Aufhebung zugrunde, sodass diesbezügliche Erwägungen nach den §§ 45, 48 Teil der (dem Wortlaut nach gebundenen) Rückforderungsentscheidung werden. Dies darf aber nicht zu dem Schluss führen, dass der Behörde auch dann noch ein Ermessen hinsichtlich der Rückforderung der Leistung zusteht, wenn ihre Erwägungen entsprechend der §§ 45, 48 dazu geführt haben, dass ein Verwaltungsakt, wäre er vorhanden, (vergangenheitsbezogen) aufzuheben wäre. Stehen einer Rückforderung keine Gesichtspunkte entgegen, die die Aufhebung eines Verwaltungsaktes – läge er den erbrachten Leistungen zugrunde – verhindern würden, dann muss die Behörde die Leistung zurückfordern; dies zeigen der Wortlaut des § 50 Abs. 2 sowie sein Regelungskontext zu § 50 Abs. 1 an. Rechtstechnisch lässt sich das so darstellen, dass die entsprechende Anwendung der **§§ 45, 48 auf der Tatbestandsseite** des § 50 Abs. 2 verortet wird: Voraussetzung für die Erstattungspflicht nach § 50 Abs. 2 ist danach die Prüfung, ob die Gewährung der Leistung, beruhte sie auf einem Verwaltungsakt, aufgehoben werden dürfte. Ist dies der Fall, dann muss die **Rückforderung** erfolgen; der Behörde steht insoweit **kein Ermessen** zu. Allerdings

38 BSG, Urt. v. 24.01.1995, SozR 3–1300 § 50 Nr. 17.
39 BSG, Urt. v. 24.01.1995, SozR 3–1300 § 50 Nr. 17.
40 BSG, Urt. v. 24.01.1995, SozR 3–1300 § 50 Nr. 17; *Jährling-Rahnefeld*, DAngVers 1996, 276.
41 BSG, Urt. v. 02.07.1997, SozR 3–1300 § 50 Nr. 19.
42 BSG, Urt. v. 31.10.1991, SozR 3–1300 § 45 Nr. 10.
43 BSG, Urt. v. 21.03.1990, SozR 3–1300 § 50 Nr. 2.
44 Diering/Timme/Stähler/*Lang*, SGB X, § 50 Rn. 38; offen gelassen von BSG, Urt. v. 02.07.1997, SozR 3–1300 § 50 Nr. 19.
45 BSG, Urt. v. 18.08.1983, SozR 1300 § 50 Nr. 3.

bleiben – wie bei § 50 Abs. 1 – die haushaltsrechtlichen Regelungen des Bundes oder der Länder hinsichtlich **Stundung, Niederschlagung und Erlass** anwendbar (z.B. § 76 SGB IV, § 59 BHO).[46] Eine Verzinsung bei Stundung des Erstattungsanspruchs (außerhalb des § 50 Abs. 2a) hält das BSG nur unter bestimmten Voraussetzungen, insbesondere mit Zustimmung des Erstattungspflichtigen, für zulässig.[47] Dem § 42 Abs. 3 Nr. 3 SGB I entnimmt das BSG im Kontext des § 50 Abs. 2 ferner den Gedanken, dass dem Erstattungspflichtigen der Erstattungsanspruch zu erlassen ist, wenn die Einziehung nach Lage des Falles für ihn eine besondere Härte bedeuten würde; diese nimmt es an, soweit der Betroffene (nachträglich nicht mehr realisierbare) Sozialhilfeansprüche gehabt hätte oder soweit er durch die Rückzahlung sozialhilfebedürftig würde.[48] Die Heranziehung dieser Gesichtspunkte für die besondere Härte erscheinen nicht unproblematisch, weil sie bereits in die Entscheidung über die fiktive Aufhebungsmöglichkeit einfließen müssten. Die Rückforderung ist sodann begrenzt durch den Umfang der fiktiven Aufhebungsmöglichkeit (»soweit«). Sie richtet sich auf die Herausgabe des Erlangten; eine Berufung auf den Wegfall der Bereicherung ist nicht möglich.[49]

IV. Erbrachte Leistungen

9 Zu erstatten sind die »erbrachten Leistungen«, also alle **Sozialleistungen** im Sinne der §§ 1, 11 SGB I einschließlich Sach- und Dienstleistungen (§ 50 Abs. 1 Satz 2).[50] Eine Geldzahlung ist auch dann eine »Sozial«-Leistung, wenn sie zur Erfüllung eines nur vermeintlichen Zahlungsanspruchs bestimmt ist, der (vermeintlich) aus einem sozialen Recht (§§ 2 ff. SGB I) entstanden ist.[51] Das »Erbringen« der Leistung umfasst die **Erfüllungshandlung** der Behörde und den **Erfolg** (Zufluss).[52] Allerdings ist eine Leistung nicht erst dann »erbracht«, wenn sie dem aus dem Verwaltungsakt Berechtigten tatsächlich zugeflossen ist.[53] Die Ausdifferenzierung zur Leistung **innerhalb eines Sozialleistungsverhältnisses** (vgl. Rn. 2) hat hier Auswirkung auf die Frage, wann eine Leistung »erbracht« ist. Nur wenn die Leistung an einen in diesem Sinn »unbeteiligten« Dritten fließt, fehlt es am Leistungserfolg und damit am Erbringen im Sinne des § 50.[54] Gleiches gilt, wenn ein Verfügungsberechtigter im Sinne des § 118 Abs. 4 SGB VI verstirbt und der Erbe (§ 118 Abs. 4 Satz 4 SGB VI) von dem Geldbetrag nichts erhält.[55]

V. Verzinsung (Abs. 2a)

10 Grundsätzlich bestehen bei Erstattungsansprüchen nach § 50 keine Zinsansprüche. Sondervorschriften (z.B. § 27 SGB IV) können anderes regeln. Auch in § 50 Abs. 2a ist eine spezielle Verzinsungsregelung für Leistungen eingefügt worden[56], die im Rahmen der Förderung von Einrichtungen und Betrieben gewährt worden sind. Die Einbeziehung von »ähnlichen Leistungen« beschränkt sich nach der Gesetzesbegründung auf »andere vergleichbare Förderungen in anderen Gesetzen«, beispielsweise auf Leistungen der produktiven Winterbauförderung[57] oder Förderungen für Einrichtungen der Alten-, Jugend- und Sozialhilfe. Die Zinspflicht beginnt mit dem Eintritt der Unwirksamkeit des Verwaltungsaktes.[58] Gem. § 50 Abs. 2a Satz 2 kann von der Verzinsung unter

46 BT-Drucks. 8/2034, S. 36.
47 BSG, Urt. v. 30.01.1991, SozR 3–1300 § 50 Nr. 8.
48 BSG, Urt. v. 31.10.1991, SozR 3–1300 § 45 Nr. 10.
49 Schütze/*Schütze*, SGB X, § 50 Rn. 29.
50 BSG, Urt. v. 24.01.2001, SozR 3–1300 § 50 Nr. 24.
51 BSG, Urt. v. 24.07.2001, SozR 3–1300 § 50 Nr. 24.
52 BSG, Urt. v. 28.06.1991, SozR 3–1300 § 50 Nr. 10.
53 BSG, Urt. v. 28.06.1991, SozR 3–1300 § 50 Nr. 10.
54 BSG, Urt. v. 28.06.1991, SozR 3–1300 § 50 Nr. 10.
55 BSG, Urt. v. 03.04.2014 – B 5 R 25/13 R, juris.
56 Durch das Gesetz zur Änderung verwaltungsverfahrensrechtlicher Vorschriften v. 02.05.1996, BGBl. I 1996, S. 656.
57 BT-Drucks. 13/1534, S. 8 f.
58 Dazu: *Ebsen*, JbSozRGegenwart 19 (1997), 361.

den dort genannten Voraussetzungen nach pflichtgemäßem Ermessen abgesehen werden. **Nicht zu vertreten** bedeutet das Fehlen von Vorsatz oder (auch einfacher) Fahrlässigkeit entsprechend § 276 BGB.[59] Die Formulierung »insbesondere« zeigt an, dass auch in anderen, ähnlich gelagerten Fällen von einer Verzinsung abgesehen werden kann. Für den Fall, dass die Leistung nicht alsbald nach der Auszahlung für den bestimmten Zweck in zweckentsprechender Weise verwendet wird, ermächtigt § 50 Abs. 2a Satz 3 die Behörde zur Verzinsung bis zur zweckentsprechenden Verwendung. Die Widerrufsmöglichkeit gem. § 47 Abs. 2 Satz 1 Nr. 1 bleibt der Behörde dennoch erhalten (§ 50 Abs. 2a Satz 3 a.E.).

VI. Schriftliche Festsetzung des Erstattungsanspruchs (Abs. 3)

Die Festsetzung der Erstattung (Bezifferung des Betrages) hat aus Gründen der Rechtssicherheit[60] 11 durch schriftlichen Verwaltungsakt zu erfolgen. Mangels Einschränkung kann diese gesetzlich angeordnete Schriftform nach § 39a Abs. 2 SGB I durch die elektronische Form ersetzt werden (vgl. § 33 Rdn. 26 f). Eine Leistungsklage wäre mangels Rechtsschutzbedürfnisses und auch zum Schutz des Bürgers (vorherige Anhörung, weitere Anfechtungsinstanz) nicht statthaft, auch nicht ggü. mithaftenden Dritten.[61] Die Sollvorschrift des § 50 Abs. 3 Satz 2 lässt eine Trennung der Aufhebung des Verwaltungsaktes und der Geltendmachung des Erstattungsanspruchs (§ 50 Abs. 1) zwar in Ausnahmefällen zu (es handelt sich um zwei Verwaltungsakte); regelmäßig soll jedoch dem Betroffenen die Konsequenz der Aufhebung sofort deutlich gemacht werden, solange sie noch anfechtbar ist. Das BSG sieht mitunter in dem Bescheid, der nur die Erstattung der erbrachten Leistung verlangt, zugleich einen Aufhebungsbescheid (vgl. Rdn. 3).[62] Dabei dürfte Zurückhaltung geboten sein, weil der eigentliche Normzweck des § 50 Abs. 3 verloren gehen kann (fehlt etwa die Begründung für die Entscheidung, die nachgeholt werden kann, §§ 35, 41 Abs. 1 Nr. 2), dann kann die Rechtsklarheit und -sicherheit, die § 50 Abs. 3 anstrebt, gerade verloren gehen. Bei § 50 Abs. 2 ist die Rückforderung ohne die Prüfung der fiktiven Aufhebungsmöglichkeit (einschließlich der Ermessenserwägungen, §§ 45, 48) mangels zweiter Verwaltungsakte ohnehin nicht denkbar. Wird ein Erstattungsbescheid ausdrücklich auf § 50 Abs. 2 gestützt, dann lässt das BSG die Interpretation einer darin enthaltenen Aufhebung (die für den eigentlich einschlägigen § 50 Abs. 1 erforderlich ist) nicht zu.[63]

VII. Verjährung des Erstattungsanspruchs (Abs. 4)

Der Erstattungsanspruch verjährt in vier Jahren nach Ablauf des Kalenderjahres, in dem der Ver- 12 waltungsakt nach § 50 Abs. 3 unanfechtbar geworden ist. Es kommt danach nicht auf die materiellrechtliche Entstehung des Erstattungsanspruchs, sondern auf den Rückzahlungsbescheid an.[64] Die Forderung ist demgemäß nach Ablauf vier voller Kalenderjahre ab Bestandskraft des Feststellungsbescheides verjährt. Gem. § 50 Abs. 4 Satz 2 gelten die Vorschriften des BGB über die Hemmung, Ablaufhemmung und den Neubeginn (§§ 203 ff. BGB) sowie die Wirkung der Verjährung (§§ 214 ff. BGB) sinngemäß. Diese vierjährige Verjährungsfrist ist eine spezielle Regelung ggü. § 52 Abs. 2, wonach Forderungen, die durch unanfechtbaren Verwaltungsakt eingefordert werden, in 30 Jahren verjähren. Weil § 50 Abs. 4 Satz 3 die Regelung des § 52 unberührt lässt, gilt für Verwaltungsakte, die zugleich mit der Festsetzung nach § 50 Abs. 3 oder innerhalb der vierjährigen Frist des § 50 Abs. 4 Satz 1 zur Durchsetzung des festgestellten Erstattungsanspruchs ergehen (auch Aufrechnung, Verrechnung), die Verjährungsfrist von 30 Jahren – gerechnet ab Rechtskraft des die Festsetzung

---

59 Schütze/*Schütze*, SGB X, § 50 Rn. 31.
60 BT-Drucks. 8/2034, S. 36.
61 BSG, Urt. v. 03.09.1986, SozR 1500 § 54 Nr. 66 – für § 419 BGB.
62 BSG, Urt. v. 13.06.1984, SozR 1500 § 144 Nr. 25.
63 BSG, Urt. v. 10.03.1987, SozR 1300 § 50 Nr. 15; BSG, Urt. v. 29.10.1992, SozR 3-1300 § 50 Nr. 13.
64 BSG, Urt. v. 27.07.1989, SozR 1300 § 45 Nr. 44.

begleitenden Bescheides.[65] Ergeht kein Festsetzungsbescheid nach § 50 Abs. 3, dann verjährt der Erstattungsanspruch nicht, auch nicht nach § 45 SGB I; der Erstattungsanspruch kann aber verwirkt werden.[66]

VIII. Entsprechende Anwendung bei Berichtigung (Abs. 5)

13 § 50 Abs. 5 normiert einen Erstattungsanspruch für den Fall, dass Leistungen aufgrund eines Schreib- oder Rechenfehlers oder ähnlicher offenbarer Unrichtigkeiten (§ 38) erbracht worden sind und schließt damit eine Lücke, die durch den rückwirkenden Wegfall eines Rechtsgrundes für die erbrachte Leistung durch die Berichtigung entstehen kann.[67] § 50 Abs. 5 verweist zwar auf § 50 Abs. 1 bis 4, also auf § 50 Abs. 1 und 2, dennoch wird eine Zuordnung der Rückforderung nach Berichtigung zu einem der beiden Absätze versucht.[68] Vom typischen Anwendungsfall des § 50 Abs. 1 unterscheidet sich die Beseitigung des Rechtsgrundes für die Leistung im Wege der Berichtigung dadurch, dass die Berichtigung nicht den Schranken der Aufhebungsvorschriften, insbesondere der §§ 45, 48, unterliegt. Dieser Unterschied besteht unabhängig davon, ob man die Berichtigung selbst als Verwaltungsakt (wie die Aufhebung) ansieht oder nicht[69]. Zum typischen Anwendungsfall des § 50 Abs. 2 besteht der Unterschied darin, dass die Leistung aufgrund des – zu berichtigenden – Verwaltungsaktes (und nicht ohne Verwaltungsakt) erfolgt. Weil die Berichtigung selbst nicht den Schranken der Aufhebungsregelungen (insbesondere der §§ 45, 48) unterliegt, § 50 aber sicherstellt, dass die §§ 45, 48 (wegen des Vergangenheitsbezugs der Rückforderung) entweder direkt (§ 50 Abs. 1) oder jedenfalls entsprechend anzuwenden sind (§ 50 Abs. 2 Satz 2), muss die Verweisung des § 50 Abs. 5 so interpretiert werden, dass die (entsprechende) Anwendung der §§ 45, 48 sichergestellt wird. Würde man im Rahmen des § 50 Abs. 1 lediglich die rechtmäßige Berichtigung (und die Leistungserbringung) zur Voraussetzung des Erstattungsanspruchs machen, wäre diese Prüfung nicht sichergestellt. Man müsste demnach entweder im Rahmen des § 50 Abs. 1 fiktiv die entsprechende Prüfung der §§ 45, 48 ergänzen, wobei zu beachten wäre, dass eine vergangenheitsbezogene (belastende) Beseitigung des Rechtsgrundes für die Leistung eine Art Bösgläubigkeit voraussetzt (§ 45 Abs. 4 Satz 1; § 48 Abs. 1 Satz 2 Nr. 2 bis 4). Die Erstattung setzt also voraus, dass ein Verwaltungsakt auch rückwirkend aufgehoben werden könnte. Diese fiktive Prüfung ist strukturähnlich zu § 50 Abs. 2. Unter Verzicht auf das Merkmal der Leistung »ohne Verwaltungsakt« könnte die gleiche Art der Prüfung auch anhand von § 50 Abs. 2 vorgenommen werden. Auch hier ginge es darum, zu ermitteln, ob der Verwaltungsakt bei entsprechender Anwendung der §§ 45, 48 fiktiv rückwirkend aufgehoben werden könnte.

§ 51 Rückgabe von Urkunden und Sachen

[1]Ist ein Verwaltungsakt unanfechtbar widerrufen oder zurückgenommen oder ist seine Wirksamkeit aus einem anderen Grund nicht oder nicht mehr gegeben, kann die Behörde die auf Grund dieses Verwaltungsaktes erteilten Urkunden oder Sachen, die zum Nachweis der Rechte aus dem Verwaltungsakt oder zu deren Ausübung bestimmt sind, zurückfordern. [2]Der Inhaber und, sofern er nicht der Besitzer ist, auch der Besitzer dieser Urkunden oder Sachen sind zu ihrer Herausgabe verpflichtet. [3]Der Inhaber oder der Besitzer kann jedoch verlangen, dass ihm die Urkunden oder

65 Dazu: Schütze/*Schütze*, SGB X, § 50 Rn. 34.

66 BSG, Urt. v. 11.08.1976, SozR 3900 § 47 Nr. 4; BSG, Urt. v. 22.06.1977, SozR 3–3900 § 47 Nr. 5.

67 BT-Drucks. 8/2034, S. 36.

68 Das BSG tendiert zu § 50 Abs. 1, indem es die Rücknahme (§ 45) und die Berichtigung (§ 38) parallel behandelt, Urt. v. 29.10.1992 SozR 3–1300 § 50 Nr. 13; im Ergebnis ebenfalls Zuordnung zu § 50 Abs. 1: Diering/Timme/Stähler/*Lang*, SGB X, § 50 Rn. 63; Zuordnung zu § 50 Abs. 2: Schütze/*Schütze*, SGB X, § 50 Rn. 36.

69 Für Verwaltungsaktqualität: BSG, Urt. v. 29.10.1992 SozR 3–1300 § 50 Nr. 13; BSG, Urt. v. 31.05.1990 SozR 3–1300 § 38 Nr. 1; gegen eine Qualifizierung als Verwaltungsakt, weil die Berichtigung keine Regelung enthalte: Schütze/*Engelmann*, SGB X, § 38 Rn. 13 ff.

Sachen wieder ausgehändigt werden, nachdem sie von der Behörde als ungültig gekennzeichnet sind; dies gilt nicht bei Sachen, bei denen eine solche Kennzeichnung nicht oder nicht mit der erforderlichen Offensichtlichkeit oder Dauerhaftigkeit möglich ist.

Übersicht

A. Inhalt

1 Die Vorschrift gibt der Behörde im Interesse des Rechtsverkehrs das Recht zur Rückforderung von Urkunden und Sachen, die zum Nachweis der Rechte aus einem Verwaltungsakt oder zu deren Ausübung bestimmt waren; zugleich erlegt sie dem Inhaber oder Besitzer die Pflicht zur Rückgabe auf.[1] Nach der Kennzeichnung als ungültig kann der zur Rückgabe Verpflichtete ggf. die Wiederaushändigung verlangen (§ 51 S. 3).

B. Einzelerläuterungen

2 § 51 dient der **Sicherheit des Rechtsverkehrs** und möchte eine Lücke schließen, die ansonsten bestehen könnte, weil ein Rückforderungsrecht und eine Rückgabepflicht der Gegenstände selten in den Sachgesetzen geregelt sind und fraglich wäre, ob die der Sache nach berechtigte Rückforderung ohne ausdrückliche gesetzliche Rückgabeverpflichtung mit Hilfe des Verwaltungszwangs durchgeführt werden könnte.[2] Gleichgültig für die Anwendbarkeit des § 51 ist der Grund für die Unwirksamkeit des Verwaltungsaktes.[3] Sie muss jedoch unanfechtbar oder zumindest für sofort vollziehbar erklärt sein.[4] Gegenstand der Rückforderung sind Urkunden (z.B. Ausweise, Staatsangehörigkeitsurkunden, Schifffahrtspatente) sowie Sachen (z.B. Siegel, Plaketten), die im Zusammenhang mit einem Verwaltungsakt dem Betroffenen überlassen oder von diesem beschafft worden sind.[5] Weil die Bestimmung den Zweck hat, Missbrauch oder Missverständnisse zu verhindern, beschränkt sie sich auf solche Urkunden und Sachen, die zum Nachweis der Rechte oder zu deren Ausübung bestimmt sind. Die Rückgabepflicht richtet sich an den Inhaber, d.h. an denjenigen, der in der Urkunde genannt ist; sollte dieser nicht im Besitz der Urkunde oder Sache sein, so soll auch der Besitzer zur Rückgabe verpflichtet sein.[6] Geltend gemacht wird das Rückforderungsrecht durch Verwaltungsakt.[7] Die Entscheidung der Behörde steht in ihrem pflichtgemäßen Ermessen, wobei insbesondere der Zweck der Vorschrift und der Verhältnismäßigkeitsgrundsatz die Grenzen des Ermessens abstecken. Ergibt sich etwa das Ende der Berechtigung aus der Urkunde selbst, kann die Rückforderung unzulässig sein. § 51 Satz 3 wird der Verhältnismäßigkeit dadurch gerecht, dass er die Rückforderung auf das beschränkt, was zur Verhinderung von Missbrauch oder Missverständnis erforderlich ist, dem Inhaber oder (rechtmäßigen) Besitzer aber im Übrigen einen Anspruch auf Rückaushändigung zugesteht.

1 BT-Drucks. 7/910, S. 75 i.V.m. BT-Drucks. 8/2034, S. 36 (Verweis auf VwVfG).
2 BT-Drucks. 7/910, S. 75 i.V.m. BT-Drucks. 8/2034, S. 36 (Verweis auf VwVfG).
3 Dazu *Pickel*, WzS 1985, 353.
4 VG Aachen, Beschl. v. 09.12.2021 – B 12 KR 8/11, juris.
5 BT-Drucks. 7/910, S. 75 i.V.m. BT-Drucks. 8/2034, S. 36 (Verweis auf VwVfG).
6 BT-Drucks. 7/910, S. 75 i.V.m. BT-Drucks. 8/2034, S. 36 (Verweis auf VwVfG).
7 VG Aachen, Beschl. v. 09.12.2021 – B 12 KR 8/11, juris.

Dritter Titel Verjährungsrechtliche Wirkungen des Verwaltungsaktes

§ 52 Hemmung der Verjährung durch Verwaltungsakt

(1) [1]Ein Verwaltungsakt, der zur Feststellung oder Durchsetzung des Anspruchs eines öffentlich-rechtlichen Rechtsträgers erlassen wird, hemmt die Verjährung dieses Anspruchs. [2]Die Hemmung endet mit Eintritt der Unanfechtbarkeit des Verwaltungsakts oder sechs Monate nach seiner anderweitigen Erledigung.

(2) Ist ein Verwaltungsakt im Sinne des Absatzes 1 unanfechtbar geworden, beträgt die Verjährungsfrist 30 Jahre.

Übersicht

A. Inhalt

1 § 52 regelt die Verjährung öffentlich-rechtlicher Ansprüche von Trägern öffentlicher Verwaltung (»öffentliche Rechtsträger«), falls ein Verwaltungsakt zu dessen Feststellung oder Durchsetzung erlassen wird. Dieser unterbricht die Verjährung und setzt nach Abs. 2 eine neue, regelmäßig 30-jährige Verjährungsfrist in Lauf. Wie im Recht allgemein, begründet die Verjährung für den Schuldner ein Gegenrecht zu zeitweiliger oder andauernder Leistungsverweigerung: Es wird gegen eine Forderung durch »Einrede« geltend gemacht, eine Berücksichtigung von Amts wegen ist nicht geboten. Erhebt der Schuldner die Einrede; bleibt das Recht zwar bestehen, kann aber nicht mehr durchgesetzt werden. Das betrifft auch die Möglichkeit der Aufrechnung (§ 390 BGB), sofern die Aufrechnungslage erst nach Eintritt der Verjährung entstanden ist. Anderenfalls kann die Aufrechnung weiter durchgeführt werden (§ 215 BGB)[1]. Die Erhebung der Einrede steht im pflichtgemäßen Ermessen des Rechtsträgers[2], was zu einer besonderen Begründungspflicht im Bescheid (§ 35 Abs. 1 Satz 3 SGB X) führt[3]. Die Verjährung unterscheidet sich im Erfordernis der förmlichen Geltendmachung als Gegenrecht von einer Ausschlussfrist[4] und der Verwirkung eines Rechts durch längere Nichtgeltendmachung und daraus rührender Begründung des Rechtsscheins dauerhafter Nicht-Beitreibung[5]. Im Unterschied zur Verjährung ist der Eintritt des Rechtsausschlusses bei Ablauf einer Ausschlussfrist oder Verwirkung von Amts wegen festzustellen[6].

B. Einzelerläuterungen

2 § 52 regelt nicht die Verjährung an sich. Sie ist u.a. in § 45 SGB I sowie § 25 SGB IV und § 50 SGB X normiert. § 52 regelt nur die Hemmung der Verjährung vermögensrechtlicher öffentlich-rechtlicher Ansprüche von Trägern öffentlicher Verwaltung, falls ein Verwaltungsakt zur Durch-

---

1 BSG, Urt. v. 19.01.2013 – B 3 KR 31/12 R, SozR 4–2500 § 275 Nr 11, SozR 4–1200 § 45 Nr 6, SozR 4–7610 § 204 Nr 1.

2 BSG, Urt. v. 26.05.1987 – 4a RJ 49/85, BSGE 62, 10, 16; Diering/Timme/Stähler/*Diering*, SGB X, § 52 Rn. 18.

3 BSG, Urt. v. 16.03.2021 – B 2 U 12/19 R, SozR 4–2700 § 45 Nr 2, SozR 4–3250 § 71 Nr 1; BSG, Urt. v. 08.12.2005 – B 13 RJ 41/04 R, SozR 4–2200 § 1290 Nr 1.

4 Typisch für Honorarbescheide: BSG, Urt. v. 16.06.1993 – 14a/6 RKa 37/91, BSGE 72, 271; BSG, Urt. v. 06.09.2006 – B 6 KA 40/05 R, BSGE 97, 84; BSG, Urt. v. 28.03.2007 – B 6 KA 22/06 R, BSGE 98, 169.

5 BSG, Urt. v. 29.01.1997 – 5 RJ 52/94, BSGE 80, 41; BSG, Urt. v. 27.07.2011 – B 12 R 16/09 R, BSGE 109, 22.

6 Anders BSG, Urt. v. 17.12.1964 – 3 RK 65/62, BSGE 22, 173, 177; BSG, Urt. v. 22.06.1966 – 3 RK 4/64, BSGE 25, 72.

setzung eines solchen Anspruchs erlassen wird.[7] § 52 bestimmt, dass in diesem Fall die Verjährung gehemmt ist – d.h. der Zeitraum der Hemmung wird nicht in die Verjährungsfrist eingerechnet (§ 209 BGB). Für die Träger öffentlicher Verwaltung bedeutet dies eine Erleichterung, der Anspruch muss nicht durch Klage geltend gemacht werden und eine Vollstreckungsmaßnahme zur Abwendung der Verjährung ist unnötig.

Die Hemmung nach § 52 tritt ein, wenn ein auf Feststellung oder Durchsetzung des Anspruchs anderer gerichteter Verwaltungsakt erlassen wurde: Es kommen dafür ein Leistungsbescheid sowie jeder Verwaltungsakt, auch im Rahmen eines Vollstreckungsverfahrens – etwa zur Feststellung der Versicherungspflicht,[8] eine Wirtschaftlichkeitsprüfung,[9] Prüfung durch Arbeitsamt[10] oder Rentenversicherungsträger[11] – und ein Feststellungsbescheid in Betracht. Letzterer hemmt die Verjährung aber nur, sofern daraus der Anspruch hinreichend zu erkennen ist; dessen fehlende Durchsetzbarkeit steht der Hemmung indessen nicht entgegen.[12] Denn nach dem Gesetzestext genügt für den Eintritt der Verjährung die »Feststellung« des Anspruchs.[13] Daher muss der Anspruch als Gegenstand der Feststellung zureichend spezifiziert und konkretisiert sein. Das soll allerdings bei ein Darlehen gewährenden Verwaltungsakten auf Grundlage des § 42a SGB II der Fall sein. Der Darlehensgewährung wohne bereits der immanente Rückzahlungsanspruch inne, so dass die Verjährung selbst 30 Jahre betrage[14]. Das ist allerdings kein Fall der Hemmung im Sinne des Absatzes 1, sondern ein unmittelbarer Anwendungsfall der Fristenregelung des Absatzes 2. Voraussetzung für die Hemmung ist ein wirksamer, nicht notwendig rechtmäßiger Verwaltungsakt. Die Behörde hat es also bei drohender Verjährung in der Hand, vorsorglich und risikoarm einen bis an die Nichtigkeitsgrenze heranreichenden Verwaltungsakt zu erlassen. Stellt sich dieser in einem gerichtlichen Verfahren als fehlerhaft heraus, ist zumindest die Verjährung gehemmt und es kann nachgebessert werden. Ein nichtiger Verwaltungsakt kann die Verjährung nicht unterbrechen,[15] ebenso wenig ein Verwaltungsakt, der mangels Bekanntgabe noch nicht wirksam geworden ist. 3

Auch eine an den Arbeitgeber ohne Rechtsmittelbelehrung ergangene Aufforderung zur Begleichung übergegangener Ansprüche ist kein Verwaltungsakt nach § 52.[16] Auch die auf Feststellung und Durchsetzung eines Schadensersatzanspruches ergriffenen Maßnahmen – z.B. ein Feststellungsantrag, eine Untätigkeitsklage und ein Feststellungsbescheid – hemmen die Verjährung nicht, solange der Betroffene davon keine Kenntnis erlangt.[17] Die Hemmung dauert fort, bis der Verwaltungsakt unanfechtbar geworden oder das zu seinem Erlass führende Verwaltungsverfahren anderweitig erledigt ist. 4

Wird der Verwaltungsakt erneut erlassen, beginnt die Verjährung neu zu laufen (§ 212 Abs. 1 Nr. 2 BGB). Der zweite Verwaltungsakt muss nicht inhaltsgleich, aber auf Durchsetzung desselben Anspruchs gerichtet sein. Ein solcher Neuerlass kommt in Frage, wenn der Erstbescheid wegen 5

7 *Bigge*, Zur Anwendung des § 52 Abs. 2 SGB X (unanfechtbarer Beitragsbescheid) im Bereich der gesetzlichen Unfallversicherung, SozVers 1986, 187.

8 LSG Nordrhein-Westfalen, Urt. v. 19.07.2004 – L 5 KR 84/02.

9 BSG, Urt. v. 06.09.2006 – B 6 KA 40/05 R, BSGE 97, 84].

10 LSG Berlin-Brandenburg, Urt. v. 08.11.2006 – L 9 KR 30/04.

11 *Hönigmann*, Verjährungshemmung und Aussetzung der Vollziehung im Betriebsprüfungsverfahren der Rentenversicherungsträger, DStR 2002, 222.

12 Diering/Timme/Stähler/*Diering*, SGB X, § 52 Rn. 11.

13 Hauck/Noftz/*Freischmidt*, SGB X, § 52 Rn. 6; Schütze/*Engelmann*, SGB X, § 52 Rn. 25; *Oliver Kittner*, Die Nachforderung von Sozialversicherungsbeiträgen vor dem Hintergrund (irrtümlicher) Nichtzahlung, NZS 2011, 929, 931.

14 LSG Hessen, Beschl. v. 14.11.2023 – L 6 AS 339/23 B ER, Rn. 34.

15 BSG, Urt. v. 20.10.1983 – 7 RAr 41/82, BSGE 56, 20, 24 lässt dagegen dahinstehen, ob ein nichtiger Verwaltungsakt die Verjährung zu unterbrechen vermag.

16 LSG Berlin-Brandenburg, Urt. v. 29.04.2003 – L 7 AL 262/01; BSG, Urt. v. 28.08.1996 – 6 RKa 88/95, BSGE 79, 97.

17 BSG, Urt. v. 28.08.1996 – 6 RKa 88/95, BSGE 79, 97.

förmlichen Mangels oder fehlender oder falscher Ermessensausübung aufgehoben wurde. Auch kann ein sonstiger materieller Fehler des früheren Verwaltungsaktes beseitigt worden sein.[18]

6 Ist der zur Durchsetzung des Anspruchs erlassene Verwaltungsakt bestandskräftig geworden, beginnt eine neue, regelmäßig 30-jährige Verjährungsfrist (Abs. 2).

Vierter Abschnitt Öffentlich-rechtlicher Vertrag

§ 53 Zulässigkeit des öffentlich-rechtlichen Vertrages

(1) [1]Ein Rechtsverhältnis auf dem Gebiet des öffentlichen Rechts kann durch Vertrag begründet, geändert oder aufgehoben werden (öffentlich-rechtlicher Vertrag), soweit Rechtsvorschriften nicht entgegenstehen. [2]Insbesondere kann die Behörde, anstatt einen Verwaltungsakt zu erlassen, einen öffentlich-rechtlichen Vertrag mit demjenigen schließen, an den sie sonst den Verwaltungsakt richten würde.

(2) Ein öffentlich-rechtlicher Vertrag über Sozialleistungen kann nur geschlossen werden, soweit die Erbringung der Leistungen im Ermessen des Leistungsträgers steht.

Übersicht

A. Inhalt

1 § 53 SGB X definiert als wesentliche Vorschrift des Vierten Abschnitts[1] zunächst in Abs. 1 Satz 1 das Rechtsinstitut des öffentlich-rechtlichen Vertrags als einen Rechtsakt, der ein Rechtsverhältnis begründet, ändert oder aufhebt. Zulässig ist der öffentlich-rechtliche Vertrag nach dem zweiten Halbsatz des ersten Satzes, soweit Rechtsvorschriften nicht entgegenstehen. Durch die ergänzende Regelung in § 53 Abs. 1 Satz 2 wird klargestellt, dass eine Behörde anstelle des Erlasses eines Verwaltungsakts mit dem Adressaten des Verwaltungsakts einen öffentlich-rechtlichen (sog. verwaltungsaktersetzenden) Vertrag schließen kann. Das Sozialrecht erkennt somit in § 53 den Verwaltungsakt und öffentlich-rechtlichen Vertrag als zwei einander gleichwertige Handlungsformen an.[2] § 53 Abs. 2 bestimmt, dass ein öffentlich-rechtlicher Vertrag über Sozialleistungen nur geschlossen werden kann, soweit die Leistungserbringung im Ermessen des Leistungsträgers steht. Durch § 53 Abs. 2 soll der Abschluss von Verträgen über Sozialleistungen, auf die der Bürger einen Anspruch hat, in dessen Interesse und zu seinem Schutz verhindert werden.[3] Da in §§ 54 ff. weitere Bestimmungen und besondere Wirksamkeitsbedingungen enthalten sind, kann in den Regelungen des § 53 dennoch keine abschließende Regelung über das Zustandekommen öffentlich-rechtlicher Verträge gesehen

18 Diese Unterbrechung der Verjährung ist nicht auf den Lauf der Rücknahmefrist nach § 45 Abs. 4 Satz 2 zu übertragen, BVerwG, Urt. v. 19.12.1995 – 5 C 10/94, BVerwGE 100, 199, 204 ff.; bestätigt durch BVerwG, Urt. v. 05.08.1996 – 5 C 6/95, ZfSH/SGB 1997, 162, 164.

1 Hauck/Noftz/*Becker*, § 53 SGB X Rn. 1.

2 BSG, Urt. v. 27.01.1981 – 5a/5 RKn 14/79, juris Rn. 45.

3 Schütze/*Engelmann*, SGB X, § 53 Rn. 4.

werden.[4] Der Abschluss öffentlich-rechtlicher Verträge bedarf indes zur Legitimation der Handlungsform an sich darüber hinaus keiner speziellen Ermächtigung.[5] Anderes kann freilich für die Frage der Zulässigkeit des Vertragsinhalts gelten.[6]

B. Einzelerläuterungen

I. Zulässigkeit öffentlich-rechtlicher Verträge (§ 53 Abs. 1)

1. Anwendungsbereich

§ 53 erfasst trotz seines (weiten) Wortlautsnur solche Rechtsverhältnisse des öffentlichen Rechts, 2
die dem Anwendungsbereich des SGB X unterliegen.[7] Zudem sind Sozialleistungen, die nicht auf Ermessensentscheidungen beruhen und daher Pflichtleistungen (§ 38 SGB I) darstellen, durch § 53 Abs. 2 aus dem Anwendungsbereich des öffentlich-rechtlichen Vertrages ausgenommen.

Die Vorschriften des SGB X über den öffentlich-rechtlichen Vertrag gelten außerdem nur für öffent- 3
lich-rechtliche Verwaltungstätigkeit der Behörden (vgl. § 1 Abs. 1 Satz 1 SGB X), so dass auf privatrechtliche oder fiskalische Verträge die §§ 53 ff. SGB X keine Anwendung finden. Die Frage nach einer analogen Anwendung der §§ 54 ff. VwVfG auf derartige Verträge ist für die Anwendung der §§ 53 ff. SGB X unerheblich. Denn aus § 1 Abs. 1 Satz 1 SGB X ergibt sich, dass die Anwendung der Regelungen des SGB X eine Verwaltungstätigkeit nach dem Sozialgesetzbuch voraussetzt, so dass es an einer Regelungslücke fehlt, die eine analoge Anwendung der Regelungen auf sonstige, insbesondere fiskalische Tätigkeiten ermöglichen würde.[8]

2. Tatbestandsmerkmale des öffentlich-rechtlichen Vertrags

a) Vertragsbegriff

§ 53 setzt den Begriff des Vertrags voraus, ohne ihn näher zu definieren. Allgemein versteht die 4
Rechtsordnung unter einem Vertrag die Einigung von zumindest zwei Rechtssubjekten über die Herbeiführung eines bestimmten Rechtserfolgs. Grundsätzlich erforderlich sind für das Zustandekommen zwei kongruente Willenserklärungen, namentlich Angebot und Annahme (vgl. §§ 145 ff. BGB). Auf öffentlich-rechtliche Verträge im Sinne des § 53 sind die Normen des BGB über Willenserklärungen (insbesondere zu deren Zustandekommen, ihrer Wirksamkeit) und deren Anfechtung anwendbar.[9] ine förmliche Annahmeerklärung des Vertragsangebots ist jedoch entbehrlich (§ 151 BGB).[10] Die Auslegung des Vertrags richtet sich nach § 157 BGB; dabei ist insbesondere gemäß § 133 BGB ausgehend vom objektiven Wortlaut der wirkliche Wille der Vertragsparteien zu erforschen. Bei der Auslegung finden alle Begleitumstände der zum Vertrag führenden Willenserklärungen Berücksichtigung, die für die Frage relevant sein können, welchen Erklärungswillen der Erklärende hatte und wie dessen Äußerung vom Empfänger zu verstehen war.[11] Der Vertrag ist – insbesondere im Fall koordinationsrechtlicher Verträge zwischen zwei Hoheitsträgern – gesetzeskonform auszulegen, da so die Nichtigkeit des Vertrags, auch wegen eines Verstoßes gegen Recht

---

4 jurisPK-SGB X/*Hartmeyer*, § 53 Rn. 24.

5 BVerfG, Urt. v. 13.09.2005 – 2 BvF 2/03, juris Rn. 165 ff.; BSG, Urt. v. 28.07.2008 – B 1 KR 4/08 R, juris Rn. 34; jurisPK-SGB X/*Hartmeyer*, § 53 Rn 67.

6 BSG, Urt. v. 21.09.2023 – B 3 KR 4/22 R, juris Rn. 33; VG Gießen, Urt. v. 06.12.2019 – 4 K 6206/18. Gl, juris Rn. 33.

7 Diering/Timme/Stähler/*Diering*, SGB X, § 53 Rn. 4.

8 Vgl. Hauck/Noftz/*Becker*, § 53 SGB X Rn. 57.

9 Hauck/Noftz/*Becker*, § 53 SGB X Rn. 56.

10 BSG, Urt. v. 29.06.1995 – 11 RAr 109/94, juris Rn. 31; BSG, Urt. v. 18.07.2006 – B 1 KR 24/05 R, juris Rn. 12.

11 BSG, Urt. v. 11.12.2008 – B 9 Vs 1/08 R, juris Rn. 66, 72; BeckOGK/*Wehrhahn*, § 53 SGB X Rn. 8, Stand 05/2018.

und Gesetz (vgl. Art. 20 Abs. 3 GG), vermieden werden kann.[12] Deshalb sind auch die gesetzgeberischen Wertungen – wie beispielsweise der Grundsatz der Wirtschaftlichkeit und Sparsamkeit als haushaltsrechtliches Prinzip – bei einer Auslegung zu berücksichtigen.[13]

5 Zulässig ist auch eine ergänzende Vertragsauslegung, wenn eine Vereinbarung der Parteien in einem regelungsbedürftigen Punkt fehlt.[14] Voraussetzung dafür ist jedoch das Bestehen einer vertraglichen Regelungslücke, das bedeutet die Vertragspartner müssen einen regelungsbedürftigen Punkt nicht geregelt haben, unabhängig davon, aus welchem Grund die Nichtregelung erfolgt ist.[15]

b) »Öffentlich-rechtliche Natur«

6 Der öffentlich-rechtliche Vertrag unterscheidet sich vom privatrechtlichen nach der h.M. in erster Linie dadurch, dass er Rechte oder Pflichten auf dem Gebiet des öffentlichen Rechts zum Gegenstand hat.[16] Maßgebliches Merkmal des Begriffs »öffentlich-rechtlich« ist zudem die notwendige Beteiligung von mindestens einer Behörde..[17]

7 Zwar schließt § 53 privatrechtliche Verträge aus dem Anwendungsbereich des SGB X aus; damit wird jedoch den Sozialversicherungsträgern nicht untersagt, auch privatrechtliche Verträge abzuschließen. Dies ist insbesondere bei fiskalischer Beschaffung und im Rahmen der allgemeinen Teilnahme am Privatrechtsverkehr ohne Weiteres zulässig. Und soweit der Verwaltung im konkreten Einzelfall ein Wahlrecht zwischen öffentlich-rechtlichem Handeln und privat-rechtlichem Handeln zukommt und beide Handlungsformen gleichwertig sind,[18] wird dieses Wahlrecht durch die Vorschrift nicht beschränkt.

8 Wenn eine eindeutige Zuordnung zum öffentlich-rechtlichen oder privatrechtlichen Vertag nicht möglich ist, handelt es sich um einen sog. gemischten Vertrag. Wie solche gemischten Verträge zu behandeln und nach welchen Kriterien sie einem Rechtsregime zuzuordnen sind, ist umstritten. Nach der sog. Einheitstheorie wird dieser immer, wenn öffentlich-rechtliche Pflichten bzw. Rechte begründet werden, in seiner Gesamtheit als öffentlich-rechtlich angesehen, weil eine einheitliche Betrachtungsweise geboten sei und die strengeren Vorschriften für den öffentlich-rechtlichen Vertrag die Vertragsfreiheit des Privatrechts überlagern würden.[19] Nach der sog. Schwerpunkttheorie wird auf den Schwerpunkt des Vertrags abgestellt und, ob der öffentlich-rechtliche oder der privatrechtliche Teil dem Vertrag das entscheidende Gepräge gibt.[20] Die Beurteilung öffentlich-rechtlicher Vertragsteile kann sich demnach auch nach zivilrechtlichen Grundsätzen richten.[21] Verträge zwischen gesetzlichen Krankenkassen und Leistungserbringern nach §§ 69 ff. SGB V sind grundsätzlich dem öffentlichen Recht zuzuordnen.[22] Ein Abschluss von öffentlich-rechtlichen Verträgen ist auch mit

---

12 OVG Hamburg, Urt. v. 06.10.2022 – 5 Bf 467/19, juris Rn. 54; OVG Lüneburg, Urt. v. 23.02.2022 – 9 LB 407/19, juris Rn. 197.

13 Vgl. etwa OVG Münster, Beschl. v. 21.03.2017 – 15 A 2153/16, juris Rn. 6 f.

14 VGH Baden-Württemberg, Urt. v. 19.07.2023 – 14 S 504/21, juris Rn. 144.

15 BVerwG, Urt. v. 25.04.1996 – 3 C 8.95, juris Rn. 37; VGH Mannheim, Urt. v. 19.07.2023 – 14 S 504/21, juris Rn. 144.

16 Diering/Timme/Stähler/*Diering*, SGB X, § 53 Rn. 7.

17 BSG, Urt. v. 11.09.1980 – 1 RA 75/79, juris Rn. 15; Diering/Timme/Stähler/*Diering*, SGB X, § 53 Rn. 9.

18 Vgl. BSG, Urt. v. 27.01.1981 – 5a/5 RKn 14/79, juris Rn. 45.

19 BVerwG, Urt. v. 06.07.1973 – IV C 22.72, juris Rn. 18.

20 Sog. »Schwerpunkttheorie«: BGH, Urt. v. 22.11.1979 – III ZR 186/77, juris Rn. 66; BVerwG, Urt. v. 18.07.2012 – 8 C 4.11, juris Rn. 45.

21 Hauck/Noftz/*Becker*, § 53 SGB X Rn. 60.

22 Vgl. etwa BSG, Urt. v. 29.05.1996 – 3 RK 23/95, juris Rn. 16 ff.; BSG, Urt. v. 29.05.1996 – 3 RK 23/95, juris Rn. 15; jurisPK-SGB X/*Hartmeyer*, § 53 Rn. 96.

ausländischen juristischen Personen möglich.[23] Der Anwendungsbereich der §§ 53 ff. erstreckt sich zudem grundsätzlich auch auf sozialrechtliche Normverträge.[24]

9 Die Formulierung »öffentlich-rechtlich« in § 53 ist insoweit ungenau, als der Anwendungsbereich der Regelung auf sozialverwaltungsrechtliche Verträge begrenzt ist. Sozialverwaltungsrechtliche Verträge liegen vor, soweit ihr Gegenstand dem Anwendungsbereich des SGB unterliegt.

c) Kein Entgegenstehen anderer Rechtsvorschriften

10 Gemäß § 53 Abs. 1 Satz 1 Halbs. 2 dürfen dem Abschluss eines öffentlich-rechtlichen Vertrags keine Rechtsvorschriften entgegenstehen. Die dem Abschluss eines öffentlich-rechtlichen Vertrags entgegenstehende Rechtsvorschriften können in Gesetzen im förmlichen Sinne sowie in Rechtsverordnungen enthalten sein. Bei bloßen Verwaltungsvorschriften handelt es sich insoweit aber nicht um »Rechtsvorschriften« im Sinn des § 53 Abs. 1.[25]

d) Ermessensentscheidung

11 Grundsätzlich entscheidet die Behörde nach pflichtgemäßem Ermessen, ob sie einen öffentlich-rechtlichen Vertrag abschließt.[26] Allerdings kann im Einzelfall ein (insbesondere grundrechtlich fundierter) Anspruch des (möglichen) Vertragspartners der Behörde auf Vertragsabschluss in Betracht kommen. Ein solcher Anspruch besteht insbesondere, wenn der Zugang eines Leistungserbringers zur Leistungserbringung bei entsprechender Erfüllung der materiellen Voraussetzungen erst durch Abschluss eines Versorgungsvertrags ermöglicht werden kann; z.B. bei Vorsorge- und Rehabilitationseinrichtungen (§ 111 SGB V) oder Pflegeeinrichtungen (§ 72 SGB XI), dessen Vertragsablehnung dann einen Verwaltungsakt darstellt.[27] Umstritten ist dabei, ob es sich bei der Ablehnung des Abschlusses eines solchen Versorgungsvertrags um einen Verwaltungsakt handelt. Während das BSG die Ablehnung des Versorgungsvertrags sowohl gegenüber einem Krankenhaus[28] als auch gegenüber einer Pflegeeinrichtung[29] als Verwaltungsakt klassifiziert, wird dies von der Gegenansicht einhellig verneint.[30]

3. Arten von Verträgen

12 § 53 regelt koordinationsrechtliche Verträge (im Gleichordnungsverhältnis) ebenso sowie subordinationsrechtliche Verträge (im Über-/Unterordnungsverhältnis). Außerdem erfasst die Regelung öffentlich-rechtliche Verträge, deren Inhalt eine Leistungsverpflichtung, eine Leistungsverfügung oder ein Vergleich (§ 54) ist, sowie Austauschverträge (§ 55).[31] Einen numerus clausus von zulässigen öffentlich-rechtlichen Verträgen gibt es jedoch nicht.[32]

a) Koordinationsrechtliche Verträge

13 Ein koordinationsrechtlicher Vertrag liegt vor, wenn die Vertragsparteien eine Regelung im Gleichordnungsverhältnis treffen.[33] Hierzu gehören insbesondere Verträge, die Sozialversicherungsträger

---

23 BeckOK-SozR/*Heße*, § 53 SGB X Rn. 5, Stand 09/2024.
24 So ausdrücklich BSG, Urt. v. 08.03.2017 – B 8 SO 20/15 R, juris Rn. 20; Schütze/*Engelmann*, SGB X, § 53 Rn. 15.
25 Hauck/Noftz/Becker, § 53 SGB X Rn. 67.
26 jurisPK-SGB X/*Hartmeyer*, § 53 Rn. 78.
27 Diering/Timme/Stähler/*Diering*, SGB X, § 53 Rn. 15.
28 BSG, Urt. v. 27.01.1981 – 5a/5 RKn 14/79, juris Rn. 45 ff.
29 BSG, Urt. v. 29.05.1996 – 3 RK 23/95, juris Rn. 14.
30 Vgl. zum Streit: Diering/Timme/Stähler/*Diering*, SGB X, § 53 Rn. 15.
31 BeckOK-SozR/*Heße*, § 53 SGB X Rn. 6, Stand 09/2024.
32 Hauck/Noftz/*Becker*, § 53 SGB X Rn. 21 f.
33 Schütze/*Engelmann*, SGB X, § 53 Rn. 40.

zur Ausführung ihrer Aufgaben miteinander schließen, ohne dass hierbei eine einseitige Anordnungsbefugnis besteht.[34]

14 Koordinationsrechtliche Verträge kommen vor allem dann in Frage, wenn Sozialleistungsträger ihre Aufgaben im Interesse der Wirtschaftlichkeit gemeinsam erledigen etwa bei der Erbringung von Dienst[35]- und Sachleistungen sowie im Hinblick auf die Verrechnung zwischen Leistungsträgern.[36] Solche Verträge können auch ausdrücklich gesetzlich gefordert sein, etwa im Hinblick auf die Festlegung einheitlicher Standards für die Durchführung von Begutachtungen als Voraussetzung der Gewährung von Sozialleistungen (s.§ 96 Abs. 2 Satz 2). Während Verträge, die einen Dritten belasten, der seine Zustimmung zu der Belastung nicht gegeben hat, als sog. Verträge zu Lasten Dritter generell unzulässig sind, sind Verträge zugunsten Dritter (§ 328 BGB, § 61) auch ohne deren Zustimmung zulässig. Möglich sind – vorbehaltlich etwaiger Abtretungsverbote im Einzelfall – Verträge, welche die Abtretung öffentlich-rechtlicher Forderungen an Private vorsehen; unter diesen Voraussetzungen können auch Private gegen Schuldner aus öffentlich-rechtlichen Verträgen vorgehen.[37] Im Vertragsarzt- (§ 99 SGB V), Pflegeversicherungs- (§§ 72, 84 SGB XI) und Krankenhausrecht (§ 107 f. SGB V) sieht das Gesetz den Abschluss von Verträgen als Rechtsform über Leistungsmodalitäten sogar eigens vor.[38] Das Prinzip der Gesetzesbindung (§ 31 SGB I) ist dabei auch bei Verträgen, die Leistungserbringer über die Art und Weise der Leistungen untereinander abschließen, zu beachten.[39]

15 Auch bei Versorgungsverträgen, vgl. etwa § 108 Nr. 3 SGB V bzw. § 109 SGB V, handelt es sich nach Auffassung der Rechtsprechung um öffentlich-rechtliche Verträge im Sinn des SGB X,[40] ebenso wie auch Vergütungsvereinbarungen öffentlich-rechtliche Verträge darstellen.[41]

b) Subordinationsrechtliche Verträge

16 § 53 Abs. 1 Satz 2 ermächtigt die Behörde in einem subordinationsrechtlichen Verhältnis ausdrücklich zum Vertragsabschluss anstelle des Erlasses eines Verwaltungsakts. Voraussetzung für den Abschluss eines subordinationsrechtlichen Vertrages ist, dass die Behörde einen Verwaltungsakt gleichen Inhalts erlassen dürfte, der Vertrag dem Verwaltungsakt mithin gleichwertig ist.[42] Will die Behörde anstelle des an sich möglichen Verwaltungsakts einen Vertrag abschließen, ist also zu prüfen, ob für die Maßnahmen der Verwaltungsakt als rechtlich zutreffende Regelungsform in Betracht kommt.

17 Hinsichtlich der Zulässigkeit ist sodann die für den Verwaltungsakt einschlägige Norm zu prüfen. Insbesondere darf sich die Verwaltung durch den Vertrag nicht ein Mehr an Rechten und Vorteilen versprechen lassen, als ihr durch einen Verwaltungsakt zukäme. Der Vorbehalt des Gesetzes (§ 31 SGB I) wird durch die Vertragsform nicht beschränkt, denn die Wahl des öffentlich-rechtlichen Vertrags als Handlungsform steht nicht offen, soweit das Gesetz das Vorgehen in Form eines Verwaltungsakts zwingend vorschreibt.

34 BSG, Urt. v. 11.09.1980 – 1 RA 75/79, juris Rn. 15.
35 BSG, Urt. v. 04.05.1994 – 6 RKa 40/93, juris Rn. 10.
36 BSG, Urt. v. 26.09.1991 – 4/1 RA 33/90, juris Rn. 18.
37 BSG, Urt. v. 27.11.1991 – 4 RA 80/90, juris Rn. 21.
38 BSG, Urt. v. 08.04.1992 – 6 RKa 24/90, juris Rn. 21; BSG, Urt. v. 15.03.1995 – 6 RKa 36/93, juris Rn. 22.
39 BSG, Urt. v. 04.05.1994 – 6 RKa 40/93, juris Rn. 15.
40 BSG, Urt. v. 24.01.2008 – B 3 KR 17/07 R, juris Rn. 25.
41 BGH, Urt. v. 12.11.1991 – KZR 22/90, juris Rn. 8; BSG, Urt. v. 15.03.1995 – 6 RKa 36/93, juris Rn. 22.
42 Hauck/Noftz/*Becker*, § 53 SGB X Rn. 28.

II. Ermessensleistungen (§ 53 Abs. 2)

Nach dem Wortlaut des § 53 Abs. 2 sind nur solche Verträge über Sozialleistungen statthaft, die Ermessensentscheidungen zum Gegenstand haben (§ 39 SGB I). Sozialleistungen, auf die ein Anspruch besteht, können hiernach nicht Gegenstand eines öffentlich-rechtlichen Vertrags sein. Vor diesem Hintergrund ist die Einordnung von Eingliederungsvereinbarungen umstritten. Insoweit hat das BSG jedoch entschieden, dass einerseits sowohl eine Eingliederungsvereinbarung nach § 15 SGB II als öffentlich-rechtlicher Vertrag einzuordnen ist[43], als auch andererseits Eingliederungsvereinbarungen nach § 37 SGB III öffentlich-rechtliche Verträge im Sinne von §§ 53 ff. sind.[44] 18

Im Rahmen von § 53 Abs. 2 ist § 46 SGB I zu beachten. Danach kann der Leistungsempfänger durch (einseitige) schriftliche Erklärung auf Sozialleistungen verzichten. Dies ist auch möglich für Leistungen, auf die er einen unbedingten Anspruch hat, die daher nicht dem Ermessen des Leistungsträgers unterliegen. Diese Bestimmung bleibt unberührt, da sie eine einseitige Erklärung und nicht einen Vertrag betrifft. Durch den Verzicht nach § 46 Abs. 1 SGB I wird § 53 Abs. 2 auch nicht umgangen (vgl. § 46 Abs. 2 SGB I). 19

§ 54 Vergleichsvertrag

(1) Ein öffentlich-rechtlicher Vertrag im Sinne des § 53 Absatz 1 Satz 2, durch den eine bei verständiger Würdigung des Sachverhalts oder der Rechtslage bestehende Ungewissheit durch gegenseitiges Nachgeben beseitigt wird (Vergleich), kann geschlossen werden, wenn die Behörde den Abschluss des Vergleichs zur Beseitigung der Ungewissheit nach pflichtgemäßem Ermessen für zweckmäßig hält.

(2) § 53 Absatz 2 gilt im Fall des Absatzes 1 nicht.

Übersicht

A. Inhalt

§ 54 regelt den Vergleichsvertrag im sozialrechtlichen Kontext. Absatz 1 entspricht seinem Wortlaut und Inhalt nach der Vorschrift des § 55 VwVfG. § 54 ist aufgrund seiner besonderen materiellrechtlichen Anforderungen an einen öffentlich-rechtlichen Vergleichsvertrag gegenüber § 53 lex specialis.[1] Zulässig ist der Vergleich mangels zwingender entgegenstehender Gründe in Form eines Verpflichtungs-, aber auch Verfügungsvertrags, allerdings müssen die allgemeinen Voraussetzungen des Vertragstypus vorliegen.[2] Die grundlegende Verankerung des Vergleichs findet sich in § 779 BGB, allerdings lassen sich auch im Prozessrecht entsprechende Ausformungen finden (vgl. § 98 ZPO, § 106 VwGO, § 101 SGG). Dabei kann insbesondere § 779 BGB auch bei der Auslegung herangezogen werden. Allerdings ist zu beachten, dass Ausprägungen der Privatautonomie bei der Anwendung von § 54 nicht schlechthin übernommen werden können. 1

43 BSG, Urt. v. 23.06.2016 – B 14 AS 30/15 R, juris Rn. 16; Diering/Timme/Stähler/*Diering*, SGB X, § 53 Rn. 19.

44 BSG, Urt. v. 04.04.2017 – B 11 AL 19/16 R, juris Rn. 30; BSG, Urt. v. 23.06.2016 – B 14 AS 42/15 R, juris Rn. 16.

1 jurisPK-SGB X/*Hartmeyer*, § 54 Rn. 49.

2 LSG Bayern, Urt. v. 13.03.2002 – L 16 LW 55/98, juris Rn. 21.

B. Einzelerläuterungen

I. Normzweck

2 § 54 sichert zunächst die Voraussetzungen für einen Vergleichsvertrag. Zudem wird der Begriff des Vergleichs in Absatz 1 legaldefiniert. Die Vorschrift ermöglicht in erster Linie die Beilegung von Streitigkeiten bei ungewisser Tatsachen-, und oder Rechtslage durch ein gegenseitiges Nachgeben.[3] Im Ergebnis für dies dazu, dass die jeweilige Behörde je nach den Umständen des Einzelfalls ggf. in einem gewissen Umfang vom Untersuchungsgrundsatz, welcher in § 20 niedergelegt ist, befreit wird. Denn durch die Möglichkeit, sich bei noch bestehender Ungewissheit (auch in tatsächlicher Hinsicht) vertraglich zu einigen, erfährt die Pflicht zur vollständigen Sachverhaltserklärung eine gewisse Einschränkung. Nachdem jedoch die Zulässigkeit des Vertragsabschlusses an Zweckmäßigkeitserwägungen gebunden ist, bedarf es zumindest einer gewissen Ermittlungsarbeit der Behörde.[4] Letztlich wird man auch in diesen Fällen fordern müssen, dass die Behörde den relevanten Sachverhalt jedenfalls im Rahmen des Zumutbaren so weit wie möglich aufzuklären hat.

3 Bedenken hiergegen könnten mit Rücksicht auf den Grundsatz der Gesetzmäßigkeit der Verwaltung und das Gebot der Gleichbehandlung bestehen.[5] Einer daraus abgeleiteten (generellen) Unzulässigkeit steht jedoch die ausdrückliche Niederlegung in § 54 entgegen, weshalb § 54 lediglich eine gewisse »Lockerung« der aufgestellten Grundsätze bezweckt.[6] Hauptwirkung eines Vergleichs ist vor allem die Beendigung bzw. Vermeidung einer streitigen Auseinandersetzung und der damit ggf. verbundenen Inanspruchnahme der Justiz,[7] wobei auch eine vor- bzw. außergerichtliche Verfahrensbeendigung durchaus möglich ist.[8] In diesem Rahmen hilft § 54 Behörde und Bürger bei der Lösung von Konflikten und Streitbeilegung bei unterschiedlichen Auffassungen.[9] Die Regelung dient zudem – ebenso wie korrespondierend dazu § 55 VwVfG – vor allem der Verfahrensökonomie, welche unter anderem auch in dem Beschleunigungsgebot (§ 10 VwVfG) seine einfachgesetzliche Normierung erfährt.[10]

II. Anwendungsbereich

4 Erforderlich für die Anwendung des § 54 ist zunächst ein öffentlich-rechtlicher Vertrag, d.h. die Begründung, Änderung oder Aufhebung eines Rechtsverhältnisses auf dem Gebiet des öffentlichen Rechts (§ 53 Abs. 1 S. 1). Entscheidend ist, dass § 54 nur für subordinationsrechtliche Verträge gilt, wie die Verweisung auf § 53 Abs. 1 S. 2 eindeutig klarstellt.[11] Das bedeutet jedoch nicht, dass ein Vergleich im Hinblick auf koordinationsrechtliche Verträge unzulässig wäre, sondern lediglich, dass § 54 und damit seine Voraussetzungen nicht gelten.[12]

5 Der Vergleich gemäß § 54 besitzt hinsichtlich seiner Wirkung eine gewisse Doppelnatur:[13] Denn auf der einen Seite entfaltet er materiell-rechtliche Regelwirkung und ist damit auch ein Rechtsgeschäft, auf der anderen Seite stellt er eine Verfahrenshandlung dar, da durch ihn das Verwaltungs-

---

3 BVerwG, Urt. v. 03.03.1995 – 8 C 32/93, juris Rn. 18.
4 Hauck/Noftz/*Becker*, § 54 SGB X Rn. 2; jurisPK-SGB X/*Hartmeyer*, § 54 Rn. 54.
5 BekOGK/*Wehrhahn*, § 54 SGB X Rn. 2, Stand 10/2014.
6 Hauck/Noftz/*Becker*, § 54 SGB X Rn. 4.
7 LSG Nordrhein-Westfalen, Urt. v. 10.05.2006 – L 11 KA 10/06, juris Rn. 13.
8 BSG, Urt. v. 28.04.2004 – B 6 KA 8/03 R, juris Rn. 37.
9 Pickel/*Marschner*, § 54 SGB X Rn. 3; jurisPK-SGB X/*Hartmeyer*, § 54 Rn. 51.
10 Stelkens/Bonk/Sachs/*Siegel*, § 55 VwVfG Rn. 2.
11 BeckOGK/*Wehrhahn*, § 54 SGB X Rn. 2, Stand 10/2014; Schütze/*Engelmann*, SGB X, § 54 Rn. 3.
12 Anders LSG Nordrhein-Westfalen, Urt. v. 22.11.2010 – L 20 SO 4/09, juris Rn. 56; zutreffend hingegen Pickel/*Marschner*, § 54 SGB X Rn. 5.
13 Zur Doppelnatur des Prozessvergleichs: BSG, Beschl. v. 10.05.2022 – B 1 KR 9/21 BH, juris Rn. 10.

verfahren (einschließlich des Widerspruchsverfahrens) beendet werden kann.[14] Außerdem kann ein Vergleichsvertrag eine eigene Rechtsgrundlage für Verwaltungsentscheidungen darstellen.[15]

1. Voraussetzungen des Abs. 1

a) Ungewissheit über den Sachverhalt oder die Rechtslage

Voraussetzung ist zunächst eine nach verständiger Würdigung des Sachverhalts oder der Rechtslage 6
bestehende Ungewissheit, § 54 Abs. 1. Das bedeutet, dass sich die Ungewissheit auf den Gegenstand des Vergleichs beziehen muss. Dabei ist maßgeblicher Zeitpunkt für die Beurteilung der Zeitpunkt des Vertragsschlusses.[16] Eine Ungewissheit in tatsächlicher Hinsicht liegt zumindest dann vor, wenn eine für die Sachentscheidung selbst rechtserhebliche Tatsache zur Überzeugung der Behörde nicht festgestellt werden kann.[17] Dem steht es gleich, wenn zwar grundsätzlich die Möglichkeit der Aufklärung besteht, sie aber mit unverhältnismäßigen Kosten oder unzumutbaren Hürden verbunden wäre.[18]

Für eine Ungewissheit im Sinn des § 54 können bloße Zweifel der Parteien nicht genügen.[19] Des 7
Weiteren muss die Ungewissheit bei allen Parteien bestehen und dies auch bezogen auf den selben, einheitlichen Zweifel.[20] Dabei ist grundsätzlich auf das subjektive Wissen beider Parteien abzustellen, sofern zumindest irgendwelche objektiven Anhaltspunkte vorliegen, die auf den Zusammenhang zwischen Zweifel und Ungewissheit schließen lassen.[21] § 54 erlaubt den Parteien aber nicht eine Gestaltung zu schaffen, die das materielle oder Verfahrensrecht ihnen versagt. Ist dieses aber konkret umstritten, kann unter den in Betracht zu ziehenden Normen eine nach diesen zulässige Gestaltung auch vergleichsweise vereinbart werden.[22]

Bezüglich der Ungewissheit über die Rechtslage reicht das (übliche) Prozess- bzw. Verfahrensrisiko 8
nicht aus,[23] denn ein solches ist nahezu jedem Prozess immanent und kann damit nicht ausschlaggebend für die Bejahung einer einen Vergleichsvertrag begründenden Ungewissheit darstellen. Dies bedeutet, dass die »Ungewissheit über die Rechtslage« restriktiv auszulegen ist. Eine divergierende Auffassung in Rechtsprechung und Literatur kann insoweit nicht ausreichen, zumal es originäre Aufgabe der Verwaltung als Teil der Exekutive ist, über Auslegungsfragen zu entscheiden.[24] Anzunehmen ist eine Ungewissheit aber zum Beispiel, wenn divergierende (insbesondere obergerichtliche) Entscheidungen für ähnlich gelagerte Fallkonstellationen vorliegen.[25]

14 BSG, Urt. v. 17.05.1989 – 10 RKg 16/88, juris Rn. 19; Diering/Stähler/Timme/*Diering*, SGB X, § 54 Rn. 4.
15 LSG Nordrhein-Westfalen, Urt. v. 28.01.2004 – L 12 AL 151/03, juris Rn. 24.
16 VGH Baden-Württemberg, Urt. v. 29.06.2015 – 9 S 280/14, juris Rn. 134; Hauck/Noftz/*Becker*, § 54 SGB X Rn. 29.
17 VGH Baden-Württemberg, Urt. v. 29.06.2015 – 9 S 280/14, juris-Rn. 135; Schütze/*Engelmann*, SGB X, § 54 Rn. 9.
18 Vgl. Pickel/*Marschner*, § 54 SGB X Rn. 16.
19 jurisPK-SGB X/*Hartmeyer*, § 54 Rn. 62.
20 Schoch/Schneider/*Rozek*, § 55 VwVfG Rn. 32.
21 BeckOGK/*Wehrhahn*, § 54 SGB X Rn. 6, Stand 10/2014; jurisPK-SGB X/*Hartmeyer*, § 54 Rn. 63.
22 BVerwG, Urt. v. 03.03.1995 – 8 C 32/93, juris Rn. 18; Leistungspflichten können auch bestehen, wenn Inhalt des Vergleichs mit Gesetzeslage nicht voll übereinstimmt, vgl. BVerwG, Urt. v. 14.11.1975 – IV C 84.73, juris Rn 27.
23 jurisPK-SGB X/*Hartmeyer*, § 54 Rn. 75.
24 Schütze/*Engelmann*, SGB X, § 54 Rn. 10.
25 Stelkens/Bonk/Sachs/*Siegel*, § 55 VwVfG Rn. 26.

b) Gegenseitiges Nachgeben

9 Diese bestehende Ungewissheit darf durch ein gegenseitiges Nachgeben beseitigt werden.[26] Als »Nachgeben« im Sinne des § 54 kann das Abweichen von der ursprünglich verfolgten Position verstanden werden, wobei ausreichend ist, wenn eine anfangs bestrittene Pflicht klargestellt, modifiziert oder konkretisiert wird.[27] Exakt dieses Nachgeben muss ursächlich für die Beseitigung der Ungewissheit sein. Dabei müssen zwar beide Parteien von ihrer Ausgangsposition abweichen. Nicht erforderlich ist indes, dass beide Seiten in gleichem Umfang nachgeben und man sich quasi »in der Mitte trifft«.[28] Wenn allerdings letztlich nur eine der Parteien nach Maßgabe des § 54 nachgibt, scheidet ein Vergleichsvertrag aus. In Betracht kommt dann jedoch ein Verzichts- bzw. Anerkenntnisvertrag.[29] Ebenfalls kann sich das Nachgeben selbstverständlich auch auf verfahrensrechtliche Positionen beziehen – zu denken ist insbesondere an eine Klagerücknahme – zumindest dann, wenn dabei von einer materiell rechtlichen Position abgesehen wird.[30] Allerdings müssen sich die Ungewissheit und das (gegenseitige) Nachgeben auf dieselbe tatsächliche und/oder rechtliche Frage beziehen, d.h. insoweit muss eine Form der Konnexität bestehen.[31]

c) Zweckmäßigkeit des Vergleichs

10 Die Behörde muss den Abschluss des Vergleichs zur Beseitigung der Ungewissheit nach pflichtgemäßem Ermessen für zweckmäßig halten, § 54 Abs. 1. In praktischer Hinsicht bedeutet dies insbesondere, dass grundsätzlich kein Anspruch auf Abschluss eines Vergleichsvertrags besteht, es sei denn, es liegt ein Fall der Ermessensreduktion auf null vor. Der Behörde steht ansonsten sowohl hinsichtlich des Abschlusses (»Ob«), als auch bezüglich des Inhalts (»Wie«) eines Vergleichsschlusses ein Ermessen zu.[32] Die Behörde hat dabei Kosten und Nutzen abzuwägen und insbesondere die voraussichtlichen Aufwände und Kosten einer (streitigen) Fortführung des Verfahrens den Kosten der einvernehmlichen Beilegung der Differenzen gegenüberzustellen. Erwägungen hinsichtlich der Zweckmäßigkeit müssen stets einzelfallbezogen sein, wobei in die Entscheidungsfindung stets auch die Grundsätze der allgemeinen Verhältnismäßigkeitsprüfung und des Übermaßverbots einzustellen sein werden.[33] Es bietet sich im Rahmen dessen auch an, die Art der in Betracht kommenden Leistungsgewährung in die Beurteilung mit einfließen zu lassen: Insbesondere bei zugesicherten Dauerleistungen wird man regelmäßig aufgrund höherer Kosten auch einen höheren Ermittlungsaufwand fordern können.[34]

2. Keine Geltung von § 53 Abs. 2

11 Die Regelung des § 53 Abs. 2, wonach ein öffentlich-rechtlicher Vertrag über Sozialleistungen nur geschlossen werden darf, soweit die Leistungserbringung im Ermessen des Leistungsträger steht, ist nach § 54 Abs. 2 auf öffentlich-rechtliche Vergleichsverträge nach § 54 Abs. 1 nicht anzuwenden. Dies bedeutet, dass auch solche Verträge nach § 54 zulässig sind, denen ein Leistungsanspruch zugrunde liegt.

---

26 BVerwG, Urt. v. 03.03.1995 – 8 C 32/93, juris Rn. 18.

27 OVG Nordrhein-Westfalen, Beschl. v. 20.08.2008 – 12 B 1170/08, juris Rn. 9; LSG Nordrhein-Westfalen, Urt. v. 17.04.2013 – L 11 KA 3/11, juris Rn. 59; jurisPK-SGB X/*Hartmeyer*, § 54 Rn. 79; Schütze/*Engelmann*, SGB X, § 54 Rn. 11.

28 So auch Schoch/Schneider/*Rozek*, § 55 VwVfG Rn. 40.

29 OVG Nordrhein-Westfalen, Beschl. v. 20.08.2008 – 12 B 1170/08, juris Rn. 7.

30 VGH Baden-Württemberg, Urt. v. 10.05.1989 – 3 S 3437/88, juris Rn. 44 ff.; Schütze/*Engelmann*, SGB X, § 54 Rn. 12.

31 BVerwG, Urt. v. 01.12.1989 – 8 C 17/87, juris Rn. 30; Schoch/Schneider/*Rozek*, § 55 VwVfG Rn. 41.

32 Pickel/*Marschner*, § 54 SGB X Rn. 29.

33 Vgl. Diering/Stähler/Timme/*Diering*, SGB X, § 54 Rn. 15.

34 jurisPK-SGB X/*Hartmeyer*, § 54 Rn. 94.

3. Rechtsfolgen

Durch den wirksamen Abschluss eines Vergleichsvertrags wird die zwischen den Parteien in tatsächlicher oder rechtlicher Hinsicht bestehende Ungewissheit beseitigt. Soweit sich die Rechtswirkung des Vergleichs erstreckt, werden etwaige zuvor in Streit stehende Ansprüche und Pflichten zwischen den Parteien erledigt und abgegolten. Dementsprechend fehlt es, soweit diese Abgeltungswirkung reicht, am Bestehen entsprechender Rechte, so dass auch eine klageweise Geltendmachung nicht mehr möglich ist, ein bestehender Rechtsstreit und die damit verbundene Rechtshängigkeit wird somit beendet.[35] Möglich ist, dass sich die Parteien nur über Teile der ungewissen Sachverhalts- bzw. Rechtslage einigen und damit einen Teilvergleich abschließen. In diesem Fall sind die noch verbleibenden Ungewissheiten durch Fortführung bzw. Wiederaufnahme des Verwaltungs- oder Gerichtsverfahrens zu klären.[36] In Betracht kommt auch eine Vertragsanpassung nach Maßgabe des § 59, auch für den Prozessvergleich.[37] Sofern ein Widerrufsvorbehalt, welcher auch im Vergleichsvertrag grundsätzlich möglich ist, vereinbart wurde, wird der Vertrag rückwirkend unwirksam und das Verwaltungsverfahren in den Stand im Zeitpunkt des Vergleichsschlusses zurückversetzt.[38] 12

4. Folgen der Unwirksamkeit

Wie alle anderen (öffentlich-rechtlichen) Verträge kann auch der Vergleichsvertrag nichtig, d.h. unwirksam sein. Eine solche Nichtigkeit kann sich vor allem aus § 58 Abs. 1, § 58 Abs. 2 Nr. 3 und auch § 61 Satz 2 ergeben. Von besonderer praktischer Bedeutung sind hierbei die sich aus § 61 Satz 2 i.V.m. §§ 116 ff. BGB ergebende Nichtigkeit sowie die Anfechtung nach § 61 Satz 2 i.V.m. §§ 123, 142 BGB. Nicht zur Anfechtung berechtigt ist die Partei, wenn sie ihren Willensmangel auf § 119 BGB, also die Anfechtbarkeit wegen Irrtums, stützen möchte, zumindest dann, wenn sich der Irrtum auf die ungewissen Tatsachen oder Rechtsfragen bezieht. Grund dafür ist, dass dies der Systematik von § 54 zuwiderlaufen würde; ist doch gerade diese Ungewissheit letztlich Grund für den Abschluss eines solchen Vertrags.[39] Aber wegen § 779 BGB, welcher über § 58 Abs. 1, § 61 Satz 2 anwendbar ist, ist ein Vertrag unwirksam bzw. nichtig, wenn ein Irrtum über die Vergleichsgrundlage vorliegt, wenn also der nach dem Inhalt des Vertrags zugrunde gelegte und als feststehend angenommene Sachverhalt nicht der Wirklichkeit entspricht.[40] 13

Eine Nichtigkeit kann sich selbstverständlich zudem aus § 58 Abs. 1 i.V.m. §§ 134, 138 BGB ergeben, sofern ein Verstoß gegen ein gesetzliches Verbot (§ 134 BGB) oder Sittenwidrigkeit bzw. Wucher (§ 138 BGB) vorliegt. Auch die Nichteinhaltung der in § 56 vorgeschriebenen Schriftform führt grundsätzlich zur Unwirksamkeit (§ 58 Abs. 1 i.V.m. § 125 BGB). Hinzuweisen ist zudem auf den speziellen Nichtigkeitsgrund des § 58 Abs. 2 Nr. 3, wonach ein Vergleichsvertrag unwirksam ist, wenn die Voraussetzungen zum Abschluss eines solchen nicht vorlagen und ein Verwaltungsakt mit entsprechendem Inhalt nicht nur wegen Verfahrens- oder Formfehlern rechtswidrig wäre. 14

§ 55 Austauschvertrag

(1) [1]Ein öffentlich-rechtlicher Vertrag im Sinne des § 53 Abs. 1 Satz 2, in dem sich der Vertragspartner der Behörde zu einer Gegenleistung verpflichtet, kann geschlossen werden, wenn die Gegenleistung für einen bestimmten Zweck im Vertrag vereinbart wird und der Behörde zur Erfüllung ihrer öffentlichen Aufgaben dient. [2]Die Gegenleistung muss den gesamten Umständen

35 LSG Nordrhein-Westfalen, Urt. v. 10.05.2006 – L 11 KA 10/06, juris Rn. 12; jurisPK-SGB X/*Hartmeyer*, § 54 Rn. 113.
36 BSG, Urt. v. 12.10.2017 – B 4 AS 37/16 R, juris Rn. 13; *Schmitt*, NZS 2020, 649, 650; Hauck/Noftz/*Becker*, § 54 SGB X Rn. 70.
37 Diering/Stähler/Timme/*Diering*, SGB X, § 54 Rn. 25.
38 Schütze/*Engelmann*, SGB X, § 54 Rn. 21.
39 Pickel/*Marschner*, § 54 SGB X Rn. 36; auch jurisPK-SGB X/*Hartmeyer*, § 54 Rn. 120.
40 BSG, Urt. v. 01.04.1981 – 9 RV 43/80, juris Rn. 27 f.; Hauck/Noftz/*Becker*, § 54 SGB X Rn. 76.

nach angemessen sein und im sachlichen Zusammenhang mit der vertraglichen Leistung der Behörde stehen.

(2) Besteht auf die Leistung der Behörde ein Anspruch, kann nur eine solche Gegenleistung vereinbart werden, die bei Erlass eines Verwaltungsaktes Inhalt einer Nebenbestimmung nach § 32 sein könnte.

(3) § 53 Abs. 2 gilt in den Fällen der Absätze 1 und 2 nicht.

A. Inhalt

1 Üblicherweise werden im Sozialrecht Sozialleistungen durch öffentlich-rechtliche Träger an die Berechtigten gewährt. Diese entrichten Beiträge oder erhalten die Leistungen ohne Gegenleistung. Dem Sozialrecht ist das für das bürgerliche Recht typische Austauschverhältnis grundsätzlich fremd. Ist der Leistungsfall (Versicherungsfall) eingetreten, hat die Verwaltung zu leisten, ohne eine Gegenleistung des Leistungsempfängers verlangen zu können.[1] Das Sozialrecht ist gekennzeichnet durch die Leistungsgewährung kraft Rechtsanspruchs und nicht aufgrund einer Gegenleistung wie beim Waren- und Dienstleistungsverkehr. In der sozialen Notlage soll demnach nicht gefragt werden, ob der Leistungsempfänger eine angemessene Gegenleistung erbracht hat oder erbringen kann.

2 Gleichwohl kann die Erbringung einer Gegenleistung durch den Leistungsempfänger angemessen sein. Die Sozialrechtsentwicklung im Zeichen von Fördern und Fordern (§§ 1 f. SGB II) betont diesen Gedanken. In Rechtsbegriffe übersetzt, geschieht Fördern und Fordern durch bedingte Sozialleistungsansprüche; die geschuldete Mitwirkung wird damit zur Anspruchsvoraussetzung für die zu bewilligende Sozialleistung. § 55 regelt ausschließlich für den subordinationsrechtlichen Vertrag den Schutz des Leistungsempfängers und soll diesen vor unangemessenen Forderungen der Behörde schützen, da diese dem Leistungsempfänger regelmäßig überlegen ist. Auch soll ein »Ausverkauf von Hoheitsbefugnissen«[2] verhindert werden.

B. Einzelerläuterungen

3 Austauschverträge sind Verträge, bei denen Parteien Leistungen versprechen und erbringen, die zueinander in einem Verhältnis der gegenseitigen Abhängigkeit stehen. Dabei geht es in § 55 ausschließlich um den Fall, dass der Leistungsempfänger ausnahmsweise nicht nur etwas erhält, sondern eine Gegenleistung für die Sozialleistung erbringt. Es steht im Ermessen der Behörde, ob sie einen Austauschvertrag schließt. Den »Prototyp« für solche Austauschverträge stellen Eingliederungsverträge in der Arbeitsförderung,[3] Rehabilitation oder Jugendhilfe (§§ 37 SGB III, 5 SGB VIII, 83 SGB IX) dar. Austausch bedeutet in diesen Fällen nicht Gewährung der Leistung gegen eine vom Berechtigten herrührende Gegenleistung. Vielmehr liegt der Austausch in der Kooperation, bei der die Mitwirkung des Berechtigten als Voraussetzung für die Verwirklichung des Leistungsanspruchs erscheint.

4 Ein Austauschvertrag ist nur zulässig, wenn mit ihm die im Gesetz genannten Zwecke erfüllt werden. Die Behörde kann damit Gegenleistungen nur annehmen, soweit sie den Aufgaben dieser Behörde dienen und in deren Zuständigkeit liegen. Es kommt nicht darauf an, dass die Aufgaben-

1 *Rische*, Der öffentlich-rechtliche Vertrag nach dem Sozialgesetzbuch, BlStSozArbR 1980, 330.
2 BT-Drucks. 7/910, S. 80; jurisPK-SGB X/*Hartmeyer*, § 55 Rn. 63.
3 BSG, Urt. v. 23.06.2016 – B 14 AS 30/15 R, juris Rn. 16; BSG, Urt. v. 04.04.2017 – B 11 AL 19/16 R, juris Rn. 30; jurisPK-SGB X/*Hartmeyer*, § 55 Rn. 29; *Martini/Schenkel*, Die Eingliederungsvereinbarung – ein verfassungswidriger Formenmissbrauch?, VSSR 2010, 393; *Rauch/Zellner*, Die Eingliederungsvereinbarung nach § 15 SGB II, 2008.

wahrnehmung in öffentlich-rechtlicher Form geschieht. Die Gegenleistung muss für einen speziellen Zweck in dem Vertrag vereinbart sein. Da der Vertrag schriftlich abgeschlossen werden muss[4] (§ 56), muss auch die Zweckbestimmung als notwendiger Bestandteil des Vertrags schriftlich festgelegt werden.

Abs. 1 Satz 2 bestimmt darüber hinaus, dass die Gegenleistung angemessen sein muss. Bei der 5
Beurteilung der der Angemessenheit sind die gesamten Umstände des Vertrags zu berücksichtigen; die Gegenleistung muss demnach verhältnismäßig sein und darf keine unzumutbare Belastung darstellen.[5] Nicht zulässig ist dementsprechend die Vereinbarung solcher Gegenleistungen, die nicht im sachlichen Zusammenhang mit den Aufgaben der konkreten Behörde stehen.[6]

Da unterschiedliche Gegenleistungen denkbar sind, lassen sich keine allgemeinen Aussagen über 6
deren Art und Ausmaß treffen. Gegenleistungen müssen nicht zwingend einen wirtschaftlichen Wert haben; es können (insbesondere als Mitwirkungshandlungen des Leistungsempfängers) auch bestimmte Handlungen oder Unterlassungen vereinbart werden.[7] Sie kommen vor allem bei Sach- und Dienstleistungen in Frage, wenn eine Leistung begehrt wird, die über das hinausgeht, was nach dem Gesetz von dem Leistungsträger zu erbringen ist. Typische Gegenleistungen bei Eingliederungsvereinbarungen sind beispielsweise Bewerbungen, Trainingsmaßnahmen oder das Aufsuchen nachgewiesener Arbeitsstellen.

Hat der Sozialleistungsempfänger einen Anspruch auf eine Leistung, so ist nach § 55 Abs. 2 und 3 7
die Vereinbarung von Gegenleistungen an die Behörde grundsätzlich ausgeschlossen. Es besteht ein Koppelungsverbot.[8] Sofern und soweit der Leistungsempfänger einen gesetzlichen Anspruch auf die Sozialleistung hat, ist diese Leistung frei von Gegenleistungen geschuldet. In diesem Fall sind nach Abs. 2 lediglich solche Gegenleistungen zulässig, die auch als Nebenbestimmungen (§ 32) eines Verwaltungsakts in Betracht gekommen wären. Dies dient vor allem dem Schutz des rechtsunkundigen Bürgers.[9] Die Verknüpfung gesetzlicher Leistungspflichten mit nicht geschuldeten Gegenleistungen würde den Rechtsanspruch entwerten und machte ihn von prinzipiell sachwidrigen Erwägungen einer Gegenleistung abhängig, was dem einseitig verpflichtenden Charakter öffentlich-rechtlicher Leistungsansprüche widerspräche.[10]

§§ 55, 58 sind damit die Rechtsgrundlage für die Inhaltskontrolle von Eingliederungsverein- 8
barungen.[11] Aus § 55 folgt, dass individuell bestimmte Eigenbemühungen von Langzeitarbeitslosen mit dem Koppelungsverbot nur zu vereinbaren sind, wenn die Unterstützungsleistungen des Trägers der Grundsicherung in der Eingliederungsvereinbarung konkret und verbindlich bestimmt sind.[12] Sozialleistungen an Arbeitsfähige werden nicht mehr einseitig gewährt, sondern sind als Leistungsaustausch gedacht. Die nachweisliche Bemühung um Selbsthilfe wird Bedingung für den Leistungsanspruch. Sozialleistungsansprüche werden damit in Entstehung und Fortwirkung an die fortdauernde und tatsächliche Mitwirkungsbereitschaft geknüpft. Diese Form der Förderung geht mit der Vorstellung von Sozialverwaltung als »Vertrags- und Fallmanagement« (case oder contract management) einher.

---

4 Folge der mündlichen Eingliederungsvereinbarung: Nichtigkeit LSG Hessen, Beschl. v. 17.10.2008 – L 7 AS 251/08 B ER, juris Rn. 41 ff.; Schütze/*Engelmann,* SGB X, § 55 Rn. 10.

5 BVerwG, Urt. v. 25.11.2005 – 4 C 15/04, juris Rn. 22; Schütze/*Engelmann,* SGB X, § 55 Rn. 12.

6 BVerwG, Urt. v. 16.12.1993 – 4 C 27/92, juris Rn. 19; BVerwG, Urt. v. 20.03.2003 – 2 C 23/02, juris Rn. 26; Schütze/*Engelmann,* SGB X, § 55 Rn. 13.

7 jurisPK-SGB X/*Hartmeyer,* § 55 Rn. 42; BeckOGK/*Wehrhahn,* § 55 SGB X Rn. 4, Stand 05/2017.

8 Schütze/*Engelmann*, SGB X, § 55 Rn. 11.

9 BT-Drucks. 7/910, S. 81BeckOGK/*Wehrhahn,* § 55 SGB X Rn. 2, Stand 05/2017.

10 BSG, Urt. v. 23.06.2016 – B 14 AS 30/15 R, juris Rn. 21 f.; *Martini/Schenkel,* Die Eingliederungsvereinbarung – ein verfassungswidriger Formenmissbrauch?, VSSR 2010, 393; *Rauch/Zellner,* Die Eingliederungsvereinbarung nach § 15 SGB II, 2008.

11 BSG, Urt. v. 23.06.2016 – B 14 AS 30/15 R, juris Rn. 16.

12 jurisPK-SGB X/*Hartmeyer,* § 55 Rn. 6.

9 Nach § 55 Abs. 2 kann die Behörde ausnahmsweise eine Gegenleistung für eine Leistung vereinbaren, auf die ein Anspruch besteht, wenn die Gegenleistung im Fall der Leistungsgewährung durch Verwaltungsakt Gegenstand einer Nebenbestimmung sein dürfte. Jenseits dessen bedarf es einer spezialgesetzlichen Regelung, die es ausdrücklich erlaubt, eine Pflichtleistung von einer Gegenleistung abhängig zu machen.

§ 56 Schriftform

Ein öffentlich-rechtlicher Vertrag ist schriftlich zu schließen, soweit nicht durch Rechtsvorschrift eine andere Form vorgeschrieben ist.

Übersicht

A. Inhalt

1 § 56 Halbs. 1 normiert für öffentlich-rechtliche Verträge des Sozialrechts ein Schriftformerfordernis. § 56 Halbs. 2 durchbricht diesen Grundsatz, indem durch Rechtsvorschrift eine abweichende Form vorgesehen werden kann. § 56 stellt als besondere Rechtsvorschrift für die Form des Verwaltungsverfahrens i.S.d. § 9 Satz 1 Halbs. 1 eine Ausnahme von dem Grundsatz der Nichtförmlichkeit des Verwaltungsverfahrens nach § 9 Satz 1 Halbs. 1 dar. Der Zweck der Schriftform liegt in erster Linie in der Warnfunktion zum Schutz vor einem übereilten Vertragsabschluss sowie in der Dokumentations- und Beweisfunktion.[1]

B. Entstehungsgeschichte

2 Die Vorschrift ist durch das Gesetz vom 18.08.1980[2] geschaffen worden und gilt seit Inkrafttreten am 01.01.1981 unverändert fort. Inhaltlich wird in der Begründung des zugrundeliegenden Regierungsentwurfs, in welchem § 56 noch als § 54 vorgesehen war, lediglich auf die Übereinstimmung mit den Vorschriften der §§ 55 bis 62 VwVfG verwiesen.[3] Zugleich wird auf die zugrundeliegende Begründung zum Regierungsentwurf des VwVfG Bezug genommen.[4] Der damit übernommenen Begründung zum Schriftformerfordernis für öffentlich-rechtliche Verträge nach dem Regierungsentwurf des VwVfG wiederum ist zu entnehmen, dass davon ausgegangen wurde, dass der Verwaltungsakt auch nach Normierung des öffentlich-rechtlichen Vertrags primäre Handlungsform der Verwaltung bleiben wird, so dass der öffentlich-rechtliche Vertrag als atypische Regelung der Schriftform bedürfe. Daneben wurden Beweisbarkeitserwägungen angeführt, da es als Besonderheit gegenüber zivilrechtlichen Verträgen angesehen wurde, dass die auf Behördenseite handelnden Personen nach Vertragsschluss regelmäßig wechseln.[5]

1 Vgl. zum Ganzen BSG, Urt. v. 26.05.2021 – B 6 KA 7/20 R, juris Rn. 21 m. w.N.
2 BGBl. I 1980, S. 1482.
3 BT-Drucks. 8/2034, S. 36.
4 BT-Drucks. 8/2034, S. 29.
5 BT-Drucks. 7/910, S. 81.

C. Einzelerläuterungen

I. Anwendungsbereich

3 Das Schriftformerfordernis erfasst alle Arten öffentlich-rechtlicher Verträge, also insbesondere sowohl subordinationsrechtliche als auch koordinationsrechtliche Verträge.[6] Dies gilt unabhängig davon, ob an dem öffentlich-rechtlichen Vertrag als Vertragspartei die öffentliche Hand oder auf beiden Seiten ausschließlich Privatpersonen beteiligt sind.[7] Das Schriftformerfordernis betrifft den Vertragsschluss, Vertragsänderungen sowie etwaige Vertragsaufhebungen.[8] Es ist für die Vertragsparteien nicht disponibel[9] und gilt auch für Vorverträge, welche die Pflicht zum Abschluss eines Vertrags begründen.[10] Vereinzelt wird in der Literatur davon ausgegangen, dass eine Vollmacht, die zum Abschluss eines öffentlich-rechtlichen Vertrags ermächtigt, wegen § 56 ebenfalls schriftlich zu erteilen sei.[11] Richtigerweise folgt aus § 61 Satz 2 i.V.m. § 167 Abs. 2 BGB allerdings, dass die Vollmacht zum Abschluss eines öffentlich-rechtlichen Vertrags formfrei erteilt werden kann.[12]

II. Schriftformerfordernis (§ 56 Halbs. 1)

4 In § 56 selbst werden die Anforderungen an die Schriftform nicht definiert. Nach § 61 Satz 1 gelten für öffentlich-rechtliche Verträge, soweit sich aus den §§ 53 bis 60 nichts anderes ergibt, die übrigen Vorschriften des SGB[13]. Anders als im Zivilrecht, wo sich eine Definition der Schriftform in § 126 BGB findet, wird die Schriftform jedoch auch andernorts im SGB nicht definiert.[14] Allerdings gelten, das Sozialrecht ergänzend, nach § 61 Satz 2 die Vorschriften des BGB für öffentlich-rechtliche Verträge entsprechend, so dass zur Bestimmung der Schriftform nach § 56 auf § 126 BGB zurückgegriffen werden kann.[15]

1. Urkundlichkeit und Unterzeichnung

5 Der Anwendungsbefehl des § 61 Satz 2 umfasst zunächst § 126 Abs. 1 BGB.[16] Gemäß § 126 Abs. 1 BGB ist die Urkunde, wenn durch Gesetz schriftliche Form vorgeschrieben ist, von dem Aussteller grundsätzlich eigenhändig durch Namensunterschrift oder mittels notariell beglaubigten Handzeichens zu unterzeichnen. Regelmäßig ist die gesetzliche Schriftform dann gewahrt, wenn die für das Zivilrecht in § 126 BGB bestimmten Anforderungen erfüllt sind.[17] Im Allgemeinen fordert die Schriftform somit eine körperlich fixierte Erklärung in Form einer Urkunde, die den Aussteller

6 Diering/Timmel/Stähler/*Diering*, SGB X, § 56 Rn. 4.

7 So im Ergebnis zur Abtretung eines Kostenerstattungsanspruchs gegen eine Krankenkasse nach § 13 Abs. 3 SGB V: BSG, Urt. v. 18.07.2006 – B 1 KR 24/05 R, juris Rn. 12; ausdrücklich zur entsprechenden Anwendbarkeit von § 56 auf Verträge zwischen zwei Privatpersonen: LSG Baden-Württemberg, Urt. v. 30.10.2009 – L 4 U 3728/08, juris Rn. 37 f.

8 Hauck/Noftz/*Becker*, § 56 SGB X Rn. 9; anders für Verträge, welche die Übertragung eines Anspruchs auf eine Geldleistung nach § 53 SGB I zum Gegenstand haben, BSG, Urt. v. 15.06.2010 – B 2 U 26/09 R, juris Rn. 24 unter Verweis auf BT-Drucks. 11/1004, S. 4, 9, 11 sowie BT-Drucks. 11/2460, S. 6, 15.

9 jurisPK-SGB X/*Hartmeyer*, § 56 Rn. 82.

10 Hauck/Noftz/*Becker*, § 56 SGB X Rn. 6; BeckOGK/*Wehrhahn*, § 56 SGB X Rn. 3, Stand 05/2017.

11 Hauck/Noftz/*Becker*, § 56 SGB X Rn. 23; vgl. auch zu § 57 VwVfG: Pautsch/Hoffmann/*Thiele*, § 62 VwVfG Rn. 25.

12 Zur Begründung vgl. zum inhaltsgleichen § 57 VwVfG und zu § 62 Satz 2 VwVfG i.V.m. §§ 164 ff. BGB: Schoch/Schneider/*Rozek*, § 57 VwVfG Rn. 25 m.w.N.

13 Vgl. hierzu die Kommentierung zu § 61 Rdn. 3 f.

14 Siehe auch Bericht der Bundesregierung zur Verzichtbarkeit der Anordnungen der Schriftform und des persönlichen Erscheinens im Verwaltungsrecht des Bundes, BT-Drucks. 18/9177, S. 6.

15 Vgl. insbesondere BSG, Urt. v. 28.10.1992 – 6 RKa 19/91, juris Rn. 21; BSG, Urt. v. 23.03.2011 – B 6 KA 9/10 R, juris Rn. 20.

16 BSG, Urt. v. 28.10.1992 – 6 RKa 19/91, juris Rn. 21; BSG, Urt. v. 26.05.2021 – B 6 KA 7/20 R, juris Rn. 22.

17 BT-Drucks. 18/9177, S. 6.

erkennen lässt und unterschrieben oder mit einem entsprechenden (zulässigen) Surrogat versehen ist.[18] Aus dem schriftlichen Text müssen sich alle Bestandteile des Vertrags ergeben.[19] Wenn der beurkundete Vertragstext hierfür hinreichende Anhaltspunkte bietet, dürfen bei der Auslegung des Vertragstextes jedoch Umstände außerhalb der Vertragsurkunde einbezogen werden.[20]

2. Erfordernis der Urkundeneinheit?

6 Bei einem Vertrag müssen grundsätzlich alle Vertragsparteien gemäß § 126 Abs. 2 Satz 1 BGB auf derselben Urkunde unterzeichnen (sog. Grundsatz der Urkundeneinheit).[21] Werden über den Vertrag mehrere gleichlautende Urkunden aufgenommen, so genügt es nach § 126 Abs. 2 Satz 2 BGB, wenn jede Partei die für die andere Partei bestimmte Urkunde unterzeichnet.[22] Teilweise wird bei koordinationsrechtlichen Verträgen von dem Erfordernis der Urkundeneinheit abgesehen.[23] Dies wird damit begründet, dass der Dokumentations- und Schutzfunktion des § 56 bei solchen Verträgen eine geringere Bedeutung zukomme, als dies bei subordinationsrechtlichen Verträgen der Fall sei. Ausreichend für die Schriftform sei sodann die willensmäßige Übereinstimmung schriftlich in verschiedenen Urkunden abgegebener Willenserklärungen.[24]

3. Zugang der Originalurkunden

7 Für einen formwirksamen Vertragsschluss müssen grundsätzlich beide Seiten bestimmungsgemäß das Original der Erklärung der jeweils anderen Seite erhalten, da die Wahrung des Schriftformerfordernisses des § 56 richtigerweise sowohl die Abgabe als auch den Zugang schriftlicher Vertragserklärungen erfordert (vgl. § 61 Satz 2 i.V.m. § 130 Abs. 1 Satz 1 BGB).[25] Nicht abschließend geklärt ist allerdings, ob der Zugang einer schriftlichen Annahmeerklärung entsprechend § 151 Satz 1 BGB entbehrlich ist, wenn hierauf ausdrücklich oder stillschweigend verzichtet wurde oder ein solcher nach der Verkehrssitte nicht zu erwarten ist. Während Teile des Schrifttums davon ausgehen, dass § 56 der Anwendbarkeit von § 151 Satz 1 BGB über § 61 Satz 2 generell entgegenstehe,[26] wird andernorts vertreten, dass § 151 Satz 1 BGB anwendbar sei, sofern nicht der mit dem Schriftform-

---

18 BT-Drucks. 18/9177, S. 6.

19 BVerwG, Urt. v. 29.04.1998 – 11 C 6/97, juris Rn. 23; BVerwG, Urt. v. 15.12.1989 – 7 C 6/88, juris Rn. 16; LSG Berlin-Brandenburg, Urt. v. 25.03.2010 – L 34 AS 1382/09, juris Rn. 19; LSG Berlin-Brandenburg, Urt. v. 27.01.2016 – L 32 AS 3123/13, juris Rn. 45.

20 BVerwG, Urt. v. 16.05.2000 – 4 C 4/99, juris Rn. 25; BGH, Urt. v. 02.02.1989 – IX ZR 99/88, juris Rn. 17.

21 BSG, Urt. v. 13.12.2011 – B 1 KR 9/11 R, juris Rn. 14 f.

22 So zum besonderen Schriftformerfordernis nach § 296 Abs. 1 Satz 1 SGB III bei Vermittlungsverträgen zwischen privaten Arbeitsvermittlern und Arbeitsuchenden: LSG Sachsen, Beschl. v. 04.05.2016 – L 3 AL 123/14, juris Rn. 26.

23 Zu koordinationsrechtlichen Verträgen zwischen Leistungsträgern BSG, Urt. v. 26.09.1991 – 4/1 RA 33/90, juris Rn. 24; BSG, Urt. v. 13.12.2011 – B 1 KR 9/11 R, juris Rn. 15; offen gelassen BSG, Urt. v. 26.05.2021 – B 6 KA 7/20 R, juris Rn. 23; zu koordinationsrechtlichen Verträgen zwischen Leistungsträgern und Leistungserbringern BSG, Urt. v. 22.11.2012 – B 3 KR 10/11 R, juris Rn. 19; a.A. insoweit LSG Baden-Württemberg, Urt. v. 23.07.2019 – L 11 KR 4475/18, juris Rn. 43; zu weiteren Ausnahmen Hauck/Noftz/*Becker*, § 56 SGB X Rn. 29 ff.

24 BSG, Urt. v. 26.09.1991 – 4/1 RA 33/90, juris Rn. 24; BSG, Urt. v. 13.12.2011 – B 1 KR 9/11 R, juris Rn. 15; BSG, Urt. v. 22.11.2012 – B 3 KR 10/11 R, juris Rn. 19.

25 LSG Hessen, Beschl. v. 17.10.2008 – L 7 AS 251/08 B ER, juris Rn. 50; zur Anwendbarkeit von § 130 BGB über § 61 Satz 2: BeckOK-SozR/*Heße*, § 61 SGB X Rn. 5, Stand 09/2024; NK-VwVfG/*Mann*, § 62 VwVfG Rn. 26; generell zu diesem Bedeutungsgehalt des § 130 BGB: MüKoBGB/*Einsele*, § 126 BGB Rn. 21.

26 Aus der verwaltungsrechtlichen Literatur: NK-VwVfG/*Mann*, § 62 VwVfG Rn. 26; Stelkens/Bonk/Sachs/*Siegel*, § 62 VwVfG Rn. 28; Schoch/Schneider/*Rozek*, § 57 VwVfG Rn. 17.

erfordernis verfolgte Zweck einen Zugang der Annahmeerklärung verlangt.[27] Auf den ersten Blick noch weitgehender hat das BSG die Wirksamkeit eines Abtretungsvertrags unter Anwendung von § 151 Satz 1 BGB bejaht, ohne dabei zu prüfen, ob dem die Zwecke des Schriftformerfordernisses entgegenstehen könnten.[28] Allerdings hat das BSG zur Begründung der grundsätzlichen Geltung des § 151 Satz 1 BGB bei Schriftformerfordernissen auf eine Entscheidung des BGH verwiesen, in der dieser seinerseits die Anwendbarkeit des § 151 Satz 1 BGB von der Voraussetzung abhängig machte, dass die Zwecke des Schriftformerfordernisses einen Zugang der Annahmeerklärung nicht verlangen.[29] In der Praxis dürfte es sich zur Vermeidung des ohne gesicherte Rechtsprechung kaum kalkulierbaren Nichtigkeitsrisikos[30] daher regelmäßig anbieten, dass die Parteien entsprechend § 126 Abs. 2 BGB auf derselben Urkunde unterzeichnen.

Fragwürdig ist jedenfalls die Auffassung, dass § 151 Satz 1 BGB nicht nur von einem formgerechten Zugang, sondern sogar von einer formgerechten Abgabe der Annahmeerklärung befreien soll.[31] Denn ein so weitreichendes Verständnis ist mit dem Wortlaut von § 151 Satz 1 BGB kaum vereinbar und lässt sich auch nicht mit einer nur entsprechenden Anwendung der Norm (§ 61 Satz 2) rechtfertigen. 8

4. Substitute für die Schriftform

Die schriftliche Form wird durch notarielle Beurkundung (§ 61 Satz 2 i.V.m. § 126 Abs. 4 BGB)[32] oder gerichtlich protokollierten Vergleich (§ 61 Satz 2 i.V.m. §§ 126 Abs. 4, 127a BGB)[33] ersetzt. Daneben kann sie auch durch die elektronische Form ersetzt werden, soweit nicht durch Rechtsvorschrift etwas anderes bestimmt ist (§ 61 Satz 2 i.V.m. § 126 Abs. 3 BGB bzw. § 36a Abs. 2 Satz 1 SGB I).[34] Kaum von praktischer Bedeutung ist dabei, ob die Anforderungen an die elektronische Form aus § 61 Satz 2 i.V.m. § 126a Abs. 1, 2 BGB oder § 36a Abs. 2 Satz 2 SGB I folgen. Denn in beiden Fällen sind die jeweiligen Willenserklärungen mit einer qualifizierten elektronischen Signatur zu versehen. Weitere elektronische Möglichkeiten der Schriftformersetzung, die § 36a Abs. 2a SGB I anders als § 126a BGB vorsieht, werden für den Abschluss eines zweiseitigen öffentlich-rechtlichen Vertrags regelmäßig nicht in Betracht kommen.[35] 9

Die Übermittlung mittels Telefax, Fernschreiben o.ä. genügt der elektronischen Form somit nicht, wohl aber die Übersendung einer eingescannten Datei im PDF-Format als Anhang eines elektronischen Dokuments mit qualifizierter elektronischer Signatur.[36] Eine normale E-Mail, die ein Angebot in einem elektronischen Dokument ohne qualifizierte elektronische Signatur enthält, entspricht ebenfalls nicht den Formvorschriften.[37] 10

27 jurisPK-SGB X/*Hissnauer*, § 61 SGB X Rn. 11.1 unter Verweis auf VG Düsseldorf, Urt. v. 23.02.2023 – 28 K 4981/20, juris Rn. 24 (gemeint ist wohl Rn. 86).

28 BSG, Urt. v. 18.07.2006 – B 1 KR 24/05 R, juris Rn. 12.

29 BGH, Urt. v. 27.04.2004 – XI ZR 49/03, juris Rn. 15.

30 Vgl. insoweit Rdn. 12.

31 So aber wohl im Ergebnis BSG, Urt. v. 29.06.1995 – 11 RAr 109/94, juris Rn. 31, das eine »nach außen hervortretende, eindeutige Betätigung des Annahmewillens, in der Regel in Form einer schlüssigen Handlung« ausreichen lassen will.

32 BSG, Urt. v. 26.05.2021 – B 6 KA 7/20 R, juris Rn. 27.

33 BSG, Urt. v. 26.05.2021 – B 6 KA 7/20 R, juris Rn. 27.

34 Zu der Frage, ob allein § 36a SGB I die elektronische Form ermöglicht, oder ob hierzu auf §§ 126 Abs. 3, 126a BGB zurückzugreifen ist, überblicksartig: jurisPK-SGB X/*Hartmeyer*, § 56 SGB X Rn. 54.; für letzteres Pickel/*Marschner*, § 56 SGB X Rn. 14, Stand 10/2024.

35 Hauck/Noftz/*Becker*, § 56 SGB X Rn. 39 f.

36 LSG Berlin-Brandenburg, Urt. v. 11.03.2022 – L 15 SO 154/17 KL, juris Rn. 42; Hauck/Noftz/*Becker*, § 56 SGB X Rn. 21.

37 LSG Berlin-Brandenburg, Urt. v. 11.03.2022 – L 15 SO 154/17 KL, juris Rn. 42.

III. Vorrangige »andere Form« (§ 56 Halbs. 2)

11 Nach dem Willen des Gesetzgebers gilt das Schriftformerfordernis nur, soweit keine weitergehende, strengere Form durch Rechtsvorschrift angeordnet ist.[38] Dies ist in § 56 Halbs. 2 geregelt. Als vorrangige Formvorschrift kommt z.B. das Erfordernis notarieller Beurkundung nach §§ 128, 311b Abs. 1 BGB i.V.m. § 61 Satz 2 bei Verträgen in Betracht, die den Erwerb oder die Übertragung des Grundstückseigentums zum Gegenstand haben.[39] Weil § 56 Halbs. 2 sich nur auf eine »andere Form« bezieht, wird zudem diskutiert, ob das Schriftformerfordernis auch durch weniger strenge Formvorschriften verdrängt werden kann.[40]

IV. Fehlerfolgen

12 Der Verstoß gegen das Schriftformerfordernis des § 56 sowie gegen eine andere vorgeschriebene Form hat nach § 61 Satz 2 bzw. § 58 Abs. 1 i.V.m. § 125 Satz 1 BGB[41] die Nichtigkeit des Vertrags zur Folge.[42] In Betracht kommt ein öffentlich-rechtlicher Erstattungsanspruch, wenn trotz der Formnichtigkeit eines öffentlich-rechtlichen Vertrages eine Vertragspartei in Erfüllung (vermeintlicher) vertraglicher Pflichten etwas an die andere geleistet hat.[43] Der Einwand der Formnichtigkeit kann im Ausnahmefall treuwidrig sein, das heißt gegen den auch im öffentlichen Recht geltenden Grundsatz von Treu und Glauben (§ 242 BGB) verstoßen und dem Einwand der unzulässigen Rechtsausübung begegnen.[44] Von einem solchen Ausnahmefall kann aber nur dann ausgegangen werden, wenn die Nichtigkeit schlechthin zu untragbaren Ergebnissen führen würde, was beispielsweise bei einer Existenzgefährdung des einen Teils oder eines besonders schweren Treuepflichtverletzung des anderen Teils bejaht werden kann.[45] Soweit die Berufung auf die Formnichtigkeit nicht als treuwidrig anzusehen ist, besteht kein Anspruch auf Abschluss eines formwirksamen Vertrages, da dies dem Schutzzweck des Schriftformerfordernisses entgegenliefe. Unbeachtlich bleibt der Parteiwille, der darauf gerichtet ist, trotz eines Formmangels an dem Vertrag festhalten zu wollen.[46]

§ 57 Zustimmung von Dritten und Behörden

(1) Ein öffentlich-rechtlicher Vertrag, der in Rechte eines Dritten eingreift, wird erst wirksam, wenn der Dritte schriftlich zustimmt.

(2) Wird anstatt eines Verwaltungsaktes, bei dessen Erlass nach einer Rechtsvorschrift die Genehmigung, die Zustimmung oder das Einvernehmen einer anderen Behörde erforderlich ist, ein Vertrag geschlossen, so wird dieser erst wirksam, nachdem die andere Behörde in der vorgeschriebenen Form mitgewirkt hat.

Übersicht

38 Vgl. zu § 53 VwVfG a.F.: BT-Drucks. 7/910, S. 81.

39 Siehe hierzu: jurisPK-SGB X/*Hartmeyer*, § 56 SGB X Rn. 27; Hauck/Noftz/*Becker*, § 56 SGB X Rn. 45.

40 Näher Hauck/Noftz/*Becker*, § 56 SGB X Rn. 45.

41 Nicht eindeutig geklärt ist die dogmatische Frage, ob § 125 Satz 1 BGB über § 61 Satz 2 oder über § 58 Abs. 1 Anwendung findet; für § 61 Satz 2: BSG, Urt. v. 28.10.1992 – 6 RKa 19/91, juris Rn. 21; für § 58 Abs. 1: Hauck/Noftz/*Becker*, § 56 SGB X Rn. 46; BeckOGK/*Wehrhahn*, § 56 SGB X Rn. 8, Stand 05/2017.

42 BeckOK-SozR/*Heße*, § 56 SGB X Rn. 1, Stand 09/2024; BVerwG, Beschl. v. 24.09.2007 – 5 B 77/06, juris Rn. 6; LSG Nordrhein-Westfalen, Urt. v. 02.02.2011 – L 12 AS 1104/10, juris Rn. 39; LSG Thüringen, Urt. v. 12.03.2002 – L 6 SF 687/00, juris Rn. 34 f.

43 Diering/Timmel/Stähler/*Diering*, SGB X, § 56 Rn. 19; s. näher die Kommentierung zu § 58 Rdn. 14).

44 LSG Baden-Württemberg, Urt. v. 30.10.2009 – L 4 U 3728/08, juris Rn. 46; aus der verwaltungsgerichtlichen Rechtsprechung: BVerwG, Urt. v. 16.05.2000 – 4 C 4/99, juris Rn. 32.

45 LSG Baden-Württemberg, Urt. v. 30.10.2009 – L 4 U 3728/08, juris Rn. 46.

46 jurisPK-SGB X/*Hartmeyer*, § 56 SGB X Rn. 76; Hauck/Noftz/*Becker*, § 56 SGB X Rn. 50.

A. Inhalt

§ 57 regelt die Rechtsfolgen bei Drittwirkung öffentlich-rechtlicher Verträge. Die Norm entspricht der Regelung in § 58 VwVfG. Das Problem einer (gewollten oder ungewollten) Beeinträchtigung der Rechte unbeteiligter Dritter stellt sich nicht nur bei Verwaltungsakten (vgl. § 49), sondern auch bei Verträgen. In beiden Fällen sieht das Gesetz kein Verbot und keine automatische Unwirksamkeit vor, sondern stattdessen weitergehende Wirksamkeitsanforderungen. § 57 behandelt in Abs. 1 den Eingriff in die Rechte eines Dritten (= Privaten) und in Abs. 2 die notwendige Mitwirkung einer anderen Behörde. In beiden Fällen werden materiell die Zustimmung der Dritten und deren Erklärung in Schriftform und die sonst erforderliche Mitwirkung gefordert. Die Vorschrift hat letztlich im Wesentlichen klarstellende Bedeutung. Denn ein Vertrag zulasten Dritter ist auch im öffentlichen Recht nicht statthaft.[1] Ferner ist klar, dass durch Nutzung der Vertragsform nicht die gesetzlich vorgeschriebene Mitwirkung einer anderen Behörde umgangen werden kann. 1

B. Einzelerläuterungen

Verträge können auf Rechte und Pflichten Dritter gewollt oder ungewollt einwirken. Werden Dritte lediglich begünstigt, kann dies ohne deren Zutun geschehen. Ob diese Begünstigung (rechtsverbindlich) gewollt ist im Sinne eines echten Vertrags zugunsten Dritter, ist eine Frage der Auslegung im Einzelfall.[2] 2

Ein Eingriff in die Rechte eines Dritten dagegen ist nur mit dessen schriftlicher Zustimmung möglich, die in zeitlicher Hinsicht vor und nach dem Vertragsabschluss gegeben, mithin als Einwilligung oder Genehmigung erteilt werden kann. Die Mitteilung der Zustimmung an eine der Vertragsparteien ist ausreichend (§ 61 Satz 2 i.V.m. § 182 Abs. 1 BGB). Bis zur Zustimmung ist der Vertrag schwebend unwirksam.[3] Dies gilt im Übrigen auch dann, wenn der öffentlich-rechtliche Vertrag im Wege eines gerichtlichen Vergleichs zustande kommt.[4] Im Fall der nach Vertragsschluss erteilten Genehmigung tritt entgegen dem Wortlaut der Vorschrift die Rechtswirkung ex tunc ein, so dass der Vertrag von Anfang an als wirksam zustande gekommen anzusehen ist (§ 61 Satz 2 i.V.m § 184 Abs. 1 BGB).[5] Die Verweigerung bzw. endgültige Nichterteilung der Zustimmung führt zur Unwirksamkeit des Vertrags. 3

Dritter ist jedes nicht selbst am Vertrag beteiligte Privatrechtssubjekt.[6] Soweit der öffentlich-rechtliche Vertrag in ein subjektiv-öffentliches Recht eines Dritten eingreift, werden die entsprechenden vertraglichen Regelungen erst mit dessen Zustimmung wirksam; der Vertrag im Übrigen bleibt davon aber grundsätzlich unberührt. Dafür reicht allerdings weder eine bloß faktische Benachteiligung oder ein reiner Rechtsreflex, noch die bloße Beeinträchtigung einer verfahrensrechtlichen Position aus; vielmehr ist ein Eingriff in die materielle Rechtsstellung des Dritten nötig.[7] Unzweifelhaft ist 4

---

1 OVG Lüneburg, Urt. v. 22.10.1999 – 1 L 506/98, juris Rn. 13; BVerwG, Urt. v. 23.08.1991 – 8 C 61/90, juris Rn. 16; Schütze/*Engelmann*, SGB X, § 57 Rn. 2.

2 Vgl. BSG, Urt. v. 21.09.2023 – B 3 KR 4/22 R, NZS 2024, 216, 217, Rn. 21 ff. zum Beispiel einer Sprechstundenbedarfsvereinbarung (dabei offenlassend, ob bzw. inwieweit §§ 328 ff. BGB entsprechend anzuwenden sind).

3 SG Chemnitz, Urt. v. 02.12.1999 – S 15 P 96/98, Breithaupt 2000, 920, 924; ebenso für einen satzungsrechtlichen Genehmigungsvorbehalt für den Abschluss von Verträgen BSG, Urt. v. 30.10.2013 – B 6 KA 48/12 R, juris Rn. 39; Schütze/*Engelmann*, SGB X, § 57 Rn. 10.

4 Vgl. VGH Hessen, Beschl. v. 17.01.2017 – 3 E 2889/16, juris Rn. 3.

5 jurisPK-SGB X/*Hartmeyer* § 57 Rn. 53; Schütze/*Engelmann*, SGB X, § 57 Rn. 10; Diering/Timme/Stähler/*Diering*, SGB X, § 58 Rn. 11; a.A. Pickel/*Marschner*, § 57 SGB X Rn. 13.

6 BSG, Urt. v. 28.04.2004 – B 6 KA 8/03 R, juris Rn. 28; BSG, Beschl. v. 13.05.2015 – B 6 KA 10/15 B, BeckRS 2015, 70196, Rn. 10; LSG Sachsen, Beschl. vom 30.07.2009 – L 1 B 786/08 KA-ER, juris Rn. 41.

7 BSG, Urt. v. 05.07.2000 – B 3 KR 20/99 R, juris Rn. 26; Diering/Timme/Stähler/*Diering*, SGB X, § 57 Rn. 4.

dies bei einem sog. Verfügungsvertrag zu bejahen, welcher selbst unmittelbar die Rechtsposition eines Dritten beeinträchtigt. Nach herrschender Auffassung liegt aber auch dann ein Eingriff vor, wenn erst die Maßnahme, zu der sich die Parteien vertraglich verpflichtet haben, unmittelbar eingreifend wirkt (sog. Verpflichtungsvertrag).[8]

5 § 57 Abs. 1 findet auf subordinationsrechtliche Verträge ebenso Anwendung wie auf koordinationsrechtliche Verträge.[9] Die Vorschrift gilt jedoch nicht für Normsetzungs- bzw. Normenverträge, wie sie insbesondere das SGB V kennt, denn die Gültigkeit einer Rechtsnorm hängt grundsätzlich nicht von der Zustimmung des Normunterworfenen ab.[10]

6 Die Regelung in Abs. 2 ist ihrem Wortlaut nach (»anstatt eines Verwaltungsakts«) nur auf sog. subordinationsrechtliche (verwaltungsaktersetzende) Verträge (s. § 54 Satz 2 VwVfG) anwendbar. Es ist jedoch anerkannt, dass sie analog auch auf koordinationsrechtliche Verträge angewendet werden kann.[11] Unter Rechtsvorschrift i.S.d. § 57 Abs. 2 sind Gesetze, Verordnungen und Satzungen zu verstehen, nicht aber reine Verwaltungsvorschriften.[12] Die einschlägige Rechtsvorschrift muss dabei die Mitwirkung zwingend vorschreiben; liegt eine Beteiligung im Ermessen der Behörde, liegt keine »Erforderlichkeit« im Sinne der Norm vor, ebenso wenig bei »Soll-Vorschriften«.[13] Unter der in § 57 Abs. 2 erwähnten »vorgeschriebenen Form« ist diejenige zu verstehen, welche bei Erlass eines entsprechenden Verwaltungsakts gegolten hätte.[14]

7 Als notwendige Mitwirkungsakte nennt das Gesetz die Genehmigung, Zustimmung und das Einvernehmen. Es kommt aber nicht darauf an, ob für das Mitwirkungserfordernis in der einschlägigen Vorschrift exakt einer dieser Begriffe verwendet wird. Auch eine andere Begriffswahl löst die Rechtsfolge des § 57 Abs. 2 aus, soweit damit eine vergleichbare Form der Zusammenarbeit, Abstimmung oder Verständigung mit einer Behörde vorgegeben ist.[15] Vergleiche zwischen dem Beschwerdeausschuss und dem von einer Maßnahme der Wirtschaftlichkeitsprüfung betroffenen Arzt im Wirtschaftlichkeitsprüfverfahren nach §§ 106 ff. SGB V bedürfen nicht der Zustimmung der Krankenkassen oder der Kassenärztlichen Vereinigung.[16]

§ 58 Nichtigkeit des öffentlich-rechtlichen Vertrages

(1) Ein öffentlich-rechtlicher Vertrag ist nichtig, wenn sich die Nichtigkeit aus der entsprechenden Anwendung von Vorschriften des Bürgerlichen Gesetzbuches ergibt.

(2) Ein Vertrag im Sinne des § 53 Abs. 1 Satz 2 ist ferner nichtig, wenn
1. ein Verwaltungsakt mit entsprechendem Inhalt nichtig wäre,
2. ein Verwaltungsakt mit entsprechendem Inhalt nicht nur wegen eines Verfahrens- oder Formfehlers im Sinne des § 42 rechtswidrig wäre und dies den Vertragschließenden bekannt war,
3. die Voraussetzungen zum Abschluss eines Vergleichsvertrages nicht vorlagen und ein Verwaltungsakt mit entsprechendem Inhalt nicht nur wegen eines Verfahrens- oder Formfehlers im Sinne des § 42 rechtswidrig wäre,
4. sich die Behörde eine nach § 55 unzulässige Gegenleistung versprechen lässt.

---

8 LAG Hamm, Urt. v. 07.04.2005 – 16 Sa 1880/04, juris Rn. 29; Hauck/Noftz/*Becker*, § 57 SGB X Rn. 18; BeckOGK/*Wehrhahn*, § 57 SGB X Rn. 4, Stand 10/2014; a.A. Schoch/Schneider/*Rozek*, § 58 VwVfG Rn. 27.

9 jurisPK-SGB X/*Hartmeyer*, § 57 Rn. 10; Schütze/*Engelmann*, SGB X, § 57 Rn. 3.

10 BSG, Urt. v. 15.03.1995 – 6 RKa 36/93, juris Rn. 22; jurisPK-SGB X/*Hartmeyer*, § 53 Rn. 121.

11 Hauck/Noftz/*Becker*, § 57 SGB X Rn. 35; Schütze/*Engelmann*, SGB X, § 57 Rn. 11; s. auch Schoch/Schneider/*Rozek*, § 58 VwVfG Rn. 10; a.A. Pickel/*Marschner*, § 57 Rn. 16.

12 BeckOGK/*Wehrhahn*, § 57 SGB X Rn. 8, Stand 10/2014; jurisPK-SGB X/*Hartmeyer*, § 57 Rn. 43.

13 Stelkens/Bonk/Sachs/Siegel, § 58 VwVfG Rn. 28; jurisPK-SGB X/*Hartmeyer*, § 57 Rn. 44.

14 jurisPK-SGB X/*Hartmeyer*, § 57 Rn. 47; Diering/Timme/Stähler/*Diering*, SGB X, § 57 Rn. 16.

15 Pickel/*Marschner*, § 57 Rn. 20; Stelkens/Bonk/Sachs/*Siegel*, § 58 VwVfG Rn. 25.

16 BSG, Urt. v. 28.04.2004 – B 6 KA 8/03 R, juris Rn. 28.

(3) Betrifft die Nichtigkeit nur einen Teil des Vertrages, so ist er im Ganzen nichtig, wenn nicht anzunehmen ist, dass er auch ohne den nichtigen Teil geschlossen worden wäre.

Übersicht

A. Inhalt

1 § 58 regelt die Nichtigkeit öffentlich-rechtlicher Verträge und deren Rechtsfolgen. Die Normierung der Nichtigkeitsgründe in § 58 ist dabei als abschließend zu betrachten.[1] Sie umfasst sowohl die bürgerlich-rechtlichen Nichtigkeitsgründe eines Vertrags (Abs. 1) als auch (bei subordinationsrechtlichen Verträgen) die öffentlich-rechtlichen Nichtigkeitstatbestände eines Verwaltungsakts (Abs. 2 Nr. 1) und erweitert diese um zusätzliche Nichtigkeitstatbestände für den öffentlich-rechtlichen Vertrag (Abs. 2 Nr. 2–4). Anders als bei einem Verwaltungsakt wirken sich sonstige Rechtsmängel nicht unmittelbar im Sinne einer Anfechtbarkeit auf die Wirksamkeit bzw. den Bestand des öffentlich-rechtlichen Vertrags aus.[2] Denn durch § 58 wird dem Grundsatz »pacta sunt servanda« und damit dem Vertrauensschutzprinzip Rechnung getragen, weshalb es folglich keinen öffentlich-rechtlich anfechtbaren, rechtswidrigen öffentlich-rechtlichen Vertrag geben kann. Die Normierung der besonderen Nichtigkeitsgründe sorgt überdies dafür, dass die Verwaltung nicht im Einvernehmen mit dem Bürger durch einen öffentlich-rechtlichen Vertrag einen Zustand herbeiführen kann, welcher der Rechtsordnung widerspricht.[3] Der Nichtigkeit steht es gleich, wenn ein Vertrag nach schwebender Unwirksamkeit endgültig unwirksam wird, etwa weil die gem. § 57 notwendige Zustimmung nicht erteilt wurde.[4] Abs. 3 enthält schließlich eine Regelung für den Fall der Teilnichtigkeit.

B. Einzelerläuterungen

2 Zunächst ist durch Auslegung zu prüfen, ob Gründe für die Nichtigkeit eines öffentlich-rechtlichen Vertrags vorliegen. Dabei ist – soweit möglich – grundsätzlich eine die Wirksamkeit des Vertrags aufrechterhaltende Auslegung vorzuziehen.[5] Eine Umdeutung gemäß § 140 BGB ist zwar nicht per se ausgeschlossen, jedoch muss die Umdeutung eines unwirksamen öffentlich-rechtlichen in einen wirksamen privatrechtlichen Vertrag ausscheiden, da andernfalls die durch das öffentliche Recht erstrebte Schutzwirkung umgangen würde. Denkbar ist hingegen die Umdeutung in eine Zusicherung (§ 34), da auch diese der Schriftform bedarf und insofern keine Umgehung der Formvorschrift vorliegt; das Vorliegen der Voraussetzungen des § 34 ist jedoch jeweils im Einzelnen zu prüfen.

---

1 VGH Bayern, Urt. v. 11.04.1990 – 1 B 85 A. 1480, juris, Rn. 51; BeckOK-SozR/*Heße*, § 58 SGB X Rn. 4, Stand 09/2024; BT-Drucks. 7/910, S. 81; Hauck/Noftz/*Becker*, § 58 SGB X Rn. 10.

2 Vgl. z.B. BSG, Urt. v. 15.03.2015 – B 6 KA 9/14 R, juris Rn. 36.

3 BT-Drucks. 7/9010, S. 81; Schütze/*Engelmann*, SGB X, § 58 Rn. 2.

4 Schütze/*Engelmann*, SGB X, § 58 Rn. 5.

5 BVerwG, Beschl. v. 05.07.2007 – 2 B 39/07, juris Rn. 2.

I. § 58 Abs. 1 – Verweisung auf das Bürgerliche Gesetzbuch

1. Anwendungsbereich

3 Nach § 58 Abs. 1 ist ein öffentlich-rechtlicher Vertrag nichtig, wenn sich die Nichtigkeit aus der entsprechenden Anwendung von Vorschriften des BGB ergibt. Damit nimmt die Regelung auf sämtliche BGB-Normen mit Nichtigkeitsfolge Bezug.[6] Abs. 1 gilt dabei für sämtliche öffentlich-rechtliche Verträge im Anwendungsbereich des SGB X, d.h. sowohl für koordinations- als auch für subordinationsrechtliche Vereinbarungen.[7] Abs. 1 ist im Zusammenhang mit Abs. 2 auszulegen. Für die Beurteilung der Nichtigkeit eines öffentlich-rechtlichen Vertrags kommt es auf die Sach- und Rechtslage im Zeitpunkt des Vertragsabschlusses an.[8]

2. Anwendbare Vorschriften des BGB

4 Bei der Heranziehung der BGB-Vorschriften im Rahmen des § 58 Abs. 1 ist jeweils zu prüfen, ob deren entsprechende Anwendung der Natur des öffentlich-rechtlichen Vertrags sowohl generell als auch im Einzelfall nicht widerspricht.[9] Auch öffentlich-rechtliche Verträge kommen durch übereinstimmende Willenserklärungen zustande,[10] weshalb insbesondere die folgenden BGB-Vorschriften zur Nichtigkeit öffentlich-rechtlicher Verträge führen können: § 105 BGB (Nichtigkeit infolge fehlender Geschäftsfähigkeit); §§ 107, 108, 111 BGB (fehlende Einwilligung des gesetzlichen Vertreters von Minderjährigen); § 116 BGB (geheimer Vorbehalt); § 117 BGB (Scheingeschäft); § 118 BGB (Scherzerklärung); § 119 (Irrtum); § 120 (falsche Übermittlung); § 123 (Täuschung oder Drohung);[11] § 125 BGB (Nichtigkeit des Rechtsgeschäfts wegen Formmangels, beispielsweise Verstoß gegen § 56);[12] § 138 BGB (Sittenwidrigkeit, Wucher); § 142 BGB (Anfechtung); § 779 BGB (Irrtum über die Vergleichsgrundlage bei Vergleichsverträgen).[13] Schon dann, wenn in tatbestandlicher Hinsicht keine Willenserklärung vorliegt, kommt es nicht zum Vertragsschluss.[14] Diejenigen Nichtigkeitsgründe, die eine Anfechtungshandlung bedürfen, haben zur Folge, dass der Vertrag bis zur Erklärung der Anfechtung (schwebend) wirksam bleibt.

5 Auch von der (entsprechenden) Anwendbarkeit des § 134 BGB (Verstoß gegen ein gesetzliches Verbot) auf öffentlich-rechtliche Verträge wird zwischenzeitlich allgemein ausgegangen.[15] Erforderlich ist allerdings (schon zur Verhinderung eines Widerspruchs zu dem ausdifferenzierten Regelungssystem des § 58 Abs. 2[16]) ein sogenannter qualifizierter Rechtsverstoß[17] gegen eine Norm, die sich von ihrer Zielrichtung her gegen eine »bestimmte inhaltliche Ausgestaltung« richtet und diese

---

6 LSG Bayern, Urt. v. 15.12.2010 – L 12 KA 5029/07, juris Rn. 24.

7 Schütze/*Engelmann*, SGB X, § 58 Rn. 7; Hauck/Noftz/*Becker*, § 58 SGB X Rn. 15.

8 VG Frankfurt, Urt. v. 30.11.2006 – 7 E 1493/04, juris Rn. 27; BeckOGK/*Wehrhahn*, § 58 SGB X Rn. 4, Stand 03/2020.

9 Hauck/Noftz/*Becker*, § 58 SGB X, Rn. 26.

10 Vgl. nur etwa BSG, Urt. v. 26.09.1991 – 4/1 RA 33/90, juris Rn. 19 ff.

11 SG Dortmund, Beschl. v. 02.10.2014 – S. 32 AS 1991/14 ER, juris Rn. 149.

12 VGH Bayern, Beschl. v. 28.08.2006 – 12 ZB 05.2419, juris Rn. 7; zu der – im Ergebnis eher akademischen – Frage, ob § 125 Satz 1 BGB über § 61 Satz 2 oder über § 58 Abs. 1 (entsprechende) Anwendung findet, vgl. die Kommentierung zu § 56 (§ 56 Rdn. 12).

13 Schütze/*Engelmann*, SGB X, § 58 Rn. 8 ff; vgl. insgesamt auch BeckOGK/*Wehrhahn*, § 58 SGB X Rn. 5 f., Stand 03/2020.

14 BeckOGK/*Wehrhahn*, § 58 SGB X Rn. 5, Stand 03/2020.

15 BSG, Urt. v. 05.07.2000 – B 3 KR 20/99 R, juris Rn. 26; BSG, Urt. v. 23.06.2016 – B 14 AS 30/15 R, juris Rn. 18; BSG, Urt. v. 13.07.2017 – B 8 SO 21/15 R, juris Rn. 18 f.; aus der Lit. statt vieler Hauck/Noftz/*Becker*, § 58 SGB X Rn. 35 ff.

16 Schütze/*Engelmann*, SGB X, § 58 Rn. 12.

17 Vgl. BSG, Urt. v. 28.09.2005 – B 6 KA 71/04 R, juris Rn. 24; BSG, Urt. v. 17.10.2007 – B 6 KA 34/06 R, juris Rn. 19; BSG, Urt. v. 05.11.2008 – B 6 KA 55/07 R, juris Rn. 14; Urt. v. 13.07.2017 – B 8 SO 21/15 R, juris Rn. 19.

unbedingt verbietet.[18] Eine solche Verbotsnorm in diesem Sinn kann jedes materielle Gesetz sein, also insbesondere formelle Gesetze, Rechtsverordnungen und Satzungen, nicht hingegen Verwaltungsvorschriften. Die aufgrund wirksamer Rechtsgrundlage erlassenen Richtlinien des gemeinsamen Bundesausschusses – welcher als Normgeber fungiert – können wegen ihrer Außenwirksamkeit als untergesetzliche Normen damit ebenfalls grundsätzlich eine taugliche Vorschrift in diesem Sinn darstellen.[19] Gleiches muss im Ergebnis auch für Normenverträge gelten, jedenfalls dann, wenn sie auch ohne Mitwirkungsakt kraft Gesetzes unmittelbare Wirkung entfalten[20] und damit auch ohne Zutun eines Dritten Bindung erzeugen, denn die Vertragsschließenden sind durch den Gesetzgeber direkt zur Normsetzung befugt.[21]

Es wird dabei nicht zwischen öffentlich-rechtlichen und privat-rechtlichen Normen unterschieden.[22] 6
Das Verbot muss nicht ausdrücklich normiert sein, sondern kann sich auch durch Auslegung ergeben. In der Regel muss sich das Verbot an beide Vertragsparteien richten.[23] Nicht erforderlich ist die Kenntnis oder ein Kennenmüssen der Vertragsparteien vom gesetzlichen Verbot bzw. vom Verstoß.[24] Verbotswidrig im Sinne des § 134 BGB und damit nichtig sind öffentlich-rechtliche Verträge beispielsweise dann, wenn der Behörde eine andere Handlungsform zwingend vorgeschrieben ist oder im Fall der Umgehung gesetzlicher Regelungen mit dem Ziel der Herbeiführung einer Rechtsfolge, die gerade ausgeschlossen sein soll, etwa die Vereinbarung einer Vertragsstrafe zwecks Unterlaufens der Ausschlussfrist des § 111.[25]

II. § 58 Abs. 2 – Spezielle Nichtigkeitsgründe

1. Anwendungsbereich

§ 58 Abs. 2 nennt weitere Gründe, die zusätzlich zu § 58 Abs. 1 zur Nichtigkeit des öffentlich- 7
rechtlichen Vertrags führen. Die dort aufgezählten Nichtigkeitsgründe beziehen sich jedoch im Gegensatz zu dem Anwendungsbereich des Abs. 1 nur auf subordinationsrechtliche Verträge. Eine analoge Anwendung des § 58 Abs. 2 auf den koordinationsrechtlichen Vertrag ist aufgrund des eindeutigen Wortlauts, d.h. wegen der klaren Bezugnahme auf § 53 Abs. 1 S. 2, und dementsprechend fehlender (planwidriger) Regelungslücke abzulehnen. Wie bei Abs. 1 ist maßgeblicher Zeitpunkt für die Beurteilung der Nichtigkeit der des Vertragsabschlusses. Die Vorschrift ergänzt die allgemeinen Nichtigkeitsgründe des Abs. 1, wobei mangels Rangverhältnisbeide Absätze nebeneinander anwendbar sind.[26]

2. Die einzelnen Nichtigkeitsgründe

a) § 58 Abs. 2 Nr. 1 – Nichtigkeit eines entsprechenden Verwaltungsakts

Nach § 58 Abs. 2 Nr. 1 ist ein subordinationsrechtlicher Vertrag nichtig, wenn ein entsprechender 8
Verwaltungsakt mit demselben Inhalt nichtig wäre. Die Regelung verweist damit auf § 40. Dabei geht § 57 Abs. 2 (Mitwirkungspflicht einer anderen Behörde) den für Verwaltungsakte geltenden Nichtigkeitsgründen des § 40 Abs. 3 Nr. 3, 4 als speziellere Vorschrift vor. Wenn eine zur Mit-

18 BSG, Urt. v. 13.02.2014 – B 8 SO 11/12 R, juris Rn. 31; BeckOGK/*Wehrhahn*, § 58 SGB X Rn. 5b, Stand 03/2020; Hauck/Noftz/*Becker*, § 58 SGB X Rn. 51 ff.

19 Zur Rechtsqualität und Überprüfbarkeit vgl. BSG, Urt. v. 01.07.2014 – B 1 KR 15/13 R, juris Rn. 13 ff.

20 Vgl. dazu BSG, Urt. v. 11.05.2023 – B 1 KR 14/22 R, juris Rn. 12.

21 So im Ergebnis LSG Bayern, Urt. v. 04.02.2016 – L 18 SO 89/14, juris Rn. 31; vgl. auch Schnapp/Wigge/*Axer*, § 10 Rn. 30.

22 Hauck/Noftz/*Becker*, § 58 SGB X Rn. 41.

23 BSG, Urt. v. 24.01.2008 – B 3 KR 17/07 R, juris Rn. 26; BeckOGK/*Wehrhahn*, § 58 SGB X Rn. 5d, Stand 03/2020; offen gelassen bei Hauck/Noftz/*Becker* § 58 SGB X Rn. 43.

24 jurisPK-SGB X/*Hissnauer*, § 58 Rn. 12; Hauck/Noftz/*Becker* § 58 SGB X Rn. 44.

25 Nw. bei Schütze/*Engelmann*, SGB X, § 58 Rn. 13.

26 jurisPK-SGB X/*Hissnauer*, § 58 Rn. 13; BeckOGK/*Wehrhahn*, § 58 SGB X Rn. 7, Stand 03/2020.

2. Unzumutbarkeit

6 Besteht eine wesentliche Änderung der Umstände, darf darüber hinaus das Festhalten am ursprünglichen Vertrag einer Partei nicht zumutbar sein. Es handelt sich bei dem Tatbestandsmerkmal der Unzumutbarkeit um einen dem Grundsatz von Treu und Glauben gem. § 242 BGB Rechnung tragenden, unbestimmten Rechtsbegriff, der gerichtlich voll überprüfbar ist.[17] Wann Unzumutbarkeit vorliegt, ist eine Frage des Einzelfalls. § 59 durchbricht in diesem Fall den elementaren Grundsatz der Vertragstreue, weshalb von einer Unzumutbarkeit nur unter engen Voraussetzungen ausgegangen werden kann. Diese liegen vor, wenn das Ergebnis der Vertragsdurchführung bei unverändertem Vertrag zu schwerwiegenden Nachteilen mindestens für die jeweilige Vertragspartei führen würde und aus diesem Grund geradezu untragbar ist.[18] Dabei ist auch zu fordern, dass der Rahmen des Risikos, welches eine Vertragspartei unter Berücksichtigung der Interessen auch der anderen Vertragspartei und der Gesamtumstände hinnehmen muss, überschritten wird.[19] Relevante Anhaltspunkte sind die Vorhersehbarkeit, die typische Risikoverteilung (sog. »Sphärengedanke«), das Verschulden und die jeweiligen Äquivalenzinteressen der Parteien.[20] Grundsätzlich bemisst sich diese Grenze an subjektiven Elementen, welche jedoch objektiv zu bestimmen und zu beurteilen sind, denn sonst könnte eine der Parteien durch eigene Auslegung des Begriffs der Unzumutbarkeit die Erforderlichkeit einer Vertragsanpassung selbst festlegen.[21] Des Weiteren lässt die Formulierung »so [...] geändert, dass [...] nicht zuzumuten ist« auf einen Ursächlichkeitszusammenhang schließen, die Unzumutbarkeit muss folglich gerade auf der eingetretenen Änderung beruhen.[22]

7 Eine Unzumutbarkeit ist nicht anzunehmen, wenn sich lediglich das allgemeine Vertragsrisiko verwirklicht hat. Dazu zählt beispielsweise auch die allgemeine Änderung des Zinsniveaus.[23] Vielmehr müssen die geänderten Verhältnisse zu eklatanten, bei Vertragsschluss nicht absehbaren Nachteilen für eine Partei geführt haben, die beide Vertragspartner billigerweise berücksichtigt hätten, wären sie zum Zeitpunkt des Vertragsschluss vorhersehbar gewesen.[24] Wenn wegen Unmöglichkeit keine Anpassung in Frage kommt, tritt an ihre Stelle ein Kündigungsrecht.[25]

II. Anpassung

8 Liegen die Voraussetzungen vor, kann von der entsprechend betroffenen Partei die Anpassung des Vertrags verlangt werden. Der Anspruch zur Vertragsanpassung geht wegen des Grundsatzes der Vertragstreue einer Kündigung vor.[26] Dieser Anspruch kann – nachdem ein außergerichtliches Begehren erfolglos war – mit der Leistungsklage geltend gemacht werden.[27] Dabei ist das Klagebegehren auf die Abgabe einer Willenserklärung gerichtet, genauer auf die Zustimmung zur Vertragsanpassung. Das die Erklärung ersetzende, stattgebende Urteil sorgt im Zusammenhang mit dem Änderungsanspruch dann für die begehrte Vertragsanpassung.[28] Die Anpassung wirkt grundsätzlich nur für die Zukunft (ex nunc). Für den Fall, dass die Vertragsparteien übereinstimmend zu einer Änderung gekommen sind, welche die die Unzumutbarkeit für eine Partei beseitigt, sind für den erforderlichen Änderungsvertrag wiederum die §§ 53 ff. maßgeblich, insbesondere die Schriftform nach § 56.[29]

---

17 BSG, Urt. v. 06.12.2012 – B 11 AL 15/11 R, BSGE 112, 241, juris Rn. 27, 32.
18 BVerwG, Urt. v. 18.07.2012 – 8 C 4/11, juris Rn. 64; jurisPK-SGB X/*Hissnauer*, § 59 Rn. 17.
19 BSG, Urt. v. 06.12.2012 – B 11 AL 15/11 R, BSGE 112, 241, juris Rn. 34.
20 BSG, Urt. v. 06.12.2012 – B 11 AL 15/11 R, juris Rn. 34.
21 LSG Baden-Württemberg, Urt. v. 06.08.2019 – L 11 KR 316/19, juris- Rn. 35.
22 BeckOGK/*Wehrhahn*, § 59 SGB X Rn. 6a, Stand 05/2021.
23 VG Berlin, Urt. v. 29.09.2021 – 8 K 159.19, juris Rn.-51.
24 VGH Baden-Württemberg, Urt. v. 29.06.2015 – 9 S 280/14, juris Rn. 182.
25 Pickel/*Marschner*, § 59 SGB X Rn. 18.
26 Diering/Stähler/Timme/*Diering*, § 59 SGB X Rn. 9.
27 BVerwG, Urt. v. 26.01.1995 – 3 C 21/93, juris Rn. 50.
28 VGH Baden-Württemberg, Urt. v. 06.10.2020 – 5 S 1039/18, juris Rn. 53.
29 jurisPK-SGB X/*Hissnauer*, § 59 Rn. 24.

III. Kündigung

1. Voraussetzungen

Die Vertragskündigung aufgrund veränderter Umstände ist ultima ratio. Zusätzlich zu den Tatbestandsvoraussetzungen der Vertragsanpassung ist gemäß § 59 Abs. 1 Satz 1 Hs. 2 erforderlich, dass eine Anpassung nicht möglich oder einer Vertragspartei nicht zumutbar ist. Nicht erforderlich ist, dass vor der Kündigung eine Anpassung verlangt worden ist.[30] Eine Kündigung ist damit auch ohne vorherige Aussprache möglich. An die Unzumutbarkeit sind in diesem Kontext jedoch sehr strenge Anforderungen zu stellen.[31] Die Unmöglichkeit der Anpassung meint Fälle des § 275 I BGB.[32] 9

2. Form und Verfahren

Gemäß § 59 Abs. 2 Satz 1 bedarf die Kündigung der Schriftform (vgl. § 126 BGB). Eine Nichtbeachtung führt unweigerlich zur Nichtigkeit.[33] Kündigt die Behörde, stellt das keinen Verwaltungsakt (§ 31) dar, denn die staatliche Stelle hat sich an der gewählten Handlungsform, hier der Vertragsform, festhalten zu lassen. Ausnahmen soll es jedoch in bestimmten Einzelfällen geben, wie z.B. bei der Kündigung eines Versorgungsvertrags durch die Sozialleistungsbehörde.[34] 10

Die Kündigung soll gemäß § 59 Abs. 2 Satz 2 begründet werden. In der Regel wird die Angabe des Grundes ausreichend sein. Wie dem Wortlaut der Norm schon zu entnehmen ist (»Soll-Vorschrift«) führt jedoch auch ein Verstoß dagegen nicht zur Unwirksamkeit.[35] Etwas anderes gilt selbstverständlich für den Fall, dass die Kündigung ausnahmsweise als Verwaltungsakt zu qualifizieren ist, denn dann ergibt sich die Begründungspflicht bereits aus § 35 Abs. 1 Satz 1. 11

3. Außerordentliches Kündigungsrecht der Behörde (Abs. 1 Satz 2)

Außerdem steht der Behörde ein eigenständiges außerordentliches Kündigungsrecht nach § 59 Abs. 1 Satz 2 zu. Dieses kommt dem Wortlaut nach nur dann zum Tragen, wenn die Kündigung notwendig ist, »um schwere Nachteile für das Gemeinwohl zu verhüten oder zu beseitigen «. Im Sozialrecht dürfte diese Norm nur in extremen Ausnahmefällen relevant werden, insbesondere greift sie nicht bereits bei der Belastung der Versichertengemeinschaft mit Zahlungsverpflichtungen und entstehenden Kosten oder bei sonstigen (drohenden) wirtschaftlichen Nachteilen der öffentlichen Hand durch einen öffentlich-rechtlichen Vertrag.[36] Nachdem das Kündigungsrecht aus § 59 Abs. 1 Satz 1 grundsätzlich allen Vertragsparteien zusteht, das in Abs. 1 Satz 2 jedoch ausdrücklich den Behörden vorbehalten wurde, ist das Sonderkündigungsrecht der Behörden als eigenständig zu betrachten und besteht aus diesem Grund nicht nur nachrangig zu einer Vertragsanpassung und ist auch sonst nicht von dem Vorliegen der Voraussetzungen des Abs. 1 Satz 1 abhängig.[37] 12

30 BeckOGK/*Wehrhahn*, § 59 SGB X Rn. 10, Stand 05/2021.
31 Diering/Stähler/Timme/*Diering*, § 59 SGB X Rn. 18.
32 Hauck/Noftz/*Becker*, § 59 SGB X Rn. 90 f.
33 Schütze/*Engelmann*, SGB X, § 59 Rn. 23.
34 BSG, Urt. v. 12.06.2008 – B 3 P 2/07 R, juris Rn. 12.
35 BSG, Beschl. v. 22.04.2015 – B 3 KR 26/14 B, juris Rn. 16.
36 Vgl. SG Gießen, Beschl. v. 06.10.2011 – 27 AS 998/11 ER, juris Rn. 34; BeckOGK/*Wehrhahn*, § 59 SGB X Rn. 13, Stand 05/2021; auch Hauck/Noftz/*Becker*, § 59 SGB X Rn. 113; jurisPK-SGB X/*Hissnauer*, § 59 Rn. 29.
37 So auch Hauck/Noftz/*Becker*, § 59 SGB X Rn. 112; Pickel/*Marschner*, § 59 SGB X Rn. 27; Diering/Stähler/Timme/*Diering*, § 59 SGB X Rn. 22; BeckOGK/*Wehrhahn*, § 59 SGB X Rn. 13, Stand 05/2021.

4. Rechtswirkungen

13 Die Rechtswirkungen auch der Kündigung treten grundsätzlich mit Wirkung (nur) für die Zukunft (ex nunc) ein.[38] Welche konkreten Folgen die Kündigung nach sich zieht, wurde vom Gesetzgeber nicht explizit geregelt, ebenso wenig wie in der Parallelvorschrift des § 60 VwVfG. Dies eröffnet den Parteien eigenständige Möglichkeiten zur Befriedung des Konflikts;[39] bedeutet allerdings auch, dass die Rücktrittsregelungen der §§ 346 ff. BGB über § 61 Satz 2 nicht anwendbar sind.[40] Zumindest die vereinbarten primären Leistungspflichten beider Parteien entfallen für die Zukunft.[41] Nachdem sich die Rechtsfolgen gerade nicht direkt aus dem Gesetz ergeben, wird es sich für die Praxis empfehlen, die beabsichtigen Folgen für den Fall einer Kündigung bereits im Vertrag individuell festzulegen.[42] Die Wirksamkeit der Kündigung kann mittels Feststellungsklage gerichtlich überprüft werden.[43]

§ 60 Unterwerfung unter die sofortige Vollstreckung

(1) [1]Jeder Vertragschließende kann sich der sofortigen Vollstreckung aus einem öffentlich-rechtlichen Vertrag im Sinne des § 53 Abs. 1 Satz 2 unterwerfen. [2]Die Behörde muss hierbei von dem Behördenleiter, seinem allgemeinen Vertreter oder einem Angehörigen des öffentlichen Dienstes, der die Befähigung zum Richteramt hat, vertreten werden.

(2) [1]Auf öffentlich-rechtliche Verträge im Sinne des Absatzes 1 Satz 1 ist § 66 entsprechend anzuwenden. [2]Will eine natürliche oder juristische Person des Privatrechts oder eine sonstige Personenvereinigung die Vollstreckung wegen einer Geldforderung betreiben, so ist § 170 Abs. 1 bis 3 der Verwaltungsgerichtsordnung entsprechend anzuwenden. [3]Richtet sich die Vollstreckung wegen der Erzwingung einer Handlung, Duldung oder Unterlassung gegen eine Behörde, ist § 172 der Verwaltungsgerichtsordnung entsprechend anzuwenden.

Übersicht

A. Inhalt

1 Der öffentlich-rechtliche Vertrag nach §§ 53 ff. ist kein aus sich heraus vollstreckbarer Titel, wie etwa ein Verwaltungsakt, sodass grundsätzlich bei Schlecht- bzw. Nichtleistung einer Partei gegen die jeweils andere Partei zunächst Leistungsklage erheben muss, um vertragliche Ansprüche durchzusetzen. Die durch den Vertrag gebundene Verwaltung kann auch keinen (vollstreckbaren) Verwaltungsakt zur Durchsetzung ihres (behaupteten) vertraglichen Anspruchs erlassen, denn sie ist grundsätzlich an die von ihr gewählte Handlungsform (hier also den Vertrag) gebunden.[1] Vor diesem Hintergrund schafft § 60 die Möglichkeit, dass sich die Parteien eines öffentlich-rechtlichen Ver-

38 BeckOGK/*Wehrhahn*, § 59 SGB X Rn. 12, Stand 05/2021; jurisPK-SGB X/*Hissnauer*, § 59 Rn. 29 m.w.N.
39 Vgl. BT-Drucks. 7/910, S. 82.
40 Diering/Stähler/Timme/*Diering*, § 59 SGB X Rn. 20; offen lassend LSG Bayern, Urt. v. 04.02.2016 – L 18 SO 89/14, juris Rn. 45.
41 Hauck/Noftz/*Becker*, § 59 SGB X Rn. 106.
42 Diering/Stähler/Timme/*Diering*, § 59 SGB X Rn. 20.
43 VGH Bayern, Urt. v. 29.05.1995 – 4 B 94.2586, juris Rn. 35 f.
1 BVerwG, Urt. v. 13.02.1976 – IV C 44/74, NJW 1976, 1516, 1517; etwas anderes gilt nur im Fall einer ausdrücklichen gesetzlichen Ermächtigung zur Geltendmachung durch Verwaltungsakt; BVerwG, Urt. v. 24.01.1992 – 3 C 33/86, NVwZ 1992, 769, 770.

trags der sofortigen Vollstreckung unterwerfen können. Dadurch wird ein Titel geschaffen, der sofort vollstreckbar ist, ohne dass zuvor Klage erhoben werden muss.[2]

Die Regelungen des § 60 entsprechen im Wesentlichen denen des § 61 VwVfG. Während § 60 2
Abs. 1 die Voraussetzungen der Schaffung eines Vollstreckungstitels regelt, enthält Abs. 2 Verweise auf andere Vorschriften zur Regelung des Verfahrens der Vollstreckung. § 60 ist als lex specialis, allerdings ohne Sperrwirkung, zu verstehen, sodass andere Möglichkeiten der sofortigen Unterwerfung (z.B. § 974 Abs. 1 Nr. 5 ZPO) den Vertragsparteien koordinationsrechtlicher Verträge unbenommen bleiben.[3]

B. Einzelerläuterungen

I. Voraussetzungen der Unterwerfung unter die sofortige Vollstreckung (Abs. 1)

§ 60 Abs. 1 Satz 1 eröffnet die Möglichkeit der Unterwerfung unter die sofortige Vollstreckung dem 3
Wortlaut nach nur für subordinationsrechtliche Verträge i.S.d. § 53 Abs. 1 Satz 2.[4] Die Formulierung ist unmissverständlich, sodass eine analoge Anwendung auf koordinationsrechtliche Verträge nicht in Betracht kommt. Auch eine systematische Auslegung ergibt nichts anderes, ist doch der subordinationsrechtliche Vertrag im Gegensatz zum koordinationsrechtlichen Vertrag gerade eine Alternative zum (vollstreckbaren) Verwaltungsakt, vgl. § 53 Abs. 1 Satz 2. Die Erklärung zur sofortigen Unterwerfung ist von Beginn an im Vertragsdokument selbst, aber auch später durch Vertragsnachtrag möglich.[5] Sie unterliegt in jedem Fall aber als Vertragsbestandteil bzw. – sofern man eine eigenständige Unterwerfungserklärung nicht als Vertragsbestandteil ansehen möchte, aufgrund der hohen Bedeutung – der Schriftform im Sinne des § 54.[6] Dabei kann sich die Unterwerfung auf den gesamten Vertrag beziehen, oder aber nur auf einzelne Pflichten, sofern eine sinnvolle und rechtliche Teilung denkbar ist.[7] Entscheidend ist, dass der zu vollstreckende Anspruch hinreichend bestimmt und generell vollstreckungsfähig ist.[8]

Die Unterwerfung selbst stellt eine einseitige Willenserklärung dar,[9] weshalb sie grundsätzlich nach 4
§ 60 Satz 2 i.V.m. §§ 119 ff. BGB anfechtbar ist. Aufgrund dessen ist auch eine Bedingung bzw. Befristung möglich.[10] Auch die Unterwerfung der Behörde selbst ist eine öffentlich-rechtliche, einseitige Willenserklärung und nicht etwa ein Verwaltungsakt.[11]

Für die Gültigkeit der Unterwerfung ist keine bestimmte Formulierung erforderlich, es ist aber für 5
die Praxis empfehlenswert, Worte wie »Unterwerfung unter die sofortige (Zwangs-)Vollstreckung«, gegebenenfalls auch mit Hinweis auf § 60, zu verwenden, um für Klarheit und Rechtssicherheit zu sorgen. Im Übrigen ist die Erklärung unter nach § 61 Satz 2 i.V.m. §§ 133, 157 BGB analog auszulegen. Als Mindestmaß ist jedoch ein vollstreckbarer Inhalt der Verpflichtung zu fordern, mithin die klare Beschreibung einer auf ein Tun oder Unterlassen gerichteten Leistungspflicht, wobei die Behörde auch ein öffentlich-rechtliches, hoheitliches Handeln versprechen kann.

---

2 *Kowalski*, Zur Unterwerfung des Bürgers unter die sofortige Vollstreckung eines öffentlich-rechtlichen Vertrages, § 61 I VwVfG, NVwZ 1992, 351.

3 H.M. vgl. Schütze/*Engelmann*, SGB X, § 60 Rn. 6 m.w.N. (auch zur Gegenansicht); insbesondere wird der Schutzzweck nicht unterlaufen, vgl. BVerwG, Urt. v. 24.08.1994 – 11 C 14/93, juris Rn. 24.

4 LSG Schleswig-Holstein, Beschl. v. 28.03.2002 – L 1 B 22/02 KR ER, juris Rn. 39.

5 BeckOGK/*Wehrhahn*, § 60 SGB X Rn. 6, Stand 02/2024.

6 BVerwG, Urt. V. 03.03.1995 – 8 C 32/93, NJW 1996, 608, 610; Hauck/Noftz/*Becker*, § 60 SGB X Rn. 43 ff.; BeckOK SozR/*Heße*, § 59 Rn. 3.

7 Diering/Stähler/Timme/*Diering*, § 60 SGB X Rn. 7.

8 jurisPK-SGB X/*Hissnauer*, § 60 Rn. 9.

9 Schütze/*Engelmann*, SGB X, § 60 Rn. 10.

10 Zu der grundsätzlichen Zulässigkeit bedingter Vollstreckungsunterwerfungen bereits BGH, Urt. v. 31.01.1955 – II ZR 10/54, juris Rn. 10.

11 Hauck/Noftz/*Becker*, § 60 SGB X Rn. 39.

6 Nach § 60 Abs. 1 Satz 2 muss sich die Behörde bei der Abgabe der Unterwerfungserklärung von dem Behördenleiter, seinem allgemeinen Vertreter oder einem Angehörigen des öffentlichen Diensts, der die Befähigung zum Richteramt hat, vertreten lassen. Die Alternative, dass auch Personen welche die Voraussetzungen des § 110 Satz 1 DRiG erfüllen, vertretungsberechtigt sind (§ 60 Abs. 1 Satz 2 Alt. 2 a.F.), wurde zum 01.08.2021 gestrichen.[12] Die Befähigung zum Richteramt ergibt sich aus §§ 5 ff. DRiG. Fehlt diese Eigenschaft bei dem Behördenvertreter bei der Abgabe der Unterwerfungserklärung, ist die Erklärung der Behörde unheilbar nichtig. Für deren Wirksamkeit müsste sie entsprechend wiederholt werden;[13] eine nachträgliche Heilung oder Genehmigung durch einen entsprechend qualifizierten Behördenvertreter scheidet aus.[14]

7 Nicht einheitlich beurteilt wird die Frage, ob dieses Erfordernis auch für den Fall gilt, dass sich lediglich der Bürger der sofortigen Vollstreckung unterwirft, die Unterwerfungserklärung des Bürgers also vor einer Person im Sinne des § 60 Abs. 1 Satz 2 abgegeben werden muss. Dagegen wird angeführt, eine einseitige Willenserklärung müsse der Behörde lediglich zugehen, es sei dementsprechend kein Mitwirkungsakt vorgesehen.[15] Dafür sprechen allerdings insbesondere der Wortlaut der Vorschrift (»hierbei«), Vergleich mit § 794 I Nr. 5 ZPO, der ebenfalls erhöhte Formanforderungen stellt, die Gesetzgebungsgeschichte (insbesondere die Tatsache, dass der Gesetzgeber in Kenntnis der Rechtsprechung des Bundesverwaltungsgerichts kein Bedürfnis für eine Gesetzesänderung gesehen hat) sowie vor allem der Schutzzweck der Norm, denn angesichts der Tragweite der Unterwerfungserklärung und der erhöhten Bestimmtheitsanforderungen dient die besondere Qualifikation des Behördenvertreters dem Schutz der Interessen nicht nur der Behörde sondern auch des Bürgers.[16] Aus diesen Gründen ist auch bei einseitiger Unterwerfung seitens des Bürgers die Erfüllung des Abs. 1 Satz 2 Wirksamkeitsvoraussetzung.

II. Vollstreckungsverfahren (Abs. 2)

8 Je nach Sachverhaltsgestaltung verweist Abs. 2 für das Verfahren der Vollstreckung auf verschiedene Regelungen des SGB X bzw. der VwGO. Bei der Vollstreckung ist demnach vor allem zu unterscheiden, wer gegen wen vollstreckt und was Gegenstand der Vollstreckung sein soll. Für den Fall, dass die Behörde gegen den Bürger vollstrecken möchte, erklärt § 60 Abs. 2 Satz 1 die Regelung des § 66 für entsprechend anwendbar.

9 Möchte dagegen der Bürger gegen die Behörde vollstrecken – ist er also Vollstreckungsgläubiger – gelten, wenn Gegenstand der Vollstreckung eine Geldforderung ist, gem. § 60 Abs. 2 Satz 2 die Vorschriften des § 170 Abs. 1 bis Abs. 3 VwGO entsprechend. Ist dabei die Vollstreckung gegen den Bund, ein Land, einen Gemeindeverband, eine Gemeinde, eine Körperschaft, eine Anstalt oder Stiftung des öffentlichen Rechts gerichtet, verfügt auf Antrag des Gläubigers das Gericht des ersten Rechtszugs die Vollstreckung, vgl. § 170 Abs. 1 Satz 1 VwGO. Wenn die Vollstreckung gegen die Behörde auf die Erzwingung einer Handlung, Duldung oder eines Unterlassens gerichtet ist, ist nach Abs. 2 Satz 3 § 172 VwGO entsprechend heranzuziehen. Sofern die Behörde ihrer Verpflichtung nicht nachkommt, kann demnach das Gericht des ersten Rechtszugs ein Zwangsgeld von bis zu 10.000 € festgesetzt werden, welches nach fruchtlosem Fristablauf ebenfalls vollstreckt werden kann.

10 Das Gericht des ersten Rechtszugs ist dabei das örtlich zuständige Sozialgericht.[17] Die Verweisung des § 60 Abs. 2 Satz 2 ist nicht dahingehend zu verstehen, dass daraus die Zuständigkeit der Verwaltungsgerichte folgt, vielmehr ist eine entsprechende Geltung vorgesehen. Es verbleibt bei der

---

12 BGBl. I. S. 2154, 2195.

13 BVerwG, Urt. V. 03.03.1995 – 8 C 32/93, NJW 1996, 608, 610.

14 jurisPK-SGB X/*Hissnauer*, § 60 Rn. 13.

15 Diering/Stähler/Timme/*Diering*, § 60 SGB X Rn. 14.

16 BVerwG, Urt. V. 03.03.1995 – 8 C 32/93, NJW 1996, 608, 610; eingehend Hauck/Noftz/*Becker*, § 60 SGB X Rn. 62 ff. m.w.N.; s. außerdem jurisPK-SGB X/*Hissnauer*, § 60 Rn. 14 f.; Schütze/*Engelmann*, SGB X, § 60 Rn. 16; BeckOGK/*Wehrhahn*, § 60 SGB X Rn. 11, Stand 02/2024.

17 BeckOGK/*Wehrhahn*, § 60 SGB X, Rn. 15, Stand 02/2024; jurisPK-SGB X/*Hissnauer*, § 60 Rn. 19.

allgemeinen Regelung des § 51 SGG für die Zuständigkeit der Sozialgerichtsbarkeit und § 40 VwGO für die Eröffnung des Verwaltungsrechtswegs.[18]

§ 61 Ergänzende Anwendung von Vorschriften

[1]Soweit sich aus den §§ 53 bis 60 nichts Abweichendes ergibt, gelten die übrigen Vorschriften dieses Gesetzbuches. [2]Ergänzend gelten die Vorschriften des Bürgerlichen Gesetzbuches entsprechend.

Übersicht

A. Inhalt

1 Das SGB regelt das Recht der öffentlich-rechtlichen Verträge nicht abschließend und umfassend. §§ 53 bis 60 enthalten nur Vorschriften zu bestimmten, ausgewählten Spezialfragen des öffentlich-rechtlichen Vertrags, verzichten indes weitgehend auf allgemeine verwaltungsrechtliche oder vertragsrechtliche Regelungen. Die dadurch zwangsläufig sich ergebenden Regelungslücken schließt § 61 dadurch, dass in Satz 1 auf die Geltung der übrigen Regelungen des SGB verwiesen und durch Satz 2 die ergänzende Anwendung der Vorschriften des Bürgerlichen Gesetzbuchs angeordnet wird.

2 § 61 ist sowohl dem Wortlaut und der Systematik als auch seinem Sinn und Zweck nach auf alle öffentlich-rechtlichen Verträge anwendbar und gilt damit für koordinationsrechtliche wie auch für subordinationsrechtliche Verträge einschließlich der in §§ 54 und 55 explizit geregelten Vergleichs- und Austauschverträge.[1] Bei der Anwendung der Norm gilt es, das zugrundeliegende Stufenverhältnis zu berücksichtigen. Zunächst ist zu überprüfen, ob die §§ 53 ff. eine abschließende Regelung vorsehen, danach ist auf Normen des SGB zurückzugreifen; nur dann noch verbleibende Lücken können ggf. durch Rückgriff auf das BGB geschlossen werden.[2]

B. Einzelerläuterungen

I. Geltung der übrigen Vorschriften des SGB

3 Aus dem SGB X sind in erster Linie die Vorschriften über das Verwaltungsverfahren im ersten Kapitel (§§ 1–30) auf öffentlich-rechtliche Verträge anzuwenden.[3] Allerdings sind nicht alle Vorschriften gleichermaßen anwendbar; eine wichtige Ausnahme stellt § 24 dar, welcher die Anhörung regelt und damit eine formelle Wirksamkeitsvoraussetzung für Verwaltungsakte enthält, die auf öffentlich-rechtliche Verträge keine Anwendung finden kann, zumal sich bei einem öffentlich-rechtlichen Vertrag Behörde und Bürger gleichberechtigt und verpflichtet gegenüberstehen.[4]

4 Auf die Normen, welche direkt den Verwaltungsakt regeln (§§ 31 – 52), kann ebenfalls nicht zurückgegriffen werden, soweit nicht ausdrücklich auf diese Regelungen verwiesen wird (wie insbesondere im Rahmen des § 58 Abs. 2).[5] Ob man § 61 Satz 1 als Verweisung auch auf andere Bücher des SGB

18 Hauck/Noftz/*Becker*, § 60 SGB X, Rn. 80, 85.
1 Hauck/Noftz/*Becker*, § 61 SGB X Rn. 11.
2 BGH, Urt. v. 18.02.2021 – III ZR 175/19, juris Rn. 42.
3 Diering/Stähler/Timme/*Diering*, § 61 SGB X Rn. 2; Schütze/*Engelmann*, SGB X, § 61 Rn. 3.
4 BeckOK SozR/*Heße*, § 61 SGB X Rn. 2; jurisPK-SGB X/*Hissnauer*, § 61 Rn. 8.
5 Schütze/*Engelmann*, SGB X, § 61 Rn. 9; jurisPK-SGB X/*Hissnauer*, § 61 Rn. 10; für eine Anwendung auch des § 33 LSG Bayern, Urt. v. 30.03.2009 – L 18 U 221/08, juris Rn. 50.

jenseits des SGB X verstehen kann,[6] dürfte letztlich nicht von praktischer Bedeutung sein, weil jedenfalls umgekehrt eine Anwendung der einschlägigen (oft spezielleren) Vorschriften aus den übrigen Büchern des SGB durch die §§ 53 bis 61 jedenfalls nicht ausgeschlossen wird.[7]

II. Entsprechende Anwendung von Regelungen des BGB

5 Nach § 61 Satz 2 gelten die Regelungen des BGB für öffentlich-rechtliche Verträge im Anwendungsbereich des SGB X »ergänzend« und »entsprechend«. Es besteht weithin Einigkeit, dass deshalb vor einer Anwendung einer Vorschrift des BGB auf einen öffentlich-rechtlichen Vertrag jeweils geprüft werden muss, ob der dieser Vorschrift zugrunde liegende Rechtsgedanke trotz der grundsätzlichen Unterschiede zwischen einem öffentlich-rechtlichen Vertrag und einem Privatrechtsverhältnis übertragbar ist.[8] Dabei sind insbesondere auch etwaige fachgesetzliche Ausgestaltungen des im Streit stehenden öffentlich-rechtlichen Vertragsverhältnisses zu berücksichtigen.[9]

6 In Rechtsprechung und Literatur finden sich eine Fülle von Ausführungen zur Anwendbarkeit einzelner Vorschriften des BGB, wobei die Ergebnisse bisweilen differieren. Im Hinblick auf diejenigen BGB-Vorschriften, denen in der Praxis wohl die größte Bedeutung zukommt, haben sich folgende Ansichten herausgebildet:

7 Die Regelungen über die Abgabe, den Zugang, die Wirksamkeit und die Anfechtung etc. von Willenserklärungen (§§ 116–124, 142–144 BGB) sind entsprechend anwendbar.[10] Die Nichtigkeit wegen Formmangels (§ 125 BGB) bzw. die Regelungen über Formvorschriften (§§ 126 ff. BGB) finden ebenfalls entsprechende Anwendung, soweit sie nicht schon im Rahmen des § 58 Geltung erlangen.[11] Die für die Auslegung von Verträgen relevanten §§ 133, 157 BGB sind ebenfalls entsprechend anwendbar.[12] Gleiches gilt für die §§ 134, 138 BGB, welche Regelungen über die Nichtigkeit wegen Verstoßes gegen ein gesetzliches Verbot und wegen Sittenwidrigkeit enthalten; dagegen ist § 139 BGB wegen der Spezialregelung in § 58 Abs. 3 der nicht heranzuziehen.[13] Die Geltung der §§ 182–185 BGB, welche die Zustimmung, also die Einwilligung und Genehmigung und deren (Rück-) Wirkung betreffen, sind ebenfalls grundsätzlich entsprechend anwendbar.[14] Soweit keine spezialgesetzlichen Regelungen des SGB vorgehen bzw. entgegenstehen, sind auch die Normen über die Verjährung (§§ 194 ff. BGB) heranziehbar.[15] Besonderheiten gelten insoweit insbesondere im Hinblick auf die Regelverjährung, da das BSG, anknüpfend an § 45 SGB I, in ständiger Recht-

---

6 So wohl BSG, Urt. v. 12.05.2005 – B 3 KR 32/04 R, juris Rn. 13; Hauck/Noftz/*Becker*, § 61 SGB X Rn. 8, 19 n.w.N.; a.A. Diering/Stähler/Timme/*Diering*, § 61 SGB X Rn. 9; BeckOGK/*Wehrhahn*, § 61 SGB X Rn. 3.

7 Siehe auch jurisPK-SGB X/*Hissnauer*, § 61 Rn. 5 Fn. 3; Beispiele für einschlägige allgemeine Regelungen aus dem SGB I und SGB IV bei Hauck/Noftz/*Becker*, § 61 SGB X Rn. 48 ff.

8 LSG Bayern, Urt. v. 04.02.2016 – L 18 SO 89/14, juris Rn. 33; LSG Sachsen, Urt. v. 26.01.2022 – L 1 KR 650/17, juris Rn. 67; BVerwG, Urt. v. 12.03.1985 – 7 C 48/82, juris Rn. 14; Hauck/Noftz/*Becker*, § 61 SGB X Rn. 69 m.w.N.

9 Vgl. beispielhaft LSG Bayern, Urt. v. 04.02.2016 – L 18 SO 89/14, juris Rn. 36 ff.; Hauck/Noftz/*Becker*, § 61 SGB X Rn. 71 spricht insoweit nicht zu Unrecht von einer zweistufigen Prüfung im Hinblick (1.) auf die generelle Anwendbarkeit auf öffentlich-rechtliche Verträge und (2.) auf die konkrete Anwendbarkeit auf den vorliegenden Vertragstypus.

10 BSG, Urt. v. 26.05.2021 – B 6 KA 7/20 R, juris Rn. 34; BeckOGK/*Wehrhahn*, § 61 SGB X Rn. 6.

11 BSG, Urt. v. 26.05.2021 – B 6 KA 7/20 R, juris Rn. 28; s. hierzu näher die Kommentierung zu § 58 Rdn. 3 ff.; zu der – im Ergebnis eher akademischen – Frage, ob § 125 Satz 1 BGB über § 61 Satz 2 oder über § 58 Abs. 1 (entsprechende) Anwendung findet, vgl. die Kommentierung zu § 56 Rdn. 12.

12 BSG, Urt. v. 05.09.2006 – B 7a AL 62/05 R, juris Rn. 14.

13 S. hierzu auch die Kommentierung zu § 58.

14 BSG, Urt. v. 24.01.2008 – B 3 KR 17/07 R, juris Rn. 13.

15 OVG Sachsen, Urt. v. 02.11.2021 – 3 A 381/20, juris Rn. 34; Schütze/*Engelmann*, SGB X, § 61 Rn. 13.

sprechung von einem allgemeinen Rechtsprinzip der vierjährigen Verjährung im Sozialrecht ausgeht,[16] was man wohl als richterrechtliche Sonderregelung wird ansehen müssen.

8 Ebenfalls kommen die §§ 241 ff. BGB grundsätzlich für eine entsprechende Anwendung in Betracht, vor allem der Grundsatz von Treu und Glauben (§ 242 BGB),[17] die Regelung betreffend des Mitverschuldens (§ 254 BGB),[18] und die der Haftung für eigenes Verschulden (§ 276 BGB) sowie für Verschulden des Erfüllungsgehilfen (§ 278 BGB).[19] Hinzuweisen ist auch auf die Anwendbarkeit der Normen über die Unmöglichkeit (§§ 275 ff. BGB).[20] Im Rahmen der Verzinsung (§§ 246 f., 288 ff. BGB) gelten grundsätzlich Sondervorschriften wie z.B. § 44 I SGB I, § 27 I SGB IV, allerdings ist § 291 BGB im Hinblick auf Prozesszinsen als entsprechend anwendbar anerkannt.[21]

9 Ebenfalls entsprechend anwendbar sein kann (je nach konkreter Ausgestaltung des Vertrags) der Schadensersatzanspruch gemäß § 280 BGB.[22] Für schuldhafte Pflichtverletzungen im vorvertraglichen Bereich kommt auch bei öffentlich-rechtlichen Verträgen eine Haftung nach den Grundsätzen der culpa in contrahendo gemäß § 311 Abs. 2 Nr. 1 i.V.m §§ 280 I, 241 Abs. 2 BGB in Betracht.[23] Auch die im vertraglichen Bereich bestehenden Treue- und Rücksichtnahmepflichten, also Nebenpflichten aus § 241 Abs. 2 BGB, strahlen über § 61 Satz 2 in öffentlich-rechtliche Verträge aus.[24]

10 Auch das Recht der Allgemeinen Geschäftsbedingungen (§§ 305 ff. BGB) ist dem Grunde nach auf öffentlich-rechtliche Verträge anwendbar.[25] Dabei ist jedoch insbesondere hier zu beachten, dass die »entsprechende« Anwendbarkeit keinesfalls mit »zwingender« Anwendbarkeit gleichzusetzen ist. Gerade im Kontext von AGB ist bei standardisierten öffentlich-rechtlichen Verträgen stets zu untersuchen, ob der Regelungsgehalt der §§ 305 ff. BGB seinem Sinn und Zweck nach konkret Anwendung findet, mithin eine vergleichbare Interessenslage besteht, oder öffentlich-rechtliche Grundsätze einer Anwendung gar entgegenstehen.[26]

11 Wegen der Existenz des § 59 ist für eine entsprechende Geltung des § 313 BGB kein Raum.[27] Allerdings kommt eine (zumindest subsidiäre) Anwendung des § 314 BGB trotz ähnlicher Regelung in § 59 in Betracht.[28] Die Vorschriften des Vertrags zugunsten Dritter (§§ 328 ff. BGB) gelten entsprechend,[29] ebenso wie die der Aufrechnung (§§ 387 ff. BGB), allerdings wegen §§ 51, 52 SGB I subsidiär und zudem die der Abtretung (§§ 398 ff. BGB) und die des Erlass (§ 397 BGB), jedoch auch hier nur subsidiär wegen der vorrangigen §§ 48 ff. SGB I, bzw. §§ 76, 46 ff. SGB IV.[30]

12 Umstritten – und bis jetzt nicht abschließend geklärt – ist die Anwendbarkeit bereicherungsrechtlicher Vorschriften (§§ 812 ff. BGB) im Rahmen des § 61 Satz 2. Ähnlich wie auch bei der ent-

16 S. z.B. BSG, Urt. v. 12.05.2005 – B 3 KR 32/04 R, juris Rn. 13 m.w.N.
17 BSG, Urt. v. 25.06.1992 – 2 RU 24/91, juris Rn. 37.
18 BSG, Urt. v. 24.01.2008 – B 3 KR 2/07 R, juris Rn. 20, 30.
19 BeckOK-SozR/*Heße*, § 61 SGB X Rn. 5, Stand 09/2024; Diering/Stähler/Timme/*Diering*, § 61 SGB X Rn. 6.
20 BSG, Beschl. v. 07.04.2016 – B 5 R 26/14 R, juris Rn. 37; Hauck/Noftz/*Becker*, § 61 SGB X Rn. 97.
21 BSG, Urt. v. 28.09.2005 – B 6 KA 71/04 R, juris Rn. 41 ff.; BSG, Urt. v. 23.03.2006 – B 3 KR 6/05 R, juris-Rn. 11.
22 Pickel/*Marschner*, § 61 SGB X Rn. 11, Stand 10/2024.
23 BSG, Urt. v. 24.01.2008 – B 3 KR 2/07 R, juris Rn. 19; LSG Bayern, Urt. v. 06.07.2017 – L 4 KR 569/15, juris Rn. 70.
24 VG Dresden, Urt. v. 29.01.2020 – 1 K 2835/18, juris Rn. 25.
25 LSG Baden-Württemberg, Beschl. v. 13.08.2020 – L 11 KR 2139/20 ER-B, juris Rn. 35, 37; Hauck/Noftz/*Becker*, § 61 SGB X Rn. 108 f.
26 LSG Sachsen, Urt. v. 26.01.2022 – L 1 KR 650/17, juris Rn. 67.
27 LSG Hessen, Urt. v. 03.06.2022 – L 9 U 203/19, juris Rn. 89.
28 LSG Bayern, Beschl. v. 22.02.2011 – L 12 KA 2/11 B ER, juris Rn. 55.
29 Vgl. z.B. BSG, Urt. v. 05.09.2006 – B 7a AL 62/05 R, juris Rn. 14.
30 Hauck/Noftz/*Becker*, § 61 SGB X Rn. 120 ff.

sprechenden Norm des § 62 VwVfG soll es auf den jeweiligen Einzelfall ankommen.[31] Jedenfalls dann, wenn der allgemein anerkannte öffentlich-rechtliche Erstattungsanspruch anwendbar ist, hat dieses (ohnehin bereicherungsrechtsähnlich ausgestaltete) Rechtsinstitut Vorrang und versperrt einen (unmittelbaren) Rückgriff auf die §§ 812 ff. BGB.[32]

Fünfter Abschnitt Rechtsbehelfsverfahren

§ 62 Rechtsbehelfe gegen Verwaltungsakte

Für förmliche Rechtsbehelfe gegen Verwaltungsakte gelten, wenn der Sozialrechtsweg gegeben ist, das Sozialgerichtsgesetz, wenn der Verwaltungsrechtsweg gegeben ist, die Verwaltungsgerichtsordnung und die zu ihrer Ausführung ergangenen Rechtsvorschriften, soweit nicht durch Gesetz etwas anderes bestimmt ist; im Übrigen gelten die Vorschriften dieses Gesetzbuches.

Übersicht

A. Inhalt

1 Die Vorschrift bezieht sich nur auf Verwaltungsakte (§§ 31 ff.) und stellt klar, dass förmliche Rechtsbehelfe dagegen grundsätzlich nach Maßgabe der Prozessordnungen existieren. Bei diesen förmlichen Rechtsbehelfen handelt es sich konkret um Widersprüche. Das maßgebliche Widerspruchsverfahren sowie ähnliche Rechtsbehelfe gehören wegen ihrer Verankerung in § 62 SGB X der Sache nach zum Verwaltungsverfahren, obwohl sie weitgehend in den Prozessordnungen geregelt sind[1]. Die Zugehörigkeit zum Verwaltungsverfahren ergibt sich auch aus der insoweit speziellen Kostenregelung in § 63 SGB X. Im Hinblick darauf stellt die Bestimmung klar, dass sich sämtliche Rechtsbehelfe gegen Verwaltungsakte nach derjenigen Prozessordnung richten, welche für Rechtsstreitigkeiten über diese Verwaltungsakte vorgesehen sind (vgl. § 51 SGG sowie § 40 Abs. 1 VwGO). Im Übrigen hat die Bestimmung keine selbständige Bedeutung. Sie verweist auf die Vorschriften, in denen das jeweilige Widerspruchsverfahren geregelt ist.

B. Einzelerläuterungen

2 Durch die Verweisungen wird klargestellt, dass es für das Widerspruchsverfahren keine einheitlichen Vorschriften gibt. Vielmehr bestimmt die jeweils anzuwendende Prozessordnung das Widerspruchsverfahren. § 62 SGB X enthält insoweit eine Rechtsgrundverweisung.

Zunächst ist zu prüfen, ob der Rechtsbehelf im Falle der gerichtlichen Durchsetzung des Begehrens in das Verwaltungs- oder Sozialgerichtsverfahren führen würde. Nach der Systematik des § 40 Abs. 1 VwGO ist erst § 51 SGG in den Blick zu nehmen. Für alle dort aufgeführten Streitigkeiten sind nach Maßgabe des § 62 SGB X die §§ 78 bis 86 SGG anzuwenden. Wird eine sozialrechtliche Streitigkeit nicht in § 51 SGG aufgeführt, bleibt nach der Generalklausel des § 40 Abs. 1 VwGO der Verwaltungsrechtsweg eröffnet und das Widerspruchsverfahren richtet sich dann nach den §§ 68 bis 73, 75, 77 VwGO. In beiden Fällen sind noch die Ausführungsgesetze der Länder zu beachten. Ebenso wie in den einzelnen Sozialgesetzbüchern (z.B. § 57 Abs. 3 Satz 3 SGB IV) können darin Ausnahmen vom Erfordernis der Durchführung eines Vorverfahrens vermerkt sein.

---

31 Bejahend LSG Berlin-Brandenburg, Urt. v. 31.08.2011 – L 7 KA 53/08, juris Rn. 62; Schütze/*Engelmann*, SGB X, § 61 Rn. 12.

32 BSG, Urt. v. 08.11.2011 – B 1 KR 8/11 R, juris Rn. 9, 11 m.w.N.

1 BSG, Urt. v. 02.12.1992 – 6 RKa 33/90, BSGE 71, 274; BeckOGK/*Mutschler*, § 62 SGB X Rn. 3.

§ 63 Erstattung von Kosten im Vorverfahren

(1) [1]Soweit der Widerspruch erfolgreich ist, hat der Rechtsträger, dessen Behörde den angefochtenen Verwaltungsakt erlassen hat, demjenigen, der Widerspruch erhoben hat, die zur zweckentsprechenden Rechtsverfolgung oder Rechtsverteidigung notwendigen Aufwendungen zu erstatten. [2]Dies gilt auch, wenn der Widerspruch nur deshalb keinen Erfolg hat, weil die Verletzung einer Verfahrens- oder Formvorschrift nach § 41 unbeachtlich ist. [3]Aufwendungen, die durch das Verschulden eines Erstattungsberechtigten entstanden sind, hat dieser selbst zu tragen; das Verschulden eines Vertreters ist dem Vertretenen zuzurechnen.

(2) Die Gebühren und Auslagen eines Rechtsanwalts oder eines sonstigen Bevollmächtigten im Vorverfahren sind erstattungsfähig, wenn die Zuziehung eines Bevollmächtigten notwendig war.

(3) [1]Die Behörde, die die Kostenentscheidung getroffen hat, setzt auf Antrag den Betrag der zu erstattenden Aufwendungen fest; hat ein Ausschuss oder Beirat die Kostenentscheidung getroffen, obliegt die Kostenfestsetzung der Behörde, bei der der Ausschuss oder Beirat gebildet ist. [2]Die Kostenentscheidung bestimmt auch, ob die Zuziehung eines Rechtsanwalts oder eines sonstigen Bevollmächtigten notwendig war.

Übersicht

A. Inhalt

§§ 63 und 64 enthalten Vorschriften über die Verfahrenskosten. Während § 64 regelt, unter welchen 1
Voraussetzungen Kosten bei Behörden entstehen, behandelt § 63, ob dem Widerspruchsführer die entstandenen Kosten zu erstatten sind. Bei diesen handelt es sich um Vermögensaufwendungen, die dem Widerspruchsführer für die Wahrnehmung seiner Rechte anfallen. Im Mittelpunkt stehen Aufwendungen für die anwaltliche Vertretung. Diese Kosten sind im Rahmen des Notwendigen dem erfolgreichen Widerspruchsführer zu erstatten. Der Rechtsgrund liegt in der Veranlassung einer rechtswidrigen Entscheidung der Behörde. Für deren Kosten hat der Widerspruchsführer dagegen nicht aufzukommen, falls dieser unterliegt.

B. Einzelerläuterungen

I. Erfolgreicher Widerspruch

Die Kostenerstattung setzt die Erhebung eines Widerspruchs voraus (§ 62 SGB X, § 83 SGG, § 68 2
VwGO). § 63 gilt nicht für die Kosten einer Gegenvorstellung, Dienstaufsichtsbeschwerde oder anderer nicht-förmlicher Rechtsbehelfe[1], so im Rahmen von Anhörung[2] oder Vollstreckung[3], des Verwaltungsverfahrens[4] oder vorläufigen Rechtsschutzes. § 63 betrifft ferner nicht die Kosten eines Verfahrens bis zum Erlass oder eines Verfahrens zur Aufhebung oder Abänderung eines Verwaltungsaktes.[5] Deshalb sind Aufwendungen für die Vertretung durch einen Rechtsanwalt bei der Anhörung (§ 24) nicht nach § 63 erstattungsfähig.[6] Auch wenn das erstinstanzliche Verfahren erfolgreich war, gibt es keine Kostenregelung nach § 63. Die etwaige Pflicht zur Kostentragung der Behörden erklärt

1 BSG, Urt. v. 19.01.2005 – B 11a/11 AL 39/04 R, SozR 4–1300 § 63 Nr. 2; BSG, Urt. v. 21.07.1992 – 4 RA 20/91, SozR 3–1300 § 63 Nr. 3.
2 BSG, Urt. v. 12.12.1990 – 9a/9 RVs 13/89, SozR 3–1300 § 63 Nr. 1.
3 BSG, Urt. v. 25.06.2015 – B 14 AS 38/14 R, SozR 4–1300 § 63 Nr. 23.
4 BSG, Urt. v. 12.12.1990 – 9a/9 RVs 13/89, SozR 3–1300 § 63 Nr. 1.
5 BSG, Urt. v. 17.10.2006 – B 5 RJ 66/04 R, SozR 4–1300 § 63 Nr. 5.
6 BSG, Urt. v. 24.04.1983 – 5 a RKn 1/82, BSGE 55, 92.

sich aus deren in dem aufgehobenen Bescheid erkennbar gewordenen Fehldeutung der Rechtslage[7] – also daraus, dass die Verwaltung durch ihre Entscheidung den Widerspruch veranlasst hat.

Eröffnet ein Unternehmen der privaten Pflegeversicherung ein Verfahren der vorgerichtlichen Selbstkontrolle ablehnender Entscheidungen und der Einholung eines Zweitgutachtens auf Einwendungen vom Versicherten, so ist § 63 entsprechend anwendbar und der Versicherte hat Anspruch auf Hinzuziehung eines Rechtsanwalts sowie auf Ersatz der Kosten im Falle der erfolgreichen Einwendungen[8].

3 Eine Kostenerstattung ist nur möglich, soweit im Rahmen eines isolierten Vorverfahrens[9] der Widerspruch erfolgreich war.[10] Über den Wortlaut der Vorschrift hinaus erfasst sie nicht nur Anfechtungswidersprüche, sondern auch Verpflichtungswidersprüche[11]. Ein Erfolg liegt regelmäßig vor, wenn die Widerspruchseinlegung die Aufhebung der Verwaltungsentscheidung nach sich zieht[12] bzw. wenn und soweit die Behörde ihm stattgibt. Der Widerspruch muss für die Aufhebung der angefochtenen Verwaltungsentscheidung mithin kausal geworden sein. Es muss also eine konstitutive Verwaltungsentscheidung ergehen, aus der sich der Erfolg des Widerspruchs ergibt[13]. Keine Kausalität zwischen Widerspruch und Erfolg besteht, wenn der Widerspruch einzig deshalb erfolgreich ist, weil der Widerspruchsführer während des Widerspruchsverfahrens eine Handlung nachgeholt hat, die zuvor pflichtwidrig unterlassen wurde[14]. Das betrifft auch einen Verstoß gegen die sich aus § 21 Abs. 2 SGB X ergebende Obliegenheit zur Mitwirkung bei Ermittlung des Sachverhalts. Eine Kausalität liegt dagegen auch vor, wenn das Widerspruchsverfahren ruht, aber ein Parallelverfahren im Sinne des Widerspruchsführers entschieden wurde.[15] Ein Widerspruch ist auch dann erfolgreich, wenn eine während des Widerspruchsverfahrens für den Widerspruchsführer eingetretene Rechtsänderung zu einem günstigen Ausgang für den Widerspruchsführer geführt hat[16].

Für den Erfolg kommt es nicht darauf an, ob eine Widerspruchsbegründung verfasst wurde; eine erfolgreiche Durchführung eines Vorverfahrens liegt schon darin, dass es im Rahmen von Abrechnungen über vertragsärztliche Leistungen von erheblicher wirtschaftlicher Tragweite zu einer sachlich-rechnerischen Richtigstellung kommt[17]. Ein Widerspruch hat Erfolg, wenn ihm die Behörde stattgibt[18] und er für die Aufhebung des angefochtenen Bescheides ursächlich geworden ist.[19] Ein Erfolg liegt auch darin, dass eine vorläufig gewährte Leistung auf den Widerspruch hin auf Dauer

7 LSG Nordrhein-Westfalen, Urt. v. 24.02.2010 – L 11 KA 9/08.
8 BSG, Urt. v. 22.02.2024 – B 3 P 8/22 R, Rn. 17.
9 LSG Nordrhein-Westfalen, Beschl. v. 30.06.2011 – L 19 AS 1005/11 R; Beschl. v. 06.02.2012 – L 19 AS 2204/11 NZB; LSG Berlin Brandenburg, Beschl. v. 09.02.2012 – L 25 AS 559/10 PKH.
10 BSG, Urt. v. 14.12.1988 – 9/4b RV 39/87, BSGE 64, 225, 233; BSG, Urt. v. 31.05.2006 – B 6 KA 62/04 R, BSGE 96, 257; BSG, Urt. v. 31.05.2006 – B 6 KA 78/04 R, SozR 4–1300 § 63 Nr. 4.
11 BSG, Urt. v. 06.07.2022 – B 5 R 21/21 R, Rn. 13.
12 BSG, Urt. v. 02.10.2008 – B 9/9a SB 5/07 R, BSGE 98, 153; BSG, Urt. v. 19.10.2011 – B 6 KA 35/10 R, SozR 4–1300 § 63 Nr. 16 Rn. 15; BSG, Urt. v. 13.10.2010 – B 6 KA 29/09 R, SozR 4–1300 § 63 Nr. 13 Rn. 16, BSG, Urt. v. 29.03.2007 – B 9a SB 3/05 R, SozR 4–1300 § 63 Nr. 6; BSG, Urt. v. 17.10.2006 – B 5 RJ 66/04, SozR 4–1300 § 63 Nr. 5; LSG Thüringen, Urt. v. 25.02.2015 – L 4 AS 405/14, juris; LSG Nordrhein-Westfalen, Beschl. v. 18.11.2016 – L 19 AS 1993/16 NZB, juris; LSG Hessen, Urt.v. 23.09.2016 – L 7 AS 1035/15, juris; LSG Berlin Brandenburg, Urt. v. 05.10.2016 – L 18 AS 284/15, juris.
13 LSG Niedersachsen-Bremen, Urt. v. 29.07.2014 – L 15 AS 281/10, NZS 2015, 37 f.
14 BSG, Urt. v. 19.10.2011 – B 6 KA 35/10 R, SozR 4–1300 § 63 Nr. 16 Rn. 15.
15 BSG, Urt. v. 25.03.2004 – B 12 KR 1/03 R, SozR 4–1300 § 63 Nr. 1.
16 BSG, Urt. v. 13.10.2010 – B 6 KA 29/09 R, SozR 4–1300 § 63 Nr. 13.
17 BSG, Urt. v. 09.05.2012 – B 6 KA 19/11 R, SozR 4–1300 § 63 Nr. 18.
18 BSG, Urt. v. 31.05.2006, SozR 3–1300 § 63 Nr. 3.3.
19 BSG, Urt. v. 18.12.2001 – B 12 KR 42/00 R, HVBG INFO 2002, 515; LSG Nordrhein-Westfalen, Urt. v. 28.11.2002 – L 5 KR 142/02; Beschl. v. 07.02.2011 – L 19 AS 2175/10 NZB; Urt. v. 24.02.2010 – L 11 KA 9/08.

bewilligt wird[20]. Es kommt für die Kausalität darauf an, dass der Widerspruchsbescheid eine gegenüber dem Ausgangsbescheid abweichende Würdigung der Sach- und Rechtslage trifft[21]. Ändert sich die Sachlage erst während des laufenden Widerspruchsverfahrens zugunsten des Widerspruchsführers, so ist der Widerspruch dennoch erfolgreich im Sinne des § 63 Abs. 1 SGB X. Nicht »erfolgreich« ist ein Widerspruchsverfahren, wenn ein Widerspruch im Hinblick auf eine beim BVerfG anhängige Normenkontrolle (Art. 100 GG) ruht und der Widerspruchsführer von der vom BVerfG geforderten Übergangsregelung nicht erfasst wurde.[22]

Die Regelung kommt auch im Rahmen des Vertragsarztrechts[23], der Wirtschaftlichkeitsprüfung[24] und der Schiedsstellenverfahren (§ 76 SGB XI)[25] zur Anwendung. Hier hat die Regelung vor allem auch Bedeutung, wenn statt des Bescheidadressaten eine Krankenkasse oder die Kassenärztliche Vereinigung eine Verwaltungsentscheidung einer Zulassungsbehörde anficht, gegen die sich der Adressat verteidigt. Auch hier ist § 63 anzuwenden[26], desgleichen im Falle der Erledigung in der Hauptsache. Hier ist die Erfolgsaussicht hypothetisch zu würdigen.[27] Auch bei Erfolglosigkeit des Widerspruchsverfahrens ist Kostenersatz geschuldet, wenn der Träger das Widerspruchsverfahren veranlasst hat.[28] Wird der Widerspruch nur wegen eines Teiles des angefochtenen Verwaltungsaktes eingelegt, kommt nur eine teilweise Kostenerstattung in Betracht[29]. Ebenso ist bei einem teilweise erfolgreichen Widerspruchsverfahren auch nur auf eine teilweise Erstattung zu erkennen (Analogie zu § 155 Abs. 1 VwGO). § 63 gilt jedoch nicht, wenn ein beigeladener Arzt im Rahmen der Praxisnachfolge mit seinem Widerspruch erfolglos blieb[30]. 4

Wird ein Dritter im Verfahren beigeladen, so hat er dieselbe Stellung wie alle anderen Beteiligten. 5
Eine Erstattung seiner Kosten setzt einen Widerspruch voraus. Erhält der Dritte erst im Widerspruchsverfahren die Stellung eines Beteiligten (§ 12 SGB X), so ist er wie ein Widerspruchsführer zu behandeln, wenn er entsprechende Anträge stellt.[31] § 63 gilt nicht unter gleichrangigen Beteiligten, da die Vorschrift den Erlass eines Verwaltungsaktes voraussetzt.[32] Eine Erstattungspflicht nach § 63 entfällt auch, wenn die Bescheide bereits Gegenstand eines früheren Gerichtsverfahrens waren und von dessen Kostenentscheidung umfasst sind.[33]

Erstattungsberechtigt ist der Widerspruchsführer. Dieser kann auch ein Dritter sein, der nicht Adres- 6
sat des Verwaltungsakts war, wenn er als Drittbetroffener widerspruchsberechtigt und sein Widerspruch erfolgreich war. Mehrere Widerspruchsführer, die denselben Verwaltungsakt angefochten haben, sind berechtigt, ihre jeweiligen Aufwendungen gesondert geltend zu machen. Haben sie gemeinsame Aufwendungen gemacht, so sind sie als Gesamtgläubiger anspruchsberechtigt.

---

20 BSG, Urt. v. 19.10.2011 – B 6 KA 35/10 R, SozR 4–1300 § 63 Nr. 16; BSG, Urt. v. 02.05.2012 – B 11 AL 23/10 R, SozR 4–1300 § 63 Nr. 17.

21 BSG, Urt. v. 02.05.2012 – B 11 Al 23/10 R, SozR 4–1300 § 63 Nr. 17, Rn. 21.

22 LSG Bayern, Beschl. v. 29.09.2008 – L 13 B 659/08 R, NZS 2009, 588 f.

23 BSG, Urt. v. 31.05.2006 – B 6 KA 62/04, BSGE 96, 257; LSG Nordrhein-Westfalen, Urt. v. 24.02.2010 – L 11 KA 9/08; BeckOGK/*Mutschler*, § 63 Rn. 4.

24 LSG Thüringen, NJ 2002, 332.

25 *Mann*, Ersatz von Anwaltskosten bei einem Verfahren vor der Schiedsstelle gem. § 76 SGB XI?, ZfSH/SGB 2000, 150.

26 BSG, Urt. v. 11.12.1985 – 6 R Ka 35/84, BSGE 59, 216; BeckOGK/*Mutschler*, § 63 Rn. 8a.

27 LSG Hessen, Urt. v. 26.09.2007 – L 4 KA 15/07; *Köhler*, Die Kostenentscheidung nach Erledigung der Hauptsache im sozialrechtlichen Widerspruchsverfahren, ZfSH/SGB 2009, 67.

28 SG Dortmund, rv 2009, 58.

29 BSG, Urt. v. 12.06.2013 – B 14 AS 68/12 R, SozR 4–1300 § 63 Nr. 20.

30 BSG, Urt. v. 31.05.2006 – B 6 KA 62/04 R, SozR 4–1300 § 63 Nr. 3.

31 Zum Drittbeteiligten vgl. auch BSG, Urt. v. 16.01.1986 – 4b/9a RV 9/85, ZfSH/SGB 1986, 550.

32 BSG, Urt. v. 05.10.1995 – 2 RU 4/95, Breithaupt 1996, 299.

33 BSG, Urt. v. 20.10.2010 – B 13 R 15/10 R, SozR 4–1500 § 193 Nr. 6.

7 Erstattungspflichtig ist der Rechtsträger, welcher den Verwaltungsakt erlassen hat. Gegen ihn, nicht gegen den möglicherweise davon unterschiedlichen Rechtsträger der Widerspruchsbehörde ist der Anspruch zu richten. Haben mehrere Behörden bei Erlass des Verwaltungsakts zusammengewirkt, so ist die federführende Behörde erstattungspflichtig. Die Erstattung der Kosten des Vorverfahrens kann vertraglich ausgeschlossen werden[34]. Aufrechnungen sind vorbehaltlich eines normativen Aufrechnungsverbotes[35] statthaft, falls Gegenseitigkeit und Gleichartigkeit vorliegen; der Schutz des Berechtigten wird durch §§ 51, 394 BGB gewahrt[36].

8 Ergänzend zum »Erfolgsprinzip« gibt § 63 Abs. 1 Satz 2 einen Erstattungsanspruch auch dann, wenn der Widerspruch nur wegen der Heilungswirkung des § 41 SGB X zurückgewiesen worden ist. Es darf nicht zu Lasten des Adressaten eines Verwaltungsaktes gehen, wenn der Antrag auf Aufhebung des Verwaltungsaktes zwar begründet ist, weil die Behörde den Verwaltungsakt etwa zunächst nicht begründet hatte, die fehlende Begründung aber nachgeholt und dadurch den zur Aufhebung führenden Fehler beseitigt und den Widerspruch so zum Scheitern gebracht hat. Scheitert der Widerspruch auch aus anderen Gründen, so ist Abs. 1 Satz 2 nicht anzuwenden.[37]

II. Notwendige Aufwendungen

9 Erstattungsfähig sind die Aufwendungen der Rechtsverfolgung oder Rechtsverteidigung. Hierzu gehören alle tatsächlich entstandenen Kosten – nicht nur die des Widerspruchsverfahrens, sondern auch des Verwaltungsverfahrens, das zum Erlass des angefochtenen Verwaltungsaktes geführt hat. Zu erstatten sind Post-, Telefon-, Fotokopier- und Reisekosten, einschließlich der Tages- und Übernachtungskosten, Kosten eines Verfahrensbevollmächtigten oder Gutachters, der Beratung durch Rechtsanwalt, Wirtschaftsprüfer oder Steuerberater – auch wenn diese nicht bevollmächtigt worden – wie Kosten der Ermittlung von Zeugen und der Herbeischaffung von Urkunden, auch deren Übersetzungen. Für die Reisekosten sind die Sätze des JVEG (§§ 5 und 6 JVEG) angemessen;[38] allerdings geben sie nicht notwendig die Obergrenze an, wenn die tatsächlichen angemessenen Kosten höher sind. Ein Anspruch auf Verzinsung der zu erstattenden Aufwendungen besteht nicht.[39]

10 Die Kosten von Rechtsgutachten können bei anwaltlicher Vertretung nur ausnahmsweise in Rechnung gestellt werden, nämlich wenn es sich um Fragen des ausländischen Rechts oder schwierige Spezialfragen handelt. Medizinische Gutachten können als zweckmäßig anerkannt werden, wenn die vorliegenden von der Behörde eingeholten Gutachten wichtige Fragen nicht, nicht hinreichend oder sogar fehlerhaft geklärt haben. Soweit amtliche Gutachtensätze festgelegt sind, werden die Kosten nur in Höhe dieser Gebührensätze erstattet.

11 Erstattet werden nur die Kosten der zweckentsprechenden Rechtsverfolgung. Es geht damit nicht nur um die unbedingt erforderlichen Kosten, sondern um alles, was für die zweckentsprechende Durchsetzung des Rechtsbehelfsbegehrens zweckmäßig ist. Im Zweifelsfall muss der Erstattungsberechtigte nachweisen, warum die Aufwendungen gemacht worden sind.[40] Die Beurteilung der Zweckmäßigkeit richtet sich danach, was der Erstattungsberechtigte aus einer »vernünftigen« Sicht als zweckdienlich ansehen durfte. Die »zweckentsprechende Rechtsverfolgung« ist ein unbestimmter Rechtsbegriff; seine Auslegung durch die Widerspruchsbehörde kann gerichtlich nachgeprüft werden. Nicht als zweckmäßige Rechtsverfolgung gelten Kosten, die durch das Verschulden des Erstattungsberechtigten oder seines Vertreters entstanden sind (Abs. 1 Satz 3). Kein Anspruch auf

34 BSG, Urt. v. 11.12.1985 – 6 RKa 30/84, BSGE 59, 211.

35 BSG, Urt. v. 20.02.2020 – B 14 AS 3/19 R, BSGE 130, 64–72, SozR 4–1300 § 63 Nr 30.

36 Anders LSG Berlin-Brandenburg, Urt. v. 13.10.2016 – L 31 AS 1774/16, juris.

37 *Rieker*, Die Kostenerstattung im Widerspruchsverfahren bei einer unzutreffenden Rechtsbehelfsbelehrung, NZS 2011, 15.

38 Noch zum ZSEG OVG Nordrhein-Westfalen, DVBl 1965, 2345; zu § 80 VwVfG Vergabekammer Sachsen-Anhalt, Beschl. v. 17.10.2008 – 1 VK LVwA 24/07 K, juris.

39 BSG, Urt. v. v. 25.06.1986 – 9a RVs 22/84, Breithaupt 1987, 223.

40 BSG FEVS 53, 433; BVerwG, Urt. v. 16.10.1980 – 8 C 10/80, BVerwGE 61, 100.

Kostenerstattung besteht, wenn der Kläger zunächst im Widerspruchsverfahren Informationen zurückhält und diese erst im Gerichtsverfahren vorbringt mit der Folge, dass die Beklagte sogleich anerkennt.[41] Das lässt sich übertragen auf das Verwaltungsverfahren an sich – werden Informationen bereits im Verfahren zurückgehalten und dann erstmals im Widerspruchsverfahren vorgelegt, dann die sind Kosten der Rechtsverfolgung nicht als »notwendig« anzusehen. Die Pflicht zur Erstattung der Kosten des Verfahrens besteht, soweit der Widerspruch erfolgreich ist; d.h. die Erstattungspflicht tritt im Verhältnis des tatsächlich erreichten Erfolges zum angestrebten Erfolg – anteilig – ein[42].

Die Kosten eines Rechtsanwalts und anderer Bevollmächtigter sind nach Maßgabe von § 63 Abs. 2 SGB X grundsätzlich erstattungsfähig.[43] Erstattungsfähig sind auch die Kosten der Vertreter, die der Verband (Gewerkschaft) dem Widerspruchsführer stellt,[44] sofern der Widerspruchsführer dem Verband gegenüber ein besonderes Entgelt (neben dem allgemeinen Mitgliedsbeitrag) für die Vertretung in dem einzelnen Verfahren zu zahlen hat.[45] Die Erstattung ist jedenfalls bis zur Höhe der anwaltlichen Honorierung der Vertretung angemessen[46]. Bestellt der Widerspruchsführer einen Bevollmächtigten, der nicht geschäftsmäßig die Vertretung von Rechtssachen wahrnimmt, so kann auch dessen Verdienstausfall erstattungsfähig sein.[47] 12

Das Gesetz beschränkt den Erstattungsanspruch auf den Fall einer »notwendigen Zuziehung« des Bevollmächtigten. Insoweit ist zwar ein strengerer Maßstab als bei den übrigen Kosten anzulegen, bei denen es nur auf die »Zweckmäßigkeit« ankommt. Dennoch dürfte es ähnlich wie bei den Maßstäben zur Beratungshilfe darauf ankommen, ob die Rechtsverteidigung im Einzelfall allein durch Selbsthilfe ausreichend wäre. Zu berücksichtigen ist vor allem die Schwierigkeit des streitigen Rechtsproblems in tatsächlicher und rechtlicher Hinsicht[48] und der Bildungsstand der Beteiligten, d.h. die Zumutbarkeit für den Widerspruchsführer, sein Verfahren ohne Rechtsanwalt zu führen.[49] Bei Wirtschaftlichkeitsprüfungen ist die Hinzuziehung eines Rechtsanwalts notwendig, wenn nicht nur medizinische, sondern auch schwierige Rechts- und Sachfragen erörtert werden, die Sachfragen also nicht »ohne weiteres« aufzuklären sind.[50] Vertritt sich ein Anwalt selbst, kann er die üblichen Kosten für die Heranziehung eines Bevollmächtigten geltend machen, wenn eine anwaltliche Vertretung geboten wäre, sofern der Betroffene keine Rechtskenntnisse hätte.[51] 13

Bei Rechtsunkundigen dürfte die Notwendigkeit der Heranziehung eines Bevollmächtigten in der Regel gegeben sein,[52] wenn die Behörde das Bestehen eines geltend gemachten Anspruchs bestreitet. Da grundsätzlich davon auszugehen ist, dass die Behörde mit rechtskundigen Beamten oder Angestellten arbeitet, erfordert die Waffengleichheit auch die Heranziehung eines rechtskundigen Bevollmächtigten. Erst recht darf der Rechtsunkundige nicht pauschal auf die gesetzlich verankerte 14

41 LSG Baden-Württemberg, Breithaupt 1998, 709.

42 BSG, Urt. v. 12.06.2013 – B 14 AS 68/12 R, SozR 4–1300 § 63 Nr. 20.

43 Schütze/*Roos*/*Blüggel*, SGB X, § 63 Rn. 15.

44 BSG, Urt. v. 29.03.2009 – B 9a SB 3/05 R, BSGE 98, 183; anders noch BSG, Urt. v. 24.04.1996 – 5 RJ 44/95, BSGE 78, 159.

45 BSG, Urt. v. 18.09.2014 – B 14 AS 5/14 R, SozR 4–1300 § 63 Nr. 21, SGb 2015, 520; BSG v. 17.03.2015 – B 11 AL 8/14 R, NZS 2015, 518; anders für Kostenpauschale LSG Niedersachsen-Bremen, Urt. v. 04.09.2002 – L 2 RJ 208/02.

46 BSG, Urt. v. 18.09.2014 – B 14 AS 5/14 R, SozR 4–1300 § 63 Nr. 21 Rn. 34 ff.

47 LSG Niedersachsen, Breithaupt 1995, 896.

48 BVerfG, Beschl. v. 29.04.2015 – 1 BvR 1849/11, Rn. 12.

49 BVerwG, Urt. v. 06.12.1963 – VII C 14.63, BVerwGE 17, 245, 246; LSG Niedersachsen, Breithaupt 1995, 896.

50 BSG, Urt. v. 31.05.2006 – B 6 KA 62/04 R, BSGE 96, 257; BSG, Urt. v. 09.05.2012 – B 6 KA 19/11 R, SozR 4–1300 § 63 Nr. 18.

51 BSG, AGS 2002, 151.

52 *Gühlstorf*, Die Notwendigkeit der Hinzuziehung eines Bevollmächtigten im Widerspruchsverfahren, ZfF 2007, 225.

Beratungspflicht der Behörde (z.B. nach § 14 SGB I) verwiesen werden[53]. Das gilt auch für den Fall, dass der Betroffene zwar rechtskundig, aber nicht im Sozialrecht erfahren ist. Wird der Widerspruch einer Krankenkasse gegen die Entscheidung eines Zulassungsausschusses zurückgewiesen, so hat die Kasse dem betroffenen Arzt die zur zweckentsprechenden Rechtsverteidigung entstandenen Kosten zu ersetzen.[54]

15 Erstattungsfähig sind die Kosten, die der Rechtsanwalt nach dem RVG beanspruchen kann. Höhere Kosten, die dem Rechtsanwalt aufgrund einer Honorarvereinbarung zustehen, werden grundsätzlich nicht erstattet, es sei denn, der Erstattungsberechtigte weist nach, dass er zu den gesetzlichen Kosten keinen oder keinen spezialisierten Rechtsanwalt finden konnte[55]. Keine Voraussetzung für die Erstattungsfähigkeit von Kosten des Widerspruchsverfahrens ist die Berechnung der Gebühren und Auslagen des Rechtsanwalts für die im Innenverhältnis zu seinem Mandanten anfallenden Tätigkeiten[56]. War der Anwalt für den Widerspruchsführer schon im Verwaltungsverfahren tätig, ist dies gebührenmindernd zu berücksichtigen[57]. Bei der Bemessung der Anwaltsgebühren für ein isoliertes Vorverfahren wegen einer Mahngebühr sind die Gebühren aus dem Geschäftswert der der Mahnung zugrundeliegenden Forderung zu errechnen[58].

16 Rechtsanwaltskosten sind entsprechend den Sonderbestimmungen für das sozialgerichtliche Verfahren abzurechnen.[59] Bei Unsicherheiten über den in Ansatz zu bringenden Streitwert kann der jeweils aktualisierte »Streitwertkatalog für die Sozialgerichtsbarkeit«[60] herangezogen werden. Es handelt sich zwar um eine insoweit unverbindliche Empfehlung, der die Sozialgerichte aber grundsätzlich folgen. Wird ein Widerspruchsführer von einem Rechtsanwalt dazu veranlasst, sich einen ärztlichen Befundbericht erstellen zu lassen, und führt dessen Vorlage zum Erfolg, so fällt eine nach § 63 zu erstattende Erledigungsgebühr an.[61]

17 Nach einer älteren Entscheidung des BSG[62] soll der Zeit- und Arbeitsaufwand eines Bevollmächtigten, der nicht nach einer gesetzlichen Gebührenordnung abrechnen kann, im Widerspruchsverfahren nicht als notwendige Aufwendung zu erstatten sein. Diese inzwischen ausdrücklich aufgegebene Rechtsprechung[63] widerspricht jedoch der Vertragsfreiheit (Art. 2 Abs. 1 GG), sich im Rahmen des Zulässigen eine beliebige Person des Vertrauens (z.B. einen Hochschullehrer) als Bevollmächtigten auszusuchen und ihn gegen Entgelt mit der Vertretung in einem Verwaltungsverfahren zu beauftragen. Die angemessene Vergütung (z.B. das nach der RVG abgerechnete Honorar des Hochschullehrers) ist stets erstattungsfähig, soweit eine Vertretung erforderlich war, weil die Frage der Notwendigkeit der Kosten nichts mit der Frage der öffentlich-rechtlichen Regelung eines Gebührenbegehrens zu tun hat.

---

53 BVerfG, Beschl. v. 29.04.2015 – 1 BvR 1849/11, Rn. 12.

54 BSG, Urt. v. 11.12.1985 – 6 RKa 35/84, BSGE 59, 216; BSG, Urt. v. 18.12.1996 – 6 RKa 33/95, Breithaupt 1998, 171.

55 BGH, Urt. v. 23.10.2003 – III ZR 9/03; zu den besonderen Anforderungen der Darlegungs- und Beweispflicht auch OLG Hamm, Urt. v. 18.01.2019 – I-11 U 153/17, Rn. 24ff.

56 BSG, Urt. v. 02.12.2014 – B 14 AS 60/13 R, SozR 4–1300 § 63 Nr. 22, im Anschluss an BGH, Urt. v. 22.03.2011 – VI ZR 63/10.

57 BSG, Urt. v. 25.02.2010 – B 11 AL 24/08 R, BSGE 106, 21.

58 BSG, Urt. v. 09.03.2016 – B 14 AS 5/15 R, SozR 4–1300 § 63 Nr. 24.

59 BSG, Urt. v. 07.12.1983 – 9a RVs 5/82, SozR 1300 § 63 Nr. 2 = SGb 1985, 119; BSG, Urt. v. 22.03.1984 – 11 RA 58/83, SozR 1300 SGB X § 63 Nr. 4.

60 Aufrufbar etwa hier: https://www.sozialgerichtsbarkeit.de/sites/default/files/2021-09/Streitwertkatalog_Maerz_2017.pdf (aufgerufen am 19.12.2023).

61 BSG, Urt. v. 02.10.2008 – B 9/9a SB 5/07 R, NJW 2009, 3804.

62 BSG, Urt. v. 24.04.1996 – 5 RJ 44/95, BSGE 78, 159.

63 BSG, Beschl. v. 17.10.2006 – B 5 R 16/06 S.

III. Festsetzungsverfahren

Im Verfahren ist die Entscheidung über die Pflicht zur Kostentragung (das »Ob« der Erstattung) 18
von der Entscheidung über die Höhe der Erstattung, d.h. der Frage, welche Kosten im Einzelnen geltend gemacht werden können, zu unterscheiden. Die Kostenentscheidung hat die das Widerspruchsverfahren durchführende Behörde zu treffen, also etwa der Berufungsausschuss mit seinen Mitgliedern in vollständiger Besetzung und nicht dessen Vorsitzende(r).[64] Im Widerspruchsbescheid sollte also im Tenor (Verfügungssatz) der Ausspruch zur Kostentragungspflicht getroffen werden.

Da die Erstattungspflicht kraft Gesetzes entsteht, bedarf es in der Widerspruchsentscheidung aller- 19
dings keines gesonderten Ausspruchs über die Kostentragung. Die den Verwaltungsakt erlassende Behörde kann selbständig über Grund, Ausmaß und Höhe der zu erstattenden Kosten entscheiden. Der Erstattungsberechtigte kann sich daher grundsätzlich an zwei Behörden wenden, die Auslegungs- und die Widerspruchsbehörde.

Die Entscheidung über die Erstattungspflicht ergeht von Amts wegen. Unterbleibt die Entscheidung, 20
können Widerspruchsführer oder ein erstattungsberechtigter Dritter einen Antrag stellen. Will der Erstattungsberechtigte auch die Kosten seines Bevollmächtigten erstattet erhalten, so hat er dies besonders zu beantragen. Ist ein Bescheid über die Kostenerstattung Gegenstand eines Gerichtsverfahrens, so ist über die Kosten eines Widerspruchs im Gerichtsverfahren zu entscheiden.[65] Schließt sich an ein Vorverfahren ein gerichtliches Verfahren an, erledigt sich die Kostengrundentscheidung des angefochtenen Widerspruchsbescheids. Es gilt der Grundsatz der Kosteneinheit, wonach die in jeder Instanz angefallenen Kosten eigenständig festzusetzen sind.[66]

Sechster Abschnitt Kosten, Zustellung und Vollstreckung

§ 64 Kostenfreiheit

(1) [1]Für das Verfahren bei den Behörden nach diesem Gesetzbuch werden keine Gebühren und Auslagen erhoben. [2]Abweichend von Satz 1 erhalten die Träger der gesetzlichen Rentenversicherung für jede auf der Grundlage des § 74a Abs. 2 Satz 1 erteilte Auskunft eine Gebühr von 10,20 Euro.

(2) [1]Geschäfte und Verhandlungen, die aus Anlass der Beantragung, Erbringung oder der Erstattung einer Sozialleistung nötig werden, sind kostenfrei. [2]Dies gilt auch für die im Gerichts- und Notarkostengesetz bestimmten Gerichtskosten. [3]Von Beurkundungs- und Beglaubigungskosten sind befreit Urkunden, die

1. **in der Sozialversicherung bei den Versicherungsträgern und Versicherungsbehörden erforderlich werden, um die Rechtsverhältnisse zwischen den Versicherungsträgern einerseits und den Arbeitgebern, Versicherten oder ihren Hinterbliebenen andererseits abzuwickeln,**
2. **im Sozialhilferecht, im Recht der Grundsicherung für Arbeitsuchende sowie im Kinder- und Jugendhilferecht aus Anlass der Beantragung, Erbringung oder Erstattung einer nach dem Zwölften Buch, dem Zweiten oder dem Achten Buch vorgesehenen Leistung benötigt werden,**
3. **im Schwerbehindertenrecht von der zuständigen Stelle im Zusammenhang mit der Verwendung der Ausgleichsabgabe für erforderlich gehalten werden,**
4. **im Recht der Sozialen Entschädigung und der Soldatenentschädigung für erforderlich gehalten werden,**
5. **im Kindergeldrecht für erforderlich gehalten werden.**

---

64 BSG, Urt. v. 06.05.2009 – B 6 KA 7/08 R, SozR 4–1300 § 63 Nr. 9.
65 BSG, Urt. v. 20.10.2010 – B 13 R 15/10 R, SozR 4–1500 § 193 Nr. 6.
66 BSG, Urt. v. 19.10.2016 – B 14 AS 50/15 R, SozR 4–1300 § 193 Nr. 25.

(3) [1]Absatz 2 Satz 1 gilt auch für gerichtliche Verfahren, auf die das Gesetz über das Verfahren in Familiensachen und in den Angelegenheiten der freiwilligen Gerichtsbarkeit anzuwenden ist. [2]Im Verfahren nach der Zivilprozessordnung, dem Gesetz über das Verfahren in Familiensachen und in den Angelegenheiten der freiwilligen Gerichtsbarkeit sowie im Verfahren vor Gerichten der Sozial- und Finanzgerichtsbarkeit sind die Träger der Eingliederungshilfe, der Sozialhilfe, der Grundsicherung für Arbeitsuchende, der Leistungen nach dem Asylbewerberleistungsgesetz, der Jugendhilfe und der Sozialen Entschädigung von den Gerichtskosten befreit; § 197a des Sozialgerichtsgesetzes bleibt unberührt.

Übersicht

A. Inhalt

1 Während im Allgemeinen Leistungen der Verwaltung für den Einzelnen kostenpflichtig erbracht werden und nach speziellen Gebührenordnungen zu vergüten sind, arbeitet die Sozialverwaltung ohne Kostenbeteiligung. Dies ist für Sozialleistungen verständlich und angemessen. Das Gebot der Kostenfreiheit wird erstreckt auf die Beglaubigung und Beurkundung. Abs. 2 Satz 2 wurde im Hinblick auf die Neugestaltung des Gerichts- und Notarkostenrechts durch das 2. Kostenmodernisierungsgesetz[1] an den neuen gesetzlichen Sprachgebrauch angepasst. Abs. 2 Satz 2 wurde ab 2020 durch das Bundesteilhabegesetz (BTHG[2]) neu gefasst. Der Grundsatz der Kostenfreiheit gilt auch für das gerichtliche Verfahren. Die in § 64 Abs. 2 getroffene Bestimmung ordnet allerdings nur die Freistellung von der Pflicht zur Kostentragung für die Behörde an. Die Verpflichtung zur Kostentragung des Klägers wird durch die Bestimmung nur im Grundsatz festgestellt; Einzelheiten sind in den Prozessordnungen normiert (§ 183 SGG). Erneut wurde die Vorschrift durch Art. 38 des Gesetzes zur Regelung des Sozialen Entschädigungsrechts[3] geändert. Mit Einführung des SGB XIV zum 01.01.2024 wurden redaktionelle Änderungen u.a. deshalb erforderlich, da im Wortlaut der Vorschrift auf das im SGB XIV aufgehende Recht der Kriegsopferfürsorge abgestellt wurde. Schließlich erfolgte mit Wirkung ab 01.01.2025 eine Ergänzung des Abs. 2 Satz 3 Nr. 4 um den Begriff der »Soldatenentschädigung« durch Art. 45 Nr. 1 des Gesetzes über die Entschädigung der Soldatinnen und Soldaten und zur Neuordnung des Soldatenversorgungsrechts[4].

B. Einzelerläuterungen

2 Abs. 1 bestimmt den Grundsatz der Kostenfreiheit für die auf Sozialleistungsgewährung gerichteten Verfahren. Kosten sind die Verwaltungsgebühren, welche Behörden als Entgelt für ihre Verwaltungstätigkeit erheben, sowie Auslagen, welche im Rahmen des Verfahrens an Dritte zu zahlen sind, insbesondere für Zeugen und Sachverständige. Für einzelne kostenpflichtige Aufwendungen (Kopien, Porto, Übersetzungen, Entschädigungen für Sachverständige und Zeugen) sehen Einzelbestimmungen (§§ 19 Abs. 2 Satz 3, 25 Abs. 5 Satz 2) spezielle Ersatzpflichten vor.

3 Nach Abs. 1 werden in keinem Verfahren, für die das SGB gilt, Kosten erhoben. Dies bedeutet vor allem die Gebühren- und Auslagenfreiheit. Gebühren – Gegenleistungen für ein Verwaltungshandeln – fallen für Sozialleistungen nicht an; desgleichen sind die von der Behörde mit der Verwaltungshandlung entstehenden Auslagen, etwa für Porto, Telefon oder Verwaltung, nicht zu

1 2. KostRMoG v. 23.07.2013, BGBl. I, S. 2586.

2 Gesetz zur Stärkung der Teilhabe und Selbstbestimmung von Menschen mit Behinderung vom 23.12.2016, BGBl. I v. 29.12.2016, S. 3234.

3 SVReformG v. 12.12.2019, BGBl. I, S. 2652; vgl. dazu die BT-Drucks. 19/13824, S. 264.

4 Vom 20.08.2021, BGBl. I v. 31.08.2021, S. 3932.

ersetzen[5]. Dieser Grundsatz gilt auch für das Widerspruchsverfahren[6]. Der Grundsatz der Kostenfreiheit gilt allerdings nicht im Vertragsarztrecht, weil Zulassung und Ermächtigung zu vertragsärztlicher Tätigkeit keine Sozialleistung darstellen, sondern die wirtschaftliche Teilhabe an deren Erbringung ermöglichen. Daher ist die Kassenärztliche Vereinigung zum Erlass von Satzungsbestimmungen befugt, die bei einem erfolglos durchgeführten Widerspruchsverfahren eine Gebühr festsetzen[7]. Das Gebot der Kostenfreiheit gilt auch im Verhältnis zu außerhalb des Sozialrechtsverhältnisses stehenden Dritten; hieraus erklärt sich auch die Freistellung der Sozialleistungsträger von Gebühren für eine gerichtliche Auskunft.[8]

Ausnahmen von der Kostenfreiheit bestehen für die Beschaffung von Übersetzungen (§ 19 Abs. 2 4
Satz 3) und die Ablichtungen bei der Akteneinsicht (§§ 19 Abs. 2 Satz 3, 25 Abs. 5 Satz 2). In einer Satzung einer kommunalen Gebietskörperschaft kann nicht eine Pflicht zur Kostentragung für Verwaltungsvorgänge eingeführt werden, für die nach § 64 Kostenfreiheit gilt. Die solche Pflichten vorsehenden gemeindlichen Satzungen sind daher unbeachtlich[9].

Aus § 64 Abs. 2 Satz 2 folgt, dass die Kostenfreiheit auch auf alle Geschäfte und Verhandlungen zu 5
erstrecken ist, welche mit der Beauftragung der Sozialleistung zusammenhängen. Die Vorschrift erweitert also das Gebot der Kostenfreiheit auf Verfahren und Behörden, die nicht dem SGB unterliegen.[10] Demgemäß hat etwa die IHK Ausbildungsverhältnisse[11] gebührenfrei zu bescheinigen; desgleichen hat die Ärztekammer Röntgeneinrichtungen des sozialmedizinischen Dienstes kostenfrei zu überprüfen.[12]

In der Rechtsprechung sind demgemäß ferner die von einem Sozialleistungsträger erbetene Auskunft 6
aus dem Fahrzeugregister über einen Fahrzeuginhaber, gegen den als Schädiger Rückgriff genommen werden soll[13], sowie die Übermittlung von Daten aus dem Melderegister einer Gemeinde an einen Sozialleistungsträger[14] als kostenfrei angesehen worden. Kostenfrei ist auch die Eintragung einer Grundschuld, falls diese mit der Sozialleistungsbewilligung im Zusammenhang steht[15] oder die notarielle Beurkundung der Inanspruchnahme eines Erben im Rahmen des Sozialhilferückgriffs.[16]

Für Kosten von Beurkundungen und Beglaubigungen enthält Abs. 2 Satz 3 eine komplizierte Rege- 7
lung. Danach sind nicht alle Beurkundungen und Beglaubigungen kostenfrei.[17] Für die einzelnen Zweige des Sozialrechts bestehen unterschiedliche Regelungen.

Wenn das Gesetz von Kosten aus Anlass der »Beantragung« von Sozialleistungen spricht, so erstreckt 8
sich das Gebot nicht nur auf den Antrag, sondern auf alle Akte, die sich auf den Antrag beziehen. Das Gebot der Kostenfreiheit gilt auch für das Widerspruchsverfahren[18], soweit der bzw. die Widerspruchsführer(in) zu Sozialleistungen berechtigt ist.

5 SG Magdeburg, Beschl. v. 16.12.2014 – S 4 SF 3/14, NZS 2015, 200; von Schütze/*Roos/Blüggel*, SGB X, § 64 Rn. 4.
6 BSG, Urt. v. 31.05.2006 – B 6 KA 78/04 R, NZS 2007, 166.
7 BSG, Urt. v. 06.02.2013 – B 6 KA 2/12 R, SozR 4–2500 § 81 Nr. 5.
8 OLG Dresden, JurBüro 2011, 310; OLG Sachsen-Anhalt, Beschl. v. 26.01.2011 – 2 Wx 1/11.
9 LSG Sachsen, Urt. v. 23.11.2011 – L 6 SB 34/11.
10 BeckOGK/*Mutschler*, § 64 SGB X Rn. 8; *Dahm*, Die Bedeutung der Kostenfreiheit nach § 64 Abs. 2 Satz 1 und 2 SGB X, WzS 2009, 308.
11 VG Koblenz, GewArch 2009, 316.
12 OVG Nordrhein-Westfalen, DVBl 2011, 981.
13 BVerwG, Urt. v. 18.12.1987 – 7 C 95,96,97.86, DVBl 1988, 448.
14 BVerwG, Urt. v. 03.04.1987 – 4 C 30/85, NJW 1988, 275.
15 Ländernotarkasse A.d.ö.R., NotBZ 2010, 369; AG Betzdorf, Beschl. v. 26.10.2009 – Schönstein Blatt 1189.
16 *Tiedtke*, Auf Sozialhilfekostenersatz in Anspruch genommener Erbe des Sozialhilfeempfängers – Befreiung von Notargebühren, ZNotP 2004, 40.
17 Vgl. dazu auch BVerfG, Beschl. v. 14.05.1985, NJW 1986, 307.
18 BSG, Urt. v. 31.05.2006 – B 6 KA 78/04 R, NZS 2007, 166; BSG, Urt. v. 02.12.1992 – 6 RKa 33/90, BSGE 71, 274; BeckOGK/*Mutschler*, § 64 SGB X Rn. 6.

9 § 64 behandelt nur die Tragung der Kosten, welche die Verfahrensbeteiligten zu erbringen haben, nicht dagegen den internen Kostenausgleich zwischen den Behörden. Soweit eine weitere Behörde im Wege der Amtshilfe herangezogen worden ist, ist § 7 zu beachten. Soweit eine Stelle nicht zur Amtshilfe verpflichtet ist, muss die das Verfahren führende Behörde sich die Leistungen entgeltlich beschaffen; die entstehenden Auslagen werden von den Verfahrensbeteiligten nicht erstattet.

10 Nach Abs. 2 Satz 2 sind auch die Geschäfte und Verhandlungen von den Kosten befreit, die von den Gerichten nach der Kostenordnung erhoben werden. Es sind dies vor allem Kosten der freiwilligen Gerichtsbarkeit. Insoweit sagt Abs. 3 Satz 1 nichts Neues gegenüber Abs. 2 Satz 1.

11 Die Verfahren der streitigen Gerichtsbarkeit sind kostenpflichtig. In Abs. 3 Satz 2 wird die Gerichtskostenfreiheit für die darin genannten Sozialleistungsträger aufgestellt. Die davon nicht unmittelbar erfassten gemeinsamen Einrichtungen im Sinne des § 44b SGB II[19] unterliegen dieser Kostenfreiheit ebenso. Dieser Grundsatz gilt für alle dem materiellen Sozialrecht unterliegende Materien,[20] die Gebührenbefreiung gilt auch für diejenigen Verfahren, welche anders als das SGG kostenpflichtig sind – namentlich solche nach der ZPO.[21] Der Grundsatz der Kostenfreiheit gilt auch für den gegenüber einem Sozialleistungsträger Berechtigten.[22]

§ 65 Zustellung

(1) [1]Soweit Zustellungen durch Behörden des Bundes, der bundesunmittelbaren Körperschaften, Anstalten und Stiftungen des öffentlichen Rechts vorgeschrieben sind, gelten die §§ 2 bis 10 des Verwaltungszustellungsgesetzes. [2]§ 5 Abs. 4 des Verwaltungszustellungsgesetzes und § 178 Abs. 1 Nr. 2 der Zivilprozessordnung sind auf die nach § 73 Absatz 2 Satz 2 Nummer 5 bis 9 und Satz 3 des Sozialgerichtsgesetzes als Bevollmächtigte zugelassenen Personen entsprechend anzuwenden. [3]Diese Vorschriften gelten auch die nach Landesrecht zur Durchführung des Vierzehnten Buches zuständigen Stellen vorgeschrieben sind.

(2) Für die übrigen Behörden gelten die jeweiligen landesrechtlichen Vorschriften über das Zustellungsverfahren.

A. Inhalt

1 Zustellung bedeutet die Bekanntgabe eines schriftlichen oder elektronischen Dokuments in der im VwZG bestimmten Form, vgl. § 2 Abs. 1 VwZG (sowie die ähnlich lautenden Formulierungen in den Verwaltungszustellungsgesetzen der Länder). Das SGB regelt nicht die Frage, wann Zustellungen im sozialrechtlichen Verwaltungsverfahren erforderlich sind[1]. Die Vorschrift bestimmt, dass dazu auf die aufgeführten einschlägigen Bestimmungen zurückzugreifen ist. § 65 trifft keine inhaltliche Regelung, sondern verweist auf das für Zustellungen maßgebende Bundes- und Landesrecht. Sie stellt also klar, dass es ein eigenständiges Zustellungsrecht im Rahmen des Sozialrechts nicht geben

---

19 BSG, Beschl. v. 29.11.2023 – B 5 SF 9/22 S, juris, Rn. 6.

20 BGH MDR 2006, 715; SG Mannheim, Urt. v. 20.05.2011 – S 9 AY 4431/10; *Groth*, Gerichtskostenfreiheit von Sozialhilfe- und Grundsicherungsträgern im sozialgerichtlichen Verfahren, SGb 2007, 536.

21 KG FamRZ 2009, 1854; *Gühlsfort*, Kostenfreiheit des Sozialleistungsträgers bei streitigen Verfahren vor den ordentlichen Gerichten nach der ZPO, ZfF 2006, 57.

22 BSG SozR 4–1500 § 183 Nr. 7 »Für den Anspruch des Nothelfers gegen den Sozialleistungsträger auf Erstattung der ihm entstandenen Aufwendungen ist das Gerichtsverfahren kostenfrei; der Nothelfer ist Leistungsempfänger i.S. des § 183 SGG«.

1 BeckOGK/*Mutschler*, § 65 SGB X Rn. 2.

soll. Mit dem 6. SGB IV ÄndG vom 11.11.2016[2] sollen die Bedingungen für die elektronische Kommunikation im Zusammenhang mit der Beitragserhebung verbessert werden. Durch Art. 38 des Gesetzes zur Regelung des Sozialen Entschädigungsrechts[3] erfolgte in Satz 3 eine redaktionelle Anpassung.

B. Einzelerläuterungen

Das Bundesrecht (Verwaltungszustellungsgesetz – VwZG – vom 03.07.1952, BGBl. I, S. 379) ist auf 2
die Zustellung durch die Bundesbehörden zugeschnitten. Bundesbehörden sind zunächst die Behörden, welche unmittelbar der Gebietskörperschaft Bundesrepublik Deutschland zugehören, aber auch die Behörden der unmittelbaren juristischen Personen des öffentlichen Rechts (Körperschaften, Anstalten und Stiftungen) des Bundes – namentlich die Deutsche Rentenversicherung Bund. Nach Art. 87 Abs. 2 GG sind bundesunmittelbare Körperschaften des öffentlichen Rechts diejenigen sozialen Versicherungsträger, deren Zuständigkeitsbereich sich über das Gebiet eines Landes hinaus erstreckt: Dies gilt für Ersatz-, Innungs-, Betriebskrankenkassen sowie Rentenversicherungsträger mehrerer Länder. Die Vorschrift bezieht über Abs. 1 Satz 3 auch die nach Landesrecht zuständigen Behörden zur Durchführung des seit 01.01.2024 geltenden Vierzehnten Buches mit ein.

Die Zustellung ist Teil des Verwaltungsverfahrens. Zugestellt werden Schriftstücke aller Art. Sie ist 3
ein besonderer Fall der Bekanntgabe (vgl. § 37), der beweiskräftig sichern soll, dass und wann ein Schriftstück den Empfänger erreicht hat. Zugestellt wird daher, wenn durch die Bekanntgabe eine Frist in Lauf gesetzt oder ein Verfahren begonnen wird. Die Behörde entscheidet nach ihrem pflichtgemäßen Ermessen über die Zustellung. Nach § 5 Abs. 4 bis 7 VwZG kann ein elektronisches Dokument auch elektronisch zugestellt werden[4].

Die Zustellung nach Landesrecht ist bei allen nicht unter Abs. 1 fallenden Behörden vorgesehen. 4
Dies gilt nicht nur für die unmittelbaren Landesbehörden, sondern auch für die landesunmittelbaren Körperschaften, Anstalten und Stiftungen des öffentlichen Rechts. Als solche kommen in erster Linie die Gemeinden und Gemeindeverbände (insbesondere Städte, Landkreise, Landeswohlfahrtsverbände als Träger der überörtlichen Sozialhilfe, Integrationsämter[5]) in Betracht. Auch in der Sozialversicherung sind zahlreiche Körperschaften landesunmittelbar, z.B. die Allgemeinen Ortskrankenkassen, landwirtschaftliche Berufsgenossenschaften und Regionalträger der Deutschen Rentenversicherung, die für ein Land oder einen Landesteil zuständig sind.

§ 66 Vollstreckung

(1) [1]**Für die Vollstreckung zu Gunsten der Behörden des Bundes, der bundesunmittelbaren Körperschaften, Anstalten und Stiftungen des öffentlichen Rechts gilt das Verwaltungs-Vollstreckungsgesetz. [2]In Angelegenheiten des § 51 des Sozialgerichtsgesetzes ist für die Anordnung der Ersatzzwangshaft das Sozialgericht zuständig. [3]Die oberste Verwaltungsbehörde kann bestimmen, dass die Aufsichtsbehörde nach Anhörung der in Satz 1 genannten Behörden für die Vollstreckung fachlich geeignete Bedienstete als Vollstreckungsbeamte und sonstige hierfür fachlich geeignete Bedienstete dieser Behörde als Vollziehungsbeamte bestellen darf; die fachliche Eignung ist durch einen qualifizierten beruflichen Abschluss, die Teilnahme an einem Lehrgang einschließlich berufspraktischer Tätigkeit oder entsprechende mehrjährige Berufserfahrung nachzuweisen. [4]Die oberste Verwaltungsbehörde kann auch bestimmen, dass die Aufsichtsbehörde nach Anhörung der in Satz 1 genannten Behörden für die Vollstreckung von Ansprüchen auf Gesamtsozialversicherungsbeiträge fachlich geeignete Bedienstete**
1. **der Verbände der Krankenkassen oder**

---
2 BT-Drucks. 18/8487; BGBl. I v. 16.11.2016, S. 2500.
3 Vom 12.12.2019, BGBl. I, S. 2652; vgl. dazu die BT-Drucks. 19/13824, S. 265.
4 BeckOGK/*Mutschler*, § 65 Rn. 32.
5 LAG Baden-Württemberg, Urt. v. 22.09.2006 – 18 Sa 28/06, DÖD 2007, 96.

2. einer bestimmten Krankenkasse

als Vollstreckungsbeamte und sonstige hierfür fachlich geeignete Bedienstete der genannten Verbände und Krankenkassen als Vollziehungsbeamte bestellen darf. [5]Der nach Satz 4 beauftragte Verband der Krankenkassen ist berechtigt, Verwaltungsakte zur Erfüllung der mit der Vollstreckung verbundenen Aufgabe zu erlassen.

(2) Absatz 1 Satz 1 bis 3 gilt auch für die Vollstreckung durch die nach Landesrecht zur Durchführung des Vierzehnten Buches zuständigen Stellen; das Land bestimmt die Vollstreckungsbehörde.

(3) [1]Für die Vollstreckung zu Gunsten der übrigen Behörden gelten die jeweiligen landesrechtlichen Vorschriften über das Verwaltungsvollstreckungsverfahren. [2]Für die landesunmittelbaren Körperschaften, Anstalten und Stiftungen des öffentlichen Rechts gilt Absatz 1 Satz 2 bis 5 entsprechend. [3]Abweichend von Satz 1 vollstrecken die nach Landesrecht zuständigen Vollstreckungsbehörden zugunsten der landesunmittelbaren Krankenkassen, die sich über mehr als ein Bundesland erstrecken, nach den Vorschriften des Verwaltungs-Vollstreckungsgesetzes.

(4) [1]Aus einem Verwaltungsakt kann auch die Zwangsvollstreckung in entsprechender Anwendung der Zivilprozessordnung stattfinden. [2]Der Vollstreckungsschuldner soll vor Beginn der Vollstreckung mit einer Zahlungsfrist von einer Woche gemahnt werden. [3]Die vollstreckbare Ausfertigung erteilt der Behördenleiter, sein allgemeiner Vertreter oder ein anderer auf Antrag eines Leistungsträgers von der Aufsichtsbehörde ermächtigter Angehöriger des öffentlichen Dienstes. [4]Bei den Versicherungsträgern und der Bundesagentur für Arbeit tritt in Satz 3 an die Stelle der Aufsichtsbehörden der Vorstand.

Übersicht

A. Inhalt

1 § 66 enthält wie § 65 eine Verweisung für die Regeln der Vollstreckung. Das SGB X regelt nicht eigenständig das materielle Verwaltungsvollstreckungsrecht. § 66 regelt die Vollstreckung zugunsten und nicht gegen die Behörden[1], hebt damit die vormaligen vollstreckungsrechtlichen Sondervorschriften des Sozialrechts auf und trägt, indem es auf die allgemeinen Regeln der Verwaltungsvollstreckung verweist, zur Vereinheitlichung des Verwaltungsvollstreckungsrechts bei. § 66 stellt den die Vollstreckung betreibenden Behörden zwei Verfahren wahlweise zur Verfügung, die Verwaltungsvollstreckung (Abs. 1 bis 3) und diejenige nach der ZPO (Abs. 4). Das Verfahren zu wählen, unterliegt dem Auswahlermessen der vollstreckenden Behörden[2].

Soweit Abs. 1 Satz 3 die Möglichkeit zur Bestellung eigener Vollstreckungsbeamten eröffnet, werden diese nicht zur Vollstreckungsbehörde im Sinne des VwVG[3].

B. Einzelerläuterungen

2 Vollstreckung bedeutet die zwangsweise Durchsetzung von Rechten in einem staatlich geordneten Verfahren. Sie schließt sich an das Erkenntnisverfahren an. Erkenntnisverfahren ist das Verwaltungsverfahren, das zu einem Verwaltungsakt oder zu einer Unterwerfung unter die Zwangsvollstreckung in einem Vertrag (§ 60) führt. Die Vollstreckung bedarf eines Vollstreckungstitels; in der Regel besteht er in einem Verwaltungsakt. Es wird zwischen der Vollstreckung wegen einer Geldforderung und einer Handlung, Duldung oder Unterlassung unterschieden, letztere als Vollziehung bezeichnet.[4]

1 BeckOGK/*Mutschler*, § 66 SGB X Rn. 2.
2 BeckOGK/*Mutschler*, § 66 SGB X Rn. 3.
3 BGH, Beschl. v. 10.04.2024 – VII ZB 29/23, juris, Rn. 16.
4 *Bigge*, Die Modernisierung der Zwangsvollstreckung – Konsequenzen für den Beitragseinzug?, WzS 2010, 198; *App*, Zwangsvollstreckung durch die Sozialversicherungsbehörden und Sozialversicherungs-

3 Anstelle der Vollstreckung kann die Behörde auch die Aufrechnung wählen, wenn deren Voraussetzungen (vgl. § 51 SGB I) vorliegen.[5] Die Aufrechnung ist nicht nur Erfüllungssurrogat, sondern auch Vollstreckungsersatz.

4 Die Verwaltungsvollstreckung folgt dem allgemeinen Verwaltungsverfahrensrecht, da das Vollstreckungsverfahren auch ein Verwaltungsverfahren ist. Gegen Entscheidungen im Vollstreckungsverfahren ist das Gericht anzurufen, das für die materielle Rechtsfrage anzurufen wäre.[6] Das gilt auch bei noch nicht bestandskräftigen Erstattungsbescheiden.[7] Bei der Wahrnehmung hoheitsrechtlicher Aufgaben im Sozialrecht haben die Behörden stets nach § 66 Abs. 1 Satz 1 zu verfahren (§ 945 ZPO). Schadensersatzforderungen bei fehlsamen Vollstreckungsakten begründen sich nach § 839 BGB i.V.m. Art. 34 GG. In einem Pfändungsbeschluss kann auch ein Leistungsbescheid im Hinblick auf die beizutreibende Forderung liegen.[8]

5 Die Vollstreckung bedarf eines Titels, aber keiner vollstreckbaren Ausfertigung (§ 3 Abs. 1 VwVG) oder Vollstreckungsklausel. An deren Stelle tritt die Vollstreckungsanordnung – von der Behörde als interner Akt erlassen. Die Vollstreckungsanordnung muss den Namen und Vornamen des Vollstreckungsschuldners, seine Anschrift, das Aktenzeichen des zu vollstreckenden Aktes und das Datum der Anordnung enthalten. Bei Geldforderungen ist die Höhe der Forderung anzugeben sowie das Konto, auf das der Schuldbetrag eingezahlt werden kann. Für die Vollstreckung selbst ist der Leistungsbescheid maßgeblich. Die Vollstreckung setzt die Fälligkeit der zu vollstreckenden Forderung voraus (vgl. § 41 SGB I; § 23 SGB IV).

6 Die Vollstreckung zugunsten von Bundesbehörden[9] richtet sich nach dem Recht, dem die vollstreckende Behörde unterliegt. Vollstreckt die Behörde eines Landes oder einer Kommune in Amtshilfe für eine Bundesbehörde, hat sie das Bundesrecht anzuwenden. Das anzuwendende Bundesrecht ist das Verwaltungsvollstreckungsgesetz – VwVG – vom 27.04.1953 (BGBl. I, S. 157). Es enthält wegen der Vollstreckung wegen Geldforderungen nur wenige Vorschriften (§§ 1 bis 5) und verweist auf die Vorschriften der AO weiter (§ 5). Einen besonderen gerichtlichen Rechtsschutz gegen die Vollstreckung bei Unbilligkeit bieten §§ 249, 258 AO.[10] Die Erzwingung von Handlungen, Duldungen und Unterlassungen sind in §§ 6 bis 18 VwVG geregelt.

7 Öffentlich-rechtliche Geldforderungen der BA werden durch die Bundesfinanzverwaltung vollstreckt (§ 4 lit. b VwVG); das Verfahren folgt weitgehend der AO.[11] Der Vollstreckung von Handlungen unterliegt das Verlangen eines Rentenversicherungsträgers auf Vorlage von Unterlagen bei Betriebsprüfungen.[12]

8 Wird zugunsten der Behörden des Landes (einschließlich der landesunmittelbaren Körperschaften, Anstalten und Stiftungen) und der Gemeinden[13] vollstreckt, so ist das Landesvollstreckungsrecht anzuwenden. Der Rechtsschutz beurteilt sich nach dem Prozessrecht, dem das Handeln der Vollstreckungsbehörde unterliegt[14]: Vollstreckt das Zollamt sind die Finanzgerichte, vollstreckt ein Sozialversicherungsträger sind die Sozialgerichte zuständig. Vollstreckt eine Behörde der allgemeinen Verwaltung, so ist

---

träger, DGVZ 2009, 105; *Kaiser*, Maßnahmen des Verwaltungszwanges im Recht der sozialen Sicherung, VR 2004, 397; *Becker*, Vollstreckung seitens Leistungsträger, SGb 2018, 456.

5 BSG, Urt. v. 11.09.1991 – 9a RV 23/90, BSGE 69, 221.

6 LSG Berlin-Brandenburg, Breithaupt 1994, 692; AG Augsburg, DGVZ 2010, 39.

7 BSG, Urt. v. 10.08.1995 – B 11 RAr 91/94, BSGE 76, 233.

8 BSG, Urt. v. 13.05.2004 – B 3 KR 2/03 R, ZfS 2004, 362.

9 *Schwidden*, Zwangsbeitreibung der bundesunmittelbaren Sozialversicherungsträger durch eigenes Vollstreckungspersonal, ZfS 2002, 129.

10 LSG Berlin-Brandenburg, Breithaupt 1996, 784.

11 LSG Berlin-Brandenburg, Beschl. v. 17.03.2003 – L 14 B 81/02 AL.

12 SG Düsseldorf, AmtlMittLVA Rheinpr 2005, 167.

13 BeckOGK/*Mutschler*, § 66 Rn. 24.

14 *Becker*, Vollstreckung seitens Leistungsträger, SGb 2018, 456, 463.

der Verwaltungsrechtsweg eröffnet. Wird an einen Sozialhilfeempfänger zu Unrecht Sozialhilfe gewährt und wird der auf Rückzahlung gerichtete Bescheid im Vollstreckungswege durchgesetzt, so sind Einwände gegen die Vollstreckung im Verwaltungsrechtsweg zu behandeln, selbst wenn der Rückforderungsbescheid materiell-rechtlich dem Sozialrecht zuzurechnen und damit die Rückforderung selbst im Rahmen der sozialgerichtlichen Judikatur zu überprüfen wäre. Für Klagen gegen Vollstreckungsmaßnahmen wegen sozialhilferechtlicher Forderungen eines kommunalen Sozialhilfeträgers ist deshalb der Verwaltungsrechtsweg eröffnet[15]. Das Verwaltungsvollstreckungsrecht eines Landes gilt für diejenigen Sozialversicherungsträger, deren Zuständigkeitsbereich sich nicht über das Gebiet eines Landes hinaus erstreckt und die daher landesunmittelbar sind (Art. 87 Abs. 2 GG), ferner für die Gemeinden und Gemeindeverbände. Die Länder haben besondere Verwaltungsvollstreckungsgesetze erlassen, die inhaltlich weitgehend mit dem Bundesrecht übereinstimmen.[16]

9 Abs. 4 gibt den Behörden – sowohl für die Fälle des Abs. 1 als auch für die Fälle des Abs. 3 – die Möglichkeit, das Vollstreckungsverfahren nach der ZPO zu betreiben[17] (8. Buch, §§ 704 bis 945 ZPO). Es ist in das Ermessen der Behörde gestellt, ob sie sich des Verwaltungsvollstreckungsverfahrens oder des Verfahrens nach der ZPO bedient.[18] Die Behörde muss sich bei Beginn des Vollstreckungsverfahrens entscheiden, welche der beiden Verfahrensarten sie anwenden will.

10 Die ZPO kann bei der Verwaltungsvollstreckung nur entsprechend angewandt werden. Die Behörde, zu deren Gunsten die Vollstreckung durchgeführt wird, hat auch in dem Verfahren nach der ZPO eine Doppelstellung – sie ist zugleich Gläubigerin wie Vollstreckungsorgan. Daher schreibt das Gesetz vor, dass die vollstreckbare Ausfertigung (§ 724 ZPO) nur von bestimmten Bediensteten der Behörde erteilt werden darf. Wählt die Behörde den Weg der ZPO, so sind die gerichtlichen Entscheidungen durch die ordentlichen Gerichte zu treffen. Das Vollstreckungsverfahren nach der ZPO setzt (trotz des Wortes »soll«) zwingend eine Mahnung mit einer einwöchigen Frist durch die Gläubigerin voraus.[19] Bedient sich der Sozialversicherungsträger der ZPO (Abs. 4 Satz 1), ist als Titel der Leistungsbescheid mit Vollstreckungsklausel vorzulegen.[20] Bezieht sich die Vollstreckung eines Beitragsbescheides auf bestimmte Arbeitnehmer, so müssen diese aus dem Bescheid erkennbar sein.[21]

Zweites Kapitel Schutz der Sozialdaten

Vorbemerkung zu den §§ 67–85a

Übersicht

15 BSG, Beschl. v. 25.09.2013 – B 8 SF 1/13 E, SozR 4–1500 § 51 Nr. 11.

16 LSG Berlin-Brandenburg, Breithaupt 1994, 692.

17 BGH, Beschl. v. 25.10.2007 – I ZB 19/07, MDR 2008, 712; AG Hannover, Beschl. v. 09.09.2010 – 701 M 15918/10.

18 LSG Nordrhein-Westfalen, Urt. v. 08.11.2004 – L 17 U 201/03; LSG Baden-Württemberg, Breithaupt 1997, 742.

19 AG Hamburg-Barmbek, Beschl. v. 13.08.2009 – 803b M 731/09; *Augstein/App*, Mahngebühren bei Anmahnung rückständiger Erstattungsansprüche nach dem Sozialgesetzbuch, KKZ 2002, 7.

20 AG Lehrte, DGVZ 2009, 112; AG Arnstadt, DGVZ 2000, 140.

21 BSG, Urt. v. 08.12.1999 – B 12 KR 18/99 R, SGb 2000, 491.

A. Vorbemerkungen zu den §§ 67–85a

Im Zweiten Kapitel des SGB X finden sich die Vorschriften über den Schutz der Sozialdaten. Die 1
einzelnen Rechtsnormen regeln dabei das einheitliche Vorgehen in Bezug auf die Einhaltung des Sozialdatenschutzes. Die grundsätzliche Aussage zum Schutz der den Einzelnen betreffenden Sozialdaten ergibt sich aus § 35 Abs. 1 Satz 1 SGB I. In dieser Rechtsnorm wird darauf hingewiesen, dass *»jeder () Anspruch darauf (hat), dass die ihn betreffenden Sozialdaten (§ 67 Abs. 2 Zehntes Buch) von den Leistungsträgern nicht unbefugt verarbeitet werden«*.

B. Rechtliche Grundlagen für den Datenschutz

Die rechtlichen Grundlagen für den Datenschutz ergeben sich sowohl aus nationalem als auch aus 2
europäischem Recht. Im nationalen Recht wird zudem zwischen dem allgemeinen Datenschutz und dem Sozialdatenschutz differenziert.

I. Verfassungsrechtliche Grundlagen

Der Datenschutz auf nationaler Ebene wurde maßgeblich durch das »Volkszählungsurteil« des 3
BVerfG[1] beeinflusst. In diesem Urteil wurde das allgemeine Persönlichkeitsrecht aus den Grundrechten des Grundgesetzes (GG) gemäß Art. 2 Abs. 1 GG in Verbindung mit Art. 1 Abs. 1 GG abgeleitet[2]. Die rechtlichen Grundlagen auf europäischer Ebene sind die Artikel 7[3] und 8[4] der europäischen Grundrechtecharta (GRCh)[5] sowie ergänzend Art. 8 Europäische Menschenrechtskonvention (EMRK). Auf internationaler Ebene gilt ergänzend Art. 12 Allgemeine Erklärung der Menschenrechte (AEMR) der Vereinten Nationen[6].

Schutzobjekt der vorgenannten Rechtsnormen ist allerdings nicht, wie der Begriff *Datenschutz* ver- 4
muten lassen könnte, der Schutz der Daten, sondern der Schutz des Menschen vor beeinträchtigender Datenverarbeitung bzw. Verletzung seiner Privatsphäre und damit die Verwirklichung des *Rechts auf informationelle Selbstbestimmung als eigene, besondere Ausprägung des allgemeinen Persönlichkeitsrechts*[7].

1 BVerfG, Urt. v. 15.12.1983 – 1 BvR 209/83, WKRS 1983, 11477; als Fundament für die Rechtsprechung im Datenschutz gilt allerdings das zivilrechtliche »Herrenreiter-Urteil« des BGH vom 14.02.1958: Klage auf Schadenersatz gemäß § 823 BGB wegen Ehrverletzung (das »sonstige Recht« in § 823 Abs. 1 BGB sei das allgemeine Persönlichkeitsrecht aus Art. 2 Abs. 1 und Art. 1 Abs. 1 GG).

2 Jarass/Pieroth/*Jarass*, GG-Kommentar, Auflage 2018 zu Art. 1 Rn. 36 mit weiteren Nachweisen.

3 Einschlägig ist hier der Teilbereich *Privatleben* des Art. 7 GRCh, wobei die Rechte aus Art. 7 den Rechten entsprechen, die durch Art. 8 GRCh garantiert werden: *Jarass*, GRCh-Kommentar, 3. Auflage, 2016, Art. 7 Rn. 1 und 3. Laut Stern/Sachs/*Weber*, GRCh-Kommentar, 2016, Art. 7 Rn. 1 sind Art. 7 und 8 GRCh *Ausdruck eines universellen menschlichen Bedürfnisses des Privaten oder der Privatheit (m.w.N.).*

4 Art. 8 GRCh »Schutz personenbezogener Daten«, hierzu ausführlich Stern/Sachs/*Johlen*, GRCh-Kommentar, 2016, Art. 8; Art. 8 GRCh als »einklagbares Recht«: Jarass/*Jarass*, GRCh-Kommentar, 2017, Art. 8 Rn. 2.

5 Zum Zusammenspiel von GRCh und GG: BVerfG in 1 BvR 16/13 und 1 BvR 276/17 jeweils vom 06.11.2019.

6 Erklärung vom 10.12.1948. Art. 12 »Schutz der Freiheitssphäre des Einzelnen«.

7 BVerfG aaO. Zur Differenzierung zwischen dem Recht auf informationelle Selbstbestimmung und dem allgemeinen Persönlichkeitsrecht bezogen auf das »Recht auf Vergessen«: 1 BvR 16/13 vom 06.11.2019 (Recht auf Vergessen I); Hinweis auf die Differenzierung auch in Eichenhofer/v. Koppenfels-Spies/Wenner, SGB I, 2. Auflage 2018, § 35 Rn. 5.

II. Datenschutzgesetze bis 25.05.2018

5 Bis zum 25.05.2018 wurden sowohl im allgemeinen Datenschutz als auch im Sozialdatenschutz ausschließlich nationale Normen angewandt, auch wenn sie im Laufe der Zeit auf der Umsetzung der EU-Datenschutz-Richtlinie von 1995 beruhten.

Das erste Bundesdatenschutzgesetz (BDSG) wurde 1977 erlassen. Daneben existierten auch bereits Landesdatenschutzgesetze. Das älteste Landesdatenschutzgesetz, das zugleich auch das älteste bekannte Datenschutzgesetz weltweit ist, wurde für Hessen 1970 erlassen[8]. Allgemeine Bestimmungen zum Sozialdatenschutz wurden erstmals mit Erlass des SGB X zum 01.01.1981[9] in dessen Zweiten Kapitel gesetzlich normiert. Infolge der vorgenannten Rechtsprechung des BVerfG erfolgte eine Novellierung aller allgemeinen nationalen Datenschutzgesetze. Im Jahr 1995 trat dann die Europäische Datenschutzrichtlinie (Richtlinie 95/46/EG) in Kraft und löste die nächste umfassende Novellierung aller nationalen Datenschutzgesetze aus[10]. An die Normen der Richtlinie 95/46/EG mussten dann auch die Normen des SGB X zum Sozialdatenschutz angepasst werden.

6 Im Verhältnis BDSG zu den sozialgesetzlichen Normen gingen die Normen des SGB X als spezialgesetzliche (lex specialis) denen des BDSG vor, waren damit aber nicht abschließend.

▶ **Beispiel:**

Allgemein waren Verträge über Auftragsdatenverarbeitung in § 11 BDSG (alt) und spezialgesetzlich vollständig in § 80 SGB X geregelt, allerdings in § 80 SGB X inklusive einer nur im Sozialdatenschutz bestehenden Anzeigepflicht dieser Verträge bei der Rechtsaufsicht und weiterer Anforderungen. Das SGB X enthielt mit der Anlage zu § 78a SGB X eine eigene Auflistung der technisch-organisatorischen Maßnahmen, die sich von der entsprechenden Auflistung im allgemeinen Datenschutz, der Anlage zu § 9 BDSG (alt) nur durch eine Anpassung an die sozialgesetzlichen Begrifflichkeiten unterschied. Regelungen zu den Datenschutzbeauftragten waren in § 4f BDSG (alt) normiert und im Sozialdatenschutz verwies § 81 Abs. 4 SGB X (alt) auf § 4f BDSG (alt) mit einschränkenden und ergänzenden Regelungen.

III. Datenschutzgesetze ab 25.05.2018

7 Nach Veröffentlichung am 04.05.2016 im Amtsblatt der EU[11] gilt die EU-Verordnung 2016/679[12] als *Datenschutzgrundverordnung* (DSGVO) seit dem 25.05.2018. Als Verordnung ist sie in den Mitgliedsstaaten direkt anzuwenden und bedarf keiner Umsetzung in nationales Recht. Als *Grund*verordnung regelt sie den Datenschutz allerdings nur dem Grunde nach und enthält diverse Öffnungsklauseln, die zu Anpassungen in nationalen Gesetzen wie zum Beispiel dem SGB X und den übrigen Sozialgesetzbüchern bzw. zu ergänzenden Gesetzen wie dem neuen Bundesdatenschutzgesetz (BDSG) geführt haben[13]. In der praktischen Umsetzung des Sozialdatenschutzes sind somit die Normen der DSGVO, der Sozialgesetzbücher sowie vereinzelt die des BDSG zu berücksichtigen und bilden ein *Mehrebenensystem*[14].

---

8 Vom 07.01.1970, GVBl. I, S. 98.

9 BGBl. I, S. 1469 vom 18.08.1980, Art. 1 – Sozialgesetzbuch X.

10 Zur Historie des allgemeinen Datenschutzes: Däubler/Klebe/Wedde/Weichert, Kommentar zum Bundesdatenschutzgesetz, Auflage 2015, Einleitung, ab Rn. 1, hier Rn. 5.

11 ABl. L 119 vom 04.05.2016.

12 Verordnung (EU) 2016/679 des Europäischen Parlaments und des Rates vom 27.04.2016 *zum Schutz natürlicher Personen bei der Verarbeitung personenbezogener Daten, zum freien Datenverkehr und zur Aufhebung der Richtlinie 95/46/EG.*

13 *Kühling*, NJW 2017, 1985 spricht von der DSGVO als einem *Handlungsformenhybrid.*

14 *Bieresborn*, NZS 2017, 887, 888.

▶ **Beispiel:**

Die in dem vorgenannten Beispiel aufgeführten Verträge über Auftragsverarbeitung sind jetzt alle in Art. 28 DSGVO geregelt. In § 80 SGB X sind für den Sozialdatenschutz nur noch ergänzende Vorgaben sowie Einschränkungen geregelt. Hierzu gehört weiterhin die nur im Sozialdatenschutz bestehende Anzeigepflicht dieser Verträge bei der jeweiligen Rechtsaufsichtsbehörde, die Einschränkung der Länder in denen bzw. Rechtsgrundlagen aufgrund derer Verträge über Auftragsverarbeitung von Sozialdaten (sowie von Geschäfts- und Betriebsgeheimnissen) in Drittländern abgeschlossen werden dürfen[15] und weitere Voraussetzungsanforderungen wie eine vorhergehende Wirtschaftlichkeitsprüfung und die ausdrückliche Anwendbarkeit auf Fern-/Wartungsverträge. Auflistungen über technisch-organisatorische Maßnahmen, wie sie zuvor den Anlagen zu § 78a SGB X (alt) und § 9 BDSG (alt) zu entnehmen waren, sind in der DSGVO nicht festgelegt. Diesbezüglich ist Art. 32 DSGVO zu entnehmen, dass technisch-organisatorische Maßnahmen vorzuhalten sind und diese dem aktuellen Stand der Technik zu entsprechen haben. Regelungen zu den Datenschutzbeauftragten sind für den allgemeinen Datenschutz sowie den Sozialdatenschutz in Art. 37–39 DSGVO geregelt, wobei die §§ 5–7 BDSG (neu) ergänzende Regelungen zu Datenschutzbeauftragten in öffentlichen Stellen enthalten, auf die in § 81 Abs. 4 SGB X (neu) ausdrücklich verwiesen wird (gemäß den Vorgaben des § 35 Abs. 2 SGB I).

1. Datenschutzgrundverordnung: Ziel und Struktur

Mit dem Inkrafttreten der DSGVO sollten europaweit weitestgehend einheitliche datenschutzrecht- 8
liche Normen eingeführt werden (»one-stop-shop«) und damit die veraltete Richtlinie 95/46/EG ersetzt werden. Die sehr viel abstrakter formulierten Normen der DSGVO sollten dazu beitragen, dass die DSGVO angesichts des besonders schnellen Fortschritts der Digitalisierung und Fortentwicklung der Technik für einen möglichst langen Zeitraum aktuell und anwendbar bleibt. Die abstrakteren Formulierungen der DSGVO und das Zusammenspiel mit den datenschutzrechtlichen nationalen Normen werfen allerdings insbesondere für den Rechtsanwender im Bereich des Sozialdatenschutzes diverse Fragen auf[16].

Die Struktur der DSGVO zeigt sich in der Übersicht über ihre elf Kapitel:

I. Allgemeine Bestimmungen (Artt. 1–4), II. Grundsätze (Artt. 5–11), III. Rechte der Betroffenen (Artt. 12–23), IV. Verantwortlicher und Auftragsverarbeiter (Artt. 24–43), V. Übermittlung personenbezogener Daten an Drittländer oder an internationale Organisationen (Artt. 44–50), VI. Unabhängige Aufsichtsbehörden (Artt. 51–59), VII. Zusammenarbeit und Kohärenz (Artt. 60–76), VIII. Rechtsbehelfe, Haftung und Sanktionen (Artt. 77–84), IX. Vorschriften für besondere Verarbeitungssituationen (Artt. 85–91), X. Delegierte Rechtsakte und Durchführungsrechtsakte (Artt. 92–93) sowie XI. Schlussbestimmungen (Artt. 94–99).

2. Sozialgesetzbuch X und Bundesdatenschutzgesetz

Die allgemeinen Bestimmungen des Sozialdatenschutzes sind weiterhin im Zweiten Kapitel des 9
SGB X geregelt. Einzelne Normen zum Sozialdatenschutz sind in den anderen Sozialgesetzbüchern aufgeführt. Die grundlegende Norm zum Sozialdatenschutz, ausgehend vom Sozialgeheimnis über den Regelungsumfang bis zu dem Verhältnis des Sozialdatenschutzes zum allgemeinen Datenschutz des BDSG stellt § 35 SGB I dar. In § 35 Abs. 1 SGB I ist das Sozialgeheimnis geregelt. Gemäß § 35 Abs. 2 SGB I sind die Normen der Sozialgesetzbücher zum Sozialdatenschutz abschließend unter Berücksichtigung des Vorrangs der DSGVO und unter Hinweis auf eine zulässige Anwendung der BDSG-Normen nur bei ausdrücklicher Verweisung auf diese in einzelnen Normen. In § 35 Abs. 4

15 § 80 Abs. 2 zählt abschließend die Verarbeitungsländer bzw. die Rechtsgrundlagen auf; hierbei sind Standardvertragsklauseln nicht erwähnt.

16 Für den Bereich der gesetzlichen Krankenkassen: *Wobbe*, MedR 2019, 625.

und 5 SGB I wird der Anwendungsbereich des Sozialdatenschutzes auch weiterhin auf Geschäfts- und Betriebsgeheimnisse sowie die Daten Verstorbener erweitert und in § 35 Abs. 6 und 7 SGB I wird der räumliche Anwendungsbereich aufgezeigt.

Konkrete sozialdatenschutzrechtliche Normen finden sich in allen Sozialgesetzbüchern und mussten demnach auch an die DSGVO angepasst werden[17]. Die allgemeinen Normen des Sozialdatenschutzes sind im Zweiten Kapitel des SGB X wie folgt untergliedert:

Begriffsbestimmungen (§ 67), Verarbeitung von Sozialdaten (§§ 67a-78), Besondere Datenverarbeitung (§§ 79–80), Rechte der betroffenen Person, Beauftragte für den Datenschutz und Schlussvorschriften (§§ 81–85a).

Das BDSG (neu) ist in Bezug auf die Umsetzung der Datenschutzgrundverordnung (2016/679) in zwei Teile untergliedert:

Gemeinsame Bestimmungen (§§ 1–21) und Durchführungsbestimmungen für Verarbeitungen zu Zwecken gemäß Art. 2 der Verordnung (EU) 2016/679 (§§ 22–44).

Die weiteren Normen im BDSG (neu) enthalten Bestimmungen zu der Umsetzung der Richtlinie (EU) 2016/680 und sind daher nur auf die Tätigkeit von öffentlichen Stellen, die personenbezogene Daten zum Zwecke der Verhütung, Ermittlung, Aufdeckung, Verfolgung oder Ahndung von Straftaten oder Ordnungswidrigkeiten verarbeiten anwendbar.

3. Verhältnis der Rechtsgrundlagen zueinander seit dem 25.05.2018

10 In dem Mehrebenensystem der verschiedenen Datenschutzgesetze DSGVO, SGB X und BDSG besteht ein Anwendungsvorrang der DSGVO[18]. Aufgrund der Öffnungsklauseln in der DSGVO (s. Rdn. 7), von denen der nationale Gesetzgeber Gebrauch gemacht hat, werden die Normen der DSGVO u.a. von sozialdatenschutzrechtlichen Normen der Sozialgesetzbücher und den allgemeinen datenschutzrechtlichen Normen des BDSG ergänzt. Die nationalen Normen können allerdings nur insoweit Anwendung finden, wie sich ihr Regelungsgehalt innerhalb des Rahmens bewegt, den die Öffnungsklauseln der DSGVO vorgeben[19].

4. Geschäftsgeheimnisse und Daten Verstorbener

11 Wie bereits erwähnt, erweitert der Sozialdatenschutz in § 35 Abs. 4 und 5 SGB I den Anwendungsbereich der DSGVO, in dem er auch die Daten Verstorbener in gewissem Umfang sowie die Geschäfts- und Betriebsgeheimnisse mit in den Schutzbereich der sozialdatenschutzrechtlichen Normen einbezieht.

Die Anwendbarkeit der Normen des Zweiten Kapitels des SGB X auf Geschäfts- und Betriebsgeheimnisse erscheint durch die DSGVO-Geltung komplizierter. Weder dem SGB I noch dem SGB X sind konkrete Hinweise dahingehend zu entnehmen, dass die DSGVO-Normen auf Geschäfts- und Betriebsgeheimnisse anwendbar sind. Allerdings enthält das Zweite Kapitel SGB X einige Normen, die Bezug auf die DSGVO nehmen, aufgrund des Wiederholungsverbots nur auf diese verweisen und die entsprechenden Abweichungen bzw. Ergänzungen aufführen. Für die Meldung von Verletzungen des Schutzes von Sozialdaten gemäß Artt. 33, 34 DSGVO in Verbindung mit § 83a SGB X ist dies nachvollziehbar und von der Rechtsaufsicht auf Bundesebene, dem Bundesver-

17 Anpassungen des SGB I und X in BVG-Änderungsgesetz vom 17.07.2017, BGBl. I, S. 2541 ff.; Anpassung der anderen Sozialgesetzbücher sowie nochmals einzelner Normen des SGB X mit 2. DS-AnpUG vom 20.11.2019, BGBl. I, S. 1626.

18 § 35 Abs. 2 Satz 1 SGB I i.V.m. Art. 288 AEUV soweit die Normen der DSGVO keine Öffnungsklauseln für den nationalen Gesetzgeber enthalten. Differenziert hierzu *Bieresborn*, NZS 2017, S. 887, 887.

19 *Wobbe*, MedR 2019, 625, 626 mit Beispielen.

sicherungsamt, so auch gewertet worden[20]. Ob allerdings auch die Normen über die Informationspflichten (§§ 82, 82a SGB X) auf Geschäfts- und Betriebsgeheimnisse Anwendung finden, erscheint fraglich. Im Rahmen einer teleologischen Reduktion erscheint eine Anwendbarkeit auf diese Normen unpassend, da es bei dem Schutz der Geschäfts- und Betriebsgeheimnisse um die Geheimhaltung von Informationen geht, eine Verletzung des Persönlichkeitsrechts aber nicht in Betracht kommt[21].

Das am 26.04.2019 in Kraft getretene Gesetz zum Schutz von Geschäftsgeheimnissen (GeschGehG)[22] lässt die sozialdatenschutzrechtlichen Regelungen zu den Geschäfts- und Betriebsgeheimnissen unberührt[23]. Sinnvoll erscheint allerdings eine Orientierung an der Definition des Begriffes »Geschäftsgeheimnis« aus § 2 Nr. 1 Buchstabe a GeschGehG auch für den sozialrechtlichen Begriff »Geschäftsgeheimnis«. Gemäß § 2 Nr. 1 Buchstabe a GeschGehG ist ein Geschäftsgeheimnis als *jede Tatsache, die im Zusammenhang mit einem Geschäftsbetrieb steht, nicht offenkundig, sondern nur einem eng begrenzten Personenkreis bekannt ist und nach dem erkennbaren Willen des Betriebsinhabers, der auf einem berechtigten wirtschaften Interesse beruht, geheim gehalten werden soll* definiert.

C. Zur Wahrung des Sozialgeheimnisses

In der Rangfolge der Datenschutzbestimmungen hatte das Bundessozialgericht (BSG) entschieden, 12
dass das SGB I, SGB V und SGB X hinsichtlich des Schutzes von Sozialdaten gleichrangig sind. Davon dürfe abgewichen werden, wenn die Gleichrangigkeit auf Grund entsprechender Kollisionsregelungen zulässig sei.[24] Diese Rechtsprechung wird auch nach Inkrafttreten der DSGVO Bestand haben, wobei der Vorrang der DSGVO-Normen zu beachten ist. Besonderen Schutz der Sozialdaten genießen – auch unter Beachtung der grundsätzlichen Regelungen der §§ 35 SGB I sowie 67 ff. SGB X – Kinder und Jugendliche. Hier ist § 65 SGB VIII zu beachten, welcher die Datenweitergabe nur unter bestimmten Voraussetzungen gestattet.[25]

Über allem hinsichtlich des Schutzes der persönlichen Daten steht das informationelle Selbst- 13
bestimmungsrecht des Einzelnen. Diese Recht geht jedoch nicht so weit, dass die jeweilige betroffene Person staatliche Regulierungen verhindern kann. Die Verarbeitung personenbezogener Daten und damit auch von Sozialdaten ist bei der Wahrnehmung gesetzlicher Aufgaben auf gesetzlichen Grundlagen zulässig[26]. Die Zulässigkeit der Datenverarbeitung ist aber dann nicht mehr gegeben, wenn der Leistungsträger seine Kernaufgaben auf einen Dritten überträgt und diesem damit auch die Verarbeitung der Sozialdaten[27]. Hingegen ist die Offenlegung der Sozialdaten Versicherter in einem Rechtsstreit über die Abrechnung der sozialrechtlichen Leistung mit dem Leistungserbringer zulässig,

---

20 www.bundesamtsozialesicherung.de/de/themen/alle-sozialversicherungszweige-informationstechnik-und-datenschutz/archiv/html: FAQ-Katalog zur Umsetzung der DSGVO.

21 *Wobbe*, MedR 2019, 625 ff., 627.

22 BGBl. I 2019, S. 466 ff. vom 25.04.2019, in Kraft seit dem 26.04.2019 in Umsetzung der EU-Richtlinie 2016/943 vom 08.06.2016, ABl. 2016 L 157, S. 1–18; s. auch BT-Drucks. 19/4724 und Ausführungen von *Dann/Markgraf*, NJW 2019, 1774 ff.

23 Gemäß § 1 Abs. 2 GeschGehG gehen *öffentlich-rechtliche Vorschriften zur Geheimhaltung, Erlangung, Nutzung oder Offenlegung von Geschäftsgeheimnissen (…) vor.*

24 BSG, Urt. v. 02.11.2010 – B 1 KR 12/10 R, WKRS 2010, 34787 = von Koppenfels-Spies/Wenner/*Seifert*, Kommentar zum Sozialgesetzbuch V, 3. Aufl. 2018, § 284 SGB V, Rn. 1, 2: bereichsspezifische Ergänzung des SGB I und X durch spezialgesetzliche Normen in den andere Sozialgesetzbüchern; dito. § 285 SGB V, Rn. 7.

25 Zum Vertrauensschutz bei bewusst falscher Angabe LG Augsburg, Beschl. v. 24.02.2014 – 1 Qs 81/14, WKRS 2014, 38925; zur Erzwingung der Akteneinsicht im Verfahren nach § 50 SGB VIII BVerwG, Beschl. v. 03.03.2014 – 20 F 12/13, WKRS 2014, 12940; zum Gewicht des Datenschutzes vs. Auskunft zu Behördeninformation VG Regensburg, Urt. v. 27.05.2014 – RO 4 K 14.423, juris.

26 Art. 6 Abs. 1 Buchstabe c und e DSGVO.

27 BSG, Urt. v. 08.10.2019 – B 1 A 3/19 R bezüglich der Auslagerung von Programmen für das Versorgungsmanagement durch eine gesetzliche Krankenkasse auf ein privates Beratungsunternehmen.

soweit sie erforderlich ist[28]. Zudem besteht eine Mitwirkungspflicht betroffener Personen als Sozialversicherter aus §§ 60 ff. SGB I. Grundsätzlich ist eine Übermittlung von Sozialdaten dann zulässig, wenn die betroffene Person in die Übermittlung eingewilligt hat. Diese Sicht war nach der alten Rechtslage aber nicht unumstritten.[29]

D. Die Möglichkeiten der Datenverarbeitung und -übermittlung

14 Im Anschluss an die Begriffsbestimmungen in § 67 folgen im zweiten Abschnitt die Normen über die Datenerhebung (§ 67a). § 67a Abs. 2 Satz 1 schreibt vor, dass die Daten bei der betroffenen Person zu erheben sind. Gleichzeitig gestattet die Rechtsnorm jedoch auch gemäß § 67a Abs. 2 Satz 2 Nr. 1 die Daten ohne Mitwirkung der betroffenen Person bzw. gemäß Abs. 2 Satz 2 Nr. 2 bei Dritten zu erheben, wenn bestimmte Voraussetzungen erfüllt sind. In einem solchen Fall ist aber die betroffene Person über die Zweckbestimmung der Erhebung, Verarbeitung oder Nutzung der Daten durch den Verantwortlichen zu informieren. Seit dem 25.05.2019 richtet sich diese Informationspflicht allerdings nicht mehr nach Normen des SGB X, sondern nach Art. 14 DSGVO und es besteht zudem eine Informationspflicht bei der Direkterhebung, die sich nach Art. 13 DSGVO richtet.

15 Nach § 67b ist die Zulässigkeit der Datenverarbeitung und -nutzung nur gegeben, wenn dieses nach den §§ 67b ff. gestattet ist, diese es anordnen oder die betroffene Person eingewilligt hat. Grundlage hierfür ist Art. 6 DSGVO. Bei personenbezogenen Daten besonderer Kategorien wie Gesundheitsdaten ist Art. 9 Abs. 2 DSGVO die maßgebliche, ergänzende Grundlage. Wenn die Einwilligung, deren Anforderungen in Art. 7 DSGVO geregelt sind, eingeholt werden muss, ist der betroffenen Person der Zweck mitzuteilen und die Rechtsfolge anzugeben, die eine Weigerung der Einwilligung zur Folge hat.

16 In den folgenden Normen werden die bereichsspezifischen Grundsätze über die Datenspeicherung, die Datenveränderung sowie die Datennutzung (§ 67c), die Übermittlungsgrundsätze (§ 67d) sowie die Vorschriften über die Erhebung und Übermittlung zur Bekämpfung des Leistungsmissbrauchs (§ 67e), ferner für die Aufgaben bestimmter Aufgabenträger (§§ 68 bis 75) festgelegt.

17 Grundsätzlich lassen sich alle erhobenen Daten in den vorgegebenen Umfängen verarbeiten bzw. übermitteln. Diese Möglichkeit schränkt aber § 76 ein und betrifft die direkte Übermittlung von personenbezogenen Daten durch Berufsgeheimnisträger gemäß § 203 Strafgesetzbuch (StGB), insbesondere durch Ärzte. Die Einschränkung betrifft damit vornehmlich besonders schutzwürdige Sozialdaten, die in die besonderen Kategorien personenbezogener Daten gemäß Art. 9 Abs. 1 DSGVO fallen. Die Einschränkung gilt nicht für Ärzte einer der in § 35 SGB I genannten Stellen sowie die in § 203 Abs. 1 und 3 StGB aufgeführten Personen, wenn diese die Daten selbst übermitteln dürften. Die Einschränkung gilt auch dann nicht, wenn die Daten u.a. für die Erbringung von Sozialleistungen notwendig sind. Dann gilt allerdings ein Widerspruchsrecht der betroffenen Person auf das der Sozialleistungsträger aufmerksam machen musss.

18 Letztlich regelt § 77 die Übermittlung der Sozialdaten ins Ausland bzw. an über- oder zwischenstaatliche Stellen. Besonderes Augenmerk, vor allen Dingen bei der Anwendung von § 77, ist der Zweckbindung und Geheimhaltungspflicht nach § 78 beizumessen. Abschließend lässt sich feststellen, dass die §§ 68 bis 78 den durch das Volkszählungsurteil gemachten Vorgaben weitestgehend entsprechen bzw. weiterentwickelt worden[30] und an die DSGVO angepasst wurden.

---

28 BSG, Urt. v. 18.12.2018 – B 1 KR 40/17 R über die Zulässigkeit der Akteneinsicht in einem Rechtsstreit über die Vergütung stationärer Krankenhausbehandlung zwischen einer gesetzlichen Krankenkasse und einem Krankenhaus.

29 BSG, Urt. v. 10.12.2008 – B 6 KA 37/07, WKRS 2008, 31930. S. hierzu Anmerkungen zu § 67b Rdn. 6.

30 V. Wulffen/Schütze/*Bieresborn*, SGB X, 8. Aufl. 2014, Vorbemerkungen zu §§ 67 bis 85a Rn. 26.

E. Datenschutz durch Datenschutzmanagement, Organisation und Technikeinsatz

Der Dritte Abschnitt enthält in den §§ 79 und 80 Regelungen zu besonderen Datenverarbeitungsarten. Hierzu zählt die Einrichtung automatisierter Verfahren auf Abruf (§ 79) und die Verarbeitung von Sozialdaten im Auftrag (§ 80). Die bis zum 25.05.2019 in dem mittlerweile gestrichenen § 78a und seiner Anlage aufgeführten Anforderungen über die Vorhaltung technischer und organisatorischer Maßnahmen ist nun der abstrakten Formulierung der DSGVO (insbesondere Artt. 25, 28, 32) zu entnehmen[31]. 19

Ferner wird die Datenvermeidung und Datensparsamkeit ebenfalls in der DSGVO geregelt und § 78b wurde daher gestrichen. Hier geht es um die Aufgabe, möglichst wenige Daten zu erheben, zu nutzen oder zu verarbeiten bzw. diese, soweit möglich, zu anonymisieren oder zu pseudonymisieren Auch die Anforderung, ein Audit durchzuführen ist indirekt in der DSGVO geregelt und daher ist auch § 78c entfallen.

F. Die Rechte des Einzelnen, Beauftragte für den Datenschutz, Rechtswegzuweisungen sowie Folgen eines Rechtsverstoßes

Die Vorschriften des vierten Abschnitts befassen sich mit den Rechten des Einzelnen, seinen Möglichkeiten, sich an den jeweiligen Datenschutzbeauftragten oder die Datenschutzaufsichtsbehörde zu wenden und die auf den Datenschutzbeauftragten anwendbaren Normen des BDSG, den Rechtswegzuweisungen sowie weiteren Schlussbestimmungen. 20

Die Rechte der betroffenen Personen sind grundsätzlich in den Artt. 12–22 des III. Kapitels der DSGVO geregelt. Aufgrund der Öffnungsklausel Art. 23 DSGVO sind in §§ 81, 81b, 82, 82a, 83, 84 SGB X entsprechende Ergänzungen zu diesen Normen aufgeführt. 21

Das Recht der betroffenen Person sich an die Datenschutzaufsichtsbehörden zu wenden ist in § 81 geregelt sowie weitere Angaben zu den Datenschutzaufsichtsbehörden und den Datenschutzbeauftragten der Sozialleistungsträger sowie die Anwendbarkeit von einzelnen BDSG-Normen. Dass betroffene Personen Auskunft über die erhobenen Daten erhalten können müssen, dürfte selbstverständlich sein (Art. 15 DSGVO). Dieses Recht kann allerdings eingeschränkt werden kann (Art. 15 DSGVO i.V.m. Art. 23, § 83 SGB X). Der gerichtliche Rechtsschutz und die Rechtswegzuweisungen zu den Sozial- und Verwaltungsgerichten sind in § 81a und § 81b geregelt, wobei § 81c Rechtsstreitigkeiten über Angemessenheitsbeschlüsse der Europäischen Kommission mit Verweis auf § 21 BDSG dem Bundesverwaltungsgericht zuweist. 22

Die §§ 82, 82a beinhalten ergänzende Regelungen zu den Informationspflichten gemäß Art. 13, 14 DSGVO. Gemäß § 83a ist bei Verletzung des Schutzes von Sozialdaten neben der Anzeige gemäß Artt. 33, 34 DSGVO an die Datenschutzaufsichtsbehörde von Sozialversicherungsträgern auch eine Anzeige an die Rechtsaufsichtsbehörde zu erstatten. § 84 schreibt vor, dass und in welchen Fällen Sozialdaten zu berichtigen und zu löschen sind, eine Einschränkung zu Widersprüchen und zu der Einschränkung der Verarbeitung. 23

§§ 85 und 85a beinhalten die Straf- und Bußgeldvorschriften, wenn gegen die Bestimmungen des Datenschutzes verstoßen wird, wobei der nationale Gesetzgeber gegenüber den Sozialleistungsträgern von dem »Behördenprivileg« gemäß Art. 83 Abs. 7 DSGVO Gebrauch gemacht hat und keine Bußgelder gegen diese verhängt werden. 24

31 Als Beispiel kann hier die Anlage 1 des Branchenmusters eines Vertrages über Auftragsverarbeitung der gesetzlichen Krankenkassen gelten, siehe GKV-Spitzenverband; § 80 Rdn. 13.

Erster Abschnitt Begriffsbestimmungen

§ 67 Begriffsbestimmungen

(1) Die nachfolgenden Begriffsbestimmungen gelten ergänzend zu Artikel 4 der Verordnung (EU) 2016/679 des Europäischen Parlaments und des Rates vom 27. April 2016 zum Schutz natürlicher Personen bei der Verarbeitung personenbezogener Daten, zum freien Datenverkehr und zur Aufhebung der Richtlinie 95/46/EG (Datenschutz-Grundverordnung) (ABl. L 119 vom 4.5.2016, S. 1; L 314 vom 22.11.2016, S. 72; L 127 vom 23.5.2018, S. 2) in der jeweils geltenden Fassung.

(2) [1]Sozialdaten sind personenbezogene Daten (Artikel 4 Nummer 1 der Verordnung (EU) 2016/679), die von einer in § 35 des Ersten Buches genannten Stelle im Hinblick auf ihre Aufgaben nach diesem Gesetzbuch verarbeitet werden. [2]Betriebs- und Geschäftsgeheimnisse sind alle betriebs- oder geschäftsbezogenen Daten, auch von juristischen Personen, die Geheimnischarakter haben.

(3) Aufgaben nach diesem Gesetzbuch sind, soweit dieses Kapitel angewandt wird, auch
1. Aufgaben auf Grund von Verordnungen, deren Ermächtigungsgrundlage sich im Sozialgesetzbuch befindet,
2. Aufgaben auf Grund von über- und zwischenstaatlichem Recht im Bereich der sozialen Sicherheit,
3. Aufgaben auf Grund von Rechtsvorschriften, die das Erste und das Zehnte Buch für entsprechend anwendbar erklären, und
4. [1]Aufgaben auf Grund des Arbeitssicherheitsgesetzes und Aufgaben, soweit sie den in § 35 des Ersten Buches genannten Stellen durch Gesetz zugewiesen sind. [2]§ 8 Absatz 1 Satz 3 des Arbeitssicherheitsgesetzes bleibt unberührt.

(4) [1]Werden Sozialdaten von einem Leistungsträger im Sinne von § 12 des Ersten Buches verarbeitet, ist der Verantwortliche der Leistungsträger. [2]Ist der Leistungsträger eine Gebietskörperschaft, so sind der Verantwortliche die Organisationseinheiten, die eine Aufgabe nach einem der besonderen Teile dieses Gesetzbuches funktional durchführen.

(5) Nicht-öffentliche Stellen sind natürliche und juristische Personen, Gesellschaften und andere Personenvereinigungen des privaten Rechts, soweit sie nicht unter § 81 Absatz 3 fallen.

Übersicht

A. Inhalt

1 Die Vorschrift bildet den Ersten Abschnitt des Zweiten Kapitels des SGB X »Schutz der Sozialdaten« und enthält ergänzend zu Art. 4 DSGVO Legaldefinitionen zu den wichtigsten gesetzlichen Begriffen der folgenden §§ 67a bis 85a.

B. Entstehungsgeschichte

2 Die Voranstellung der notwendigen Begriffsbestimmungen in § 67 ist mit dem Gesetz vom 13.06.1994 (ZwVollstrAufklRefG. I S. 1229) eingeführt worden. Damit hat sich der Grundsatz durchgesetzt, dass alles in dem für den Sozialleistungsträger maßgebenden Gesetz im Sozialgesetz-

buch steht. Vorher galt gem. § 79 SGB X a.F. eine umfangreiche Verweisung auf das Bundesdatenschutzgesetz (BDSG), die noch durch die in § 1 Abs. 4 BDSG normierte Subsidiaritätsklausel verstärkt wurde, wonach das BDSG auf personenbezogene Daten anzuwenden ist, sofern keine ausdrücklichen anderen Regelungen vorhanden sind. Hinsichtlich der im sozialen Datenschutz notwendigen Begriffsbestimmungen galt daher zunächst das BDSG. Die in § 79 SGB X a.F. normierte Regelung bezog sich jedoch auf das BDSG des Jahres 1977 und nicht auf die Novellierung des BDSG im Jahre 1990. Infolge der Neufassung des Bundesdatenschutzgesetzes im Jahre 1990 stimmte die zum Teil neue Paragraphenfolge des BDSG nicht mehr mit den Verweisungen des SGB auf das BDSG überein. Man behalf sich hinsichtlich der Verweisungen mit einer analogen Anwendung.[1] Die Änderungen des BDSG sowie das Volkszählungsurteil des Bundesverfassungsgerichts[2] machten eine grundlegende Überarbeitung der Regelungen über das Sozialgeheimnis und den Schutz der Sozialdaten erforderlich. Insbesondere die Novellierung des BDSG verdeutlichte die Notwendigkeit und Praktikabilität, die im Sozialbereich anzuwendenden Vorschriften direkt im SGB zu regeln, statt im SGB auf Vorschriften des BDSG zu verweisen. Dies erforderte in der Konsequenz auch die Voranstellung der Begriffsbestimmungen. Mit dem Gesetz vom 18.05.2001 wurde § 67 mit Wirkung vom 23.05.2001 an die EU-Datenschutzrichtlinie 95/46/EG und an die neue Terminologie des BDSG angepasst. Durch Art. 6 Nr. 5 des EGovGuaÄndG v. 24.07.2013 (BGBl. I, S. 2749) wurde in Abs. 6 Satz 2 Nr. 3 der Vorschrift hinsichtlich der Nutzung moderner Informationstechnologie ergänzt. Mit BVG-Änderungsgesetz vom 17.07.2017 (BGBl. I, S. 2541), das zum 25.05.2018 in Kraft trat (Art. 99 Abs. 2 DSGVO i.V.m. Art. 24 BVG), wurden aufgrund des Wiederholungsverbots zur Anpassung an die Datenschutzgrundverordnung (DSGVO = Verordnung [EU] 2016/679) nur die Begriffsbestimmungen beibehalten und redaktionell angepasst, die sozialrechtsspezifisch sind.

C. Erläuterungen

I. Relevante Normen der DSGVO und des BDSG

Die Begriffsbestimmungen sind in Artikel 4 DSGVO enthalten und gelten unmittelbar. § 67 enthält daher nur bereichsspezifische ergänzende Begriffsbestimmungen gestützt auf Artikel 6 Absatz 1 in Verbindung mit Absatz 2 und Absatz 3 und Artikel 9 Absatz 2 DSGVO[3]. Das BDSG enthält keine Norm mit eigenen Begriffsbestimmungen. 3

Art. 4 enthält 26 Begriffsbestimmungen, von denen für das Sozialrecht insbesondere die folgenden relevant sind:

Art. 4 Nr. 1 *personenbezogene Daten*: *alle Informationen, die sich auf eine identifizierte oder identifizierbare Person (im Folgenden »betroffene Person«) beziehen; als identifizierbar wird eine natürliche Person angesehen, die direkt oder indirekt, insbesondere mittels Zuordnung zu einer Kennung wie einem Namen, zu einer Kennnummer, zu Standortdaten, zu einer Online-Kennung oder zu einem oder mehreren besonderen Merkmalen, die Ausdruck der physischen, physiologischen, genetischen, psychischen, wirtschaftlichen, kulturellen oder sozialen Identität dieser natürlichen Person sind, identifiziert werden kann;* siehe hierzu Rdn. 21 ff. 4

Art. 4 Nr. 2 *Verarbeitung: jeden mit oder ohne Hilfe automatisierter Verfahren ausgeführten Vorgang oder jede solche Vorgangsreihe im Zusammenhang mit personenbezogenen Daten, wie das Erheben, das Erfassen, die Organisation, das Ordnen, die Speicherung, die Anpassung oder Veränderung, das Auslesen, das Abfragen, die Verwendung, die Offenlegung durch Übermittlung, Verbreitung oder eine andere Form der Bereitstellung, den Abgleich oder die Verknüpfung, die Einschränkung, das Löschen oder die Vernichtung.* Diese Definition ist für alle Normen im (Sozial-)Datenschutz relevant. 5

1 Vgl. auch v. Wulffen/Schütze/*Bieresborn*, Kommentar zum SGB X, 8. Aufl. 2014, Vor § 67 SGB X Rn. 3–9.
2 Vgl. BVerfGE 65, 11 ff. sowie Jarass/Pieroth/*Jarass*, Kommentar zum Grundgesetz, 12. Aufl. 2018, Art. 2 GG Rn. 32.
3 BT-Drucks. 18/12611, S. 101.

6 Art. 4 Nr. 3 *Einschränkung der Verarbeitung: die Markierung gespeicherter personenbezogener Daten mit dem Ziel, ihre zukünftige Verarbeitung einzuschränken.* Diese Definition ist für die Betroffenenrechte bedeutsam.

7 Art. 4 Nr. 4 *Profiling: jede Art der automatisierten Verarbeitung personenbezogener Daten, die darin besteht, dass diese personenbezogenen Daten verwendet werden, um bestimmte persönliche Aspekte, die sich auf eine natürliche Person beziehen, zu bewerten, insbesondere um Aspekte bezüglich Arbeitsleistung, wirtschaftliche Lage, Gesundheit, persönliche Vorlieben, Interessen, Zuverlässigkeit, Verhalten, Aufenthaltsort oder Ortswechsel dieser natürlichen Person zu analysieren oder vorherzusagen.*

8 Art. 4 Nr. 5 *Pseudonymisierung: die Verarbeitung personenbezogener Daten in einer Weise, dass die personenbezogenen Daten ohne Hinzuziehung zusätzlicher Informationen nicht mehr einer spezifischen betroffenen Person zugeordnet werden können, sofern diese zusätzlichen Informationen gesondert aufbewahrt werden und technischen und organisatorischen Maßnahmen unterliegen, die gewährleisten, dass die personenbezogenen Daten nicht einer identifizierten oder identifizierbaren natürlichen Person zugeordnet werden können.*

9 Art. 4 Nr. 6 *Dateisystem: jede strukturierte Sammlung personenbezogener Daten, die nach bestimmten Kriterien zugänglich sind, unabhängig davon, ob diese Sammlung zentral, dezentral oder nach funktionalen oder geografischen Gesichtspunkten geordnet geführt wird.* Diese Definition ist zum Beispiel relevant für § 83 Abs. 2 bei der Einschränkung des Auskunftsrechts der betroffenen Person und in § 79 Abs. 1a.

10 Art. 4 Nr. 7 *Verantwortlicher: die natürliche oder juristische Person, Behörde, Einrichtung oder andere Stelle, die allein oder gemeinsam mit anderen über die Zwecke und Mittel der Verarbeitung von personenbezogenen Daten entscheidet; sind die Zwecke und Mittel dieser Verarbeitung durch das Unionsrecht oder das Recht der Mitgliedsstaaten vorgegeben, so kann der Verantwortliche bzw. können die bestimmten Kriterien seiner Benennung nach dem Unionsrecht oder dem Recht der Mitgliedsstaaten vorgesehen werden.* Diese Definition ist zum Beispiel relevant für die Betroffenenrechte und deren Beschränkungen in Art. 12 bis 23 DSGVO und §§ 81 bis 84 sowie die Auftragsverarbeitung in Art. 28 DSGVO und § 80.

11 Art. 4 Nr. 8 *Auftragsverarbeiter: eine natürliche oder juristische Person, Behörde, Einrichtung oder andere Stelle, die personenbezogene Daten im Auftrag des Verantwortlichen verarbeitet.* Diese Definition ist relevant für die Anwendung des Art. 28 DSGVO und § 80.

12 Art. 4 Nr. 9 *Empfänger: eine natürliche oder juristische Person, Behörde, Einrichtung oder andere Stelle, der personenbezogene Daten offengelegt werden, unabhängig davon, ob es sich um einen Dritten handelt oder nicht. Behörden, die im Rahmen eines bestimmten Untersuchungsauftrags nach dem Unionsrecht oder dem Recht der Mitgliedsstaaten möglicherweise personenbezogene Daten erhalten, gelten jedoch nicht als Empfänger; die Verarbeitung dieser Daten durch die genannten Behörden erfolgt im Einklang mit den geltenden Datenschutzvorschriften gemäß den Zwecken der Verarbeitung.* Diese Definition ist insbesondere für die Übermittlungsgrundsätze §§ 67d ff. relevant.

13 Art. 4 Nr. 10 *Dritter: eine natürliche oder juristische Person, Behörde, Einrichtung oder andere Stelle, außer der betroffenen Person, dem Verantwortlichen, dem Auftragsverarbeiter und den Personen, die unter der unmittelbaren Verantwortung des Verantwortlichen oder des Auftragsverarbeiters befugt sind, die personenbezogenen Daten zu verarbeiten.* Diese Definition ist u.a. zur Abgrenzung für Auftragsverarbeiter und zulässige Datenübermittlungen relevant.

14 Art. 4 Nr. 11 *Einwilligung: Einwilligung der betroffenen Person ist jede freiwillige, für den bestimmten Fall, in informierter Weise und unmissverständlich abgegebene Willensbekundung in Form einer Erklärung oder einer sonstigen eindeutigen bestätigenden Handlung, mit der die betroffene Person zu verstehen gibt, dass sie mit der Verarbeitung der sie betreffenden personenbezogenen Daten einverstanden ist.* Diese Norm ist insbesondere für § 67b und einzelne Normen in den anderen Sozialgesetzbüchern relevant.

Art. 4 Nr. 12 *Verletzung des Schutzes personenbezogener Daten: eine Verletzung der Sicherheit, die, ob unbeabsichtigt oder unrechtmäßig, zur Vernichtung, zum Verlust, zur Veränderung oder zur unbefugten Offenlegung von bzw. zum unbefugten Zugang zu personenbezogenen Daten führt, die übermittelt, gespeichert oder auf sonstige Weise verarbeitet werden.* Diese Norm ist vor allem für die Entscheidung über die Vornahme einer Anzeige gemäß § 83a bei der Aufsichtsbehörde relevant. 15

Art. 9 Abs. 1 *besondere Kategorien von personenbezogenen Daten: Dies sind Daten, aus denen die rassische und ethnische Herkunft, politische Meinungen, religiöse oder weltanschauliche Überzeugungen oder die Gewerkschaftszugehörigkeit hervorgehen, sowie die Verarbeitung von genetischen Daten, biometrischen Daten zur eindeutigen Identifizierung einer natürlichen Person, Gesundheitsdaten oder Daten zum Sexualleben oder der sexuellen Orientierung einer natürlichen Person.* Diese Daten, insbesondere die Gesundheitsdaten, die wiederum in Art. 4 Nr. 15 definiert werden, sind für die Anzeige von Datenschutzverletzungen gemäß § 83a, aber auch für die Frage der Übermittlung nach § 76 relevant. 16

Art. 4 Nr. 15 *Gesundheitsdaten: personenbezogene Daten, die sich auf die körperliche oder geistige Gesundheit einer natürlichen Person, einschließlich der Erbringung von Gesundheitsdienstleistungen, beziehen und aus denen Informationen über deren Gesundheitszustand hervorgehen.* 17

Art. 4 Nr. 21 *Aufsichtsbehörde: eine von einem Mitgliedsstaat gemäß Art. 51 DSGVO eingerichtete unabhängige staatliche Stelle.* Diese Norm ist für die Regelungen über Rechtsbehelfe und Kontrollen relevant (§§ 81 ff.). 18

Art. 4 Nr. 22 *betroffene Aufsichtsbehörde: eine Aufsichtsbehörde, die von der Verarbeitung personenbezogener Daten betroffen ist, weil* 19
a) der Verantwortliche oder der Auftragsverarbeiter im Hoheitsgebiet des Mitgliedsstaates dieser Aufsichtsbehörde betroffen ist,
b) diese Verarbeitung erhebliche Auswirkungen auf betroffene Personen mit Wohnsitz im Mitgliedsstaat dieser Aufsichtsbehörde hat oder haben kann oder
c) eine Beschwerde bei dieser Aufsichtsbehörde eingereicht wurde. Diese Definition ist für die §§ 81 ff. relevant.

II. Bedeutung des Abs. 1

Abs. 1 verweist auf die Begriffsbestimmungen gemäß Art. 4 DSGVO und führt diese aufgrund des europarechtlichen Wiederholungsverbots[4] nicht selbst auf. In dem Mehrebenensystem der verschiedenen gesetzlichen Regelungen besteht ein Anwendungsvorrang der DSGVO (siehe Vorbemerkungen zu §§ 67–85a Rdn. 10), so dass die Begriffsbestimmungen des § 67 nur ergänzend gelten und nur dann, wenn sie nicht im Widerspruch zu den Begriffsbestimmungen der DSGVO stehen. 20

III. Der Begriff der Sozialdaten nach Abs. 2 Satz 1

In § 67 Abs. 2 Satz 1 SGB X wird der aufgrund von § 35 SGB I für das gesamte Sozialgesetzbuch geltende Begriff der Sozialdaten definiert. Danach sind Sozialdaten die in Art. 4 Nr. 1 DSGVO aufgeführten Informationen, die sich auf eine identifizierte oder identifizierbare natürlichen Person (betroffene Person) beziehen und, von einer in § 35 des Ersten Buches genannten Stelle im Hinblick auf ihre Aufgaben nach diesem Gesetzbuch verarbeitet werden. Insoweit verweist § 35 Abs. 1 SGB I direkt auf § 67 Abs. 2 und Art. 4 Nr. 1 DSGVO. 21

Erfasst werden nur die Einzelangaben, »die von einer in § 35 des Ersten Buches genannten Stelle im Hinblick auf ihre Aufgaben nach diesem Gesetzbuch verarbeitet werden«. Bei diesen Stellen handelt es sich insbesondere um die Sozialleistungsträger, aber auch um ihre Verbände etc. (siehe 22

4 Verweis auf EuGH-Rechtsprechung bei *Bieresborn*, NZS 2017, S. 888 mit Verweis auf u.a. EuGH, Urt. v. 07.02.1973 – C-39/72.

§ 35 Abs. 1 Satz 4 SGB I).[5] So ist z.B. die Weitergabe von Patientendaten der gesetzlichen Krankenversicherung durch die jeweiligen Leistungserbringer nicht zulässig, wenn die Daten für die Erstellung einer Leistungsabrechnung durch private Dienstleistungsunternehmen Verwendung finden sollen und die hierfür eingeholte Einwilligung des Patienten aufgrund der Notsituation nicht als freiwillig abgegeben gelten kann. Dadurch ist u.a. auch die Datenerhebung durch Krankenkassen unzulässig, wenn diese ohne Rechtsgrundlage zur Mitgliederwerbung eingesetzt werden sollen.[6] Es ist daher auch folgerichtig, dass durch private Abrechnungsstellen ohne ausreichende gesetzliche Ermächtigung erstellte Abrechnungen seitens der KÄV zurückgewiesen werden.[7]

23 Nicht erfasst werden beispielsweise Daten, die private Krankenversicherungen, bei denen sich diejenigen versichern können, die nicht der Versicherungspflicht des SGB V unterliegen, oder Wirtschaftsunternehmen, z.B. Banken, die ebenfalls personenbezogene Daten verarbeiten. Zum einen werden diese Gruppen nicht von dem Wortlaut des § 35 SGB I erfasst und zum anderen erfüllen diese Gruppen mit der Verarbeitung personenbezogener Daten keine Aufgaben nach dem SGB. Auf sie findet, sofern es hier um die Beachtung des informationellen Selbstbestimmungsrechtes geht, die DSGVO und das BDSG Anwendung.

24 Personenbezogene Daten und damit auch das Sozialdatum sind Informationen, die sich auf eine bestimmte – einzelne – natürliche Person beziehen können oder die geeignet sind, einen Bezug zu ihr herzustellen und die etwas über die natürliche Person aussagen – beispielsweise der Name, die Versicherungs-Nr., Telefon-Nr., die Anschrift, das Geburtsdatum, Krankheiten, die Einkommensverhältnisse. Der Begriff der Information und somit des Sozialdatums ist deshalb weit zu fassen.[8] Daher ist eine abschließende Aufzählung der erfassbaren Sozialdaten nicht möglich. So ist auch das Urteil des BSG zur Vorlagepflicht von Kontoauszügen im Rahmen der Gewährung von Leistungen nach dem SGB II zu verstehen, wenn es um den Nachweis der Hilfebedürftigkeit geht.[9] Zu beachten ist insoweit, dass es auch weiterhin kein »**belangloses**« Datum im Sozialbereich gibt; vielmehr geht der Gesetzgeber davon aus, dass alle Angaben über eine betroffene Person schutzwürdig sind, unabhängig davon, ob es sich um besonders sensible Daten wie z.B. medizinische oder elementare Daten oder um Name und Anschrift handelt.[10] Gerade weil der Begriff der Sozialdaten weit auszulegen ist, dürfen sich die Daten nur auf die »mit der eigentlichen Kernaufgabe« beziehen.[11]

25 Nicht alle Informationen, die die Verwaltung erfährt, sind jedoch Sozialdaten. Nur die Informationen, die dazu führen, dass eine Person identifiziert oder identifizierbar wird, stellen Sozialdaten dar. Demzufolge handelt es sich nicht um Sozialdaten im Sinne dieser Vorschrift, wenn die Angaben sich zwar auf eine einzelne Person beziehen, aber nicht zur Identifizierung einer bestimmten Person geeignet sind. Dies könnte beispielsweise auf die Nennung des Geburtsdatums zutreffen, da es nicht nur eine Person gibt, die an dem fraglichen Tag geboren worden ist, so dass der sichere Rückschluss auf eine bestimmte Person und somit eine Identifikation anhand dieses einzelnen Kriteriums nicht möglich sein wird. Für die Bewertung, ob die Identifizierbarkeit einer natürlichen Person besteht, müssen alle Informationen und Mittel berücksichtigt werden, die von dem Verantwortlichen oder

5 Vgl. dazu die Kommentierung von Eichenhofer/v. Koppenfels-Spies/Wenner/*Eichenhofer*, SGB I zu § 35 SGB I.

6 BSG, Urt. v. 28.11.2002 – B 7/1 A 2/00 R, WKRS 2002, 14906.

7 BSG, Urt. v. 10.12.2008 – B 6 KA 37/07 R, WKRS 2008, 31930, vgl. Sächs. LSG v. 16.07.2014 – L 9 KA 12/12, NZS 2014, 956–959.

8 Siehe Rdn. 4.

9 BSG, Urt. v. 19.09.2008 – B 14 AS 45/07 R, WKRS 2008, 31783; LSG BW, Beschl. v. 21.07.2014 – L 1 AS 2713/14 ER-B, WKRS 2014, 24368.

10 LPK/*Stähler*, SGB X, 5. Aufl. 2019, § 67 Rn. 4; *Krahmer/Meißner*, Sozialdatenschutz, 4. Aufl. 2020, § 67 Rn. 6. Hauck/Noftz/*Rombach*, SGB X, Stand X/18, § 67 Rn. 23.

11 Vgl. v. Wulffen/Schütze/*Bieresborn*, Kommentar zum SGB X, 8. Aufl. 2014, § 67 Rn. 3.

einer anderen Person nach allgemeinem Ermessen wahrscheinlich für die Identifikation genutzt werden können.[12]

Der Personenbezug ist daher relativ und ein an den vernünftigerweise nutzbaren Möglichkeiten zu orientierender Begriff, in den das Wissen und die Fähigkeit Dritter zur Ermittlung der Identifikation der natürlichen Person einzubeziehen sind.[13]

Um Sozialdaten handelt es sich auch, wenn die Daten, die im Zusammenhang mit einer **Personengruppe** stehen, sich auf die Einzelperson auswirken. Dies ist immer dann der Fall, wenn die betroffene Person als Mitglied einer nach bestimmten Kriterien zusammengestellten und bewerteten Personengruppe (z.B. Mitglied einer politischen Partei) gekennzeichnet ist und die Informationen auch dazu dienen, das einzelne Gruppenmitglied zu bewerten. In diesem Fall handelt es sich auch um Sozialdaten einer Person. Ein möglicher Fall wäre in einem solchen Zusammenhang das Ergebnis einer Betriebsprüfung hinsichtlich der angemeldeten Beschäftigten. Gleiches gilt insoweit auch im Rahmen der Bekämpfung der Schwarzarbeit. Werden Personengruppendaten erhoben, wie dieses durch die Rentenversicherungsträger geschieht, ist dieses selbst dann unerheblich, wenn die Daten über z.B. den Bestand der Bezieher einer bestimmten Rentenart an das BMAS gemeldet werden. Ein Rückschluss auf eine bestimmte Person ist hier nicht möglich. 26

Im Interesse eines umfangreichen Schutzes des Rechts auf informationelle Selbstbestimmung ist der Begriff Information gemäß den Vorgaben der DSGVO weit auszulegen. Er umfasst alle Informationen, die über die Bezugsperson etwas aussagen, unabhängig davon, ob die Angaben die körperlichen und geistigen Eigenschaften der Person oder ihre sozialen und wirtschaftlichen und sonstigen Beziehungen zur Umwelt betreffen. Aus diesem Grund entfällt auch eine Unterscheidung nach rein privaten und geschäftlichen Daten. Unerheblich ist auch, ob sich die Sozialdaten auf Informationen beziehen, die sich auf Verhältnisse der Vergangenheit, Gegenwart oder Zukunft der Person beziehen und ob sie von banalem oder interessantem Inhalt sind. Zum einen ist die konkrete Unterscheidung in manchen Fällen nicht möglich; zum anderen gibt es keine Vorgaben in den Rechtsnormen, die unterschiedliche Rechtsfolgen nach sich ziehen würden.[14] 27

Zu den Sozialdaten gehören Angaben, die die betroffene Person charakterisieren und beschreiben (z.B. Name, Adresse, auch gegenwärtiger Aufenthaltsort, Staatsangehörigkeit, Konfession, Familienstand, Beschäftigungsverhältnis, Sozialversicherungsnummer, Krankheitsdaten einschließlich der Genomanalyse). In diesem Zusammenhang stellt sich die Frage, ob auch Fotografien, Fingerabdrücke, Röntgenbilder oder Elektrokardiogramme zu den Sozialdaten gehören und somit auch Teil der persönlichen Verhältnisse der betroffenen Person sind. Es handelt sich hier um Hilfsmittel, die durchaus geeignet sind, das Aussehen oder den Gesundheitszustand der betroffenen Person zu beschreiben. Im Zeitalter fortschreitender technischer Möglichkeiten können auch Lichtbilder, Fingerabdrücke, Röntgenbilder etc. gespeichert werden, d.h. auf einem Datenträger zum Zwecke ihrer weiteren Verwendung erfasst, aufgenommen oder aufbewahrt werden. Es spricht demnach nichts dagegen, diese Hilfsmittel den Sozialdaten zuzuordnen und für das Lichtbild ist dies bereits höchstrichterlich entschieden worden[15]. 28

Dieser mögliche Einsatz von technischen Hilfsmitteln wird deutlich u.a. durch die Verwendung der elektronischen Gesundheitskarte. § 291a SGB V gibt vor, welche Voraussetzungen die elektronische Gesundheitskarte erfüllen muss, damit sie den Datenschutzvorschriften entspricht.[16] Das BSG hat 29

---

12 DSGVO-EG 26 Satz 3.

13 *Bieresborn* NZS 2017, 887/890; KassKomm/*Leopold*, SGB X, Stand März 2018, § 67 Rn. 9; *Krahmer/Meißner*, Sozialdatenschutz, 4. Aufl. 2020, § 67 Rn. 6; Übersicht von *Hofmann/Johannes*, ZD, 217, 221.

14 Fichte/Plagemann/*Hornung/Seidel*, Handbuch des Sozialverwaltungsverfahrensrechts, 2. Aufl. 2016, § 6 Rn. 17.

15 B 1 KR 31/17 R.

16 Eichenhofer/Wenner/*Seifert*, Kommentar zum SGB V, 3. Aufl. 2018, § 291a SGB V Rn. 10.

hinsichtlich der elektronischen Gesundheitskarte bereits 2014 festgestellt, dass die elektronische Gesundheitskarte mit europäischem Datenschutzrecht vereinbar ist.[17]

30 Sozialdaten können sich auch aus aus einem Sachverhalt ergeben, der sich auf die betroffene Person bezieht. (z.B. Besitz- und Eigentumsangaben, Vermögensverhältnisse, vertragliche Beziehungen zu Dritten, Dauer des Versicherungsverhältnisses, Art und Höhe von Sozialleistungen …). Ein solcher Sachzusammenhang ergibt sich z.B. aus der Gewährung von Sozialleistungen allgemein. Insofern sei hier auf den Beschluss des Bayerischen LSG hingewiesen, dass die Angabe des Leistungsträgers sowie der Art der Leistung auf einem Überweisungsträger für zulässig hält.[18] Die Angabe des Absenders auf dem Briefumschlag ist nicht als Aussage darüber zu qualifizieren, ob der Empfänger des Briefes gleichwohl auch im Leistungsbezug des Absenders besteht.[19] Sozialdaten sind somit alle Angaben über eine Person, ohne Rücksicht darauf, ob es sich um reale Vorgänge oder Planungsdaten, zeitliche Angaben (Zukunft, Gegenwart, Vergangenheit) sowie um Tatsachen oder wertende Beurteilungen handelt.[20]

31 Unter diesen Daten sind z.B. auch Angaben über die Telefonnummern, benutzte E-Mailadressen, Kontodaten als auch die von der betroffenen Person benutzte IP-Adresse zu subsummieren sein. Das LG Berlin hat dazu entschieden, dass bezüglich der benutzten IP-Adresse der Personenbezug stets im Einzelfall zu prüfen sei[21]. Die gegen die Entscheidung eingelegte Revision wurde seitens des BGH angenommen, dem EuGH zur Entscheidung vorgelegt und der EuGH hat die IP-Adresse als personenbeziehbares Datum eingestuft[22].

32 Problematisch ist, ob auch **Werturteile** von der gesetzlichen Definition erfasst werden; Beispiele für Werturteile können lauten: »nicht sonderlich beliebt«, »schwierig im Umgang«, »guter Kunde«, »treuer Freund«. Werturteile sind Meinungen des Urteilenden, die sich auch auf die persönlichen und sachlichen Verhältnisse einer Person beziehen können. Es stellt sich daher die Frage, ob sich Sozialangaben auf Informationen tatsächlicher Art beschränken oder ob diese Begriffe auch Meinungen umfassen. Geht man vom Schutzzweck der Norm aus, so ist zu berücksichtigen, dass auch in Werturteilen soziale Daten stecken können, die Auskunft über die betroffene Person erteilen können. Vergegenwärtigt man sich zusätzlich, dass der Austausch von Werturteilen über eine betroffene Person geeignet ist, trotz der Subjektivität der Aussage, bei einem Dritten ein bestimmtes Bild über die betroffene Person hervorzurufen, so wird auch das Interesse der betroffenen Person deutlich, diesen Informationsaustausch durch ihre Einwilligung zu steuern. Gerade dieser Informationsaustausch soll aber mit Hilfe des SGB X gesetzlich geregelt werden. Im Interesse eines umfangreichen Schutzes des Rechts auf informationelle Selbstbestimmung gehören daher auch Werturteile zu den Angaben im Sinne der gesetzlichen Definition. Diese Auffassung findet auch eine Stütze im gesetzlichen Wortlaut, der Werturteile gerade nicht vom Datenschutz ausnimmt.[23]

33 In der Literatur wie auch in der Gerichtsbarkeit ist es nicht unumstritten, ob Werturteile zu den zu schützenden Sozialdaten zählen. Dies wird an dem Beispiel des Rechts auf Berichtigung von personenbezogenen Daten deutlich. Das Recht auf Berichtigung gemäß Art. 16 DSGVO bezieht sich auf unrichtige personenbezogene Daten. Die Unrichtigkeit müsste demnach beweisbar und ein Wert-

17 BSG, Urt. v. 18.11.2014 – B 1 KR 35/13 R, WKRS 2014, 33117; vgl. LSG, Urt. Berlin-Brandenburg v. 20.03.2015 – L 1 KR 18/14, WKRS 2015, 14636, (BeckOK SozR/*Scholz*, SGB V, § 291 Rn. 5).

18 Bay. LSG, Beschl. v. 01.07.2011 – L 7 AS 461/11 B ER, Estelmann/*Hölzer*, Kommentar zum SGB II – Grundsicherung für Arbeitssuchende, § 42 SGB II Rn. 14.

19 SG Duisburg, Urt. v. 17.01.2011 – S 31 AS 479/08, WKRS 2011, 16134.

20 Krauskopf/*Baier*/*Waschull*, Soziale Krankenversicherung, Pflegeversicherung, 90. Erg.Lfg. Dez. 2015, § 35 SGB I Rn. 8.

21 LG Berlin, Urt. v. 31.01.2013 – 57 S 87/08, CR 2013, 471- 478.

22 BGH, Beschl. v. 28.10.2014 – VI ZR 135/13, Jurion RS 2014, 27523; EuGH, Urt. v. 19.10.2016, Az. C-582/14.

23 Hierzu skeptisch mit Verweis auf die Rechtsprechung von EuGH und EMRK: Ehmann/Selmayr/*Kamann*/*Braun*, DSGVO 2017, § 16 Rn. 22 zu dem Recht auf Berichtigung.

urteil dahingehend bewertet werden.[24] Wenngleich das Werturteil konkrete Aussagen zu einer einzelnen Person oder Sachlage erteilt, hat die ältere Rechtsprechung dieses Werturteil nicht als Sozialdatum gewertet. Die einzelne betroffene Person hat demnach z.B. kein Recht auf Berichtigung eines Gutachtens. Das gilt selbst dann, wenn es sich nur um eine Verdachtsdiagnose handelt, die sich letztlich als fehlerhaft erweisen könnte.[25]

Unter den Schutzbereich des § 67 Abs. 1 fallen auch die Sozialdaten **Verstorbener**. Problematisch 34
ist hier die Regelung des § 35 Abs. 5 SGB I jedoch in den Fällen, in denen Daten Verstorbener dennoch erhoben werden müssen. Dies ist insbesondere erforderlich, wenn es um die Ansprüche der Hinterbliebenen geht. Hier hilft die Auslegung, dass die Daten des Verstorbenen insoweit Daten der Hinterbliebenen für deren eigene Ansprüche werden. Eine Erhebung der Daten erfolgt daher bei den Hinterbliebenen und nicht bei dem Verstorbenen. Gem. § 67b Abs. 1 ist die Verarbeitung und Nutzung von Sozialdaten unter anderem auch zulässig, wenn die betroffene Person einwilligt. Da nach dem Tod die Einholung einer Einwilligung der betroffenen Person nicht möglich ist, eröffnet § 35 Abs. 5 Satz 2 SGB I die Verarbeitung oder Nutzung der Daten für den Fall, dass schutzwürdige Interessen des Verstorbenen oder seiner Hinterbliebenen nicht beeinträchtigt werden. Hier muss aber ggf. nach dem mutmaßlichen Willen des Verstorbenen geforscht werden. Letztlich kommt es aber die Einhaltung der Formvorschriften bezüglich der Einwilligung nicht zwingend an. Wurde der Verstorbene auf Veranlassung des Krankenhauses obduziert, können die Ergebnisse seitens des Unfallversicherungsträgers auch bei einem Formfehler verwendet werden. Der Fehler über die Nichtbeachtung der Formvorschriften führt nicht zu einem Verwertungsverbot.[26] Die gegen die Entscheidung des BSG erhobene Verfassungsbeschwerde wurde durch das BVerfG nicht zur Entscheidung angenommen.[27]

Fraglich ist auch, ob die Sozialdaten des **ungeborenen Lebens** (Embryo, nasciturus) geschützt sind. 35
Eine dem Verstorbenen vergleichbare gesetzliche Regelung (§ 35 Abs. 5 SGB I) gibt es nicht. Dies muss im Umkehrschluss aber nicht bedeuten, dass die Sozialdaten des ungeborenen Lebens mangels ausdrücklicher Regelung nicht geschützt sind. Vielmehr gebietet der umfassende Schutz der Persönlichkeit eine Einbeziehung sowohl des ungeborenen Lebens als auch des Verstorbenen unter dem Begriff der natürlichen Person. Fraglich ist, welcher Gestalt die Sozialdaten des ungeborenen Lebens sein können. Angesichts der zunehmenden Verfeinerung der medizinischen Untersuchungstechnik ist es möglich, mit den aus dem Fruchtwasser entnommenen Zellen eine Genomanalyse im embryonalen Stadium durchzuführen, wobei die Genomanalyse einen Rückschluss auf die Gene und die Erbinformationen (Krankheitsbilder, Veranlagungen, Eigenschaften, Anfälligkeiten, genetische Konstitution) zulässt. Die mit Hilfe der Genomanalyse ermittelten Informationen sind schützenswerte Sozialdaten. Dies hat auch zu gelten für Informationen, die durch Ultraschall (Sonographie) ermittelt werden.

Diese Analysen werden wegen eines möglichen Eingriffs in das Recht auf informationelle Selbst- 36
bestimmung für unzulässig erachtet, soweit hier Arbeitgeber eine solche Analyse wünschen, um z.B. mögliche Krankheiten auszuschließen, die einem Beschäftigungsverhältnis im Wege stehen. In der Literatur wird zwar auch eine gegenteilige Meinung vertreten, wenn es sich um ausschließlich den Arbeitsvertrag betreffende Daten handelt. Dem ist aber nicht zuzustimmen. Das Recht auf Schutz

24 Ehmann/Selmayr/*Kamann*/*Braun*, DSGVO 2017, § 16 Rn. 19 mit Hinweisen auf die Rechtsprechung von EuGH und EGMR.

25 BGH, Urt. v. 23.02.1999 – VI ZR 140/98, WKRS 1999, 16779; vgl. LSG Berlin, Beschl. v. 12.02.2003 – L 10 AL 87/02.

26 BSG, Urt. v. 15.02.2005 – B 2 U 3/04 R, SozR 4–2700 § 63 Nr. 2 = Hennig/Bernsdorff/*Hauck*, SGG – Sozialgerichtsgesetz – Kommentar mit Nebenrecht, § 106 SGG Rn. 66.

27 BVerfG, Beschl. v. 22.08.2006 – 1 BvR 1637/05, juris-PK-SGB VII, Schlegel/Völzke/*Wagner*, 2. Aufl. 2014, § 199 Rn. 48.

der Persönlichkeit auf Grund der erhobenen Daten ist höher einzustufen als das Recht des Arbeitgebers auf Abschätzbarkeit von z.B. Krankheitsausfällen.[28]

37 Die identifizierte oder identifizierbare natürliche Person, deren Sozialdaten geschützt sind, wird gem. Art. 4 Nr. 1 DSGVO als » **betroffene Person** « bezeichnet. Die betroffene Person muss sich nicht zwingend im Geltungsbereich des SGB X aufhalten. So hat das BSG entschieden, dass *»auch ein Rentenberechtigter mit Wohnsitz im Ausland … Anspruch auf Wahrung seiner Geheimnisse durch Leistungsträger im Geltungsbereich des SGB«* hat.[29]

IV. Der Begriff des Betriebs- und Geschäftsgeheimnisses nach Abs. 1 Satz 2

38 Gem. § 67 Abs. 1 Satz 2 sind Betriebs- und Geschäftsgeheimnisse[30] alle betriebs- oder geschäftsbezogenen Daten, auch von juristischen Personen, die Geheimnischarakter haben. Zunächst galt der Schutz des § 67 nicht für juristische Personen, obwohl sie den Schutz des Art. 19 Abs. 3 GG auch für sich in Anspruch nehmen konnten. Ob dieser Anspruch gegeben war, ist von der Rechtsprechung wiederholt entschieden worden.[31] Erst auf Grund der Rechtsprechung des EuGHs können nunmehr juristische Personen sich auch auf § 67 SGB X stützen, wenn der Name der juristischen Person eine oder mehrere natürliche Personen bestimmt. Gleiches gilt auch für Personengemeinschaften.[32]

39 § 35 Abs. 4 SGB I stellt klar, dass die Betriebs- und Geschäftsgeheimnisse den Sozialdaten gleichstehen und somit auch dem Schutzbereich des sozialen Datenschutzes unterfallen. Betriebs- und Geschäftsgeheimnisse sind solche, die im Zusammenhang mit einem Geschäftsbetrieb stehen und an deren Geheimhaltung der Unternehmer ein wirtschaftliches Interesse hat. § 35 Abs. 4 SGB I stellt aber nicht nur auf natürliche Personen ab, sondern bezieht auch die juristischen Personen mit ein. Voraussetzung ist, dass die vorhandenen Daten dann schützenswert sind, wenn sie tatsächlich Geheimnischarakter haben. Das ist dann nicht der Fall, wenn die Daten offensichtlich sind.[33]

40 Dem Begriff des **Betriebsgeheimnisses** wird die technische Seite des Unternehmens zugeordnet (z.B. Produktions- und Fertigungsmethoden, Herstellungsverfahren, Konstruktionspläne etc.). Demgegenüber betreffen die **Geschäftsgeheimnisse** den kaufmännischen Teil des Unternehmens (z.B. Kalkulationen, Marktstrategien, Kundenlisten etc.). Die im Einzelfall schwierige Unterscheidung zwischen beiden Schutzbereichen (z.B. Ergebnis des Probelaufs einer neuen Produktionsmaschine) erübrigt sich, da das Geschäfts- und Betriebsgeheimnis gleichermaßen geschützt werden. Zu dem geschützten Geschäfts- und Betriebsgeheimnis gehören auch das Know-how des Unternehmens sowie bestimmte Daten des Betriebes z.B. Zahl der Beschäftigten, Lohnsummen, Krankenstand, Beitragsrückstände. Entscheidend ist ein berechtigtes wirtschaftliches Interesse des Unternehmers an der Geheimhaltung, wobei zum einen die objektive Möglichkeit der Geheimhaltung gegeben sein muss.[34] An der objektiven Möglichkeit der Geheimhaltung und somit auch am Geheimnischarakter der Betriebs- und Geschäftsdaten fehlt es, wenn der unternehmensbezogene Sachverhalt allgemein bekannt oder offenkundig ist. Auf den ersten Blick handelt es sich bei der Wahrung des Betriebs- und Geschäftsgeheimnisses insbesondere unter dem Gesichtspunkt der Wettbewerbsfähigkeit um ein wirtschaftliches, nicht aber soziales Interesse. Berücksichtigt man jedoch, dass im Zusammenhang mit einem Arbeitsunfall oder einem anderen Ereignis, Ansprüche gegen die Sozialleistungsträger entstehen können, die die Offenbarung von Betriebs- und Geschäftsgeheimnissen

28 BeckOK Arbeitsrecht, Rolfs/Giesen/Kreikebohm/Udsching/*Joussen*, 39. Edition, 15.03.2016, § 611 BGB Rn. 100.
29 BSG, Urt. v. 25.10.1978 – 1 RJ 32/78, Fichte/Plagemann/*Hornung*/*Seidel*, Handbuch des Sozialverwaltungsverfahrensrechts, 2. Aufl. 2016, § 6 Rn. 19.
30 Vgl. v. Wulffen/Schütze/*Bieresborn*, Kommentar zum SGB X, 8. Aufl. 2014, § 67 SGB X Rn. 4 und 14.
31 V. Wulffen/Schütze/*Bieresborn*, Kommentar zum SGB X, 8. Aufl. 2014, § 67 SGB X Rn. 4.
32 EuGH, Urt. v. 09.11.2010 – C-92/09 und C-93/09, WKRS 2010, 27842.
33 LPK/*Seidel*, 4. Aufl. 2016, § 67 SGB X Rn. 7.
34 Vgl. etwa VG Hamburg, Urt. v. 11.11.2004 – 8 K 1143/04, WKRS 2004, 43191.

mit sich bringen, so wird deutlich, dass die Betriebs- und Geschäftsdaten den gleichen Schutz wie die Sozialdaten benötigen. Deshalb gilt auch hier – obwohl § 67 Abs. 2 dies nicht ausdrücklich erwähnt –, dass eine betriebs- oder geschäftsbezogene Information – um vom Sozialdatenschutz erfasst zu sein – von einem Leistungsträger im Hinblick auf eine Aufgabe nach dem Sozialgesetzbuch verarbeitet werden muss.[35] Dabei ist die Weitergabe von verschlüsselten Arbeitgeberdaten durch die Bundesagentur für Arbeit an zugelassene kommunale Träger zu Vermittlungszwecken nicht ausgeschlossen.[36] So hat auch das LSG Schleswig-Holstein nach alter Rechtslage festgestellt, dass Auskünfte im Rahmen einer abzuschließenden Pflegevergütungsvereinbarung dann nicht zulässig sind, wenn sie Angaben über z.B. die wirtschaftlichen Verhältnisse oder Personalkosten enthalten.[37] Die gegen die Entscheidung eingelegte Nichtzulassungbeschwerde wurde als unzulässig verworfen.[38]

Das Gesetz zum Schutz von Geschäftsgeheimnissen (GeschGehG)[39] schützt Geschäftsgeheimnisse 41
ebenfalls. Allerdings gehen gemäß § 1 Abs. 2 *öffentlich-rechtliche Vorschriften zur Geheimhaltung, Erlangung, Nutzung oder Offenlegung von Geschäftsgeheimnissen () vor* und somit auch § 35 Abs. 4 in Verbindung mit Abs. 1 SGB I. Eine Konkurrenz zwischen den Regelungen besteht daher nicht. Eine Definition des Begriffs *Geschäftsgeheimnis* ist in § 2 GeschGehG aufgeführt und stellt das wirtschaftliche Interesse an der Information in den Vordergrund. Die Definition des Begriffs *Geschäftsgeheimnis* kann hilfsweise ergänzend herangezogen werden. Demzufolge ist ein Geschäftsgeheimnis *eine Information, die weder insgesamt, noch in der genauen Anordnung und Zusammensetzung ihrer Bestandteile den Personen in den Kreisen, die üblicherweise mit dieser Art von Informationen umgehen, allgemein bekannt oder ohne Weiteres zugänglich ist und daher von wirtschaftlichem Wert ist und (...) bei der ein berechtigtes Interesse an der Geheimhaltung besteht.*

V. Der Begriff der Aufgaben nach Abs. 3

Nach Abs. 3 Nr. 1 bis 4 gehören zu den Aufgaben auch solche, die sich aus Verordnungen ergeben, 42
die ihre Ermächtigungsgrundlage im SGB haben (Nr. 1), Aufgaben aufgrund des über- und zwischenstaatlichen Rechts im Bereich der sozialen Sicherheit (Nr. 2), sowie Aufgaben aufgrund von Vorschriften, die das Erste und Zehnte Buch des SGB für entsprechend anwendbar erklären (Nr. 3), Aufgaben aufgrund des Arbeitssicherheitsgesetzes und Aufgaben, soweit sie den in § 35 des Ersten Buches genannten Stellen durch Gesetz zugewiesen sind (Nr. 4).

Im Hinblick auf Abs. 3 Nr. 1 bedurfte es solchen Klarstellungen, weil der Bezug einer Verordnung 43
zum SGB nicht immer ausreichend deutlich wird. So kann der Datenerfassungs- und -übermittlungsverordnung (DEÜV)[40] vom Begriff her nicht der eindeutige Bezug zum SGB entnommen werden, obwohl beide Verordnungen ihre Ermächtigungsgrundlage im SGB (§ 28c SGB IV) haben und demnach vom Aufgabenkatalog her auch dem SGB zuzuordnen sind. Das SGB, welches in verschiedene Bücher unterteilt ist, enthält eine Vielzahl von Verordnungsermächtigungen. Damit delegiert der Gesetzgeber die Rechtsetzungsgewalt auf die Exekutive, wenn es um entscheidungsarme, technische oder kurzfristige Regelungen geht.

Der Begriff der sozialen Sicherheit gem. Abs. 3 Nr. 2 umfasst den gesamten Bereich der Sozialver- 44
sicherung. Ziel der Abkommen der Bundesrepublik Deutschland mit ausländischen Staaten oder der EG-Verordnungen ist es, die soziale Sicherheit auch über die nationalen Grenzen hinaus zu gewähren und die Zusammenarbeit der Leistungsträger der Sozialversicherung zu erleichtern, die ihre Rechtsgrundlagen in unterschiedlichen Rechtssystemen finden. Dies gilt gem. § 67 Abs. 2 Nr. 3

35 *Binne*, Das neue Recht des Sozialdatenschutzes, NZS 1995, 97, 99.
36 SG Fulda, Urt. v. 07.08.2006 – S 9 AS 95/06, WKRS 2006, 30643.
37 LSG Schleswig-Holstein, Urt. v. 26.08.2005 – L 3 P 4/05; *Dalichau*, SGB XI, 1. Aufl. 2014, § 93 SGB XI Rn. 50.
38 BSG, Beschl. v. 18.04.2006 – B 3 P 23/05 B; KassKomm/*Seewald*, § 35 SGB I, Rn. 7a.
39 BGBl. I, S. 466 ff. vom 18.04.2019.
40 Vom 10.02.1998 (BGBl. I, S. 343).

auch für Aufgaben aufgrund von Rechtsvorschriften, die das Erste und Zehnte Buch des Sozialgesetzbuchs für entsprechend anwendbar erklären.

45 Nach Abs. 3 Nr. 4 sind auch Aufgaben aufgrund des Arbeitssicherheitsgesetzes Aufgaben nach diesem Gesetzbuch. Das Arbeitssicherheitsgesetz gewährleistet im Zusammenhang und in Verbindung mit anderen Schutzvorschriften die Arbeitssicherheit und den Arbeitsschutz in den Betrieben und Dienststellen von Wirtschaft und öffentlicher Verwaltung. Die Regelungen des Arbeitssicherheitsgesetzes sind Teil eines Gesamtkonzeptes, das den Schutz von Leben und Gesundheit der in den Betrieben und Dienststellen Beschäftigten und die Erhaltung ihrer Arbeitskraft sowie auch bestimmter elementarer Persönlichkeitsrechte bezweckt. Aus diesem Grund enthält das Arbeitssicherheitsgesetz nur einen Teil der insoweit maßgeblichen Normen. So ist es u.a. zulässig, dass überbetrieblichen arbeitsmedizinischen Diensten die Sozialversicherungsnummer mitgeteilt wird (§ 18f SGB IV). Ein weiteres Feld für die Anwendung des Abs. 2 Nr. 4 ist das AAÜG.[41] Hier sei auf die Entscheidung des BSG zum Versorgungsträger nach dem AAÜG hingewiesen. Das BSG weist in seiner Entscheidung explizit darauf hin, welche Aufgaben diesem Versorgungsträger unter Beachtung von § 67 SGB X zukommen.[42]

VI. Der Begriff des Verantwortlichen nach Abs. 4

46 Nach Abs. 4 Satz 1 ist »jede Person oder Stelle, die Sozialdaten für sich selbst erhebt, verarbeitet oder nutzt oder dies durch andere im Auftrag vornehmen lässt«, ein **Verantwortlicher**. Dies ist grundsätzlich jeder Leistungsträger oder sonstige Normadressat nach § 35 SGB I. Da insbesondere bei großen Leistungsträgern im Sinne von § 12 SGB I an verschiedenen Stellen, z.B. Geschäftsstellen oder Rehabilitationskliniken, mit Sozialdaten gearbeitet wird, stellt sich speziell hier die Frage, ob die einzelne Organisationseinheit oder der Leistungsträger in seiner Gesamtheit für die rechtmäßige Verwendung der Sozialdaten verantwortlich ist. Abs. 4 Satz 2 legt für diesen Fall fest, dass die Verantwortung stets beim Leistungsträger in seiner Gesamtheit liegt, also auch dann, wenn er dezentral aufgebaut ist. Werden die Sozialdaten zwischen verschiedenen Behördenteilen, z.B. der antragaufnehmenden Stelle und der Stelle, die über diesen Antrag zu entscheiden hat, ausgetauscht, ist die Gesamtbehörde Verantwortlicher Der Austausch der zwischen der antragaufnehmen und der entscheidenden Stelle ist jedoch keine Übermittlung iSv Abs. 6 Nr. 3.[43] Die entscheidende Stelle ist kein »Dritter« im Sinne von Art. 4 Nr. 10 DSGVO. Nehmen die Organisationseinheiten einer Gebietskörperschaft jedoch bestimmte Aufgaben nach einem anderen Sozialgesetzbuch wahr, sind sie jeweils Verantwortlicher und Dritte füreinander.[44]

VII. Der Begriff der nicht-öffentlichen Stelle nach Abs. 5

47 Gem. Abs. 5 sind nicht-öffentliche Stellen natürliche und juristische Personen, Gesellschaften und andere Personenvereinigungen des privaten Rechts, soweit sie nicht unter § 81 Abs. 3 fallen.

48 Die Definition in § 2 Abs. 4 BDSG hierzu lautet wie folgt: *Nichtöffentliche Stellen sind natürliche und juristische Personen, Gesellschaften und andere Personenvereinigungen des privaten Rechts, soweit sie nicht unter die Absätze 1 bis 3 (positive Definition des Begriffs »öffentliche Stelle«) fallen. Nimmt eine nichtöffentliche Stelle hoheitliche Aufgaben der öffentlichen Verwaltung wahr, ist sie insoweit öffentliche Stelle im Sinne dieses Gesetzes*[45].

49 Zu den datenverarbeitenden Stellen, die allein dem privatrechtlichen Bereich zuzuordnen sind, gehören alle natürlichen Personen – gleichgültig ob sie als Privatperson auftreten oder eine selbständige Tätigkeit (Einzelfirma, freie Berufe) ausüben – sowie alle privatrechtlich organisierten

41 BGBl. I, S. 1606.

42 BSG, Urt. v. 05.12.1996 – 4 RA 94/95, WKRS 1996, 20407; Hennig/Bernsdorff/*Ulmer* SGG, Sozialgerichtsgesetz, Kommentar mit Nebenrecht, § 54 SGG, Rn. 72.

43 LPK/*Seidel*, SGB X, 4. Aufl. 2016, § 67 SGB X Rn. 20.

44 *Krahmer/Meißner*, Sozialdatenschutz, 4. Aufl. 2020, § 67 Rn. 9.

45 Hierzu auch *Kühling/Buchner*, DSGVO/BDSG, § 3 Rn. 7.

Unternehmungen und Vereinigungen, es sei denn, dass sie ausnahmsweise wegen der Wahrnehmung öffentlicher Aufgaben dem öffentlichen Bereich zugerechnet werden. In diesem Zusammenhang besonders zu beachten sind die Beliehenen, insbesondere der Schornsteinfeger als Organ der Feuerstättenschau bei der Bauabnahme und dem Immissionsschutz, der Technische Überwachungsverein – TÜV – sowie öffentlich bestellte Vermessungsingenieure, die mit der Wahrnehmung einer öffentlichen Aufgabe betraut sind und daher gerade nicht dem Privatrecht zugeordnet werden. Zu den öffentlichen Stellen zählen auch die Arbeitsgemeinschaften der Krankenversicherung gem. § 219 SGB V, der Spitzenverband der Träger der gesetzlichen Unfallversicherung – Deutsche Gesetzliche Unfallversicherung e.V. gem. § 139a SGB VII oder die Datenstelle der Träger der gesetzlichen Rentenversicherung gem. § 145 SGB VI.[46]

Nicht-öffentliche Stellen im Sinne des § 67 Abs. 5 sind z.B. Handwerker, Ärzte, Rechtsanwälte, 50
Kaufleute, Künstler, private Versicherungsgesellschaften, private Krankenhäuser, private Rundfunk- und Fernsehanstalten, Gewerkschaften, Arbeitgeberverbände.

Durch die Formulierung von Abs. 5 wird § 2 Abs. 4 des BDSG in das SGB X übernommen. § 81 51
Abs. 3 definiert zusätzlich, dass die öffentlichen Stellen solche des Bundes sind, wenn sie über Ländergrenzen hinaus zuständig sind; andernfalls als solche des jeweiligen Bundeslandes. Nach § 81 Abs. 3 Satz 2 können auch die öffentlichen Stellen des Bundes solche sein, bei denen sich die Zuständigkeit aus der absoluten Mehrheit der Anteile oder Stimmen des Bundes ergibt.

Zweiter Abschnitt Verarbeitung von Sozialdaten

§ 67a Erhebung von Sozialdaten

(1) [1]Die Erhebung von Sozialdaten durch die in § 35 des Ersten Buches genannten Stellen ist zulässig, wenn ihre Kenntnis zur Erfüllung einer Aufgabe der erhebenden Stelle nach diesem Gesetzbuch erforderlich ist. [2]Dies gilt auch für die Erhebung der besonderen Kategorien personenbezogener Daten im Sinne des Artikels 9 Absatz 1 der Verordnung (EU) 2016/679. [3]§ 22 Absatz 2 des Bundesdatenschutzgesetzes gilt entsprechend.

(2) [1]Sozialdaten sind bei der betroffenen Person zu erheben. [2]Als Erhebung nach Satz 1 gilt auch die Entscheidung der betroffenen Person nach § 67f Absatz 1 Satz 1 Nummer 1 in Verbindung mit Absatz 4 Satz 2 oder ein ausdrückliches Ersuchen im Anwendungsbereich des § 77a. [3]Ohne ihre Mitwirkung dürfen sie nur erhoben werden

1. bei den in § 35 des Ersten Buches oder in § 69 Absatz 2 genannten Stellen, wenn
   a) diese zur Übermittlung der Daten an die erhebende Stelle befugt sind,
   b) die Erhebung bei der betroffenen Person einen unverhältnismäßigen Aufwand erfordern würde und
   c) keine Anhaltspunkte dafür bestehen, dass überwiegende schutzwürdige Interessen der betroffenen Person beeinträchtigt werden,

2. bei anderen Personen oder Stellen, wenn
   a) eine Rechtsvorschrift die Erhebung bei ihnen zulässt oder die Übermittlung an die erhebende Stelle ausdrücklich vorschreibt oder
      aa) die Aufgaben nach diesem Gesetzbuch ihrer Art nach eine Erhebung bei anderen Personen oder Stellen erforderlich machen oder
      bb) die Erhebung bei der betroffenen Person einen unverhältnismäßigen Aufwand erfordern würde
   b) und keine Anhaltspunkte dafür bestehen, dass überwiegende schutzwürdige Interessen der betroffenen Person beeinträchtigt werden.

46 JurisPK-SGB X, Schlegel/Völzke/*Fromm*, 1. Aufl. 2013, § 67 SGB X Rn. 101.

Übersicht

A. Inhalt

1 Die Norm regelt die Zulässigkeit sowie die Art und Weise der Erhebung von Sozialdaten. Zu beachten ist insoweit jedoch, dass es in anderen Büchern des Sozialgesetzbuches bereits Normen zur Datenerhebung gibt (z.B. §§ 284 ff. SGB V; § 148 SGB VI), die § 67a als lex specialis vorgehen, denn gemäß § 37 Satz 1 SGB I gelten das Erste und das Zehnte Buch für alle Sozialleistungsbereiche dieses Gesetzbuchs nur, soweit sich aus den übrigen Büchern keine abweichende Regelung ergibt. Insbesondere zur Erfüllung ihrer Aufgaben nach den Sozialgesetzbüchern sind die Sozialleistungsträger auf die Erhebung von Sozialdaten angewiesen. Gerade im Bereich des Sozialrechts ist auch die Kenntnis besonders sensibler Sozialdaten erforderlich. Aus diesem Grund geht der Absatz 2 Satz 1 der Norm von dem Grundsatz aus, dass die Sozialdaten bei der betroffenen Person selbst zu erheben sind und hat diesen Grundsatz auch nach Anpassung an die DSGVO beibehalten. Die Direkterhebung wird als der geringere Eingriff angesehen und ist vorrangig durchzuführen. Ausnahmen von diesem Grundsatz sind nur unter den engen Voraussetzungen des Abs. 2 Satz 2 zulässig. Es handelt sich damit um eine Abstufung im Sinne des Verhältnismäßigkeitsprinzips[1] das sich aus dem Prinzip der Datenminimierung gemäß Art. 5 Abs. 1 lit. c DSGVO ableitet[2]. Die früher in den Abs. 3 und 5 geregelte Pflicht zur Unterrichtung der betroffenen Person bei Direkt- und Dritterhebung von Sozialdaten über den Zweck und die Identität des Verantwortlichen ist seit dem 25.05.2018 in den Art. 13, 14 DSGVO und in diesem Gesetzbuch lediglich in den §§ 82 und 82a ergänzend geregelt.

2 Unberührt von dieser Regelung bleiben auch für die Sozialleistungsträger die Rechtsgrundlagen gemäß Art. 6 Abs. 1 lit. b (Vertragserfüllung) und lit. d (zum Schutz lebenswichtiger Interessen der betroffenen Person oder einer anderen natürlichen Person). Art. 6 Abs. 1 lit. f (Wahrnehmung berechtigter Interessen) kommt für Sozialleistungsträger nur in Bezug auf Aufgaben in Betracht, die außerhalb ihrer gesetzlichen Aufgabenerfüllungen liegen. Bei Sozialleistungsträgern als Behörden oder öffentlichen Stellen stehen diese Verarbeitungsgrundlagen allerdings nach dem Grundsatz der Gesetzmäßigkeit der Verwaltung unter dem Vorbehalt der Erforderlichkeit für die Erfüllung von gesetzlichen Aufgaben[3].

B. Entstehungsgeschichte

3 Die Norm ist durch das Gesetz vom 13.06.1994 (BGBl. I, S. 1229) geschaffen worden. Die Regelung zur Datenerhebung bei der betroffenen Person wurde durch das Gesetz vom 18.05.2001 (BGBl. I, S. 904) an die EU-Datenschutzrichtlinie 95/46/EG angepasst. Insbesondere mit den damals neu eingefügten Sätzen 2 bis 4 von Abs. 1, die Art. 8 Abs. 2 i.V.m. Abs. 3 und 4 der Richtlinie umsetzten (Verarbeitung besonderer Kategorien personenbezogener Daten), sollte ein für die betroffene Person verständlicher und transparenter Verfahrensablauf sichergestellt werden. Mit BVG-Änderungsgesetz vom 17.07.2017 (BGBl. I, S. 2541), das zum 25.05.2018 in Kraft trat (Art. 99

1 BT-Drucks. 19/12611, S. 102.

2 Gola/*Heberlein*, DSGVO-Kommentar, 2017, Art. 5 Rn. 22.

3 BT-Drucks. 19/12611, S. 102 mit Verweis auf § 30 SGB IV.

Abs. 2 DSGVO und Art. 24 BVG) erfolgte die Anpassung an die Verordnung (EU) 2016/679 (Datenschutzgrundverordnung = DSGVO).

C. Erläuterungen

I. Relevante Normen der DSGVO und des BDSG

4 § 67a basiert auf der Öffnungsklausel des Art. 6 Abs. 1 lit. c und e in Verbindung mit Abs. 2 und Abs. 3 Satz 1 lit. b, Satz 2 und Art. 9 Abs. 2 DSGVO[4]. Der Begriff der Erhebung wird in Art. 4 Nr. 2 DSGVO unter den Oberbegriff »Verarbeitung« gefasst. Er bedeutet das Beschaffen von Daten über die betroffene Person. Das Erheben der Daten ist eine eigene Phase, die selbständig neben den Phasen der Nutzung und Speicherung steht. Im BDSG gibt es keine vergleichbare Norm.

II. Die Zulässigkeit der Datenerhebung nach Abs. 1

5 § 67a Abs. 1 beschäftigt sich mit der Zulässigkeit der Datenerhebung. Nach Abs. 1 Satz 1 sind die in § 35 SGB I genannten Sozialleistungsträger und übrigen Normadressaten zur Erhebung von Sozialdaten berechtigt, soweit die Kenntnis der Sozialdaten zur Erfüllung einer Aufgabe der erhebenden Stelle nach dem Sozialgesetzbuch erforderlich[5] ist (Erforderlichkeitsgrundsatz). Sie ist damit die Grundnorm für die Erhebung von Sozialdaten aufgrund der besonderen Teile der Sozialgesetzbücher und verweist auf die dort aufgeführten Aufgaben. Eine Einwilligung der betroffenen Person ist bei gesetzlicher Regelung der Datenerhebung nicht erforderlich. Die Einfügung des neuen Satz 2 stellt eine redaktionelle Anpassung an den mit dem OZGÄndG[6] eingefügten § 67f dar (s. dort).

6 Die Datenschutzvorschriften in den besonderen Teilen der Sozialgesetzbücher sind u.a. die Folgenden: für die Grundsicherung für Arbeitssuchende sind dieses §§ 50 bis 52a SGB II, für die Arbeitsförderung §§ 394 bis 397 SGB III, für die Verwendung der Versicherungsnummer die §§ 18f, 18 g SGB IV, für die Krankenversicherung die §§ 284 bis 305b SGB V, für die Rentenversicherung die §§ 147 bis 152 SGB VI, für die Unfallversicherung die §§ 199 bis 208 SGB VII, für die Kinder- und Jugendhilfe die §§ 61 bis 68 SGB VIII, für die Pflegeversicherung die §§ 93 bis 108 SGB XI und für die Sozialhilfe die §§ 117 bis 129 SGB XII. Die Regelungen über den Schutz der Sozialdaten gelten für alle Bereich gleichermaßen, es sei denn, es gibt hierzu abweichende spezialgesetzliche Kollisionsregeln.[7]

7 Da die einzelnen Verarbeitungsvorgänge in der DSGVO unter den Begriff Verarbeitung zusammengefasst werden, ist dort keine Definition des Begriffs Erhebung mehr aufgeführt. Erhebung ist das Beschaffen von Daten über die betroffene Person. Es ist das zielgerichtete Beschaffen der Sozialdaten und kann mittels Befragung, Beobachtung, Aufnahme, Untersuchung etc. erfolge, wobei es auch genügen kann, dass die Daten einem bekannten Sachverhalt entnommen werden. Ob die Daten bei der betroffenen Person oder Dritten erhoben werden, ist für den Begriff des Erhebens unerheblich. Der Sozialleistungsträger hat allerdings den Direkterhebungsgrundsatz zu beachten und die Sozialdaten, soweit möglich, bei der betroffenen Person zu erheben.

8 In der Regel werden Daten durch Befragung erhoben, z.B. bei der Stellung eines Rentenantrages. Bei der Erhebung der Daten muss der Fragende aber den Befragten darauf hinweisen, dass er die erhobenen Daten erfassen will.

9 Auch durch einen Hausbesuch im Rahmen der Gewährung von Leistungen nach dem SGB II können Sozialdaten erhoben werden. Sollen z.B. im Rahmen der Amtsermittlungspflichten (§ 20 SGB X) die persönlichen Verhältnisse des Leistungsberechtigten durch Inaugenscheinnahme (§ 21 SGB X)

---

4 BT-Drucks. 19/12611, S. 101/102.

5 BT-Drucks. 18/12611, S. 102.

6 OZG-Änderungsgesetz (OZGÄndG), Art. 8d v. 19.07.2024 (BGBl. I Nr. 245 v. 23.07.2024).

7 BSG, Urt. v. 02.11.2010 – B 1 KR 12/10 R, WKRS 2010, 34787.

geklärt werden, ist dieses dann eine Datenerhebung, wenn über den Hausbesuch ein Aktenvermerk erstellt und in diesem die Sozialdaten festgehalten werden. Die Erhebung von Sozialdaten bedarf eines aktiven Handelns des Sozialleistungsträgers, wodurch er Kenntnis oder die Verfügungsmacht über die Sozialdaten bekommt.[8] Werden Daten hinsichtlich des Wohnverhältnisses erhoben, fällt dieses unter den Tatbestand der Datenerhebung. Ist der Personenbezug der Daten und somit auch die Bestimmbarkeit des Erhobenen nicht möglich, ist der Tatbestand der Datenerhebung nicht erfüllt. Erfolgt die Datenerhebung als Konsequenz aus der Auswertung bereits vorhandener Daten in verschiedenen Quellen, liegt ebenfalls keine Datenerhebung vor.[9]

1. Erforderlichkeit

10 Entscheidendes Kriterium der Erforderlichkeit der Datenerhebung ist, dass die Aufgabe für den Sozialleistungsträger ohne Kenntnis der zu erhebenden Sozialdaten nicht erfüllbar oder zumindest nicht vollständig, nicht zeitgerecht oder nicht rechtmäßig erfüllbar ist.[10] Diese Formel ist auch ausreichend flexibel, um auch den Besonderheiten der Sozialversicherung Rechnung zu tragen. Weil die Erhebung der Daten einem bestimmten Zweck unterliegt, limitiert dieser gleichzeitig auch den Umfang der zulässigen Datenerhebung.[11] So ist es nach Auffassung des Bundesbeauftragten für Datenschutz und Informationsfreiheit (BfDI) für die Erfüllung der Aufgaben der Jobcenter nicht erforderlich, dass das Jobcenter Konten Dritter, über die der Leistungsberechtigte lediglich verfügungsberechtigt ist, z.B. von nahen Angehörigen oder eines Vereins, regelhaft anzufordern. Nur in Ausnahmefällen, wenn der konkrete Verdacht eines Leistungsmissbrauchs besteht, kann die Vorlage erforderlich sein. Ansonsten verstößt diese gegen den Verhältnismäßigkeitsgrundsatz[12].

11 Die Erforderlichkeit[13] muss im Weiteren aktuell vorliegen. Aus diesem Grund reicht die Erhebung **auf Vorrat** (Vorratsdatenspeicherung) – die Erhebung von Sozialdaten für noch nicht relevante Zwecke – für die Erforderlichkeitsprüfung nicht aus. Die Erforderlichkeit der Erhebung setzt einen ganz bestimmten Anlass voraus, z.B. die erbrachten Leistungen korrekt abzurechnen zu können. Hier handelt es sich um die Erfüllung einer gegenwärtigen Aufgabe. Ein sich erst in der Zukunft ergebender Anlass genügt nicht.[14]

12 Von der Erhebung auf Vorrat zu unterscheiden, ist die Erhebung für Aufgaben, die in die **Zukunft** gerichtet sind oder die sich in naher Zukunft eindeutig stellen, z.B. die augenblickliche Feststellung des Arbeitsentgelts zur späteren Rentenberechnung für Leistungen in der Zukunft. Ob die in der Zukunft benötigten Daten erhoben werden sollen, entscheidet die erhebende Stelle.[15] Solche Datenerhebungen für die Zukunft sind in der Regel dann erforderlich, wenn Leistungen in Zukunft erbracht werden sollen, die z.B. von der Vollständigkeit eines Versicherungskontos abhängig sind, damit die Leistung korrekt berechnet werden kann. Hier sei beispielhaft die Anerkennung einer Berufsausbildung angeführt, die im Rahmen einer Rentenberechnung Auswirkungen auf die Rentenhöhe hat. Diese Feststellung (Vorliegen einer Berufsausbildung) kann der Rentenversicherungsträger nur mit Hilfe des Betroffenen tätigen.

13 Problematisch war im Hinblick auf die Zukunft insoweit auch die Einführung des ELENA-Verfahrens (Elektronisches Entgeltnachweisverfahren). Dabei sollten nicht nur die Arbeitsentgelte,

---

8 Für personenbezogene Daten allgemein: Simitis/Hornung/*Spiecker*, Datenschutzrecht 2019, Art. 4 Rn. 15.

9 KomGRV, 53 Erg.Lfg. 07/2006, § 67 SGB X Rn. 5.

10 BSG, Urt. v. 28.11.2002 – B 7/1 A 2/00 R, WKRS 2002, 14906.

11 Ergibt sich auch aus Art. 5 Abs. 1 lit. c sowie Art. 6 Abs. 3 Satz 2 DSGVO, da die Erhebung für die Erfüllung einer Aufgabe erforderlich sein muss.

12 25. BfDI-Tätigkeitsbericht 2013–2014, S. 165, Punkt 9.1.1.

13 Gemäß Art. 6 Abs. 1 lit. c DSGVO; siehe auch Ehmann/Selmayr/*Heberlein*, DSGVO-Kommentar, 2017, Art. 6 Rn. 16 mit weiteren Nachweisen auf die EuGH-Rechtsprechung.

14 Krahmer/*Strothmann*, Sozialdatenschutz, 4. Aufl. 2020, § 67a Rn. 10. BVerfG, Urt. v. 02.03.2010 – 1 BvR 256/08, WKRS 2010, 11428.

15 Pickel/*Marschner*, 198. Akt. 06/2016, § 67a SGB X Rn. 6.

sondern auch z.B. Entgeltersatzleistungen gemeldet werden. Das Verfahren scheiterte letztlich an der mangelnden Verbreitung der elektronischen Signatur. Somit war es konsequent, dieses Massenerfassungsverfahren aufzugeben und die bis zum 02.11.2011 erfassten Daten wieder zu löschen.[16]

Wurden Sozialdaten unzulässig erhoben, wird zu prüfen sein, ob ihre Kenntnis für die Erledigung der Aufgabe überhaupt notwendig gewesen ist. Aus der nach Abs. 1 unzulässigen Erhebung wird aber nicht zwingend eine Rechtswidrigkeit. Diese ist erst dann zu bejahen, wenn die Erhebung ein subjektives Recht der betroffenen Person verletzt. Diese Rechtsverletzung könnte u.U. einen Schadensersatzanspruch nach § 82 Abs. 1 DSGVO auslösen, wenn durch diese Rechtsverletzung ein Schaden eingetreten ist oder Persönlichkeitsrechte verletzt wurden.[17] Die Haftung des Verantwortlichen oder Auftragsverarbeiters erstreckt sich auch auf immaterielle Schäden der betroffenen Person. 14

2. Besondere Kategorien personenbezogener Daten

Nach Abs. 1 Satz 2 gilt dies weiterhin auch für die besonderen Kategorien personenbezogener Daten, die nunmehr in Art. 9 Abs. 1 DSGVO definiert sind. Entgegen der Regelung bis 24.05.2018 in Abs. 1 Satz 3 ist mit Geltung der DSGVO zum 25.05.2018 und der entsprechenden Gesetzesanpassung die Erforderlichkeit einer ausdrücklichen Einwilligung der betroffenen Person in die Erhebung von Angaben über die rassische Herkunft entfallen. Grund dafür ist, dass in Art. 9 Abs. 1 DSGVO die verschiedenen personenbezogenen Daten besonderer Kategorien nicht unterschieden werden und als Verarbeitungsgrundlage für alle diese Daten eine gesetzliche Regelung auf Ebene der Mitgliedsstaaten ausreichend ist. Grundlage hierfür ist die Öffnungsklausel in Art. 9 Absatz 2 Buchstabe b und h DSGVO. Einwilligungen als Rechtsgrundlage für die Verarbeitung besonderer Kategorien von personenbezogenen Daten sind ebenfalls nicht mehr gesondert in dieser Norm geregelt, sondern bereits in Art. 9 Abs. 2 Buchstabe a DSGVO. 15

Die Erhebung von personenbezogenen Daten zur ethnischen Herkunft und zu religiösen oder weltanschaulichen Überzeugungen kann erforderlich sein, wenn die Leistungsvoraussetzungen für Sozialleistungen daran anknüpfen, *so z.B. bei der Anerkennung von Ersatzzeiten in der gesetzlichen Rentenversicherung (§ 250 Abs. 1 Nummer 4 SGB VI, ggf. § 245 Abs. 2 Nummer 6 SGB VI), Ansprüche nach dem Gesetz über die Wiedergutmachung nationalsozialistischen Unrechts in der Sozialversicherung unter Anknüpfung an den Verfolgtenbegriff des Bundesentschädigungsgesetzes, unter Anwendung des Fremdengesetzes, bei der Bearbeitung von Ansprüchen nach dem Beruflichen Rehabilitierungsgesetz, bei der Aufgabenerfüllung nach dem SGB III (z.B. Arbeitsvermittlung in Tendenzbetriebe) und zur Bewilligung von medizinischen Leistungen sind im Einzelfall Angaben über das Sexualleben im notwendigen Umfang zu erheben*[18]. 16

3. Anwendung des § 22 Abs. 2 BDSG

Nach Abs. 1 Satz 3 ist § 22 Abs. 2 BDSG entsprechend anzuwenden. Mit § 22 Abs. 2 BDSG wird die Anforderung des Art. 9 Abs. 2 Buchstabe b, g und i DSGVO umgesetzt, *geeignete Garantien für die Grundrechte und die Interessen der betroffenen Person* bzw. *angemessene und spezifische Maßnahmen zur Wahrung der Grundrechte und Interessen der betroffenen Person* bei der Verarbeitung von personenbezogenen Daten besonderer Kategorien vorzusehen. Die Anforderungen in § 22 Abs. 2 Satz 2 BDSG sind Mindestanforderungen und stellen keine abschließende Aufzählung dar[19]. Hierzu gehört die Einrichtung technischer und organisatorischer Maßnahmen, Sensibilisierungen der an Ver- 17

16 JurisPR-SozR/*Schlegel* in jurisPR-SozR 1/2012, An. 1; vgl. BeckOK-SozR/*Mette*, § 119 SGB IV Rn. 1, 40. Edition, 01.12.2015, § 119 SGB IV Rn. 1, KassKomm/*Seewald*, § 119 SGB IV Rn. 16, Stand: 88. Lfg. 12/2015.

17 Pickel/*Marschner*, 198. Akt. 06/2016, § 67a SGB X, Rn. 7–8.

18 BT-Drucks. 18/12611, S. 102.

19 Gola/Heckmann/*Heckmann/Scheurer*, BDSG-Kommentar 2019, § 22 Rn 50 mit Verweis auf Kühling/Buchner/*Weichert*, BDSG-Kommentar, § 22 Rn. 29 u.a.

arbeitungsvorgängen Beteiligten, die Benennung eines Datenschutzbeauftragten, Pseudonymisierungen, Zugangsbeschränkungen etc.

4. Einwilligung

18 Einwilligungen als rechtliche Grundlage für die Erhebung von personenbezogenen Daten sind grundsätzlich in der DSGVO geregelt. Die Erhebung von personenbezogenen Daten ist daher auch aufgrund einer Einwilligung der betroffenen Person möglich. Die einschlägige Norm hierfür ist allgemein Art. 6 Abs. 1 Buchstabe a DSGVO und bei personenbezogenen Daten besonderer Kategorien Art. 9 Abs. 2 Buchstabe a DSGVO[20]. § 67b Abs. 2 führt hierzu nur ergänzende Regelungen auf[21].

III. Die Datenerhebung bei Mitwirkung der betroffenen Person nach Abs. 2 Satz 1

19 Nach Abs. 2 Satz 1 sind die Sozialdaten bei der betroffenen Person zu erheben.[22] Dieser **Grundsatz** soll es ermöglichen, dass die betroffene Person überblicken kann, wer was wann bei welcher Gelegenheit von ihm erfährt. Dies entspricht einer der Hauptforderungen des Volkszählungsurteils zum informationellen Selbstbestimmungsrecht.[23] Für den Sozialleistungsbereich hat der Grundsatz der Datenerhebung bei der betroffenen Person eine besondere, auch fachliche Sichtweise, die darin zu sehen ist, dass die betroffene Person als Antragssteller oder Empfänger von Sozialleistungen in ihrer Entscheidung, einen Antrag zu stellen, frei ist. Dies ist jedoch nur eine formale Betrachtung, die dem Gedanken, dass die betroffene Person als Empfänger von Sozialleistungen zum einen möglicherweise existentiell von der Gewährung der Leistung abhängig ist und zum anderen als Berechtigter möglicherweise auch einen Anspruch hat, weil er als Mitglied z.B. der Krankenkasse regelmäßig seine Beiträge entrichtet hat, keine Beachtung schenkt.[24] Die Tatsache, dass die betroffene Person auf die Leistung verzichten kann, indem sie keinen Antrag stellt, rechtfertigt daher nicht, sie anderenfalls unbeschränkt zur Auskunft über ihre Sozialdaten zu verpflichten. Dieser Hintergrund ist bei der Anwendung des Erhebungsgrundsatzes zu beachten. In diesem Zusammenhang ist z.B. auf die Verpflichtung zur Beantragung auf Leistungen zur Teilhabe gem. § 51 SGB V hinzuweisen. Danach ist der Versicherte verpflichtet, innerhalb einer ihm gesetzten Frist den Antrag auf Leistungen zur Teilhabe zu stellen. Die Krankenkasse, welche die Aufforderung zur Stellung des Antrages erklärt hat, wird durch den Rentenversicherungsträger, wenn dieser sich für zuständig hält, über die Stellung des Antrages informiert. Verzichtet der Versicherte dann auf die Durchführung der Maßnahme, unterrichtet der Rentenversicherungsträger die Krankenkasse entsprechend. Gleichzeitig mit der Aufforderung zur Antragstellung verpflichtet die Krankenkasse den Versicherten, ihr die Antragstellung nachzuweisen. Kommt er dieser Aufforderung nicht nach oder verzichtet er auf die Maßnahme, resultiert daraus zwar die Nichtauszahlung von Krankengeld;[25] eine weitere Verpflichtung zu Offenlegung weiterer Sozialdaten besteht seitens des Versicherten dadurch aber nicht.

20 Die Daten sind unmittelbar bei der betroffenen Person **schriftlich** oder **mündlich** zu erfragen oder mit **Einwilligung** der betroffenen Person auch mit der **Hilfe eines Dritten** zu ermitteln. Neben der mündlichen und schriftlichen Befragung können zum Zwecke der Datenerhebung auch Untersuchungen, Messungen, Aufnahmen, Tests, Beobachtungen etc. durchgeführt werden. Weiterhin ist es zulässig, die Vorlage benötigter Unterlagen zu verlangen, um die notwendigen Daten erheben zu können (§ 60 Abs. 1 Satz 1 Nr. 3 SGB I). So kann z.B. die Vorlage von Kontoauszügen im Rahmen des Nachweises der Bedürftigkeitsprüfung bei einem Antrag auf Leistungen nach dem SGB II

20 Siehe Rdn. 14.
21 Zum Meinungsstreit siehe § 67b Rdn. 6 ff.
22 BSG, Urt. v. 20.04.2015 – B 4 AS 39/14 R, WKRS 2015, 21561.
23 Vgl. BVerfGE 65, 1, 43 ff.
24 So auch Pickel/*Marschner*, SGB X 198. Akt., 06/2016, § 67a SGB X Rn. 10.
25 BSG, Urt. v. 16.12.2014 – B 1 KR 32/13 R, WKRS 2014, 31496; Eichenhofer/Wenner/*Ulmer*, Kommentar zum SGB V, 2. Aufl. 2016, § 192 SGB V Rn. 11.

verlangt werden.[26] Der Zweck der Datenerhebung durch Mitwirkung nach Abs. 2 wird nicht überschritten, wenn die Daten im Rahmen eines Hausbesuchs erhoben werden.

Eine Informationspflicht gegenüber der betroffene Person, wenn Sozialdaten bei ihr erhoben wer- 21
den, stets auf den Zweck und die Zweckänderungen der Erhebung, Verarbeitung oder Nutzung hinzuweisen, die zum Zeitpunkt der Erhebung abzusehen sind, ergibt sich nunmehr direkt aus Art. 13 DSGVO, ggf. unter Berücksichtigung der Regelungen in § 82. Dabei ist sie auch über die Identität des Verantwortlichen (Art. 4 Nr. 7 DSGVO) aufzuklären. Diese Informationspflicht tritt zum Zeitpunkt der Erhebung der Daten ein.

IV. Die Datenerhebung ohne Mitwirkung der betroffenen Person nach Abs. 2 Satz 2

Bei Vorliegen der in Abs. 2 Satz 2 Nr. 1 und 2 normierten Voraussetzungen dürfen die Sozialdaten 22
ohne Mitwirkung des Betroffenen erhoben werden.

Die erste Ausnahme des Abs. 2 Satz 2 Nr. 1 betrifft die Datenerhebung bei den in § 35 des Ersten 23
Buches Sozialgesetzbuch oder in § 69 Abs. 2 SGB X genannten Stellen, die zur Übermittlung an die erhebende Stelle befugt sein müssen. Dies setzt **kumulativ** einen unverhältnismäßigen Aufwand der Datenerhebung bei der betroffenen Person sowie fehlende Anhaltspunkte für die Beeinträchtigung schutzwürdiger Interessen bei der betroffenen Person sowie die Befugnis zur Datenübermittlung an die erhebende Stelle voraus.

Ob die Datenerhebung bei diesen Stellen möglich ist, hängt zunächst davon ab, ob diese zur Über- 24
mittlung an die erhebende Stelle befugt sind. Dies ergibt sich im Einzelnen aus den Übermittlungsgrundsätzen, die in den §§ 67d bis 77 SGB X enthalten sind sowie aus spezialgesetzlichen Regelungen der Sozialgesetzbücher wie zum Beispiel § 28a SGB IV, 9 Abs. 9 SGB und 200 Abs. 1 SGB VII, § 98 SGB X, §§ 117 und 118 Abs. 4 SGB XII oder zur Kontrolle auf Missbrauch wie in § 118 SGB XII. Als Übermittlungsvorschriften gelten auch die Rechtsvorschriften, die dem Sozialrecht zuzuordnen sind, obwohl sie noch nicht in das SGB eingeordnet sind, z.B. das BAFöG.

Problematisch ist die weitere Voraussetzung, **die unverhältnismäßigen Aufwand der Datenerhebung** 25
bei der betroffenen Person verlangt. Ob der Aufwand der Datenerhebung bei der betroffenen Person unverhältnismäßig ist, entscheidet letztlich der zuständige Sachbearbeiter der erhebenden Stelle. Ein unverhältnismäßiger Aufwand kann angenommen werden, wenn im Massenverwaltungsgeschäft Sozialdaten mit niedrigem Sensibilitätsgrad bei einer Vielzahl von betroffenen Personen in gleich gelagerten Fällen erfragt werden müssen oder die betroffen Person die erforderlichen Unterlagen einem Antrag bereits beigefügt hat bzw. die Daten zu einem Stichtag vorliegen müssen.[27] Der aufgezeigte Interessenkonflikt ist im Rahmen der Abwägung zu beachten und kann mit der Empfehlung für die Praxis verbunden werden, dieses Kriterium auch im Interesse der betroffenen Person nicht ausschließlich restriktiv auszulegen. Andererseits ist die Erhebung bei der betroffenen Person nicht bereits dann mit unverhältnismäßigem Aufwand verbunden, wenn die betroffene Person auf entsprechende Fragen in einem Antragsformular nicht reagiert oder wenn die gewünschte Information ohne weiteres auch bei einem anderen Leistungsträger verfügbar ist, denn dann läge der Vorwurf nahe, dass die extensive Auslegung dieses Kriteriums dazu dienen soll, das in § 67a zum Ausdruck kommende Regel Ausnahmeverhältnis zu umgehen. Der Hinweis der betroffenen Person auf § 20 SGB X geht dann ins Leere, wenn der Aufwand unverhältnismäßig wäre.

Weitere Voraussetzung für die Erhebung ohne Mitwirkung der betroffenen Person ist nach Abs. 2 26
Satz 2 Nr. 1c, dass **keine Anhaltspunkte dafür bestehen, dass überwiegende schutzwürdige Interessen der betroffenen Person beeinträchtigt werden.** Seitens der erhebenden Stelle ist eine Abwägung

26 BSG, Urt. v. 19.09.2008 – B 14 AS 45/07 R, WKRS 2008, 31783; die gegen die Entscheidung erhobene Verfassungsbeschwerde wurde nicht zur Entscheidung angenommen, BVerfG v. 04.11.2009 – 1 BvR 3065/08.

27 Krahmer/*Strothmann*, Sozialdatenschutz, 4. Aufl. 2020, § 67a Rn. 20.

zwischen dem Interesse an der Erhebung ohne Mitwirkung der betroffenen Person und deren möglichen entgegenstehenden Interessen vorzunehmen. Um **schutzwürdige Interessen** der betroffenen Person handelt es sich zum einen, wenn Gegenstand der Erhebung besondere Kategorien personenbezogener Daten sind (z.B. Krankendaten, Vorstrafen) und zum anderen, wenn die Erhebung die Gefahr von Nachteilen für die betroffene Person in sich birgt. Solche Nachteile können sich im persönlichen Lebensumfeld – z.B. in einer Rufschädigung – wiederfinden oder in einer beruflichen Beeinträchtigung zu sehen sein. Es muss sich um **überwiegende** schutzwürdige Interessen handeln, entsprechend dem Grundsatz der Verhältnismäßigkeit.[28] Dies bedeutet, dass die Erhebung ohne Mitwirkung der betroffenen Person als »notwendige Maßnahme« nicht außer Verhältnis zu den schutzwürdigen Interessen der betroffenen Person stehen darf.

27 Abs. 2 Satz 2 Nr. 2 normiert weitere Ausnahmen, die die Erhebung ohne Mitwirkung der betroffenen Person vorsehen. Dem Gesetzeswortlaut entsprechend setzt Nr. 2 Buchstabe a) voraus, dass die ermächtigende Rechtsvorschrift zum einen die erhebende Stelle als auch die Stelle, bei der die Daten erhoben werden, nennen muss und zum anderen, dass die Norm den Erhebungs- oder Übermittlungsgrund mitteilt. Hier sei z.B. auf die notwendige Erhebung von Gesundheitsdaten durch den Sozialhilfeträger verwiesen, wenn es sich um einen Fall der medizinischen Nothilfe handelt. Die Notwendigkeit ist auch dann zu bejahen, wenn der Erkrankte sei Einverständnis nicht erteilen kann. Das wegen dieser Nothilfe in Anspruch genommene Krankenhaus muss dem Träger der Sozialhilfe die notwendigen Daten mitteilen, damit dieses entsprechend zutreffend abrechnen kann.[29]

28 Die Datenerhebung bei anderen Personen oder Stellen ist gem. Abs. 2 Satz 2 Nr. 2 Buchstabe b) zudem noch möglich, wenn gemäß aa) die Aufgaben ihrer Art nach eine Erhebung bei anderen Personen oder Stellen erforderlich machen oder gemäß bb) die Erhebung bei der betroffenen Person einen unverhältnismäßigen Aufwand erfordern würden. In beiden Fällen dürfen keine Anhaltspunkte dafür bestehen, dass überwiegende schutzwürdige Interessen der betroffenen Person beeinträchtigt werden. Die Datenerhebung nach Abs. 2 Satz 2 Nr. 2 Buchstabe b, Doppelbuchstabe aa dient in erster Linie der Vermeidung zu Unrecht bezogener Leistungen nach den SGB II oder SGB III sowie SGB XII.[30] Ob sich ein unverhältnismäßiger Aufwand i.S.v. Abs. 2 Satz 2 Nr. 2 Buchstabe b, Doppelbuchstabe bb ergeben könnte, ist im Wesentlichen auf das Verhältnis zwischen dem Zeit- und Kostenaufwand und der Art der zu erhebenden Daten abzustellen.

29 Fraglich ist, wann die Aufgaben ihrer Art nach eine Erhebung bei anderen Personen oder Stellen erforderlich machen. Zum Teil gilt diese Voraussetzung als erfüllt, wenn die betroffene Person nicht über die benötigten Informationen oder Unterlagen verfügt und diese auch nicht selbst beibringen kann. In diesen Fällen kann es erforderlich sein, die zu erhebenden Daten bei anderen Personen oder Stellen einzuholen. In den Fällen, in denen die betroffene Person selbst wegen fehlender Sachkenntnis keine oder keine ausreichenden Angaben machen kann, ist kein Grund vorhanden, warum insoweit auf die Einwilligung des Betroffenen zu dieser Datenerhebung verzichtet werden soll. Aus diesem Grund ist das Merkmal der Erforderlichkeit restriktiv auszulegen, d.h. die Aufgaben nach dem SGB machen eine Erhebung bei anderen Personen oder Stellen ohne Mitwirkung der betroffenen Person nur erforderlich, wenn auch die Einwilligung der betroffenen Person zu dieser Datenerhebung nicht zu erlangen ist oder der Zweck der Datenerhebung in diesen Fällen vereitelt würde.[31]

30 An das Kriterium der Überprüfung oder Bewertung sind hohe Anforderungen zu stellen; es darf nicht das Ziel dieser Kriterien sein, den Ersterhebungsgrundsatz zu umgehen. Aus diesem Grund reicht die bloße Vermutung, die betroffene Person werde die zu erhebenden Sozialdaten nicht wahr-

---

28 Vgl. BVerfG, Urt. v. 15.12.1983 – 1 BvR 209/83, BVerfGE 65, 1, 44 = WKRS 1983, 11477.

29 BSG, Urt. v. 18.11.2014 – B 8 SO 9/13 R, WKRS 2014, 34128; zur Datenübermittlung durch nicht zugelassene Leistungserbringer vgl. BSGE 102, 134–148.

30 Krahmer/*Strothmann*, Sozialdatenschutz Kommentar, 4. Aufl. 2020, § 67a SGB X Rn. 23.

31 Vgl. BSG, Urt. v. 24.04.2015 – B 4 AS 39/14 R, WKRS 2015, 21561 zum Datenabgleich des SGB II-Trägers mit dem Bundeszentralamt für Steuern.

heitsgemäß mitteilen oder sogar ganz verschweigen, nicht aus, um die Daten sofort bei einem Dritten zu erheben.

§ 67b Speicherung, Veränderung, Nutzung, Übermittlung, Einschränkung der Verarbeitung und Löschung von Sozialdaten

(1) [1]Die Speicherung, Veränderung, Nutzung, Übermittlung, Einschränkung der Verarbeitung und Löschung von Sozialdaten durch die in § 35 des Ersten Buches genannten Stellen ist zulässig, soweit die nachfolgenden Vorschriften oder eine andere Rechtsvorschrift in diesem Gesetzbuch es erlauben oder anordnen. [2]Dies gilt auch für die besonderen Kategorien personenbezogener Daten im Sinne des Artikels 9 Absatz 1 der Verordnung (EU) 2016/679. [3]Die Übermittlung von biometrischen, genetischen oder Gesundheitsdaten ist abweichend von Artikel 9 Absatz 2 Buchstabe b, d bis j der Verordnung (EU) 2016/679 nur zulässig, soweit eine gesetzliche Übermittlungsbefugnis nach den §§ 68 bis 77 oder nach einer anderen Rechtsvorschrift in diesem Gesetzbuch vorliegt. [4]§ 22 Absatz 2 des Bundesdatenschutzgesetzes gilt entsprechend.

(2) [1]Zum Nachweis im Sinne des Artikels 7 Absatz 1 der Verordnung (EU) 2016/679, dass die betroffene Person in die Verarbeitung ihrer personenbezogenen Daten eingewilligt hat, soll die Einwilligung schriftlich oder elektronisch erfolgen. [2]Die Einwilligung zur Verarbeitung von genetischen, biometrischen oder Gesundheitsdaten oder Betriebs- oder Geschäftsgeheimnissen hat schriftlich oder elektronisch zu erfolgen, soweit nicht wegen besonderer Umstände eine andere Form angemessen ist. [3]Wird die Einwilligung der betroffenen Person eingeholt, ist diese auf den Zweck der vorgesehenen Verarbeitung, auf die Folgen der Verweigerung der Einwilligung sowie auf die jederzeitige Widerrufsmöglichkeit gemäß Artikel 7 Absatz 3 der Verordnung (EU) 2016/679 hinzuweisen.

(3) [1]Die Einwilligung zur Verarbeitung personenbezogener Daten zu Forschungszwecken kann für ein bestimmtes Vorhaben oder für bestimmte Bereiche der wissenschaftlichen Forschung erteilt werden. [2]Im Bereich der wissenschaftlichen Forschung liegt ein besonderer Umstand im Sinne des Absatzes 2 Satz 2 auch dann vor, wenn durch die Einholung einer schriftlichen oder elektronischen Einwilligung der Forschungszweck erheblich beeinträchtigt würde. [3]In diesem Fall sind die Gründe, aus denen sich die erhebliche Beeinträchtigung des Forschungszweckes ergibt, schriftlich festzuhalten.

Übersicht

A. Inhalt

Die Vorschrift erklärt die auf die Datenerhebung des § 67a folgenden Verarbeitungsvorgänge der 1
Speicherung, Veränderung, Nutzung, Übermittlung, Einschränkung der Verarbeitung und Löschung von Sozialdaten für zulässig, soweit eine Vorschrift des Zweiten Kapitels des SGB X oder eine andere

Bestimmung des Sozialgesetzbuchs diese erlaubt oder vorschreibt. Andernfalls ist sie dann zulässig, wenn die betroffene Person darin eingewilligt hat. Auf diese Weise wird die Verarbeitung von Sozialdaten unter dem Vorbehalt der Einwilligung der betroffenen Person oder einer ausdrücklichen gesetzlichen Ermächtigung in den Sozialgesetzbüchern erlaubt. Die Rechtsnorm ist somit das Bindeglied zwischen der Erhebung der Daten (§ 67a) und der weiteren Verarbeitung (§§ 67c ff.). Für den Bereich der wissenschaftlichen Forschung entfällt die Formvorschrift, falls diese eine erhebliche Beeinträchtigung des Forschungszwecks bedingt, wobei die Abweichung von der Formvorschrift begründet werden muss. Geschäfts- und Betriebsgeheimnisse werden von der Norm ebenfalls erfasst.

B. Entstehungsgeschichte

2 Die Vorschrift ist durch das Gesetz vom 13.06.1994 (BGBl. I, S. 1229) geschaffen worden, sie wurde geändert durch die Gesetze vom 18.05.2001 (BGBl. I, S. 904) und vom 09.12.2004 (BGBl. I, S. 3242). Anpassung an die Verordnung (EU) 2016/679 mit BVG-Änderungsgesetz vom 17.07.2017 (BGBl. I, S. 2541) (Datenschutzgrundverordnung = DSGVO), das zum 25.05.2018 in Kraft trat (Art. 99 Abs. 2 DSGVO i.V.m. Art. 24 BVG). Satz 2 in Absatz 2 sowie die Sätze 2 und 3 in Absatz 3 wurden durch das 2. Datenschutz-Anpassungsgesetz (2. DS-AnpUG) vom 20.11.2019 (BGBl. I, S. 1626), das zum 25.11.2019 veröffentlicht wurde und am 26.11.2019 in Kraft trat.

C. Erläuterungen

I. Relevante Normen der DSGVO und des BDSG

3 Verarbeitungsvorgänge sind in Art. 4 Nr. 2 DSGVO aufgezählt. Da der Begriff der *Verarbeitung* gemäß Art. 4 Nr. 2 DSGVO mehr Verarbeitungsvorgänge umfasst, z.B. auch die Erhebung von personenbezogenen Daten, sind hier die einzelnen Verarbeitungsvorgänge, die von § 67b erfasst werden sollen, aufgezählt.

4 Die Rechtsgrundlagen für die Verarbeitung von personenbezogenen Daten sind in Art. 6 DSGVO enumerativ aufgezählt. Rechtsgrundlage für die Verarbeitung und Nutzung von Sozialdaten können demnach eine Einwilligung der betroffenen Person (Art. 6 Abs. 1 lit. a DSGVO) **oder** eine Rechtsvorschrift sein, die dies erlaubt oder anordnet (Art. 6 Abs. 1 lit c und e DSGVO). Die Erfüllung vertraglicher Pflichten (lit. b) und der Schutz lebenswichtiger Interessen (lit. d) als Rechtsgrundlage für die Verarbeitung von Sozialdaten dürften in der Praxis der Sozialleistungsträger und der anderen in § 35 Abs. 1 SGB I genannten Stellen unbeachtlich sein. Berechtigte Interessen (lit. f) gelten nicht als Rechtsgrundlage für die Verarbeitung durch Behörden in Erfüllung ihrer Aufgaben. Die DSGVO geht, wie auch in der alten Datenschutz-Richtlinie, von einer Verbotsregelung mit Ausnahmevorbehalt aus[1]. Der DSGVO sind keine Formerfordernisse für Einwilligungen zu entnehmen.

5 Eine Einwilligung kann gemäß Art. 9 Abs. 2 lit. a DSGVO auch Rechtsgrundlage für die Verarbeitung von Daten besonderer Kategorien wie Gesundheitsdaten sein[2]. Die betroffene Person muss dafür ausdrücklich in die Verarbeitung für einen oder mehrere festgelegte Zwecke eingewilligt haben. Auch für diese Fälle ist in der DSGVO kein Formerfordernis aufgeführt.

6 Die Mitgliedsstaaten können gemäß Art. 9 Abs. 2 lit. a zweiter Halbsatz DSGVO regeln, dass das Verbot der Verarbeitung von Daten besonderer Kategorien nach Art. 9 Abs. 1 DSGVO durch die Einwilligung der betroffenen Person nicht aufgehoben werden kann. Dies bedeutet, dass der nationale Gesetzgeber in einer Norm ausdrücklich regeln muss, dass das Verarbeitungsverbot nach Art. 9 Abs. 1 DSGVO nicht durch eine Einwilligung, die bereits nach der Art. 9 Abs. 2 lit. a DSGVO

1 So auch *Freund/Shagdar*, SGb 2018, S. 195 ff.; *Maus*, MedR 2019, S. 410 ff. und wohl auch *Katzenmeier*, MedR 2019, S. 259, 263.

2 BT-Drucks. 18/12611, S. 112: Bezug auf den Erlaubnistatbestand des Art. 9 Abs. 2 lit. a DSGVO, *der unmittelbar eine Verarbeitung von besonderen Kategorien personenbezogener Daten (erlaubt), wenn die betroffene Person in die Verarbeitung eingewilligt hat.*

zulässig wäre, aufgehoben werden kann. Der nationale Gesetzgeber hatte eine entsprechende Regelung in den Referentenentwurf zur Anpassung des SGB V durch das 2. DS-AnpUG in § 284 SGB V aufgenommen, diese Regelung allerdings später wieder gestrichen. Da die DSGVO den nationalen Regelungen vorgeht (siehe Vorbemerkung zu §§ 67–85a sowie § 67) entfaltet die Einwilligungsmöglichkeit nach Art. 9 Abs. 2 lit. a DSGVO auch auf die einzelnen Sozialgesetzbücher derart Wirkung, dass der bisher gezogene Umkehrschluss, Einwilligungen in die Verarbeitungen seien nur möglich, wenn eine Einwilligungsmöglichkeit konkret in dem jeweiligen Sozialgesetzbuch aufgeführt ist (normakzessorisch), nicht mehr zulässig ist[3]. Die Verarbeitung von personenbezogenen Daten besonderer Kategorien wie Gesundheitsdaten ist daher auch aufgrund einer Einwilligung in die Verarbeitungen gemäß Art. 9 Abs. 2 lit. a DSGVO zulässig, ohne dass die Einwilligungsmöglichkeit ausdrücklich im Gesetz erwähnt werden muss. *Bieresborn* spricht diesbezüglich von einem *Wegfall der normakzessorischen Einwilligung*[4]. Bei den Anforderungen an eine wirksame Einwilligung ist in diesen Fällen besonders auf die Frage, ob sie freiwillig erfolgte, zu achten (siehe Rdn. 8).

Da die Einwilligungsmöglichkeit gemäß Art. 9 Abs. 2 lit. a DSGVO geregelt ist, kann die Umsetzung 7 der Öffnungsklausel gemäß Art. 9 Abs. 2 lit. h DSGVO in Form zum Beispiel des SGB V nicht gleichzeitig zur Aufhebung der Einwilligungsmöglichkeit, die unter lit. a geregelt ist, führen. Die Einwilligungsmöglichkeit auch für die Verarbeitung von personenbezogenen Daten besonderer Kategorien in Art. 9 Abs. 2 lit. a DSGVO ist lediglich als besondere Ausgestaltung der Einwilligungsregelung in Art. 6 Abs. 1 lit. a DSGVO zu sehen[5].

Die Anforderungen an die Einwilligung sind in Art. 7 DSGVO geregelt. Demnach besteht kein 8 Formerfordernis für die Einwilligung, der Verantwortliche muss aber nachweisen können, dass die betroffene Person

- in die Verarbeitung ihrer personenbezogenen Daten **eingewilligt hat**: Diese Anforderung entspricht der Rechenschaftspflicht gemäß Art. 5 Abs. 2 DSGVO;
- die Einwilligung **freiwillig** erklärt hat: Dies kann bei Bestehen eines Ungleichgewichtes zwischen der betroffenen Person und dem Verantwortlichen fraglich sein, zum Beispiel bei der Abgabe der Einwilligung gegenüber einer Behörde[6]
- über den Zweck und die Konsequenzen der Einwilligung **transparent und verständlich unterrichtet** wurde,
- über die Konsequenzen der **Verweigerung** einer Einwilligung und ggf. bestehende Mitwirkungspflichten (allgemein nach § 66 SGB I, speziell zum Beispiel nach § 319 SGB III) aufgeklärt wurde,
- vor der Abgabe der Einwilligungserklärung über den **konkreten Zweck** der Verarbeitung ihrer Daten informiert wurde: Hierbei können gemäß Art. 5 Abs. 1 lit. b DSGVO auch mehrere Zwecke festgelegt werden,
- in eine **einzelfallbezogene** Verarbeitung eingewilligt hat (Pauschalermächtigungen sind ausgeschlossen),
- den **Verarbeitungszweck als inhaltlich hinreichend bestimmt** zur Kenntnis nehmen kann: Der Zweck der Verarbeitung, die verarbeitende Stelle, ggf. Empfänger der Daten sowie Daten und Unterlagen, die verarbeitet werden, müssen benannt werden,
- **handlungsfähig** war zum Zeitpunkt der Abgabe der Einwilligungserklärung,
- auf ihr Widerspruchsrechts hingewiesen wurde,

3 Zu der alten Rechtslage, bezogen auf die Verarbeitung von Patientendaten durch Leistungserbringer im Rahmen des SGB V: BSG, Urt. v. 10.12.2008 – Az. B 6 KA 37/07 R, Rn. 37/38.

4 *Bieresborn*, NZS 2017, S. 926, 930; im Ergebnis ebenso *Freund/Shagdar*, SGb 2018, S. 195, 202; in der Tendenz für das SGB X so wohl auch *Buchner* et al in: Der Neue Datenschutz im Gesundheitswesen, 2018, S. 35.

5 So bereits *Wobbe* in MedR 2019, S. 628 unter IV mit Verweis auf *Robrahn/Bremert*, ZD 2018, S. 291, 295 und die weiteren Verweise, dass das Verhältnis zwischen Art. 6 und Art. 9 DSGVO streitig ist, der Ansicht, dass Art. 6 neben Art. 9 anwendbar bleibt, zu folgen ist.

6 EG 43 DSGVO; siehe hierzu auch BSG, Urt. v. 10.12.2008 (Az. B 6 KA 37/07 R).

– die **Personalien** der betroffenen Person und das **Datum** der Abgabe der Erklärung.

9 Bei der Erklärung der Einwilligung handelt es sich um eine höchstpersönliche Entscheidung, die nur die betroffene Person selbst vornehmen kann.

10 Ansonsten könnten die gesetzlichen Vertretungsregeln dazu genutzt werden, Schwächere – z.B. Minderjährige – zu übergehen. Aus diesem Grund greifen die gesetzlichen Vertretungsregeln (z.B. § 1629 BGB) nur solange, wie feststeht, dass die nötige Einsichtsfähigkeit des Minderjährigen für die Entscheidung noch nicht gegeben ist. Bei Minderjährigen ist zusätzlich zu beachten, dass gem. § 36 SGB I mit Vollendung des 15. Lebensjahres Handlungsfähigkeit im Sinne des SGB eintritt. Dies ist ein Anhaltspunkt dafür, dass auch die Befähigung zur Abgabe von Erklärungen – sofern nicht besondere Umstände dagegen sprechen – von diesem Zeitpunkt an zu bejahen ist.[7] In Art. 8 DSGVO ist für die Verarbeitung von personenbezogenen Daten eines Kindes mit Bezug auf Dienste der Informationsgesellschaft eine Altersgrenze von 16 Jahren aufgeführt. Diese bezieht sich allerdings nicht auf Datenverarbeitungen im Zusammenhang mit Präventions- und Beratungsdiensten[8].

11 Gleichwohl muss darauf abgestellt werden, dass die notwendige Einsichtsfähigkeit vorhanden sein muss. Dieses ist bei Minderjährigen dann anzunehmen, wenn die Bedeutung der Datenschutzrechte verstanden wird.[9]

12 Die Rentenversicherung weist darauf hin, dass die Einwilligungserklärung nicht älter als 12 Monate sein sollte. Damit werde gewährleistet, dass die betroffene Person einen Überblick über die von ihr erteilten Einwilligungen behält. Auf die Aktualität der Einwilligung sei zu achten[10]. Der DSGVO selbst und auch den Sozialgesetzbüchern ist allerdings keine »Mindestlaufzeit« der Einwilligung zu entnehmen, nach der diese als nicht mehr gültig anzusehen wäre. Da sich die Einwilligung auf konkrete Zwecke beziehen muss, dürfte in den meisten Fällen die zeitliche Dauer der Einwilligung nicht relevant sein. Bei *Dauereinwilligungen*, die sich auf eine mehrjährige Datenverarbeitung beziehen, sollte die Zulässigkeit der Einwilligung allerdings mit Blick auf den konkreten Zweck und die jeweils aktuell geltenden gesetzlichen Normen überprüft werden.

13 Wenn die Einwilligung verweigert werden kann, muss man sie auch zu einem späteren Zeitpunkt widerrufen können. Der Tatbestand der Einwilligung beinhaltet deshalb gemäß Art. 7 Abs. 3 DSGVO zusätzlich die Möglichkeit, eine erteilte Einwilligung zu widerrufen. Für den Widerruf gelten die gleichen Anforderungen wie für die Einwilligung. Der Widerruf muss daher so einfach sein wie die Erteilung der Einwilligung. Die betroffene Person muss ihr Widerrufsrecht jederzeit ausüben können und die Rechtmäßigkeit der bis zum Zeitpunkt des Widerrufs erfolgten Verarbeitung wird durch den Widerruf nicht berührt. Ein Ausschluss des Widerspruchsrechts aus gesetzlich vorgegebenen Gründen (zwingendes öffentliches Interesse, das die Interessen der betroffenen Person überwiegt oder eine verpflichtende Rechtsvorschrift) sind in § 84 geregelt (siehe § 84 Rdn. 23).

14 Die Übermittlung von Sozialdaten unter den Sozialleistungsträgern ist auch ohne Einwilligung auf gesetzlicher Grundlage möglich (aufgrund einer nationalen Regelung, basierend auf Art. 6 Abs. 1 lit. c und e DSGVO bzw. bei Daten besonderer Kategorien auf Art. 9 Abs. 2 lit. b, d bis j DSGVO) im Zusammenhang mit § 69 Abs. 1. Bei Daten besonderer Kategorien besteht ein Widerspruchsrecht gemäß § 76 Abs. 2 Nr. 1, das ebenso wie das Widerspruchsrecht gemäß § 200 Abs. 2 SGB VII unberührt bleibt.

15 In § 22 BDSG ist die Verarbeitung besonderer Kategorien personenbezogener Daten und Verarbeitung zu anderen Zwecken geregelt. Diese Regelung setzt die Verarbeitungsgrundlagen gemäß Art. 9 Abs. 2 lit. b, g, h und i DSGVO um. Eine Regelung, die sich auf Formvorschriften für Ein-

7 KassKomm/*Seewald*, 88. El. 12/2015, § 36 SGB I Rn. 2.
8 EG 38 DSGVO.
9 Simitis/Hornung/*Spiecker*, Datenschutzrecht, 2019, Art. 8 Rn. 10.
10 GRA zu § 67b unter Punkt 4.2, Stand 18.06.2018, veröffentlicht am 12.11.2019 unter www.rvrecht.deutsche-rentenversicherung.de/GRA/SGB X/§ 67b.

willigungen bezieht, enthält das BDSG nicht. In § 22 Abs. 2 BDSG, auf den in § 67b Abs. 1 Satz 4 verwiesen wird, werden beispielhaft und daher nicht abschließend unter zehn Punkten angemessene und spezifische Maßnahmen zur Wahrung der Interessen der betroffenen Personen aufgeführt. Hierzu gehören unter Berücksichtigung des aktuellen Stands der Technik u.a. technische und organisatorische Maßnahmen (Nr. 1), Sensibilisierungen der an den Verarbeitungsvorgängen Beteiligten (Nr. 3), Benennung eines Datenschutzbeauftragten (Nr. 4), Zugangsbeschränkungen (Nr. 5), Pseudonymisierungen (Nr. 6), Verschlüsselungen (Nr. 7) u.a.

II. Die Zulässigkeit der Speicherung, Veränderung, Nutzung, Übermittlung, Einschränkung der Verarbeitung und Löschung von Sozialdaten nach Abs. 1

1. Verarbeitungsvorgänge

Nach Abs. 1 Satz 1 ist die Speicherung, Veränderung, Nutzung, Übermittlung und Einschränkung der Verarbeitung sowie Löschung von Sozialdaten zulässig, wenn die betroffene Person eingewilligt hat oder eine Rechtsvorschrift des SGB dies erlaubt oder anordnet. Hier ist es empfehlenswert, zunächst zu prüfen, ob es eine Rechtsvorschrift gibt, die die vorgenannten Verarbeitungsvorgänge verbindlich anordnet oder erlaubt. Dabei muss es sich um eine Vorschrift aus den Rechtsnormen des Zweiten Kapitels des SGB X bzw. der einzelnen Sozialgesetzbücher handeln. 16

Sofern eine **Rechtsvorschrift** den Umgang mit Sozialdaten anordnet oder erlaubt, ist in jedem Einzelfall zu prüfen, ob sich diese Ermächtigung auf einzelne Verarbeitungsvorgänge bezieht oder generell gilt. Sind nur einzelne Verarbeitungsvorgänge angeordnet oder erlaubt, muss zur Legitimation der anderen Verarbeitungsformen auf eine andere Vorschrift oder die Einwilligung der betroffenen Person abgestellt werden.

Die einzelnen Verarbeitungsvorgänge sind in der DSGVO nicht mehr definiert, sondern unter den Begriff der *Verarbeitung* subsumiert, da die DSGVO alle Verarbeitungsvorgänge als datenschutzrechtlich relevant wertet. In den Sozialgesetzbüchern wird aber weiterhin nach einzelnen Verarbeitungsvorgängen unterschieden. Dies ist insbesondere den Normen des II. Kapitels des SGB X zu entnehmen, aber zum **Beispiel** auch andere Sozialgesetzbüchern wie dem SGB V: § 284 SGB V zählt in Abs. 1 die Sozialdaten auf, die von den Krankenkassen erhoben und gespeichert werden dürfen. Erst Abs. 3 ist zu entnehmen, zu welchen Zwecken (mit Verweis auf die gesetzlich normierten) die Krankenkassen die in Abs. 1 rechtmäßig erhobenen und gespeicherten Daten dann verarbeiten oder nutzen dürfen. 17

Da aus der DSGVO keine Definition der einzelnen Verarbeitungsvorgänge mehr abzuleiten ist, werden diese im Folgenden kurz dargestellt:

a) Speicherung

Unter den Begriff des *Speicherns* sind das Erfassen, Aufnehmen oder Aufbewahren von Sozialdaten auf einem Datenträger zum Zwecke ihrer weiteren Verarbeitung oder Nutzung zu verstehen. Das Erfassen ist das schriftliche Fixieren der Daten. Das Aufnehmen kennzeichnet primär das Fixieren der Daten mit Aufnahmetechniken, das heißt auf Tonband, Film, Video etc. Das Aufbewahren geschieht dann, wenn bereits erfasste Daten von einer anderen Stelle übernommen werden. 18

b) Veränderung

Eine Veränderung erfolgt, wenn gespeicherte Sozialdaten inhaltlich umgestaltet werden. Hierzu gehört nicht nur das umschreiben von Daten, sondern auch das Herausnehmen von Daten aus dem Kontext der Information. Keine Veränderung liegt vor, wenn sich durch eine Umstellung der Daten einer oder mehrerer Personen deren Aussagewert nicht ändert[11]. 19

11 Hauck/Noftz/*Rombach* in SGB X-Kommentar, Lfg 3/18, X/18, § 67 Rn. 52.

c) Nutzung

20 Nutzung ist jede Verwendung von Sozialdaten, soweit es sich nicht um Verarbeitung handelt. Die Nutzung ist kein Unterfall der Verarbeitung. Nach der alten Gesetzeslage war durch die Formulierung des § 67 Abs. 6 und 7 a.F. vom Gesetzgeber klargestellt, dass es sich bei dem Nutzungsbegriff um einen umfassenden Auffangtatbestand handelt, der dann gegeben ist, wenn die Verwendung der Sozialdaten keiner Phase der Verarbeitung zugeordnet werden kann.

d) Übermittlung

21 Übermittlung ist die Bekanntgabe gespeicherter oder durch Verarbeitung gewonnener Sozialdaten an einen Dritten. Dies kann auf verschiedene Weisen erfolgen: Entweder durch die Weitergabe der Sozialdaten an den Dritten oder indem der Dritten zur Einsicht oder zum Abruf bereitgehaltene Sozialdaten einsieht oder abruft. Die Übermittlung setzt dabei das bewusste Handeln voraus. Der Unterschied zwischen beiden Möglichkeiten ist einerseits die aktive Handlung durch Weitergabe oder das passive Verhalten durch *Geschehenlassen*. Die Weitergabe von Sozialdaten an den Auftragsverarbeiter gemäß Art. 28 DSGVO in Verbindung mit § 80 stellt keine Übermittlung dar, da der Auftragsverarbeiter nicht als *Dritter* im Sinne der DSGVO gilt (Art. 4 Nr. 10).

e) Einschränkung der Verarbeitung

22 Der Begriff der Einschränkung der Verarbeitung entspricht dem Begriff des Sperrens nach der Gesetzeslage vor der Geltung der DSGVO. Hierunter ist die Markierung gespeicherter Sozialdaten zu verstehen mit dem Ziel, ihre künftige Verarbeitung einzuschränken[12].

f) Löschung

23 Unter dem Begriff der Löschung ist die Unkenntlichmachung der Sozialdaten zu verstehen. Die Unkenntlichmachung bedeutet, dass die Sozialdaten nicht mehr rekonstruiert werden können. Bei manueller Schwärzung von Sozialdaten auf Papier ist darauf zu achten, dass diese nicht durch Hilfsmittel wie Beleuchtung dennoch sichtbar gemacht werden können. Sogenannte *logisches* Löschen, das heißt der Zugriff auf gespeicherte Sozialdaten wird durch das Betriebssystem verhindert, reicht allerdings nicht aus[13].

2. Notwendigkeit der Einholung einer Einwilligung

24 Die Einholung einer Einwilligung zur Verarbeitung von Sozialdaten ist also nicht erforderlich, wenn sie auf Grund gesetzlicher Regelungen im Rahmen des Datenaustausches vorgenommen werden.

▶ **Beispiel für eine gesetzliche Regelung:**

Übermittlung von Daten der Arbeitnehmer im Rahmen der Übermittlungsvorschriften vom Arbeitgeber an die zuständige Beitragseinzugsstelle § 28a SGB IV – Meldepflichten.

25 Erst wenn feststeht, dass eine solche Rechtsnorm nicht zur Anwendung gelangt, ist es sinnvoll, die Einwilligung der betroffenen Person einzuholen. Die Einwilligung der betroffenen Person wird in den einzelnen spezialgesetzlichen Normen auch direkt als Rechtsgrundlage erwähnt.

▶ **Beispiele für spezialgesetzliche Einwilligungserfordernisse:**

§ 39b Abs. 1 Satz 7, § 44 Abs. 4 Satz 2, § 66 Satz 2, § 63 Abs. 3a, § 73b Abs. 3 Satz 2, § 137f Abs. 3 Satz 2, § 140a Abs. 4 SGB V; § 115 Abs. 3 Satz 7 SGB XI in Verbindung mit § 66 Satz 2 SGB V.

---

12 Siehe auch EG 67, 156 DSGVO.

13 Hauck/Noftz/*Rombach* in SGB X-Kommentar, Lfg 3/18, X/18, § 67 Rn. 80.

Eine Einwilligung wird auch dann eingeholt, wenn ein Versicherter eine Rente wegen verminderter Erwerbsfähigkeit beantragt (§ 43 SGB VI) und hierfür seine gesundheitliche Belastbarkeit festgestellt werden muss. In der überwiegenden Zahl der Fälle wird hier durch die Träger der gesetzlichen Rentenversicherung bei den behandelnden Ärzten des Versicherten der Gesundheitszustand erfragt. Für die Auskunftserteilung durch den angefragten Arzt ist dann jedoch die Einwilligung des Versicherten notwendig.[14] 26

Gestattet eine Rechtsvorschrift die Verarbeitung oder Nutzung der Daten, ist die Verarbeitung oder Nutzung auch dann zulässig, wenn die betroffene Person damit nicht einverstanden ist. Ist die Erhebung von Sozialdaten unzulässig, kann auch eine gegebene Erlaubnis nicht zur Verarbeitung und/oder Nutzung der erhobenen Daten führen aufgrund der Gesetzmäßigkeit der Verwaltung[15]. 27

Das LSG NRW hat zu der alten Rechtslage im Zusammenhang mit der Einwilligung die Weitergabe von Patientendaten dann für zulässig erachtet, wenn die Regelungen der §§ 294, 295 SGB V eingehalten würden. Das LSG führt in seiner Urteilsbegründung dazu aus, »dass sich die datenschutzrechtliche Zulässigkeit der Datenverarbeitung sowohl aus einer gesetzlichen Erlaubnis (also den genannten Bestimmungen) als auch einer Einwilligung des Betroffenen ergeben kann«.[16] Das BSG hat in seiner Revisionsentscheidung jedoch dargelegt, dass eine Einwilligung voraussetzt, dass der Einwilligende die Entscheidung aus freien Stücken getroffen hat und sich der Tragweite zum Zeitpunkt der Entscheidung bewusst war. Bei Notfallbehandlungen sei dieses nicht zwingend anzunehmen.[17] 28

Die **Einwilligung** ist die **vorherige Einverständniserklärung** der betroffenen Person. Dies ergibt sich aus dem Sinn und Zweck des Datenschutzrechts, wonach die nachträgliche Zustimmung, nicht mehr geeignet ist, das Recht auf informationelle Selbstbestimmung zu gewährleisten, da es kaum noch einen Sinn hat, sich gegen eine bereits erfolgte Verarbeitung zu wehren. Die betroffene Person gibt die Einwilligungserklärung mit dem Willen der Rechtsverbindlichkeit ab. Entscheidendes Kriterium für eine wirksame Erklärung ist die Einsichtsfähigkeit der betroffenen Person, die nicht von ihrer Geschäftsfähigkeit abhängig ist. Die Einsichtsfähigkeit liegt vor, wenn die betroffene Person die Verwendung ihrer Daten übersehen kann und sie in Kenntnis dieser Umstände in vollem Bewusstsein ihre Einwilligung erteilt. Siehe ergänzend hierzu auch Rdn. 11. 29

Satz 4 verweist auf § 22 Abs. 2 BDSG. Hierdurch soll sichergestellt werden, dass die besonderen Kategorien personenbezogener Daten durch geeignete Garantien geschützt werden[18]. 30

III. Der Nachweis der Einwilligung nach Abs. 2

Art. 7 DSGVO schreibt für die Einholung einer Einwilligung keine bestimmte Form vor, fordert aber in Abs. 1 den Nachweis der Einwilligung. 31

1. Form des Nachweises der Einwilligung

Nach Art. 7 DSGVO ist die betroffene Person auf die unter Rdn 8 ff. aufgeführten Aspekte hinzuweisen und dies zu dokumentieren. Bevor Abs. 2 Satz 1 greift, ist zu prüfen, ob die Einholung der Einwilligung überhaupt notwendig ist (siehe Rdn. 24 ff.). 32

Für den Bereich der Sozialversicherung ist, bis auf einige Ausnahmen (siehe Rdn 25, 26), die Einholung einer Einwilligung nicht erforderlich. 33

---

14 Fichte/Plagemann/*Dankelmann*, Handbuch des Sozialverwaltungsverfahrensrechts, 2. Aufl. 2016, § 7 Rn. 93, 94.
15 *Roßnagel/Hoida*, DuD, 2018, S. 487, 489.
16 LSG NRW, Urt. v. 13.06.2007 – L 11 KA 110/06, WKRS 2007, 52117.
17 BSG, Urt. v. 10.12.2008 – B 6 KA 37/07 R, WKRS 2008, 31930 = Eichenhofer/Wenner/*Pflugmacher*, Kommentar zum Sozialgesetzbuch V, 3. Aufl. 2018, § 295a SGB V Rn. 2, 10.
18 BT-Drucks. 18/12611, S. 103.

34 Ist eine Einwilligung einzuholen, soll sie gemäß Abs. 2 Satz 1 schriftlich oder in elektronischer Form eingeholt werden. Zu der elektronischen Form enthält § 36a Abs. 2 SGB I Hinweise. Demnach ist unter der elektronischen Form ein elektronisches Dokument zu verstehen, das mit einer qualifizierten elektronischen Signatur versehen ist. Nicht zulässig ist die Signierung mit einem Pseudonym, das die Identifizierung der Person des Signaturschlüsselinhabers nicht unmittelbar durch die Behörde, Sozialleistungsträger, ermöglicht.

35 Die Formulierung als Soll-Vorschrift weist bereits darauf hin, dass es für diese Regelung aus der DSGVO heraus für Sozialdaten, die nicht zu den besonderen Kategorien nach Art. 9 Abs. 1 DSGVO zählen, keine Öffnungsklausel gibt. Andere Dokumentationen der Einwilligung sind daher möglich. Aufgrund der Ergänzung des Abs. 2 mit Satz 2 Sozialdaten besonderer Kategorien nach Art. 9 Abs. 1 DSGVO betreffend sowie dessen Muss-Vorschrift, bezieht sich die Soll-Vorschrift des Satz 1 nur noch auf Sozialdaten, die nicht unter die Kategorie besonderer Daten gemäß Art. 9 Abs. 1 DSGVO zu subsumieren sind.

Der Gesetzesbegründung ist zu entnehmen, dass die vorgenannten Formen der Einwilligung sich auf die Nachweispflicht des Verantwortlichen gemäß Art. 7 Abs. 1 DSGVO unter Berücksichtigung der Angaben in der Definition für eine Einwilligung in Art. 4 Nr. 11 DSGVO beziehen[19].

36 Aufgrund dieser Nachweispflicht (so auch die Rechenschaftspflicht gemäß Art. 5 Abs. 2 DSGVO) gemäß Art. 7 DSGVO, dürfte grundsätzlich die Einwilligung tatsächlich schriftlich oder elektronisch eingeholt werden und die Frage der Zulässigkeit der vorgenannten Formvorschriften für die meisten Datenverarbeitungen vernachlässigbar sein.

37 Für genetische, biometrische und Gesundheitsdaten, die zu den personenbezogenen Daten besonderer Kategorien nach Art. 9 Abs. 1 DSGVO gehören, wurde durch das 2. DS-AnpUG das vorgenannte Formerfordernis (schriftlich oder elektronisch) in Abs. 2 Satz 2 als verpflichtend festgeschrieben. Die Regelung soll der Aufrechterhaltung des Schutzniveaus des ehemaligen § 67 Abs. 2 Satz 3 a.F. in dem zulässigen Umfang dienen[20]. Zulässig ist dieses Formerfordernis aufgrund Art. 9 Abs. 4 DSGVO, der es den nationalen Gesetzgebern ermöglicht, für die Verarbeitung von genetischen, biometrischen und Gesundheitsdaten zusätzliche Bedingungen oder Beschränkungen einzuführen oder aufrechtzuerhalten.

38 Die Formvorschrift des neuen Satz 2 in Absatz 2, dass die Einwilligung schriftlich oder elektronisch einzuholen ist, gilt auch für Geschäfts- und Betriebsgeheimnisse. Die Kompetenz zu dieser Regelung liegt beim nationalen Gesetzgeber, da die Verarbeitung der Geschäfts- und Betriebsgeheimnisse nicht dem Anwendungsbereich der DSGVO unterliegt[21].

2. Hinweis auf den Zweck der Verarbeitung, die Folgen der Verweigerung und die Widerrufsmöglichkeit

39 Nach Abs. 2 Satz 3 ist die betroffene Person auf den Zweck der Verarbeitung hinzuweisen (siehe Rdn. 8), die Folgen einer Verweigerung der Erteilung der Einwilligung (siehe Rdn. 8) sowie auf das jederzeitig bestehende Widerrufsrecht (siehe Rdn. 13). Diese Anforderungen entsprechen denen der DSGVO und setzen die Forderungen aus EG 32 DSGVO um.

40 Bezüglich der Hinweispflicht dürften auch weiterhin die Anforderungen aus der alten Gesetzeslage anwendbar sein, dass die Einwilligungserklärung zu diesem Zweck im äußeren Erscheinungsbild hervorgehoben wird, z.B. durch drucktechnische Hervorhebung, durch ein anderes Schriftbild, durch Fettdruck oder die Verwendung eines eingerahmten Feldes. Mit der Hervorhebung soll erreicht werden, dass die Einwilligung sich auf konkrete Sozialdaten beschränkt ohne versteckte Zugeständ-

19 BT-Drucks. 18/12611, S. 104.

20 Kabinettsentwurf des BMI vom 27.08.2019, S. 277 (beschlossen am 05.09.2019).

21 Klarstellend: Kabinettsentwurf des BMI vom 27.08.2019, S. 277 (beschlossen am 05.09.2019).

nisse abzuverlangen[22] und sich von dem übrigen Text abhebt, so dass die Hinweise auch tatsächlich wahrgenommen werden.

Die Träger der gesetzlichen Rentenversicherung haben für die Abgabe der Einwilligungserklärungen 41
spezielle Vordrucke geschaffen. In dem Vordruck »Anlage zum Rentenantrag zur Feststellung der Erwerbsminderung R 210« heißt unter dem Punkt »Erklärung in Information zum Rentenantrag auf Feststellung der Erwerbsminderung« beispielhaft: »*Wir möchten Sie darüber informieren, dass wir medizinische Daten, die uns bereits vorliegen oder die wir mit Ihrer Einwilligung erhalten, an andere Sozialleistungsträger (zum Beispiel Krankenkassen, Agenturen für Arbeit, Versorgungsämter oder Berufsgenossenschaften) für deren gesetzliche Aufgabenerfüllung oder für die Erfüllung eigener gesetzlicher Aufgaben weitergeben dürfen. Zur eigenen Aufgabenerfüllung dürfen wir diese medizinischen Daten auch an sonstige Dritte (zum Beispiel zu beauftragende Gutachter) übermitteln, sofern dies erforderlich ist. Die gesetzliche Grundlage hierfür ist § 76 Abs. 2 Nummer 1 in Verbindung mit § 69 Zehntes Buch Sozialgesetzbuch (SGB X). Sie können einer solchen Weitergabe aber jederzeit ohne Angabe von Gründen widersprechen. Das kann allerdings dazu führen, dass Ihnen eine Leistung ganz oder teilweise versagt oder entzogen wird, wenn Sie zuvor schriftlich auf diese Möglichkeit hingewiesen worden sind (§ 66 Erstes Buch Sozialgesetzbuch – SGB I –). Ich nehme zur Kenntnis, dass – meine Krankenkasse dem Rentenversicherungsträger sämtliche Arbeitsunfähigkeitszeiten und die dazugehörigen Diagnosen (einschließlich der Angaben zu Krankenhausaufenthalten beziehungsweise Rehabilitationsaufenthalten) der letzten 3 Jahre übermittelt (AUD-Beleg). – ich gegenüber meiner Krankenkasse der Übermittlung von Diagnosedaten jedoch widersprechen kann. Dies gilt nicht für Mitglieder der privaten Krankenkassen.*«

Der vorstehende Text dient dazu, den Rentenantragsteller zu informieren und auf die Folgen der Nichterteilung der Einwilligung hinzuweisen. Als Folge der vorstehenden Information hat der Rentenantragsteller anschließend die Möglichkeit, auf dem gleichen Formblatt, auf welchem der vorstehende Text vermerkt ist, die Einwilligung zu erteilen. Dazu wird der folgende Text verwendet: »*Ich willige ein, dass der Rentenversicherungsträger von den Ärzten und Einrichtungen, die ich im Antrag angegeben habe oder die aus den überlassenen Unterlagen ersichtlich sind, alle ärztlichen und psychologischen Untersuchungsunterlagen erhalten darf, die er für die Entscheidung über meinen Antrag benötigt. Das schließt die Unterlagen ein, die diese Ärzte und Einrichtungen von anderen Ärzten und Einrichtungen erhalten haben. Ärztliche Untersuchungen, die während des Verfahrens – beispielsweise in einem Krankenhaus oder einer anderen Behandlungsstätte – stattgefunden haben, werde ich dem Rentenversicherungsträger umgehend mitteilen. Wenn ich bei dieser Mitteilung nichts Gegenteiliges erkläre, willige ich ein, dass der Rentenversicherungsträger auch die Unterlagen über diese Untersuchungen erhalten darf. Ich willige ein, dass bereits vorhandene Entlassungsberichte über Leistungen zur medizinischen Rehabilitation des Rentenversicherungsträgers einem eventuell zu beauftragenden Gutachter übersandt werden dürfen. Ich willige außerdem ein, dass in den Fällen der Rückgriffsverfahren nach §§ 110/111 Siebtes Buch Sozialgesetzbuch (SGB VII) – oder §§ 116/119 SGB X – die angefallenen Gutachten, Krankheitsbefunde (Krankengeschichten) und Röntgenaufnahmen an den Rentenversicherungsträger und an Dritte herausgegeben und von ihnen eingesehen und verwertet werden. Ich bestätige, dass ich die Ausfertigung der von mir unterschriebenen Erklärung erhalten habe*«. *Für Personen, deren Einsichtsfähigkeit nicht gegeben ist, wird die Einwilligung durch die Betreuungsperson erbeten. Dazu wird folgender Text verwendet: »Bei nachgewiesener fehlender Einsichtsfähigkeit/Einwilligungsfähigkeit der betreuten Person ist für die Entbindung von der ärztlichen Schweigepflicht die Unterschrift der Betreuerin/des Betreuers erforderlich. Ich bestätige, dass ich eine Ausfertigung der von mir unterschriebenen Erklärung erhalten habe*«.[23]

22 Simitis/*Simitis*, Bundesdatenschutzgesetz, Kommentar, 8. Aufl. 2014, § 4a BDSG Rn. 40; Auernhammer/*Kramer*, BDSG Kommentar, 4. Aufl. 2014, § 4a BDSG Rn. 40; Gola/*Schomerus*, BDSG Kommentar, 12. Aufl. 2015, § 4a BDSG Rn. 31.

23 Formular unter www.deutsche-rentenversicherung.de Punkt Services, Unterpunkt Formulare von A-Z.

IV. Zulässigkeit der Einwilligung zu Forschungszwecken

42 Abs. 3 verweist auf die Anwendung des Absatzes 2 und damit auf die Möglichkeit der Einwilligung in die Verarbeitung der Sozialdaten für Forschungszwecke und die Formvorschriften. Gleichzeitig kann auf die Verpflichtung, die Einwilligung in schriftlicher oder elektronischer Form einzuholen verzichtet werden, wenn dieses Formerfordernis die bestimmten Forschungszwecke erheblich beeinträchtigen würde. In diesem Fall sind nach Abs. 3 Satz 3 die Gründe aus denen sich die erhebliche Beeinträchtigung des Forschungszweckes ergibt schriftlich festzuhalten. Hiermit wollte der Gesetzgeber sicherstellen, dass sich die wissenschaftliche Einrichtung zwar für eine einfachere Erklärungsform entscheiden kann, aber dafür im Gegenzug ihre Gründe mitteilen muss, die aus ihrer Sicht gegen eine Einwilligung sprechen[24]. Im Übrigen sei hier auf die Sonderregelungen zur Datenübermittlung für die Forschung gemäß § 75 SGB X hingewiesen.

43 Keine erhebliche Beeinträchtigung im Sinne von Abs. 3 Satz 2 liegt vor, wenn die Befürchtung besteht, die Erteilung der schriftlichen Einwilligung oder die schriftliche Formulierung der Hinweise könnten die betroffene Person dazu bewegen, ihre Einwilligung nicht zu erteilen. Sinn des Formerfordernisses in Schrift- oder elektronischer Form ist insbesondere die Warnfunktion. Erreicht diese die betroffene Person und trifft sie in Anbetracht ihrer Wahlfreiheit eine Entscheidung, so macht sie auf diesem Wege von ihrem Grundrecht der informationellen Selbstbestimmung Gebrauch. Dieses Recht begründet demnach keine besonderen Umstände im Sinne der Vorschrift.

§ 67c Zweckbindung sowie Speicherung, Veränderung und Nutzung von Sozialdaten zu anderen Zwecken

(1) [1]Die Speicherung, Veränderung oder Nutzung von Sozialdaten durch die in § 35 des Ersten Buches genannten Stellen ist zulässig, wenn sie zur Erfüllung der in der Zuständigkeit des Verantwortlichen liegenden gesetzlichen Aufgaben nach diesem Gesetzbuch erforderlich ist und für die Zwecke erfolgt, für die die Daten erhoben worden sind. [2]Ist keine Erhebung vorausgegangen, dürfen die Daten nur für die Zwecke geändert oder genutzt werden, für die sie gespeichert worden sind.

(2) Die nach Absatz 1 gespeicherten Daten dürfen von demselben Verantwortlichen für andere Zwecke nur gespeichert, verändert oder genutzt werden, wenn
1. **die Daten für die Erfüllung von Aufgaben nach anderen Rechtsvorschriften dieses Gesetzbuches als diejenigen, für die sie erhoben wurden, erforderlich sind,**
2. **es zur Durchführung eines bestimmten Vorhabens der wissenschaftlichen Forschung oder Planung im Sozialleistungsbereich erforderlich ist und die Voraussetzungen des § 75 Absatz 1, 2 oder 4a Satz 1 vorliegen.**

(3) [1]Eine Speicherung, Veränderung oder Nutzung von Sozialdaten ist zulässig, wenn sie für die Wahrnehmung von Aufsichts-, Kontroll- und Disziplinarbefugnissen, der Rechnungsprüfung oder der Durchführung von Organisationsuntersuchungen für den Verantwortlichen oder für die Wahrung oder Wiederherstellung der Sicherheit und Funktionsfähigkeit eines informationstechnischen Systems durch das Bundesamt für Sicherheit in der Informationstechnik erforderlich ist. [2]Das gilt auch für die Veränderung oder Nutzung zu Ausbildungs- und Prüfungszwecken durch den Verantwortlichen, soweit nicht überwiegende schutzwürdige Interessen der betroffenen Person entgegenstehen.

(4) Sozialdaten, die ausschließlich zu Zwecken der Datenschutzkontrolle, der Datensicherung oder zur Sicherstellung eines ordnungsgemäßen Betriebes einer Datenverarbeitungsanlage gespeichert werden, dürfen nur für diese Zwecke verändert, genutzt und in der Verarbeitung eingeschränkt werden.

---

24 Kabinettsentwurf des BMI vom 27.08.2019, S. 277 (beschlossen am 05.09.2019).

(5) [1]Für Zwecke der wissenschaftlichen Forschung oder Planung im Sozialleistungsbereich erhobene oder gespeicherte Sozialdaten dürfen von den in § 35 des Ersten Buches genannten Stellen nur für ein bestimmtes Vorhaben der wissenschaftlichen Forschung im Sozialleistungsbereich oder der Planung im Sozialleistungsbereich verändert oder genutzt werden. [2]Die Sozialdaten sind zu anonymisieren, sobald dies nach dem Forschungs- oder Planungszweck möglich ist. [3]Bis dahin sind die Merkmale gesondert zu speichern, mit denen Einzelangaben über persönliche oder sachliche Verhältnisse einer bestimmten oder bestimmbaren Person zugeordnet werden können. [4]Sie dürfen mit den Einzelangaben nur zusammengeführt werden, soweit der Forschungs- oder Planungszweck dies erfordert.

Übersicht

A. Inhalt

1 Die Norm befasst sich im Anschluss an die Datenerhebung des § 67a und die Datenverarbeitung und -nutzung des § 67b mit dem Speichern, Verändern oder Nutzen von Sozialdaten. Sie normiert in Abs. 1 den Grundsatz der Zweckbindung und im Weiteren die Voraussetzungen für mögliche Abweichungen hiervon: Für andere Zwecke nach Abs. 2, für Aufsichts-, Kontroll- und Disziplinarbefugnisse (Abs. 3), für Zwecke der Datenschutzkontrolle und Datensicherung sowie Sicherstellung des ordnungsgemäßen Betriebs einer Datenverarbeitungsanlage (Abs. 4) sowie für wissenschaftliche Forschung und Planung nach Abs. 5 mit Verweis auf § 75. Dabei hat die Vorschrift die sich aus dem Volkszählungsurteil ergebenden Konsequenzen aufgenommen.[1]

B. Entstehungsgeschichte

2 Die Vorschrift ist durch das Gesetz vom 13.06.1994 (BGBl. I, S. 1229) geschaffen worden. Sie wurde geändert durch das Gesetz vom 18.05.2001 (BGBl. I, S. 904). Mit dem BVG-Änderungsgesetz vom 17.07.2017 (BGBl. I, S. 2541), das zum 25.05.2018 in Kraft trat (Art. 99 Abs. 2 DSGVO und Art. 24 BVG), erfolgten lediglich redaktionelle Änderungen zur Anpassung an die Verordnung (EU) 2016/679 (Datenschutzgrundverordnung). Eine nachträgliche redaktionelle Anpassung erfolgte mit dem 2. Datenschutz-Anpassungsgesetz (2. DS-AnpUG) vom 20.11.2019 (BGBl. I, S. 1626) in Abs. 4. Absatz 3 Satz 1 geändert durch das Gesetz vom 18.05.2021 (BGBl. I, S. 1122).

C. Erläuterungen

I. Relevante Normen der DSGVO und des BDSG

3 Die Zulässigkeit von Abs. 1 ergibt sich aus Artikel 6 Absatz 1 Buchstabe c und e in Verbindung mit Absatz 2 und Absatz 3 Satz 1 Buchstabe b, Satz 2 der Verordnung (EU) 2016/679, sowie hinsichtlich besonderer Kategorien von Daten aus Artikel 9 Absatz 2 Buchstabe b beziehungsweise h der Verordnung (EU) 2016/679. Dass diese Verarbeitungsvorgänge grundsätzlich mit Einwilligung der betroffenen Person zulässig sind, ergibt sich unmittelbar aus Artikel 6 Absatz 1 Buchstabe a und Artikel 9 Absatz 2 Buchstabe a der Verordnung (EU) 2016/679. Dass die Verarbeitung in bestimmten Fallkonstellationen ohne Einwilligung bereits aufgrund der unmittelbar geltenden Verordnung zulässig ist, ergibt sich aus Artikel 6 Absatz 2 Buchstabe b und d, Artikel 9 Absatz 2 der Verordnung (EU) 2016/679[2].

1 BVerfG, Urt. v. 15.12.1983 – 1 BvR 209/83, BVerfGE 65, 1, 44 = WKRS 1983, 11477.
2 BT-Drucks. 18/12611, S. 104/105.

4 Die Zulässigkeit von Abs. 2 basiert auf Artikel 6 Absatz 1 Buchstabe c und e in Verbindung mit Absatz 2 und Absatz 3 der Verordnung (EU) 2016/679 sowie hinsichtlich besonderer Kategorien von Daten auf Artikel 9 Absatz 2 Buchstabe b beziehungsweise h sowie j der Verordnung (EU) 2016/679.

5 Abs. 3 wird auf Grundlage des Artikels 6 Absatz 1 Buchstabe c und e, Absatz 2 und Absatz 3 Satz 1 Buchstabe b, Satz 2 sowie hinsichtlich besonderer Kategorien von Daten gestützt auf Artikel 9 Absatz 2 Buchstabe b beziehungsweise h der Verordnung (EU) 2016/679 beibehalten[3].

6 Die Zulässigkeit von Abs. 4 ergibt sich aus Artikel 6 Absatz 1 Buchstabe c und e in Verbindung mit Absatz 2 und Absatz 3 Satz 1 Buchstabe b, Satz 2 sowie hinsichtlich besonderer Kategorien von Daten aus Artikel 9 Absatz 2 Buchstabe b beziehungsweise h der Verordnung (EU) 2016/679[4].

7 Die Grundsätze für die Verarbeitung personenbezogener Daten gemäß Art. 5 Abs. 1 DSGVO sind hier ebenfalls von besonderer Bedeutung: Rechtmäßigkeit, Verarbeitung nach Treu und Glauben, Transparenz (lit. a); Zweckbindung (lit. b); Datenminimierung (lit. c); Richtigkeit (lit. d); Speicherbegrenzung (lit. e); Integrität und Vertraulichkeit (lit. f) sowie die Rechenschaftspflicht (Abs. 2).

II. Die Zweckbindung nach Abs. 1

8 Nach Abs. 1 Satz 1 ist das Speichern, Verändern oder Nutzen zulässig, wenn es zur Erfüllung der in der Zuständigkeit des Verantwortlichen liegenden gesetzlichen Aufgaben dient, und wenn die Daten für diese Zwecke erhoben worden sind. Für den Fall, dass keine Datenerhebung vorausgegangen ist, sieht Abs. 1 Satz 2 vor, dass die Daten nur für die Zwecke geändert oder genutzt werden dürfen, für die sie gespeichert worden sind (Zweckbindungsgrundsatz gemäß Art. 5 Abs. 1 lit. b DSGVO). Mit dem Grundsatz der Zweckbindung ist der Gesetzgeber dem Volkszählungsurteil des Bundesverfassungsgerichts gefolgt, wonach sowohl für die Erhebung als auch für die Verwendung von Sozialdaten der Verwendungszweck bereichsspezifisch und präzise bestimmt werden soll. Zudem entspricht die Regelung Art. 5 Abs. 1 lit. b DSGVO. Sinn dieser Regelung ist es, eine Zweckidentität zwischen der Erhebung und der Speicherung von Sozialdaten und ihrer weiteren Verwendung zu garantieren.[5]

9 Der Begriff der **Aufgabenerfüllung** umfasst die Bereiche, in denen die Sozialleistungsträger im Regelfall aufgrund eines Versicherungsverhältnisses zur Erbringung von Sozialleistungen oder zur Erfüllung sonstiger gesetzlicher Pflichten des SGB tätig werden. Hierbei ist die Aufgabenerfüllung nicht auf einzelne SGB, sondern auf alle Bücher des SGB zu beziehen. Der Begriff der Aufgabenerfüllung ist mithin nicht nur auf die verschiedenen Bereiche der Sozialversicherung, sondern auch auf den Bereich der Gewährung von Grundsicherungsleistungen für Arbeitssuchende nach dem SGB II oder der Hilfe zum Lebensunterhalt (Sozialhilfe) nach dem SGB XII anzuwenden. Sie gilt insoweit über das SGB hinaus für alle Leistungen, welche den Lebensunterhalt des Einzelnen betreffen (z.B. BAFöG, OEG usw.). Das Zulässigkeitskriterium der Aufgabenerfüllung beinhaltet auch die Rechtmäßigkeit der Erledigung sowie das Tätigwerden der zuständigen Stelle. Zulässig ist die Speicherung, Veränderung oder Nutzung der Daten nur insoweit, wie sich dieses mit dem Aufgabenbereich der verantwortlichen Stelle deckt.[6] So kann auch der Gesundheitszustand wichtig für die Entscheidung der verantwortlichen Stelle sein. Zu Recht weist *Bieresborn* darauf hin, dass z.B. die Schwangerschaft für die Vermittlungsbemühungen des Jobcenters von Bedeutung sein kann.[7] Die fehlerhafte, ggf. vorsätzlich falsche Angabe, wie dieses in Vorstellungsgesprächen zulässig ist, wird hier wohl nicht praktiziert. Die Verneinung einer bestehenden Schwangerschaft würde letztlich dazu führen, dass

3 BT-Drucks. 18/12611, S. 105.
4 BT-Drucks. 18/12611, S. 105.
5 Vgl. auch *Binne*, Das neue Recht des Sozialdatenschutzes, NZS 1995, 97, 103.
6 Fichte/Plagemann/*Hornung/Seidel*, Handbuch des Sozialverwaltungsverfahrensrechts, 2. Aufl. 2016, § 6 Rn. 17.
7 V. Wulffen/Schütze/*Bieresborn*, Kommentar zum SGB X, 8. Aufl. 2014, § 67c SGB X Rn. 4a.

das Jobcenter ein Beschäftigungsangebot vermittelt, dass wegen der Schwangerschaft nicht angetreten werden könnte. Damit würde die Kundin letztlich eine Sperrzeit oder Kürzung ihrer Arbeitslosenbezüge riskieren, was bei entsprechender Mitteilung vermeidbar wäre.

Aus dem Begriff der **Erforderlichkeit** ergibt sich, dass die Verarbeitung von Sozialdaten nicht allein 10
auf das Vorhandensein technischer Möglichkeiten und das Interesse der Verwaltung an ihrem Einsatz gestützt werden kann, sondern dass sich der Staat stets auf das zur rechtmäßigen Erfüllung seiner Aufgaben unerlässliche Minimum beschränken muss. Dies korrespondiert auch mit den Grundsätzen der Verwaltungsmäßigkeit und der Datenminimierung (Art. 5 Abs. 1 lit. c DSGVO). Aus diesem Grund ist ein strenger Maßstab anzulegen, wenn es um die Frage geht, welche Daten zur Aufgabenerfüllung gebraucht werden. Es geht hier vorrangig nicht darum, wie der Verantwortliche seine Aufgaben am einfachsten erfüllen kann, sondern um die Minimierung der zu speichernden Daten.

Aus den Begrifflichkeiten »Aufgabenerfüllung« und »Erforderlichkeit« ergibt sich zwingend, dass 11
eine Vorratsdatenhaltung nicht zulässig ist. Es dürfen nur die Daten erhoben werden, die für die zweckdienliche Aufgabenerledigung unbedingt notwendig sind. Zu beachten ist dabei, dass es sich um die konkrete Aufgabenerledigung des Verantwortlichen handeln muss, und es sich insoweit um die Zweckbindung handelt.[8] Für die einzelnen Bereiche der Sozialversicherungen sind die Zwecke konkret benannt, für welche die Zulässigkeit nach Abs. 1 notwendig ist. Hier handelt es sich um § 50 Abs. 4 SGB II, § 394 SGB III, § 284 SGB V, § 148 SGB VI, § 199 SGB VII sowie § 94 SGB XI. Soweit Daten über die in den genannten Vorschriften hinaus gespeichert, verändert oder genutzt werden sollen, ist dieses von Abs. 1 nicht gedeckt.

Soweit die Voraussetzungen Aufgabenerfüllung und Erforderlichkeit erfüllt werden, ist die Zuständig- 12
keit festzustellen. Dabei ist für die betroffene Person konkret darzustellen, welche Stelle letztlich verantwortlich ist. Dabei ist es nicht ausgeschlossen, dass z.B. durch Falschberatung ein Herstellungsanspruch entsteht.[9]

III. Zweckänderung nach Abs. 2

Der **Grundsatz der Zweckbindung** folgt aus Abs. 1 Satz 1. Mit dieser Ausgestaltung des Gesetzes 13
ist der Gesetzgeber dem Volkszählungsurteil des Bundesverfassungsgerichts gefolgt, wonach sowohl für die Erhebung als auch für die Verwendung von Sozialdaten der Verwendungszweck bereichsspezifisch und präzise bestimmt werden soll.[10] Zudem entspricht die Regelung Art. 5 Abs. 1 lit. b DSGVO (siehe Rdn. 8). Sinn dieser Regelung ist es, eine **Zweckidentität** zwischen der Erhebung und der Speicherung von Sozialdaten und ihrer weiteren Verwendung zu garantieren.[11]

Nach Abs. 2 dürfen die gespeicherten Daten von derselben Stelle für andere Zwecke nur gespeichert, 14
verändert oder genutzt werden, wenn die in den Nummern 1 bis 3 normierten Ausnahmen vorliegen (Zweckänderung). Diese Ausnahmeregelung des Abs. 2 richtet sich ausschließlich an den Leistungsträger, der die Daten gem. Abs. 1 gespeichert hat. Die Ausnahmetatbestände sind alternativ anzuwenden und müssen nicht kumulativ erfüllt werden.[12] Hintergrund für die mehrfache Verwendung der Speicherung, Veränderung oder Nutzung der Daten ist, dass für ähnlich Sachverhalte derselben zuständigen Stelle die Daten nicht erneut erhoben werden müssen. Ausweislich der Gesetzesbegründung ist zu berücksichtigen, dass es sich auch bei den in § 67c Absatz 2 geregelten Ver-

8 Siehe auch Krahmer/*Meißner*, Sozialdatenschutz, 4. Aufl. 2020, § 67c Rn. 5 mit Hinweis auf den nicht mehr relevanten Meinungsstreit, ob eine allgemeine Aufgabenbeschreibung ausreichend ist oder eine konkrete gesetzliche Aufgaben- oder Befugnisbeschreibung erforderlich ist.

9 BSG, Urt. v. 26.04.2005 – B 5 RJ 6/04 R, WKRS 2005, 19180 = Eichenhofer/Wenner/*Boecken*, Kommentar zum SGB VI, 1. Aufl. 2014, § 241 SGB VI Rn. 28.

10 BVerfG, Urt. v. 15.12.1983 – 1 BvR 209/83, BVerfGE 65, 1, 44 = WKRS 1983, 11477.

11 Vgl. auch *Binne*, Das neue Recht des Sozialdatenschutzes, NZS 1995, 97, 103.

12 So auch Hauck/Noftz/*Rombach*, SGB X-Kommentar, Lfg XI/18, § 67c Rn. 49 »alternativ zu Nr. 1«.

arbeitungsvorgängen um Speicherung, Veränderung oder Nutzung von Sozialdaten im Sinne des § 67b handelt, mit der Folge, dass die besonderen Kategorien von personenbezogenen Daten über die entsprechende Anwendung des § 22 Absatz 2 BDSG auch bei der Verarbeitung zu anderen Zwecken durch geeignete Garantien geschützt werden.[13]

15 Nach Abs. 2 Nr. 1 dürfen die Daten für andere Zwecke als für die, für die sie erhoben worden sind, verwendet werden, wenn die Aufgabenerfüllung nach anderen Vorschriften des SGB dies erfordert. Mit dieser Ausnahme verdeutlicht der Gesetzgeber, dass er alle einem Leistungsträger im SGB zugewiesenen Aufgaben als informationelle Einheit ansieht. Soweit Sozialdaten für die Erfüllung einer dieser Aufgaben zulässig erhoben worden sind, verletzt es nach diesem Konzept nicht das informationelle Selbstbestimmungsrecht der betroffenen Person, wenn der Leistungsträger diese Daten auch für die Erfüllung anderer ihm im SGB zugewiesenen Aufgaben verwendet.

16 Eine solche Ausnahme nach Abs. 2 Nr. 1 liegt z.B. dann vor, wenn ein Träger der gesetzlichen Unfallversicherung zunächst eine Maßnahme zur medizinischen Rehabilitation durchführt und anschließend die aus dieser Maßnahme gewonnenen ärztlichen Unterlagen für die Entscheidung über eine Verletztenrente verwendet. Durch die Verwendung des medizinischen Gutachtens wird eine doppelte Erhebung der Sozialdaten vermieden, was nicht nur die betroffene Person entlastet, sondern auch der sparsamen Haushaltsführung dient.[14] Gleiches gilt z.B. auch für die mehrfache Verwendung durch die Bundesagentur für Arbeit. Dort kann für die Gewährung von Leistungen wie der eines Gründungszuschusses nach § 93 SGB III auf die Daten zurückgegriffen werden, die Angabe über die Dauer des Arbeitslosengeldbezuges machen.[15] Fraglich dürfte jedoch sein, ob Abs. 2 Nr. 1 auch die Verwendung von Sozialdaten abdeckt, die bei einer Krankenkasse erhoben wurden und nun für die Bearbeitung eines Antrages bei der Pflegekasse verwendet werden sollen. Auch unter dem Aspekt, dass Pflegekassen bei den jeweiligen Krankenkassen anzusiedeln sind (§ 1 Abs. 3 SGB XI), dürfte hier eine solche Verarbeitung dem Datenschutz zuwider gehen. Eine doppelte Nutzung der Daten, wie im Fall zwischen Kranken- und Pflegekasse dürfte aber zulässigerweise möglich sein, wenn eine entsprechende Einwilligung vorliegt.

17 Nach Abs. 2 Nr. 2 alte Fassung lag eine weitere Ausnahme vom Zweckbindungsgrundsatz vor, wenn die betroffene Person in die zweckfremde Verwendung ihrer Daten **eingewilligt** hat. Diese Regelung ist ersatzlos entfallen, da die Einwilligung der betroffenen Person sich direkt aus der DSGVO, Art. 6 Abs. 1 lit. a bzw. Art. 9 Abs. 2 lit. a DSGVO ergibt.

18 Als zweite Ausnahme von dem Zweckbindungsgrundsatz sieht Abs. 2 Nr. 2 (ehemals Nr. 3) den Fall vor, dass die nach Abs. 1 gespeicherten Sozialdaten zur Durchführung eines bestimmten Vorhabens der wissenschaftlichen Forschung oder Planung im Sozialleistungsbereich erforderlich sind. Ferner müssen die Voraussetzungen des § 75 Abs. 1, 2 oder 4a Satz 1 vorliegen. Hier ist zu beachten, dass die wissenschaftliche Planung und Forschung demselben Leistungsträger obliegen muss, der die Daten nach Absatz 1 gespeichert, verändert oder erhoben hat. Eine Ausnahme von der Zweckbindung ist nach Abs. 2 Nr. 2 dann möglich, wenn die Forschung oder Planung bereits frühzeitig einsetzt. Frühzeitig bedeutet in diesem Zusammenhang, dass bereits bei der Planung eines Vorhabens Vorkehrungen hinsichtlich der erforderlichen Daten zu treffen sind. Rein vorsorgliches Datensammeln ist grundsätzlich nicht zulässig. Die Daten sind im Übrigen zu anonymisieren. Der Verantwortliche hat sich gemäß den Anforderungen der DSGVO zu vergewissern, ob entsprechende Sicherheitsvorkehrungen getroffen wurden, die einer datenschutzrechtlichen Prüfung standhalten. Besonderes Augenmerk ist darauf zu legen, dass durch die Weitergabe der Sozialdaten an die wissenschaftliche Einrichtung keine Nachteile für die betroffene Person entstehen dürfen.

13 BT-Drucks. 18/12611, S. 105.

14 JurisPK-SGB X, Schlegel/Völzke/*Burdinski*, 3. Aufl. 2016, § 69 SGB X Rn. 34 ff.

15 Eicher/Schlegel/*Link*, SGB III-Arbeitsförderungsrecht, § 93 SGB III Rn. 140.

IV. Die Ausnahmeregelung des Abs. 3

Nach Abs. 3 Satz 1 liegt eine Speicherung, Veränderung oder Nutzung für andere Zwecke nicht vor, 19 wenn sie für die Wahrnehmung von Aufsichts-, Kontroll- und Disziplinarbefugnissen, der Rechnungsprüfung oder der Durchführung von Organisationsuntersuchungen für die verantwortliche Stelle im Rahmen der aufgeführten Aufgaben erforderlich ist. Die Wahrnehmung der Aufsichtsbefugnisse obliegt den in § 90 SGB IV genannten Aufsichtsbehörden. Die Aufsicht umfasst die Rechtmäßigkeit und – soweit es die Prävention in der gesetzlichen Unfallversicherung betrifft – auch den Umfang und die Zweckmäßigkeit der Maßnahmen. Gegenstand der Rechnungsprüfung ist es, die Rechnungslegung – also die Ein- und Ausgaben – des Leistungsträgers auf ihre Richtigkeit zu überprüfen. Die Rechnungsprüfung und die Geschäftsprüfung sind gem. § 88 SGB IV auch Aufgaben der Aufsichtsbehörden. Die Ausübung der Disziplinarbefugnisse ist Bestandteil der Dienstaufsicht und beinhaltet die Verhängung von Disziplinarmaßnahmen gegenüber den Beamten, Angestellten und Arbeitern des Leistungsträgers. Um die Erfüllung der in Abs. 3 Satz 1 genannten Aufgaben nicht dadurch zu erschweren, dass in jedem Einzelfall geprüft werden muss, ob eine Ausnahme nach Abs. 2 vorliegt, hat der Gesetzgeber in Abs. 3 Satz 1 bestimmt, dass insoweit keine Zweckänderung vorliegt. Es bleibt im Übrigen festzustellen, dass die in Abs. 3 Satz 1 normierte Ausnahmeregelung das Funktionieren der Verwaltung erst möglich macht. Andernfalls müsste in jedem Einzelfall eine Prüfung erfolgen, ob die Daten tatsächlich verarbeitet werden dürfen. Hinsichtlich der Rechnungsprüfung ist auch festzustellen, dass z.B. jeder Versicherte Anspruch auf eine korrekte Berechnung seiner beantragten Leistung hat. Das setzt voraus, dass die der Berechnung zu Grunde liegenden Daten auch der Rechnungsprüfung zugänglich sind. Gegenstand einer Organisationsuntersuchung kann auch sein, die Verwaltungskosten zu optimieren. Auch dafür müssen die Sozialdaten, dann in anonymisierter Form, zur Verfügung stehen.

Dies gilt nach Abs. 3 Satz 2 auch für die Veränderung und Nutzung zu Ausbildungs- und Prüfungs- 20 zwecken durch die verantwortliche Stelle, soweit nicht überwiegende schutzwürdige Interessen der betroffenen Person entgegenstehen. Überwiegen diese und hat die betroffene Person die Verwendung ihrer Sozialdaten für Ausbildungs- und Prüfungszwecke nicht ausdrücklich gebilligt, so muss von der Freigabe der Sozialdaten für Ausbildungs- und Prüfungszwecke abgesehen werden, oder die Sozialdaten müssen anonymisiert werden. Das schutzwürdige Interesse der betroffenen Person könnte bei der Verwendung von Diagnosedaten über schwere Krankheiten oder Verhaltensbewertungen gegen eine Verwendung für Ausbildungs- und Prüfungszwecke sprechen.[16] Das Interesse der Verwaltung an einer möglichst praxisnahen Ausbildung muss jedoch hinter dem Schutzbedürfnis der betroffenen Person zurückstehen.[17]

V. Die Zweckbeschränkung nach Abs. 4

Abs. 4 enthält eine **verstärkte Zweckbindung** für Sozialdaten, die ausschließlich zu Zwecken der 21 Datenschutzkontrolle, der Datensicherung oder zur Sicherstellung eines ordnungsgemäßen Betriebes einer Datenverarbeitungsanlage gespeichert werden. Das Besondere dieser verstärkten Zweckbindung ist, dass diese Sozialdaten auch unter den Voraussetzungen des Abs. 2 nicht für andere Zwecke verarbeitet werden dürfen. Mit dem 2. DS-AnpUG hat der Gesetzgeber die Verarbeitungsvorgänge begrifflich von »verwendet« in »verändert, genutzt und in der Verarbeitung eingeschränkt« konkretisierend umgeschrieben. Von der Regelung des Abs. 4 wird die Regelung des Abs. 3 nicht erfasst, da der Fiktion zufolge in diesen Fällen gerade keine Zweckänderung vorliegt, so dass die verstärkte Zweckbindung sich hier nicht auswirkt.

---

16 Krahmer/*Meißner*, Sozialdatenschutz, 4. Aufl. 2020, § 67c Rn. 7 mit Verweis auf Hauck/Noftz/*Rombach*, SGB X, Stand XI/18, § 67c Rn. 57.

17 Juris-PK-SGB X, Schlegel/Völzke/*Fromm*, 1. Aufl. 2013, § 67c Rn. 40; Fichte/Plagemann/*Hornung/Seidel*, Handbuch des Sozialverwaltungsverfahrensrechts, 2. Aufl. 2016, § 6 Rn. 37.

22 Mit der **Datenschutzkontrolle** wird zum einen die Tätigkeit des Bundesbeauftragten für den Datenschutz und zum anderen die Kontrolltätigkeit der Dienstaufsicht der Verwaltung einschließlich der Tätigkeit des internen Datenschutzbeauftragten gem. § 81 angesprochen.

23 Gegenstand der **Datensicherung**, wozu auch **die Sicherstellung eines ordnungsgemäßen Betriebes einer Datenverarbeitungsanlage** gehört, sind die Sicherungsmaßnahmen, die in technischer und organisatorischer Hinsicht erforderlich sind, um die Gebots- und Verbotsnormen der DSGVO und des SGB X wirkungsvoll zu unterstützen (Art. 32 DSGVO). Hierzu gehören beispielsweise die Maßnahmen, die es gewährleisten, dass ausschließlich den Berechtigten die Benutzung des Datenverarbeitungssystems möglich ist. Wurden Sicherungskopien, in welcher personenbezogene Daten enthalten sind, zum Zweck der Datensicherung und des ordnungsgemäßen Betriebs der Datenverarbeitungsanlage angefertigt, ist eine Wiederherstellung der Originaldateien aus der Sicherungskopie heraus unzulässig wenn dies nicht dem Zweck des Abs. 4 dient. Das gilt insbesondere dann, wenn der Zweck der Datenerhebung zwischenzeitlich nicht mehr vorliegt.[18]

VI. Die Zweckbindung für Forschung oder Planung nach Abs. 5

24 Nach Abs. 5 Satz 1 dürfen Sozialdaten, die für Zwecke der wissenschaftlichen Forschung oder Planung im Sozialleistungsbereich erhoben oder gespeichert worden sind, nur für **ein bestimmtes Vorhaben der wissenschaftlichen Forschung oder Planung im Sozialleistungsbereich** verändert oder genutzt werden. Mit diesem Merkmal wollte der Gesetzgeber erreichen, dass die Sozialdaten, die für den Zweck Forschung oder Planung im Sozialleistungsbereich erhoben oder gespeichert worden sind, an ein bestimmtes Vorhaben gekoppelt sind; anderenfalls könnten die Daten für jedes weitere Forschungsprojekt verändert oder genutzt werden, da der Zweck – die Forschung oder Planung – der gleiche bleiben würde.

25 Der Gesetzesbegründung ist hierzu zu entnehmen: *Nach Artikel 5 Absatz 1 Buchstabe b 2. Halbsatz der Verordnung (EU) 2016/679 gilt eine Weiterverarbeitung personenbezogener Daten für wissenschaftliche Forschungszwecke gemäß Artikel 89 Absatz 1 der Verordnung (EU) 2016/679 nicht als unvereinbar mit den ursprünglichen Zwecken. Demnach können die verantwortlichen Datenerheber (Erstverarbeiter) die personenbezogenen Daten, die ursprünglich für einen anderen Zweck erhoben wurden, für Forschungszwecke weiterverarbeiten. Die in § 35 SGB I genannten Stellen dürfen die Sozialdaten, die sie ursprünglich bei der Erfüllung ihrer gesetzlichen Aufgaben erhoben haben, für Forschungszwecke verändern oder nutzen. Mit der Pflicht zur Anonymisierung von Sozialdaten, sobald dies nach dem Forschungs- und Planungszweck möglich ist, wird dem informationellen Selbstbestimmungsrecht Rechnung getragen*[19].

26 Solche wissenschaftlichen Forschungsvorhaben ergeben sich u.a. aus dem SGB III. Hier soll das der Bundesagentur für Arbeit angeschlossene Institut für Arbeitsmarkt- und Berufsforschung den Arbeitsmarkt erforschen, um politische Akteure auf allen Ebenen kompetent zu beraten. Rechtsgrundlage hierfür ist § 282 SGB III. § 282 Abs. 5 SGB III gibt den rechtlichen Rahmen vor, nach welchem die Bundesagentur für Arbeit dem Institut für Arbeitsmarkt- und Berufsforschung die von ihr erhobenen Daten zur Verfügung stellt. Darüber hinaus kann das Institut für Arbeitsmarkt- und Berufsforschung selbst Daten erheben, wenn diese im Rahmen der Tätigkeit der Bundesagentur für Arbeit nicht anfallen.[20]

27 Nach Abs. 5 Satz 2 sind die Sozialdaten zu **anonymisieren**, sobald dies nach dem Forschungs- oder Planungszweck möglich ist. Der Begriff der Anonymisierung ist allerdings gesetzlich nicht mehr definiert und kann nur in Abgrenzung von dem Begriff der Pseudonymisierung ermittelt werden. Bis zu einer Anonymisierung sind die Merkmale, die den Bezug der Sozialdaten zu einer bestimmten oder bestimmbaren Person ermöglichen, nach Abs. 5 Satz 3 **gesondert zu speichern**. Ein Zusammen-

---

18 VGH BW, Urt. v. 30.07.2014 – 1 S 1352/13, WKRS 2014, 23851.

19 BT-Drucks. 18/12611, S. 105.

20 Eicher/Schlegel/*Böttiger*, SGB III-Arbeitsförderungsrecht, 2016, § 282 SGB III, Rn. 54–55 mit Hinweis auf Mutschler/Schmidt-De Caluwe/Coseriu/*Jüttner*, 5. Aufl. 2013, § 282 SGB III Rn. 16–17.

führen der Merkmale mit den Einzelangaben ist nach Abs. 5 Satz 4 nur zur Erfüllung des Forschungszwecks zulässig. Diese Regelungen zeigen, dass hier eine ständige Abwägung zwischen der Wissenschaftsfreiheit und dem Recht auf informationelle Selbstbestimmung vorzunehmen ist. Nur soweit der Forschungs- oder Planungszweck es erfordert, sind Einschränkungen des informationellen Selbstbestimmungsrechts hinnehmbar.

Werden Sozialdaten unter Missachtung der Zulässigkeitsregelung gespeichert, so sind sie gemäß Art. 5 Abs. 1 lit. d und 17 DSGVO, ggf. unter Beachtung von § 84 zu löschen. Werden Daten unter Verletzung der Zulässigkeitsregelung verändert, sind die vorgenommenen Veränderungen nach Art. 5 Abs. 1 lit. d und 16 DSGVO, ggf. unter Beachtung von § 84 zu berichtigen. 28

Sofern eine unzulässige Nutzung erfolgt ist, die in der bloßen Kenntnisnahme, dem Abgleichen oder bloßen Feststellen der Daten besteht, kann dies nicht mehr rückgängig gemacht werden. Sind die Daten jedoch mit einer bestimmten Zweckbestimmung ausgewertet, zusammengestellt oder abgerufen und in diesem Zusammenhang schriftlich festgehalten worden, so ist das Ergebnis der Auswertung, Zusammenstellung oder des Abrufs zu vernichten und gegebenenfalls zu löschen. Eventuelle Schadenersatzansprüche oder die Anwendung der Straf- und Bußgeldvorschriften sind in §§ 85, 85a und Art. 83 DSGVO geregelt. 29

§ 67d Übermittlungsgrundsätze

(1) [1]Die Verantwortung für die Zulässigkeit der Bekanntgabe von Sozialdaten durch ihre Weitergabe an einen Dritten oder durch die Einsichtnahme oder den Abruf eines Dritten von zur Einsicht oder zum Abruf bereitgehaltenen Daten trägt die übermittelnde Stelle. [2]Erfolgt die Übermittlung auf Ersuchen des Dritten, an den die Daten übermittelt werden, trägt dieser die Verantwortung für die Richtigkeit der Angaben in seinem Ersuchen.

(2) Sind mit Sozialdaten, die übermittelt werden dürfen, weitere personenbezogene Daten der betroffenen Person oder eines Dritten so verbunden, dass eine Trennung nicht oder nur mit unvertretbarem Aufwand möglich ist, so ist die Übermittlung auch dieser Daten nur zulässig, wenn schutzwürdige Interessen der betroffenen Person oder eines Dritten an deren Geheimhaltung nicht überwiegen; eine Veränderung oder Nutzung dieser Daten ist unzulässig.

(3) Die Übermittlung von Sozialdaten ist auch über Vermittlungsstellen im Rahmen einer Auftragsverarbeitung zulässig.

Übersicht

A. Inhalt

Die Vorschrift normiert die Verantwortung für die Übermittlung, die Übermittlung von Verbunddaten und die Übermittlung über Vermittlungsstellen. Durch die DSGVO ist ihre Bedeutung als grundlegende Norm für die Übermittlung allerdings entfallen. Der Begriff der Übermittlung ist in Artikel 4 Nr. 2 DSGVO aufgeführt und fällt unter den Begriff »Verarbeitung«. Da es durch die Übermittlung möglich ist, dass die Sozialdaten den Bereich, in dem sie erhoben und gespeichert worden sind, verlassen, liegt hierin eine besondere Gefahr für das informationelle Selbstbestimmungsrecht des Einzelnen. Auf das Recht der informationellen Selbstbestimmung des Einzelnen hat bereits das BVerfG entsprechend hingewiesen.[1] § 67d kommt daher eine besondere Bedeutung zu. 1

1 BVerfG, Urt. v. 15.12.1983 – 1 BvR 209/83, WKRS 1983, 11477.

B. Entstehungsgeschichte

2 Die Vorschrift ist durch das Gesetz vom 13.06.1994 (BGBl. I, S. 1229) geschaffen worden. Sie wurde geändert durch das Gesetz vom 18.05.2001 (BGBl. I, S. 904). Mit dem BVG-Änderungsgesetz vom 17.07.2017 (BGBl. I, S. 2541), das zum 25.05.2018 in Kraft trat (Art. 99 Abs. 2 DSGVO und Art. 24 BVG), erfolgten Änderungen zur Anpassung an die Verordnung (EU) 2016/679.

C. Erläuterungen

I. Relevante Normen der DSGVO und des BDSG

3 Bis zum Volkszählungsurteil des Bundesverfassungsgerichts[2] galt der Grundsatz der Informationseinheit der Verwaltung. Dieser Grundsatz wurde dahingehend beschränkt, dass die Verwendung und Übermittlung von Sozialdaten auf den gesetzlich bestimmten Zweck begrenzt worden ist. Konnte die Übermittlung der Sozialdaten früher mit dem Argument der Informationseinheit begründet werden, wonach die Sozialleistungsträger im Rahmen der Amtshilfe (vgl. § 68 SGB X a.F.) zur Übermittlung der Sozialdaten berechtigt oder verpflichtet waren, so ist dies heute nicht mehr möglich.

4 Die allgemeinen Grundsätze für die Übermittlung von personenbezogenen Daten und somit auch für Sozialdaten sind nun in der DSGVO aufgeführt. Abs. 1 der alten Fassung dieser Norm ist deshalb entfallen. Der europäische Gesetzgeber hat an dem **Verbot mit Erlaubnisvorbehalt bzw. Einwilligungsvorbehalt** auch in der DSGVO festgehalten[3]. Dies gilt auch für den im nationalen Recht geregelten Sozialdatenschutz und die bereichsspezifischen Regelungen[4]. Sozialdaten sind daher kein beliebig nutzbares Informationsmittel, sondern ihre Verwendung und Übermittlung sind von einer besonderen Legitimation abhängig. Die Regelungen in Art. 6 DSGVO schließen die Möglichkeit einer Übermittlung auf Grund von Satzungen oder Rechtsverordnungen aus. Die Übermittlung ist eine der Datenverarbeitungen im Sinne von Art. 4 Nr. 2 DSGVO.

5 Der Begriff der *Übermittlung* fällt unter den Begriff der *Verarbeitung* gemäß Art. 4 Nr. 2 DSGVO. Eine Übermittlung kann aufgrund einer Einwilligung gemäß Art. 6 Abs. 1 lit. a bzw. Art. 9 Abs. 2 lit. a DSGVO oder einer der in Art. 6 aufgeführten gesetzlichen Grundlagen und Öffnungsklauseln gemäß Art. 9 Abs. 2 ab lit. b ff. DSGVO erfolgen. Bereichsspezifische Rechtsgrundlagen ergeben sich in Ableitung aus den vorgenannten DSGVO-Normen in den §§ 68 bis 77. Das BDSG enthält keine entsprechende Norm.

II. Die Verantwortlichkeit für die Übermittlung nach Abs. 1

6 In Abs. 1 Satz 1 ist festgelegt, wie die Verantwortung für die Zulässigkeit der Datenübermittlung zwischen der übermittelnden Stelle und dem Dritten, an den die Daten übermittelt werden, verteilt ist. Danach trägt grundsätzlich die übermittelnde Stelle die **alleinige** Verantwortung für die Datenübermittlung. Diese Regelung basiert auf dem Grundgedanken, dass die übermittelnde Stelle mit dem Verantwortlichen identisch ist und daher die Speicherungsgründe am besten kennt. Folglich kann die übermittelnde Stelle die mit der Weiterverarbeitung verbundene Zweckentfremdung einschätzen und beurteilen. Die Preisgabe bzw. Zweckentfremdung der Daten ist Gegenstand jeder Datenübermittlung. Die Datenübermittlung steht demzufolge im Widerspruch zu dem Grundsatz der Zweckbindung, wonach sich die weitere Verwendung der Sozialdaten an dem Erhebungszweck orientieren soll (vgl. § 67c Abs. 1). Aus diesem Grund ist es konsequent, die übermittelnde Stelle, die die Daten zur Erfüllung eigener Aufgaben mit Rücksicht auf konkret verfolgte Zwecke erhoben und gespeichert hat, zu verpflichten (vgl. § 67c Abs. 1), die Verantwortung für die Weitergabe der

2 Vgl. BVerfGE 65, 1 ff.; BVerfG, Urt. v. 15.12.1983 – 1 BvR 209/83, WKRS 1983, 11477.

3 Siehe auch Ehmann/Selmayr/*Heberlein*, DSGVO-Kommentar, 2017, Art. 6 Rn. 1; Gola/*Schulz*, DSGVO-Kommentar, 2017, Art. 6 Rn. 2.

4 Siehe auch Ehmann/Selmayr/*Heberlein*, DSGVO-Kommentar, 2017, Art. 6 Rn. 2.

Daten zu übernehmen. Das setzt im Übrigen auch voraus, dass die übermittelnde Stelle erst dann die Daten übermittelt, wenn ein entsprechendes Gesuch vorliegt. Dieses Übermittlungsgesuch muss alle Angaben zur Erforderlichkeit und zum Zweck enthalten, da nur dann eine entsprechende Prüfung durch die übermittelnde Stelle möglich ist.[5] Diese Prüfung schließt ein, dass die übermittelnde Stelle die konkreten Aufgaben der anfordernden Stelle kennt und so prüfen kann, ob die durch die entsprechenden Gesetze vorgegebenen Rahmenbedingungen eingehalten werden (Rechtmäßigkeitskontrolle).[6]

Nach Abs. 2 Satz 2 trägt der Dritte, an den die Daten übermittelt werden, die Verantwortung für 7
die Richtigkeit der Angaben in seinem Ersuchen, soweit die Übermittlung auf sein Betreiben hin erfolgt. Dabei hat die ersuchende Stelle allerdings auch die Pflicht, nur bei der Stelle die Daten zu erbitten, welche die benötigten Daten überhaupt gespeichert haben kann. Hier sei auf die Entscheidung des OLG Karlsruhe hingewiesen, dass eine Übermittlung der Sozialdaten durch den Rentenversicherungsträger an die Gerichtsbarkeit zum Zweck der Durchführung eines Strafverfahrens für zulässig hält.[7] Auch hier bleibt aber die übermittelnde Stelle verpflichtet zu prüfen, ob die gewünschte Übermittlung durch eine Rechtsvorschrift des SGB X gedeckt ist oder nicht und welche Sozialdaten übermittelt werden dürfen. Soweit die Übermittlung der Sozialdaten auf **das Ersuchen** des Dritten zurückzuführen ist, beschränkt sich die Verantwortung des Empfängers auf die Richtigkeit seiner eigenen Angaben.

Die übermittelnde Stelle ist gegenüber der betroffenen Person nicht nur verpflichtet, die Datenüber- 8
mittlung zu begründen, sie haftet nach Art. 82 DSGVO auch für Rechtsverletzungen.

Für ein Übermittlungsersuchen sind zum einen hinreichend präzise Angaben zur Identifizierung 9
der betroffenen Person erforderlich, zum anderen muss die übermittelnde Stelle in der Lage sein, sich anhand der gemachten Angaben ein Bild von der Aufgabe zu machen, zu deren Erfüllung die Daten erbeten werden. Die Verknüpfung dieser beiden Kriterien ermöglicht es der übermittelnden Stelle, zu beurteilen, ob die Aufgabenerfüllung die Übermittlung der Daten der betroffenen Person tatsächlich erfordert. Nicht zu den Kontrollaufgaben der übermittelnden Stelle gehört es, die Beachtung des Ersterhebungsgrundsatzes gem. § 67a Abs. 2 Satz 1 SGB X zu überprüfen.

Ob die Anforderung hinreichend präzisiert ist, ist gerichtlich nachprüfbar. So hat das LSG Nieder- 10
sachsen-Bremen entschieden, dass eine Akteneinsicht oder leihweise Hergabe von Krankenunterlagen nur dann zulässig ist, »*wenn die konkreten Anhaltspunkte/Hinweise der übermittelnden Stelle vorliegen, also – auch bei Anforderung – von der die Übermittlung anfordernden Stelle mitgeteilt werden*«.[8]

III. Die Übermittlung verbundener Daten nach Abs. 2

Nach Abs. 2 ist in Fällen, in denen die zulässig zu übermittelnden Sozialdaten eng mit weiteren 11
personenbezogenen Daten der betroffenen Person oder eines Dritten verbunden sind, es für diese verbundenen Daten an einer eigenen Übermittlungsbefugnis fehlt und die Verbindung nicht oder nur mit unvertretbarem Aufwand getrennt werden kann, eine Übermittlung dieser Daten nur zulässig, wenn schutzwürdige überwiegende Interessen der betroffenen Person oder eines Dritten an der Geheimhaltung dieser Daten nicht entgegenstehen.

---

5 GRA, Stand 30.12.2015, veröffentlicht 12.11.2019, § 67d Abschnitt 4.1/4.1.1 sowie Abschnitt 3 »vor jeder Beantwortung ist eine Prüfung der Voraussetzungen vorzunehmen«, einsehbar unter: www.rvrecht.deutsche-rentenversicherung.de.

6 Krahmer/*Meißner*, Sozialdatenschutz 4. Aufl. 2020, § 67d SGB X Rn. 5; Hauck/Noftz/*Rombach*, SGB X, Stand XI/18, § 67d Rn. 24 ff.

7 OLG Karlsruhe, Beschl. v. 11.10.2006 – 3 Ws 374/06, WKRS 2006, 25570; zur Herausgabe der Sozialdaten im Verfahren bei bestehendem Verdacht der falschen Verdächtigung wegen Kindesmissbrauch LG Aurich, Beschl. v. 15.04.2011 – 12 Qs 43/11, WKRS 2011, 18380.

8 LSG Niedersachsen-Bremen, Urt. v. 11.11.2009 – L 1 KR 152/08, WKRS 2009, 36370.

12 Die Verwendung des Begriffs »personenbezogene Daten« stellt ein **redaktionelles Versehen** dar, denn der Gesetzgeber hat sich insgesamt für die Einführung des Terminus »Sozialdaten« entschieden und auf diesem Wege den bisher verwandten Begriff der »personenbezogenen Daten« ersetzt, ohne jedoch eine inhaltliche Änderung zu bewirken.

13 Das Besondere an Abs. 2 ist darin zu sehen, dass der Gesetzgeber hier eine Übermittlungsbefugnis für die Daten geschaffen hat, für die gerade keine Übermittlungsbefugnis gegeben ist. Die Übermittlungsbefugnis liegt nur dann vor, wenn eine gesetzliche Übermittlungsbefugnis nach den §§ 68 bis 77 oder nach einer anderen Rechtsvorschrift in diesem Gesetzbuch gegeben ist. Bei den verbundenen Daten kann es sich um weitere Daten der betroffenen Person handeln, in Betracht kommen aber auch die Daten eines Dritten, die ebenfalls Bestandteil des betreffenden Vorgangs sein können.

14 Ist eine Trennung verbundener Daten nur mit einem **unvertretbaren Aufwand** möglich, kommt es auf das schutzwürdige Interesse an einer Nichtübermittlung an.[9] Anhaltspunkte für ein schutzwürdiges Geheimhaltungsinteresse der betroffenen Person können in der Sensibilität und Intimität der Sozialdaten begründet sein (z.B. medizinische Sozialdaten). Der Trennungsaufwand ist vertretbar, wenn die Daten, für die keine Übermittlungsbefugnis besteht, lediglich geschwärzt oder der nicht automatisierten Datei bloß entnommen werden müssen. In Einzelfällen kann jedoch das bloße Schwärzen der Daten den unvertretbaren Aufwand begründen, wenn das vollständige Entfernen der überschießenden Daten nur gelingt, indem die nicht automatisierte Datei mühsam und detailliert auf diese Daten hin untersucht werden muss. Das Veränderung bzw. die Nutzung dieser überschießenden Daten ist unzulässig. Dieses schließt nach dem Wortlaut sowie Sinn und Zweck der Norm bei der Stelle, welche die Daten angefordert hat, die anderen Formen der Datenverarbeitung wie Löschen, Sperren oder Speichern nicht aus.

15 Eine Übermittlung der überschießenden Daten ist nur zulässig, wenn die schutzwürdigen Interessen der betroffenen Person oder Dritten an der Geheimhaltung **nicht überwiegen**. Mit dieser Entscheidung stellt der Gesetzgeber die Interessen der betroffenen Person hinter die Interessen des Auskunftssuchenden. Soweit die schutzwürdigen Interessen eines Dritten an der Geheimhaltung der Daten überwiegen, ist eine gemeinsame Übermittlung der verbundenen Daten unzulässig.

IV. Die Vermittlungsstellen nach Abs. 3

16 Abs. 3 stellt klar, dass eine Übermittlung von Sozialdaten von Leistungsträgern auch über **sog. Vermittlungsstellen** an den eigentlichen Empfänger übermittelt werden. Vermittlungsstellen gibt es beispielsweise im Bereich der Rentenversicherung. Diese können der Datenstelle die Ausstellung von Versicherungsnachweisheften und Sozialversicherungsausweisen übertragen. Weitere im Rentenrecht vorgesehene Datenstellen sind die Rentenrechnungsstellen der Deutschen Post AG, die von Sozialdaten im Zusammenhang mit der Zahlung, Anpassung, Überwachung, Einstellung oder Abrechnung von Renten Kenntnis erlangen (vgl. § 151 SGB VI). § 145 SGB VI regelt dabei, dass die Träger der Rentenversicherung eine gemeinsame Datenstelle unterhalten, welche von der Deutschen Rentenversicherung Bund verwaltet wird. Dabei ist es ebenfalls gesetzlich geregelt, welche Daten von dieser Datenstelle gespeichert sein dürfen (§ 150 SGB VI).

17 Bei der Einschaltung von Vermittlungsstellen handelt es sich um eine Art Datenverarbeitung im Auftrag gemäß Art. 28 DSGVO in Verbindung mit § 80. Das Auftragsverhältnis besteht zwischen den Leistungsträgern (z.B. den Rentenversicherungsträgern) als Auftraggeber und den Datenstellen als Auftragnehmer. Oberster Grundsatz ist hier, dass der Auftraggeber für den Schutz der Sozialdaten verantwortlich bleibt. Dabei sind die in Art. 28 DSGVO und § 80 SGB X normierten Grundsätze des Auftragsverhältnisses zu beachten.

---

9 Nicht nur auf das berechtigte Interesse (vgl. Krahmer/*Meißner*, Sozialdatenschutz, 4. Aufl. 2020, § 67d Rn. 6).

§ 67e Erhebung und Übermittlung zur Bekämpfung von Leistungsmissbrauch und illegaler Ausländerbeschäftigung

[1]Bei der Prüfung nach § 2 des Schwarzarbeitsbekämpfungsgesetzes oder nach § 28p des Vierten Buches darf bei der überprüften Person zusätzlich erfragt werden,

1. **ob und welche Art von Sozialleistungen nach diesem Gesetzbuch oder Leistungen nach dem Asylbewerberleistungsgesetz sie bezieht und von welcher Stelle sie diese Leistungen bezieht,**
2. **bei welcher Krankenkasse sie versichert oder ob sie als Selbständige tätig ist,**
3. **ob und welche Art von Beiträgen nach diesem Gesetzbuch sie abführt und**
4. **ob und welche ausländischen Arbeitnehmerinnen und Arbeitnehmer sie mit einer für ihre Tätigkeit erforderlichen Genehmigung und nicht zu ungünstigeren Arbeitsbedingungen als vergleichbare deutsche Arbeitnehmerinnen und Arbeitnehmer beschäftigt.**

[2]Zu Prüfzwecken dürfen die Antworten auf Fragen nach Satz 1 Nummer 1 an den jeweils zuständigen Leistungsträger und nach Satz 1 Nummer 2 bis 4 an die jeweils zuständige Einzugsstelle und die Bundesagentur für Arbeit übermittelt werden. [3]Der Empfänger hat die Prüfung unverzüglich durchzuführen.

Übersicht

A. Inhalt

Die Vorschrift gewährt einerseits der Bundesagentur für Arbeit, den Hauptzollämtern und den 1
Rentenversicherungsträgern zur Bekämpfung von Leistungsmissbrauch und illegaler Beschäftigung von Ausländern ein zusätzliches Befragungsrecht bei der Erhebung und Übermittlung von Sozialdaten im Rahmen von § 2 SchwarzArbG und § 28p SGB IV. Andererseits ist durch die Benennung der entsprechenden Träger bereits die Anwendbarkeit auf die konkret benannten Stellen beschränkt. Die Rechtsnorm ist über die Möglichkeiten, die sich aus § 69 SGB X ergeben, hinaus anzuwenden und weitet damit den engen Radius der vorgenannten Rechtsnorm aus.[1]

B. Entstehungsgeschichte

Die Vorschrift ist durch das Gesetz vom 16.12.1997 (BGBl. I, S. 2970) geschaffen worden. Sie 2
wurde geändert durch die Gesetze vom 23.12.2003 (BGBl. I, S. 2848), vom 23.07.2004 (BGBl. I, S. 1842, 1852), vom 19.12.2007 (BGBl. I, S. 3024) und vom 21.12.2008 (BGBl. I, S. 2933). Mit dem BVG-Änderungsgesetz vom 17.07.2017 (BGBl. I, S. 2541) erfolgten lediglich redaktionelle Änderungen als Anpassungen an die Verordnung (EU) 2016/679.

C. Erläuterungen

I. Relevante Normen der DSGVO und des BDSG

Es handelt sich damit um eine bereichsspezifische Regelung zur Datenverarbeitung gemäß Artikel 6 3
Absatz 1 Buchstabe c und e in Verbindung mit Absatz 2 und Absatz 3 Satz 1 Buchstabe b, Satz 2 der Verordnung (EU) 2016/679. Sofern die Verarbeitung besondere Kategorien von Daten betrifft, basiert sie auf Artikel 9 Absatz 2 Buchstabe b beziehungsweise Buchstabe h der Verordnung (EU) 2016/679[2]. Eine entsprechende Norm gibt es im BDSG nicht.

---

1 Krahmer/*Meißner*, Sozialdatenschutz, 4. Aufl. 2020, § 67e SGB X Rn. 5.

2 BT-Drucks. 18/12611.

II. Die zusätzliche Erfragung nach Satz 1

4 Satz 1 benennt für die zusätzliche Erfragung vier Bereiche, die dort in Nr. 1 bis 4 aufgelistet sind. Auch im Rahmen der Anwendung von § 67e ist Voraussetzung, dass die Sozialdaten nur dann erhoben werden dürfen, wenn ein konkreter Anlass besteht und die Datenerhebung muss im Rahmen der ausdrücklich bezeichneten Prüfung erfolgen, sonst ist sie unzulässig.[3] Für die Träger der gesetzlichen Rentenversicherung muss die Anwendung von § 67e allerdings nicht anlassbezogen sein, sondern vielmehr soll die Rechtsnorm auch ohne Verdachtsmomente angewendet werden können.[4]

5 Nach Nr. 1 darf erfragt werden, ob und welche Art von Sozialleistungen nach dem SGB oder Leistungen nach dem Asylbewerberleistungsgesetz die überprüfte Person bezieht oder von welcher Stelle sie diese Leistungen bezieht. Dabei geht es im Rahmen der Überprüfungen nach § 2 des Schwarzarbeitsbekämpfungsgesetzes vom 23.07.2004 (BGBl. I, S. 1842), mit späteren Änderungen u.a. um Leistungsmissbrauch. Diese Prüfung wird durch die Behörden der Zollverwaltung durchgeführt. Sie werden unterstützt durch die in § 2 Abs. 2 SchwarzArbG genannten Behörden. Bei der Prüfung geht es vorrangig um melderechtliche Angelegenheit, die mit der Beschäftigung von Arbeitnehmern zusammenhängen. Bei den Prüfungen der Rentenversicherungsträger bei den Arbeitgebern nach § 28p SGB IV geht es ebenfalls um die Prüfung der mit der Beschäftigung oder selbständigen Tätigkeit sich aus der Rechtsnorm ergebenden notwendigen Meldepflichten. Ein Nebeneffekt, aber auch Ziel dieser Prüfungen ist die Aufdeckung von Leistungsmissbrauch, also von unrechtmäßiger Inanspruchnahme von Sozialleistungen oder vergleichbarer Leistungen, die dem Bezieher nicht, nicht mehr oder nicht in vollen Umfang zustehen.

6 Satz 1 Nr. 2 erlaubt die Erhebung, bei welcher Krankenkasse die überprüfte Person versichert oder ob sie als Selbständige tätig ist. Die Befragung zur Versicherteneigenschaft bezweckt die Aufdeckung von Schwarzarbeit und Scheinselbständigkeit. Scheinselbständige sind Erwerbstätige, die als selbständige Erwerbstätige bezeichnet werden, tatsächlich jedoch abhängig beschäftigt sind. Ziel der Scheinselbständigkeit ist es, die auf Grund der Beschäftigung anfallenden Sozialversicherungsbeiträge der Solidargemeinschaft der Beitragszahler sowie die auf die Arbeitslöhne entfallenden Steuerbeträge vorzuenthalten.

7 Nach Satz 1 Nr. 3 darf zusätzlich erfragt werden, ob und welche Art von Beiträgen die überprüfte Person nach dem Sozialgesetzbuch abführt. Wie bei Nr. 2 soll hier Scheinselbständigkeit und Schwarzarbeit, außerdem aber auch die Nichtabführung von Pflichtbeiträgen versicherungspflichtiger Selbständiger, aufgedeckt werden.

8 Satz 1 Nr. 4 erlaubt die Frage bei der überprüften Person, ob und welche ausländischen Arbeitnehmer sie mit einer für ihre Tätigkeit erforderlichen Genehmigung und nicht zu ungünstigeren Arbeitsbedingungen als vergleichbare deutsche Arbeitnehmer beschäftigt. Überprüfte Person ist stets der Arbeitgeber.[5] Die Befragung zielt auf die Aufdeckung illegaler Beschäftigung von Ausländern oder von Verstößen gegen das Arbeitnehmerentsendegesetz ab. Insoweit darf hier auf die Vermutungsregelung des § 7 Abs. 4 SGB IV hingewiesen werden.

III. Die Datenübermittlungen nach Satz 2

9 Nach Satz 2 ist es zulässig, dass die Normadressaten des Satzes 1 die erhaltenen Antworten zu Prüfzwecken bei Fragen nach Satz 1 Nr. 1 an den jeweils zuständigen Leistungsträger (also an die Sozialleistungsträger bzw. die nach dem Asylbewerberleistungsgesetz zuständigen Stellen) und bei Fragen nach Satz 1 Nr. 2 bis 4 an die jeweils zuständige Beitragseinzugstelle und die Bundesagentur für

3 Krahmer/*Meißner*, Sozialdatenschutz 4. Aufl. 2020, § 67e SGB X Rn. 5.

4 GRA (Gemeinsame Rechtliche Anweisungen) der Rentenversicherung, Stand 26.04.2018, veröffentlicht 20.08.2019, § 67e Abschnitt 1.2.

5 Krahmer/*Meißner*, Sozialdatenschutz, 4. Aufl. 2020, § 67e SGB X Rn. 5.

Arbeit übermitteln. Die Übermittlung unterliegt dem Grundsatz der Erforderlichkeit und Verhältnismäßigkeit. Hat der Sozialleistungsträger eine Datenerhebung zu eigenen Zwecken durchgeführt und möchte diese Daten weiter übermitteln, so beurteilt sich die Befugnis hierzu nach § 69 Abs. 1 Nr. 1 SGB X.

Die Prüfzwecke können auf die Feststellung der Voraussetzungen beantragter oder gewährter Leis- 10
tungen, der Versicherungs- und Beitragspflicht und auf das Vorliegen von Genehmigungen zur Beschäftigung ausländischer Arbeitnehmer gerichtet sein. Die Antworten dürfen auch dann nach Satz 2 übermittelt werden, wenn eine bloße Negativauskunft vorliegt, ein Leistungsbezug also verneint wurde.[6]

Der Datenempfänger darf die übermittelten Daten ausschließlich für Prüfzwecke verarbeiten oder 11
nutzen. Es ist jedoch gem. § 67c Abs. 2 eine Zweckänderung ausnahmsweise möglich. Dies gilt jedoch nicht für außerhalb des SGB stehende Stellen, wie z.B. die Stellen nach dem Asylbewerberleistungsgesetz. Hier besteht ein absolutes Zweckänderungsverbot gem. § 78 Abs. 1 Satz 1. Die Übermittlungsbefugnis für diese Stellen ergibt sich aus Satz 2 i.V.m. § 71 Abs. 2.

IV. Die unverzügliche Prüfung nach Satz 3

Nach Satz 3 besteht eine Verpflichtung zur unverzüglichen Durchführung der Prüfung. Es handelt 12
sich dabei vorrangig nicht um eine Datenschutzvorschrift, es geht hier vielmehr um eine generelle Verfahrensbeschleunigung, um bei Vorliegen eines Verstoßes zeitnah die Ermittlung und Verfolgung der tatverdächtigen Personen beginnen zu können. Daneben werden aber zumindest auch datenschutzrechtliche Ziele verfolgt. Denn für den Fall, dass sich keine Verdachtsmomente bei der überprüften Person ergeben, soll das Recht der Betroffenen auf informationelle Selbstbestimmung so gering wie möglich eingeschränkt werden. Letztlich wird mit der Verpflichtung zur unverzüglichen Prüfung also dem Grundsatz der Verhältnismäßigkeit Rechnung getragen. In diesem Zusammenhang ist auch zu berücksichtigen, dass die erhaltenen Daten nach § 84 Abs. 2 zu löschen sind, wenn ein Missbrauch nicht festgestellt wurde. Unverzüglichkeit bedeutet, dass die Prüfung ohne schuldhaftes Verzögern iSv § 121 Abs. 1 BGB erfolgt. Weil Unverzüglichkeit nicht mit Sofort gleichzusetzen ist, ist dann immer noch von einer Unverzüglichkeit auszugehen, wenn eine Wartezeit durch die Umstände des Einzelfalles geboten sein kann, z.B. einer nach den Umständen des Einzelfalls angemessenen Prüfungs- und Überlegungsfrist.[7]

§ 67f Erhebung und Übermittlung von Sozialdaten zur Nachweiserbringung

(1) [1]Wird ein Verwaltungsverfahren elektronisch durchgeführt, ist die Erhebung von Sozialdaten zulässig, wenn nach Wahl der betroffenen Person

1. **die nachweisanfordernde Stelle den jeweiligen Nachweis automatisiert bei der nachweisliefernden Stelle abruft, sofern der jeweils erforderliche Nachweis elektronisch vorliegt und ohne zeitlichen Verzug automatisiert abgerufen werden kann, oder**
2. **die betroffene Person den jeweiligen Nachweis elektronisch einreicht.**

[2]Nachweise sind Unterlagen und Daten jeder Art unabhängig vom verwendeten Medium, die zur Ermittlung des Sachverhalts geeignet sind. [3]Nachweisanfordernde Stelle kann die für die Entscheidung zuständige Behörde oder eine andere öffentliche Stelle sein, die dafür zuständig ist, Nachweise einzuholen und an die für die Entscheidung zuständige Behörde weiterzuleiten. [4]Nachweisliefernde Stelle ist diejenige öffentliche Stelle, die dafür zuständig ist, den Nachweis auszustellen.

6 BT-Drucks. 13/8994, S. 70.

7 Palandt/*Ellenberger*, BGB-Kommentar, 77. Aufl. 2018, § 121 Rn. 3.

(2) [1]Hat sich die betroffene Person für den automatisierten Nachweisabruf entschieden, darf die nachweisanfordernde Stelle den Nachweis der betroffenen Person bei der nachweisliefernden Stelle abrufen und die nachweisliefernde Stelle den Nachweis an die nachweisanfordernde Stelle übermitteln, wenn

1. **dies zur Erfüllung der Aufgabe der nachweisanfordernden Stelle erforderlich ist und**
2. **die nachweisanfordernde Stelle den Nachweis auch auf Grund anderer Rechtsvorschriften bei der betroffenen Person erheben dürfte.**

[2]Die in Absatz 1 Satz 3 zweite Alternative genannte andere öffentliche Stelle darf den Nachweis an die für die Entscheidung zuständige Stelle übermitteln. [3]Die Datenübermittlungen zwischen öffentlichen Stellen nach diesem Absatz sind durch die jeweiligen Stellen in einer Weise zu protokollieren, die eine Kontrolle der Zulässigkeit von Datenabrufen technisch unterstützt. [4]Die Pflicht nach Satz 3 gilt ab dem Tag, der dem Tag folgt, an dem das Bundesministerium des Innern und für Heimat im Bundesanzeiger bekannt gibt, dass die technischen und rechtlichen Voraussetzungen für eine Anzeige der Datenübermittlungen nach diesem Absatz im Datenschutzcockpit nach § 10 des Onlinezugangsgesetzes vorliegen. [5]§ 9 Absatz 2 und 3 des Identifikationsnummerngesetzes gilt ab diesem Zeitpunkt entsprechend.

(3) [1]Soll der Nachweis aus einem Register, welches in der Anlage zum Identifikationsnummerngesetz aufgeführt ist, abgerufen werden, darf die nachweisanfordernde Stelle die Identifikationsnummer nach § 1 des Identifikationsnummerngesetzes zur Zuordnung der Datensätze der betroffenen Person und zum Abruf des Nachweises an die nachweisliefernde Stelle übermitteln. [2]Das Nachweisabrufersuchen darf zusätzlich weitere Daten im Sinne von § 4 Absatz 2 und 3 des Identifikationsnummerngesetzes, in der Regel das Geburtsdatum, zur Validierung der Zuordnung enthalten. [3]Zu diesem Zweck darf die nachweisliefernde Stelle diese Daten verarbeiten.

(4) [1]Bevor die für die Entscheidung zuständige Behörde den abgerufenen Nachweis verwenden darf, hat die betroffene Person im Fall des Absatzes 1 Satz 1 Nummer 1 die Möglichkeit, den Nachweis vorab einzusehen. [2]Die betroffene Person kann entscheiden, ob der Nachweis für das Verwaltungsverfahren verwendet werden soll.

(5) Die Verantwortung für die Zulässigkeit der Nachweiserhebung und des Nachweisabrufs nach Absatz 1 Satz 1 Nummer 1 trägt die nachweisanfordernde Stelle.

Übersicht

A. Inhalt

1 Die Norm ermöglicht die Umsetzung des Once-Only-Prinzips (OOP) entsprechend des neuen § 5 EGovG. Sie dient damit als Rechtsgrundlage für die zielgerichtete Umsetzung von § 5 EGovG im Sozialdatenschutz. Nach dem Grundsatz der einmaligen Datenerfassung (OOP) sollen Bürgerinnen und Bürger sowie Unternehmen die für Verwaltungsleistungen erforderlichen Nachweise nur noch einmal übermitteln müssen; im Gegenzug sollen Behörden die vorhandenen Daten auf Veranlassung der betroffenen Person einfach und sicher austauschen können. Die Entscheidung der Bürgerin oder des Bürgers, den Nachweisabruf zu veranlassen, ist ein voluntatives Element, das ihre oder seine Mitwirkung absichert.[1]

1 BT-Drucks. 20/10417, S. 34 f.

B. Entstehungsgeschichte

§ 67f wurde neu eingeführt mit dem OZG-Änderungsgesetz[2], mit dem auch weitere Vorschriften 2
zur Digitalisierung der Verwaltung eingeführt wurden. Grundsätzlich wird das OOP in dem neuen § 5 EGovG geregelt. Die Generalklausel in § 5 EGovG stellt aber keine sozialdatenschutzrechtliche Verarbeitungsgrundlage dar, da der Sozialdatenschutz im Sozialgesetzbuch (i.V.m der Datenschutzgrundverordnung – DSGVO) abschließend geregelt ist[3] und auch das EGovG für den Sozialdatenschutz keine Anwendung findet[4]. Erforderlich ist daher eine eigenständige datenschutzrechtliche Regelung im Bereich des Sozialdatenschutzes für die Sozialverwaltung, damit auch Sozialdaten nach dem OOP verarbeitet werden dürfen.

C. Erläuterungen

I. Relevante Normen der DSGVO und anderer Gesetze sowie Verordnungen

Relevant in Bezug auf § 67f sind § 35 SGB I, Artikel 6 DSGVO sowie Artikel 14 Absatz 4, §§ 1 3
und 5 EGovG, Onlinezugangsgesetz und Identifikationsnummerngesetz. Erläuterungen in den entsprechenden Ausführungen der einschlägigen Absätze.

II. Voraussetzungen gemäß Abs. 1

Als Voraussetzung für die Anwendbarkeit des § 67f muss es sich um ein elektronisch durchgeführtes 4
Verwaltungsverfahren handeln. Dann hat die betroffene Person die Wahl zwischen dem Vorgehen nach Satz 1 Nr. 1 und Nr. 2. Nach Nr. 1 muss der abzufordernde erforderliche (!) Nachweis bereits automatisiert bei der nachweisliefernden Stelle vorliegen und ohne zeitlichen Verzug automatisiert abgerufen werden können. Nach Nr. 2 kann die betroffene Person den elektronischen Nachweis selbst einreichen. Die Nachweise müssen zur Ermittlung des Verfahrens erforderlich sein (s. auch Art. 5 DSGVO). In Satz 2 wird der Begriff Nachweise definiert sowie der Kreis der nachweisanfordernden Stellen.

III. Durchführung des Abrufs gemäß Abs. 2

Die weiteren Voraussetzungen für den Nachweisabruf finden sich in Absatz 2. Nach der Entscheidung 5
der betroffenen Person kann der Nachweis bei der nachweisliefernden Stelle von der nachweisanfordernden Stelle abgerufen werden, wenn

- dies zur Erfüllung der Aufgaben der nachweisanfordernden Stelle erforderlich (!) ist und
- die nachweisanfordernde Stelle den Nachweis auch aufgrund anderer Rechtsvorschriften bei der betroffenen Person erheben dürfte und zusätzlich
- die Datenübermittlung zwischen öffentlichen Stellen derart protokolliert wird, dass eine Kontrolle der Zulässigkeit von Datenabrufen technisch unterstützt wird.

Die Protokollierungspflicht gilt nach Absatz 2 erst nach der Veröffentlichung der rechtlichen und technischen Voraussetzungen für eine Anzeige der Datenübermittlung im Datenschutzcockpit nach § 10 des Onlinezugangsgesetzes vorliegen. Die Veröffentlichung erfolgt durch im Bundesanzeiger durch das Bundesministerium für Inneres und Heimat. Ab diesem Zeitpunkt gelten ebenfalls § 9 Abs. 2 und 3 des Identifikationsnummerngesetzes.

IV. Anforderung aus der Anlage eines Registers nach dem Identifikationsnummerngesetz gemäß Abs. 3

Bei Abrufen aus Register-Anlagen des Identifikationsnummerngesetzes darf die nachweisanfordernde 6
Stelle zwecks Validierung der betroffenen Person die in Abs. 3 aufgeführten Daten zusätzlich abrufen

2 OZG-ÄndG, veröffentlicht mit BGBl. I, Nr. 245.
3 Vgl. § 35 Abs. 2 Satz 1 des SGB I.
4 Vgl. § 1 Abs. 4 EGovG.

und die nachweisliefernde Stelle darf diesen erweiterten Datenumfang bereitstellen. Auf den Grundsatz der Erfordernis ist zu achten (Art. 5 DSGVO).

V. Zustimmungserfordernis gemäß Abs. 4

7 Die Neuregelung legt fest, dass die betroffene Person im Sinne eines sonstigen voluntativen Elements bei elektronischen Verwaltungsverfahren die Wahl hat zwischen zwei Möglichkeiten: Sie kann den Nachweis entweder selbst digital einreichen oder einen behördenseitigen, elektronischen Nachweisabruf veranlassen. Sozialdaten, die der Verwaltung damit bereits vorliegen, können somit nach Wahl der betroffenen Person automatisiert abgerufen werden (»die Daten sollen laufen, nicht die Bürgerin oder der Bürger«). Die Möglichkeit, den Nachweis selbst digital einzureichen, bleibt daher bestehen. Die Neuregelungen des § 67f SGB X und auch des § 77a SGB X sind in Form sozialdatenschutzrechtlicher Generalklauseln selbst Rechtsgrundlage im Sinne von Artikel 6 Absatz 1 Unterabsatz 1 Buchstabe e) DSGVO. Parallel dazu regelt auch die Verordnung (EU) 2018/1724 des Europäischen Parlaments und des Rates (SDG-Verordnung) in Artikel 14 Absatz 4, dass die Nutzung des technischen Systems für den grenzüberschreitenden automatisierten Austausch von Nachweisen (EU-Once-Only-Technical-System, EU-OOTS) grundsätzlich nicht verbindlich und nur auf ausdrückliches Ersuchen des Nutzers gestattet ist. Dieses ausdrückliche Ersuchen stellt nach Auffassung der Europäischen Kommission keine Einwilligung im Sinne von Artikel 6 Absatz 1 Unterabsatz 1 Buchstabe a DSGVO dar[5]. Die Begriffe der nachweisanfordernden und der nachweisliefernden Stelle wurden im Gleichlauf mit § 5 EGovG in Anlehnung an den Wortlaut in Artikel 1 Nummer 2 und 3 der Durchführungsverordnung (EU) 2022/1463 der Kommission vom 05.08.2022 zur Festlegung technischer und operativer Spezifikationen des technischen Systems für den grenzüberschreitenden automatisierten Austausch von Nachweisen und zur Anwendung des Grundsatzes der einmaligen Erfassung gemäß der Verordnung (EU) 2018/1724 des Europäischen Parlaments und des Rates gewählt (dort »Nachweise anfordernde Behörde« und »Nachweislieferant«). Verfolgt wird damit das Ziel einer möglichst einheitlichen Bezeichnung der datenaustauschenden Akteure auf europäischer und nationaler Ebene. Zu § 67f Abs. 1: Absatz 1 Satz 1 Nummer 1 dient der Umsetzung des Once-Only-Prinzips. Nachweise, die der Verwaltung bereits vorliegen, können direkt bei der ausstellenden Behörde abgerufen werden. Inhaltlich korrespondiert die Regelung mit § 5 Absatz 1 und 2 EGovG.

VI. Verantwortung gemäß Abs. 5

8 Absatz 5 weist die Verantwortung für den Nachweisabruf einseitig der nachweisanfordernden Stelle zu. Damit trifft der Gesetzgeber eine gesetzliche Entscheidung abweichend zu § 67d dazu, wer Verantwortlicher im Falle eines Once-Only-Nachweisabrufs ist. Mit dieser Regelung stellt er damit die datenschutzrechtlichen Pflichten klar und eindeutig sowie im Einklang mit der Interessenlage der nachweisanfordernden Stelle zugewiesen. Eine solche Regelung ist gemäß Artikel 4 Nummer 7 DSGVO zulässig, sofern wie hier Zwecke und Mittel der Verarbeitung gesetzlich vorgegeben sind. Die Regelung entspricht § 5 Absatz 1 Satz 3 EGovG.[6]

5 Vgl. Europäische Kommission, Arbeitsdokument, Datenschutzfolgenabschätzung zur Durchführungsverordnung (EU) 2022/1463 der Kommission vom 05.08.2022 zur Festlegung technischer und operativer Spezifikationen des technischen Systems für den grenzüberschreitenden automatisierten Austausch von Nachweisen und zur Anwendung des Grundsatzes der einmaligen Erfassung gemäß der Verordnung (EU) 2018/1724 des Europäischen Parlaments und des Rates, SWD(2022) 211 final, S. 5 f.; BT-Drucks. 20/10417.

6 BT-Drucks. 20/10417.

§ 68 Übermittlung für Aufgaben der Polizeibehörden, der Staatsanwaltschaften, Gerichte und der Behörden der Gefahrenabwehr

(1) [1]Zur Erfüllung von Aufgaben der Polizeibehörden, der Staatsanwaltschaften und Gerichte, der Behörden der Gefahrenabwehr und der Justizvollzugsanstalten dürfen im Einzelfall auf Ersuchen Name, Vorname, Geburtsdatum, Geburtsort, derzeitige Anschrift der betroffenen Person, ihr derzeitiger oder zukünftiger Aufenthaltsort sowie Namen, Vornamen oder Firma und Anschriften ihrer derzeitigen Arbeitgeber übermittelt werden, soweit kein Grund zu der Annahme besteht, dass dadurch schutzwürdige Interessen der betroffenen Person beeinträchtigt werden, und wenn das Ersuchen nicht länger als sechs Monate zurückliegt. [2]Die ersuchte Stelle ist über § 4 Absatz 3 hinaus zur Übermittlung auch dann nicht verpflichtet, wenn sich die ersuchende Stelle die Angaben auf andere Weise beschaffen kann. [3]Satz 2 findet keine Anwendung, wenn das Amtshilfeersuchen zur Durchführung einer Vollstreckung nach § 66 erforderlich ist.

(1a) Zu dem in § 7 Absatz 3 des Internationalen Familienrechtsverfahrensgesetzes bezeichneten Zweck ist es zulässig, der in dieser Vorschrift bezeichneten Zentralen Behörde auf Ersuchen im Einzelfall den derzeitigen Aufenthalt der betroffenen Person zu übermitteln, soweit kein Grund zur Annahme besteht, dass dadurch schutzwürdige Interessen der betroffenen Person beeinträchtigt werden.

(2) Über das Übermittlungsersuchen entscheidet der Leiter oder die Leiterin der ersuchten Stelle, dessen oder deren allgemeiner Stellvertreter oder allgemeine Stellvertreterin oder eine besonders bevollmächtigte bedienstete Person.

(3) [1]Eine Übermittlung der in Absatz 1 Satz 1 genannten Sozialdaten, von Angaben zur Staats- und Religionsangehörigkeit, früherer Anschriften der betroffenen Personen, von Namen und Anschriften früherer Arbeitgeber der betroffenen Personen sowie von Angaben über an betroffene Personen erbrachte oder demnächst zu erbringende Geldleistungen ist zulässig, soweit sie zur Durchführung einer nach Bundes- oder Landesrecht zulässigen Rasterfahndung erforderlich ist. [2]Die Verantwortung für die Zulässigkeit der Übermittlung trägt abweichend von § 67d Absatz 1 Satz 1 der Dritte, an den die Daten übermittelt werden. [3]Die übermittelnde Stelle prüft nur, ob das Übermittlungsersuchen im Rahmen der Aufgaben des Dritten liegt, an den die Daten übermittelt werden, es sei denn, dass besonderer Anlass zur Prüfung der Zulässigkeit der Übermittlung besteht.

Übersicht

A. Inhalt

Die Norm stellt die erste der in §§ 68 bis 78 enthaltenen Regelungen zur Übermittlung bestimmter Sozialdaten dar, die jeweils unter konkreten Voraussetzungen auch ohne die Einwilligung der betroffenen Person erfolgen kann. Die Übermittlungsbefugnis des § 68 bezieht sich nicht auf alle Sozialdaten[1], sondern nur auf die enumerativ im Gesetzestext genannten Sozialdaten. Sie dient als bereichsspezifische Regelung in erster Linie dazu, vorsorglichen Schutz öffentlicher Interessen außerhalb des Sozialrechts zu gewähren, soweit Sozialdaten tangiert sind und ist eine gesonderte Regelung 1

1 Zum Begriff der Sozialdaten vgl. die Kommentierung zu § 67 Abs. 1.

zur Einbeziehung der Polizeibehörden, Staatsanwaltschaften und Gerichte und der Behörden der Gefahrenabwehr. Die Norm stellt die Rechtsgrundlage für die Übermittlung von Sozialdaten im Rahmen der Amtshilfe nach § 3 dar sowie u.a. an Staatsanwaltschaften, da z.B. die §§ 95 (Herausgabepflicht) und 116 (Ermittlungsbefugnis) StPO in Bezug auf Sozialdaten keine ausreichende Rechtsgrundlage darstellen.[2] § 68 richtet sich an die Sozialleistungsträger sowie die weiteren in § 35 SGB I genannten Normadressaten und ist von den §§ 45–85 BDSG zu unterscheiden, mit denen die Richtlinie (EU) 2016/680 in nationales Recht umgesetzt wurde und die sich auf die *Verarbeitung personenbezogener Daten durch die für die Verhütung, Ermittlung, Aufdeckung, Verfolgung oder Ahndung von Straftaten oder Ordnungswidrigkeiten zuständigen öffentlichen Stellen, soweit sie Daten zum Zweck der Erfüllung dieser Aufgaben verarbeiten*, beziehen.

B. Entstehungsgeschichte

2 Die Vorschrift in ihrer ursprünglichen Fassung (§ 68a.F.) hat durch das Gesetz vom 13.06.1994 (BGBl. I, S. 1229) eine neue Ausgestaltung erfahren. Die alte Fassung hatte noch an den Begriff der Amtshilfe angeknüpft und stellte eine Auffangregel für alle Behörden dar, für die eine spezielle Auskunftsermächtigung fehlte. Die Neufassung wurde mittlerweile geändert durch die Gesetze vom 06.08.1998 (BGBl. I, S. 2005), vom 21.12.2000 (BGBl. I, S. 1983), vom 09.01.2002 (BGBl. I, S. 361) und vom 26.01.2005 (BGBl. I, S. 162). Durch Art. 4 Abs. 15 des Gesetzes zur Reform der Sachaufklärung in der Zwangsvollstreckung vom 29.07.2009 (BGBl. I, S. 2258, 2270) ist zum 01.01.2013 Abs. 1 Satz 1 neu gefasst worden. Die bis zum 31.12.2012 in § 68 SGB X enthaltene Zulässigkeit der Übermittlung von Daten zur Durchsetzung von öffentlich-rechtlichen Ansprüchen in Höhe von mindestens 600 € befindet sich ab 01.01.2013 gleichlautend in einem neuen § 74a Abs. 1 SGB X, allerdings mit Ermäßigung des Mindestbetrages auf 500 €. Die Änderung erfolgte hinsichtlich der Überschrift der Rechtsnorm sowie der inhaltlichen Veränderung des Abs. 1 Satz 1 durch das ZwVollstrAufklRefG v. 29.07.2009 mit Wirkung v. 01.01.2013 an (BGBl. I, S. 2258). Mit dem BVG-Änderungsgesetz vom 17.07.2017 (BGBl. I, S. 2541 ff.), das zum 25.05.2018 in Kraft trat (Art. 99 Abs. 2 DSGVO und Art. 24 BVG), erfolgte eine lediglich redaktionelle Änderung als Anpassung an die Verordnung (EU) 2016/679. Anstelle des vorherigen Verweises auf § 15 BDSG a.F. wurde der entsprechende Regelungsgehalt in die Sätze 2 und 3 des Absatzes 3 übernommen[3]. Mit dem 2. Datenschutz-Anpassungsgesetz (2. DS-AnpUG) vom 20.11.2019 (BGBl. I, S. 1626) wurde redaktionell der Verweis auf Abs. 3 in Abs. 1a korrigiert.

C. Erläuterungen

I. Relevante Normen der DSGVO und des BDSG

3 § 68 beruht auf Artikel 6 Absatz 1 Buchstabe c und e in Verbindung mit Absatz 2 und 3 Satz 1 Buchstabe b, Satz 2 sowie § 68 Absatz 3 auch hinsichtlich besonderer Kategorien von Daten aus Artikel 9 Absatz 2 Buchstabe g der Verordnung (EU) 2016/679[4]. Im BDSG kommt dieser Norm die Regelung in § 23 Abs. 1 Nr. 4 nahe als Rechtsgrundlage für die erforderliche Verarbeitung personenbezogener Daten zur Verfolgung von Straftaten oder Ordnungswidrigkeiten, zur Vollstreckung oder zum Vollzug von Strafen oder Maßnahmen im Sinne des § 11 Abs. 1 Nr. 8 des StGB oder von Erziehungsmaßregeln oder Zuchtmitteln im Sinne des JGG oder zur Vollstreckung von Geldbußen. Aufgrund der Regelung in § 35 Abs. 2 SGB I ist diese Norm im Sozialdatenschutz in Ermangelung einer ausdrücklichen Verweisung auf ihre Anwendung nicht anzuwenden.

2 BT-Drs. 8/4022, S. 84, KassKomm/Martin, SGB X Stand August 2019, § 68 Rn. 2 m.w.N.
3 BT-Drucks. 18/12611, S. 106.
4 BT-Drucks. 18/12611, S. 106.

II. Die Datenempfänger nach Abs. 1 Satz 1

Abs. 1 Satz 1 berechtigt die in § 35 Abs. 1 SGB I normierten Sozialleistungsträger und sonstigen Normadressaten, die in Abs. 1 Satz 1 genannten Daten an die Polizeibehörden, die Staatsanwaltschaften und Gerichte, die Behörden der Gefahrenabwehr und den Justizvollzugsanstalten zu übermitteln. 4

§ 68 tritt hinsichtlich der nach dieser Rechtsnorm inhaltlich vorgegebenen Übermittlungsvoraussetzungen den Voraussetzungen über die allgemeine Amtshilfe hinzu. Damit überhaupt § 68 Anwendung findet, muss ein qualifiziertes Verfahren iSv § 3 bzw. 4 vorliegen. Soweit ein Empfänger der Sozialdaten diese selbst ermitteln kann, ist die Übermittlung nach dieser Rechtsnorm unzulässig.[5] Das Übermittlungsersuchen darf nicht älter als sechs Monate sein. 5

Die Aufgaben der Polizeibehörden und der Behörden der Gefahrenabwehr sind im Polizei- und Ordnungsrecht geregelt und betreffen die öffentliche Sicherheit und Ordnung, also die Gefahrenabwehr. Die Beamten der Polizeibehörden sind auch Hilfsbeamte der Staatsanwaltschaft. Zu ihren Aufgaben gehört daher auch die Strafverfolgung; insoweit werden sie repressiv tätig. Soweit sich die genannten Aufgaben mit den speziellen Vorschriften der §§ 72 und 73 überschneiden, die zum einen die Übermittlung für den Schutz der inneren und äußeren Sicherheit, zum anderen die Übermittlung für die Durchführung eines Strafverfahrens betreffen, schließen sich die §§ 68, 72, 73 nicht gegenseitig aus. Dies ergibt sich daraus, dass § 68 lediglich den Zugriff auf einige wenige Sozialdaten ermöglicht und die §§ 72, 73 demgegenüber die Möglichkeit bieten, alle Sozialdaten zu übermitteln, soweit die übermittelten Sozialdaten z.B. zur Aufklärung von Verbrechen eingesetzt werden.[6] Hinzuweisen ist aber auch auf die Entscheidung des LG Siegen. Nach dieser bedürfen die Strafverfolgungsbehörden einer richterlichen Anordnung nach § 73, wenn die einfache Amtshilfe zulässig ist. Die richterliche Anordnung muss die Zulässigkeit der Übermittlung sowie deren Umfang feststellen.[7] 6

Staatsanwaltschaften im Sinne von Abs. 1 Satz 1 sind die nach §§ 141, 142 des Gerichtsverfassungsgesetzes mit der Gerichtsorganisation verbundenen Behörden zur Vertretung des öffentlichen Interesses bei der Strafrechtspflege (Amtsanwaltschaften bei den Amtsgerichten, Staatsanwaltschaften bei den Landgerichten, Generalstaatsanwaltschaften bei den Oberlandesgerichten und die Generalbundesanwaltschaft beim Bundesgerichtshof). Die gesetzlichen Aufgaben der Staatsanwaltschaften umfassen die Mitwirkung bei der Strafverfolgung im Erkenntnis- und Gerichtsverfahren sowie die Mitwirkung bei der Strafvollstreckung. Soweit auch hier das Rangverhältnis mit § 73 SGB betroffen ist, gelten die Ausführungen unter Rdn. 6 entsprechend. 7

Der Begriff Gericht umfasst in allen Instanzen die Zivil-, Straf-, Verwaltungs-, Finanz-, Sozial-, Arbeitsgerichtsbarkeit und die Ehrengerichte. Wegen ihrer privatrechtlichen Grundlage nicht erfasst werden die Schiedsgerichte. Die gesetzlichen Aufgaben der Gerichte ergeben sich aus dem Gerichtsverfassungsgesetz und den jeweiligen Prozessordnungen. 8

Aufgabe der in § 139 des Strafvollzugsgesetzes genannten Einrichtungen der Landesjustizverwaltungen (Justizvollzugsanstalten) ist der Vollzug von Freiheitsstrafe sowie die Unterbringung zur Sicherungsverwahrung. 9

Bis zum 31.12.2012 war in dieser Rechtsnorm auch die Durchsetzung öffentlich-rechtlicher Ansprüche enthalten. Mit Wirkung vom 01.01.2013 an ist der Inhalt insoweit in § 74a übernommen worden. 10

---

5 VGH Baden-Württemberg, Urt. v. 01.04.1992 – 6 S 2203/90, WKRS 1992, 24827.

6 Vgl. KG Berlin, Urt. v. 26.08.1983 – (3) Ss 314/82; Estelmann/*O'Sullivan*, Kommentar zum SGB II – Grundsicherung für Arbeitssuchende, § 50 SGB II Rn. 15.

7 LG Siegen, Beschl. v. 07.08.1955 – 5 Qs 73/95.

III. Der Inhalt der Übermittlung nach Abs. 1 Satz 1

11 Auch wenn Abs. 1 Satz 1 das Kriterium der Erforderlichkeit nicht ausdrücklich erwähnt, muss die Datenübermittlung zur Aufgabenerfüllung erforderlich sein, denn nach § 67c ist die Speicherung, Veränderung oder Nutzung nur zulässig, wenn es zur Erfüllung der in der Zuständigkeit des Verantwortlichen liegenden gesetzlichen Aufgaben nach diesem Gesetzbuch erforderlich ist. Abzuwägen sind daher die schutzwürdigen Belange der betroffenen Person und dem öffentlichen Interesse. Dieses setzt eine *»konkret-individuelle Einzelfallbetrachtung«* voraus.[8] Wenn die Erforderlichkeit der Übermittlung von Sozialdaten notwendigerweise vorausgesetzt wird, kann der Erlass einer einstweiligen Anordnung nicht verlangt werden, wenn das Begehren zu unbestimmt ist, um rechtlich gewürdigt werden zu können. Auch wenn § 35 Abs. 1 SGB I es der betroffenen Person ermöglicht, ein subjektiv-öffentliches Recht an der unbefugten Weitergabe der Sozialdaten zu haben, ist damit die Offenbarungsbefugnis nach § 69 zu prüfen. Eine Übermittlung der Sozialdaten nach § 68 ist somit nicht ausgeschlossen.[9] Hängt aber bereits die Speicherung, Veränderung oder Nutzung von der Erforderlichkeit für die Aufgabenerfüllung ab, so muss dies erst recht für die Übermittlung gelten, die erst durch das vorherige Speichern der Daten ermöglicht wird. Die Übermittlung der Daten darf unter dem Gesichtspunkt der Erforderlichkeit der Aufgabenerfüllung das einzig noch mögliche Mittel sein.

12 Nach Abs. 1 Satz 1 dürfen folgende Sozialdaten übermittelt werden: Name, Vorname, Geburtsdatum, Geburtsort, derzeitige Anschrift der betroffenen Person, ihr derzeitiger oder zukünftiger Aufenthalt sowie Namen und Anschriften ihrer derzeitigen Arbeitgeber. Hierbei handelt es sich um die so genannten Identifikationsdaten der betroffenen Person, die es zudem ermöglichen, den Kontakt zu der betroffenen Person herzustellen.

13 Der Namensbegriff erfasst nicht nur den derzeitigen Familiennamen, sondern auch frühere Familiennamen, z.B. den Geburtsnamen oder den Künstlernamen. Diese Auslegung des Gesetzeswortlauts ist interessengerecht, da die **namens- und geburtsbezogenen Daten** die Identifizierung der betroffenen Person ermöglichen sollen. Zu berücksichtigen ist jedoch, dass nur der Name zu übermitteln ist, der mit dem Übermittlungsersuchen angefordert worden ist. Das Ersuchen muss Angaben enthalten, die eine Entscheidung nach § 68 ermöglichen.

14 Im Übrigen darf die Behörde den derzeitigen oder zukünftigen Aufenthalt nach Abs. 1 Satz 1 nur dann übermitteln, wenn das Ersuchen nicht länger als sechs Monate zurückliegt.

15 Die Übermittlung der **derzeitigen Anschrift des Arbeitgebers** dient der Kontaktaufnahme mit dem Arbeitgeber und der betroffenen Person. Soweit es um die Durchsetzung öffentlich-rechtlicher Geldforderungen geht, ist der Arbeitgeber potenzieller Drittschuldner. Aus diesem Grund spricht man auch von so genannten Drittschuldnerdaten.

16 Eine **generelle Übermittlung** aller in § 68 aufgeführten Daten scheidet aus. Dies ist durch die Ergänzung von Satz 1 um die Textstelle »Im Einzelfall auf Ersuchen« explizit klargestellt. Sie macht deutlich, dass Fahndungslisten bei Sozialleistungsträgern und insbesondere die Einrichtung einer zentralen Suchdatei bei Sozialversicherungsträgern zu Zwecken einer Übermittlung nach § 68 unzulässig sind. Auch eine Rasterfahndung wird hiermit begrifflich ausgeschlossen (vgl. aber die Sonderregelung des Abs. 3). Gleichwohl dürfen Auskunftsersuchen der Sicherheitsbehörden an die Datenstelle der deutschen Rentenversicherung als »Sammelsendung« übermittelt werden, um von den jeweiligen Rentenversicherungsträger die Arbeitgeberdaten zu erfahren (z.B. im Rahmen der

8 OVG Schleswig-Holstein, Urt. v. 12.07.1994 – 2 L 92/93, WKRS 1994, 17677; s.a. SG Schleswig, Beschl. v. 22.11.2005 – S 5 AS 455/05 ER, WKRS 2005, 45521.

9 LSG Berlin-Brandenburg, Beschl. v. 10.02.2009 – L 11 B 77/08 V ER, WKRS 2009, 10804. Das LSG weist in diesem Zusammenhang hin auf BSG, Urt. v. 25.10.1978 – 1 RJ 32/78, WKRS 1978, 10760 = Knittel, SGB IX, 6. Aufl. 2012, § 130 SGB IX Rn. 14.

Bekämpfung von Schwarzarbeit). Das dadurch den ersuchenden Behörden der jeweils zuständige Rentenversicherungsträger bekannt wird, verstößt nicht gegen den Datenschutz.[10]

IV. Die Übermittlungsvoraussetzungen nach Abs. 1 Satz 1

Die Zulässigkeit der Übermittlung gem. § 68 hängt zum einen davon ab, dass keine schutzwürdigen 17
Interessen der betroffenen Person beeinträchtigt werden und zum anderen die übermittelnde Stelle zuvor alle anderen Erkenntnismöglichkeiten ausgeschöpft hat.

Eine Beeinträchtigung schutzwürdiger Interessen liegt vor, wenn die betroffene Person ihr berechtigtes 18
Interesse an der Nichtübermittlung hat. Das berechtigte Interesse ist ein verständiges, durch die Sachlage gerechtfertigtes Interesse, wobei ein tatsächliches, wirtschaftliches, ideelles oder rechtliches Interesse ausreicht. Im Unterschied zu § 67d Abs. 3 setzt § 68 nicht voraus, dass die schutzwürdigen Interessen der betroffenen Person überwiegen müssen. Demzufolge reicht das bloße Vorhandensein schutzwürdiger Interessen aus. Ein solches schutzwürdiges Interesse ist aus dem Recht auf informelle Selbstbestimmung[11] herzuleiten. Neben den in Rdn. 19 aufgeführten persönlichen Angaben gehören alle Daten über die wirtschaftlichen, sozialen und persönlichen Belange der betroffenen Person zu den schutzwürdigen Interessen.[12] Insoweit ist auf die Rechtsprechung des BVerwG zu § 6 MRRG zu verweisen, dass die Meldebehörde keine einfache Melderegisterauskunft erteilen darf, wenn diese ausschließlich zu Werbezwecken gebraucht werden soll; dieses besonders dann, wenn der Betroffene der Weitergabe zuvor ausdrücklich widersprochen hat.[13]

Zu berücksichtigen sind auch die Umstände, die bereits mit den übermittelten Daten verbunden 19
sind (die so genannten **Zusatzangaben**). So kann beispielsweise die Übermittlung der derzeitigen Anschrift der betroffenen Person (Strafvollzugsanstalt oder psychiatrische Klinik) Rückschlüsse auf andere Kriterien zulassen.

Jede Datenübermittlung stellt grundsätzlich eine Beeinträchtigung des informationellen Selbst- 20
bestimmungsrechts dar. Aus diesem Grund sind schutzwürdige Interessen der betroffenen Person durch die beabsichtigte Nutzung oder die Übermittlung der Zusatzangaben nur berührt, wenn mit der Übermittlung eine **besondere** Beeinträchtigung des informationellen Selbstbestimmungsrechts des Einzelnen verbunden ist. Schutzwürdige Interessen der betroffenen Person sind z.B. verletzt, wenn die Zuordnung zu einer Verdachtsgruppe allein auf der Zugehörigkeit der betroffenen Person zu einer bestimmten Altersgruppe von Sozialhilfeempfängern basiert. Die Verletzung ist darin zu sehen, dass die Beeinträchtigung schutzwürdiger Belange des Einzelnen nicht individuell geprüft werden kann, wenn Sozialdaten einer ganzen Personengruppe (hier die bestimmte Altersgruppe von Sozialhilfeempfängern) im Rahmen von Ermittlungs- und Fahndungsverfahren übermittelt werden. Maßgebend für die Beurteilung ist eine objektive Betrachtungsweise, die sich mit den konkreten Umständen des Einzelfalles beschäftigt.[14]

Die übermittelnden Sozialleistungsträger haben eine Beeinträchtigung schutzwürdiger Interessen 21
der betroffenen Person nur zu beachten, wenn **Grund zur Annahme** einer Beeinträchtigung dieser Belange besteht. Mit dieser Formulierung wollte der Gesetzgeber verhindern, dass die übermittelnde Stelle das Übermittlungsersuchen auf alle theoretisch denkbaren außergewöhnlichen Umstände prüfen muss. Das schließt jedoch eine Abwägung der schutzwürdigen Interessen des Betroffenen mit dem öffentlichen Informationsverhältnis aus.[15]

---

10 V. Wulffen/Schütze/*Bieresborn*, Kommentar zum SGB X, 8. Aufl. 2014, § 68 SGB X Rn. 7.
11 Siehe Vorbemerkungen zu §§ 67–85a Rdn. 3 und 4.
12 Krahmer/*Sommer*, Sozialdatenschutz, 4. Aufl. 2020, § 68 Rn. 12.
13 BVerwG, Urt. v. 21.06.2006 – 6 C 5/05, WKRS 2006, 20779.
14 OVG Schleswig-Holstein, Urt. v. 12.07.1994 – 2 L 92/93, WKRS 1994, 17677; s.a. SG Schleswig, Beschl. v. 22.11.2005 – S 5 AS 455/05 ER, WKRS 2005, 45521.
15 Krahmer/*Sommer*, Sozialdatenschutz, Kommentar, 4. Aufl. 2020, § 68 SGB X Rn. 13.

22 Stellt die übermittelnde Stelle fest, dass schutzwürdige Interessen der betroffenen Person verletzt werden könnten, hat eine Übermittlung zu unterbleiben. Im Zweifelsfall sollte eine entsprechende Einwilligung der betroffenen Person eingeholt werden.[16]

V. Die Regelungen des Abs. 1 Satz 2 und 3

23 Gem. § 4 Abs. 3 braucht die ersuchte Behörde im Rahmen der Amtshilfe keine Hilfe zu leisten, wenn eine andere Behörde die Hilfe wesentlich einfacher oder mit wesentlich geringerem Aufwand leisten kann oder die ersuchte Behörde die Hilfe nur mit unverhältnismäßigem Aufwand leisten könnte oder sie durch die Hilfeleistung die Erfüllung ihrer eigenen Aufgaben ernstlich gefährden würde. § 68 Abs. 1 Satz 2 knüpft an diese Regelung an und ergänzt sie dahingehend, dass die ersuchte Stelle über § 4 Abs. 3 hinaus zur Übermittlung auch dann nicht verpflichtet ist, wenn sich die ersuchende Stelle die Angaben auf andere Weise beschaffen kann. Das **Subsidiaritätsprinzip** verlangt grundsätzlich, dass zunächst andere Erkenntnismöglichkeiten ausgeschöpft werden. Im Unterschied zu § 4 Abs. 3 kommt es im Rahmen des § 68 Abs. 1 Satz 2 aber nicht darauf an, dass der Sozialleistungsträger die Aufgabe mit geringerem Aufwand erledigen kann als eine andere Behörde.[17] Daher ist es erforderlich, dass die ersuchende Behörde angibt, ob und bei welchen anderen Stellen sie versucht hat, die benötigten Daten zu erhalten.[18] Kommt die übermittelnde Stelle zu der Erkenntnis, dass die ersuchende Behörde sich nicht ausreichend bemüht hat, die benötigten Daten anderweitig zu erhalten, kann sie die Übermittlung ablehnen.[19]

24 Die Beachtung des **Grundsatzes der Verhältnismäßigkeit** wirkt sich dahingehend aus, dass ein Verweis auf andere Erkenntnismöglichkeiten ausscheidet, soweit die alternative Erkenntnismöglichkeit eine noch größere Belastung schutzwürdiger Interessen der betroffenen Person bewirkt (z.B. Befragung der Nachbarn des Betroffenen nach seinem derzeitigen Arbeitgeber im Zusammenhang mit einem Strafverfahren). Gleiches gilt, wenn es der ersuchenden Stelle in Fällen besonderer Dringlichkeit zur Wahrung höherrangiger Interessen (z.B. bei Gefahr für Leib und Leben Dritter) nicht zumutbar ist, das Ergebnis anderer Erkenntnismöglichkeiten abzuwarten. Dabei haben alle Behörden dann die dort erhobenen Sozialdaten preiszugeben, die für die Wahrung höherrangiger Interessen notwendig sind. Das gilt allerdings nur dann, wenn die ansonsten anzusprechenden Stellen nicht über die Daten verfügen oder aktuell nicht erreichbar sind. Auch die Notwendigkeit einer richterlichen Anordnung nach § 73 kann, wenn Eile notwendig ist, unterbleiben.[20]

25 Ob und inwieweit die Notwendigkeit im Rahmen der Wahrung höherrangiger Interessen z.B. bei Gefahr für Leib und Leben Dritter anzunehmen ist, wurde im Rahmen des Sozialrechts bislang nicht höchstrichterlich geklärt. So muss ein an HIV erkrankter Arbeitnehmer den Umstand der Erkrankung lediglich anonym melden. Selbst der Umstand der Erkrankung verpflichtet medizinisches Personal lediglich zu eingeschränkten Offenbarungspflichten dem Arbeitgeber gegenüber. Die in einem entschiedenen Rechtsstreit angenommene Notstandslage des Gerichts ist nicht gegeben, weil eine Offenbarungspflicht durch das Gericht an den Arbeitgeber zum Schutz der anderen Arbeitnehmer nicht gegeben ist. Zur Begründung führte das Gericht u.a. aus: »*Die tatbestandlichen Voraussetzungen eines rechtfertigenden Notstandes gemäß § 34 StGB – Begehung einer Tat in einer gegenwärtigen, nicht anders abwendbaren Gefahr für Leben, Leib oder ein anderes Rechtsgut, um die Gefahr von sich oder einem anderen abzuwenden, wenn bei Abwägung der widerstreitenden Interessen, namentlich der betroffenen Rechtsgüter und des Grades der drohenden Gefahren, das geschützte Interesse das beeinträchtigte wesentlich überwiegt – liegen nicht vor, denn eine gegenwärtige, anders als durch Verletzung der Rechte*

---

16 Pickel/*Marschner*, SGB X, 183. Lieferung 12/2013, § 68 Rn. 14.
17 VGH Baden-Württemberg, Urt. v. 01.04.1992 – 6 S 2203/90, WKRS 1992, 24827.
18 KomGRV 30 Erg.Lfg. 01.10.1998, § 68 SGB X Rn. 13.
19 Krahmer/*Sommer*, Sozialdatenschutz, Kommentar, 4. Aufl. 2020, § 68 SGB X Rn. 14.
20 Krahmer/*Sommer*, Sozialdatenschutz, Kommentar, 4. Aufl. 2020, § 68 SGB X Rn. 14.

des Klägers nicht abwendbare Gefahr für die Gesundheit und das Leben der dem Kläger anvertrauten Patienten ist nicht gegeben.«[21]

26 Auf einen solchen Notstand können sich idR staatliche Stellen nicht berufen. Ein übergesetzlicher Notstand kann nur auf Grundlage eines formellen Gesetzes erfolgen.[22]

27 In Betracht kommt hier ggf. im Einzelfall eine Verarbeitung gemäß Art. 6 Abs. 1 lit. d DSGVO, wenn sie *erforderlich (ist), um lebenswichtige Interessen der betroffenen Person oder einer anderen natürlichen Person zu schützen.* Bei den lebenswichtigen Interessen handelt es sich um den Schutz des Lebens und der körperlichen Unversehrtheit und ist beschränkt auf Situationen, in denen die Person, um deren Schutz es geht, aus körperlichen und rechtlichen Gründen nicht im Stande ist, die erforderliche Einwilligung zu geben[23]. Als Beispiel kommt die Übermittlung von Blutwerten eines bewusstlosen Unfallopfers in Betracht oder die Weitergabe der Gesundheitsdaten eines Kindes in Abwesenheit der Eltern[24].

28 Nach Abs. 1 Satz 3 gilt das Subsidiaritätsprinzip des Satzes 2 nicht, soweit das Amtshilfeersuchen zur Durchführung einer Vollstreckung nach § 66 erforderlich ist. Die Sozialleistungsträger können die Übermittlung nicht mit dem Argument ablehnen, die ersuchende Stelle habe noch nicht alle Erkenntnismöglichkeiten ausgeschöpft. Dies findet seine Rechtfertigung in dem Umstand, dass der Erfolg einer Vollstreckungsmaßnahme auch von der Schnelligkeit ihrer Durchführung abhängt.[25]

VI. Die Übermittlungen nach Abs. 1a

29 Durch das Gesetz vom 26.01.2005 (vgl. Rdn. 2) wurde mit Wirkung vom 01.03.2005 ein neuer Abs. 1a eingefügt, der Bezug nimmt auf § 7 Abs. 2 des Internationalen Familienverfahrensgesetzes (BGBl. I 2009, S. 1594). Dieses wiederum dient der Umsetzung der EWG-VO Nr. 2201/2003 des Rates vom 27.11.2003 über die Zuständigkeit und Anerkennung sowie Vollstreckung von Entscheidungen in Ehesachen und in Verfahren betreffend die elterliche Verantwortung sowie weiterer Übereinkommen (vgl. BGBl. II 1990, S. 207 und 220).

30 Nach Abs. 1a darf daher die Zentrale Behörde nach § 3 Abs. 1 dieses Verfahrensgesetzes (der Generalbundesanwalt beim Bundesgerichtshof) die Leistungsträger des SGB um Mitteilung des derzeitigen Aufenthalts einer Person ersuchen. Soweit die Möglichkeit der Verletzung schutzwürdiger Interessen der betroffenen Person besteht, ist eine Übermittlung der erbetenen Daten unzulässig.

VII. Die Prüfung des Übermittlungsersuchens nach Abs. 2

31 Nach Abs. 2 entscheidet der Leiter der ersuchten Stelle, sein allgemeiner Stellvertreter oder ein besonders bevollmächtigter Bediensteter über das Übermittlungsersuchen. In Betracht kommt daher auch der Datenschutzbeauftragte der angegangenen Behörde. Dieser Entscheidungsträger muss nicht die Voraussetzungen für die Zulassung zum Richteramt erfüllen.[26] Es wird aber nicht zwingend für notwendig erachtet, dass die intern zuständige Person über die Übermittlung der Sozialdaten entscheidet, wenn z.B. die Durchsetzung des staatlichen Strafanspruchs von dieser Übermittlung tangiert ist. In diesem Fall tritt der Schutz der Sozialdaten hinter dem Interesse des Staates an der Durchsetzung zurück.[27]

---

21 LSG Baden-Württemberg, Beschl. v. 29.11.2006 – L 9 U 4963/06 A, Rechtsmedizin 17, 337–339 (Anm. Dettmeyer).

22 BVerfG, Beschl. v. 13.10.1971 – 1 BvR 280/66, BVerfGE 32, 54; vgl. auch BVerfG, Beschl. v. 30.07.2015 – 1 BvR 1951/13, WKRS 2015, 26300.

23 Ehmann/Selmayr/*Heberlein*, DSGVO-Kommentar 2017, Art. 6 Rn. 17.

24 Ehmann/Selmayr/*Heberlein*, DSGVO-Kommentar 2017, Art. 6 Rn. 17 m.w.N.

25 BT-Drucks. 12/5187, S. 38.

26 Krahmer/*Sommer*, Sozialdatenschutz, Kommentar, 4. Aufl. 2020, § 68 SGB X Rn. 17.

27 V. Wulffen/Schütze/*Bieresborn*, Kommentar zur SGB X, 8. Aufl. 2014, § 68 Rn. 11 mit Hinweis auf KG Berlin, Urt. v. 26.05.1983 – (3) Ss 314/82 (10/83) = WKRS 1983, 11322.

32 Damit eine entsprechende Entscheidung getroffen werden kann, muss das Ersuchen alle Angaben enthalten, die eine Entscheidung nach § 68 ermöglichen. Demzufolge muss das Übermittlungsersuchen erkennen lassen, für welche gesetzlichen Aufgaben die Daten benötigt werden. Auch muss sich die Erforderlichkeit der Datenübermittlung und der Status der ersuchenden Stelle sowie die genaue Bezeichnung der benötigten Daten aus dem Übermittlungsersuchen ergeben, da § 68 keine generelle Übermittlung der in § 68 genannten Daten enthält. Liegen Anhaltspunkte dafür vor, dass mit der Übermittlung eine Beeinträchtigung schutzwürdiger Belange der betroffenen Person verbunden ist, können die in § 35 SGB I genannten Stellen **zusätzliche Angaben** verlangen.

33 Eine bestimmte Form hat der Gesetzgeber für das Übermittlungsersuchen nicht vorgesehen. Im Regelfall ist jedoch davon auszugehen, dass ein solcher Übermittlungsersuchen **schriftlich** bei der ersuchenden Stelle eingeht, um auf diesem Wege sicherzustellen, dass die ersuchende Stelle unproblematisch auf die entsprechenden Informationen zugreifen kann; es sei denn, es ist Gefahr im Verzug oder aus anderen Gründen besteht besondere Eile. Ist das Ersuchen lediglich mündlich erteilt worden, ist gleichwohl im Ausnahmefall eine Entscheidung über dieses Ersuchen möglich. Aus Gründen der Rechtssicherheit muss dann eine entsprechende Aktennotiz hierüber gefertigt werden.[28] Die Anfertigung einer Aktennotiz ergibt sich auch aus der Rechenschaftspflicht gemäß Art. 5 Abs. 2 DSGVO.

VIII. Die Sonderregelung des Abs. 3

34 Durch das Terrorismusbekämpfungsgesetz vom 09.01.2002 (vgl. Rdn. 2) ist die Vorschrift um einen Abs. 3 ergänzt worden, der es ermöglicht, die enumerativ aufgezählten Sozialdaten in eine zulässige Rasterfahndung gemäß § 98 StPO einzubeziehen. Zu den aufgezählten Sozialdaten zählt auch eines der besonderen Kategorie personenbezogener Daten gemäß Art. 9 DSGVO, die Religionszugehörigkeit. Indem in Abs. 3 Satz 2 die Vorschrift des § 67d Abs. 1 Satz 1 für nicht anwendbar erklärt wird, macht das Gesetz deutlich, dass die Verantwortung für die Zulässigkeit der Übermittlung hier nicht vollständig bei der übermittelnden Stelle liegt. Die Verweisung auf § 15 Abs. 2 Satz 2 und 3 des Bundesdatenschutzgesetzes ist im Rahmen der Anpassung an die DSGVO entfallen. Der entsprechende Regelungsgehalt wurde in die neuen Sätze 2 und 3 übernommen. Die Verantwortung für die Zulässigkeit der Übermittlung trägt die ersuchende Stelle[29] und die übermittelnde Stelle prüft nur noch, ob das Übermittlungsersuchen im Rahme der Aufgaben des Dritten liegen, an den die Daten übermittelt werden, vorbehaltlich des Vorliegens eines besonderen Anlasses zur Prüfung der Zulässigkeit der Übermittlung.

§ 69 Übermittlung für die Erfüllung sozialer Aufgaben

(1) Eine Übermittlung von Sozialdaten ist zulässig, soweit sie erforderlich ist

1. **für die Erfüllung der Zwecke, für die sie erhoben worden sind, oder für die Erfüllung einer gesetzlichen Aufgabe der übermittelnden Stelle nach diesem Gesetzbuch oder einer solchen Aufgabe des Dritten, an den die Daten übermittelt werden, wenn er eine in § 35 des Ersten Buches genannte Stelle ist,**
2. **für die Durchführung eines mit der Erfüllung einer Aufgabe nach Nummer 1 zusammenhängenden gerichtlichen Verfahrens einschließlich eines Strafverfahrens oder**
3. **für die Richtigstellung unwahrer Tatsachenbehauptungen der betroffenen Person im Zusammenhang mit einem Verfahren über die Erbringung von Sozialleistungen; die Übermittlung bedarf der vorherigen Genehmigung durch die zuständige oberste Bundes- oder Landesbehörde.**

28 V. Wulffen/Schütze/*Bieresborn*, Kommentar zur SGB X, 8. Aufl. 2014, § 68 Rn. 11.

29 Fichte/Plagemann/*Hornung/Seidel*, Handbuch des Sozialverwaltungsverfahrensrechts, 2. Aufl. 2016, § 6, Rn. 45; vgl. auch AG Duisburg, Beschl. v. 19.11.2011 – 105 K 75/10, WKRS 2011, 29991.

(2) Für die Erfüllung einer gesetzlichen oder sich aus einem Tarifvertrag ergebenden Aufgabe sind den in § 35 des Ersten Buches genannten Stellen gleichgestellt

1. **die Stellen, die Leistungen nach dem Lastenausgleichsgesetz, dem Bundesentschädigungsgesetz, dem Strafrechtlichen Rehabilitierungsgesetz, dem Beruflichen Rehabilitierungsgesetz, dem Gesetz über die Entschädigung für Strafverfolgungsmaßnahmen, dem Unterhaltssicherungsgesetz, dem Beamtenversorgungsgesetz und den Vorschriften, die auf das Beamtenversorgungsgesetz verweisen, dem Soldatenentschädigungsgesetz, dem Anspruchs- und Anwartschaftsüberführungsgesetz und den Vorschriften der Länder über die Gewährung von Blinden- und Pflegegeldleistungen zu erbringen haben,**
2. **die gemeinsamen Einrichtungen der Tarifvertragsparteien im Sinne des § 4 Absatz 2 des Tarifvertragsgesetzes, die Zusatzversorgungseinrichtungen des öffentlichen Dienstes und die öffentlich-rechtlichen Zusatzversorgungseinrichtungen,**
3. **die Bezügestellen des öffentlichen Dienstes, soweit sie kindergeldabhängige Leistungen des Besoldungs-, Versorgungs- und Tarifrechts unter Verwendung von personenbezogenen Kindergelddaten festzusetzen haben.**

(3) Die Übermittlung von Sozialdaten durch die Bundesagentur für Arbeit an die Krankenkassen ist zulässig, soweit sie erforderlich ist, den Krankenkassen die Feststellung der Arbeitgeber zu ermöglichen, die am Ausgleich der Arbeitgeberaufwendungen nach dem Aufwendungsausgleichsgesetz teilnehmen.

(4) Die Krankenkassen sind befugt, einem Arbeitgeber mitzuteilen, ob die Fortdauer einer Arbeitsunfähigkeit oder eine erneute Arbeitsunfähigkeit eines Arbeitnehmers auf derselben Krankheit beruht; die Übermittlung von Diagnosedaten an den Arbeitgeber ist nicht zulässig.

(5) Die Übermittlung von Sozialdaten ist zulässig für die Erfüllung der gesetzlichen Aufgaben der Rechnungshöfe und der anderen Stellen, auf die § 67c Absatz 3 Satz 1 Anwendung findet.

Übersicht

A. Inhalt

Die Vorschrift steht im Zusammenhang mit § 35 SGB I, der allgemeinen Verpflichtung der Leistungs- 1
träger zur Wahrung des Sozialgeheimnisses, sowie mit dem gesamten 2. Kapitel des SGB X »Schutz der Sozialdaten«, also den §§ 67 bis 85a SGB X. Während § 67 SGB X die in allen diesen Vorschriften enthaltenen Begriffe definiert und die §§ 67a bis 67e SGB X weitere Grundsätze enthalten, regeln die §§ 68 bis 78 SGB X die Zulässigkeit der Übermittlung von Sozialdaten an andere Stellen. § 69 SGB X betrifft dabei die Datenübermittlung zur Erfüllung sozialer Aufgaben, und zwar sowohl die Übermittlung an die in § 35 SGB I genannten Leistungsträger als auch an Stellen, die dort nicht aufgeführt sind. Die Norm dient dem erforderlichen und notwendigen Informations- und Datenaustausch innerhalb des Systems der sozialen Sicherung zwecks Erfüllung der gesetzlichen Aufgaben.[1]

1 Krahmer/*Strothmann*, Sozialdatenschutz, 4. Aufl. 2020, § 69 Rn. 1.

Als Voraussetzung für sämtliche in Betracht kommenden Datenübermittlungen wird dem verfassungsrechtlichen Grundsatz der Verhältnismäßigkeit entsprechend stets auf die Erforderlichkeit der Übermittlung abgestellt. Durch § 69 soll erreicht werden, dass eine Übermittlung von Sozialdaten unter den Institutionen i.S.v. § 35 SGB I zulässig ist. Gleichzeitig ermöglicht die Vorschrift die sachgerechte Zusammenarbeit der einzelnen Behörden und Einrichtungen, eben auch solcher, die nicht in § 35 SGB I aufgeführt sind.

B. Entstehungsgeschichte

2 Die Vorschrift ist durch das Gesetz vom 18.08.1980 (BGBl. I, S. 1469) geschaffen worden. Die vorliegende Fassung beruht auf der Bekanntmachung vom 18.01.2001 (BGBl. I, S. 130). Die Vorschrift ist am 01.01.1981 in Kraft getreten. Änderungen erfolgten durch die Gesetze vom 20.12.1988 (BGBl. I, S. 2330), vom 20.12.1990 (BGBl. I, S. 2954), vom 13.06.1994 (BGBl. I, S. 1229), vom 18.05.2001 (BGBl. I, S. 904), vom 23.12.2003 (BGBl. I, S. 2848), vom 22.12.2005 (BGBl. I, S. 3686) – mit der Transformation der EG-Datenschutzrichtlinie 95/46/EG vom 24.10.1995 (ABl. EGL Nr. 281 vom 23.11.1995, S. 31 ff.) – und vom 21.12.2008 (BGBl. I, S. 2933). Durch das BVG-Änderungsgesetz vom 17.07.2017 (BGBl. I, S. 2541 ff.) erfolgte eine lediglich redaktionelle Änderung als Anpassung an die Verordnung (EU) 2016/679 in Verbindung mit § 67, die zum 25.05.2018 in Kraft trat. Durch das Gesetz über die Entschädigung der Soldatinnen und Soldaten und zur Neuordnung des Soldatenversorgungsrechts vom 20.08.2021 (BGBl. I, S. 3932) erfolgte mit Inkrafttreten am 01.01.2025 erneut eine redaktionelle Anpassung.

C. Erläuterungen

I. Relevante Normen der DSGVO und des BDSG

3 Es handelt sich um bereichsspezifische Regelungen zur Datenverarbeitung, die Absätze 1 bis 3 und 5 gemäß Artikel 6 Absatz 1 Buchstabe c und e in Verbindung mit Absatz 2 und Absatz 3 Satz 1 Buchstabe b, Satz 2 sowie Absatz 4 gemäß Artikel 6 Absatz 1 Buchstabe e in Verbindung mit Absatz 2 und Absatz 3 Satz 1 Buchstabe b, Satz 2 DSGVO. Sofern diese die Verarbeitung besonderer Kategorien von Daten betrifft, basiert sie für Absätze auf Artikel 9 Absatz 2 Buchstabe b beziehungsweise für die Absätze 1 bis 3 und 5 auch auf Buchstabe h DSGVO.

II. Allgemeines

4 Die Zulässigkeit der Übermittlung von Sozialdaten setzt nach § 69 insbesondere die Erforderlichkeit einer solchen Übermittlung für die Erfüllung sozialer Aufgaben voraus. Diese im Hinblick auf die nahezu unüberschaubare Fülle der staatlichen Betätigungen im sozialen Bereich weite Formulierung bedarf jedoch einer Eingrenzung. Das informationelle Selbstbestimmungsrecht eines jeden Bürgers[2] kann nur dadurch gewahrt bleiben, dass die Vorschrift restriktiv unter strenger Beachtung des verfassungsrechtlichen Grundsatzes der Verhältnismäßigkeit, also unter Beachtung von Geeignetheit, Erforderlichkeit und Angemessenheit/Zumutbarkeit/Verhältnismäßigkeit im engeren Sinne angewendet wird[3].

5 Die Erforderlichkeit stellt einen (nachprüfbaren) unbestimmten Rechtsbegriff dar. Es ist daher immer die mildeste Maßnahme zur Erreichung des Zwecks zu ergreifen, d.h. sie darf nicht über das notwendige Maß hinausgehen.[4] Ein Datenaustausch ist daher nur dann zulässig, wenn die betreffenden

2 Vgl. wegweisend dazu das Volkszählungsurteil des Bundesverfassungsgerichts, BVerfGE 65, 1, 43 ff.

3 Krahmer/*Strothmann*, Sozialdatenschutz, Kommentar, 4. Aufl. 2020, § 69 SGB X Rn. 5; Jarass/Pieroth/*Jarass*, Kommentar zum Grundgesetz, 15. Aufl. 2018, Art. 20 GG Rn. 112 ff. *Jung*, Das Verfassungsrecht und die gesetzliche Unfallversicherung, SGb 2006, 125 ff., 130; *Jung*, Die Bedeutung des verfassungsrechtlichen Grundsatzes der Verhältnismäßigkeit im Sozialrecht, WzS 2011, 67–70.

4 Jarass/Pieroth/*Jarass*, Kommentar zum Grundgesetz, 15. Aufl. 2018, Art. 20 Rn. 119; vgl. auch BSG, Beschl. v. 27.02.1997 – 6 BKa 20/96, WKRS 1997, 20405.

Stellen die zu übermittelnden Sozialdaten für die Erfüllung ihrer gesetzlichen Aufgaben unbedingt kennen oder mitteilen müssen. So hat beispielsweise das BSG[5] entschieden, dass bei einem Antrag auf Leistungen nach dem SGB II im Hinblick auf den Nachrang dieser Leistungen die Vorlage von Kontoauszügen der letzten drei Monate erforderlich ist.

Restriktiv auszulegen ist auch der Begriff der gesetzlichen Aufgabe nach dem Sozialgesetzbuch. Es 6
geht hier nur um die in einem formellen Gesetz enthaltenen Aufgaben. Rechtsverordnungen und Satzungen werden nur erfasst, wenn sich ihre Ermächtigungsgrundlage im Sozialgesetzbuch findet. Reine Verwaltungsfunktionen gehören nicht zu den gesetzlichen Aufgaben, so dass beispielsweise eine Übermittlung von Daten, die einer der in § 35 SGB I genannten Stellen in ihrer Eigenschaft als Arbeitgeber bekannt geworden sind, nicht erfolgen darf.

Hinsichtlich des Übermittlungsumfangs besteht aufgrund des Erforderlichkeitsprinzips eine 7
Begrenzung auf die unbedingt notwendigen Daten. Grundsätzlich bleibt es aber dabei, dass zunächst zu klären ist, ob die ersuchende Behörde die Daten beim Betroffenen selbst erheben kann.[6] Ob eine Datenübermittlung erforderlich ist, wird besonders bei sensiblen Daten, wie z.B. dem Gesundheitszustand des Betroffenen, genauestens zu prüfen sein. Die Verpflichtung zur Verschwiegenheit im Verhältnis Arzt – Krankenkasse – Rehabilitationsträger reicht nicht aus, um von der Prüfung der Erforderlichkeit abzusehen.[7] Daraus folgt, dass eine Übermittlung eines Sozialleistungsträgers an einen zweiten Sozialleistungsträger nicht zulässig ist, wenn dieser die Daten selber nicht benötigt, sondern diese nicht benötigten Daten ggf. bei einem dritten Sozialleistungsträger verwertet werden könnten.[8] Insoweit kann auf die Entscheidung des VGH Baden-Württemberg zum Verhältnis zwischen §§ 68 und 69 verwiesen werden.[9]

III. Die Übermittlung an in § 35 SGB I genannte Stellen nach Abs. 1 Nr. 1

Die 1. Alternative von Abs. 1 Nr. 1 betrifft die Zulässigkeit der Übermittlung von Sozialdaten für 8
die Zwecke, für die sie erhoben worden sind. Die Übermittlungsbefugnis knüpft also an den Erhebungszweck an. Letztendlich beruht die Regelung der 1. Alternative auf der Informationseinheit des gegliederten Systems der sozialen Sicherung, eine datenschutzrechtlich zulässige Datenerhebung für bestimmte Zwecke beinhaltet auch die Zulässigkeit einer Übermittlung. Dabei sind die Übermittlungsadressaten nicht ausdrücklich aufgeführt, außer den in § 35 SGB I Bezeichneten (Sozialleistungsträger, deren Verbände, etc.) kommen hier auch unterstützende Dritte in Betracht (z.B. Gutachter, Gemeinden). Durch die Beschränkung wird erreicht, dass die einzelnen Sozialleistungsträger zweckdienlich und reibungslos zusammenarbeiten können.[10]

Einerseits ist nach Alternative 1 lediglich die Übermittlung für die Erfüllung gesetzlicher Aufgaben 9
zulässig. Andererseits sind aber nicht nur die Rechtsnormen des SGB X gemeint, sondern alle Rechtsvorschriften sämtlicher SGB. Gesetzliche Aufgabe ist jedoch stets nur die Aufgabe, die der ersuchenden Stelle nach dem SGB zugewiesen wurde. Dass schließt aus, dass Rechtsverordnungen und Satzungen für eine Anwendung von § 69 ausreichen. Dieses gilt aber dann nicht, wenn die anzuwendende Satzung selbst auf Grund gesetzlicher Grundlage errichtet wurde, wie dies bei den Sozialleistungsträgern der Fall ist.[11]

5 BSG, Urt. v. 19.02.2009 – B 4 AS 10/08 R, WKRS 2009, 14634; vgl. Bay. LSG, Beschl. v. 15.09.2015 – L 16 AS 523/15 ER, WKRS 2015, 29650.

6 BSG, Urt. v. 25.01.2012 – B 14 AS 65/11 R, WKRS 2012, 15783.

7 V. Wulffen/Schütze/*Bieresborn*, Kommentar zur SGB X, 8. Aufl. 2014, § 69 Rn. 5.

8 V. Wulffen/Schütze/*Bieresborn*, Kommentar zur SGB X, 8. Aufl. 2014, § 69 Rn. 3.

9 VGH Baden-Württemberg, Urt. v. 01.04.1992 – 6 S 2203/90, WKRS 1992, 24827.

10 Übersicht mit Beispielen von Sozialleistungsträgern für die Übermittlung gemäß § 69 in: GRA (Gemeinsame Rechtliche Anweisungen der Rentenversicherung), unter www.rvrecht.deutsche-rentenversicherung.de/GRA/SGB X/§ 69, Stand 18.09.2019, veröffentlicht 12.11.2019 als Anlage 1 zu § 69.

11 Hauck/Noftz/*Rombach*, SGB X, Stand II/08.

10 Die 2. Alternative von Abs. 1 Nr. 1 erfasst den Fall der Erfüllung einer gesetzlichen Aufgabe (vgl. dazu Rdn. 6) der übermittelnden Stelle. Daher dürfen die für einen bestimmten Zweck von der übermittelnden Stelle (beispielsweise einem Rentenversicherungsträger) erhobenen Daten (beispielsweise zur Ermittlung von Rentenversicherungsbeiträgen) im Interesse eines effektiven Verwaltungshandelns als Eigenaufgaben auch zur Erfüllung anderer gesetzlicher Aufgaben dieses Leistungsträgers (beispielsweise zur Auszahlung bestehender Rentenansprüche) übermittelt werden. So ist z.B. die Übermittlung von Sozialhilfedaten an das Wohnungsamt dann zulässig, wenn die hilfebedürftige betroffene Person gleichzeitig Wohngeld beantragt hat. Angaben über den Leistungsbezug an sich z.B. an eine Bank als Verwendungszweck auf dem Überweisungsbeleg sind unzulässig.[12] Daraus folgt jedoch nicht, dass die Angabe »RV-Rente« auf dem Überweisungsbeleg nicht statthaft ist. Die Angabe kann deshalb erfolgen, weil einerseits die Zahlung grundsatzlich durch den Rentenservice der Deutschen Post als Auftrag des Rentenversicherungsträgers erfolgt und andererseits die betroffene Person vorab darin eingewilligt hat.

11 Die 3. Alternative von Abs. 1 Nr. 1 regelt die Zulässigkeit der Übermittlung zur Erfüllung einer gesetzlichen Aufgabe des die Daten nach § 67 Abs. 10 empfangenden Dritten, der ebenfalls zu den Normadressaten des § 35 SGB I gehören muss. Die Übermittlung kann sowohl auf einem entsprechenden Ersuchen des Dritten beruhen als auch auf der Eigeninitiative der übermittelnden Stelle. Zu denken ist hierbei u.a. an die Tätigkeit der Versicherungsämter (§ 93 SGB IV). Im Rahmen der Aufnahme eines Rentenantrages kann es hilfreich sein, wenn das Versicherungsamt auf die Daten des Rentenversicherungsträgers zugreifen kann.[13] Die Begrenzung auf bestimmte Daten ist dabei möglich und hat vollautomatisch zu erfolgen. Das gilt auch für die Übermittlung der Rentenantragsdaten an die gesetzliche Krankenversicherung. Auch hier sind nur die Daten zu übermitteln, die für die Durchführung der Krankenversicherung/Pflegeversicherung der Rentner unabdingbar notwendig sind. Ob die Übermittlung der Sozialdaten erforderlich ist, hat die ersuchende Stelle vorab zu prüfen. Grundsätzlich gilt auch hier, dass eine Übermittlung der Sozialdaten dann unzulässig ist, wenn bereits die Erhebung der Daten unzulässig war.

IV. Die Übermittlung im Rahmen eines Gerichtsverfahrens nach Abs. 1 Nr. 2

12 Abs. 1 Nr. 2 erklärt die Übermittlung von Sozialdaten für zulässig, wenn sie für die Durchführung eines Gerichtsverfahrens erforderlich ist. Es muss sich dabei allerdings um gerichtliche Verfahren handeln, deren Ziel die Erfüllung einer gesetzlichen Aufgabe oder eigene Ansprüche des Sozialleistungsträgers nach dem Sozialgesetzbuch betrifft (ansonsten bedarf es einer speziellen Regelung, wie z.B. in § 74 in Bezug auf Unterhaltszahlungen und Versorgungsausgleich), zum Beispiel Abrechnungs- oder Leistungsbetrug, Hausfriedensbruch in den Räumen des Sozialleistungsträgers oder Sachbeschädigung des Eigentums des Sozialleistungsträgers. Bei dem Gerichtsverfahren muss es sich nicht zwingend um ein sozialgerichtliches Verfahren i.S.v. § 119 SGG handeln.[14]

13 Die Übermittlungsbefugnis besteht unabhängig davon, ob sich ein gerichtliches Verfahren auf die betroffene Person selbst bezieht, also beispielsweise auch in Fällen des Erlasses eines Bescheides aufgrund von arglistiger Täuschung des Begünstigten oder bei Erstattung einer Strafanzeige im Rahmen des Beitragseinzugsverfahrens von Seiten des Leistungsträgers. Eine Übermittlungsbefugnis besteht nicht, wenn es sich lediglich um ein Bußgeldverfahren handelt. Abs. 1 Nr. 2 stellt auf die Durchführung von Strafverfahren vor den entsprechenden Gerichten ab. Dabei kann es vorwiegend um Leistungsmissbrauch oder vorsätzlichen Beitragsvorenthalt gehen.[15] So ist es auch zulässig, dem Familiengericht auf Grund erhobener Daten Mitteilung zu geben, wenn das Kindeswohl gefährdet

---

12 BSG, Urt. v. 25.01.2012 – B 14 AS 65/11 R, WKRS 2012, 15783.

13 V. Wulffen/Schütze/*Bieresborn*, Kommentar zur SGB X, 8. Aufl. 2014, § 69 Rn. 15.

14 LSG NRW, Urt. v. 21.07.1982 – L 8 J 18/80; KassKomm/*Martin*, SGB X, Stand Dezember 2018, § 69 Rn. 11.

15 LPK/*Stähler*, SGB X, 5. Aufl. 2019, § 69 Rn. 7.

wird (§ 8a Abs. 2 SGB VIII).[16] Zu beachten ist dabei aber, dass es sich nicht um Übermittlungsverfahren i.S.v. § 73 handeln darf. Die Übermittlung gemäß § 73 bezieht sich im Gegensatz zu § 69 Abs. 1 Nr. 2 auf Strafverfahren, die sich nicht auf die Aufgaben des Sozialleistungsträgers beziehen, z.B. Strafanzeige eines Leistungserbringers gegen einen anderen Leistungserbringer. Auch eine Übermittlung wegen Verletzung von Unterhaltspflichten wird nicht von § 69, sondern von § 74 erfasst.[17]

V. Die Übermittlung zur Richtigstellung nach Abs. 1 Nr. 3

Abs. 1 Nr. 3 betrifft die Übermittlung von Sozialdaten zur Richtigstellung unwahrer, von der betroffenen Person selbst erhobener Tatsachenbehauptungen in einem Verfahren über die Erbringung von Sozialleistungen. Es ist somit zu fordern, dass der Kern der Aussage unzutreffend ist.[18] Da bei internen Äußerungen kein Klarstellungsbedürfnis eines Leistungsträgers besteht, kann es sich hier nur um die Fälle einer öffentlichen Richtigstellung handeln. Die Richtigstellung hat durch die der Öffentlichkeit zugängliche Medien (Presse, Fernsehen, Hörfunk, Internet) zu erfolgen. Zum Schutz der betroffenen Person vor einer zu weitgehenden Veröffentlichung von Sozialdaten sieht die Vorschrift eine spezielle durch die oberste Bundes- bzw. Landesbehörden zu erteilende Genehmigung vor. Provokationen Dritter können schon nach dem Wortlaut der Vorschrift den Schutz des Sozialgeheimnisses nicht durchbrechen. Voraussetzung ist im Übrigen, dass die Übermittlung der Sozialdaten in direktem Verfahrenszusammenhang mit der entsprechenden Stelle stehen muss und deshalb die Erforderlichkeit der Übermittlung nachweisbar ist.[19] 14

Als Tatsachen, die unwahr sein können, kommen nur Ereignisse der Gegenwart, der Vergangenheit oder der Zukunft in Betracht, die beweisbar sind; eine Korrektur unzutreffender Werturteile sieht das Gesetz nicht vor. An der Erforderlichkeit der Übermittlung fehlt es beispielsweise dann, wenn es um für die Entscheidung nur unwesentliche Nebentatsachen geht oder um die Richtigstellung geringfügiger Übertreibungen. Untauglich für die Anwendung von Abs. 1 Nr. 3 sind somit auch Meinungen oder Werturteile.[20] Die Übermittlung der Sozialdaten einer eventuell betroffenen Person zur öffentlichen Richtigstellung ist ebenfalls dann ausgeschlossen, wenn ein Dritter – auch wider besseres Wissen – die Behörde angreift.[21] 15

VI. Die Übermittlung an nicht in § 35 SGB I genannte Stellen nach Abs. 2 Nr. 1

Da sich nicht alle sozialrechtlichen Regelungen im Sozialgesetzbuch befinden, werden in Abs. 2 den in § 35 SGB I aufgeführten Leistungsträgern etc. weitere Stellen gleichgestellt, die ebenfalls auf Sozialdaten angewiesen sind. Zwar geht es hier im Gegensatz zu Abs. 1 nicht um Aufgaben nach dem Sozialgesetzbuch, sondern generell um gesetzliche – oder sich aus einem Tarifvertrag ergebende – Aufgaben, vorausgesetzt wird aber doch ein sozialer Bezug. Die Übermittlungsbefugnis an die Stellen des Abs. 2 führt jedoch nicht dazu, dass diese Stellen nunmehr als Sozialleistungsträger im Sinne von § 35 SGB I anzusehen wären, trotz der in § 78 Abs. 1 Satz 2 vorgesehenen Gleichstellung bei der Verpflichtung zur Wahrung des Sozialgeheimnisses. 16

Bei Abs. 2 Nr. 1 handelt es sich um entschädigungsrechtliche, versorgungsrechtliche oder beamtenrechtliche Leistungen aufgrund der dort aufgeführten Gesetze des Bundes oder der Länder. Betroffen sind vor allem Fälle, in denen Sozialleistungen nach anderen Gesetzen anzurechnen sind. Hier sind 17

16 VGH Hessen, Beschl. v. 07.11.2012 – 10 B 1973/12, NJW 2013, 82–84; OLG Frankfurt, Beschl. v. 09.09.2013 – 1 UF 105/13, WKRS 2013, 46670; OLG Frankfurt, Beschl. v. 13.03.2015 – 5 WF 313/14, WKRS 2015, 23450.

17 Krahmer/*Strothmann*, Sozialdatenschutz, Kommentar, 4. Aufl. 2020, § 69 SGB X Rn. 10.

18 BGH, Urt. v. 01.12.1955 – 3 StR 419/55, WKRS 1955, 14503.

19 Dies ergibt sich auch aus Art. 5 Abs. 2 DSGVO.

20 Krahmer/*Strothmann*, Sozialdatenschutz, Kommentar, 4. Aufl. 2020, § 69 Rn. 11.

21 Krahmer/*Strothmann*, Sozialdatenschutz, Kommentar, 4. Aufl. 2020, § 69 SGB X Rn. 11.

besonders die Stellen zu subsummieren, die Leistungen nach dem AAÜG aus Zusatz- oder Sondersystemen des Beitrittsgebietes erbringen.[22]

VII. Die Übermittlung an weitere gleichgestellte Stellen nach Abs. 2 Nr. 2 und 3

18 Die Zulässigkeit der Übermittlung von Sozialdaten für die Erfüllung sozialer Aufgaben schließt nach Abs. 2 Nr. 2 auch tarifvertragliche Einrichtungen mit ein sowie öffentlich-rechtliche Zusatzversorgungseinrichtungen. Diese sind bei ihrem Beitragseinzug auf die Hilfe der in § 35 SGB I aufgeführten Leistungsträger etc. angewiesen. Die öffentlich-rechtlichen Zusatzversorgungseinrichtungen sind nicht zu verwechseln mit den Zusatz- oder Sondersystemen des Beitrittsgebietes. Dadurch, dass öffentlich-rechtliche Zusatzversorgungseinrichtungen keine Versorgungen i.S.v. § 18a Abs. 4 SGB IV sind, werden die Sozialdaten der Rentenversicherungsträger z.B. nicht an die VBL übermittelt. Die öffentlich-rechtliche Zusatzversorgungseinrichtungen hingegen müssen die von ihnen gezahlten Rentenleistungen an die Rentenversicherungsträger mitteilen, damit im Rahmen der Einkommensanrechnung auf Witwen- oder Witwerrenten die von dort gezahlten Beträge berücksichtigt werden.

19 Nach Abs. 2 Nr. 3 werden auch die Bezügestellen des öffentlichen Dienstes im Hinblick auf die Übermittlung personenbezogener Kindergelddaten gleichgestellt.

20 Die sich aus Abs. 2 ergebende Liste der gleichgestellten Stellen ist abschließend.[23] Zur Frage der gleichgestellten Stellen sei auf die Rechtsprechung des BSG bzw. der Sächs. OVG hingewiesen.[24]

VIII. Die Übermittlung an Krankenkassen nach Abs. 3

21 Die Regelung des Abs. 3 ermöglichst den Krankenkassen die Feststellung der Arbeitgeber, die am Ausgleich der Arbeitgeberaufwendungen nach dem Aufwendungsausgleichsgesetz vom 22.12.2005[25], mit späteren Änderungen, teilnehmen. Dies betrifft den Erstattungsanspruch der Arbeitgeber aufgrund von deren Leistungen nach dem Entgeltfortzahlungsgesetz (U 1- Verfahren) und nach dem Mutterschutzgesetz (U 2- Verfahren), der zum 01.01.2006 an die Stelle des früheren Ausgleichs der Arbeitgeberaufwendungen nach dem Lohnfortzahlungsgesetz getreten ist. Insoweit erfolgt die Übermittlung der Sozialdaten von der Bundesagentur für Arbeit an die entsprechenden Krankenkassen. Die Krankenkassen sind auf diese Meldungen durch die Bundesagentur angewiesen, weil nur die Bundesagentur über Kenntnis von der Gründung derartige Betriebe verfügt.

IX. Die Übermittlung an Arbeitgeber nach Abs. 4

22 Die Regelung des Abs. 4 Halbs. 1 betrifft Arbeitgeber, die nach § 3 Abs. 1 Satz des Entgeltfortzahlungsgesetzes vom 26.05.1994[26], mit späteren Änderungen, im Rahmen der Prüfung des Entgeltfortzahlunganspruchs bei erneuter Erkrankung ihrer Arbeitnehmer auf die im Gesetzestext aufgeführten Angaben angewiesen sind. Ausdrücklich ausgeschlossen von der Übermittlung sind nach Halbsatz 2 die konkreten Diagnosedaten. Beruft sich der Arbeitgeber gegenüber der Krankenkasse zur Führung des Gegenbeweises, dass nämlich die Erkrankung des Arbeitnehmers nicht wegen derselben Krankheit erfolgt ist, auf ein durch das Gericht einzuholendes Gutachten, ist diese Verwertung

22 V. Wulffen/Schütze/*Bieresborn*, Kommentar zur SGB X, 8. Aufl. 2014, § 69 Rn. 33, 34.

23 Siehe hierzu auch die Aufstellung zu Abs. 2 Nr. 1 in Hauck/Noftz/*Rombach*, SGB X, Stand VI/09, § 69 Rn. 43 sowie eine Übersicht über gemeinsame Einrichtungen der Tarifvertragsparteien gemäß § 69 Abs. 2 Nr. 2 als Anlage 2 zu § 69 in: GRA (Gemeinsame Rechtliche Anweisungen der Rentenversicherung), unter www.rvrecht.deutsche-rentenversicherung.de/GRA/SGB X, Stand 18.09.2019, veröffentlicht 12.11.2019.

24 BSG, Urt. v. 23.07.2002 – B 3 KR 64/01 R, WKRS 2002, 22465 = Eichenhofer/Wenner/*Padé/Wenner/Lungstras,* Kommentar zum SGB 3, 3. Aufl. 2018, § 276 SGB V Rn. 10; Sächs. OVG, Urt. v. 09.03.2012 – 3 A 185/10.

25 BGBl. I, S. 3686.

26 BGBl. I, S. 1014.

nur dann zulässig, wenn der betroffene Arbeitnehmer den Gutachter von der ärztlichen Schweigepflicht entbindet.[27]

X. Die Übermittlung zu Kontroll- und Prüfzwecken nach Abs. 5

Die Regelung von Abs. 5 bezieht sich auf die Wahrnehmung von Aufsichts-, Kontroll- und Disziplinarbefugnissen, der Rechnungsprüfung oder der Durchführung von Organisationsuntersuchungen, i.S.v. § 67c Abs. 3 Satz 1, wonach eine Speicherung, Veränderung oder Nutzung für andere Zwecke erlaubt ist. Abs. 5 ergänzt diese Regelung und sieht insoweit zur Erfüllung von deren gesetzlichen Aufgaben die Übermittlung von Sozialdaten an Rechnungshöfe etc. vor.[28] So sind z.B. Krankenakten *»einer psychiatrischen Abteilung einer Universitätsklinik«* zur Prüfung vorzulegen, wobei die ärztliche Schweigepflicht hinter den *»überragenden Interessen des Allgemeinwohls«* zurücktreten muss. Das BVerwG führte dazu in seiner Entscheidung u.a. folgendes aus: *»Die Einsichtnahme in die Krankenakten zu dem Zweck, den Beamten des Landesrechnungshofs die Erfüllung ihrer Aufgabe zu ermöglichen, ist im Hinblick auf die Beeinträchtigung, die durch die Maßnahme eintritt, auch für den sensiblen Bereich der Psychiatrie nicht unzumutbar. Auf der einen Seite steht die verfassungsrechtlich fundierte Notwendigkeit einer lückenlosen Rechnungsprüfung, auf der anderen Seite die im Umfang sehr eingeschränkte Durchbrechung des Geheimnisschutzes, deren Grenzen durch den Stichprobencharakter, durch die de facto anonyme Beziehung zwischen Patient und Prüfer und durch die Verschwiegenheitspflicht der Beamten des Landesrechnungshofes gezogen sind.«*[29] Die gegen die Entscheidung des BVerwG erhobene Verfassungsbeschwerde wurde nicht zur Entscheidung angenommen.[30] Zu beachten ist selbstverständlich, dass die zu übermittelnden Daten möglichst zu anonymisieren sind und der Erforderlichkeitsgrundsatz beachtet wird. 23

§ 70 Übermittlung für die Durchführung des Arbeitsschutzes

Eine Übermittlung von Sozialdaten ist zulässig, soweit sie zur Erfüllung der gesetzlichen Aufgaben der für den Arbeitsschutz zuständigen staatlichen Behörden oder der Bergbehörden bei der Durchführung des Arbeitsschutzes erforderlich ist und schutzwürdige Interessen der betroffenen Person nicht beeinträchtigt werden oder das öffentliche Interesse an der Durchführung des Arbeitsschutzes das Geheimhaltungsinteresse der betroffenen Person erheblich überwiegt.

Übersicht

A. Inhalt

Die Vorschrift betrifft die Übermittlungsbefugnis der Sozialleistungsträger und der übrigen in § 35 SGB I aufgeführten Stellen gegenüber den für die Durchführung des Arbeitsschutzes zuständigen staatlichen Behörden. Sie dient vorrangig der Beschleunigung des Informationsflusses zwischen den übermittlungsverpflichteten Sozialleistungsträgern einerseits und den auskunftsberechtigten, für den Arbeitsschutz zuständigen Behörden und den Bergbehörden andererseits[1] unter der Bedingung der 1

27 LAG Köln, Urt. v. 02.08.2002 – 11 Sa 1097/01, WKRS 2002, 12923.

28 BT-Drucks. 12/5187, S. 39.

29 BVerwG, Urt. v. 11.05.1989 – 3 C 68/85 – WKRS 1989, 12387 = Eichenhofer/Wenner/*Grühn*, Kommentar zum SGB V, 3. Aufl. 2018, § 113 SGB V Rn. 5.

30 BVerfG, Beschl. v. 29.04.1996 – 1 BvR 1226/89, NJW 1997, 1633 – 1634.

1 So auch: Krahmer/*Sommer*, Sozialdatenschutz, 4. Aufl. 2020, § 70 Rn. 1.

Erforderlichkeit der Datenübermittlung sowie der Abwägung zwischen den schutzwürdigen Interessen der betroffenen Person sowie den öffentlichen Interessen des Arbeitsschutzes.

B. Entstehungsgeschichte

2 Die Vorschrift ist durch das Gesetz vom 18.08.1980 (BGBl. I, S. 1469) geschaffen worden. Sie ist am 01.01.1981 in Kraft getreten. Die erste Fassung der Vorschrift (§ 69a SGB X a.F.) war erst im Gesetzgebungsverfahren auf Anraten des Vermittlungsausschusses nach einer entsprechenden Anrufung durch den Bundesrat aufgenommen worden und ermöglichte die Übermittlung zur Erfüllung der gesetzlichen Aufgaben der Unfallversicherungsträger oder der Gewerbeaufsichtsämter. Durch Gesetz vom 20.07.1988 (BGBl. I, S. 1046) wurden auch die Bergbehörden im Gesetzestext genannt. Aufgrund des Gesetzes vom 13.06.1994 (BGBl. I, S. 1229) entfiel die spezielle Übermittlungsbefugnis nach § 70 in Bezug auf die Unfallversicherungsträger, da diese zugleich Sozialleistungsträger im Sinne von § 69 Abs. 1 Nr. 1 SGB X sind; deren Aufgabenerfüllung im Rahmen des Arbeitssicherheitsgesetzes wurde gesondert in § 67 Abs. 3 Nr. 4 SGB X aufgeführt. Die vorliegende Fassung beruht auf der Bekanntmachung vom 18.01.2001 (BGBl. I, S. 130), lediglich redaktionell angepasst mit dem BVG-Änderungsgesetz vom 17.07.2017 (BGBl. I, S. 2541) im Rahmen der Anpassung an die Datenschutz-Grundverordnung (DSGVO = Verordnung [EU] 2016/679).

C. Erläuterungen

I. Relevante Normen der DSGVO und des BDSG

3 § 70 ist eine bereichsspezifische Regelung zur Datenverarbeitung gemäß Artikel 6 Absatz 1 Buchstabe c und e in Verbindung mit Absatz 2 und Absatz 3 Satz 1 Buchstabe b, Satz 2 DSGVO zur Wahrnehmung einer Aufgabe im öffentlichen Interesse. Die Verarbeitung besonderer Kategorien von Daten ist gemäß Artikel 9 Absatz 2 Buchstabe b, g und h DSGVO erfasst[2]. Die Norm wurde insbesondere an die Begriffsbestimmungen aus Artikel 4 der Verordnung (EU) 2016/679 in Verbindung mit § 67 angepasst. Eine entsprechende Norm gibt es im BDSG nicht.

II. Die Zuständigkeiten auf dem Gebiet des Arbeitsschutzes

4 Nach dem in Deutschland bestehenden dualen Arbeitsschutzsystem teilen sich die staatlichen Arbeitsschutzbehörden bzw. Gewerbeaufsichtsämter und die Träger der gesetzlichen Unfallversicherung, also die gewerblichen und die landwirtschaftlichen Berufsgenossenschaften sowie die Unfallkassen, diese Aufgaben. Einbezogen sind auch die Bergämter für die Bereiche des Bergbaus, wobei es unerheblich ist, ob der Bergbau im Tagebau oder Untertagebau erfolgt. Sie nehmen ihre Aufgaben auf Grund von Landesrecht wahr und übernehmen die Bergaufsicht. Seit dem 05.11.2008 findet allerdings aufgrund des Unfallversicherungsmodernisierungsgesetzes vom 30.10.2008 (BGBl. I, S. 2130) eine verstärkte Zusammenarbeit aller Beteiligten im Rahmen der »Gemeinsamen Deutschen Arbeitsschutzstrategie (GDA)« statt[3].

5 Hinsichtlich der Begrifflichkeit »Arbeitsschutz« ist festzustellen, dass mit ihm sämtliche gesetzlichen Normen gemeint sind, die den Arbeitgebern Pflichten auferlegen, um ihre Arbeitnehmer umfassend vor Schäden zu schützen, die mit der verrichteten Tätigkeit in Zusammenhang stehen. Das beinhaltet nicht nur die Verhütung und Vermeidung von Unfallrisiken, sondern auch die Möglichkeit, durch geeignete Maßnahmen das Entstehen bzw. die Verschlimmerung von Berufskrankheiten zu verhindern, wie zum Beispiel gemäß § 20c Abs. 1 Satz 3 SGB V durch Krankenkassen in Umsetzung ihres Präventionsauftrags.[4] Arbeitsschutz hat mithin nicht nur materielle, sondern auch soziale Benachteiligungen zu vermeiden.

---

2 BT-Drucks. 18/12611, S. 107.

3 Vgl. dazu Eichenhofer/von Koppenfels-Spies/Wenner/*Jung/Eichenhofer*, Kommentar zum SGB VII, 2. Aufl. 2019, § 14 SGB VII Rn. 2, 11 ff.

4 So auch: LPK-*Stähler*, 5. Aufl. 2019, § 70 Rn. 4.

III. Inhalt und Umfang der Übermittlungsbefugnis

Soweit die Aufgaben der Unfallversicherungsträger betroffen sind, kommt deren Übermittlungsbefugnis ausschließlich nach § 69 Abs. 1 Nr. 1 SGB X in Betracht (vgl. Rdn. 2), § 70 betrifft als empfangende Stellen lediglich die staatlichen, mit Arbeitsschutzaufgaben betrauten Behörden sowie die Bergbehörden. Aufgrund der weiten Fassung der Vorschrift werden von ihr sämtliche staatliche Arbeitsschutzaktivitäten erfasst, von den allgemeinen Aufgaben des Arbeitsschutzgesetzes und der auf dieser Grundlage erlassenen Rechtsverordnungen bis hin zum sozialen Arbeitsschutz, also dem Arbeitszeitschutz, dem Mutterschutz, dem Jugendarbeitsschutz und der Tätigkeit der Integrationsämter, der früheren Hauptfürsorgestellen, im Rahmen der Prävention für behinderte Menschen. 6

Eine Übermittlungsbefugnis hat nach § 70 generell zur Voraussetzung, dass die Übermittlung erforderlich ist, dass also die Arbeitsschutzbehörden diese Daten für ihre Tätigkeit unbedingt kennen müssen (vgl. dazu § 69 Rdn. 5). Außerdem dürfen schutzwürdige Individualinteresse der betroffenen Person nicht beeinträchtigt werden, es sei denn, dem öffentlichen Interesse kommt ein Vorrang vor deren Geheimhaltungsinteresse zu. In Betracht kommen hier die betroffene Person durch eine Übermittlung drohende Nachteile wirtschaftlicher, sozialer oder persönlicher Art, bei einem Arbeitnehmer beispielsweise die Offenlegung seines Auftretens als Informant über betriebliche Missstände, bei einem Arbeitgeber die Information über Betriebs- oder Geschäftsgeheimnisse. Dieses Geheimhaltungsinteresse hat nur dann zurückzutreten, wenn auf andere Weise erhebliche Gefährdungen, beispielsweise für Leben und Gesundheit von Arbeitnehmern, nicht beseitigt werden können. 7

Übermittlungsbefugt sind nur die Sozialleistungsträger und die sonstigen in § 35 SGB I aufgeführten Stellen. Die staatlichen Arbeitsschutzbehörden des § 70 sind lediglich empfangsbefugt. 8

Besonders zu beachten sind gerade bei § 70 auch die speziellen Übermittlungsverbote nach § 76 Abs. 1 SGB X im Hinblick auf die der ärztlichen Schweigepflicht unterliegenden Sozialdaten, beispielsweise aus arbeitsmedizinischen Untersuchungen. Anwendung findet auch § 78 SGB X, der die Daten empfangenden Stellen zur gleichen Geheimhaltung verpflichtet wie die Sozialleistungsträger im Rahmen von § 35 SGB I. Ob die Daten zu übermitteln sind, hat die die Daten »abgebende« Behörde zu prüfen. Dabei sind die Gründe für die Datenanforderung von der anfordernden Stelle bekanntzugeben. Sind die Gründe nicht ausreichend dargelegt, muss nachgefragt werden.[5] 9

§ 71 Übermittlung für die Erfüllung besonderer gesetzlicher Pflichten und Mitteilungsbefugnisse

(1) [1]Eine Übermittlung von Sozialdaten ist zulässig, soweit sie erforderlich ist für die Erfüllung der gesetzlichen Mitteilungspflichten

1. **zur Abwendung geplanter Straftaten nach § 138 des Strafgesetzbuches,**
2. **zum Schutz der öffentlichen Gesundheit nach § 8 des Infektionsschutzgesetzes,**
3. **zur Sicherung des Steueraufkommens nach § 22a des Einkommensteuergesetzes und den §§ 93, 97, 105, 111 Absatz 1 und 5, § 116 der Abgabenordnung und § 32b Absatz 3 des Einkommensteuergesetzes, soweit diese Vorschriften unmittelbar anwendbar sind, und zur Mitteilung von Daten der ausländischen Unternehmen, die auf Grund bilateraler Regierungsvereinbarungen über die Beschäftigung von Arbeitnehmern zur Ausführung von Werkverträgen tätig werden, nach § 93a der Abgabenordnung,**
4. **zur Gewährung und Prüfung des Sonderausgabenabzugs nach § 10 des Einkommensteuergesetzes,**
5. **zur Überprüfung der Voraussetzungen für die Einziehung der Ausgleichszahlungen und für die Leistung von Wohngeld nach § 33 des Wohngeldgesetzes,**

5 Die übermittelnde Stelle hat eine genaue Darlegung abzufragen und trägt die Verantwortung gemäß § 67d Abs. 1 Satz 1.

6. zur Bekämpfung von Schwarzarbeit und illegaler Beschäftigung nach dem Schwarzarbeitsbekämpfungsgesetz,
7. zur Mitteilung in das Gewerbezentralregister und das Wettbewerbsregister einzutragender Tatsachen an die Registerbehörde,
8. zur Erfüllung der Aufgaben der statistischen Ämter der Länder und des Statistischen Bundesamtes gemäß § 3 Absatz 1 des Statistikregistergesetzes zum Aufbau und zur Führung des Statistikregisters,
9. zur Aktualisierung des Betriebsregisters nach § 97 Absatz 5 des Agrarstatistikgesetzes,
10. zur Erfüllung der Aufgaben der Deutschen Rentenversicherung Bund als zentraler Stelle nach § 22a und § 91 Absatz 1 Satz 1 des Einkommensteuergesetzes,
11. zur Erfüllung der Aufgaben der Deutschen Rentenversicherung Knappschaft-Bahn-See, soweit sie bei geringfügig Beschäftigten Aufgaben nach dem Einkommensteuergesetz durchführt,
12. zur Erfüllung der Aufgaben des Statistischen Bundesamtes nach § 5a Absatz 1 in Verbindung mit Absatz 3 des Bundesstatistikgesetzes sowie nach § 7 des Registerzensuserprobungsgesetzes zum Zwecke der Entwicklung von Verfahren für die zuverlässige Zuordnung von Personendatensätzen aus ihren Datenbeständen und von Verfahren der Qualitätssicherung eines Registerzensus,
13. nach § 58 des Energiefinanzierungsgesetzes zur Berechnung der Bruttowertschöpfung im Verfahren der Besonderen Ausgleichsregelung,
14. nach § 6 Absatz 3 des Wohnungslosenberichterstattungsgesetzes für die Erhebung über wohnungslose Personen.
15. nach § 4 des Sozialdienstleister-Einsatzgesetzes für die Feststellung des nachträglichen Erstattungsanspruches oder
16. nach § 5 Absatz 1 des Rentenübersichtsgesetzes zur Erfüllung der Aufgaben der Zentralen Stelle für die Digitale Rentenübersicht.

[2]Erklärungspflichten als Drittschuldner, welche das Vollstreckungsrecht vorsieht, werden durch Bestimmungen dieses Gesetzbuches nicht berührt. [3]Eine Übermittlung von Sozialdaten ist zulässig, soweit sie erforderlich ist für die Erfüllung der gesetzlichen Pflichten zur Sicherung und Nutzung von Archivgut des Bundes nach § 1 Nummer 8 und 9, § 3 Absatz 4, nach den §§ 5 bis 7 sowie nach den §§ 10 bis 13 des Bundesarchivgesetzes oder nach entsprechenden gesetzlichen Vorschriften der Länder, die die Schutzfristen dieses Gesetzes nicht unterschreiten. [4]Eine Übermittlung von Sozialdaten ist auch zulässig, soweit sie erforderlich ist, Meldebehörden nach § 6 Absatz 2 des Bundesmeldegesetzes über konkrete Anhaltspunkte für die Unrichtigkeit oder Unvollständigkeit von diesen auf Grund Melderechts übermittelter Daten zu unterrichten. [5]Zur Überprüfung des Anspruchs auf Kindergeld ist die Übermittlung von Sozialdaten gemäß § 68 Absatz 7 des Einkommensteuergesetzes an die Familienkassen zulässig. [6]Eine Übermittlung von Sozialdaten ist auch zulässig, soweit sie zum Schutz des Kindeswohls nach § 4 Absatz 1 und 5 des Gesetzes zur Kooperation und Information im Kinderschutz erforderlich ist.

(2) [1]Eine Übermittlung von Sozialdaten eines Ausländers ist auch zulässig, soweit sie erforderlich ist
1. im Einzelfall auf Ersuchen der mit der Ausführung des Aufenthaltsgesetzes betrauten Behörden nach § 87 Absatz 1 des Aufenthaltsgesetzes mit der Maßgabe, dass über die Angaben nach § 68 hinaus nur mitgeteilt werden können
   a) für die Entscheidung über den Aufenthalt des Ausländers oder eines Familienangehörigen des Ausländers Daten über die Gewährung oder Nichtgewährung von Leistungen, Daten über frühere und bestehende Versicherungen und das Nichtbestehen einer Versicherung,
   b) für die Entscheidung über den Aufenthalt oder über die ausländerrechtliche Zulassung oder Beschränkung einer Erwerbstätigkeit des Ausländers Daten über die Zustimmung nach § 4a Absatz 2 Satz 1, § 16a Absatz 1 Satz 1 und § 18 Absatz 2 Nummer 2 des Aufenthaltsgesetzes,
   c) für eine Entscheidung über den Aufenthalt des Ausländers Angaben darüber, ob die in § 54 Absatz 2 Nummer 4 des Aufenthaltsgesetzes bezeichneten Voraussetzungen vorliegen, und

   d) durch die Jugendämter für die Entscheidung über den weiteren Aufenthalt oder die Beendigung des Aufenthalts eines Ausländers, bei dem ein Ausweisungsgrund nach den §§ 53 bis 56 des Aufenthaltsgesetzes vorliegt, Angaben über das zu erwartende soziale Verhalten,
2. für die Erfüllung der in § 87 Absatz 2 des Aufenthaltsgesetzes bezeichneten Mitteilungspflichten,
3. für die Erfüllung der in § 99 Absatz 1 Nummer 14 Buchstabe d, f und j des Aufenthaltsgesetzes bezeichneten Mitteilungspflichten, wenn die Mitteilung die Erteilung, den Widerruf oder Beschränkungen der Zustimmung nach § 4 Absatz 2 Satz 1, § 16a Absatz 1 Satz 1 und § 18 Absatz 2 Nummer 2 des Aufenthaltsgesetzes oder eines Versicherungsschutzes oder die Gewährung von Leistungen zur Sicherung des Lebensunterhalts nach dem Zweiten Buch betrifft,
4. für die Erfüllung der in § 6 Absatz 1 Nummer 8 des Gesetzes über das Ausländerzentralregister bezeichneten Mitteilungspflichten,
5. für die Erfüllung der in § 32 Absatz 1 Satz 1 und 2 des Staatsangehörigkeitsgesetzes bezeichneten Mitteilungspflichten oder
6. für die Erfüllung der nach § 8 Absatz 1c des Asylgesetzes bezeichneten Mitteilungspflichten der Träger der Grundsicherung für Arbeitsuchende.

[2]Daten über die Gesundheit eines Ausländers dürfen nur übermittelt werden,
1. wenn der Ausländer die öffentliche Gesundheit gefährdet und besondere Schutzmaßnahmen zum Ausschluss der Gefährdung nicht möglich sind oder von dem Ausländer nicht eingehalten werden oder
2. soweit sie für die Feststellung erforderlich sind, ob die Voraussetzungen des § 54 Absatz 2 Nummer 4 des Aufenthaltsgesetzes vorliegen.

(2a) Eine Übermittlung personenbezogener Daten eines Leistungsberechtigten nach § 1 des Asylbewerberleistungsgesetzes ist zulässig, soweit sie für die Durchführung des Asylbewerberleistungsgesetzes erforderlich ist.

(3) [1]Eine Übermittlung von Sozialdaten ist auch zulässig, soweit es nach pflichtgemäßem Ermessen eines Leistungsträgers erforderlich ist, dem Betreuungsgericht die Bestellung eines Betreuers oder eine andere Maßnahme in Betreuungssachen zu ermöglichen. [2]§ 9 des Betreuungsbehördengesetzes gilt entsprechend. [3]Eine Übermittlung von Sozialdaten ist auch zulässig, soweit sie im Einzelfall für die Erfüllung der Aufgaben der Betreuungsbehörden nach § 8 des Betreuungsorganisationsgesetzes erforderlich ist.

(4) [1]Eine Übermittlung von Sozialdaten ist außerdem zulässig, soweit sie im Einzelfall für die rechtmäßige Erfüllung der in der Zuständigkeit der Zentralstelle für Finanztransaktionsuntersuchungen liegenden Aufgaben nach § 28 Absatz 1 Satz 2 Nummer 2 des Geldwäschegesetzes erforderlich ist. [2]Die Übermittlung ist auf Angaben über Name, Vorname sowie früher geführte Namen, Geburtsdatum, Geburtsort, derzeitige und frühere Anschriften der betroffenen Person sowie Namen und Anschriften seiner derzeitigen und früheren Arbeitgeber beschränkt.

Übersicht

A. Inhalt

1 Die Vorschrift enthält in Fortführung der Übermittlungsbefugnisse der §§ 68 bis 70 SGB X eine umfangreiche Auflistung weiterer Übermittlungsbefugnisse, die jeweils zu einer Einschränkung des in § 35 SGB I garantierten Sozialgeheimnisses führen. Es handelt sich um eine bereichsspezifische Regelung zur Datenverarbeitung, die den Sozialleistungsträgern die Erfüllung besonderer gesetzlicher Pflichten und Mitteilungsbefugnisse im staatlichen Gemeinschaftsinteresse ermöglicht. Die Regelung enthält eine abschließende Aufzählung sämtlicher insoweit in Betracht kommender Möglichkeiten zur Übermittlung von Sozialdaten. Insbesondere geht es dabei um die Verhinderung schwerer Straftaten, den Schutz der Volksgesundheit, der Sicherung des Steueraufkommens und des Archivgutes, der Bekämpfung von Schwarzarbeit und illegaler Beschäftigung, einen bestimmten Teil der Aufgaben der Deutschen Rentenversicherung Bund bzw. der Deutschen Rentenversicherung Knappschaft-Bahn-See, um Aufgaben der Gewerbezentralregister, der Aufgaben nach dem Statistikregistergesetz sowie um ausländerrechtliche Fragestellungen. Mit Hilfe des Enumerationsprinzips bleibt somit ganz im Sinne der Rechtssicherheit und der Rechtsklarheit die Entscheidung, ob eine besondere Mitteilungspflicht dem Sozialgeheimnis vorgeht, dem Gesetzgeber überlassen. Dies hat allerdings zur Folge, dass § 71 relativ häufig geändert werden muss, und zwar immer wieder dann, wenn eine Änderung der aufgeführten Bestimmungen erfolgt. Vor einer Übermittlung von Sozialdaten ist jeweils zu prüfen ob diese erforderlich ist und ob der Grundsatz der Verhältnismäßigkeit sowie die Zweckbindung beachtet wird.[1]

B. Entstehungsgeschichte

2 Die Vorschrift beruht auf dem Gesetz vom 18.08.1980 (BGBl. I, S. 1469) in der Fassung der Bekanntmachung vom 18.01.2001 (BGBl. I, S. 130). Die Vorschrift ist in ihrer ursprünglichen Fassung am 01.01.1981 in Kraft getreten, sie wurde bis zum Jahre 2005 bereits fünfundzwanzig Mal geändert.[2] Weitere Änderungen erfolgten durch die Gesetze vom 20.12.2007 (BGBl. I, S. 3150), vom 17.12.2008 (BGBl. I, S. 2586), vom 19.12.2008 (BGBl. I, S. 2794), vom 16.07.2009 (BGBl. I, S. 1959) und vom 05.08.2010 (BGBl. I, S. 1125), vom 22.11.2011 (BGBl. I, S. 2258), vom 01.06.2012 (BGBl. I, S. 1224), vom 03.05.2013 (BGBl. I, S. 1084), vom 20.11.2014 (BGBl. I, S. 1738), vom 02.02.2016 (BGBl. I, S. 130), vom 21.07.2016 (BGBl. I, S. 1729) sowie vom 18.10.2016 (BGBl. I, S. 2258). Das Gesetz vom 18.07.2017 (BGBl. I, S. 2739/2744), in Kraft getreten am 29.07.2017, führe zu redaktionellen Anpassung des Abs. 1 Satz 1 Nr. 7 an das WRegG. Mit dem BVG-Änderungsgesetz vom 17.07.2017 (BGBl. I, S. 2541, Änderung des Bundesversorgungsgesetzes und anderer Gesetze) wurden als Anpassung an die Datenschutzgrundverordnung (DSGVO = Verordnung [EU] 2016/679), die zum 25.05.2018 in Kraft trat redaktionelle Änderungen (Art. 99 Abs. 2 DSGVO und Art. 24 BVG) vorgenommen, auf die in Abs. 2 und 4 verwiesen wird (in Absatz 2: § 17 und § 54 AufenthG, in Absatz 4: § 28 GwG). Durch das Gesetz gegen illegale Beschäftigung und Sozialleistungsmissbrauch vom 17.07.2019 (BGBl. I, S. 1066/1077), in Kraft getreten zum 18.07.2019, wurde Abs. 1 um Satz 5 ergänzt.

Das Fachkräfteeinwanderungsgesetz vom 15.08.2019 (BGBl. I, 1307/1334), in Kraft getreten am 16.08.2019, führte zu redaktionellen Anpassungen in Abs. 2 Nr. 1 lit. b sowie Nr. 3 als Anpassung an Änderungen des Aufenthaltsgesetzes.

Durch das 2. Datenschutz-Anpassungsgesetz (2. DS-AnpUG) vom 20.11.2019 (BGBl. I, S. 1626), das zum 26.11.2019 in Kraft trat, wurden weitere redaktionelle Anpassungen vorgenommen (in Absatz 1 zu den Verweisen auf das Bundesarchivgesetz, in Abs. 2 wurden die Nummern 5 und 6 ergänzt).

---

1 Vgl. § 69 Rdn. 4, 5 So auch: juris-PK, Schlegel/Völzke/*Mutschler*/*Palsherm*, 2. Aufl. 2017, Stand 02.04.2020 (juris-Datenbank), § 71 Rn. 50 und Krahmer/*Sommer*, Sozialdatenschutz, 4. Aufl. 2020, § 71 Rn. 8.

2 Vgl. dazu Hauck/Noftz/*Rombach*, Stand § 71 SGB X Rn. 71 ff., der die einzelnen Änderungen und auch die Texte der in § 71 zitierten Gesetze aufführt.

Durch das Gesetz (Gesetz Digitale Rentenübersicht) vom 11.02.2021 (BGBl. I S. 154) redaktionelle Änderung von Nr. 14 und 15 zwecks Anfügung der Nr. 16 und Anfügung der Nr. 16.

C. Erläuterungen

I. Relevante Normen der DSGVO und des BDSG

§ 71 ist gemäß Artikel 6 Absatz 1 Buchstabe c und e in Verbindung mit Absatz 2 und Absatz 3 Satz 1 Buchstabe b, Satz 2 der DSGVO zulässig und redaktionell an die DSGVO angepasst[3]. Die besonderen Kategorien von Daten sind gemäß Artikel 9 Absatz 2 Buchstaben b, g, i und j DSGVO erfasst. Eine entsprechende Norm gibt es im BDSG nicht. 3

II. Die Übermittlung von Sozialdaten nach Abs. 1 Satz 1 Nr. 1 bis 16

Abs. 1 Satz 1 Nr. 1 betrifft die **Nichtanzeige geplanter Straftaten nach § 138 Strafgesetzbuch (StGB)**. Nach dieser Bestimmung besteht für jedermann, also auch für Mitarbeiter von Sozialleistungsträgern, eine Mitteilungspflicht zur Abwendung eines geplanten Mordes, eines Totschlags, von Raub oder räuberischer Erpressung und anderer schwerer Straftaten, die in § 138 StGB im Einzelnen aufgelistet sind. Die Auflistung des § 138 StGB ist abschließend.[4] Wer von dem Vorhaben oder der Ausführung einer solchen Tat zu einer Zeit glaubhaft erfährt, zu der die Ausführung oder der Erfolg noch abgewendet werden können, und der es unterlässt, der Behörde oder dem Bedrohten rechtzeitig Anzeige zu machen, hat mit einer Freiheitsstrafe von bis zu fünf Jahren oder einer Geldstrafe zu rechnen. Verpflichtete können in Bezug auf § 35 SGB I vorrangig beispielsweise Mitarbeiter aus dem Bereich der Sozial- und Jugendhilfe oder aus dem Medizinbereich sein. Wenn Tatbestände nicht von § 138 StGB erfasst werden, ist eine Übermittlung nach § 71 unzulässig. Hierbei handelt es sich dann z.B. um Fälle des Sozialleistungsbetrugs oder um Nichtbeachtung der Vorschriften des SGB VIII i.V.m. denen des BGB. Hier sind für die Übermittlung der Sozialdaten die §§ 69 sowie 73 heranzuziehen. Der Inhalt der Mitteilung ist **nicht** auf die Sozialdaten beschränkt.[5] Die Erforderlichkeit der Übermittlung ist nachzuprüfen; dieses hat anhand der jeweiligen Rechtsnorm zu erfolgen. 4

Abs. 1 Satz 1 Nr. 2 erfasst die Mitteilungspflichten in Bezug auf meldepflichtige Krankheiten und Krankheitserreger nach **§ 8 Infektionsschutzgesetz** vom 20.07.2000 (BGBl. I, S. 1045). Zur Meldung dieser in §§ 6, 7 Infektionsschutzgesetz im Einzelnen aufgeführten Erkrankungen etc. sind nach § 8 dieses Gesetzes Ärzte und sonstige dort aufgelistete Personen, also beispielsweise auch im Medizinbereich tätige Mitarbeiter von Sozialleistungsträgern, verpflichtet. Hierzu gehören auch die medizinischen Dienste der Krankenkassen (MDK). Eine Übermittlung der Sozialdaten hat nur in dem Umfang zu erfolgen, der nach dem IfSG erforderlich ist. Ist eine namentliche Nennung nicht notwendig, hat die namentliche Meldung zu unterbleiben. Eine namentliche Meldung mit dem Umfang gemäß §§ 8 in Verbindung mit §§ 6 und 7 IfSG hat z.B. gemäß § 9 Abs. 1 und 2 gegenüber einem Gesundheitsamt, eine nichtnamentliche Meldung gemäß § 10 Abs. 2 IfSG neben den Gesundheitsämtern auch gegenüber dem Robert-Koch-Institut (RKI) zu erfolgen. Die Übermittlungsbefugnis bezieht sich auf den einzelnen, bei einem Sozialleistungsträger beschäftigten Mitarbeiter und nicht auf die Behörde selbst.[6] Wegen der eigenen Übermittlungspflicht der Ärzte steht § 76 SGB X dem nicht entgegen (vgl. § 76 Rdn. 7). 5

Abs. 1 Satz 1 Nr. 3 beinhaltet zwei verschiedene Alternativen. Zum einen ist die Sicherung des Steueraufkommens nach §§ 22a Abs. 4, 32b Abs. 3 EStG zu beachten. Auf der anderen Seite behandelt die Rechtsnorm die §§ 93, 97, 105, 111 Abs. 1 und 5 sowie 116 AO und im weiteren Verlauf auch § 93a AO. Die Aufzählung der steuerrechtlichen Vorschriften ist abschließend. 6

---

3 BT-Drucks. 18/12611, S. 107.

4 Krahmer/*Sommer*, Sozialdatenschutz 4. Aufl. 2020, § 71 SGB X Rn. 9.

5 LPK/*Stähler*, SGB X, 5. Aufl. 2019, § 71 SGB X Rn. 3.

6 Krahmer/*Sommer*, Sozialdatenschutz, 4. Aufl. 2020, § 71 Rn. 10.

7 Hinsichtlich der ersten Alternative handelt es sich um die Anwendung von § 22a Abs. 4 EStG. Ein Anwendungsfall ist dabei die Prüfung der Deutschen Rentenversicherung Bund als zuständiger Stelle nach § 81 EStG, ob von dem Betroffenen der Rentenbezug den Finanzbehörden angezeigt worden ist. Nach den entsprechenden Rechtsnormen der AO sind die Betroffenen selbst verpflichtet, den Rentenbezug den Finanzbehörden anzuzeigen. Kommen die betroffenen Personen dieser Verpflichtung nicht oder unvollständig nach, kann die Finanzbehörde die Übermittlung der Sozialdaten verlangen. Das Subsidiaritätsprinzip, also die Nachrangigkeit der behördlichen Übermittlung, ist durch die Finanzbehörde zu beachten. Bei der Anforderung der Sozialdaten hat die Finanzbehörde darzulegen, welche konkreten Sozialdaten sie benötigt. Eine pauschale Anforderung der Daten ohne Konkretisierung führt zu einer Ablehnung der Übermittlung.

8 Die Finanzbehörden können im Rahmen ihrer Prüfungskompetenz die Vorlage von Aufzeichnungen, Geschäftsbüchern, sonstigen Geschäftspapieren sowie anderen Unterlagen zum Zweck der Einsichtnahme und Prüfung verlangen (§ 97 AO). Insoweit ist zu beachten, dass stets das Kriterium der Sicherung des Steueraufkommens bei der Übermittlung im Vordergrund stehen muss. Eine Übermittlung der Bankverbindungsdaten einer betroffenen Person durch das Sozialamt an die Stadtkasse zur Durchführung von Zwangsvollstreckungsmaßnahmen ist unzulässig.[7]

9 Bei der zweiten Alternative handelt es sich um die Anwendung von § 93a AO. Hier geht es um die Frage, ob auf Grund entsprechend erlassener Rechtsverordnungen Mitteilungen über Schwarzarbeit sowie unerlaubte Arbeitnehmerüberlassung oder unerlaubte Ausländerbeschäftigung zu erfolgen haben. Die Übermittlung ist nur auf die Sozialdaten ausländischer Unternehmen beschränkt. Bei diesen Unternehmen handelt es sich um solche, welche wegen bilateraler Vereinbarungen über die Beschäftigung von Arbeitnehmern zur Ausführung von Werkverträgen in der Bundesrepublik Deutschland tätig sind. Die Anwendung ist dabei auf das Staatsgebiet beschränkt. Die Bundesrepublik hat einige dieser bilateralen Vereinbarungen geschlossen. Bislang hat die Bundesregierung wegen des Bestehens dieser Vereinbarungen keine Veranlassung gesehen, entsprechend § 93a AO Rechtsverordnungen zu erlassen.[8]

Nach Abs. 1 Satz 1 Nr. 4 hat die Prüfung des Sonderausgabenabzugs nach **§ 10 EStG** zu erfolgen. Bei der Anwendung geht es um den verbesserten Abzug von Vorsorgeaufwendungen durch den Steuerpflichtigen. Dabei sind die Kranken- und Pflegeversicherungen verpflichtet, den Finanzbehörden die Höhe geleisteter und auch eventueller Erstattungen der Beiträge anzuzeigen. Die Übermittlung darf nur erfolgen, wenn eine schriftliche Einwilligung der betroffenen Person der übermittelnden Stelle gegenüber erteilt wurde, die gemäß § 10 Abs. 2a EStG verpflichtend ist.

Abs. 1 Satz 1 Nr. 5 bezieht sich auf **§ 33 Wohngeldgesetz** vom 24.09.2008 (BGBl. I, S. 1856), eine umfangreiche Bestimmung zum »Datenabgleich«, u.a. zur Überprüfung der Voraussetzungen für die Einziehung von Ausgleichszahlungen und für die Leistung von Wohngeld. Letztlich geht es um die Meldung der Daten gegenüber den Stellen, die für die Erhebung der Fehlbelegerabgabe zuständig sind. Eine »automatische« Meldung der Daten durch die Fehlbelegerabgabestelle an die Wohngeldstelle ist unzulässig, wenn diese die Mitteilung nicht ausdrücklich verlangt.[9] Die Übermittlung der Sozialdaten hat sich auf das Wesentliche zu beschränken. Die konkret zu benennenden Daten ergeben sich aus § 33 Abs. 3 WoGG.

Abs. 1 Satz 1 Nr. 6 und Nr. 7 betreffen die Datenübermittlung zur Bekämpfung der Schwarzarbeit und illegalen Beschäftigung nach dem **Schwarzarbeitsbekämpfungsgesetz** vom 23.07.2004 (BGBl. I, S. 1842) und zur Mitteilung der in das **Gewerbezentralregister nach § 153a der Gewerbeordnung** einzutragenden Tatsachen. Die Stellen, welche nach Abs. 1 Satz 1 Nr. 6 betroffen sind, ergeben sich nicht aus dem Gesetzestext an sich. Nach § 6 Abs. 1 SchwarzArbG (BGBl. I, S. 1842) sind die Dienststellen der Zollverwaltung in die Prüfung der Bekämpfung der Schwarzarbeit eingebunden.

7 VG Halle (Saale), Urt. v. 27.09.2006 – 5 A 167/04.
8 Krahmer/*Sommer*, Sozialdatenschutz, 4. Aufl. 2020, § 71 Rn. 13.
9 LPK/*Seidel*, SGB X, 4. Aufl. 2016, § 71 SGB X Rn. 11.

Sie werden dabei von den Beitragseinzugsstellen nach § 28i SGB IV, sowie der Bundesagentur für Arbeit, den gemeinsamen Einrichtungen und zugelassenen kommunalen Trägern nach SGB II, der Bundesagentur für Arbeit als Verantwortlichem für die zentral verwaltete Stelle für Informationstechnik gemäß § 50 Abs. 3 SGB II und den Trägern der gesetzlichen Renten- und Unfallversicherung unterstützt. Die durch die Bekämpfung der Schwarzarbeit eingesetzten Stellen sind zum gegenseitigen Austausch der Daten verpflichtet. Die Unterstützung betrifft auch ein eventuell durchzuführendes Bußgeldverfahren.[10] Bezüglich des Datenaustausches sind die spezialgesetzlichen Normen zu berücksichtigen: § 309 SGB V (Krankenkassen), § 321 SGB VI (Rentenversicherung), § 211 SGB VII und ggf. nach den §§ 394 ff. SGB III die Bundesagentur für Arbeit.

10 Abs. 1 Satz 1 Nr. 7 hat im Grunde lediglich klarstellende Wirkung. Mit ihr soll verdeutlicht werden, dass die sich aus § 153a GewO ergebenden Tatsachen dem Gewerbezentralregister und dem Wettbewerbsregister mitzuteilen sind. Insbesondere sind Tatsachen nach § 5 AEntG anzuzeigen. Ein Anwendungsfall u.a. ist die Anzeige von Bußgeldverfahren nach § 149 Abs. 2 GewO.

11 Abs. 1 Satz 1 Nr. 8, in das SGB X eingefügt durch Gesetz vom 16.07.1998 (BGBl. I, S. 1300), nimmt Bezug auf die gesetzlichen Mitteilungspflichten nach **§ 3 Abs. 1 des Statistikregistergesetzes.** Dies betrifft die Bundesagentur für Arbeit und ermöglicht es dieser, alle zur Erfüllung der Aufgaben der statistischen Ämter der Länder und des Statistischen Bundesamtes erforderlichen Sozialdaten zu übermitteln.

12 Abs. 1 Satz 1 Nr. 9, in das SGB X eingefügt durch Gesetz vom 25.06.1998 (BGBl. I, S. 1626), erlaubt den landwirtschaftlichen Berufsgenossenschaften nach **§ 97 Abs. 5 des Agrarstatistikgesetzes** die Übermittlung der dort aufgeführten Daten zur Aktualisierung des Betriebsregisters.

13 Abs. 1 Satz 1 Nr. 10 ermöglicht es den Trägern der gesetzlichen Rentenversicherung und den anderen in **§§ 22a, 91 Abs. 1 Satz 1 des Einkommensteuergesetzes (EStG)** Aufgeführten, Sozialdaten an die für die Altersvorsorgezulage zuständige Zentrale Stelle nach § 81 EStG (dies ist die Deutsche Rentenversicherung Bund) zu übermitteln. Für beide Übermittlungsfälle regelt § 79 die Zulässigkeitsvoraussetzungen für die Einrichtung eines automatisierten Verfahrens auf Abruf (siehe § 79).[11]

14 Abs. 1 Satz 1 Nr. 11 betrifft die Datenübermittlung an die Deutsche Rentenversicherung Knappschaft-Bahn-See, soweit diese bei geringfügig Beschäftigten Aufgaben nach dem Einkommensteuergesetz durchführt. Das Verfahren kann hier gem. § 79 automatisiert durchgeführt werden.[12]

Abs. 1 Satz 1 Nr. 12 wurde durch das Gesetz zur Änderung des Bundesstatistikgesetzes und anderer Statistikgesetze mit Wirkung ab dem 22.07.2016 ergänzt. Die Regelung ist eine Ergänzung als Folgeänderung aus der Einführung von § 5a BStatG. Im Hinblick auf § 67d Abs. 1 hielt der Gesetzgeber eine klarstellende Regelung bezüglich der Übermittlung für notwendig.[13] Abs. 1 Satz 1 Nr. 13 wurde durch das Gesetz zur Einführung von Ausschreibungen für Strom aus erneuerbaren Energien und zu weiteren Änderungen des Rechts der erneuerbaren Energien v. 18.10.2016 mit Wirkung ab dem 01.01.2017 eingefügt. Hintergrund für die Übermittlung der Daten ist, *»dass Unternehmen, die eine verdeckte Arbeitnehmerüberlassung vornehmen, nicht zusätzlich durch Begrenzung der EEG-Umlage profitieren«*. Da die Zollbehörden im Rahmen ihrer Überprüfungen Sozialdaten erheben, würden diese ansonsten ohne Rechtsgrundlage der BAFA übermittelt.[14] Mit dem Gesetz zur Einführung einer Wohnungslosenberichterstattung (WoBerichtsG) trat zum 01.04.2020 eine weitere Übermittlungsbefugnis in Kraft durch Ergänzung des Abs. 1 Satz 1 um Nr. 14. Nr. 14 regelt, dass die Übermittlung von Sozialdaten zulässig ist, soweit sie für die Erfüllung der Aufgaben des Statis-

10 Juris-PK-SGB X, Schlegel/Völzke/*Mutschler*/*Palsherm*, 2. Aufl. 2017, § 71 Rn. 56 ff. Hierbei sind auch die spezialgesetzlichen Normen zu berücksichtigen (siehe § 75 Rdn. 6).
11 So auch Krahmer/*Sommer*, Sozialdatenschutz, 4. Aufl. 2020, § 71 Rn. 20.
12 Krahmer/*Sommer*, Sozialdatenschutz 4. Aufl. 2020, § 71 SGB X Rn. 21.
13 BT-Drucks. 18/7561, S. 36.
14 BT-Drucks. 18/8860, S. 352.

tischen Bundesamtes nach § 1 WoBerichtsG erforderlich ist. Mit dem Gesetz zu sozialen Maßnahmen zur Bekämpfung der Corona-Pandemie (Sozialschutzpaket II), vom 20.05.2020, BGBl. I, S. 1039, wurde eine weitere Nr. 15 des Abs. 1 Satz 1 eingefügt. Hier handelt es sich um eine redaktionelle Ergänzung aufgrund von § 4 des zum 28.03.2020 in Kraft getretenen Sozialdienstleister-Einsatzgesetzes (SodEG, BGBl. I, S. 575/578). Zuletzt wurde Nr. 16 angefügt. Mit dieser neuen Regelung zur Ergänzung des § 71 Abs. 1 Satz 1 wird sozialdatenschutzrechtlich bestimmt, dass eine Übermittlung von Sozialdaten durch die Träger der gesetzlichen Rentenversicherung zulässig ist, sofern sie zur Erteilung der Mitteilungspflicht nach § 3 Rentenübersichtgesetzes für die Erfüllung der Aufgaben der Zentralen Stelle für die Digitale Rentenübersicht erforderlich ist.[15]

III. Die Übermittlungen nach Abs. 1 Satz 2 bis 5

15 Nach Abs. 1 Satz 2 ist die Abgabe von Drittschuldnererklärungen durch die Sozialleistungsträger, die bei der **Pfändung von Geldleistungen nach § 54 SGB I** als Drittschuldner auftreten, ausdrücklich nicht vom SGB X und damit auch von § 71 erfasst. Die besonderen Voraussetzungen, unter denen beispielsweise Rentenansprüche im Wege der Zwangsvollstreckung einem anderen zugewiesen werden können, sind in § 54 SGB I aufgeführt[16]. Eine Übermittlung von Sozialdaten im Vorfeld einer Pfändung ist unzulässig.[17]

16 Abs. 1 Satz 3 erlaubt die Übermittlung von Sozialdaten nach §§ **2 und 5 des Bundesarchivgesetzes oder entsprechender Ländervorschriften** zur Sicherung und Nutzung von Archivgut – zur Förderung der historischen Forschung. Besondere Schutzfristen des Bundesarchivgesetzes (30 Jahre nach dem Tod einer natürlichen Person, 110 Jahre nach der Geburt der betroffenen Person und 80 Jahre nach der Entstehung der Sozialdaten) schützen das Sozialgeheimnis. Bei der Übermittlung der Sozialdaten dürfen somit auch sensible Daten mitgeteilt werden. Die Verwendung der Daten ist gem. § 5 Abs. 3 Satz 1 BArchG erst nach 60 Jahren seit ihrer Entstehung gestattet.

17 Nach Abs. 1 Satz 4, eingeführt durch Gesetz vom 28.08.2000 (BGBl. I, S. 1302), haben die Sozialleistungsträger im Sinne von **§ 6 des Bundesmeldegesetzes** die Meldebehörden immer dann zu unterrichten, wenn sie Anhaltspunkte dafür haben, dass die von den Meldebehörden übermittelten Daten unvollständig oder falsch sind. Abs. 1 wurde zuletzt (siehe Rdn. 2) durch das Gesetz gegen illegale Beschäftigung und Sozialleistungsmissbrauch um Satz 5 ergänzt, der zur Überprüfung des Anspruchs auf Kindergeld die Übermittlung von Sozialdaten gemäß § 68 Abs. 7 EStG an die Familienkassen zulässt. Mit der Anfügung von Satz 6 wurde die Übermittlung von Sozialdaten zulässig korrespondierend zu § 4 Abs. 1 und 5 gemessen am Kindeswohl und dem Grundsatz der Erforderlichkeit gemäß Artikel 5 DSGVO.

IV. Die Übermittlung von Sozialdaten eines Ausländers nach Abs. 2 Satz 1 Nr. 1 bis 4

18 Die Anwendung des Abs. 2 Satz 1 Nr. 1 bis 4 ist nur zulässig, wenn es sich um einen Ausländer handelt. Ausländer ist nach der Definition des § 2 Abs. 1 AufenthG jeder, der nicht Deutscher i.S.v. Art. 116 Abs. 1 GG ist. Die vorgenannte Gesetzesnorm definiert den Begriff wie folgt: »*(1) Deutscher im Sinne dieses Grundgesetzes ist vorbehaltlich anderweitiger gesetzlicher Regelung, wer die deutsche Staatsangehörigkeit besitzt oder als Flüchtling oder Vertriebener deutscher Volkszugehörigkeit oder als dessen Ehegatte oder Abkömmling in dem Gebiete des Deutschen Reiches nach dem Stande vom 31.12.1937 Aufnahme gefunden hat.*« Die Vorschriften des AufenthG sind nicht anzuwenden auf Unionsbürgen sowie Personen des diplomatischen oder konsularischen Dienstes. Hinsichtlich der Personenkreise

15 RefEE des BMAG vom 20.07.2020, S. 78.

16 Zu den Einzelheiten der Pfändung und der Drittschuldnererklärung vgl. *Lilge*, Berliner Kommentar zum SGB I, 2. Aufl. 2009, § 54 SGB I Rn. 40 ff.

17 LSG Berlin, Beschl. v. 30.01.2001 – L 4 AL 106/00 – LPK/*Seidel*, SGB X, 4. Aufl. 2016, § 71 Rn. 18; ebenso juris-PK-SGB X, Schlegel/Völzke/*Mutschler/Palsherm*, SGB X, 2. Aufl. 2017, Stand 02.04.2020 (juris), § 71 Rn. 100.

der politisch Verfolgten i.S.v. Art. 16 Abs. 2 Satz 2 GG (Asylrechtsinhaber), der heimatlosen Ausländer i.S.d. Ges. über die Rechtsstellung heimatloser Ausländer, Inhaber des Status eines ausländischen Flüchtlings i.S.d. Genfer Konvention sowie Asylberechtigte bzw. Asylbewerber. Hier sind die entsprechenden Vorschriften des AsylVfG zu beachten. Wie in allen anderen Fällen auch, muss die Übermittlung nach Abs. 2 erforderlich sein. Es ist daher darauf abzustellen, ob überhaupt ausländerrechtliche Fragen die Übermittlung der Sozialdaten notwendig machen. Die Ausländerbehörde muss nachvollziehbar darlegen, warum die Übermittlung erforderlich ist und sie entgegen dem Direkterhebungsgrundsatz die Daten nicht direkt bei der betroffenen Person erheben kann.[18]

Nach Abs. 2 Satz 1 Nr. 1 ist eine Übermittlung von Sozialdaten über die Angaben des § 68 (vgl. dazu die dortige Auflistung) hinaus im Einzelfall auf Ersuchen der Ausländerbehörden nach **§ 87 Abs. 1 des Aufenthaltsgesetzes** auch dann zulässig, wenn es sich um 19

- Daten über die Gewährung oder Nichtgewährung von Leistungen, Daten über frühere und bestehende Versicherungen und das Nichtbestehen einer Versicherung (Abs. 2 Satz 1 Nr. 1 Buchstabe a),
- Daten über die Arbeitserlaubnis, die Arbeitsberechtigung oder eine sonstige Berufsausübungsberechtigung (Abs. 2 Satz 1 Nr. 1 Buchstabe b),
- Angaben über die in § 54 Abs. 2 Nr. 4 des Aufenthaltsgesetzes bezeichneten Voraussetzungen, wenn also ein Ausländer Heroin, Kokain oder ein vergleichbar gefährliches Betäubungsmittel verbraucht und nicht zu einer erforderlichen seiner Rehabilitation dienenden Behandlung bereit ist oder sich ihr entzieht (Abs. 2 Satz 1 Nr. 1 Buchstabe c),
- Angaben von Seiten des Jugendamtes über das zu erwartende soziale Verhalten bei Vorliegen eines Ausweisungsgrundes (Verurteilung zu Straftaten etc.) nach §§ 53 bis 56 Aufenthaltsgesetz (Abs. 2 Satz 1 Nr. 1 Buchstabe d) handelt.

Die Frage der Gewährung bzw. Nichtgewährung von Leistungen (Abs. 2 Nr. 1 Buchstabe a) ist für die Ermessensaufübung von Bedeutung. Werden Leistungen der Hilfe für Volljährigen nach dem SGB VIII bezogen, kann der Ausländer ausgewiesen werden, wenn er im Übrigen für sich oder seine Familien- oder sonstigen Haushaltsangehörigen Leistungen nach dem SGB II bzw. SGB XII in Anspruch nimmt. Zu beachten ist, dass die Erteilung der Aufenthaltserlaubnis nach §§ 4 bis 9 AufenthG nur dann erfolgt, wenn der Lebensunterhalt aus eigenen Mitteln bestritten werden kann. Die Entscheidung nach § 8 StAG führt nicht zu einem Recht auf Übermittlung der Sozialdaten. 20

Nach Abs. 2 Satz 1 Nr. 2 ist die Übermittlung von Daten nach **§ 87 Abs. 2 des Aufenthaltsgesetzes** an die Ausländerbehörden zulässig, also bei Kenntnis vom illegalen Aufenthalt von Ausländern im Sinne dieser Vorschrift. Seit dem 05.02.2016 erstreckt sich die Übermittlungspflicht auch auf die Kenntnis bezüglich eines Verstoßes gegen die räumliche Beschränkung. Ferner ist die Norm auch anwendbar, wenn ein sonstiger Ausweisungsgrund bekannt ist oder konkrete anzunehmende Tatsachen vorliegen, welche die Voraussetzungen für ein behördliches Anfechtungsverfahren nach § 1600 Abs. 5 BGB rechtfertigen. Zu beachten ist, dass § 87 Abs. 2 AufenthG darauf hinweist, dass in bestimmten Fällen ein Verfahren nach § 71 Abs., 5 SGB X in Betracht kommt. Bei Fällen nach § 87 Abs. 2 S. 1 Nrn. 1 und 2 muss die zuständige Polizei die betreffende Ausländerbehörde unterrichten. Für Tatbestände nach § 87 Abs. 2 Satz 1 Nr. 4 muss das Jugendamt Mitteilung an die Ausländerbehörde geben, sofern die Aufgabenerledigung des Jugendamtes dadurch nicht in Frage steht. 21

Zur Mittwirkung sind auch die Auslandsvertretungen verpflichtet. Sie haben »*der zuständigen Ausländerbehörde personenbezogene Daten eines Ausländers*« zu übermitteln, wenn diese »*geeignet sind, dessen Identität oder Staatsangehörigkeit festzustellen*« Die Verpflichtung entsteht dann, »*wenn sie davon Kenntnis erlangen, dass die Daten für die Durchsetzung der vollziehbaren Ausreisepflicht gegenüber dem Ausländer gegenwärtig von Bedeutung sein können*«. 22

18 Krahmer/*Sommer*, Sozialdatenschutz, 4. Aufl. 2020, § 71 Rn. 31.

23 Nach Abs. 2 Satz 1 Nr. 3 ist unter den in dieser Vorschrift aufgeführten Voraussetzungen ohne Ersuchen die Übermittlung von Daten aufgrund einer Rechtsverordnung im Sinne von **§ 99 Abs. 1 Nr. 14 Buchstabe d), f) und j) des Aufenthaltsgesetzes** an die Ausländerbehörden zulässig, also durch Sozial- und Jugendämter, durch die Bundesagentur für Arbeit oder durch die Träger der Grundsicherung für Arbeitssuchende (vgl. dazu die **Aufenthaltsverordnung vom 25.11.2004 [BGBl. I, S. 2945]**, mit späteren Änderungen).

24 Durch Art. 12 Nr. 3 des Gesetzes zur Verbesserung der Registrierung und des Datenaustausches zu aufenthalts- und asylrechtlichen Zwecken (Datenaustauschverbesserungsgesetz) (BGBl. I, S. 130) ist der Abs. 2 Satz 1 um eine Nr. 4 ergänzt worden. Dabei geht es um die Erledigung der Aufgaben nach § 6 Abs. 1 Nr. 8 des AZRG (BGBl. I, S. 2265, letzte Fassung BGBl. I, S. 130).

V. Die Übermittlung von Gesundheitsdaten eines Ausländers nach Abs. 2 Satz 2 Nr. 1 und 2

25 Abs. 2 Satz 2 Nr. 1 erlaubt die Übermittlung von Daten über die Gesundheit eines Ausländers von Amts wegen, wenn dieser die öffentliche Gesundheit gefährdet und besondere Schutzmaßnahmen nicht möglich sind bzw. von dem Ausländer nicht eingehalten werden. Es handelt sich insoweit um eine über § 76 hinausgehende Ausweitung der Übermittlungsmöglichkeiten. § 65 SGB VIII setzt in Bezug auf Jugendliche und Kinder hier aber entsprechende Grenzen.

26 Nach Abs. 2 Satz 2 Nr. 2 ist außerdem eine Übermittlung von Gesundheitsdaten zulässig, wenn es sich um einen Fall nach § 54 Abs. 2 Nr. 4 des Aufenthaltsgesetzes handelt[19], und zwar von Amts wegen, nicht nur auf Ersuchen (wie nach Abs. 2 Satz 1 Nr. 1 Buchstabe c). Hier ist der Konsum »harter« Drogen wie Heroin oder Kokain gemeint. Eine Übermittlungsmöglichkeit besteht dann auch, wenn eine entsprechende Suchttherapie durch den Betroffenen abgebrochen wird. Eine Übermittlung nach Abs. 2 Satz 2 hat auch zu erfolgen, wenn die Gesundheitsdaten auf Angaben eines Arztes oder einer anderen, zur Verschwiegenheit verpflichteten Person beruhen.

VI. Die Übermittlung von Daten für die Anwendung des Asylbewerberleistungsgesetzes nach Abs. 2a

27 Nach Abs. 2a, eingefügt in das SGB X durch Gesetz vom 26.05.1997 (BGBl. I. S. 1130), können personenbezogene Daten eines Leistungsberechtigten nach **§ 1 des Asylbewerberleistungsgesetzes** übermittelt werden. Die Einzelheiten über die Leistungsberechtigten enthalten §§ 1, 1a und 2 des Asylbewerberleistungsgesetzes. Die Einfügung des Abs. 2a ist notwendig, weil das AsylbLG nicht als besonderer Teil des SGB anzusehen ist. Ein Übermittlungsrecht ließ sich somit weder aus § 67c Abs. 1 noch § 68 entnehmen.[20]

VII. Die Übermittlung von Daten in Betreuungssachen nach Abs. 3

28 Abs. 3 Satz 1 sieht eine Übermittlung von Sozialdaten an das Betreuungsgericht vor, wenn dies nach pflichtgemäßem Ermessen des Leistungsträgers erforderlich ist, um einen Betreuer zu bestellen oder eine andere Maßnahme durchzuführen. Die Einzelheiten des Betreuungsrechts sind in **§§ 1896 bis 1908i BGB** geregelt.

29 Abs. 3 Satz 2 bestimmt die entsprechende Geltung von **§ 7 des Betreuungsbehördengesetzes.** Hinsichtlich der zulässigen Merkmale hat das LSG Berlin-Brandenburg festgestellt, dass die Übermittlung bestimmter Informationen an das Betreuungsgericht zulässig sei. Dieses schließe aber nicht »*die Übermittlung solcher Informationen an einen Betreuer mit gesondertem Aufgabenkreis* ein«, wenn die Information (hier ein erstelltes Gutachten) dem Betreuungsgericht nicht übersandt werden sollte.[21]

---

19 Vgl. Rdn. 17.

20 Krahmer/*Sommer*, Sozialdatenschutz 4. Aufl. 2020, § 71 SGB X Rn. 47.

21 LSG Berlin-Brandenburg, Urt. v. 05.12.2012 – L 27 P 31/11 – WKRS 2012, 32262.

Eine Übermittlung nach Abs. 3 kann auf Antrag des Betreuungsgerichts oder auf Grund seiner Kenntnisse durch den Sozialleistungsträger direkt erfolgen. Die Ermittlung kann erfolgen zur Bestellung oder Abberufung eines Betreuers. Sie ist auch möglich bei einer Änderung des Aufgabenkreises, z.B. zur Einrichtung der Vermögenssorge oder Genehmigung eines Wohnungswechsels, ebenso bei einem Betreuerwechsel.[22] Eine Übermittlung kann nicht auf §§ 67c Abs. 1 oder 69 gestützt werden, da Betreuungen keine Sozialleistungen sind. Mit der Anfügung von Satz 3 wird die Übermittlungsbefugnis auch auf § 8 BtOG erstreckt, wiederum unter Beachtung des Erforderlichkeitsgrundsatzes gem. Art. 5 DSGVO. 30

VIII. Übermittlung an die Zentralstelle für Finanztransaktionsuntersuchungen nach Abs. 4

31 Gemäß Abs. 4 ist eine Übermittlung von Sozialdaten an die Zentralstelle für Finanztransaktionsuntersuchungen für die Erfüllung ihrer Aufgaben nach § 28 Abs. 1 Satz 2 Nr. 2 GwG zulässig. Die Sozialdaten dürfen nur auf Ersuchen und im Einzelfall übermittelt werden. Im Umfang ist der Datensatz begrenzt auf Name, Vorname früher geführte Namen, Geburtsdatum, Geburtsort, derzeitige und frühere Anschriften der betroffenen Person sowie Namen und Anschriften ihrer derzeitigen und früheren Arbeitgeber. Diese Daten sollen der Zentralstelle für Finanztransaktionsuntersuchungen dazu dienen, bei der operativen Analyse den »wirtschaftlichen Hintergrund der betroffenen Person« einschließlich ihrer regelmäßigen Einkünfte zu erhellen. Die ist erforderlich, um aus der Höhe oder Herkunft bzw. Ziel einer Transaktion den möglichen Verdacht auf Geldwäsche vorbewerten zu können.[23]

§ 72 Übermittlung für den Schutz der inneren und äußeren Sicherheit

(1) [1]Eine Übermittlung von Sozialdaten ist zulässig, soweit sie im Einzelfall für die rechtmäßige Erfüllung der in der Zuständigkeit der Behörden für Verfassungsschutz, des Bundesnachrichtendienstes, des Militärischen Abschirmdienstes und des Bundeskriminalamtes liegenden Aufgaben erforderlich ist. [2]Die Übermittlung ist auf Angaben über Name und Vorname sowie früher geführte Namen, Geburtsdatum, Geburtsort, derzeitige und frühere Anschriften der betroffenen Person sowie Namen und Anschriften ihrer derzeitigen und früheren Arbeitgeber beschränkt.

(2) [1]Über die Erforderlichkeit des Übermittlungsersuchens entscheidet eine von dem Leiter oder der Leiterin der ersuchenden Stelle bestimmte beauftragte Person, die die Befähigung zum Richteramt haben oder die Voraussetzungen des § 110 des Deutschen Richtergesetzes erfüllen soll. [2]Wenn eine oberste Bundes- oder Landesbehörde für die Aufsicht über die ersuchende Stelle zuständig ist, ist sie über die gestellten Übermittlungsersuchen zu unterrichten. [3]Bei der ersuchten Stelle entscheidet über das Übermittlungsersuchen der Behördenleiter oder die Behördenleiterin oder dessen oder deren allgemeiner Stellvertreter oder allgemeine Stellvertreterin.

Übersicht

A. Inhalt

1 Die Vorschrift setzt die Übermittlungsbefugnisse der §§ 68 ff. fort und betrifft den präventiven Schutz der inneren und äußeren Sicherheit der Bundesrepublik Deutschland. Sie zählt abschließend die ersuchenden Stellen auf, definiert die Qualifikation der über die Erforderlichkeit der Datenüber-

22 Krahmer/*Sommer*, Sozialdatenschutz 4. Aufl. 2020, § 71 SGB X Rn. 48.
23 BT-Drucks. 18/11555, S. 171.

mittlung entscheidenden Person bei der ersuchenden Stelle und legt die Funktion der bei der ersuchten Stelle entscheidenden Person fest sowie ggf. bestehende Unterrichtungspflichten.

B. Entstehungsgeschichte

2 Die Vorschrift beruht auf dem Gesetz vom 18.08.1980 (BGBl. I, S. 1469) und ist am 01.01.1981 in Kraft getreten. Sie ist durch das Gesetz vom 13.06.1994 (BGBl. I, S. 1229) neu gefasst worden. Die vorliegende Fassung entspricht der Bekanntmachung vom 18.01.2001 (BGBl. I, S. 130). Mit dem BVG-Änderungsgesetz vom 17.07.2017 (BGBl. I, S. 2541) erfolgte eine lediglich redaktionelle Änderung im Rahmen der Anpassung an die Datenschutz-Grundverordnung (DSGVO = Verordnung [EU] 2016/679).

C. Erläuterungen

I. Relevante Normen der DSGO und des BDSG

3 § 72 stellt eine bereichsspezifische Regelung zur Datenverarbeitung gemäß Artikel 6 Absatz 1 Buchstaben c und e in Verbindung mit Absatz 2 und 3 Satz 1 Buchstabe b, Satz 2 der Verordnung (EU) 2016/679[1] dar. Mit der Anpassung an die DSGVO erfolgte insbesondere eine Anpassung an die Begriffsbestimmungen aus Artikel 4 der Verordnung (EU) 2016/679 in Verbindung mit § 67. Eine entsprechende Norm gibt es im BDSG nicht.

II. Allgemeines

4 In Anlehnung an die Übermittlungsbefugnisse zur Erfüllung der Aufgaben von Polizei und Justiz nach § 68 regelt § 72 die entsprechenden Befugnisse gegenüber den für den Schutz der inneren und äußeren Sicherheit zuständigen Behörden. Dabei geht es hier wie dort um den präventiven öffentlicher Interessen, bei § 72 allerdings um ein Tätigwerden im Geheimen, die betroffene Person merkt normalerweise überhaupt nicht, dass sie beobachtet oder registriert wird. Dies führt zu besonderen Unterrichtungspflichten in Abs. 2 Satz 2. Auch bestehen bei § 72 im Gegensatz zu § 71 keine besonderen gesetzlichen Mitteilungspflichten, schließlich ist der Anwendungsbereich von § 72 weiter gefasst und betrifft alle Aufgaben der genannten Stellen. Ob die Übermittlung im Einzelfall zulässig ist, muss bei einem Strafverfahren nach § 73 gesondert geprüft werden.

5 Der Kreis der ersuchenden Stellen ist in Abs. 1 Satz 1 abschließend aufgeführt:
- Verfassungsschutzbehörden nach § 2 Bundesverfassungsschutzgesetz vom 20.12.1990 (BGBl. I, S. 2954, mit späteren Änderungen), die sich mit der Vorfeldbeobachtung die Verfassung gefährdender oder feindlicher Bestrebungen befassen. Hierbei handelt es sich um das Bundesamt für Verfassungsschutz sowie um die entsprechend in jedem Bundesland eingerichteten Verfassungsschutzbehörden.
- Bundesnachrichtendienst (BND) nach dem BND-Gesetz vom 20.12.1990 (BGBl. I, S. 2970, mit späteren Änderungen), der für die Bundesrepublik Deutschland außen- und sicherheitspolitische Erkenntnisse über das Ausland sammelt und diese auswertet.
- Militärischer Abschirmdienst (MAD) nach dem MAD-Gesetz vom 20.12.1990 (BGBl. I, S. 2979, mit späteren Änderungen), der Informationen sammelt und diese auswertet in Bezug auf Bestrebungen, die sich gegen die freiheitliche demokratische Grundordnung, den Bestand oder die Sicherheit des Bundes oder eines Landes richten bzw. auf geheimdienstliche Tätigkeiten für eine fremde Macht.
- Bundeskriminalamt nach dem Bundeskriminalamtsgesetz vom 07.07.1997 (BGBl. I, S. 1650, mit späteren Änderungen), das als Zentralstelle alle Nachrichten und Unterlagen für die polizeiliche Verbrechensbekämpfung sammelt und auswertet. Von § 72 erfasst wird aber nur die präventive Tätigkeit, Ersuchen um Datenübermittlungen zu Zwecken der Strafverfolgung richten

1 BT-Drucks. 18/12611, S. 107.

sich ausschließlich nach §§ 73, 68. Die Übermittlung ist auf das Bundeskriminalamt beschränkt. Eine Übermittlung an die jeweiligen Landeskriminalämter hat nicht zu erfolgen, weil sie nicht ausdrücklich in § 72 aufgeführt worden sind. Damit wurde gleichzeitig verhindert, dass einfache Polizeidienststellen so ungewollt Sozialdaten zugänglich gemacht würden. Wegen der präventiven Aufgabenstellung sei die Generalbundesanwaltschaft ebenfalls nicht einbezogen worden.[2]

III. Die Voraussetzungen der Übermittlung nach Abs. 1

Die Übermittlung von Sozialdaten an die Verfassungsschutzbehörden etc. (vgl. Rdn. 5) hat nach 6
Abs. 1 Satz 1 verschiedene Voraussetzungen zu erfüllen, um zulässig zu sein. So muss die Übermittlung der rechtmäßigen Aufgabenerfüllung dienen, sie darf also generell nicht gegen ein Gesetz verstoßen, erfasst aber auch der besonderen Stellung der Sicherheitsbehörden entsprechend gesetzlich nicht geregelte Aufgaben.

Außerdem müssen die Angaben zur Aufgabenerfüllung im Einzelfall benötigt werden. Raster- 7
fahndungen sind daher nur im Rahmen von § 68 Abs. 3 zulässig.[3] Da die Sicherheitsbehörden nicht in § 79 genannt sind, ist auch die Einrichtung eines automatisierten Verfahrens auf Abruf durch die ersuchende Stelle nach Abs. 1 nicht zulässig. Nicht zulässig, auch nicht unter Berufung auf einen rechtfertigenden oder notwendigen Notstand ist somit auch nicht die Weitergabe von Sozialdaten, um z.B. einen Arbeitgeber und dessen Mitarbeiter vor Ansteckung zu schützen.[4]

Schließlich muss die Übermittlung erforderlich sein. Diese Erforderlichkeit ist nur dann gegeben, 8
wenn ohne die Übermittlung der Sozialdaten die Sicherheitsbehörden ihren Aufgaben entweder gar nicht oder nicht ordnungsgemäß nachkommen können. Die Prüfung schutzwürdiger Interessen hat im Rahmen des verfassungsmäßigen Grundsatzes der Verhältnismäßigkeit zu erfolgen.[5]

Nach Abs. 1 Satz 2 ist die Übermittlung auf die dort aufgeführten Daten beschränkt. Die Über- 9
mittlung der Identitätsdaten ist bei Verdacht einer Straftat immer zulässig.[6] Hinsichtlich der Einschränkung der übermittelbaren Daten sei auf die Entscheidung des OLG Karlsruhe v. 11.10.2006 hingewiesen. Das OLG stellt fest, dass eine Übermittlung nur unter der Einschränkung zulässig sei, dass sie sich auf die Angaben des Abs. 1 beziehe. Darüberhinausgehende Übermittlungen sind unzulässig.[7]

IV. Das Übermittlungsersuchen nach Abs. 2

Nach Abs. 2 Satz 1 entscheidet bei der ersuchenden Stelle ein vom Behördenleiter oder der Behörden- 10
leiterin bestimmter Beauftragter über die Erforderlichkeit der Übermittlung. Dies darf nur eine nach dieser Vorschrift besonders qualifizierte Person sein, die entweder die Befähigung zum Richteramt (Bestehen zweier Prüfungen nach § 5 des Deutschen Richtergesetzes [DRiG] bzw. Sonderregelung des § 109 DRiG) oder zum höheren Verwaltungsdienst (§ 110 des Deutschen Richtergesetzes) hat – das »Soll« bedeutet im Regelfall ein »Muss«.[8]

---

2 Bzw., da die Aufzählung abschließend ist: Krahmer/*Strothmann*, Sozialdatenschutz, 4. Aufl. 2020, § 72 Rn. 7.

3 So auch Krahmer/*Strothmann*, Sozialdatenschutz, 4. Aufl. 2020, § 72 Rn. 8.

4 LSG Baden-Württemberg, Beschl. v. 29.11.2006 – L 9 U 4963/06 A.

5 Vgl. § 69 Rdn. 5, 6.

6 LG Augsburg, Beschl. v. 24.02.2014 – 1 Qs 81/14, WKRS 2014, 38925.

7 OLG Karlsruhe, Beschl. v. 11.10.2006 – 3 Ws 374/06, WKRS 2006, 25570.

8 So auch v. Wulffen/Schütze/*Bieresborn*, SGB X, 8. Aufl. 2014, § 72 SGB X Rn. 9. Nur bei Gefahr im Verzug kann auch ein anderer Mitarbeiter über die Erforderlichkeit eines Ersuchens entscheiden: Hauck/Noftz/*Rombach*, SGB X, Stand XI/04, § 72 Rn. 30 und Krahmer/*Strothmann*, Sozialdatenschutz, 4. Aufl. 2020, § 72 Rn. 12.

11 Als weitere, und zwar politische Kontrolle dient die in Abs. 2 Satz 2 vorgesehene Unterrichtung der Aufsichtsbehörde. Diese hat nicht bei jeder Übermittlung zu erfolgen, sondern ist in regelmäßigen Abständen durchzuführen.[9]

12 Bei der ersuchten Stelle darf nach Abs. 2 Satz 3 die notwendige Entscheidung nur von dem Behördenleiter oder der Behördenleiterin selbst oder dessen oder deren allgemeinem Stellvertreter getroffen werden. Die Prüfung der Rechtmäßigkeit des Übermittlungsersuchens kann zwangsläufig nur auf Grund der zur Kenntnis gebrachten Einzelfalltatbestände erfolgen. Dabei ist diese Prüfung nur oberflächlich möglich.[10]

13 Die durch die Übermittlung gewonnenen Daten sind durch den Empfänger unter Beachtung der Vorschriften des § 78 geheim zu halten. Der Datenschutz gilt auch für den Empfänger. Nach § 78 Abs. 1 Satz 6 entfällt jedoch die Zweckbindung der übermittelten Daten und somit auch der Geheimhaltungspflicht insoweit, als sie für die Strafverfolgung oder Strafvollstreckung genutzt werden sollen.

§ 73 Übermittlung für die Durchführung eines Strafverfahrens

(1) Eine Übermittlung von Sozialdaten ist zulässig, soweit sie zur Durchführung eines Strafverfahrens wegen eines Verbrechens oder wegen einer sonstigen Straftat von erheblicher Bedeutung erforderlich ist.

(2) Eine Übermittlung von Sozialdaten zur Durchführung eines Strafverfahrens wegen einer anderen Straftat ist zulässig, soweit die Übermittlung auf die in § 72 Absatz 1 Satz 2 genannten Angaben und die Angaben über erbrachte oder demnächst zu erbringende Geldleistungen beschränkt ist.

(3) Die Übermittlung nach den Absätzen 1 und 2 ordnet der Richter oder die Richterin an.

Übersicht Rdn.

A. Inhalt

1 Die Vorschrift enthält im Rahmen der Übermittlungsbefugnisse der §§ 68 ff. die entsprechende Bestimmung für die Übermittlung von Sozialdaten sowie Geschäfts- und Betriebsgeheimnissen zur Durchführung eines Strafverfahrens und erweitert damit die Übermittlungsbefugnisse aus § 68. Die Übermittlung steht unter Richtervorbehalt.

B. Entstehungsgeschichte

2 Die Vorschrift beruht auf dem Gesetz vom 18.08.1980 (BGBl. I, S. 1469) und ist in ihrer ursprünglichen Fassung am 01.01.1981 in Kraft getreten. Sie ist durch das Gesetz vom 13.06.1994 (BGBl. I, S. 1229) verändert und erweitert worden und es wurde ein Abs. 3 angefügt. Eine weitere Änderung beruhte auf der Bekanntmachung vom 18.01.2001 (BGBl. I, S. 130). Mit dem BVG-Änderungs-

9 LPK/*Städler*, SGB X, 5. Aufl. 2019, § 72 Rn. 8.

10 Gemäß § 67d Abs. 1 Satz 2 kann sich der ersuchte Sozialleistungsträger auf die Richtigkeit der Angaben der ersuchenden Stelle verlassen, da die ersuchende Stelle die Verantwortung für die Richtigkeit der Angaben in ihrem Ersuchen trägt.

gesetz vom 17.07.2017 (BGBl. I, S. 2541) erfolgte lediglich eine redaktionelle Änderung im Rahmen der Anpassung an die Datenschutz-Grundverordnung (DSGVO = Verordnung [EU] 2016/679).

C. Erläuterungen

I. Relevante Normen der DSGVO und des BDSG

§ 73 stellt eine bereichsspezifische Regelung zur Datenübermittlung gemäß Artikel 6 Absatz 1 Buchstaben c und e in Verbindung mit Absatz 2 und Absatz 3 Satz 1 Buchstabe b, Satz 2 der Verordnung (EU) 2016/679 dar. Die Verarbeitung besonderer Kategorien von Daten ist gemäß Artikel 9 Absatz 2 Buchstabe g der Verordnung (EU) 2016/679 erfasst[1]. Es gibt keine entsprechende Norm im BDSG. 3

II. Allgemeines

Nach § 161 der Strafprozessordnung (StPO) kann die Staatsanwaltschaft von allen öffentlichen Behörden Auskünfte verlangen. Diese Befugnis ist nicht in den allgemeinen Katalog des § 71 aufgenommen worden. Das Mitteilungsverlangen richtet sich vielmehr nach dem spezielleren § 73, der durch die Anknüpfung an die Schwere einer Straftat nach Abs. 1 bzw. Abs. 2 einen vertretbaren Ausgleich schafft zwischen dem öffentlichen Interesse an der Wahrheitsfindung und Sachaufklärung gegenüber dem informationellen Selbstbestimmungsrecht und der Menschenwürde des Einzelnen nach Art. 2 Abs. 1 in Verbindung mit Art. 1 Abs. 1 des Grundgesetzes. Während § 161 StPO als »allgemeine Auskunftspflicht« verstanden werden kann, knüpft § 73 an die sich aus Art. 92 GG (BGBl. I, S. 657) ergebenden Konsequenzen an, mit der Folge, dass die für Aufgabenerledigung der Polizeibehörden, der Staatsanwaltschaften und Gerichte usw. vorhandene Rechtsnorm des § 68 nicht ausreicht.[2] 4

§ 73 stellt im Übrigen nicht auf die Schwere der Straftat ab. Durch die Formulierungen ist sichergestellt, dass der Schutz der Sozialdaten gleichwohl gewährleistet ist.[3] 5

Die Durchführung eines Strafverfahrens im Sinne von § 73 betrifft sowohl das Erkenntnisverfahren, also das Vorverfahren/Ermittlungsverfahren, das Zwischenverfahren (in dem über die Frage entschieden wird, ob das Hauptverfahren eröffnet oder das Verfahren eingestellt wird) und das Hauptverfahren als auch das Vollstreckungsverfahren[4], also insbesondere den Strafvollzug. Nicht betroffen von § 73 sind Ordnungswidrigkeitenverfahren. Insoweit ist auch die Übermittlung von Sozialdaten an die Staatsanwaltschaft ausgeschlossen, wenn es z.B. um eine Verleumdung geht. Eine Beschlagnahme von dem Jugendamt vorliegenden E-Mails ist ebenfalls ausgeschlossen.[5] Die Übermittlung von Sozialdaten im Rahmen der Zusammenarbeit bei der Verfolgung und Ahndung von Ordnungswidrigkeiten ist für einzelne Sozialgesetzbücher spezialgesetzlich geregelt, z.B. in § 306 SGB V für Krankenkassen, in § 321 SGB VI für Rentenversicherungsträger, in § 211 SGB VII für Unfallversicherungsträger und darf nur an die jeweils enumerativ aufgezählten Behörden wegen den ebenso abschließend aufgezählten Gesetzesverstößen übermittelt werden. Datenübermittlungen an Staatsanwaltschaften ist betreffend die Stellen zur Bekämpfung von Fehlverhalten im Gesundheitswesen für Krankenkassen in § 197a SGB V und für Pflegekassen in § 47a SGB XI spezialgesetzlich geregelt. In den Fällen der Übermittlung nach § 73 liegt hingegen kein Eigeninteresse des übermittelnden Sozialleistungsträgers an dem Strafverfahren vor. Beispiel: Verstöße wegen Abrechnungsbetrugs übermitteln Kranken- und Pflegekassen aufgrund § 197a Abs. 4 SGB V bzw. § 47a Abs. 1 SGB XI i.V.m. § 197a Abs. 4 SGB V oder gemäß § 69 Abs. 1 an die Staatsanwaltschaft. Sozialdaten wegen Straftaten zwischen Leistungserbringern oder deren Mitarbeitern können nur gemäß § 73 an die Staatsanwaltschaft übermittelt werden. 6

---

1 BT-Drucks. 18/12611, S. 107 zu § 73.

2 Krahmer/*Ahrend*, Sozialdatenschutz, 4. Aufl. 2020, § 73 Rn. 1.

3 BT-Drucks. 8/4022, S. 86.

4 So auch: Krahmer/*Ahrend*, Sozialdatenschutz, 4. Aufl. 2020, § 73 Rn. 3.

5 LG Oldenburg, Beschl. v. 30.11.2010 – 1 Qs 437/10 – BeckRS 2011, 12564.

7 Ersuchende Stellen sind die Staatsanwaltschaft und ihre Hilfsbeamten sowie das für das Zwischen- und Hauptverfahren zuständige Gericht. Übermittelnde Stellen sind die zur Wahrung des Sozialgeheimnisses nach § 35 SGB I verpflichteten Sozialleistungsträger, deren Verbände und die sonstigen in § 35 Abs. 1 Satz 4 SGB I aufgezählten Stellen. Eine Anordnung durch das entscheidende Gericht ist nicht möglich, weil über die Anwendung des Abs. 3 immer der zuständige Richter (Richtervorbehalt), z.B. der Ermittlungsrichter zu entscheiden hat.[6] Eine sich durch den notwendigen Entscheid durch den zuständigen Richter ergebende Verzögerung nimmt die Gesetzgebung in Kauf.[7]

8 Übermittelt werden dürfen die Sozialdaten der Personen, die einer Straftat verdächtig sind. Auch die Sozialdaten der sonstigen Betroffenen, wie z.B. der Zeugen, der sozialen Kontaktpersonen oder des Opfers, können übermittelt werden.[8] So stellt z.B. die Deutsche Rentenversicherung fest, dass bei Vorlage einer richterlichen Anordnung auch dann die Sozialdaten zu übermitteln sind, »*wenn die Betroffenen lediglich als Zeugen oder Hinweisgeber in Betracht kommen*«.[9]

9 Die Übermittlungsbefugnisse der §§ 68, 73 bestehen nebeneinander, im Falle des § 68 allerdings nur auf die dort genannten Daten beschränkt, auch kommt es bei § 73 nicht auf die Beeinträchtigung schutzwürdiger Interessen an. § 69 Abs. 1 Nr. 2 ist ebenfalls neben § 73 anwendbar (s.o.), desgleichen § 71 Abs. 1 Nr. 1. Zu § 72 besteht kein echtes Konkurrenzverhältnis, da es dort um den präventiven Schutz geht und bei § 73 um die Durchsetzung repressiver Maßnahmen.

III. Die Übermittlung bei Verbrechen etc. nach Abs. 1

10 Eine Übermittlung sämtlicher Sozialdaten ist – soweit erforderlich – nach Abs. 1 bei »Verbrechen«, also bei Mord, Totschlag, räuberischer Erpressung, etc. oder bei »sonstigen Straftaten von erheblicher Bedeutung« zulässig. Bei Letzteren ist in erster Linie auf die Tat selbst und deren Auswirkungen abzustellen (Wirtschaftsdelikte, Sexualstraftaten). Dem nach Abs. 3 entscheidenden Richter kommt hier ein gewisser subjektiver Entscheidungsspielraum zu, der allerdings durch eine konkretere Bezeichnung der Straftaten besser beim Gesetzgeber hätte verbleiben sollen (wie noch in der früheren Gesetzesfassung). So ist z.B. der Träger der gesetzlichen Rentenversicherung verpflichtet, bei einem Verfahren wegen Unterhaltspflichtverletzung die personenbezogenen Daten der betroffenen Person bekannt zu geben.[10] So ist die Anordnung zur Datenübermittlung auch nur dann zulässig, wenn bei einem Strafverfahren gegen einen Jugendlichen die besonderen Vertrauensschutzbestimmungen des § 65 SGB VIII eingehalten werden.[11] Auf diesen Vertrauensschutz kann sich ein Informant dann nicht berufen, wenn er dem Sozialamt gegenüber bewusst falschen Angaben macht. So ist die Herausgabe der Sozialdaten nach § 72 Abs. 1 Satz 2 bei Verdacht auf eine Straftat stets zulässig.[12]

IV. Die Übermittlung bei sonstigen Straftaten nach Abs. 2

11 Bei sonstigen Straftaten sind nach Abs. 2 nur die in § 72 Abs. 1 Satz 2 aufgeführten Daten sowie die Angaben über Geldleistungen übermittlungsfähig, auch in Bezug auf Geldleistungen durch

6 SG Karlsruhe, Urt. v. 27.07.2005 – S 8 U 4897/04.

7 Fichte/Plagemann/*Hornung/Seidel*, Handbuch des Sozialverwaltungsverfahrensrechts, 2. Aufl. 2016, § 6 Rn. 51 mit Hinweis auf LG Hamburg, Beschl. v. 17.02.1984 – (32) Qs 30/84, WKRS 1984, 19638.

8 OLG Karlsruhe, NJW 2006, 3656: Übermittlung der Sozialdaten von Zeugen; ebenso LPK/*Stähler*, SGB X, 5. Aufl. 2019, § 73 Rn. 3; Krahmer/*Ahrend*, Sozialdatenschutz 4. Aufl. 2020, § 73 SGB X Rn. 5.

9 Gemeinsame rechtliche Anweisungen der Deutschen Rentenversicherung zum SGB X – im Internet unter: www.rvrecht.deutsche-rentenversicherung.de/…, Stand 23.03.2018, veröffentlicht am 20.08.2019 – § 73 SGB X, Abschnitt 2.

10 LG Bückeburg, Beschl. v. 18.01.2016 – 4 Qs 50/15, juris.

11 LG Saarbrücken, Beschl. v. 19.03.2007 – 4 Qs 12/07 I.

12 LG Augsburg, Beschl. v. 24.02.2014 – 1 Qs 81/14, WKRS 2014, 38925.

andere Leistungsträger.[13] Ob ein Fall des Abs. 2 gegeben ist, richtet sich nach der Schwere der Straftat. Daraus folgt, dass die Rechtsnorm keine Anwendung bei Ordnungswidrigkeiten findet (zu der Datenübermittlung bei Ordnungswidrigkeiten siehe Rdn. 6). Als Straftaten werden auch alle Taten erfasst, die nicht unter das StGB fallen. Das bedeutet, dass auch Vergehen von der Regelung erfasst werden.[14] Bagatellfälle mit einer geringen Schadenshöhe werden von der Regelung nicht erfasst, wohl aber z.B. Betrugsfälle mit Schäden in Millionenhöhe, obwohl es sich dabei nicht um ein Verbrechen handelt.[15]

V. Die Anordnungsbefugnis nach Abs. 3

Nach Abs. 3 setzt die Datenübermittlung nach Abs. 1 und 2 eine richterliche Anordnung voraus. 12
Damit wird der Einhaltung des Erforderlichkeitsprinzips und der Beachtung des Grundsatzes der Verhältnismäßigkeit (vgl. § 69 Rdn. 5, 6) eine besondere Bedeutung zuerkannt, in deren Rahmen auch die schutzwürdigen Interessen der betroffenen Person zu berücksichtigen sind. Zu berücksichtigen ist auch § 67d Abs. 1 SGB X. Eine Anordnung durch das entscheidende Gericht ist nicht möglich, weil über die Anwendung des Abs. 3 immer der zuständige Richter, z.B. der Ermittlungsrichter, die Anordnung zu erteilen hat.[16]

Die richterliche Anordnung hat stets vor der Übermittlung der Sozialdaten zu erfolgen.[17] Der Prü- 13
fung des zuständigen Richters kommt dabei besondere Bedeutung zu. So hat das LG Verden in einer entsprechenden Entscheidung ausgeführt, dass »*der Ermittlungsrichter in jedem Einzelfall nicht nur über die besonderen Tatbestandsvoraussetzungen der beantragten Handlung – hier nach § 73 SGB X – zu befinden, sondern auch sämtliche materiell-rechtliche Voraussetzungen im Hinblick darauf zu prüfen habe, ob das Verfahren als Ganzes angemessen und zulässig ist, insbesondere zureichend tatsächliche Anhaltspunkte für eine Straftat vorliegen*«.[18] Daraus ergibt sich auch die Folge, dass die Sozialleistungsbehörde an die Entscheidung gebunden ist, wenn der zuständige Richter die erhebliche Bedeutung einer Straftat feststellt.

§ 73 ist lex specialis gegenüber strafprozessualen Beschlagnahmevorschriften. Weil der Sozialleistungs- 14
träger an die Entscheidung des zuständigen Richters gebunden ist, steht dem Träger das Recht der Beschwerde nach § 304 StPO zu. Wurde die Beschlagnahme von Akten angeordnet, führt die Beschwerde nicht zu einer Hemmung des Vollzugs.[19]

§ 74 Übermittlung bei Verletzung der Unterhaltspflicht und beim Versorgungsausgleich

(1) [1]Eine Übermittlung von Sozialdaten ist zulässig, soweit sie erforderlich ist

1. für die Durchführung

a) eines gerichtlichen Verfahrens oder eines Vollstreckungsverfahrens wegen eines gesetzlichen oder vertraglichen Unterhaltsanspruchs oder eines an seine Stelle getretenen Ersatzanspruchs oder

b) eines Verfahrens über den Versorgungsausgleich nach § 220 des Gesetzes über das Verfahren in Familiensachen und in den Angelegenheiten der freiwilligen Gerichtsbarkeit oder

---

13 Vgl. Krahmer/*Ahrend*, Sozialdatenschutz, 4. Auflage 2020, § 73 Rn. 8 für Vergehen; LG Berlin, Beschl. vom 30.01.2004 – 510 Qs 6/04.

14 Krahmer/*Ahrend*, Sozialdatenschutz, 4. Aufl. 2020, § 73 Rn. 8.

15 LPK-*Stähler*, SGB X, 5. Aufl. 2019, § 73 Rn. 4.

16 SG Karlsruhe, Urt. v. 27.07.2005 – S 8 U 4897/04, Eichenhofer/von Koppenfels-Spies/Wenner/*Jung/Eichenhofer*, Kommentar zum SGB VII, 2. Aufl. 2019, § 17 SGB VII Rn. 2.

17 OLG Celle, Beschl. v. 30.07.1997 – 2 Ws 157/97, WKRS 1997, 24716 ; Schellhorn/Hohm/Scheider/*W. Schellhorn*, SGB XII, 19. Aufl. 2015, § 6 SGB XII Rn. 13.

18 LG Aurich, Beschl. v. 18.03.2011 – 12 Qs 17/11, WKRS 2011, 13363.

19 LPK/*Stähler*, SGB X, 5. Aufl. 2019, § 73 Rn. 7.

2. für die Geltendmachung
   a) eines gesetzlichen oder vertraglichen Unterhaltsanspruchs außerhalb eines Verfahrens nach Nummer 1 Buchstabe a, soweit die betroffene Person nach den Vorschriften des bürgerlichen Rechts, insbesondere nach § 1605 oder nach § 1361 Absatz 4 Satz 4, § 1580 Satz 2, § 1615a oder § 1615l Absatz 3 Satz 1 in Verbindung mit § 1605 des Bürgerlichen Gesetzbuchs, zur Auskunft verpflichtet ist, oder
   b) eines Ausgleichsanspruchs im Rahmen des Versorgungsausgleichs außerhalb eines Verfahrens nach Nummer 1 Buchstabe b, soweit die betroffene Person nach § 4 Absatz 1 des Versorgungsausgleichsgesetzes zur Auskunft verpflichtet ist, oder

3. für die Anwendung der Öffnungsklausel des § 22 Nummer 1 Satz 3 Buchstabe a Doppelbuchstabe bb Satz 2 des Einkommensteuergesetzes auf eine im Versorgungsausgleich auf die ausgleichsberechtigte Person übertragene Rentenanwartschaft, soweit die ausgleichspflichtige Person nach § 22 Nummer 1 Satz 3 Buchstabe a Doppelbuchstabe bb Satz 2 des Einkommensteuergesetzes in Verbindung mit § 4 Absatz 1 des Versorgungsausgleichsgesetzes zur Auskunft verpflichtet ist.

[2]In den Fällen des Satzes 1 Nummer 2 und 3 ist eine Übermittlung nur zulässig, wenn die auskunftspflichtige Person ihre Pflicht, nachdem sie unter Hinweis auf die in diesem Buch enthaltene Übermittlungsbefugnis der in § 35 des Ersten Buches genannten Stellen gemahnt wurde, innerhalb angemessener Frist nicht oder nicht vollständig erfüllt hat. [3]Diese Stellen dürfen die Anschrift der auskunftspflichtigen Person zum Zwecke der Mahnung übermitteln.

(2) Eine Übermittlung von Sozialdaten durch die Träger der gesetzlichen Rentenversicherung und durch die Träger der Grundsicherung für Arbeitsuchende ist auch zulässig, soweit sie für die Erfüllung der nach § 5 des Auslandsunterhaltsgesetzes der zentralen Behörde (§ 4 des Auslandsunterhaltsgesetzes) obliegenden Aufgaben und zur Erreichung der in den §§ 16 und 17 des Auslandsunterhaltsgesetzes bezeichneten Zwecke erforderlich ist.

Übersicht

A. Inhalt

1 Privatrechtliche Unterhaltsleistungen nach dem Bürgerlichen Gesetzbuch bzw. Leistungen im Zusammenhang mit dem Versorgungsausgleich sind in ihrer Funktion den Sozialleistungen vergleichbar. Durch die sich aus den Übermittlungsrechten ergebenden Konsequenzen soll verhindert werden, dass Hilfebedürftigkeit eintritt und so der Staat für die Alimentation sorgen muss. Daher hat der Gesetzgeber mit § 74 auch hier eine Übermittlung von Sozialdaten durch die Sozialleistungsträger etc. an die Gerichte und auch an Privatpersonen zugelassen, damit die nach dem BGB oder aus sonstigen Rechtsnormen ergebenden Ansprüche der Berechtigten durchgesetzt werden können.

B. Entstehungsgeschichte

Die Vorschrift beruht auf dem Gesetz vom 18.08.1980 (BGBl. I, S. 1469) und ist in ihrer ursprünglichen Fassung am 01.01.1981 in Kraft getreten. Sie wurde geändert durch die Gesetze vom 1989 (BGBl. I, S. 2357), vom 13.06.1994 (BGBl. I, S. 130), vom 17.12.2008 (BGBl. I, S. 2586), vom 03.04.2009 (BGBl. I, S. 700) und vom 23.05.2011 (BGBl. I, S. 898, 917). Mit BVG-Änderungsgesetz vom 17.07.2017 (BGBl. I, S. 2541) erfolgte eine lediglich redaktionelle Änderung als Anpassung an die Datenschutzgrundverordnung (DSGVO = Verordnung [EU] 2016/679). 2

C. Erläuterungen

I. Relevante Normen der DSGVO und des BDSG

§ 74 stellt eine bereichsspezifische Regelung zur Datenverarbeitung gemäß Artikel 6 Absatz 1 Buchstabe c und e in Verbindung mit Absatz 2 und Absatz 3 Satz 1 Buchstabe b, Satz 2 der Verordnung (EU) 2016/679 dar. Die Verarbeitung besonderer Kategorien von Daten ist gemäß Artikel 9 Absatz 2 Buchstabe f und g der Verordnung (EU) 2016/679 erfasst[1]. § 74 musste insbesondere an die Begriffsbestimmungen aus Art. 4 DSGVO in Verbindung mit § 67 angepasst werden. 3

II. Allgemeines

Die Vorschrift stellt insoweit eine Besonderheit im Rahmen der §§ 68 ff. dar, als hier eine Übermittlung von Sozialdaten bei der Geltendmachung von privatrechtlichen Unterhaltsansprüchen (z.B. auch § 48 SGB I) und zur Durchsetzung privater Auskunftsinteressen nach dem Bürgerlichen Gesetzbuch (BGB) und Ansprüchen im Rahmen des am 01.09.2009 in Kraft getretenen Versorgungsausgleichsgesetzes vom 03.04.2009 (BGBl. I, S. 700), zuvor nach den §§ 1587 ff. BGB, für zulässig erklärt wird. Dem liegt zum einen die Erkenntnis zugrunde, dass es bei den privatrechtlichen Unterhalts- und Versorgungsausgleichsansprüchen vor allem auf die Höhe des Einkommens der leistungspflichtigen Personen ankommt und diese Daten bei den Leistungsträgern etc. nach § 35 SGB I vorhanden sind. Zum anderen sind öffentlich-rechtliches Sozialsystem und privatrechtliches Unterhaltsrecht insofern eng miteinander verknüpft, als bei Ausfall des Privatsystems das Sozialsystem eingreift. 4

Differenziert wird in Abs. 1 zwischen der Durchführung gerichtlicher Verfahren nach Nr. 1 Buchstabe a) und b), in denen ersuchende Stelle ausschließlich das Gericht ist, und der außergerichtlichen Geltendmachung nach Nr. 2 Buchstabe a) und b), in der ein Übermittlungsrecht zugunsten von Privatpersonen besteht. Für den Fall der Übermittlung an Privatpersonen enthält Abs. 1 Satz 2 und 3 eine Subsidiaritätsklausel: Die Übermittlung ist nur zulässig, wenn der Auskunftspflichtige zuvor darüber informiert bzw. gemahnt wurde. Dadurch wird festgelegt, dass eine Auskunftserteilung nur erfolgt, wenn der Berechtigte die notwendigen Daten vom Betroffenen selbst nicht oder nur unvollständig erhält. 5

Die zentrale Auskunftspflicht für privatrechtliche Unterhaltsansprüche befindet sich in § 1605 BGB im Abschnitt über den Verwandtenunterhalt und betrifft die Auskunftserteilung über Einkünfte und Vermögen, »soweit dies zur Feststellung eines Unterhaltsanspruchs oder einer Unterhaltsverpflichtung erforderlich ist«. Diese Vorschrift wird entsprechend angewendet nach § 1361 Abs. 4 Satz 4 BGB auf Unterhaltsansprüche beim Getrenntleben von Ehegatten, § 1580 Satz 2 BGB bei Unterhaltsansprüchen nach der Ehescheidung, nach § 1615a BGB bei Unterhaltsansprüchen von Kindern, deren Eltern nicht miteinander verheiratet sind und nach § 1615l Abs. 3 Satz 1 BGB bei Unterhaltsansprüchen von nicht miteinander verheirateten Eltern. Einen vergleichbaren Auskunftsanspruch im Rahmen des Versorgungsausgleichs enthält § 4 Abs. 1 Satz 1 des Versorgungsausgleichsgesetzes (vgl. Rdn. 4). 6

1 BT-Drucks. 18/12611, S. 107.

III. Die Übermittlung für die Durchführung gerichtlicher Verfahren in Bezug auf Unterhaltsansprüche und in Verfahren über den Versorgungs-Ausgleich nach Abs. 1 Satz 1 Nr. 1 Buchstabe a) und b)

7 Nach Abs. 1 Satz 1 Nr. 1 Buchstabe a) und b) erfolgt in Unterhalts- und Versorgungsausgleichsverfahren eine Übermittlung von Sozialdaten durch die jeweiligen Sozialleistungsträger etc. im Sinne von § 35 SGB I an das ersuchende Gericht. Zwingende Voraussetzung ist, dass die Übermittlung der Sozialdaten erforderlich ist. Erfasst werden die Unterhaltsverfahren aller privatrechtlich Unterhaltsberechtigten, also der Verwandten untereinander, der getrenntlebenden und der geschiedenen Ehegatten und der Kinder, deren Eltern nicht miteinander verheiratet sind, sowie dieser Eltern selbst – §§ 1601 ff., 1361 ff., 1569 ff., 1615a ff. BGB –[2], aber auch Verfahren über Ersatzansprüche, wenn also an die Stelle eines Unterhaltsanspruchs ein Schadensersatzanspruch nach § 844 Abs. 2 BGB getreten ist.

8 Buchstabe a) nimmt Bezug auf vertragliche Unterhaltsansprüche, die generell vor einer streitigen Auseinandersetzung abgeschlossen werden (können) und aus denen dann später (auch) Verfahren über gesetzliche Unterhaltsansprüche werden können. Sollen gerichtliche Verfahren wegen Verletzung der Unterhaltspflicht gem. § 170 StGB durchgeführt werden, kommt die Anwendung von § 74 nicht in Betracht. Hier ist vielmehr § 73 einschlägig.[3]

9 Buchstabe b) betrifft die Zulässigkeit der Übermittlung im Rahmen der Durchführung von Verfahren über den Versorgungsausgleich. Auch hier gilt, dass eine Übermittlung nur insoweit zulässig ist, als ihre Erforderlichkeit gegeben ist. Nach § 219 FamFG (BGBl. I, S. 2586 mit Änderungen) sind die Versicherungsträger, bei denen ein auszugleichendes Anrecht besteht, sowie die Versorgungsträger, bei denen ein Anrecht begründet werden soll, Beteiligte. Nach § 220 FamFG kann das Gericht Auskünfte über den Grund und die Höhe der Anrechte der beteiligten Ehegatten einholen. Zur Berechnung der auszugleichenden Anrechte müssen die Versicherungs- bzw. Versorgungsträger die Sozialdaten übermitteln.

10 Die Auskunft hat immer an das zuständige Familiengericht zu erfolgen. Die Übermittlung hat auch in den Fällen nach dem VAHRG zu erfolgen. Grundsätzlich sind nur der Grund und die Höhe der auszugleichenden Anrechte mitzuteilen.

IV. Die Übermittlung für die Geltendmachung von Unterhalts- und Versorgungsausgleichsansprüchen außerhalb gerichtlicher Verfahren nach Abs. 1 Satz 1 Nr. 2 Buchstabe a) und b)

11 Nach Abs. 1 Satz 1 Nr. 2 Buchstabe a) können auch Privatpersonen Sozialleistungsträger etc. ersuchen, ihnen für die außergerichtliche Geltendmachung von Unterhaltsansprüchen Sozialdaten zu übermitteln, quasi als Verstärkung der privatrechtlichen Auskunftsansprüche des § 1605 BGB (vgl. Rdn. 6). Im Unterschied zu Abs. 1 Satz 1 Nr. 1 handelt es sich ausschließlich um die Geltendmachung außerhalb eines Gerichtsverfahrens. Das bedeutet nicht, dass eine Geltendmachung immer vor einem Gerichtsverfahren zu erfolgen hat. Will z.B. ein Berechtigter im Rahmen von § 48 SGB I seine Ansprüche geltend machen, haben die Rentenversicherungsträger keine Möglichkeit, im Hinblick auf den Datenschutz, dem Berechtigten die Sozialdaten zu übermitteln. Hinsichtlich des Auskunftsberechtigung vgl. Rdn. 6.

12 Die Geltendmachung von Versorgungsausgleichsansprüchen außerhalb eines gerichtlichen Verfahrens (dann gilt Abs. 1 Satz 1 Nr. 1 Buchstabe b) richtet sich nach Abs. 1 Satz 1 Nr. 2 Buchstabe b). Zu beachten ist, dass die betroffene Person nach Abs. 1 Nr. 1 bis 3 überhaupt zur Auskunft verpflichtet

2 Vgl. zu den jeweiligen Auskunftsansprüchen Rdn. 6.

3 LPK/*Städler*, SGB X, 5. Aufl. 2019 § 74 Rn. 5; LG Hamburg, Beschl. v. 17.02.1984 – (32) Qs 30/84, WKRS 1984, 19638, sowie LG Stade, Beschl. v. 01.06.1981 – 10 Qs 176/81, WKRS 1981, 23476, allgemein *Bittmann,* NJW 1988, 3188.

ist, weil sie entweder zum Unterhalt oder zum (Versorgungs-)ausgleich heranzuziehen ist. Ihr ist für die Beantwortung eine angemessene Frist einzuräumen. Es wird die Ansicht vertreten, dass eine Frist von sechs Wochen als angemessen anzusehen ist.[4] Ferner muss, verbunden mit der Fristsetzung, zuvor eine Mahnung vergeblich durchgeführt worden sein.[5] Es ist im Übrigen zu fordern, dass vom Verpflichteten geeignete Unterlagen vorgelegt werden.

V. Die Übermittlung in Bezug auf die Übertragung von Rentenansprüchen im Rahmen des Versorgungsausgleichs nach Abs. 1 Satz 1 Nr. 3

Die Vorschrift betrifft den Auskunftsanspruch der ausgleichsberechtigten Person nach dem Ein- 13
kommensteuergesetz (sonstige Einkünfte nach § 22 EStG). Hier handelt es sich um Renten aus der gesetzlichen Rentenversicherung, bei welchen bis zum 31.12.2004 mindestens 10 Jahre lang über die Höchstbeiträge hinausgehende Beträge aufgewendet wurden. Hier gelten die gleichen Voraussetzungen wie für Nr. 2 (Mahnung und Fristsetzung; siehe Rdn. 12).

VI. Die Subsidiaritätsklausel des Abs. 1 Satz 2 und 3

Eine Übermittlung von Sozialdaten nach § 74 ist subsidiär gegenüber der privatrechtlichen Aus- 14
kunftspflicht. Abs. 1 Satz 2 verlangt daher zunächst eine Mahnung des Auskunftspflichtigen im Sinne dieser Vorschrift. Die betroffene Person ist zunächst auf ihre Auskunftspflicht hinzuweisen sowie darauf, dass andernfalls die in § 35 SGB I bezeichneten Träger die Übermittlung der benötigten Sozialdaten vornehmen können. Abs. 1 Satz 3 erlaubt gesondert dafür die Übermittlung der Anschrift des Pflichtigen.

VII. Die Übermittlung in Bezug auf das Auslandsunterhaltsgesetz nach Abs. 2

Die Träger der gesetzlichen Rentenversicherung und die der Grundsicherung für Arbeitssuchende 15
sind durch Abs. 2 befugt, auch Sozialdaten zur Erreichung der in §§ 16, 17 des Auslandsunterhaltsgesetzes in der Fassung vom 23.05.2011 (BGBl. I, S. 898)[6] bezeichneten Zwecke an das Bundesamt für Justiz als gemäß § 4 AUG zentrale Behörde für die Aufgaben nach dem AUG zu übermitteln. Das Bundesamt für Justiz hat gemäß § 5 AUG die Aufgabe, alle Tätigkeiten auszuführen, die geeignet sind den Unterhaltsanspruch des Berechtigten zu verwirklichen, z.B. Antragstellung, erstmalige Geltendmachung über gerichtliche oder außergerichtliche Verhandlungen bis zur Vollstreckung von Unterhaltstiteln, der Einziehung von Geldern und der Abwicklung des Zahlungsverkehrs.[7]

§ 16 AUG regelt das Auskunftsrecht zum Zweck der Herbeiführung oder Änderung eines Titels, § 17 AUG bezieht sich auf das Auskunftsrecht des Bundesamts für Justiz zum Zweck der Anerkennung, Vollstreckbarerklärung und Vollstreckung eines Titels. Voraussetzung für die Übermittlung der Sozialdaten durch die Träger der gesetzlichen Rentenversicherung ist die Erfolglosigkeit der eigenen Ermittlung der zentralen Behörde (§ 16 Abs. 2 Nr. 1 AUG).[8]

§ 74a Übermittlung zur Durchsetzung öffentlich-rechtlicher Ansprüche und im Vollstreckungsverfahren

(1) [1]Zur Durchsetzung von öffentlich-rechtlichen Ansprüchen dürfen im Einzelfall auf Ersuchen Name, Vorname, Geburtsdatum, Geburtsort, derzeitige Anschrift der betroffenen Person, ihr derzeitiger oder zukünftiger Aufenthaltsort sowie Namen, Vornamen oder Firma und Anschriften

4 Krahmer/*Sommer*, Sozialdatenschutz, 4. Aufl. 2020, § 74 Rn. 11 m.w.N.
5 Krahmer/*Sommer*, Sozialdatenschutz, 4. Aufl. 2020, § 74 Rn. 9.
6 Vgl. dazu *Andrae*, Das neue Auslandsunterhaltsgesetz, NJW 2011, 2545 ff.
7 BT-Drucks. 17/4887, S. 34/35.
8 V. Wulffen/Schütze/*Bieresborn*, SGB X, 8. Aufl. 2014, § 74 SGB X Rn. 19; Hauck/Noftz/*Rombach*, SGB X-Kommentar, Lfg 3/11 § 74 Rn. 39a; BR-Drucks. 854/10, S. 65.

ihrer derzeitigen Arbeitgeber übermittelt werden, soweit kein Grund zu der Annahme besteht, dass dadurch schutzwürdige Interessen der betroffenen Person beeinträchtigt werden, und wenn das Ersuchen nicht länger als sechs Monate zurückliegt. [2]Die ersuchte Stelle ist über § 4 Absatz 3 hinaus zur Übermittlung auch dann nicht verpflichtet, wenn sich die ersuchende Stelle die Angaben auf andere Weise beschaffen kann. [3]Satz 2 findet keine Anwendung, wenn das Amtshilfeersuchen zur Durchführung einer Vollstreckung nach § 66 erforderlich ist.

(2) [1]Zur Durchführung eines Vollstreckungsverfahrens, dürfen die Träger der gesetzlichen Rentenversicherung im Einzelfall auf Ersuchen des Gerichtsvollziehers die derzeitige Anschrift der betroffenen Person, ihren derzeitigen oder zukünftigen Aufenthaltsort sowie Namen, Vornamen oder Firma und Anschriften ihrer derzeitigen Arbeitgeber übermitteln, soweit kein Grund zu der Annahme besteht, dass dadurch schutzwürdige Interessen der betroffenen Person beeinträchtigt werden, und das Ersuchen nicht länger als sechs Monate zurückliegt. [2]Die Träger der gesetzlichen Rentenversicherung sind über § 4 Absatz 3 hinaus zur Übermittlung auch dann nicht verpflichtet, wenn sich die ersuchende Stelle die Angaben auf andere Weise beschaffen kann. [3]Die Übermittlung ist nur zulässig, wenn

1. die Ladung zu dem Termin zur Abgabe der Vermögensauskunft an den Schuldner nicht zustellbar ist und
   a) die Anschrift, unter der die Zustellung ausgeführt werden sollte, mit der Anschrift übereinstimmt, die von einer der in § 755 Absatz 1 und 2 der Zivilprozessordnung genannten Stellen innerhalb von drei Monaten vor oder nach dem Zustellungsversuch mitgeteilt wurde, oder
   b) die Meldebehörde nach dem Zustellungsversuch die Auskunft erteilt, dass ihr keine derzeitige Anschrift des Schuldners bekannt ist, oder
   c) die Meldebehörde innerhalb von drei Monaten vor Erteilung des Vollstreckungsauftrags die Auskunft erteilt hat, dass ihr keine derzeitige Anschrift des Schuldners bekannt ist,
2. der Schuldner seiner Pflicht zur Abgabe der Vermögensauskunft in dem dem Ersuchen zugrundeliegenden Vollstreckungsverfahren nicht nachkommt,
2. bei einer Vollstreckung in die in der Vermögensauskunft aufgeführten Vermögensgegenstände eine vollständige Befriedigung des Gläubigers voraussichtlich nicht zu erwarten ist oder
3. die Anschrift oder der derzeitige oder zukünftige Aufenthaltsort des Schuldners trotz Anfrage bei der Meldebehörde nicht bekannt ist.

[4]Der Gerichtsvollzieher hat in seinem Ersuchen zu bestätigen, dass diese Voraussetzungen vorliegen. [5]Das Ersuchen und die Auskunft sind elektronisch zu übermitteln.

(3) [1]Ersucht ein Insolvenzgericht nach § 98 Absatz 1a der Insolvenzordnung die Träger der gesetzlichen Rentenversicherung um Übermittlung des Namens und der Vornamen oder der Firma sowie der Anschrift der derzeitigen Arbeitgeber der betroffenen Person, so dürfen die Träger der gesetzlichen Rentenversicherung diese Daten vorbehaltlich der Sätze 2 bis 4 im Einzelfall übermitteln, wenn versicherungspflichtige Beschäftigungsverhältnisse der betroffenen Person vorliegen. [2]Eine Übermittlung nach Satz 1 ist nur dann zulässig, wenn

1. eine Aufforderung zur Auskunftserteilung nach § 97 Absatz 1 der Insolvenzordnung nicht zustellbar ist und
   a) die Anschrift, unter der die Zustellung ausgeführt werden sollte, mit der Anschrift übereinstimmt, die von einer der in § 755 Absatz 1 und 2 der Zivilprozessordnung genannten Stellen innerhalb von drei Monaten vor oder nach dem Zustellungsversuch mitgeteilt wurde, oder
   b) die Meldebehörde nach dem Zustellungsversuch die Auskunft erteilt, dass ihr keine derzeitige Anschrift des Schuldners bekannt ist, oder
   c) die Meldebehörde innerhalb von drei Monaten vor der Aufforderung zur Auskunftserteilung die Auskunft erteilt hat, dass ihr keine derzeitige Anschrift des Schuldners bekannt ist;
2. der Schuldner seiner Auskunftspflicht nach § 97 der Insolvenzordnung nicht nachkommt oder

3. dies aus anderen Gründen zur Erreichung der Zwecke des Insolvenzverfahrens erforderlich erscheint.

[3]Die Träger der gesetzlichen Rentenversicherung sind zur Übermittlung nicht verpflichtet, wenn sich das Insolvenzgericht die Angaben auf andere Weise beschaffen kann oder wenn Grund zu der Annahme besteht, dass durch die Übermittlung schutzwürdige Interessen der betroffenen Person beeinträchtigt werden; § 4 Absatz 3 bleibt unberührt. [4]Das Insolvenzgericht hat in seinem Ersuchen zu bestätigen, dass die Voraussetzungen des Satzes 2 vorliegen. [5]Das Ersuchen und die Auskunft sind elektronisch zu übermitteln.

Übersicht

A. Inhalt

1 Die Rechtsnorm beinhaltet die Übermittlungsregelungen hinsichtlich der Durchsetzung öffentlich-rechtlicher Ansprüche (Abs. 1), des Vollstreckungsverfahrens (Abs. 2) sowie auf Ersuchen eines Insolvenzgerichtes gem. § 98 Abs. 1a InsO (Abs. 3). Hinsichtlich der Entschädigungsregelungen an die Träger der gesetzlichen Rentenversicherung für die Übermittlung der Sozialdaten an Gerichtsvollzieher wurde § 64 Abs. 1 Satz 2 entsprechend zum 01.01.2013 ergänzt Mit dem 7. SGB VI-Änderungsgesetz sind in § 74a zwei Streichungen und eine Ergänzung vorgenommen worden. Es wurde der Mindestbetrag in Höhe von 500 Euro gestrichen, und zwar in Absatz 1 Satz 1 die Formulierung »in Höhe von mindestens 500 Euro« und in Absatz 2 Satz 1 die Worte »dem zu vollstreckende Ansprüche von mindestens 500 Euro zugrunde liegen«. Absatz 2 ist ergänzt worden um den folgenden Satz: »Das Ersuchen und die Auskunft sind elektronisch zu übermitteln.«

B. Entstehungsgeschichte

2 Die Vorschrift ist durch Art. 4 Abs. 15 des Gesetzes zur Reform der Sachaufklärung in der Zwangsvollstreckung vom 29.07.2009 (BGBl. I, S. 2258, 2271) geschaffen worden und wird am 01.01.2013 in Kraft getreten. Die bis zum 31.12.2012 noch in § 68 Abs. 1 Satz 1 enthaltene Regelung zur Zulässigkeit der Übermittlung von Daten zur Durchsetzung von öffentlich-rechtlichen Ansprüchen in Höhe von mindestens 600 € wurde zum 01.01.2013 durch § 74a Abs. 1 ersetzt, allerdings mit einer Ermäßigung des Mindestbetrages auf 500 €.

3 Die Regelung des § 74a Abs. 2 wird vom 01.01.2013 an ergänzt durch einen neuen Satz 2 des § 64 Abs. 1: »Abweichend von Satz 1 erhalten die Träger der gesetzlichen Rentenversicherung für jede auf der Grundlage des § 74a Abs. 2 Satz 1 erteilte Auskunft eine Gebühr von 10,20 €«.

4 Mit dem BVG-Änderungsgesetz vom 17.07.2017 (BGBl. I, S. 2541) erfolgte eine lediglich redaktionelle Änderung als Anpassung an die Datenschutzgrundverordnung (DSGVO = Verordnung [EU] 2016/679).

5 Mit dem Gesetz zur Änderung des 7. Buches Sozialgesetzbuch und anderer Gesetze vom 12.06.2020 (7. SGB IV-ÄndG; BGBl I, S. 1248) wurde in Abs. 1 Satz 1 sowie in Abs. 2 Satz 1 die Forderungsmindesthöhe von 500 Euro gestrichen.[1]

1 Grund hierfür waren die Änderungen des Gesetzes zur Durchführung der Verordnung (EU) Nr 655/2019 sowie zur Änderung sonstiger zivilprozessualer, grundbuchrechtlicher und vermögensrechtlicher Vorschriften und zur Änderung der Justizbeitreibungsordnung (EuKoPfVODG) vom 21.11.2016 (BGBl I, S. 2591).

Es handelt sich im datenschutzrechtlichen Sinne um eine bereichsspezifische Regelung zur Datenübermittlung und Datenverarbeitung gem. Art. 6 Abs. 1 Unterabs. 1 Buchstabe c und e sowie Abs. 2 und 3 Satz 1 Buchstabe b Satz 2 bzw. für besondere Daten gemäß Art. 9 Abs. 2 und b und g DSGVO.

6 Änderungen des Abs. 2 erfolgten zudem durch Artikel 4 Abs. 8 des Gesetzes zur Verbesserung des Schutzes von Gerichtsvollziehern vor Gewalt sowie zur Änderung weiterer zwangsvollstreckungsrechtlicher Vorschriften und zur Änderung des Infektionsschutzgesetzes v. 07.05.2021 (ZVRuaÄndG, BGBl. I, S. 850). Weiterhin wurde die Vorschrift durch dieses Gesetz mit Inkrafttreten zum 01.11.2022 um Abs. 3 ergänzt, welcher zuletzt mit Wirkung vom 27.07.2022 geändert wurde (VirHVEG v. 20.07.2022, BGBl. I, S. 1166).

C. Erläuterungen

I. Relevante Normen der DSGVO und des BDSG

7 § 74a stellt eine bereichsspezifische Regelung zur Datenverarbeitung gemäß Art. 6 Abs. 1 lit. c und e i.V.m. Abs. 2 und 3 Satz 1 lit. b, Satz 2 der Verordnung (EU) 2016/679 dar. Die Anpassung an die DSGVO erfolgte insbesondere an die Begriffsbestimmungen des Art. 4[2]. Es gibt keine vergleichbare Norm im BDSG.

II. Allgemeines

8 Die Rechtsnorm dient der Übermittlung der Sozialdaten der betroffenen Person, um öffentlich-rechtliche Ansprüche durchzusetzen (Abs. 1 S. 1). Sie legt konkret fest, welche Daten in diesem Zusammenhang übermittelt werden dürfen. Für öffentlich-rechtliche Ansprüche gibt es keinen Mindestbetrag mehr. Geblieben ist, dass das Ersuchen höchstens sechs Monate zurückliegen darf (Abs. 1). Dass schutzwürdige Interessen nicht verletzt werden dürfen, ergibt sich von selbst. Während Abs. 1 der Durchsetzung von öffentlich-rechtlichen Ansprüchen dient, findet Abs. 2 Anwendung auf die Durchführung von Vollstreckungsverfahren und Abs. 3 auf die Anforderung von Seiten des Insolvenzgerichts. Die Übermittlung ist dann nicht zulässig, wenn die Daten auf andere Weise beschafft werden könnten. Alle drei Absätze haben als gemeinsame Voraussetzung die Anwendung im Einzelfall und die Datenübermittlung muss erforderlich sein (Art. 5 DSGVO). Die Norm gilt daher nur subsidiär.

9 Abs. 2 erweitert die Ansprüche auch auf privatrechtliche Forderungen, soweit ihre Vollstreckung durchgeführt werden soll. Daraus folgt, dass »vorbereitende« Maßnahmen nicht erfasst werden. Im Übrigen ist die Übermittlung gem. Abs. 2 Satz 3 einerseits auf den Personenkreis der Gerichtsvollzieher und andererseits auf die Träger der gesetzlichen Rentenversicherung beschränkt.

III. Übermittlung zur Durchsetzung öffentlich-rechtlicher Ansprüche (Abs. 1)

10 Abs. 1 beschränkte die Übermittlungspflicht ausschließlich auf öffentlich-rechtliche Ansprüche. Dabei musste früher ein Mindestbetrag in Höhe von 500 € erreicht werden. Waren die Ansprüche niedriger, fand § 74a keine Anwendung. Weil die Rechtsnorm auf den Begriff »Ansprüche« abstellt, sind damit nicht ausschließlich Geldleistungen zu verstehen, sondern auch geldwerte Leistungen.[3] Diese geldwerten Leistungen mussten allein oder gemeinsam mit Geldleistungen den Wert von 500 € übersteigen. Die Streichung des Mindestbetrags in Höhe von 500 Euro in Abs. 1 Satz 1 und Abs. 2 Satz 1 entspricht den Änderungen des § 755 Abs. 2 Satz 2 und § 802l Abs. 1 Satz 2 der ZPO durch das Gesetz zur Durchführung der Verordnung (EU) Nr. 655/2014 sowie zur Änderung sonstiger zivilprozessualer, grundbuchrechtlicher und vermögensrechtlicher Vorschriften und zur Ände-

In diesen Regelungen ist die Forderungsmindesthöhe für die rechtmäßige Erhebung von Sozialdaten durch Gerichtsvollzieher entfallen.

2 BT-Drucks. 18/12611.

3 Juris-PK-SGB X, Schlegel/Völzke/*Mutschler*/*Palsherm*, 2. Aufl. 2017, Stand 14.05.2018, § 74a Rn. 25.

rung der Justizbeitreibungsordnung (EuKoPfVODG) vom 21.11.2016 (BGBl. I, S. 2591). In den vorgenannten Regelungen ist die Forderungsmindesthöhe von 500 € für die rechtmäßige Erhebung von Sozialdaten durch Gerichtsvollzieher unter anderem bei den Trägern der gesetzlichen Rentenversicherung entfallen. Für die Durchsetzung von öffentlich-rechtlichen Forderungen durch Vollstreckungsbehörden ist wie geplant mit der Streichung in Abs. 1 ein Gleichlauf mit den diesbezüglichen Sachaufklärungsbefugnissen der Gerichtsvollzieher geschaffen.[4]

Es muss sich ausschließlich um öffentlich-rechtliche Ansprüche handeln. Bei der Durchsetzung nach Abs. 1 geht es sowohl um die Geltendmachung als auch um die Sicherung und Vollstreckung der Ansprüche. Um öffentlich-rechtliche Ansprüche handelt es sich dann, wenn es um Ansprüche geht, die das Tätigwerden eines Trägers hoheitlicher Gewalt voraussetzt.[5] Ob eine Streitsache auf dem Gebiet des öffentlichen oder des privaten Rechts anzusiedeln ist, kommt auf den Rechtscharakter des Klageverhältnisses an.[6] In Fortführung der Rechtsetzung des Gemeinsamen Senats der obersten Gerichtshöfe des Bundes kommt es darauf an, welche Rechtsfolge beabsichtigt wird. 11

Die öffentlich-rechtlichen Ansprüche werden zum Teil durch die Hauptzollämter durchgesetzt. Bei diesen Ansprüchen darf es sich nicht um Steuerschulden handeln. Ebenfalls ausgeschlossen ist die Durchsetzung von Forderungen der Sozialleistungsträger. Bei Steuerschulden ist § 71, bei Sozialleistungen § 69 einschlägig. Ansprüche, die z.B. durch die Hauptzollämter durchgesetzt werden können, sind die von Aus- und Übersiedlern zu erstattenden Unterbringungsnutzungsgebühren.[7] 12

Abs. 1 Satz 1 limitiert die zu übermittelnden Daten auf das Notwendigste. So dürfen lediglich der Name, der Vorname, das Geburtsdatum und der Geburtsort, die derzeitige Anschrift der betroffenen Person, ihr derzeitiger oder zukünftiger Aufenthaltsort sowie Namen, Vornamen oder Firma und Anschriften seiner derzeitigen Arbeitgeber übermittelt werden. Dabei dürfen diese Daten nur dann übermittelt werden, wenn keine schutzwürdigen Interessen der betroffenen Person dabei beeinträchtigt werden können. Daraus folgt, dass eine Übersendung von Verwaltungsakten unzulässig ist. In der Regel sind die Sozialleistungsträger nur in der Lage, die aktuelle Anschrift und den aktuellen Arbeitgeber mitzuteilen. Zu beachten ist grundsätzlich, dass nur die erfragten Daten mitgeteilt werden dürfen. Wird z.B. nach dem aktuellen Arbeitgeber gefragt, hat die Angabe der Anschrift der betroffenen Person selbst zu unterbleiben. Werden die benötigten Daten nicht konkret bezeichnet, können nur die sich aus dem Gesetzestext ergebenden Spezifikationen übermittelt werden. Wird bei den Trägern der gesetzlichen Rentenversicherung nach dem aktuellen Aufenthaltsort angefragt, geben diese auch die Anschrift des aktuellen Arbeitgebers bekannt. Die Rentenversicherungsträger unterstellen dabei, dass die betroffene Person sich in der Regel auch wegen der ausgeübten Beschäftigung dort aufhalten.[8] Ob diese Sichtweise zutreffend ist, kann dahingestellt bleiben. Grundsätzlich dürfen schutzwürdige Interessen der betroffenen Person nicht verletzt werden. Dabei haben die Sozialleistungsträger keinen Beurteilungs- oder Ermessenspielraum.[9] 13

---

4 BMAS-Referentenentwurf, BMAS vom 25.09.2019, S. 96 und BMAS-Kabinettsentwurf vom 16.12.2019 (Datenblatt Nr. 19/11097), S. 131.

5 BSG, Urt. v. 14.02.1973 – 1 RA 167/72, WKRS 1973, 10757; Hennig/Bernsdorff/*Ulmer*, SGG – Sozialgerichtsgesetz – Kommentar mit Nebenrecht, § 51 SGG Rn. 46; ebenso BSG, Urt. v. 01.08.1978 – 7 RAr 42/77, WKRS 1978, 16606; Hennig/Bernsdorff/*Ulmer*, SGG – Sozialgerichtsgesetz – Kommentar mit Nebenrecht, § 51 SGG Rn. 19.

6 V. Wulffen/Schütze/*Bieresborn*, SGB X, 8. Aufl. 2014, § 74a SGB X Rn. 7 mit Hinweis auf den Gemeinsamen Senats der obersten Gerichtshöfe des Bundes, Beschl. v. 10.04.1986 – GmS-OGB 1/85, BGHZ 97, 312–317 sowie BSG, Beschl. v. 01.04.2009 – B 14 SF 1/08 R, WKRS 2009, 17101.

7 Rechtliche Arbeitsanweisung der Deutschen Rentenversicherung (GRA), § 74a SGB X, Rn. R 2.1 (rvrecht.deutsche-rentenversicherung.de unter GRA SGB/SGB X).

8 GRA (Rechtliche Anweisungen Rentenversicherung), § 74a SGB X, Punkt 5.3 (www.rvrecht.deutsche-rentenversicherung.de unter RVRecht/GRA SGB/SGB X), Stand 13.03.2018, veröffentlicht 20.08.2019.

9 Juris-PK-SGB X, Schlegel/Völzke/*Mutschler/Palsherm*, 2. Aufl. 2017, Stand 14.05.2018 (juris), § 74a Rn. 37.

14 Die Übermittlung der Sozialdaten hat zu unterbleiben, wenn die ersuchende Stelle sich die notwendigen Daten auf andere Weise selbst beschaffen kann. Abs. 1 Satz 2 verweist in diesem Zusammenhang auf § 4 Abs. 3 SGB X. Danach kann die Übermittlung dann unterbleiben, wenn die anfordernde Behörde die Daten einfacher oder mit wesentlich geringerem Aufwand bei einer anderen Behörde erhalten kann. Sie kann auch dann unterbleiben, wenn die ersuchte Behörde die Daten nur mit einem unverhältnismäßig großen Aufwand übermitteln könnte oder die Aufgaben der ersuchten Behörde deren eigene Aufgabenerledigung gefährden würde.[10]

15 Die Datenübermittlung darf dann nicht unterbleiben, wenn die Sozialdaten für eine Vollstreckung benötigt werden. Abs. 1 Satz 2 gilt dann insoweit nicht. Bei Vollstreckungsersuchen handelt es sich um solche nach § 66 SGB X. Hier gilt bereits das Übermittlungsrecht nach § 69 als vorrangig.[11] Vollstreckungsersuchen nach § 66 sind z.B. solche, bei denen Vollstreckungsbehörden auf Landesebene die von einem Sozialleistungsträger erwirkten Vollstreckungsersuchen erledigen müssen. Dazu ist es für die Vollstreckungsbehörde notwendig, die Sozialdaten zu erfahren. Gleiches gilt, wenn ein Gericht neben Verwaltungsfragen auch in Prozessangelegenheiten tätig ist.

IV. Übermittlung zur Durchführung eines Vollstreckungsverfahrens (Abs. 2)

16 Abs. 2 regelt ausschließlich die Durchführung eines Vollstreckungsverfahrens. Verfahrensbeteiligte sind dabei der jeweilige Gerichtsvollzieher auf der einen Seite und ein Träger der gesetzlichen Rentenversicherung auf der anderen Seite. Die Übermittlung der Sozialdaten durch die Träger der gesetzlichen Rentenversicherung an den jeweiligen Gerichtsvollzieher ist dabei von der Erfüllung verschiedener Voraussetzungen abhängig. Diese Voraussetzungen müssen kumulativ erfüllt sein.

17 Rechtsgrundlage für das Auskunftsersuchen der Gerichtsvollzieher sind die §§ 755 Abs. 2 Satz 1 und 802 l Abs. 1 Satz 1 ZPO (BGBl. I, S. 3202 mit nachfolgenden Änderungen). In beiden genannten Rechtsgrundlagen sind die konkreten Vorgaben für den Gerichtsvollzieher enthalten, welche Daten er bei der gesetzlichen Rentenversicherung erfragen darf.

18 Abs. 2 Satz 3 schließt die Übermittlung der Sozialdaten dann aus, wenn der Gerichtsvollzieher die benötigten Daten auf andere Weise beschaffen kann. Auch hier verweist die Vorschrift auf § 4 Abs. 3.[12] Auch hier greift wieder der Erforderlichkeitsgrundsatz (Art. 5 DSGVO)

19 Die Angaben der Sozialdaten durch den Träger der gesetzlichen Rentenversicherung dürfen nur erfolgen, wenn der Vollstreckungsschuldner seiner Auskunftspflicht nach § 802l Abs. 1 Satz 1 ZPO nicht nachkommt. Durch die fehlende Mitwirkung ist eine der Voraussetzungen für die Anwendung von § 74a Abs. 2 erfüllt. Sie ist auch dann erfüllt, wenn der Vollstreckungsschuldner zwar i.S.v. § 802l Abs. 1 Satz 1 ZPO mitgewirkt hat, die vollständige Befriedigung des Vollstreckungsgläubigers nicht zu erwarten ist.

20 Als weitere zu erfüllende Voraussetzung ist die Höhe der Forderung entfallen (s.o. Rdn. 1, 10). Im Übrigen darf das Vollstreckungsersuchen nicht länger als sechs Monate zurückliegen. Neu eingeführt wurden die unter Abs. 2 S. 3 Nr. 1 a)-c) aufgezählten Zulässigkeitsvoraussetzungen:
- Übereinstimmung der Adressen: Adresse, unter der zugestellt werden sollte, stimmt mit der in § 755 Abs. 1 und 2 ZPO ermittelten Adresse vor oder nach dem Zustellungsversuche (**3-Monatsfrist**), überein (a) oder
- die Meldebehörde teilt mit, dass ihr (**3-Monatsfrist** nach dem Zustellungsversuch) keine andere Adresse vorliegt (b) oder

---

10 Zur Weitergabe verschlüsselter Arbeitgeberdaten vgl. SG Schleswig, Beschl. v. 22.11.2005 – S 5 AS 455/05 ER, WKRS 2005, 45521; SG Fulda, Urt. v. 07.08.2006 – S 9 AS 95/06, WKRS 2006, 30643.

11 Juris-PK-SGB X, Schlegel/Völzke/*Mutschler/Palsherm*, 2. Aufl. 2017, Stand 14.05.2018 (juris), § 74a Rn. 40.

12 Zu § 4 Abs. 3 vgl. Rdn. 14.

– die Meldebehörde teilt innerhalb von **3 Monaten** vor Erteilung des Vollstreckungsauftrags mit, dass ihr keine aktuelle Anschrift bekannt ist.

Zur Beantragung sind ausschließlich Gerichtsvollzieher berechtigt. Die Auskünfte dürfen ausschließlich nur durch die Träger der gesetzlichen Rentenversicherung erteilt werden. Hierbei handelt es sich unter Anwendung von § 125 SGB VI um die Deutsche Rentenversicherung Bund, die Deutsche Rentenversicherung Knappschaft-Bahn-See sowie die auf Landesebene bestehenden Regionalträger mit der Bezeichnung Deutsche Rentenversicherung ergänzt um den Zusatz der sich aus der örtlichen Zuständigkeit ergebenden Regionalität z.B. Deutsche Rentenversicherung Rheinland oder Deutsche Rentenversicherung Westfalen. 21

Ist die Übermittlung nach § 74 Abs. 2 zulässig, ist sie auf die Angaben zur aktuellen Anschrift der betroffenen Person, seinen derzeitigen oder zukünftigen Aufenthaltsort sowie Namen, Vornamen oder Firma und Anschriften seiner derzeitigen Arbeitgeber beschränkt. Hier sind die schutzwürdigen Interessen der betroffenen Person zu beachten. Dabei kann es sich z.B. um die Angabe der Anschrift handeln, wenn aktuell z.B. ein Aufenthalt in einer psychiatrischen Klinik stattfindet.[13] 22

Die Übermittlung von Sozialdaten durch die Träger der gesetzlichen Rentenversicherung an die jeweiligen ersuchenden Gerichtsvollzieher ist keine Aufgabe, die dem eigentlichen Aufgabenbereich der gesetzlichen Rentenversicherung zuzuordnen ist. Aus diesem Grunde erhalten die Träger der gesetzlichen Rentenversicherung eine Art Aufwandsentschädigung. 23

Das Verfahren des Ersuchens durch den Gerichtsvollzieher und die Übermittlung der notwendigen Sozialdaten durch die Träger der gesetzlichen Rentenversicherung wird überwiegend automatisch abgewickelt. Die Übermittlungen erfolgen über das elektronische Gerichts- und Verwaltungsgpostfach »EGVP« bzw. über die Anwendung »elektronische Gerichtsvollzieher (eGVZ)«. Mit der beabsichtigten Ergänzung um Satz 5 durch das 7. SGB IV-Änderungsgesetz soll die Übermittlung elektronisch erfolgen. Der Datenschutz wird dabei gewährleistet. 24

Diese Voraussetzung können alternativ vorliegen.

Durch die Änderung in § 64 Absatz 1 Satz 2 des Zehnten Buches Sozialgesetzbuch (SGB X) wird ein Gebührentatbestand für die Erteilung von Auskünften der Träger der gesetzlichen Rentenversicherung an die Insolvenzgerichte eingeführt. Dadurch soll ein Gleichlauf zu den Fällen hergestellt werden, in denen Gerichtsvollziehern eine Auskunft nach § 74a Absatz 2 SGB X erteilt wird. Die Änderung der Vorschrift zielt darauf ab, den etwaig entstehenden Mehraufwand aufzufangen. Eine Kostenfreiheit zwischen Behörden scheidet – ebenso wie bei Auskunftsersuchen von Gerichtsvollziehern – aus, weil es im Insolvenzverfahren letztlich um privatrechtliche Forderungen des Schuldners geht, für die nicht die Beitragsgemeinschaft aufkommen soll. Die Kosten für das Insolvenzverfahren richten sich nach dem Gerichtskostengesetz (GKG). Die kostenmäßige Berücksichtigung der Gebühr für die Einholung einer Auskunft bei dem Träger der gesetzlichen Rentenversicherung im Insolvenzverfahren erfolgt über den Auslagentatbestand der Nummer 9013 des Kostenverzeichnisses zum GKG. Auf diese Weise wird sichergestellt, dass dem Kostenschuldner die Gebühr in Rechnung gestellt werden kann. 25

Gemäß Nr. 4 darf die aktuelle oder zukünftige Meldeadresse der Meldebehörde nicht bekannt sein. Der Gerichtsvollzieher hat in seinem Ersuchen zu bestätigen, dass die vorgenannten Voraussetzungen vorliegen. Das Ersuchen und die Auskunft sind zudem elektronisch zu übermitteln. Hierbei ist auf die datenschutzrechtliche Absicherung bei der elektronischen Übermittlung achtzugeben. 26

---

13 GRA (Rechtliche Anweisungen Rentenversicherung), § 74a SGB X, Punkt 6.2 (www.rvrecht.deutsche-rentenversicherung.de unter RVRecht/GRA SGB/SGB X), Stand 13.03.2018, veröffentlicht 20.08.2019.

V. Ersuchen des Insolvenzgerichts (Abs. 3)

27 Dieser Absatz 3 wurde neu eingefügt. Ersucht ein Insolvenzgericht gemäß § 98 InsO die Träger der gesetzlichen Rentenversicherung um die Übermittlung von personenbezogenen Daten (Name, Vorname sowie Anschrift des Arbeitgebers) ist dies nur unter den Voraussetzungen von Satz 2 Nr. 1–3 zulässig.

Eine Übermittlung nach dem Satz 1 ist ausschließlich dann zulässig, wenn eine der folgenden Voraussetzungen unter Satz 2 Nr. 1–3 (alternativ) vorliegt:
- Eine Aufforderung zur Auskunftserteilung gem. § 97 Abs. 1a InsO ist nicht zustellbar (Nr. 1) und
- die Anschrift, unter der die Zustellung erfolgen sollte, stimmt mit der Anschrift, die von einer in § 755 Abs. 1 und 2 ZPO genannten Stellen innerhalb von 3 Monaten vor oder nach dem Zustellungsversuch mitgeteilt wurde, überein (a) oder
- die Meldebehörde teilt nach dem Zustellungsversuch mit, dass ihr keine Zustellungsadresse bekannt ist (b) oder
- die Meldebehörde hat innerhalb von 3 Monaten vor dem Ersuchen auf Auskunftserteilung mitgeteilt, dass ihr keine derzeitige Anschrift bekannt ist (c).
- Der Schuldner kommt seiner Auskunftspflicht (§ 97 InsO) nicht nach (Nr. 2),
- dies erscheint aus anderen Zwecken zur Erreichung des Zweckes der Insolvenz erforderlich (Nr. 3).

28 Die Träger der Rententräger sind zur Übermittlung nicht verpflichtet, wenn
- sich das Insolvenzgericht die Angaben auf andere Weise beschaffen kann oder
- Grund zu der Annahme besteht, dass durch die Übermittlung schutzwürdige Interessen der betroffenen Person beeinträchtigt werden.

§ 4 Abs. 3 bleibt unberührt.

29 Das Insolvenzgericht hat in seinem Ersuchen zu bestätigen, dass die Voraussetzungen gem. Satz 2 vorliegen.

Das Ersuchen und die Auskunft sind wiederum elektronisch zu erteilen (Satz 5).

§ 75 Übermittlung von Sozialdaten für die Forschung und Planung

(1) [1]Eine Übermittlung von Sozialdaten ist zulässig, soweit sie erforderlich ist für ein bestimmtes Vorhaben

1. **der wissenschaftlichen Forschung im Sozialleistungsbereich oder der wissenschaftlichen Arbeitsmarkt- und Berufsforschung oder**
2. **der Planung im Sozialleistungsbereich durch eine öffentliche Stelle im Rahmen ihrer Aufgaben und schutzwürdige Interessen der betroffenen Person nicht beeinträchtigt werden oder das öffentliche Interesse an der Forschung oder Planung das Geheimhaltungsinteresse der betroffenen Person erheblich überwiegt. [2]Eine Übermittlung ohne Einwilligung der betroffenen Person ist nicht zulässig, soweit es zumutbar ist, ihre Einwilligung einzuholen. [3]Angaben über den Namen und Vornamen, die Anschrift, die Telefonnummer sowie die für die Einleitung eines Vorhabens nach Satz 1 zwingend erforderlichen Strukturmerkmale der betroffenen Person können für Befragungen auch ohne Einwilligungen übermittelt werden. [4]Der nach Absatz 4 Satz 1 zuständigen Behörde ist ein Datenschutzkonzept vorzulegen.**

(2) Ergibt sich aus dem Vorhaben nach Absatz 1 Satz 1 eine Forschungsfrage, die in einem inhaltlichen Zusammenhang mit diesem steht, können hierzu auf Antrag die Frist nach Absatz 4 Satz 5 Nummer 4 zur Verarbeitung der erforderlichen Sozialdaten verlängert oder eine neue Frist festgelegt und weitere erforderliche Sozialdaten übermittelt werden.

(3) [1]Soweit nach Absatz 1 oder 2 besondere Kategorien von Daten im Sinne von Artikel 9 Absatz 1 der Verordnung (EU) 2016/679 an einen Dritten übermittelt oder nach Absatz 4a von einem Dritten verarbeitet werden, sieht dieser bei der Verarbeitung angemessene und spezifische Maß-

nahmen zur Wahrung der Interessen der betroffenen Person gemäß § 22 Absatz 2 Satz 2 des Bundesdatenschutzgesetzes vor. [2]Ergänzend zu den dort genannten Maßnahmen sind die besonderen Kategorien von Daten im Sinne des Artikels 9 Absatz 1 der Verordnung (EU) 2016/679 zu anonymisieren, sobald dies nach dem Forschungszweck möglich ist.

(4) [1]Die Übermittlung nach Absatz 1 und die weitere Verarbeitung, einschließlich einer Verarbeitung von Sozialdaten mit weiteren Daten, sowie die Übermittlung nach Absatz 2 bedürfen der vorherigen Genehmigung durch die oberste Bundes- oder Landesbehörde, die für den Bereich, aus dem die Daten herrühren, zuständig ist. [2]Die oberste Bundesbehörde kann das Genehmigungsverfahren bei Anträgen von Versicherungsträgern nach § 1 Absatz 1 Satz 1 des Vierten Buches oder von deren Verbänden auf das Bundesamt für Soziale Sicherung übertragen. [3]Eine Übermittlung von Sozialdaten an eine nicht-öffentliche Stelle und eine weitere Verarbeitung durch diese nach Absatz 2 darf nur genehmigt werden, wenn sich die nicht-öffentliche Stelle gegenüber der Genehmigungsbehörde verpflichtet hat, die Daten nur für den vorgesehenen Zweck zu verarbeiten. [4]Die Genehmigung darf im Hinblick auf die Wahrung des Sozialgeheimnisses nur versagt werden, wenn die Voraussetzungen des Absatzes 1, 2 oder 4a nicht vorliegen. [5]Sie muss

1. den Dritten, an den die Daten übermittelt werden,
2. die Art der zu übermittelnden Sozialdaten und den Kreis der betroffenen Personen,
3. die wissenschaftliche Forschung oder die Planung, zu der die übermittelten Sozialdaten verarbeitet werden dürfen, und
4. den Tag, bis zu dem die übermittelten Sozialdaten verarbeitet werden dürfen,

genau bezeichnen und steht auch ohne besonderen Hinweis unter dem Vorbehalt der nachträglichen Aufnahme, Änderung oder Ergänzung einer Auflage. [6]Nach Ablauf der Frist nach Satz 5 Nummer 4 können die verarbeiteten Daten bis zu zehn Jahre lang gespeichert werden, um eine Nachprüfung der Forschungsergebnisse auf der Grundlage der ursprünglichen Datenbasis sowie eine Verarbeitung für weitere Forschungsvorhaben nach Absatz 2 zu ermöglichen.

(4a) [1]Ergänzend zur Übermittlung von Sozialdaten zu einem bestimmten Forschungsvorhaben nach Absatz 1 Satz 1 kann die Verarbeitung dieser Sozialdaten auch für noch nicht bestimmte, aber inhaltlich zusammenhängende Forschungsvorhaben des gleichen Forschungsbereiches beantragt werden. [2]Die Genehmigung ist unter den Voraussetzungen des Absatzes 4 zu erteilen, wenn sich der Datenempfänger gegenüber der genehmigenden Stelle verpflichtet, auch bei künftigen Forschungsvorhaben im Forschungsbereich die Genehmigungsvoraussetzungen einzuhalten. [3]Die nach Absatz 4 Satz 1 zuständige Behörde kann vom Antragsteller die Vorlage einer unabhängigen Begutachtung des Datenschutzkonzeptes verlangen. [4]Der Antragsteller ist verpflichtet, der nach Absatz 4 Satz 1 zuständigen Behörde jedes innerhalb des genehmigten Forschungsbereiches vorgesehene Forschungsvorhaben vor dessen Beginn anzuzeigen und dabei die Erfüllung der Genehmigungsvoraussetzungen darzulegen. [5]Mit dem Forschungsvorhaben darf acht Wochen nach Eingang der Anzeige bei der Genehmigungsbehörde begonnen werden, sofern nicht die Genehmigungsbehörde vor Ablauf der Frist mitteilt, dass für das angezeigte Vorhaben ein gesondertes Genehmigungsverfahren erforderlich ist.

(5) Wird die Verarbeitung von Sozialdaten nicht-öffentlichen Stellen genehmigt, hat die genehmigende Stelle durch Auflagen sicherzustellen, dass die der Genehmigung durch Absatz 1, 2 und 4a gesetzten Grenzen beachtet werden.

(6) Ist der Dritte, an den Sozialdaten übermittelt werden, eine nicht-öffentliche Stelle, unterliegt dieser der Aufsicht der gemäß § 40 Absatz 1 des Bundesdatenschutzgesetzes zuständigen Behörde.

Übersicht

A. Inhalt

1 Die Norm erlaubt die Übermittlung von Sozialdaten für die wissenschaftliche Forschung und die Planung durch eine öffentliche Stelle im Sozialleistungsbereich inklusive Folgeforschungen (Abs. 2) und zusammenhängende Forschung (Abs. 4a), um auf diese Weise die notwendigen Bedürfnisse für Forschung und Planung zu berücksichtigen. Sie legt auch fest, dass eine Weiterverarbeitung von für bestimmte Forschungszwecke durch die Sozialleistungsträger übermittelten Sozialdaten außerhalb der nach Abs. 4 genehmigten Übermittlung und Verarbeitung sowie außerhalb der zusammenhängenden Forschung und der Folgeforschung nicht zulässig ist. Anwendung findet die Norm auf die Übermittlung von Sozialdaten zu den vorgenannten Zwecken. Die Eigenforschung der Sozialleistungsträger wird hierdurch nur indirekt erfasst, da sich diese nach § 67c Abs. 2 Nr. 2 richtet und dort auf die Voraussetzungen des § 75 Abs. 1, 2 und 4a Satz 1 verwiesen wird. § 75 wurde über den Anpassungsbedarf an die DSGVO hinaus reformiert, um die Effektivität und Langfristigkeit der Forschungsergebnisse zu fördern. Die Norm soll einen Ausgleich zwischen den Erfordernissen der Forschung einerseits und den berechtigten Interessen der betroffenen Personen andererseits gewährleisten.[1] § 75 schränkt damit das informationelle Grundrecht auf Selbstbestimmung (siehe Vorbemerkung zu §§ 67–85a, Rdn. 4) ein, in Abwägung zur Forschungsfreiheit.

B. Entstehungsgeschichte

2 Die Vorschrift beruht auf dem Gesetz vom 18.08.1980 (BGBl. I, S. 1469) und ist in ihrer ursprünglichen Fassung am 01.01.1981 in Kraft getreten. Sie wurde geändert durch das Gesetz vom 13.06.1994 (BGBl. I, S. 1229) durch Einfügung des Abs. 3 und 4 und durch das Gesetz vom 18.05.2001 (BGBl. I, S. 904) mit Änderung von Abs. 2 und Neufassung von Abs. 4. Die derzeitige Fassung beruht auf dem TarifAStG vom 11.08.2014 (BGBl. I, S. 1348). Dabei wurden in Abs. 1 Satz 1 Nr. 1 und Satz 2 Teiländerungen durchgeführt sowie der Satz 3 eingefügt. Die geänderte Fassung trat zum 16.08.2014 in Kraft. Zudem gab es eine Anpassung an die Verordnung (EU) 2016/679 mit BVG-Änderungsgesetz vom 17.07.2017 (BGBl. I, S. 2541) (Datenschutzgrundverordnung = DSGVO), welche zum 25.05.2018 in Kraft trat (Art. 99 Abs. 2 DSGVO i.V.m. Art. 24 BVG). Weitere Anpassungen der Begrifflichkeiten an die DSGVO und Ergänzung um die *Verbände* in Abs. 4 Satz 2 erfolgten durch das 2. Datenschutz-Anpassungsgesetz (2. DS-AnpUG) vom 20.11.2019 (BGBl. I, S. 1626), das zum 25.11.2019 veröffentlicht wurde und am 26.11.2019 in Kraft trat.[2] Ein Absatz 4b sollte durch das GDNG angefügt werden.[3] Verabschiedet wurde letztlich eine Änderung des Abs. 4 Satz 1 (GDNGEG vom 22.03.2024 [BGBl. I, S. 18], in Kraft seit 26.03.2024)

1 BT-Drucks. 18/12611, S. 108.

2 Folgeänderung wegen der Umbenennung des Bundesversicherungsamts (BVA) in das Bundesamt für Soziale Sicherung (BAS) in Abs. 4 Satz 2 (im BGBl. irrtümlich als Abs. 2 Satz 2 aufgeführt) durch das Gesetz vom 12.12.2019 (BGBl. I, S. 2652 »Gesetz zur Regelung des Sozialen Entschädigungsrechts«), veröffentlicht am 19.12.2019 und zum 01.01.2020 in Kraft getreten.

3 Referentenentwurf des BMG vom 04.08.2023, S. 42.

C. Erläuterungen

I. Relevante Normen der DSGVO und des BDSG

Die Verarbeitung von personenbezogenen Daten für Zwecke der wissenschaftlichen Forschung ist allgemein in § 89 Abs. 1 und ergänzend in Abs. 2 DSGVO geregelt. Demnach unterliegt die Verarbeitung zu wissenschaftlichen Zwecken geeigneten Garantien für die Rechte und Freiheiten der betroffenen Personen gemäß der DSGVO (Abs. 1). Diese Garantien sollen sicherstellen, dass geeignete technische und organisatorische Maßnahmen bestehen, die insbesondere dem Grundsatz der Datenminimierung (Art. 5 Abs. 1 lit. c DSGVO) dienen[4]. Nach Abs. 2 können von den Mitgliedsstaaten bei der Verarbeitung zu wissenschaftlichen Zwecken Ausnahmen von den Betroffenenrechten aus Art. 15, 16, 18 und 21 vorgesehen werden. 3

Die Gesetzesbegründung zu den Anpassungen des § 75 an die DSGVO durch das BVG-Änderungsgesetz beziehen sich allerdings auf andere Öffnungsklauseln[5], zumal sich § 75 auch auf die Planungen im Sozialleistungsbereich bezieht. Die Rechtsgrundlagen für die Verarbeitung von personenbezogenen Daten sind in Art. 6 Abs. 1 DSGVO geregelt – für Sozialdaten ist hier lit. e einschlägig – und der Gesetzgeber hat sich für die Regelungen in § 75 der Öffnungsklauseln in Art. 6 Abs. 2 und 3, Art. 9 Abs. 2 lit. j DSGVO sowie zur Einschränkung der Betroffenenrechte in diesem Zusammenhang des Art. 23 DSGVO bedient. 4

In Art. 6 Abs. 2 kann der nationale Gesetzgeber *spezifischere Bestimmungen* erlassen in Bezug auf die Rechtsgrundlagen in Art. 6 Abs. 1 lit. c und e. Da die Verarbeitung von Sozialdaten eine *Verarbeitung für die Wahrnehmung einer Aufgabe im öffentlichen Interesse* ist, wird hier über die Öffnungsklausel in Art. 6 Abs. 2 DSGVO eine spezifischere Regelung zu der Rechtsgrundlage in Art. 6 Abs. 1 lit e DSGVO geschaffen. Nach Abs. 3 hat der nationale Gesetzgeber in dieser Regelung (§ 75) dann auch die Zweckbindung und Speicherdauer festzulegen. Für personenbezogene Daten besonderer Kategorien wie Gesundheits-, biometrische und genetische Daten ist die Rechtsgrundlage Art. 9 Abs. 2 lit. j DSGVO. 5

§ 27 BDSG regelt auf nationaler Ebene die Verarbeitung von personenbezogenen Daten *zu wissenschaftlichen oder historischen Forschungszwecken und zu statistischen Zwecke.* Eine Verarbeitung zu Zwecken der Planung, wie in § 75, findet hier keine Berücksichtigung und nach § 27 BDSG gibt es auch keinen Genehmigungsvorbehalt für die Datenübermittlung. Als besondere Garantien und damit auch technische und organisatorische Maßnahmen umfassend verweist § 27 Abs. 1 Satz 2 BDSG ebenfalls auf § 22 Abs. 2 Satz 2 BDSG. Die Anforderungen an die Garantien für die Verarbeitung von personenbezogenen Daten besonderer Kategorien sind hier für die Zwecke der wissenschaftlichen Forschung und Planung in § 75 und in § 27 BDSG gleich. 6

II. Die Datenübermittlung nach Abs. 1

Vorausgesetzt für eine Übermittlung von Sozialdaten wird nach Abs. 1 Satz 1 Nr. 1 deren Erforderlichkeit für ein bestimmtes Vorhaben der wissenschaftlichen Forschung im Sozialleistungsbereich oder der Arbeitsmarkt- und Berufsforschung. Abs. 1 Satz 1 Nr. 2 schließt zusätzlich die Übermittlung für die Planungsvorhaben im Sozialleistungsbereich ein. Dabei dürfen schutzwürdige Interessen der betroffenen Person nicht beeinträchtigt werden. Eine Ausnahme ist zulässig, wenn das öffentliche Interesse an der Forschung oder Planung überwiegt. Hier kommen nicht nur die Grundrechte zum Schutz von Persönlichkeit und Menschenwürde nach Art. 2 Abs. 1, 1 Abs. 1 GG in Betracht, sondern auch die Forschungs- und Lehrfreiheit der Hochschulen und der anderen öffentlichen Einrichtungen nach Art. 5 Abs. 3 GG. Dies hat zur Folge, dass § 75 vom Grundsatz der eng begrenzten Ausnahmetatbestände abweicht und als Tatbestandsmerkmale auf unbestimmte, generalklauselartige Formulierungen – Sozialleistungsbereich, Arbeits- und Berufsbereich, Forschung und Planung – 7

4 EG 156.
5 BT-Drucks. 18/12611, S. 108.

abstellt. § 75 erfasst daher alle Sozialdaten. Die Einhaltung der durch § 76 gebotenen Einschränkung der Übermittlungsbefugnis bei besonders schützenswerten Sozialdaten ist gleichwohl zu beachten[6]. Ggf. ist gegen die Übermittlung eine Feststellungsklage möglich, wenn die betroffene Person ihre Sozialdaten nicht preisgeben will, weil sie ihrer Meinung nach besonders schützenswert sind.[7]

1. Wissenschaftliche Forschung

8 Abs. 1 Satz 1 Nr. 1 stellt auf wissenschaftliche Forschung im Sozialleistungsbereich ab. Danach ist wissenschaftliche Forschung, wenn mit wissenschaftlichen Methoden neue Erkenntnisse gesucht werden[8]. Unter dem Begriff der wissenschaftlichen Forschung ist alles zu verstehen, »*was nach Inhalt und Form als ernsthafter planmäßiger Versuch zur Ermittlung der Wahrheit anzusehen ist.*«[9]. Eine Datenübermittlung ohne konkretes Forschungsvorhaben, also im weiten Sinne als Vorratsdatenspeicherung, ist ausgeschlossen.[10] Dadurch wird eine epidemiologische Forschung, welche auf einen größeren Umfang an Sozialdaten angewiesen ist, verhindert.[11]

9 Neben der wissenschaftlichen Forschung im Sozialleistungsbereich ist seit dem 16.08.2014 auch die Übermittlung von Sozialdaten für die wissenschaftliche Arbeitsmarkt- und Berufsforschung zulässig. Vor der Einfügung des Textes war eine wissenschaftliche Forschung für diesen Teilbereich nicht möglich. Es war -zumindest ohne Einwilligung der betroffenen Person – nicht möglich, wissenschaftliche Forschung zu Arbeitsbedingungen usw. zu betreiben, es sei denn, diese seien ein »Nebenprodukt« der wissenschaftlichen Forschung im Sozialleistungsbereich. Nunmehr sind aber Forschungen zu Themen wie Arbeitszeit, Arbeitsbelastung auf Grund von besonderen Bedingungen am Arbeitsplatz, aber auch Prognosen zum Bedarf an Fachkräften möglich. Der Gesetzgeber begründet daher die Ausweitung um die Bereiche Arbeitsmarkt- und Berufsforschung damit, dass der Erkenntnisstand der Wissenschaft genutzt werden soll, »*um möglichst geeignete politische Maßnahmen im allgemeinen Interesse zu ermöglichen*«.[12] Die Rechtsgrundlage für die Bundesagentur für Arbeit bildet dabei §§ 280 und 282 SGB VII. Auch die Träger der gesetzlichen Unfallversicherung können sich im Rahmen der Vermeidung von Berufskrankheiten an diesen Forschungen beteiligen (§ 9 Abs. 8 SGB VII).

10 Erfasst von § 75 wird die Eigenforschung, z.B. die krankenkasseninterne Forschung, nur indirekt über den Verweis in § 67c Abs. 2 Nr. 2. Werden Daten durch die Sozialleistungsträger an private Stellen weitergegeben, kommt es zu einer zweckändernden Nutzung im Sinne von § 67c Abs. 2 Nr. 2, die im Auftrag verarbeitende Stelle (Art. 28 DSGVO in Verbindung mit § 80) ist gemäß Art. 4 Nr. 10 DSGVO nicht Dritter. Ergänzt wird die allgemeine Regelung des § 75 durch spezielle Vorschriften in den einzelnen Büchern des Sozialgesetzbuchs, beispielsweise durch § 206 SGB VII (Übermittlung von Daten für die Forschung zur Bekämpfung von Berufskrankheiten), dessen Abs. 5 als lex specialis zu § 75 bei Fremdforschung eine Datenanonymisierung vorschreibt.[13] Gemäß § 282 Abs. 7 SGB III übermittelt die Bundesagentur für Arbeit wissenschaftlichen Einrichtungen auf Antrag oder Ersuchen anonymisierte Daten zum Zwecke der Arbeitsmarkt- und Berufsforschung, soweit dies erforderlich ist. § 282a SGB III legt spezielle Befugnisse zur Übermittlung von Sozialdaten der Bundesagentur für Arbeit fest, zum Beispiel gegenüber dem Statistischen Bundesamt. Spezialgesetzlich ist in § 303e SGB V durch das DVG (Gesetz vom 09.12.2019, BGBl. I, S. 2562,

---

6 Krahmer/*Raum*, Sozialdatenschutz, 4. Aufl. 2020, § 75 Rn. 5.

7 BSG, Urt. v. 25.10.1978 – 1 RJ 32/78, WKRS 1978, 10760; Knittel, SGB IX Kommentar, 6. Aufl. 2012, § 130 SGB IX Rn. 14.

8 Hauck/Noftz/*Rombach*, SGB X-Kommentar, Lfg 2/19, IV/19 zu § 75 Rn. 16.

9 BVerfG v. 29.05.1973 – 1 BvR 424/71 und 1 BvR 325/72, BVerfGE 79, 170; BVerfGE 35, S. 79/112 ff.

10 Krahmer/*Raum*, Sozialdatenschutz 4. Aufl. 2020, § 75 SGB X Rn. 18.

11 Fichte/Plagemann/*Hornung/Seidel*, Handbuch des Sozialverwaltungsverfahrensrechts, 2. Aufl. 2016, § 6 Rn. 54.

12 BT-Drucks. 18/1558, S. 56.

13 Vgl. von Koppenfels-Spies/Wenner/*Jung*, SGB VII, 1. Aufl. 2019, § 206 SGB VII Rn. 10.

veröffentlicht am 18.12.2019 und am Folgetag in Kraft getreten) die Datenverarbeitung durch die in § 303e Abs. 1 Nr. 1 bis 18 SGB V und für die in dessen Abs. 2 aufgeführten Zwecke zulässig. Hierzu gehören die Steuerungsaufgaben durch die Kollektivvertragspartner des SGB V, Verbesserung der Qualität der Versorgung, Planung von Leistungsressourcen (zum Beispiel Krankenhausplanung), Forschung (insbesondere für Längsschnittanalysen über längere Zeiträume, Analysen von Behandlungsabläufen oder Analysen des Versorgungsgeschehens), Unterstützung politischer Entscheidungsprozesse zur Weiterentwicklung der gesetzlichen Krankenversicherung, Analysen und Entwicklung von sektorenübergreifenden Versorgungsformen sowie von Einzelverträgen der Krankenkassen und zur Wahrnehmung von Aufgaben der Gesundheitsberichterstattung. Der Antrag für den Zugang zu anonymisierten und aggregierten Sozialdaten ist gemäß § 303e Abs. 3 SGB V an das Forschungsdatenzentrum gemäß § 303d SGB V zu stellen, das den Zugang dann freigibt. Das Forschungszentrum kann aber auch einen Zugang nach § 303e Abs. 4 zu lediglich pseudonymisierten Sozialdaten gegeben werden, wenn die Voraussetzungen nach demselben Absatz erfüllt sind. Ein Personenbezug darf nicht hergestellt werden und bei Verstoß hiergegen erfolgt ein Ausschluss durch das Forschungsdatenzentrum von dem Datenzugang für bis zu zwei Jahre.

2. Planungsvorhaben

Neben der Übermittlung der Sozialdaten für wissenschaftliche Forschungszwecke ist auch nach 11
Abs. 1 Satz 1 Nr. 2 die Übermittlung dieser Daten für die Planung im Sozialleistungsbereich durch eine öffentliche Stelle im Rahmen ihrer Aufgaben zulässig. Bei der Planung muss es sich um eine solche aus dem Sozialleistungsbereich handeln. Damit kommen ausschließlich öffentliche Stellen für die Planung in Betracht.[14] Planungen sind stets auf die Zukunft gerichtet d.h. gedanklich systematische Vorwegnahmen künftigen Verhaltens der öffentlichen Stelle aufgrund zu erwartender Entwicklungen im Sozialleistungsbereich.[15] Sind Planungen nach den Vorschriften des SGB VIII vorgesehen, sind die für diesen Zweck übermittelten Sozialdaten unverzüglich zu anonymisieren (§ 64 Abs. 3 SGB VIII).

3. Einwilligung

Abs. 1 Satz 2 stellt auf die Einholung der Einwilligung[16] der betroffenen Person ab, grenzt dies aber 12
ein auf die Fälle der Zumutbarkeit dieser Einholung. Letztlich ist für eine Übermittlung auf die eingehende Prüfung der Erforderlichkeit abzustellen, vor allem bei der Auswertung von Patientendaten. Es kommt durch die Neufassung des Satz 2 nicht mehr darauf an, dass ggf. der Zweck der Forschung oder Planung auf andere Weise nicht erreicht werden kann. Der nationale Gesetzgeber stellt im Rahmen des Gesetzgebungsverfahrens fest, dass die Regelung »oder den Zweck der Forschung oder Planung auf andere Weise zu erreichen« bereits durch den Erforderlichkeitsgrundsatz in Satz 1 abgedeckt ist.[17] Die Genehmigung kann dann unterbleiben, wenn die zu übermittelnden Sozialdaten anonymisiert wurden, da ein Rückschluss auf die einzelne betroffene Person nicht möglich ist. Wenn eine Anonymisierung möglich ist, bleibt jedoch für die Anwendung von § 75 kein Raum.

4. Angabenübermittlung im Vorfeld

Die Einfügung des Satzes 3 in Abs. 1 dient dem Zweck, möglichst bereits im Vorfeld von Forschungs- 13
und Planungsvorhaben Verzögerungen zu vermeiden, die letztlich das Ergebnis der Vorhaben beeinflussen können. »Um Verzerrungen weitgehend zu vermeiden, können Angaben über den Familien-

14 Hauck/Noftz/*Rombach*, SGB X-Kommentar, Lfg 2/19, IV/19 zu § 75 Rn. 18.

15 Krahmer/*Raum*, Sozialdatenschutz, 4. Aufl. 2020, § 75 Rn. 16.

16 Muster eines Einwilligungsformulars für die Durchführung eines medizinischen Forschungsvorhabens (ohne Bezug zu § 75 SGB X) in: Buchner (Hrsg.): Der NEUE Datenschutz im Gesundheitswesen, C/3.4, S. 203–204.

17 BT-Drucks. 18/558, S. 56.

und Vornamen, die Anschrift und die Telefonnummer künftig ohne Einwilligung der betroffenen Person an die Forschungseinrichtungen für Befragungen übermittelt werden. Gleiches gilt für die bereits für die Einleitung eines Vorhabens zwingend erforderlichen Strukturmerkmale der betroffenen Person, ohne die die Erhebung nicht möglich ist. Im Übrigen bleibt es bei dem Erfordernis der Einwilligung der betroffenen Person. Die in Satz 1 genannten grundsätzlichen Voraussetzungen zur Übermittlung von Sozialdaten zum Zweck der Forschung und Planung gelten auch im Fall des neuen Satzes 3.«[18]

5. Datenschutzkonzept

14 Der neue Satz 4, angefügt durch das BVG-Änderungsgesetz zum 25.05.2018, fordert die Vorlage eines Datenschutzkonzeptes gegenüber der nach Abs. 4 Satz 1 zuständigen Behörde. Diese Anforderung entspricht der bisherigen Praxis im Bereich der Forschung mit Sozialdaten. In dem Datenschutzkonzept hat der Antragsteller vor allem darzulegen, dass er die technischen und organisatorischen Anforderungen des Datenschutzes sowie den Grundsatz der Datenminimierung erfüllt[19]. Technische und organisatorische Maßnahmen sind in der DSGVO nicht mehr in einer Auflistung geregelt, sondern nur noch abstrakt in Art. 32 DSGVO benannt. Als **Beispiel** für technische und organisatorische Maßnahme siehe § 80 Rdn. 13 und die Aufzählung in § 22 Abs. 2 BDSG. Der Grundsatz der Datenminimierung ist in Art. 5 Abs. 1 lit. geregelt. Demnach muss der Antragsteller darlegen, dass die Datenverarbeitung zum Zwecke der in Abs. 1 Satz 1 Nr. 1 und 2 aufgezählten Zwecke angemessen und erheblich ist. Darüber hinaus muss die Datenverarbeitung auf das für die Zwecke der Datenverarbeitung notwendige Maß beschränkt sein[20].

▶ **Beispiel für Bestandteile eines Datenschutzkonzepts:**

15
- Festlegung der Verantwortlichkeiten (fachlich, datenschutz- und IT-seitig)
- Ermittlung der Arten von Sozialdaten und des Kreises der betroffenen Personen
- Ermittlung der geltenden Rechtsgrundlagen für den Umgang mit den Sozialdaten
- Darstellung des Zwecks der Verarbeitung der Sozialdaten
- Beschreibung der Herkunft der Sozialdaten und ihrer Erhebungs- sowie weiteren Verarbeitungsmethoden
- Ausführungen zur Einholung von Einwilligungen oder entsprechende Begründung bei Nichteinholung
- Ausführungen zur technischen Umsetzungen sowie dem Zeitpunkt der Anonymisierung der Sozialdaten
- Darstellung des Forschungsprojekts im Überblick unter besonderer Berücksichtigung der Teile des Systems, die Sozialdaten verarbeiten
- Festlegung des Schutzbedarfs für die Sozialdaten
- Identifizierung von Risiken beim Umgang mit den Sozialdaten/Durchführung einer Datenschutzfolgeabschätzung,
- Festlegung der technischen und organisatorischen Maßnahmen (rechtlich, technisch, organisatorisch, personelle und materielle Anforderungen)
- Betroffenenrechte (Prozesse für Informationsbekanntgabe, Rechte auf Auskunft, Berichtigung, Löschung, Einschränkung und ggf. Widerspruch)
- Datenschutzverletzung (Definition, Meldeprozesse intern, an Aufsichten und Betroffene)

---

18 BT-Drucks. 18/558, S. 56–57.

19 BT-Drucks. 18/12611, S. 109.

20 Gola/*Pötters*, DSGVO-Kommentar, Art. 5 Rn. 21 meint, dass die *Datenminimierung* nach Art. 5 Abs. 1 DSGVO im Groben dem alten § 3a BDSG zur *Datenvermeidung und -sparsamkeit* entspricht, der auf der DS-RL beruhte, während Ehmann/Selmayr/*Heberlein*, DSGVO-Kommentar, Art. 5 Rn. 22 die *Datenminimierung* nach Art. 5 Abs. 1 DSGVO ausdrücklich für strikter hält als die Vorgängerregelung in Art. 6 Abs. 1 lit. c DS-RL.

– ggf. Auftragsverarbeitung (Vertragsgestaltung und -controlling, Meldung an Aufsichtsbehörde, Audit)

III. Die Folgeforschung nach Abs. 2

Abs. 2 ist durch das BVG-Änderungsgesetz zum 25.05.2018 neu eingefügt worden. Er ermöglicht 16
Forschern und Forschungseinrichtungen, denen Sozialdaten für ein bestimmtes Vorhaben nach Abs. 1 Satz 1 übermittelt wurden,
– eine Verlängerung oder Neubestimmung der Frist für die Verwendung der übermittelten Sozialdaten und
– eine Übermittlung weiterer, erforderlicher Sozialdaten

unter erleichterten Bedingungen, wenn sich aus dem Forschungsvorhaben eine Folgeforschungsfrage ergibt, die in einem inhaltlichen Zusammenhang mit der ursprünglichen Forschungsfrage steht.

Ein inhaltlicher Zusammenhang mit der ursprünglichen Forschungsfrage besteht dann, wenn das Folgeforschungsvorhaben das ursprüngliche Vorhaben hinsichtlich einzelner Elemente abändert bzw. ergänzt, ohne den Charakter des ursprünglichen Forschungsvorhabens zu verändern[21].

▶ **Beispiel:**

Bei der Erforschung von bestimmten Arzneimittelrisiken oder Krankheitsbildern sollen ande- 17
re Arzneimittel, weitere Dispositionen und Erkrankungen oder zuvor noch nicht berücksichtigte Nebenwirkungen einbezogen werden[22].

Für die Weiternutzung bzw. Verarbeitung weiterer Sozialdaten für die Folgeforschung muss der Antrag- 18
steller des ursprünglichen Vorhabens einen Folgeantrag stellen. Je nach Sachstand des ursprünglichen Forschungsvorhabens, das entweder noch läuft oder bereits beendet ist, kann die Verlängerung oder Neubestimmung einer Frist erfolgen. Bei dem Folgeantrag nach Abs. 2 sind auch die Voraussetzungen nach Abs. 1 zu prüfen, allerdings aufgrund der bereits erfolgten Prüfung für das ursprüngliche Forschungsvorhaben findet dann ein erleichtertes Genehmigungsverfahren statt[23]. Nach der Gesetzesbegründung kann beispielsweise hinsichtlich der Begründung des Folgeforschungsantrags, dass es sich um Forschung im Sozialleistungsbereich handelt, auf bereits vorgelegte und geprüfte Unterlagen verwiesen werden[24]. Nach Ansicht des Bundesbeauftragten für den Datenschutz und die Informationsfreiheit (BfDI) lässt die Regelung Spielraum für missverständliche Interpretationen und es müsste in der Praxis beobachtet werden, wie die Genehmigungsbehörden die Norm auslegen[25].

IV. Die Datenübermittlung an Dritte nach Abs. 3

Abs. 3 schreibt für den Dritten, der Sozialdaten besonderer Kategorien nach Art. 9 Abs. 1 DSGVO 19
für Zwecke der Forschung nach Abs. 1 Satz 2 empfängt bzw. verarbeitet die Vorhaltung angemessener und spezifischer Maßnahmen zur Wahrung der Interessen der betroffenen Personen gemäß § 22 Abs. 2 BDSG vor.

Ergänzend sind die Sozialdaten besonderer Kategorien zu anonymisieren, sobald dies nach dem 20
Forschungszweck möglich ist. Die Anonymisierung ist in der DSGVO unter den Begriffsbestimmungen in Art. 4 DSGVO nicht aufgeführt. Anonymisierung ist die Veränderung von Sozialdaten, so dass die Einzelangaben über die persönlichen oder sachlichen Verhältnisse nicht mehr oder nur mit einem unverhältnismäßig großen Aufwand an Zeit, Kosten und Arbeitskraft einer bestimmten

21 BT-Drucks. 18/12611, S. 109.

22 BT-Drucks. 18/12611, S. 109; Krahmer/*Raum*, Sozialdatenschutz, 4. Aufl. 2020, § 75 Rn. 30 zu Recht mit kritischer Anmerkung zu diesem Beispiel aus der Gesetzesbegründung, da es sich nur schwerlich unter die Forschungsvorhaben gemäß Abs. 1 Satz 1 Nr. 1 und 2 subsumieren lässt.

23 BfDI-Tätigkeitsbericht 2017–2018, Nr. 7.1.1.

24 BT-Drucks. 18/12611, S. 109.

25 BfDI-Tätigkeitsbericht 2017–2018, Nr. 7.1.1.

oder bestimmbaren natürlichen Person zugeordnet werde können[26]. Hierzu werden Bezüge zu der betroffenen Person weggelassen und der Personenbezug dauerhaft aufgehoben. Solange jedoch Kopien des Datensatzes mit Personenbezug existieren oder noch so viele Einzelangaben existieren, dass auf die einzelne betroffene Person Rückschlüsse genommen werden können, liegt keine Anonymisierung vor. Es reicht demnach für eine Anonymisierung nicht aus, dass der Datenempfänger die Sozialdaten nicht rückentschlüsseln kann, solange dies der Absender noch kann. Es dürfte auch fraglich sein, ob Datensätze, die mehr als ein halbes Dutzend Angaben enthalten, überhaupt anonymisiert werden können.

Wird zum Beispiel bei einem Datensatz über eine Krankenhausbehandlung lediglich der Vor- und Nachname weggelassen sowie das konkrete Geburtsdatum, bleiben noch genügend Angaben aufgrund der Diagnose, Therapie, Aufnahme- und Entlassungsdatum, ggf. Angabe über das Geschlecht und das behandelnde Krankenhaus, dass die Daten nur als pseudonymisiert gelten dürften.

21 Mit dem Verweis auf die Anforderungen nach § 22 Abs. 2 BDSG trägt Abs. 3 den Anforderungen aus Art. 9 Abs. 2 lit. j in Verbindung mit Art. 89 Abs. 1 DSGVO Rechnung[27].

22 Werden von einem Erstverarbeiter personenbezogene Daten an einen Dritten übermittelt, beginnt dieser mit den übermittelten Sozialdaten eine neue, selbstständige Verarbeitung[28].

V. Die Genehmigung nach Abs. 4

23 Die Sätze 1, 2, 4 und 5 entsprechend unter Anpassung an die Begriffsbestimmungen der DSGVO dem Abs. 2 alte Fassung. Die Ergänzung *und weitere Verarbeitung* in Satz 1 erfolgte aufgrund der Möglichkeit, die übermittelten Sozialdaten für Folgeforschungsvorhaben (Abs. 2) zu verarbeiten.

24 Satz 1 stellt das Erfordernis der vorherigen Genehmigung einer Datenübermittlung durch die zuständige oberste Bundes- oder Landesbehörde auf. Zuständige oberste Bundes- oder Landesbehörde ist die Behörde, die für den Bereich zuständig ist, aus dem die Sozialdaten herrühren. Bei Zuständigkeit mehrerer Behörden wird die federführende Behörde zuständig sein. Ist bei Zuständigkeit mehrerer Behörden keine Einvernehmlichkeit herzustellen, kann die Genehmigung nur für den Teilbereich gelten, für den sie erteilt worden ist. Die Genehmigung stellt einen Verwaltungsakt im Sinne von §§ 31 ff. dar und bedarf der Schriftform[29].

25 Soweit Versicherungsträger nach § 1 Abs. 1 SGB IV Anträge auf Übermittlung stellen, kann nach Satz 2 die oberste Bundesbehörde das Genehmigungsverfahren auf das Bundesamt für soziale Sicherheit (bis zu seiner Umbenennung Anfang 2020 »Bundesversicherungsamt«) übertragen. Dies gilt mit dem 2. DS-AnpUG Das Genehmigungsverfahren wurde nach der alten Gesetzeslage für die Bereiche Kranken- und soziale Pflegeversicherung durch das Bundesministerium für Gesundheit auf das Bundesamt für soziale Sicherung übertragen.

26 Satz 3, der durch das BVG-Änderungsgesetz neu eingefügt wurde, sieht für die Zulässigkeit der Übermittlung der Sozialdaten an eine nicht-öffentliche Stelle und eine weitere Verarbeitung durch eine nicht-öffentliche Stelle eine zusätzliche Voraussetzung in Form einer Verpflichtungserklärung vor. Die nicht-öffentliche Stelle muss sich gegenüber der Genehmigungsbehörde dazu verpflichten, die Sozialdaten nur für den vorgesehenen Zweck zu verarbeiten. Dies entspricht dem Zweckbindungsgrundsatz in § 78 (siehe Rdn. 4 ff.) und basiert auf Art. 5 Abs. 1 lit. b DSGVO. Bei öffentlichen

26 Hauck/Noftz/*Rombach*, SGB X-Kommentar, Stand X/18, § 67 Rn. 97; es sind Mittel zu berücksichtigen, die von dem Verantwortlichen oder einem Dritten zur Identifizierung wahrscheinlich genutzt werden können: EG 26 DSGVO; *Kühling/Schildbach* fordern in NZS 2/2020 S. 41/46 in Bezug auf die § 303a ff. SGB V eine gesetzliche Klarstellung des nationalen Gesetzgebers zur Definition des Begriffs »anonymisieren«.

27 BT-Drucks. 18/12611, S. 109.

28 BT-Drucks. 18/12611, S. 108.

29 Krahmer/*Raum*, Sozialdatenschutz, 4. Aufl. 2020, § 75 Rn. 37.

Stellen verlangt der Gesetzgeber diese Verpflichtungserklärung nicht, da diese *ohnehin an Recht und Gesetz gebunden und zur Einhaltung des Zweckbindungsgrundsatzes gemäß § 78 Abs. 1 Satz 1 verpflichtet sind*[30].

Nach Satz 4 kann die Genehmigung nur versagt werden, wenn die Voraussetzungen der Absätze 1, 27
2 oder 4a nicht vorliegen.

Im Sinne eines weiteren auch formalen Schutzes des Sozialgeheimnisses fordert Abs. 4 Satz 5 mit 28
seinen Nr. 1 bis 4 in der Genehmigung eine genaue Bezeichnung der zu übermittelnden Daten etc. und erlaubt sogar nachträgliche Auflagen. Von der der Befugnis zur Erteilung von Auflagen hat die Genehmigungsbehörde regelmäßig Gebrauch zu machen[31]. Werden diese Angaben nicht vollständig gemacht, ist die Übermittlung zu versagen. Es handelt sich insoweit um eine Beschränkung des Ermessens, um keine politisch motivierten Ergebnisse zu erhalten. Wird die Genehmigung nicht erteilt, kann dagegen Verpflichtungsklage gemäß § 42 VwGO vor dem Verwaltungsgericht erhoben werden.

Mit Satz 6 sind zwei unterschiedliche Regelungen neu aufgenommen und in einem Satz zusammen- 29
gefasst worden. Satz 6 sieht eine Speicherfrist von 10 Jahren nach Ablauf des nach Satz 5 Nr. 4 festgelegten Verarbeitungszeitraums vor. Diese Speicherfrist von 10 Jahren soll zum einen dazu dienen Forschungsergebnisse zu reproduzieren, um sie zu verifizieren. Diese Regelung dient einer Forderung der Deutschen Forschungsgesellschaft als Reaktion auf betrügerische wissenschaftliche Veröffentlichungen in den 1990er Jahren. Gegen diese Regelung bestehen keine datenschutzrechtlichen Bedenken des BfDI[32]. Der BfDI weist in seinem Tätigkeitsbericht 2017–2018 in diesem Zusammenhang aber darauf hin, dass der genannte Zweck nur dann erreicht werden kann, wenn die Rohdaten, die den wissenschaftlichen Forschungsergebnissen zugrunde liegen, nicht verändert werden, um Manipulationen zu verhindern[33].

Hier sieht der BfDI einen Widerspruch zu der Alternative in Satz 6, der Speicherung für 10 Jahre, 30
damit die Sozialdaten für weitere Forschungen zur Verfügung stehen. Es bestehe damit die Gefahr, dass der Eindruck entstehe, Sozialdaten stünden unabhängig von einem Forschungszweck zur freien Verfügung. In diesem Zusammenhang weist der BfDI darauf hin, dass eine solche Erwägung weit über den in EG 33 erwähnten *broad consent* hinausginge. Der *broad consent* ist eine Einwilligung in zum Zeitpunkt der Einwilligung noch nicht hinreichend feststehende Forschungszwecke. Hieraus resultiere, *dass wissenschaftliche Forschungszwecke personenbezogene Daten grundsätzlich nur auf der Grundlage der Einwilligung mit einbeziehen dürfen, wenn es einen gut beschriebenen Zweck gibt*[34]. Beim *broad consent* handele es sich um Ausnahmeregelung, die nach den allgemein geltenden juristischen Auslegungsregelungen daher streng auszulegen sei.

Nach der Gesetzesbegründung, kann die Genehmigungsbehörde festlegen, bei welcher Stelle die 31
Sozialdaten gespeichert werden sollen und gegebenenfalls die Genehmigung mit einer Auflage verbinden. Die Dauer der Speicherung ist in dem Bescheid anzugeben: Die Frist beginnt an dem Tag nach dem im Genehmigungsbescheid gemäß Abs. 4 Satz 5 Nr. 4 festgelegten Tag[35].

▶ **Beispiel:**

Unter Berücksichtigung des Forschungszweckes kann die Genehmigungsbehörde vorgeben, dass der von der übermittelnden Stelle zur Verfügung gestellte Datenträger nach Beendigung des Forschungsvorhabens zwecks Speicherung und Aufbewahrung nach Abs. 4 zurückzugeben ist.

30 BT-Drucks. 18/12611, S. 109.
31 Hauck/Noftz/*Rombach*, SGB X-Kommentar, Lfg 2/19, IV/19, § 75 Rn. 50.
32 BfDI-Tätigkeitsbericht 2017–2018, Nr. 7.1.1.
33 BfDI-Tätigkeitsbericht 2017–2018, Nr. 7.1.1.
34 BfDI-Tätigkeitsbericht 2017–2018, Nr. 7.1.1.
35 BT-Drucks. 18/12611, S. 110, hier ist auch das aufgeführte Beispiel angegeben.

VI. Die zusammenhängende Forschung nach Abs. 4a

32 Abs. 4a bezieht sich auf Forschungen, die sich über einzelne, bestimmte Forschungsvorhaben hinaus auf weitere, zum Zeitpunkt der Datenübermittlung noch nicht konkret bestimmte Forschungsvorhaben aus dem gleichen Forschungsbereich beziehen. Der Gesetzgeber hat für solche Fälle die Beantragung der Folgeforschung mit jeweils einzelnen Antragsverfahren nach Abs. 2 als zu aufwändig gewertet und deshalb Abs. 4a neu eingefügt.

33 Nach Abs. 4a ist es demnach zulässig, Sozialdaten, die für ein bestimmtes Forschungsvorhaben nach Abs. 1 Satz 1 übermittelt wurden, auch für inhaltlich zusammenhängende Forschungsvorhaben des gleichen Forschungsbereichs zu beantragen. Eine gesonderte Beantragung ist erforderlich, wenn sich für diese inhaltlich zusammenhängende Forschung zusätzliche, von dem Forschungsvorhaben nach Abs. 1 Satz 1 nicht umfasste, Sozialdaten benötigt werden. Der Gesetzgeber sieht auch diese Regelung von der *breiten Einwilligung*, dem *broad consent*, in EG 33 umfasst (Definition und BfDI-Kritik siehe Rdn. 30)[36].

▶ **Beispiel für inhaltlich zusammenhängende Forschung:**

34 Untersuchung von unerwünschten Arzneimittelwirkungen mit Hilfe von Sozialdaten der Krankenkassen, mit der die Qualität und Wirtschaftlichkeit der Arzneimittelversorgung in der gesetzlichen Krankenversicherung analysiert und verbessert werden soll: Unter diesen Forschungsbereich können verschiedene, einzelne, sich voneinander unterscheidende Forschungsvorhaben subsumiert werden bezüglich des untersuchten Arzneimittels, der einbezogenen Patientengruppen oder der betrachteten unerwünschten Nebenwirkungen[37].

35 Der Antragsteller muss den Forschungsbereich so konkret eingrenzen, dass die Genehmigungs- und Aufsichtsbehörde *hinreichend sicher die Erforderlichkeit der für die Verarbeitung vorgesehenen Sozialdaten prüfen kann.*

36 Satz 2 sieht mit der Verpflichtungserklärung des Datenempfängers eine die Voraussetzungen von Abs. 4 und damit auch von Abs. 1 ergänzende Genehmigungsvoraussetzung vor. Die Verpflichtungserklärung ist gegenüber der Genehmigungsbehörde abzugeben und bezieht sich auf die Einhaltung der Genehmigungsvoraussetzungen auch bei künftigen Forschungsvorhaben. Durch diese zusätzliche Genehmigungsvoraussetzung soll sichergestellt werden, dass die Vorgaben auch ohne eine gesonderte Genehmigung erfüllt werden[38].

37 Nach Satz 3 kann die Genehmigungsbehörde dem Antragsteller die Auflage erteilen, das nach Abs. 1 Satz 4 vorzulegende Datenschutzkonzept durch einen unabhängigen Dritten begutachten zu lassen. Die Begutachtung muss sich auf die *Angemessenheit der technischen und organisatorischen Maßnahmen zur Gewährleistung des Datenschutzes und der Datensicherheit sowie der Beachtung des Grundsatzes der Datenminimierung beziehen.* Durch diese Auflage soll der Genehmigungsbehörde die Prüfung erleichtert und das Prüfverfahren beschleunigt werden[39].

38 Die Sätze 4 und 5 beziehen sich auf den zeitlichen Ablauf des Genehmigungsverfahrens und die erforderlichen Angaben. Mit Satz 4 wird dem Antragsteller aufgegeben, der zuständigen Behörde *jedes im Rahmen des genehmigten Forschungsbereiches vorgesehene Forschungsvorhaben rechtzeitig vor dessen Beginn anzuzeigen und dabei die Erfüllung der Genehmigungsvoraussetzungen darzulegen.* In der Anzeige ist die Genehmigungsfähigkeit darzulegen, die Anzeige muss vollständig sein und auch die voraussichtliche Dauer der Verwendung der Sozialdaten sowie der Aufbewahrung enthalten inklusive einer Begründung für die Dauer der Verwendung und Aufbewahrung[40]. Nach Satz 5 kann das

36 BT-Drucks. 18/12611, S. 110.
37 BT-Drucks. 18/12611, S. 110.
38 BT-Drucks. 18/12611, S. 110.
39 BT-Drucks. 18/12611, S. 110.
40 BT-Drucks. 18/12611, S. 111.

Forschungsvorhaben dann acht Wochen nach Eingang der vollständigen Anzeige bei der Genehmigungsbehörde begonnen werden vorbehaltlich einer Mitteilung der Genehmigungsbehörde vor Ablauf dieser Frist, dass für das angezeigte Forschungsvorhaben ein gesondertes Genehmigungsverfahren erforderlich ist. Dieser Genehmigungsvorbehalt kann von der Genehmigungsbehörde geltend gemacht werden, wenn sie Zweifel an dem inhaltlichen Zusammenhang mit dem genehmigten Forschungsbereich oder an der Erfüllung der Genehmigungsvoraussetzungen hat[41]. Bei dem neu hinzugefügten Abs. 4a handelt es sich um eine rechtsförmliche Korrektur[42].

VII. Auflagen bei Übermittlung an nicht-öffentliche Stellen nach Abs. 5

Abs. 5 entspricht dem ehemaligen Abs. 3, redaktionell an die DSGVO angepasst. Abs. 5 sieht dem- 39
nach eine spezielle Kontrolle der Grenzen des Übermittlungszwecks nach Abs. 1, der Berücksichtigung einer neuen Forschungsfrage nach Abs. 2 sowie für noch nicht bestimmte, aber inhaltlich zusammenhängende Forschungsfragen nach Abs. 4a vor, wenn Daten an nicht-öffentliche Stellen übermittelt werden. Die genehmigenden Stellen haben durch Auflagen sicherzustellen, dass die Grenzen der vorgenannten Regelungen in den Absätze 1, 2 und 4a eingehalten werden. Hierzu gehören auch organisatorische und technische Maßnahmen gemäß Art. 32 DSGVO und deren laufende Überprüfung sowie Anpassung (PDCA-Zyklus).

VIII. Zuständige Aufsicht für nicht-öffentliche Stellen nach Abs. 6

Abs. 4 bestimmt, dass bei einer Datenübermittlung an nicht-öffentliche Stellen § 40 BDSG (*Auf-* 40
sichtsbehörden der Länder) bezüglich der zuständigen Datenschutzaufsichtsbehörde gilt. Abs. 6 entspricht damit dem ehemaligen Abs. 4. Der in dem ehemaligen Abs. 4 aufgeführte Zusatz, dass die Kontrolle auch erfolgen kann, *wenn die Daten nicht automatisiert oder nicht in nicht automatisierten Dateien verarbeitet oder genutzt werden* ist entfallen, da sich nach dem neuen Recht seit dem 25.05.2018 die Kontrollbefugnis der nach Landesrecht für die Kontrolle des Datenschutzes zuständigen Stelle nicht mehr auf die automatisierte Verarbeitung personenbezogener Daten beschränkt ist[43]. Der sachliche Anwendungsbereich der DSGVO ist in Art. 2 Abs. 1 geregelt und bezieht sich auf *ganz oder teilweise automatisierte Verarbeitung personenbezogener Daten sowie für die nichtautomatisierte Verarbeitung personenbezogener Daten, die in einem Dateisystem gespeichert sind oder gespeichert werden sollen.* Aus § 35 Abs. 2 Satz 2 SGB I geht ergänzend hervor, dass die DSGVO auch Anwendung auf Sozialdaten findet, die nicht in deren Anwendungsbereich (Art. 2) fallen, so dass auch nichtautomatisierte Sozialdaten außerhalb von Dateisystemen unter den Sozialdatenschutz fallen und somit auch der Kontrolle der Aufsichtsbehörden der Länder für den Datenschutz unterliegen.

§ 76 Einschränkung der Übermittlungsbefugnis bei besonders schutzwürdigen Sozialdaten

(1) Die Übermittlung von Sozialdaten, die einer in § 35 des Ersten Buches genannten Stelle von einem Arzt oder einer Ärztin oder einer anderen in § 203 Absatz 1 und 4 des Strafgesetzbuches genannten Person zugänglich gemacht worden sind, ist nur unter den Voraussetzungen zulässig, unter denen diese Person selbst übermittlungsbefugt wäre.

(2) Absatz 1 gilt nicht

1. im Rahmen des § 69 Absatz 1 Nummer 1 und 2 für Sozialdaten, die im Zusammenhang mit einer Begutachtung wegen der Erbringung von Sozialleistungen oder wegen der Ausstellung einer Bescheinigung übermittelt worden sind, es sei denn, dass die betroffene Person der Über-

41 BT-Drucks. 18/12611, S. 111.
42 BT-Drucks. 18/12611, S. 110.
43 BT-Drucks. 18/12611, S. 111.

Unfallversicherungsrecht nach § 203 SGB VII) oder bei einem rechtfertigenden Notstand im Sinne von § 34 des Strafgesetzbuchs[5], der aber nur sehr restriktiv angewendet werden kann[6].

8 Zur Prüfung der Übermittlungsberechtigung sollte eine systematische Prüfung vorgenommen werden. Danach wäre wie folgt zu verfahren:

- Liegt eine spezialgesetzliche Norm zur Übermittlung vor? Falls eine solche Norm vorliegt und einschlägig ist, endet die Prüfung.
- Ist ein Übermittlungstatbestand der §§ 67 bis 75 SGB X gegeben?
- Wurde die Information durch einen der in § 203 Abs. 1 und 4 StGB bezeichneten Personenkreise zugänglich gemacht?
- Wodurch hat die Person der in § 203 Abs. 1 und 4 StGB bezeichneten Personenkreise die Information erhalten?
- War die Übermittlung durch die in § 203 Abs. 1 und 4 StGB bezeichneten Personenkreise zulässig?
- Handelt es sich um einen Sonderfall nach § 76 Abs. 2?

Ist festzustellen, dass die Datenübermittlung auf Grund einer Begutachtung im Rahmen eines Antrages auf Gewährung von Leistungen erfolgt ist, muss nur die Einwilligung der betroffenen Person vorliegen. Alle anderen Prüfpunkte sind in einem solchen Fall obsolet, da die Einwilligung gemäß Art. 9 Abs. 2 lit. a DSGVO die Rechtsgrundlage für die Verarbeitung und somit auch für die Übermittlung darstellt.

9 § 203 Abs. 1 bezeichnet in Nr. 1 die Personenkreise der Ärzte, Zahnärzte, Tierärzte, Apotheker oder Angehörigen eines anderen Heilberufs, der für die Berufsausübung oder die Führung der Berufsbezeichnung eine staatlich geregelte Ausbildung erfordert. Bei diesen Personen handelt es sich sowohl um niedergelassene Mediziner als auch um solche, welche bei den Sozialleistungsträgern als Angestellte oder Beamte tätig sind. Zu diesen gehören auch freie Gutachter, aber ebenso die beim Medizinischen Dienst (MD) tätigen Ärzte.[7] Zu diesen Personen sind auch die in der Alten- und Krankenpflege tätigen medizinischen Bademeister, Hebammen, Heilgymnasten, Krankenpfleger und -schwestern, Gesundheitspfleger und Masseure zu rechnen. Nicht unter diese Berufsgruppe sind Heilpraktiker zu subsumieren.[8] Hingegen sind Berufspsychologen mit staatlich anerkannter wissenschaftlicher Abschlussprüfung dem vorgenannten Personenkreis hinzuzurechnen.

10 Neben den Angehörigen der medizinischen Berufe gehören Rechtsanwälte, Patentanwälte, Notare, Verteidiger in einem gesetzlich geordneten Verfahren, Wirtschaftsprüfer, vereidigte Buchprüfer, Steuerberater, Steuerbevollmächtigte oder Organe oder Mitglieder eines Organs einer Rechtsanwalts-, Patentanwalts-, Wirtschaftsprüfungs-, Buchprüfungs- oder Steuerberatungsgesellschaft zu den in § 203 Abs. 1 StGB bezeichneten Personen. Auch diese unterliegen der besonderen Verschwiegenheitspflicht.

11 § 203 Abs. 1 führt in seinen Nrn. 4 bis 7 weitere Personenkreise auf, die mit besonders schutzwürdigen Sozialdaten auf Grund ihrer beruflichen Tätigkeit in Verbindung kommen. Hierbei handelt es sich um Ehe-, Familien-, Erziehungs- oder Jugendberater sowie Berater für Suchtfragen in einer Beratungsstelle, die von einer Behörde oder Körperschaft, Anstalt oder Stiftung des öffentlichen Rechts anerkannt ist (Abs. 1 Nr. 4), Mitglieder oder Beauftragte einer anerkannten Beratungsstelle nach den §§ 3 und 8 des Schwangerschaftskonfliktgesetzes (Abs. 1 Nr. 5), staatlich anerkannte Sozialarbeiter oder staatlich anerkannte Sozialpädagogen (Abs. 1 Nr. 6). Im Übrigen gehören auch die Angehörigen eines Unternehmens der privaten Kranken-, Unfall- oder Lebensversicherung oder

5 *Casselmann/Gundlach*, SGb 1981, 94/95; *Maier*, SGb 1983, 89 ff.

6 So auch Hauck/Noftz/*Rombach*, SGB X-Kommentar, Lfg. 3/19, § 76 Rn. 53.

7 Zur Zusammenarbeit und dem Datenschutz hinsichtlich des MDK, s. Eichenhofer/Wenner/*Padé/Wenner*, Kommentar zum SGB V, 2. Aufl. 2016, §§ 275 ff. SGB V; ebenso Dalichau/*Dalichau*, SGB XI, 1. Aufl. 2014, § 18 SGB XI Rn. 43 und 230.

8 Krahmer/*Krahmer*, Sozialdatenschutz nach SGB I und X, Kommentar, 3. Aufl. 2011, § 76 SGB X Rn. 5.

einer privatärztlichen, steuerberaterlichen oder anwaltlichen Verrechnungsstelle zu den in § 203 Abs. 1 StGB genannten Personen.

Nach § 203 Abs. 4 StGB findet § 203 Abs. 1 StGB aber nicht nur auf die vorstehend genannten Personen Anwendung. Abs. 4 schließt Datenschutzbeauftragte sowie nach Nr. 2 auch die befugt bei den Berufsgeheimnisträgern nach Abs. 1 tätigen Gehilfen nach § 203 Abs. 3 StGB[9], ein, wobei die in Abs. 1 genannten Personen den berufsmäßig tätigen Mitarbeiterinnen und Mitarbeitern sowie den Auszubildenden oder Fortzubildenden gleichgestellt sind. Durch Abs. 3 Satz 3 sind auch die Personen einbezogen, die nach dem Tode des zur Verschwiegenheit Verpflichteten dessen »Geheimnis« vom Verstorbenen erfahren oder durch den Nachlass Kenntnis erlangt haben.[10] 12

Bei der Berufsgruppe der »berufsmäßig tätigen Gehilfen« nach Abs. 3 Satz 1 sind diejenigen gemeint, 13 die bei den in Abs. 1 genannten Personenkreisen tätig sind. Hier handelt es sich schwerpunktmäßig um Apothekenhelferinnen, Arzthelferinnen, MTA's, Sekretariatsmitarbeiterinnen oder Verwaltungsanstellte, aber auch vertraglich eingebundene externe IT-Dienstleister, Cloud-Services etc. Ob sie berufsmäßig tätig sind, kann an Hand der Merkmale für eine abhängige Beschäftigung (§ 7 SGB IV) festgestellt werden. Zu den Vorgenannten gehören auch die Auszubildenden jedweden Bildungsganges.

§ 203 Abs. 1 StGB verlangt, dass es sich um ein fremdes Geheimnis, namentlich ein zum persön- 14 lichen Lebensbereich gehörendes Geheimnis oder ein Betriebs- oder Geschäftsgeheimnis handelt. Darunter sind sämtliche Berufsgeheimisse zu verstehen, die den in Abs. 1 genannten Personengruppen zugänglich oder anderweitig bekannt geworden sind. Darüber hinaus muss die betroffene Person ein persönliches Interesse an der Geheimhaltung dieses Geheimnisses haben.[11] Der Begriff des »Berufsgeheimnisses« bei Ärzten ergibt sich aus der Berufsordnung dieses Berufsstandes.[12] Bei den übrigen in § 203 Abs. 1 StGB genannten »Geheimnisträgern« muss daher an Hand der ihnen bekannt gewordenen oder anderweitig zugegangenen Geheimnisse geprüft werden, inwieweit hier überhaupt ein verwertbares Geheimnis vorliegt.

Soweit besonders schutzwürdige Sozialdaten Kinder und Jugendliche betreffen, sind die gesonderten 15 Bestimmungen des § 65 SGB VIII zu beachten.[13]

§ 76 Abs. 1 legt fest, dass die Daten den in § 203 Abs. 1 und 3 StGB genannten Personen zugäng- 16 lich gemacht worden sind. Die »Zugänglichkeit« beschränkt sich nicht nur auf eine aktive Übermittlung durch die in § 203 Abs. 1 und 3 StGB genannten Personenkreise an die jeweiligen Empfänger. Er ist aber über die aktive Übermittlung hinaus auf alle erdenklichen Wege anzuwenden, auf denen die Daten zugegangen sein können. Zugänglichkeit umfasst jede Art der Bereitstellung von Daten, also durch Einblick in die eigenen Unterlagen, durch mündliche oder schriftliche Mitteilung sowie durch die Überlassung von Datenträgern. Dies entspricht auch dem Begriff *Verarbeitung* gemäß Art. 4 Nr. 2 DSGVO, der jeglichen Umgang mit personenbezogenen Daten abdeckt. Zugänglich gemacht wurden die Daten z.B. auch dann, wenn ein Leistungsträger sich diese selbst beschafft, indem er ggf. ärztliche Unterlagen, die für seine Leistungsgewährung von Bedeutung sind, vom behandelnden Arzt angefordert hat oder die Kenntnis durch eigene Untersuchungen erlangt. Insoweit ist die Zugänglichmachung von Sozialdaten auch darin zu sehen, dass z.B. auf den Bescheinigungen über Arbeitsunfähigkeiten der Arzt die Diagnose angibt, damit die Krankenkasse im erneuten Krankheitsfall den weiteren Anspruch auf Lohnfortzahlung wegen derselben Erkrankung prüfen kann.

---

9 Neuregelung nach dem »Gesetz zur Neuregelung des Schutzes von Geheimnissen an der Berufsausübung schweigepflichtiger Personen«, BGBl. I. S. 3618 vom 08.11.2017, in Kraft getreten zum 09.11.2017.

10 Aus Vereinfachungsgründen wurde hier nur die weibliche Form des Ausdrucks gewählt. Sie bezieht aber männliche Arbeitskräfte mit ein.

11 Krahmer/*Krahmer*, Sozialdatenschutz nach SGB I und X, Kommentar, 3. Aufl. 2011, § 76 SGB X Rn. 7.

12 BVerfG, Beschl. v. 09.03.1988 – 1 BvL 49/86, WKRS 1988, 12216; BVerfG, Beschl. v. 06.06.2006 – 2 BvR 1349/05, WKRS 2006, 20056; BVerwG, Beschl. v. 26.05.2014 – 2 B 69/12, WKRS 2014, 17245.

13 Vgl. BVerwG v. 03.03.2014 – 20 F 12/13, WKRS 2014, 12940.

17 Wurden Sozialdaten im Wege der Weiterleitung zugänglich gemacht, liegt dann keine Zugänglichmachung iSv § 76 Abs. 1 vor, wenn z.B. eine Krankenkasse einen Antrag auf Gewährung einer medizinischen Rehabilitationsmaßnahme an den Träger der gesetzlichen Rentenversicherung weiterleitet.[14]

18 Werden finanzielle Hilfen für Dopingopfer der DDR notwendig, gilt grundsätzlich die DSGVO. Gleichwohl ordnet § 7 Abs. 1 Nr. 3 des Zweiten Dopingopfer-Hilfegesetzes (BGBl. I, S. 1546) an, dass im Rahmen der Erhebung, Verarbeitung und Nutzung personenbezogener Daten § 76 Abs. 1 SGB X Anwendung findet.

19 Der Begriff der Sozialdaten ist in § 67 Abs. 2 Satz 1 gesetzlich definiert als »personenbezogene Daten (Art. 4 Nr. 1 DSGVO), die von einer in § 35 des Ersten Buches genannten Stelle im Hinblick auf ihre Aufgaben nach diesem Gesetzbuch, verarbeitet werden« (siehe § 67 Rdn. 21).

20 Ein besonderer Fall des Rechtsschutzbedürfnisses ergibt sich aus dem Kinderschutz-Kooperations-Gesetz (BGBl. I, S. 2975). Hier ist nach § 4 des KKG den Personen, die besondere Kenntnisse über eine Gefährdung des Wohls eines Kindes oder Jugendlichen erhalten, gestattet, die Hilfen der Träger der öffentlichen Jugendhilfe in Anspruch zu nehmen und eine Beratung durch eine entsprechende Fachkraft zu erbitten. § 4 Abs. 2 KKG benennt daher ausdrücklich das Recht, dieser Fachkraft die für die Beratung notwendigen Daten zu übermitteln. Gleichzeitig schreibt § 4 Abs. 2 Satz 2 KKG letzter Halbsatz aber die Pseudonymisierung der Daten vor. Grundsätzlich sieht zwar § 4 Abs. 1 Satz 2 KKG die Besprechung mit dem Kind oder Jugendlichen und den Personensorgeberechtigten vor. Gleichwohl schreibt § 4 Abs. 3 KKG aber die Informationsberechtigung (-befugnis) vor, da das Jugendamt tätig werden muss, wenn eine Gefährdung des Wohls des Kindes oder Jugendlichen nach der Beratung nach § 4 Abs. 1 KKG nicht ausgeschlossen werden kann. Die dabei notwendigen schutzwürdigen Sozialdaten sind dem Jugendamt mitzuteilen.[15]

III. Die Zulässigkeit der Datenübermittlung nach Abs. 2 Nr. 1

21 Nach Abs. 2 Nr. 1 gilt die besondere Einschränkung der Datenübermittlung nach Abs. 1 dem Grundsatz nach nicht in den Fällen einer medizinischen Begutachtung wegen der Erbringung von Sozialleistungen (oder wegen der Ausstellung einer Bescheinigung) im Rahmen eines Verwaltungs- oder Gerichtsverfahrens nach § 69 Abs. 1 Nr. 1 und 2. Diese Einschränkung soll dazu beitragen, Doppeluntersuchungen zu vermeiden[16]. Unter einer »Begutachtung« ist eine sachverständige, auf Befundtatsachen beruhende und in einer Schlussfolgerung mündende Äußerung eines Berufsgeheimnisträgers zu verstehen, die dem Sozialleistungsträger zur Vorbereitung seiner Entscheidung unterstützen soll. Einfache Anamnese-, Befund- und Diagnosedaten fallen grundsätzlich nicht unter Abs. 2, sondern unter Abs. 1.[17] Um dem Persönlichkeitsschutz der betroffenen Person aber auch hier Geltung zu verschaffen, hat der Gesetzgeber ein spezielles Widerspruchsrecht geschaffen. Zu beachten ist, dass die Übermittlung auf die für die Erledigung des Sachverhaltes notwendigen besonders schutzwürdigen Daten zu beschränken ist.[18] Nicht unter § 76 Abs. 2 Nr. 1 fallen z.B. die Weiterleitungen der Anträge nach § 14 Abs. 1 Satz 2 SGB IX, die von Berufsgeheimnisträgern ausgefüllt werden. Hier regelt die spezialgesetzliche Norm die Befugnis zur Übermittlung an den

14 Die Übermittlung ist aufgrund der spezialgesetzlichen Norm § 14 Abs. 1 Satz 2 SGB IX zulässig.

15 Zum Datenschutz bei Anwendung des SGB VIII, vgl. Schellhorn/Fischer/Kern/Mann/*Mann*, SGB VIII – Kinder- und Jugendhilfe –- Kommentar, 4. Aufl. 2012 § 68 SGB VIII; zur Information der Fachkraft nach § 4 Abs. 2 KKG und zur Information des Jugendamtes nach § 4 Abs. 3 KKG vgl. LPK/*Kunkel/Kemper*, SGB VIII, Anhang zu § 61 SGB VIII – § 4 KKG (= Art. 1 § 4 BKiSchG), Rn. 7–15.

16 BT-Drucks. 18/12611, S. 111, 112 mit Hinweis auf den hierzu korrelierenden § 96 Absatz 2.

17 so auch Hauck/Noftz/*Rombach*, SGB X, Stand VI/19, § 76 Rn. 59; Krahmer/*Krahmer*, Sozialdatenschutz, 4. Aufl. 2020, § 76 Rn. 22.

18 Krahmer/*Krahmer*, Sozialdatenschutz, 4. Aufl. 2020, § 76 Rn. 22 und entspricht dem Datenminimierungsgrundsatz gemäß Art. 5 Abs. 1 lit. c DSGVO.

zuständigen Sozialleistungsträger, jedenfalls bezogen auf die erforderlichen Daten. Zu der geplanten Einführung einer Nr. 1a siehe Rdn. 2 (Abschnitt A).

IV. Das Widerspruchsrecht des Abs. 2 Nr. 1

Nach Abs. 2 Nr. 1 Halbs. 1 darf die Datenübermittlung nicht vorgenommen werden, wenn eine leistungsberechtigte betroffene Person widerspricht, allerdings mit der Konsequenz, dass der Leistungsberechtigte insoweit gegen seine Mitwirkungspflichten nach §§ 60 bis 66 SGB I verstößt und er mit den dort angedrohten Nachteilen rechnen muss. 22

Um ihr Widerspruchsrecht ausüben zu können, muss die betroffene Person nach Abs. 2 Nr. 1 Halbs. 2 zu Beginn des Verwaltungsverfahrens in allgemeiner Form schriftlich oder elektronisch auf ihr Widerspruchsrecht hingewiesen werden. Hierbei handelt es sich um eine gesetzliche Hinweispflicht[19]. Das Widerspruchsrecht besteht zu jedem Zeitpunkt des Verfahrens und kann entsprechend jederzeit ausgeübt werden[20]. Zusätzlich besteht für das Recht der gesetzlichen Unfallversicherung eine spezielle Informationspflicht im Einzelfall nach § 200 Abs. 1 SGB VII[21]. 23

Nach Ausübung des Widerspruchsrechts durch die betroffene Person sind deren Sozialdaten von der Stelle, an die sie übermittelt wurden, zu löschen[22]. 24

Auch wenn die betroffene Person nicht ausdrücklich einer Übermittlung widerspricht, darf die Einwilligung nicht »von Amts wegen« unterstellt werden. Weil eine schriftliche Einwilligung den Rechenschaftspflichten gemäß Art. 5 Abs. 2 DSGVO gerecht wird, haben die Träger der gesetzlichen Rentenversicherung z.B. ihre Antragsvordrucke entsprechend gestaltet. Dort heißt es u.a. auszugsweise: »*Ich willige ein, dass der Rentenversicherungsträger von den Ärzten und Einrichtungen, die ich im Antrag angegeben habe oder die aus den überlassenen Unterlagen ersichtlich sind, alle ärztlichen und psychologischen Untersuchungsunterlagen erhalten darf, die er für die Entscheidung über meinen Antrag benötigt. Das schließt die Unterlagen ein, die diese Ärzte und Einrichtungen von anderen Ärzten und Einrichtungen erhalten haben. Ärztliche Untersuchungen, die während des Verfahrens – beispielsweise in einem Krankenhaus oder einer anderen Behandlungsstätte – stattgefunden haben, werde ich dem Rentenversicherungsträger umgehend mitteilen. Wenn ich bei dieser Mitteilung nichts Gegenteiliges erkläre, willige ich ein, dass der Rentenversicherungsträger auch die Unterlagen über diese Untersuchungen erhalten darf. Ich willige ein, dass bereits vorhandene Entlassungsberichte über Leistungen zur medizinischen Rehabilitation des Rentenversicherungsträgers einem eventuell zu beauftragenden Gutachter übersandt werden dürfen.*«[23] 25

V. Die Zulässigkeit der Datenübermittlung nach Abs. 2 Nr. 2

Nicht eingeschränkt ist die Übermittlungsbefugnis in den Fällen des Abs. 2 Nr. 2, also bei der Information der Arbeitgeber durch die Krankenkassen nach § 69 Abs. 4 im Hinblick auf die Fortdauer einer Arbeitsunfähigkeit zum Zweck der Abgrenzung der Lohn- und Entgeltfortzahlung von der Krankengeldzahlung, bei der Datenübermittlung an Rechnungshöfe etc. nach § 69 Abs. 5 oder bei der Übermittlung zur Sicherung und Nutzung von Archivgut nach § 71 Abs. 1 Satz 3. Die Bundes- und Landesarchive sind gemäß § 2 Abs. 4 Satz 2 BArchG zur Wahrung des Sozialgeheimnisses verpflichtet gemäß §§ 35 SGB I, 67 ff. SGB X verpflichtet. 26

---

19 BT-Drucks. 12/5187, S. 40.

20 So auch LPK-/*Stähler*, SGB X, 5. Auflage 2019, § 76 Rn. 17.

21 Vgl. dazu auch BSG, Urt. v. 05.02.2008 – B 2 U 8/07 R, SGb 2009, 40, m. Anm. von *Bieresborn* = WKRS 2008, 16474, sowie BSG, Urt. v. 05.02.2008 – B 2 U 10/07 R, WKRS 2008, 16473; beide in Eichenhofer/Wenner-*Jung*, Kommentar zum SGB VII, 1. Aufl. 2010, § 200 SGB VII Rn. 7 bis 16.

22 Siehe entsprechend Art. 17 Abs. 1 lit. c DSGVO und zu ggf. bestehenden Einschränkungen § 84.

23 Auszug aus dem Vordruck »R210« Anlage zum Rentenantrag zur Feststellung der Erwerbsminderung, herausgegeben von der Deutschen Rentenversicherung.

27 Ein Fall nach Abs. 2 Nr. 2 liegt auch vor, wenn der Arbeitgeber auf Grund der Meldung der Arbeitsunfähigkeit diesen Umstand an sich erfährt. Die Übermittlung der zur Arbeitsunfähigkeit führenden Diagnose an den Arbeitgeber ist jedoch unzulässig (§ 69 Abs. 4).

VI. Die Zulässigkeit der Datenübermittlung nach Abs. 2 Nr. 3

28 Ebenfalls nicht eingeschränkt ist nach Abs. 2 Nr. 3 die Übermittlung des Gutachtens zur Feststellung der Pflegebedürftigkeit gemäß § 18 SGB XI durch die Pflegekasse an das Betreuungsgericht[24]. Grund für die Zulässigkeit der Übermittlung ist, im Rahmen eines Betreuungsverfahrens den betroffenen Personen eine weitere Untersuchung zu ersparen.[25] § 94 Abs. 2 Satz 2 SGB XI trägt dem durch die Zulässigkeit der Übermittlung Rechnung und führt im Übrigen auch zur Ersparnis von Verwaltungskosten (§ 69 Abs. 2 SGB IV).

VII. Der Ausschluss des Widerspruchsrechts nach Abs. 3

29 Wie Abs. 3 bestimmt, ist zur Sicherstellung der notwendigen Kontrollen durch den Medizinischen Dienst (MD) ein Widerspruch gegen die Datenübermittlungen dieses Dienstes nach §§ 275 Abs. 1 bis 3 und 3b, des § 275c Abs. 1 und des 275d Abs. 1 SGB V ausgeschlossen.[26] § 275 Abs. 1 bis 3 SGB V schreibt den Krankenkassen vor, in den sich aus den Gesetzesbestimmungen ergebenden Fällen eine gutachterliche Stellungnahme des MD einzuholen. Die Änderung des Abs. 3 durch das MDK-Reformgesetz zum 01.01.2020 erfolgte aufgrund der Neufassung der §§ 275c, 275d und 279 SGB V, indem er die in den §§ 275c und 275d neu gefassten Übermittlungsbefugnisse und -pflichten in die Ausnahmevorschrift des § 276 Abs. 3 SGB V aufnimmt.

§ 77 Übermittlung ins Ausland und an internationale Organisationen

(1) [1]Die Übermittlung von Sozialdaten an Personen oder Stellen in anderen Mitgliedstaaten der Europäischen Union sowie in diesen nach § 35 Absatz 7 des Ersten Buches gleichgestellten Staaten ist zulässig, soweit

1. **dies für die Erfüllung einer gesetzlichen Aufgabe der in § 35 des Ersten Buches genannten übermittelnden Stelle nach diesem Gesetzbuch oder zur Erfüllung einer solchen Aufgabe von ausländischen Stellen erforderlich ist, soweit diese Aufgaben wahrnehmen, die denen der in § 35 des Ersten Buches genannten Stellen entsprechen,**
2. **die Voraussetzungen des § 69 Absatz 1 Nummer 2 oder Nummer 3 oder des § 70 oder einer Übermittlungsvorschrift nach dem Dritten Buch oder dem Arbeitnehmerüberlassungsgesetz vorliegen und die Aufgaben der ausländischen Stelle den in diesen Vorschriften genannten entsprechen,**
3. **die Voraussetzungen des § 74 vorliegen und die gerichtlich geltend gemachten Ansprüche oder die Rechte des Empfängers den in dieser Vorschrift genannten entsprechen oder**
4. **die Voraussetzungen des § 73 vorliegen; für die Anordnung einer Übermittlung nach § 73 ist ein inländisches Gericht zuständig.**

[2]Die Übermittlung von Sozialdaten unterbleibt, soweit sie zu den in Artikel 6 des Vertrages über die Europäische Union enthaltenen Grundsätzen in Widerspruch stünde.

(2) Absatz 1 gilt entsprechend für die Übermittlung an Personen oder Stellen in einem Drittstaat sowie an internationale Organisationen, wenn deren angemessenes Datenschutzniveau durch Angemessenheitsbeschluss gemäß Artikel 45 der Verordnung (EU) 2016/679 festgestellt wurde.

---

24 Vgl. § 282 Abs. 1 FamFG i.V.m. § 94 Abs. 2 Satz 2 SGB XI.

25 Nach der Gesetzesbegründung liegt die Übermittlung daher im Interesse der betroffenen Person: BT-Drucks. 15/4874, S. 33. Krahmer/*Krahmer*, Sozialdatenschutz Kommentar, 4. Aufl. 2020, § 76 SGB X Rn. 24.

26 BT-Drucks. 12/5187, S. 40.

(3) [1]Liegt kein Angemessenheitsbeschluss vor, ist eine Übermittlung von Sozialdaten an Personen oder Stellen in einem Drittstaaten oder an internationale Organisationen abweichend von Art. 46 Absatz 2 Buchstabe a und Artikel 49 Absatz 1 Unterabsatz 1 Buchstabe g der Verordnung (EU) 2016/670 unzulässig.[2]Eine Übermittlung aus wichtigem Gründen des öffentlichen Interesses nach Artikel 49 Absatz 1 Unterabsatz 1 Buchstabe d und Absatz 4 der Verordnung (EU) 2016/679 liegt nur vor, wenn

1. **die Übermittlung in Anwendung zwischenstaatlicher Übereinkommen auf dem Gebiet der sozialen Sicherheit erfolgt, oder**
2. **soweit die Voraussetzungen des § 69 Absatz 1 Nummer 1 und 2 oder des § 70 vorliegen und soweit die betroffene Person kein schutzwürdiges Interesse an dem Ausschluss der Übermittlung hat.**

(4) Die Stelle, an die die Sozialdaten übermittelt werden, ist auf den Zweck hinzuweisen, zu dessen Erfüllung die Sozialdaten übermittelt werden.

Übersicht

A. Inhalt

Die Vorschrift regelt die Übermittlung von Sozialdaten ins Ausland und an über- und zwischenstaatliche Stellen. Dabei wird danach unterschieden, ob es sich um die EU-Mitgliedsstaaten (Abs. 1), die Vertragsstaaten des Europäischen Wirtschaftsraums (EWR)[1] oder um Drittstaaten (Abs. 2 und 3) handelt. Hinsichtlich der Datenübermittlung in Drittstaaten wird vorausgesetzt, dass im Ausland ein durch Angemessenheitsbeschluss gemäß Art. 45 DSGVO festgestelltes angemessenes Datenschutzniveau vorhanden ist (Abs. 2). In definierten Ausnahmefällen kann aber auch eine Übermittlung in Drittstaaten erfolgen, für die kein Angemessenheitsbeschluss vorliegt (Abs. 3 Nr. 1 und 2). 1

Mit dem 7. SGB IV-Änderungsgesetz wurde Absatz 3 teilweise neu formuliert (7. SGB IV-Änderungsgesetz; vom 12.06.2020, BGBl. I S. 1270). Der Teilsatz »... abweichend von Artikel 46 Absatz 2 Buchstabe a der Verordnung (EU) 2017/679 eine Übermittlung von Sozialdaten an Personen oder Stellen in einem Drittstaat oder an internationale Organisationen über die in Artikel 49 Absatz 1 Buchstabe a der Verordnung (EU) 2016/679 genannten Fällen hinaus nur zulässig..« wurde wie folgt neu formuliert: »... eine Übermittlung von Sozialdaten an Personen oder Stellen in einem Drittstaat oder an internationale Organisationen abweichend von Artikel 46 Absatz 2 Buchstabe a und Artikel 49 Absatz 1 Unterabsatz 1 Buchstabe g der Verordnung (EU) 2016/679 unzulässig. Eine Übermittlung aus wichtigen Gründen des öffentlichen Interesses nach Artikel 49 Absatz 1 Unterabsatz 1 lit. d und Absatz 4 der Verordnung (EU) 2016/679 liegt nur vor ...«. Der im bisherigen Recht enthaltene Hinweis auf Artikel 49 Absatz 1 Unterabsatz 1 lit. a DSGVO soll aus Gründen der Rechtssicherheit entfallen, da anderenfalls der Eindruck entstehen könnte, dass eine Übermittlung von Sozialdaten durch die Stellen nach § 35 SGB I an Personen oder Stellen in Drittstaaten oder an internationale Organisationen, für die kein Angemessenheitsbeschluss besteht, gestützt 2

1 Island, Liechtenstein, Norwegen und die Schweiz (siehe § 35 Abs. 7).

auf eine Einwilligung der betroffenen Person zulässig wäre (Referentenentwurf 7. SGB IV-Änderungsgesetz vom 25.09.2019, S. 132). Aus Artikel 49 Absatz 3 DSGVO ergibt sich allerdings, dass die Ausnahmetatbestände des Artikel 49 Absatz 1 Unterabsatz 1 lit. a, b und c sowie Unterabsatz 2 der DSGVO nicht für Tätigkeiten gelten, die Behörden in Ausübung ihrer hoheitlichen Befugnisse durchführen, so dass Artikel 49 Absatz 1 Unterabsatz 1 lit. g DSGVO ausgeschlossen wird.

B. Entstehungsgeschichte

3 Die Vorschrift beruht auf dem Gesetz vom 18.08.1980 (BGBl. I, S. 1469) und ist in ihrer ursprünglichen Fassung am 01.01.1981 in Kraft getreten. Sie wurde geändert durch die Gesetze vom 13.06.1994 (BGBl. I, S. 1229), vom 29.04.1997 (BGBl. I, S. 968), vom 16.12.1997 (BGBl. I, S. 2970) und vom 18.05.2001 (BGBl. I, S. 904) zur Anpassung an die EU-Datenschutzrichtlinie EG 95/46 vom 24.10.1995[2]. Durch das EUInfoVereinfG v. 21.07.2012 (BGBl. I, S. 1566) wurde Abs. 1 um Satz 2 ergänzt[3]. Mit BVG-Änderungsgesetz vom 17.07.2017 (BGBl. I, S. 2541) erfolgte die lediglich redaktionelle Anpassung an die Verordnung (EU) 2016/679 (Datenschutzgrundverordnung = DSGVO). Redaktionelle Anpassung an die Namensänderung BVA in BAS durch das Gesetz vom 12.12.2019 (BGBl. I, S. 2652/2714), wobei sich die Änderung auf die Fassung vor der BVG-Änderung bezieht und nicht mehr zum Tragen kommt.

C. Erläuterungen

I. Relevante Normen der DSGVO und des BDSG

4 In der DSGVO sind Normen zur Übermittlung von personenbezogenen Daten in Drittstaaten und an internationale Organisationen im Kapitel 5, Artt. 44–50 geregelt. Diese beziehen sich allerdings vornehmlich auf die Rechtsgrundlage für ein angemessenes Datenschutzniveau bei der Übermittlung personenbezogener Daten. Ein angemessenes Datenschutzniveau wird demnach insbesondere durch Angemessenheitsbeschlüsse (Art 45), vorbehaltlich geeigneter Garantien wie rechtlich bindende und durchsetzbare Verträge zwischen den Behörden oder öffentlichen Stellen (Art. 46 Abs. 2 lit. a) und Standardvertragsklauseln (Art. 46 Abs. 2 Buchstabe c) oder durch verbindliche interne Datenschutzvorschriften (Art. 47)[4] und Einwilligungen (Art. 49 Abs. 1 Buchstabe a) sichergestellt. Im Unterschied hierzu knüpft § 77 die Zulässigkeit der Übermittlung ins Ausland und an internationale Organisationen auch an den Zweck und die Aufgaben der übermittelnden und empfangenden Stelle an. Die Übermittlung von Sozialdaten sowie Geschäfts- und Betriebsgeheimnissen in Drittstaaten und an internationale Organisationen ist daher nur aufgrund von Angemessenheitsbeschlüssen und zwischenstaatlichen Übereinkommen auf dem Gebiet des Sozialrechts sowie unter den Voraussetzungen der §§ 69 Abs. 1 Nr. 1 und 2 sowie § 70 zulässig. Standardvertragsklauseln und verbindliche interne Datenschutzvorschriften scheiden für die Übermittlung im Sozialdatenschutz im Gegensatz zur DSGVO aus. Eine vergleichbare Norm gibt es im BDSG nicht.

5 Die Öffnung in der DSGVO für diese Regelung durch den nationalen Gesetzgeber ergibt sich aus Art. 6 Abs. 1 in Verbindung mit Abs. 2 und Abs. 3 Satz 1 Buchstabe b, Satz DSGVO und die *Notwendigkeit ergibt sich aus dem Rechtsstaatsprinzip, da öffentliche Stellen eine Befugnisnorm für die Übermittlung ins Ausland als konkret in das informationelle Selbstbestimmungsrecht eingreifenden Datenverarbeitungsvorgang benötigen*[5]. Rechtsgrundlage für die Verarbeitung besonderer Kategorien von personenbezogenen Daten ist gemäß Art. 9 Abs. 2 Buchstabe b DSGVO.

---

2 ABl EG Nr. L 218/31.

3 Umsetzung des Rahmenbeschlusses 2006/960/JI des Rates der Europäischen Union vom 18.12.2006 in deutsches Recht.

4 Corporate Binding Rules.

5 BT-Drucks. 18/12611, S. 112.

II. Die Datenübermittlung im europäischen Bereich nach Abs. 1 Nr. 1 bis 4

Nach Abs. 1 Nr. 1 ist eine Übermittlung von Sozialdaten an die Personen und Stellen im europäischen Wirtschaftsbereich zulässig, wenn dies zur Erfüllung der Aufgaben der in § 35 SGB I aufgeführten Sozialleistungsträger etc. oder der vergleichbaren ausländischen Stellen erforderlich ist. Die typischen Anwendungsfälle der 1. Alternative der Vorschrift betreffen die Erbringung von Sozialleistungen an Deutsche, die sich im Ausland aufhalten (Rentenleistungen nach §§ 110 bis 114 SGB VI, Sozialhilfe nach § 24 SGB XII) bzw. Leistungen an die in ihr Heimatland zurückgekehrten ausländischen Arbeitnehmer, die Ansprüche aus der deutschen Renten- oder Unfallversicherung haben. Vergleichbare Aufgaben im Sinne der 2. Alternative der Vorschrift stellen beispielsweise die von ausländischen Sozialversicherungsträgern erbrachten Leistungen dar. 6

Grundsätzlich sieht Abs. 1 Nr. 1 vor, dass die Erfüllung einer gesetzlichen Aufgabe der in § 35 SGB I genannten Sozialleistungsträger von den in §§ 18 ff. SGB I bezeichneten Trägern erbracht wird. Diese Leistung kann auch von vergleichbaren Trägern mit Sitz im Ausland erbracht werden. Voraussetzung ist aber, dass der ausländische Träger eine vergleichbare Leistung erbringt. Dabei muss keine vollständige inhaltliche Übereinstimmung zwischen dem deutschen und dem ausländischen Träger vorhanden sein. Er reicht eine »partielle Funktionsgleichheit«.[6] 7

▶ **Beispiel:**

> Eine solche vergleichbare Institution lag bei der Durchführung von Leistungen zur medizinischen Rehabilitation vor, die den Rentenversicherungsträgern in Abhängigkeit von der Erkrankung der betroffenen Person die Belegung von Kliniken am Toten Meer oder in der Schweiz ermöglicht hat.

Rechtsgrundlage für die Übermittlung der Sozialdaten ist die DSGVO unter Berücksichtigung des nationalen Sozialdatenschutzes. Dieses bedeutet, dass bei Verarbeitung der Sozialdaten im Inland der Sozialdatenschutz anzuwenden ist. Das gilt auch dann, wenn der Anbieter der Daten seinen Sitz im Ausland hat und ausländischer Anbieter ist, aber seine Dienste mit einem Sitz im Inland anbietet.[7] Dieses gilt nicht für Außenstellen z.B. von Krankenkassen. Für diese Außenstellen gilt das Recht des Landes, in welchem die Außenstelle tätig ist.[8] 8

Die Übermittlung nach Abs. 1 Nr. 1 hat dort ihre Grenze, wo z.B. in einem Kindeswohlverfahren lediglich Vermutungen geäußert werden. Die Abgabe einer vollständigen Akte an eine andere, nicht im Inland tätige Behörde, ist nicht zulässig, wenn gleichzeitig aus einem Aktenteil (hier Arztbriefe) die ausländische Behörde tätig werden kann.[9] 9

Nach Abs. 1 Nr. 2 ist eine Datenübermittlung auch zulässig zur Richtigstellung unwahrer Tatsachenbehauptungen der betroffenen Person im Sinne von § 69 Abs. 1 Nr. 3, zur Durchführung des Arbeitsschutzes nach § 70, zur Überprüfung der ordnungsgemäßen Anwendung des SGB III oder des Arbeitnehmerüberlassungsgesetzes sowie im Rahmen der Bekämpfung von illegaler Beschäftigung oder des Leistungsmissbrauchs. Vorausgesetzt wird dabei, dass die Aufgaben der ausländischen Stellen denen der deutschen Stellen entsprechen (zur Funktionsgleichheit siehe Rdn. 7). 10

Nach Abs. 1 Nr. 3 ist in Fällen der Verletzung der Unterhaltspflicht und beim Versorgungsausgleich im Sinne von § 74 eine Datenübermittlung auch in die Staaten der EU, des EWR und an die Organe und Einrichtungen der EG zulässig, soweit sie erforderlich ist. Vorausgesetzt wird auch die Funktions- 11

---

6 BT-Drucks. 14/4329, 51; die ausländische Stelle muss in ihrer Aufgabenerfüllung und grundsätzlich in ihrer Rechtsstellung bzw. Aufgabenbeschreibung einer inländischen Stelle vergleichbar sein: Krahmer/*Strothmann*, Sozialdatenschutz, 4. Aufl. 2020, § 77 Rn. 11 m.w.N.

7 vgl. insoweit BSG, Beschl. v. 21.12.1971 – GS 6/71, WKRS 1971, 14360; So auch Art. 2 DSGVO für den räumlichen Anwendungsbereich.

8 Gola/*Schomerus*, BDSG Kommentar, 12. Aufl. 2015, § 3 BDSG Rn. 53.

9 VG Aachen, Beschl. v. 31.05.2005 – 2 L 838/04, WKRS 2005, 42770.

gleichheit der ausländischen und der deutschen Stellen (siehe Rdn. 7). Zu beachten ist, dass der Anspruch dem Wortlaut entsprechend nach § 74 gerichtlich geltend gemacht worden sein muss bzw. wird.

12 Die Regelung in Abs. 1 Nr. 4 entspricht der ehemaligen Regelung in Abs. 3 Nr. 3, die redaktionell an die DSGVO angepasst und gekürzt wurde. Demnach ist die Übermittlung von Sozialdaten auch für die Durchführung eines Strafverfahrens zulässig, wenn die Voraussetzungen des § 73 vorliegen. Die Zuständigkeit eines deutschen Gerichts wird durch die Vorgabe einer richterlichen Anordnung gemäß § 73 Abs. 3 bestimmt.

13 Abs. 1 Satz 2 ist durch das EUInfoVereinfG zum 26.07.2012 angefügt worden. In der Gesetzesbegründung heißt es dazu, dass die Umsetzung der sich aus Art. 6 des Vertrags über die Europäische Union niedergelegten Grundsätze und allgemeinen Rechtsgrundsätze erforderlich war. Aus rechtssystematischer Sicht sei es daher erforderlich, den europäischen Ordre-public-Vorbehalt in § 77 SGB X zu verankern, da § 77 die Vorschriften für die Übermittlung der Sozialdaten zusammenhängend regele.[10] Eine Übermittlung von Sozialdaten ist demnach unzulässig, soweit sie zu den in Art. 6 EU-Vertrag festgeschriebenen Grundsätzen (Verweis auf GRCh und EMRK) im Widerspruch stehen würde.

III. Die Grundsätze der Datenübermittlung an Drittstaaten mit angemessenem Datenschutzniveau nach Abs. 2

14 Nach Abs. 2 dürfen Sozialdaten an Personen und Stellen in einem Drittstaat nur dann übermittelt werden, wenn dort ein angemessenes Datenschutzniveau gemäß Art. 45 DSGVO gewährleistet ist[11]. Durch die Festlegung auf die entsprechende Geltung des Abs. 1 wird Drittstaaten gegenüber die Übermittlungsbefugnis auf den innerhalb des europäischen Bereichs zulässigen Umfang begrenzt. Die Kommission prüft die Angemessenheit des Datenschutzniveaus in dem Drittstaat anhand der in Art. 45 Abs. 2 DSGVO aufgeführten Kriterien und gibt durch Veröffentlichung gemäß Art. 45 Abs. 8 DSGVO die Angemessenheitsbeschlüsse im Amtsblatt der EU und auf deren Webseite bekannt (siehe Fußnote 11). Die Prüfung des Vorhandenseins des angemessenen Datenschutzniveaus in einem Drittstaat oder einer internationalen Organisation prüfen demnach nicht mehr die Mitgliedsstaaten, deren Aufsichtsbehörden oder der Verantwortliche selbst[12].

IV. Die Datenübermittlung ohne Angemessenheitsbeschluss in besonderen Fällen nach Abs. 3

15 Trotz des Fehlens eines Angemessenheitsbeschlusses erlaubt Abs. 3 abweichend von Art. 46 Abs. 2 Buchstabe a DSGVO dennoch die Übermittlung von Sozialdaten in Drittstaaten in besonderen Fällen. Die in Abs. 3 Satz 1 Nr. 1 und 2 genannten Voraussetzungen sind alternativ zu erfüllen. Hierbei handelt es sich um Übermittlungen unter Anwendung zwischenstaatlicher Übereinkommen auf dem Gebiet der sozialen Sicherheit (Abs. 3 Satz 1 Nr. 1) oder um die Fälle des § 69 Abs. 1 Nr. 1 und 2 (Zweckerfüllung und damit zusammenhängende gerichtliche Verfahren, aber ohne die 3. Variante der Nr. 1 in Bezug auf den »Dritten«: Es fehlt in Abs. 4 an der Gleichstellung der Aufgabenwahrnehmung – anders in § 77 Abs. 1 Nr. 1, Abs. 3 Satz 1 Nr. 3), alternativ um die Fälle des § 70 (Arbeitsschutzzwecke).

16 Eine Sonderregelung zu den sog. E 101-Formularen zur Missbrauchskontrolle bei grenzüberschreitenden Auslandstätigkeiten enthält § 150 Abs. 3 SGB VI.

17 In Abs. 3 ist als Rechtsgrundlage für eine Datenübermittlung ins Ausland unabhängig von den in Abs. 1 und 2 aufgeführten Voraussetzungen eine Einwilligung der betroffenen Person nicht mehr

10 BT-Drucks. 17/5096, S. 31.

11 Auflistung der Angemessenheitsbeschlüsse der EU unter www.ec.europa.eu in englischer Sprache.

12 Siehe auch Ehmann/Selmayr/*Zerdick*, DSGVO-Kommentar, 2017, Art. 45 Rn. 4 mit weiteren Ausführungen.

separat aufgeführt. Der Grund hierfür war nach der Gesetzesbegründung, dass sich die Möglichkeit zur Übermittlung von personenbezogenen Daten aufgrund einer Einwilligung bereits direkt aus der DSGVO ergibt, und zwar aus Art. 6 Abs. 1 Buchstabe a und d sowie für besondere Kategorien von personenbezogenen Daten aus Art. 9 Abs. 2 Buchstabe b und d bis j DSGVO. Eine Einwilligung in die Übermittlung von genetischen, biometrischen und Gesundheitsdaten kommt nur eine Übermittlung auf der Grundlage von Art. 9 Abs. 1 Buchstabe a und c sowie eines eigenen normativen Übermittlungstatbestandes (§ 67b Abs. 1 Satz 3 SGB X) in Betracht[13]. Aus Artikel 49 Absatz 3 DSGVO ergibt sich allerdings, dass die Ausnahmetatbestände des Artikel 49 Absatz 1 Unterabsatz 1 lit. a, b und c sowie Unterabsatz 2 der DSGVO nicht für Tätigkeiten gelten, die Behörden in Ausübung ihrer hoheitlichen Befugnisse durchführen, so dass Artikel 49 Absatz 1 Unterabsatz 1 lit. g DSGVO mit dem 7. SGB IV-Änderungsgesetz ausgeschlossen worden ist (siehe Rdn. 2). *Abweichend von dem bisherigen Recht ist dann die Übermittlung von Sozialdaten an Personen oder Stellen in Drittstaaten oder an internationale Organisationen, für die kein Angemessenheitsbeschluss vorliegt, nach Art. 49 Abs. 1 Unterabs. 1 lit. d, e und f DSGVO zulässig, wobei die von Art. 49 Abs. 1 Unterabs. 1 lit. d in Verbindung mit Abs. 4 DSGVO geforderten wichtigen Gründe des öffentlichen Interesses nur vorliegen, soweit die betroffene Person kein schutzwürdiges Interesse am Abschluss der Übermittlung hat und die Übermittlung in Anwendung zwischenstaatlicher Übereinkommen auf dem Gebiet der sozialen Sicherheit erfolgt oder soweit die Voraussetzungen des § 69 Abs. 1 Nr. 1 und 2 oder des § 70 vorliegen*[14].

1. Abs. 3 Satz 1 Nr. 1: Übermittlung aufgrund zwischenstaatlicher Übereinkommen

Eine Übermittlung ist unabhängig von den Voraussetzungen gemäß Abs. 1 und 2 und damit 18
unabhängig von dem Datenschutzniveau des Empfängerstaates gemäß Abs. 3 Satz 1 Nr. 1 auch dann zulässig, wenn die Übermittlung in Anwendung zwischenstaatlicher Übereinkommen der sozialen Sicherheit erfolgt. Dabei enthalten diese Übereinkommen in der Regel Datenschutzbestimmungen, die auf vertraglicher Basis den Informationsaustausch regeln. Aufgrund des Prinzips der Abgeschlossenheit der Übermittlungsbefugnisse gemäß §§ 68 bis 77 (§ 35 Abs. 2 Satz 1 SGB I) müssen die Datenschutzbestimmungen dieser Übereinkommen die Anforderungen des Sozialdatenschutzes erfüllen[15]. Übersichten über abgeschlossene Sozialversicherungsabkommen bieten die Homepage des Bundesministeriums für Arbeit und Soziales[16], für gesetzliche Krankenkassen die Homepage der Deutschen Verbindungsstelle der Krankenkassen Ausland (DVKA) des GKV-Spitzenverbandes[17] sowie für die Rentenversicherung die Homepage der Rentenversicherung[18] jeweils nach Ländern sortiert.

Dieser Regelung gemäß Abs. 3 Satz 1 Nr. 1 kommt eine ergänzende und klarstellende Bedeutung zu mit Blick auf die Regelung gemäß § 67 Abs. 2 Nr. 2. § 67 Abs. 2 Satz 2 legt fest, dass *Daten, die auf der Grundlage von über- und zwischenstaatlichen Abkommen verarbeitet werden, der Aufgabenerfüllung des deutschen Leistungsträgers dienen.* Aufgaben, die sich aus Sozialversicherungsabkommen ergeben sind damit Aufgaben des deutschen Leistungsträgers und deshalb mit § 77 vereinbar. Eine Übermittlung darf damit auch eine Übermittlung zur Aufgabenerfüllung und damit allein im Interesse des ausländischen Trägers erfolgen[19].

13 BT-Drucks. 18/12611, S. 112.

14 Referentenentwurf 7. SGB IV-Änderungsgesetz, 25.09.2019, S. 97.

15 So auch Hauck/Noftz/*Rombach*, Kommentar zum SGB X, 30. Lfg II/03, § 77 Rn. 62.

16 www.bmas.de/DE/Themen/Soziales-Europa-und-Internationales/International/Sozialversicherungsabkommen.html.

17 www//dvka.de/de/informationen/rechtsquellen/f_bilaterales_abkommen.html.

18 www.deutsche-rentenversicherung.de/DRV/DE/Rente/Ausland/Sozialversicherungsabkommen/Sozialversicherungsabkommen_detailseite.html.

19 So auch Hauck/Noftz/*Rombach*, Kommentar zum SGB X, 30. Lfg II/03, § 77 Rn. 58.

2. Abs. 3 Satz 1 Nr. 2: Übermittlung gemäß § 69 Abs. 1 Nummer 1 und 2 sowie § 70

19 Ebenfalls unabhängig von Abs. 1 und 2 ist eine Übermittlung von Sozialdaten nach Abs. 3 Satz 1 Nr. 2 zulässig im Zusammenhang mit der Durchführung eines auf dem Sozialleistungsbereich beruhenden gerichtlichen Verfahrens einschließlich eines Strafverfahrens nach § 69 Abs. 1 Nr. 2 oder des Arbeitsschutzes im Sinne von § 70 (mit Anordnung der Übermittlung durch ein Gericht im Inland), allerdings nur bei angemessenem Datenschutzniveau[20]. Soweit es um die Durchführung eines Strafverfahrens geht, ist die Übermittlung bei einer bloßen Vermutung einer strafbaren Handlung unzulässig.[21]

20 Eine Datenübermittlung nach Abs. 3 setzt zusätzlich voraus, dass die betroffene Person kein schutzwürdiges Interesse an dem Ausschluss der Übermittlung hat. Ein schutzwürdiges Interesse ist bereits dann anzunehmen, wenn die Datenschutzstandards unter denen des SGB X liegen, auch wenn es im Ausland zwar Bestimmungen dieser Art gibt, deren Einhaltung aber ungewiss ist. In Betracht kommt hier insbesondere eine mögliche Beeinträchtigung im Sinne einer rassischen, religiösen oder politischen Diskriminierung[22], zu berücksichtigen sind aber auch wirtschaftliche Interessen. Einer Abwägung mit öffentlichen Interessen bedarf es hier nicht.

V. Die Hinweis- und Informationspflichten nach Abs. 4

21 Die Stelle, der die Sozialdaten übermittelt wurden, ist nach Abs. 4 auf den Zweck der Übermittlung hinzuweisen, ganz im Sinne von Art. 5 Abs. 1 lit. b DSGVO[23]. Die Zweckbestimmung ist auch Art. 8 Abs. 2 Satz 1 GRCh[24] zu entnehmen. Da die DSGVO auch für die Stelle im europäischen Ausland gilt, gilt das Zweckbindungsgebot auch für diese verbindlich. Personenbezogene Daten dürften demnach nur für bestimmte, eindeutig und ausdrücklich festgelegte und rechtmäßige Zwecke bewahrt werden[25]. Diese Zwecke müssen bereits vor der Erhebung der Daten festgelegt sein[26]. Eine Vorratsdatenspeicherung ist unzulässig.

§ 77a Grenzüberschreitende Nachweisabrufe

(1) Die zuständige Behörde darf bei einer Behörde eines anderen Mitgliedstaats der Europäischen Union einen Nachweis nach Artikel 14 Absatz 2 der Verordnung (EU) 2018/1724 des Europäischen Parlaments und des Rates vom 2. Oktober 2018 über die Einrichtung eines einheitlichen digitalen Zugangstors zu Informationen, Verfahren, Hilfs- und Problemlösungsdiensten und zur Änderung der Verordnung (EU) Nr. 1024/2012 (ABl. L 295 vom 21.11.2018, S. 1) automatisiert abrufen, wenn dies zur Erfüllung ihrer Aufgaben für eines der Verfahren nach Artikel 14 Absatz 1 der Verordnung (EU) 2018/1724 erforderlich ist.

(2) Die automatisierte Übermittlung eines Nachweises nach Artikel 14 Absatz 2 der Verordnung (EU) 2018/1724 an eine Behörde eines anderen Mitgliedstaats der Europäischen Union ist zulässig, wenn diese Behörde zuständig ist und die Übermittlung zur Erfüllung ihrer Aufgaben für eines der Verfahren nach Artikel 14 Absatz 1 der Verordnung (EU) 2018/1724 erforderlich ist.

---

20 Vgl. dazu Rdn. 14.

21 VG Aachen, Beschl. v. 31.05.2005 – 2 L 838/04, WKRS 2005, 42770.

22 BT-Drucks. 8/4022, 87; weitere Ausführungen in Krahmer/*Strothmann*, Sozialdatenschutz, § 77 Rn. 25.

23 So auch Art. 8 Abs. 2 Satz 1 GRCh, der dem ehemaligen Art. 6 Abs. 1 lit. b EG-Datenschutz-Richtlinie 95/46 entsprach. Personenbezogene Daten dürften demnach nur für bestimmte, ausdrücklich festgelegte und rechtmäßige Zwecke bewahrt werden.

24 Dem ehemaligen Art. 6 Abs. 1 lit. b EG-Datenschutz-Richtlinie 95/46 nachgebildet.

25 Stern/Sachs/*Johlen*, GRCh-Kommentar, 2016, § 8 Rn. 45; Ehmann/Selmayr/*Heberlein*, DSGVO-Kommentar, 2017, Art. 5 Rn. 14–16.

26 Ehmann/Selmayr/*Heberlein*, DSGVO-Kommentar, 2017, Art. 5 Rn. 13.

(3) **Bei der Verarbeitung nach den Absätzen 1 und 2 können intermediäre Plattformen zum Einsatz kommen.**

Übersicht

A. Inhalt

1 Die Norm regelt die automatisierten, grenzüberschreitenden Nachweisabrufe und Nachweisübermittlungen innerhalb der Europäischen Union mit Bezug auf die Regelungen der Verordnung (EU) 2018/1724 und Änderung der Verordnung (EU) 1024/2012.

B. Entstehungsgeschichte

2 Die Norm wurde mit dem Gesetz zur Änderung des Onlinezugangsgesetzes sowie weiterer Vorschriften zur Digitalisierung der Verwaltung[1] neu eingeführt. Sie ergänzt mit ihrem EU-Bezug die mit dem vorgenannten Gesetz ebenfalls neu eingeführte Norm § 67f, die auf nationaler Ebene gilt. Die Einführung beider Normen wurde vom Grundsatz deshalb notwendig, weil § 5 Absätze 2 und 3 auf Sozialrechtsdaten nicht angewendet werden können aufgrund der abschließenden Regelungen in § 35 Abs. 2 Satz 1 SGB I.

C. Erläuterungen

I. Relevante Normen, u.a. der DSGVO

3 § 77a stimmt mit den Regelungen der DSGVO insoweit überein, als dass die Übermittlung des Nachweises **erforderlich** sein muss. Die Erforderlichkeit ist in der DSGVO in Art. 5 geregelt (siehe Absätze 1 und 2 dieser Norm). Die Norm entspricht des Weiteren dem Regelungsgehalt von § 67f SGB X und § 5 EGoVG. Sie dient darüber hinaus ebenfalls der Umsetzung der SDG-VO. Die Norm dient damit der Umsetzung des OOP (Once-Only-Prinzip, s. auch § 67f) zwischen den Behörden innerhalb der Mitgliedsstaaten der EU (Once-Only-Prinzip, Erläuterungen zu § 67f). Die relevanten Verfahren nach Artikel 14 Absatz 1 SDG-VO ergeben sich einerseits aus Anhang II der SDG-VO sowie aus den Richtlinien 2005/36/EG, 2006/123/EG, 2014/24/EU und 2014/25/EU. Eine Legaldefinition für den Nachweisbegriff hat der Unionsgesetzgeber in Artikel 3 Nummer 5 SDG-VO aufgenommen. Danach sind Nachweise »alle Unterlagen oder Daten, ein schließlich Text- oder Ton-, Bild- oder audiovisuellen Aufzeichnungen, unabhängig vom verwendeten Medium, die von einer zuständigen Behörde verlangt werden, um Sachverhalte oder die Einhaltung der in Artikel 2 Absatz 2 Buchstabe b SDG-VO genannten Verfahrensvorschriften nachzuweisen«. Artikel 14 Absatz 2 SDG-VO verengt seinen Anwendungsbereich wiederum auf solche Nachweise, die bereits innerstaatlich in einem elektronischen Format ausgestellt und automatisiert ausgetauscht werden. Insofern stellt der Unionsgesetzgeber in Artikel 14 Absatz 2 SDG-VO keine Digitalisierungspflicht für Nachweise auf, sondern stellt auf die individuellen Verhältnisse in den Mitgliedstaaten ab.[2]

II. Erläuterungen zu Absatz 1

4 Absatz 1 stellt die datenschutzrechtliche Grundlage für **Nachweisübermittlungen deutscher Behörden an Behörden eines anderen EU-Mitgliedsstaates** dar. Auch diesbezüglich wird wie in § 67f auf die »Erforderlichkeit« hingewiesen (Artikel 5 DSGVO; unfraglich muss ebenfalls die Zulässigkeit gegeben sein).

---

1 OZG-ÄndG v. 19.07.2024, BGBl. I Nr. 245 v. 23.07.2024.

2 BT-Drucks. 20/10417, S. 38.

III. Erläuterungen zu Absatz 2

5 Absatz 2 stellt gegenüber Absatz 1 die datenschutzrechtliche Rechtsgrundlage für die **Nachweisabrufe deutscher Behörden** dar.

IV. Erläuterungen zu Absatz 3

6 Die Anschlussverpflichtung nach EU-OOTS von SDG2-relevanten Nachweisen bezeichnet die rechtlichen Pflichten zur technischen Anbindung an das EU-OOTS nach Artikel 14 Absatz 1 SDGVO an das nachweisführende Register. Diese technische Anbindung ist in Deutschland gemäß Absatz 3 mittels intermediärer Plattformen möglich.

§ 78 Zweckbindung und Geheimhaltungspflicht eines Dritten, an den Daten übermittelt werden

(1) [1]Personen oder Stellen, die nicht in § 35 des Ersten Buches genannt und denen Sozialdaten übermittelt worden sind, dürfen diese nur zu dem Zweck verarbeiten, zu dem sie ihnen befugt übermittelt worden sind. [2]Eine Übermittlung von Sozialdaten nach den §§ 68 bis 77 oder nach einer anderen Rechtsvorschrift in diesem Gesetzbuch an eine nicht-öffentliche Stelle auf deren Ersuchen hin ist nur zulässig, wenn diese sich gegenüber der übermittelnden Stelle verpflichtet hat, die Daten nur für den Zweck zu verarbeiten, zu dem sie ihr übermittelt werden. [3]Die Dritten haben die Daten in demselben Umfang geheim zu halten wie die in § 35 des Ersten Buches genannten Stellen. [4]Sind Sozialdaten an Gerichte oder Staatsanwaltschaften übermittelt worden, dürfen diese gerichtliche Entscheidungen, die Sozialdaten enthalten, weiter übermitteln, wenn eine in § 35 des Ersten Buches genannte Stelle zur Übermittlung an den weiteren Dritten befugt wäre. [5]Abweichend von Satz 4 ist eine Übermittlung nach § 115 des Bundesbeamtengesetzes und nach Vorschriften, die auf diese Vorschrift verweisen, zulässig. [6]Sind Sozialdaten an Polizeibehörden, Staatsanwaltschaften, Gerichte oder Behörden der Gefahrenabwehr übermittelt worden, dürfen diese die Daten unabhängig vom Zweck der Übermittlung sowohl für Zwecke der Gefahrenabwehr als auch für Zwecke der Strafverfolgung und der Strafvollstreckung speichern, verändern, nutzen, übermitteln, in der Verarbeitung einschränken oder löschen.

(2) Werden Daten an eine nicht-öffentliche Stelle übermittelt, so sind die dort beschäftigten Personen, welche diese Daten speichern, verändern, nutzen, übermitteln, in der Verarbeitung einschränken oder löschen, von dieser Stelle vor, spätestens bei der Übermittlung auf die Einhaltung der Pflichten nach Absatz 1 hinzuweisen.

(3) [1]Ergibt sich im Rahmen eines Vollstreckungsverfahrens nach § 66 die Notwendigkeit, dass eine Strafanzeige zum Schutz des Vollstreckungsbeamten erforderlich ist, so dürfen die zum Zweck der Vollstreckung übermittelten Sozialdaten auch zum Zweck der Strafverfolgung gespeichert, verändert, genutzt, übermittelt, in der Verarbeitung eingeschränkt oder gelöscht werden, soweit dies erforderlich ist. [2]Das Gleiche gilt auch für die Klärung von Fragen im Rahmen eines Disziplinarverfahrens.

(4) Sind Sozialdaten an Gerichte oder Staatsanwaltschaften für die Durchführung eines Straf- oder Bußgeldverfahrens übermittelt worden, so dürfen sie nach Maßgabe der §§ 476, 487 Absatz 4 der Strafprozessordnung und der §§ 49b und 49c Absatz 1 des Gesetzes über Ordnungswidrigkeiten für Zwecke der wissenschaftlichen Forschung gespeichert, verändert, genutzt, übermittelt, in der Verarbeitung eingeschränkt oder gelöscht werden.

(5) Behörden der Zollverwaltung dürfen Sozialdaten, die ihnen zum Zweck der Vollstreckung übermittelt worden sind, auch zum Zweck der Vollstreckung öffentlich-rechtlicher Ansprüche anderer Stellen als der in § 35 des Ersten Buches genannten Stellen verarbeiten.

A. Inhalt

1 Der Hinweis auf die Geheimhaltungspflicht eines Dritten, an den Daten übermittelt werden und dessen Verpflichtung zur Einhaltung der sozialdatenschutzrechtlichen Vorgaben, dient der »Verlängerung« des Sozialdatenschutzes. Die Normadressaten des § 35 SGB I sind dem Sozialgeheimnis sowie der Zweckbindung der Daten bereits verpflichtet. Die Übermittlungstatbestände der §§ 68 bis 77 SGB X erlauben in Einzelfällen jedoch auch die Übermittlung von Sozialdaten an Dritte, die nicht dem Sozialgeheimnis verpflichtet sind. Zweck der Vorschrift des § 78 ist es daher, auch von diesen Dritten die Beachtung der Zweckbindung und die Geheimhaltung zu verlangen sowie die Datenflüsse bei Übermittlung von Sozialdaten an Dritte transparent zu machen. Durch das geplante 7. SGB IV-Änderungsgesetz soll ein Abs. 5 ergänzend eingefügt werden: »Behörden der Zollverwaltung dürfen die ihnen zum Zweck der Vollstreckung übermittelten Sozialdaten auch zum Zweck der Vollstreckung öffentlich-rechtlicher Ansprüche anderer als der in § 35 des Ersten Buches genannten Stellen verarbeiten.« Diese Regelung würde die aus dem Sozialgeheimnis folgende Zweckbindung in dem genannten und begrenzten Rahmen durchbrechen und damit dem Bürokratieabbau dienen. Ihren Charakter als Sozialdaten verlieren diese Daten dennoch nicht, so dass die Regelungen des SGB X, z.B. §§ 81 bis 84, weiterhin Anwendung finden sollen[1].

B. Entstehungsgeschichte

2 Die Vorschrift beruht auf dem Gesetz vom 18.08.1980 (BGBl. I, S. 1469) und ist in ihrer ursprünglichen Fassung am 01.01.1981 in Kraft getreten. Sie wurde geändert durch die Gesetze vom 13.06.1994 (BGBl. I, S. 1229), vom 18.06.1997 (BGBl. I, S. 1430), vom 02.08.2000 (BGBl. I, S. 1253), vom 18.05.2001 (BGBl. I, S. 904), vom 26.07.2002 (BGBl. I, S. 2864) und vom 05.02.2009 (BGBl. I, S. 160). Mit BVG-Änderungsgesetz vom 17.07.2017 (BGBl. I, S. 2541) erfolgten redaktionelle Anpassungen an die Datenschutzgrundverordnung (DSGVO = Verordnung [EU] 2016/679), die zum 25.05.2018 in Kraft traten (Art. 99 Abs. 2 DSGVO und Art. 24 BVG), insbesondere an die Begriffsbestimmungen von Artikel 4 DSGVO in Verbindung mit § 67. Durch das 2. Datenschutz-Anpassungsgesetz (2. DS-AnpUG) vom 20.11.2019, veröffentlicht am 25.11.2019, in Kraft getreten am 26.11.2019 (BGBl. I, S. 1626) erfolgte eine Ersetzung bzw. Ergänzungen in Abs. 1: in Satz 1 Ersetzung der Wörter »speichern, verändern, nutzen, übermitteln, in der Verarbeitung einschränken oder löschen« durch das Wort »verarbeiten« und in Satz 2 Ergänzungen durch den Verweis »nach den §§ 68 bis 77 oder nach einer anderen Rechtsvorschrift« sowie »auf deren Ersuchen hin«. Mit Art. 8 des Siebten Gesetz zur Änderung des Vierten Buches Sozialgesetzbuch und anderer Gesetze (7. SGBIVuaÄndG vom 12.06.2020 BGBl. I, S. 1248) wurde der Norm ein fünfter Absatz angefügt, der zum 01.07.2020 in Kraft trat.

C. Erläuterungen

I. Relevante Normen der DSGVO und des BDSG

3 Es handelt sich um eine bereichsspezifische Regelung zur Datenverarbeitung gemäß Artikel 6 Absatz 1 Buchstabe c und e in Verbindung mit Absatz 2 und Absatz 3 Satz 1 Buchstabe b, Satz 2 DSGVO.

1 BMAS-Referentenentwurf vom 25.09.2019, S. 98 und BMAS-Kabinettsentwurf vom 16.12.2019 (Datenblatt Nr. 19/11097), S. 133.

Sofern die Verarbeitung besonderer Kategorien von Daten betroffen ist, beruht die Norm auf Artikel 9 Absatz 2 Buchstabe b bzw. h DSGVO[2]. Allgemein ist die Zweckbindung bereits in Art. 5 Abs. 1 Buchstabe b DSGVO geregelt. Eine entsprechende Norm gibt es im BDSG nicht.

II. Die Verpflichtung von Personen und Stellen nach Abs. 1 Satz 1 und 2

4 Die Geheimhaltungspflicht des § 78 richtet sich an die Personen oder Stellen, die nicht gem. § 35 SGB I dem Sozialgeheimnis verpflichtet sind, denen aber gemäß den Vorschriften der §§ 68 bis 77 SGB X oder einer Einwilligung gemäß § 67b Sozialdaten übermittelt werden dürfen. Dies sind nicht nur die in § 68 genannten Polizeibehörden, Staatsanwaltschaften und Gerichte, Behörden der Gefahrenabwehr und Justizvollzugsanstalten, sondern auch verschiedene weitere in den §§ 69 bis 77 Aufgeführte.

▶ **Beispiel:**

5 Der BfDI hatte die Bundesagentur für Arbeit dazu aufgefordert, Arbeitgeber auf die Zweckbindung der offenbarten Bewerberdaten zu verpflichten, da im Rahmen einer Prüfung neben den neuen Vermittlungsvorschlägen auch noch zahlreiche alte Vermittlungsvorschläge in dem Account eines Arbeitgebers in der JOBBÖRSE abgespeichert aufgefunden worden waren. Diese reichten bis zu vier Jahre in die Vergangenheit zurück[3].

6 Die Übermittlung von Sozialdaten an Empfänger, die nicht dem Sozialgeheimnis verpflichtet sind, wird auch durch § 71 ermöglicht. § 71 normiert gesetzliche Pflichten und Mitteilungsbefugnisse, die die Leistungsträger in den in § 71 genannten Fällen zur Übermittlung im Interesse überwiegender Gemeinwohlinteressen berechtigen. Die gesetzlichen Mitteilungsbefugnisse kommen beispielsweise aus folgenden Bereichen: Strafrecht, Infektionsschutzgesetz, Abgabenordnung, Wohngeldgesetz.

7 Weitere Empfänger von Sozialdaten nennt § 72 SGB X. Dies sind die Behörden für Verfassungsschutz, der Bundesnachrichtendienst, der Militärische Abschirmdienst sowie das Bundeskriminalamt.

8 Gem. § 73 können auch die Stellen, die mit der Durchführung eines Strafverfahrens betraut sind, Empfänger von Sozialdaten sein. Dies sind die Staatsanwaltschaften und ihre Hilfsbeamten sowie das für das Zwischen- und Hauptverfahren zuständige Gericht.

9 § 74 ermöglicht die Übermittlung von Sozialdaten bei Verletzung der Unterhaltspflicht und dem Versorgungsausgleich an das Gericht und in Ausnahmefällen auch an Private.

10 Zu den Empfängern, die nicht Stellen i.S.v. § 35 SGB I sind, zählen auch die Banken, denen im Rahmen von Überweisungen von Sozialleistungen Sozialdaten bekannt werden. So ist es nicht zulässig, auf Überweisungsträgern Angaben in der Form zu machen, dass der Bezug von Sozialhilfe erkennbar ist.[4] Ebenso ist zu beachten, dass es bereichsspezifische datenschutzrechtliche Regelungen gibt, so dass auch hier Empfänger von Sozialdaten aufgezählt werden können. Zu denken wäre hier beispielsweise an die Freien Wohlfahrtsverbände als Partner der öffentlichen Träger der Sozial- und Jugendhilfe.

11 Grundsätzlich setzt Abs. 1 Satz 1 voraus, dass die übermittelten Daten zweckgebunden verarbeitet oder genutzt werden dürfen. Zweckbindung bedeutet, dass die durch das BVerfG im Volkszählungsurteil vorgegebenen Datenbeschränkungen nicht überschritten werden (siehe auch Rdn. 14). Die empfangende Stelle darf davon ausgehen, dass die Übermittlung der Daten rechtmäßig erfolgt ist.

---

2 BT-Drucks. 18/12611, S. 113.

3 25. BfDI-Tätigkeitsbericht 2013–20142013–2014, S. 173, Punkt 9.2.1.

4 VG Düsseldorf, Urt. v. 06.11.1984 – 17 K 2376/83, WKRS 1984, 18166; zur Rundfunkgebührenbefreiung OVG Münster, Beschl. v. 20.07.1989 – 18 B 613/89, WKRS 1989, 22874.

Andernfalls darf sie die übermittelten Daten nicht verwerten.[5] Wurden Daten unrechtmäßig übermittelt, sind diese zu löschen, wobei Art. 17 Abs. 1 Buchstabe d DSGVO ggf. in Verbindung mit § 84 Anwendung findet. Durch das Verwertungsverbot für unrechtmäßig übermittelte Daten verlängert sich der Datenschutz der übermittelten Daten. Die Übermittlung der Daten ist grundsätzlich nur zulässig, soweit ein konkreter Anlass besteht. Die Daten sind auf diesen konkreten Anlass zu beschränken. Keine Übermittlung nach Abs. 1 Satz 1 liegt vor, wenn der Empfänger die Daten bereits selbst ermittelt hat.

Mit dem neuen Satz 2 in Absatz 1 ist eine weitere Zulässigkeitsvoraussetzung eingeführt worden. Demnach muss sich die nicht-öffentliche datenempfangende Stelle gegenüber der übermittelnden Stelle verpflichten, die zu übermittelnden Sozialdaten entsprechend § 78 Absatz 1 Satz 1 *nur für den Zweck* zu verarbeiten, zu dem ihr die Sozialdaten übermittelt werden. Diese Zulässigkeitsvoraussetzung ist laut Gesetzesbegründung auch bei der Gewährung von Akteneinsicht nach § 25 zu beachten, wenn damit die Kenntniserlangung von personenbezogenen Daten Dritter verbunden ist[6].

III. Die Verarbeitung oder Nutzung nach Abs. 1 Satz 3 bis 6

Personen oder Stellen, die nicht in § 35 des Ersten Buches genannt und denen Sozialdaten übermittelt worden sind, dürfen diese nur zu dem Zweck verarbeiten oder nutzen, zu dem sie ihnen befugt übermittelt worden sind (Grundsatz der Zweckbindung). 12

Der Begriff der Verarbeitung wird in Art. 4 Nr. 2 DSGVO gesetzlich definiert und umfasst jeden Vorgang im Zusammenhang mit personenbezogenen Daten, so auch das Speichern, Verändern, Übermitteln, Sperren und Löschen von Sozialdaten. 13

Soweit den empfangenden Stellen Sozialdaten bekannt gegeben worden sind, dürfen diese die Sozialdaten entsprechend der Zweckbindung verarbeiten und nutzen, so wie dies in Abs. 1 Satz 3 bis 6 geregelt ist. Zu beachten ist dabei, dass der Zweckbindungsgrundsatz als Teil des Grundrechts der informationellen Selbstbestimmung entwickelt worden ist sowie in der GRCh[7]. Nach Auffassung des Bundesverfassungsgerichts gewährleistet das Grundrecht der informationellen Selbstbestimmung die Befugnis des Einzelnen, selbst über die Preisgabe und Verwendung seiner persönlichen Daten zu bestimmen.[8] Dieses Recht kann nur zugunsten überwiegender Allgemeininteressen eingeschränkt werden. Diese Einschränkungen bedürfen einer verfassungsgemäßen gesetzlichen Grundlage, die dem rechtsstaatlichen Gebot der Normenklarheit entsprechen muss. Einmal erhobene Daten sind daher gegen die unbegrenzte Weitergabe zu schützen. Aus diesem Grund hat das Bundesverfassungsgericht in seiner Entscheidung zum Volkszählungsgesetz die Verwendung der Daten auf den gesetzlich bestimmten Zweck begrenzt (sog. Zweckbindungsgrundsatz). Für das Sozialgeheimnis bedeutet dies, dass einmal erhobene Daten nur für den Zweck verwendet werden dürfen, für den sie erhoben worden sind. Soweit dieser strenge Zweckbindungsgrundsatz im Interesse überwiegender Gemeinwohlbelange durchbrochen werden kann[9], ergänzt § 78 diesen Zweckbindungsgrundsatz dahingehend, dass die empfangende Stelle die Sozialdaten nur zu dem Zweck verarbeiten oder nutzen darf, zu dem sie ihr befugt übermittelt worden sind. 14

5 Juris-PK-SGB X, Schlegel/Völzke/*Mutschler/Palsherm*, 2 Aufl. 2017, Stand 05.12.2019 (juris-Datenbank), § 78 Rn. 20, Krahmer/*Krahmer*, Sozialdatenschutz, 4. Aufl. 2020, § 78 Rn. 6, Hauck/Noftz/*Rombach* SGB X, Stand II/20, § 78 Rn. 14/51; LPK-*Stähler*, 5. Aufl. 2019, § 78 Rn. 4; differenzierte Ansicht mit Verweis auf die Rechtsprechung des Bundesverfassungsgerichts zum Beweisverbot: KassKomm/*Martin*, Stand März 2019, § 78 Rn. 9.

6 Siehe § 25; BT-Drucks. 18/12611, S. 113.

7 Vgl. dazu *Simitis/Hornung/Spiecker*, Datenschutzrecht 2019, Art. 5 Rn. 64 mit Verweis auf BVerfGE 65, 1 (46 ff.) sowie Art. 8 Abs. 2 Satz 1 GRCh.

8 BVerfG, Urt. v. 15.12.1983 – 1 BvR 209/83, WKRS 1983, 11477.

9 Vgl. die in §§ 68 bis 77 SGB X normierten Übermittlungstatbestände.

15 Eine befugte Übermittlung liegt vor, wenn die strengen Voraussetzungen der Übermittlungstatbestände beachtet worden sind.[10] Unbefugt offenbarte Sozialdaten dürfen nicht verwertet werden. Eine zulässige Übermittlung liegt z.B. dann vor, wenn ein zuständiger Richter die Akten an einen anderen Spruchkörper desselben Gerichts zu Vergleichszwecken übersendet, ohne vorher die Sozialdaten unkenntlich zu machen. Der andere Spruchkörper desselben Gerichts ist kein Dritter iSv. Art. 4 Nr. 10. DSGVO.

16 Nach Abs. 1 Satz 3 haben die Empfänger die Daten in demselben Umfang geheim zuhalten wie die in § 35 des Ersten Buches genannten Stellen. Gerichte und Staatsanwaltschaften dürfen im Umfang des Abs. 1 Satz 4 die Daten weiter übermitteln, nach Abs. 1 Satz 5 auch ohne die Einschränkungen des Satz 4, wenn es um Übermittlungen in Strafverfahren gegen Beamte nach § 115 des Bundesbeamtengesetzes geht. Nach Abs. 1 Satz 6 dürfen die Polizeibehörden, Staatsanwaltschaften, Gerichte oder Behörden der Gefahrenabwehr diese Daten unabhängig vom Zweck der Übermittlung sowohl für Zwecke der Gefahrenabwehr als auch für Zwecke der Strafverfolgung und der Strafvollstreckung verarbeiten. Die Durchbrechung der Zweckbindung wurde somit beibehalten. Mit der Norm wurde von dem durch die DSGVO eröffneten Regelungsspielraum in Art. 23 Absatz 1 Buchstabe b Gebrauch gemacht, wonach die nationalen Gesetzgeber Regelungen in Fällen, in denen der Zweck der Weiterverarbeitung nicht mit dem ursprünglichen Zweck vereinbar ist, erlassen dürfen, soweit die nationale Regelung eine *in einer demokratischen Gesellschaft notwendige und verhältnismäßige Maßnahme zum Schutz der in Artikel 23 Absatz 1 DSGVO genannten Ziele darstellt*[11]. Abs. 1 Satz 6 findet keine Anwendung auf Unterlagen des Jugendamtes nach § 65 Abs. 1 Satz 2 SGB VIII.

IV. Die Hinweispflicht nach Abs. 2

17 Werden Daten an eine nicht-öffentliche Stelle übermittelt, so sind gem. Abs. 2 die dort beschäftigten Personen, welche diese Daten verarbeiten, von dieser Stelle vor, spätestens bei der Übermittlung auf die Einhaltung der Pflichten nach Abs. 1 hinzuweisen. Dadurch ergibt sich eine Verlängerung des Datenschutzes über die §§ 35 SGB I bzw. 67 ff. SGB X hinaus. Hinsichtlich der Hinweispflicht hatte der Bundesbeauftragte für den Datenschutz angeregt, unter Beteiligung der Bundesanstalt für Arbeit sowie der Spitzenverbände der sozialen Sicherung festzulegen, in welchen Fällen die Notwendigkeit eines Hinweises auf die Zweckbindung und Geheimhaltungspflicht bei der Übermittlung von Sozialdaten zu erteilen ist. Über die konkreten Tatbestände, unter welchen Umständen diese Hinweise zu erteilen sind, geben die Arbeitsanweisungen der Deutschen Rentenversicherung Auskunft.[12] Nach deren Auffassung kann bei Behörden, Berufsgeheimnisträgern gemäß § 203 Abs. 1 Nr. 1 StGB und Berufsverbänden der Hinweis auf die Geheimhaltungspflichten unterbleiben.

V. Die Sonderregelungen des Abs. 3 und 4

18 Abs. 3 Satz 1 entspricht einem Anliegen der Praxis, wonach sich im Rahmen eines Vollstreckungsverfahrens nach § 66 die Notwendigkeit ergibt, dass eine Strafanzeige zum Schutz eines Vollstreckungsbeamten erforderlich ist. Hier dürfen die zum Zwecke der Vollstreckung übermittelten Sozialdaten auch zum Zweck der Strafverfolgung verarbeitet oder genutzt werden, soweit dies erforderlich ist. Das gleiche gilt nach Abs. 3 Satz 2 auch für die Klärung von Fragen im Rahmen eines Disziplinarverfahrens.[13]

10 Vgl. hierzu im Einzelnen die strengen Voraussetzungen der Übermittlungstatbestände der §§ 68 bis 77 SGB X sowie die Übermittlungstatbestände in den anderen SGB-Büchern.

11 BT-Drucks. 18/12611, S. 113.

12 GRA (Gemeinsame Rechtliche Anweisungen der Rentenversicherung) zu § 78 SGB X alte Fassung, Stand 05.10.2015, veröffentlicht am 20.08.2019 unter www.rvrecht.deutsche-rentenversicherung.de mit Hinweis auf das Schreiben des BMAS an den BfDI vom 05.10.1992 (Az. Z b 7 – 8405.023/.421/.422).

13 Vgl. OVG NRW, Urt. v. 19.12.1989 – 12 A 1237/87, WKRS 1989, 22864.

Abs. 4 ermöglicht es Gerichten oder Staatsanwaltschaften, die ihnen für die Durchführung eines Straf- oder Bußgeldverfahrens übermittelten Daten nach den aufgeführten Vorschriften auch für Zwecke der wissenschaftlichen Forschung zu verarbeiten oder zu nutzen. Damit werden sie über den eigentlichen Zweck hinaus, nämlich der Durchführung des Bußgeld- oder Strafverfahrens hinaus verwertbar. 19

VI. Die Sonderregelungen des Abs. 5

Mit Datum vom 12.06.2020 wurde Absatz 5 angefügt. Mit Absatz 5 wird die im Datenschutz geltende Zweckbindung durchbrochen. Diese Durchbrechung der Zweckbindung für die Verarbeitung übermittelter Sozialdaten wird allerdings lediglich für die Fälle aufgehoben, in denen die Zollbehörden nach 74a Abs. 1 zur Vollstreckung einer öffentlich-rechtlichen Forderung beziehungsweise zwecks ihrer Aufgabenerfüllung gem. § 66 zur Vollstreckung der Forderungen von Sozialleistungsträgern übermittelt wurden. D.h. bei Vorliegen einer entsprechenden zweckändernden Verarbeitungsbefugnis (z.B. § 29 Abs. 1 Satz 1 Nr. 1 AO) können Sozialdaten auch zur anderer öffentlich-rechtlichen Forderungen herangezogen werden.[14] 20

Grund für die Gesetzesänderung ist, dass Vollstreckungsstellen der Zollverwaltung unter anderem auch Steuer- und Abgabenforderungen der Finanzbehörden (z.B. Zölle, Kfz-Steuer) vollstrecken. Die hierfür erforderlichen personenbezogenen Daten unterliegen dem Steuergeheimnis (§ 30 AO) und dürfen gem. §249 Abs. 2 Satz 2 AO auch für die Vollstreckung nichtsteuerrechtlicher Forderungen verarbeitet werden. Die Regelung dient damit der Vereinfachung des Vollstreckungsverfahrens und dem Bürokratieabbau. Sie stellt eine bereichsspezifische Regelung zur Datenverarbeitung dar gemäß Art. 6 Abs. 1 Unterabs. 1 lit. c und e i.V.m. Abs. 2 und 3 DSGVO[15]. 21

Dritter Abschnitt Besondere Datenverarbeitungsarten

§ 79 Einrichtung automatisierter Verfahren auf Abruf

(1) [1]Die Einrichtung eines automatisierten Verfahrens, das die Übermittlung von Sozialdaten durch Abruf ermöglicht, ist zwischen den in § 35 des Ersten Buches genannten Stellen sowie mit der Deutschen Rentenversicherung Bund als zentraler Stelle zur Erfüllung ihrer Aufgaben nach § 91 Absatz 1 Satz 1 des Einkommensteuergesetzes und der Deutschen Rentenversicherung Knappschaft-Bahn-See, soweit sie bei geringfügig Beschäftigten Aufgaben nach dem Einkommensteuergesetz durchführt, zulässig, soweit dieses Verfahren unter Berücksichtigung der schutzwürdigen Interessen der betroffenen Personen wegen der Vielzahl der Übermittlungen oder wegen ihrer besonderen Eilbedürftigkeit angemessen ist und wenn die jeweiligen Rechts- oder Fachaufsichtsbehörden die Teilnahme der unter ihrer Aufsicht stehenden Stellen genehmigt haben. [2]Das Gleiche gilt gegenüber den in § 69 Absatz 2 und 3 genannten Stellen.

(1a) Die Einrichtung eines automatisierten Verfahrens auf Abruf für ein Dateisystem der Sozialversicherung für Landwirtschaft, Forsten und Gartenbau ist nur gegenüber den Trägern der gesetzlichen Rentenversicherung, der Deutschen Rentenversicherung Bund als zentraler Stelle zur Erfüllung ihrer Aufgaben nach § 91 Absatz 1 Satz 1 des Einkommensteuergesetzes, den Krankenkassen, der Bundesagentur für Arbeit und der Deutschen Post AG, soweit sie mit der Berechnung oder Auszahlung von Sozialleistungen betraut ist, zulässig; dabei dürfen auch Vermittlungsstellen eingeschaltet werden.

14 Es kann sich dabei auch um solche Ansprüche handeln, die nicht den Stellen gem. § 35 SGB I zustehen (BT-Drucks. 18/12611, S. 133).

15 BT-Drucks. 18/12611, S. 133.

(2) [1]Die beteiligten Stellen haben zu gewährleisten, dass die Zulässigkeit des Verfahrens auf Abruf kontrolliert werden kann. [2]Hierzu haben sie schriftlich oder elektronisch festzulegen:
1. Anlass und Zweck des Verfahrens auf Abruf,
2. Dritte, an die übermittelt wird,
3. Art der zu übermittelnden Daten,
4. nach Artikel 32 der Verordnung (EU) 2016/679 erforderliche technische und organisatorische Maßnahmen.

(3) Über die Einrichtung von Verfahren auf Abruf ist in Fällen, in denen die in § 35 des Ersten Buches genannten Stellen beteiligt sind, die der Kontrolle des oder der Bundesbeauftragten für den Datenschutz und die Informationsfreiheit (Bundesbeauftragte) unterliegen, dieser oder diese, sonst die nach Landesrecht für die Kontrolle des Datenschutzes zuständige Stelle rechtzeitig vorher unter Mitteilung der Festlegungen nach Absatz 2 zu unterrichten.

(4) [1]Die Verantwortung für die Zulässigkeit des einzelnen Abrufs trägt der Dritte, an den übermittelt wird. [2]Die speichernde Stelle prüft die Zulässigkeit der Abrufe nur, wenn dazu Anlass besteht. [3]Sie hat mindestens bei jedem zehnten Abruf den Zeitpunkt, die abgerufenen Daten sowie Angaben zur Feststellung des Verfahrens und des für den Abruf Verantwortlichen zu protokollieren; die protokollierten Daten sind spätestens nach sechs Monaten zu löschen. [4]Wird ein Gesamtbestand von Sozialdaten abgerufen oder übermittelt (Stapelverarbeitung), so bezieht sich die Gewährleistung der Feststellung und Überprüfung nur auf die Zulässigkeit des Abrufes oder der Übermittlung des Gesamtbestandes.

(5) Die Absätze 1 bis 4 gelten nicht für den Abruf aus Dateisystemen, die mit Einwilligung der betroffenen Personen angelegt werden und die jedermann, sei es ohne oder nach besonderer Zulassung, zur Benutzung offenstehen.

Übersicht

A. Inhalt

1 Zu den die besonderen Datenverarbeitungsarten erfassenden zwei Vorschriften des Dritten Abschnitts des Zweiten Kapitels SGB X (Schutz der Sozialdaten) gehört die Regelung über die Einrichtung automatisierter Verfahren auf Abruf gemäß § 79. Danach sind bei der Einrichtung eines automatisierten Abrufverfahrens bestimmte Vorkehrungen zu treffen, die die Kontrolle der Zulässigkeit dieses Verfahrens gewährleisten sollen und Genehmigungen der Rechts- bzw. Fachaufsichtsbehörden einzuholen. Die Anforderungen des § 79 sollen der Schließung der Lücke zwischen dem Bereithalten der Sozialdaten und deren Übermittlung dienen, Gerade durch das Fortschreiten der technologischen Entwicklungen und somit auch der Datenübermittlungstechnik sowie den damit verbundenen Gefährdungspotenzialen, z.B. über das Internet, wird die Bedeutung dieser Vorschrift stärker werden.[1]

1 Krahmer/*Kipker*, Sozialdatenschutz, Kommentar, 4. Aufl. 2020, § 79 SGB X Rn. 1.

B. Entstehungsgeschichte

2 Die Vorschrift beruht auf dem Gesetz vom 13.06.1994 (BGBl. I, S. 1237). Änderungen erfolgten durch die Gesetze vom 18.05.2001 (BGBl. I, S. 904), vom 21.06.2002 (BGBl. I, S. 2167), vom 23.12.2002 (BGBl. I, S. 4621) und vom 09.12.2004 (BGBl. I, S. 3242). Die letzte Änderung erfolgte durch das LSV-NOG v. 12.04.2013 (BGBl I, S. 579). Der durch dieses Gesetz eingefügte Abs. 1a trat zum 01.01.2013 in Kraft. In der vorliegenden Fassung sind die Änderungen durch das BVG-Änderungsgesetz vom 17.07.2017 (BGBl. I, S. 2541) zur Anpassung an die Datenschutzgrundverordnung (DSGVO = Verordnung [EU] 2016/679) berücksichtigt. Hierbei handelte es sich lediglich um redaktionelle Anpassungen, u.a. an die Begriffsbestimmungen aus Artikel 4 der Verordnung (EU) 2016/679 in Verbindung mit § 67.

C. Erläuterungen

I. Relevante Normen der DSGVO und des BDSG

3 Die Zulässigkeit der Norm ergibt sich aus Artikel 6 Absatz 1 Buchstabe c und e in Verbindung mit Absatz 2 und 3 Satz 1 Buchstabe b, Satz 2 der Verordnung (EU) 2016/679[2]. Eine vergleichbare Norm gibt es weder in der DSGVO noch im BDSG. Art. 4 Nr. 6 DSGVO definiert den in Abs. 1a verwendeten Begriff »Dateisystem«.

II. Die Zulässigkeit des Abrufverfahrens nach Abs. 1

4 Während die automatisierte Datenverarbeitung seit den fünfziger Jahren ihren Einzug auch im Bereich der Sozialverwaltung angetreten hat, eröffneten die neuen Möglichkeiten der Telekommunikation zunächst nur langsam die Perspektiven für die Gestaltung der Verwaltungsabläufe. Nach § 79 dürfen die Datenbestände eines Leistungsträgers im Wege des Abrufverfahrens (online-Abruf) für andere Stellen zur Verfügung gestellt werden. Zum einen beinhaltet dieses Abrufverfahren eine erhöhte Gefahr für das Grundrecht der informationellen Selbstbestimmung, da die speichernde Stelle ihre Kontrolle über den Datenbestand und damit »ihre Herrschaft« über die Daten verliert. Zum anderen wird das Risiko der Datenübermittlung durch die Datenfernübertragung gemindert, weil die Information bei einem online-Abruf direkt an den Abrufberechtigten ohne Zwischenschaltung weiterer menschlicher Boten mit den damit verbundenen Missbrauchsmöglichkeiten erfolgt. Gleichwohl darf nicht übersehen werden, dass die Datenübertragung nur dann sicher ist, wenn entsprechende verschlüsselnde Techniken verwendet werden.

5 Die Einrichtung eines automatisierten Verfahrens, das die Übermittlung von Sozialdaten durch Abruf ermöglicht, ist nur zwischen den in § 35 des Ersten Buches genannten Stellen sowie mit den im Abs. 1 aufgeführten Trägern der gesetzlichen Rentenversicherung zulässig. Weitere Voraussetzung ist, dass dieses Verfahren unter Berücksichtigung schutzwürdiger Interessen der betroffenen Person wegen der Vielzahl der Übermittlungen oder wegen ihrer besonderen Eilbedürftigkeit angemessen ist.

6 Eine Beeinträchtigung schutzwürdiger Interessen liegt vor, wenn die betroffene Person ein berechtigtes Interesse an der Nichtübermittlung hat. Das berechtigte Interesse ist ein verständiges, durch die Sachlage gerechtfertigtes Interesse, wobei ein tatsächliches, wirtschaftliches, ideelles oder rechtliches Interesse ausreicht. So hat z.B. ein Sozialleistungsempfänger das Recht zu verlangen, dass sein Sozialleistungsbezug der Öffentlichkeit nicht bekannt gemacht wird.[3] Das gilt auch für die Berichtigung der Versicherungsnummer.[4]

---

2 BT-Drucks. 18/12611, S. 114.

3 OVG Bremen, Beschl. v. 16.11.1981 – 2 B 76/81, WKRS 1981, 20988; von Koppenfels-Spies/Wenner/*Eichenhofer*, Kommentar zum SGB I, 2. Aufl. 2018, § 35 SGB I Rn. 4.

4 BSG, Beschl. v. 17.12.1997 – 13 RJ 47/93, WKRS 1997, 11737.

7 Vorteil des automatisierten Abrufverfahrens ist es, eine erhebliche Effizienzsteigerung bei umfangreichen Datenübermittlungen zu erreichen, so dass diese Verfahrensweise zunehmend als Möglichkeit einer effektiven Missbrauchsbekämpfung bei der Beitragshinterziehung und Leistungserschleichung gesehen wird. Die Effizienzsteigerung sowie eine Eilbedürftigkeit sind die auf Seiten der genannten Sozialleistungsträger in die Abwägung gegen die Interessen der betroffenen Person einzubringenden Interessen.[5]

8 Die Eilbedürftigkeit kann sich im Einzelfall in dem Interesse der betroffenen Person widerspiegeln, Leistungen rechtzeitig in voller Höhe zu erhalten. Die Eilbedürftigkeit zielt dabei auf die Angemessenheit des Abrufverfahrens ab. Im Übrigen ist die Angemessenheit nicht nur auf den Willen der betroffenen Person abgestellt, sondern verlangt darüber hinaus die Genehmigung der zuständigen Aufsichtsbehörde. Diese Genehmigung muss bereits bei Einrichtung des Online-Verfahrens vorliegen.[6] Die Genehmigung ist eine echte Zulässigkeitsvoraussetzung, deren Fehlen zur Unzulässigkeit des Verfahrens führt.[7]

9 Die Eilbedürftigkeit kann sich nur auf den Einzelfall beziehen, z.B. auf die Erteilung eines Bescheides über die Gewährung von Leistungen. Geht es hingegen um »Massengeschäfte«, z.B. die Versendung von Mitteilungen über die Rentenanpassung, kann der Begriff der Eilbedürftigkeit nicht mehr angewendet werden. Hier geht es nur um die Wahrung der Schutzbedürftigkeit der Sozialdaten der einzelnen betroffenen Person. Daher in einem solchen Zusammenhang die Schutzbedürftigkeit des Einzelnen oder die Eilbedürftigkeit zu bejahen, ist zu verneinen. Es kann dabei nur um die Effizienz der Verwaltung gehen.

10 Unter Beachtung der vorstehenden Kriterien muss das automatisierte Verfahren angemessen sein und das Grundrecht der informationellen Selbstbestimmung der betroffenen Person achten. Es ist also eine Güterabwägung zu treffen, ob im Einzelfall die schutzwürdigen Interessen der betroffenen Person oder die Eilbedürftigkeit unter Beachtung des umfangreichen Datenaustauschs vorgehen.

III. Die Zulässigkeit des Abrufverfahrens nach Abs. 1a

11 Durch die Einfügung des Abs. 1a im Zuge der Neuordnung des Rechts der Landwirtschaftlichen Sozialversicherung sind weitere Stellen – neben den Trägern der gesetzlichen Rentenversicherung – bezeichnet, die am Abrufverfahren teilnehmen. Auch hier geht es ausschließlich um die sich aus Abs. 1 bereits ergebenden Konsequenzen im Hinblick auf eine Steigerung der Effizienz der Verwaltung bei der Einrichtung eines Abrufverfahrens für ein Dateisystem.[8]

12 Dem Abs. 1 und 1a ist gemeinsam, dass in beiden als eine abrufberechtigte Stelle die Deutsche Rentenversicherung Bund bezeichnet ist, soweit sie Aufgaben nach § 91 Abs. 1 Satz 1 EStG wahrnimmt. Hierbei geht es um die Berechnung der Zulagen bei Riester-Verträgen. In Abs. 1 wird zusätzlich die Deutsche Rentenversicherung Knappschaft-Bahn-See zu diesem Abrufverfahren zugelassen, weil sie die Aufgaben zentral für die gesamte gesetzliche Rentenversicherung im Bereich der geringfügigen Beschäftigungen wahrnimmt. Die übrigen Träger der gesetzlichen Rentenversicherung finden erst im Abs. 1a Zugang zu dem Abrufverfahren.

13 Nach Abs. 1a haben neben den Trägern der gesetzlichen Rentenversicherung die Krankenkassen, die Bundesagentur für Arbeit und die Deutschen Post AG Zugang zu diesem Abrufverfahren. Diese Stellen sind aber nur dann berechtigt, wenn sie mit der Berechnung oder Auszahlung von Sozial-

5 BT-Drucks. 12/5187, S. 41.
6 So auch KassKomm/*Herbst*, SGB X, Stand 12/2019, § 79 Rn. 36; LPK-*Stähler*, SGB X 2018, § 79 Rn. 8.
7 KassKomm/*Herbst*, SGB X Stand 12/2019, § 79 Rn. 36.
8 Definition »Dateisystem« siehe § 67 Rdn. 9.

leistungen betraut sind. Abs. 1 a letzter HS gestattet dabei, wie bereits früher auch § 205 Abs. 2 SGB VII a.F., die Einschaltung von Vermittlungsstellen.[9]

IV. Die Kontrolle der Zulässigkeit nach Abs. 2

14 Gem. Abs. 2 haben die beteiligten Stellen, also die speichernde (vgl. § 67 Abs. 9) und die abrufende Stelle, schriftlich zu gewährleisten, dass die Zulässigkeit des Abrufverfahrens kontrolliert werden kann. Hierzu haben sie den Anlass und den Zweck des Abrufverfahrens, die Dritten, an die übermittelt wird, die Art der zu übermittelnden Daten und die nach § 32 DSGVO erforderlichen technischen und organisatorischen Maßnahmen[10], die dem aktuellen Stand der Technik zu entsprechen haben, schriftlich festzulegen. Die entsprechenden Schriftlichkeiten sind vor der Aufnahme des Abrufverfahrens zu erledigen. Dabei müssen die in Abs. 2 aufgeführten vier Punkte schriftlich erklärt werden. Die einzelnen Punkte sind konkret zu bezeichnen.[11] Durch die konkrete Benennung der einzelnen Punkte ist die Kontrollmöglichkeit ausreichend gegeben. So kann insbesondere festgestellt werden, ob die Maßnahmen nach Art. 32 DSGVO eingehalten werden. Die Kontrollen können stichprobenhaft durchgeführt werden. Ob der Abruf zulässig ist, richtet sich nach Abs. 4; Abs. 2 bestimmt somit nur, dass das Verfahren schriftlich oder elektronisch zu fixieren ist.

15 Anlass und Zweck des Abrufverfahrens müssen mitgeteilt werden, um im Einzelnen die Güterabwägung vornehmen zu können. Das gilt selbstverständlich auch, wenn die Eilbedürftigkeit des Abrufes nachgewiesen wird.[12]

V. Die Unterrichtungspflicht nach Abs. 3

16 Nach Abs. 3 sind die Datenschutzbeauftragten des Bundes bzw. der Länder zu unterrichten. Dies muss rechtzeitig erfolgen, damit die Datenschutzbeauftragten die Möglichkeit erhalten, auf die Entscheidung, ob und wie ein Abrufverfahren eingerichtet wird, noch Einfluss nehmen können. Im Rahmen dieser Unterrichtung sind die Punkte im Einzelnen konkret zu bezeichnen, die nach Abs. 2 erfolgen sollen. Die Unterrichtung hat bei den Behörden des Bundes, den sonstigen öffentlichen Stellen des Bundes sowie den bundesunmittelbaren Körperschaften im Bereich der sozialen Sicherung – z.B. der Deutschen Rentenversicherung Bund und der Deutschen Rentenversicherung Knappschaft-Bahn-See – an den bzw. die BfDI zu erfolgen. Für die landesunmittelbaren Verwaltungen, zu denen auch die jeweiligen Regionalträger der Deutschen Rentenversicherung gehören, sowie die Kommunalverwaltungen sind die Datenschutzbeauftragten der Länder zuständig.

VI. Die Verantwortung für die Zulässigkeit nach Abs. 4

17 Nach Abs. 4 trägt der Empfänger die Verantwortung für die Zulässigkeit des einzelnen Abrufs. Diese Regelung entspricht zwar der Besonderheit des automatisierten Abrufverfahrens, wonach die speichernde Stelle keine Entscheidung mehr über die Übermittlung trifft, wenn das Abrufverfahren erst einmal eingerichtet ist, stellt aber andererseits eine erhebliche Abweichung von § 67d Abs. 1 dar, wonach grundsätzlich die übermittelnde Stelle die Verantwortung für die Datenübermittlung trägt. Abs. 4 bildet daher die speziellere Vorschrift. Die Kontrolle durch das Stichprobenverfahren setzt aber voraus, dass die speichernde Stelle in der Lage ist, alle Abrufe maschinell zu protokollieren[13]. Diese Protokollierungspflicht entspricht der Rechenschaftspflicht gemäß Artikel 5 DSGVO.

---

9 § 205 SGB VII ist zum 31.12.2012 weggefallen; zur Version bis zu diesem Datum s. Eichenhofer/Wenner/*Jung*, Kommentar zum SGB VII, § 205 SGB VII Rn. 5.

10 Durch Artikel 32 DSGVO und die damit notwendigen Anpassungen der nationalen sozial-/datenschutzrechtlichen Normen ist § 78a und damit auch die Aufzählung der technischen und organisatorischen Maßnahmen (TOMs) in der ehemaligen Anlage zu § 78a entfallen. Ein Beispiel für TOMs ist in den Ausführungen zu § 80 aufgeführt.

11 V. Wulffen/Schütze/*Bieresborn*, SGB X, 8. Aufl. 2014, § 79 SGB X Rn. 8.

12 Krahmer/*Kipker*, Sozialdatenschutz, 4. Aufl. 2020, § 79 Rn. 8.

13 Vgl. auch Krahmer/*Kipker*, Sozialdatenschutz, 4. Auf. 2020, § 79 Rn. 11.

18 Der Abruf kann dann unzulässig sein, wenn eine betroffene Person dem Abruf widerspricht. Auf die Anzahl der betroffenen Personen kommt es dabei nicht an, es sei denn, es handelt sich um die Massenverarbeitung z.B. im Rahmen eines Rentenanpassungsverfahrens. So hat das LSG Berlin entschieden, dass sich aus den in einem Krankenhaus eingetragenen Krankengeschichten kein umfassendes Auskunftsrecht nach § 25 SGB X bzw. nach § 79 Abs. 2 ergibt.[14]

19 Im Fall der Stapelverarbeitung wird die Feststellung und Prüfung dahingehend erleichtert, dass die Zulässigkeit des Abrufs oder der Übermittlung auf den Gesamtbestand beschränkt wird.

VII. Die Sonderregelung nach Abs. 5

20 Nach Abs. 5 gelten die Abs. 1 bis 4 nicht für den Abruf aus Datenbeständen, die mit Einwilligung der Betroffenen (vgl. §§ 67 Abs. 1, 67b Abs. 1) angelegt werden und die jedermann, sei es ohne oder nach besonderer Zulassung, zur Benutzung offenstehen.

21 Liegt die Einwilligung der betroffenen Person vor, kann grundsätzlich davon ausgegangen werden, dass eine Gefahr für das Grundrecht der informationellen Selbstbestimmung nicht besteht.

22 Nicht schützenswert sind Datenbestände, die grundsätzlich jedermann zugänglich sind, beispielsweise aus Datenbanken. Bei solchen Datenbanken handelt es sich z.B. um das Stelleninformationssystem der Bundesagentur für Arbeit und die Veröffentlichung der personenbezogenen Daten mit Einwilligung der betroffenen Personen oder um das Informationssystem ISRV bei der gesetzlichen Rentenversicherung.[15]

§ 80 Verarbeitung von Sozialdaten im Auftrag

(1) [1]Die Erteilung eines Auftrags im Sinne des Artikels 28 der Verordnung (EU) 2016/679 zur Verarbeitung von Sozialdaten ist nur zulässig, wenn der Verantwortliche seiner Rechts- oder Fachaufsichtsbehörde rechtzeitig vor der Auftragserteilung

1. den Auftragsverarbeiter, die bei diesem vorhandenen technischen und organisatorischen Maßnahmen und ergänzenden Weisungen,
2. die Art der Daten, die im Auftrag verarbeitet werden sollen, und den Kreis der betroffenen Personen,
3. die Aufgabe, zu deren Erfüllung die Verarbeitung der Daten im Auftrag erfolgen soll, sowie
4. den Abschluss von etwaigen Unterauftragsverhältnissen

schriftlich oder elektronisch anzeigt. [2]Soll eine öffentliche Stelle mit der Verarbeitung von Sozialdaten beauftragt werden, hat diese rechtzeitig vor der Auftragserteilung die beabsichtigte Beauftragung ihrer Rechts- oder Fachaufsichtsbehörde schriftlich oder elektronisch anzuzeigen.

(2) Der Auftrag zur Verarbeitung von Sozialdaten darf nur erteilt werden, wenn die Verarbeitung im Inland, in einem anderen Mitgliedstaat der Europäischen Union, in einem diesem nach § 35 Absatz 7 des Ersten Buches gleichgestellten Staat, oder, sofern ein Angemessenheitsbeschluss gemäß Artikel 45 der Verordnung (EU) 2016/679 vorliegt, in einem Drittstaat oder in einer internationalen Organisation erfolgt.

(3) [1]Die Erteilung eines Auftrags zur Verarbeitung von Sozialdaten durch nicht-öffentliche Stellen ist nur zulässig, wenn

1. beim Verantwortlichen sonst Störungen im Betriebsablauf auftreten können oder
2. die übertragenen Arbeiten beim Auftragsverarbeiter erheblich kostengünstiger besorgt werden können.

---

14 LSG Berlin, Urt. v. 06.12.1989 – L 9 Kr 58/88, WKRS 1989, 11647 (LS).

15 Krahmer/*Kipker*, Sozialdatenschutz 4. Aufl. 2020, § 79 SGB X Rn. 13.

[2]Dies gilt nicht, wenn Dienstleister in der Informationstechnik, deren absolute Mehrheit der Anteile oder deren absolute Mehrheit der Stimmen dem Bund oder den Ländern zusteht, mit vorheriger Genehmigung der obersten Dienstbehörde des Verantwortlichen beauftragt werden.

(4) [1]Ist der Auftragsverarbeiter eine in § 35 des Ersten Buches genannte Stelle, gelten neben den §§ 85 und 85a die §§ 9, 13, 14 und 16 des Bundesdatenschutzgesetzes. [2]Bei den in § 35 des Ersten Buches genannten Stellen, die nicht solche des Bundes sind, tritt anstelle des oder der Bundesbeauftragten insoweit die nach Landesrecht für die Kontrolle des Datenschutzes zuständige Stelle. [3]Ist der Auftragsverarbeiter eine nicht-öffentliche Stelle, unterliegt dieser der Aufsicht der gemäß § 40 des Bundesdatenschutzgesetzes zuständigen Behörde. [4]Dies gilt nicht, wenn Dienstleister in der Informationstechnik, deren absolute Mehrheit der Anteile oder deren absolute Mehrheit der Stimmen dem Bund oder den Ländern zusteht, mit vorheriger Genehmigung der obersten Dienstbehörde des Verantwortlichen beauftragt werden.

(5) [1]Absatz 3 gilt nicht bei Verträgen über die Prüfung oder Wartung automatisierter Verfahren oder von Datenverarbeitungsanlagen durch andere Stellen im Auftrag, bei denen ein Zugriff auf Sozialdaten nicht ausgeschlossen werden kann. [2]Die Verträge sind bei zu erwartenden oder bereits eingetretenen Störungen im Betriebsablauf unverzüglich der Rechts- oder Fachaufsichtsbehörde mitzuteilen.

Übersicht

A. Inhalt

1 Die Vorschrift regelt das »Ob«[1] einer Verarbeitung und Nutzung von Sozialdaten im Auftrag und gehört dem Dritten Abschnitt des Zweiten Kapitels des SGB X an. Das »Wie« einer Verarbeitung im Auftrag ist in Art. 28 DSGVO geregelt. Von Datenverarbeitung im Auftrag spricht man, wenn sich eine speichernde Stelle eines Dienstleistungsunternehmens bedient, das in Weisungsabhängigkeit von den die Art und den Umfang der Datenverarbeitung betreffenden Vorgaben die Verarbeitung von Sozialdaten für sie betreibt[2]. So werden regelmäßig Aufträge an Abrechnungszentren vergeben für die technische Durchführung der Datenverarbeitung, aber auch andere Dienstleistungen werden als Auftragsverarbeitung vergeben, wie zum Beispiel die Abrechnung von Sprechstundenbedarf oder der Betrieb einer Homepage, ausgelagerte Archivierungen, Datenvernichtungen sowie Support bei IT-Dienstleistungen etc. Diese enthalten die notwendigen Verarbeitungsunterlagen bzw. entsprechenden Weisungen vom Auftraggeber. Um sicherzustellen, dass das Sozialgeheimnis gewahrt wird, ergänzt § 80 im Bereich der sozialen Sicherheit die Voraussetzungen für die Auftragsverarbeitung.

2 Weil der Auftragnehmer weisungsabhängig von dem Auftraggeber ist, kann der Auftragnehmer als rechtlich einheitlicher Teil des Auftraggebers angesehen werden. Die Verantwortlichkeit für die Ein-

1 BT-Drucks. 18/12611, S. 124.
2 Vgl. auch *Bieresborn*, NZS 2017, 932.

haltung des Datenschutzes verbleibt beim Auftraggeber[3], wobei der Auftragnehmer durch die DSGVO auch eigene Pflichten und Rechte hat. Die Verantwortlichkeit ist für beide Beteiligten mittels schriftlichen Vertrags oder in einem elektronischen Format festzulegen. Die Auftragserteilung ist gemäß Abs. 1 vor Beginn des Auftragsverhältnisses der Aufsichtsbehörde anzuzeigen. Abs. 2 grenzt die ausländischen Standorte bzw. die hierfür zulässigen Rechtsgrundlagen gegenüber der DSGVO ein. Der Abs. 3 erschwert die Auftragsverarbeitung durch nicht-öffentliche Stellen und Abs. 4 die Zuständigkeiten der Datenschutzaufsichtsbehörden. Abs. 5 regelt die Wartung und Prüfung für die Fälle, in denen sich die Sozialleistungsträger Auftraggeber bedienen, die nicht Teil der auftraggebenden Behörde sind, z.B. die Datenstelle der Deutschen Rentenversicherung in Würzburg oder kommunale Rechenzentren für die Berechnung der Leistungen nach dem SGB II bzw. SGB XII. Die Voraussetzungen des Abs. 3 gelten nicht für Abs. 5.

B. Entstehungsgeschichte

3 Die Vorschrift beruht auf dem Gesetz vom 18.08.1980 (BGBl. I, S. 1469) und ist in ihrer ursprünglichen Fassung am 01.01.1981 in Kraft getreten. Sie wurde geändert durch die Gesetze vom 04.01.1982 (BGBl. I, S. 1450), vom 13.06.1994 (BGBl. I, S. 1229), vom 18.05.2001 (BGBl. I, S. 904) und vom 05.08.2010 (BGBl. I, S. 1127). Mit dem BVG-Änderungsgesetz vom 17.07.2017 (BGBl. I, S. 2541) erfolgten überwiegend redaktionelle Anpassungen an die Anforderungen der Datenschutzgrundverordnung (DSGVO = Verordnung [EU] 2016/679), die zum 25.05.2018 in Kraft traten (Art. 99 Abs. 2 DSGVO und Art. 24 BVG). Zudem erfolgte die Einfügung von Satz 3 in Abs. 3 mit dem 2. Datenschutz-Anpassungsgesetz (DS-AnpUG) vom 20.11.2019 (BGBl. I, S. 1626).

C. Erläuterungen

I. Relevante Normen der DSGVO und des BDSG

4 Die inhaltlichen Mindestanforderungen an einen Vertrag über Auftragsverarbeitung ergeben sich aus Art. 28 Abs. 2 DSGVO. Dies sind die auf dokumentierten Weisungen des Verantwortlichen beruhende Verarbeitung der personenbezogenen Daten (lit. a), Verpflichtung der Mitarbeiter des Auftragsverarbeiters auf Vertraulichkeit und Verschwiegenheit (lit. b), zur Sicherheit der Verarbeitung den aktuellen Stand der Technik gemäß Art. 32 DSGVO zu ergreifen (lit. c), Bedingungen für die Inanspruchnahme von Subunternehmern (lit. d), geeignete technische und organisatorische Maßnahmen zu ergreifen und den Auftraggeber bei der Wahrnehmung seiner Pflichten hinsichtlich der Betroffenenrechte zu unterstützen (lit. e), den Verantwortlichen bei der Einhaltung der Anforderungen gemäß Art. 32–36 DSGVO zu unterstützen (lit. f), nach Beendigung der Verarbeitung die Daten zu löschen oder an den Verantwortlichen zurück zu geben (lit. g) und dem Verantwortlichen alle erforderlichen Informationen zum Nachweis der Einhaltung der Pflichten gemäß Art. 28 DSGVO und zur Überprüfung zu geben bzw. zu ermöglichen. Grundsätzlich ist weiterhin das wichtigste Kriterium für die Einordnung eines Vertrags als Vertrag über Auftragsverarbeitung, dass die Entscheidungsbefugnis über die Daten bei der übertragenden Stelle, dem Verantwortlichen, bleibt und die fehlende Einräumung eines eigenen inhaltlichen Bewertungs- oder Ermessensspielraums zugunsten des Auftragnehmers[4]. Als weiteres Kriterium gilt die Entscheidungsbefugnis des Verantwortlichen über die Zwecke und Mittel der Verarbeitung. Auftraggeber können auch mehrere sein, dann ist allerdings eine Abgrenzung zur gemeinsamen Verantwortung gemäß Art. 26 DSGVO erforderlich. Gemeinsam Verantwortliche entscheiden gemäß Art. 26 DSGVO auch gemeinsam über Zwecke und Mittel der Datenverarbeitung.

---

3 LPK/*Stähler*, SGB X, 5. Aufl. 2019, § 80 Rn. 2; *Simitis/Hornung/Spiecker*, Datenschutzrecht 2019, Art. 28 Rn. 3.

4 *Bieresborn*, NZS 2017, 932 mit weiteren Nachweisen.

Ob es seit der Geltung der DSGVO auch noch eine Datenverarbeitung im Rahmen einer Funktionsübertragung gibt und hier eine Abgrenzung zur Auftragsverarbeitung vorzunehmen ist, wird in der Literatur diskutiert[5]. Aufgrund des Vorrangs der DSGVO, die eine Datenverarbeitung nur aufgrund der in Art. 6 definierten Rechtsgrundlagen und Art. 28 DSGVO als Rechtsgrundlage die Auftragsverarbeitung zulässt, erscheint eine Datenverarbeitung im Rahmen einer Funktionsübertragung nicht mehr zulässig zu sein. Für einen Restanwendungsbereich, z.B. bei der Beauftragung eines Rechtsanwalts: juris-PK Schlegel/Voelzke/*Mutschler/Palsherm*, SGB X, 2. Auflage 2017, Stand 23.01.2019 (juris-Datenbank), § 80 Rn. 14 mit weiteren Hinweisen. 5

Das BDSG enthält keine eigene Norm mehr zur Auftragsverarbeitung. Ist der Auftragsverarbeiter eine in § 35 SGB I genannte Stelle, gelten gemäß § 80 Abs. 4 Satz 1 neben den §§ 85, 85a die §§ 9 (Zuständigkeit der Datenschutzaufsichtsbehörden), 13 (Rechte und Pflichten der Datenschutzaufsichtsbehörden), 14 (Aufgaben der Datenschutzaufsichtsbehörden) und 16 (Befugnisse der Datenschutzaufsichtsbehörden) BDSG. § 80 Abs. 4 Satz 3 verweist für die Aufsicht über Auftragsverarbeitung als nicht-öffentliche Stellen auf § 40 (Aufsichtsbehörden der Länder) BDSG.

II. Der Grundregelung der Auftragsverarbeitung

Artikel 28 DSGVO ermöglicht die Datenverarbeitung im Auftrag (zum Begriff vgl. Rdn. 1) und weist darauf hin, dass der Auftraggeber (Leistungsträger) für die Einhaltung der Vorschriften der DSGVO verantwortlich ist. Hierdurch wird klargestellt, dass der Auftraggeber sich zwar der Vorteile der Auftragsverarbeitung bedienen kann, ohne aber seine Verantwortung für die Wahrung des Sozialgeheimnisses abgeben zu können. Die Ergänzungen für die Auftragsverarbeitung in § 80 beziehen sich auf die in § 35 SGB I genannten Sozialleistungsträger und weiteren Normadressaten und schließen durch § 81 Abs. 3 die Arbeitsgemeinschaften und Verbände ein. Die Dauer des Auftragsverhältnisses ist dabei unerheblich. Das bedeutet, dass sowohl eine einmalige als auch eine dauerhafte Auftragsverarbeitung in Betracht kommt. 6

Durch die Übertragung des Auftrags an den Auftragnehmer wird nur der Auftrag übertragen, eine bestimmte Aufgabe zu erledigen. Die Funktion des Auftraggebers als solche, die ihm aus dem Gesetz erwächst, verbleibt beim Auftraggeber. Das BSG hat deshalb entschieden, dass »*wesentliches Merkmal für die Abgrenzung der Auftrags(daten)verarbeitung von der Funktionsübertragung (Aufgabenübertragung)*«. »*die Entscheidungsbefugnis über die Daten*« ist.[6] 7

Dieser Grundsatz findet in Artikel 28 DSGVO 1 eine Verstärkung dahingehend, dass die Auftragserteilung nur zulässig ist, wenn der Datenschutz beim Auftragnehmer nach der Art der zu erhebenden, zu nutzenden oder zu verarbeitenden Daten den Anforderungen genügt, die für den Auftraggeber gelten. Die Verantwortlichkeit des Auftraggebers besteht in allen Rechtsbeziehungen, also sowohl gegenüber der betroffenen Person (vgl. auch insoweit den Verweis auf die Vorschriften §§ 82 bis 84) als auch gegenüber den Kontrollbehörden. Die Telearbeit von Mitarbeitern eines Sozialversicherungsträgers stellt allerdings keine Auftragsverarbeitung dar. Weicht der Auftragsverarbeiter jedoch von den Weisungen ab, wird er selbst zum Verantwortlichen. 8

III. Die Voraussetzungen der Auftragserteilung

Der nach Artikel 28 DSGVO zulässige Auftrag ist nach Artikel 28 Abs. 9 schriftlich oder in einem elektronischen Format abzufassen. Dabei sind insbesondere die unter Abs. 3 Buchstabe a bis h aufgelisteten Details festzulegen. Die in den Buchstaben a bis h aufgelisteten Details sind als Mindest- 9

5 Kühling/*Buchner*, DSGVO, 2017, Art. 28 Rn. 14 und 41 ff. (44), *Müthlein*, RDV 2016, 74 ff.; *Freund/Shagdar*, SGb 2018, 269.

6 BSG, Urt. v. 25.03.2015 – B 6 KA 9/14 R, WKRS 2015, 20199; Eichenhofer/von Koppenfels-Spies/Wenner/*Wenner*, SGB V, 3. Aufl. 2018, § 89 SGB V Rn. 10 sowie Eichenhofer/von Koppenfels-Spies/Wenner/*Armbruster*, 3. Aufl. 2018, § 132a SGB V Rn. 49, 51 und 64.

anforderung zu verstehen.[7] Die Schriftform oder das elektronische Format ist deshalb vorgeschrieben, damit einerseits der Auftraggeber konkrete Weisungen erteilen kann. Andererseits ist der Auftragnehmer dadurch eher in der Lage, die weisungsgemäße Erledigung des Auftrages unter Beweis zu stellen. Zudem ist es mit diesen Formen des Vertrages möglich, der Rechenschaftspflicht gemäß Art. 5 Abs. 2 DSGVO nachzukommen, die die Forderung nach der Einbeziehung des Konzepts der *Accountability* aufgreift, um die Gesamtverantwortung des Verantwortlichen für die Datenverarbeitung zu verdeutlichen[8].

10 Besonderes Augenmerk ist auf die Einhaltung der Sorgfalt bei der Auswahl des Auftragsnehmers zu legen. Je sensibler die zu übermittelnden bzw. zu verarbeitenden Daten sind, desto umfangreicher müssen die vom Auftragnehmer zu leistenden Sorgfaltspflichten hinsichtlich des Datenschutzes sein. Dies ergibt sich bereits aus dem angemessenen Schutzniveau, das der Verantwortliche selbst zu tragen hätte und für das er auch im Rahmen der Auftragsverarbeitung verantwortlich bleibt[9]. Das setzt zunächst voraus, dass der Auftraggeber selbst wissen muss, welche technischen und organisatorischen Sicherheitsstandards der Auftragnehmer als Mindestmaß erfüllen muss. Ob diese Standards eingehalten werden, sollte der Auftragnehmer **vor** Auftragserteilung und anschließend regelmäßig überprüfen. Art. 28 DSGVO schreibt zwar (regelmäßige) Prüfungen des Auftragsverarbeiters nicht ausdrücklich vor. Aufgrund der Verantwortung des Verantwortlichen auch für die Datenverarbeitung durch den Auftragsverarbeiter erscheint dies jedoch sehr ratsam.

11 Der Vertrag über die Auftragsverarbeitung kann gemäß Art. 28 Abs. 9 DSGVO auch in elektronischer Form abgeschlossen werden. In Fällen der qualifizierten elektronischen Signatur ist § 126a BGB einschlägig.

IV. Die Anzeigepflicht des Auftraggebers nach Abs. 1

12 Nach Abs. 1 hat der Auftraggeber die Pflicht, der Aufsichtsbehörde mit dem in Abs. 1 Satz 1 Nr. 1 bis 4 aufgelisteten Inhalt eine schriftliche Anzeige über die Auftragsvergabe zu erstatten bzw. auch nach Abs. 1 Satz 2 die Rechts- oder Fachaufsichtsbehörde (§ 90 SGB IV) zu informieren[10]. Die Information der Aufsichtsbehörde muss **vor** der Auftragserteilung erfolgen. Die Information der Aufsichtsbehörde dient der Qualitätssicherung des zu vergebenden Auftrags. Einerseits kann die Aufsichtsbehörde ggf. Informationen über die Eignung des Auftragnehmers geben. Andererseits kann sie beratend auf den Auftraggeber einwirken. Die Rechtsnorm sieht aber lediglich eine Information der Aufsichtsbehörde vor; eine Genehmigung der Auftragserteilung durch die Aufsichtsbehörde ist nicht vorgesehen. Mit der Anzeige gemäß § 80 Abs. 1 geht in der Regel eine Anzeige gemäß § 97 (Durchführung von Aufgaben durch Dritte) sowie bei der Anschaffung, Leasing etc. von Hard- und/oder Software in Verbindung mit einer Fernwartung eine Anzeige gemäß § 85 SGB IV (genehmigungsbedürftige Vermögensanlagen) einher[11].

V. Technische und organisatorische Maßnahmen nach Abs. 1 Satz 1 Nr. 1

13 Mit der Regelung der Voraussetzungen der Auftragsverarbeitung in Art. 28 DSGVO und dem abstrakten Hinweis auf die Vorhaltung von technischen und organisatorischen Maßnahmen zur Sicher-

---

7 Ehmann/Selmayr/*Bertermann*, DSGVO-Kommentar, 2017, Art. 28 Rn. 1.

8 Ehmann/Selmayr/*Heberlein*, DSGVO-Kommentar, 2017, Art. 5 Rn. 29.

9 Ehmann/Selmayr/*Hladjk*, DSGVO-Kommentar, 2017, Art. 32 Rn. 11.

10 Muster des Bundesamts für soziale Sicherung als Rechtsaufsichtsbehörde unter: www.bundesamtsozialesicherung.de/de/themen/alle-sozialversicherungszweige-informationstechnik-und-datenschutz/archiv/.

11 Unter: www.bundesamtsozialesicherung.de/de/themen/alle-sozialversicherungszweige-informationstechnik-und-datenschutz/archiv/: »Grundleitfaden für Anzeigen zur Beschaffung bzw. Entwicklung von Datenverarbeitungs- anlagen und -systemen sowie -programmen nach § 85 Absatz 1 Satz 2 bis 6 SGB IV«, unter dieser Adresse ebenso Rundschreiben des Bundesamts für soziale Sicherung (BAS, bis Ende 2019 BVA) zu Anzeigen gemäß § 97 SGB X.

heit der Verarbeitung in Art. 32 DSGVO ist die Auflistung von technischen und organisatorischen Maßnahmen (früher in der Anlage zu § 78a bzw. zu § 9a BDSG a.F.) entfallen.

Beispiel:

Als **Beispiel** hierfür kann der Anhang 1 des Mustervertrages über Auftragsverarbeitung der AG Datenschutz des Spitzenverbandes Bund der Krankenkassen bzw. GKV-Spitzenverbandes (GKV-SV) dienen[12]:

1. Vertraulichkeit (Art. 32 Abs. 1 lit. b DSGVO)
   Zutrittskontrolle
   - Kein unbefugter Zutritt zu Datenverarbeitungsanlagen, z.B. Magnet- oder Chipkarten, Schlüssel, elektrische Türöffner, Werkschutz bzw. Pförtner, Alarmanlagen, Videoanlagen

   Zugangskontrolle
   - Keine unbefugte Systembenutzung, z.B. (sichere) Kennwörter, automatische Sperrmechanismen, Zwei-Faktoren-Authentifizierung, Verschlüsselung von Datenträgern.

   Zugriffskontrolle
   - Kein unbefugtes Lesen, Kopieren, Verändern oder Entfernen innerhalb des Systems, z.B. Berechtigungskonzepte und bedarfsgerechte Zugriffsrechte, Protokollierung von Zugriffen.

   Trennungskontrolle
   - Getrennte Verarbeitung von Daten, die zu unterschiedlichen Zwecken erhoben wurden, z.B. Mandantenfähigkeit, Sandboxing.

   Pseudonymisierung (Art. 32 Abs. 1 lit. a, Art. 25 Abs. 1 DSGVO)
   - Verarbeitung von personenbezogenen Daten in einer Weise, dass die Daten ohne Hinzuziehung zusätzlicher Informationen nicht mehr einer spezifischen betroffenen Person zugeordnet werden können, sofern diese zusätzlichen Informationen gesondert aufbewahrt werden und entsprechende technischen und organisatorischen Maßnahmen unterliegen.
2. Integrität (Art. 32 Abs. 1 lit. b DSGVO)
   Weitergabekontrolle
   - Kein unbefugtes Lesen, Kopieren, Verändern oder Entfernen bei elektronischer Übertragung oder Transport, z.B. Verschlüsselung, Virtual Private Network (VPN), elektronische Signatur.

   Eingabekontrolle
   - Feststellung, ob und von wem personenbezogene Daten in Datenverarbeitungssysteme eingegeben, verändert oder entfernt worden sind, z.B. Protokollierung, Dokumentenmanagement.
3. Verfügbarkeit und Belastbarkeit (Art. 32 Abs. 1 lit. b DSGVO)
   Verfügbarkeitskontrolle
   - Schutz gegen zufällige oder mutwillige Zerstörung bzw. Verlust, z.B. Backup-Strategie (online/offline; on-site/off-site), unterbrechungsfreie Stromversorgung (SUV), Virenschutz, Firewall, Meldewege und Notfallpläne

   Rasche Widerherstellbarkeit (Art. 32 Abs. 1 lit. c DSGVO)
4. Verfahren zur regelmäßigen Überprüfung, Bewertung und Evaluierung (Art. 32 Abs. 1 lit. d DSGVO und Art. 25 Abs. 1 DSGVO)
   Datenschutz-Management
   Incident-Response-Management
   Datenschutzfreundliche Voreinstellung (Art. 25 Abs. 2 DSGVO)

12 In überarbeiteter Version zuletzt veröffentlicht mit GKV-SV-Rundschreiben 2019–520 vom 09.10.2019 (vorherige Version vom 16.04.2018).

Auftragskontrolle
- Auftragsverarbeitung im Sinne des Art. 28 DSGVO zwingend mit entsprechenden Weisungen des Auftraggebers, z.B. eindeutige Vertragsgestaltung, formalisiertes Auftragsmanagement, strenge Auswahl des Dienstleisters, Vorabüberzeugungspflicht, Nachkontrollen.

VI. Die Pflichten des Auftragnehmers

14 Nach Artikel 28 Abs. 3 in Verbindung mit Abs. 10 DSGVO darf der Auftragnehmer die zur Datenverarbeitung überlassenen Sozialdaten nicht für andere Zwecke verarbeiten oder nutzen und nicht länger speichern, als der Auftraggeber schriftlich bestimmt hat. Darin spiegelt sich der Zweckbindungsgrundsatz[13] in der Ausgestaltung wider, dass die Sozialdaten nur zu dem Zweck verarbeitet und genutzt werden dürfen, für den der Auftrag erteilt worden ist. Die Vorschrift enthält eine über § 78 hinausgehende Zweckbindung und soll eine möglichst rasche Löschung der überlassenen Daten gewährleisten. Bei ihrer Verletzung droht ein Bußgeld nach Art. 83 in Verbindung mit § 85a und § 41 BDSG. Zu beachten ist, dass auch Betriebs- und Geschäftsgeheimnisse unter diese Rechtsnorm zu subsumieren sind.

VII. Grenzüberschreitende Auftragsverarbeitung gemäß Abs. 2

15 Die Zulässigkeit der Übermittlung von personenbezogenen Daten an einen Auftragsverarbeiter in einem Drittland ist grundsätzlich in Kapitel V, den Art. 44 ff. DSGVO geregelt. Abs. 2 hingegen zählt die gesetzlichen Voraussetzungen für eine Übermittlung von Sozialdaten in ein Drittland abschließend auf. Abweichend von den Normen des Kapitel V der DSGVO ist damit die Übermittlung in ein Drittland vorbehaltlich anderer geeigneter Garantien (Art. 46 DSGVO), z.B. der Standarddatenschutzklausel, oder verbindlicher interner Datenschutzvorschriften (Art. 47 DSGVO) nicht zulässig[14]. Entscheidend ist hierbei der physische Ort der Verarbeitung und nicht der Sitz oder die Niederlassung des Auftragsverarbeiters[15].

VIII. Die besonderen Anforderungen an die Vergabe an nicht-öffentliche Stellen nach Abs. 3

16 Die Verarbeitung oder Nutzung von Sozialdaten im Auftrag durch nicht-öffentliche Stellen ist nur zulässig, wenn die in Abs. 3 normierten besonderen Voraussetzungen erfüllt sind. Danach ist nach Abs. 3 Satz 1 Nr. 1 die Auftragsvergabe an nicht-öffentliche Stellen (Erläuterungen zu nicht-öffentlichen Stellen: siehe § 67 Rdn. 49) nur zulässig, wenn sonst beim Auftraggeber Störungen im Betriebsablauf auftreten können. Dies ist eine sehr strenge Voraussetzung, die die Auftragsvergabe an nicht-öffentliche Stellen nur in Ausnahmefällen erlaubt.

17 Nach Abs. 3 Satz 1 Nr. 2 ist die Auftragsvergabe an nicht-öffentliche Stellen alternativ zu Nr. 1 zulässig, wenn die übertragenen Arbeiten beim Auftragnehmer erheblich kostengünstiger besorgt werden können. Der Gesetzgeber räumt damit auch den Sozialleistungsträgern die Vorteile des Outsourcings, also Kostenvorteile durch die Senkung laufender Kosten sowie die Vermeidung ansteigender DV-Kosten, ein.

18 Abs. 3 gilt gemäß § 51 SGB II nicht für Verarbeitungen von Sozialdaten im Auftrag der Träger der Leistungen nach dem SGB II zur Erfüllung ihrer Aufgaben nach dem SGB II einschließlich der Erbringung von Leistungen zur Eingliederung in Arbeit und Bekämpfung von Leistungsmissbrauch.

---

13 Vgl. BVerfGE 65, 1, 46; siehe auch Art. 5 Abs. 1 lit. b DSGVO.

14 Erwägungsgrund 112 sieht für personenbezogene Daten eine derartige Einschränkung der Übermittlung in Drittstaaten, die weder zur EU oder EWR gehören und für die kein Angemessenheitsbeschluss vorliegt aus Gründen des öffentlichen Interesses vor. Zulässigkeit der Übermittlung in die USA aufgrund des *EU-US-Privacy Shield* nach Ansicht von *Bieresborn*, NZS 2017, 932.

15 So auch *Freund/Shagdar*, SGb 2018, 270.

Abs. 3 gilt gemäß Satz 3 ebenfalls nicht bei Beauftragungen von Dienstleistern in der Informationstechnik, wenn deren absolute Mehrheit der Anteile der Stimmen dem Bund oder den Ländern zusteht und eine vorherige Genehmigung der obersten Dienstbehörde des Verantwortlichen erteilt wird. Die Regelung dient insbesondere der Förderung der Umsetzung der vom Bundeskabinett beschlossenen Vorhaben zur IT-Konsolidierung in der Bundesverwaltung[16]. 19

Für die Träger der Rentenversicherung enthalten §§ 145 bis 152 SGB VI spezielle Vorschrift zum Datenschutz und zur Datensicherheit. 20

Kriterien für eine »erheblich kostengünstigere« Auftragsverarbeitung können ein erheblich geringerer Material- oder Zeitaufwand oder eine billigere, schnellere und effektivere Aufgabenerledigung (§ 69 SGB IV) sein. 21

Die alte Regelung (Abs. 5 Nr. 2 a.F.), nach der ein Auftrag nicht die Speicherung des gesamten Datenbestandes des Auftraggebers umfassen durfte, ist entfallen. Der überwiegende Teil der Speicherung des gesamten Datenbestandes musste beim Auftraggeber oder beim Auftragnehmer, der eine öffentliche Stelle ist, und die Daten zur weiteren Datenverarbeitung im Auftrag an nicht-öffentliche Auftragnehmer weitergibt, verbleiben. Durch den Vorbehalt von mehr als der Hälfte der Daten beim Auftraggeber sollte erreicht werden, dass in der Regel öffentliche Stellen die Auftragsarbeiten durchführen. Bei ihnen können die besonderen Zuverlässigkeitsvoraussetzungen als gegeben angesehen werden.[17] Diese Regelung ist mit Geltung der DSGVO entfallen und auch aus diesem Sozialgesetzbuch gestrichen worden, da sie nach Ansicht des Gesetzgebers nicht mehr zeitgemäß war[18]. 22

IX. Die Kontrollbefugnisse nach Abs. 4

Nach Abs. 4 Satz 1 gelten für die in § 35 SGB I genannten Stellen die dort aufgeführten Vorschriften. Für diese Stellen gelten die Straf- und Bußgeldvorschriften §§ 85 und 85a. Im Übrigen findet das BDSG Anwendung. Nach Abs. 4 Satz 2 ist für die Kontrolle der Landesbehörden der Landesdatenschutzbeauftragte zuständig. Diese gilt dann nicht, wenn es sich um eine Bundesbehörde handelt. Im Interesse einer einheitlichen und wirksamen Kontrolle des Sozialdatenschutzes schien es dem Gesetzgeber erforderlich, den Datenschutzbeauftragten der Länder gegenüber den ihrer Kontrolle unterliegenden Sozialleistungsträgern die gleichen Befugnisse einzuräumen, wie gegenüber den sonstigen Landes- und Kommunalbehörden. Durch die Kontrolle seitens der Aufsichtsbehörden wird sichergestellt, dass eine doppelte Kontrolle der auftragsgemäßen Aufgabenerledigung durch den Auftragnehmer erfolgt. 23

X. Die Prüfung und Wartung automatisierter Verfahren nach Abs. 5

Abs. 5 Satz 1 bestimmt, dass bei der Prüfung oder Wartung automatisierter Verfahren oder von Datenverarbeitungsanlagen durch andere im Auftrag der Abs. 3 nicht gilt. Das heißt im Umkehrschluss[19], dass für Verträge über Wartung bzw. Fernwartung, bei denen ein Zugriff des Auftragsverarbeiters auf Sozialdaten (oder Geschäfts- und Betriebsgeheimnisse) nicht ausgeschlossen ist, die Regelungen über Auftragsverarbeitung gelten. Dies gilt auch gemäß Art. 28 DSGVO bei möglichem Zugriff auf personenbezogene Daten aufgrund der weiten Legaldefinition der Auftragsverarbeitung.[20] Damit wird die Fernwartung für die Verarbeitung von Sozialdaten (Geschäfts- und Betriebsgeheimnisse) zugelassen. Gemäß Abs. 5 Satz 2 darf von der vorherigen Mitteilung an die Aufsichtsbehörde 24

16 Kabinettsentwurf des BMI vom 27.08.2019, S. 280 (beschlossen am 05.09.2019).
17 Rechtliche Arbeitsanweisung der Deutschen Rentenversicherung, § 80 SGB X Rn. R6 (www.Deutsche-Rentenversicherung-Regional.de = Punkt Rechtliche Arbeitsanweisungen).
18 BT-Drucks. 18/12611, S. 124.
19 So auch *Freund/Shagdar*, SGb 2018, 270.
20 *Simitis/Hornung/Spiecker*, Datenschutzrecht, 2019, Art. 28 Rn. 23.

dann abgewichen werden, wenn Störungen im Betriebsablauf eingetreten, zumindest aber zu erwarten sind.[21] Andernfalls hat die Mitteilung an die Aufsichtsbehörde rechtzeitig zu erfolgen.

Vierter Abschnitt Rechte der betroffenen Person, Beauftragte für den Datenschutz und Schlussvorschriften

§ 81 Recht auf Anrufung, Beauftragte für den Datenschutz

(1) Ist eine betroffene Person der Ansicht, bei der Verarbeitung ihrer Sozialdaten in ihren Rechten verletzt worden zu sein, kann sie sich
1. an den Bundesbeauftragten oder die Bundesbeauftragte wenden, wenn sie eine Verletzung ihrer Rechte durch eine in § 35 des Ersten Buches genannte Stelle des Bundes bei der Wahrnehmung von Aufgaben nach diesem Gesetzbuch behauptet,
2. an die nach Landesrecht für die Kontrolle des Datenschutzes zuständige Stelle wenden, wenn sie die Verletzung ihrer Rechte durch eine andere in § 35 des Ersten Buches genannte Stelle bei der Wahrnehmung von Aufgaben nach diesem Gesetzbuch behauptet.

(2) [1]Bei der Wahrnehmung von Aufgaben nach diesem Gesetzbuch gelten für die in § 35 des Ersten Buches genannten Stellen die §§ 14 bis 16 des Bundesdatenschutzgesetzes. [2]Bei öffentlichen Stellen der Länder, die unter § 35 des Ersten Buches fallen, tritt an die Stelle des oder der Bundesbeauftragten die nach Landesrecht für die Kontrolle des Datenschutzes zuständige Stelle.

(3) [1]Verbände und Arbeitsgemeinschaften der in § 35 des Ersten Buches genannten Stellen oder ihrer Verbände gelten, soweit sie Aufgaben nach diesem Gesetzbuch wahrnehmen und an ihnen Stellen des Bundes beteiligt sind, unbeschadet ihrer Rechtsform als öffentliche Stellen des Bundes, wenn sie über den Bereich eines Landes hinaus tätig werden, anderenfalls als öffentliche Stellen der Länder. [2]Sonstige Einrichtungen der in § 35 des Ersten Buches genannten Stellen oder ihrer Verbände gelten als öffentliche Stellen des Bundes, wenn die absolute Mehrheit der Anteile oder der Stimmen einer oder mehrerer öffentlicher Stellen dem Bund zusteht, anderenfalls als öffentliche Stellen der Länder. [3]Die Datenstelle der Rentenversicherung nach § 145 Absatz 1 des Sechsten Buches gilt als öffentliche Stelle des Bundes.

(4) [1]Auf die in § 35 des Ersten Buches genannten Stellen, die Vermittlungsstellen nach § 67d Absatz 3 und die Auftragsverarbeiter sind die §§ 5 bis 7 des Bundesdatenschutzgesetzes entsprechend anzuwenden. [2]In räumlich getrennten Organisationseinheiten ist sicherzustellen, dass der oder die Beauftragte für den Datenschutz bei der Erfüllung seiner oder ihrer Aufgaben unterstützt wird. [3]Die Sätze 1 und 2 gelten nicht für öffentliche Stellen der Länder mit Ausnahme der Sozialversicherungsträger und ihrer Verbände. [4]Absatz 2 Satz 2 gilt entsprechend.

Übersicht

21 Schlegel/Voelzke/*Mutschler/Palsherm*, Juris-PK SGB X, 2. Aufl. 2017, Stand 23.01.2020 (juris-Datenbank) mit Praxishinweis auf das Arbeitspapier »Grundsatzfragen der Verwaltungsmodernisierung« zur Auftragsverarbeitung/Outsourcing in der öffentlichen Verwaltung, dass in der 76. Konferenz der Datenschutzbeauftragten des Bundes und der Länger vom 06./07.11.2008 zustimmend zur Kenntnis genommen wurde.

A. Inhalt

Nach Abs. 1 der Vorschrift hat jeder das Recht, sich mit der Behauptung, er sei bei der Erhebung, Verarbeitung oder Nutzung seiner personenbezogenen Sozialdaten in seinen Rechten verletzt worden, an den zuständigen Beauftragten für den Datenschutz zu wenden. Diese Regelung entspricht dem Beschwerderecht gemäß Art. 77 DSGVO. Die Abs. 2 bis 4 regeln die Befugnisse der einzelnen Kontrollinstanzen. Gleichfalls wird die Implementierung eines internen Datenschutzbeauftragten ergänzend zur DSGVO geregelt. Durch Abs. 4 und die Verweise auf das BDSG werden Auftragsverarbeiter zu der Bestellung eines Datenschutzbeauftragten verpflichtet, wenn sie für eine nach § 35 SGB I verpflichtete Stelle tätig werden. 1

B. Entstehungsgeschichte

Die Vorschrift beruht auf dem Gesetz vom 18.08.1980 (BGBl. I, S. 1469), hat aber ihre umfassende Ausgestaltung erst durch das Gesetz vom 13.06.1994 (BGBl. I, S. 1229) erhalten. Änderungen erfolgten durch die Gesetze vom 18.05.2001 (BGBl. I, S. 904), vom 21.06.2002 (BGBl. I, S. 2167) und vom 09.12.2004 (BGBl. I, S. 3242). Mit BVG-Änderungsgesetz vom 17.07.2017 (BGBl. I, S. 2541), das zum 25.05.2018 in Kraft trat, (Art. 99 Abs. 2 DSGVO und Art. 24 BVG) erfolgten redaktionelle Anpassungen an die Datenschutzgrundverordnung (DSGVO = Verordnung [EU] 2016/679), insbesondere an die Begriffsbestimmungen gemäß Art. 4 in Verbindung mit § 67. 2

C. Erläuterungen

I. Relevante Normen der DSGVO und des BDSG

Die Rechtsgrundlage für § 81 ist Art. 77 DSGVO. Die Aufgaben der Datenschutzaufsichtsbehörden sind in Art. 51 ff. DSGVO geregelt, das Beschwerderecht der betroffenen Personen in Art. 77 DSGVO und die Bestellung eines Datenschutzbeauftragten durch den Verantwortlichen in Art. 37 DSGVO. Der Verweis auf § 18 Abs. 2 BDSG a.F., dass Verzeichnisse über die eingesetzten Datenverarbeitungsanlagen zu erstellen sind, war zu streichen, da jetzt mit Art. 30 eine entsprechende Regelung in der DSGVO besteht, derzufolge Verzeichnisse über Verarbeitungstätigkeiten zu erstellen sind. 3

Gemäß Art. 51 DSGVO regeln die §§ 14–16 BDSG in Verbindung mit § 1 BDSG (Anwendungsbereich) auf nationaler Ebene ergänzend die Zuständigkeiten und Tätigkeiten der bzw. des Bundesbeauftragten für den Datenschutz (BfDI): § 14 Aufgaben, § 15 Tätigkeitsbericht, § 16 Befugnisse. Die in § 14 Abs. 1 Satz 1 Nr. 1–11 aufgeführten Aufgaben sind nahezu wortgleich mit den in Art. 57 Abs. 1 Satz 1 lit. a-i, l und t DSGVO aufgeführten Aufgaben. Für die Landesaufsichten im Datenschutz erfolgt dies in den Landesdatenschutzgesetzen der einzelnen Bundesländer. Die Verpflichtung, einen jährlichen Tätigkeitsbericht zu schreiben und dessen Inhalte in § 15 entsprechen Art. 59 DSGVO. Die Befugnisse gemäß § 16 entsprechen denen aus Art. 58 DSGVO. Hierzu gehören die Befugnisse Datenschutzüberprüfungen durchzuführen und den Verantwortlichen sowie den Auftragsverarbeiter auf Verstöße hinzuweisen. Ergänzend bestehen auch Abhilfebefugnisse wie zum Beispiel Verwarnungen und Anweisungen (u.a. Verarbeitungen einzuschränken, Daten zu löschen) und Bußgelder zu verhängen. 4

§§ 5–7 BDSG regeln ergänzend zu Art. 37–39 DSGVO und § 81 die Bestellung von fachkundigen internen oder externen Datenschutzbeauftragten durch öffentliche Stellen und deren Tätigkeit. Während die Bestellung eines Datenschutzbeauftragten nach Art. 37 DSGVO grundsätzlich von den dort bestimmten Voraussetzungen abhängt, sind Behörden und öffentliche Stellen nach nationalem Recht generell zu der Bestellung eines Datenschutzbeauftragten verpflichtet[1]. Diese Pflicht erstreckt sich jetzt auch auf die Auftragsverarbeiter der in Abs. 4 genannten Stellen (siehe Rdn. 15). 5

1 Gola/*Gola*, DSGVO-Kommentar 2017, Art. 5 Rn. 1 und 6.

Den Datenschutzbeauftragten kommt nach den Vorgaben der DSGVO eine erheblich umfassendere Rechtsstellung zu[2].

II. Die Rechte des Einzelnen nach Abs. 1

6 Nach Abs. 1 Nr. 1 kann der Einzelne den oder die Bundesbeauftragte/n für den Datenschutz bzw. nach Abs. 1 Nr. 2 die vergleichbare Stelle nach Landesrecht anrufen, wenn er eine Verletzung seiner Rechte durch eine in § 35 des Ersten Buches genannten Stellen bei der Wahrnehmung von Aufgaben nach diesem Gesetzbuch behauptet.

7 Es geht dabei um eine Verletzung des Sozialgeheimnisses, das in § 35 SGB I gesetzlich definiert ist. Danach hat jeder Anspruch darauf, dass die ihn betreffenden Sozialdaten von den Leistungsträgern etc. nicht unbefugt erhoben, verarbeitet oder genutzt werden. Die Wahrung des Sozialgeheimnisses umfasst die Verpflichtung, auch innerhalb des Leistungsträgers etc. sicherzustellen, dass die Sozialdaten nur Befugten zugänglich sind oder nur an diese weitergegeben werden. § 35 Abs. 2 SGB I stellt klar, dass eine Erhebung, Verarbeitung und Nutzung nur zulässig sind, wenn die Voraussetzungen des Zweiten Kapitels des SGB X, also der §§ 67 bis 85a, vorliegen. Das gilt selbstverständlich auch für Erklärungen gegenüber der Tagespresse, wenn diese falsch sein sollten.[3]

8 Das Anrufungsrecht ist kein Ermessensrecht. Seine Durchsetzung ergibt sich aus Art. 77 DSGVO und ist dem Petitionsrecht gemäß Art. 17 GG wesensgleich[4]. Bei der Anrufung der Aufsichtsbehörde ist es ausreichend, dass die betroffene Person der Ansicht ist, dass die Datenverarbeitung gegen datenschutzrechtliche Normen verstößt[5]. Eine Behauptung reicht demnach aus und ist gegeben, wenn der Verstoß nach den Darlegungen der betroffenen Person nicht von vornhinein völlig ausgeschlossen ist[6]. Vielmehr ist entscheidend, ob der Betroffene sich subjektiv in seinen Rechten verletzt fühlt. Wurde früher davon ausgegangen, dass sich der Anwendungsbereich des § 81 nur für die Verletzung personenbezogener Sozialdaten von Bedeutung ist, wird nunmehr aufgrund der Streichung »personenbezogene« Sozialdaten argumentiert, dass aufgrund der weiterhin geltenden Gleichstellung von Geschäfts- und Betriebsgeheimnissen im Sozialrecht mit Sozialdaten, die Datenschutzaufsichtsbehörden auch bei diesbezüglichen Fragen angerufen werden können und dann auch von juristischen Personen und nicht nur von natürlichen Personen[7]. Bei der Speicherung, der Nutzung oder Verarbeitung nach den Sozialgesetzbüchern geht es in der Regel um personenbezogene Sozialdaten bzw. um Daten, die eine Personenbezogenheit bedingen können. Geschäfts- und Betriebsgeheimnisse ganz ohne Bezug zu personenbezogenen Daten dürften selten vorkommen, so dass die Relevanz der Anwendungserweiterung ggf. in der Praxis keine größere Bedeutung erlangen wird.

III. Die Kontrollpflichten der Abs. 2 und Fiktion als öffentliche Stelle nach Abs. 3

9 Abs. 2 regelt die Zuständigkeitsabgrenzung zwischen den Beauftragten des Bundes und der Länder. Dabei bestimmt Satz 1 Nr. 1 in Verbindung mit § 14 BDSG das Kontrollrecht durch den bzw. die Bundesbeauftragte/n (BfDI) für den Datenschutz. Abs. 2 Satz 2 und 3 legen fest, dass an die Stelle des oder der BfDI die entsprechenden Beauftragten der jeweiligen Bundesländer treten, wenn es sich um öffentliche Stellen der Länder handelt, die unter die Regelungen des § 35 SGB I fallen.

10 Wenn betroffene Personen von ihrem Recht auf Einschaltung des oder des BfDI Gebrauch machen, sind die Anfragen des bzw. der BfDI umfassend zu beantworten. Dabei sind den Mitarbeitern der

2 *Bieresborn/Giesberts-Kaminski*, SGb 2018, 609, 615.
3 OVG Bremen, Beschl. v. 16.11.1981 – 2 B 76/81, WKRS 1981, 20988.
4 Gola/*Pötters/Werkmeister*, DSGVO-Kommentar, Art. 77 Rn. 2.
5 Gola/*Pötters/Werkmeister*, DSGVO-Kommentar, Art. 77 Rn. 14.
6 Ehmann/Selmayr/*Nemitz*, DSGVO-Kommentar, 2017, Art. 77 Rn. 8 der eine Analogie zu den Anforderungen an die Klagebefugnis gemäß § 42 Abs. 2 VwGO zieht.
7 Hauck/Noftz/*Rombach*, SGB X-Kommentar, Lfg 4/19 (VIII/19) zu § 81 Rn. 9 mit weiteren Nachweisen.

Datenschutzaufsichtsbehörden sowohl Kontrollen vor Ort einzuräumen als auch entsprechende Stellungnahmen auf Anforderung abzugeben.

Es muss eine widerspruchsfreie Kontrolle durch die Datenschutzaufsichtsbehörde möglich sein, da anderenfalls der Schutz dieser Daten nicht kontrolliert werden kann. Daher sind auch Kontrollen der Daten zulässig, die unter Normen zur Verschwiegenheit fallen. Dies ist durch den Verweis auf § 16 Abs. 3 BDSG als Einschränkung des Post- und Fernmeldegeheimnisses sowie besondere Amtsgeheimnisse wie zum Beispiel das Steuergeheimnis geregelt. Für Berufsgeheimnisträger stellt § 29 BDSG eine Spezialregelung dar, derzufolge die Untersuchungsbefugnisse der bzw. des BfDI gemäß Art 58 Abs. 1 lit. e und f DSGVO insoweit eingeschränkt werden, als dass *die Inanspruchnahme der Befugnisse zu einem Verstoß gegen die Geheimhaltungspflichten dieser (§ 203 Abs. 1, 2a und 3 StGB) Personen führen würde. Erlangt eine Aufsichtsbehörde im Rahmen einer Untersuchung Kenntnis von Daten, die einer Geheimhaltungspflicht im Sinne des Satzes 1 unterliegen, gilt die Geheimhaltungspflicht auch für die Aufsichtsbehörde.* 11

Stellt die zuständige Datenschutzaufsichtsbehörde eine Verletzung der Obliegenheiten nach den §§ 67 ff. fest, hat sie diese zu beanstanden. Die Beanstandung erfolgt je nach Zuständigkeit an den zuständigen Behördenleiter als dem Verantwortlichen gemäß Art. 4 Nr. 7 DSGVO. Bei den Trägern der gesetzlichen Rentenversicherung sowie den Kranken- und Pflegeversicherungen und deren Verbänden erfolgt die Beanstandung gegenüber dem Vorstand. Dieser hat eine entsprechende Stellungnahme abzugeben. Insbesondere hat er dabei darzulegen, welche Maßnahmen zur Mängelbeseitigung getroffen wurden. Eine Durchschrift der Stellungnahme ergeht an die Aufsichtsbehörde (§ 90 SGB IV).[8] Die Ausübung der Befugnisse der Datenschutzaufsichtsbehörden richten sich dabei nach dem Verwaltungsverfahrensgesetz (VwVfG) des Bundes bzw. des jeweiligen Bundeslandes. Die dort geregelten Anforderungen an die Bestimmtheit, Verhältnismäßigkeit und Form sind anzuwenden. Dabei muss der DSGVO als EU-Recht im Sinne des *effet utile* höchstmögliche praktische Wirksamkeit verschafft werden[9]. 12

Nach Abs. 3 Satz 1 gelten die Verbände und Arbeitsgemeinschaften der in § 35 des Ersten Buches genannten Stellen oder ihrer Verbände unter den genannten Voraussetzungen als öffentliche Stellen des Bundes, soweit sie Aufgaben nach diesem Gesetzbuch wahrnehmen. Sie gelten dann als öffentliche Stelle, wenn Stellen des Bundes an ihnen beteiligt sind. Daraus folgt, dass selbst die in privatrechtlicher Form betriebenen Stellen als öffentliche Stellen betrachtet werden.[10] Durch diese Regelung wird gewährleistet, dass die öffentlichen Stellen des Bundes unter die Bestimmungen des BDSG fallen. Sind mehrere Länder an einer solchen Stelle beteiligt, sind sie einzelnen Bundesländern zugeordnet. Für sie sind die Datenschutzbeauftragten der Länder zuständig. Dies führt bei § 80 zu der Konsequenz, dass diese Stellen nicht unter die verschärften Regelungen für nicht-öffentliche Stellen fallen (vgl. dazu § 80 Abs. 5). Abs. 3 Satz 2 und 3 enthalten die dort aufgeführten Sonderregelungen in Bezug auf die sonstigen Einrichtungen nach § 35 SGB I sowie auf die Datenstelle der Rentenversicherungsträger nach § 145 Abs. 1 SGB VI. Weil die Datenstelle der Rentenversicherungsträger unter Verwaltung der Deutschen Rentenversicherung Bund steht, handelt es sich insoweit um eine öffentliche Stelle des Bundes. Diese wird daher von BDSG erfasst und durch den BfDI hinsichtlich des Datenschutzes kontrolliert.[11] Gleiches gilt auch für Jobcenter. 13

8 jurisPK-SGB X, Schlegel/Völzke/*Mutschler/Palsherm*, 2. Aufl. 2017, Stand 07.05.2018 (juris-Datenbank), § 81 SGB X Rn. 23.

9 Gola/*Nguyen*, DSGVO-Kommentar, Art. 58 Rn. 20.

10 § 2 Abs. 3 BDSG, s. Sydow/*Böken*, BDSG 2020, § 2 Rn. 11.

11 juris-PK-SGB X, Schlegel/Völzke/Mutschler/Palsherm, 2. Aufl. 2017, Stand 07.05.2018 (juris-Datenbank), § 81 Rn. 24.

IV. Die internen Datenschutzbeauftragten des Abs. 4

14 Nach Abs. 4 Satz 1 werden aufgrund der Verweisungen auf das Bundesdatenschutzgesetz alle in § 35 Abs. 1 SGB I genannten Stellen sowie die Vermittlungsstellen nach § 67d Abs. 4 unabhängig von den Bestimmungen des Art. 37 DSGVO dazu verpflichtet, Datenschutzbeauftragte zu bestellen.

15 Durch die Aufnahme der Auftragsdatenverarbeiter in Abs. 4 Satz 1 sind auch diese zur Bestellung eines Datenschutzbeauftragten verpflichtet, wenn sie Auftragsverarbeitungen nach den Sozialgesetzbüchern, d.h. für die in § 35 SGB I genannten Stellen sowie die Vermittlungsstellen nach § 67d Abs. 3 durchführen. Durch den Verweis auf §§ 5–7 BDSG ist dies verpflichtend, auch wenn der Auftragsverarbeiter ggf. nur ein kleines Unternehmen in der privaten Wirtschaft ist, das einen Fernwartungsvertrag (§ 80 Abs. 5) ausführt und die Voraussetzungen des Art. 37 Abs. 1 DSGVO nicht erfüllt.

16 Nach Abs. 4 Satz 2 ist sicherzustellen, dass diese Beauftragten für den Datenschutz bei der Erfüllung ihrer Aufgaben stets unterstützt werden. Bei großen Organisationseinheiten kann das bedingen, dass der Beauftragte für den Datenschutz von übrigen Arbeiten dieser Stelle befreit wird.[12] Beauftragten für den Datenschutz sind die notwendigen Hilfsmittel und Hilfspersonale zur Verfügung zu stellen.

17 Abs. 4 Satz 3 nimmt von dieser generellen Verpflichtung zu der Bestellung eines Datenschutzbeauftragten sowie dessen Unterstützung bei getrennten Organisationseinheiten die öffentlichen Stellen der Länder aus, mit Ausnahme der Sozialversicherungsträger und ihrer Verbände, wobei aber durch die Verweisung in Abs. 4 Satz 4 eine Geltung des entsprechenden Landesrechts sichergestellt ist. Die Bestellung eines Datenschutzbeauftragten richtet sich für diese Stellen ausschließlich nach der DSGVO, ggf. ergänzend nach dem jeweiligen Landesdatenschutzgesetz.

§ 81a Gerichtlicher Rechtsschutz

(1) [1]Für Streitigkeiten zwischen einer natürlichen oder juristischen Person und dem oder der Bundesbeauftragten oder der nach Landesrecht für die Kontrolle des Datenschutzes zuständigen Stelle gemäß Artikel 78 Absatz 1 und 2 der Verordnung (EU) 2016/679 aufgrund der Verarbeitung von Sozialdaten im Zusammenhang mit einer Angelegenheit nach § 51 Absatz 1 und 2 des Sozialgerichtsgesetzes ist der Rechtsweg zu den Gerichten der Sozialgerichtsbarkeit eröffnet. [2]Für die übrigen Streitigkeiten gemäß Artikel 78 Absatz 1 und 2 der Verordnung (EU) 2016/679 aufgrund der Verarbeitung von Sozialdaten gilt § 20 des Bundesdatenschutzgesetzes, soweit die Streitigkeiten nicht durch Bundesgesetz einer anderen Gerichtsbarkeit ausdrücklich zugewiesen sind. [3]Satz 1 gilt nicht für Bußgeldverfahren.

(2) Das Sozialgerichtsgesetz ist nach Maßgabe der Absätze 3 bis 7 anzuwenden.

(3) Abweichend von den Vorschriften über die örtliche Zuständigkeit der Sozialgerichte nach § 57 des Sozialgerichtsgesetzes ist für die Verfahren nach Absatz 1 Satz 1 das Sozialgericht örtlich zuständig, in dessen Bezirk der oder die Bundesbeauftragte oder die nach Landesrecht für die Kontrolle des Datenschutzes zuständige Stelle seinen oder ihren Sitz hat, wenn eine Körperschaft oder Anstalt des öffentlichen Rechts oder in Angelegenheiten des sozialen Entschädigungsrechts oder des Schwerbehindertenrechts ein Land klagt.

(4) In den Verfahren nach Absatz 1 Satz 1 sind der oder die Bundesbeauftragte sowie die nach Landesrecht für die Kontrolle des Datenschutzes zuständige Stelle beteiligungsfähig.

(5) [1]Beteiligte eines Verfahrens nach Absatz 1 Satz 1 sind
1. **die natürliche oder juristische Person als Klägerin oder Antragstellerin und**
2. **der oder die Bundesbeauftragte oder die nach Landesrecht für die Kontrolle des Datenschutzes zuständige Stelle als Beklagter oder Beklagte oder als Antragsgegner oder Antragsgegnerin.**

12 Krahmer/*Hoffmann*, Sozialdatenschutz, 4. Aufl. 2020, § 81 SGB X Rn. 14.

[2]§ 69 Nummer 3 des Sozialgerichtsgesetzes bleibt unberührt.

(6) Ein Vorverfahren findet nicht statt.

(7) Der oder die Bundesbeauftragte oder die nach Landesrecht für die Kontrolle des Datenschutzes zuständige Stelle darf gegenüber einer Behörde oder deren Rechtsträger nicht die sofortige Vollziehung (§ 86a Absatz 2 Nummer 5 des Sozialgerichtsgesetzes) anordnen.

Übersicht

A. Inhalt

§ 81a setzt das Recht auf einen wirksamen gerichtlichen Rechtsbehelf gegenüber den Datenschutzaufsichtsbehörden – Bundesdatenschutzbeauftragte und Landesdatenschutzbeauftragte – gemäß Art. 78 Abs. 1 und 2 DSGVO um. Rechtsstreitigkeiten über Verstöße gegen sozialdatenschutzrechtliche Normen, die im Zusammenhang mit Angelegenheiten nach § 51 SGG stehen, sind aus sachdienlichen Gründen ebenfalls der Sozialgerichtsbarkeit zugewiesen. Rechtsstreitigkeiten, in denen es um Schadenersatzansprüche oder Amtshaftung geht, sind den ordentlichen Gerichten zugewiesen. Eine Zuständigkeit der Verwaltungsgerichtsbarkeit gemäß § 20 BDSG kann ebenfalls vorliegen. Bundes- und Landesdatenschutzbeauftragte sind Verfahrens-/Beteiligte der Rechtsstreitigkeiten. Da kein Ausschlussverhältnis des Art. 78 DSGVO zu den Artt. 77, 79 DSGVO besteht, besteht somit ebenfalls kein Ausschlussverhältnis des § 81a zu den §§ 81, 81b. Alle Rechtsbehelfe können parallel und unabhängig voneinander in Anspruch genommen werden. 1

B. Entstehungsgeschichte

Die Vorschrift wurde mit dem BVG-Änderungsgesetz vom 17.07.2017 (BGBl. I, S. 2541), das zum 25.05.2018 in Kraft trat (Art. 99 Abs. 2 DSGVO und Art. 24 BVG) und in Umsetzung der Datenschutzgrundverordnung (DSGVO = Verordnung [EU] 2016/679) neu eingeführt. 2

C. Erläuterungen

I. Relevante Normen der DSGVO und des BDSG

Art. 78 DSGVO begründet den Anspruch auf einen wirksamen gerichtlichen Rechtsbehelf gegenüber den Datenschutzaufsichtsbehörden. Da die DSGVO als europäische Verordnung keine Rechtswegzuweisungen für seine Mitgliedsstaaten regeln kann, hat der nationale Gesetzgeber in § 81a die entsprechenden Regelungen umgesetzt. Die Datenschutzaufsichtsbehörden haben mit Einführung der DSGVO in Art. 58 deutlich stärkere Befugnisse erhalten, gegen die natürliche und juristische Personen einen wirksamen gerichtlichen Rechtsbehelf benötigen. Wie unter Rdn. 1 aufgeführt, besteht kein Ausschlussverhältnis und somit auch keine Konkurrenz zwischen den Artt. 77, 78 und 79 DSGVO und somit auch nicht zwischen den §§ 81, 81a und 81b. § 20 BDSG und damit der Verwaltungsrechtsweg ist eröffnet, soweit die Rechtsstreitigkeit nicht ausdrücklich einer anderen Gerichtsbarkeit zugewiesen ist. § 20 BDSG dient als Auffangtatbestand.[1] 3

1 Krahmer/*Ahrend*, Sozialdatenschutz, 4. Aufl. 2020, § 81a Rn. 15.

II. Die Rechtswegeröffnung nach Absatz 1

4 Die bereichsspezifische Eröffnung des Rechtswegs im Sinne des § 51 Abs. 1 Nr. 10 SGG zu den Sozialgerichten gemäß Satz 1 ist sachgerecht, weil viele sozialdatenschutzrechtliche Fragestellungen nicht von den ihnen zugrundeliegenden materiell-rechtlichen Fragestellungen getrennt werden können. Eine Beantwortung auch der sozialdatenschutzrechtlichen Fragestellungen durch die Fachgerichtsbarkeit erscheint demzufolge sinnvoll[2]. Diesem Prinzip folgend ist für Rechtsstreitigkeiten, für die der Sozialrechtsweg nach § 51 SGG nicht eröffnet ist, ausweislich Satz 2 der Verwaltungsrechtsweg gemäß § 20 BDSG eröffnet, soweit sie nicht durch Bundesgesetz einer anderen Gerichtsbarkeit zugeordnet sind. Dies gilt auch, wenn aufgrund der Einordnung als besonderer Teil des Sozialrechtswegs nach § 68 SGB I zwar für das materielle Recht das SGB I und das SGB X gilt.

▶ **Beispiele:**

für eine Zuweisung zu der Verwaltungsgerichtsbarkeit sind Rechtsstreitigkeiten in Angelegenheiten, die Sozialdaten im Rahmen des Bundesausbildungsförderungsgesetzes (BAföG) oder des Wohngeldgesetzes (WoGG) betreffen. Ein Beispiel für eine durch Bundesrecht ausdrücklich einer anderen Gerichtsbarkeit zugewiesene Rechtsstreitigkeit ist § 32i Abgabenordnung (AO), die der Finanzgerichtsbarkeit zugewiesen ist. Satz 3 schließt die Anwendbarkeit der Regelungen gemäß Satz 1 auf Bußgeldverfahren aus. Für Klagen aus Bußgeldverfahren ist aufgrund des Verweises in § 85a i.V.m. § 41 BDSG auf das OWiG die ordentliche Gerichtsbarkeit zuständig.

5 Befugt zur Erhebung einer Klage sind alle natürlichen und juristischen Personen, die rechtsverbindlich von einer Entscheidung der Bundes- oder Landesbeauftragten für den Datenschutz direkt oder indirekt betroffen sind (Rechtsschutzbedürfnis).

▶ **Beispiel 1:**

Direkt betroffen sind Adressaten von sie belastenden rechtsverbindlichen Entscheidungen, zum Beispiel der Ablehnung oder Abweisung einer Beschwerde[3] (natürliche Person), der Anordnung einer Beschränkung der Datenverarbeitung oder Untersagung einer Datenübermittlung an einen Dritten (Sozialleistungsträger).
Indirekt betroffen kann zum Beispiel ein auskunftsberechtigter Sozialleistungsträger (Empfänger) von der vorgenannten untersagten Datenübermittlung sein. Die eigene Rechtsposition des auskunftsberechtigten Sozialleistungsträger wäre dann von dem Verwaltungsakt der Bundes- oder Landesdatenschutzbeauftragten berührt, da er die für die Durchführung seiner Aufgaben benötigten Daten nicht übermittelt bekommt.

▶ **Beispiel 2:**

6 In Betracht kommen Anfechtungs- und Verpflichtungsklagen gegen Verwaltungsakte der Bundes- und Landesdatenschutzbeauftragten. Ggf. wäre auch an eine Feststellungsklage zu denken bei divergierenden aufsichtsrechtlichen Anweisungen der Datenschutz- und Rechts- bzw. Fachaufsichtsbehörden zum Sozialdatenschutz[4].

▶ **Beispiel 3:**

7 Auch Untätigkeitsklagen gemäß § 88 SGG sind zulässig, wenn sich die Datenschutzaufsichtsbehörde nicht innerhalb von drei Monaten mit der Beschwerde gemäß Art. 77 DSGVO bzw. § 81 befasst oder den Beschwerdeführer nicht über den Stand der Bearbeitung in Kenntnis setzt.

---

2 BT-Drucks. 18/12611, S. 161.
3 EG 141 und 143.
4 *Freund/Shagdar*, SGb 2018, 277.

III. Anwendbarkeit des SGG nach Abs. 2 bis 7

Die Absätze 2 bis 7 enthalten Modifikationen der allgemeinen Bestimmungen des SGG. 8

1. Anwendbarkeit des SGG nach Abs. 2

Das SGG ist grundsätzlich und nach Maßgabe der Absätze 3 bis 7 anzuwenden. 9

2. Örtliche Zuständigkeit der Sozialgerichte nach Abs. 3

Die örtliche Zuständigkeit der Sozialgerichte ergibt sich aus § 57 SGG. Nach § 57 Abs. 1 Satz 1 10
SGG ist das Sozialgericht für die Rechtsstreitigkeit örtlich zuständig, in dessen Bezirk der Kläger zur Zeit der Klageerhebung seinen Sitz, Wohnsitz oder alternativ seinen Aufenthaltsort hat. Die örtliche Zuständigkeit gemäß § 57 Abs. 1 Satz 1 SGG bezieht sich nur auf das erstinstanzliche Gericht am Sozialgericht[5], während sich die örtliche Zuständigkeit der übergeordneten Gerichte von dieser Zuständigkeit ableitet. Die folgenden Regelungen des § 57 SGG enthalten Abweichungen für spezielle Rechtsstreitigkeiten oder die Klagen von Körperschaften. Die Ausrichtung der örtlichen Zuständigkeit des Sozialgerichts nach dem Kläger berücksichtigt die besondere Schutzbedürftigkeit der klagenden natürlichen Person. Dieser Schutzgedanke erstreckt sich auch auf Rechtsstreitigkeiten gemäß § 81a. Klagende Körperschaften oder Anstalten des öffentlichen Rechts bedürfen dieses Schutzes aber nicht, so dass zum Zweck der Bündelung von Erfahrungswissen[6] bei diesen Klagen sowie Klagen in Angelegenheiten des sozialen Entschädigungsrechts oder des Schwerbehindertenrechts, in denen ein Land klagt, der Sitz der beklagten Bundes- oder Landesbeauftragten für den Datenschutz die örtliche Zuständigkeit des Sozialgerichts begründet.

3. Beteiligten- und Verfahrensbeteiligtenfähigkeit der Datenschutzbeauftragten nach Abs. 4 und 5

Die Beteiligtenfähigkeit vor den Sozialgerichten ist in § 70 SGG geregelt. Dies sind natürliche und 11
juristische Personen (Nr. 1), nichtrechtsfähige Personenvereinigungen (Nr. 2), Behörden, sofern das Landesrecht dies bestimmt (Nr. 3) und gemeinsame Entscheidungsgremien von Leistungserbringern und Krankenkassen oder Pflegekassen (Nr. 4). Die Regelung in Abs. 4 und 5, die Beteiligten- und Verfahrensbeteiligtenfähigkeit von Bundes- und Landesbeauftragten für den Datenschutz im SGB X als Bundesgesetz zu regeln, ist im Rahmen des Art. 74 Abs. 1 Nr. 1 GG eine kompetenzrechtlich zulässige Abweichung von § 70 Nr. 3 SGG. Aufgrund der Regelung der Beteiligtenfähigkeit in Abs. 4 wird in Abs. 5 festgelegt, dass die Bundesbeauftragten und Landesbeauftragten für den Datenschutz auch Verfahrensbeteiligte sind.

4. Kein Vorverfahren nach Abs. 6

In Rechtsstreitigkeiten gemäß § 81a findet kein Vorverfahren statt. Der Grund für diese Regelung 12
ist, dass den Bundes- und Landesdatenschutzbeauftragten keine andere Behörde übergeordnet ist und der mit einem Vorverfahren angestrebte Devolutiveffekt daher nicht erreicht werden könnte[7] Von einer Regelung gemäß § 73 Abs. 1 Satz 3 VwGO, einem Erlass des Widerspruchsbescheides durch die Ausgangsbehörde selbst, hat der Gesetzgeber abgesehen.

5. Ausschluss der sofortigen Vollziehung nach Abs. 7

Im Fall eines Rechtsstreits, kann eine verbindliche Entscheidung allein durch das Sozialgericht 13
getroffen werden. Die streitenden Behörden, Kläger und Beklagter, stehen unbeschadet der Anordnungskompetenz der Bundes- und Landesbeauftragten für den Datenschutz nicht in einem

5 Meyer-Ladewig/Keller/Leitherer/*Keller*, SGG-Kommentar 2017, § 57 Rn. 1a.
6 BT-Drucks. 18/12611, S. 116.
7 BT-Drucks. 18/12611, S. 116.

Subordinationsverhältnis zueinander. Es besteht daher keine Befugnis, durch Verwaltungsentscheidung die aufschiebende Wirkung der Anfechtungsklage einer anderen Behörde auszuschließen[8]. Der Gesetzgeber hat mit dieser Regelung klargestellt, dass ausschließlich die Gerichte eine wirksame und verbindliche Entscheidung über einen Beschluss der Bundes- bzw. Landesdatenschutzbeauftragten treffen können. § 86a Abs. 2 Nr. 5 SGG, die Anordnung der sofortigen Vollziehung durch die erlassenden Bundes- bzw. Landesdatenschutzbeauftragten gegen die aufschiebende Wirkung der Anfechtungsklage, ist damit nicht anwendbar. Gemäß dem gesetzgeberischen Willen muss damit aber auf Antrag die Anordnung der sofortigen Vollziehung gemäß § 86b Abs. 1 Satz 1 SGG durch das Gericht zulässig sein.[9]

§ 81b Klagen gegen den Verantwortlichen oder Auftragsverarbeiter

(1) Für Klagen der betroffenen Person gegen einen Verantwortlichen oder einen Auftragsverarbeiter wegen eines Verstoßes gegen datenschutzrechtliche Bestimmungen im Anwendungsbereich der Verordnung (EU) 2016/679 oder der darin enthaltenen Rechte der betroffenen Person bei der Verarbeitung von Sozialdaten im Zusammenhang mit einer Angelegenheit nach § 51 Absatz 1 und 2 des Sozialgerichtsgesetzes ist der Rechtsweg zu den Gerichten der Sozialgerichtsbarkeit eröffnet.

(2) Ergänzend zu § 57 Absatz 3 des Sozialgerichtsgesetzes ist für Klagen nach Absatz 1 das Sozialgericht örtlich zuständig, in dessen Bezirk sich eine Niederlassung des Verantwortlichen oder Auftragsverarbeiters befindet.

(3) [1]Hat der Verantwortliche oder Auftragsverarbeiter einen Vertreter nach Artikel 27 Absatz 1 der Verordnung (EU) 2016/679 benannt, gilt dieser auch als bevollmächtigt, Zustellungen in sozialgerichtlichen Verfahren nach Absatz 1 entgegenzunehmen. [2]§ 63 Absatz 3 des Sozialgerichtsgesetzes bleibt unberührt.

Übersicht Rdn.

A. Inhalt

1 § 81b regelt bereichsspezifisch für den Sozialdatenschutz das Recht der betroffenen Person auf wirksamen gerichtlichen Rechtsbehelf gegen einen Verantwortlichen oder einen Auftragsverarbeiter wegen eines Verstoßes gegen datenschutzrechtliche Normen der DSGVO und der Sozialgesetzbücher sowie wegen Verstoßes gegen ihre darin enthaltenen Rechte. Dies gilt, soweit die Zuständigkeit der Sozialgerichtsbarkeit aufgrund der zugrundeliegenden materiell-rechtlichen Aufgabe (§ 51 Abs. 1 und 2 SGG bzw. sondergesetzliche Zuweisungen) gegeben ist. Die Norm setzt damit den Regelungsauftrag des Art. 79 DSGVO um. Sie enthält zudem ergänzende Regelungen zu der Bestimmung der örtlichen Zuständigkeit der Sozialgerichte und zur Zustellungsbevollmächtigung eines nach Art. 27 DSGVO bestellten Vertreters von nicht in der Union niedergelassenen Verantwortlichen oder Auftragsverarbeitern. § 81b steht aufgrund der Regelungen in § 79 Abs. 1 Satz 1 DSGVO (*Jede betroffene Person hat unbeschadet eines verfügbaren verwaltungsrechtlichen oder außergerichtlichen Rechtsbehelfs einschließlich des Rechts auf Beschwerde bei einer Aufsichtsbehörde gemäß Art. 77 das Recht auf einen wirksamen gerichtlichen Rechtsbehelf*) weder in Konkurrenz zu § 81 noch zu § 81a. Sie gilt für alle

8 BT-Drucks. 18/12611, S. 116.

9 So auch Krahmer/*Ahrens*, Sozialdatenschutz, 4. Aufl. 2020, § 81a Rn. 13 mit Verweis auf Sydow in HK-DSGVO.

Sozialleistungsbereiche und für Maßnahmen oder Unterlassungen des Verantwortlichen oder des Auftragsverarbeiters ab dem 25.05.2018 (Art. 99 Abs. 3 DSGVO und Art. 24, 31 Abs. 4 BVG).

B. Entstehungsgeschichte

Die Norm wurde durch das BVG-Änderungsgesetz vom 17.07.2017 (BGBl. I, S. 2541, S. 2558 ff.) geschaffen und trat mit der DSGVO zum 25.05.2018 in Kraft (Art. 99 Abs. 2 DSGVO und Art. 24 BVG). 2

C. Erläuterungen

I. Relevante DSGVO-Normen und Unterschied zum BDSG

§ 81b setzt den Regelungsauftrag des Art. 79 DSGVO (Recht auf einen wirksamen gerichtlichen Rechtsbehelf) um und konkretisiert damit das in Art. 47 GRCh garantierte Recht auf einen wirksamen Rechtsbehelf von Personen, die eine Verletzung ihrer durch Unionsrecht eingeräumten Rechte und Freiheiten geltend machen wollen[1]. Gemäß Art. 51 GRCh ist dieses Recht durch die Mitgliedsstaaten anzuwenden, wenn sie das Recht der EU durchführen[2]. Dies gilt für die Normen der DSGVO, die als Verordnung in den Mitgliedsstaaten direkt anzuwenden ist. Da die EU über keine Regelungskompetenz zum Erlass von Bestimmungen über die Zuständigkeiten der nationalen Gerichtsbarkeiten verfügt, ist diese Regelung von den Mitgliedsstaaten zu erlassen. 3

Der Rechtsbehelf gemäß § 81b genügt mit der Eröffnung des sozialgerichtlichen Verfahrens der Anforderung, dass der Rechtsbehelf geeignet sein muss, die Rechte der betroffenen Person rechtlich und tatsächlich umzusetzen[3]. Einstweiliger Rechtsschutz ist ebenfalls gegeben, da dieser mit dem Begriff *Klage* nicht ausgeschlossen wird[4]. 4

Auch im allgemeinen Datenschutz hat der nationale Gesetzgeber den Regelungsauftrag des Art. 79 DSGVO umgesetzt, und zwar in § 44 BDSG. § 44 Abs. 1 BDSG entspricht § 81b Abs. 1 und 2, § 44 Abs. 3 BDSG entspricht § 81b Abs. 3. Im Gegensatz zu § 81b schließt § 44 Abs. 2 BDSG aber die Klagemöglichkeit gegen Behörden, die in Ausübung ihrer hoheitlichen Befugnisse tätig werden, aus. Zudem weist § 44 BDSG die Klagen keiner bestimmten Gerichtsbarkeit zu, sondern überlässt die Regelung der Zuständigkeit der Gerichtsbarkeit den geltenden Prozessordnungen[5]. 5

II. Die Rechtswegzuweisung des Abs. 1

Kläger kann jede betroffene Person sein, die gegen einen Leistungsträger oder einen Auftragsverarbeiter wegen eines Verstoßes gegen Normen der DSGVO oder der Sozialgesetzbücher bei der Verarbeitung von Sozialdaten klagt. Gemäß Art. 80 DSGVO kann die betroffene Person auch bestimmte Einrichtungen, Organisationen oder Vereinigungen ohne Gewinnerzielungsabsicht beauftragen, in ihrem Namen ihr Klagerecht wahrzunehmen[6]. 6

Ausweislich des Gesetzeswortlauts sind juristische Personen nicht Adressat der Norm. Aufgrund der Fiktion in § 35 Abs. 4 SGB I (Gleichstellung der Geschäfts- und Betriebsgeheimnisse mit Sozialdaten) und der Schutzbereichserweiterung gemäß § 35 Abs. 2 Satz 2 SGB I sind juristische Personen 7

1 Stern/Sachs/*Alber*, GRCh-Kommentar, 2016, Art. 47, Rn. 22 ff.; *Jarass*, GRCh-Kommentar, 2016, Art. 47 Rn. 6; *Leopold* in ZESAR 2018, S. 326; für das deutsche Recht ergibt sich dieses Recht aus Art. 19 Abs. 4 GG.

2 Stern/Sachs/*Ladenburger/Vondung*, GRCh-Kommentar, 2016, Art. 51 Rn. 23 mit Hinweis auf die kontroverse Diskussion zu der Reichweite der Bindung der Mitgliedsstaaten an die Charta *ausschließlich bei der Durchführung des Rechts der Union.*

3 Hauck/Noftz/*Rombach*, SGB X-Kommentar zu § 81b, Rn. 6 m.w.N.

4 *Bischofs*, SGb 2019, 76 ff., 77.

5 So auch Hauck/Noftz/*Rombach*, SGB X-Kommentar zu § 81b, Rn. 10.

6 Siehe auch EG 142 zu Art. 80 DSGVO.

wegen der Verletzung von Geschäfts- und Betriebsgeheimnissen, die nach den Sozialgesetzbüchern von Leistungsträgern erhoben wurden, gemäß § 81b aber dennoch klagebefugt[7].

8 Streitgegenstand können vor allem die Betroffenenrechte (Art. 15–22 DSGVO und §§ 81–81b, 82, 83, 84 SGB X) im Zusammenhang mit der Verarbeitung von Sozialdaten sein, wie auch die Unterlassung bestimmter Verarbeitungsvorgänge nach den einzelnen Sozialgesetzbüchern. Grundlage für die Klage können demnach sowohl Normen der DSGVO als auch der Sozialgesetzbücher sein. Als Klagearten kommen Feststellungs-, Leistungs- und Unterlassungsklagen in Betracht[8]. Ein Vorverfahren ist ausweislich des Gesetzeswortlauts keine Voraussetzung für eine Klage. Bei einem Leistungsbegehren ist zur Wahrung des Rechtsschutzbedürfnisses aber ein vorangegangener Antrag an den Verantwortlichen oder Auftragsverarbeiter erforderlich.

9 Der Rechtsweg zu den Sozialgerichten ist eröffnet, wenn es sich um eine öffentlich-rechtliche Streitigkeit handelt, die unter § 51 Abs. 1 und 2 SGG fällt. Dies gilt nach § 51 Abs. 1 SGG für Datenverarbeitungen durch die Sozialleistungsträger aufgrund ihrer hoheitlichen Aufgaben nach den Sozialgesetzbüchern, des AsylbLG, des AAG und weiteren Gesetzen. Die Sozialgerichtsbarkeit ist gemäß § 51 Abs. 2 SGG auch für privatrechtliche Streitigkeiten *in Angelegenheiten der Zulassung von Trägern und Maßnahmen durch fachkundige Stellen nach dem 5. Kapitel des SGB III und in Angelegenheiten der gesetzlichen Krankenversicherung, auch soweit durch diese Angelegenheiten Dritte betroffen werden* zuständig. Dies gilt auch für Streitigkeiten der *sozialen Pflegeversicherung und der privaten Pflegeversicherung (SGB XI) entsprechend.*

10 Die Beibehaltung der Zuständigkeit der Sozialgerichte[9] inzident auch für die Entscheidung über Fragen des Sozialdatenschutzes ist sachgerecht[10] und ergibt sich bereits kraft Sachzusammenhangs. Die Norm hat daher nur deklaratorische Bedeutung[11].

III. Die örtliche Zuständigkeit gemäß Abs. 2

11 Mit § 81b Abs. 2 ist eine Ergänzung zu der in § 57 Abs. 3 SGG geregelten Zuständigkeit der Gerichte eingeführt worden. § 57 Abs. 3 SGG regelt die örtliche Zuständigkeit des Sozialgerichts, wenn der Kläger seinen Sitz oder Wohnsitz oder Aufenthaltsort im Ausland hat. In diesen Fällen ist das Sozialgericht örtlich zuständig, in dessen Bezirk der Beklagte seinen Sitz oder Wohnsitz oder in Ermangelung dessen seinen Aufenthaltsort hat. Die Regelung in Abs. 2 führt ergänzend zu einer örtlichen Zuständigkeit des Sozialgerichts, in dessen Bezirk sich eine Niederlassung des Verantwortlichen oder Auftragsverarbeiters, also des Beklagten, befindet.

IV. Die Der Zustellungsbevollmächtigte gemäß Abs. 3

12 Ein Verantwortlicher oder Auftragsverarbeiter, der gemäß Art. 3 Abs. 2 DSGVO in den Anwendungsbereich der DSGVO fällt, aber keine Niederlassung in der Europäischen Union hat, ist, vorbehaltlich der Ausnahmen gemäß Art. 27 Abs. 2 DSGVO, verpflichtet, gemäß Art. 27 Abs. 1 DSGVO einen Vertreter mit Sitz in der Europäischen Union zu benennen. Der Vertreter muss ausdrücklich bestellt und schriftlich beauftragt werden.[12] § 63 Abs. 3 SGG *Wer nicht im Inland wohnt hat auf Verlangen einen Zustellungsbevollmächtigten zu bestellen* bleibt unberührt, so dass der Zustellungsbe-

---

7 BT-Drucks. 18/12611, S. 116; a.A. *Leopold*, ZESAR 2018, 326 ff., 330.

8 *Bieresborn/Giesberts-Kaminski*, SGb 2018, 609 ff., 612.

9 Beispielhaft für die inzidente Entscheidung über sozialdatenschutzrechtliche Fragen: BSG, Urt. v. 18.11.2014 – B 1 KR 35/13 R über die eGK; BSG, Urt. v. 27.06.2018 – B 6 KA 27/17 R zu Datenübermittlungen gemäß § 295 Abs. 2 SGB V und Löschfrist gemäß § 304 SGB V; BSG, Urt. v. 18.12.2018 – B 1 KR 40/17 R zum Akteneinsichtsrecht der Krankenkasse in die Behandlungsunterlagen im Rechtsstreit.

10 *Bieresborn*, NZS 2018, 15.

11 BT-Drucks. 18/12611, S. 117.

12 Erwägungsgrund 80.

vollmächtigte nach § 63 Abs. 3 SGG auf Verlangen des Sozialgerichts zusätzlich bestellt werden muss. Die Regelung in Abs. 3 Satz 2 stellt de effektiven Rechtsschutz für den Kläger und den Beklagten sicher.[13]

§ 81c Antrag auf gerichtliche Entscheidung bei angenommener Europarechtswidrigkeit eines Angemessenheitsbeschlusses der Europäischen Kommission

Hält der oder die Bundesbeauftragte oder eine nach Landesrecht für die Kontrolle des Datenschutzes zuständige Stelle einen Angemessenheitsbeschluss der Europäischen Kommission, auf dessen Gültigkeit es bei der Entscheidung über die Beschwerde einer betroffenen Person hinsichtlich der Verarbeitung von Sozialdaten ankommt, für europarechtswidrig, so gilt § 21 des Bundesdatenschutzgesetzes.

Übersicht

A. Inhalt

Die Norm bestimmt die Regelung des § 21 BDSG für anwendbar, wenn eine Datenschutzaufsichtsbehörde einen Angemessenheitsbeschluss der EU-Kommission gem. Art. 45 DSGVO für europarechtswidrig hält. Es liegt eine Rechtswegverweisung an das Bundesverwaltungsgericht vor und § 81c gilt für alle Sozialleistungsbereiche. 1

B. Entstehungsgeschichte

Die Vorschrift wurde mit dem BVG-Änderungsgesetz Gesetz vom 17.07.2017 (BGBl. I, S. 2541) zur Anpassung an die Verordnung (EU) 2016/679 (Datenschutzgrundverordnung = DSGVO) und mit Inkrafttreten zum 25.05.2018 eingeführt. 2

C. Erläuterungen

I. Relevante Normen der DSGVO und des BDSG

Gemäß des Regelungsauftrags aus Art. 58 Abs. 5 DSGVO erlassen die Mitgliedsstaaten der Europäischen Union Rechtsvorschriften nach denen die (datenschutzrechtlichen) Aufsichtsbehörden befugt sind, die Einleitung eines gerichtlichen Verfahrens zu betreiben oder sich sonst daran zu beteiligen, um die Bestimmungen der Verordnung durchzusetzen. Die Bestimmungen der Verordnung sollen auch durch die Rechtsgrundlagen, die für die Datenübermittlung in Drittstaaten gelten, durchgesetzt werden. Hierzu gehören die in dieser Norm aufgeführten Angemessenheitsbeschlüsse gem. Art. 45 DSGVO[1]. 3

Der deutsche Gesetzgeber hatte die Öffnungsklausel bereits in § 21 BDSG umgesetzt. Der Rechtswegverweis auf das Bundesverwaltungsgericht und somit auf § 21 BDSG ist auch sachgerecht, da die Rechtmäßigkeit von Angemessenheitsbeschlüssen keine spezifischen sozialrechtlichen Fragestellungen betrifft.[2] § 21 BDSG gilt allerdings aufgrund der gemäß § 35 Abs. 2 Satz 1 SGB I abschließenden Regelung für die Verarbeitung von Sozialdaten im SGB nicht ohne ausdrücklichen Verweis im Gesetzestext. Aus diesem Grunde ist § 81c mit dem ausdrücklichen Verweis auf die Anwendbarkeit des § 21 BDSG notwendig. Diese Norm muss zudem regeln, vor welchen Gerichten 4

13 BT-Drucks. 18/12611, 117 in Erfüllung von Art. 79 Abs. 2 DSGVO.
1 Siehe § 77 Rdn. 14.
2 BT-Drucks. 18/12611, S. 118; *Bieresborn/Giesbert-Kaminski*, SGb 2018, 609, 612.

die (datenschutzrechtlichen) Aufsichtsbehörden gegen die Angemessenheitsbeschlüsse der Europäischen Union im Falle von grenzüberschreitenden Verarbeitungen von Sozialdaten klagen können[3].

5 Während § 21 BDSG gemäß Art. 58 Abs. 5 DSGVO für Anträge der (datenschutzrechtlichen) Aufsichtsbehörde auch gegen andere Beschlüsse der Europäischen Union wie Standarddatenschutzklauseln und die Allgemeingültigkeit von genehmigten Verhaltensregeln gilt, ist § 21 BDSG gemäß § 81c nur auf Angemessenheitsbeschlüsse anwendbar. Grund hierfür ist, dass eine Verarbeitung von Sozialdaten gemäß § 80 Abs. 2 SGB X weder im Rahmen der Auftragsverarbeitung noch gemäß § 77 für die Übermittlung in Drittstaaten auf Standarddatenschutzklauseln und genehmigte Verhaltensregeln gestützt werden kann[4]. Diese Beschlüsse sind auf die Verarbeitung von Sozialdaten nicht anwendbar.

II. Rechtsfolgen des § 21 BDSG

6 Für diese Klagen ist gemäß § 21 Abs. 2 BDSG der Verwaltungsrechtsweg gegeben und die VwGO nach den Maßgaben der Abs. 3 bis 6 in § 21 BDSG anwendbar. Die Zuständigkeit der Verwaltungsgerichtsbarkeit ist nach Ansicht des Gesetzgebers *sachgerecht, weil die in diesen Verfahren auftretenden Fragen nicht spezifisch sozialrechtlicher Natur sein dürften*[5]. Zuständig ist in erster und letzter Instanz das Bundesverwaltungsgericht (Abs. 3), das der Europäischen Kommission Gelegenheit zur Äußerung geben kann (Abs. 4 Satz 3). Die Aufsichtsbehörde ist beteiligungsfähig (Abs. 4 Satz 1) und als Antragstellerin zu beteiligen (Abs. 4 Satz 2). Ist bereits ein Verfahren zur Überprüfung der Gültigkeit bei dem Gerichtshof der Europäischen Union anhängig, kann das Bundesverwaltungsgericht die Verhandlung bis zur Erledigung des Rechtsstreits vor dem Gerichtshof der Europäischen Union aussetzen (Abs. 5). Das Bundesverwaltungsgericht kann die Gültigkeit des Angemessenheitsbeschlusses feststellen, anderenfalls legt es die Frage nach der Gültigkeit dem Gerichtshof der Europäischen Union zur Entscheidung vor (Abs. 6).

§ 82 Informationspflichten bei der Erhebung von Sozialdaten bei der betroffenen Person

(1) Die Pflicht zur Information der betroffenen Person gemäß Artikel 13 Absatz 1 Buchstabe e der Verordnung (EU) 2016/679 über Kategorien von Empfängern besteht ergänzend zu der in Artikel 13 Absatz 4 der Verordnung (EU) 2016/679 genannten Ausnahme nur, soweit

1. sie nach den Umständen des Einzelfalles nicht mit der Nutzung oder der Übermittlung von Sozialdaten an diese Kategorien von Empfängern rechnen muss,

2. es sich nicht um Speicherung, Veränderung, Nutzung, Übermittlung, Einschränkung der Verarbeitung oder Löschung von Sozialdaten innerhalb einer in § 35 des Ersten Buches genannten Stelle oder einer Organisationseinheit im Sinne von § 67 Absatz 4 Satz 2 handelt oder

3. es sich nicht um eine Kategorie von in § 35 des Ersten Buches genannten Stellen oder von Organisationseinheiten im Sinne von § 67 Absatz 4 Satz 2 handelt, die auf Grund eines Gesetzes zur engen Zusammenarbeit verpflichtet sind.

(2) Die Pflicht zur Information der betroffenen Person gemäß Artikel 13 Absatz 3 der Verordnung (EU) 2016/679 besteht ergänzend zu der in Artikel 13 Absatz 4 der Verordnung (EU) 2016/679 genannten Ausnahme dann nicht, wenn die Erteilung der Information über die beabsichtigte Weiterverarbeitung

1. die ordnungsgemäße Erfüllung der in der Zuständigkeit des Verantwortlichen liegenden Aufgaben im Sinne des Artikels 23 Absatz 1 Buchstabe a bis e der Verordnung (EU) 2016/679 gefährden würde und die Interessen des Verantwortlichen an der Nichterteilung der Information die Interessen der betroffenen Person überwiegen,

---

3 BT-Drucks. 18/12611, S. 118.

4 Siehe § 77 Rdn. 1.

5 BT-Drucks. 18/12611, S. 118.

2. die öffentliche Sicherheit oder Ordnung gefährden oder sonst dem Wohl des Bundes oder eines Landes Nachteile bereiten würde und die Interessen des Verantwortlichen an der Nichterteilung der Information die Interessen der betroffenen Person überwiegen oder
3. eine vertrauliche Übermittlung von Daten an öffentliche Stellen gefährden würde.

(3) [1]Unterbleibt eine Information der betroffenen Person nach Maßgabe des Absatzes 2, ergreift der Verantwortliche geeignete Maßnahmen zum Schutz der berechtigten Interessen der betroffenen Person, einschließlich der Bereitstellung der in Artikel 13 Absatz 1 und 2 der Verordnung (EU) 2016/679 genannten Informationen für die Öffentlichkeit in präziser, transparenter, verständlicher und leicht zugänglicher Form in einer klaren und einfachen Sprache. [2]Der Verantwortliche hält schriftlich fest, aus welchen Gründen er von einer Information abgesehen hat. [3]Die Sätze 1 und 2 finden in den Fällen des Absatzes 2 Nummer 3 keine Anwendung.

(4) Unterbleibt die Benachrichtigung in den Fällen des Absatzes 2 wegen eines vorübergehenden Hinderungsgrundes, kommt der Verantwortliche der Informationspflicht unter Berücksichtigung der spezifischen Umstände der Verarbeitung innerhalb einer angemessenen Frist nach Fortfall des Hinderungsgrundes, spätestens jedoch innerhalb von zwei Wochen, nach.

(5) Bezieht sich die Informationserteilung auf die Übermittlung von Sozialdaten durch öffentliche Stellen an die Staatsanwaltschaften und Gerichte im Bereich der Strafverfolgung, an Polizeibehörden, Verfassungsschutzbehörden, den Bundesnachrichtendienst und den Militärischen Abschirmdienst, ist sie nur mit Zustimmung dieser Stelle zulässig.

Übersicht

A. Inhalt

§ 82 regelt unter Anwendung der Öffnungsklausel Art. 23 DSGVO weitere Ausnahmen von der 1
Informationspflicht gemäß Art. 13 Abs. 4 DSGVO, wenn die Sozialdaten bei der betroffenen Person erhoben werden. Ausnahmen von der Informationspflicht können sich gemäß Abs. 1 auf die Pflicht, über Empfänger oder Kategorien von Empfängern der personenbezogenen Daten zu informieren (Art. 13 Abs. 1 lit. e DSGVO), beziehen oder auf die Pflicht zur Information und Zurverfügungstellung von Informationen vor einer zweckändernden Verarbeitung (Art. 13 Abs. 3 DSGVO). Wird von der Information der betroffenen Person abgesehen, ist dies von dem Verantwortlichen intern zu dokumentieren und zu begründen. Unterbleibt die Information nur aufgrund eines temporären Hinderungsgrundes, ist die Information innerhalb einer zweiwöchigen Frist nachzuholen. Bezieht sich die Informationserteilung auf die Übermittlung von Sozialdaten an Sicherheitsbehörden u.ä. ist die Informationspflicht nur mit deren Zustimmung zulässig.

B. Entstehungsgeschichte

Die Vorschrift wurde mit dem BVG-Änderungsgesetz vom 17.07.2017 (BGBl. I, S. 2541), das zum 2
25.05.2018 in Kraft trat (Art. 99 Abs. 2 DSGVO und Art. 24 BVG), und in Umsetzung der Datenschutzgrundverordnung (DSGVO = Verordnung [EU] 2016/679) neu eingeführt.

C. Erläuterungen

I. Relevante Normen der DSGVO und des BDSG

3 Die Informationspflicht gegenüber der betroffenen Person, wenn ihre Daten bei ihr erhoben werden (Direkterhebung[1]) ist grundsätzlich in Art. 13 DSGVO geregelt. Informationspflichten bei Direkterhebungen waren im SGB X bereits vor der DSGVO in § 67a Abs. 3 a.F. geregelt. Art. 23 DSGVO ist die Öffnungsklausel für die Regelung weiterer Einschränkungen der Informationspflicht durch den nationalen Gesetzgeber und gibt in seinem Abs. 1 lit. a bis e den Rahmen für die Umsetzung vor.

4 Art. 13 differenziert die Informationspflichten zwischen

- den mitzuteilenden Pflichtangaben nach Abs. 1 (u.a. Name und Kontaktdaten des Verantwortlichen, Kontaktdaten des Datenschutzbeauftragten, Zwecke und Rechtsgrundlagen der Verarbeitung und ggf. Empfänger oder Kategorien von Empfänger der personenbezogenen Daten),
- den zusätzlichen Informationen nach Abs. 2, die notwendig sind, um eine faire und transparente Verarbeitung zu gewährleisten (u.a. Dauer der Datenspeicherung, Bestehen eines Rechts auf Auskunft auf Widerspruch und auf Beschwerde bei einer Aufsichtsbehörde) sowie
- der Informationspflicht über den anderen Zweck vor einer beabsichtigten zweckändernden Weiterverarbeitung der Daten nach Abs. 3 (u.a. Information über den anderen Zweck und andere maßgebliche Informationen nach Abs. 2).

In Art. 13 Abs. 4 ist als Ausnahmen von der Informationspflicht bei Direkterhebung nur die bereits vorhandene Kenntnis der betroffenen Person über die in den Abs. 1 bis 3 aufgeführten Informationen geregelt.

An die vorgenannte Ausnahme gemäß Art. 13 Abs. 4 schließen die in § 82 geregelten Ausnahmen an.

5 Im BDSG entspricht § 29 Abs. 2 zum Teil Abs. 2 Nr. 3. Eine weitere § 82 entsprechende Vorschrift stellt § 32 BDSG dar. Die Pflicht zum Ergreifen geeigneter Maßnahmen bei Unterlassen der Informationspflicht sowie die Pflicht zur internen Dokumentation und Begründung über das Vorgehen gemäß Abs. 3 entspricht § 32 Abs. 2 BDSG. Die Pflicht zur zeitlich gebundenen Nachholung der Information bei vorübergehend bestehenden Hinderungsgründen gemäß Abs. 4 entspricht § 32 Abs. 3 BDSG. Das Zustimmungserfordernis gemäß Abs. 5 entspricht der Regelung in § 32 Abs. 1 Nr. 5 BDSG.

II. Ausnahmen von der Informationspflicht über Empfänger nach Abs. 1

6 Die Informationspflichten sind Voraussetzung für die Ausübung der Betroffenenrechte durch die betroffene Person[2]. Deshalb sind die Ausnahmen von der Informationspflicht sehr restriktiv anzuwenden und kommen nur unter Berücksichtigung der Interessen der betroffenen Person im Einzelfall und im Hinblick auf die Funktionsfähigkeit der Verwaltung als wichtiges Interesse des Staats im Bereich der sozialen Sicherheit zur Anwendung.[3] Die Mitteilungspflicht besteht zum Zeitpunkt der Erhebung der Daten.

7 Die Informationspflicht über Kategorien von Empfängern soll bei Direkterhebung gemäß Abs. 1 Nr. 1 entfallen, wenn die betroffene Person nach den Umständen des Einzelfalls mit der Nutzung oder Übermittlung der Sozialdaten an die Kategorie von Empfängern rechnen musste. Beispiel: Wenn bei der Beantragung von Geldleistungen bei einem Sozialleistungsträger auch Bankdaten erhoben werden, muss die betroffene Person damit rechnen, dass der Sozialleistungsträger die Bank-

---

1 Freund/Shagdar, SGb 2018, S. 272.

2 Freund/Shagdar, SGb 2018, S. 272; DSK-Kurzpapier Nr. 10, Informationspflichten bei Direkt- und Dritterhebung.

3 BT-Drucks. 18/12611, S. 118.

daten an das kontoführende Geldinstitut übermittelt.[4] Nach Abs. 1 Nr. 2 entfällt die Informationspflicht ebenfalls, wenn es sich um Speicherung, Veränderung, Nutzung, Übermittlung, Einschränkung der Verarbeitung oder Löschung von Sozialdaten innerhalb eines Stelle nach § 35 SGB I oder einer Organisationseinheit im Sinne von § 67 Abs. 4 Satz 2 handelt. Demnach entfallen die Informationspflichten, wenn verschiedene Fachkräfte innerhalb eines Sozialleistungsträgers in die Bearbeitung eines Sachverhalts einbezogen sind und in dem einschlägigen SGB keine Sonderregelung zur Anwendung kommt.[5] Zu den Besonderheiten der Organisationseinheiten nach § 67 Abs. 4 Satz 2 siehe § 67 Rdn. 46 ff. Haben diese als Gebietskörperschaften mehrere Verantwortliche, gilt Abs. 1 Nr. 2 nicht für die Datenverarbeitung zwischen diesen. Nach Abs. 1 Nr. 3 entfällt die Informationspflicht auch dann, wenn es sich um die Verarbeitung durch die in Nr. 2 genannten Stellen (§ 35 SGB I und § 67 Abs. 4 Satz 2 SGB X), die aufgrund eines Gesetzes zur engen Zusammenarbeit verpflichtet sind, z.B. Krankenkassen, Unfallversicherungsträgern, Bundesagentur für Arbeit u.a. bei der Verfolgung von Ordnungswidrigkeiten gemäß § 306 SGB V, § 321 SGB VI, § 211 SGB VII u.a. (siehe auch § 73 Rdn. 6).

Die Einschränkungen der Informationspflichten sind zwar in Art. 13 Abs. 4 DSGVO geregelt. Die vorgenannten Fallkonstellationen sind allerdings einfacher anzuwenden, wenn sie gleich als einschränkender Zusatz in Art. 13 Abs. 1 lit. e DSGVO gelesen werden. 8

Die vorgenannten Ausnahmen erscheinen hinsichtlich der auf die zügige Abwicklung der Verfahren innerhalb des Sozialsicherungssystem mit den verschiedenen Sozialleistungsträgern und deren aufgegliederten Aufgaben sachgerecht[6], dienen der Effizienz[7] und Funktionsfähigkeit der Sozialverwaltung[8]. Die Einschränkungen in Abs. 1 werden zum Teil aber auch als zu weitgehend kritisiert[9]. Angesichts der Massenverwaltung an personenbezogenen Daten und damit an Sozialdaten großer Sozialleistungsträger erscheinen die Einschränkungen in der für die betroffene Person verpflichtenden Sozialversicherung und dem Zusammenspiel der verschiedenen Sozialleistungsträger zur anspruchsgerechten Erbringung der Sozialleistungen auf gesetzlicher Basis ihr gegenüber aber angemessen. 9

III. Ausnahmen von der Informationspflicht bei Zweckänderung nach Abs. 2

Eine Ausnahme von der Informationspflicht gemäß Art. 13 Abs. 3 DSGVO und somit ergänzend zu den Ausnahmen nach Art. 13 Abs. 4 DSGVO besteht nach Abs. 2 in Bezug auf die zweckändernde Verarbeitung der Daten dann, wenn die beabsichtigte Weiterverarbeitung für einen anderen Zweck erfolgt und gilt, wenn 10

- die Erteilung der Information über die beabsichtigte Weiterverarbeitung die ordnungsgemäße Erfüllung der in der Zuständigkeit des Verantwortlichen liegenden Aufgaben gefährden (Nr. 1),
- die öffentliche Sicherheit oder Ordnung gefährden oder sonst dem Wohl des Bundes oder eines Landes Nachteile bereiten würde (Nr. 2) oder
- die vertrauliche Übermittlung von Daten an öffentliche Stellen gefährdet wäre (Nr. 3). In dieser *Fallkonstellation sind Fallgruppen erfasst, in denen die Information der betroffenen Person über die Weiterverarbeitung zu einer Vereitelung oder ernsthaften Beeinträchtigung des – legitimen – Verarbeitungszwecks führen würde*[10].

In den Fällen des Abs. 2 Nr. 1 und 2 muss der Verantwortliche zusätzlich eine Interessenabwägung vornehmen und kann von einer Informationspflicht nur Abstand nehmen, wenn sein in Nr. 1 und 2 genanntes Interesse an einer Nichterteilung der Information die Interessen der betroffenen Person 11

4 Für den Fall der BAföG-Beantragung: Krahmer/*Hoffmann*, Sozialdatenschutz, 4. Aufl. 2020, § 82 Rn. 9.
5 Krahmer/*Hoffmann*, Sozialdatenschutz, 4. Aufl. 2020, § 82 Rn. 10 mit Hinweis auf § 65 SGB VIII (persönliche und erzieherische Hilfe) als Sonderregelung.
6 Freund/Shagdar, SGb 2018, S. 273.
7 *Rombach*, in: Hauck/Noftz, SGB X-Kommentar, Lfg 2/19, § 82 Rn. 66.
8 BT-Drucks. 18/12611, S. 118.
9 Hoidn/Roßnagel, DuD 2018, S. 487/490.
10 BT-Drucks. 18/12611, S. 118.

überwiegen. Die Informationspflichten gemäß Art. 13 Abs. 1 und 2 DSGVO entfallen in diesen Fallkonstellationen nicht[11].

IV. Dokumentations- und Begründungspflicht sowie geeignete Maßnahmen nach Abs. 3

12 Die Verpflichtung des Verantwortlichen, geeignete Maßnahmen zum Schutz der berechtigten Interessen der betroffenen Person zu ergreifen, wenn er diese nicht über die zweckändernde Weiterverarbeitung der Sozialdaten informiert, beruht auf Art. 23 Abs. 2 DSGVO. Eine geeignete Maßnahme kann die Bereitstellung der Informationen für die Öffentlichkeit in allgemeiner Form sein.

▶ **Beispiel:**

Bereitstellung der Informationen auf einer allgemein zugänglichen Webseite des Verantwortlichen[12].

13 Die Vorgaben für die konkrete Umsetzung ergeben sich aus Art. 12 Abs. 1 DSGVO. Demnach sind die Informationen in präziser, transparenter, verständlicher und leicht zugänglicher Form in einer klaren und einfachen Sprache zu veröffentlichen.

14 Die interne Dokumentation über das Unterlassen der Information gegenüber der betroffenen Person ist aufgrund der Rechenschaftspflicht gemäß Art. 5 Abs. 2 zu dokumentieren und zu begründen, und dies muss nach Abs. 3 Satz 2 schriftlich erfolgen. Dies dient der Überprüfbarkeit der Maßnahme durch die Datenschutzaufsichtsbehörden.

15 Die Pflicht zur Veröffentlichung der Informationen in allgemeiner Form und die Dokumentations- und Begründungspflicht sind auf die Fälle gemäß Abs. 2 Nr. 3 (vertrauliche Übermittlungen an öffentliche Stellen) nicht anzuwenden. Sie könnten nach der Gesetzesbegründung zur *Vereitelung oder ernsthaften Beeinträchtigung des – legitimen – Verarbeitungszwecks führen*[13].

V. Nachzuholende Information nach Abs. 4

16 Liegen die Ausschlussgründe gemäß Abs. 2 nur vorübergehend vor, hat der Verantwortliche die Erfüllung seiner Informationspflicht gegenüber der betroffenen Person zeitnah, spätestens zwei Wochen nach Wegfall des Hinderungsgrundes, nachzuholen.

VI. Zustimmungserfordernis nach Abs. 5

17 Durch das Zustimmungserfordernis gemäß Abs. 5 soll die Gefährdung der ordnungsgemäßen Erfüllung der Aufgaben der Sicherheitsbehörden vermieden werden. Erfährt die betroffene Person vorzeitig von laufenden Ermittlungen der Strafverfolgungsbehörden oder der anderen Behörden, besteht die Gefahr der Verdunkelungshandlung. Die Bewertung, ob eine solche Gefahr besteht, kann nur die Stelle beantworten, die die Daten erhalten hat[14].

▶ **Beispiel (zu der alten Rechtslage nach § 83 Abs. 3 a.F.):**

18 Der Sozialhilfeträger muss *den Namen eines Informanten, der einen sachdienlichen Hinweis gegeben hat, der geeignet gewesen ist, einen möglichen Missbrauch von Sozialhilfe zu verhindern, gegenüber dem Hilfeempfänger geheim halten, wenn Anhaltspunkte dafür fehlen, der Informant habe wider besseren Wissens und in der vorgefassten Absicht, den Ruf des Hilfeempfängers zu schädigen, gehandelt oder leichtfertig falsche Informationen gegeben*[15].

11 BT-Drucks. 18/12611, S. 118.
12 BT-Drucks. 18/12611, S. 118 mit Verweis auf EG 58 Satz 2 DSGVO.
13 BT-Drucks. 18/12611, S. 119.
14 BT-Drucks. 18/12611, S. 119.
15 OVG Lüneburg, bestätigt durch BVerwG, Urt. v. 04.09.2003 – 5 C 48/02, WKRS 2003, 27141.

§ 82a Informationspflichten, wenn Sozialdaten nicht bei der betroffenen Person erhoben wurden

(1) Die Pflicht einer in § 35 des Ersten Buches genannten Stelle zur Information der betroffenen Person gemäß Artikel 14 Absatz 1, 2 und 4 der Verordnung (EU) 2016/679 besteht ergänzend zu den in Artikel 14 Absatz 5 der Verordnung (EU) 2016/679 genannten Ausnahmen nicht,

1. soweit die Erteilung der Information
   a) die ordnungsgemäße Erfüllung der in der Zuständigkeit des Verantwortlichen liegenden Aufgaben gefährden würde oder
   b) die öffentliche Sicherheit oder Ordnung gefährden oder sonst dem Wohle des Bundes oder eines Landes Nachteile bereiten würde, oder

2. soweit die Daten oder die Tatsache ihrer Speicherung nach einer Rechtsvorschrift oder ihrem Wesen nach, insbesondere wegen der überwiegenden berechtigten Interessen eines Dritten geheim gehalten werden müssen

und deswegen das Interesse der betroffenen Person an der Informationserteilung zurücktreten muss.

(2) Werden Sozialdaten bei einer nicht-öffentlichen Stelle erhoben, so ist diese auf die Rechtsvorschrift, die zur Auskunft verpflichtet, sonst auf die Freiwilligkeit hinzuweisen.

(3) [1]Unterbleibt eine Information der betroffenen Person nach Maßgabe des Absatzes 1, ergreift der Verantwortliche geeignete Maßnahmen zum Schutz der berechtigten Interessen der betroffenen Person, einschließlich der Bereitstellung der in Artikel 14 Absatz 1 und 2 der Verordnung (EU) 2016/679 genannten Informationen für die Öffentlichkeit in präziser, transparenter, verständlicher und leicht zugänglicher Form in einer klaren und einfachen Sprache. [2]Der Verantwortliche hält schriftlich fest, aus welchen Gründen er von einer Information abgesehen hat.

(4) In Bezug auf die Pflicht zur Information nach Artikel 14 Absatz 1 Buchstabe e der Verordnung (EU) 2016/679 gilt § 82 Absatz 1 entsprechend.

(5) Bezieht sich die Informationserteilung auf die Übermittlung von Sozialdaten durch öffentliche Stellen an Staatsanwaltschaften und Gerichte im Bereich der Strafverfolgung, an Polizeibehörden, Verfassungsschutzbehörden, den Bundesnachrichtendienst und den Militärischen Abschirmdienst, ist sie nur mit Zustimmung dieser Stellen zulässig.

Übersicht

A. Inhalt

§ 82a regelt unter Anwendung der Öffnungsklausel Art. 23 DSGVO weitere Ausnahmen von der 1
Informationspflicht zu Art. 14 Abs. 5 DSGVO, wenn die Sozialdaten nicht bei der betroffenen Person erhoben werden. Wird von der Information der betroffenen Person abgesehen, ist dies von dem Verantwortlichen intern zu dokumentieren, zu begründen und geeignete Maßnahmen zu ergreifen. In Bezug auf die Information der betroffenen Person gemäß Art. 14 Abs. 1 lit. e DSGVO über die Empfänger oder Kategorien von Empfängern der personenbezogenen Daten sind die in § 82 Abs. 1 geregelten Ausnahmen von der Informationspflicht entsprechend anzuwenden. Bezieht sich die Informationserteilung auf die Übermittlung von Sozialdaten an Sicherheitsbehörden ist die

Informationspflicht nur mit deren Zustimmung zulässig. § 82a enthält zudem in Abs. 2 die Regelung, dass nicht-öffentliche Stellen, bei denen Sozialdaten erhoben werden, auf die Rechtsgrundlage oder alternativ auf die Freiwilligkeit der Auskunft hinzuweisen sind.

B. Entstehungsgeschichte

2 Die Vorschrift wurde mit dem BVG-Änderungsgesetz vom 17.07.2017 (BGBl. I, S. 2541), das zum 25.05.2018 in Kraft trat (Art. 99 Abs. 2 DSGVO und Art. 24 BVG) und in Umsetzung der Datenschutzgrundverordnung (DSGVO = Verordnung [EU] 2016/679) neu eingeführt.

C. Erläuterungen

I. Relevante Normen der DSGVO und des BDSG

3 Die Informationspflicht gegenüber der betroffenen Person, wenn ihre Daten nicht bei ihr erhoben werden (Dritterhebung[1]) ist grundsätzlich in Art. 14 DSGVO geregelt. Informationspflichten bei Dritterhebungen waren im SGB X bereits vor der DSGVO in § 67a Abs. 4 und 5 Satz 2 und 3 geregelt. Die Informationspflicht aus § 67a Abs. 4 ist jetzt in § 82a Abs. 2, die Informationspflicht aus § 67a Abs. 5 Satz 2 in Art. 14 Abs. 5 DSGVO, die Informationspflicht aus § 67a Abs. 5 Satz 3 in § 82a Abs. 4 und die Informationspflicht gemäß § 83 Abs. 4 Nr. 3 a.F. in § 82a Abs. 1 Nr. 2 geregelt. Art. 23 DSGVO ist die Öffnungsklausel für die Regelung weiterer Einschränkungen der Informationspflicht durch den nationalen Gesetzgeber und gibt in seinem Abs. 1 lit. a bis e sowie i den Rahmen für die Umsetzung vor: Abs. 1 Nr. 1 beruht auf Art. 23 Abs. 1 lit. a bis e DSGVO, Abs. 1 Nr. 2 auf Art. 23 Abs. 1 lit. e und i DSGVO, Abs. 3 auf Art. 23 Abs. 2 DSGVO, Abs. 4 auf Art. 23 Abs. 1 lit. e, Abs. 5 auf Art. 23 Abs. 1 lit. a bis d DSGVO. Abs. 2 bleibt als spezifische Regelung im Sinne von Art. 6 Abs. 1 lit. e i.V.m. Abs. 2 und Abs. 3 Satz 1 lit. b, Satz 2 DSGVO erhalten.[2]

4 Art. 14 differenziert die Informationspflichten zwischen
- den mitzuteilenden Pflichtangaben nach Abs. 1 (u.a. Zwecke und Rechtsgrundlagen der Verarbeitung, Kontaktdaten des Verantwortlichen und des Datenschutzbeauftragten
- den zusätzlichen Informationen nach Abs. 2 (u.a. Informationen über die Speicherdauer, die Betroffenenrechte und das Beschwerderecht) sowie
- der Informationspflicht über den anderen Zweck vor einer zweckändernden Weiterverarbeitung der Daten nach Abs. 4 (u.a. Information über den neuen Empfänger bei zweckändernder Weiterverarbeitung im Zusammenhang mit einer Übermittlung der Daten, soweit nicht bereits eine Information nach Art. 13 DSGVO erfolgte).

Art. 14 enthält in Abs. 3 differenzierte zeitliche Vorgaben für die Erteilung der Informationen.

In Art. 14 Abs. 5 sind die Ausnahmen von der Informationspflicht bei Dritterhebung geregelt. Liegen diese Voraussetzungen vor, kann die Information an die betroffene Person unterbleiben. Ausnahmen liegen vor, wenn
- die betroffene Person über die Informationen bereits verfügt (lit. a),
- die Erteilung der Information sich als unmöglich erweist oder einen unterhältnismäßigen Aufwand erfordern würde sowie bei privilegierten Verarbeitungen (lit. b),
- die Erlangung und Offenlegung von Daten durch Rechtsvorschriften ausdrücklich geregelt ist (lit. c) oder
- die personenbezogenen Daten dem Berufsgeheimnis einschließlich einer satzungsmäßigen Geheimhaltungspflicht unterliegen und daher vertraulich zu behandeln sind (lit. d).

An die vorgenannten Ausnahmen gemäß Art. 14 Abs. 5 schließen die in § 82a geregelten Ausnahmen an.

1 *Freund/Shagdar*, SGb 2018, 273.
2 BT-Drucks. 18/12611, S. 118–120.

Eine § 82a entsprechende Vorschrift stellt § 33 BDSG dar. § 33 Abs. 2 BDSG entspricht § 82a Abs. 3, § 33 Abs. 3 BDSG entspricht § 82a Abs. 5 und § 33 Abs. 1 Nr. 1 lit. a und b BDSG entsprechen § 82a Abs. 1 Nr. 1 lit. a und b und die Interessensabwägungsklausel in den jeweiligen Abs. 1 ist ebenfalls identisch, da dies Art. 23 Abs. 2 DSGVO vorgibt. Demnach darf das Interesse der betroffenen Person a der Informationserteilung nicht überwiegen. Die Normen unterscheiden sich hinsichtlich der Regelungen in Bezug auf nicht-öffentliche Stellen (§ 82a Abs. 2, § 33 Abs. 1 Nr. 2 BDSG) und die Geheimhaltungsanforderungen gemäß § 82a Abs. 1 Nr. 2. 5

II. Ausnahmen von der Informationspflicht nach Abs. 1

Die Ausnahmetatbestände des Abs. 1 Nr. 1 beziehen sich auf eine Gefährdung der Aufgabenerfüllung 6 des Verantwortlichen oder der öffentlichen Sicherheit oder Ordnung, dem Wohle des Bundes oder eines Landes (siehe § 82 Rdn. 10).

Nach dem Ausnahmetatbestand der Nr. 2 unterbleibt die Informationspflicht, wenn die Daten oder 7 die Tatsache ihrer Speicherung nach einer Rechtsvorschrift oder ihrem Wesen nach, insbesondere wegen der überwiegenden berechtigten Interessen eines Dritten, geheim gehalten werden müssen. Die Regelung dient auch dem Schutz einer Person, die einen Sozialleistungsträger auf den Verdacht eines Sozialleistungsmissbrauchs hinweist (Behördeninformationsgeber), damit diese gegenüber der betroffenen Person anonym bleibt.[3] Nr. 2 erweitert demnach den Ausnahmetatbestand gemäß Art. 14 Abs. 5 lit. d DSGVO, der auf gesetzliche und satzungsrechtliche Rechtsvorschriften nach Unions- und nationalem Recht zum Berufsgeheimnis abstellt, um Geheimhaltungspflichten, die sich aus anderen Rechtsvorschriften ergeben[4].

▶ **Beispiele:**

§ 25 Abs. 3 SGB X (Verwehrung des Akteneinsichtsrechts wegen berechtigter Interessen der Beteiligten oder Dritter), § 119 SGG (keine Verpflichtung der Behörden zur Vorlage von Urkunden und Akten bei Nachteilen für das Wohl von Bund oder Land, alternativ Geheimhaltung aufgrund Gesetz oder nach dem Wesen der Informationen), § 6 IFG (kein Anspruch auf Informationszugang zum Schutz geistigen Eigentums und zum von Betriebs- und Geschäftsgeheimnissen nicht ohne Einwilligung des Betroffenen).

III. Hinweis an nicht-öffentliche Stellen nach Abs. 2

Die Regelung zu einer Datenerhebung bei einer nicht-öffentlichen Stelle gemäß Abs. 2 entspricht 8 der alten Regelung in § 67a Abs. 4. Sie normiert einen Ausnahmefall von dem Grundsatz der Ersterhebung bei der betroffenen Person und begründet zugleich eine Hinweispflicht der die Daten anfordernden öffentlichen Stelle. Die nicht-öffentliche Stelle ist auf die Rechtsvorschriften, die sie zur Auskunft verpflichten, oder auf die Freiwilligkeit der angeforderten Angaben hinzuweisen. Sie soll in die Lage versetzt werden, aufgrund ausreichender Informationen selbst zu entscheiden, ob sie die Auskunft geben muss, oder ob sie diese verweigern kann. Die öffentliche Stelle, welche die Daten von einer nicht-öffentlichen Stelle erheben will, ist verpflichtet, zunächst die Rechtmäßigkeit der Anforderung zu prüfen. Nicht-öffentliche Stellen sind nur dann zur Auskunft verpflichtet, wenn eine Rechtsnorm dieses ausdrücklich gebietet. Im Übrigen sind die nicht-öffentlichen Stellen berechtigt, die Zulässigkeit des Übermittlungsersuchens zu prüfen. Die Hinweispflicht der öffentlichen Stelle ist erfüllt, wenn sie der nicht-öffentlichen Stelle die aus ihrer Sicht einschlägige Norm nennt. Zum Beispiel Auskunftspflicht des Arbeitgebers nach § 98 SGB X[5], Auskunftspflicht von Arbeitgebern nach § 57 SGB II, Pflicht zur Auskunft nach § 117 SGB XII. Die Hinweispflicht gemäß Abs. 2 bezieht sich ausschließlich auf nicht-öffentliche Stellen, da von öffentlichen Stellen ausreichende Rechtskenntnisse erwartet werden, so dass ein Hinweis nicht erforderlich ist.

---

3 *Bieresborn*, NZS 2018, 10.
4 BT-Drucks. 18/12611, S. 119.
5 Hauck/Noftz/*Rombach*, SGB X-Kommentar, Lfg 2/19, § 82a Rn. 37.

9 Nicht-öffentliche Stellen sind natürliche und juristische Personen, Gesellschaften und andere Personenvereinigungen des privaten Rechts, soweit sie nicht unter § 81 Ab. 3 fallen. Die Definition der nicht-öffentlichen Stellen ist unter § 67 Rdn. 47 ff. weitergehend ausgeführt.

Beispiele:

Zu den nicht-öffentlichen Stellen gehört u.a. der Arbeitgeber eines Beschäftigten, wenn bei der Zahlung einer Hinterbliebenenrente gem. § 97 SGB VI in Verbindung mit § 18a SGB IV zeitgleich erzieltes Einkommen angerechnet werden muss[6].

IV. Dokumentations- und Begründungspflicht sowie geeignete Maßnahmenn nach Abs. 3

10 Zum Schutz der berechtigten Interessen der betroffenen Person schreibt Abs. 3 *geeignete Maßnahmen* vor, die von dem Verantwortlichen zu treffen sind, wenn er davon absieht, die betroffene Person über die Datenverarbeitung zu informieren. Abs. 3 entspricht wortwörtlich § 82 Abs. 3 Satz 1 und 2. Auf die Ausführungen unter § 82 Rdn. 12 wird daher an dieser Stelle verwiesen.

11 Im Gegensatz zu § 82 Abs. 3 Satz 3 sind in § 82a Abs. 3 allerdings keine Ausnahmen von der Pflicht geeignete Schutzmaßnahmen zu ergreifen aufgeführt. Grund hierfür ist, dass nach Abs. 1 Satz 2 bereits die schutzwürdigen Interessen der betroffenen Person zu berücksichtigen sind[7].

12 Die nach Abs. 3 zu ergreifenden Maßnahmen sind allerdings nur dann zu ergreifen, wenn die Informationspflicht nicht bereits nach den Ausnahmetatbeständen des Art. 14 Abs. 5 DSGVO entfällt, da Art. 14 Abs. 5 in lit. b und c DSGVO bereits die Pflicht zur Ergreifung von Schutzmaßnahmen vorsieht.

V. Anwendbarkeit des § 82 Abs. 1 nach Abs. 4

13 Gemäß Abs. 4 sind in Bezug auf die Informationspflicht gegenüber der betroffenen Person über die Empfänger oder Kategorien von Empfängern der personenbezogenen Daten gemäß Art. 14 Abs. 1 lit. e DSGVO die Beschränkungen gemäß § 82 entsprechend anzuwenden. Es wird deshalb an dieser Stelle auf die Ausführungen unter § 82 Rdn. 6 bis 9 und 16 verwiesen.

VI. Zustimmungserfordernis zu der Informationspflicht nach Abs. 5

14 Das Zustimmungserfordernis gemäß Abs. 5 von Sicherheitsbehörden, denen Sozialdaten übermittelt werden, entspricht wortwörtlich dem Zustimmungserfordernis gemäß § 82 Abs. 5. Es wird deshalb an dieser Stelle auf die Ausführungen unter § 82 Rdn. 17 und 18 verwiesen.

§ 83 Auskunftsrecht der betroffenen Personen

(1) Das Recht auf Auskunft der betroffenen Person gemäß Artikel 15 der Verordnung (EU) 2016/679 besteht nicht, soweit

1. **die betroffene Person nach § 82a Absatz 1, 4 und 5 nicht zu informieren ist oder**
2. **die Sozialdaten**
   a) **nur deshalb gespeichert sind, weil sie auf Grund gesetzlicher oder satzungsmäßiger Aufbewahrungsvorschriften nicht gelöscht werden dürfen, oder**
   b) **ausschließlich zu Zwecken der Datensicherung oder der Datenschutzkontrolle dienen und die Auskunftserteilung einen unverhältnismäßigen Aufwand erfordern würde sowie eine Verarbeitung zu anderen Zwecken durch geeignete technische und organisatorische Maßnahmen ausgeschlossen ist.**

6 KomGRV, 73. ErgLfg 11/2010, § 67a SGB X Rn. 4.
7 So auch Hauck/Noftz/*Rombach*, SGB X-Kommentar, Lfg 2/19, § 81a Rn. 40.

(2) [1]Die betroffene Person soll in dem Antrag auf Auskunft gemäß Artikel 15 der Verordnung (EU) 2016/679 die Art der Sozialdaten, über die Auskunft erteilt werden soll, näher bezeichnen. [2]Sind die Sozialdaten nicht automatisiert oder nicht in nicht automatisierten Dateisystemen gespeichert, wird die Auskunft nur erteilt, soweit die betroffene Person Angaben macht, die das Auffinden der Daten ermöglichen, und der für die Erteilung der Auskunft erforderliche Aufwand nicht außer Verhältnis zu dem von der betroffenen Person geltend gemachten Informationsinteresse steht. [3]Soweit Artikel 15 und 12 Absatz 3 der Verordnung (EU) 2016/679 keine Regelungen enthalten, bestimmt der Verantwortliche das Verfahren, insbesondere die Form der Auskunftserteilung, nach pflichtgemäßem Ermessen. [4]§ 25 Absatz 2 gilt entsprechend.

(3) [1]Die Gründe der Auskunftsverweigerung sind zu dokumentieren. [2]Die Ablehnung der Auskunftserteilung bedarf keiner Begründung, soweit durch die Mitteilung der tatsächlichen und rechtlichen Gründe, auf die die Entscheidung gestützt wird, der mit der Auskunftsverweigerung verfolgte Zweck gefährdet würde. [3]In diesem Fall ist die betroffene Person darauf hinzuweisen, dass sie sich, wenn die in § 35 des Ersten Buches genannten Stellen der Kontrolle des oder der Bundesbeauftragten unterliegen, an diesen oder diese, sonst an die nach Landesrecht für die Kontrolle des Datenschutzes zuständige Stelle wenden kann.

(4) Wird einer betroffenen Person keine Auskunft erteilt, so kann, soweit es sich um in § 35 des Ersten Buches genannte Stellen handelt, die der Kontrolle des oder der Bundesbeauftragten unterliegen, diese, sonst die nach Landesrecht für die Kontrolle des Datenschutzes zuständige Stelle, auf Verlangen der betroffenen Person prüfen, ob die Ablehnung der Auskunftserteilung rechtmäßig war.

(5) Bezieht sich die Informationserteilung auf die Übermittlung von Sozialdaten durch öffentliche Stellen an Staatsanwaltschaften und Gerichte im Bereich der Strafverfolgung, an Polizeibehörden, Verfassungsschutzbehörden, den Bundesnachrichtendienst und den Militärischen Abschirmdienst, ist sie nur mit Zustimmung dieser Stellen zulässig.

Übersicht

A. Inhalt

Die Vorschrift enthält ergänzende Regelungen zu dem Betroffenenrecht gemäß Art. 15 DSGVO 1
auf Auskunft gegenüber der datenverarbeitenden Stelle. Sie schränkt das Betroffenenrecht ein, differenziert zwischen dem Antrag auf Auskunft über automatisiert und nicht automatisiert gespeicherte Daten, weist auf die Überprüfung durch die Datenschutzaufsichtsbehörden hin und das Zustimmungserfordernis der Sicherheitsbehörden. Sie beruht auf der Öffnungsklausel gemäß Art. 23 DSGVO. § 83 ist neben dem Anrecht auf Akteneinsicht nach § 25 zu verstehen. Nur wenn die betroffene Person weiß, wer, wann und in welchem Umfang von ihren Daten Kenntnis erlangt hat, ist das Grundrecht der informationellen Selbstbestimmung in Ausgestaltung des Sozialgeheimnisses hinreichend beachtet.[1] Durch das Zusammenwirken bzw. Nebeneinander der §§ 25, 82, 82a und 83 sowie Art. 13, 14 sowie 15 DSGVO ist für die betroffene Person Transparenz gegeben und es wird ihr ermöglicht, ihre Rechte wahrzunehmen.[2]

1 BVerfG, Urt. v. 15.12.1983, BVerfGE 65, 1 ff.
2 Fichte/Plagemann/*Hornung/Seidel*, Handbuch des Sozialverwaltungsverfahrensrechts, 2. Aufl. 2016, § 6 Rn. 61.

B. Entstehungsgeschichte

2 Die Vorschrift beruht auf dem Gesetz vom 18.08.1980 (BGBl. I, S. 1469) und ist in ihrer ursprünglichen Fassung am 01.01.1981 in Kraft getreten. Sie wurde geändert durch die Gesetze vom 13.06.1994 (BGBl. I, S. 1239) und vom 18.05.2001 (BGBl. I, S. 904). Sie wurde mit dem BVG-Änderungsgesetz vom 17.07.2017 (BGBl. I, S. 2541), das zum 25.05.2018 in Kraft trat (Art. 99 Abs. 2 DSGVO und Art. 24 BVG), und in Umsetzung der Datenschutzgrundverordnung (DSGVO = Verordnung [EU] 2016/679) angepasst.

C. Erläuterungen

I. Relevante Normen der DSGVO und des BDSG

3 Das Auskunftsrecht ist in Art. 15 DSGVO geregelt. § 83 darf daher nur Regelungen im Rahmen der Öffnungsklausel Art. 23 DSGVO beinhalten. Art. 15 regelt in Abs. 1, auf welche Informationen sich das Auskunftsrecht der betroffenen Person bezieht:
- Verarbeitungszweck (lit. a)
- Kategorie personenbezogener Daten (lit. b) und deren Empfänger (lit. c)
- Dauer der Speicherung (lit. d)
- das Bestehen der weiteren Betroffenenrechte wie Berichtigung, Löschung, Einschränkung der Verarbeitung und Widerspruchsrecht (lit. e)
- Beschwerderecht (lit. f)
- Herkunft der Daten (lit. g)
- ggf. Bestehen einer automatisierten Entscheidungsfindung/Profiling (lit. h).

4 Nach Art. 15 Abs. 2 DSGVO besteht zudem das Recht auf Auskunft über geeignete Garantien bei Datenverarbeitungen in Drittländern. In Abs. 3 sind die Anzahl der Kopien als unentgeltlich bzw. gegen Erstattung von Verwaltungskosten sowie das Format der Kopien geregelt. Abs. 4 beinhaltet einen Drittschutz bei Erhalt der Kopien.

5 Das Auskunftsrecht gemäß Art. 15 DSGVO wird im BDSG eingeschränkt in § 34, wobei § 34 die Regelungen in §§ 27 Abs. 2, 28 Abs. 2 und 29 Abs. 1 Satz 2 BDSG zum Auskunftsrecht ergänzend regelt. § 34 Abs. 1 entspricht, unter Berücksichtigung der Verweisungen innerhalb der jeweiligen Gesetze, § 83 Abs. 1. § 34 Abs. 2 BDSG entspricht § 83 Abs. 3; § 34 Abs. 3 entspricht § 83 Abs. 4 und § 34 Abs. 4 entspricht § 83 Abs. 5. § 27 Abs. 2 Satz 2 BDSG schränkt das Auskunftsrecht bei Datenverarbeitungen für wissenschaftliche Zwecke und einem unverhältnismäßigem Aufwand ein; in vergleichbarer Weise schränkt § 28 Abs. 2 BDSG das Auskunftsrecht für personenbezogene Daten, die für Archivzwecke verarbeitet werden ein und aus Drittschutzgründen schränkt auch § 29 Abs. 1 Satz 2 BDSG das Auskunftsrecht ein.

II. Das Antragserfordernis nach Abs. 1

6 Mit Abs. 1 werden die Auskunftsrechte der betroffenen Person beschränkt. Abs. 1 Nr. 1 schließt ein Auskunftsrecht aus, wenn die betroffene Person nach § 82a
- Abs. 1 (keine Information wegen Gefährdung der Verarbeitung, Sicherheit oder Ordnung oder wegen der Interessen Dritter),
- Abs. 4 (keine Information nach Kategorien von Empfängern in entsprechender Anwendung von § 82 Abs. 1) und
- Abs. 5 (Zustimmungserfordernis der Sicherheitsbehörden)

nicht zu informieren ist. Alternativ besteht nach Abs. 1 Nr. 2 a und b kein Auskunftsrecht, wenn die Sozialdaten
- nur deshalb gespeichert werden, weil sie aufgrund gesetzlicher oder satzungsmäßiger Aufbewahrungsvorschriften nicht gelöscht werden dürfen zum Beispiel in § 71 Abs. 1 Satz 3 i.V.m. §§ 2, 5 BArchG oder
- ausschließlich zu Zwecken der Datensicherung oder der Datenschutzkontrolle dienen.

Zusätzlich zu den genannten Voraussetzungen muss die Auskunftserteilung einen unverhältnismäßigen[3] Aufwand erfordern[4] sowie eine Verarbeitung zu anderen Zwecken durch geeignete technische und organisatorische Maßnahmen ausgeschlossen sein. Diese Kriterien sind in strenger Beziehung zu dem informationellen Selbstbestimmungsrecht der betroffenen Person anzuwenden. 7

Bei der Ermittlung des Aufwands hat der Verantwortliche die für die Sozialdaten bestehenden technischen Möglichkeiten, gesperrte und archivierte Daten der betroffenen Person im Rahmen der Auskunftserteilung verfügbar zu machen, zu berücksichtigen[5]. Ein unverhältnismäßiger Aufwand dürfte dann gegeben sein, wenn die für die Auskunftserteilung an die betroffene Person erforderliche Ermittlung der Daten und deren Zusammenstellung zu einer erheblichen Behinderung der Verwaltungsabläufe führen würde (so auch: Krahmer/*Krahmer*/*Hoidn*, Sozialdatenschutz, 4. Aufl. 2020, § 83 Rn. 11). 8

III. Antrag auf Auskunft nach Abs. 2

Nach Abs. 2 Satz 1 hat die betroffene Person in ihrem Antrag auf Auskunft gemäß Art. 15 DSGVO die Art der Sozialdaten, über die Auskunft erteilt werden soll, näher zu bezeichnen. Diese Regelung galt bereits vor der Einführung der DSGVO. Der Auskunftsanspruch bezieht sich laut LG Köln nicht auf sämtliche internen Vorgänge der verarbeitenden Stelle, sondern solle sicherstellen, dass die betroffene Person den Umfang und Inhalt der gespeicherten personenbezogenen Daten beurteilen könne[6]. Das Auskunftsrecht ist ein Grundrecht[7] und steht, soweit es nicht ausgeschlossen ist, nicht im Ermessen der ersuchten Stelle. Sie hat vor der Erteilung der Auskunft die Identität der die Auskunft ersuchenden Person zu prüfen und festzustellen, damit sie keine Sozialdaten an Unbefugte herausgibt.[8] 9

Nach Abs. 2 Satz 2 ist das Auskunftsrecht der betroffenen Person beschränkt, wenn die Sozialdaten, über die sie eine Auskunft beantragt, nicht automatisiert oder in nicht automatisierten Dateisystemen gespeichert sind. In diesen Fällen wird die Auskunft nur insoweit erteilt, als dass die betroffene Person in ihrem Antrag Angaben macht, die das Auffinden der Daten ermöglicht und der für die Erteilung der Auskunft erforderliche Aufwand nicht außer Verhältnis zu dem von der betroffenen Person geltend gemachten Informationsinteresse steht. 10

Das Verfahren und die Form der Auskunftserteilung bestimmt gemäß Abs. 2 Satz 3 der Verantwortliche (die datenverarbeitende Stelle), soweit die Art. 15 sowie 12 Abs. 3 DSGVO keine Regelung enthalten. Gemäß Art. 15 Abs. 3 stellt der Verantwortliche eine Kopie der personenbezogenen Daten der betroffenen Person zur Verfügung. Für die Herausgabe weiterer Kopien kann der Verantwortliche ein angemessenes Entgelt auf der Grundlage der Verwaltungskosten verlangen. Bei elektronischer Antragsstellung sind die Informationen in einem gängigen elektronischen Format zur Ver- 11

3 So auch Hauck/Noftz/*Rombach*, SGB X-Kommentar, Lfg 3/19, § 83 Rn. 54 mit Verweis auf *Fanselow*, in: Jansen, SGB X, § 83 Rn. 34, Stand 22.05.2018 – online.

4 Siehe auch Erwägungsgrund 62 DSGVO.

5 BT-Drucks. 18/12611, S. 120.

6 LG Köln, Urt. v. 19.06.2019 – 26 S 13/18, nicht rechtskräftig, sondern Revision eingelegt beim BGH unter dem Az. VI ZR 576/19 und LG Köln, Urt. v. 18.03.2019 – 26 O 25/18, in ZD 7/2019, S. 313 ff.: keine internen Vorgänge und keine Pflicht, sämtlichen, bereits bekannten Schriftwechsel erneut zu übersenden; *Brink/Joos*, ZD 11/2019, S. 483 ff. (486) mit Verweis aus DSK-Kurzpapier Nr. 6, Stand 17.12.2018, S. 2 zur Konkretisierungspflicht des Auskunftsbegehrenden, die das Auskunftsrecht einschränkt; das Auskunftsersuchen ist auch nach EG 63 Satz 7 DSGVO zu konkretisieren; OLG Köln, Urt. v. 26.07.2019 – 20 U 75/18, zum umfassenden Auskunftsrecht und den Auswirkungen auf das Zivilprozessrecht und gemäß Beschluss vom 17.07.2019 – 13 W 25/19 des OLG Köln liegt der Streitwert für eine Auskunftsklage nach Art. 15 bei 500 €.

7 *Simitis/Hornung/Spiecker/Dix*, Datenschutzrecht 2019, Art. 15 Rn. 1.

8 *Simitis/Hornung/Spiecker/Dix*, Datenschutzrecht 2019, Art. 15 Rn. 10 und DSK-Kurzpapier Nr. 6, Stand 17.12.2018, S. 2.

fügung zu stellen, sofern die betroffene Person keine anderen Angaben macht, zum Beispiel in Standardformaten wie PDF- oder DOC-Dokumenten. Nach Art. 12 Abs. 3 DSGVO erfolgt die Zurverfügungstellung der Informationen unverzüglich, jedenfalls innerhalb eines Monats nach Eingang des Antrags. Unverzüglichkeit, als indirekter Hinweis auf § 121 BGB Abs. 1 Satz 1 BGB bedeutet demnach ein Handeln *ohne schuldhaftes Zögern*[9]. Diese Frist kann aufgrund der Komplexität und der Anzahl der Anträge um zwei Monate verlängert werden. Über die Fristverlängerung ist die betroffene Person innerhalb eines Monats nach Eingang des Antrags zu unterrichten und die Fristverlängerung ist zu begründen. Ein elektronischer Antrag sollte nach Möglichkeit auf elektronischem Wege beantwortet werden. Gemäß Absatz 2 Satz 4 gilt § 25 Abs. 2 entsprechend. Sind der betroffenen Person gesundheitliche Daten mitzuteilen, soll die Auskunft durch einen Arzt erfolgen, wenn die Auskunft für die betroffene Person einen Nachteil, insbesondere Nachteile in Bezug auf ihre Gesundheit nach sich ziehen könnte.

IV. Dokumentationspflicht nach Abs. 3

12 Abs. 3 Satz 1 führt die Pflicht zur Dokumentation der Gründe für die Auskunftsverweigerung ein. Dies entspricht der Rechenschaftspflicht des Verantwortlichen gemäß Art. 5 Abs. 2 DSGVO. Hierdurch wird auch die Überprüfung durch die Datenschutzaufsichtsbehörden gemäß Abs. 4 ermöglicht.

13 Abs. 3 Satz 2 behält den bereits vor der Geltung der DSGVO geltenden Grundsatz bei, dass die Ablehnung der Auskunftserteilung keiner Begründung bedarf, soweit durch die Mitteilung der Gründe, auf die die Entscheidung gestützt wird, der mit der Auskunftsverweigerung verfolgte Zweck gefährdet würde. Diese Regelung beruht auf der Öffnungsklausel gemäß Art. 23 Abs. 2 lit. c, d, g und h DSGVO. Gemäß Satz 3 ist die betroffene Person dann darauf hinzuweisen, dass sie sich an die Datenschutzaufsichtsbehörde wenden kann, die für die Kontrolle der die Auskunft verweigernden Stelle zuständig ist. Diese Regelung galt ebenfalls bereits vor der Einführung der DSGVO.

V. Prüfung der Ablehnung auf Rechtmäßigkeit nach Abs. 4

14 Nach Abs. 4 kann die betroffene Person die Rechtmäßigkeit der Ablehnung einer Auskunftserteilung durch die zuständigen Datenschutzaufsichtsbehörden prüfen lassen. Die um Auskunftserteilung angegangene Stelle hat die betroffenen entsprechend zu informieren. Zuständig für die weitere »Bearbeitung« sind dann der Datenschutzbeauftragte des Bundes oder des Landes in Abhängigkeit von der öffentlichen Stelle, welche die Auskunft erteilen sollte. Der Datenschutzbeauftragte erhält dabei nicht die beantragte Auskunft, sondern hat lediglich die Möglichkeit, die Rechtmäßigkeit der Ablehnung zu prüfen.[10]

VI. Zustimmungserfordernis nach Abs. 5

15 Nach Abs. 5 ist die Auskunftserteilung, die sich auf die Übermittlung von Sozialdaten durch öffentliche Stellen an Sicherheitsbehörden bezieht (zum Beispiel: §§ 68, 69 Abs. 1 Nr. 2, 72, 73 SGB X), von deren Zustimmung abhängig. Sie spiegelt damit die Wertentscheidung des Gesetzgebers wider, die genannten Fälle als im überwiegenden Allgemeininteresse liegend anzusehen, die auch die Kenntnisnahme der betroffenen Person von der Übermittlung ihrer Sozialdaten einzuschränken vermag Es soll verhindert werden, dass die betroffene Person aufgrund der Wahrnehmung ihres Rechts auf Auskunft von den gegen sie gerichteten Ermittlungen erfährt und somit die Gefahr der Verdunkelung vermieden werden. Diese Regelung ist gleichlautend auch in den §§ 82 und 82a jeweils in Abs. 5 aufgeführt. Auf die Kommentierung zu § 82 unter Rdn. 17 wird daher an dieser Stelle verwiesen.

---

9 Laut *Franck*, in: Gola, DSGVO-Kommentar, Art. 12 Rn. 24.

10 Pickel/*Marschner*, SGB X, 192. Lieferung 06/2015, § 83 Rn. 11.

§ 83a Benachrichtigung bei einer Verletzung des Schutzes von Sozialdaten

Ergänzend zu den Meldepflichten gemäß den Artikeln 33 und 34 der Verordnung (EU) 2016/679 meldet die in § 35 des Ersten Buches genannte Stelle die Verletzung des Schutzes von Sozialdaten auch der Rechts- oder Fachaufsichtsbehörde.

Übersicht

A. Inhalt

1 In Ergänzung zur Melde- und Benachrichtigungspflicht gemäß Artt. 33, 34 DSGVO an die Datenschutzaufsichtsbehörde und die betroffene Person verpflichtet die Vorschrift die Sozialleistungsträger zur Information der Rechts- und Fachaufsichtsbehörden bei Verletzung des Sozialdatenschutzes.

B. Entstehungsgeschichte

2 Die Vorschrift ist durch das Gesetz vom 05.08.2010 (BGBl. I, S. 1127) geschaffen worden. Mit dem BVG-Änderungsgesetz vom 17.07.2017 (BGBl. I, S. 2541) wurde sie an die Datenschutzgrundverordnung (DSGVO = Verordnung [EU] 2016/679) angepasst.

C. Erläuterungen

I. Relevante Normen der DSGVO und des BDSG

3 Die Pflicht zur Meldung von Verletzungen des Schutzes personenbezogener Daten an die Datenschutzaufsichtsbehörde gemäß Art. 55 DSGVO gemäß Art. 33 DSGVO sowie zur Benachrichtigung der von einer Verletzung des Schutzes personenbezogener Daten betroffenen Person gemäß Art. 34 DSGVO sind abschließend in der DSGVO geregelt. § 83a regelt daher nur ergänzend die Pflicht für die dem Sozialgeheimnis unterliegenden Stellen, die Meldung bzw. Benachrichtigung gemäß DSGVO an die Datenschutzaufsichtsbehörde und die betroffene Person parallel auch an die Rechts- und Fachaufsichtsbehörde gemäß § 90 SGB IV zu senden[1]. Die Regelung in Art. 33 Abs. 2 DSGVO, dass der Auftragsverarbeiter seine Kenntnis über eine Verletzung des Schutzes personenbezogener Daten unverzüglich seinem Auftraggeber als dem für die Datenverarbeitung Verantwortlichen zu melden hat, ist ebenfalls abschließend. Hieraus ergibt sich, dass auch die Meldung an die Fach- und Rechtsaufsicht gemäß § 83a wegen einer Verletzung des Schutzes von Sozialdaten oder Geschäfts- und Betriebsgeheimnissen immer durch den Verantwortlichen erfolgen bzw. sichergestellt werden muss. Dies umfasst somit auch die Entscheidung, ob eine Meldung erfolgt. Eine entsprechende Regelung und der dazugehörige Prozess sollten in die Vereinbarung gemäß Art. 28 DSGVO i.V.m. § 80 mit dem Auftragsverarbeiter aufgenommen werden.

4 Im BDSG gibt es mit § 29 Abs. 1 Satz 3 eine ergänzende Regelung zu Art. 34 DSGVO. Demnach besteht die Pflicht zur Benachrichtigung der betroffenen Person nicht, *soweit durch die Benachrichtigung Informationen offenbart würden, die nach einer Rechtsvorschrift oder ihrem Wesen nach, insbesondere wegen der überwiegenden Interessen eines Dritten, geheim gehalten werden müssen.* Die DSGVO selbst sieht mit Art. 14 Abs. 5 lit. d eine Ausnahme von der Informationspflicht für personenbezogene Daten vor, die einem Berufsgeheimnis unterliegen. Auf gesetzlicher Ebene im nationalen Recht ist dies in § 203 Strafgesetzbuch (StGB) geregelt und mit Ausnahmen im Sozialdatenschutz in § 76 Abs. 1. Für die Anwendung von Art. 14 Abs. 5 lit. d DSGVO genügen aber auch untergesetzliche

1 Muster für eine Meldung nach § 83a vom Bundesamt für soziale Sicherung unter: www.bundesamtsozialesicherung.de/de/themen/alle-sozialversicherungszweige-informationstechnik-und-datenschutz/archiv/.

Normen, so z.B. satzungsmäßige Geheimhaltungspflichten[2] und damit wohl auch für die Anwendung des § 29 Abs. 1 Satz 3 BDSG für Daten, die außerhalb der Aufgaben nach den Sozialgesetzbüchern verarbeitet werden.[3]

II. Form, Inhalt und Zeitpunkt der Meldepflicht

5 Die Meldepflicht tritt unabhängig von der Kategorie der Daten ein und stellt damit eine Ausweitung der Meldepflicht gegenüber der vorherigen Fassung des § 83a dar[4]. Voraussetzung ist lediglich die Erfüllung des Tatbestandes der Artt. 33, 34 DSGVO, wonach ein Risiko bzw. ein voraussichtlich hohes Risiko für die persönlichen Rechte und Pflichten der betroffenen Person zu erwarten sein muss.

Gemäß Art. 33 DSGVO hat eine Meldung zu erfolgen, wenn der Schutz personenbezogener Daten verletzt wurde und die Verletzung voraussichtlich zu einem Risiko für die Rechte und Freiheiten natürlicher Personen führt. Der Verantwortliche muss deshalb die Auswirkungen der Datenschutzverletzung analysieren und bewerten, ob ein Risiko für die Rechte und Freiheiten natürlicher Personen vorliegt (siehe Rdn. 10).

6 Die Meldung gemäß Art. 33 Abs. 3 lit. a-d DSGVO hat zumindest eine *Beschreibung der Art der Verletzung des Schutzes der personenbezogenen Daten (hier: Sozialdaten) und Angabe der Kategorien und ungefähren Zahl der betroffenen Personen, der betroffenen Kategorien und der ungefähren Zahl der betroffenen personenbezogenen Datensätze, den Namen und die Kontaktdaten des Datenschutzbeauftragten oder einer sonstigen Anlaufstelle für weitere Informationen, eine Beschreibung der wahrscheinlichen Folgen der Verletzung des Schutzes personenbezogener Daten sowie eine Beschreibung der vom Verantwortlichen ergriffenen oder vorgeschlagenen Maßnahmen zur Behebung der Verletzung des Schutzes personenbezogener Daten und ggf. Maßnahmen zur Abmilderung ihrer möglichen nachteiligen Auswirkungen zu enthalten.*

7 Die Benachrichtigung gemäß Art. 34 DSGVO erfolgt nur dann, wenn *die Verletzung des Schutzes personenbezogener Daten voraussichtlich ein hohes Risiko für die persönlichen Rechte und Freiheiten natürlicher Personen zur Folge hat.* Sie muss in klarer und einfacher Sprache beschrieben sein und enthält zumindest die Angaben gemäß Art. 33 Abs. 3 lit. b-d: *den Namen und die Kontaktdaten des Datenschutzbeauftragten oder einer sonstigen Anlaufstelle für weitere Informationen, eine Beschreibung der wahrscheinlichen Folgen der Verletzung des Schutzes personenbezogener Daten sowie eine Beschreibung der vom Verantwortlichen ergriffenen oder vorgeschlagenen Maßnahmen zur Behebung der Verletzung des Schutzes personenbezogener Daten und ggf. Maßnahmen zur Abmilderung ihrer möglichen nachteiligen Auswirkungen.*

8 Gemäß Art. 34 Abs. 3 lit. a-c ist die Benachrichtigung nicht erforderlich, wenn eine der folgenden Bedingungen erfüllt ist: Der Verantwortliche hat durch geeignete technische und organisatorische Sicherheitsvorkehrungen bezogen auf die betroffenen personenbezogenen Daten zum Ausschluss unberechtigter Zugänge zu den Daten getroffen; er hat durch Maßnahmen sichergestellt, dass das hohe Risiko aller Wahrscheinlichkeit nach nicht mehr besteht; die Benachrichtigung wäre mit einem unverhältnismäßigen Aufwand verbunden, so dass anstelle der Benachrichtigung eine öffentliche Bekanntmachung erfolgen muss.

9 Zu beachten ist, dass die in § 35 SGB I genannte Stelle nur die von ihr selbst verursachte Datenschutzverletzung melden muss. Dabei ist es unbedeutend, wer innerhalb der Stelle nach § 35 SGB I die Datenschutzverletzung feststellt. Das kann neben dem Datenschutzbeauftragten auch jeder andere Bedienstete des Verantwortlichen sein. Gleichwohl setzt die Anwendung der Rechtsnorm

2 *Lapp*, in: Gola/Heckmann, 2019, BDSG-Kommentar zu § 29 Rn. 8.

3 § 29 Abs. 1 Satz 3 BDSG ist im nicht Sozialdatenschutz nicht anwendbar, da ein ausdrücklicher Hinweis auf diese Norm fehlt.

4 BT-Drucks. 18/12611, S. 121.

voraus, dass tatsächliche Anhaltspunkte für eine Datenschutzverletzung vorliegen. Dies setzt wiederum eine interne Prüfung voraus (Risikoeinschätzung).

Erst mit Abschluss dieser internen Prüfung und dem Ergebnis, dass ein Risiko vorliegt, beginnt die in Art. 33 DSGVO genannte Frist von 72 Stunden, deren Überschreitung mit der Meldung begründet werden muss. Für die bundesunmittelbaren Sozialleistungsträger[5] ergeben sich zu der Meldung gemäß § 83a weitere Hinweise aus den Rundschreiben des Bundesamt für soziale Sicherung (BAS) vom 18.12.2017 und 22.05.2018[6]. In seinem Rundschreiben vom 08.06.2018 *Anmerkungen zum praktischen Umgang mit Meldungen von Datenschutzverletzungen gemäß § 83a SGB X*[7] verweist das BAS darauf, dass von einer Meldung abgesehen werden kann, wenn es sich nur um ein geringes Risiko für die Rechte und Freiheiten natürlicher Personen handelt. Das BAS hat mit dem vorgenannten Rundschreiben auch den Meldebogen für die Meldung gemäß § 83a um die Risikoklassifizierung *geringes Risiko/Risiko/hohes Risiko* angepasst.[8] An die Form der Meldung werden keine Anforderungen gestellt, d.h. sie kann per Brief, E-Mail über verschlüsselte Verbindung etc. abgegeben werden. Aufgrund der Dokumentationspflicht gemäß Art. 5 Abs. 2 DSGVO ist auf eine nachweisbare Dokumentation zu achten. Aufgrund der Dokumentationspflicht ist auch die Risikoeinschätzung in nachweisbarer Form durchzuführen, damit im Falle einer Prüfung gegenüber den Aufsichtsbehörden nachgewiesen werden kann, weshalb im Einzelfall von einer Meldung abgesehen wurde bzw. welche Kriterien für die Einstufung in die Risikoklassen herangezogen werden. Parallel und zusätzlich zu den vorgenannten Meldungen muss ein Sozialleistungsträger, der nach dem BSI-Gesetz (BSI-Kritis-V) zu den Betreibern »kritischer Infrastruktur« zählt, bei Datenschutzverletzungen, die bezüglich der Verfügbarkeit, Integrität, Authentizität und Vertraulichkeit von informationstechnischen Systemen, Komponenten oder Prozessen zu Störungen geführt hat oder zu erheblichen Störungen führen kann, eine Meldung nach § 8b Abs. 4 BSIG an das Bundesamt für Sicherheit in der Informationstechnik abgeben. Als Grundlage für die Risikoeinschätzung kann das Working Paper 250 der ehemaligen Artikel-29-Datenschutzgruppe, die seit Geltung der DSGVO durch den Europäischen Datenschutzausschuss ersetzt wurde, herangezogen werden.[9] 10

§ 84 Recht auf Berichtigung, Löschung, Einschränkung der Verarbeitung und Widerspruch

(1) [1]Ist eine Löschung von Sozialdaten im Fall nicht automatisierter Datenverarbeitung wegen der besonderen Art der Speicherung nicht oder nur mit unverhältnismäßig hohem Aufwand möglich und ist das Interesse der betroffenen Person an der Löschung als gering anzusehen, besteht das Recht der betroffenen Person auf und die Pflicht des Verantwortlichen zur Löschung von Sozialdaten gemäß Artikel 17 Absatz 1 der Verordnung (EU) 2016/679 ergänzend zu den in Artikel 17 Absatz 3 der Verordnung (EU) 2016/679 genannten Ausnahmen nicht. [2]In diesem Fall tritt an die Stelle einer Löschung die Einschränkung der Verarbeitung gemäß Artikel 18 der Verord-

5 Eine Liste der Sozialversicherungsträger, die der Aufsicht des BAS unterstehen, ist unter dem folgenden Link einsehbar: www.bundesamtsozialesicherung.de/de/bundesamt-fuer-soziale-sicherung/aufgaben-des-bas/liste-der-traeger-unter-der-aufsicht-des-bas.

6 www.bundesamtsozialesicherung.de/de/themen/alle-sozialversicherungszweige-informationstechnik-und-datenschutz/archiv/.

7 Unter www.bundesamtsozialesicherung.de/de/themen/alle-sozialversicherungszweige-informationstechnik-und-datenschutz/archiv/ mit Verweis auf das DSK-Kurzpapier Nr. 18 vom 26.04.2018 Seite 2, sowie *Martini*, in: Paal/Pauly, DSGVO-Kommentar, 2. Auflage 2018, Art. 33 Rn. 22.

8 Einsehbar in deutscher Sprache Leitlinie für die Meldung von Verletzungen des Schutzes personenbezogener Daten gemäß der Verordnung (EU) 2016/679 unter www.lda.brandenburg.de/cms/detail.php/bb1.c.587734.de bzw. im englischen Original »Guidelines on personal data breach notifications under Regulation 2016/679« unter www.datenschutz-hamburg.de/pages/art-29-working-papers/.

9 Eine entsprechende Übersicht in tabellarischer Form über Risikoklasse und Meldepflicht ist dem BAS-Schreiben vom 08.06.2019 zu entnehmen sowie Krahmer/Raum, Sozialdatenschutzrecht, 4. Aufl. 2020, § 83a Rn. 14.

nung (EU) 2016/679. [3]Die Sätze 1 und 2 finden keine Anwendung, wenn die Sozialdaten unrechtmäßig verarbeitet wurden.

(2) [1]Wird die Richtigkeit von Sozialdaten von der betroffenen Person bestritten und lässt sich weder die Richtigkeit noch die Unrichtigkeit der Daten feststellen, gilt ergänzend zu Artikel 18 Absatz 1 Buchstabe a der Verordnung (EU) 2016/679, dass dies keine Einschränkung der Verarbeitung bewirkt, soweit es um die Erfüllung sozialer Aufgaben geht; die ungeklärte Sachlage ist in geeigneter Weise festzuhalten. [2]Die bestrittenen Daten dürfen nur mit einem Hinweis hierauf verarbeitet werden.

(3) [1]Ergänzend zu Artikel 18 Absatz 1 Buchstabe b und c der Verordnung (EU) 2016/679 gilt Absatz 1 Satz 1 und 2 entsprechend im Fall des Artikels 17 Absatz 1 Buchstabe a und d der Verordnung (EU) 2016/679, solange und soweit der Verantwortliche Grund zu der Annahme hat, dass durch eine Löschung schutzwürdige Interessen der betroffenen Person beeinträchtigt würden. [2]Der Verantwortliche unterrichtet die betroffene Person über die Einschränkung der Verarbeitung, sofern sich die Unterrichtung nicht als unmöglich erweist oder einen unverhältnismäßigen Aufwand erfordern würde.

(4) Sind Sozialdaten für die Zwecke, für die sie erhoben oder auf sonstige Weise verarbeitet wurden, nicht mehr notwendig, gilt ergänzend zu Artikel 17 Absatz 3 Buchstabe b der Verordnung (EU) 2016/679 Absatz 1 entsprechend, wenn einer Löschung satzungsmäßige oder vertragliche Aufbewahrungsfristen entgegenstehen.

(5) Das Recht auf Widerspruch gemäß Artikel 21 Absatz 1 der Verordnung (EU) 2016/679 gegenüber einer öffentlichen Stelle besteht nicht, soweit an der Verarbeitung ein zwingendes öffentliches Interesse besteht, das die Interessen der betroffenen Person überwiegt, oder eine Rechtsvorschrift zur Verarbeitung von Sozialdaten verpflichtet.

(6) § 71 Absatz 1 Satz 3 bleibt unberührt.

Übersicht

A. Inhalt

1 Die Vorschrift schränkt das Recht der betroffenen Person, die Löschung und Einschränkung der Verarbeitung von Sozialdaten von den Leistungsträgern und den übrigen Normadressaten des § 35 SGB I zu verlangen, sowie das Widerspruchsrecht ein. Voraussetzung ist eine rechtmäßige Verarbeitung der Sozialdaten, da Sozialdaten bei unrechtmäßiger Verarbeitung umgehend zu löschen sind. Die Einschränkungen der vorgenannten Betroffenenrechte sind an bestimmte Voraussetzungen:
- nicht automatisierte Verarbeitung in Abs. 1 (kein Löschungsanspruch),
- unklare Sachlage in Abs. 2 (kein Berichtigungsanspruch),
- schutzwürdige Interessen der betroffenen Person in Abs. 3 (kein Löschungsanspruch),
- satzungsmäßige oder vertragliche Aufbewahrungsfristen in Abs. 4 (kein Löschungsanspruch),
- zwingendes öffentliches Interesse in Abs. 5 (kein Widerspruchsrecht),

gebunden und werden gegen das schutzwürdige Interesse der betroffenen Person abgewogen. Anstelle einer Löschung erfolgt eine Einschränkung der Bearbeitung der Sozialdaten; anstelle einer Berichtigung erfolgt eine Hinweispflicht auf die unklare Sachlage.

B. Entstehungsgeschichte

Die Vorschrift ist durch das Gesetz vom 18.08.1980 (BGBl. I, S. 1469) geschaffen worden und in ihrer ursprünglichen Fassung am 01.01.1981 in Kraft getreten. Sie wurde geändert durch die Gesetze vom 13.06.1994 (BGBl. I, S. 1229) und vom 18.05.2001 (BGBl. I, S. 904). Anpassung an die Verordnung (EU) 2016/679 mit BVG-Änderungsgesetz vom 17.07.2017 (BGBl. I, S. 2541) (Datenschutzgrundverordnung = DSGVO), das zum 25.05.2018 in Kraft trat (Art. 99 Abs. 2 DSGVO i.V.m. Art. 24 BVG). 2

C. Erläuterungen

I. Relevante Normen der DSGVO und des BDSG

Bis zum 24.05.2018 waren die Betroffenenrechte für den Sozialdatenschutz in § 84 geregelt. Da die Betroffenenrechte seit dem 25.05.2018 auch für den Sozialdatenschutz im Kapitel III (Artt. 12 bis 23) DSGVO geregelt sind, hat der nationale Gesetzgeber von der Öffnungsklausel in Art. 23 DSGVO Gebrauch gemacht und in § 84 ausschließlich einschränkende Regelungen zu den Betroffenenrechten speziell für den Sozialdatenschutz aufgenommen. Die Regelungen des § 84 schränken die in den Artt. 17 (Löschung), 18 (Einschränkung) und 21 (Widerspruch) DSGVO aufgeführten Betroffenenrechte weiter ein. 3

Art. 17 Abs. 1 und 2 DSGVO regeln das Recht auf Löschung (*Recht auf Vergessenwerden*), während in Art. 17 Abs. 3 DSGVO die Ausnahmen vom Recht auf Löschung aufgeführt sind. In Art. 17 Abs. 1 DSGVO sind in lit. a bis f sechs Fälle aufgeführt, in denen die betroffene Person ein Recht auf unverzügliche Löschung der sie betreffenden personenbezogenen Daten hat. Dies sind der Wegfall des Zwecks (lit. a), der Widerruf der Einwilligung (lit. b), der Widerspruch (lit. c), die Unrechtmäßigkeit der Verarbeitung (lit. d), eine nationalen Normen unterliegende Löschverpflichtung (lit. e) und die Erhebung nach den Diensten der Informationsgesellschaft in Bezug auf Kinder (lit. f). Der Begriff des *Löschens* ist in Art. 4 Nr. 2 DSGVO neben dem Begriff *Vernichtung* nur noch als ein Vorgang, der unter den Sammelbegriff *Verarbeitung* fällt aufgeführt (siehe § 67 Rdn. 5). Grundsätzlich bedeutet Löschung in diesem Zusammenhang, dass die erhobenen Daten **vollständig gelöscht** werden müssen und dem Verantwortlichen nicht mehr zur Verfügung stehen dürfen[1]. Es muss ausgeschlossen sein, dass die Daten – auf welche Art und Weise auch immer – wiederhergestellt werden können. Die Daten bzw. Datenträger müssen ggf. physisch behandelt werden. Als Folge dieser Behandlung muss der Datenträger (egal ob Papier oder elektronischer Datenträger wie CD, DVD, USB-Stick usw.) unbrauchbar gemacht worden sein. 4

Art. 18 DSGVO regelt den Anspruch der betroffenen Person auf Einschränkung der Verarbeitung ihrer personenbezogenen Daten in vier Fallkonstellationen, und zwar bei Bestreiten der Richtigkeit der Daten durch die betroffene Person für die Dauer der Ermittlung durch den Verantwortlichen (lit. a), unrechtmäßige Verarbeitung und Verlangen der betroffenen Person auf Einschränkung der Verarbeitung statt Löschung (lit. b), Wegfall des Zwecks in Verbindung mit der Verfolgung von Rechtsansprüchen durch die betroffene Person und damit deren Interesse, die Datenverarbeitung nur einzuschränken (lit. c) sowie für die Zeit der Entscheidungsfindung bei eingelegtem Widerspruch gemäß Art. 21 DSGVO (lit. d) über die Wertung der berechtigten Interessen des Verantwortlichen. 5

In Art. 21 DSGVO ist das Widerspruchsrecht der betroffenen Person geregelt. Dieses gilt nur für Datenverarbeitungen, die 6

- auf der Wahrnehmung einer Aufgabe, die im öffentlichen Interesse oder in Ausübung öffentlicher Gewalt erfolgt und dem Verantwortlichen übertragen wurde (Art. 6 Abs. 1 lit. e DSGVO) oder
- aufgrund eines berechtigten Interesses (Art. 6 Abs. 1 lit. f DSGVO) erfolgen.

1 Für Letzteres: *Nolte/Werkmeister*, in: Gola, DSGVO-Kommentar, 2017, Art. 17 Rn. 8.

Von dem Widerspruchsrecht ist das Widerrufsrecht abzugrenzen. Das Widerrufsrecht bei einer Datenverarbeitung, die aufgrund einer Einwilligung (Art. 6 Abs. 1 lit. a DSGVO) erfolgt, ist in Art. 7 Abs. 3 Satz 1 DSGVO geregelt und wird von § 84 nicht berührt.

7 Die Betroffenenrechte auf Löschung und Widerspruch sind für die Verarbeitung personenbezogener Daten außerhalb des Sozialrechts (zum Beispiel für Mitarbeiter-, Werbe- oder Dienstleisterdaten) durch die §§ 35 und 36 BDSG ebenfalls eingeschränkt. § 35 BDSG schränkt das Recht auf Löschung und § 36 BDSG das Widerspruchsrecht ein, wobei § 35 Abs. 1 bis 3 BDSG § 84 Abs. 1, 3 und 4 entsprechen und § 36 BDSG entspricht wortwörtlich § 84 Abs. 5.

8 Die Zulässigkeit der Einschränkung des Betroffenenrechts auf Löschung gemäß § 35 BDSG, der sich auf öffentliche und nicht-öffentliche Stellen bezieht, wird kontrovers diskutiert. Es sei fraglich, ob Art. 23 DSGVO eine derartige Einschränkung für personenbezogene Daten in nicht-automatisierten Verfahren, die von der DSGVO nicht vorgesehen ist, für nicht-öffentliche Stellen zulässt. Für öffentliche Stellen lässt sich diese Einschränkung des Rechts auf Löschung wegen der Voraussetzungen des Art. 23 Abs. 1 lit. e DSGVO mit der Begründung des öffentlichen Interesses als Ziel besser rechtfertigen[2].

II. Die Einschränkung des Rechts auf Löschung nach Abs. 1

9 Sozialdaten sowie Geschäfts- und Betriebsgeheimnisse fallen in den Anwendungsbereich des § 84, wenn diese gespeichert wurden. Speicherung ist das Erfassen, Aufnehmen oder Aufbewahren von Daten auf einem Datenträger (digital oder analog) zum Zwecke ihrer weiteren Verarbeitung. Die Speicherung ist Bestandteil der Datenverarbeitung, die im Grundsatz erlaubt ist, wenn die Vorschriften der DSGVO und des Sozialgesetzbuchs dies erlauben. Nach Art. 17 DSGVO besteht aber auch ein Recht der betroffenen Person auf Löschung dieser gespeicherten Daten.

10 Die Einschränkung des Rechts auf Löschung gemäß Abs. 1 Satz 1 bezieht sich nur auf Sozialdaten sowie Geschäfts- und Betriebsgeheimnisse, die wegen der besonderen Art der Speicherung nicht oder nur mit unverhältnismäßig hohem Aufwand gelöscht werden können. Unter dem Begriff der *besonderen Art der Speicherung* ist die nicht automatisierte Datenverarbeitung zu verstehen.

▶ **Beispiele für die besondere Art der Speicherung:**

- Archivierungen in Papierform
- analoge Speichermedien, etwa Mikrofiche, bei denen es nicht oder nur mit unverhältnismäßig hohem Aufwand möglich ist, *einzelne Informationen selektiv* zu löschen[3].

11 Gemäß § 84 Abs. 1 wird eine Abwägung im Einzelfall vorgenommen zwischen dem Aufwand für die Löschung und dem Interesse der betroffenen Person. Die Einschränkung des Rechts auf Löschung ist zulässig, wenn das Interesse der betroffenen Person an der Löschung als gering anzusehen sein. Dieses Interesse muss absolut als gering anzusehen sein und nicht im Verhältnis zum Löschungsaufwand des Verantwortlichen gesetzt werden.[4] Das Recht auf Löschung gemäß Art. 17 Abs. 1 DSGVO besteht in diesen Fällen nicht. Daher ist § 84 Abs. 1 als Ergänzung zu den in Art. 17 Abs. 3 DSGVO geregelten Ausnahmefällen von dem Recht auf Löschung anzusehen. An die Stelle der Löschung tritt gemäß Abs. 1 Satz 2 die Einschränkung der Verarbeitung nach Art. 18 DSGVO. Hierunter ist die unmissverständliche Markierung gespeicherter Sozialdaten mit dem Ziel, ihre künftige Verarbeitung einzuschränken zu verstehen. Dies kann durch die vorübergehende Übertragung auf ein anderes Verarbeitungssystem, die Sperrung für Nutzer oder Entfernung veröffentlichter Daten z.B. von der Website bedeuten. In automatisierten Dateisystemen sollte die Einschränkung grundsätzlich durch technische Mittel erfolgen.[5] Aufgrund der Rechenschaftspflicht des

---

2 Siehe *Nolte/Werkmeister*, in: Gola/Heckmann, BDSG-Kommentar, 2019, § 35 Rn. 2 ff.
3 BT-Drucks. 18/12611, S. 121.
4 Krahmer/*Dix*, Sozialdatenschutz, 4. Aufl. 2020, § 84 Rn. 5.
5 EG 67 DSGVO.

Verantwortlichen gemäß Art. 5 Abs. 2 DSGVO sollte die zuständige Stelle eine Anwendung des § 84 Abs. 1 und damit auch die Interessensabwägung nachvollziehbar in ihrer Dokumentation festhalten.

Die vorgenannten Regelungen finden aber gemäß Abs. 1 Satz 3 nur dann Anwendung, wenn die Sozialdaten rechtmäßig verarbeitet wurden. Unrechtmäßig, also rechtswidrig verarbeitete Sozialdaten müssen gelöscht werden. Eine rechtswidrige Verarbeitung kann darin bestehen, dass von vornherein keine Rechtsgrundlage für die Speicherung der Sozialdaten vorlag (Art. 17 Abs. 1 lit. d DSGVO)[6] oder die Rechtsgrundlage für die Speicherung zu einem späteren Zeitpunkt wegfällt. Beispiele für den späteren Wegfall der Rechtsgrundlage sind der Wegfall des Verarbeitungszwecks (Art. 17 Abs. 1 lit. a DSGVO), der Widerruf gemäß Art. 7 Abs. 3 DSGVO der Einwilligung nach Art. 6 Abs. 1 lit. a oder Art. 9 Abs. 2 lit. a DSGVO (Art. 17 Abs. 1 lit. b und c DSGVO) oder der Widerspruch (Art. 21 DSGVO). In den vorgenannten Fällen besteht ab Eintritt der vorgenannten Tatbestände ebenfalls eine Rechtswidrigkeit der Verarbeitung. Es erscheint daher zutreffend für die Beurteilung der Rechtswidrigkeit auf den Zeitpunkt, zu dem das Betroffenenrecht ausgeübt wird, abzustellen (Beurteilungszeitpunkt) und damit an die Ausführungen zu der Vorgängernorm aus der Datenschutzrichtlinie anzuschließen[7]. Hierauf wird auch bezogen auf personenbezogene Daten verwiesen, für deren Verarbeitung anfangs, also zum Zeitpunkt der Erhebung, keine Rechtsgrundlage vorlag, zum Beurteilungszeitpunkt aber bestand. 12

▶ **Beispiel:**

> Verarbeitung von Sozialdaten, für deren Verarbeitung eine Einwilligung erforderlich ist, diese Einwilligung aber irrtümlich erst kurz nach Erhebung der Sozialdaten vorliegt.

Auch für die Verarbeitung von unrichtigen oder unvollständigen Sozialdaten fehlt eine Rechtsgrundlage, so dass in diesen Fällen ebenfalls die Verarbeitung rechtswidrig ist. Nach der DSGVO besteht zwar auf den ersten Blick ein Recht der betroffenen Person auf Berichtigung der personenbezogenen Daten gemäß Art. 16 DSGVO. Das Recht auf Löschung gemäß Art. 17 Abs. 1 lit. d DSGVO ergibt sich aber bereits aus Art. 5 Abs. 1 lit. d DSGVO, da unrichtige oder unvollständige Daten dann für die Zwecke der Verarbeitung unrichtig sind[8] und der Richtigkeitsgrundsatz verletzt wird. 13

Eine Rechtsgrundlage würde demnach auch für die Verarbeitung von unrichtigen Diagnosedaten, die von Vertrags(zahn)ärzten über die Kassen(zahn)ärztlichen Vereinigungen (KV/KZV) an gesetzliche Krankenkassen im Rahmen der Abrechnung übermittelt werden, fehlen. Diese personenbezogenen Daten, die ab Erhebung durch die KV/KZV und die gesetzliche Krankenkasse als Sozialdaten einzustufen sind, müssten gemäß Art. 16 DSGVO berichtigt, anderenfalls gelöscht werden. Eine Berichtigung durch die gesetzlichen Krankenkassen lässt aber das Bundesamt für soziale Sicherung (BAS) als Rechtsaufsichtsbehörde mit Blick auf die *Abrechnungswahrheit* der gesetzlichen Krankenkassen nicht zu. In diesen Fällen steht die *Abrechnungswahrheit* im Gegensatz zu der *Datenwahrheit.* Eine einschränkende Verarbeitung gemäß Abs. 2 kommt nicht in Betracht, da die Unrichtigkeit der Daten in diesen Fällen zwischen den Beteiligten nicht strittig ist[9]. 14

III. Verarbeitung der Daten bei bestrittener Richtigkeit nach Abs. 2

Ist die Richtigkeit bzw. Unrichtigkeit der Sozialdaten zwischen den Beteiligten umstritten und lässt sich weder die Richtigkeit noch die Unrichtigkeit der Sozialdaten feststellen, so kommt es zu einer 15

---

6 *Nolte/Werkmeister*, in: Gola, DSGVO-Kommentar, 2017, Art. 17 Rn. 21.

7 *Nolte/Werkmeister*, in: Gola, DSGVO-Kommentar, 2017, Art. 17 Rn. 22.

8 Siehe auch *Heberlein*, in: Ehman/Selmayr, DSGVO-Kommentar, 2017, Art. 5 Rn. 24 mit dem Hinweis, dass bei Verletzung des Richtigkeitsgrundsatzes ein Löschungsanspruch gemäß Art. 17 Abs. 1 lit. d DSGVO besteht; *Nolte/Werkmeister*, in: Gola, DSGVO-Kommentar, 2017, Art. 17 Rn. 23 mit Verweis auf *Franck*, in: Gola, DSGVO-Kommentar, 2017, Art. 16 Rn 5; so auch *Pötters*, in: Gola, DSGVO-Kommentar, 2017, Art. 5 Rn. 24.

9 Siehe auch *Wobbe*, MedR 2019, 630, VI 2).

eingeschränkten Nutzung im Sinne von Abs. 2 Satz 1. Die Beweislast für die Richtigkeit der Daten trifft die Stelle, die die Daten erfasst oder verarbeitet hat.[10] Daher gilt nach Art. 18 Abs. 1 lit. a DSGVO die Einschränkung der Verarbeitung auch nur bis zur Entscheidung über die Richtigkeit der Daten. Hiervon weicht § 84 Abs. 2 Satz 1 ab. Es wird daher in teleologischer Reduktion der Norm vertreten, dass sie nur auf die Fälle anzuwenden ist, in denen es um eine konkrete Beeinträchtigung der Erfüllung sozialer Aufgaben geht und in dem Zeitraum der Prüfung auf Richtigkeit der Daten, Art. 18 Abs. 1 lit. a DSGVO anzuwenden ist Dem ist zuzustimmen.[11] Es ist gemäß Art. 5 Abs. 2 DSGVO (Rechenschaftspflicht) folgerichtig, bei einer nicht zu beweisenden Unrichtigkeit dieses zu dokumentieren. Eine Löschung oder Sperrung dieser Daten hat in den vorgenannten Fällen nicht zu erfolgen. Die bestrittenen Daten dürfen nach Abs. 2 Satz 2 nur mit dem Hinweis hierauf genutzt oder übermittelt werden. Dadurch gewinnen auch die Stellen einen Nutzen, denen die Daten zur Verfügung gestellt worden sind.

16 Bezüglich des Werturteils eines Gutachtens kann diese Norm nicht angewendet werden. Es handelt sich bei diesen Daten nicht um ein Sozialdatum, wohl aber bei den dort enthaltenen Anknüpfungs- und Befundtatsachen.[12] Dies galt nach der Rechtsprechung bereits für die Vorgängernorm.

IV. Ergänzende Einschränkung der Verarbeitung statt Löschung Abs. 3

17 Ist die Speicherung zulässig gewesen, hat eine Einzelfallprüfung dahingehend zu erfolgen, ob die Daten tatsächlich nicht mehr benötigt werden. Die Notwendigkeit der Speicherung besteht solange, bis der Verwaltungsvorgang abgeschlossen ist. Er kann auch über diesen Zeitpunkt hinaus bestehen, wenn der Verantwortliche Grund zu der Annahme hat, dass durch eine Löschung schutzwürdige Interessen der betroffenen Person beeinträchtigt würden. Hieran knüpft Abs. 3 an. Die Regelung aus Abs. 3, die auf Abs. 1 Satz 1 und 2 verweist, die sich wiederum nur auf nicht-automatisierte Datenverarbeitung beziehen, stellt eine Rechtsfolgenverweisung dar, so dass Abs. 3 auch die automatisierte Datenverarbeitung umfasst.[13]

18 Hat der Verantwortliche Grund zu der Annahme, dass durch die Löschung der Sozialdaten, die er nicht länger benötigt oder unrechtmäßig verarbeitet hat[14], schutzwürdige Interessen der betroffenen Person beeinträchtigt würden, wird nach Abs. 3 aus dem Recht der betroffenen Person auf Löschung ihrer Sozialdaten gemäß Art. 17 Abs. 1 lit. a bzw. d DSGVO durch § 84 Abs. 3 Satz 1 eine Einschränkung der Verarbeitung ihrer Sozialdaten gemäß Art. 18 Abs. 1 in entsprechender Anwendung des § 84 Abs. 1 Satz 1 und 2 (siehe Rdn. 9 und 15 ff.). Ein schutzwürdiges Interesse der betroffenen Person kann sich aus Sicht des Verantwortlichen aus dem Inhalt der Daten und dem Vorverhalten der betroffenen Person ergeben[15]. Abs. 3 soll demnach zur Wahrung der schutzbedürftigen Interessen der betroffenen Person beitragen. Während der Tatbestand des Art. 18 Abs. 1 lit. b eines Verlangens der betroffenen Person bedarf ist dies nach Abs. 3 nicht der Fall. Gemäß Art. 17 DSGVO wäre der Verantwortliche verpflichtet, nicht mehr erforderliche oder unzulässig gespeicherte Sozialdaten zu löschen. Stattdessen begründet Abs. 3 die Pflicht zur Einschränkung der Verarbeitung der Sozialdaten bei Vorliegen des Tatbestandes.

19 Als Beispiel hierfür kann der Versicherungsverlauf eines Versicherten beim Rentenversicherungsträger heranzogen werden. Wird dem Versicherten eine Rente bewilligt, werden die Daten des Versicherungsverlaufs nicht mehr benötigt. Die erneute Verwendung kommt dann aber in Betracht, wenn die Rente neu berechnet werden muss oder im Anschluss an die gewährte Rente eine andere

---

10 Krahmer/*Krahmer*, Sozialdatenschutz nach SGB I und X, Kommentar, 3. Aufl. 2011, § 84 SGB X Rn. 6.

11 Krahmer/*Dix*, § 84 Rn. 8.

12 Vgl. dazu auch LSG Nordrhein-Westfalen, Urt. v. 03.09.2008 – L 17 U 46/07, WKRS 2008, 22360, nachgehend BSG, Urt. v. 20.07.2010 – B 2 U 17/09 R, WKRS 2010, 26465.

13 Krahmer/*Dix*, Sozialdatenschutz, § 84 Rn. 10 m.w.N.

14 BT-Drucks. 18/12611, S. 122. Die Regelung soll den Verantwortlichen vor einer Pflichtenkollision schützen: Sydow/*Helfrich*, BDSG 2020, § 35 Rn. 25.

15 *Freund/Shagdar*, SGb 2018, 275.

Rente, z.B. eine Hinterbliebenenrente zu zahlen ist. Würden die erfassten Daten gelöscht, müsste die Rentenformel anders formuliert sein, damit zu einem späteren Zeitpunkt eine korrekte Rentenberechnung erfolgen könnte.

Als Konsequenz aus der Einschränkung der Verarbeitung und dem Absehen von der Löschung der Sozialdaten hat der Verantwortliche die betroffene Person über sein Vorgehen zu unterrichten. Hiervon kann er nur absehen, wenn sich die Unterrichtung als unmöglich erweist oder einen unverhältnismäßigen Aufwand erfordern würde. Mit dieser Regelung soll die betroffene Person in die Lage versetzt werden, ihr Betroffenenrecht auf Einschränkung der Verarbeitung oder Löschung auszuüben und sich dem Verantwortlichen gegenüber entsprechend zu äußern, so dass es sich in der Regel nur um eine temporäre Einschränkung der Pflicht zur Löschung handelt[16]. 20

Anhaltspunkte für die Begriffe des *unverhältnismäßigen Aufwands* und der *unmöglichen* Unterrichtung können dem Zivilrecht (§ 275 Abs. 1 BGB für die Unmöglichkeit und § 275 Abs. 2 BGB für den unverhältnismäßigen Aufwand) entnommen werden sowie dem Erwägungsgrund 62 zu Art. 14 Abs. 5 lit. b DSGVO bezüglich des *unverhältnismäßigen Aufwands.* Erwägungsgrund 62 stellt auf die *Zahl der betroffenen Personen, das Alter der Daten oder etwaige geeignete Garantien* ab. An den Begriff der Unverhältnismäßigkeit sind in der Vergangenheit von der Rechtsprechung allerdings hohe Maßstäbe angelegt worden[17]. 21

V. Einschränkung des Rechts auf Löschung wegen Aufbewahrungsfristen nach Abs. 4

Mit Abs. 4 wird die bisher in Abs. 3 Nr. 1 a.F. aufgenommene Regelung fortgeführt, derzufolge eine Beschränkung des Rechts auf Löschung nicht mehr erforderlicher Daten besteht, wenn satzungsmäßige oder vertragliche Aufbewahrungspflichten dem entgegenstehen. Für entsprechende gesetzliche Regelungen in den Mitgliedsstaaten greift aber bereits Art. 17 Abs. 3 lit. b DSGVO, der auch Anwendung auf die Satzungen der Körperschaften des öffentlichen Rechts findet, da diese Satzungen Bestandteil der nationalen Rechtsordnung sind. Die Anwendung von § 84 Abs. 4 scheidet in diesen Fällen aus. Nach der Gesetzesbegründung soll die Regelung den Verantwortlichen vor einer übermäßigen Inanspruchnahme im Interesse des Schutzes der sozialen Sicherheit schützen[18]. In privatrechtlichen Satzungen und Verträgen, die Sozialleistungsträger schließen, werden eher selten Aufbewahrungsfristen aufgenommen und würden ansonsten für die Durchführung des Vertragszwecks und dessen Dauer zur Zweckerreichung auch benötigt, so dass eine Anwendbarkeit von Abs. 4 auf Verträge ebenfalls ausgeschlossen wäre. Verträge zu Lasten Dritter dürfen die Betroffenenrechte nicht einschränken und würden ebenfalls nicht unter Abs. 4 fallen. Es wird deshalb in der Literatur zu § 84 sowie entsprechend zu § 35 BDSG die Ansicht vertreten, dass die Regelungen weder notwendig noch unionskonform sind.[19] 22

VI. Die Einschränkung des Widerspruchsrechts nach Abs. 5

Mit Abs. 5 wird das Widerspruchsrecht gemäß Art. 21 DSGVO, das auf Datenverarbeitungen gemäß Art. 6 Abs. 1 lit. e oder f DSGVO beruht (siehe Rdn. 4), gegenüber einer öffentlichen Stelle eingeschränkt. Die Einschränkung bezieht sich auf Verarbeitungen im konkreten Einzelfall, an denen ein zwingendes öffentliches Interesse besteht, das die Interessen der betroffenen Person überwiegt und vor diesen Vorrang hat. Der Tatbestand ist auch erfüllt, wenn eine Rechtsvorschrift die Pflicht zur Verarbeitung der Daten begründet. Die Regelung wird nach der Gesetzesbegründung auf die 23

16 BT-Drucks. 18/12611, S. 122 mit Verweis auf Art. 23 Abs. 2 lit. h DSGVO als Rechtsgrundlage.

17 *Franck*, in: Gola, DSGVO-Kommentar, 2017, Art. 14 Rn. 23 mit Hinweis auf Urt. des LG Kiel v. 04.04.2008 – 8 O 50/07.

18 BT-Drucks. 18/12611, S. 122. Die Regelung soll den Verantwortlichen vor einer Pflichtenkollision schützen: Sydow/*Helfrich*, BDSG 2020, § 35 Rn. 25.

19 Krahmer/*Dix*, Sozialdatenschutz, 4. Aufl. 2020, § 84 Rn. 12 m.w.N.

Öffnungsklausel in Art. 23 Abs. 1 lit. e DSGVO gestützt[20]. Inwieweit Abs. 5 für die von Sozialleistungsträgern und den anderen in § 35 Abs. 1 SGB I verarbeiteten Sozialdaten überhaupt einschlägig ist, ist zweifelhaft. Die Rechtsgrundlage für die Verarbeitung von Sozialdaten wird regelmäßig (bis auf die personenbezogenen Daten besonderer Kategorien nach Art. 9) auf Art. 6 Abs. 1 lit. c DSGVO basieren und nicht auf lit. e oder f, so dass ein Widerspruchsrecht ihnen gegenüber regelmäßig ausscheiden wird[21].

VII. Die Regelung des Abs. 6

24 Nach Abs. 6 bleibt § 71 Abs. 1 Satz 3 unberührt. Danach ist die Übermittlung von Sozialdaten zulässig, soweit sie erforderlich ist für die Erfüllung der gesetzlichen Pflichten zur Sicherung und Nutzung von Archivgut nach §§ 2 und 5 des Bundesarchivgesetzes oder entsprechender gesetzlicher Vorschriften der Länder, die die Schutzfristen dieses Gesetzes nicht unterschreiten. Abs. 6 hat daher zur Folge, dass Löschungen eine möglicherweise vorangehende Übermittlung der Daten an Archive nicht ausschließen können. Sind Daten zu löschen, müssen diese nicht vorher einem Archiv zur Speicherung angeboten werden, wenn die Datenerhebung unzulässig war. Wie unter Rdn. 4 aufgeführt, zählt Art. 17 Abs. 3 DSGVO zu den für § 84 relevanten Normen. Der Regelungsgehalt des § 71 Abs. 1 Satz 3, auf den Abs. 6 verweist, ist weitestgehend identisch mit Art. 17 Abs. 3 lit. d DSGVO. Abs. 6 wird daher als Konkretisierung bzw. sogar als unzulässige Normwiederholung und somit DSGVO-widrig angesehen.[22]

§ 85 Strafvorschriften

(1) Für Sozialdaten gelten die Strafvorschriften des § 42 Absatz 1 und 2 des Bundesdatenschutzgesetzes entsprechend.

(2) [1]Die Tat wird nur auf Antrag verfolgt. [2]Antragsberechtigt sind die betroffene Person, der Verantwortliche, der oder die Bundesbeauftragte oder die nach Landesrecht für die Kontrolle des Datenschutzes zuständige Stelle.

(3) Eine Meldung nach § 83a oder nach Artikel 33 der Verordnung (EU) 2016/679 oder eine Benachrichtigung nach Artikel 34 Absatz 1 der Verordnung (EU) 2016/679 dürfen in einem Strafverfahren gegen die melde- oder benachrichtigungspflichtige Person oder gegen einen ihrer in § 52 Absatz 1 der Strafprozessordnung bezeichneten Angehörigen nur mit Zustimmung der melde- oder benachrichtigungspflichtigen Person verwendet werden.

Übersicht

20 BT-Drucks. 18/12611, S. 122.

21 Siehe auch: *Bieresborn,* NZS 2018, 10/13; Sydow/*Helfrich*, BDSG 2020, § 36 Rn. 22 mit Verweis auf die Kritik des Bundesrats und europarechtlichen Bedenken zu der parallelen Regelung § 36 BDSG und Krahmer/*Dix*, Sozialdatenschutz, 4. Aufl. 2020, § 84 Rn. 13 mit ausführlicher Diskussion zur Unionswidrigkeit beider Varianten des Abs. 5, dem zuzustimmen ist.

22 Hauck/Noftz/*Rombach*, SGB X, Stand VI/19, § 84 Rn. 91 sieht in Abs. 6 eine Konkretisierung; Krahmer/*Dix*, Sozialdatenschutz, 4. Aufl. 2020, § 84 Rn. 14 wertet Abs. 6 als unzulässige Normwiederholung und damit als verordnungswidrig.

A. Inhalt

Die Vorschrift stellt eine bereichsspezifische Norm dar und sanktioniert den unbefugten Umgang mit Sozialdaten. Es handelt sich um ein Vergehen als Antragsdelikt, das mit einer Freiheitsstrafe bis zu 2 bzw. 3 Jahren oder Geldstrafe bewehrt ist. Die Verwertung einer Meldung an die Aufsichtsbehörde und/oder einer Benachrichtigung an die betroffene Person über einen Verstoß gegen die sozialdatenschutzrechtlichen Normen §§ 67 bis 84a sowie die Normen in den einzelnen Sozialgesetzbüchern hängt von der Zustimmung der melde- bzw. benachrichtigungspflichtigen Person ab. Die Norm gilt für alle Sozialleistungsbereiche. 1

B. Entstehungsgeschichte

Die Norm ist durch Gesetz vom 18.05.2001 (BGBl. I, S. 904) eingefügt worden als § 85a. Mit BVG-Änderungsgesetz vom 17.07.2017 (BGBl. I, S. 2541) und Wirkung zum 25.05.2018 wurde die Strafvorschrift in Anpassung an die Datenschutzgrundverordnung (DSGVO = Verordnung [EU] 2016/679) in § 85 umgewandelt, ergänzt und redaktionell angepasst. 2

C. Erläuterungen

I. Relevante Normen der DSGVO und des BDSG

Die Norm beruht auf der Umsetzung des Regelungsauftrags aus Art. 84 Abs. 1 DSGVO. Dieser verpflichtet die nationalen Gesetzgeber *andere Sanktionen*, d.h. strafrechtliche Sanktionen[1] festzulegen. Entgegen der ehemaligen Norm enthält die Strafvorschrift allerdings keinen eigenen Straftatbestand mehr, sondern verweist auf § 42 Abs. 1 und 2 BDSG (Rechtsgrundverweisung)[2], so dass für Sozialdaten dasselbe Schutzniveau gilt wie für die übrigen personenbezogenen Daten.[3] Da § 35 Abs. 4 SGB I Geschäfts- und Betriebsgeheimnisse den Sozialdaten gleichstellt, werden sie, in Beibehaltung des bisherigen Rechts, ebenfalls von der Strafvorschrift erfasst[4]. 3

Zu den Straftatbeständen des § 42 BDSG zählt zum einen die Gewerbsmäßigkeit (Abs. 1) und zum anderen die Entgeltlichkeit, alternativ die Bereicherungs- oder Schädigungsabsicht (Abs. 2). § 85 Abs. 2 und 3 entsprechen unter Berücksichtigung der Anpassung an die Begrifflichkeiten des Sozialrechts § 42 Abs. 3 und 4 BDSG. Soweit durch die DSGVO eine mildere Strafe eingeführt wird, ist diese gemäß Art. 49 Abs. 1 Satz 3 GRCh auch auf Straftaten, die vor Geltung der DSGVO begangen wurden, anzuwenden[5]. 4

II. Straftatbestände des Abs. 1

Täter ist jeder, der die Straftat selbst ausführt. Der Kreis der Täter ist nicht begrenzt. Damit kommt jede Person außer der betroffenen Person, die ihr eigenes Persönlichkeitsrecht nicht verletzen kann, in Betracht. Tatobjekt sind Sozialdaten sowie Geschäfts- und Betriebsgeheimnisse, die nicht allgemein zugänglich sind. Die Handlung muss in Bezug auf die objektiven Tatbestandsmerkmale wissentlich begangen werden, d.h. wenigstens mit dolus directus 2. Grades.[6] Allgemein zugänglich sind Daten, wenn sie von jedermann ohne Weiteres erhoben oder zur Kenntnis genommen werden können. 5

---

1 Erwägungsgrund 149.
2 *Freund/Shagdar*, SGb 2018, 195.
3 So auch Hauck/Noftz/*Rombach*, SGB X, Lfg 1/20, § 85 Rn. 2.
4 BT-Drucks. 18/12611, S. 123.
5 *Alber*, in: Stern/Sachs, GRCh-Kommentar, 2016, Art. 49 Rn. 14 zu den sich daraus ggf. ergebenden Unbilligkeiten und Ungerechtigkeiten.
6 So auch: *Sydow/Heghmanns*, BDSG 2020, § 42 Rn. 14.

▶ **Beispiel:**

Allgemein zugänglich sind personenbezogene Daten auf Websites und voraussetzungslos zugänglichen Registern. Nicht allgemein zugänglich sind innerbehördliche oder betriebliche Datenbestände, auch wenn sie einer großen Zahl von Behörden- oder Betriebsangehörigen zugänglich sind.[7] Der Täter muss zudem ohne Berechtigung handeln. Ohne Berechtigung handelt er, wenn für die Verarbeitung der Sozialdaten bzw. Geschäfts- und Betriebsgeheimnisse keine datenschutzrechtliche Rechtsgrundlage vorliegt.

Als »Nebenstrafrecht«, das nicht im StGB geregelt ist, gelten hier aber dennoch die §§ des Allgemeinen Teils des StGB. Eine Beteiligung an der Straftat als Anstifter[8] oder Gehilfe[9] ist daher möglich. Da es sich um ein Vergehen handelt[10] und der Versuch nicht ausdrücklich unter Strafe gestellt ist[11], wird der Versuch nicht sanktioniert.[12]

6 Der Straftatbestand des § 42 Abs. 1 BDSG bezieht sich auf den Umgang mit nicht allgemein zugänglichen personenbezogenen Daten, die in großer Anzahl wissentlich und unberechtigt gewerbsmäßig an einen Dritten übermittelt oder auf andere Art und Weise zugänglich gemacht werden. Das Tatbestandsmerkmal »große Zahl« ist abstrakt formuliert. In der Literatur wird überwiegend von einer mindestens dreistelligen Anzahl ausgegangen.[13] Es muss zudem eine Übermittlung vorliegen. Eine Übermittlung ist die Bekanntgabe der Sozialdaten bzw. Geschäfts- und Betriebsgeheimnisse an einen Dritten.[14] Die Gewerbsmäßigkeit setzt voraus, dass der Täter mit der Absicht sich durch wiederholte Begehung solcher oder ähnlicher Taten eine Einnahmequelle zu verschaffen.[15] Die Strafe hierfür beträgt bis zu drei Jahren Freiheitsstrafe oder Geldstrafe.

7 Der Straftatbestand des § 42 Abs. 2 BDSG hingegen stellt keine Anforderungen an die Zahl der personenbezogenen Daten, setzt dafür aber voraus, dass nicht allgemein zugängliche personenbezogene Daten[16] unberechtigt verarbeitet oder durch unrichtige Angaben erschlichen werden, und zwar entweder entgeltlich oder um sich oder einen Dritten zu bereichern oder einen Dritten zu schädigen. Die Strafe hierfür beträgt zwei Jahre Freiheitsstrafe oder Geldstrafe.

8 In Betracht können auch weitere Straftatbestände, die des Strafgesetzbuchs (StGB) kommen: § 203 Abs. 2 Satz 2 StGB (unbefugte Offenbarung von Einzelangaben über die Verhältnisse eines anderen), § 202a StGB (Ausspähen von Daten), §§ 242, 243 Abs. 1 Nr. 1 oder 2 StGB (Diebstahl), § 263a StGB (Computerbetrug), § 267 StGB (Urkundenfälschung), § 268 StGB (Fälschung technischer Aufzeichnungen), § 269 StGB (Fälschung beweiserheblicher Daten), § 270 StGB (Täuschung im Rechtsverkehr bei Datenverarbeitung), § 274 StGB (Urkundenunterdrückung), § 303a StGB (Datenveränderung) oder § 303b StGB (Computersabotage).

---

7 Sydow/*Heghmanns*, BDSG 2020, § 42 Rn. 8; differenziert zu behördeninternen bzw. betrieblichen Daten, die einer großen Anzahl von Mitarbeitern zugänglich sind und für die nicht erkennbar ist, dass die Daten nur intern verwendet werden dürfen: Gola/Heckmann/*Ehmann*, BDSG 2019, § 42 Rn. 9.

8 § 26 StGB.

9 § 27 StGB.

10 § 12 StGB.

11 § 23 Abs. 1 StGB.

12 So auch Hauck/Noftz/*Rombach*, SGB X, Lfg 1/20, § 85 Rn. 18.

13 Sydow/*Heghmanns*, BDSG 2020, § 42 Rn. 9 m.w.N.; differenziert nach Zugänglichmachung auf nicht elektronischem Weg (20–30) und elektronischem Weg (mehrere 100 Personen): Gola/Heckmann/*Ehmann*, BDSG 2019, § 42 Rn. 8.

14 Siehe § 67b Rdn. 21.

15 Sydow/*Heghmanns*, BDSG 2020, § 42 Rn. 13 m.w.N.

16 Siehe Rdn. 5.

III. Antragsberechtigung des Abs. 2

Eine Straftat nach Abs. 1 wird nach Abs. 2 nur auf Antrag verfolgt. Die Ausgestaltung als Antrags- 9
delikt gab es auch bei der vorherigen Norm § 85a a.F. In Abs. 2 Satz 2 sind diejenigen Personen aufgeführt, die einen solchen Strafantrag stellen dürfen. Hierbei handelt es sich um die betroffene Person, den Verantwortlichen gemäß Art. 4 Nr. 7 DSGVO sowie die jeweils zuständige datenschutzrechtliche Aufsichtsbehörde, BfDI oder LfD bzw. ULD.

Soll ein entsprechender Antrag gestellt werden, hat dies binnen einer Frist von drei Monaten zu 10
erfolgen[17]. Die Frist beginnt mit Ablauf des Tages, an dem der Berechtigte oder die Berechtigte bzw. der oder die gesetzlichen Vertreter oder Sorgeberechtigten von der Tat und/oder der Person des Täters Kenntnis erlangt haben[18]. Der Antrag kann bis zum rechtskräftigen Abschluss des Strafverfahrens durch die Berechtigten zurückgenommen werden[19].

IV. Zustimmungserfordernis gemäß Abs. 3

Da das Persönlichkeitsrecht gemäß Art. 2 Abs. 1 i.V.m. Art. 1 Abs. 1 GG auch gegen den Zwang 11
zu sich selbstbelastenden Aussagen schützt[20], ist in Abs. 3 geregelt, dass eine Meldung gemäß Art. 33 DSGVO bzw. eine Benachrichtigung gemäß Art. 34 DSGVO in einem Strafverfahren gegen die melde- und/oder benachrichtigungspflichtige Person nur mit deren Zustimmung verwendet werden darf.[21] Es würde zudem die Bereitschaft, der Melde- und Benachrichtigungspflicht nachzukommen erheblich gefährden, wenn es dieses Zustimmungserfordernisses nicht gäbe. Es handelt sich damit um eine besondere Schutzmaßnahme[22].

§ 85a Bußgeldvorschriften

(1) Für Sozialdaten gilt § 41 des Bundesdatenschutzgesetzes entsprechend.

(2) Eine Meldung nach § 83a oder nach Artikel 33 der Verordnung (EU) 2016/679 oder eine Benachrichtigung nach Artikel 34 Absatz 1 der Verordnung (EU) 2016/679 dürfen in einem Verfahren nach dem Gesetz über Ordnungswidrigkeiten gegen die melde- oder benachrichtigungspflichtige Person oder einen ihrer in § 52 Absatz 1 der Strafprozessordnung bezeichneten Angehörigen nur mit Zustimmung der melde- oder benachrichtigungspflichtigen Person verwendet werden.

(3) Gegen Behörden und sonstige öffentliche Stellen werden keine Geldbußen verhängt.

Übersicht

A. Inhalt

Die Vorschrift regelt die Anwendbarkeit des Gesetzes über Ordnungswidrigkeiten auf Verstöße im 1
Sozialdatenschutz dem Grunde sowie dem Umfang nach und ergänzt damit den in § 85 geregelten

17 § 77 Abs. 1 StGB.

18 § 77b Abs. 2 StGB.

19 § 77 Abs. 1 StGB.

20 BVerfG, Nichtannahmebeschl. v. 31.03.2008 – 2 BvR 467/08; Beschl. v. 26.02.1997 – 1 BvR 2172/96 u.a.; Verweis auf verfassungsrechtliches Verbot einer Selbstbezichtigung in BT-Drucks. 18/12611, S. 123.

21 Siehe auch § 85a Rdn. 8.

22 KassKomm/*Leopold*, EL März 2018, § 83 SGB X Rn. 14.

Rechtsschutz (Strafvorschrift). Die Verwertung einer Meldung an die Aufsichtsbehörde und/oder einer Benachrichtigung an die betroffene Person über einen Verstoß gegen die sozialdatenschutzrechtlichen Normen §§ 67 bis 84a hängt von der Zustimmung der melde- bzw. benachrichtigungspflichtigen Person ab. Die Norm gilt für alle Sozialleistungsbereiche gleich, wobei der nationale Gesetzgeber von dem *Behördenprivileg* gemäß Art. 83 Abs. 7 DSGVO Gebrauch gemacht hat und keine Bußgelder gegen Behörden und sonstige öffentliche Stellen verhängt werden.

B. Entstehungsgeschichte

2 Die Vorschrift ist durch das Gesetz vom 18.05.2001 (BGBl. I, S. 904) geschaffen worden[1] als § 85. Mit BVG-Änderungsgesetz vom 17.07.2017 (BGBl. I, S. 2541) und Wirkung zum 25.05.2018 wurde die Bußgeldvorschrift in Anpassung an die Datenschutzgrundverordnung (DSGVO = Verordnung [EU] 2016/679) in § 85a umgewandelt, ergänzt und redaktionell angepasst.

C. Erläuterungen

I. Relevante Normen der DSGVO und des BDSG

3 Die Verhängung von Bußgeldern und die Auflistung von Bußgeldtatbeständen ist in Art. 83 DSGVO abschließend aufgezählt. Dabei enthält Art. 83 Abs. 8 DSGVO einen Regelungsauftrag an die Mitgliedsstaaten, angemessene Verfahrensgarantien, wirksame gerichtliche Rechtsbehelfe und ordnungsgemäße Verfahren für die Ausübung der Befugnisse der Datenschutzaufsichtsbehörden zu erlassen.[2] § 85a enthält daher keine eigenen Bußgeldtatbestände mehr und für Sozialdaten gilt dasselbe Schutzniveau wie für die übrigen personenbezogenen Daten.

4 § 85a verweist auf § 41 BDSG, der aus demselben Grunde ebenfalls keine eigenen Bußgeldtatbestände enthält, dafür aber die Anwendung der nationalen Vorschriften über das Bußgeld- und Strafverfahren regelt. Das Gesetz über Ordnungswidrigkeiten (OWiG) gilt gemäß § 2 Abs. 2 Satz 2 OWiG nur für Ordnungswidrigkeiten nach Bundes- und Landesrecht. Durch § 41 Abs. 1 BDSG erstreckt sich das OWiG auch auf Ordnungswidrigkeiten gemäß Art. 83 Abs. 4 bis 6 DSGVO und gemäß § 85a und seinen Verweis auf § 41 BDSG auch auf Ordnungswidrigkeiten im Bereich des Sozialdatenschutzes. Da § 85a nicht auf § 43 BDSG verweist, ergibt sich ein Unterschied bezüglich des Behördenprivilegs: Gemäß § 85a Abs. 3 gilt dieses umfassend für alle Tätigkeiten, während § 43 Abs. 3 BDSG das Behördenprivileg auf bundesunmittelbare Behörden und öffentliche Stellen, die nicht im Wettbewerb stehen begrenzt. Dies ergibt sich aus dem Verweis auf § 2 Abs. 1 und nicht auch auf Abs. 2 Abs. 5 BDSG[3].

5 Da § 35 Abs. 4 SGB I Geschäfts- und Betriebsgeheimnisse den Sozialdaten gleichstellt, werden sie, in Beibehaltung des bisherigen Rechts, ebenfalls von der Bußgeldvorschrift erfasst[4].

Das Behördenprivileg gemäß Abs. 3 entspricht dem Behördenprivileg gemäß § 43 Abs. 3 BDSG.

II. Die Regelung des Abs. 1

6 Gemäß § 41 Abs. 1 Satz 1 BDSG gelten die Normen des OWiG auch für Datenschutzverstöße gemäß Art. 83 Abs. 4 bis 6 DSGVO soweit das BDSG keine abweichenden Bestimmungen enthält. Abweichende Bestimmungen sind in § 41 Abs. 1 Satz 2 BDSG aufgeführt: Keine Anwendung auf Datenschutzverstöße gemäß Art. 83 Abs. 4 bis 6 DSGVO finden demnach die §§ 17, 35 und 36 OWiG. Der Anwendungsauschluss der § 17 OWiG (Höhe der Bußgelder) beruht auf der abschließenden Regelung zu Bußgeldhöhen in Art. 83 DSGVO. Der Anwendungsausschluss der

1 Vgl. zur Entwicklung § 85 Rdn. 2.
2 Entspricht der Verpflichtung der Mitgliedsstaaten gemäß Art. 197 Abs. 3 Satz 1, Art. 291 Abs. 1 AEUV die Durchführung des Unionsrechts sicherzustellen.
3 So auch Gola/Heckmann/*Ehmann*, BDSG-Kommentar, 13. Aufl. 2019, § 43 Rn. 8; differenziert zu der Gesetzgebung: Sydow/*Heghmanns*, Bundesdatenschutzgesetz 2020, § 43 Rn. 17.
4 BT-Drucks. 18/12611, S. 123.

§§ 35 (Verfolgung und Ahndung durch die Verwaltungsbehörde) und 36 (Sachliche Zuständigkeit der Verwaltungsbehörde) OWiG beruht auf der abschließenden Regelung der Zuständigkeit der Datenschutzaufsichtsbehörden gemäß Art. 83 DSGVO. § 68 OWiG (Zuständiges Gericht) findet gemäß § 41 Abs. 1 Satz 3 BDSG mit der Maßgabe Anwendung, dass das Landgericht entscheidet, wenn die festgesetzte Geldbuße den Betrag von 100.000 EUR übersteigt.

Gemäß § 41 Abs. 2 Satz 1 BDSG gelten, soweit nichts anderes bestimmt ist, die Vorschriften des OWiG und der allgemeinen Gesetze über das Strafverfahren, namentlich die Strafprozessordnung (StPO) und das Gerichtsverfassungsgesetz (GVG) für Verstöße nach Art. 83 Abs. 4 bis 6 DSGVO. Abweichend von OWiG gelten gemäß § 41 Abs. 2 Satz 2 BDSG die §§ 56 bis 58, 87, 88, 99 und 100 OWiG nicht. Die Anwendung der §§ 56 bis 58 (§ 56 Verwarnung durch Verwaltungsbehörde, § 57 Verwarnung durch Beamte des Außen- und Polizeidienstes, § 58 Ermächtigung zur Erteilung der Verwarnung) sind ausgeschlossen, da die Verwarnung bereits in Art. 58 Abs. 2 DSGVO geregelt ist. Mit dem Anwendungsausschluss der übrigen vorgenannten §§ werden einzelne Vorschriften zu Geldbußen gegen juristische Personen und Nebenfolgen sowie Regelungen zur Vollstreckung ausgeschlossen: § 87 Anordnung der Einziehung, § 88 Festsetzung der Geldbuße gegen juristische Personen und Personenvereinigungen, § 99 Vollstreckung von Nebenfolgen, die zu einer Geldzahlung verpflichten, § 100 Nachträgliche Entscheidung über die Einziehung. 7

III. Zustimmungserfordernis gemäß Abs. 2

Da das Persönlichkeitsrecht gemäß Art. 2 Abs. 1 i.V.m. Art. 1 Abs. 1 GG auch gegen den Zwang zu selbstbelastenden Aussagen schützt[5], ist in Abs. 3 geregelt, dass eine Meldung gemäß Art. 33 DSGVO bzw. eine Benachrichtigung gemäß Art. 34 DSGVO in einem Strafverfahren gegen die melde- und/oder benachrichtigungspflichtige Person nur mit deren Zustimmung verwendet werden darf. Dies gilt auch für ein Strafverfahren gegen einen in § 52 Abs. 1 StPO bezeichneten Angehörigen der melde- und/oder benachrichtigungspflichtigen Person. Es würde zudem die Bereitschaft, der Melde- und Benachrichtigungspflicht nachzukommen erheblich gefährden, wenn es dieses Zustimmungserfordernisses nicht gäbe. Es handelt sich damit um eine besondere Schutzmaßnahme[6]. 8

IV. Behördenprivileg gemäß Abs. 3

Art. 83 Abs. 7 DSGVO überlässt es den nationalen Gesetzgebern, ob und in welchem Umfang sie die Verhängung von Bußgeldern wegen Verstößen gegen Art. 83 Abs. 4 bis 6 DSGVO auch auf die Tätigkeit von Behörden erstrecken wollen. Der deutsche Gesetzgeber hat von diesem *Behördenprivileg* Gebrauch gemacht, so dass keine Bußgelder gegen Behörden und öffentliche Stellen, die gegen den Sozialdatenschutz verstoßen, verhängt werden. Da Mitarbeiter von öffentlichen Stellen und Behörden als deren Teil zu betrachten und nicht selbst Verantwortlicher sind, kann gegen sie ebenfalls kein Bußgeld verhängt werden.[7] 9

Aufgrund des Behördenprivilegs kommen bei Verletzung sozial- bzw. datenschutzrechtlicher Vorgaben durch einen Sozialversicherungsträger als Sanktion durch die zuständige Datenschutzaufsichtsbehörde nur Maßnahmen gemäß Art 58 Abs. 2 DSGVO in Betracht und ggf. durch die zuständige Rechtsaufsichtsbehörde gemäß § 89 SGB IV.

ACHTUNG: Jeder Sozialversicherungsträger verarbeitet auch personenbezogene bzw. personenbeziehbare Daten, die keine Sozialdaten sind und die deshalb den Bußgeldern der DSGVO unterliegen. Hierzu gehören bei den im Wettbewerb miteinander stehenden gesetzlichen Krankenkassen auch Daten, die z.B. zur Versichertengewinnung durch Gewinnspiele o.ä. erlangt und verarbeitet werden.

5 BVerfG, Nichtannahmebeschl.v. 31.03.2008 – 2 BvR 467/08; Beschl. v. 26.02.1997 – 1 BvR 2172/96 u.a.; Verweis auf verfassungsrechtliches Verbot einer Selbstbezichtigung in BT-Drucks. 18/12611, S. 123.

6 KassKomm/*Leopold*, § 83 SGB X Rn. 14, EL März 2018.

7 *Krahmer/Hoffmann*, Sozialdatenschutzrecht, 4. Aufl., 2020, § 85a Rn. 21 mit Verweis auf *Bieresborn* NZS 2018, S. 10.

Drittes Kapitel Zusammenarbeit der Leistungsträger und ihre Beziehungenzu Dritten

Erster Abschnitt Zusammenarbeit der Leistungsträger untereinander und mit Dritten

Erster Titel Allgemeine Vorschriften

§ 86 Zusammenarbeit

Die Leistungsträger, ihre Verbände und die in diesem Gesetzbuch genannten öffentlich-rechtlichen Vereinigungen sind verpflichtet, bei der Erfüllung ihrer Aufgaben nach diesem Gesetzbuch eng zusammenzuarbeiten.

Übersicht

A. Inhalt

1 § 86 verpflichtet die Leistungsträger, deren Verbände und die in die Gewährung von Sozialleistungen einbezogenen öffentlich-rechtlichen Körperschaften zu enger Zusammenarbeit. Danach haben alle am gegliederten System sozialer Sicherheit beteiligten Organisationen durch Zusammenarbeit die Einheit der Sozialverwaltung zu sichern. Durch diese Pflicht sollen zum einen die Rechte der Versicherten abgesichert werden, zum anderen eine effiziente Zusammenarbeit im stark verästelten Sozialversicherungssystem sichergestellt werden.[1]

B. Einzelerläuterungen

2 Das Gebot zur Zusammenarbeit beschränkt sich nicht nur auf die in § 17 Abs. 1 SGB I erwähnten Pflichten zu schneller, umfassender und empfängerfreundlicher Leistungserbringung, sondern ist als umfassender Grundsatz für die Gestaltung der wechselseitigen Beziehungen aller an der Sozialleistungserbringung beteiligten Organisationen zu verstehen und betrifft deren gesamte Tätigkeit.[2] Adressaten der Vorschrift sind zum einen die Leistungsträger, wie sie in § 12 SGB I legaldefiniert sind. Zum anderen erstreckt § 86 das Gebot der engen Zusammenarbeit auf die Verbände von Leistungsträgern sowie auf andere in die Sozialleistungserbringung einbezogene öffentlich-rechtliche Vereinigungen.[3] Der Adressatenkreis ist insoweit weiter als derjenige der §§ 87 bis 96, die einzelne Formen der Zusammenarbeit der Leistungsträger eingehender regeln. § 86 gilt hingegen nicht für die privatrechtlichen Verbände der nicht-ärztlichen Leistungserbringer.

3 § 86 tritt hinter konkurrierende Regelungen zurück, insbesondere hinter spezialgesetzliche Pflichten der Zusammenarbeit (vgl. z.B. §§ 15 Abs. 3, 16 Abs. 1, 43, 52 SGB I, 4 Abs. 3 SGB V), zur Amtshilfe (§§ 3 bis 7), zu gesetzlichen Delegationsverhältnissen (etwa bei Einzug der Sozialversicherungsbeiträge für die Rentenversicherungsträger und die Bundesagentur für Arbeit durch die Krankenkassen, §§ 28 ff. SGB IV) und zu den durch Auftrag (§§ 88 bis 92) oder in anderen Rechtsformen (§§ 94 bis 96) erfüllten Formen der Zusammenarbeit. Alle diese Konkurrenzlagen sind nach dem Grundsatz der Spezialität aufzulösen. Die spezielle Regelung geht also dem allgemeinen Grundsatz, den § 86 normiert, vor. § 86 findet aus demselben Grund keine Anwendung auf die durch öffentlich-rechtlichen Vertrag (§§ 53 ff.) geregelten Rechtsverhältnisse.

---

1 BeckOGK/*Herbst*, § 86 SGB X Rn. 22, Stand 08/2024.

2 BSG, Urt. v. 26.09.1984 – 6 RKa 40/82, BSGE 57, 151; Urt. v. 13.09.1984 – 4 RJ 37/83, BSGE 57, 146.

3 Beispiele bei BeckOK-SozR/*Weiß*, § 86 SGB X Rn. 7 ff., Stand 06/2024.

4 § 86 ist eine Generalklausel mit programmatischem Gehalt.[4] Alle Organisationen sind zu wechselseitiger Rücksichtnahme angehalten, um die Einheit der Sozialverwaltung zu verwirklichen. Dieses auf hoher Abstraktionsstufe formulierte Programm bedarf der Konkretisierung durch Rechtsanwendung und Rechtsprechung. Während die Leistungsträger keinen Entscheidungsspielraum bzgl. des »Ob« der Rücksichtnahme haben (kein Entschließungsermessen), verfügen sie bei der Ausgestaltung der Zusammenarbeit (dem »Wie«) über ein weites (Auswahl-)Ermessen.[5] Mit der Pflicht zur engen Zusammenarbeit korrespondiert das Verbot, bei der Leistungsgewährung ausschließlich die eigenen Interessen zu verfolgen, ohne Rücksicht auf die Belange anderer.[6] Insoweit folgen aus § 86 Unterlassungspflichten und zwar hinsichtlich solcher Maßnahmen, die einer vertrauensvollen Zusammenarbeit der Leistungsträger und der Einheit der Sozialverwaltung widersprechen.[7]

5 Aus § 86 folgt auch, dass jeder Träger die wirksamen Verwaltungsakte der anderen Träger grundsätzlich gegen sich gelten lassen muss.[8] Macht ein Leistungsträger Erstattungsansprüche gegenüber einem anderen Träger geltend, kann sich der möglicherweise erstattungspflichtige Träger allerdings nicht zum Nachteil des erstattungsberechtigten Trägers auf einen offensichtlich fehlerhaften Verwaltungsakt berufen.[9] Eine offensichtliche Fehlerhaftigkeit in diesem Sinn ist nur dann anzunehmen, wenn die bisherige Entscheidung auf Basis der bereits vorliegenden tatsächlichen Feststellungen eindeutig unrichtig ist. Besteht bloß die Möglichkeit der Unrichtigkeit, ist der Leistungsträger nicht zu einer weiteren Sachverhaltsaufklärung und erst recht nicht zu einer Korrektur seiner Entscheidung verpflichtet.[10] Ausnahmsweise bleibt es trotz offensichtlicher Fehlerhaftigkeit einer Entscheidung bei deren Bindungswirkung im Erstattungsstreit, wenn der ersatzbegehrende Leistungsträger Rechtsmittel gegen den offensichtlich fehlerhaften Bescheid hätte ergreifen können[11] oder wenn der fehlerhafte Bescheid zugunsten des Leistungsempfängers ergangen ist und nicht mehr aufgehoben werden kann.[12]

6 Eine Pflicht zur Anerkennung statusfeststellender Bescheide durch einen anderen Leistungsträger besteht nach dem BSG von vornherein nicht, weil die Statusfeststellung deutlich weiterreichende Bedeutung als die Bewertung einzelner Leistungsvoraussetzungen von Erstattungsansprüchen habe und die Anerkennung solcher Bescheide für den von § 86 intendierten Interessenausgleich nicht erforderlich sei.[13] Verschiedene Leistungsträger sind verpflichtet, die Voraussetzungen einer Bedarfsgemeinschaft einheitlich zu bestimmen; hierfür müssen die Leistungsträger den jeweils anderen an ihrem Verwaltungsverfahren beteiligen.[14]

7 Die Rechtsfolgen bei einem Verstoß gegen das Zusammenarbeitsgebot normiert § 86 nicht ausdrücklich.

4 BeckOGK/*Herbst*, § 86 SGB X Rn. 22, Stand 08/2024.
5 JurisPK-SGB X/*Feddern*, § 86 Rn. 28; BeckOGK/*Herbst*, § 86 SGB X Rn. 102, Stand 08/2024.
6 BSG, Urt. v. 26.09.1984 – 6 RKa 40/82, BSGE 57, 151; Urt. v. 13.09.1984 – 4 RJ 37/83, BSGE 57, 146.
7 BSG, Urt. v. 30.07.2019 – B 1 KR 16/18 R, BSGE 128, 300.
8 St. Rspr., Zusammenfassung und weitere Nachweise bei BSG, Urt. v. 13.12.2016 – B 1 KR 29/15 R, BSGE 122, 162.
9 St. Rspr., vgl. nur BSG, Urt. v. 13.09.1984 – 4 RJ 37/83, BSGE 57, 146; Beschl. v. 26.05.1997 – 6 BKa 85/96, juris; Urt. v. 12.05.1999 – B 7 AL 74/98 R, BSGE 84, 80. Teilweise wird insoweit von einem (sozialrechtlichen) »Herstellungsanspruch« gesprochen vgl. BSG, Urt. v. 10.05.2007 – B 10 KR 1/05 R, BSGE 98, 238; ablehnend BSG, Urt. v. 28.03.2000 – B 8 KN 3/98 U R, BSGE 86, 78; dazu auch BeckOK-SozR/*Weiß*, § 86 SGB X Rn. 20, Stand 06/2024.
10 BSG, Urt. v. 26.06.2008 – B 13 R 37/07 R, BSGE 101, 86; Urt. v. 28.11.1985 – 4a RJ 47/84, juris; Urt. v. 14.05.1985 – 4a RJ 79/84, juris.
11 BSG, Urt. v. 12.05.1999 – B 7 AL 74/98 R, BSGE 84, 80.
12 BSG, Urt. v. 23.06.1993 – 9/9a RV 35/91, SozR 3–1300 § 112 Nr 2.
13 BSG, Urt. v. 06.02.1992 – 12 RK 15/90, BSGE 70, 99.
14 BSG, Urt. v. 29.03.2007 – B 7b AS 2/06 R, SozR 4–4200 § 7 Nr. 4.

Einigkeit besteht darüber, dass sich (allein) aus der Verletzung des Zusammenarbeitsgebots des § 86 keine Schadensersatzansprüche zwischen Leistungsträgern herleiten lassen.[15] Die Vorschrift selbst sieht solche Ansprüche nicht vor; auch an anderer Stelle des SGB finden sich keine Regelungen zu Ausgleichsansprüchen bei Verletzungen des Zusammenarbeitsgebots des § 86.[16] Soweit das SGB vereinzelt Schadensersatzansprüche eines Leistungsträgers bei Pflichtverletzungen eines anderen Leistungsträgers normiert (z.B. § 28r SGB IV, § 255 Abs. 2 Satz 5 SGB V), sind diese Regelungen als spezifische (Ausnahme-)Regelungen zu verstehen und nicht analogiefähig.[17] Dafür spricht auch, dass in den §§ 102 ff. Erstattungsansprüche zwischen Leistungsträgern geregelt sind, für die insbesondere die Ausschlussfrist des § 111 zu beachten ist. Würde man Schadensersatzansprüche eines Leistungsträgers wegen einer Verletzung von § 86 anerkennen, würde insbesondere § 111 umgangen.[18] Die Ausschlussfrist des § 111 kann aber ausnahmsweise unbeachtlich sein, wenn der erstattungsberechtigte Träger diese Frist aufgrund eines schweren Verstoßes des erstattungspflichtigen Trägers gegen die Kooperationspflicht des § 86 versäumt hat.[19] § 86 begründet aus den genannten Gründen auch keine öffentlich-rechtliche Sonderbeziehung,[20] die Schadensersatzansprüche nach § 280 BGB (analog) zur Folge haben könnte und ist kein Schutzgesetz i.S.d. § 823 Abs. 2 BGB.[21]

8 Amtshaftungsansprüche eines Leistungsträgers gegenüber dem anderen können aus einer Verletzung der Kooperationspflicht des § 86 i.d.R. ebenfalls nicht hergeleitet werden, weil die zur Zusammenarbeit verpflichteten Leistungsträger zueinander nicht im Verhältnis von »Behörde« und »Drittem« i.S.d. § 839 BGB stehen.[22]

9 Verstößt ein Leistungsträger gegen das Zusammenarbeitsgebot des § 86, liegt grds. eine Rechtsverletzung i.S.d. § 89 SGB IV vor, die von der Aufsichtsbehörde sanktioniert werden kann, wobei der Umfang der Interventionsmöglichkeiten der Aufsichtsbehörde davon abhängt, ob es sich um einen Bereich der Rechts- oder Fachaufsicht (vgl. § 87 Abs. 2 SGB IV) handelt.[23]

10 Ob § 86 auch dem Schutz des Versicherten dient[24] mit der Folge, dass dieser aus einer Verletzung des Kooperationsgebots Ansprüche gegen die Leistungsträger ableiten kann, ist nicht abschließend geklärt.[25]

---

15 A.A. nur BeckOGK/*Herbst*, § 86 SGB X Rn. 127, Stand 08/2024, unter Berufung auf BSG, Urt. v. 13.09.1984 – 4 RJ 37/83 und Urt. v. 17.06.1993 – 13/5 RJ 13/90, die aber Erstattungsansprüche gem. §§ 102 ff. betreffen, denen der ausgleichspflichtige Träger den Leistungsbescheid wegen offensichtlicher Fehlerhaftigkeit nicht entgegenhalten durfte (dazu oben Rdn. 4).

16 BSG, Urt. v. 31.03.1998 – B 1 KR 9/95 R, BSGE 82, 78; LSG Hessen, Urt. v. 27.06.1997 – L 10 Ar 920/94, juris.

17 BSG, Urt. v. 31.03.1998 – B 1 KR 9/95 R, BSGE 82, 78.

18 BSG, Urt. v. 28.03.2000 – B 8 KN 3/98 U R, BSGE 86, 78.

19 BSG, Urt. v. 10.05.2007 – B 10 KR 1/05 R, BSGE 98, 238.

20 Für die Begründung eines öffentlich-rechtlichen Schuldverhältnisses durch § 86, das ggf. Schadensersatzpflichten nach sich ziehen könnte, aber Schütze/*Blüggel*, § 86 SGB X Rn. 2; BeckOK-SozR/*Weiß*, § 86 SGB X Rn. 13, Stand 06/2024.

21 LSG Hessen, Urt. v. 27.06.1997 – L 10 Ar 920/94, juris (noch zum Institut der positiven Vertragsverletzung).

22 BSG, Urt. v. 28.03.2000 – B 8 KN 3/98 U R, BSGE 86, 78 unter Verweis auf BGH, Urt. v. 12.12.1991 – III ZR 18/91, BGHZ 116, 312, zur Verletzung einer spezifischen Kooperationspflicht (§ 317 Abs. 6 Nr. 2 RVO a.F.).

23 BSG, Urt. v. 28.03.2000 – B 8 KN 3/98 U R, BSGE 86, 78; BeckOK-SozR/*Weiß*, § 86 SGB X Rn. 18, Stand 06/2024; BeckOGK/*Herbst*, § 86 SGB X Rn. 110 ff., Stand 08/2024.

24 So BSG, Beschl. v. 05.10.2006 – B 10 KR 5/05 B, SozR 4–5420 § 3 Nr 1.

25 Zum Meinungsstand BeckOK-SozR/*Weiß*, § 86 SGB X Rn. 31 f., Stand 06/2024.

Zweiter Titel Zusammenarbeit der Leistungsträger untereinander

§ 87 Beschleunigung der Zusammenarbeit

(1) [1]Ersucht ein Leistungsträger einen anderen Leistungsträger um Verrechnung mit einer Nachzahlung und kann er die Höhe des zu verrechnenden Anspruchs noch nicht bestimmen, ist der ersuchte Leistungsträger dagegen bereits in der Lage, die Nachzahlung zu erbringen, ist die Nachzahlung spätestens innerhalb von zwei Monaten nach Zugang des Verrechnungsersuchens zu leisten. [2]Soweit die Nachzahlung nach Auffassung der beteiligten Leistungsträger die Ansprüche der ersuchenden Leistungsträger übersteigt, ist sie unverzüglich auszuzahlen.

(2) [1]Ist ein Anspruch auf eine Geldleistung auf einen anderen Leistungsträger übergegangen und ist der Anspruchsübergang sowohl diesem als auch dem verpflichteten Leistungsträger bekannt, hat der verpflichtete Leistungsträger die Geldleistung nach Ablauf von zwei Monaten seit dem Zeitpunkt, in dem die Auszahlung frühestens möglich ist, an den Berechtigten auszuzahlen, soweit ihm bis zu diesem Zeitpunkt nicht bekannt ist, in welcher Höhe der Anspruch dem anderen Leistungsträger zusteht. [2]Die Auszahlung hat gegenüber dem anderen Leistungsträger befreiende Wirkung. [3]Absatz 1 Satz 2 gilt entsprechend.

Übersicht

A. Inhalt

§ 87 regelt, was sich aus der Überschrift »Beschleunigung der Zusammenarbeit« und der systematischen Stellung im Abschnitt über die »Zusammenarbeit der Leistungsträger untereinander« nicht ergibt,[1] Zurückbehaltungsrechte des leistungspflichtigen Trägers gegenüber dem Sozialleistungsempfänger. Abs. 1 ist dabei auf Konstellationen anwendbar, in denen ein anderer Träger noch nicht bezifferbare Erstattungsansprüche gegen den Leistungsempfänger hat, die er im Wege der Verrechnung realisieren möchte. Insoweit ist die Vorschrift in der Zusammenschau mit § 52 SGB I zu lesen, der die Verrechnung als sozialrechtlichen Sonderfall der Aufrechnung regelt. Abs. 2 betrifft Sachverhalte, in denen unklar ist, ob und ggf. in welcher Höhe ein Leistungsberechtigter von einem Leistungsträger (noch) Zahlung verlangen kann, nachdem sein Anspruch (ggf. teilweise) auf einen anderen Träger übergegangen ist. Für beide Konstellationen sucht die Vorschrift den Ausgleich zwischen den berechtigten Interessen des Leistungsempfängers (an einer schnellen Auszahlung) und des erstattungs- bzw. anspruchsberechtigten Leistungsträgers (an der einfachen Möglichkeit der Realisierung seiner Forderung) dadurch herzustellen, dass ein zeitlich begrenztes Zurückbehaltungsrecht des leistungspflichtigen Trägers besteht. 1

1 Kritik an der systematischen Stellung des § 87 auch bei BeckOGK/*Herbst*, § 87 SGB X Rn. 9 ff., Stand 08/2024.

B. Einzelerläuterungen

I. Nachzahlung bei Ersuchen um Verrechnung (Abs. 1)

1. Anwendungsbereich

2 Falls ein Berechtigter von einem unzuständigen Träger unter einstweiliger Freistellung des zuständigen Trägers Leistungen bezogen hat und sich dies nachträglich herausstellt, sind die Beziehungen zwischen den Beteiligten neu zu ordnen: Der zuständige Träger hat zu leisten, der unzuständige den Gegenwert seiner Vorleistung zu erhalten und dem Berechtigten sollen daraus weder Nach- noch Vorteile erwachsen. Diese Anliegen können durch verschiedene rechtliche Gestaltungen gesichert werden. Der Ausgleich kann einmal durch Erstattungsrecht vorgenommen werden (§§ 102 ff.), kann aber auch unter Einbeziehung des Berechtigten geschehen – einmal dadurch, dass der unzuständige Träger die gewährte Leistung zurückfordert und zum anderen dadurch, dass der Anspruch gegen den zuständigen Träger kraft Gesetzes auf den leistenden Träger übergeht (vgl. unten Vor § 102 Rdn. 2 ff.).

3 § 87 regelt die letztgenannten Formen des Ausgleichs, deshalb findet die Norm für Ansprüche unter den Trägern nach §§ 102 ff. keine Anwendung.[2] Der zuständige Träger kann Leistungen soweit zurückhalten, als diese für Ausgleichsforderungen des unzuständigen Trägers haften. Sie haften, falls der unzuständige Träger einen fälligen Anspruch auf Rückforderung (§ 50) gegen den Berechtigten hat oder durch Rückforderungsbescheid begründen und daher auf dessen Ersuchen der zuständige verpflichtete Träger Verrechnung erklären kann. Der verpflichtete Träger erlangt nach § 87 ein Zurückbehaltungsrecht. Er soll Zeit haben, um die Höhe des zur Verrechnung gestellten Anspruchs zu beziffern.

§ 87 gilt unmittelbar nur unter Leistungsträgern (§ 12 SGB I), weil auch nur in deren Verhältnis eine Verrechnung möglich ist (§ 52 SGB I). Kraft spezialgesetzlicher Anordnung ist § 87 entsprechend im Recht des Lastenausgleichs anzuwenden (§ 290 LAG).

2. Tatbestandsvoraussetzungen

a) Ersuchen um Verrechnung

4 Die Verrechnung (§ 52 SGB I) ist wie die Aufrechnung ein Erfüllungsersatz (Erfüllungssurrogat), verlangt aber keine Gegenseitigkeit von Haupt- und Gegenforderung.[3] Sie gestattet einem zur Erbringung einer Geldleistung verpflichteten Träger, die eigene Verbindlichkeit gegenüber dem Leistungsberechtigten statt durch Leistung durch einseitige Erklärung (wahlweise Verwaltungsakt oder öffentlich-rechtliche Willenserklärung[4]) zu vermindern oder zu tilgen, indem sie – mit dessen Einverständnis (»Ermächtigung«) – mit der Forderung eines anderen Leistungsträgers gegen den Berechtigten verrechnet wird. Die Verrechnung ist statthaft, soweit für den Anspruch die Aufrechnung zulässig ist, d.h. zum einen, wenn der Anspruch des Leistungsberechtigten, der zum Erlöschen gebracht werden soll (Hauptforderung), pfändbar ist (§ 51 Abs. 1). Zum anderen kann der Leistungsträger eigene Beitrags- oder Erstattungsansprüche gegen den Berechtigten (Gegenforderung) durch Aufrechnung gegen Ansprüche des Berechtigten auf laufende Geldleistungen (Hauptforderung) unter den von § 51 Abs. 2 SGB I gezogenen Grenzen zum Erlöschen bringen. Durch die Verrechnung wird der verpflichtete Träger gegenüber dem Berechtigten in Höhe des verrechneten Anspruchs von

---

2 LSG Berlin-Brandenburg, Urt. v. 22.01.2009 – L 31 U 398/08, juris; SG Frankfurt am Main, Urt. v. 30.01.1996 – S 8 U 1789/93, SozVers 1996, 275; BeckOGK/*Herbst*, § 87 SGB X Rn. 3, Stand 08/2024.

3 Dazu Hauck/Noftz/*v. Koppenfels/Spies*, § 52 SGB I Rn. 1.

4 BSG, Beschl. v. 31.08.2011 – GS 2/10, BSGE 109, 81; Hauck/Noftz/*v. Koppenfels/Spies*, § 52 SGB I Rn. 11.

seiner Leistungspflicht frei (§§ 51 ff. SGB I, 389 BGB). Dem so Freigestellten ist die eingetretene Schuldbefreiung zu erstatten.[5]

Das »Ersuchen« stellt eine Vorstufe der Ermächtigung (§ 52 SGB I) des Trägers dar, dessen Anspruch zur Verrechnung gestellt wird. Es kann formlos an den ersuchten Träger gerichtet werden. Voraussetzung für das Ersuchen ist das Bestehen einer Verrechnungslage i.S.d. § 52 SGB I i.V.m. § 51 SGB I (siehe Rdn. 4) mit der Einschränkung, dass die Höhe des zu verrechnenden Anspruchs des ersuchenden Trägers noch nicht feststeht.[6] Auf ein beziffertes Verrechnungsersuchen ist § 87 nicht, auch nicht analog, anwendbar.[7] Dass eine Verrechnungslage in diesem Sinne besteht, hat der ersuchende Leistungsträger vor seinem Ersuchen zu prüfen; der ersuchte Leistungsträger darf sich auf diese Einschätzung bei schlüssiger Darlegung verlassen.[8] Steht (auch) dem Grunde nach noch nicht fest, ob der ersuchende Träger einen Anspruch gegen den Leistungsempfänger hat, ist der Anwendungsbereich des § 87 nicht eröffnet und es besteht kein Zurückbehaltungsrecht des leistungspflichtigen Trägers.[9] 5

Der ersuchende Träger ist auf Verlangen des ersuchten Trägers verpflichtet, den Höchstbetrag seines Verrechnungsersuchens zu bestimmen, weil nur so der ersuchte Träger seiner Pflicht zur unverzüglichen Auszahlung des nicht für Zwecke der Verrechnung beanspruchten Teils der Leistung nachkommen kann (Abs. 1 Satz 2, dazu unten Rdn. 13).[10] 6

b) Nachzahlung

Das Ersuchen um Verrechnung muss sich gem. § 87 Abs. 1 Satz 1 auf eine »Nachzahlung« des ersuchten Leistungsträgers beziehen, die dieser bereits zu erbringen in der Lage wäre. Der Begriff der Nachzahlung ist im SGB nicht definiert. Vorliegen muss jedenfalls ein Anspruch des Leistungsberechtigten gegen den ersuchten Träger auf Geldzahlung. Nach dem allgemeinen Wortsinn betrifft die Nachzahlung einen zurückliegenden Zeitraum, kommt also insbesondere dann in Frage, wenn der Anspruch des Leistungsempfängers schon vor dem Bewilligungsbescheid bestand und der verpflichtete Träger dem Leistungsempfänger die für den Zeitraum zwischen Anspruchsentstehung und Bewilligungsentscheidung geschuldeten Leistungen zusammenfassend nachträglich auszahlt.[11] Auch einmalige Geldleistungen (Abfindungen, Beitragserstattungen), die für einen vergangenen Zeitraum gezahlt werden, fallen nach allgemeiner Meinung unter § 87,[12] nicht dagegen laufende Geldleistungen für aktuelle bzw. zukünftige Zeiträume.[13] 7

Der ersuchte Leistungsträger muss im Zeitpunkt des Verrechnungsersuchens »bereits in der Lage [sein], die Nachzahlung zu erbringen«. Das ist er jedenfalls dann, wenn ein wirksamer Bescheid über die Leistung vorliegt, ggf. auch schon im Zeitpunkt des verwaltungsinternen Abschlusses des Verfahrens.[14] 8

5 Siehe Hauck/Noftz/*v. Koppenfels/Spies*, § 52 SGB I Rn. 14 zu den unterschiedlichen Herleitungen des Erstattungsanspruchs.
6 JurisPK-SGB X/*Feddern*, § 87 Rn. 14.
7 LSG Nordrhein-Westfalen, Urt. v. 24.07.2009 – L 13 R 137/08, juris.
8 I.E. ebenso BeckOGK/*Herbst*, § 87 SGB X Rn. 20, Stand 08/2024.
9 Allg. M., vgl. nur jurisPK-SGB X/*Feddern*, § 87 Rn. 17; BeckOGK/*Herbst*, § 87 SGB X Rn. 17, 19, Stand 08/2024.
10 So auch *von Maydell/Schellhorn*, GK-SGB X, § 87 Rn. 15.
11 So auch BeckOK-SozR/*Weiß*, § 87 SGB X Rn. 9 f., Stand 06/2024.
12 Inzwischen h.L. vgl. nur Hauck/Noftz/*Hochheim*, § 87 SGB X Rn. 5a m.w.N.; BeckOGK/*Herbst*, § 87 SGB X Rn. 22 m.w.N., Stand 08/2024; Schütze/*Blüggel*, § 87 SGB X Rn. 5.
13 BeckOK-SozR/*Weiß*, § 87 SGB X Rn. 9, Stand 06/2024.
14 Dazu BeckOGK/*Herbst*, § 87 SGB X Rn. 23, Stand 08/2024.

3. Rechtsfolgen

a) Befristetes Zurückbehaltungsrecht (Abs. 1 Satz 1)

9 Als Rechtsfolge sieht § 87 Abs. 1 Satz 1 ausdrücklich nur vor, dass die Nachzahlung »spätestens innerhalb von zwei Monaten nach Zugang des Verrechnungsersuchens zu leisten« ist. Gemäß § 41 SGB I sind Ansprüche auf Sozialleistungen grundsätzlich sofort fällig und nach dem allgemeinen Beschleunigungsgebot (§ 17 Abs. 1 Nr. 1 SGB I) haben die Leistungsträger darauf hinzuwirken, dass die Berechtigten die ihnen zustehenden Leistungen »zügig« erhalten. Dass § 87 Abs. 1 Satz 1 es ausreichen lässt, dass die Nachzahlung bei Vorliegen eines Verrechnungsersuchens innerhalb von zwei Monaten ausgezahlt wird, stellt also eine Abweichung vom allgemeinen Grundsatz der umgehenden Auszahlung von Geldleistungen dar. § 87 Abs. 1 Satz 1 räumt dem zur Nachzahlung verpflichteten Träger mithin ein (zeitlich befristetes) Zurückbehaltungsrecht ein, das das Zivilrecht nicht kennt (die »Einrede der Verrechenbarkeit«). Das Interesse der Berechtigten am Erhalt der Nachzahlung hat für zwei Monate hinter dem Interesse der Leistungsträger auf Verrechnung zurückzustehen.[15]

10 Die Zwei-Monats-Frist beginnt bei schriftlicher Übermittlung des Verrechnungsersuchens mit Zugang und bei (fern)mündlicher oder elektronischer Übermittlung mit Kenntniserlangung des Verrechnungsersuchens, falls die nachzuzahlende Leistung in diesem Zeitpunkt schon festgesetzt ist, andernfalls mit Festsetzung der Leistung (in der Regel durch Bescheid).[16] Bei mehrfachem Verrechnungsersuchen ist zu unterscheiden. Hinsichtlich desselben Verrechnungsersuchens – gleicher Verrechnungsgrund und gleicher Ersuchender – beginnt die Frist mit der erstmaligen Übermittlung des Ersuchens; werden indessen unterschiedliche Ersuchen – verschiedener Verrechnungsgrund und/oder unterschiedlicher Ersuchender – an den verpflichteten Leistungsträger gerichtet, so beginnt die Frist mit der erstmaligen Übermittlung des jeweiligen Ersuchens.

11 Im Übrigen gilt für die Ermittlung der Frist: Sie ist gem. § 26 eine Ausschlussfrist und i.V.m. §§ 186 – 193 BGB zu ermitteln. Eine Wiedereinsetzung wegen unverschuldeter Fristversäumnis zugunsten des ersuchenden Trägers (§ 27) kommt nicht in Betracht. Denn die Frist soll dem Leistungsberechtigten die Sicherheit gewähren, nach deren Ablauf einen durchsetzbaren Anspruch auf Leistung zu erhalten. Zahlt der leistungspflichtige Träger die Nachzahlung nach Ablauf der Zwei-Monats-Frist allerdings (gesetzeswidrig) nicht aus und erklärt der ersuchende Träger die Verrechnung mit seinem zwischenzeitlich bezifferbaren Anspruch, ist die Verrechnung trotzdem wirksam, d.h. der Anspruch des Leistungsberechtigten erlischt in Höhe der Verrechnung.[17]

12 Der um Verrechnung ersuchte Leistungsträger muss sich mit dem Verrechnungsersuchen befassen und nach pflichtgemäßem Ermessen darüber entscheiden, ob er von seinem Zurückbehaltungsrecht Gebrauch macht, wenn eine Verrechnungslage schlüssig dargelegt ist.[18] Das allgemeine Kooperationsgebot der Leistungsträger gem. § 86 spricht im Rahmen der Ermessensentscheidung zwar regelmäßig für die Geltendmachung des Zurückbehaltungsrechts.[19] Nicht ausgeschlossen ist aber, dass der ersuchte Leistungsträger unter Berücksichtigung der Interessen des Leistungsempfängers, sofern diese im Einzelfall über das allgemeine Interesse des Leistungsempfängers an einer schnellen Auszahlung hinausgehen, die Nachzahlung ausnahmsweise vor Ablauf der Zwei-Monats-Frist auszahlt.

15 BeckOGK/*Herbst,* § 87 SGB X Rn. 7, Stand 08/2024.

16 Hauck/Noftz/*Hochheim*, § 87 SGB X Rn. 8a.

17 LSG Nordrhein-Westfalen, Urt. v. 24.07.2009 – L 13 R 137/08, juris; BeckOGK/*Herbst*, § 87 SGB X Rn. 30, Stand 08/2024.

18 H.L., vgl. Hauck/Noftz/*Hochheim*, § 87 SGB X Rn. 9 mit weiteren Nachweisen und überzeugender Abgrenzung zum fehlenden Ermessen des ersuchten Leistungsträgers bei der Verrechnung gem. § 52 nach BSG, Urt. v. 26.09.1991 – 4/1 RA 33/90, BSGE 69, 238.

19 I.E. ebenso BeckOGK/*Herbst,* § 87 SGB X Rn. 27, Stand 08/2024.

b) Auszahlungspflicht bzgl. überschießendem Betrag (Abs. 1 Satz 2)

Satz 2 stellt klar, dass sich das Zurückbehaltungsrecht nur auf den Teil der Nachzahlung beschränkt, auf den sich die Einrede der Verrechenbarkeit höchstens beziehen kann. Für den überschießenden Teil der Forderung des Leistungsberechtigten besteht kein Interesse des ersuchenden Leistungsträgers an der Zurückhaltung der Nachzahlung und es bleibt beim Grundsatz der schnellstmöglichen Auszahlung. 13

II. Zurückbehaltung bei gesetzlichem Forderungsübergang (Abs. 2)

Abs. 2 ist anzuwenden, wenn der Anspruch eines Berechtigten, vom leistungspflichtigen Träger eine Geldleistung verlangen zu können, auf einen anderen Leistungsträger übergegangen und der Übergang beiden Trägern bekannt ist. Hierfür sieht das Gesetz vor, dass der verpflichtete Träger die Leistung zwei Monate nach Fälligkeit des übergegangenen Anspruchs an den »Berechtigten« (= Rechtsvorgänger des durch Übergang erwerbenden Trägers also der »Nicht-Mehr«-Berechtigte) zu erbringen hat, falls dem verpflichteten Träger bis zu diesem Zeitpunkt die Höhe des übergegangenen Anspruchs nicht bekannt ist. Die Vorschrift trifft insoweit, ebenso wie Abs. 1 Satz 1, für Situationen mit unklarer Leistungspflicht eines Trägers gegenüber einem Leistungsempfänger einen Ausgleich zwischen den Interessen des Berechtigten am Erhalt der Leistung und dem Interesse der beteiligten Leistungsträger an einer einfachen Realisierung ihrer Ansprüche. Da kein Interesse an der Zurückhaltung der Zahlung insoweit besteht, als der Leistungsberechtigte sicher Zahlung an sich verlangen kann, ordnet Abs. 2 Satz 3 die entsprechende Anwendung von Abs. 1 Satz 2 an. Überschießende Beträge, die vom Forderungsübergang nicht betroffen sind, sind deshalb unverzüglich auszuzahlen. 14

Im Übrigen hat der verpflichtete Träger die Zahlung »nach Ablauf von zwei Monaten« an den (ehemaligen) Leistungsberechtigten auszuzahlen, wenn ihm bis dahin die Höhe des Anspruchs des anderen Leistungsträgers unbekannt ist. Mit dieser Auszahlung an den Rechtsvorgänger des Rechtsinhabers wird der verpflichtete Träger von seiner Leistungspflicht befreit (Abs. 2 Satz 2). Zahlt der leistungsverpflichtete Träger den Betrag hingegen vor Ablauf der Zwei-Monats-Frist an den Betroffenen aus, hat die Zahlung keine befreiende Wirkung und der Träger, auf den der Anspruch übergegangen ist, kann vom verpflichteten Träger erneut Zahlung verlangen.[20] Wird dem leistungsverpflichteten Träger innerhalb der Zwei-Monats-Frist bekannt, in welcher Höhe der Anspruch auf den anderen Träger übergegangen ist, hat er die Leistung entsprechend an diesen zu bewirken und ggf. den Restbetrag an den Berechtigten auszuzahlen. 15

Die praktische Bedeutung der Vorschrift ist gering. Sie ist nicht auf Ansprüche nach §§ 102 ff. zu erstrecken,[21] weil der Parteiwechsel durch gesetzlichen oder administrativen Forderungsübergang die Forderung erhält, statt sie zu tilgen (§ 107), und sie stattdessen einem anderen Berechtigten zuweist. Der Hauptanwendungsfall liegt bei § 332 SGB III.[22] 16

§ 88 Auftrag

(1) [1]Ein Leistungsträger (Auftraggeber) kann ihm obliegende Aufgaben durch einen anderen Leistungsträger oder seinen Verband (Beauftragter) mit dessen Zustimmung wahrnehmen lassen, wenn dies
1. wegen des sachlichen Zusammenhangs der Aufgaben vom Auftraggeber und Beauftragten,
2. zur Durchführung der Aufgaben und
3. im wohlverstandenen Interesse der Betroffenen

20 Nach BeckOGK/*Herbst*, § 87 SGB X Rn. 45, Stand 08/2024 und Hauck/Noftz/*Hochheim*, § 87 SGB X Rn. 19 ist die Auszahlung an den Berechtigten vor Ablauf der Zwei-Monats-Frist »rechtlich unzulässig«.

21 So auch Hauck/Noftz/*Hochheim*, § 87 SGB X Rn. 15 m.w.N.; Diering/Timme/Stähler/*Breitkreuz*, SGB X, § 87 Rn. 15.

22 So auch Diering/Timme/Stähler/*Breitkreuz*, SGB X, § 87 Rn. 15.

zweckmäßig ist. [2]Satz 1 gilt nicht im Recht der Ausbildungsförderung, des Kindergelds, der Unterhaltsvorschüsse und Unterhaltsausfallleistungen, im Wohngeldrecht sowie im Recht der Jugendhilfe und der Sozialhilfe.

(2) [1]Der Auftrag kann für Einzelfälle sowie für gleichartige Fälle erteilt werden. [2]Ein wesentlicher Teil des gesamten Aufgabenbereichs muss beim Auftraggeber verbleiben.

(3) [1]Verbände dürfen Verwaltungsakte nur erlassen, soweit sie hierzu durch Gesetz oder auf Grund eines Gesetzes berechtigt sind. [2]Darf der Verband Verwaltungsakte erlassen, ist die Berechtigung in der für die amtlichen Veröffentlichungen des Verbands sowie der Mitglieder vorgeschriebenen Weise bekannt zu machen.

(4) Der Auftraggeber hat einen Auftrag für gleichartige Fälle in der für seine amtlichen Veröffentlichungen vorgeschriebenen Weise bekannt zu machen.

Übersicht

A. Inhalt

1 § 88 regelt die Voraussetzungen, unter welchen ein Leistungsträger (§ 12 SGB I) einen anderen oder »seinen Verband« mit der Wahrnehmung eigener Aufgaben betrauen kann. Regelungen zu den Folgen der Auftragserteilung sowohl zwischen Auftraggeber und Beauftragtem als auch zwischen Auftraggeber und Bürger enthalten die §§ 89 bis 92. Auftrag ist die einvernehmliche Übertragung von gesetzlichen Aufgaben aufgrund öffentlich-rechtlichen Vertrags. Er führt zur Aufgabenerfüllung durch den Beauftragten im Namen des Auftraggebers. Es findet also keine Delegation von Verwaltungszuständigkeiten vom Auftraggeber zum Beauftragten statt. Aufträge sind deshalb nur für Einzelfälle (»Einzelauftrag«) oder gleichartige Fälle (»Fallgruppenauftrag«) zulässig (Abs. 2 Satz 1); ein wesentlicher Teil seines Aufgabenbereichs muss stets beim Auftraggeber verbleiben (Abs. 2 Satz 2). Er trägt gegenüber dem Betroffenen weiterhin die Verantwortung (§ 89 Abs. 2). Falls der erteilte Auftrag den Beauftragten zum Erlass eines Verwaltungsakts verpflichtet, muss dieser stets im Namen des Auftraggebers ergehen (§ 89 Abs. 1). Für die Erteilung von Aufträgen an Verbände und für Fallgruppenaufträge enthalten Abs. 3 und Abs. 4 ergänzende Regelungen.

B. Einzelerläuterungen

I. Auftrag

2 Der Auftrag gem. § 88 berechtigt einen Leistungsträger oder Verband, für einen anderen zu handeln. Er stellt damit die nötige (gesetzliche) Grundlage für die Durchbrechung der gesetzlichen Zuständigkeitsordnung mit Auswirkungen auf den Bürger dar.[1] Das Leistungsverhältnis, d.h. das Verhältnis zwischen dem Leistungsträger (Auftraggeber) und dem Bürger, wird durch den Auftrag nicht berührt.[2] Dem Beauftragten wird also ein Mandat zur Aufgabenerfüllung erteilt; die Aufgabe wird aber nicht an ihn delegiert.

3 §§ 88 bis 92 regeln sowohl das Verhältnis zwischen Auftraggeber und Beauftragtem (Innenverhältnis) als auch das Verhältnis zwischen Auftraggeber und Bürger (Außenverhältnis). Das Innenverhältnis regeln §§ 88 Abs. 1, 2, 4, 89 Abs. 3, 4, 5, 91 und 92, während das Außenverhältnis sich nach §§ 88 Abs. 3, 89 Abs. 1 und 2 sowie 90 bestimmt. Ein Auftrag liegt nur vor, wenn der (beauf-

1 BSG, Urt. v. 26.05.2011 – B 14 AS 54/10 R, BSGE 108, 229.

2 BeckOGK/*Herbst*, § 88 SGB X Rn. 9, Stand: 08/2024.

tragte) Träger und dessen mit der Aufgabenwahrnehmung betraute Vertreter wissentlich Aufgaben für einen anderen Träger wahrnehmen.[3] Die Tätigkeit im Rahmen eines Auftragsverhältnisses setzt also ein Handeln für einen anderen Träger und damit ein Handeln mit Fremdgeschäftsführungswillen voraus.[4] Übertragen werden können nur Aufgaben, die dem Auftraggeber nach Maßgabe des SGB obliegen (»trägerspezifische Aufgaben«[5]), hingegen nicht solche Aufgaben, die dem Auftraggeber selbst gem. § 88 übertragen wurden.[6] Für Streitigkeiten aus dem Auftragsverhältnis ist der Sozialrechtsweg eröffnet.[7] Vereinbarungen über die Verrechnung von Ansprüchen unter Trägern sind keine Aufträge; §§ 88 ff. sind auf den Verrechnungsvertrag, für den die §§ 53 ff. gelten, mangels Regelungslücke auch nicht analog anzuwenden.[8]

Der in §§ 88 bis 92 geregelte Auftrag unterscheidet sich vom »gesetzlichen Auftrag« (§ 93) im Hinblick auf das Zustandekommen und die Ausgestaltung des Außenverhältnisses. Beide Gestaltungen stimmen insoweit überein, als sie fremdwirkendes Handeln unter Leistungsträgern (§ 12 SGB I) betreffen. Sie unterscheiden sich voneinander, weil der Auftrag i.S.d. § 88 durch öffentlich-rechtlichen Vertrag i.S.d. § 53,[9] der gesetzliche Auftrag hingegen durch Gesetz begründet wird und ferner der Auftrag als Mandat (= Wahrnehmung fremder Aufgaben im Namen des Auftraggebers), der gesetzliche Auftrag hingegen als Delegation (= Wahrnehmung der Aufgabe im eigenen Namen des Beauftragten) ausgestaltet ist. Wegen dieser Unterschiede gelten für den gesetzlichen Auftrag lediglich die in § 93 genannten, das Innenverhältnis betreffenden Bestimmungen. 4

Als Voraussetzung für die Übertragung einer Aufgabenwahrnehmung verlangt § 88 Abs. 1 Satz 1, dass die Verlagerung der Aufgabe wegen des sachlichen Zusammenhangs der Aufgaben vom Auftraggeber und Beauftragten und wegen der Art der Aufgabenerfüllung (Nr. 2) sowie im Hinblick auf Belange des »Betroffenen« (§ 89 Abs. 2 = des Sozialleistungsberechtigten) (Nr. 3) zweckmäßig erscheint. Bei der Zweckmäßigkeit handelt es sich um einen unbestimmten Rechtsbegriff, der grundsätzlich der vollen gerichtlichen Kontrolle unterliegt.[10] Es spricht wegen des prognostischen Elements gleichwohl Einiges dafür, dass den Leistungsträgern eine gerichtlich zu respektierende Einschätzungsprärogative dahingehend verbleibt, ob der Auftrag zweckmäßig ist, d.h. ob durch den Auftrag voraussichtlich eine schnellere, bessere oder einfachere Aufgabenerfüllung ermöglicht wird.[11] Ein Sachzusammenhang besteht regelmäßig, aber nicht ausschließlich dann,[12] wenn Auftraggeber und Beauftragter in demselben Sozialleistungszweig tätig sind.[13] Zur Durchführung der Aufgaben zweckmäßig ist eine Auftragsvergabe insbesondere, wenn der Beauftragte im Unterschied zum Auftraggeber über die notwendige Infrastruktur verfügt.[14] Damit der Auftrag im wohlverstandenen Interesse des Betroffenen ist, darf er für diesen jedenfalls nicht nachteilig sein, sondern muss zu einer schnelleren, besseren oder effizienteren Aufgabenerfüllung führen.[15] 5

3 BSG, Urt. v. 17.02.2009 – B 2 U 38/06 R, SozR 4–1300 § 88 Nr. 2.
4 BSG, Urt. v. 17.02.2009 – B 2 U 38/06 R, SozR 4–1300 § 88 Nr. 2 Rn. 26.
5 JurisPK-SGB X/*Feddern*, § 88 Rn. 21.
6 JurisPK-SGB X/*Feddern*, § 88 Rn. 21.
7 BSG, Urt. v. 11.09.1980 – 1 RA 75/79, BSGE 50, 203.
8 BSG, Urt. v. 26.09.1991 – 4/1 RA 33/90, BSGE 69, 238; anders noch BSG, Urt. v. 25.03.1982 – 10 RKg 2/81, BSGE 53, 208; siehe auch Hauck/Noftz/*v. Koppenfels-Spies*, § 52 SGB I Rn. 8.
9 BSG, Urt. v. 26.05.2011 – B 14 AS 54/10 R, BSGE 108, 229; Urt. v. 26.09.1991 – 4/1 RA 33/90, BSGE 69, 238; Hauck/Noftz/*Hochheim*, § 88 SGB X Rn. 8 ff.
10 So auch BeckOGK/*Herbst*, § 88 SGB X Rn. 43, Stand 08/2024; BeckOK-SozR/*Weiß*, § 94 SGB X Rn. 33, Stand: 06/2024; Schütze/*Engelmann*, § 88 SGB X Rn. 19.
11 Ebenso jurisPK-SGB X/*Feddern*, § 88 Rn. 43; Hauck/Noftz/*Hochheim*, § 88 SGB X Rn. 21b.
12 An einem Sachzusammenhang fehlt es nach der Gesetzesbegründung, »wenn die Aufgabenbereiche ohne jede Beziehung nebeneinander stehen«, BT-Drucks. 9/95, S. 18.
13 JurisPK-SGB X/*Feddern*, § 88 Rn. 43; BeckOGK/*Herbst*, § 88 SGB X Rn. 44 f., Stand 08/2024.
14 BT-Drucks. 9/95, S. 18.
15 BT-Drucks. 9/95, S. 18; ausführlich Hauck/Noftz/*Hochheim*, § 88 SGB X Rn. 24.

6 Bisher nicht abschließend geklärt sind die Rechtsfolgen einer Beauftragung, für die die Voraussetzungen des § 88 Abs. 1 Satz 1 nicht vorliegen. Ausgehend von der Qualifikation der Auftragserteilung als koordinationsrechtlicher Vertrag hängt die Nichtigkeit des Auftrags gem. § 58 Abs. 1 i.V.m. § 134 BGB davon ab, ob § 88 Abs. 1 Satz 1 ein gesetzliches Verbot zur Erteilung von Aufträgen in anderen Fällen enthält. Die besseren Gründe sprechen mit Blick auf den Wortlaut (»kann … Aufgaben … wahrnehmen lassen, wenn…«) und die potenzielle Benachteiligung der Leistungsempfänger durch Auftragsvergaben entgegen der gesetzlichen Voraussetzungen für die Qualifikation als gesetzliches Verbot, d.h. die Nichtigkeit von Aufträgen entgegen § 88 Abs. 1 Satz 1.[16] Eine unwirksame Auftragserteilung hat sowohl Auswirkungen auf das Außenverhältnis (Fehlerhaftigkeit der Verwaltungsakte des angeblich Beauftragten i.S.d. §§ 41 ff.) als auch auf das Innenverhältnis (Erstattung zwischen den Leistungsträgern).[17]

7 Abs. 1 Satz 2 nennt einige Bereiche, auf welche Satz 1 nicht anwendbar ist. Mit der Änderung zum 01.01.2024 wurde die Kriegsopferfürsorge aus diesem Ausnahmenkatalog ersatzlos gestrichen. Dies bringt jedoch keine inhaltliche Änderung mit sich, sondern ist lediglich eine Auswirkung des Inkrafttretens des SGB XIV und der neuen Regelungen des sozialen Entschädigungsrechts.[18]

II. Auftraggeber und Beauftragter

8 Gemäß § 88 Abs. 1 Satz 1 kann ein Leistungsträger (**Auftraggeber**) ihm obliegende Aufgaben unter bestimmten Voraussetzungen durch einen Beauftragten wahrnehmen lassen. Andere an der Sozialverwaltung Beteiligte können keine Aufträge gem. § 88 erteilen. Das gilt insbesondere für Verbände, die § 88 nur als Beauftragte nennt (dazu Rdn. 9).

Nach hM können auch Arbeitsgemeinschaften keine Auftraggeber i.S.d. § 88 sein.[19] Das entspricht dem Wortlaut des § 88 Abs. 1 Satz 1, der nur Leistungsträger i.S.d. § 12 SGB I als Auftraggeber nennt und der Entscheidung des BSG vom 26.05.2011 zu § 44b SGB II a.F.[20]

Nach hier vertretener Auffassung können Arbeitsgemeinschaften i.S.d. § 94 gleichwohl Auftraggeber i.S.d. § 88 sein. Gemäß § 94 Abs. 4 gelten § 88 Abs. 1 Satz 1 und Abs. 2 für Arbeitsgemeinschaften entsprechend. Dass damit nur die Möglichkeit der Beauftragung einer Arbeitsgemeinschaft eröffnet werden soll, nicht aber die Übertragung von Aufgaben der Arbeitsgemeinschaft,[21] überzeugt nicht. Im Regierungsentwurf für den Zweiten Titel des Dritten Kapitels des SGB X sah § 97 Reg-E ausdrücklich die Möglichkeit vor, dass die Arbeitsgemeinschaft einen Dritten mit der Aufgabenwahrnehmung beauftragt, wenn die Übertragung für den Leistungsträger selbst zulässig wäre.[22] Auf Vorschlag des Gesundheitsausschusses wurden die Regelungen für die Arbeitsgemeinschaften in einer Vorschrift zusammengefasst,[23] wobei § 94 Abs. 4 entstand. Nach hier vertretener Auffassung wird dadurch die Möglichkeit eröffnet, dass eine Arbeitsgemeinschaft i.S.d. § 94 ihrerseits als Auftraggeber i.S.d. § 88 auftritt, wofür ein praktisches Bedürfnis bestehen kann. Mit der Rechtsprechung

16 A.A. noch die Vorauflage, wonach die Auftragserteilung nur bei Verstoß gegen das Sachzusammenhangsgebot des § 88 Abs. 1 Satz 1 Nr. 1 unwirksam sein sollte; für die Unwirksamkeit von Auftragserteilungen entgegen § 88 Abs. 1 Satz 1 auch Schütze/*Engelmann*, § 88 SGB X Rn. 35; ebenso wohl Hauck/Noftz/*Hochheim*, § 88 SGB X Rn. 26a.

17 Ausführlich zu den Rechtsfolgen eines fehlerhaften Auftrags BeckOGK/*Herbst*, § 88 SGB X Rn. 67, Stand 08/2024.

18 BT-Drucks. 351/19, S. 311; Diering/Timme/Stähler/*Breitkreuz*, § 88 SGB X Rn. 8; BeckOGK/*Herbst*, § 88 SGB X Rn. 53, Stand 08/2024.

19 JurisPK-SGB X/*Feddern*, § 88 Rn. 24; Hauck/Noftz/*Hochheim*, § 88 SGB X Rn. 17.

20 BSG, Urt. v. 26.05.2011 – B 14 AS 54/10 R, BSGE 108, 229.

21 JurisPK-SGB X/*Feddern*, § 94 Rn. 63; BeckOK-SozR/*Weiß*, § 94 SGB X Rn. 33, Stand 06/2024 unter Verweis auf BSG, Urt. v. 12.06.2008 – B 3 P 2/07 R, BSGE 101, 6; BeckOGK/*Herbst*, § 94 SGB X Rn. 102, Stand 08/2024.

22 BT-Drucks. 9/95, S. 5 f.; 21.

23 BT-Drucks. 9/1753, S. 43.

des BSG zu § 44b SGB II ist das ohne Weiteres zu vereinbaren, denn § 44b Abs. 3 Sätze 1 und 2 SGB II in der bis 31.12.2010 geltenden Fassung, die der Entscheidung des BSG vom 26.05.2011 zugrunde lag, sah die Aufgabenwahrnehmung durch die Arbeitsgemeinschaft gem. § 44b SGB II unter ausdrücklichem Ausschluss der Anwendbarkeit des § 94 Abs. 2 i.V.m. § 88 Abs. 2 Satz 2 vor. Für diese Arbeitsgemeinschaften bestand deshalb keine gesetzliche Grundlage für die Beauftragung anderer Leistungsträger mit der Aufgabenwahrnehmung.[24] Seit 01.08.2016 sieht § 44b Abs. 4 SGB II sowohl die Aufgabenwahrnehmung durch einzelne Träger als auch die entsprechende Anwendbarkeit von §§ 88 bis 92 vor. Es entspricht der hM zu § 44b Abs. 4 Satz 2 SGB II, dass die gemeinsame Einrichtung seither sowohl Auftraggeber als auch Beauftragter sein kann.[25] Für die mit § 44b Abs. 4 Satz 2 SGB II vergleichbare Verweisung in § 94 Abs. 4 auf das Auftragsrecht gilt nach hier vertretener Ansicht dasselbe mit der Folge, dass eine Arbeitsgemeinschaft i.S.d. § 94 Auftraggeber i.V.m. § 88 Abs. 1 Satz 1 sein kann.

Als **Beauftragte** kommen neben Leistungsträgern auch Verbände in Frage. Obwohl der Wortlaut 9
des § 88 Abs. 1 Satz 1 eine Beschränkung der Aufgabenübertragung auf Verbände nahelegt, denen der Auftraggeber selbst angehört (»seinen Verband«), hält die hM auch die Beauftragung von fremden Verbänden (sowohl öffentlich- als auch privatrechtlich verfasste) für zulässig.[26] Dem ist unter Berücksichtigung der Gesetzesbegründung, die als Beispiel für eine Aufgabenübertragung an einen Verband Aufträge zwischen Rentenversicherungsträgern und Krankenkassenverbänden nennt, zuzustimmen.[27] Ist der Beauftragte ein Verband, kann er im Namen des Auftraggebers Verwaltungsakte nur erlassen, wenn es dafür eine gesetzliche oder untergesetzliche[28] Ermächtigungsgrundlage gibt (Abs. 3 Satz 1). Der Auftrag reicht als Legitimationsgrundlage für den Erlass von Verwaltungsakten nicht aus. Die Verwaltungsaktbefugnis eines beauftragten Verbandes ist gem. Abs. 3 Satz 2 bekanntzumachen. Verstöße gegen diese Pflicht berühren die Wirksamkeit vom Verband erlassener Verwaltungsakte allerdings nicht.[29]

Ob eine Beauftragung von Arbeitsgemeinschaften i.S.d. § 94 zulässig ist, ist umstritten.[30] Nach hier vertretener Ansicht lässt der Verweis in § 94 Abs. 4 auf § 88 Abs. 1 Satz 1, Abs. 2 sowohl die Beauftragung einer Arbeitsgemeinschaft als auch die Auftragserteilung durch diese zu (dazu Rdn. 8).

Eine Beauftragung Privater lässt § 88 nicht zu.[31]

III. Einzelauftrag und Fallgruppenauftrag

§ 88 Abs. 2 Satz 1 unterscheidet zwei Arten von Aufträgen: Aufträge für Einzelfälle und für gleich- 10
artige Fälle. *Helmar Bley*[32] bezeichnet jenen als »Einzelauftrag« und diesen als »Fallgruppenauftrag«. Die Unterscheidung ist im Hinblick auf die in § 88 Abs. 4 getroffene, dem Auftraggeber auferlegte Pflicht zur Bekanntmachung wichtig, die nur bei der Vergabe von Fallgruppenaufträgen gilt (dazu Rdn. 14). Im Übrigen gelten für beide Arten von Aufträgen dieselben Regeln.

---

24 BSG, Urt. v. 26.05.2011 – B 14 AS 54/10 R, BSGE 108, 229.

25 BeckOK-SozR/*Mushoff*, § 44b SGB II Rn. 11b, Stand 12/2023; jurisPK-SGB II/*Herbst*, § 44b Rn. 121.

26 BeckOK-SozR/*Weiß*, § 88 SGB X Rn. 11, Stand 06/2024; BeckOGK/*Herbst*, § 88 SGB X Rn. 23 f., Stand 08/2024; a.A. jurisPK-SGB X/*Feddern*, § 88 Rn. 29; Hauck/Noftz/*Hochheim*, § 88 SGB X Rn. 18.

27 BT-Drucks. 9/95, S. 18 zu § 89.

28 Dazu zählen auch Normsetzungsverträge BSG, Urt. v. 05.09.2006 – B 2 U 8/05 R, BSGE 97, 47.

29 BSG, Urt. v. 05.09.2006 – B 2 U 8/05 R, BSGE 97, 47; so ausdrücklich BT-Drucks. 9/95, S. 21 zu § 96 bzgl. der Bekanntmachungspflicht bei der Verwaltungsaktbefugnis einer Arbeitsgemeinschaft.

30 Dafür BeckOGK/*Herbst*, § 88 SGB X Rn. 23 f., Stand 08/2024; jurisPK-SGB X/*Feddern*, § 94 Rn. 63; BeckOK-SozR/*Weiß*, § 94 SGB X Rn. 33, Stand 06/2024; für eine sachlich eingeschränkte Möglichkeit der Beauftragung von Arbeitsgemeinschaften Hauck/Noftz/*Hochheim*, § 88 SGB X Rn. 18.

31 BSG, Urt. v. 30.08.2023 – B 3 A 1/22 R, GesR 2024, 122.

32 *Bley*, Ausgleichsansprüche der Sozialleistungsträger nach dem Regierungsentwurf zum X. Buch 3. Kapitel des Sozialgesetzbuchs, DOK 1981, 143 (146).

11 Die Unterscheidung zwischen Einzel- und Fallgruppenauftrag entspricht der in § 35 VwVfG (bzw. § 31 SGB X) zwischen (Einzel-) Verwaltungsakt und Allgemeinverfügung. Die Gleichartigkeit wird namentlich durch die rechtliche Gleichartigkeit der Aufgabe bestimmt, mag die Aufgabenerfüllung auch in tatsächlicher Hinsicht verschieden sein. Beauftragt ein Unfallversicherungsträger etwa die Krankenkasse eines (konkret benannten) verletzten Unfallversicherten mit der Gewährung von Heilbehandlung, Arznei- und Verbandmitteln oder der Auszahlung des Verletztengeldes, so liegt ein Einzelauftrag vor. Beauftragt dagegen die DRV die Krankenkassen mit der Zahlung von Übergangsgeld für alle Rehabilitanden, mit der Ausstellung von bestimmten Bescheinigungen für alle Versicherten, mit der Abführung von Beiträgen für Bezieher von Verletzten- und Übergangsgeld oder mit der Ermittlung von Kindererziehungszeiten für alle in den betreffenden Krankenkassen versicherten Rentenversicherten, so liegt darin jeweils eine nach allgemeinen Merkmalen bestimmte Aufgabenstellung, die die Voraussetzung eines Fallgruppenauftrags i.S.d. § 88 Abs. 2 Satz 1 Alt. 2 erfüllt.

IV. Wahrung der Letztverantwortung des Auftraggebers

12 Da der Auftrag i.S.d. § 88 nur die Aufgabenwahrnehmung betrifft, die Zuständigkeit für die Aufgabe aber unberührt lässt (dazu oben Rdn. 2, 4), werden dem Auftraggeber im Außenverhältnis die vom Beauftragten vorgenommenen Rechtsakte, sein schlicht-hoheitliches oder fiskalisches Handeln als eigenes Handeln zugerechnet (so dass der Auftraggeber für schuldhafte Pflichtverstöße des Beauftragten gegenüber Dritten entsprechend § 278 BGB einstehen muss); dem Auftraggeber kommt im Außenverhältnis stets die Letztverantwortung für das Handeln des Beauftragten zu (§ 89 Abs. 2). Um diese Letztverantwortung des Auftraggebers zu sichern, sind die in § 89 Abs. 3 bis 5 erwähnten Pflichten des Beauftragten statuiert.

13 Absatz 2 Satz 2 gestattet nur die Verlagerung einzelner abgrenzbarer Aufgaben auf den Beauftragten, nicht aber die Übertragung eines wesentlichen Teils der dem Auftraggeber obliegenden Aufgaben, die ihm aufgrund des mit dem Betroffenen bestehenden Sozialrechtsverhältnisses obliegen. Wann diese Grenze im Einzelfall überschritten ist, ist schwierig zu bestimmen. Dem Auftraggeber ist jedenfalls untersagt, sich seiner Verwaltungszuständigkeit vollständig zu begeben; der Beauftragte muss auf eine dienende Rolle beschränkt bleiben. Die gesetzliche Aufgabenzuweisung darf »nicht aufgehoben werden«.[33] Der Auftraggeber muss vielmehr einen »quantitativ und qualitativ bedeutsame[n] Teil des gesamten dem Auftraggeber obliegenden Aufgabenbereichs« weiterhin selbst wahrnehmen.[34]

V. Bekanntmachung von Fallgruppenaufträgen

14 Die in § 88 Abs. 4 dem Auftraggeber auferlegte Pflicht zur Bekanntmachung von Fallgruppenaufträgen sichert deren Publizität. Die Bekanntmachung ist nicht Wirksamkeitsvoraussetzung, weil Fallgruppenaufträge nicht wie Satzungen oder sonstiges autonomes Recht Rechtsverhältnisse gegenüber Dritten unmittelbar begründen oder bestehende Rechte beeinträchtigen. Daher ist für ihre Wirksamkeit nicht die Bekanntmachung gem. § 34 Abs. 2 SGB IV nötig. Da Fallgruppenaufträge eine Maßnahme der Verwaltungsorganisation darstellen, regeln sie die Wahrnehmung verwaltungsrechtlicher Zuständigkeiten, modifizieren aber nicht deren Inhalt. Daher ist der »Betroffene« (§ 89 Abs. 2 = Sozialleistungsberechtigte) durch den Auftrag in seiner Rechtsstellung nicht unmittelbar berührt. Diese fehlende unmittelbare Rechtswirkung im Verhältnis zum Betroffenen erklärt, weshalb sowohl nach dem Willen des Gesetzgebers[35] wie nach herrschender Ansicht[36] die Unterlassung der Bekanntmachung der Wirksamkeit des Auftrags nicht entgegensteht.

33 BT-Drucks. 9/95, S. 19.

34 BT-Drucks. 9/95, S. 18 f.; BeckOGK/*Herbst*, § 88 SGB X Rn. 55 ff., Stand 08/2024.

35 BT-Drucks. 9/95, S. 19.

36 Vom BSG ausdrücklich entschieden zur Bekanntmachungspflicht gem. § 88 Abs. 3 Satz 2, Urt. v. 05.09.2006 – B 2 U 8/05 R, BSGE 97, 47; für Verstöße gegen die Bekanntmachungspflicht gem. § 88 Abs. 4 gilt

§ 89 Ausführung des Auftrags

(1) Verwaltungsakte, die der Beauftragte zur Ausführung des Auftrags erlässt, ergehen im Namen des Auftraggebers.

(2) Durch den Auftrag wird der Auftraggeber nicht von seiner Verantwortung gegenüber dem Betroffenen entbunden.

(3) Der Beauftragte hat dem Auftraggeber die erforderlichen Mitteilungen zu machen, auf Verlangen über die Ausführung des Auftrags Auskunft zu erteilen und nach der Ausführung des Auftrags Rechenschaft abzulegen.

(4) Der Auftraggeber ist berechtigt, die Ausführung des Auftrags jederzeit zu prüfen.

(5) Der Auftraggeber ist berechtigt, den Beauftragten an seine Auffassung zu binden.

Übersicht

A. Inhalt

1 § 89 enthält Regelungen für die Ausführung eines Auftrags i.S.d. § 88. Die Absätze 1 und 2 betreffen das (Außen-)Verhältnis zwischen Auftraggeber bzw. Beauftragtem einerseits und Betroffenem andererseits. Sie legen fest, dass der Auftrag i.S.d. § 88 nur dazu führt, dass der Beauftragte eine Aufgabe des Auftraggebers in dessen Namen ausführt (Abs. 1) und dass der Auftraggeber gegenüber dem Beauftragten weiterhin verantwortlich bleibt (Abs. 2). Abs. 3 bis 5 enthalten Regelungen für das (Innen-)Verhältnis zwischen Auftraggeber und Beauftragtem. Abs. 3 verpflichtet den Beauftragten zur Unterrichtung, Auskunftserteilung und Rechenschaftslegung. Abs. 4 und 5 räumen dem Auftraggeber ein Prüfungs- und Weisungsrecht ein.

B. Einzelerläuterungen

I. Mandat

2 Durch eine Beauftragung werden Aufgaben nicht an einen Dritten zur Wahrnehmung im eigenen Namen delegiert. Vielmehr wird der Dritte zur Wahrnehmung der Aufgaben im Namen des Auftraggebers bevollmächtigt, ohne dass sich die Rechte und Pflichten zwischen Auftraggeber und Leistungsempfänger ändern (dazu § 88 Rdn. 1). Abs. 1 ordnet deshalb an, dass der Beauftragte Verwaltungsakte zur Ausführung des Auftrags im Namen des Auftraggebers erlässt. Für Verbände ist § 88 Abs. 3 zu beachten, wonach sie Verwaltungsakte nur aufgrund einer (unter)gesetzlichen Ermächtigung erlassen dürfen. In wessen Namen ein Verwaltungsakt erlassen wurde, ist aus der Sicht eines objektiven Empfängers zu beurteilen.[1] In der Regel wird der Beauftragte den Auftraggeber auf dem Verwaltungsakt mit Bezeichnung und Anschrift nennen und auf das Tätigwerden im Auftrag hinweisen.[2] Ein ohne Offenlegung des Auftragsverhältnisses, d.h. im Namen des Beauftragten, erlassener Verwaltungsakt ist rechtswidrig und somit anfechtbar. Nichtig i.S.d. § 40 Abs. 2 Nr. 1 wäre er nur, wenn er die erlassende Behörde nicht erkennen ließe. Das ist nicht der Fall, wenn der Beauftragte als Aussteller des Verwaltungsakts erkennbar ist.[3] Dann kann der Betroffene beim

dasselbe, so auch LSG Berlin-Brandenburg, Urt. v. 05.11.2020 – L 14 AL 4/20, juris.; ebenso Hauck/Noftz/*Hochheim*, § 88 SGB X Rn. 25; jurisPK-SGB X/*Feddern*, § 88 Rn. 56.

1 LSG Sachsen, Urt. v. 25.02.2010 – L 2 AS 451/09, BeckRS 2010, 67887; BeckOK-SozR/*Weiß*, § 89 SGB X Rn. 2, Stand 06/2024.

2 BeckOGK/*Herbst*, § 89 SGB X Rn. 9, Stand 08/2024.

3 Ebenso jurisPK-SGB X/*Feddern*, § 89 Rn. 8; BeckOGK/*Herbst*, § 89 SGB X Rn. 9, Stand 08/2024.

Beauftragten Widerspruch einlegen (dazu § 90), sodass kein Rechtsschutzbedürfnis für die Nichtigkeitsfolge des § 40 Abs. 2 Nr. 1 besteht.

3 Abs. 1 verpflichtet den Beauftragten nach herrschender Meinung über den Wortlaut der Vorschrift hinaus auch jenseits des Erlasses von Verwaltungsakten zur Offenlegung des Auftragsverhältnisses und des Auftraggebers. Das gilt jedenfalls beim Abschluss von öffentlich-rechtlichen Verträgen, weil diese an die Stelle von Verwaltungsakten treten können (§ 53 Abs. 1 Satz 2).[4] Auch bei schlicht-hoheitlichem Handeln des Beauftragten besteht grundsätzlich ein Interesse des Betroffenen daran, das Auftragsverhältnis und den eigentlich Verantwortlichen (= Auftraggeber, vgl. Abs. 2) erkennen zu können, sodass auch insoweit von einer Pflicht zur Offenlegung des Auftraggebers und des Auftragsverhältnisses in entsprechender Anwendung von Abs. 1 auszugehen ist.[5] Für fiskalisches Handeln gilt die Pflicht zur Offenlegung demgegenüber nicht.[6] Insoweit wird der Beauftragte privatrechtlich tätig und kann Rechtsgeschäfte im eigenen Namen abschließen sowie gem. § 91 Abs. 2 Kostenerstattung vom Auftraggeber verlangen.[7]

II. Verantwortung des Auftraggebers

4 Das Leistungsverhältnis zwischen Auftraggeber und Betroffenem wird durch den Auftrag nicht berührt.[8] Abs. 2 verdeutlicht, dass der Auftraggeber sich durch die Beauftragung eines Dritten zur Leistungserbringung nicht seiner haftungsrechtlichen Verantwortung entziehen kann. Bei Pflichtverletzungen des Beauftragten kommen deshalb Amtshaftungsansprüche gegen den Auftraggeber in Betracht, soweit der Beauftragte hoheitliche Aufgaben erfüllt.[9] Verletzt der Beauftragte im Rahmen von schlicht-hoheitlichem oder fiskalischem Handeln seine Pflichten, haftet der Auftraggeber nach zivilrechtlichen Anspruchsgrundlagen. Das Handeln des Beauftragten ist ihm insoweit gem. § 278 BGB zuzurechnen.[10] Hieraus folgt auch, dass der Auftraggeber in einem gerichtlichen Verfahren passivlegitimiert ist (§ 69 SGG).[11]

III. Pflichten des Beauftragten

5 Abs. 3 entspricht im Wesentlichen § 666 BGB. Der Beauftragte hat im Innenverhältnis dem Auftraggeber die erforderlichen Mitteilungen oder Nachrichten zu übermitteln (Unterrichtungspflicht), auf sein Verlangen Auskunft über die Ausführung des Auftrags zu erteilen (Auskunftspflicht) und nach Ausführung des Auftrags gegenüber dem Auftraggeber Rechenschaft abzulegen (Rechenschaftspflicht). Die Unterrichtungspflicht gebietet, ausführlich und verständlich zu informieren sowie unverzüglich alle nötigen Mitteilungen zu unterbreiten, damit der Auftraggeber die Auftragserfüllung überprüfen kann.[12] Die Auskunftspflicht besteht nur auf Verlangen des Auftraggebers. Sie erstreckt sich auf alle im Sachzusammenhang mit der Auftragsausführung stehenden Informationen und Umstände, soweit der Auftraggeber den Gegenstand der Auskunftserteilung in seinem Verlangen hinreichend klar umrissen hat. Die Pflicht zur Rechenschaftslegung erstreckt sich auf die finanziellen Aspekte des Auftrags, insbesondere die Aufwendungen und Erträge des Beauftragten, aber auch auf die Auftragsausführung insgesamt.[13] Aus dem Wortlaut des Abs. 3 geht nicht eindeutig hervor,

---

4 Hauck/Noftz/*Hochheim*, § 89 SGB X Rn. 5; BeckOGK/*Herbst*, § 89 SGB X Rn. 17, Stand 08/2024.

5 Anders noch die Vorauflage v. Koppenfels-Spies/Wenner/*Eichenhofer*, SGB X, 3. Aufl. 2020, § 89 Rn. 3; für Offenlegungspflicht Hauck/Noftz/*Hochheim*, § 89 SGB X Rn. 5; BeckOGK/*Herbst*, § 89 SGB X Rn. 17, Stand 08/2024.

6 Schütze/*Engelmann*, § 89 SGB X Rn. 6; BeckOK-SozR/*Weiß*, § 89 SGB X Rn. 3, Stand 06/2024.

7 Hauck/Noftz/*Hochheim*, § 89 SGB X Rn. 5; BeckOGK/*Herbst*, § 89 SGB X Rn. 18, Stand 08/2024.

8 BeckOGK/*Herbst*, § 89 SGB X Rn. 9, Stand 08/2024.

9 JurisPK-SGB X/*Feddern*, § 89 Rn. 16; BeckOK-SozR/*Weiß*, § 89 SGB X Rn. 5, Stand 06/2024.

10 LSG Berlin-Brandenburg, Urt. v. 24.03.2010 – L 2 U 312/06, juris; BeckOGK/*Herbst*, § 89 SGB X Rn. 35 ff., Stand 08/2024.

11 BSG, Urt. v. 12.06.2008 – B 3 P 2/07 R, SRa 2009, 30; Schütze/*Engelmann*, § 89 SGB X Rn. 9.

12 BeckOGK/*Herbst*, § 89 SGB X Rn. 39 ff., Stand 08/2024.

13 BeckOGK/*Herbst*, § 89 SGB X Rn. 49 f., Stand 08/2024.

ob die Rechenschaftspflicht unabhängig von einem Verlangen des Auftraggebers besteht. Die Gesetzesbegründung und der Sinn und Zweck der Rechenschaftspflicht, dem Auftraggeber nach Abschluss des Auftrags einen Überblick über die finanziellen Auswirkungen zu verschaffen und eine abschließende Bewertung der Auftragsausführung zu ermöglichen, sprechen dafür, dass der Beauftragte von sich aus Rechenschaft über den ausgeführten Auftrag ablegen muss.[14]

Von diesen Pflichten des Beauftragten kann durch vertragliche Vereinbarung im Auftrag nicht abge- 6
wichen werden.[15] Andernfalls könnte der Auftraggeber seiner Verantwortung (Abs. 2) nicht gerecht werden und insbesondere nicht auf eine pflichtgemäße Erfüllung des Auftrags durch den Beauftragten hinwirken (dazu Abs. 5).

IV. Prüfungs- und Weisungsrecht des Auftraggebers

Abs. 4 erlaubt dem Auftraggeber gegenüber dem Beauftragten, »die Ausführung des Auftrags jeder- 7
zeit zu prüfen«. Der Auftraggeber muss sich also nicht mit den Unterrichtungen, Auskünften und Berichten des Beauftragten gem. Abs. 3 zufrieden geben. Mithilfe des Prüfungsrechts des Abs. 4 soll der Auftraggeber sicherstellen können, dass der Beauftragte die ihm übertragenen Aufgaben sachgemäß erbringt.[16] Das Prüfungsrecht erlaubt, in die Verwaltungsorganisation des Beauftragten Einblick, namentlich dessen Dienststelle (nach Voranmeldung[17]) in Augenschein, zu nehmen und die vom Beauftragten im Namen des Auftraggebers erlassenen Verwaltungsakte einzusehen.

Abs. 5 gewährt dem Auftraggeber das Recht, den Beauftragten »an seine Auffassung zu binden«. 8
Der Auftraggeber kann dem Beauftragten dementsprechend Weisungen im Hinblick auf die Ausführung des Auftrags erteilen. Die Weisung muss sich innerhalb des gesetzlich vorgegebenen Rahmens für die Auftragsausführung bewegen; eine gesetzeswidrige Weisung entfaltet keine Bindungswirkung für den Beauftragten.[18] Bei der Weisung handelt es sich um ein verwaltungsinternes Handlungsinstrument; sie stellt mithin keinen Verwaltungsakt (des Auftraggebers gegenüber dem Beauftragten) dar.[19] Verstößt ein Beauftragter bei der Ausführung der übertragenen Aufgabe gegen eine – rechtmäßige[20] – Weisung des Auftraggebers i.S.d. Abs. 5, hat dies im Außenverhältnis zum Leistungsempfänger keine Konsequenzen. Der Auftraggeber kann jedoch zur Kündigung des Auftragsverhältnisses berechtigt sein.[21]

§ 90 Anträge und Widerspruch beim Auftrag

[1]Der Beteiligte kann auch beim Beauftragten Anträge stellen. [2]Erhebt der Beteiligte gegen eine Entscheidung des Beauftragten Widerspruch und hilft der Beauftragte diesem nicht ab, erlässt den Widerspruchsbescheid die für den Auftraggeber zuständige Widerspruchsstelle.

Übersicht

14 BT-Drucks. 9/95, S. 19; i.E. ebenso BeckOGK/*Herbst,* § 89 SGB X Rn. 47, Stand 08/2024; Hauck/Noftz/*Hochheim,* § 89 SGB X Rn. 14; offen lassend jurisPK-SGB X/*Feddern,* § 89 Rn. 26.

15 BeckOK-SozR/*Weiß,* § 89 SGB X Rn. 12, Stand 06/2024; BeckOGK/*Herbst,* § 89 SGB X Rn. 38, Stand 08/2024.

16 BT-Drucks. 9/95, S. 19; BeckOK-SozR/*Weiß,* § 89 SGB X Rn. 13, Stand 06/2024.

17 BeckOGK/*Herbst,* § 89 SGB X Rn. 76, Stand 08/2024.

18 BSG, Urt. v. 28.09.2010 – B 1 KR 4/10 R, BeckRS 2011, 68539; ausführlich zu Ausnahmen von der Bindungswirkung einer Weisung des Auftraggebers Hauck/Noftz/*Hochheim,* § 89 SGB X Rn. 7a.

19 Hauck/Noftz/*Hochheim,* § 89 SGB X Rn. 9; BeckOK-SozR/*Weiß,* § 89 SGB X Rn. 18, Stand 06/2024.

20 Umstr., ob auch (nicht offenkundig) rechtswidrige Weisungen für den Beauftragten bindend sind. Zum Meinungsstand Hauck/Noftz/*Hochheim,* § 89 SGB X Rn. 10 ff. m.w.N.

21 Schütze/*Engelmann,* § 89 SGB X Rn. 15 f.

A. Inhalt

1 § 90 erweitert bei Aufträgen im Außenverhältnis die Zuständigkeit für die Entgegennahme von Anträgen und die Einlegung des Widerspruchs (§§ 84 f. SGG) gegen Entscheidungen, die der Beauftragte im Namen des Auftraggebers getroffen hat. Gemäß Satz 1 kann der Beteiligte auch beim Beauftragten Anträge stellen. Satz 2 regelt die Zuständigkeiten im Widerspruchsverfahren. Die Vorschrift ergänzt die §§ 88, 89 und soll sicherstellen, dass der »Beteiligte« durch das Auftragsverhältnis keine Nachteile erleidet und nicht durch unklare Zuständigkeiten belastet wird.[1]

B. Einzelerläuterung

I. Antragstellung beim Beauftragten

2 § 90 Satz 1 enthält für bestehende Auftragsverhältnisse eine Sonderregelung zu § 16 Abs. 1 Satz 1 SGB I und schützt denjenigen, der die auftragsrechtliche Aufgabenverlagerung nicht kennt. Anträge auf Sozialleistungen können demnach auch beim Beauftragten gestellt werden, der insoweit als »zuständiger Leistungsträger« gilt. Dabei handelt es sich um eine Zuständigkeitsfiktion aus Gründen des Vertrauensschutzes. Bedeutung hat Satz 1 nur für Fallgruppenaufträge i.S.d. § 88 Abs. 2 Satz 1 (nicht für Einzelfallaufträge), weil nur Fallgruppenaufträge nach abstrakten Kriterien beschrieben und übertragen werden, sodass das Auftragsverhältnis schon im Zeitpunkt der Antragstellung bestehen kann. Umfasst sein können sowohl Anträge auf Sozialleistungen als auch Auskünfte oder Beratungen.[2] Beteiligter i.S.d. Satz 1 ist derjenige, der einen Verwaltungsakt oder entsprechende Auskünfte begehrt.[3]

3 Geht ein Antrag beim Beauftragten ein, prüft dieser, ob der Antrag auf ein Tätigwerden gerichtet ist, das ihm in Form eines Fallgruppenauftrags übertragen wurde. Wenn ja, hat er die Anfrage selbstständig zu bearbeiten.[4] Andernfalls muss er den Antrag gem. § 16 Abs. 2 Satz 1 SGB I »an den zuständigen Leistungsträger« weiterleiten. Das kann der Auftraggeber oder eine dritte Stelle sein. Der Beteiligte kann den Antrag auch beim Auftraggeber stellen, der durch den Auftrag nur die Aufgabenwahrnehmung, nicht die Aufgabe insgesamt an den Beauftragten übertragen hat (dazu § 88 Rdn. 1 f.), und mithin »zuständiger Leistungsträger gem. § 16 Abs. 1 Satz 1 SGB I« bleibt. Ist die Anfrage auf ein Tätigwerden gerichtet, das der Auftraggeber dem Beauftragten im Rahmen eines Fallgruppenauftrags übertragen hat, muss der Auftraggeber die Anfrage aber an den Beauftragten weiterleiten.[5] Gegebenenfalls kann der Auftraggeber dem Beauftragten mit der Weiterleitung der Anfrage Weisungen für deren Bearbeitung erteilen (dazu § 89 Abs. 5).

II. Widerspruchseinlegung und -bearbeitung

4 Ergeht ein Verwaltungsakt durch den Beauftragten im Namen des Auftraggebers, so darf der Empfänger nach den §§ 84 f. SGG Widerspruch beim Auftraggeber einlegen. Dieses Recht wird ihm durch § 90 nicht genommen.[6] Der Adressat des Verwaltungsakts erhält durch § 90 zusätzlich die Möglichkeit der Widerspruchseinlegung beim Beauftragten, durch die ebenfalls die Widerspruchsfrist (§ 84 Abs. 1 Satz 1 SGG) gewahrt und die Bestandskraft des Verwaltungsakts verhindert wird, was sich auch schon aus § 84 Abs. 2 SGG ergibt. Die dem Verwaltungsakt vom Beauftragten beigefügte Rechtsbehelfsbelehrung muss auf diese Doppelzuständigkeit hinweisen, sonst ist sie unrichtig mit der Folge der Jahresfrist des § 66 Abs. 2 SGG.[7]

---

1 Schütze/*Engelmann,* § 90 SGB X Rn. 2.
2 Hauck/Noftz/*Hochheim,* § 90 SGB X Rn. 4; BeckOK-SozR/*Weiß,* § 90 SGB X Rn. 2, Stand 06/2024.
3 BeckOK-SozR/*Weiß,* § 90 SGB X Rn. 3, Stand 06/2024.
4 BT-Drucks. 9/95, S. 19; BeckOK-SozR/*Weiß,* § 90 SGB X Rn. 4, Stand 06/2024.
5 BT-Drucks. 9/95, S. 19; BeckOK-SozR/*Weiß,* § 90 SGB X Rn. 6, Stand 06/2024.
6 H.M., vgl. nur BeckOK-SozR/*Weiß,* § 90 SGB X Rn. 11, Stand 06/2024; Schütze/*Engelmann,* § 90 SGB X Rn 6.
7 Hauck/Noftz/*Hochheim,* § 90 SGB X Rn. 4; BeckOGK/*Herbst,* § 90 SGB X Rn. 25, Stand 08/2024.

§ 90 Satz 2 sieht für die Bearbeitung eines (beim Beauftragten oder Auftraggeber eingegangenen) Widerspruchs gegen einen vom Beauftragten im Namen des Auftraggebers erlassenen Verwaltungsakt Folgendes vor: Die erste inhaltliche Überprüfung obliegt dem Beauftragten; dieser entscheidet über die Abhilfe. Legt der Adressat des Verwaltungsakts beim Auftraggeber Widerspruch ein, muss dieser den Widerspruch mithin zur Entscheidung über die Abhilfe an den Beauftragten weiterleiten.[8] Der Auftraggeber kann den Beauftragten dabei ggf. zur Abhilfe anweisen (§ 89 Abs. 5), aber nicht selbst die Abhilfeentscheidung treffen.[9] 5

Hilft der Beauftragte dem Widerspruch nicht ab, hat er diesen zur zweiten inhaltlichen Überprüfung und zum Erlass des Widerspruchsbescheids dem Auftraggeber (bzw. dessen Widerspruchsstelle) vorzulegen. Der Beauftragte darf den Widerspruchsbescheid nicht selbst erlassen.[10] Dadurch wird der fortbestehenden inhaltlichen Verantwortung des Auftraggebers Rechnung getragen (§ 89 Abs. 2). Eine von § 90 Satz 2 abweichende Regelung dahingehend, dass der Beauftragte auch den Widerspruchsbescheid erlassen darf, kann zwischen Auftraggeber und Beauftragtem wegen Verstoßes gegen § 90 Satz 2 auch nicht wirksam vereinbart werden.[11]

§ 91 Erstattung von Aufwendungen

(1) [1]**Erbringt ein Beauftragter Sozialleistungen für einen Auftraggeber, ist dieser zur Erstattung verpflichtet. [2]Sach- und Dienstleistungen sind in Geld zu erstatten. [3]Eine Erstattungspflicht besteht nicht, soweit Sozialleistungen zu Unrecht erbracht worden sind und den Beauftragten hierfür ein Verschulden trifft.**

(2) [1]**Die bei der Ausführung des Auftrags entstehenden Kosten sind zu erstatten. [2]Absatz 1 Satz 3 gilt entsprechend.**

(3) **Für die zur Ausführung des Auftrags erforderlichen Aufwendungen hat der Auftraggeber dem Beauftragten auf Verlangen einen angemessenen Vorschuss zu zahlen.**

(4) **Abweichende Vereinbarungen, insbesondere über pauschalierte Erstattungen, sind zulässig.**

Übersicht

A. Inhalt

1 § 91 regelt, unter welchen Voraussetzungen ein Beauftragter für die bei Erfüllung des Auftrags erbrachten Vermögensopfer Ausgleich vom Auftraggeber verlangen kann. Der Auftraggeber hat dem Beauftragten für die gewährten Sozialleistungen sowie für die entstandenen Kosten (zusammen »Aufwendungen«) Ausgleich in Geld zu leisten (Abs. 1 und 2). Dieser Anspruch besteht auch, falls der Beauftragte zu Unrecht Sozialleistungen ausgezahlt hat, sofern ihn diesbezüglich kein Verschulden trifft. Der Beauftragte kann vom Auftraggeber angemessene Vorschüsse für die Auftragsausführung verlangen (Abs. 3). Vertragliche Vereinbarungen über den pauschalen Ausgleich der Aufwendungen sind statthaft (Abs. 4).

8 Schütze/*Engelmann*, § 90 SGB X Rn. 8.
9 JurisPK-SGB X/*Feddern*, § 90 Rn. 20.
10 BSG, Urt. v. 14.05.2020 – B 14 AS 28/19 R, juris.
11 LSG Berlin-Brandenburg, Urt. v. 05.11.2020 – L 14 AL 4/20, juris; BeckOGK/*Herbst*, § 90 SGB X Rn. 7, Stand 08/2024.

B. Einzelerläuterungen

I. Aufwendungsersatz (Abs. 1, Abs. 2)

2 Abs. 1 und Abs. 2 bezeichnen die Ausgleichspflicht als »Erstattung« und werfen damit die Frage nach dem Verhältnis von § 91 zu §§ 103 bis 114 auf.[1] Während die §§ 102 bis 110 im Wesentlichen Fragen regeln, die in § 91 ausdrücklich und damit unzweifelhaft abschließend geregelt sind, wäre die (entsprechende) Anwendung der §§ 111 bis 114 auf Aufwendungsersatzansprüche gemäß § 91 grundsätzlich denkbar. Insoweit besteht überwiegende Einigkeit dahingehend, dass die Ausschlussfrist des § 111 für Ersatzansprüche gem. § 91 nicht gilt. Für den Aufwendungsersatz im gesetzlichen Auftragsverhältnis hat das BSG die Anwendbarkeit von § 111 ausdrücklich abgelehnt.[2] Für gewillkürte Auftragsverhältnisse kann i.E. nichts anderes gelten, weil auch insoweit § 91 keine Begrenzung des Aufwendungsersatzanspruchs auf die Jahresfrist des § 111 erkennen lässt und es der Interessenlage bei gewillkürten ebenso wie gesetzlichen Auftragsverhältnissen entspricht, dass der Beauftragte durch die Auftragsausführung keine finanziellen Nachteile erleidet.[3] Für die Rückerstattung zu Unrecht erstatteter Aufwendungen in einem Auftragsverhältnis soll § 112 Anwendung finden.[4] Praktische Auswirkungen hat das nicht, weil der Auftraggeber zu Unrecht erstattete Aufwendungen vom Beauftragten jedenfalls unter Berufung auf den allgemeinen öffentlich-rechtlichen Erstattungsanspruch zurückverlangen könnte. Zuzustimmen ist der Ansicht, wonach der Aufwendungsersatzanspruch aus § 91 in der vierjährigen kenntnisunabhängigen Verjährungsfrist des § 113 verjährt.[5] Diese Verjährungsfrist gilt insgesamt im Sozialversicherungsrecht[6] und geht jedenfalls den zivilrechtlichen Verjährungsvorschriften der §§ 195, 199 BGB vor.

3 Gegenstand der Ersatzpflicht nach Abs. 1 Satz 1 sind Sozialleistungen (§ 11 SGB I), also Dienst-, Sach- und Geldleistungen, die im SGB vorgesehen sind.[7] Die Erstattung setzt ein wirksames (vertragliches oder gesetzliches) Auftragsverhältnis voraus; andernfalls richtet sich die Erstattung nach den §§ 102 ff.[8] Nach Abs. 1 Satz 2 ist die Ersatzpflicht stets auf Zahlung von Geld gerichtet, selbst wenn die gewährte Sozialleistung als Sach- oder Dienstleistung gewährt wurde. Dies erklärt sich aus dem Zweck des Auftrags, durch den sich der Auftraggeber die Organisation von Dienst- und Sachleistungen durch den Beauftragten nutzbar machen will.[9] Für die Erstattung ist bei Sachleistungen der Aufwand des Beauftragten für die Aufgabenwahrnehmung zu berücksichtigen, während bei Dienstleistungen auf die übliche (oder zumindest angemessene) Vergütung abzustellen ist.[10] Auf-

---

1 Zum aktuellen Meinungsstand ausführlich BeckOGK/*Herbst,* § 91 SGB X, Rn. 8 ff., Stand 08/2024; Hauck/Noftz/*Hochheim*, § 91 SGB X Rn. 12 ff.

2 BSG, Urt. v. 12.11.2013 – B 1 KR 56/12 R, SozR 4–2500 § 264 Nr. 4.

3 I.E. ebenso Schütze/*Engelmann*, § 91 SGB X Rn. 4; BeckOGK/*Herbst,* § 91 SGB X, Rn. 10, Stand 08/2024.

4 LSG Baden-Württemberg, Urt. v. 12.07.2017 – L 5 KR 2817/15, juris; Urt. v. 30.09.2014 – L 11 KR 2398/13, juris; ebenso Hauck/Noftz/*Hochheim*, § 91 SGB X Rn. 12b.

5 OVG Rheinland-Pfalz, Urt. v. 09.06.2000 – 12 A 12118/99, NVwZ-RR 2001, 669; SG Dresden, Urt. v. 25.05.2012 – S 49 KR 902/10, juris; jurisPK-SGB X/*Feddern*, § 91 Rn. 36.

6 Vgl. auch § 45 SGB I und die st. Rspr. des BSG zur Anwendung der vierjährigen Verjährung auf öffentlich-rechtliche Erstattungsansprüche im Sozialversicherungsrecht, z.B. BSG, Urt. v. 17.12.2013 – B 1 KR 71/12 R, NZS 2014, 337.

7 Hauck/Noftz/*Hochheim*, § 91 SGB X Rn. 4. Ersatz- und Erstattungsleistungen zwischen Leistungsträgern sind keine Sozialleistungen, weil diese dem Einzelnen nicht zugutekommen: *Pickel*, Auftragsweise Aufgabenwahrnehmung im Sozialrecht, SGb 1984, 1 (4); Diering/Timme/Stähler/*Breitkreuz*, § 91 SGB X Rn. 5.

8 BSG, Urt. v. 17.02.2009 – B 2 U 38/06 R, BeckRS 2009, 60527; BeckOGK/*Herbst,* § 91 SGB X, Rn. 21, Stand 08/2024; Schütze/*Engelmann*, § 91 SGB X Rn. 4.

9 *Hoffmann*, Der gesetzliche Auftrag im Sozialrecht, VerwArch 1988, 314 (316).

10 Schütze/*Engelmann,* § 91 SGB X Rn. 6; BeckOK-SozR/*Weiß,* § 91 SGB X Rn. 6 f., Stand 06/2024.

grund des abschließenden Charakters von § 91 kann der Anspruch nicht durch § 670 BGB analog auf das Erforderliche reduziert werden.[11]

II. Ausschluss der Ersatzpflicht (Abs. 1 Satz 3)

Abs. 1 Satz 3 schließt einen Ersatzanspruch des Beauftragten gegenüber dem Auftraggeber aus, falls jener Sozialleistungen verschuldet zu Unrecht gewährt hat. In dieser Situation wäre eine Belastung des Auftraggebers nicht gerechtfertigt.[12] Die Beweislast für den Ausschluss der Erstattungspflicht trägt nach den allgemeinen Regeln der Auftraggeber (»besteht nicht…, wenn«).[13] Sozialleistungen sind zu Unrecht erbracht, wenn die Anspruchsvoraussetzungen nicht bestehen oder später entfallen sind, der Leistung also bei objektiver Betrachtung der Rechtsgrund fehlte. Ob die Leistung vom Berechtigten zurückgefordert werden kann, ist für § 91 Abs. 1 Satz 3 irrelevant.[14] Sofern eine Leistung nur teilweise rechtswidrig erbracht worden ist, besteht weiterhin ein Erstattungsanspruch des Beauftragten im Hinblick auf sein rechtmäßiges Handeln.[15] 4

Überwiegend wird Verschulden im Einklang mit § 276 BGB als Vorsatz und jede Fahrlässigkeit verstanden.[16] Wenn die zu Unrecht erbrachte Leistung auf einer Weisung des Auftraggebers beruht oder sich auf eine vertretbare Auslegung des die Leistungsgewährung legitimierenden Rechtssatzes stützen konnte,[17] entfällt der Verschuldensvorwurf. Dieser trifft den Beauftragten nur dann, wenn er es ohne hinreichenden Grund unterlassen hat, bei Unklarheit der Rechtslage eine Weisung des Auftraggebers einzuholen, oder wenn er sich bewusst oder unbewusst über den Gesetzeswortlaut oder eine Verwaltungsvorschrift hinweggesetzt hat.[18] Eine Mitverursachung des Auftraggebers ist ggf. entsprechend § 254 BGB zu berücksichtigen.[19] In Vereinbarungen gem. Abs. 4 kann geregelt werden, dass der Beauftragte auch bei einfach fahrlässig zu Unrecht erbrachten Sozialleistungen Aufwendungsersatz vom Auftraggeber verlangen kann (dazu Rdn. 9).[20] 5

III. Ersatz von Kosten (Abs. 2)

Gemäß Abs. 2 Satz 1 hat der Auftraggeber dem Beauftragten auch die »bei der Ausführung des Auftrags entstehenden Kosten« zu erstatten. Der Begriff »Kosten« ist abweichend von § 30 Abs. 2 SGB IV als Inbegriff aller zur Ausführung des Auftrags getroffenen Aufwendungen mit Ausnahme der Sozialleistungen, die schon von Abs. 1 Satz 1 erfasst sind, zu bestimmen.[21] Dazu zählen die durch den Auftrag unmittelbar veranlassten Aufwendungen (etwa für Gutachten, Reisekosten u.ä.), zum anderen aber auch die Personal- und Sachmittel.[22] Lassen sich die Kosten klar abgrenzen, sind sie unmittelbar zu ersetzen; andernfalls wird die Abgeltung eines Verwaltungskostenanteils für zulässig gehalten. Abs. 2 erfasst somit (über Abs. 1 hinaus) Aufwendungen, die nicht unmittelbar im Außenverhältnis zum 6

11 JurisPK-SGB X/*Feddern*, § 91 Rn. 19.
12 BT-Drucks. 9/95, S. 1–9.
13 BeckOGK/*Herbst*, § 91 SGB X Rn. 28, Stand 08/2024.
14 JurisPK-SGB X/*Feddern*, § 91 Rn. 22.
15 BeckOK-SozR/*Weiß*, § 91 SGB X Rn. 10, Stand 06/2024.
16 Hauck/Noftz/*Hochheim*, § 91 SGB X Rn. 8; BeckOK-SozR/*Weiß*, § 91 SGB X Rn. 9, Stand 06/2024.
17 So schon zur Rechtslage vor Inkrafttreten des § 91 BSG, Urt. v. 11.09.1980 – 1 RA 75/79, BSGE 50, 203 (207); so auch BeckOK-SozR/*Weiß*, § 91 SGB X Rn. 9, Stand 06/2024.
18 BSG, Urt. v. 07.12.1983 – 9a RV 49/82, BeckRS 1983, 5879: Bei mehreren Auslegungsmöglichkeiten einer Vorschrift darf der Beauftragte der Auftragswahrnehmung nicht ohne Rücksprache mit dem Auftraggeber die für diesen nachteilige Auffassung zugrunde legen. BeckOK-SozR/*Weiß*, § 91 SGB X Rn. 9, Stand 06/2024.
19 BeckOGK/*Herbst*, § 91 SGB X Rn. 42, Stand 08/2024.
20 JurisPK-SGB X/*Feddern*, § 91 Rn. 24.
21 BeckOGK/*Herbst*, § 91 SGB X Rn. 46, Stand 08/2024.
22 Hauck/Noftz/*Hochheim*, § 91 SGB X Rn. 6.

Berechtigten entstehen, sondern solche auf verwaltungsinterner Ebene beim Beauftragten.[23] Sofern im Einzelfall Auslagen bereits von Abs. 1 erfasst werden, ist ein Anspruch nach Abs. 2 Satz 1 ausgeschlossen.[24]

7 Nach Abs. 2 Satz 2 gilt die Regelung über den Ausschluss der Ersatzpflicht (Abs. 1 Satz 3) »entsprechend«. Da Kosten nicht »zu Unrecht erbracht werden« können, sondern allenfalls unnötigerweise entstehen, ist Abs. 2 Satz 2 eher »sinngemäß« anzuwenden.[25] Unnötigerweise entstehen Kosten für die Ausführung des Auftrags zum einen dann, wenn sie im Zusammenhang mit zu Unrecht erbrachten Sozialleistungen i.S.d. Abs. 1 Satz 3 stehen. Zum anderen können auch Aufwendungen im Zusammenhang mit der Auszahlung berechtigter Sozialleistungen oder der Erfüllung sonstiger Aufgaben im Namen des Auftraggebers »zu Unrecht« bzw. unnötigerweise entstanden sein, wenn die Aufwendungen für die Auftragsausführung nicht erforderlich, also unwirtschaftlich waren.[26] In diesem Sinne unnötige Aufwendungen hat der Auftraggeber nur zu ersetzen, wenn den Beauftragten an der Entstehung der Kosten kein Verschulden trifft, d.h. wenn entweder die Auszahlung der zu Unrecht gewährten Sozialleistungen (einschließlich der dafür erforderlichen Aufwendungen) unverschuldet war oder wenn den Beauftragten kein Verschulden daran trifft, dass er die Sozialleistungen mit unwirtschaftlichen Mitteln erbracht hat.

IV. Vorschusspflicht (Abs. 3)

8 Abs. 3 begründet wie § 669 BGB die Vorschusspflicht des Auftraggebers. Der Beauftragte kann sowohl für die von ihm zu erbringenden Sozialleistungen (Abs. 1) als auch für die dafür erforderlichen »Kosten« (Abs. 2) einen Vorschuss verlangen. Dadurch wird gewährleistet, dass der Beauftragte keine Vorfinanzierung vornehmen muss.[27] Es handelt sich um eine vorweggenommene Aufwendungserstattung, sodass sich die Erstattungsansprüche des Beauftragten gem. Abs. 1 und Abs. 2 entsprechend reduzieren.[28] Die Angemessenheit des Vorschusses beurteilt sich anhand objektiver Kriterien in Höhe der durchschnittlich zu erwartenden Aufwendungen.[29] Ob ein (einklagbarer) Anspruch des Beauftragten auf einen angemessenen Vorschuss besteht, ist umstritten. Jedenfalls soweit der Beauftragte kraft gesetzlichen Auftrags gem. § 93 zum Handeln für einen anderen verpflichtet ist, ist der Vorschuss i.S.d. Abs. 3 einklagbar.[30] Auch bei vertraglicher Beauftragung i.S.d. § 88 kann der Beauftragte den Vorschuss nach hier vertretener Auffassung verlangen und ggf. einklagen.[31] Den Interessen des Beauftragten ist nicht schon dadurch ausreichend Rechnung getragen, dass er die Auftragsausführung verweigern darf, bis er den angeforderten angemessenen Vorschuss erhält.[32] Der Beauftragte bliebe dadurch bei erteiltem Auftrag im Unklaren darüber, ob und wann er diesen Auftrag erfüllen muss.[33] Hingegen ist es dem Auftraggeber, der einen anderen i.S.d. § 88 mit der Wahrnehmung seiner Aufgaben beauftragt, zuzumuten, diesem die voraussichtlichen Aufwendungen für die Auftragsausführung vorzuschießen. Andernfalls müsste der Auftraggeber die Aufgabe (wieder) selbst wahrnehmen, um den Anspruch des Betroffenen zu erfüllen.

---

23 BT-Drucks. 9/95, S. 19; BeckOGK/*Herbst*, § 91 SGB X Rn. 45, Stand 08/2024.

24 BT-Drucks. 9/95, S. 19; BeckOK-SozR/*Weiß*, § 91 SGB X Rn. 13, Stand 06/2024.

25 Hauck/Noftz/*Hochheim*, § 91 SGB X Rn. 10.

26 Hauck/Noftz/*Hochheim*, § 91 SGB X Rn. 10; jurisPK-SGB X/*Feddern*, § 91 Rn. 24.

27 BSG, Urt. v. 17.06.2008 – 1 KR 30/07 R, BSGE 101, 42; BeckOK-SozR/*Weiß*, § 91 SGB X Rn. 16, Stand 06/2024.

28 BeckOGK/*Herbst*, § 91 SGB X Rn. 64, Stand 08/2024.

29 BSG, Urt. v. 17.06.2008 – 1 KR 30/07 R, BSGE 101, 42; jurisPK-SGB X/*Feddern*, § 91 Rn. 30; Hauck/Noftz/*Hochheim*, § 91 SGB X Rn. 16.

30 BSG, Urt. v. 17.06.2008 – 1 KR 30/07 R, BSGE 101, 42, zur Vorschusspflicht des Sozialhilfeträgers gegenüber der Krankenkasse, die gem. § 264 SGB V die Krankenbehandlung für nicht Versicherungspflichtige erbringt.

31 Ebenso Hauck/Noftz/*Hochheim*, § 91 SGB X Rn. 16b; BeckOGK/*Herbst*, § 91 SGB X Rn. 63, Stand 08/2024; a.A. Schütze/*Engelmann*, § 91 SGB X Rn. 13.

32 Von einem solchen Verweigerungsrecht gehen Hauck/Noftz/*Hochheim*, § 91 SGB X Rn. 16b und BeckOGK/*Herbst*, § 91 SGB X Rn. 63, Stand 08/2024 aus.

33 Ebenso zu § 669 BGB Erman/*Berger*, BGB, § 669 Rn. 3 m.w.N.

V. Pauschalierung und andere Vereinbarungen (Abs. 4)

9 Abs. 4 gestattet »abweichende Vereinbarungen, insbesondere über pauschalierte Erstattungen«. Die Vorschrift erlaubt jedenfalls die Pauschalierung der Ersatzleistung, insbesondere um kostenintensive Einzelabrechnungen zu vermeiden.[34] Nach überwiegender Ansicht sind Vereinbarungen i.S.d. Abs. 4 insbesondere auch zur Bestimmung des zu ersetzenden Verwaltungskostenanteils, der Höhe des angemessenen Vorschusses oder der Modalitäten der Haftung nach Abs. 1 Satz 3 zulässig.[35] Weil durch einen vollständigen Ausschluss der Ersatzpflicht das Auftragsverhältnis grundlegend verändert würde, ist tauglicher Gegenstand einer Vereinbarung i.S.d. Abs. 4 die Art und Weise der Ersatzleistung (also das »Wie«), nicht jedoch die Ersatzpflicht selbst (also das »Ob«).[36] Ein vollständiger Verzicht auf Ersatzansprüche wäre demnach nicht von Abs. 4 gedeckt. Vereinbarungen i.S.d. Abs. 4 unterliegen der Schriftform nach § 56.[37]

§ 92 Kündigung des Auftrags

[1]Der Auftraggeber oder der Beauftragte kann den Auftrag kündigen. [2]Die Kündigung darf nur zu einem Zeitpunkt erfolgen, der es ermöglicht, dass der Auftraggeber für die Erledigung der Aufgabe auf andere Weise rechtzeitig Vorsorge treffen und der Beauftragte sich auf den Wegfall des Auftrags in angemessener Zeit einstellen kann. [3]Liegt ein wichtiger Grund vor, kann mit sofortiger Wirkung gekündigt werden. [4]§ 88 Abs. 4 gilt entsprechend.

Übersicht

A. Inhalt

1 § 92 regelt die Voraussetzungen, unter denen ein Auftrag einseitig durch den Auftraggeber oder den Beauftragten beendet werden kann (Kündigung). Es gilt der Grundsatz der freien Kündbarkeit des Auftrags. Das Kündigungsrecht jedes Beteiligten wird jedoch dahin beschränkt, dass eine Kündigung zur Unzeit ggf. zu einer Schadensersatzpflicht führt. Diese Beschränkung gilt nicht, falls für die Kündigung mit sofortiger Wirkung ein wichtiger Grund besteht. Die infolge Kündigung eingetretene Beendigung des Auftrags ist in der für dessen Zustandekommen vorgesehenen Form bekanntzumachen (§ 88 Abs. 4).

B. Einzelerläuterungen

I. Kündigung

2 Eine Kündigung beendet ein wirksames Rechtsgeschäft durch einseitige Erklärung eines Beteiligten. Die Kündigung tritt als Beendigungstatbestand neben die Aufhebungsvereinbarung, Erfüllung, den Zeitablauf oder Rücktritt. Relevant ist die Kündigung insbesondere für Rechtsgeschäfte, die über einen gewissen Zeitraum hinweg wirken (»Dauerschuldverhältnisse«), im vorliegenden Kontext Fallgruppenaufträge i.S.d. § 88 Abs. 2 Satz 1. Ist das Geschäft »befristet«, so endet es grundsätzlich mit Ablauf der Frist.

34 BT-Drucks. 9/95, S. 20.
35 Hauck/Noftz/*Hochheim*, § 91 SGB X Rn. 18; Schütze/*Engelmann*, § 91 SGB X Rn. 14.
36 Ebenso beckOGK/*Herbst*, § 91 SGB X Rn. 69 ff., Stand 08/2024.
37 BeckOK-SozR/*Weiß*, § 91 SGB X Rn. 20, Stand 06/2024.

3 Die Kündigung ist eine einseitige öffentlich-rechtliche Willenserklärung, sodass die §§ 116 ff. BGB i.V.m. § 61 anwendbar sind.[1] Sie wird gemäß § 130 BGB mit ihrem Zugang an den Empfänger wirksam. Die Regeln über den Verwaltungsakt sind nicht anzuwenden,[2] da der Kündigende eine im öffentlich-rechtlichen Vertrag gründende Befugnis ausübt. Aus dem jedem Beteiligten durch § 92 zuerkannten Kündigungsrecht folgt die freie Kündbarkeit des Auftrags. Dies ergibt sich außerdem aus § 92 Satz 3, der nur für die fristlose Kündigung einen wichtigen Grund verlangt.

II. Kündigungsbefugnis

4 Sowohl Auftraggeber als auch Beauftragter können den Auftrag nach § 92 Satz 1 jederzeit kündigen. Aus der Rücksichtnahmepflicht gemäß § 86 ergibt sich jedoch, dass im Vorfeld einer Kündigung von beiden Parteien in der Praxis die Möglichkeit einer Vertragsanpassung in Erwägung gezogen werden soll.[3] Sofern keine spezielle Vorschrift eine andere Form festlegt, ist die Kündigung gemäß § 59 Abs. 2 schriftlich zu erklären. Aus § 59 Abs. 2 Satz 2 folgt keine Begründungspflicht; die Kündigung »soll« lediglich begründet werden.[4] Gegenstand einer Begründung ist aber nur, was nach den jeweiligen, die Kündigung erlaubenden Normen der Begründung bedarf. Ist die Kündigung nach § 92 grundlos statthaft, lässt sich aus § 59 Abs. 2 Satz 2 keine Begründungspflicht für die Kündigung herleiten. Der Termin, zu dem die Kündigung wirken soll, sollte allerdings angegeben werden.

5 Das Kündigungsrecht ist insgesamt nicht abdingbar.[5] Das folgt für den Auftraggeber aus dessen fortbestehender Verantwortlichkeit gegenüber dem Betroffenen (§ 89 Abs. 2), die es ihm ermöglichen muss, die Aufgabe zur eigenen Wahrnehmung zurückzuholen. Auch aus Sicht des Beauftragten kann ggf. die Notwendigkeit der Kündigung bestehen, z.B. weil er andernfalls mit der Wahrnehmung seiner eigenen (gesetzlichen) Aufgaben überfordert wäre. Allerdings sind einzelne abweichende oder konkretisierende Abreden zu Kündigungsvoraussetzungen sowie Umfang und Folgen der Kündigung möglich.[6]

III. Kündigungszeitpunkt

6 Satz 2 macht die Wirksamkeit der Kündigung nicht von der Wahrung von Fristen abhängig. Die Regelung enthält weder Kündigungserklärungs- noch -wirkungsfristen.[7] Allerdings ist der anderen Partei eine Umstellungsfrist einzuräumen. Hierdurch soll gewährleistet werden, dass die Parteien sich auf den Wegfall des Auftrags einstellen und entsprechende Vorkehrungen treffen können.[8] Die Bestimmung der Angemessenheit einer Umstellungsfrist ist einzelfallabhängig.[9]

7 Erklärt der Kündigende die Kündigung entgegen Satz 2 mit einer zu kurzen Frist, als dass sich die andere Partei auf den Wegfall des Auftrags einstellen konnte (sog. »Kündigung zur Unzeit« in Anlehnung an § 671 Abs. 2 Satz 2 BGB), ist die Kündigung trotzdem wirksam. In diesem Fall hat der Kündigende jedoch dem Gekündigten den entstandenen Schaden gemäß § 671 Abs. 2 Satz 2

1 Schütze/*Engelmann,* § 92 SGB X Rn. 6; BeckOK-SozR/*Weiß,* § 92 SGB X Rn. 3, Stand 06/2024.
2 BeckOGK/*Herbst,* § 92 SGB X Rn. 8, Stand 08/2024.
3 JurisPK-SGB X/*Feddern,* § 92 Rn. 25; BeckOGK/*Herbst,* § 92 SGB X Rn. 12, Stand 08/2024.
4 Schütze/*Engelmann,* § 92 SGB X Rn. 4; BeckOGK/*Herbst,* § 92 SGB X Rn. 9, Stand 08/2024; Hauck/Noftz/*Hochheim,* § 92 SGB X Rn. 5.
5 A.A. noch die Vorauflage von Koppenfels-Spies/Wenner/*Eichenhofer,* § 92 SGB X Rn. 5, 3. Aufl. 2020, wonach nur das Kündigungsrecht aus wichtigem Grund unabdingbar sein soll; wie hier jurisPK-SGB X/*Feddern,* § 92 Rn. 13; BeckOGK/*Herbst,* § 92 SGB X Rn. 11, Stand 08/2024; Hauck/Noftz/*Hochheim,* § 92 SGB X Rn. 7.
6 JurisPK-SGB X/*Feddern,* § 92 Rn. 13; BeckOGK/*Herbst,* § 92 SGB X Rn. 11, Stand 08/2024.
7 Schütze/*Engelmann,* § 92 SGB X Rn. 8.
8 Schütze/*Engelmann,* § 92 SGB X Rn. 8.
9 BeckOK-SozR/*Weiß,* § 92 SGB X Rn. 11, Stand 06/2024; ausführlich zu den Erwägungen bzgl. einer angemessenen Umstellungsfrist BeckOGK/*Herbst,* § 92 SGB X Rn. 14 ff., Stand 08/2024.

BGB analog zu ersetzen.[10] Diese Schadensersatzpflicht rechtfertigt sich aus dem Gebot zur wechselseitigen Rücksichtnahme aller in die Gewährung von Sozialleistungen einbezogenen Beteiligten (§ 86).

IV. Kündigung aus wichtigem Grund

8 Eine Umstellungsfrist muss nicht gewährt werden, wenn ein wichtiger Grund für die Kündigung gemäß Satz 3 vorliegt. Dann trifft den Kündigenden, auch bei Kündigung zur Unzeit, keine Pflicht zum Schadensersatz. Maßstäbe für die Ausfüllung des Begriffs »wichtiger Grund« sind aus § 626 BGB zu gewinnen.[11] Danach ist der Auftrag mit sofortiger Wirkung kündbar, wenn der Gekündigte schuldhaft gegen erhebliche Pflichten aus dem Auftrag verstoßen hat und dem Kündigenden deshalb eine Fortsetzung des Auftrags nicht mehr zuzumuten ist.[12] Beispiele für wichtige Gründe für eine kurzfristige Kündigung des Auftraggebers sind Verstöße des Beauftragten gegen Unterrichtungs- und Auskunftspflichten, Zuwiderhandeln gegen Weisungen oder schwerwiegende Unregelmäßigkeiten bei der Abrechnung von Ersatzansprüchen. Den Beauftragten können ggf. gesetzeswidrige Weisungen oder die Verweigerung von Vorschusszahlungen zur sofortigen Kündigung berechtigen.[13] Bei der Beurteilung, ob ein wichtiger Grund für eine sofortige Kündigung vorliegt, ist zu berücksichtigen, dass der Auftraggeber regelmäßig für die Wahrnehmung der übertragenen Aufgabe auf den Beauftragten angewiesen ist, dass also eine Kündigung mit sofortiger Wirkung häufig zum Nachteil der Sozialleistungsberechtigten wirken wird. Das gebietet Zurückhaltung bei der Erklärung von Kündigungen mit sofortiger Wirkung bzw. wird regelmäßig auch beim Vorliegen eines wichtigen Grundes zu einer gewissen Umstellungsfrist führen.[14]

V. Bekanntmachung

9 Satz 4 bestimmt, dass die auf einer Kündigung beruhende Beendigung des Auftrags wie dessen Zustandekommen (§ 88 Abs. 4) bekanntzumachen ist. Dadurch wird die vom Gesetzgeber erstrebte Publizität der Fallgruppenaufträge umfassend gesichert. Die Wirksamkeit der Kündigung hängt jedoch nicht von der Bekanntmachung ab.[15] Die Bekanntmachungspflicht trifft stets den Auftraggeber, unabhängig davon, welche Seite den Auftrag gekündigt hat.[16] Fraglich ist, ob die Bekanntmachungspflicht für die Auftragsbeendigung aus anderen Gründen entsprechend gilt. Diese Frage ist für die verschiedenen Beendigungsgründe unterschiedlich zu beantworten[17]: Soweit die Beendigung bereits bei Zustandekommen des Auftrags feststeht und aus dem Text des Auftrags folgt (namentlich bei befristeten Aufträgen), ist die Bekanntmachung des Eintritts der Beendigung entbehrlich.[18] In den übrigen Fällen, in denen sich die Beendigung nicht bereits aus dem Text des publizierten Auftrags ergibt, z.B. weil sich Auftraggeber und Beauftragter im Rahmen eines Aufhebungsvertrags auf die (vorzeitige) Beendigung des Auftrags geeinigt haben, ist eine entsprechende Anwendung von Satz 4 geboten.[19]

---

10 H.M. *Boecken*, Probleme des Auftragsrechts im Zehnten Buch Sozialgesetzbuch, DB 1983, 2034 (2037); Schütze/*Engelmann*, § 92 SGB X Rn. 8; jurisPK-SGB X/*Feddern*, § 92 Rn. 24.

11 Schütze/*Engelmann*, § 92 SGB X Rn. 11; Hauck/Noftz/*Hochheim*, § 92 SGB X Rn. 10.

12 BeckOK-SozR/*Weiß*, § 92 SGB X Rn. 12, Stand 06/2024.

13 BeckOGK/*Herbst*, § 92 SGB X Rn. 14 ff., Stand 08/2024; Hauck/Noftz/*Hochheim*, § 92 SGB X Rn. 10.

14 Ähnlich BeckOGK/*Herbst*, § 92 SGB X Rn. 29, Stand 08/2024.

15 H.M., vgl. nur Hauck/Noftz/*Hochheim*, § 92 SGB X Rn. 13a m.w.N.

16 Schütze/*Engelmann*, § 92 SGB X Rn. 12; BeckOK-SozR/*Weiß*, § 92 SGB X Rn. 13, Stand 06/2024.

17 Ähnlich *Boecken*, DB 1983, 2034 (2037); Hauck/Noftz/*Hochheim*, § 92 SGB X Rn. 13 f.

18 Hauck/Noftz/*Hochheim*, § 92 SGB X Rn. 13.

19 Hauck/Noftz/*Hochheim*, § 92 SGB X Rn. 13.

§ 93 Gesetzlicher Auftrag

Handelt ein Leistungsträger auf Grund gesetzlichen Auftrags für einen anderen, gelten § 89 Abs. 3 und 5 sowie § 91 Abs. 1 und 3 entsprechend.

Übersicht

A. Inhalt

1 § 93 bestimmt, dass für das Handeln eines Leistungsträgers »auf Grund gesetzlichen Auftrags« einzelne Regelungen der §§ 88 ff. entsprechend gelten, konkret die Mitteilungs-, Auskunfts- und Rechenschaftspflicht des Beauftragten, das Weisungsrecht des Auftraggebers sowie die Pflicht des Auftraggebers zur Erstattung der Sozialleistungen und zur Zahlung eines Vorschusses. Im Umkehrschluss folgt aus § 93, dass die sonstigen Regelungen der §§ 88 bis 92 bei gesetzlichen Auftragsverhältnissen nicht zur Anwendung kommen.

B. Einzelerläuterungen

I. Gesetzlicher Auftrag

2 Ein gesetzliches Auftragsverhältnis liegt vor, wenn eine Rechtsvorschrift die Erfüllung von Aufgaben eines Leistungsträgers auf einen anderen Leistungsträger überträgt, wobei es nicht auf die Bezeichnung als »Auftrag« ankommt.[1] Hierbei muss es sich um ein formelles Gesetz oder eine Rechtsverordnung handeln.[2] Der gesetzliche Auftrag unterscheidet sich vom Auftrag (§§ 88 bis 92) nicht nur im Zustandekommen[3], sondern darüber hinaus in der Ausgestaltung des Außenverhältnisses. »Auftragsverhältnisse« i.S.d. §§ 88 bis 92 sind stets Mandatsverhältnisse, d.h. der Beauftragte wird im Namen des Auftraggebers tätig (§ 89 Abs. 1), während der Beauftragte bei »gesetzlichen Aufträgen« regelmäßig im eigenen Namen tätig wird (Delegationsverhältnisse).[4] Die Verantwortung des Auftraggebers besteht aber auch beim gesetzlichen Auftrag dem Grunde nach fort.[5] Vom Wortlaut der Norm erfasst werden lediglich gesetzliche Auftragsverhältnisse zwischen zwei Leistungsträgern.[6] Auf gesetzliche Auftragsverhältnisse zu einem Leistungsträgerverband ist § 93 analog anwendbar.[7]

II. Anwendbare Vorschriften

3 § 93 erklärt einzelne Vorschriften, die für rechtsgeschäftliche Auftragsverhältnisse i.S.d. § 88 gelten, für den gesetzlichen Auftrag für entsprechend anwendbar. Im Übrigen finden die Vorschriften für rechtsgeschäftliche Aufträge auf den gesetzlichen Auftrag keine (analoge) Anwendung.[8] Das folgt schon aus der klaren Beschränkung der entsprechend anwendbaren Vorschriften in § 93 und ist in der Sache durch die Unterschiede der beiden Auftragsverhältnisse im Zustandekommen und der

---

1 BSG, Urt. v. 28.10.2008 – B 8 SO 23/07 R, BSGE 102, 10; BeckOK-SozR/*Weiß*, § 93 SGB X Rn. 1, Stand 06/2024.

2 BT-Drucks. 9/95, S. 20; Schütze/*Engelmann*, § 93 SGB X Rn. 5.

3 Vgl. zum gesetzlichen Auftrag eingehend: *Hoffmann*, Der gesetzliche Auftrag im Sozialrecht, VerwArch 1988, 314 ff.; Schütze/*Engelmann*, § 93 SGB X Rn. 4 f.

4 BT-Drucks. 9/95, S. 20; BeckOGK/*Herbst*, § 93 SGB X Rn. 28, Stand 08/2024; BeckOK-SozR/*Weiß*, § 93 SGB X Rn. 5, Stand 09/2023.

5 BSG, Urt. v. 17.06.2008 – B 1 KR 30/07 R, BSGE 101, 42.

6 BSG, Urt. v. 18.05.2021 – B 1 A 2/20 R, juris-Rn. 66; Schütze/*Engelmann*, § 93 SGB X Rn. 6.

7 BeckOGK/*Herbst*, § 93 SGB X Rn. 19, Stand 08/2024; BeckOK-SozR/*Weiß*, § 93 SGB X Rn. 3, Stand 06/2024; A.A Hauck/Noftz/*Hochheim*, § 93 SGB X Rn. 5.

8 H.M. BeckOK-SozR/*Weiß*, § 93 SGB X Rn. 4, Stand 06/2024; Hauck/Noftz/*Hochheim*, § 93 SGB X Rn. 9.

Ausgestaltung gerechtfertigt. Soweit die §§ 88 bis 92 auf gesetzliche Aufträge keine Anwendung finden, obliegt dem Normgeber des gesetzlichen Auftragsverhältnisses die (spezialgesetzliche) Regelung (z.B. bzgl. der Kostenerstattung).[9]

Im Einzelnen gilt für gesetzliche Auftragsverhältnisse danach Folgendes: Den kraft Gesetzes Beauftragten trifft gegenüber dem Auftraggeber die Pflicht zur Unterrichtung, Auskunftserteilung und Rechenschaftslegung (§ 89 Abs. 3) ebenso wie den kraft öffentlich-rechtlichen Vertrags Beauftragten. Der Auftraggeber ist auch bei einem gesetzlichen Auftrag gegenüber dem Beauftragten weisungsbefugt (§ 89 Abs. 5). Ein Prüfungsrecht (§ 89 Abs. 4) steht dem Auftraggeber aber nicht zu. 4

Erbrachte Sozialleistungen erhält der durch Gesetz Beauftragte ebenso ersetzt wie der rechtsgeschäftlich Beauftragte (§ 93 i.V.m. § 91 Abs. 1). Auf § 91 Abs. 2 verweist § 93 hingegen nicht, weil der Gesetzgeber davon ausgeht, dass die Kostenerstattung entweder spezifisch in der gesetzlichen Aufgabenübertragungsnorm geregelt ist oder insoweit auf § 30 Abs. 2 SGB IV zurückgegriffen werden kann.[10] Angemessene Vorschüsse kann auch der gesetzlich Beauftragte verlangen (§ 93 i.V.m. § 91 Abs. 3). Bei der Ermittlung des angemessenen Vorschusses sind sowohl die zu erwartenden Leistungsaufwendungen gegenüber den Berechtigten als auch die hierfür erforderlichen Kosten zu berücksichtigen.[11] Die Erstattungsansprüche des gesetzlich Beauftragten gem. § 93 i.V.m. § 91 Abs. 2 unterliegen nicht der Ausschlussfrist des § 111, aber der vierjährigen Verjährung gem. § 113 (dazu § 91 Rdn. 2). 5

III. Anwendungsfälle

Ein wichtiger Anwendungsfall des gesetzlichen Auftrags ist der Beitragseinzug der Krankenkassen zugunsten der Rentenversicherungsträger (§§ 28h ff. SGB IV). Auch die Übernahme der Krankenbehandlung von nicht versicherungspflichtigen Personen durch die Krankenkassen gemäß § 264 SGB V ist nach Auffassung des ersten Senats des BSG ein gesetzliches Auftragsverhältnis.[12] Leistet die Bundesagentur für Arbeit für das Land Unterhaltsgeld an Strafgefangene, handelt sie für dieses kraft gesetzlichen Auftrags.[13] Hingegen ist die Wahrnehmung eines Verrechnungsersuchens kein gesetzlicher Auftrag (und auch kein rechtsgeschäftlicher Auftrag, siehe auch § 88 Rdn. 3).[14] 6

§ 94 Arbeitsgemeinschaften

(1) Die Arbeitsgemeinschaft für Krebsbekämpfung der Träger der gesetzlichen Kranken- und Rentenversicherung im Lande Nordrhein-Westfalen, die Rheinische Arbeitsgemeinschaft zur Rehabilitation Suchtkranker, die Westfälische Arbeitsgemeinschaft zur Rehabilitation Suchtkranker, die Arbeitsgemeinschaft zur Rehabilitation Suchtkranker im Lande Hessen sowie die Arbeitsgemeinschaft für Heimdialyse im Lande Hessen sind berechtigt, Verwaltungsakte zu erlassen zur Erfüllung der Aufgaben, die ihnen am 1. Juli 1981 übertragen waren.

---

9 BT-Drucks. 9/95, S. 20; BSG, Urt. v. 21.07.2009 – B 7 AL 49/07 R, BSGE 104, 76; BeckOK-SozR/*Weiß*, § 93 SGB X Rn. 4, Stand 06/2024.

10 BT-Drucks. 9/95, S. 20; zur Anwendbarkeit des § 30 Abs. 2 SGB IV in gesetzlichen Auftragsverhältnissen BSG, Urt. v. 11.10.1988 – 3/8 RK 2/87, SozR 2100 § 30 Nr 2.

11 BSG, Urt. v. 17.06.2008 – B 1 KR 30/07 R, BSGE 101, 42.

12 BSG, Urt. v. 18.11.2014 – B 1 KR 20/13 R, juris; Urt. v. 17.06.2008 – B 1 KR 30/07 R, BSGE 101, 42; der 8. Senat geht hingegen tendenziell von einem auftragsähnlichen Verhältnis aus Urt. v. 28.10.2008 – B 8 SO 23/07 R, BSGE 102, 10; offen gelassen vom 12. Senat, Urt. v. 29.06.2021 – B 12 KR 33/19 R, BSGE 132, 237.

13 BSG, Urt. v. 21.07.2009 – B 7 AL 49/07 R, BSGE 104, 76.

14 BSG, Urt. v. 26.09.1991 – 4/1 RA 33/90, BSGE 69, 238; weitere Beispiele für Handlungen von Sozialversicherungsträgern, die nicht als gesetzlicher Auftrag i.S.d. § 93 zu qualifizieren sind, bei Hauck/Noftz/*Hochheim*, § 93 SGB X Rn. 12.

(1a) [1]Träger der Sozialversicherung, Verbände von Trägern der Sozialversicherung und die Bundesagentur für Arbeit einschließlich der in § 19a Abs. 2 des Ersten Buches genannten anderen Leistungsträger können insbesondere zur gegenseitigen Unterrichtung, Abstimmung, Koordinierung und Förderung der engen Zusammenarbeit im Rahmen der ihnen gesetzlich übertragenen Aufgaben Arbeitsgemeinschaften bilden. [2]Eine nach Satz 1 gebildete Arbeitsgemeinschaft kann sich an einer weiteren Arbeitsgemeinschaft beteiligen, die sich ihrerseits an einer weiteren Arbeitsgemeinschaft beteiligen kann. [3]Weitere Beteiligungsebenen sind unzulässig. [4]Die Aufsichtsbehörde ist vor der Bildung von Arbeitsgemeinschaften und dem Beitritt zu ihnen sowie vor ihrer Auflösung und einem Austritt so rechtzeitig und umfassend zu unterrichten, dass ihr ausreichend Zeit zur Prüfung bleibt. [5]Die Aufsichtsbehörde kann auf eine Unterrichtung verzichten.

(2) [1]Können nach diesem Gesetzbuch Arbeitsgemeinschaften gebildet werden, unterliegen diese staatlicher Aufsicht, die sich auf die Beachtung von Gesetz und sonstigem Recht erstreckt, das für die Arbeitsgemeinschaften, die Leistungsträger und ihre Verbände maßgebend ist; die §§ 85, 88 bis 90a des Vierten Buches gelten entsprechend. [2]Ist der Spitzenverband Bund der Krankenkassen oder die Bundesagentur für Arbeit Mitglied einer Arbeitsgemeinschaft, führt das zuständige Bundesministerium in Abstimmung mit den für die übrigen Mitglieder zuständigen Aufsichtsbehörden die Aufsicht. [3]Beabsichtigt eine Aufsichtsbehörde, von den Aufsichtsmitteln nach § 89 des Vierten Buches Gebrauch zu machen, unterrichtet sie die Aufsichtsbehörden, die die Aufsicht über die Mitglieder der betroffenen Arbeitsgemeinschaft führen, und setzt eine angemessene Frist zur Stellungnahme.

(2a) [1]Ein räumlicher Zuständigkeitsbereich im Sinne von § 90 des Vierten Buches ist gegeben, wenn eine Arbeitsgemeinschaft unmittelbar sozialrechtliche Leistungen an Versicherte erbringt oder sonstige Aufgaben nach dem Sozialgesetzbuch im Außenverhältnis wahrnimmt. [2]Fehlt ein Zuständigkeitsbereich im Sinne von § 90 des Vierten Buches, führen die Aufsicht die für die Sozialversicherung zuständigen obersten Verwaltungsbehörden oder die von der Landesregierung durch Rechtsverordnung bestimmten Behörden des Landes, in dem die Arbeitsgemeinschaften ihren Sitz haben; die Landesregierungen können diese Ermächtigung durch Rechtsverordnung auf die obersten Landesbehörden übertragen. [3]Abweichend von Satz 2 führt das Bundesamt für Soziale Sicherung die Aufsicht, wenn die absolute Mehrheit der Anteile oder der Stimmen in der Arbeitsgemeinschaft Trägern zusteht, die unter Bundesaufsicht stehen.

(3) Soweit erforderlich, stellt eine Arbeitsgemeinschaft unter entsprechender Anwendung von § 67 des Vierten Buches einen Haushaltsplan auf.

(4) § 88 Abs. 1 Satz 1 und Abs. 2 gilt entsprechend.

Übersicht

A. Inhalt

1 § 94 regelt die Gründung und Haushaltsführung von und die Aufsicht über Arbeitsgemeinschaften der Leistungsträger. Diese stellen eine Form der gemeinsamen Aufgabenwahrnehmung von Sozialleistungsträgern dar. Die Vorschrift enthält in Abs. 1 Sonderregelungen für die dort aufgezählten Arbeitsgemeinschaften, die am 01.07.1981 schon bestanden. Allgemeine Vorgaben für die Bildung von Arbeitsgemeinschaften wurden »einem Bedürfnis der Praxis entsprechend« nachträglich und

zwar durch das Verwaltungsvereinfachungsgesetz[1] in Abs. 1a normiert; dort wurden mit Wirkung zum 01.07.2020[2] auch die maximal zulässigen Beteiligungsebenen von Arbeitsgemeinschaften geregelt. Die Absätze 2 und 2a betreffen die Aufsicht über Arbeitsgemeinschaften, Abs. 3 das Haushaltsrecht. Abs. 4 enthält einen beschränkten Verweis auf die Grundnorm zum Auftrag (§ 88).

B. Einzelerläuterungen

I. Hintergrund und Änderungshistorie

§ 94 ist das Ergebnis eines Kompromisses zwischen Bundestag und Bundesrat, der erst nach Anrufung 2
des Vermittlungsausschusses zustande kam. Der ursprüngliche Entwurf der Bundesregierung[3] sah eine umfassende Regelung der Arbeitsgemeinschaften in sechs Paragrafen vor. Der Ausschuss für Arbeit und Sozialordnung bestätigte zwar mehrheitlich das Erfordernis einer gesetzlichen Regelung der Arbeitsgemeinschaften, die in der Praxis schon ohne ausdrückliche gesetzliche Grundlage existierten und zum Schutz der Versicherten der Rechtsaufsicht unterstellt werden sollten.[4] Die Ausschussmehrheit hielt aber eine deutlich geringere Regelungsdichte für vorzugswürdig und schlug einen einzigen Paragrafen für die Arbeitsgemeinschaften vor, der der heutigen Fassung des § 94 ähnelte.[5] Nachdem der Bundesrat den Vermittlungsausschuss angerufen hatte, trat § 94 auf dessen Vorschlag[6] in einer inhaltlich deutlich reduzierten Fassung in Kraft, die Arbeitsgemeinschaften nur für die Wahrnehmung der Aufgaben zur Eingliederung Behinderter vorsah. Die allgemeine Befugnis zur Bildung von Arbeitsgemeinschaften in Abs. 1a wurde erst durch das Verwaltungsvereinfachungsgesetz mit Wirkung zum 30.03.2005 normiert. Die nächsten relevanten Änderungen hat § 94 mit Wirkung zum 01.07.2020 erfahren, als die zulässigen Beteiligungsebenen festgelegt (Abs. 1a Satz 2) und nähere Regelungen zur Aufsicht getroffen wurden (Abs. 2 Sätze 1 und 3, Abs. 2a Sätze 1 und 3).

II. Begriff und Errichtung der Arbeitsgemeinschaft

Der Begriff der Arbeitsgemeinschaft wird weder in § 94 noch an anderer Stelle im SGB V definiert. 3
Ausweislich der Regierungsbegründung zum Verwaltungsvereinfachungsgesetz handelt es sich um »organisatorisch selbständige Einheiten […], bei denen es um eine tatsächliche, rechtlich und finanziell verbindliche Zusammenarbeit geht«.[7] Die Tätigkeit der Arbeitsgemeinschaft umfasst insbesondere die gegenseitige »Unterrichtung, Abstimmung, Koordinierung und Förderung der engen Zusammenarbeit«. Abzugrenzen ist die Bildung einer Arbeitsgemeinschaft von anderen Formen der Kooperation wie z.B. der Beauftragung eines Leistungsträgers durch einen anderen (§ 88) oder der Zusammenarbeit bei Planung und Forschung (§ 95).

Arbeitsgemeinschaften können von Leistungsträgern und deren Verbänden gebildet werden.[8] Eine 4
bestimmte Rechtsform für Arbeitsgemeinschaften schreibt § 94 nicht vor. Da die Errichtung einer juristischen Person des öffentlichen Rechts einer gesetzlichen Grundlage bedürfte, kommen von vornherein nur Rechtsformen des Bürgerlichen Rechts in Betracht.[9] In der Praxis bedeutsam sind insbesondere die Rechtsformen der Gesellschaft bürgerlichen Rechts, der Gesellschaft mit beschränkter

---

1 Gesetz zur Vereinfachung des Verwaltungsverfahrens im Sozialrecht vom 21.03.2005 (Verwaltungsvereinfachungsgesetz), BGBl. I, Seite 818.
2 Siebtes Gesetz zur Änderung des Vierten Buches Sozialgesetzbuch und anderer Gesetze vom 12.06.2020, BGBl. I, Seite 1248.
3 BT-Drucks. 9/95, S. 5 f., 20 f.
4 BT-Drucks. 9/1753, S. 41.
5 BT-Drucks. 9/1753, S. 8.
6 BT-Drucks. 9/1944.
7 BT-Drucks. 15/4228, S. 32; zum Begriff auch BSG, Urt. v. 08.10.2019 – B 1 A 1/19 R, BSGE 129, 135.
8 Nach BT-Drucks. 9/1753, S. 43 schließe die Vorschrift die Beteiligung Dritter an einer Arbeitsgemeinschaft nicht aus. Gemeint sein dürften Mitgliedschaften Dritten aufgrund spezialgesetzlicher Anordnung.
9 BT-Drucks. 9/95, S. 20.

Haftung, der Aktiengesellschaft[10] und des eingetragenen Vereins. Die Errichtung und Organisation der Arbeitsgemeinschaft richtet sich nach den zivilrechtlichen Vorgaben für die von den Mitgliedern gewählte Rechtsform (z.B. die Bildung und Besetzung von Organen).

5 Seit 01.07.2020 können Arbeitsgemeinschaften ihrerseits eine weitere Arbeitsgemeinschaft bilden oder einer solchen beitreten (§ 94 Abs. 1a Satz 2), wobei maximal drei Beteiligungsebenen zulässig sind (§ 94 Abs. 1a Satz 3). Weitere Beteiligungsebenen wurden ausgeschlossen, weil eine effektive Aufsicht mangels Transparenz sonst nicht mehr gewährleistet sei.[11] Zeitlich gilt diese Begrenzung gemäß § 120 Abs. 7, wenn die Bildung von oder der Beitritt zu einer Arbeitsgemeinschaft nach dem 30.06.2020 erfolgt ist.

III. Tätigkeit der Arbeitsgemeinschaft

6 Die Arbeitsgemeinschaft kann von ihren Mitgliedern einzelne Aufgaben zur Wahrnehmung übertragen bekommen, § 94 Abs. 4 i.V.m. § 88 Abs. 1, Abs. 2 (dazu unten Rdn. 15). Voraussetzung für die Aufgabenübertragung ist, dass es sich um gesetzlich vorgeschriebene oder zugelassene Aufgaben der Mitglieder der Arbeitsgemeinschaft i.S.d. § 30 Abs. 1 SGB IV handelt. Die Leistungsträger können nach allgemeinen Grundsätzen ihren gesetzlich vorgesehenen Aufgabenkreis nicht durch die Wahl privatrechtlicher Handlungsformen ausdehnen.[12]

7 Mögliche Handlungsformen der (privatrechtlich verfassten) Arbeitsgemeinschaften sind fiskalisches, d.h. privatrechtliches und schlicht-hoheitliches Handeln für die Mitglieder der Arbeitsgemeinschaft.[13] Die Arbeitsgemeinschaft kann von ihren Mitgliedern z.B. zum Abschluss von Verträgen i.S.d. § 127 SGB V mit Wirkung für die Mitglieder ermächtigt werden.[14] Zum Erlass von Verwaltungsakten sind die Arbeitsgemeinschaften ohne ausdrückliche gesetzliche Grundlage allerdings nicht berechtigt.[15] Eine solche Verwaltungsaktbefugnis enthält Abs. 1 für die dort genannten Arbeitsgemeinschaften. Die übrigen Arbeitsgemeinschaften berechtigt § 94 nicht zum Erlass von Verwaltungsakten; eine Verwaltungsaktbefugnis könnte sich allenfalls aus spezialgesetzlichen Ermächtigungsnormen ergeben. Soweit die Arbeitsgemeinschaft nicht zum Erlass von Verwaltungsakten berechtigt ist, kommt ggf. eine Ausfertigung des Verwaltungsakts durch die Arbeitsgemeinschaft unter Hinweis auf die Leistungsträger als erlassende Behörden und auf deren Beschlussfassung in Frage.[16]

8 Die Arbeitsgemeinschaft hat bei ihrem Tätigwerden das für ihre Mitglieder geltende Recht zu beachten. Das regelt § 94 zwar nicht ausdrücklich, ergibt sich aber aus Abs. 2 Satz 1, wonach die Aufsichtsbehörde u.a. die Beachtung des für die Leistungsträger maßgebenden Rechts überwacht. Auch teleologische Erwägungen stützen die Bindung der Arbeitsgemeinschaft an den sozialversicherungsrechtlichen Rechtsrahmen ihrer Mitglieder: Der Zusammenschluss von Sozialversicherungsträgern in einer Arbeitsgemeinschaft soll eine effiziente und enge Zusammenarbeit ermöglichen, nicht die Befreiung von den gesetzlichen Vorgaben für das Tätigwerden der Sozialversicherungsträger. Eine »Flucht ins Privatrecht« ist zum Schutz der Versicherten und sonstigen Betroffenen sowie der gesetzlichen Kompetenzordnung ausgeschlossen.[17] Soweit das Sozialversicherungsrecht zwingende

---

10 Zur Aktiengesellschaft als Rechtsform einer Arbeitsgemeinschaft BSG, Urt. v. 08.10.2019 – B 1 A 1/19 R, BSGE 129, 135; LSG Sachsen, Beschl. v. 01.12.2010 – L 1 KR 99/10 B ER, juris.

11 BT-Drucks. 19/17586, S. 75.

12 LSG Hamburg, Urt. v. 29.11.2012 – L 1 KR 156/11 KL zur Gründung von Tochtergesellschaften einer Krankenkasse.

13 Hauck/Noftz/*Pabst*, § 94 SGB X Rn. 7 ff.

14 LSG Sachsen, Beschl. v. 01.12.2010 – L 1 KR 99/10 B ER, juris.

15 BSG, Urt. v. 12.06.2008 – B 3 P 2/07 R, BSGE 101, 6.

16 BSG, Urt. v. 12.06.2008 – B 3 P 2/07 R, BSGE 101, 6.

17 Vgl. BAS, Grundsätze für die Beteiligung von Sozialversicherungsträgern an Einrichtungen (privatrechtlichen Gesellschaften) zur gesetzlichen Aufgabenerfüllung (Stand: Februar 2024), S. 3, 18 wonach Einrichtungen, die zugleich eine Arbeitsgemeinschaft sein können, als »verlängerter Arm« des Sozialversicherungsträgers an dessen Rechtsrahmen gebunden sind.

Vorgaben für die Tätigkeit der Arbeitsgemeinschaft enthält, gehen diese ggf. den privatrechtlichen Regelungen für die jeweilige Rechtsform der Arbeitsgemeinschaft vor.[18]

IV. Sonderregelung für spezielle Arbeitsgemeinschaften

§ 94 Abs. 1 nennt spezielle Arbeitsgemeinschaften, die zur Erfüllung ihrer (übertragenen) Aufgaben die Kompetenz besitzen, Verwaltungsakte zu erlassen und öffentlich-rechtliche Verträge[19] abzuschließen. Hierdurch sollte die bis zum Inkrafttreten der Norm bestehende Verwaltungspraxis aufgenommen und abgesichert werden.[20] 9

V. Aufsicht

Abs. 2 und 2a regeln die Aufsicht über die Arbeitsgemeinschaft. Daneben unterliegen die Mitglieder der Arbeitsgemeinschaft auch hinsichtlich ihrer Beteiligung an einer Arbeitsgemeinschaft der Rechtsaufsicht gem. §§ 87 ff. SGB IV. Das Tätigwerden einer Arbeitsgemeinschaft unterliegt also zum einen der direkten bzw. unmittelbaren Aufsicht durch die Aufsichtsbehörde i.S.d. § 94 Abs. 2a i.V.m. § 90 SGB IV, zum anderen der indirekten bzw. mittelbaren Aufsicht, die die Aufsichtsbehörden der Mitglieder ausüben und die auf eine bestimmte Ausgestaltung oder Beeinflussung der Arbeitsgemeinschaft gerichtet sein kann.[21] Nach dem Wortlaut des § 94 Abs. 2 Satz 1 (»Beachtung von Gesetz und sonstigem Recht«) handelt es sich bei der direkten Aufsicht über die Arbeitsgemeinschaft ebenso um eine reine Rechtsaufsicht wie bei der Aufsicht über deren Mitglieder (Ausnahme: § 87 Abs. 2 SGB IV).[22] Gegenstand der Aufsicht ist das für das Handeln der Arbeitsgemeinschaft maßgebliche öffentliche Recht, zu dem insbesondere auch das für die Mitglieder der Arbeitsgemeinschaft maßgebliche Sozialversicherungsrecht zählt (dazu Rdn. 8). 10

Welche Aufsichtsbehörde die »staatliche[…] Aufsicht« über die Aufsichtsbehörde ausübt, richtet sich grundsätzlich nach § 90 SGB IV, auf den § 94 Abs. 2 Satz 1 Hs. 2 verweist. Gemäß § 90 SGB IV hängt es vom »Zuständigkeitsbereich« des Versicherungsträgers ab, ob er vom Bundesamt für Soziale Sicherung oder von der jeweils zuständigen Landesaufsichtsbehörde beaufsichtigt wird. Um die Bestimmung der Aufsichtsbehörde in diesem Sinn zu erleichtern, wurde mit Wirkung zum 01.07.2020 in Abs. 2a Satz 1 vorgesehen, dass ein räumlicher Zuständigkeitsbereich der Arbeitsgemeinschaft i.S.d. § 90 SGB IV dann gegeben ist, wenn die Arbeitsgemeinschaft selbst an Versicherte Sozialleistungen erbringt oder andere Aufgaben eines Leistungsträgers im Außenverhältnis wahrnimmt. Wird die Arbeitsgemeinschaft nicht in dieser Weise gegenüber Dritten tätig, fehlt ein Zuständigkeitsbereich i.S.d. § 90 SGB IV und die Arbeitsgemeinschaft wird von der für Sozialversicherungsträger zuständigen obersten Behörde des Landes beaufsichtigt, in welchem sie ihren Sitz hat (§ 94 Abs. 2a Satz 2). Der Sitz einer Arbeitsgemeinschaft wird im Wesentlichen dadurch bestimmt, in welchem Land sich die gewöhnliche Verwaltung der Arbeitsgemeinschaft befindet. Eine abweichende Zuständigkeit kann durch eine entsprechende Vereinbarung zwischen den beteiligten Aufsichtsbehörden der Länder sowie der Arbeitsgemeinschaft begründet werden. Fehlt ein räumlicher Zuständigkeitsbereich der Arbeitsgemeinschaft, führt ausnahmsweise das Bundesamt für Soziale Sicherung die Aufsicht, wenn an der Arbeitsgemeinschaft bundesunmittelbare Versicherungsträger die absolute (Anteils- oder Stimmen-)Mehrheit haben. Für diese Arbeitsgemeinschaften hält der Gesetzgeber die Zuständigkeit des Bundesamts für Soziale Sicherung für vorzugswürdig, weil 11

18 BSG, Urt. v. 08.10.2019 – B 1 A 1/19 R, BSGE 129, 135, wonach bei einer Arbeitsgemeinschaft in der Form einer AG in deren Satzung die Erfüllung von Prüf- und Informationsrechten der Aufsichtsbehörde verankert werden muss.

19 BeckOGK/*Herbst*, § 94 SGB X Rn. 34, Stand 08/2024.

20 BeckOK-SozR/*Weiß*, § 94 SGB X Rn. 4, Stand 06/2024.

21 BSG, Urt. v. 08.10.2019 – B 1 A 1/19 R, BSGE 129, 135.

22 Ebenso BeckOGK/*Herbst*, § 94 SGB X Rn. 81, Stand 08/2024; Hauck/Noftz/*Pabst*, § 94 SGB X Rn. 5.

die Arbeitsgemeinschaft keinen (relevanten) Bezug zu ihrem »Sitzland« und der dortigen Aufsichtsbehörde habe.[23]

12 Informationsrechte und Befugnisse der Aufsichtsbehörde einer Arbeitsgemeinschaft bestehen zum einen bei deren Gründung und beim Beitritt neuer Mitglieder sowie (seit 01.07.2020) beim Austritt von Mitgliedern und der Auflösung der Arbeitsgemeinschaft. Insoweit verlangt § 94 Abs. 1a Satz 4 die rechtzeitige und umfassende Information der Aufsichtsbehörde. Wann und in welchem Umfang sowie mit welchen Unterlagen die Unterrichtung erfolgen muss, damit der Aufsichtsbehörde »ausreichend Zeit zur Prüfung bleibt« (§ 94 Abs. 1a Satz 4), hängt vom jeweiligen Einzelfall ab. Als Orientierung kann ein Zeitraum von drei Monaten dienen.[24] Im Anschluss kann die Aufsichtsbehörde den Parteien beratend zur Seite stehen oder (subsidiär) Aufsichtsmaßnahmen vornehmen.[25] Die Aufsichtsbehörde kann in Einzelfällen auf eine Unterrichtung gemäß § 94 Abs. 1a Satz 5 verzichten, was der Verwaltungsvereinfachung dient.[26] Ein genereller Verzicht würde hingegen dem Zweck des Anzeigeerfordernisses zuwiderlaufen.[27]

13 Anzeige- und Genehmigungserfordernisse sowie ein Prüfungsrecht der Aufsichtsbehörde ergeben sich im Übrigen aus dem Verweis des § 94 Abs. 2 Satz 1 auf die §§ 85, 88 bis 90a SGB IV. Die Arbeitsgemeinschaft muss also insbesondere Vermögensanlagen i.S.d. § 85 SGB IV anzeigen bzw. genehmigen lassen. Bis 30.06.2020 verwies Abs. 2 Satz 1 nicht auf § 89 SGB IV, der die Aufsichtsmittel enthält, sodass die Aufsichtsbehörde nicht unmittelbar gegenüber der Arbeitsgemeinschaft tätig werden und diese ggf. zur Behebung von Rechtsverstößen verpflichten konnte. Mit Wirkung zum 01.07.2020 wurde der Verweis in Abs. 2 Satz 1 auf die »§§ 85, 88 bis 90a SGB IV« erweitert, um den Aufsichtsbehörden die Möglichkeit zum Einschreiten gegenüber der Arbeitsgemeinschaft selbst zu geben. Dadurch soll eine effektive Aufsicht gewährleistet und die Einschaltung aller (Landes-)Aufsichtsbehörden der Mitglieder einer Arbeitsgemeinschaft vermieden werden.[28] Flankierend wurde die Aufsichtsbehörde der Arbeitsgemeinschaft dazu verpflichtet, die Aufsichtsbehörde(n) der Mitglieder der Arbeitsgemeinschaft im Vorfeld der Aufsichtsmaßnahme zu unterrichten und ihnen Gelegenheit zur Stellungnahme zu geben (§ 94 Abs. 2 Satz 3). Diese Abstimmung unter den (direkten und indirekten) Aufsichtsbehörden dient der Herstellung eines einheitlichen Informationsstands und der Vermeidung gegensätzlicher Maßnahmen; ein Einvernehmen unter den Aufsichtsbehörden ist aber nicht Voraussetzung für die Ausübung von Aufsichtsmitteln.[29]

VI. Haushaltsplan

14 § 94 Abs. 3 hält die Arbeitsgemeinschaft dazu an, bei Erforderlichkeit einen Haushaltsplan aufzustellen. Die Erforderlichkeit ist dabei anhand des finanziellen Umfangs, alternativen Möglichkeiten der Aufgabenwahrnehmung, sowie Bedeutung und Qualität der wahrgenommenen Aufgaben zu bemessen.[30]

VII. Verweis auf das Auftragsrecht

15 Gemäß § 94 Abs. 4 sind aus dem Auftragsrecht die § 88 Abs. 1 Satz 1, Abs. 2 entsprechend auf Arbeitsgemeinschaften anwendbar. Zum Teil wird angenommen, dass mit dem Verweis auf § 88 Abs. 1 Satz 1 (auch) die Voraussetzungen der Gründung von Arbeitsgemeinschaften geregelt werden, die Arbeitsgemeinschaft also zweckmäßig i.S.d. § 88 Abs. 1 Satz 1 sein müsste.[31] Die Rechtsprechung

23 BT-Drucks. 19/17586, S. 116.
24 Hauck/Noftz/*Pabst,* § 94 SGB X Rn. 3e; BeckOK-SozR/*Weiß,* § 94 SGB X Rn. 18, Stand 06/2024.
25 BeckOGK/*Herbst,* § 94 SGB X Rn. 67, Stand 08/2024.
26 BT-Drucks. 15/4228, S. 32; jurisPK-SGB X/*Feddern,* § 94 Rn. 47.
27 Hauck/Noftz/*Pabst,* § 94 SGB X Rn. 3g.
28 BT-Drucks. 19/17586, S. 115.
29 BT-Drucks. 19/17586, S. 115.
30 Schütze/*Engelmann,* § 94 SGB X Rn. 26; BeckOGK/*Herbst,* § 94 SGB X Rn. 101, Stand 08/2024.
31 So noch die Vorauflage von Koppenfels-Spies/Wenner/*Eichenhofer,* § 94 SGB X Rn. 10, 3. Aufl. 2020.

sowie überwiegende Stimmen in der Literatur deuten den Verweis allerdings zu Recht dahingehend, dass die Arbeitsgemeinschaft von ihren Mitgliedern einzelne Aufgaben nach Maßgabe der § 88 Abs. 1 Satz 1, Abs. 2 übertragen bekommen kann.[32] Aus dem Verweis auf § 88 Abs. 2 Satz 2 ergibt sich, dass ein wesentlicher Teil des Aufgabenbereichs der Leistungsträger weiterhin bei diesen verbleiben muss.[33] Auf § 88 Abs. 3 verweist § 94 Abs. 4 nicht. Die Arbeitsgemeinschaft darf deshalb – außer in spezialgesetzlich geregelten Ausnahmefällen – keine Verwaltungsakte erlassen (dazu schon Rdn. 7).

§ 95 Zusammenarbeit bei Planung und Forschung

(1) Die in § 86 genannten Stellen sollen

1. **Planungen, die auch für die Willensbildung und Durchführung von Aufgaben der anderen von Bedeutung sind, im Benehmen miteinander abstimmen sowie**
2. **gemeinsame örtliche und überörtliche Pläne in ihrem Aufgabenbereich über soziale Dienste und Einrichtungen, insbesondere deren Bereitstellung und Inanspruchnahme, anstreben.**

Die jeweiligen Gebietskörperschaften sowie die gemeinnützigen und freien Einrichtungen und Organisationen sollen insbesondere hinsichtlich der Bedarfsermittlung beteiligt werden.

(2) Die in § 86 genannten Stellen sollen Forschungsvorhaben über den gleichen Gegenstand aufeinander abstimmen.

Übersicht Rdn.

A. Inhalt

1 Die Bestimmung formuliert das Prinzip der wechselseitigen Abstimmung von Planungen (Abs. 1) und Forschungsvorhaben (Abs. 2) unter den betroffenen oder interessierten Sozialleistungsträgern, Verbänden, sonstigen öffentlichen Vereinigungen (»Stellen nach § 86«), den freien Trägern und den Gebietskörperschaften, wie dies für einzelne Gattungen von Planungen schon bisher in verschiedenen Einzelregelungen[1] festgelegt war. Die Vorschrift erlegt einer planenden Stelle die Pflicht zur Abstimmung mit anderen betroffenen Stellen auf (Abs. 1 Satz 1 Nr. 1) und verpflichtet sie, gemeinsame Planungen für die Aufgabenerfüllung hinsichtlich sozialer Dienste und Einrichtungen anzustreben (Abs. 1 Satz 1 Nr. 2). Bei solchen einzeln oder von mehreren Stellen zu verantwortenden Planungen sind die betroffenen freien Träger und Gebietskörperschaften zu beteiligen (Abs. 1 Satz 2). Die Pflicht zur Abstimmung gilt auch, falls eine einzelne Stelle ein Forschungsvorhaben unternimmt (Abs. 2).

B. Einzelerläuterungen

I. Zusammenarbeit bei Planungen

2 Die Bestimmung soll Effizienz und Wirtschaftlichkeit von Verwaltungshandeln durch Vermeidung unnötiger Parallelplanungen und -forschungen sichern sowie dafür sorgen, dass alle an Planungen beteiligten Stellen, Träger und Gebietskörperschaften frühzeitig über die Absichten jeder einzelnen planenden Stelle informiert werden. § 95 konkretisiert damit das Gebot der Zusammenarbeit (§ 86) für Planung und Forschung,[2] tritt jedoch gegenüber speziellen Vorschriften (wie beispielsweise § 6

32 BSG, Urt. v. 12.06.2008 – B 3 P 2/07 R, juris-Rn. 12; Hauck/Noftz/*Pabst*, § 94 SGB X Rn. 7.
33 Schütze/*Engelmann*, § 94 SGB X Rn. 29.
1 Vgl. §§ 82 ff. SGB V, 6 KHG, 79 ff. SGB VIII, 10, 93 BSHG.
2 BT-Drucks. 9/95, S. 21 f.; Hauck/Noftz/*Sehnert*, § 95 SGB X Rn. 1.

KHG) zurück.[3] Bei der Norm handelt es sich um eine Sollvorschrift; die Adressaten haben sie also im Regelfall zu beachten. Ein Verstoß gegen die Abstimmungs- und Beteiligungspflichten des § 95 führt nicht zur Rechtswidrigkeit der (Planungs- oder Forschungs-)Maßnahme.[4] Die Rechtsaufsichtsbehörde kann die Einhaltung des § 95 allerdings überprüfen und ggf. einfordern.[5] Wird gegen § 95 verstoßen, kann ggf. zugleich ein Verstoß gegen das Wirtschaftlichkeitsgebot des § 69 Abs. 2 SGB IV vorliegen.[6]

3 Abs. 1 Satz 1 Nr. 1 begründet Abstimmungspflichten unter den beteiligten Stellen (§ 86) für die Aufstellung und Durchführung von Planungen. Arbeitsgemeinschaften sind keine Stellen i.S.d. § 86;[7] § 94 verweist auch nicht auf § 95, weshalb die h.M. davon ausgeht, dass die Zusammenarbeitspflicht des § 95 für Arbeitsgemeinschaften nicht gilt.[8] Den Pflichten des § 95 unterliegen aber die einzelnen Sozialversicherungsträger, auch soweit sie Mitglieder von Arbeitsgemeinschaften sind, sodass im Ergebnis dem Anliegen des § 95 trotzdem Rechnung getragen wird.[9] Bei Planungen handelt es sich um Vorbereitungen für zukünftiges (Verwaltungs-)Handeln anhand der Bedarfslage und Zielvorstellungen.[10] Hierbei hat die planende Stelle die Einrichtungen zu kontaktieren, für die die Planung relevant sein könnte.[11] Die Abstimmung hat sowohl in der Phase der Formulierung der Absicht (»Willensbildung«) als auch bei deren Verwirklichung (»Durchführung«) zu erfolgen.[12] Das Ziel der Regelung ist es nicht zwingend, eine Einigung zu erzielen; vielmehr geht es um einen informellen Austausch in einem möglichst frühen Stadium der Planung.[13] Die planende Stelle hat die Interessen anderer Stellen nach pflichtgemäßem Ermessen zu berücksichtigen.[14]

4 Abs. 1 Satz 1 Nr. 2 enthält den Appell an entsprechende Stellen, gemeinsame Pläne für die Inanspruchnahme und Bereitstellung von sozialen Diensten und sonstigen Einrichtungen anzustreben. Die Formulierung lässt auf eine geringere Verbindlichkeit als Abs. 1 Satz 1 Nr. 1 schließen. Pläne knüpfen, im Gegensatz zur Planung (aus Abs. 1 Satz 1 Nr. 1), an konkrete Einzelvorhaben an.[15] Um gemeinsame Pläne handelt es sich, sofern die Beteiligten die gleichen Absichten verfolgen.[16] Soziale Dienste und Einrichtungen dienen der individuellen Gewährung von Sozialleistungen.[17] Hierunter fallen etwa Krankenhäuser, Pflegedienste, Sozialstationen und Beratungsstellen.[18] Mit welchen Mitteln die gemeinsame Planverwirklichung erfolgen soll, ist der Vorschrift nicht zu entnehmen.[19]

---

3 BeckOK-SozR/*Weiß*, § 95 SGB X Rn. 1, Stand 06/2024.
4 H.M. Hauck/Noftz/*Sehnert*, § 95 SGB X Rn. 9a; a.A. wohl BeckOGK/*Herbst*, § 95 SGB X Rn. 19, Stand 08/2024.
5 H.M., vgl. nur BeckOGK/*Herbst*, § 95 SGB X Rn. 19, Stand 08/2024.
6 JurisPK-SGB X/*Feddern*, § 95 Rn. 34; BeckOGK/*Herbst*, § 95 SGB X Rn. 19, Stand 08/2024; Hauck/Noftz/*Sehnert*, § 95 SGB X Rn. 9, 13.
7 A.A. jurisPK-SGB X/*Feddern*, § 95 Rn. 12.
8 Hauck/Noftz/*Sehnert*, § 95 SGB X Rn. 3; BeckOGK/*Herbst*, § 95 SGB X Rn. 8, Stand 08/2024; Schütze/*Engelmann*, § 95 SGB X Rn. 10.
9 Ebenso jurisPK-SGB X/*Feddern*, § 95 Rn. 12.
10 Schütze/*Engelmann*, § 95 SGB X Rn. 7; BeckOK-SozR/*Weiß*, § 95 SGB X Rn. 2, Stand 06/2024.
11 BT-Drucks. 9/95, S. 22; BeckOK-SozR/*Weiß*, § 95 SGB X Rn. 2, Stand 06/2024.
12 Hauck/Noftz/*Sehnert*, § 95 SGB X Rn. 4; Schütze/*Engelmann*, § 95 SGB X Rn. 7 ff.
13 JurisPK-SGB X/*Feddern*, § 95 Rn. 16; BeckOGK/*Herbst*, § 95 SGB X Rn. 14, Stand 08/2024; BeckOK-SozR/*Weiß*, § 95 SGB X Rn. 2, Stand 06/2024.
14 Schütze/*Engelmann*, § 95 SGB X Rn. 9; BeckOGK/*Herbst*, § 95 SGB X Rn. 14, Stand 08/2024.
15 Schütze/*Engelmann*, § 95 SGB X Rn. 11; BeckOK-SozR/*Weiß*, § 95 SGB X Rn. 4, Stand 06/2024.
16 Schütze/*Engelmann*, § 95 SGB X Rn. 11; jurisPK-SGB X/*Feddern*, § 95 Rn. 17.
17 BeckOK-SozR/*Weiß*, § 95 SGB X Rn. 5, Stand 06/2024.
18 Hauck/Noftz/*Sehnert*, § 95 SGB X Rn. 10; BeckOK-SozR/*Weiß*, § 95 SGB X Rn. 5, Stand 06/2024.
19 BVerwG, Urt. v. 30.09.1993 – 5 C 41/91, BVerwGE 94, 202; BeckOGK/*Herbst*, § 95 SGB X Rn. 20, Stand 08/2024.

II. Beteiligung weiterer Einrichtungen

5 Abs. 1 Satz 2 regelt die Beteiligung weiterer Stellen, jenseits derjenigen des § 86. Es sind insbesondere die »jeweiligen Gebietskörperschaften« zu beteiligen, d.h. insbesondere die Städte, Gemeinden, Landkreise oder Regierungsbezirke, die von der Planung räumlich betroffen sind.[20] Zu beteiligen sind außerdem »die gemeinnützigen und freien Einrichtungen und Organisationen«. Die Vorschrift nimmt damit wörtlich und systematisch Bezug auf § 17 Abs. 3 Satz 1 SGB I, wonach die Leistungsträger mit diesen Stellen (z.B. dem Deutschen Roten Kreuz) zum Wohl der Leistungsempfänger zusammenwirken sollen. Die Beteiligung soll sich insbesondere auf die Bedarfsermittlung beziehen und sicherstellen, dass die Stellen i.S.d. § 86 bei ihren Planungen umfassend den Sachverstand aller von der Planung Betroffenen einbeziehen. Die Gebietskörperschaften und Einrichtungen sollen dann zumindest über Planungen (Abs. 1 Satz 1 Nr. 1) und Pläne (Abs. 1 Satz 1 Nr. 2) informiert werden und die Möglichkeit zur Stellungnahme bekommen.[21]

III. Abstimmung bei Forschungsvorhaben

6 Dem Gebot der Abstimmung unterliegen nach Abs. 2 auch Forschungsvorhaben, um parallele Forschungen und einen unnötigen Mehraufwand zu vermeiden.[22] Forschungen sind die auf wissenschaftlichen Methoden beruhenden Untersuchungen von Fragestellungen.[23] Diese müssen einen direkten Bezug zum Bereich der Sozialleistungen aufweisen, damit sie § 95 Abs. 2 unterliegen.[24] Die Abstimmungspflicht besteht sowohl für die von den Stellen selbst betriebene Forschung als auch für die Vergabe von Forschungsvorhaben an Dritte.[25] Sowohl inhaltlich als auch zeitlich sollen die Forschungsvorhaben miteinander abgestimmt werden.[26] Eine Absprache muss nur bei Forschungsvorhaben »über den gleichen Gegenstand« erfolgen. Davon ist schon dann auszugehen, wenn die beabsichtigte Erkenntnis gleich ist, auch wenn sich die methodische Vorgehensweise unterscheidet.[27]

§ 96 Ärztliche Untersuchungen, psychologische Eignungsuntersuchungen

(1) [1]Veranlasst ein Leistungsträger eine ärztliche Untersuchungsmaßnahme oder eine psychologische Eignungsuntersuchungsmaßnahme, um festzustellen, ob die Voraussetzungen für eine Sozialleistung vorliegen, sollen die Untersuchungen in der Art und Weise vorgenommen und deren Ergebnisse so festgehalten werden, dass sie auch bei der Prüfung der Voraussetzungen anderer Sozialleistungen verwendet werden können. [2]Der Umfang der Untersuchungsmaßnahme richtet sich nach der Aufgabe, die der Leistungsträger, der die Untersuchung veranlasst hat, zu erfüllen hat. [3]Die Untersuchungsbefunde sollen bei der Feststellung, ob die Voraussetzungen einer anderen Sozialleistung vorliegen, verwertet werden.

(2) [1]Durch Vereinbarungen haben die Leistungsträger sicherzustellen, dass Untersuchungen unterbleiben, soweit bereits verwertbare Untersuchungsergebnisse vorliegen. [2]Für den Einzelfall sowie nach Möglichkeit für eine Vielzahl von Fällen haben die Leistungsträger zu vereinbaren, dass bei der Begutachtung der Voraussetzungen von Sozialleistungen die Untersuchungen nach einheitlichen und vergleichbaren Grundlagen, Maßstäben und Verfahren vorgenommen und die Ergebnisse der Untersuchungen festgehalten werden. [3]Sie können darüber hinaus vereinbaren, dass sich der Umfang der Untersuchungsmaßnahme nach den Aufgaben der beteiligten Leistungsträger

20 Hauck/Noftz/*Sehnert*, § 95 SGB X Rn. 15.
21 Schütze/*Engelmann*, § 95 SGB X Rn. 13.
22 BT-Drucks. 9/95, S. 22; BeckOK-SozR/*Weiß*, § 95 SGB X Rn. 8, Stand 06/2024.
23 Schütze/*Engelmann*, § 95 SGB X Rn. 14; jurisPK-SGB X/*Feddern*, § 95 Rn. 28.
24 Pickel/Marschner/*Pickel/Marschner*, § 95 SGB X Rn. 15.
25 Hauck/Noftz/*Sehnert*, § 95 SGB X Rn. 19 f.; Schütze/*Engelmann*, § 95 SGB X Rn. 14.
26 BeckOK-SozR/*Weiß*, § 95 SGB X Rn. 8, Stand 06/2024.
27 JurisPK-SGB X/*Feddern*, § 95 Rn. 33; Hauck/Noftz/*Sehnert*, § 95 SGB X Rn. 20.

richtet; soweit die Untersuchungsmaßnahme hierdurch erweitert ist, ist die Zustimmung des Betroffenen erforderlich.

(3) Die Bildung einer Zentraldatei mehrerer Leistungsträger für Daten der ärztlich untersuchten Leistungsempfänger ist nicht zulässig.

Übersicht

A. Inhalt

1 Wer Sozialleistungen beantragt, hat sich gem. § 62 SGB I auf Verlangen des Leistungsträgers ärztlichen oder psychologischen Untersuchungen zu unterziehen, falls diese für die Entscheidung über die beantragte Leistung erforderlich sind. Diese Pflicht besteht nicht, wenn der Leistungsträger sich die für die Beurteilung der Leistungsvoraussetzungen erforderlichen Kenntnisse selbst beschaffen kann (§ 65 Abs. 1 Nr. 3 SGB I). Eine (weitere) Untersuchung darf also nicht gefordert werden, wenn die Untersuchungsergebnisse andernorts schon zur Verfügung stehen. § 96 ergänzt diesen Grundsatz durch die Präzisierung von Pflichten der über Leistungsansprüche entscheidenden und dabei auf ärztliche oder psychologische Untersuchungen zurückgreifenden Träger. Abs. 1 enthält Vorgaben für die Durchführung und Dokumentation von Untersuchungen und für die Verwertung der Untersuchungsergebnisse eines anderen Leistungsträgers. Abs. 2 regelt den Inhalt von Vereinbarungen, die die Leistungsträger zum Zweck der Kooperation im Bereich von Untersuchungsmaßnahmen und -ergebnissen schließen. Abs. 3 setzt dieser Kooperation insoweit Schranken, als die Bildung einer Zentraldatei zur Speicherung von Daten der ärztlich untersuchten Leistungsempfänger für unzulässig erklärt wird.

B. Einzelerläuterungen

I. Ärztliche und psychologische Eignungsuntersuchungen

2 Durch die Vorschrift sollen unnötige Mehrfachuntersuchungen durch verschiedene Leistungsträger vermieden werden.[1] Dies liegt sowohl im Interesse von Sozialleistungsberechtigten als auch von Leistungsträgern, wenn Untersuchungsergebnisse anderer Träger das Verwaltungsverfahren beschleunigen und Kosten senken.[2] § 96 beabsichtigt hingegen nicht, eine Grundlage für verdachtsmäßige Untersuchungen zu bieten, die in ungewisser Zukunft zur Entscheidung über mögliche Sozialleistungen beitragen könnten.[3]

3 Sofern ein Leistungsberechtigter aufgrund körperlicher, geistiger oder seelischer Merkmale auf Sozialleistungen angewiesen ist (wie etwa bei einer Arbeitsunfähigkeit), prüft der Leistungsträger anhand von ärztlichen und ggf. psychologischen Untersuchungen die Voraussetzungen für die entsprechend beantragte Sozialleistung. Nach § 630d BGB hat jeder medizinische Eingriff, wozu auch die Untersuchung gehört, auf der Basis der Einwilligung des Patienten zu geschehen. Nach Abs. 1 Satz 1 sollen Untersuchungen so vorgenommen und deren Ergebnisse so festgehalten werden, dass diese

1 BT-Drucks. 9/95, S. 22; *Bley*, Zusammenarbeit und Ausgleichsansprüche der Sozialleistungsträger – auch zum Nutzen des Bürgers, ZRP 1981, 83; Hauck/Noftz/*Sehnert*, § 96 SGB X Rn. 1 ff.; *Herrmann*, Das Zehnte Buch des SGB ist vollendet, DAngVers 1983, 77 f.; *Pappai*, Gesetz über die Zusammenarbeit der Leistungsträger und ihre Beziehungen zu Dritten, BKK 1983, 4 f.; *Pickel*, Zusammenarbeit bei Planung und Forschung sowie bei ärztlichen Untersuchungen, die BG 1984, 592 f.; Schütze/*Engelmann*, § 96 SGB X Rn. 2.

2 BeckOK-SozR/*Weiß*, § 96 SGB X Rn. 1, Stand 06/2024.

3 Hauck/Noftz/*Sehnert*, § 96 SGB X Rn. 9.

gegebenenfalls von anderen Sozialleistungsträgern verwendet werden können. Unter ärztliche Untersuchungen fallen sämtliche Untersuchungsmaßnahmen, während lediglich psychologische Eignungsuntersuchungen, keine sonstigen psychologischen Untersuchungen erfasst werden.[4] Diese Untersuchungen müssen vom Leistungsträger zur Prüfung der Voraussetzungen einer Sozialleistung vorgenommen worden sein. Sonstige Untersuchungen, insbesondere solche, die durch den Sozialleistungsempfänger selbst oder einen Leistungserbringer veranlasst wurden, werden von der Vorschrift nicht erfasst.[5] Ebenso wenig erfasst werden Gutachten nach Aktenlage (ohne Untersuchungen)[6] und Entlassungsberichte[7]. Es handelt sich zwar um eine Sollvorschrift. Dennoch sind Abweichungen nur in absoluten Ausnahmefällen anerkannt, wie etwa bei besonderer Eilbedürftigkeit.[8]

Abs. 1 Satz 2 bestimmt, dass sich die Art und der Umfang der Untersuchungsmaßnahme danach richten, welche Feststellungen für die Entscheidung des Veranlassers der Untersuchungsmaßnahme über die Gewährung der beantragten Sozialleistung erforderlich sind. Weitere Aspekte, die ggf. für die Entscheidung anderer Leistungsträger über Sozialleistungen relevant sind, werden demnach nicht begutachtet.[9] Das ergibt sich schon aus den allgemeinen Vorschriften (§ 62 SGB I: »soweit diese für die Entscheidung über die Leistung erforderlich sind«) und wird durch Abs. 1 Satz 1 nicht derogiert, wie Abs. 1 Satz 2 klarstellt. Eine umfassendere oder weitergehende Untersuchung kommt allenfalls mit Zustimmung des Leistungsempfängers in Frage (dazu Abs. 2 Satz 3, Rdn. 6).[10] 4

Nach Abs. 1 Satz 3 sollen andere Leistungsträger die entsprechenden Untersuchungsergebnisse bei ihrer Entscheidung über Sozialleistungen verwerten. Sie sind an die Untersuchungsergebnisse aber nicht gebunden.[11] Vielmehr darf der Leistungsträger, der auf Untersuchungsergebnisse eines anderen zurückgreift, diese eigenständig interpretieren oder weitere Untersuchungen durchführen, soweit er diese für erforderlich hält. Sofern ein Leistungsträger Untersuchungsergebnisse eines anderen Leistungsträgers für seine eigene Entscheidung über die Leistungsgewährung verwendet, muss er sich nicht an den Kosten der Untersuchung beteiligen, weil der Veranlasser der Untersuchung diese für seine eigene Aufgabenerfüllung benötigt und durchgeführt hat. Dies ergibt sich zudem aus § 109.[12] Bei besonders schutzwürdigen Daten ist eine Verwertung nach § 76 ausgeschlossen,[13] es sei denn es erfolgt eine Zustimmung des Leistungsempfängers.[14] 5

II. Vereinbarungen zu Untersuchungen

Leistungsträger haben Vereinbarungen darüber zu treffen, dass keine (weiteren) Untersuchungen vorgenommen werden, sofern verwertbare Daten vorliegen (Abs. 2 Satz 1) sowie über einheitliche Untersuchungsstandards (Abs. 2 Satz 2). So soll gewährleistet werden, dass keine Untersuchungen, die den gleichen Zweck verfolgen, zeitlich unmittelbar aufeinander folgen,[15] indem ein Leistungsträger Kenntnis von (für die entsprechende Sozialleistung maßgeblichen) Untersuchungen erhält.[16] 6

4 BeckOGK/*Herbst*, § 96 SGB X Rn. 13, Stand 08/2024.
5 Hauck/Noftz/*Sehnert*, § 96 SGB X Rn. 6; jurisPK-SGB X/*Feddern*, § 96 Rn. 15; BeckOGK/*Herbst*, § 96 SGB X Rn. 18, Stand 08/2024.
6 Schütze/*Engelmann*, § 96 SGB X Rn. 4; BeckOGK/*Herbst*, § 96 SGB X Rn. 16, Stand 08/2024; a.A. Diering/Timme/Stähler/*Breitkreuz*, § 96 SGB X Rn. 5.
7 Hauck/Noftz/*Sehnert*, § 96 SGB X Rn. 6; BeckOK-SozR/*Weiß*, § 96 SGB X Rn. 4, Stand 06/2024.
8 Schütze/*Engelmann*, § 96 SGB X Rn. 5; Hauck/Noftz/*Sehnert*, § 96 SGB X Rn. 11.
9 BT-Drucks. 9/95, S. 22; BeckOK-SozR/*Weiß*, § 96 SGB X Rn. 7, Stand 06/2024.
10 BeckOGK/*Herbst*, § 96 SGB X Rn. 23, Stand 02/2023.
11 BT-Drucks. 9/95, S. 22; LSG Thüringen, Beschl. v. 09.08.2011 – L 6 R 997/11 B ER, juris; Schütze/*Engelmann*, § 96 SGB X Rn. 7.
12 Hauck/Noftz/*Sehnert*, § 96 SGB X Rn. 22.
13 Schütze/*Engelmann*, § 96 SGB X Rn. 8.
14 BeckOGK/*Herbst*, § 96 SGB X Rn. 25, Stand 08/2024.
15 Schütze/*Engelmann*, § 96 SGB X Rn. 9.
16 BeckOGK/*Herbst*, § 96 SGB X Rn. 32, Stand 08/2024.

Die Verträge nach Abs. 2 Satz 1 sind schriftlich zu schließen.[17] Vereinbarungen über die Erweiterung des Umfangs von Untersuchungen zugunsten aller beteiligten Leistungsträger sind nach Abs. 2 Satz 3 optional. Ohnehin unterliegt eine solche Ausweitung der Zustimmung des betroffenen Leistungsempfängers. Sofern dieser seine Zustimmung zur Erweiterung der Untersuchung verweigert, müssen die anderen Leistungserbringer eigene Untersuchungen veranlassen.[18]

III. Verbot einer Zentraldatei

7 Abs. 3 verbietet die Bildung eine Zentraldatei unter Leistungsträgern für die Ergebnisse medizinischer Untersuchungen. Das Verbot bezieht sich dem Wortlaut nach nur auf »Daten der ärztlich untersuchten Leistungsempfänger«, was nahelegen könnte, dass eine Zentraldatei für Ergebnisse von psychologischen Eignungsuntersuchungsmaßnahmen i.S.d. Abs. 1 Satz 1 zulässig ist. Der Schutzzweck der Norm und die grundsätzlich vergleichbare Schutzbedürftigkeit von ärztlichen und psychologischen Untersuchungsergebnissen sprechen aber für ein umfassendes Verbot der Bildung einer Zentraldatei für die Ergebnisse von Untersuchungen und Maßnahmen i.S.d. Abs. 1 Satz 1.[19] Soweit spezialgesetzliche Ermächtigungsgrundlagen bestehen, gehen diese vor (insbesondere § 204 SGB VII). Verboten sind nach Sinn und Zweck der Vorschrift sowohl die Bildung einer gemeinsamen Datei mehrerer Leistungsträger mit deren Untersuchungsergebnissen als auch der voraussetzungslose Zugriff eines oder mehrerer Leistungsträger auf die bei einem Leistungsträger erhobenen und gespeicherten Daten. Ein Leistungsträger, der die Untersuchungsbefunde eines anderen Leistungsträgers für die Prüfung seiner eigenen Leistungspflicht verwerten will i.S.d. Abs. 1 Satz 3, muss sich die Untersuchungsergebnisse deshalb unter Beachtung der §§ 69, 76 übermitteln lassen.[20] Das Verbot kann auch nicht durch die Bildung einer Arbeitsgemeinschaft nach § 94 umgangen werden, welche mit der Sammlung von Daten aus Untersuchungen verschiedener Leistungsträger betraut ist; dies würde dem Zweck des Verbots widersprechen.[21]

Dritter Titel Zusammenarbeit

§ 97 Durchführung von Aufgaben durch Dritte

(1) [1]Kann ein Leistungsträger, ein Verband von Leistungsträgern oder eine Arbeitsgemeinschaft von einem Dritten Aufgaben wahrnehmen lassen, muss sichergestellt sein, dass der Dritte die Gewähr für eine sachgerechte, die Rechte und Interessen des Betroffenen wahrende Erfüllung der Aufgaben bietet. [2]Soweit Aufgaben aus dem Bereich der Sozialversicherung von einem Dritten, an dem ein Leistungsträger, ein Verband oder eine Arbeitsgemeinschaft unmittelbar oder mittelbar beteiligt ist, wahrgenommen werden sollen, hat der Leistungsträger, der Verband oder die Arbeitsgemeinschaft den Dritten zu verpflichten, dem Auftraggeber auf Verlangen alle Unterlagen vorzulegen und über alle Tatsachen Auskunft zu erteilen, die zur Ausübung des Aufsichtsrechts über die Auftraggeber auf Grund pflichtgemäßer Prüfung der Aufsichtsbehörde des Auftraggebers erforderlich sind. [3]Die Aufsichtsbehörde ist durch den Leistungsträger, den Verband oder die Arbeitsgemeinschaft so rechtzeitig und umfassend zu unterrichten, dass ihr vor der Aufgabenübertragung oder einer Änderung ausreichend Zeit zur Prüfung bleibt. [4]Die Aufsichtsbehörde kann auf eine Unterrichtung verzichten. [5]Die Sätze 3 und 4 gelten nicht für die Bundesagentur für Arbeit.

(2) § 89 Abs. 3 bis 5, § 91 Abs. 1 bis 3 sowie § 92 gelten entsprechend.

17 BeckOGK/*Herbst*, § 96 SGB X Rn. 32, Stand 08/2024.
18 BeckOK-SozR/*Weiß*, § 96 SGB X Rn. 12, Stand 06/2024.
19 BeckOGK/*Herbst*, § 96 SGB X Rn. 49, Stand 08/2024.
20 Hauck/Noftz/*Sehnert*, § 96 SGB X Rn. 24; BeckOGK/*Herbst*, § 96 SGB X Rn. 44 f., Stand 08/2024.
21 Schütze/*Engelmann*, § 96 SGB X Rn. 12; BeckOGK/*Herbst*, § 96 SGB X Rn. 47, Stand 08/2024.

Übersicht

A. Inhalt

1 § 97 regelt die Durchführung von Aufgaben durch Dritte und stellt für diese bestimmte Vorgaben auf. Dabei verhält sich die Norm nicht zur Zulässigkeit des Aufgabenoutsourcings als solchem, sondern setzt eine entsprechende Befugnis tatbestandlich voraus. § 97 regelt also nicht das »Ob«, sondern nur das »Wie« der Aufgabenverlagerung. Eine eigene Ermächtigung zur Aufgabenübertragung auf Dritte sollte die Vorschrift ausweislich der Gesetzesbegründung nicht enthalten. Eine solche Ermächtigung müsse aus anderen gesetzlichen Vorschriften folgen[1].

2 Sofern ein Leistungsträger, ein Verband von Leistungsträgern oder eine Arbeitsgemeinschaft eine entsprechende Aufgabenverlagerung vornehmen können, schreibt die Vorschrift vor, dass sichergestellt sein muss, dass der Dritte die Gewähr für eine sachgerechte, die Rechte und Interessen des Betroffenen wahrende Erfüllung der Aufgaben bietet. Die nachträglich eingeführten Sätze 2 bis 5 konkretisieren diese Vorgaben für Aufgaben aus dem Bereich der Sozialversicherung. Abs. 2 regelt die Gestaltung des Verhältnisses zwischen Leistungsträger und Drittem durch Verweisung auf einige Vorschriften aus dem Recht des Auftragsverhältnisses.

3 § 97 bewegt sich damit in den allgemeinen Grundsätzen der sog. »Erfüllungsprivatisierung« bzw. funktionalen Privatisierung, wonach die zuständige staatliche Stelle bei Nutzung der Sachkunde, Fähigkeiten oder sonstiger Unterstützung Dritter für eine sachgerechte Erledigung der jeweiligen Verwaltungsaufgabe zuständig und verantwortlich bleibt.[2]

B. Entstehungsgeschichte

4 Die Vorschrift ist mit ihrem Abs. 1 Satz 1 und Abs. 2 durch Gesetz vom 04.11.1982 eingeführt und am 01.07.1983 in Kraft getreten.[3] Der Gesetzentwurf der Bundesregierung vom 13.01.1981 findet sich in den BT-Drucks. 9/95, S. 23. Zu den Hintergründen der Änderungen im Gesetzgebungsverfahren, vgl. den Bericht des Ausschusses für Arbeit und Sozialordnung in den BT-Drucks. 9/1753, S. 43.

Nach rein redaktionellen Änderungen zum 01.01.2001 erhielt die Norm ihre heutige Fassung durch das Verwaltungsvereinfachungsgesetz vom 21.03.2005 zum 30.03.2005[4]. Damals wurde in Abs. 1

---

1 Vgl. BT-Drucks. 9/95, S. 23 sowie BT-Drucks. 15/4228, S. 33.
2 Vgl. nur Maurer/Waldhoff, Allgemeines Verwaltungsrecht, Rn. 64.
3 BGBl. I 1982, S. 1450.
4 BGBl. I 2005, S. 818.

Satz 1 »ein Verband von Leistungsträgern« ergänzt und der Abs. 1 um die Sätze 2 bis 5 erweitert. Die Änderungen basieren auf einem Gesetzentwurf der Bundesregierung vom 17.11.2004.[5]

C. Einzelerläuterungen

I. Tatbestand und Reichweite

5 Ausweislich seines Wortlauts knüpft § 97 tatbestandlich daran an, dass ein Leistungsträger, ein Verband von Leistungsträgern oder eine Arbeitsgemeinschaft von einem Dritten Aufgaben wahrnehmen lassen kann.

1. Adressaten »Leistungsträger«, »Verbänden von Leistungsträger«, »Arbeitsgemeinschaft«

6 **»Leistungsträger«** sind in § 12 SGB I definiert als die in den §§ 18 bis 29 SGB I genannten für Sozialleistungen zuständigen Körperschaften, Anstalten und Behörden. Mit der nachträglichen Einführung von »Verbänden von Leistungsträger[n]« wollte der Gesetzgeber die faktischen Verhältnisse nachziehen.[6] Gemeint sind sämtliche öffentlich-rechtlich sowie privatrechtlich organisierte Verbände.[7]

7 **»Arbeitsgemeinschaft«** wird in § 94 zwar nicht definiert, aber begrifflich vorausgesetzt. Gemeint ist nach dem Willen des Gesetzgebers eine organisatorisch selbständige Einheit, bei der es um eine tatsächliche, rechtlich und finanziell verbindliche Zusammenarbeit geht, wobei die Rechtsform freigestellt ist.[8]

2. In Betracht kommende »Dritte«

8 **»Dritte«** sind nicht näher gesetzlich umschrieben und werden daher regelmäßig negativ im Ausschlussverfahren definiert. In Betracht kommen grundsätzlich alle Personen, Einrichtungen und Vereinigungen, die nicht selbst Leistungsträger, Verband von Leistungsträgern oder Arbeitsgemeinschaft sind. Nicht erfasst sind darüber hinaus die in der Vorschrift erwähnten »Betroffenen« wie Antragsteller, Leistungsempfänger, Beitragszahler etc., die zu den genannten Hoheitsträgern in einem Sozialrechtsverhältnis stehen und deren Rechte und Interessen die Vorschrift wahren will.[9]

9 Schließlich sind nicht Dritte nach einhelliger Meinung auch die Beschäftigten der vorgenannten Stellen, weil deren Handlungen diesen zugerechnet werden (einhellige Meinung). Übrig bleiben damit insbesondere Rehabilitationseinrichtungen, Heime, Krankenhäuser und sonstige Einrichtungen oder Dienstleister unabhängig von deren Organisation als Privatrechtssubjekte oder öffentlich-rechtliche Einrichtung.[10]

3. Übertragbare »Aufgaben«

10 § 97 regelt nicht selbst, sondern setzt tatbestandlich voraus, dass Leistungsträger, Verbände von Leistungsträgern oder Arbeitsgemeinschaften ihnen obliegende Aufgaben von Dritten wahrnehmen lassen können (vgl. Rdn. 3). Entsprechend ergeben sich auch die Konturen der erfassten »Aufgaben« nicht aus der Vorschrift selbst, sondern aus den allgemeinen Befugnissen zur Übertragung staatlicher Aufgaben und dem systematischen Zusammenspiel mit konkretisierenden und konkurrierenden Normen der Sozialgesetzbücher.

---

5 BT-Drucks. 15/4228, S. 33.
6 Vgl. BT-Drucks. 15/4228, S. 33.
7 Vgl. jurisPK-SGB X/*Tapper*, § 97 Rn. 78 m.w.N.
8 Vgl. BT-Drucks. 15/4228, S. 32 f.
9 Vgl. Hauck/Noftz/*Sehnert*, § 97 SGB X Rn. 5.
10 Für weitere Beispiele vgl. BeckOGK/*Frauhammer*, § 97 SGB X Rn. 23, Stand 11/2023.

a) Unübertragbare »Kernaufgaben«

Verfassungsrechtliche Grenzen der Aufgabenübertragung an Dritte können sich insbesondere aus Art. 33 Abs. 4 GG ergeben, wonach die Ausübung hoheitsrechtlicher Befugnisse als ständige Aufgabe in der Regel Angehörigen des öffentlichen Dienstes zu übertragen ist, die in einem öffentlich-rechtlichen Dienst- und Treueverhältnis stehen. Die Subsumtion einer Aufgabe unter diesen Funktionsvorbehalt führt damit grundsätzlich dazu, dass diese mangels Dienstherrenfähigkeit nicht in privatrechtlicher Organisationsform erledigt und daher nicht an private Dritte übertragen werden kann. Da der Funktionsvorbehalt aber lediglich »in der Regel« einzuhalten ist, bleibt ein unübertragbarer Kernbereich staatlicher Aufgaben im Einzelfall jedenfalls schwer zu bestimmen.[11] Gleichwohl wird durch Art. 33 Abs. 4 GG zweifelsfrei ein Regel-Ausnahmeverhältnis vorgeschrieben, wonach Abweichungen von diesem Grundsatz der Rechtfertigung durch einen spezifischen, dem Sinn der Ausnahmemöglichkeit entsprechenden Ausnahmegrund bedürfen.[12] Ausnahmen können beispielsweise nicht allein mit rein fiskalischen Gesichtspunkten begründet werden. Es könne jedoch sehr wohl berücksichtigt werden, ob eine auf ihre Ausnahmefähigkeit hin zu beurteilende Tätigkeit Besonderheiten aufweise, deretwegen Kosten und Sicherungsnutzen des Einsatzes von Berufsbeamten hier in einem anderen – deutlich ungünstigeren – als dem nach Art. 33 Abs. 4 GG im Regelfall vorauszusetzenden Verhältnis stehe.[13] In diesem Sinne sieht das BVerfG Ausnahmen vom Funktionsvorbehalt insbesondere durch den Grundsatz der Verhältnismäßigkeit begrenzt. Je intensiver eine bestimmte Tätigkeit Grundrechte berührt, desto weniger sind Einbußen an institutioneller Absicherung qualifizierter und gesetzestreuer Aufgabenwahrnehmung hinnehmbar, wobei dem Gesetzgeber bei der Einschätzung tatsächlicher Verhältnisse und ihrer künftigen Entwicklung ein Einschätzungsspielraum zukommen soll.[14] 11

Für den Bereich der gesetzlichen Krankenversicherung konkretisiert § 197b Satz 2 SGB V die Grenze übertragbarer Aufgaben und bestimmt, dass »*wesentliche Aufgaben zur Versorgung der Versicherten*« nicht in Auftrag gegeben werden dürfen. Die Gesetzesbegründung, die von Kernaufgaben spricht,[15] hilft zu deren Bestimmung nicht weiter.[16] Jedoch hat der 1. Senat des Bundessozialgerichts bereits entschieden, dass dies alle Aufgaben von der Übertragung auf private Dritte ausschließt, die ihrer Art nach die Leistungsgewährung an Versicherte und damit eine Kernaufgabe der Krankenkassen und der gesetzlichen Krankenversicherung betreffen. Nicht übertragbar sei damit die Prüfung von Leistungsvoraussetzungen für Ansprüche Versicherter, die Erstellung individueller Versorgungs- und Hilfepläne für Versicherte sowie die Durchführung eines Assessments zur Feststellung des individuellen Bedarfs, soweit dem Dritten damit ein erheblicher Einfluss auf die Fallbearbeitung der Krankenkasse eingeräumt wird. Für zulässig hält das BSG hingegen, die externe Expertise von privaten Dritten in Anspruch zu nehmen, um – noch im Vorfeld konkreter Patientenkontakte – auf der Grundlage der bei ihnen vorhandenen Daten Versorgungsmodelle für bestimmte Patientengruppen zu entwickeln, die dann in einem zweiten Schritt dem individuellen Versorgungs- und Hilfebedarf angepasst werden können. Die Erarbeitung solcher Modelle bewege sich noch nicht auf der Ebene der Versorgung des individuellen Patienten und sei – bei Einhaltung der Anforderungen an den Schutz der Sozialdaten – grundsätzlich übertragbar.[17] 12

---

11 Vgl. BeckOK GG/*Hense*, Art. 33 Rn. 31 m.w.N.

12 Vgl. dazu BVerfG, Urt. v. 18.01.2012 – 2 BvR 133/10, Leitsatz 2 und Rn. 144 ff. m.w.N.

13 BVerfG, Urt. v. 18.01.2012 – 2 BvR 133/10, Rn. 147 und 148.

14 BVerfG, Urt. v. 18.01.2012 – 2 BvR 133/10, Rn. 149.

15 BT-Drs. 16/3100, S. 159.

16 so auch *Knispel*, BeckRS 2022, 40344.

17 So BSG, Urt. v. 08.10.2019 – B 1 A 3/19 R, Juris Rn. 28 ff; zur Abgrenzung vgl. auch BSG, Urt. v. 30.08.2023 – B 3 A 1/23, juris Rn. 28 ff.

b) Übertragung hoheitlicher Befugnisse und Sozialverwaltungsaufgaben nur durch Gesetz

13 Außerhalb solcher Kernaufgaben selbst ist eine Übertragung hoheitlicher Befugnisse grundsätzlich möglich, setzt aber nach allgemeinen verwaltungsrechtlichen Grundsätzen eine entsprechende gesetzliche Befugnis, bei privaten Organisationen eine sog. Beleihung voraus.[18]

14 Auch Sozialversicherungsträger dürfen private Dritte an der Wahrnehmung ihrer Aufgaben nur beteiligen, soweit sie dazu gesetzlich hinreichend ermächtigt sind. Als dem Staat eingegliederte Körperschaften des öffentlichen Rechts nehmen Sozialversicherungsträger im Verhältnis zu ihren Mitgliedern Aufgaben der mittelbaren Staatsverwaltung wahr. Diese Stellung bedingt nach Auffassung des Bundessozialgerichts, dass sie die ihnen im Verhältnis zu den Versicherten übertragenen Aufgaben grundsätzlich ausschließlich selbst wahrzunehmen haben. Dies meine durch eigene Verwaltungseinrichtungen und mit eigenen personellen und sächlichen Mitteln. Von »untergeordneten Hilfsdiensten« abgesehen, dürfen sie daher externe Dienstleister mit der Wahrnehmung ihnen zugewiesener Aufgaben nur auf Grundlage einer hinreichenden gesetzlichen Ermächtigung beauftragen.[19] Etwas anderes ergebe sich auch nicht aus der Organisationshoheit der Sozialversicherungsträger, die diesen das Recht verleihe, über die innere Verwaltungsorganisation einschließlich der bei der Aufgabenwahrnehmung notwendigen Abläufe und Zuständigkeiten eigenverantwortlich zu entscheiden. Das schließe aber nicht die Befugnis mit ein, selbst über die Beteiligung privater Dritter am Vollzug sozialrechtlicher Vorschriften zu befinden.[20] Ob und unter welchen Voraussetzungen im Einzelnen abweichend von der durch Art. 87 Abs. 2 GG grundsätzlich vorgegebenen Aufgabenwahrnehmung durch die Sozialversicherungsträger selbst private Dritte mit (Teil-)Beiträgen beteiligt werden können, obliegt damit ausschließlich der Entscheidung des Bundesgesetzgebers im Rahmen seiner Kompetenz zur Regelung der Organisation der Sozialversicherung.[21]

Eine solche Befugnis räumt der Bundesgesetzgeber beispielsweise durch § 197b SGB V in der gesetzlichen Krankenversicherung, nicht aber in der gesetzlichen Pflegeversicherung, ein.[22] Eine differenzierte Zulassung regeln die § 176 ff. SGB III im Bereich der Arbeitsförderung.[23]

Für die Zusammenarbeit der Sozialverwaltung mit gemeinnützigen und freien Einrichtungen und Organisationen, vgl. Rdn. 22 ff.

c) Übertragung sonstiger Aufgaben

15 Vor diesem Hintergrund bleibt lediglich die Übertragung von »*untergeordneten Hilfsdiensten*« auf sog. bloße Verwaltungshelfer stets zulässig. Anders als Beliehene werden diese nicht selbst hoheitlich im Rahmen der Sozialverwaltung tätig, sondern leisten bloße Unterstützungstätigkeit oder sonstige untergeordnete Tätigkeiten.[24]

16 Keine weiteren Grenzen der Aufgabenübertragung ergeben sich aus den §§ 88 ff., derenunmittelbare Anwendung nur das Verhältnis der Sozialleistungsträger untereinander erfasst. Dies zeigt eine systematische Betrachtung des Abs. 2, der lediglich ausgewählte Vorschriften für entsprechend anwendbar erklärt.[25]

---

18 Vgl. Maurer/Waldhoff, Allgemeines Verwaltungsrecht, § 23 Rn. 59, S. 685; Hauck/Noftz/*Sehnert*, § 97 SGB X Rn. 10.
19 Vgl. BSG, Urt. v. 30.08.2023- B 3 A 1/23,– juris Rn. 16ff.
20 BSG, Urt. v. 30.08.2023- B 3 A 1/23, juris Rn. 17 ff.
21 BSG, Urt. v. 30.08.2023- B 3 A 1/23, juris Rn. 18ff.
22 Vgl. BSG, Urt. v. 30.08.2023 – B 3 A 1/23, juris Rn. 22 ff.
23 Für weitere Beispiele vgl. BeckOGK/*Frauhammer*, § 97 SGB X Rn. 23.
24 Vgl. auch jurisPK-SGB I/*Mutschler*, § 97 Rn. 54.
25 Vgl. BeckOK-SozR/*Frauhammer*, § 97 SGB I Rn. 26.

4. Aufgabenübertragung (»wahrnehmen lassen«)

Neben der rechtlichen Zulässigkeit der Mitwirkung des Dritten setzt § 97 voraus, dass der Hoheitsträger die Aufgabe von einem Dritten wahrnehmen lässt. Dies erfordert nicht nur eine (Mit-) Verantwortlichkeit für die Aufgabenwahrnehmung, sondern darüber hinaus auch eine eigene Veranlassung des zuständigen Hoheitsträgers. Erfüllt der Dritte die Aufgabe hingegen ohne Zutun des Leistungsträgers aus eigenem Antrieb (dazu Rdn. 18) oder zur Erfüllung einer eigenen gesetzlich übertragenen Aufgabe (dazu Rdn. 19), liegt hingegen kein wahrnehmen lassen im Sinne des § 97 vor. 17

Entsprechend handelt es sich nicht um ein »wahrnehmen lassen«, wenn beispielsweise die Bundesagentur für Arbeit rechtswidrig Unterhaltsgeld ablehnt und der Ausbildungsbetrieb stattdessen aus eigenem Antrieb eine Ausbildungsvergütung zahlt. In diesem Fall kann der Inhaber eines Ausbildungsbetriebes u.a. mangels Einschlägigkeit der § 97 Abs. 1 und 2 keinen Erstattungsanspruch geltend machen, soweit ihm kein Auftrag zur Durchführung der Bildungsmaßnahme bzw. zur Zahlung von Unterhaltsgeld erteilt und er auch sonst nicht als Dritter zur Erfüllung der Aufgaben im Vertragswege herangezogen worden ist.[26] 18

Nicht anwendbar ist § 97 auch auf gesetzlich übertragene eigene Aufgaben des »Dritten«. Eine solche originäre gesetzliche Aufgabenzuweisung, für die § 97 nicht gilt, nimmt beispielsweise der in § 118 Abs. 3 Satz 2 SGB VI normierte öffentlich-rechtliche Erstattungsanspruch vor, mit dem Geldinstituten die Verpflichtung auferlegt wird, fehlgegangene Rentenüberweisungen nach dem Tode des Versicherten unentgeltlich (zurück-) zu überweisen.[27] Entsprechendes dürfte für die Aufgaben der vertragsärztlichen Versorgung gelten, die durch gesetzliche Zuweisung der §§ 75 ff. SGB V den Kassenärztlichen Vereinigungen (als öffentlich-rechtlichen Vereinigungen) obliegen. Entsprechend werden auch die kassenärztliche Vertragsärzte nicht von § 97 erfasst.[28] 19

Keine Rolle spielt hingegen in welcher rechtlichen Gestaltung der Leistungsträger, der Verband oder die Arbeitsgemeinschaft die Aufgabenwahrnehmung dem Dritten überträgt. Eine privatrechtliche Gestaltung ist ebenso denkbar wie ein privatrechtlicher Vertrag (z. B. Dienst- oder Werkvertrag). Denkbar wäre grundsätzlich sogar eine Aufgabenerledigung nach den Vorschriften des BGB über die Geschäftsführung ohne Auftrag, wobei im Sozialleistungsrecht im Regelfall kein öffentliches Interesse im Sinne des § 679 BGB daran besteht, dass ein privater Dritter für den zuständigen Sozialleistungsträger Leistungen erbringt.[29] Unerheblich ist schließlich nach dem Wortlaut der Vorschrift auch, ob der Leistungsträger die Aufgaben nicht nur übertragen kann oder darf, sondern diese ggf. sogar übertragen muss, da ihm eigene persönliche, sachliche oder auch rechtliche Voraussetzungen fehlen.[30] 20

Inwieweit für § 97 bereits tatbestandlich eine inhaltliche Einflussmöglichkeit des Hoheitsträgers auf die Ausgestaltung und Durchführung der Aufgabe vorhanden sein muss,[31] dürfte für die Praxis dahinstehen können. Eine solche ist jedenfalls auf der Rechtsfolgenseite erforderlich (»muss sichergestellt sein […]«). Da der Hoheitsträger ohne inhaltliche Einflussmöglichkeit keine ordnungsgemäße Durchführung sicherstellen kann, kann er die Aufgabe in diesem Fall nicht von einem Dritten wahrnehmen lassen. Zur Zusammenarbeit mit gemeinnützigen und freien Einrichtungen gemäß und der Ausnahme in § 17 Abs. 1 Satz 4 sogleich unter Rdn. 22 ff. 21

---

26 Vgl. BSG, Urt. v. 02.03.2000 – B 7 AL 36/99 R, Juris Orientierungssatz 1.
27 Vgl. dazu BSG, Urt. v. 20.12.2001 – B 4 RA 126/00 R, Juris, Rn. 21.
28 Vgl. Hauck/Noftz/*Sehnert*, § 97 SGB X Rn. 5 m.w.N.
29 Vgl. BSG, Urt. v. 02.03.2000 – B 7 AL 36/99 R, Juris Orientierungssatz 1; BeckOGK/*Frauhammer*, § 97 Rn. 30 u. 31.
30 Vgl. Hauck/Noftz/*Sehnert*, § 97 SGB X Rn. 7.
31 Vgl. dazu Hauck/Noftz/*Sehnert*, § 97, Rn. 9.

5. Zusammenarbeit mit gemeinnützigen und freien Einrichtungen und Organisationen

22 Das in § 17 Abs. 3 SGB I normierte Gebot der Zusammenarbeit, mit gemeinnützigen und freien Einrichtungen und Organisationen ist insb. im Fürsorgerecht ein historisch gewachsenes Strukturprinzip des deutschen Sozialfürsorgesystems. Diese Zusammenarbeit kann jedoch zugleich als Wahrnehmung von Aufgaben durch Dritte verstanden werden, so dass § 97 nach seinem Wortlaut eingreifen würde.[32] Gleichwohl verzichtet der Gesetzgeber hier auf den qualitativen Mindeststandard des § 97 und ordnet in § 17 Abs. 3 Satz 4 SGB I im Wege einer Ausnahme an, dass § 97 Abs. 1 Satz 1 bis 4 und Abs. 2 keine Anwendung finden.

23 Ausdrücklich ausgeschlossen war zunächst lediglich die Anwendung des Art 97 Abs. 2 (Eingef. durch Gesetz vom 04.11.1982 mit Wirkung zum 01.07.1983.[33] Die Ergänzung auf die § 97 Abs. 1 S. 1 bis 4 erfolgte durch das Verwaltungsverfahrensvereinfachungsgesetz m.W.v. 30.03.2005.[34] Ziel des Gesetzgebers war ausweislich der Gesetzesbegründung, die die bisher bestehenden Sondervorschriften für die freien Träger der Jugend- und Wohlfahrtspflege aufrechtzuerhalten.[35] Entsprechende Sonderregelungen finden sich in den §§ 5 SGB XII für die Sozialhilfe und §§ 4, 74, 76, 78 SGB VIII für die Kinder- und Jugendhilfe. Auf die entsprechenden Kommentierungen wird verwiesen.

24 Als Ausnahmevorschrift und in Anbetracht der beschränkten Zielsetzung des Gesetzgebers ist § 17 Abs. 3 Satz 4 SGB I nach der hier vertretenen Auffassung eng auszulegen. Im Zweifel ist, jedenfalls außerhalb der Jugend- und Wohlfahrtspflege, von einer Wahrnehmung von Aufgaben durch Dritte im Sinne des § 97 und nicht von einer Zusammenarbeit im Sinne des § 17 Abs. 3 SGB I auszugehen.

II. Rechtsfolge: Gewähr für sachgerechte Aufgabenerfüllung

25 Liegt der Tatbestand vor und kann ein Leistungsträger, ein Verband von Leistungsträgern oder eine Arbeitsgemeinschaft von einem Dritten Aufgaben wahrnehmen lassen, »*muss sichergestellt sein, dass der Dritte die Gewähr für eine sachgerechte, die Rechte und Interessen des Betroffenen wahrende Erfüllung der Aufgaben bietet.*«

1. Sachgerechte Aufgabenerfüllung

26 Was der Gesetzgeber unter einer sachgerechten Aufgabenerfüllung versteht, führt er nicht näher aus, so dass im jeweiligen Einzelfall anhand allgemeiner und (etwaiger) spezialgesetzlicher Grundsätze zu entscheiden ist.[36]

27 Selbstverständlich für eine sachgerechte Aufgabenerfüllung dürfte die *Einhaltung rechtlicher Vorgaben*, wie beispielsweise die Beachtung des Persönlichkeits- und Datenschutzrechts, des Strafrechts, des Arbeitsrechts sowie sonstiger einschlägiger Vorschriften, sein (zur Bindung an Grundrechte sogleich unter Rdn. 31).

28 Für die Frage, inwieweit eine sachgerechte Aufgabenerfüllung darüberhinausgehend auch die Einhaltung qualitativer Anforderungen umfasst, sind zunächst insbesondere spezialgesetzliche Vorgaben zu beachten. Entsprechende Beispiele und eine Pflicht zur vertraglichen Vereinbarung von konkreten Qualitätsstandards finden sich beispielsweise in den § 132 ff. SGB V. Sind solche Vorgaben vereinbart, ist deren Einhaltung für eine sachgerechte Aufgabenerfüllung ebenfalls erforderlich.

---

32 Vgl. BeckOGK/*Spellbrink*, SGB I § 17 Rn. 67a.
33 BGBl. I 1982, S. 1450, 1463.
34 BGBl. I, 2005 S. 818, 821.
35 Vgl. BT-Drucks. 9/1753 S. 47.
36 Vgl. Hauck/Noftz/*Sehnert*, § 97 SGB X Rn. 11; Pickel/Marschner/*dies.*, § 97 SGB X Rn. 7.

Schließlich ergeben sich Vorgaben für eine sachgerechte Aufgabenerfüllung auch aus allgemeinen Grundsätzen wie beispielsweise den in § 17 Abs. 1 SGB I aufgeführten Hinwirkungspflichten.[37] Diese sehen vor, dass jeder Berechtigte die ihm zustehenden Sozialleistungen in zeitgemäßer Weise, umfassend und zügig erhält (Ziffer 1), die zur Ausführung von Sozialleistungen erforderlichen sozialen Dienste und Einrichtungen rechtzeitig und ausreichend zur Verfügung stehen (Ziffer 2), der Zugang zu den Sozialleistungen möglichst einfach gestaltet wird, insbesondere durch Verwendung allgemein verständlicher Antragsvordrucke (Ziffer 3) und ihre Verwaltungs- und Dienstgebäude frei von Zugangs- und Kommunikationsbarrieren sind und Sozialleistungen in barrierefreien Räumen und Anlagen ausgeführt werden (Ziffer 4). Entsprechend wird der übertragende Hoheitsträger auch diese Vorgaben sicherstellen müssen. 29

2. die Rechte und Interessen des Betroffenen wahrende Erfüllung der Aufgabe

Neben der Sachgerechtigkeit der Aufgabenerfüllung enthält § 97 ausdrücklich die Vorgabe, dass diese die Rechte und Interessen des Betroffenen wahren muss. Anders als in § 88 Abs. 1 Nr. 3 spricht der Gesetzgeber hier nicht nur von einer Zweckmäßigkeit im »*wohlverstandenen Interessen des Betroffenen*« sondern, deutlich weitergehend, von der Wahrung der Rechte und Interessen der Betroffenen. Entsprechend dürfen den Betroffenen durch die Einschaltung des Dritten weder rechtlich noch tatsächlich Nachteile gegenüber einer eigenen Wahrnehmung der Aufgaben durch den Leistungsträger, den Verband oder die Arbeitsgemeinschaft entstehen.[38] 30

Dies gilt insbesondere für die Ausübung grundrechtlich geschützter Freiheiten, die unmittelbar nur die staatlichen Stellen selbst, nicht aber Private binden, vgl. Art. 1 Abs. 3 GG. Schaltet die staatliche Stelle private Dritte zur Erfüllung ihrer Aufgabe ein, müssen Sie dennoch die Ausübung grundrechtlicher Freiheiten sicherstellen.[39] Darüber hinaus darf es durch die Einschaltung des Dritten nicht zu einer Verkürzung oder Erschwerung des Rechtswegs kommen.[40] 31

Sind für die Erledigung der Aufgabe personenbezogene Daten zu übermitteln, darf nicht übersehen werden, dass mit solchen Übermittlungsvorgängen immer auch zusätzliche Datenschutz- und Datensicherheitsrisiken einhergehen. Diese Risiken einerseits und die mit der Datenverarbeitung durch Dritte gleichzeitig möglichen Synergien und wirtschaftlichen Vorteile andererseits adressieren Art. 28 DSGVO und § 80 SGB X, die einen Austausch personenbezogener Daten an Dienstleister ermöglichen, jedoch gleichzeitig Voraussetzungen an Auswahl und Überwachung festsetzen. 32

3. Sicherstellung

Für die vorbeschriebene »*sachgerechte*« (vgl. Rdn. 26 ff.), »*die Rechte und Interessen des Betroffenen wahrende Erfüllung der Aufgaben*« (Rdn. 30 ff.) »*muss sichergestellt sein, dass der Dritte die Gewähr*« bietet. 33

Um diese Vorgaben einhalten zu können, sollte der übertragende Hoheitsträger in der Regel noch vor der Entscheidung über das »Ob« der Aufgabenübertragung eine Risikoanalyse und Risikoeinschätzung vornehmen. Dabei sind sämtliche etwaige (erhöhte) Risiken zu sammeln und zu bewerten, die infolge der Wahrnehmung der Aufgabe durch Dritte für die sachgerechte Erfüllung und/oder 34

37 Vgl. auch BeckOGK/*Frauhammer*, § 97 SGB X Rn. 32.

38 So auch Hauck/Noftz/*Sehnert*, § 97 SGB X Rn. 12; etwas zurückhaltender sind Pickel/Marschner/*dies.*, § 97 SGB X Rn. 8, die »*In gleicher Weise wie bei […] § 88 Abs. 1 Satz 2 […] nicht auf das Individualinteresse des einzelnen Betroffenen*« sondern auf ein »*nach sachlicher Beurteilung und objektiven Gesichtspunkten vernünftigerweise anzunehmende Interesse des vom Vertragsverhältnis berührten Personenkreises*« abstellen wollen. Vor dem Hintergrund des unterschiedlichen Wortlauts der Vorschriften ist der Praxis zu empfehlen, auch etwaige individuelle Rechte und Interessen zu wahren.

39 Vgl. Hauck/Noftz/*Sehnert*, § 97 SGB X, Rn. 13 mit zutreffenden Beispielen zur Religions- und Meinungsfreiheit.

40 So auch BeckOGK/*Frauhammer*, § 97 SGB X Rn. 36.

die Rechte und Interessen der Betroffenen verbunden sind. Nur wenn diese Risiken — ggf. in Verbindung mit weiteren zu benennenden Maßnahmen wie einem kritischen Auswahlverfahren, ausdrücklichen Vorgaben und regelmäßigen Prüfungen (dazu sogleich) – als bewältigbar eingeordnet werden, kann die Aufgabenübertragung grundsätzlich erfolgen. Es gilt jedoch: Je desto höher die im Einzelfall herausgearbeiteten Risiken, desto strenger sind die folgenden Maßnahmen durchzuführen, um eine hinreichende Gewähr sicherstellen zu können.

35 Im Rahmen der Auswahl ist jedenfalls zu überprüfen, ob der Dritte bereit und dazu in der Lage ist, die Vorgaben einzuhalten. Mindestens die personellen und die sachlich organisatorischen Voraussetzungen müssen vorhanden sein, um den beschriebenen Maßstäben Rechnung tragen zu können.[41] Sind für die Aufgabe besondere Qualifikationen erforderlich, müssen diese selbstverständlich ebenso vorliegen.

36 Verläuft diese (Vorab-)Prüfung positiv und ist der Dritte prinzipiell personell und organisatorisch in der Lage, die Vorgaben zu erfüllen, ist die entsprechende Durchführung der Aufgabe darüber hinaus rechtlich abzusichern. Dies kann abstrakt oder gerade bei größeren Risiken durch möglichst konkrete technische oder organisatorische Vorgaben erfolgen. Hierfür dürften sich in der Regel entsprechende Vorschriften in dem Rechtsverhältnis zwischen dem Leistungsträger, dem Verband oder der Arbeitsgemeinschaft und dem Dritten anbieten, also in aller Regel entsprechende Klauseln in dem privatrechtlichen oder öffentlich-rechtlichen Vertrag, der der Aufgabenerfüllung zugrunde liegt.[42]

37 Da die entsprechende Aufgabenerfüllung nicht nur zu Beginn, sondern während der gesamten Laufzeit sicherzustellen ist, sind darüber hinaus in regelmäßigen Abständen Überprüfungen erforderlich. Hierfür in der Praxis hilfreich sind ausdrückliche, möglichst klar formulierte und umfassende Einsichts-, Betretungs- und Auskunftsrechte. Soweit deren Reichweite über die in Abs. 2 in Bezug genommenen Regelungen der § 89 ff. hinausgehen sollen, sind sie ausdrücklich zum Gegenstand der Vereinbarung zu machen.[43]

Kann das erforderliche Niveau der Aufgabenstellung mangels tatsächlicher Möglichkeit oder nach Durchführung einer Überprüfung nicht (mehr) sichergestellt werden, bleibt letztlich nur die Beendigung der Zusammenarbeit, vgl. § 97 Abs. 2 i.V.m. § 92.

38 Im Ergebnis müssen bei dem übertragenden Hoheitsträger sowohl die rechtlichen als auch die tatsächlichen Voraussetzungen vorhanden sein, die sachgerechte Aufgabenerfüllung nachzuvollziehen und prüfen zu können. Für die Praxis zu empfehlen ist damit (jedenfalls bei substanziellen Übertragungen) die Entwicklung und Anwendung einer modernen Dienstleister Governance. Diese sollte für die oben beschriebene Risikoanalyse möglichst Prozesse und Kriterien etablieren, die zu einer transparenten und nachvollziehbaren Ermessens- und Auswahlentscheidung führen. Ein (Standard-) Vertragswerk kann etwaige verbleibenden Risiken durch weitere Vorgaben adressieren. Darüber hinaus ist ein risikoadäquates Berichts- und Kontrollwesen zu etablieren, das neben Qualitätskriterien auch Mindestparameter des Compliance Management Systems des Dritten abfragen kann. Dabei sind dessen Rückmeldungen nicht nur zur Kenntnis zu nehmen, sondern auch tatsächlich zu bewerten.

III. Spezielle Pflichten im Bereich der Sozialversicherung

39 Soweit Aufgaben aus dem Bereich der Sozialversicherung von einem Dritten, an dem ein Leistungsträger, ein Verband oder eine Arbeitsgemeinschaft unmittelbar oder mittelbar beteiligt ist, wahrgenommen werden sollen, hat der Gesetzgeber in den Sätzen 2 bis 5 der Vorschrift noch einmal

41 So bereits die Gesetzesbegründung in den BT-Drucks. 9/95, S. 23.

42 Vgl. auch Hauck/Noftz/*Sehnert*, § 97 SGB X Rn. 15.

43 So auch die Empfehlung von BeckOGK/*Frauhammer*, § 97 Rn. 33 und jurisPK/*Mutschler*, § 97 SGB X Rn. 30.

spezielle Voraussetzungen vorgesehen. Hintergrund der Einführung war ausweislich der Gesetzesbegründung, dass Sozialversicherungsträger und ihre Verbände in zunehmendem Maße die Wahrnehmung von Aufgaben auf Dritte übertragen, insbesondere auch auf privatrechtliche Einrichtungen mit finanzieller Beteiligung der Träger und Verbände. Insoweit sollten die aufsichtsrechtlichen Möglichkeiten und deren Einwirkungsmöglichkeiten angepasst werden.[44]

Zu den Aufgaben aus dem Bereich der Sozialversicherung gehören nach Maßgabe des § 1 Abs. 1 SGB IV 40 Aufgaben aus dem Bereich der gesetzlichen Kranken-, Unfall- und Rentenversicherung einschließlich der Alterssicherung der Landwirte sowie der sozialen Pflegeversicherung. Auch Aufgabenübertragungen im Bereich der Arbeitslosenversicherung werden von § 97 Abs. 1 Satz 2 erfasst. Die von den Regelungen vorausgesetzte unmittelbare und mittelbare Beteiligung greift bei jeglicher gesellschaftsrechtlicher Verzahnung mit dem Dritten. Selbst eine stille Beteiligung, das direkte Engagement finanzieller und/oder personeller Art, aber auch die Zwischenstation über eine Beteiligung an einer Vorschaltgesellschaft, sollen ausreichen.[45]

Inhaltlich wird den Leistungsträgern, Verbänden und Arbeitsgemeinschaften auferlegt, den Dritten 41 zu verpflichten, dem Auftraggeber auf Verlangen alle Unterlagen vorzulegen und über alle Tatsachen Auskunft zu erteilen, die zur Ausübung des Aufsichtsrechts über die Auftraggeber aufgrund pflichtgemäßer Prüfung der Aufsichtsbehörde des Auftraggebers erforderlich sind. Mit dieser umfassenden Verpflichtung zur Auskunft werden die dem beauftragenden Versicherungsträger gegenüber seiner Aufsichtsbehörde obliegenden Pflichten kraft Vertrages auf die Rechtsbeziehung mit dem Dritten übertragen und so eine Prüfung der Beteiligung durch die Aufsichtsbehörde ermöglicht. Selbstverständlich bedarf es dazu keiner grenzenlosen Auskunft, so dass die Vorschrift selbst den Umfang auf diejenigen Unterlagen und Tatsachen beschränkt, die die Aufsichtsbehörde für eine pflichtgemäße Prüfung des beauftragenden Leistungserbringers im Rahmen ihrer aufsichtsrechtlichen Tätigkeit benötigt und verlangt.[46]

Nach Satz 4 ist die Aufsichtsbehörde durch den Leistungsträger, den Verband oder die Arbeits- 42 gemeinschaft so rechtzeitig und umfassend zu unterrichten, dass ihr vor der Aufgabenübertragung oder einer Änderung ausreichend Zeit zur Prüfung bleibt. Eine *rechtzeitige Unterrichtung* setzt voraus, dass die Aufsichtsbehörde nach den Umständen des Einzelfalls eine hinreichende Prüfung durchführen kann. Soweit in der Literatur ein Vorlauf von drei Monaten genannt wird, erscheint dies angemessen. Die in § 85 Abs. 1 SGB IV vorgesehene Genehmigungspflicht für Beteiligungen wird durch die Unterrichtungsverpflichtung nicht berührt.

Die Aufsichtsbehörde kann im Interesse einer Verwaltungsvereinfachung in bestimmten Fällen auf 43 eine Unterrichtung verzichten, vgl. Abs. 1 Satz 4. Diese Entscheidung trifft sie im pflichtgemäßen Ermessen.[47]

Nach Satz 5 finden die Sätze 3 und 4 im Bereich der Arbeitsförderung keine Anwendung. Hinter- 44 grund war ausweislich der Gesetzesbegründung, dass bereits die damals geltenden §§ 37 und 37c SGB III zeigten, dass hier in hohem Maße die Einschaltung Dritter zur Aufgabenerfüllung gesetzlich gewollt sei. Soweit es um die Übertragung von Aufgaben an eine Gesellschaft geht, an der die Bundesagentur für Arbeit selbst beteiligt ist, trifft § 370 SGB III eine Regelung, wonach die Beteiligung an die Zustimmung des Bundesministeriums für Wirtschaft und Arbeit und des Bundesministeriums der Finanzen gebunden ist.[48]

44 Vgl. BT-Drucks. 15/4228, S. 33.
45 Vgl. Hauck/Noftz/*Sehnert,* § 97 SGB X, Rn. 17; BeckOGK/*Frauhammer,* § 97 SGB X Rn. 43.
46 Vgl. Hauck/Noftz/*Sehnert,* § 97 SGB X Rn. 19, der für Einzelheiten zutreffend auf die für die Aufsichtsbehörde geltenden Rechtsvorschriften verweist.
47 Vgl. BeckOGK/*Frauhammer,* § 97 SGB X Rn. 51.
48 Vgl. BT-Drucks. 15/4228, S. 33.

45 Ausweislich der Gesetzesbegründung geht auch § 8 des Gesetzes zur Errichtung der Sozialversicherung für Landwirtschaft, Forsten und Gartenbau als Sonderregelung dem § 97 SGB X vor.[49]

IV. Anwendungen ausgewählter Vorschriften zum Auftrag (Abs. 2)

46 Nach § 97 Abs. 2 gelten schließlich die § 89 Abs. 3 bis 5, § 91 Abs. 1 bis 3 sowie § 92 entsprechend.

47 Soweit § 89 in Bezug genommen ist, führt dies dazu, dass der Dritte dem übertragenden Hoheitsträger die erforderlichen Mitteilungen zu machen, auf Verlangen über die Ausführung des Auftrags Auskunft zu erteilen und nach der Ausführung des Auftrags Rechenschaft abzulegen hat. Der übertragende Hoheitsträger ist berechtigt, die Ausführung der Aufgabe jederzeit zu prüfen und den Dritten an seine Auffassung zu binden. In der Praxis bedienen sich die Rentenversicherungsträger bei Reha-Maßnahmen im Verhältnis zu Beleghäusern z.B. bestimmter Prüfbeauftragten.[50] Für Einzelheiten des § 89 vgl. auch die dortige Kommentierung.

48 Über § 91 Abs. 1 ist der übertragende Hoheitsträger zur Erstattung verpflichtet, soweit der Dritte Sozialleistungen für ihn erbringt. Sach- und Dienstleistungen sind in Geld zu erstatten. Eine Erstattungspflicht besteht ausdrücklich nicht, soweit Sozialleistungen zu Unrecht erbracht worden sind und den Dritten hierfür ein Verschulden trifft. Über die Inbezugnahme des Abs. 2 sind die bei der Durchführung der Aufgabe entstehenden Kosten zu erstatten. Über Abs. 3 kann der Dritte für die zur Ausführung des Auftrags erforderlichen Aufwendungen von dem übertragenden Hoheitsträger einen angemessenen Vorschuss verlangen. Da § 91 Abs. 4 gerade nicht in entsprechender Weise in die Verweisung aufgenommen wurde, dürfte eine abweichende Vereinbarung über eine pauschalierende Erstattung nicht möglich sein.[51] Zur (abgelehnten) Kostenerstattung bei der Erfüllung eigenen gesetzlichen Aufgaben und eigenmächtigem Vorgehen siehe bereits die Rdn. 18 und 19[52]. Für weitere Einzelheiten vgl. auch die Kommentierung zu § 91.

49 Über die Verweisung auf § 92 können die übertragenden Hoheitsträger und der Dritte das der Aufgabenübertragung zugrundeliegende Rechtsverhältnis kündigen. Die Kündigung darf allerdings nur zu einem Zeitpunkt erfolgen, der es ermöglicht, dass der Leistungsträger, der Verband von Leistungsträgern oder die Arbeitsgemeinschaft für die Erledigung der Aufgabe auf andere Weise rechtzeitig Vorsorge treffen und der Dritte sich auf den Wegfall des Auftrags in angemessener Zeit einstellen kann. Liegt ein wichtiger Grund vor, kann entsprechend der allgemeinen vertragsrechtlichen Grundsätze mit sofortiger Wirkung gekündigt werden. Selbstverständlich bleibt eine einvernehmliche Beendigung jederzeit möglich. Für nähere Einzelheiten vgl. die Kommentierung zu § 92.

50 § 88 Abs. 4 ist zwar nicht direkt, sehr wohl aber über die Verweisung des § 92 miterfasst (str.).[53]

51 Die übrigen Vorschriften des Auftragsrechts sind nicht in Bezug genommen und finden daher keine Anwendung.[54]

52 Für die Zusammenarbeit mit gemeinnützigen und freien Einrichtungen und Organisationen gilt die Nichtanwendbarkeitsanordnung des § 17 Abs. 3 Satz 4 (zu diesem vgl. Rdn. 22 ff.) ausdrücklich auch für Abs. 2. Sonderregelungen für einzelne Rechtsverhältnisse gehen gemäß § 37 SGB I der Anwendung der vorgenannten Vorschriften vor.

---

49 Vgl. BT-Drucks. 15/4228 S. 33 zur Vorgängernorm § 18 Abs. 2 KVLG 1989.

50 Vgl. BeckOGK/*Frauhammer*, § 97 SGB X Rn. 56.

51 So auch BeckOGK/*Frauhammer*, § 97 SGB X Rn. 60.

52 Sowie BSG, Urt. v. 20.12.2001 – 4 RA 126/00 R, Juris Rn. 21 und BSG, Urt. v. 02.03.2000 – B 7 AL 36/99 R, Juris Orientierungssatz 1.

53 Vgl. BeckOGK/*Frauhammer*, § 97 SGB X Rn. 62 m.w.N.

54 Für eine Übersicht und das zutreffend Argument eines Umkehrschlusses, vgl. Hauck/Noftz/*Sehnert* § 97 SGB X, Rn. 27; a.A. Pickel/Marschner/*dies.*, § 97 Rn. 13.

§ 98 Auskunftspflicht des Arbeitgebers

(1) [1]Soweit es in der Sozialversicherung einschließlich der Arbeitslosenversicherung im Einzelfall für die Erbringung von Sozialleistungen erforderlich ist, hat der Arbeitgeber auf Verlangen dem Leistungsträger oder der zuständigen Einzugsstelle Auskunft über die Art und Dauer der Beschäftigung, den Beschäftigungsort und das Arbeitsentgelt zu erteilen. [2]Wegen der Entrichtung von Beiträgen hat der Arbeitgeber auf Verlangen über alle Tatsachen Auskunft zu erteilen, die für die Erhebung der Beiträge notwendig sind. [3]Der Arbeitgeber hat auf Verlangen die Geschäftsbücher, Listen oder andere Unterlagen, aus denen die Angaben über die Beschäftigung hervorgehen, während der Betriebszeit nach seiner Wahl den in Satz 1 bezeichneten Stellen entweder in deren oder in seinen eigenen Geschäftsräumen zur Einsicht vorzulegen. [4]Das Wahlrecht nach Satz 3 entfällt, wenn besondere Gründe eine Prüfung in den Geschäftsräumen des Arbeitgebers gerechtfertigt erscheinen lassen. [5]Satz 4 gilt nicht gegenüber Arbeitgebern des öffentlichen Dienstes. [6]Die Sätze 2 bis 5 gelten auch für Stellen im Sinne des § 28p Abs. 6 des Vierten Buches.

(1a) Soweit die Träger der Rentenversicherung nach § 28p des Vierten Buches prüfberechtigt sind, bestehen die Verpflichtungen nach Absatz 1 Satz 3 bis 6 gegenüber den Einzugsstellen wegen der Entrichtung des Gesamtsozialversicherungsbeitrags nicht; die Verpflichtung nach Absatz 1 Satz 2 besteht gegenüber den Einzugsstellen nur im Einzelfall.

(2) [1]Wird die Auskunft wegen der Erbringung von Sozialleistungen verlangt, gilt § 65 Abs. 1 des Ersten Buches entsprechend. [2]Auskünfte auf Fragen, deren Beantwortung dem Arbeitgeber selbst oder einer ihm nahe stehenden Person (§ 383 Abs. 1 Nr. 1 bis 3 der Zivilprozessordnung) die Gefahr zuziehen würde, wegen einer Straftat oder einer Ordnungswidrigkeit verfolgt zu werden, können verweigert werden; dem Arbeitgeber stehen die in Absatz 1 Satz 6 genannten Stellen gleich.

(3) Hinsichtlich des Absatzes 1 Satz 2 und 3 sowie des Absatzes 2 stehen einem Arbeitgeber die Personen gleich, die wie ein Arbeitgeber Beiträge für eine kraft Gesetzes versicherte Person zu entrichten haben.

(4) Das Bundesministerium für Arbeit und Soziales kann durch Rechtsverordnung mit Zustimmung des Bundesrates das Nähere über die Durchführung der in Absatz 1 genannten Mitwirkung bestimmen.

(5) [1]Ordnungswidrig handelt, wer vorsätzlich oder leichtfertig
1. entgegen Absatz 1 Satz 1 oder
2. entgegen Absatz 1 Satz 2 oder Satz 3, jeweils auch in Verbindung mit Absatz 1 Satz 6 oder Absatz 3,

eine Auskunft nicht, nicht richtig, nicht vollständig oder nicht rechtzeitig erteilt oder eine Unterlage nicht, nicht richtig, nicht vollständig oder nicht rechtzeitig vorlegt. [2]Die Ordnungswidrigkeit kann mit einer Geldbuße bis zu fünftausend Euro geahndet werden. [3]Die Sätze 1 und 2 gelten nicht für die Leistungsträger, wenn sie wie ein Arbeitgeber Beiträge für eine kraft Gesetzes versicherte Person zu entrichten haben.

Übersicht

A. Inhalt

1 Sozialversicherungsrechtliche Leistungen und Beitragspflichten knüpfen vielfach an Daten aus dem Beschäftigungsverhältnis des Versicherten an. Entsprechend wichtig sind solche Daten für eine ordnungsgemäße Leistungserbringung und Beitragsabrechnung. Vor diesem Hintergrund verlässt sich der Gesetzgeber nicht allein auf Auskünfte der Betroffenen (vgl. zu diesen z.B. die §§ 60, 61 und 65 SGB I, § 28o SGB IV, § 206 SGB V und § 196 SGB VI). Vielmehr durchbricht er mit § 98 den Grundsatz, dass Sozialdaten beim Betroffenen zu erheben sind und nimmt insoweit auch die Arbeitgeber in die Pflicht.[1]

2 Entsprechend ordnet § 98 Abs. 1 bestimmte Auskunfts- und Vorlagepflichten gegenüber den Trägern von Sozial- und Arbeitslosenversicherung oder der zuständigen Einzugsstelle an, die im Einzelfall zur Erbringung von Sozialleistungen erforderlich bzw. für die Beitragsentrichtung von Bedeutung sind. Soweit die Träger der Rentenversicherung prüfberechtigt sind, wird die Pflicht in Abs. 1a teilweise beschränkt. In Abs. 2 werden durch Verweisung auf §§ 65 Abs. 1 SGB I, und § 383 Abs. 1 Nr. 1–3 ZPO die Grenzen der Auskunftspflicht bzw. die Voraussetzungen der Auskunftsverweigerung geregelt. Abs. 3 erweitert einen Teil der Pflichten auf Personen, die wie ein Arbeitgeber Beiträge für eine kraft Gesetzes versicherte Person zu entrichten haben. Abs. 4 enthält eine Ermächtigung zum Erlass von Rechtsverordnungen, um darin Einzelheiten der Auskunfts- und Vorlagepflicht zu regeln. Abs. 5 umschreibt, unter welchen Voraussetzungen die schuldhafte Verletzung der Auskunfts- oder Vorlagepflicht ordnungswidrig ist.

3 Systematisch steht § 98 im Zusammenhang mit den §§ 20 ff. Danach haben die mit dem Vollzug des SGB betrauten Behörden, die für die Ermittlung eines Sachverhalts erforderlichen Tatsachen mittels der in § 21 Abs. 1 erwähnten Beweismittel (Auskünfte; Vernehmung von Beteiligten, Zeugen und Sachverständigen, Beiziehung von Urkunden und Akten sowie der Augenscheinnahme) aufzuklären. Für Beteiligte, Zeugen und Sachverständige besteht eine Pflicht zur Auskunftserteilung jedoch nur aufgrund besonderer rechtlicher Anordnung, vgl. § 21 Abs. 2 Satz 3. § 98 stellt eine solche Anordnung für Arbeitgeber sowie diesen nach Abs. 3 gleichgestellte Personen dar. Je nach dem Gegenstand der Auskunftspflicht ist die Rolle des Auskunftspflichtigen unterschiedlich zu qualifizieren. Sind diese im Zusammenhang mit der Leistungsgewährung auferlegt, ist er Zeuge. Als Beitragsentrichtungsschuldner ist er Beteiligter.

B. Entstehungsgeschichte

4 Die Norm ist in ihrem Kern durch Gesetz vom 04.11.1982[2] eingeführt worden und seit dem 01.07.1983 in Kraft. Sie ersetzte eine größere Zahl an Regelungen mit entsprechender Zielsetzung. Der Gesetzentwurf der Bundesregierung findet sich in den BT-Drucks. 9/95, S. 23, die Beschlussempfehlung des federführenden Bundestagsausschusses in BT-Drucks. 9/1753, S. 43. Zu fortgeltenden Spezialregelungen in der Unfall- und Arbeitslosenversicherung, vgl. Rdn. 6.

Abs. 1 Satz 4 und Satz 5 sind durch Gesetz vom 20.12.1988[3] mit Wirkung zum 24.12.1988 angefügt worden. In diesem Zusammenhang wurde auch Absatz 3 Satz 1 angepasst und in Absatz 5 der Ver-

1 Vgl. Hauck/Noftz/*Sehnert*, SGB X, § 98 SGB X Rn. 1.
2 BGBl. I 1982, S. 1450.
3 BGBl. I 1988, S. 2330.

schuldensgrad von »*fahrlässig*« auf »*grob fahrlässig*« geändert. Am 06.10.1989 mit Wirkung zum 01.01.1990 wurde dann »*grob fahrlässig*« wiederum durch »*leichtfertig*« ersetzt.[4] Absatz 1a ist durch Gesetz vom 30.06.1995 eingefügt worden und gilt seit dem 01.01.1996.[5] Weitere Änderungen waren im Wesentlichen redaktioneller oder zuständigkeitsnachziehender Natur.[6]

C. Erläuterungen

I. Anwendungsbereich und Adressaten

1. Anwendungsbereich »Sozialversicherung einschließlich der Arbeitslosenversicherung«

Die in § 98 geregelten Auskunfts- und Vorlagepflichten bestehen nach dem eindeutigen Wortlaut 5 der Norm lediglich in Angelegenheiten der Sozialversicherung einschließlich der Arbeitslosenversicherung. »*Sozialversicherung*« meint die in § 4 Abs. 2 Satz 1 SGB I und § 1 Abs. 1 Satz 1 SGB IV genannte gesetzliche Kranken-, Pflege-, Unfall- und Rentenversicherung einschließlich der Alterssicherung der Landwirte. Darüber hinaus ist in die Regelung ausdrücklich auch die »*Arbeitslosenversicherung*« einbezogen, womit die in § 1 Abs. 1 Satz 2 SGB IV und im SGB III geregelte Arbeitsförderung gemeint ist

In anderen Sozialleistungsbereichen findet die Norm keine Anwendung. Vielfach finden sich jedoch 6 (z.B. in der Ausbildungsförderung, beim Kindergeld oder Wohngeld) eigenständige Auskunftspflichten gegenüber Arbeitgebern (vgl. etwa: § 47 BAföG § 10 Abs. 2 BKGG § 23 Abs. 2 WoGG). Dies gilt insbesondere auch für den gesamten Bereich der Grundsicherung (vgl. § 57 SGB II, § 117 Abs. 4 SGB XII).

Spezielle Auskunftspflichten gegenüber Arbeitgebern finden sich auch innerhalb des Anwendungs- 7 bereichs der Vorschrift für die Träger der Unfallversicherung (§§ 165, 191, 192 Abs. 3, 193, 209 SGB VII) und für die Bundesagentur für Arbeit (vgl. §§ 315 ff. SGB III). Diese stehen neben dem Auskunftsrecht nach § 98 und gehen diesem als speziellere Vorschriften vor.

2. Auskunftsberechtigte »Leistungsträger« oder »zuständige Einzugsstelle«

Auskunftsberechtigt sind die in den §§ 12 ff. SGB I genannten zuständigen Leistungsträger der 8 Sozialversicherung und Arbeitsförderung und die ausdrücklich erwähnten Einzugsstellen. Für Letztere vgl. die §§ 28h und 28i SGB IV.

3. Auskunftsverpflichtete »Arbeitgeber« und nach Abs. 3 Gleichgestellte

Auskunftsverpflichtet sind insbesondere Arbeitgeber und im Rahmen von Abs. 3 die ihnen gleich- 9 gestellten Personen, die wie ein Arbeitgeber Beiträge für eine kraft Gesetzes versicherte Person zu entrichten haben.

Die Auskunft- und Vorlagepflichten nach § 98 treffen vor allem »Arbeitgeber«, wobei die Vorschrift 10 den Begriff nicht näher definiert und das Bundesarbeitsgericht[7] ihr ausdrücklich attestiert »*nicht eindeutig*« zu sein. Die Unklarheit sah der erkennende Senat konkret in der Frage, ob der Begriff des Arbeitgebers nur den Arbeitgeber des am Sozialleistungsverhältnis unmittelbar Beteiligten, also des Leistungsempfängers, meint, oder ob auch der Arbeitgeber von Personen erfasst ist, die nicht selbst Leistungsempfänger sind, deren Einkommensverhältnisse aber im Sinne von § 99 SGB X bei der Gewährung der Leistung zu berücksichtigen sind. Das BSG lässt die Entscheidung im Urteil offen. Es sieht allerdings in mehrfacher Hinsicht Bedenken gegen die letztgenannte weite Auslegung.[8]

---

4 BGBl. I 1989, S. 1822.
5 BGBl. I 1995, S. 890.
6 Vgl. zu diesen Hauck/Noftz/*Sehnert*, SGB X, § 98 SGB X, Rn. 2.
7 BSG, Urt. v. 04.05.1994 – 1 RS 2/92, Juris Rn. 16.
8 Vgl. BSG, Urt. v. 04.05.1994 – 1 RS 2/92, Juris Rn. 17.

Dies dürfte auch der h. M. im Schrifttum entsprechen, die ebenfalls der erstgenannten engen Auffassung folgt.[9] Unabhängig davon dürfte auf die allgemeinen Grundsätze abzustellen sein, wonach Arbeitgeber ist, wer (mindestens einen) Arbeitnehmer im Sinne des § 7 SGB IV beschäftigt. Bedeutende Kriterien sind also insbesondere die Ausübung des Weisungsrechts und die Eingliederung in die Arbeitsorganisation.

11 Abs. 3 erweitert die Pflichten (hinsichtlich des Absatzes 1 Satz 2 und 3 sowie des Absatzes 2) auf Personen, die wie ein Arbeitgeber Beiträge für eine kraft Gesetzes versicherte Person zu entrichten haben. Der Gesetzgeber hatte bei Einführung vor allem Unternehmer, Entleiher und Zwischenmeister im Blick.[10] Zwischenzeitlich hat das BSG aber auch zahlungspflichtige Stellen i.S.v. § 212a Abs. 1 SGB VI, die Pflichtbeiträge für sonstige Versicherte sowie für nachversicherte Personen zu zahlen haben, von der Auskunfts- und Unterlagenüberlassungspflicht als erfasst angesehen.[11]

II. Auskunfts- und Vorlagepflichten

12 § 98 differenziert zwischen der Anordnung einer Auskunftspflicht des Arbeitgebers wegen der Erbringung von Sozialleistungen (§ 98 Abs 1 Satz 1) und einer Auskunftspflicht des Arbeitgebers wegen der Entrichtung von Beiträgen (§ 98 Abs 1 Satz 2). Schließlich wird die in Satz 1 und 2 geregelten Auskunftspflicht in Abs. 1 Satz 3 noch um eine Vorlagepflicht erweitert

1. Auskunftspflicht bei der Erbringung von Sozialleistungen

13 Nach Satz 1 hat der Arbeitgeber dem Leistungsträger oder der zuständigen Einzugsstelle, soweit es im Einzelfall für die Erbringung von Sozialleistungen erforderlich ist, auf Verlangen Auskunft zu erteilen über die Art und Dauer der Beschäftigung, den Beschäftigungsort und das Arbeitsentgelt. Voraussetzung für den Anspruch ist also stets ein Verlangen im Einzelfall und eine Erforderlichkeit für die Leistungserbringung.

a) Im Einzelfall erforderliches Auskunftsverlangen

14 Grundvoraussetzung ist damit stets ein entsprechendes Auskunftsverlangen der auskunftberechtigten Stelle. Dieses kann grundsätzlich formfrei erfolgen, muss aber nach den allgemeinen Grundsätzen hinreichend bestimmt sein, § 33. Ein allgemeiner Hinweis, wesentliche Änderungen in den tatsächlichen oder rechtlichen Verhältnissen mitzuteilen, ist entsprechend nicht ausreichend.[12] Da Auskünfte ohne ein entsprechendes Verlangen nicht von der Norm erfasst werden, dürfte sich eine schriftliche oder elektronische Kommunikation anbieten. Diese hilft dem Arbeitgeber nach der Herausgabe seine datenschutzrechtlichen Rechenschaftspflichten zu erfüllen.[13]

15 Dieses Auskunftsverlangen muss *im Einzelfall* zur Erbringung von Sozialleistungen erforderlich sein. Notwendig ist also zunächst ein konkretisiertes Einzelereignis im Sinne einer unmittelbar zur Entscheidung anstehenden Leistungserbringung. Eine reine Datenerhebung auf Vorrat ohne einen solchen Einzelfallbezug wäre hingegen weder mit dem Wortlaut noch mit dem datenschutzrechtlichen Grundsatz der Datenminimierung vereinbar.[14]

16 Für diese Einzelfallentscheidung muss die Auskunft *erforderlich* sein, wobei dem Tatbestandsmerkmal ein enger Bezug zum stets zu beachtenden Grundsatz der Verhältnismäßigkeit zu entnehmen ist.[15] Entsprechend liegt eine Erforderlichkeit jedenfalls dann vor, wenn der Leistungsträger sich die

9 Vgl. nur Hauck/Noftz/*Sehnert,* § 98 SGB X, Rn. 7 m.w.N.
10 Vgl. BT-Drucks. 9/95, S. 23.
11 Vgl. BSG, Urt. v. 27.04.2021 – B 12 R 14/19 R, Juris Rn. 27.
12 Vgl. BSG, Urt. v. 29.03.2022 – B 12 KR 1/20 R, juris Rn. 23.
13 Vgl. auch BeckOGK/*Frauhammer,* § 98 SGB X, Rn. 27.
14 Vgl. auch BeckOGK/*Frauhammer,* § 98 SGB X, Rn. 26; jurisPK-SGB X/*Krause,* § 98 SGB X, Rn. 33.
15 Vgl. dazu auch BSG, Urt. v. 04.05.1994 – 1 RS 2/92, juris Rn. 19; BeckOK-SozR/*von Koppenfels-Spies,* § 98 SGB X Rn. 2.

erforderlichen Informationen nicht auf andere Weise, insbesondere durch Mitwirkung des Betroffenen nach den §§ 60 ff. SGB I oder durch Auskunft eines anderen Leistungsträgers, etwa im Wege der Amtshilfe gemäß den §§ 3 bis 7, beschaffen kann. Darüber hinaus fehlt die Notwendigkeit bzw. Erforderlichkeit aber nicht bereits deshalb, weil beispielsweise bei den Pflegekassen die entsprechenden Daten womöglich ebenfalls vorhanden sind und zwar selbst dann nicht, wenn nur die Pflegekassen insoweit Meldepflichten unterliegen.[16] In diesem Sinne wird auch in der Literatur zutreffend darauf hingewiesen, dass dem Leistungsträger nicht die Pflicht auferlegt werden könne, zunächst sämtliche anderen Erkenntnisquellen auszuschöpfen, er jedoch bei seiner Entscheidung über die zweckmäßigste Verfahrensweise zu berücksichtigen habe, dass der Arbeitgeber an dem Rechtsverhältnis, das die Sozialleistung zum Gegenstand hat, in der Regel nicht beteiligt sei und deshalb zu Auskünften nur herangezogen werden sollte, wenn die an dem Rechtsverhältnis selbst Beteiligten die entsprechenden Fragen nicht (z. B. durch eine Verdienstbescheinigungen) selbst rasch, mühelos und sicher klären könnten.[17] Im Ergebnis ist die Bejahung der Erforderlichkeit damit nicht ohne Berücksichtigung der konkreten Umstände des Einzelfalls zu beurteilen und sollte in der Praxis insbesondere davon abhängig gemacht werden, inwieweit etwaige Alternativen gleich effizient und verlässlich sind.

b) Reichweite der Auskunftspflicht

Soweit die Voraussetzungen vorliegen, umfasst die Auskunftspflicht Art und Dauer der Beschäftigung, 17
den Beschäftigungsort und das Arbeitsentgelt.

Die Art der Beschäftigung ist anhand einer Arbeitsplatzbeschreibung, mitzuteilen, wobei auch mitzuteilen sein kann, ob die Tätigkeit in Nacht- oder Wechselschichten ausgeübt wird, ob der Arbeitnehmer (Beschäftigte) als ungelernter oder angelernter Arbeiter, als Facharbeiter oder als Angestellter tätig ist, welche Bezeichnung er im Betrieb führt und welche Stellung er im Betrieb innehat.

Mit Beschäftigungsort ist der Schwerpunkt der Berufsausübung gemeint, vgl. §§ 9, 10 SGB IV. Zur Dauer gehören Beginn und Ende sowie etwaige Unterbrechungen. Der Begriff des Arbeitsentgelts erfasst auch sonstige Bezüge wie Sonderzahlungen, Abfindungen, Leistungsprämien und Zuschläge für Akkord- und Feiertags- bzw. Wochenendarbeit.

Abgefragt werden darf jedoch stets nur was im Einzelfall für die Entscheidung erforderlich ist. Zur Erforderlichkeit vgl. bereits Rdn. 16.[18]

2. Auskunftspflicht des Arbeitgebers wegen der Entrichtung von Beiträgen

Nach Satz 2 hat der Arbeitgeber wegen der Entrichtung von Beiträgen auf Verlangen über alle Tat- 18
sachen Auskunft zu erteilen, die für die Erhebung der Beiträge notwendig sind.

a) Für die Erhebung von Beiträgen notwendiges Auskunftsverlangen

Anders als zu der vor dem 31.12.2000 geltenden Rechtslage besteht die Auskunftspflicht, wie in 19
Abs. 1 Satz 1, nur auf ausdrückliches Verlangen.[19]

Dieses Verlangen muss sich auf Tatsachen beziehen, die für die Erhebung der Beiträge notwendig sind. Beiträge im Sinne dieser Vorschrift meint die nach Maßgabe der besonderen Vorschriften für die einzelnen Sozialversicherungsbereiche zu entrichtenden Sozialabgaben (vgl. § 20 SGB IV, §§ 220 ff. SGB V, §§ 157 ff. SGB VI, §§ 150 ff. SGB VII, §§ 54 ff. SGB XI, §§ 341 ff. SGB III).

16 Eingängig: BSG, Urt. v. 27.04.2021 – B 12 R 14/19 R, Juris Rn. 29.

17 Vgl. Hauck/Noftz/*Sehnert*, § 98 SGB X Rn. 15; JurisPK-SGB X/*Krause*, § 98, Rn. 34 und BeckOGK/*Frauhammer*, § 98 SGB X, Rn. 33.

18 Für weitere Einzelheiten zum Umfang der Auskunftspflicht insgesamt: JurisPK-SGB X/*Krause*, Rn. 31. m.w.N.

19 Vgl. zur Historie der Änderung Hauck/Noftz/*Sehnert*, § 98 SGB X Rn. 20. Zum Inhalt des Verlangens Rdn. 14.

Darüber hinaus sind trotz der abweichenden Formulierung »*notwendig sind*« statt »*erforderlich*« auch hier die oben beschriebenen Erwägungen des Verhältnismäßigkeitsgrundsatzes zu beachten, wobei jedoch weniger strenge Maßstäbe anzuwenden sein dürften.[20]

Anders als Satz 1 ist Satz 2 nicht auf den Einzelfall begrenzt, sondern kann sich auch auf eine Vielzahl von Fällen beziehen, soweit in all diesen Fällen die Kenntnis des Leistungsträgers erforderlich ist.

b) Reichweite der Auskunftspflicht

20 Liegt der Tatbestand vor, ist die Auskunft nicht auf bestimmte Bereiche limitiert, sondern umfasst alle beitragsrechtlich relevanten Umstände, soweit die Auskunft für die Erhebung der Beiträge notwendig ist. Die Auskunftspflicht nach § 98 Abs. 1 gilt grundsätzlich auch im Rahmen von Betriebsprüfungen, wobei zur Vermeidung von Doppelprüfungen § 98 Abs. 1a zu beachten ist.[21]

III. Vorlagepflicht

21 Abs. 1 Satz 3 erweitert die in Satz 1 und 2 geregelten Auskunftspflichten um eine Vorlagepflicht von Geschäftsbüchern, Listen oder anderen Unterlagen, aus denen die Angaben über die Beschäftigung hervorgehen. Die Aufzählung ist beispielhaft. Insbesondere sind auch elektronische Aufzeichnungen erfasst. Die Vorschrift setzt voraus, dass solche schriftlichen oder elektronischen Unterlagen bestehen. Eine Pflicht nicht vorhandene Unterlagen zu erstellen, ergibt sich aus § 98 nicht. Auch sonst ist über die Zutrittsgewährung hinaus kein aktives Tätigwerden, sondern lediglich eine Duldung der Informationsgewinnung geschuldet. Die Vorlagepflicht erfasst nicht die Herausgabe der, sondern lediglich die Einsichtnahme in die, Unterlagen. Die Einsicht nehmende Stelle ist jedoch berechtigt, Abschriften oder Notizen zu erstellen.

Hinsichtlich Zeit und Ort bestimmt das Gesetz, dass die Einsichtnahme während der üblichen Geschäftszeit des Arbeitgebers zu erfolgen hat und dieser ein Wahlrecht hat, ob er dem Verlangen in den eigenen Geschäftsräumen oder den Räumen des ersuchenden Leistungsträgers nachkommt. Das Wahlrecht nach Satz 3 entfällt, wenn besondere Gründe eine Prüfung in den Geschäftsräumen des Arbeitgebers gerechtfertigt erscheinen lassen.

Durch den systematischen Zusammenhang mit Abs. 1 Satz 1 und 2 muss der Arbeitgeber nur insoweit Unterlagen vorlegen, als er nach Abs. 1 Satz 1 und 2 Auskunft geben muss.[22]

IV. Anspruchsgrenzen und Auskunftsverweigerung

22 Wird die Auskunft wegen der Erbringung von Sozialleistungen verlangt, begrenzt Abs. 2 Satz 1 die Auskunftspflicht durch eine entsprechende Anwendung von § 65 Abs. 1 SGB I und statuiert in Abs. 2 Satz 2 ein Auskunftsverweigerungsrecht.

23 Ausweislich des eindeutigen Wortlauts gelten die Einschränkungen des Abs. 1 S. 1 nur im Hinblick auf Auskünfte »*wegen der Erbringung von Sozialleistungen*«. Von Abs. 2 nicht betroffen sind hingegen Auskünfte zur Entrichtung von Sozialversicherungsbeiträgen nach Abs. 1 Satz 2 und das Recht des Leistungsträgers nach Abs. 1 Satz 3 Einblick in die Geschäftsbücher zu nehmen. In diesem Fall ist es nach der Gesetzesbegründung im Interesse aller Sozialversicherten unbedingt erforderlich, dass die kraft Gesetzes festgelegten Beiträge auch dem jeweiligen Leistungsträger zur Verfügung stehen.[23]

§ 65 SGB I bezieht sich in seinem unmittelbaren Anwendungsbereich auf die Mitwirkungspflichten nach den §§ 60 bis 64 SGB I und schließt diese aus, soweit (1.) ihre Erfüllung nicht in einem

---

20 So überzeugend BeckOGK/*Frauhammer*, SGB X § 98 Rn. 36 m.w.N.

21 Vgl. dazu Pickel/Marschner/*dies.*, § 98 SGB X Rn. 15.

22 Für weitere Einzelheiten (auch zur Praxis sog Betriebsprüfungen) vgl. Hauck/Noftz/*Sehnert,* § 98 SGB X Rn. 23; BeckOGK/*Frauhammer*, § 98 SGB X Rn. 38 ff.; Pickel/Marschner/*dies.*, § 98 Rn. 16.

23 BT-Drucks. 9/95, S. 23.

angemessenen Verhältnis zu der in Anspruch genommenen Sozialleistung oder ihrer Erstattung steht oder (2.) ihre Erfüllung dem Betroffenen aus einem wichtigen Grund nicht zugemutet werden kann oder (3.) der Leistungsträger sich durch einen geringeren Aufwand als der Antragsteller oder Leistungsberechtigte die erforderlichen Kenntnisse selbst beschaffen kann. Sämtliche Vorgaben ergeben sich aus dem Grundsatz der Verhältnismäßigkeit und konkretisieren diesen ohne größeren Erkenntnisgewinn für den Rechtsanwender.[24]

Darüber hinaus kann der Arbeitgeber Auskünfte auf Fragen, deren Beantwortung ihm selbst oder einer ihm nahestehenden Person (§ 383 Abs. 1 Nr. 1 bis 3 ZPO) die Gefahr zuziehen würde, wegen einer Straftat oder einer Ordnungswidrigkeit verfolgt zu werden, verweigern. Ausweislich der Gesetzesbegründung wollte der Gesetzgeber hier den allgemeinen Grundsatz normieren, dass derjenige, der sich ansonsten der Gefahr einer strafgerichtlichen Verfolgung aussetzt, keine entsprechenden Angaben machen muss.[25] Vor diesem Hintergrund gilt das Verweigerungsrecht sowohl hinsichtlich der Auskunft zur Erbringung von Sozialleistungen als auch für Auskünfte hinsichtlich der Entrichtung von Beiträgen. Ausweislich seines Wortlautes, nach dem lediglich »*Auskünfte auf Fragen [...] verweigert werden*« können, gilt es aber nicht für die Vorlage von Unterlagen nach Abs. 1 Satz 3. Dies hat zur Folge, dass entsprechende Unterlagen im Rahmen der üblichen rechtsstaatlichen Grenzen vorzulegen sind und in Form des Urkundenbeweises (§ 21 Abs. 1 Nr. 3) verwertet werden dürfen.[26] Nahestehende Personen i.S.v. § 383 Abs. 1 Nr. 1–3 ZPO sind der Verlobte, der Ehegatte bzw. Lebenspartner, auch wenn die Ehe oder die Lebenspartnerschaft nicht mehr besteht, sowie die Personen, die mit dem Auskunftspflichtigen in gerader Linie verwandt oder verschwägert, in der Seitenlinie bis zum dritten Grad verwandt oder bis zum zweiten Grad verschwägert sind oder waren. Gemäß § 14 Satz 1 SGB I dürfte der Arbeitgeber vorab über sein Aussageverweigerungsrecht zu belehren sein.[27] 24

V. Verordnungsermächtigung

In Abs. 4 wird das Bundesministerium für Arbeit und Soziales ermächtigt, durch Rechtsverordnung mit Zustimmung des Bundesrates das Nähere über die Durchführung der in Abs. 1 genannten Mitwirkung zu bestimmen. Mit dieser Verordnungsermächtigung bezweckte der Gesetzgeber eine einheitliche, sachgerechte Durchführung der Auskunftspflicht sicherzustellen.[28] 25

Hiervon hatte der Gesetzgeber zwischen 1989 und 2006 mit Erlass der Beitragsüberwachungsverordnung (BÜVO) Gebrauch gemacht. Zum 01.07.2006 wurde diese durch die Beitragsverfahrensverordnung (BVV – Verordnung über die Berechnung, Zahlung, Weiterleitung, Abrechnung und Prüfung des Gesamtsozialversicherungsbeitrages) ersetzt,[29] die aber nicht auf diesem Abs. 4, sondern auf den §§ 28n und 28p Abs. 9 SGB IV beruht.[30]

VI. Rechtsfolgen

1. Vollstreckung

Die Auskunftspflicht kann richtigerweise (auch gegenüber anderen Behörden) durch Verwaltungsakt konkretisiert werden.[31] Kommt der Auskunftspflichtige einem vollstreckbaren Auskunftsersuchen 26

24 Für Einzelheiten vgl. BeckOGK/*Frauhammer*, § 98 SGB X Rn. 53 ff.
25 BT-Drucks. 9/95, S. 23.
26 Vgl. mit Verweis auf die Entstehungsgeschichte auch Hauck/Noftz/*Sehnert*, § 98 SGB X Rn. 32.
27 Vgl. BeckOGK/*Frauhammer*, § 98 SGB X, Rn. 59.
28 BT-Drucks. 9/95, S. 23.
29 BGBl. I 2006 S. 1138.
30 Für weitere Einzelheiten der Verordnung, vgl. BeckOGK/*Frauhammer*, § 98 SGB X Rn. 66 f.
31 Vgl. BSG, Urt. v. 27.04.2021 – B 12 R 14/19, Rn. 14 ff.; BeckOK-SozR/*von Koppenfels-Spies*, § 98 SGB X Rn. 2 m.w.N.

nicht nach, kann die auskunftsberechtigte Stelle dieses mit den Mitteln des Verwaltungszwanges durchsetzen.[32]

2. Ordnungswidrigkeit

27 Nach Abs. 5 handelt ordnungswidrig, wer vorsätzlich oder leichtfertig entweder entgegen Abs. 1 Satz 1 (1. Alt.) oder entgegen Abs. 1 Satz 2 oder Satz 3 (2. Alt.), jeweils auch in Verbindung mit Abs. 1 Satz 6 oder Abs. 3 eine Auskunft nicht, nicht richtig, nicht vollständig oder nicht rechtzeitig erteilt oder eine Unterlage nicht, nicht richtig, nicht vollständig oder nicht rechtzeitig vorlegt. Die Ordnungswidrigkeit kann mit einer Geldbuße bis zu fünftausend Euro geahndet werden. Die Sätze 1 und 2 gelten nicht für die Leistungsträger, wenn sie wie ein Arbeitgeber Beiträge für eine kraft Gesetzes versicherte Person zu entrichten haben.

Die Verfolgung der Ordnungswidrigkeit im Einzelfall steht im Ermessen des Leistungsträgers bzw. der Einzugsstelle. Die Bestimmung von Vorsatz und Fahrlässigkeit entsprechen den strafrechtlichen Grundsätzen. Vorsatz verlangt daher, dass der Verpflichtete den Verstoß gegen seine Auskunfts- bzw. Vorlagepflicht mindestens billigend in Kauf nimmt. Leichtfertigkeit entspricht der groben Fahrlässigkeit und setzt voraus, dass der auskunft- bzw. vorlagepflichtige Arbeitgeber die erforderliche Sorgfalt in besonders schwerem Maße verletzt hat.[33]

3. Schadensersatz bei Verletzung der Auskunftspflicht?

28 Ob der Arbeitgeber bei Verletzung seiner Auskunftspflicht gegenüber dem auskunftsberechtigten Leistungsträger auf Schadensersatz haftet, ist streitig. Diese Frage stellt sich beispielsweise, falls der Arbeitgeber zu hohe Angaben über das vor Eintritt eines Leistungsfalles vom Berechtigten bezogene Arbeitsentgelt macht und deshalb der Träger dem Berechtigten überhöhte Sozialleistungen gewährt. Das OLG Düsseldorf hat dies 1992 bejaht und in § 98 Abs. 1 ein Schutzgesetz i.S.d. § 823 Abs. 2 gesehen.[34] Das BSG hat hingegen in einer grundlegenden Entscheidung 1994 einen Schadensersatzanspruch abgelehnt.[35] Dabei hat es insbesondere darauf abgestellt, dass spezielle Schadensersatzregelung, wie sie in anderen Teilen des SGB zu finden sind, im SGB X fehlten und nicht verallgemeinerungsfähig seien. Darüber hinaus lehnt es auch vertragliche Ansprüche ab und sieht mit ausführlicher Begründung in § 98 kein Schutzgesetz i.S.d. § 823 Abs. 2 BGB. Ein Anspruch aus § 826 BGB war im entschiedenen Fall nicht zu prüfen. In Vorsatzfällen kann darüber hinaus auch an eine Haftung aus § 823 Abs. 2 BGB i.V.m. § 263 StGB in Betracht kommen.

§ 99 Auskunftspflicht von Angehörigen, Unterhaltspflichtigen oder sonstigen Personen

[1]Ist nach dem Recht der Sozialversicherung einschließlich der Arbeitslosenversicherung oder dem sozialen Entschädigungsrecht
1. **das Einkommen oder das Vermögen von Angehörigen des Leistungsempfängers oder sonstiger Personen bei einer Sozialleistung oder ihrer Erstattung zu berücksichtigen oder**
2. **die Sozialleistung oder ihre Erstattung von der Höhe eines Unterhaltsanspruchs abhängig, der dem Leistungsempfänger gegen einen Unterhaltspflichtigen zusteht,**

gelten für diese Personen § 60 Abs. 1 Nr. 1 und 3 sowie § 65 Abs. 1 des Ersten Buches entsprechend. [2]Das Gleiche gilt für den in Satz 1 genannten Anwendungsbereich in den Fällen, in denen Unterhaltspflichtige, Angehörige, der frühere Ehegatte, der frühere Lebenspartner oder Erben zum Ersatz der Aufwendungen des Leistungsträgers herangezogen werden. [3]Auskünfte auf Fragen, deren Beantwortung einem nach Satz 1 oder Satz 2 Auskunftspflichtigen oder einer ihm nahe stehenden Person (§ 383 Abs. 1 Nr. 1 bis 3 der Zivilprozessordnung) die

32 Vgl. BeckOGK/*Frauhammer*, § 98 SGB X Rn. 31.
33 Für weitere Einzelheiten, vgl. JurisPK-SGB X/Krause, § 98 SGB X, Rn. 77.
34 Vgl. OLG Düsseldorf, Urt. v. 07.02.1992 – 22 U 195/91, juris Leitsatz 1.
35 Vgl. BSG, Urt. v. 04.05.1994 – 1 RS 2/92, Juris Rn. 15 ff.

Gefahr zuziehen würde, wegen einer Straftat oder einer Ordnungswidrigkeit verfolgt zu werden, können verweigert werden.

Übersicht

A. Inhalt

1 Zahlreiche Rechte und Ansprüche in der Sozial- und Arbeitslosenversicherung sowie des sozialen Entschädigungsrechts hängen vom Familienstand ab. Ist der Berechtigte Kind, Elternteil oder Ehegatte und schuldet daher Unterhalt, kann dies seine sozialrechtlichen Ansprüche beeinflussen. Außerdem knüpfen bestimmte sozialrechtliche Ansprüche am Einkommen oder Vermögen von Familienangehörigen (Elternteil oder Ehegatten) an und wirken sich insoweit auf die sozialrechtliche Bewertung aus.

2 Vor diesem Hintergrund gewährt § 99 den Trägern Auskunftsrechte gegenüber den betroffenen Familienunterhaltspflichtigen, um die Voraussetzungen der Leistungsgewährung zu klären. Die Unterhaltspflichtigen haben alle für die Leistungsbestimmung maßgeblichen rechtserheblichen Tatsachen aufzudecken (§ 60 Abs. 1 Nr. 1 SGB I) sowie die Beweismittel zu nennen und vorzuweisen (§ 60 Abs. 1 Nr. 3 SGB I). Diese Verpflichtung besteht auch im Rahmen der Erstattung oder beim Ersatz von Aufwendungen. Sie besteht aber nicht, falls die Grenzen des § 65 SGB I erreicht werden oder sich der Unterhaltspflichtige oder eine ihm nahestehende Person (§ 383 Abs. 1 Nrn. 1–3 ZPO) durch die Aussage der Gefahr der Verfolgung wegen einer Straftat oder Ordnungswidrigkeit aussetzen würden.

B. Entstehungsgeschichte

3 Die Vorschrift ist mit Gesetz vom 04.11 1982 eingeführt worden und am 01.07.1983 in Kraft getreten.[1] Der Regierungsentwurf findet sich in den BT-Drucks. 9/95, S. 7, 23. Die Beschlussempfehlung des zuständigen Bundestagsausschusses ist in den BT-Drucks. 9/1753, S. 12,43 vorhanden.[2] Seit der Ursprungsfassung wurde neben rein redaktionellen Änderungen lediglich in Satz 2 noch »*der frühere Lebenspartner*« ergänzt.[3]

C. Einzelerläuterungen

I. Anwendungsbereich

4 Die in § 99 geregelte Auskunftspflichten bestehen wie bei § 98 in Angelegenheiten der Sozialversicherung einschließlich der Arbeitslosenversicherung. Sozialversicherung meint dabei auch hier die in § 4 Abs. 2 Satz 1 SGB I und § 1 Abs. 1 Satz 1 SGB IV genannte gesetzliche Kranken-, Pflege-, Unfall- und Rentenversicherung einschließlich der Alterssicherung der Landwirte. Arbeitslosenversicherung umfasst die in § 1 Abs. 1 Satz 2 SGB IV und im SGB III geregelte Arbeitsförderung.

1 Vgl. BGBl. I 1982, S. 1450.
2 Zur vorher geltenden Rechtslage, die lediglich Teilregelungen vorsah, vgl. Hauck/Noftz/*Sehnert*, § 99 SGB X Rn. 2.
3 BGBl. I 2015, S. 2010.

Im Rahmen ihres Anwendungsbereichs geht dort jedoch die spezielle Regelung des § 315 Abs. 2 SGB III dem § 99 vor und verdrängt diesen.[4]

5 Darüber hinaus bezieht die Regelung ausdrücklich auch das sozialen Entschädigungsrecht mit ein. Die soziale Entschädigung ist in den §§ 5, 24 SGB I umschrieben und seit dem 01.01.2024 im SGB XIV geregelt.[5]

6 Sämtliche anderen Bereiche des Sozialrechts sind vom Wortlaut der Vorschrift nicht umfasst und kennen eigenständige Auskunftsansprüche gegen Angehörige bzw. Unterhaltspflichtige, vgl. insoweit § 47 BAföG, § 6 UVG, § 23 WoGG, § 60 SGB II, § 97a SGB VIII, § 117 SGB XII, § 10 BKGG. § 9 Abs. 4 Nr. 2 AsylbLG ordnet ausdrücklich die entsprechende Anwendung von § 99 an obwohl § 9 Abs. 5 AsylbLG (ab 06.08.2016) auch auf § 117 SGB XII verweist.

II. Auskunftsberechtigte

7 Auskunftsberechtigt sind die in den §§ 12 ff. SGB I genannten zuständigen Leistungsträger der Sozialversicherung und Arbeitsförderung. Im sozialen Entschädigungsrecht sind dies die gemäß § 111 SGB XIV nach Landesrecht zu bestimmenden Behörden.[6]

III. Auskunftsverpflichtete

8 Auskunftsverpflichtet sind Angehörige des Leistungsempfängers oder sonstige Personen, wenn diese bei einer Sozialleistung oder ihrer Erstattung zu berücksichtigen sind (1. Alt) oder gegenüber dem Leistungsempfänger Unterhaltspflichtige, wenn die Sozialleistung oder ihre Erstattung von der Höhe eines Unterhaltsanspruchs abhängig ist (2. Alt.). Satz 2 erweitert den Kreis der Auskunftspflichtigen auf Fälle, in denen Unterhaltspflichtige, Angehörige, der frühere Ehegatte, der frühere Lebenspartner oder Erben zum Ersatz der Aufwendungen des Leistungsträgers herangezogen werden.

1. Berücksichtigung von Einkommen und Vermögen von Angehörigen (Satz 1, 1. Alt.)

9 Inwieweit Angehörige des Leistungsempfängers oder sonstige Personen im Sinne der 1. Alt bei der Gewährung der Sozialleistung oder ihrer Erstattung zu berücksichtigen sind, richtet sich nach den Vorschriften des materiellen Leistungsrechts. Beispiele sind die Einkommensanrechnung im Rahmen der Berufsausbildungsbeihilfe nach § 67 SGB III, der Kinderzuschuss nach § 270 SGB VI oder, seit dem 01.01.2024, die Berücksichtigung von Einkommen bei der sozialen Entschädigung nach § 106 Abs. 3 SGB XIV.

2. Unterhaltspflichten gegen den Leistungsempfänger (Satz 1, 2. Alt.)

10 Wer gegenüber dem Leistungsempfänger unterhaltspflichtig im Sinne der 2. Alternative ist, bestimmt sich nach den einschlägigen zivilrechtlichen Vorschriften. Besondere Bedeutung haben dabei insbesondere die Verpflichtung zum Familienunterhalt nach § 1360 BGB, für Verwandte in gerader Linie nach § 1361 ff. BGB sowie nacheheliche Unterhaltspflichten nach den § 1569 ff. BGB.[7]

Neben der Unterhaltspflichtigkeit kommt als weitere Voraussetzung für die Auskunftspflicht hinzu, dass im oben beschriebenen Anwendungsbereich eine Leistung bzw. deren Erstattung von der Höhe eines Unterhaltsanspruchs des Betroffenen abhängig ist. Dies ist z.B. bei § 90 Abs. 1 SGB VI und § 65 Abs. 5 SGB VII (Witwenrente und Witwerrente nach dem vorletzten Ehegatten) der Fall.

4 Vgl. BSG, Urt. v. 16.08.1989 – 7 RAr 82/88, Juris Leitsatz 3; BeckOK-SozR/*von Koppenfels-Spies*, § 99 SGB X Rn. 2.

5 Zu der bislang zerstreuten Regelungssituation, insbesondere im Bundesversorgungsgesetz (BVG), dem Opferentschädigungsgesetz (OEG), dem Soldatenversorgungsgesetz (SVG), vgl. Hauck/Noftz/*Sehnert*, § 99 SGB X Rn. 3.

6 Für eine Synopse zu den bisherigen Vorschriften, vgl. JurisPK-SGB XIV/*Bittner*, SGB XIV Rn. 1.

7 Für eine umfassende Übersicht, vgl. BeckOGK/*Frauhammer*, § 99 SGB X Rn. 21.

Nicht erforderlich ist, dass der Anspruch tatsächlich besteht. Dies wird der Leistungsträger regelmäßig erst mit dem Auskunftsanspruch herausfinden können.

3. Heranziehbarkeit zum Aufwendungsersatz (Satz 2)

Satz 2 setzt schließlich voraus, dass die genannten Unterhaltspflichtigen, Angehörigen, frühere Ehegatten oder Erben des Leistungsberechtigten bzw. Leistungsempfängers vom Leistungsträger zum Ersatz der für diesen gemachten Aufwendungen herangezogen werden können. Dies ist beispielsweise im Rahmen des § 118 Abs. 4 SGB VI der Fall. 11

IV. Reichweite und Grenzen der Auskunftspflicht

Liegen die Voraussetzungen von Satz 1, 1. Alt. oder 2. Alt., oder von Satz 2 vor, gelten für die auskunftspflichtigen Personen die § 60 Abs. 1 Nr. 1 und 3 sowie § 65 Abs. 1 SGB I entsprechend. Nach § 60 Abs. 1 Nr. 1 SGB I hat die auskunftspflichtige Person alle Tatsachen anzugeben, die für die Leistung erheblich sind und auf Verlangen des zuständigen Leistungsträgers der Erteilung der erforderlichen Auskünfte durch Dritte zuzustimmen. Gemäß § 60 Abs. 1 Nr. 3 SGB I sind Beweismittel zu bezeichnen und auf Verlangen des zuständigen Leistungsträgers Beweisurkunden vorzulegen oder ihrer Vorlage zuzustimmen. 12

Auf eine Auskunftspflicht entsprechend § 60 Abs. 1 Nr. 2 SGB I (Mitteilung von Änderungen) ist verzichtet worden, da eine solche ausweislich der Gesetzesbegründung für den Nichtleistungsempfänger zu weit gehen würde.[8]

Wie bei § 98 muss die Auskunft auch hier erforderlich sein, vgl. zu der Prüfung und ihrem Zusammenhang mit dem Grundsatz der Verhältnismäßigkeit auch § 98 Rdn. 16. Die Erforderlichkeit wird insbesondere auch durch den Verweis auf § 65 SGB I konkretisiert, vgl. dazu § 98 Rdn. 23. Im Ergebnis führt die Erforderlichkeitsprüfung damit zu einer Entscheidung im Einzelfall, die sich in der Praxis insbesondere danach richten dürfte, inwieweit die Auskunft zumutbar und eine etwaige Alternative jedenfalls nicht gleich effizient und verlässlich ist.

Zum Leistungsverweigerungsrecht wird auf die Ausführungen zu § 98 bei Rdn. 24 verwiesen.

V. Durchsetzung des Anspruchs

Die Auskunftspflicht der Unterhaltsberechtigten kann richtigerweise durch Verwaltungsakt begründet und mittels Verwaltungszwang durchgesetzt werden, vgl. insoweit bereits die Ausführungen und Nachweise zu § 98 Rdn. 27.[9] 13

Anders als bei § 98 sieht die Norm keine ordnungswidrigkeitsrechtlichen Sanktionsmöglichkeiten bei Nichtbeachtung vor. Dem Träger des Auskunftsrechts bleibt allerdings unbenommen, die Auskunftspersonen nach § 21 Abs. 1 Satz 2 Nr. 2 SGB X als Zeugen zu vernehmen bzw. über § 22 vernehmen zu lassen. 14

Zu einem etwaigen Schadensersatzanspruch, vgl. die Ausführungen zu § 98 (§ 98 Rdn. 28), die hier ebenfalls parallel gelten dürften. 15

§ 100 Auskunftspflicht des Arztes oder Angehörigen eines anderen Heilberufs

(1) [1]Der Arzt oder Angehörige eines anderen Heilberufs ist verpflichtet, dem Leistungsträger im Einzelfall auf Verlangen Auskunft zu erteilen, soweit es für die Durchführung von dessen Aufgaben nach diesem Gesetzbuch erforderlich und

1. es gesetzlich zugelassen ist oder

8 Vgl. BT-Drucks. 9/95, S. 23.

9 Vertiefend mit Nachweisen zur Gegenansicht BeckOGK/*Frauhammer*, § 99 SGB X Rn. 7.

2. der Betroffene im Einzelfall eingewilligt hat.

[2]Die Einwilligung soll zum Nachweis im Sinne des Artikels 7 Absatz 1 der Verordnung (EU) 2016/679, dass die betroffene Person in die Verarbeitung ihrer personenbezogenen Daten eingewilligt hat, schriftlich oder elektronisch erfolgen. [3]Die Sätze 1 und 2 gelten entsprechend für Krankenhäuser sowie für Vorsorge- oder Rehabilitationseinrichtungen.

(2) Auskünfte auf Fragen, deren Beantwortung dem Arzt, dem Angehörigen eines anderen Heilberufs oder ihnen nahe stehenden Personen (§ 383 Abs. 1 Nr. 1 bis 3 der Zivilprozessordnung) die Gefahr zuziehen würde, wegen einer Straftat oder einer Ordnungswidrigkeit verfolgt zu werden, können verweigert werden.

Übersicht

A. Inhalt

1 Informationen zum Gesundheitszustand sind für Leistungsträger regelmäßig ein bedeutendes Datum um sozialrechtliche Ansprüche bewerten zu können. Neben eigenen Erhebungen der Leistungsträger, die für die Betroffenen häufig zusätzliche Untersuchungen bedeuten können, bietet es sich an, auf vorhandene medizinische Informationen zurückzugreifen. Dies gilt umso mehr, als Betroffene ihren eigenen Gesundheitszustand nicht selten fachlich nur unzureichend darstellen können, so dass deren Angaben vielfach nicht ausreichen.

Vor diesem Hintergrund sieht § 100 eine Verpflichtung von Ärzten oder Angehörigen eines anderen Heilberufs vor, dem Leistungsträger im Einzelfall auf Verlangen Auskunft zu erteilen, soweit es für die Durchführung von dessen Aufgaben nach diesem Gesetzbuch erforderlich und es entweder gesetzlich zugelassen ist (1. Alt) oder der Betroffene im Einzelfall eingewilligt hat (2. Alt.). Abs. 1 Satz 2 regelt unter Bezugnahme auf die DSGVO die Form der Einwilligung. Abs. 1 Satz 3 erweitert den Anwendungsbereich auf Krankenhäuser sowie Vorsorge- oder Rehabilitationseinrichtungen. Wie die §§ 98 und 99 sieht Abs. 2 ein Auskunftsverweigerungsrecht vor für Auskünfte auf Fragen, deren Beantwortung dem Arzt, dem Angehörigen eines anderen Heilberufs oder ihnen nahe stehenden Personen (§ 383 Abs. 1 Nr. 1 bis 3 der Zivilprozessordnung) die Gefahr zuziehen würde, wegen einer Straftat oder einer Ordnungswidrigkeit verfolgt zu werden.

Die Norm schafft damit eine praktische Konkordanz zwischen den Auskunftsbedürfnissen der Leistungsträger, den Persönlichkeitsrechten und dem Datenschutz des Betroffenen sowie den standes- und strafrechtlichen Verpflichtungen der betroffenen Mediziner.

B. Entstehungsgeschichte

2 Die Norm wurde durch Gesetz vom 04.11.1982 mit Wirkung zum 01.07.1983 eingeführt.[1] Die Gesetzesbegründung der Bundesregierung findet sich in den BT-Drucks. 9/95, S. 7, 23, 24m, die Beschlussempfehlung des zuständigen Bundestagsausschusses in den BT-Drucks. 9/1753, S. 12, 43.[2]

Neben rein redaktionellen Änderungen wurden lediglich zum 01.01.1989 in Abs. 1 Satz 3 die ursprünglichen Worte »*Kur- und Spezialeinrichtungen*« durch »*Vorsorge- und Rehabilitationsein-*

1 BGBl. I 1982 S. 1450.

2 Zur vorher geltenden Rechtslage, vgl. Hauck/Noftz/*Sehnert* SGB X, § 100 SGB X, Rn. 3.

richtungen« ersetzt.[3] Darüber hinaus wurde Abs. 1 Satz 2 durch Gesetz vom 17.07.2017 im Zuge der DSGVO-Einführung mit Wirkung zum 25.05.2018 angepasst.[4]

C. Einzelerläuterungen

I. Anwendungsbereich und Adressaten

Anders als die §§ 98 und 99 kennt § 100 keine Begrenzung auf bestimmte Teile, sondern erfasst im Rahmen seiner Voraussetzungen das gesamte Sozialrecht. 3

Auskunftsberechtigt sind die in den §§ 12 ff. SGB I genannten zuständigen Leistungsträger. 4

Auskunftsverpflichtet sind nach dem Wortlaut Ärzte oder Angehörige eines anderen Heilberufs. Mit dem Begriff des anderen Heilberufs nimmt die Vorschrift ausweislich der Gesetzesbegründung auf § 203 Abs. 1 Nr. 1 StGB Bezug.[5] Dort werden ausdrücklich auch Zahnärzte, Tierärzte sowie Apotheker genannt. Weitere (Heil-)Berufsgruppen sind von § 203 Abs. 1 Nr. 1 StGB erfasst, soweit die Berufsausführung oder die Führung der Berufsbezeichnung eine staatliche Ausbildung erfordert. Nicht erfasst sind etwa Heilpraktiker.[6] Auch wenn diese an § 203 Abs. 1 Nr. 1 StGB orientierte enge Auslegung die Gesetzesbegründung auf ihrer Seite hat, ist sie im Rahmen des § 100 jedenfalls dann nicht erforderlich, wenn der Betroffene eine wirksame Einwilligung erteilt hat (2. Alt.). Soweit dies der Fall ist und die übrigen Voraussetzungen vorliegen, ist kein Grund ersichtlich, das Auskunftsrecht bei diesen anderen Berufsgruppen enger zu fassen als bei Ärzten.[7] Die Rechtsordnung kennt auch sonst nach einer wirksamen Einwilligung keinen Datenschutz gegen sich selbst, sondern lässt den Betroffenen entscheiden, mit wem er seine Behandlungsdaten teilt. 5

Satz 3 erweitert den Anwendungsbereich ausdrücklich auf Krankenhäuser sowie auf Vorsorge- oder Rehabilitationseinrichtungen. Die Auskunftspflicht ist in diesen Fällen wie stets durch die jeweiligen gesetzlichen Vertreter zu erfüllen.

II. Voraussetzungen der Auskunftspflicht

1. Allgemein Voraussetzungen der Auskunftspflicht

Der zuständige Leistungsträger muss die Auskunft verlangen und sie muss im Einzelfall für die Durchführung der Aufgaben des Leistungsträgers nach diesem Gesetzbuch erforderlich sein. Hierbei gelten grundsätzlich die gleichen Grundsätze gelten wie bei § 98 (vgl. § 98 Rdn. 14 ff.). Zu beachten ist jedoch, dass die Auskunftspflicht bei § 100 gerade nicht auf die Erbringung von bestimmten Sozialleistungen oder auf die Erhebung bestimmter Beiträge beschränkt ist. Die Leistungsträger können die erforderlichen Auskünfte nach § 100 vielmehr zur Durchführung sämtlicher, ihnen nach dem SGB obliegender Aufgaben einholen. Soweit eine wirksame (insbesondere tatsächlich freiwillige) Einwilligung vorliegt, können an die Erforderlichkeit zurückhaltende Maßstäbe angelegt werden. Der Betroffene hat dann tatsächlich freiwillig und selbstbestimmt entschieden, dass die Unterlagen herausgegeben werden. Wegen des Grundsatzes der Datenminimierung wird der auskunftsberechtigte Leistungsträger sie dennoch auch dann nur fordern und entgegennehmen dürfen, wenn sie ihm die Durchführung seiner Aufgaben wenigstens erleichtern. 6

2. Gesetzliche Zulassung oder Einwilligung

Liegen die zuvor genannten Voraussetzungen vor und ist die Auskunft im Einzelfall für die Durchführung der Aufgaben des Leistungsträgers erforderlich, verlangt § 100 darüber hinaus, dass die 7

3 BGBl. I S. 2477.
4 BGBl. I 2017 S. 2541.
5 Vgl. BT-Drucks. 9/95, 23.
6 Vgl. Fischer-StGB/*ders*, 71. Aufl. 2024, § 203 Rn. 19.
7 So auch BeckOGK/*Frauhammer*, § 100 SGB X Rn. 17.

Auskunftserteilung entweder gesetzlich zugelassen ist (1. Alt.) oder der Betroffene im Einzelfall eingewilligt hat (2. Alt.).

8 Gesetzlich zugelassen ist eine solche Auskunft beispielsweise für die Unfallversicherungsträger in den §§ 201 SGB VII ff. sowie im Bereich der gesetzlichen Krankenversicherung durch die §§ 294 ff. SGB V. Enthalten die *spezialgesetzlichen Normen* zusätzliche Voraussetzungen für die Auskünfte, so ist die Auskunft nur dann im Sinne des § 100 zugelassen, wenn auch diese zusätzlichen Voraussetzungen vorliegen, vgl. § 37 SGB I.[8]

9 Besteht keine solche gesetzliche Zulassung, setzt die Auskunftspflicht voraus, dass der Betroffene eingewilligt hat. § 100 konkretisiert dabei in Abs. 1 Satz 2 (ebenso wie § 67b Abs. 2 SGB X) nur den Nachweis im Sinne des Art. 7 Abs. 1 DSGVO, dass die betroffene Person in die Verarbeitung ihrer personenbezogenen Daten eingewilligt hat. Die Wirksamkeitsvoraussetzungen der Einwilligung ergeben sich hingegen entsprechend der Bezugnahme unmittelbar aus der DSGVO selbst. Diese definiert die Einwilligung der betroffenen Person in Art. 4 Nr. 11 als jede freiwillig für den bestimmten Fall, in informierter Weise und unmissverständlich abgegebene Willensbekundung in Form einer Erklärung oder einer sonstigen eindeutigen bestätigenden Handlung, mit der die betroffene Person zu verstehen gibt, dass sie mit der Verarbeitung der sie betreffenden personenbezogenen Daten einverstanden ist. Weitere Voraussetzungen ergeben sich insbesondere aus Art. 7 DSGVO und aus den Erwägungsgründen 32, 33, 42 und 43. Von besonderer Bedeutung ist dabei gerade gegenüber Behörden, dass die Einwilligung tatsächlich freiwillig sein muss, vgl. Erwägungsgrund 43. Dies steht in einem nicht unerheblichen Spannungsverhältnis zu sozialrechtlichen Mitwirkungsobliegenheiten, die Betroffene ggf. (faktisch) zur Einwilligung zwingen und damit einer wirksamen Einwilligung entgegenstehen können.[9] Teilweise wird in diesen Fällen versucht, das berechtigte Interesse an der Datenerhebung durch eine Absenkung des Freiwilligkeitsmaßstabes zu erreichen.[10] Im Sinne des Transparenzgebotes vorzugswürdig und gleichzeitig rechtssicherer, wäre jedoch in den entsprechenden Situationen, nicht auf die Einwilligung im Sinne der Art. 6 Abs. 1 Buchst. a), Art. 7 DSGVO zu rekurrieren. Vielmehr ist es hier Aufgabe des Gesetzgebers, soweit tatsächlich erforderlich, im Rahmen der Mitwirkungsobliegenheiten eigenständige gesetzliche Zulassung im Sinne des Abs. 1, 1. Alt., zu schaffen. Diese könnten ohne Weiteres an eine (als Obliegenheit geschuldete) Zustimmung der Betroffenen geknüpft und europarechtlich auf Art. 6 Abs. 1 Buchst. c) und e), Abs. 2 und 3 DSGVO gestützt werden. Die hohen Voraussetzungen des Art. 6 Abs. 1 Buchst. a), Art. 7 DSGVO sind dann gerade nicht erforderlich. Für diese und Abs. 1 Nr. 2 blieben die tatsächlich freiwilligen Fallkonstellationen.[11]

10 Zum Zweck des Nachweises soll die Erklärung nach Abs. 1 Satz 2 grundsätzlich in schriftlicher Form erfolgen. Mit der Möglichkeit, eine elektronische Erklärung abzugeben, hat der Gesetzgeber berücksichtigt, dass in Zukunft die Kommunikation vermehrt elektronisch geführt werden wird. Zur Vermeidung von Medienbrüchen erschien es daher sinnvoll, mit der Ergänzung um die Möglichkeit, die Erklärung auch elektronisch geben zu können, diesen Entwicklungen Rechnung zu tragen. Im Übrigen wird durch die Ausgestaltung der Regelung als Sollvorschrift ausweislich der Gesetzesbegründung klargestellt, dass bei Bestehen besonderer Umstände auch andere Formen der Einwilligungserklärung (z. B. in mündlich protokollierter Form) zulässig sind.[12] Wird die betroffene Person auf elektronischem Weg zur Einwilligung aufgefordert, so muss die Aufforderung nach Erwägungsgrund 32 der DSGVO in klarer und knapper Form und ohne unnötige Unterbrechung des Dienstes, für den die Einwilligung gegeben wird, erfolgen.

---

8 BSG, Urt. v. 19.11.1985 – 6 RKa 14/83, Juris Rn. 20 mit ausdrücklichem Verweis auf die Gesetzesbegründung in BT-Dr 9/1753, S. 43.

9 Vgl. dazu auch BeckOGK/*Frauhammer*, § 100 SGB X, Rn. 37.

10 Vgl. Hauck/Noftz/*Rombach,* § 67b SGB X, Rn. 48 m.w.N.

11 Zu Folgeproblemen um die freien Widerrufbarkeit und den Rechtsfolgen: BeckOGK/*Frauhammer*, § 100 SGB X Rn. 38.

12 Vgl. BT Drucks. 18/12611, S. 123.

III. Umfang und Grenzen der Auskunftspflicht

Der Umfang der Auskunftspflichten richtet sich insbesondere nach den tatbestandlichen Grenzen der Erforderlichkeit im Einzelfall, dem konkreten Verlangen sowie der Reichweite der Einwilligung bzw. der spezialgesetzlichen Zulassung. In diesem Rahmen ist die Beantwortung konkreter Fragen geschuldet, jedoch nicht die Übermittlung von Behandlungsunterlagen. Dem Begriff »Auskunft« entnimmt das BSG bereits seinem Wortsinn nach etwas anderes als »die Herausgabe der Unterlagen«.[13] Dies zeige vor allem auch die Regelung des § 276 Abs. 1 Satz 1 SGB V, wonach die Krankenkassen verpflichtet sind, dem Medizinischen Dienst die für die Beratung und Begutachtung erforderlichen Unterlagen vorzulegen und Auskünfte zu erteilen. 11

Grenzen der Auskunftspflicht nach § 100 ergeben sich aus dessen Abs. 2, wonach Auskünfte auf Fragen, deren Beantwortung dem Arzt, dem Angehörigen eines anderen Heilberufs oder ihnen nahe stehenden Personen (§ 383 Abs. 1 Nr. 1 bis 3 der Zivilprozessordnung) die Gefahr zuziehen würde, wegen einer Straftat oder einer Ordnungswidrigkeit verfolgt zu werden, verweigert werden können, vgl. hierzu auch § 98 Rdn. 24. 12

Keine (entsprechende) Anwendung findet hingegen § 65 SGB I, der anders als bei den §§ 98 und 99 nicht in Bezug genommen wird. Auch § 203 StGB stellt keine selbstständige Grenze dar, da die Beantwortung aufgrund einer gesetzlichen Zulassung oder einer wirksamen Einwilligung nicht unbefugt, sondern rechtmäßig ist.[14]

IV. Durchsetzung der Auskunftspflicht

Wie bei den §§ 98 und 99 kann die Auskunftspflicht richtigerweise durch Verwaltungsakt begründet und mittels Verwaltungszwang durchgesetzt werden, vgl. insoweit bereits die Ausführungen und Nachweise zu § 98 Rdn. 26 ff.[15] 13

Anders als bei § 98 und wie § 99 sieht die Norm keine ordnungswidrigkeitsrechtlichen Sanktionsmöglichkeiten bei Nichtbeachtung vor. Den Trägern des Auskunftsrechts bleibt allerdings unbenommen, die Auskunftspersonen nach § 21 Abs. 1 Satz 2 Nr. 2 SGB X als Zeugen zu vernehmen bzw. über § 22 SGB X vernehmen zu lassen. 14

Zu einem etwaigen Schadensersatzanspruch vgl. die Ausführungen zu § 98 (§ 98 Rdn. 28), die hier parallel gelten dürften. 15

§ 101 Auskunftspflicht der Leistungsträger

[1]Die Leistungsträger haben auf Verlangen eines behandelnden Arztes Untersuchungsbefunde, die für die Behandlung von Bedeutung sein können, mitzuteilen, sofern der Betroffene im Einzelfall in die Mitteilung eingewilligt hat. [2]§ 100 Abs. 1 Satz 2 gilt entsprechend.

Übersicht

A. Inhalt

§ 101 gewährt Ärzten, die einen Sozialleistungsberechtigten behandeln, das Recht, Untersuchungsbefunde, die sich im Besitz eines Leistungsträgers befinden, anzufordern. Voraussetzung ist, dass diese für die Behandlung des Berechtigten von Bedeutung sein können und der Sozialleistungsberechtigte in die Mitteilung eingewilligt hat. Die Vorschrift hat ausweislich der Gesetzesbegründung 1

13 Vgl. BSG, Urt. v. 23.07.2002 – B 3 KR 64/01 R, Juris Rn. 19.
14 Vgl. Hauck/Noftz/*Sehnert*, § 100 SGB X Rn. 22.
15 Vertiefend mit Nachweisen zur Gegenansicht vgl.: BeckOGK/*Frauhammer*, § 100 SGB X Rn. 10.

den Zweck, eine Entsprechung zu der vorausgehenden Vorschrift zugunsten des Arztes zu geben, BT-Drucks. 9/95, S. 24. So könnten Doppeluntersuchungen vermieden, dem behandelnden Arzt Informationsquellen erschlossen und der Träger angehalten werden, durch Überlassung eigener Informationen die Kosten für die Behandlung zu senken.

B. Entstehungsgeschichte

2 Die Vorschrift ist durch Gesetz vom 04.011.1982 eingeführt worden und am 01.07.1983 in Kraft getreten.[1] Der Gesetzentwurf der Bundesregierung findet sich in den BT-Drucks. 9/95, S. 24. Die Beschlussempfehlung und der Bericht des zuständigen Ausschusses ist in den BT-Drucks 9/1753, S. 13, 44 vorhanden.

C. Einzelerläuterungen

3 Auskunftsberechtigt sind behandelnde Ärzte. Anders als bei § 100 werden *»Angehörige eines anderen Heilberufs« und »Krankenhäuser sowie Vorsorge- oder Rehabilitationseinrichtungen«* gerade nicht erfasst. Die Berechtigung von Zahnärzten ist streitig.[2] Der Arzt muss nicht zwingend eine Kassenzulassung haben, jedoch den Betroffenen *behandeln*. Die Behandlung muss also bereits begonnen haben und noch andauern.

4 Auskunftsverpflichtet sind die in den §§ 12 ff. SGB I genannten zuständigen Leistungsträger.

5 Voraussetzung für die Mitteilungspflicht ist neben einem (formlosen) Verlangen eine Bedeutung für die Behandlung und eine Einwilligung des Betroffenen. Hinsichtlich der Einwilligung verweist bereits die Gesetzesbegründung auf § 100.[3] Auch durch den Verweis in Satz 2 betreffend die Form, zeigt der Gesetzgeber, dass er die gleichen Maßstäbe anlegt wie bei § 100 (vgl. § 100 Rdn. 9).

6 Soweit eine wirksame Einwilligung vorliegt, kann an das weitere Tatbestandsmerkmal *einer Bedeutung für die Behandlung* geringe Anforderung gestellt werden. Auch ohne diese Voraussetzung könnte der Betroffene die Unterlagen (im Rahmen des § 83) in der Regel gemäß Art 15 DSGVO herausverlangen und an seinen Arzt weiterreichen. Eine ausführliche Prüfung verkommt daher im Normalfall zur bloßen Förmelei. Etwas anderes mag gelten, wenn ausnahmsweise die Ausschlussgründe des § 83 vorliegen und die Auskunftserteilung, wenn auch mit *unverhältnismäßigem Aufwand*, möglich ist. Ein solcher Aufwand dürfte dem Leistungsträger lediglich dann zumutbar sein, wenn der Untersuchungsbefund für die Behandlung tatsächlich und nachvollziehbar erforderlich sein kann.

7 Rechtsschutz gegen eine Auskunftsverweigerung ist im Wege der allgemeinen Leistungsklage möglich.[4]

§ 101a Mitteilungen der Meldebehörden

(1) Die Datenstelle der Rentenversicherung übermittelt die Mitteilungen aller Sterbefälle und Anschriftenänderungen und jede Änderung des Vor- und des Familiennamens unter den Voraussetzungen von § 196 Absatz 2 des Sechsten Buches und bei einer Eheschließung eines Einwohners das Datum dieser Eheschließung unter den Voraussetzungen von § 196 Absatz 2a des Sechsten Buches unverzüglich an die Deutsche Post AG.

(2) Die Mitteilungen, die von der Datenstelle der Rentenversicherung an die Deutsche Post AG übermittelt werden, dürfen von der Deutschen Post AG

1. nur dazu verwendet werden, um laufende Geldleistungen der Leistungsträger, der in § 69 Abs. 2 genannten Stellen sowie ausländischer Leistungsträger mit laufenden Geldleistungen

1 BGBl. I S. 1450.
2 Vgl. Hauck/Noftz/*Sehnert* § 101 SGB X, Rn. 7 m.w.N.
3 Vgl. BT-Drs. 9/95, S. 24.
4 Vgl. BeckOGK/*Frauhammer*, § 101 SGB X Rn. 19 und 20.

in die Bundesrepublik Deutschland einzustellen oder deren Einstellung zu veranlassen sowie um Anschriften von Empfängern laufender Geldleistungen der Leistungsträger und der in § 69 Abs. 2 genannten Stellen zu berichtigen oder deren Berichtigung zu veranlassen, und darüber hinaus

2. **nur weiter übermittelt werden, um den Trägern der Unfallversicherung, der Sozialversicherung für Landwirtschaft, Forsten und Gartenbau und den in § 69 Abs. 2 genannten Zusatzversorgungseinrichtungen eine Aktualisierung ihrer Versichertenbestände oder Mitgliederbestände zu ermöglichen; dies gilt auch für die Übermittlung der Mitteilungen an berufsständische Versorgungseinrichtungen, soweit diese nach Landesrecht oder Satzungsrecht zur Erhebung dieser Daten befugt sind.**

(3) Die Verwendung und Übermittlung der Mitteilungen erfolgt

1. **in der allgemeinen Rentenversicherung im Rahmen des gesetzlichen Auftrags der Deutschen Post AG nach § 119 Abs. 1 Satz 1 des Sechsten Buches,**
2. **im Übrigen im Rahmen eines öffentlich-rechtlichen oder privatrechtlichen Vertrages der Deutschen Post AG mit den Leistungsträgern, den berufsständischen Versorgungseinrichtungen oder den in § 69 Abs. 2 genannten Stellen.**

Übersicht

A. Inhalt

1 § 101a Abs. 1 begründet eine Verpflichtung der Datenstelle der Rentenversicherung, Mitteilungen, die diese von den Meldebehörden enthält, an die Deutsche Post AG weiterzuleiten. Abs. 2 begrenzt den Verwendungszweck sowie Weiterübermittlungen. Abs. 3 sieht darüber hinaus vor, dass die Verwendung und Übermittlung im Rahmen des gesetzlichen Auftrages der Deutschen Post AG nach § 119 Abs. 1 Satz 1 SGB VI oder im Rahmen öffentlich-rechtlicher oder privatrechtlicher Verträge der Deutschen Post AG mit den Leistungsträgern, den berufsständischen Versorgungseinrichtungen oder den in § 69 Abs. 2 genannten Stellen erfolgt.

B. Entstehungsgeschichte

2 Die Vorschrift ist durch Gesetz vom 15.12.1995 eingeführt worden und am 01.01.1996 in Kraft getreten.[1] Der ursprüngliche Gesetzentwurf der Bundesregierung findet sich in den BT-Drucks. 13/2590, S. 31 f. Seit Inkrafttreten erfolgten verschiedene Anpassungen.[2]

C. Einzelerläuterungen

3 Zweck der Vorschrift ist es, Überzahlungen bei der Rentenversicherung zu verhindern bzw. zu reduzieren und eine möglichst sichere Zuordnung eingehender Sterbemeldungen zu erreichen.[3] Hintergrund der Weiterleitung ist die Zuständigkeit der Deutschen Post AG für die Auszahlung der laufenden Rentenleistungen nach §§ 119 f. SGB VI. Die Mitteilungen betreffen Sterbefälle, Anschriftenänderungen und jede Änderung des Vor- und des Familiennamens sowie bei Eheschließungen das entsprechende Datum. Die Vorschrift steht damit in einem engen Kontext mit § 196 SGB VI, der entsprechenden Mitteilungen der Meldebehörden an die Rentenversicherung vorsieht.

---

1 BGBl. 1995 I, S. 1824.
2 Vgl. im Einzelnen BeckOK-SozR/*von Koppenfels-Spies*, § 101a SGB X Rn. 1 m.w.N.
3 BT-Drucks. 2/20, S. 138.

Zweiter Abschnitt Erstattungsansprüche der Leistungsträger untereinander

Vor § 102

A. Überblick

1 Erstattungsansprüche der Leistungsträger untereinander sind eine Teilmenge sozialrechtlicher Ausgleichsansprüche. Diese ermöglichen den Sozialleistungsträgern, fehlgeschlagene Sozialleistungen auszugleichen. Erstattungsansprüche regeln den Ausgleich der Träger untereinander. Sie schaffen einen der Rechtslage gemäßen Vermögenszustand und sichern damit die Rechtmäßigkeit von Verwaltungshandeln. Es sind zwei Gattungen von Ausgleichsverhältnisse zu unterscheiden:

- Rückforderung von Leistungen, die dem Empfänger nicht gebühren, und
- Ausgleich, falls die Leistung dem Empfänger zwar gebührt, statt des leistenden Trägers indes ein anderer – Sozialleistungsträger oder Privater – leistungspflichtig ist.

B. Verschiedene Ausgleichsverhältnisse

2 Ausgleichsansprüche der Sozialleistungsträger begründen Ausgleichsverhältnisse kraft Gesetzes. Hinsichtlich der Personen und des Zwecks lassen sich zwei Ausgleichsverhältnisse unterscheiden:

- Ausgleichsverhältnisse unter zwei Personen einerseits und
- Ausgleichsverhältnisse unter drei (oder mehr) Personen andererseits.

Sozialrechtliche Ausgleichsverhältnissen bestehen, wenn an ihnen ein Sozialleistungsempfänger und zumindest ein Sozialleistungsträger beteiligt sind. Ausgleichsverhältnisse unter zwei Personen bestehen zwischen einem Leistungsempfänger und einem Träger.

3 Ausgleichsverhältnisse zwischen zwei Personen sind noch recht leicht zu bestimmen: Darf der Empfänger die Sozialleistung behalten, besteht kein Ausgleichsanspruch des Trägers. Hat der Empfänger indes keinen Anspruch auf die Leistung und gebührt sie ihm auch nicht aufgrund von Vertrauensschutz, steht dem Träger gemäß § 50 ein Rückforderungsanspruch zu. Die Voraussetzungen dieses Anspruchs werden in einem der Rückforderung vorgelagerten Verfahren geprüft. Gegenstand der Verwaltungsentscheidung ist, ob der der Leistung zugrundeliegende Verwaltungsakt rückwirkend zurückgenommen oder mit Wirkung für die Zukunft widerrufen werden kann (vgl. §§ 45, 47 f.).

4 Sozialrechtliche Ausgleichsverhältnisse unter Beteiligung von drei (oder mehr) Personen sind dagegen schwieriger zu bestimmen. Es sind zu unterscheiden

- Ausgleichsverhältnisse, an denen ein Leistungsempfänger und zwei Leistungsträger beteiligt sind (Konstellation 1), und
- Ausgleichsverhältnisse, an denen ein Empfänger, ein Träger sowie ein dem Empfänger leistungspflichtiger Privater beteiligt sind (Konstellation 2).

In Konstellation 1 besteht das Drei-Personen-Verhältnis also unter zwei Trägern und einem Empfänger, mit der Folge, dass Ausgleichsansprüche nur bestehen, falls der Empfänger die Leistung beanspruchen kann oder aufgrund von Vertrauensschutz behalten darf und der gewährende Träger letztlich nicht leistungspflichtig ist, sondern stattdessen ein anderer Träger dem Empfänger die Leistung schuldet, sie aber nicht erbracht hat.

5 Zum besseren Verständnis wird im Folgenden der Empfänger »Leistungsberechtigter«, der die Leistung gewährende Träger »Vorleistender« und der die Leistung schuldende Träger »Leistungspflichtiger« genannt. Unter diesen Voraussetzungen kann auf zwei einander ausschließende Weisen sichergestellt werden, dass der Leistungsberechtigte erlangt, was ihm gebührt, der Leistungspflichtige aufwendet, was er schuldet, und der Vorleistende keine Nachteile aus seiner Vorleistung zieht: Entweder der Vorleistende erhält vom Berechtigten das Erlangte zurück und der Berechtigte erhält sie stattdessen

vom Leistungspflichtigen (analog zur bereicherungsrechtlichen Rückabwicklung »über Eck«, oder der Berechtigte behält, was er hat; der Vorleistende kann jedoch vom Leistungspflichtigen Vermögensausgleich erlangen.

Schon aus rechtsökonomischer Sicht spricht wenig für den ersten Weg. Hiernach wären für die Herstellung des rechtmäßigen Zustandes zwei Transaktionen nötig: Rückforderung des Erlangten durch den Vorleistenden und Gewährung des Geschuldeten durch den Leistungspflichtigen. Nach dem zweiten Weg ist für die Herstellung des rechtmäßigen Zustandes dagegen nur eine Transaktion nötig: Vermögensausgleich zwischen Vorleistendem und Leistungspflichtigem. Schon um der »Minimierung von Transaktionskosten« willen ist der zweite Weg statt des ersten zweckmäßig. Außerdem ist dort der Sozialleistungsberechtigte am Ausgleich unbeteiligt und dies ist sachgerecht. Denn steht ihm das Erlangte zu, das lediglich ein anderer als der vorleistende Träger schuldet, kann der Ausgleich auf Vorleistenden und Leistungspflichtigen beschränkt werden[1]. 6

Dieser Weg ist auch praktisch gangbar, weil unter Sozialleistungsträgern ein auf Vermögensausgleich gerichteter Anspruch unproblematisch ist. Sozialleistungsträger sind an Recht und Gesetz gebunden und werden nicht insolvent; der vorleistende Träger kann deshalb ohne Not auf einen Ausgleichsanspruch gegen den leistungspflichtigen Träger verwiesen werden. Die Beschreitung dieses Weges ordnet das Gesetz richtigerweise in den §§ 102–114 an. Diese Vorschriften regeln einen Typ von Ausgleichsverhältnissen unter drei Personen. 7

Konstellation 2 von Ausgleichsverhältnissen unter drei Personen ergibt sich, falls der Leistungsberechtigte das Erlangte behalten darf, weil es vom Sozialleistungsträger und von einem leistungspflichtigen Privaten geschuldet wird, der Träger im Verhältnis zum leistungspflichtigen Privaten aber letztlich nicht leistungspflichtig ist. Denn dessen Leistungspflicht ist einzig begründet, um dem Leistungsberechtigten das Risiko der Schuldbeitreibung oder Insolvenz des privaten Leistungspflichtigen zu nehmen. Deshalb soll der leistungspflichtige Private aber nicht aus seiner Verantwortung entlassen werden. 8

Solche Ausgleichsverhältnisse wie in Konstellation 2 sind weit verbreitet. Sie treten auf, wenn etwa ein Sozialversicherungsträger Krankenbehandlung oder Einkommensersatz an einen Versicherten gewährt, für die ihm auch der Schädiger nach Deliktsrecht (§§ 823, 826 BGB) haftet, ein Land Leistungen der Gewaltopferentschädigung an einen Verletzten erbringt, dem zugleich zivilrechtliche Ansprüche aus unerlaubter Handlung gegen den Schädiger zustehen, ein Arbeitgeber dem Arbeitnehmer den Lohn schuldig bleibt und deshalb ein Sozialleistungsträger anstelle des Arbeitgebers Sozialleistungen erbringt, wie im Verhältnis von Unterhalts- und Sozialrecht: Schuldet ein Ehegatte, vormaliger Ehegatte oder Elternteil Ehegatten-, Scheidungs- oder Kindesunterhalt, ohne dieser Verpflichtung nachzukommen, kann ein Sozialhilfeträger, Amt für Ausbildungsförderung oder eine Unterhaltsvorschusskasse für den pflichtvergessenen oder zur Leistung unvermögenden Unterhaltspflichtigen einspringen: also durch Sozialleistungen den primär durch Familienunterhalt zu befriedigenden Bedarf des Unterhaltsschuldners decken. Insbesondere der letztgenannte Fall ist seit der jüngsten Reform des Unterhaltsvorschussgesetzes nicht selten. 9

Wenn in diesen Fällen der Sozialleistungsträger an den Berechtigten leistet, so geschieht dies nicht, um den leistungspflichtigen Schuldner aus seiner Verantwortung zu entlassen, sondern die Bedarfsdeckung des Berechtigten nicht an Pflichtvergessenheit oder Leistungsunvermögen des Schuldners scheitern zu lassen. Damit der Berechtigte nicht doppelt befriedigt und der letztlich leistungspflichtige Schuldner nicht durch Vorleistung aus seiner Verantwortung entlassen wird, tritt in den Beispielsfällen an dem privatrechtlichen Anspruch ein Parteiwechsel ein, soweit der Sozialleistungsträger geleistet hat oder zur Vorleistung verpflichtet ist. Dieser Ausgleich wird in den §§ 115, 116, 5 OEG i.V.m. 81a BVG, 94 SGB XII, 7 UnterhVG, 37 BAföG angeordnet. Die Bestimmungen sehen überwiegend bei Vorleistungs-

1 *Peter Becker*, Ein anderer war zuständig – Erstattungsansprüche, Sozialrecht aktuell 2019, Sonderheft Nahtlosigkeitsideal oder Schnittstellenrealität im gegliederten Leistungssystem, S. 57.

pflicht oder deren Erfüllung durch den Sozialleistungsträger den Übergang des kongruenten privatrechtlichen Anspruchs gegen den Leistungspflichtigen auf jenen im Wege der Legalzession vor.

10 In beiden Konstellationen wird dasselbe Ziel erreicht: Der Berechtigte darf behalten, was ihm gebührt, ohne in den Ausgleich einbezogen zu werden; ferner wird dem Vorleistenden ein unmittelbarer Ausgleich auf Kosten des Leistungspflichtigen zuteil. Die rechtlichen Gestaltungsformen dieses Ausgleichs sind jedoch verschieden. Der Ausgleich unter zwei Sozialleistungsträgern gemäß §§ 102 ff. (Konstellation 1) beruht auf der Kompensation: Anstelle des dem Berechtigten gegen den Pflichtigen zustehenden Anspruchs auf Leistung tritt ein neuer Anspruch auf Ausgleich (§ 107). Der Anspruch des Leistungsberechtigten gegen den Leistungspflichtigen gilt als erfüllt, soweit ein Vorleistender gegen den Leistungspflichtigen einen Ausgleichsanspruch hat. Wird der Ausgleich dagegen in der Form des Parteiwechsels bzw. des Forderungsübergangs vollzogen (Konstellation 2), so bleibt der originäre Leistungsanspruch gegen den letztlich leistungspflichtigen privatrechtlichen Schuldner erhalten. Es kommt lediglich kraft Gesetzes zum Forderungsübergang vom privatrechtlichen Gläubiger auf den vorleistenden Sozialleistungsträger. Dieser erlangt die Stellung des ursprünglichen Gläubigers und muss sodann unter Inkaufnahme des fortbestehenden Beitreibungs- und Solvenzrisikos den Anspruch beim Schuldner durchsetzen. Ausgleich durch Parteiwechsel geschieht also statt durch die Begründung eines kompensatorischen eigenen Anspruchs unter gleichzeitigem Fortfall des ursprünglichen Leistungsanspruchs durch Aufrechterhaltung des ursprünglichen Leistungsanspruchs unter Änderung seiner Aktivlegitimation.

11 Alle in §§ 102 ff. normierten Ausgleichsansprüche regeln damit Ausgleichssituationen im Drei-Personen-Verhältnis, an denen ein Sozialleistungsempfänger und zwei Sozialleistungsträger beteiligt sind und den Ausgleich durch Kompensation bewirken (Konstellation 1). Aus diesen beiden Prämissen folgt weiter, dass kein Anspruch nach §§ 102 ff. bestehen kann, falls neben dem vorleistenden kein anderer Träger leistungspflichtig ist. Ein Ausgleichsanspruch scheiterte an der fehlenden Mehrheit an Sozialleistungsträgern.[2] Aus dem Ausgleichsmodus der Kompensation folgt weiter, dass der Leistungsanspruch des Empfängers gegen den Leistungspflichtigen nur insoweit erlischt, als die Vorleistung der Leistungspflicht des Leistungspflichtigen entspricht: zwischen den Ansprüchen »Kongruenz« besteht. Außerdem ergibt sich aus den §§ 102 ff., dass Maßnahmen gegenüber dem Sozialleistungsempfänger (dem Berechtigten) ausgeschlossen sind; die §§ 102 ff. sind insoweit abschließend.[3]

12 Die in §§ 102 ff. normierten Ausgleichsansprüche sind im Übrigen in ihrem rechtlichen Charakter unterschiedlich zu bestimmen. Es ist zwischen dem Anspruch des § 102 einerseits und den Ansprüchen der §§ 103–105 andererseits zu unterscheiden. § 102 unterscheidet sich zunächst von den §§ 103–105 im Ausgleichsumfang. Während nach §§ 103–105 der Ausgleichspflichtige (= der Leistungspflichtige) dem Ausgleichsberechtigten (= dem Vorleistenden) schuldet, was er durch die Vorleistung an eigenen Leistungen erspart hat, schuldet der Ausgleichspflichtige dem Ausgleichsberechtigten nach § 102, was der Vorleistende aufgewendet hat. Der Umfang des Ausgleichs nach §§ 103–105 wird also aus dem Vorteil berechnet, der dem Leistungspflichtigen durch die Vorleistung zugeflossen ist. Diesen abzuschöpfen, bezwecken die in §§ 103–105 vorgesehenen Ansprüche. Dagegen wird der Umfang des Ausgleichs bei § 102 bestimmt nach dem Umfang der Aufwendungen, welche der Vorleistende getätigt hat – einerlei, was der Leistungspflichtige durch die Vorleistung ersparte.

13 Diese Unterschiede sind ihrerseits Ausdruck der grundsätzlich unterschiedlichen Rechtsnatur beider Ansprüche. Der Anspruch nach § 102 ist auf Aufwendungsersatz gerichtet (ähnlich §§ 670, 683 BGB bzw. § 110 HGB [ggf. analog]). Dagegen zielen die §§ 103–105 auf die Abschöpfung der in der Person des Leistungspflichtigen durch wirksame Vorleistung eingetretenen Bereicherung (ähnlich §§ 684,

---

2 Siehe hierzu auch BSG, Urt. v. 29.06.2023 – B 1 KR 12/22 R, BeckRS 2023, 22986 Rn. 12: »*Die Erstattungsansprüche von Leistungsträgern untereinander nach §§ 102 ff SGB X setzen voraus, dass anstelle des letztlich verpflichteten Leistungsträgers ein anderer Leistungsträger Sozialleistungen erbracht hat.*«.

3 LSG Berlin-Brandenburg, Urt. v. 10.12.2021 – L 9 KR 234/18, BeckRS 2021, 43165 Rn. 42.

812 Abs. 1 S. 2 BGB: legalisierte Form der Rückgriffskondiktion)[4]. Diese Unterschiede rechtfertigen sich daraus, dass bei § 102 der Vorleistende bewusst für einen fremden Leistungsträger handelt, bei §§ 103–105 der Vorleistende dagegen glaubt, selbst erfüllen zu müssen. Bei § 102 handelt der Vorleistende also mit Fremd-, bei §§ 103–105 dagegen mit Eigengeschäftsführungswillen. Wegen der altruistischen Motivation – und nicht um den Ausgleichspflichtigen zu sanktionieren[5] – wird der Vorleistende in § 102 hinsichtlich des Umfanges des Ausgleichs und des Rechtsweges besser gestellt als die nach §§ 103–105 Ausgleichsberechtigten. Nur die nach § 102 handelnden Träger werden an der Vorstellung festgehalten, durch ihre Leistung eine eigene Verbindlichkeit erfüllt zu haben. Um diese Unterschiedlichkeit der Ausgleichsansprüche auch terminologisch auszudrücken, sollten der Anspruch nach § 102 »Ersatz-« und die Ansprüche nach § 103–105 »Erstattungsanspruch« genannt werden.

Für Ausgleichsansprüche in Form von Rückforderungsansprüchen im Zwei-Personen-Verhältnis 14 (§ 50) sind die Gerichte sachlich zuständig, die über den durch den Ausgleichsanspruch ersetzten Leistungsanspruch zu entscheiden hätten. Wird also eine gewährte Ausbildungsförderung oder Jugendhilfe gemäß § 50 vom zuständigen Träger zurückgefordert, entscheidet über die Rückforderung die allgemeine Verwaltungsgerichtsbarkeit als dasjenige Gericht, welches über die Gewährung des Anspruches zu entscheiden hätte. Ist eine Sozialversicherungs- oder Arbeitsförderungsleistung gemäß § 50 zurück zu gewähren, hat über den Anspruch die Sozialgerichtsbarkeit zu entscheiden, die auch für die Leistungsansprüche zuständig ist. Die gerichtliche Zuständigkeit für Ausgleichsansprüche nach § 50 folgt so der Zuständigkeit für die auszugleichenden Leistungsansprüche.

Für Ausgleichsansprüche im Drei-Personen-Verhältnis ist der Rechtsweg unterschiedlich bestimmt. 15 Wird der Ausgleich in Form des Parteiwechsels vollzogen, entscheidet über den Ausgleich das Gericht, vor dem Streitigkeiten aus dem übergegangenen Anspruch anhängig zu machen sind. Wird also Ausgleich durch Übergang eines Schadensersatzanspruches wegen Delikts gewährt, so entscheiden darüber die ordentlichen Gerichte; wird Ausgleich durch Übergang eines Anspruchs auf Arbeitsentgelt gewährt, so entscheiden darüber die Arbeitsgerichte; über Ausgleich durch Übergang eines Anspruchs auf Familienunterhalt entscheiden die Familiengerichte.

§ 102 Anspruch des vorläufig leistenden Leistungsträgers

(1) Hat ein Leistungsträger auf Grund gesetzlicher Vorschriften vorläufig Sozialleistungen erbracht, ist der zur Leistung verpflichtete Leistungsträger erstattungspflichtig.

(2) Der Umfang des Erstattungsanspruchs richtet sich nach den für den vorleistenden Leistungsträger geltenden Rechtsvorschriften.

Übersicht

A. Inhalt

1 § 102 gewährt dem in eigener Unzuständigkeit aufgrund gesetzlicher Anordnung bewusst vorleistenden Träger einen Anspruch auf Ersatz aller getätigten Aufwendungen gegen den leistungspflichtigen Träger. Der entgegen den Zuständigkeiten vorleistende Träger wird durch eine Norm vorübergehend leistungspflichtig, damit der Berechtigte seinen Anspruch trotz ungeklärter Zuständigkeit unter den Trägern erfüllt erhält. Zum Schutz des Sozialleistungsberechtigten – namentlich seines als schutzwürdig anerkannten (§ 17 SGB I) Interesses auf zügige Erfüllung des Leistungsan-

4 BeckOGK/*Kater*, § 102 SGB X Rn. 7.

5 So aber BeckOGK/*Kater*, § 102 SGB X Rn. 3; Schütze/*Roos*, § 102 Rn. 3.

spruchs – sehen deshalb einige sozialrechtliche Bestimmungen vor, dass bei ungeklärter Zuständigkeit ein Träger vorübergehend zuständig sein soll. Stellt sich heraus, dass der vorleistende Träger der leistungspflichtige Träger ist, besteht kein Ersatzanspruch nach § 102, denn dann hat der zuständige Träger an den Berechtigten geleistet. Stellt sich indessen heraus, dass der vorleistende nicht der leistungspflichtige Träger ist, begründet § 102 eine Ersatzpflicht des Leistungspflichtigen. Der Anspruch des Vorleistenden zielt im Gegensatz zu den in §§ 103 bis 105 geregelten Ersatzansprüchen nicht auf Abschöpfung der durch den Leistungspflichtigen ersparten Aufwendungen des, sondern auf Ersatz der dem Vorleistenden entstandenen Aufwendungen. Der in § 102 genannte Anspruch hat daher nicht denselben Inhalt wie die in §§ 103 bis 105 normierten Ansprüche. Während die in §§ 103 bis 105 geregelten Ansprüche den Leistungspflichtigen verpflichten, dem vorleistenden Träger zu erstatten, was dieser an eigenen Leistung erspart, ist der Anspruch nach § 102 auf den umfassenden Ersatz der dem vorleistenden Träger entstandenen Aufwendungen gerichtet – einerlei, ob diese auch dem leistungspflichtigen Träger selbst entstanden wären. Deshalb wird der in § 102 normierte Anspruch entgegen dem allgemein üblichen Sprachgebrauch nicht als »Erstattungs-«, sondern als »Ersatz-« Anspruch bezeichnet.

B. Einzelerläuterungen

I. Ersatzanspruch des Vorleistenden

2 § 102 ist erfüllt, falls der vorleistende Träger bewusst vorläufig leistet. Dieses muss in dem der Vorleistung zugrundeliegenden Bescheid zum Ausdruck gelangen.[1] Leistet der Vorleistende im Bewusstsein eigener Verpflichtung (Eigengeschäft), steht ihm ein Erstattungsanspruch nach §§ 103 bis 105 zu, falls ein anderer Träger leistungspflichtig ist. Der zur Vorleistung nach § 102 berechtigte Träger[2] handelt also im Verhältnis zum Berechtigten wie ein Dritter, der die Verbindlichkeit des Leistungspflichtigen tilgt (§ 267 BGB). Im Verhältnis zum Leistungspflichtigen handelt der Vorleistende ähnlich einem Geschäftsführer ohne Auftrag, der nach § 102 Abs. 2 wie ein Beauftragter Aufwendungsersatz verlangen kann (§§ 683, 670 BGB). Sein Handeln findet jedoch seinen Rechtsgrund nicht in der auch im öffentlichen Recht anerkannten Norm der Geschäftsführung ohne Auftrag[3], sondern in einer die Vorleistung eigens legitimierenden gesetzlichen Ermächtigung – also einem Auftrag.

3 § 102 gilt nicht für die kraft Auftrages begründeten Pflichten zur Erbringung von Sozialleistungen.[4] Für den Auftrag folgt dies daraus, dass der Vorleistende im Namen des Leistungspflichtigen leistet, die von ihm erbrachte Sozialleistung also nicht Vorleistung, sondern die Leistung des Leistungspflichtigen ist.[5] Für den gesetzlichen Auftrag (§ 93), ergibt sich aus §§ 93, 91 Abs. 1 und 3 ein eigener Anspruch auf Aufwendungsersatz, der hinsichtlich der Nebenfolgen abweichend von dem in §§ 108 ff. geregelten Ansprüchen ausgestaltet ist (vgl. insbesondere §§ 109 und 111).[6] Ein Anspruch aus § 816 Abs. 2 BGB ist dem Sozialrecht fremd, § 102 schafft für diesen Anspruch einen gleichwertigen Ausgleichstatbestand.[7]

---

1 BSG, Urt. v. 22.05.1985 – 1 RA 33/84 –, BSGE 58, 119; BSG, Urt. v. 25.10.1984 – 11 RA 29/84 –, SozR 1500 § 144 Nr. 27; LSG Hamburg, Urt. v. 30.10.2012 – L 4 SO 65/11; s. dazu auch LSG Bayern, Urt. v. 03.03.2021 – L 13 R 4452/18, BeckRS 2021, 7643.

2 Ob ein Anspruch auf Vorleistung besteht, bezweifelt v. Koppenfels-Spies/Wenner/*Bigge*, SGB I, § 43 Rn. 3 f.

3 Vgl. dazu eingehend: *Wollenschläger*, Geschäftsführung ohne Auftrag im öffentlichen Recht und Erstattungsanspruch, 1977; anders *Wolber*, Anm. SGb 1999, 419.

4 BSG, Urt. v. 28.10.2008 – B 8 SO 23/07 R –, BSGE 102, 10 (Vorrang der Leistungsbeziehung); BSG, Urt. v. 29.09.2009 – B 8 SO 11/08 R –, SozR 3–2600 § 13 Nr. 2; BeckOGK/*Kater*, § 102 SGB X Rn. 13.

5 *Dederer*, Die Erstattungsansprüche der Leistungsträger untereinander (§§ 102 ff SGB X), DRV 1983, 566, 568.

6 A.A. von Maydell/*Schellhorn*, GK-SGB X 3, § 102 Rn. 9.

7 BSG, FEVS 61, 385.

II. Pflicht zur Vorleistung

§ 102 begründet keine gesetzliche Pflicht zur Vorleistung, sondern setzt vielmehr deren Bestehen voraus. Stattdessen regelt § 102 die danach eintretenden Folgen zwischen Vorleistendem und Leistungspflichtigem durch Begründung eines Anspruchs auf Aufwendungsersatz. Das Sozialrecht erlaubt die Vorleistung allgemein und im Besonderen. § 43 SGB I stellt den allgemeinen Tatbestand der Vorleistung dar.[8] Er ist begründet, falls feststeht, dass dem Berechtigten ein Anspruch zusteht, dessen Träger jedoch streitig ist. Eine weitere, die Regelung der Vorleistung normierende Bestimmung enthält § 2 Abs. 3 SGB X. Danach bleibt bei einem Wechsel der örtlichen Zuständigkeit die bisher zuständige Behörde weiterhin zuständig, bis die Leistung von der zuständigen Behörde erbracht wird. Die Ausgleichspflicht nach § 102 sanktioniert nicht den Ausgleichspflichtigen und privilegiert auch nicht den Vorleistenden[9], sondern erklärt sich aus der offenkundigen Fremdnützigkeit der Vorleistung, über die schon im Zeitpunkt der Vorleistung Klarheit herrscht. 4

Spezielle, die Pflicht zur Vorleistung enthaltende Regelungen finden sich in einzelnen Sozialleistungszweigen – so im Recht der gesetzlichen Unfallversicherung, wonach ein Träger zur Gewährung von vorläufigen Leistungen verpflichtet ist, wenn ein entschädigungspflichtiger Unfall vorliegt, welcher jedoch nach Ansicht des vorleistenden Trägers von einem anderen Unfallversicherungsträger zu entschädigen ist (§ 193 SGB VII). § 14 SGB IX begründet Vorleistungspflichten bei ungeklärter Zuständigkeit des Rehabilitationsträgers derart[10], dass der angegangene Träger[11] vorläufig zuständig ist. § 98 I 3 SGB XII verpflichtet den örtlich zuständigen Sozialhilfeträger zur Leistung auch nach Ende des Aufenthalts. Ähnliche Vorleistungspflichten finden sich im Recht der Arbeitslosenversicherung (§ 23 SGB III). In allen diesen Vorschriften ist vorausgesetzt, dass der Vorleistende wegen ungeklärter Zuständigkeit[12] in der Absicht der Vorleistung handelt; eine nachträgliche Umdeutung einer erbrachten Leistung in eine vorläufige Leistung,[13] um einen Ersatzanspruch zu begründen, scheidet aus.[14] Die Konkurrenzregeln des Rehabilitationsrechts (§ 14 SGB IX) stehen einem Anspruch nach § 102 nicht entgegen; dieser besteht vielmehr parallel.[15] 5

III. Ersatzpflichtiger Leistungsträger

Es ist zweifelhaft, wie sich die Ersatzpflicht eines leistungspflichtigen Sozialhilfeträgers beurteilt, wenn für diesen Vorleistungen erbracht wurden. Das Gesetz ordnet in §§ 103 Abs. 3 und 105 Abs. 3 an, dass ein subsidiär haftender Sozialleistungsträger nur ersatzpflichtig ist, wenn ihm seine Leistungspflicht bekannt ist. Es fragt sich deshalb, ob die in den genannten Bestimmungen angeordnete Begrenzung der Erstattungspflicht von Sozialhilfeträgern, Trägern der Jugendhilfe oder der Sozialen Entschädigung, soweit diese Besondere Leistungen im Einzelfall erbringen, auch für den Fall der Vorleistung nach § 102 gilt. 6

Der leistungspflichtige Träger ist demjenigen vorleistenden Träger ersatzpflichtig, welcher durch die Vorleistung von der eigenen Leistungspflicht freigestellt wird. Um den ersatzpflichtigen Träger heraus- 7

---

8 OVG Lüneburg, ND MBl 1997, 943; VG Gelsenkirchen, NWVBl 2000, 196.

9 A.A. BeckOGK/*Kater*, § 102 SGB X Rn. 3; Schütze/*Roos*, SGB X, § 102 Rn. 3.

10 BSG SozR 3–1300 § 102 Nr. 2; LSG Bayern, Beschl. v. 09.08.2017 – L 18 SO 8/17 NZB – juris; LSG Hessen, Urt. v. 07.06.2017 – L 4 SO 95/16 – juris.

11 BSG, Urt. v. 20.10.2009 – B 5 R 44/08 R –, BSGE 104, 294; BSG, Urt. v. 26.10.2004 – B 7 AL 16/04 R –, BSGE 93, 283, 285; BSG, Urt. v. 26.06.2007 – B 1 KR 34/06 R.

12 BeckOGK/*Kater*, § 102 SGB X Rn. 19.

13 Von Maydell/*Schellhorn*, GK-SGB X 13, § 102 Rn. 16; vgl. auch *Giese*, Zum Verhältnis der §§ 44 und 59 BSHG zu § 102 SGB X, ZfSH/SGB 1985, 385 ff.

14 LSG Bayern, Urt. v. 030.3.2021 – L 19 R 581/18, BeckRS 2021, 7932 Rn. 30.

15 BSG, Urt. v. 20.10.2009 – B 5 R 44/08 R –, BSGE 104, 294; BSG, Urt. v. 26.06.2007 – B 1 KR 34/06 R –, BSGE 98, 267; BSG, Urt. v. 26.10.2004 – B 7 Al 16/04 R –, BSGE 93, 283; s. aber LSG Nordrhein-Westfalen, Urt. v. 04.11.2021 – L 9 SO 302/19, BeckRS 2021, 42357, das davon ausgeht, dass § 14 SGB IX eine endgültige Zuständigkeit und nicht bloß eine vorläufige begründe.

zufinden, ist also der nach der gesetzlichen Zuständigkeitsordnung letztlich verpflichtete Träger zu ermitteln. Zwischen Vorleistendem und Leistungspflichtigem muss schon im Zeitpunkt der Vorleistung eine Schuldnermehrheit oder eine Doppelberechtigung[16] bestehen, aufgrund derer der Leistungspflichtige das Interesse des Sozialleistungsberechtigten gleichfalls zu befriedigen hat. § 102 ist also nicht anzuwenden, wenn zwischen Leistungsberechtigten, Vorleistendem und Leistungspflichtigen kein Dreiecksverhältnis besteht.[17] Zwischen den beiden Schuldgründen muss Zweckidentität bestehen.[18] Anders als bei §§ 103 bis 105 muss aber hinsichtlich der Leistungen nicht Kongruenz vorliegen, da der Leistungspflichtige dem Vorleistenden auch Ersatz für nichtkongruente Leistungen schuldet. Allerdings ist der Tatbestand der Vorleistung ausgeschlossen, falls der Leistungspflichtige nicht ein im Grundsatz gleiches Interesse zu befriedigen hat.[19]

IV. Entstehung des Ersatzanspruches

8 Der Ersatzanspruch entsteht mit Erbringung der Vorleistung,[20] deren Voraussetzungen § 43 SGB I normiert.[21] Eine solche Vorleistung muss in einer Sozialleistung bestehen. Eine Sozialleistung im Sinne des § 11 Satz 1 SGB I liegt in den im SGB vorgesehenen Dienst-, Sach- und Geldleistungen. Das Erbringen der Sozialleistung wiederum fordert, dass der Leistungsträger seine Leistungspflicht für den konkreten Fall bejaht und auf der Grundlage dieser Entscheidung die Leistung tatsächlich bewirkt (§ 362 BGB). Dabei muss der Leistungsträger die Sozialleistung nicht unmittelbar gegenüber dem Leistungsempfänger erbringen, sondern kann dies auch durch Leistungserbringer oder durch andere Leistungsträger tun. Die Leistungserbringung muss ihm in diesem Fall aber rechtlich als eigene zurechenbar sein.[22] Nach § 43 SGB I ist der zuerst angegangene Träger vorleistungspflichtig. Dies ist der Träger, der von dem Berechtigten oder seinem Vertreter mündlich oder schriftlich zuerst mit dem Leistungsbegehren befasst wird.[23] § 43 SGB I gilt auch bei Zuständigkeitskonflikten unter Körperschaften desselben Leistungszweiges (z.B. Landkreis als örtlicher und Land als überörtlicher Träger der Jugendhilfe). Denn § 43 SGB I soll nicht nur die Nachteile für den Leistungsberechtigten aus der Auffächerung des Sozialleistungssystems in unterschiedlichen Leistungszweigen abwenden[24], sondern die Rechtsverwirklichung angesichts der Aufteilung der Zuständigkeiten unter Sozialleistungsträgern sichern.[25] Noch nicht abschließend geklärt ist dagegen, wie sich ein zeitlich später gegenüber dem Berechtigten erlassener Verwaltungsakt des vorleistenden oder des eigentlich verpflichteten Sozialleistungsträgers auf einen bereits entstandenen Ersatzanspruch auswirkt.[26]

V. Umfang des Ersatzanspruchs

9 Der Umfang des Ersatzes bemisst sich nach den getätigten Aufwendungen des vorleistenden und nicht nach den ersparten Aufwendungen des leistungspflichtigen Trägers. Darin liegt der wesentliche Unterschied zwischen § 102 und §§ 103 bis 105. Die gegenüber den letztgenannten Erstattungsansprüchen weiterreichende Ausgleichspflicht des Leistungspflichtigen wurde angeordnet, weil einzig bei § 102 der vorleistende Träger entgegen seinen Willen zur Vorleistung herangezogen wird.[27] Deshalb soll er alle getätigten Aufwendungen erstattet verlangen können. Der zur Leistung von

16 Diering/Timme/Stähler/*Böttiger*, vor § 102 Rn. 6, 23.
17 BSG, Urt. v. 28.03.2017 – B 1 KR 15/16 R –, BSGE 123, 10.
18 BeckOGK/*Kater*, § 102 SGB X Rn. 30; Diering/Timme/Stähler/*Böttiger*, vor § 102 Rn. 26 ff.
19 So auch Hauck/Noftz/*Becker*, SGB X, § 102 Rn. 11 (»Funktionsidentität«).
20 Hauck/Noftz/*Klattenhoff*, SGB X, § 102 Rn. 8; von Maydell/*Schellhorn*, GK-SGB X 13, § 102 Rn. 29.
21 Vgl. *Mrozynski*, SGB I, 2019 (6. Aufl.), § 43 Rn. 3 ff.; v. Koppenfels-Spies/Wenner/*Bigge*, § 43 SGB I, Rn. 3.
22 BSG, Urt. v. 29.06.2023 – B 1 KR 12/22 R, BeckRS 2023, 22986 Rn. 16.
23 BVerwG, Urt. v. 19.11.1992 – 5 C 33.90 –, BVerwGE 91, 177, 179.
24 So BVerwG v. 13.01.1983 – 5 C 98.81 –, BVerwGE 66, 335, 341.
25 BVerwG, Urt. v. 19.11.1992 – 5 C 33.90 –, BVerwGE 91, 177, 181.
26 Gegen eine Relevanz für den bereits entstandenen Ersatzanspruch *Felix*, SGb 2021, 325.
27 BT-Drucks. 9/95, S. 24.

Übergangsgeld verpflichtete Rentenversicherungsträger muss dem vorleistenden Träger der Grundsicherung als Vorschuss auf das während einer medizinischen Rehabilitationsmaßnahme geschuldete Übergangsgeld erbrachtes aufstockendes Arbeitslosengeld zu erstatten[28]. Hat der Vorleistende an den Berechtigten Vorleistungen erbracht, die über die vom Leistungspflichtigen geschuldete Leistung hinausgehen, so ist bei der Vorleistung nach § 43 Abs. 2 Satz 2 SGB I der Leistungspflichtige und nicht der Vorleistende zur Geltendmachung und Beitreibung des Erstattungsanspruches gegenüber dem Berechtigten befugt und verpflichtet. Zu erstatten sind auch die Leistungen, deren Erbringung fingiert werden (§ 176 Abs. 3 SGB VI).[29] Kein Anspruch nach § 102 SGB X besteht dagegen, soweit Leistungen an eine Bedarfsgemeinschaft erbracht werden, im Hinblick auf diejenigen Bestandteile der Leistung, für die keine kongruente Leistung an den Leistungsempfänger geschuldet wird, sondern stattdessen die Leistungen für Personen bestimmt sind, denen kein anderweitiger Sozialleistungsanspruch gegen den erstattungspflichtigen Träger zusteht.[30]

Dem Vorleistenden sind nach § 102 Abs. 2 also auch die inkongruenten Leistungen zu ersetzen, 10
unabhängig davon, ob der Ersatzanspruch im Verhältnis zum Berechtigten durchzusetzen ist oder nicht. Dieser in § 43 Abs. 2 Satz 2 geregelte Grundsatz, wonach Rückforderungsansprüche (§ 50) gegen den Berechtigten statt vom Vorleistenden vom Leistungspflichtigen geltend gemacht werden können, gilt entsprechend für alle anderen erwähnten Vorleistungstatbestände. Da der Anspruch auf Ersatz der dem Vorleistenden entstandenen Aufwendungen gerichtet ist, besteht er auch dann, wenn der Leistungsanspruch verjährt ist (§ 45 SGB I), schließt die Verjährungseinrede doch die Durchsetzung des Anspruchs nicht aus. Deshalb scheitert der Eintritt Verjährung nicht an der für Ansprüche nach §§ 102 bis 105 zu fordernden Schuldnermehrheit. Da das in Erfüllung eines verjährten Anspruches Geleistete vom Empfänger nicht zurückgefordert werden kann (§§ 45 Abs. 2 SGB I, 223 BGB) und auch die Vorleistung als Erfüllung gilt (§ 107), schuldet der Leistungsberechtigte dem Vorleistenden Ersatz, auch wenn der Leistungsanspruch verjährt ist. Ist hingegen der Leistungsanspruch aus Rechtsgründen ausgeschlossen (wobei sich der Ausschluss auch aus dem Bestehen einer rechtsvernichtenden Einwendung ergeben kann), besteht keine Schuldnermehrheit und demgemäß auch keine Ersatzpflicht des Leistungspflichtigen gegenüber dem Vorleistenden.[31] Deshalb hat der Vorleistende dann das zu Unrecht Geleistete vom Empfänger zurückzufordern (§ 50). Konkurrieren Erstattungspflicht nach § 102 und eine Abtretung (§ 53 SGB I), so entscheidet nicht die Priorität – also die zeitliche Abfolge – über die Auflösung der Konkurrenzlage[32], sondern die Ausgleichsleistung nach § 102 hat Vorrang vor der Abtretung.

§ 103 Anspruch des Leistungsträgers, dessen Leistungsverpflichtung nachträglich entfallen ist

(1) Hat ein Leistungsträger Sozialleistungen erbracht und ist der Anspruch auf diese nachträglich ganz oder teilweise entfallen, ist der für die entsprechende Leistung zuständige Leistungsträger erstattungspflichtig, soweit dieser nicht bereits selbst geleistet hat, bevor er von der Leistung des anderen Leistungsträgers Kenntnis erlangt hat.

(2) Der Umfang des Erstattungsanspruchs richtet sich nach den für den zuständigen Leistungsträger geltenden Rechtsvorschriften.

(3) Die Absätze 1 und 2 gelten gegenüber den Trägern der Eingliederungshilfe, der Sozialhilfe, der Sozialen Entschädigung, soweit diese Besondere Leistungen im Einzelfall erbringen, der Soldatenentschädigung nach Kapitel 5 des Soldatenentschädigungsgesetzes und der Jugendhilfe nur

28 BSG, Urt. v. 12.04.2017 – B 13 R 14/16 R –, SozR 4–4200 § 25 Nr. 2.
29 BSG USK 2009, 78.
30 BSG, Beschl. v. 19.10.2011 – B 13 R 241/11 B, SozR 4–1300 § 102 Nr. 1.
31 BSG, Urt. v. 28.09.1999 – B 2 U 36/98 R–, SozR 3–1300 § 102 Nr. 2: Kein Erstattungsanspruch für materiell zu Unrecht erbrachte Leistungen.
32 LSG Nordrhein-Westfalen, Urt. v. 08.05.2012 – L 18 R 334/11.

von dem Zeitpunkt ab, von dem ihnen bekannt war, dass die Voraussetzungen für ihre Leistungspflicht vorlagen.

Übersicht

A. Inhalt

1 § 103 regelt die Folgen, falls der vorleistende Träger an den Berechtigten Sozialleistungen mit Rechtsgrund erbracht hat, jedoch später die Zuständigkeit des Leistungspflichtigen für die gesamte oder einen Teil der Leistung festgestellt wird. Die Vorschrift ordnet an, dass der durch die Vorleistung frei werdende Leistungspflichtige dem Vorleistenden zu erstatten hat, was er infolge der Vorleistung an eigenen Aufwendungen erspart hat. Zu erstatten ist also der Gegenwert der durch die Tilgungswirkung der Vorleistung eingetretenen Schuldbefreiung. Leistet der Leistungspflichtige in Unkenntnis der Vorleistung, entfällt die Erstattungspflicht des Leistungspflichtigen. Der vorleistende Träger kann stattdessen auch nach § 50 von der/dem Berechtigten Rückforderung verlangen. Abs. 3 regelt die Erstattungspflicht von Trägern der Sozialhilfe, Sozialen Entschädigung und Jugendhilfe eigens. Als subsidiär haftende Träger sind sie deshalb anderen Trägern zur Erstattung nur verpflichtet, soweit einer von jenen Vorleistungen erbracht hat und wusste, dass sie dem Berechtigten gegenüber zur Leistung verpflichtet sind. Wussten sie dies nicht, besteht keine Erstattungspflicht.

B. Einzelerläuterungen

I. Grundsätze

2 Der in § 103 geregelte Erstattungsanspruch erlangt besondere Bedeutung, falls sich zugleich mehrere von unterschiedlichen Trägern gesicherte Risiken verwirklichen, weswegen potentiell mehrere Leistungsansprüche gegen verschiedene Träger begründet erscheinen.[1] Der Gesetzgeber hatte bei Schaffung dieser Vorschrift § 183 Abs. 3 RVO a.F. vor Augen.[2] Diese bestimmte das Konkurrenzverhältnis zwischen Krankengeld und Erwerbsunfähigkeitsrente oder Altersruhegeld dahin, dass vom Tage der Zubilligung der beiden letztgenannten Leistungen der Anspruch auf Gewährung von Krankengeld endet. Da die Erwerbsminderungsrente der Rentenversicherung mit Eintritt des Versicherungsfalles fällig (§ 41 SGB I), die Erwerbsminderung jedoch erst nach eingehender Überprüfung der gesundheitlichen Lage des Versicherten festgestellt wird, kann es – falls die gesundheitliche Lage des Rentenantragstellers sich der Krankenversicherung zugleich als Arbeitsunfähigkeit darstellt – zu einer Kumulation von Leistungsansprüchen kommen, falls die gesundheitliche Beeinträchtigung zugleich die Erwerbsminderung begründet. Für diesen Fall ordnet § 103 an, dass der vorleistende Träger der Krankenversicherung von dem letztlich leistungspflichtigen Träger der Rentenversicherung Erstattung der von ihm infolge der Zahlung von Krankengeld ersparten Aufwendungen verlangen kann.

3 Die Anwendung des § 103 setzt daher – verallgemeinernd gesagt – voraus:

1. eine aus einer Anspruchskonkurrenz resultierende Schuldnermehrheit von Vorleistendem und Leistungspflichtigem,
2. eine faktisch gesicherte Leistungspflicht des Vorleistenden,
3. eine faktisch ungesicherte, jedoch nachträglich (= nach Erbringung der Vorleistung) gesicherte Leistungspflicht des Leistungspflichtigen und

---

1 Hauck/Noftz/*Klattenhoff*, SGB X, Rn. 1 zu § 103.

2 BT-Drucks. 9/95, S. 24 f.

4. eine gesetzliche Regelung, wonach der Leistungsanspruch gegen den Vorleistenden wegen des Leistungsanspruchs gegen den Leistungspflichtigen nicht besteht.

§ 103 soll daher die Folgen aus der Kumulation von Leistungsansprüchen gegen unterschiedliche Träger bewältigen, weil die Voraussetzungen der Leistungsansprüche von den Trägern unterschiedlich schnell festgestellt werden. § 103 soll sichern, dass der schneller entscheidende und deshalb früher leistende Träger vom langsamer entscheidenden, eigentlich zuständigen, leistungspflichtigen Träger erstattet verlangen kann, was dieser infolge der Vorleistung erspart hat, falls sich die Nichtzuständigkeit des vorleistenden Trägers nachträglich herausgestellt hat. § 103 unterscheidet sich von § 102, dass der vorleistende Träger an den Berechtigten in der Absicht leistet, eine eigene Verbindlichkeit zu erfüllen, wogegen er bei § 102 an den Berechtigten in der Absicht leistet, eine fremde Verbindlichkeit zu erfüllen.[3]

§ 103 unterscheidet sich von § 104 darin, dass der Vorleistende an den Berechtigten in der Absicht 4
leistet, eine ihn wegen des eingetretenen Sicherungsfalles treffende Verbindlichkeit zu erfüllen. Erbringt ein Rehabilitationsträger dem Empfänger in irrtümlicher Bejahung seiner Zuständigkeit von Amts wegen Leistungen, die ein vorrangiger Träger schuldet, so stehen dem Vorleistenden gegen den zuständigen Träger eigene Erstattungsansprüche zu.[4] Dagegen leistet in § 104 der Vorleistende an den Berechtigten, weil er wegen einer allgemeinen Notlage generell oder wegen eines besonderen Sicherungsfalles zur Leistung verpflichtet ist, für den ein Vorrang eines anderen Trägers eigens angeordnet ist. Die Abgrenzung dieses letztgenannten Falles von den Fällen des § 103 ist im Einzelfall jedoch schwierig. Denn auch bei einem nachträglichen Wegfall der Leistungspflicht des vorleistenden Trägers besteht im Ergebnis die vorrangige Leistungspflicht des Leistungspflichtigen. Deshalb ist die Abgrenzung zwischen § 103 und § 104 besonders schwierig, wenn der vorleistender und leistungspflichtiger Sozialversicherungsträger und damit gleichrangige Träger sind.

Der Begriff des nachträglichen Entfallens der Leistungspflicht ist unklar[5]. Der Anspruch »entfällt« 5
nicht primär wegen noch anzustellender faktischer Klärungen, sondern weil diese den Vorrang einer konkurrierenden Leistungspflicht eine anderen – hier des leistungs- und daher erstattungspflichtigen Trägers begründen. Es geht bei dem »Entfallen« der Leistungspflicht also um Rangfragen zwischen unterschiedlich begründeten, aber gleichartigen Leistungspflichten, bei denen ein Träger gegenüber dem anderen Vorrang hat. Sind die Träger gleichrangig, besteht eine Erstattungspflicht nach § 103, wenn sich die konkurrierenden Ansprüche ihrem Inhalt nach wechselseitig ausschließen. Bestehen die Ansprüche dagegen nebeneinander, so dass mehrere Träger eine gleichwertige Leistung zeitgleich dem Berechtigten schulden, besteht kein Erstattungsanspruch[6]. Der vorleistende Träger kann gegenüber dem Erstattung begehrenden Träger einwenden, in Unkenntnis der anderweitigen Leistungspflicht erfüllt zu haben.[7] Stehen die Ansprüche im Verhältnis Vorrang – Nachrang und damit der Subsidiarität, ist der Ausgleich zwischen Vorleistendem und Leistungspflichtigem nach § 104 abzuwickeln. Maßgeblich hierfür ist, ob die Leistungspflicht tatbestandlich ausgeschlossen ist (z.B. Wegfall der Bedürftigkeit; dann: § 104) oder ob der Leistungsanspruch tatbestandlich erfüllt ist, aber durch Konkurrenzregeln wegen anderweitiger Leistungspflicht entfällt (dann: § 103).[8] § 103 bewältigt also – anders formuliert – die Konkurrenzverhältnisse zwischen institutionell gleichrangigen Trägern und gleichrangigen Leistungsansprüchen, § 104 indes die zwischen Leistungsträgern institutionell

3 BSG, Urt. v. 25.10.1984 – 11 RA 29/84, SozR 1500, § 144 Nr. 27.

4 BSG, Urt. v. 22.06.2010 – B 1 KR 21/09 R, SozR 4–1300 § 104 Nr. 1 = 4–2500 § 40 Nr. 5; BSG, Urt. v. 28.08.1997 – 14/10 RKg 11/96, BSGE 81, 30.

5 *Peter Becker*, Ein anderer war zuständig – Erstattungsansprüche, Sozialrecht aktuell 2019, Sonderheft Nahtlosigkeitsideal oder Schnittstellenrealität im gegliederten Leistungssystem, 57, 59.

6 BSG, Urt. v. 26.06.2007 – B 1 KR 34/06 R, BSGE 98, 267.

7 BSG, Urt. v. 22.06.2010 – B 1 KR 21/09 R, SozR 4–1300 Nr. 3.

8 BSG, Urt. v. 01.07.2003 – B 1 KR 13/02 R, BSG, Urt. v. 13.09.1984 – 4 RJ 37/83 –, BSGE 57, 146; vgl. auch *Dederer*, Die Erstattungsansprüche der Leistungsträger untereinander (§§ 102 ff. SGB X), DRV 1983, 570.

verschiedenen Rangs und im Verhältnis zu gleichrangigen Leistungsträgern bezüglich subsidiärer Leistungsansprüche.[9] Der Tatbestand des § 103 unterscheidet sich schließlich von dem des § 105 darin, dass bei § 103 der Vorleistende dem Leistungsberechtigten im Zeitpunkt der Vorleistung verpflichtet war, wogegen im Fall des § 105 der Vorleistende ohne Rechtsgrund an den Leistungsberechtigten leistet.[10] Kongruenz besteht, wenn eine gleichartige Leistung von zwei Trägern geschuldet und – unabhängig davon ob der Anspruch auch bei Auslandsaufenthalt besteht.[11]

II. Tatbestände des nachträglichen Wegfalls der Leistungspflicht des Vorleistenden

6 § 183 Abs. 3 RVO a.F. war nicht der einzige Fall eines nachträglichen Wegfalls der Leistungspflicht. Im Folgenden sollen – ohne Anspruch auf Vollständigkeit – andere Tatbestände des nachträglichen Wegfalls der Leistungspflicht entsprechend den Konkurrenzlagen zwischen den einzelnen Leistungszweigen systematisiert werden. Im Verhältnis Rentenversicherungs-/Unfallversicherungsträger besteht ein Erstattungsanspruch, falls der Rentenversicherungsträger an den Berechtigten Kinderzuschuss oder Rente zahlt und diesem zugleich ein Anspruch auf Kinderzulage (§ 217 Abs. 3 SGB VII) zusteht, oder soweit ein Ruhen des Anspruchs auf Rente aus der gesetzlichen Rentenversicherung angeordnet ist.[12]

7 Im Verhältnis BA/Rentenversicherungsträger besteht ein Erstattungsanspruch nach § 103, wenn und soweit ein Berechtigter Anspruch auf Rente wegen Erwerbsminderung oder auf Altersruhegeld und einen Anspruch auf Arbeitslosengeld innehat[13] (§ 142 SGB III). Im Verhältnis BA/sonstige gleichrangige Sozialleistungsträger gilt entsprechendes für die in § 142 SGB III genannten Ansprüche. Im Verhältnis Land als Träger des Blindengeldes und Land als Träger der Leistungen nach dem OEG wegen einer durch eine Gewalttat bewirkten Erblindung schuldet das auf Grund sozialen Entschädigungsrechts verpflichtete Land Erstattung nach § 103 im Hinblick auf den Mehraufwand und in Höhe des gezahlten Blindengeldes.[14]

8 Im Verhältnis Unfallversicherungs-/Rentenversicherungsträger besteht ein Erstattungsanspruch nach § 103, falls für den Bezieher von Verletztengeld (§§ 45 f. SGB VII) bei Wiedererkrankung an den Unfallfolgen für den Zeitraum des Bezuges von Verletztengeld Leistungen wegen Erwerbsminderung mit der Folge der Leistungspflicht der Rentenversicherungsträger festgestellt ist.[15] Auch im Verhältnis zwischen dem Sozialhilfeträger zu anderen Sozialleistungsträgern kommt ein Erstattungsanspruch ausnahmsweise in Betracht, falls ein anderer Sozialleistungsträger vorrangig zur Gewährung bedürftigkeitsabhängiger Leistungen verpflichtet ist. Daher steht dem Sozialhilfeträger gegen die Kindergeldkasse hinsichtlich des vom Arbeitgeber geschuldeten Kindergeldzuschlags ein Anspruch zu, weil die Gewährung des Kindergeldzuschlags von der Bedürftigkeit des Empfängers abhängt und dessen Gewährung den Sozialhilfeanspruch ausschließt (§ 82 Abs. 1 Satz 2 SGB XII).[16]

9 Kraft ausdrücklicher gesetzlicher Anordnung besteht ein Erstattungsanspruch nach § 103 ferner bei Vorleistungen der BA (§ 23 SGB III), falls Arbeitslose von einem Träger der Rentenversicherung wegen einer Maßnahme zur Rehabilitation Übergangsgeld beziehen[17], ferner Vorleistungen des

9 BSG, Urt. v. 01.07.2003 – B 1 KR 13/02 R; BeckOGK/*Kater*, § 104 SGB X Rn. 9.
10 Vgl. unten § 105 Rn. 3 ff.
11 BSG, Urt. v. 20.04.2010 – B 1/3 KR 6/09 R, SozR 4–3250 § 14 Nr. 12; BeckOGK/*Kater*, § 104 SGB X Rn. 36 ff.
12 So auch Schütze/*Roos*, SGB X, § 103 Rn. 3; a.A. von Maydell/*Schellhorn*, GK-SGB X/3, § 103 Rn. 8; BSG, Urt. v. 29.04.1997 – 8 RKn 29/95, HVBG-Info 1997, 2302; BSG, Urt. v. 30.06.1997 – 8 RKn 28/95, HVBG-Info 1998, 357.
13 BSG, Urt. v. 07.09.2010 – B 5 KN 4/08 R, Soz R 4–2600 § 89 Nr. 2.
14 BSG, Urt. v. 11.11.2004 – B 9 VG 2./04 R, SozR 4–1300 § 103 Nr. 1.
15 BSG, Urt. v. 27.08.1987 – 2 RU 49/86, BSGE 62, 118; anders die frühere Rechtslage: BSG, Urt. v. 26.06.1973 – 8/2 RU 112/70, BSGE 36, 62.
16 BSG, Urt. v. 03.04.1990 – 10 RKg 29/89, FEVS 42 (1992), 38.
17 BSG, Urt. v. 23.07.1998 – B 11 AL 97/97 R, SozR 3–4100, § 105a Nr. 6.

Bundes (§ 12 Abs. 2 USG), falls dieser Leistungen der Unterhaltssicherung an Wehrpflichtige oder deren Familienangehörige erbringt, und ein danach Berechtigter einen anderweitigen Sozialleistungsanspruch hat.

III. Erstattungspflichtiger Leistungsträger

Erstattungspflichtig ist der dem Berechtigten gegenüber leistungspflichtige Träger. Ob die Leistungspflicht besteht, hängt davon ab, ob neben dem Vorleistenden auch der Leistungspflichtige eintreten und angesichts solcher Kumulation der Träger der Vorleistenden gegenüber dem Leistungspflichtigen zurücktreten muss. Auch eine im Wege der Ermessensentscheidung begründete Leistungspflicht ist eine für die Erstattungspflicht taugliche Vorleistung[18]. Erstattungspflichtig ist – mit anderen Worten – der Träger, der infolge der Vorleistung von eigenen Aufwendungen gegenüber dem Leistungsberechtigten nach § 107 frei geworden ist.[19] Eine Sonderregelung gilt jedoch für die Erstattungspflicht von Trägern der Sozialhilfe, Sozialen Entschädigung und Jugendhilfe (§ 103 Abs. 3). Wechselt der Versicherte die Krankenkasse, endet die Leistungspflicht der abgebenden Kasse und es entsteht die Leistungsphase der aufzunehmenden Kasse.[20] 10

IV. Leistung des Leistungspflichtigen

§ 103 Abs. 1, Halbs. 2 schließt die Erstattungspflicht des Leistungspflichtigen gegenüber dem Vorleistenden aus, soweit jener seiner Leistungspflicht gegenüber dem Leistungsberechtigten nachgekommen ist, ohne von der Vorleistung Kenntnis erlangt zu haben. Diese Regelung rechtfertigt sich aus Gründen des Schuldnerschutzes. Sie findet eine Parallele in der beim gesetzlichen Forderungsübergang geltenden Bestimmung (§§ 412, 407 BGB), wonach der Schuldner, der in Unkenntnis des gesetzlichen Forderungsübergangs an den Abtretenden leistet, gegenüber dem Erwerber der Forderung von seiner Verbindlichkeit frei wird. So wie der Abtretende dem Forderungserwerber in einem solchen Fall gem. § 816 Abs. 2 BGB Herausgabe des Erlangten schuldet, wird hier der Leistungsberechtigte dem Vorleistenden zur Rückgewähr des vom Vorleistenden Erlangten verpflichtet (§ 50). Da das Erlangte der Höhe nach dem Gegenwert der vom Leistungspflichtigen erbrachten Leistung entspräche, ist der Anspruch dem Umfang nach genauso hoch wie beim Ausgleich nach § 816 Abs. 2 BGB. Beide Ausgleichstechniken stimmen also in den Ergebnissen überein. Hat der Leistungspflichtige indessen in Kenntnis der Vorleistung die ihm geschuldete Leistung an den Berechtigten erbracht, so hat der Vorleistende gegen den Leistungspflichtigen einen Erstattungsanspruch nach § 103. Der Leistungspflichtige ist darauf verwiesen, vom Berechtigten seine Leistung nach § 50 zurückzufordern.[21] 11

Ob der Leistungspflichtige von der Erstattungspflicht gegenüber dem Vorleistenden freigestellt ist oder nicht, hängt von dessen »Kenntnis« ab. Ein bloßes »Kennenmüssen« genügt also nicht.[22] Da Kenntnis eine subjektive Tatsache ist, ist deren Nachweis auf äußerliche Umstände zu stützen. Die Beweislast dafür trägt nach den allgemeinen Grundsätzen der Leistungspflichtige, nicht der Vorleistende.[23] 12

V. Entstehung des Erstattungsanspruchs

Der Erstattungsanspruch entsteht mit Erbringung der Vorleistung an den Berechtigten. Die Vorleistung erfüllt den Rechtsanspruch des Berechtigten und an dessen Stelle tritt der Erstattungsan- 13

18 Schütze/*Roos*, SGB X § 103 Rn. 5.
19 BSG, Urt. v. 22.06.2010 – B 1 KR 21/09 R, SozR 4–1300 § 103 Nr. 3.
20 BSG, Urt. v. 19.09.2007 – B 1 A 4/06 R, BSGE 99, 102; BSG, Urt. v. 20.11.2001 – B 1 KR 26/00 R, BSGE 89, 86.
21 Hauck/Noftz/*Becker*, SGB X § 103 Rn. 18.
22 Schütze/*Roos*, SGB X, § 103 Rn. 12.
23 Von Maydell/*Schellhorn*, GK-SGB X/3, § 103 Rn. 22.

mögen durch die Schädigungsfolgen entstanden ist.« Ob der Bedarf schädigungsbedingt ist, ergibt sich wiederum aus den §§ 4 Abs. 1, 25 SGB IX.[37]

19 Seit dem 01.01.2025 ist in den §§ 103 Abs. 3, 104 Abs. 1, 105 Abs. 3 sowie § 108 Abs. 2 zusätzlich – parallel zum Inkrafttreten des Soldatenentschädigungsgesetz (SEG) bzw. zur Einführung des SGB XIV – der Passus »der Soldatenentschädigung nach Kapitel 5 des Soldatenentschädigungsgesetzes« ergänzt, wodurch wiederum – konsequent – neu geschaffene Träger in das Erstattungssystem der Träger untereinander nach den §§ 102 ff. einbezogen werden, mit Blick auf das SEG die Bundeswehrverwaltung.

20 Abs. 3 begrenzt die Erstattungspflicht der Träger von Sozialhilfe, Sozialer Entschädigung, Soldatenentschädigung und Jugendhilfe auf jene Leistungen, die von einem Vorleistenden für die genannten Träger erbracht worden sind und diese ihre eigene[38] Leistungspflicht kannten. Diese Vorschrift wurde aus Gründen der Klarstellung geschaffen.[39] Sie erklärt sich aus dem in den §§ 18 SGB XII, 59 SEG niedergelegten Prinzip, dass subsidiäre Sozialleistungen (die Leistungen der Sozialhilfe, der Sozialen Entschädigung, Soldatenentschädigung oder Jugendhilfe) nur für gegenwärtige Notlagen, nicht aber für die Vergangenheit erbracht werden sollen.[40] *Weber* spricht insoweit treffend von einer nachrangigen Ausfallbürgschaft.[41] Der Erstattungsanspruch besteht nur, wenn der Leistungsanspruch festgelegt ist.[42] Deren Ansprüche beurteilen sich nach den Sonderregeln des Sozialhilferechts nach § 104.

§ 104 Anspruch des nachrangig verpflichteten Leistungsträgers

(1) [1]Hat ein nachrangig verpflichteter Leistungsträger Sozialleistungen erbracht, ohne dass die Voraussetzungen von § 103 Abs. 1 vorliegen, ist der Leistungsträger erstattungspflichtig, gegen den der Berechtigte vorrangig einen Anspruch hat oder hatte, soweit der Leistungsträger nicht bereits selbst geleistet hat, bevor er von der Leistung des anderen Leistungsträgers Kenntnis erlangt hat. [2]Nachrangig verpflichtet ist ein Leistungsträger, soweit dieser bei rechtzeitiger Erfüllung der Leistungsverpflichtung eines anderen Leistungsträgers selbst nicht zur Leistung verpflichtet gewesen wäre. [3]Ein Erstattungsanspruch besteht nicht, soweit der nachrangige Leistungsträger seine Leistungen auch bei Leistung des vorrangig verpflichteten Leistungsträgers hätte erbringen müssen. [4]Satz 1 gilt entsprechend, wenn von den Trägern der Eingliederungshilfe, der Sozialhilfe, der Sozialen Entschädigung, soweit diese Besondere Leistungen im Einzelfall erbringen, der Soldatenentschädigung nach Kapitel 5 des Soldatenentschädigungsgesetzes und der Jugendhilfe Aufwendungsersatz geltend gemacht oder ein Kostenbeitrag erhoben werden kann; Satz 3 gilt in diesen Fällen nicht.

(2) Absatz 1 gilt auch dann, wenn von einem nachrangig verpflichteten Leistungsträger für einen Angehörigen Sozialleistungen erbracht worden sind und ein anderer mit Rücksicht auf diesen Angehörigen einen Anspruch auf Sozialleistungen, auch auf besonders bezeichnete Leistungsteile, gegenüber einem vorrangig verpflichteten Leistungsträger hat oder hatte.

(3) Der Umfang des Erstattungsanspruchs richtet sich nach den für den vorrangig verpflichteten Leistungsträger geltenden Rechtsvorschriften.

---

37 S. dazu BT-Drucks. 19/13824, S. 209 ff.

38 Vgl. auch schon: BT-Drucks. 9/95, S. 25.

39 BT-Drucks. 9/1753, S. 44.

40 LPK SGB XII/*Armborst,* § 18 Rn. 9; BVerwG, Urt. v. 19.06.1980 – 6 C 55.79, BVerwGE 60, 236; BVerwG, Urt. v. 10.05.1979 – 5 C 79.77, BVerwGE 58, 68; BVerwG, Urt. v. 11.11.1970 – V C 50.70, BVerwGE 36, 260; BVerwG, Urt. v. 22.02.1967 – V C 131.66, BVerwGE 26, 217.

41 BeckOK/*Weber,* § 103 SGB X Rn. 26.

42 BSG, Urt. v. 10.12.2002 – B 9 VG 6/01 R.

(4) Sind mehrere Leistungsträger vorrangig verpflichtet, kann der Leistungsträger, der die Sozialleistung erbracht hat, Erstattung nur von dem Leistungsträger verlangen, für den er nach § 107 Abs. 2 mit befreiender Wirkung geleistet hat.

Übersicht

A. Inhalt

§ 104 regelt die Erstattungsansprüche von nachrangigen Trägern. Ein solcher Nachrang kann sich aus deren allgemeiner Stellung oder den konkreten Regelungen zu deren Leistungspflicht ergeben. Der Erstattungsanspruch nach § 104 ist nur gegeben, wenn der Vorleistende vom Leistungspflichtigen nicht nach § 103 Abs. 1 Erstattung verlangen kann. Ein Erstattungsanspruch besteht ferner nur, soweit zwischen Vorleistung und Leistungspflicht sachliche Kongruenz besteht. Soweit der vorleistende Träger eine eigenständige Leistung schuldet, ist dessen Erstattungsanspruch ausgeschlossen. Dies gilt ebenso, falls der Leistungspflichtige in Unkenntnis der Vorleistung an den Leistungsberechtigten leistet. In Abs. 1 Satz 4 wird der Gegenstand des Erstattungsanspruchs auf Beträge erweitert, die der Berechtigte dem Vorleistenden als Aufwendungsersatz oder gegen Kostenbeteiligung schuldet. Abs. 2 enthält als Durchbrechung der sonst geltenden Grundsätze die Erstattungspflicht auch bei fehlender persönlicher Kongruenz von Vorleistung und Leistungspflicht einen Erstattungsanspruch des Vorleistenden gegen den Leistungspflichtigen, falls der Vorleistende für den Familienangehörigen des Berechtigten Leistungen erbracht hat, und der Berechtigte selbst mit Rücksicht auf diese Ausgestaltung einen eigenen Leistungsanspruch gegen den Leistungspflichtigen hat. Ohne Leistungsanspruch des Leistungsberechtigten greift § 104 nicht. Liegt aber ein Leistungsanspruch vor, ist § 104 als nachgelagerter Erstattungsanspruch ausgestaltet (Abs. 3) – gerichtet auf den Gegenwert der infolge Vorleistung vom Leistungspflichtigen ersparten Aufwendungen. Abs. 4 regelt die Frage der Erstattungspflicht, wenn mehrere Träger gleich und vorrangig leistungspflichtig sind. 1

B. Einzelerläuterungen

I. Erstattungsanspruch nachrangiger Träger

§ 104 regelt den Ausgleich im Drei-Personen-Verhältnis, falls der Vorleistende in der Absicht an den Berechtigten leistet, eine eigene Verbindlichkeit zu erfüllen, seine Einstandspflicht aber gegenüber der des Leistungspflichtigen nachrangig ist.[1] § 104 ist daher relativ einfach abzugrenzen gegenüber § 102: keine bewusste Fremdleistung – und § 105: für die Leistung besteht ein Rechtsgrund. Sie ist hingegen schwierig, gegenüber § 103 abzugrenzen. Dies erklärt sich daraus, dass der von § 103 vorausgesetzte nachträgliche Wegfall einer ursprünglich bestehenden Leistungspflicht schwer von einer nachrangigen Leistungspflicht zu unterscheiden ist. Die vom Gesetz in Abs. 1 Satz 2 enthaltene Definition der Nachrangigkeit: keine Verpflichtung des Vorleistenden, wenn der Leistungspflichtige rechtzeitig geleistet hätte – trifft nämlich auch den Fall des nachträglichen Wegfalls einer vorrangig bestehenden Leistungspflicht. 2

Der Begriff der Nachrangigkeit ist daher mit dieser Legaldefinition nicht befriedigend zu bestimmen. 3
§ 104 ist an die Stelle von § 1531 RVO getreten. Diese Vorschrift normierte Erstattungsansprüche

1 Hauck/Noftz/*Becker*, SGB X, § 104 Rn. 1.

zwischen Trägern der Sozialhilfe und Trägern der Sozialversicherung. § 104 soll also ebenso die Beziehungen zwischen den Sozialleistungsträgern verschiedenen Ranges – namentlich das Rangverhältnis zwischen Sozialversicherung und Sozialhilfe oder Grundsicherung – getreu dem Grundsatz der Spezialität gestalten. § 104 gilt deshalb im Verhältnis zwischen einem vorleistenden Sozialhilfeträger (oder Träger der Jugendhilfe oder der Sozialen Entschädigung, soweit dieser Besondere Leistungen im Einzelfall erbringt[2], sowie der Soldatenentschädigung) und einem Träger der Sozialversicherung oder einem sonstigen vorrangigen Träger (Bundesanstalt für Arbeit, Versorgungsverwaltung), falls der Vorleistende erkennbar auf eine eigene Verbindlichkeit leistet (andernfalls: § 102).

4 Zwischen Sozialversicherungs- und Sozialhilfeträger besteht in solchen Fällen nur scheinbar Anspruchskonkurrenz. Weil der Berechtigte einen Anspruch gegen den Sozialversicherungsträger hat, entfällt seine Bedürftigkeit als Voraussetzung des Sozialhilfeanspruchs. Zwischen Vorleistendem und Leistungspflichtigem besteht eine nur scheinbare Anspruchskonkurrenz, weil die Leistungspflicht des Leistungspflichtigen den Anspruch des Berechtigten gegen den Vorleistenden ausschließt, falls dieser nur einzustehen hätte, sofern der Anspruch gegen den Leistungspflichtigen nicht besteht.

5 Im Einklang mit der Rechtsprechung des BSG[3] müssen bei Würdigung eines Erstattungsanspruchs jedenfalls folgende Schritte geprüft werden:
(1) Treffen den vorleistenden und den leistungspflichtigen Träger vergleichbare Leistungspflichten?
(2) War die Vorleistung rechtmäßig?
(3) Ist der leistungspflichtige Träger seiner Pflicht nicht rechtzeitig nachgekommen?

Nur falls alle diese drei die Nachrangigkeit der Vorleistung begründenden Voraussetzungen gegeben sind, kommt ein Erstattungsanspruch in Betracht.

6 Der Erstattungsanspruch des § 104 besteht nur, falls die Voraussetzungen des § 103 Abs. 1 nicht vorliegen. Dies macht eine Abgrenzung zwischen beiden Ansprüchen erforderlich. Diese Abgrenzung bereitet keine Probleme, falls die Einstandspflicht des vorleistenden Trägers gegenüber dem leistungspflichtigen Träger institutionell nachrangig ist. Ein solcher institutioneller Nachrang (»Systemsubsidiarität«[4]) besteht im Verhältnis der Träger von Grundsicherung[5], Sozialhilfe, der Sozialen Entschädigung, soweit diese Besondere Leistungen im Einzelfall erbringen, der Soldatenentschädigung, der Unterhaltsvorschussleistungen und der Jugendhilfe einerseits zu den Trägern der Sozialversicherung, der Sozialen Entschädigung, soweit diese Besondere Leistungen im Einzelfall erbringen, der Soldatenentschädigung sowie der BA andererseits (vgl. § 103 Abs. 3). Da die Leistungspflicht erstgenannter Zweige nur subsidiär besteht, also nur eingreift, falls kein anderer Leistungsträger leistungspflichtig ist (vgl. §§ 2 SGB XII, 25a BVG, 1 UnterhVG, 95 f. SGB VIII), folgt deren Nachrang aus ihrer institutionellen Stellung. § 104 gilt auch für das Verhältnis zwischen Sozialhilfeträger und Rentenversicherungsträger als Rehabilitationsträger[6] oder Träger der Krankenversicherung[7], der BA[8], einem Unfallversicherungsträger[9], der Kindergeldkasse[10] oder dem Land als Träger von Leistungen nach dem OEG.[11] Die Bestimmung gilt ferner im Verhältnis von Grundsicherungs- und

2 S. zu dieser Neuerung bei § 103 Rn. 20.
3 BSG, Urt. v. 25.01.1994 – 7 RAr 42/93, BSGE 74, 36.
4 *Bley*, Ausgleichsansprüche der Sozialleistungsträger nach dem Regierungsentwurf zum X. Buch 3. Kapitel des Sozialgesetzbuchs, DOK 1981, 143.
5 LSG Bayern, Beschl. v. 27.06.2017 – L 11 AS 377/17 NZB , juris; LSG Hessen, Urt. v. 27.03.2017 – L 9 AS 331/15, juris.
6 BSG, Urt. v. 11.03.2014 – B 11 AL 4/14 R, SozR 4–4300 § 126 Nr. 3; BSG, Urt. v. 28.02.1991 – 4 RA 76/90, BSGE 68, 167, 168; BSG, Urt. v. 06.05.1998 – B 13 RJ 11/97 R, BSGE 82, 143; BSG, Urt. v. 13.01.1999 – B 13 RJ 33/98 R, SozR 3–2600 § 13 Nr. 2.
7 BSG, Urt. v. 18.11.2014 – B 1 KR 12/14 R, SozR 4–2100 § 264 Nr. 6.
8 BSG, Urt. v. 19.03.1992 – 7 Rar 26/91, BSGE 70, 186, 194 ff.
9 BSG, Urt. v. 03.12.2002 – B 2 U 12/02 R, BSGE 90, 172.
10 BSG, Urt. v. 28.08.1997 – 14/10 RKg 11/96, BSGE 81, 30.
11 OVG Hamburg, SGb 1992, 311.

Rehabilitationsträger.[12] Es ist jeweils zu prüfen, ob die Kongruenz auch in zeitlicher und sachlicher Hinsicht besteht[13]. Eine Erstattungspflicht entfällt daher, wenn der vorleistende Träger aus einem anderen Rechtsgrund zur Erbringung der gewährten Leistung verpflichtet wäre. Deshalb kann ein Träger der Grundsicherung nach rückwirkender Bewilligung einer Rente wegen voller Erwerbsminderung vom Rentenversicherungsträger keine Erstattung wegen aufstockenden Arbeitslosengeldes II verlangen, wenn er bei rechtzeitiger Rentengewährung Sozialgeld in gleicher Höhe hätte leisten müssen[14].

Die eigentlichen Schwierigkeiten der Abgrenzung ergeben sich, wenn Vorleistender und Leistungspflichtiger den gleichen Rang innehaben. Die einhellige Meinung[15] in Literatur sowie Rechtsprechung[16] halten auch bei Vorleistungen eines gegenüber dem Leistungspflichtigen gleichrangigen Trägers einen Erstattungsanspruch nach § 104 für möglich, wenn und soweit die Vorleistung kraft ausdrücklicher gesetzlicher Anordnung als gegenüber anderen Leistungen subsidiär festgelegt worden ist (»Einzelfallsubsidiarität«[17]). Im Verhältnis zu § 103 Abs. 1 bedarf jedoch der Präzisierung, unter welchen Voraussetzungen eine Pflicht zur Vorleistung als nachrangig statt als »nachträglich entfallen« zu qualifizieren ist. 7

Diese Abgrenzung kann nicht befriedigend nach der Legaldefinition des Nachrangs in § 104 Abs. 1 Satz 2 vorgenommen werden. Denn auch bei § 103 Abs. 1 entfällt die Leistungspflicht des vorleistenden Trägers, wenn der leistungspflichtige Träger rechtzeitig geleistet hätte. Wegen dieser Ungenauigkeit ist umstritten, wie § 103 Abs. 1 von § 104 Abs. 1 abzugrenzen ist. *Otfried Seewald*[18] hat vorgeschlagen, § 103 auf die Fälle zu beschränken, in denen ein Anspruch gegen den Vorleistenden wegen der Leistungspflicht des Leistungspflichtigen von Gesetzes wegen ausgeschlossen ist (so bei § 183 Abs. 3 RVO a.F.), hingegen einen Ersatzanspruch nach § 104 Abs. 1 anzunehmen, falls das Gesetz lediglich das Ruhen des Anspruches anordnet (so etwa bei § 183 Abs. 6 RVO a.F.). Dieser Vorschlag überzeugt jedoch nicht. Die Unterschiede im gesetzlichen Sprachgebrauch erklären sich daraus, dass im Falle des § 183 Abs. 3 RVO a.F. die Berechtigung zum Bezug von Krankengeld regelmäßig auf Dauer endet, wogegen in den Fällen des § 183 Abs. 6 RVO a.F. eine spätere Verpflichtung zur Krankengeldzahlung noch möglich ist. 8

§ 103 Abs. 1 und § 104 Abs. 1 sind also in der Weise voneinander abzugrenzen, dass die Erstattungspflicht unter institutionell gleichrangigen Trägern grundsätzlich nach § 103 und die Erstattungspflicht unter Trägern unterschiedlichen Ranges nach § 104 eintritt.[19] Ausnahmsweise richtet sich die Erstattungspflicht unter institutionell gleichrangigen Trägern nach § 104 Abs. 1 statt nach § 103 Abs. 1, falls der Gesetzgeber dies speziell angeordnet hat oder die in Vorleistung erbrachte Einzelleistung aufgrund ihrer 9

12 BSG, Urt. v. 05.06.2014 – B 4 AS 32/13 R, SGb 2015, 509; SG Hannover, Urt. v. 06.01.2015 – S 6 R 901/12, NZS 2015, 198.

13 BSG, Urt. v. 12.05.2011 – B 11 AL 24/10 R, NZS 2012, 358.

14 BSG, Urt. v. 31.10.2012 – B 13 R 9/12 R, SozR 4–1300 § 104 Nr. 5.

15 Hauck/Noftz/*Becker*, SGB X, Rn. 11 ff. zu § 104; von Maydell/*Schellhorn*, GK-SGB X/3, § 104 Rn. 22 ff.; Schütze/*Roos*, SGB X, § 104 Rn. 6.

16 BSG, Urt. v. 22.05.1985 – 1 RA 33/84, BSGE 58, 119; BSG, Urt. v. 24.05.1984 – 7 RAr 97/83, BSGE 57, 15; BSG, Urt. v. 29.04.1997 – 8 RKn 29/95, SozR 3–1300 § 107 Nr. 10 (Altersrente – Unfallrente – besser: § 103).

17 *Bley*, DOK 1981, 143; BVerwG, Urt. v. 14.10.1998 – 5 C 2.98, BVerwGE 107, 269: Sozialhilfeträger hat Erstattungsanspruch gegenüber Kriegsopferfürsorge; die in der BVerwG-Entscheidung zum Ausdruck kommende Wertung dürfte auf die nun maßgeblichen Träger der Sozialen Entschädigung, soweit diese Besondere Leistungen im Einzelfall erbringen, übertragbar sein.

18 So *Seewald*, Herstellungsanspruch bei unterlassener Zusammenarbeit, SGb 1986, 133, gegen BSG, Urt. v. 24.05.1984 – 7 RAr 97/83, BSGE 57, 15.

19 So überzeugend: BSG, Urt. v. 28.08.1997 – 14/10 RKg 11/96, BSGE 81, 30; kritisch BeckOGK/*Kater*, § 104 SGB X Rn. 9.

Ausgestaltung gegenüber der anderen Sozialleistung nachrangig ist[20]. Dies ist der Fall bei einem Rehabilitationsträger, der über seine Zuständigkeit irrt.[21] Denn die solche Konkurrenzlagen unter institutionell gleichrangigen Rehabilitationsträgern regelnde Bestimmung des § 14 SGB IX verdrängt nicht das Erstattungsrecht nach §§ 103 bis 105[22]. Deshalb hat ein drittangegangener Rehabilitationsträger, der Leistungen erbracht hat, gegen den leistungspflichtigen Träger einen sich nach § 104 richtenden Erstattungsanspruch, weil § 14 Abs. 4 SGB IX darauf nicht anzuwenden ist[23]. Der Vorrang des Anspruchs gegenüber der Sozialhilfe trifft auch ein, wenn sie darlehensweise gewährt wird.[24]

II. Ausschluss des Erstattungsanspruchs (§ 104 Abs. 1 Satz 1, Halbs. 2 und Satz 3)

10 Ein nach § 104 Abs. 1 Satz 1 begründeter Erstattungsanspruch ist ausgeschlossen, falls der Leistungspflichtige in Unkenntnis der Vorleistung an den Berechtigten geleistet hat (§ 104 Abs. 1 Satz 1, Halbs. 2), oder der Vorleistende dem Berechtigten auch bei Erfüllung der Leistungspflicht verpflichtet wäre (§ 104 Abs. 1 Satz 3). Der erste Ausschlusstatbestand entspricht dem des § 103 Abs. 1. Der zweite Ausschlusstatbestand ist § 2 Abs. 2 Satz 2 SGB XII nachempfunden.[25] Ob Kenntnis besteht, ist primär Tatfrage.[26] Ein Ausschluss des Erstattungsanspruchs erfordert die Kenntnis der einzelnen Leistung. Falls der Träger der Sozialhilfe an den Berechtigten einen eigenen Anteil neben einem anderweitigen Träger zu zahlen hat (»Auszahlungsfälle«), soll durch die Vorschrift klargestellt werden, dass der Vorleistende vom Leistungspflichtigen nicht die Erstattung des Betrages fordern kann, den er auch bei rechtzeitiger Gewährung auszuzahlen gehabt hätte.

11 Es ist wie bei § 103 Abs. 1 positive Kenntnis gefordert; bloßes Kennenmüssen genügt nicht.[27] Das Wissen eines Trägers, dass der Leistungsberechtigte Sozialhilfeempfänger ist, begründet noch nicht die Kenntnis von der einzelnen Sozialhilfeleistung. Des Weiteren entgeht eine Krankenkasse nicht der Erstattungspflicht mit der Erbringung der Gesamtvergütung an die Kassenärztliche Vereinigung,[28] wohl der rechtzeitig leistende Träger, der keine einem nachträglich leistenden subsidiär einstehenden Träger Ausgleich schuldet.[29]

12 Desgleichen entfällt eine Erstattungspflicht, falls der Leistungsbestand offensichtlich fehlerhaft ist[30] oder der Träger eine eigene vermeintliche Schuld erfüllt.[31] Hat ein Vorleistender das Bestehen eines

---

20 BeckOGK/*Kater*, § 104 SGB X Rn. 24 ff. spricht ziemlich allgemein von »gesetzlicher Regelung« und dem »Regelungszusammenhang«.

21 BSG, Urt. v. 17.02.2010 – B 1 KR 23/09 R, BSGE 105, 271.

22 BSG, Urt. v. 28.11.2007 – B 11a AL 29/06 R, SozR 4–3250 § 14 Nr. 2; BSG, Urt. v. 26.06.2007 – B 1 KR 34/06 R, SozR 4–1300 § 104 Nr. 2; s. aber BSG v. 16.02.2022 – B 8 SO 1/20 R, BeckRS 2022, 17522: Danach besteht gerade kein Wahlrecht des erstattungsberechtigten Sozialhilfeträgers zwischen der Geltendmachung eines Erstattungsanspruchs nach § 104 SGB X und dem Kostenersatz nach § 105 SGB XII. Das BSG geht also insoweit davon aus, dass der Erstattungsanspruch aus § 104 SGB X gegenüber § 105 SGB XII vorrangig ist. So auch *Thum*, NZS 2022, 911.

23 BSG, Urt. v. 08.03.3016 – B 1 KR 27/15 R, SozR 4–3250 § 14 Nr. 23.

24 BSG, Urt. v. 29.06.1995 – 11 RAr 87/94, SozR 3–1300 § 104 Nr. 9.

25 Hauck/Noftz/*Becker*, SGB X, § 104 Rn. 21.

26 BSG, Urt. v. 25.01.1994 – 7 RAr 32/93, BSGE 74, 36, 43; BSG, Urt. v. 29.03.1994 – 13 RJ 65/92, SozVers 1995, 52.

27 BSG, Urt. v. 19.03.1992 – 7 RAr 26/91, BSGE 70, 186, 196; BSG, Urt. v. 29.03.1994 – 13 RJ 65/92, SozVers 1995, 52.

28 BSG, Urt. v. 03.04.1990 – 10 RKg 29/89, SozR 3–1300 § 104 Nr. 1; BSG, Urt. v. 24.11.1998 – B 1 KR 21/96 R, SozR 3–1300 § 104 Nr. 14.

29 BSG, Urt. v. 25.01.1994 – 7 RAr 42/93, BSGE 74, 36.

30 BSG, Urt. v. 22.04.1998 – B 9 VG 6/96 R, BSGE 82, 112; BSG, Urt. v. 12.05.1999 – B 7 AL 74/98 R, BSGE 84, 80; BSG, Urt. v. 25.01.1994 – 7 RAr 42/93, BSGE 74, 36; und oben § 103 Rn. 10.

31 BSG, Urt. v. 28.10.2008 – B 8 SO 23/07 R, BSGE 102, 10.

Anspruchs verneint, so kann ein Erstattungsanspruch erst nach Aufhebung des negativen Feststellungsbescheides erhoben werden.[32]

III. Erstattungsanspruch bei Ansprüchen des Vorleistenden gegen den Berechtigten auf Aufwendungsersatz und Kostenbeteiligung (Abs. 1 Satz 4)

Abs. 1 Satz 4 erweitert den Umfang des Erstattungsanspruches auf den Gegenwert von Ansprüchen des Vorleistenden gegen den Berechtigten auf Aufwendungsersatz und Kostenbeteiligung. Derartige Ansprüche bestehen nach §§ 102 ff. SGB XII, 89 ff. SGB VIII. Diese Ansprüche sichern die Selbstbeteiligung des Sozialleistungsberechtigten an den Kosten der Hilfeleistung.[33] Die Bestimmung scheint den Gegenstand der Erstattung zu erweitern auf Vermögensvorteile, die dem Berechtigten durch Freistellungen von der Pflicht zum Aufwendungsersatz oder zur Kostenbeteiligung entstehen. 13

Die Regelung ähnelt einer vom Berechtigten gegenüber dem Vorleistenden mit Empfang der Vorleistung erklärten Abtretung des Leistungsanspruchs gegen den Leistungspflichtigen in Höhe des auf Aufwendungsersatz oder Kostenbeteiligung entfallenden Anteils. Statt eines Forderungsübergangs wird Erstattung angeordnet. Die Position des Trägers entspricht der eines Pfandgläubigers, wobei der den Kostenbeitrag festsetzende Bescheid den Titel nicht ersetzt.[34] § 104 Abs. 1 Satz 4 ähnelt der Pfändung einer Sozialleistung.[35] Dem Vorleistenden steht stattdessen das Recht zu, den infolge Tilgung des Anspruchs (§ 107) ersparten Aufwand gegenüber dem Erstattungspflichtigen geltend zu machen. § 104 Abs. 1 Satz 4 fällt deshalb nur scheinbar aus dem Rahmen des Erstattungsrechts. Denn auch in den von § 104 Abs. 1 Satz 4 geregelten Fällen ist der Vorleistende berechtigt, den infolge Vorleistung erlangten Vermögensvorteil gegenüber dem Leistungspflichtigen geltend zu machen, soweit die Vorleistung die Schuld des Leistungspflichtigen tilgt. 14

IV. Erstattungsanspruch bei nachrangiger Leistung zugunsten der Familienangehörigen des Sozialleistungsberechtigten

§ 104 Abs. 2 gewährt dem nachrangigen Träger einen Anspruch auf Erstattung auch, falls er eine Vorleistung an einen Angehörigen des Berechtigten gewährt hat, wenn und soweit diesem ein Anspruch gegen den Leistungspflichtigen für dessen Angehörigen zusteht. Diese Regelung erklärt sich daraus, dass familienfördernde Sozialleistungen wie das Kinder- oder Elterngeld demjenigen zustehen, der die Unterhaltspflicht für die Familienangehörigen trägt, wogegen ein Anspruch auf Arbeitslosengeld, Sozialhilfe, Jugendhilfe oder Unterhaltszuschuss dem bedürftigen Familienangehörigen persönlich zusteht.[36] § 104 Abs. 2 durchbricht daher den sonst im Recht der Erstattungsverhältnisse geltenden Grundsatz, dass zwischen dem Empfänger der Vorleistung und dem Leistungsberechtigten persönliche Kongruenz bestehen müsse[37]. Aus § 104 Abs. 2 folgt, dass das Erfordernis der persönlichen Kongruenz verzichtbar ist, soweit sachliche Kongruenz zwischen Vorleistung und Leistung besteht. Allerdings steht Sozialhilfeträgern als nachrangigen Trägern Erstattung nach § 104 für ihre an den Familienversicherten erbrachten Leistungen zu, weil es an der personellen Kongruenz zwischen Sozialhilfe- und Familienhilfeberechtigung fehlt[38]. 15

V. Umfang des Erstattungsanspruchs

Der Umfang des Erstattungsanspruchs richtet sich nach denselben Grundsätzen wie bei § 103 (vgl. oben § 103 Rn. 5 ff.). Erwähnenswert ist an dieser Stelle allerdings, dass das BSG erst jüngst (aber- 16

32 BSG, Urt. v. 24.09.1996 – 1 RK 1/96, BSGE 79, 128.
33 Schütze/*Roos*, SGB X § 104 Rn. 4.
34 BSG, Urt. v. 10.12.2002 – B 9 VG 6/01 R.
35 BSG, Urt. v. 22.01.1998 – B 14/10 KG 24/96 R, SozR 3–1300 § 104 Nr. 13.
36 Hauck/Noftz/*Becker*, SGB X § 104 Rn. 19 a.
37 Diering/Timme/Stähler/*Böttiger*, vor § 102 Rn. 32; anders »Lockerung« des Erfordernisses der Personenidentität Schütze/*Roos*, § 104 Rn. 13.
38 BSG, Urt. v. 18.11.2014 – B 1 KR 12/14 R, SozR 4–2500 § 264 Nr. 6.

mals) hervorgehoben hat, dass sich der Umfang des Erstattungsanspruchs nach den für den vorrangig verpflichteten Leistungsträger Rechtsvorschriften richtet. Eine Preisvereinbarung mit einer Krankenkasse kann daher nach Ansicht des BSG den Erstattungsanspruch begrenzen.[39] Zentral für das Verständnis des Umfangs von § 104 ist auch die von *Diehm* herausgearbeitete Wertung, dass »der erstattungspflichtige Leistungsträger [...] nicht mehr erstatten müssen [soll], als er nach dem für ihn maßgebenden Recht zu leisten gehabt hätte.«[40]

VI. Erstattung bei vorrangiger Leistungspflicht mehrerer Träger

17 § 104 Abs. 4 regelt die Erstattung, wenn mehrere Leistungsträger vorrangig verpflichtet sind. Die Bestimmung gewährt dem Vorleistenden das Recht, den durch die Vorleistung Begünstigten zu bestimmen (vgl. §§ 366, 396 BGB). Die Vorschrift ist jedoch nur anzuwenden, wenn der vorrangige Leistungspflichtige gleichrangig verpflichtet ist. Ist er nachrangig verpflichtet, gilt § 106.

§ 105 Anspruch des unzuständigen Leistungsträgers

(1) [1]Hat ein unzuständiger Leistungsträger Sozialleistungen erbracht, ohne dass die Voraussetzungen von § 102 Abs. 1 vorliegen, ist der zuständige oder zuständig gewesene Leistungsträger erstattungspflichtig, soweit dieser nicht bereits selbst geleistet hat, bevor er von der Leistung des anderen Leistungsträgers Kenntnis erlangt hat. [2]§ 104 Abs. 2 gilt entsprechend.

(2) Der Umfang des Erstattungsanspruchs richtet sich nach den für den zuständigen Leistungsträger geltenden Rechtsvorschriften.

(3) Die Absätze 1 und 2 gelten gegenüber den Trägern der Eingliederungshilfe, der Sozialhilfe, der Sozialen Entschädigung, soweit diese Besondere Leistungen im Einzelfall erbringen, der Soldatenentschädigung nach Kapitel 5 des Soldatenentschädigungsgesetzes und der Jugendhilfe nur von dem Zeitpunkt ab, von dem ihnen bekannt war, dass die Voraussetzungen für ihre Leistungspflicht vorlagen.

Übersicht

A. Inhalt

1 § 105 begründet einen Ersatzanspruch für vorleistende Träger, die an den Empfänger in der Absicht leisten, eine eigene Verbindlichkeit zu erfüllen, jedoch ein anderer leistungspflichtig ist. Der Erstattungsanspruch besteht ferner, falls der Leistungspflichtige in Kenntnis der Vorleistung seine Leistungspflicht gegenüber dem Berechtigten erfüllt hat oder ein Familienangehöriger des Berechtigten Empfänger der Vorleistung ist, soweit der Leistungspflichtige dem Berechtigten eine familienfördernde Sozialleistung für den betreffenden Angehörigen schuldet. Der Erstattungsanspruch ist auf Abschöpfung der vom Leistungspflichtigen durch Vorleistung eingetretenen Bereicherung gerichtet. Die Erstattungspflicht der in Abs. 3 genannten Träger der Sozialhilfe, Jugendhilfe, Soldatenentschädigung und Sozialen Entschädigung, soweit diese Besondere Leistungen im Einzelfall erbringen[1] besteht nur, soweit die Vorleistung zu einer Zeit erbracht wurde, da diese Träger wussten, dem

39 BSG Urt. v. 29.06.2023 – B 1 KR 23/22 R, BeckRS 2023, 23003 Rn. 20 ff.
40 Instruktiv *Diehm*, NZS 2023, 753, u.a. unter Hinweis auf die Gesetzesbegründung zu § 104 Abs. 3.
1 S. zu dieser Neufassung der Norm bereits bei § 103 Rn. 20.

Berechtigten zur Leistung verpflichtet zu sein. Der Zeitpunkt der Kenntnis ist also maßgeblich. Damit harmonisiert § 105 Abs. 3 Erstattungs- und Sozialleistungsanspruch.[2]

B. Einzelerläuterungen

I. Erstattungsanspruch bei irrtümlicher Eigenleistung

2 § 105 setzt voraus, dass durch die Vorleistung der Leistungsanspruch des Berechtigten erfüllt worden ist (§ 107 Abs. 1). Die Vorleistung befreit den Leistungspflichtigen also gegenüber dem Leistungsberechtigten. Eine Erstattungspflicht des Leistungspflichtigen gegenüber dem Vorleistenden besteht wegen der Kongruenz von Vorleistung und Leistungsanspruch. Sie besteht also nicht, falls der leistungspflichtige Träger seinen Verpflichtungen gegenüber den Leistungsberechtigten zuvor nachgekommen ist. Zuständig ist der Träger, der nach materiellem Recht passivlegitimiert ist, d.h. zur Leistung zuständig gewesen wäre.[3] Kein Anspruch nach § 105 besteht vor allem, wenn neben dem vorleistenden Träger kein anderer Träger leistungspflichtig ist. Dann fehlt es an der Grundvoraussetzung jeder Erstattung – nämlich seitens des Empfängers einer Doppelberechtigung gegenüber mehreren Trägern, die dem Berechtigten gegenüber in einer Schuldnermehrheit stehen[4].

3 § 105 unterscheidet sich von § 102 darin, dass der Vorleistende irrtümlich eine eigene Verbindlichkeit gegenüber dem Berechtigten zu erfüllen bezweckt.[5] § 105 unterscheidet sich von den in §§ 103 und 104 normierten Ansprüchen darin, dass der Vorleistende niemals – weder unmittelbar (§ 103) noch subsidiär (§ 104) – dem Berechtigten gegenüber leistungspflichtig war, also zur Vorleistung unter keinem Gesichtspunkt je eine Rechtspflicht bestanden hat. Dass auch die irrtümliche Erbringung einer Vorleistung den Leistungspflichtigen von seiner Pflicht gegenüber dem Berechtigten befreit, begründet sich daraus, dass die Vorleistung aufgrund Verwaltungsakts erbracht wird. Dieser erwächst auch bei Rechtswidrigkeit seines Inhalts in Bestandskraft, weil das Vertrauen des Adressaten in die Rechtmäßigkeit von Verwaltungshandeln schutzwürdig ist (§ 40 Abs. 3 Nr. 1). Tritt Bestandskraft ein, ist jede Rückforderung ausgeschlossen. Das hat das BSG erst jüngst bestätigt: Selbst offensichtlich rechtsfehlerhafte, aber schon in Bestandskraft erwachsene Bescheide, die im Sozialrechtsverhältnis zum Versicherten erlassen wurden, können nach dieser Rechtsprechung nicht als Einwendung im Erstattungsverfahren nach § 105 geltend gemacht werden.[6] Daher gebieten der Schutz des Berechtigten und die Ökonomie des Verwaltungshandelns, dass einzig unter Vorleistendem und Leistungspflichtigem ein Ausgleich stattfindet, den der Erstattungsanspruch nach § 105 sichert.

4 Hat ein unzuständiger Leistungsträger rechtsgrundlos an den Berechtigten eine (Vor-) Leistung erbracht, auf die den Berechtigten ein Rechtsanspruch zusteht, dieser Anspruch jedoch gegenüber einem anderen Träger besteht, so würde das Vertrauen des Empfängers in die Rechtmäßigkeit von Verwaltungshandeln enttäuscht, wenn die Leistung des unzuständigen ohne rechtlichen Erfolg bliebe. Die Berechtigten müssten zurückgewähren, was sie sogleich vom Leistungspflichtigen wieder fordern könnten: ein Hin und Her zur Wiederherstellung des Status quo wäre die Folge.[7] Da bei Absehen eines Ausgleichs dem Leistungspflichtigen nach § 52 SGB I das Recht zukäme, eine ihm obliegende Verpflichtung zur Erbringung einer Geldleistung gegen einen gleichfalls regelmäßig auf Geldleistung gerichteten Anspruch auf Rückforderung der zu Unrecht erbrachten Vorleistung zu verrechnen, könnte der leistungspflichtige Träger jedenfalls im Ergebnis bewirken, dass die Leistungsempfänger das Erlangte behalten dürfen und der leistungspflichtige Träger sie deshalb nicht erbringen muss. Die Anordnung der Erfüllungswirkung in den Fällen irrtümlicher Vorleistung beruht daher

2 So auch BeckOK/*Weber*, § 105 Rn. 23, der insoweit von einer Konnexität spricht.
3 BSG, Urt. v. 25.04.1989 – 4/11 a RK 4/87, BSGE 65, 31, 33.
4 BSG, Urt. v. 20.03.2018 – B 2 U 16/16 R, SGb 2019, 46 mit. Anm. *Krasney* SGb 2019, 50 ff.
5 BSG, Urt. v. 28.04.1999 – B 9 V 8/98 R, BSGE 84, 61.
6 BSG, Urt. v. 08.12.2022 – B 7/14 AS 10/21 R, NZS 2023, 618 Rn. 30.
7 BSG, Urt. v. 30.01.1962 – 2 RU 219/59, BSGE 16, 151 ff.

auf der gesetzlichen Tilgungswirkung aufgrund einer bestehenden Verrechnungslage. § 105 ist deshalb wohlbegründet.[8]

5 § 105 ist auch anzuwenden, wenn ein Träger in Unkenntnis eigener Zuständigkeit leistet, um den Berechtigten nicht unter der ungeklärten Zuständigkeit leiden zu lassen[9] oder der Anschein eigener Leistungspflicht, indes kein Anhaltspunkt für eine eigene Leistungspflicht besteht.[10] Ist die Antragsstellung atypisch (§ 40 SGB I) Entstehungsvoraussetzung des Leistungsanspruchs, so setzt die Entstehung des Erstattungsanspruches die Antragsstellung voraus.[11] § 105 ist aber in allen Rechtsgebieten ausgeschlossen, in denen der Gesetzgeber die Vorrechnung kraft Gesetzes ausgeschlossen hat, so im Beihilferecht[12] oder beim Krankenkassenwechsel während des Krankenhausaufenthaltes.[13] Wird eine stationäre Behandlung mit einer Fallpauschale vergütet, lässt ein nach Erbringung der Behandlungsleistung eintretender Kassenwechsel die sich nach dem Zeitpunkt der Vorleistung beurteilende Leistungszuständigkeit für die Erstattung indessen unberührt.[14]

6 Ein Anspruch nach § 105 besteht, falls der Vorleistende an den Berechtigten irrtümlich, also mit dem Willen zur Eigengeschäftsführung geleistet hat, ohne dass hierfür ein Rechtsgrund bestand. § 105 ist anzuwenden, falls beispielsweise die Versorgungsverwaltung eine ambulante ärztliche Behandlung an Hinterbliebene eines Versorgungsberechtigten erbringt, für welche die Unfallversicherung aufkommen muss,[15] eine Familienkrankenhilfe die Krankenkasse erbringt, indes ein Träger der gesetzlichen Unfallversicherung für die Behandlung zuständig ist,[16] die Rentenversicherung wegen Erwerbsminderung leistet, sich nachträglich jedoch herausstellt, dass die Arbeitsunfähigkeit auf einer Berufskrankheit beruht, eine Leistung der Unfallversicherung erbracht wird, obgleich ein Arbeitsunfall vorgetäuscht wurde,[17] oder ein Leistungsträger infolge ungeklärter Zuständigkeit leistet, um den Berechtigten nicht unter den Zuständigkeitsmängeln leiden zu lassen.[18] Ein Anspruch nach § 105 besteht auch im Verhältnis zwischen Bundesagentur für Arbeit und Rehabilitationsträger, wenn jene an arbeitsunfähige Personen, welche sich zuvor arbeitslos gemeldet hatten, Arbeitslosengeld zahlt, der Empfänger aber Rehabilitationsleistungen und Krankengeld erhält.[19] Desgleichen kommen unter Sozialhilfeträgern Erstattungsansprüche nach § 105 in Betracht.[20]

II. Erstattungspflicht bei Leistung des Leistungspflichtigen?

7 § 105 ordnet die Erstattungspflicht auch an, falls der Leistungspflichtige in Kenntnis der Vorleistung an den Leistungsberechtigten leistet. Dann gilt die Vorleistung als Erfüllung des Leistungsanspruchs; der Leistungspflichtige hat seine Leistung zu Unrecht erbracht und daher einen Anspruch auf Rückforderung (§ 50), den er aber nur unter den eingeschränkten Voraussetzungen der §§ 45 Abs. 2–4 geltend machen kann, aber auch muss.[21] Diese Regelung erscheint bedenklich, weil die Belange des

---

8 Von Maydell/*Schellhorn*, GK-SGB X/3, § 105 Rn. 1, 20 ff.
9 LSG Hessen, Urt. v. 29.03.2021 – L 3 U140/17, BeckRS 2021, 40055; so auch *Barkow von Creytz*, NZS 2022, 311.
10 BSG, Urt. v. 14.02.1990 – 9 a/9 RV 6/89, Breithaupt 1990, 925 f.
11 BSG, Urt. v. 28.04.1999- B 9 V 8/98 R, BSGE 84, 61.
12 BVerwG, Urt. v. 27.09.2007 – 2 C 14.06, DöV 2008, 251.
13 BSG, Urt. v. 19.09.2007 – B 1 KR 39/06 R, BSGE 99, 102.
14 BSG, Urt. v. 20.11.2001 – B 1 KR 26/00 R, BSGE 89, 86.
15 BSG, Urt. v. 30.01.1962 – 2 RU 219/59, BSGE 16, 151.
16 BSG, Urt. v. 23.09.1997 – 2 RU 37/96, BSGE 81, 103; BSG, Urt. v. 28.03.2000 – B 8 KN 3/98 U R, BSGE 86, 78; BSG, Urt. v. 26.10.1998 – B 2 U 34/97 R, SozR 3–2200 § 539 Nr. 43.
17 BSG, Urt. v. 14.02.1990 – 9 A/9 RV 6/89, Breithaupt 1990, 925.
18 OVG Niedersachsen, FEVS 39, 378; OVG Nordrhein-Westfalen, ZfSH/SGB 2000, 162.
19 BSG, Urt. v. 11.03.2014 – B 11 AL 4/14 R, SozR 4–4300 § 126 Nr. 3; Abgrenzung zu BSG, Urt. v. 07.10.2004 – B 11 AL 24/03 R, BSGE 93, 209.
20 BVerwG, Urt. v. 12.09.1991, FEVS 42, 224; OVG Rheinland-Pfalz, ZfSH/SGB 2000, 552; OVG Thüringen, FEVS 48, 105.
21 LSG Berlin, Urt. v. 28.02.2003 – L 5 RA 30/02.

Leistungspflichtigen weniger schutzwürdig als die des Vorleistenden erscheinen. Zwar spricht zugunsten der gesetzlichen Regelung der Grundsatz der Priorität (»Wer zuerst kommt, mahlt zuerst«). Dagegen spricht, dass zur Leistung lediglich der Leistungspflichtige, nicht jedoch der Vorleistende verpflichtet ist. Dennoch ist die Bestimmung sachgerecht und im Hinblick auf § 107 konsequent, weil der vorleistende Träger eine eigene Leistungspflicht nachzukommen glaubte und deshalb auch erfüllt, wogegen der Leistungspflichtige weiß, dass vor ihm der Vorleistende schon geleistet hat. Die Vorschrift erlegt daher die Last der Initiative zur Vermeidung von Doppelleistungen dem Leistungspflichtigen auf und schützt damit den Vorleistenden.

III. Einschränkungen des Erstattungsanspruches bei schuldhaft irrtümlicher Vorleistung?

In Rechtsprechung und Literatur wird erörtert, ob § 105 teleologisch einzuschränken sei, sofern die irrtümliche (Vor-) Leistung verschuldet erbracht worden sei oder die Vorleistung offenkundig und eklatant gegen die Ordnung der Zuständigkeiten verstoße. So hat das BSG[22] einen Erstattungsanspruch nach § 81b BVG a.F. (Vorläufer des heutigen § 105) verneint, falls die Vorleistung auf Verschulden des Vorleistenden beruhe. *Schellhorn*[23] meint, Erstattungsansprüche nach § 105 seien generell ausgeschlossen, wenn die Vorleistung treuwidrig erfolgt sei. Die Formel lautet, der vorleistende Träger dürfe nicht offensichtlich fehlerhaft leisten. 8

Diese Einschränkungen sind zwar vom Wortlaut des § 105 nicht gedeckt. Da § 105 den Empfänger einer Vorleistung schützt, liegt in der Gewährung einer vom Leistungspflichtigen geschuldeten Sozialleistung durch einen unzuständigen Träger auch keine Pflichtwidrigkeit gegenüber dem Berechtigten. Maßt sich der Vorleistende aber ein Geschäft des Leistungspflichtigen an (Parallelfall zu § 687 Abs. 2 BGB), handelt er nicht in Unkenntnis eigener Unzuständigkeit, weshalb mangels Vorliegens der subjektiven Voraussetzungen kein Anspruch nach § 105 besteht. Hat eine unzuständige Krankenkasse in der Vergangenheit Sachleistungen an einen vermeintlich bei ihr Versicherten erbracht, kann keine spätere Entscheidung der zuständigen Krankenkasse über die Gewährung dieser Leistung gegenüber dem Versicherten ergehen, die für den Erstattungsanspruch unter den Kassen den Lauf der Ausschlussfrist hinausschiebt.[24] 9

IV. Entstehung und Umfang des Erstattungsanspruchs

Es besteht aber auch die umgekehrte Frage, wie es sich auf die Erstattungsberechtigung des unzuständigen vorleistenden Trägers auswirkt, wenn sich dieser für zuständig hält, auch weil ein anderer Träger diese Zuständigkeit in einem an die Berechtigten gerichteten Verwaltungsakt behauptete[25]. Diese Voraussetzung ist auch erfüllt, wenn der vorleistende Träger zur Leistungserbringung verurteilt wurde[26]. Die Zuständigkeit eines Trägers ergibt sich aus dem Gesetz und nicht aus Erklärungen eines Trägers. Die Zuständigkeitsordnung ist den handelnden Behörden gesetzlich vorgegeben; ihr Handeln kann sich auch nur in dieser Ordnung bewegen. Auch das Erstattungsrecht gehört zu dieser Zuständigkeitsordnung, insoweit es Ausgleichsanssprüche bei Verletzung der Zuständigkeitsordnung normiert. Nach § 105 ist der Erstattungsanspruch bei Irrtum über die Zuständigkeit begründet. Dieser Irrtum wird nicht dadurch ungeschehen gemacht, dass andere Behörden ihrerseits Irrtümern über die Zuständigkeit erliegen. Die Berechtigten und deren Schutz rechtfertigen keine andere Beurteilung – denn ihre Belange sind durch § 107 geschützt. Der nach 10

22 BSG, Urt. -v. 26.06.2008 – B 13 R 37/07 R, SozR 4–2500 § 51 Nr. 2; BSG, Urt. v. 13.09.1984 – 4 RJ 63/83, SozR 1300 § 103 Nr. 3; BSG, Urt. v. 01.09.1999 – B 13 RJ 49/98 R, SozR 3–1300 § 86 Nr. 3; BSG, Urt. v. 26.07.2007 – B 13 R 38/06 R, SozR 4–2600 § 116 Nr. 1.

23 Von Maydell/*Schellhorn*, GK-SGB X/3, § 105 Rn. 20; ähnlich: Hauck/Noftz/*Becker*, SGB X, § 105 Rn. 12.

24 BSG, Urt. v. 10.05.2005 – B 1 KR 20/04 R, SozR 4–1300 § 111 Nr. 3.

25 BSG, Urt. v. 13.12.2016 – B 1 KR 29/15 R, SozR 4–1300 § 105 Nr. 5; BSG, Urt. v. 20.03.2018 – B 2 U 16/16 R, SozR 4–1300 § 105 Nr. 6; BSG, Urt. v. 13.12.2016 – B 1 KR 29/15 R, BSGE 122, 162.

26 LSG Nordrhein-Westfalen, Urt. v. 05.09.2016 – L 20 AY 30/15 – juris.

§ 105 begründete Erstattungsanspruch wird dadurch also nicht berührt. Die Vorleistung tilgt gemäß § 107 den Rechtsanspruch des Berechtigten, aber an dessen Stelle tritt der Erstattungsanspruch. Der leistungspflichtige Träger wird auf Grund der in § 107 angeordneten Tilgung damit zwar gegenüber dem Berechtigten frei, ihn trifft aber im Gegenzug die Erstattungspflicht. Die Erstattungsansprüche sind originär, entstehen aber erst mit Vorleistung und der durch sie ausgelösten Tilgung. Hinsichtlich Entstehung und Umfang des Erstattungsanspruches gilt das für § 103 Ausgeführte (vgl. oben § 103 Rn. 5).

V. Erstattungspflicht der Träger von Sozialhilfe, Jugendhilfe, Soldatenentschädigung und Sozialer Entschädigung

11 § 105 Abs. 3 entspricht § 103 Abs. 3 (und damit §§ 18 SGB XII, 59 SEG), sodass auf die dort gegebenen Erläuterungen verwiesen werden kann (vgl. oben § 103 Rn. 8). Das BVerwG[27] hat entschieden, dass einem Sozialhilfeträger nicht im Sinne von § 105 Abs. 3 bekannt ist, dass die Voraussetzungen für eine Leistungspflicht vorliegen, wenn und soweit der Hilfebedürftige Sozialleistungen von einem anderen Träger erhält und deshalb an den Sozialhilfeträger kein Bedarf herangetragen wird.

§ 106 Rangfolge bei mehreren Erstattungsberechtigten

(1) Ist ein Leistungsträger mehreren Leistungsträgern zur Erstattung verpflichtet, sind die Ansprüche in folgender Rangfolge zu befriedigen:
1. (weggefallen)
2. der Anspruch des vorläufig leistenden Leistungsträgers nach § 102,
3. der Anspruch des Leistungsträgers, dessen Leistungsverpflichtung nachträglich entfallen ist, nach § 103,
4. der Anspruch des nachrangig verpflichteten Leistungsträgers nach § 104,
5. der Anspruch des unzuständigen Leistungsträgers nach § 105.

(2) [1]Treffen ranggleiche Ansprüche von Leistungsträgern zusammen, sind diese anteilsmäßig zu befriedigen. [2]Machen mehrere Leistungsträger Ansprüche nach § 104 geltend, ist zuerst derjenige zu befriedigen, der im Verhältnis der nachrangigen Leistungsträger untereinander einen Erstattungsanspruch nach § 104 hätte.

(3) Der Erstattungspflichtige muss insgesamt nicht mehr erstatten, als er nach den für ihn geltenden Erstattungsvorschriften einzeln zu erbringen hätte.

Übersicht Rdn.

A. Inhalt

1 § 106 regelt Ausgleichslagen, wenn nach §§ 102 bis 105 mehr als ein Vorleistender ersatz- oder erstattungspflichtig ist. § 106 Abs. 3 bestimmt, dass auch bei solcher Ausgleichslage, welche im Vier-(oder-Mehr-als-Vier-) Personen-Verhältnis eintritt, der Leistungspflichtige nicht mehr erstatten muss, als er dem Berechtigten schuldet. Im Hinblick darauf stellen sich bei mehrfacher Vorleistung durch verschiedene Vorleistende zwei Fragen: 1. Kann der Berechtigte die Vermögensvorteile auf-

27 BVerwG, Urt. v. 15.06.2000 – 5 C 35.99, FEVS 51, 445.

grund mehrfacher Vorleistung behalten? 2. Falls nein: Wie ist die aufgrund mehrfacher Vorleistung eingetretene Lage zu bereinigen? Die erste Frage wird in § 106 nicht angesprochen und die zweite Frage nur partiell dahin geregelt, dass das in Abs. 1 normierte Rangverhältnis unter den dort genannten Ersatz- oder Erstattungsansprüchen darüber entscheidet, welcher Vorleistende letztlich gegenüber dem Leistungspflichtigen berechtigt ist. Der Regelungsgehalt des § 106 wird daher nur verständlich, wenn Klarheit über die Beantwortung der zunächst aufgeworfenen Fragen besteht. Im Ergebnis regelt § 106, welcher der Vorleistenden bei mehrfacher Vorleistung Ersatz- oder Erstattungsansprüche geltend machen kann, und welcher der Vorleistenden auf Rückforderungsansprüche (§ 50) gegen den Berechtigten verwiesen ist.

B. Einzelerläuterungen

I. Ausgleich im Vier- und Mehr-als-Vier-Personenverhältnis

§ 106 regelt den speziellen und praktisch eher seltenen Ausgleich in Vier- und Mehr-als-Vier-Personen-Verhältnissen, an denen neben Leistungsberechtigtem und -pflichtigen zumindest zwei Vorleistende beteiligt sind, welche kumulativ Vorleistungen an den Leistungsberechtigten erbracht haben, die im Verhältnis zum Berechtigten wie auch untereinander kongruent sind. Dieses Problem wird nur insoweit gelöst, als § 106 festlegt, welchem unter den vorleistenden Trägern ein Ersatz- (§ 102) oder Erstattungsanspruch (§§ 103 bis 105) zusteht. § 106 regelt hingegen nicht, welche Folgen für den Leistungsberechtigten hinsichtlich der Vorleistung gelten, für die kein Erstattungsanspruch begründet ist. § 106 kann daher in seiner Bedeutung umfassend nur verstanden werden, wenn auch diese Frage in den Blick genommen wird. 2

Das von § 106 nur hinsichtlich des Verhältnisses von Vorleistenden und Leistungspflichtigem geregelte Problem des Ausgleichs im Vier- und mehr-als-Vier-Personen-Verhältnis setzt zunächst die Klärung der Vorfrage voraus, wie sich die Stellung des Leistungsberechtigten bei mehrfacher Vorleistung darstellt. Es fragt sich insbesondere, ob er die aufgrund mehrfacher Vorleistung erbrachten Vermögensvorteile behalten darf. Die Antwort auf diese Frage kann § 107 entnommen werden, weil darin die Beziehung zwischen der Vorleistung und dem Leistungsanspruch normiert ist. Da nach § 107 Abs. 1 der Leistungsanspruch nur getilgt wird, soweit ein Erstattungsanspruch besteht, folgt aus der Regelung, dass der Vorleistende, der nach der in Abs. 1 normierten Rangfolge nachrangig ist, für seine Vorleistung nicht Erstattung beanspruchen kann. Weil er an den Berechtigten zu Unrecht geleistet hat, kann er stattdessen von diesem das Erlangte nach § 50 zurückfordern. Denn andernfalls wäre der Leistungsberechtigte infolge mehrfacher Vorleistung grundlos bereichert. Die in § 106 Abs. 1 und 2 statuierte Rangfolge unter den Erstattungsberechtigten entscheidet daher letztlich zugleich über die Frage, welcher unter den vorleistenden Trägern bei mehrfacher Vorleistung Erstattung beanspruchen kann und welcher – als Nachrangiger auf eine Rückforderung nach § 50 verwiesen ist. 3

Diese Frage kann nach unterschiedlichen Maximen beantwortet werden, etwa nach dem Grundsatz der Priorität[1], der Spezialität[2] oder der Legitimität.[3] Der Gesetzgeber ist nicht einer der beiden erst genannten Maximen gefolgt; er hat vielmehr die Frage danach beantwortet, wessen Vorleistung am legitimsten erscheint (Verteilung nach dem Grad der Legitimität der Vorleistung).[4] 4

1 »Wer zuerst kommt, mahlt zuerst«: So BSG v. 25.05.1971 – 4 RJ 196/71, BSGE 29, 104; 32, 295.

2 So LSG Rheinland-Pfalz, Urt. v. 25.02.1970 – L 3 U 35/69, Breithaupt 1970, 679.

3 Vgl. dazu weiter unten Rdn. 5 ff.

4 BT-Drucks. 9/95, S. 25 f.; Hauck/Noftz/*Becker*, SGB X, § 106 Rn. 6 ff.; von Maydell/*Schellhorn*, GK-SGB-X/3, § 106 Rn. 8 ff.; Schütze/*Roos*, SGB X, § 106 Rn. 2: Das Konkurrenzverhältnis zwischen Ersatz-/Erstattungsanspruch einerseits und Rückforderungsanspruch andererseits zwischen mehreren Vorleistenden bei mehrfacher Vorleistung wird demnach in der Weise aufgelöst, dass demjenigen Vorleistenden der Ersatz-/Erstattungsanspruch zusteht, dessen Vorleistung ein höherer Grad an Legitimität zukommt.

II. Rangfolge nach dem Grad der Legitimität der Vorleistung

5 Die in Abs. 1 formulierte Rangfolge erlangt Bedeutung, wenn die Vorleistungen unterschiedlich motiviert sind; dagegen haben die in Abs. 2 normierten Verteilungsgrundsätze Bedeutung, wenn die Vorleistungen gleich motiviert sind. Unterschiedlich motiviert sind verschiedene Vorleistungen, wenn sie auf verschiedenen in §§ 102 bis 105 genannten Vorleistungstatbeständen beruhen. Abs. 1 löst das Verteilungsproblem zwischen Ersatz- oder Erstattungsanspruch einerseits und Rückforderungsanspruch (§ 50) andererseits in dem Sinne auf, dass diejenige Vorleistung durch Ersatz- oder Erstattungsansprüche auszugleichen ist, die gegenüber der konkurrierenden Vorleistung besser legitimiert ist. Dafür stellt § 106 eine sich an die Systematik der §§ 102 bis 105 folgende Rangordnung auf, aus der sich die Reihenfolge der Anspruchsberechtigten ergibt.

6 Der Vorrang (erster Rang) steht dem Träger zu, der einen Ersatzanspruch nach § 102 erhebt. Dies erklärt sich daraus, dass der nach § 102 Ersatzberechtigte bewusst ein fremdes Geschäft für den Leistungspflichtigen erfüllt.[5] Den zweiten Rang nehmen Vorleistende ein, die einen Erstattungsanspruch nach § 103 haben. Dies rechtfertigt sich daraus, dass die Vorleistenden einer Rechtspflicht nachgekommen sind; ihr Nachrang gegenüber nach § 102 Ersatzberechtigten ihr daraus, dass ihr Handeln eigennützig motiviert war. Hat der Berechtigte Arbeitslosengeld I und aufstockende Grundsicherung bezogen, ohne dass eine Erwerbstätigkeit besteht, so hat der sich gegen den Träger der Rentenversicherung richtende Erstattungsanspruch der BA gegenüber dem des Trägers der Grundsicherung Vorrang, wenn dem Berechtigten rückwirkend eine Rente wegen Erwerbsminderung bewilligt wird.[6] Den dritten Rang nehmen Vorleistende ein, die einen Erstattungsanspruch nach § 104 haben. Auch sie haben auf eine eigene Verpflichtung als ein institutionell nachrangig Vorleistender geleistet. Den letzten Rang nehmen Vorleistende ein, die nur unter der Voraussetzung des § 105 erstattungsberechtigt sind. Sie sind nur deshalb erstattungsberechtigt, weil die Ausgleichslage im Drei-Personen-Verhältnis durch Zuerkennung eines Erstattungsanspruches auf wirtschaftlichere Weise bereinigt werden kann als durch Zuerkennung eines Rückforderungsanspruchs (§ 50). Er rechtfertigt sich einzig aus Überlegungen der Zweckmäßigkeit. Deshalb ist er vom Gesetzgeber an die letzte Stelle postiert worden.[7]

III. Rangfolge bei ranggleichen Ansprüchen (Abs. 2)

7 Abs. 2 regelt die Ausgleichslagen, falls die Vorleistungen gleich motiviert sind. Satz 1 regelt den Fall, dass die Vorleistung den Voraussetzungen des gleichen Ersatz- oder Erstattungsanspruchs genügt. Diese Regelung hat nur Bedeutung für die in Abs. 1 genannten Ansprüche. S. 2 regelt den Fall, dass den Vorleistungen zwar der gleiche Rang zukommt, jedoch im wechselseitigen Verhältnis ein Nachrang angeordnet ist. Diese Regelung hat Bedeutung für den Vorleistungstatbestand des § 104. Sind die Vorleistungen ranggleich, ohne dass ein interner Nachrang besteht (Fall des Abs. 2 Satz 1), so sind die Vorleistenden gleichmäßig erstattungs- und ersatzberechtigt. Der Anteil der jeweiligen Erstattungsberechtigung bemisst sich nach dem Wert, den die Vorleistung für den Leistungspflichtigen hat.[8] Sind die Vorleistungen ranggleich, kommt jedoch einer Vorleistung gegenüber der anderen ein Nachrang zu (Abs. 2 Satz 2), so ist derjenige zuerst zu befriedigen, dessen Ersatz- oder Erstattungsrecht vorrangig ist.

8 Über die Frage des internen Nachranges bei gleichrangig nachrangiger Vorleistung entscheidet das Leistungsrecht der beteiligten Träger.[9]

---

5 BT-Drucks. 9/95, S. 25 ff.

6 BSG, Urt. v. 31.10.2012 – B 13 R 11/11 R, SozR 4–1300 § 106 Nr. 1.

7 BT-Drucks. 9/95, S. 25 ff.

8 Hauck/Noftz/*Klattenhoff*, SGB X, § 106 Rn. 15 ff.; von Maydell/*Schellhorn*, GK-SGB-X/3, § 106 Rn. 21; Schütze/*Roos*, § 106 Rn. 11 ff.

9 BT-Drucks. 9/95, S. 25 f.; S. dazu im Detail Hauck/Noftz/*Becker*, § 106 Rn. 19 ff.; von Maydell/*Schellhorn*, GK-SGB-X/3, § 106 Rn. 22 ff.; Schütze/*Roos*, SGB X, § 106 Rn. 11 ff.

IV. Verhältnis von Leistungsanspruch, Erstattungsanspruch und Rückforderungsanspruch

Wie bei Ausgleichslagen im Drei-Personen-Verhältnis, stellt sich auch hier die Frage, in welchem Verhältnis Erstattungs- und Leistungsanspruch stehen. Im Vergleich zum Drei-Personen-Verhältnis wird diese Frage hier dadurch kompliziert, dass ein Rückforderungsanspruch (§ 50) zugunsten des nachrangig Vorleistenden besteht – namentlich dem Leistungspflichtigen (= Erstattungspflichtiger) gegenüber dem Leistungsberechtigten Rechte zur anderweitigen Auszahlung (§§ 48 f. SGB I), Aufrechnung (§ 51 SGB I) oder Verrechnung (§ 52 SGB I) zustehen oder Ansprüche vom Berechtigten an einen Dritten übertragen oder verpfändet (§ 53 SGB I) worden sind. Stets ist fraglich, wie sich die Ausgleichslage darstellt. Gingen die Ersatz- oder Erstattungsansprüche vor, weil die Vorleistung Erfüllungswirkung hat (§ 107 Abs. 1), ginge der Leistungspflichtige seiner in §§ 48 bis 53 SGB I normierten Gestaltungsrechte verlustig. Ferner wären die Belange des Erwerbers des Anspruchs oder der Pfandgläubiger zurückgesetzt. Außerdem wäre diese Lösung mit Abs. 3 unvereinbar. Danach hat der Leistungspflichtige nur zu erstatten, was er nach den für ihn maßgeblichen Erstattungsregeln erstatten müsste. Da diese ihn nur zum Ersatz oder zur Erstattung verpflichten, soweit der Leistungspflichtige Leistung schuldet, sollen ihm alle gegen den Leistungsberechtigten zustehenden Gegenrechte erhalten bleiben (betrifft die Rechte aus §§ 48 bis 52 SGB I). Ferner tritt auch Erfüllung nur ein, wenn die Leistung an den Berechtigten erfolgte (und nicht an dessen Rechtsnachfolger wie im Falle der §§ 53 bis 54 SGB I), schließlich kann der Leistungspflichtige bei Vorleistung in den genannten Fällen die Erstattung verweigern, soweit er gegen den Leistungsanspruch Einwendungen erheben kann, oder der Anspruch nicht dem Berechtigten zusteht. In diesem Fall hat der Vorleistende statt eines Erstattungsanspruchs gegen den Leistungspflichtigen einen Rückforderungsanspruch (§ 50) gegen den Berechtigten. 9

V. Geltung des § 106 über die geregelten Fälle hinaus

Da neben den in §§ 106 ff. erwähnten Ersatz- oder Erstattungsansprüchen weitere auf Aufwendungsersatz oder Erstattung gerichtete Ansprüche bestehen, stellt sich die Frage, in welchem Verhältnis diese Ansprüche zu § 106 stehen. Für den Erstattungsanspruch nach § 290 Abs. 3 LAG ist dies ausdrücklich geregelt. Dieser Anspruch geht sämtlichen anderen Ansprüchen vor. Soweit eine entsprechende Anwendung eines der Erstattungsansprüche gesetzlich vorgesehen ist (so bei § 12 Abs. 2 USG), nehmen auch diese Ansprüche an der Rangfolgeregelung des § 106 teil. Für die übrigen gilt § 106 nicht. 10

§ 107 Erfüllung

(1) Soweit ein Erstattungsanspruch besteht, gilt der Anspruch des Berechtigten gegen den zur Leistung verpflichteten Leistungsträger als erfüllt.

(2) [1]Hat der Berechtigte Ansprüche gegen mehrere Leistungsträger, gilt der Anspruch als erfüllt, den der Träger, der die Sozialleistung erbracht hat, bestimmt. [2]Die Bestimmung ist dem Berechtigten gegenüber unverzüglich vorzunehmen und den übrigen Leistungsträgern mitzuteilen.

Übersicht

A. Inhalt

Abs. 1 regelt, wie sich die Vorleistung auf den Leistungsanspruch auswirkt: Die Vorleistung tilgt danach den Anspruch, soweit der Vorleistende gegen den Leistungspflichtigen einen Anspruch auf Erstattung erlangt. Abs. 2 regelt die Auswirkung der Vorleistung, falls Berechtigte Ansprüche gegen 1 mehrere Leistungspflichtige innehaben. Diese Regelung erlaubt dem Vorleistenden zu bestimmen, für welchen Leistungspflichtigen die Vorleistung erfolgen oder – anders formuliert – welcher Anspruch durch die Vorleistung getilgt werden soll. Der Vorleistende hat von diesem Recht unverzüglich (= ohne schuldhaftes Zögern, § 121 BGB) durch Erklärung gegenüber dem Berechtigten Gebrauch zu machen und das Ergebnis seiner Bestimmung den übrigen Leistungsträgern mitzuteilen. Dieses Bestimmungsrecht besteht jedoch nur, falls der Vorleistende nicht bereits aufgrund des für seine Vorleistung maßgeblichen Rechts bei konkurrierenden Leistungsansprüchen auf einen der konkurrierenden Ansprüche leisten muss.

B. Einzelerläuterungen

I. Erfüllungswirkung der Vorleistung

2 Abs. 1 ist für das Verständnis des rechtlichen[1] Zusammenhanges von Leistungsanspruch und Erstattungsanspruch grundlegend. Die Erstattungspflicht des Leistungspflichtigen gegenüber dem Vorleistenden ist danach begründet, weil die Vorleistung den Leistungsanspruch tilgt. Dies setzt voraus, dass der erstattungspflichtige und der vorleistende Träger seitens der Leistungsempfänger personenidentisch[2] und die Ansprüche auf zeitlich[3] und sachlich[4] gleichwertige Leistungen gerichtet sind. Die Tilgung tritt – anders formuliert – ein, wenn die Leistungspflichten der anderen Träger sachlich einander entsprechen[5] und damit den Erfordernissen der Kongruenz genügen. Ohne § 107 stünde dem Vorleistenden gegen den Leistungsberechtigten ein auf Geldersatz gerichteter Rückforderungsanspruch (§ 50) zu, mit dem der Leistungspflichtige mit Ermächtigung des Vorleistenden die Verrechnung erklären könnte, so dass der Anspruch des Berechtigten gegen den Leistungspflichtigen in Höhe der Vorleistung getilgt würde. Weil Verrechnung nur unter Leistungsträgern aber nicht im Verhältnis zu Dritten möglich ist (§ 52 SGB I), kommt Erstattung auch nur im Verhältnis unter Leistungsträgern zur Anwendung. Im Verhältnis von Leistungsträgern und Dritten hingegen kommt ein Ausgleich nur in der Form des gesetzlichen Forderungsübergangs in Betracht.

3 Zwar ist die Verrechnung mit Rückforderungsansprüchen nach §§ 52, 51 Abs. 2 SGB I beschränkt. Die Beschränkung tritt jedoch zurück, wenn der Berechtigte dem Vorleistenden kongruente Vermögensvorteile schuldet. Anderenfalls stünde der Berechtigte besser, als er ohne Vorleistung stünde, weil er jedenfalls zeitweilig doppelt Leistung beanspruchen könnte. § 107 fingiert also seitens des Leistungspflichtigen die Verrechnungserklärung und seitens des Vorleistenden dessen Einverständnis mit der Verrechnung. Unter diesen Voraussetzungen tilgt die Vorleistung den Leistungsanspruch, ganz ebenso wie dieser getilgt worden wäre, falls Verrechnung erklärt würde. Diese Fiktionen dienen einer wirtschaftlichen Gestaltung des Ausgleichs im Drei-Personen-Verhältnis und wahren die Belange des Leistungsberechtigten, nach Erhalt einer der Leistungspflicht entsprechenden Vorleistung nicht mehr in den Vorgang des Ausgleichs einbezogen zu werden.[6]

4 Die nach § 107 eintretende Tilgung hat Nachrang gegenüber der Erfüllung seitens des Leistungspflichtigen (§§ 103 Abs. 1, Halbs. 2; 104 Abs. 1, Satz 1, Halbs. 2; 105 Abs. 1, Satz 1, Halbs. 2), soweit der Leistungspflichtige in Unkenntnis der Vorleistung an den Berechtigten geleistet hat. Dann gilt der Leistungsanspruch als durch den Leistungspflichtigen getilgt, so dass Vorleistende auf einen Rückforderungsanspruch (§ 50) gegen Berechtigte verwiesen sind. Wegen dieses Nachrangs der Tilgung des Leistungsanspruchs durch Vorleistung gegenüber der Tilgung durch Erfüllung ist § 107

1 Und nicht nur des wirtschaftlichen (so *Bley*, Ausgleichsansprüche der Sozialleistungsträger nach dem Regierungsentwurf zum X. Buch 3. Kapitel des Sozialgesetzbuchs, DOK 1981, 143, 150).
2 BSG, Urt. v. 12.05.2011 – B 11 AL 24/10 R, SozR 4–1300 § 107 Nr. 4; BSG, Urt. v. 06.08.2014 – B 11 AL 2/13 R, BSGE 116, 267.
3 BSG, Urt. v. 20.12.2011 – B 4 AS 203/10 R, SozR 4–1300 § 107 Nr. 5.
4 LSG Nordrhein-Westfalen, Urt. v. 09.09.2012 – L 9 AS 36/09.
5 BSG, Urt. v. 06.08.2014 – B 11 AL 2/13 R, BSGE 116, 267.
6 BVerwG, Urt. v. 18.10.1990 – 5 C 51/86, BVerwGE 87, 31; BSG, Urt. v. 29.04.1997 – 8 RKn 29/95, SozR 3–1300 § 107 Nr. 10.

ein Erfüllungsersatz (Erfüllungssurrogat), ebenso wie Aufrechnung, Verzicht, Hinterlegung oder Erlass Erfüllungssurrogate darstellen: Für sie bleibt nur Raum, soweit ein Anspruch nicht bereits durch Erfüllung erloschen ist.[7]

Die in §§ 103 Abs. 1, Halbs. 2; 104 Abs. 1, Satz 1, Halbs. 2; 105 Abs. 1, Satz 1, Halbs. 2 getroffene 5
Regelung, wonach die Erfüllung des Anspruchs durch den Leistungspflichtigen gegenüber der Vorleistung nur Vorrang hat, falls der Leistungspflichtige in Unkenntnis der stattgehabten Vorleistung leistet, erscheint bedenklich. Denn der Leistungspflichtige hat strikt und rasch zu erfüllen (§ 17 SGB I), weshalb er gegenüber dem Berechtigten seine Leistung grundsätzlich auch nicht deshalb zurückhalten darf, weil dieser eine Vorleistung erlangt hat. Dennoch ist die Regelung sachgerecht. Der Berechtigte kann nicht Erfüllung verlangen, wenn er die Vorleistung empfangen hat. Der Leistungspflichtige soll bei stattgehabter Vorleistung die Ausgleichslage nicht noch erschweren, indem er kongruente Leistungen erbringt. Erbringt er diese Leistung dennoch, ist es sachgerecht, ihn und nicht den Vorleistenden auf den Rückforderungsanspruch (§ 50) zu verweisen, dem Vorleistenden in einem solchen Fall also den Erstattungsanspruch zu belassen. Insoweit beruht die Regelung auf denselben Überlegungen, die auch § 407 BGB tragen.

II. Erfüllungswirkung und Erstattungsanspruch

Die Tilgung der Leistungspflicht tritt nur ein, »soweit ein Erstattungsanspruch besteht«. Die For- 6
mulierung verkehrt allerdings Grund und Folge: Der Leistungsanspruch des Leistungspflichtigen wird durch die Vorleistung nicht getilgt, weil der Vorleistende gegen den Leistungspflichtigen einen Erstattungsanspruch hätte; vielmehr gilt umgekehrt: Soweit der Vorleistung Tilgungswirkung zukommt, besteht ein Erstattungsanspruch! Die Vorleistung tilgt den Rechtsanspruch des Berechtigten und an dessen Stelle tritt der Erstattungsanspruch. Der leistungspflichtige Träger wird auf Grund der in § 107 angeordneten Tilgung damit zwar gegenüber dem Berechtigten frei, ihn trifft aber die Erstattungspflicht gegenüber dem Vorleistenden. Die Erstattungsansprüche sind originär und entstehen erst mit Vorleistung und der durch sie ausgelösten Tilgung. Nur so können die in § 106 geregelten Probleme der Ausgleichsverhältnisse im Vier(und-mehr-als-Vier)-Personenverhältnis bewältigt werden. Obgleich auch bei rangniedrigerer Vorleistung ein Erstattungsanspruch begründet ist (weil ein in §§ 102 bis 105 normierter Tatbestand der Vorleistung erfüllt ist), kommt diesem keine Tilgungswirkung zu, soweit ein ranghöherer Erstattungsanspruch vorgeht.

§ 107 Abs. 1 ist deshalb wie folgt zu lesen: Tilgt die Vorleistung den Leistungsanspruch – d.h., 7
genügt die Vorleistung den Voraussetzungen in §§ 102 bis 106 – besteht ein Ersatz- oder Erstattungsanspruch. Letzterer ist darauf gerichtet, beim Leistungspflichtigen den Vermögenswert abzuschöpfen, der diesem durch die nach § 107 Abs. 1 eingetretene Schuldbefreiung zufließt. Begründet also eine nach §§ 102 bis 105 zu beurteilende Vorleistung wegen Nachrangs gegenüber vorrangigen Vorleistungen (§ 106) keinen Erstattungsanspruch, tilgt dieser auch nicht die Schuld des Leistungspflichtigen, obgleich ein, wenn auch nachrangiger Erstattungsanspruch bestünde![8] Diese Sicht macht ferner klar, dass Erfüllung auch durch solche Vorleistungen eintritt, die nur dem Grunde nach eine Erstattungspflicht begrunden, fur die aber im Einzelfall keine Erstattungspflicht besteht, etwa weil deren Zahlung unter der Bagatellgrenze liegt (§ 110 Satz 2), für die die Ausschlussfrist zur Geltendmachung (§ 111) oder die Verjährungsfrist (§ 113) verstrichen oder die in eine pauschalierende Regelung über die Erstattung einbezogen worden ist (§ 110).[9] § 107 gilt nicht in Auftragsverhältnissen, weil in diesen der Ersatz oder die Erstattung eigens und nicht durch die §§ 102–105 geregelt ist[10]. Die Sonderregel des § 91 schließt die Anwendung der §§ 102 ff. im Rahmen des Auftrages

7 A.A. indes Schütze/*Roller*, § 107 Rn. 5: § 362 Abs. 1 BGB.
8 So Hauck/Noftz/*Becker*, SGB X, § 107 Rn. 8; von Maydell/*Schellhorn*, GK-SGB X/3, § 107 Rn. 7.
9 So auch Hauck/Noftz/*Becker*, § 107 Rn. 8; von Maydell/*Schellhorn*, GK-SGB X/3, § 107 Rn. 7.
10 Schütze/*Roller*, § 107 Rn. 4.

prinzipiell aus[11], lässt für deren Anwendung aber Raum, wenn Beauftragter und Auftraggeber für einander außerhalb des Auftrages tätig werden[12].

8 Die Erfüllungsfiktion des § 107 tritt also mit Entstehung des Erstattungsanspruchs ein, unabhängig davon, ob ein vorleistender Träger ihn geltend macht oder nicht.[13] Besteht also ein Erstattungsanspruch, tritt keine Erfüllung ein; folglich steht der Anwendung der §§ 45, 48 nichts entgegen.[14] Alles dies erklärt sich daraus, dass die Tilgung des Leistungsanspruchs den Ersatzanspruch auslöst und nicht umgekehrt das Bestehen eines Ersatzanspruchs die Tilgung bewirkt. Die Tilgungswirkung ist also Folge des Ersatz- oder Erstattungsanspruchs! § 107 tritt auch ein, wenn der Anspruch als Darlehen geschuldet ist. Sie tritt aber nur bei gleichartigen Leistungen ein.[15] Voraussetzung für die Erfüllungswirkung ist die Personenidentität der Leistungsempfänger[16] sowie die sachliche Übereinstimmung zwischen der Vorleistung und der Leistungspflicht[17]. Ist wegen Entstehung eines Erstattungsanspruches ein Anspruch des Berechtigten als erfüllt anzusehen, kommt eine Rücknahme des Bescheides (§ 45) nicht mehr in Betracht.[18] Die Erfüllungswirkung tritt kraft Gesetzes ein. Der erstattungsberechtigte Träger hat also kein Wahlrecht zwischen Erstattungsanspruch und Rückgriff gegenüber dem Versicherten.[19] Besteht ein Erstattungsanspruch ist der die Berechtigung festsetzende Bescheid nicht aufzuheben.[20] Durch die Erfüllungsfiktion des § 107 verändert sich das Sozialleistungsgeschehen. Besteht für den Träger des Wohngelds ein Erstattungsanspruch nach § 103 gegen den Träger der Grundsicherung, so ist die Rückforderung des Wohngeldes vom Empfänger ausgeschlossen.[21] Gilt ein Anspruch auf Arbeitslosengeld für einen Zeitraum, in dem SGB II-Leistungen erbracht worden sind, als erfüllt (§ 107), kann in diesem Zeitraum zugeflossenes Einkommen als Vermögen anzusehen sein mit der Folge eines weiteren Leistungsanspruchs im nachfolgenden SGB II-Bemessungszeitraum.[22]

III. Tilgung bei mehreren Leistungsansprüchen des Berechtigten

9 Abs. 2 regelt, welcher Anspruch die Vorleistung tilgt, falls einem Berechtigten mehrere Ansprüche zustehen. Danach hat der Vorleistende zu bestimmen, welchen Anspruch er tilgt.[23] *Schellhorn*[24] hat entgegengehalten, die Norm sei unverständlich formuliert. Sie könne nur gelten, falls dem Vorleistenden mehrere Erstattungsansprüche zustünden. Sie setze voraus, dass dem Vorleistenden ein Wahlrecht zustehe, was jedoch nicht mit § 106 zu vereinbaren sei. Diesen Bedenken ist zunächst entgegenzuhalten, dass sie – freilich durch den Gesetzeswortlaut veranlasst – das primäre Problem der Tilgung vom Folgeproblem der Erstattung her zu lösen versucht. Es ist aber gerade umgekehrt zu fragen: Welchen Leistungsanspruch tilgt die Vorleistung?

---

11 BSG, Urt. v. 12.11.2013 – B 1 KR 56/12 R, SozR 4–2500 § 264 Nr. 4; Diering/Timme/Stähler/*Breitkreuz*, § 91 Rn. 2.
12 BeckOGK/*Herbst*, § 91 SGB X Rn. 12; LSG Berlin-Brandenburg, Urt. v. 12.10.2016 – L 1 KR 385/15.
13 BVerwG, Urt. v. 18.10.1990 – 5 C 51/86, BVerwGE 87, 31, 35.
14 BSG, Urt. v. 28.08.2007 – B 7/7a AL 10/06 R.
15 BSG, Urt. v. 22.09.1988 – 2 RU 9/88, BSGE 64, 96.
16 BSG, Urt. v. 12.05.2011 – B 11 AL 24/10 R, SozR 4–1300 § 107 Nr. 4; BSG, Urt. v. 06.08.2014 – B 11 AL 2/13 R, SozR 4–1300 § 107 Nr. 6.
17 BSG, Urt. v. 28.03.2017 – B 1 KR 15/16 R, SozR 4–1300 § 107 Nr. 7.
18 BSG, Urt. v. 26.02.2003 – 8 KN 11/02 R, SozR 3–2600 § 93 Nr. 4; vgl. auch BSG, Urt. v. 05.11.1998 – B 11 AL 31/98 R, BSGE 83, 100.
19 BSG v. 29.04.1997 – 8 RKn 29/95, SozR 3–1300 § 107 Nr. 10; zu den rechtlichen Folgen: FG Mecklenburg-Vorpommern, Urt. v. 29.01.1997 – 1 K 116/96, EFG 1997, 807.
20 BSG, Urt. v. 26.04.2005 – B 5 RJ 36/04 R, SozR 4–1300 § 107 Nr. 2; BSG, Urt. v. 23.05.2006 – B 13 RJ 16/05 R, SozR 3–2600 § 93 Nr. 12.
21 VG Braunschweig, Urt. v. 26.02.2015 – 3 A 80/13, NZS 2015, 395.
22 BSG, Urt. v. 20.12.2011 – B 4 AS 203/10 R, SozR 4–1300 § 107 Nr. 5.
23 BT-Drucks. 9/95, S. 26.
24 Von Maydell/*Schellhorn*, GK-SGB X/3, § 107 Rn. 8 ff.

Das Gesetz ist indessen durchaus verständlich: Es soll diejenige Verbindlichkeit des- oder derjenigen Leistungsträger(s) als getilgt gelten, die der Vorleistende bestimmt hat. Diese Regelung kann allerdings dahin missverstanden werden, der Vorleistende sei in der Bestimmung des Tilgungszwecks frei. Dies trifft jedoch nicht zu. Vielmehr ist die Vorleistung ganz regelmäßig ihrerseits zweckgerichtet. Beurteilt sich diese etwa nach § 102, so erbringt der Vorleistende nicht irgendeine Leistung, sondern eine spezifische, bei der lediglich die Person des letztlich Leistungspflichtigen offen ist (§ 43 SGB I). Entspricht die Vorleistung den Voraussetzungen des § 103 Abs. 1, so bestimmt der Vorleistende den Adressaten der Erstattungspflicht mittelbar dadurch, dass im Falle eines nachträglichen Wegfallens seiner Leistungspflicht die Erstattungspflicht denjenigen Leistungsträger trifft, zugunsten dessen Pflicht die Vorleistung erfolgt ist, der also – mit anderen Worten – durch den nachträglichen Wegfall der originären Leistungspflicht dem Berechtigten gegenüber leistungspflichtig wird. Keine Tilgung tritt ein, wenn der Vorleistende in Erfüllung eines Erstattungsanspruchs geleistet hat.[25] Entsprechendes gilt für § 105: Der Vorleistende bestimmt den Empfänger zum Bedachten, der gegenüber dem Berechtigten leistungspflichtig ist. 10

Lediglich bei § 104 kann sich das in § 107 Abs. 2 geregelte Problem stellen, weil der subsidiär verpflichtete Vorleistende global die Notlage abzuwenden bezweckt: Hat der Berechtigte Ansprüche gegen mehrere Träger, so kann nicht allein aufgrund der Auslegung der Vorleistung bestimmt werden, welcher Leistungsanspruch durch die Vorleistung getilgt werden soll. Aber selbst in diesem Fall kann aufgrund der der Hilfeleistung zugrunde liegenden Umstände oftmals eine Tilgungsbestimmung durch Auslegung ermittelt werden. Gewährt ein Sozialhilfeträger einem Berechtigten etwa Hilfe zum Lebensunterhalt, Hilfe zur Arbeit und Krankenhilfe und stellt sich später heraus, dass dem Berechtigten konkurrierende Ansprüche gegen einen Träger der Unfallversicherung, Ansprüche auf Kinderzulage, Leistungsansprüche gegen das Arbeitsamt und die Krankenversicherung zustehen, so hat der Sozialhilfeträger mit seiner Leistung je nach den gewährten Gattungen der Hilfe auch jeweils einem eindeutig zu bestimmenden Benefiziar das jeweils Geschuldete geleistet. Da Hilfe zur Arbeit die BA, Krankenhilfe die Träger der Krankenversicherung und Hilfe zum Lebensunterhalt – im Beispiel – die Träger der Unfallversicherung entlastet, ist durch Aufgliederung des Erstattungsanspruchs eine konkrete Zuordnung möglich. Ein Wahlrecht, wie es § 107 Abs. 2 dem Vorleistenden gewährt, kommt also auch diesem Falle nicht in Betracht. 11

IV. Tilgungswirkung bei Abtretung des Leistungsanspruchs

Da Ansprüche auf Sozialleistungen unter den in § 53 SGB I genannten Voraussetzungen übertrag-[26] und verpfändbar sind, fragt sich, wie sich die Rechtslage gestaltet, falls der Berechtigte einen Sozialleistungsanspruch im Wege einer gem. § 53 Abs. 2 SGB I zugelassenen Vorausabtretung auf einen anderen übertragen oder verpfändet hat, und bezüglich dieses Leistungsanspruchs eine Vorleistung durch einen unzuständigen Träger erbracht worden ist. Kann der Erwerber der Forderung oder deren Pfandgläubiger Leistung vom Leistungspflichtigen in Höhe der abgetretenen oder verpfändeten Forderung verlangen, oder erlischt die Forderung in Höhe der erbrachten Vorleistung gem. § 107, so dass dem Vorleistenden gegen den Leistungspflichtigen ein Ersatz- oder Erstattungsanspruch zusteht?[27] Die Antwort ist umstritten. Während das BSG[28] der Abtretung oder Verpfändung den Vorrang zumisst und deshalb einen Ersatz- oder Erstattungsanspruch des Vorleistenden verneint, plädieren die überwiegenden Stimmen in der Literatur[29] für den generellen Vorrang des Ersatz- oder Erstattungsanspruchs vor der Abtretung oder der Verpfändung. Das BSG stützt seine Ansicht auf 12

25 BSG, Urt. v. 22.06.2010 – B 1 KR 21/09 R, SozR 4–1300 § 103 Nr. 3.

26 Vgl. dazu v. Koppenfels-Spies/Wenner/*Bigge*,SGB I, § 53 Rn. 8 ff.

27 Vgl. dazu den Fall BSG, SGb 1985, 162 mit Anm. *v. Wulffen*.

28 BSG, Urt. v. 14.11.1984 – 1/4 RJ 57/84, SGb 1985, 162.

29 *André*, Der Vorrang des Erstattungsanspruchs nach §§ 102 ff. SGB X gegenüber dem abgetretenen Anspruch auf Sozialleistungen, NDV 1985, 337 ff.; *Liebe*, Sozialversicherung 1985, 85 ff.; *Platzer*, Die Rechtsnatur der Erstattungsansprüche und ihr Verhältnis zu anderen Belastungen des Sozialleistungsanspruchs, ZfSH/SGB 1985, 446 ff.

die Erwägung, dass der Leistungspflichtige nicht doppelt zu leisten verpflichtet und die Abtretung im Übrigen nach § 53 Abs. 3 SGB I wirksam sei. Nach der Gegenansicht tritt § 53 Abs. 3 SGB I hinter §§ 102 bis 106 SGB X zurück. Aus § 107 SBG X folge, dass der durch Vorleistung ausgelöste Erstattungsanspruch den Leistungsanspruch erfülle und daher das in Erfüllung des Anspruchs Geleistete ohne Rechtsgrund an den Zessionar gelangt sei, weshalb dieser dem Vorleistenden gem. § 50 SGB X Rückgewähr schulde.

13 Die Lösung dieser Streitfrage hängt davon ab, ob die Vorleistung an den vormals Berechtigten den auf den Erwerber übertragenen Leistungsanspruch gem. § 107 tilgt. Eine Tilgung tritt nicht ein, wenn der Empfänger der Vorleistung nicht mehr Inhaber des Leistungsanspruchs ist; dann leistet der Vorleistende an einen Nicht-Berechtigten[30] und ist deshalb ebenso zu stellen wie wenn er an einen Empfänger eine Leistung bewirkt hätte, die diesem nach der Rechtsordnung nicht gebührt. Dann ist der Vorleistende auf den Rückforderungsanspruch des § 50 verwiesen. Dieser Anspruch ist auch regelmäßig gem. § 45 begründet, weil der Empfänger der Vorleistung jedenfalls regelmäßig weiß, dass ihm dafür nach der Abtretung kein kongruenter Anspruch gegen den Leistungspflichtigen zusteht. Bewirkt die Vorleistung die Tilgung des Leistungsanspruchs nach § 107 also nicht, so wäre allenfalls noch zu erwägen, die Tilgung des Anspruchs in analoger Anwendung des § 407 BGB eintreten zu lassen. § 407 BGB betrifft unmittelbar den Fall, dass der redliche, d.h. in Unkenntnis der Abtretung zum Zwecke der Schuldtilgung leistende Leistungspflichtige an den Zedenten einer Forderung leistet. In diesem Fall erlischt die Forderung des Zessionars gegen den Leistungspflichtigen aus Gründen des Vertrauensschutzes: Der redliche Leistungspflichtige soll davor bewahrt werden, dass in Erfüllung seiner vermeintlich gegenüber dem Empfänger bestehenden Verbindlichkeit Geleistete zurückfordern zu müssen, weil dies ihn mit Beitreibungs- und Konkursrisiken belasten würde.

14 In solchem Fall ist der Erwerber der Forderung gehalten, gem. § 816 Abs. 2 BGB vom Empfänger der Leistung Bereicherungsausgleich zu verlangen. Eine Übertragung des § 407 BGB auf den Vorleistenden kommt jedoch nicht in Betracht. Der Vorleistende erbringt die Leistung an den Empfänger, weil er diesem gegenüber selbst verpflichtet ist (§§ 102 bis 104) oder sich verpflichtet glaubt (§ 105). Seine Leistung erfolgt also regelmäßig ohne Bezug auf den dem Empfänger vormals gegen den Leistungspflichtigen zustehenden Anspruch. Da sich der Vorleistende bezüglich des konkurrierenden Anspruchs also keinerlei Vorstellungen macht, kommt der Schutz seines Vertrauens in den Fortbestand der Aktivlegitimation an dem betreffenden Leistungsanspruch nicht in Betracht.[31] Vor diesem Hintergrund wird klar, dass die in § 103 Abs. 1, Halbs. 2, 104 Abs. 1 Satz 1, Halbs. 2, 105 Abs. 1 Satz 1, Halbs. 2 getroffene Regelung, wonach Erfüllungsakte des Leistungspflichtigen dem Erstattungsanspruch vorgehen, wenn der Leistungspflichtige in Unkenntnis der stattgehabten Vorleistung an den Berechtigten geleistet hat, auf den gleichen Erwägungen beruht wie § 407 BGB. Diese Erwägung gilt aber nur zugunsten des Leistungspflichtigen; sie kann nicht erstreckt werden auf den Vorleistenden.

15 Die Regelung rechtfertigt sich daraus, dass der Erstattungs- und Ersatzanspruch Ausgleichslagen einfacher abzuwickeln erlauben, als dies mit der Rückforderung möglich wäre. Diese Voraussetzung ist nur erfüllt, wenn der Empfänger das von dem Vorleistenden Geleistete auch behalten darf. Um zu verhindern, dass der vorleistende Träger Nachteile zu erleiden hat, die infolge der Übertragung der Forderung entstanden sind, hat der die Übertragung gem. § 53 Abs. 2 SGB I genehmigende Leistungspflichtige seine Erlaubnis zur Rechtsübertragung zu widerrufen, wenn durch die Abtretung letztlich ein anderer Sozialleistungsträger belastet würde. Die Abtretung von Sozialleistungsansprüchen ist nur zulässig, soweit diese die Lebensführung des Berechtigten sichert. Diese Voraussetzung entfällt, wenn der Leistungsberechtigte sozialhilfebedürftig wird, weil er dann nicht mehr von der abgetretenen Sozialleistung, sondern von der Sozialhilfe lebt. Darüber hinaus folgt aus § 53 Abs. 5

30 Dies übersieht *André*, Anm. 20 in seiner Argumentation.

31 So im Ergebnis auch *v. Wulffen*, Erstattungsanspruch des nachrangigen Leistungsträgers bei früherer Abtretung des Leistungsanspruchs an Dritte, SGb 1985, 165.

SGB I, dass Sozialleistungsansprüche nur abgetreten werden können, soweit keine Aufrechnungs- und Verrechnungsmöglichkeit besteht. Da die Erstattung eine legalisierte Form der Verrechnung darstellt (vgl. bereits oben Rdn. 3), geht seit Inkrafttreten des § 53 Abs. 5 SGB I die Erstattung der Abtretung vor.[32]

§ 108 Erstattung in Geld, Verzinsung

(1) Sach- und Dienstleistungen sind in Geld zu erstatten.

(2) [1]Ein Erstattungsanspruch der Träger der Eingliederungshilfe, der Sozialhilfe, der Sozialen Entschädigung, soweit sie Besondere Leistungen im Einzelfall erbringen, der Soldatenentschädigung nach Kapitel 5 des Soldatenentschädigungsgesetzes und der Jugendhilfe ist von anderen Leistungsträgern

1. für die Dauer des Erstattungszeitraumes und
2. für den Zeitraum nach Ablauf eines Kalendermonats nach Eingang des vollständigen, den gesamten Erstattungszeitraum umfassenden Erstattungsantrages beim zuständigen Erstattungsverpflichteten bis zum Ablauf des Kalendermonats vor der Zahlung

auf Antrag mit vier vom Hundert zu verzinsen. [2]Die Verzinsung beginnt frühestens nach Ablauf von sechs Kalendermonaten nach Eingang des vollständigen Leistungsantrages des Leistungsberechtigten beim zuständigen Leistungsträger, beim Fehlen eines Antrages nach Ablauf eines Kalendermonats nach Bekanntgabe der Entscheidung über die Leistung. [3]§ 44 Abs. 3 des Ersten Buches findet Anwendung; § 16 des Ersten Buches gilt nicht.

Übersicht

A. Inhalt

1 Die Vorschrift regelt neben der Art der Erstattung (Abs. 1) die Verzinsung der Erstattung in Eingliederungs-, Sozial- und Jugendhilfe sowie Sozialer Entschädigung und Soldatenentschädigung. Wie Rückforderungs- (§ 50 Abs. 1 Satz 2) oder Ersatzansprüche (§ 91 Abs. 1 Satz 2), so sind auch die Ersatz- und Erstattungsansprüche (§§ 102 bis 105) auf Geld gerichtet (Abs. 1). Dies erklärt sich daraus, dass die dem Berechtigten gegenüber geschuldete Dienst- oder Sachleistung durch den Vorleistenden bereits erbracht worden und der Leistungsanspruch demgemäß nach § 107 erloschen ist. Es fragt sich nur noch, wie die bei dem Vorleistenden durch Tilgung des Leistungsanspruchs eingetretenen Vermögensnachteile auszugleichen sind. Da das Erstattungsrecht rechtswidrige Vermögenszustände unter den Beteiligten auszugleichen hat, ist der Ersatz- oder Erstattungsanspruch stets auf Vermögensausgleich und damit auf Geld gerichtet. Wie andere Ausgleichsansprüche, stellt § 108 dies auch im Hinblick auf Ansprüche auf Sach- und Dienstleistungen klar. Selbstverständlich – wenn auch nicht ausdrücklich normiert – ist der Erstattungsanspruch auf Geld auch dann gerichtet, wenn der getilgte Leistungsanspruch selbst ein Geldanspruch ist.

B. Einzelerläuterungen

2 § 108 bestimmt – mit anderen Worten – den Leistungsinhalt der Erstattungsansprüche als ausschließlich auf Vermögensausgleich durch Geldzahlung gerichtete Ansprüche. Die dem Berechtigten geschuldeten Dienst- oder Sachleistungen können nur natürlichen Personen (Menschen) gegenüber erbracht werden, nicht jedoch gegenüber juristischen Personen. Sie wären für diese auch gar nicht von Interesse. Gegenstand der Ersatz- oder Erstattungsansprüche (§§ 102 bis 105) sind die getätigten Vermögensaufwendungen des Vorleistenden (§ 102) oder die ersparten Aufwendungen des Leistungspflichtigen (§§ 103 bis 105), also entweder Vermögensopfer des Vorleistenden oder Vermögensvor-

32 Zum ganzen näher *Eichenhofer*, Vorausabtretung von Sozialleistungsansprüchen nach Eintritt dauernder Sozialhilfebedürftigkeit, ZfSH/SGB 1989, 281 ff.

teile des Leistungspflichtigen, welche durch Zuerkennung des Ersatz- (§ 102) oder Erstattungsanspruchs (§§ 103 bis 105) ausgeglichen werden sollen. § 108 ist daher keine »Umrechnungsvorschrift«[1], weil ihr nicht zu entnehmen ist, wie die einzelne Sach- oder Dienstleistung in Geld umzurechnen ist. § 108 bestimmt lediglich die Leistungsgattung der Erstattungsansprüche auf der Basis der in § 11 SGB I getroffenen Unterscheidung als Geldleistungsanspruch.

3 Aus der unterschiedlichen Ausgestaltung der Ansprüche nach § 102 einerseits und §§ 103 bis 105 andererseits folgt, dass sich die Bewertung der Sach- und Dienstleistung in Geld unterschiedlich bemisst. Da der Anspruch auf § 102 auf Aufwendungsersatz gerichtet ist, orientiert sich der Umfang des Erstattungsbetrags an den eigenen Vermögensaufwendungen des Ausgleichsberechtigten. Da bei den Ansprüchen aus §§ 103 bis 105 indessen die in der Person des Leistungspflichtigen eingetretene Schuldbefreiung auszugleichen ist, gelten demgemäß für die Bewertung die Sätze, die für die Bewertung der genannten Leistungen für den Leistungspflichtigen maßgeblich sind.[2]

4 Abs. 2 statuiert eine Verzinsungspflicht für Erstattungsansprüche der Sozial- und Jugendhilfeträger (§§ 97 SGB XII, 69 SGB VIII) in Anlehnung an die Verzinsungspflicht von Leistungsansprüchen (§ 44 SGB I). Gleiches gilt für die Erstattungsansprüche der Träger der Sozialen Entschädigung (§ 111 SGB XIV), soweit diese Besondere Leistungen im Einzelfall erbringen, und für die Erstattungsansprüche der Träger der Soldatenentschädigung (§ 70 SEG). Die Regelung soll die erstattungsberechtigten Träger von den Nachteilen und Verlusten durch eine verspätete Befriedigung von Erstattungsansprüchen bewahren. Prozesszinsen sind danach nicht zu erstatten.[3]

§ 109 Verwaltungskosten und Auslagen

[1]Verwaltungskosten sind nicht zu erstatten. [2]Auslagen sind auf Anforderung zu erstatten, wenn sie im Einzelfall 200 Euro übersteigen. [3]Die Bundesregierung kann durch Rechtsverordnung mit Zustimmung des Bundesrates den in Satz 2 genannten Betrag entsprechend der jährlichen Steigerung der monatlichen Bezugsgröße nach § 18 des Vierten Buches anheben und dabei auf zehn Euro nach unten oder oben runden.

Übersicht

A. Inhalt

1 § 109[1] regelt, ob und inwieweit der Erstattungsberechtigte vom Erstattungspflichtigen Aufwendungen ersetzt verlangen kann, die erstmalig aus Anlass der Erbringung der Vorleistung entstanden sind. § 109 beantwortet also die Frage, inwieweit der Erstattungsberechtigte über die Ersatz- und Erstattungsforderung hinaus Nebenforderungen bezüglich derjenigen Aufwendungen geltend machen kann, die dessen Vermögen durch Erbringung der Vorleistung belastet haben, ohne dem Berechtigten unmittelbar zugutegekommen zu sein. Das Gesetz beantwortet diese Frage differenziert. Soweit die Aufwendungen als »Verwaltungskosten« zu qualifizieren sind (vgl. unten Rdn. 2 f.), schließt Satz 1 deren Erstattungsfähigkeit aus; soweit es sich indessen um »Auslagen« (vgl. unten Rn. 5) handelt, besteht dagegen die Pflicht zur Erstattung, soweit der Gesamtbetrag dieser Aufwendungen »im

1 So Hauck/Noftz/*Becker*, SGB X, § 108 Rn. 1; von Maydell/*Schellhorn*, GK-SGB X/3, § 108 Rn. 3.
2 So richtig von Maydell/*Schellhorn*, GK-SGB X/3, § 108 Rn. 9–11; anders Hauck/Noftz/*Klattenhoff*, SBG X § 108 Rn. 3; Schütze/*Roller*, SGB X, Erläuterungen zu § 108.
3 BSG, Urt. v. 18.12.1979 – 2 RU 3/79, BSGE 49, 227, 229; BSG, Urt. v. 25.06.1985 – 9 a RV 23/83, SozR 1200 § 44 Nr. 13; BSG, Urt. v. 19.09.2007 – B 1 KR 39/06 R, SozR 2500 § 19 Nr. 4; anders BVerwG, Urt. v. 22.02.2001 – 5 C 34.00, BVerwGE 114, 61.
1 Durch Art. 11 des 4. Euro-Einführungsgesetzes vom 21.12.2000 verändert: BGBl. I, S. 1983.

Einzelfall« (vgl. unten Rdn. 6) 200 € übersteigt. Dieser Grenzwert kann durch Rechtsverordnung entsprechend der Steigerung der Bezugsgröße (§ 18 SGB IV) in Stufen von 10 € angehoben werden (vgl. unten Rdn 6).

B. Einzelerläuterungen

I. Grund für Ausschluss

2 Der Ausschluss der Erstattungsfähigkeit von »Verwaltungskosten« rechtfertigt sich aus deren fehlender konkreter Zurechenbarkeit.[2] Verwaltungskosten zählen zu den Gemeinkosten des Leistungsträgers. Sie fallen mit dessen Erbringung an und sind daher nicht durch den einzelnen, die Erstattungspflicht auslösenden Leistungsfall bedingt, weshalb die durch ihn anfallenden Aufwendungen für personelle oder sächliche Mittel[3] nicht vom Erstattungspflichtigen auszugleichen sind. Ein plastisches Beispiel hierfür sind Beiträge zu einer Haftpflichtversicherung des jeweiligen Trägers.[4] Da Verwaltungskosten Gemeinkosten – oder häufig Sowieso-Kosten – des Leistungsträgers sind, kommen die dafür erbrachten Aufwendungen nicht unmittelbar dem einzelnen Berechtigten zugute. Hieraus ergibt sich die Abgrenzung zu den »Sozialleistungen« (§ 11 SGB I), die nach §§ 102 bis 105 Gegenstand der Ersatz- oder Erstattungsansprüche sind. Diese Abgrenzung ist bei Geld- und Sachleistungen einfach zu bewältigen, sie bereitet jedoch Schwierigkeiten bei den Dienstleistungen.

3 Besteht die Aufwendung des vorleistenden Sozialleistungsträgers in Form von Geldzahlungen oder Bereitstellung von Gütern, so liegt eine »Sozialleistung« vor, wenn die Geldleistung in das Vermögen, oder die Sache in den Besitz und das Eigentum des Berechtigten übergeht. Verbleibt das aufgewendete Geld oder die Sache in der Sphäre des Leistungsträgers, sind die hierfür getätigten Aufwendungen indessen als »Verwaltungskosten« zu qualifizieren. Schwierig gestaltet sich die Abgrenzung bei Diensten. Sie können Sozialleistungen sein, die für deren Bereitstellung getroffenen Aufwendungen können aber auch als Verwaltungskosten zu qualifizieren sein.[5] Es ist entscheidend, ob der Träger die Leistung abzugelten hat oder nicht. Hat der Leistungsträger sie abzugelten, was regelmäßig der Fall ist, wenn sie von Ärzten, Krankenhäusern, Heimen, Apotheken erbracht wird, so stellt deren Bereitstellung eine »Sozialleistung« dar, welche bei Vorliegen der Erstattungsvoraussetzungen den Vorleistenden zur Erstattung berechtigt.

4 Schuldet er die Aufwendung unentgeltlich – etwa eine Beratung, die Auskunftserteilung oder Hilfe nach § 28 Abs. 1 Nrn. 3, 4 SGB I –, so zählt sie zu den »Verwaltungskosten«. Zu den Verwaltungskosten rechnen auch Zinsen (§ 44 SGB I)[6] einschließlich der Prozesszinsen.[7] Der Ausschluss betrifft Aufwendungen des vorleistenden Leistungsträgers. § 109 beschränkt damit den Ausgleich des auf Aufwendungsersatz gerichteten Anspruchs nach § 102. Auch der kraft dieser Bestimmung zum Ersatz berechtigte Träger kann daher nicht einen Anteil seiner Gemeinkosten vom Erstattungspflichtigen verlangen. Denn seine Pflicht zum Aufwendungsersatz beschränkt sich auf die für die Erbringung der Sozialleistung getätigten Aufwendungen.

II. Erstattung von »Auslagen«

5 Erstattungspflichtig sind indessen die sogenannten »Auslagen« (S. 2), soweit deren Betrag 200 € übersteigt und der Erstattungsberechtigte dies beantragt. »Auslagen« sind im Gegensatz zu »Ver-

---

2 BT-Drucks. 9/95, S. 26; Hauck/Noftz/*Becker*, SGB X, § 109 Rn. 6; von Maydell/*Schellhorn*, GK-SGB X/3, § 109 Rn. 1, 6 ff.; Schütze/*Roller*, SGB X, § 109 Rn. 1.

3 Dazu Hauck/Noftz/*Becker*, SGB X/3, § 109 Rn. 8.

4 S. hierzu nur den Fall des VG Saarlouis, Urt. v. 22.10.2020 – 3 K 820/20, BeckRS 2020, 27755.

5 Vgl. Hauck/Noftz/*Becker*, SGB X, § 109 Rn. 6; von Maydell/*Schellhorn*, GK-SGB X/3, § 109 Rn. 8 ff.

6 So auch Hauck/Noftz/*Becker*, SGB X § 109 Rn. 8.

7 BSG, Urt. v. 18.12.1979 – 2 RU 3/79, BSGE 49, 227, 229; BSG, SozR-1200 § 44 Nr. 13; BSG, Urt. v. 19.09.2007 – B 1 KR 39/06 R, SozR 4–2500 § 19 Nr. 4; anders BVerwG, Urt. v. 22.02.2001 – 5 C 34.00, BVerwGE 114, 61.

waltungskosten« individuell zurechenbar[8], stellen mithin Aufwendungen dar, welche dem Träger einzig aus Anlass des zur Erstattungspflicht führenden »Einzelfalles« (vgl. unten Rn. 6) entstanden sind. Anders als Verwaltungskosten, die unabhängig vom einzelnen Erstattungsfall entstehen, sind Auslagen Vermögensaufwendungen, die der Vorleistende für die Abwicklung des Einzelfalles getroffen hat. »Auslagen« unterscheiden sich von den die Erstattungspflicht begründenden »Sozialleistungen« darin, dass sie nicht unmittelbar dem Berechtigten zugutegekommen sind, wohl aber aus Anlass des zur Ersatz- oder Erstattungspflicht führenden Einzelfalles das Vermögen des vorleistenden Trägers geschmälert haben, weil sie für die verwaltungsförmige Bewältigung des Falles erforderlich geworden sind. Zu solchen grundsätzlich zu erstattenden Auslagen zählen die Aufwendungen für Gutachten, Porti, Telefongebühren, Reisekosten, Entschädigungen für Zeugen und Sachverständige[9] – kurzum, Aufwendungen, die einerseits dem Berechtigten nicht unmittelbar zufließen, andererseits nicht bereits von den Gemeinkosten des Trägers erfasst sind, aber gleichwohl dessen Vermögen mindern.

III. Umfang von Erstattung

6 Auf Antrag des Vorleistenden sind Auslagen in vollem Umfang zu erstatten, soweit sie im »Einzelfall« den Betrag von 200 € übersteigen. Der Begriff des »Einzelfalles« (in § 110) ist nicht klar. Der Gesetzgeber wollte damit zum Ausdruck bringen, dass der festgelegte Grenzwert nicht dadurch überschritten werden kann, dass »mehrere Fälle in einer Summe abgerechnet«[10] werden. Daraus ergibt sich zunächst, dass unter »Einzelfall« nicht der einzelne Abrechnungsfall zu verstehen ist, weil dieser womöglich mehrere »Fälle« umfasst. »Einzelfall« bezieht sich daher auf den jeweiligen, die Erstattungspflicht des Vorleistenden begründenden »Vorleistungsfall«, der wesentlich durch die Person des Berechtigten und den die Leistungsgewährung rechtfertigenden Grund zu bestimmen ist.[11] Für jeden Einzelfall sind deshalb die individuell anfallenden Auslagen insgesamt zu ermitteln. Sind den vorleistenden Trägern Gesamtaufwendungen über 200 € entstanden, so ist der Gesamtbetrag zu erstatten. Dieser Grenzwert kann durch Rechtsverordnung entsprechend der Steigerung der Bezugsgröße (§ 18 SGB IV) in Stufen von 10 € angehoben werden.

§ 110 Pauschalierung

[1]Die Leistungsträger haben ihre Erstattungsansprüche pauschal abzugelten, soweit dies zweckmäßig ist. [2]Beträgt im Einzelfall ein Erstattungsanspruch voraussichtlich weniger als 50 Euro, erfolgt keine Erstattung. [3]Die Leistungsträger können abweichend von Satz 2 höhere Beträge vereinbaren. [4]Die Bundesregierung kann durch Rechtsverordnung mit Zustimmung des Bundesrates den in Satz 2 genannten Betrag entsprechend der jährlichen Steigerung der monatlichen Bezugsgröße nach § 18 des Vierten Buches anheben und dabei auf zehn Euro nach unten oder oben runden.

Übersicht

A. Inhalt

1 Die Vorschrift regelt Fragen der Abgeltung von Ersatz- und Erstattungsansprüchen. Satz 1 verpflichtet die Träger zur Pauschalabgeltung ihrer Erstattungsansprüche, soweit dies möglich ist. Satz 2 bestimmt,

---

8 Hauck/Noftz/*Becker*, SGB X § 109 Rn. 8; von Maydell/*Schellhorn*, GK-SGB X/3, § 109 Rn. 12 ff.; Schütze/*Roller*, SGB X § 109 Rn. 6.

9 Vgl. im Einzelnen näher von Maydell/*Schellhorn*, GK-SGB X/3, § 109 Rn. 15.

10 BT-Drucks. 9/95, S. 26.

11 So für § 110 auch BSG SozR 1300 § 110 Nr. 1.

dass ein Erstattungsanspruch über voraussichtlich weniger als 50 € vom Ersatz- oder Erstattungspflichtigen nicht abgegolten werden soll. Satz 3 erlaubt den Trägern, diese Grenze durch Vereinbarung anzuheben. Satz 4 erlaubt dies auch der Bundesregierung, bindet die Ausübung dieser Befugnis aber an die Einhaltung einer bestimmten Form (nämlich der Rechtsverordnung), und knüpft den Steigerungsbetrag an die Entwicklung der Bezugsgröße (§ 18 SGB IV). Die Norm lässt unbeantwortet, wie sie sich auf § 107 auswirkt, und welche Bedeutung sie für die nach § 106 vor- oder nachrangigen Ersatz- oder Erstattungsberechtigten hat.

B. Einzelerläuterungen

I. Pauschalierung

Erstattungsansprüche sind pauschal auszugleichen, wenn dies zweckmäßig ist. Die Pauschalabgeltung 2 ist zweckmäßig, wenn zwischen mehreren Trägern häufiger Erstattungspflichten auftreten und angesichts dessen ein Ausgleich durch Einzelnachweis einem zu großen Verwaltungsaufwand bereitete. Pauschalierungen können die Aufrechnung der wechselseitigen Ansprüche vorsehen. Ist der Erstattungsfall indes eine seltene Ausnahme oder ein Einzelfall, ist es wirtschaftlicher, den Erstattungsanspruch einzeln zu ermitteln, statt eine kaum praktisch werdende Regelung über die Pauschalabgeltung zu treffen.[1] Für diese Auslegung spricht auch der Wortlaut der Vorschrift, die – im Unterschied zu Satz 2 – in Satz 1 von einer Mehrzahl von Erstattungsansprüchen (»ihre Erstattungsansprüche«) spricht. Über die Zweckmäßigkeit haben die Träger zu entscheiden.[2] Die Vorschrift hat daher wesentlich den Charakter einer Aufforderung an die Träger, solche Abgeltungsregelungen zu treffen.[3] In die Pauschalabgeltung sind auch die nach § 109 zu erstattenden Kosten mit einzubeziehen. Eine vergleichbare Regelung besteht in § 76 SGB XII. Wird ein Erstattungsanspruch auf §§ 103 ff. gestützt, so gilt für diese Ansprüche die Grenze des § 110, sind beide Träger aber Sozialhilfeträger, gilt § 105 SGB XII.[4]

II. Bagatellgrenze

Satz 2 enthält eine rechtsvernichtende Einwendung – schließt die Durchsetzbarkeit eines Ersatz- 3 oder Erstattungsanspruches aus, der sich auf »voraussichtlich weniger als 50 €« beläuft. Sie schließt den Anspruch jedoch nicht als nichtbestehend aus.[5] Für den Umfang kommt es auf den zur Erstattung verpflichtenden Leistungsfall an, nicht den geltend gemachten Betrag[6]: Auf den in § 2 Abs. 3 Satz 2 geregelten Erstattungsanspruch findet § 110 Satz 2 Anwendung.[7] Beläuft sich also ein zur Erstattungspflicht führender Leistungsfall auf voraussichtlich mehr als 50 €, wird der Erstattungsberechtigte durch Satz 2 nicht gehindert, Teilbeträge unter 50 € geltend zu machen. Satz 2 wird in seiner Anwendung – unnötig – erschwert, weil die Bagatellgrenze nicht objektiv, sondern subjektiv definiert ist: Grenzwert ist nicht ein bestimmter Betrag, sondern dieser wird durch die objektiv schwer festzustellenden Mutmaßungen des Erstattungsberechtigten über den Umfang des Erstattungsbetrages bestimmt. Zwar kann nur auf diese Weise der mit der Bagatellgrenze angestrebte Effekt der Einsparung von Verwaltungsaufwand für wirtschaftlich geringwertige Erstattungsfälle vermieden werden. Wenn der Erstattungsberechtigte daher glaubt, sein Anspruch liege über 50 €, beträgt dieser aber weniger als 50 €, wird dieser nach verbreiteter Meinung[8] für durchsetzbar gehalten. Diese Aus-

1 Anders BT-Drucks. 9/95, S. 26; Hauck/Noftz/*Becker*, SGB X, § 110 Rn. 6 ff.; von Maydell/*Schellhorn*, GK-SGB X/3, § 110 Rn. 9; Schütze/*Roller*, SGB X, § 110 Rn. 5.

2 VG Aachen, Urt. v. 27.12.2004 – 6 K 490/02.

3 Hauck/Noftz/*Becker*, SGB X, § 110 Rn. 1 ff.; von Maydell/*Schellhorn*, GK-SGB X/3 § 110 Rn. 3; Schütze/*Roller*, SGB X, § 110 Rn. 2.

4 OVG Niedersachsen, DVBl 2000, 1228.

5 Hauck/Noftz/*Becker*, SGB X, § 110 Rn. 10.

6 BSG, Urt. v. 20.08.1986 – 8 RK 40/85, SozR 1300 § 110 Nr. 1.

7 OVG Nordrhein-Westfalen, ZfSH/SGB 2003, 475; OVG Niedersachsen, FEVS 52, 79.

8 Hauck/Noftz/*Becker*, SGB X, § 110 Rn. 14.

legung ist aber nicht geboten. Vielmehr legt Satz 2 den Erst-Recht-Schluss nahe: Wenn ein Erstattungsanspruch, der schon voraussichtlich unter 50 € liegt, nicht durchsetzbar sein soll, so ist erst recht ein Erstattungsanspruch nicht durchsetzbar, der tatsächlich unter 50 € liegt. Zwar sind in einem solchen Fall dem Berechtigten zusätzliche Kosten für die Ermittlung des Erstattungsumfanges entstanden. Es entstünden aber bei Zubilligung des Erstattungsanspruchs unter der Bagatellgrenze dem Erstattungspflichtigen weitere Kosten. Da Satz 2 Erstattungsberechtigte wie Erstattungspflichtige von Verwaltungsaufwendungen für Bagatellbeträge freistellen möchte, ist in einem solchen Fall erst recht der Erstattungsanspruch nicht durchsetzbar. Die in Satz 2 betragsmäßig gesetzlich festgelegte Bagatellgrenze kann von den Leistungsträgern im Rahmen einer Vereinbarung angehoben werden (Satz 3). Die Leistungsträger sind dabei nicht an Obergrenzen gebunden. Aus Satz 3 ist weiter zu folgern, dass auch die Bagatellfälle in die nach Satz 1 mögliche Pauschalierungsvereinbarung einbezogen werden können.[9] Wie bei § 109 kann auch bei § 110 die Bundesregierung durch Rechtsverordnung die Bagatellgrenze anheben. Das Gesetz legt durch seine Verweisung auf die Bezugsgröße die Entwicklung der Anpassungsbeträge fest.

III. Wirkung von Pauschalierung und Bagatellgrenze gegenüber dem Berechtigten oder anderen Erstattungsberechtigten

4 Die in den Satz 1 bis 3 getroffenen Regelungen führen dazu, dass der Umfang des konkret zu erstattenden Betrages von den in §§ 102 Abs. 2, 103 Abs. 2, 104 Abs. 3 und § 105 Abs. 2 umschriebenen Grundsätzen abweicht. Welche Rückwirkungen hat die in § 110 getroffene Regelung auf den Leistungsanspruch des Berechtigten (§ 107) oder den Ersatz- oder Erstattungsanspruch der nach § 106 vor- oder nachrangig Erstattungsberechtigten? Zwei Lösungen sind denkbar: Der Umfang des Erstattungsanspruchs kann »abstrakt« oder »konkret« bestimmt werden. Die »abstrakte« Bestimmung bietet sich aus rechtssystematischen Gründen an, weil § 110 nur die Rechtsfolgen des Erstattungsanspruchs modifiziert, nicht jedoch dessen Tatbestand verändert. §§ 107 und 106 verlangen jedoch den Tatbestand Erstattungsanspruch (dessen »Bestehen«). Deshalb ist auch der Umfang des einzelnen Anspruchs so zu bestimmen, wie ihn die Regelungen des einzelnen Erstattungsanspruchs vorsehen: also »abstrakt«. Der Erstattungsumfang kann von den Beteiligten vereinbart werden, wenn sie sich über die Zuordnungsgesichtspunkte für die einzelnen Gattungen von Aufwendungen/Schuldbefreiungen verständigen. Der aus Pauschalierung oder Saldierung (Aufrechnung) gezogene Einspareffekt würde zunichte, wenn eine abstrakte Bestimmung der Erstattungssumme nicht möglich wäre. Solche Praxis ist durch die Vereinbarung unter den Trägern gedeckt; diese bliebe wirkungslos, wenn die Träger nicht danach verfahren dürften. Gleichwertige Erstattungsbeträge sind zusammenzurechnen.[10]

§ 111 Ausschlussfrist

[1]Der Anspruch auf Erstattung ist ausgeschlossen, wenn der Erstattungsberechtigte ihn nicht spätestens zwölf Monate nach Ablauf des letzten Tages, für den die Leistung erbracht wurde, geltend macht. [2]Der Lauf der Frist beginnt frühestens mit dem Zeitpunkt, zu dem der erstattungsberechtigte Leistungsträger von der Entscheidung des erstattungspflichtigen Leistungsträgers über seine Leistungspflicht Kenntnis erlangt hat.

Übersicht

9 So auch Schütze/*Roller*, SGB X, § 110 Rn. 7.

10 BSG, Urt. v. 20.08.1986 – 8 RK 40/85, BSGE 60, 195; BSG SozVers 1991, 55.

A. Inhalt

1 § 111 – dessen Satz 2 durch das 4. Euro-Einführungsgesetz[1] eingeführt worden ist – bestimmt, dass die Ersatz- und Erstattungsansprüche nur in zwölf Monaten seit ihrer Entstehung geltend gemacht werden können. Darin liegt eine materiell-rechtliche Ausschlussfrist. Sie wirft die Frage auf, in welchem Verhältnis § 111 zu der in § 113 normierten Verjährung von Ansprüchen steht. Problematisch ist ferner der Beginn der Frist. Das Gesetz legt hierfür den Entstehungszeitpunkt des Erstattungsanspruchs fest. Zugleich spricht das Gesetz davon, dass zu diesem Zeitpunkt »frühestens« die Ausschlussfrist zu laufen beginne. Diese Formulierung wirft die Frage auf, ob und – falls ja – unter welchen Voraussetzungen die Frist später beginnt. Dies liegt vor allem im Hinblick auf Satz 2 nahe. Danach ist der Fristablauf an die Kenntnis des Erstattungsberechtigten und damit an subjektive Voraussetzungen gebunden. Für den Ablauf der Frist stellt das Gesetz auf den Zeitpunkt »Geltendmachung« des Anspruchs ab. Diese wirft die Frage auf, welche Anforderungen an eine Geltendmachung zu stellen sind. Die Wirkungen einer Versäumung der Frist von § 111 bestimmt das Gesetz dahin, dass der Ersatz- oder Erstattungsanspruch als »ausgeschlossen« zu erachten sei. Daher sind die Ausschlusswirkungen zu bestimmen.

B. Einzelerläuterungen

I. Ausschlussfrist und Verjährung

2 Zeitablauf kann Ansprüche grundsätzlich zweifach beeinflussen: Sie können untergehen oder dem Schuldner ein Recht auf Leistungsverweigerung (= Einrede der Verjährung) geben. Führt Zeitablauf zum Untergang eines Anspruchs, so wird die den Rechtsverlust begründende Frist als »materiell-rechtliche Ausschlussfrist« bezeichnet.[2] Führt Zeitablauf zum Erwerb eines Rechts auf Leistungsverweigerung, so spricht man von Verjährung. Ausschlussfrist und Verjährung schließen sich mithin wechselseitig aus. Angesichts dieser Alternative ist dem Bundesrat[3] und seiner Kritik an der insoweit unverändert aus dem Regierungsentwurf entnommenen Regelung des § 111 zuzustimmen: Es ist unverständlich, nein widersprüchlich, wenn das Gesetz in § 111 eine materiell-rechtliche Ausschlussfrist und in § 113 eine Verjährung von Ersatz- und Erstattungsansprüchen anordnet. Die letztgenannte Regelung wird nämlich durch die erstgenannte Regelung gegenstandslos gemacht: Da Ersatz- und Erstattungsansprüche durch Zeitablauf erlöschen (§ 111: »ausgeschlossen« sind), können sie nicht mehr verjähren. § 111 verdrängt deshalb § 113[4]. Eine Ausschlussfrist nach § 111 ist auf die Geltendmachung von Ersatz- und Erstattungsansprüchen nach §§ 102 bis 105 beschränkt; sie kommt hingegen nicht in Betracht im Rahmen von gesetzlichen oder vertraglichen Aufträgen, etwa bei der Übernahme der Krankenbehandlung nicht versicherter Sozialhilfeempfänger durch die Krankenkassen. Ansprüche auf Aufwendungsersatz bei Aufträgen unterliegen statt der Ausschlussfrist des § 111 der Verjährung.[5] Gleichwohl können auch bei der Übernahme von Krankenbehandlungen durch die Krankenkasse für nicht versicherte Sozialhilfeempfänger Erstattungsansprüche entstehen, falls irrtümliche Leistungen erbracht werden, welche nach § 105 auszugleichen sind, so insbesondere bei einer bestehenden, aber nicht erkannten Familienversicherung eines Sozialhilfeempfängers. Hier kommt es zur Rückforderung nach § 105 und zur Anwendung der Ausschlussregelung nach § 111.[6] Des Weiteren kann § 111 auf Grund vorrangiger Spezialregelungen (§§ 37 Satz 1 1. Halbs. SGB I, 175 SGB VII) ausgeschlossen sein.[7]

---

1 Vom 21.12.2000, BGBl. I, S. 1983.

2 Beispiele für solche sind etwa: §§ 87 SGB X, 121, 651g BGB, 7 KSchG.

3 BT-Drucks. 9/95, S. 40.

4 LSG Nordrhein-Westfalen, Urt. v. 15.02.2016 – L 20 SO 476/12, juris; Hauck/Noftz/*Becker*, SGB X, § 111 Rn. 3; von Maydell/*Schellhorn*, GK-SGB X/3, § 111, Rn. 7.

5 BSG, Urt. v. 12.11.2013 – B 1 KR 56/12 R, SozR 4–2500 § 264 Nr. 4.

6 BSG, Urt. v. 18.11.2014 – B 1 KR 12/14 R, SozR 4–2500 § 264 Nr. 6; BSG, Urt. v. 18.11.2014 – B 1 KR 13/13 R, NZS 2015, 184.

7 BSG, Urt. v. 23.07.2015 – B 2 U 15/14 R, SGb 2015, 506.

II. Beginn der Ausschlussfrist

3 Der Anfang der Ausschlussfrist wird durch das Gesetz dahin bestimmt, dass diese »frühestens mit dem Zeitpunkt, zu dem der erstattungsberechtigte Leistungsträger von der Entscheidung des erstattungspflichtigen Leistungsträgers über seine Leistungspflicht Kenntnis erlangt hat« beginnt. Als Entscheidung gilt der die Leistung bewilligende Bescheid oder deren Gewährung.[8] Dabei kommt es entscheidend auf die den Anspruch begründenden Tatbestandsmerkmale an und nicht darauf, ob die den daraus erwachsenden Leistungsanspruch begründenden Tatsachen abzusehen waren – z.B. beim Unfall also die Verletzung und nicht deren Spätfolgen[9]. Ein »Erstattungsanspruch entsteht«, wenn der die Ersatz- oder Erstattungspflicht auslösende Tatbestand der §§ 102 bis 105 vollendet ist. Da der Anspruch kraft Gesetzes eintritt, ist für die Entstehung unerheblich, ob der Berechtigte von seiner Berechtigung Kenntnis erlangt hatte.[10] Bei Krankenhausbehandlung beginnt die Frist mit der Kostenzusage an das Krankenhaus zu laufen.[11] Für den Lauf der Frist entscheidet der Tag, an dem die Leistung letztmals erbracht wurde.[12] Die Frist beginnt regelmäßig mit dem Erbringen der den Erstattungsanspruch auslösenden Vorleistung (also der Sozialleistung). Das Erbringen der Sozialleistung wiederum erfordert, dass der Leistungsträger im konkreten Fall seine Leistungspflicht annimmt und auf dieser Grundlage die Sozialleistung tatsächlich bewirkt[13] – insoweit ist der zuständigkeitsrechtliche Leistungsbegriff maßgeblich.[14] Ein späterer Fristbeginn wegen verspäteter Leistungsvornahme kommt regelmäßig nicht in Betracht.[15]

III. Geltendmachung

4 Ob die Ausschlussfrist eingehalten oder verstrichen ist, hängt davon ab, ob der Ersatz- oder Erstattungsanspruch vom Berechtigten gegenüber dem Ersatz- oder Erstattungspflichtigen fristgerecht »geltend gemacht worden ist«. Dafür muss der Erstattungsberechtigte rechtzeitig den Willen zur Rechtssicherung erkennbar machen.[16] Die »Geltendmachung« geschieht stets gegenüber dem Erstattungspflichtigen. Aus ihr muss der Rechtssicherungswille hervorgehen, und es müssen sich ferner die Einzelumstände ergeben, aus denen der Erstattungsanspruch abgeleitet wird.[17] Das Erfordernis der fristgerechten Geltendmachung besteht im Interesse des Erstattungspflichtigen: Seine Einkünfte und sein Vermögen sollen primär der Befriedigung der aktuellen Leistungsansprüche dienen. Deshalb soll die knapp bemessene Ausschlussfrist den Erstattungspflichtigen davor schützen, Ersatz- oder Erstattungsansprüchen aus längst vergangenen Zeitabschnitten nachträglich zu begleichen. Die »Geltendmachung« ist nicht formgebunden. Es reicht aus, wenn der Grund für den Ersatz- oder Erstattungsanspruch dem Ersatz- oder Erstattungspflichtigen mitgeteilt worden ist. Das Erstattungsbegehren muss erkennbar aus der Anforderung hervorgehen.[18] Eine genaue Darlegung der den

---

8 BSG, Urt. v. 16.03.2010 – B 2 U 4/09 R, SGb 2011, 220; LSG Baden-Württemberg, Urt. v. 22.01.2014 – L 3 U 3510/13; vgl. *Kater*, Der Beginn der Ausschlussfrist für Erstattungsansprüche nach § 111 SGB X, SGb 2007, 400.

9 BSG, Urt. v. 19.03.1996 – 2 RU 22/95, SozR 3–1300 § 11 Nr. 4.

10 So zu § 539 RVO a.F. zu Recht: BSGE 21, 181, 184; so für die Neuregelung zu Recht: *Marburger*, Aktuelle Zweifelsfragen in Zusammenhang mit § 111 SGB X, ZfSH/SGB 1988, 294, 297 f.; Schütze/*Roller*, SGB X, § 111 Rn. 7 ff.

11 BSG, Urt. v. 23.02.1999 – B 1 KR 14/97 R, SozR 3–1300 § 111 Nr. 7.

12 BSG, Urt. v. 06.04.1989 – 2 RU 34/88, BSGE 65, 27, 30; BSG, Urt. v. 25.04.1989 – 4/11a RK 4/87, SozR 1300 § 111 Nr. 6; BSG, Urt. v. 30.06.2009 – B 1 KR 21/08 R, SozR 4–1300 § 111 Nr. 5.

13 BSG, Urt. v. 29.06.2023 – B 1 KR 12/22 R, BeckRS 2023, 22986 Rn. 16 ff.

14 So der VGH Mannheim, Urt. v. 05.03.2021 – 12 S 621/18, BeckRS 2021, 5642.

15 BSG, Urt. v. 10.05.2005 – B 1 KR 20/04 R, SozR 4–1300 § 111 Nr. 3.

16 BSG, Urt. v. 30.06.2009 – B 1 KR 21/08 R, SozR 4–1300 § 111 Nr. 5.

17 Ebda.

18 BSG, Urt. v. 06.04.1989 – 5 RU 34/88, BSGE 65, 27; BSG, SozR 4–1300 § 111 Nr. 5.

Ersatz- oder Erstattungsanspruch im Einzelfall begründenden Umstände ist nicht erforderlich.[19] Es muss erkennbar eine Erstattung eingefordert sein; ein Einklagen ist nicht erforderlich. Auch die Geltendmachung vor Beginn der Ausschlussfrist ist denkbar und statthaft.[20] Der Ersatz- oder Erstattungsanspruch kann auch durch schlüssiges Handeln »geltend gemacht« werden, etwa durch Übersendung einer Unfallanzeige nach § 193 SGB VII.[21] Bei einer jugendhilferechtlichen Gesamtleistung beginnt die Auschlussfrist mit Ablauf des letzten Tages, an dem die Leistung erbracht worden ist[22]. Die Frist wird gewahrt, wenn die rechtsichernde Erklärung innerhalb der Jahresfrist beim zuständigen Träger eingeht; dies gilt auch, wenn die Erklärung an den unzuständigen Trägern geschickt worden ist und vom Adressaten an den zuständigen Träger weitergeleitet wird.[23] Wird die Jahresfrist versäumt und dennoch erstattet, steht dem irrtümlich Erstattenden ein innerhalb von vier Jahren verjährender Anspruch auf Rückerstattung (§ 112) zu.[24]

IV. Wirkungen der Ausschlussfrist

5 Versäumt der Ersatz- oder Erstattungsberechtigte die Ausschlussfrist, gilt der Anspruch als erloschen.[25] Der gegen den Fristablauf erhobene Einwand, die Berufung auf den Erstattungsausschluss stelle eine unzulässige Rechtsausübung dar, kommt nach der Rechtsprechung[26] nur bei grob rechtswidrigem Verhalten in Betracht. Der Anspruchsverlust ist bei gerichtlicher Auseinandersetzung von Amts wegen zu beachten. Leistet der vermeintlich Ersatz- oder Erstattungspflichtige an den vermeintlich Ersatz- oder Erstattungsberechtigten, so steht jenem gegenüber diesem ein Anspruch auf Rückerstattung (§ 112) zu.[27] Darin unterscheidet sich die materiell-rechtliche Ausschlussfrist von der Verjährung, die das Bestehen eines Anspruchs trotz Zeitablaufs nicht berührt, sondern lediglich dem durch die Verjährungsfrist Geschützten ein Leistungsverweigerungsrecht zugesteht[28]. Dieses Recht ist selbst bei gerichtlicher Auseinandersetzung nicht von Amts wegen, sondern nur auf Einrede des Berechtigten zu berücksichtigen. Schließlich gewährt die Einrede der Verjährung dem Berechtigten kein Recht auf Rückforderung des Geleisteten, falls dieser in Unkenntnis der Verjährung an den Gläubiger geleistet hat (§§ 222 Abs. 2 BGB, 113 Abs. 2). Wegen dieser Unterschiede in den Rechtsfolgen kommt eine entsprechende Anwendung der Regeln über die Hemmung und die Unterbrechung der Verjährung (§§ 202 ff. BGB) auf die Ausschlussfrist nicht in Betracht.[29] Auch eine Möglichkeit der Wiedereinsetzung in den vorigen Stand wegen unverschuldeter Fristversäumnis (§ 27) hat der Gesetzgeber nicht vorgesehen; sie kommt auch aus Gründen der Rechtssicherheit nicht in Betracht.[30] Einem auf § 26 SGB IV gestützten Anspruch auf Rückzahlung zu Unrecht gezahlter Beiträge kann nicht entgegengehalten werden, dass der Empfänger der Beiträge seinerseits von einem anderen Leistungsträger nicht mehr Erstattung erlangen kann, weil der Geltendmachung

19 BSG, SozR 4–2500 § 10 Nr. 4; Allgemeine Meinung: Hauck/Noftz/*Becker*, § 111 Rn. 39 ff.; von Maydell/*Schellhorn*, GK-SGB X/3, § 111 Rn. 19 ff.; Schütze/*Roller*, SGB X, § 111 Rn. 13.

20 BSG, Urt. v. 30.06.1964 – 3 RK 43/61, BSGE 21, 181; vgl. auch Erklärung der Spitzenverbände der gesetzlichen Krankenversicherung, ErsK 1984, 129, 136 f.

21 Vgl. dazu die Erklärung der Spitzenverbände der gesetzlichen Krankenversicherung, Ersatzkasse 1984, 129, 136; *Marburger*, ZfSH/SGB 1988, 294, 297.

22 Schütze/*Roller*, § 111 Rn. 16.

23 SG Hamburg, ZfS 1998, 26.

24 BSG, Urt. v. 15.12.2015 – B 1 KR 14/15 R, SozR 4–1300 § 111 Nr. 9.

25 BSG, Urt. v. 28.03.2000 – B 8 KN 3/98 U R, BSGE 86, 78; der Ausschluss erfasst auch andere Ausgleichsansprüche.

26 BSG, Urt. v. 18.11.2014 – B 1 KR 12/14 R, SozR 4–2500 § 264 Nr. 6.

27 BT-Drucks. 9/95, S. 27; vgl. i.Ü. Hauck/Noftz/*Becker*, SGB X, § 111 Rn. 66; von Maydell/*Schellhorn*, GK-SGB X/3, § 111 Rn. 23; Schütze/*Roller*, SGB X, § 111 Rn. 16.

28 BT-Drucks. 9/95, S. 27; Hauck/Noftz/*Becker*, SGB X, § 111 Rn. 66; von Maydell/*Schellhorn*, GK-SGB X/3, § 111 Rn. 23; Schütze/*Roller*, SGB X, § 111 Rn. 16.

29 Hauck/Noftz/*Becker*, SGB X, § 111 Rn. 63.

30 Ebenso Hauck/Noftz/*Becker*, ebda.

dieses Anspruchs § 111 entgegensteht.[31] Dies erklärt sich daraus, dass die Beitragsrückerstattungspflicht in § 26 SGB IV getroffen ist, weil die Heranziehung zu Beiträgen rechtsgrundlos war. Diese Grundlosigkeit hat der rückzahlungspflichtige Träger zu verantworten. Er kann daher nicht seine dem Berechtigten gegenüber bestehende Leistungspflicht damit abwenden, dass ihm seinerseits Erstattungsrecht keinen Ausgleich gewährt. Denn für § 26 SGB IV sind die verschiedenen Sozialleistungsträger als Einheit zu behandeln. Wird deshalb einem Träger kein Ausgleich zuteil, so kann dies nicht dem Rückforderungsberechtigten zum Nachteil gereichen. Ein darüberhinausgehender Anspruch aus Geschäftsführung ohne Auftrag[32] ist wegen der Abgeschlossenheit der in §§ 102 ff. getroffenen Regelungen ausgeschlossen.[33] Der Fristablauf ist aber unbeachtlich, wenn der Leistungsträger gegen die Kooperationspflicht (§ 86) erheblich und schwerwiegend[34] verstoßen hat.[35]

§ 112 Rückerstattung

Soweit eine Erstattung zu Unrecht erfolgt ist, sind die gezahlten Beträge zurückzuerstatten.

Übersicht

A. Inhalt

1 § 112 regelt Ausgleichsansprüche im Zwei-Personenverhältnis. Wie §§ 26 SGB IV, 50 SGB X regelt auch § 112 den der Leistungskondiktion im bürgerlichen Recht entsprechenden Ausgleich, falls das Vermögen durch einen anderen ohne Rechtsgrund bewusst und zweckgerichtet vermehrt wurde. Während § 26 SGB IV die Pflicht zur Rückgewähr zu Unrecht gezahlter Beiträge (§§ 20 ff. SGB IV) und § 50 für zu Unrecht gezahlte »Sozialleistungen« (§ 11 SGB I) regelt, spricht § 112 von der Pflicht zur »Rückerstattung« von »zu Unrecht« erfolgten »Erstattungs-« Leistungen. Um die Sonderstellung dieses Anspruchs auszudrücken, wird im Folgenden von »Rückerstattungsanspruch« im Gegensatz zu dem in § 50 normierten »Rückforderungsanspruch« gesprochen. Unklar sind die gegenständliche Reichweite dieser Pflicht zur Rückerstattung und ferner das Verhältnis des Rückerstattungsanspruchs zu den eventuell bestehenden Ansprüchen des Berechtigten.

B. Einzelerläuterungen

I. Rückerstattung

2 § 112 regelt die Folgen bei Leistung eines vermeintlich Erstattungspflichtigen auf eine vermeintliche Erstattungspflicht. Da im Sprachgebrauch des Gesetzes die Ansprüche der §§ 102 bis 105 als »Erstattungsansprüche« anzusehen sind, gilt diese Vorschrift jedenfalls für alle Fälle, in denen sich der zur Rückerstattung gem. § 112 Berechtigte aufgrund eines der in §§ 102 bis 105 genannten Vorleistungstatbestände erstattungspflichtig glaubte, ohne – ganz oder in dem Umfang des Geleisteten – erstattungspflichtig gewesen zu sein. Nach allgemeiner Meinung wird § 112 aber auch für Rückerstattungsansprüche herangezogen, die auf andere als die in den §§ 102 bis 105 normierten Vorleistungstatbestände gestützt werden (etwa §§ 290 Abs. 3 LAG, 19 f. BVG[1], 105 SGB XII). Umstritten ist lediglich, ob dies aus § 112 unmittelbar oder in entsprechender Anwendung dieser

31 BSG, Urt. v. 06.02.1992 – 12 RK 14/90, BSGE 70, 93.
32 *Wolber*, Zum Aufwendungsersatzanspruch der Krankenkasse gegen den Unfallversicherungsträger gem. §§ 683 i.V.m. § 670 BGB analog bei Leistungskonkurrenz, SGb 1999, 419.
33 BSG, Urt. v. 28.03.2000 – B 8 KN 3/98 U R, SozR 3–1300 § 111 Nr. 8.
34 BSG, Urt. v. 18.11.2014 – B 1 KR 12/14 R, SozR 4–2500 § 264 Nr. 6.
35 BSG, Urt. v. 10.05.2007 – B 10 KR 1/05 R, BSGE 98, 238.
1 LSG Schleswig-Holstein, Urt. v. 31.10.1997, HVBG-Info 27/1997.

Bestimmung folge. Zugunsten der erstgenannten Ansicht wird vorgebracht, der Gesetzgeber habe in den §§ 102 bis 105 das Recht der Erstattung umfassend regeln wollen.[2] Gegen die unmittelbare Anwendung des § 112 auf andere vermeintliche Erstattungsansprüche wird vorgebracht, dass die gesetzliche Systematik einen Bezug auf die in §§ 102 bis 105 geregelten Erstattungsfälle nahe lege, weshalb allenfalls die analoge Anwendung dieser Bestimmung in Betracht zu ziehen sei.[3] Jedenfalls folgt aus § 112 der allgemeine Grundsatz, dass die in der Absicht der Erstattung erbrachten Leistungen vom Empfänger zurück zu gewähren sind, falls die Erstattung ohne Rechtsgrund gewährt wurde.

II. Erstattungsleistung ohne Rechtsgrund

Der Anspruch ist begründet, wenn das Geleistete als »Ersatz« oder »Erstattung« an den Empfänger 3
ohne Rechtsgrund gelangt ist.[4] Der Rückerstattungsberechtigte muss an den Rückerstattungspflichtigen (§ 108) Geldleistungen erbracht haben, um damit vermeintlicher Leistungspflicht nachzukommen, der vorgestellte Zweck kann aber mangels Ersatz- oder Erstattungspflicht nicht erreicht werden. Wird die Jahresfrist versäumt und wird dennoch erstattet, dann steht dem Erstattenden ein innerhalb von vier Jahren verjährender Anspruch auf Rückerstattung (§ 112) zu.[5] Der Anspruch des § 112 gleicht in seiner Struktur der Leistungskondiktion (§ 812 Abs. 1 Satz 1, 1. Alt. BGB). »Zu Unrecht erfolgt« ist eine als Erstattung bestimmte Vermögensmehrung also stets dann, wenn der Empfänger gegenüber dem Leistenden kein Recht auf Erstattung oder Ersatz hat. Auf die Beziehungen von Rückerstattungsberechtigtem und Rückerstattungspflichtigem zu Dritten, insbesondere zum Berechtigten wie zu anderen Ersatz- bzw. Erstattungspflichtigen oder -berechtigten, kommt es grundsätzlich nicht an[6], es sei denn, die Rechtshandlung des Erstattungsempfängers binde auch den Erstattenden.[7] Dies ist der Fall, wenn die Krankenkasse dem Opfer eines Gewaltverbrechens Krankenbehandlung gewährt, hierfür von der Versorgungsverwaltung nach § 19 Abs. 2 BVG Erstattung erhält und dann mit dem Schädiger einen Abfindungsvergleich schließt. Dieser Vergleich entfaltet auch für den Erstattenden Gesamtwirkung (§ 423 BGB), so dass die Erstattung zu Recht erfolgt; für einen Anspruch auf Rückerstattung besteht keine Rechtfertigung, weil die Erstattung nicht ohne Rechtsgrund erbracht worden ist.

III. Umfang

Die fehlende Rechtsgrundlosigkeit entscheidet über das Ob und auch über den Umfang der Rück- 4
erstattung: Begründet sich die Rückerstattung, weil der Rückerstattungsberechtigte sich über den Grund der Erstattungspflicht oder über die Person des Erstattungsberechtigten geirrt hat, so schuldet der Empfänger Rückgewähr des Gesamtbetrages, weil ihm Erstattung überhaupt nicht gebührt. Irrt der Leistende hingegen hinsichtlich des Umfangs der Erstattung, so ist der Empfänger zur Rückerstattung in dem Ausmaß verpflichtet, in welchem das Erlangte das als Erstattung oder Ersatz Geschuldete übertrifft. Werden die Aufwendungen – wie die der Krankenkassen für die Heilbehandlung der Gewaltopfer (§§ 19, 20 BVG) -pauschal abgegolten[8], kommt die Einzelabrechnung einzelner Erstattungspositionen nicht in Betracht[9]. Da der Anspruch auf Ausgleich rechtswidriger Vermögenszustände gerichtet ist, besteht für die Anrechnung von Mitverschulden kein Raum.[10]

---

2 Von Maydell/*Schellhorn*, GK-SGB X/3 § 112 Rn. 7.
3 So im Ergebnis Hauck/Noftz/*Becker*, SGB X, § 112 Rn. 6.
4 LSG Niedersachsen, Urt. v. 21.05.1996 – L 7 Ar 155/94, Breithaupt 1997, 269.
5 BSG, Urt. v. 15.12.2015 – B 1 KR 14/15 R, SozR 4–1300 § 111 Nr. 9.
6 BSG, Urt. v. 16.02.2012 – B 9 VG 1/10 R, SozR 4–1300 § 112 Nr. 1; BSG, Urt. v. 22.05.1969 – 4 RJ 315/68, BSGE 29, 249.
7 BSG v. 29.05.1991 – 9a/9 RV 76/89, Breithaupt 1992, 472.
8 BSG v. 06.10.2011 – B 9 V 3/10 R, SozR 4–3100 § 18c Nr. 3.
9 BSG, Urt. v. 16.02.2012 – B 9 VG 1/10 R, SozR 4–1300 § 112 Nr. 1.
10 So Hauck/Noftz/*Becker*, SGB X/3, § 112 Rn. 16, 42; a.A. von Maydell/*Schellhorn*, GK-SGB X/3, § 112 Rn. 17.

Anders als im bürgerlichen Recht kann sich der Rückerstattungspflichtige auch nicht auf den Wegfall seiner Bereicherung berufen (§ 818 Abs. 3 BGB). Leistungsträger erfüllen gesetzliche Aufgaben, und haben dafür nur die vereinnahmten Mittel zu verausgaben.

IV. Geltendmachung

5 Der Rückforderungsanspruch unterliegt nicht der Ausschlussfrist des § 111, jedoch der Verjährung des § 113.[11] § 114 regelt den Rechtsweg für den »Erstattungsanspruch«, hingegen nicht für den Rückerstattungsanspruch. Gleichwohl vertreten Hauck/Noftz[12] eine entsprechende Anwendung des § 114 auf Rückerstattungsansprüche, wogegen sich *Schellhorn*[13] für die Geltung der allgemeinen Vorschriften ausspricht. Folgte man der ersten Auffassung, so entschiede die Fehlvorstellung des zum Rückgriff Berechtigten über den einzuschlagenden Rechtsweg. Glaubte dieser beispielsweise, auf einen Ersatzanspruch nach § 102 zu leisten, so wäre auch für den Rückerstattungsanspruch der Rechtsweg maßgeblich, der für Klagen gegen den Rückerstattungsberechtigten gelten würde. Der Rückerstattungsberechtigte hätte also auch bei Fehlvorstellung über seine Ersatzpflicht das Privileg, dass Streitigkeiten auf dem für ihn sachnahen Rechtsweg ausgetragen werden müssen.

6 Dies mag sinnvoll sein, wenn der Anspruch besteht. Denn die Ersatzforderung orientiert sich an den Aufwendungen des Vorleistenden, so dass als sachnäher dasjenige Gericht anzusehen ist, das auch sonst über die Belange des Vorleistenden entscheidet. Besteht der Ersatzanspruch dagegen nicht, beschränkt sich die prozessuale Prüfung auf die Frage, ob ein Rechtsgrund besteht oder nicht. Hierfür bedarf der Rückerstattungsberechtigte nicht des Vorzugs eines ihm sachnahen Gerichtszweiges. Anders als für Ersatz- und Erstattungsansprüche bewendet es sich also für Rückerstattungsansprüche bei den allgemeinen Regeln: der Anspruch ist als allgemeine Leistungsklage (von §§ 54 Abs. 5 SGG, 43 Abs. 2 VwGO als zulässige Klageart vorausgesetzt) anhängig zu machen. Der Rechtsweg richtet sich grundsätzlich nach der Person des Beklagten: richtet sich der Anspruch gegen einen Träger der Sozialversicherung, der BA oder der Sozialen Entschädigung, soweit diese Besondere Leistungen im Einzelfall erbringen[14], so sind die Sozialgerichte hierfür zuständig (§ 51 SGG), ansonsten geht die Streitigkeit vor die allgemeinen Verwaltungsgerichte (§ 40 VwGO). Dieses Ergebnis entspricht der Auslegung, die auch die Gegenauffassung vertritt, für den Fall, dass sich die vermeintliche Ersatzpflicht nach den §§ 103 bis 105 beurteilt. Lediglich der Fall, dass der Rückerstattungsberechtigte sich eine Ersatzpflicht nach § 102 vorstellt, wird also von den rivalisierenden Auffassungen kontrovers beurteilt.

§ 113 Verjährung

(1) [1]Erstattungsansprüche verjähren in vier Jahren nach Ablauf des Kalenderjahres, in dem der erstattungsberechtigte Leistungsträger von der Entscheidung des erstattungspflichtigen Leistungsträgers über dessen Leistungspflicht Kenntnis erlangt hat. [2]Rückerstattungsansprüche verjähren in vier Jahren nach Ablauf des Kalenderjahres, in dem die Erstattung zu Unrecht erfolgt ist.

(2) Für die Hemmung, die Ablaufhemmung, den Neubeginn und die Wirkung der Verjährung gelten die Vorschriften des Bürgerlichen Gesetzbuchs sinngemäß.

Übersicht

11 BSG, Urt. v. 15.12.2015 – B 1 KR 14/15 R, SozR 4–1300 § 111 Nr. 9.

12 Hauck/Noftz/*Becker*, SGB X/3, § 112 Rn. 51.

13 Von Maydell/*Schellhorn*, GK-SGB X/3, § 112 Rn. 20.

14 S. hierzu § 103 Rdn. 20.

A. Inhalt

§ 113 sollte noch bestehende Lücken bei der Regelung der Verjährung von sozialrechtlichen Ansprüchen in §§ 12, 45 SGB I, 25 SGB IV schließen.[1] Wegen der in § 111 normierten Ausschlussfrist für Ersatz- und Erstattungsansprüche kommt dieser Regelung aber eine nur marginale Bedeutung bei.[2] Sie gilt im Wesentlichen nur noch für Rückerstattungsansprüche. Die in §§ 111 und 113 getroffenen Regelungen sind nicht befriedigend aufeinander abgestimmt worden. 1

B. Einzelerläuterungen

I. Verjährung

Verjährung ist ein in der Schuldnerstellung begründetes Gestaltungsrecht auf Leistungsverweigerung (§§ 113 Abs. 2, 222 Abs. 1 BGB). Es muss nach Ablauf der Verjährungsfrist vom Schuldner eigenständig durch Erklärung gegenüber dem Gläubiger geltend gemacht werden. Darin unterscheidet sich die Verjährung von einer materiell-rechtlichen Ausschlussfrist. Ist diese verstrichen, erlischt der Anspruch kraft Gesetzes; ist hingegen die Verjährungsfrist verstrichen, besteht der Anspruch fort, der Schuldner darf jedoch die Erfüllung des Anspruchs verweigern. Aus den unterschiedlichen Rechtsfolgen von Verjährung und Ausschlussfrist erhellt, weshalb § 113 entgegen dem Wortlaut für Ersatz- und Erstattungsansprüche keine Bedeutung erlangt. Denn wegen § 111 unterliegen diese Ansprüche einer materiell-rechtlichen Ausschlussfrist von 12 Monaten, erlöschen also, wenn sie nicht binnen dieser Frist geltend gemacht werden. Die Verjährung, die nach § 113 Abs. 1 nach vier Jahren eintritt, wird für sie niemals praktisch. Weil aber die Ausschlussfrist des § 111 auf die Ersatz- und Erstattungsansprüche nach §§ 102 bis 105 beschränkt ist, für die Ansprüche auf Rückerstattung (§ 112) jedoch nicht gilt, hat § 113 nur für die letztgenannten Ansprüche praktische Bedeutung[3] – auch für Rückerstattungsansprüche aus dem Vertragsarztrecht.[4] Die Rechtsprechung[5] überträgt die Verjährung nach § 113 auch auf weitere Erstattungsansprüche, etwa der nach § 225 Abs. 2 Satz 1 SGB V. 2

II. Verjährungsfrist

Abs. 1 bestimmt auch für Ersatz-, Erstattungs- und Rückerstattungsansprüche – abweichend von einigen vormals geltenden spezialgesetzlichen Regelungen im Sozialhilfe- oder Versorgungsrecht (zweijährige Verjährungsfrist) – wie in §§ 45 Abs. 1 SGB I, 25 Abs. 1 SGB V vier Jahre als regelmäßige Verjährungsfrist. § 113 Abs. 1 lässt darüber hinaus die Verjährungsfrist zum Ende des Kalenderjahres enden. Die Verjährungsfrist beginnt nach Ablauf des Jahres, in welchem der Anspruch entstanden, d.h. der Entstehungstatbestand abgeschlossen ist. Dieser Zeitpunkt ist nach den bei § 111 dargelegten Grundsätzen zu ermitteln. Dieser Einklang wurde durch die gesetzliche Regelung in Abs. 1, Halbs. 2 noch erhöht.[6] Freilich wird damit das unkoordinierte Nebeneinander von Ausschluss und Verjährung nicht ent-, sondern verschärft. 3

III. Wirkung

In Abs. 2 werden durch Verweisung auf die entsprechenden Bestimmungen des BGB die Voraussetzungen der Hemmung oder Unterbrechung bestimmt. Hemmung einer Verjährungsfrist bedeutet, dass der Zeitraum, während dessen die Verjährung gehemmt ist, in die Verjährungsfrist nicht eingerechnet wird (§ 205 BGB). Hemmung tritt ein für Zeiträume der Stundung, des Bestehens rechts- 4

---

1 BT-Drucks. 9/95, S. 27.
2 BT-Drucks. 9/95, S. 9. Sie sollte wesentlich dazu dienen, die Verjährung von Erstattungs- und Rückerstattungsanspruch in Übereinstimmung mit den allgemeinen Grundsätzen des SGB zu normieren.
3 So auch schon BT-Drucks. 9/95, S. 27.
4 BSG, Urt. v. 01.08.1991 – 6 RKa 9/87, BSGE 69, 158.
5 BSG, Urt. v. 14.03.2006 – B 4 RA 8/05 R, SozR 4–2600 § 225 Nr. 2; Schütze/*Roller*, § 113 Rn. 4 ff.
6 BT-Drucks. 14/4375, S. 60.

hemmender Einreden oder des Stillstandes der Rechtspflege. Unterbrechung bedeutet, dass die bis zum Eintritt des die Unterbrechung begründenden Tatbestandes verstrichene Zeit für die Berechnung der Fristversäumnis nicht zählt und die Frist ab dem das Entfallen des die Unterbrechung begründenden Ereignisses neu zu laufen beginnt (§ 217 BGB). Tatbestände der Unterbrechung sind in §§ 208 bis 216 BGB normiert. Sie beruhen auf dem Grundsatz, dass mit dem Ersuchen um gerichtlichen Rechtsschutz eine Unterbrechung der Verjährung des bestehenden Anspruches eintritt. In Abs. 2 fehlt eine § 45 Abs. 3 SGB I entsprechende Bestimmung, wonach der schriftliche Antrag oder die Einlegung des Widerspruchs die Verjährungsfrist unterbricht.[7] Dies ist konsequent, weil die in § 113 geregelten Ansprüche unter Trägern bestehen und deshalb weder die Antragstellung voraussetzen, noch durch die Erhebung eines Widerspruches durchgesetzt werden können. Die Einrede der Verjährung bewirkt, dass der Schuldner die Haupt- und Nebenforderung (§ 224 BGB) verweigern darf (§ 222 Abs. 1 BGB). Hat der Schuldner indessen auf eine verjährte Forderung geleistet, so kann er das Geleistete nicht zurückfordern. Desgleichen kann die Einrede der Verjährung nicht erhoben werden, wenn der Schuldner den Anspruch »vertragsmäßig« anerkannt oder Sicherheit geleistet hat (§ 222 Abs. 2 BGB).

IV. Verjährung und Verwirkung

5 In der sozialrechtlichen Literatur[8] und Judikatur[9] wird vertreten, dass neben der Verjährung die Verwirkung von Ansprüchen (bisweilen auch die Verwirkung der Verjährungseinrede) zuzulassen sei. Die Verwirkung unterscheidet sich von der Verjährung, dass ein Fristablauf von Amts wegen zum Rechtsverlust führt. Eine Verwirkung wird angenommen, wenn der Schuldner zurechenbar die Fristversäumnis veranlasst hat. Dann wird dem Schuldner die Verjährungseinrede abgeschnitten. Dies wird im Erstattungsrecht wegen § 111 jedoch kaum praktisch.[10] § 113 gilt entsprechend auch für Erstattungsansprüche nach § 225 Abs. 2 Satz 1 SGB VI.

§ 114 Rechtsweg

[1]Für den Erstattungsanspruch ist derselbe Rechtsweg wie für den Anspruch auf die Sozialleistung gegeben. [2]Maßgebend ist im Fall des § 102 der Anspruch gegen den vorleistenden Leistungsträger und im Fall der §§ 103 bis 105 der Anspruch gegen den erstattungspflichtigen Leistungsträger.

Übersicht

A. Inhalt

1 § 114 regelt den Rechtsweg bei Ersatz- und Erstattungsansprüche dahin, dass für deren Geltendmachung nach § 102 der Rechtsweg zu der Gerichtsbarkeit gegeben ist, die regelmäßig über Ansprüche gegen den Erstattungsberechtigten entscheidet (§ 114 Satz 2 Halbs. 1), hingegen für Ansprüche nach §§ 103 bis 105 der Rechtsweg zu der Gerichtsbarkeit gegeben ist, die regelmäßig über Ansprüche gegen den Erstattungspflichtigen entscheidet. Aus § 114 Satz 2 folgt, dass die in § 114 Satz 1 formulierte Aussage gerade nicht zutrifft. Die Vorschrift lässt unbeantwortet, welcher Rechtsweg für die in anderen Tatbeständen geregelten Erstattungs-, Ersatz- oder Rückforderungsansprüche gegeben ist und bleibt die Antwort auf die Frage schuldig, wie Ersatz-, Erstattungs- oder Rückforderungsansprüche prozessual geltend zu machen sind.

7 Kritisiert von Schütze/*Roller*, § 113 Rn. 5.
8 Von Maydell/*Schellhorn*, GK-SGB X/3, § 113 Rn. 18 ff.; Schütze/*Roller*, § 113 Rn. 12.
9 BSG, Urt. v. 01.08.1991 – 6 RKa 9/89; BSG, Urt. v. 26.10.1978 – 8 RU 6/78, BSGE 47, 131; BSG, Urt. v. 20.05.1958 – 2 RU 285/56, BSGE 7, 199.
10 BSG, Urt. v. 30.09.1993 – 4 RA 6/92, FEVS 44, 348.

B. Einzelerläuterungen

I. Grundsätze

§ 114 hat nicht zu einer Klarstellung, sondern zur Verdunkelung ihres Regelungsgehaltes geführt. 2
Denn Satz 1 besagt: Der Rechtsweg des »Erstattungsanspruchs« (im Sinne des Sprachgebrauchs des Gesetzes bedeutet dies ein Anspruch nach §§ 102 bis 105) folge dem Rechtsweg für den ihm zugrunde liegenden Leistungsanspruch. Diese Regel wird in § 114 Satz 2 zwar für die Ansprüche der §§ 103 bis 105 (»Erstattungsansprüche«) durchgehalten, für die in § 102 normierten Ersatzansprüche aber gerade nicht vorgesehen. Aus Satz 2 folgt mithin, dass das im S. 1 formulierte Prinzip nicht zutrifft.[1]

Vor Schaffung des § 114 beurteilte die Rechtsprechung den Rechtsweg für Ersatz- und Erstattungsansprüche nach der wahren Natur des geltend gemachten Anspruchs.[2] Diese Rechtsprechung führte das BSG auch nach Inkrafttreten des § 114 fort.[3] Dieser Gedanke erschließt auch den Sinn der in Satz 2 getroffenen Regelung. Denn der in § 102 geregelte Ersatzanspruch und die in §§ 103 bis 105 geregelten Erstattungsansprüche weisen eine unterschiedliche Rechtsnatur auf. Der in § 102 enthaltene Anspruch ist auf Ersatz der vom Vorleistenden getätigten Aufwendungen gerichtet (§ 102 Abs. 2). § 102 Abs. 2 soll den Vorleistenden von den Folgelasten seiner Vorleistung umfassend freistellen. Diese Privilegierung wird durch die in Satz 2, Halbs. 1 getroffene Regelung über den Rechtsweg vervollständigt. Die Regelung sichert dem Vorleistenden den Vorteil der ihm sachnahen Gerichtsbarkeit. Dies ist aus der Erwägung gerechtfertigt, dass sich der Ersatzanspruch nach den für den Ersatzberechtigten geltenden Bestimmungen richtet. Dagegen sind die in §§ 103 bis 105 normierten Ansprüche auf Erstattung der infolge der Vorleistung in der Person des Leistungspflichtigen eingetretenen Schuldbefreiung gerichtet (§§ 103 Abs. 2, 104 Abs. 3, 105 Abs. 2). Der Umfang des Erstattungsanspruchs bemisst sich nach dem Vermögensvorteil, welchen der Leistungspflichtige durch die Vorleistung erlangt hat. Dieser tritt ein, weil die Vorleistung den Anspruch des Berechtigten tilgt (§ 107). Über diese Frage vermögen die für die Streitigkeiten über den Leistungsanspruch zuständigen Gerichtszweige sachkundiger zu entscheiden als die Gerichtsbarkeit, die üblicherweise für Ansprüche gegen den Erstattungsberechtigten zuständig ist. Mit der Überführung der Sozialhilfe und Grundsicherung in die Zuständigkeit der Sozialgerichte hat sich die Thematik weitgehend – wenn auch nicht vollständig (z.B. SGB VIII, BAföG, WoGO) – entschärft. 3

II. Rechtsweg in anderen Fällen

Nach *Hauck/Noftz*[4] soll § 114 auch für andere, nicht von §§ 102 bis 105 unmittelbar normierte 4
»Erstattungsansprüche« gelten, insbesondere für die nach §§ 91 Abs. 1, 93, 112 SGB X, 173 ff. SGB VII, 18c Abs. 6, 19 BVG, 290 Abs. 3 LAG, 12 Abs. 3 USG geltenden Ansprüche. *Schellhorn*[5] möchte dagegen § 114 auf die Fälle beschränken, in denen kraft gesetzlicher Anordnung §§ 102 bis 105 entsprechend anzuwenden sind, praktisch also nur bei § 12 Abs. 2 USG. M.E. besteht für die Regelung des Rechtswegs in anderen als den durch §§ 102 bis 105 ausdrücklich oder im Wege der gesetzlichen Verweisung (wie bei § 12 Abs. 2 USG) geregelten Fällen kein Bedürfnis. Nicht einmal für die in § 114 Satz 1, 2 Halbs. 2 getroffene Regelung besteht ein Bedürfnis, weil sie den allgemeinen Grundsätzen über die Rechtswegzuständigkeit folgt, wonach sich der Rechtsweg generell nach der Rechtsnatur des geltend gemachten Anspruchs richtet.[6]

---

1 BSG, Urt. v. 14.01.1987 – 8 RK 7/86, SozR 1500 § 51 Nr. 43; Anders Hauck/Noftz/*Becker*, SGB X, Rn. 2 ff. zu § 114; von Maydell/*Schellhorn*, GK-SGB X/3, Rn. 4, 5 zu § 114; Schütze/*Roller*, SGB X, Rn. 3 zu § 114; wie hier *Kummer*, Das neue Erstattungsrecht in der Bewährung, DAngVers 1986, 397, 404.

2 GemSOGB, Beschl. v. 04.06.1974 – GmS-OBG 2/73, BSGE 37, 292.

3 BSG, Urt. v. 14.01.1987 – 8 RK 17/86, SozR 1500 § 51 Nr. 44.

4 Hauck/Noftz/*Klattenhoff*, SGB X, § 114 Rn. 2.

5 Von Maydell/*Schellhorn*, GK-SGB X/3, § 114 Rn. 18.

6 Grundlegend BVerwG, Urt. v. 12.09.1991 – 5 C 52/88, BVerwGE 89, 39.

III. Geltendmachung von Ansprüchen

5 § 114 bestimmt nur die Regeln für den Rechtsweg für Ersatz- und Erstattungsansprüche, indes nicht, welche weiteren prozessrechtlichen Voraussetzungen für derartige Ansprüche erfüllt sein müssen. Nach allgemeiner Ansicht[7] sind diese Ansprüche in der Form der allgemeinen Leistungsklage geltend zu machen, die von §§ 54 Abs. 5 SGG, 43 Abs. 2 VwGO als statthafte Klage vorausgesetzt wird, weil sich Ausgleichsberechtigter und Ausgleichspflichtiger als Gleichgeordnete gegenüber stehen, so dass die zwischen ihnen Ansprüche nicht einseitig durch Verwaltungsakt festgesetzt werden können. §§ 102 bis 113 schaffen gesetzliche Schuldverhältnisse zwischen Leistungsträgern. Wegen der Subsidiarität der Feststellungsklage gegenüber der allgemeinen Leistungsklage geht die hier stets mögliche Leistungsklage vor. Die Geltendmachung des Anspruchs unterliegt keiner Frist, die Ansprüche selbst erlöschen jedoch nach Ablauf der in § 111.

Dritter Abschnitt Erstattungs- und Ersatzansprüche der Leistungsträger gegen Dritte

§ 115 Ansprüche gegen den Arbeitgeber

(1) Soweit der Arbeitgeber den Anspruch des Arbeitnehmers auf Arbeitsentgelt nicht erfüllt und deshalb ein Leistungsträger Sozialleistungen erbracht hat, geht der Anspruch des Arbeitnehmers gegen den Arbeitgeber auf den Leistungsträger bis zur Höhe der erbrachten Sozialleistungen über.

(2) Der Übergang wird nicht dadurch ausgeschlossen, dass der Anspruch nicht übertragen, verpfändet oder gepfändet werden kann.

(3) An Stelle der Ansprüche des Arbeitnehmers auf Sachbezüge tritt im Fall des Absatzes 1 der Anspruch auf Geld; die Höhe bestimmt sich nach den nach § 17 Absatz 1 Satz 1 Nummer 4 des Vierten Buches festgelegten Werten der Sachbezüge.

Übersicht Rdn.

A. Inhalt

1 § 115 regelt das Ausgleichsverhältnis zwischen einem Arbeitnehmer, seinem Arbeitgeber und einem Sozialleistungsträger und ordnet einen gesetzlichen Forderungsübergang für den Fall an, dass ein Träger zugunsten des Arbeitnehmers eine Sozialleistung erbringt, obwohl dem Arbeitnehmer im gleichen Maße ein fälliger und durchsetzbarer Lohnanspruch gegenüber seinem Arbeitgeber zusteht. Zu diesem Zweck bestimmt Abs. 1, dass der Anspruch des Arbeitnehmers gegen den Arbeitgeber bis zur Höhe der erbrachten Sozialleistungen auf den Leistungsträger übergeht, soweit der Arbeit-

7 *Kummer*, DAngVers 1986, 397, 404; von Maydell/*Schellhorn*, GK-SGB X/3, § 114 Rn. 15.

geber den Anspruch des Arbeitnehmers auf Arbeitsentgelt nicht erfüllt und deshalb ein Leistungsträger Sozialleistungen erbracht hat. Ergänzend hierzu legt Abs. 2 fest, dass der Anspruchsübergang nicht dadurch ausgeschlossen wird, dass der Anspruch nicht übertragen, verpfändet oder gepfändet werden kann. Hintergrund der Abweichung von den §§ 412, 399 f. BGB ist, dass der Übergang der Arbeitsentgeltforderung auch dann stattfindet, wenn deren rechtsgeschäftliche Übertragung gem. §§ 399 f. BGB, 850 ff. ZPO ausgeschlossen oder eingeschränkt wäre. Da der Entgeltanspruch des Arbeitnehmers schließlich auch Sachbezüge umfassen kann, enthält Abs. 3 die Festlegung, dass in diesem Fall an die Stelle des Sachbezugsanspruches ein Geldanspruch tritt, wobei sich die Höhe des Geldanspruchs nach dem gemäß § 17 Abs. 1 Satz 1 Nr. 4 SGB IV zu ermittelnden Sachwert ergibt.

§ 115 versteht sich vor dem Hintergrund, dass dem Berechtigten für die Befriedigung desselben 2
Interesses – der Erbringung der fälligen Lohnzahlung bzw. der entsprechenden Lohnersatzleistung – mehrere unterschiedlich begründete Ansprüche zustehen können, nämlich zum einen gegen einen Sozialleistungsträger und zum anderen gegen seinen Arbeitgeber. Zwar trifft diesen die vorrangige Pflicht, den arbeitsrechtlich begründeten Lohnanspruch seines Arbeitnehmers zu befriedigen, doch können Sozialleistungsträger verpflichtet sein, durch die Gewährung von Sozialleistungen in Vorleistung zu treten, wenn der Arbeitgeber seiner Pflicht nicht genügt. Um den Arbeitgeber hierdurch nicht zu entlasten, lässt § 115 den Anspruch des Berechtigten gegen seinen Arbeitgeber auf Arbeitsentgelt in Höhe der kongruenten Sozialleistung kraft Gesetzes auf den vorleistenden Sozialleistungsträger übergehen (§ 115 Abs. 1), wobei sich die Rechtsfolgen eines solchen Übergangs grundsätzlich aus den Regelungen über die Forderungsabtretung (§§ 412, 399 ff. BGB) ergeben. Mit dieser Festlegung stellt § 115 nicht nur die Befriedigung des vorleistenden Leistungsträgers sicher, sondern vermeidet durch die Überleitung des Anspruchs auf Zahlung des geschuldeten Arbeitslohnes auf den vorleistenden Leistungsträger auch eine doppelte Inanspruchnahme des Arbeitgebers, da der Arbeitnehmer durch die gesetzlich angeordnete Zession seine Gläubigerstellung verliert. Schließlich wirkt sich die Regelung des § 115 aber auch zugunsten des Arbeitnehmers aus, indem das Risiko der späteren Beitreibung der nicht erfüllten Lohnforderung auf den Leistungsträger verlagert wird, der dem Arbeitnehmer gegenüber durch die Erbringung von Lohnersatzleistungen in Vorlage getreten ist.

§ 115 beruht auf dem Gesetz vom 04.11.1982[1] und ist am 01.07.1983 erstmals in Kraft getreten. 3
Inhaltlich löst § 115 eine Vielzahl von vorhergehenden Normierungen ab, die für einzelne Sozialleistungsbereiche vergleichbare Regelungen enthielten.[2] Ohne inhaltliche Veränderungen wurde § 115 durch das 4. Euro-Einführungsgesetz vom 21.12.2000[3] neu verkündet und trat am 01.01.2001 in Kraft. Eine Folgeänderung des Abs. 3 (Verweis auf § 17 Abs. 1 Satz 4 anstatt auf § 17 Abs. 1 Satz 3) erfolgte durch Gesetz vom 12.06.2020[4] mit Wirkung zum 01.07.2020.

B. Einzelerläuterungen

I. Bestehen der Ausgleichslage (Abs. 1, 3)

§ 115 ordnet den gesetzlichen Forderungsübergang für Ansprüche des Arbeitnehmers auf Arbeits- 4
entgelt auf einen (vorleistenden) Leistungsträger an, wenn der Arbeit einen Lohnanspruch des Arbeitnehmers nicht erfüllt und der Leistungsträger aus diesem Grund eine zum Lohnanspruch kongruente Sozialleistung erbringt. § 115 regelt mithin den Ausgleich im Drei-Personen-Verhältnis

1 Sozialgesetzbuch (SGB) – Zusammenarbeit der Leistungsträger und ihre Beziehungen zu Dritten – vom 04.11.1982, BGBl. I, S. 1450.

2 Vgl. hierzu den Überblick bei Hauck/Noftz/*Schlaeger/Bruno,* SGB X, § 115 Rn. 4 f.

3 Gesetz zur Einführung des Euro im Sozial- und Arbeitsrecht sowie zur Änderung anderer Vorschriften (4. Euro-Einführungsgesetz) vom 21.12.2000, BGBl. I S. 1983 (1998, 2018).

4 Siebtes Gesetz zur Änderung des Vierten Buches Sozialgesetzbuch und anderer Gesetze vom 12.06.2020, BGBl. I, S. 1248.

mittels gesetzlichen Forderungsübergangs. Dabei lässt die Regelung den Leistungsanspruch unberührt, ordnet aber den Übergang der Anspruchsinhaberschaft und damit der Aktivlegitimation vom Sozialleistungsberechtigten auf den vorleistenden Sozialleistungsträger an. Der Arbeitgeber wird aus seiner Leistungspflicht nicht entlassen, hat die Leistung jedoch statt an den Arbeitnehmer an den vorleistenden Träger zu erbringen.

5 Damit der in Abs. 1 geregelte Forderungsübergang eintreten kann, müssen im Ergebnis vier[5] Voraussetzungen erfüllt sein:
- Bestehen eines Arbeitsverhältnisses mit dem Sozialleistungsberechtigten als Arbeitnehmer und dem Arbeitgeber als dessen Lohnschuldner,
- ein trotz Fälligkeit nicht erfüllter Lohnanspruch des Arbeitnehmers gegen seinen Arbeitgeber auf Geld- oder Naturalleistungen,
- ein dem Arbeitnehmer wegen Nicht-Erfüllung des Anspruchs zustehender kongruenter Anspruch auf Leistungen gegen einen Träger und
- Leistung des Trägers aufgrund der Nichterfüllung der Lohnforderung (»Kausalität«).

1. Persönlicher Anwendungsbereich

6 Dem Wortlaut des Abs. 1 entsprechend knüpft § 115 an das Vorliegen eines »Arbeitsverhältnisses« im Sinne des § 611a BGB an, wobei es sich bei dem Gläubiger der Lohnforderung um den Arbeitnehmer und bei dem Schuldner um den (ggf. ehemaligen) Arbeitgeber des betroffenen Arbeitnehmers handeln muss.[6] Inwieweit es sich bei einem Tätigkeitsverhältnis um ein Arbeitsverhältnis im Sinne des § 611a BGB handelt, ist anhand der arbeitsrechtlichen Kriterien zu beurteilen, die in erster Linie auf die Erbringung von fremdbestimmter und weisungsgebundener Arbeit in persönlicher Abhängigkeit abstellen, wobei es auf eine objektive Gesamtbetrachtung aller Umstände ankommt.[7] Dabei kann auch das Vorliegen eines fehlerhaften (»faktischen«) Arbeitsverhältnisses[8] die Ausgleichslage im Sinne des § 115 auslösen, soweit vom »faktischen Arbeitgeber« entstandene Lohnforderungen nicht erbracht werden.

7 Bei dem Arbeitgeber und damit dem Schuldner der Lohnforderung handelt es sich regelmäßig um den (aktuellen) Vertragspartner des Arbeitnehmers, der Gläubiger der vom Arbeitnehmer geschuldeten Arbeitsleistung ist. Insbesondere im Falle eines Betriebsübergangs im Sinne des § 613a BGB kann jedoch auch der ehemalige Arbeitgeber Schuldner der Lohnforderung des Arbeitnehmers und damit Schuldner im Rahmen des Forderungsüberganges sein.[9]

2. Nichterfüllung von Lohnansprüchen durch den Arbeitgeber

8 Indem § 115 den gesetzlichen Forderungsübergang für den »Anspruch des Arbeitnehmers auf Arbeitsentgelt« anordnet, bezieht sich die Regelung auf Arbeitsentgeltforderungen in jeglicher Form (§ 14 SGB IV), einerlei ob auf Geld- oder Sachleistungen gerichtet oder wiederkehrend oder einmalig geschuldet. Als Arbeitsentgelt sind daher alle laufenden oder einmaligen Einnahmen aus einer Beschäftigung zu werten, gleichgültig, ob ein Rechtsanspruch auf die Einnahmen besteht, unter welcher Bezeichnung oder in welcher Form sie geleistet werden und ob sie unmittelbar aus der Beschäftigung oder im Zusammenhang mit ihr erzielt werden.[10] Keine Rolle spielt ferner die Rechtsgrundlage, aus der sich der Entgeltanspruch des Arbeitnehmers ergibt. Mögliche Anspruchsgrundlagen sind daher sowohl der zwischen dem Arbeitnehmer und Arbeitgeber bestehende Arbeitsvertrag

---

5 Teilweise wird Abs. 1 auch in drei Tatbestandsvoraussetzungen unterteilt, vgl. hierzu Hauck/Noftz/*Schlaeger/Bruno*, SGB X, § 115 Rn. 9 m.w.N. Inhaltliche Unterschiede ergeben sich daraus nicht.
6 BeckOGK/*Kater*, § 115 SGB X Rn. 15 f., Stand 09/2024.
7 ErfK/*Preis* BGB § 611a Rn. 46 f.
8 ErfK/*Preis* BGB § 611a Rn. 145.
9 BeckOGK/*Kater*, § 115 SGB X Rn. 16, Stand 09/2024.
10 BeckOGK/Zieglmeier, § 14 SGB IV Rn. 1 ff. m.w.N., Stand 09/2024.

als auch kollektivarbeitsrechtliche Regelungen, die auf das Arbeitsverhältnis anzuwenden sind, wie Betriebsvereinbarungen und Tarifverträge. Darüber hinaus können sich Lohnforderungen auch direkt aus dem Gesetz ergeben, wie beispielsweise aus den Bestimmungen der §§ 612, 615 und 616 BGB, §§ 2 und 3 EFGZ[11] (Lohnfortzahlung an gesetzlichen Feiertagen und im Krankheitsfall)[12] sowie auf Grundlage des § 1 MiLog[13].

Übergangsfähige Ansprüche können aus unterschiedlichen Anlässen entstehen: Zahlungseinstellung oder Insolvenz des Arbeitgebers,[14] die Gewährung einer Abfindung, weshalb Arbeitslosengeld (§ 143 Abs. 3 SGB III) versagt wird sowie Ansprüche auf Urlaubsabgeltung (§ 7 BUrlG). Handelt es sich bei den übergehenden Ansprüchen um Sonderzahlungen des Arbeitgebers, sind Sie dem Monat zuzurechnen, in dem sie zu erbringen sind, es sei denn, es handelt sich um Leistungen, die auf das Kalenderjahr und die hierüber hinweg erbrachte Arbeitsleitung bezogen sind (insbes. Weihnachts- oder Urlaubsgeld).[15] 9

Keinen »Anspruch auf Arbeitsentgelt« begründen tatsächlich nicht geschuldete Zahlungen zugunsten des Arbeitnehmers, auch wenn sie der Arbeitgeber als gegeben annimmt[16], sowie Leistungen des Arbeitgebers, die nicht als Gegenleistung für die geschuldete Arbeitsleistung erbracht werden. Dies betrifft insbesondere Schadensersatzleistungen des Arbeitgebers an den Arbeitnehmer oder die Erstattung von Aufwendungen (§§ 662, 670 BGB). 10

Hinsichtlich möglicher »Sachbezüge« verweist Abs. 3 auf die hierzu ergangene Regelung des § 17 Abs. 1 Satz 4 SGB IV und legt fest, dass an die Stelle des Sachleistungsanspruches des Arbeitnehmers ein Geldanspruch tritt, wobei sich die Höhe des Geldanspruchs nach den in § 17 Abs. 1 Satz 1 Nummer 4 SGB IV festgelegten Sachwerten bemisst.[17] 11

Nicht bzw. nicht in voller Höhe (insbes. bei Nichtgewährung des gesetzlichen Mindestlohns) erfüllt ist der dem Arbeitnehmer zustehende Lohnanspruch dann, wenn der Arbeitgeber den entstandenen und fälligen Anspruch des Arbeitnehmers nicht oder nicht in voller Höhe erfüllt (§ 362 BGB), wobei es nicht auf den Grund der ausbleibenden Leistung ankommt.[18] Da der Sozialleistungsbezug des Arbeitnehmers nicht davon abhängen kann, ob der Arbeitgeber nur vorübergehend nicht zahlt oder die Lohnleistung endgültig verweigert, reicht es für die »Nichterfüllung der Entgeltforderung« des Arbeitnehmers aus, dass der Arbeitgeber mit der Leistung in Verzug gerät, eine endgültige Leistungsverweigerung ist nicht notwendig.[19] Sollte der Arbeitgeber von vornherein deutlich machen, 12

11 Gesetz über die Zahlung des Arbeitsentgelts an Feiertagen und im Krankheitsfall (Entgeltfortzahlungsgesetz) vom 26.05.1994, BGBl. I, S. 1014, 1065, zuletzt geändert durch Artikel 9 des Gesetzes vom 22.11.2019, BGBl. I, S. 1746.

12 Vgl. §§ 44, 49 Abs. 1 Nr. 1 SGB V, dazu die Fälle: BAG, Urt. v. 16.12.1987 – 5 AZR 510/86, NZA 1988, 365; BAG, Urt. v. 06.08.1986 – 5 AZR 607/85, BAGE 52, 313; BAG, Urt. v. 11.12.1985 – 5 AZR 135/85, BAGE 50, 292; BAG, Urt. v. 07.12.1983 – 5 AZR 425/80, BAGE 44, 338; BAG, Urt. v. 29.01.1992 – 5 AZR 37/91, BAGE 69, 272: Dort wird der Anspruch auf Entgeltfortzahlung für einen erkrankten, in der stufenweisen Wiedereingliederung gemäß § 74 SGB V befindlichen arbeitsunfähigen Versicherten bejaht.

13 Gesetz zur Regelung eines allgemeinen Mindestlohns (Mindestlohngesetz – MiLoG) vom 11.08.2014, BGBl. I, S. 1348, zuletzt geändert durch Artikel 2 des Gesetzes vom 28.06.2023, BGBl. I 2023, Nr. 172.

14 Vgl. die Fälle: BSG, Urt. v. 24.07.1986 – 7 RAr 4/85, SozR 4100 § 117 Nr. 16; BSG, Urt. v. 29.09.1987 – 7 RAr 59/86, SozR 4100 § 117 Nr. 20; BAG, Urt. v. 07.11.1985 – 6 AZR 626/84, BAGE 50, 118.

15 BAG, Urt. v. 14.03.2006 – 9 AZR 312/05, BAGE 117, 231; BeckOGK/Kater, § 115 SGB X Rn. 17, Stand 09/2024.

16 BeckOK-SozR/*v. Koppenfels-Spies*, § 115 SGB X Rn. 11 m.w.N.

17 Vgl. hierzu die Verordnung über die sozialversicherungsrechtliche Beurteilung von Zuwendungen des Arbeitgebers als Arbeitsentgelt (Sozialversicherungsentgeltverordnung – SvEV) vom 21.12.2006, BGBl. I, S. 3385, zuletzt geändert durch Artikel 1 der Verordnung vom 27.11.2023, BGBl. I 2023, Nr. 328.

18 BeckOK-SozR/*v. Koppenfels-Spies,* § 115 SGB X Rn. 13 m.w.N.

19 Statt vieler Hauck/Noftz/*Schlaeger/Bruno,* § 115 SGB X Rn. 21 f.

dass er die Leistung nicht erbringen wird, liegt die Nichterfüllung der Entgeltforderung bereits zu diesem Zeitpunkt vor.[20]

13 Mangels einer fälligen und durchsetzbaren Forderung tritt ein Übergang im Sinne des § 115 nicht ein, wenn und solange dem Arbeitgeber ein Leistungsverweigerungsrecht zusteht, das der Entgeltforderung des Arbeitnehmers entgegensteht (§ 404 BGB). Sollte die Forderung daher aufgrund einer wirksamen Aufrechnung oder des Versäumens einer zu beachtenden Ausschlussfrist bereits erloschen sein, fehlt es schon insoweit an den Voraussetzungen für einen Forderungsübergang auf den Leistungsträger. Das gleiche gilt im Falle von bestehenden Einreden (insbes. Stundung oder Verjährung der Entgeltforderung), wobei diese auch dem Leistungsträger gegenüber erst beachtlich sind, wenn sie vom Arbeitgeber tatsächlich erhoben werden.[21]

3. Gewährung von kongruenten Sozialleistungen

14 Indem sich § 115 auf »Sozialleistungen« im Sinne des § 11 SGB I bezieht, umfasst der Anwendungsbereich der Regelung alle Dienst-, Sach- oder Geldleistungen, die von einem Leistungsträger im Sinne des § 12 SGB I erbracht werden. Als »Sozialleistungen«, die zu dem Anspruchsübergang nach § 115 führen können, kommen daher alle Entgeltersatzleistungen in Betracht, die von einer Körperschaft, Anstalt oder Behörde im Sinne der §§ 18 bis 29 SGB I erbracht werden.

15 Dem Zweck des § 115 entsprechend muss es sich dabei jedoch um Sozialleistungen handeln, die zu den nicht erbrachten Lohnansprüchen des Arbeitnehmers gegenüber seinem Arbeitgeber kongruent sind (»personelle Kongruenz«). So muss zunächst eine Personenidentität zwischen dem Sozialleistungsberechtigten und dem Arbeitnehmer bestehen.[22] Problematisch im Hinblick auf eine mögliche Doppelberechtigung erscheinen daher Ansprüche auf Sozialleistungen für die Angehörigen einer möglichen Bedarfsgemeinschaft des Berechtigten. § 34c SGB II (§ 34b a.F.) stellt indes klar, dass diese dem Berechtigten zustehen und damit übergangsfähig sind.[23]

16 Neben der personellen Kongruenz erfordert der Anspruchsübergang nach § 115 die gegenständliche (sachliche) Kongruenz zwischen der ausbleibenden Entgeltzahlung des Arbeitgebers und der dafür als Ausgleich erbrachten Leistung des Sozialleistungsträgers.[24] Infolge dieser Verbindung lösen damit nur solche Sozialleistungen den Anspruchsübergang aus, die von einem Sozialträger als Entgeltersatzleistungen erbracht werden und denen – wie auch der Lohnzahlung des Arbeitgebers – eine Entgeltfunktion zukommt.[25] Zu diesen Leistungen zählen insbesondere das Krankengeld (§ 44 SGB V) sowie das Kinderpflegekrankengeld (§ 45 SGB V) als Leistungen der gesetzlichen Krankenversicherung, Übergangsgeld (§ 20 SGB VI) als Leistung der gesetzlichen Rentenversicherung sowie das Verletztengeld (§ 45 SGB VII) als Leistung der gesetzlichen Unfallversicherung.[26] Weitere Leistungen mit Entgeltcharakter betreffen das Arbeitslosengeld (§ 136 SGB III) als Leistung der Bundesagentur für Arbeit, soweit die Leistung gemäß § 157 Abs. 3, 158 Abs. 4 SGB III als Ausgleich für ein nicht geleistetes Arbeitsentgelt erbracht werden (»Gleichwohlgewährung«) sowie die entsprechenden Grundsicherungsleistungen (insbes. »Bürgergeld« gem. § 19 SGB II, bis zum 31.12.2022 »Hartz IV«).[27] Auch im Hinblick auf einen Gründungszuschuss ist sachliche Kongruenz gegeben.[28]

---

20 BeckOK-SozR/v. Koppenfels-Spies § 115 SGB X Rn. 12.
21 JurisPK-SGB X/*Peters-Lange,* 3. Aufl., § 115 Rn. 41.
22 BAG, Urt. v. 21.03.2012 – 5 AZR 61/11, NZA 2012, 729; BSG, Urt. v. 12.05.2011 – B 11 AL 24/10 R, SozR 4–1300 § 107 Nr. 4 Rn. 19 ff.
23 BAG, Urt. v. 21.03.2012 – 5 AZR 61/11, NZA 2012, 729; LPK-SGB X/*Breitkreuz,* SGB X Rn. 10.
24 BeckOGK/*Kater,* § 115 SGB X Rn. 28 m.w.N., Stand 09/2024.
25 LPK-SGB X/*Breitkreuz,* SGB X Rn. 10.
26 JurisPK-SGB X/*Peters-Lange,* 3. Aufl., § 115 Rn. 32 f.
27 JurisPK-SGB X/*Peters-Lange,* 3. Aufl., § 115 Rn. 37.
28 BAG, Urt. v. 29.04.2015 – 5 AZR 756/13, juris.

Keinen Entgeltcharakter und damit nicht sachlich kongruent sind Unterhaltsleistungen, die von einem Sozialträger als Ersatzleitungen zur Erfüllung von Unterhaltspflichten gezahlt werden. Hierzu zählen insbesondere Leistungen nach dem Unterhaltsvorschussgesetz[29], Vorausleistungen im Rahmen der Ausbildungsförderung oder auch Leistungen zur Erziehungshilfe nach den Regelungen des SGB VIII.[30] Dies gilt auch dann, wenn die Inanspruchnahme von Unterhaltsleistungen erfolgt, da die unterhaltspflichtige Person wegen des Ausbleibens von Arbeitslohn nicht in der Lage ist, den Unterhaltsverpflichtungen nachzukommen.[31] Denn der Leistungsempfänger = Unterhaltsgläubiger ist nicht Gläubiger des Arbeitsentgeltanspruchs, weshalb die Zessionsanordnung ins Leere stieße. 17

Die erforderliche zeitliche Kongruenz zwischen dem Entgeltanspruch des Arbeitnehmers und der ersetzenden Leistung des Sozialträgers ist schließlich gegeben, wenn sich beide Leistungen auf den gleichen Zeitraum beziehen und auch insoweit deckungsgleich sind.[32] Dabei ist nicht erforderlich, dass beide Leistungen zum gleichen Zeitpunkt auszuzahlen sind. Ausreichend ist, dass die Leistungen inhaltlich demselben Zeitraum zuzuordnen sind, was bei Lohnersatzleistungen auch dann der Fall ist, wenn diese bereits zum Monatsbeginn ausgezahlt werden, das hierzu kongruente Arbeitsentgelt aber erst zur Monatsmitte oder zum Monatsende zu erbringen ist.[33] 18

4. Leistung des Trägers aufgrund der Nichterfüllung der Lohnforderung (»Kausalität«)

Durch die Verwendung des in Abs. 1 enthaltenen Wortes »deshalb« wird klargestellt, dass ein Anspruchsübergang nur unter der Voraussetzung erfolgt, dass die von dem Sozialträger erbrachte Leistung gerade wegen des Ausfalls der Lohnzahlung durch den Arbeitgeber erbracht wird.[34] Die somit erforderliche Kausalität zwischen der (zumindest zeitweilig) ausfallenden Entgeltzahlung und der Leistung des Sozialträgers setzt mithin zunächst voraus, dass der Sozialleistungsträger überhaupt eine Sozialleistung erbringt – die bloße Möglichkeit einer Leistungserbringung oder die Verwirklichung der Tatbestandsvoraussetzungen, die für eine Sozialleistung maßgeblich sind, reicht für den Anspruchsübergang nicht aus.[35] Erforderlich ist ferner, dass die Sozialleistung gerade durch die nicht erbrachte Entgeltzahlung durch den Arbeitgeber ausgelöst wird, was dann der Fall ist, wenn die Leistungsgewährung seitens des Sozialträgers gerade auf der rechtswidrigen Vorenthaltung der Lohnzahlung durch den Arbeitgeber beruht und nicht aus anderen Gründen erfolgt.[36] 19

II. Zeitpunkt des Übergangs

Der Anspruch auf Arbeitsentgelt geht vom Arbeitnehmer auf den vorleistenden Träger im Zeitpunkt der Gewährung der Leistung über; insoweit unterscheidet sich § 115 von § 116. Der Forderungsübergang tritt ein, sobald der Träger wegen Nicht- oder nicht rechtzeitiger Erfüllung des Arbeitsentgeltanspruches die an dessen Stelle tretende Sozialleistung tatsächlich an den Berechtigten erbringt, nicht relevant ist die Entstehung des Anspruches oder der Moment der Antragstellung.[37] Kein Anspruchsübergang tritt daher ein, falls der Arbeitgeber die offene Entgeltforderung noch vor der 20

29 Gesetz zur Sicherung des Unterhalts von Kindern alleinstehender Mütter und Väter durch Unterhaltsvorschüsse oder -ausfallleistungen (Unterhaltsvorschussgesetz) in der Fassung der Bekanntmachung vom 17.07.2007 (BGBl. I, S. 1446), zuletzt geändert durch Artikel 13 des Gesetzes vom 23.05.2022 (BGBl. I, S. 760).

30 Zu allem auch instruktiv BeckOK-SozR/*v. Koppenfels-Spies,* § 115 SGB X Rn. 15.

31 BT-Drucks. 9/95, S. 27.

32 BAG, Urt. v. 21.03.2012 – 5 AZR 61/11, NZA 2012, S. 729.

33 Hauck/Noftz/*Schlaeger/Bruno*, § 115 SGB X Rn. 37 m.w.N.

34 BeckOGK/*Kater,* § 115 SGB X Rn. 30 m.w.N., Stand 09/2024.

35 BeckOK-SozR/*v. Koppenfels-Spies,* § 115 SGB X Rn. 16.

36 So die Gesetzesbegründung BT-Drucks. 9/95, S. 27; eingehend hierzu Hauck/Noftz/*Schlaeger/Bruno*, § 115 SGB X Rn. 35 m.w.N.; die Kausalität etwas weiterfassend (Kausalität im Sinne einer »wesentlichen Bedingung«) z.B. BeckOGK/*Kater,* § 115 SGB X Rn. 30 m.w.N., Stand 09/2024.

37 BeckOK-SozR/*v. Koppenfels-Spies,* § 115 SGB X Rn. 22.

Erbringung der Sozialleistung (ggf. teilweise) erfüllen sollte – in diesem Fall ergibt sich ein Rückgewährverhältnis unmittelbar zwischen dem Leistungsträger und dem Arbeitnehmer.[38]

21 Eine vergleichbare Unterscheidung liegt auch § 157 SGB III zu Grunde, wenn zwischen der originären Leistungszuständigkeit (§ 157 Abs. 1, 2 SGB III) und der vorübergehenden Zuständigkeit (§ 157 Abs. 3 SGB III) unterschieden wird. Hat demnach der Arbeitgeber vor Zahlung von Arbeitslosengeld an den Arbeitslosen Leistungen aus dem Arbeitsverhältnis erbracht, die das Ruhen von Arbeitslosengeld zur Folge haben (§ 157 Abs. 3 SGB III), wird der Erstattungsanspruch mangels einer erbrachten Leistung nicht ausgelöst.[39]

22 Der Übergang des Entgeltanspruchs des Arbeitnehmers auf den eintretenden Leistungsträger erfolgt auch dann, wenn die Leistungsvoraussetzungen nicht vorgelegen haben und die Sozialleistung ohne rechtliche Grundlage oder aus sonstigen Gründen rechtswidrig erbracht wird. Wird der der Leistungsbewilligung zu Grunde liegende bindende Leistungsbescheid später gemäß § 45 aufgehoben, hat der Leistungsträger den auf ihn übergegangen Anspruch im Wege der Rückabtretung auf den Arbeitnehmer zu übertragen, da die Zession nicht automatisch rückgängig gemacht wird.[40] Im Gegenzug ist der Arbeitnehmer nach Maßgabe des § 50 verpflichtet, die empfangenen Sozialleistungen zu erstatten, soweit der Rücknahme des Leistungsbescheides nicht die in § 45 Abs. 2 verankerten Vertrauensschutzgründe entgegenstehen. In diesem Fall bleiben der rechtswidrige Leistungsbescheid sowie die im Gegenzug durch § 115 ausgelöste Zession bestehen, da es anderenfalls zu einer nicht gerechtfertigten Besserstellung des Arbeitnehmers käme.[41]

III. Umfang der übergehenden Ansprüche

23 § 115 ordnet den gesetzlichen Forderungsübergang für den »Anspruch des Arbeitnehmers auf Arbeitsentgelt« an, ohne dass es einer besonderen Geltendmachung des Anspruches in Form eines Verwaltungsaktes bedarf.[42] Dabei beschränkt sich der Übergang auf die vom Arbeitnehmer bezogene Netto-Sozialleistung, beispielsweise in Form von Arbeitslosen-, Insolvenz-, Übergangs- oder Krankengeld.[43] Beitragspflichten und Steuerlasten[44] sind vom Arbeitsentgeltanspruch abzuziehen. Der Übergang umfasst weiterhin nicht die aus einer eigenen Rechtsgrundlage geschuldeten und von der Krankenkasse, Unfallversicherung, Bundesagentur für Arbeit oder einem anderweitigen Sozialleistungsträger für den Sozialleistungsbezieher entrichteten Sozialversicherungsbeiträge.[45] Nimmt der Arbeitnehmer eine Sozialleistung anstelle ausgefallenen Arbeitsentgelts in Anspruch, so umfasst der Forderungsübergang auch nicht die Teile des Bruttoarbeitsentgelts, die als Lohnsteuer abzuführen sind[46] oder für die der Arbeitnehmer nach Beendigung des Beschäftigungsverhältnisses betriebliche Sozialleistungen erhält, die auf das Arbeitslosengeld angerechnet werden.[47] Zahlt der frühere Arbeitgeber eines Arbeitslosen eine Abfindung trotz des eingetretenen Forderungsübergangs auf die Bundesagentur für Arbeit an einen Gläubiger des Arbeitslosen, hat jener den durch die Schuldtilgung erlangten Anteil zu erhalten.[48]

38 BeckOK-SozR/*v. Koppenfels-Spies,* § 115 SGB X Rn. 22 m.w.N.

39 BSG, Urt. v. 03.03.1993 – 11 RAr 57/92, BSGE 72, 111, 115; BAG, Urt. v. 17.11.2010 – 10 AZR 649/09, NZA 2011, 288; BAG, Urt. v. 22.10.2009 – 8 AZR 766/08, AP § 115 SGB X Nr. 16.

40 BGH, Urt. v. 28.06.1990 – I ZR 287/88, BB 1990, 1653; BeckOGK/*Kater,* § 115 SGB X Rn. 36 m.w.N., Stand 09/2024; Schütze/*Bieresborn,* § 115 SGB X Rn. 9.

41 Schütze/*Bieresborn,* § 115 SGB X Rn. 9.

42 BeckOK-SozR/*v. Koppenfels-Spies,* § 115 SGB X Rn. 6.

43 BSG, Urt. v. 25.09.1981 – 12 RK 58/80, BSGE 52, 152, 159; LAG Hamm, BuW 1998, 838.

44 BAG, Urt. v. 17.04.1985 – 5 AZR 74/84, AP Nr. 15 zu § 611 BGB Lohnanspruch; BAG, Urt. v. 11.02.1998 – 5 AZR 159/97, AP Nr. 19 zu § 611 BGB Lohnanspruch; BSG, Urt. v. 08.02.2001 – B 11 AL 59/00, AP Nr. 21 zu § 117 AFG.

45 BAG, Urt. v. 19.09.2012 – 5 AZR 924/11 NZA 2013, 156.

46 BAG, Urt. v. 11.02.1998 – 5 AZR 159/97 AP Nr. 19 zu § 611 BGB Lohnanspruch; LAG Köln, Urt. v. 01.06.2011 – 3 Sa 1577/10.

47 BSG, Urt. v. 03.03.1993 – 11 RAr 49/92 SozR 3–4100 § 117 Nr. 19.

48 BSG, Urt. v. 24.06.1999 – B 11 AL 7/99 R, SozR 3–4100 § 117 Nr. 18.

Hat der frühere Arbeitgeber die Abfindung in Kenntnis des erfolgten Forderungsübergangs auf die Bundesagentur für Arbeit an den Gläubiger des Arbeitslosen gezahlt, kann die BA die Leistung an den Nichtberechtigten genehmigen (§ 185 Abs. 2 BGB) und den Erstattungsanspruch gegen den Arbeitslosen geltend machen, ohne zuvor gegen den Arbeitgeber vorgehen zu müssen.[49]

IV. Kein Ausschluss des Anspruchsübergangs bei fehlender Übertragbarkeit oder Pfändbarkeit (Abs. 2)

Abs. 2 legt fest, dass der Anspruchsübergang gemäß § 115 nicht dadurch ausgeschlossen wird, dass die betroffene Entgeltforderung nicht übertragen, verpfändet oder gepfändet werden kann und nimmt damit Bezug auf die den Schuldnerschutz bezweckenden Regelungen der §§ 400, 1274 BGB sowie §§ 850 ff. ZPO. Dieses Schutzes des Existenzminimums durch die Festlegung von Pfändungsfreigrenzen bedarf es allerdings dann nicht, wenn der Arbeitnehmer an Stelle des Arbeitsentgelts die Leistung eines Sozialträgers erhält, so dass es sachgerecht ist, die Entgeltforderung des Arbeitnehmers ohne Berücksichtigung von Pfändungsfreigrenzen auf den Leistungsträger zu übertragen. Zudem wird hierdurch vermieden, dass der Arbeitnehmer bis zur Höhe der Pfändungsfreigrenzen Forderungsinhaber bleibt und insoweit trotz der erhaltenen Sozialleistung als Gläubiger gegen seinen Arbeitgeber vorgehen kann.[50] 24

V. Folgen des Übergangs

Mit dem Übergang entfällt für den Arbeitnehmer die Aktivlegitimation für die Lohnklage;[51] sie hat der Träger zu erheben, wobei der Leistungsträger zur Geltendmachung des auf ihn übergegangenen Entgeltanspruchs haushaltsrechtlich (§ 67 SGB IV) verpflichtet ist, ohne dass – mit Ausnahme der Arbeitsverwaltung – eine entsprechende Verpflichtung dem Arbeitnehmer gegenüber besteht.[52] Der Anspruch gründet jedoch weiterhin im Arbeitsverhältnis. Er ist deshalb auch nach dem Übergang vor den Arbeitsgerichten anhängig zu machen.[53] Der Forderungsübergang beeinträchtigt die Rechtsstellung des Arbeitgebers nicht, weil alle Gegenrechte am übergegangenen Anspruch erhalten bleiben (§§ 412, 404 BGB). Bestand vor Übergang der Forderung eine Aufrechnungslage gegenüber dem Arbeitnehmer, so behält sie der Arbeitgeber auch danach (§§ 412, 406 BGB). Der Arbeitgeber genießt ferner Schutz seines Vertrauens in den Fortbestand der vor Eintritt des gesetzlichen Forderungsübergangs bestehenden Rechtslage (§§ 406 bis 409, 412 BGB).[54] 25

Danach sind Aufrechnungen des Arbeitgebers mit der übergegangenen Forderung auch wirksam, wenn die Aufrechnungslage gegenüber dem Arbeitnehmer erst nach dem Übergang der Forderung entstanden ist, soweit der Arbeitgeber vom Übergang der Forderung nichts wusste (§ 406, 2. Alt. BGB). Ferner wird der Arbeitgeber durch die Leistung an den Arbeitnehmer nach Forderungsübergang frei, wenn ihm dieser nicht bekannt war (§ 407 BGB) oder der Arbeitnehmer zuvor seinen Anspruch auf einen Dritten übertragen hat und der Arbeitgeber nach Forderungsübergang an den Arbeitnehmer leistet. Wird der Arbeitnehmer durch die Aufrechnung von Forderungen des Arbeitgebers gegen rückständige Gehaltforderungen von seiner Schuld befreit, so liegt eine atypische Fallgestaltung vor. Sie verpflichtet die Krankenkasse, über die rückwirkende Aufhebung der Krankengeldbewilligung eine Ermessensent- 26

49 BSG, Urt. v. 22.10.1998 – B 7 AL 106/97 R BSGE 83, 82; BSG, Urt. v. 24.06.1999 – B 11 AL 7/99 R SozR 3–4100 § 117 Nr. 18; LSG Niedersachsen, Nds. Rpfl 1999, 186: Fordert aber erfolglose Klage gegen Arbeitgeber; anders BSG v. 22.10.1998 – B 7 AL 106/97 R BSGE 83, 82.

50 Hauck/Noftz/*Schlaeger/Bruno*, § 115 SGB X Rn. 56 m.w.N.

51 LAG Mecklenburg-Vorpommern, Urt. v. 25.03.1996 – 5 Sa 479/95, NZA-RR 1997, 249; LSG Bayern, Urt. v. 25.03.1997 – L 17 U 14/95; *Carsten Wendtland*, Sittenwidrige Niedriglöhne und aufstockendes Hartz IV, SozSich 2011, 153.

52 BeckOGK/*Kater*, § 115 SGB X Rn. 38, Stand 09/2024. Zu allem auch Hauck/Noftz/*Schlaeger/Bruno*, § 115 SGB X Rn. 54 ff.

53 BAG, Beschl. v. 12.06.1997 – 9 AZB 5/97 BAGE 86, 122.

54 LAG Hessen, Urt. v. 17.12.1998 – 5 Sa 974/98 NZA-RR 1999, 662; BeckOGK/*Kater*, § 115 Rn. 40 ff., Stand 09/2024.

scheidung zu treffen.[55] Der Krankenkasse kommt § 115 nicht zu. Hat also der Arbeitgeber das Arbeitsentgelt mit befreiender Wirkung an den Arbeitnehmer gezahlt oder durch Aufrechnung ein Erfüllungssurrogat erbracht, so ermöglichen §§ 48, 50 der Kasse die Rückforderung des Krankengeldes.

VI. Verfügungsakte über den Beendigungstatbestand eines Arbeitsverhältnisses

27 § 115 bereitet Schwierigkeiten, wenn der Arbeitnehmer mit dem Arbeitgeber aus Anlass der Beendigung eines Arbeitsverhältnisses Vereinbarungen über den Arbeitsentgeltanspruch trifft. Sie beeinflussen auch die Rechtsstellung des Trägers.[56] Treffen Arbeitgeber und Arbeitnehmer vor Bewilligung der Sozialleistung eine Vereinbarung über einen fälligen Arbeitsentgeltanspruch (etwa durch Erlass, Vergleich oder Stundung), so ist diese von der Verfügungsmacht der Parteien getragen. Eine Benachteiligung des Trägers tritt nicht ein. Diese Vereinbarung modifiziert den arbeitsrechtlichen Anspruch und damit auch die Leistungspflicht des Trägers.[57] Eine allgemeine Ausgleichsklausel in einem im Rahmen des Kündigungsschutzprozesses von den Parteien geschlossenen Vergleichs genügt nicht.[58] Hat sich ein Arbeitnehmer seines Anspruchs auf Arbeitsentgelt begeben, steht ihm nicht stattdessen eine Sozialleistung zu. Hat ein Träger gleichwohl geleistet, so ist der Leistungsbescheid zurückzunehmen (§ 45) und das Erlangte zurückzufordern (§ 50).

28 Treffen Arbeitgeber und Arbeitnehmer nach Gewährung der Sozialleistung eine Vereinbarung über den fälligen Arbeitsentgeltanspruch, so geht die Verfügung ins Leere. Denn dem Arbeitnehmer war die Verfügungsmacht über die Forderung genommen, nachdem er statt Arbeitsentgelt hierzu kongruente Sozialleistungen empfangen hat.[59] Allerdings wird zugunsten des redlichen Arbeitgebers dessen Vertrauen in den Fortbestand der Rechtslage vor Eintritt des Forderungsübergangs gem. §§ 412, 406–408 BGB geschützt. Eine Vereinbarung mit dem Arbeitnehmer ist also trotz fehlender Verfügungsbefugnis wirksam.[60] Dabei hängt die Redlichkeit davon ab, ob der Arbeitgeber weiß, dass der Arbeitnehmer Sozialleistungen empfangen hat oder nicht. Das allgemeine Wissen, dass der Arbeitnehmer Sozialleistungsansprüche geltend machen kann, reicht hierfür nicht aus.[61] Auch in diesem Fall entfällt die Leistungspflicht des Trägers, so dass ihm ein Anspruch auf Rückforderung des zu Unrecht Erlangten gem. § 50 zusteht. Diese Lösung stimmt auch mit § 83 Abs. 1 Satz 3 VVG überein. Nach einer in der Literatur verbreiteten Ansicht sollen solche Verfügungen indes unwirksam sein, weil sie zulasten des nachrangigen Trägers gingen.[62] Dies wird wesentlich mit §§ 32, 46 Abs. 2 SGB I begründet. Diese Vorschriften sind jedoch auf den erwähnten Fall nicht anwendbar. §§ 32, 46 SGB I betreffen nur die Verfügungsakte über Sozialleistungsansprüche, nicht dagegen über privatrechtliche Ansprüche.[63] Dieser Bestimmung ist auch nicht der allgemeine Rechtsgedanke zu entnehmen, dass privatrechtliche Verfügungsakte unwirksam sein sollen, wenn sie Sozialleistungsträger belasteten. Vielmehr ist umgekehrt von der grundsätzlichen Verfügbarkeit der privaten Rechte auszugehen und das Sozialrecht so auszugestalten, dass es mit dieser Maxime verträglich ist. Dies ist auch möglich, weil die Verfügungsakte eines Privaten zugleich den Sozialleistungstatbestand beschränken oder ausschließen.

29 Arbeitgeber und Arbeitnehmer können aber auch Vereinbarungen über den Beendigungstatbestand des Arbeitsverhältnisses selbst treffen, namentlich zur außergerichtlichen Erledigung eines Kündigungs-

55 BSG, Urt. v. 23.06.1994 – 12 RK 50/93, BSGE 74, 278.

56 Vgl. dazu *Denck*, Die Akzessorietät des Arbeitslosengeldes, SGb 1986, 489; Hauck/Noftz/*Schlaeger/Bruno*, § 115 SGB X Rn. 46 ff.; von Maydell/*Schellhorn*, GK-SGB X/3, § 115 Rn. 18 ff.; SGB-SozVers-GesKomm/*Gitter*, § 115 Rn. 6 ff.; *Hofmann*, BAG-FS, 1979, 217 ff.; BAG, Urt. v. 20.08.1980 – 5 AZR 227/79, NJW 1981, 1059.

57 BAG AP Nr. 12 zu § 117 AFG; AP Nr. 9 zu § 115 SGB X.

58 BAG AP Nr. 12 zu § 117 AFG; AP Nr. 9 zu § 115 SGB X.

59 So im Ergebnis auch LSG Bayern, Urt. v. 23.10.1998 – L 8 AL 402/97.

60 So auch BAG, Urt. v. 20.08.1980 – 5 AZR 227/97 NJW 1981, 1059.

61 So auch *Hofmann*, BAG FS 1979, 241.

62 So von Maydell/*Schellhorn*, GK-SGB X/3, § 115 Rn. 21 f.

63 Vgl. oben Rdn. 5 ff.

schutzprozesses einen Vergleich schließen. Die Vertragsfreiheit erlaubt solche Vereinbarungen, solange der Arbeitnehmer noch keine Sozialleistungen in Anspruch genommen hat. Auch nachdem der Arbeitnehmer Sozialleistungen in Anspruch genommen hat, befand das BAG,[64] dass der Träger die von den Parteien »klargestellte« Rechtslage hinzunehmen habe. Seien vor Abschluss der Regelung bereits Ansprüche auf den Sozialleistungsträger übergegangen, so wirke sich die getroffene Vereinbarung auf diese Ansprüche nicht aus. Diese Entscheidung erklärt sich aus der »Akzessorietät«[65] der Sozialleistungsansprüche von arbeitsvertraglichen Tatbeständen. Da der Sozialleistungsanspruch auf dem arbeitsrechtlichen Anspruch beruht und dieser Gegenstand rechtsgeschäftlicher Vereinbarung ist, folgt auch jener einem arbeitsrechtlichen Entstehungstatbestand. Die Verfügungsmacht wird den Parteien aber entzogen, falls ein arbeitsrechtlicher Anspruch auf den Sozialleistungsträger bereits übergegangen ist – dieser also an den Arbeitnehmer dem Arbeitsentgelt kongruente Sozialleistungen bereits erbracht hat. Ist Arbeitnehmern die Verfügungsmacht über den Anspruch entzogen, gehen auch deren Verfügungsakte ins Leere.

VII. Die Bedeutung der §§ 116 Abs. 1, 4, 6, 7; 118 und 119 für § 115

§ 115 wirft im Hinblick auf einige der in §§ 116 bis 119 getroffenen Bestimmungen zahlreiche 30
Abstimmungsprobleme auf.[66] Stellt sich die Durchsetzung des übergegangenen Anspruchs auf Arbeitsentgelt aus faktischen Gründen als schwierig dar – insbesondere im Falle der beschränkten Zahlungsfähigkeit des Arbeitgebers –, so fragt sich, ob § 116 Abs. 4 auf den Forderungsübergang nach § 115 entsprechend anzuwenden ist. Diese Regelung beruht auf dem Prinzip: Niemand überträgt eine Forderung zum eigenen Nachteil (nemo subrogat contra se).[67] Dieses Prinzip prägt das Recht des Forderungsübergangs ganz generell[68] und gilt deshalb auch für den gesetzlichen Forderungsübergang nach § 115. Ist Schuldner des übergegangenen Anspruchs ein Familienangehöriger des vormaligen Gläubigers, liegt also ein Arbeitsverhältnis unter Ehegatten oder zwischen Eltern und Kind vor, so fragt sich, ob bei Bezug von Sozialleistungen durch den Arbeitnehmer der in § 115 vorgesehene Übergang der Forderung in entsprechender Anwendung des § 116 Abs. 6 ausgeschlossen ist, falls Arbeitgeber und Arbeitnehmer in häuslicher Gemeinschaft leben. § 116 Abs. 6 soll die in Haushaltsgemeinschaft lebenden Familienangehörigen die Lasten des gesamten Haushaltes aus dem gemeinsamen Einkommen bestreiten, eine sie alle treffende Belastung ersparen. Außerdem soll ein Streit über die Verantwortlichkeit unter Hausgenossen vermieden werden. Diese Überlegungen sind auf das Arbeitsverhältnis unter Familienangehörigen nicht übertragbar,[69] weil der Umfang der Verbindlichkeit nicht eigens festgestellt werden muss und nicht sicher feststeht, dass die Familienangehörigen gemeinsam wirtschaften.

§ 118 beruht auf dem allgemeinen Grundsatz der Tatbestandsgleichstellung präjudizieller Rechtsver- 31
hältnisse; er gilt im Wege der Analogie auch für § 115.[70] § 119 soll sicherstellen, dass der Geschädigte durch die Schädigung nicht dadurch einen rentenrechtlichen Nachteil erleidet, dass für ihn aufgrund des Schadensereignisses keine oder nur verminderte Beiträge zur gesetzlichen Rentenversicherung gezahlt werden. Dieses Anliegen besteht auch in den Fällen des § 115, weshalb das BSG[71] zu Recht befunden hat, dass die Versicherungspflicht eines Arbeitnehmers auch durch den Bezug von Arbeitslosengeld wegen Nichtzahlung des Arbeitsentgelts (§ 143 Abs. 3 SGB III) fortbesteht.

---

64 BAG, Urt. v. 17.04.1986 – 2 AZR 308/85, DB 1986, 2240; dazu *Denck*, SGb 1986, 489; BAG, Urt. v. 29.09.2004 – 5 AZR 99/04, BAGE 112, 120.

65 So zu Recht *Denck*, SGb 1986, 489 ff.; *Eichenhofer*, Privatrechtsabhängiges Sozialrecht, FS Binder, 2010, 551.

66 Vgl. dazu grundlegend *Sieg*, Der Regress gegen den Arbeitgeber (§ 115 SGB X) im Lichte der §§ 116 bis 119 SGB X, ZVersWiss 1986, 573 ff.

67 *Sieg*, ZVersWiss 1986, 573, 575.

68 Vgl. §§ 268 Abs. 3 Satz 2, 774 Abs. 1 Satz 2, 1164 Abs. 1 Satz 2 BGB, 67 Abs. 1 Satz 2 VVG.

69 So auch *Sieg*, ZVersWiss 1986, 573, 575.

70 So auch *Sieg*, ZVersWiss 1986, 573, 578.

71 BSG, Urt. v. 26.11.1985 – 12 RK 51/83, BSGE 59, 183.

VIII. Forderungsübergang in internationalen Fällen

32 § 115 regelt den gesetzlichen Forderungsübergang, falls ein deutscher Leistungsträger gestützt auf deutsches Sozialrecht die Sozialleistung erbringt.[72] Erbringt ein ausländischer Träger sozialer Sicherheit nach seinem Recht Sozialleistungen an einen Arbeitnehmer, dem kongruente Arbeitsentgeltansprüche nach deutschem Recht oder dem Recht eines anderen Staates zustehen, so ist, wenn der betreffende ausländische Staat den gesetzlichen Forderungsübergang[73] anordnet, diese Anordnung durch die deutsche Rechtsordnung anzuerkennen. Danach (vgl. Art. 14 Rom-I-VO) hat deutsches Sozialrecht als Zessionsgrundstatut über Voraussetzungen und Umfang – also das Ob und das Wie – des Forderungsübergangs zu entscheiden. Dagegen hat das in- oder ausländische Arbeitsrecht – also das Forderungsstatut – zu entscheiden, ob und inwieweit die Forderung übertragbar ist. § 115 ist keine ausdrückliche Aussage hinsichtlich der Frage zu entnehmen, ob die Regelung des Forderungsübergangs nur für die vom deutschen Arbeitsrecht geregelten Ansprüche eintreten soll, oder ob dieser Übergang für Ansprüche unabhängig von dem nationalen Recht eintritt. Zugunsten der letztgenannten Ansicht spricht, dass § 115 dem deutschen Sozialleistungsträger umfassend Ausgleich gewähren soll, falls dieser zugunsten eines Gläubigers einer privatrechtlichen Forderung kongruente Sozialleistungen erbringt. Im Lichte dessen kann eine Beschränkung des Übergangs auf die nur nach inländischem Arbeitsrecht normierten Forderungen nicht begründet werden. § 115 lässt deshalb bei Erbringung deutscher Sozialleistungen durch deutsche Träger Arbeitsentgeltansprüche stets übergehen, unabhängig davon, ob sie Kraft deutschen oder ausländischen Arbeitsrechts geschuldet sind. Abtretungsverbote nach der privatrechtlichen lex causae sind danach sozialversicherungsrechtlich unbeachtlich. Begründet das sozialrechtliche Haftungsstatut die Freistellung Beteiligter von privatrechtlicher Haftung, so wird diese auf ein ausländisches Haftungsstatut erstreckt (vgl. § 116 Rdn. 67 ff.).

IX. Verweisungen auf und Ausnahmen von § 115

33 Durch die Verwendung der Begriffe »Leistungsträger« und »Sozialleistung« wird klargestellt, dass der in § 115 verankerte Anspruchsübergang zugunsten aller Leistungsträger eintreten kann und sich nicht auf die Träger der gesetzlichen Sozialversicherung beschränkt. § 115 gilt damit grundsätzlich für alle Sozialleistungszweige, soweit der Übergang einer Entgeltforderung eines Arbeitnehmers gegen den Arbeitgeber in Rede steht. Insoweit unterscheidet sich § 115 von den Regelungen der §§ 102 ff., die den Ausgleich zwischen verschiedenen Leistungsträgern festlegen.

34 Ausdrückliche Verweise auf § 115 finden sich in §§ 157 Abs. 3, 158 Abs. 4 SGB III sowie in § 93 Abs. 4 SGB XII. Eine Sonderregelung für den Bereich der Grundsicherung für Arbeitssuchende (SGB II)[74] enthält § 33 SGB II mit einem Anwendungsvorrang zugunsten des § 115 (§ 33 Abs. 5 SGB II), nicht damit festgelegt ist allerdings ein Ausschließungsvorrang.[75]

35 Nicht anzuwenden ist § 115 im Bereich des Wohngeldrechts, hier ist der Anspruchsübergang nach § 115 gemäß § 22 Abs. 5 WoGG ausdrücklich ausgeschlossen. Einen weiteren Ausschlusstatbestand enthielt bis zu seinem Außerkrafttreten am 31.12.2023 für den Bereich des Versorgungsrechts § 16h Abs. 2 BVG, seit dem Inkrafttreten des SGB XIV[76] zum 01.01.2024 findet § 115 auch im Recht

---

72 Dabei ist es allerdings möglich, dass er – legitimiert durch deutsches zwischenstaatliches Recht – Tatbestände des ausländischen Sozialrechts berücksichtigt.

73 Oder Funktionsäquivalente wie Subrogation oder die Anordnung eines Direktanspruchs.

74 Sozialgesetzbuch (SGB) Zweites Buch (II) – Bürgergeld, Grundsicherung für Arbeitsuchende – (Artikel 1 des Gesetzes vom 24.12.2003 [BGBl. I S. 2954] – in der Fassung der Bekanntmachung vom 13.05.2011 [BGBl. I S. 850, 2094]), zuletzt geändert durch Artikel 4 des Gesetzes vom 22.12.2023 (BGBl. I 2023, Nr. 412).

75 BAG, Urt. v. 17.01.2018 – 5 AZR 205/17, NZA 2018, 784; BeckOK-SozR/*v. Koppenfels-Spies*, § 115 SGB X Rn. 3.

76 Sozialgesetzbuch Vierzehntes Buch – Soziale Entschädigung – (Vierzehntes Buch Sozialgesetzbuch – SGB XIV) vom 12.12.2019 (BGBl. I, S. 2652), zuletzt geändert durch Artikel 11 des Gesetzes vom 22.12.2023 (BGBl. I 2023, Nr. 408).

der sozialen Entschädigung Anwendung.[77] Eine weitere Ausnahme betrifft die Leistung von Insolvenzgeld, hier legt § 169 Satz 1 SGB III fest, dass Ansprüche auf Arbeitsentgelt, die einen Anspruch auf Insolvenzgeld begründen, mit dem Antrag auf Insolvenzgeld auf die Bundesagentur übergehen.

§ 116 Ansprüche gegen Schadensersatzpflichtige

(1) [1]Ein auf anderen gesetzlichen Vorschriften beruhender Anspruch auf Ersatz eines Schadens geht auf den Versicherungsträger oder Träger der Eingliederungshilfe oder der Sozialhilfe über, soweit dieser auf Grund des Schadensereignisses Sozialleistungen zu erbringen hat, die der Behebung eines Schadens der gleichen Art dienen und sich auf denselben Zeitraum wie der vom Schädiger zu leistende Schadenersatz beziehen. [2]Dazu gehören auch

1. die Beiträge, die von Sozialleistungen zu zahlen sind, und

2. die Beiträge zur Krankenversicherung, die für die Dauer des Anspruchs auf Krankengeld unbeschadet des § 224 Abs. 1 des Fünften Buches zu zahlen wären.

(2) Ist der Anspruch auf Ersatz eines Schadens durch Gesetz der Höhe nach begrenzt, geht er auf den Versicherungsträger oder Träger der Eingliederungshilfe oder der Sozialhilfe über, soweit er nicht zum Ausgleich des Schadens des Geschädigten oder seiner Hinterbliebenen erforderlich ist.

(3) [1]Ist der Anspruch auf Ersatz eines Schadens durch ein mitwirkendes Verschulden oder eine mitwirkende Verantwortlichkeit des Geschädigten begrenzt, geht auf den Versicherungsträger oder Träger der Eingliederungshilfe oder der Sozialhilfe von dem nach Absatz 1 bei unbegrenzter Haftung übergehenden Ersatzanspruch der Anteil über, welcher dem Vomhundertsatz entspricht, für den der Schädiger ersatzpflichtig ist. [2]Dies gilt auch, wenn der Ersatzanspruch durch Gesetz der Höhe nach begrenzt ist. [3]Der Anspruchsübergang ist ausgeschlossen, soweit der Geschädigte oder seine Hinterbliebenen dadurch hilfebedürftig im Sinne der Vorschriften des Zwölften Buches werden.

(4) Stehen der Durchsetzung der Ansprüche auf Ersatz eines Schadens tatsächliche Hindernisse entgegen, hat die Durchsetzung der Ansprüche des Geschädigten und seiner Hinterbliebenen Vorrang vor den übergegangenen Ansprüchen nach Absatz 1.

(5) Hat ein Versicherungsträger oder Träger der Eingliederungshilfe oder der Sozialhilfe auf Grund des Schadensereignisses dem Geschädigten oder seinen Hinterbliebenen keine höheren Sozialleistungen zu erbringen als vor diesem Ereignis, geht in den Fällen des Absatzes 3 Satz 1 und 2 der Schadenersatzanspruch nur insoweit über, als der geschuldete Schadenersatz nicht zur vollen Deckung des eigenen Schadens des Geschädigten oder seiner Hinterbliebenen erforderlich ist.

(6) [1]Ein nach Absatz 1 übergegangener Ersatzanspruch kann bei nicht vorsätzlichen Schädigungen durch eine Person, die im Zeitpunkt des Schadensereignisses mit dem Geschädigten oder seinen Hinterbliebenen in häuslicher Gemeinschaft lebt, nicht geltend gemacht werden. [2]Ein Ersatzanspruch nach Absatz 1 kann auch dann nicht geltend gemacht werden, wenn der Schädiger mit dem Geschädigten oder einem Hinterbliebenen nach Eintritt des Schadensereignisses die Ehe geschlossen oder eine Lebenspartnerschaft begründet hat und in häuslicher Gemeinschaft lebt. [3]Abweichend von den Sätzen 1 und 2 kann ein Ersatzanspruch bis zur Höhe der zur Verfügung stehenden Versicherungssumme geltend gemacht werden, wenn der Schaden bei dem Betrieb eines Fahrzeugs entstanden ist, für das Versicherungsschutz nach § 1 des Pflichtversicherungsgesetzes oder § 3 des Auslandsfahrzeug-Pflichtversicherungsgesetzes besteht. [4]Der Ersatzanspruch kann in den Fällen des Satzes 3 gegen den Schädiger in voller Höhe geltend gemacht werden, wenn er den Versicherungsfall vorsätzlich verursacht hat.

(7) [1]Haben der Geschädigte oder seine Hinterbliebenen von dem zum Schadenersatz Verpflichteten auf einen übergegangenen Anspruch mit befreiender Wirkung gegenüber dem Versicherungsträger oder Träger der Eingliederungshilfe oder der Sozialhilfe Leistungen erhalten, haben sie insoweit dem Versicherungsträger oder Träger der Sozialhilfe die erbrachten Leistungen zu

77 JurisPK-SGB X/*Peters-Lange*, § 115 Rn. 3.

erstatten. [2]Haben die Leistungen gegenüber dem Versicherungsträger oder Träger der Sozialhilfe keine befreiende Wirkung, haften der zum Schadenersatz Verpflichtete und der Geschädigte oder dessen Hinterbliebene dem Versicherungsträger oder Träger der Sozialhilfe als Gesamtschuldner.

(8) Weist der Versicherungsträger oder Träger der Sozialhilfe nicht höhere Leistungen nach, sind vorbehaltlich der Absätze 2 und 3 je Schadensfall für nicht stationäre ärztliche Behandlung und Versorgung mit Arznei- und Verbandmitteln 5 vom Hundert der monatlichen Bezugsgröße nach § 18 des Vierten Buches[1] zu ersetzen.

(9) Die Vereinbarung einer Pauschalierung der Ersatzansprüche ist zulässig.

(10) Die Bundesagentur für Arbeit und die Träger der Grundsicherung für Arbeitsuchende nach dem Zweiten Buch gelten als Versicherungsträger im Sinne dieser Vorschrift.

Übersicht

A. Inhalt

1 § 116 regelt den Ausgleich zwischen einem nach privatem Haftpflichtrecht zum Schadensersatz berechtigten Geschädigten und einem Träger der Sozialversicherung oder Sozialhilfe, falls letzterer an ersteren wegen der Schädigung Sozialleistungen erbracht hat. Angesichts einer Doppelberechtigung des Geschädigten geht der privatrechtliche Ersatzanspruch des Geschädigten kraft Gesetzes auf den Sozialleistungsträger in dem Umfang über, wie die Sozialleistung gegenüber dem geschuldeten Ersatz kongruent ist (Abs. 1). Reicht der nach privatem Haftpflichtrecht begründete Ersatzanspruch zur Deckung des Gesamtschadens nicht aus, treffen Abs. 2–5 Sonderregelungen für unterschiedliche Tatbestände der »Unterdeckung«. Sie schränken den Übergang der Gesamtforderung auf den Träger ein, damit sich der Geschädigte für den nicht gedeckten Schaden aus dem Ersatzanspruch vorrangig zu befriedigen vermag. Ein solcher Vorrang kommt dem Geschädigten unumschränkt zu, wenn die Unterdeckung die Folge einer gesetzlichen Haftungsbegrenzung (Abs. 2) oder der fehlenden Durchsetzbarkeit gegenüber dem Schädiger ist (Abs. 4) oder falls der Sozialleistungsträger schädigungsbedingt von vormals eigenen Verpflichtungen frei wird (Abs. 5). Abs. 3 regelt den Fall der Unterdeckung wegen Mitverschuldens oder mitwirkender Verantwortlichkeit des Geschädigten dahingehend, dass der Anspruch in Höhe des Verschuldensanteils des Schädigers auf den Sozialleistungsträger übergeht. Ein Übergang findet dagegen nicht statt, soweit der Geschädigte oder seine Hinterbliebenen dadurch sozialhilfebedürftig würden. Abs. 6 schließt den Forderungsübergang aus, falls Schädiger und Geschädigter in Haushaltsgemeinschaft lebende Familienangehörige sind. Dabei wurde Abs. 6 durch Art. 8 Nr. 9 des 7. Änderungsgesetzes zum SGB IV neu gefasst, wobei das in den Sätzen 1 und 2 formulierte Familienprivileg eingeschränkt wurde, falls mit der Haftung des Familienangehörigen Einstandspflichten von Haftpflichtversicherungen auf Grund von Pflichtver-

1 Red. Anm.: 5 v.H. ab 01.01.2020 = 159,25 EUR, im Beitrittsgebiet = 150,50 EUR.

sicherungen für den Betrieb von Kraftfahrzeugen verbunden sind. Abs. 7 bestimmt das Ausgleichsverhältnis zwischen Schädiger und Sozialleistungsträger, falls der Schädiger auf seine Ersatzpflicht Leistungen an den Geschädigten erbracht hat. Abschließend regelt das Gesetz verschiedene Fragen der Pauschalierung von Schäden (Abs. 8) und Ersatzansprüchen (Abs. 9) und stellt den Status der Bundesagentur für Arbeit als Sozialversicherungsträger klar (Abs. 10).

Die erste Fassung des § 116 beruht auf dem Gesetz vom 04.11.1982[2] und ist am 01.07.1983 in Kraft 2
getreten. Inhaltlich knüpft § 116 an die vorhergehenden Bestimmungen der §§ 1542 ff. RVO und die dazu ergangene Rechtsprechung an, die einen vergleichbaren Forderungsübergang zu Gunsten eines Sozialträgers vorsahen und auf Schadensereignisse anwendbar bleiben, die vor dem 01.07.1983 eingetreten sind. Bereits vor der Neuverkündung des § 116 durch das 4. Euro-Einführungsgesetz vom 21.12.2000[3] mit Wirkung zum 01.01.2001 erfolgte eine Änderung des § 116 durch das Rentenreformgesetz vom 18.12.1989[4] mit Wirkung zum 01.01.1992 (Anfügung des Abs. 1 Satz 2 Nr. 1) sowie durch Gesetz vom 24.03.1997[5] mit Wirkung zum 01.01.1998 (Einfügung des Abs. 10). Weitere – zumeist Folgeänderungen – ergaben sich im Zuge des Inkrafttretens des 4. Euro-Einführungsgesetzes (Einfügung des Abs. 1 Satz 2 2. HS), des Gesetzes vom 27.12.2003[6] mit Wirkung zum 01.01.2004 (Ersatz des Begriffes »Bundesanstalt für Arbeit« durch »Bundesagentur für Arbeit« in Abs. 10), durch Gesetz vom 09.12.2004[7] mit Wirkung zum 01.01.2005 (Einfügung des Begriffs »SGB XII« in Abs. 3), durch Gesetz vom 20.07.2006[8] mit Wirkung zum 01.08.2006 (Erweiterung der Wirkung des Abs. 10 auf die Träger der Grundsicherung für Arbeitssuchende nach dem Zweiten Buch SGB) sowie durch Gesetz vom 25.11.2015[9] mit Wirkung zum 26.11.2015 (Erstreckung des Haftungsprivilegs des Abs. 6 Satz 2 auf »Lebenspartnerschaften«). Durch Gesetz vom 23.12.2016[10] wurde mit Wirkung zum 01.01.2020 in den Abs. 1, 2, 3, 5 und 7 jeweils der Begriff »Eingliederungshilfe« eingefügt, um den Neuregelungen, die im Rahmen des Bundesteilhabegesetzes eingeführt wurden, zu entsprechen. Zu den bislang umfangreichsten inhaltlichen Änderungen des § 116 kam es schließlich mit dem Inkrafttreten des Gesetzes vom 12.06.2020[11] zum 01.01.2021, durch das der bis dahin in Abs. 6 Satz 1 verankerte Ausschluss des Forderungsübergangs im Falle der nicht vorsätzliche Schädigung durch Familienangehörige durch ein Verbot der Geltendmachung ersetzt wurde und Abs. 6 zugleich um die Sätze 3 und 4 erweitert wurde, die den Regress im Falle eines Schadens betreffen, der bei dem Betrieb eines Kraftfahrzeuges eingetreten ist.[12] Dabei wurde die in Satz 3 zunächst enthaltene Formulierung »§ 1 des Gesetzes über die Haftpflichtversicherung für ausländische Kraftfahrzeuge und Kraftfahrzeuganhänger« mit Wirkung zum 17.04.2024 durch Verweis auf »§ 3 Auslandskraftfahrzeug-Pflichtversicherungsgesetz«[13] ersetzt, um einer entsprechenden Reform des Pflichtversicherungsgesetzes Rechnung zu tragen.

2 Sozialgesetzbuch (SGB) – Zusammenarbeit der Leistungsträger und ihre Beziehungen zu Dritten – vom 04.11.1982, BGBl. I, S. 1450.

3 Gesetz zur Einführung des Euro im Sozial- und Arbeitsrecht sowie zur Änderung anderer Vorschriften (4. Euro-Einführungsgesetz) vom 21.12.2000, BGBl. I, S. 1983 (1998, 2018).

4 Gesetz zur Reform der gesetzlichen Rentenversicherung (Rentenreformgesetz 1992 – RRG 1992) vom 18.12.1989, BGBl. I, S. 2261, ber. 1990 I S. 1337.

5 Gesetz zur Reform der Arbeitsförderung (Arbeitsförderungs-Reformgesetz) vom 24.03.1997, BGBl. I, S. 594.

6 Drittes Gesetz für moderne Dienstleistungen am Arbeitsmarkt vom 23.12.2003, BGBl. I, S. 2848.

7 BGBl. I, S. 3305.

8 BGBl. I, S. 1706.

9 BGBl. I, S. 2010.

10 Gesetz zur Stärkung der Teilhabe und Selbstbestimmung von Menschen mit Behinderungen (Bundesteilhabegesetz – BTHG) vom 23.12.2016, BGBl. I, S. 3234.

11 Siebtes Gesetz zur Änderung des Vierten Buches Sozialgesetzbuch und anderer Gesetze (7. SGB IV – ÄndG) vom 23.06.2020, BGBl. I, S. 1248.

12 Vgl. hierzu im Einzelnen die Erläuterungen zu Rdn. 40 ff.

13 Gesetz zur Umsetzung der Richtlinie (EU) 2021/2118 im Hinblick auf die Kraftfahrzeug-Haftpflichtversicherung und die Kontrolle der entsprechenden Versicherungspflicht und zur Änderung anderer versicherungsrechtlicher Vorschriften vom 16.04.2024, BGBl. I 2024, Nr. 119.

B. Einzelerläuterungen

I. Gesetzlicher Forderungsübergang (Abs. 1)

3 § 116 Abs. 1 ordnet den Übergang einer privatrechtlichen, haftpflichtrechtlich begründeten und auf Schadensersatz gerichteten Forderung eines Leistungsberechtigten auf einen zur Leistung verpflichteten Versicherungsträger oder einen Träger der Eingliederungshilfe oder der Sozialhilfe an und ermöglicht damit dem betreffenden Sozialleistungsträger den Rückgriff gegen den Schuldner der privatrechtlichen Forderung. Damit soll § 116 Abs. 1 verhindern, dass der Schädiger durch die Leistungspflicht des Sozialleistungsträgers aus seiner privatrechtlichen Verantwortung für den Ersatz des von ihm angerichteten Schadens entlassen wird. Zugleich soll vermieden werden, dass der Geschädigte für das gleiche Interesse durch den Schädiger sowie den Sozialleistungsträger doppelt entschädigt wird und der Sozialleistungsträger für Schadensfälle ohne Möglichkeit eines Ausgleichs einspringen muss, die von Personen, die der Haftpflicht unterliegen, verursacht worden sind.

4 Im Ergebnis soll die Norm drei Ziele sichern: Dass trotz der Leistungspflicht der Sozialleistungsträger der Schädiger den Schaden voll ersetzt, dass der Geschädigte durch die Schädigung nicht bereichert wird und dass die Mittel öffentlicher Träger auf diejenigen Unglücksfälle oder soziale Risiken beschränkt bleiben, die nicht auf Grundlage einer eintretenden Haftpflicht entschädigt werden.[14]

1. Übergehende Ansprüche

5 Der Sozialversicherungsrückgriff verlangt eine Doppelberechtigung in der Person des Sozialleistungsberechtigten: Neben einem gegen den Sozialversicherungsträger gerichteten Anspruch muss dem Sozialleistungsberechtigten ein weiterer Anspruch gegen eine andere Person zustehen. Beide Ansprüche müssen sachlich und zeitlich übereinstimmen – also kongruent sein. Sie richten sich jedoch gegen unterschiedliche Schuldner, nämlich den Träger der Sozialversicherung und einen Privaten. § 116 Abs. 1 ordnet den Übergang eines »auf anderen gesetzlichen Vorschriften beruhenden Anspruch(s) auf Ersatz des Schadens« an. Mit dieser Aussage sind drei Feststellungen getroffen:

1) Es muss sich um einen Anspruch handeln, der auf anderen gesetzlichen Vorschriften beruht als denen des SGB.[15]
2) Dieser Anspruch muss auf Gesetz beruhen, womit sich die Frage stellt, ob und inwieweit ein auf Vertrag beruhender Anspruch von § 116 erfasst wird.
3) § 116 ordnet den Übergang von Ansprüchen auf Schadensersatz an. Problematisch ist insbesondere, welche auf Schadensersatz gerichteten Ansprüche solche »gesetzlicher Art« sind.

6 Diese Voraussetzungen erfüllen unproblematisch die Ansprüche auf Schadensersatz, die in den zivilrechtlichen Regelungen über gesetzliche Schuldverhältnisse normiert sind. Dies sind namentlich die Tatbestände der Delikts- (§§ 823 ff. BGB), Staats- (§ 839 BGB, Art. 34 GG) und Gefährdungshaftung (§§ 833 Satz 1 BGB, 1 ProdHG[16], 1 UmweltHG, 1 HaftpflichtG, 33 LuftVG, 7 StVG, 25

---

14 BGH (GZS), Beschl. v. 30.03.1953, GZS 1 – 3/53. BGHZ 9, 179, 185 ff.; Geigel/*Plagemann*, Der Haftpflichtprozess, 2011 (26. Aufl.), 30. Kapitel, Rn. 1 ff.; Hauck/Noftz/*Schlaeger/Bruno*, SGB X, § 116 SGB X Rn. 1; BeckOGK/*Kater*, § 116 SGB X Rn. 4 ff., Stand 09/2024; *Eberhard Eichenhofer,* Sozialversicherungsrückgriff, in: Brameshuber/Aschauer (Hrsg.), Jahrbuch des Sozialrechts 2019, 99 ff.; *Krauskopf/Marburger,* Die Erstattungsansprüche nach § 116 SGB X, 2013; *Küppersbusch*, Ersatzansprüche bei Personenschaden, 2000 (7. Aufl.), Rn. 433 ff.; *von Maydell/Schellhorn*, GK-SGB X/3, § 116 Rn. 24 ff.; Schütze/*Bieresborn*, § 116 SGB X Rn. 1a.

15 Gemeint sind die durch Art. II § 1 SGB I zum SGB zählenden Vorschriften; vgl. i.Ü. BT-Drucks. 9/95, S. 27; Hauck/Noftz/*Schlaeger/Bruno*, § 116 SGB X Rn. 13; von Maydell/*Schellhorn*, GK-SGB X/3, § 116 Rn. 37.

16 *Marburger*, Schadensersatzansprüche nach § 116 SGB X in Zusammenhang mit der Produkthaftung, Die Leistungen 1998, 257.

AtomG, 22 WHG, 84 AMG).[17] Differenziert ist demgegenüber die Frage zu beantworten, ob auch Schadensersatzansprüche wegen Verletzung eines Vertragsverhältnisses einen »gesetzlichen Anspruch« darstellen und damit übergangsfähig sind. Dabei ist diese Frage jedenfalls dann zu bejahen, wenn die vertraglichen Ersatzansprüche mit den auf gesetzlichen Schuldverhältnissen beruhenden Ansprüchen in »einwirkender[18] Anspruchskonkurrenz« stehen – namentlich im Zusammenhang mit einer arznei-, arbeits- oder sonstigen schuldvertraglichen Leistung (z.B. im Rahmen eines Beförderungs-, Beratungs- oder Geschäftsbesorgungsvertrags). Da nach den Grundsätzen der einwirkenden Anspruchskonkurrenz[19] die Voraussetzungen der Haftung aus gesetzlichen Schuldverhältnissen durch die Vertragshaftung modifiziert werden (i.e. Begründung von Verkehrssicherungspflichten durch Vertrag, Modifizierung des Haftungsmaßstabes), steht dem Forderungsübergang auch eine vertragliche Modifikation gesetzlicher Schadensersatzhaftung nicht entgegen. Daher sind auch vertraglich veranlasste Ansprüche im Sinne der §§ 280 ff. BGB übergangsfähig, wenn sie auf der Verletzung eines Schuldverhältnisses und einer hieraus folgenden Schadensersatzpflicht beruhen.[20] Nicht von § 116 erfasst werden demgegenüber Ansprüche, die ausschließlich auf vertraglichen Vereinbarungen beruhen, da es sich hierbei nicht um gesetzliche Ansprüche handelt. Nach § 116 SGB X geht eine aus einem gesetzlichen Schuldverhältnis rührende Forderung auf Schadensersatz über. Der Leistungsanspruch ist also auf Wiedergutmachung eines privat verursachten Schadens gerichtet. Der typische Rechtsgrund ist eine gesetzliche Haftpflicht auf Grund einer Delikts- oder Gefährdungshaftung. Vertragliche Ansprüche gehen nicht über, es sei denn, sie gründeten in gesetzlichen Ansprüchen – wie etwa bei der Arzthaftung. In deren Rahmen werden die gesetzlichen Sorgfalts- und Verschuldensanforderungen durch Vertragsrecht nach den Grundsätzen der einwirkenden Anspruchskonkurrenz verändert. Ist die gesetzliche Haftung vertraglich beschränkt oder ausgeschlossen, modifizieren diese Gestaltungen auch den Forderungsübergang.

Als »Ansprüche auf Ersatz eines Schadens« sind alle Forderungen zu qualifizieren, die der Wieder- 7
herstellung von Einbußen in den Rechtsgütern des Geschädigten dienen. Der Anspruch muss auf Schadensausgleich gerichtet sein. Die Ansprüche auf Schadensausgleich und die sozialversicherungsrechtliche Leistung müssen dieselbe Einbuße ausgleichen,[21] namentlich Gesundheitsschäden, schädigungsbedingt vermehrte Bedürfnisse, Einbußen der Erwerbskraft oder Pflege.[22] Regelmäßig wird die Leistungszuständigkeit durch Inanspruchnahme der Leistung begründet; Zweifel an der Prognose über den Erfolg einer ergriffenen Maßnahme stehen einem gesetzlichen Forderungsübergang nicht entgegen.[23] Dabei ist als »Schaden« regelmäßig der ganze Schaden zu verstehen.[24] Es kommt nicht darauf an, ob diese Ansprüche in ihren Rechtsfolgen durch §§ 249 ff. BGB geregelt oder als Aufwendungsersatzanspruch auf Ausgleich der unfreiwilligen Einbußen an eigenen Rechtsgütern des Geschädigten begründet sind.[25] Voraussetzung dafür ist jedoch, dass der Ausgleichs- oder Schadensersatzanspruch auf Restitution der unfreiwilligen Einbußen in den Rechtsgütern des

17 Allgemeine Meinung: BT-Drucks. 9/95, S. 27; Geigel/*Plagemann*, Rn. 10; Hauck/Noftz/*Schlaeger/Bruno*, § 116 SGB X Rn. 7; *Küppersbusch*, 2000, Rn. 441 ff.; von Maydell/*Schellhorn*, GK-SGB X/3, § 116 Rn. 38; SGB-SozVersGesKomm/*Gitter*, § 116 Rn. 5.

18 D.h., die Voraussetzung der Haftung aus gesetzlichen Schuldverhältnissen modifizierender.

19 BGH, Urt. v. 20.11.1984 – IVa ZR 104/83, BGHZ 93, 23.

20 Hauck/Noftz/*Schlaeger/Bruno*, § 116 SGB X Rn. 53 ff. m.w.N.

21 BGH, Urt. v. 20.03.1973 – VI ZR 19/72 VersR 1973, 566 f.; BGH, Urt. v. 10.04.1979 – VI ZR 268/76, VersR 1979, 640; BGH, Urt. v. 15.03.1983 – VI ZR 156/80,VersR 1983, 686; BGH, Urt. v. 18.05.2010 – VI ZR 142/09, VersR 2010, 1103; BGH, Urt. v. 27.01.2015 – VI ZR 54/14 –, BGHZ 204, 44.

22 Diering/Timme/*Breitkreuz*, SGB X (Fn. 1), § 116 Rn. 8 ff.; SRH/*Plagemann*, § 9 Rn. 7 ff.

23 BGH, Urt. v. 16.06.2015 – VI ZR 416/14 – NZV 2016, 29.

24 BGH, Urt. v. 08.04.1977 – VI ZR 112/96. BGHZ 135, 170.

25 So bereits RG, Urt. v. 07.05.1941 – VI 72/40. RGZ 167, 85 für Lebensretter, denen das Gericht einen ihre Schäden umfassenden Anspruch auf Aufwendungsersatz (§ 670 BGB) zuerkannte gem. §§ 677 ff., 683 BGB; anders BGH, Urt. v. 10.10.1984 – IVa ZR 167/82. BGHZ 92, 270 – seither verneint die Rechtsprechung und Lehre den schadensersatzrechtlichen Charakter der Ansprüche aus Geschäftsführung ohne Auftrag (BeckOGK/*Kater*, § 116 SGB X Rn. 40, Stand 09/2024; Geigel/*Plagemann*, Rn. 15).

Geschädigten gerichtet ist und auch besteht.[26] Um keinen Anspruch auf Schadensersatz (der nach § 116 überginge), sondern um einen Anspruch auf Arbeitsentgelt (der nach § 115 übergeht) handelt es sich, wenn der Arbeitnehmer Lohnfortzahlung im Krankheitsfall erhält. Dieser gleicht keine Schädigungshandlung aus und beruht auf Vertrag. Des Weiteren gehen Ansprüche aus privaten Versicherungsverträgen, weil vom Versicherten durch eigene Vermögensvorsorge erworben, nicht nach § 116 über.[27]

8 Ein Übergang eines Anspruchs setzt die Existenz einer Forderung voraus. Aus dem Erfordernis der Doppelberechtigung (Rn. 4) erklärt sich, dass ein gesetzlicher Forderungsübergang dann nicht eintritt, wenn für die sozialversicherungsrechtliche Leistung kein Rechtsgrund besteht – der Träger also an den falschen Empfänger[28] oder zu viel zahlt. Besteht dagegen die Leistungszuständigkeit – wenn auch nur vorläufig auf Grund des Ersuchens des Leistungsberechtigtem gegenüber dem erstangegangenen Träger –, erlangt dieser die Berechtigung, wenn er jedenfalls die Weiterleitung gegenüber dem Zuständigen unterlässt und dadurch etwa nach § 14 SGB IX selbst zuständig wird.[29] Ist sie gesetzlich ausgeschlossen (§ 651g Abs. 1 Satz 1 BGB), so entfällt der Übergang.[30] Wurde zwischen dem Schädiger und dem Geschädigtem ein Haftungsverzicht oder eine Haftungsermäßigung vereinbart und ist der Ersatzanspruch deshalb ausgeschlossen oder beschränkt, so kommt mangels Bestehens einer Forderung auch ein Forderungsübergang nicht in Betracht.[31] Eine Ausnahme gilt allenfalls dann, wenn die Vereinbarung einzig getroffen wurde, um den Leistungsträger zu schädigen. In diesem Fall ist die Vereinbarung nach § 138 BGB ebenso unwirksam[32] wie ein zum Nachteil des Sozialleistungsträgers abgeschlossener Unterhaltsverzicht.[33]

9 Der Übergang der Forderung ist ferner ausgeschlossen, wenn die Schadensersatzforderung dem Grunde nach entfällt, etwa weil wegen der Zahlung einer Versicherungsleistung an den Geschädigten oder dessen Hinterbliebene bei einem Flugzeugunglück die Schadensersatzhaftung des Verantwortlichen wegfällt.[34] Setzt die Anspruchsentstehung die Anmeldung einer privatrechtlichen Forderung voraus[35], so besteht diese Pflicht auch für die kraft Gesetzes übergehenden Forderungen. Hierbei reicht für die Geltendmachung von Folgeschäden die rechtzeitige Anmeldung des Anspruches dem Grunde nach aus.[36] Hinsichtlich des Umfangs enthält Abs. 1 Satz 2 die Klarstellung, dass vor Übergang auch der Teil der privatrechtlichen Forderung erfasst wird, der den Ausgleich des Schadens des Geschädigten in der Sozialversicherung (vgl. § 119) umfasst. Mangels Doppelberechtigung (Rn. 4) kommt es deshalb namentlich nicht zum gesetzlichen Forderungsübergang, wenn wie durch § 104 SGB VII Unfallschäden unter Verdrängung jeglicher privatrechtlicher Haftung allein sozialrechtlich ausgeglichen werden.[37] Das Unfallversicherungsrecht schafft hierfür mit § 110 SGB VII einen von

---

26 Vgl. *Schwede*, Sportverletzungen im Sozialversicherungsrecht, NZS 1996, 562.

27 Geigel/*Plagemann*, Rn. 16.

28 OLG Saarbrücken, Urt. v. 20.03.2014 – 4 U 64/13 – NJW-RR 2014, 810.

29 BGH, Urt. v. 27.01.2015 – VI ZR 54/14 – BGHZ 204, 44.

30 BGH, Urt. v. 09.06.2009 – Xa ZR 99/06. NJW 2009, 2811; OLG Celle, Urt. v. 21.03.2002 – 11 U 139/01 – NJW-RR 2002, 1637; BeckRS 2006, 10608.

31 Von Maydell/*Schellhorn*, GK-SGB X/3, § 116 Rn. 308 ff.; BGH, Urt. v. 18.12.1979 – VI ZR 52/78. NJW 1980, 1681; zu den Abgrenzungsproblemen in Abfindungsvergleichen, vgl. unten Rn. 19.

32 Stellt sie doch ein zum Ersatz verpflichtendes Delikt (§ 826 BGB) dar.

33 BGH, Urt. v. 08.12.1982 – IVb ZR 333/81-, BGHZ 86, 82.

34 BGH, Urt. v. 09.10.1979 – VI ZR 232/77. NJW 1980, 524; BGH, Urt. v. 15.07.2008 – VI ZR 212/07. VersR 2008, 1407 (Schüler-Unfallversicherung); BGH, Urt. v. 22.10.2005 – VI ZR 334/04. VersR 2006, 221.

35 Wie Art. 6 Ausführungsgesetz NATO-Truppenstatut dies vorsieht.

36 OLG Frankfurt am Main, Urt. v. 29.07.1993 – 15 U 231/92. SGb 1994, 180, 228; LG Kaiserslautern, Urt. v. 25.01.1991 – 2 O 282/90. VersR 1992, 330.

37 Knickrehm/Roßbach/Waltermann/*Waltermann*, Kommentar zum Sozialrecht, 8. Aufl. 2023, § 116 SGB X Rn. 6.

§ 116 SGB X abweichenden[38] eigenen Ausgleich, welchen die Praxis[39] als bürgerlich-rechtlich qualifiziert, der aber letztlich sozialversicherungsrechtlich motiviert und legitimiert ist.

2. Voraussetzungen des Übergangs

Die Doppelberechtigung tritt ein, weil die Sozialleistung den Schaden nicht beseitigt und daher nach den Grundsätzen der Vorteilsausgleichung nicht anzurechnen ist.[40] Deshalb ist die doppelte Berechtigung aufzulösen, weil der Anspruch letztlich nur einmal zu erfüllen ist, und zwar entweder durch die Sozialversicherung oder den Schädiger. Wird der Schaden durch den Schädiger behoben, ist der Gläubiger befriedigt; eine abermalige Schadensbeseitigung kommt deswegen nicht mehr in Betracht. Der Forderungsübergang findet zugunsten des Trägers der Sozialversicherung, der Eingliederungshilfe sowie der Sozialhilfe statt, soweit einer von diesen »aufgrund des Schadensereignisses Sozialleistungen zu erbringen hat«. Aus dieser Formulierung folgt, dass im Unterschied etwa zu §§ 6 EFZG, 86 VVG, freilich ebenso wie § 87a BBG der Forderungsübergang nach § 116 nicht ab Erlangung der Leistung besteht, sondern bereits mit der Leistungspflicht des Zessionars eintritt. Diese Formulierung macht auch den Rechtsgrund des Forderungsübergangs klar; er kommt zustande, sobald dem Geschädigten ein in § 116 Abs. 1 genannter Träger verpflichtet ist. Die Forderung auf Schadensersatz geht unmittelbar auf den Sozialleistungsträger über, ohne dass dem Geschädigten eine Verfügungszuständigkeit bezüglich des Anspruches jemals zustehen würde.[41] Diese Regelung wird rechtspolitisch kritisiert, ihr wird namentlich eine ungerechtfertigte Bevorzugung der Sozialleistungsträger entgegengehalten, welche zu Lasten des Geschädigten und dessen Dispositionsfreiheit über den erlangten Schadensersatzanspruch gehe.[42] Zugunsten der Regelung spricht aber, dass bei bestehendem Sozialversicherungsschutz der Ausgleich der Personenschäden in die unmittelbare Zuständigkeit des Sozialversicherungsträgers fällt, weshalb auch die Verfügungsmacht des Geschädigten über den Schadensersatzanspruch in dem Maße entfällt, wie er durch Sozialleistungsträger entschädigt wird.[43] 10

Der Begriff »Sozialversicherung« ist in Übereinstimmung mit § 1 SGB IV zu definieren.[44] Er umfasst also die gesetzliche Kranken-, Pflege-, Unfall-, Rentenversicherung sowie Arbeitslosenversicherung[45] – einerlei ob der Schutz auf einer Pflichtversicherung oder freiwilligen Versicherung beruht.[46] Eine solche Kongruenz besteht zwischen dem Anspruch auf Pflegehilfe nach dem SGB XI und dem Anspruch auf Ersatz vermehrter Bedürfnisse.[47] Wird Pflege im Ausland nicht gewährt, wäre sie aber bei Inlandsaufenthalt zu gewähren geschuldet, besteht keine Kongruenz.[48] 11

Das Gesetz macht den Forderungsübergang vom Bestehen der Leistungspflicht und nicht von der tatsächlichen Erbringung der Leistung abhängig. Dies hat Bedeutung für den Zeitpunkt des 12

38 Koppenfels-Spies/Wenner/*Waltermann*, SGB VII, 3. Aufl. 2022 § 110 Rn. 2.
39 BGH, Urt. v. 28.09.1971 – VI ZR 216/69. BGHZ 57, 96, 100 f.; BGH, Urt. v. 11.02.2003 – VI ZR 34/02. BGHZ 154, 11, 18.
40 *Deinert*, Privatrechtsgestaltung durch Sozialrecht, Baden-Baden 2007, 233.
41 BGH, Urt. v. 02.12.2003 – VI ZR 243/02. VersR 2004, 492; BGH, Urt. v. 15.04.1986 – VI ZR 146/85. BGHZ 97, 330, 336; BGH, Urt. v. 10.07.1967 – III ZR 78/66. BGHZ 48, 181.
42 *Maximilian Fuchs*, Der Forderungsübergang nach § 116 SGBX und § 86 VVG, JZ 2012, 134.
43 BGH, Urt. v. 10.07.1967 – III ZR 78/66. BGHZ 48, 181.
44 Vgl. oben Eichenhofer/von Koppenfels-Spies/Wenner/*Eichenhofer*, § 1 SGB IV Rn. 2 ff.; § 4 SGB I Rn. 2 ff.
45 Allgemeine Meinung: von Maydell/*Schellhorn*, GK-SGB X/3, § 116 Rn. 56; SGB-SozVersGesKomm/*Gitter*, § 216 Rn. 7.
46 BGH, Urt. v. 11.05.1976 – VI ZR 51/74. NJW 1976, 2349; Geigel/*Plagemann*, Rn. 2; *Küppersbusch*, 2000, Rn. 437.
47 BGH, Urt. v. 27.06.2006 – VI ZR 337/04. VersR 2006, 1383; BGH, Urt. v. 05.03.2002 – VI ZR 442/00. BGHZ 150, 94; BGH, Urt. v. 28.11.2000 – VI ZR 352/99. 146, 108.
48 BSG, Urt. v. 03.04.2014 – B 2 U 25/12 R. SozR 4–2400 § 3 Nr. 1; BSG, Urt. v. 26.01.2005 – B 12 P 9/03 R.

Forderungsübergangs. Dieser tritt im Gegensatz zu § 115 nicht erst ein, wenn die Leistung an den Geschädigten erbracht wird, sondern schon zu dem Zeitpunkt, in welchem die Leistungspflicht entsteht. Diese Regelung galt schon zuvor. Denn der Unfall löst regelmäßig einen Anspruch auf eigenständige Leistungen gegen die Sozialversicherungsträger aus. Der Forderungsübergang tritt auch ein, wenn die Leistungszuständigkeit nur vorläufig besteht (§ 14 Abs. 1 SGB IX), aber mangels Weiterleitung an den zuständigen Träger es nicht zum Wechsel der Zuständigkeit kommt. Dann erwirbt der vorläufig zuständige Träger den privatrechtlichen Anspruch.[49] Wird ein Sozialleistungsanspruch rechtlich erstmals begründet – so für die Einführung der gesetzlichen Pflegeversicherung[50] entschieden – soll abweichend von diesem Grundsatz der Forderungsübergang erst mit Einführung des Anspruchs entstehen (Systemwechsel). Im Falle der nachträglichen Zahlung für Beiträge nach § 179 Abs. 1a SGB VI (Beiträge für Beschäftigte in Werkstatt für behinderte Menschen) soll es für den Forderungsübergang ebenfalls nach §§ 86 VVG, 6 EFZG analog auf den Zeitpunkt der Zahlung und nicht auf den früheren Zeitpunkt der Entstehung der Zahlungspflicht ankommen (zum Ausgleich des Beitragsschadens vgl. unten § 119 Rn. 2 ff.). Fragen der Doppelberechtigung stellen sich im Hinblick auf die Entschädigung von Pflegepersonen durch die Pflegeversicherung im Hinblick auf Ausfälle von Beiträgen in der gesetzlichen Rentenversicherung. Ist der Übernahme der Rentenversicherungsbeiträge durch die Pflegekasse (§ 44 SGB XI) für die Pflegeperson des durch Delikt geschädigten Opfers eine zivilrechtliche Ersatzpflicht kongruent?

Der BGH[51] leitete den Forderungsübergang auch bezüglich der Beiträge zugunsten der Pflegeperson zu deren Rentenversicherung als Teil des vom Schädiger auszugleichenden Schadens aus dem Grundsatz der Totalreparation und damit der Maxime ab, dass alle aus dem Delikt entstandenen Schäden vom Schädiger zu tragen sind. Daran hindert nicht die Schadensberechnung nach der Differenzhypothese; diese habe zurückzutreten, die Ausgleichspflicht sei aus dem normativen Schadenbegriff abzuleiten. Das Gericht stützt sich dabei auf die Erwägung, dass das Opfer infolge der schädigungsbedingt entstanden vermehrten Bedürfnisse nach § 842 BGB auf Kosten des Schädigers Pflege durch kommerzielle Dienste beanspruchen dürfe. In deren Kosten seien die Aufwendungen für die Sozialversicherungsbeträge der Pflegekräfte enthalten; nichts anderes dürfe gelten, wenn Pflege innerhalb der Familie erbracht würde.

13 Da der Forderungsübergang die doppelte Entschädigung des Geschädigten durch Schädiger und Sozialleistungsträger verhindern will, gewährleistet diese Bestimmung des Übergangszeitpunkts, dass dem Geschädigten nicht für ein Interesse zwei Ansprüche gegen verschiedene Schuldner zustehen.[52] Dies ist gegeben, wenn aufgrund der Umstände mit einer Leistungspflicht mehr als eines Trägers zu rechnen ist.[53] Dem Geschädigten wird die Verfügungsmacht über den Schadensersatzanspruch entzogen, sobald ihm ein Anspruch auf Sozialleistungen zusteht. Die Rechtsprechung[54] bejaht den Übergang schon dann, wenn in der Zukunft Sozialleistungen in Betracht kommen. Dafür reicht eine entfernte Möglichkeit des Eintritts solcher Tatsachen aus.[55] Der Übergang tritt auch ein, wenn

49 BGH, Urt. v. 27.01.2015 – VI ZR 54/14. VersR 2015, 598.

50 BGH, Urt. v. 01.07.2014 – VI ZR 391/13. VersR 2014, 1226.

51 BGH, Urt. v. 10.11.1998 – VI ZR 354/97. BGHZ 140, 39.

52 So auch von Maydell/*Schellhorn*, GK-SGB X/3, § 116 Rn. 197: »Sofortiger Übergang ist Pendant sofortiger Leistungspflicht«.

53 BGH, Urt. v. 05.05.2009 – VI ZR 208/08. VersR 2009, 995, BGHZ 127, 120.

54 BGH, Urt. v. 12.12.1995 – VI ZR 271/94. BGHZ 131, 274; BGH, Urt. v. 13.02.1996 – VI ZR 318/94. BGHZ 132, 39; BGH, Urt. v. 10.07.1967 – III ZR 78/66. BGHZ 48, 181, 186; BGH, Urt. v. 17.04.1990 – VI ZR 276/89 – NJW 1990, 2933; BGH, Urt. v. 04.10.1983 – VI ZR 44/82. NJW 1984, 607; BGH, Urt. v. 24.02.1983 – VI ZR 243/80. NJW 1983, 1912; BGH, Urt. v. 13.02.1975 – VI ZR 209/73. NJW 1975, 978.

55 BGH, Urt. v. 10.07.1967 – III ZR 78/66. BGHZ 48, 181, 190; BGH, Urt. v. 12.12.1995 – VI ZR 271/94. BGHZ 131, 274; BGH, Urt. v. 13.02.1996 – VI ZR 318/94. BGHZ 132, 39, 46; BGH JR 1996, 505 –.

der der durch den Unfall geschädigte Beamte Versorgungsansprüche hat.[56] Wechselt der Sozialversicherungsträger, so geht mit Wechsel der Zuständigkeit auch die Forderung vom bisherigen auf den künftigen Träger kraft Gesetzes über.[57]

Fraglich und in der Literatur umstritten ist, ob auch die Ansprüche der Sozialhilfeträger oder Träger der Eingliederungshilfe im Zeitpunkt der Schädigung auf den betreffenden Träger übergehen. Zugunsten dieser Deutung sprechen der Wortlaut des Gesetzes und seine Entstehungsgeschichte.[58] Gegen diese Auslegung wird hingegen vorgebracht, dass dadurch der Geschädigte in seiner Verfügungsmacht über seine Ersatzansprüche ungebührlich eingeschränkt würde.[59] Ferner sei der Sozialhilfeträger nur in Ausnahmefällen leistungspflichtig, wogegen die Leistungspflicht der Sozialversicherungsträger regelmäßig bestehe.[60] Die Auffassungen sind also kontrovers im Hinblick auf den Zeitpunkt des Übergangs. Ergänzend dazu stellte der BGH den Grundsatz auf: »Der in § 116 SGB X normierte Anspruchsübergang findet bei Sozialleistungen, die auf Grund eines Sozialversicherungsverhältnisses erbracht werden, in aller Regel mit dem Zeitpunkt des schadensrechtlichen Ereignisses statt(…). Bei Sozialleistungen, die nicht auf Grund des Sozialversicherungsverhältnisses erbracht werden, ist für den Zeitpunkt des Rechtsübergangs maßgebend, dass nach den konkreten Umständen des jeweiligen Einzelfalls eine Leistungspflicht überhaupt in Betracht zu ziehen ist«.[61] Die Anwendung dieser Regel ist praktisch schwierig und läuft auf eine Korrektur des Gesetzes hinaus, welches alle Sozialleistungen im Hinblick auf den Zeitpunkt des Forderungsübergangs gleichstellen wollte und sollte. 14

Hier folgt aus dem klaren Wortlaut des Gesetzes, dass dafür der Eintritt der Sozialhilfebedürftigkeit und nicht der Zeitpunkt der Leistungserbringung maßgeblich ist. Daher tritt auch bei Grundsicherungsleistungen der aus § 116 SGB X resultierende Forderungsübergang auf den Träger der Grundsicherung nach § 33 SGB II mit Eintritt der Bedürftigkeit des Leistungsberechtigten ein.[62] Da aber der Übergang nur stattfindet, soweit die Sozialhilfebedürftigkeit unfallbedingt eingetreten ist, enthalten beide Auffassungen nur unterschiedliche Formulierungen für einen identischen Zeitpunkt. Tritt Sozialhilfebedürftigkeit nicht unmittelbar durch das Unfallereignis ein, sondern erst später (etwa nach Verbrauch des Vermögens), geht die Forderung der Sozialhilfeträger ebenfalls erst über, wenn und soweit der Sozialleistungsberechtigte bedürftig geworden ist.[63] Eine Rückübertragung eines übergegangenen Anspruchs vom Sozialhilfeträger an den Empfänger der Sozialhilfe widerspricht dem Sinn des Abs. 1 und wäre daher gem. § 32 SGB I unstatthaft.[64] Der Geschädigte bleibt trotz Forderungsübergang auf den Träger einziehungsermächtigt.[65] 15

---

56 BGH, Urt. v. 17.06.1997 – VI ZR 288/96. BGHZ 136, 78.

57 BGH, Urt. v. 24.04.2012 – VI ZR 329/10, NJW 2012, 3639.

58 BT-Drucks. 9/95, S. 41; vgl. dazu *Breuer*, Der Regress des Sozialhilfeträgers nach § 116 SGB X, 1986, 9 ff.

59 SGB-SozVersGesKomm/*Gitter*, § 116 Rn. 8; *Plagemann*, Der Regress der Sozialhilfeträger nach § 116 SGB X, ZfSH/SGB 1985, 12; *Schmitt*, Probleme des gesetzlichen Forderungsübergangs auf die Sozialhilfeträger, ZfSH/SGB 1984, 159.

60 *Schmitt*, ZfSH/SGB 1984, 158; *Küppersbusch*, Die Ablösung der §§ 1542, 1543 RVO durch die §§ 116 bis 119 SGB X, VersR 1983, 193.

61 BGH, Urt. v. 24.04.2012 – VI ZR 329/10, NJW 2012, 3639.

62 Geigel/*Plagemann*, Rn. 41.

63 BGH, Urt. v. 10.10.2002 – III ZR 205/01, NJW 2002, 3769; BGH, Urt. v. 25.06.1996 -VI ZR 117/95, BGHZ 133, 129; BGH, Urt. v. 12.12.1995 – VI ZR 271/94, BGHZ 131, 274.

64 OLG Köln, Urt. v. 13.03.1998 – 3 U 131/97, VersR 1998, 1262; vgl. *Eichenhofer* in Eichenhofer/von Koppenfels-Spies/Wenner, SGB I, § 32 Rn. 3.

65 BGH, Urt. v. 25.06.1996 – VI ZR 117/95, BGHZ 133, 129, 135 ff.; BGH, Urt. v. 12.12.1995 – VI ZR 271/94, BGHZ 131, 274, 283 ff.

3. Kongruenz von Schadensersatz- und Leistungsanspruch

16 Doppelberechtigungen stellen privat- und sozialrechtliche Konkurrenzlagen[66] dar, welche durch die Begründung des Vorranges einer der konkurrierenden Berechtigungen aufzulösen sind. Für die zwischen der Sozialversicherung einerseits und Arbeits- oder Haftungsrecht andererseits bestehende Konkurrenzlage gilt der Vorrang des Privatrechts. Die sozialversicherungsrechtliche Leistung soll das Privatrecht regelmäßig nicht ablösen, um privatrechtlich Verantwortliche nicht zu entlasten, den Berechtigten nicht doppelt zu entschädigen und die Sozialleistung auf die von Privaten nicht zu verantwortenden Einbußen zu beschränken[67].

Die dem Geschädigten zustehende Forderung auf Schadensersatz geht auf den Sozialleistungsträger über, falls dieser »aufgrund des Schadensereignisses Sozialleistungen zu erbringen hat, die der Behebung eines Schadens der gleichen Art dienen und sich auf denselben Zeitraum wie der vom Schädiger zu leistende Schadensersatz beziehen«. Diese Formulierung umschreibt das Erfordernis der »Kongruenz«.[68] Der BGH definiert Kongruenz zwischen Schadensersatz- und Sozialleistungsanspruch dahingehend, dass dieser »dem Ausgleich gerade der Einbußen dient, die vom Schädiger durch seine Ersatzverpflichtung übernommen werden sollen«.[69] Kongruenz zwischen Schadensersatz- und Sozialleistungsanspruch besteht also nur, falls beide Ansprüche als Ausgleich für ein gegenständlich identisches, dieselbe Schadensposition betreffendes Interesse geschuldet sind[70] und derselben Person als Gläubiger zustehen (Personenidentität).[71] Dafür sind »sachliche und zeitliche Kongruenz«[72] zu unterscheiden.

17 Falls eine sozialrechtliche Forderung mit einer privatrechtlichen Forderung personell, sachlich und zeitlich übereinstimmt, besteht zwischen ihnen Kongruenz. Die Ansprüche müssen dasselbe Interesse schützen. Zeitlich stimmen sie überein, wenn die Ansprüche denselben Zeitraum umfassen.[73] Das Gesetz differenziert die übergehenden Forderungen nach den unterschiedlichen privatrechtlichen Gattungen von Ansprüchen. Sachliche Kongruenz kann nur unter Ansprüchen vorliegen, welche gleichermaßen durch Sozialleistungen wie durch Haftpflichtrecht zu ersetzen sind. Die durch die Schädigung ausgelöste Ersatzpflicht muss daher mit der Sozialleistung gegenständlich übereinstimmen. Dies ist der Fall für Erwerbsminderungsrenten und Ansprüche auf Ausgleich des Erwerbsschadens;[74] dazu gehört auch die vorgezogene Altersrente für Menschen, die als Schwerbehinderte anerkannt sind.[75] Bei dem Übergang eines Schadensersatzanspruchs eines Selbständigen auf den Unfallversicherungsträger besteht Kongruenz zwischen Verletztengeld und dem Anspruch auf Gewinnersatz[76] und Erwerbschaden[77], desgleichen bei den Ersatzansprüchen in der gesetzlichen Schülerunfallversicherung[78]. Ein Ersatzanspruch nach § 844 Abs. 2 BGB geht bereits mit Verletzung

66 *Deinert*, Privatrechtsgestaltung durch Sozialrecht, S. 40; *Eichenhofer*, VSSR 1991, 161, 165 ff.; *Fuchs*, Zivilrecht und Sozialrecht, München 1992 (zugl. München, Univ., Habil. 1990), S. 5 ff., 10 ff.

67 *Deinert*, Privatrechtsgestaltung durch Sozialrecht, S. 234.

68 Geigel/*Plagemann*, Rn. 9 f., 23 ff.; Hauck/Noftz/*Schlaeger/Bruno*, SGB X, § 116 Rn. 11; *Küppersbusch*, 2000, Rn. 459 ff.; von Maydell/*Schellhorn*, GK-SGB X/3, § 116 Rn. 91; SGB-SozVersGesKomm/*Gitter*, § 116 Rn. 11.

69 BGH, Urt. v. 11.05.1976 – VI ZR 51/74. NJW 1976, 2349,2350.

70 Deshalb sah der Vorschlag des Bundesrates vor, statt der Gesetz gewordenen Formulierung »desselben Schadens« zu schreiben. Besser wäre gewesen, von »derselben Schadensposition« zu sprechen. Bei dieser Fassung des Gesetzes würde das Gemeinte jedenfalls klarer herauskommen.

71 Vgl. BeckOGK/*Kater* § 116 SGB X Rn. 100, Stand 09/2024.

72 Dazu etwa Schütze/*Bieresborn*, § 116 SGB X Rn.. 13; BeckOGK/*Kater*, § 116 SGB X Rn. 98 f, Stand 09/2024.

73 Diering/Timme/Stähler/*Breitkreuz*, § 116 Rn. 16 ff.; SRH/*Plagemann*, § 9 Rn. 19.

74 BGH, Urt. v. 02.07.2002 – VI ZR 401/01, BGHZ 151, 210.

75 BGH, Urt. v. 18.05.2010 – VI ZR 142/09, VersR 2010, 1103.

76 BGH, Urt. v. 23.02.2010 – VI ZR 331/08, VersR 2010, 550.

77 BGH, Urt. v. 08.04.2008 – VI ZR 49/07, BGHZ 176, 109.

78 BGH, Urt. v. 15.07.2008 – VI ZR 212/07, juris.

des Unterhaltspflichtigen auf den Sozialhilfeträger über.[79] Es besteht regelmäßig Kongruenz zwischen Ansprüchen auf Ausgleich von Personenschäden. Von besonderer Bedeutung sind als Schadenspositionen die Erbringung medizinischer Leistungen sowie der Ersatz von Erwerbs- und Unterhaltsschaden – letzterer beim Tode des Verletzten.[80] Sind mit der Inanspruchnahme Pflichten zur Tragung zusätzlicher Kosten verbunden, so umfasst die Schadensersatzpflicht auch deren Ersatz.[81] Sachliche Kongruenz besteht nach § 116 Abs. 1 Satz 2 SGB X auch für die schädigungsbedingten Beitragsausfälle.[82] Kongruenz besteht ferner für Pflegeleistungen und Ansprüche auf Ausgleich wegen vermehrter Bedürfnisse[83] sowie für die Leistungen der Diagnosestellung durch einen Durchgangsarzt im Rahmen der Feststellung eines Arbeitsunfalls oder einer Berufskrankheit als Versicherungsfälle der gesetzlichen Unfallversicherung.[84] Beseitigt die Schädigung die Erwerbsfähigkeit, umfasst die Schadensersatzpflicht auch den Verlust der an die Erwerbsfähigkeit gebundenen SGB-II-Berechtigung.[85] Keine Kongruenz besteht hingegen, wenn die Schädigung zur Erblindung führt und das Landes-Blindengeld vorschreibt, nicht bezahlt zu werden, falls von Dritten Schadensersatz geschuldet und geleistet wird.[86] Keine Kongruenz besteht zudem hinsichtlich der Eigenanteile des geschädigten Rentners zu dessen Beiträgen zur Kranken- und Pflegeversicherung.[87] Auch bei Maßnahmen der Eingliederung eines Menschen mit Behinderung in eine Werkstatt besteht keine Kongruenz zwischen den Eingliederungsmaßnahmen der Bundesagentur für Arbeit und der Pflicht des Schädigers zum Ersatz des Verdienstausfalls des Geschädigten.[88]

Kongruenz lässt die konkurrierenden Leistungsansprüche unberührt. Im Hinblick auf die Beiträge zur Kranken- und Pflegeversicherung der Rentner tritt ein Forderungsübergang hinsichtlich der vom Rentenversicherungsträger zu tragenden Beitragsanteile ein, dagegen nicht hinsichtlich des dem Geschädigten auferlegten Teils.[89]

Dagegen besteht hinsichtlich der Nicht-Vermögensschäden grundsätzlich keine Kongruenz, weil das deutsche Sozialrecht nur materielle Schäden ausgleicht[90], während das deutsche Haftungsrecht (§ 253 BGB) auch Schmerzensgeld vorsieht. Weil Sozialversicherungs- und Sozialhilferecht primär Geld- und Dienstleistungen bereitstellen und Sachen indessen nur ausnahmsweise gewähren (z.B. Herzschrittmacher, Krankengeräte, Brillen, Körperersatzstücke), ist nur ausnahmsweise eine Pflicht zur Abgeltung von Sachschäden – etwa zugunsten des Nothelfers in § 13 SGB VII – statuiert. Regelmäßig besteht also keine Kongruenz von haftpflichtrechtlichen Ansprüchen auf Sachschadensersatz und Sozialleistungsansprüchen.[91] Keinem Forderungsübergang unterliegen mangels Kongruenz weiterhin Ansprüche auf Ausgleich des immateriellen Schadens[92] oder Aufwendungsersatz. Auch der Eigenanteil des Geschädigten an dessen Kranken- und Pflegeversicherungsbeiträgen ist dem Forderungsübergang entzogen.[93] Ein Anspruch auf Lohnfortzahlung bei Krankheit geht statt nach 18

79 BGH, Urt. v. 13.02.1996 – VI ZR 318/94, BGHZ 132, 39.
80 Schütze/*Bieresborn,* SGB X § 116 Rn. 5.
81 BGH, Urt. v. 03.05.2011 – VI ZR 61/10, VersR 2011, 946.
82 BGH, Urt. v. 05.12.1989 – VI ZR 73/89, BGHZ 109, 291; *Deinert,* Privatrechtsgestaltung durch Sozialrecht, S. 238 f.
83 BGH, Urt. v. 27.06.2006 – VI ZR 337/04, VersR 2006, 1383; BGH, Urt. v. 05.03.2002 – VI ZR 442/00, BGHZ 150, 94; BGH, Urt. v. 28.11.2000 – VI ZR 352/99, BGHZ 146, 108.
84 BGH, Urt. v. 29.11.2016 – VI ZR 208/15, NJW 2017, 1742.
85 BGH, Urt. v. 25.06.2013 – VI ZR 128/12, BGHZ 197, 316.
86 BGH, Urt. v. 11.04.2017 – VI ZR 454/16, VersR 2017, 909.
87 LG Nürnberg-Fürth, Urt. v. 26.03.2015 – 8 O 5002/13, juris.
88 BGH, Urt. v. 30.06.2015 – VI ZR 379/14, BGHZ 206, 136.
89 So LG Nürnberg-Fürth, Urt. v. 26.03.2015 – B O 5002/13, NZS 2015, 584.
90 Vgl. dazu BVerfG, Beschl. v. 07.11.1972 – 1 BvL 4/71, 1 BvL 17/71, 1 BV L 10/72, 1 Bv R 355/71, BVerfGE 34, 118 ff.
91 So auch Schütze/*Bieresborn,* § 116 SGB X Anm. 24.
92 Diering/Timme/Stähler/*Breitkreuz,* § 116 Rn. 9; SRH/*Plagemann,* § 9 Rn. 18.
93 LG Nürnberg-Fürth, Urt. v. 26.03.2015 – 8 O 5002/13, juris.

§ 116 nach § 115 über. Die von der Bundesagentur für Arbeit erbrachten Maßnahmen zur Beschäftigung von Menschen mit einer Behinderung sind nicht sachlich kongruent[94].

Dienen Sozialleistungsansprüche nicht dem Schadensausgleich, sondern der Bewältigung der nach der Schädigung beim Geschädigten eingetretenen sozialen Lage – Beschäftigung in einer Werkstatt für behinderte Menschen – fehlt es an der sachlichen Kongruenz.[95] Kommt es nicht zum Übergang des Anspruchs, kann der Sozialleistungsträger durch Rückausgleich den Gegenwert des vom geschädigten Sozialleistungsempfänger erlangten Vermögensvorteils abschöpfen.[96]

19 Mit dem Forderungsübergang verliert der Geschädigte seine Aktivlegitimation und mithin seine Verfügungsbefugnis über den Ersatzanspruch. Der Sozialversicherungsrückgriff überträgt die übergehende Forderung vom Sozialleistungsberechtigten auf den Sozialversicherungsträger (§§ 398, 412 BGB). Einwendungen und Gegenrechte des Schuldners gegen den bisherigen Gläubiger bleiben nach Übergang erhalten (§§ 412, 404, 406 BGB). Der in § 116 vorgesehenen Zession gehen anderweitige Anordnungen eines Forderungsübergangs vor (§ 33 Abs. 5 SGB II, § 93 SGB XII). Der gesetzliche Forderungsübergang wird auf Sozialhilfeträger und Arbeitslosenversicherungen wie Grundsicherungsträger erstreckt (§ 116 Abs. 10). Der gesetzliche Forderungsübergang erfasst auch künftig entstehende Forderungen.[97] Die Gesetzeslage beurteilt sich dabei nach dem im Zeitpunkt des Übergangs geltenden Recht.[98] Der Übergang verlagert somit das Beitreibungsrisiko auf den Träger der jeweiligen Sozialleistung. Der Übergang umfasst auch Ansprüche auf Herausgabe der für einen Schadensfall nötigen Dokumente (Pflegedokumentation).[99] Privatrechtliche Verfügungen des bisherigen Gläubigers sind vor Übergang statthaft, nachher hingegen unstatthaft. Unklar ist, ob »Klarstellungen der Rechtslage« von den Vertragsparteien durch Vereinbarung nachträglich im Hinblick auf die vor dem gesetzlichen Forderungsübergang eintretende arbeitsvertragliche Lage getroffen werden können. Das BAG[100] bejahte dies mit der Begründung, dass der Forderungsübergang seinen Gegenstand im Arbeitsvertragsrecht finde und dieser privatrechtlicher Verfügungsmacht unterliege. So könne auch die Verfügung noch nach dem Übergang der Forderung vorgenommen werden. Der gesetzliche Forderungsübergang ist damit ein wichtiges Beispiel für privatrechtsabhängiges Sozialrecht.[101] Bei der Verjährung kommt es hinsichtlich der über den Verjährungsbeginn entscheidende Kenntnis über die Entstehung und den Schuldner der Forderung auf den Sozialleistungsträger – und hier regelmäßig auf die zuständigen Mitarbeiter der Regressabteilung – und nicht auf den Geschädigten an[102], da die Forderung unmittelbar mit der Anspruchsentstehung dem Sozialträger zusteht und nicht dem Geschädigten.

Ist ein Schadensersatzanspruch auf den Sozialhilfeträger übergangen und erhält der Geschädigte vom Schädiger auf Grund des Schadensereignisses neben der Sozialhilfe zivilrechtlichen Ersatz, so berührt dies den Forderungsübergang nicht. Der Sozialhilfeträger hat dann aber einen Anspruch auf Rückforderung zu Unrecht gewährter Sozialhilfe. Für Rechtsstreitigkeiten aus diesem Grund ist der Sozialrechtsweg gegeben.[103] Besondere Probleme stellen sich bei einer vertraglichen Einwirkung des geschädigten Anspruchsberechtigten auf die ihm zustehende, allerdings auf den Träger über-

94 BGH, Urt. v. 30.06.2015 – VI ZR 379/14, VersR 2015, 1048.
95 BGH, Urt. v. 30.06.2015 – VI ZR 379/14, VersR 2015, 1048.
96 LSG Hessen, Urt. v. 17.08.2015 – L 9 AS 618/14, NZS 2015, 878.
97 BGH, Urt. v. 10.07.1967 – III ZR 78/66, BGHZ 48, 181.
98 BGH, Urt. v. 30.11.1955 – VI ZR 211/54, BGHZ 19, 177, 183 ff.; BGH, Urt. v. 18.02.1997 – VI ZR 70/96, BGHZ 134, 381 ff.
99 BGH, Beschl. v. 28.04.2010 – XII ZB 81/09, BGHZ 185, 272, 274.
100 BAG, Urt. v. 29.09.2004 – 5 AZR 99/04, AP Nr. 23 zu § 3 EntgeltFG.
101 *Eichenhofer*, FS Binder, 2010, S. 551 ff.
102 BGH, Urt. v. 05.03.2002 – VI ZR 442/00. BGHZ 150, 94; BGH, Urt. v. 25.06.1996 – VI ZR 117/95. BGHZ 133, 129; BGH, Urt. v. 12.12.1995 – VI ZR 271/94, BGHZ 131, 274; BGH, Urt. v. 10.07.1967 – III ZR 78/66. BGHZ 48, 181.
103 BSG, Beschl. v. 27.04.2010 – B 8 SO 2/10 R, SozR 4-1300 § 116 Nr. 1.

gehende Forderung.[104] Dazu kommt es namentlich bei einem im Rahmen von Rechtsstreitigkeiten oder zwecks außergerichtlicher Streiterledigung zwischen Geschädigtem und Haftpflichtversicherung geschlossenen Abfindungsvergleich. Ein solcher ist nur wirksam, soweit dem Geschädigten die Verfügungsmacht über den Anspruch zusteht. Dies ist nicht der Fall, soweit dieser Anspruch im Schädigungszeitpunkt auf den Sozialleistungsträger übergeht – demgegenüber aber möglich, soweit der Schaden nicht durch Sozialleistungen ausgeglichen wird. Wird mangels Kongruenz von dem berechtigten Geschädigten über den Ersatzanspruch verfügt, hat der Sozialleistungsträger bei späterer Einführung einer den Schaden sozialrechtlich ausgleichenden Leistung die Wirkungen der Verfügung hinzunehmen.

Nachträgliche Veränderungen der Sozialversicherung berühren vormals geschlossene Abfindungs- 20
vergleiche nicht.[105] Eine Verfügung über den Ersatzanspruch in einem Abfindungsvergleich ist auch dann hinzunehmen, wenn unmittelbar nach Eintritt der Schädigung die Parteien von einer fortdauernden Erwerbstätigkeit des Geschädigten ausgingen und dieser mangels Erfüllung der Wartezeit noch keine Rentenanwartschaft erworben hatte, diese dann allerdings infolge einer später wieder eingetretenen Erwerbsfähigkeit und Wiederaufnahme der Erwerbsarbeit erlangte. Schließlich haben Sozialhilfeträger Verfügungsakte hinzunehmen, die im Zusammenhang mit der Herstellung der deutschen Einheit im Hinblick auf Ersatzansprüche Geschädigter getroffen werden.[106] § 407 BGB ist auf die Verfügungsakte anzuwenden, da diese Bestimmung Erfüllungsakte – zu denen auch der Erlass einer Forderung gehört – umfasst.[107] Mangels Kongruenz zwischen einer sozial- und privatrechtlichen Forderung kommt ein Übergang einer Forderung nicht in Betracht.

Steht der übergehenden Forderung eine Einrede entgegen, sichern die §§ 412, 404 BGB den 21
Schuldnerschutz und gewähren damit dem Schädiger alle Einreden, die er auch dem Geschädigte gegenüber geltend machen konnte. Steht beispielsweise dem Schädiger gegen seine Inanspruchnahme die Einrede der Verjährung (§ 222 BGB) zu, kann der Schädiger diese Einrede auch gegenüber dem Sozialleistungsträger erheben. Die Verjährungshemmung durch Aufnahme von Verhandlungen durch den Rechtsvorgänger (§ 203 BGB) wirkt bei Zuständigkeitswechsel eines Sozialleistungsträgers auch für den Rechtsnachfolger; Verjährungserleichterungen des Rechtsvorgängers wirken gegen den Rechtsnachfolger indes nicht.[108] Entfällt eine bürgerlich-rechtliche Einstandspflicht gegenüber dem Sozialhilfeträger nachträglich wegen einer vom BVerfG festgestellten Verfassungswidrigkeit und hat der Hilfeempfänger deswegen ein Darlehen aufgenommen und dem Sozialhilfeträger dafür eine Sicherung bestellt, so wäre die Rückforderung des Darlehens und die Inanspruchnahme der Sicherung rechtsmissbräuchlich.[109] Das in § 394 BGB i.V.m. § 850b Abs. 1 Nr. 2 ZPO begründete Aufrechnungsverbot gegenüber dem Geschädigten wirkt bei einem nach § 116 eintretenden Forderungsübergang auch gegenüber dem Sozialleistungsträger.[110] Andernfalls würde dem Schuldner der übergegangenen Forderung durch den Forderungsübergang die Möglichkeit erweitert, sich durch Aufrechnung der Schuld von seiner Verbindlichkeit zu befreien.

Handelt es sich um eine Haftung aus Delikts- oder Gefährdungshaftung, so stellt sich im Hinblick 22
auf die Verjährung[111] die Frage, ob für den Beginn der Verjährungsfrist die (regelmäßig anzu-

104 Geigel/*Plagemann*, Rn. 30 und Rn. 42 ff.
105 *Küppersbusch*, 2000, Rn. 447; OLG Koblenz, Urt. v. 11.01.1999 – 12 U 10/98, VersR 1999, 911; OLG Celle, Urt. v. 28.10.1997 – 5 U 191/94, VersR 1998, 738; LG Bamberg, Urt. 29.01.1997 – 2 O 130/96, VersR 1998, 1441.
106 OLG Brandenburg, Urt. v. 13.01.1999 – 1 U 17/98, VIZ 1999, 757.
107 *Küppersbusch*, 2000, Rn. 541.
108 BGH, Urt. v. 01.07.2014 – VI ZR 391/13, VersR 2014, 1226.
109 BGH, Beschl. v. 20.03.2013 – XII ZB 81/11, NJW 2013, 1677; *Hanno Binkert*, Die »Drittwirkung« rechtsvernichtender und rechtshemmender Ereignisse im Regelungskontext des § 116 SGB X, VersR 2015, 955.
110 BGH, Beschl. v. 08.05.2013 – XII ZB 192/11, NJW 2013, 2592.
111 Die auch gilt für die Gefährdungshaftung, vgl. §§ 1 HaftpflichtG, 14 StVG, 39 LuftVG.

nehmende) Kenntnis des Geschädigten oder die (ggf. erst später eintretende) Kenntnis des Sozialleistungsträgers maßgeblich ist. Der BGH[112] befand, dass hierfür die Kenntnis des Sozialleistungsträgers in Person der Mitarbeiter der Regressabteilung maßgeblich sei. Dies folge daraus, dass der Sozialleistungsträger den Anspruch des Geschädigten unmittelbar mit der schädigungsbedingten Entstehung seiner Leistungspflicht erwerbe, so dass der Anspruch nie zuvor dem Geschädigten zugestanden habe. Dafür reicht aus, dass dem Geschädigten die Tatsachen bekannt sind, aus denen sich der Ersatzanspruch ergibt.[113] Diese Kenntnis ist konkret aus dem Wissen der Mitarbeiter in der für den Rückgriff zuständigen Organisationseinheit des zuständigen Sozialleistungsträgers zu ermitteln.[114] Die Berufung auf die Einrede der Verjährung ist dem Haftpflichtversicherer nach Treu und Glaube versagt, wenn er in Kenntnis des Rechtsübergangs auf den Sozialleistungsträger eine Leistung an den geschädigten Leistungsberechtigten bewirkt hat.[115] Mit dem Übergang erwirkt der Träger auch das Recht auf Herausgabe der für einen Schadensfall nötigen Dokumente (Pflegedokumentation).[116] Soweit Ansprüche nicht auf den Krankenversicherungsträger übergehen, sondern dem Geschädigten verbleiben, sind die Träger nach § 66 SGB V verpflichtet, den Versicherten bei der Geltendmachung von Schadensersatzansprüchen wegen Behandlungsfehlern zu unterstützen.[117]

II. Forderungsübergang bei Unterdeckung (Abs. 2–5)

1. Befriedigungsvorrang und Quotenvorrecht

23 In den Abs. 2–5 wird geregelt, wie der gesetzlich angeordnete Übergang des Schadensersatzanspruchs auf den vorleistenden Sozialleistungsträger modifiziert und angepasst wird, falls der Gesamtschaden nicht durch den Schädiger oder dessen Haftpflichtversicherung gedeckt werden kann – mithin eine »Unterdeckung« besteht. Dabei kann sich eine Unterdeckung aus tatsächlichen und/oder aus rechtlichen Gründen ergeben, wobei eine Unterdeckung aus tatsächlichen Gründen besteht, wenn der Schuldner nicht leisten kann, wohingegen eine Unterdeckung aus rechtlichen Gründen besteht, wenn die Rechtsordnung bestimmt, dass der Schädiger nicht den Gesamtschaden tragen muss. In allen diesen Fällen der Unterdeckung – namentlich des Zurückbleibens des Schadensersatzes hinter den erbrachten Sozialleistungen – ist der Übergang beschränkt. Diese Begrenzung korrespondiert mit der auch das Zessionsrecht allgemein leitenden Maxime nemo subrogat contra se (§§ 268 Abs. 3 Satz 2, 774 Abs. 1 Satz 2, 1164 Abs. 1 Satz 2 BGB, 83 VVG), also der Erwägung, dass der Rechtsinhaber zur Übertragung nicht verpflichtet ist, wenn er dadurch rechts- und anspruchslos werden würde. Diese Maxime wird im Sozialrecht jedoch dahin erweitert und verallgemeinert, dass die Beschränkung des Übergangs auch bei drohender Verarmung wegen nicht-kongruenter Leistungen eintritt (§ 116 Abs. 2 Satz 1). Das Sozialrecht setzt damit einen umfassenden Existenzsicherungsauftrag durch. Das Quotenvorrecht gilt für alle Ansprüche, nicht nur die kongruenten Forderungen.[118] Sollte der Geschädigte durch die Überleitung des Anspruches hilfebedürftig im Sinne des SGB XII werden, wird der Forderungsübergang durch Satz 3 ausgeschlossen, und zwar auch bei Ausweitung auf nicht kongruente Forderungen.[119] § 116 Abs. 3 Satz 3 schützt den Versicherten bei Kausalität des Mitverschuldens.[120] Auch der Übergang infolge des Quotenvorrechts (§ 116 Abs. 3) wird begrenzt, wenn dadurch eine Verarmung einträte. Insoweit greift das Sozialversicherungsrecht

112 BGH, Urt. v. 05.03.2002 – VI ZR 442/00, BGHZ 150, 94: BGH, Urt. v. 25.06.1996 – VI ZR 117/95, BGHZ 133, 129; BGH, Urt. v. 12.12.1995 – VI ZR 271/94, BGHZ 131, 274; BGH, Urt. v. 10.07.1967 – III ZR 78/66, BGHZ 48, 181.

113 BGH, Urt. v. 23.09.2014 – VI ZR 483/12, VersR 2014, 1395; BGH, Urt. 25.06.1996 – VI ZR 117/95, BGHZ 133, 129; LG München, Schaden-Praxis 1998, 459.

114 BGH, Urt. v. 17.04.2012 – VI ZR 108/11, NJW 2012, 2644.

115 BGH, Urt. v. 12.12.1995 – VI ZR 271/94, BGHZ 131, 274.

116 BGH, Urt. v. 23.03.2010 – VI ZR 249/08, BGHZ 185, 74.

117 LSG Schleswig-Holstein, Beschl. v. 20.03.2015 – L 5 KR 40/15 B ER, NZS 2015, 543.

118 BGH, Urt. v. 08.04.1997 – VI ZR 112/96, BGHZ 135, 170.

119 Diering/Timme/Stähler/*Breitkreuz*, § 116 Rn. 17.

120 BGH, Urt. v. 12.12.1995 – VI ZR 271/94, BGHZ 131, 274; Schütze/*Bieresborn*, § 116 SGB X Rn. 44.

die in §§ 394, 137 BGB enthaltenen Regelungsmaximen auf, welche die privatrechtliche Verfügungsmacht ausschließen, sofern deren Gebrauch den Berechtigten rechts- und anspruchslos machte.

Die Unterdeckung aus tatsächlichen Gründen regelt Abs. 4. Danach steht dem Geschädigten als Altgläubiger der Forderung der Befriedigungsvorrang gegenüber dem Sozialleistungsträger zu, auf den die Forderung gem. Abs. 1 übergeht. Der Geschädigte kann in dem auf Durchsetzung der übergegangenen Forderung zugunsten des Sozialleistungsträgers eingeleiteten Vollstreckungsverfahren intervenieren (§ 771 ZPO). Sein besseres, auf Befriedigung vor dem Zessionar gerichtetes Recht rechtfertigt sich daraus, dass der Forderungsübergang nicht zum Nachteil des Altgläubigers wirken dürfe – nemo subrogat contra se.[121] Der Befriedigungsvorrang besteht auch hinsichtlich inkongruenter Forderungen. Dies folgt aus der Wortfassung der Bestimmung, dass »die Durchsetzung der Ansprüche des Geschädigten und seiner Hinterbliebenen Vorrang vor den übergegangenen Ansprüchen« hätte. Diese Formulierung wurde während der Gesetzesberatungen eingefügt, um klarzustellen, dass auch für nicht kongruente Ansprüche dem Geschädigten der Vorrang vor dem Sozialleistungsträger zustehe.[122] 24

Davon ist das Quotenvorrecht zu unterscheiden, das die Modifizierung des Forderungsübergangs bei Unterdeckung aus rechtlichen Gründen regelt.[123] Ist der Ersatz des Gesamtschadens aus rechtlichen Gründen nicht geschuldet, ist zu klären, wer den daraus erwachsenden Nachteil tragen soll: Der Geschädigte, der Sozialleistungsträger oder beide jeweils anteilig? Die Regelungen über das Quotenvorrecht formulieren, soweit sie nicht ein absolutes Quotenvorrecht zugunsten des Erwerbers der Forderung vorsehen, Abweichungen vom Forderungsübergang. Das Quotenvorrecht unterscheidet sich vom Befriedigungsvorgang. Dieser lässt den Forderungsübergang unberührt und gewährt lediglich ein Vorrecht bei der Verteilung eines Ersatzanspruchs. 25

Besondere Abgrenzungsprobleme zwischen Befriedigungsvorrang und Quotenvorrecht bestehen, falls zwischen Schädiger und Haftpflichtversicherer ein »krankes« Versicherungsverhältnis besteht, also ein Versicherungsverhältnis, bei dem auf Grund von Fehlern im Innenverhältnisses zwischen Versicherungsnehmer und Versicherer (beispielsweise kein bestehender Vertrag oder Vorliegen einer Obliegenheitsverletzung) kein Versicherungsschutz besteht.[124] Dies ist namentlich bei den durch den Betrieb eines Kraftfahrzeugs ausgelösten Schädigungen gem. §§ 3 PflVG, 117 VVG der Fall. Hier ist zunächst einmal die Haftung summenmäßig beschränkt (§ 117 Abs. 3 VVG). Für diese Konfliktlage ist weiter in § 117 Abs. 4 VVG bestimmt, dass die Leistungspflicht des Versicherers gegenüber dem Geschädigten entfällt, falls dieser von einem Sozialversicherungsträger Ersatz verlangen kann. Es ist streitig, ob dieser Fall § 116 Abs. 4 oder § 116 Abs. 2 folgt.[125] Da jedoch § 117 VVG die Haftung des Versicherers ausschließt, tritt die Leistungspflicht des Versicherers – atypisch – hinter der des Sozialleistungsträgers zurück. Deshalb besteht mangels Kongruenz kein Ersatzanspruch des Geschädigten, welcher auf den Sozialleistungsträger gem. Abs. 1 übergehen könnte. Folglich stellt sich die Frage des Quotenvorrechts nicht. Reicht wegen der in § 117 VVG statuierten Begrenzung der Haftung auf die amtlich festgesetzte Mindestversicherungssumme die Leistung des 26

121 BGH, Beschl. v. 08.07.2003 – VI ZA 9/03, VersR 2003, 1295; vgl. §§ 268 Abs. 3 Satz 2, 774 Abs. 1 Satz 2, 1164 Abs. 1 Satz 2 BGB, 67 Abs. 1 Satz 2 VVG, 4 Abs. 3 LfZG; so auch Hauck/Noftz/*Schlaeger/Bruno*, § 116 SGB X Rn. 39; von Maydell/*Schellhorn*, GK-SGB X/3, § 116 Rn. 408; *Sieg*, Der Regress gegen den Arbeitgeber (§ 115 SGB X) im Lichte der §§ 116 bis 119 SGB X, ZVersWiss 1986, 573, 575.

122 Vgl. BT-Drucks. 9/1753, S. 44; ferner *Deinhardt*, Der gesetzliche Forderungsübergang nach den §§ 116 bis 119 SGB X, VersR 1984, 697, 701; Hauck/Noftz/*Schlaeger/Bruno*, § 116 SGB X Rn. 40; SGB-SozVersGesKomm/*Gitter*, § 116 Rn. 22.

123 Allgemeine Meinung: von Maydell/*Schellhorn*, GK-SGB X/3, § 116 Rn. 399; SGB-SozVersGesKomm/*Gitter*, § 116 Rn. 24.

124 Vgl. dazu auch oben Rdn. 7.

125 Vgl. dazu eingehend *Denck*, Das Befriedigungsvorrecht nach § 116 Abs. 4 SGB X bei unzureichender Versicherungssumme, VersR 1987, 629 ff.

Versicherers nicht aus, hat der Geschädigte Vorrang. Dies ergibt sich aus allgemeinen Grundsätzen – der Sozialleistungsträger kommt nicht in den Genuss des Regresses.

27 Besondere Probleme des Abs. 4 stellen sich schließlich, wenn mehrere Gründe der Unterdeckung bestehen, diese also aus rechtlichen wie aus tatsächlichen Gründen eingetreten ist. In diesem Fall steht dem Geschädigten im Verhältnis zum Sozialleistungsträger der Befriedigungsvorrang nur zu, soweit ihm im Verhältnis zum Sozialleistungsträger ein Quotenvorrecht zukommt. Denn das Quotenvorrecht steht dem Erwerber der Forderung nicht umfassend zu, sondern es modifiziert den von Abs. 1 angeordneten Forderungsübergang. Dagegen findet der Befriedigungsvorrang lediglich bei der Durchsetzung bestehender Ersatzansprüche Anwendung. Die Problematik des Quotenvorrechts hat daher sachlichen, zeitlichen und logischen Vorrang vor der Regelung des Befriedigungsvorrangs.[126] Der Befriedigungsvorrang tritt aufgrund des Forderungsübergangs ein. Der Umfang des Forderungsübergangs ist indessen nach den Regeln über dessen Ausgestaltung, einschließlich des Quotenvorrechts (Abs. 1, 2, 3 und 5), zu entscheiden. Außerdem können die durch die erwähnten Bestimmungen nicht geregelten Probleme des gestörten Gesamtschuldausgleichs gelöst werden, sofern der Forderungsübergang mit der Haftungsfreistellung zusammentrifft.[127]

2. Quotenvorrecht zugunsten des Geschädigten bei Summenbegrenzung

28 Abs. 2 gesteht dem Geschädigten ein absolutes Quotenvorrecht zu, falls sein Anspruch auf Schadensersatz deshalb hinter dem Gesamtschaden zurückbleibt, weil die Haftung des Schädigers durch Gesetz der Höhe nach begrenzt ist. Solche Summenbegrenzungen bestehen insbesondere bei der Gefährdungshaftung.[128] Diese sollen dem Schädiger die Versicherbarkeit seines Haftungsrisikos ermöglichen. Abs. 2 überbürdet dieses Risiko dem Sozialleistungsträger in Höhe der nicht kongruenten Leistung, wofür der Wortlaut des Abs. 2 spricht. Der Vorrang ist ohne Einschränkung angeordnet. Außerdem wahrt nur diese Auslegung den Vorrang des Individualausgleichs. Schließlich sichert diese Auslegung den Einklang mit Abs. 4.[129] Besteht ein Quotenvorrecht, erlangt der Sozialleistungsträger nur den Teil des Ersatzanspruches, der nicht für die Befriedigung des bevorrechtigten Geschädigten benötigt wird. Gegenstand des dem Geschädigten zukommenden Quotenvorrechts ist sein Anspruch auf Ersatz der Differenz aus Gesamtschaden und Sozialleistung. Dieser Anspruch geht in Fällen der auf Haftungshöchstsummen beruhenden Unterdeckung gegenüber dem Anspruch des Sozialleistungsträgers kraft übergegangenen Rechts (Abs. 1) vor.

3. Forderungsübergang wegen Mitverschuldens/mitwirkender Verantwortlichkeit des Geschädigten

29 Abs. 3 modifiziert den Forderungsübergang, falls die Unterdeckung auf Berücksichtigung eines mitwirkenden Verschuldens/einer mitwirkenden Verantwortlichkeit des Geschädigten beruht und daher der Anspruch ermäßigt wird (§ 254 BGB). In diesem Fall geht der Ersatzanspruch des Geschädigten auf den Sozialleistungsträger, den Träger der Eingliederungshilfe oder der Sozialhilfe in dem Anteil über, zu dem der Schädiger ersatzpflichtig ist (Satz 1). Dem Geschädigten steht von dem verbleibenden Rest des Ersatzanspruchs der Teil zu, der seiner Mitverschuldens- oder Mitverantwortungsquote entspricht. Satz 2 bestimmt für die Kumulation von mitwirkendem Verschulden und Haftungssummenbegrenzung den Vorrang des Quotenvorrechts. Satz 3 begrenzt den Anspruchsübergang auf den bevorrechtigten Sozialleistungsträger, soweit der Geschädigte dadurch sozialhilfebedürftig würde. Außerdem schränkt Abs. 5 das Quotenvorrecht ein, soweit durch die Schädigung der Leistungsumfang des Sozialleistungsträgers nicht erhöht wird.

---

126 So auch Hauck/Noftz/*Schlaeger/Bruno*, § 116 SGB X Rn. 39; SGB-SozVersGesKomm/*Gitter*, § 116 Rn. 24.

127 Zu den sich dann stellenden Ausgleichsfragen: BGH, Urt. v. 18.11.2014 – VI ZR 47/13, NJW 2015, 940.

128 Vgl. insb. §§ 12 StVG, 9 HPflG, 37 Abs. 2, 46 LuftVG, 31 AtomG, 88 AMG, 117 BBergG.

129 BGH, Urt. v. 08.04.1997 – VI ZR 112/96, BGHZ 135, 170.

Die in Abs. 3 Satz 1 getroffene Regelung des Quotenvorrechts bei Mitverschulden bzw. mitwirkender Verantwortlichkeit des Geschädigten überträgt die Grundsätze für die Verteilung des Haftungsrisikos auf die Verteilung des Ersatzanspruchs. Danach ermäßigt sich der nach allgemeinem Haftpflichtrecht geschuldete und auf vollen Ersatz des Schadens (§ 249 BGB: Grundsatz der Totalreparation) gerichtete Ersatzanspruch des Geschädigten bei Mitverschulden (§ 254 BGB) oder mitwirkender Verantwortlichkeit (vgl. insbesondere § 17 StVG: Anrechnung der Betriebsgefahr des geschädigten Kraftfahrers) auf den von dem Schädiger zu verantwortenden Anteil. Da vom Geschädigten auf den Sozialleistungsträger nur der Anteil des Ersatzanspruchs übergeht, welcher der Haftungsquote des Schädigers entspricht, ist auch die Unterdeckung von dem Sozialleistungsträger und dem Geschädigten anteilig zu tragen. Der Sozialleistungsträger erhält von dem geminderten Ersatzanspruch in Höhe der Haftungsquote des Schädigers für seine kongruenten Leistungen Ersatz; ebenso wird dem Geschädigten entsprechend dieser Quote der durch Sozialleistungen nicht gedeckte Restschaden zugebilligt. Auf diese Weise kommt es zu einer gleichmäßigen Verteilung des gekürzten Ersatzanspruchs auf Sozialleistungsträger und Geschädigten. 30

In einer Formel ausgedrückt errechnet sich die Quote des Sozialleistungsträgers (Quslt) und die des Geschädigten (Qug) an der infolge Mitverschuldens/mitwirkender Verantwortlichkeit geminderten Ersatzforderung wie folgt: 31

$$\text{Quslt} = K \times H$$

$$\text{Qug} = (S - K) \times H$$

S = Gesamtschaden, H = Haftungsquote des Schädigers, K = kongruente Sozialleistung.

▶ **Beispiel:**

Beläuft sich der Schaden (S) auf 2000 €, die Haftungsquote des Schädigers (H) auf 60 % und die kongruente Sozialleistung (z.B. Erwerbsunfähigkeitsrente) (K) auf 1200 €, so errechnen sich die Ersatzforderungen von Sozialleistungsträger und Geschädigtem wie folgt:
Quslt = 1200×0,60 = 720 €
Qug = 800×0,60 = 480 €.[130]

Für diese Regelung spricht, dass sie administrativ leicht zu handhaben sei[131] und sicherstelle[132], dass sich Sozialleistungsträger und Geschädigte den durch Unterdeckung eintretenden Ausfall teilen. Wenn der Geschädigte dennoch vollen Ersatz für einen Schaden erhalte, den er selbst mit herbeigeführt habe, würde dafür die Solidargemeinschaft allein aufkommen. Dies sei aber nicht zu rechtfertigen, weil der Geschädigte den Schaden mitverantwortet. Die auf der Grundlage der »relativen Theorie« gefundene Lösung gewährleiste mithin eine faire Verteilung des Ausfallrisikos zwischen Geschädigtem und Sozialleistungsträger. Die Regelung sichere ferner, dass die Haftungsquote des Geschädigten die Ansprüche von Sozialleistungsträger und Geschädigtem gemeinsam betreffe, da beide ein übereinstimmendes Interesse hätten, bei Streitigkeiten über die Haftungsquote auf eine möglichst geringe Haftungsquote des Geschädigten (= möglichst hohe Haftungsquote des Schädigers) zu dringen. So werde vermieden, dass der Sorglose die Solidargemeinschaft schädige. Zugleich entstehe ein Anreiz für potentiell Geschädigte, das Ausmaß der eigenen Mitverantwortung oder des eigenen Mitverschuldens zu begrenzen. 32

Diese Argumente sind aber bedenklich. Die Regelung wäre administrativ nur dann leicht zu handhaben, wenn die für ihre Anwendung notwendigen Größen »Schaden«, »Haftungsquote« und »Höhe der kongruenten Sozialleistung« feststehen. Fehlen diese aber, wäre auch jede andere Lösung administrativ leicht zu handhaben. Die Schwierigkeiten der Handhabung liegen also nicht in der 33

130 Vgl. ähnliches Rechenbeispiel: Schütze/*Bieresborn*, § 116 SGB X Rn. 37.
131 BT-Drucks. 9/753, S. 44.
132 Vgl. hierzu insb. das Streitgespräch MittLVA Oberfranken und Mittelfranken 1981, 508, 518 ff., zwischen *Kolb* und *Pappai*; von Maydell/*Schellhorn*, GK-SGB X/3, § 116 Rn. 370.

Ausgestaltung, sondern in den Ermittlungsschwierigkeiten für die Bestimmungsgrößen des Quotenvorrechts. Es bleibt das Unbehagen, dass damit die Empfänger von Sozialleistungen schlechter stehen als Privatversicherte oder Beamte[133], für die ein Quotenvorrecht vor den Schadensvorsorgeträgern besteht. Es überzeugt ferner nicht, das Mitverschulden des Geschädigten doppelt in Ansatz zu bringen, und zwar bei der Bestimmung der Höhe des Ersatzanspruchs und der Verteilung der Aktivlegitimation hinsichtlich des übergehenden Anspruchs. Schließlich werden Sozialleistungen im Regelfall verschuldensunabhängig gewährt werden, wogegen der Sozialleistungsempfänger durch Mitverschulden Nachteile in seiner zivilrechtlichen Stellung erleidet.[134]

34 Abs. 3 Satz 2 bestimmt bei Unterdeckung aus Rechtsgründen, welche auf der Kumulation von Mitverschulden/mitwirkender Verantwortlichkeit und Summenbegrenzung (z.B. § 12 StVG) beruht, dass die Aufteilung der Ersatzforderung nach der Regel des Abs. 3 Satz 1 statt Abs. 2 erfolgt.[135] Dies ist sachgerecht, weil Abs. 2 nur begründet ist, weil eine Deckungslücke im Haftungsschutz besteht und vom Geschädigten auf den Sozialleistungsträger verlagert werden soll (vgl. oben Rn. 23). Diese Begründung versagt jedoch, wenn die Haftung des Schädigers wegen eines Mitverschuldens des Geschädigten zu ermäßigen ist. Dann überlagern sich Delikts- und Gefährdungshaftung, so dass nach den Grundsätzen der Anspruchskonkurrenz beide Haftungen nebeneinander stehen. Im Ergebnis berührt die Summenbegrenzung die konkurrierende Deliktshaftung nicht. Deswegen stellt Abs. 3 Satz 2 klar, dass ein zur Verkürzung des Anspruches führendes Mitverschulden/eine mitwirkende Verantwortlichkeit nach den Grundsätzen der relativen Theorie auch dann zum Regress führt, wenn ein konkurrierender Anspruch auf Gefährdungshaftung der Summe nach begrenzt ist.[136]

35 Die Regelung des Abs. 3 Satz 3 – die erst während des Gesetzgebungsverfahrens eingefügt wurde – schränkt den in Abs. 3 Satz 1 angeordneten Forderungsübergang ein, falls dadurch der Geschädigte oder seine Hinterbliebenen sozialhilfebedürftig würden. Diese Gefahr besteht dann, falls der Geschädigte nur unvollkommen durch Leistungen der Sozialversicherung gesichert ist[137] und ihn zugleich eine hohen Mitverschuldens- oder Mitverantwortungsquote trifft, so dass der zu seiner Befriedigung (oder der zur Befriedigung seiner Hinterbliebenen) zu leistende Ersatzanspruch nicht zum Ausgleich des Gesamtschadens hinreicht. Für diesen Fall soll Abs. 3 Satz 3 verhindern, dass der Geschädigte einzig wegen der Regelung des Quotenvorrechts sozialhilfebedürftig wird, weil ein Teil des ihm nach Haftpflichtrecht zustehenden Ersatzanspruchs gegen den Schädiger auf den Sozialleistungsträger übergehen würde.[138] Das Gesetz trifft also die Entscheidung für ein Quotenvorrecht zugunsten des Geschädigten, falls der Anspruchsübergang auf den regressberechtigten Sozialleistungsträger dazu führen würde, dass ein Geschädigter Sozialhilfe benötigt. Auf diese Weise wird der Sozialhilfeträger auf Kosten der sonstigen gem. Abs. 1 regressberechtigten Sozialleistungsträgers entlastet.

36 Da Abs. 1 den Übergang des Ersatzanspruchs auch anordnet, falls der Geschädigte Leistungen von einem Sozialhilfeträger beanspruchen kann, fragt sich, ob nach Abs. 3 Satz 3 der Übergang ausgeschlossen ist, falls dem Geschädigten ein Mitverschulden bzw. eine mitwirkende Verantwortlichkeit anzulasten ist. Dies wäre ein widersinniges Ergebnis und nicht vereinbar mit der Absicht des Gesetzgebers, beim Rückgriff Sozialhilfeträger und Sozialversicherungsträger einander gleichzustellen.

---

133 BGH, Urt. v. 09.11.1956 – VI ZR 196/55, BGHZ 22, 136.

134 *Von Bieberstein*, Zur Neuregelung des Haftpflichtregresses der Sozialversicherungsträger in § 116 SGB X, ZVersWiss 1983, 99, 115; BGH, Urt. v. 29.10.1968 – VI ZR 280/67, NJW 1969, 98 ff.

135 BGH, Urt. v. 21.11.2000 – VI ZR 120/99, BGHZ 146, 84; BGH, Urt. v. 08.04.1997 – VI ZR 112/96, BGHZ 135, 170.

136 SGB-SozVersGesKomm/*Gitter*, Rn. 19 zu § 116; kritisch zu dieser Bestimmung: *v. Ohlshausen*, Die Regressregelung des § 116 Abs. 3 S. 2 Sozialgesetzbuch (SGB) X – eine Fehlleistung des Gesetzgebers, VersR 1983, 1108.

137 *Küppersbusch*, VersR 1983, 193, 198 ff.

138 *Küppersbusch*, VersR 1983, 193, 198 ff.; von Maydell/*Schellhorn*, GK-SGB X/3, § 116 Rn. 379 ff.; SGB-SozVersGesKomm/*Gitter*, § 116 Rn. 20.

Schuldet daher ein Sozialhilfeträger einem Bedürftigen Sozialhilfe und ist dessen Bedürftigkeit Folge einer vom Schädiger zu verantwortenden Schädigung, so geht der Anspruch des Geschädigten gegen den Schädiger auf Schadensersatz auf den Sozialhilfeträger über, auch wenn dem Geschädigten ein Mitverschulden anzulasten ist. Dies ergibt sich aus einer einschränkenden Auslegung des in Abs. 3 Satz 3 enthaltenen Wortes »dadurch«: Damit soll ausgedrückt werden, dass die Sozialhilfebedürftigkeit einzig aus dem Forderungsübergang herrühren muss und nicht aus der Schädigung selbst. Tritt Sozialhilfebedürftigkeit aufgrund der Schädigung selbst ein, schließt Abs. 3 Satz 3 nicht den in Forderungsübergang auf den Sozialhilfeträger aus.

Bezog der Geschädigte bereits vor Eintritt der Schädigung Sozialhilfe, fragt sich gleichfalls, ob Abs. 3 37
Satz 3 anwendbar ist. Das einhellige Schrifttum[139] bejaht dies, soweit der Forderungsübergang die Sozialhilfebedürftigkeit ausweiten würde. Umstritten ist schließlich, ob bei Eintritt der Sozialhilfebedürftigkeit des Geschädigten der Übergang des Ersatzanspruches gänzlich oder nur in Höhe des Teils ausgeschlossen ist, der die Sozialhilfebedürftigkeit herbeiführte. Während sich *Küppersbusch*[140] für den gänzlichen Ausschluss ausspricht, plädiert *Gitter*[141] für einen Ausschluss des Forderungsübergangs nur in Höhe des Teils der Ersatzleistung, der beim Übergang die Sozialhilfebedürftigkeit bewirkte. Der Wortlaut der Bestimmung spricht eindeutig für die letztgenannte Auslegung. Auch deren Sinn verbietet, den Geschädigten besser zu stellen als er gestanden hätte, falls er durch die Begrenzung des Ersatzanspruchs nicht sozialhilfebedürftig geworden wäre.

Abs. 5 regelt, wie sich das Quotenvorrecht bemisst, falls ein Versicherungsträger oder Träger der 38
Eingliederungshilfe schädigungsbedingt keine höheren, sondern niedrigere Sozialleistungen zu erbringen hat. Der prototypische Fall ist die schädigungsbedingte Tötung eines Beziehers von Alters- oder Erwerbsminderungsrente. In diesem Fall wird der Rentenversicherungsträger schädigungsbedingt entlastet, weil er allenfalls den Hinterbliebenen gegenüber leistungspflichtig bleibt, wobei die diesen gegenüber zu erbringenden Sozialleistungen regelmäßig niedriger sind als die Leistungen, die zuvor dem Geschädigten zustanden.

Die vormalige Rechtsprechung[142] wurde durch Abs. 5 vom Gesetzgeber übernommen.[143] Die Vor- 39
schrift lässt sich nicht mit dem Prinzip der Vorteilsausgleichung rechtfertigen, weil bei der Schadensbemessung der schädigungsbedingte Wegfall von Leistungen des Sozialleistungsträgers nicht berücksichtigt wird, was bei Anwendung des Prinzips der Vorteilsausgleichung der Fall wäre. Sie ist diesem Rechtsgedanken jedoch insoweit verwandt, als sie bei Verteilung der aus der Unterdeckung rührenden Nachteile den Geschädigten gegenüber dem Sozialleistungsträger bevorzugt, wenn und soweit diesem schädigungsbedingt Vermögensvorteile in Gestalt der Freistellung von Sozialleistungsaufwendungen entstanden sind.

III. Das Familienprivileg (Abs. 6)

Während Abs. 1 die Voraussetzungen für einen Forderungsübergang enthält und die Regelungen 40
der Abs. 2 bis 5 auf Sonderfälle abzielen, in denen der Anspruch auf Ersatz eines eingetretenen Schadens begrenzt oder in anderer Weise modifiziert ist, verhindert Abs. 6 die Geltendmachung des übergegangenen Ersatzanspruches durch den Sozialträger für den Fall, das der Geschädigte und der Schädiger als »Familienangehörige« oder »Ehepartner« in häuslicher Gemeinschaft leben, es sei denn, der Schädiger hat den Schaden vorsätzlich herbeigeführt oder es handelt sich um ein Schadensereignis, das bei dem Betrieb eines Kraftfahrzeuges eingetreten ist. Sinn und Ziel des in Abs. 6 verankerten

139 *Küppersbusch*, VersR 1983, 193, 198 ff.; SGB-SozVersGesKomm/*Gitter*, § 116 Rn. 20.
140 *Küppersbusch*, VersR 1983, 193, 204 f.
141 SGB-SozVersGesKomm/*Gitter*, § 116 Rn. 20.
142 BGH (GSZ), Beschl. v. 30.03.1953 – GSZ 1–3/53, BGHZ 9, 179; BGH, Urt. v. 29.11.1977 – VI ZR 222/74, BGHZ 70, 67.
143 *Deinhardt*, VersR 1984, 699, 701; *Küppersbusch*, VersR 1983, 193, 201 f.; von Maydell/*Schellhorn*, GK-SGB X/3, § 116 Rn. 385; SGB-SozVersGesKomm/*Gitter*, § 116 Rn. 25.

»Familienprivilegs« ist damit in erster Linie die Sicherung der wirtschaftlichen Basis der Wirtschaftsgemeinschaft, die durch das häusliche Zusammenleben gebildet wird. Diese wäre gefährdet, wenn ein Sozialträger einerseits den zu einer häuslichen Gemeinschaft zählenden Geschädigten durch die Gewährung von Leistungen unterstützt und zugleich den der gleichen Gemeinschaft angehörenden Schädiger im Wege des Regresses in Anspruch nimmt.[144]

41 Insoweit ist das Familienprivileg ein echtes Privileg, weil es den Schädiger vor einem Regress schützt, sofern er ein Familienangehöriger des Geschädigten (oder seiner Hinterbliebenen) ist, mit dem Geschädigten in Familiengemeinschaft zusammenlebt und die Schädigung nicht vorsätzlich herbeigeführt hat.[145] Dieses Privileg entspricht § 86 Abs. 3 VVG. Bereits vor Schaffung des § 116 Abs. 6 wurde es in der Rechtsprechung des BGH anerkannt.[146] Es gilt jedoch nicht im Verhältnis zu einer Kfz-Haftpflichtversicherung und schließt den Direktanspruch des Versicherers (§ 3 Nr. 1 PflVG) gegen den Schädiger unter denselben Voraussetzungen wie gegenüber einem Sozialleistungsträger aus.[147] Die Regelung bestätigt den zuvor kraft Richterrechts geltenden Zustand. Das Familienprivileg soll der Erhaltung des Familienfriedens dienen und verhindern, dass Streitigkeiten über die haftpflichtrechtliche Verantwortung bei Schädigungen unter Familienangehörigen ausgetragen werden sowie vermeiden, dass der Geschädigte durch den Rückgriff selbst in Mitleidenschaft gezogen wird: Würde der Schädiger dem Sozialleistungsträger Ersatz schulden, so würde damit zugleich das Haushaltseinkommen, von dem Schädiger und Geschädigter leben, vermindert.[148]

42 Um den geänderten gesellschaftlichen Verhältnissen Rechnung zu tragen und zugleich zu verhindern, dass der Geschädigte durch den Ausschluss des Anspruchsübergangs in doppelter Weise berechtigt bleibt, wurde Abs. 6 mit dem Inkrafttreten des 7. SGB IV-Änderungsgesetz zum 01.01.2021 in mehrfacher Hinsicht grundlegend geändert: Während die Regelung des Abs. 6 Satz 1 in der bis zum 31.12.2020 geltenden Fassung einen »Ausschluss« des Anspruchsübergangs im Falle eines bestehenden Familienprivilegs vorsah, findet auf Grundlage der seit dem 01.01.2021 geltenden Fassung auch in diesen Fällen ein Übergang des bestehenden Ersatzanspruches des Geschädigten gegen den Schädiger statt, allerdings verbunden mit dem Verbot, diesen im Regresswege geltend zu machen. Im Ergebnis entspricht damit auch die Regelung des Abs. 6 nunmehr der vergleichbaren Bestimmung des § 86 Abs. 3 VVG und es wird erreicht, dass der Geschädigte nicht einerseits Sozialleistungen von dem zuständigen Träger empfängt, andererseits aber Inhaber der gegen den Schädiger gerichteten Forderung bleibt und damit gegebenenfalls gegen den Schädiger bzw. dessen Haftpflichtversicherung vorgehen könnte.[149]

43 Darüber hinaus wurde die Regelung des Satz 1 insoweit an die geänderten gesellschaftlichen Verhältnisse und die zwischenzeitig ergangene Rechtsprechung des Bundesverfassungsgerichtes[150] angepasst, als die bis dahin enthaltene Formulierung »Familienangehörige« durch die Normierung »einer Person, die im Zeitpunkt des Schadensereignisses mit dem Geschädigten oder seinen Hinterbliebenen in häuslicher Gemeinschaft lebt«, ersetzt wurde. Vor diesem Hintergrund kann das

144 Schlegel/Voelzke, juris-PK-SGB X/*Peters-Lange*, 3. Aufl., § 116 Rn. 65.

145 Nach Maßgabe der Entscheidungsformel mit dem GG vereinbar gem. BVerfG, Beschl. v. 12.10.2010 – 1 BvL 14/09, FamRZ 2010, 2050.

146 BGH, Urt. v. 11.02.1964 – VI ZR 271/62, BGHZ 41, 79; BGH, Urt. v. 14.07.1970 – VI ZR 179/68, BGHZ 54, 256.

147 BGH, Urt. v. 28.11.2000 – VI ZR 352/99, BGHZ 146, 108; BGH, Urt. v. 09.07.1996 – VI ZR 5/95, BGHZ 133, 192.

148 BGH, Urt. v. 11.02.1964 – VI ZR 271/62, BGHZ 41, 79; BGH, Urt. v. 01.12.1987 – VI ZR 50/87; OLG Stuttgart, Urt. v. 13.08.1992 – 11 U 36/92, NJW 1988, 1091; Hauck/Noftz/*Schlaeger/Bruno*, § 116 SGB X Rn. 44 f.; Schütze/*Bieresborn,* § 116 SGB X Rn. 50 ff.

149 BT-Drucks. 19/17586, S. 116 f.

150 Vgl. hierzu noch zu der bis zum 31.12.2000 geltenden Fassung BVerfG, Beschl. v. 23.11.2010 (BGBl. I, S. 1718).

Familienprivileg mittlerweile auch als »Angehörigenprivileg« bezeichnet werden, das alle Personen umfasst, die in einem familiären Näheverhältnis in häuslicher Gemeinschaft miteinander leben.[151]

Um die schließlich die besonderen Gegebenheiten von Schädigungen zu berücksichtigen, die bei dem Betrieb eines Kraftfahrzeuges eingetreten sind und eine Begünstigung der bestehenden Haftpflichtversicherungen zu vermeiden[152], wurde Abs. 6 um die in Satz 3 enthaltene Bestimmung erweitert, wonach im Falle eines Kfz–Haftpflichtschadens ein Ersatzanspruch – abweichend von den Sätzen 1 und 2 – bis zur Höhe der zur Verfügung stehende Versicherungssumme vom Sozialträger geltend gemacht werden kann. Voraussetzung dafür ist, dass der Schaden bei in dem Betrieb eines Kraftfahrzeuges eingetreten ist und das Fahrzeug nach § 1 des Pflichtversicherungsgesetzes oder § 3 des Auslandsfahrzeug-Pflichtversicherungsgesetzes versichert ist. Sollte der Versicherungsfall dem privilegierten Angehörigen vorsätzlich verursacht worden sein, ist gemäß Satz 4 die Geltendmachung des Ersatzanspruches in voller Höhe möglich. 44

Gemäß der Übergangsvorschrift des § 120 Abs. 1 Satz 3 erfasst Abs. 6 in der geänderten Fassung alle Schadensereignisse, die nach dem 31.12.2020 eingetreten sind, wobei es auf den Tag des schädigenden Ereignisses und nicht den einer möglicherweise späteren Kenntnisnahme vom eingetretenen Schaden ankommt.[153] Sollte ein Schadensereignis vor dem 01.01.2002 eingetreten sein, richtet sich das Familienprivileg weiterhin nach in der bis zu diesem Tag geltenden Fassung des Abs. 6. 45

Grundlegende Voraussetzung für das Eingreifen des in Abs. 1 Satz 1 verankerten Angehörigenprivilegs ist, dass es sich bei dem Schädiger um eine Person (in der bis zum 01.01.2021 geltenden Fassung »einen Familienangehörigen«) handelt, die im Zeitpunkt des Schadensereignisses mit dem Geschädigten oder seinen Hinterbliebenen in häuslicher Gemeinschaft lebt. Bereits im Hinblick auf den bis zum 31.12.2020 geltenden Begriff des Familienangehörigen hat die Rechtsprechung den hierzu zählenden Personenkreis weit ausgelegt. Danach umfasste der relevante Personenkreis sämtliche durch Eheschließung, Verwandtschaft oder Schwägerschaft vermittelte Rechtsbeziehungen, ferner die Rechtsverhältnisse der Adoption, der Pflege- und Stiefkindschaft.[154] Nicht zu den »Familienangehörigen« zählten demgegenüber Personen, die im Zeitpunkt der Schädigung verlobt oder geschieden waren, es sei denn, sie schlössen nach der Schädigung die Ehe und begründeten eine häusliche Gemeinschaft (Abs. 6 Satz 2).[155] Demgemäß waren und sind als Familienangehörige anzusehen: Eheleute, Eltern/Kinder, (Ur) Großeltern/(Ur) Enkel, Onkel oder Tanten/Nichten oder Neffen, Geschwister, Schwäger, ferner Adoptiv-, Pflege- oder Stief-Eltern/-Kinder. Des Weiteren sind die in einer eingetragenen Partnerschaft lebenden Menschen als Familienangehörige anzusehen. 46

Mit der nunmehr in Abs. 6 Satz 1 enthaltenen Formulierung »Person« wird klargestellt, dass sich das Haftungsprivileg nicht allein auf Personen bezieht, die in einer familienrechtlichen Beziehung zum Geschädigten stehen, sondern auf alle Personen, die mit dem Geschädigten zum Zeitpunkt des Schadensereignisses eine wirtschaftliche Haushaltsgemeinschaft bilden bzw. gebildet haben. Insoweit hat schon der BGH[156] für die Auslegung der parallelen Bestimmung des § 86 Abs. 3 VVG (vormals § 67 Abs. 2 VVG a.F.) befunden, dass »Familienangehörige« auch Personen sein können, »die ohne familienrechtliche Verbindung mit dem Versicherten in einer Weise zusammenleben, die einem Familienverband ähnlich ist wie bei einem Pflegekind«. Daraus hat das BVerfG gefolgert,[157] dass eine Familiengemeinschaft auch zwischen einem Elternteil und einem Kind besteht, wenn dieses sich im Rahmen des Umgangsrechts bei dem nicht sorgeberechtigten Elternteils aufhält – im Ergeb- 47

151 BT-Drucks. 19/17586, S. 117.

152 Hierzu schon *Schmitt*, Zur Frage, ob SGB X § 116 Abs. 6 den Übergang des Direktanspruchs der Geschädigten gegen den Haftpflichtversicherer aus KfzPflVG § 3 Nr. 1 ausschließt, JR 1997, 195.

153 Hauck/Noftz/*Schlaeger/Bruno*, § 116 SGB X, Rn. 255b.

154 Hauck/Noftz/Schlaeger/Bruno, § 116 SGB X Rn. 258 ff.; von Maydell/*Schellhorn*, GK-SGB X/3, § 116 Rn. 419–422 und 429–431.

155 So auch von Maydell/*Schellhorn*, GK-SGB X/3, § 116 Rn. 427 f.

156 BGH, Urt. v. 15.01.1980 – VI ZR 181/78, NJW 1980, 1468.

157 BVerfG, Beschl. v. 12.10.2010 – 1 BvL 14/09, SozR 4–1300 § 116 Nr. 2.

nis besteht daher in der Regel bei getrennt lebenden Eltern eine Haushaltsgemeinschaft des Kindes mit beiden Elternteilen, soweit das Kind beiden Haushalten regelmäßig angehört und die jeweiligen Elternteile Umgang mit dem Kind haben und Verantwortung für sein Wohlergehen übernehmen.[158]

48 Auch wenn sich das in Satz 1 enthaltene Haftungsprivileg in der seit dem 01.01.2021 geltenden Fassung nicht mehr auf »Familienangehörige« bezieht, sondern alle Personen umfasst, die mit dem Geschädigten zum Zeitpunkt des Schadensereignisses in einer Haushaltsgemeinschaft leben oder gelebt haben, soll sich ausweislich der Gesetzesbegründung hieraus keine Ausweitung des privilegierten Personenkreises ergeben, sondern allein den geänderten gesellschaftlichen Verhältnissen Rechnung getragen werden.[159] Dies bedeutet, dass für das Eingreifen des Haftungsprivilegs weiterhin eine Konstellation erforderlich ist, in dem der Schädiger und der Geschädigte in einem »familiären Näheverhältnis in häuslicher Gemeinschaft« miteinander leben.[160] Während eine entsprechende Lebens- und Haushaltsgemeinschaft beim Bestehen familiärer Bindungen in der Regel angenommen werden kann, wird eine entsprechende auf Dauer angelegte Gemeinschaft zwischen Schädiger und Geschädigtem im Falle des Fehlens familiärer Bindungen nur dann bestehen, wenn erkennbar ist, dass die beiden Personen »familiengleich« füreinander Verantwortung übernehmen, einen gemeinsamen Haushalt bilden und gemeinsam wirtschaften[161], wie beispielsweise die Partner einer nichtehelichen Lebensgemeinschaft.[162] Demgegenüber erstreckt sich die Haftungsprivilegierung nicht auf Personen, die allein räumlich zusammen wohnen, wie beispielsweise im Rahmen einer (studentischen) Wohngemeinschaft, bei der Untervermietung eines Teil der Wohnung an einen »Untermieter« oder der bloßen Aufnahme von Personen zur Übernachtung oder als (Ferien)gast, da es hier in der Regel an dem notwendigen »Füreinandereinstehen« fehlt, das für eine dauerhafte »häusliche Gemeinschaft« im Sinne des Satz 1 kennzeichnend ist.

49 Eine häusliche Gemeinschaft besteht unter der Voraussetzung, dass die haftungsprivilegierten Personen in einer Wohnung oder einem Haus einen gemeinsamen Haushalt führen. Ob diese Voraussetzungen erfüllt sind, entscheidet sich nach der Verkehrsauffassung. Eine Haushaltsgemeinschaft unter Eheleuten besteht nicht mehr, wenn die Eheleute getrennt leben (§§ 1361 ff. BGB). Hingegen besteht eine häusliche Gemeinschaft auch dann fort, wenn ein Familienangehöriger vorübergehend oder zeitweilig sich außerhalb der Wohnung aufhält (etwa als Schüler, Student oder Arbeitnehmer bei auswärtiger Unterbringung).[163]

50 Die Haftungsprivilegierung tritt schließlich ein, wenn die Haushaltsgemeinschaft zwischen den von dem Haftungsprivileg erfassten Personen im Zeitpunkt der Schädigung bestanden hat. Die Haftungsprivilegierung bleibt auch erhalten, falls eine dieser Voraussetzungen später wegfällt.[164] Zwar könnte der spätere Wegfall der Haftungsprivilegierung – zumindest bis zur Neuregelung des Satz 1 mit Wirkung zum 01.01.2021 – damit begründet werden, dass das Gesetz in Abs. 6 Satz 2 die eintretende Rechtsfolge mit einem anderen Wort umschreibt wie in Abs. 6 Satz 1 (hier: »ausgeschlossen«,

158 BVerfG, Beschl. v. 12.10.2012 – 1 BvL 14/09, NJW 2011, 1793; Hauck/Noftz/*Schlaeger/Bruno*, § 116 SGB X Rn. 260.

159 BT-Drucks. 19/17586, S. 117.

160 So ausdrücklich BT-Drucks. 19/17586, S. 117.

161 Hauck/Noftz/*Schlaeger/Bruno*, § 116 SGB X Rn. 259 m.w.N., juris-PK-SGB X/*Peters-Lange*, 3. Aufl., § 116 SGB X Rn. 73.

162 BGH, Urt. v. 05.02.2013 – VI ZR 274/12, VersR 2012, 520, juris-PK-SGB X/*Peters-Lange*, 3. Aufl., § 116 SGB X Rn. 73, Schütze/*Bieresborn*, § 116 SGB X Rn. 52 m.w.N. Anders noch BGH, Urt. v. 01.12.1987 – VI ZR 50/87, BGHZ 102, 257 mit Hinweis auf bestehende Abgrenzungs- und Beweisschwierigkeiten bei einer nicht ehelichen Lebensgemeinschaft.

163 Von Maydell/*Schellhorn*, GK-SGB X/3, § 116 Rn. 443.

164 Hauck/Noftz/*Schlaeger/Bruno*, § 116 SGB X Rn. 263; SGB-SozVersGesKomm/*Gitter*, § 116 Rn. 30; *Marburger*, Auskunftspflichten der Sozialversicherungsträger und Datenschutz, WzS 2011, 269; *Binkert*, Prozessrechtliche Problemstellungen im Anwendungsbereich des § 116 Abs. 7 SGB X, SGb 2013, 626.

dort: »nicht geltend gemacht werden können«).[165] Dieser sprachliche Unterschied erklärte sich im Lichte der bis zum 31.12.2020 bestehenden Rechtslage jedoch daraus, dass im Falle des Abs. 6 Satz 2 der Regress vor Eheschließung möglich war, wogegen er bei Abs. 6 Satz 1 von vorneherein ausgeschlossen ist. Eine darüber hinausgehende Bedeutung kam und kommt dieser Formulierung nicht zu. Vielmehr gebietet es der Zweck der Norm, den Familienfrieden zu schützen und Familienangehörige von Regressen zu verschonen und vom Regress stets abzusehen, wenn einmal eine Familiengemeinschaft bestanden hat. Anderenfalls müsste der Rückgriff auch in anderen Fällen wieder aufleben, in denen eine der Voraussetzungen der Privilegierung nicht mehr vorläge. Da dies jedoch für den Regelfall des Abs. 6 Satz 1 – zu Recht – abgelehnt wird, gilt entsprechendes auch für Abs. 6 Satz 2.

Sowohl nach der bis zum 01.01.2021 geltenden Fassung als auch nach dem neuen Wortlaut des 51 Satz 1 tritt eine Haftungsprivilegierung dann nicht ein, wenn der Schädiger das Schadensereignis vorsätzlich herbeigeführt hat, was auch bedingten Vorsatz umfasst. Hintergrund dieser Festlegung, die sich auch in vergleichbaren Regelungen (u.a. § 104 Abs. 1 SGB VII, § 110 Abs. 1 SGB VII) findet, ist, dass die durch das Haftungsprivilegierung geschützte Person dann nicht schutzwürdig ist, wenn sie die Schädigung bewusst und gewollt vorgenommen und die sich daraus ergebenden konkreten Schadensfolgen zumindest billigend in Kauf genommen hat.[166]

Bestand zwischen dem Schädiger und dem Geschädigten zum Zeitpunkt des Schadensereignisses 52 keine Haushaltsgemeinschaft im Sinne des Satz 1, scheidet die Inanspruchnahme des Schädigers durch den leistenden Sozialträger gemäß Abs. 1 dennoch aus, wenn der Schädiger mit dem Geschädigten oder einem Hinterbliebenen nach Eintritt des Schadensereignisses die Ehe geschlossen oder eine Lebenspartnerschaft begründet hat und in häuslicher Gemeinschaft lebt (Abs. 6 Satz 2).[167] Dabei gilt auch hier die Einschränkung, dass der Schädiger nicht vorsätzlich gehandelt haben darf.[168] Um die Haftungsbegrenzung auszulösen, müssen die in Satz 2 enthaltenen Voraussetzungen zu dem Zeitpunkt vorliegen, zu dem die Inanspruchnahme durch den leistenden Sozialträger erfolgt, im Falle eines gerichtlichen Verfahrens spätestens zum Schluss der mündlichen Verhandlung über das Regressverfahren.[169] Sollten die in Satz 2 genannten Voraussetzungen erst zu einem späteren Zeitpunkt erfüllt werden, scheidet eine Erstattung eines bereits erfolgten Regresses aus.[170]

Anders als die in Satz 1 enthaltene Freistellung von der Inanspruchnahme durch einen leistenden 53 Sozialträger setzt Satz 2 ausdrücklich die nachträgliche Schließung der Ehe bzw. einer Lebenspartnerschaft und die Begründung einer Haushaltsgemeinschaft voraus und erfasst damit nicht das »bloße Zusammenziehen« von Schädiger und Geschädigtem, beispielsweise in Form einer nichtehelichen Lebensgemeinschaft.[171] Dies begründet sich daraus, dass es anderenfalls zu schwer überwindbaren Abgrenzungs- und Beweisschwierigkeiten käme und Missbrauchsmöglichkeiten eröffnet werden würden, die durch die Bezugnahme auf die Schließung der Ehe oder der Lebenspartnerschaft vermieden werden können.

Gemäß Abs. 6 Satz 3 besteht eine Ausnahme von den in den Sätzen 1 und 2 verankerten Grund- 54 sätzen dann, wenn der Schaden bei dem Betrieb eines Fahrzeugs entstanden ist, für das Versicherungsschutz nach § 1 des Pflichtversicherungsgesetzes beziehungsweise § 3 des Auslandsfahrzeug–Pflichtversetzungsgesetzes besteht – in diesen Fällen kann ein Ersatzanspruch bis zur Höhe der zur Verfügung stehenden Versicherungssumme geltend gemacht werden. Darüber hinaus kann der Ersatzanspruch

165 Vgl. dazu näher *Breuer*, Regress des Sozialversicherungsträgers nach Scheidung?, NJW 1984, 276.
166 BeckOGK/*Kater*, § 116 SGB X Rn. 249 m.w.N., Stand 09/2024.
167 So schon die Rechtsprechung des BGH, vgl. BGH, Urt. v. 09.05.1972 – VI ZR 40/71. NJW 1972, 1372.
168 Hauck/Noftz/*Schlaeger/Bruno*, § 116 SGB X Rn. 266.
169 BeckOGK/*Kater*, § 116 SGB X Rn. 252 m.w.N., Stand 09/2024, Hauck/Noftz/*Schlaeger/Bruno*, SGB X, § 116 Rn. 265.
170 BeckOGK/*Kater*, § 116 SGB X Rn. 252, Stand 09/2024.
171 BeckOGK/*Kater*, § 116 SGB X Rn. 253, Stand 09/2024.

seitens des leistenden Sozialträgers sogar in voller Höhe geltend gemacht werden, wenn der Schädiger den Versicherungsfall im Zusammenhang mit dem Betrieb eines Kraftfahrzeuges im Sinne des Satz 3 vorsätzlich verursacht hat (Satz 4). Mit dieser Modifikation, die mit Wirkung zum 01.01.2021 in Abs. 6 eingefügt worden ist und davor eingetretene Schadensfälle ausdrücklich nicht erfasst[172], wird sichergestellt, dass eine bestehende Kfz-Haftpflichtversicherung, die aufgrund eines Schadensereignisses eintrittspflichtig wird, nicht durch die Sozialträger und deren Leistungen entlastet wird, sondern in Höhe der zur Verfügung stehenden Versicherungssumme in Anspruch genommen werden kann. Zugleich besteht durch das Hinzutreten der KFZ-Haftpflichtversicherung und die Begrenzung auf die zur Verfügung stehende Versicherungssumme auch nicht die Gefahr, dass die zwischen dem Schädiger und dem Geschädigten bestehende Haushaltsgemeinschaft durch die Inanspruchnahme des Schädigers wirtschaftlich belastet und der Familienfrieden gestört wird, was die zentrale Grundlage für den Anspruchsausschluss im Sinne der Sätze 1 und 2 darstellt.[173] Um die zwischen dem Geschädigten und dem Schädiger bestehende Haushaltsgemeinschaft effektiv zu schützen, ist der Regressanspruch des Sozialträgers direkt gegen den Haftpflichtversicherer des Schädigers zu erheben und durchzusetzen.[174]

55 Gemäß Abs. 6 Satz 4 greift die Beschränkung der Inanspruchnahme auf die zur Verfügung stehende Versicherungssumme dann nicht ein, wenn der Schädiger den Versicherungsfall vorsätzlich verursacht hat, was dem allgemeinen Rechtsgrundsatz entspricht, dass eine Privilegierung im Falle einer vorsätzlichen Schädigung ausscheidet. Insoweit entspricht die Regelung des Satz 4 auch der grundlegenden Bestimmung des Satz 1, die ebenfalls im Falle einer vorsätzlichen Schädigung eine Regressmöglichkeit aufrechterhält.[175]

IV. Ausgleich von Leistungen auf den Schadensersatzanspruch nach Forderungsübergang (Abs. 7)

56 § 116 Abs. 7 regelt die Folgen der Leistung des Schädigers an den Geschädigten auf den Schadensersatzanspruch nach dem bereits erfolgten Übergang der Ersatzforderung auf den Sozialleistungsträger und damit an den nicht mehr berechtigten Gläubiger. Gäbe es diese Vorschrift nicht, beurteilte sich die Rechtslage nach §§ 362, 407, 412 BGB entsprechend. Das Erlangte wäre nach § 816 Abs. 2 BGB herauszugeben.

57 Abs. 7 regelt nicht eigenständig die Voraussetzungen, unter denen die Leistung mit befreiender Wirkung erfolgt. Die Bestimmung setzt vielmehr voraus, dass diese Frage nach den allgemeinen Bestimmungen des Zivilrechts (§§ 407, 412 BGB) beurteilt wird. Danach sind Leistungen des Schuldners an den Geschädigten sowie Rechtsgeschäfte in Bezug auf den übergehenden Anspruch (Verzicht oder Erlass) dem Zessionar gegenüber wirksam, falls sie der Schädiger in Unkenntnis des Forderungsübergangs und damit in gutem Glauben getroffen hat. Dabei kommt es für die Frage des guten Glaubens darauf an, ob der Schuldner wusste oder wissen konnte, dass es sich bei dem Geschädigten nicht (mehr) um den Berechtigten handelt – insbesondere wegen eines möglichen Forderungsübergangs auf einen Versicherungsträger, einen Träger der Eingliederungshilfe oder der Sozialhilfe. Hierfür ist es ausreichend, dass der Schädiger die Tatsachen kennt, aus denen sich ein Übergang ergibt, namentlich also, dass der Geschädigte – beispielsweise aufgrund eines bestehenden Arbeitsverhältnisses und der sich daraus ergebenden Sozialversicherung – Anspruch auf kongruente

172 So ausdrücklich die Gesetzesbegründung mit Verweis auf das Eintreten des Haftungsgrundes als maßgeblichen Zeitpunkt BT-Drucks. 19/17586, S. 117.

173 BT-Drucks. 19/17586, S. 117.

174 Vgl. hierzu auch Schlegel/Voelzke, jurisPK-SGB X/*Peters-Lange*, 3. Aufl., § 116 SGB X Rn. 70.

175 Vgl. hierzu auch die Argumentation bei Hauck/Noftz/*Schlaeger/Bruno*, § 116 SGB X,Rn. 277.

Sozialleistungen hat.[176] Maßgeblicher Zeitpunkt für das Vorliegen dieser Merkmale ist der Zeitpunkt der Leistung des Schädigers.[177]

Ist eine Leistung des Schädigers an den Geschädigten oder seine Hinterbliebenen mit befreiender Wirkung gegeben, gewährt Abs. 7 Satz 1 dem Sozialversicherungsträger oder dem Träger der Eingliederungs- oder Sozialhilfe einen öffentlich-rechtlichen Erstattungsanspruch[178] nach Maßgabe des § 50, der im Verwaltungsverfahren und gegebenenfalls vor den Sozialgerichten geltend zu machen ist.[179] Dabei ergibt sich die öffentlich-rechtlichen Qualifikation des Erstattungsanspruches aus der Überlegung, dass der Gesetzgeber mit der Regelung des Abs. 7 dem Sozialleistungsträger ein wirkungsvolles Instrument zur Durchsetzung seiner Ansprüche auf Rückforderung zur Verfügung stellen wollte, das zudem auf dem öffentlich-rechtlichen Verhältnis zwischen Sozialleistungsträger und Geschädigtem beruht.[180] Darüber hinaus ist auf diesen Anspruch § 818 Abs. 3 BGB und damit die Möglichkeit der Berufung auf eine Entreicherung nicht anzuwenden. 58

Die Erstattungspflicht folgt aus dem Sozialleistungsverhältnis[181]. Hat der Geschädigte eine doppelte Entschädigung erlangt und vermag der Sozialleistungsträger seinen Regress deshalb nicht mehr dem Schädiger gegenüber durchzusetzen, ergibt sich aus dem Sozialleistungsverhältnis die Pflicht des Geschädigten, die Sozialleistung insoweit zurückzugewähren, als er anderweitig befriedigt worden ist. Da diese Pflicht im Sozialleistungsverhältnis gründet, kann sie auch mit den Mitteln des Sozialrechts – Verwaltungsakt und Verwaltungsvollstreckungsverfahren – durchgesetzt werden und unterliegt der gerichtlichen Kontrolle durch Sozial- oder Verwaltungsgerichte. 59

Soweit eine Mindermeinung den Erstattungsanspruch dem Privatrecht zuordnet, wird hierfür vorgebracht[182], dass der Anspruch des Sozialleistungsträgers an die Stelle des gem. §§ 407, 362 BGB untergehenden Anspruchs trete und damit zu dessen Surrogat werde. Er entspreche § 816 Abs. 2 BGB, der durch Abs. 7 nicht verdrängt worden sei.[183] 60

Leistet der Schädiger an den Geschädigten in Kenntnis des Forderungsübergangs und tritt eine befreiende Wirkung daher nicht ein, sieht Abs. 7 Satz 2 anstelle des sonst gebotenen Ausgleichs zwischen Schädiger und Geschädigtem eine gesamtschuldnerische Haftung von Geschädigtem und Schädiger gegenüber dem Sozialleistungsträger oder dem Träger der Eingliederungs- oder Sozialhilfe vor. Auch bei dem sich hieraus ergebenden Erstattungsanspruch handelt es sich um einen öffentlich-rechtlichen Anspruch, der im Rahmen eines entsprechenden Verwaltungsverfahrens und im Streitfalle vor den Sozialgerichten geltend zu machen ist[184], und zwar sowohl gegenüber dem Geschädigten als auch gegenüber dem Schädiger.[185] 61

Insbesondere soll die Regelung des Abs. 7 Satz 2 den Schädiger von der Last der Rückabwicklung freistellen und dessen Ersatzleistung soweit als möglich dem Geschädigten zu Gute kommen lassen. Aus dieser Überlegung beantwortet sich auch die Frage, ob der Schädiger gegenüber dem Sozialleistungsträger einen Anspruch darauf hat, dass Abs. 7 Satz 2 den Schädiger verschont und sich der Ausgleich einzig zwischen Sozialleistungsträger und Geschädigtem vollzieht. Würde dem Schädiger 62

176 Allgemeine Meinung: Hauck/Noftz/*Schlaeger/Bruno*, § 116 SGB X Rn. 238; SGB-SozVersGesKomm/*Gitter*, § 116 Rn. 37; Schütze/*Bieresborn* § 116 SGB X Rn. 58.
177 Von Maydell/*Schellhorn*, GK-SGB X/3, § 116 Rn. 473.
178 BeckOGK/Kater, § 116 SGB X Rn. 255, Stand 09/2024.
179 *André*, Der Anspruch nach § 116 Abs. 7 Satz 1 SGB X, ZfSH/SGB 1986, 97; Hauck/Noftz/*Schlaeger/Bruno*, § 116 SGB X Rn. 280 f.
180 *André*, ZfSH/SGB 1986, 98.
181 BSG, Beschl. v. 27.04.2010 – B 8 SO 2/10 R. SozR 4–1300 § 116 Nr. 1.
182 *Bley*, Ausgleichsansprüche der Sozialleistungsträger nach dem Regierungsentwurf zum X. Buch 3. Kapitel des Sozialgesetzbuchs, DOK 1981, 143; *Ebel*, Die Bereicherungsansprüche des § 116 Abs. 7 SGB X, VersR 1985, 897.
183 *Ebel*, VersR 1985, 897.
184 Schlegel/Voelzke, jurisPK-SGB X/*Peters-Lange*, 3. Aufl., § 116 SGB X Rn. 85.
185 So auch Hauck/Noftz/*Schlaeger/Bruno*, § 116 SGB X Rn. 290 f.

dieser Anspruch versagt, wären die Bedenken gegen diese Regelung begründet.[186] Soweit der Sozialleistungsträger nicht geleistet hat, könnte dieses Anliegen dadurch gesichert werden, dass dem Schädiger in entsprechender Anwendung der §§ 770 Abs. 2 BGB, 129 Abs. 3 HGB die Einrede der Aufrechenbarkeit zugestanden würde. Diese Einrede erlaubt dem Schädiger die Erfüllung des Ersatzanspruchs, solange sich der Träger von seiner Leistungspflicht gegenüber dem Geschädigten durch Aufrechnung mit seiner Rückforderung befreien kann. Zugunsten dieser Lösung spricht, dass infolge der Befriedigung des Geschädigten durch den Schädiger dieser ein Vermögensopfer zum Zwecke der Wiedergutmachung des Schadens erbracht hat, das dem Geschädigten unmittelbar zu Gute kommt.[187]

V. Pauschalierungen (Abs. 8, 9)

63 Mit den Regelungen der Abs. 8 und 9 wird die Möglichkeit geschaffen, für bestimmte Leistungen einen pauschalen Mindestersatz festzulegen (Abs. 8) oder Teilungsabkommen zu vereinbaren, die eine Pauschalierung der Ersatzansprüche vorsehen (Abs 9). So eröffnet Abs. 8 dem Regressberechtigten die Möglichkeit, für die Gewährung nicht stationärer Behandlung sowie die Versorgung mit Arznei- und Verbandsmittel statt des Einzelnachweises der entstandenen Kosten eine Pauschale anzusetzen. Die Höhe dieser Pauschale beläuft sich auf 5 % der Bezugsgröße des § 18 SGB IV.[188] Diese Möglichkeit besteht stets, wenn ein regresspflichtiger Sozialleistungsträger die genannten Leistungen gewährt, und zwar unabhängig davon, ob diese Leistung als Versicherungsleistung, Sozialhilfeleistung oder als Leistung der Familienkrankenhilfe gewährt wird. Zugleich stellt der Wortlaut des Abs. 8 klar, dass die Kosten für die stationäre Krankenpflege nicht der Möglichkeit der Pauschalierung unterliegen – das gleiche gilt für andere Leistungen, die im Zusammenhang mit einer stationären Krankenpflege entstehen, wie beispielsweise Krankentransportkosten.[189]

64 Bei Einzelnachweis höherer Kosten kann statt der Pauschale die einzelne Schadensposition abgerechnet werden. Die Ersatzleistungen bilden eine Wahlschuld (§§ 262 ff. BGB), allerdings mit der von § 262 BGB abweichenden Besonderheit, dass das Wahlrecht statt dem Schuldner dem Gläubiger zusteht. Mit der Wahl des Berechnungsmodus gilt der Ersatzanspruch in dem gewählten Ausgleichsmodus als von Anfang an geschuldet (§ 263 Abs. 2 BGB); eine nachträgliche Änderung des Berechnungsmodus ist ausgeschlossen. Wählt der Sozialleistungsträger Pauschalierung, steht ihm der Anspruch auch insoweit zu, als die effektiven Kosten hinter der Pauschale zurückbleiben. Der Geschädigte hat keinen Anspruch auf die Differenz zwischen Pauschale und effektiven Kosten, da der Anspruch auf den Sozialleistungsträger hinsichtlich aller kongruenten Leistungen übergegangen ist.

65 Abs. 9 gestattet den Regressberechtigten, pauschale Vereinbarungen über mögliche Regresse zu treffen. Diese Bestimmung liefert die Rechtsgrundlage für die Teilungsabkommen, die vor allem für die zwischen Sozialversicherungsträgern und Haftpflichtversicherern vorgesehene Abgeltung der Schäden aus Kraftfahrzeugunfällen abgeschlossen worden sind. In ihnen wird vereinbart, dass anstelle des Einzelregresses zwischen Sozialversicherungsträger und Haftpflichtversicherung eine pauschale Abgeltung aller dem Sozialversicherungsträger aus Kraftfahrzeugunfällen entstehenden Aufwendungen »ohne Prüfung der Sach- und Rechtslage« tritt. Diese Abkommen hat der BGH[190] bereits vor dem Inkrafttreten des SGB X anerkannt. Diese Rechtsprechung wird durch die Bestimmung des Abs. 9 bestätigt.[191] Dabei setzt die Anwendung eines Teilungsabkommens voraus, dass ein ursächlicher Zusammenhang

186 Vgl. von Maydell/*Schellhorn*, GK-SGB X/3, § 116 Rn. 482.
187 Vgl. hierzu auch die Darstellung bei Hauck/Noftz/*Schlaeger/Bruno*, § 116 SGB X Rn. 288 m.w.N.
188 Vgl. dazu Koppenfels-Spies/Wenner/*Bigge*, SGB IV, 3. Aufl. 2022, § 18 Rn. 4 ff.
189 Schütze/*Bieresborn*, § 116 SGB X Rn. 60.
190 BGH, Urt. v. 17.02.1956 – VI ZR 334/54, BGHZ 20, 85.
191 Vgl. zum Inhalt und der Funktion von Teilungsabkommen eingehender: Geigel/*Plagemann*, Rn. 30–95; *Kaiser*, Risikozuweisung durch Teilungsabkommen, 1981; *Danowsky*, Rahmen-Teilungsabkommen für Regressansprüche nach § 116 SGB X, BKK 1999, 313.

zwischen Schadensfall und Haftungsrisiko besteht.[192] Gefordert ist dabei sowohl die haftungsbegründende wie die haftungsausfüllende Kausalität.[193] Ein adäquater Kausalzusammenhang genügt indessen.[194] Der Ausschluss der Schadensregulierung »ohne Prüfung der Sach- und Rechtslage« schließt auch aus, dass der Ausgleich von den Einzelregelungen des § 116 (Befriedigungsvorrang, Familienprivileg etc.) abhängig gemacht wird.[195] Dies erklärt sich daraus, dass Teilungsabkommen die Beziehungen unter den Sozialleistungsträgern einerseits und den Haftpflichtversicherern andererseits umfassend auf eine eigene vertragliche Grundlage stellen. Diese vertragliche Absprache verdrängt sämtliche gesetzlichen Ausgleichsregelungen. Eine Teilung ist nur in Fällen ausgeschlossen, wenn eine Ersatzpflicht des Haftpflichtversicherers »offensichtlich« nicht in Frage kommt.[196]

VI. Gleichstellung der Bundesagentur für Arbeit und der Träger der Grundsicherung (Abs. 10)

Mit der Regelung des Abs. 10 wird festgelegt, dass die Bundesagentur für Arbeit und die Träger der 66
Grundsicherung für Arbeitssuchende nach dem SGB II als Versicherungsträger im Sinne dieser Vorschrift gelten. Damit wird klargestellt, dass die Bestimmungen des § 116 in gleichem Maße auf die die Bundesagentur für Arbeit sowie die Träger der Grundsicherung im Sinne des SGB II anwendbar sind wie auf die Sozialversicherungsträger.

VII. Gesetzlicher Forderungsübergang in internationalen Fällen

Die internationalrechtlichen Folgen des Rückgriffs durch den gesetzlichen Forderungsübergang 67
werden in Art. 15 Rom-I-VO, Art. 19 Rom-II-VO und Art. 85 VO (EG) 883/2004 normiert.[197] Danach ist das Sozialversicherungsrecht als Zessionsgrundstatut berufen; es ordnet damit auch den Übergang von Forderungen ausländischen Haftpflicht- oder Arbeitsrechts an.[198] Abtretungsverbote nach der privatrechtlichen lex causae sind danach sozialversicherungsrechtlich unbeachtlich.[199] Begründet das sozialrechtliche Haftungsstatut die Freistellung Beteiligter von privatrechtlicher Haftung, so wird diese auf ein ausländisches Haftungsstatut erstreckt.[200] § 116 gilt, wenn immer der zum Schadensersatz berechtigte Geschädigte für die Abgeltung seines Schadens von einem deutschen Sozialleistungsträger Sozialleistungen in Anspruch nehmen kann. Ob dies der Fall ist, beurteilt sich für Ansprüche aus Leistungen der Sozialversicherung nach §§ 3 ff. SGB IV[201] und für die Ansprüche auf Sozialhilfe nach §§ 23 f. SGB XII und im Verhältnis der EU-Staaten für die Leistungen der sozialen Sicherheit nach Art. 11 ff. VO (EG) Nr. 883/2004.[202] Besteht danach für den Geschädigten eine Berechtigung zu einer Inanspruchnahme von Sozialleistungen gegenüber einem deutschen Sozialleistungsträger nach deutschem Recht, so geht die dem Geschädigten zustehende Forderung

---

192 OLG Bamberg, Urt. v. 18.04.1991 – 1 U 206/90, ZfS 1992, 274; OLG Hamburg, Urt. v. 20.11.1996 – 5 U 119/96; vgl. auch grundlegend: *Küppersbusch*, SGb 1983, 419 ff.

193 AG Stuttgart-Bad Cannstatt, Urt. v. 23.12.1999 – 7 C 2297/99, NJW-RR 2000, 1475.

194 LG Hamburg, Urt. v. 14.08.1998 – 331 O 109/98. VersR 1998, 1531.

195 OLG Köln, Urt. v. 12.07.1993 – 12 U 30/93, ZfS 1994, 165; OLG Frankfurt am Main, Urt. v. 17.10.1991 – 1 U 85/90, ZfS 1992, 404.

196 BGH, Urt. v. 01.10.2008 – IV ZR 285/06, VersR 2008, 1560; OLG Celle, HVBG-Info 1991, 2529; vgl. auch *Dahm*, Der Anspruch der Berufsgenossenschaft aus Teilungsabkommen und die Auswirkung sog. Groteskfälle, die BG 1996, 64; *Jerom Konradi*, Teilungsabkommen – Anforderungen in »Zweifelsfällen« –, Sgb 2015, 20.

197 BGH, Urt. v. 15.07.2008 – VI ZR 105/07 – BGHZ 177, 237.

198 EuGH, Urt. v. 11.03.1965 – 33/64 – Slg. 11, 132 (Heseper); EuGH, Urt. v. 12.11.1969 – 27/69 – Slg. 15, 405 (C.F.L.); EuGH, Urt. v. 02.06.1994 – C-428/92 – Slg. 1994, I-2259 (DAK).

199 EuGH, Urt. v. 21.09.1999 – C-397/96 – Slg. 1999, I-5959 (Kordel).

200 BGH, Urt. v. 15.07.2008 – VI ZR 105/07, BGHZ 177, 237; BGH, Urt. v. 07.11.2006 – VI ZR 211/05, NJW 2007, 1754.

201 Vgl. dazu näher: Koppenfels-Spies/Wenner/*Eichenhofer*, SGB IV, 3. Aufl. 2022, Erläuterungen zu §§ 3 ff.

202 BGH, Urt. v. 17.06.2008 – VI ZR 197/07. VersR 2008, 1350; vgl. dazu *Eichenhofer*, Sozialrecht der EU, 2018, 7. Aufl., Rn. 130 ff.

auf Schadensersatz jedenfalls dann unproblematisch auf den Sozialleistungsträger über, wenn auch das Forderungsstatut deutsches Recht ist (der Schadensersatz also nach deutschem Delikts-, Gefährdungshaftungs- oder Vertragsrecht geschuldet ist).

68 Hat der nach deutschem Sozialrecht sozialleistungsberechtigte Geschädigte einen Schadensersatzanspruch gegen den Schädiger nach ausländischem Recht, so stellt sich die Frage nach den eintretenden Rechtsfolgen. Ein Schadensersatzanspruch unterliegt insbesondere dann dem ausländischen Recht, wenn die Schädigung im Ausland begangen worden ist. Nach Art. 4 ff. Rom-II-VO, Art. 40 Abs. 1 EGBGB gilt die Tatortregel: Das anwendbare Recht der Deliktshaftung richtet sich grundsätzlich nach dem Ort der Tatbegehung.[203] Haben Schädiger und Geschädigter ihren gewöhnlichen Aufenthalt in demselben Staat, richtet sich die Haftung nach dem Recht des gemeinsamen Aufenthalts (Art. 4 Abs. 2 Rom-II-VO, Art. 40 Abs. 2 EGBGB).[204]

69 Unterliegt der Schadensersatzanspruch ausländischem Haftungsrecht, der Sozialleistungsanspruch dagegen deutschem Recht, dann bestimmt Art. 19 Rom-II-VO, Art. 33 Abs. 3 EGBGB, dass das Zessionsgrundstatut (hier: das Sozialrecht) über den Forderungsübergang entscheidet.[205] Aus Art. 19 Rom-II-VO, Art. 33 Abs. 3 EGBGB, der auch für die Legalzession kraft öffentlichen Rechts gilt, folgt demnach, dass der von § 116 angeordnete Forderungsübergang auch eintritt, falls die Forderung sich nach ausländischem Recht beurteilt. Diese Rechtsfolge tritt ferner aufgrund der Bestimmung des deutschen Internationalen Sozialrechts ein, namentlich der Regelungen in Art. 85 Abs. 1 VO (EG) Nr. 883/2004 sowie der einzelnen Bestimmungen der zweiseitigen Sozialversicherungsabkommen zwischen Deutschland und anderen Staaten.[206] Der Übergang einer dem ausländischen Recht unterliegenden Forderung tritt nach Art. 33 Abs. 3 EGBGB aber auch dann ein, wenn kein Abkommen zwischen Deutschland und dem Staat besteht, dessen Recht die Ersatzforderung regelt.

§ 117 Schadensersatzansprüche mehrerer Leistungsträger

[1]Haben im Einzelfall mehrere Leistungsträger Sozialleistungen erbracht und ist in den Fällen des § 116 Abs. 2 und 3 der übergegangene Anspruch auf Ersatz des Schadens begrenzt, sind die Leistungsträger Gesamtgläubiger. [2]Untereinander sind sie im Verhältnis der von ihnen erbrachten Sozialleistungen zum Ausgleich verpflichtet. [3]Soweit jedoch eine Sozialleistung allein von einem Leistungsträger erbracht ist, steht der Ersatzanspruch im Innenverhältnis nur diesem zu. [4]Die Leistungsträger können ein anderes Ausgleichsverhältnis vereinbaren.

Übersicht

A. Inhalt

1 § 117 bezieht sich auf die in den § 116 Abs. 2 und 3 normierten Beschränkungen eines möglichen Regresses und regelt die Rechtsstellung mehrerer Leistungsträger an einer auf sie gem. § 116 Abs. 1

203 Vgl. dazu eingehend: *Spickhoff*, Die Tatortregel im neuen Deliktskollisionsrecht, IPRax 2000, 1.

204 Vgl. dazu *Spickhoff*, IPRrax 2000, 1.

205 OGH Wien, ZfRV 1997, 121.

206 Vgl. dazu die Nachweise bei *Eichenhofer*, Internationales Sozialrecht und Internationales Privatrecht 1987, 201 Fn. 2; *Spiegel*, Nomos-Kommentar zum Europäischen Sozialrecht, 2019 (7. Aufl.), Erl. zu Art. 85; Hauck/Noftz/*Eichenhofer*, EU-Sozialrecht, Art. 85 Rn. 1 ff.; *Steinfeltz*, Die Terroranschläge vom 11.09.2001 in New York und Schadensersatzansprüche der Berufsgenossenschaft (§ 116 SGB X), die BG 2002, 470.

übergegangenen Forderung auf Schadensersatz, falls der Schadensersatzanspruch wegen Summenbegrenzung (§ 116 Abs. 2) oder aufgrund der Anrechnung eines Mitverschuldens bzw. mitwirkender Verantwortlichkeit (§ 116 Abs. 3) des Geschädigten nicht ausreicht, um alle Leistungsträger umfassend zu befriedigen. Ist dies der Fall bestimmt § 117 in Satz 1, dass die Leistungsträger hinsichtlich des auf sie übergehenden Ersatzanspruchs Gesamtgläubiger sind (§ 428 BGB). Insoweit betrifft diese Regelung das Außenverhältnis von Leistungsträgern und dem haftpflichtigen Schädiger. Demgegenüber regeln die Sätze 2 bis 4 das Innenverhältnis der Leistungsträger und legen – abweichend von den diesbezüglichen Regelungen des BGB – fest, dass die Träger einander entsprechend dem Anteil der von ihnen erbrachten Sozialleistungen zum Ausgleich berechtigt sind, soweit es sich bei den erbrachten Leistungen um kongruente Leistungen handelt (Satz 2). Sollte demgegenüber für eine Leistung ausschließlich ein Leistungsträger zuständig und verpflichtet sein (fehlende Kongruenz der Leistungen der Leistungsträger), steht allein diesem Träger der Ersatzanspruch zu (Satz 3). Satz 4 gestattet den Leistungsträgern schließlich, abweichend von den Sätzen 2 und 3 anderweitige Aufteilungen zu vereinbaren.

§ 117 wurde durch das 4. Euro-Einführungsgesetz vom 21.12.2000 neu verkündet und trat am 01.01.2001 in Kraft. Dabei entspricht § 117 inhaltlich und in seinem Wortlaut der Regelung des § 117 in der Fassung des Gesetzes vom 04.11.1982[1], die am 01.07.1983 in Kraft getreten ist und die wiederum auf der zuvor ergangenen ständigen Rechtsprechung des Bundesgerichtshofs beruht, die mit der Regelung des § 117 übernommen wird.[2] 2

B. Einzelerläuterungen

I. Anwendbarkeit des § 117 (Satz 1)

Entsprechend dem Wortlaut des § 117 Satz 1 hängt die Anwendbarkeit dieser Regelung zunächst davon ab, dass sich die Sozialleistungen, die von mehreren Leistungsträger zu erbringen sind, auf einen bestimmten Einzelfall beziehen und damit in zeitlicher Kongruenz zueinander stehen. Hiervon ist auszugehen, wenn ein bestimmtes Schadensereignis Sozialleistungen mehrerer Leistungsträger auslöst, wobei die Leistungsansprüche zeitgleich oder nacheinander entstehen können. Aus diesem Grund ist auch dann von einem Einzelfall im Sinne des Satz 1 auszugehen, wenn verschiedene Leistungsansprüche, die sich aus einem Schadensereignis ergeben, erst zeitlich versetzt entstehen, wie beispielsweise im Falle des erneuten Auftretens einer Erkrankung des Geschädigten nach einer ersten Heilung.[3] 3

Eine Kumulation von Leistungspflichten mehrerer Träger des SGB[4] tritt auch dann ein, wenn die Schädigung Ansprüche aus der Unfall- und Rentenversicherung auslöst, sei es bei Verletzung des Geschädigten auf Ersatz des Erwerbsschadens, sei es bei Tötung des Geschädigten auf Ersatz des Unterhaltsschadens. Praktisch bereitet eine derartige Aufteilung indes erhebliche Schwierigkeiten[5]: Der bestehende Erstattungsanspruch der Rentenversicherung richtet sich gegen die Unfallversicherung; diese hat dann gegenüber dem Unfallrentenempfänger den Rückausgleich vorzunehmen. Eine vergleichbare Lage besteht bei einer Kumulation von Leistungen nach dem SGB XIV und einzelnen Leistungen nach dem SGB V.[6] Oftmals ist die Zwecksetzung der einzelnen Leistungen nicht klar zu unterscheiden. Die Anrechnungsregeln bei Kumulation von Erwerbsminderungs- und 4

1 Sozialgesetzbuch (SGB) – Zusammenarbeit der Leistungsträger und ihre Beziehungen zu Dritten –vom 04.11.1982, BGBl. I, S. 1450.
2 BGH, Urt. v. 27.06.1958 – VI ZR 98/57, BGHZ 28, 68; BGH, Urt. v. 17.05.1979 – III ZR 176/77, NJW 1979, 2039; Schlegel/Voelzke, JurisPK-SGB X/*Peters-Lange*, 3. Aufl., § 117 SGB X Rn. 1.
3 Statt vieler Hauck/Noftz/*Schlaeger/Bruno*, § 117 SGB X Rn. 13.
4 BGH, Urt. v. 14.02.1989 – VI ZR 244/88, BGHZ 106, 381.
5 BSG, Urt. v. 26.04.2005 – B 5 RJ 36/04 R, SozR 4–1300 § 127 Nr. 1.
6 Noch zu den vorhergehenden Regelungen des OEG BGH, Urt. v. 28.03.1995 – VI ZR 244/94, VersR 1995, 600; OLG Hamm, Urt. v. 12.08.1999 – 6 U 8/99.

Unfallrente[7] (§ 93 SGB VI) oder bei der Rehabilitation[8] sind daher auch auf die Ermittlung des Teilungsverhältnisses zu übertragen.[9]

5 Mit dem Begriff des »Leistungsträgers« knüpft § 117 Satz 1 an die Bestimmungen der § 116 Abs. 2, 3 und 10 an. Daraus ergibt sich, dass von dem Begriff des Leistungsträgers zunächst die Sozialversicherungsträger sowie die Träger der Sozialhilfe im Sinne des § 116 Abs. 2 und 3 umfasst sind.[10] Darüber hinaus gelten gemäß § 116 Abs. 10 auch die Bundesagentur für Arbeit und die Träger der Grundsicherung für Arbeitssuchende nach dem SGB II als Versicherungsträger und damit ebenfalls als Leistungsträger im Sinne des § 117 Satz 1.

6 Über diesen unmittelbaren Anwendungsbereich des § 117 Satz 1 hinaus kann eine Gesamtgläubigerstellung auch mit anderen Trägern eintreten, soweit diese Leistungen erbringen, die mit den Sozialleistungen von Sozialversicherungsträgern oder Trägern der Sozialhilfe konkurrieren. In Betracht kommen hier Versorgungsträger und beamtenrechtliche Dienstherren im Zusammenhang mit den Regressregelungen der § 76 BBG bzw. § 120 SGB XIV[11], soweit auch diese auf der Grundlage des § 116 Abs. 2 im Verhältnis zum Geschädigten zurücktreten müssen.[12]

7 Nicht vom (ggf. analogen) Anwendungsbereich des § 117 Satz 1 erfasst werden demgegenüber Arbeitgeber oder private (Haftpflicht)Versicherungsträger, so dass hier keine Gesamtgläubigerstellung eintritt.[13] Das gleiche gilt für Hinterbliebene des Geschädigten, auf die § 117 Satz 1 ebenfalls nicht anwendbar ist.[14]

8 Nach der Festlegung des Satz 1 tritt die Gesamtgläubigerstellung der beteiligten Leistungsträger zeitgleich mit dem Anspruchsübergang im Sinne des § 116 SGB X ein, wenn der zur Verfügung stehende Ersatzanspruch hinter den Gesamtleistungen aller Träger zurückbleibt, weil die Haftung des Schädigers der Summe nach begrenzt ist (§ 116 Abs. 2)[15] oder der Schadensersatzanspruch die Gesamtaufwendungen der Sozialleistungsträger nicht deckt, weil wegen des mitwirkenden Verschuldens bzw. einer mitwirkenden Verantwortlichkeit des Geschädigten ein Abzug erfolgt (§ 116 Abs. 3).[16]

9 Neben den genannten Fällen, in denen eine Unterdeckung der auszugleichenden Leistungen aus rechtlichen Gründen eintritt, erfasst § 117 Satz 1 auch diejenigen Situationen, in denen den Schädiger zwar die volle Haftung trifft, die gegebenen Schadensersatzansprüche aber aus tatsächlichen Gründen nicht ausreichen, die von den beteiligten Leistungsträgern zu erbringenden Sozialleistungen auszugleichen – beispielsweise aufgrund der unterschiedlichen zivil- bzw. sozialversicherungsrechtlichen Ermittlung von Rentenschäden im Rahmen der gesetzlichen Unfall- oder Rentenversicherung.[17] Eine analoge Anwendung des § 117 Satz 1 mit der Folge der Gesamtgläubigerschaft der beteiligten Leistungsträger ist schließlich dann möglich, wenn die Unterdeckung darauf beruht, dass der gegebene

7 BGH, Urt. v. 03.12.2002 – VI ZR 304/01, VersR 2003, 390.
8 BGH, Urt. v. 05.05.2009 – VI ZR 208/08, VersR 2009, 995.
9 LG Berlin, HVBG-Info 2000, 185–189.
10 BeckOGK/*Kater*, § 117 SGB X Rn. 7, Stand 03/2022.
11 Bis zum 31.12.2023 § 81a BVG.
12 BGH, Urt. v. 14.02.1989 – VI ZR 244/88, NJW 1989, 2622; Schlegel/Voelzke, jurisPK-SGB X/*Peters-Lange*, 3. Aufl., § 117 SGB X Rn. 11; BeckOGK/*Kater*, § 117 SGB X Rn. 9, Stand 03/2022; Hauck/Noftz/*Schlaeger/Bruno*, § 117 SGB X Rn. 11 m.w.N. Einschränkend Schütze/*Bieresborn*, § 117 SGB X Rn. 3.
13 BGH, Urt. v. 08.07.1980 – VI ZR 275/78, VersR 1980, 1072; Hauck/Noftz/*Schlaeger/Bruno*, 117 SGB X Rn. 12.
14 BeckOGK/*Kater*, § 117 SGB X Rn. 10, Stand 03/2022.
15 Vgl. hierzu die Kommentierung des § 116 Rdn. 28.
16 Vgl. hierzu die Kommentierung des § 116 Rdn. 29 f.
17 BGH, Urt. v. 03.12.2002 – VI ZR 304/01 – NJW 2003, 1871; BeckOGK/*Kater*, § 117 SGB X Rn. 14, Stand 03/2022; Hauck/Noftz/*Schlaeger/Bruno*, § 117 SGB X Rn. 15 f.

Schadensersatzanspruch nicht in voller Höhe beigetrieben werden kann, insbesondere im Falle der Insolvenz des Schädigers.[18]

II. Stellung im Außenverhältnis

10 § 117 Satz 1 ordnet unter mehreren Sozialleistungsträgern im Falle einer Unterdeckung im Außenverhältnis die Gesamtgläubigerschaft an, deren Rechtsfolgen sich im Außenverhältnis nach den zivilrechtlichen Bestimmungen der §§ 428, 429 BGB richten. Wichtigste Folge ist, dass die gesamte Forderung von jedem einzelnen Gläubiger im voller Höhe geltend gemacht werden kann. Eine etwaige Beschränkung des Anspruches eines Leistungsträgers auf den Teil der Leistungen, die von ihm erbracht wurden, besteht nicht.[19] Im Gegenzug ist der Schuldner berechtigt, die volle Leistung nach seiner Wahl an jeden der Gesamtgläubiger zu erbringen (§ 429 Satz 1BGB), was auch dann gilt, wenn einer der Gläubiger bereits Klage auf die Leistung erhoben hat (§ 429 Satz 2 BGB). Hierdurch wird bezweckt, den Schädiger als Schuldner des Ersatzanspruches von der Last freizustellen, diejenigen Anteile ermitteln zu müssen, die den einzelnen Leistungsträgern an der geminderten Ersatzleistung zustehen.[20] Gem. §§ 429 Abs. 3, 422 BGB wirkt die Erfüllung, die gegenüber einem Gläubiger bewirkt wird, auch gegenüber den anderen Gesamtgläubigern. Ähnlich wie bei der Hinterlegung (§ 372 BGB) kann der Schuldner daher durch Leistung auf die Ersatzforderung an einen Gesamtgläubiger seine schuldrechtliche Verpflichtung auch mit Wirkung gegenüber den anderen Gläubigern erfüllen, ohne sich darum kümmern zu müssen, welchem Leistungsträger welcher Anteil an dem Ersatzanspruch zusteht. Die Anordnung der Gesamtgläubigerstellung gewährleistet – im Unterschied zur Teilgläubigerschaft (Einzelgläubiger hinsichtlich eines Teils des Anspruchs) oder der Mitgläubigerstellung (gesamthänderische Zuständigkeit mehrerer Gläubiger an einer Forderung) –, dass der Schuldner durch wahlweise Leistung in Höhe des gesamten geschuldeten Ersatzes an einen von mehreren Trägern von seiner Verbindlichkeit frei wird.

III. Wirkungen bei Leistungshindernissen oder Verfügungsakten eines Gesamtgläubigers

11 Die Stellung als Gesamtgläubiger aller Leistungsträger im Verhältnis zum Schädiger wirft die Frage auf, welche Rechtsfolgen eintreten, wenn bei einem Leistungsträger Hindernisse eintreten oder dieser über die Ersatzforderung Verfügungsakte trifft. Zwischen Gesamtgläubigern[21] können Rechtshandlungen Gesamtwirkung und Teilwirkung entfalten. Gesamtwirkung bedeutet, dass ein Umstand (Leistungshindernis oder Verfügungsakt) für alle Gesamtgläubiger wirkt; Teilwirkung bedeutet, dass ein Umstand lediglich für den betreffenden Gläubiger wirkt.

12 Die Frage nach den Gesamt- oder Teilwirkungen ist durch das Recht der Gesamtgläubigerstellung in § 429 BGB geregelt. Diese Vorschrift enthält selbständige Regelungen und verweist auf die Regeln der Gesamtschuld. Nach § 429 Abs. 1 BGB wirkt ein in einer Person eintretender Annahmeverzug für alle Gesamtgläubiger. Im Falle der Konfusion (Vereinigung von Gläubiger- und Schuldnerstellung in einer Person) tritt ferner Gesamtwirkung ein (§ 429 BGB). Im Übrigen werden die Rechtsfolgen unter Gesamtgläubigern durch Verweisung auf §§ 422, 423 und 425 BGB geregelt. Danach entfalten die Erfüllung und sämtliche Erfüllungssurrogate außer dem Erlass Gesamtwirkung (§ 422 BGB); hingegen wirkt ein Erlass für alle Gläubiger nur, wenn die Parteien das gesamte Schuldverhältnis aufheben wollten (§ 423 BGB). Sonstige Umstände (insbesondere Verjährung) wirken nur im Verhältnis von Schuldner und einzelnem Gläubiger – entfalten mithin nur eine Teil- und keine Gesamtwirkung. Sollte also beispielsweise der Ersatzanspruch eines Leistungsträgers gegenüber dem

---

18 BT-Drucks. 9/95 zu Art. I § 123 S. 42; BeckOGK/*Kater*, § 117 SGB X Rn. 16, Stand 03/2022, eher ablehnend Schlegel/Voelzke, jurisPK-SGB X/*Peters-Lange*, 3. Aufl., § 117 SGB X Rn. 14.

19 Hauck/Noftz/*Schlaeger/Bruno*, § 117 SGB X Rn. 23.

20 BT-Drucks. 9/95, S. 29; BGH, Urt. v. 27.06.1958 – VI ZR 98/57, BGHZ 28, 68, 71 ff.; vgl. ferner *Pickel*, Schadensersatzansprüche mehrerer Leistungsträger, SGb 1985, 177 ff.

21 Vgl. dazu *Medicus*, Mehrheit von Gläubigern, JuS 1980, 697 ff.; MünchKomm/*Heinemeyer*, BGB, 2022 (9. Aufl.), § 428 Rn. 2 ff.

Schädiger verjährt sein, bleibt es den anderen Leistungsträgern unbenommen, die Ersatzansprüche in voller Höhe gegenüber dem Schädiger zu erheben – der Umstand der Verjährung einer Forderung wirkt sich erst im Zuge des Innenausgleichs zwischen den Gesamtgläubigern aus.[22]

13 Falls ein Teilungsabkommen zwischen dem Haftpflichtversicherer des Schädigers und lediglich einem Teil der als Gesamtgläubiger berechtigten Leistungsträger besteht, fragt sich wegen §§ 428, 429 Abs. 3, 423 BGB, ob den Regeln des Teilungsabkommens Gesamtwirkung zukommt oder nicht. Der BGH[23] hat diese Frage in mehreren Entscheidungen verneint: Die Wirkung des Teilungsabkommens sei auf denjenigen Anteil an der Ersatzforderung beschränkt, der dem Leistungsträger nach den Regeln über die Verteilung im Innenverhältnis zustehe.

IV. Innenausgleich

14 Satz 2 und 3 regeln den Innenausgleich unter den Gesamtgläubigern, falls ein Träger – wie von Satz 1 vorausgesetzt – den Gesamtbetrag der geschuldeten Ersatzleistung vom Schädiger erhalten hat, dieser Betrag jedoch nicht ausschließlich dem die Ersatzleistung entgegennehmenden Träger gebührt. Satz 2 und 3 regeln für diesen Fall – abweichend von § 430 BGB – dass der Innenausgleich unter den Gesamtgläubigern nicht zu gleichen Teilen zu erfolgen hat, sondern sich die Aufteilung nach den Anteilen der an den Geschädigten »erbrachten« Sozialleistungen richtet. Insoweit unterscheidet sich die Vorschrift von § 116 Abs. 1, die den Forderungsübergang von der Verpflichtung zur Sozialleistung abhängig macht.[24] Dem ausgleichsberechtigten Leistungsträger steht nach Satz 2 diejenige Quote an der Ersatzforderung zu, die dem Verhältnis der von ihm erbrachten Leistungen zu den erbrachten Leistungen aller Träger entspricht.[25]

15 Satz 2 setzt voraus, dass die Leistungsträger zur Begleichung desselben Interesses an den Geschädigten leisten, also ihrerseits kongruente Leistungen erbringen. Denn nur unter dieser Voraussetzung ist eine anteilige Befriedigung der Träger gerechtfertigt. Ist hingegen für die Befriedigung eines Interesses nur ein Leistungsträger zuständig, so trifft Satz 3 eine Ausnahme von dem in Satz 2 statuierten Verteilungsgrundsatz. Der für die Befriedigung eines gesonderten Interesses allein zuständige Träger ist danach vorweg zu befriedigen. Die Regelung beruht ebenfalls auf der Rechtsprechung des BGH[26], wonach der für die geschuldeten Krankenversicherungsbeiträge des Geschädigten aufkommende Rentenversicherungsträger einen Vorzug bei der Verteilung der Ersatzforderung haben soll. Die Regelung wird heute praktisch, falls der Rentenversicherungsträger gem. §§ 106, 315 SGB VI einen Beitragszuschuss zur privaten Krankenversicherung des geschädigten Rentners leistet.[27]

16 Satz 4 gestattet den Leistungsträgern, für den Einzelfall oder ganze Gattungen von Fällen abweichende Vereinbarungen über die Durchführung des Ausgleichs zu treffen, wobei in diesem Zusammenhang insbesondere auch Pauschalierungen von Ausgleichsansprüchen vereinbart werden können.[28]

V. Rechtsweg

17 Macht ein Leistungsträger als Gesamtgläubiger den übergegangenen Ersatzanspruch gegenüber dem Schädiger gerichtlich geltend, so handelt es sich unproblematisch um eine bürgerlich-rechtliche Streitigkeit (§ 13 GVG), so dass der Rechtsweg zu den ordentlichen Gerichten eröffnet ist. Dies gilt auch für die Ausgleichsansprüche der Leistungsträger untereinander, soweit die Forderung, die gemäß § 116 auf die Gesamtgläubiger übergegangen und nunmehr unter Berücksichtigung des § 117 zwi-

---

22 BeckOGK/*Kater*, § 117 SGB X Rn. 21, Stand 03/2022.
23 BGH, Urt. v. 11.07.1963 – II ZR 29/61, BGHZ 40, 108.
24 *Pickel*, SGb 1985, 177 (178).
25 Von Maydell/*Schellhorn*, GK-SGB X/3, § 117 Rn. 50 ff.
26 BGH, Urt. v. 01.07.1969 – VI ZR 216/67, NJW 1969, 1901.
27 Von Maydell/*Schellhorn*, GK-SGB X/3, § 117 Rn. 55; *Pickel*, SGb 1985, 177 (178); Schütze/*Bieresborn*, SGB X, 9. Aufl. 2020, § 117 Rn. 7.
28 BeckOGK/*Kater*, § 117 SGB X Rn. 20, Stand 03/2022.

schen diesen auszugleichen ist, zivilrechtlicher Natur ist.[29] Zwar lässt sich dieser Einschätzung entgegenhalten, dass im Recht der Gesamtschuld ein originärer Ausgleichsanspruch (§ 426 Abs. 1 BGB) besteht, so dass es folgerichtig sein kann, für die der Gesamtschuld strukturgleiche Gesamtgläubigerstellung ebenfalls einen originären Ausgleichsanspruch anzunehmen – hinzu kommt, dass der Ausgleichsanspruch in den Fällen des Satz 2 ausschließlich unter Sozialleistungsträgern besteht, so dass sich auch daraus eine Sachnähe zum öffentlichen Recht und damit eine Eröffnung dieses Rechtsweges ergibt.[30] Im Ergebnis bleibt es aber dabei, dass sich der Ausgleichsanspruch zwischen den einzelnen als Gesamtgläubiger verbundenen Leistungsträgern auf die übergegangene zivilrechtliche Ersatzforderung bezieht, so dass der Rechtsweg zu den ordentlichen Gerichten gegeben ist. Anders wäre allenfalls dann zu entscheiden, wenn die übergangene Forderung öffentlich-rechtlicher Natur sein sollte – in diesen Fällen wäre dann auch der Ausgleichsanspruch zwischen den beteiligten Leistungsträgern öffentlich-rechtlicher Natur.[31]

Das gleiche gilt, wenn die Sozialleistungsträger in Anwendung des Satz 4 eine anderweitige Auf- 18
teilung des Ersatzanspruches vereinbart haben sollten. Da auch in diesen Fällen der Vertragsgegenstand – die Verteilung der aufzuteilenden Forderung – in der Regel zivilrechtlicher Natur ist, bleibt auch insoweit der Rechtsweg zu den ordentlichen Gerichten eröffnet, es sei denn, die aufzuteilende Ersatzforderung ist öffentlich-rechtlicher Natur.[32]

§ 118 Bindung der Gerichte

Hat ein Gericht über einen nach § 116 übergegangenen Anspruch zu entscheiden, ist es an eine unanfechtbare Entscheidung gebunden, dass und in welchem Umfang der Leistungsträger zur Leistung verpflichtet ist.

A. Inhalt

§ 118 verpflichtet diejenigen Gerichte, die über einen übergegangenen Anspruch auf Arbeitsentgelt 1
(§ 115) oder Schadensersatz (§ 116) zu entscheiden haben, die (zuvor ergangenen) unanfechtbaren Entscheidungen der Leistungsträger oder die hierzu ergangenen Urteile der entscheidenden Gerichte anzuerkennen, soweit diese Entscheidungen die Leistungspflicht und den Leistungsumfang der Sozialleistungsträger betreffen. Mit dieser Festlegung folgt die Regelung dem allgemeinen Rechtsgrundsatz, das präjudizielle Rechtsverhältnisse Tatbestandswirkung für Rechtsnormen entfalten, die selbständige Rechtsfolgen an deren Bestehen knüpfen. Im Ergebnis soll damit nicht nur eine ökonomische Erledigung von Regressansprüchen erreicht werden, sondern es soll vor allem verhindert werden, dass es in einem Schadensfall zu gegensätzlichen Entscheidungen der damit befassten Sozialleistungsträger bzw. der Sozialgerichte auf der einen Seite und den Zivilgerichten kommt, die nachfolgend über einen möglichen Anspruchsübergang zu entscheiden haben. Aus diesem Grund werden die sozialrechtlichen Vorfragen (Beteiligte des Sozialleistungsverhältnisses und Höhe des Sozialleistungsanspruches) aus dem (späteren) Prozessstoff herausgenommen, der sich mithin auf die Beurteilung der zivilrechtlichen Folgeprobleme beschränkt, wodurch es zu einer Erweiterung der subjektiven Grenzen der Bestandskraft von Verwaltungsakten sowie der Rechtskraft von Urteilen kommt.

29 BGH, Urt. v. 27.06.1958 – VI ZR 98/57, BGHZ 28, 68, 69 f.
30 Vgl. hierzu die Begründung der Rechtswegzuweisung in der Vorauflage (3. Aufl.).
31 So auch Schlegel/Voelzke, jurisPK-SGB X/*Peters-Lange*, 3. Aufl., § 117 SGB X Rn. 26.
32 Im Anschluss an die h.M, vgl. hierzu u.a. Hauck/Noftz/*Schlaeger/Bruno*, § 117 SGB X Rn. 51; Schütze/*Bieresborn*, SGB X, 9. Aufl. 2020, § 117 Rn. 11.

B. Einzelerläuterungen

2 § 118 steht im Zusammenhang mit der Regelung des § 116 und legt fest, dass Gerichte, die über einen nach dieser Regelung übergegangenen Anspruch zu entscheiden haben, an eine zuvor ergangene unanfechtbare Entscheidung über die Leistungsverpflichtung eines Leistungsträgers und den zu erbringenden Leistungsumfang gebunden sind. Auch wenn sich der Wortlaut des § 118 allein auf § 116 bezieht, erfasst diese Regelung – ihrem Sinn und Zweck entsprechend – auch die Anspruchsübergänge gemäß § 115, § 120 SGB XIV sowie – zumindest in analoger – Anwendung nach dem bis zum 31.12.2023 geltenden § 81a BVG[1]. Für den Bereich der gesetzlichen Unfallversicherung sind in diesem Zusammenhang die Sonderregelungen der §§ 108, 112 SGB VII zu beachten, die eine Bindung der Gerichte im Falle vorhergehender Haftungsentscheidungen nach den §§ 104 ff. SGB VII enthalten.

3 Mit seiner Festlegung erweitert § 118 die subjektiven Grenzen der Bestandskraft von Verwaltungsakten sowie die Rechtskraft von Urteilen, die grundsätzlich nur inter partes wirken (vgl. §§ 39 Abs. 1; 141 SGG). Die Bindung des Schädigers und gegebenenfalls seines Haftpflichtversicherers erstreckt sich gegenständlich auf die Parteien des Leistungsverhältnisses sowie den Umfang der gewährten Leistung.[2] Bezüglich dieser Fragestellungen soll im Regressverfahren keine abweichende Entscheidung möglich sein als die im Sozialleistungsverfahren – gegebenenfalls nach Abschluss eines Rechtsstreites darüber – ergangene.

4 Seinem Wortlaut und Zweck entsprechend erfasst § 118 diejenigen Entscheidungen von Gerichten und Verwaltungen, die materielle Rechts- bzw. Bestandskraft erlangen und damit die Frage der Leistungspflicht und des Leistungsumfanges abschließend regeln können. Im Ergebnis erfasst § 118 damit in Rechtskraft erwachsene Urteile der Sozial- und Verwaltungsgerichte (§§ 125 ff. SGG, §§ 107 ff. VwGO), Gerichtsbescheide im Sinne des § 105 SGG sowie Beschlüsse über die Zurückweisung einer Berufung als offensichtlich unbegründet (§ 153 Abs. 4 SGG)[3]. Auf der Ebene der Verwaltungsträger bezieht sich § 118 auf Verwaltungsakte (§ 31), die von Sozialversicherungs- oder Sozialleistungsträgern, der Bundesagentur für Arbeit oder den Grundsicherungsträgern in einem Verwaltungsverfahren ergehen.[4] Dies gilt auch für die Fiktion der Leistungsbewilligung einer gesetzlichen Krankenkasse gemäß § 13 Abs. 3a Satz 6 SGB V, da es sich hierbei um einen fiktiven Verwaltungsakt handelt[5], auf die sich die Bindungswirkung des § 118 erstreckt.

5 Keine Bindungswirkung entfaltet § 118 demgegenüber bei öffentlich-rechtlichen Verträgen (§ 53) und (Prozess)Vergleichen, die über die Frage der Leistungspflicht und/oder den Leistungsumfang geschlossen worden sind.[6] Grund dafür ist, dass § 118 ausdrücklich auf »unanfechtbare Entscheidungen« Bezug nimmt, die in materielle Rechtskraft erwachsen sind und damit eine verbindliche Vorgabe für ein späteres Regressverfahren bieten, was bei öffentlich-rechtlichen Verträgen bzw. Vergleichen nicht in gleichem Maße der Fall ist. Eine Bindungswirkung kommt in diesem Zusammenhang nur insoweit in Betracht, als beispielsweise auf der Grundlage eines Vergleiches ein Ausführungsbescheid ergeht, der dann von § 118 erfasst wird.[7]

6 Die Bindungswirkung des § 118 setzt weiterhin voraus, dass die in Rede stehende Entscheidung unanfechtbar ist. Dies ist bei gerichtlichen Entscheidungen der Fall, wenn die Rechtsmittelfrist abgelaufen ist beziehungsweise gegen die Entscheidung kein weiterer förmlicher Rechtsbehelf mehr

---

1 OLG Hamm, Urt. v. 12.08.1999 – 6 U 8/99, RuS 1999, 418.

2 BGH, Urt. v. 05.05.2009 – VI ZR 208/08, VersR 2009, 995; Hauck/Noftz/*Schlaeger/Bruno*, § 118 SGB X Rn. 4; von Maydell/*Schellhorn*, GK-SGB X/3, § 118 Rn. 7 ff.; SGB SozVersGesKomm/*Gitter*, § 118 Rn. 4.

3 Schlegel/Voelzke, jurisPK-SGB X/*Peters-Lange*, 3. Aufl., § 118 SGB X, Rn. 10.

4 Hauck/Noftz/*Schlaeger/Bruno*, § 118 SGB X Rn. 6.

5 Vgl. z.B. Becker/Kingreen/*Kingreen*, SGB V § 13 Rn. 31 m.w.N.

6 Str., vgl. hierzu die umfassende Darstellung bei Hauck/Noftz/*Schlaeger/Bruno*, § 118 SGB X/3 Rn. 16. M.w.N.

7 Hauck/Noftz/*Schlaeger/Bruno*, § 118 SGB X Rn. 21a.

zur Verfügung steht, so dass die Entscheidung in formelle Rechtskraft erwächst. Das gleiche gilt, wenn ein zunächst eingelegtes Rechtsmittel wirksam zurückgenommen wird oder mit Eintritt der formellen Rechtskraft der über das Rechtsmittel ergangenen Entscheidung.[8] Handelt es sich bei der maßgeblichen Entscheidung um einen Verwaltungsakt, entsteht die Bindungswirkung gemäß § 77 SGG dann, wenn der gegen den Verwaltungsakt gegebene Rechtsbehelf nicht eingelegt wird oder erfolglos bleibt.

Keinen Einfluss auf die Bindungswirkung eines Verwaltungsaktes hat die gegebenenfalls bestehende 7
Möglichkeit der späteren Rücknahme, des Widerrufs oder der Aufhebung der Entscheidung auf Grundlage der der §§ 44 ff.[9] Tritt dieser Fall ein und wurde der später revidierte Verwaltungsakt im Rahmen des Regressverfahrens von dem ordentlichen Gericht als bindend berücksichtigt, können sich für den betroffenen Sozialleistungsträger die in den § 323 Abs. 1 ZPO (»Abänderungsklage«), 580 ZPO (»Restitutionsklage«) bzw. im Vollstreckungsverfahren nach 767 ZPO verankerten Verfahrenswege ergeben, soweit die dort enthaltenen Voraussetzungen gegeben sind.[10]

Dem Wortlaut des § 118 entsprechend tritt eine Bindung (nur) hinsichtlich der Umstände ein, über 8
die im Sozialleistungsverhältnis eine Entscheidung getroffen worden ist – also die Zuständigkeit des handelnden Sozialleistungsträgers, das Bestehen eines Sozialleistungsverhältnisses zwischen den Parteien sowie die Art und die Höhe der zu gewährenden Sozialleistung (»Ob« und »Umfang« der Leistungspflicht des Sozialträgers).[11] Dies drückt § 118 durch die Formulierung aus: »dass und in welchem Umfang der Leistungsträger zur Leistung verpflichtet ist«. Dabei ist in Bezug auf die Bindungswirkung in Bezug auf die Zuständigkeit des handelnden Sozialleistungsträgers zu beachten, dass diese dann nicht eintritt, wenn ein unzuständiger Leistungsträger irrtümlich von seiner Zuständigkeit ausgegangen und Sozialleistungen erbracht haben sollte, da in diesem Fall eine mehrfache Inanspruchnahme des Schädigers droht, die sachlich nicht gerechtfertigt ist.[12] Darüber hinaus setzt die Bindung voraus, dass die Träger im Rahmen ihrer Zuständigkeit rechtmäßig handeln; ist dies nicht der Fall, tritt keine Bindungswirkung ein.[13]

Nicht bindend sind die Entscheidungen der Behörden oder Gerichte über Fragen des Kausal- 9
zusammenhangs zwischen Schädigung und Schaden, da es sich hierbei nicht um eine sozialrechtliche Vorfrage, sondern eine zivilrechtliche Hauptfrage handelt.[14] Das gleiche gilt für die weiteren Tatbestandsvoraussetzungen eines möglichen Regressanspruches gegenüber dem Schädiger, über die das ordentliche Gericht im Rahmen des bei ihm geführten Verfahrens zu entscheiden hat. Sind sozialrechtliche Vorfragen zwischen Geschädigtem und dem kraft Gesetzes erwerbenden Träger streitig und ist deshalb zwischen den Parteien ein Rechtsstreit vor einem Sozialgericht anhängig, der noch nicht rechtskräftig entschieden worden ist, so hat – falls der Rechtsstreit über den Regressanspruch bei einem allgemeinen Zivilgericht oder Arbeitsgericht anhängig ist – dieses Gericht gem. § 148 ZPO das Verfahren über den Regressanspruch auszusetzen, bis die sozialrechtlichen Vorfragen rechtskräftig geklärt sind.

---

8 BeckOGK/*Kater*, § 118 SGB X Rn. 5, Stand 09/2024.

9 Vgl. hierzu z.B. Hauck/Noftz/*Schlaeger/Bruno*, § 118 SGB X Rn. 25a m.w.N.

10 BeckOGK/*Kater*, § 118 SGB X Rn. 9, Stand 09/2024; Schlegel/Voelzke, jurisPK-SGB X/*Peters-Lange*, 3. Aufl., § 118 SGB X, Rn. 15.

11 OLG Hamm , Urt. v. 22.02.2022 – 26 U 67/21, Beck-online.

12 BGH, Urt. v. 08.07.2003 – VI ZR 274/02, BGHZ 155, 342, Hauck/Noftz/*Schlaeger/Bruno*, § 118 SGB X Rn. 30 f.

13 BGH, Urt. v. 05.05.2009 – VI ZR 208/08, VersR 2009, 995.

14 Allgemeine Meinung: Hauck/Noftz/*Schlaeger/Bruno*, § 118 SGB X Rn. 5; von Maydell/*Schellhorn*, GK-SGB X/3 § 118 Rn. 11; SGB SozVersGesKomm/*Gitter*, § 118 Rn. 5.

§ 119 Übergang von Beitragsansprüchen

(1) [1]Soweit der Schadenersatzanspruch eines Versicherten den Anspruch auf Ersatz von Beiträgen zur Rentenversicherung umfasst, geht dieser auf den Versicherungsträger über, wenn der Geschädigte im Zeitpunkt des Schadensereignisses bereits Pflichtbeitragszeiten nachweist oder danach pflichtversichert wird; dies gilt nicht, soweit
1. der Arbeitgeber das Arbeitsentgelt fortzahlt oder sonstige der Beitragspflicht unterliegende Leistungen erbringt oder
2. der Anspruch auf Ersatz von Beiträgen nach § 116 übergegangen ist.

[2]Für den Anspruch auf Ersatz von Beiträgen zur Rentenversicherung gilt § 116 Abs. 3 Satz 1 und 2 entsprechend, soweit die Beiträge auf den Unterschiedsbetrag zwischen dem bei unbegrenzter Haftung zu ersetzenden Arbeitsentgelt oder Arbeitseinkommen und der bei Bezug von Sozialleistungen beitragspflichtigen Einnahme entfallen.

(2) [1]Der Versicherungsträger, auf den ein Teil des Anspruchs auf Ersatz von Beiträgen zur Rentenversicherung nach § 116 übergeht, übermittelt den von ihm festgestellten Sachverhalt dem Träger der Rentenversicherung auf einem einheitlichen Meldevordruck. [2]Das Nähere über den Inhalt des Meldevordrucks und das Mitteilungsverfahren bestimmen die Spitzenverbände der Sozialversicherungsträger.

(3) [1]Die eingegangenen Beiträge oder Beitragsanteile gelten in der Rentenversicherung als Pflichtbeiträge. [2]Durch den Übergang des Anspruchs auf Ersatz von Beiträgen darf der Versicherte nicht schlechter gestellt werden, als er ohne den Schadenersatzanspruch gestanden hätte.

(4) [1]Die Vereinbarung der Abfindung von Ansprüchen auf Ersatz von Beiträgen zur Rentenversicherung mit einem ihrem Kapitalwert entsprechenden Betrag ist im Einzelfall zulässig. [2]Im Fall des Absatzes 1 Satz 1 Nr. 1 gelten für die Mitwirkungspflichten des Geschädigten die §§ 60, 61, 65 Abs. 1 und 3 sowie § 65a des Ersten Buches entsprechend.

Übersicht

A. Inhalt

1 § 119 ergänzt den in § 116 SGB X verankerten Beitragsregress und ordnet zugunsten der Rentenversicherung – und auf diese beschränkt[1] – den Übergang von Beitragsforderungen hinsichtlich des »fiktiven Beitragsschadens« an, der entstehen kann, wenn aufgrund eines Schadensereignisses keine oder lediglich verringerte Beiträge zur Rentenversicherung entrichtet werden, was zu einer Verkürzung der späteren Rentenansprüche führen kann (»Rentenverkürzungsschaden«).[2] Die Bestimmung schafft damit die Voraussetzungen dafür, dass der Anspruch auf Ersatz des Beitragsschadens mit der Sicherungs- und Schutzfunktion der gesetzlichen Rentenversicherung im Einklang steht.[3] Zu diesem Zweck schafft § 119 die sozialversicherungsrechtlichen Voraussetzungen für den in der Rechtsprechung des BGH zum Haftpflichtrecht anerkannten Anspruch auf Ersatz des Beitragsschadens in der Rentenversicherung. Hierzu bestimmt § 119, dass mit Eintritt des Schädigungsereignisses

---

1 SRH/*Plagemann*, § 9 Rn. 55.
2 Schlegel/Voelzke, JurisPK-SGB X/*Peters-Lange*, 3. Aufl., § 119 SGB X Rn. 8 m.w.N.
3 *Deinert*, Privatrechtsgestaltung durch Sozialrecht, S. 252, eine unmittelbare Privatrechtsgestaltung.

der dem Versicherten gegenüber dem Schädiger zustehende Anspruch auf Ersatz eines Beitragsschadens auf denjenigen Rentenversicherungsträger übergeht, bei dem der Geschädigte pflichtversichert ist (§ 119 Abs. 1 Satz 1) – insoweit besteht auch hier eine kongruente Sozialleistung[4] Bei Ausnahmen hilft Abs. 1 Satz 1, Halbs. 2. Das Gesetz bestimmt ferner in den Absätzen 2 und 3 den Status der auf dieser Grundlage »eingezogenen« – besser: geschuldeten – Beiträge. Die Grundsätze über das Quotenvorrecht bei Mitverschulden des Geschädigten und Leistungsempfängers gelten entsprechend. Abs. 4 ermöglicht weitere Formen des Ausgleichs.

In seiner ersten Fassung beruht § 119 auf dem Gesetz vom 04.11.1982[5] und ist am 01.07.1983 in Kraft getreten. Nach einer Novelle im Zuge des Rentenreformgesetzes vom 18.12.1989[6] mit Wirkung zum 01.01.1992 wurde § 119 durch das 4. Euro-Einführungsgesetz vom 21.12.2000[7] neu verkündet und trat in der jetzt geltenden Fassung am 01.01.2001 in Kraft. 2

B. Einzelerläuterungen

I. Beitragsschaden als Grundlage des Anspruchsübergangs

§ 119 knüpft – wie auch § 116 Abs. 1 Satz 2 – an die gefestigte Rechtsprechung des BGH zum Schadensrecht an, wonach zum Erwerbsschaden auch der Ausfall von Beiträgen in der Invaliditäts-, Alters- und Hinterbliebenensicherung gehört (»Beitragsschaden«). Im Gegensatz zu der Regelung des § 116 Abs. 1 Satz 2 betrifft § 119 jedoch nicht die Versicherungsbeiträge, die von einem Sozialleistungsträger infolge eines Schadensereignisses zu Gunsten eines Geschädigten an den zuständigen Träger der Rentenversicherung zu erbringen sind, sondern umfassen den »fiktiven Beitragsschaden«, der sich daraus ergeben kann, dass infolge eines Schadensereignisses gerade keine Beiträge zur gesetzlichen Rentenversicherung erbracht werden, woraus sich ein späterer Rentennachteil ergeben kann (»Vorsorgeschaden«). 3

Vor diesem Hintergrund wurde zunächst angenommen, dass im Falle ausbleibender Beitragszahlungen ein Beitragsschaden nur dann gegeben ist, wenn und soweit das Rentenversicherungsrecht dem Versicherten ermöglicht, in wirtschaftlich sinnvoller Weise einen späteren Rentennachteil auszugleichen.[8] Dies sei nur dann der Fall, falls der Geschädigte im Zeitpunkt der Schädigung noch keine »unfallfeste Position«[9] erworben hat, was der Fall ist, wenn der Ausfall von Erwerbseinkommen aus versicherungspflichtiger Tätigkeit zu einem messbaren Nachteil in der gesetzlichen Rentenversicherung führt, der durch die freiwillige Versicherung in Höhe des bisherigen Verdienstes geschlossen werden kann. Als Inhaber einer nicht unfallfesten Position waren danach alle Pflichtversicherten anzusehen, die noch nicht die Voraussetzungen für die Wartezeit für die Altersrente und die Halbbelegung erfüllt hatten.[10] So vermochte der Geschädigte durch Zahlung von freiwilligen Versicherungsbeiträgen den Schaden zu beheben, der ihm durch Erwerbsausfall in der Pflichtversicherung entstanden war. Deshalb hatte ihm die Rechtsprechung nur unter dieser Voraussetzung einen Schadensersatzanspruch gegen den Schädiger zubilligt. Hinsichtlich der künftig eintretenden möglichen Schäden 4

4 Anders Schütze/*Bieresborn*, § 119 SGB X Rn. 1a.

5 Sozialgesetzbuch (SGB) – Zusammenarbeit der Leistungsträger und ihre Beziehungen zu Dritten –vom 04.11.1982, BGBl. I, S. 1450.

6 Gesetz zur Reform der gesetzlichen Rentenversicherung (Rentenreformgesetz) vom 18.12.1989, BGBl. I, S. 2261.

7 Gesetz zur Einführung des Euro im Sozial- und Arbeitsrecht sowie zur Änderung anderer Vorschriften (4. Euro-Einführungsgesetz) vom 21.12.2000, BGBl. I, S. 1983 (1998, 2018).

8 BGH, Urt. v. 15.04.1986 – VI ZR 146/85, BGHZ 97, 330, 332.

9 Begriff stammt von *Medicus*, SchlHAnz 1964, 179; vgl. dazu auch *Fuchs*, Die Behandlung der unfallfesten Position im Schadensersatzrecht, NJW 1988, 2005.

10 *Küppersbusch*, Die Ablösung der §§ 1542, 1543 RVO durch die §§ 116 bis 119 SGB X, VersR 1983, 193, 205 ff.; *Fuchs*, Der Ersatz von Sozialversicherungsbeiträgen im Rahmen von Schadensersatzansprüchen, NJW 1986, 2343; *ders.*, NJW 1988, 2005.

sollte der Geschädigte nach dieser Rechtsprechung erst nach Schadenseintritt – auch nach Eintritt des Leistungsfalls – den Ersatzanspruch geltend machen.[11]

5 Da diese Rechtsprechung dazu führte, dass die aus der Schädigung resultierenden rentenrechtlichen Belastungen in Teilen von der Solidargemeinschaft der Versicherten getragen wurden, während der Schädiger entlastet wurde[12], wurde im Zuge des RRG 1992 mit Wirkung zum 01.01.1992 die Regelung des § 62 SGB VI[13] geschaffen, mit der dieses Ergebnis vermieden wird. Zu diesem Zweck legt § 62 SGB VI fest, dass durch die Berücksichtigung rentenrechtlicher Zeiten ein möglicher Anspruch auf Schadensersatz wegen verminderter Erwerbsfähigkeit gegenüber dem Schädiger bzw. dessen Versicherer nicht ausgeschlossen oder gemindert wird, so dass die Zahlung der nach dem gewöhnlichen Verlauf anfallenden Beiträge auch dann verlangt werden kann, wenn für den Versicherten infolge der verletzungsbedingten Erwerbsminderung keine oder nur noch geminderte Beiträge entrichtet werden.

6 § 62 SGB VI hat somit die bisherige Rechtsprechung der Zivilgerichte über die Nichtabgeltungsfähigkeit des Beitragsschadens bei »unfallfester Position« überwunden. Dabei bestand das gesetzgeberische Ziel namentlich darin, den Anspruch auf Ersatz des Beitragsschadens nicht deshalb aufzuheben, weil der Versicherte aufgrund rentenrechtlicher Gestaltungen (»Anrechnungs-« oder »Zurechnungszeiten«) keine rentenrechtliche Einbuße erzielt hat.[14] Angesichts dieser Entwicklung hat auch der BGH entschieden, dass seine Rechtsprechung zu einer möglichen unfallfesten Position über den 31.12.1991 hinaus keine Bedeutung mehr hat[15], wobei die Regelung des § 62 SGB VI nach Maßgabe des § 300 Abs. 1 SGB VI auch auf Schadensfälle in der Zeit zwischen dem 01.07.1983 und dem 31.12.1991 anzuwenden ist, soweit diese am 01.01.1992 – dem Tag des Inkrafttretens des § 300 SGB VI – noch nicht abschließend ausgeglichen waren.[16] § 62 SGB VI schließt also den Vorteilsausgleich aus und misst dem privatrechtlichen Ausgleich des Beitragsschadens durch den Schädiger einen grundsätzlichen Vorrang gegenüber der Schadenstragung durch das System der sozialen Sicherung bei, wodurch der privatrechtliche Schadensausgleich gleichsam in das System des Sozialrechts erstreckt wird.[17]

7 Im Ergebnis dient die Regelung des § 119 der Zuordnung des Beitragsschadens, der entweder durch Leistungen des Geschädigten oder durch Leistungen des Gesamtsystems sozialer Sicherheit ausgeglichen werden kann. Dabei werden im geltenden deutschen Sozialrecht beide Wege beschritten: So sehen die Regelungen der §§ 166 Abs. 1 Nr. 2 ff., 170 SGB VI beim Bezug von Krankengeld oder von Leistungen der Bundesanstalt für Arbeit auch die Pflicht zur Zahlung von Rentenversicherungsbeiträgen zu Lasten des jeweiligen Sozialleistungsträgers vor, so dass die Solidargemeinschaft der Sozialversicherten für den Beitragsschaden aufzukommen hat. Die Beiträge dienen insoweit dem Globalausgleich unter den Trägern. Da die Zeiten des Bezugs von Kranken- oder Arbeitslosengeld nicht als Beitragszeiten, sondern als Anrechnungszeiten bewertet werden, kommt

11 BGH, Urt. v. 12.04.1983 – VI ZR 126/81, BGHZ 87, 181; BGH, Urt. v. 30.06.1987 – VI ZR 42/86, NJW 1987, 3179.

12 Zu dieser Rechtsprechung wurden schon damals Bedenken formuliert, vgl. u.a. *von Einem*, Der Beitragsregreß des Sozialleistungsträgers, 1987, 94; ders., Erstattungsfähigkeit der Beiträge nach § 119 SGB X, SozVers 1985, 29; *Stelzer*, § 119 SGB X als gesetzliches Verbot des Vorteilsausgleichs im Hinblick auf die »unfallfeste Position«, SozVers 1985, 313.

13 Art. 1 RRG 1992 vom 18.12.1989, BGBl. I, S. 2261.

14 BT-Drucks. 11/4452, S. 9; 11/5530, S. 43 f.

15 BGH, Urt. v. 10.12.1991 – VI ZR 29/91, NJW 1992, 509; ausführlicher zu dieser Entscheidung Schmitt, Jahrbuch des Sozialrechts der Gegenwart 1992, S. 359 (367); BGH, Urt. v. 09.05.1995 – VI ZR 124/94, NJW 1995, 1968, LG Frankfurt am Main, Urt. v. 22.02.1994 – 2/14 O 456/93, NJW 1994, 2771; vgl. auch Küppersbusch, Ersatzansprüche bei Personenschaden, 2000, Rn. 568 ff.

16 BGH, Urt. v. 09.05.1995 – VI ZR 124/94, NJW 1995, 1968; BeckOGK/*Gürtner*, § 62 SGB VI Rn. 5, Stand 12/2018; Kreikebohm/Roßmann/Dankelmann, § 62 SGB VI Rn. 4; vgl. dazu auch die Kommentierungen zu § 300 SGB VI.

17 BGH, Urt. v. 15.04.1996 – VI ZR 146/85, NJW 1986, 2247; BGH Urt. v. 11.04.2018 – XII ZB 377/17, NJW 2018, 1876; Hauck/Noftz/*Schläger/Bruno*, § 119 SGB X Rn. 2.

diese Leistung einzelnen Versicherten indessen nicht unmittelbar als Pflichtbeitragszeit, sondern nur mittelbar als beitragslose Zeit zugute. Der Beitrag dient daher in derster Linie dem Gesamtausgleich unter den Trägern.[18] Hingegen lag der andere Weg der Rechtsprechung des BGH zugrunde.

Je nach gewähltem Weg des Ausgleichs von Beitragsschäden ist auch das Schadensersatzrecht unterschiedlich auszugestalten: Wird der Beitragsschaden durch das Gesamtsystem sozialer Sicherheit aufgefangen, ist dieses selbst geschädigt, soweit der Geschützte einen Beitragsausfall infolge eines Fehlverhaltens des Schädigers erleidet. Da nach geltendem deutschen Haftpflichtrecht der Schädiger dem Geschädigten zum Ausgleich nur hinsichtlich der in der Person des Geschädigten unmittelbar entstehenden Schäden verpflichtet ist, wohingegen Schäden, die andere Personen infolge der Schädigung erleiden, als »mittelbare Schäden« nicht ersatzfähig sind, ginge das Gesamtsystem sozialer Sicherheit leer aus, sofern es den Beitragsschaden in der bezeichneten Weise kompensierte. Wird der Beitragsschaden indessen im Wege der freiwilligen Versicherung durch den Geschädigten selbst ausgeglichen, so ist die Einbuße als unmittelbarer Schaden zu begreifen und damit möglicher Gegenstand eines Schadensersatzanspruchs. Der Ersatzberechtigte hat es bei dieser Form des Ausgleichs aber in der Hand, ob er den vom Schädiger erlangten Ausgleich auch für die Behebung seines Beitragsschadens verwendet oder nicht. 8

Auch vor diesem Hintergrund wird der Zweck von § 119 deutlich: Die Vorschrift schafft nicht für den mittelbar geschädigten Rentenversicherungsträger einen eigenen Anspruch auf Schadensersatz, sondern eröffnet vielmehr einen dem Geschädigten zustehenden Anspruch auf Abgeltung des Beitragsschadens, dessen Geltendmachung indessen dem Beitragsgläubiger – dem Träger der Rentenversicherung – unmittelbar durch Anordnung des gesetzlichen Forderungsübergangs »treuhänderisch« zugewiesen wird.[19] Damit unterbindet § 119 die zuvor bestehende Möglichkeit, dass Geschädigteim Falle der Abgeltung des Beitragsschadens selbst entscheiden können, wofür sie den erlangten Ersatz verwenden. Um vor diesem Hintergrund einen möglichen Beitragsausfall des Pflichtversicherten zu verhindern, wird der Geschädigte durch die in § 119 angeordnete Ausgleichsform zwangsweise gesichert und der Ersatz seines Beitragsschadens unmittelbar bewirkt. 9

§ 119 beruht mithin auf der Annahme, dass der einem Geschädigten nach privatem Haftungsrecht zustehende, auf Ersatz des Beitragsschadens gerichtete Anspruch nicht nur geltend gemacht werden sollte, sondern zugleich für den Rentenversicherungsträger des Geschädigten beigetrieben wird. § 119 begründet damit implizit in Höhe des Anspruchs auf Ersatz des Beitragsschadens eine Versicherungs- und Beitragspflicht, in deren Folge Geschädigte ihren zivilrechtlichen Anspruch auf Ersatz des Beitragsschadens an Erfüllung statt abtreten. In Höhe dieses Anspruches und nicht des durch Beitreibung beim Schädiger Erlangten steht den Geschädigten infolgedessen eine dem Beitragsschaden entsprechende Rentenanwartschaft zu (Abs. 2, 3). 10

Im Ergebnis folgt auch der in § 119 enthaltene Forderungsübergang dem Gedanken der Kongruenz zwischen dem Schadensersatzanspruch des Geschädigten gegenüber dem Schädiger und der Leistungsverpflichtung des Sozialleistungsträgers[20], da § 119 – unausgesprochen – drei Rechtsgeschäfte kraft Gesetzes anordnet und in einer einzigen Anordnung bündelt: Begründung der Beitragspflicht in Höhe des dem Geschädigten zustehenden Anspruchs auf Ersatz des Beitragsschadens, Abtretung des auf Ersatz dieses Schadens gerichteten Anspruchs vom Geschädigten an den Leistungsträger und Anordnung der causa dieser Leistung, nämlich: Begleichung der Beitragsschuld durch Abtretung des Anspruchs an Erfüllung statt (§ 364 Abs. 2 BGB). 11

---

18 So zu Recht *Fuchs*, NJW 1986, 2343, 2345; *Küppersbusch*, VersR 1985, 18.

19 Allgemeine Meinung: BGH, Urt. v. 15.04.1986 – VI ZR 146/85 –, BGHZ 97, 330, 332; Hauck/Noftz/*Schläger/Bruno*, § 119 SGB X/3 Rn. 1; *Fuchs*, NJW 1986, 2343 ff.

20 Kritisch hierzu *Deinhardt*, Der gesetzliche Forderungsübergang nach den §§ 116 bis 119 SGB X, VersR 1984, 697, 703 ff.; *Küppersbusch*, VersR 1983, 193, 205; SGB SozVersGesKomm/*Gitter*, § 119 Rn. 1.

II. Übergang des Anspruchs auf den Rentenversicherungsträger (Abs. 1)

12 Damit ein Forderungsübergang auf den Rentenversicherungsträger eintreten kann, ist zunächst erforderlich, dass der Geschädigte – oder hiervon abgeleitet dessen Hinterbliebene – durch das Schadensereignis einen Beitragsschaden erlitten hat, der von dem dem Schädiger gegenüber bestehenden Schadenersatzanspruch umfasst wird (»Rentenverkürzungsschaden«).[21] Inwieweit dies der Fall ist, richtet sich nach den möglichen zivilrechtlichen Anspruchsgrundlagen, die auf den Ersatz eines Erwerbs- oder Fortkommensschadens gerichtet sind, wobei neben den deliktsrechtlichen Regelungen des BGB sowie weiterer haftungsrechtlicher Regelungen (z.B. § 7 StVG) auch vertragliche Anspruchsgrundlagen in Betracht kommen. Dabei kommt es für das Bestehen eines Beitragsschadens nicht darauf an, dass in Folge des schädigenden Ereignisses keinerlei Beiträge zur gesetzlichen Rentenversicherung mehr gezahlt werden – möglich ist auch, dass sich die Beitragszahlungen lediglich vermindern. Da der im Rahmen des § 119 relevante Schaden in der Beitragseinbuße und nicht in einem späteren Ausfall an Leistungen liegt[22], manifestiert sich der zu berücksichtigende Beitragsschaden bereits im Moment des Schadensereignisses und nicht erst dann, wenn tatsächlich eine verminderte Rente erbracht wird. Ferner wird der Schadenseintritt nicht dadurch berührt, dass daneben ein Leistungsfall der gesetzlichen Unfallversicherung eintritt.[23]

13 Ein den Forderungsübergang nach § 119 nach sich ziehender Beitragsschaden ist auch zu bejahen, falls für den Haftpflichtschaden der Entschädigungsfonds nach dem PflVG aufzukommen hat.[24] Die Gegenauffassung[25] verneint dies im Hinblick auf die subsidiäre Einstandspflicht des Entschädigungsfonds (§ 12 Abs. 1 Satz 3 PflVG). Denn der durch den Beitragsausfall entstandene Schaden wird nicht anderweitig – auch nicht nach Leistungen des Sozialversicherungsträgers – ausgeglichen.[26] Dies gilt auch für Zeiträume, in denen wegen der Schädigung Bezug von Sozialleistungen als Anrechnungszeiten anerkannt sind.

14 Nicht von dem Forderungsübergang gemäß § 119 erfasst wird demgegenüber der »Rentenkürzungsschaden«, der eintritt, wenn ein Geschädigter aufgrund des Schadensereignisses vorzeitig die Altersrente in Anspruch nimmt, was dazu führt, dass sich infolge der in § 77 Abs. 2 Nr. 2 SGB VI verankerten Abwertung des Zugangsfaktors ein Rentennachteil ergibt.[27] Zwar begründet die Kürzung der Rentenleistung infolge eines vorzeitigen Renteneintritts einen daraus resultierenden Schadensersatzanspruch des Geschädigten[28], doch erfasst § 119 nur den Anspruch des Versicherten auf Ersatz von Pflichtbeiträgen zur Rentenversicherung, die schadensbedingt ausbleiben oder in nur geringerer Höhe geleistet werden.[29] Dies gilt auch dann, wenn der Versicherte den Rentenabschlag durch Zahlung von Beiträgen hätte vermeiden können, da es sich hierbei um eine höchstpersönliches Gestaltungsrecht handelt, das keinen Anspruchsübergang nach § 119 begründet.[30] Vielmehr ist die Altersrente zumindest dann in analoger Anwendung des § 77 Abs. 3 Satz 3 Nr. 1 SGB VI abschlagsfrei zu gewähren, wenn der Haftpflichtversicherer des Schädigers dem Rentenversicherungsträger die vorzeitige Inanspruchnahme der Altersrente in vollem Umfang erstattet.[31]

21 BeckOK-SozR/von Koppenfels-Spies, 71. Ed. 01.12.2023, SGB X § 119 Rn. 8; Wenning, Anm. zu BGH, Urt. v. 20.12.2016 – VI ZR 664/15, NZS 2017, 302 (305).
22 OLG Brandenburg, Urt. v. 22.12.1998 – 2 U 1/98.
23 BGH, Urt. v. 09.05.1995 – VI ZR 124/94 –, BGHZ 129, 366.
24 BGH, Urt. v. 25.01.2000 – VI ZR 64/99 –, NJW 2000, 1338.
25 LG München II, SozVers 1998, 249.
26 Juris-PK-SGB X/*Peters-Lange,* § 119 Rn. 32.
27 BGH, Urt. v. 20.12.2016 – VI ZR 664/15, VersR 2017; *Car*, VersR 2016, 566; *Plagemann*, VersR 2016, 879; Hauck/Noftz/*Schläger/Bruno*, § 119 SGB X Rn. 69.
28 BGH, Urt. v. 20.12.2016 – VI ZR 664/15, VersR 2017, S. 557; *Car*, VersR 2018, 522; Hauck/Noftz/*Schläger/Bruno*, § 119 SGB X/3, Rn. 68 m.w.N.
29 BGH, Urt. v. 20.12.2016 – VI ZR 664/15, VersR 2017.
30 BGH, Urt. v. 20.12.2016 – VI ZR 664/15, VersR 2017.
31 BSG, Urt. v. 13.12.2017 – B 13 R 13/17R, SozR 4–2600 § 77 Nr. 11; *Car*, VersR 2018, 522.

Die Höhe des Beitragsschadens richtet sich nach den allgemeinen Grundsätzen, die bei der Ermittlung eines Schadens anzuwenden sind, wobei der Betragsschaden sowohl die Arbeitnehmer- als auch die Arbeitgeberanteile zur gesetzlichen Rentenversicherung umfasst.[32] Hierzu ist im Wege einer Prognose die rentenversicherungsrechtliche Stellung des Geschädigten, die ohne das schädigende Ereignis bestehen würde, mit der Situation zu vergleichen, die infolge der Schädigung eingetreten ist.[33] Dabei ist vom gewöhnlichen Lauf der Dinge auszugehen, so dass auch mögliche Gehaltssteigerungen, die zu erwartende Tarifentwicklung und etwaige Karriereschritte des Geschädigten mit einzubeziehen sind, soweit es dafür unter Anwendung der zivilrechtlichen Grundsätze belastbare Anhaltspunkte gibt.[34] Gegebenenfalls sind Abzüge möglich, wenn es sich bei dem Geschädigten um eine Person mit einem wechselhaften Erwerbsverlauf handelt, die unter anderem auch Zeiten von Arbeitslosigkeit umfasst.[35] 15

Da sich die Höhe des Beitragsschadens nicht nur aus der schädigungsbedingten Minderung der Beitragsleistungen ergibt, sondern auch aus der Dauer der zu erwartenden Beitragsnachteile, muss auch diese Position im Rahmen der anzustellenden Prognose ermittelt werden. Dabei ist von dem Zeitraum auszugehen, in dem der Geschädigte aufgrund der eingetretenen Einschränkungen nicht in dem Maße seine Erwerbstätigkeit ausüben konnte, wie es ohne das Schadensereignis zu erwarten gewesen wäre.[36] Längstens können die durch das Schadensereignis bedingten Einbußen bis zum Erreichen des Regelrenteneintrittsalters währen, auf das insoweit als Höchstgrenze abzustellen ist.[37] 16

Neben dem Eintritt eines Beitragsschadens setzt der Forderungsübergang gemäß § 119 Abs. 1 Satz 1 voraus, dass der Geschädigte im Unfallzeitpunkt rentenversicherungspflichtig war oder ist oder – im Lichte der der Neuregelung des § 119 – eine Pflichtversicherung zu einem späteren Zeitpunkt eintritt. Dabei kommen für die Begründung der Pflichtversicherung sämtliche versicherungsgebende Tatbestände des SGB VI in Betracht, auf deren Basis wirksame Pflichtbeiträge entrichtet worden sind beziehungsweise zum Zeitpunkt des Schadensereignisses entrichtet werden.[38] Für den Fall des nachträglichen Eintritts einer Versicherungspflicht in der gesetzlichen Rentenversicherung bezieht sich der Wortlaut Abs. 1 Satz 1 dabei allein auf den Eintritt einer Pflichtversicherung, um den Forderungsübergang gemäß § 119 Abs. 1 auszulösen, ohne auf die daraus resultierende tatsächliche Beitragszahlung abzustellen.[39] Von dem Forderungsübergang des § 119 Abs. 1 werden auch die Fälle der Nachversicherung einer im Unfallzeitpunkts versicherungsfreien Person (z.B. eines Beamten oder Zeitsoldaten) erfasst, soweit der Geschädigte nach der Schädigung tatsächlich nachversichert werden kann.[40] Bei der Ausübung einer geringfügigen Beschäftigung im Sinne des § 8 Abs. 1 Nr. 1 SGB IV (»Entgeltgeringfügigkeit«) kommt es darauf an, inwieweit der Geschädigte von der Befreiungsmöglichkeit von der gesetzlichen Rentenversicherungspflicht Gebrauch gemacht hat bzw. Gebrauch machen wird.. 17

Ausreichend ist auch, dass die Versicherungspflicht gerade wegen des schädigenden Ereignisses eintritt, wie zum Beispiel die Aufnahme des Geschädigten in eine Werkstatt für behinderte Menschen als Folge der unfallbedingt ausgelösten Lebenslage (§§ 1 Abs. 1 Nr. 2 a, § 179 Abs. 1 a SGB VI); 18

32 LPK-SGB X/*Breitkreuz,* § 119 SGB X Rn. 11.

33 RV-SGB X, 12. Aufl. 2020, § 119 Anm. 2.2 b).

34 BeckOGK/*Kater*, § 119 SGB X Rn. 32 f, Stand 12/2018.

35 BGH, Urt. v. 17.01.1995 – VI ZR 62/94, VersR 1995, 422; OLG Hamm, Urt. v. 21.02.2001 – 13 U 208/00, VersR 2002, 732.

36 LPK-SGB X/*Breitkreuz,* § 119 SGB X Rn. 11.

37 *Plagemann*, Anm. zu OLG Braunschweig, Urt. v. 27.10.2015 – C 7 U 61/14, VersR 2016, S. 879; Hauck/Noftz/*Schläger/Bruno*, SGB X/3, § 119 Rn. 66.

38 Hierzu eingehend Hauck/Noftz/*Schläger/Bruno*, § 119 SGB X/3, Rn. 35 ff. m.w.N.; BeckOK-SozR/*von Koppenfels-Spies*, 71. Ed. 01.12.2023, § 119 SGB X Rn. 6.

39 Hierzu eingehend Hauck/Noftz/*Schläger/Bruno*, § 119 SGB X/3 Rn. 37 m.w.N., BeckOGK/*Kater*, § 119 SGB X Rn. 37, Stand 12/2018.

40 BGH, Urt. v. 18.12.2007 – VI ZR 278/06, VersR 2008, 513.

auch dieser Beitragsschaden ist nach § 119 geltend zu machen.[41] Dabei kann sich bei einer Beschäftigung des Geschädigten in einer Werkstatt für behinderte Menschen jedoch eine Konkurrenz zwischen dem Anspruchsübergang nach § 119 und der Regressregelung des § 179 Abs. 1a SGB VI ergeben, wenn der Bund dem Träger der Einrichtung die zu leistenden Rentenversicherungsbeiträge erstattet hat und dadurch in den Genuss der Regressregelung des § 179 Abs. 1a SGB VI kommt. In diesem Fall ist von dem Vorrang des Anspruchsübergangs zu Gunsten des Bundes gemäß § 179 Abs. 1a SGB VI auszugehen, da diese Regelung gerade dazu dient, dem Bund einen Ausgleich für den übernommenen Erwerbsschaden des Geschädigten zu geben und damit keine Notwendigkeit besteht, dem Geschädigten über § 119 einen weiteren Ausgleich zu geben.[42]

19 Kein Forderungsübergang im Sinne des § 119 Abs. 1 tritt ein, wenn der Geschädigte zu keinem Zeitpunkt in der gesetzlichen Rentenversicherung versicherungspflichtig war oder wird. Dies gilt auch dann, wenn der Geschädigte, der zum Zeitpunkt des Schadensereignisses nicht in der gesetzlichen Rentenversicherung versicherungspflichtig war oder ist, ohne Eintritt des Schadensereignisses möglicherweise in Zukunft versicherungspflichtig geworden wäre.[43] Auch eine freiwillige Versicherung in der gesetzlichen Rentenversicherung löst den Forderungsübergang nach Abs. 1 nicht aus, es sei denn, eine zunächst pflichtversicherte Person setzt ihre Versicherung nach dem Schadensereignis als freiwillige Versicherung fort (Abs. 1 Satz 1 Halbs. 2 Nr. 2).[44]

20 Ein Forderungsübergang nach Abs. 1 Satz 1 findet schließlich nicht statt, wenn entweder der Arbeitgeber das Arbeitsentgelt fortzahlt oder sonstige der Beitragspflicht unterliegende Leistungen erbringt (Abs. 1 Satz 1 Halbs. 2 Nr. 1) oder der Anspruch auf Ersatz von Beiträgen nach § 116 übergegangen ist (Abs. 1 Satz 1 Halbs. 2 Nr. 2). Diese schon bisher geltenden Regeln sind durch die Neuregelung des Abs. 1 Satz 1, Halbs. 2 ausdrücklich festgeschrieben worden. Dem liegt der allgemeine Rechtsgedanke zu Grunde, dass ein Übergang des Anspruchs des Geschädigten auf Ersatz des Beitragsschadens nur in Betracht kommt, soweit der Geschädigte den Ersatz seines Beitragsschadens nicht von anderen Leistungspflichtigen erhält. Ist hierfür der Arbeitgeber oder ein Sozialleistungsträger[45] zuständig, so geht der Anspruch auf Ersatz des Beitragsschadens auf diejenige Person über, die dem Geschädigten Ersatz leistet. Dies wird auch von § 116 Abs. 1 Satz 2 vorausgesetzt. Der Geschädigte ist dann nicht aktiv legitimiert, so dass § 119 nicht zum Zuge kommt. Ihm fehlt auch die Prozessführungsbefugnis[46] (§ 119 Abs. 1 Satz 2).[47]

21 Der erstgenannte Ausschlusstatbestand erfasst damit diejenigen Fälle, in denen der Geschädigte vom Arbeitgeber Arbeitsentgelt aufgrund der Lohnfortzahlung erlangt oder der Arbeitgeber für ihn Beiträge aus anderem Rechtsgrund leistet. Dabei zeigt Satz 1 Halbs. 2 im Übrigen, dass § 119 auch für § 115 gelten muss, denn der Tatbestand der Lohnfortzahlung unterfällt nicht § 116, sondern § 115. Dies ergibt sich daraus, dass durch die Lohnfortzahlung des Arbeitgebers an den Arbeitnehmer ein Beitragsschaden ausgeglichen wird, so dass dem Arbeitgeber und nicht dem nicht dem geschädigten Arbeitnehmer nach § 6 EFZG der Anspruch auf Ersatz des Beitragsschadens zusteht.

22 Da der Forderungsübergang zudem in dem Fall ausgeschlossen ist, in dem der Anspruch auf Ersatz von Beiträgen nach § 116 übergegangen ist (Abs. 1 Satz 1 Halbs. 2 Nr. 2), entspricht dies der Abgrenzung zwischen § 116 und § 119: Erbringt ein Leistungsträger zu Gunsten eines Geschädigten Leistungen, die mit dem gegenüber dem Schädiger bestehenden Schadensersatzanspruch kongruent

---

41 BGH, Urt. v. 16.06.2015 – VI ZR 416/14, VersR 2015, 1140.

42 Juris-PK-SGB X/*Peters-Lange* § 119 Rn. 28 mit Hinweis auf OLG Hamm, Urt. v. 09.11.2028 – 9 U 39/18, Rechtsprechungsdatenbank Justiz NRW, https://www.justiz.nrw.de/nrwe/olgs/hamm/j2018/9_U_39_18_Urteil_20181109.html.

43 So ausdrücklich die Gesetzesbegründung BT-Drucks. 14/4375, S. 61.

44 BeckOGK/*Kater*, § 119 SGB X Rn. 14, Stand 12/2018.

45 So etwa nach der Regelung des § 1227 Abs. 1 Nr. 8a RVO a.F., die Beitragspflicht für die Bezieher von Leistungen der Rehabilitation vorsah, sowie nach den Reformvorstellungen des RRG 1992.

46 BGH, Urt. v. 02.12.2003 – VI ZR 243/02, VersR 2004, 492.

47 Vgl. die Beispiele in BT-Drucks. 14/4375, S. 60 f.

sind, führt bereits § 116 zu einer Überleitung des bestehenden Anspruches auf den leistenden Sozialträger und besteht für die Anwendung des § 119 kein Bedarf. Dieser ist nur dann gegeben, wenn durch das Schadensereignis zu Lasten des Geschädigten ein Vorsorgeschaden verursacht wird, der nicht bzw. nicht in voller Höhe durch eine entsprechende Leistung des zuständigen Sozialleistungsträgers ausgeglichen wird, wobei es im letztgenannten Fall auch zu einem Nebeneinander von § 116 und § 119 kommen kann.[48]

Hinsichtlich eines möglichen Mitverschuldens oder einer mitwirkenden Verantwortlichkeit des Geschädigten verweist Abs. 1 Satz 2 auf die Regelung des § 116 Abs. 3 Satz 1 und 2 und legt damit fest, dass sich auch im Rahmen des Beitragsregresses auf Grundlage des § 119 die Quote der auf den Rentenversicherungsträger übertragenen Beitragsansprüche um die Quote des zu berücksichtigenden Mitverschuldens vermindert. Gleichzeitig wird durch diese Regelung gewährleistet, dass der entstehende Vorsorgeschaden auch im Falle eines zu berücksichtigenden Mitverschuldens des Geschädigten – entsprechend der bestehenden Haftungsquote – zu einer (treuhänderisch eingezogenen) Beitragsleistung führt, soweit nach dem Beitragsübergang nach § 116 ein Beitragsschaden zu Lasten des Geschädigten verbleibt.[49] Dies entspricht auch der Intention des § 62 SGB VI.[50] 23

Eine Begrenzung bzw. ein Ausschluss des Anspruchsübergangs auf Grundlage des § 119 kann sich zudem aus einer analogen Anwendung des § 116 Abs. 4 ergeben, der den allgemeinen Grundsatz festschreibt, dass im Falle eines aus tatsächlichen Gründen nicht hinreichenden Schadensersatzanspruches dem Geschädigten ein Vorrecht bei der Befriedigung seiner Ansprüche zukommt.[51] 24

Im Zusammenhang mit § 119 nicht anwendbar sind die Regelungen der § 116 Abs. 2, 5, 6 und 9.[52] Dabei ergibt sich insbesondere die Nichtanwendbarkeit des »Familienprivilegs« (§ 116 Abs. 6) aus der Überlegung, dass der Übergang des Vorsorgeschadens im Sinne des § 119 auf den zuständigen Rentenversicherungsträger nicht dazu führt, dass dem Geschädigten und seiner Familie eine Leistung wieder entzogen wird, die als Sozialleistung gerade erst erbracht wurde.[53] Zudem können die im Wege des § 119 übertragenen Ansprüche letztendlich auch den schädigenden Familienangehörigen zu Gute kommen, beispielsweise in einer erhöhten Witwen- oder Waisenrente.[54] Soweit schließlich auch die Regelung des § 116 Abs. 9 keine Anwendung im Zusammenhang mit § 119 findet, ergibt sich dies daraus, dass es der »treuhänderischen« Funktion des § 119 widersprechen würde, die in voller Höhe übergeleiteten und eingezogenen Schadensersatzansprüche nicht in gleicher Höhe dem Geschädigten zu Gute kommen zu lassen.[55] Zudem hat der Gesetzgeber mit der in Abs. 4 enthaltenen Möglichkeit der Pauschalierung eine auf § 119 abgestimmte Regelung geschaffen, die insoweit abschließend ist.[56] 25

48 Hauck/Noftz/*Schläger/Bruno*, § 119 SGB X Rn. 51 m.w.N.

49 Hauck/Noftz/*Schläger/Bruno*, § 119 SGB X Rn. 70 ff. mit Verweis auf BT-Drucks. 14/4375, S. 60; Instruktiv auch BeckOGK/*Kater*, § 119 SGB X Rn. 55 f., 58 ff., Stand 12/2018 mit Berechnungsbeispielen.

50 BT-Drucks. 14/4375, S. 60.

51 Hauck/Noftz/*Schläger/Bruno*, § 119 SGB X Rn. 73; BeckOGK/*Kater*, § 119 SGB X Rn. 57, Stand 12/2018; Schütze/*Bieresborn*, § 119 SGB X Rn. 20. Vgl. hierzu auch die Kommentierung zu § 116 Rdn. 24.

52 BeckOGK/*Kater*, § 119 SGB X Rn. 57, Stand 12/2018.

53 BGH, Urt. v. 24.01.1989 – VI ZR 130/88 – NJW 1989, S. 1217; Schütze/*Bieresborn*, § 119 SGB X § 119 Rn. 21; Hauck/Noftz/*Schläger/Bruno*, § 119 SGB X Rn. 76 m.w.N.

54 Schütze/*Bieresborn*, § 119 SGB Rn. 21.

55 BT-Drucks. 14/4375, S. 61.

56 Juris-PK-SGB X/*Peters-Lange*, § 119 Rn. 28.

III. Folgen des Forderungsübergangs und rentenversicherungsrechtliche Stellung des Geschädigten (Abs. 3)

26 Mit der Regelung des Abs. 3 Satz 1 wird klargestellt, dass die eingegangenen Beiträge oder Beitragsanteile in der Rentenversicherung als Pflichtbeiträge gelten, was dazu führt, dass die nach § 119 übergegangene Anspruch als Pflichtbeitragszeiten zu behandeln sind. Damit führt der Anspruchsübergang stets zu einer Erhöhung der persönlichen Entgeltpunkte der Geschädigten.

27 Bereits mit dem Übergang der Forderung auf Ersatz des Beitragsschadens und nicht erst mit der Beitreibung des Beitrags wird der Geschädigte so gestellt, wie er gestanden hätte, wenn er nicht schädigungsbedingt einen Ausfall von Pflichtbeiträgen erlitten hätte (Abs. 3). Der Geschädigte hat einen Anspruch darauf, dass ihm ein Ausgleich aller Beitragsnachteile gewährt wird, auch solcher hinsichtlich Teilmonaten.[57] Der Geschädigte hat diesen Anspruch auch hinsichtlich schädigungsbedingter Einkommensverluste.[58]

28 Wird dem Geschädigten außerdem für die Zeit der Arbeitsunfähigkeit eine Anrechnungszeit gutgebracht, so folgt aus Abs. 3, dass die auf dieselbe Zeit entrichteten Beiträge neben der Anrechnungszeit rentensteigernd zu berücksichtigen sind. Anderenfalls wäre das Benachteiligungsgebot des Abs. 3 nicht gewahrt.[59] Diese schon bisher geltenden Grundsätze werden durch die Neuregelung in Abs. 3 Satz 1 ausdrücklich formuliert.[60] Deshalb gelten die nach § 119 gezahlten Beiträge auch dann als Pflichtbeiträge, wenn der Geschädigte zwar nicht zum Zeitpunkt der Schädigung, jedoch davor oder danach Pflichtmitglied war oder wird.

29 Der Funktion des § 119 entsprechend gehen die Beitragsansprüche gegen den Schädiger beziehungsweise dessen Haftpflichtversicherer bereits zum Zeitpunkt des Schadensereignisses auf den zuständigen Träger der gesetzlichen Rentenversicherung über, wenn der Geschädigte zum Zeitpunkt des Schadensereignisses rentenversicherungspflichtig war oder ist. In diesem Fall ist auch allein der zuständige Rentenversicherungsträger aktiv legitimiert, die nach § 119 übertragene Forderung gegenüber dem Schädiger oder dessen Haftpflichtversicherer geltend zu machen.[61] Demgegenüber verliert der Geschädigte durch die in § 119 verankerte Legalzession mit sofortiger Wirkung die Verfügungsbefugnis über den Beitragsschaden und kann an ihn auch nicht mit befreiender Wirkung geleistet werden.[62] Aufgrund des bestehenden Abtretungsverbots im Sinne des § 399 BGB kommt auch eine gewillkürte Prozeßstandschaft des Geschädigten nicht in Betracht, was gerade auch mögliche Abfindungsvereinbarungen betrifft.[63]

30 Wird der Geschädigte demgegenüber erst zu einem späteren Zeitpunkt rentenversicherungspflichtig, erfolgt die Legalzession des § 119 mit Eintritt der Rentenversicherungspflicht und der damit erst dann gegebenen Möglichkeit des Beitragsschadens.[64] Erst ab diesem Zeitpunkt besteht auch für den Rentenversicherungsträger die Möglichkeit, den aufgrund des schädigenden Ereignisses eintretenden Vorsorgeschaden zu ermitteln.[65] Bis zum Eintritt der Versicherungspflicht und dem damit verbundenen Forderungsübergang bleibt der Geschädigte legitimiert, über den Schadensersatzanspruch

57 So zu Recht: BGH, Urt. v. 15.04.1986 – VI ZR 146/85, BGHZ 97, 330.

58 A.A. BGH, Urt. v. 12.04.1983 – VI ZR 126/81, BGHZ 87, 181.

59 Daher sollten die Träger den Geschädigten auch an der Geltendmachung des Anspruches beteiligen, *Furtmayer*, Der Beitragsregress gem. § 119 SGB X aus der Sicht des Geschädigten, VersR 1997, 38.

60 BT-Drucks. 14/4375, S. 61.

61 OLG Celle, Urt. v. 27.06.2012 – 14 U 193/10, VersR 2013, S. 1052; Juris-PK – SGB X/*Peters-Lange* § 119 Rn. 16; Hauck/Noftz/*Schläger/Bruno*, § 119 SGB X Rn. 83.

62 BGH, Urt. v. 02.12.2003 – VI ZR 243/02,– NJW-RR 2004, 595; Hauck/Noftz/*Schläger/Bruno*, § 119 SGB X Rn. 83 m.w.N.

63 Schütze/*Bieresborn*, § 119 SGB X Rn. 28.

64 So die Gesetzesbegründung, BT-Drucks. 14/4375, S. 61; RV-SGB X, 12. Aufl. 2020, § 119 Anm. 2.2. b).

65 BeckOGK/*Kater*, § 119 SGB X Rn. 51, Stand 12/2018.

zu verfügen und hierüber gegebenenfalls auch einen Abfindungsvergleich zu schließen, der einen späteren Forderungsübergang dann ausschließt.[66]

Die Verjährung des auf den zuständigen Rentenversicherungsträger übergegangen Anspruchs richtet sich nach den Bestimmungen der §§ 195 ff. BGB. Danach beginnt die regelmäßig dreijährige Verjährungsfrist (§ 195 BGB) mit dem Schluss des Kalenderjahres, in dem der übergeleitete Anspruch entstanden ist und der zuständige Rentenversicherungsträger von den anspruchsbegründenden Umständen sowie der Person des Schädigers Kenntnis genommen hat oder ohne grobe Fahrlässigkeit hätte Kenntnis nehmen können (§ 199 Abs. 1 BGB). Dabei ist für den Moment der erfolgten bzw. grob fahrlässig unterbliebenen Kenntnisnahme auf den oder die zuständigen Mitarbeiter der Regressabteilung des zuständigen Leistungsträgers abzustellen – unbeachtlich ist daher eine gegebenenfalls früher erfolgte Kenntnisnahme durch die Mitarbeiter der Leistungsabteilung[67] oder eines anderen Leistungsträgers.[68] Dies gilt auch dann, wenn es die Leistungsabteilung grob fahrlässig versäumt hat, die Regressabteilung über den übergegangenen Anspruch in Kenntnis zu setzen.[69] 31

Sollte der Geschädigte erst zu einem späteren Zeitpunkt nach dem Schadensereignis versicherungspflichtig werden, richtet sich der Anlauf und der Ablauf der Verjährungsfrist nach der Kenntnisnahme beziehungsweise der grobfahrlässigen Unkenntnis durch den Geschädigten, was dazu führen kann, dass die Verjährung des gemäß § 119 übertragenen Anspruchs zum Zeitpunkt der Zession bereits eingetreten ist.[70] 32

Gemäß § 199 Abs. 2 BGB tritt spätestens nach Ablauf von 30 Jahren von der Begehung des schädigenden Ereignisses an gerechnet die Verjährung des übergegangenen Anspruches ein. Darüber hinaus unterliegt der gemäß § 119 übergegangene Anspruch den Regelungen der §§ 203 ff. BGB, wonach eine Hemmung des Verjährungslaufs insbesondere im Zusammenhang mit schwebenden Verhandlungen (§ 203 BGB) oder im Falle der Rechtsverfolgung (§ 204 BGB) eintritt.[71] 33

Bislang nicht höchstrichterlich entschieden ist die Frage, inwieweit ein vom zuständigen Rentenversicherungsträger nicht beigetriebener Beitragsschaden im Wege des »sozialrechtlichen Herstellungsanspruchs« korrigiert werden kann, der eine Pflichtverletzung des Rentenversicherungsträgers voraussetzt, die zu einem Nachteil des Geschädigten führt und durch ein rechtmäßiges Verwaltungshandeln korrigiert werden kann.[72] Auch wenn eine Vielzahl von Argumenten für eine Anwendung des (verschuldensunabhängigen) sozialrechtlichen Herstellungsanspruch im Falle einer nicht beigetriebenen Beitragsleistung durch den zuständigen Sozialversicherungsträger sprechen mögen[73], steht dem doch der Umstand entgegen, dass der sozialrechtliche Herstellungsanspruch in der (nachträglichen) Vornahme einer rechtmäßigen Verwaltungshandlung bestehen muss, auf die sich der Herstellungsanspruch als Naturalrestitution richtet.[74] Vor dem Hintergrund der Regelung des § 119 müssten daher dem Rentenkonto des Geschädigten treuhänderisch eingezogene Beiträge gutgeschrieben werden, die tatsächlich nicht übergeleitet und eingefordert wurden, was nicht im Rahmen eines 34

66 RV-SGB X, 12. Aufl. 2020 § 119 Anm. 2.2. b); BeckOGK/*Kater*, § 119 SGB X Rn. 51, Stand 12/2018.

67 Hauck/Noftz/*Schläger/Bruno*, § 119 SGB X Rn. 80; BeckOGK/*Kater*, § 119 SGB X Rn. 53, Stand 12/2018 jeweils m.w.N.

68 RV-SGB X, 12. Aufl. 2020, § 119 Anm. 2.2. d).

69 BGH, Urt. v. 17.04.2012 – VI ZR 108/11, NJW 2012, 2644; zu allem auch eingehend Hauck/Noftz/*Schläger/Bruno*, § 119 SGB X, Rn. 80.

70 BGH, Urt. v. 24.04.2012 – VI ZR 329/10, VersR 2012, 924; BGH, Urt. v. 17.10.2017 – VI ZR 423/16, NJW 2018, 1242; RV-SGB X, 12. Aufl. 2020, § 119 Anm. 2.2. d).

71 Vgl. hierzu weiterführend z.B. RV-SGB X, 12. Aufl. 2020, § 119 Anm. 2.2. d).

72 Zum sozialrechtlichen Herstellungsanspruch z.B. Waltermann/Schmidt/Chandna-Hoppe, Sozialrecht, Rn. 29 m.w.N.

73 So umfassend und instruktiv Hauck/Noftz/*Schläger/Bruno*, § 119 SGB X Rn. 95 ff. m.w.N.; bejahend auch JurisPK-SGB X, 3. Aufl., § 119 SGB X Rn. 17 m.w.N. und einer eingehenden Beleuchtung des Streitstandes.

74 Vgl. nur Waltermann/Schmidt/Chandna-Hoppe, Sozialrecht, Rn. 29.

rechtmäßigen Verwaltungshandelns erfolgen kann.[75] Bis zu einer höchstrichterlichen Klärung dieser Frage dürfte daher die (ggf. parallele) Geltendmachung des eingetretenen Schadens im Wege des (verschuldensabhängigen) Amtshaftungsanspruchs gemäß § 839 Abs. 1 BGB sachgerecht sein.[76]

35 Durch das in Abs. 3 Satz 2 enthaltene Besserstellungsgebot wird sichergestellt, dass sich der in § 119 normierte Anspruchsübergang nicht zum Nachteil des Geschädigten auswirken darf. Ein solcher Nachteil konnte nach der bis zum 01.01.1992 bestehenden Rechtslage dann eintreten, wenn sich der Versicherungsverlauf bei Eintritt des Versicherungsfalls unter Berücksichtigung einer beitragsfreien oder beitragsgeminderten Zeit günstiger darstellen konnte als unter Einbeziehung der gemäß § 119 119 ermittelten Pflichtbeitragszeiten. Seitdem wird dieses Ergebnis durch die in § 73 SGB VI verankerte Vergleichsbewertungs erreicht.[77]

IV. Meldeverfahren der Versicherungsträger (Abs. 2)

36 Zur Unterstützung des mit der Durchführung des treuhänderischen Beitragsregresses betrauten Rentenversicherungsträgers sieht Abs. 2 Satz 1 vor, dass die Versicherungsträger, auf die ein Teil des Anspruchs auf Ersatz von Beiträgen zur Rentenversicherung nach § 116 übergeht, den von ihr festgestellten Sachverhalt dem Träger der Rentenversicherung auf einem einheitlichen Meldevordruck übermitteln. In erster Linie handelt es sich hierbei um diejenigen Versicherungsträger, die zu Gunsten des Geschädigten Entgeltersatzleistung erbringen, die wiederum der Beitragspflicht unterliegen, so dass der Beitragsregress im Sinne des § 116 ausgelöst wird.

37 Zur Abwicklung des Meldeverfahrens haben die Spitzenverbände der Sozialversicherungsträger gemäß Abs. 2 Satz 2 eine »Vereinbarung über das Mitteilungsverfahren nach § 119 Abs. 2 SGB« getroffen und hierzu einen Vordruck entwickelt, auf dessen Basis folgende Angaben übermittelt werden: Die Personalien, die Anschrift und die Versicherungsnummer des Geschädigten, das Datum, der Ort und die Zeit des Schadensereignisses, der Lohn, der der Lohnersatzleistung zugrunde liegt sowie der Beginn und das Ende des Bezugs der beitragspflichtigen Lohnersatzleistung.[78]

V. Abfindungsvereinbarungen und Mitwirkungspflichten des Geschädigten (Abs. 4)

38 Abs. 4 Satz 1 eröffnet in Fällen, in denen regelmäßig kleine Ausgleichsbeträge in Rede stehen, die Möglichkeit einer auf den Kapitalwert bezogenen Kapitalisierung und Pauschalierung, um einen unverhältnismäßigen Verwaltungsaufwand zu vermeiden.[79] Auch wenn im Rahmen des § 119 nicht die in § 116 Abs. 9 verankerte Berechtigung besteht, generelle Teilungsabkommen mit einzelnen Haftpflichtversicherern zu schließen, ergibt sich für den zuständigen Rentenversicherungsträger damit im Einzelfall die Möglichkeit, den Beitragsschaden im Wege einer Abfindungsvereinbarung zu erheben und dem Geschädigten gutzuschreiben.[80]

39 Abs. 4 Satz 2 steht in Verbindung zu der Normierung des Abs. 1 Satz 1 Nr. 1 und verweist für die Mitwirkungspflichten des Geschädigten in Bezug auf den bisherigen und gegebenenfalls zu erwartenden Erwerbsverlauf auf die Regelungen der §§ 60, 61, 65 Abs. 1 und 3 sowie § 65a SGB I. Hintergrund dieser Regelung ist, dass es sich bei der Geltendmachung des Beitragsschadens durch den Träger der gesetzlichen Rentenversicherung für den Geschädigten nicht um eine »Sozialleistung«

75 LSG Baden-Württemberg, Urt. v. 30.01.2014 – L 7 R 4417/11, juris; LSG Baden-Württemberg, Urt. v. 27.03.2015 – L 10 R 2689/12, juris; LSG Berlin-Brandenburg, Urt. 19.08.2020 – L 16 R 655/18, juris; BeckOK-SozR/von Koppenfels-Spies, SGB X § 119 Rn. 15, 71. Ed. 01.12.2023.

76 Hauck/Noftz/*Schläger/Bruno*, § 119 SGB X Rn. 94, 100a.

77 LPK-SGB X/*Breitkreuz* SGB X § 119 Rn. 14.

78 Vgl. hierzu auch Hauck/Noftz/*Schläger/Bruno*, § 119 SGB X Rn. 110 ff.

79 BT-Drucks. 14/4375, S. 61.

80 RV-SGB X, 12. Aufl. 2020, § 119 Anm. 6.

im Sinne des § 60 SGB I handelt, so dass eine ausdrückliche Festschreibung der Mitwirkungspflichten erforderlich ist.[81]

Viertes Kapitel Übergangs- und Schlussvorschriften

§ 120 Übergangsregelung

(1) [1]Die §§ 116 bis 119 sind nur auf Schadensereignisse nach dem 30. Juni 1983 anzuwenden; für frühere Schadensereignisse gilt das bis 30. Juni 1983 geltende Recht weiter. [2]Ist das Schadensereignis nach dem 30. Juni 1983 eingetreten, sind § 116 Abs. 1 Satz 2 und § 119 Abs. 1, 3 und 4 in der ab 1. Januar 2001 geltenden Fassung auf einen Sachverhalt auch dann anzuwenden, wenn der Sachverhalt bereits vor diesem Zeitpunkt bestanden hat und darüber noch nicht abschließend entschieden ist. [3]§ 116 Absatz 6 ist nur auf Schadensereignisse nach dem 30. Juni 2020 anzuwenden; für frühere Schadensereignisse gilt das bis 30. Juni 2020 geltende Recht weiter.

(2) § 111 Satz 2 und § 113 Abs. 1 Satz 1 sind in der vom 1. Januar 2001 an geltenden Fassung auf die Erstattungsverfahren anzuwenden, die am 1. Juni 2000 noch nicht abschließend entschieden waren.

(3) Eine Rückerstattung ist in den am 1. Januar 2001 bereits abschließend entschiedenen Fällen ausgeschlossen, wenn die Erstattung nach § 111 Satz 2 in der ab 1. Januar 2001 geltenden Fassung zu Recht erfolgt ist.

(4) (aufgehoben)

(5) Artikel 229 § 6 Abs. 1 bis 4 des Einführungsgesetzes zum Bürgerlichen Gesetzbuche gilt entsprechend bei der Anwendung des § 50 Abs. 4 Satz 2 und der §§ 52 und 113 Abs. 2 in der seit dem 1. Januar 2002 geltenden Fassung.

(6) § 66 Abs. 1 Satz 3 bis 5, Abs. 2 und 3 Satz 2 in der ab dem 30. März 2005 geltenden Fassung gilt nur für Bestellungen zu Vollstreckungs- und Vollziehungsbeamten ab dem 30. März 2005.

(7) § 94 Absatz 1a Satz 3 findet nur Anwendung auf die Bildung von oder den Beitritt zu Arbeitsgemeinschaften, wenn die Bildung oder der Beitritt nach dem 30. Juni 2020 erfolgt; die am 30. Juni 2020 bereits bestehenden Arbeitsgemeinschaften dürfen weitergeführt werden.

Übersicht

A. Inhalt

1 § 120 enthält eine Reihe von Übergangsbestimmungen, die auf verschiedene Rechtsänderungen abstellen und in erster Linie verschiedene Stichtage festlegen, nach denen sich die Fortgeltung alten Rechts beziehungsweise die Anwendbarkeit neuen Rechts richtet. Damit verfolgt § 120 den Zweck, eine klare Rechtszuordnung insbesondere in Fällen von (noch) nicht abgeschlossenen Verwaltungsverfahren zu erreichen und sicherzustellen, dass laufende Verfahren nicht von zwischenzeitigen Rechtsänderungen betroffen werden, sondern weiterhin den bisher geltenden Regeln unterfallen. Um dies zu erreichen, enthält § 120 eine Reihe von Sonderregelungen, die von dem allgemeinen Grundsatz abweichen, dass altes Recht von neuem Recht verdrängt wird und mithin auch noch nicht abgeschlossene (Verwaltungs)Verfahren von neuen Regelungen erfasst werden, die während eines laufenden Verfahrens in Kraft treten.[1]

---

81 LPK-SGB X/*Breitkreuz*, § 119 SGB X Rn. 16; Hauck/Noftz/*Schläger/Bruno*, § 119 SGB X Rn. 115 m.w.N.

1 Hierzu auch eingehend Hauck/Noftz/Oppermann/*Becker*, § 120 SGB X Rn. 13 ff.

In seiner ersten Fassung wurde § 120 durch das 4. Euro-Einführungsgesetz[2] vom 20.12.2000 mit Wirkung zum 01.01.2001 eingeführt und umfasste zunächst nur die Absätze 1 bis 3, wobei die Regelung des Abs. 1 durch Art. 10 des 7. SGB-IV-Änderungsgesetzes vom 12.06.2020[3] mit Wirkung zum 01.01.2021 um Satz 3 ergänzt wurde. Mit Wirkung zum 23.05.2001[4] wurde § 120 um den mittlerweile weggefallenen Abs. 4 ergänzt, der die Erhebung, Verarbeitung und Nutzung von Sozialdaten betraf und festlegte, dass entsprechende datenbezogene Vorgänge, die am 23.05.2001 bereits begonnen hatten, binnen drei Jahren nach diesem Zeitpunkt mit den Vorschriften dieses Gesetzes in Übereinstimmung zu bringen waren. Schließlich wurde § 120 durch weitere Novellen um die Absätze 5 bis 8 erweitert[5], wobei die Regelung des § 120 Abs. 8 mit Wirkung zum 01.01.2025 außer Kraft tritt.[6]

§ 120 trat an die Stelle der zuvor geltenden Übergangsregelung des Art. II § 22 des Gesetzes vom 04.11.1982,[7] die schon damals für die Geltung der §§ 116 bis 119 einen Stichtag auf den 01.07.1983 festlegte.

B. Einzelerläuterungen

2 Die Regelung des Abs. 1 nimmt in Satz 1 Bezug auf die §§ 116–119 und legt fest, dass diese Normierungen für alle Schadensereignisse gelten, die nach dem 30.06.1983 eingetreten sind, während alle vorhereigen Schadensereignisse weiterhin dem alten Recht (§§ 1542 f. RVO) unterfallen. Mit dieser Regelung schließt § 120 Abs. 1 Satz 1 an die inhaltlich gleichlautende vorhergehende Normierung des Art. II § 22 des Gesetzes vom 04.11.1982 an, die mit Abs. 1 Satz 1 in § 120 übernommen wird, wobei es sich bei dem »bis zum 30.06.1983 geltenden Recht« in erster Linie um die Bestimmung des § 1542 RVO handelt. Dabei ist für die Frage, zu welchem Zeitpunkt ein Schadensereignis eingetreten ist, auf den Zeitpunkt der (ggf. zeitlich letzten) Verletzungshandlung abzustellen.[8] Dies gilt auch dann, wenn der sich aus dem schädigenden Ereignis ergebende Schaden erst zu einem späteren Zeitpunkt zeigt oder erkannt wird.[9]

3 In Bezug auf einen möglichen Beitragsregress legt Satz 2 fest, dass die Bestimmungen des § 116 Abs. 1 Satz 2 sowie des § 119 Abs. 1, 3 und 4 in der ab dem 01.01.2001 geltenden Fassung auch auf zu diesem Zeitpunkt bereits laufende Verfahren anzuwenden sind, soweit das Schadensereignis nach dem 30.06.1983 eingetreten ist und zum 01.01.2001 noch keine abschließende Entscheidung über das Erstattungsverfahren vorlag. Dies ist dann der Fall, wenn über das betreffende Verfahren weder im Verwaltungsverfahren noch in einem möglichen gerichtlichen Verfahren eine abschließende Entscheidung getroffen wurde oder im Nachhinein Änderungen in den tatsächlichen Verhältnissen der betroffenen Person auftreten, die zu rechtlichen Folgeänderungen führen.[10]

4 Satz 3 wurde durch das 7. SGB VI-Änderungsgesetz vom 12.06.2020[11] mit Wirkung zum 01.01.2021 in Abs. 1 eingeführt und flankiert die Neufassung des Familienprivilegs im Sinne des § 116 Abs. 6,[12] die zum gleichen Zeitpunkt in Kraft getreten ist. Dabei wird festgelegt, dass § 116 Abs. 6 in der ab

2 Gesetz zur Einführung des Euro im Sozial- und Arbeitsrecht sowie zur Änderung anderer Vorschriften (4. Euro-Einführungsgesetz) vom 21.12.2000, BGBl. I, S. 1983.
3 BGBl. I, S. 1248 (1271).
4 Gesetz zur Änderung des Bundesdatenschutzgesetzes und anderer Gesetze vom 18.05.2001, BGBl. I, S. 904.
5 Vgl. hierzu die Erläuterungen zu den einzelnen Absätzen.
6 Vgl. hierzu die Erläuterung zu § 120 Abs. 8.
7 BGBl. I, S. 1450.
8 BeckOGK/*Kater*, 120 SGB X Rn. 3, Stand 12/2018.
9 BGH, Urt. v. 13.02.1996 – VI ZR 318/94, BGHZ 132, 39.
10 So die Gesetzesbegründung BT-Drucks. 14/4375, S. 61.
11 Siebtes Gesetz zur Änderung des Vierten Buches Sozialgesetzbuch und anderer Gesetze vom 12.06.2020, BGBl. I, S. 1248, (1271).
12 Vgl. hierzu die Kommentierung des § 116 Rdn. 40 f.

dem 01.01.2021 geltenden Fassung nur auf solche Schadensereignisse anzuwenden ist, die ab diesem Tag eingetreten sind, während Schadensereignisse, die sich bis zum 31.12.2020 ereignet haben, weiterhin der bis dahin geltenden Regelung des § 116 Abs. 6 unterfallen.[13] Dabei stellt auch Satz 3 – wie schon Satz 1 – maßgeblich auf den Zeitpunkt ab, zu dem das Schadensereignis (z.B. ein Unfallereignis) eintritt. Demgegenüber ist auch hier unbeachtlich, zu welchem Zeitpunkt sich der aus dem Ereignis ergebende Schaden tatsächlich zeigt beziehungsweise Kenntnis über das Schadensereignis erlangt wird.

Da mit dem Inkrafttreten des 4. Euro-Einführungsgesetzes vom 21.12.2000 zum 01.01.2001 auch die in den §§ 111 Satz 2, 113 Abs. 1 Satz 1 enthaltenen Fristen verändert wurden, die bei der Geltendmachung von Erstattungsansprüchen im Rahmen der §§ 102 ff. zu beachten sind, legt Abs. 2 hierzu als Übergangsregelung fest, dass die Fristen in der vom 01.01.2001 an geltenden Fassung auf diejenigen Erstattungsverfahren anzuwenden sind, die am 01.06.2000 noch nicht abschließend entschieden waren. Demgegenüber soll es bei der Anwendung der alten Fristenregelungen bleiben, soweit über ein Erstattungsverfahren zu dem genannten Zeitpunkt bereits abschließend entschieden war. Im Ergebnis soll durch die in Abs. 2 enthaltene Stichtagsregelung aus verwaltungsökonomischen Gründen erreicht werden, dass alle Erstattungsverfahren, die bis zum 01.06.2000 noch nicht abschließend entschieden waren, dem neuen Recht unterfallen, während es bei denjenigen Verfahren, die bis zum 01.06.2001 abschließend entschieden waren, bei der Anwendung des alten Rechts bleiben soll.[14] Da es sich bei Abs. 2 allein um eine Übergangsregelung handelt, die der Verwaltungsvereinfachung dient, ergeben sich aus dieser Regelung keine materiellrechtlichen Wirkungen.[15] 5

Um gleichzeitig zu verhindern, dass bereits abgeschlossene Erstattungsverfahren im Zuge der Novellierung der Fristenregelungen wieder aufgegriffen und neu aufgerollt werden, legt Abs. 3 – die Regelung des Abs. 2 flankierend – fest, dass eine Rückerstattung im Sinne des § 112 in den am 01.01.2001 bereits abschließend entschiedenen Fällen ausgeschlossen ist, wenn die Erstattung nach Maßgabe des § 111 Satz 2 in der ab 01.01.2001 geltenden Fassung zu Recht erfolgt und das Verfahren damit bereits abgewickelt ist.[16] Auch diese Regelung hat damit einen verwaltungsökonomischen Hintergrund und soll verhindern, dass erstattungspflichtige Leistungsträger Erstattungsfälle, die nach bisherigen Recht bereits abgewickelt waren, durch Geltendmachung eines Rückerstattungsanspruches erneut aufgreifen und zu einer neuen Entscheidung bringen können. 6

Bei der Anwendung der Abs. 2 und 3 ist von der »abschließenden Entscheidung« eines Erstattungsverfahrens immer dann auszugehen, wenn ein konkretes Erstattungsverfahren entweder durch eine abschließende gerichtliche Entscheidung oder ein bestandskräftiges Verwaltungsverfahren beendet ist. Hinsichtlich einer abschließenden gerichtlichen Entscheidung kommen dabei sowohl rechtskräftige Urteile als auch andere verfahrensbeendende Instrumente in Betracht, wie beispielsweise ein gerichtlicher Vergleich, ein Anerkenntnis oder auch die wirksame Rücknahme eines eingelegten Rechtsmittels.[17] Eine abschließende Entscheidung kann aber auch außergerichtlich durch eine auf eine Verfahrensbeendigung abzielende Einigung oder einen entsprechenden Verwaltungsakt erfolgen. 7

Gegebenenfalls kann eine »abschließende Entscheidung« auch dann anzunehmen sein, wenn ein belasteter Leistungsträger gegen eine ablehnende Entscheidung eines möglicherweise erstattungspflichtigen Leistungsträgers nicht vorgegangen ist, sondern sich offensichtlich mit dieser Entscheidung

13 Vgl. zu den mit der Novelle des § 116 Abs. 6 einhergehenden Änderungen auch in Bezug auf den haftungsprivilegierten Personenkreis die Kommentierung zu § 116 Rdn. 42 ff.

14 BT-Drucks. 14/4375, S. 61.

15 Vgl. hierzu BSG, Urt. v. 10.05.2005 – B 1 KR 20/04, SozR 4–1300 § 111 Nr. 3.; BeckOGK/*Kater*, § 120 SGB X Rn. 6 m.w.N., Stand 12/2018.

16 BT-Drucks. 14/4375, S. 61.

17 BeckOGK/*Kater*, § 120 SGB X Rn. 7, Stand 12/2018.

abgefunden hat, wofür sich allerdings deutliche Indizien aus dem Verhalten des erstattungsberechtigten Leistungsträgers ergeben müssen.[18]

8 Abs. 4 wurde durch Gesetz vom 18.05.2001[19] mit Wirkung zum 23.05.2001 in § 120 aufgenommen und nahm Bezug auf die Anpassung der datenschutzrechtlichen Regelungen des SGB X an die EU – Datenschutzrichtlinie 95/46/EG. Hierzu wurde festgelegt, dass die Erhebungen, Verarbeitungen oder Nutzungen von Sozialdaten, die am 23.05.2001 bereits begonnen hatten, innerhalb von drei Jahren mit den Vorschriften dieses Gesetzes in Einklang zu bringen waren. Nachdem die Regelung des Abs. 4 durch Zeitablauf obsolet geworden war, wurde sie durch Gesetz vom 12.06.2020[20] mit Wirkung zum 01.07.2020 aufgehoben.

9 Die Bestimmung des Abs. 5 wurde durch Art. 11 Nr. 8 des Gesetzes zur Einführung einer kapitalgedeckten Hüttenknappschaftlichen Zusatzversicherung und zur Änderung anderer Gesetze vom 21.06.2002[21] mit Wirkung zum 01.01.2002 in § 120 eingeführt. Inhaltlich begleitet die Regelung die Neufassungen der Verjährungsregelungen des BGB, die im Zusammenhang mit der Schuldrechtsmodernisierung[22] eingetreten sind und die auch zu Auswirkungen im sozialrechtlichen Verwaltungsverfahren führen. Um eine Harmonisierung zu erreichen, legt Abs. 5 fest, dass Art. 229 § 6 Abs. 1 bis 4 des Einführungsgesetzes zum Bürgerlichen Gesetzbuch entsprechend bei der Anwendung der §§ 50 Abs. 4 Satz 2, 52 und 113 Abs. 2 in der seit dem 01.01.2002 geltenden Fassung gilt. Im Ergebnis wurde damit das seit dem 01.01.2002 geltende Verjährungsrecht auf sämtliche zu diesem Zeitpunkt bestehenden und noch nicht verjährten Ansprüche erstreckt, was auch Fälle einer möglichen Unterbrechung oder Hemmung der Verjährung umfasst.[23]

10 Abs. 6 wurde durch Artikel 9 des Gesetzes zur Vereinfachung der Verwaltungsverfahren im Sozialrecht vom 21.03.2005[24] mit Wirkung zum 30.03.2005 in § 120 eingefügt und enthält eine Bestandsschutzregelung zu Gunsten von Vollstreckungs- und Vollziehungsbeamten, die bis zum 30.05.2005 bestellt waren. Um dies zu gewährleisten, legt Abs. 6 fest, dass die Normierungen der § 66 Abs. 1 Satz 3 bis 5, Abs. 2 und 3 Satz 1 in der ab dem 30.05.2005 geltenden Fassung[25] nur für solche Vollziehungs- und Vollstreckungsbeamten Anwendung finden, die ab diesem Zeitpunkt bestellt wurden.

11 Abs. 7 beruht auf Art. 8 Nr. 10 lit. c des 7. Gesetzes zur Änderung des Vierten Buches Sozialgesetzbuch und anderer Gesetze vom 12.06.2020[26] und trat mit Wirkung zum 01.07.2020 in Kraft. Inhaltlich bezieht sich Abs. 7 auf die Bildung von Arbeitsgemeinschaften im Sinne des § 94 Abs. 1a und die dort seit dem 01.07.2020 geltende Festlegung, dass derartige Arbeitsgemeinschaften nicht mehr als drei Beteiligungsebenen umfassen dürfen.[27] Um Arbeitsgemeinschaften, die zu diesem Zeitpunkt bereits gebildet waren, Bestandsschutz zu gewähren, legt Abs. 7 fest, dass diese Beschränkung nur für solche Arbeitsgemeinschaften gilt, die nach dem 30.06.2020 gebildet werden, während zu diesem Zeitpunkt bereits bestehende Arbeitsgemeinschaften auch über diesen Stichtag hinaus fortgeführt werden.

12 Abs. 8 wurde durch Art. 44 des Gesetzes über die Entschädigung der Soldatinnen und Soldaten und zur Neuordnung des Soldatenversorgungsrechts vom 20.08.2021[28] mit Wirkung zum 01.01.2024

18 Vgl. hierzu weiterführend Hauck/Noftz/Oppermann/*Becker*, § 120 SGB X Rn. 22 ff. m.w.N.
19 Gesetz zur Änderung des Datenschutzgesetzes vom 18.05.2001, BGBl. I, S. 904.
20 7. Gesetz zur Änderung des Vierten Buches Sozialgesetzbuch und andere Gesetze vom 12.06.2020, BGBl. I, S. 1248.
21 BGBl. I, S. 2167.
22 Art. 1 des Gesetzes zur Modernisierung des Schuldrechts vom 26.11.2001, BGBl. I, S. 3138.
23 Vgl. hierzu eingehend Hauck/Noftz/Oppermann/*Becker*, § 120 SGB X Rn. 31 ff.
24 BGBl. I, S. 818.
25 Vgl. hierzu die Kommentierung zu § 66.
26 BGBl. I, S. 1248.
27 Vgl. hierzu die Kommentierung zu § 94.
28 BGBl. I, S. 3932.

in § 120 eingefügt, wobei die Gültigkeit der Regelung auf die Dauer eines Jahres beschränkt war und sie mit dem 31.12.2024 außer Kraft getreten ist. Hintergrund der Regelung war, dass das Recht der sozialen Entschädigung im Sinne des SGB XIV[29] bereits am 01.01.2024 in Kraft getreten ist, während die Soldatenentschädigung nach den Bestimmungen des Soldatenentschädigungsgesetzes[30] erst zum 01.01.2025 Gesetzeskraft erlangte. Um diesen Zeitraum zu überbrücken, legte Abs. 8 fest, dass für Personen, die Leistungen nach dem Soldatenversorgungsgesetz in Verbindung mit dem Bundesversorgungsgesetz erhielten, die § 64 Abs. 2 Satz 3 Nr. 2 und Abs. 3 Satz 2, § 65 Abs. 1 Satz 3, § 66 Abs. 2, § 88 Abs. 1 Satz 2, § 103 Abs. 3, § 104 Abs. 1 Satz 4, § 105 Abs. 3 und § 108 Abs. 2 Satz 1 in der bis zum 31.12.2023 geltenden Fassung weitergalten, bis sie durch die nunmehr zum 01.01.2025 in Kraft getretenen neuen Regelungen abgelöst wurden.

29 Vierzehntes Buch Sozialgesetzbuch (SGB XIV) vom 12.12.2019, BGBl. I, S. 2652, zuletzt geändert durch Art. 11 des Gesetzes vom 22.12.2023, BGBl. I, Nr. 408.

30 Gesetz über die Entschädigung der Soldatinnen und Soldaten (Soldatenentschädigungsgesetz – SEG) vom 20.08.2021, BGBl. I, S. 3932.

Stichwortverzeichnis

Die fetten Ziffern beziehen sich auf den § und die mageren Ziffern auf die dazugehörige Randnummer.